第六册

宋會要輯稿

食貨　原書第一百二十七至第一百五十二册

宋會要　錢法

交子貿易真宗朝置務以朝臣立之廢復更易明道中

鑄錢文曰明道元寶真篆書二品

東南諸路鑄錢國朝承南唐之舊爲之未廣也咸平三年馬忠肅亮以虞部員外郎出使始於江池饒建四州歲鑄錢百三十五萬貫銅鉛皆有餘羨真宗即位以宗肅爲江南轉運副使兼都大提點江南福建路鑄錢四監凡役兵三千八百餘人大中祥符後銅坑多不發遂天禧末所鑄纔一百五萬及蔡京爲政大觀中歲收銅乃六百六十餘萬斤比祖額衢四十餘萬斤內舊場四百六十餘萬斤賸銅一百餘萬斤石銅七十萬斤新場三十萬斤江湖閩廣十監每年共鑄錢二百八十九萬四百緡計用銅一千十一萬五千斤江州廣寧三十四萬池州永豐三十四萬五千饒州永平四十六萬五千建州豐國三十四萬四百四監一百三十四萬緡上供衢州咸寧二十萬舒州同安十萬嚴州神泉十五萬鄂州寶泉十萬韶州永通八十三萬梧州元豐十八萬已上六監一百五十六萬緡逐路支用以所入約所用計少銅三百三萬五千斤自渡江後歲鑄錢纔八萬緡近歲始倍蓋銅鐵鉛錫之入視舊纔二十之一舊一千三百二十萬斤今七十餘萬斤所鑄錢視舊亦纔二十之一爾

全唐文

鑄錢監

宋會要

江州廣寧監額三十四萬貫舊額二十萬貫池州永豐監額四十四萬五千貫舊額四十萬貫建州豐國監額二十萬貫舊額三十萬貫韶州永通監額四十萬貫大錢內惠鑄小錢八萬貫惠州阜民監額三十五萬永興軍錢監額一十萬貫華州錢監額一十萬貫大錢陝州錢監額一十萬貫絳州垣曲錢監額一十三萬貫大錢衛州黎陽監額一十五萬貫小錢五萬貫大錢西京阜財監額二十萬貫興國軍富民監額二十萬貫衡州熙寧監額一十五萬貫睦州神泉監額一十五萬貫鄂州寶泉監額一十萬貫大錢舒州同安監額一十五萬貫號州在城朱陽兩監額各一十二萬五千貫文大錢商州在城洛南兩監額各十二萬五千貫大錢興州濟衆監額四萬貫文舊額三萬九千二百六十三貫二百五十文每貫重一十二斤十二兩嘉州豐遠監額八萬六千六百一十七貫舊額四萬貫邛州惠民監額一十萬九千八百五十一貫舊額十二萬六百二十二貫通遠軍威武鎮錢監額一十二萬五千貫大錢岷州滔山鎮錢監額一十二萬五千貫大錢已上並以文武京朝官使臣殿直已上每監二員至或用三員或舉闕選人或

以州官兼領而已鑄錢每鑄一貫省用銅二斤八兩鉛一斤一十五兩錫三兩炭五斤浸銅之法先取生鐵打成薄片目為錫鐵入膽水槽排次如魚鱗浸漬數日鐵片為膽水所薄上生赤煤取出刮洗錢煤入爐烹煉凡三煉方成銅其未化鐵却添新鐵片再下槽排浸　饒州永平監額四十六萬五千貫池州永豐監額三十四萬五千貫紹興元年撥併寄役贛州鑄錢監本監官認鑄額建寧府豐國監額二十五萬四百貫韶州永通監額四萬七千一十七貫贛州鑄錢監嚴州神泉監以上並無定額

卷四千六百七十六

錢法

雜錄私書大典作卷 饒陽志引宋會要　下接太平興國二年

周世宗南征李景徙饒州召徐鉉為太子右諭德鉉字鼎臣揚州廣陵人見東都事略徐鉉傳　太平興國二年江南轉運使樊若水言江南舊用鐵錢於民非便望於昇州饒州出銅處置官鑄錢其鐵錢即令諸州鼓鑄為農器以給江北流民　太平興國八年三月詔曰饒州歲市私鉛錫六萬斤為錢十五自今請增三錢錫十五萬斤為錢二十九增六錢饒州市炭秤為錢十增三錢從轉運使張齊賢之請也先是李煜因唐舊制於饒州永平監歲鑄錢六萬貫江南平增數為七萬貫

卷五千三百二十九

常患銅以不充用齊賢任轉運使求得江南偽承旨丁釗盡知饒信處等州山谷出銅鉛錫處齊賢即調發諸縣丁男採之是年增數十倍明年得銅鉛八十五萬斤錫十六萬斤因雜用鉛錫歲鑄錢三十萬貫補丁釗為承旨領五郡銅先是承平監用開通元寶錢法甚好周郭精妙至是雜用鉛錫雖歲增數倍而稍為麤惡續通鑑長編又云初齊賢陛辭日上面命曰漢時吳王即山鑄錢江南多出銅為賦害警之齊賢訪前代鑄法惟永平監用唐開元錢料堅實可久由是定取其法凡用銅八十五萬斤鉛三十六萬斤錫十六萬斤或言增鉛錫多磬賢固引唐朝舊法為言但丁制作丁釗　淳化五年詔饒州舊例集民為甲令就官場買茶自令聽從便收市又至道二年十月賜池州新置鑄錢監名曰永豐先是州每年鑄錢四十

萬貫至是復於池州分置是監共鑄錢六十四萬貫（九朝通略云四十四萬貫）　大中祥符元年閏十月右諫議大夫凌策言饒州自來官買金禁客旅興販或爲人論告即追禁平人煩撓刑獄自今請許納税錢從之　大中祥符二年六月詔饒池州等鑄錢監比者歲給緡錢以贍工匠宜别加給饒州歲七十萬池州三十萬五年詔增給諸州鑄錢監匠率分錢　又大中祥符五年除饒信州買銅場壞税錢　饒州鄱陽樂平浮梁德興四縣和買金額五百四十二兩八錢三班一員監當又又饒州德興市銀場和買年額千七百四十九兩五錢縣官一員監　又饒州興利場和買額二十一萬一千七百三

卷五千三百二十九

十四斤二兩三班一員監又又饒州永平監額四十五萬三千一百五十貫朝官三班各一員監又又饒州及德興浮梁餘干安仁縣石頭鎮六務税錢歲額二萬五千四百七十貫又（景德鎮）又饒州及餘干浮梁樂平德興安仁興利場石頭鎮九務酒麴錢歲額四萬七千五百九十七貫又又饒州買茶額五十五萬一千八百三十九斤又又饒州茶品斤茶磨合每斤一百四十三文運合一百二十二文仙芝一百一十文不及號七十七文頭金每斤五百文臘面四百一十五文頭骨三百五十五文茗茶末茶並四十一文鹿黄三十七文又又饒州公用錢二百貫　九朝通略云初鑄錢但有饒州永平池州

永豐咸平二年宰臣張齊賢言今錢貨未多望擇使臣按行出銅易得炭薪之處增置監鑄錢乃命虞部員外郎馮亮等至建州置豐國監江州置廣寧監明年凡鑄錢一百二十五萬乃以亮爲江南轉運副使提點江南福建鑄錢事　又康定元年因陝西移用不足屯田員外郎皮仲容建議增監冶鑄因勑江南鑄大錢而江池號饒州又鑄小鐵錢悉輦致關中　又慶曆元年十一月詔江饒池三州鑄鐵錢三百萬緡備陝西軍費　又崇寧二年正月戶部尚書吳居厚言江池饒建四監歲鑄緡錢一百三十餘萬近年侵久欲别立勸沮之格詔從之　又十月江淮等路發運副使胡師文言自熙寧

卷五千三百二十九

以來當二大銅錢不許轉京故諸州官庫所積甚多今乞改鑄當十錢許四文可成三文則十萬貫當爲三百萬貫癸卯詔從之令江池饒建舒睦衢鄂八監依陝西樣鑄當十錢於是當二錢並罷鑄矣後崇寧五年不行用其當二錢依舊存用仍罷鑄當十錢只令鑄小錢

仁宗景祐元年鑄錢文曰景祐元寶真書篆書二品

乾文錢 太平興國九年日本國僧奝然等浮海而至云其國周銅錢文曰乾文寶按宋乾文錢交趾國黎字錢二條大典錢字韻引今附錄於此

交趾國黎字錢 秘書丞朱正臣言前通判廣州竊見蕃商多往交州貿市齎黎字及砂鑞錢至州頗紊中國之法

卷四千六百七十三

全唐文

鑄錢監

宋畢衍備對

諸路鑄錢總二十七監每年鑄銅鐵錢 銅錢逐監錢數 阜財監西京二十萬貫黎陽監二十萬貫永興軍華州陜府各鑄二十萬貫垣曲監絳州二十六萬貫同安監舒州一十萬貫富民監興國軍二十萬貫熙寧監衡州二十萬貫寶泉監鄂州一十萬貫已上並應副本路內熙寧五萬貫應副坑冶買銅廣寧監江州三十四萬貫永豐監池州四十四萬五千貫永平監饒州六十一萬五千貫豐国監建州二十萬貫已上四監每年二十萬貫應副信州鉛山場買銀三十五萬貫赴內藏庫充添鑄年額一百五萬貫上供內藏庫納一十五萬貫左藏庫納外九十萬每撥三十三萬餘貫內藏庫封樁候三年及一百萬貫至南郊前撥與三司永通監韶州八十萬貫阜民監惠州七十萬貫已上二州並應副買銅內惠州買銅剩錢充小錢二十萬貫并吏有剩錢並起發上京內藏庫納 鐵錢逐監錢數 在城來陽兩監虢州各一十二萬五千貫阜民各南兩監商州各一十二萬五千貫已上條折二錢並應副本路交子本錢威遠鎮通遠軍滴山鎮岷州兩監共二十萬貫嘉州二萬五千貫邛州七萬三十二百三十四貫興州四萬

卷四千六百七十六

一千貫已上三州鑄大錢内嘉州二萬貫邛州五萬貫興州三萬貫支與川茶司並應副本路（大錢以一當十）銅鐵錢路分一十三路行使銅錢兩路使銅鐵錢四路行使鐵錢銅錢一十三路（折二錢京畿不行使，府界并諸路並通行）開封府界京東路京西路河北路淮南路兩浙路福建路江東路江西路湖南路湖北路廣東路廣西路銅鐵錢兩路陝西（有折二錢新鑄至和錢稠稜大銅大鐵錢並當小銅錢二文永為定制）河東（銅錢有折三折二錢）陝府西路（大鐵錢一文當十文）成都府路梓州路利州路夔州路

卷四千六百七十六

二

版籍　起太祖建隆四年訖孝宗乾道六年　缺淳熙五年十一月七日以後當補輯

宋會要　版籍

太祖建隆四年十月詔曰蕭何入關先收圖籍沈約為吏手寫簿書此官人所以周知其衆寡也如聞向來州縣催科都無帳歷自今諸州委本州判官錄事參軍點檢逐縣如官元點版籍及百姓無戶帖戶抄處便仰置造即不得煩擾人戶令佐得替日交割帳歷參選日銓曹點檢　太宗至道元年六月詔天下新舊逃戶檢覆招携及歸業承佃戶稅物文帳宜令三司自今後畫時點檢定奪合改合開合閣稅數聞奏若覆檢鹵莽當行勘逐仍令三司將覆檢文帳上歷管係簽判使廳置庫架閣准備取索照證如有散失其本部使副判官必重行朝典干繫人吏决停　真宗景德二年

五月三司度支判官黄世長請令三司每歳較天下税帳耗登以聞從之　八年詔諸州縣案帳抄旁等委當職官吏上歷收鏁無得貨鬻棄毁仍令轉運使察舉犯者官員重寘其罪吏人決杖配隸　時衡州判官王彖坐鬻案籍文抄除名爲吏配隸唐州因著條約　天禧二年六月三司言定奪三部合减省諸州帳目奏状一年計八萬八千九百一十九道約省三十四萬五千二百餘紙其諸州府望令轉運使定數從事勾稽空靡紙札比令近侍同令删除或匪切須並簡併咨爾在位宜守親稽勿務滋章致於煩擾其令三司諸路並依新减數目不得擅有增益　先是上封者言諸州帳籍繁而非用紙筆所費或至掊斂望省其數是歳又詔諸州自今造帳營房半年一申揀停軍人一年一申職員馬遞鋪馬帳並一季一申三司使李士衡因言逐年約减省帳目二分以上在省手分亦合减省遂詔三部官司議以聞

卷一萬七千五百三十一

四年二月京東轉運副使范雍言諸州帳籍應不少望自今委轉運使於逐州選官一員專管帳目磨勘如及一百萬數一年内八分已上並升差遣不滿百萬一年了者批歷爲勞績從之　仁宗天聖元年十一月上封者言天下每遇閏年寫造寔行版籍甚有稽擾况每歳各有空行版簿拘管催促不至失陷税賦乞賜停罷乃下詔曰國家稽而畫以開疆盡天臨而覆物崇建至

治阜康生民必務簡于科條用益清于政化乃眷郡縣悉掌簿書既幽鍵于賦輿亦關防于生齒坦有明制存諸有司其或設之空文害于有益上靡資于理本下徒啓于倖門或牧守愛民奏述留從于停廢或官司循例因緣寧免于滋彰將杜規求宜削煩擾應諸州縣凡遇閏年所供寔行版簿今後更不寫造供申只將催科空行版簿逐年磨勘入内點檢上歷架閣不得散失三年七月京西路勸農使言點檢夏秋税簿多頭尾不全亦無典押書手姓名甚有揩改去處深慮欺隱失陷税賦近衮鄆齊濰濮州磨勘出失陷税賦四萬三千九百八十四貫匹石省詳税數蓋是造簿之時不將遞年版籍對讀割移典賣又不取關帖證對本州亦不點檢致作弊倖走移税賦改作虛色亦有貧民額外移税在戶下縱有論訴只憑遞年簿書無由雪理今乞候每年寫造夏秋税簿之時置木條印一雕年分典押書手姓名令佐押字候寫畢勒典押將版簿及歸逃簿典賣析居割移税簿逐一勘同即令佐親寫押字用印記訖當面毁棄木印其版簿以青布或油紙襯背津般上州請印本州干繫官吏更切勘會委判司官點檢每十戶一計處親書勘同押字訖封付本縣勾銷仍于令佐廳置櫃收鏁如違依法施行書手雖經數仍勒充州縣重役令佐不親勘讀以至失陷税賦雖去官不原事下三司檢會

卷一萬七千五百三十一

籍一作簿

農田勑應逐縣夏秋稅版簿並先桼本縣元額管納戶口稅物都數次開說見納見逃數及逐村甲名稅數官典勘對送本州請印訖更令本州官勘對朱鑿勘同官典姓名書字結罪勒勾院點勘如無差偽使州印訖付本縣收掌勾銷令請依所乞造置簿印施行從之　景祐元年正月十三日中書門下言編勑節文諸州縣造五等丁產簿并丁口帳勒村耆大戶就門抄上人丁應災傷州縣搔擾人民詔京東京西河北河東淮南陝府西江南東荊湖北路應係災傷州軍縣分並權住攢造丁產文簿候豐稔依舊施行　神宗熙寧二年十一月十三日詔令後農田利害據州縣具到圖籍并所陳事

卷一萬七千五百三十一

狀並委管勾官點提刑轉運諸差官覆按　四年五月十六日司農寺言乞委府界提點司委官分詣諸縣同造五等簿升降人戶如敢將四等已下戶不及得自來中等已上物力升在三等致人戶被訴其當職官吏並從違制不用赦降從之　八年正月八日察訪荊南路常平等事蒲宗孟言近制民以手實上其家之物產而官為注籍以正百年無用不明之版圖而均齊其力役此天下之良法也然縣災傷五分已上則不與焉且留以俟豐歲以臣觀之使民自供手實無所擾也何待于豐穰哉願詔有司不以豐凶弛張其法從之呂惠卿為手實法奉使者至析秋毫天下病之而宗孟有此奏既而

料官場一作科及夏

史以一作以一

各以次數排一作命令拔排

一一作平

詔司農寺罷手實法　元豐元年九月十三日中書言應諸縣造鄉村坊郭丁產等第簿並錄副本送州印縫于州縣架閣從之　十月二十一日詔應造簿路分秋料官場稅額放及七分以上處權免造並候次年　十二月九日兩浙路提舉司言浙西民戶富有物力自浙以東多以田產營生往年造簿山縣常以稅錢餘處即以物力推排不必齊之以法今欲通以田土物力稅錢苗米之類各以次數排隨便敷納役錢所貴民力所出輕重均一從之　二年四月二十一日知諫院李定言秀州嘉興崇德兩縣初定役法時以僧舍什物估直數錢恐非法意下司農寺請下本路改正他路有類此者

卷一萬七千五百三十一

令提舉司依此施行從之　哲宗元符元年二月二日新權提舉廣南西路常平等事盧君佐言京東河北有山林陂澤盜賊結集乞置籍以記姓名詔戶部立法以聞　徽宗宣和二年四月二十一日江浙淮南等路宣撫使童貫奏奉詔措置東南克賊切詳平賊之後民事最為急務勘會經賊燒劫州縣圖書散失理當重造戶口版籍以定將來稅役從之　六年閏三月十六日新差提舉河東路常平等事林積仁言熙豐良法莫大于常平免役之政令以戶籍為本戶有五等縣置簿以籍之凡均數敷庸錢科差徭役及非泛抛降合行均買者皆以簿為據然詭名狹戶減落價貫在法許告有追賞

高宗一作光堯

斷罪刑名欲下諸路常平司以指揮到日遍行曉諭限
一季許冒犯人陳首特與改正仍免斷罪追賞限滿不
首重寘以法若因人告發而州縣根治滅裂者提舉官
按劾以聞從之　高宗皇帝紹興元年二月二十八日
臣寮言州縣經兵火處版籍殘缺姦吏並緣為私所存
無幾不可鉤考使戶口未寔賦役不均財用莫知所從
出令嚴勑諸路監司應經兵火州縣自來所有丁產錢
穀簿書皆依法置造如委無舊本許以帳狀及寔可照
驗事跡類聚攢成又無即從諸司用干證文字與州縣
見存案牘互相照勘以成新書監司以逐州名數開具
申尚書本部立為定制所有期限乞從自朝廷處分戶
卷萬七千五百三十一
部契勘見行下諸路轉運司取索供申外如內有會經
兵火去處欲依本官所乞用干照文字互相照勘成書
詔依仍限半年　二年三月二十三日詔曰朕于民事
未嘗敢緩而守令監司弗之察也訪聞造簿之歲姦贓
狠藉民被其苦而又輸差甲頭保長之後公然有備償
之說大無謂也可自今後應逃亡死絕詭名挾佃產去
稅存之戶不待造簿晝時依法倚閣檢察推割應使斯
民猶堪給養而不被無藝之橫斂也如違令佐公吏並
竄配海島有贓者依去年十二月十四日指揮知通監
司隱庇而不舉發者同罪應昨來造簿不公及今後不
為晝時依法施行者並許民戶越訴令戶部立法取旨

行下一作施行

行下　閏四月三日右朝奉郎姚沆言欲乞朝廷行下
諸路轉運司相度曾被燒劫去處失契書業人許經所
屬州縣陳狀本縣行下本保隣人依寔供證即出戶帖
付之以為永遠照驗如本保隣人作情弊故意邀阻不
為依寔勘會及本縣人吏不即時給戶帖並許人越訴
其合干人重寘典憲　八月二十二日詔今後應逃亡
死絕詭名田產令戶部立法今修立下條諸逃亡死絕
及詭名挾佃併產去稅存之戶不待造簿晝時倚閣檢
察推割從之　四年四月十六日戶部言依條每年取
會諸路轉運司供攢戶口陞降管額文帳今據淮南轉
運司申緣本路州縣纔方招誘漸有歸業人戶未敢便
卷萬七千五百三十一
行秋劉戶口切應驚擾復有逃移本部相度欲自紹興
五年為頭從之　五年五月八日諸路軍事都督行府
言諸路支收見在錢物今後分上下半年縣具數申州
州類聚同本州之數申漕司知係常平茶鹽司并提刑
司錢物即依此申所隸置籍本司總一路之數作旁通
冊開具聞奏付之戶部考察登黜仍詔守倅今後歲終
及替罷並開具管下諸縣并一州收支見在數目申尚
書省其初到任即具截日見在申戶部戶部亦行置籍
從之　十月十日尚書省言勘會諸路戶口并合輸夏
稅秋賦帳狀雖有立定供申條限近來州縣違廢法令
不即供申令要見諸路租額并即今每州并每縣五等

人戶各若干逐等人戶各夏秋二料合納稅賦各若干詔令戶部立定體式限一月取會諸路州縣作旁通冊開具申　十二月二十三日詔戶部令州縣遵依已降指揮止以見在簿籍內所管數目出給今來全（在）州縣官用心措置務要簡便于民不擾早得給付如敢更此差人下鄉根括勾呼搔擾並當重行停降因而容縱公吏乞取除公吏以枉法論坐罪外官比公吏減一等仍仰提刑司常切覺察及許人戶詣本司越訴以都省言州縣尚勒令人戶開具追呼搔擾故有是詔　六年十二月十八日臣僚言州縣推排人戶于造簿之時宜得其寔若產去稅存者根究受產之家據數攤理以契內價貫

卷一萬七千五百三十一

為物力者取見出產之家苗稅都數參酌均定則不得而欺矣版籍既明賦役均當貧若富各得其所欲望申勑諸路州縣官吏應遇人戶訴理苗稅物力並依公參酌推受過割拾產去稅存已有條令仰戶部申嚴行下餘令諸路轉運司限十日一就相度申尚書省　七年五月七日比部員外郎薛徽言欲望明飭有司稽考州縣丁帳覈正文籍死亡（書）生長以時書落歲終縣以丁之數上州州以縣之（數）上漕以州之數上之戶部戶部合天下之數上之朝廷殘破之處計登耗而為之賞罰其重困之由願講明之其傷殘之法願申嚴之從之　十二年七月十八日戶部言州縣人戶產業簿依法三年

一造坊郭十等鄉村五等以農隙時當官供通自相推排對舊簿批注陞降今欲乞行下諸路州縣依平江府等處已降指揮西北流寓之人候合當造簿年分推排施行從之　十三年九月一日詔州縣租稅簿籍令轉運司降樣行下並真謹書寫如細小草書從杖一百科罪勒停永不得收敘其簿限一日改正當職官吏失點檢杖八十如有欺弊自依本法施行從轉運使李椿年之請也　十六年六月十日權知郴州黃武言人戶典賣推稅詔令戶部立法戶部令修下條諸典賣田宅應推收稅租鄉書手于人戶契書戶帖及稅租簿內並親書推收稅租數目并鄉書手姓名稅租簿以朱書令佐

卷一萬七千五百三十二

書押又諸典賣田宅應推收稅租鄉書手不於人戶契書戶帖及稅租簿內親書推收稅租數目姓名書押令佐者杖一百許人告又諸色人告獲典賣田宅應推收稅租鄉書手不于人戶契書戶帖及稅租簿內親書推收稅租數目姓名書押令佐者賞錢一十貫從之　十八年四月三十日臣寮言比年以來遷徙之民懷土歸業者衆淮甸間如通泰等州號為就緒州縣欲便于科差推排物力其間歸業未滿三年者與免推排一次從之　二十年九月八日臣寮言四川諸縣推排等第除坊郭營運依舊例外其鄉村人戶家業數內若有營運合依見行條法推排陞降如典賣田產價直欲乞改正

只用本色所管税色物斛依見今州縣家折則例併細
税錢若於本處或有未便乞令開具的確利害以聞從
之　二十一年二月四日詔臨安府見排等第依在京
例與免　二十二年二月七日右宣義郎大理評事王
彦洪言切見甲令所載三年一造簿書于農隙之時令
人戶自相推排蓋欲別貧富陞降等第務從均平此萬世
之良法也近來間有縣令將欲任滿輙促期限或遷延
以待後政致有下戶物産已去而等第猶存欲望申嚴
法禁于農隙推排之時不得妄有展促期限以杜貪墨
慵懦之弊如或違戾令監司都守按劾以聞從之　五
月八日前知池州陳湯求言乞令後州縣不得將牛船

卷一萬七千五百三十一

水車應干農具增爲家力其賣買交易許免收税知官
司輙敢巧作名目暗排家力及抑納税錢者許人戶越
訴專委提擧常平司糾察官吏重寘以法從之　二十
四年三月二十五日大理評事劉敏求言乞令有司申
嚴法禁俾諸州依條限印給税租簿仍鈐束人吏乞取
之弊如有戾違重寘于法上因宣諭法令固在如官吏
奉行不虔雖申明行下終亦無益爲知州者須更歷民
事通曉利病者爲之因命監司以時檢察有不如令按
劾以聞　二十六年二月二十二日新差權發遣全州
楊揆劄子言在法人戶家産物業每三歲一推排陞降
等第如有未當許人戶陳訴改正然後立爲定籍置櫃

收藏于長官廳凡有差科令佐躬親按籍均定比年以
來州縣弛慢盡付胥吏之手每遇差科公然賄賂良民
受弊依前産去税存故使貧乏下戶多有逃移欲望明
飭有司申嚴行下諸路監司守臣凡差科並須令佐躬
親均定不得令公吏干預推排檢閲抄寫如有違戾仰
監司按劾以聞從之　三十年六月十四日詔諸州縣
歲終攢造丁帳三年推排物力除附陞降並令按寔銷
注州委官縣委主簿專掌其事監司太守常切檢點如
有脱落許人戶越訴當行官吏以違制論　從戶部之
請也　三十二年正月二十五日臣寮言望詔有司立
法自今知縣縣丞滿罷之日批書條限内曾無排造文

卷一萬七千五百三十二

簿及縣丞推受物力有無未了名件廢缺圖得寔可
以據籍定差于是給舍金安節等看詳昨降指揮任滿
批書並依祖宗舊例詔依　五月三日四川總領王之
望言契勘人戶將田宅遺囑與人及婦人隨嫁物産與
夫家管係在法田宅止于出母生母方合免税若與其
餘人並合投税今四川人戶遺囑嫁資其間有正行立
契或有止立要約與女之類亦合投税緣得遺囑及嫁
資田産之人依條估價投契委可杜絶日後爭端若不
估價立契雖可幸免一時税錢而適所以啓親族兄弟
日後詞訟戶部言人戶今後遺囑與緦麻以上親至絶
日合改立戶及田宅與女折充嫁資並估價赴官投契

于出母生一作與出母嫁

納稅其嫁資田產于契内分明聲說，候人戶齎到稅錢
即日印契置歷，當官給付契書。如合干人吏因緣搔擾，
許人戶經官陳訴。若出限不即經官稅契，許人戶告，將
犯人依匿稅法施行。從之。紹興三十二年，壽皇聖帝
已即位，未改元。八月二十三日，中書門下言：州縣二稅
一次推排坊郭鄉村物力，多係坊正保正副私受人戶
錢物，并排不公，守令信憑人吏藏匿等第，文牓洎至人
戶知得，並已限滿，無緣陳理，貧弱受害。令仰州縣推排
出院日分明出牓，如尚敢循習，委監司覺察奏聞，當議
重寘于法，庶使良民有所訴。從之。壽皇聖帝乾道二
年正月十八日，詔孫大雅奏漢制上計之法，朕以為可

卷一萬七千五百三十一

行于今，令侍從臺諫參考古制進呈。先是，知秀州孫大
雅置本州拘催上供錢格目來上，且言漢制歲盡，郡國
詣京師奏事，至中興則歲終遣吏上計。于正月旦天子
幸德陽殿臨軒受賀，而屬郡計吏皆覲，以詔殿最，令也。
不然，未嘗有甘泉上計之制，而臣始為之奏，且臣所撰
州縣拘催上供錢格目者，蓋法漢之大司農郡國四時
上月旦見錢穀簿，其逋未畢各具別之之意，以為害也，
敢昧死以獻。惟陛下裁擇于是，監察御史張敦實、劉貢
言：切謂一縣必有一縣之計，一郡必有一郡之計，天下
必有天下之計。天下之計總郡縣，而歲考爲三代遠矣，
多周可得而知者，自禹别九州成賦，中邦因衡巡狩而

至大越登茅山而會諸侯，號其山曰會稽，後立會稽郡。
漢書注云：以其會諸侯之計於此也。逮至周官所載最
為詳悉，天官冢宰之屬，理財居其半，掌財用而言歲終
則會者凡十，又太府之職，歲終則貸賄之入出會之。小
宰之職，歲終則令郡吏致事。鄭氏注云：若今之上計也。
漢承秦後，蕭何收其圖籍，知張蒼善筭，於是令以列侯
居相府，領主郡國上計者，此則漢初之制，專命一人以
掌天下所上之計也。至武帝建元五年，詔吏民有明當
世之務，習先聖之術者，縣次續食，令與計偕。注云：計者，
上計簿使也。郡國每歲遣詣京師上之。元封五年三月，
朝侯諸王列侯受郡國計。太初元年十二月，又受計于

卷一萬七千五百三十一

甘泉。天漢三年，又受計于泰山之明堂。太始四年三月，
又受計于泰山之明堂。是則終武帝之世五十餘年之
間，一受計于帝都，三受計于方嶽，或以三月，或以十二月，
之不同也。至宣帝黃龍元年正月，下詔曰：方今天下少
事，而民多貧，盜賊不止，其咎在上計簿文具而已，務為欺
慢，以避其課。令御史察計簿疑非實者，按之，使真偽無
相亂。是則在宣帝之時，郡國所上計簿已不能無弊矣。
光武中興，歲終遣吏上計，遂定制。論正月旦天子幸德
陽殿臨軒受賀，而屬郡計吏皆在列，置大司農專掌之。
其逋未畢各具別之。今孫大雅所陳者是也。然西漢言
郡國上計，東漢言屬郡計吏，則遠方者在東漢未必偕

矣漢之大司農則令之户部也竊見户部掌天下之財
計有上限中限末限之格法有日催旬催五日一催之
期會每于歲終獨以常平收支户口租稅造冊以進呈
而于州郡諸色窠目尚畧焉是于三代歲終則會與兩
漢歲終上計之法為未備也然而去古愈遠文籍愈煩
在西漢已不免文具之弊況今日能盡革其偽乎在東
漢止于屬郡之內況今日川廣之遠能使其如期畢至
乎以臣等愚見莫若歲終令户部盡取天下州郡一歲
之計已足未足虧少虧多之數並皆造冊正月內進呈
兼採漢制丞相選差一人考覈户部所上計而明州郡
之殿最則三代兩漢之制皆兼該而無不足之處矣詔
卷一萬七千五百三十一
令户部措置其後户部言諸路州軍歲起上供諸色窠
名錢帛糧斛各有立定起發條限年額數目本部每年
預行檢舉行下諸路監司及州軍當職官排日催促依
限撥納其歲終具常平收支并稅租課利旁通係取前
一年數户口本年數造冊以進呈內不到路分次年附進
令來張敦寔等奏陳歲終令户部盡取天下州郡一歲
之計已足未足虧少虧多之數造冊正月進呈緣諸州
軍地里遠近不同竊慮不能于次年正月盡寔申到若
候取會齊足攢造亦恐後時今措置欲立式遍下諸處
州軍知通當職官各以本州每歲應干合撥上供窠名
錢帛糧斛數目置籍照條限鈎考撥納歲終逐一開具

忠一作志

自聖祖及仁宗一作聖祖神宗

蓋疑盡　副亦同

造冊須管于次年正月了畢詣闕投進候到降付户部
參考將拖欠諸軍具當職官吏按劾伏取旨黜責施行
之上曰如此措置甚善從之　二月三日淮詔東近因
措置沙田蘆場拘留人户供攢户式有妨春農並仰日
下放散如有未圓備去處候秋收畢日施行內形勢上
户即仰措置取會不得追擾耕作之人　十一月二十
六日權户部侍郎曾懷言户部掌催諸路財賦名色不
一自來緣無版籍無憑稽考往往多致失陷積弊之久
習為故常被旨攢具到版籍一物一件皆有照據亡自
今每歲諸郡具所起發錢料名總計寔數作一項限次
年正月終申發委逐路所隸監司覆寔限一月上之户
卷一萬七千五百三十一
部具殿最以聞取旨賞罰庶有司各知任責財賦不致
失陷國用得以不乏從之　六年十月十一日户部侍
郎江浙京朝淮廣福建等路都大發運司史正忠言臣
恭惟本朝自聖祖及仁宗相繼嗣統爰考元和之制踵
為會計之書萬機之暇未嘗不視之為先務歲月易久
姦弊易生故不得不時為會計以救其弊是以景德之
錄慶歷之錄皇祐之錄以致元豐中書備對分令諸房
揭貼搜羅詳密纖悉備具且朝廷每有施行不復待報
於外按圖閱籍如指諸掌竊思惟祖宗之時所謂會計
之書修纂如是之易者蓋緣郡國帳狀如期來上無有
隱匿稽違故得以討論措畫又嘗考之條令一州之帳

從一作所

脫漏照以段落依原補抄

司法主之一路之帳狀

狀漕屬主之率諸路帳狀上之戶部既已有帳司矣又以別本關之比部專以纂轄為之違一月者有禁踰一時者有罰渡江以來天下多事簿書期會日為紛擾而帳狀之計浸不加省近年以來比部省併曹帳司裁減吏額拘催帳狀不復來上故易于竄易易于移定而乾沒之患滋生臣謂救之之術莫若謹帳狀之上續會計之書是書一成如鏡之照如權之稱尚何從逃哉從之

二十七日宗正少卿兼權戶部侍郎王佐等言得旨編類（版籍）文字稽考得增稅錢一項係依紹興五年五月十二日旨揮令諸路轉運司量度州縣收稅緊慢增添稅額五分或三分別歷收令將帳案照得除臨安府并太平州每季有收過外其餘去處並無所收顯見侵欺失陷欲令諸路漕司自今年冬季為始盡實拘收以十分為率三分與本州贍給官兵其七分赴左藏庫送納仍限一月先次取見本路州軍合增添五分及三分數目作冊供申戶部置籍拘考之詔戶部行下諸路漕臣開具州縣收稅緊慢去處參酌申取旨朝廷指揮

戶 卷一萬七千五百三十一

千一作十　二一作三　七一作一

戶口雜錄

太祖開寶九年天下主客戶三百九萬五百四　太宗至道三年天下主客戶四百一十三萬二千五百七十六　真宗天禧五年天下主客戶八百六十七萬七千六百七十七口一千九百九十三萬三百二十　仁宗天聖七年天下主客戶一千一十六萬二千六百八十九口二千六百五萬四千二百三十八慶曆二年天下主客戶一千三十萬七千六百四十口二千二百九十二萬六千一百一八年天下主客戶一千七十二萬二千六百九十五口二千一百八十三萬六千四嘉祐三年天下主客戶一千八十二萬五千五百八十口二千二百四十四萬二千七百九十一八年天下主客戶一千二百四十六萬二千三百一十七口二千六百四十二萬一千六百五十一　英宗治平三年天下主客

七一作九　十一作百

戶一千二百九十一萬七千二百二十一，口二千九百九萬二千一百八十五。以上國朝會要。神宗熙寧二年天下主客戶一千四百四十一萬四千四十三，口二千三百六萬八千二百三十。五年天下主客戶一千五百九萬一千五百六十，口二千一百八十六萬七千八百五十二。八年天下主客戶一千五百六十八萬四千五百二十九，口二千三百八十萬七千一百六十五。十年天下主客戶一千四百二十四萬五千二百七十，口三千八十萬七千二百一十一。元豐元年天下主客戶一千六百四十萬二千六百三十一，口二千四百三十二萬六千一百二十三。三年天下主客戶一千六百七十三萬五百四，口二千三百八十三萬七百八十一。六年天下主客戶一千七百二十一萬一千七百一十三，口二千四百九十六萬九千三百。哲宗元祐元年天下主客戶一千七百九十五萬七千九十二，口四千七萬二千六百六。三年天下主客戶一千八百二十八萬九千三百七十五，口三千二百一十六萬三千一十二。六年天下主客戶一千八百六十五萬五千九十三，口四千一百四十九萬二千三百一十一。紹聖元年天下主客戶一千九百一十二萬九百二十一，口四千二百五十六萬六千二百四十三。四年天下主客戶一千九百四十三萬五千五百七十，口四千三百四十一萬一

百一作十　七百九一作九百七　百一作十　光堯一作高宗　五一作三　有脫簡應補抄　脫兩浙路五十州之第一段　脫兩浙路第五頁十六兩段　脫兩浙路第四頁二十三一段

千六百六。元符二年天下主客戶一千九百九十一萬五千五百五十五。[illegible]崇寧元年天下主客共陞戶三千四百九十五，口四十萬九千一百六十三。二年天下陞戶二十五萬九千七百五十八，口六十五萬七千六百九十一。大觀二年天下所陞戶增一十二萬四千一百七十三，口一十九萬二千四十六。三年天下所陞戶二十三萬四千二百，口五十六萬八百九十三。以上續國朝會要。光堯皇帝紹興二十九年天下主客戶一千一百九萬一千八百八十五，口一千六百八十四萬二千四百一。三十年天下主客戶一千一百五十七萬五千七百三十三，口一千九百二十二萬九千八。三十一年天下主客戶一千一百三十六萬四千三百七十七，口二千四百二十萬二千三百一。三十二年天下主客戶一千一百一十三萬九千八百五十四，口二千三百一十一萬二千三百二十七。以上中興會要。紹興三十二年（壽皇聖帝已即位未改元）諸路主客戶一千一百五十八萬四千三百三十四，口二千四百九十三萬一千四百六十五。壽皇帝隆興元年諸路主客戶一千一百三十一萬一千三百八十六，口二千二百四十九萬六千六百八十六。乾道元年諸路主客戶一千一百七十萬五千六百六十二，口二千五百一十七萬九千一百七十七。二年諸路主客戶一千二百三十三萬五千四

壽一作孝宗

脫兩浙路主十九百二一戶 脫兩浙路主六百一十一二戶 脫兩浙路主一百一十四一戶 脫兩浙路主五百九十一二戶 脫兩浙路主一百〇五十二戶 脫戶前 脫戶前 脫戶前

百五十口二千五百三十七萬八千六百四十八三年諸路主客戶一千一百八十萬三百六十六口二千六百八萬六千一百四十六四年諸路主客戶一千一百六十八萬三千五百一十一口二千五百三十九萬五千五百二五年諸路主客戶一千一百六十三萬三千二百三十三口二千四百七十七萬二千八百三十三六年諸路主客戶一千一百八十四萬七千三百八十五口二千五百九十七萬一千八百七十七年諸路主客戶一千一百八十五萬二千五百八十口二千五百四十二萬八千二百五十五八年諸路主客戶一千一百七十三萬六百九十九口二千五百九十五萬五千三百五十九九年諸路主客戶一千一百八十四萬九千三百二十八口二千六百七十二萬七百二十四以上乾道會要淳熙元年諸路主客戶一千二百九萬四千八百七十四口二千七百三十七萬五千五百八十六二年諸路主客戶一千二百五十萬一千四百口二千七百六十三一萬四千一十三年諸路主客戶一千二百一十二萬二千二百二口二千七百六十一萬九千一十九四年諸路主客戶一千二百一十七萬六千八百七口二千七百二萬五千七百五十八五年諸路主客戶一千一百九十七萬六千一百二十三口二千八百五十五萬八千九百四十六年諸路主客戶一千二百一十一萬一

千一百八十口二千九百五十萬二千二百九十七年諸路主客戶一千二百一十三萬九百一口二千七百二萬六百八十九八年諸路主客戶一千一百五十六萬七千四百十三口二千六百一十三萬二千四百九十四九年諸路主客戶一千一百四十三萬二千八百一十三口二千六百二十萬九千五百四十四十年諸路主客戶一千一百一十五萬六千一百八十四口二千二百八十三萬三千五百九十十一年諸路主客戶一千二百三十九萬八千三百九口二千四百五十三萬一百八十八十二年諸路主客戶一千二百三十九萬四百六十五口二千四百三十九萬三千八百二十一十三年諸路主客戶一千二百三十六萬九千八百八十一口二千四百三十四萬一千四百四十七十四年諸路主客戶一千二百三十七萬六千五百五十二口二千四百三十一萬一千七百八十九十五年諸路主客戶一千一百八十七萬六千三百七十三口二千四百三十萬六千二百五十二淳熙十六年諸路主客戶一千二百九十七千四百三十八口二千七百五十六萬四千一百六

以上淳熙會要

是一作以

至道元年六月詔復天下郡國戶口版籍自唐末四方兵起版籍亡失故戶口賦稅莫得周知至是始命復造焉
接真宗上

宋會要　戶口雜錄

藝祖取天下之後戶三百九萬開寶四年七月詔曰朕臨御以來憂恤百姓所通抄人數目尋常別無差徭只是春初修河蓋是與民防患而聞豪要之家多有欺罔併差貧闕豈得均平特開首舉之門明示賞罰之典應河南大名府宋亳宿潁青徐兗鄆曹濮單蔡陳許汝鄧濟衛淄濰濱滄德貝冀澶滑懷孟磁相邢洺鎮博瀛莫深楊泰楚泗州高郵軍所抄丁口宜令逐州判官互相往彼與縣令佐仔細通檢不計主戶牛客小客盡底通抄差遣之時所貴共分力役敢有隱漏令佐除名典吏決配募告者以犯人家財賞之仍免三年差役　太宗淳化四年三月詔戶口稅賦帳籍皆不整舉吏胥私隱稅賦坐家破逃冒佃侵耕鬼名挾戶賦稅則重輕不等差役則苦役不均所申戶口逃移皆不件析田畝稅數無由檢括斯蓋官吏因循致其積弊令特釋前罪咸許上言詔到知州通判幕職州縣官各具規畫何以得均平賦稅招葺流亡惠恤孤貧止絕姦偉及鄉積弊民間未合便行條貫事令知州判共為一狀縣令簿尉共為一狀限一月內附驛以聞如有異見亦許別上封章須並畫一指陳直書實事已差中書舍人看詳可否如事理優長當議旌賞若公然鹵莽今後不得任親民官
真宗咸平五年四月詔三司取天下戶口數置籍較定以

五一作二

開景德四年七月權三司使丁謂言戶部景德三年新收戶三十三萬二千九百九十八流移者四千一百五十總舊實管七百四十一萬七千五百七十戶千六百田十八萬二百五十四口比咸平六年計增五十五萬三千四百一十戶二百萬二千二百一十四口賦入總千三百七十三萬一千二百二十九貫石匹斤數比咸平六年計增三百四十六萬五千二百九十餘以版圖之後生齒畢登所以一祖庸辨衆寡前朝丁黃之數悉載緗緗五代以來舊章多廢兆國家幅員萬里亭戍兆民雖國史之闕書由有司之曠職今以景德三年民賦戶口之籍較咸平六年具上史館欲望特降詔旨自令以咸平六年戶口賦入為額歲較其數以聞庶使國典有憑方來可仰從之九月詔諸路所降升降戶口自令招到及殺居戶委的開落得帳上荒稅合該升降即撥入主戶供申內分烟析生不增稅賦及新收不納稅浮居客戶並不得虛計在內方得結罪保明申奏升降大中祥符二年六月須幕職州縣官招攜戶口旌賞條制四年正月四日詔諸州縣自今招來戶口及創居入中開墾荒田者許依格式申入戶籍無得以客戶增數舊制縣吏能招增戶口縣即申等乃加其俸緡至有析客戶者雖登于籍而賦無所增入故條約之天禧三年十二月命都官員外郎苗稹與知河南府薛田同均定本

府坊郭居民等從戶部尚書馮極之請也四年十二月詔諸升降戶口每年正月具新收人戶所增稅賦旬磨訖結罪申三司（神宗熙寧）六年十月十二日（時）上論及天下戶口之數王安石等奏曰戶口之盛無如今日本朝太平百年生民未嘗見兵革昨章惇定湖南保甲究見戶口之衆數倍前日蓋天下舉皆類此上曰累聖以來盛以愛民為心既未嘗有征役又無離宮別館營繕之事生齒息蓋不足怪（哲宗元祐六年）八月二十八日三省言諸路戶口財用雖戶部每年考會總數即未有比較進呈之法復不知民力登耗財用足否今立定式令諸州每年供具以次年正月申轉運司本司以二月上戶部本部候到於半月內以次上尚書省三省類聚進呈違者杖一百從之（徽宗）大觀三年正月二十一日戶部侍郎吳擇仁言地官之職掌戶口版籍寔賦稅力役之所自出民事之先務也今承平日久生齒繁庶而天下所尚因仍舊籍略加增損具文而已戶口登耗無由盡知乞自今歲具增減實帳每路委監司一員類聚上戶部置籍銷注從之政和三年四月二十五日詳定九域圖志蔡攸何志同言伏見本所取會到天下戶口數類多不實且以河北二州言之德州主客戶五萬二千五百九十九而口纔六萬九千三百八十五霸州主客戶二萬二千四百七十七而口纔三萬四千七百一十六通二州之數率三戶四口

光堯一作高宗

則戶版刻隱不待較而知也乞詔有司申嚴法令仍選委逐路監司別作審覈務在得實保明供報詔令逐路提刑審括實數奏聞八月九日淮南路轉運副使徐閎中言九域志在元豐間主客戶共一千六百餘萬大觀初已二千九十一萬乞詔諸路應奏戶口歲終再令提刑提舉常平司參攷同保奏從之 政和六年七月二十日戶部言淮南轉運司（申）政和格知通令佐任內增收漏戶一千至二萬戶賞格一縣戶口多者止及三萬統漏難及千戶少得應賞之人緣此不盡心推括看詳令佐（縣）任內增收漏戶八百戶（一年又一千戶減磨勘一年 二年一萬二千戶減磨勘）陞半年名次一千五百戶免試三千戶減磨勘三年知通隨所管縣通理比令佐加倍從之 光堯皇帝紹興三年十月六日尚書禮部員外郎餘清國言諸路殘破州縣乞以戶口增否別立守令考課之法分為上中下三等每等又分為三置籍比較縣令課績知通考之知州課績監司考之考功會其籍而較其優劣為九賞格用見行條法賞格之最優者其再考在上等之上者除依格推賞外任滿日知州優加擢用縣令與升擢差遣下等取旨責罰從之五年六月二十八日荊湖北路轉運司提刑司言權鄂州江夏縣呂大周任內招復戶口增及九分乞依格推賞詔改合入官餘路依此七月二十三日吏部言權通判岳州王嘉言申兵火之後全在官吏招集流移乞將州縣最親

民官初到任日據見存戶口二稅抄上印紙候任滿日
再據戶口二稅抄鑿罷任若任內招誘戶口二稅增加者
書爲課最別有遷擢若任內不能招誘戶口二稅或復
有減少者書爲課殿亦寘典憲從之八月十六日都督
行府言湖北淮南自兵火之後百姓流亡田多曠土今
佐招誘增斷已有立定殿最賞罰欲令後守令到任一
年雖該到任酬賞若不曾招誘人民歸業雖有而不及
分數若不在保明推恩之限仰監司常切遵守從之
六年十二月二十一日提點淮南西路公事張成憲言契
勘淮南守令賞典重疊遂啓僥冒之弊欲望將守令歲
增戶口并墾田土及知縣任滿墾田酬獎并入任滿賞

五

格乞量與增重庶革冒賞詔淮南守令開墾田土增招
戶口即從一重推恩七年五月七日比部員外郎薛徽
言欲望明飭有司稽考州縣丁帳覈正文籍死亡生長
以時書落歲終縣以丁之數上州州以縣之數上漕漕
以部之數上之戶部戶部合天下之數上之朝廷殘破
之處計登耗而爲之賞罰其重困之由願講明之其傷殘
之法願申嚴之從之十一月十六日進呈李誼論戶口
劄子乞詢求所以惠民而去其害民者上謂曰此亦今日
先務大要欲戶口滋息須寬民力須免得科敷如向來
造成官綱遂免人戶出水脚錢如此庶幾實惠及民必
不得已有所科率亦須明降指揮使上下曉然知其多

辦一作使

別本卷首有壽皇聖帝以後屬稱抄于達

脫十月十八日一條

寡之數吏不得並緣爲姦矣若乃避科率之名日朝廷下
諸路監司監司下諸州州下諸縣一切趣辦遂致過數拾歛
無從檢察民愈被害不可不慮也十三年九月十六日
太府寺丞張子儀言親民之官莫若守令戶口登耗之
責守令之先務也乞於新復舊州縣精選守令以戶口
復業登耗重爲陞黜之典仍委監司覈實以嚴課最詔
令淮西京東路監司歲終取州縣所增戶口以聞二十
六年三月十六日權發遣光州曹悙言淮南邊郡雖無
甚興造至如修葺官宇補治城壁其他種種雜作猶時
被驅役街市小民一日失業則一日不食比數年以來
尚偉豐稔顧戀米麥稍賤不肯他之若歲小不登復困

六

科役則皆提携而去矣如此則戶口日益凋殊伏望嚴
立法禁應沿邊州縣不得差科百姓工役若尚敢循習
令監司帥臣按劾從光州曹悙之請也　壽皇聖帝乾
道二年五月九日臣僚言兩浙路去年百姓以疾疫死
亡以饑餓流移者至多州縣丁籍自應虧減今年開收
所宜從實切聞州縣至今往往未曾申開鎸豁捉藉而
催尚仍故目誠慮將來以年未及之人籍爲成丁或家
計所虧之額多取之於見存之人或仰令保正長合力
償備乞下兩浙州縣覈實流移死亡丁數保明申上權
行倚閣俟流移歸業中小成丁漸次增補從之七年九
月十六日知隆興府龔茂良言已降指揮本路帥臣監

司將旱傷州縣令精加審量籍詔朝廷既下審量之令以謹其始宜有殿最之法以覈其中然後為官吏者不敢徒事文具乞取將來戶口登耗以為守令殿最而陞黜之人諸縣戶口各有版簿欲併老幼丁壯無問男女根括記籍帥臣監司總其實數明諭州縣自今以始至于來歲賑濟畢事之日按籍比較戶口登耗若某縣措置有方戶口仍舊即審實保奏優加遷擢若某縣所行乖戾戶口減少則按劾以聞重行黜責推而廣之以稽一郡之登耗議守臣之賞罰則殿最分明官吏聳動自此立為成法舉而措之天下亦可以為興時首致之倫詔依仍將已流移人與現在戶口通行置籍務令

七

得實將來比較殿最其餘旱傷去處依此仍先次開具已流移人并見在戶口申三省樞密院以上乾道會要

宋會要 身丁

永 卷一萬七千五百四十四

高宗建炎三年十一月三日德音訪聞兩浙人戶歲出丁鹽錢每丁錢納錢二百二十七文後來並令折納絹一尺綿一兩已是太重近年以來戶口減耗丁鹽錢價未嘗蠲除至有一丁認三丁之賦加以近歲綿絹價高比之納錢增數倍民戶重困無甚于此自今第五等以下人戶一半依舊折納外餘一半只納見錢

五十五

紹興三年四月九日權發遣嚴州顏為言乞許曾得文解及該免文解人並免身丁詔令戶部立法令修立下條諸未入官人校尉京府諸州助教免二丁二人以上免一丁一名者不免得解及應免解人助教廣南攝官流外品官三省守當官守闕守當官私名以上私名謂已未入額編排定人數樞密院貼房守闕貼房散祗候以上職醫助教攝參軍之類并侍丁本身並免丁從之

六年八月三日樞密院檢詳諸房文字王迪言願詔有

五一作四

司講求諸路丁錢丁米之數隨田税帶納勘會湖南路丁米已降指揮除二分見於人戶田畝上均數外餘一分令本路轉運使相度具數申尚書省兩浙路丁鹽錢係催納見錢并許將土產紬絹依時價折納詔令戶部行下諸路轉運司具本路有無丁錢丁米及如何催理具狀申尚書省　十五年正月二十七日臣僚言州縣坊郭鄉村人戶既有身丁即充應諸般差使雖官戶形勢之家亦各敷納免役錢唯有僧道例免丁役别無輸納坐享安閑顯屬僥倖乞令僧道隨等級高下出免丁錢庶得與官民戶事體均一戶部言今措置到下項甲乙住持律院并十方教院講院僧散衆每名納錢五貫

卷一萬七千五百四十五

文省紫衣二字師號納錢六貫文省只紫衣無師號同　六千七七

紫衣四字師號每名納錢八貫文省紫衣六字師號每名納錢九貫文省知事每名納錢八貫文省住持僧職法師每名納錢一十五貫文省十方禪院僧散衆每名納錢二貫文省紫衣二字師號每名納錢三貫文省只紫衣無師號同紫衣四字師號每名納錢五貫文省紫衣六字師號每名納錢六貫文省知事每名納錢五貫文省住持長老每名納錢一十貫文省宫觀道士散衆每名納二貫文省紫衣二字師號每名納錢三貫文省只紫衣無師號同紫衣四字師號每名納錢四貫文省紫衣六字師號每名納錢五貫文省知事每名納錢五貫

九一作未

文省知觀法師每名納錢八貫文省道正副等同詔依二月十二日臣僚言乞太學生免丁役令勅令所立法令修立下條諸充入官人校尉京府諸州助教得解及應免解人并見係太學生並免丁役從之　二十四年八月十二日戶部言契勘近承指揮紫衣師號依舊給降書塡令相度欲將今來請新法紫衣師號僧道合納免丁錢數内甲乙住持律院十方教院講院並與依十方禪寺僧躰例立定錢數輸納施行其十方禪寺并宫觀道士並依散衆數士與減三分之一輸納庶幾事躰稍優樂於請買從之　二十五年八月十一日詔人戶身丁免丁錢可特放一年以御前錢依數還戶部

卷一萬七千五百四十六　五十八

十一月十九日赦人戶身丁僧道免丁錢近降指揮放一年已行約束將已納在官錢物理作來年合納之數尚慮州縣巧以名色復行催理仰諸路監司覺察如有違戾去處按劾以聞　二十六年七月三日詔昨降指揮放免諸州軍身丁錢一年不住據諸處申請乞將身丁綿絹一槩蠲放契勘元降指揮雖止為丁錢緣事屬一躰理宜優恤可令戶部將身丁綿絹並與蠲放一年所放丁絹約計二十四萬疋於内庫支降本色絹并買絹錢各一半應副歳計支遣如有人戶已送納過數目即於來年折除如州縣承今降指揮蠲放後輒敢擅行催納許人戶徑赴臺省申訴仍專委監司覺察臺諫彈

芬一作芳

劾以聞當重寘典憲仍令戶部鏤板徧下所屬遵守施行　同日三省言准詔蠲放民間一年丁絹之數計二十四萬疋內十二萬疋令與戶部官商量措置收買合用錢於內藏庫支還餘十二萬疋令內庫支給本色以惠細民沈該等曰昨降指揮止為免丁錢今陛下欲併與丁絹及綿全行蠲放聖恩寬大百姓蒙被實德今歲絲蚕登熟民間絹易得置場收買便可足數上曰不惟寬民力且不失信於民該曰陛下加惠百姓捐內府之藏以助民力堯舜博施仁不是過也上又曰近得一兩[雨]甚可喜該等奏曰只如今日蠲放民間丁絹便可召和氣致甘澤　十一日有詔近令內庫支降絹并買絹錢補填已放人戶身丁綿絹及人戶已有納過數目即於來年折除尚慮州縣將今來人戶已納之數巧作名色却填別項積久致失優恤之意令諸路監司給榜下所屬州縣仍各多出文榜曉諭務令人戶通知如有違戾依已降指揮許人戶越訴專委監司覺察臺諫彈劾以聞當重寘典憲　十二日詔諸州專令知通取索逐縣丁簿稽考歲數依年格收附銷落如輒敢將未成丁之人先次拘催及老丁不為即時銷落許經本州申訴依條根治施行如不為施行即時經監司臺省陳訴仍令監司常切覺察臺諫彈劾以聞當重寘于法　二十八年正月二十八日直秘閣荆湖北路轉運判官羅孝芬

卷一萬七千五百四十四

五九

言荆湖北州縣昨經殘破亡失版籍乃有以丁增稅者根括人戶籍其丁口使一丁受種七斗以為稅額有元係一斗之稅而家有三丁則增為二石一斗之稅不問其田之多少也又請佃人戶止有常平田而無已業常平之租不可增數而丁多於常平之田則虛責其民田之人欲望行下本路許人自陳令監司師臣選清彊官吏覈寔改正戶部言欲下湖北轉運司同本路提刑司常平安撫司取見詣寔因依公共從長相度可否利便保明施行從之　十二月一十三日赦應開河人夫雖已支雇錢緣科差多日有妨營運可令本府取見鄉分姓名的確人數與免今年身丁錢一半如已送納與理作來年合納之數　三十年七月十九日兩浙轉運[司]言湖州武康縣每四丁絹一疋自來並納本色不曾折錢烏程歸安吳興安吉德清縣每三丁納絹一疋自來聽從民便或納本色或納見錢州縣舊例一戶三丁納本色絹二丁折納見錢又逐縣丁產簿籍不明並不逐時銷注陞降將來經拘籍丁名之人行下追催辦為腹撐丁又名貌丁既不收係消豁止以充州縣支用又將合催丁名預出由子付人戶收執送納有力上戶及攬納之人多是攙先送納本色貧民下戶並須催納見錢折納倍費虧損下戶詔令兩浙轉運司措置改正出榜約束曉諭如有違戾許人戶越訴仍令戶部行下其餘州

卷一萬七千五百四十四

六〇

縣或有似此去處亦仰依此改正　三十一年正月十四日尚書右司郎中兼權中書門下省檢正諸房公事呂廣問言昨任兩浙運副日被旨措置改正湖州丁絹不均等事令照得朝廷未行鈔鹽以前歲計丁口官散蠶鹽丁給鹽一斗納錢一百六十六文謂之丁鹽錢自行鈔鹽之後官不給鹽依舊錢每丁增至三百六十文謂之身丁錢至大觀中湖州申明令三丁折絹一疋當時絹賤未有倍費其後絹價增長陪費漸多宣和中唯武康知縣姓朱人將本縣保甲依法編排見得丁數增添遂申朝廷將所增丁口均入絹數趲成四丁納絹一疋其餘五縣後來丁口雖增不曾均趲至今三丁猶當一絹蓋緣逐縣例將寬剩人丁不行注籍暗收丁錢以資他用籍既不明無以稽考所增錢數不盡歸官凡公吏保正長皆得侵隱而又丁籍歲終既不開收年額所催止憑舊籍遂致老病死亡更不除減民間既苦絹價倍費而又虛抱合消之數由是民力日困本司相度若令逐縣差人巡門根刷徒有搔擾遂措置申明印給甲狀從本州每縣差官一員責付逐鄉保長俵散每三十戶結為一甲自書本戶的寔丁口結罪遞相委保所有以前隱落更不坐罪唯令來狀內隱落不寔許人陳告斷罪追賞其甲狀付所委官拘類取見逐縣增添丁口趲入舊額依倣武康體例增丁減絹以寬民力除行下

卷一萬七千五百四十四

溢一作益

本州縣并散給印榜鄉村曉諭及於所給印榜申狀前朱印聲說令來止緣人戶送納身丁錢絹太重措置括責要見所增丁數趲入舊額均減丁絹即非要添丁額以增絹數使人戶通知不致疑惑今諸縣推排稍已就緒且舉長興一縣論之元管丁五萬一千有零今排出八萬三千比舊約增十分之四舊額理絹一萬七千每丁納絹一丈三尺合折錢二貫三百有零今據排出人丁均減外每丁止納絹八尺有零合折錢一貫四百委是民力稍寬訪聞昨來作弊欺隱丁口之人今既改正姦計不行却乃扇搖人戶稱是官司排出丁口比舊增溢謂要增添上供歲額非是欲于逐一名下遞相均減仍聞逐縣事體不同亦有排出人丁所增數目不多去處妄說官司欲以增數最多縣分與諸縣衮同通一州絹額均攤以此民間不免疑惑兼慮有僥望希求之人不知朝廷措置本意恤民却將增出人丁陳獻利便妄乞別項拘催以為額外羨餘之數如此則一州民力愈困必致逃移照得湖州申到歲額身丁紬絹八萬一十六疋二丈七尺三寸四分遞年別無增減欲望明降指揮上件身丁紬絹止依舊額催理所有今來排出丁口逐縣各將元額均數不得輒增舊額先次行下戶部運司湖州照會約束仍有妄獻利便擾民之人亦乞重作施行　三十二年四月十八日安豐軍言近緣金賊侵

卷一萬七千五百四十四

序一作緒

犯未成倫序僧道免丁錢難以辦集詔權與展免一年
五月二十一日權發遣湖州陳之茂言兩浙丁錢自
皇祐中許人戶將土產紬絹依時價折納謂之丁絹烏
程諸縣每四丁納絹一疋長興縣每五丁納絹一疋今
之措置蓋有二說一欲將歲額定數卻以續增之丁均
入歲額不必拘以四丁五丁為一絹如此則丁口既增
丁錢亦減朝廷不失常額民亦易於輸納一欲將絹錢
每疋作五貫紐計折納向若折納本色緣百姓僻居郊
野艱於湊成端疋付之攬戶多取價直是納丁之家難
使本色其實與折錢無異況畸零合鈔少者四戶多者
八戶或一二十戶無緣人人得鈔鄉司作弊重疊追呼

卷一萬七千五百四十四

於是戶部言令欲下兩浙轉運司行下本州將人戶所
納丁絹如願本色者即依已降指揮與別戶合鈔湊成
端疋送納名給憑由若願納錢即聽從便其所乞折納
絹價如別無虧損官私即依所乞施行令後增減丁數
即不得損益元額從之
孝宗隆興二年四月二十六日知常州宜興縣姜詔言
本縣無稅產人戶每丁納丁身鹽錢二百文足第四第
五等人戶有墓地者謂之墓戶經界之時均紐正稅外
又令帶納丁鹽絹作折帛錢輸納本州管下晉陵武進
無錫三縣皆於衆戶田產上均納獨是本縣紐在下戶
帶丁收納致人戶不得已將父祖墳墓遺棄逃亡或典

賣與人在上耕種使枯骨暴露情寔可憫欲乞依三縣
一例均納從之　乾道元年二月二十二日詔朕以淫
雨不止有傷蠶麥自二十五日避正殿減常膳其浙東
西路災傷人戶合納乾道元年身丁錢絹臨安府紹興
府湖常州並與全免一年溫台明處州鎮江府並各減
放一半將減下之數於內庫紐支銀絹撥還戶部　三
月十六日三省言切慮州縣奉行不虔依舊催理有失
寬恤之意詔令逐州府遵依已降指揮如有違戾許人
戶越訴當職官吏重寘典憲　四月四日詔僧道年六
十以上并篤廢殘疾之人並比附民丁放納丁錢自乾
道元年為始仍令州縣出榜曉諭　二年四月七日臣

卷一萬七千五百四十四

僚言民戶歲各有丁身錢州縣按籍舉催雖一夫不可
幸免至逃亡死絕自當開落去歲二浙水潦疾疫相仍
因而死亡其數頗多聖恩寬恤已免當年丁錢竊聞今
歲州縣起催乃以虛名追寔錢或老耄幼弱為之代輸
或者保鄰里為之償納百姓飢餓之餘自納身丁已似
不堪而況更為他人輸納芻所得甚微而為細民之害
不輕欲乞行下諸州覆寔開落仍令監司按察從之
五月九日臣僚言兩浙路去年百姓以疾疫死亡以飢
餓流移者至多州縣丁籍自應虧減竊聞州縣按籍而
催尚仍故目官吏急於逃責將年未及之人籍為成丁
或察計所虧之額多取之於見存之人或抑令保正長

（覈一作覆）（柳一作劉）（一作二）

合力償備欲望特降指揮下兩浙州縣覈寔流移死亡丁數保明申上樁行倚閣候將來流移歸業中小成丁仍令漸次增補不過數年自當復舊從之　六年正月十四日戶部尚書曾懷等言自放行度牒給賣過一十二萬餘道已剃度披戴僧道數目不少今稽考得州縣逐年所納免丁錢比來放行度牒以前年分止增三五萬貫顯是州縣作弊公然侵隱或作僧道雲遊爲名不納或當來妄供中年甲入老規避免納之數是致暗失財計望行下諸路提刑司委官檢察括責從寔拘收盡數入總制帳每季起發毋令依前作弊欺隱仍開具括責到錢數類聚一路總數保明供申戶部驅磨從之

（卷一萬七千五百五十四）（六十五）

三月二十四日嚴州言乞先將本州第五等戶無産之人丁塩紬數蠲減戶部契勘嚴州民戶從來輸納丁塩紬係積舊年例合納之數難以遽行減免緣本州昨來知州柳楹任內發到餘剩六萬三千貫已起赴左藏南庫送納了當今欲下嚴州將第五等無産稅入戶四萬一百九十六丁合納丁塩紬與放免一年計減放紬一萬二千八百六十二疋二丈八尺八寸每疋作六貫文省紐計價錢七萬七千一百七十三貫七百二十八文令左藏南庫却將嚴州起發到前項餘剩錢六萬三千貫撥還左藏西庫其餘不足錢一萬四千一百七十二貫七百二十八文本部自行管認從之　同日新差權

（南一作東）

知惠州葛延年上殿事事乞放廣南身丁米上曰分明是科斂延年奏此來其來已久止緣縣官欲以丁口增衍爲課最故逃亡者不爲開落勒令催科甲頭代納人甚苦之上曰合與他蠲除　閏五月二十四日詔江東路被水去處比餘路最多可令江東轉運司將建康府太平州寔被水縣分第四第五等人戶今年身丁錢並與放免一年不得巧作名色依舊科取如有違戾令監司覺察按劾重作施行許人戶越訴　十一月十八日浙東提舉常平蘇嶠言乞將溫州旱傷第四第等以下合納身丁將與蠲放一年爲錢一萬千日貫從之　七年二月八日詔溫州人戶合納身丁絹隨夏料送納已

（卷一萬七千五百五十四）（六十六）

承乾道六年十一月十八日指揮將第四第五等人戶與放免一年外竊慮所降指揮之前已有人戶送納在官仰並特與理作乾道七年合納之數　十二月三十日戶部契勘浙東溫州浙西湖州今歲荒歉最甚溫州已降指揮將旱傷去處第四第五等人戶今年身丁錢並與放免一年其湖州亦當一體施行乞將湖州五等以下細民今年丁稅或尚有欠負特與蠲免不得依前巧作名色追理從之　七年二月十四日冊皇太子赦應民間有曾祖父母存而身已成丁者其丁錢身役並免一年訪聞二廣民戶輸納丁錢去處近來官司緣年十二三便行科納謂之掛丁錢多致逃亡仰本路監司

帝切嚴行覺察約束　九年十一月九日南郊赦廣南東西兩路民間有曾祖父母存而身未成丁之人訪聞州縣便行科納謂之掛丁錢遂致丁戶逃亡已令監司約束所隸州縣尚慮不遵成憲甚失朝廷愛民之意仰逐路帥臣更加覺察或有違戾互行按治以聞當議重作施行　七月十五日直寶文閣知建寧府趙彥端言生子孫而殺之者法禁非不嚴備間有違者蓋民貧累衆無力贍給年方至丁復有輸納身丁之患臣自到任首行曉諭貧乏之家生子許經府驗寔支錢米給濟尚慮細民貧困未能不至犯法乞將本府七縣人戶身丁錢自令後並與蠲免從之　八月十四日宰執進呈兩

卷一萬七千五百四十　六七

諸州丁鹽絹數上曰范成大謂處州丁錢太重遂有不舉子之風虞允文奏曰誠有之但諸州縣丁絹尺寸多少各不等欲擇其縱重者蠲之上曰有一家而數丁者須當量與減免卿等更議定以聞於是詔兩浙州軍人戶身丁鹽錢折納紬絹數內紹興府湖處州比之他州最重數納不均訪聞民戶避免至於生子不舉有傷風化可令提舉常平官限一月取見逐州所管戶口丁數等第每丁歲納若干有無科折覈寔保明攢具成冊繳申尚書省取旨　十月一日司農少卿總領淮東軍馬錢糧蔡洸言鎮江共管三邑而輸丁各異有所謂稅戶有所謂客戶稅戶者有常產之人也客戶則無產而僑寓

二作三　六作九

者也稅客戶客戶惟丹徒並輸丁而丹陽金壇二邑有稅則無丁其輸丁者客戶而已每丁所輸或二尺或四尺固已不同而官司受納則以匹計故攬者得以邀其利倍取其直然後湊匹賤買以輸之衆戶併為一鈔有鈔則可持以為驗而無鈔未免有重疊追輸之擾豈不重困民力乞令稅客戶一體輸納少紓客戶之力而三邑不得自為同異則民樂輸矣仍乞見輸丁絹依和買之直計尺折納而人給一鈔既免重疊追擾且攬戶不得以邀其利則民不困矣況一歲不過一千七百三十二匹一丈八尺若以其絹合赴內帑交納之物於法有礙即乞令鎮江府折納買絹起發於官無損而三萬六

卷一萬七千五百四十　六八

千九百餘丁均被寔惠從之　八年五月知湖州單夔言本州六縣管二十六萬八千六十九丁計絹六萬五千二百九十六匹有零又續編排出隱漏一萬四千八百九十二丁元額每三丁或四丁以上納絹一匹視他州為重詔每七丁共納絹一匹比元額每歲計減絹二萬四千八百二十匹令提領左藏南庫所每年於納到沙田蘆場租錢內撥還戶部未幾續承指揮下項嚴州管一十二萬三千一百二十四丁每歲納紬絹三萬九千三百九十九匹有零係每丁納絹一丈二尺八寸紹興府管三十三萬三千五百二十一下每歲納紬絹四萬三千一十五匹有零綿七萬七千四百二十餘兩錢

四萬七千七百五十貫有零上四等係約四丁納絹一
匹五等係約八丁納絹一匹處州管一十九萬一千三
百八丁每歲納絹錢二十萬三千六百餘貫係四丁以
上共納絹一匹委是稍重詔嚴州依湖州每七丁共納
絹一匹每年共減二萬四千二百九十三匹有零計錢
四萬七千一百七十貫足有零紹興府上四等每七丁
共納絹一匹第五等每十丁共納絹一匹每年共減絹
一萬三疋二丈五尺四寸計錢五萬二千一十八貫七
百足有零處州上四等戶每五丁共納絹一匹五等戶
每八丁共納絹一匹每年共減絹九千九百一十匹有
零計錢三萬四千六百八十貫文足有零以上減下錢

卷一萬七千五百四十四

數並令每年收到沙田蘆場租錢內撥還戶部　九年
五月十一日中書門下言節次已降指揮湖嚴處州紹
興府歲輸丁絹各以均減如願共納成匹絹帛尚慮止
是一戶得鈔餘戶無以執照乞令逐州府每戶各給憑
由以革再行追擾輸納之弊仍自乾道八年為始若人
戶已有納過數目亦與出給憑由理充乾道九年合納
之數不得重疊科取如違官吏重作施行許人戶越訴
仍多出文榜曉諭人戶通知從之　十一月九日南郊
赦台州城內被大居民仰本州取會保明詣實將今年
未納身丁與免一年仍將來年身丁更與蠲免一年
先是宰執進呈台州旱傷并遺火事上曰台州今歲旱

傷繼之以火小民不易州郡亦闕乏除已給降錢米應
副賑濟支遣外其被大民戶身丁錢可與免納一年曾
懷等奏曰州郡細民皆蒙聖恩軫念如此乞於郊赦內
行下兩路故有是詔

卷一萬七千五百四十四

差役錢

鄉役錢

追郡錢

全唐文

宋會要

乾道元年八月五日臣僚言凡州縣執役被差供役者其始參也以錢餽諸吏則謂之參役錢

宋會要

乾道元年八月五日臣僚言凡州縣執役被差供役者其既滿也以錢謝諸吏則謂之辭役錢

宋會要　醋息

乾道元年八月五日臣僚言凡官員下鄉則謂之醋息錢

卷四十六百八十

一

安本缺治平四年至元豐八年一卷

免役　副本

卷四千六百八十五

宋會要　免役錢

哲宗元祐元年正月十四日戶部言准勅府界諸路耆
長戶長壯丁之役並募以保正代耆長催稅甲頭代戶
長承帖人代壯丁並罷看詳所募耆戶長若用錢數雇
募即應所支數少應募不行兼第四等以下舊不出役
錢只輪充壯丁切慮諸路提舉司州縣為此令降朝旨
並創行雇募卻於人戶上更數役錢今相度欲乞應府
界諸路自來有輪差及輪募役人去處並乞依元役法
如有合增損事件亦依役法增損條貝施行從之二
月初一日中書舍人蘇軾言切見先帝初行役法取寬
剩錢不得過二分以備災傷而有司奉行過當通計天

下乃十四五然行之幾十六七年常積而不用至三千
餘萬貫石先帝聖意固自有在而愚民無知因謂朝廷
以免役為名實欲重斂斯言流聞不可以示天下後世
臣謂此錢本出民力理當還為民用此先帝聖意所欲
行者今日所當追探其意還於役法中散之以塞愚民
無知之詞以興長世無窮之利臣伏見熙寧中嘗行給
田募役法其法以係官田如退灘戶絕沒納之類及用
寬剩錢買民田以募役人大略如邊郡弓箭手臣知密
州親行其法先募弓手民甚便之曾未半年此法復罷
左右大臣意在速成且利寬剩錢以為他用故更相駁
難遂不果行臣謂此法行之有五利朝廷若依舊役法

卷四千六百八十五

六

則每募一名省得一名雇錢因積所省益買益募要之
數年雇錢無幾則役錢可以大減若行差役法則每一
名省得一名色役色役既減農民自寬其利一也應募
之民正與弓箭手無異舉家衣食出於官田平時重犯
法緩急不逃亡其利二也今者穀賤傷農民賣田常苦
不售若官與買則田穀皆重農可小舒其利三也錢積
於官常苦幣重若散以買田則貨幣稍均其利四也此
法既行民享其利追悟先帝所以取寬剩錢者凡以為
我用耳疑謗消釋恩得顯白其利五也獨有二弊貪利
狡胥與民為姦以瘠薄田中官雇一浮浪人暫出應役
一年半歲即棄而走此一弊也愚民寬慮見利忘患闕

椎一作搥

官中買田募役即爭以田中官以身充役業不難主既
初無所失而驟得官錢必爭為之充役之後永無永歇
患及子孫此二弊也但當設法以防二弊而先帝之法
決不可廢今日既欲盡罷寬剩錢將來無繼而鮮官田
地數目不多見在寬剩錢雖有三千萬貫石而熙寧以
來借支數年臣今擘畫欲於內帑錢帛中支還兵興以
來所借錢斛復全三千萬貫石止於河北河東陝西緣
邊三路行給田募役法使五七年間役減太半農民富
税以備緩急此無窮之利也今弓箭手有甲馬者臣謂
良田二頃可募一弓手一頃可募一散從官則三千萬
貫石可以足用後有詔送役法所元祐元年七月六日

卷四千六百八十五

七

三省樞密院同進呈門下侍郎司馬光奏切見免役之
法其害有五舊日差役之時上戶雖差充役次有所陪
備然年滿之後却得休息數年營治家產以備後役今
則年出錢無有休息或有所出錢數多於往日充役陪
備之錢者此其一害也舊日差役之時下戶元不充役
今來一例出免役錢驅迫貧民剝膚椎髓家產既盡流
移無歸弱者轉死溝壑强者聚為盜賊此其害二也舊
日差役之時所差皆土著良民各有宗族田產使之作
公人管幹諸事各自愛惜使之主守官物少敢侵盜所
以然者事發逃亡有宗族田產以累其心故也今召募
四方浮浪之人使之充役無宗族田產之累作公人則

詭為姦偽曲法受贓主守官物則侵欺盜用一旦事發
則挈家亡失變姓名別往州縣投名官中無由追捕官
物亦無處理索此其害三也自古農民所有不過穀帛
與力凡所以供公賦役無出三者皆取諸其身而無窮
盡今朝廷立法曰我不用汝力輸我錢我自雇人殊不
知農民出錢難於出力何則錢非民間所鑄皆出於官
上農之家所多有者不過莊田穀帛牛具桑柘而已無
積錢數百貫者自古豐歲穀賤已自傷農官中更以免
役及諸色錢督之則穀愈賤矣平時一斗直錢者不過
直四五十更急則三二十豐年猶可以糴穀送納官錢
若遇凶年則穀帛亦無不免賣莊田牛具桑柘以錢納

卷四千六百八十五

八

官既家家各賣如何得售惟有拆屋伐桑以賣薪殺牛
以賣肉今歲如此來歲何以為生是官立法以殄盡民
之生計此其四害也提舉常平倉司惟務多斂役錢廣
積寬剩以為功効希求進用今朝廷雖有指揮令役錢
寬剩錢不得過二分切慮聚斂之臣猶依傍役錢作名
目隱藏寬剩使幽遠之人不被聖澤此其害五也陛下
近詔臣民各上封事言民間疾苦所降出者約數千章
無有不言免役錢之害者是知其為天下之公患無疑
也以臣愚見為今之計莫若直降勅命應天下免役錢
一切並罷其諸色役人並依熙寧元年以前舊法人數
委本縣令佐親自揭五等丁產簿定差仍令刑部檢會

熙寧元年見行差役條貫離印頒下諸州所差之人若正身自願充役者即令充役不願充役者從便選雇有行止人自代其雇錢多少私下商量若所雇人逃亡則勒正身別雇若將帶却官物勒正身陪填如此則諸色公人盡得有根柢行止之人少敢作過官中百事無不修舉其見雇役人候差到役人放令逐便雖內惟衙前一役最號重難鄉日差役之時有因重難破家產者朝廷為此始計作助役法自後條貫優假衙前諸公使庫設廚酒庫茶酒司並差將校幹當諸上京綱運召得替官員或差使臣殿侍軍大將管押其麤色及畸零之物差將校或節級管押衙前若無差遣不聞更有破產之

人若今日差充衙前科民間陪備亦少於鄉日不至有破家產者若猶以衙前戶力難以獨任即乞依舊法於官戶僧寺道觀單丁女戶有屋產每月掠錢及十五貫莊田中年所收及百石以上者並令隨貧富分等　出助役錢不及此數者與免其餘產業並約此為準所有助役錢令逐州揔管據所有多少數目約本州衙前重難分數每分合給幾錢遇衙前合當重難差遣即行支給尚慮天下役人利害逐處各有不同欲乞於今來勅內更指揮行下開封府界及諸路轉運司牒下州縣委逐處官看詳若依今來指揮別無妨礙可以施行即便依此施行若有妨礙致施行未得即仰限勅到日具利

害擘畫由本州仰本州類聚諸縣所申擇其可取者限勅書到一月內具利害擘畫申轉運司轉運司類聚諸州所申擇其可取者限勅書到一季內具利害擘畫一奏聞朝廷候奏到委執政官再加看詳各隨宜修改別作一路一州一縣勅施行務要所在役法曲盡其宜從之初議役法蔡確言此大事也當與樞密院共之故三省樞密院同進呈元祐元年二月二十二日門下侍郎司馬光免役錢已悉廢罷復祖宗差役舊法乃天下之幸臣聞令出惟行弗惟反彼免役錢雖于下戶困苦而上戶優便行之已近二十年人情悉熟一旦變更不能不懷異同又復行差役之初州縣不能不小有煩擾又

提舉官專以多斂役錢為功惟恐役錢之罷若見朝廷於今日所下勅微有變動必更相告曰朝廷之勅果尚未定宜且觀望必競言免役錢不可罷朝廷萬一聽之則良法復壞矣伏望朝廷執之堅如金石雖有小小利害未備俟諸路轉運司奏到徐為改更亦未為晚當此之際願朝廷勿以人言輕壞利民良法元祐元年二月二十八日置詳定役法所詔門下侍郎司馬光近建明役法大意已善緣關涉事眾尚慮其間未得盡備及繼有執政論奏臣僚上言役法利害若不精加考究何以成萬世良法宜差資政殿大學士兼侍讀韓維吏部尚書孫永給事中兼侍講讀范純仁專切詳定以聞仍將

而以便民下有脱落
不知如此豈不
無朝廷與
後復

透項文字抄付韓維等先是知樞密院章惇言近奉旨與三省同進呈司馬光乞罷免役行差役事劄子甚問甚多疎略令條陳如左一今月初三日劄子內稱舊日差役之時上戶雖差充役次有所陪備然年滿之後却得休息今所出錢數多於往日充役陪備之錢其害一也又[illegible]劄子內却稱彼免役錢雖於下戶困苦而上戶優便行之已近二十年人情習熟一旦變更不能不懷異同臣看詳司馬光旬日之間兩以便民不知如此草草更張反更為害諸路州軍見此指揮必妄意朝廷惟在速了不欲令人更有議論故立此限迫促施行望風希合以速為能豈更有擘畫上項兩節乃是空

卷四千六百八十五

十一

文且諸縣既迫以五日之限苟且施行猶恐不暇何由更具利害申陳諸縣既不申陳諸州憑何擘畫諸州既無擘畫轉運司欲具利害將何所憑又況人懷望望誰肯措辭如此則生民受弊未有已時雖有憂國愛民之心而無講變法之術無不喟嘆伏乞更加審議臣所看詳且據司馬光劄子內抵梧事節而已至於見行役法今日自合脩改但緣差役免役各有利害要有在講求措置之方使之盡善臣再詳光所論事亦多過當唯是稱下戶元不充役今來一例納錢又錢非民間所鑄皆出於官上農之家所多有者不過莊田穀帛牛具桑柘而已穀賤已自傷農官中更以免役及諸色錢督之則

穀愈賤此二事最為論免役納錢利害要切之言然初朝廷自議行免役之時本為差役民受困苦大則破家小則毀身所以議改新法但為當時所遣使者不能體先帝愛民之志成就法意之良惟欲因事以為己功或務多取役錢妄意百端邀倖求進法行之後差役之舊害雖已盡去而免役之新害隨而復生民間徒見輸納之勞而不知朝廷文書所差之人但占名著字事有失錯身當決罰而已民間中下人戶甚以為苦自免役法行或勒向來受雇遣人充手分支與雇錢設若此等人曲法受贓即與舊日何異一稱提舉常平倉司惟務多斂役錢廣積寬剩以為功勤希求進用今朝廷雖有指

卷四千六百八十五

十二

揮令役錢寬剩不得過二分竊慮聚斂之臣依傍役為別作名目隱藏寬剩使幽遠之人不被聖澤臣看詳所言亦未中事理大抵常人之情謀己私利者多而向公愛民者少若朝廷以積錢多為賞勸則必以聚斂邀功今朝廷既不許取寬剩及措刺者必行黜罰則提舉官若非病狂豈肯力求黜罰況役錢若有寬剩未委作何名目可以隱藏以此驗之言已疎濶一稱臣民封事言民間疾苦所降出者約數千章無有不言免役之害足知其為天下之公患無疑臣看詳臣民封事降出者言免役不便者固多然其間言免役之法為便者亦自不少蓋非人人皆言免役為害事理分明然臣愚所見凡

言便者多上三等人户言不便者多下等人户大抵封
事所言利害各是偏辭未可全憑以定虛實當否惟雖
詳究事實方可興利除害一稱莫若自降勅命應天下
免議差罷其諸色役人並依熙寧元年以前舊法人數
委本縣令佐親自揭五等丁產簿定差仍令刑部檢按
熙寧元年見行差役條貫雕印頒下諸州臣看詳此一
節尤為疎畧全然不可施行且如熙寧元年役人數目
尤多後來累經裁減三分去一今來豈可悉依舊數定
差又令刑部檢會熙寧元年見行差役條貫雕印頒下
諸州且舊日每修編勅比至雕印頒行之時具聞衝改
已將及半蓋以事目歲月改更理須續降後勅今日天

卷四千六百八十五

十三

下政事比熙寧元年以前改更不可勝數事既與舊不
同豈可悉檢用熙寧元年見編行條貫竊詳司馬光之意
必謂止是差役一事令既差役依舊則當時條貫便可
施行不知差役一事而官司上下關連事目極多條貫
動相干涉豈可單用差役一門顯見施行未得一稱鄉
日差役之時有因重難破家產者朝廷為此始議作助
役法然自後條貫優假前應公使庫設廚酒庫茶酒司
並差將校幹當又上京綱運色得替官員或差使臣殿
侍軍大將管押其麤色及畸零之物差將校或節級管
押衙前若無差遣臣看詳此一節自行免投錢後來凡
所差將校幹當廚庫等處各有月給食錢其名募官員

使臣并差使臣將校節級管幹綱運官物並各有路費
等錢皆是支破役錢今既差役則無錢可支何由更可
差將校管幹及召募官員管押一稱若以衙前户力難
以獨任即乞依舊於官户僧寺道觀單丁女户有屋業
每月掠錢及十五貫莊田中年所收斛㪷及百碩以上
者並令隨貧富等第出助役錢不及此數者與放免其
餘產業並約此為準臣看詳自免役法行官户寺觀單
丁女户各已有等第出納役錢之法今若既出助役錢
自可依舊何須一切並行改變且如月掠房錢十五貫
已是下等之家若令出助役錢顯見不易又更令凡莊
田中年所收百斛以上亦納助役錢即尤為刻剝凡內

十四

地中年百碩斛斗麤細兩色相兼共不直一十千錢若
是不當水路州軍不過直十四五千錢而已雖是河北
沿邊不過可直三十來千除陝西河東沿邊州郡四五
十千免役法中皆是不出役錢之人似此等管官户寺
觀送納固已非宜況女户單丁尤是孤弱若令出納豈
不更為深害一稱慮天下役人利害逐處各有不同欲
乞令來勅內更行指揮下開封府界及諸路轉運司謄
下諸州縣官看詳若依今來指揮別無妨礙即便施行
若有妨礙致施行未得即勅書到五日內具利害擘畫
申州本州類聚諸縣所申擇其可取者限勅書到一月
內具利害擘畫申轉運司轉運司聚諸州所申擇其可

取者限勑書到一季內具利害擘畫奏聞又續有劄子
內稱伏望朝廷執之堅如金石雖有小小利害未備俟
諸路轉運司奏到徐為改更亦未為晚臣看詳今日更
張政事所繫生民利害免役差役之法最大極須詳審
不可輕易況役法利害所基雖自縣道理須寬以期限
令諸縣詳議利害曲盡逐處所宜則法可久行民間受
賜今來止限五日諸縣何由擘畫利害詳光之意務欲
速行以便民不知如此草草更張反更為害諸路州軍
見此指揮必妄意朝廷惟在速了不欲令人更有議論
故立此限迫促施行望風希合以速為能宜更有擘畫
上項兩節乃是空文且諸縣既迫以五日之限苟且施
行猶恐不暇何由更具利害申請諸縣既不申陳諸州
憑何擘畫諸州既無擘畫轉運司欲具利害將何所憑
又況人懷觀望誰肯措辭如此則生民受弊未有幾時
光雖有憂國愛民之心而無講變法之術措置無方施
行無緒可惜朝廷良法美意又將偏廢於此時有識之
人無不喟歎伏乞更加審議臣所看詳且據司馬光劄
子內抵捂事節而已至於見行役法令臣自合修改但
緣差役免役各有利害要自在講求措置之方使之盡
善臣再詳光所論事亦多過當唯是稱下戶元不充役
今來一例納錢又錢非民間所鑄皆出於官上農之家
所多有者不過莊田穀帛牛具桑柘而已穀賤已自傷

農官中更以免役及諸色錢督之則穀愈賤此二事最
為論免役納錢利害要切之言然初朝廷自議行免役
之時本為差役民受困苦大則破家小則毀身所以議
改新法但為當時所遣使者不能體先帝愛民之志成
就法意之良惟欲因事以為己功或務苟且速就或務
多取役錢妄意百端徼幸求進法行之後差役之舊害
雖已去盡而免議之新害隨而復生民間徒見輸納之
勞而不知朝廷愛利物之意今日正是更張修飾之時
理當詳審況逐路逐州逐縣之間利害不同並須隨宜
擘畫如臣愚見謂不若先具此意申敕轉運提舉司諸
州縣各令盡心講求豫具利害擘畫次第以俟朝廷遣
使就逐處措置此命既以先下人人莫不用心然後朝
廷選公正強明曉練政事官四員充使逐官各更選辟
曉練政事兩員隨行管勾且令分使京東京西路每路
兩員使者四員隨行管勾官與轉運或提舉官親詣逐
州縣體問民間利害是何等人戶願出役錢是何等人
戶不願出役錢是何等色役可差是何等色役可雇是
何等人戶是不願出錢而可以使之出錢是何重難優
輕可增可減緣人戶貧富發次多寡與重難優輕實明
州州縣縣不同理須隨宜措置既見得利害子細然後
條具措置事節逐旋聞奏降敕施行如此不過半年之
間可以了此兩路然後更遣此又經措置官員分往四

路逐員各更令逐一員未更措置曉達政事官同行不
過半年之間入可措置四路然後依前分遣遍往諸路
如此則遠不過一年半之間天下設法措置悉已周徧
法既曲盡其宜生民永蒙惠澤上則成先帝之美意下
則與無窮之大利與今日草草變革一切苟欲速行之
弊其為利害相遠萬萬願留省覽至是尚書左丞呂公
著言勘會司馬光近建明役法文字大意已善其間不
無疏畧未備處若博採衆論更加公心申明行下向去
必成良法今章惇所上文字雖其言或有可取然大率
出於不平之氣專欲求勝不顧朝廷命令大體早來都
堂三省樞密院會議章惇安燾大段不遜商量況役法

卷四千六百八十五　十七

元不屬密院若如此論議不一必是難得平允望宸衷
詳酌或選差近臣三數人專切詳定聞奏遂與韓維李
常范純仁孫覺孫永呂大防王覿名乞自禁中指揮選
三數人降出又言自來政事朝廷有大議論亦多選差
兩制或兩省定奪近劉摯王巖叟蘇轍有所論奏恐涉
嫌疑惟宸衷裁擇於是詔維等專切詳定元祐元年二
月二十八日右正言王覿言伏覩今月七日勅行差役
法勅內止是備錄門下侍郎司馬光劄子不曾經有司
立成畫一條目若內有小節未安須當接續行下庶幾
良法早定不為浮議所搖看詳諸色役人並依熙寧元
年以前舊法人數委本縣令佐親自揭五等丁產簿定

差此一節緣諸色役人自熙寧元年後來逐旋裁減今
來乞降指揮依見今役人立額定差并衙前一役熙寧
元年以前差法許人投名今既須行熙寧元年以前差
役條貫即合存留投名之人乞降指揮應投名衙前只
閑近年規繩以出賣坊場支酬重難分數並給請受或
內有不願依舊投名之人重別召募不行方得鄉差其
官戶僧道寺觀單丁女戶免役錢即留助鄉差之人詔
劄與詳定役法所元祐元年二月二十八日右司諫蘇
轍言伏見二月九日三省樞密院劄子節文應天下免
役錢一切並罷其諸色役人並依熙寧元年以前舊法
人數定差大綱既得允當其間節目頗有疏畧差役本

卷四千六百八十五　十八

為一二具言全在有司節次修飾今來開封府官吏更
不相度申請於數日之間一依舊法人數差撥了絕如
壇子之類近年以剩員充者一例差撥役人監勒開拆
兩縣迫若兵火顯是故欲擾民以害成法乞下所司取
問大急催督是何情實特賜行遣以戒天下挾邪壞法
之人詔劄送詳定役法所元祐元年二月二十八日司
馬光言臣伏見御批指揮以臣近建明差役法處其間
未得盡備差韓維呂大防孫永范純仁專切詳定聞奏
臣切以免役錢之病民自歸日臣僚民庶上封事及日
近劉摯等奏陳言之甚詳非獨出臣一人之私意也陛
下幸用臣言悉罷免役錢依舊差役詔下之日中外歡

呼往來之人聞道路農民迭相慶賀云今後遠回快活
也然則此令之下深合人心明白灼然無可疑者具聞
條目未備不能委曲盡善固須有之臣所以乞下諸路
州縣官吏令看詳若妨礙施行未得即具利害擘畫以
次上聞誠以畎畝幽隱南北異宜自非在彼親民小官
無以知其詳悉故令各具所見指陳利害所以盡下情
求民瘼非謂勑書一下禁人不得復議也俟其奏到條
議添改何後之有要在早罷役錢復差役為大利而已
如建大厦棟宇已立雖户牖未備可以徐圖今陛下令
韓維等再行詳定考究利害補令滿畧成就良法固無
所妨但勑下已踰半月州縣差役約已及中半方得追

紛紛臣愚切恐聞此指揮謂朝廷前日之勑改更未定
或斂錢或差役尚未可知官吏惶惑不知所從架庶失
望怨嗟益甚必有本因新法得選之臣乘此間隙爭言
免役錢不可罷因聚斂獲功之吏稱舊條未改督責免
役錢愈急是民出湯火濯清泉復入湯火也伏望朝廷
特賜申勑州縣言令來止為具聞條目未備令維等詳
定所有差役仰州縣依前面一面施行候定到事節續
降下次免致於差役中半紛紜之際令出反汗人情大
搖從之光按元祐閏二月四日勑已差官詳定役法令
諸路且依二月初六日指揮定差仍令州縣及轉運司
舉司各逐與限兩日體訪役法民間的確利害縣具可

施行事申州州為看詳保明申轉運提舉司看詳保明
聞奏仍令逐州縣出榜許舊來係納免錢令來合差役
人户各具利害實封自此用是劉摯言免役錢為天下
害也久矣陛下一旦能於朝廷祖宗差法中外罔不忻
快命令之出安在必行豈可却云且行則天下奉承者
豈不疑惑懷私之人豈不覬望又令舊納錢者皆具論
列緣四海百姓向來無不納錢則是謁天下之人使之
實封無法達于朝廷者計須山須則考閱何時可遍則
所謂差役之法何以可見其成也建此論者蓋欲為遷
延之謀搖動之術不意朝廷從而行之今已選官建局
但宜趣具畫一宣布行下大法既先定如州縣奉行委

有未安方聽依限申請然後隨事修之何用此紛紛以
遂沮害之計名天下之疑哉王巖叟言前勑為已見民
間免役之害故復差法而今勑方云限兩月體訪利害
前勑不以委提舉司而今勑又令提舉司看詳保明朝
廷豈不知提舉官多是護持獎法之人人利於且為監
司惟恐便行廢罷見此指揮必生觀望以為近勑候詳
定成法日別取指施行庶命令無反覆之嫌中外無二
三之惑尋詔令議論未見成法若許諸色人申陳恐徒
為煩擾候有成法錄下諸路立限許實封申陳遂旋看
詳更改閏五月十日詔詳定役法所有合經由三省文
字與免勘當及不依常制日限催促施行十五日詳定

役法所言司馬光奏請天下免役錢並罷其諸色役人並依熙寧元年以前舊法人數令佐揭簿定差令看詳欲乞下諸路除衙前一役先用坊場河渡錢依見今合用人雇募不足方許揭簿定差其餘役人除合召募外並行定差其差衙前有妨礙或別有利害許依閏二月四日指揮施行從之同日右司諫蘇轍言臣近奏罷免役錢行差役事大綱已得允當其閒小節疎畧差誤乞令諸處審議候的確可行然後行下近日已蒙聖旨差韓維等四人置局看詳臣謂疎畧差誤其事有五其一衙前之害自熙寧以前破敗人家甚如兵火天下同苦之久矣先帝知之故創立役法向收場坊官自出賣以免役錢雇投名人以坊場錢為重難酬獎及以召募官員軍員押綱自是天下不復知有衙前之患而近歲所以民日貧困天下共苦免役法者乃是莊農之家歲出役錢不易及出賣坊場許人添價爭劃致送納不前之弊也向使先帝只行官出出賣坊場一事自可了却衙前色役有餘其餘役人且依舊法則天下之利較然無疑獨有一弊所雇衙前或是浮浪不如鄉差稅戶可以委信然行之十餘年浮浪之害無大敗闕不足以易鄉差衙前擾擾之患今來畧計天下坊場錢一歲所得共四百二十餘萬貫若立定酌中價例不許添價劃買亦不過三分減一尚有役錢八十餘萬貫若立定酌中價

例不許添價劃買亦不過三分減一尚有役錢八十餘萬貫而衙前支費及召募非泛綱運一歲共不過一百五十餘萬貫雖諸路多少不齊或足或否而折長補短移用可足由此言之將坊場錢了衙前一役綽然有餘何用更差鄉戶今年二月六日所降指揮但云諸公使庫設廚酒庫茶酒司並差將校幹當諸綱運並召得替官員或差使臣軍員將校管押衙前若無差遣不聞有破產之人以此欲差鄉戶至於坊場尤無明文處置不知官自出賣為復却依舊法酬獎衙前若官自出出賣即如川蜀京東淮浙等路舊來坊場優厚人人願為長名元不差鄉戶去處今來却須創差民情必是大致驚擾若依舊法用坊場酬獎衙前即未合召募官員軍員將校等押綱用何錢支遣若無錢支遣即諸般重難還是鄉戶衙前管認為害不少其二坊郭人戶熙寧以前常有配配之勞自新法以來始與鄉戶並出役錢而免科配其法甚便但所出役錢太重未為經久之法今若全不令出即比農民反為僥倖若依熙寧以前科配則取之無藝人未必安今來二月六日指揮並不言及坊場一項欲乞指揮并官戶寺觀單丁女戶並據見今所出役錢裁減酌中數目與前項賣坊場錢除支雇衙前及召募非泛綱運外常切樁留準備下項支遣所有月掠房錢十五千及歲收斛十百石以上出錢指

揮恐難施行其三新法以來減定諸役人皆是的確合
用數目行之十餘年並無闕事即熙寧以前舊法人數
顯是冗長虛煩民力今來二月六日指揮卻令依舊人
數定差未為允當欲乞只依見今役人數目差撥若日
前元差鄉戶充役後來卻用剩員抵替如場子壇子之
類其剩員差費請受合還運司者即乞於前項坊郭等
錢內支還其四熙寧以前散從弓手手力等役人常苦
接送之勞遠者至四五千里極為疲弊自新法以來官
吏皆請雇錢役人既以為便官吏亦不闕事今民力凋
殘比之熙寧以前尤當憫恤若不免接送必有逃竄流
離之憂欲乞依新法官吏並請雇錢仍於前項坊場坊

郭等錢內支其五州縣胥吏並募情願充役不請雇錢
如不顧願即量支雇錢仍罷重法亦以前項坊場坊郭
等錢支如支用不足即差鄉戶仍許指射舊人官吏差
雇代役其鄉戶所出顧錢不得過官雇數目詔送看詳
役法所十六日詳定役法所言乞先次行下諸路除衙
前一役先用坊場河渡錢物依見今合用人雇募不足
方許揭簿定差本所再詳雇募二字切慮諸路承用疑
惑卻將謂依舊用錢雇募充役欲乞改雇字為招字從
之十九日給事中兼侍講傅堯俞詳定役法二十四
日右司諫蘇轍言出限拖欠役錢今來朝廷已行差役
法即免役錢別無支用雖使役未了間時暫留舊雇人

執役自有從來寬剩役錢支遣其拖欠役錢乞與一切
放免從之三月三日詳定役法所言乞下諸路除衙前
外諸色役人只依見用人數定差今來夏料役錢住罷
更不起催官戶僧道寺觀單丁女戶出錢助役指揮勿
行從之同日詳定役法所言檢會今年二月六日朝旨
內一項諸色役人其間雖有等第不及而願充近上役
次者乞聽從便及舊人願住者准此一項乞下諸路衙
前依已得指揮外其餘役人亦乞並依即目見用人數
定差如委實人數太少使用不足或別有妨礙即依閏
二月四日指揮施行一官戶僧寺道觀單丁女戶出助
役錢切慮州縣有不曉元降朝旨如有妨礙即未得施行之

意卻便作無妨礙行下令乞下諸路更不施行別聽揮
揮一已准朝旨免役錢一切並罷其將來夏料役錢自
合更不起納從之四日詳定役法所言諸色役人已行
舊項差法切慮新舊法未定之際州縣輒有諸般圖那
陪備非理勾追役使若不嚴行禁止必恐後致搔擾欲
應元豐編勑及見行散勑內約束不得非理差衙前及
諸色役人并令陪備等條貫並乞依舊行使內耆壯即
乞依保正長法施行從之十六日詳定役法所言坊場
河渡錢元用支酬衙前重難添酒等錢准備場務陪費
如此之類名件不一除依條會支外欲並樁留以備白
募衙前支酬重難及應緣役事之用從之十七日詳定

役法所言諸路見行出賣坊場河渡等并應合支酬召募衙前使用錢物未有所隸詔令提點刑獄司主之是年閏二月八日罷諸路提舉常平官故以隸提刑十八日詳定役法所言准內降臣僚上言諸郡縣官員有自來雇募到承符散從官手力之類在逐廳令例合差鄉戶抵替減放逐官有以鄉戶生疎雇人慣熟不容鄉戶正身自應須令雇募其被雇人邀勒鄉戶剩要工錢者乞下詳定役法所立法來約本州勘會欲下府界提點司諸路轉運司常切覺察郡縣官員如敢抑令本廳新差役人出錢指名雇覓自來使令之人充代祗應者並行勘劾具情由申奏特降朝旨重行黜責如役人委實情願雇人者聽雇直不將過元募役錢數數從之四月六日中書舍人蘇軾詳定役法同日王嚴叟言臣伏見蘇軾建議乞盡發天下所積常平寬剩錢斛三千萬貫碩買田募役自陳五利二弊臣竊考五利皆難信之辭二弊乃必然未足以盡也臣與士大夫深究其說又得十弊為陛下列之無知之民苟於得地或應募佃地三五歲閒或以罪停或以疾廢或老且死其家無彊丁以代役則當奪其田而別募此乃是中路而陷其一家於溝壑此一弊也富民召客為佃戶每歲未收穫間借貸賙給無所不至一夫撫存明年必去而之他今一兩項之空地佃戶挺身應募室廬之備耕稼之資芻糧之費

百無一有於何仰給誰其主當此二弊也近郭之田人情所惜非甚不得已不易也今郡縣官吏迫於行法或倍益官錢曲為誘勸或公持事勢直肆抑令愚民之情一生於貪利一出於畏威不復遠思容肯割賣泊官錢入門隨手耗散遂使兄弟啟交爭之患父子有相怨之家舊章既隳美俗亦壞此三弊也良農治田不盡地力故所獲有常所利無盡今應募之人知官田終非己業耕耘種植定不致功務劫地力以苟所收所收浸薄其去益輕此法果行數年之後不獨變民田為官田將見壞好土此四弊也前日以錢雇役患在市井小人今日以田募役又止得鄉村之浮浪均之不可為郡縣此五弊也弓箭手雖充應募實不離家事有事則暫時應用無事則終歲在田雖成輪次上番自亦不妨農事非如其餘色役長在公門猶聞未足者難招已招者時去引之為比不切事情此六弊也第三等以上人戶皆能自足必不肯佃官田願充水役今既立法須第二等以上人戶許充弓手第三等以上許充散從官以上色役乃是以給田募役之名行揭簿定差之實云云百姓樂於應募何故第四等以下即須要第一等第三等戶委保一有逃亡便勒保人承佃充役乃是知其不可曲為之防既不能措置於安業又不能躋上戶於樂生此七弊也民間典賣莊土多是出於婚姻喪葬之急往往哀求

錢主探先借與方印契畧遺梗礙猶必陳辭令賣之人
官官司艱阻事節必多設法雖嚴終難杜絶或已申官
欲賣令佐未服親行相驗或已定價買到未有投名人
情願承佃未敢支錢析留多日者百姓欲罷則不能欲
訴則無路此八弊也應募之人若盡納貧民則水旱必
饑何以禁其流徙若皆拔上户則支移折變却盡倚在
何人此九弊也朝廷患不理去官赦降原減之法爲太
重方詔有司更定而又立此條蓋議者自度其難而專
欲以力制事以法驅之若緣久遠名籍不行官吏並科
違制又不以赦降去官原減則凡歷三路郡縣之吏無
全人矣此十弊也蓋有大可惜者三爲祖宗成法之中

卷四千六百八十五

二十七

天下共以爲利而不可改者莫大於差役陛下復之而
行方幾日今乃紛然獻議而欲變之此大可惜者一也自
陛下與百姓休息人人之心以父母戴陛下矣何者而
欲擾之此大可惜者二也内帑之所藏常平之所積積
之甚難國家宜留以備倉卒紓百姓之急今平居無事
而欲傾竭之不知何以待非常此大可惜者三也乞下
章與軾之議參考而擇之上官均亦陳不可行五説軾
議尋格十九日詔諸路州衙前依朝旨一月限滿已差
鄉户役如續有人情願投充者亦許逐旋收係替放差
到鄉户衙前歸農仍以家力最低小之人先次替放其
鄉户衙前若内有雖未年滿投充長名衙前者亦聽從

詳定所請也二十八日詔殿中侍御史吕陶往成都府
路與轉運司議定役法先是陶屢奏疏論差役利害及
坊場坊郭等事因陶竭吉取容故有是命陶言天下郡
縣所定板籍隨其風俗或以税錢貫伯或以地之頃畝
或以家之積錢或以田之受種立爲五等就其五等而
言頗有不均蓋有以税錢一貫或以田一頃或積錢一
千貫或受種一十碩爲第一等而税錢至於十貫者古
田業於十頃積錢至於萬貫受種至於百碩亦爲第一
等中差替長則税錢一貫與十貫者並須二年一替是
貧者常迫急富者常優佚況郡縣官吏難盡得人若不
預設防禁則民間雖無今日納錢之勞必有昔時偏顛

卷四千六百八十五

二十八

倍費之害五月八日户部侍郎趙瞻詳定役法十一日
詔諸州縣曹司舊人願在役及有人投募或鄉差之人自
可充役外其願雇人自代者聽從詳定所請也十六日
文彦博言復舊差役法議臣之中少有熟親民政者故
議論不同判吏縣令最爲親民之官且專委守令差定
役人編成籍條列自來體例條貫上轉運司如各得允
當即具申奏仍稍寬期限使盡利害其詳定役錢法所
止據逐路申請看詳定奪詔付詳定役法所二十三日
詳定役法所言新勅罷天下免役錢緣元豐令修弓手
營房給免役剩錢和雇遞馬及雇夫并每年終與轉運
司分認三十貫以下修造及舊係役人陪備脚乘之類

更有諸州造帳人情受并巡檢司馬遞鋪曹司代役人應用紙筆並係支免役錢令請支見免役積剩錢候役書成別行詳定從之其免役積剩錢應副不足處依嘉祐以前勅條條不載者奏二十五日中書舍人蘇軾言近奏為論招差衙前利害所見偏執乞罷詳定役法尋奏聖旨依所乞令來給事中胡宗愈却封還上件聖旨臣議既不同決難隨衆簽書乞依前降指揮於是御史中丞劉摯言詳定役法自置局以來日久未就而議法之官頗已屢易蘇軾願令依舊詳定仍乞催促成就以時宣布其後元祐二年正月十五日軾上疏去年二月六日勅下始行光言復差役法時臣弟轍為諫官乞將見在寬剩役錢雇募役人以一年為期令中外詳議然後立法又言衙前一役可即用舊人仍一依舊數支月給重難錢以坊場河渡錢支給皆不蒙施行又蒙差臣詳定役法臣因得伸弟轍前議先與本局官吏孫永傅堯俞之流論難反復次於西府及政事堂中與執政商議皆不見從遂上疏極言衙前可雇不可差先帝此法可守不可變之意因乞罷詳定役法當此之時臺諫相視皆無一決其是非者令弓手不許雇人天下之所同患朝廷變法許雇天下皆以為便而臺諫猶累疏力爭由此觀之是其意專欲變熙寧之法不復校量利害參用所長也六月十三日中書舍人蘇軾言乞應坊場河

渡免役量添酒等錢並用支酬衙前召募綱運官吏接送雇人及應緣衙前役人諸般支使如本州不足即申本路於別州移用如本路不足即申本部於別路移用其餘去處不得為見有餘額外支破其不足去處亦不得為見不足將合招募人却行差撥從之十四日中書舍人蘇軾言逐處色役各隨本處土俗事宜輕重不同難以限定等第一槩立法若衙前招募得足即須將以次重役於第一等戶內差撥請諸處色役委本路監司與逐處官吏同相度立定本處色役輕重高下次第以最重役從上差撥從之二十七日司馬光言先曾上言乞直降勅命應天下免役錢一切並罷其諸色役人並依熙寧元年以前舊法人數委令佐揭部定差蒙朝廷一一如臣所請無何續有雇募不足方行定差指揮人始疑惑既而屢有更張號令不一又轉運使各以己見欲令本路共為一法不令州縣各從其宜或已差役人却放或已放雇人却收或依舊用役錢雇人或不用錢招人充役朝夕不定上下紛紜往往與二月六日勅意相違竊緣臣初起請及朝廷所降勅節文明言委逐縣官看詳若有妨礙致不可行令具利害申州州申轉運司轉運司奏聞隨宜修改作一路一州一縣勅施行務要曲盡其宜豈是當日所言一字不可移易但患轉運司州縣不肯奏陳耳請申明前奏遍頒下諸路州縣臣

所請雖云依熙寧元年舊法人數定差若舊法有於今
日不可行者即行妨礙合申乞改更人數或太多或太
少惟本州本縣知應用之數合酌中立額申乞依數定
差朝廷難為遥度臣所請雖云若所差人不願充役任
便選雇有行止人自代其雇錢多少私下商量若所雇
文人邀勸被差之人廣永雇直官司亦當裁定不得過
自來官中雇錢之數其州縣官員即不得指占所雇之
人乞覓臣所請雖云見雇役人候差到役人又放今逐
便若所雇之人自有田產情願充役者亦自可依舊存
留又曹司一役新差之人多不諳熟書箕乞遣及書下
文字未曾交割合留新雇人給與雇錢令與雇錢之人

卷四千六百八十五　三十一

同共行遣限半年内交割畢繞放逐便臣所請雖云今
日衙前陪備少於鄉日並至破家若猶以為戶力難任
請於官戶僧道單丁女戶屋業於月掠錢及十五緡上
田於歲收數及百碩以上者並等第出助役錢不及此
數者與放免臣意以為十口之家歲收百碩足供口食
月掠十五緡足供日用二者相須此外有餘者始令出
助役錢非謂止收百碩即令助役也若猶患大少及所
掠課利難知實數請應第三等以上令出助役錢第四
等以下放免若本州坊場河渡等錢自可支酬衙前重
難分數得足則官戶等更不須出助役錢從來諸州招
募人投充長名衙前若招募不足方始差到鄉戶衙前

此自是舊法今來別無改更惟是舊日將坊場河渡所
折酬長名衙前重難令其自出賣今官中出賣坊場河
渡收錢依分數折酬長平衙前重難只此舊法有異若
鄉戶差足續有投名者即先從貧下放鄉戶歸農即鄉
戶願投亦聽臣所請委逐縣看詳具利害申州本州類
聚擇其可取者申轉運司轉運司類聚諸州所申擇其
可取者奏聞朝廷且知諸路民間利害之詳轉運司不
如州州不如縣慮逐州逐縣有經畫得事理切當而為
本州及轉運司抑遏删去不以上聞致勅下之日仍舊
妨礙不行請詔逐縣直申轉運司本州直申奏使下情
無壅曲當事宜仍請詔詳定役法所止得以諸路州縣

卷四千六百八十五　三十二

申到利害詳其可否立為定法其不當職之人為高奇
之論不切事情者勿用亦不可以一路一州一縣利害
作偽行條貫詳定役法所奏請行下指揮若有妨礙難
行之事亦乞如臣所請委逐路州縣看詳具利害申上
隨宜別修改臣所言若有可取乞遍頒下諸州縣除此
外並無二月六日所降勅命施行從之七月二十七日
詳定役法所言臣僚奏今朝廷既已復行差役應係自
前約束官侵優役人條貫欲乞使刑部錄出雕印頒下
令一切如舊出榜州縣使民知之應監司所部有犯不
能覺察者重其坐詔令刑部契勘除已經衝改不行外
餘依八月九日中書舍人蘇軾言諸路多稱高強戶同

是第一等所家業錢數與本等人戶大段相遠若止應
第一等色役顯屬僥倖有虧其餘人戶乞下詳定役法
所相度申尚書省應高强戶隨逐處第一等家業錢數
如及一倍外即計其家業每及一倍即展所應役一年
除元役年限外展及五年為止投名衙前即依展年法
將展年應本等合入諸般色役假如本處以家業及二
千貫為第一等其高强戶及四千貫以上計其家業又
及四千貫即展役一年通計家業及二萬四千貫即展
五年以上更不展如投募衙前亦自四千貫以上計其
家業不及四千貫方應諸般色役一年仍以五年為止
其休役年限依本等體例九月十七日詔諸路坊郭第

卷四千六百八五

五等以上及單丁女戶寺觀第三等以上舊納免役錢
並與減放五分餘並全放仍自元祐二年為始其敕到
錢如逐處坊場河渡錢支酬衙前重難及綱運公人接
送食錢不足方許以上項錢貼支餘並封樁以備緩急
支用十月三日吏部侍郎傅堯俞罷詳定役法所從所
請也六日臣僚言朝廷立差役之法許私自雇人州縣
行之已有次序近朝旨弓手一役却令正身祗應恐公
私未便詔應弓手正身不願充役者許雇令府界提點
司逐路轉運司相度施行十二月六日左諫議大夫鮮
于侁言開封府界保甲投班行人不少官戶既多縣道
差役頗難開祥符縣內一鄉止有一戶可差使伏以武

舉試策及弓馬入等方得近下班行今來保甲入第藝
入等纔授恩便與公卿大夫一等為官戶免役頗有僥
倖臣欲乞保甲授班行人依進納官敘候改陞轉朝官
方免戶下色役庶令縣道差役得行其三路保甲亦乞
依此從之二十四日詔諸路元豐七年以前坊場免役
剩錢除三路全留外諸路許留一半餘召人入便隨宜
置場和買可輕變物貨即不得預俵及分配與人戶其
物貨逐旋計綱起發於元豐庫送納內成都梓州利州
三路於鳳翔府寄納封樁二十五日詔舊免役錢三百
緡以上人戶並依單丁等戶例輸納與免充色役從詳
定役法所言也

卷四千六百八十五

具帳供申其元豐八年後至元祐三年即依元豐八年後來來行役法已前免役錢物帳每季具帳供申從之七月二十七日福建路轉運司言勘會諸州縣分耆長壯丁役輕去處於條既許再充即未有所止年限其役之人多是僥倖不願替罷致久在本州多端搔擾今欲乞比附戶長役輕勑條不許再充從之九月八日戶部言檢准元祐七年十一月十四日南郊赦書令後民間遭父母喪見役及當差者第三等以下戶並與免差役第二等以上戶令戶部相度量納役錢並服除日依舊令相度欲依單丁戶見納助役錢五分內依等第納三分從之十二月二十八日尚書省言勘會諸縣鄉村有

卷四千六百八十六　七

依法合差等五等人戶色役其本等內物力微薄者窵處難以充應今欲自來差役至第五等人戶色役其本等內物力一半以戶免差偏一戶者許從多免如自來輪差第五等戶不及一半或差不致第五等戶處自令依舊從之

免役下

紹聖元年四月四日三省言役法尚未就緒欲令戶部長貳同詳定以郎官郭茂恂陳祐之爲檢詳官上曰止用元豐舊法而減去寬剩錢百姓何有不便邪范純仁曰四方各不同須因民力法乃可久也上曰令戶部議之十八日殿中侍御史井亮采言陛下修復先帝役法宜令郡縣一依元祐未改以前法令則可以速慰天下之望至於立定寬剩錢分數或免下戶出錢

闕一分已上招募未足處以元祐元年罷募法日所用
優重支酬雇食錢都計錢數爲額闕一分以下及招募
數足處以新定優重支酬等都計錢數爲額如合有增
損並聽本州具利害申監司考察保明申部從之同日
三省言諸路投名衙前並依三路已得朝旨除依條本
戶合差者長不免外其餘色役並免諸應諸路投名衙
前與免本戶第二等已下色役鄉差人戶並令以投名
人代願投充長名者聽八月十四日尚書省言州役令
鄉差者若本等及次一等戶空閑不及四年者以助役
錢雇募有行止不曾犯徒刑人充其助役錢約度雇本
州色役不足即先於戶狹役煩處雇募各依本役年限

滿日本縣案籍取有空閑年及人戶對行差罷其人戶
空閑自及四年以上處不在此限若不因造簿編定及
人戶糾決輙有陞降差募者委監司按劾諸州每年據
所納助役錢除留一分應雇募支用有闕剩委提刑司
通一路有無移用從之十八日戶部言應助役錢人
戶典賣田限五十頃止限外田依免役舊法全輸役錢
未降勅前已過限者非荒田并墳地若恩賜者不在此
限從之二十三日戶部言按元祐差役勅單丁無丁或
女戶如人丁添進合供力役者若經輸錢二年以上與
免役一次緣其間有戶窄役頻處今欲依本條下添入
注文戶窄空閑不及二年處即免一年並從之十一月

十七日戶部言諸州見役投名衙前所歷重難合得
支酬見錢願積留在官指買場務除見買撲人接續再
買外餘並許依額錢承買其場務名人添錢者如與百
姓價等亦先給衙前若已歷重難錢額但及七分亦許
指買所少額錢分四季納從之七年二月十二日詔令
後府界諸縣手力本等合差戶空閑不及三年者以助
役錢募人充應依本役年限候滿日有空閑及三等人
戶即行差罷九月六日三省言諸路差役第三等以上
戶空閑四年第四等以下戶空閑六年不及逐第年限
即雇募狹鄉縣役人並許雇州縣役寬鄉縣役人並輪
差重役人合替放願應募者聽募役人須有稅產不得

募有蔭贖人衙前如人戶願以官田充募者聽及請
依令來立定新式供本縣輕重役次等並從之八年正
月二十二日詔近降役法令後收到官田併見佃人逃
亡更不從名人戶租佃及見佃官田人戶如違欠課利
於法合名人戶剗佃者並拘收入官留充雇募衙前收
到官田未有人投募且名人租佃有人充役即行付給
同日尚書省言去年九月六日詔應今後役人須有稅
產不得募蔭贖并曾犯徒及工藝人並名保仍不得過
舊雇募錢數從之三月二十七日尚書省言勘會諸路
常平廣惠坊場錢物文帳並係年終具帳供申有妨照
使令戶部指揮諸路提刑司每年依上下半年依條式

則令所改法徒能使上等人戶優便安閑而第三第四等困苦日甚昔者臣待罪戶部既而典司邦憲屢以此干冒聖聰尚欲令富者輸錢貧者出力令也博訪與言詳究民瘼在上者既無寬剩之求則下戶皆願輸錢矣而又四方風俗或不同利害或不一當差而願雇者有之今以一偏之意而為法使四海騰沸細民窮困陛下致天怒於上人怨於下豈國家社稷計耶伏望特詔一二詳練民事臣僚使與議臣就差役二法取使百姓者修行之無牽新書無執舊說民以為善斯善矣五年五月八日詔差役法內有未備事令中書舍人王巖叟樞密院都承旨韓川與右諫議大夫點檢戶部文字劉安世同看詳具利害以聞先是安世言臣伏見朝廷欲變役法令將四年選官置局講求利害天下之議悉使折衷謂嘉祐善役之制已便矣然當時悉見其善者今則損而去之元豐約束之制民以為利者今則取而益之至於風俗之殊尚南北之異宜本諸人情裁以國論隨方條列罔不具備而姦邪之人內懷顧望造播橫議必欲沮毀遂致一二小臣敢執偏見妄進邪說欲罷差役依舊雇募天下人情莫不疑惑此最當今之大患也議者謂不役其身止令輸錢則公私兩便而可以久行臣請有以折之國家泉貨經費所資設官鼓鑄歲有定額民或盜為罪至論死今棄其易出之力而責其難致之

卷四千六百八十六　三

錢又使上戶止納數千下戶自來無役者例使加賦損九分之貧民益一分之上戶以一家一歲觀之則輸錢若省而易給以終身累世計之則所出不貲而難供今聚歛之臣惟欲誅剝生靈而不為天下長久之慮誰可信哉議者又謂人亡輸不及三番應恐役太重臣亦有以折之治平之前天下戶口一千二百七十餘萬而舊法役人五十三萬六千餘人元豐之後戶口一千八百三十五萬九千有奇較之治平已增五百六十餘萬而新定役人止於四十二萬九千餘人比之舊法卻減十萬七千之額以為輪差不足亦以過矣臣竊謂知法之未良改之不可不速知法之已善守之不可不固顧陛下特奮乾綱力主差役深詔執政固守初議毋使輕徇浮言妄有變易庶幾祖宗之成法不為姦人之所奪天下幸甚九月二十四日戶部言河北河東陝西鄉差衙前據投名人所得支給等錢並減半給投名衙前除依條本戶差者長不免外其餘色役並免從之元祐六年七月十二日三省言諸州衙前舊行募法日除依優重支酬外未有差使者並月給食錢昨除指揮已將舊日所支雇食錢量添入重難分數今來招募到衙門日支錢數慮致闕乏詔令戶部下逐路轉運提刑司隨州縣土俗於所用支酬額錢內參酌立定優重分數及月給食錢不得過舊募法所支數戶部請諸州衙規內十分

卷四千六百八十六　四

全唐文

宋會要 免役錢

元祐二年二月十二日監察御史上官均言請允詔諭諸路候役書行半年遣使按省庶幾官吏先事警飭從之六月二十四日右司諫賈易言朝廷改復差役推行之初未究利害故郡縣之吏措置多不如理今雖設為條目隨其風俗所便付諸路奉行又令詢究未盡善者以聞而數月之久蔑有言者蓋監司守令苟且因循期於不違法令而已且用民之力責輕取民之財責寡竊聞州縣有戶少役多者有單丁女戶官戶寺觀出錢助役此於實役之人所費乃多數倍者亦有出錢至少纔

百分之一者乞擇郎官練達吏事者出按諸路授以條目體問民庶如實有妨公害民之事州縣聞知而不申監司受申陳而不加察亦不違於朝廷具事劾奏詔下諸路監司限指揮到一月內條析以聞十二月二十二日詔郡縣役民戶不及三番處以單丁女戶等助役錢募役尚不及兩番則申戶部三年二月二十二日詔衙前差鄉戶處速募人抵替如見役人願不妨戶投役充者聽四月二日詔諸路郡縣各具差役法利害條析以聞五月四日詔府界諸路舊納免役錢百貫以上戶依單丁等戶法輸納助役錢六月一日詔鄉戶衙前役滿未有人替者依募法支雇食錢如願投雇者聽仍免本

戶身役不願投募者速召人替九月四日戶部言瀘州江安縣夷稅戶自來不曾差役自第二等以上願依舊輸役錢仍從漢戶單丁法減半第四等以下並免從之四年三月右正言劉安世言御史中丞李常七事其一陛下即政之初知免役出錢為民之患故復用祖宗差役之制常在戶部不能講究補完而協助邪說請復雇募及為中丞猶聞奏乞施行懷姦徇私大害聖政先是常奏臣伏見今日政令之最大而設施未安致人情不和者役法是也夫耕農之人身常在野而不見官府入城市天下之情所同願也熙寧中講知差法之敝天下州鎮凡因色役害民之事例皆裁減就其不可減者悉

使召雇民隨力出錢無事於公家之役遂得以身常在野不見官府入城市孰便於是耶奉令之臣務於羸積遂有輸錢不逮之歎陛下即位之初一切罷之復行差法方詔旨初下愚民未知被差之為害蓋嘗驩呼而相慶矣行之既久始覺其患有加於嚮日何也蓋差法之廢十有餘年版籍愈更不明宜重役者輒輕宜輕役者及重鄉寬戶多者僅有休息之期鄉狹戶窄者頻年在役上等極力之人昔輸錢有歲百貫至三百貫者今止差為弓手歲雇弓力一名以代身役不過用錢三四十貫中下人戶舊出錢不過三貫二貫而雇承符散從手力之類不下三十貫以是校之勞逸苦樂相傳殆矣然

此在朝廷一言自可就降詔旨不必取索看詳詔送看
詳役法所二十六日中書省言勘會推行差役迄今十
年民間苦於差擾議者紛紜前後改移不一終未成一
定之法詔府界諸路復免役法並依元豐八年見行條
約施行仍自指揮到日為始一鄉差役人且令祗應候
雇到人逐旋放罷其合支役錢許於坊場河渡錢内借
支如不足即借支封樁錢並候納到役錢撥還一令來
合納免役之人自紹聖元年七月一日為始其上半年
合納役錢與免一曾充差役之家空閑及二年即起納
役錢令來見役替放年月不滿者比類施行一耆戶長
壯丁並雇人不得以保正保長保丁等充代其餘役人

似此之類合改正者並依此施行一寬剩錢不得過一
分如輒過數及到以名目敷納並以違制論委所屬常
切覺察一令來寬剩錢既不得過一分其合減錢數並
先自第五等人戶從于物力最低者次第蠲減一諸路
各置提舉官一員隨提刑司所在置廨宇其餘並依舊
制應合行事件並逐處有利害不同未盡未便事理合
改更增損舊法盡一開坐與轉運提刑司官具的確事
狀逐書以聞同日詔諸路復免役法並依元豐八年見
行條目指揮到日為始閏四月一日左司諫翟思言熙
寧初立免役之法所以惠利天下非一然當時行法之
臣有牴牾參錯不能上應法意者況紹初小大之臣

私智執偏見附益改革或免或差或官雇或私代法姑
大姦民逐苦病陛下察[illegible]其然申飭官司取其成書參
詳去取以加意元元議者謂所斂之錢取足雇直止餘
二分以備水旱逋負斯為盡矣然郡縣所役人數大槩
由相遠而戶口物力衆寡貧富其相倍蓰何啻數十請
責常平官通計一路雇直外餘二分斂於民間有餘不
足得以通融移用則輕重等矣仍請逐縣各具物力上
於常平官總一路為五等每等以五為差列為二十五
等遞減如上一等每一貫物力出十錢則上二等出九
錢如此則末等不病其多而難出詔送戶部十三日權
發遣荊湖南路提點刑獄安惇言差役之法行之九年

終未就緒如復熙寧舊法許民得均納役錢募役人使
詔送戶部看詳役法所二十四日戶部看詳役法所言
請以量添酒錢剩數依舊撥入役錢充推法司吏食料
錢等用如無或不足即於抵當息錢内貼支從之五月
十三日中書省言謂納役錢人戶並自來年夏料輸官
所有紹聖元年下半年並與放免曾經差役之家更不
限有無空閑年月其合納役錢亦自來年夏料為始諸
縣五等簿書不得旋行改造年限應造者自依編勑施
行逐旋正應令指揮到日以到如已用前勑有雇募到
役人已替放鄉差人歸農即用坊場等錢借支應副如
難以籍定姓名未曾替放且令鄉差人仍舊在役候年

滿逐旋替放至來年五月一日並一例替從之十六日
戶部看詳役法所言諸路有舊行免役於人戶內輪差
壯丁不納役錢處仍舊從之十九日監察御史周秩言
近降朝旨耆戶長壯丁並雇人不得以保正等充代竊
以元豐間雇人充承帖人實兼耆戶長壯丁之役而保
正長等管本鄉公事非若耆戶長壯丁之勞也行之數
年民極便之今欲沮兩役取餘之議則莫若令保正長
得如官戶減免役錢而雇承帖人充役保正長管本保
事如元豐舊制為便詔諸路提舉常平司與轉運提刑
司具利害以聞六月七日戶部看詳役法所言乞將役
錢合支閏月及役人差出食錢官員接送等雇人錢撥

卷四千六百八十六　十

還代役衣糧請受錢即以三年實支酌中一年數與
役人雇食等錢通為歲額均數外其餘寬剩不得過一
分從之九日又言熙寧元豐間設提舉官以總一路之
法州有管勾官縣有納給官今復免役法既置提舉及
管勾官乞依元豐令給納分逐縣常留簿丞一員從之
二十七日又言成都府路提舉司乞將未差役已前
收到寬剩免役錢支充役人雇錢本所看詳元祐九年
後來收到助役錢係充雇人使用今來人戶未納到役
錢間自合支用若助役錢應副不足其免役錢亦合支
用從之七月三日又言乞應幕職監當官接送舊係差
全請雇錢公人今來合支雇錢依元豐令立定人數支

食貨一四之四

破其元祐勅添人數並差廂軍詔罷減元祐勅添人數
餘從之十六日詔令諸路轉運提點刑獄提舉常平司
官各務協力奏行免役新法不得各守己見使州縣無
所稟從或果有利害所見不同即各具畫一條奏候役
法成書轉運提刑司更不干預從右正言張商英言也
八月六日戶部看詳役法所言乞下諸路提舉司將逐
處自降改法指揮到日雇役文簿點檢如有將鄉差之
人抑令充役并改易名字就募之人並依先降朝旨如
已年滿逐旋替放從之七日又言諸處申乞造簿緣近
降朝旨五等簿不得旋行改造蓋慮紛然推排別致騷
擾按元祐令人戶物力貧乏所輸免役錢雖未造簿許

卷四千六百八十六　十一

糾決升降令但推行舊條因具糾訴畧行升降則已與
造簿無異從之八日又言乞下府界諸路監司約束州
縣官吏據見役人名數逐色立定合支雇食錢如此舊
法果合增損即明具利害於法內聞奏從之十七日左
司諫翟思言看詳役法所申請天下郡縣敷出免役錢
不許重造簿均定止用元豐舊簿如有不均人糾決免
致騷擾又所出錢各隨州縣不得通一路其舊曾通用者
仍以均定見皆有未安詔看詳役法所十八日詔府
界諸路坊郭鄉村簿書年限未滿應改者如所排等第
粗可憑用即依今月七日所降朝旨施行如全然不可
憑用於今來敷錢妨礙即許不候年限申舉提舉司相

食貨一四之五

度改造二十三日戶部看詳役法所言申明諸路減寬
剩役錢從之二十六日三省言見今比較鹽事看詳役
法措置財利之類名目不一雖各已置局行遣緣官屬
多是兼領於職事未能專一今已置重修編勑所除官
長可以兼領外只於刪定官内量添員數令專一看詳
中外利害文字並從朝廷選差從之仍不拘資序御次
選補不得過六員九月六日戶部看詳役法所言乞下
諸路並依元豐條以保正長代耆長甲頭代戶長承帖
人代壯丁從之十三日以左朝奉郎陸元長右朝奉郎
程端左宣德郎李深劍南西川節度推官張行並充編
勑所看詳利害文字專詳役法十五日戶部看詳役法
所言應諸路舊立出等高强無比極力戶合出免役錢
一百貫已上者每及一百貫減三分從之同日左朝請
郎黃慶基言乞立法應蠲除役錢並自三百已下如寬
剩更有羨餘則減至五百已下詔送戶部看詳役法所
二十八日詔人戶以財產妄作名目隱寄或假借戶名
或詐稱官戶之類避免等第科配者各以違制論内官
員仍奏裁減免役錢者依一百已上未經免及衷私托
人典買未轉易歸本名者各減三等並許人告以所言
財產之半充賞從戶部看詳役法所請也十月十八日
戶部看詳役法所言元豐令節文諸宗室在京止屬籍
及太皇太后皇后緦麻以上親並免色役所有皇太妃

卷四千六百八十六

緦麻已上親亦合並免色役從之十一月十四日監察
御史黃慶基言訪聞諸路提舉官申請役法利害其間
不曉法意不通民事措置頗錯建明疎謬難以施行者
可籍其件數論列于朝其尤無狀者早賜罷黜從之二
十五日戶部尚書蔡京言體訪得京東西路提舉常平
司下諸州相度役法不遵元豐條例輙用元祐差法乞
下本司官分析以聞十二月三日戶部尚書蔡京等言
看詳役法文字張行歷任已成七考若有改官舉主二
人合磨勘改官緣在京別無舉選人改官望依張大方
例以臣等為舉主與磨勘改官依舊在任從之二十三
日詔奉慈觀有本命殿特有免役錢諸處不得為例二
年正月二十六日殿中侍御史郭知章言今朝廷推行
免役法訪聞諸路提舉官未能熟究利害曲意觀望或
知寬民而不知害法臣愚以謂役法宜一以元豐初勑
為準詔送詳定重修勑令所二月六日詔諸路役人並
依元豐七年以前人額雇直仍依已降指揮寬剩錢不
得過一分如州縣興廢官員添省并別有因依與當日
顯然不同自合隨宜修立即將來推行有礙及合行省
損事即提舉司具合措置條目申戶部三月二十四日
三省言諸州具到役法事節依元豐七年以前已允當
者欲依所定行下從之五月二十九日戶部尚書蔡京
言常平免役等事乞並依元豐條制止令提舉司專領

卷四千六百八十六

其轉運提刑司勿與從之十二月七日户部侍郎孫覽言諸路役法事體或不同理合增損第五等户若分上下令貧乏單弱者不出錢其上五等皆量出則天下無不役之民乞下提舉司更切相度條陳利害如州縣提刑提點轉運司與提舉司所見不同並許直申户部右曹從之仍候逐處具到利害同詳定役法官看詳三年

五月五日左正言孫諤言竊惟免役者一代之大法在官之數元豐多元祐省雖省未嘗廢事也則多不若省散役人之直元豐重元祐輕雖輕未嘗廢役也則重不若輕大綱立矣隨時不能無損益者衆出也數省而直輕則民之出泉者易矣出泉之法四方不同有計錢之多寡而輸之者其弊在於常平官所試重輕之不均有計田之厚薄而輸之者其弊在於元差官所定美惡之不平若使輕重均美惡平而後行焉則民之出泉者易而法可久矣今役法優下户使弗輸所取併歸上户意則美矣而法未善也假一縣有萬户焉為三分而率之則民占四等五等者常居其二專賦一分之民則其力不足況今畿甸之民並隨五等第量出令若使諸路郡縣如畿甸之民並隨五等等第量出則民之出泉者易而法可久也雜職惟嘉州捷為一縣役名書手推池州貴池一縣支錢是法有不齊者立額有多散錢有重是法有不均者錢乘輕重之賦田失美惡之實是法有不

平者矣先帝免役之法固多難矣經熙寧元豐之異論復遭元祐之變法者以其不能無弊也今上下因循宿弊不革願陛下博採羣言無以元豐元祐為間要以便元元至於無不均不平之患而止裁為成書貽之後世則先帝之烈照然如日月之光明矣於是翰林學士蔡京言看詳諤以為元豐多元祐省元豐重元祐輕多不若省重不若輕則是諤以謂元豐之法不若元祐明矣而文其姦言以為隨時益損者妄也苟以為隨時損益則元豐之法未必是而元祐之法未必非矣諤於陛下追紹之日敢為此言臣切駭之先帝謂天下土俗不同不可槩以一法故重輕美惡各隨其宜恐其率之不均也故或以家業物力或以田畝或以稅錢隨等數出恐其久而不平也故三年五年一造產業簿以定高下之實可謂均平矣而諤於平日敢以為不均不平其意安在役錢有令五等俱出者有自四等已上出者有自三等以上出者蓋所用錢多而户口儒少則數必數及等府界自熙寧至元豐只三等以上出役錢自先帝行法之初已不曾令五等數出諤奏不以實其意安在雜職書手有支錢有不支錢亦各隨其土俗而已且免役法自去年五月復行至今將一年天下吏習而民安之而諤以為宿弊不革者謂熙寧元豐之時也以先帝有為之時為宿弊之法則元祐之變法為革弊而陛下今日

亦不當紹而復之也謂之意蓋欲因此以疑朝廷繼述之志耳元豐雇法也元祐差法也雇與差不可並行元祐固嘗兼雇已紛然無絕矣而謂欲無間是欲伸元祐之姦惑天下之聽則昨日積作元祐亂政之人亦當無間矣詔孫諤罷左右言差知廣德軍六月八日詳定重修勅令所言常平等法在熙寧元豐間各為一書今請勅令格式並依元豐體例修外別立常平免役農田水利保甲等門成書同海行勅令格式頒行降詔自為一書以常平免役勅令為名八月七日詳定重修勅令所言見充衙前違法請常平錢物者並依吏人法從之九月十八日詔翰林學士承旨兼詳定役法蔡京依舊詳

卷四千六百八十六　十六

定重修勅令其後十二月三日京言臣條論江西役法等事奉旨令詳定重修勅令所具析聞奏一言元祐初司馬光秉政蔡京知開封府先唱京和者變先帝之法只祥符一縣數日之間差撥役人一千一百餘人皆蔡京首為順從臣昨知開封府於元祐元年二月內降爲司馬光差役法令州縣揭簿定差仍稱如無妨礙即便施行其開封府雖轄諸縣自來只管勾京城內公事至於人因差役簿書之類皆諸縣一面施行其開祥兩縣在輦轂之下既見法內有即便施行之文所以承行不敢少緩臣若能應和司馬光則不應一月之間　請遂罷又言蔡京壞先帝之法如江西吏人除重法禁外元

無雇錢近來一例創行支給以百姓之脂膏填群吏之溝壑檢會江西紹聖三年數出總數減放四萬四千臣若創行增添吏祿當須於數出總數內增過元豐額數令奏因元豐有四萬餘貫放免顯見臣條妄誕先帝仁政而臣條以為取脂膏填溝壑不意敢為是言也先是侍御史董敦逸有言詔送重修勅令所具析聞析聞奏至是京奏迺復詔敦逸分析敦逸言據蔡京所陳奉旨令臣分析狀內稱蘇轍亦言朝廷明使州縣相度有無妨礙而開封府官吏更不相度申請蘇轍兄弟自是毀壞良法之人尚謂開封府監勒開祥兩縣迅若兵火仍乞取問詔令敦逸分析於甚處得蘇轍元文字以聞敦

卷四千六百八十六　十七

逸言元祐更變役法其建言是司馬光推行之始是開封府時京知府事惟韋惇獨有論列其餘皆是附光者卻聞蘇轍見京施行太速有迅若兵火之語臣是時言者凡數狀並付韓維故士大夫多能道其畧得以近為京又壞先帝之法故以所得形於章疏詔令董敦逸分析所得來處詣實以聞不得輙隱四年閏二月一日三省言詳定重修勅令所言前提舉廣南東路常平等事蕭世京任內申請堅用元祐差役法毋昇雇錢詔世京送吏部依常調人例十二月二十二日詔衙前般運物並依元豐條制刪去元祐增入之文從荊湖北路轉運司請也元符二年三月十八日管勾剩員蕭世京為吏

部員外郎宣德郎權提舉秦鳳等路常平張行爲戶部
員外郎。世京在元祐中嘗上書言先朝青苗免役法便
民可以久行，疏奏留中不報。至是上出其疏，擢之。行元
祐中奏疏言神宗議納役錢，蓋嘗謂之助役矣，以爲若
上於助則未能盡免，將使後世役亦差，錢亦納。於是吏
爲免役，其慮深矣。今乃廢免而復差，上違先帝燕翼之
謀，下拂元元安業之願。豈曰述事乎？又言差役下戶一
年所費，有用數年役錢者，有用數十年役錢者。其等漸
降，其害愈殆。非聖人裒多益寡、天道張弛之義。前已擢
使一路，至是又遷。三年八月二十一日，徽宗已即位，未
改元，詔三省編勅役法既已成書，修書官吏並罷。是修

卷四千六百八十六　十八

一司勅令歸刑部，役法歸戶部，各委郎官兼領之。十月
二十三日，臣僚言：自廣東路被旨赴闕，經由江東、淮南、
京西等路州縣，所見官吏並言役法尚有未便。其所用
條例各不同，望令諸路州縣各具本處的確利害，申提
舉司類聚以聞，然後委戶部看詳，隨宜修法，務以便民。
其提舉官如敢力護前失，抑遏所屬，不以實聞者，即令
州縣徑自申陳。仍乞各立近限，庶幾民間早獲受賜。又
臣僚言：欲詔下諸路提舉司，令州縣限兩月各具本處
委合修完增損事件，詳具利害，陳述今合如何增損，申
提舉司，逐旋詳度以聞。即不得將已允當事件妄意更
改。從之。徽宗建中靖國元年二月二十三日，戶部言：奉

詔役法未便，乞下諸路提舉司，令州縣限兩月各具本
處委合修完增損。今已逾一季，並未奏到，欲下府界諸
路提舉司督責州縣官吏，切在疾心疾速，詳具利害以
聞。如更弛慢苟簡，從本部條具申奏，特行罷黜。從之。八
月十一日，臣僚言：免役法既久，民甚便安，假有利害細
故，只本州縣提舉官自可相度，或申部施行，自委官看
詳。已來中外民情不無疑惑，況已經隔月日，未見成書，
欲望明詔有司，責限結絕，以安天下之心。詔限今年終
看詳了畢，如限滿未了，即令戶部結絕。崇寧元年八月
二日，中書省言：臣僚奏戶部右曹更改諸路役法，增損
元豐舊制五百九項，不當，勘會永興軍路乞行差役，州

卷四千六百八十六　十九

縣申請官已降指揮責罰，湖南、江西提舉司乞減一路人
吏雇直，見取會別作施行外，如江西州軍止以物賤減
削人吏雇直，顯未允當。至如役人罷給雇錢，去處亦害
法意，理合依舊。詔戶部並依紹聖常平免役勅令格式
及元降紹聖簽貼役法施行。其元符三年正月後來衝
改紹聖常平免役勅令格式并衝改簽貼續降指揮，並
不施行。二年十月二日，臣僚言：神宗皇帝稽古制法，以
常平免役所繫尤重，紹聖纂承，推原美意，以謂常平之
息，歲取二分，則五年有一倍之數；免役剩錢，歲取一分，
則十年有一年之備。閱歲愈久，其積愈多，遂立一倍三
料取旨蠲減之法。則凡取於民者有限而止，於爲民而

已非利其入也而集賢殿修撰知鄧州呂仲甫前爲户
部侍郎謟事蔡黨助爲紛更輙率其屬以狀申都省言
乞删去上條伏望明示黜責詔仲甫落職知海州三年
二月二日臣僚言免役之法始於熙寧成於紹聖神考
之稽古創制哲宗之遵業揚功著爲萬世不刊之典詎
可輕改元符末官吏觀望欲以私意變亂舊條户部侍
郎王古首先建言乞委本部郎中及舉官兩員同共看
詳删修役法之未盡未便者遂以朝奉郎李深中大夫
陸元長同都官程筠等刊修凡改更諸路役法增損元
豐舊制五百九項如減手力鄉書手雇錢重立院虞候
散從官家業添衙前重難增斗子人數之類毛舉事目

卷四千六百八十六　二十

恣爲更改意在沮毀成法至若常平庫子掐了不支雇
錢則是公然聽其取乞尤害法意朝廷照其姦弊故户
部侍郎呂仲甫止緣改寬剩錢一條特蒙黜責後雖力
自辯明亦由南京下遷徐州修撰降爲直閣若户部尚
書虞策等無所畏憚輙更先帝舊制衝改役法五百九
項之多豈宜寬貸况崇寧元年八月三日聖旨所有元
符三年正月後來衝改紹聖常平免役勑令格式并衝
改簽貼役法續降指揮並不施行以見前日刊修之官
阿附沮壞罪狀甚明王古李深今已謫居遠州編入姦
籍其虞策呂益柔偃然安處從班中外未免疑惑伏望
嚴行降黜以允公論詔朝散大夫王古責授衡州別駕

溫州安置樞密直學士新差知成都府虞策降爲龍圖
閣直學士中書舍人益柔提舉杭州洞霄宮直秘閣新
知應天府周純特落職管勾舒州靈仙觀新知淮南路
轉運副使用彥質管勾建州沖佑觀知隨州程筠監兗
州東嶽廟差權知淮陽軍陸元長監西京東嶽廟大觀
四年五月十四日臣僚言元豐令惟崇奉三聖祖及祖
宗神御陵寢寺觀不輸役錢近者臣僚多因功德墳寺
奏乞特免諸般差役都省更不取旨狀後直批放免由
是援例奏乞不可勝數或有旋置地土願捨入寺亦乞
免納甚者至守墳人雖係上中户並乞放免所免錢均
敷於下户最害法之大者欲令後臣僚奏請墳寺不許

卷四千六百八十六　二十一

特免役錢仍不得以守墳人奏乞放免其崇寧寺觀合
納役錢亦乞改正施行詔令禮部刬刷關户部改正六
月十四日詔常平免役歲終造帳之法分門立項叢剉
汗漫倦於詳閱令修成旁通格法可令逐路提舉常平
司每歲終將實管見在依此體式編類限次年春首附
遞徑入內內侍省投進仍自大觀五年者爲始　政和
元年八月二十五日詔展限次年季月纂類投進十二
月十四日户部言常平之法取於民者還以與民免役
之法取於民者還以治民此先王理財治民之義也常
平取息二分免役多數一分蓋以爲災傷減閣之備二
分之息取之五年則有一倍一分之剩積之十年則餘

一年更加五年十年則有兩倍兩年之數若無災傷支用積而在官此所謂與民者也故紹聖立法常平息及一倍免役寬剩及三料則保明具數取旨蠲免以明朝廷取於民者非以爲利也欲降睿旨下諸路提舉常平司勘會自降上條至今如有積及一倍三料之數即次第保明奏聞詔候豐衍有餘日取旨十六日戶部尚書許幾等言臣僚奏應州縣免役錢累輕造薄增減失實乞委提舉常平司選官分詣所部以田稅多寡均數役錢不以等第假如有田百畝合納役錢一貫文即五十畝五百文准此爲率則上戶不偏重下戶不倖免看詳州縣戶長而役少則數錢止於第三等或戶少而役多

則均及第四等五等令若計田畝不論家業稅錢及不以等第一槩均出則失輸錢代役之意從之政和元年十月二十一日臣僚言華州元豐年中歲敷役錢止四百貫令數至二萬九千餘貫文存留准備一分外猶餘六分以上不知自何日頓失法意如此處更有似此之處望詔有司申明舊制以寬民力從之五年十一月三日戶部侍郎魚詳定一司勑令陳彥文言乞明著刑典應常平免役成法不許輒議改更詔常平免役自熙寧以來講究奉行纖悉具備自今應有輒議改更者以大不恭論餘並依動搖學校法施行宣和二年九月十日詔諸路召募役人具有元豐成法行之歲久大觀中始

罷舊吏人宿姦未之能革而老姦巨猾逼身州縣舞文教訟擾害良民者益甚前日政和中始不許上三等人戶投充弓手緣此所募盡係浮浪並緣作過無所顧藉致盜賊公行廢棄先帝成憲四方如此可自今州縣召募役人並依元豐法所有大觀元年九月二十八日政和六年六月四日指揮更不施行內州縣舊吏犯流徒罪及四色贓罪等於元豐法不應敘者不在收募之數弓手候條召募到人方得替罷高宗建炎二年五月二十七日臣僚言官戶役錢舊法比民戶減半令來措置弓手以禦暴防患官戶所賴猶重欲令官戶役錢更不減而民戶比舊役錢量增三分專椿管以助養給從之九

卷四千六百八十六

月二十二日臣僚言民事之重莫過力役令以保正副當免役之民而使之代耆長充役無怪其輒至破產也當免役法初行朝廷深慮民勞不勝其役亦嘗以事訪于諸路而用事之臣陰懷私意不欲以差法參免法一時新進承望風旨不問民情如何而槩謂保正副情願代耆長執役望詔諸路監司參差免之法專以便民詔令諸路轉運提刑司同共相度的確利害申尚書省三年七月十三日詔諸路免役錢於元豐外重增三分官戶更不減半令戶部限二日勘當申尚書省其隨鈔納錢可罷四年八月二十一日廣南西路轉運提刑司言令乞罷催稅戶長依熙豐法以村疃三十戶每料輪差

甲頭一名催納租稅免役等錢物委是經久利便詔依
其兩浙江南東西荆湖南福建廣南東路州軍並依此
紹興元年正月一日德音東南州縣比緣差保正副代
戶長催稅力不勝役抑以代納多致破產已降指揮罷
催稅戶長依熙豐法以鄉村三十戶差甲頭一名催納
以紓民力訪聞諸處尚未奉行致人戶未獲安息仰逐
路州縣遵依已降指揮疾速施行如敢違戾許人戶越
訴提刑司覺察以聞當議重寘典憲五月二十三日朝
散郎呂安中言契勘催納二稅依法每料逐都雇募戶
長或大保長二名係是官給雇錢自建炎四年秋料爲
頭催稅每三十家一甲責差甲頭催納其雇募戶保長

更不復用所有雇錢只在縣椿管此錢既非率斂又不
于預省計乞督責諸縣每年別項起發以助經費詔依
令諸路提刑司依經制錢條例拘收起發九月十二日
臣寮言朝廷罷催稅戶長依熙豐法改差甲頭蓋謂逐
年大保長催科塡備率至破產遂改革前制曾不知甲
頭受害又十倍於保長且大保長皆選差物力高强人
丁衆多者其催科則人丁既壯可以徧走四遠物力既
彊雖有逃亡死絕戶易於償補今置甲頭則不問物力
丁口雖至窮下之家但有二丁則以一丁催科既力所
不辦又無以償補類皆賣鬻子女狼狽於道此不便一
也大保長催科每一都不過四家兼以保正副事皆循

熟猶至破產今甲頭每一都一料無慮三十家破產者
又甚衆此不便二也田家夏耘秋收人各自力不給則
多方召雇鮮有應者今甲頭當農忙一人出外催科一
人負擔齎糧叫呼趨走縱能應辦官司亦失一歲之計
以一都計之則廢農業者六十人自一縣一州一路以
往則數十萬家不得服田力穡失此豈良法哉此不便
三也又保長多有慣熟官司人鄉村亦頗畏之然猶有
日至其門而不肯輸納者今甲頭皆耕夫豈能與形勢
之家姦猾之戶立敵而能曲折自伸於官私哉方呼追
之急破產塡備勢所必然此不便四也自來輪差保長
雖縣令公平亦須指決論訟數日方定不然則群胥之

恣爲高下惟觀賕賂之多寡此最民所憤怨者今差甲
頭每料一替其指決論訟之繁受賕納賂之弊必又甚
於前日臣恐槩東南之民自此無寧歲此不便五也欲
乞罷止且令大保長同保正副依舊催科如朝廷念其
塡備破產則當審擇縣令謹戶帳之椎割嚴簿籍之銷
注申戒逃田戶絕之令又安有保正長破產之患哉不
知出此而但務改法適足爲贓吏之資耳十月五日戶
部言奉詔勘當臣寮所言改差甲頭不便五事竊緣甲
頭催科係於主戶十戶以上至三十戶輪一名充應即
是不以高下貧富一等輪差其大保長係於小保長內
取物力高强者選充既兼戶長管催稅租等錢物卽係

食貨一四之二〇

有力之家可以倚仗，欲乞依臣寮乞事理施行。詔依。
十月二十五日，詔應諸幕職官、諸縣令丞簿尉合破接
送并在任般家雇人錢並權罷。二年六月二十二日，詔
州縣官雇錢與般家人俱依舊，從臣寮之請也。三年二
月二十六日，提舉淮南東路茶鹽公事郭揖奏：差役之
法，比年以來吏緣為姦，並不依法五家相比者為一小
保，却以五上戶為一小保，於法數內選一名充小保長，
其餘四上戶盡挾在保丁內。若大保長闕，合於小保長
內選差；保正副闕，合於大保長內選差。其上戶挾在保
丁內者皆不著差役，却致差及下戶，故當保正副一次，
輙至破產，不准差役不均，然保伍之法自自紊亂矣。今

卷四千六百八十六　二十六

欲乞於免役公文內選保二字下刪去長字，若如此選
差，則上戶不能挾隱，不須更別立法，自然無弊。詔令戶
部限五日看詳，申尚書省。其後戶部言：臣寮所言，上謂
關防人戶避免充催稅大保長，多是計會像千人，將有
心力之家於小保下排充保丁，致選差不到。令欲乞令
後令州縣先於五小保內依法選有心力則產最高人充
保長，兼本保小保長祇應。其大保長年限替期輪流選
差，並依見行條法施行。餘依臣寮所乞，如此州縣奉行
不致隱挾上戶却充保丁之弊。批送戶部，竊慮州縣差
役有不同去處，行下諸路提刑司相度保明，申尚書省，
續已於保字下刪去長字，見五年四月指揮。六月十二

食貨一四之二一

日，戶部言：保正不願就雇，無代耆長，即不合令承行文
書外，其願充耆長者，並合主管凡保正內舊來耆長事內
驅正副執事於官及公家之求，無不責辦，即合依非耆
保事而輙差委及勾集赴衙條法斷罪。今欲下諸路常
平司移文州縣，分明出榜曉諭，仍常切遵守施行，如稍
有違戾去處，即仰按劾施行。從之。九月十七日，中書舍
人孫近言：州縣役法經始於熙寧，纘成於紹聖，歷歲滋
久，遠令不勝其弊。鄉村之民，貧者破竭資產，當頻併之
役；富者轉移名籍，為幸免之計。則以募役之法取於逐
甲而不通於一都之弊也。母子不相保，而必至於出嫁；
兄弟不相容，而必至於析生。則以募役之法雜取人丁

卷四千六百八十六　二十七

多寡而不專用物力高下之弊也。欲下諸路提舉常平
司，各令講求見行役法之有害於民者，條具來上，然後
革去其弊，以成變通之利，則天下均被其幸。從之。四年
正月二十四日，御史臺檢法官李元瀹言：大保長代戶
長催納稅租，事凡戶絶逃亡未曾開落，若詭名戶無人承
認，及頑慢不時納者，以官司督迫箠楚之故，率為填
納，故多至於壞產破家。欲乞見充保正長人將替，縣令
前一月按產業簿依甲乙次第選差。詔戶部看詳。本部
言所陳皆有條法，欲申嚴行下諸路州縣，委監司常切
鈐束，違戾者仰按舉。從之。同日，上宣諭元瀹所論，曰行
且曰：役法推行寖失本意，致富者益富，貧者益貧，民力

重國此宜講究至是上又諭臣勝非等曰元淪所論乃
是民事祖宗法固不可改然民事急務也孟子所謂民
事不可緩其令州縣相度條畫利害以聞七月七日殿
中侍御史魏矼言應博糴授官校尉欲與免本身丁役
許用蔭承節接郎承信郎迪功郎欲理為戶有田五頃
者與免差科一次若五頃以上令用家人充役至如轉
易回授行使及理選限并免試注官等並依元得指揮
待之亦不為不優矣如此庶幾徭役均平貧民不致重
害從之三十日戶部言節次承降指揮將見行役法等
與嘉祐條法窒礙未盡事件及保正副差免利害令諸
路常平官條具聞奏除湖北路未據相度條具外節次

承據兩浙江南廣南東西并福建荆湖南路八路常平
司奏到內六路乞依紹興條法并保正副差免利害亦
據江西等四路乞依見行條法施行令相度欲乞將役
法及保正副代耆長並依見行諸州縣已定役法及紹
興免役條法施行仍乞下諸路常平司照會從之九月
十五日明堂赦諸縣選差保正副在法以物力高下人
丁多寡歇役久近參酌定差務要均當比年以來鄉司
案吏於造簿攢丁差大小保長之際預行作弊致爭訟
不已使已役之人久不承替破蕩家產深可矜恤仰常
平司常切覺察差役不均之弊如有違犯重行按劾仍
限半月條具利害申尚書省勘會福建路保正副大小

保長唯管緝捕逃亡軍人及私販禁物鬬訟橋路等事
其承受縣司追呼公事及催納二稅等物並係耆戶長
壯丁承行今兩浙江南等路諸縣並不雇募耆壯戶長
卻差保正副大小保長幹辦又有責令在縣祗候差使
者緣此保正副大小保長費用不貲每當一次往往破
蕩家產遂詭名挾戶規免差役深可矜恤仰逐路漕臣
憲臣同共相度可與不可並依福建路見行事理或量
增役錢以充雇募耆壯戶長之費仍自今不得更令保
正副大小保長在縣祗候承受差使如違仰逐路按劾
以聞當議重行典憲五年正月六日趙鼎奏祖宗差役
本是良法所差既是等第人戶必自愛惜豈有擾民王

安石但見差衙前一事州縣奉行失當盡變祖宗舊法
民始不勝其擾上曰安石行法大抵學商鞅耳鞅之法
流入於刻而其身不免於禍自安石變法天下紛然但
免役之法行之既久不可驟變耳十八日臣寮言州縣
保正副未嘗肯請雇錢并典吏雇錢亦不曾給乞行拘
收戶部看詳州縣典吏雇錢若不支給切恐無以責其
廉謹難以施行外其鄉村耆戶長依法係保正長輪差
所請雇錢往往不行支給委是合行拘收乞下諸路常
平司將紹興五年分州縣所支雇錢依經制錢條例分
季起發赴行在送納如敢有隱匿侵用並依擅支上供
錢物法從之閏二月二十日詔三聖廟見占基地與仝

免合納役錢，餘依紹興三年九月三十日已降指揮施行。以婺州蘭溪縣劉天民言昨父買到産地，後發踏逐修蓋三聖廟，所有役錢乞行蠲免，故有是詔。三月十日，戶部尚書韋誼言：「官戶役錢更不減半，而民戶量增三分，專充贍養新置弓手支用。續准指揮住罷，更不增數。其末罷已前州縣有數納在官之數，見行樁管，別無支用。今欲乞福建、二廣就委韋傑，兩浙東路委霍蠡，西路委呂用中，江東委徐康，江西路委范伯倫，湖南北委逐路常平司，將管下州縣據見樁前項役錢根刷見數，專委諸州通判盡數起發赴行在送納。不通水路去處，變轉輕齎。仍具根刷到數目申戶部拘催。」從之。同日，臣寮言：「乞下有司，專用物力及通輸一鄉差募保正長，凡官吏困役事受財者，重為典刑，以示懲誡。」詔於紹興常平免役令「五保為一大保」字下添「通」字，獲「保」字下刪「長」字，仍令後許差物力高單丁，每都不得過一人。寡婦有男為僧道成丁者同。即應充而居他鄉別縣或城郭及僧道，並許募人充役，官司不得追正身。餘依見行條法，仍先次施行。十一月二十八日，廣東轉運常平司言：「近據知平江府長洲縣丞呂希常陳請，大保長催科，一保之內豈能親至，遠其過限，催促不前，則枷錮箠拷監繫破産。乞改用甲頭，以形勢戶催形勢戶，平戶催平戶。已承朝旨，戶長與甲頭催科稅租，其風俗利害各有不同

去處，令諸路相度以聞。今欲依所請，改用甲頭，專責縣令佐將形勢戶、平戶隨稅高下各分作三等，編排籍定姓名，每三十戶為一甲，依次攢造成簿，然後按籍周而復始轉差，委是久遠利便。」從之。十二月八日，知靜江府胡舜陟言：「熙寧間王安石嘗變祖宗畫一之制，創立新法，而保甲居其一。至元祐間司馬光秉政，一切罷去，民獲蘇息，盜亦銷弭。及章惇、蔡京述安石之弊，行于東南鄉之中，以二百五十家為保，差五十小保長、十大保長、一保副、一保正，號為一都。凡州縣徭役、公家科數、縣官使令、監司迎送，皆責辦于都保之中。故民當正副次，破其家；大小保長日被追呼，廢其農業。今民害差役者如驅之就死地。切原法意，不過欲便于捕盜。闗若祖宗時，於人戶第一第二等差耆長，第四等第五等差丁，一鄉差役不過二人而已。今保甲於一鄉之中有二十保正副，有數百人大小保長，不若耆長壯丁之法為寬。其所差耆長，無軍勢形要官莊寄住之限，但品官之家則以不該蔭贖人及管莊田八代充，其餘家長祇應，老疾者以次家人充。今之差役，品官之家及老幼疾病者免焉，不若耆長壯丁之法為均。乞詔討論耆長壯丁之法而行之，罷去保甲，以救疲瘵之民。」詔令戶部勘當以聞。其後戶部言：「今臣寮所乞，自合遵守見行條法，并已降指揮。緣保伍之法係村疃聯為保，分次第選物力高

強人戶充保正長祇應在法非本耆保事不得差委幹
辦及赴衙集祇應乞申飭諸路常平司鈐束州縣遵依
已降勅條施行如有違戾去處即按舉依法施行從之
六年正月一日都督行府言相度欲將曾經賊馬殘破
見今人戶未歸業縣分據見存戶口權宜併都減置保
正長委是可行利便從之七年二月二十九日知常州
鄭作肅言差役之法不及單丁比年以來欲免緣役者
巧偽滋出或親在而析居或子生而不舉唯恐其丁之
多也比者既差單丁則此弊盡革然尚拘以每都不得
過一人之數一都之內當執役者都副保正凡二人大
保長凡十小保長凡五十人若盡差單丁不得過一人

卷四千六百八十六

三三二

則巧計欲單丁者尚衆前弊實未之革切謂許差單丁
不必限以人數望命有司詳議又知常州無錫縣李德
鄰言昨降指揮單丁雖許雇人充役每都不過一名切
緣一都係十大保若止差一名餘九保內縱有單丁物
力高強者不敢更差不免於物力下戶選差充役力不
能支遂致破家失業乞詳一都內選差單丁女戶不能
過五人俾得均濟詔令戶部限五日看詳條具申尚書
省其後戶部言令來臣寮請單丁之法乞不限人數乃
乞每都不得過五人不唯單丁女戶差役頻併慮恐州
縣因而擾騷單寡之家難以施行外內人戶析居有子
不舉及避役田土悉歸單併之家皆係違法州縣自當

依條革絕姦弊監司亦當按舉施行欲乞下諸路常平
司遵依見行條法及三降指揮常切鈐束所部州縣如
法奉行無違戾從之閏十月十四日戶部言在法品官
之家或女戶單丁老幼疾病及歸明人子孫各免身丁
昨降指揮許差物力高單丁寡婦有男為僧道成丁者
同並許募人充役令來不住據人戶陳訴非鰥寡孤獨
人作單丁人戶致詞訟不絕契勘品官許免身丁而家
有三丁兩人有官其一丁無官又如人戶家有四丁一
丁進士得解一丁應免解一丁進納得官一丁白身似
此之類非子身一丁即難以作單丁之戶合申明得下
及人戶家有三丁一丁進納得官一丁進士得解一丁

卷四千六百八十六

三三二

為僧內進納未至陞朝三丁並免身丁別無丁名充役
既成三丁即是丁行數多概合免身丁其充役合募人
不得追正身從之八年五月二十六日江南轉運司言
相度物力高有老病合給侍丁比類寡婦有男為僧道
成丁募人充免戶部看詳單丁女戶合免丁役已降指
揮許差物力高單丁寡婦有男為僧道成丁並許募人
充役令來侍丁之家即此單丁寡婦委係丁行數多合
行比附令募人充役不得追正身下諸路常平司照會
施行從之九月二十六日臣寮言檢會紹興八年四月
六日都省批狀紹興府申明官戶免色役指揮內戶部
看詳稱官戶唯繫宗室親等未至陞朝保甲授官等國

軍功捕盜未至陞朝非軍功捕盜未至大夫雖是品官
止合免丁不合作官户若家有三丁兩丁有官一丁無
官難作單丁合募人充役若品官家有三丁兩丁有官
一丁無官有蔭依法色役聽免如未改官户内一丁白
身無蔭及進納未至陞朝官合募人充役勘會上件指
揮内若品官三字係謂上文該說逐色未至陞朝或未
至大夫應改為官户之家依户部勘詳合募人充役除
此名色外其餘合為官户之家色役聽免從之九年正
月五日内降新差河南州軍敕應州縣催税保長官司
常以比較為名勾集赴縣科禁人自因而乞取錢物有
致破産者令後並仰依條三限科較外更不得逐月或
逐旬勾集比較仍仰本路監司常切覺察十二年九月
十三日赦勘會諸路紹興八年九月十年分人户未納
免役錢近降指揮立限半年令遂州主管官刷見欠數
催納數足竊慮民户窘乏未能一併出辦理宜寬恤仰
逐路常平司自限滿日更與展限二年十月四日户部
看詳鄉村户數鄉皆有物力合　歸煙爨處外其坊郭
及別縣户有物力在數鄉並令各隨縣分併歸一鄉物
力最高處理為等第差遣仍各許募人充役如有隱落
物力人户合依條於陞排後六十日内陳訴如臨時糾
論官司不得受理違者並科杖一百如當行人吏鄉司
同以物力高強人户匿在小保及故有隱落差互意在

邀求先差不應充役人户致惹詞訴者並從徒二年科
罪勒停永不得叙理縣令丞故縱及不覺察仍委提舉
司常切覺察按治從之十三年十月二十四日廣南西
路提刑兼提舉常平司言依准朝旨相度到本路催科
利害除瓊州不行役法及高廉州乞用甲頭外其餘柳
象等州自紹興六年以後各隨都分編排三十户為一
甲夏秋二税輪差甲頭二名催科自高至下依次而差
至今已經七年每甲共差過一十四户今已輪至下户
如一甲内不下三五户係逃移一半係貧乏設若輪差
甲頭盡是上户之家壯丁佃客妻是催科不行若再差
上户即又不免詞訴今來若復用户長實為便益從之
十五年八月十八日給事中李若谷言詔聖常平免役
條令係祖宗成法纖悉具備比年以來緣州縣差募之
際不體照法意致上户百端規避却令中下户差役頻
併後因增添通選之法以一都保内物内高者通行定
差户數既寬有力者不能幸免雖單丁户物力最高人
及寡婦有男為僧道成丁者亦預差選已為公當祇緣
紹興十二年十月十四日一時指揮因致選差不均今
欲將上件指揮内歇役年限并物力倍者再差一節删
去更不施行餘令諸路遵依見行成法從之十月二日
右迪功郎守大理評事環周言乞今後保正副本都身
役外不得令日書卯歷使當役者不被非理追呼則人

自樂充訟訴希簡且無破産之患詔依戶部檢坐見行
條法申嚴行下仰監司覺察按劾十六年七月二十一
日淮南西路提舉常平司言和州烏江縣一十五都內
有人戶稀少差役不行權併作十都候戶口繁盛日依
舊從之十一月十日南郊赦州縣鄉村差役依法合以
物力高下定差訪聞近年選差之際當職官不切究心
鄉司與役案人吏通同作弊故意越等先差不合差役
之人致令糾論乘時乞免百端擾攘方始改差實合着
役之人深為民患自今差役仰當職官躬親比較依公
定差不得違戾委常平司嚴切覺察若因糾論見得定
差有弊一例重行責罰十九年八月十二日宗正寺丞

兼權尚書司封員外郎王葆言國家役法應女戶單丁
與夫得解舉人太學生並免丁役頃緣議者歷陳丁役
之弊遂有募人充役指揮送納雜流之人物力高強雖
係單丁自應雇募且女戶而無子孫或有子孫而年幼
弱使當力役之事則公私所費必倍於豪強寡婦有男
為僧道成丁者并許募人充役正恐姦民旋行規避爾
今州縣錄文以虐無告則或指遠摘之緇黃為某氏之
子孫不以存亡為別也因使寡婦守志者不免於執役
困悴之患有至於迫而改行者得解舉人名已登於天
府是有可貴之資也今乃同籍於役人則非所以貴之
矣太學生身已隸於上庠是有可肄之道也今乃心累

於執役則非所以肆之矣欲望特詔有司重加看定仍
乞申嚴約束明示州縣使姦吏猾胥不得挾疑似以惑
衆庶幾孤寡得所而士加愛重上曰單丁女戶舊法免
役後來以計免者多有司遂有雇募之請九月二十三
日權知饒州陳璹言欲望特詔有司許當役保正副長
除情願自應役之人聽其從便外並許雇人代役官司
不得追呼正身詔令戶部看詳的確利害以聞戶部
言州縣女戶別無兒男依條免充役外其單丁并寡婦
有男為僧道成丁者及僧道并進納未至陞朝逐色人
物如係物力高依已降指揮募人充役官司不得追正
身今來臣寮奏請得解舉人并見係太學生如係實得

解及曾經省試之人單丁一身別無兼丁欲乞與免充
役若因特旨及應恩賞免解即合依已降指揮募人充
役官司不得追正身從之十一月十四日南郊赦昨緣
州縣差役不均已降指揮令當職官躬親比較依公定
差委常平司覺察若因糾論見得定差有弊一例重行
責罰非不嚴切訪聞近來差役依舊並不着實定差致
互有糾論公吏利於誅求枝蔓追擾踰年不定使已滿
之人不得依期交替仰諸路州縣今後須管依實定差毋
令不當引惹詞訴仍令常平司常切檢察如有違戾
去處將當職官吏按劾以聞勘會諸縣鄉村合差都副
保正多是公吏受囑止差都保正不差保[illegible]或差保副

卻不差保正使被差之人獨力充役敗壞家計仰諸路
州軍約束諸縣今後並依條選差不得違戾　二十二
年十一月十六日二十五年十一月十九日南郊並同
此制　二十年四月十二日戶部言在法進納或係甲
弁以妻之家陣亡遺表恩澤授官并祇應有勞進頌可
採及特旨與非泛補官因軍功捕盜而轉至陞朝非軍
功捕盜轉至大夫方合理為官戶如一方有弟兄三人
父亡各以析居數中一人應得前項名色補官轉至陞
朝或大夫理為官戶蠲免色役父該贈官雖至陞朝或
大夫其餘子孫止合承蔭即與元補官人不合一例改
作官戶從之二十六年正月十日權知復州章燾言湖
北京西州縣有戶口稀少去處其都分名額悉無改併
每遇都副保正闕官司依舊隨都選差則是蛸併欲乞
今後每一都人戶若不及五大保處即合併接鄰近都
分人戶通行選差都保正一人催稅戶長亦乞通行雇
募如橋梁有損壞去處卻令依條隨本耆地分人戶修
治施行候人戶各及一都之數日仍舊選差從之六月
一日御史中丞湯鵬舉言比年陳請役法可謂備矣獨
有近歲申明欲以批朱白腳輪差致下等人戶被害謂
如十保內上等家業錢一萬貫中等家業錢五千貫各
以充役謂之批朱垂有下等家業錢一貫貫以上本等
家業錢五十貫以上未曾充役謂之白腳欲乞將批

卷四千六百八十六　三八

朱者歇役止於六年便與白腳比並物力人丁再差從
之八月二十六日御史中丞湯鵬舉言令有司將用宰
執給使減年補授之人轉至陞朝方理為官戶從之十
一月六日權尚書禮部侍郎辛次膺言欲望將詔有司
如有官戶多立戶名編民冒作官戶及祖父母父母在
而私立別戶者令州縣覺察或併或改仍與立日限陳
首如人告論當科違制之罪沒入其產戶部言欲下諸
路轉運司檢坐條法曉諭民戶限一月經官自陳改併
歸戶與免罪仍免追應輸之物如限滿不首許人陳告
將犯人依法斷罪追賞并合輸之物入官仍仰州縣常
切覺察尚有違戾按劾施行從之二十八年六月一日
權吏部尚書王師心被旨令六部長貳將差役舊法并
前後臣寮申請指揮公共看詳或已見不同各許條具
申尚書省審度取旨施行契勘紹聖常平紹興重修常
平役法并紹興重修常平免役申明續降指揮已是詳
備昨緣臣寮節次申請指揮不一州縣公吏得以舞文
作弊致差役不均今看詳合將前項指揮共三十八件
申明續降指揮計二十三件欲行諸路常平司照會仍
鏤板備下所部州縣遵守施行其與上件法意相妨指
揮四件紹興二十六年二月一日勅臣寮上言欲將批
朱者歇役止於六年便與白腳比並物力人丁再差
指揮紹興二十六年十二月九日都省批下江東常平司

卷四千六百八十六　三九

申祖慶到知宣州樓照陳請欲將上戶斟酌定差下戶止輪差充大保長指揮紹興二十七年五月二十一日勅人戶來分家已充保正副後來析戶其戶副若再當充役自合依近降指揮歇役其餘本家衆戶物力高即係白脚自合選差指揮紹興二十七年十二月四日都省批下處州遂昌縣丞黃揩陳請欲籍定物力倍於衆戶大段遼絕應役兩次當其他役戶一次指揮欲並刪去更不施行兼契勘州縣差募保正副依法係以十大保為一都係二百五十家內通選材勇物力最高二人充應緣州縣鄉村內上戶稀少地里窄狹并有不及一都人戶去處致差役頻併今看詳欲下諸路常平司行下所部州縣委當職官將都保比近地里窄狹人煙稀少并不及十大保去處併為一都差選仍不得將隔都及三都併為一保如內有都分人煙繁盛山川隔遠更不須撥併其併過都分從本司保明供申如有人戶陳訴均撥不當及人吏作弊去處仰常平司按劾申取朝廷指揮施行從之七日尚書戶部員外郎王時升言欲望誡飭郡縣凡保正副之所掌除依條合管事務外不得泛有科擾追呼或不遵依許民戶越訴仍仰按察官糾劾以聞重寘典憲從之十一月二十三日南郊赦州縣差役自有條法指揮往往當職官吏不躬親檢照簿籍戶口物力高力是致輪差不均有力者貫緣幸免

卷四千六百八十六　四十

下戶復致頻併互有糾論更不究實枝蔓追呼淹延不決公吏恣行誅求誠可憐憫仰諸路州縣今後須管依實定差每令不當引惹詞訟仍令常平司常切檢察如有違戾去處將當職官吏按劾以聞餘同二十五年之制　三十一年九月二日明堂赦並同此制　二十九年七月五日國子正張恢言欲乞推詳祖宗舊法每都令戶長專受催科外置耆長壯丁專管爭訟鬬毆追呼公事別募人充唯煙火盜賊事之大者則屬之保正他事不得追呼以至修官宇給廚傳收買土物之類嚴行戒戢有違戾者置於法詔令有司看詳其後戶部言在法保正副係於都保內通選有行止材勇物力最高者二人充應管幹開收人丁覺察盜賊者若願就願兼代耆長即管幹鄉村賊盜鬬毆煙火橋道公事大保長願兼戶長催納稅租若不願而輒差雇者徒二年非本耆保而輒差委幹當者杖一百官司於役人有所圓融及科買配賣者以違制論不以去官赦降原減即令倍備夫力者徒二年欲乞下諸路常平司遍牒所部州縣常切遵守施行如有違戾即依法按治從之三十年五月十八日臣寮言州縣保正副間有雇募代役多是公吏別立私名受募每有文移承受之後即收匿追呼催索有踰數限而不報其徒遞相壅蔽但見公府事多而令慢不知其弊錄此乞明立罪賞許人告首重寘之法其

卷四千六百八十六　四十一

所募之人例與同罪詔送刑部立法刑部言今後應募
人充代者輙放停軍人及罷役見役公人代役及代之
者各杖一百科罪仍許人告賞錢五十貫從之九月二
十五日上諭輔臣曰近閱獻言者多論差役之弊其言
有益於民朕思之恐富者以賂賄脫免而貧者充役恐
至破家雖祖宗之法不可輕改卿等更宜少加增損使
便於民經久可行者奏來湯思退奏曰人令戶部照役
法商量有益於民者將上取旨上曰甚善十一月四
日臣寮言賦稅之輸各有戶名戶之不輸孰任其咎郡
邑乃有以三十戶為一甲創為甲頭而責其成效者有
一甲之內或有貧乏輸納未前盡令甲頭代輸者有無
名之須民戶不從悉取辦於甲頭者甲頭之名一概於
卷四千五百八十六　四十一
籍還延莫得而脫廣南之俗利以此為害欲望明詔廣
南州縣應有催科合納稅賦各令本戶人自輸納勿復
廣置甲頭以勤騷動詔令有司看詳三十一年二月三
日權發遣江南東路轉運副使魏安行言保長催稅無
不破產逃亡又欲雇募耆戶長比等本無稅產行止顧
籍為害不可言令與屬縣民官詳究相度以比鄰相近
三十戶為一甲給帖從甲內稅高者為頭催理本戶足
者亦縣畫時給憑由執照出甲不與三十戶上流下接
催理之數行之幾月已斷見効切恐其他州郡所行不
同乞下諸州令悉依此施行於是戶部言欲乞下江東

路轉運常平司權依所陳施行仍下其餘諸路從長相
度如經久可行不致騷擾兼別無利害即仰條明申請
施行從之二十七日臣寮言比年以來江浙之間差役
之為民害不顧有田者其說有二條伍之法立倣成周
比閭族黨之遺意不過使之譏察煙火盜賊以保守鄉
井而已法弊滋久既使之督稅賦矣又使之承受文判
既使之治道路矣又使之供雇船腳既使之飾傳舍矣
又使之應辦食用役使既同於走卒費耗又竭其家貲
民不堪命而官吏晏然為之此為害一也一都之內膏
腴沃壤半屬權勢近年雖有限田差役之文縣道安得
而役之中下之產役次頻併且如甲有物力一千貫乙
卷四千五百八十六　四十二
有物力七百貫則甲替而差乙丙有物力一百貫則丙
替而差丁無可選者又於得替人輪差則是丁以一百
貫而比甲一千貫役次均矣每遇論差公行賂賄姦吏
肆巧旋為升降萬一獲免已被重困此其為害二也乞
申嚴法意禁戢州縣勿如雜役勿縱科擾仍乞令每都
以田產物力十分為率及三分者充大保長及七分者
充正副一次及十分者役次倍之充保長不過充正副
充正副者不先充保長庶幾中下之產有歇役之期而
充役之家無破產之患詔令戶部看詳二月二十七日
臣寮言宣因宣州一鄉上戶絕少下戶極多守臣奏請
本欲不候歇役六年即再差上戶有司看詳誤將歇役

六年指揮便行衝改遂致上户却稱朝廷改法是以鼠
尾流水差役必欲差遍白脚始肯再充當差之役紛紜
爭訟下户畏避多致流徙蓋上户税錢有與下户相去
百十倍者必俟差遍下户則富家經隔數十年方再執
役欲望將歇役指揮依舊施行詔令户部看詳申尚書
省其後户部言契勘在法差募保正長係於一都保内
通選物力最高人充應並給帖二年替無可選者於得
替人内輪差諸產業簿三年一造方郭十等鄉村五等
已承王師心申請緣法意相妨已行刪去上件指揮欲
乞下諸路常平司遵守施行從之九月二十四日知忠
州張德遠言川峽四路別勅中明續降已經衝改釐革

卷四千六百六六　四四

條件甚多謂如免役法自熙寧改創行垂百年具有成
憲令忠州諸縣近年以來於選差逐都保正却妄引未
行免役之前皇祐川峽四路鄉差里正户長耆長散從
承符官解子并手力弓手勅條次第輪流差至第三等
末人户充保正却將紹聖紹興免役令通都保内選差
物力最高之人見行條令更不遵用致保正之役多及
下户都保内家業物力有及一萬貫者歇役或至二十
年不差却差至第三等家業三百貫文人户貧富相遠
物力何由均平而朝廷見行免役條令幾至盡廢欲望
特賜詳酌下四路各委詳明監司一員取索抄錄川陜
四路編勅及一路一司一州一縣別制繳申朝廷降付

詳定一司勅令所從行修立新書從事給舍黄祖舜等
令看詳差保正自合遵用紹聖紹興見行役法不應引
用皇祐舊條欲乞令户部檢坐見行條法下川峽四路
遵用施行從之三十年正月十六日臣寮言江上踏車之
人其間最為可念當時采石之戰戰士持劍戟用命於
上而民丁運動舟船於下戰士之賞固推行矣而同舟
効死者略無以及之願諭郡邑與免科役二三年於是
户部言踏車人夫並係於五等人户及保丁内差雇其
間上户往往募人或以佃客使當時並係親臨矢石不
應却無實惠欲下建康府逐一開具的實姓名保明供
申續據建康府申開具到共六千三百四十六人詔將

卷四千六百六六　四五

令來人數特與免科役一年五月二日臣寮言望令兩
淮常平官及守臣公共相度將去冬曾經侵擾州縣見
在户口照多寡每都量留保正一名大小保長共三兩
名管幹煙火等事外其餘不盡差俟將來起税日取旨
却行見在條法施行從之　以上中興會要　紹興三
十二年八月二十三日孝宗即位未改元詔已降指揮
去年江上踏車人夫特與免科役一年外所有般運糧
草往屯駐州軍或在路因病身死之人理各一體令本
路轉運司將般運糧草并在路因病身故人夫覈實保
明依踏車人夫與免科役一年孝宗隆興二年六月一
日詔諸充保正副依條只合管煙火盜賊外並不得泛

有科擾差使許令越訴知縣重行黜責外守倅各坐失
覺察之罪以福建路轉運司言建寧府福泉諸縣差
役保正副依法止管煙火盜賊近來州縣違戾保內
事無巨細一如責辦至於承受文引催納稅役抱佃寬
剩修葺鋪驛抛置軍器科賣食鹽追擾陪備無所不至
一經執役家業隨破故有是命八月十九日知岳州錢
建言州縣差保正乞行下提舉常平官將一路縣縣事
體參酌謂如一都上戶稍多則差至物力若干貫而止
若一都內罕得上戶則以中為率差至物力若干貫而
止此外無可選則於得替人內輪差戶部契勘欲下諸
路提舉司鈐束所部州縣遵依見行條法無令違戾從
之乾道元年正月四日南郊赦書州縣輒行差雇人夫
應副過往累降指揮約束已是約切尚慮州縣依前循
習舊弊違戾差擾及抑令出備雇錢仰監司常切覺察
按劾以聞重置典憲　三年十一月二日南郊赦同此
制　同日赦書州縣差役自有條法指揮往往當職官
吏不躬親檢照簿籍戶口物力高下致輪差不均有力
者夤緣幸免下戶復致頻併互有糾論吏不糾實枝蔓
追呼淹延不決公吏恣行誅求誠可憐憫仰諸路州縣
令後須管依實定差毋令不當引惹詞訴仍令常平司
常切檢察如有違戾去處將當職官吏按劾以聞八月
五日臣僚言州縣被差執役者率中下之戶中下之家

卷四千六百八十六　四六

食貨一四之四〇

產業既微物力又薄故凡一為保正副鮮不破家敗產
昔之所管者不過煙火盜賊而已今乃至於承文引督
租賦焉昔之所勞者不過橋梁道路而已今乃至於備
修造供役使焉方其始參也饋諸吏則謂之參役錢及
其既滿也又謝諸吏則謂之辭役錢知縣迎送僦夫脚
則謂之地里錢節朔參賀上榜子則謂之節料錢官員
下鄉則謂之過都錢月認醋額則謂之醋息錢如此之
類不可悉數復有所為承差人專一承受差使又有所
謂傳帖人各在諸廳白直每月雇錢多者至十餘千少
不下數千若承差人則以之差其正身出錢雇募尚或
可也而傳帖人則實不曾承傳文帖亦令僦雇而占破
伏望嚴敕有司檢照參酌立定條法申嚴州縣令後如
有尚敢令保正副出備上件色色錢物官員坐以贓私
公吏重行決配至於承差人傳帖等人如充役之家不
願親身祇應止許承差人一名餘所謂傳帖之類並住
罷從之三年三月十八日直秘閣陳良祐言令役法之
行其說多端而未嘗有一定之論是以吏以舞文愚弄
村民富者多避免而下戶常見充役乞令逐路提舉常
平司行下州軍限一季條具經久可行利害申尚書省
從之四月三日刑部修下條諸進納授官人特旨與理
為官戶者依元得旨若已身亡子孫並同編戶從之因
軍功捕盜而轉至陞朝非軍功捕盜而轉至大夫者自

卷四千六百八十六　四七

食貨一四之四一

依本法六月四日户部侍郎李若川曾懷言官户比之
編民免差役其所納役錢又復減半委是太優欲令官
户與編民一等輸納更不減半以歲所入約百餘萬緡
專責諸路提舉常平司委遂州主管官別收依經總制
錢條限觧發從之八月七日滁州來安縣稅户楊廣等
言昨奉詔召募萬弩効用去年蒙朝廷念兩淮累經戎
馬蹂踐特與廣等給據歸耕未得兩月不期本縣便與
不當弩手之家一例差充保正長乞行蠲免詔蠲免差
役二年二十四日臣僚言泛色補文學與特奏名文學
人差役事户部勘會欲下諸路監司行下所部川縣將
特奏明出身之人若未入正官如偶授破格差遣即遵

卷四千五百八十六　四八

依紹興二十九年五月之制如已落權合汙正官人方
始理為官户從之九月十九日四川制置使兼知成都
府汪應辰言近日臣僚有請欲罷催稅户長改差甲頭
此但見户長之害而思有以救之不知所以害民者在
人不在法也臣竊以户長之法無可更易望降明旨令
州縣並依見條施行勿復它議詔令户部下諸路准此
十月十九日臣寮言臣所歷州縣見民之所以不安者
莫大於執役非役法之不善亦由議法者時有更改而
執役者困於科擾所以不能自安也請言科擾之畧有
弓兵月巡之擾有透漏禁物之責有捕獲出限之罰有
將迎撘擎之差有催科填代之費有應副按檢之用有

承判追呼之勞凡此之類皆執役之所深懼若蒙朝廷
專行約束使州縣無復如前科擾實天下幸甚詔監司
常切覺察三年十二月十三日提舉浙西常平茶鹽公
事劉敏士言欲將寡婦召到接脚夫或以老户本身無
丁將女招到贅婿如物力高彊即許比附寡婦有男為
僧道成丁選募充役其召到接脚夫贅婿若本身自有
田產物力亦許別項開具推行併計選差充役若接脚
夫贅婿本身有官蔭合為官户之人即照應限田格法
豁除本身合得頃數令與妻家物力併計選差募人充
從之五年二月十五日右從事郎李大正言紹興府諸
縣自舊以來將小民百工技藝師巫漁獵短趁雜作瑣

卷四千五百八十六　四九

細傭細家業以憑科數官物差募充役官户全無上户
絕中下户小民被此科斂官司不卹監繫拘留至鬻妻
賣子不足以償納者乞截自四等以下至五等民户除
存留質庫房廊停塌店鋪租牛賃船等六色外其餘瑣
細名目一切除去其應科數輸納為民害者盡行除去
詔諸路轉運司將州縣有似此瑣細害民因推排陞降
日悉與蠲除毋致違戾五月八日刑部侍郎汪大猷言
國家立保正之法緣法中許顧兼者長者聽故數十年
來承役之初縣道必抑使兼充不容避免蓋以保正必
一鄉之豪官吏百須可以仰給故樂於並緣以為已利
凡有差募互相論糾官不加察吏與為市或請以家貲

之多寡分次之久近或謂以不拘官民户寺觀例行均差或謂以一縣一鄉家同名次差充以採移從之若或請令應役之家自雇耆長專承引狀以革誅取之害或請止以上户歇役久近物力高下分數比折差募以優中下之家乞令諸路常平司各具逐路見行如何奉行并以臣所陳數端令逐司相度孰為便民或別有所見可以施行者各限一月條具来上仍許户部檢舉催促有違必罰俟制令本部盡取臣寮前後陳獻參以見行條法立為定制從之九月十六日詔應福建路州縣催科之人悉仍其舊如近来創置甲頭與保正副長追税之擾一切罷之以臣僚言兩税科用户長或耆長之類此通法也在江浙間則以賦入浩繁耆户長不足以督辦乃權一時之宜而責之保正副長自二三年来福建諸州縣亦倣江浙之例而行之而不知福建地狹民貧賦入不及於江浙也乞行禁止故有是命六年二月二十一日詔曰朕深惟治不加進夙夜興懷思有以正其本者今欲均役法嚴限田抑游手務農桑凡是數者卿等二三大臣深思熟計為朕任此而力行之其交修一心毋輕懷去留以副委寄此朕所望也二月一日資政殿大士知荆南府充荆湖北路安撫使劉珙言諸郡起籍民兵但以丁多差户初不問家産多寡家産寡者往往棄産而遁欲乞明示優恤應充義勇除依條合差

卷四千六百六十六　華

保正長外並免非泛科役有身丁錢處與免身丁錢其第四等户除非泛科敷外更與免差保正及大小保長五等人户除免應干科差外更與量免三分或二分徭役庶幾貧下之人均受優恤之惠其總首若係管轄之人兼一縣不滿千人者乞與免保正長差役從之五月二十五日臣寮言保正之役為良民之害今之議者多方立法以救其弊先後蓬并有司無所適從願行耆長之法募民之有産者為之其職止於煙火盜賊應征斂之事不得以責之然後罷去保正之役則有産之家庶幾休息於是臺諫户部長貳看詳言檢會元豐八年十月指揮耆户長壯丁之役皆募充其保正甲頭承帖人並罷欲下兩浙路權依此給雇直募耆户長壯丁從之九月二十一日中書門下言法役之害下三等尤甚有田之家盡歸兼并小民不能著業以致州縣差科不行雖中嚴限田之法而所立官品有崇卑所限田畮有多寡品寬田多往往互假其名以寄産不若一切勿拘限法只選物力高疆官户與民户通差則役户頓增下户必無偏差之害欲實惠及民莫出於此今措置自今並以官户與民户一槩通選物力第二等以上輪差二年一替官户許雇人代役且以十年為限如經久可行别議立為永法詔依令兩浙路先次遵行十月七日臣僚言頃歲有漕臣務在催科急辦不用役法罷去税長行

卷四千六百八十六　垂

下州縣每三十戶差一甲頭逐時催税縣道並緣為姦一名出頭即告示出錢數千謂之甲頭錢往往一縣歲不下七千緡以至萬餘緡或云應副鎮寨或云解發本州至今猶有行者如一縣所管萬戶則秋夏兩税合差甲頭六百餘人此事豈不為擾乞下諸提舉司並行住罷仍常切覺察詔戶部檢坐乾道二年九月已降旨行下如有違戾重作施行七年正月二十九日臣寮言訪聞處州松陽縣有一兩都忰充役破産之苦議欲相約各出田穀以助役戶風義可嘉望下本州許從民便依舊循義役規約行使官民願預者聽增入仍乞令知州胡沂將六縣已結義役詳細規約繕寫成冊繳進從

卷四千六百八十六

之八年十一月二十六日戶部尚書楊倓等言今將結會同本部長貳詳到臣僚陳請役法參酌如後一在法催税分定比近保分催納其寄産戶令見任處大保長催續降紹興十二年勅旨却令寄産戶充大保長既非本處相近煙火盜賊無緣機察亦難以責辦催科今欲依舊法差募一差役舊法係以物力通選續承紹興十五年八月勅旨許差物力高單丁每都不得過二人其應充保正副或催税戶長止得一名不得雙差本為優恤單丁之家行之既久姦為百出富豪者多以單丁而免役貧弱者或以丁衆而屢充今欲不拘丁數只依舊法通選物力高者充役庶得均平一小保長舊無倚法

令欲限二年一替吏不給帖一在法鄉村盜賊鬪毆烟火橋道公事並耆長幹當今欲有耆長處依舊例無耆長處保正同一人戶買撲酒坊如本州別無田産物力欲令以坊本物力就本坊充役有田産物力即以少併就一多處充應一代役人許募本縣立作有行止之人不得募放停軍人及曾役公人違者許告將犯人雇錢坐贓論仍不許受兩家雇募曾經代役或罷去輒告論他事者依罷役公人法從之九年三月二十九日淮南運判馮忠嘉言本路州縣輒以採研竹木般運鍊炭及以和雇為名差夫般擔行李致妨農作欲望行下遇應辦軍期般運糧草增築堤岸方聽差夫仍申監司及申

卷四千六百八十七

朝廷候得旨方許差撥若州縣差夫私自役使乞申嚴法禁從之七月四日詔諸路轉運司行下所部州縣將女戶如實係寡居及寡居而有丁者自依條令施行其大姓猾民避免賦行號為女戶無丁詭名立戶者即自三等以上及至第四等第五等並與編戶一等均敷仍令州縣多立文榜曉諭限兩月陳首與免罪改正如違許告斷罪告賞並依見行條法以臣寮言大率一縣之內係女戶者其實無幾而大姓猾民避免賦役與人吏鄉司通同作弊將一家之産析為詭名女戶五七十戶凡有科配悉行蠲免乞立法革其弊故有是命十二月九日詳定一司勅令所修立下條諸村疃伍家相比為

一小保選保內有心力者一人為保長五保為一大保
通選保內物力高者一人為大保長十大保為一都保
通選都保內有行止材勇物力最高者二人為都副保
正餘及三保者亦置大保長一人及五大保長置都保
正一人若不及即小保附大保大保附都保其紹興五
年四月十六日勅單丁及寡婦有男為僧道成丁及僧
道併許募人充役官司不得追正身乃是優恤單寡之
家故令募人充役合依舊存留以備照用從之先是臣
僚言常平免役差大小保長都副保正之法後來選差
不便紹興五年四月十六日勅旨於大保字下添通字
選保字不删去長字及紹興九年四月四日勅旨於都

卷四千六百六十六　喬

保字下添通字選字下改大字為都字保字下删去長
字自此差役極便紹興十七年六月二十三日申明止
作存留故州縣奉行牴牾今乞删修成法故有是命
以上乾道會要

九一作五　三一作二　八一作五　鞏一作館

宋會要　商稅雜錄

四京　東京都商稅院　舊不立額，熙寧十年四十萬二千三百七十九貫一百三十七文。開封府舊城五縣及在橋、長饗、園城、陳橋、建雄、匡馬、欄橋、李家、張家渡二十三務，歲十萬八千七百四十貫；熙寧十年，咸地額一萬一千五百一十二貫四百十七文；酸棗縣三十一百五十二貫三百九十五文；韋城縣五千九百七十一貫四百一十六文；陳留縣六十七百六十八貫一百三十文；封丘縣四千七百一十三貫四十文；襄邑縣七十八百一十四貫八百七十七文；中牟縣四十六百一十　貫八百七十文；新鄭縣三千二百六貫六百一十七文；咸平縣九十六百三十五貫三百七十四文；長垣縣九千四百五貫一百八十一文；鄢陵縣一千二百一十四貫三百九十一文；太康縣一萬一千八百六十七貫六百二十三文；雍丘縣一萬三千五百二十七貫二百五十八文；考城縣五千六百七十三貫六百三十八文；東明縣五千四百二十一貫二百二十六文；陽武縣六十二百二十貫八百八十五文；尉氏縣七千四百七十七貫一百五十四文；扶溝縣二千四百九十七貫三百五十七文；胙城縣一千六百二十八貫六十八文；白馬縣四千二百七貫七百三十文；滎陽縣一千三百八十四

卷一萬七千五百五十六

貫九百四十二文；滎澤鎮一十七百一十三貫九百七十四文；武牢鎮二十九十四貫六十二文；河口鎮二鎮六百六十七貫八百三十三文；萬勝鎮三百二十三貫三十四文；陳橋鎮一百五貫六百七十八文；郭店鎮二十八百三十五貫六百五十二文；圍城鎮九百六十二貫二百八十六文；康武鎮二千一百二十七貫七百八十二文；宋樓鎮九百四十三貫三百九十七文；張三貫鎮一百八十一貫三百六十九文；建作鎮一千五百八十五貫一十八文；白皋鎮六百六十一貫七百三十文；靈河鎮二百三十四貫二百四十文；李固鎮一千二百九十六貫一百九十五文；馬欄橋二十一百七十一貫四百一十四文；崔橋七百九十四貫六百一十四文；陽武橋一千五百四十六貫八百七十文；張家渡六百六十四貫二十九文；李家渡九百三十七貫九百六十八文；宋家曲六百五十三貫九百九十文。

西京　舊在城及穎陽、登封、王屋、壽安、澠池、緱氏、偃陽、偃師、新安、永寧、伊闕、永安、長水、福昌、某縣、白波、彭婆、曲河、白沙、三鄉、延禧、共泉、顧南、陳長、家渡、府店二十六務，歲六萬四百五十六貫；熙寧十年，在府三萬七十九百四十二貫九百八十四文；登縣一千四百七貫三百四文；永安縣一十五百一十九貫六十二文；偃師縣八百七十二貫九十七文；緱氏縣一十四百

一一作二　鎮一作場　三一作四　三一作二　五一作三　五一作三　二一作三　安定一作定安

九十五貫八十三文；壽安縣九百五十二貫四百八十三文；新安縣五百五十二貫九百七十一文；永寧縣一千七十八貫五百二文；澠池縣四十六百二十九貫九百八十八文；長水縣七百六十六貫一百九十八文；密縣五千二百三十九貫六百九十五文；登封縣一千三百二十五貫一百三文；彭婆鎮六百一十五貫九百五十二文；穎陽鎮三百三十七貫八百三十七文；白波鎮二十六百七十四貫四百一十八文；曲河鎮八百八十七貫九百一十四文；長泉鎮八百三十六貫六百五文；三鄉鎮二十一百六十三貫一百四十八文；伊闕鎮一千七百二十二貫九百八十九文；費莊場五百六十六貫七百七十九文；伊陽鎮一千三百八十九貫四百三十五文；府店五百七十貫文。

南京　舊在城及南河、寧陵、會亭、穀熟、下邑、楚丘、虞城、柘城九縣務，歲三萬三十九百二十三貫；熙寧十年，在城二萬七十八百八十六貫二百八十七文；寧陵縣三十七百二十三貫二百五十文；穀熟縣一千六百七十五貫一百一十九文；柘城縣二千二百二十三貫五百五十四文；楚丘縣三千八百二十六貫四百二十文；下邑縣一千五百三十八貫九百三十八文；虞城縣三千二百八十七貫二百三十八文；會亭鎮三百六十一貫五百八十文；治平鎮一千三十九貫三百十

卷一萬七千五百五十六

七文。

北京　舊在城及清平、武安、內黃、朝城、洹水、魏、莘、清水、冠氏、夏津、永濟、經城、臨清、宗城、南樂縣、鮮張、李固、馬橋、馬陵、渠村、淺口、雷仁鎮、郭店二十四務，歲八萬四十四百五十四貫；熙寧十年，在府三萬八十六百三十八貫六十七文；朝城縣七千五百一十六貫六百八十三文；莘縣二千八百三十九貫二百六十八文；清平縣一千五百五十八貫八十一文；館縣四百一十八貫八百六十文；館縣四百一十八貫八百一十九文；夏津縣一十二百三十五貫二百二十文；冠氏縣一十六百五十一貫四百三十八文；內黃縣三十四百三十二貫一百一十九文；成安縣五十八百七十三貫三十二文；魏縣一千六百九十六貫八百九十七文；臨清縣二十一百四貫九百一十文；宗城縣一十四百一十六貫七百四十四文；南樂縣一十三百一貫六百文；鮮張鎮二十六百八十四貫一百九十三文；馬橋鎮四百九十九貫六百八十七文；安定鎮一十五百四十五貫六百四十八文；桑橋鎮四百一十貫三百四十九文；李固鎮一十四十六貫四百七文；淺口鎮一千四十五貫七百四十二文；永濟鎮二十三百三十八貫一百一十九文；洹城鎮一千貫七百六十四文；洹水鎮二十二百二貫八百九十六文；延安鎮六百五十九貫五百二文；北馬陵渡口二十九百九

古一作固

七一作一

牡

陽信一作信陽

十貫五百五十二文陳家口四百六十八貫一百二十文關家口一千一百三十六貫九百五十六文臺古渡口一千九百五十九貫七百八十九文南馬陵渡口一千七百三十七貫一百文梁村渡口一千一百三十六貫九百五十六文南北羅村渡口五千九百七十六貫三百二文　京東路　京東路青州　舊在城及臨朐千乘博興壽光臨淄縣淳化鎮博興河口王家口十務歲四萬五千七百六十六貫。熙寧十年在城二萬三百一十六貫六百五文壽光縣五千三百八十貫一百四十四文臨朐縣四千四百一貫一百二十九文臨淄縣三千三百一十六貫八百九十四文千乘縣五千二百一十九貫四百八十二文博興縣二千五百六十九貫五百九文淳化鎮四百五十九貫六百四十文博昌鎮一千五百一十一貫五百九百五十五文清河鎮七百六貫八百三文新鎮四百九十一貫一十文大家港一萬七千八十八貫八十八文南鹽務八千五百四十四貫四十四文博興河渡一十九貫五十文　濰州　舊在城及安邱高密昌樂縣決潘板橋六務歲二萬九千一百九十六貫。熙寧十年在城三萬六千七百二十七貫二百五十六文昌縣五千八百八十七貫三百九十文高密縣三千八百八十五貫八百八十五文安丘縣六千四百七十四貫九百三十

卷一萬七千五百五十六

五文牲棠鎮四百六十一貫二百三十七文陽信鎮一萬五百七十六貫八百一十八文板橋鎮三千九百一十二貫七十八文濤洛場一萬九千二百一十八貫四百文　齊州　舊在城及清平軍禹城臨邑長清縣新寨鎮劉宏龍山新店安仁縣耿明水新市清安黃河南渡水淀柳家巷李家店胡家港胡家林耿口商家橋口界家口老僧口陰河口馮家口寧唐口清口高河口濟寨丙家橋三十一務歲四萬九千六百一十九貫。熙寧十年在城一萬一千八百三十六貫六百一十文禹城縣四千九百七十四貫九百二文章邱縣六千六百一十五貫六十一文臨邑縣六千二百五十一貫八十三文長清縣六千四百二十七貫三百六十二文新寨仁鎮六百一十六貫一百三十七文陽安仁鎮五百三十四貫四百四十四文劉宏鎮一千四百五貫六百九十七文普濟鎮六百五十一貫六百九十二文臨濟鎮五千一十六貫四百六十文歸蘇鎮一千六百八十四貫二百四文新鎮耿頭一千七百二十一貫九百五十六文清縣狀頭一千九百六十六貫四百六十八文新鎮一千二百九十五貫八百一十六文新市鎮一千六百七十三貫四百六十五文仁風鎮一千五百九十一貫四百九十一文安鎮二千二百十貫四百三十五文回河鎮二十

四百二十七貫九百九十七文曲堤鎮二千四百四十五貫三百三十一文齊河鎮二千二百四十五貫三百八十四文喜鎮一千九百六十五貫四百六十一文龍山鎮一千五百二十九貫五百九十八文遙墻鎮二千二百八貫五百七十一文臨濟寨八頃九貫八百二十二文樂平口一萬一千五百六十七貫一百五十八文老僧口七百六十五貫四百三十七文胡家港二千五百六十六貫八十一文李家店八百三十三貫八百七十七文胡家林七百四十八貫五百六十七文　沂州　舊在城及沂水新泰承費縣五務歲三萬四千四百五十九貫。熙寧十年在城一萬六千六百九十貫四百二文沂水縣四千四百三十九貫三百二十四文費縣二千八百三十五貫八百四十一文新泰縣一千三百五貫九百一十一文新承縣一千七百七貫六百五十五文蘭陵鎮六百九十八貫四百二十三文卞莊鎮四百六十六貫八百二文毛陽鎮九百八十三貫五十六文郭疃鎮一千六百貫九百四十文王相公莊七千五百三十八貫七百二十文蘇村四千一百五十七貫三百八十一文　登州　舊在城及牟平文登黃縣四務歲萬二百二十三貫。熙寧十年在城五千三百九十貫七百八文黃縣二千七百五十九貫七百八十六文牟平縣二千八百二十八

卷一萬七千五百五十六

貫六十九文登縣二千七百五貫八百六十八文兩水鎮二千一百四十五貫六文馬停三百六十八貫五百一十八文　萊州　舊在城及即墨萊陽膠水縣五務歲六千四百五十貫。熙寧十年在城六千五百四十一貫三百七十五文東陽縣五千六百三十五貫八百二十九文膠水縣五千八十三貫一百九十四文即墨縣二千一百六十三貫四百九十四文羅山鎮四百一十二貫九百九十三文綿橋驛四千五百二十一貫七百六十三文海倉鎮一萬二千九百二十一貫九十文陳村七千三百三十八貫五百三文　濰州　舊在城及昌邑昌樂縣三務歲萬五千六百六十九貫。熙寧十年在城一萬三千九百七十八貫七百二十三文昌邑縣一千二百二十五貫三百一十二文昌樂縣一千三百二十六貫七百一十八文團底一萬四千六十貫八百九十三文　淄州　舊在城及長山高苑鄒平臨河縣濟城金嶺賈濟河趙嵓河南河口北河口十一務歲萬四千二百貫。熙寧十年在城六千七百五十八貫七百八十六文鄒平縣三千三百二十七貫八百五十二文長山縣二千三百六貫七百六十一文高苑縣二萬六千五百二十六貫二百八十九文淄鄉鎮一千五百二十五貫七百四十文臨河口一千四百二十六貫一百六十文趙嶽口

家一作橋

三萬八十三百八十九貫九十七文、金鄉一千三百七十九貫一百九十七文、孫家店一千一十八貫三百八十三文　淮陽軍　舊在城及宿遷、下邳、徐店、三萬二千九百五十六貫。熙寧十年在城一萬六千一百二十五貫二百二十六文、宿遷縣二千七百四十六貫六百九十九文、桃園鎮一千五百六十六貫二百三十四文、崔野鎮一千九十三貫七百五十文、渠海鎮三千七十一貫二十八文　兗州　舊在城及萊蕪、泗水、仙源、奉符、鄒縣、太平、新興鎮九務，歲三萬八千三百一貫。熙寧十年在城八千四百三十七貫八百四十三文、龔丘縣二千一百四十一貫二百七十九文、仙源縣一千八百九十八貫一百七十六文、泗水縣一千一百六十三貫一百八十九文、奉符縣四千五百二十一貫八百七十四文、萊蕪縣四千五百二十八貫八百九文、太平鎮一千六百六十三貫九百五十八文、鄒縣一千六百八十六貫一百九十七文　徐州　舊在城及蕭、豐、沛、滕縣、利國監、白土鎮七務，歲六萬四千二百七十六貫。熙寧十年在城一萬千二百三貫七百九十三文、利國監六千一百四十四貫八百文、豐縣一千六百六十七貫、滕縣七千三百二十八貫七百八十文、蕭縣二千八百二十三貫九百一十二文、沛縣六千四百八十八貫六百九十三文、下邳鎮三千二百三十九貫五百四文、留城鎮一百一十五貫六百一十八文、白土鎮一千二百七十一貫一百七十三文　曹州　舊在城及南華、冤句、乘氏縣四務，歲萬八千八百八十三貫。熙寧十年在城七千六百五十八貫九十六文、冤句縣四千五百五貫六十九文、乘氏縣三千二百五十四貫四百八十七文、南華縣七千二百一十三貫九百三十一文、定陶縣二千五百七十貫六百四十一文、柏林鎮八百八十二貫七百五十六文　鄆州　舊在城及壽張、平陰、陽穀、中都、東阿縣、楊劉口、景德鎮、竹家、部家、王家、沙溝十二務，歲六萬八千四十二貫。熙寧十年在城三萬五千四百四十四貫三百六十三文、壽張縣二千八百一十七貫七十五文、陽穀縣六千五百九十六貫七百八十八文、東阿縣三千五百二十七貫五百三十四文、中都縣二千六百一十八貫二十八文、平陰縣三千五百五十四貫四百二十二文、竹口鎮六十四百四十貫三百四十六文、安樂鎮一千五百三十二貫四百五十九文、景德鎮二千九百三十貫一十八文、楊劉鎮六百四十四貫四百一十七文、關山鎮八百二十四貫六百文、但歡鎮四千四百一十三貫二百四十文、李鄉鎮一千四百八十六貫七百八十七文、北新橋一千二百五十九

六一作八　五一作六　六一作一　二一作六　五一作三

貫五十一文、濟家口三千一百七十三貫三百七十一文、傅家岸三萬二千四百六十七貫四百三十九文　濟州　舊在城及金鄉、鄆城、任城縣、合蔡、魯橋鎮六務，歲三萬二千七百四十二貫。熙寧十年在城六千三百五貫一十四十八文、金鄉縣五千六百五十三貫八百二十一文、鄆城縣三千二百三十四貫二十六文、合蔡鎮一千一百六十貫六百五十四文、任城縣二千七百七十貫四百一文、魯橋鎮八百三十貫八百五十六文、山口鎮三千五百二十二貫二十文、昌邑城二百六十二貫六百五十八文　單州　舊在城及城武、碭山、魚臺縣、黃隊五務，歲二萬五千七百八十四貫。熙寧十年在城五千七百四十貫九百一十二文、武成縣二千六百八十三貫一百六十四文、碭山縣一千八百五十三貫六百九十文、魚臺縣二千六百九貫四百六十八文、河渡二十貫文、黃隊鎮四千八百九貫四十一文、河渡二十四貫四百八十四文、甲頭二十一貫七百二十七文　濮州　舊在城及臨黃、雷澤、臨濮、范縣、鉢河、柏林、蘇村八務，歲萬八千七百一十三貫。熙寧十年在城一萬九千六百三十七貫九百六十八文、雷澤縣六千七百三十六貫七百九十九文、臨濮縣三千八百九十八貫七百一文、范縣二千一百四十七貫九百六十三文、張郎鎮三百六十四貫四百八十七文、安定鎮六百九十四貫三百二十一文、徐村鎮七百九十一貫七百一十七文　廣濟軍　舊在城一務，歲三千九百二十二貫今廢

京西路

南路　襄州　舊在城及中廬、宜城、穀城、南漳縣、大隄、高舍、牛頭八務，歲三萬五千八百九十三貫。熙寧十年在城五萬五千四百六十七貫四百七十三文、鄧城縣一千七百九十六貫三百四十三文、南漳縣三千五十六貫六百四十三文、宜城縣一千五百九十三貫二百九十九文、中廬縣二千九百七十五貫六百一十文、光化縣八千三百三十三貫六百四十文、穀城縣二千九百九十一貫五百七十文、牛首鎮二百七十三貫三百五十三文、樊村鎮一百二十七貫一百文、峴首津三千三貫七百一十五文　鄧州　舊在城及南陽、順陽、淅川縣、諸陽、峽口、鶻鶵七務，歲三萬五千八百七十六貫。熙寧十年在城二萬一千三百七十貫八百九文、南陽縣五千五十一貫四十文、淅川縣一千七百八十二貫七百三十二文、順陽縣一千五百六十九貫三百六十五文、峽口鎮三千八百六十一貫九十四文、諸陽鎮一千七百六十五貫六百七十八文、鶻鶵鎮一千一百三十一貫九百二十八文、北趙鎮二千四十一貫五十三文、方城鎮七千八百六十貫四百四十九文　隨州　舊在城及棗陽、唐城、

三一作四　三一作八　江一作崗

務歲五千六百三十六貫熙寧十年在城三十三百七十八貫五百五十五文唐城縣六百四十八貫六百三十二文棗陽縣二十一百六十八貫六百九十九文　金州　舊在城及洵陽平利漢陰縣激口況口洄口仕口蜀口閭口免鎮洵城化溪莊門水銀青風龍迴遲山十七務歲六十八百八十六貫熙寧十年在城八千三百三十貫六百一十七文洵陽縣一千二百八十貫一百六十九文漢陰縣二千七百八十七貫五百一十三文平利縣三百五十八貫一十九文　房州　舊在城一務歲一千六十貫熙寧十年在城五千四百三十五貫四百七十六文竹山縣一千二百六十二貫三百九十七文平安關四百四十一貫四百八十四文寶豐鎮四百六十貫五百一十文　均州　舊在城及鄖鄉縣兩門場三務歲八十八百一十六貫熙寧十年在城六十九百七十七貫六百二十四文鄖鄉縣三千五百七十二貫五百五十二文　郢州　舊在城及永濟鎮二務歲萬二千六百六十八貫熙寧十年在城八千八百一十八貫六十文京山縣一十二百九十九貫五百八十三文長壽縣二千三百九十七貫七十四文　唐州　舊在城及方城湖陽比陽縣山莊五務歲二萬二千二百九十五貫熙寧十年在城一萬六百七貫九百五十四文湖陽縣九百九十一貫

卷萬七千五百五十六

九百七文比陽縣二十八百四貫五十五文桐柏縣六百二十一貫五百一十文　北路　許州　舊在城及陽翟臨潁許田長葛舞陽郾城縣合流波郾口新寨十務歲三萬四千四百七十六貫熙寧十年在城一萬八千三百三十四貫二十二文陽翟縣四千九百九十九貫九百八十九文長葛縣一千九百貫六百八十九文臨潁縣一千四百二十九貫八百二十四文郾城縣四千四百三十八貫四百一十四文舞陽縣一千四百一十三貫七百四十九文北舞鎮一千三百九十三貫三百八十四文長葛鎮二百九十二貫五百五十三文合流鎮一千七百五十二貫七百五十一文新寨鎮三百八貫一百六十二文許田鎮二千一十一貫九百三十五文　孟州　舊在城及汜水濟源河陰溫縣汜水渡九務歲二萬一千七百七十貫熙寧十年在城八千五百四十九貫九百二十五文濟源縣一千九百六十九貫四百九十六文溫縣一千六百五貫八百七十八文王屋縣七百一十六貫五百五十六文河陰縣五千七百三十九貫五百二十二文行慶關三千八百二貫七百六十四文黃河渡二百八十七貫三百六十九文　蔡州　舊在城及上蔡遂平西平平興真陽新息褒信新蔡確山縣東岸毛宗射子鎮汝南臨淮團江渡十六務歲三

六一作三　四一作五

萬八千四百二十九貫熙寧十年在城一萬二千一十六貫七百二十五文上蔡縣三千三百六十二貫七百五十八文西平縣一千三百四十三貫六百六十五文遂平縣二千二百二十貫一百一十一文確山縣一千二百一十四貫四百六文真陽縣一千五百八十貫一百九十一文新息縣三千五百四貫一百六十二文褒信縣二千一百三十三貫八百三十七文新蔡縣一千九百四十四貫三文平興縣六百一十一貫七百四十八文汝陽縣一百一十三貫一百五文東岸鎮四百八十九貫五百九十二文毛宗鎮六百三十七貫四百七十文吳城鎮六百三十七貫一百九十四文王務鎮一千四貫九百五十四文　陳州　舊在城及南頓商水西華項城縣斤溝鎮六務歲三萬五千七百五十五貫熙寧十年在城一萬九千五百三十三貫五百六文商水縣一千一百八十五貫四十一文項城縣一千七百五十貫一百八十文西華縣三千一百五十六貫一百五十九文斤溝鎮五百二十九貫八百五十四文長平鎮九百九十二貫八百文南頓鎮一千二百一十七貫二百二十九文　潁州　舊在城及正陽界溝斤溝永寧潤口鎮上沈邱萬壽河縣會津河渡十一務歲五萬五百一十九貫熙寧十年在城三千九百一十六貫四百五十九文沈邱縣一

卷萬七千五百五十六

千八百二十六貫八百六十五文萬壽縣一千二百三十六貫八百七十六文潁上縣一千九百三十四貫一百四十六文斤溝鎮一千一百五貫二百一文潤口鎮五百五貫九百一十七文永寧鎮一百一十五貫二百六十七文正陽鎮四千九十四貫三百八十五文永安鎮一千七百五十一貫五百一文界溝鎮八百三十六貫四百七十一文河鎮一千九百二十七貫二百文會津門一百七十六貫八十文河渡一千一百二貫五百八十九文五家市三百七十貫七百四十文　汝州　舊在城及葉城魯山郟城襄城葉縣龍興潁橋鎮石塘河洛南路十務歲二萬六千七百二十五貫熙寧十年在城三千二百四十一貫一百七十四文襄城縣三千八百七十一貫二百一十文葉縣七千三百九十三貫九百九十一文郟縣一千八百九十二貫二百六文魯山縣四千六百七十貫三百二十四文潁橋鎮四百五十四貫九百三十九文洛南鎮五百四十二貫九十五文龍興鎮四百五十貫九百四十九文曹村鎮一千一百九十七貫三百四十六文洛南路三百二十七貫五百八十六文石塘河務一百一十四貫五百四十九文　信陽軍　舊在城及羅山縣歲六千五十一貫熙寧十年在城五千五百二十二貫七百八十二文羅山縣二千九百二十三貫

昨一作胙　寧一作亭

二百五十三文　鄭州　舊在城及新鄭滎澤滎陽原武陽武郭店宋家渡陳橋九務歲二萬四千七百三貫文今廢　滑州　舊在城及韋城昨城靈河縣大趙村李固白馬渡七務歲三萬六百九十七貫今廢　安利軍　舊在城一務歲萬八百九十二貫今廢　河北路　東澶州　舊在城及德清軍臨河衛南觀城清豐縣王樓東石店水北舊州鎮十務歲五萬七千七百七十六貫熙寧十年在城一萬五千五百六十七貫八百五十四文觀城縣二千五百八十三貫九百八文清豐縣六千九貫七百一十四文衛南縣一千七百九十四貫七十五文臨河縣一千三十八貫五百六十六文德清軍二千八百八十五貫四百一十八文朝門鎮二十二貫一百九十六文舊州鎮八百六貫三百三十六文王樓鎮五百一十貫四百二十六文商渡四千二十八貫二百八十二文大韓渡四三百三十四貫三百六十二文濮村渡三十八貫五十四文衛城店五百五十五貫三百四十六文大韓店一百七十六貫六百五十九文　滄州　舊在城及保順軍歸化屯莊保安南皮臨津樂陵泥沽河通劉長蘆鹹平通商東保利州口會寧馬逢饒安劉家口郭橋鹽山馬明二十六務歲五萬七千六百四十七貫熙寧十年在城一萬四百七十五貫六百四十四文保順軍一萬四千二百八十三貫二百二十八文樂陵縣一千五百二十六貫一百二十五文南皮縣一千四百二十五貫七百五十三文鹽山縣五萬七千四百三十八貫四百二十六文郭嗹鎮一百二十三貫七百二十三文饒安鎮三百二十六貫九十九文無棣縣一萬七千三百八十貫九百八十七文任河鎮一百五十貫五百三十文長蘆鎮五百三十五貫四百六十八文通商鎮二百八十六貫三百四文會寧鎮三百九十一貫三十四文馬逢鎮二百六十二貫一百六十四文東保安鎮九百四貫一百九十二文馬明鎮六百六十七貫九十六文徐村場一百一十九貫七百文樂陵鎮三百八十七貫三百四十一文歸化鎮一千四百七十一貫五百八十五文屯莊鎮五百三十貫八百五十一文郭橋鎮一千七十五貫五十二文西保安鎮五百八十五貫一百四文臨津鎮一千三百三十二貫四百六十文乾符寨四百四貫六百九十五文劉家口一千四百貫八百九十文楊攀口七百五十二貫九百四十七文草家渡二百九十貫三百八十五文泉欽店三百二十貫七百五十一文　冀州　舊在城及新河南宮衛水棗強信都唐陽七鋪歲二萬六千一百五十三貫熙寧十年在城一萬二百三十一貫四百三十四文衛水縣八百四十八貫五百九

二一作一　五一作三　四一作五　一一作三　四一作二

十六文南宮縣一千二百二十一貫四百二十八文棗強縣五百八十五貫六百一十五文武邑縣五百七十七貫七百七十三文蓨縣二千三十八貫五百三十八文新河鎮九百九十貫四百五十文堂陽鎮一百三十三貫一百五十五文來遠鎮二百六貫二百三十四文長蘆鎮四百二十一貫三百一十三文楊家鎮五百四十四貫九百四十二文王貫鎮一百五十一貫二百一文觀津鎮四百八十三貫三百七十四文李億鎮三百五十一貫五百八十五文　瀛州　舊在城及東城景城樂壽縣肅寧城劉鄉永寧鎮七務歲三萬五千九百六十八貫熙寧十年在城一萬九十一百六十七貫五百七十五文樂壽縣一千四百七十貫三百五十三文景城鎮九百三貫五百七十四文永寧鎮二百一十九貫一百七十七文東城鎮一千六百三十六貫一百七十九文肅寧城一千三百二十五貫五百八十一文　博州　舊在城及博平興利茌平高唐固河廣平屯灘家沙塚固河唐邑明靈趙林十四務歲六萬七千二百四十貫熙寧十年在城一萬三千四百六十一貫一百一文博平縣二千三百一十八貫六百一十八文高唐縣三千三百五十四貫三百六十八文堂邑縣三千二百九十九貫二百五十二文沙塚鎮四百六十八貫一百四十八文廣平鎮九百八十一貫二百五十八文興利鎮一千九百五十七貫四百一十五文茌平鎮一千九百五十七貫四百一十五文劉家鎮四千二百四十四貫四百七十六文固河鎮七百八貫六百五文張家渡五百七十一貫八百九十五文王館店一千七百三十七貫五百七十一文　棣州　舊在城及商河陽信縣欽風歸仁西界大平脂角寬河新橋七里渡十一務歲七萬三千八百一十二貫熙寧十年在城二萬六千七百六十貫一百四十文陽信縣二千五百四十四貫一百七十文商河縣五千七百八十九貫七百三十文新務鎮三千四百二十九貫六百六十四文太平鎮六百六十貫九百五十五文欽風鎮八百三十二貫二百一十七文永利鎮八百六十四貫六百一十九文歸仁鎮一千一百三十七貫五百五十七文西界鎮四百六十八貫五百四十四文脂角鎮七百一十五貫三百九十文寬河鎮五百四十貫五百一十七文歸仁渡二千一十八貫四百六十文七里務三十七貫三百三十三文七里渡二千三百七十貫七百四十六文達多口二千一百八十五貫一百七十四文　莫州　舊在城及任邱長豐三務歲八千九百八十三貫熙寧十年在城五千三百七十八貫八百五十八文任邱縣二千八百三十八貫六百七十八文長豐縣一

二一作三

千三百九十七貫六百三十八文　雄州　舊在城一務歲額二千八百九十三貫熙寧十年在城一萬一千五百五十二貫二百二十五文　霸州　舊在城及文安大城三務歲五千九十六貫熙寧十年在城二十四百九十八貫一百七十四文安縣一千二百二十一貫九百七十六文大城縣二千九十八貫二百九十文　德州　舊在城及將陵平原德平縣懷仁重興王琮水務吳橋樂家將陵安樂安陵鎮十三場歲七萬五百四十七貫熙寧十年在城三萬四百二十九貫九百九十一文平原縣二千五百六貫六百三十六文水務鎮六百六貫七百八十一文盤河鎮二百九十貫四百八十四文磁博鎮五百五十貫三百三十八文德平鎮一千二百五十九貫九百七十文糜村鎮四百八貫四百四十一文重興鎮六百一十一貫四百三十四文將陵鎮一百二貫八百五十六文懷仁鎮一千一百一十九貫五百八十六文歸化鎮七百一十四貫五百九十五文樂家鎮一千八百二貫二百五十一文羅家渡口二千八百二十五貫五百三十八文官橋渡口二千三百六十二貫八百一十五文沙河渡口一千五百七十貫二十七文新河渡口二百五十七貫二百六十八文　滄州　舊在城及安定滄臺永和水豐招安六務歲二萬六百五十一貫熙

卷一萬七千五百五十六

寧十年在城八千八百七十七貫三百四十六文招安鎮二千三百九十二貫二百四十三文永豐鎮五千四百八十九貫四百六十四文丁字河鎮一萬八千一百一十九貫一百六十五文馬家莊鎮五千一百八十五貫九百七十八文寧海鎮一萬二千七十三貫四百八十文東永和鎮一千五百一十九貫七百七十五文三汊鎮四百三十四貫七百三十八文通賓鎮三百五十三貫六百五十文蒲臺鎮七百七貫四十四文舊安定鎮一千四百七十七貫八百九十二文新安定鎮一千六百三十六貫七百五十四文李則鎮一千一百三貫二百五十文新安定渡二千一百五十五貫九百九十一文三汊渡一千八百八貫六十六文蒲臺渡二十一十貫一百八十九文東永和渡二千二百五十九貫七百九十八文丁字河渡九百九十九貫八百七文　恩州　舊在城及歷亭武城饒陽宗化漳南縣六務歲二萬三千六百二十一貫熙寧十年在城九千七百三十八貫二百九十三文清河縣四百五十五貫六百一十文武城縣一千八百四十二貫八百五十一文歷亭縣二千三百三十三貫三十七文審條鎮七百一十四貫三百六十一文安樂鎮一千八百九十三貫六十五文金河渡口二千一十二貫二百四文　永靜軍　舊在城及阜城弓高新

高仁高家村店李橋吳橋婆羅河口九務歲二萬二千九百七十貫熙寧十年在城二萬三千八百九十一貫七百一十四文阜城縣八百九十五貫九百八十四文吳橋鎮五百九十二貫三百四十七文仁高鎮二百九十二貫二十一文安陵鎮六百八貫九十二文新高鎮四百四十九貫八百一十五文　乾寧軍　舊在城一務七千四十二貫熙寧十年在城四千八百六十二貫九百二十三文范橋鎮五百三十貫三百三文　信安軍　舊在城一務歲五千九百八十六貫熙寧十年在城一千四百三十四貫一百五十七文　保安軍　舊在城一務歲千七百三十三貫熙寧十年在城一千七百三十八貫二百八十三文　西路　真定府　舊在城及天威軍樂城元氏藁城真定靈壽平山獲鹿石邑行唐新城縣井陘縣北寨威州寨十五務歲四萬九千七百三十五貫熙寧十年在城三萬九千五百九十貫一百五十二文藁城縣一千二百二十三貫七百九十二文欒城縣七百二十五貫六百五十三文元氏縣一千二百四十五貫三百八十三文獲鹿縣五百二十五貫三百二十五縣井陘縣一千一百三十七貫六百三十八文平山縣九百五十五貫六百六十文行唐縣九百二十四貫二百四十二文真定縣二十八貫七十八文北寨一千六十八貫

永樂大典卷一萬七千五百五十六

三百八十一文　相州　舊在城及陰陽永和臨漳林慮鄴縣天禧鎮七務歲二萬二千六百六十九貫熙寧十年在城一萬二千二百二十二貫八十九文陰陽縣一千二百一十七貫八百七十八文臨漳縣一千一百貫二十五十七文林慮縣二千九百四十貫九百九十八文永和鎮七百九十二貫一十八文鄴鎮四百九十六貫九百三十二文天禧鎮五百九十三貫二十一文　定州　舊在城及無極新樂陘邑北平唐縣龍泉曲陽望都鎮軍城寨東城張謙五女村羊馬懷德驛佛胝新興村河口十七務歲二萬六千七百貫熙寧十年在城一萬九千七百三十八貫四百七十三文北平軍四千四百五十八貫八百五十文無極縣一千九百三十貫五百七十八文新樂縣九百五十貫二百九十文唐縣五百貫五文望都縣四百二十九貫九百二十二文曲陽縣八百三十一貫九十一文龍泉鎮三百五十九貫四百八十一文軍城寨五百八十七貫三百一十一文　邢州　舊在城及鉅鹿內丘堯山任城平鄉沙河七務歲二萬四千六百五十七貫熙寧十年在城一萬五千八百三十九貫二百四十二文內丘縣二千九十四貫三百六十四文鉅鹿縣一千七百九十七貫七百四十七文南和縣七百一十四貫九百六十一文沙河縣一千二百七十

六貫三百五十五文，堯山鎮一千五十六貫五百七十文，團城鎮一百九十五貫一百二十文，平鄉鎮九百二十六貫七十二文，綦村鎮一千九百八十四貫三百四十七文，新店鎮五百九十四貫一百九十九文。懷州舊在城、在武德、武陟、修武、清化、萬善、宋郭外鎮八務，歲二萬六百八貫。熙寧十年在城四千七百貫八百三十一文，武陟縣一千八百八貫六百四十九文，武德鎮一千九百七貫四百三十三文，修武鎮一千四百一十八貫一百三十六文，宋郭鎮一千二百九十九貫八百五文，清化鎮八百九貫四百四文，萬善鎮一千七百五十七貫八百六十九文。衞州舊在城、及新鄉、共城、獲嘉縣、大寧鎮、張家、李家渡八務，歲二萬八百五十三貫。熙寧十年在城五千七百一十八貫六十六文，黎陽縣六千四百六十二貫二百七十一文，共城縣三千七百九十二貫八十八文，獲嘉縣二千六百八十七貫五百一十一文，新鄉鎮二千八百七十七貫一百九十六文，大寧鎮九百六十六貫九百四十一文，□鎮一千三百五十三貫五百五十六文，苑鎮一千三十九貫七百五十文，淇門鎮七百九十八貫八十一文，可度三百二貫九百五十五文，張家渡一千七百九十八貫九百一十一文，李家渡一千九百三貫四百六十六文，宋家渡一千三百五貫八百五十五文。洺州舊在城及臨洺、肥鄉、平恩、曲周、雞澤縣、新寨、洺水、白家（卷萬七千五百五十六）灘九務，歲二萬七百四十五貫。熙寧十年在城六千三百六十七貫五百四十五文，雞澤縣三千一百六十九貫九百五十八文，平恩縣一千三百六十四貫六百九十五文，肥鄉縣一千一百二十九貫三百一十文，曲洺水鎮一百一十九貫一百七十文，東臨洺鎮三百七十二貫六百文，白家灘鎮一百七十五貫七百八十七文，四司鎮三百九十貫四百四十五文，西臨洺鎮一千一百四十六貫六百三十五文，新安鎮二百二十五貫三百六十九文，新鎮寨八百八十三貫四百五十六文。深州舊在城及安平、饒陽、東鹿、武強縣五務，歲一萬一百二十三貫。熙寧十年在城六千五百七十貫五百五文，安平縣五千二百一十二貫三百二十五文，饒陽縣二千一百九十九貫八百五文，武強縣四千三百四十五貫三百六十一文，東鹿縣二千二百一貫九百二十六文。磁州舊在城及邯鄲、武安、昭德、固鎮、觀臺、村店、大趙店、二祖店、北陽邑、葦堂渡十一務，歲一萬五千七百二十貫。熙寧十年在城七千五百四十四貫七百九十三文，邯鄲縣四千三百九十七貫四百四十八文，武安縣二千八百四十九貫，固鎮一千九百六十一貫二百二十八文，觀臺鎮一千一百六十四貫八百九

村一作鎮
秦一作泰

十二文，河口五百五十四貫五百九十三文，二祖店一千五百二十二貫四百五十四文，葉村店三百四十六貫一百七文，大趙店三百六貫六百七十八文，邑城店一百九十七貫二十五文。邢州舊在城及鼓城、深澤縣三務，歲□□九萬四千七百六十五貫。熙寧十年在城八千二百六十七貫四百四十九文，鼓城縣五千九百二十貫六百四十六文，深澤鎮一千七十貫一百五十八文。趙州舊在城及臨城、高邑、寧晉、柏鄉、隆平縣六務，歲二萬一千四百九十八貫。熙寧十年在城一萬一千二百九貫三百九十六文，高邑縣一千四百八十三貫六百三十文，臨城縣一千五貫九百一十七文，寧晉縣一千四百二十三貫七百九十六文，贊皇縣七百八十貫，柏鄉村八百二十三貫六百九十六文，秦城鎮七百七十五貫一百九十五文。保州舊在城一務，歲一萬一千二百八十貫。熙寧十年在城一萬一千七十三貫六百八十九文。安肅軍舊在城一務，歲四千二百四十貫。熙寧十年在城四千一百三貫五百二十文。永寧軍舊在城一務，歲三千五十七貫。熙寧十年在城一萬二百五十二貫三百三十三文，新橋鎮八百七十六貫六百三十六文。廣信軍舊在城歲四千一百五十六貫。熙寧十年在城四千八十四貫二十二文。順安（卷萬七千五百五十六）軍舊在城及高陽縣二務，歲五千四百二十一貫。熙寧十年在城三千五十四貫六百三十五文，高陽縣一千四百一貫三百六十一文。通利軍舊在城及淇門、苑橋鎮三務，歲八千二貫。令廢。陝西路 永興軍路 京兆府舊在城及咸、平、興平、醴泉、武功、涇陽、櫟陽、臨潼、藍田、鄠縣、甘北、零口鎮十二務，歲五萬六千九百四貫。熙寧十年在城三萬八千四百四十五貫八百四十二文，咸陽縣四千一百一十二貫七百六十三文，藍田縣三千六百九十四貫二百四十五文，涇陽縣二千一百九十二貫五百七文，櫟陽縣二千九百六十貫二文，醴泉縣五千六百二十六貫五百四十九文，鄠縣五千二百八十八貫七百四十一文，臨潼縣六百九十五貫六百一十八文，奉天縣五千三十八貫二百二十八文，興平縣四千八百六十六貫四百八十二文，武功縣四千五百七十二貫四百三十五文，零口鎮一千三百三十一貫五百八十九文，渭橋鎮五百四十八貫六百六十四文，粟邑鎮二百七十七貫二百四十六文，毗沙鎮一千二百五十二貫八百三文，子午鎮七百三十七貫五百文，臨涇鎮五百二十四貫七百八十八文，薛祿鎮一千八百七貫四百三十九文，鳴犢鎮五百四十五貫二十七文，秦渡鎮七百六十八貫九百七文。河中府舊在城及猗氏、龍

六一作七

八十六一作八十九

門、尚泉、臨晉、虞鄉縣、灣谷、永樂、永安鎮三亭、清淵渡十一務，歲三萬三十
六百七十二貫。熙寧十年：在府一萬五十七百九十二貫五百五十三文，
臨晉縣二千六百二十一貫三百三十五文，龍門縣二千八百五十二貫
二百文，猗氏縣二千八百七十一貫五百六十文，萬泉縣二千八百八十四
貫六百二十五文，榮河縣三千五十貫六百八十九文，河東縣二百三十
七貫二百五十三文，北鄉鎮四十五貫八十六文，清淵渡九百五十九貫
三百五十一文。　陝州　舊在城及湖城、芮城縣、三門、曹張、鎮治六務，歲
三萬六貫。熙寧十年：在城三萬六百三十五貫七百三十六文，夏縣三千
一百三十九貫九百七十六文，芮城縣三百四十九貫七百一十文，靈寶
縣一千五百八十七貫三百一十二文，閿鄉縣四千七百七十五貫一百
二文，三門鎮六百九貫八百五十一文，集津鎮四百八十六貫五百九十
一文，曹張鎮九百二十五貫三百五十六文。　延州　舊在城及延川、膚
施、延長、臨真、豐林、延水、門山、敷政、金明、永和關、安遠、揚塞門、永平、甘泉、栲栳
寨十六務，歲二萬一千七百六十貫。熙寧十年：在城一萬四十一十八貫
五百七文，延川六百八十五貫二百七十三文，臨縣五百八貫一百五十
五文，延長縣二百一十九貫五百三十八文，甘泉縣六百六十一貫七百
四十文，敷政縣四百一十六貫六文，門山縣一百四十二貫八百四十六
文，青化鎮一百五十三貫八百五十六文，延水鎮六百二十一貫一百五
十文，豐林鎮四百九貫九百九十八文，綏德縣七百八十二貫五百一十
四文，青澗城二千三百五十貫一十七文，永寧關六百六十四貫五文，萬
安寨二百八十二貫五百九十五文，金明寨八十三貫二百二十八文，永
平寨六百一十八貫八百五十四文，順安寨二百一十貫七十二文，丹頭
寨六百五十九貫九百四十五文，招安寨二百一十九貫四十文，新安寨
二百四十九貫七百六十七文，懷寧寨七百二十七貫五百九十二文，綏
平寨四百九十八貫六十三文，白草寨二百九十七貫九百一十文，安定
堡四百四十一貫四十八文，安塞堡四百五貫三百五十文，黑水堡一百
五十五貫四百五十二文。　同州　舊在城及夏陽、新市、良輔、堂城、郃陽、
沙苑、寺前、延祥、白水、芝川十一務，歲萬三千三百八十貫。熙寧十年：在城
五千六百六十三貫六百六十文，朝邑縣二千六百一十二貫一百三文，白
水縣二千一百四十貫四百三十七文，郃陽縣四千一百一十六貫二百
九十二文，馮翊縣五百五十九貫五百五十五文，韓城縣三十四貫五十
一貫六百一十二文，澄城縣二千四百七十三貫五百五十文，新市鎮五

宋會要　萬七千五百五十六

九一作七

宣一作定

脫六貫五四　百三　并十四行

百九十一貫六百五十九文，良輔鎮一千三百三十二貫九百二十文，延
祥鎮八百三十一貫三百七十二文，寺前鎮六百五十二貫一百一十六
文，夏陽鎮五百四十八貫五百八十八文。　華州　舊在城及渭南、華陰、
下邽、蒲城縣、赤水、關西、劉姚鎮八務，歲二萬三千一百四十九貫。熙寧十
年：在城一萬七千一百七十二貫六百三十二文，華陰縣一千三百五十
一貫八百八十四文，下邽縣二千四百六十一貫七百一十九文，關西場
一千四百三十貫六百五十三文，劉姚場一千三百七十貫一百一十文，
蒲城場三千八百一十六貫三十九文，赤水場七百七十貫五百七十五文，
渭陽南陽一千一百三十九貫八十六文。　耀州　舊在城及富平、一原、
美原、淳化、同官、雲陽、黃堡、孟店九務，歲萬九千八百八十五貫。熙寧十年：
在城六千二百八十六貫三十四文，富平縣五千九百三十五貫三百一
十二文，美原縣二千六百七貫四百五十三文，三原縣三千八百四貫三
百六十文，同官縣二千二十七貫三百四十一文，雲陽縣三千二百一
一貫七百七十七文，淳化縣三千一百二十七貫一百九十四文，孟店鎮
八百九十貫六百四十九文，黃堡鎮二千四百六十七貫六百三文。　邠
州　舊在城及三水、宜平、宜祿縣四務，歲萬四千四百四十五貫。熙寧十
年：在城七千六百八十九貫七百一十六文，三水縣五千一百一十九貫
四百七十九文，宜祿縣二千一百九十五貫二十八文，永壽縣一千五百
五十六貫二百文，龍泉鎮一千八十三貫六百八十八文。　鄜州　舊在城
及鄜城、洛川、三川、直羅五務，歲八千八百九貫。熙寧十年：在城四千一百
六十七貫二百七十三文，直羅縣二百一十貫五百九十一文，洛川縣一
千一百八貫二百一十六文，康定寨二千三十三貫一百八十七文，三川
鎮一百三十三貫六百二十一文，赤松鎮二百八十六貫一百三十八文。
解州　舊在城及安邑、聞喜縣、東鎮、橫水五務，歲萬二千八百六十二
貫。熙寧十年：在城七千七百四貫七百五十六文，安邑鎮八千七百五十
七貫二百九十八文，朱陽縣一千七百四十一貫八百八十七文，廬山縣
四千一百八十九貫七百二文，五城鎮八百八十四貫九百七十五文，鑿
川冶三千二百三十九貫九百二十二文。　商州　舊在城及洛南、采造、
坑冶四務，歲萬三千五百七十九貫。熙寧十年：在城八千九百四十四貫
八百一十二文，洛南縣四千二百一十三貫七百五十七文，放縣鎮一千
五百六十七貫七百五文，商洛縣一百七貫三百二文，豐陽縣一千一百九
十貫一百三文，石界鎮二千九百六十一貫四百文，採造務七百二十六

宋會要　萬七千五百五十六

三一作二　君一作居　君一作居　五一作三　三一作二

貫七百五十文坑冶務六百五十六貫二百五十五文錫定冶米五斛　寧州　舊在城及彭原襄樂真寧董志山河六務歲七千五百六十七貫熙寧十年在城八千五百一十六貫文襄樂縣一千一十九貫九百三十八文真寧縣二百二十四貫六百五十二文定安縣一百二十三貫一百四十五文平定縣二千五百三十貫二百九十九文山河鎮四百七十一貫五百六十一文永昌鎮四百六十七貫二百二十二文　坊州　舊在城及宜君縣北栖鎮昇平鎮四務歲五千四百十七貫熙寧十年在城三千八百四十五貫四百一丈宜君縣三百五十八貫一百九十五文昇平鎮五百五十九貫八百四十五文北柘鎮五百一十四貫一百五十文　丹州　舊在城及爲仁關虎谷鎮烏仁渡四務歲二千五十五貫熙寧十年在城二千五百七十貫一百四十三文宜州縣一百九十九貫七百九十文爲仁關三十四貫五百二十五文　環州　舊在城及馬嶺木波合道石昌鎮大拔寨六務歲萬三千八百五十九貫熙寧十年在城四千七百五十九貫五百七十九文木波鎮一千八百五十四貫七百二十六文馬嶺鎮四百五十四貫五百四十六文合道鎮五百五十二貫九百七十一文石昌鎮二百一十五貫七百三文太拔寨九十七貫八百二十六文安塞寨二百三十九貫一百五文洪德寨一百三貫一百九十四文肅遠寨一百三十九貫九百三十七文團保寨三百四十五貫八百三十七文平遠寨二百九十五貫七百二十九文永和寨三百五十五貫三百五十七文定邊寨四百六十二貫四百八十一文烏崙寨八十一貫四百八十四文　保安軍　舊在城及德靖寨二務歲五千二百十四貫熙寧十年在城一千八百一貫八百九十文德靖寨六百七十六貫三百六十二文順寧寨四百八十九貫二百六十一文園林堡二百七十貫一百五十六文

秦鳳路　鳳翔府　舊在城及盩厔寶雞岐山扶風普潤郿虢縣橫渠岐陽蹕陽平洛谷清平赤谷十五務歲四萬二千一百四十八貫熙寧十年在城三萬四百六十二貫八百七十九文寶雞縣五千六百五十二貫六百四文扶風縣五百七十四貫二百四十五文虢縣四百三十貫六百四十一文岐山縣六百四十一貫七百六十文盩厔縣四十五貫八百七十三文普潤縣五百九十八貫四百二十三文郿縣一千五百九十八貫五十九文虢川鎮三千三百八十貫一百一十八文駱谷務一千五百四十貫八百二十八文[illegible]鎮五百九貫六百九十五文武城鎮二百四十四貫一文清平鎮一千六百二十九貫五十六文橫渠務一千三百四

一一作二　八一作一　六疑四　六一作八　鏷一作銀　鎮一作縣　嶺一作鎮

十九貫五百六十五文崔模場六百六十一貫八百一十五文陽平務一千三百四貫二百八十一文岐陽務三千三百六十一貫七百三十八文　秦州　舊在城及弓門定西長道伏羌三陽白沙宗樸大潭銀坊静戎清水監官伯石宕家夕陽鳳城水寧治太平監十九務歲六萬三千三百八十一貫熙寧十年在城七萬九千九百五十九貫三百七十二文隴城縣三千六百一十三貫二百七十五文清水縣二千二百三十五貫七百六十一文太平監五百二十貫六百四文百家鎮五百七貫二百五十八文夕陽鎮五百七十一貫九百八十四文白沙鎮二百三十五貫九百五十五文鐵冶鎮五百一十八貫一百三十六文伏羌城三千八十四貫七十三文静戎鎮九十八貫一百八文三陽寨二百四十四貫五百九十三文弓門寨三百九十貫二百一十五文定西寨八十八貫三百六十六文隴城四百六十二貫九百一十七文冶坊堡一百三十四貫四百一十六文　涇州　舊在城及靈臺良原長武百里五務歲萬三千九百二十二貫熙寧十年在城九千四百七十一貫七百八十八文良原縣二千一百九十一貫六百四文靈臺縣二千四百三貫七百四十五文百里鎮一十二百五十九貫七百八十七文長武寨一千二百一十七貫九百五十六文　熙州　熙寧十年在城三千七百貫文　隴州　舊在城及定戎吳山新關隴安保寧汧陽銀冶八務歲二萬一千三百六十二貫熙寧十年在城一萬三千三十四貫八百三十七文保寧鎮四百一十三貫一百三十六文汧陽縣一千二百一十三貫一百三文吳山縣一千一百三十六貫三百二十二文古道場六百八十一貫一百五十九文隴安縣二千一百一貫二百一十二文定戎鎮九百一十九貫三百九十六文安化縣四百六十八貫五百三十文　成州　舊在城及泥陽栗亭金沙府城五務歲九萬四千六百三十二貫熙寧十年在城二千五百貫七百七十五文栗亭縣五千二百三十四貫四百八十七文府城縣三百七十二貫四百九十文泥陽鎮一千一百五十九貫六百二十九文　鳳州　舊在城及武休廣鄉縣固鎮四務歲三萬八百四十三貫熙寧十年在城一萬八百三十六貫五百二十六文廣鄉鎮二千六百四十五貫三百八十五文武休鎮九千三百九十二貫九百一十二文固鎮二萬四千八百一十六貫五百九十文陽峯鎮三千六百八十一貫一十九文　岷州　熙寧十年在城一千五貫四百四十三文長道縣七百九十七貫六百五十四文大潭縣一千五百七十二貫四百九十八文故城鎮五百七十七貫六十五文青

二一作四　二一作九　千一作百　七一作六

谷鎮三百七十貫四百一十九文，白石鎮一千三百二十三貫四百二十四文，滔山鎮六百五十一貫五百一十六文，馬務鎮三百五十一貫四百三文。　渭州　舊在城及耀武、新寨、凡亭、龍竿、羊牧、隆城、潘原、定川、靜邊、得勝、羣安國鎮十八務，歲二萬四千一百六十貫。熙寧十年，在城六千四百一十一貫二百七十八文，華亭縣三千四百一十七貫六百九十四文，安化縣一千八百四十三貫六百六十四文，潘原縣二千五百一十四貫七百五十四文，崇信縣二千二百六十八貫五百九十二文，耀武鎮五百一貫五百四十文，白巖河鎮七百貫七百二十三文，安國鎮九百四十六貫二百五十二文，西赤城四百九十二貫六百七十二文，黃石漯務五百一十七貫三百九十六文，凡亭寨一千五百五貫五百四十七文。　原州　舊在城及新城、新門、開邊、彭陽、柳泉六務，歲七千七百八十一貫。熙寧十年，在城三千九百七十貫七百三十八文，彭陽縣五百五十一貫九百七十二文，新城鎮一千二百五十八貫五百二十一文，柳泉鎮五百一十貫六百八十四文，蕭鎮一百五十五貫一百四十五文，開邊寨一千四百九十九貫六百九十九文，綏寧寨五百九十七貫七百二十二文，西壕寨二百八十七貫九百七十七文，靖安寨四百九十四貫四十六文，平安

卷萬七千五百五十五

寨一千二百六十貫四百九十文。　階州　舊在城及將利縣二務，歲萬九十六百五十二貫。熙寧十年，在城一萬三千一百七十二貫三百七十二文，將利縣一千二百二十九貫二百三十六文，盧布津場四千六十六貫三十五文，石門務二百五十三貫一百八十文，角弓務五百八十五貫九十七文，河口務三百二十二貫六百一十五文，故城務二百二十八貫四百八十三文，利亭務一千九百一十五貫七百四文。　河州　無定額。　鎮戎軍　舊在城及東山、乾興、天聖寨、彭陽城、安邊堡六務，歲七千八百九貫。熙寧十年，在軍二千三百七十五貫七百六十八文，彭陽城一十二百一貫一百八十五文，天聖寨五百三十二貫六百八十六文，東山寨一千四百七十九貫八百二十文，乾興寨四百六貫九百四十八文，開遠堡三百七十六貫二百四十七文，張義堡未有額。　德順軍　熙寧十年，在城三千七百二十八貫一百一十三文，水洛城五千五十九貫九百文，靜邊寨二千一百五貫二百六十四文，隆德寨一千一百八十八貫五百二十七文，得勝寨三百八十九貫八百八十三文，通邊寨三百四十六貫八百七十八文，治平寨七百六十九貫九百七文，中安堡二百二十五貫一百二十一文，威戎堡四百九十六貫八百八十四文，麻家堡一百八十一

貫一百四十九文。　通遠軍　熙寧十年，在軍二十四百九十貫八百九十九文，威遠鎮八百五十九貫一百五十四文，永寧寨五千八百三十六貫九百五十文，寧遠寨一千四百二十三貫八百七文。　岷州　舊在城及伏羌、麻務、大橫、白數、岢峯、吳麻、好時、瑪氏八務，歲爲二千六百一十四貫。今廢。　保州　舊在城及崇信縣、劇陽關、沿石寸四務，歲八十五千四貫。今廢。　廣武軍　舊在城及北鄉鎮二務，歲四千七十三貫。今廢。　開寶監　舊在城一務，歲七十一貫。今廢。

卷一萬七千五百五十六

一作八

一作八

商稅二

河東路并州 舊在城及清源榆次文水平晉壽陽祁縣百井團柏九務歲四萬三千一十八貫熙寧十年在城三萬七百二十四貫一百一十文盂縣五千七百五十一貫二百二十三文太谷縣一千一百七貫六百八文文水縣一千一百七十八貫二百三十四文交城縣一千七百三十六貫九百五十九文清源縣三千貫二百八十二文壽陽縣一千八百一十五貫二百六十五文祁縣一千九百三十三貫八百八十九文徐溝鎮一千七百四十三貫九百九十文團柏鎮一千四百九十三貫三百六十七文晉祠鎮二百三貫七百文百井寨四百六十二貫一百三十七文 潞州 舊在城及長子襄垣屯留涉壺關縣六務歲二萬五千六百八十九貫熙寧十年在城四百萬六千五百八十六貫三十八文涉縣四十四貫四百六十七文襄垣縣一貫七百一十六文屯留縣一貫四百七十二文潞城縣五百一文褫亭鎮一貫八百七十二文涉與西戍一貫八百六十六文 晉州 舊在城及霍邑趙城洪洞冀氏東陵香楊店六務歲二萬九千二百六貫熙寧十年在城三萬三十一百三十六貫七百四十六文襄陵縣一千三百六十二貫一十八文洪洞縣一千六十四貫二十二文神山縣六百四貫八百三十五文霍邑縣一千二百九貫九十五文冀氏縣一千四百八貫五百五十文岳陽縣九百七十二貫五百三十二文趙城縣五百一十五貫五百六十文和川鎮一百四十貫七百九十二文藝山務一百七十二貫一百九十五文 府州 舊在城不立額熙寧十年在城二千六百四十貫五百七十一文凡良津二十六十一貫 鄜州 舊不立額熙寧十年在城二千四百九十九貫八百二十一文 絳州 舊在城及太平稷山垣曲曲沃合口六務歲二萬四千七百八十貫熙寧十年在城八千七百八十一貫一百八十三文太平縣四千七百二十八貫八十文稷山縣四千六百一十四貫一百二十九文曲沃縣三千五百三十八貫三百一十二文翼城縣四十二百九十三貫一百六文垣曲縣二千七百八十二貫七百三十六文絳縣一千八百一十七貫一百一十四文正平縣六百四十二貫八百八十九文鄉寧鎮一百五十六貫三百五十七文 代州 舊在城及五臺雁門崞縣繁畤寶興瓶形大石梅廻茹越胡谷西陘土墱石趺麻谷寨十九務歲七千九百四十九貫熙寧十年在城五千九百九十八貫六百一十二文繁畤縣七百四十四貫八百二十八文五臺縣二十一十九貫六百五十八文崞縣一千七百五十貫四百四文寶興鎮六百一十三貫七百七十六文石嶺鎮一千四百八十八貫一百二十文雁門寨五十九貫九百二十二文土墱寨八十五貫二十三文石趺寨一百二十四貫二百五十八文胡谷寨六十六貫七百五十四文麻谷寨一百三十四貫五百七十九文瓶形寨六十三貫八十七文茹越寨五十八貫八百七十六文梅廻寨六十四貫七百五十二文義興冶寨五百八十九貫九百九十五文西陘寨五十貫八十四文陽武寨一百七十四貫八百二十七文樓板寨一百五十二貫二百六十八文大石寨七十貫九十七文寶興寨二百八十貫五百九十六文 隰州 舊在城及溫泉永和蒲縣上平永和關大寧鎮及利石樓十務歲九千四十九貫熙寧十年在城四千五百一十九貫七百六十三文蒲縣一千四百六十二貫四十四文大寧縣一萬七千五百五十七百九十九貫二百七十八文石樓縣三百八十七貫二百八十二文永和縣四百二十四貫八百三十五文上平關一百九十一貫五百八文溫泉縣一千五百五十貫九百一十五文吉鄉軍二十六十二貫四百九十七文永和關六百二十九貫六百八十四文馬鬭關一十五貫九百一十文浪利務七百五十二貫二百一十五文 汾州 舊在城及平遙介休靈石孝義五務歲萬七千九百八貫熙寧十年在城七千六百一貫七百六十三文平遙縣四千二百一十九貫七百五十二文介休縣二十七百一十四貫五百八十一文靈石縣四千三百二貫四百九十三文西河縣三百一十八貫六百三十七文孝義縣二百三十一貫三百八文洪山寺七百三十二貫六百二十七文 忻州 舊在城一務歲五千六百九十九貫熙寧十年在城六十八百貫二百八十八文 澤州 舊在城及高平沁水陽城縣四務歲萬七千七百九十四貫熙寧十年在城一萬一千一百五十九貫五百八十二文高平縣三千三貫五百一十六文陽城縣一千五十六貫二百五十文沁水縣一千八百八十二貫七百六十一文端氏鎮六百六十八貫一百六十四文 憲州 舊在城一務歲二千六百二十二貫熙寧十年在城二千八百四十四貫二百一十一文 嵐州 舊在城及

食貨一六之一

食貨一六之二

八一作三　鎮一作鋪　冶一作治

樓煩縣合河津三務歲三千九百八貫熙寧十年在城三千九百九十二貫一百二十五文合江縣六百九十八貫三百七十三文樓煩縣二千九百五十三貫七百一十五文乳浪寨九千貫八百九十六文合河津二千二十一貫一百九文飛鳶堡一千五百五十貫三百七十三文　石州　舊在城及方山定胡平夷縣大澤伏落津大務歲六千九百四十九貫熙寧十年在城五千四百七貫三百五十七文平夷縣四百三十八貫五十三文方山縣四百四十八貫五百二十二文定胡縣二百七貫三百四十八文臨泉縣三百五十九貫二百五文伏落津三百四十九貫四十三文天渾津五十五貫八百二十四文石窟驛一百八十貫九百四十八文　威勝軍　舊在城及西湯武鄉三務歲五千四百二十三貫熙寧十年在城五千二十三貫五百一文武鄉縣三百九十八貫三十八文新綿上縣一千四百九貫五百三十六文舊綿上縣八百三十五貫四百八文榆社鎮九百七十一貫三百三十六文沁源一千一百二十九貫五百六十八文西陽縣三百二十六貫七百六十一文南關二百七十五貫八百四十四文　平定軍　舊在城及承天軍樂平縣百井寨四務歲五千五百二十一貫熙寧十年在城三千七百三十貫四百三十一文承天軍六十四貫六百二十二文樂平縣一千一百八十四貫六百四十四文遼山縣四千二百六十四貫七百八十文永明鎮七百五十三貫八百六十二文平城鎮六百三十六貫五百七十六文芹泉鎮六百八十貫七百六十九文靜陽寨二百二十五貫四百六十三文百井寨三百八十九貫六十六文黄澤關二百八十一貫六百八十五文　寧化軍　舊在城一務歲六百四十七貫熙寧十年在城一千二百一十三貫六百八十八文　火山軍　舊在城一務歲一千四貫熙寧十年在城二千八百八十九貫八百三十七文雄勇津六百三十三貫四百八十六文　岢嵐軍　舊在城一務歲三千八百九十四貫熙寧十年在城五百九十三貫六十五文　保德軍　舊在城一務歲四千八百七十三貫熙寧十年在城四千四百五十九貫一百一十三文大堡津一百三十九貫九百一十文　麟州　舊在城及銀郡鎮二務歲三千二百六十二貫今廢　豐州　舊在城及芹衆橋柱來城和順五務歲五千四十九貫今廢　大通監　舊在城及東冶二務歲二千六百七十二貫今廢

淮南路　東路　揚州　舊在城及天長杁城縣瓜州邵伯板橋石梁七務歲七萬八千四百九十貫熙寧十年在城四萬一千八百四十九貫四百三文瓜州鎮七千六百九十貫二百四十四文邵伯鎮一千六

堡一作墪　三一作二　八十二一作二十八　六一作一　二一作三　四一作西

百四十一貫五百七十五文天長縣七千九百八十七貫二百八十文板城鎮八十三十二貫五百三十六文高郵縣二萬八千一百二十六貫三十八文三墩鎮四百八十一貫九百一十三文臨澤鎮一百五十貫九百五十九文樊良鎮二十三貫七百六十三文　亳州　舊在城及衛真鹿邑城父蒙城永城酇縣谷陽酇城保安酇陽十一務歲三萬三千九百四十四貫熙寧十年在城四十三百七十七貫二百四文谷陽縣五百六十三貫七百九文衛真縣一千六百八十貫四百八十二文鹿邑縣四千五百四十六貫九百三十八文蒙城縣二千七百八十五貫三百一十八文酇縣八百七十六貫九百六十二文永城縣七千五百六十九貫七百三文酇城鎮八百二十六貫一十六文蒙館鎮三百五十六貫三百九十九文酇陽鎮三百九十一貫八百一十四文保安鎮二百七十一貫三百五文蘂墻務二百五十三貫九百四十六文　宿州　舊在城及新虹臨渙縣柳子新津靜安零壁荆山鎮九務歲三萬二千九十二貫熙寧十年在城一萬五千七十九貫二百九十九文臨渙縣一千五百三十九貫四百五十四文虹縣二十四十二貫八百九十四文蘄縣六百六貫八百六十二文柳子鎮八百七十一貫三百四十八文新津鎮五百一十一貫九

卷萬七千五百五十六

百四十五文靜安鎮六百六十六貫五十五文零壁鎮二千一百五十六貫六百三十二文荆山鎮一千一百九十一貫三百二十四文新馬鎮七百九十五貫三百二十三文四欣鎮五百九十九貫九百二十八文　楚州　舊在城及寶應淮陰鹽城縣北神堰黄浦馬邏謝陽八務歲六萬一千六百八十七貫熙寧十年在城六萬七千八百八十一貫五百八十七文寶應縣一萬七千八十貫一百七十文淮陰縣二十一百九十七貫二百三十九文鹽城縣六千四百八十七貫二百三十三文漣水縣七萬一千一百九十一貫六百九十一文黄浦一百三十七貫五十一文　海州　舊在城及沭陽懷仁縣臨洪鎮四務歲一萬八千六百七十貫熙寧十年在城一萬一千六百六十九貫三百九文沭陽縣四千八百八十八貫五百七十八文懷仁縣三十一貫五百一文臨洪鎮五百八十二貫七百七十文　泰州　舊在城及如皋興化泰興西溪縣陵亭柴墟鎮七務歲二萬一千六十四貫熙寧十年在城一萬三千三百七十一貫四百六十文興化縣三十四百九十二貫五百八十二文柴墟務一千五百九十九貫四百七十七文如皋務三千五百六十七貫四百八十九文泰興務一千六百一十六貫六十三文海安務一十二百七十六貫四百一十三文陵

鄣一作郿

爭務一百五十七貫三百五十文西溪務九百九十二貫二百一十六文
泗州 舊在城及青陽徐城招信縣平源南城木場七務歲二萬五千
四百一十六貫熙寧十年在城二萬一千六百八十二貫四百八十四文
河南務三千二百一十六貫七百七十五文青陽務一千五百三十二貫
二百四十文徐城務七百九十一貫三百五十一文招信務一千五十四
貫三十七文木場務二百六十八貫七百五文平源務一百一貫五百九
十四文 滁州 舊在城及來安全椒縣白塔四務歲萬一千三百三十二
四貫熙寧十年在城一萬二千五百四十五貫六十三文來安務一千二
百一十五貫八百八十二文全椒縣一千二百五十七貫一百三十文
白塔鎮三百二十六貫四百七十九文 真州 舊在城及揚子縣六合瓜
步宣化五務歲六萬六百一十四貫熙寧十年在城五萬三千五百三十
六貫一百三十五文六合縣六千四百九十八貫五百三十一文宣化鎮
一千四百八十六貫六百一十五文瓜步鎮一千三百九十貫四百六十
六文 通州 舊在城及海門縣二務歲七千七百八十七貫熙寧十年
在城五千四百九十三貫二文海門縣三千七百四十二貫二百三十六
文崇明務二百九十五貫三百四十一文 西路壽州 舊在城及安豐

卷萬七千五百五十六

安豐霍邱六安霍山麻步開順口八務歲十三萬五千二百二十四貫熙
寧十年在城一萬七千五百五十貫六百二十一文壽春縣六千二百七
十四貫五百三十三文安豐縣八千八百六十三貫一百五十四文霍丘
縣一萬三千七百九十六貫六百二十二文六安縣一萬八千五百貫九
百三十七文麻步務一千二百六十五貫二百三文霍山務四千二百五
十五貫九百一十九文開順口務一千三百三十一貫三十五文來遠務
三百八十二貫九百五十五文城湖務一千一百六十二貫六百一十三
文 廬州 舊在城及慎縣舒城縣九井青陽鎮故郡六務歲五萬八百
八十二貫熙寧十年在城五萬三百一十五貫八百八十七文慎縣一千
九百七十一貫二百一十七文舒城縣八千八十七貫五百三十文青陽鎮
四百二貫一百七十七文九井鎮一千二百九十六貫六百三十六文
蘄州 舊在城及蘄水廣濟黃梅縣蘄口王祺石橋馬嶺八務歲五萬五
千七百六十七貫熙寧十年在城二萬一千一百四十一貫二百七十九
文蘄水縣二千五百一貫七百五十四文黃梅縣一千二百二十貫九百
一十六文石橋鎮六百一十二貫五百八文廣濟縣八百六十貫五百九
十一文蘄口鎮二萬六千五百四十貫五百六十六文王祺鎮一百六十

二十六作六十二

一一作八

二一作六

貫七百文馬衙鎮六百二十三貫五百九十一文 和州 舊在城及米
閭含山烏江東關柵江六務歲二萬三千六百二十二貫熙寧十年在城
一萬六千一百二十四貫五十七文烏江縣二千二百四十貫九百七十
七文含山縣二千一百三十一貫七百九十文柵江務五百七十二貫三
百八十一文東關務二千三百一十二貫一百七十二文采石務一千七
百十九貫六百三十二文 舒州 舊在城及太湖宿松望江桐城縣許
公皖口孔城永安石溪龍溪馬踏長風盤小峴鎮銅山雙港楊溪石口鷂
山十九務歲四萬二千九百二十六貫熙寧十年在城二千八百三十貫
九百八十文許公務八百七十一貫七百二十二文雙港務四百四十六
貫一百九十二文鷂山務五百四貫三百一文孔城務一千六十五貫一
十一文永安務七千九百三十七貫四百六十八文宿松務一千三百九
十貫五百二十七文石溪務六百五十七貫一百四十二文皖口務一千
七百五十三貫五百一十五文太湖務三千五百八貫九百八十二文楊
溪務一百三十六貫三百二十一文桐城務一千六百二十四貫二百五
十文望江務九百七貫六百四十八文 濠州 舊在城及定遠縣廬塘
藕塘四務歲萬六千五十一貫熙寧十年在城八千二百六十四貫六百

卷萬七千五百五十六

四十三文定遠縣八千九百八十四貫一百九十文藕塘鎮九百九十八
貫六百五十九文永安鎮八百五十七貫六百二十文 光州 舊在城
及光山來集固始縣子安仙居商城歲三萬六千三十六貫熙寧十年在
城四千九百三十五貫六百九十六文固始縣九千二百貫一百[illegible]三文
光山縣四千六百三十八貫二百二十八文仙居縣一千五百七十二貫
九百五十一文商城鎮三千一十七貫九百四文來集鎮六百七十七貫
七百七十七文子安鎮八百四十二貫一百五十八文 黃州 舊在城
及黃陂麻城岐亭團風久長陽羅故縣白沙九務歲三萬三千二百七十
三貫熙寧十年在城二萬五千六十七貫一百一十一文故縣鎮一千七
百四貫九百六十二文麻城縣五千一百四十六貫七百一十文久長鎮
一千四百六十五貫八百五十三文黃陂縣二千九百一十二貫九百七
十九文團風務一千三百七十四貫五百二十文陽羅務一千五百一
十九貫三百四十七文岐亭務五百七十貫九百九十三文 無為軍 舊在
城及廬江縣[illegible]石牌崑山巢縣渡八務歲五萬六千八百五十六貫熙寧
十年在軍三萬四十貫八百三十七文巢縣三千九貫八百九十文廬江
縣九千九百七十一貫三百三十九文[illegible]陽九百七貫五十六文[illegible]

鎮一作場　四一作六

務一千九十六貫九百九十七文崑山務九百貫七百四十一文石𡋯務二百五十八貫四百九十五文　漣水軍　舊在城及淮南從二務歲額二千九百五十六貫今廢　高郵軍　舊在城及興樂三墊北河臨津務第二渰場名勒磨坩新河八務歲五萬六百九十八貫今廢　兩浙路

杭州　舊在城及龍山浙江北郭范浦餘杭臨平臨安昌化富陽新城南新十五場歲十二萬五百三貫熙寧十年在城八萬二千一百七十三貫二百二十八文富陽縣一萬七千二百三十四貫六百二十文新城縣五千九百二十一貫三百九十六文臨安縣一萬三千七百七十四貫七百三十九文於潛縣六千四百一十三貫一十四文昌化縣三千六百三十五貫九百九十四文鹽官縣六百五十貫四百四十八文浙江場二萬六千四百四十六貫八百五文龍山場二千九百九十二貫六百六十五文范浦鎮三百六貫五百五文江漲橋鎮二千八百五貫九百八文外縣場鎮一萬七千二百四十二貫三百九十一文南新場二千六百四十貫四十九文湯村場一千四百五十二貫九百七十八文曹橋場一百二十二貫七百八十三文　越州　舊在城及上虞新昌諸暨餘姚西興蕭山剡縣九場歲二萬七千五百七十七貫熙寧十年在城二萬八千

九百一十六貫九十二文蕭山縣四千六百三十五貫四百五十九文剡縣四千五百四十三貫六十四文諸暨縣九千五十八貫九十七文上虞縣一千六百一貫八百四十四文餘姚縣三千六百一十七貫二百四十七文新昌縣一千九百五十三貫九百一十二文西興鎮八百貫二十三文漁浦鎮五千二百四十貫一百九十一文曹娥鎮四千九百三十六貫一百四十八文三界鎮九百七貫三十四文纂風鎮四十五貫六百五十文龍山場二千一百五十三貫三十九文　蘇州　舊在城及常熟崑山吳江縣福山五務歲五萬五千二百貫熙寧十年在城五萬一千三十四貫九百二十九文常熟縣八千三百三貫一百一十二文吳江縣五千五百五十七貫三百三文福山鎮一千九百三十一貫八百三十一文慶安鎮三百二十四貫八百七十一文木瀆鎮二十四貫九百三十九文崑山縣七千四百四十八貫七百七十九文梅里場二千四百五十貫六百一十四文　潤州　舊在城及金壇丹徒丹陽縣呂城埤城六場歲一萬七千一百九十一文熙寧十年在城二萬五千六十一貫八百九十一文丹陽縣五千六十四貫一百九十六文金壇縣二千八百八十三貫八十六文丹徒縣一百八十四貫三百四十一文延陵鎮一千九百九十六貫七百

千一作百　義一作順　陽一作城　六一作八　二一作三

五十七文丁角鎮二千五十八貫九百五十八文大港鎮一千九百一十九貫四百八十六文呂城堰務三百三十四貫二百四十七文　湖州　舊在城及德清安吉長興武康梅溪四安烏墩施渚場新市十場歲四萬五千五百三十五貫熙寧十年在城三萬九千三百一十二貫一十七文長興場五千四百七十一貫三百四十九文安吉場一萬二千九百三十六貫八百一十文施渚場二千七百七十貫九百一文德清場三千九百五十八貫二百六十九文四安場一千九百七十三貫七百六十三文梅溪場一千四十一貫七百二十八文武康場六千三百四十七貫三百一十二文烏墩場二千一百四貫四百七十五文新市場一千七百七十一貫五百二十一文　婺州　舊在城及蘭溪東陽義烏永康武義浦江縣孝溪八場務歲三萬一千四百八十二貫熙寧十年在城二萬七千二百八貫二百六十七文武義縣三千四百一貫七十二文義烏縣九千九百八十貫四百九十八文浦江縣六千四百八貫三十八文孝義鎮二千七百三十四貫六百五十九文閘把場八百二十貫八百三文蘭溪場八千五百四十二貫六百五十一文東陽務七千五百六十五貫三百三十一文永康務五千一百二十六貫五百八十一文　明州　舊在城及奉化定海慈

溪象山縣五場歲七千六百六十四貫熙寧十年在城二萬二百二十貫五百文奉化場二千九百三十四貫九百五十八文慈溪場二千四百七十四貫四百二十三文定海場六百四十四貫二百九十三文象山場六百七十三貫一百三十文　常州　舊在城及無錫宜興縣張渚湖洑五場歲二萬六千三百六貫熙寧十年在城二萬六千二百六十六貫四百一文江陰縣一萬四百二十二貫八十文奔牛場六百八十五貫七十九文青陽場一百九十七貫四百一十二文無錫場一萬九十一貫八百五十六文宜興縣場八千一百五十一貫五百五十六文張渚場二千二百一十五貫七百四十一文湖洑場二千八百一十三貫八百九十一文萬歲場一百六十一貫三百三十七文奔村場一千五百二十八貫五百四十文利城場二千四百二十一貫一百五十五文　溫州　舊在城及瑞安永嘉平陽縣前倉柳市鎮六務歲二萬二千一百四貫熙寧十年在城二萬五千三百九十一貫六文瑞安場六千二百八十七文永嘉場四千七百三貫九百九十九文平陽場二千四十一貫二百五十四文前倉場一千五百一十二貫一百三十文樂清場二千四十九貫七百九十四文　台州　舊在城及黃巖港頭縣渚路橋寧海天台仙居八場歲二萬八千

五一作二

三百八十六貫，熙寧十年在城二萬三千四百四十貫四百四十五文，黄巖縣六千四百三十四貫五百八十一文，仙居縣四千二百二十六貫三十九文，天台縣四千四百四十一貫九百六十四文，寧海縣二千二百六十一貫五百一十五文，縣瀆務二千三百二十一貫七百五十一文，渚路橋務六百三十三貫八百八十五文，港頭務一千五百二十六貫二十一文。　處州舊在城及青田、縉雲、松陽、龍泉、遂昌縣、保定場七場歲一萬五千八百五十二貫；熙寧十年在城八千八百九十二貫八百八十一文，青田縣六千七百五十四貫六十九文，龍泉縣二千九百三十九貫三百三十九文，松陽縣二千一百六十八貫二百八十一文，遂昌縣二千二百九十四貫八百八十五文，縉雲縣四千六百八十七貫六十八文。　衢州舊在城及龍遊、江山、常山縣、開化、禮賢、安仁、白革場八務歲一萬九千八十一貫；熙寧十年在城三萬九千五百八十三貫八百七十二文，江山縣一千五百二十四貫五百三十一文，常山縣一千四十一貫五百三十四文，開化場七百一十九貫八百五十三文，南銀場二百一十五貫六百二十文，白革湖場四百六十九貫三百七十六文，龍遊場八百四十七貫七百八十四文，禮賢場七百八十九貫二百七十六文，安仁場四十三貫

百六十六文。　睦州舊在城及桐廬、遂安、壽昌、分水、青溪六場歲一萬六千九百四十三貫；熙寧十年在城七千四十五貫四十七文，青溪縣六十八百一十六貫五百四十五文，遂安縣三千二十貫七百二十八文，桐廬縣一萬一千一百一十二貫八百五十三文，分水縣三千六百九十五貫二百三十五文，壽昌縣三千八百七十五貫六百九十二文。　秀州舊在城及華亭、青龍、澉浦、廣陳、崇德、海鹽七場歲五萬三千六百六十四貫；熙寧十年在城二萬七千四百五十二貫六百四十文，華亭縣一萬六百一十八貫六百七十一文，海鹽縣三千六百六十貫一百六十八文，崇德縣四千七十八貫二百六十文，青龍鎮一萬五千八百七十九貫四百三文，鰕塘場二百八十八貫四百七十文，金山場七百一十二貫二十一文，廣陳場九百三十七貫八百二十五文，澉浦場一千八百一十九貫四百七十六文。　江陰軍舊在城及利城、鰕村三場歲四千二百七十二貫；今廢。

江南路

東路江寧府舊在城及句容、溧水、溧陽、蜀城五務歲二萬七千六十二貫；熙寧十年在城四萬五千五十九貫四百六十九文，句容縣三千五十二貫九百八十九文，溧水縣五千五百二十四貫五百七十五文，溧陽縣二千八百六十貫六百五十文，社渚鎮一百五十六貫八百

三一作二

九十八文，下蜀寨六百七貫六百五十文。　宣州舊在城及南陵、寧國、旌德、涇縣、杜遷、城子、馬頭、水陽鎮九務歲二萬六千七百九貫；熙寧十年在城一萬六千四百七十六貫一十一文，寧國縣六千七百二十六貫八百四十文，南陵縣四千二百一十貫四百一十五文，涇縣四千二百一十四貫九百九文，旌德縣二千六百六十一貫一百七十四文，太平縣二十五百七十四貫七百一十六文，水陽縣一千九百六十六貫三百七十文，杜遷場四百貫三百九十五文，城子務一千八百一十九貫三百四十文，符裏寨務一千四百八貫六百一十二文。　歙州舊在城及祁門、婺源、績溪、休寧、黟縣六務歲萬三千五百三十七貫；熙寧十年在城一萬二千二百五十八貫一百二十文，休寧縣二千九百六十七貫二百一十六文，績溪縣一千四百三十六貫七百三十九文，婺源縣四千七百八十二貫七百五十文，黟縣一千二百七十九貫五百八十四文，祁門縣二千九百八十八貫八十七文，清化鎮二百四十四貫五十九文。　江州舊在城及湖口、彭澤、瑞昌、德安、德化六務歲二萬九千一百四十七貫；熙寧十年在城一萬五千三百六十二貫二百三十七文，德安縣三千五百三十四貫一百九十五文，彭澤縣三千二百三十四貫八百四十三文，瑞昌縣三千六百

五十五貫六百三十八文，湖口縣一萬九千八百三十七貫八百八十七文，竹米務五百二十貫九百三十八文。　池州舊在城及石埭、寶鳥山、青陽、太平、銅陵、石埭、順安、趙屯、石澤、建德十務歲萬六千六百七十四貫；熙寧十年在城四千八百五十一貫七百一十三文，銅陵縣一千七百五十二貫五百四十文，建德縣七千一百四十一貫一百五十八文，青陽縣三千七十六貫七十六文，石埭縣一千二百五十二貫三百三十六文，東流縣一千一百九十六貫五百八十四文，池口鎮一萬三千三百八十六貫四百七十九文，大通鎮三千六百一十六貫六十二文，順安鎮三百七十五貫四百一十五文。　饒州舊在城及德興、浮梁、餘干、安仁縣、石頭鎮六務歲二萬五千四百七十貫；熙寧十年在城一萬四千五百三貫三百五文，浮梁縣五千四百七十五貫七百七十九文，餘干縣四千七百三十貫七百五十五文，樂平縣一萬二百四十九貫五百六十七文，安仁縣九千五百四十二貫六百七十八文，德興縣三千七百九十七貫六百三十八文，景德鎮三千三百三十七貫九百五十七文，石頭鎮八百四十八貫三百八十一文。　信州舊在城及玉山、弋陽、寶豐、永豐、鉛山、貴溪、汭口八務歲四萬四千二百六十一貫；熙寧十年在城一萬六千三百五十一貫

二一作一　五一作六

三百五十三文弋陽縣五千九百七十八貫五百七十文鉛山務五十三
百七十八貫八百五十七文玉山務四千五百六十三貫二百二十一文
寶豐務一千一百八貫四百七十九文泖口務六百八十三貫六百九十
五文永豐務四千[illegible]三十一貫一百九十八文　太平州舊在城及丹
陽蕪湖繁昌縣採石荻港上下峩橋八務歲二萬一千四百二十一貫熙
寧十年在城五千七百三十九貫六百一十九文繁昌縣一千五百五十
四貫四百五文蕪湖務三百九十三貫六百七十四文採石務一千三百
六十八貫七百八十五文丹陽務五百七貫六十五文蕪湖務一萬三十
二百二十貫七百三十五文峩橋務九百四十貫二十三文荻港務一
千二百九十九貫九百二十七文　南康軍舊在城及建昌都昌縣太平
婷婷桐城河湖七務歲二萬六千七十五貫熙寧十年在城二萬六百七
十貫五百六十五文都昌縣二千六百七十九貫七十九文建昌縣五千
九百九十五貫九十二文　廣德軍舊在城及建平縣二務歲三千六
貫熙寧十年在城一萬五貫四百二十五文建平縣四千三百九貫二百
三十文　西路洪州舊在城及豐城進賢武寧南昌奉新分寧靖安新建
上坊十一務歲三萬九千九十二貫熙寧十年在城二萬八千九百四貫

卷一萬七千五百五十六

六百八十文奉新縣一千六百四十五貫一百六十九文武寧縣三千二
百七十七貫六百二十文豐城縣四千七百四十九貫三百七十五文分
寧縣一千八百八十七貫三百一十九文靖安縣四百四十一貫一百一
十一文進賢鎮一千五百八十三貫九百八十一文樵舍鎮一千四百五
十六貫八百十八文上坊鎮二千四百四貫六百七十七文查田鎮七百
一十八貫一百一十文　虔州舊在城及興國寧都東江西江磁窯六務
歲二萬五千三百八十二貫熙寧十年在城三萬九千八百八十七貫六
百七十二文興國縣六百七十貫四百五十二文寧都縣六百七十五貫
一百六十一文虔化縣一千一十四貫六百八十六文會昌縣五百二十
九貫六百六十一文信豐縣六百一十九貫九百三十二文石城縣七十
二貫四百五文龍南縣七百一十三貫九百九十六文瑞金縣五百四十
三貫七百一文安遠縣四百一十一貫四百八十七文磁窯務二千八百
八十七貫八十九文東江務一千六百四十三貫四百八十三文西江務
一千九百六十六貫六百八文　吉州舊在城及吉水安福廬陵縣永和
鎮新市崇竹務七務歲三萬二千九百四十五貫熙寧十年在城九千五
百五十三貫五百九十一文吉水縣五千二百八十貫八十八文永和縣

二一作五　六一作八　三一作二

四千七百二十四貫九百九十八文安福縣五千九百一貫九百一十五
文永新縣五千四百六十八貫一百四十七文永豐縣三千一百三十三
貫一百九十文萬安縣三千九十五貫七百五十二文龍泉縣三千八百
四十貫一百六十八文永和鎮一千七百一十二貫四百二十六文黃竹
務五千七百七十二貫四百六十八文沙市務一千三百二貫五百五文
栗傳務二千二百三十七貫九百二十六文　袁州舊在城及分宜萬載
萍鄉後付宜陽蘆溪上栗九務歲三千一百三十二貫熙寧十年在城八
千五百八十三貫五百六十四文分宜縣一千五百二十三貫三百四文
萍鄉縣二千五百一十九貫二百五十文萬載縣一千五百二十二貫七
百五文　撫州舊在城及金溪二務歲三千六百三貫熙寧十年在城一
萬八千三百七十五貫四百二十一文崇仁縣八百一十九貫八百四十
五文宜黃縣[illegible]一貫六百六十四文金谿縣五百八十三貫三百七十八
文　筠州舊在城及上高新昌縣三務歲四千六百一十五貫八百錢省
陌熙寧十年在城七千七百七十二貫一百四十一文上高縣一千七百
五十二貫八百一十四文新昌縣六百九貫三百八十一文　興國軍舊
在城及大冶縣二務歲一萬四千五百六十一貫熙寧十年在城五千七

卷萬七千五百五十六

百九十二貫六百七十文大冶縣二千七百一十五貫一百五十八文通
山縣三百四十貫二百八十八文磁湖務四百六貫七百七十文佛圖務
九百五十六貫七百四文　南安軍舊在城及南康上猶縣三務歲五千
一百八貫熙寧十年在城一萬一千八百六貫六百文南康縣一千四百
八十七貫四百九十七文上猶縣一千八百二十七貫七百二十四文
臨江軍舊在城及新喻新淦縣永泰律永鎮五務歲五千三百七十貫
熙寧十年在城六千七百三十八貫五百七十三文新淦縣五千六百九
十六貫五百八十文新喻縣三千六百九十六貫九十四文　建昌軍舊
在城及南豐縣二務歲九千九百二十四貫熙寧十年在城一萬一千三
百二十七貫三百九十六文南豐縣五千二百四十八貫九百二十文太
平場一百九十七貫八百九十三文　荊湖路　南路潭州舊在城及衡
山湘潭湘陰醴陵湘鄉益陽縣七務歲三萬九千一百四十三貫熙寧十
年在城三萬三千九百三十九貫三百四文湘鄉縣七千三百二十七貫
三百四十九文湘陰縣三千七十八貫四百六十四文湘潭縣九千八百
四十七貫三十四文益陽縣五千六百六十一貫八百八十七文醴陵縣
六千二百六十四貫五百七十九文衡山縣三千六百四十九貫五百四十

坈一作坑
三一作五

八文衡山縣一萬五百一十九貫五百二十四文瀏陽縣四千四百四十六貫一百二十六文黃簳場二百二十六貫二百八十八文永興場八十九百五十一貫五百八十文　衡州舊在城一務歲八千七百二十七貫熙寧十年在城一萬一千七百六十六貫六百九文常寧縣三千三百八十六貫六百九十九文耒陽縣六千九十八貫五百二十二文茶陵縣二千九百三貫三百六十七文安仁縣一千八百九十五貫七百一十二文茭源坑三百三十一貫九百二十六文　道州舊在城一務歲三千三百五十三貫熙寧十年在城六千三百一十四貫六百一十文　永州舊在城及祈陽東安縣三務歲三千九百七十三貫熙寧十年在城四千七百二十七貫六百一十一文祈陽縣三千九百八十六貫二百三十文東安縣一千三百四十貫六百四十七文　郴州舊在城一務歲三千一百貫熙寧十年在城一萬二千三百八十二貫五百四十八文桂陽縣二百貫六百二十二文宜章縣六百貫一百九十三文永興縣一千一百二十九貫六百二十二文新塘坑一百九十三貫九百八十文浦溪坑三十四百九十七貫九百九十四文延壽坑七百七十四貫七百八十一文高溪坑一十五貫三百二十四文　邵州舊在城及武岡白沙三務歲三千六百

卷一萬七千五百五十六

二貫熙寧十年在城九千三十五貫七百三十文武岡縣三千二百三貫六百七十文白沙場七百七十四貫一百四十七文　全州舊在城及路溪二務歲二千三百四十五貫熙寧十年在城四千六十三貫三百五十一文　桂陽監舊在城及板源場二務歲五千五百二十七貫熙寧十年在城五千四百六十四貫一百文藍山縣一十貫八百三文龍岡坑六百七十三文小馬竹坑一貫一百六十八文板源坑七百五十六文石筍坑五貫四百一十三文大富坑二百五十二貫二百二十七文小白竹坑五貫四百七文毛寺坑五貫五百五十四文水頭坑六十四貫四百二十二文九鼎坑九百三十四文　北路江陵府舊在城及沙市潛江建寧松滋公安監利石首縣赤岸白若涔陽市稀池東津西津十四務歲二萬六千四百六十六貫熙寧十年在城八千四百六十八貫五百二十八文監利縣二千三十八貫一百六十九文潛江縣一千五百六十貫一百九十文松滋縣一千六百四十貫二十八文縣鎮一千六百二貫四百四十七文東津場八百七十二貫九百四十文西津場一千五十二貫一百五十三文沙市務九千八百一貫六十五文虎渡務五百九十二貫八百九十七文建寧務七百五十四貫一百九十文玉沙務四百四十貫六百八十文

八一作九

長林務四千一百六十六貫七百九十六文師子務二百三十六貫四百八十五文公安務一千四百四十貫七百五十九文枝江務一千八百八十七貫六百八十三文白水務二千八百九十四貫九百五文沙岡務二百九十八貫五百四十四文赤岸務九十六貫三百七十一文山口務二千五百六十一貫五百七十八文石首務五百八貫九十六文稀池務一千六百二十五貫九百一十六文涔陽務五千六百九十四貫二百二文　鄂州舊在城及武昌崇陽嘉魚咸寧蒲圻縣金牛則城鎮八務歲萬五千四百四十五貫熙寧十年在城一萬四千四百六十二貫一百一十二文崇信縣二千二百六十六貫八百六十五文嘉魚縣六百四十七貫四百五十九文咸寧縣三千三十七貫三百七文蒲圻縣一千七百八十一貫四百七十四文漢陽縣一萬一千一百四十七貫五百六十九文漢川鎮一千一百七十三貫六百一十八文金牛鎮八百三十七貫六百五十二文　安州舊在城及應城雲夢孝感縣澴河鎮五務歲萬八千二百三十貫熙寧十年在城二百九貫一百七十一文應城縣一千四百六十五貫五百八十九文景陵縣四千七百四十九貫一百四文雲夢鎮七百三十九貫九百三十一文澴河鎮一百九十六貫三百七十三文　鼎州舊

卷一萬七千五百五十六

在城及龍陽桃源縣趙塘鎮四務歲七千二百九貫熙寧十年在城五千一百六十一貫五百四十五文桃源縣一千六百四十七貫八百九十二文龍陽縣一千三百二十一貫二百九十一文高店市六百四十六貫四百九十三文　澧州舊在城及慈利石門安鄉縣四務歲五千二百四十三貫熙寧十年在城七千八百四十五貫八百八十二文石門縣二十九百四貫一百二十四文慈利縣三千九百五貫一百七十七文安鄉縣一千五百五十四貫二百一十一文　峽州舊在城及清江南湖[illegible]公靖江五務歲七千三十三貫熙寧十年在城七千五百八貫八百二十九文安寺鎮七貫二百文淺江場一千五百四十七貫八百九文遠安縣四百七貫二百四十八文華谷場一百五十一貫一百一十一文古郫鎮七貫四百文　岳州舊在城及華容平江臨湘縣羊角森石灃口鎮市烏沙侯榮閣子鎮十一務歲萬四千一百四貫熙寧十年在城二萬五千六百八十四貫三百一十一文華容縣六百七貫五百六十一文沅江縣八百三十八貫三百二十二文臨湘縣六千八百四十六貫一百一十六文平江縣二千三百三貫六百八十二文烏沙鎮九十二貫七百三十四文[illegible]田鎮四千八百一十二貫四百文開子鎮五百八十四貫四百七十八文　[illegible]

鎮一作壚　八一作二

州舊在城一務歲四千一百二十貫熙寧十年在城五千七百九十四貫
六百四十三文興山鎮九十九貫二百八十四文　歸州舊在城一務歲
一千一百九十七貫熙寧十年在城二千六百一十六貫九百二十文
元州熙寧十年在城一十貫三百六十二文麻陽縣二十貫一百四十七
文盧江縣二百七十四貫九百一十文安江寨一十八貫一十三文鎮江
寨九貫八百三文銅安鋪二十貫八百四十二文洪江鋪十三貫四百九
十八文　復州舊在城及沔陽縣二務歲四千九百七貫今廢　興陽軍
舊在城及下汊權務三務歲萬四千九百八十三貫今廢　荆門軍舊在
城及師子場二務歲萬一千一百六貫今廢　成都府路凡成都府利夔
梓四路立鐵錢　成都府舊在城及清流新都新繁靈泉廣都温江雙流
犀浦郫縣河屯雍店蠶此拾衡郫申家帶馮街彌牟公廟小東南津北津
二十一務歲八十九萬九千三百貫熙寧十年在城六萬七千五百八貫
五十九文四分温江縣九千二百二十九貫九百八十六文四分郫縣一
萬五千三百七貫二百六十九文七分靈泉縣六千九百四十一貫七百
三文新繁縣一萬五千一百九十七貫四百四十三文一分雙流縣一萬
四千九百二十貫一百三文五分廣都縣二萬二千五百三十一貫七百
五文新都縣一萬六千九百二十三貫六百七十九文犀浦鎮二千四百
九十五貫三百二十二文犒鎮五百八十貫二百八十八文　眉州舊在
城及彭山二務歲十二萬七千一百貫熙寧十年在城三萬八千四百二
十二貫七百七十八文九分東府四百一十二貫八百四十文　蜀州舊
在城及江源新津方井新渠永康味江竹木九場歲二十一萬九千九百
一十貫熙寧十年在城一萬八千四百九十二貫一十一文江源縣八千
二百四十九貫一百一十八文永康縣一萬一千八百一十九貫九十二
文七分新津縣一萬一千五百三十貫九百七十一文青城縣一萬一千
九百二十二貫九百四十二文九分新渠鎮二千三百七貫八百一十八
文七分味江鎮五千二百五十一貫六百九十八文六分青城竹木場七
百八十六貫四百三文新渠竹木場一千五十九貫五百五文二分問堋
堰一千二百四貫一十七文　彭州舊在城及濛陽永昌縣堋口木頭鎮
石粉安德永樂八務歲二十七萬七千八百五十七貫熙寧十年在城三
萬一百九十六貫一百七十文五分導江縣二萬六千四百三十一貫三
百一十五文導江鎮五千一百一十四貫七百三十六文三分永昌場一
萬一千五百一十四貫三百四十七文濛陽鎮一萬七百五十四貫一百

縣一作樂　悲一作平　縣一作場　四十九一作九百

四十七文七分滿村場六千三百七十九貫五百五十三文九分堋口場
二千四百四十七貫七百三十四文木頭場一千九百二十四貫九百九
十文五分堋口津五百六十一貫一百一十六文西津七百四十五貫九
十三文南津二百八十六貫五百九十五文　綿州舊在城及津溉場二
務歲十二萬六千三百七十五貫熙寧十年在城五萬四千三百七十六
貫九百六十七文彰明縣二千二十一貫一百五文魏城縣二千六百九十
九貫二百一十六文羅江縣二千二百二十三貫三百四十四文神泉縣
一千四百三十九貫三十一文龍安縣四千三十一貫七百五十三文鹽
泉縣四百九十二貫八百四十七文石泉縣一百四十六貫七百七十六
文西昌鎮二千四百四十七貫四百五十七文　漢州舊在城及德陽縣
二務歲十七萬四百八十六貫熙寧十年在城四萬八千三百九十九貫
一百二十九文德陽縣一萬二千七百七十四貫六百一十七文什邡縣
九千四百六貫九百五十六文綿竹縣八千三十六貫七百二十一文
嘉州舊在城及洪雅懲非青永白州笑江南津東津八務歲十一萬六千
一百二十一貫熙寧十年在城三萬二千九百二十三貫八百一十二文
洪雅場五千八百二十八貫九百四十九文懲非場一千一百三十三貫
二百文

卷一萬七千五百五十六

邛州舊在城及依政蒲江火井安仁縣故驛沙渠合水頭泊臨溪
鐵田夾門延貢歸安平縣大邑思安西悲延寨十九場歲十二萬四千七
十貫熙寧十年在城三萬七千四百五十九貫八百四十四文火井縣七
千一百八十七貫四百五十八文大邑場四千一百七十三貫九百六十
三文安仁場三千一百九十八貫九百七十六文依政場五千二百六十
二貫一百三十七文蒲江縣一千五百四十二貫一百四十九文延貢場
一千六百六十三貫一百八文思安場一千四百一十一貫七百二文鹽
井頭場二千四百一十九貫七百五十九文　黎州舊在城一務歲二萬
一千三百一十八貫熙寧十年在城三千一百五十貫一百九十六文
雅州舊在城及名山百丈榮經盧山縣平羌津和州卢廟始陽靈關思經
十一務歲三萬二千三十六貫熙寧十年在城一萬三千二百八十六貫
五百九十八文名山茶場一萬九千五百八十六貫九百一十二文百丈
場一千四百四十九貫五百五十文榮經場九百七十貫二百七十三文
盧山場六百六貫一百七十五文平羌津一百二十八貫三百八十九文
茂州舊在城一務歲千四百貫熙寧在州無牛溪鎮一百四十七貫七
百七十七文　簡州舊在城及平泉乳封縣竹木場四務歲十二萬九千

三一作五
居一作唐
安一作仁
一一作二
一一作五

一百五十貫熙寧十年在城三萬一百二十八貫九百七十文平泉縣二
十七百六十八貫八百九十文一分江南縣三百一十七貫六百三十六
文　戎州不立額　陵井監舊在城及貴平井研籍縣四務歲八千九百
七十五貫熙寧十年在監一萬六千五百四十九貫六百五文井研場二
千九百一十八貫六百七十七文　永康軍舊在城及青城導江味江陶
壩五務歲二十萬九千三百七十貫文今廢　梓州路　梓州舊在城
及飛烏二務歲二十七萬四千四十六貫熙寧十年在城五萬五千七十
八貫四十九文銅山場一百三十三貫二十九文中江場一千五百六十
六貫七百五十九文東關場一百九十二貫二百九十三文射洪場二百
七十一貫四百二十三文飛烏場五千七十八貫三百六十三文鹽亭場
二百七十四貫二百三十三文安泰場二百三十貫八百一十二文洛城
場九百五十一貫七百二十八文通泉場五百一貫一十一文　遂州
舊在城及白水二務歲二十八萬六百七十六貫熙寧十年在城四萬八
千四百三十八貫二百二十四文衆水場一千七百九貫一百五十二文
果州舊在城一務歲十四萬八千一百八十八貫熙寧十年在城三萬
二千四百七十八貫七百八十九文　資州舊在城一務歲九萬二千六
泰一萬七千五百五十六
百七十七貫熙寧十年在城二萬一千三百八十九貫百六十四文
普州舊在城一務歲六萬八千三百二十一貫熙寧十年在城一萬七千
八百六十四貫一百一十四文安居場一百二十五貫七百二十六文樂
至場三百六十七貫五十一文　昌州舊在城及大足昌元永川龍水陵
山米糧粟店龍安劉安安仁静南河樓永康一驅傑母關川寶蓋龍會永
安通市龍門清灘豐安歸仁羅子小井灘子舊州永昌鉄山龍歸來蘇濮
溪水祥牛尾永興惟樂成昌三十八務歲五萬一千五十七貫熙寧十年
在城一萬一千四百五十六貫二百八十五文昌元縣一百三十四貫四
百文永川縣一百五十四貫八百三十四文　戎州舊在城及南溪宜賓
縣三務歲十萬三千二百四十五貫熙寧十年在城一萬三千四百一十
貫一百二十文宜賓場四百貫南溪四百貫文　瀘州舊在城及綿水江
安江口安夷七里六務歲十一萬三千二百九十二貫熙寧十年在城二
萬五百一貫八百四十文合江縣五十貫綿水場一十八貫文　合州
舊在城一務歲十三萬七千二百六貫熙寧十年在城三萬七千五百九
十七貫四百文　榮州舊在城一務歲四萬七千三百四十七貫熙寧十
年在城七千四百一十七貫二百九十五文威遠縣三百二十貫五百五十

七一作三
一一作七

七文資官縣四百二十七貫八百七十四文應靈縣六百二十三貫六百
七十四文　渠州舊在城一務歲五萬三千二百二十一貫熙寧十年在
城一萬五千五百六十三貫三十三文　懷安軍舊在城及金堂古城三
務十八萬一千四百八十八貫熙寧十年在城二萬一千一百四十八貫
一百二十文金堂縣六百五十一貫五百七十五文古城鎮二千三百三
十八貫二百六十三文　廣安軍舊在城及岳池桑溪三務歲四萬二千
七百八十六貫熙寧十年在城一萬七千五百五十四貫五百三十九文
岳池縣一百九十三貫八百五十文新明縣五百九貫八百九十文　富
順監舊在監一務歲四萬四千三百四十九貫熙寧十年九千七百八十
八貫五百四十一文　利州路　興元府舊在城及城固西縣三務歲四
十二萬六千一百四十六貫熙寧十年在城五萬四千九百六十七貫六
百文城固縣六千二百九十三貫二百一十一文褒城縣九千七百一十
一貫一百二文西縣一萬四千九百四貫八百六十三文周鄉橋一千五
百六十五貫四百一十三文　利州舊在城及葭萌昭化縣三務歲十三
萬四千五百六十三貫熙寧十年在城四萬三千五十一貫七百二文葭
萌縣一千五百三十一貫八百三十一文嘉川縣一千九百六貫二百六
泰萬七千五百五十六
十九文昭化縣二千四百五十貫三百五十七文　洋州舊在城及壻水
西鄉平定子午鵝雄遷仙少府八務歲七萬五千二十二貫熙寧十年在
城二萬二千二百六十二貫三百十六文西鄉縣一千三百九十八貫九
百八十八文雞雄場五十一貫八百七十四文牛羊場三十一貫一十一
貫四百六十四文　閬州舊在城一務歲十五萬一百六十五貫熙寧十
年在城二萬五千七百四十一貫五百一十二文南部縣二十三貫八十
文新井縣一百四十九貫六百一十一文蒼溪縣一百二十八貫八百一
十一文西水縣五十貫九百六十四文新政縣七十二貫三十九文奉國
縣六十六貫二百五十一文　劍州舊在城及梓潼武連劍門陰平普城
臨津七務歲十萬六千二百四貫熙寧十年在城一萬八千五百九十四
貫五百文梓潼縣一萬八千五百一十四貫五百一十二文陰平縣四十
七百四十三貫五百三十三文武連縣一千三百六貫六十文普城縣一
千七百四十六貫一百八十八文普安縣一百九十二貫六百八十五文
劍門場七千九百四十八貫七百五十二文　巴州舊在城及七盤恩陽
曾口其章五務歲三萬七千一百四貫熙寧十年在城五千五百六十一
貫九百四十五文恩陽縣一千六十七貫八百四十八文曾口縣二百九

烏一作鳥

二千三一作一千二

三一作五

十六貫八百三十七文，通江縣四千八百七十八貫四百八十九文，難江
縣三千九百一百三文，清化鎮一百七十一貫五百二十三文。文州舊
在城及水口、扶州、安昌、遏、曲水六務歲二萬六千五百九十八貫。熙寧
十年在城八千六百三十四貫六百七十三文，保安務六十一百三十四
貫三百五十九文，扶州務三十二貫九百三十五文，曲水鹽税三百七貫
六百文。　興州。舊在城及長舉二務歲七萬九千一百三十貫。熙寧十年
在城三萬三千一百一十五貫六百五十三文，長舉場二千三百五十八
貫一百五十九文。　達州。舊在城一務歲三萬六百五十一貫。熙寧十年
在城四千六百八十六貫九百一十三文，儀隴縣九百二十九貫八百□
十八文，營山縣六百四十二貫四百五十六文，伏虞縣五百五十二貫七
百七十二文。　蓬州。舊在城及清川二務歲萬六千二百九十二貫。熙寧
十年在城一萬四千五百二十七貫二十六文，清川縣五千四百七貫三
百二十一文。　三泉縣。舊在城及西縣二務歲十二萬一千五百貫。熙寧
十年在城二萬八千五百八十六貫一百三十三文，金牛鎮八貫一百□
十八文，青烏鎮六貫一百九十七文。　集州。舊在城及永城、清化、□輪、
坡大、年盤道七場歲萬一千八百二十七貫，今廢。　壁州。舊在城一務歲

卷萬七千五百五十六

二萬五千七百二十六貫，今廢。　夔州路　夔州。舊在城及巫山縣二務
歲十三萬二千五百三十一貫。熙寧十年在城二萬一千二百九十二貫
九百九十九文，巫山縣一萬四千一百五十貫五百三十八文。　黔州。舊
在城及鹽井、信寧、南州、龍門、夏律、龍合七務歲四萬一千三百九十六貫。
熙寧十年在城一萬一百八十五貫三百七文，黔江縣九百七十七貫六
百三十文，鹽井鎮一千三百八貫七十三文，玉山鎮二百六十貫三百七
十八文，信寧場一百九十二貫九百七十文。　達州。舊在城一務歲六萬
九千八百三貫。熙寧十年在城一萬九千七百一十九貫八百六十七文
七分，永睦縣二百五十四貫七百七十二文，新寧縣四百四十七貫八百
九十三文，東鄉縣五百七十九貫一百九十六文，巴渠縣三百八十六貫七
百九文。　施州。舊在城及五重、建陽、新化、椒漆五務歲六萬一百五十九
貫。熙寧十年在城五千六百貫一百一十四文，朱溪場一百五十四貫四
百四十九文，建陽津二百一十二貫九十四文，夏圃鋪七十九貫八百二
十八文，太平鎮八貫四百文，舊烟鋪一百二十二貫九百文，施度鋪一百
一十七貫三百一十七文。　忠州。舊在城及豐都二務歲四萬五千九百
三十二貫。熙寧十年在城一萬四千四百二十貫九百二十六文，豐都縣

四一作八

三一作六

閩一作閔

七百四十八貫九百九十六文，墊江縣二千六百六十八貫六百一十四
文，南賓縣三百八十六貫九百六十文，尉司七百六十貫七百九十二文。
萬州。舊在城及巴陽、漁陽、武寧、北海、岡寧六務歲四萬二千一百十二
貫。熙寧十年在城一萬七千六十一貫八百八十文，武寧縣一千三貫八
十文。　開州。舊在城一務歲二萬三千二百六十四貫。熙寧十年在城五
千八百三十四貫九百七十文，封墟場一千五百三十四貫五百九十四
文。　涪州。舊在城及溫山、武龍、白馬、新豐、石門六務歲七萬一千三百二
十貫。熙寧十年在城二萬八千三百八十五貫四百五十六文，樂溫縣二
千三百二十九貫四十五文，白馬津四千一百五十一貫九百三十七文，
陵江場一十貫六百九十六文，溫山一十貫三百一文。　渝州。舊在城及
壁山、馬騣三務歲四萬八千三百六十五貫。熙寧十年在城三萬一千六
百一十五貫九百七十七文，江津縣五千九百九十五貫四百九十三文，
璧山縣一千五百五十一貫二百二十文。　雲安軍。舊在城及編欄司二
務歲四萬三千七十一貫。熙寧十年在城一萬七千八百三十六貫六十
八文，雲安監七百一貫一百五十一文。　梁山軍。舊在城一務歲六千七
百四十二貫。熙寧十年在城二千五百一十七貫七百九十七文六分。

卷萬七千五百五十六

南平軍。熙寧十年在城一千四百五十三貫九百二十七文，南川縣一千
二百五十八貫五百八十一文，隆化縣七百五十六貫四百一十二文。
大寧監。舊在監一務歲七萬三千九百三十三貫。熙寧十年一萬二千九
百三十九貫八百四十三文。　福建路　福州。舊在城及閩清、懷安、寧德、
長溪、永昌、永泰、長樂、古田、連江、福清縣、寶興銀場十二務歲三萬一千九
百七十貫。熙寧十年在城三萬八千四百貫五百一十二文，懷安縣七十
三貫七百八十七文，連江縣四千二百六十貫九百四十二文，羅源縣二
千三十五貫五百四十四文，寧德縣一千八百七十七貫六百六十五文，
長溪縣五千六百六十貫八百九十文，閩清縣一千五百八十四貫四百
八十六文，永泰縣二千二百二十貫三百三十六文，古田縣四千三百五
十五貫九百六十七文，長樂縣二千六百五十四貫七百一十二文，福清
縣六千四百八十貫六百一十五文，寶興場七貫七百五文，水口鎮五千
九百一十一貫五百八十八文，黃洋縣二十貫五百九十八文，長溪縣一
十五貫一百七十五文。　建州。舊在城及建陽、浦城、崇安、松溪、關隸、龍焙
七務歲三萬四千八百六十三貫。熙寧十年在城一萬五千九百八十七
貫三百八十七文，建陽縣八千四百三十六貫七百一十八文，浦城縣一

瀛玉一作營王

闈一作閩

萬五千七百二貫五百七十文，崇安縣三千二百三貫四十一文，松溪縣二千二百七十九貫一百一十文，關隸縣一千六百四十二貫七百二十七文，三文，邊湯鎮三千四百五十貫六百九十五文，監庫四貫四百四十八文，黃柏洋場二十三貫六百四十三文，天受場一十九貫二百七十一文，通德場六十五貫五百八十五文，武仙場三十貫九百二十一文，東山場八貫六百五文，臨江務一十八貫五百二十六文，黑溪坑一貫三百八十六文，大同山三貫六百二十五文，潘家山一貫九百三十六文。　泉州舊在城及南安、惠安、永春、清溪、同安、德化縣、青陽、大盈九務，歲二萬一十四百四貫。熙寧十年，在城一萬九千九百三十九貫三百五十三文，南安縣四千七百五十三貫七百五十八文，惠安縣二千三百四十八貫六百三十九文，清溪縣一千五百六十三貫八百五十六文，德化縣一千二百六貫四百八十七文，永春縣二千三百七十二貫八百二十四文，同安縣一萬二千九十三貫三百五十四文，溫在縣一十三百九十二貫七百一十一文，大衍平場五貫七十一文，五華場一十一貫三百五文，青陽務二十五貫七百八十八文，大盈務三百一十一貫七百五十文。　南劍州舊在城及順昌、尤溪、將樂、沙縣、龍逢、西瀛、玉豐、杜唐、安仁、新豐、巷羕、龍泉十三務，歲

[卷一萬七千五百五十六]

萬八千七百九貫。熙寧十年，在城一萬五千五百九十六貫二百六十七文，順昌縣三千二十六貫六百八十文，沙縣五千四百五十四貫八百三十一文，尤溪縣三千八百八十四貫六百八十二文，將樂縣三千一十貫九百三十七文，龍門場一百九十九貫三百九十七文，寶應場八十三貫八百八十一文，大同田場三十三貫九百四文，小安仁場九貫七百八十七文，安仁場二百四十一貫五百六文，大演場二百八十八貫八百六十文，華洋場一百八十六貫七百五十八文，杜唐場一十四貫五百九十六文，石碑場二百五十貫七百五十一文，添坑場三百九十六貫三百七十二文。　汀州舊在城及寧化、武平、上杭、鍾寮、黃焙、莒、龍門八務，歲萬二百二十一貫。熙寧十年，在城五十八百二十三貫七百八十四文，寧化縣六千八百三十七貫八百二十文，上杭縣七百七十三貫八百六十一文，武平縣九百八貫八十七文，留村鎮一百六十六貫八十七文，主寶場三百六十一貫六百八十四文，寶安縣六貫五百四文，龍門舊場二貫一百三十文，龍門新場八貫五百六十二文，長永坑二百五十九貫七十一文。　漳州舊在城及漳浦、龍巖、長泰縣、清遠、敦照、鉎團、習德、龍洞、峽黑十務，歲萬四千六百五十七貫。熙寧十年，在城六千四百四十貫七百五十八文

萬一千六百五十七貫。熙寧十年，在城六千一百一十貫七百五十六文，漳浦縣三千一百九十五貫九百十十二文，龍巖縣一千九百八十六貫八百二十三文，長泰縣一千四十貫八百四十四文，大衍場三百四十六貫八百七十五文，耕團務一百一十七貫四百八十三文，清遠務一百三十六貫九百三十一文，峽黑務五百一十四貫五百九十九文，習德務八十五貫三百七十一文，敦照務六十二貫九百三十七文，海口務一千三百九十一貫五百三十九文。　邵武軍舊在城及歸化、建寧縣三務，歲八千二百九十三貫。熙寧十年，在城九千八百三十六貫三百三十九文，光澤縣六百二十九貫五百九十八文，歸化縣二千二十貫六十八十七文，建寧縣三千四百三十五貫四百三十二文，黃土場四十二貫六百八十五文，龍須場七貫八百二十七文，大平場六十八貫二百三十三文。　興化軍舊在城及莆田、黃石、仙遊、碧潭、龍華、鳳亭、興化八務，歲四千八百五貫。熙寧十年，在城三千九百八十七貫一百七十九文，興化縣六百七十九貫六百九十三文，黃石務一百貫七十六文，迎仙務八十一貫三百二十七文，縣市務八百八十一貫八百一十二文，石碧潭務二百三十八貫八百三十七文，風亭務三百八十一貫一百四十三文，龍華務二百九十一貫三百四十文。

[卷一萬七千五百五十六]

廣南路　東路廣州舊在城及清遠增城新會四會信安懷樂縣扶胥口尼子馬頭上岡廠口吉河東南河道十四務歲二萬七千二十二貫熙寧十年在城三萬七千三百八貫二百二十九文增城縣二千五百二十六貫三百九十四文新會縣五千六百一十六貫七百二十八文清遠縣六千七百七十貫八十四文懷集縣一千四百八十九貫三百六十九文東莞縣五千四十七貫四百一十八文金牛馬頭岡馬寧等鎮一千一百八十貫四百八十四文扶胥口鎮九百一十九貫三百四十三文尼子鎮一百五十九貫五百五十二文廠口鎮

卷一萬五千四百五十三

四百二十貫七百四十七文鄉遂場三百五十四貫五百六十五文上雲場三十九貫八百三十九文菁曲龍場三百六十三貫三百八十七文吉利場三千二百四十五貫四百九十文亭頭場六百貫吉河場三十六貫九百五十七文東南河道場二千六百二十四貫八百九十九文　韶州舊在城及翁源樂昌仁化縣濛瀼白石靈源樂昌場王壘蒲螺坑馬嶺舟頭高藤津十三務歲四千六百六十二貫熙寧十年在城一萬六千九百六十二貫一百五十四文翁源縣五十七貫一百二十一文樂昌縣六百二十二貫四百五十四文仁化縣五百六十二貫一百九十十五文濛瀼鎮一千九百三貫

五百七十五文白石場五十貫二百八十七文大湖場三十貫五百三十一文浙橋場二貫五百七十四文靈源場一百八十一貫七百九十文任汪場一百二十六貫七百七十三文岑水場二千一百一十三貫二百三十七文黃阬場一千一百六十貫一百三十五文蘇平場二百九十六貫文大富場九貫二百四十一文石膏場七貫文州頭津一千二百一十九貫三百三十一文　循州舊在城及興寧龍川羅翊四務歲二千五百九十貫熙寧十年在城一十六貫一百三十五文長樂縣三十二貫七百八十六文興寧縣一貫九百九十六文　潮州舊在城及潮陽松口招迎黃崗五務歲萬七百九

卷一萬五千四百三十三

十九貫文熙寧十年在城一萬五千三百二十九貫一百七十四文程鄉縣二千九百二十二貫九百六十二文潮陽縣七千六百三十九貫二百六十五文國灣鎮二千七百四十貫三百五十七文黃崗鎮一百八十九貫九百二十五文橫衝錫場一百八十八貫文烏闢溪銀場一百五十貫文谷阬銀場八貫五百文樂口銀場五百九十貫六百五十文強豐齋銀場三百二十二文松口務三十一貫四百五十一文焦溪鋪二百貫九百五十一文招迎鋪二百九十二貫二十八文　連州舊在城及桐臺清龍保安四務歲四千一百一十五貫熙寧十年在城六千八百五十九貫四百五十六文陽山縣

大一作尖

二一作三
百一作千

三百一十二貫四百三十二文連山縣三百七十貫二
百七十二文桐臺鎮八十一貫三百九十一文清瀧鎮
六十二貫六百四十二文保安鎮二十六貫七百五十
五文賀州舊在城及遞角市武安短潭市北度樊村市
戲鄉市太平市古潭市川石市白磚市古城亭步市寶
城市馮乘市大山市廣利市白霞市龍岡龍合市龍腹
市遞峽溪市清河市竇建市桂嶺市二十一務歲二千
四百三十貫熙寧十年在城三千二百三十八貫四百
七十一文富川縣一千四百九十八貫四百九十六文
桂嶺縣五百八十五貫九百八十一文　封州舊在城
及開建縣六虛市三務歲千八百二十五貫熙寧十年
在城三千三百五十九貫四百八十二文外場二百一
十五貫六百九十六文五虛二千一十六貫一百四十
二文　端州舊在城一務歲二千六百五十九貫熙寧
十年在城七千九百一十四貫六百一文四會縣三千
二百三十七貫九百八十文三水鎮二十一貫五百七
文胥口鎮八千五百五貫三百一文黃容步九十貫八
百二十七文新州舊在城一務歲三百一貫熙寧十年
在城九百一十八貫七十四文賣盧場三十貫七十一
文信安場七十七貫四百五十四文布藥場六十二貫
三百四十文　康州舊在城及都城悅城瀧水新虛歸
虛晏虛覇圍谷水橫岡都台扶蘆捐酬馬店十六務歲

五千五十五貫熙寧十年在城三千七百三十四貫七
百八十五文瀧水鎮五百八十六文都城鎮八百五十
七貫四百一十五文悅城鎮五百二十貫六百一十二
文　南恩州舊在城一務歲八百四十六貫熙寧十年
在城三千三百九十三貫七百六十九文陽春縣八百
五十三文銅陵場八貫六百四十六文陽江場三千七
貫二百八十五文崁山場三貫二百文博學場七貫五
百五十二文富林場四貫三十四文幹峒場五貫八百
一十一文朝祿場二貫三百四十三文鐶頭場一十一
貫三百七十文白水場四貫八百三十二文丹輪場二
貫八百五十四文　南雄州舊在城及始興邑溪懷化
溪塘下坡六務歲六千七十三貫熙寧十年在城一萬
二百二貫八百三十九文始興縣二千一百三十三貫
五百六十七文溪塘鎮九百九十一貫八百二十三文
英州舊在城及浛光青溪禮平賢德堯山竹溪羅口
八務歲八千二百四貫熙寧十年在城一萬四千三百
一十三貫二百四十二文浛光縣八千六百三十六貫
四百二文竹溪場九百一十貫一百五十八文鍾峒場
一百七十七貫二百九十六文大康場一貫二百文安
場八百九十四貫八百四十八文羅口場三千二百二
十四貫八百八十四文清溪場五千七百七十五貫九
百三十八文堯山場九百七十四貫九百八十四文師

駒一作鈎

予場四百二十五貫九百四文賢德場八百二十九貫
三五百十九文銀江場二百三十貫四百八十一文鳳
林虛一百九十四貫七百九十四文大岡虛七百八十
八貫一百一十六文陽溪虛四百八十三貫六百文板
步虛三百七貫四百四文長岡虛四百八十二貫六百
二十二文黄中虛六百一貫二百七十七文臺石虛八
百四十六貫五文光口虛三百九十三貫二百四文龍
崗虛四百三十五貫三百一十七文白駒虛九百二十
八貫七十六文田口虛七百七十六貫一百九十一文
蓮塘虛三百五十一貫三傍團三百二十二貫四百文
惠州舊在城及河源博羅海豐縣四務歲三千五百
九十一貫熙寧十年在城八千五百七十七貫七百七
十七文河源縣三千六百七十五貫六百七十三文博
羅縣一千四百二十八貫二百七十六文　海豐縣二
千二百八十九貫四百四十三文　梅州舊在城及樊
派場二務歲一千四十三貫今廢　春州舊在城及銅
陵縣陽江場鍰頭博學富林洞石潮祿刹銅虛等九務
歲四百二十六貫今廢　廣西路桂州舊在城及臨桂陽
朔永福慕化理定永寧義寧靈川脩仁荔蒲興安縣古
縣胡桃場十四務歲四千九百五十五貫熙寧十年在
城六千六百七十五貫四百三十五文靈川縣一千四
百八十二貫五百二十四文興安縣一千九百二十一

五

貫一百五十四文義寧縣七百七十一貫六百八十文
古縣三百五十一貫二百二十四文荔蒲縣一千九百
二十八貫九百一十九文永福縣五百九十三貫五百
五十一文陽朔縣一千三百五十一貫七百一十三文
胡桃場四千七貫九百七十四文脩仁場七百四貫四
百六十七文浪石場六十四貫五百四十三文慕化縣
五十貫三百九十六文容州舊在城及北流陸川平龍
博常鎮五務歲三千四百三十九貫熙寧十年在城一
千七百六十一貫六百七文北流縣門龍門平溫中和
莪石等場六百一十四貫九百二十文陸川縣雙櫧公
平等五百一十二貫三百一十五文博當鎮五十五貫
五百七十文　邕州舊在城一務歲千六百七十九貫
熙寧十年在城二千五百九十八貫三百二十二文外
場一千二百七十四貫八百六文　象州舊在城及石
平利仁虛民武陽口武津金鎮七務歲千三百七十三
貫熙寧十年在城一千九百三十一貫八百一十五文
來賓縣三百一十三貫二百八十九文一分三釐武仙
縣六十一貫四百三十二文六分六釐陽鎮口一十五
貫二百四文四分二釐武津鎮一十三貫一十五文三
分一釐利仁虛七十四貫一十九文一分六釐鄭馱虛
一十貫五百九十四文油藍虛九貫一百九十一文石
傳虛六貫三百一十二文足莫虛三十九貫七百八十

六

五一作六

八文大烏虛六十八貫六百二十三文廣化虛三十七貫五十二文張峒虛六貫三百七十八文足連在虛一十二貫九百三十二文五鹽鋪二貫二百四文　融州舊在城一務歲二百六十七貫熙寧十年在城三百九十一貫三百四十八文外場六十四貫　昭州舊在城及荆硤𢶡安牛泉現步靜戎思賀白沙弄諸淞門永安龍平恭城十二務歲千九百六十一貫熙寧十年在城二千一百四十四貫八百四十五文立山縣九百一十八貫七百文恭城場二百八十貫七十三文　梧州舊在城一務歲二千二十一貫熙寧十年在城二千九百九十三貫七百五十一文　藤州舊在城一務歲千三百二十六貫熙寧十年在城二千五百二十一貫七百九十一文岑溪縣三百二十四貫六百四十六文常林場一百一十貫六百七十四文小虛二百三十一貫六百三十二文　龔州舊在城一務歲五百一十五貫熙寧十年在城一千二百四十八貫七百四十九文　潯州舊在城及北津鬱江三務歲八百六十三貫熙寧十年在城一千三百八十三貫二百八十一文　貴州舊在城及含山穿山平悅康和都録易令都零龍山鎮大利懷澤場十一務歲千三百一十一貫熙寧十年在城二千一百三十八貫九百五十六文　柳州舊在城及樂晏柳城洛容洛信洛匀武義江口思順九務歲千八

食貨一七之七

百八貫熙寧十年在城十二務三千六百四十三貫四百六十五文　宜州舊在城及智州懷遠軍富仁監革虛五務歲四千二百七十八貫熙寧十年在城二千三百九十六貫一百八十文　智州河池縣一千二百一十三貫八百四十四文富仁監五千八十四貫六百五十文寶富場一千五百一十五貫八百三十五文懷遠寨四百九十六貫六百七十三文天河等共一十五處三百九十貫三百六十文　賓州舊在城及莫耶羅目古當四務歲千一百一十五貫熙寧十年在城二千二百一貫一百三文上林縣九十貫六百二十四文遷江縣一百一十八貫二百九十六文　横州舊在城及北口永定三務歲千二百七十六貫熙寧十年在城一千一百一十六貫五百七十七文外務三百六十三貫六十二文　化州舊在城及調良廉江零淥都賓五務歲二千四百一十九貫熙寧十年在城四千二百五貫六百九十四文吴水縣一千三百七十二貫八百一十七文官寨場九百九貫一百三十五文都賓廉口零淥東橋等場三百六十九貫二百八十文　高州舊在城茂名縣仙霻博鋪郍黎瀧消六務歲三百七十一貫熙寧十年在城一千七十五貫七百三文茂石縣六百七十貫五百三十六文信宜縣七百四貫七百八十九文仙霻場一百一十四貫二百三十文博鋪場九十二貫四

食貨一七之八

百二十二文郍黎場一百一十貫九丈龍消場三十七貫六百三十六文永興場一十四貫七百九十五文郍龍場四十八貫一十四丈都成津六十貫麗村浮艷津四千六貫八百文鎮步津八貫四百文奇津三十六貫文　雷州舊在城及麖江二務歲千一百二十六貫熙寧十年在城七千三百九十七貫五百四十六文遞角場二千四百七十九貫二十四文　白州舊在城一務歲千二十九貫熙寧十年在城一千六百二十七貫六百六十五文　欽州舊在城一務歲千二十九貫熙寧十年在城四千二百八十貫二百一十三文靈山縣三千一百八十七貫三百七十五文外場一千九十二貫八百三十八文　鬱林州舊在城一務歲一千一百五十五貫熙寧十年在城一千一百六十二貫五百四十九文興業縣四百九貫八百四十二文綠鵶鎮三十八貫一百八十九文　廉州舊在城及石康白石大廉平陸五務歲二千三百六十六貫熙寧十年在城一千八百七十七貫五百一十九文石康縣四百七十一貫六百四十八文大廉場一百二十二貫九百四十二文平陸場三十貫一百四十三文英羅場一百三十八貫一百四十六文白石場五十貫五十一文三村場一十五貫三百八十一文　瓊州舊在城一務歲四千二百八十八貫熙寧十年在城一萬九千五百九十二貫四十

九

萬安軍舊不主額熙寧十年在城一千一百八十九貫一百四十二文

添朱崖軍上

南儀州舊在城一務歲二百五十六貫今廢

添太祖前

二文　昌化軍舊不立額熙寧十年在城一萬六千五百三十九貫一百八十三文昌化鎮二百八十五貫七百文感恩鎮七十九貫四百八文　朱崖軍舊在城一務歲二百貫熙寧十年在城一千二百三十七貫一百四十五文　蒙州舊在城一務歲七百九十九貫今廢　賓州舊在城及永興虛二務歲三百二十貫今廢

太祖建隆元年四月詔諸州勿得苛留行旅齎裝除貨幣當輸筭外不得輒發篋搜索二年二月詔蔡河潁河五丈河及沿河州縣民船載粟者勿筭三年七月知鄆州右諫議大夫馮瓚言州界淀泊產菰蒲魚菜居民採以自給前防禦使司超在任榷率稅錢瀆俗甚苦詔悉除之四年八月詔曰登州沙島土居人戶深在海嶠皆出王租比聞自備舟船般載女真鞍馬眷言勞役宜示矜蠲應所納夏稅麴錢及沿納泛配諸雜物色并州縣差徭今後並與放免其渡馬廻般上木植自前州司多令抽納亦並除之乾德三年十月詔忠州等處倚蜀日以魚為貨輸其筭者悉罷之四年七月詔劔南道應倚蜀日有以米麵收筭者罷之六年四月免晉州行鋪賃地錢開寶四年四月廣南轉運使王明言廣州承前止於河步收稅豬羊鵝鴨魚果并外場鎮課利歲收銅錢一千七十貫收復後來商旅甚多已令本州便宜置場收稅從之四月詔嶺南道應稅及鹽麵並依荆湖禁法十

十

月知邕州范旻言本州有制置務元是廣南劉𨦫置不隸
州縣占郄稅戶自立營田復抽收商稅及將收到課利
博場入戶甚受其弊詔令停廢其官抽收商稅割入商
稅院六年七月詔廣南州縣歲輸稅米每石加耗錢一
百六十自今每碩止納十文餘並除放八月免成都府
免家嫁娶資裝抽稅先是偽蜀時部民凡嫁娶皆籍其
幃帳粧奩之數估價抽稅至是除之　太宗太平興國
六年十月詔溪州管內官牛百二十六頭先給於民歲
輸租麥四百二十碩牛已死而租未免自今悉除之七
年六月詔江淮湖浙民販蘆葦者勿筭八年四月漳州
言龍溪等三縣民偽命日配充舘夫擔擎物色及僧公
宇橋道後來本州將舘夫紐價錢凡銅錢二千一百餘
貫五十餘貫鐵錢二萬一千五百三十餘貫詔並除之
八月詔桂州承前配納糖及茶葉并死傷牛租米及四
處稅場增添年額共八十餘貫並與除罷九年十月鹽
鐵使王明言西川峽路諸州商稅自來雜用銅鐵錢其價
不等請自今比市價每一貫收往稅三十過稅二十從
之淳化元年二月一日詔諸處魚池舊皆省司管係與
民爭利非朕素懷自今應池塘河湖魚鴨之類任民採
取如經市貨賣即准舊例收稅先是淮南江浙荊湖廣
南福建路當僭擬之時應江湖及池潭陂塘聚魚之處
皆納官錢或令人戶占買輸課或官遣吏主持太宗聞

其弊故有是詔二月詔曰泰州司馬堰先置板貫人船
過者取其筭除之四月詔興化軍兩浙偽命日以官牛
賦於民歲輸租牛或死傷則令民買償自今除之仍以
官牛給租牛戶八月詔舒州管內四處魚池除望江官
池外其桐城縣大龍宿松縣小孤及長武湖等三處魚
池特免稅任民採運十月十三日詔婺州金華東陽兩
縣陂湖歲取魚稅並除之縱民採捕吏勿禁二十一日
詔興國軍大冶縣魚池漳步地江南靖江洞邊岸出船
之地四步以所生物為名苗瓜外麻步是生偽國日納
魚稅外復於緡綱每夫歲收十錢頗甚擾自今除之十
二月十六日詔邕州瓊州偽命日每遇市集居人婦女
貨賣柴米者邕州人收一錢以為地鋪之直瓊州粳米
計稅四錢糯米五錢並除之二年二月二十日詔峽路
州軍於江置撞岸司貫人舟船至者每一舟納百錢已
上至一千二百自今除之楊潤常三州商稅取筭外境
上又倍征者自今止得一處收稅二十四日詔曰關市
之租其來舊矣用度所出未遑削除征筭之條當從寬
簡宜令諸路轉運司以部內州軍商稅名品參酌裁減
以利細民閏二月詔峽路先是商人船載米麥計斗取
其筭并箄席等稅並除之十月江南轉運司言鄂州舊
例鹽米出門皆收稅錢詔自今民販鬻斛斗及買官鹽
出門並免收稅四年七月詔岳州歲輸魚膏四千五百

劉疑錢

八十斤斤納七錢並除之商人販易不得輒由私路募告者厚賞之九月禁兩京諸州不得挾持搜索以求所算之物閏十月詔商人經潼關東西行者勿出算五年五月詔曰古者市廛而不稅關譏而不征蓋所察奇衺而禁浮情者也國家算及商賈以抑末游既以防民克助經費而當職之吏恣爲煩苛規餘羨以市恩寵細碎必取掊克斯甚交易不行異夫通商惠工之旨也自今除商旅貨幣外其販夫販婦細碎交易收並不得收其算當算之物令有司件析頒行天下揭于板榜置官宇之屋壁以遵守焉國朝之制劉帛什器香藥寶貨羊豕民間典賣莊田店宅馬牛驢騾橐駝及商人販茶皆算有敢藏匿物貨爲官司所捕獲沒其三分之一仍以其半與捕者至道元年九月詔兩浙諸州紙扇芒鞵及他細碎物皆勿稅十二月十九日通判永興軍府楊覃言官市脩河竹六十餘萬竿望免稅詔從之二年十二月詔民間所織縑帛非出鬻於市者勿得收算三年七月二十一日峽路轉運司言近歲献封者請增歸峽等州稅算名件商賈不行詔除之二十八日上封者言嶺南村墟聚落間會日集裨販謂之虛市請降條約令於城邑交易冀增市算帝曰徒擾民爾可仍其舊八月四日除杭越州寺院童行錢民所賦丁身錢先時是錢假時民納丁稅錢其出家童行未入僧籍亦輸之至是除

法一作國

免二十日江南轉運司言吉州稅物有名件繁細者頗擾于民詔並除之十月知益州張詠言萬州管內有官收津渡錢數百貫無有稅場皆甚擾民詔並除放十二月一日免洪州袁州每歲二社酒錢真宗咸平元年二月除渠閬二州牯牛骨稅錢十一月除代州板橋木算錢三年三月免通州蔡港渡錢六月十日詔以荊湖艱食令桂州已北勿禁人商販糧斛仍蠲其征算五年二月十九日除果州官邸店本課外地鋪錢二十三日除合州赤水巴川二縣長利謝市樓灘三鎮酒稅錢以経冦殘弊也景德元年七月魯國長公主言先遣人往華州市木乞免商稅帝曰先朝深戒戚里不得於西路收市材木蓋慮因緣販易侵壞法制魯國所請且從之可召駙馬都尉柴宗慶諭旨自今不得如此十二月十一日以河北経冦乏耕牛免河南商人賣牛稅二年三月詔貝州民所輸稅物先経商稅院收算然後輸納官甚無謂也宜除之先是節度使孟元喆在鎮日令民當輸稅物者先算規其餘羨以備留使之用帝聞之而有是詔八月二十九日詔涇原儀渭等州蕃部所給馬價茶沿路免其稅算三年三月免簡州民造舍所輸竹木稅錢四月一日詔河北諸州軍市征榷酤比常課不及者特展限三月六月八日詔東西兩川商稅鹽酒課所納二分金宜罷之其願納者聽先是計司請令半輸銀帛

食貨一七之一五

外其二分入金帝聞其州郡不產故有是詔十二日除杭越等十三州軍稅鵝鴨年額錢先是江浙諸州奉詔蠲鵝鴨稅而司關征者尚計三額故申明之九月詔京城稅炭場自今抽稅特減十之三四年六月詔淮南轉運司揚州民採荻柴官中承例十稅其二自今除之七月二日詔河南府永安縣民僦官舍錢減其半永為定制大中祥符元年九月免夔州地基錢自改築新城從民居之有輸課者至是罷焉二年二月免文武官所市食羊筭錢四月江淮發運使李溥言糧綱舟卒隨行有少物貨經歷州縣悉收稅筭望與蠲免從之六月七日詔自今諸色人將帶片散茶出新城門百錢已上商稅院出引百錢已下只逐門收稅村坊百姓買供家食茶末五斤已下出門者免稅商賈茶貨并茶末依舊出引十四日除昇州竹木稅十月詔如聞昇州民鬻石炭者每馱抽稅十斤自今除之三年閏二月詔在京諸軍營所請春冬衣綿帛者自今勿收稅先是殿前司諸軍營在新城外者責所請衣帛不得過一月踰月即依例收筭月內責者皆本軍出引城門驗以出入軍士至衆給驗頗繁故有是詔十二月九日詔天下樵魚及貧乏者所過津渡悉免其筭四年七月一日詔兩浙福建荊湖南北廣南東西路歲輸身丁錢四十五萬四百六貫並從之五年正月二十八日除沿漢江州軍渡船力勝錢二月

食貨一七之一六

十九日詔京東西路河北陝西江淮南民以柴薪渡河津者勿出筭稅二十五日免河北諸州麵稅四月十三日詔如聞雄霸州民因水壞田而艱食者多捕魚自給官復收其市筭宜除之二十二日除饒信州買銅場壞稅錢六年四月免瓊州螺蚌錢稅七月詔曰關市之征所以禁末業田疇之利所以勸力耕豈於稼器之中亦收商筭之利自今諸路州軍農器並免收稅初知賓州呂夷簡言請免河北農器之稅帝曰務穡勸耕古之道也豈獨河北哉故有是詔十九日詔諸路茶鹽酒稅及諸務自今總一歲之課合為一以祖額較之有虧損則計分數其知州軍通判減監官一等科罰州司典吏減專典一等區斷文臣及武臣知州軍者止罰通判已下時上封者言諸路歲課增羨知州通判皆書歷為最有虧損則無罰請行條約故也八年六月三司言太平興國寺甘露戒壇院主壇昇於信州鉛山民程文祐施青綠八千斤充裝彩佛像浮圖乞免一路商稅省司見招誘人戶中賣入官若隱留貨物當行買納仍別勘罪今壇昇不獨無例免稅兼違先降宣命欲下江南轉運司施行帝曰裝嚴彩色不可闕須與民間收貯者不同諭計司放之七月二十二日詔曰農牛之力田畝是資念疾癘之所傷實耕耘之有廢宜蠲市筭以助蒸民諸處百姓買賣牛稅並放一年九年三月一日詔如聞雷州勒

江一作北

村耆月納無名商税錢自今除之十二月二十一日詔河北京東民以車乘糶種糧者江河津渡勿收其筭俟稔歲奏以待報天禧元年三月三司言石州伏落津路商旅柭木税錢准例給長引不納沿路税筭至京即併計之因茲為弊頗虧失課額望許沿路收税帝曰如因修奉宮觀採數即依近詔停罷或久例所貴當從其請四月二十三日帝謂宰臣曰如聞知廣州李應機為政峻急先任廣南轉運使嘗言廣州民無丁税米建議科納尋詔本路詳究累政皆難其事令應機領郡因欲遂其前志遠方之民務在綏輯驟增賦調亦恐非便可罷之七月十一日詔開封府京東西河北河東陝西淮南等路旱蝗虫傷苗稼已經遣官體量者據分數便許段種十一月駕部員外郎張紳言泛海客旅於潤州及住程州郡兩次納税錢必恐興販少利乞下兩浙轉運司如行船不經沿路地分只納一處税錢從之二年七月詔處諸乾食盐錢不係屋税田賦出於浮客旋配掠者並除之八月二十七日免青州源河口軋渡課錢三年七月除金水河水户課錢九月詔嵐州自來收税脂麻宜特除之應諸處承前收税斛斗者悉准此四年七月淮南江浙體量安撫韓億言諸路民拆舍屋賣材木者請勿收税筭從之五年二月詔自今客人於蘄口太湖石橋洗馬等四處場務筭買諸色號茶貨如到泗[illegible]州

在一作正

願取淮河前去入在陽潁州陳州舊路上京者聽從便令依例送納舊路商税如願借汴河路上京者令只納舊路税錢從汴上京更不令宿亳州南京三處税則[illegible]例送納隨船行貨物色力勝頭子包角等錢即逐處依例收納九月免夔州買銀税錢先是本州買上供銀舊例商人齎銀入城者每兩税錢四百五十文足如無鄰州公引即倍税之以是商人罕復販鬻而所買殊少轉運使以為請而有是命仁宗天聖元年二月詔商販客旅於山陽榷務筭請茶課從起發地頭沿路經過禁榷地分合納税錢令在京榷貨務抄上文薄拘轄召交引鋪户充保給與公憑沿路批鑿合納税錢自起離請茶場務月分為始立限半年一併於在京榷貨務收納每年不曾磨勘常有積欠本路分挑見有違限未納錢四萬九千六百餘貫及限未滿錢二十二萬八千五百餘貫自今每違限一月係欠每十千罰納錢一千違限三月係欠每十千罰納錢一千違限三月已上除依月納錢外差人監貨元通抵當家業陪填如不足即於連保鋪户下均攤收理委都大提舉庫務每年終取索驅磨當年已納見欠數目以聞七月三司鹽鐵副使俞獻可言乞下陝府西轉運司令鳳州或鳳翔府每川陝綱運令税務監官十檐内許抽揀一兩檐點檢如有影帶匹帛即盡底點檢勘罪依條施行從之八月十六日三司

言據杭州狀富陽縣民蔣澤等捉到客人沈贊羅一百
八十二匹沒納入官支給賞錢省司看詳條貫婺州
羅帛客旅沿路偷稅盡納入官即無條許支古人賞錢
欲依條支給數多不得過一百貫從之十月十三日淮
南江浙荊湖制置發運使趙賀言乞下淮南江浙荊湖
轉運司令沿江河州軍商稅務應綱運經過盡時點檢
發遣不得住滯從之二年四月在京商稅院言舊例諸
色人將銀并銀器出京城門每兩稅錢四十文足金即
不稅請自今每兩稅錢二百文省從之七月詔商旅算
射十三山場茶貨沿路稅務驗認公引如正茶與耗茶
到住賣處以不正耗並收稅若或無茶正只是耗茶據
數收稅即不得將貼射一色中號茶秤出剩數收納淨
利倍稅阻滯算射九月五日三司請自今應緣聘禮物
色匹帛除本州縣使用即免納稅出他境及經由商稅
處即依例收稅所在不得出聘禮公驗從之三年七月
二日方仲荀張綸等言荊湖路州軍攬載官中糧斛合
船乞放免沿江州軍上水空船力勝稅錢從之八月司
封員外郎盛京言萬州民貨鬻斛斗商稅務收納稅錢
徙是緣村民刀耕火種所獲不多望免收稅帝曰遠俗
至貧非理科率何以存濟宜亟依所請四年四月免諸
路州軍犁具稅錢時高郵軍商稅務令農民納犁具稅
錢本軍以為言而有是命六日審刑院言淮咸平四年

詔京朝幕職官州縣官今後在任及赴任得替不得將
行貨物色興販如違並科違制之罪商物依例抽罰
如非興販即逐處不得妄有點檢申舉俸餘買物贍家
之外貨賣如有發露並作違制私罪定斷參詳未便乞
今後應官員使臣赴任不得興販行貨於本任貨賣及
在任買物如違並依元勅定斷若得替抽稅並許於
本處依在市見賣價例收買物色或虧損致人論訴
即依條施行從之五月詔客旅興販山場榷務茶貨
須先於在京榷貨務出給公憑沿路批上稅錢到京一
併送納所有禁榷地分合納稅錢以起離向南場務月
分為始立限半年送納如違令倍納七月詔山場榷務

卷一萬五千四百二十三

茶貨稅錢展限一年上京送納違限倍納之八月七日
京西體量安撫王治言汝潁之間近值大水衝注牛畜
雖有原田無牛耕種乞下汝州應有百姓買賣耕牛特
免稅錢從之十月十三日免雄霸瀛莫深州順安保定
信安軍人採劉蒲葦莎蘆製造簾席蘆箔薰捕魚鰕稅
至來年麥成日依舊十一月八日京西轉運使張意言
先舉行端拱二年至大中祥符二年內勅百姓輸納
稅經過處津渡與免渡錢從之五年六月詔客人買請
茶貨出離禁地轉入清河欲於京東淮陽軍路往河北
住賣處送納稅錢並依禁榷及通產地處正隔汴路河
北入中茶貨批過稅錢體例今於在京榷貨務請給公

不疑下

食貨一七之二一

憑沿路批税以指住(定)賣州軍税錢日分為始於元限五十日上廣襄四十日作三月限内上京於權貨務送納如違限倍納御元指定州軍據合收税依則例抄上公憑令依例貨賣仍具挑過客人姓名税錢關報權貨務拘管依日限勾收淮納六年四月六日免荆南公安縣津渡收納牛税錢以每月只收三五緡從轉運使王碩所奏免之六月三日免梓州路轄下廠鹽等州收納容旅興販斛斗税錢事帝曰税及民食無乃太過乎因本路奏從之七月詔自今民販生鐵器上京所經縣鎮依諸雜物例關報上京送納税錢若山於卒界縣鎮貨賣並令本縣收納過税給付公引至所到縣鎮住賣引

卷一萬五千四百三十三

收住税時有商人自磁州販鬻鐵器經過府界諸縣而無收税之例故商税院言而條約之九月十一日免雄霸等州軍水災人户採捕魚鰕蒲葦箔者税錢十二月二十一日臣僚上言有乙税錢陌者帝曰貨泉之科渾其流布而税及之為患深矣不可施行七年正月淮南江淅荆湖制置司言真楚州高郵軍狀客人執在京等貨務公憑并無為軍權貨務文帖算買茶貨沿路不泗真楊等州税錢入汴上京虧郤逐務課利勘會客人算買山場榷務茶貨元無借除始因大中祥符中客人買販蕲口洗馬石橋太湖茶貨到廬州泥水阻滯卑牛權令轉江船般借路取真楊州高郵軍楚泗州經過只納

食貨一七之二二

舊路廬壽等州一路税錢後來客人援例借汴路上京乞下三司定奪或與於真楊州高郵軍楚河宿州亳州永城南京税務合收税錢減放錢數令客人正納經過場務税錢更不立借路名目三司看詳欲乞自今客人販賣蕲口太湖洗馬石橋無為軍等五處場務茶貨如取西路廬壽正陽等州軍上京並令依舊送納本路税錢或若水路船般轉江下來取東路真楊州高郵軍楚泗州宿亳州南京經過上京者依販買漢陽權務等處茶例並依經過去處正收錢税更不立借路名目依元日限於在京榷貨務送納從之二月詔今後在京新城諸門使臣如有專攔作弊透漏税物事販勘鞫指税即

章是專攔收掌[illegible]招點檢不細致透漏收上税物錢及一千具專攔曹司並勒停監官並為私罪勘斷仍將過年本門收税課額至年滿日比較如有增盈即依元勅與近地住程如虧欠二分已上即更與短使一次方與近地住[illegible]程如與專攔知情容縱即更不免遠任差遣如有入己依條斷遣仍降差遣如比過年增剩五分已上依元條免遠任仍與優便差遣其應係合送納商税物色只及一千已下税錢者并諸竹木蒲箔之類並就門收税放入更不押赴商税院一千已上税錢已依舊於商税院納税出引三月十七日兵部侍郎知青州李迪上言河北京東饑民有逐稔者望令所至與免渡

令輸稅錢四十五文詔只輸二十文閏十月九日除鎮戎軍羊毛稅錢　淮浙轉運司上

錢從之四月十二日詔諸州商稅人繒帛無得過爲清壞時内出眉州邑羅一端税印朱漬數幅故也九月七日三司戶部副使鍾瑾等上言河北水災州軍渡錢除商販鬻物仍舊輸課外其流民往還望免其課從之九年四月二日詔萊州自今無得收牛向稅筭時秘書丞張周物上言官禁屠牛而州場稅牓有收筭之文請刊此條故也八月十二日三司請自今牓商茶到京住賣者從轉運使之奏也歲裁五十文十年二月十一日除明州海蛤沙地稅筭縱民採取景祐元年十一月一日中書門下言如聞客人將牛畜興販經過州軍關津渡口及出賣去處故作邀難令求纔得豐稔人戶收買耕牛之際詔買賣牛畜錢於十分中量減二分二年九月七日崇因院晉安郡主尼法護言宣化門收買果園地還塋故父蘇王及母親續買菜園四所屬本院墳園乞免逐年夏稅開封府據園地土與免稅所有菜園等許令依舊佃蒔即不得一例放免稅賦四年八月四日詔自今諸路外縣鹽茶酒稅務除有正官專監其比較虧少課額令佐自來係兼監去處所有賞罰一依都監監押兼監賞罰條例減專監一等十月二十七日詔沿邊都監押雖不兼監場務或有興販私鹽酒等公然容縱不捉赴官致虧課利自今須多方巡轄不得違慢如別彰露監押並勘罪施行康定元年十一月十九日詔

案天聖無十年此六十年恐誤

聞諸路州軍所收諸般課利近日當職官吏頗有規畫增添名額刻削名利刻剥奉上及捜檢稅物不依條例妄作邀難住滯商旅專爲績効苟免責罰且令州府軍監縣鎮關津今後並依自來體例點檢不得創增無名稅額及捜檢過往家屬茶鹽酒麵諸般課利並循舊規不得妄有規畫增添　慶曆五年五月二日三司使王堯臣言請令後在京及諸州陳告稅物見在未貨易者與限二十日已貨易與限十日許諸色人陳告仍以隱稅日爲始殺猪羊者以私殺日爲始並須依編勑指定隱藏處所及賣與河人照證分明在日限内官司方得受理若貨已易其物見在照證分明只據見在物許告官與限半月仍以偷稅貨易日爲始物無見在及限外不得告論官司亦不得受理其在限外而因官司點檢敗獲者自依漏稅勑條施行從之八年十二月詔河北京東西災傷州縣流民隨行之物所直三千錢已下已令免稅尚慮諸處輒有苛留宜一切勿稅　皇祐三年九月詔沿汴河商稅務毋苛留公私船(冊)四年十一月詔廣南東西路安撫轉運司應經賊焚劫州縣倍加安輯之其營構室廬竹木並蠲其稅　嘉祐六年三月詔龍圖閣直學士楊畋於三司取天下課利場務五年併增虧者限一月別立新額時場務歲課多虧惟逐時科校主典而三司終不爲減舊額故帝特行之　神宗熙

寧四年正月二十八日詔三司應買撲酒麴諸坊場每
貫納稅錢五十文仍別封樁以祿吏人六年十二月二
十五日詔京外城二十門監門自今更不管認課利但
隨關要分五等以透漏捕獲出入商稅錢數為賞罰從
都商稅院請也八年正月十二日詳定編敕所言相度
到開封府界京東京西路黃牛并水牛角乞通商販從
之五月十五日都提舉市易司言昨商稅院奉詔流民
物貨不多免稅錢今已豐熟而諸門放稅如故慮失歲
課請如舊制從之　元豐元年七月十二日詔諸路轉
運司耗斛舍所在州置都斗秤務委都監管轄工作別
差官般定送諸州商稅務賣之八月十三日詔開封府
界京東路皮角並依舊通商二十八日濱　滄三州第
四等以下被水災民零販竹木魚果炭箔等物稅百錢
以下聽權免一季三年三月二十四日都大提舉導洛
通汴司宋用臣言近泗州置場堆垛商貨本司船承攬
般載將欲至京乞以通津水門順外成倉為堆垛場從
之　四月二十八日詔非導洛司船搬載商人稅物入
汴者雖經場務投稅並許人告罪賞依私載法即服食
器用日費非販易者勿禁官船附載發箔柴草竹木亦
聽仍責巡河催綱巡檢都監司覺察從宋用臣請也
十二月二日瓊管體量宋初平言海南收稅用船之丈
尺量納謂之格納其法分為三等假如五丈三尺為第

二等則是五丈二尺遂為第三等所減纔一尺而納錢
多少相去十倍加之客人所來州郡物貨貴賤不同自
泉福兩浙湖廣來者一色載金銀匹帛所值或及萬餘
貫自高化來者惟載米包瓦器牛畜之類所值或不過
二三百貫其不等如此而用丈尺槩收稅甚非理也以
故泉福客人多方規利而高化客人不至以此海南少
有牛米之類今欲立法使客船須得就泊瓊崖儋萬四
州不用丈尺止據物貨收稅訖官中出與公憑方得於
管下出賣其偷稅之人并不就海口收稅者許人告並
以船貨充賞從之　四年八月七日緩花房廊所言取
蔡河南房廊屋并舊在騏驥院地修蓋寄收蔡河貴人
穀及堆垛六路百貨從之　十五日都大提舉汴河隄
岸宋用臣言本司沿汴及京城所房廊地並召人僦納
官課紙紅花麻布酵行皆隸本所為堆垛場令馮景拘
攔賣紙欲乞據本司已立遞行外餘令馮景拘攔所賣
課額各辦詔八月已前以貨隄岸司及京城所房屋堆
垛物在地者更不起遣餘毋得妄拘攔騷擾行市　六
年九月四日京東路轉運副使吳居厚言本路元豐三
年秋季至今年上半年終酒稅課利比元豐二年前官
任內祖額增百七十九萬五千餘緡其前任內二年酒
務比祖額虧二十一萬緡上批居厚於二三年間坐致
財用數百萬計三省可議賞典　哲宗元祐三年四月

十一日淮南路轉運司請減安河務稅令龜山鎮置務為稅額從之 六月二十三日詔在京都商稅院以天聖年所收歲課為額 元祐初戶部用五年并增法立新額至是言者論之故有是詔 六年正月十八日京東轉運司言宣德郎趙靖修徐州百步呂梁仍差小使臣一員專監河稅兼管幹堤門公事立課程留滯船東指揮決溢之法從之 七年七月七日詔罷諸路人戶買撲土產稅場 八年十月二十三日詔外路客人興販斛斗願入京糶貨者應合收力勝稅錢並權免納以尚書省言在京穀貴欲使商販流行以平市價也 紹聖元年九月二十五日詔府界并諸路稅務年終課利增

二七

額並依元豐格從三省請也 三年十一月十八日殿中侍御史陳次升言監司自元祐四年後取稅額增虧及二分者比類取旨賞罰請令戶部責限句考從之 徽宗建中靖國元年三月十四日戶部狀近據兩浙轉運司申訪聞民間日前多有興買田宅孳畜船車等私立契書因為少得見錢赴官投納印稅內因循出違條限避免倍輸多是收藏白契在私不曾經官投納稅錢本司申請省部畫降指揮許與展限首納只收一重正稅官錢所展限內稍有敗稅名件令來欲乞依逐次已得指揮自指揮到日為始從之 二十五日刑部狀峽州申准元符令節文諸請給若恩賜物免稅其品官供家

服用之物非興販者准此 有司詳上條品官供家服用之物未審品官合用馬牛駝騾合與不合入服用之例送寺參詳據本寺狀元符令服用之物止謂衣帛器用之屬其馬牛駝騾即非服用之物從之 崇寧元年十二月十一日京東都大提舉汴河堤岸捕柳賊盜公事王憲等奏乞復興導洛物貨場如允乞委臣等一面措置興復物貨場故事仍乞依舊於順成倉拼截敖屋為之場地其泗州場屋即下本州修葺其合用舟船逐急於淮南發運司撥借溫明州運船一百隻應副貼黃稱勘會京西先亦曾置物貨堆場用官船般載客貨收納貨利錢如蒙興復即乞一就施行從之令鄭僅同共相度開奏 二年四月九日尚書省劄子涇原路經畧安撫使邢恕奏本路撫養庫回易物貨乞特免沿路往復商稅從之 五年九月十七日詔令戶部取索天下稅務自今日以前五年內所收稅錢并名件歷差官看詳參酌稅物名件稅錢多寡立為中制頒下諸路造為板榜十年一易永遠遵守外輒增名額及多收稅錢並以違制論其民間柴薪米鹽衣服之類與免收稅仍各不得虧損元額候立到法仰三省看詳頒降施行先自京畿四輔以及天下 大觀四年四月二十二日工部奏啟贖開府儀同三司張康國妻成安郡夫人俞氏狀本家見就揚州修置夫開府墳塋欲於淮浙真揚等州收買本

二八

植塼瓦釘灰彩色木漆雜物之類應副裝修使用欲乞蠲免沿路場務抽解及拘攔和買收稅等工部檢准元符令諸太中大夫閤門使以上買竹木之類修宅者許自給文憑逐處審驗免和買令來喻氏所乞內和買一節本部勘當欲依上條施行戶部勘會元符令止是免和買所有抽解收稅等無文該載許免令勘當所乞欲依元符條令施行詔依喻氏所乞　政和三年八月十六日淮南路轉運副使徐閎中奏乞將真州江口抽稅竹木務正監官窠闕許轉運司於文臣內奏舉知縣令或職官資序人一次候至成任比較如委有增羨即乞永遠充本司舉辟窠闕其俸錢依品官外供給驛券人從並依元監官所得指揮施行從之　七年三月二十二日陝西河東河北路宣撫使司奏據環慶路經略司申檢會崇寧二年四月十一日涇原路經略安撫使邢恕奏先乞降空名度牒二千道充本路撫養庫支用於在京及諸路取便出賣回易所有物貨乞特免沿路往復商稅有旨依奏令來邊事之際全藉回易收息應副支用伏乞詳酌將本路撫養庫探事本錢往諸處回易其易買物貨許依涇原體例特免沿路往復商稅從之

八年八月十七日臣僚上言伏見天下商稅務欲乞應客人商稅之物所經由私小路並令攔頭只批引放過就前路官務照驗一併收稅庶幾可以少絕偷稅之

食貨一七之二九

有補財用詔臣僚所言關市之征走失正稅漕司失職郡計何賴仰戶部遍牒諸路漕司措置施行　宣和元年正月二十七日詔應客人興販米斛般赴災傷州縣並免沿路力勝稅錢候豐熟日依舊從江西提舉常平司請也　二年十一月十八日臣僚上言乞降睿旨應宮觀寺院臣僚之家雜載舟船若過關津並許搜檢依條輸納稅錢仍歲終具所過次數申轉運司類聚奏聞取旨庶幾不至虧失常賦而背公營私之徒有所畏懼詔並依元豐法應專降指揮更不施行　三年二月二十八日詔江東兩浙近緣群賊燒劫居民屋宇令客人戶漸已歸業修葺居止應人戶採買及客販瓦木材植之類往江浙被盜處營葺及貨賣者與免沿路抽分及力勝稅錢關津渡口不得少有邀阻乞覓監司巡歷所至覺察　三月二十三日又詔被災劫州縣人戶販賣物色錢往他處收買修造材植等官為給據免抽稅一年　四月二十五日詔訪聞比來客人興販斛斗舟船多是官綱及寺觀等船載攔河道非理阻節州軍縣鎮處以和糴為名邀抑不得起發所至場務公私搜檢乞覓錢物稍有不從即加搭力勝收稅過數當職官容縱監司失於措置緣此商賈不行其弊甚大可立法懲革仍遍行合屬路分州委守臣縣委令佐分明出榜曉諭客人應興販斛斗如願赴都下者限指揮到日與權免力勝

食貨一七之三〇

別一作便

薦角等錢半年與所販斛㪷候至京許令依市價從自
糴賣限滿依舊應有關防等及合下路分令尚書省條
具取旨　八月十二日詔應興販及買鹽織農具及耕
牛往兩浙江東路者仰經所屬自陳給公憑照會沿路
免税一年津渡官司不得少有邀阻於本路興販及買
置者准此　四年二月二十日詔應諸路近歲增收税
錢舊充應奉既非漕計又非諸司所隸無會計之法吏
緣為姦十失八九可並撥歸應奉司充御前支用仍委
諸路提刑司拘轄稽察歲終具逐州縣收支見管應奉
司依已降指揮驅磨以聞他司輙陳乞或移用者以違
御筆論　五月二十七日發運副使呂淙奏契勘江寧

卷一萬五千四百卅三

三十

府真潤州有抽税木植欲乞指揮除朝廷取撥分數外
盡撥充添修倉屋打造綱船使用應有官錢從之　六
月十四日詔官司將客人船載有公據買鹽鈔見錢妄
喝税物收税致留滯者依綱運所至約喝無名税錢法
科徒二年從右朝請郎唐績請也　五年九月二十三
日詔東南六路販入京斛㪷自今年十月為頭依舊收
納力勝　十二月十一日詔訪聞沿汴州縣級添欄河
鏁柵利在專欄乞覓監官不復宿直便於宴遊而已所
收歲額未嘗別有增羨其如留阻舟船官綱兵梢糜費
侵盜斛㪷商旅營販從以繼日今乃留滯公私不便可
並令依元豐舊制仍曉諭商旅通知　二十日提舉京畿

京西路鹽事狀河陽管下河陰汜水縣税務正當衝會
只有添到歸朝官獨員在務其正官並各差出竊詳歸
朝官依法不許差注獨員監務令相度欲令州縣場務
監官内如有似此添差官係歸朝官去處其正官常留
一員相兼管勾職事所有汜水河陰兩縣税務已差出
正官亦乞令日下還任詔從之如正官依條合差出即
依獨員處差官兼權諸路依此　六年八月二十五日
戶部奏兩浙轉運司狀勘會管下州縣其間税場雖舊
不置監官所收課利浩瀚只令欄頭收税趂錢甚失省
則如平江府常熟縣支塘税場雖屬許浦鎮税務管勾
只差欄頭在彼拘收税錢不曾立定年額錢數及無正

卷一萬五千四百三十三

三十

官監當令相度應管下税鋪所收税錢數多無監官去
處許本司於待闕或得替官選差權監措置收趂課額
如一年内所收税錢增羨聽本司相度置場舉辟有風
力官申奏朝廷差注從之　七年正月二日詔在京小
民　用之物多自外販比緣外方荒歉流移物貨稍少
其價甚貴細民艱食自今應在京及畿内油炭麴布絮
商税并力勝錢並權免收不得邀阻搜檢違者以違御
筆論仍特與理為課額其税錢令戶部月具數申尚
書省取旨撥還　欽宗靖康元年四月十四日詔都城
物價未平來者尚少入門猪羊及應干合税物色並權
更免税一季以上續國朝會要高宗建炎元年五月一

日赦京城圍閉日久道路方通商賈有欲般販物貨上京者並經州縣自陳出給公據特與免沿路稅錢力勝　七月九日兩浙轉運司言本路稅務官課自准五月一日赦文及今一月免放稅錢已多乞自今令出公據上京商旅並召土著人户保識到京日於諸門照驗及在京都稅院勘驗元數批引執照候回赴所屬繳納如無照據即以元販物色計所過場務依自來則例追納稅錢力勝若到京數目少於元數即據所少數追納如逃避不回即坐元保從之　十月六日淮南轉運副使李傳正言登極赦文商賈般販物貨上京特與免沿路稅錢力勝泗州青陽一鎮未兩月免放過三貫有畸一路所放不可勝計欲望截至某月日住免詔自今年十月十五日依舊收稅諸路依此二年四月二十七日詔應客販糧斛柴草入京船車經由官司抑令納力勝商稅錢者從杖一百科罪許客人越訴收數多法應重者自從本法　五月十一日曲赦河北陝西京東路應曾被賊焚燒官私舍屋如係居户屋業即放屋稅錢一料其係官出賃舍屋即權住所納課利並候修蓋了日依舊仍不得過一季須管了畢若官屋未能修蓋而人户願自備材植修蓋佃賃者聽撿計所費增加二分在所準合納課利所用材木等權免商稅及抽分　六月二十一日詔應荆湖江浙路客販米斛赴行在而經由稅務輒

於例外增收稅錢罪輕者徒一年許論尚書省越訴　九月二十二日東京留守兼開封尹杜充言京城物斛湧貴客販盐米多被沿河口岸邀難大納力勝稅錢乞令客人於裝發州縣官司具數自陳出給公據收執並與免沿河口岸力勝稅錢候到京城將公據付都商稅院繳納如官司輒敢阻節並聽於鄰近官司陳訴從之　三年四月一日詔應興販物斛入京許客人經所在去處陳狀出給公據沿路商稅力勝並特放免糶到價錢不限貫百令留守司驗實給據放令出門其般販先至京城入中數多之人從留守司具名取旨當議推賞如官司輒敢非理邀阻許客人越訴官吏重行編置仍仰逐路提刑司常切覺察　九月一日御營使司參議官兼措置軍前財用李迨言客人多自江西湖南般運斛斗竹木前來建康府往往筭請盐鈔并糶米以回貨經由一處稅場抑令納力勝稅錢數百千者以至其餘物貨皆不依條例數倍收稅致商旅不通實害利源伏望申嚴禁約如有違戾當職官重賜黜責欄頭公人決配許客人越訴專委提舉茶盐官按治督責諸州主管官常切檢察如失按舉與同罪從之　四年二月二十三日德音應殘破州縣民間建造屋宇合用竹木磚瓦之類並與免稅仍免抽分　紹興二年六月二十日兩浙轉運司言從事郎歐陽友申乞於處州管下君溪稅場創

置稅場事詔依其合差官令本司辟差木朱記仍許雕造　九月四日赦民間遭罹兵火耕牛宰殺殆盡應州縣人戶典買耕牛特與免納稅錢一年其客旅興販去處準此　三年九月十三日詔臨安府近緣居民遭火四向販到竹木蘆箔並權免抽解收稅　五年正月十五日德音殘破州軍收復之初務要商旅通行販賣耕牛米麥應經由去處特與免稅　閏二月五日新知徽州葉煥奏本州焚蕩之後百物所需盡仰江浙販運到來乞降指揮許客人販運斛斗布帛農具竹木丁鐵柴菜油麵之類應干雜物等到本州並免瓜州并在城稅務收稅一年亦不抽解候來年春末依舊收稅從之

四月六日戶部尚書韋誼等言廸功郎沈敦前監建康府在城稅務一年所收商稅比類計增四十六萬餘貫依累賞法通計該減磨勘三十三年已關司勲依條施行望特與比附推恩仍將本官在任宣力所收錢數候推恩了日頒行詔沈敦特與改次等合入官仍頒行諸路　八月二十四日德音荊湖附近水寨操撥田土闕少耕牛令招誘客人興販前去與免沿路商稅并龍陽軍官私起蓋屋宇材木物料等免沿路抽解收稅一半　十月十八日臣寮言應民旅般販米斛往旱傷州縣糶乞依日前指揮許就官司判狀執據與免經由場務力勝從之　三十日詔令兩浙江西都轉運諸路轉運司

取索本路應干稅物則例体度市價增損務令適中仍將諸色稅物合收稅錢則例大字牓示使客旅通知令後即所委官每半年一次再行体度市價依此增損施行　六年十月八日崑山知縣張漢之言本縣界東接吳松江應有海道客旅興販物貨沿江灣浦邊枕吳松大江連接海洋大川商賈舟船多是稍入吳松江取江灣浦入秀州青龍[illegible]鎮其江灣正係商賈經由衝要之地其間有不到青龍地頭收稅便於江灣路出賣客旅得以偷瞞商稅不無走失課利令乞於江灣浦口置場量收過稅從之　七年二月二十二日知平江府章誼言近准朝旨於崑山縣江灣創置稅務已申朝廷乞差監官令本處浦港正係商賈興販舶貨經由去處人煙繁盛見有巡檢置寨其煙火公事舊係買納鹽場官兼管若注授右選及未改官人切慮難以彈壓欲乞朝廷差京朝官一員監收稅課仍許兼領煙火公事詔依

[illegible]年九月二十二日明堂赦昨降指揮令四川江東西湖南北漕司將管下州軍縣鎮不係舊來收稅一面增置場稅立便住罷仍將合收稅處不得過收稅錢訪聞臨江軍管下新淦縣稅場自住罷之後依前收稅已送戶部取問本軍因依外切慮餘路尚似此去處仰逐路轉運司檢照已降指揮開具本路元增置若干稅場各於某年月日住罷後來有無違戾去處及將合收稅錢

曾如何指置懲革逐一保明申尚書省仍令帥司常切覺察務令商賈通快不致邀阻　八年三月十四日中書門下省言比年人户漸次歸業樂事田畝全藉耕牛布種訪聞人户買販耕牛州縣往往收稅邀阻及鼓鑄農器經過關津亦不依條免稅甚失朝廷恤農民之意欲應諸路買販耕牛特與免收牙契及稅并農器亦不得依前違法收稅令監司常切覺察仍多出文牓曉諭從之　十年九月十日明堂赦訪聞諸路州縣軍鎮稅務除依法合置專欄外類皆過數招收并有監官親隨之類通同作弊倍有掊取客旅因致賠增物價可令諸路提刑司將管下稅務見今冗占人數日下減放嚴行禁止立賞告捉仍令知通常切幾察　十二年九月十二日赦州縣稅場客人投稅自有立定省則訪聞監當官專欄類皆過數掊取百端欺隱至有每月量以分數獻入公帑交相蒙蔽無復忌憚致得錢重物輕公私為害自今各仰遵守成法尚敢蹈襲重行典憲　十三年二月十一日臣僚言近來諸官司等處多以回易營繕之類為名出給文引沿路照免商稅欲乞行下州縣自令後應干官司等處般販物貨不以有無指揮及出給引歷之類並依條收稅不得更行放免從之　七月十九日詔添置武昌軍金口稅務監官一員　十一月八日南郊赦所在稅務課額各有定制本意惠通商賈懋

遷万貨近來州縣稅務官吏作弊又有鎮市稅場或監官獨員或止差暫權去處抑勒額外過數掊取以至容入偷經私捷小路却致暗失課入或將所收之數侵私隱沒別歷侵盜前後約束終未盡革可委通判專一行縣檢察務令商賈通行如違轉運司按劾以聞　十四年正月二十六日封州言在城務令酌中以紹興九年收到稅錢七千七百七十二貫七十六文省并開建縣務以紹興八年收到稅錢一千二百六十一貫三百二十九文省並乞立為新額詔下本縣轉運司更切勘會如委是詣實別無夾帶應不合收使錢數在內即便行下所屬依條收趂　七月六日臣僚言乞申命有司凡民間食用米並與免稅從之　十五年八月十三日上宣諭宰臣曰朕謂天下之物有不當稅者甚多如牛米柴麵之類是也檜奏曰如去歲浙中艱食陛下令不收米稅故江西諸處客販俱來所全活者不可勝計　十六年七月九日詔省真州長蘆鎮稅務從本路諸司請也　十七年正月二十五日戶部言依準聖旨措置到州縣鎮務違法增收稅錢并客販米斛昨降指揮並免收稅訪聞經過稅務尚收力勝稅錢甚非朝廷寬民之意欲下逐路轉運司日下禁止并將應干稅則逐一裁減務令適中揭榜曉示客旅通知又稅務監官自有舊額添差官與正官通不得過三員竊緣既有正官主管

裕一作格

凤疑有

王處朝疑處朝廷

其添差官自不須干預職事兼從來監官從隸元無定數往往於稅錢內侵耗作弊百端欲令後應酒稅務添差窠務官吏不許干預職事如或違戾並仰通知監官按劾取旨重賜施行上可其奏因宣諭曰米已免稅如柴麵亦令措置商旅既通更令臨安府平物價則小民不致失所矣　六月二十八日詔和州梁山稅務於裕溪河口置從淮東總領司請也　十八年十一月十三日户部言客販食米斛依累降指揮與免稅錢務要米斛通行訪聞州縣往往違法依舊收稅或以力勝為名乞下諸路監司約束州縣許令人户任便般販不得依前阻遏如敢違戾仰監司按劾以聞將州縣當職官并稅務監官重賜黜責公吏時行決配仍許人户越訴從之　十五日荆湖南路轉運提刑常平茶鹽司言桂陽監臨武縣僻在山谷不通舟船創置之初人煙未甚翕集少有商旅經過若置商稅委是難以趁辦乞候縣道稍凤倫序起稅施行詔與免五年　十九年二月十三日殿中侍御史曹筠言江浙間有被災傷王處朝旨責監司守令多方賑恤而斛斗商販蠲免租稅德至渥也其間場務所在官吏或未能恭體朝廷寬恤之意望戒敕監司郡守常切覺察所管場務有於省額外稅者重責以法而省額元不該稅者免行免放以其名物大書於榜揭示行旅從之　十一月十日南郊赦所在稅

務各有立定吏額比年以來州縣稅務率多違法額外增置公吏攔頭邀阻客人致商賈不行百物踊貴細民艱食其監司坐視略不檢察仰諸路漕臣不時巡按檢察將違戾去處舉劾以聞如漕司失舉令提刑司互按　二十一年二月三日詔省洪州武寧縣巾口市官監酒稅從本路諸司之請也　五月十四日詔下徽嚴州將客販牌筏出給公據書寫客人姓名計定所販木植條段數目預期關報前路經由州縣及臨安府等處官司照會如輒於中路截住別處諸許色人陳告將木植三分之一給告人二分沒納入官以進士張邦義言客販徽嚴州木筏乞罷二州抽解徑發至臨安府抽取三分故也　六月二十五日大理評事莫濛言場務收稅各有定則而比年諸州郡守輒於額外令監官重加征取又以民間日用油布席紙細微等物置場榷貨展轉增利緣此物價翔踴所得之息止資公庫無名妄用望令監司常切檢察仍揭榜示民間許令陳訴如有違戾按劾聞奏重寘典憲從之　二十二年二月十五日詔逐路漕臣應沿江有稅務去處其檢察官於所隸州縣選差官檢察稅務遇有興販客舟及上供綱運經由其檢察官即同專監依條監視稅物依則例施行如無合稅之物即時檢放仍令所屬漕常切檢察如有違戾許從按治　以軍器監丞黃然言沿江一帶稅務比年以來

額外招收攔頭私置草歷非理邀阻欺隱作弊商旅怨之號斷之斷陽江之湖口池之鴉汉稅務為大小法場咸謂利歸公家十無二三而為官吏所竊取者過半矣如四川二廣湖南北江東西上供綱運經由不問有無合稅之物每以收力勝為名喝稅動以千計監繫綱梢等人勒令甘認故也　十一月十八日南郊赦州縣私置稅場節次指揮已令放罷所有客販貨物自有立定稅錢其稅場多緣增置專攔百色侵漁過數收稅下上亦歷非理破用致物價增長雖累有約束尚有未悛去處可令監司守臣嚴加檢察將違戾去處按劾施行務除宿弊　二十三年十二月前知英州陳孝則言州郡

卷一萬五千四百三十三

財計除民租之外全賴稅其間有課額所入不足以給監官請俸之處是應立稅務以阻行旅且英州管下有宜安鎮稅務每月課額止於十千而監官請俸兩倍望行下本路相度將宜安鎮稅務廢罷詔依仍令戶部取索似此去處並罷　二十四年十二月五日大理評事劉敏求言曩詔郡邑免收糶米稅錢近來場務乃私置草歷收食米稅改作白糯米收上亦歷望俾監司郡守常切覺察禁約從之　二十五年五月二日詔州縣稅場名色重復有踰常法者令有司條具一切罷去輒復遣人搜邏騷擾及於格法外別立買錢者悉行禁止仍委監司長吏常切覺察如有違戾按劾以聞　七月十

夔一作[illegible]

二日詔省廢州唐城鎮稅場以本路諸司言所入不償所費也　十一月十九日南郊赦關市之征係為商旅訪聞州縣場務利於所入以致士夫舉子路費搜囊倒篋不問多寡一切拘攔收稅甚為苛密可令監司郡守嚴行禁止不得依前違戾諸州縣場務差官置吏自有定額訪聞州縣往往違法添置監察官增破請給侵耗課額及稅務輒於額外增置專攔將不合收稅之物攔截重斂騷擾百出商旅受害仰轉運司逐一取見不應差置官吏人數日下並罷私置稅場節次指揮已令廢罷訪聞州縣尚有依舊存留去處及於私小路邀截客旅重疊收稅可令轉運司契勘日下改正敢有違戾按劾施行　十二月一日尚書刑部員外郎徐敏修言州縣稅務凡應稅之物令中所載以所收物名則例大書版榜揭務門外曉示而遠方州縣多不遵依省則止以監官臨時檢喝輕重高下悉出己意由是專攔得以騷擾作弊望下州縣稅務檢會省額分明榜示使商旅通知如有違戾重寘典憲從之　二十六年正月十日尚書省言近年所在稅務收稅太重雖屢降指揮裁酌減免而商賈猶不能行蓋緣稅場太密收稅處多且如自荊南至純州材五百餘里而稅場之多荊南者四處夔州與屬邑雲安巫山相去各不滿百里亦有三稅務如此之類甚多詔令戶部行下諸路轉運司開具管下稅

務地里遠近將相去連接之處裁酌減併以寬商賈如
縣道稅務不可減即與免過稅仍許豁除稅額其後據
諸路轉運司申共減併稅場一百三十四處減罷九處
免過稅五處　二月七日詔肇慶府管下高明鐵場
燕貢客步稅監官一員從本路諸司請也　四月十九
日宰臣言京西淮南客販及人戶自買耕牛與免投納
牙稅錢并住稅免三年事先是上宣諭昨降京西淮南
未耕土田不以有無拘礙召人耕種及與免課子官借
牛種指揮已是詳備唯是耕牛深處難得上曰關市之
征本為商賈興販物貨如米麵之類民間食用一日不
可無豈可一槩收稅朕所以令與免稅令耕牛與免征
稅甚好然尚恐巧作名目乞覓阻節利歸專攔須令監
司守臣常切覺察如有違戾按劾以聞重寘典憲庶不
為虛文沈該等曰陛下務農卹隱灼見弊端如此臣等
敢不勤恪奉行　五月十一日臣寮言商稅近年以來
朝廷節次行下放免米麥蔬豆柴薪耕牛力勝等稅錢
而不曾與減退稅務課額仍更立賞督責州縣較貪功
不恤之人將無作有抑逼場務稅額既重大而又米麥
之類並免稅則其他物貨凡到稅務者必致重枉取給
數額故客販若於稅場巨商大賈則收斂藏畜不行步
擔力運者則透枉小路以避郡縣故商旅不通課額乏
增欲將稅務年額量與減免卻重行裁減收稅則例上

咲　自
誤　誤

曰此說極有理如米麥之屬民所食用者既與免放若
不量減年額則必巧作名目重歛以求敷數反為民害
可依所乞令戶部立法施行沈該等曰陛下至誠恤民
察見利害如此天下幸甚　七月十七日尚書省言已
降指揮將諸路稅務連接去處裁酌減併以寬商賈仍
許豁除稅額切慮州縣將所減稅額卻於其他場務增
添致收稅愈重及將采文於減併去處牆壁欄頭之類
拘攔邀阻合行約束詔令諸路轉運司常切檢察約束
將違戾官吏按劾申尚書省重作施行仍許民戶越
訴　二十七年八月二十四日詔殿前司收買造軍器
筋角牛羊皮箭苛條鐵可與免臨安府及沿路收稅
二十八年五月八日知建州章服言建陽縣麻沙鎮後
山務崇安路黃耳等三處從來只收地頭人戶土產物
稅與松溪縣八咲於溫處州界首造到榲櫁等木植一
色稅物札栰取水路自出產地頭直至建州三百六十
里並無收稅即與近降減併去處不自乞存留依舊只
收木植一色過稅從之　十月三日權知饒州唐文若
言本州鄱陽縣管下石頭鎮自城下至本鎮八十里自
本縣至樂平縣四十里相去一百[illegible]二十里[illegible]之間
三稅委是頻併收稅虧欠乞將石頭鎮稅務廢併豁稅
額從之　十四日侍御史葉義問言臣切見近降指揮
將寺觀鐘磬鐃鈸等[illegible]則例行收稅而稅錢未有收附

之文若只令稅務收作日額即是暗失鋼稅一項課利又聞諸處受納人吏多方邀阻乞覓致令人户憚於投納或埋之土中或沉於溪澗實有未盡者望指揮在外州軍更展限一月應受納官(縱)[容]人吏乞覓許人户陳訴重作施行其稅錢別項樁管續聽起發如此則可以稽考從之　同日中書門下省言客販食米已降指揮免收稅近來場務却以別色斛斗為名及作力勝長收稅錢阻節乞覓詔令户部申嚴見行條法指揮行下守臣常切覺察犯者依條計贓科罪守臣失於覺察令監司按劾仍令轉運司將實免過稅錢與除豁稅額　十一月十二日詔省臨安府於潛縣稅務監官一員從守臣張稱所請也　二十三日南郊赦州縣稅場係收納商賈物貨稅錢並有定則近來將士大夫舉子所帶路費非商販之物亦行拘攔抑令收稅引惹詞訟事屬違戾仰監司守臣常切覺察禁止所在稅場昨緣相去近密及收稅太重節次裁酌減併豁除稅額其私置場務並令廢罷以寬商賈訪聞州縣間有巧作名目暗行私復存留廣於閭道邀稅商旅或違法差置檢察之類甚者將客販食米以別色斛斗為名及抑令虛認力勝百端邀阻過有征輸近降指揮將違犯監專欄頭計贓科罪尚慮作弊仰監司常切覺察如有似此違戾去處按劾施行　二十九年正月二十五日詔已降指揮客販食

米不得收稅仍蠲除稅額所冀民不闕食訪聞諸路尚爾奉行滅裂米船雖無他貨亦故作淹留叱伏收稅又閩廣等路例皆販糴場務抑令納稅甚非愛民之意可下逐路應客販食米若無他貨並即時放行應禾穀皆令免稅如有違慢許民户經監司御史臺越訴當議重作施行州縣出榜曉諭常切點檢月具有無違戾申尚書省　三月十五日户部言昨承紹興二十六年正月八日已降指揮近來商賈不行蓋緣稅場太密已令諸路運司裁酌減併訪聞已併稅場有依舊差置監專拘攔收稅去處乞日下住罷從之　四月二十三日詔邵伯鎮稅務依舊收納過稅　先是紹興二十六年七月十七日有詔邵伯鎮稅務減收住過稅至是復舊　七月十七日右正言鄒民望言朝廷自紹興二十六年緣諸路州軍縣鎮稅場猥多節次降指揮減併一百三十四處減罷九處免納過稅五處議者為國家經總制錢係州縣將百色官錢分隸今既減省輸錢之源即逐處拘收上件錢數自合裁減望下有司(併)[將]罷稅場及納過稅數目許令除豁年額經總制錢從之　三十年正月十八日上謂宰臣曰聞街市米價雖不曾長少有來者正緣場務巧作名色收稅致令商販不通綸曰多是監官不得其人致令如此葉義問曰場務最是專欄騷擾尤多　上曰昨見河朔有步檐販米猶為所苦其專

二十是三十之誤

欄有在十里外私自收税者況舟船之利多於步擔其驗㨿可知綸等曰須索嚴行關防　三十一年正月二十五日詔自令諸軍等處收買物色並依條收税如有所降免税指揮乞更不照用自後或再有陳請者許戶部執奏不行及臨安府内外場務去處尚有衆私請託漏税者申嚴許人告悉令御史臺覺察彈劾從臣寮請也　九月二日赦所在税場貼緣相去近密及收稱太重節次裁酌減併鎔除税額其私置場務並令廢罷以寬商賈訪聞州縣間有巧作名目暗行私復存留廣於閭道邀税商旅或違法差置檢法之類甚者將客販斛米以別色斛斗為名及抑令虛認力勝百端邀阻過有征輸近指揮將違犯監專攔頭計贓科罪尚慮違戾及不即檢税故作留滯仰監司常切覺察如有似此去處按劾施行　十一月十四日臣寮言乞約束所至税務邇北來歸正之人有苛留搜税之弊上曰朕自今歲夏秋之交便作此念若州縣場務漫不遵承何以慰吾民向化之意令行下出牓關津禁止必罰無赦宰臣陳康伯等奏曰須聖旨令後有不遵依指揮者許監司按劾被旨人直訴　二十二年三月二十五日臣寮言州縣比年以來多因課額不敷遣人於三二十里之外拘攔税物欲避創置之名乃曰發關引所被遣者皆停罷公吏當税之物則乞取而使之透漏望應州縣離城五里外巧

作發關引所創立攔税去處並行住罷詔依仍令州縣嚴行禁止巧作發關引所創立攔税去處如有違戾仰監司按劾聞奏

卷一萬五千四百三十三

高宗紹興三十二年孝宗即位未改元六月十三日赦臨安府內
外買賣興販金銀匹帛雜物之類除依省則合收門稅
外訪聞稅務將鋪戶已賣物色因所買人漏稅及元來
經稅賣下之物輒於鋪戶一例追納罰錢可令本府嚴
行禁戢如有違犯之人許人戶越訴 八
月十一日詔贛州七里鎮東江務併歸城下商稅務從
江西轉運司請也 二十三日中書門下言場務欺稅
皆有格目訪聞沿流等處州船經過必留旬月多喝稅
錢甚者指食米為酒米指衣服為布帛空船則多收力
勝行裝則以為興販致物不附亦歷所由巡攔之徒什
伯為伍上船上牌打卯打醋騷擾不一致使商旅不行
詔逐路專委監司守臣覺察按治以聞 同日中書門
下言兩浙漸有復業之人宜加優恤其人戶蓋屋所運
竹木墾田所帶牛畜雖已降德音與免沿路商稅抽解
切慮州縣奉行不虔合行約束詔逐路安撫司相度措
置限一月條具奏聞事小不須待報者一面施行 十
一月十四日詔應創置稅務日下禁止令諸路轉運司
給版膀於從來依條法合置處張掛曉諭客旅通知如
無轉運司所給版膀見得是私置許客人越訴將違法
收過稅錢錢數紐計申取朝廷指揮施行 隆興元年
三月二十八日臣寮言應州軍稅場並已依祖宗自來

卷一萬五千四百三十五

舊額州邑衝要處置立所有續添稅場州府不曾申明
自行置立去處並已廢罷從之 乾道元年正月一日
赦州縣稅務依法各有合置去處近來又行私置邀阻
商旅於民為害仰日下廢罷令監司常切覺察如有違
戾按劾以聞三年六年九年南郊赦並用此制 十二
月十日上封事者言關市之征古者以禁游手於是
乎征之令也有一務而分之至十數處者謂之分額一
物而征之至十數次者謂之回稅乞訓敕州郡非省額
者不許私置已稅者不許再征從之 孝宗隆興元年
四月十九日詔應客販耕牛往淮南州縣變賣仰經所
屬自陳給據與免本處投契沿路稅及船渡錢並免如
有違戾去處仰監司按劾施行仍令諸路漕司下所部
州縣多出文膀曉諭從中書門下請也 五月二十八
日權發遣賓州張昂言本州商稅院及管下獨女鋪場
各係小使臣窠闕本州稅額至微乞罷監官改作攤官
窠闕從之二年三月二十七日德音赦高藤雷容州應
緣曾經焚劫去處復業人戶建造屋宇所有竹木磚瓦
之類並與免稅并免抽分一年 四月二十二日詔紹
興府蕭山縣西興鎮稅場煙火公事窠闕改作紹興府
蕭山縣新林堰稅務從兩浙諸司之請也 五月二
十八日詔淮東西商旅販物貨依立定省則並以減半
收稅如係歸正人興販特與全免三年 至乾道二年

七月十四日，臣寮言：近有歸正人或住臨安，或住建康，
於諸路興販物貨，免沿路稅錢，照得隆興二年指揮，專
條指定淮東西路，而有司失於奉行，令所在歸正人興
販往兩淮，皆欲判狀全免稅錢。今乞應歸正人興販物
貨，或自兩淮販至諸路，或至諸路販至兩淮，在諸路則
所過場依舊一例收稅，在兩淮界分一例全免。從之。
六月一日，詔欝林州博白縣稅場依舊收稅。　七月八
日，詔虜人侵犯兩淮，居民流徙，令安撫、轉運司下諸州
軍措置招集，放免半年商稅。　廿六日德音：楚、滁、濠、盧、
光州、盱眙、光化軍管內并揚、成、西和州、襄陽、德安府、信
陽、高郵軍應興販及買置蠶織、農具、耕牛、斛斗及蓋屋
材料雜色等物往殘破州縣者，各經所屬自陳，給據與
免沿路收稅抽解一年，關津不得邀阻。內流移復業人
應隨行財物，並不得收稅，舟船仍免力勝。如有違戾去
處，許民戶越訴。　乾道元年正月十四日，詔諸路州軍
方春來價踴貴，民間闕食，全藉客米接濟，訪聞所在場
務以力勝之類巧作名色違法收稅，令諸路監司守臣
出榜約束，遇來船經過即時通放，違戾去處監官按劾，
專欄重決配。　二月十四日，詔省成都府在城商稅監
官一員，從西川制置司、成都府路諸司之請也。　二十
日，四川總領所、夔州路轉運司言：忠州豐都縣酒務係
兼收商稅，酒務可委知縣兼監，稅務可委縣尉兼管酒

三

務官，乞行減罷。從之。　二十七日，詔諸軍收買物色，紹
興三十二年已降指揮合行收稅，令殿前馬步軍司遵
依指揮施行，毋致違戾。先是，主管殿前司公事王琪買
木植修蓋軍營寨，乞免經由場務收稅。至是，戶部用紹
興三十二年正月指揮執奏，故有是命。　三月十一日，
戶部言：鎮江府都統制郭振於明州收買麻布五萬匹，
乞下沿路州軍免稅。契勘諸軍收買物色，依節次已降
指揮，並依條收稅。如有陳請，許戶部執奏。今來郭振所
乞有礙已降指揮。詔為係軍用，權免一次。　四年九月
五日，詔婺州義烏縣放散櫃戶牙人，任其買賣，依條收
稅，不得於離縣五里外巡攔抑勒村民，仍下諸處州縣
不得私置稅場，邀阻客旅，令所在帥憲常切覺察。先是，
義烏縣有山谷之民織羅為生，本縣乃盡拘八鄉櫃戶
籍以姓名，揀其所織羅帛投稅于官，民甚苦之。至是臣
寮有言，故有是命。　五年八月二十八日，詔省滁州來
安縣監稅，令縣令兼領之。從知滁州趙善仁請也。　十
二月二十六日，詔荊南府白水鎮住罷收稅，只於荊南
沙市併收稅額。從荊南府請也。　六年正月十三日，詔
沿江諸郡稅場，令後商賈所載物貨如係茶鹽米麥麵
銅錢，敢有違法收稅者，許商賈越訴，監司按劾以聞，將監
臨官并專欄等人重寘典憲。從總領葉衡請也。　五
月十八日，戶部尚書曾懷言：奉旨併省自行在至建康

閏五月二十日，臣寮言：方今重征之弊，莫甚於沿江。如蘄之江口、池之雁汊，自昔號為大小法場，言其征取酷如殺人。比年不止兩處，凡泝流而上至於荊峽，寓州往來，謂之力勝；舟中本無重貨，謂之空喝。官

四

征百金充地
千金之數
謂之花數驗
據不一欲乞
行下沿江諸
路監司嚴
行禁革官
吏犯者必罰
名數及刷沿
江置場鋪
併審取旨
廢罷從之
淳八月三日
上

沿路征稅多處契勘臨安府長安閘平江府平望常州望亭橫林鎮江府呂城丹徒鎮五處去前後稅務地理因窓乞行減罷內臨安府除省額歲務外又於王亭子四板橋龍山兒門白塔赤山九里松等變置鋪以攔稅為名而苛細收取併乞先罷從之　八月三日權江南東路轉運副使張松言照對沿江自蕪湖縣至采石鎮一州兩稅實為不便又和州界有西采石客旅往來一日之間三過場務刻剝太甚緣太平州采石去州縣稍遠乞將祖額併歸蕪湖縣所有淮南岸采石鎮依自來條例以江心為界不許攔截江南客旅欲乞行下太平州和州嚴行約束從之既而戶部言采石稅務係慶歷間起置經今一百六十五年不曾併在蕪湖知和州劉度言本州西采石稅務自國初興置垂三百年不曾以江心為界乞依祖宗成法並從之同日張松乞將池州鴈汊鎮稅務移過本州從之既而知池州張掄言紹聖五年畫降指揮將池口稅務移在鴈汊專收大江過稅至紹興五年立額每歲約趁官錢一十八萬餘貫經七十五年並無商旅詞訴張松吏不契勘池口已有住稅便作無稅申請併鴈汊於池口纔二年半比較鴈汊所收稅錢虧近二十萬緡乞依舊復置鴈汊監官專一收趁從之　十五日詔池州石埭縣稅務移置笆溪七溪兩路會口只作一處收稅令石埭縣務吏不得重疊所有

留口鎮稅亦令住罷所認常平司買撲課利等錢却令石埭縣稅務抱認解發從本州請也　七年四月十五日戶部尚書曾懷言本部近驅磨出臨安府乾道五年商稅帳內有失收三五分稅錢併虧額錢及步收頭子錢共四十一萬二千七百餘貫令欲分作二年令臨安府并通判廳自乾道七年夏季為始令項起發仍專委兩浙轉運司拘催依限發納從之　八年五月十五日詔廢罷常平犇牛稅場從前知銅山縣劉大行言也　九年三月二十五日詔州縣稅務於正官外擅自差置機察措置提舉等官可嚴行禁止如違許民戶越訴　五月十六日詔應私置稅鋪並行住罷如已經住罷不得復置凡有違戾重寘典憲臣寮言溫州平陽縣有私置漁野稅鋪為豪右買撲乘時於海岸邀截小艇等十餘所罝鋪瀕海細民並受其害昨來戶部住罷已及三年令豪民詭名又復立價承買平陽知縣林志屢乞行廢罷如不欲虧失名錢本縣甘自抱認發納又照得台州天台縣私置界溪櫪木稅鋪紹興十一年已住罷近台州通判秦垣乞復二鋪召人買撲人戶被害節次訴于御史臺如孫汝明訟寧海縣漳木掘浦二鋪張太訟寧海縣茭湖柘浦三鋪王璠訟歸安縣韶村鋪錢浩訟安吉縣迴山鋪全夢說訟歸安縣璉市村鋪劉昇訟江陰縣申港長壽鄉二鋪如此等類皆是私置難以槩

舉乞嚴行約束故有是命　七月八日詔罷江陰軍黃田港楊舍蔡港三處稅場兩浙轉運司言江陰軍管下黃田港楊舍蔡港稅場各不滿百里有礙指揮乞行減併故有是命　十一月二十三日詔太平州池州寧國府饒州廣德軍五州軍去處稅場並罷以江東運司中課利微細皆是大姓豪戶買撲邀截民旅故也　以上乾道會要

經進續總類會要　商稅

淳熙元年十一月十一日詔米麪柴炭油皆係民間日用之物並已免稅訪聞州縣稅務巧作名色收納稅錢及將木炭抽解令戶部行下諸路轉運司約束違者按治仍許客人越訴　二年七月十七日詔省滁州清流縣白塔鎮稅務以本州言月得二十千徒以擾民故也　九月二十二日臣僚言鄉落有號為虛市者止是三數日一次市合初無收稅之法州郡急於財賦創為稅場令人戶買撲納錢俾自收稅凡買撲者往往一鄉之豪猾既稱趁納官課則聲勢尤甚於官務官司既取其課利雖欲為小民理直有所不能乞下諸路州郡應有前

卷一萬五千四百三十四　一

項買撲收稅處並與住罷從之　閏九月十八日詔湖南北江西漕司行下沿江州軍去（出）膀曉諭客人有願販米淮（往）東者即經州軍陳乞出給公據沿路照驗放行如稅務妄作名色非理節（阻）即行覺察劾治仍許客人越訴　中書門下省言淮東旱傷訪聞湖南北江西有客旅販米往糴沿路稅務妄以力勝收稅邀阻乞行約束　十月二十五日中書門下省言客販米斛依法不合收稅累降指揮約束不得妄作名色阻節今來尚敢虛喝稅錢顯是違戾詔旨專委漕司覺察按劾當職官吏重作施行　十二月十七日慶壽赦訪聞州縣稅務輒差寄居待闕官以檢察抄掠措置為名在務騷擾可日下並

罷　四年正月十八日夔州路提刑提舉轉運司言相度到夔州并巫山縣兩處稅務順流舟檝於夔州稅務併納巫山縣稅錢流泝舟檝於巫山縣併納夔州稅錢於官無所損而商旅免兩處留滯逐處併收稅錢各令互相關報歸還從之　十二月五日詔應州縣稅務不得於五里外攔截客旅仰本路監司常切覺察　五年三月九日詔諸官司收買木植依紹興三十年除免如違坐違制之罪從臨安守臣趙磻老請也　四月二十六日臣僚言池州雁汊黃州鄂州稅場之弊一舟船實無之物立為名件抑令納稅謂之虛喝一人攔頭妻女直入船內搜檢謂之女攔頭一所收商稅專責見錢商旅無所從得苟留日久即以物貨低價準折謂之所納一巡攔之人各持弓箭槍刀之屬將客旅攔截彈射或至格鬬殺傷一稅務依條自有篆節攔頭多用小船離稅務十餘里外邀截客旅搜檢小商物貨為之一空稅錢並不入官掩為已有詔江東湖北淮東路轉運司將今來條具到畫一事件嚴切措置於稅務前大字版牓曉諭或監司全不覺察許被擾人徑詣尚書有越訴即先將漕臣重寘典憲　五月六日詔戶部行下江東湖北淮西轉運司檢坐見行匿稅條法并分數則例及規避商稅等斷罪敕條明揭版牓與近降禁約指揮一處曉諭商旅庶免官吏攔頭隱欺走失歲課之弊餘路沿流州軍

卷二萬五千四百三十四

二

大字正寫

稅場依此以中書門下省言近臣僚乞革去沿流稅務等弊已畫一條具禁約又慮合干人不得肆其騷擾却將合稅之物欺隱不入赤歷及暗乞私賂一切放行故令課額不敷理合禁止故有是命　六月十九日詔三省劄下諸路轉運司應諸州縣鎮除正額係省場務見係吏部差官處不罷外其餘創置稅場稅鋪不以有無官監並一切罷去從臣僚請也其後兩浙江西湖北申到人戶買撲場務雖非吏部差官緣係常平租額收到錢皆是起發應副大軍之數詔且令依舊存留揚州高郵軍盱眙軍亦以走失常平官錢不便為請亦許存留　八月十九日詔臨安府存留發引一十八處止許發引不得收稅如違許人越訴　六年三月二十七日詔罷鄂州七縣所管常平稅場一十四處以守臣趙善括言其騷擾而歲工收一千七百緡乞罷本州自備錢解發故也　五月一日詔諸路轉運司將管下州縣稅場非省額創置收稅處並罷　十月[illegible]日詔二廣虛市吏相貿易非江浙私置稅場之比可從民便與免落地稅錢從前知高州何惟清請也　十二月二十八日詔臨安府駐蹕之地理宜優恤頗聞征稅稍重是致物價未平可自淳熙七年正月一日為始府城內外并屬縣應干百貨並免收稅一年其稅額合納錢已令內藏庫等處對數補還如官司輒敢違戾收稅許被收稅人徑

卷一萬五千四百三十四

三

赴御史臺越訴許本臺具奏取旨施行仍令尚書省出
黃榜降付本府并屬縣曉諭　七年三月二十三日右
正言葛邲言州郡雖已罷私置稅場却增起稅務則額
如湖北監司按鄂州稅銀每兩收舊錢八文今增作四
十八文如此之類都城既已盡罷稅務而鄰居以客旅
至都城咫尺別無他征故增重稅豈不失陛下捐利予
民之意望下州郡將舊來合收稅錢則例大書刻於板
榜揭寘通衢令民旅通知不得例外收取其鄰郡亦毋
得以臨安府更不收稅為由抑勒重稅詔下諸州戒約
如違戾許人戶越訴　九年十月二十一日臣僚言湖
州安吉縣稅務惟藉絲綿竹木收稅以辦歲額近年本

卷一萬五千四百三十四　四

州別項收絲綿稅錢漕司別項收竹木稅錢以供他用
不恤課額之虧遂使監司夤緣擾民乞嚴行禁約詔湖
州將前項額外創收稅錢日下住罷　十年二月二十
八日淮西總領韓彥質言頻年以來江上諸州皆以重
征為務公然收鹽米稅乞嚴行禁約仍委三總領所不
以路分互相覺察按奏詔江淮東西湖南北路帥漕司
各依前後指揮更切申嚴行約束如州□軍奉行滅裂
許三總領所依所管路分覺察按劾　十一年二月二
十五日臨安府言檢準紹興五年五月十二日指揮節
文諸路轉運司量度州縣收稅緊慢增添稅額五分或
三分本府契勘諸稅務日逐所趁課利於日額並各虧

欠即不當有額外增收三五分錢數昨因守臣趙子瀟
紹興三十二年間任內住罷修造不曾應辦國信收簇
獻助錢二十萬貫後蒙減免作一十五萬貫內通判廳
每歲於諸稅務收到錢內幹取八萬四千貫作三分五
分窠名起發外令本府發錢六萬六千貫過應辦大禮
年分減免五萬自乾道七年皇太子領尹灼見本府即
無額外增收上件三五分窠名錢已具奏乞蠲免以後
節次申乞蠲免至淳熙九年分訖今準戶部催發本府
淳熙十年分三五分錢六萬六千貫寔緣稅務所趁課
利不數元額本府不曾額外收趁無可發納乞照應累
年體例蠲免從之　五月二日淮西總領趙汝誼言近

卷一萬五千四百三十四　五

據客人陸太等一十一名狀稱黃州稅務正臨赤壁湍
險之處每遇舟船到岸百端阻節動至五七日稽留江
面闊遠風濤不測前後積聚官私舟船不可勝計近有
客人顏清等因拘欄看稅閑忽一夜風浪大起壞船十
隻沉失鹽二千餘袋又打碎其他大小船五十餘隻老
小不知數目乞別擇一泊船穩便處移置稅務今黃州
面上三十里地名張家洲皆彼處江面狹窄比赤壁纔
十之二遇有風暴可以回避臣契勘黃州經賦其數甚
微循常收趁足可了辦近年為守臣者惟務多掊以資
妄費阻遏行旅至使無辜之人只因拘留征稅橫罹覆
溺乞下本路轉運司委官前去體究許留顏清等舟船

收稅因依仍相視移置黃州稅務以便商旅從之既而
右正言蔣繼周亦論列因將黃州守臣方廷瑞罷黜
六月十七日紹興府臨浦稅場處州君溪稅場池州梅
根欄並陳乞復置詔從其請既而臣僚援淳熙五年六
月十九日廢罷指揮爭之遂寢前命　十月十五日詔
戶部遍牒諸路軍將應管稅務合趁課息如寔及租額
之數即不得抑令增收敢有違戾在內委御史臺彈奏
在外委監司覺察按劾仍許被擾之人越訴　十二年
三月二十九日詔場務稅賞令後不許引用賞令中高
等外猶有剩數或已該賞而所剩錢數又及格者聽累
之文以戶部侍郎葉翥言稅場每歲於租額者猶有利

卷一萬五千四百三十四

六

數又聽其累賞是導天下之為場務者重征以希賞額路
增而民愈困乞於淳熙令中除去高等累賞之文因下
勑令所詳定故有是命　七月二日詔省荊門軍淛河武
寧黃泥三處稅場以前權知荊門軍陸洸言三處稅額
共不過二十七貫三百三十三文而豪民買扑擾民為
甚故也　二十三日詔省常德府一處復州六處稅場
先是上從陸洸之請下湖北提舉司契勘住罷淛河等
三處稅場因詔其餘似此去處相度聞奏至是湖北提
舉趙善譽奏上件兩州七處稅場共納一百八貫與淛
河等處事體一同上曰罷之甚當如此等事一日做得
一件計一歲之利亦多矣因併從之　二十四日詔省

揚州江都縣版橋泰興縣新城楚州山陽縣謝家埠盱
眙軍天長縣龍堽石梁奏蘭高郵軍高郵縣臨澤三墩
八處稅場以淮東提舉趙不流言盱眙軍係極邊逐年
與全免上供賦入揚州高郵軍係次邊亦蠲其半初不
仰此毫末課利而徒使豪民買撲小民被害所有淨利
錢內有分隸合發行在所窠數日本司欲依數抱認起
發乞將上件稅場並行住罷故有是命　八月二日詔殿
前司收買木植令嚴行抽稅以三分為率與免二分
十月十四日四川制置使留正總領馮憲言知西和州
王樸奏本州威遠鋪舊州勝閭三處博買鋪乃本州極
邊非水陸衝要大商經由遞鋪過取錢物只作收稅以

卷一萬五千四百三十四

七

辦月額乞詔制總司將本州三博買鋪盡行廢罷俾邊
民各得營生遞司照得西和州管下三處博買鋪皆接
對境舊來蕃漢客旅於遞處私相博易物貨以致透漏
姦細無由覺察前宣撫吳璘於彼處差官措置博買鋪
以量收稅錢為名因而譏察姦細探報彼界事宜見今
勝閭鋪一年額錢一千道舊州鋪一年額錢九百九十一
道威遠鋪一年額錢一萬七百九十七道竊緣置立遞
鋪即不專為收稅今來王樸所陳廢罷難以施行外第
恐所收稅錢不能及額因緣多端𢧐辦或有未便其言
不可盡廢遞司乞於遞鋪稅額向上與減分之一惟邊
民不妨營生且不失向來譏察探報之意從之　十二

以疑誤

月十一日詔雪寒應臨安府城外客旅經過自今月十二日並免收稅五日毋得邀阻　十四年八月十二日淮西總領趙汝誼言今歲之旱惟江東兩浙為甚而江西湖南北兩淮其間多有熟處今誠能通諸路之米散之江浙則民得足食糴不騰貴然欲求諸路之米須免征稅而後可朝廷於征米之禁非不切至而州縣無過米船則別為名目謂之收力勝喝花稅花稅者以無為有力勝者計所載之多寡以稅其舟又額外增置場務初以收各州土產物貨住稅為額而剝致收客旅往來之稅如潭州之橋口隆興府之樵舍江州之湖口和州之施團以類是也行旅之人受重征苛取之苦無所赴

卷一萬五千四百三十四　八

愬乞行下江東西湖南北兩淮守臣許聽從客人興販米斛赴江浙旱傷州郡仍約束所在場務遇有米船經過不得以收力勝喝花稅為名時刻留滯如違許客人赴監司臺部越訴官吏重寘典憲若監司奉行弗虔許臺諫彈劾又沿江稅務壤地相接如自池州至建康府止七百餘里為場務者有六曰鴈汊曰池口曰施團曰蕪湖曰來石曰建康其間相去不滿五六里者又重以私稅商旅挾家貲以求贏而迺困於公家之征豈不可憐臣嘗求其故或謂鄉者罷諸軍回易故州郡得收本錢之稅以寬民力自後復創戶部給曆之說而諸軍裝發排筏皆執戶部曆頭以免商稅憑籍私販每得一曆

即為數歲循環之用且一排筏合納征稅何啻數十大賈今十倍而失州郡之常稅如之何而不虐於商人哉此增置稅場及收不應收稅之物多以為辭乞下諸州軍應有增置稅場去處盡令日下罷去戶部曆頭亦乞任給或不得已亦須立為定限止許用免一稅庶可以絕州郡之辭亦行法自近始之乞詔付給事中王信等看詳既而信等看詳乞行下諸路守臣遇客人興販米斛不得阻遏其免收力勝錢自有見行條法乞行下逐路監司約束所在場務遵守如有違戾及喝花稅為名故作留滯者客人赴監司臺部越訴重寘典憲其所陳池州至建康一帶稅場自有淳熙五年六月二十六日

卷一萬五千四百三十四　九

以後累降指揮乞下戶部契勘如係增置不合存留去處即令日下罷去其戶部所給曆頭令據戶部供稱係承特旨方與出給仍於公據開具所買名件段段照驗通放候足日繳部毀抹不應存留重疊使用今來所陳謂多憑籍私販每得一曆即為數歲循環之用上件情弊乞下戶部措置關防從之　十五年九月二十七日戶部言檢準淳熙十四年五月八日勑臣僚奏陳和州於施團稅場之外又復剏子務於朴木邀截民旅妨奪無為軍城下商稅蓋緣近年客船從柵江泥汊口入裏河經無為軍自裕溪出大江則不經由施團此和州所以在朴木柵稅與無為軍稅務地近相妨然大江與裏

河水道必由裕溪而今施團稅場即先在裕溪者爾今
若令河州將施團稅場依舊移置於裕溪故地則和州
商稅自無走失無爲軍稅務相去既遠則亦自無詞客
船或欲經行大江或欲避風濤之險而入裏河各適其
便可也都省批下淮西安撫司委官相視繪圖本指
定利害具申其淮西安撫轉運司尋委安豐軍六安縣
主簿馬晞驥前去和州無爲軍管下相視乞寢罷朴木
廢施團而回裕溪再送安撫司廬州兩簽聽官同共看
詳據安撫司恭議元巖之等廬州通判莫洸等申詳主
簿馬晞驥所定和州朴木事委是詳備但馬晞驥欲令
和州移施團稅務於裕溪張運使沙雖在裕溪之下正

緣裕溪江面闊約十餘里客舟重載由江南岸拋過裕
溪投稅客人利害甚重決不肯絕江使客人肯絕江來
裕溪却自裕溪過江南其舟橫絕大江不可直過必須
拋下十餘里正爲張運使沙阻隔此和州稅場以此收
稅不行遂移上施團豈有不便而移置今欲使之復移
裕溪之理其爲利害甚明況和州之較計稅入想非得
已今日無爲軍之與和州爭者止以朴木朴木去施團
與和州地里俱遠雖曰驗施團關引其寔有礙近降指
揮自合住罷所有馬晞驥所定欲令和州移施團稅場
於裕溪合作和州從使回申本部承準都督指揮行下
淮西安撫轉運司取會和州委自逐司契勘經久可行

兩州各無爭執保明供申淮西安撫轉運司申尋施行
援和州申照應本管下沿江西来沙稅務先移置裕溪
河口緣爲江道生沙冬月淺澁春夏水泛江面闊遠水
勢湍急難泊舟船昨因何喻義等經州陳乞申獲聖旨
於淳熙五年內移置施團自近年以來隣郡無爲運平
空於施團向上地名泥汊河口離城九十里發關引攔
稅及往向沿江口岸招誘長江客船入裏河迂曲經由
無爲軍城䌷行收稅庇護客船從施團背後取裕溪河
口出江解瞞施團遮於課利向曾申明上司委朴木河
檢察銅錢官就辨驗施團稅務納稅關引如無關引即
是瞞稅務要客人通知元不曾收納分文稅錢今準前

項指揮即已行下朴木檢察銅錢官照會約束施行所
是移置施團正緣裕溪江面闊遠委是難以復移今来
本州既罷朴木拘檢關引其無爲軍不應仍舊於泥汊
河口及沿江口岸招誘江行客船迂入裏河䌷收客稅
亦合住罷遂行逐司契勘得和州前項所申委是經久
可行本部乞下淮西安撫轉運司仰從所申事理施行
弁和州無爲軍準此從之　以上孝宗會要　淳熙十六
年閏五月十四日詔恭州三縣管下雙石安仁石英藍
溪董伏含谷多昆僰溪八市泥埧太洞新興二鎮十處
稅場盡行住罷　以守臣宋南強言皆是鄉村豪民買撲
拘收稅錢稅以擾民故也　紹熙元年二月二十三日詔

省罷楚州北神鎮稅務所有長河客船物貨令於在城
都省務拘稅其鎮官仍舊差注管幹烟火酒務職事以
淮東安撫漕臣言北神鎮柴綱船以採滷為名往往夾
帶違禁之物過界官中利於稅錢只在草布之屬收稅
窃慮引惹事故有是命　十一月三十日詔令後鋪戶
合稅物貨照自來則例回稅不得巧作名色欺詐騷擾
令臨安府禁止如於例外多收頭子錢許民戶越訴將
犯人重作施行仍將私名欄頭等人并比稅歷並與除
去　二年正月二十三日臣僚言乞下二廣諸州除罷
虛市收稅詔本路轉運司措置省罷以二廣虛市初非
省額坊場皆是鄉村自為聚落從豪戶買撲歲納官司
卷一萬五千四百三十四　十二
不過百十緡故也　四月二十四日池州言本州諸縣
去秋閱遭旱傷窃慮城下池口兩稅務收稅稍重遂將
則例以三分為率鐫減一分其日解稅額亦已照減除
豁分數從之　三年三月十二日詔雅州三縣管下始
陽金沙兩鎮思經鋪軍領靈關丑鎮稅場盡行住罷以
本州言皆係豪民買撲重為民害故也　四年三月四
日臨安府言餘杭富陽兩縣稅務比他縣課額素重將
村落土產竹木等不到務之物抑令鄉民遷認稅錢重
為民患令乞自紹興四年為始將兩縣務稅額內富陽
縣歲趁五萬六千餘貫通減七千貫餘杭縣歲趁四萬
四千餘貫通減五千貫下兩縣稅務不得出違五里之限

邀攔稅物及不得以鄉村土產不到務之物以鈞稅為
名措取稅錢許被擾人赴府陳訴追究得實專欄決配
監官按劾從之以上光宗會要慶元元年正月五日詔
訪聞京西六郡財計不足州縣利於收稅將客販違禁
之物陰行透漏可令檢照淳熙六年三月詔書通融補助
條具聞奏今後嚴行體訪稍有違犯即行按舉當寘典
憲仍令御史臺覺察　十九日尚書省言紹熙五年七
月指揮令沿流州縣關津稅務如遇客船販到米斛與
依條免稅仍免納力勝錢即不得別作名色妄有邀阻
如有違戾仰逐路監司嚴切根究施行仍許客人越訴
今聞州縣惟以多收課利為急致見責辦場務非理邀
卷一萬五千四百三十四　十三
阻過數重征理合申嚴約束日後如有違戾定將守臣
當職監官一例取旨重行責罰從之　四月十七日詔
諸路應干產牛地分除覺察盜販過淮依已降指揮施
行外自餘商旅興販自淮而南者聽其往來勿得阻節
如有違戾提刑司按劾以聞必寘之罰以臣僚言淮浙
耕牛絕少而官吏憚遠漏坐讙將興販者例皆阻抑故
有是詔　四年四月十一日詔湖州四安稅務住罷將
本鎮坊改作四安酒務以守臣張震言本州上供窠名
全籍酒稅向自住罷纂節商稅課額虧損委難支吾稅
務月額共九百貫文後因收趁不敷申明減發每月止
趁四百二十餘貫緣場務只知極力趁辦不免重征故

有是詔　八月二十九日臣僚言沿江稅場如江州蘄
口蕪湖以至池州真州皆有岸夾依泊客舟惟黃州稅
場正在大江之側每遇風濤舟船傾側常有飄散之憂
近歲守臣嘗闢（開）新澳以便民旅尚有六百八十丈不曾
開通乞令本州相度措置於農隙用工開浚寔為商旅
永久之利從之　五年四月二十九日詔州郡應客旅
物貨赴務投稅外聽從便貨賣不得截留收買如違重
寘典憲以臣僚言關津場務惟督訊証不應官府之有
需竟留物貨而拘買名為支錢紙為文具故有是詔
八月十四日廣東轉運司言近承臣僚奏乞將二廣墟
市不得收稅許從民便照得本司當來相度舊管墟市
卷一萬五千四百三十四　吉
一百一處減罷二十一處外今存留八十處即非近行
創置係是古來為額所收歲課皆是籍定之數兼與其
他州縣創定征收事體不同乞照應見行常平條法存
留從之先是四月六日右正言陳自強乞下二廣提刑
司除州縣場務差官去處外其餘村疃聚落應有墟市
許民間從便交易不得收稅至是有請　十一月十六
日臣僚言廣東西去朝廷遠民有杭米柴薪一例收稅
民食貴米用貴柴被害之甚乞專委漕司嚴立版榜於
逐州場務稅亭曉示庶使客旅明知柴米不稅或別作
名色收稅許經漕司投訴以憑申奏作違制論從之
六年三月二十四日詔成都府路麻布六稅之額止收

麻皮及成兩色稅外其麻種麻枝麻緝麻紗四色並與
蠲免仍令所修立成法其餘諸路州縣稅務一體施行
仰轉運司常切覺察以臣僚言西蜀田中所產紵麻終
年辛勤至乎成布一匹所直不過交子六七分凡六經
稅而官吏牙儈多端侵刻乞與蠲免少寬民力故有是
詔　四月八日詔建寧府建陽縣後山并崇安縣黃亭
稅務並住罷今後不許復置以守臣傅伯壽言紹興淳
熙間已降指揮住罷後來失於契勘具申存留今緣兩
務專攔等人各係游手無圖之輩所差官多係權攝暫
罷不常全無禁約肆行尅剝故有是詔　九日兩浙轉
運司言準都省劄子據湖州申乞復置湖州永壽東遷
卷一萬五千四百三十五　圭
大錢璉市五處纂節發引本司已委官究實遍詣舊發
引等處各有父老陳詞云日前存置纂節之時城市賣
買駢集細民可以營求客旅商稅並無透漏自住罷之
後豪彊占霸招接客貨以致市井蕭條暗失稅課今來
仍舊復置商賈物貨既有纂節發引投稅于官元額不
致虧損農田鄉民各無被害從之先是三年閏六月臣
僚乞照祖宗成法盡行住罷近緣有虧官賦故從其請
五月七日中書門下省言臨安府城內諸行鋪戶買
賣金銀匹帛之類如係將帶出門首自合於都稅務回
納稅錢訪聞欄頭書手等人與鋪戶有讎輒將不合收
稅物件妄作漏稅告首致被斷罪號令追賞妄實騷擾

之屬既名納官法不收稅訪閒州縣場務過有邀求紬絹則先收稅錢解斗則先收力勝錢上

詔令本府今後子細究寔如委是不合收稅即將首人重行斷罪　七月二十四日詔湖州施渚和平兩處鎮稅並行省罷以兩浙轉運司言兩鎮坐落僻靜山鄉商旅難得合干人假官課為名重征苛取故有是詔　嘉泰三年六月二十四日侍御史張澤言廣州八邑例不均稅每遇大礼年分於產錢上科數貰錢唯清遠一縣官既收稅故得免科近年復創行科率每產錢一文科二十七文滿貫科二十貫號田根錢差推鋒官兵追納所過雞犬一空又縣有原曰石梯石津在兩山閒田土狹隘人戶耕鑿方成聚落轉運司忽置二場名鄉豪買朴自置土典欄頭初無客旅但將人戶所收穀米麻豆

卷一萬五千四百三十四　十六

之屬一一征取之下本路提舉司體訪罷去以惠遠民從之　十一月十一日南郊赦文人戶輸納紬絹解斗斗則先收力勝錢循習成例重為民害仰轉運司嚴行禁戢仍許人戶越訴自後郊祀明堂赦並同　四年三月十日詔客人願往出產州軍興販竹木等物赴臨安府出賣仰於兩浙運司陳狀給據前去沿路州軍稅錢與免三分之一至臨安府城下者全免先是三月四夜居民遺火已降指揮官民戶興販及收買竹木等與免收稅兩月至是又申嚴行下　開禧元年六月二日廣東提舉陳杲言廣州肇慶府惠州共管墟稅八十三場皆係鄉村墟市苛征虐取甚至米粟亦且收錢甚為民

害近者臺臣奏罷石涕石津二場餘一場猶故臣計漕司每歲墟稅所入通不過二萬三千緡有奇而三郡之民均受其害若遽行廢罷則養兵之費無所措辦昨降指揮經畧司每歲於鹽船二司各撥一萬緡入樁積庫以備緩急乞移此以補漕計將八十一墟悉行廢罷從之　三年正月十六日詔以淮民屋宇生具多焚拆不存日令漸次歸業令浙西江東西安撫轉運司行下所部州軍多方勸諭客旅許令般運竹木於兩淮州縣販賣特免沿路抽稅　嘉定二年九月十日明堂赦文淮民乍離兵革飢饉荐臻全藉客人運到米麥及竹木等為續食營造之計訪聞所過州縣暴征苛取遂致商賈

卷一萬五千四百三十四　十七

不行自今客舟如往兩淮興販所過場務米麥不得收稅所帶竹木與免抽解仍不得巧作名色多取稅錢　五年郊祀赦文及於荊襄　五年四月二十四日臣僚言廣中諸郡無名場務在在有之若循之剎頭梅之梅溪皆深村小路略通民旅私立關津公行收稅所差罷吏姦胥畧無顧藉緡錢斗粟菜茹束薪悉令輸稅空身行旅白取百金紆路曲徑指為透漏官吏利其所入悉散施行抽分給賞斷罪倍輸至有紬載而來罄囊而歸者且剎頭一津前此憲司已行蠲去今聞又漸復舊乞令廣東諸監司痛行革去違者重行鐫責當行吏編配詔令廣東諸司制具各州縣無名關津數目申尚書省

八月一日監察御史石宗萬言州郡商稅經費之所繇
出惟賴富商大賈趍辦課利今沿江場務所至蕭條較
之往年所收十不及四五推原其繇皆士大夫之貪黷者
為之巨艘西下舳艫相銜捆載客貨安然如山問之則
無非士大夫之舟也或自地所攬載至夔門易舟某月某
日有某人出蜀商旅探伺爭為奔趍為士大夫者從而
要索重價一舟所獲數（錢）千緡經繇場務曲為覆護免稅
懷利謁（納）懇囑書撓往時不過蜀人之赴舉者為之既而
蜀士之游宦江湖召赴中都者或未免循習其後東南
士大夫之仕于蜀者歸遂亦多效之而把麾持節者抑
又甚焉乞下沿江州郡揭牓稅場嚴行戒戢如有違戾
卷一萬五千四百三十四　六八
許守臣察具職位姓名申尚書省及御史臺施行從之
十一月二十日南郊赦文諸路州縣稅場遇有客人
販到物貨投稅各有立定名件則例令闌專攔乞覓多
唱稅錢稍或不從苦楚留滯致令客人於私小路偷瞞
商稅其專攔又於五里外邀攔乞取委是違法仰逐路
轉運司行下所部州軍約束不得違戾如仍前減裂許
被害人越訴切待追究重作施行八年十二年十四年明
堂赦並同　六年十二月十一日權發遣衢州王棐言
管下有稅場二曰孔步鎮曰章戴場皆非朝廷差官處
考其廢置孔步鎮隸開化縣路通徽嚴開化僻左不於
此置征則綠溪之稅皆不入開化而月解青冊無所取

辦故孔步鎮認開化稅錢三分之一此於縣計誠有關
繫若章戴場又去州二十五里路通行在其於州之稅
務略不相關計其一歲所入共一千五百四十餘緡而
於州用公使者已八百四十餘緡供朝廷隸經總制者
止七百餘緡人言章戴場為一方百姓之害臣以為八
百餘千豈不足以少裨郡計然苟益於民安敢重惜況
其間二百三十餘緡又屬之公使此特在郡守之節用
耳若朝廷視三數百千何啻鴻毛故不若罷之便所有
朝廷錢每歲計三百八十三貫係作糴本錢解發本州
自當抱認那融起解從之　七年二月二十四日廣西
轉運判官兼提舉塩事陳孔碩言二廣州郡收販牛稅
卷一萬五千四百三十四　六九
其來久矣近因漕臣有請始蠲罷之然贛吉之民每遇
農畢即相約入南販牛謂之作冬初亦將些小土布前
去博買及至買得數牛聚得百十人則所過人牛盡驅
入隊南人力弱衆少則坐視而不敢問力彊衆多則互
相鬬殺開被官司捕去按法施行則是販牛者少因而
行劫者多近到廣西多言湖南北人來廣西販牛為害
有素自奏罷收稅之後來者愈多為患愈甚而州郡驟
失此項稅錢力遂困乏臣以為欲弭此害合令販牛之
人先經所屬州縣具同伴人數與買牛數若干量立節
限使互相委保判給公據而來內有一名行劫保人同
罪所過津務特與減半收稅批鑿公憑前路為照既不

絕其與販又可少殺其黨與剽劫之勢州郡復得向時
賦入則責之募足闕兵其又何辭乞下二廣監司州郡
許照舊例收牛稅外更加優恤施行送户部相度本部
照得漕臣所奏利害甚明委是權宜可行合下湖南北
江西二廣轉運司行下所屬州縣遵守仍約束所屬場
務不得循習重征如違追尋欄重作施行從之　八月
二十三日權發遣黄州孫杓言黄陂縣龍驤稅務一歲
版帳通計八千六百八十六貫七百五十九文亦為本
州利源之助日前率是按月解發近年以來拖下月解
錢一萬三千三百三十貫一百五十文到官訪問皆謂
此非一日之故即將舊欠盡行除豁今僅半年新者又
卷一萬五千四百三十四　六十
復拖下三十八十四貫五十文再三思之與其存虛名
而使之拖欠孰若減實額而責其必足遂於元額內先
與除減二千貫文今只為六千六百八十六貫七百五
十九文每月只解版帳錢五百五十七貫二百三十文
乞下本州永久遵守庶可杜日後再增之弊從之　八
年二月三日臣僚言遠方墟市之稅曩嘗禁戢州縣仍
令鄉民買撲其苛取反甚於州縣廣南販米之稅近已
蠲免今米雖不稅復計舟筏闊狭紐筭力勝錢其所收
仍重於稅米竹木例止抽分今抽分之外又以尺寸科
格而苛取之濱江之民檐負魚鮮止於村落博賣未嘗
經涉城市今有誣其漏稅而加之罪者農器舊不稅也

令與其他器用一例科稅火柴舊不稅也今南方遠郡
遇有溪薪販運每束例收五六錢販夫步檐之征稅止
於關津今越數里之外捉稅矣舟船運載之稅止於五
里今遍二三十里之外攔稅矣商販苦之要得不潛行
佚出以規苟免不惟官課日虧而津攔捕捉數十為群
操執利刃互相鬭奪殺傷人命獄訟滋蔓鮮不由此皆
緣州郡急於贏羨不以監官為可委信而專差猾吏為
之譏察輕重可否一出吏手為害有不可勝言者乞下
諸郡凡稅物巨細立定則例揭之版牓仍於合攔稅之
地立定界至使之通知應諸州以人吏譏察場務悉行
罷去或有違戾當覺察以聞乞嚴行責罰從之　九年
卷一萬五千四百三十四　二十一
二月十二日詔令襄陽府將鄧城鎮稅廢罷仍舊為酒
罷務從本府選差官吏管幹吏部免行差注更不作闕
先是臣僚言竊見客旅自權場博易多經襄陽在城務
有稅鄧城酒務又有稅京西漕司通貨場相望鄧城鎮
無半里許又有是商賈往來不出襄陽境內二十里而
有三稅客旅誠何以堪乞下襄陽府特將鄧城鎮稅廢
罷依舊只為酒務尋下運司相度以鄧城鎮與通貨權
場共在一處不可不速行寢罷但本鎮所收歲解襄陽
府一萬九千三百二貫有奇解憲漕司通判廳二千七
百五十三貫五百一十三文上件所入皆係官兵支遣
之須措置一項可以補襄陽府并諸司指擬之數而後

可行又虔州抑配吏卒買銀之弊不可不為革絕又須
措置一項可以補貼買之數而後可行今乞將提舉司
每歲出賣鹽鈔一萬袋每袋增會子二十歲可得會子
二萬貫以填二項之額故有是命　十一年二月二十
五日詔省罷太平州城下稅務以知州吳柔勝言本州
不出八十里間凡三務場乞罷其一却將蕪湖汞石兩
處已增稅錢填補上項罷免額并下江東轉運司相度
請如其言故有是命　十三年九月十七日詔平江府
崑山縣黃姚顧逕稅場令吏部選差文臣有舉主無過
犯人充以臣僚言黃姚稅場係二廣福建溫台明越等
郡大商海船輻輳之地南擅澉浦華亭青龍江灣牙客

卷一萬五千四百三十四　二三

之利北兼顧逕雙浜王家橋南大場三槎浦沙逕沙頭
掘浦蕭逕新塘薛港陶港沿海之稅每月南貨商稅動
以萬計州郡去海既遠知縣有把此小課利餘盡歸
私家者乞將黃姚顧逕稅場令吏部選差文臣有舉主
闕陞廳正材幹之人充監稅令平江府則立稅額每月
課利專充椿積不許嘉定縣干預故有是命　十一月
二十七日詔官民戶興販及收買竹木磚瓦蘆箔等令
兩浙轉運司行下臨安府并出產及經由州軍與免抽
解收稅兩月仍劄下臨安府嚴立罪賞曉示行鋪戶並
不得高擡價值出賣如違仰本府密切覺察將犯入重
作斷治以是月二十六日臨安府君民遺漏從中書門

下省請也　十四年六月十六日德音赦文蘄黃州復
業人戶恐闕少竹木及蠶織農具耕牛斛斗如有人戶
置買并客旅般販前去貨賣者仰經所屬自陳即便給
據與免沿路及所至處抽稅半年關津不得邀阻如違
許被抑人陳訴　十五年十二月三日臣僚言郡縣征
場朝廷立官監臨可謂專也今在外邑者往往令宰兼
領蓋課額不登者郡必責縣以償補利源之廣者令必
規贏而顧為於是商賈病於重征郡縣曾不之恤而征
官則反安坐不用乞降睿旨今後諸郡分縣稅務專責
監官不許以令宰兼管措置從之　十七年三月十四
日臣僚奏湖州武康縣坐落山僻稅務租額全年計七

卷一萬五千四百三十四　二三

千三百六十五貫有畸今增作二萬三千七十七貫有
畸至嘉定十三年內課利不登縣申轉運司每月量減
二百貫然行之未幾復為郡守仍舊增發今雖邑宰白
州復依減發之數而猶趣辦不敷又烏青鎮地連三郡
河港支分物貨易於透漏稅務租額每日止四十三貫
自辛巳年間江淮流民避地稅物經過偶有增羨當時
守遂增至一百二十貫二百自後商旅不行課額日減
至淳熙十三年父老省部陳詞減作八十五貫八百有
畸今為定額積欠動數千貫未有一任能及額者嘗究
其故武康稅課舊在管下武都鄉十都驛路通徽川廣
客旅經從日夜絡繹嘉慶九年縣申上司於彼處發引

千一十二貫熙寧十年祖額四萬六千四百九十一貫一百五十四文買
撲一萬六千四百七十七貫七百一十文　洺州舊在城及肥鄉平恩曲
周臨洺雞澤縣北洺水永泰村清漳新安白家灘鎮十一務歲五萬八十
八百七十七貫熙寧十年祖額五萬三千五百四十四貫八百九十四文
買撲三千四百一十八貫五百三十六文　深州舊在城及安平武強饒
陽束鹿縣五務歲七萬九千四貫熙寧十年祖額六萬一千三百三十二
貫五百九十七文買撲五千八百八十三貫六百六十文　磁州舊在城
及原空陽邯鄲武安昭德縣固鎮觀臺村臺大趙二祖北陽邑城店十二務
歲四萬九千二百五十貫熙寧十年祖額六萬三千三百八十六貫八百
九十文買撲三千三百八十四貫四百二文　祁州舊在城及彭城深澤
縣三務歲三萬一千九百八十四貫熙寧十年祖額三萬四千五百九十
一貫七百二十三文買撲二千一百九十二貫四百九十六文　保州舊
在城一務歲四萬二百二十九貫熙寧十年祖額三萬三千二百六十貫
七十六文買撲二千七百二十六貫二百四十文　安肅軍舊在城一
務歲二萬二千五百七貫熙寧十年祖額二萬九千六貫七百二十八文
買撲三百一貫七百八十八文　趙州舊在城及臨城高邑柏鄉寧晉隆
卷一萬七千五百五十八
平棘贊皇縣七務歲五萬六千二百三貫熙寧十年祖額四萬四千三百一
十八貫六十八文買撲三千七百三十五貫三十六文。永寧州舊在城
及博野縣二務歲二萬一千一百六十二貫熙寧十年祖額三萬五千五
百五十一貫四百八十五文買撲三千二十二貫九百八十八文　廣信
軍舊在城一務歲二萬八千六百八十五貫熙寧十年祖額一萬六千五
百九十七貫七百九十文　順安軍舊在城及高陽縣歲萬四千四百七
貫熙寧十年祖額一萬一千四百五十四貫二百二十一文買撲一千一
百八貫六百四十一文　北平軍舊在城一務歲二萬一百六十八貫
併入定州　通利軍舊在城及黎陽衛縣李固苑橋洪門鎮六務歲三萬
一千五百五十二貫令廢　陝西路　永興軍　京兆府舊在城及臨潼
鄠醴泉武陽武功涇陽藍田興平高陵乾祐櫟陽縣粟邑靈口中橋鳴犢
渭橋毗沙秦渡臨涇義谷甘北甘河鎮二十三務歲二十八萬七千六百
四十一貫熙寧十年祖額二十六萬六千六百三十三貫三百七十三文
買撲二萬四千九百一十二貫八百八十三文銀三十一兩六錢　河中
府舊在城及猗氏龍門臨晉萬全永樂縣灣谷鎮七務歲八萬三千七百
一十一貫米六十六碩粟三十一碩熙寧十年祖額一萬三千六百九十

九貫八百三十四文買撲三萬九千二百三十七貫九百二十八文粟三
十一碩七斗　陝州舊在城及關鄉芮城湖城靈寶夏峽石陝縣曹張銀
冶集津三門耿馬曲沃平時十五務歲七萬五千五百九十五貫米八百
八十七碩熙寧十年祖額四萬一千八百二貫一百七十文買撲一萬五
千五百九貫三十九文白米七百二十三碩五斗五勝二合粟二十六碩
一斗六勝　延州舊在城及延水敷政豐林金明甘泉延川縣青化招安
石胡萬安寨青澗城十二務歲二十七萬一千四百六十貫熙寧十年祖
額九萬三千六百三貫三百八十四文買撲六千六百九十六貫九百九
文　同州舊在城及馮翊郃陽澄城白水夏陽韓城朝邑縣延祥寺前新
市鎮十一務歲八萬二千七百七十九貫銀二百三十五兩熙寧十年祖
額六萬七千五十七貫六百四十九文買撲一萬一千七百五十貫四百
二十五文銀一百八十四兩八錢粟二百四十六碩六斗七勝　華州舊
在城及下　華陰渭南蒲城縣赤水故市荆姚敷水關西鎮十務歲十萬
四千三百七十一貫熙寧十年祖額八萬一千二百七十三貫五百三十
文買撲一萬一千一百五十二貫七百八十九文　耀州舊在城及三原
雲陽美原縣黃保鎮五務歲八萬四十三百四十二貫熙寧十年祖額六
卷一萬七千五百五十八
萬九千五百五十九貫六百九十一文買撲一萬六千九百一十二貫九
百九十六文　邠州舊在城及宜祿三水定平縣龍泉鎮五務歲九萬一
千一百一十三貫熙寧十年祖額七萬二千九百七貫七百九十七文買
撲六千五十六貫四百文銀二十五兩二錢　鄜州舊在城及康定平洛
川三川直羅縣赤城鎮六務歲十二萬一千六百七十四貫熙寧祖額四
萬六千二百七十九貫五百八十一文買撲一千八百八十五貫七百四
十九文　解州舊在城及安邑聞喜縣東鎮四務歲三萬六千一百八十
八貫熙寧十年祖額四萬六百八十一貫九百二文買撲五千二百三十
三貫七百四文　慶州舊在城及淮安業樂景山華池合水鳳川司川平
戎鎮順城西谷東谷柔遠寨十三務歲十六萬三百四十一貫熙寧十年
祖額九萬五千三百六十九貫二百一十六文買撲八千二十九貫五百
六十文　隴州舊在城及純略盧民原空陽王城縣鍋治六務歲三萬六千
三百八十五文熙寧十年祖額三萬九千五百一十八貫一十六文買撲
三千三百一十五貫一百三十五文　商州舊在城及下津洛南縣採造
坑冶石界紅崖山小湖八務歲四萬五千八百七貫水銀六十二斤方木
五百五十條米四十碩熙寧十年祖額四萬二千四十九貫四百八十八

百五十貫七百四十文絹三十九疋二尺四寸　汝州舊在城及龍興魯
山襄城葉郟城汝墳穎橋鎮石塘河洛南十務歲四萬八千二百四十貫
熙寧十年祖額三萬六千二百七十六貫五百一十八文買撲一萬六千
五百四十一貫六百五十三文　信陽軍舊在城及羅山縣二務歲八十
五百八貫熙寧十年祖額一萬五千六百二十二貫一百四十五文買撲
五百貫三百五十三文　鄭州舊在城及原武滎陽新鄭滎澤縣楊橋郭
店陳橋鎮八務歲六萬七千六百九十二貫令廢　光化軍舊在城一務
歲三萬一千九百七十四貫令廢　滑州舊在城及韋城胙城靈河縣四
務歲三萬四千五百一十九貫令廢　河北路　東路　澶州舊在城及
德清軍觀城清豐臨河縣舊州王樓水北鎮東石九務歲七萬九千一百
八十七貫熙寧十年祖額八萬一千三百五十四貫四百八十七文買撲
一萬四百二貫二百七十九文　滄州舊在城及保順軍樂陵無棣饒安
南皮歸化臨津鹽山縣郭橋咸平馬逮保安馬明任河合寧通商朱堪趙
觀長蘆乾符鎮劉家口韋家莊屯莊二十三務歲十三萬二千二百四十
七貫絹五疋綿百兩熙寧十年祖額一十一萬九千九百貫二百一十六
文買撲一萬二千三百四十五貫九百四十六文　冀州舊在城及堂陽

卷一萬七千五百五十八

南宮修棗強武邑衡水縣新河劉國宗棗昌城長蘆李億來遠十四務歲
八萬五千六百六十一貫熙寧十年祖額七萬二千一百三十九貫九百
五十五文買撲四千貫四百六十文　瀛州舊在城及蕭寧縣樂壽景城
東城縣劉解永寧鎮七務歲六萬四千三百四十一貫熙寧十年祖額四
萬一千六百七十五貫五百四十二文買撲六千三百九貫五百七十文
博州舊在城及博平高唐明靈堂邑縣夾灘興利固河趙村廣平永安
鎮郭禮崔使杜郎店十四務歲八萬五千一十九貫熙寧十年祖額六萬
五千三百七十四貫六百七文買撲二萬六百七十二貫二百二文
州舊在城及陽信滴河縣沿風寬河歸仁太平新務西界桑樓脂角鎮七
里渡連多口十三務歲八萬一千二百四十六貫熙寧十年祖額九萬七
百八十一貫六百七十七文買撲四千六百六十四貫七百四十四文絹
二百五十四疋　莫州舊在城及任丘長豐鄚縣四務歲二萬二千四百
六十八貫熙寧十年祖額二萬五千九百九貫八十文買撲一千五百六
十一貫一百九十五文　雄州舊在城一務歲二萬三千八百二十七貫
熙寧十年祖額二萬二千三百一十八貫七十六文買撲四百六十二貫
六百三十六文　德州舊在城及將陵德平平原縣懷仁重興將枚藥家

水務安樂鄉代興橋王琮麋村安陵盤河鎮十六務歲九萬四千六百一
貫熙寧十年祖額七萬八千八百八十七貫七百八十四文買撲七千二
百五十五貫七百四十四文　濱州舊在城及招安縣安定東永河永豐
蒲臺寧海鎮三汊口八務歲五萬二千四百七十三貫絹二百六十二疋
熙寧十年祖額四萬三千四百七貫三百二十二文買撲一萬七千四百
五十一貫五百四十四文　霸州舊在城及太城縣文安萬春鎮四務歲
二萬四千五百三十六貫絲三十六兩熙寧十年祖額一萬八千九百一
十九貫五百九十八文買撲一千七百十八貫一百七十二文　恩州
舊在城及歷亭漳南武城饒陽甘陵鎮宗實保田樓寧化鎮阮村店十一
務歲六萬一千八百六貫熙寧十年祖額四萬九百四十九貫二百五十
三文買撲九千六百五貫二百二十六文　永靜軍舊在城及阜城縣新
高弓高仁高鎮表村六務歲三萬四千八十一貫熙寧十年祖額三萬九
千八百五貫二百七十五文買撲七千一百七十一貫二百五十六文
乾寧軍舊在城及范橋鎮歲二萬四千二百四十貫熙寧十年祖額一萬
六千九百八十二貫五十八文買撲二百二十四貫六百二十一文　信
安軍舊在城一務歲五千九百五十九貫熙寧十年祖額七千八百八十

卷一萬七千五百五十八

七貫五百五十四文買撲六十一貫八百七十三文　保安軍舊在城一
務歲六千六百六十七貫熙寧十年祖額六千四百四十九貫六百三十
二文　西路　真定府舊在城及天威軍獲鹿井陘欒城藁城行唐元氏
縣八務歲十三萬五千九百三十八貫熙寧十年祖額九萬五千四百四
十五貫二百二十文買撲九千二百八十七貫四百四十五文　相州舊
在城及陽陰永和臨漳鄴林慮縣天禧鎮七務歲五萬四百四十一貫熙
寧十年祖額四萬六千九百八十貫八百七十四文買撲四千二十五貫
五百八十四文　定州舊在城及新樂龍泉曲陽無極唐縣六務歲十二
萬六千三百五十三貫熙寧十年祖額一十萬七千九百八貫三百三十
六文買撲五千六百三十九貫八百四十四文　邢州舊在城及鉅鹿平
鄉內丘堯山龍岡河沙南和任縣綦村新店團城縣十二務歲六萬四千
六百八十三貫熙寧十年祖額六萬五千八百六十五貫四百一十文買
撲五千六百四十八貫五百二十文　懷州舊在城及武陟武德修武河
內縣青化宋郭萬善鎮尚鄉柏樹店十務歲四萬一千二百四十三貫熙
寧十年祖額三萬四千六百九十七貫七百二十四文買撲七十三貫三
百三十七文　衛州舊在城及共城新鄉獲嘉縣太學鎮五城歲四萬一

南京當是南路之誤

貫布千四百五十一端熙寧十年祖額三萬四千四百貫二百五十三文
買撲三千二十四貫八百二十八文布九百二十三端一丈四人　萊州
舊在城及萊陽膠水縣羅山鎮四務歲六萬一百一十五貫熙寧十年祖
額五萬一千九百三十一貫七百一十二文買撲三萬三千四百五十三
貫八十九文　濰州舊在城及昌邑昌樂縣三務歲四萬七千九十七貫
熙寧十年祖額五萬一千六百四十三貫四百五文買撲一千七百七十
七貫七百四文　淄州舊在城及鄒平長山高苑縣金嶺鎮巖趙口劉家
店七務歲五萬八千六百六十貫熙寧十年祖額七萬五千九百一十三
貫五百四十三文買撲四千八百二十貫一百一文　淮陽軍舊在城及
宿遷縣桃園魚溝鎮四務歲五萬二千五百八十貫熙寧十年祖額五萬
七百五十二貫一百五十三文買撲八千八十八貫八百文　西路　兖
州舊在城及太平仙源奉符萊蕪瑕丘龔丘泗水鄒縣九務歲六萬四千
九百九十六貫絲三百三十兩熙寧十年祖額三萬五千四十八貫九百
七十二文買撲三萬五千八百八貫三十七文　徐州舊在城及蕭彭城
滕豐沛縣利國監白土鎮七務歲十萬六百四十二貫熙寧十年祖額八
萬八千二百六十一貫一百九十四文買撲二萬四千二十一貫六百七

卷一萬七千五百五十八

十六文　曹州舊在城及冤句南華葉氏縣四務歲四萬三千九百一十
八貫熙寧十年祖額三萬八千九百九十一貫六百三文買撲三萬三千
七百六十六貫七百九十二文　鄆州舊在城及中都平陰壽張須城陽
穀東河縣景德但勸寧鄉竹口石横迎鸞界首澄空翔鸞安樂公乘麟臺
楊劉鎮滑家口關山禘二十一務歲十一萬五千三百三十三貫熙寧十
年祖額一十一萬二千六百四十八貫八百二十三文買撲三萬二千三
百一十八貫三百八十文　濟州舊在城及金鄉任城鄆城縣曾橋鎮呂
邑城六務歲六萬六千一百六十八貫絹一十二疋熙寧十年祖額六萬
一千九百二十三貫九百三十四文買撲一萬六千三百三十貫九十一
文　單州舊在城及成武縣黄隊魚臺鎮四務歲五萬四千一百貫熙寧
十年祖額三萬二千一百七十一貫三百八十四文買撲一萬六千三百
三十貫九十一文　濮州舊在城及雷澤臨濮范縣柏林安定永平臨黄
七務歲六萬六千四百三十五貫絹六百四十八疋熙寧十年祖額三萬
六千六十一貫四百二十八文買撲二萬八千五百八十六貫九百六十
文絹六百七十二疋　廣濟軍舊在城歲二萬二千七百三十五貫令廢
萊蕪監無定額　利國監無定額　京西路南京　襄州舊在城及鄧

城宜城中廬南彰縣牛首鎮樊村穀城八務歲六萬六千七百六十七貫
熙寧十年祖額九萬七千八十貫七十二文買撲八千六百六十三貫八
百六十四文　鄧州舊在城及南陽淅川内鄉縣諸陽硤石鸜鵒八務歲
八萬一千二百九十八貫絲三百九十七兩熙寧十年祖額八萬七千九
百二十六貫一百三十九文買撲八千六百一十四貫五百九十六文絲
四百二十六兩半　隨州舊在城及棗陽縣二務歲一萬八千三百一十
六貫熙寧十年祖額一萬九千六百六十四貫八百七十四文買撲二千
七十一貫五百三十六文　金州舊在城及麴務歲萬三千五百七十一
貫熙寧十年祖額一萬六千五百八貫八十八文買撲一千三百三十七
貫五百二十文　房州舊在城及房陵竹山縣三務歲七千五百五十貫
熙寧十年祖額一萬八千六百七十三貫六十一文買撲八百四十八貫
六百九十一文　均州舊在城及南門鄖鄉縣三務歲二萬四千七百五
十九貫熙寧十年祖額三萬二千七百七十三貫四百一十三文買撲二
千一百二十九貫九百一十文　郢州舊在城及涼山縣永清鎮三務歲
二萬三百四十八貫熙寧十年祖額二萬二千一百四十三貫六十九文
買撲七千四百五十七貫三百七十六文　唐州舊在城及方城湖陽比

卷一萬七千五百五十八

陽縣桐柏鎮五務歲二萬八千三百四貫熙寧十年祖額二萬六千五百
三十八貫三百三十五文買撲二千一百八十八貫一百四文　北路
許州舊在城及長葛臨潁陽翟許田郾城縣合流繁城椹澗駞口長葛新
寨鎮十二務歲十三萬一千八百三十二貫熙寧十年祖額八萬六千九
百七十五貫七百九十四文買撲二萬七千五百四十八貫四文　孟州
舊在城及汜水温河陰濟源縣五務歲五萬五千四百二貫熙寧十年祖
額七萬三千八百五十一貫七百六十四文買撲四千一百一十八貫九
百四十四文　蔡州舊在城及新蔡上蔡褒信遂平西川真陽確山汝陽
新息平輿縣王臺陽安吴城陳寨金鄉瓜波諸丁頴讓王務黄特射子鎮
二十二務歲八萬六千三百五十七貫熙寧十年祖額一十一萬九百一
十八貫三百七十五文買撲一萬二千七百一十二貫五百六十文絲五
百三十兩四錢絹一十三疋八寸　陳州舊在城及商水西華南頓項城
縣珍鬼鋪六務歲九萬七千八百三十八貫熙寧十年祖額七萬三千四
百一十七貫七十三文買撲九千三百八貫九百三十文一分　潁州舊
在城及沈丘萬壽縣界溝斤溝正陽灃口七務歲八萬三千四百六十二
貫熙寧十年祖額七萬五千八百一十二貫四百七十五文買撲七千七

招誘每有客販税物於則例上收一半民以為利自嘉定十一年内洪水衝損驛路更不前去發引上令上栢牙鋪等於本縣接界招誘收税其客人經取黄竹將村等處及崇仁鄉十字港通徹蘇常杭秀去處取道興販以致官課頓虧烏青鎮税始於界内趂市買鋪户運貨停轉運司約束不許於五里外攔税客旅乘此多行私港而本鎮鋪户運貨停塌於數里之外朝夕旋取以歸此場務所由敗壞歟之湖州管下縣鎮如德清縣日額止四十餘千新市鎮止十八千獨武康烏青税額仍舊日下煎熬乞下所屬詳議將二處祖額及續增數目斟酌蠲减立為定額庶幾商旅阜通課利易辦從之 以上寧宗會要

卷一萬五千四百三十六

宋會要 酒麴雜録

東京官造麴買於酒戶每歲舊四十七萬四千六百四十五貫熙寧十年三十五萬五千八百四貫九百二十文　開封府十五縣及赤倉道士八角橋陳橋諫寺靜封義聲建雄朱家曲靈館宋樓張橋馬欄橋蕭館圍城潘故濟陽萬勝鎮張三館三十五務每歲舊錢三十四萬四千四百八十四貫絲六千一百一十四兩絹八疋令二十一縣熙寧十年錢二十四萬五百五十八貫三百四十八文七分絲一千七十兩絹八疋一丈七尺七寸　西京官造麴如東京之制及永寧長水密新安緱氏鞏偃師壽安永安潁陽登封澠池福昌河清王屋白波彭婆伊闕三鄉府店員莊曲河二十三務歲十一萬四千一百九十五貫絹三十五疋熙寧十年祖額一十二萬八百四十八貫六百三十七文買撲二萬七千六百九十八貫五百一十文　南京官造麴如東京之制及楚丘穀熟寧陵虞城下邑柘城縣高辛會亭濟陽鎮九務歲七萬八千七百一十八貫熙寧十年在城賣麴三萬六百九十九貫二百一十七文寧陵縣官監一萬五千四百九十五貫一百四十九文諸縣買撲二萬六千一百三十二貫二百四文舊在城及臨清經城清平冠氏夏津宗城莘魏内黄洹水成安館陶南樂朝城永濟

卷一萬七千五百五十八

縣安賢定安普通桑橋淺口清水延安李固洺水博寧曹仁鎮二十七務歲十八萬四千七百九十貫熙寧十年祖額一十七萬四千二十六貫二百文買撲一萬八千三百九十一貫六十七文　京東路　東路　青州舊在城壽光臨淄千乘博興臨朐縣淳化博昌大王橋鎮猫兒渦十務歲九萬九千七百五十四貫熙寧十年祖額一十一萬三千五百七十二貫五百九十一文買撲一萬五百三十五貫六百四十文　密州舊在城及安丘高密縣信陽清洛場五務歲八萬六千一百五貫熙寧十年祖額九萬九千三百二十七貫九百三十三文買撲二千四百四十五貫八百六十六文　齊州舊在城及清平軍臨邑禹城長清縣龍山蕭安新安仁舊安仁新鎮新市明山聚鎮劉宏新孫耿曲堤鎮梨濟寨胡家港李家店歸蘇臨濟迴河濟河濼墻店胡家林二十六務歲十七萬三百六十六貫絹二十二疋熙寧十年祖額二十一萬一千六百六十四貫六十二文買撲二萬四千二百二十二貫五百九十一文　沂州舊在城及沂水承貴新太縣蘭陵六務歲四萬八千八百一十六貫布百四十二端熙寧十年祖額七萬四千五百五貫七百五十四文買撲六千四百七十五貫七百六十六文布一百疋　登州舊在城及黄牟平縣三務歲九千七百五十六

文買撲二千一百九十九貫八百六十四文白米六十碩八斟四勝水銀
六十三斤一十三兩五分　寧州舊在城及襄樂真寧彭原縣山河蕙志
泥陽棗陽鎮八務歲六萬一千三百一十五貫熙寧十年祖額五萬八千
六百三十三貫六百六十五文買撲一千九百九十一貫三百七十三文
　坊州舊在城及宜君平縣北柘鎮四務歲四萬三千二百三十九貫熙
寧十年祖額三萬五千三十三貫九百一十二文買撲一千六百三貫九
十二文　丹州舊在城及雲巖汾川縣三務歲萬五千三百三貫熙寧十
年祖額一萬七百一十六貫九十一文買撲六百廿十六貫三百七十[illegible]
文　環州舊在城及馬嶺木波合道鎮大拔團堡安塞定邊平遠肅遠永
和烏崙寨社家掌保于慵佛堂谷小赤慼啟樓堡土侯谷榆構店馬家堡
盤蛇曲拔掌劉家晉家舊石昌二十五務歲七萬二千六百五十四貫熙
寧十年祖額三萬六千二百五十五貫九百二十六文買撲四千九百[illegible]
十八貫四百五十八文　保安軍舊在城及德靖寨二務歲六萬九千八
百四十二貫熙寧十年祖額二萬九千七百九十六貫一百七十八文買
撲二千七百一十五貫一百五十六文　秦鳳路　鳳翔府舊在城及寶
鷄麟遊普潤扶風盩厔岐山郿虢縣崔模馬磧模渠清平斜谷青秋法喜

卷一萬七千五百五十八

武功陽平岐陽洛谷礦十平故赤谷長青閣西鎮二十五務歲二十三萬
一千七百八十八貫熙寧十年祖額一十七萬三千四百四十三貫二百
七十六文買撲二萬二千九百九十二貫一百三十三文銀一千七百九
兩四錢粟一百碩　秦州舊在城及太平監清水長道縣鹽官白石丈萬
百家白沙鎮來遠伏羌三陽定西寧遠永寧安遠弓門寨十八務歲二十
四萬六百六十貫銀五十兩熙寧十年祖額二十一萬三千六百九十三
貫五百一十文買撲九千九百七十九貫八十文銀五十兩　渭州舊在
城及良原臺臺縣長武寨宮池百里鎮六務歲九萬三千一百三十二貫
熙寧十年祖額五萬九千四百四十六貫八十三文買撲六千七百六十
八貫四百六十文　熙州舊在城一務熙寧十年祖額二萬六千四百貫
買撲一千二十八貫一百三十七文　隴州舊在城及汧陽縣隴安吳山
縣銀冶務安仁定戎妙娥來遠鎮新關五里十務歲八萬四千六百一十
一貫銀五百四十四兩熙寧十年祖額六萬六千六十八貫五百三十一
文買撲一萬二千二百一十六貫三百四文銀一百八十四兩八錢　成
州舊在城及府城泥陽縣三務歲二萬九千四百四十六貫熙寧十年祖
額三萬七千九百六十七貫二百五十一文買撲一千五百九十八貫一

百文銀七十七兩八錢　鳳州舊在城及河池兩當廣鄉縣固鎮五務歲
四萬八千六百二十八貫銀四百一十二兩熙寧十年祖額五萬一千一
百六十八貫七百九文買撲四千九百三貫八百三十八文銀四百一十
二兩二錢　岷州熙寧十年祖額四萬三百三十六貫五十一文　州
舊在城及瀋原縣凡亭新寨籠竿城靜邊羊牧得勝姚家麻家堡酒務草
川安國鎮十三務歲二十三萬八千三百九十四貫熙寧十年祖額一十
三萬三千五百二十貫四百九十三文買撲七千六十五貫一百一十七
文　原州舊在城及彭陽開邊平安西壕新門截原羅徳新城柳泉臨涇
一十一務歲千三百五十四貫熙寧十年祖額五萬一百六十七貫四百
五十六文買撲四千八百八十七貫三百六十六文省白米二千一百二
十二碩二斟二勝　階州舊在城及福津將利縣角弓河口利亭鎮六務
歲五萬七千三百六十七貫熙寧十年祖額二萬六千七百八十三貫一
百四十文買撲四千七百六十七貫四百一十二文　河州熙寧十年
未立額　鎮戎軍舊在城及東山乾興三川天聖寨彭陽城六務歲十萬
二千四百四十一貫熙寧十年祖額二萬二百二十六貫九百五十七文
買撲一萬九千七百五十六貫四百九十八文　德順軍　熙寧十年祖

卷一萬七千五百五十八

額六萬九千三百九貫五百六十七文買撲一萬七千七百七十三貫六
百九十二文　通遠軍熙寧十年祖額七萬七千三十貫五百五十文買
撲一萬六千六百貫六百一十六文　乾州舊在城及永壽好畤麻亭縣
薛祿馮氏鎮常寧寨七務歲三萬七千八百六十二貫今廢　儀州舊在
城及崇信縣西赤城黃河石叢河永安鎮制勝關七務歲八萬九千八百
四十二貫銀十兩今廢　慶成軍舊在城及北鄉鎮胡壁堡三務歲八千
五百四十七貫米一百八十六石今隸河中府　康定軍係鄜州　沙苑
監無定額　開寶監舊在城及務歲一千七百九十七貫今比較內不開
太平監無定額　司竹監無定額　河東路　太原府舊在城及徐溝
平晉祈文水清原太谷壽陽五交城縣百井寨團柏十二務歲十二萬二
千八十五貫熙寧十年祖額一十萬九千三百三十四貫二百八文買撲
一萬四千二百三十貫三百一十五文　潞州舊在城及上黨壺關長子
屯留潞城襄垣黎城涉縣故縣十務歲萬七千五十一貫熙寧十年祖額
四萬六千三百五十二貫九百六十九文買撲八千九百一貫五百四文
　晉州舊在城及襄陵樊山和川洪洞神山汾西臨汾霍邑趙城岳陽縣
冀氏十二務歲六萬一千三百一十六貫熙寧十年祖額六萬五千四百

四十貫五百六十七文買撲一萬一百三十六貫一百四十文　府州舊在城一務歲二萬六千五百五十二貫熙寧十年祖額買撲二千三百四十七貫六百文　麟州熙寧十年無祖額買撲二千一百八十六貫　絳州舊在城及垣曲曲沃翼城稷山太平絳州澤掌八務歲五萬八千六百四十五貫熙寧十年祖額六萬二千三百八貫六百六十三文買撲三千三百六十六貫四百二十七文　代州舊在城及寶興軍崞繁時雁門縣興善鎮義興冶七務歲萬九千四百三十三貫熙寧十年祖額四萬五千六百八十二貫六百七十一文買撲三千九百五十六貫四文　隰州舊在城及永和大寧石樓溫泉蒲縣永和上平關八務歲五萬一千一百二十一貫熙寧十年祖額四萬四百八十貫七百三文買撲四千四百三十三貫一百三十六文　忻州舊在城及忻口寨二務歲三萬二百一十七貫熙寧十年祖額一萬九千四百九十六貫四百七十二文買撲二十二百七十二貫二百三十七文　汾州舊在城及平遠介休縣洪山寺四務歲六萬四千八百八十貫熙寧十年祖額五萬九千八百一十二貫二百一十文買撲六千四百六十貫一百六十一文　澤州舊在城及高平沁水陵川陽城縣五務歲二萬五千一百七十四貫熙寧十年祖額二萬九

卷一萬七千五百五十八

千四百九十五貫一百九十八文買撲五千一百五十六貫三百九十三文　憲州舊在城一務歲萬四千五百四十八貫熙寧十年祖額五千四百六十八貫七百六十二文買撲六百七貫二百文　嵐州舊在城及樓煩合河縣飛鳶堡寨四務歲三萬一千五百九貫熙寧十年祖額二萬四千一百二十四貫二百五十文買撲一千四百三十五貫七百八十四文　石州舊在城及伏落津二務歲四萬七千六百五十四貫熙寧十年祖額三萬二千六百二十九貫三百四十五文買撲二千二百二十四貫九百五十一文　豐州舊在城熙寧十年無祖額買撲三百四十貫八十文　威勝軍舊在城及沁源武鄉南關店新城綿上城西陽八務歲二萬四千三百六十五貫熙寧十年祖額二萬三千二百七十貫五百七十文買撲三千五百七十八貫四百四十六文　平定軍舊在城及承天軍樂平縣東百井寨四務歲萬六千三百八十二貫熙寧十年祖額三萬四百七十四貫四百四十九文買撲一千四百九十四貫二百四十九文　寧化軍舊在城一務歲九千五百貫熙寧十年祖額八千五百三十四貫九百四十二文買撲三百二十貫三百六十四文　火山軍舊在城一務歲一千六十六貫熙寧十年祖額七千六百四十四貫一百六十二文買撲三

百二十貫九百九十二文　保德軍舊在城一務歲三萬六千八百九十二貫熙寧十年祖額七千一百三十七貫四百二十九文買撲九百九貫　岢嵐軍舊在城及水谷鎮三務歲三萬七千五百六十九貫熙寧十年祖額一萬六千一百八十貫八百八十五文買撲五百七十五貫八百五十六文　慈州舊在城及文城鄉寧縣三務歲一萬七千三百一十九貫令廢　遼州舊在城及平城縣榆社縣三務歲萬二十八百六貫令廢　大通監無定額　淮南路　東路　揚州舊在城及天長縣銅城邵伯石梁宜陵大儀瓜州板橋鎮九務歲八萬二千一十六貫熙寧十年祖額八萬一千一百二十貫五百七十五文買撲三萬四千六百一十六貫七十六文　亳州舊在城及城父蒙城酇鹿邑永城衛真縣谷陽鄲城蒙館酇陽保安鎮十二務歲十一萬七千六十八貫熙寧十年祖額七萬三千八百六貫一百二十九文買撲二萬四千三百一十二文　宿州舊在城及臨渙虹蘄縣西故柳子零壁荆山新馬桐墟靜安蘄澤通海十三務歲十一萬九千二百二十八貫熙寧十年祖額九萬八千七百二十貫八百四十一文買撲二萬八千七百六十六貫六百一十六文　楚州舊在城及山陽寶應鹽城縣北神鎮五務歲十三萬五千二百二十一貫熙寧十年

卷一萬七千五百五十八

祖額一十三萬四千四十貫二百三文買撲三萬二百一十九貫五百八十二文　海州舊在城及懷仁沭陽縣臨洪鎮四務歲四萬五千二百五十二貫熙寧十年祖額四萬八千二百二十一貫五百六十四文買撲六千三百二十七貫七百五十六文　泰州舊在城及興化泰興如皋縣陵亭柴墟西溪七務歲八萬三千三百八十八貫熙寧十年祖額八萬七千二百三十六貫四百六文買撲一萬四千六百一十四貫五十六文　泗州舊在城及徐城招信縣青陽河南三十里木場七務歲十二萬七十二百貫熙寧十年祖額七萬二千四百四十五貫九百六十八文買撲五千六百五十六貫六百七十八文　滁州舊在城及全椒來安縣白塔水口六文鎮六務歲二萬六千三百五十九貫熙寧十年祖額一萬五千七百九貫二百九十六文買撲一萬一千七百二十二貫七百一十三文　真州舊在城及六合縣瓜州盛化鎮四務歲十一萬九百四十一貫熙寧十年祖額一千二百九十八貫一百一十六文買撲一萬三百八十一貫五百四十八文　通州舊在城及海門縣崇明石港四務歲三萬八千五百四十七貫熙寧十年祖額四萬六千七十二貫八百五十八文買撲三十七百三十貫二百七十二文　西路　壽州舊在城及壽春安豐霍丘六

安縣郭界步關順口霍山隱賢戎家步南盧史源謝步麻步來遠十六務歲九萬九千五百四十八貫熙寧十年祖額三萬一千八百八十五貫一百八十文買撲四萬六千六百三十九貫五百九十六文　廬州舊在城及舒城慎縣三務歲八萬四千六百五十七貫熙寧十年祖額五萬七千六百五貫九百一十九文買撲一萬三千一百一十九貫五百四十文　蘄州舊在城及梅蘄水廣濟縣馬嶺蘄口王祺石橋八務歲四萬四千二百一十六貫熙寧十年祖額二萬九千五百四十九貫九百一文買撲六千四十六貫六百四十七文　和州舊在城及歷陽烏江含山縣柵江五務歲三萬六千五百五十三貫熙寧十年祖額一百二十五貫五百八十二文買撲二萬五千九百八十九貫九十七文　舒州舊在城及桐城望江宿松太湖縣石井長風沙馬頭龍溪揚溪銅山龍山永安皖口孔城石溪盤小許公雙港十九務歲五萬三千五百八十九貫熙寧十年祖額一萬七千三百五十三貫三百文買撲三萬六千一百四十五貫四百九十三文　濠州舊在城及鍾離定遠縣藕塘長樂永安鎮七務歲二萬四千八百七十一貫絹二千三百九十一疋絲八兩熙寧十年祖額一萬七千一百八十貫一百九文買撲七千八百六十五貫九百三十九文一廣二

毫絹四千四百五十八疋三尺二寸絲三十六兩　光州舊在城及定城光山仙居固始縣商城朱皐七務歲三萬九千九百七十九貫熙寧十年祖額四萬四百三十四貫八百七十四文買撲四千八百二十八貫四百一十三文　黄州舊在城及黄陂麻城岐亭久長團風陽邏故縣八務歲三萬二千八百八十一貫熙寧十年祖額三萬二千九百八十二貫九百七文買撲八千一十八貫七十七文　無為軍舊在城及巢廬江縣石牌豫濞崑山羅陽襄安鑿山武亭十務歲五萬三千一百五十二貫熙寧十年祖額一萬四千七百七十一貫一百九十四文買撲一萬七千九百一十五貫四百七十三文　漣水軍舊在城一務歲四萬五千九百八十七貫令廢　高郵軍舊在城及三墊北河鎮三務歲四萬三千七十九貫令廢

兩浙路　杭州舊在城及餘杭鹽官富陽新城南新於潛昌化臨安湯村十務歲三十六萬三百四十六貫熙寧十年祖額四十七萬七十三百二十一貫一百二十六文買撲二萬二千二十六貫一百九十二文　越州舊在城及上虞餘姚蕭山諸暨山陰剡縣臨浦西興漁浦錆十務歲十二萬三千二百九十七貫熙寧十年祖額八萬三千七百七貫九十八文買撲三萬三千三百八十五貫四十四文　蘇州舊在城及常熟吳江

縣福山慶安木續崑山鎮七務歲二十八萬三千二百五十一貫熙寧十年祖額二十六萬三千一百二十二貫二百二十三文買撲二萬四千二百六十二貫五百四十八文　潤州舊在城及丹徒縣金壇延陵縣丁角呂城鎮六務歲六萬七千三百二十三貫熙寧十年祖額六萬六千六百七十貫四百一十三文買撲二萬七千五百五十九貫二百二十七文　湖州舊在城及長興烏城歸安安吉德清武康縣六務歲十萬九千六百五十七貫熙寧十年祖額九萬八千三百六十九貫六百七十六文買撲三萬七千七百四十七貫八百八十四文　婺州舊在城及東陽義烏永康武義浦江蘭溪縣李溪孝順鎮九務歲十二萬四百一十二貫熙寧十年祖額六萬四千五十四貫七百一文買撲二萬九千三百七十三貫九百九文　明州舊在城及奉化慈溪定海縣小溪鎮五務歲八萬三千一百五十四貫熙寧十年祖額八萬三千一百一十六貫三百九十五文買撲二萬五千四百七十九貫一百九十五文　常州舊在城及宜興錫牛望亭拯萬歲湖汲青城橫林張渚鎮九務歲十萬五千八百六十五貫熙寧十年祖額一十二萬一百三十六貫七百二文買撲二萬七千一百二十九貫八百一十七文　溫州舊在城及永安樂清平陽瑞安縣柳市前倉鎮

七務歲五萬七百四十八貫熙寧十年祖額六萬八千五百二十六貫五十二文買撲一萬二千七百八十二貫三百八十三文　台州舊在城及黄岩臨海天台仙居縣諸路橋鎮港頭八務歲八萬一千二百九十八貫熙寧十年祖額六萬九千四十四貫七百五十三文買撲二千一百三貫三百三文　處州舊在城及遂昌青田龍泉縉雲松陽縣九龍利山鎮八務歲萬一千一百六十九貫熙寧十年祖額二萬七千七百五十二貫五百八十六文買撲九千四百四十三貫二百九十二文　衢州舊在城及開化龍遊南鎮四務歲九萬七百九十貫熙寧十年祖額四萬九千三百五十一貫九百四十六文買撲一萬七千四百八十四貫五百八十六文　睦州舊在城及桐廬清溪遂安建德壽昌分水縣七務歲五萬一千三百二十一貫熙寧十年祖額三萬九千一百七十三貫八百六十文買撲一萬六百四十六貫六百四十七文　秀州舊在城及青龍華亭魏塘大盈徐沙石門半進海鹽上海趙屯澉口嵩子廣武州錢崇德漢盤十七務歲十萬四千九百五十二貫熙寧十年祖額一十一萬七千八百九貫七十三文買撲一萬五千八百八十一貫六百文　江陰軍舊在城及利城蔡村三務歲三萬六千六百二十二貫令廢

江南路　東路　江陰府舊

在城及溧水溧陽白容下蜀社渚六務歲十萬五千六百五十九貫熙寧
十年祖額一十二萬二千四十九貫九百三十文買撲一萬七千五百一
十三貫二十七文九分　宣州舊在城及南陵寧國旌德涇縣社邊水陽
鎮七務歲八萬五千六百二十一貫熙寧十年祖額七萬七千四十六貫
九百七十一文買撲一萬一千四百八十四貫九百八十四文　歙州舊
在城休寧績溪祈門婺源黟縣六務歲二萬九千八百七貫熙寧十年祖
額二萬一千六百一十四貫五百五十四文買撲一千八百六十三貫二
百八十三文　江州舊在城及德化彭澤德安瑞昌湖口縣六務歲三萬
六千一百八十九貫熙寧十年祖額三萬八千三貫九十六文　池州舊
在城及青陽建得銅陵縣大通順安鎮六務歲二萬九千九百二貫熙寧
十年祖額三萬六千八百八十六貫八百三十九文買撲八千三百九十
四貫七百七十六文　饒州舊在城及餘干浮梁樂平德興安仁興利場
石頭景德鎮九務歲四萬七千五百九十七貫熙寧十年祖額二萬八千
五百四十三貫一百七十四文買撲三千一百三十貫四百六十文金六
十二兩七錢九分三釐六毫　信州舊在城及弋陽玉山貴溪鉛山寶豐
縣永豐汭口鎮八務歲五萬一千七百五十八貫熙寧十年祖額六萬一

千二百一十八貫八百一十七文買撲一千四百二十四貫二百六十八
文　太平州舊在城及蕪湖繁昌縣荻港鎮下峩橋慈湖六務歲三萬七
千一百七十八貫熙寧十年祖額四萬二千八百一十七貫七百五十二
文買撲一千五百九十二貫二百六十六文鐵七千五百斤　南康軍舊
在城及都昌建昌縣河湖鎮四務歲二萬五千四百二十二貫熙寧十年
祖額三萬二千四十四貫二百六十八文買撲九百九十九貫五百四文
廣德軍舊在城及建平縣二務歲二萬六千二百七十八貫熙寧十年
祖額二萬五千三十三貫六十六文　西路　洪州舊在城及新豐城分
寧武縣進賢士坊鎮七務歲四萬七千五百六十七貫熙寧十年祖額五
萬一千七百四貫三文買撲二千三百八十二貫二百六十四文　虔州
舊在城及義豐監安遠雩都虔化信豐龍南瑞金興國石城贑縣寶積銀
場十三務歲二萬四千五百六十貫熙寧十年祖額二萬六千三百九十
四貫五百二十三文買撲七百三十九貫九百九十二文　吉州舊在城
及廬陵太和安福永新龍泉吉水縣沙市報恩鎮九務歲五千三百三貫
熙寧十年祖額一萬八千二百一十五貫三百一十四文買撲一千七百
七十八貫七百六十文　袁州舊在城及分宜萍鄉萬載縣四務歲八千

八百六十四貫熙寧十年祖額一萬一千三百五十一貫七百文買撲二
千八百九十六貫四十八文　撫州舊在城一務歲萬二千八百二十六
貫熙寧十年祖額一萬九千三百五貫一十七文買撲一千七百三十六
貫六百七十文　筠州舊在城及上高新昌縣三務歲萬八千一十四貫
熙寧十年祖額一萬二千六百九十三貫六百四十二文買撲六百九十
二貫四百六十文　興國軍舊在城及大冶縣佛圖鎮三務歲三萬五千
一百一十九貫熙寧十年祖額二萬九千六百二十四貫五百七文南安
軍舊在城及南康縣二務歲六千五百二十二貫銀四十六兩熙寧十年
祖額四千一百六貫一百三十七文買撲一千七百四十六貫四百一十
九文銀四十六兩二錢　臨安軍舊在城及新除新喻縣三務歲一萬二
千五百七十貫熙寧十年祖額一萬二千二百四十五文買撲一千四百
四十六貫一百三十二文　建昌軍舊在城及南豐縣太平場三務歲萬
五千一百八十一貫熙寧十年祖額一萬三千五百四十二貫九百八十
八文買撲三百七十五貫八百八十一文　永平監無定額　荊湖路
南路　潭州舊在城及衡山湖陰湘鄉湘潭醴陵益陽攸縣八務歲六萬
七千六百二十五貫熙寧十年祖額七萬二千一十一貫九百五十七文

買撲八千三百三十一貫三百四十六文　衡州舊在城及耒陽安仁常
寧新城衡陽縣六務歲萬二百五十四貫銀二百七十二兩熙寧十年祖
額一萬六千九百六十五貫三百六文買撲三百三十五貫七百一文
道州舊在城一務歲二千三百七貫熙寧十年祖額五千四十九貫二百
八十三文　永州舊在城及祈縣東安縣三務歲九千一百三十三貫銀
六十一兩熙寧十年祖額一萬二千三百九十二貫一百八十六文買撲
三百三十六貫六百八十六文銀七十二兩　郴州舊在城一務歲三千
六百二十四貫熙寧十年祖額七千七百一十五貫七百七十五文買撲
八百七十五貫三百五十二文　邵州舊在城及武岡縣白沙寨二務歲
五千五百三十一貫熙寧十年祖額一萬一百四十一貫八百三十二文
買撲三百三貫四百五十六文　全州舊在城一務歲三千七百四十貫
熙寧十年祖額三千六百七十貫三十四文買撲一百四十一貫一十九
文　桂陽監舊在城及板源龍崗小白竹九鼎坑石筍坑六務歲四千九
十九貫熙寧十年祖額二千九百四十四貫二百五文買撲二百五十二
貫八百八十八文　北路　江陵府舊在城及石首建寧潛陽松滋公安
監利潛江縣藕池沙市沙㟁赤岸孱陵師子泉鎮十五務歲十萬六千貫

䌷百五十五疋絲千兩熙寧十年祖額一十四萬七千九百四十七貫八八六文買撲一萬八千一十七貫一百四十五文絹七十五疋二丈一尺絲六百六十七兩二分　鄂州舊在城及武昌崇陽嘉魚咸寧蒲圻金牛縣通城鎮八務歲六萬五千三百七十五貫熙寧十年祖額七萬九千二百八十三貫四十文買撲四千九百八十貫三百四十文　安州舊在城及應城雲夢孝感縣瀠河鎮五務歲三萬五千三百五十九貫絹二十九疋絲百兩熙寧十年祖額五萬四千一百七十三貫六百九十文買撲四千八百八十七貫五百七十六文絹十六疋絲一百兩　鼎州舊在城及桃源龍陽縣趙塘鎮高吳市五務歲五萬五千二百三十六貫銀百八十兩熙寧十年祖額四萬一百八十四貫八百五十八文買撲二千四百六十九貫一百二十八文銀一百八十兩　澧州舊在城及安鄉縣二務歲三萬六千九百九十三貫熙寧十年祖額四萬三千四百四十三貫四百七十九文買撲九百五貫六百九十七文　峽州舊在城一務歲八千八百一十九貫熙寧十年祖額一萬四千九百九十七貫三百六十文買撲六百三貫八百七十六文　岳州舊在城及臨湘縣閣子烏紗鎮四務歲三萬八千七百四十八貫熙寧十年祖額五萬七千三十貫一百九十七

文買撲二千七百七十五貫五百四十文絹四十疋　歸州舊在城一務歲九千二百八十一貫熙寧十年祖額八千九百六十二貫一百七十二文買撲一百七十五貫　辰州無定額　沅州無定額　靖州鹽無定額　漢陽軍舊在城及漢川縣下汊鎮三務歲二萬八千五百八十八貫今廢　荆門軍舊在城一務歲萬五百五十六貫今廢　成都府路　成都府舊在城及新繁新都雙流廣都犀浦郫縣浣花彌牟泡江慈此清流河屯王店雍店金節衡山木馬馮街井口安國洪道招攜義安瀘江小東陽靈泉洛帶二十八務歲四十三萬九千七百七十九貫熙寧十年祖額四萬四千二百八十六貫四百八十一文　眉州舊在城及彭山青神丹稜思蒙魚池石仏多悅龍安樂康永豐黄龍福化長泉賴毋東館十六務歲七萬二千五百二貫布千六百八十疋熙寧十年祖額七千二百六十六貫八百一十六文布一千六百八十疋　蜀州舊在城及新津江原永康縣新渠洞口方井新穿八務歲九萬九千四百二十一貫熙寧十年祖額一萬三千二百二十貫一百文　彭州舊在城及濛陽永昌縣永樂安德堋口木頭晉壽八務歲八萬六千三百八十三貫熙寧十年祖額一萬四千三百貫二百二十文　綿州舊在城及彰明羅江魏城西昌龍安神泉

鹽泉縣鍾陽奉濟慶興金山黄鹿龍門香溪十四務歲十一萬八千六百七貫熙寧十年祖額一萬九百二貫五百七十八文　漢州舊在城及綿竹什邡德陽縣晏誥鎮王村楊村馬脚石碑新邑略坪柏杜連山靈龕白堋高田吉陽清泥普潤十九務歲十七萬五千五百六十七貫熙寧十年祖額一萬七千五百五十七貫八十文　嘉州舊在城及夾江峩眉縣三務歲九萬二千三百二十五貫熙寧十年祖額九千二百八十二貫八百六十二文九分　邛州舊在城及依政火井蒲江安仁大邑思安沙渠後田頭泊平樂西界臨濮合水壽安永安故驛延貢夾門十九務歲十二萬八千八百五十四貫熙寧十年祖額一萬三千一百六貫二百二十文布三千七百八十疋　黎州舊無定額　雅州舊在城及名山百丈靈山滎經縣車領始陽七務歲九千四百六十二貫熙寧十年祖額九百四十六貫二百五十三文六分　茂州無定額　簡州舊在城及平泉縣湧泉甘泉乾封儒靈白馬飛鸞和興江南崇德永寧安仁懷仁太平十五務歲四萬二千二百二十貫熙寧十年祖額三千九百二十二貫九百七十一文六分　威州無定額　陵井監舊在監及貴平井研籍縣唐福賴鏡賴鵝新市始建高橋歸安永安三溪賴社石馬上平賴濩麗江米市賴王羅泉

二十務歲萬四千二百二十三貫熙寧十年祖額一千一百六十三貫八百九十六文五分六釐　永康軍舊在城及青城導江陶堋蒲村味江小唐興白江鎮八務歲萬九千二十六貫今廢　梓州路　梓州舊在城及射洪東關飛烏鹽亭中江通泉涪城縣張杷木池何店白馬新安石臼臨津新市銅山新井南明一十八務歲十三萬五千二百八十八貫熙寧十年祖額一萬三千五百一十七貫八百二十七文　遂州舊在城及長江蓬溪青石縣四務歲九萬三千九百二十二貫熙寧十年祖額九千四百五十四貫一百六十一文　果州舊在城及南充縣二務歲十萬二千五百八十四貫熙寧十年祖額一萬三千九十貫五百六文三文　資州舊在城及資陽内江龍水縣月山丹山賴盤銅鼓賴胥棠林南溪賴關銀山賴玭安仁白沙鎮十六務歲三萬九千八百六貫熙寧十年祖額四千五百六十一貫五十八文八毫　普州舊在城及安居樂至普康縣新舊龍臺茗山通賢瀘侯市韓的灘流水安喜井崇龕順合張東石湍永興永勝婆渝白富三會白崖史明龍山新龍歸永寧仁義固城仁風楊穀舊龍歸羅溪普慈清流羅楊仙小安流胡公井賴款高寨碑子崇儀賴如賞資永寧店四十三務歲二萬四千二百三十七貫熙寧十年祖額二千四百五

十四貫七百九十九文二分　昌州舊在城及大足昌元永川縣四務歲
萬一百五十一貫熙寧十年祖額一千一百六十二貫九百八十六文
戎州舊在城及發道南溪縣三務歲五百一十二貫熙寧十年無定額
瀘州熙寧十年祖額六千四百三十二貫七百五十二文原空
合州舊在城及巴川漢初赤水銅梁縣沙溪羊口新興安居九務歲八萬
八百三十七貫熙寧十年初額八千一百三十五貫四百九十四文
榮州舊在城及威遠公井資官應靈縣六務歲一萬五千四百四十九貫
熙寧十年祖額一千三百三十八貫三十八文　渠州舊在城一務歲二
萬四千二百一十貫熙寧十年祖額二千四百五十四貫七百一十二文
懷安軍舊在城及金堂縣古城牟池真多廬化三節三州常樂柏茂白茆
芘村十二務歲三萬七千九十三貫布四千四百二十足熙寧十年祖額
三千八百五十三貫九百九十七文六分布一千四百二十足　廣安軍
舊在城及岳池縣故縣三務歲二萬九千一百四貫熙寧十年祖額二千
九百一十四貫八百八十一文五分　富順監熙寧十年祖額一千二十
七貫五百文　利州路　興元府舊在城及褒城城固西縣柏樹長柳石
溪驛水圓融橋尹池桑林符李店界首鶴鳴仙源十八里蒋村保子白渠

甦石沙坡橋上元勾家店石羊移平柳家店板橋埍橋張家店梅子店董
村龍潭斯罕文川楊家鋪長木三十六務歲六萬七千八百貫熙寧十年
買撲九千三百六十貫四百五十一文　利州舊在城及綿谷東嘉昭化
平蜀葭萌縣六務歲萬九千七百四十三貫熙寧十年買撲一千九百八
十二貫二十八文　洋州舊在城及興道西鄉真符黥聖水五務歲萬五
千四百一十九貫熙寧十年買撲二千六十一貫四百二十四文八分
閬州舊在城及南部蒼溪新政奉國新井晉安岐忏縣彭城龍榮龍義耀
池恭思馬頭東垣南平富安金池泉會青山牟池普安重山長利龍延安
溪利溪普潤龍泉重錦龍山王井封山木奴玉山龍居西水金仙木頭永
安花林四十二務歲十萬一千九貫熙寧十年買撲九千一百九十五貫
六百六十五文一分　劍州舊在城及劍門關梓潼縣三務歲三萬六千
九百六十二貫熙寧十年買撲三千七百三十貫七百一十四文　巴州
舊在城及恩陽七盤曾口其章縣茶垣萬善嘉福茸山新興定寶赤石萬
春習善十四務歲七千四百七十貫熙寧十年買撲一千五十貫九百九
十二文銀一百二十六兩　文州舊在城一務歲六千四百四十三貫熙
寧十年買撲一千一百二十九貫二百七十六文　興州舊在城一務歲

萬八千三百二十貫熙寧十年買撲二千二百四十一貫二百六十四文
蓬州舊在城及蓬池儀隴蓬山營山伏虞良山縣七務歲萬三千七百九
十五貫熙寧十年買撲一千二百九十四貫九百六文二分　龍州舊在
城及清山縣都竹三歲歲三千七百四十二貫熙寧十年買撲三百五十
八貫八百五十七文　三泉縣一務歲萬二千三百一十一貫熙寧十年
買撲一千五百九十七貫五十六文　劍門關無定額　集州舊在城及
清化縣二務歲二千二百四十二貫令廢　壁州舊在城及符陽縣白石
縣三務歲千一百九貫令廢　夔州路　忠州舊在城一務歲千七百三
十六貫熙寧十年無額　萬州舊在城一務歲千三百四十七貫二百六
十九文　渝州舊在城及江津壁山巴縣四務歲千七百三十六貫熙寧
十年無額　大寧監舊在城一務歲四百二十一貫熙寧十年無額　夔
州　黔州　達州　開州　施州　涪州　雲安軍　梁山軍以上不榷
福建路　建州舊在城及浦城松溪關隸建陽崇安縣天受大挺鐵胡永
興大同山通德陽柳源坑十三務歲五萬四千四百四十八貫熙寧十年
祖額五萬六千九百八十四貫二百五十九文買撲九千一百九十三貫
七百二十八文　南劍州舊在城及尤溪將樂順昌沙縣王豐杜唐妻杉

安福石牌葉洋龍蓬龍泉梅宮小安仁楊興新豐安仁場十五務歲萬五
千九百七十一貫熙寧十年無額　邵武軍舊在城及光澤縣黄土龍營
場四務歲五千七百八十二貫熙寧十年無額　福州　汀州　泉州
漳州　興化軍已上不榷　廣南路　東路　廣州　韶州　循州　潮
州　連州　賀州　封州　端州　新州　南恩州　南雄州　英州
惠州　西路　桂州　容州　邕州　象州　融州　昭州　梧州　滕
州　龔州　潯州　貴州　柳州　宜州　賓州　康州　横州　化州
高州　雷州　白州　欽州　鬱林州　廉州　瓊州　昌化州　萬安
軍　朱崖州已上並榷

酒麴雜録一　太祖建隆二年四月詔應百姓私造
麴十五斤者死醞酒入城市者三斗死不及者等第罪之買者減賣人罪
之半告捕者等第賞之　三年三月詔應私造麴者州府縣鎮城郭内一
兩以上不滿五斤徒二年五斤以上不滿十斤仍配役一年告者賞錢十
千十斤以上以滿十五斤徒三年配役二年告者賞錢十五千十五斤以
上不滿二十斤加配役一年告者賞錢二十千二十斤以上處死告者賞
錢三十千並以官錢充其至死者告捉人依上條外别給賞錢東京五百
千西京及諸州府二百千縣鎮百千以死者家財充其在鄉村犯者自一

兩十上滿十斤以上不滿十五斤十五斤以上不滿二十斤二十斤以上
不滿三十斤並如上法等第科罪至三十斤處死應私犯酒者東京去城
五十里西京及諸道州府去城二十里不許將外來酒入界并入州府縣
鎮城門犯者一勝以上不滿一斗量罪決斷一斗以上不滿三斗徒二年
配役一年告人賞錢十二千三斗以上不滿五斗徒三年配役二年告人
賞錢十五千至五斗處死告人賞錢二十千應鄉村道店酒場務處其外
來酒不許入界犯者一勝以上不滿三斗量罪科斷三斗以上不滿五斗
五斗以上不滿一碩並如上法等第科罪至一碩處死其私麴者二兩得
一兩之罪私酒二勝得一勝之罪諸場務麴有羨餘散衆私貨賣者同私
麴例　乾德四年閏八月詔京城民造醸者麴利頗多命有司許其麴糵
錢米之用定其價直官給勝量之器　十一月詔私犯麴者州府縣鎮城郭
内一兩以上不滿五斤量罪區斷五斤以上不滿十斤徒一年告人賞錢
五千十斤以上不滿二十斤徒一年半配役一年告人賞錢十千二十斤
以上不滿三十斤徒二年配役一年半告人賞錢十五千三十斤以上不
滿四十斤徒二年半配役二年告人賞錢二十千四十斤以上不滿五十
斤徒三年配役三年告人賞錢二十五千以上處死告人優賞東京五百

卷一萬七千五百五十八

千西京及諸州府三百千縣鎮百千如鄉村内犯者一兩以上不滿十斤
十斤以上不滿二十斤二十斤以上不滿三十斤三十斤以上不滿四十斤
四十斤以上不滿五十斤五十斤以上不滿一百斤並依上法等第科罪
至一百以上處死告人賞錢三十千應犯私酒者東京一勝以上不滿斗
量罪區斷一斗以上不滿三斗徒一年告人賞錢五千三斗以上不滿五
斗徒一年半配役一年告人賞錢十千五斗以上不滿一碩徒二年配役
一年半告人賞錢十五千一碩以上不滿一碩五斗徒二年半配役二年
告人賞錢二十千一碩以上不滿二碩徒三年配役三年告人賞錢二十
五千二碩以上處死告人賞錢三十千西京及諸道州府一勝以上不滿
三斗三斗以上不滿五斗五斗以上不滿一碩一碩以上不滿一碩五斗
一碩五斗以上不滿二碩二碩以上不滿三碩並依上法等第科罪三碩
以上處死兩京及諸道州府禁法地分并鄉村道店有場務處若外來酒
不許入界犯者東京一勝以上不滿三斗量事科罪三斗以上不滿五斗
徒一年五斗以上不滿一碩徒一年半配役一年一碩以上不滿二碩徒
二年配役一年半二碩以上不滿三碩徒二年半配役二年三碩以上不
滿四碩徒三年配役三年四碩以上處死告賞悉如上條西京及諸州府

一勝以上不滿五㪷五㪷以上不滿一碩一碩以上不滿二碩二碩以上
不滿三碩三碩以上不滿四碩四碩以上不滿五石並減如上法等第區
斷至五石處死　五年三月詔諸州府軍監今後官麴並依先降勅命懸
秤出賣不得別有抑配時具州言承前節度使差充隨監當麴務除官麴
外別抑配酒戶買屬州麴民受其弊故有是詔　開寶二年九月詔西川
諸州賣麴價高可於十分中減放二分　四年四月廣南轉運使王明言
廣州酒麴元無禁法軍民取便醞賣詔依舊不禁　十月知邕州范旻言
本州元無麴法詔如廣州例　六年十月詔許諸道州府縣鎮鄉村人戶
自買糟造醋供食　七年六月詔在京買麴人戶自今特與減價每斤止
收一百文足陌　太宗太平興國元年十月詔先是募民掌茶鹽榷酤民
多增常數求掌以規利歲或荒儉商旅不行至虧常課多籍沒家財以償
甚乖仁恕之道自今並宜以　開寶八年額為定不得復增　二年十月
京西轉運使程能言陳消蔡潁隨郢均鄧金房州信陽軍未行榷酤令請
並置酒務詔遣太常丞馮嶼與內品一人同共監當比較所收一年課利
十二月權大理少卿趙齊言諸州榷酤募民能分其利即給要契許於
城州二十里外酤而歲輸其直者多造麴蘖於州城中亂禁法無以致其

罪望敕諸州非於所酤地造麴者率以私麴論從之　六年詔在京賣麴
每斤原定二百文八十五陌自今斤減五十文　七年正月三司言詔州
酒務所收糟先許民閒買以造醋昨因天長軍禁止不賣而諸處積壓極
多請依元數出賣其餘羨者令務內自造醋酤從之　八月詔曰應劍南
東西川峽路管內州府軍監縣鎮等一昨言事者以變錢法榷酤有以便
於民而佐民用朕不得已而聽之踰年未見其利如聞民庶頗極怨咨因
遣使乘驛以觀之備得其狀朕奄有四海寵綏元元以百姓為心恐一物
失所舉事乖當蓋由朕之不聰出令惟行遂使民之受弊況失道之未遠
固改過以是宜先是諸州官置酒酤並從除放依舊造麴市與民其益州
歲增麴錢六萬貫並除之　九年九月詔江浙之間禁榷私酒小民規利
率多犯法宜更條制以便於民令遣左拾遺韋務昇等往杭州將各務課
額於上等戶均定麴法錢數依秋夏稅期輸納其酒更不禁榷　雍熙二
年五月詔去年兩浙轉運司與杭州同建議廢杭州榷酤之禁以酒麴課
額均賦於民如聞更改以來城郭富豪之家坐收酤醞之利鄉村貧弱之
戶例納配率之錢甚非便利自今宜依舊置清酒務差官監當依江南例
減價酤賣其所均錢並罷納　六月度支判官李惟清言諸處酒麴自來

買酒每斗給耗二勝自太平興國七年三司建議斗給一升店戶獲利既
少罕來沽買遂致歲入課額率有虧欠今請依舊復給二勝從之　三年十
一月秘書丞王嗣宗言澧州官務一斗酒量較其大小不及官斗七勝自
來犯私酒人以此斗定罪斷遣緣所犯至三碩以上即得死罪慮諸道州
府酒務亦有似此小斗自今並望依官勝量酒定罪從之　四年十二月
詔諸處酒務不得於百姓處借米麥充用已借者還其直　端拱二年五
月詔應兩京及諸道州府民開酒肆輸課者自來東京去城五十里西京
及諸州去城二十里即不說去縣鎮遠近今後須去縣鎮城十里外亭化
二年八月詔兩浙諸州先是錢俶日募民掌榷酤酒醞壞吏逋欠其課民
無以償湖州萬三千三百四十九斛衢州萬七千二百八十三斛台州千
一百四十四碩越州二千九百四碩七斗並許棄之勿復責其直　四年
四月詔諸道州府酒榷歲費穀麥不得用官倉軍儲但令就善價以糴酒
匠及役夫糧廩並以錢給之　五年四月詔天下酒榷先是分遣使者監
莞歲取其利以資國用自今募民掌之減常課之十二使其易辦勿復遣
吏預其間　九月有司言諸道州府先置榷酤募民掌其事內四百七十
處歲課無幾願一切罷之但賣麴收直詔從其請先是程能建議置天下

酒榷所在以官吏專掌取民租米麥供用以官錢市薪給使者工人俸
料歲得利無幾而主利規其盈羨以為積醞齊不良潔酒多醨壞不可飲
至課民婚葬量戶大小令酤小民甚被其害州縣苦之太宗先知其弊已
詔減課募民掌其事至是又令賣麴公私皆以為便　真宗咸平五年五
月十一日命度支員外郎李士衡閤門祗候李溥訪陝西諸州增酒榷之
利先是士衡上言陝西榷酤尚多遺利令西鄙屯戍至廣經費實繁望遣
使制置其事可濟邊用而不擾民故有是命　六年十一月江浙淮南制
置使秦羲言諸州清酒務甚有遺利乞差官詳酌制置帝問羲以經費之
廣有此規畫若下不獲其利則非悠久之道可諭羲等酌中而行務在通
濟遂命羲舉朝官一員同往制置　景德元年閏九月罷江淮荊湖制置
榷酤先是發運制置使秦羲等上言乞差朝臣乘傳諸郡增榷酤之課至
是特令罷之　二年正月戶部判官李防等言江南諸州所增榷酤錢頗
為煩擾屬歲儉已權罷之其淮南兩浙荊湖路亦望停寢俟歲稔如故從
之初制置茶鹽秦羲規畫此制以助軍旅之費至是帝覽防等奏命亟停
罷仍詔羲等自今榷酤之課悉仍舊貫勿復增益　四年二月詔曰卜洛
之郊久深奚望從人之欲爰示省巡務敦寬大之風以暢和平之化榷酤

之法雖有明規兩都之間賞無異等剗三川之繁會極千里之浩穰方合歡心豈恡改作將弛料禁永叶便宜用申濟物之懷庶廣及民之惠其西京清酒務宜令停廢一依東京體例施行令三司規畫以聞　四月詔榷酤之法素有定規宜令計司立為永式自今中外不得更議增課以圖恩獎先是遣使檢舉天下酒稅頗為煩擾且競以羨利邀寵遂罷其事而條禁約之　大中祥符五年六月涇原路都鈐轄曹瑋言沿邊諸寨許令人戶買撲酒店直於寨外邊上開沽恐隱藏姦惡乞行停廢從之　六年三月詔諸處酒麴場務止得約造一年合使酒麴交與後界如於一年之外多造並即納官若將不堪使用酒麴交與後界者並仰毀棄仍勘罪以聞先是開寶中嘗有是詔其後定敕文誤有剗者至是因小民買撲場務有欲倖而興訟者開封府引是敕以聞故申明之　十二月十二日詔諸州軍酒務委監官親視兵匠益料醞釀其有酸敗不任酤者官吏均償之初漢陽軍監酒梁紹熙委兵醞造不如法而酸敗數百斛計價錢逾二百萬三司因請條制故也　二十四日詔許民間市官醪置坊鬻酤　七年二月詔應陝西路州軍縣鎮酒務衙前及百姓諸色人等已增添課利買撲轉運司更招人添錢剗奪自後不許欠折無償令本路轉運司及州勘會特與除放　八年六月詔令麴院出牓名在京酒戶除本店自來賒買麴貨於大中祥符五年至七年內取一年中等數立充本店舊買麴額外相度逐廂市肆人煙別認所買麴貨數目依例賒買只得本店造酒般擔清酒出門須得於指射廂分界至內開店沽賣仍與限一月內經麴院投狀以認買得麴多者許令置店開沽如更要添買不以數目多少並聽取便賒買即不得虧元椿并添買數及城外印造乃三年一替如開沽後更有添買麴貨剗奪須候三年滿日即得承替開沽其賒麴抵當物即依麴院久例施行　天禧元年九月判三司都催欠憑由司張師德言淮南鄉村酒戶額少者並望停廢從之　二年閏四月詔應災傷州軍買撲酒場年額不登者如稅滿願仍舊沽賣者聽與展限一年　三年六月光祿少卿薛顏言杭州酒務稅課一十五萬貫都作一務望折為三務詔三司定奪以聞　八月三司言白礬樓自來日輸錢二千歲市官麴五萬五掌三歲無逋負者與班行十五年來豪民承貨大虧本錢繼日積欠以至蕩破家產填輸不足繇是兼以外縣場務復送與爭競越舉回如此圖求所得至少所損乃多若令三司與減日價之直仍許取便收市官麴亦不煩酬獎其外縣場務並令三司舉官監轄從之詔頒下中外以為便　十

卷一萬七千五百五十八

一月詔自今犯私酒麴並令極刑　五日知應天府王曾言本府酒場民戶買撲最高年額赴納不前已兩戶傾竭貲產乞今止令三戶管認眾常披訴而掌計之臣慮虧歲課不許蠲免帝謂輔臣曰南京太祖興王之地比於他處尤當優恤豈可以茲小利致傷公私可俟將來赦文中特與減仍令依西京例任人買麴醞酒　十七日詔曰乃眷南京肇基王業分宅式均於神寰推恩宜異於庶邦其南京酒麴課利元是百姓五戶買撲最高年額三分餘貫赴辦不前已兩戶破竭家產只勒三戶管認眾訴三司恐減年額未有與奪特許依東西京例招召眾戶取便買麴造酒沽賣所有合行條貫事件仍仰三司擘畫以聞　十二月刑部員外郎直史館劉鍇與陝西轉運使同定奪本路州軍縣鎮買撲酒務課額及嘗經災傷輸納不逮者件析以聞　四年正月開封府界提點諸縣公事張應物言諸縣酒務為豪民買撲坐取厚利自今請差官監榷仍委三司保舉從之乾興中罷舉官天聖四年應物復以為請仍照依前舉官七年封者又言諸縣酒務課額多虧蓋監臨之官皆是保舉勾當多相庇匿不言自今請止委審官三班院差人監當自是遂罷府界舉官之制　三月知制誥呂夷簡言兩浙路縣鎮酒務請聽仍舊買撲量增課利從之　八月直利館劉鍇定奪陝西一十一州軍買撲酒務累經增課復以災傷逃輸不足當減分數詔買撲酒務積欠課利是山當人歲滿願復勾當展限一年　十月兩浙轉運副使方（原空）荀言本道州軍酒務課利舊額止十四萬貫遺利尚多請差官比較從之自後官自酤釀歲增課九萬八千貫文　乾興元年四月仁宗即位未改元兩浙轉運司言杭州酒務每歲賣酒一百萬瓶每瓶官價六十八文本務添作七十文歲收羨錢二千貫自來以錢顧民充役今請罷顧以錢募兵士四百人隸本院充役事下三司請如所奏從之天聖三年江寧府復援此例請募兵一百五十人詔亦許焉　仁宗天聖元年八月太常博士王軫言諸處酒務先係買撲近來官自監酤者所須米麥多以臧稅折科民頗勞費如又侵損軍儲而每歲課利多有不登望許復百姓買撲事下三司定奪請如所奏仍以大中祥符元年至乾興元年內取一年課高者為額從之　三年十一月上封者言西川州軍酒麴場自來依敕於衙前中取曾主持重難事務者令買撲勾當爲許人添長買撲應長詞訟別致敗闕望下益梓利夔四路轉運司鈐轄下州軍酒麴場務依舊額出辦不許加增剗撲帝曰小民爭利煩擾官司詔如所奏遷與指揮　十二月三司言太常博士王軫前建議官開酒務為人買撲

卷一萬七千五百五十八

事已施行，其間甚有欺隱額錢，就年額低小買撲者，緣元敕止曰大中祥符元年至乾興元年取一年課利多者為額，又慮自天聖元年後復有課額增大者，望令兼取為比，自餘課額及一萬貫者不許買撲。從之。　四年七月，三司言：陝府西轉運司狀，永興軍秦坊等州自來只令人户買糟造醋沽賣，各獲厚利，入己已牒逐州軍差官截日官自置務醞造沽賣，候收到課利別具供申。宰臣王曾等奏：榷酤之法起自前代，已是曲取民利，蓋以軍國贍用經費至廣，未能除去。今復醞醋，尤更瑣細，欲只令永興軍秦坊州召人買撲酤賣，并其餘州軍並不得官置醋坊。帝曰：此事尤可行，速與指揮。　五年五月，權大理少卿公事董希顏言：河北州府縣鎮酒稅務各有京朝官使臣監當，外轉運司更差諸處得替見任幕職官等比較，侵刻民利，於理不便。詔罷之。　八月，詔三司白礬樓酒店如有情願買撲出辦課利，令於在京腳店酒户內撥定三千户，每日於本店取酒沽賣。　六年九月，御史中丞晏殊言：應天府縣鎮村坊買撲酒務，本路轉運司準例勒添長課利，方許勾當，深慮久遠增添不已，難為趁辦，失陷官錢。乞令小可場務，今後不得增長課利，所貴公私便濟。從之。七年，開封府言：府界所轄小可場務，有無指定年額錢數，今請以年額一百貫以下者定為小可

卷一萬七千五百五十八

從之。　七年七月八日，詔：先是民間吉凶之事，並令取便沽酒，不得抑配。訪聞江淮兩浙荊湖南北路州軍買撲酒店尚敢抑人多酤，輒出引目，自今不得復然，州縣覺察，及許陳告，犯者斷訖，從之，仍與重難差遣。　八月二十七日，上封者言：榷酤之利，僨歲既多，日比年增，略無止息，靡穀為害，無甚於此。殆但以設法為名，全虧壞俗之本。十家之聚必立課程，比屋之間俱有醞釀，恐非禁人群飲，教人節用之道也。大國所入自多，何必於茲競利？今已定場務雖難改更，逐旋添添，所宜止絕。望今後鄉村人户已叙額開置酒務及添錢剗奪，或非出賦闕無人承替，有利息處官自開酤，並皆止絕。如此則捕禁游惰，無滑課程。事下三司。三司上言：應於鄉村叙額斡釀者，自今不得以課額多少，官司無得受理。若叙立縣鎮合置務者，亦長吏體量奏裁。其縣鎮村斡酒者，自今以三年一替，若有增課剗奪者，並官吏體量須久遠辦及委不虧欠，既保明奏裁，亦不得非時剗奪，妄信小民一時之利，久遠却成敗闕。其見係斡釀者，若本人願退及無人承當，方許官酤，官司不得為因出得課利，擘畫官酤，違者罪之。奏可。　十一月二日，開封府言：開封縣民樂守元、郭順所居各去城三十里之外，先斡釀村酒，因水壞屋，擅徙三十里之內，擒會舊條，惟有將外酒入界及私造麴條外，

令詳村民造麴本亦酤酒出課，即與私造異科，望自今有如此類，酌減造私麴條一等定罪，若犯酒多，自從重法。奏可。　八年十二月十一日，三司言：諸路州軍差酒務雜役酒匠人等，乞揀選無過犯軍人充，不立年限，如作過犯，臨時相度替換。從之。　九年正月四日，淮南轉運司言：準詔州縣酒務醞匠役兵無得差有過之人，仍以一年為替。又按天聖編敕，造麴醞酒並抽應役軍士，以一年為替，不得給錢傭顧。淮南二十一州軍醞匠多新犯配軍之人，亦有準詳符編敕月給錢傭匠之處，自準新詔揀選替，祗皆少得人，緣醞釀課多，欲望自今應選醞匠並須無過者，役一年若無過且留充役。事下三司。三司言：酒課數多，不可輕為改革，望自今役兵以一年為替。醞匠不計年，若舊負過之人，委所自體量，自醞釀後無大過者，且留充役，甚者即時選替。舊給錢傭匠之處亦仍舊貫。從之。　四月五日，三司言：內酒坊歲釀糯米八千斛，望委壽州上供。奏可。　明道二年十月三十日，兵部員外郎王碩言：前知潭州日，本州人民多釀造私酒，體問得或婚姻祭祀，雅尚白酒，雖官務夹醞，終不成禮，是致侵剗官務課利，欲乞放令任便醞造，即不銷官務沽賣。詔差碩與本路轉運使同共定奪。八州軍監酒法來經久利害以聞。　景祐元年正月六日，詔諸州軍官酒務若衙

卷一萬七千五百五十八

前及無簽人願買撲者，聽之。　二十七日，臣寮言：諸道州府軍監縣鎮等酒務自來差官監處，乞不以課利一萬貫以上，並許衙前及諸色不該罰贖人一户已上十户已來同入狀，依元敕將城郭草市衙要道店產業充抵當，預納一年課利買撲。從之。　四月二十四日，安平縣主言：夫吳守正父元扆元隨范嘉居漣水軍，伏見海州沭陽縣關襍村酒務衙吏幹釀，欲聽嘉添錢開酤。詔開封府召嘉及寫狀人本官司當人斷罪施行。　七月九日，詔編敕買撲鄉村酒務課額一百貫以下停廢，以上者一人承買撲，勘會交割訖，闕十貫以下者不得停廢，却求私分擘三兩處沽賣，以作一户納錢，令轉運司覺察禁止，如不及十貫亦教停廢，不得更私分擘別處酤賣。只作腳下名目，開酤違者嚴斷。麴更動使並從納官。　寶元元年八月十六日，三司言：兵火之後陝西兩軍費不足，尤精天下酒稅，今相請較監官歲所增課，特與酬獎。從之。　二年正月七日，審刑院、大理寺請自今州縣官監酒務處，今后永相保，如有私醞決五條。奏可。　四年二月十八日，詔諸道榷酒課額三萬貫以上，名年官監當，如闕，州將良吏中選使，下務民政，宜令五萬貫以上處，方許舉官。　嘉祐六年五月十四日，詔諸知軍州及兵官許造酒者，毋得貴易以以物價

治平四年五月十四日神宗即位未改元詔除在京酒戶所負麴錢十六
萬五月十九日知諫院邵亢等言聞陝西轉運司拘收衙前買撲酒場入
官乞特行降黜詔陝西轉運本司條析以聞其後本司言拘收買撲場務
入官凡二十七處乃詔官監一年不及三千緡以上即令買撲如故自今
有係衙前買撲場務却欲拘收入官者具因依聽裁　二十一日詔江南
近年衙前所乞復置村酒場彊率人沽酒者罷　熙寧四年六月四日神
宗詳定編修三司令式所刪定官周直孺言在京麴院自來酒戶拖責不
常難及祖額累經更張未究利害推究其原在於麴數過多酒數亦因而
多多則價賤賤則人戶折其利為今之法宜減其數增其價使酒有限而
必售則人無耗折之苦而官額不虧矣請以一百八十萬斤為定額遇閏
年則添踏五十萬斤舊價每斤一百六十八文請增作二百文省舊法以八十
五為陌請並紐計省錢使於出入舊額二百二十二萬斤計錢三十七萬
貫今額一百八十萬斤約計錢三十六萬三年一閏十五萬斤計三萬貫
又減小麥萬餘碩及人功並不虧元額錢數況免賒麴酒戶虧少官錢償

〈一萬七千五百五十九〉

一

貸契書及公私費用不過每斤添支十文令用麴無餘官物無積況國初
麴價二百文八十五陌太平興國六年始減五十并具到酒戶情願事件
從之　十一月四日賜直孺章服　九年二月十六日提舉市易司言在京酒
戶歲用糯米三十萬石比者連直江浙災傷米價湧貴欲選官二員詣出
產處預俵見錢收熟日折納從之　十月十二日侍御史周尹言川陝州
縣鎮酒務許令諸色人於課外認淨利錢召保當官買撲造酒沽賣如
沽賣不行無錢納官或賣家產蕩盡方勒保人陪填訪聞成都府路州縣
酒務多有虧敗蓋是買撲人故作弊倖不時送納淨利乘私陰寄錢物立
詭名置買田土及司官催督惟委保人破賣家產出錢納官欲乞下成都
府鈐轄與撫司專切根究曾下如有巧為弊倖隱寄錢物詭名置買田土
推委保人破蕩家產及將類無干礙之人財物陪填即於法外刺配諸司
農寺根究依理施行　十一月四日詔都提舉市易司住行計置糯米收糴
在京新米與已糴未中半支在京酒戶候支絕令人戶任便官私交易依
米官罷歸合屬去處　元豐元年正月二十五日三司乞量增在京酒行麴
錢於年額減麴三十萬斤遇閏年增造萬斤均給從之　二年三月二十
三日詔敗折場務買撲等錢保人當填納者委提舉司具拖欠年限歲豐

軍

凶及保人家力當給日限申司農寺詳度指揮從本寺請也　五月十六日
命檢正中書戶房公事畢仲衍同三司講究麴法利害以聞　二十五日
三司請於澶州劉陽縣永興銀場置酒稅務選官監臨從之歲入隸提點
鑄錢司市銀封樁　八月十三日詔在京賣麴以百二十萬斤為歲額斤錢
二百五十候賣及舊額復舊價酒戶所負白糯糯米錢更展限二年帶納
又有未請麴數十萬斤悉蠲之京師麴法自熙寧四年定以百八十萬斤
為歲額斤錢二百後多不能償雖屢倚閣未請麴數及減歲額為百五十
萬斤斤增錢至二百五十猶不免逋欠酒戶又負市易務白糯糯米錢五
十餘萬緡至是戶房檢正官畢仲衍太常博士周直孺同三司講究利害
通請減麴額為二百二十萬斤斤為錢三百均給七十店令月輸錢周歲
而足月輸不及數計負倍罰又坎醞不以時擅增器量及用私麴皆立告
賞法悉施行之而裁其價　九月二十九日三司言人戶買撲官監及非
新酬衙前場務所增收錢並合入三司懼而司農寺以為官監場務外
皆有新法拘收錢不當入三司乞而以助募役衆歲入百萬緡於市易務
封樁若失此錢恐不能繼辛辦從之乃從司農而請　三年六月二十六
日詔在京酒戶見帶納舊麴錢及倍罰錢者展半年不曾欠於倍罰者免

〈一萬七千五百五十九〉

二

三分之一　二十八日京東路轉運副使李察言近歲聽民買官監酒務
增羨則利入私家虧折則逋負官課由此朝失歲入乞買酒務人欠淨利
若雖無欠而課額可以官監者皆收之仍乞不拘常制委縣監官增助財
計從之　四年二月十一日詔增永興軍乾祐縣十酒場縣令姚煒言縣
界凡六百里戶口繁倍止有兩酒務乞興置故也　五年正月十八日大
宗正司言外住宗室毋得造酒許以舊宮院尊長及近親處寄醞從之
四月二十八日詔在京酒戶欠糟米錢展三年均作月限納內罰息並除
之　八月二日詔行下酒戶倍罰麴錢三分已放一分外更免一分　六
年二月二十四日提舉開封府界諸縣鎮公事楊景略獻造供御酒麴用
竹園牧械等法詔從之　九月四日京東路轉運副使吳居厚言本路酒
務稅額利增百七十九萬五千餘緡詔三司可議賞典詳見酒坊門
哲宗元祐元年二月六日侍御史劉摯言坊場之法舊制撲戶相承皆有
定額不許增搖價數撲有刻熙新法乃使增封投狀許價高者射取之於
是小人徼一時之幸爭越舊額至有三兩倍者舊百緡今有至千緡者交相囊
橐虛張抵本課額既大理難數辦於是百弊並起決至虧欠州縣謂於貧
責惡及保在監錮係累終無償納官司護惜課額不為減價則誰人從肯

承買今天下坊場如此者十五六處欲賣封增價之所得比依敗闕之所
矣殆為相補也乞罷賣封投狀之法委逐路轉運提舉司將見今買名淨
利數額與新法已前舊相對比量及地望緊慢取酌中之數立為永額一用
舊法召人無爭承撲者無破敗之患而官入之利有常而無失也 十一
月四日詳定新法司言所侍御史劉摯乞罷坊場賣封投狀之法立酌中
數為額投首相度今欲委本州若累界有增無減取次高一界為額增虧
不常取中一界為額前後次多及界限無人承買比最高價虧及五分已
上者縣相度申州州與轉運司次第保明申省仍立限界滿承買擬當約
束餘並依舊條從之 六年十月一日戶部請應承買場務元係官監及
敗闕者課利錢並不得支移折變若界滿一年無人承買亦與依減放
淨利分數免支移折變從之 八年七月十三日戶部言買撲場務課利
錢數增虧全在人烟多寡昨來省併興廢其課利量行增添既人烟稀少
沽賣遲細亦合裁減緣元祐敕只有廢置州縣廢鎮寨處場務有量行增
減之法其割併縣分鎮寨之處乞亦依此施行從之 紹聖元年六月十
四日權發遣淮南路轉運副使溫益言監司所以糾繩郡縣而元祐初
所用多屬老疲懦是致吏事廢弛財用窘乏齊州自元祐元年至八年終

茶鹽酒稅比祖額共虧四十萬九千餘貫以一州推之則天下可知欲乞
立法考察懲勸詔京東路轉運司具元祐元年至八年終本路鹽茶酒稅
并課利場務等比祖額虧欠數以聞 九月二十五日詔府界并諸路酒
務年終課利增額並依元豐賞格從三省請也 三年五月十一日詳定
重修敕令所看詳天下場務應見納淨利比之元豐[illegible][illegible]以前五界內酌
中一界錢數尚虧者並不許接續承買餘並依元豐法從之 十一月十八
日殿中侍御史陳次升言監司自元祐四年後取酒課增虧及二分者比類
取旨賞罰詔令戶部責限勾考從之 四年九月八日三省言近詔府界
諸路提舉司將元祐年并已前應承買場務除已藉還財產并保人所賞
償納外檢見欠分三年催納詔元認外更展三年
徽宗建中靖國元年三月二十一日戶部狀欲乞將鎮寨廢置割併道路
移易市店興廢場務並依廢置州縣法申監司審度依界滿法召人承買
詔從之 大觀二年正月二十九日詔令檢諸路應官監酒務並依在京
庫務法監專同立界當勾若遇欠折並勸定分數令監專均備從開封少
尹宋喬年請也 三年七月二十三日臣僚上言竊以常平場務錢物國
初以知酬衙吏自吏祿之制行遂用為衙前雇募食錢餘皆封樁以待朝

廷之用其他費用不係差衙前者不得支也伏見比年以來州郡多以公
帑不足乞添公使以坊場前支給計為一歲所增之數不啻二十餘萬雖
皆是朝旨支破然官司陳乞無厭州郡不知撙節用度唯是奉順朝廷如
帥臣大藩及信使經由道路多以不限名數造酒往往例皆陳乞額外優
俾若不裁約禁止恐朝廷封樁錢物浸為州郡廚傳之費侵耗良可惜也
其間固有增置官吏合行量添去處其不必添賜過多者固不少矣臣愚
欲取自睿旨詔有司考元豐舊例詳議施行詔令戶部具應緣添破公使
支過封樁及坊場錢數申尚書省 四年三月二十五日戶部奏轉兩浙
運司申官監酒務所自來將糟錢收入酒錢究比虧帶不見增虧乞今後
賣糟錢別立額比較從之 政和元年四月四日戶部奏臣僚上言鄧州
漢陽軍諸縣賣麴引並不候人戶有吉凶聚會情願請買多係違法抑配
大收價錢侵漁搔擾詔諸路監司嚴切覺察今後若涉抑配大收價錢速
舉劾依條施行 二年四月六日戶部奏修立到下條諸非吉凶而買鄉
村人戶姓名或用以次家人請買麴引造酒者杖八十曹吏保正副形勢
之家者加二等許人告從之 十二月五日中大夫集賢殿修撰淮南江
浙荊湖制置發運副使董正封奏杭州都酒務申於天下歲課治平元年

已前三十萬貫自後收趁不及蓋以務局廣闊難於檢察醞造沽灑趁數
減裂及州地里遙遠止有一處沽買人戶往來不便是致沽賣不敷今收
不過二十萬貫臣竊見潤州都酒務昨年虧欠因監官李遜乞添置比較
務逐歲每年務錢二萬餘貫累被賞典欲望本路將杭州都酒務一分作
三處更置比較務二所不消增添官吏兵匠所費易於檢察可以增羨少
助歲計如蒙施行其本路州軍並乞添置比較務詔從之其乞本路[illegible]州軍
添置比較務令轉運司相度施行 四年四月十四日戶部奏兩浙轉運
司申乞置比較務從都酒務監專酒匠那撥分定課額各自造酒收趁課利
比較增虧賞罰等本部看詳杭州課額係二十餘萬貫分為四務比較利
尚書省勘會本路州軍課額多寡監官員數例皆不同若獨員者難以增
額分認造酒理當隨監務監官員數分定吏不增置官吏諸色額詔酒務
雙員處分二務三員處分三務四員以上以員額雖多即不得過四務以如
有監官雖多其課不廣不消分務去處聽依舊仍具已如何分定諸買
文狀申尚書省 十六日荊湖南路轉運司奏本路諸軍監在城四外縣
沽賣酒竝有糟酵亦係出賣依條所收價錢內五分以提舉司五分本司
支用緣每斤只計錢一文三分或一文五分況糟酵並係民間要用莫合

收錢數自來未有關防遂年諸州縣歲賣酒糟不下千萬理合添價出賣
今相度欲將本路州縣見賣糟醅價上不以官私收買每斤添作三文足
出賣每十斤仍加耗三斤舊額錢依法與提舉司分撥外其今來新添錢
數乞專充本路直達糧綱水夫工錢支費州縣輙將他用乞科杖一百之
罪詔從之始舊來有賣價高處自依舊其應行直達綱路分依此　十月
二十三日戶部奏修立到諸處酒務兵士專充造麴醞造役使依格本州
選剌廂軍充請酒務指揮本營寄收專招剌人數及有營房差役依舊遇
酒匠闕聽選試充其有違犯不可留著專招剌人准此改剌本城若酒
麴蒸炊雜役須添差兵匠者差係役兵級通計不得過舊例之數酒務級
年一替酒匠得力聽留闕或須雇人者聽和雇從之先是淮南路轉運司
條宏中言監酒務唯真州有清務兵士乞於其餘去處亦各專置得旨[illegible]
從所請仍令戶部立法故也　六年十二月十一日戶部侍郎任潞明等
奏天下衙前支酬重難諸路公使捕盜賞錢等並以坊場錢應副然場務
有因水患或道路僻左商旅不至則停閉者以京畿河北等七路會之計
二千有餘處欲望聖慈專責諸路提舉將見閉場務詳究利害措置相度
可興不可移置或行合併具事狀保明以聞詔坊場之利以祿在公之人

〔一萬七千五百五十九〕

五

免搖役之弊官吏弛廢不舉者凡二千餘所則所入不足以補所出可悵
所奏限一季興置以聞　八年十一月八日詔令後人戶依法納錢買引
於鄰近酒戶寄造酒麴不得非理抑配科買其錢並依朝廷封樁仍令戶
部立法申尚書省　宣和二年十月二十三日詔諸榷酤漕計所仰近來
縣邑法失職公使庫酒貨侵奪官課及私造公行例虧歲額仰諸路漕臣
督責州縣措置官酤嚴戢私醞如有違慢貪汚不法去處按劾以聞當議
重加典憲　六月二十七日戶部奏伏覩諸路州縣坊務有監官去處元
隸運司人戶買撲去處所收淨利名曰坊場錢並屬常平司以備雇募衙
前綱費支酬重難州郡公使之外歲起上供一百萬貫利入浩博各有司
存故有經費羨法諸以買撲場務不許擘畫官監至元祐中諸路山請凡
天下場務利入稍厚者皆轄為官監以致其餘場務出賣不行浸成敗闕
紹聖繼述申嚴舊制復立徒二年之禁蓋欲革絕侵界之弊使買人各得
安業法意深遠纖悉具備近來臣僚妄有申陳公肆違令今措置除酤賣
興盛酒場合遵依見行條法不許經畫官監外其在縣鎮界滿無人承買
者今後提舉常平司計會轉運使同差官體究事因從逐司公共相度如
可以經畫官監同具事狀保明申戶部審度行下訖奏內淨利錢止依見

承買人所納之數令轉運司認為常平司錢並依崇寧五年二月十五日
已降約束施行從之　三月四日詔見任官將所得供給酒抑配令買撲
坊場戶出賣者以違制論從提舉荊湖北路常平鄭庭芬請也　七年二
月七日尚書省言講議司劄子諸路漕計全仰酒課所用米麥近來價高
計用錢本欲乞將虧官本最多場務米麥如係折納即用實直中價係糴
到用元糴價先將三兩者召人承買詔依及措置行下令欲令諸路轉運
司委官分頭去處州同當職官限一日取索造帳隔手磨算申轉運司仔
覆磨訖具合賣去處一面依條出榜召人承買從之　九月四日講議司
奏河東雲中府路轉運副使李西美劄子本司欲將本路酒務虧官本去
處並從本司斟量所在緊慢立價出賣本司看詳欲契勘今年以前三年
內有虧本年分即合通取以前不虧官本三年所收課利內除米麴糜西
費本錢外計淨利均為三年課額召人承買欲申明行下從之　以上國
朝會要
高宗建炎二年五月二十八日提舉兩路常平等事曾琥言嚴衢等州坊
場廢壞無人承買盡是百姓分認名課仍一槩分認十分至有鬻田地以
償者欠已比附提舉司申明燒劫酒坊若著價虧三分許令給賣之文將

〔一萬七千五百五十九〕

六一

無人承買酒坊名課止令認納七分日前拖欠與銷退三分詔依內見
無坊屋法物去處折狀日着價雖依但虧不及三分已上者依宣和四年
四月十日朝旨權行給賣一次候界滿即依舊額　四年二月二十五日
詔令福建路漕司帥司提刑司公共相度措置權酤有坊場仍其官監或
名人買撲或給賣麴引方許造酒孰為利便以聞　十一月十二日兩浙
轉運副司曾紆言本路近年以來米麴高貴其見賣官酒尚依舊價會計
所得淨利十無一二其間亦有反折官本去處其拍戶常患沽賣不多日
逐淨論攬丐貸次至有偽作酵頭買酒之人可見官酒沽賣得行令相度
欲將諸州縣出賣價內和酒每勝權添三十文足常酒二十文足兼自今
後州郡並不申明擅增酒價酤賣浩瀚別作支曆收[illegible]史緣為姦其弊百
出見一面休究止絕若明降指揮量添價直不唯於朝廷財計有助亦實
杜絕姦弊權依所乞增添上等每勝添錢二十四文足下等每勝添錢一
錢一十八文足仰轉運司拘收樁管不得擅行移用諸路依此候米麴價
稍平日依舊所收酒添錢除今日以前見分撥充經制錢名色添酒錢併
今次所添錢數外其已前應不曾申取朝廷指揮監司州縣一面擅添酒
錢並罷　紹興元年三月三日戶部言欲乞且將兩浙見開沽酒場不以

幾界並於見買撲價上添增利錢五分，均月分送納入官。如不係全界，即紐計合增錢數施行。其所添錢數與免雜供抵當，仍令州縣將上件錢別項樁管，專委通判拘收，每季起發行在戶部送納，仍令本部令項樁管，非奉朝廷指揮，不得輒行支用。及乞委提刑司察撿，如輒敢隱落不實，或有侵用，擬勅施行。庶幾稍助軍興用度。候見次第，其餘路分別具申請。從之。　十月十七日，知興國軍王綸言：本軍諸處酒務及坊場，獲貨既盡，今欲將大冶、通山縣酒務不拘命官、商賈等願以家財計置，許於本務造酒出賣，月納淨利，以補充贍，仍乞鄰州或鄰路人并官商高貴願以舍宅之類抵當買撲者，從本軍相度量減抵當及課額元數，許召本土名保明識認。詔權以此措置，候及三年依本條施行。　十二月十八日，權戶部侍郎柳約言：諸路造酒米麵、柴薪、物料比之上年增貴數倍，昨曾將准詔不得擅增酒價，雖近降指揮，却許隨宜增添，今來紹興府在城酒稅務造一項除本外全無利息，餘外更有監專諸般計之，所得不償所費。今欲乞將諸路州軍官監酒務，見今每勝上等撥添錢二十文足，下等添錢十文足，內一半提刑（令諸路）司拘收，別項樁管，一半專充本州應副軍期支使。俟米麵價平日依舊。從之。　二年四月八日，詔州路州縣人烟不至繁盛處

卷一萬七千五百五十九　七一

酒場，依內地改置清酒務造酒出賣，所收息錢除還淨課利外，其增收錢貴濟助支用。　六月二十四日，江西運副吳革言：臨江軍所置比較務委是利便，乞權創置臨江軍在城比較務，差見任官兼管，每月支錢十貫文省。其收到賣酒錢，自合依條分撥樁發上供經制、諸司所得錢數。應本路未曾復置及自來不曾置比較酒務州軍，仍乞下江南西路運轉司逐旋究見可以興置去處，從本司保明施行。從之。　三年十月十九日，知府梁汝嘉言：臨安府（並號會府）前此費用，悉藉酒稅。今日事體既倍於昔，用滋廣，而酒稅之利益蕭蕭，歲課以驅驛之地或多蠲除，而酒課比之往時十無三四。乞給降度牒五百道，以周給闕。詔令禮部給降兩浙路空名度牒三百道付梁汝嘉，專充造酒本支用。　十一月二十三日，詔令兩浙江東西路提舉司、轉運司同共取索管下州縣買撲坊場將興盛及過界并截定淨利錢若敗闕去處，各條具利害申來。逐場有無造酒年額并差官，照棧休利申戶部。其官務若管酒價錢，而拘戶沽賣私價大段高貴處，落亭利自合隨宜增添。仍令逐州軍每季具官務酒價與市價有無虧申轉運司檢察。　四年四月十二日，江南西路轉運司[illegible]運言：漕計之實，惟仰酒稅課利，資助支遣。比年以來，州郡多以應辦軍期為名，更不請降朝廷

處分，一面擅置比較酒務、回易庫，將漕計錢物不敢撥支。本又於諸城西門增置稅務，真遞處所收課息並不分隸諸司，見發所在軍期，稅務往往增羨舊務，例皆虧欠。其諸城門稅正與軍期帥司稅務事体一同。欲下諸路除帥司措置贍軍及諸州已得專降指揮許置場務外，其餘不係朝廷指揮州郡自行創置比較酒務并回易庫及添置逐門收稅去處，應干官物及合然課額，並并入漕計，本州不得擅便截收，置仍乞令轉運司將已支多前收置錢物委官驅磨，詣依如有不遵條例去處，仰本司具狀申尚書省取旨黜責。　七月二十一日，戶部侍郎梁汝嘉等言：臣僚言節文：為國用滋廣，府商稅、酒、鹽之利，令三省措置。送汝嘉等同共看詳，講究條具子細利害申尚書省。汝嘉今先次相度到酒稅、糴貨本合行措置，如右一，比年以來，陳獻財賦利害之人，往往皆以給賣酒務為先，比有利無害，固已分明。正緣諸司分隸錢物，各有窠名，發納支用，難以一切罷去，兼目多闕少之時，豈於減罷監官，所以議論不一，至今不行。今相度，欲將諸州酒務課利數多，太可使行外，欲先將諸縣官監酒務並以祖額比較歲多之數為委逐路漕臣措置召人買撲，所有官監依舊存留專監稅務，兼令拘收上上件錢，共收到錢一依舊數分隸諸及本州支用，令[illegible]措置所有逐年

卷一萬七千五百五十九　八一

年利撥送酒課、米麥、麴數，以五年內一年最多數為率，依舊科撥。令轉運司於逐州委通判一員專一樁管，隱候本部支取。今來措置各令買撲，卽與常平坊場不同，若依舊法名人實封投狀承買，卽恐其間未有人承當去處，卻致抵延。今欲不拘人數多寡，但均及元額，並許分買。詔令諸路轉運司限五日相度，的確利害申尚書省。　十一月三日，兩浙轉運副使使吳革言：本司應辦上供贍給一路官兵用度不貲，今來東駕臨幸平江府，卽目軍民頒家沽買，得行本府將舊有都酒比較兩務各係舊來分定沽戶營趁課額，令乞行下平江府權行踏逐穩便去處添置比較務一所，造酒沽賣，權免分隸諸司，應副資助漕計，并剗支，共合用本錢，本司與本府通融應副，循環作本。所有監官，乞從本司路逐中差大小使臣或京朝官選人一員，并委保見任官一員同共管幹。從之。　五年閏二月五日，新知揚州葉煥言：乞降指揮，就近借撥錢二萬貫文，充酒務造酒、米麴本錢，候收鈔課利，節剗撥還。詔支降錢五千貫，一半令鎮江府權貨務支給見錢，餘令禮部給降兩浙空名度牒、紫衣、師號。　五月十日，江南東路轉運判官俞俟言：州縣酒務課利自軍興以後節次添收諸司錢，及增長價錢，並收充上供，如兩浙路錢及一半，江東路亦逾三分之一。近歲米麥高貴，所

所得利息不能給諸司等錢是致州縣不復究心措置止是近及舊額更
不增趁乞將紹興六年後三年課利取一年酌中或最高諸司錢數立為
定額如額外增羨更不分諸司等錢庶使州縣可以極力經畫趁辦以助
用度不為小補戶部言欲依所乞仍令轉運司官取索錢三年最高之數
具收申朝廷立為定額從之　六年十月七日成都府潼川府夔州利州
等路安撫制置大使席益言奉詔令益相度減罷四川酒務監官今相度
下項一裁四川州軍縣鎮酒官共一百七員一鎮市酒務係收息微細如
處已行廢罷潼川府路資州資陽縣三江鎮各裁減一員渠州鄰州各減
二員一改置酒務專差監官緣自來係四川都轉運司踏逐差注乞今
令依選法選曹歷任有舉主無贓私罪犯人申四川安撫制置大使司差
從之　十二月二十八日詔諸縣酒務不得行獨科率人戶納錢如違仰
監司按劾聞奏取旨行遣及許人戶越數以臣寮言江東饒州諸處屬縣
官賣酒者別置比較務科定人戶納錢收錢既多刻亦取用民不堪之故
有是命　七年四月二十四日詔措置戶部贍軍酒庫所已降指揮之將所
得息錢等每旬赴左藏庫送納令樞密院催促朝廷指揮支使　同日戶
部侍郎梁汝嘉言勘會戶部酒庫八處除已措置五庫關活外有三庫

卷一萬七千五百五十九

九

行創置又自今諸庫路造麴蘗爭務漕瀚全籍官屬監督應辦元申請畫
一乞於見任官內權差屬官二員已差主管文字一員委是難以分頭幹
辦今欲依元申請更權許置幹辦官一員亦於見任官內差依請以九
給人從依主管官已得指揮候就緒日減罷　七月二十七日臣僚言諸
州管下外縣酒稅務監官例是兵官緣粉錢日收多寡不定難於監察多
寡是以餘數貼納酒息郵將所造酒隨人情多數加饒及別造好酒應副
見任寄居官百端作弊或有偷漏稅錢以酒息貼納去處情弊不一今欲
將双員酒稅務各差官主管從之　十一月六日戶部尚書章誼等言欲
於行在置贍軍酒庫諸依令戶部擬一日係具行自併申尚書省於是戶
戶部言一乞委司農寺丞蓋諒同兩浙運副注思溫措置應副一逐庫所
官乞委官一面踏逐諳曉場務造酒次第有心力官權差一員乞以措置
戶部贍軍酒庫所為名一合用本錢乞於浙東州軍合發總制司錢內截
撥五萬貫循環充本又使從之　八年二月二日戶部員外郎周棗言乞
將臨安府都酒務後洋比較龍山江張橋四酒務係自來依法所置權依今
舊外自餘創行興置并諸軍無齊降指揮酒庫御店並行改充戶部贍軍
知臨安府酒務史欲於西且權南北較務一處戶部所置贍軍較庫緣

創置之物全要腳店拍戶敗取課利淨息若不將逐處酒庫並行拘收委
是侵損法貨不行今欲將臨安府都酒務後洋比較龍山江張橋四處并使
與存留南北較比及安撫司酒庫各一處並行依舊外其餘去處並所依
乞從之　九年四月二十八日戶部言殿前使酒庫已撥歸戶部今來添
創五庫每庫合差監官二員承襲合從朝廷及戶部差辟或合依所依已
降指揮差辟并使臣一員仍許通差校副尉下班祗應每庫分一名當為
人一名其請給抽差理為在司月日承給等並依已降指揮諸監官合措
置贍軍庫庫所依已降指揮差辟一次餘並依　十年閏六月一日戶部
侍郎張澄等言臣寮乞罷措置所官吏乞辟戶部仍委一左曹郎官承領
之詔令戶部措置裁減申尚書省今措置下項一措置官合留人吏一十
人今欲依臣寮申請罷措置所官吏本部差左曹郎官兼領所除本衙
業無例領差本路漕臣一員同共應副其行移乞以點檢贍軍酒庫為名
人吏等聽於本部并選司及諸處官司差所有合行事件令所委官
郎官別行條具申取朝廷指揮一本所官屬共五員今除主管文字官一
員欲存留兼管錢庫並幹辦職事起發官一員欲存留點外餘所行欲
官錢庫官措教官並行減罷其幹辦官下手分欲隨官罷并減庫欲減罷

卷一萬七千五百五十六

十

貼司一名一令歲減罷官乞依省罷法施行人吏法歸元來去處一措置
所前後支降過物前今限一月收簇見數細造帳令比部驅磨出訖人吏
減磨畢日發遣一除今來減罷官吏外餘欲並依前後已降指揮施行
行依例施行從之　二十四日戶部員外郎陳康伯言今來點檢贍軍酒
庫其行移乞以點檢贍軍酒庫為名兼總領曹郎中別無印記欲乞權賜
用措置所關到印記行使仍差本路漕臣一員同共應副近承朝旨差兩
浙運副張匯兼行措置贍軍酒庫今來合就本官兩浙應副會差副漕二員
措置贍軍酒庫所有存留官屬使臣等欲乞並以點檢贍軍酒庫所幹辦
呼從之　十月十六日陳康伯言所管贍軍十一酒庫并翻戎庫一
十三處今諸軍發納課息即自罷辦添造歲計欲酒金要人充見王官
行遣緣舊來措置所係手分四名今點檢贍軍酒庫止許手
分書寫人各二名委是人力不勝乞量添手分書寫人各一名相兼行
遣文字從之　十一月十五日戶部言點檢贍軍酒庫自來止用關防印記
奏使印記兼印文與庫名稱不同乞下文思院改鑄印一面以點檢
贍軍酒庫八字為名從之　十二月三十日兩浙轉運副使兼點檢贍軍
軍酒庫張匯等言措置贍軍酒庫所置幹辦官一員近承指揮減罷改作

點檢贍軍酒庫差戶部左曹郎官專一主管令乞差轉運司主管帳計王曮不妨本職兼管仍每月量爲添破茶湯錢二十貫文依例於本所收到五釐錢內支給從之　十一年四月二十日監行在戶部點檢贍軍酒庫麴院張晟等言乞令點檢酒庫官將贍軍酒庫官屬比類行在場務依寺監點寧法薦舉吏部窃詳逐官並係贍軍酒庫官屬其點贍軍酒庫官郎即未有立定許薦舉條法今來逐官所隸在外贍軍酒庫係有本路監司守臣及戶部長貳薦舉其行在諸酒庫官止有長貳并左曹郎官許及以行薦舉乞來行在場務令點檢戶部郎官一員兩浙漕臣一員依寺監卿少法舉從之　十二年九月一日詔鄂州諸軍酒庫令總領司罷置班麴院令軍中一面措置　十三年九月十日詔淮東總領司酒庫止於元置州軍淮西江東總領司止於建康府揚州安府司止於本州開沽即不得更於別州縣村鎮擅自添置腳店日今現有違法擅置去處日下停閉內諸軍有似此開沽去處依此以臣僚言總領司元拘收到下酒庫本於置司處沽賣初未嘗散在諸州縣鎮止緣小使臣干求權局遂以總領司腳店爲名不以遠近於所在州縣村鎮旋行添置酒庫開沽況諸州縣鎮自有係省酒務今又總領司腳店侵奪省課是致係省酒務大有虧欠有欠又安撫司元置激賞酒庫本於置司處沽賣近來亦緣成就小使臣權局遂於管下諸州縣鎮增置酒庫以安撫司激賞爲名其侵奪省課與總領司事(一)體同故也　十五年七月一日詔夔州路將建炎三年後來應係添置酒店悉行拖罷其大軍折估錢却將本司別項錢物令四川都轉運司對數取撥補填以四川宣撫司言夔州務緣係萬戶酒地分舊額酒店止有一百四十五處建炎三年內創添置六百餘處約增額錢四萬二千九百餘貫應副大軍折估緣本路鄉村荒僻民物蕭踈與東西兩川事体不同故也　十二月二十一日詔南北十一酒店並充贍軍激賞酒庫隸左右司令宗說依舊兼點檢　十七年四月五日尚書右司員外郎兼點檢贍軍激賞酒庫所宋說言本所管準備差遣三員並是權差在所幹當日逐分差往裏外酒庫監督稽察從來未曾正行差撥乞將準備差遣許從本所於小使臣并校副尉下班祗應內路逐通有心力能幹事慣熟人辟差充填上件窠闕與理爲資並二年成資罷從之　六月二十七日詔省四川清酒務監官成都府二員興元遂寧府漢綿邛蜀彭簡果州各富順監并漢州綿竹縣各一員從總領司措置裁減也　九月二十六日詔省臨江軍元散酒務以額錢併歸在城務從本路諸司請也　十九年

十一月十四日南郊赦州縣係省酒務自合如法醞造沽賣收趁課額訪聞近來監專多不用心措置多端作弊遂致課額虧欠往往減少米麴造酒科配鄉村仰令保正長認納價錢種種搔擾重困民力仰諸路轉運司日下禁止仍令提刑司常切覺察如敢依前科擾即將當職官具名按劾以聞及許人戶越訴　二十一年三月一日知歸州俟洛言歸州巴東興山兩縣人戶舊來送納麴錢從便造酒沽賣以所納麴錢樁充逐年上供起發昨緣本州招致義兵遂於兩縣創置務差本州指使監賣應副一時支遣所有義兵當時便行放散其兩務後來吏部因而便闕差官其兩縣係是山僻小邑人戶蕭條全無課利委是虛破官吏枉費廩祿匪昨已具因申朝廷乞罷兩務依舊降指揮令人送納麴錢從便造酒沽賣令已已蒙朝廷送戶部本部行下湖北路師司及諸司審度經久利便連書保奏去訖至今未見逐司保奏前來望令戶部催促逐司保奏取旨上四四州酒課昨緣軍興張浚用趙開創置隔槽令既罷兵可令戶部取索措置至二十五年五月八日詔省歸州巴東興山兩縣酒務令人戶依前送納麴錢以本路諸司審度如所請實經久利便故有是命又至三十一年二月九日以荊湖北路諸司奏乞依舊存留止減罷監官令知縣兼管從之　二十四年正月三十日詔四州酒務監官今後四萬三貫以上場(三)務增及一倍減一年磨勘二倍減二年磨勘三倍減三年磨勘四倍減四年年磨勘二萬一萬貫以上場務增及一倍減三季磨勘二倍減一年半磨勘三倍減二年磨勘四倍減三年磨勘七千(貫)以上場務增及一倍減三廿季名次二倍減一年磨勘三倍減一年半磨勘四倍減二年磨勘七千貫以下場務增及一萬貫減一年磨勘二萬貫減二年磨勘三萬貫減三年磨勘四萬貫減四年磨勘先是四川酒務係人買撲紹興元年改作官監權以建炎二年人戶舊買撲淨利錢數立額任滿比額任滿各立定等賞給自立之後連年併增若止依元初買撲一界額錢依舊紐賞顯屬太太優並是戶部有請故有是命　六月二十二日詔知臨安府兼點檢錢軍酒庫郎與兩浙漕臣兼領上件職事一同許令薦許令以前監行在贍(贍)給西酒庫管轄有請也　二十五日三月二日詔罷逐路漕司寄造酒以待御史湯鵬舉言諸州縣寄造酒不支本錢不分諸司專用好米逐歲增添不已本務酒未賣必要先賣諸司錢未解必要先解故也八月二十四日戶部言舊法品官之家有官酒者不限數若私自醞造沽賣已有著格罷賞禁約紹興六年續降指揮州縣寄居官及有蔭之家造酒沽賣一

等作杖罪科斷賞錢三百貫仍作本州縣界與舊法牴牾今欲依舊法從
之　二十六年二月三日上諭宰臣曰近知榮州黄庭堅川中隔槽酒甚
擾民户當時是張浚趙開以軍興窘於財用行此以濟一時之急今休兵
既久内外無事自合更革魏良臣言已令户部鍾世明看詳上曰須是行
下本路漕臣相度措置方得曲盡利害　二十七年五月八日總領四川
財賦軍馬錢糧所潼川府路轉運司奏準詔四川措置隔槽酒務有敗壞
去處改作監官以便户槽令相度見依人户自備本柄趣大軍贍折估若
行改置官監合用年計本錢不少無可應副於贍軍課額轉更虧欠既是
槽户認定月額其監官別無職任累據諸處槽户陳狀皆願廢罷監官抱
認課額尋下諸州相度及諸處漕户陳狀合廢罷及裁減共三十三處計
減監官三十五員委是經久利便從之　二十七年七月十五日權户部
侍郎林覺言點檢所共十一庫每庫除監官外又置掌官管物使臣各一
員并酒匠攢司手等所費請給不少本所又別置準備差遣使臣三員每
每員除本身請受外逐員別破添給等錢各三十六貫緣逐官別無窒難
職事委是虚費傾禄乞存留逐庫掌管官物使臣外所有點檢所使臣三
員並罷從之　二十八年五月七日臣寮言請乞罷諸路州縣官監酒務

止賣萬户酒上曰此事尤是難行若可改作豈至今日因論及諸處坊場
本籍名課所入以佐國用前此惟令百姓買撲餘皆不許似非通法往往
緣此失陷不少宰臣沈該等奏曰近已將敗闕場務不以有無拘礙許人
承買雖微償其額却無侵闕去處日後漸增所得反多上極然之　七月
十一日上宣諭宰臣曰監酒多差小官朕頃在河朔蓋嘗目擊其弊自初
糴米造麴處固已減克比至沽賣往往多量勝合應副人情以至課額虧
損陷於罪戾皆此徒自取之也宰臣沈該等奏曰誠如聖訓其間不無此
等然自有法禁　二十九年二月十一日四川總領所夔州路轉運司言
乞廢罷官監場務改為坊場令有罷監官三十一員各是積年敗壞及槽
户先行抱認去處其餘隔槽酒務槽户不願罷罷乞依舊存留亦未敢盡
行改革候將來見得槽户委是利便即續依此措置至是可其請　紹興
二十九年四月二十六日詔鎮江府駐劄御前諸軍所管酒庫令累滿日
更互一界從都統制劉寶請也　六月十六日兩浙路計度轉運副使趙
子潚言得旨根治華亭縣科敷煮酒者今根究到本縣酒務所造煮酒除
趁好醇厚酒諸色拘户等賒買少欠價錢八萬餘貫合行追納公吏沐鮹
黄酒科數人户等少欠價錢六千五百余貫詔科數人户等酒錢特與除

放　閏六月二十一日利州西路安撫使判興州吴璘言欲乞將興州長
舉縣魚關酒場依舊令本司抱認每月除課利合納淨利錢將餘剩息錢
補都統司贍將兵支用從之　二十六日詔今後諸酒庫監官任滿或
成資或替新官任到並委本所屬官一員同新舊官監交如有少欠錢物
自截日終令所委官具的實數目及納錢庫分有無拖欠未納之數取索
朱鈔點磨以憑批上印紙仍具少欠物申取朝廷指揮責罰如官到新任
之之後起發本庫官錢了足依格推賞外若能補到前官少欠錢每二萬
貫與欠一年磨勘仍聽累賞如不及數更不推賞仍會問所屬庫分委是
實納年月別無差互取索朱鈔照應繳關司勳審覆方許給據從户部點
檢激賞酒庫所請也　七月二十日廿日詔户部點檢激賞酒庫所南外庫見
趁額錢十六萬貫東外庫一十四萬六千貫減作一十五萬貫減作一
十四萬貫為額以歲減移寨界分窄狹故也　三十年正月三日户部侍
郎部大受專一點檢措置贍軍酒庫先是委左右司專一點檢緣趣辦不
數故有是命　二十五日詔點檢贍軍激賞酒庫所增置新中酒庫一所
監官從本所不以有無物礙選差務滿別無遺闕優與推賞候至來年
額見得逐年額數增虧賞罰仍與倒累賞如係諸庫見任官内改差有許

通理前月日賞典如能用心措置早見就緒亦從本所保明申奏朝廷任
優與推賞從之　七月六日户部言本部長貳歲舉轄下選人改官五員
近以贍軍激賞酒庫隸屬户部將户部見薦舉員數内撥一員舉酒庫官
專委官點檢措置切緣户部所轄去處選人員多望將上件一員依舊却
歸户部長貳薦舉本部轄下官從之　八月七日臣寮言酒庫之設正為
贍軍今權豪恃勢競為私酤開劍酒庫肆布在諸處所知者如都亭驛相
對如教坊相對如内錢西街之南如八盤嶺之南如七寶山如西溪方井
等七處間以打贍軍酒牌為名人多用巨舟白湓對五本樂社等坊場載
酒以米散在内外酤賣造麴用麥動以數萬斛計所用糯米並於浙西産
州軍托使錢物節次收羅載來先貯於東倉側近俟支軍人月糧令坐倉
糴所請米却般運以歸糯米又轉運司臨安府及諸貴顯之家坐船兵兵
稍等人類皆備習私酤望委清彊官逐一体索重作施行如般載拖卿酒
及米麦等亦五貫許人告詔令户部臨安府措置仍出榜限五日止絶如
限滿依前違戾仰户部臨安府差人收捉具姓名申尚書省取旨重作施
行　二十三日詔點檢所不時較定將增額裁增庫分監官并匠等量行
倘故無歲不得過三次若監官任滿有增無虧許再任一次如已差下替

人部許差填別庫名闕或施優不職致隱官物有虧課額別行差人祗備。以戶部侍郎錢端禮之請也。　十二月七日，總領淮西江東軍馬錢糧所言：建康府戶部贍軍四酒庫昨承降指揮差屬一員兼行幹辦，後因言者申明減罷，遂致諸軍人無鈐束，致所錢日益虧少。照對本所舊令收息見在屬官一官兼主管上件職事，止是給茶湯錢十五千及破手分一名，每月請給錢二十三貫有零，所省官吏請給不多。今乞依舊許於見任屬官內選差一員兼管，所有茶酒食錢乞依元降指揮外，其手分食錢只乞依無管屬官体例支給。從之。　二十九日，詔戶部行下委提刑司措置諸州將公庫違法置店賣酒日下改正住罷，其諸州巧作名目別置酒庫，謂如軍糧酒庫、月樁酒庫之類，并省務寄造酒及帥司激賞酒、防江酒庫應未分隸經制錢去處，並日下窠名分隸，補趁虧欠元額之數。及令漕司逐月守倅竭力從長措置，省務立定酒價及如饒的實折閱數目，借本循環圓融補趁，自紹興三十年為始，須管從實拘收，隈次季孟月上十五日以前差官管押離岸盡絶，不得于帳內存留見在，却稱見行起發，致作情弊，務要歲終數趁足額。如日後尚敢循習違戾，致依前虧欠，州縣委提刑劾奏；如憲司依前不行覺察，許本部按劾。以戶部侍郎邵大受等言內外歲計賴經總制窠名至多，今稽考諸路一歲虧欠二百餘萬緡，皆緣諸州公使庫廣行造酒，置店酤賣，及巧作名目別置酒庫，或于省務寄造，並不分隸，侵奪省司課利，致諸路酒務例皆敗壞，虧失國計故也。

長二萬七千五百五十九

十五

酒麴雜錄下

紹興三十一年正月六日，權戶部侍郎趙子潚、錢端禮言：財用之源，實出酒稅。比年以來，州縣酒務盡皆敗壞，榷酤之利徒存虛名。守令間有留心於其間者，或委官以察其侵欺，或併務以省其浮費，措置百方，終不見利。欲乞令諸路漕司與守臣從長商榷，庶幾可以責其悉辦。所有逐州相度到事理，即漕司限兩月條具申朝廷。今具下項：一、諸路州縣酒務不等，一有若本至收二十余千文，價既高，酒味淡薄，是致私酤聯盛，官賣日虧。乞州責之郡守，縣鎮責之縣令，別立省則，或稍損酒價，多造佳酒，廣行沽賣，務及祖額，分撥諸司經總制等名色起發。一、諸路州縣察舉猖獗，追私酒侵奪官課，遂補因官因習以為常，不能禁絶。今欲乞專令相度何道可以禁戢，或別有可以政更措置利害，關具申請。一、諸路州郡有因併務課利增羨，或因帑務却致酤賣不行，蓋緣所在風土不同，欲令從長相度，務在增羨。一、應諸州縣酒務別差強壯廂軍充雜役，三萬貫以上二十八人，以下十五人，已庫丈之費並依條轉支，專一監官置錢，自今依數支給。從之。　二十八

日權戶部侍郎專一點檢措置贍軍激賞酒庫錢端禮言新中酒庫自去年二月十四日開沽將及一年未曾立定歲額今參酌欲每歲以二十萬貫文為額與監官任滿增虧賞罰並依諸酒庫体例施行從之　二月十七日崇信軍節度開府儀同三司領殿前都指揮使職事趙密言殿前司諸軍酒坊共六十六處正破官兵数多妨廢教閲欲望行下戶部委所屬州縣措置令上戶承認開沽其逐坊見欠官錢拘收歸戶部充還見管本錢外所有現在逐坊煮酒米麴屋宇法物等乞令戶部委州縣交管免致侵漁之弊從之　十九日少師寧遠軍節度使醴泉觀使恭國公楊存中言臣有本家買撲酒坊九處二臨安府鹽官縣芥子坊二處硤石鎮坊四處石門旱林蔣芥子坊二處一湖州千金坊芥子坊四處新市鎮坊芥子坊一處烏墩鎮坊上伯坊一秀州魏塘坊劉湲坊謹具進納望令所屬交割給令戶部拘收　四月二十九日戶部言據兩浙轉運副使王時升等言殿前司獻納兩浙路買撲酒坊承指揮就用元差使臣主管依舊開沽從本司檢察乞將所趁息錢以十分為率七分起赴行在三分應副漕計支用本部契勘殿前司酒坊并楊存中獻納內上伯硤石兩坊共六十五處報到一歲所收錢內除材荻篇兩坊未發收錢外其餘六十三處除

納名課等支用外實有淨息錢四十余萬貫起赴左藏庫納送今照得行在每歲合用馬草紹興三十一年計三百六十萬束每束支降本錢一百文省計錢三十六萬貫年例係用權貨務印造見錢關子一十五萬貫外余錢本部科降令法窠名錢令兩浙轉運司于浙西州軍收買所有今年分合用本錢並未曾申明科降本部今度相乞將前項酒坊並撥赴兩浙轉運司依已降指揮檢察措置開沽將收到息錢專充收買歲計馬草本錢支用餘錢充漕計都將今來減下逐年合降買草本錢應副收糴馬料已後年分亦乞依此從之　三月八日楊存中又言臣先將本家買撲湖秀州臨安府界酒坊九處并發酒子坊一十三處進納御前令戶部交割所有逐坊見在酒麴拼柴法物器具什物屋宇照元價折錢七十二萬餘千余貫望下戶部行下逐坊交割從之　十九日知紹興府宋棐言准詔蕭壁楓橋兩坊令紹興府承買開沽除認納名課等錢外將收到息錢逐坊各每年認發戶部息錢四萬貫分四季起發今來本府認趁辦戶部上項息錢不敷官吏空負罪責更不敢再行申乞減退息錢承買乞將逐坊改充戶部贍軍後批送戶部勘當勘尚書省本部勘會楊存中獻納酒坊將鹽官等坊已承指揮改作贍軍激賞酒庫差官措置開沽將收到錢

錢起赴左藏庫送納應副大軍糧食等支用欲依宋棐所乞理事將逐坊依鹽官縣等七處酒庫体例改作贍軍激賞酒庫所有合差監官並并合干人及存留舊官應所行事件並乞依鹽官縣酒庫等体例從之　十月二十九日戶部侍郎劉岑等言楊存中昨繳獻納兩浙酒坊七十四處本部將鹽官等九處並改作贍軍激賞酒庫差官措置開沽歲收息錢四十余萬貫應副大軍支用其餘六十五坊係委兩浙轉運司檢察措置開沽今照得數內湖州德清武康上伯和平秀州新城永樂當湖平江府平望程林支塘常州海郡社等坊自來人煙繁盛係是三萬以上場務賞有未賣煮酒二十餘萬斛欲將德清等一十一坊作八庫並依鹽官等九坊体例改作贍軍激賞酒庫從本部選差監官前去措置開沽從之　紹興三十二年六月十日（孝宗即位未改元）戶部言鹽官等九酒庫依已降指揮拘收措置改作贍軍激賞酒庫若差置吏開沽立定額錢收課息錢比較賞罰照得行在酒庫照條官從諸庫煮酒收息錢及二十萬貫減一年磨勘計日累賞所是本部官亦依上件体例從賞每歲減磨勘通不得過四年從之　七月二十三日戶部言殿前司元獻酒坊取撥歸戶部外有五十二處一歲計收息錢二十餘萬貫見係轉運司檢察其兩浙

轉運司官乞依照檢所并已降指揮每收息錢及二十萬貫減一年磨勘計日累賞每歲減磨勘通不得過四年從之　八月四日四川總領制置使司言永康軍青城縣管下陶壩鎮見管酒官一員以一小鎮課額微細卻置酒稅兩監官委是冗員今相度欲省併酒官一員就委稅官兼管從之　九月二十七日知臨安府兼權戶部侍郎趙子潚言殿前司獻酒坊共十七庫已降指揮令本部差官管幹其五十二處正撥隸兩浙轉運司檢察內二十四坊元差軍中使臣二十四人管幹其餘逐坊乞專委兩浙漕臣同諸州守倅責逐縣知佐召募土豪人戶開沽量坊大小官給本總定息錢從戶部將增息錢與比類敷錢米格法添補官資以後逐年依壓轉仍從本部辟差諸路酒判文武官各一員專一往來檢轄酤賣務立課利增廣其逐官請給人從欲並依照檢酒庫所主管官体例詔三省差官二員專一措置管認戶部兩浙運司元額趁辦外如有增羨申朝廷進優與推恩仍令吏部郎官儀侯措置兩浙西路與馬點鑑保後考同措置與諸庫監官新鑑置中尚書省改易與機鐵等措置已以措置兩浙贍賞酒庫所為名仍鑄印一顆所管諸坊三十一處並依自慶常賣諸設乞將三萬貫以上課額差監官二員不及處止差一員與諸坊措置並以

某州縣榷貨酒庫爲名內額少處更不差官止令比近監官兼如收息增剩即從本所月增食錢三萬貫以上三十貫二萬貫以上二十五貫一萬貫以上二十貫一萬貫以下十五貫並於五釐等錢內支令減負闕以三負剏殿前司舊例各分管拋轄諸庫其合分隸五釐等錢乞於行在擇係官屋宇置庫一所以本所錢庫爲名仍差使臣充監官及檢察除一萬貫以上場務收息賞罰依紹興十二年已得旨外一萬貫以下四諸坊米麴有立定賞罰令比擬收趁息課任滿及額減半年磨勘占射差遣一次比額每增一分以上與減三箇月磨勘亦許累賞若比額每虧及一分展二箇月磨勘如內增剩多處任滿從本所保明再任每歲比較以額外所增息錢十分爲率支一分充監專合干人均賞所有移依式及盤官等事內並乞依照檢所已獲之旨從之其措置官賞務依照檢落軍激賞酒庫官例　十一月四日詔浙東西榷貨酒庫令揚俟梁俊彥疾速前去措置候有成效擬歸戶部及兩浙轉運司　十九日詔揚存中所獻酒坊除見減四十余萬貫並與蠲免從殿中侍御史張震請也

孝宗隆興元年十月十七日詔太平州黃池酒坊名課錢依酵費油瀚令本州買撲從知太平州林鎬之請也　二十三日詔糯米糴場依舊開置

卷一萬七千五百五十九

十八

先是御筆付戶部尚書韓仲通四開近罷糴場分遣庫官於諸州糴米雖非良法將來歲課不足當如之何可具實利害奏來至是仲通乞依舊存留未幾侍御史周操復言置場日久弊端百出方罷復置未知今作如何措置奉詔仲通限三日措置以聞至是仲通言自今不許除糴糯米其監當官任內合得酬賞去替一年內未許陳乞候至任滿見得拘催備數足足方得陳乞推賞羅場專知官歲久爲弊今後以二年爲一界承替羅場舊令貴米牙人充斛子今欲於下卸司選兵士斛子五名每半年一替其商賈糯米到場有作弊者以下等米支請上價欲委監官躬親定驗米色價數常切覺察從之　二年七月十三日右正言晁公武言私酒及私麴之禁蓋有成法未聞有糯米之禁其罰至於毀折舍屋者皆因王會知湖州日創行之至今州縣以爲例欲望行下諸路監司嚴加禁戢若州縣輒有禁糴糯米及毀折犯人舍屋必罰無赦從之　八月十三日詔措置所簽廳官吏並罷其錢庫監官大使臣一員令沈度等辟差光是考功郎中兼簽措置贍軍榷貨酒庫沈度等言措置所簽廳見有官二員內一員科辦公事已是合減罷存留終任之人又一員主管文字不係減罷隸簽廳別無緊切行移文字止是諸庫納錢及支錢關決經由而簽廳一司人吏凡

十餘人平時誅求諸庫幾不聊生或於支給錢本之際勒掯擾擾減尅其幹辦官又兼措置糴場月利添給而利害曾不經意沈等以郎官兼檢雜爲引用從官体例自不合置簽廳所有錢庫當官收支只乞差置大使臣一員以監錢庫爲名置庫于措司貼司各一名應殘省費故有是命　九月八日詔浙東酒庫自二萬貫以上庫分並依行在体例置專知官一名並以二年爲界所有二萬貫以下庫分更不差置止令監官管幹趁辦課息仍將見置掌管錢物官日下並罷先是考功郎中兼檢措置浙東榷貨酒庫沈度等言浙東諸酒庫見置掌管錢物官七員浙西三十一員止是勸司收支繫押簿歷既不理任亦不批書設有課利虧欠官物銷折並不干預顯是虛設冗員徒有費耗故有是命　十月十一日權發遣臨安府黃仁榮言今歲水傷糯米踴貴乞將贍軍諸庫及省司酒務於見賣清酒每斛權減作三十八斤一等打發船賣詔減作三十四斤　十二月十六日德音楚滁濠廬光州盱眙光化軍管內并陽成和州襄陽德安府信陽高郵軍州縣官卻請給等全賴當職官措置酒稅利源補助經費如或不足亦當申所屬監司斟酌通融那移不得困緣科斂百姓如違許人戶越訴當職官吏重寘典憲　乾道元年正月七日詔德壽宮供進御酒令本

卷一萬七千五百五十九

十九

宮置庫醞造令兩浙轉運司每歲支供糯米五千石　二月二十日四川總領所夔州路轉運司言今相度廢罷忠州豐都縣酒稅官乞令知縣兼監所減監官請受並與糟戶減免庶使優潤從之　三月十六日監行在贍軍激賞新中酒庫應材言乞將止庫改爲新中南庫子庫改爲新中北庫每庫添監官一員從之　五月十六日司農少卿兼措置浙東榷貨酒庫陳良翰乞將管下酒庫十四處監官十九員裁減尽從朝廷差注其存留使臣有界內勞久合拘收已更留二年成資並監官縣庫長安子坊及諸暨縣庫桑溪子坊兩處係要鬧所賣浩瀚欲各置監官一員其他諸庫子坊更不差官令所隸酒庫召本處土著有抵產人戶充募作管幹人每月賣酒錢一千五百貫以上月給食錢十五貫文省一千二百貫以上月給十貫文省不及一千貫月給七貫文省依舊於本庫收到五釐雜收錢內支給從之　十八日詔諸酒庫除本任司撥桑名錢利補納前官拖欠每及五千貫令本所驗實於所收寬剩錢內給五釐充賞賞加五千貫支二百五十貫之類監官三釐專匠等二釐以權刑部侍郎兼權點檢贍軍激賞酒庫王勿言贍軍激賞十五酒庫每歲認發罰錢共一百八十四萬餘貫趁額不敷若不量行增賞慮激勸不行故有是命　七月三日詔浙

東西措置犒賞酒庫共六十四庫撥付三衙分認課額令逐司旋差人
交割令戶部依此以十分為率殿前司四分馬步軍司各三分其息錢毋
歲分上下限赴左藏南庫輸送錄息充逐軍贍軍及造軍器等　十三日
司農少卿兼點檢措置犒賞酒庫陳良弼言湖州長興縣有管和平瓶窑
一所今來和平酒庫已撥付殿前司所有上件瓶窑乞從朝廷一就撥付
殿前司交管依元額認發息錢從之　二年三月十六日戶部侍郎曾懷
言行在贍軍激賞十五酒庫全藉監官悉心措置近來多有施慢不職課
額虧欠乞許本所申奏與換授嶽廟從臣差擇不以寄居待闕文武官抵
替及依已得旨先次權攝一次李侁果可倚正行辟差從之　四月九日
詔廢罷開州溫湯井渦槽酒務監官就令監鹽井官同清水知縣兼監正
令槽戶兼收仍督責槽戶須究心趁辦務要增羨　五月二十五日詔臨
安府安撫司酒庫悉歸贍軍并將贍軍諸庫共併為七庫臨安府及安撫
司酒務令戶部取三年所趁息錢以一年酌中之數立為定額却于贍軍
庫息錢撥還以戶部侍郎兼點檢贍軍激賞酒庫曾懷言行在贍軍諸酒
庫比年以來虧欠日積自紹興三十年前總諸軍所欠已數百萬貫三十
年後截日終所欠二百餘萬貫緣酒庫相繼增添見今已十五所又庫子

卷一萬七千五百五十九　二十

十一所並臨安府安撫司酒庫六所共三十二所互相撓奪緣此利入之
源盡歸柏戶以致失陷官錢故有是命　同日尚書戶部侍郎兼提點贍
軍激賞酒庫曾懷言近省併諸酒庫並減監官正欲鈐束諸處及點磨簿
帳事体繁重乞復置簽廳主管文字一員幹辦公事一員從之　六月二
十日兩浙轉運司言嚴州蘭溪酒坊年納常平名課等錢一萬四千餘貫
及雜戶部息錢二萬貫近來本坊沽賣遲細名課息錢積壓拖欠據本坊
申稱有接界新建張省二坊敗闕無人承買乞依條抱買從之　七月二
日詔贍軍酒庫以隆興元年分淨息錢為額臨安府安撫司六務以隆興
二年分淨息錢為額　十九日詔應諸路人戶買撲酒坊不問已未敗闕
盡許特依紹興二十七年之制除見欠官錢并在役軍吏外不以有無拘
礙並許以見管已產抵當承買先是臣僚言天下坊場敗闕者甚多暗失
財賦不可勝紀嘗究其弊蓋買撲坊場抵當用本動以萬計非豪右之家
不能承而豪右往往多有官蔭及得解進士依條不許買撲引用紹興二
十七年九月指揮故有是命　二十二日知襄陽府陳天麟言乞以新置
激賞酒庫依荊南鄂統司并湖北京西轉運司添置酒庫例充分隸經總
制錢從之　十月九日詔將諸州軍外坊紹興三十一年至隆興元年拖

欠酒錢並放以後年分依元立期限催納從戶部侍郎曾懷請也　十一
月三日三省言溫州諸路將酒坊趁額不及課利違法科敷民戶其提舉
官並不禁止詔令提舉官究察具析申尚書省疾速禁止如更有科擾之
處做此　二十七日戶部侍郎兼點檢贍軍激賞酒庫曾懷言行在贍軍
酒庫併作七庫地里闊遠年計浩瀚欲望各添辟監官一員從之　十二
月十二日臣僚言贛州并福建路廣南等處以煙瘴之地許民間自造服
藥酒以禦煙瘴謂之萬戶酒小民無力醞造推沽之利盡歸豪戶乞將應
造酒之家將所造之酒經官稅畢然後出賣仍將稅錢樁發行在戶部看
詳逐州軍風俗不同又事干財計乞下江南西福建廣南東西路轉運司
從長相度從之　十六日詔建康府笪橋酒庫并見管錢物米麴酤清銀
器什物及腳店等並依舊撥還蕭鷓巴軍差人前去交割管幹開酤收息
錢充激賞等支用　四年五月七日左司諫陳良祐乞行萬戶酒却將坊
場於畝頭均納以其言付戶部侍郎曾懷商度既而上以為難行寢其奏
蔣芾奏目前利害未甚見永遠却為百姓之害且臣每聞玉音云他時財
賦稍從容當為百姓蠲減非泛科須折帛之類今以坊場錢均之畝頭自
陛下始只利造酒大姓而非細民之利也上語曰誠如此陳俊卿曰今州

卷一萬七千五百五十九　二十一

縣殘在急於財賦捕私酒甚嚴至於無酒而遭執者小民無所伸訴或至
破家但當嚴於禁戢此弊也上曰此全在守令王炎曰守令若賢雖弊法
亦不為民害如其不然雖良法美意反害於民也上曰誠如是作法於涼
其弊猶貪作法於貪弊將若何俊卿曰願付有司條約捉私酒之弊不
至濫及平民則雖不變法可也　九月詔四川酒務十萬貫以上場務酒
官任滿與減四年磨勘謂如在任三年依額趁收共及三十萬貫文以上
之類下准此　五萬貫以上場務任滿與減三年磨勘　三萬貫以上場務任
滿與減二年磨勘更與占射差遣一次　不滿三萬貫場務任滿減二年磨
勘以上選人比類施行並以三年為任若滿三年即推全賞成資替者減
三分之一推賞兼監官知縣並本州知通比正監官減半賞罰其已廢罷
官監將酒務專委知縣拘催官錢去處任滿催發應干錢足依正監官減
半推賞如管兩務以上即併逐務酒額錢作一等推賞諸州倚郭知縣更
有在州酒務不係罷監官去處其所得兼監官減半推賞而應得者從一
高等推賞從四川總領查籥請也　十月十八日詔淮東州軍有敗闕停
閉酒坊出榜限一月召人酬價不以及與不及元額但所封日取酬價最
高人給付權以一年為界每界增錢一分接續開酤仍令勸諭坊抱認名

課從本路提舉司請也　十一月十日詔婺州蘭溪酒坊所認淨利錢二
萬貫量減三千貫自乾道四年為始從兩浙漕臣沈度之請也　五年三
月六日提舉江南東路常平茶鹽公事翟紱言饒信兩州諸縣多醞私
酒擅於鄉村村置立拍戶抑勒鄉人沽買錢每月月三二百文騷擾人民
撓奪常平坊場課利詔即日盡罷計監司察覺　四月二十六日權主管
殿前司公事王逵言本司嘗浙東西酒庫二十四所瓶窖一所元係戶部
措置所撥付本司今乞將上件庫仍舊還戶部開沽及將諸軍見占本為
官錢五十一萬貫並獻納朝廷乞行下所屬拘收措置從之　五月八日
總領四川財賦軍馬錢糧所言利州係本所置司去處其在城清酒務措
置收息贍軍乞以四川總領所贍軍酒庫為名從之　二十八日詔鎮江
府都酒務監司二員內減罷一員日後止差一員其見任人且合依舊已
差下人依省罷法先是鎮江府言本府都酒務每年合趁額錢三萬六千
餘貫本務監官保義郎張師文右文林郎葉松年到任已及一年止趁得
錢六千餘貫比額計虧二萬餘貫及拖欠本府并經總制官錢四十餘貫
雖以差破雙員嘗當故有是命　十二月十二日詔步軍司元撥諸壘等
二十二酒庫依殿前司例依舊撥歸戶部開沽　六年二月十三日戶部
侍郎楊倓言被旨提領殿前步軍司犒賞酒庫乞以提領戶部犒賞酒庫
所為名就用措置兩浙路犒賞酒庫所印諸庫係在兩浙州縣管下所有
理索賒欠禁戢私酒本所行移取會全藉州縣官公共協力如有滅裂違
戾從本所將人吏斟量事体輕重送大理寺追治從之　三月二十二日
詔復置涪州在城隔槽酒務監官一員從四川總領程沂請也　二十四
日上封者言近來坊場以拖欠停閉為名與階最多望下有司痛革弊端
請如坊場有拖欠課撲去處從合停閉召人承買其已停閉去處如州郡
見行差置開沽即合以息錢十分為率以一半起充上供如見今空閑即
乞為萬戶酒均輸課撲從便沽賣從之　四月三日明州定海縣駐劄御
前水軍統制馮湛言乞於江陰軍置酒庫一所應副統領諸將佐等供給
并軍需百色支遣從之既而江陰軍言見額不敷今既添置乞減半趁辦
詔既聽允馮湛復請移置許添又從之仍抱許添酒額　五月十二日詔
點檢贍軍激賞酒庫所主管幹辦官依元降指揮任滿與轉一官如任內
替移許計日推賞見任人依此從本所點檢官曾懷請也　十四日兩浙
轉運司言婺州蘭溪買撲酒坊名課息錢浩大趁辦不及詔兩浙轉運司
正辟監官二員別措置開沽日後所認息錢依限發納日前拖欠息錢分

限起發　閏五月四日提領戶部犒賞酒庫所言拘收殿步司所管兩浙
員從之庫乞將二萬貫以上課額庫分差監官二員二萬貫以下止差一
員從之　十三日戶部侍郎提領戶部犒賞酒庫葉顒言元差總轄官三
員訪聞如遇差出百端搔擾兼都錢庫監官一員乞就令點檢所都錢庫
監官兼管逐官省罷從之　六月十六日詔楚州鹽城縣酒庫依舊撥
付本縣買撲措置從知楚州陳敏請也　八月二十八日詔將楚州鹽城
縣管下堽門酒坊令淮南轉運司依見今立定一界淨課利錢數置撲措
置沽賣以淮南轉運判官俞召虎言本司於淮東總領所認息買撲到鹽
城南酒庫一所自行措置開沽近朝廷從楚州陳敏之請撥付鹽城縣買
撲欲使本司有失歲計故有是命　同日詔楚州故晉東西店并謝陽店
酒坊增錢令楚州買撲趁息應辦武鋒軍激犒支遣從知楚州陳敏之請
也　九月十六日太府少卿兼點檢贍軍激賞酒庫查籥言本所贍軍諸
酒庫每歲趁息浩瀚乞權復幹辦公事一員任滿仍不差替人從之　十
一月九日詔建康府添置行宮酒庫一所將收趁息錢令留守司樁管貼
助移屯軍馬支遣聽候御前支用　七年正月九日詔馬軍司元撥德清
等一十八酒庫依殿前步軍司例歸戶部差官幹當每年應副馬軍司錢
八萬貫充犒賞使用既而主管馬軍司公事李顯宗言欲於見管十八酒
庫內存留德清練祁練塘莫城四庫共計額息錢七萬五千八百七十二
貫一百五十四文就差見管人措置趁辦息錢應副犒賞使用從之　二
月二十八日詔戶部將鹽官烏鄉兩酒務撥付殿前司具已撥和平當湖
斧烏孟石蒲張酒五處酒庫却行拘收從提領官姚憲請也　三月十日
淮東提舉司言真楚州高郵軍屬縣敗闕停閉酒坊二十七處內真州一
處高郵軍七處本司措置下逐州軍主管官遵依乾道四年十月所降旨
出榜召人開沽楚州敗闕停閉酒坊十九處緣自建炎間兵火殘破累榜
無人承買及無系籍見得元趁課額乞令本州主管官斟量緊慢立定名
額出榜限一月召人着價承買從之先是淮東提舉司具到敗闕停閉坊
場二十七處令本司措置至于措置來上故有是命　三十日知成都府
張震言四川州郡酒庫無一不敗壞在法雖有酒賞額皆不可及格亦無
有能應之者如此偽濫則莫若少加裁損以課之高下減舉主及減年詔
依乾道四年九月四川總領查籥所陳賞格施行　五月二十八日詔建
康府都統制李舜舉將廬州本司所置軍庫及應干什物酒麴錢米等並
令本司拘收以淮南轉運判官權知廬州趙善俊言本州兩庫為建康

鄂續司、軍庫合干人以威力攬奪拍户，莫敢誰何，即計日斷閉，請移軍庫於建康，故有是命。　十二月二十九日，户部員外郎總領淮西江東軍馬錢粮周閎言：淮西總領所四庫酒，建康府安撫司五庫，都統司十八庫，馬軍司一庫，添置行宫一庫，共二十九庫，有失經理，乞撥併歸一，以三年最高分為額。行宫新酒一庫本柄僅存，乞將收到息錢除分撥起定諸處錢及應賞外，以淨息錢三分為率，一分起御前酒庫。詔措置撥併，仍充其諸軍三年所收息錢數目以聞。其後周閎又言：撥併建康諸司酒庫，合行事並依行在贍軍酒庫所已獲勅旨，以提領建康府户部贍軍酒庫所為名。印記乞鑄造，降下諸司二十九酒庫，其間軍庫太半，今既撥隸，欲改庫名：行宫庫改壽遐庫，左軍西庫改崇武庫，左軍東庫改制勝庫，中軍北庫改酬勲庫，代軍南庫改宣威庫，後軍北庫改定遠庫，前庫南庫改和豐庫，前軍西庫改右威庫，右軍南庫改振武庫，右軍北庫改平遠庫，中軍南庫改和樂庫，遊奕庫改月賞庫，水軍南庫改豐裕庫，水軍西庫改龍灣庫，水軍造酒庫改江寧庫，嘉會樓改嘉會庫，旗望庫改欣樂庫，東門庫改鍾山庫，昇樂庫改宴喜庫，馬軍司庫改賞功庫，都酒庫改清溪庫，比較務改金陵庫，沿授庫改熙春庫，防江庫改經武庫，安撫司府西庫改靖安庫，東庫改

卷一萬七千五百五十九

二十四

鎮淮庫，西庫改鳳臺庫，南庫改秦淮庫，北庫改和吉庫。從之。　八年四月二十一日，詔兩浙犒賞酒庫監官料錢衣賜，令所在州軍依條勘給衣賜，依行在激賞酒庫官例，從户部侍郎提領犒賞庫沈夏請也。　七月二十日，詔水軍統制馮湛于平江府常熟縣創置酒庫，罷之。先是常熟知縣王宗已言馮湛於本縣置庫，大侵省額。上曰：「若馮湛於縣中置庫，定有相妨，可與免版帳錢七千八百餘貫。」故也。　八日，知常德府劉邦翰言：湖北去朝廷為甚遠，貧民下户困于買撲酒坊，寄造麴引，至貧者不惜萬錢，于寄造之家，則不能舉一凶吉之禮。乞將湖北買撲酒坊課額，令民間隨產業錢均納，其醞造酤酒，責聽民便。以其言下詳定一司勅令所，以謂坊場違酒驗擾抑勒，從來有約束，若將酒務課額均分民間，即是兩税之外別生一税，他日恐有濫利之人妄生計畫，活法乃隳，此税不除，反為民害。乃檢坐乾道重修勅令，禁止抑買酒麴條格申嚴，下諸路州軍。從之。　八月三日，權户部尚書楊倓言：國家歲入，唯仰酒務。近年以來，州縣所將收錢數並不盡實，分隸却別置私曆，或巧作名色支使，或作本州給本柄寄造，以分數所撥以資妄用，是致虧損課額。其場務監官洎至任滿，推賞往往將不分隸窠名虛椿入數，通理妄作增羨。乞下諸路轉運司，今後保明酒

稅監官任滿推賞，酒取實賬歷所收錢數，開説分隸各色窠名，發納去處，照對朱鈔，録白獲鈔月日，見得確實，方得保明。有違戾去處，當職官吏其名取旨黜責，仍委漕憲官常切覺察檢舉。從之。　十月九日，户部言：欲下諸路轉運司，行下所部州軍，日今起解場務課息朱鈔内，須管開具若干係某場務某監官在任所收錢數，發納赴某處。饒場務依此供申，理在逐任增剩酬賞，從本部參照行遣。從之。　十一日，新除龍圖閣直學士知荊南府葉衡言：前此創置司元有犒賞酒庫一所，及營運回易，以助軍須，今已蠲罷。欲乞依前將犒賞酒庫撥歸荊南安撫司，及仍舊措置回易，趁息充犒賞支用。從之。　十一月十三日，户部員外郎淮西總領蔡戡言：建康諸司酒庫因前任總領周閎建議，併歸本所，今將一年，趁息不多，蓋未能盡革滲漏之弊。今欲輒較近及遠，於東西南北選擇五庫，專一造酒，其餘二十二庫並於造酒庫打發分散，拘户并門賃貼賣。諸軍酒庫舊係千人所，其監官撥庫大力並諸軍差人，數于内擇有心力不堪使令人，將今揀汰離軍在庫在寨，其身分券食錢，並依見任官序，以息錢内支破，餘人發歸元來軍分。收管行宫新酒庫昨來指揮，以淨息錢三分為率，一分起御前交納，今欲候歲終，所收息錢除一分解起御前外，餘二分且留本所循環

卷一萬七千五百五十九

二十五

作本使用，餘依周閎昨已獲旨。從之。　十二月二十八日，詔諸路提舉常平司嚴督所部州縣，當下應敗闕停閉累經體減，今數未有人承買酒坊處，從提舉官將職官支撥治施行。以户部尚書楊倓言：諸路州軍一合發坊場淨利錢，近年多緣敗闕停閉，已行理豁，且入户買撲酒坊，若有敗闕，依條依減分數召人承買，並州縣人吏希望請買之家求嘱，不為依條制召人承買，是致一向敗闕停閉，日久暗失財計，故有是命。　九年閏正月二十二日，沿海制置使司言：本司水軍中元撥到嗚嶺酒坊一所，見今開沽，緣本軍移屯定海縣，又輒於本處添置庫一所，以致侵奪本縣省務課利。乞將明州定海縣酒坊付本庫承抱，一就開沽。從之。　三月二十五日，兩浙運副胡堅常言：州縣當下酒務，民間凡有吉凶二事，約束廂界先次申報，不問貧富，須管沽打。纔不沽酒，即便追擾，致有遇長不敢舉哀者。欲乞下諸路監司嚴行覺察，如有違犯，按劾施行。從之。　四月二十四日，詔兩浙犒賞酒庫見趁課息，從無檢所，各于本州選差通判一員，專一措置拘催起發，歲終將催到錢比較增虧，依經制錢格法賞罰。也以户部侍郎葉翥言：兩浙犒賞酒庫歲趁課息浩瀚，緣諸庫坐落縣鎮鄉村，往往人户賒買不還，償錢及形勢之家造賣私酒，攬奪官課，是致諸庫各有拖欠，故有

是命　十二月二十九日詔橘賣酒庫已辟正官監任滿日如收趁課息
增羨即存留再任從太府少卿提領㩁賞酒庫傅士章請也　同日詔郢
州谷岡市酒税務移往石限置場造酒差指使監轄趁辦淨利依數送納
從永州零陵縣丞歐陽汝從請也
買撲坊場　高宗建炎元年五月一日赦應經劫所在坊場住罷月日淨
課利錢特與約計除放又近年以來州縣用度窘廹至有前期探借坊場
課利等錢顯是違法自今須管依條限催納不得預借崇寧以來因買撲
坊場河渡及折欠官物没納田産未有人承買者與減實見價三分聽欠
户兩月内收贖限滿不贖即依所減價出榜别召人承買仍作三年六料
輸納并增置場務具歲入課利除給官吏等支費外所收物不多去處仰
轉運司体度並行廢罷　三年三月十四日兩浙轉運使王琮等言本路
利源唯酒務與買撲坊場課利錢所收最多緣自來浙州多稱闕之不肯
格發欲乞縣委丞簿州委通判每日將二分收到錢拘收格管麴糵津發
起左藏庫送納從之　紹興元年五月十三日新臨安府歸度推官史棋
孫言州縣人户買撲坊場歲入至厚近時戎馬蹂踐之餘十無八七今豪
民欲買撲往往以有官蔭格舊例多是百姓出名産豪户出財本相合自

宣和年朝旨並止與出名産之家而豪户有官者不許相合買撲緣出産
人率無財本自此敗闕者多乞依宣和五年以前舊例行之即諸處敗闕
坊場即可興復户部契勘欲將兩浙未賣坊場雖係進納補官之家本身
見無官蔭權許依條承買候界滿無欠依法接續本其身見有官蔭輒敢
作隱並依法科罪仍令兩浙提刑司常切檢察無致駭廢候見次第其餘
路分别具申請從之　二十七日兩浙提刑司言欲將諸州縣續被金人
盗賊燒劫未賣坊場並依宣和四年四月九日經燒劫場務從經制使陳
亨伯畫降指揮施行詔特並依宣和四年四月九日遞次已降指揮施行
六月二十九日户部言據湖州通判求移治言買撲坊場户合納正收
淨利錢依條以一界分為一十二限自開沽日始每限踰三十日不納每
貫〔加〕納錢二十文今來所收增添淨利錢係均月送納若有出月不納去處
未審合與不合加罰〔本加〕令相度欲乞將兩浙州縣鄉村場務所添淨利錢
五分均月送納如每月踰十日不納每一貫加納錢七文即過月開沽
合增錢數三十日為限出限者准此餘依見行條法從之　二年閏四月
十六日知興國軍王綱言本軍管下通山永興大冶縣所管買撲坊場皆
因賊馬經劫之後無力開沽停閑日久無人承買今來江州已于元買淨

課錢内減定五分欲權依江州体例召人買撲逐月送納候及三年即依
本條施行户部契勘欲乞依兩浙路已得指揮施行經劫之後復業之人
如無力别有力之家出本經官共状合買其後來復業元同買人吏不許
陳乞出開沽仍令江西提刑司檢察即不得將雖曾經盗賊燒劫見今已
有人承買開沽處所下例減放施行詔依權減五分候及三年即依條
三年五月五日江南西路轉運司言　州縣通放萬户造酒去處於建炎
四年内因從衛一行官兵在虔州日權置酒務沽賣係一時措沽賣即不
立額今來所收課利不償監專作匠等人請給之費委是虚占官吏枉費
財用乞行住罷從之　六年正月二十二日殿中侍御史王縉言乞將預
借坊場錢先還一半不使事上曰既預借當悉還之朝廷號令貴乎守信
而已倘或失信何以使民服從宜如縉所奏　十六年十月五日詳定一
司勅令所言條立到諸場務敗闕界滿無人承買者州限五日申提舉司
本司與轉運司限五日同差官審度減淨利課利錢被差官起發日限准
此自到後限十五日畢諸場務敗闕界滿人承買州應申提舉司及本司
與轉運司應差官審度減淨利課利錢違限者各杖一百被差官起發若
到後違限准此從之　十八年四月八日户部言場務敗闕界滿無人承

買者依紹聖法州申提舉司本司與轉運司同差官減課利淨利錢召人
承買即累減及五分以上亦無人承買者當職官保明停閑訖奏續承宣
和元年二月指揮令後諸路人户承買場務如因敗闕停閑其淨利錢並
依課利錢法相度並入隣店分認又紹興十年閏六月黄仁榮言敗闕坊
場雖体減未及五分如停閑已及一季並依経体減例將五分官錢令鄰
佐酒坊分認抱納今據逐路常平司申若將停閑場務才及一季止以五
分名課數與隣左員餘一半官錢即便放免不唯虧失名課兼恐坊場因
此易為廢壞若依紹聖舊法委是經久利便從之　十九年七月十二日
詔省洋州興道縣壻水鎮酒務依舊令人户買撲從四川總領并本路
諸司請也　二十一年四月六日詔諸軍買撲酒坊特許依舊已降不許
諸軍買撲指揮更不施行　二十五年十二月九日詔諸買撲坊場並遵
依常平法施行如有違戾去處仰提舉常平司檢舉改正　二十六年正
月十四日詔諸軍買撲場務令常平司拘收依條施行如係城郭已開張酒
店令户部總領司拘收　二十七年五月十二日尚書省言諸路州縣人
户買撲酒坊名課之外又有增添淨利錢開有趁辦不及者因此積欠以
致敗闕切慮日久暗失財物今欲令常平司將見今体減及敗闕停閑去

處其增添淨利錢並與減免，仍依條召人承買，不以有價及與不及減
分數，但拆封日取看價最高者給付，其人户坊本錢物與免作物力推排。
從之。　九月十七日，户部言：諸州縣人户買撲場務，并上件淮東西州
場名課，朝廷所仰補助歲計。近年以來，停閉處多，買撲人户又多拘礙，若
不以有無拘礙，許實封投狀承買，庶錢接續不致欠闕，宜令有司相度措
置。宰臣沈該奏曰：恭依聖訓。户部言：諸州縣人户買撲場務給與切
間人户逐界增價剗買，名課高重，其間有趁辦不及者，往往積欠，出納不
行，以致敗闕，雖係鄰坊抱認，及累行估賣，目今停閉去處甚多，若不
不隨宜措置，誠恐日久積失財計。今相度欲行下相度常平司小榜曉示，見
欠官錢物、見充吏人貼司、兵級、軍員之家外，其餘不以有無拘礙，各[?]
並許實封投狀，供通抵當，依條承買，限滿拆封，日給着價最高之人。候一
界滿日，如無少欠，聽依條接續承買，庶錢不欠闕，場務可以漸次興復。從之。
三十年八月六日，權户部侍郎錢端禮言：諸路州軍買撲坊場有敗闕處，
若不令逐州自行經理，切慮暗失經常之用。欲乞令諸路州府軍監，於管
內各將敗壞坊場守倅究心自行措置，差官監賣，其名錢等分隸諸司者，
自合依數送納外，所有收到淨利錢，並充貼助本州官兵俸料支用，仍戒

〈卷一萬七千五百五十九〉

約不曾科賣，因而搔擾，及不許將人户見賣坊場一例拋送帥府，郡縣不
得過五處，其餘列郡不得過三處。從之。　九月十七日，淮南路轉運判官
張祁言：切見和州東關鎮、無為軍西關市各有買撲酒坊，近緣和州論習
酤賣酒，論用籍額輸納名課，及和州白望鎮、池州頂坊爭論地界，十年不決。
伏見無為軍襄安鎮酒坊及魚收稅，係商賈街要、舟車輻湊之地，最為之
家應專厚利，每有爭訟，頻路公行定奪，官吏擶擾暑良歲，遂依近降户部
差人管幹，所收利息應副司目前百色支遣。從之。既而臣寮上言：今淮南漕
申明指揮及兩浙漕司已行體例，將上件逐處酒坊許令本司認定名課，
司欲將人户見今買撲去處遂行剗奪，至失所且與户部申明[?]正，
相違，庶望將所乞更不施行。户部看詳，乞行下淮南轉運司將人户見買
論酒坊許依本司所乞外，不係爭論坊場依舊令人户買撲，與減去處許
常平司措置增添課額。從之。侍臣寮復言非便於民，有旨令户部改正。
三十一年七月十四日，權兩浙路計度轉運副使林安宅等言：本司婺州
蘭溪縣酒坊所收課息，每年拖納常名課錢一萬四千餘貫外，又趁不
辦息錢二萬貫，本司見無所入。近緣本坊拖納上件官錢，遂後積滿
日月不行起發，遂委使臣承信郎王寶前去蘭溪縣權本坊，認剗淨欠。

蓋因本坊接界相去數里，有板橋坊敗闕二十餘年，無人承買，前後官司
備例令本界內食利人户一百餘家抱認課額內一半，資之下户元不曾
賣酒，亦令抱納，無從所出。一半係富豪之家，遂行造酒，侵越界分，般販沽
賣，是致蘭溪酒坊沽賣不行，官課官課拖欠，漸至敗壞，趁辦首司課息不
前。令界板橋坊係與蘭溪酒坊為隣，正依得上件條法，伏朝廷特賜指揮，
行下本司依條承買抱辦，非惟革絶侵越趁賣之弊，亦可以趁辦官課，及
免貧乏之家虛認官錢，更合取自朝廷指揮。從之。　十月十四日，户部言：
諸路州縣人户買撲坊場，並係豪右有力之家，其兩浙、江東西、湖南北總
計一年合納淨利錢三百八十萬餘貫，今來軍興調發，官兵合用激賞錢
物萬數至廣，今相度欲除認發納藏庫年額錢外，餘數乞令浙東西、江東
西、湖南北路常平司依例預借一界淨利錢，以助軍興支用，仍責令限半
月先次先納，計綱起發。內兩浙赴左藏庫，江東西赴建康總領所，湖南北
赴鄂州總領所下卸，備合用水腳，于所起發錢內支破，其不通水路州
縣許輕賫發納。從之。　三十二年二月一日，中書門下省言：昨户部申
中請依例預借州縣人户買撲坊場一界淨利錢，切慮擾民，理宜措置。詔
令户部行下諸路提舉常平司，將已納到預借坊場錢日下起發，未具納
之數更不拘催。　四月九日，提舉江南東路常平茶鹽公事洪适言：近來人
户詞狀有乞將已納過預借坊場錢剗析舊欠及理會今界錢數者。伏
見朝廷既是係借，即已借過錢物自是理充今界之數，只緣未有明降指
揮，致州縣之吏得已籍口邀阻。又州縣間亦有創借過河首渡錢。欲乞朝
廷行下諸路，將已借過坊場錢、河渡錢並與剗析舊欠，并理今界當限之
之數。户部勘當，欲依本官所乞，行下諸路提舉常平司，將已預借過人户
坊場錢、河渡錢並與剗析舊欠，并理令
今界當限錢數。從之。以上中興會要

〈卷一萬七千五百五十九〉

太宗太平興國六年九月詔諸路知州廣每月第給係省酒充公用其後參頒定制河南應天河中鳳翔江陵江寧時條寫各一段以上國朝會要前

據公使印公使酒只太宗太平興國一條似當移在神宗熙寧前淳熙以下數條即列公使酒卷尾可也

宋會要　公使酒

六府曹鄆青滑許陳鄭孟襄唐澶相邢冀趙深祁潞晉華邠鄜鳳慶涇原儀渭靈揚宿泗楚滁鄂鼎潭郴蘇秀常潤湖睦越明婺衢處溫台宣歙饒信江池太平洪撫虔吉筠袁建江南劍桂六十六州各月給三石兗徐密濮登鄧金安蔡隨穎磁洺澤同耀廬亳蘄光岳澧歸峽鄧二十五州月各三石兗州亳州後加至十石沂淄濰濰單萊汝均郢商衛博德濱絳石汾遼磁隰環乾解寧丹階成坊隴真泰黃和舒海通濠道永三十九州廣濟高郵荊門三軍月各一石五斗光化信陽漣水天長漢陽廣德建昌七軍月各一石以上國朝會要　神宗熙寧

卷一萬二千五十一

一

七年正月一日詔諸路自來不造酒州及外處有公使錢不造酒官司聽以公使錢顧召人工置備器用收買物料造酒據額定公使錢每百貫許造米十石額外醞造於轄官以違制論不以去官赦降原減　元豐二年十一月十五日詔定州歲增給糯米四百石造酒三年四月二十六日陝西路轉運使李稷言秦州造公使酒給省倉米慶曆中詔歲毋過千五百石嘉祐四年後歲給四千石至六千餘石熙寧二年遂至九千石自後歲不下七八千石前後違法官吏存亡相半未敢推劾詔釋官吏罪自今歲毋得過四千石　六月十八日戶部言陝西諸路沿邊次邊州軍城寨支給文武官酒給酒材之

直依物價平依舊從之　十一月八日都大提舉成都府永興軍等路榷茶公事陸師閔言公使合用酒麴乞臨所至州郡免那支用以米麴工價算還從之　哲宗元祐元年三月二十四日判大名府韓絳言公使供饋條禁太密乞刪去監司貴酒及三路饋遺條從之令刑部先次立法　紹聖二年正月十二日詔應熙寧五年以前不造酒州軍及外處有公使錢不造酒官司並依熙寧編勅石數內州軍減外不及一百石者許造一百石元不及者依舊不得例外特送違者坐之　從左司諫翟思請也　大觀三年五月十六日河北東路提點刑獄司奏承尚書省劄子臣僚上言訪聞齊州比年以來公

卷一萬二千五十一

二

庫供給有歲餘月餘之稱皆例冊外別立名目以為饋送詔令本司體究尋牒委滄州支使尚佐賢前去體究歲餘係知州梁彥深已前將公使庫年終除支使外見在錢數以米麴物料本錢紐為酒數作歲餘分送與在州應見任諸官其梁彥深任內大觀元年十二月終兩庫見在錢二千六百餘貫紐送過杏仁玉液酒比前官崇寧五年增多計三百餘石詔梁彥深特衝替係公罪事理稍重　政和六年十二月五日尚書省言勘會諸路州軍官員多以私錢於公使庫幷場務寄造酒顯屬違法詔諸州以私錢物就公使庫若場務醞酒者論如私醞酒法加一等已入己以自盜論長貳當職官加二

等監司統轄廉訪官知而不糾與同罪不知減三等許人告不以赦降原減七年十一月九日兩浙路轉運使使王汝明奏准御筆楚州公庫造酒出賣寄造為名令虞候於小店貨賣官利日虧其餘州軍類皆如此詔令體究尋選差秀州司錄邱朝俊等詣宿亳等縣體究到數內宿真通泰海舒和盧壽光濠蘄黃州無為軍並公使造酒出賣寄造為名外體究得亳泗州知州通判及見任官却有將所請公使供給酒令虞候廳子等於市肆開小店不認官課致拍官酒店戶停閉及都酒務因此課利日虧詔令後見任官不得令人開店賣供給酒令戶部立法申尚書省真亳州泗州知通各罰銅十斤

卷一萬二千五十一　三

以上續國朝會要　高宗建炎元年六月十三日赦訪聞諸路州軍縣鎮酒務公庫等多將酒醋抑配與人戶及過往客旅僧道等為害甚大仰監司守臣常切覺察勑官吏重行黜責三年十一月三日德音勘會祖宗以來諸州公使庫造酒止供犒設及筵會亦不分送本州官比年以來貪吏並緣增添例冊因造酒一事豈止害民兵民慣嫉糴米則分配縣鎮輸送有輦致之勞受納有邀索交量之害弊端百出中間雖已立限令吏當裁減師臣不得過二百貫知州軍不得過一百五十貫監司供給依知州軍數通判八十貫兵職官監司屬官三十貫內京朝官四十貫判司簿尉二十貫外縣知縣十

五貫簿尉監當官十貫仍先支外縣官該載不盡者比附供饋以上以應干供給一錢以上及飲食蔬菓等並通計如收受過數並以自盜許諸色人及所管公人告以所告數充賞其賣酒價立定一等四年六月十八日詔諸州公使庫造酒自有定額其監司供給已分定州軍令後巡歷去處除合得供給外並不許用米麴價錢於公使庫買酒　紹興元年十二月十八日詔諸州供給酒錢除收建炎三年十一月三日德音外巡檢依縣倚郭知縣不以京朝官選人並依職官其縣丞從事郎以上比知縣減三貫迪功郎以上依簿尉支給二年十月二十二日詔諸路帥臣及統兵官司所造公使正賜

卷一萬二千五十一　四

庫酒並仰遵依成法止合自供食用并饋遺官屬不得過數醞造違法出賣侵耗國用如違除本罪外取旨重作行遣三年十一月二十七日親衛大夫榮州觀察使提舉亳州明道宮韋淵言先得旨許依欽慈皇后宅造酒今乞依邢皇后宅許變易施行戶部契勘邢皇后宅元降指揮止許造進酒賜慶遠為名即無許將餘酒變易之文詔劉與韋淵照會四年三月十九日詔應戚里許令造酒之家若在外州軍居住並依臣僚體例止應細算麴米價值就公庫或官務寄造以充賓祭之用每歲不得過三十石以知衢州謝克家言戚里之家許造進酒因此出賣攙奪官課故有是命九月十五日明堂

斂諸州公使庫歲用造酒糯米名曰和糴實皆抑配訪聞又有託以准備爲名不循年例倍有科斂仰監司覺察按劾十二月六日荆湖南路安撫大使席益言乞依前知潭州李綱例逐時犒設官軍合用酒以激賞錢於所在州寄造應副中書舍人王居正言州郡公使造酒自有定制昨李綱知潭州乞於所在州軍造酒既不指定路分又無所造石數是潭州得於天下州軍不限石數造酒所以後來折彥質知潭州朝定指定令於潭州寄造每月不得過三十石今席益只降折彥質例從之

以上中興會要

孝宗隆興二年六月二十九日臣僚言切見已降指揮諸州公庫合支見任官供給止許支酒其違者以違制論臣謂自來州郡每月所支供給有支見錢有支本色或作分數雜支相承已久驟然更改衆謂非便蓋緣公庫於法不許賣酒侵奪場務課額一色支酒則是顯然使之違法貨賣如都監則抑配軍司知録則科於行戶倉官則責在專副爲害不一兼自來公庫造酒米全仰民戶輸納官務糯米多收耗剩暗行撥入公庫使用令若只令造酒支給其糯米必增添耗剩及減剋官務所支升㪷其餘剩錢必有貪汙郡守及管庫官盜竊之患欲望特降指揮令諸州將所支供給且依舊例有將見錢與酒作分數支散去處監司知通並依衆官分數支給違者亦以違制論從之

卷一萬二千五十　五

宋會要　公使酒

太宗太平興國六年九月詔諸路知州府每月第給僚首酒充公用其後各有定制河南應天河中鳳翔江陵江寧淳熙二年十月二十六日詔利州西路兵馬鈐轄廳歲以諸州糞土錢買米六百石造酒以備燕犒將士從本路鈐轄向琪請也三年八月十二日詔諸路帥臣并統兵官司將造酒只得自供食用并饋遺官屬即不得過數醞造違法出賣侵耗國課從司農少卿點檢贍軍激賞從酒庫張維請也九月九日詔殿前司歲撥支散給犒士卒等公使酒用糯米二千石令戶部出給公據照驗免稅從本司都指揮使王友直請也既而十一年五月本司言用糯米三千石乞給據齎執經由場務照用通政自後每至年終從本司經中戶部換給公據

卷一萬二千五十一　六

全唐文

宋會要

榷酤

太宗太平興國七年三月三司言：韶州酒務所收糟先許民間買以造醋，昨因天長軍禁止不賣，而諸處積壓極多，請依元勑出賣，其餘羨者今務内自醋酤。從之。

真宗大中祥符六年十二月二十四日，詔許民間市官醋置坊鬻醋。

仁宗天聖四年七月，三司言：陝府西轉運司狀：永興軍、秦坊等州自來只令人戶買糟造醋沽賣，各獲厚利入已。已牒逐州軍差官截日官自置務醞造沽賣，候收到課利，别具供申。宰臣王曾等奏：榷酤之法，起自前代，已是侵取民利，蓋以軍國贍用經費至廣，未能除去。今復醞醋，尤更瑣細，欲只令永興軍秦坊州召人買撲醋賣，并其餘州軍並不得官置醋坊。帝曰：此事尤可行，速與指揮。

卷一萬四千七百一

崇寧二年，知漣水軍錢景允言：建立學舍，請以承買醋坊錢給用。詔常平司計其無害公費，乃如所請，仍令他路准行之。先是元祐初依祿請罷榷醋，而戶部以為本無禁文，命如約束。至紹興二年翟思請諸郡庫坊日息用度之餘悉歸之常平，以待他用。又是景允有請，故令常平司計之。

林鎮一作林縣

二一作一

全唐文

宋會要鹽法五

陝西路　永興軍路　延州在城二萬六千八百一十
九貫七百一文甘泉縣九百八十一貫八百二十八文
延長縣一千一百二十七貫七百文延川縣一千二百
四十三貫六百四十四文敷政縣四百九十貫九百二
十文臨真縣二百四十五貫四百六十文門山縣一百
九十六貫三百六十八文豐林鎮九百貫文青化鎮五
百四貫九百三十六文是永鎮三百四十五貫九百八
十四文綏德城一千五百九十四貫三百八十七文青
澗城四千八百六十二貫三百四十文永寧關五百六

卷九千七百八十七

十一貫三百九文金明寨一千九貫八百七十二文丹
頭寨四百五十六貫三百文白草寨四百九十貫九百
二十文龍安寨六百九十一貫九百五十六文萬安寨
六百五貫四百六十文綏平寨一千四百五十八貫七
百八文永平寨一十七百七十六貫六百二十四文招
安寨四百三十二貫四百六十八文懷寧寨一千三百
七十一貫四百三十二文順安寨一千三百四十一貫
八百二十八文安塞堡一千四百二千一貫三百文安
定堡一千六十五貫九百八十四文黑水堡五百七十
五貫七十六文　慶州　在城九千九百五十二貫八
百文合水縣二百貫二百文彭源縣二百二十四貫一

二一作一

百二十四文金櫃鎮一百四十三貫鳳川鎮二百貫二
百文華池鎮八百貫八百文董志鎮四百三十六貫八
百文景山鎮一百四十三貫業樂鎮四百八十六貫二
百文淮安鎮六百三十八貫三百文東谷鎮二百二百
文五交鎮二百貫二百文平戎鎮無祖額遞年收錢一
十三貫六百九十文大順城六百二十九貫二百文柔
遠寨六百七十貫八百文府城寨一百一十四貫六百
六十文西谷寨三百八十八貫七百文大順寨一百一
十四貫四百文荔原堡二百貫二百文　環州　在城
五千五百五十九貫二十八文石昌鎮一百九十一貫
五百八十一文合道鎮二百二十九貫三百二十文木

卷九千七百八十七

波鎮三百一十九貫二百一十五文馬嶺鎮二百二貫
四百一十六文烏崙寨九十一貫一百三十八文定邊
寨三百九十一貫七百三十九文大拔寨一百三十七
貫五百四十文平遠寨一百六十一貫九百一十五文
肅遠寨二百四貫七百五十文安塞寨三百二十九貫
五百五十六文永和寨三百五十貫七百八十二文洪
德寨三百八貫六百六十四文團堡寨一百一貫三百
六十八文　保安軍　在城二千八百二十八貫五百
七十二文德靖寨一千八百八十五貫七百一十六文
順寧寨一十八百八十五貫七百一十六文　秦鳳路
隴州　在城五十三百七十七貫七百二十文白石鎮一十

二作一
瓦一作甓

一百八十五貫六百文馬務鎮，三百三十九貫六百一十三文良𥡴鎮四十七貫二百七十三文浛山鎮五百五十九貫一百六十九文宕昌寨二百四十九貫六百六十七文床川寨四百三十貫九百一文閭川寨三十一貫四百二十九文臨江寨九十一貫二百三十七文荔川寨八百九貫三百八十八文　渭州　在城一萬六千三百九十九貫二百二十文潘原縣二千四百貫二百二十八文安化縣無額遞年一千一百一十五貫九十九文崇信縣六百貫文華亭縣八百貫文安國鎮二千貫七百六文耀武鎮八百貫三百四文瓦亭寨二千四百貫二百二十八文　原州　在城七千八百二

卷九千七百八十七

貫九十文彭陽縣六百三十八貫三百四十二文新城鎮八百七十五貫一百六十文柳泉鎮四百二十五貫五百六十八文蕭鎮四百一十八貫一百三十二文平安寨六百四十七貫二百一十八文開邊寨九百二十二貫六十四文靖安寨七百九貫二百八十文綏寧寨六百二貫八百八十八文西壕寨三百二十二貫三百七十二文　鎮戎軍　在城一萬五百二十四貫八百文彭陽城一千四百四十七貫一百六十文東山寨一千四百七貫一百六十文乾興寨一千一百八十四貫四十文天聖寨一千三百一十五貫六百文高平寨七百二十三貫五百八十文熙寧寨無額遞年七百三十

定川一作安州
孟疑盂

六貫三百九十一文定川寨七百二十三貫五百八十文三川寨一千四百四十七貫一百六十文開遠堡九百二十貫九百一十文張義堡二千二十五貫三百一十二文　德順軍　在城九千六十貫七百八十文水洛城三千八百五十九貫二百三十一文靜邊寨三十五十四貫八百二十七文隆德寨二千四百八十二貫三百三十九文得勝寨一千三百貫八百九十三文通邊寨五百四十七貫二百文治平寨無額遞年一千三百一十一貫八百十三文中安堡八百四貫四百八文威戎堡六百五貫四十七文　河東路　太原府　在城五千七十九貫一百三十文文水縣九百四十貫三百

卷九千七百八十七

六文榆次縣一千一百三十四貫五百五十文太谷縣七百四十九貫三百六文壽陽縣九百六十七貫八百八十一文盂縣七百七貫七百八十七文交城縣七百二十六貫三百二文祁縣四百三十六貫四百九文清源縣四百六十四貫二百六文徐溝鎮五百九十貫四百五十六文團柏鎮二百二十貫二百五十文晉祠鎮二百四十一貫八百六十三文晉寧鎮一百二十六貫四百三十六文清酒務三千三百三十九貫二百五十七文赤塘關一百三十九貫九百七文天門關三百二十貫三百四十二文陽興寨一百六十九貫二百四十九文百井寨一千一十五貫三百七十文凌井驛二百七

縣一作寨　二一作三　二一作七　一一作八　七十一作八百

十九貫三百九十八文　潞州　在城一萬二千六百
三貫四百十二文壺關縣七百九十三貫六百六十八
文屯留縣二千一百八十九貫八百二文潞城縣一千
三百九十四貫九百五十四文涉縣八百六十七貫一
百三十六文長子縣一千八百九十七貫五百六十八
文襄垣縣一十八百三十七貫七十八文褫亭鎮六百
八十三貫七百三十五文白馬場三百四貫六百九十
八文　府州　在城一千七百九貫九百八十二文安
豐縣二百三十三貫五百八十文寧府寨一百九十四
貫七百六十二文百勝寨一百四十六貫三百二十九
文久良津九十三貫七百二十四文河濱斥堠堡一百
卷九十七百八十七
六十四貫四百二十三文西安堡九十三貫六百七十
三文靖化堡一百二貫三百一十文　麟州　在城二
千七百二十七貫四百九十文神堂寨二百七十九貫
五百七十三文銀城寨一百六十四貫六百一十三文
神木寨一百九十七貫八百五十文建寧寨八十八貫
四百五十文靜羌寨七十一貫八百四十三文橫陽堡
二百三十九貫八百一文鎮川堡八十七貫九百四十
五文闌干堡九十五貫五百五十一文通津堡二百八
十八貫八十二（四）文神木堡六十九貫六十三文肅定堡
三十八貫四百十八文恩定堡三十九貫二百九十三
文　代州　在城三千二百九十一貫三百九十一文

硖一作砄　一一作六　縣一作寨　四一作一

五臺縣七百三十五貫九百四十三文繁峙縣四百七
十八貫九百八十七文崞縣六百七十八貫五百五十
六文興善鎮六百六十九貫三百五十一文石觜鎮一
百一十二貫二十九文樓板寨一百五十九貫八百七
十文陽武寨二百一十六貫九十二文石硖寨一百九
十一貫四百四十九文土墱寨一百六十七貫六百五
文西經寨一百五十六貫八百三文鴈門寨一百二十
九貫八百八十一文胡谷寨一百七十八貫六百五十
一文茹越寨一百八十二貫一百三十文大石寨一百
五十一貫一百四十八文義興冶寨二百八十六貫五
百四十三文麻谷寨二百四貫七百一十三文梅回寨
卷九十七百八十七
一百四十一貫二百六十七文餅形寨一百九十五貫
一百文寶興縣一百八十四貫七百四十九文　忻州
在城八百一十四貫八百五十四文石嶺關一□九
十八文忻口寨一百七十五貫六百八十二文雲內寨
二百三十七貫五百七十五文徒合寨一百八十五貫
二百七十九文　汾州　在城二千四百六十七貫九
百五十四文平遥寨四百五十七貫三百一十三文介
休縣三百一十五貫一百五十七文靈石鎮二百六十
五貫三百一文孝義鎮一百二十九貫八百八十四文
郭栅鎮二百七十四貫二百七十八文洪山寺八十六
貫四百六十三文　澤州　在城二千七百九十七貫

一百一十五文陽城縣八百九十七貫五百一十四文沁水縣六百八十七貫五百一十五文端氏縣九百一十六貫七百八十六文高平縣二千三百九十一貫七百八十六文陵川縣六百六十九貫九百四十六文鄉車鎮二百三十貫九十一文周村三百四十八貫四十三文　遼州　在城二千五百四十六貫五百五文　嵐州　在城四千二百四十三貫六百六十八文合河縣四百九十七貫四百一十七文樓煩縣一千一百一貫三百七十四文乳浪寨二百五十二貫三百二十三文合河津三百四十九貫七百六十九文飛鳶堡二百九十四貫七十六文　石州　在城四千六百一十貫

四百九十四文平夷縣九百八十貫九百六文定胡縣二百五十一貫二百八十二文方山縣一千六百二十貫五百二十文臨泉縣六百二十四貫五百七十一文尅胡寨一百一十四貫四百六十二文大渾津寨八十八貫一百三十三文伏洛津寨二百四十二貫二百三十八文石窟驛二百二十二貫一百七十九文　豐州　在城五百七十七貫二百七十三文保寧寨八十貫六十六文永寧寨六十五貫一十三文　威勝軍　在城二千九百九十四貫九十三文武鄉縣七百二十九貫四文沁源縣一千二百四十一貫七百七十八文新綿上縣一百九十九貫六百八十六文舊綿上縣四十

三貫七百一十二文西湯鎮三百三十八貫五百四十四文南關鎮八十七貫九百九十九文榆社鎮二百七十一貫五百一十四文　平定軍　在城一千二百七十四貫三百七十九文樂平縣三百五十四貫七百七十文遼山縣八百四十二貫八百五十二文承天津四十八貫八百二十四文和順鎮一百九十四貫五百八十五文萬泉鎮三十一貫八百九十六文黃澤關三十七貫一百八十八文靜陽寨二十七貫五百六十七文東百井寨四十八貫七百三十九文平戍寨九十八貫三百七十四文　寧化軍　在城一千二百四十八貫四百五十三文窰谷寨二百三十四貫四百四十七文

火山軍　在城五百八十九貫八百九十一文雄勇津九百三貫三百二十文　保德軍　在城一千七百九貫九百三十四文大堡津四十八貫九百五十七文　岢嵐軍　在城三百四十貫八百二十三文　淮南路　東路　揚州　在城一萬九千六百四十五貫七百四十一文瓜州鎮二千九百五貫九百一十八文天長縣五千二百四貫五百四十二文邵百務四千二百五十七貫八十文樊良務七百二十四貫三百一十七文三墪務四百二十一貫一百一十八文臨澤務二百四十四貫四百八文高郵務一萬八千四百九十一貫七百一十七文桐城務一十三百八貫五百一十三文

二一作一
零一作靈

龍舟壚務一百七十四貫九百三十二文　亳州　在城七千一百七十一貫三百五十二文衞真縣一千九百六十七貫六百一十六文鹿邑縣一千八百四十五貫二百五十二文城父縣二千五百五十七貫八百八十九文蒙城縣三千二百九十六貫八百九十七文酇縣一千四百二十四貫一百八十三文永成縣二千四百七十七貫二百二十三文谷陽鎮七百九十三貫七百二十二文鄲城鎮八百八十三貫六百六十六文蒙館鎮二千三百一十二貫六十二文酇陽鎮五百四十六貫四百五十七文保安鎮一百八十九貫三百四十二文　宿州　在城五千六百六十六貫八百六十九〔卷九千七百八十七〕文臨渙縣一千三百九十三貫七百八十一文虹縣三千六百一十四貫七百九十三文蘄縣一千五百八十七貫三百六十六文柳子鎮六千三百八貫一百一十三文蘄澤鎮一千二百五十六貫一百七十九文静安鎮一千零百二十八貫二百八十一文零壁鎮一千五百八十八貫七百四十七文荊山鎮一千八百五十貫三百七十七文西故鎮九百八十六貫九百六十三文新馬鎮八百二十二貫七百三十文通海鎮一百一十五貫五百六十文桐墟鎮一百三十四貫二百一十五文　楚州　在城一萬六千九十七貫六文寶應縣七千三百五十貫七百三文淮陰縣九百九十八貫七百

陽一本作楊
壚一作壚
金一作合

二十五文漣水縣一千五百二十三貫五百四十四文鹽城縣一千八百四十六貫八十二文太平鎮八貫九百七十六文金城鎮三十二貫五百三十三文黃甫務六百四十九貫九百五十一文洪澤瀆頭務九百四十二貫三百九十一文　海州　在城六百九十九貫三百七文沭陽縣二百五十二貫九百二十五文懷仁縣一百七十四貫八百九十六文東海縣三百九十七貫一百一十一文臨洪鎮七十一貫六百四十文　泰州　在城五千九百六貫六百七十一文泰興縣四百七十四貫五百四十九文興化務一千三百七十九貫四百一十二文紫壚務六百七十三貫九百八十一文〔卷九千九百八十二〕陵停務一百九十五貫三百七十二文如皋務八百六十八貫九百七十三文海安務一千五百三貫一百五文西溪務四百五十九貫七百六十文　泗州　在城一萬一千六百九十三貫二百五文河南務四千一百一十八貫二百八十文青陽務一千三百五十五貫六百四十文徐城務二千四百八十七貫八百一十文招信務四千五十貫文木場務二千四百六十三貫五百二十七文平源務二百二十八貫七百五十文　滁州　在城一萬四千七百二十貫七百四文來安縣三千九百六十六貫四百九十文全椒縣一萬七千六百五十貫五文白塔鎮八百七十六貫三百三文　真州

在城一萬七千七百七十三貫六十七文六合縣八十六百九十五貫二百一十四文宣化鎮一千二百九十五貫八百二十文瓜步鎮七百六十四貫一百四十六文　通州　在城一千一百七貫二百一十四文海門縣一千二百八十一貫九十六文崇明鎮七百一十七貫七百九十文　西路　壽州在城二萬四千九百六十三貫一百八十二文壽春縣三千九十貫九百六十二文安豐縣七千六百三十二貫三百文霍邱縣一萬五千三百三十貫七百六十四文六安縣一萬七千四百四十五貫一百四十五文來遠鎮二千一百九十貫五百七十五文霍邱鎮三千七百八十六貫二十三文

卷九千七百八十七

開順鎮二千八百三十二貫五百三十九文麻步鎮三千三百六十八貫九百六十一文𡑞澗鎮一千一百六十三貫六百六十二文　廬州在城五萬六千　百四十二貫一百九十七文慎縣一萬三千二百八十貫二百八十五文舒城縣二萬二千六百五十二貫八百三十六文青陽鎮一千三百五十一貫三百九十七文九井鎮九百五十四貫八百二十九文　蘄州　在城八萬四千九貫三百九十八文蘄口都鹽倉一十八萬七百七十五貫七十七文蘄水務三萬四千九十八貫六十文黃梅務二萬一千五百九十三貫六十文廣濟務二萬五千五百二十五貫三百七十文蘄口務五千四

五一作三　姪作棋　山一作水　五一作三　三一作二

百六貫四十五文石橋務六千一百七十五貫一百五十九文王旗務二千五百四十四貫三百一十八文馬領務六千八百九十二貫四百六十六文獨木務二千六百八貫九百一十六文東溪務一千四百五十六貫四百六十七文洗馬務二百二十三貫二十八文和州　在城一萬九千三十貫三文東關務二千二百二十貫二百八文㯻江務四百二十七貫八百三十八文采石務三百五十七貫三百一十六文文烏江務一萬一百九十八貫三百一十六文含山務一萬五千六十七貫二百六十四文　舒州　在城三萬九千五百五十三貫二百三十三文宿松縣一萬五千三百三十四貫九

卷九千七百八十七

百六十二文桐城縣一萬三千七百七十五貫五百三十四文太湖縣二萬四千九百貫二百四十七文孔城務四千一百九十一貫四百九十六文許公務九千八百五十三貫五百三十六文鸞山務一千三百三十三貫三百四文石井務五十二貫七百三十四文望江務一萬六千六百七十二貫五十九文皖口務一萬一千九百四十六貫三十三文永安務七千九百九十九貫七百七十二文石溪務五十八百二貫七百八十一文雙港務五十二百三十貫三百九十八文長風沙務一千四貫九百四文荻步務一百九貫文　濠州　在城一萬五千三百一十五貫四百九十八文定遠縣五千

三百九貫一百五十文永安鎮三十九百一十六貫三百二十六文藕塘鎮二十六百三十二貫一百五十六文蘆塘鎮五百五十五貫二百九十九文長樂鎮五百八十五貫九百六十四文淮東鎮六百一十貫一百十二文　光州在城二萬四千七百一十九貫五百七十二文固始縣二萬三千一百五十七貫八百一十一文光山縣五千二百三十八貫九十三文仙居縣二千九百八十二貫六百七十一文子安鎮五百一十五貫四百七十四文朱皐鎮四千六百三十三貫四百文商城鎮一千三百九十貫五百三十文　黃州　在城一十七萬九千四百一十八貫六百三十六文無為軍

在城二萬一百三十貫九百八文零鹽場二千一百九十一貫六百二十一文巢縣一萬一千六百七十貫一百七文廬江縣二萬九千四百九十八貫四百五十一文穋潭務四千一百五十一貫四百三十文石牌務一千七百二十一貫八百二十二文柘皐務四千一百四十七貫八十一文崑山務一萬二千六百一十貫一百七十九文

兩浙路　杭州　在城八萬三千八十六貫一百二十九文零賣場四千四百六十貫三百八十六文范浦場六十二貫五百六十六文臨平場二百二十一貫三百四文鹽官場九百二十三貫三百八十八文長安場一

千二百二十六貫六百五十七文富陽場二千四百二十五貫八百七十五文南新場二千九百九十七貫八百九十七文餘杭場一千八百一十六貫一十四文浣坎場一千四百二十貫三百七十四文於潛場九千二百九十二貫六百五十四文臨安場二千一百九貫五百二文昌化場二萬五千六百三十貫六百一十一文江漲橋場八百一十五貫六百九十七文曹橋場二千五百五十六貫三文湯村場四百三貫五百五十九文

越州　在城九千五百二十三貫六百三文餘姚縣一千四百五十一貫四百二十六文上虞縣一十八百一十四貫九百四十文剡縣一萬五千八百五十七貫一

百四十文蕭山縣一千二百九貫四百八十文諸暨縣三萬三千七百二十一貫五百五十二文新昌縣四千九百八十（三貫六百六十二文）文諸暨縣六十七文西興鎮二百七十二貫二百七文錢清鎮五百二十九貫七百五十八文漁浦鎮七百九貫四百六十一文五夫場五十七貫五百七十三文　蘇州　在城六萬九千七百一十貫九十三文零賣場七百二十六貫四百二十二文崑山縣三千七百二十貫二百八十二文常熟縣三千七百五十二貫二百一十八文吳江縣九千八百七貫九十四文福山場一千三百九貫七百五十二文慶安場二百九十貫七百七十六文木瀆場二千三百二十五貫三百三十

二文梅里場三百九十貫一百九十二文江灣場八十八貫八百八十七文　潤州　在城二萬三千六百九十六貫三百八十文金壇場二萬三千六百九十四貫一百七十八文呂城場五千五百六十一貫六百一十七文丁角場五千三百七十九貫一百五十七文丹陽縣七千四百四十三貫二百一十四文丹徒場一千二百九十一〔四〕貫八陌一十文延陵場二千五百八十二貫二百四十文大巷場一千三百四十八貫二百四十六文　湖州　在城七萬二千二十八貫七百三十文安吉縣四萬五千四百四十四貫二百文長興場二萬二百七十三貫八百二十七文德清場七千六百一十七

卷九千七百八十七

貫一百七十七文四安場二萬六千六百一十九貫三百一十三文新市場一千九百一十九貫九百一十三文施渚場一千四百八十八貫五百五文武康場九十三百七十四貫九百一十二文烏墩場二千四百五十一貫一百六十五文青墩場五千一百五十七貫二百二十三文　婺州　在城四萬九千三百四十六貫四百五十五文東陽縣二十九百八貫八百八十六文蘭溪縣二萬六百四十一貫六百五十五古文義烏縣四千五百九十三貫二百六十文永康縣六千二百四十八貫八百一十六文武義縣九千三十九貫三百六十八文浦江縣一千八百八十二貫六百三十四文孝順

二一作一

鎮四十五十一貫二百八十四文　明州　在城一萬三千五百五十貫一百二十七文奉化鎮二千八百九十七貫九百四十九文慈溪場一千四十八貫七百三十一文定海場七百九十二貫二百五十四文　常州　在城二萬六千七百八十四貫三百七文宜興縣一萬四千七百一十八貫五百三十一文無錫場一萬一百六十貫三百六文湖洑場三千四十三貫七百一十三文張渚場四千五百二十九貫一百五十一文青城場五百五十四貫九百五十四文萬歲場六百二十七貫二百八文奔牛場一十九百四十五貫九百四十四文江陰場四千三百五十五貫九百三十七文利城場五

卷九千七百八十七

百一十四貫二百三十七文羅村場九百五十六貫七百七十四文橫林場一百一十五貫四百四十二文　溫州　在城一萬六千九百八十九貫九十文永安場三千一百四十一貫九百九十三文瑞安場一千九百三十二貫五百八十三文平陽場二千六百六十九貫三百七十一文前倉場二千二百五十二貫二百七十文樂清場二千一百五十五貫八百二十九文　台州　在城五萬六千二百二十五貫八百六十九文零賣場二千五百三十五貫九十一文寧海場六百六十六貫七百四十一文仙居縣二千二百一十九〔七〕貫五百二十六文天台縣一千八百一十八貫一百三十八文黃

一一作二　三一作五　社一作杜

巖場二千四百八十八貫二百三十九文縣渚場六百六十六貫七百二十五文路橋場八百八貫八百一十二文巷頭務二百五十一貫七百五十八文　處州　在城二萬二千九百五十六貫九百九十八文青田縣三百九十四貫八百六十七文　衢州　在城七萬五千六百五十五貫一百六十四文龍游縣一萬二千三十三貫六百八十四文開化縣一萬七千四百一十九貫六百六十九文常山縣二萬三千八百九十二貫四百五十二文江山縣二萬八千一百六十四貫四百五十二文禮賓鎮三萬二百九十九貫八百八十九文安仁鎮五千一百三十七貫六百一十四文白革湖鎮三

卷九千七百八十七

千二百八十六貫二百二十五文南銀鎮八百一十八貫五百三文　睦州　在城一萬七千九百八貫文分水縣一千一百一十三貫一十七文青溪縣一萬二千貫四百七十九文桐廬縣二十三十五貫五十六文壽昌縣一萬八百六十八貫三百九十文遂安場一萬六千四百四十六貫三百六文　江南路　東路　江寧府　在城五萬二千一百一十貫三百六十五文　句容縣七千一百六十貫五百三十四文溧水縣一萬七千六百四十八貫九百八十八文溧陽縣一萬七百六貫八百九十五文舉善鎮六百三十三貫五百四十二文社渚鎮一千二百九十七貫七百九十一文下蜀寨四

績一作續

百五十三貫五百七十七文　宣州　在城六萬三千八百九十五貫一百七十九文南陵縣四萬二千五百十五二貫六百九十文寧國縣六千九百八貫九百四十三文涇縣四千五百九十七貫二百二十二文旌德縣二千四百八十六貫一百六十四文太平縣一千四百三十八貫六百五十八文水陽鎮二千九百九十八貫九百七十九文杜遷務四百九十九貫三百八十八文符裹窯務八百二貫五百二十七文城子務一千一百八十九貫八百八十文　歙州　在城三萬七百九十貫二百五十七文休寧縣九千七百五十九貫六百二十文績溪縣二千七百九十四貫一百一十文黟縣五

卷九千七百八十七

千九百五十四貫七百二十文祁門縣八千八百九十九貫三百八十五文婺源縣一萬三千七百七貫七百三十五文　江州　在城三萬九千六百七十七貫一百七十九文零鹽場二千四十二貫四十文德安縣三萬二千六百八十一貫六百四文湖口縣二萬六百二十九貫二百三文彭澤縣一萬八千五百七十六貫四百七十九文瑞昌縣二萬三千五百二十貫八百七十二文德化縣二千九十一貫一百八十文馬當鎮九十五貫二百八十文　池州　在城三萬五千一百三十六貫四百六十文青陽縣二萬一千七百二十貫一百一十八文建德縣二萬一千一百四十三貫四百八十六

文東流縣一萬六千八貫三百八十四文銅陵縣五十
九百一十貫九百四十一文石杕縣五十四百一十四
貫九百二文順安鎮一十五百八十四貫五百九十二
文大通鎮三千九百二十四貫二百三十六文 饒州
在城八萬八千二百六十七貫四百三十三文樂平
縣二萬六千六百三十一貫七百八十二文浮梁縣三
萬四千一百六十貫四百八十九文安仁縣一萬八千
九百四十三貫四百八十文餘干縣三萬三千五百四
十一貫四百七十四文德興縣一萬四千五百八十八
貫七百六十八文景德鎮一萬三千四百九十四貫三
十一文石頭鎮八千三百五十八貫六百一十七文 信

卷九千七百八十七

州 在城四萬七百一十一貫九十六文貴溪務二萬
二千四百七十一貫三百三十五文弋陽務二萬八千
四百七十一貫二百五十八文鉛山務二萬二十八百
六貫八百四十三文玉山務四千四百一十貫一百四
十四文寶豐務七十七百二十五貫一百五十三文汭
口務一萬二十二百二十二貫四百文永豐務三十二
百三十一貫六百一十一文 太平州 在城二萬三
千八百八十二貫二百三十九文蕪湖縣一萬六千二
百九十九貫三百三十文繁昌縣九千一百九十三貫
三百七十八文采石務一千三百四十五貫九百三文
慈湖務一千三百九十九貫三百一十五文荻橋務六

三一作二

八一作六
含一作舍

千三百三十二貫九百八十八文荻港務四千七百一貫
八百三十七文 南康軍 在城二萬八千四百九十
貫四百六文都昌縣二萬九千四百三十六貫五百二
十一文建昌縣三萬九千四百六十九貫一十一文
廣德軍 在城一萬二千二百九十四貫一百四十七
文建平縣一萬一千三百貫二十二文 西路 洪州
在城一十四萬三千五十二貫三百五十六文豐城
縣四萬一千八百六十四貫九百二十四文分寧縣三
萬一千六百一十六貫一百六十三文武寧縣一萬五
千九百一十二貫三百八十一文進賢鎮一萬四千三
百九十九貫三百八十六文樵舍鎮八千五百三十貫

卷九千七百八十七

五百八文 虔州 在城一十一萬六千七百三十九
貫六百六文雩都縣一萬四千一百六十六貫六百四
千四文信豐縣二萬二千四百六十四貫四百五十三
文龍南縣一萬二千三百八十二貫六百八十七文石
城縣一萬一千三百貫九百六十七文興國縣四萬五
千六百五十一貫一百三十八文虔化縣二萬八千八
百一貫二百四十二文瑞金縣一萬六千八百七十一
貫三百四十二文會昌縣二萬三千八百九十五貫六
十文雩都縣銀場三百二十三貫四十五文 吉州
在城一十三萬三千五百一十貫六百七十三文太和
縣四萬七千三百六十九貫三百六十九文吉水縣二

萬七十六百三十九貫四百七十八文安福縣一萬一千二百九十八貫二百八十五文永新縣一萬二千九百一十八貫八百三十二文龍全縣一萬八千七百四貫四百九十四文永豐縣二萬三千五百四貫八百九十六文永和鎮五千八百二十五貫九百一十五文棗傳場一千七百八十六貫二百三十三文沙市務二千三百三十三貫四百六十二文　袁州　在城九萬三千六百三十三貫七百一十八文分宜縣一萬七千八百七十三貫三十五文萍鄉縣一萬七千一百一十三貫一百六十九文萬載縣六千二百五十二貫七百七十七文　撫州　在城八萬九千七十六貫三百六十

九文　筠州　在城八萬六千三百四十四貫五百五十八文　興國軍　在城五萬二千八百八十五貫一百二十四文大冶縣二萬八千六百八十二貫三百九文通山縣二千九百七十九貫二百七十文磁湖鎮三千八百一十八貫二十一文佛圖務二千六百二十六貫四百一十八文　南安軍　在城八千一百一十九貫六百五十六文南康縣四萬一千五百八十四貫三百一十五文上猶縣八千二百六十二貫五百文　臨江軍　在城四萬二百九十三貫五百二十七文新淦縣三萬四千八百八十五貫六百三十七文新喻縣一萬六千九百九十二貫八百六十八文　建昌軍　在城二萬八千五百二十三貫七百五十八文　南豐縣一萬七

五一作三

一一作二

千七百一十九貫三百六十三文太平場四百一十五貫七百七十五文　荆湖路　南路　潭州　在城二十五萬七千六百一十五貫八百一十一文衡山縣三萬一千七百七十六貫六百一十文湘潭縣三萬五千三百九貫七百七文醴陵縣五千七百一十六貫九百五十七文攸縣九千二百八十六貫八百九十六文益陽縣二萬六千四百五十一貫二十四文湘鄉縣一千一百三十一貫二百三十四文湘陰縣一萬五千四百八十八貫四百七十一文　衡州　在城八萬八千三百一十九貫四百七十三文耒陽縣一萬六千六百九十一貫一百六十文安仁縣三千貫文常寧縣七十三

百一十五貫二百文茶陵縣一萬三千五百貫泉溪鎮一千三百八十貫白竹鎮七百二十貫寒溪鎮七百七十貫新城鎮五十貫文大潙場六百六十貫七百五十文金場六百六十貫彭蠡驛五百文西渡四百八十貫文茭源坑七百九十三貫四百五十文安陽步七百三十貫文高店塘三百四十三貫文李家團三百四十八貫七百文高灘四百八十貫文冷水四百一十貫文四湅一百八十貫烏波六百二十五貫文松柏一百五十貫梓夏一百三十二貫文　道州　在城一萬六千六百四貫四百七十五文寧遠縣一萬四千七百九十七貫五百二十六文江華縣一萬一千三百六十四貫九

陂一作陵　千一作十　三一作二

百八十七文永明鎮一萬一千一百八十六貫七百四十文　永州　在城八萬五十九百四貫九百五十六文祁陽縣三萬五千一百四十六貫七百五十一文東安縣一萬一千六百四十八貫七百六十七文　郴州　在城一萬四千四百八十七貫六百六十五文桂陽縣一百五十九貫一百八十文宜章縣一百五十九貫五百二十六文永興縣一十二百八十四貫四百二十一文高亭鎮一千七百五十八貫六百五十四文安福驛八十一貫二百三十五文資興場一百二十九貫八百八十二文征陂場二百四十一貫九百六十二文共江橋場七十七貫九百四十文新塘坑一百一十一貫六百九十二文浦溪坑一千三百四十貫二百八十文延壽坑二千六貫八百八十五文流江坑八十六貫五百八文　全州　在城四萬九千四百三貫六百一十八文　桂陽監　在城二萬五千九百五十四貫六百一文藍山縣五百二十三貫八百七十文香風鎮一百二十八貫七百文龍崗一百九十一貫一十文毛壽坑二十九貫八百三十文水頭坑二百三十二貫六百七十三文小白竹坑一百三十四貫五百六十三文石笋坑一百六十四貫九百七十文大冨坑九百三十六貫

北路　江陵府　在城五萬三百四十七貫二百四十二文公安縣一萬二千五百八十九貫八百九十文

卷九千七百八十七

二一作一　鋪一作鎮

監利縣一萬二千五百八十九貫六百四十文石首縣九千三百六貫二百一十九文潛江縣一萬四千四百六十一貫八百二十九文長林縣二萬五千二百五十二貫二十七文松滋縣一萬八千九十二貫九百九文涔陽鎮一萬七千五貫八百三十二文白水鎮四千七十五貫二百五十七文沔陽鎮一千一百六十三貫五百八十五文建寧鎮七千七百七十六貫三百九十五文師子鎮五千三百三十二貫六百五十八文赤岸鎮九千一百五十六貫九百一文枝江鎮八千三百四十七貫八百九十文玉沙鎮一萬六千三百六十九貫一百七十六文藕池鎮一萬一百五十九貫七百四十七文沙市務二萬一千二百五十七貫五百四十五文

鄂州　在城五萬三百九貫二百三十九文武昌縣六千八百一十三貫六百三十二文嘉魚縣九千二百三十九貫四百九十一文咸寧縣一萬九千八百二十六貫三十三文蒲圻縣二萬一千九百六十貫七百五文崇陽縣一萬四千六百四十三貫三百四十四文漢陽縣二萬六千一百一十四貫四百九十一文通城縣二千二百一十八貫一百八十九文金牛鎮一萬六千三百八十七貫八百九十二文漢川鎮一萬九千八百一十四貫八百五十三文下汊鎮七千三百八十八貫八百六十六文白湖鋪二百六十二貫八十四文灄口鋪

卷九千七百八十七

千一作百

一百一十八貫三百七十二文　安州　在城三萬七千四百一十五貫二百一十五文應城縣一萬三千一百九十二貫五百五文孝感縣一萬一千八百三十九貫二百七十文景陵縣四萬七千一百七十九貫二百七十九文應山縣一千一百二十五貫八百五十三文雲夢鎮三千三百四十四貫二百一文太平鎮二百五十四貫七百九文北舊鎮一百九十二貫七百三十八文東舊鎮六百六十三貫五百八文　鼎州　在城五萬三千四百四十二貫三百一十一文桃源縣二萬四千四百一十四貫六百八十三文龍陽縣一萬三千四百二十三貫七百四十四文　澧州　在城六萬三千九百七十八貫一百五十六文安鄉縣七千六百七十貫七十一文石門縣四千五百四十二貫七十三文慈利縣二十四千貫六百三十九文鐵冶場一千八十五貫七百一十八文車渚場二百二十一貫四百三十二文澧川寨一十七十四貫三百四文西平寨七百八十七貫五百四十四文臺宜寨一千一十七貫五百六十三文索口寨六百一十二貫五百九十六文安福寨一千六十四貫四百二十九文武口寨九百九十五貫八百八十五文太平鎮三百九十貫六百五十文（五）　峽州　在城一萬六百二十六貫一百七文宜都縣六十五百一十二貫九百六十一文長陽縣九百貫三百二十

卷九千七百八十七

五一作二　二一作三　千一作百

二文遠安縣一千六百六十一貫三百六十八文牟谷縣三千六貫六百二十四文新安寨六百七十貫三百八十文漢流寨九百二十九貫三百三十二文巴山寨一千六百七貫六百六十五文麻溪寨八百八十一貫五百四十八文　岳州　在城五萬三千八百三十六貫二十三文臨湘縣二萬三千四百六十九貫二百一十七文華容縣一萬四千一百八千二貫九百八十八文沅江縣二萬四千四百二十貫五百四十一文平江縣一千三百八十貫四百七十文公田鎮二千一百三十九貫三百四十一文閣子鎮二萬三千六百一十一貫五百四十文烏沙鎮三百一十三貫一百四文　歸州　在城二千九百七十四貫一百七十七文巴東縣七百七十六貫七百一十文秭歸鎮一千四百八十二貫六百八十九文　辰州　在城二萬一千四百五十五貫五百七十六文　沅州　在城三千三百五貫六十六文黔江城一千五百七十二貫五百三十一文安江寨二千二百六十二貫三百五十九文鎮江寨一千三百一十二貫五百三十八文錦州寨二千九百九十三貫二百五十一文

梓州路淯井監　在城一萬六千二十貫南井一萬六百二十貫文

福建路　福州　在城二千六百二十一貫一百五文

卷九千七百八十七

三作二

閩縣二千四百二十四貫八百六十六文侯官縣二千三百五十二貫九百九十九文懷安縣四千三百七十八貫一百三十二文連江縣二千四百六十六貫五百一十八文羅源縣八百六十四貫六百九十四文寧德縣一千二百九十三貫六百七十八文長溪縣一千一百五十八貫七百四十五文閩清縣二千六百九十九貫五百文永泰縣一千六百四十九貫二百二十文古田縣四千三百二十一貫五百四十八文長樂縣七百一十二貫六百七十三文福清縣一千九百九十二貫四百二文保德場一百五貫三十文黄洋場四十七貫一百一十文 建州 在城一萬二百六十六貫一百

卷九千七百八十七

三十九文建陽縣二萬一千七百六十三貫七百二文浦城縣一萬一千二百七十貫一百二十四文崇安縣一萬三百一十五貫三百三十八文松溪縣一千五十八貫八百五十六文政和縣七百四十三貫一百二十九文遷陽縣一千二百二十二貫三百三十五文武仙場四百八十五貫三百二十一文通德場二千七百六十七貫五百七十一文黄栢洋場二百六十七貫九百九十六文永興場一十三貫六百九十一文天受場六貫二百四十一文滿家山七十二貫五百五十四文大同山二十六貫一百七十二文鹽庫一十八貫一百二十一文 泉州 在城三十一百五十六貫一百九十

三作一

二文南安縣一千九貫二百五十九文同安縣一千二百四十六貫二百八文惠安縣九百四十五貫四百八文永春縣四千八百一十四貫六百八十五文清溪縣一千二百八十四貫七百八十四文德化縣二千七十四貫一百七十六文倚洋場一百五貫六百文青陽場二百六十一貫九百六十五文[illegible]場一百四貫大盈驛四百一十八貫七百四文 南劍州 在城一千三十九貫八百九文順昌縣一千九百五十四貫七百五十文將樂縣三千三百一十一貫八百九十六文沙縣二千五百九貫九百四十四文尤溪縣二千七十六貫七百一十八文洛陽口鎮四十六貫二百七十八文新豐

卷九千七百八十七

小安仁等場四十一貫八百六十五文龍泉寶應等場一百一十六貫五百六十二文龍門場一百三十八貫九百六十七文大演場六十三貫五十三文安福場一十九貫八百六十六文石牌場一百二十九貫三百九文安仁場七十五貫五百四十文葉洋場六十七貫六百三十三文漈坑場二十貫九百二十九文倉峽務一十五貫四百四十四文 汀州 在城九千九百四十六貫八百一十三文武平縣一百三十四貫八百四十二文寧化縣一萬六千七百五十七貫七百五十五文上杭縣七百二十四貫二百九文留村鎮五十貫六百八十四文上寶場四十二貫三百三十四文龍門場二

二一〇三

百二十九貫五百六十七文寶安場四十貫七百八十二文長永坑二百九十貫四文　漳州　在城一萬二千一十七貫二百二十文漳浦縣一千九百三十五貫二百六十六文龍巖縣一千二百五十三貫五百四十五文長泰縣二千六百五十八貫九百一十一文大濟場八百八十八貫八百八十六文　邵武軍　在城五萬一千一百貫二百六十三文光澤縣一萬三千八百六十二貫八百五十一文歸化縣八千二百九十二貫三百三十二文建寧縣二萬二千四百四十七貫六百二十二文黄土場一百八十二貫一百文太平場六百三十二貫九百五十二文龍須場六十四貫六十五文

卷九千七百八十七

青女場九十貫八百七十文黄際場一百二十四貫八百六文棠名寨四十貫三百文大吉鋪一十三貫四百二十三文　興化軍　在城四百三十八貫二百六十四文蒲田縣二百八十一貫七百四文興化縣一百四十八貫九百九十二文黄石務一百一貫一百四文迎先務六十七貫六百一十六文縣市務二百四十一貫四百一十二文龍華務二百一十一貫六百文石碧潭務二百四十一貫八百三十二文風亭務七十七貫六百八十文三山志：閩漕歲辨鹽一十二萬引，官鬻於商而貨於民，聽其旋造。皇慶元年運司同知范惠郡罷鹹造而行民食課鈔，責辦於有司，郡轄州二、司一、縣一十有一，受引有差，一時分派，先中廠後小民。役戶銀於輸徵。泰定三年福清州同知李恭乞減本州食鹽一千五百引，轉聞于上得請，州民至今歌舞其賜今。

小字九百傍依
一格大字寫

本路食鹽週歲凡引四萬五千，總課鈔中鋌一十一萬二千五百鋌。　福寧州四千五十二引，計鈔一萬一百三十鋌。福清州四千五百七十六引，計鈔一萬一千四百四十鋌。錄事司二千七百一十二引，計鈔六千七百八十鋌。古田縣五千九百三十二引，計鈔一萬四千九百八十鋌。閩縣二千八百二十四引，計鈔七千六百鋌。侯官縣三千九百八十四引，鈔九千九百六十鋌。懷安縣二千九百九十二引，鈔七千四百八十鋌。永福縣二千四百九十二引，鈔六千二百三十鋌。閩清縣二千二百引，鈔五千五百鋌。連江縣三千五百二十四引，鈔八千八百一十鋌。長樂縣三千六百四引，鈔七千六百六十鋌。羅源縣一千六百四引，鈔四千一十鋌。福安縣二千二百四十八引，鈔五千五百二十鋌。寧德縣二千七百九十二引，鈔六千九百九十鋌。　海口、牛田二場歲煎鹽二萬六千七百五十九引，係隸本路福清州所轄地面，海口場辨一萬四千七百五十九引，牛田場辨一萬二千引。　建安志：泄變鹽貨，每月以九日鬻大上供鹽，二十一日鬻小上供鹽，舊志已述矣。舊制一郡坊於平政門下，又買四脚坊於府儀門前等處而止，每斤鬻錢八十八文，尺錢鹽一兩二錢。嘉定九年，計使節中俞公建攝郡，以鹽課不登，添撥九脚坊於臨江、朝天、由津、寧遠、建安、建溪、通安、永慶諸城門下及蘄玉廟前，鹽價

卷九千七百八十七

以斤包者，每斤此鬻錢七十文足；以兩包者，每二兩止鬻錢九文足，不復更饒鹽。每所差貼司、指子各一名，發責拘錢，隨日解發。人甚使之，可入倉庫門。浦賦縣弓兵舊止以八十名爲類，嘉定五年師司以寓公廣主籌等狀，已差左翼軍彈壓，送本府備明，增弓兵三十名，添關防廢外，復差唐全等七名充本縣獄卒，嚴免縣差占。弓兵弓兵三十名顧錢之數與八十名同，本府月閩常弗庫支，徑差排軍押主縣取逐入，觀須可入滿敘縣門。閩中風號磽瘠，土地所產不足供公上之須，都隸賦入。漳而經費廣，下州取給於寺院，上州倚辦於鹽筴，而鹽筴之分綱數蓋可考焉。紹興二十七年，朝廷因臣僚言本路鹽料害，就奏提刑美公達載其事，達乃餉上四都縣歲用之數，押運鹽以備常賦所入之閩，仍令賊價白鬻，不得科責於民。既而諸司侵行相度，中明前說，術諸縣每年合椿上供歲計數日，分定綱數，上四都縣總對運鹽一千六百八十三萬斤，不得過於立定額數，鈔鹽尚在定額之內。且令州縣出責官鹽，只許就市并置場一所。　紹興初，官鹽分在諸廳受責兵實，諸廳爭欲得之，可以展拓，周按人情，未嘗有報。舊之燒後方置場，見五年粟延珪之請，立定坊數，蓋懲此獎。又十二年，州縣運鹽既無定數，惟有力則能多致，料賣紛紛，民不條樓，立定綱數，蓋懲此獎。而賊償自鬻之，所以懲料責之弊。

也令本府歲運十三綱為鹽一百三十萬斤七縣歲運三十九綱為鹽三百九十萬斤每綱各許梢戶搭買他脚鹽一萬斤以備欠折又在每綱正鹽之外此府縣歲運之數船而計之為鹽五百二十萬斤戶口有多寡數亦因之謂如建安甌寧產錢一同故每縣歲運各四綱半政和松溪產錢相似故每縣歲運各二綱其餘三縣或多或少皆有深意又因其事力之厚薄供億之繁簡耳縣運不送元數之數則月解驗府運不送元數之數則用度窨數數既定所有合解漕司海船脚乘綱本等錢少有稽緩則官吏受責令上四州縣每於一年之役方誠元名卸隨名次高下打鹽裝載率常不數其急縣道多至敗歸綱有大小由綱數則可驗其產梢之厚海爾有高下因鹽價則可知其道里之近遠迷其十萬斤奏文綱本府并七縣沒添大澗南劍州劍浦將樂尤溪沙縣亦係大綱泛六萬斤為中綱汀州長汀清流寧化邵武軍邵武光澤並係中綱三萬五千斤為小綱惟泰寧建寧二縣係小綱然州縣間多不能運及元數之頒先是政和間漕司措置如州縣關之由親本司借上什海船等錢綱或本錢應副發遣稅戶起綱亦行下上供庫正行妝支假綱到州縣貫錢令項拘納解還後仍其制今漕司聽副建安甌寧兩縣不出庫錢發遣綱戶力於逐日解錢送上供庫交納蓋用此

卷九千七百八十七

紹興三十二年漕臣陳寺丞申明乞每綱召募土著實有物力稅戶艘遣勘會家業直錢二千貫以上拘收砧基契書入官抵擬記中赴上供庫送納海船等錢附籍發遣前去參名仍將州縣每年合椿上供歲計鈔鹽案名錢數和年數目遂處以五分牢內四分發赴懷安倉搬專充歲計綱一分赴嶺口倉搬專充鈔鹽綱嶺口綱海道險惡號並雜綱州縣罕有運者大觀末詔袁南鹽法以壞令都司張客郎中至其地講求利害察請以本鹽息三分為卒二分歸朝廷交措客商一分歸司充糴歲計足時兩販官運兩不相妨靖康撥稍商販不行海會聚鹽官各自賣　建炎本戶部侍郎葉份請令福建亦行鈔法既而私販鹽藏尋詔罷之紹興五年始武募官趙不已款旨客鈔既住乞令本路歲詔鈔錢二十萬貫漕司允認十五萬貫所謂鈔鹽錢始於此是年知福清縣葉廷珪也於上四州置鹽每斤內增錢十數文令項椿作鹽本州以優亭戶漕司奏請行之始分各州并屬縣於賣鹽錢內增收充施課鹽本錢所謂增鹽錢始於此紹興六年鈔鹽錢如至二十萬貫　乾道三年臣僚論賣鹽五斛時命太常少卿任公文為將漕付以此事明年臣僚優論之任公奏鈔鹽錢既罷鈔綱亦合任運朝廷從其說遂減當來歲運之數三百八十萬斤就道八年以漕臣陳峴之請再行鈔法且令每斤支償錢一十文足視陸

興元年措置每斤虧支二文更不除頭既而鹽鈔散在州縣客旅不通其豪於財之人隨意揀販以規倍獲之利官司莫能號令郡縣皆藏處鈔而客販不通以至官兵請給積壓無支歲計上供拖延莫解九年盈行注罷仍舊官般官賣鹽價亦仍舊支運本錢一十二文是年八月運副傅公自得運判楊公由義申目令建寧府所倚郭建安甌寧兩縣合納鹽本增鹽等錢係在本府都鹽倉紐撥作款椿管番次支下都鹽坊賣以二十日為準內六日賣納本司一綱鹽本增鹽等錢三千六百七十二貫七百二十八文貫餘一十四日賣本府及兩縣歲計鹽每日入帶納本司鹽一千斤價錢一百八貫五百六十文省隨日收錢赴上供庫交納大上供小上供蓋起於此以見都坊變賣兩縣綱鹽為有日矣古其立額之初預為分隸之數一曰增鹽為鹽三萬一百四十七斤三兩一曰贍學為鹽三千一百五十二斤九兩一曰吏祿為鹽五百九十八斤四兩五錢一曰經總制鹽為鹽三千二百六十六斤一十三兩一曰坐倉錢鹽為鹽三千斤一曰兵食鹽為鹽一千斤一曰綱脚頭鹽為鹽一千四百一十六斤八兩五錢一曰三司頭鹽為鹽一千五百九十八斤一十三兩一曰三司分脚鹽為鹽五十八斤二兩一曰拖脚息鹽仍分其一半以隸府司為鹽一千二百九十二斤一曰中賣為鹽四百五十六

卷九千七百八十七

斤三兩二錢五分此係久例又有增收大貫為鹽二百七十五斤一十五兩四錢五分此係三年創例分隸既足又有六萬二千八百六十七斤一十兩謂之綱本市利鹽分還上供販帳諸色窠名歲計而於其中撥鹽九千二百一十一斤一十兩五釐抵還先所借起揭錢以見建安甌寧兩縣照久例支借起揭錢漕司應副兩縣不出庫錢正以存立縣道而助上司州郡越辦成計也令詳本府所借兩縣起揭錢每綱一千貫亦有未愿盡政和之制閩之州縣就漕司借不出庫錢一千八十貫候綱到日州縣責錢令項拘納解還自撥兩縣綱運盡歸使府不敢再於數內乞行代納綱本錢遂自擘劃運日解錢十二貫納漕司名曰海船錢則知支借越揭豈無謂而然然此特本府并兩縣大數若此五邑未免以要益兩縣係出綱本自運但令稅戶主持五邑條是稅戶出錢充本故事例不可概舉大要官府之事當有微利使人奔走其下故每綱各有拖脚鹽以優潤稅戶甍法每綱許帶二分紹興五年方以十分為率許帶一分準備填欠大綱運鹽十萬斤則許稅戶搭帶一萬斤運計十一萬斤如本綱交納無欠就拘中責入官而一分本錢亦係所募州縣為之解納漕司而俾收其息是名均支錢每斤本錢二十文足所過場務官薄其征所以僥饒稅戶之意蓋深遠矣漕司立定則例綱過場鎮福

州水口鎮每斤只許收錢三文五分足嵢峽鎮只許收洑五文足南劍州稅務上許收錢四文五分足其餘鎮務並不許收拖腳鹽稅錢今錄般綱之節次于右　本府一十三綱一十二綱懷安倉一綱嶺口倉　建安縣四綱年四綱懷安倉半綱嶺口倉　甌寧縣四綱半四綱懷安倉半綱崇口倉　建陽縣一十一綱一十綱懷安倉一綱嶺口倉　崇安縣七綱六綱懷安倉一綱嶺口倉浦城縣一十綱參四萬五千五百斤八綱半有零懷安倉一綱半嶺口倉　松溪縣二綱一綱半懷安倉半綱嶺口倉　政和縣二綱一綱半懷安倉半綱嶺口倉募稅戶以起發　本辦歲運十三綱所謂綱本海船筆錢必須前斯一年申幹綱人姓名於漕司纜申姓名即斛海船綱本等鐵海船錢六百五十貫拖腳頭錢三百九十貫綱納錢十四貫五百四十四文小鈔錢五貫一百二十二文計錢一千五十九貫六百六十六文省以充其費漕司籍定納錢月日為先後次序排立千字文號理為名次縣綱數少季申一名其綱次多者不在此數　照名次以參倉　稅戶既已申明州縣已納錢於上洪庫即將姓名附舊給千字文號公文發遣前去參倉倉齋朱鈔驗實仍依名次先機支鹽守等得到元名卒常在一年之後裝綱雜岸又領句月隨參倉先從以給鹽　稅戶既當名次須管三日之內顧足人船倉即

卷九千七百八十七

支撥或到倉限滿人船不足即該次人燃名隔下卻支次名或兩日內次名顧人船未足即與第三名支請其第一名亦許限三日再顧足人船候二名支紐先次支況若又出違日限更不支發立法之始闕防可謂曲盡然關之州縣或有已該名次而無錢起揭亦有已裝下淹而無力接濟如尤溪三年之內今運二十四綱止運一綱者間或有之　批行程曆以驗遲速　稅戶已得漕司東鈔發付參倉即給行程曆一道催趣裝綱及至起發所至官司批上行程及關報經由迴尉催趁趁限令有雜倉半年起揭援濟等錢不能相纜還延日久不能至所般州縣又孰敢稽稅戶勤情惟崇安為不失立法之意鹽已打足自懷要倉限大十日到縣如期而至則支貫錢二百貫省違五日限罰錢五十貫省又違五日遞加一等至所立賞錢數止蓋其縣財力有餘不費擘劃而地遠鹽貫稅戶自得拖腳等鹽之利公利相資所以整辦備起揭錢以充綱料　名次既該裝綱稅戶就所募州縣請錢一千資往懷安倉名曰起揭何謂起揭討雇船隻資給樟稍又納綱料等錢於福州主管司置籍置單分依合千人常例并作福還願之類本府係人自運故綱料錢止支八百四十四貫兩縣係稅戶幹綱故起揭錢總支一十貫其它五縣往往不同若無此錢雖足鹽已下船無從起發樟稍坐待日久不免盜賣

食貨二二之三三

支鎮疑作支錢

倒疑作到

官鹽已充口食它時欠折公私俱受其病　備接濟錢以納三鎮　由懷安倉至水口鎮由水口至嵢峽鎮由嵢峽至南劍州城下務名曰三鎮水口去懷安未遠每綱收錢九十四貫足嵢峽至三平兩鎮相望故延平每綱收錢一百二十貫足稅錢來雖為多而所至口岸揭折極重樟稍有儀撒犒給之例灘瀨有神祠禱賽之費本府於永口嵢峽兩鎮各支錢三百六十貫於延平一鎮則支鎮四百五十貫洎至府岸又支綱腳錢一百八十八貫兩縣作三次長短支給為錢一千三百四十三貫省有呼其它諸縣事例各有不同皆名接濟今三鎮又於拖腳鹽內別收白鹽錢法不能以盡防也接濟或遞則樟梢鹽鹽賣充口食之急具害有不可具言者　分隸諸司以收市利　綱到府岸若府綱則本府鹽案分隸諸司兩縣綱到則申分隸狀于府而以合得淨利鹽數抵還諸色官錢既以分隸如解倒查本府委官交秤照府縣久例發賣設有欠折條稅戶自認官司不須馬以見始者立法稅戶許帶一分拖腳鹽一萬斤准備填欠計慮寬為探長不號稅戶樟梢牌行侵鹽卻令厥遣州縣為之填納豈不多事　貫拖腳鹽以優綱戶　本綱既已交納無久稅戶卻將拖腳息鹽中責入官給其直名曰均支錢此錢不支亦無以見當來復潤之意中貫價數與官賣之價一同朝廷立定諸鄉縣責鹽價

卷九千七百八十七

數本府每斤八十八文足術郭兩縣派八十八文足准運官錢則每斤作八十三文五分七屋蓋葉糜費並在數內建陽縣九十九文足崇安縣一百八文足浦城縣一百一十四文足六分政和縣一百六文足松溪縣一百一十七文足由今府以觀其它州縣各自不同　大抵州縣根本全藉兩稅吾於事外經營終費防稅況山澤之利古人本以予民然後経常簡易於什一之法而見兩稅不足俠經費而用盤策非得已也於斯不得已之中務求州縣相資公私捆養之道則有不盡其利而已本府及倚郭兩縣所嬴綱戶一錢以上皆是自辦故縣道悉為稅戶任百邑之須本府亦為兩縣應起揭之急此以毋養子之義子非用養安能為生諸縣募有力之人充綱戶使出錢為官般運綱到則縣道分淨利之息綱戶享賣鹽之利此以毋養子之義毋得予養河事不成百年損鹽成例其存自非大賢莫能摻事慶宜通若物有輕重變責有虧羨非財賦源妻所繫故不載　建安續志鹽課建安郡計仰給盡運公至之日府鹽日責不過三四千斤公曰是不雖畔也優假般達裁藏官價飽足斤兩此三者先求其在我然後聽民與官為市其不至者頗有以幾之不抑不苛彼將河釋乃若姦樂之所從出則隨事檢從固職抑揚使無職於不厭服乎入心然後立為一定之式平表正大要歸乎中道而已

食貨二二之三四

大綱既正，所謂私販自爾消縮，不在於行一切之禁也。其條目列於右方，纖悉具在本案。

懷安覇口運鹽舊例，每綱各給見錢充般運使用，近因綱錢不得出界，派折支會子，部綱人未免折閱。公議僚欲每綱特添支一百千，與貼麇費。綱到本府，有帶到鑑而鹽，官與收買每斤五十文，使之護少微利。又舊例鹽到本府，支拜足日呈支拖腳鹽錢一百貫省，緣運入在道，往往闕乏，即件鹽而鹽隼遞桿指沿路俵賣，既到本府則蘇面已無蹄。笑公於綱運到半涂，將拖腳鹽錢預支一半，似杜其懊。

諸綱般到南劍，公措買差人沿前去，護至本府城下。師時扛入觀盤倉，防沿路分鹽條歡，七邑殿到盬吏。官釋製其籮面出剩，以十得為率，七分校責本府，三分放行下縣。稅戶般到網籬面出剩及萬數者作三七分抽買，不及萬數者四六分抽買，所有支抽買錢益係一邑官魯差官當廳觀還說戶，免庫吏減剩，及嚴禁職稅戶不得多帶羅面。

建陽鹽綱，本府每一綱借支一千貫錢會中牛保運到奉府，魁烟本鹽準還。

本府成內外人戶、寺觀、徒舊多食私鹽，公括貴六廟坊巷人月及酒食坊店淹葳等戶，每戶給曆請買官鹽，仍別給滿發下部鹽坊、九城門坊收管，過人戶執曆買鹽，即對淨批鹽為證。閑寧諸坊灣磨不測花點，不買官鹽人戶一二名喚上，取開門依隨輕重臨時對酌施行。人戶必買官般，則私鹽自無容足之地，不待禁捕而自絕矣。

本府抱賣使司鹽綱，規納　初澤照閱本府當歲育運木盡綱，提舉司從下借運，寄府增發賣，每歲不過兩綱。至廣元中增至四綱，嘉定十年增至七綱，十一年四月內分考發郡，計申提舉司，本府起發上供育邑只遺到與利源，惟類龍綱取轉若通賣及額，尚司支吾稍額目立罷存損，諸得使司往年休例只是借運兩綱，將合得紙本等搖發寄府，坊均在小上供日分發貴解綱錢會目微。節次營及七綱，綱數既多，以致本府充額每平合運一十三綱，積漸錯戚，所運不能及毛預之牛，由是部計空價蓬成，隨邦篇條。本府以缺正官，令歲適值太禮年分，解發支遣甚數倍增，煎起盡社禮齋字偏貫，郡庫伍庫增添養士錢米填剩，禁無闕例，綱諸兩處發場別直軍囊器械，總營育補巡送，有亭昔者所闕，令木容邑以予稿祿驛路，庫減倉旅，兩獄土年城漿，客館增劃重耳員日寬繁，檢計調度，委是闕之。從不申明使司參酌綱數，本府事方委難辦集。分來若擬仍舊抱貴兩綱，鑄計收司用度從廣，雖於收數若擬循襲近所，盡拖七綱，明侵對本府綱額太多，郡計實難支遣。依自秦定十一得歲始，於使司七綱內，本府止抱賣四網，除殺錢賞鹽外，其價錢每年於小上供日分拖青均納，餘三綱擬乞均下鄰郎分貫，照數若辦，均平準提縣司牒歉，請酌中

制年運五綱。本府再申：竊惟使司欲增賣五綱，非務名盡求賣利，為綱數徒增，賣利無盡，何取於此。今計使司每運海口倉鹽一綱，計本錢三千大百貫文省，運到鹽計一十二萬二千斤，除分隸運司增鹽、經總制鹽、府司助學填久耗鹽、官兵食鹽共計四萬七千八百十八斤一十兩九錢外，使司賣合得鹽七萬四千九百一十一斤五兩一錢，每斤八十三文五分九厘足，辰省計一百單八文五分六厘，共計錢八千一百二十二貫三百七十四久省。若使司自行出賣，合於內除諮饒中賣鹽九千一百九十九斤八兩，賣止有鹽六萬五千七百一十一斤一十三兩一錢，計價錢七千一百三十三貫六百七十七文省，除諮出使司支過綱本錢三千六百貫外，賣波淨息錢三十五百三十三貫大百七十七文省，合五綱之息，計鹽一十六萬二千七百五十二斤三兩五錢，為錢一萬七十六百六十八貫三百八十五文者。今本府欲止以四綱為額，卸代萬使司出備四綱賞鹽二萬六千七百九十八斤，計錢三千九百九十四貫七百九十文省，仍將府司合得分隸助學墳文礼鹽、官兵食鹽共二萬八千九百二十六斤五兩六錢，計錢三千一百四十貫二百四十七文省，本府更不分隸，自行拖說賠船變賣，價錢一併解發。如此則每綱使司淨收本利錢八千九百一十七貫四十二十六文者，通四綱計之，

則是本府歲為使司拖賣鹽三十二萬八千五百七十一斤零一十兩，計本利錢二萬五千六百六十九貫七百四十四文省，除諮使司本錢一萬四千四百貫外，淨收息錢二萬一千二百六十九貫七百四十四文省，比之五綱，不免分隸，及有增解使司錢三千六百一貴三百五十九文省。在本府雜日止抱四綱，而有陰納五綱之賣；在使司則生波五綱之利，為有止運四綱之名，實為兩便。其嘉定十一年分減賣四綱鹽數，已行行等均於小上供日分賣，至當年分悠外，自嘉定十二年以後，每歲除賣大上供及其它策名日分，計一百一十七日外，其二百三十八日條小上供日分，合將上項鹽均日分賣，每日賣一千三百八十斤八兩，辭錢會一百四十九貫八百六十七文省，所分再貝申明，文牽提舉司行下。諮退小盡六日，計二百三十二日，每日令納錢會一百五十三貫七百四十九文省。本府再申：一年從以三百六十日為準，除小盡五日，計二百五十五日，從例以二十日為率，內安日大止供一十四日，小上供就大小上供日分共路一十七日，賣諸軍冬衣鹽，大小供計一百六日內六日條賣冬衣鹽錢，小上供二百四十九日內十一日除賣冬衣鹽錢，除諮上項一十一日外，實計只省小上供二百三十八日，屢經磨算，妄無參差。使司既欲每日攙解三貫八百八十二文，敢不遵稟。自嘉定十二

年小上供日為始且從行下錢數解發但不出四綱數目在前在後初無所妨候轉變四綱解及八分卻將餘二分解未盡錢再均日分趲至年終解足指揮不論閏月有閏月綱無閏綱遇閏月合任解具申提舉司旋申外又續準提舉司牒有先來在路一綱日下津到欲免分綠勸學等鹽從本府一頓解還價錢奉台判泝綱條今年紐定四綱之外令提舉司運到之綱條在立約之前況已般運到府只得本府抱貴本息雜以又多分款合綱算除路外所有提舉司合得斤兩實數此鹽錢庫以三分見錢七分官會一併解納後不為例庶免畢時混請碩壞成約上頃事理令編寫次第使後來者有所劣之具在不刻比較鄉鹽倉秤鹽法物輕重市本府都鹽倉元管石法一物一副專一稱鹽出入行用河下所管鐵法物一副專一檢秤外五縣稅戶運到鹽綱公恐兩秤輕重不等公私有虧今行一比較奉判律度量衡所貴均一蓋以示信於天下鹽貨一也而河下法物比都鹽倉法物每歲取平一增重二斤十四兩二錢夫權衡議設不可欺以輕重既一定不易之理今權衡錯雜輕重不論公私何以取信況取之於民者既用重秤而納入於官者則輕秤尤無此理顯白本倉秤入之際秤頭猶高自足以補輕之折耗非良法亦非正論於理只合倉秤河秤並用一般法物倉秤既是本府較定運司

卷九千七百八十七

覆較發下本倉年數已深難以更改但當取河秤赴府銷毀證倉秤元樣一般改造分毫不可異同候造訖賣赴本府準府官封來從公較定取至無差却行解發赴秤運司覆較開雕歲月官司印押訖發下河頭使用日即新秤未成遇河下有稅戶舊綱到日且關借本倉見行官秤前去官司既必於秤頭取少出剩以防耗所民謂亦宜不顧贏落些小秤頭歸家取利若本倉河次盡無一般高低官既不折民亦不虧豈不兩便大抵官司續要些小便宜必是民間有語兼所謂便宜不到官司取了柱柱是筭巧得拙便宜都被他人討了不如大家兩平彼此無相虧方是經久可行之道送繫從今判日下措置施行仍榜本倉及河次曉示不取都鹽倉出剩舊例本府衙前使院人吏諸縣稅戶運到鹽綱赴都鹽倉入納交秤之際既取出剩自都鹽倉發過府衙包卓所又取出剩所謂出剩官未嘗得其利徒為合干又弊得之地焉之兩處各求贏餘則包卓局未免漁落斤兩實雜灰沙貴賠百姓此弊久矣公指置都鹽官究秤不許輙取出剩只據每籮斤兩發過包卓其包卓局依則例斤兩不得來雜外如有出剩攙數收附自此出剩斤兩在公方得其實而民間又得斤兩飽足絜淨之鹽以此發泄課利頓增　革都倉鹽貴官鹽之弊　都倉為合干人蠹蝕之地久矣走失官物前後為不可以

數計公一日入倉親行檢校出至門子房側望屋後小徑過人往來云是守宿人巡更行路因至其所周視圍牆低矮不滿五尺與居民室廬相抵隙穴甚多又撿校門子房內貯鹽五五十四則零一十一斤公意此鹽當時傳出牆外試令吏卒以鹽則就牆裏待過使可交手分付見得前後盜鹽非止一端問之提督監官皆云不知即送門子在院并一行專秤同勘獄吏王椿受囑改送右院右院獄吏池潤又復容情却送左院根勘左院具呈池潤改送建安縣王椿改送甌寧縣各勘出受囑情體斷配二千里右院勘到專知江珍秤子業徐劉保陳宗周榮顏和程昌前後盜貴官鹽一萬三千六百斤張輝段庚造過掃地官鹽七百五十斤江先那三知情為江珍等貴過官鹽五千七百五十斤各分受償錢入己隨情理輕重杖脊配隸估籍公措置為永久之制嵜去提督官州府自行其事監官則改差鄭作院同監務兩員同共監視收支帖北廂官相視到倉門右邊並係抵牆居民一十二家靠牆居住即是日前鹽出官鹽之所限三日起離幾拆元屋自專秤門子以下別差人抵替拆去門子舊房只於倉門外起小房守把不合干火工秤門子等過夜於圍牆外及倉門下守宿看管不得擅入倉監官監門使臣李副尉每日黃昏時入倉周視訖封鎖倉門過夜不測於倉外點檢守宿人數傍牆居民自陳

卷九千七百八十七

閱而下悉從三日約起離拆屋獨林俊係提舉司孔目不盡受拆猶有顧戀之色公不敢以私廢公判下打量合拆屋基丈尺撥和樂坊官屋地基如數與之換易仍給錢與之改造自陳閑而次各給般移錢改築圍牆三十九丈六尺高一丈閱四尺石基高二尺餘底闊五尺又築東邊圍牆高一丈與西相稱重結大門油飾別換門牌增築倉後牆高低丈尺與東西一同灰油如法費錢二百五十大貫八百五十六文省不惟宿姦頓絕官課驟登而倉之規制亦為之一新矣

溱一作壕　五一作伍

宋會要　鹽法

廣南路　東路　廣州　在城一萬六千三百六貫八百一十六文新會縣五百一十五貫六百三十七文增城縣六百九十九貫六百四十四文東莞縣一千三十七貫一百九十五文清遠縣七千八百六十五貫二百五十六文懷集縣九千六百八十三貫八百二文東南道場二百四十九貫九百八十二文鄉迴場四千八百三十三貫一百二十四文馬頭場一百六十四貫四百七十文西南道場一千七十三貫四百七文石田場三千二百一十貫五百文吉河場一十七貫七百二十六文纏場一萬七千九百八十四貫五百九十文吉利寨

卷九千七百八十八

場三千三百五十八貫二百八十七文　韶州　在城五萬九千二百八十六貫六百九十一文樂昌縣二千二百七十五貫九百八十三文仁化縣一千四百九貫九十一文玉湖鎮三百貫四百七十三文濛溱鎮二千五百六十六貫九十九文　五江場一千七百八十九貫四百八十六文浙橋場一百六十八貫八百二十六文黃阬場三百五十七貫一百四十四文白石場五百七十四貫九百四十文岑水場八千一百八貫三百五十六文高滕場三千四百七十貫一百八十二文翁源縣市八百二十五貫四百二十五文州頭津四十四百六十七貫五百三十三文螺阬津五百六十三貫七百

三一作二　七一作九　康一作糖　思一作恩

五十文查渡墟四百貫三百三十文都渚墟七十七貫九百二十五文長崗墟一千三百六十五貫二百六十八文馬渡墟三百八貫四百四十七文太平墟八十三貫六百四十三文鄭村墟一十三貫六百七十二文寧樂墟八百八十七貫一十九文禪明墟四百二貫六百四文永樂墟四百六十七貫五百三十九文泉塘墟四百二十五貫二百三十一文白沙墟五百二十七貫[illegible]百四文黃村墟一百八十一貫八百四十六文和溪墟六十六貫五百六十一文穢渡墟九十九貫二十九文廓城墟五百九貫七百四十七文週田墟三百五十三貫八百八十三文矢橋墟三百五十貫六百五十六文

卷九千七百八十八

綿菁墟七百三十貫五百二十六文黃浪墟三百七十八貫二百五十二文吴田白土墟八十七貫六百六十五文靈源墟一百二十九貫八百七十六文柑磨墟七十五貫六百五十三文嶺田墟一百一十貫六十八文葦田墟一百八十三貫四百一十五文零溪墟九十貫九百一十五文渦頭墟二百八十貫八百四十六文沙子墟一百貫六文南康墟一百二十一貫四百八十七文清流墟六十二貫六百六十七文大黃墟一百四十貫五百一十一文泉墟七十二貫五百八十一文菁塘墟二十六貫九百五十文大烏墟五十八貫七百六十六文感普墟三千四百七十貫一百八十二文思村墟

仁一作興　子一作丁　仁一作興　太一作大　強一作疆　五一作三　二一作一

二十一百五十七貫四百七十四文仁利墟一千三百七十九貫八百七十六文崗頭墟七百四十貫二百六十五文虎子巖烏田墟二百五十三貫二百五十三文仁利遷塘墟二百七十三貫九百七十二文　循州　在城一萬一百八十一貫五十五文興寧縣七千四十五貫五百四十五文龍川縣四千一百六十八貫六百二十一文長樂縣七千二百七十貫四百八十二文羅婣場四十九貫三百五十一文太佑場九十一貫三百八十二文夜明場六百九十七貫六百二十七文　潮州　在城六千八十五貫二十三文程鄉縣一萬七千九百二十三貫三百八十七文圓灣鎮七百八十七貫五百六十七文黃崗鎮一百六十二貫八百八十六文強豐濟銀場一十三貫六百三十七文橫衝錫場二十一貫六百一十八文黃崗錫場二十六貫二百六文淨口場二百六十五貫五文樂口銀場四百八十一貫五文湖陽務六千五百七十九貫四百六十三文松口務三百七十四貫九百三十二文招迎鋪七十六貫九百三十六文　連州　在城四萬二千八十一貫九百六十四文陽山縣三千七百四十五貫八百三十七文連山縣二千五百九十七貫二百四十九文同官場二千三百三十一貫五百二十一文　賀州　在城四萬二百三十七貫四百五十二文靈川縣七百四十四貫五

卷一萬七千五百八十八

村一作材　二一作三　三一作二　五一作三

十三文桂嶺縣六百七十貫四百四十九文盧衝縣五百六十九貫二百三十九文龍崗市四百九十貫九百四十七文龍合市二百七十一貫四百六十二文亭子市二百五十七貫四百九十文吉城市五百六十四貫九百三十五文寶城市二百四十五貫七百一十二文古潭市四百六十五貫八百七十六文武安短潭市五百四十七貫七百六文樊村市二百五十五貫五十二文地度市三百八十九貫六百七十文川石市八百八十二貫八百四十五文龍復市三百八十貫五百二十八文馮衆市一千八百五十七貫四百三文高灘市七百一貫九百五十三文白霞市一千四百三十七貫六百九文廣利市二百九十二貫四百五十一文遨崗市三十四百四十二貫二百六十文寶建市二千一百五十貫三百九十五文尖山市四千一百六十八貫一百六十六文青河市七百一十四貫二百八文南鄉市七百八十一貫三十八文三胡市一百九十三貫二百三十二文太平市八百九貫八百五十九文蒙毋市八百二十三貫六百三十四文亭步市四百一十貫八百七十四文都林市二百七十八貫七百二十二文白博市三千三百八十九貫二百七十二文編蓮市一千五十七貫九百九十八文石龍市五百八十六貫八百三十四文油溏市五百七十一貫二百三十文峽溪市四百二

卷一萬七千五百八十八

二作二　十一作百　三一作五

十一貫九百九十文　封州　在城三十二百八十二
貫八百七十五文開建縣七百四十貫三百四文外仕
墟二千三十三十貫八百四十四文　端州　在城二
千四百四十四貫四百七文四會縣三千九百六十三
貫四十八文三水鎮二十二貫九百五十三文胥口鎮
三千四百六十七貫九百二十八文蔡客步一千四十
一貫五百三十五文　新州　在城四千五百六十七
貫八百八十六文索盧場三百三十一貫五百一十二
文布夢場一百五十貫六百四十九文信安場三百五
十七貫四十一文來蘇津一百四十五貫五十八文
康州　在城二千二百八十二貫九百二十五文悅城

卷九千七百八十八

鎮五百一十九貫五百一十五文瀧水鎮一千九百八
十五貫七百五十文都城鎮八百五十六貫三百九文
歸墟二百四十四貫七百九十文扶蠶墟二百六十九
貫九百三十八文晏墟二百九十四貫四百四十文都
合墟一百九十二貫六百六十二文横崗墟二百五十
二貫九百八十三文南墟三百一十一貫六百一十二
文合水墟二百一十四貫二百四十一文新墟一百四
十一貫三百五文霸圖墟一百五十二貫九百七十八
文建水鋪四百二十四貫六百七十五文　南恩州
在城二千九百三十三貫九百一十三文陽春縣一千
六百七十貫二百二十五文　南雄州　在城三萬一

食貨二三之五

奚一作溪　四十六一作六十四　洽一作治　鐘一作鍾　三一作二

千二百九十九貫三百三十八文始興縣七千九百六
十一貫八百七十六文邕奚墟五百七貫懷化墟六百
二十九貫八百五十文吮墟六百六十二貫四百五十
三文沙水墟五百七十九貫一百五十文溪塘場三萬
一千一十六貫一百四十六文　英州　在城七十二
百六十五貫八百五十六文宜安鎮八百一十九貫五
百七十四文竹溪場五百九十六貫二百五十八文羅
口場三十四十四貫二百四十九文清溪場三千二百
一十二貫八百二十文洽光場六十六百一十九貫六
百文堯山場七百八十七貫四百八十文師子場二百
七十五貫四百六十八文賢德場七百五十五貫三百

卷九千七百八十八

文鐘峒場一百一十一貫四百一十文大崗墟七百七
十三貫一十三文臺石墟八百二十六貫九百八文鳳
林墟一百七十五貫七百五十三文長崗墟四百八十
貫六百二十二文黃牛墟五百九十二貫二百四十六
文白駒墟九百三貫一百七十九文光口墟三百九十
三貫二十四文龍崗墟四百二十七貫五百九十二文
蓮蟠墟三百四十四貫五文板步墟三百二貫九百文
回口墟七百三十二貫六百二十五文陽溪墟四百八
十三貫六百文三接園三百二十二貫四百文　惠州
在城四千五百六十七貫八百七十八文海豐縣一千
二百四十二貫三百六十文河源縣一萬三十二百一

食貨二三之六

縣一作鎮

宜一作宣

十三貫五百五十七文博羅縣一千三十六貫五百八十八文泊頭場二百三十九貫二百八十九文没水場一百四十五貫一百八十九文酉平場二百六十二貫九百七十四文　西路　邕州　在城及武緣縣太平寨横山寨六千八百三十五貫八百七十五文　融州　在城六千三百七十六貫六百六十四文武陽縣一千一百三十七貫九十文羅城縣五百二十五貫　梧州　在城及龍平縣静戎鎮恩賀鎮八千三百七十五貫八百六十八文　龔州　在城五千一百五十八貫八百六十文　潯州　在城六千三十六貫五百一文　貴州　在城三千一百三十四貫七百二文　宜州　在城及富仁監寶富場懷遠寨一萬四千八百一貫

卷九千七百八十八

二百八文　賓州　在城五十四百八十六貫七百五十五文上林縣四百九十三貫五百九十一文遷江縣三百八十九貫七百四十二文武陵鋪一百二十四貫五百文羅目鋪一百九十四貫六百文平樂鋪九十六貫八百三十四文　横州　在城一千四百八十二貫九百二十九文古剌場四百八十四貫八百五十六文古練鋪五十九貫四百四十八文脩德鋪五十九貫四百四十八文羅葉鋪五十九貫四百四十八文靈竹鋪五十九貫四百四十八文博合鋪五十九貫四百四十八文永定鋪五十九貫四百四十八文古文鋪五十九

那一作那

貫四百四十八文　高州　在城三千三十貫一百六十四文茂名縣一千二十八貫六百八文信宜縣二千七百三十四貫一十三文博鋪場三百三十七貫三百九十二文龍消縣八十四貫一百一文永興場六十六貫四百二十七文那隴場一百六十貫四百八十二文　雷州　在城三千三百三十六貫五百六十八文遞角場五百九十三貫一百二十二文　白州　在城二千五百九十二貫八十一文博柱墟九十一貫六百五十六文雙水墟七十六貫四十四文蝢繁墟七十二貫四百三十三文　欽州　靈山石六場一十七百六十貫五百九十三文　鬱林州　在城二十五百六十貫

卷九千七百八十八

九百一十二文興業縣一十五百三十九貫七百五十文　廉州　在城及合浦縣白石英羅大廉石康平陸等場一千三百九十貫一百三十二文　瓊州　在城二千八十七貫七百二十八文瓊山縣三十四百七十二貫七文澄邁縣五百六十六貫六百四文文昌縣六百七十四貫一十四文臨高縣二千四百六十一貫九百文樂會縣一百一十二貫三百四十四文　昌化軍在城八百五貫八十八文昌化鎮二百八十五貫七百文感恩鎮七十九貫四百八文　萬安軍　在城四百二十四貫七百五十七文　以上國朝會要治平以前諸路鹽額已載前會要自熙寧九年內解鹽元豐元年

內渭州五貫六十文 順德軍 東塩六貫二百八文 西塩五貫五百文 鎮戎軍 東塩六貫一百五十文 西塩五貫五百文 涇原州上

課額并鈔價塩税錢歲額係用中書備對修入 治平四年四百三十三萬六千七百八十五石每石重五十斤 解塩二百三十萬貫 舊額一年塩鈔酌中出一百六十六萬貫熙寧八年後以二百二十萬貫為額元豐元年以二百三十萬貫永為定額永興軍府等路八十五萬二千五十貫秦鳳等路一百四十四萬七千九百五十貫內三十萬貫樁與都收司買馬外二百萬貫應副糴買糧草從三司印給空頭文鈔差人管押赴解塩司交割本司却給付陝西沿邊州軍召客人入中書填 鈔價 元豐二年二月指揮西鈔依東鈔價作一等解塩每年以二百四十二萬為額自元豐三年為始歲增到錢一十二萬貫一年令三司封樁一半與陝西都轉運司移用

卷九千七百八十八

永興軍等路 延州 慶州 已上東塩六貫一百五十八文西塩五貫六百文 環州 保安軍 已上東塩六貫五十八文西塩五貫五百文 秦鳳等路 岷州 東塩六貫三百八文西塩五貫六百文 渭州 秦州 通遠軍 東塩六貫二百八文西塩五貫五百文 熙州 東塩六貫文西塩五貫二百文 河州 東塩五貫七百文西塩四貫九百文 岷州 東塩五貫九百文西塩四貫一百文 洮州 東塩五貫六十文西塩四貫八百文

末塩六百七十九萬五千四百四十貫二百六十文 收到錢除有應副買塩支用錢外並係赴軍資庫送納 鈔錢祖額二百四十萬四千三十四貫五百文其鈔額錢準敕封樁準備支還河北糴草價錢 鈔價 江淮兩浙荊湖福建路交印作三等一等四十貫文一等五十貫文一等三十貫文 河東永興東西監塩一十二萬五千七十七石五斗二升一合其賣到塩錢係應副本路收糴草別無塩鈔 川峽卓筒井監塩一千二百二十萬一千六百八十三斤一十二兩五錢 收到錢係應副逐路支用即不見支使窠名亦無交印斤價 京東河北稅錢四十一萬九十九貫四百三十二文 京東一十八萬一百四十貫五百六十九文 河北二十三萬八千九百貫八百六十三文 解塩路 解州 安邑兩池 舊額二百二十萬貫 新額二百三十萬貫 元豐三年為始以二百四十二萬貫為額 末塩逐州年額 產塩場監元供未備

卷九千七百八十八

江南東路 宣歙江池饒信太平州江寧府廣德南康軍祖額一百一十二萬二千三百二十六貫八百七十五文元豐收一百二萬五千九百六貫二百四十四文 江南西路 洪虔吉袁撫筠州興國建昌臨江南安軍祖額一百三十五萬二千三十一貫九十四文元豐收一百二十三萬三千二百貫二十一文 淮南路 揚壽廬宿亳和蘄海楚

舒泰泗濠光滁黃真通州無為軍祖額一百十五萬七千六百十六貫五百九十二文元豐收一百一十六萬六千四十貫八百文　荆湖南路潭衡永柳全道州桂陽監祖額八十三萬九百八十三貫四百一十四文元豐收七十八萬九百九十五貫四百一十文　荆湖北路鄂安岳鼎澧峽歸辰沅州荆南祖額九十四萬七千六百九十八貫五百八十文元豐收七十萬四千二百九十二貫二百九十文內一萬四千九百四十二貫八百四十文係未有祖額

兩浙路　杭越蘇潤湖婺明常衢溫台秀睦處州祖額一百十一萬三千一百三十八貫五百六十四文元豐

卷九千七百八十八

收八十七萬一千八百八十四貫二百六文內三萬八千六百八十一貫二百三十五文係未有祖額　福建路　福建泉南劍漳汀州邵武興化軍祖額二十七萬一千六百四十七貫一百四十一文元豐收二萬二千五百三貫四百三十六文內四百二十九貫九十七文係未有祖額　河東永利東西塩太原府東汾州西祖額一十二萬五千七百七石五斗二升一合元豐收一十一萬四千四百一十八貫九十四文內除二萬三千五百七貫三百八十三文係鹽監脚錢　川峽卓筒井塩　成都府路眉七井綿一千二井邛四井雅一井成都府一井陵井監一十七井嘉簡州井未具到祖額三

百四十六萬五千三百九十八斤七兩元豐收三百四十八萬九千三百六十二斤一十四兩　利州路　閬州一百二十七井勘會當年別無煎賣塩場課利

梓州路　梓七十八井遂五十八井果三十八井資六十三井合四井榮一百七十井富順監一十四井瀘普州井未具到并無祖額　祖額六百二十八萬八千一百三十八斤二兩大錢四百七十貫一百四十文勘會本路州軍百姓買撲塩井係認定年額收數並與年額一般別無增虧及祖額數目　夔州路　夔一監忠五井萬二井開一監達一井渝二井黔四井雲安一監大寧監涪州井未具到并無祖額　額二百四十九萬八

卷九千七百八十八

千一百四十七斤三兩五錢元豐收一百七十八萬一千七百八十一斤一十四兩　京東河北塩稅　京東東路徐青密沂登萊濰淄州淮陽軍祖額十三萬二千五百四十四貫七百九十六文元豐收一十八萬八千六百三十貫九十四文　京東西路　兗鄆齊州祖額四萬七千五百五十九貫七百七十三文元豐收七萬五千二百六十一貫一百七十七文　河北東路澶恩博棣瀛雄霸冀德濱莫州大名府永靜乾寧信安保定軍祖額二十一萬一千九百八十八貫七百五十文元豐收二十七萬四千八百五貫六百一十八文河北西路　定相邢衛磁洺深祁保州成德廣信安肅順安永

寧軍祇額三萬六千九百一十六貫一百一十二文
元豐收五萬三千一百四十八貫七百四十二文　已
上續國朝會要　　鹽額　以上行在金部具紹興三十
二年鹽額修入　　浙西路一百一十三萬七千一百四
十五石六斗七升七勺淮浙例以五十斤爲一石　秀
州八十一萬八千六百九十七石五斗八升一合華亭
買納場五十四萬七千三百五十石一斗五合青墩催
煎場九萬五千六百五十石下砂催煎場九萬二千九
百一石六升袁部催煎場一十三萬三千六百五石五
升浦東催煎場二十二萬五千一百九十三石九斗五
合海鹽買納場一十三萬二千四百五十二石六斗海

鹽腰催煎場九萬六千八百二十二石七斗鮑郎催煎
場三萬五千六百二十九石九斗廣陳納場管下蘆瀝
催煎場一十三萬八千八百九十四石九斗六升六合
平江府七萬五千七百一十八石五斗六升江灣買納
場六萬八百三十八石五斗六升江灣催煎場四萬一
千二百九十八石三斗六合南蹌催煎場一萬九千五
百四十石二斗黄姚買納場一萬四千八百八十石
臨安府二十四萬二千七百二十九石五斗二升九合
七勺仁和買納場八萬七千七百五十一石六斗二合
四勺鹽官買納場九十一十一石九斗六升七合二勺
上管催煎場四萬三千二百七十七石四斗六升八合

蜀山催煎場五千五百四十五石四斗八升八合巖門
催煎場五千七十五石三斗九升二合五勺下管催煎
場二萬一百七十石七斗一升一合六勺南路袁花黄
灣新興催煎場六萬四千九百四十二石九斗一升四
合四勺西興買納場一萬五千九百六十五石九斗四
升錢塘催煎場四千七百八十八石西興催煎場一萬
一千一百七十七石九斗四升　浙東路八十四萬八
千二百八十三石九升二勺　紹興府一十一萬六十
九百二十石四斗一升九合二勺曹娥買納場一萬六
千五百八十六石四斗九升七合二勺石堰買納場六
萬四千三百七十六石二斗八升錢清買納場六千六

百三十五石一斗四升八合三江買納場二萬九千三
百二十二石五斗六升六合　明州三十九萬二千六
百七十石六斗二升九合昌國買納場一十五萬八千
一百一十九石八斗七升一合岱山買納場八萬四千
二百六十一石九升九合鳴鶴買納場七萬七千三百
六十五石四斗三升八合八勺玉泉買納場二萬七千
四百石七升四合清泉買納場二萬九千四百三十八
石五斗二升六合太嵩買納場一萬六千八十五石六
斗二升二勺　台州一十四萬四千三百一十三石三
升九合黄巖買納場六萬四千六百五十四石九斗二
合杜瀆場四萬三千六百八十石長寧場三萬五千九

食貨二三之一五

百七十八石一斗三升七合　溫州一十九萬四千三百七十九石三合永嘉買納場二萬六千九百五十一石八斗八升六合雙穗買納場二萬四千二百六石一斗五升六合長林買納場二萬一千七百六十三石一斗四升四合天富南監買納場七萬九千二百八十七石九斗五升九合四勺天富北監買納場四萬二千一百六十九石八斗五升七合六勺　淮東路二百六十八萬三千七百一十一石六斗二升九合　通州七十八萬九千一百三十石七斗八升五合在城買納場七十二萬九千石西亭豐利催煎場一十九萬六千石石港興利永興催煎場一十九萬石金沙催煎場一十八萬二十石餘慶催煎場一十六萬一千石海門買納場管下呂四港催煎場六萬一百三十石七斗八升五合泰州一百六十一萬六千八百八十石八斗四升海安買納場六十三萬九千六百三十四石八斗二升角斜煎煎場二十八萬一千六百石拼茶催煎場二十二萬二千七十一石三斗二升虎墩古窑催煎場一十三萬五千九百六十三石五斗如皋買納場三十四萬九千一百一十九石六斗掘港催煎場一十八萬石豐利催煎場一十萬七千石馬塘催煎場六萬二千一百一十九石六斗西溪買納場六十二萬八千一百二十六石四斗二升丁溪劉庄催煎場三十二萬六千三百四

卷九千七百八十八

食貨二三之一六

十六石一斗梁家縣梁何家梁小陶催煎場三十萬一千七百八十石三斗二升　楚州鹽城買納場二十七萬七千七百石五祐催煎場一十七萬五千石新興催煎場一十萬二千七百石　廣東路三十三萬一千六十石三斗四升廣州一十六萬一百八十六石三斗四升靜康大寧海南場三萬三十五百二十八石三斗四升東莞場三萬一千二百四十八石香山金斗場一萬一千五百石廣田場七千石歸德場二萬四千九百八十石疊福場一萬五千石都斛場九千六百石矬峒場八十五百石海晏懷寧場一萬八千八百三十石　湖州六萬六千六百石小江場二萬七千一百五十石石（石橋北場[illegible]十石隆井場二萬一千六百石○惠州八萬七千）橋場六萬石淡水場二萬五十石古隆場七千一百石　南恩州一萬七千一百二十四石雙恩場七千一百二十四石鹹水場一萬石　廣西路二十三萬一千六百八十九石　廉州白石場一十萬石　高州七千九百二十七石博茂場五十七百八十九石那隴場二千一百三十八石　欽州白皮場二千五百九十二石化州八萬一千五百七十石茂暉場七萬六千九百三十二石零綠場四千六百三十八石　雷州蠶村場三萬九千六百石　福建路一千六百五十六萬九千四百一十五斤一十三兩六錢　漳州七十三萬五千五百五十斤　泉州三百六十二萬三千八百六十五斤

卷九千七百八十八

一十三兩六錢　福州長樂縣嶺口倉福青縣海口倉九百九十萬斤　興化軍莆田縣涵頭倉二百三十一萬斤　以上中興會要　浙西路一百一十四萬四十一百七十七石五斗九合三勺五抄　臨安府二十四萬五千八百五十二石四斗二升八合三勺五抄秀州八十一萬八千六百九十七石五斗六升一合平江府七萬九千六百二十七石五斗二升　浙東路七十四萬三千二百一石二斗三升六合四勺紹興府一十四萬六千三十七石六斗五升三合明州三十七萬四千四百九十四石五斗八升三合四勺台州九萬石溫州一十三萬八千六十九石　淮東路二百六十八萬三千七百一十一石六斗二升五合　通州七十八萬九千一百三十石七斗八升五合泰州一百六十一萬六千八百八十石八斗四升楚州二十七萬七十七百石

卷九千七百八十八

廣東路三十三萬一千六十石三斗四升　廣州一十六萬一百八十六石三斗四升潮州六萬六千六百石惠州八萬七千一百五十石南恩州一萬七千一百二十四石　廣西路二十二萬九千九十七石廣州一十萬石高州七千九百二十七石化州八萬一千五百七十石雷州三萬九千六百石　福建路一千八百五十六萬九千四百一十五斤一十三兩六錢　漳州七十三萬五千五百五十斤泉州三百六十二萬二千八

百六十五斤一十三兩六錢福州九百九十萬斤興化軍二百三十一萬斤　已上並係產鹽州軍其餘州府並不係產鹽地分　以上乾道會要　太祖建隆二年四月詔私鍊鹽者三斤死擅貨官鹽入禁法地分者十斤死以蠶鹽貿易及入城市者二十斤已上杖脊二十配役一年三十斤已上上請　五月詔徐宿鄆濟州皆食海鹽泝流而運其費倍多自今以解州安邑解縣兩池鹽給之　乾德三年正月詔西川城內民戶食鹽偽蜀估定每斤百六十足陌自今減六十文諸州取逐處價減三分之一　四年十月詔應犯鹽條制建隆詔書已從寬貸尚念近年抵罪者多特示明文更從輕典宜令有司量增所犯鹽斤兩差定其罪著為甲令　五年三月詔諸

卷九千七百八十八

道知州不得遣元隨監散人戶蠶鹽及將俸料食鹽夾帶貨賣　時貝州言本鎮節度使承前多遣元隨監散蠶鹽率有減剋并鬻祿料鹽侵奪官務課額故條約之

開寶三年四月詔河北諸州鹽法并許通行量收稅錢每斤過稅一文住賣二文隱而不稅悉沒官以其半給捕人充賞仍於州府城內置場收稅委本判官監掌敢有侵隱並當削除能糾告者本院欄頭節級即補稅務職掌百姓即免三年差役並給賞錢百千　四年四月廣南轉運使王明言本道無鹽禁許商人販鬻廉廣州鹽價甚賤慮私販至荊湖諸州侵奪課利望行條約

南作西

詔自今諸州並禁之其嶺北近荆湖桂管州府即依荆湖諸州例每斤六十足近廣南諸州即依廣州新定例每斤四十足湖恩州百姓煎鹽納官不給鹽本自今與免役或折税　七年七月詔成都府於見賣鹽價内每斤減錢十文足以西蜀初平慮民間難得食鹽故也太宗太平興國二年二月十八日三司言準詔顆末鹽應南路舊通商州府並令禁榷犯者差定其罪仍別定賣鹽價例著令請凡刮鹹并鍊私鹽者應鹹土及鹹水並煎鍊成鹽據斤兩定罪一兩已上決杖十五一斤以上決杖二十二十斤已上杖脊十三二十五斤已上十五配役一年三十斤已上十七配役一年半四十斤已上

卷九千七百八十八

十八配役二年五十斤已上二十配役三年百斤已上二十刺面押赴闕應諸處池場主者并諸色人擅出池場鹽或將盜販及以羨餘衷私貨鬻者並依前項條流監當主守職官不計多少並奏裁當加極典應私鹽及通商地分鹽入禁法地分一兩已上決杖十五十斤已上二十二十斤已上杖脊十三三十斤已上十五配役一年五十斤已上十七配役一年半七十斤已上十八配役二年百斤已上二十配役三年二百斤已上二十刺面送赴闕西路青白鹽元是通商地分如將入禁法地分者準前項私鹽條例科斷人户所請蠶鹽不許貨賣貿易及將入州縣城郭違者一斤已上決杖十三十

軍作州

斤已上十五五十斤已上二十百斤已上杖脊十三百五十斤已上十五配役一年二百斤已上十七配役一年半三百斤已上二十配役三年五百斤已上二十刺面送赴闕其河東犯賊界私鹽依所犯輕重條流科斷敢有私賣及受寄隱藏者二兩得一兩之罪如輕將貨賣者依元賣人例斷遣或為販鹽群盜抑迫收留者許告官當與免罪持仗盜販私鹽者三人已上持杖及頭首並處死若遇官司擒捕輙敢拒捍者雖不持仗亦處死若不持仗及不曾拒捍鹽數至配役三年者杖脊二十刺面押赴闕其餘不以所犯鹽數多少並杖脊二十於本處配役三年顆鹽末鹽雖皆是禁法地分亦不許

卷九千七百八十八

遞相侵越如官中買到及請到蠶鹽輙相侵越者並量罪科決淮南諸舊禁法賣鹽處斤為錢四十内廬舒蘄黃和州漢陽軍去建安軍水路稍遠斤為錢五十襄州等十四處舊顆鹽通商今並禁止每斤錢五十足陌令襄州都大於建安軍般請其鄧唐房隨均金等州及光化軍轉於襄州請又安州都大於建安軍請其順陽軍轉於安州請復郢二州各於建安軍請商華二州不通水路並令雇召陸脚商州於華州請蔡州於陳州請江南十五州並於建安軍請内昇潤常宣池州平南江陰軍遠軍去建安軍稍近依江北諸軍例斤為錢四十江洪筠鄂撫饒袁台建安軍稍遠斤為錢五十歙信建劍

鹽一石賦

接近兩浙界斤爲錢五十就兩浙般請虔汀二州接近廣南界斤爲錢五十汀州於潮州般請虔州於南雄州般請其青白鹽舊通商之處即令仍舊從之　四月一日右拾遺郭泌言劒南諸州鹽每斤錢七十豪民黠吏相與交通賤市於官貴糶於民至每斤錢數百望稍增舊價爲百五十則豪猾無以規利而民食賤鹽從之　二十四日詔自今禁法州府收獲販私鹽人不計人數斤兩依法科決刺面送赴闕其蠶鹽犯禁依前詔施行

三年二月詔昌州七井歲納虛額鹽萬八千五百五十斤罷之其二萬三千六十斤仍舊勒井戶煮鬻是開寶五年知州李佩廢諸井薪錢於歲額外別增耗鹽

卷九千七百八十八

課部民煑之民素不習其事甚以爲苦雖破產猶不能償其數以致流移入他部至是轉運使列其事於三司三司以積年之征不可遽免請均於部民作兩稅草估錢米以輸官詔盡令罷之　五年七月西川轉運使聶詠言蜀民不知鹽禁或買三二兩至五七斤酌情止爲供食自今請十斤以上押送赴闕從之　八年三月金部員外郎奚嶼言奉詔相度泉福建劍汀州興化邵武軍鹽皆請許通商官爲置場聽商旅以金銀錢帛博買每斤二十五錢可省盤鹽腳錢溪險散失從之　雍熙二年六月詔曰去年有司上請通行江浙鹽商蓋欲均利於民而絶其犯禁者然變法易制自古所難故其行

之歲將以觀其利害如聞罷榷之後重擾於民既便於時宜仍舊貫自今宜依太平興國九年七月以前禁法從事先是三司建議請放行江浙鹽命著作郎直史館孟知化殿中丞當有終規度其事而諸州多言其非便復遣鹽鐵判官張鴻漸詳定而復舊制焉　十一月詔更定兩浙犯鹽法一兩至百斤以下差罪決配以上者刺面押赴闕　四年正月二十五日潮州上言有鹽六十四萬餘石歲又納三萬三千石所支不過數百石徒勞修倉蓋費僅同無用之物常以所奏下三司言廣南諸州凡有積鹽二百三十餘萬石約三十年支費者蓋又歲納十萬石其廣州等處煎鹽望權罷數年從之

卷九千七百八十八

四年四月代州言寶興軍及大石寨以南人戶多私市北界骨堆渡口鹽望令禁止詔自今犯者一斤已下量事區分已上杖脊十五配役一年十斤已上十八配役二年五十斤已上配役三年百斤已上刺面押赴闕引見餘並準太平興國二年詔旨施行　端拱元年七月詔回西川編戶素厭民間食鹽不足自今關西階文青白鹽峽路井鹽永康崖鹽等勿復禁許商旅貿易入川以濟民用　十二月三日瀘州言瀘州縣鹽井水竭令人入井視之下有吼声如雷火焰突出被焚死者八人

淳化四年八月詔陝西諸州先禁戎人販青白鹽許商人通行解鹽以濟民食詔令既下而犯法者衆宜除之

悉仍舊貫先是戎人以青白鹽博米麥充食轉運副使鄭文寶建議以李繼遷號徙為寇平夏之北千里不毛徙以販青白鹽糴粟麥以充食願禁之許商人販易解鹽官獲其利而戎人以困繼遷可不戰而屈太宗從之下詔自陝以西有敢私市戎人青白鹽者皆坐死募隣里告訐差定其賞行之數月犯法者甚衆戎人乏食寇掠邊郡内屬萬餘帳稍稍引歸繼遷商人販解鹽少利多取他路出唐鄧襄汝間邀善價吏不能禁關隴民無鹽以食而境上騷擾及命知制誥錢若水馳傳視之因下詔盡復舊制内屬戎人漸復歸附邊境始定焉　至道二年十一月西京作坊使楊允恭言淮南十八州軍

卷九千七百八十八

其凡禁鹽餘不禁商人由海上販鹽官倍數而取之至禁鹽地則上下其價民利商鹽之賤故販者益衆至有持兵往來為盜者且行法宜一令請悉禁官遣吏主之詔知制誥張秉與鹽鐵使陳恕等會議恕等言其不可允恭再三為請乃詔從之是歲收利巨萬　三年八月四日詔富義監鹽匠月糧三分中一分雜子自今並支粳米冬衣外仍賜春衣鹽井夫所差百姓自今悉罷以本城官健代之仍月給緡一切器用以官物充勿復擾民真宗咸平元年十月十八日西京左藏庫楊允恭建議江淮鹽法鹽鐵使陳恕以為非便詔問恕狀允恭言若問恕恐不伏請下御史府按之詔從允恭議仍以允恭領康州刺史釋恕不問　四年十一月秘書丞直史館孫冕言臣以為朝廷若放江南荆湖通商賣鹽許沿邊折中粮草或在京納錢帛金銀必料一年之内國家豫得江南荆湖一二年官賣鹽額課錢支贍何以言之且在京所得錢銀邊部所得粮草即是江南荆湖通商之地鹽課額錢況又商旅中納粮草金銀官中給以文引直至亭場請鹽舟船運載自京師而往比至鹽船到江南計須半年荆湖須一年其河北河東陝西沿邊中納交引候請得鹽貨至通商地分或有風波阻滯計二年以來此臣所謂一二年間荆湖官賣課程未甚虧損候大段客鹽貨賣南中年額漸消則沿邊在京折中入

卷九千七百八十八

官其利已博況三路官賣鹽額止及百三十萬貫臣計在北所入已多在南所虧至少舊額錢數必甚增盈又淮南禁鹽地限以長江且商旅自停場請鹽巡欄剗建安即渡江出界若口岸津鋪嚴切警巡立之詔條示之賞罰則淮南官賣鹽課必不甚虧況廣南白鹽峽路井口鹽關西顆鹽以至通泰海鹽官禁地分犬牙相糾互守疆界各辦課程設使淮南因江南荆湖通商之後官吏故怠慢或致年額稍虧則國家以折中粮草贍得邊兵以中納金銀實之官庫且免和雇車乘差擾戶民買涉凛寒經歷遐遠借如荆湖運錢萬貫淮南運米千石以地里腳力送至窮邊則官費民勞何啻數倍又臣所

於一作至　市一作帛

上通商放鹽為公私之利者有十焉而議事之徒必横生疑沮者有三焉其利有十者使商賈之業得通于道途必兼并之家不擁其財帑則市井繁富泉貨通流交易貿遷各得其所其利一也茶鹽之制利害相須鹽既通行茶必增價沿邊折中例省添饒其利二也江南湘楚既許鹽行在京沿邊必多折金帛內實於帑藏粮草外贍於邊陲邦計以豐農耕自勸其利三也商旅自齎文引直於亭場請鹽不占餽運官船不費修葺功料其利四也私下舟船從便裝載苟風波之致害無刑禁以追科其利五也江湖州郡請𨁏官鹽多於衙前選差物力軍將波濤千里損敗相仍自此無家產沒納之虞無身命償官之苦其利六也應是鹽商自雇水手不用篙

卷九千七百八十八

船軍健不差押運使臣既免費衣粮又不妨征役其利七也商人在北所入中者粮草金銀鹽貨在南所博易者土物山貨以至漆蠟紙布紬絹絲綿萃于京師阜豐征算其利八也越客楚人雲帆桂檝泝于江泛于湖西經洞庭南過彭蠡使漁村水市盡識時平窮谷深山悉知鹽味歌舞皇澤樂輸王租其利十也疑沮有三者一則疑致江湖賊盜二則疑恐亭戶私與商鹽三則疑致商人用倖於亭場挾帶是三者臣又以辨之若以為必長姦盜則關西顆鹽見有八處州軍依舊禁斷又何嘗有姦盜乎若以為亭戶必私與商鹽則向來放鹽之時

食貨二三之二五

鹽一作易　鄰一作鄰　鹽一作商

商旅如此請罰如此又豈有私市乎若以為必用倖挾帶明有文引對籍其數所至境界公行點閱又豈容挾帶乎伏望聖明詳加采閱詔吏部侍郎陳恕等議其事恕上言曰伏以江湖之地素來官自賣鹽禁絕私商良亦有以蓋由近煮海之地息犯禁之人官得緡錢願資經費且江湖之壞租賦之中穀帛雖多錢力蓋寡每歲買茶入榷市銅鑄錢準粮斛以鹽運輸平金銀以充貢入乃至京師便鹽南土支還顧其贍用之名實藉鹽錢之助居常廣費猶或闕供今若遽許通商則必頓無儲擬未有別錢備用鹽法詎可改更且變制易圖事非細故若匪官鹽住賣則又私商不行即令住賣官鹽立之

卷九千七百八十八

一年課額況行商算畫必務十全豈有江湖官猶賣鹽邊塞私肯入粟假令敢入私物獲請官鹽首初運到江湖必須官私禁貨既而官價高大私價低平多糴商鹽則官鹽不售並依官價例則私價太高公私兩途矛盾不已則官利失而私商困矣況不即住賣而望商人入中藁粟者未之有也既入中藁粟而望課利不虧者亦未之有也加以向者淮南通商亦放邊上折中一歲之內入數甚微粮則不及萬鍾草則郡無一束近者陝西鹽法亦令納結資邊一年之間數亦無幾全無實驗但有虛名江湖若放通商淮南亦須徹禁三處既私鹽雜擾兩浙必官鹽流離遠滿侵淫禁不可止許變易則江

食貨二三之二六

四百九一卷九百四

湖為首終紊亂則淮浙相兼大失公儲莫救邊備孫冕辭多摭實心亦循公事未周知蓋不當職但憂河北之未備不慮江南之闕須備倘異時江湖錢力願致豐羨用其所蓄亦有資施之於今伏恐未可從之　六年正月十二日度支使梁鼎上言陜西沿邊所折中粮草率皆高擡價例倍給公錢止如鎮戎軍粟米一斗計虛實錢七百十四而茶一斤止易粟米一斗五升五合五勺顆鹽十八斤十一兩止易粟米一斗計虛實錢四百九十七而茶一斤止易粟米一斗五升五合七勺顆鹽十三斤二兩止易粟一斗草一束計虛實錢四百八十五而茶一斤止易草一束五分顆鹽十二斤十一兩止易草一束又鎮戎軍在蕃界渭州在漢界而渭州白米每斗

卷九千二百八十八

價錢高於鎮戎二十環州在蕃界慶州在漢界而慶州白米每斗價錢高於環州六十粟每斗錢亦高三十以日繁時淆耗國用倘不釐革必恐三二年後茶鹽愈賤邊食愈虧臣今檢會嚴信咸陽任村武定渭橋等倉見管諸色粮斛七十九萬餘石請以春初農隙併力輦送沿邊州軍計所屯兵有一年以上儲備則止以將來二稅轉換支填如不及一年處則以上件粮斛增備年備足即住折博然後鹽則仍舊官賣草則止令沿邊於夏秋緣料錢內折納取年支足用又官賣解鹽一歲必得錢三二十萬貫充給諸軍況今來支用比舊已增一倍

倘不速為此計異日置之則不惟須截留西川上供物帛衆必須自京輦運供儲矣又言中書與臣令計度如何輦運科撥夏秋二稅者竊以陜西沿邊除鎮戎保安軍各近蕃界不可大段儲積所資粮草止逐時輦運常及半年已上外其渭原涇三州即西路屯兵之處請令永興鳳翔華儀隴五處人戶輦運粮草仍支此五處二稅於上件三州輸送其三州二稅即令輦運鎮戎軍粮草環慶二州即中路屯兵之處請令同耀乾邠寧五州人戶輦運粮草仍支此五州二稅於上件二州輸送其二州二稅並於沿路鎮寨輸送延州即東路屯兵之處請令解河中丹坊鄜五州人戶輦運粮草仍支此五州二稅於延州輸送其延州二稅即令輦運保安軍粮草

卷一千七百八十八

其陜虢商三州請令於永興軍輸送其逐處本州軍所備年支粮草則止令五等已下人戶供輸秦鳳階成四州地里稍遠其二稅請令輸於本郡如上件三路屯軍處輦運料撥不及一年已上儲備即且留沿江茶引許商旅入中添填又言解鹽自華詔放行任商旅興販歲落元價貴在利民如聞近日沿邊諸州少客旅貨賣頗令遠郡難得食鹽漸致邊民私販青鹽干犯條禁乘於永興軍等八州軍元禁地分取便貨鬻不惟亂法抑亦陷人為害既深須行禁止其解池鹽貨欲乞更不通商官自出賣所有禁榷條件別為規畫詔以鼎狀令輔臣

議陳堯叟言禁鹽所利甚博呂蒙正等言鼎憂職徇公
所言可助邊費請從之仍以鼎為陝西制置使內殿崇
班閤門祇候杜承睿同置青白鹽鼎至陝西即禁止鹽
商既運鹽公私大有煩費上封者多言非便既而鼎始
謀多沮因請復舊通商乃命太常博士林特衆偕與知
永興軍張詠會議咸請依舊通商既從之而鼎以前議
非當五月罷使職　景德元年九月六日陝西轉運使
朱台符等請以永興軍同華耀州解鹽一槩通商以戶
口市鹽錢散均於部民令隨夏稅送納見錢仍依官價
鹽例每四十四錢支鹽一斤隨蠶鹽給付詔下三司請
依所奏從之二十三日遣太子中允張績東傳詣解州

卷九千七百八

鹽池致祭時轉運司言夏秋霖雨有妨種鹽故老相傳
唐朝每遇水災必遣使告祭乃不為害故帝特親書祝
文禱之　三年五月五日三司度支副使李士衡言關
右自不禁解鹽已來計司以賣鹽年額錢分配永興同
華耀四州軍而永興最多於民不便請減十分之四帝
以陝西諸州皆免禁法詔悉除之　八月十九日陳堯
叟言青鹽如置榷場官亦不可買之蓋平夏青鹽甚多
若官買必須官賣既亂禁法且解州兩池鹽不復行矣
帝曰德明如遣弟宿衛則許放行青鹽官豈是不亂禁
法也今榷場既不為買當先以文告諭之若異時德明
復有懇請則當令榷場量定分數收市　十一月八日

增陵井監工役人月給錢米閔其勞故也　大中祥符
元年四月二十九日鄜延州鈐轄張崇貴言得趙德明
書請許市青鹽詔以德明所納誓書付崇貴諭之蓋素
不載青鹽事也　三年八月十四日解州言得兩池榷
鹽院紫泉場官張節等狀今年七月後水次約一二十
里不施功自然浸生鹽結成顆粒其味特嘉仍以精明
尤異者上進命屯田員外郎何敏中往祭池廟　四年
十月二十八日詔以江南淮南送還而鹽酒之價不等令
三司與江淮制置發運使李溥規定以聞初有司執言
慮失歲課帝曰苟便於民何顧歲入也　九年四月陝
西轉運副使張象中言安邑解縣兩池貯鹽三千二百

卷九千七百八

七十六莚計三億八千八百八十萬八千九百二十八
斤計直二千一百七十六萬一千八十貫籌慮尚有遺
利望行條約帝曰地財之阜此亦至矣若過求增羨慮
有時而闕不可許也　天禧元年三月二十一日免潮
州運鹽三百七十三萬斤　二年正月兩浙轉運副使
謝濤言蘇州界海內捕得溫州販私鹽萬四千斤準條
止以千斤為限又作三分給賞今巡捕軍士用命鬭敵
獲數倍多而賞給殊數無以為勸望下大理寺重定等
第以聞詔法寺三司同議定既而上言準大中祥符六
年條止云七百五十斤已上至千斤三分中以一分給
賞則千斤已上不計多少並三分以一分給賞望申諭

諸道從之　二月二十七日侍禁閤門祗候常希古言
登萊等州末鹽望過[許]膠河商販詔許於淄濰青沂密
州淮陽軍行商候豐稔日仍舊　四年十一月詔淮南
江浙京東河北河東廣南東西路州軍應自來煎地分
勘會處所四至遠近逐年所煎數及所給州軍處所有
今住煎處亦條析年月因依各具地圖以聞　仁宗天
聖元年六月十四日三司鹽鐵判官俞獻卿言奉詔與
制置茶鹽司同規畫淮南通泰楚州鹽場利害一諸處
鹽場亭戶寔無牛具者許令買置及三人已上作保赴
都鹽倉監官處印驗收入簿帳給與為主依例克納鹽
貨不得耕犁私田借賃與人真州榷務每年入中耕牛
[卷九千七百八十八]
二十頭分給逐州亭戶犁鹽各有元定等第價例及添
饒錢數支與客人賸茶先準建隆中敕每頭減放一半
價錢更於每頭上減錢一千外餘錢每一千只納平鹽
二石至咸平二年敕每一千折納鹽二石大中祥符八
年制置發運使李溥擘劃估計耕牛價錢依丁額等鹽
例每一貫納六石自添起鹽數亭戶填納不易多欠牛
鹽今請依咸平二年敕施行二鹽場亭戶賣納鹽貨每
三石支錢五百文準大中祥符二年敕每正鹽一石納
耗一斗所買鹽只於本州出賣每石收錢一千三百足
展計一千六百九十文省官有九倍淨利緣亭戶赴倉
往回二百餘里今乞於正鹽三石元定價錢五百文省

食貨二三之三一

上依海州漣水軍例添錢一百文省三逐州共管煎鹽
場二十五處煎趂額鹽百三十五萬餘石自前差衙前
充專知官勾當別差使臣巡捉私鹽自景德三年後不
置專知官止委使臣監轄煎鹽緣場分闊遠止差軍人
往逐竈監煎甚有播擾欲望自今罷之依舊差衙前充
專知官勾當公事取本場使臣指揮不得擅行四淮南
產鹽州軍捉獲犯鹽人多是惡跡不顧條章和同者則
深與包藏嫌恨者則妄[竹]攀執欲乞今後止據見獲人鹽
數目區斷不得根究來歷如收捉時顯見頭主并出入
居止之處即不在此限五鹽場亭戶田產稅苗自來紐
計錢數依丁額浮鹽價折納鹽貨水旱災傷即不檢覆
[卷九千七百八十八]
欲望自今許依百姓例令所隸縣分差官檢覆據合破
分數紐計折納鹽貨支與價錢六鹽倉今後年滿班行
乞舉侍禁已上文臣泰州如皐楚州鹽城各知縣事即
舉京朝官通州泰州西溪鹽倉文臣即依淮南山場監
官例舉七鹽場亭戶積欠鹽貨逃亡如歸業者其未逃
已前所欠鹽望權與倚閣只自歸業日後計工收納每
丁更預借官錢十千令置買動使候及一年即依例剋
納所借錢仍每戶不得過兩丁八鹽場圍側近各有酒
店致亭戶多飲酒怠墮農業兼聚集不逞之人興販鹽
貨欲望自今並令離亭圍十里以外開張如不願出外
者即依例停閉詔三司詳定以聞三司言所請舉官望

食貨二三之三二

望許舉殿直已上其監場使臣亦委三司及發運轉運
使舉亭場側近酒店望下淮南轉運司相度有無妨礙
當議起離停廢自餘規畫亦可施行從之　十六日詔
淮南通泰楚州煎鹽亭戶所賣納鹽貨自今本場須依
條兩平秤納如大秤作弊監官重行朝典替日有出剩
只據數收附入官不得理爲勞績　二年十一月上封
者言溫州天富南北兩監自大中祥符四年後逐界積
欠〔鹽〕課甚多所差使臣多不用心今請依杭秀州例下三
司及制置轉運司舉三班使臣或州縣職官監當從之
　三年八月九日司封員外郎盛京言忠州所管鹽井
三場見納額鹽共四十五萬四十五百餘斤數內九萬
卷九千七百八十八
三十一百餘斤轉運司添起自後熜煎不辦破產塡納
欲乞下本路差官與知州體量如委實不辦依舊椿倚
閣候井戶熜煎得辦依舊添收送納從之　四年閏五
月五日陝府西轉運使王博文等上言奉詔以解州鹽
鹽帖頭麻處厚等進狀稱例各陪備家活困極乞賜擘
畫放免今差晉州通判劉隨與轉運使劉解州河中府
知府長吏同共規畫聞奏看詳處厚等所陳利害難於
經久施行右班殿直劉遠奏乞開修解州安邑縣承白
象場永豐渠及打造舟船運年額綱鹽赴場下卸經久
可行不至勞役人民或賜允俞乞選差使臣一員勾當
開修按此渠自後魏正始二年都水校尉元清引平坑

象一作豫

鹹一作鹽

九十五一作五十九

水西入黃河以運鹽故號永豐渠周齊之間渠遂廢絕
隋大業中都水監姚暹決堰濬渠自陝郊西入解縣民
賴其利自唐末至五代亂離迄今堙沒水甚淺涸舟檝
不行詔三司相度以聞　六月七日三司言欲依陝府
西轉運使王博文等相度解州安邑鹽池種鹽畦戶欲
將解州依舊外有河中府慶成軍令三年一替顧充役
者聽　五年正月供備庫副使張君平言解縣安邑縣
兩場所種鹽貨有折欠不顯侵欺盜用者場官自備人
功許令補種以關蓋苫值霖雨依舊消折歲月滋久別
生欺弊欲望自今補種到鹽旋交與監官專副管係從
之　六年八月二十八日太常少卿陳從易言廣州管
卷九千七百八十八
下鹽場差鹽丁盤運勞煩民力欲令自備人船赴州送
納便給價錢從之　十一月九日福建路轉運司言福
州長樂福清連江羅源寧德長溪六縣每年祖額鹽五
百一萬五千九百六十三斤給本州闕候官等十二縣
下場及縣下場并劍建汀州邵武軍四處般請出賣其
長樂福清兩縣鹽亭並在海外土鹹柴多其長樂縣年
煎百六十二萬七千七百五十斤福清縣年煎四百九
萬四百九十五斤比附六縣祖額計增七十二百四十
六斤其兩縣請依舊煎煉連江羅源寧德長溪四縣隔
涉大海艱於盤運遞年止積縣倉並請停廢從之所廢
鹽場並給與民爲田出納稅賦二十三日福州路轉運

司言轄下官員赴任得替來船者兵稍多買私鹽夾帶興販自今犯者二百斤已上依法決訖押送楊眞楚泗州本城配粮綱牽駕詔自今經再犯並及二百斤已上即依奏施行　八年十月十六日翰林學士盛度等言詳定到解州鹽貨乞權放通商許客旅於京榷貨務入納金銀見錢筭請出賣從之　天聖九年四月四日三司言京榷貨務天聖六年收末鹽課錢百八十萬三千貫今請定為祖額殿直王文思上言解鹽通商其河中九州軍望且仍舊榷糶俟至歲秋以官鬻及商人入納錢數同為比較並從之五日翰林學士盛度等上言解鹽通商望降詔三司委榷貨務招誘如一界三年各收

卷九千七百八十八

及七分監官升陟差使專副免第一等重難句當從之十八日盛度等上言解鹽通商令詳改法之初慮官司委有邀頡及私鹽之禁稍寬遂有刁奸出鬻至侵客利外人不詳利害輕議法令請將行條約所在榜壁曉諭犯者許人告捉給賞錢五十千村鄰及經由之所一等科罪巡捕官吏親獲鹽二萬斤以上京新城門使臣一界捕獲鹽五千斤已上消鹵二萬斤已上並升等差使透漏鹽五十斤以上消鹵萬斤以上並降等差使京諸廂虞候捕獲鹽五千斤以上消鹵萬斤以上得替與優輕差使若透漏三十斤以上消鹵五千斤以上並第一等重難差使貿市末鹽不得輒入顆鹽地分凡解鹽救

行三京陳潁許汝孟鄭滑宿亳曹單兗鄆濟濮澶懷汾河陝晉降慈隰虢解州廣濟慶成軍三十一處惟不得般往永興鳳翔同華原涇儀渭邠寧乾耀鄜坊丹隴秦鳳階成環慶延州鎮戎保安軍二十五處及唐鄧金商均房蔡隨襄郢州光化信陽軍十二處其舊係唐鄧十二州貿市者無得入新放商地分違者重寘其罪奏可九月二十四日解州狀仲伊等上鹽池利害自今鹽畦以千七百二十四席為額遇池場發園歸眾者復為種造節級其補種人身分鹽數不立年額聽依畦夫例改種又調夫採梢修堰浚濠所差知池官望委本州提舉官及榷鹽院同罪保舉句當者欲傭雇丁夫采漫生

卷九千七百八十八

鹽者除舊請受外第給醬菜日食白米仍許監官批曆為課請行酬獎歲給提舉官公用錢五百千張村店亦遣使臣警邏奏可　十一月十八日翰林學士盛度言解鹽通商其在京監院望權罷輦運通商三十一州軍鹽務鹽監官專典望不比附增損之數從之　十年四月八日上封者言解州護寶都及濠離居民與賊同情或引人入池盜鹽者論如法外望從其鄰池州詔自今盜鹽百斤以上或以下三犯者奏裁　七月十三日審刑院言得鹽賈康喜齎擶解州榷鹽院文引止許於唐鄧十二州賣鬻不得侵越新放商地分違者以犯私鹽論按法寺及解州三司悉無此條本院有出引不當罪

請行鞫問詔特免勘自今侵界犯鹽如此者以違制失
論　明道元年十二月二十三日命權三司使事李諮
與翰林學士盛度侍讀學士王隨同管勾放行解鹽事
二年二月十六日臣僚上言富順監鹽鋪襯竹箄燒
淋鹽貨堉納課利詔燒煎襯鹽竹箄今後並相度年歲
遠近令納鹽課見欠者並除放　八月十九日翰林學
士盛度言乞下三司勘會自今年正月後來所降後應
係臣僚及省司起請條貫改更新例鹽法事件並乞令闕
報詳定所以憑照會　景祐元年二月一日入內供奉
官周惟德言解州鹽池見管鹽貨萬數浩瀚可得十年
支遣欲乞權住種造三年詔權住二年　十三日翰林
卷九千七百八十八
學士承旨盛度言奉詔與今參知政事王隨三司三部
官員同共詳定放行解鹽三年收到種鹽二百七十五
萬八千六百餘斤乞今後銓轄解州兩池貴謀種造須
管大段增剩詔王隨盛度定奪鹽法了當兒姪各與一
名恩澤臣所詳定放商解鹽始立法於一年後考績於
三載仰遵聖制已集成規其放行鹽法伏望宣付史館
從之　三月六日殿直監嶽州烏沙頭鎮鹽酒商稅龍
惟亮言廣南東路廣惠端三州出賣官鹽元估斤一十
五足廣州收買海下人户鹽斤六文如每斤減作一十
文足貨賣收錢倍多詔轉運司相度減價　四月五日
詔諸色犯私鹽興販入禁地舊條一兩杖八十十斤杖

一百二十斤徒一年二百斤加役流比茶禁一兩至二
十斤笞四十十斤加一等百斤徒一年四百斤加役流
今以一兩杖八十二十斤杖一百四十斤徒一年每四
十斤加一等四百斤加役流以犯法者衆稍寬其禁　五
月二十六日工部郎中祕閣校理王夷簡乞興置杭秀
州鹽監令制置轉運司同相度廢置利害以聞　寶元
二年六月十四日右司諫直集賢院韓琦言開封府界
三十一處解鹽禁榷地分乞差近臣三兩員將通商未
通商新舊二法取其利最博者以爲經久之制詔差翰
林學士宋庠知制誥王堯臣與三司三部官員同依奏
定奪以聞　三年二月十五日河東轉運使張奎言永
卷九千七百八十八
利東監乞權住煎鹽詔三司相度權住二年　康定元
年三月五日三司言今後商人筭請陝西并唐鄧河陽
解鹽每席除依舊納錢外更令貼納見錢一千足從之
五月十七日侍禁閣門祗候王滋充陝西河東沿邊
制置青白鹽使　六月十四日陝西經略安撫副使范
仲淹言都官員外郎何白素有材力今舉權知解州句
當鹽池事從之　慶曆四年二月二日命太常博士知
坋州范祥使陝西與轉運程戡等同相度鹽法從三司
請也　十六日樞密副使韓琦知制誥田況等言西賊欲
每年入中青鹽十萬斛今只以斛鹽半價納之已及二
十萬貫并所許歲幣僅四十餘萬此乃與北虜之數相

當議者又欲許其入中鹽却復所侵邊地臣等謂非完
計緣青鹽只於保安軍入中必難盡易當須官自輦置
別州且疲弊之後可復興此勞役乎自來沿邊屬戶與
西界蕃部交通為常大率以青鹽價賤而味甘故食解
鹽者殊少邊臣多務寬其禁以圖安輯惟漢戶犯者坐
配隸之刑曾無虛月今若許入中青鹽其計官本已重
更須增價出賣則恐沿邊蕃漢盡食西界所販青鹽無
由禁止解鹽之利日漸侵削而陝西財用不得不屈矣
欲入中青鹽之議決不可許　五年十一月帝御邇英
閣讀三朝經武聖畧顧問曰李至言鄭文寶建議禁西
界青鹽以為失策如何侍讀高若訥奏青鹽之禁西人
卷九千七百八十八
至今失其厚利乃策之得蓋至之偏見也帝然之　六
年五月十一日詔益州路轉運司邛州鹽井近年輸課
為民所苦特令歲納錢一百萬貫仍為著令　皇祐元
年十月遣三司戶部副使包拯往陝西與轉運司議鹽
法後拯權三司使乃言故陝西制置解鹽使范祥建議
通陝西鹽法行至十年歲減搉貨務緡錢數百萬其勞
可録也陝西舊於沿邊秦延環慶渭源保安鎮戎德順
九州軍聽入入中粮草筭支解鹽自康定後入中粮草
皆給以交引於在京搉貨務還見錢銀絹解鹽却於沿
邊入中他物方軍興之際至于錮毛筋角膠漆鐵炭瓦
木石灰之類並得博易猾商貪賈乘時射利與官吏通

為奬以邀厚價凡椽木一對定價一千支鹽一席歲虧
官錢不可勝計朝廷知其奬命三司度支判官范宗傑
往經度其事以客人所博鹽引及已請鹽並剗納虧官
錢官自輦運置場出賣禁民通商雖稍獲利而般載車
乘一出民大歲月寖久頗困關中故范祥建言令客人
止於沿邊九州軍城寨入納見錢糴買粮草筭請解鹽
其沿邊鹽延安寨環慶渭源保安鎮戎德順八州軍於
青鹽池近却許客入中解鹽官自出賣餘並令通商重
青鹽之禁專置解鹽使歲課緡錢一百六十萬以計置
沿邊九州軍一百二十餘城寨芻粟量入計出可助十
分之八餘則責辦本路轉運司罷在京見錢交引法以
卷九千七百八十八
實京師其范宗傑所差鄉戶衙前并兵車遞鋪皆行之
已久而公私以為便縣官可積見錢京師而免鋪戶坐
嬴厚利然不知本末者多欲動搖其法也　十一月帝
謂輔臣曰江淮連年荒歉如聞發運轉運司惟務誅剝
以敷額為能雖名和糴寔抑配爾其減今歲上供米一
百萬石因詔倚閣災傷人戶所輸鹽本　三年十月二
日詔三司解鹽聽通商俟二年較其增損以聞先是官
自鬻鹽而吏苦輦載之役陝西轉運使范祥建議通商
公私悉以為便而判三司磨勘司李徼之言不便乃下
其事三司令兩制與祥徼之等定議而議者率以祥為
是故也

八眉批異同之字俱入注

捕一作鋪

全唐文

宋會要

至和二年七月十九日，龍圖閣直學士何中立言：「陝西編敕，應著解青白鹽並犯禁者，罪至死，奏裁。竊慮民犯者甚眾，聖恩寬恤，減死刺配遠州軍。在禁經時，欲乞指定刑名，令逐處斷遣。」詔：「今後犯青白鹽人，令本路安撫司相度情理輕重斷遣，內合該死罪者，依朝廷自來貸命刺面配沙門島。如有大段兇惡群黨，即具案奏裁。仍不得下司。」

英宗治平元年四月，江西提點刑獄專（制）置虔汀漳州賊盜、提舉虔州賣鹽蔡挺理轉運使資序，以父在江西方委以（制）置鹽故也。初，江西仰食淮南轉般食鹽，

卷九千七百八十九

涉歷道遠，比至雜惡不可食，而汀、虔州人多盜販嶺南私鹽，數十百為群，與巡捕吏卒相鬭格，所至擾百姓，捕不能得，至或赦其罪招之。歲月既久，浸淫滋多。朝廷以為患，嘗遣使乘驛會江西、廣東、福建三路轉運使議行嶺南鹽於虔、汀兩州。當是時，挺方知南安軍，具條利害，而三路轉運使等請以虔州十縣五等戶夏秋稅率百錢則令糴鹽二斤，從之。而歲所糴纔六十萬斤。至是令挺制置。挺令民首納私藏兵械，以給巡捕吏卒，而令販黃魚籠挾鹽不及二十斤、徒不及五人、不以甲兵自隨者，止輸稅勿捕。而朝廷又別團新綱，選三班使臣直取泰州如皐等諸場新鹽鑠揀漕之，以給虔州。鹽既差

典職官提舉
錄鹽事皆以
三點爲記

善，而又減糴價，故私鹽稍不售。虔州及興國等九縣兩歲所糴鹽七坆觔，增至二百九十九萬八千餘斤。又汀州與昨人欲販鹽，輒先結賊而山谷中各頭從者與鬭，目羣黨得數千百人以上，其能行。至是州縣皆責保甲伐鼓者輒捕送盜賊首，由此稍衰息矣。

神宗熙寧元年四月二十五日，詔：「自今應諸路管押鹽綱使臣、軍大將、殿侍，如年滿得替，除依條賞罰外，如一界內親自捉得本綱兵稍搭載興販私鹽，併計五千斤已上，內使臣免短使，充次優使差遣；軍大將、殿侍充次指射差遣。三千斤已上，使臣免短使，軍大將、殿侍本等內指射差遣。如般過官物合該得酬獎，即留所獲私鹽勞績，後

卷九千七百八十九

次行使。」

二年三月十九日，上問著作佐郎張端言權河北鹽事如何，王安石對曰：「恐亦可為，但未詳見本末。」上曰：「理財節用，自足以富，如此事雖不為可也。」

七月七日，知河中府蔡延慶言：「元下解鹽司相度，據自來煎煉私鹽地分，置煎鹽戶，煎煉歸官，每斤依鄉原例支價錢，依解鹽出賣。如敢私賣，依私鹽法上（科）。」曰：「此恐不可施行，然要詳盡利害。」且令陝西轉運使司、制置解鹽司各具相度以聞。

二十九日，翰林學士司馬光言：「奉詔將三司、陝西轉運司見根磨到嘉祐八年至治平四年所收鹽利及所入糧草再行審覆，候見的數，即對范祥在內虧增，并比嘉祐七年至嘉祐三年虧增奏聞。」至差權發

遣度支判官公事孫構權發遣戶部判官公事張諷呼索照證帳案文字根磨實數比對虧增申監議所以憑審覆聞奏今據孫構等狀陝西諸州軍例稱專典替罷帳曆不完見行根究供報未得臣看詳國家設制置解鹽一司置九折博務本爲沿邊糧草進用薛向亦只以饒知錢穀薛向前在陝西不止於制置解鹽亦兼本路轉運使前後兩任首尾八年職司久任無如向者其陝西一路糧草增虧皆是向之本職欲的知向在陝西有功無功何不直下司取陝西糧草收支較比文狀勘會薛向兩次到罷季分一路及沿邊九州軍見在糧草數目若罷任增於到任即向在任有功若罷任虧於到任

即向在任無功灼然可知若糧草數虧其鹽課雖增有何所濟此皆事狀碻實顯著不可欺罔者也何必更令臣等根磨向與范詳任內鹽利增虧況令〔今〕已除向江淮兩浙等路制置發運使所有鹽利增虧雖磨勘得見亦何所用伏望省察此理令臣等更不將三司陝西轉運司見根磨到所有鹽利及所入糧草再行審覆比對范祥任內增虧免致邊民虛有煩擾先奏薛向初罷任糧草數比到任所虧極多而中書得向狀言自罷任糧草數增於到任時既而先奏前所上薛向糧草數乃三司吏人之誤已牒三司依理施行詔令呂公著吳充據二狀物數不同取索三司及薛向所執文字看詳定奪取

到一作得

那一作郎

見諸實聞奏同日又詔令監議鹽法所更不取索慶曆以來解鹽課利糴買沿邊糧草數目只將薛向界嘉祐六年至治平三年終一併五年解鹽課利糴買到沿邊糧草數目却與薛向未到任已前一併五年解鹽課利糴買到沿邊糧草數目對行比較聞奏八月一日御史中丞呂公著言昨奉詔與司馬光等監張靖薛向對論陝西鹽法及根磨糧草虧增其鹽法利害已定奪申奏所有糧草增虧緣公著已除御史中丞未審合與不合管句詔依前降指揮九月七日制置三司條例司言據淮南發運使薛向狀乞於永興軍置買賣鹽場欲差知永興軍涇陽縣大理寺丞侯可往陝西路制置解鹽司

議經久利害從之十二月五日詔令陝西制置解鹽司自熙寧二年三年各於糴買糧草錢外那撥十萬貫於永興軍椿管充買鹽鈔本錢　三年七月十四日詔江南西路依舊每年運鹽一十二綱赴虔州仰提點刑獄官與虔州知州提舉出賣其梢工出剩賞格并年限退換新船亦並依編敕合破綱船兵夫分數即且依見行條貫先是本路權提點刑獄張頡言前本路提刑蔡挺兼提領鹽事經畫有功近日因循挺之所爲十廢五六故官鹽雖賤有滯貿易竊慮嶺南私鹽次〔漸〕入界手詔蔡挺昨在東南處置鹽事最有顯効績狀可驗不惟課利增盈實得盜賊屏息今無故改革致有如此不便或

使無賴嘯聚極非細事可詳頻奏速令諸事一切如舊
故有是命十一月二十二日詔陝西轉運司以西川四
路物帛內變轉見錢二十萬緡充制置解鹽司鈔場本
錢又詔陝西轉運選官與成都府路轉運司刻剔年計
外見在錢貨物帛并餘物盡數發至陝西轉運司變轉
充西鹽鈔場本錢外封樁以備邊費先是王安石言乞
移巴蜀物就與陝西封樁非獨省蜀人輸送且可以兌
自京師支撥之費故有是詔　四年正月二十四日詔
陝西已行交子其罷永興軍收買鹽鈔場二月十五日
中書門下言陝西制置解鹽司爲都轉運司將延州在
城并自餘城寨權住入中鹽鈔只令客人於綏德城幞

卷九千七百八十九

寧寨兩處入中恐頓虧解鹽課額乞下本路於綏德幞
寧兩處優與加饒自不妨客人他處入中從之三月十
四日詔永興軍依舊收買鹽鈔罷行交子十九日詔罷
三司使副監議鹽法六月二十四日以權發遣淮南路
提點刑獄公事趙濟兩浙路權同提點刑獄公事王庭
老荊湖南北路權同提點刑獄公事毛抗李平一江南
東西路權同提點刑獄公事晏知止陳倩並兼提舉本
路鹽事仍比較逐年鹽課增虧以聞　五年正月二十
二日詔罷給京西路蠶鹽令民但止輸錢先是轉運使
陳知儉言京西九州軍歲給蠶鹽一百九十三萬有奇
爲錢四萬八千二百五十緡然以鹽賦民爲數奇零民

多不願請者欲乞止令輸錢又募商人入抵請射北鹽
增錢爲五萬四十緡以便民其所免蠶鹽令折價斛㪷
乘路費錢乞令制置解鹽司別封樁聽省司移用故有
是詔　六年二月二十八日詔兩浙路提舉鹽事司來
得劾諸州軍虧欠鹽課以課虧及違法重輕分三等
以聞十月十八日兩浙轉運鹽事司乞益兵千人捕盜
開封府界京東兵各五百人時以鹽法未行盜販者衆
故也二十七日權三司使薛向請止絕秦鳳等路轉運
使蔡延慶置場減價出賣鹽鈔從之　七年正月二十
四日永興秦鳳等路察訪李承之言慶曆望陷中秦州
以鹽鈔川交子令民變賣至今尚負錢萬餘緡乞特蠲

卷九千七百八十九

放以寬邊民從之三月二十三日梓夔路察訪熊本請
依瀘州進士鮮于之邵議淯井監鹽井止存兩監官自
煎餘鹹水盡出賣從之四月十七日詔閬蜀州闕鹽草
火人入中其東南鹽鈔與今西鹽鈔法令三司具經久
通行利害二十六日詔買鹽及鹽倉場監官地分巡檢
聽不拘合入遠近奏舉從江淮發運司請也其使臣廢
短使者仍除重難綱運外餘並與免短使六月八日詔
自今廢陝西賣鹽場見在鹽約支及二年即權停納十
一日熙河路經略使王韶言本路有市易茶鹽酒稅可
以應辦置糴乞差官二人乘驛計置其草豆別乞差四
人專領並立數辦賣格並乞鹽鈔三二十萬供三年外

二一作一

本司自辦從之七月五日詔開封府界民納蠶食盐等
錢折納糧有上三等如故餘並許納錢願輸本色者亦
聽十一月十二日三司言相度秦鳳永興兩路盐鈔歲
以百八十萬緡爲額從之　八年閏四月十四日中書
户房比較陝西盐鈔利害及定條約八事買鈔本錢有
限出錢過多買不盡則鈔價減賤及高擡糴價支出實
盐前日西盐是也故出鈔不可不立限一也出鈔雖有
限入中商人或欲變轉而官不爲買即爲兼并所抑則
鈔價亦不免賤兼邊境緩急即鈔亦有不得已須至多
出故不可不置場平買二也和糴軍糧出於本路買鈔
錢本出於朝廷所買鈔若賣盡即無所費不盡毀抹雖

全唐文

已轉之邊上乃是朝廷分外資助本路經費其已毀鈔
當於應副本路錢物内折除三也舊鈔因官失買致價
賤已爲商人中糧虧官即不妨市易司用市價買四也
若止令市易司減價買而不置場以實價平之即一鈔
爲盐一席所入糧止直其半即是暗損盐價若官減價
盡買因無所害緣官立買直商旅輒增之自難買盡近
日買鈔是也官買其一私買其九則是所折盐價商旅
十取其九而官纔收其一也故不可以減價買鈔之故
輙廢實價買鈔之法五也買鈔場既以實價買盡即他
州軍緩急有減價賣所減亦不多前日東南盐是也市
易司雖買以市直所贏不多徒長虚擡之弊故新鈔不

置一作至

須買六也舊鈔額酌中歲出百六十六萬緡今雖許一
歲賣盐二百二十萬緡熙河自有盐井用解盐絶少盐
禁雖嚴必不能頓增五六十萬緡恐所在積盐數多未
可便爲民間用盐實數昨雖立定三百萬額緣分定逐
路及各有封樁數止於熙河費用未定兼令又有賣子
即於實賣盐數外不須過立數目若所在渴盐自可令
市易司買鈔場依商人例以鈔請盐自賣緣不如此商
人亦必於官場買鈔即所在不至闕爲私盐所侵七也
西鈔失買致有虚擡之弊近官以賤價買民亦賤價買
令永興買鈔場若一槩收買乃是費用實錢買民賤價
蓄買之鈔所買新鈔却致闕錢當今截日收買兩路實

卷九千七百八十九

賣盐二百二十萬又增熙河一路止與百八十萬鈔即
自支費不足若兼支舊鈔即與出鈔何異然以加擡脚
費不如止以當月鈔數立額却置場賣鈔飛錢爲便八
也今請永興秦鳳兩路共立二百二十萬緡爲額永興
路八十一萬五千緡秦鳳路一百三十八萬五千緡内
熙河五十三萬七千緡選官監永興軍買鈔場歲支轉
運司折二銅錢十萬緡買西盐鈔錢有餘封樁聽賣依
在京市易務賒請法募人賒鈔變易即民間鈔數稍多
所買鈔難變易大書不用字送解池對元納遞牒毀抹
於在京當應副逐路錢物數折除自今年五月十五日
以後鈔本場買十四日以前鈔聽市易司以市價買從

之九月二十五日詔給末鹽鈔四萬緡為本仍以州作
監主簿梅羊同買十一月二十八日屯田員外郎熊本
言乞將大寧鹽每年應副陝西并成都府鹽内權即撥
付夔州路新建軍寨路名人入納糧儲從之　九年正月
六日詔御史臺取勘陝西額外剩納解鹽錢一百九萬
八十餘貫應干違條官司具案以聞仍令二司止住額
外出鈔十七日三司市易司言同詳定到開封府界陽
武酸棗封邱考城東明白馬中牟陳留長垣祚城韋城
縣曹濮澶懷濟單解州河中府等處州縣官場可以出
賣解鹽從之四月二十二日體量成都府等路茶場利
害劉佐言詢究得陝西客人興販解鹽入川買茶於陝
卷九千七百八十九
西州軍貨賣獲利厚今欲依客例逐年以鹽一十萬席
茶六萬馱為額約用本錢二百一萬貫文足比商賈販
酌中之利更不許客人興販入川陝路從之仍以佐提
舉成都府利州秦鳳熙河等路茶場公事兼熙河路市
易司二十八日中書門下言據三司狀為解鹽通商事
有司令客人張戩等供狀乞將南京河陽等處且令官
賣自再行法日至將來及一年以解池支出官賣鹽席
比較勘會雖據張戩等稱管城等十一縣并南京河陽
陝西同華衛州自來客販數多並無照據蓋為見今來
私鹽衰息欲占為客販地分若令客販即難依新法招
募巡鋪公人不免私鹽侵奪官課欲乞將唐鄧襄均房

商蔡郢隨金晉絳號陳許汝潁隰州西京信陽軍二十
處令客人興販其府界諸縣并澶曹濮懷衛濟單解同
華陝州河中府南京河陽等處令提舉解鹽司般鹽赴
賣或遂處先有別司鹽貨在彼出賣未盡並令出賣解
鹽司支還元價惟是本路轉運司必以所收課利合應
副本路支用為說即乞候官賣一年令三司約度所收
管賣鹽錢立若干額令撥還本路自來合得課利餘令
三司隨處封樁詔從之七月二十五日知澤州文同奏
臣竊見本州買賣茶貨行之日久至今其間措置尚未
循理近又準朝旨盡行榷鹽不許私商興販官自置場
出賣然則計其所得之息實為深厚要施行久遠使之
卷九千七百八十九
通流不能成弊者猶有餘議本州管內三縣版籍有主
客凡四萬八千餘戶此舊數也其實比之今日財村六
七爾大率戶為五口亡慮二十四萬餘口口日食鹽二
錢日費鹽三千餘斤往時茶鄉人戶既得各自取便賣
茶於是陝西諸州客旅無問老少往來道路交錯如織
擔負鹽貨入山并在州縣村鄉鎮市坐家變易當此之
時鹽有餘羨今既一切禁止客人不令販賣官中當須
預先為之計度鹽貨千萬積貯在此所有法行之後日
有數千百斤轉賣出於民間復日有數千百斤斂輦入
於務內如此則源深而流長若彼中數衆稍闕或更有
應副他處使用并道途諸般阻滯不能接續來至於此

當此之時鹽不足矣臣見去年自鳳翔盤鹽東水州税
務出賣為茶本錢凡一十七次般填到二萬七千餘斤
中間又有闕報數目至今有不到者自今年三月已來
遂無出賣甚可憫也欲乞朝廷更下議者反覆熟慮早
備計要其法已定然後施行詔令提舉成都府利州秦
鳳熙河等路茶場司相度奏聞八月一日詔三司河北
鹽法可依舊施行如舊法有未便即與河北東西京東
東西提舉放鹽税司同共相度仍具河北京東熙寧
八年置放鹽税錢數以聞十一月十一日詔三司近累
有臣僚言陝西鹽鈔法仰速講求利害條畫以聞二十
七日侍御史周尹言伏見成都府路州縣戶口蕃息所

【卷九千七百八十九】

產之鹽食常不足梓夔等路產鹽雖多人常有餘自來
販便販易官私兩利別無叢弊訪聞昨成都府路轉運
司為出賣陵井監鹽遂止絶東川鹽不放入本路貨賣
及將本路卓筒井盡行閉塞因閉井而失業者不下千
百家蓋欲鹽價增長令人戶願買陵井監鹽又因言利
臣僚奏請募人般解鹽往川中貨賣自陝西至成都府
經隔二千里以東山路險阻不能般運到彼錢自淺成
都府路鹽價湧貴每斤二百五十文足更值豐歲以二
斗米只換一斤鹽貧下之家尤為不易東川路鹽每斤
却只七十境上小民將入西路便為禁地斤兩稍多刑
名不輕嗜利苟活之人不顧條法至有持仗聚送販賣

者況兩川州郡雖分四路其實一體本無鹽禁來商旅
東川鄰路之鹽不通行鹽貨却於解池數千里外般往
成都出賣非惟人情艱阻兼陷失商税不少足非利害
昭然可見欲望放行東川路諸處鹽依舊令諸色人任
便將帶於成都府路貨賣本路轉運司不得更有止絶
成都府路自前開到卓筒井日近閉塞處如何當人情
願承買却令開發為主即不得更有搦閼其解鹽亦乞
依舊令客人任便興販入川官中更不般載詔送三司
相度以聞十二月八日中書門下言判司農寺熊本言
蒙朝旨令張諤並送詳定鹽法文字付臣伏緣所修鹽
法事干江淮八路見取會鹽歷鹽課增虧賞罰之類條

【卷九千七百八十九】

屬三司鎋底務文法復致有稽滯熱昨權三司使沈括
曾任淮浙體量安撫措置鹽事乞就令括與臣同共詳
定從之十四日知太原府韓絳言自到所部詢問民間
疾苦其大者鹽食味之所急也今立法使人人自赴官
場收買則貧下之人及去官場遠者當祁寒暑雨之時
豈能朝夕奔走以就買乎遂至於無以養父母畜妻子
下朋驢與羊土產也家家資以為利非鹽不活故冒犯
者衆往往罪日報而不能止況私鹽味甘而易得是有畏
刑而不敢將少比來本路鹽賊已有成群持仗者竊恐
東南鹽賊之患將移於河東矣其建議者本欲寵利以
助經費苟以賞買脚乘及告捕賞錢計之所得無幾

又舊法以鹽鈔易沿邊軍儲令則鹽錢散在內地而邊廩頗耗但見日殘於民而未見有益於國也詔三司相度利害以聞　十年正月九日中書言近許市易司與江南西路轉運司兌供撫等五州軍鹽和買紬絹差屬官歐陽成總領以鹽引從便貿易與轉運司財賦并場務課額有妨欲令以諸州所支和買鹽數委轉運司相度裁定罷還市易務所差官從之二月二十五日三司言奉詔同制置解鹽使皮公弼詳議中外所論陝西解鹽鈔法利害蓋鹽法之弊由熙河鈔溢額故鈔價賤鈔價賤故糧草貴又東西南三路通商州縣摧賣官鹽故商旅不行如此鹽法不得不改官賣不得不罷今欲更

卷九千七百八十九

張前弊必先收舊鈔點印舊鹽行貼納之法然自變法日為始盡買舊鈔入官其已請出鹽立限許人自陳準新價貼納錢印鹽席給公據令條具所施行事一東南舊法鹽鈔一席無過三千五百西鹽鈔一席無過二千五百盡買入官先令商人以鈔赴解州榷鹽院并池場照對批鑿方許中賣一已請出鹽立限告賞許商人自陳東南鹽一席貼納錢二千五百西鹽一席貼納三十與換公據立限出賣罷兩處禁榷官賣其提舉司出賣鹽並依客人貼價錢充買舊鈔支用取客人情願對行筭請從有司降篆書官鹽席木印樣委逐州軍雕造付所差官點檢印記給與新引將京西南北秦鳳河東路在

京開封府界應通商地分各舉官一員其全席鹽限十日內經官自陳點貼納委所差官點數用印號毀抹舊引給與新引其貼納錢許供通抵當如商人願以舊鈔依估定價折會貼納鹽錢者聽從便於隨處送納抹記封印送制置司若私鹽良見官鹽自可通行民間請出兩路鹽無慮三十五萬席比候民間變轉約須暮年慮沿邊未入新法鹽錢糧草有闕乞權於去年納欠負糧斛穀粟計物價借充軍糧候入到鹽錢依數撥還通商州縣鎮歲終委轉運提點司各以管下民戶多少同著將繳納商人住賣鹽引多少為準比較增虧依編勑江淮等路賣鹽酒比較賞罰詔除提舉出賣鹽解司管地

卷九千七百八十九

分別擇指揮外及市易司賣鹽亦依客例貼納價錢餘依所乞　三月十六日三司言相度出產小鹽鄰接京東河北末鹽地分澶濮濟單曹懷州南京及開封府界陽武酸棗封丘考城東明白馬長垣胙城九縣幷令通商必是為外來及小鹽侵奪販賣不行自合依舊官賣仍名客人入中外其河陽同華解州河中陝府及開封府界陳留雍丘襄邑中牟管城尉氏鄢陵扶溝太康咸平新鄭十一縣欲且令通商候逐月繳到客人文引對比官賣課利如不至相遠即立為定法若比之相遠或趁辦年額不敷即依舊官賣從之四月十二日詔令後客鹽入京並於市易務中賣本務依市價收買雖賤每

席不得減十貫並畫時支還見錢其京城內外諸廂販賣鹽人並於本務給印曆請買願立限賒請者聽如私自買賣許人告首等第給賞鹽沒納入官二十一日三司言勘會提舉出賣解鹽司官賣去處既許通商內除同華解州河中陝府五處元不係交鈔係用榷鹽院句帖直行支請鹽貨所有賣未盡官鹽合令制置解鹽司勘會句收依客人貼納價例變轉支用或取客人情願對行算請外其河陽并府界陳留等十三縣鎮緣係是出賣解鹽司借撥都省司鹽席并買下文鈔支請般運赴逐處出賣今來亦有賣未盡官鹽欲乞下本司據的實數目交割與京西北路轉運司府界提點司令與客

卷九千七百八十九

鹽相兼出賣候賣盡官鹽即令客人任便興販又朝旨令將通商州縣逐月繳到客人交引對比官賣鹽課增虧欲候將來逐州縣賣盡官鹽日比較施行從之二十三日三司言相度皮公弼鹽法令參酌前後兩池所支鹽數歲入以二百三十萬緡為額自明年為始從之二十四日三司言近奉朝旨將舊法南東鹽鈔委官于在京等七處置場每席三貫四百權于內藏庫借見錢二十萬貫應副收買候貼納到鹽錢逐旋撥還吞令市易務依此收買本務申客人擁併赴務投下文鈔據所詳用錢五十九萬三千餘貫省司全闕見錢深慮有妨鈔法欲將在京客人所乞中賣文鈔除單合同鈔別無救

附對勘卻退令於向西州軍官場就近勘合中賣外其餘鈔數盡行收買價錢約三分支還見錢餘七分依沿邊入中鈔價細算合支價錢數目給與新引所有合貼新鈔候降下指揮從省司牒三班院差使臣一員赴制置解鹽司取撥合銷新鈔赴市易務下界契勘書填給付客人令於解池請領鹽貨所貴買盡民間舊鈔無客人換得新引請鹽趁時變賣從之其新鈔仍在熙寧十年令出鈔額八月十五日詔永興秦鳳路各借熙寧十一年分鹽鈔三十萬貫熙河路二十萬貫付轉運司來歲豐廣置邊儲二十五日詔三司借支錢三十萬緡於京師置場買賣鹽鈔以制置解鹽使皮公弼請復范祥

卷九千七百八十九

舊法平準市價故也十一月十三日詔三司具陝西新法鹽鈔入過斛斗比舊鈔時入過若干并取沿邊州軍八年九年分逐季及見今新法鹽鈔在市買賣價以聞　元豐元年正月二十二日前尚書司門郎中王伯瑜乞改京東河北四路產鹽場為市易鹽務官買於灶户以售商人詔提舉市易司名伯瑜審議六月二十二日同提舉成都府等路茶場蒲宗閔言本司元依客例買解鹽入川變轉茶本不禁私販後劉佐權賣遂致人言及因解鹽司申陳盡從廢罷伏詳朝廷止絕本司賣鹽之意慮妨商販害鈔緣解鹽法弊在出鈔過多乞除劉佐榷法不行外許依舊施行詔陝西轉運使李稷相

度其後稷言乞令本司商人買鹽入川變易本錢每過
萬席從之二十九日詔福建路轉運使蹇周輔兼提舉
本路鹽事先是周輔言奉詔相度鹽事欲令上四州募
人充鋪戶官給印曆請鹽分賣減其價直移南臺倉于
水口鎮增巡捕兵選捕察之官私販者交易引致停藏
負載之人不以赦前後三犯杖皆編管鄰州已編管而
再犯者配本城禁其般運雜和之弊嚴其保伍捕告之
法故有是命八月八日詔自今官司及官員伎術舉人
等於所折博務占買鹽鈔及越次給者並科徒二年罪
不以赦原告者厚賞之閏月十一日三司言河東都轉
運司乞續支京鈔見錢三十萬緡計置軍儲今欲依糴

卷九千七百八十九

買封樁糧草例於末鹽錢內支錢一十萬緡換作本路
交引收附與轉運司計置極邊糧草却以末鹽錢撥歸
省司從之十二月三日詔三司給審帖以提舉賣解鹽
司歲用鹽萬席於解州池場般請其錢封樁歲終具數
以聞　二年正月二十六日上謂輔臣曰向時陝西用
度不足出鈔稍多而加賤遂建京師買鹽鈔之法未欲
摧鹽價飛錢於塞下而出鈔付陝西無止法都內凡出
錢五百萬緡卒不能救鈔法之弊蓋新進之人輕議更
法其後見法不可行猶遂非憚改王珪曰利不百不變
法上曰朝廷措置重於經始雖少年不快意然於國計
甚便姑安靜以待之二月十七日詔解池鹽歲以二百四

十二萬緡為額自明年始其歲增錢十二萬緡半令三
司封樁半與陝西轉運司先是解鹽鈔分東西而西鹽
止得賣於指定地分並邊州軍市糴糧給鈔過多故鈔
及鹽皆賤而難售商旅不行官價自分而為二於是三
司及制置解鹽司言東鹽價重西鹽價輕請放西鹽得
自便而增其價與東鹽等以平鈔法歲可增十二萬緡
後給鈔更不分東西關渡西鹽約束悉廢首從之解池
鹽鈔舊以二百二十萬緡為額至轉運使皮公弼請增
十萬以助邊至是為二百四十二萬三司又言商人已
出請西鹽宜令貼納虧官錢使與新法價平亦如其請
二十九日經制熙河邊防財用司言岷州鹽官鎮通遠

卷九千七百八十九

軍鹽川寨兩鹽場近撥屬本司歲入增羨乞自今年別
立界歲終較其登耗以施賞罰從之七月二日權發遣
福建路轉運使兼提舉鹽事賈青請自諸州改法賣鹽
酌三年之中數立額鹽官并產鹽州巡檢使臣不以課
額高下令銓院選差從之八日陝西路轉運司年額鹽
鈔許經制熙河路邊防財用司認數收買以李憲言轉
運司常苦無錢以鹽鈔和糴為富人收蓄坐牟厚利而
計置司猶行錢市物須籍鹽錢輕齎故也十四日詔陝
西鹽鈔歲分三限印給以制置解鹽李稷言民間鹽鈔
數少鈔價踴貴而折博務無見鈔可以平之致豪商居鈔
以取利蓋三司不以時給鈔使然也上批三司給鈔如舊

無日限宜分料次責限行下故有是命十月七日權發
遣福建路兼提舉鹽事賈青言賣鹽錢撥還轉運司外
乞別封樁以聰移用又言捕盜官獲私鹽最多者望於
常法外論賞從之十二月五日詔外界青白鹽入河東
路犯人罪至流巡檢或寨主監押津堡官並差替從河
東轉運使陳安石請也先是安石乞本路犯西北而西界
青白鹽者並依皇祐敕斷罪仍不以首從編配從之皇
祐敕刑名比今為重又法非興販二分得一分之罪時
安石方行鹽法於河東以希功利故欲峻其禁也二十
二日詔尚書庫部員外郎權發遣福建路轉運使賈青
遷祠部郎中以措置鹽事有勞也　三年四月二十七

卷九千七百八十九

日詔福建路鹽事自蹇周輔承命翻法賈青相繼奉行
已見就緒歲課有羸罰青追已當推恩自餘行法有勞
官吏可第賞之先是提舉福建路鹽事賈青上所部賣
鹽官吏元豐二年歲課比祖額增羨及捕獲私鹽最多
乞優加酬獎時周輔已擢三司副使自轉運司判官王
子京而下二人遷官陞任循資減磨勘年堂除不依名
次路分注官有差六月五日三司言提舉出賣解鹽司
自熙寧八年至元豐元年收息錢六十萬五千七百緡
詔提舉官張景溫幹當官呂遠各遷一官餘減磨勘年
吏賜帛有差二十五日京東路轉運副使李察乞通行
海鹽州軍置買賣鹽場從之九月二十八日詔權發遣

翻一作取

年一作鹽

三司度支副使蹇周輔相度江西廣東賣鹽十二月二
日詔瓊州朱崖等處官賣鹽不集令主吏陪買者與放
免又海南州軍買鹽於民前後官吏擅增其數或不給
錢鹽戶多破產逃竄下廣西轉運使司立定毋下所買
鹽數從瓊管體量安撫朱初平之請也　四年二月二
十七日權陝西轉運使李稷言解鹽司收籍攢那散漫
遺落官錢二十一萬七百九十四貫有奇尚在陝府河
中府秦解華州中永興軍收掌詔並於所在州軍封樁其
熟拘仍變轉見錢三月一日權發遣三司度支副使蹇
周輔言江西歲運淮鹽有害數人若淡食而廣東所產
不得輒通無賴竊民冒利犯禁習以盜販為業公與兩

卷九千七百八十九

路監司會議謂宜立法兼通廣鹽於虔州以七百萬斤
為年額以百萬斤為準備復均虔州舊賣淮鹽六百一
十六萬餘斤於洪吉筠袁撫臨江建昌興國等州軍鬮
鹽出賣處不害淮鹽舊法而可通廣鹽詔令周輔限一月
立法已而周輔具江西廣東路鹽法并總目條上從
之四日權發遣三司度支副使公事蹇周輔奏闕江南
西路人納淨利買撲鹽場緣鹽繫民食與坊場不同今
欲量縣大小戶口多寡立年額官自出賣仍乞已罷
買撲處令轉運司候法行日於增賣鹽錢內據淨利錢
數撥還提舉司從之四月十二日權陝西路轉運兼制
置解鹽李稷言考究近日內外鹽鈔價平准切謂貴生

於難得賤生於有餘自新法未行迺取七年支鹽數目
乘除每歲當三十六萬餘席故鈔之貴賤視有司印出
之多寡新法已後鈔有定數起熙寧十年冬盡元豐三
年通印給過一百七十七萬二千餘席而會問沿邊所
出纔一百一十七萬五千餘席尚有鈔五十九萬有餘
流布官私則其勢不得不賤方鈔貴時無可益錢及令
價賤又未加收歛則盈虛消長之法未盡全備伏望特
議以損鈔額仍令賤歛貴出以盡平準之道所貴久而
無弊詔候錢𡟒點撿本路鹽事廻取旨十三日陝西路
制置解鹽司言解鹽歲增錢準條作熟鈔召人中買内
六萬緡令三司封椿去年三司封椿歲增錢六萬緡凡

卷九千七百八十九

為鈔九千七百五十一席令民間鈔多價賤若更變貴
恐轉損鈔價見鈔乞納三省更不出從之并經制轉運
司合得六萬緡亦令納三司自今並權住給鈔六月十
四日河東路都轉運使陳安石言元豐元年閏正月奉
詔幹集本路鹽事臣自到任推行新法官場課辦私鹽
禁止歲有羨餘及增收忻州鹹地鐺戶馬城鹽課令保
明到官吏詔減磨勘及循資有差十二月九日權三司
使李承之劄子奏東南鹽法條約蒙詔旨俾臣與編修
官董唐臣截自元豐三年八月終應干鹽法前後敕劄
及臣庶起請除一時指揮已施行者更不編修外修成
一百八十一條分為敕令格共四卷目錄二卷乞以元

豐江淮湖浙路鹽敕令賞格為名如得允當乞雕印頒
行從之五年二月八日朝奉郎寶文閣待制李承之承
議郎董唐臣上編修鹽法承之賜銀絹各五十唐臣減
磨勘一年四月二十二日二司言朝旨給鹽鈔二百萬
貫與涇原路陝西轉運司勘會印鈔紙見闕四十八萬
張若伺候商虢等州科買起發顯見住滯欲用雜物庫
襄州夾表紙印造上批紙色不依自來所用非便宜止
令依久例所用上色堪好紙印造七月二十二日洪州
奏自更定鹽法新添鹽錢並合起發赴京深慮遲滯乞
先次出賣新鹽然後起辦舊課庶可及期裝發上批本
路新額鹽課並係朝廷指準為邊糧糴本之用歲歲常

卷九千七百八十九

須登辦仍須及期經制到京起時糴入從之八月三日
尚書戶部言日者鹽鈔數多價賤難售相度所支陝西
五路計置軍儲鈔計二百萬緡鈔内隨逐路所得各減
半凡百萬緡其逐路糴買糧草錢即於減罷椿還陝西
見錢鈔未鹽錢内隨分數與逐路令商人入便從之九
月十九日淮南轉運司言奉朝旨令淮西一路先推行
養周輔鹽法本司看詳乞自來年正月一日令淮西一
路官自賣鹽以年終實收課額比奏從之十月十九日
詔宣義郎張元方提舉出賣解鹽及提舉捉私鹽相度
措置於𧎜池　六年四二月二十八日京東路轉運司言
比較本路及河北買賣鹽場自行新法及以一年半凡

收息錢三十六萬緡詔權發遣陝西路轉運使李察權發遣京東路轉運副使吳居厚各遷一官三月十日又詔京東推行鹽法已見成効轉運副使吳居厚雖首議官而自付委以來悉心其事以迄成就兼其他職事見宣力一路（贍用）曾瞻饒足未嘗干叩朝廷近已遷官宜更賜紫章服十七日詔解鹽司錢非朝旨擅支借以擅用封樁錢法論從例置司請也五月一日詔京東路新法賣鹽錢令轉至北左藏庫封樁歲具數以聞時本路轉運副使吳居厚所奏賣鹽錢多立虛數上欲驗實故也十五日尚書戶部言知瓊州劉威相度瓊州昌化萬安朱崖軍民戶鄉村坊廓第一至第三等每丁逐月買鹽

卷九千七百八十九

一斤第四第五等及客戶僧道童行每丁逐月半斤不以日月為限歲終買足遇有死亡開落進丁狀收上簿詳所配賣鹽數太多欲乞兩等鹽各減半餘依劉威所定從之二十二日陝西路制置解鹽司言詢訪並邊鹽價增長乞許本司隨宜增價賣候邊事寧息裁減從之六月一日詔京東路轉運副使吳居厚具所部知通以上及別路監司提舉官可充本路轉運司官協力推行鹽法者及本路行鹽法當選委知州通判處置以聞十五日詔京東路新行鹽法上下交便不妨獲利公家以佐用度推之河北路無可疑者及（行）令蹇周輔李南公于界首約吳居厚面授京東成法行之十七日詔京東

路轉運副使吳居厚已發本路增贍鹽納北京左藏庫居厚謹於營職敏而有功可降敕獎諭七月九日尚書戶部言江淮等路發運使蔣之奇奏知州通判與鹽事官未有賞罰請以祖額遞年增虧從制置司比較聞奏本部欲乞江湖淮浙路諸州所收鹽課歲終申發運司類聚比較一路內取最多最少者各兩處以知州通判職官令佐姓名上戶部其提舉鹽事官一路增虧准此詔定重修編敕所依此著為令八月十一日權發遣河北路轉運使吳雍言糶便及創行鹽法須官吏協力乞許不拘常制奏名選差從之九月十三日京東都轉運使吳居厚乞青州等十二處鹽官令本司奏差兩次及

卷九千七百八十九

非州縣處場務獨員闕官亦令本司選差從之十四日尚書戶部侍郎蹇周輔言河北鹽稅太輕宜倍增稅錢乞下所屬參較立法本部欲下河北轉運司相度從之二十八日尚書戶部言在京買賣鹽鈔場買鈔本錢支盡乞借末鹽錢二十萬緡買客鈔從之依元豐四年三月十八日詔買候價平奏取旨十月一日京東路轉運司言商販青州高家港鹽至齊州等處減價賒賣且本司賣河北鹽不行欲依見行稅法酌中立數每歲認賣高家港鹽二萬席運至齊州界依河北鹽價相兼賣如敢商販依漏稅法從之十三日京東轉運使吳居厚言准詔支鹽息錢三萬緡修青州城已起發外有未支

修城錢萬七千餘緡乞不用六年鹽息錢止於支不盡脚錢應副從之二十一日提舉茶場陸師閔言運鹽入蜀見計置萬三千席約賣盡得二分五釐之息詔候及一年奏取旨　七年正月二十五日尚書戶部言陝西轉運副使范純粹乞以遞所賣解鹽並令轉運司自以鈔赴解池請鹽或召商人入中應副邊用其李稷元奏更不施行從之五月十一日荆湖路相度公事尚書右司員外郎孫覽言沅州已招懷狤狼九衛等百三十餘州峒自誠州至融州融江口十程可通廣西鹽乞許入錢於誠州買鈔融江口支鹽增息一分可省湖北歲餽誠州之費辰沅州準此詔誠州買廣西鹽立蠻人地稅

卷九千七百八十九

免租課七月二十七日知滄州趙瞻奏河北鹽法斷已就緒乞自大名府澶恩信安雄霸瀛莫冀等州軍盡行榷貨以增其利從之九月十二日提舉荆湖南路常平等事張士澄轉運判官陳偲等上本路八州監舊賣鹽及今來相度合增賣鹽數修為湖南廣東西路鹽法條約總目戶部言欲依此推行俟就緒令本路轉運提舉官同立法從之先是三司副使蹇周輔言郴全道州可以通廣鹽數百萬代淮鹽食湖南故奉議郎郭亶亦乞運廣東鹽往湖南路郴全道三州詔送士澄偲相度至是奏上乃下本路監司行之十月三日同經制熙河蘭會路邊防財用馬申言糴買全在冬春之交乞十月後

井一作并

江一作河

印給次年鹽鈔限正月至本路下戶部戶部言若本路豫得鈔招誘入中辜制秦鳳等四路鈔價乞依秦鳳等路吏部差使臣於正月下旬押赴經畧司從之　哲宗元祐元年正月二十八日戶部言相度河北鹽法所乞廢罷見行新法復用舊法通商從之閏二月十八日戶部言陝府西路轉運副使呂大忠奏陝西鹽鈔價貴乞年額外依自來兩池分數更支鹽鈔一十五萬席以平準其價從之同日臣僚言解鹽兩池自來通行貨賣令京西運司置官設局使民間不得貨賣頗為不便乞放行通商每席量增貼買錢京西轉運副使范純禮相度本路增收貼買錢無名乞依舊法許令通商將見在鹽

卷九千七百八十九

并鈔令本路依客例變賣撥還逐處從之二十二日戶部言右司郎中張汝賢奏福建路產賣鹽額候及五年有併增併虧自依海行條法施行內上四州軍賣鹽應抑勒人充鋪戶并願退免不為施行者各徒一年提舉鹽事知而不舉與同罪從之四月十四日右司諫王巖叟言在京解鹽鈔頓減常價商旅患之望出緡錢為權其價以救一時之弊詔令戶部相度以聞二十六日右司諫蘇轍言前宰相蔡確兄礪等始議創添河東貴沂洲馬城池鹽其鹽夾硝味苦民不願買轉運司申乞住賣而虞部李閌曲為問難不肯依實定奪乞下江東轉運司保明如無妨礙即依所請住收仍取問蔡礪等建

黄一作董
塗一作憎
反一作及

議害民虞部官吏布令權要政作留滯詔建議等官并虞部行遣留滯令大理寺根究以聞同日陵井監進士黄遷上言山澤之利莫過鹽井向者有司於課税外更使一井歲輸五十緡謂之官溴錢興利者因自墮而義利反有所遺頗獨除之詔黄廉體量以聞繼而黄廉奏被旨體量民瘼上書陵井鹽頗悉蠲除之今後開興鹽井除税課外不許別收租錢從之五月四日詔福建閩縣令徐壽豉宣義郎時言者以福建路茶塩往往抑配均買遣吏部郎中張汝賢按察而汝賢言壽行塩法之初不使民多售故也六月八日户部言百姓昔年請塩謂之蠶塩及至絲蠶之時失有所濟然後隨税納錢

卷九千七百八十九

入官昨因言者罷所依蠶塩止令百姓虚納塩錢於義未安請依舊俵蠶塩從之七月十三日詔兗河中府河西縣人户塩錢折納斛斗前此本縣有官中食塩四千餘斤令人户均請納見錢已而又令折納斛斗至是因民瘼上言故罷之二十八日户部言乞罷市易所置塩場從之十月三日陝西制置塩司奏慶曆八年朝旨范祥議改解塩事内延慶渭原環鎮戎保安德順等八州軍禁榷客塩官自鬻塩歲以萬五千五百席為額一依范祥舊法具出賣到塩錢以給轉運司糴買乞今後有降解塩額鈔更不下轉運司委自本司依逐州軍合得年額支給户部看詳欲依所乞候民間積滯塩鈔稀少

食貨二四之二七

日朝廷或應副本路見錢從之六日户部言嘉祐中中書劄子解塩鈔立定一百六十六萬三千四百緡為年額令相度歲給解塩鈔欲乞以二百萬緡為額買馬之類並在數内其應係見錢公據並乞寢罷庶不侵害鈔法候將來民間積滯塩鈔稀少價直平日歲給之鈔別奏取旨從之二十九日户部言欲乞巡檢知縣兼塩倉場賞罰並依正監官法從之十一月二十五日荆湖南路轉運司管句文字張組言已罷天下重法惟賣塩場務推行常平倉法尚存乞罷塩法約束内依常平給納法并所增支酬從之　二年三月二十六日陝府西路制置解塩司言得旨從本司奏請將沿邊延環等八州

卷九千七百八十九

軍依范祥舊法召人自備脚本入中解塩一例依新定塩價於轉運司年額鈔内細算支還價錢其入納下塩却依裁定每斤價錢出賣應副轉運司糴買本司相度欲乞將舊法客人入納解塩於年額賣塩錢數内減費錢二萬七千餘貫許依數取撥添納充在京買鈔本錢隨時消息平準鈔價從之　五月十四日户部言奉詔旨舊給蠶塩處並依昔年例散斂本部約度府界京西京東等路共合用蠶塩三萬二千五十席請從本部預給塩引令出賣解塩司召人結攬般運於絳州垣曲縣塩倉送納令三門轄運司般運應副支俵應合給脚乘大鈔亦令解塩司據所般實數申本部撥還從之八月

食貨二四之二八

鹹一作鹽

鹹一作鹽

十二日詔蠲免二浙鹽亭戶課鹽舊亭戶計丁納鹽歷歲已久至是除之
二年五月四日戶部言荊南湖北鹽價相度自接連廣
東及江南湖北州軍場務以遠近均定廉幾貴賤不致
相遠可絕私販從之八月二十三日詔官司毋以陝西
路所給鹽引回易規利犯者以違制論　四年正月二
十四日詔成都府路見管鹽井一百六十餘立為定額
不問大井及卓筒並不禁止若遇鹹泉枯竭許於舊井
側近開卓取木以補舊數摧定認納課額舊井却行棧
閉仍不得創於額外增添從侍御史呂陶論列利害也　五年正月十
一日戶部言江湖鹽未有往外州縣般鹽管押法乞衙
州茶陵安仁縣往潭州衡山縣般運並依鹽令衙官管

卷九千七百八十九

押交割出賣從之二十八日戶部言前任利州路轉運
判官韋驤奏元豐中梓州轉運司請止絕閬州棧閉鹽
井及㮣開井恐侵本路鹽課數本州虧減課額乞驗實
如委鹹脉變淡許棧閉及創開別井煎輸從之九月二
十五日陝府西路制置解鹽司言應告捕獲私鹽除牢
價支賞外將別理賞錢如不及十斤一貫十斤倍之每
十斤加二貫至百貫止仍乞據令來所添錢只用本司
錢支充從之　六年二月六日提舉河北鹽稅司請自
今許令商賈以所販鹽於有監官處所屬場務輸納稅
錢出給小引量所賣處人戶多寡給日限般運赴無監
官鎮市從便出賣從之同日河東路經略安撫使滕元發言

涪一作夔

債一作貸

請自元祐二年後賣到鹽數與熙寧中課額比較取酌
中一年為法河東轉運司相度欲將代州管界每年以
八十萬斤為額從之十二日夔峡路轉運司言伏見熙
河入中射請大寧監鹽條立限十年請將三路熙河路
等處入納錢銀糧草射請本路開達忠萬涪州雲安軍
六處鹽鈔並依大寧監年限施行從之九月十六日戶
部請使臣人員押鹽綱沉失少欠該衝替者敕降去
官不免從之十月三日戶部請召人入中解鹽許客人
於河陽都鹽務入中其價錢每席八貫二百從之十一
月一日戶部言請廣南東西路應用大槹船興販私鹽
告捕獲雖杖以下罪不以借債運致其船並沒官仍別

卷九千七百八十九

估價給賞從之　八年正月二十一日詔東南諸路轉
運司勘會本路賣鹽舊法未減價年分及措置鹽事所
減價後來各三年數目比較增虧申尚書省令吏部長
貳御史中丞侍御史同定奪具利害以聞從度支員外
郎任公裕請也二月十七日詔依散鹽徐州淮陽軍
許依元祐敕京東路河東晉隰磁絳州並罷　紹聖元
年九月二十五日詔府界並諸路鹽年終課利增欲並
依元豐賞格從三省請也二十七日權陝西制置解鹽
使仇伯玉言百貨與鹽鈔輕重大槩相似然鹽鈔特貴
者蓋鐵錢輕濫又以官定鈔面價不許輒增乞隨逐處
市價增減將陝西路近年所降敕條年額及泛降鹽鈔

官司並依鈔面價博賣輒增價徒二年指揮乞更不施
行從之二年正月十日京東轉運司言本路自行鹽法
官置買賣鹽場於海鹽場般至沿河場務和雇陸運至
縣鎮出賣每年萬數及息錢不少元祐間以和雇不便
遂罷般載課額併在大場自後課息不敷本司今欲依
舊分般出賣從之　三年正月九日發運司言淮南亭
户例貧瘠官賦本錢歲六十四萬緡留倚辦諸路以故
不時至民無所得錢必舉倍稱之息或鬻憑由不能得
直之半是以多盜賣而負官課欲撥本司糴本錢十萬
緡給亭户猶云不足以憑由界之即欲質於官則據憑
由與十之七而蠲其息它日鹽本錢集給還三分錢取

卷九千七百八十九

憑由毁之即官吏邀阻取受論如法從之三月十八日
户部制置解鹽司言自來本路除延安府慶渭原環州
鎮戎德順保安軍八處官自賣鹽以抑外來蕃鹽外同
華解耀州河中陝府六州軍係出產私鹽去處訪聞近
年以來私煎盜販公行今欲將上件六州軍並酌中古（正）
額官自出賣從之五月二十四日江淮荊浙等路制置
發運司言官員躬親補獲私鹽累及一萬斤至十萬斤
等第推賞未獲犯人者以三比一差人比獲者以三之
半比一內產鹽地分獲私鹽須四分中獲一分犯人方
得比折從之六月九日江淮等路發運使吳居厚言淮
南歲月鹽委逐州通判專催促買納支還價值申陳利

到[illegible]都

害檢察姦弊仍上下半年遍詣管下倉場提舉如任內
敷足額數從本司別委官審覆奏乞減一年磨勘若比
額虧及一釐以上坐罪有差止展一年磨勘從之十月
四日户部言欲依都省劄子應陝西路軍兵糧錢取情
願許半給鹽鈔又言欲依河東轉運司（所）乞擬本路管下
鋪户鹽額或多寡未均並聽本司相度隨聚落均定鬻
賣從之十一月二日陝西制置解鹽使孫路請禁止河
中府虞鄉華州蒲城兩縣人户煎硝都大提舉成都府
利州陝西等路茶事司相度私硝頗與解鹽相類味苦
而冷堪用入鹽請應煎成到硝可以亂鹽者並依私鹽
法户部請減一等斷罪其告捕給賞並依補獲私鹽法

卷九千七百八十九

從之十二月二十四日詔今後應有合支末鹽錢並依
元豐年條例雖奉特旨並許榷貨務執奏　元符元年
四月十一日詔京西路官自賣鹽及應緣申請指揮勿
行十月一日三省言解州鹽池爲水衝注鹽數少損民
間闕用欲河中府解州諸小池鹽同華等州私土鹽階
州石鹽通遠軍岷州官井監鹽並聽與解鹽於陝西路
出賣從之十七日詔通行京東河北鹽入解鹽地分指
揮方下小民未請引便行興販見令大理寺根勘並特
放自今須經官出引販賣　二年九月二十五日詔差
陝西轉運副使兼制置解鹽使王博相度鹽池開河
并修月堰閏九月十一日右司郎中徐彦孚言去年鹽

池被水盖因涑水河姚暹渠與家堰小池等處入户盗
決南岸使水入池縁涑水河姚暹渠兩處堤岸并更有
小與家堰自来止委逐縣尉管認廵視縁盐池周圍闊
遠今欲乞更添兵士一百人小使臣一員令分視堤岸
從之十月二十二日工部侍郎張商英言乞就差成都
梓州路講畫官句仲甫措置專切管幹興煎東西兩
盐井從之　元符三年十月二十八日徽宗即位未改元崇
儀使林豫奏伏見周初榷河北盐犯者輙死猶不能
禁世宗幸河北父老遮道泣訴乞以盐課均之兩税世
宗定從其請今兩税盐錢是也嘉祐中三司使王拱辰
奏請復榷仁祖用張方平言罷之父老迎詔於澶州為

卷九千七百八十九

佛老會者七日刻詔書於北京其人情利害可見令議
者輙欲變更非唯所收净利未必能敷前日税額又沿
邊諸郡之盐或至自契丹今既榷之則虜盐益售恐生
邊隙倘罷今日之禁一切仍舊則一舉而獲數利詔户
部看詳以聞其後建中靖國元年十月一日給事中上
官均言河北自来非榷盐地分嘉祐中三司使王拱辰
乞本路榷盐仁宗皇帝降手詔曰朕不欲河北軍民陛
食貴盐詔下北京父老感泣至今碑刻詔文具在紹聖
四年宣德郎竇訥奏請榷盐是時訥妻父宰相章惇遂
行其請已及三年臣近縁使事經由河北州縣官吏皆
謂榷盐以来官中獲利甚少而民食貴盐被刑責爲害甚

實一作寶

大又河北係黄河流行人使經由道路每年入户歷副
工役比他處尤為勞費昨因河流决溢累年飢荒民盖
重困願陛下深飭有司考究利害循守仁宗詔旨罷去
禁榷賜養貧乏寧固根本詔送三省　徽宗建中靖國
元年正月一日江淮荆浙發運副使黄實奏六路州軍
減價賣盐課利增羡乞除舊額外其添買之數量增本
錢從之十九日户部言六路轉運司每年盐額錢淮南
二十七萬七千餘貫兩浙二十萬一千餘貫湖南四十
五萬餘貫湖北五十九萬一千餘貫江東一十八萬九
千貫江西三十萬五千餘貫自紹聖三年至今驅磨未
畢逐路乞量行撥還詔元符三年分合得額錢令提舉

卷九千七百八十九

司撥還一半餘候驅磨畢取旨五月六日陝西轉運副使
蔣制置解盐使孫傑奏準朝旨相度措置盐池到解州據
知州李琮呈賈瓦池盐圍池漫生盐様臣於二十四日同
李琮等詣五小池檢視賈瓦圍池有上件盐實土俗稱為
瑞盐臣已指揮本州郡官雇人收採今據本州狀自四月
二十四日至五月四日終收到盐五百二十席一百七十
斤計一十萬四千五百七十斤其盐光白味鹹可食乞行
出賣所有二池盐様各一十斤隨状進呈　崇寧元年七
月十二日太府少卿鄭僅言看詳官司東南般運盐事李
岐欲於見賣盐每斤增一文以備脚剩之費有害未盡欲
送詔仍行八月五日户部言太府寺申自来解　盐鈔用商虢州

令一作合

河中府等處一鈔紙印造於鈔法係關防揩擦交引庫
近乞於東南出紙州軍造一等杪紙預行買發三年準
備泛給鈔紙計六百八十四萬張依見印鈔板長一尺
七寸徑一尺一寸令乞下商虢州河中府依上項長闊
造一鈔連毛頭紙依數起發前來赴文引庫交納印造
交鈔仍乞指揮逐州府據上項一樣紙不許通商貨賣
除供官抄造印鈔紙外輒敢依上件尺樣抄造買賣者
各杖一百許人告捉每名支賞錢三十貫以關防革絕
姦弊看詳於東南路分應出紙州軍令發運司管認上
件紙數責限起發徑赴太府寺交納所有不許通商一
節並依解鹽司相度事理從之時渭州申勘到偽鈔人

卷九千七百八十九

緣戶部自來支降外路鹽鈔並用常紙印給致有偽造
都省提送戶部本部下太府寺相度而有此請二十九
日臣僚　言陝西用解鹽為鈔范祥舊法以鈔代錢免
重齎乾没之患以錢糴買無估價高下之弊後來增損
寖失元意中間已五立法鹽池之壞亦四改更令已五
歲又三[illegible]變改易民間無所適從每一改更法未及行鈔
未及用邊商入中方在道已復變矣況為五六令同
川交子以亂之縱私土鹽以奪之耶願詔有司講求
舊法無容輕改則民聽不惑久而無弊從之　二年
七月三日戶部奏修立到新法茶鹽每歲比較　增虧
賞罰約束解鹽地分見行東北鹽

去處州縣當職官能招誘客人住賣比年額增依下項
二分已上減磨勘半年三分已上減磨勘一年五分以
上減磨勘二年七分已上減磨勘三年一倍轉一官解
鹽地分見行東北鹽去處州縣客鹽住賣數比年額數
增依下項二分已上展磨勘半年三分已上展磨勘一
年五分已上展磨勘二年七分已上展磨勘三年全虧
降一官仍衝替解鹽地分權行東北鹽等處州縣當職
官每歲所屬官司與鹽事司同共取索住賣數目比較
增虧應賞罰者同狀聞奏如州縣當職官奉行如法并
能講求利害推原法意施行有緒而致增美應賞或有
不職并不切奉行條令而致虧額應罰仍具詣實保明

卷九千七百八十九

及不職因依聞奏除依賞格外仍取旨別不賞罰陸路
支賣鹽州如能招誘客人鋪戶自用船赴產鹽場般請
鹽數敷官綱及年額數目當職官依下項五分已上減
磨勘二年七分已上減磨勘三年全及轉一官諸陸路
支賣鹽州委所屬監司與鹽事司於歲終取索招誘客
人鋪戶自用船般請過鹽數目應賞格同狀保明聞奏
諸發運轉運司支撥綱船般載陸路支賣末鹽比年額
數外增及五分及一切差撥支發致虧三分已上者委
鹽事司歲終取索具詣實保明及不職因依聞奏取旨
賞罰今來所立年額合令所屬監司與茶鹽事司取索
立定申尚書省仍並自崇寧三年分為始舉行內以官

之一作文

綱船般載數仍令鹽事司取索依此施行從之二十三日講議司言修立到客人販東北鹽法公路免收力勝稅錢條從之九月十四日詔賜封樁錢淮南路二十萬貫兩浙路十萬貫充鹽本十月二十八日尚書省言兩浙鹽事司申浙東西山僻州郡商賈運鹽比之水運剩費脚耗依立定看則外乞更少增之衢七斤婺睦處各五斤山僻縣每百斤增三斤從之十一月十三日尚書省言陝西河東鹽事李惾勘會到川陝路利洋興劍蓬閬巴綿漢州興元府及餘處並係元解鹽通行地分朝廷既以東北鹽代解鹽貨賣許人舊解鹽地分貼應干舊解鹽通行處自合令東北鹽興販從之十二月二日

卷九千七百八十九

講議司言解池來壞以前宜給解鹽鈔募客人入納糧草還以鈔鹽今解鹽未復其鈔尚循舊法給解鹽文鈔客人齎赴京解池既無解鹽支還并河北文鈔貴價在京交引鋪戶乘時邀利賤價收買致沿邊入納艱阻客人虧折財本浸壞鈔法合行措置乞依熙寧元豐置買鈔所差榷貨務監官二員別選使臣或選人三員同共専一管司換易客人之鈔聽客人齎到錢並以末鹽鈔并東北一分鹽鈔及度牒官告雜物等支換從之十四日中書省言東南末鹽鈔遞牒自來進奏院與常程文字衮同入遞致有遺失毀棄使客人往復整會于鈔法未便今修立末鹽鈔合同牒監官面勒吏人撂角實封

便一作使

書字用印給付客人令自齎前去仍置籍具注每道姓名字號候得報給鹽鈔毀訖銷注及給鹽訖限五日報榷貨務等詔從之二十四日詔令逐路支給末鹽鈔及自般請者並須三分舊鈔兼七分新鈔支請如願全以新鈔請者不以多少聽從便支請二十九日詔令後罷用金銀抵當請鹽時鋪戶狀以為妨礙今年鈔法改三省取旨施行之　三年正月二十七日尚書省言河東三路鈔買賣無立定價聞民間每百貫大見賣六十五貫以下本路價例尤賤於邊防糴買非便及見錢與新定鈔價一例籌請新法末鹽折鈔法正相妨合欲將河東路自今年更不降三路鈔止給見錢帶買價例請算

卷九千七百八十九

東南末鹽等依河北新降鈔法施行從之八月六日福建路提舉學事司狀本路出賣鹽價比之諸路稍低乞於上四州軍每斤量添一錢為錢一萬九千七百貫有奇以補足八州軍學糧詔依所申仍每斤添二錢其後十月二十三日又申乞添下四州軍一錢約為錢五千七百貫有奇以補諸縣學糧復詔添二錢　四年四月二十四日鄜延路經略安撫使陶節夫奏臣聞鹽澤在中條之北處四高中下之地東西五十里南北七十里按唐鹽池之數有六二在幽朔二在河東一在鹽州在解梁皆河勢屈曲回抱而中有鹽泉蓋水性至曲而折鹹性至折而聚洪範曰潤下作鹹積千里之潤去海

鹹一作鹽

坈一作坑

既遠是以伏脈地中聚而作鹹此鹽泉之所由生也河為四瀆之所宗江淮濟水皆清必得至海而鹹性聚焉水而後成鹽然造化雖出于自然未有不因天時假人力者故大鹵靈泉亦須因南風赤日略假人力灌種而成今解池為水所浸漫瀰百里前後議者紛紛不一今若治外水而隄防之疏涑水河濬姚暹渠使不受外水回蒲河水入羅寨坈回五龍谷水入小池則大池無外水滋入之患又以鹽鈔法行滄淮鹽入解鹽通商地分又收漫生鹽而幽州西北有廢鹽池六自唐以來互興小池謂之女池開元中置女鹽監後以水淡遂廢今亦被水而五小池內鹵已漫生若召南山人戶煎鹽置場收買依解鹽法出賣亦可扶助鈔法又無榷賣鬻小鹽可補解池一年之賦弛平時抵冒之禁為權宜通濟之術謹地政修人事而不敢必於天人心既安天理亦順期以歲月可待乾涸詔送措置所詢究相度施行六月十一日以興復解池鹽寶百官表賀十九日以鹽池復興降制二十九日詔提舉措置江南東西路鹽香司句當公事葉大方轉一官知邠武軍以大方與當職官講求鹽法課利曾美故也　大觀三年十月十九日提點陝西等路解鹽王仲千奏臣近乞將解鹽通行西京河陽而慮今來全部備坐大觀二年十二月二十四日朝旨其河南府止許經由即不得住賣候將來解鹽豐衍

卷九千七百八十九

別取旨契勘解鹽所收連併二年數過舊額雖是豐衍緣興復以來所蓄未廣致未敢便乞盡依舊法解鹽地分今欲乞先次通行西京河陽并汝州係京西南路經過去處亦乞通行仍每歲更支鹽三萬席通見支陝西等路鹽數共二十三萬席為額候將來種收大段增廣別具奏乞通依上批依奏疾速行下

卷九千七百八十九

全唐文

宋會要　鹽法

大觀四年七月二十八日中書省措置財用所奏尚書省措置到解鹽内舊來解鹽地分除已通行外有在京并陳蔡等州依舊法地分通行許令客旅從便販易應干合行事件下措置財用所檢詳前後及見行條貫取旨施行本所勘會京東河北鹽貨熙豐舊法止係本路通行昨為水壞解池權許通入解鹽地分今來制置解鹽司稱兩鹽池二年溢額其東北鹽已過元立期限又稱見令解鹽地分與東北鹽相兼貨賣欲行禁止令先次相度將東北鹽更不許放入解鹽地分　地分添展

卷九千七百九十

陝西川峽路州軍并河東磁隰晉絳京西南路唐鄧襄均金房隨郢八州京西北路西京河汝州　詔在京通行解鹽其在京合經由州縣地分亦許通行措置財用所相度却於見行鹽地分内據今來添展州縣權住通行　八月二日措置財用所狀奉聖旨解池近已興復過額合依舊法印鈔召募客旅入中解斗給鈔請鹽於元地分通内行令講究財用所條具合行事件申尚書省一令來指揮到日客人鋪戶買販到東北鹽隨處官司限三日抄劄見數於十日内納官驗引據元請算數依市司旬内拘到實直價例收買其價錢限一月内先以轉運司係省錢支還如無即以提舉司市易務錢

又關即支提刑司諸色封樁錢充如客人鋪戶敢有隱藏過上件日限並同私鹽法斷罪仍許人告給賞如法如客人願依本處市價細算東北鹽首即於所屬出給公據前來榷貨務算請往通行路分出賣一官買下客人鋪戶東北鹽于市易或於餘務出賣比熙豐通行解鹽日官賣解鹽銅錢價上每斤添錢三文出賣其本錢還逐司依舊樁管息錢内市易錢以二分與本司三分與轉運司五分封樁餘並以五分與本官司五分封樁候解鹽翻到日即時住賣　詔依　十五日詔措置財用所乞議定五等舊鈔立定貼納錢分算換度牒告敕香藥雜物東北鹽外所有客人已換請到雜鈔及見錢鈔不曾

卷九千七百八十九

對帶鈔者理合先次支給東南末鹽依舊許商旅請往逐路貨易可速與指揮下淮浙鹽場鹽將見在并接續買到鹽樁留五分專充支發官綱般載往諸路準備將來諸路商賈轉廊算請其餘五分許支還客人錢戶算請到新鈔及見錢鈔不曾對帶舊鈔合先次支鹽者庶公私兩便熙豐鈔法早見就緒　閏八月十二日左右司狀本司依準朝旨先次編修東南鹽法已成看詳計一百三十沓見欲攢寫淨條銓次成冊送戶部看詳聞準今年七月二十七日朝旨東南鹽依元豐法官賣其所修上項條沓内辰沅歸靖州武岡軍官賣鹽元降朝旨係久遠行使外其餘雖並係客販條法續準八月十

五日朝旨淮浙鹽場鹽現在并續買到鹽椿劄五分專充支發官綱餘五分許客人鋪户用換請到鈔及見在錢鈔筭請依舊往逐路貨易即上件客販前後元降朝旨見今亦合施行緣不係永法其已編修看詳到一百三十沓不須成書類降欽送户部收管依詳元降朝旨施行從之　二十五日詔東南鹽澤之利爲三路鈔法之本雖已降指揮措置般運尚慮監司州軍等處違慢不切計置人船起辦應副有害鈔法令仰發運司究心行遣嚴緊催督諸路轉運司轄下州軍等處並仰遵依施行務要逐鹽場州軍及一年之數近鹽場州軍及半年之數以上如違干繫官並當重行黜責州吏斷訖送五百里編管

卷九千七百九十

十二月二十日詔東南鹽乃三路鈔法之根本其三路新鈔已依熙豐舊制節次印給前去目今已有客人齎鈔到京情願轉廊算請東南末鹽將來復行官賣之後不無擁併齎鈔前去已降指揮周因特差發運司勾當公事其發運司所管屬官員數不少可令周因專切管勾淮浙買納并催促般運鹽貨　二十六日詔左司員外郎張察差官詣東南六路轉運提刑司限兩月子細講究具的確利害仍令先次開具因依聞奏　二十九日詔兩浙轉運司合椿準備鹽措置般運并將現在封椿那移已是足備可令户部先次復依熙豐舊制許客人用三路新法文鈔情願轉廊筭請給引前

前去逐州權依客筭鹽定價支給出賣候將來官賣鹽即依張察均定價直施行所有客人見用崇觀可以換請新鈔在京筭請并淮浙產鹽場支鹽各截日住行筭給及客人已未般販到所指住賣處鹽並仰本部限三日相度條畫聞奏　政和元年正月十二日户部奏准尚書省劄子奏詔兩浙路一十四州合椿準備鹽已足一路之數令户部先次復依熙豐舊制許客人用三路新法文鈔情願轉廊筭請給引前去逐州軍權依客筭鹽定價支給出賣所是客人見用崇觀所行換請新鈔在京筭請并淮浙產鹽各合截日住行筭給等並仰本部相度條畫聞奏本部今相度欲乞更不將綱見錢許

卷九千七百八十九

依已降朝旨筭請敕告度牒香藥雜物東北鹽見在民間者許令執欽同牒赴榷貨務筭請已投鈔在場未支鹽者即令本處給與鹽鈔并公據付客人自執赴務亦與改筭價直拘買入官當時支還貨錢如未有賣到鹽錢權於朝廷諸色封椿錢内應副候賣鹽日先次撥還所有買到鹽依額價應副筭請候張察定到本路價直許令賣官即行出賣自餘五路續有般鹽足備路分如準朝旨許令客人轉廊等筭請亦依逐項事理施行從之　二十三日詔可令淮浙買鹽監官常切招誘存恤亭户廣行煎煉赴官中賣依限支錢不可大有邀阻如歲額買鹽比額有增一分已上者與減半年磨勘每一

分加半年上内兩浙減半其亭户額外中鹽每斤與增三分價錢如監官輙有留難致亭户私賣者委本州知通覺察按劾施行所貴各有利潤趍事赴功不害良法仍疾速行下　以臣僚言東南末鹽已復照豐舊制官自般運并許客人情願將三路新鈔轉廊前去筭請及候張察均定賣價推行官賣深恐倉場監官纔見買鹽數及每年額邀阻稽滯有悞支用增長刑辟故也　三月二十一日左司員外郎張察奏奉聖旨均定東西六路鹽價已均定奏聞契勘自祖宗以來東南六路賣鹽惟紹聖之間最為增羨臣今來所定比紹聖價上每斤增錢二文至九文足以酌中紐筭每歲以增及一百八

卷九千七百九十

十餘貫若候轉運司會到止是一路利害互為異見與臣將諸路地理遠近照應相接州縣通行均定利害不同伏乞以臣所定價例先次頒行如或逐路更有增廢去處只乞下逐路轉運司比附相近場務立價奏聞詔從所奏尋又詔東南六路鹽於張察所定價上每斤各添錢一文　六月九日户部言成都府路轉運司奏乞依元符中措（指）揮興開鹽井從之　八月八日詔解州鹽池今歲自生紅鹽及收種到鹽實數及年額外增收一倍以上其應干池事官實見勤勞集賢殿修撰陝西制置解鹽使李百祿特除顯謨閣待制解州知通各減三年磨勘　二年三月二十五日詔契勘淮浙路合管認

備辦政和元年二年分鹽本錢實數仰依自四月為頭每月終一次具數入遞聞奏今後逐年准此奉務任應副淮浙鹽場豐裕鹽本思養亭户般辦煑海利源幹旋糴買鈔法　五月二十二日尚書省言勘會東西末鹽已降指揮許客人鋪户等請竊慮本錢闕少不即支還亭户別致阻節留滯詔於諸路合起上供錢内截撥發錢四十萬貫令兩浙淮南路提舉鹽事均撥逐路鹽場充鹽本支用仍逐旋具的實截過窠名錢數申尚書省　九月十五日詔洪範八政食貨為先理財以義用財以禮則民富而國用饒先王之制也適者有司不究本末不權輕重悉取鈔法妄意紛更致耗邦財民

卷九千七百九十

亦重困邊備空虛倉廩匱竭太師楚國公京興植廢壞以義置法曾未朞月開闔斂散一出於上公藏私餘上下與足朕甚嘉之其今年五月以後應見行鈔法洎茶鹽法令傳載者大小綱目具著為令上之御府頒之有司以示富國裕民之政倚之永久堅若金石庶幾姦人不敢妄行動搖以稱朕意　十月二十八日詔令發運司將應緣東南收買材植物料等合用價錢並仰依元降指揮劃刷官賣鹽增添錢内支撥應副其借撥鹽本錢指揮更不施行所有真州緣今來買木等已借支過鹽本錢即仰發運司管下諸州軍劃刷賣鹽增添錢却行撥還其鹽本錢今後不許官司申請借撥支充　先

是真州申請所用買木等錢二萬餘貫於鹽本錢內權借支用至是又稱提舉木栰所公文取撥錢一十六萬貫於宣池州買木提舉茶鹽司奏請故有是命　三年二月一日中書省言勘會東南六路見行末鹽去處其年例合支蠶鹽萬數不少依條取問人戶願與不願請鹽內不願請鹽者即據合散鹽數止納六分價錢除依久例外不得創行支移折變遇災傷隨稅除放契勘昨熙寧四年內府界京東等處蠶鹽人戶請領例有靡費縣司公人減剋民戶多不願請遂降朝旨減定數更不支俵見今開封府界京東京西等處更不支俵止令人戶送納六分價錢今來東南六路依條雖合取問人戶

卷九千七百九十

願與不願請鹽竊恐州縣利於十分催納或人戶不願請鹽更不取問不肯減納分數不唯於民非便兼恐引惹夾帶私鹽侵害客販內兩浙淮南係產鹽去處客販順便街市易得鹽貨可以不行支俵外其江湖四路地里遠闊處村民却有要鹽去處緣利害在遠難以遥度詔淮南兩浙蠶鹽更不支俵依條以減定分數送納外其江湖四路令逐路提舉鹽事提舉常平司共相度聞奏　六月十八日尚書省言戶房主行新法鹽鈔事務自創新措置才及一年已收課息錢一千餘萬貫前後財利未可有比近榷貨務官吏止緣奉行已蒙推恩檢會大觀元年閏十月十七日敕節文崇寧庫務見錢及

食貨二五之七

令一作合

凡眉批異同之字俱入注

一千餘萬貫左右司官特轉一官仍減二年磨勘詔左右司郎官為奉行新法並不曾推恩各特轉兩官尚書省戶房正行職級手分各特轉兩官尚書省戶房　行職級手分各特轉一官有資人轉一資特與轉行仍於額外安排候各次到日入額無資可轉人候有正官日收使內有官礙止法人許回授有官有服親如願保引者許依條保引親屬一名守當官於轉一官上減半推恩其合轉資人如內有未試正額書令史已轉充額外主事者候試補了日收使點檢房職級依戶房職級例施行　九月四日詔淮南路依兩浙路已降指揮支俵蠶鹽去處依市賣客鹽價例支給價錢依散依舊來數

卷九千七百九十

輸納物帛所有丁口鹽錢亦依上件指揮散納施行　五年六月六日詔令同場監官增一百萬斤以上轉一官五十萬斤以上減三年磨勘十萬斤以上減二年十萬斤以下減一年不及一萬斤不賞虧三十萬斤以上降一官二十萬斤以上展三年磨勘十萬斤以上展二年十萬斤以下展一年不及一千斤不及罰內選人比類施行如遇主管依此除二等展限磨勘一年已下者每季為一等申餘候到申尚書省依此賞罰六年五月十六日中書省言勘會今年二月二十四日已降指揮諸處鹽場官並堂除人近因河北鹽香司陳乞許奏舉一次竊慮所屬疑惑詔今後鹽場官輒奏舉官徒二年其

食貨二五之八

息一作細

餘路分並一體　九月二十三日中書省言勘會提點
杭州洞霄宮邵敏修前任青州千乘縣主簿日因提舉
京東鹽事體訪得本縣瀕海多鹽場草地空閑可以置
立官場召人煎鹽貨出賣本官首先開場買賣課息增
羨實有勞効詔邵敏修特與轉一官　七年正月十二
日尚書省言檢會已降指揮諸路鹽場官並堂除舉辟
者徒二年未有管押鹽袋官指揮詔應管押鹽袋官並
堂除　六月二十三日中書省言勘會左右司點檢推
貨務收趁新法鹽錢及拘管住錢文曆歷副客人等入
納見錢算請鹽鈔本務自政和六年八月三日至今年
五月三日終又足一千萬貫通計六千萬貫其本司官
吏未曾推恩詔諸路郎官各轉一官内礙止法者回授本
宗有官有服親人吏依例各支賜絹一十五疋　九月
四日詔東南東北鹽法並無改易與今來解鹽法自不
相干仰尚書省措置行下毋致抵牾交互　八年閏九
月十二日總領解鹽司奏今來御筆推行解鹽唯私硝
小鹽為害不息欲乞應巡捕官獲透漏私硝小鹽批書
印紙賞罰並依私鹽已得指揮從之　十七日詔解鹽
商販不行可復行末鹽更有陳請以違御筆論　宣和
元年二月二十七日中書省言勘會京畿西南北路復
行東北鹽自去年十月已後至十二月終三箇月間所
賣鹽數共計四百六十七萬一千七百餘斤比遞年所

卷九千七百九十

賣之數例各增羨兼客販通廣行道具備顯是提舉鹽香
碧事盧宗原並本司官究心職事詔盧宗原并本司官
並各轉一官内本司官候令具合轉官人職位姓名申尚
書省　五月十四日詔應支鹽倉監官並不許入公私
試院及諸般勾當　八月四日詔訪聞江西路轉運司
違法出賣鈔紙姦吏因緣增價營私仰行禁止諸路依
此　同日中書省尚書省言近降詔旨湖北建博易場以
鹽折博蠻人物貨商賈蠻人兩獲其利漸次折博奔輳
所用鹽貨浩瀚契勘諸州軍見椿管舊鹽不少並是空
濕乾淨好鹽從來不欲變轉恐害亭户煎納今若許充
博易入蠻界不與見販地分相妨其利有三一可以招
徠遠人二將久積舊鹽變為物貨三不侵用客販新鹽
又不妨亭户煎趁年額如此則並無所妨從之　九月
十七日詔提舉京畿京西鹽香盧宗原除直秘閣邢彥
先唐環并河陽鄭州知通各轉一官礙止法人回授有
官有服親仍令鹽香司具合轉官人職位姓名申尚書
省先是宗原奏自差提舉鹽事節次措置躬詣管下二
百五十餘州縣鎮採撫民言講究利害及分遣句當官
邢彥先唐環督責管下推行東北鹽法及宗原到任以
來推行申明立法約束事件九十二件及將遞年實賣
鹽數比較得内河陽遞年一十三萬二千二百斤今賣二
十四萬二千七百斤鄭州遞年八萬一千三　百　斤

卷九千七百九十

此作比

令賣一十六萬二百斤，故有是詔。　二年二月十三日，兩浙提舉鹽事司奏：「撿會政和七年十二月三十日敕榷貨務劄子，乞應支鹽倉自政和八年為始，每上下半年各具支發袋數目，以遞年所支鹽數比較，供申尚書省，并報本務籍記。本司據今逐州申到政和八年支鹽倉支發過鹽比較遞年增虧，內杭州、越州最增，台州、明州最虧。數內明州已奉宣和元年七月十三日詔，明州知通并鹽倉官各降一官。又詔支鹽倉監官杭州減三年磨勘，越州減二年磨勘，台州展二年磨勘，逐州知通管句官依此降二年展減磨勘。其已用當年支發鹽貨增剩曾經推恩人如此，令來賞格輕，皆聽從重賞。明州知通并支鹽倉官吏各罰銅十斤，管句官展二年磨勘，內選人比類施行，年限不同，依四年法比折。」　三月十二日，詔：「末鹽、解鹽，祖宗以來並行不廢。崇寧中以各利一方，故解池顆鹽所出不多，止行本路；東南負海，其利甚博，故行於數路，各不相妨。政和六年以前，庫務積錢至二十萬貫，有司挾情害政，乃議改革，繼命任諒等議法復行解鹽，客販折閱，良可嗟惻。旋命改復，雖已如舊，而商旅疑惑，興販未廣。可下諸路曉諭，令來鈔法更不可改革。」　十九日，詔：「末鹽法令已定，所當遵守。頃聞諸路私鹽公行，有妨害販。除以降親筆處分外，如諸路鹽本不足，可令提舉鹽事官將本路坊場河渡及椿留積

剩錢除存留本處支用外，並特許支撥充本。如敢占留及作名目隱匿者，以違制論。應亭户煎到鹽，仰所屬盡數收買，限三日支還價錢。如買不盡，若支錢違限，並徒二年；因而乞取減剋者，官勒停，吏配千里。亭户輒賣與私販人，若買之者，罪輕徒二年，配千里。許人告，賞錢每名五百貫。」　四月九日，中書省言：「榷貨務申：『檢承御筆：東南與東北煮海為鹽，使客買鈔興販，以走商賈，以便民食。比聞東南州縣監司失職，漫不省察，巡尉弛慢，故縱私販，道路往來，市井交易，略不禁止。東南明、杭、通、泰、楚海濱數州出鹽，客販視東北最多，客人買鈔日納三十五萬貫，今止納數萬貫，曾不及三分之一；東北錢數卻至數萬。蓋東南私販公行，沮害商賈，使客失厚利，虛費本錢，或致失所，甚非足商賈、便民食之意。可令尚書省下榷貨務取會東南客人納錢，自去冬以來最少路分提舉鹽事官降一官銜替，州縣降一官，巡尉仍勒停；東北最多提舉官陞一任，有職仍遷一職，未有職與除初職，州縣轉一官，選人比類施行。』榷貨務開具客人入納筭請淮南、兩浙鹽錢，又提舉淮南鹽香司具到去年正月至年終增五千三百六十餘貫。」　四月三日，詔：「淮南鹽香為鹽數增，其濱州入納筭請鹽、京西路州縣住賣鹽最多，泰州入納筭請最少，州縣官并巡尉並依御筆指揮施行。仍令逐路鹽香司具合轉官人職位申尚書省

令原作行

七月十九日詔解鹽法頃歲推行無補公私尋即廢罷今東北東南鹽商賈阜通民受實利法令已備責在奉行敢有扇搖妄稱朝廷欲行解鹽法及奉行東北東南鹽違戾者除合依扇搖鹽法補官給賞外可更增立賞錢二千貫許諸色人告犯人坐合斷罪外仍以違御筆論昨緣私鹽有害客販已令諸路提刑司嚴行禁戢御諸路廉訪使者體究有無推行滅裂去處限十日聞奏當議重行黜責令開封府権貨務出榜曉諭　三年四月二十五日詔河北京東路推行新法鈔鹽可添置提舉官一員屬官一員分路治事內河北東西路各一員京東東西路共一員屬官依此其河北路官治所就

卷九千七百九十

用學事司廨宇　五月二十九日尚書省言勘會兩浙路用置鹽本見錢每鈔一百貫已措留二十貫文契勘本路內有昨經賊焚劫州縣竊慮措留數少有妨買鹽支用兼被劫亭戶亦要錢本接濟兩浙路除見措留外令権貨務每一百貫更增措留錢五貫專充買鹽本錢　閏五月二十日都省言奉御筆権貨務狀東北鹽自通展池分後來客販增廣并東南撥見令筭請浩瀚所用印鈔紙札工墨朱紅之類縻費萬數不比日前欲乞今後筭請東南東北鹽鈔每貫量收印鈔工墨等錢仍合並依東南鹽則例收納所貴事法一同從之　六月四日詔夔州路軍儲并計並出於恭涪兩州內大寧監

點原作黜

鹽係羅本應副一路可特許本路漕司同共踏逐奏舉諳知逐處次第才幹清強官充恭涪兩州大寧知監差遣一次任滿無遺闕保明奏聞　七月二日権貨務奏收鹽錢一億萬及一億一千萬貫已蒙推恩令具尚書省點檢文字專呈新法人下項盧宗古秦畋任點檢會貫滿項併作一項推恩本務官吏各轉一官資三省戶房職級手分點檢諸房文字并尚書省呈新法文字人各轉一官願次賜者聽其餘經歷去處更不推恩內轉官礙止法人許回受本宗本色有官服親又檢會政和二年十月八日朝旨收到新法見錢三百八十餘萬貫

卷九千七百九十

戶房職級手分権貨務官等內點檢都事轉官回授仍賜紫章服又檢會政和六年十一月敕権貨務狀收到鹽處通及八千萬貫三省戶房奉詔依降御筆指揮轉行一官資令具專委措置呈新法文字人點檢文字吳紘尚書省都事張士元馮仲源李士規張仔董彥十月二十四日詔吳紘特轉行一官張士元馮仲源李士規並賜紫章服張仔董彥依吳紘例換右職依舊充點檢文字詔依例並賜紫章服先降轉官指揮更不施行　八月十九日詔中大夫直徽猷閣提舉権貨務魏伯芻直龍圖閣以鹽課增羨也　二十四日中書省言勘會左右司點檢権貨務收趁新法鹽分拘管雇錢文曆應

副客人等入納見錢筭請鹽鈔本務自宣和元年八月
五日後來趂收鹽錢通計一億萬貫及一億一千萬貫
本司官吏未曾推恩取到左右司狀具下項守左司員
外郎李四右司員外郎周武仲司封員外郎權左司張
忞水部員外郎權右司王義叔人吏賈定等詔郎官各
轉一官願換章服者聽人吏賜絹十疋　九月十一日
中書省言檢會崇寧元年十月四日敕東南末鹽畫一
内一項見任及停閑命官有蔭子弟得解舉人與本州
縣公人之家並不得作鋪戶與客人用鈔請鹽違者徒
二年官司知情與同罪許人告賞錢一百貫勘會前項
逐色人若自用鈔請鹽販賣或接買停塌鹽鈔轉賣尤

卷九千七百九十

當禁止然元降指揮雖係東南鹽法其東北鹽事法一
同合申明一體約束從之十六日中書省言勘會河北
京東路自稅鹽改作鈔鹽後來入納筭請浩瀚商旅通
快遂路提舉官奉行有方詔提舉官端梁李謨康允之
各轉一官屬官減二等三年磨勘職級支賜絹十疋手
分七疋　十一月十五日提舉荆湖南北路鹽香茶礬
事司奏檢承尚書省劄子客販辰沅靖州武岡軍鹽已
至本州軍如轉賣與溪洞人每斤依舊算價就本州軍
貼納見錢四分算續承都省批指揮客人販鹽入外縣
寨鋪零細賣與出入猺人如係五斤以上自合貼納四
分錢本司照對邵州廬陽縣管盧溪寨等即與武岡軍

等處事體一同竊慮客人販鹽已到逐處如轉賣與溪
洞人亦合依前項節次指揮貼納四分見錢批鑿元引
方前去榷貨務勘當欲依本司所申外本務勘會先承
宣和二年十月九日御筆節文東南六路封樁舊鹽散
在州軍縣鎮十有餘年並無支用日近淮浙運河淺澁
商旅難以般販所有闕鹽食用合得舊鹽措置取客人
情願與淮浙鹽倉鹽鈔對數筭請許客人從便貨賣自
降上件指揮後來客人筭請浩瀚緣當時淮南見支博
易場舊鹽並免貼納四分見錢其今來對筭到江南東
西荆湖南北舊鹽指往博易場興販比之淮南般運近
便本務遂權且申明內江東西令量貼納一分見錢湖

九千七百九十

南北量貼納二分見錢方得前去今來諸路舊鹽未筭
數目不多兼淮南運河通快將來支絕舊鹽客販鹽貨
皆係鹽倉所支鹽若般入溪洞轉賣與蠻人自合依此
和二年五月五日元降指揮貼納施行詔依榷貨務所
申　四年三月六日應奉司奏勘會諸路新鹽法合納
頭子等錢已撥充應奉司御前支用今契勘諸路賣鹽
布袋價錢除一半還客人外一半剩錢即未有許拘撥
指揮欲除合留本處支使外餘數依已降指揮並撥充
應奉司御前支用從之　二十二日提舉兩浙路鹽香
茶礬事李與權奏勘會捉獲私鹽如事狀明白依條當
日先以官錢代支充賞却於犯人及透漏地分等人名

下催納還官令相度除已有立定透漏地分與犯人均
備等指揮外所有承勘官吏用情計會給賞致追理不
足并官吏不切盡行根括物產及不依公估賣情弊乞
嚴立法禁應獲私鹽承勘官吏同情計會給賞致追理
不足或官吏不切根括物產若不依公估賣罪輕者各
徒一年從之　二十九日提舉京東鹽香茶礬事司奏
勘會盜官倉鹽貨責已有朝旨並依亭户私賣法外其
知情收買并偷盜非販之人即未有該載斷罪明文詔
依有私鹽之法　五月十四日兩浙鹽香司奏承敕諸
路客販茶鹽各有措置就緒課額增羨提舉官各與轉
一官仍令逐路茶鹽司具合轉官人職位姓名申尚書
卷九千七百九十
省本司契勘提舉官奉議郎李與權又河東鹽香司狀
本司提舉官係朝奉大夫郭忠孝詔郭忠孝可朝散大
夫李與權可承議郎　六月二十三日權貨務奏伏見
南北二鹽私煎盜販侵害課額難以禁止蓋緣內外米
斛價例比舊增添數倍其亭户所輸鹽貨價例抵小累
贍不足是以抵冒重法將鹽私賣滋長盜販古有斗米
斤鹽之說熙豐以前每碩米價不過六七百是時鹽價
每斤六七十今來價每碩二貫五至三貫而鹽價依舊
六十實所未諭況崇寧年曾定鹽價買鈔折算每斤酌
中者四十足今每斤二十七文足所虧官鈔稍多欲將
見今鹽價每袋作一十貫文入納却將亭户所輸官鹽

課一作貨

並行增價庶幾養贍得足私鹽盜販自然畏法客販通
行無所防阻并據提舉淮南等路鹽事朱百藥等狀管
下買納鹽場見買亭户鹽價比年以來紫米價貴亭户
所得本錢委是累費不著即令客旅般請浩瀚廣要鹽
貨打袋應副支遣若不量添價錢買納慮恐虧失課額
奉御筆權貨務及諸路鹽事司奏諸州鹽場價小亭户
不易乞增買鹽價錢却於算請價上量行增添接濟亭
户以廣客販杜絕私賣可依所乞　同日詔東南東北
鹽每袋三百斤納錢一十三貫算請所有客人鋪户見
有舊鹽係用舊價算請仰自今降指揮到日並行住賣
特免抄劄限十日經所在具數日陳州縣置簿記錄數
卷九千七百九十
目並依新價每袋令隨處州縣貼納錢三貫仍用新鈔
鹽每袋帶賣一袋收到錢隨處封樁不得支用每季令
提舉鹽事司類聚申尚書省仍報權貨務　八月七日
中書省尚書省言勘會東南東北鹽貨買納支發全藉
倉場鹽官等其間有年幼庸懦癃老疾病及不可倚辦
之人詔令路提舉鹽事司考察詣實令罷任不理遺闕
別踏逐有風力能幹辦官具名申尚書省差填一次其
所差官仍令先次赴任管幹理在任月日　十月三十
日詔鹽課足國裕民之大計講求措置法令完具近者
親製綱條補其未盡以卹亭户便商賈纖悉曲當守以
大信永無更改尚慮懷姦私販不戢有害客旅令權貨

融一作用

務及諸路鹽事司檢坐條令曉諭　五年二月三日詔東南東北客鹽大法既定其餘應干條約纖悉備盡近歲入納浩瀚財計所仰秋毫亦永無改易訪聞日近姦人撰造或妄稱朝廷遣官奉使陝西欲推行解鹽舊法或妄稱東南復行轉般鹽法或有更改契勘遣使陝西係會計財用及點檢見今通行解鹽地分解鹽虧價與復轉般止是措置綱運於鹽法並不相干預顯屬撰造扇惑商賈仰榷貨務檢會累降告捕扇搖鹽法罪賞出牓告諭尚書省劄下諸路鹽事司遍行曉諭並令安心入納興販如能告捕撰造扇搖等人依累降處分斷罪推賞外白身人特與補保義郎有官資人特與更轉兩

卷九千七百九十

官資以示大信令條覩筆處分如奉行滅裂不虔並以違御筆論　四月八日詔去歲措置新價錢文鈔務濟亭戶以便商賈條畫約束悉已備盡自冬及春榷貨務東南鹽錢入納未廣躰訪詢究有隨事合行補葺事件理當措置以廣客販可依下項疾速施行　一自今降指揮到日客人入納算請東南鹽鈔可將榷貨務合納頭子市例赡官工墨雇人錢并鹽倉別給吏祿等錢袋息油蠟封頭錢並特與減免仰榷貨務於鈔上分明用印號聲說所有合收赡官工墨雇人錢令本務却於正鹽錢內據合收錢數撥還其鹽倉合支使錢令鹽事司應管本司錢通融應副庶省客人盤費一鹽倉用新鈔對帶

鈔一作私

舊鹽舊鈔兩浙已降指揮令揭往溫台州請鹽淮南許揭往京東密州支請又各有增饒鹽數事屬優潤訪聞遂州自承上件指揮全不勸誘前去致使順便鹽倉積壓擁併支發不起有妨全用新鈔客人請鹽可自今降指揮到日已未投下未支新鈔已帶賣舊鹽并對帶舊鈔之人內淮南者並令揭往京東路密州或本路海州支請兩浙令揭往溫台州請鹽仍每州除全用新鈔外日支所帶新舊大鈔共不得過一千五百貫更不加饒庶新鈔各無妨闕餘依見行條法　五月十五日詔客販鈔鹽累降處分責以遵奉成憲禁戢私販矯虔之吏懷姦害政視為空文致商賈沮抑中都入納不廣及住

卷九千七百九十

賣州縣緣比較法廢慢吏玩習苟簡招來商賈理索欠負漫不留意令諸路提舉官比較州縣住賣增虧申尚書省賞罰鹽課國計所資令來明示勸阻務在必行仰諸路提舉鹽事官嚴切遵依施行如違以大不恭論

十八日詔客販鈔鹽令諸路提舉官比較州縣住賣增虧申尚書省賞罰可依知通當職官句管令丞年終招誘住賣鹽比額十分為率增一分以上減半年磨勘三分以上減一年磨勘五分以上減二年磨勘七分以上減三年磨勘一倍以上轉一官兩倍以上取旨優與轉官陞擢虧一釐以上展二年磨勘一分以上展三年磨勘三分以上降一官五分以上差替六分以上衝

請一作取

替七分以上取旨重行停廢　十二月十三日尚書省
言營句濱州鹽事王據奏檢會宣和五年五月十八日
詔客販鈔鹽令諸路提舉官比較州縣任責增虧申尚
書省賞罰勘會逐州知通其間有轉至正官及帶職人
若止依上件條格賞罰竊慮不足懲勸詔令後比較任
責賞罰內礙止法人若合轉官於係中大夫以上者合
減年並許回授本家本色有服親合展年者並降一官
內帶職人該差替以上取旨降職　十四日中書省尚
書省言提舉推貨務魏伯芻劄子檢準朝旨見任及停
閑命官有蔭子弟得解舉人與本州縣公人之家並不
得作鋪戶與客人用鈔請鹽及自用鈔請鹽販賣或將
卷九千七百九十
停場鹽鈔轉買違者徒二年賞錢一百貫等今來命官
與得解舉人之家并取蔭子弟各係久　曾興販鈔鹽
願依舊興販及開鋪賣鹽欲聽從便於鹽法有犯即依
進納人例不用蔭贖所有得解舉人若使令家人或幹
當人以用錢本一面興販亦乞聽許其舉人本身即依
元降指揮不得干預又契勘曾充本州縣公人之家於
不曾充役處別州縣開鋪等請興販之類已奉朝旨聽
許其本州縣應罷役公人之家如充役之人身死十五
年之上自後更不曾有人充本州縣公人合依舊開鋪
戶販鹽今欲曾充本州縣典書副典書之類應曾管行
遣文案簿書之家依准前項指揮所是曾充手力弓手

徵一作證

斗子保正長之類如罷役已及十年後來本家別無充
役之人亦乞許於本州縣開鋪等請興販從之　六年
正月二十八日提舉推貨務魏伯芻奏今後應弓兵等
解到私鹽如合赴鹽場送納即對記本州差人押赴送
場不得令元解人送納仍分明出榜曉示巡捕弓兵知
委推貨務供到宣和五年三月提舉兩浙鹽香茶礬事
李與權劄子今體訪得巡捕弓兵保正長等凡有告捕
獲私鹽依法解赴本州推治其承勘官司多是沮抑告
捕之人或與犯人一例收禁等令相度今後巡捕弓兵
保正長等告捕獲私鹽並令所轄官畫時將鹽對告捕
人及犯人依公秤見實數別行差人解押赴州推治若
卷九千七百九十
承勘官司有合追徵事節即行下所轄官勒令供狀回
報如輒敢勾追拘留告捕人並乞嚴立斷罪刑名詔依
如輒敢勾追拘留告捕人者杖一百尚書省勘會弓手
兵級捉到私鹽自僱腳乘般解赴本州又令般赴鹽場
送納并李與權起請指揮未有諸路依此明文緣皆係
拘繫捕人理宜一體詔依已降指揮施行諸路準此
三月一日中書省尚書省言勘會客販鈔鹽昨降詔處
分河北京東奉行有方及自去年冬至今客人入納東
北鹽錢數增羨蓋是逐路提舉提刑官屏禁私煎盜販
嚴察致客販入納多數詔京東東西河北東西路提舉
鹽事官各轉一官京東東西河北東西路提刑官各減

食貨二五之二三

三年磨勘仍令逐司開具合推賞人職位姓名申尚書
省令後提舉鹽事官招誘客販通快提刑司禁戢私鹽
靜盡並依推恩仍行下諸路（務）鹽香提刑司照會以示激
勸　二日尚書省言榷貨物狀提舉兩浙路鹽香茶礬
事李弼孺劄子契勘諸州縣招誘客人般販住賣鹽課
自來多是歲初漫不留意直至歲暮方始旋行招誘致
鹽貨壅塞出賣不行令相度州縣當職官如遇歲月內
替罷若零日合管認住賣課未足除新官一面赴上外
其舊官令本州拘留補趂所虧額仍令後當職官替移
令本州取索印紙批上任內鹽課委無虧欠方行離任
權攝去處亦乞依此施行本務撿准提舉河東路鹽事

卷九千七百九十

司申乞將一季賣鹽額數均攤在三個月比較如得允
當將諸州軍似此去處依此施行詔諸路依此勘會州
縣當職官時暫差權雖管句一季以下更不比較賞罰
緣有上件逐月攤定課額指揮若有似此弛慢不職之
人月終比較大段虧欠欲令具事因申取朝廷指揮詔
依榷貨務勘當到事理施行　十日榷貨務奏提舉兩
浙路鹽香茶礬事李弼孺奏今後稅務官透漏魚鹽之
類影帶私鹽並依巡捕官罪（罰）格科罪若不經過稅務自
合巡尉覺察從之　四月五日詔提舉鹽香官京東路
馮晉京畿京西路程昌弼特除直秘閣河北西路裴億
河東路呂伸各轉一官以課息增羨也　十一月二十

趂一作趍

食貨二五之二四

七日尚書省言提舉榷貨務魏伯芻奏勘會兩浙鹽事
舊係作一路差官提舉緣州軍數多地里闊遠蒙朝廷
分東西兩路各行置司差官管句逐路並是產鹽地分
未分路以前客人投下鹽鈔兩路并許互相畫改請鹽
以便臨時興販自分路後來逐路並不令客人改畫文
鈔雖承朝旨行下自合聽從客便竊恐兩路各爭課額
終是阻節客鈔今相度欲自宣和七年為始兩浙東西
路每歲支撥住賣比較課額兩路提舉官並通融管句
比較其餘巡歷按察等事自依分定州軍管句庶使鹽
法兩路協同課額增羨從之　七年二月六日詔曰崇
寧初罷官賣鹽以利天下立法修令走商賈於道路惠

卷九千七百九十

及百姓行之二十餘年客人有倍稱之息小民無抑配
之害至於億萬之利比歲姦計之吏趂目前之小効失
朝廷之大信變法易度立多寡之額逼脅州縣分配民
戶嚴比較之利厚賞重罰催科督責急於星火山州僻
縣鹽袋積壓動以千計百姓以安平無事之時有愁嘆
抑配之苦至棄產流徙遂轉而為盜莫之能禁甚可憫
也立法不良以至於此比詔有司檢循舊制罷額數絕
比較寬其禁令弛其罪賞以便商人使趍利樂輸比屋
無朝夕魁剝之患州縣無避罪幸賞之心德意仁澤庶
乎廣矣可見令官吏並罷盡禁舊鹽改復新鈔務要寬
恤商賈慰安小民阜通財貨即非改法補完舊制而已

可依條具疾速施行　七日尚書省言提舉榷貨務央
紘等奏勘會見遵奉御筆每新鈔一十袋許帶舊鹽一
袋更不抄劄使客人自為封號免致煩擾德澤寬厚尚
慮不畏公法之人不候請算新鈔便行出賣舊鹽有害
良法應不用新鈔輒賣舊鹽並許諸色人告依私鹽法
斷罪給賞施行從之　十日詔應客人般載見錢赴榷
貨務算請鹽貨并般販鹽往沿流州縣貨賣與所雇客
船官司不得一例拘載　同日詔昨緣妄行改革鹽法
立賞格招其幸進故較多寡以遷秩嚴法罪其斷擯故
重抑配以迹責至計口以敷及嬰孩廣數以下逮駝畜
使良民受弊比屋愁嘆為之憫然親降詔旨悉從初令

卷九千七百九十

寬其禁弛其苛以走商人利百姓使天下無抑配之害
得安田閭尚慮有司狃習前弊其令三省申嚴近制遵
用新法悉禁舊鹽改奉新鈔毋或封記不嚴尚慮隱匿
舊貨違者並以違御筆論流之海島可應諸州管勾鹽
事官吏並罷其提舉官別選能吏施行　二十日御前
言檢會奉御筆比罷立額比較法以寬恵百姓尚慮民
戶積下舊鹽淹滯不堪今客販新貨將遍諸路新舊相
妨其舊鹽可並行毀棄不得存留銖兩守令親臨監視
毀棄訖具數聞奏勘會今降指揮止為民戶舊鹽其客
人帶賣舊鹽自合依元降御筆指揮依舊帶賣竊慮疑
惑合申明行下從之　三月十三日中書省尚書省言

提轄榷貨務李適等奏勘會東南東北舊鹽已降朝旨
許客人赴所在寄放自為封號每新鈔一十袋許帶舊
鹽一袋若不用新鈔輒賣舊鹽並許諸色人告依私鹽
法斷罪給賞竊詳元降指揮更不抄劄令客人自為封
號免致煩擾尚慮客人冒法不候請買新引輒敢出賣
除依已降朝旨許諸色人告外亦許寄放之處諸色人
陳告免罪給賞從之　同日尚書省言提轄榷貨務李
適等奏檢會宣和七年三月二日尚書省言契勘河北
路濱滄州鹽倉并鹽場見管人夫多是在倉場別作名
目役使或募會織造并工匠等人上下占破致逐處闕
人役使奉聖旨應輒他用或私役計庸以自盜論其餘

卷九千七百九十

路分鹽倉并鹽場似此去處並令遵依詔從之　同日
尚書省言契勘東南六路商賈皆欲前來興販鈔書緣
以錢物重大畏涉江淮艱於搬運若買物貨又於買賣
處動經歲月盤費浩瀚是致往商大賈未見眾多今欲
乞許諸路客人召壯保出長引從本州本縣齎帶到金
銀前來都下當官驗號及元封斤重給付客人從便貨
賣見錢入中鹽鈔仍免沿路商稅其沿路不得阻節乞
行立法詔依沿路官司輒敢阻節者徒二年　三月十
八日尚書省言宣和四年五月二十一日朝旨客算溫
州鹽每十袋增給一袋宣和四年十月二十一日朝旨
客算明州鹽每十袋增給一袋宣和六年三月十日朝

拆原作搬　新原作見

旨客筭台州塩每十袋加饒兩袋宣和六年十一月二十五日朝旨客筭越州塩每二十袋加饒一袋宣和六年十一月二十五日朝旨客筭海州塩免納一半靡費錢願二十袋加饒一袋者聽却令納靡費錢詔並合罷　二十九日尚書言勘會塩法自奉行減價新法許行帶賣後來東北塩至三月十七日計三十八日共帶賣過舊塩一萬一千九百三十三袋今新塩未到之間且只以都城裏外每月食用大約不下二百餘袋三十八日亦用七千二百餘袋況畿內一十七縣并諸鎮邑兼東北塩合行州軍皆在其內若以此比度即大段虧少顯見奉行官司滅裂容縱私拆塩盜賣燕東南六路又更遞遠必見奉行不嚴及官司公吏因緣乞取亦無禁約檢會宣和七年二月十日御筆遵用新書悉禁舊塩改奉新鈔毋或封記不嚴尚容私匿舊貨違者並以違御筆論流之海島今來諸路州軍縣鎮等處若有奉行滅裂及公吏受乞客人錢物致客人不用新鈔盜賣舊塩並合依上件已降御筆科罪詔申明行下　四月三日尚書省言榷貨務奏今來客人所賫筭買塩鈔金銀除合遵依今降指揮外所有合行約束事件欲乞並依般載見錢法施行從之　五月八日詔東南東北塩法見令客人鋪戶每買新鈔一本一十袋許帶賣舊塩一袋訪聞中下商旅錢本不多以此占壓端居束手不能

（卷九千七百九十）

客原作多

回運徒有靡費法本以通商賈資國計今若物貨滯留賣販折閱良有未便可自今客人鋪戶每買新鈔所帶舊塩與增作三袋以示寬恤商賈之意　二十三日中書省尚書省言榷貨務劄子契勘客人般載見錢金銀赴務筭請塩鈔依法經所屬給據免沿路力勝稅錢除程外各有立定行使日限其客人若阻風雨緣故之類即未有許除豁日月明文今相度欲乞如有似此緣故即具事因經所屬陳狀限一日於所給公據上批鑿日數赴務照會如違限乞朝廷立法詔依批鑿違限杖一百　二十七日詔客人鋪戶用船請販塩貨及運載買鈔錢物上京筭請自來已有立定許不依次序攙先行運及令先次放行入門指揮並管綱官員座船等非理邀攔阻節亦有斷罪條約訪聞日近客人運載買鈔錢物所在各以綱運占壓邀阻取覓竊慮官司失於檢察致妨客人入納仰撿坐逐件已降指揮申明施行如有違犯並許客人等越訴仍令提舉茶塩公事官常切往來覺察催促無致沮害客人等請如違以大不恭論　六月二十四日尚書省言勘會諸路令帶賣舊塩雖有指揮官為收掌不得私賣訪聞所在官司往往廢職並不檢察止令一面帶賣不無過數致妨客販新塩欲令諸路提舉茶塩公事司限指揮到日即時遍下州縣將見令未曾買新鈔帶賣舊塩盡行拘劄見數官為封印

（卷九千七百九十）

體一作等
書一作盡
各一作合

籍記責令見埰鹽店戶等專切看管遇有合帶鹽數即
照驗文引令依數帶賣如敢容縱私賣及帶賣數即與
犯人一體科罪其當職官失行檢察亦當重行黜責從
之　七月一日都省言榷貨務狀勘會客人埰放舊鹽
已降指揮將見令未書買新鈔帶賣舊鹽盡行抄劄見
數官為封印籍記若不專一委官竊慮奉行滅裂欲乞
朝廷特賜指揮在京令開封府專委曹官在外州委通
判縣委令佐管句如抄劄不盡不實亦乞朝廷重立約
束施行其抄劄舊鹽仍令所委官具數徑報本務照會
詔依指劄不實不盡一袋杖一百每袋加一等罪止徒
三年　四日尚書省言榷貨務言勘會近降御筆指揮

卷九千七百九十

東北鹽鈔舊價兩貫筭請應以新鈔請鹽更不立資次
止以鈔先到者先支自行新價文鈔後東客人擁併筭
請前去全籍所屬州軍支發別無阻滯方得客販通流
令欲乞令諸路提舉茶鹽公事候至今歲終取索管下
所屬州軍自行新價文鈔後來各支發過鹽若干比去
年一般月日各增虧若干分數逐一開具保明報務候
到從本務將增虧甚者三兩處并提舉官申乞朝廷特
賜賞罰施行從之　八月二十五日講議司奏東南私
鹽盛行妨阻客販令欲令諸路提舉鹽事并提刑司因
出巡所至取索州縣行遣私鹽公事簿書公案檢察斷
理賞罰有無不當如有滅裂逐一按治并捕盜官捉獲

及透漏合該賞罰疾速依格按劾保明從之　欽宗靖
康元年正月一日詔國家承平日久二稅之外一無所
橫斂惟是鹽法昔為豪猾專利故講求定國裕民之政
修立鈔法行之已久比年以來其弊益著適者數下詔
令盡蠲害民之事竊慮姦人乘勢邀利輒敢扇搖言有
改革致商賈疑惑仰榷貨務遵守成法斷無更易仍令
檢坐扇搖罪賞曉諭及遍行下諸路茶鹽司　三月二
十八日詔客人願赴榷貨務入中米斛折筭鹽鈔者聽
仍以榷貨務日收鹽鈔十分中折筭不得過三分　四
月二十八日詔東南鹽貨與東北鹽所行路分素不相
干合依見行法外今來止是分定東北與解鹽地分並

卷九千七百九十

為定法尚慮商販疑惑令尚書省揭牓曉諭　五月十
八日尚書省言朝廷興復陝西解鹽鈔已令榷貨務過
數務給鈔本遇客人投錢畫時支給所有未降新鈔以
前逐路給降過見錢公據文鈔亦乞措置支還商賈以
示大信詔未支見錢公據文鈔令榷貨務支還　九月
二十三日尚書戶部侍郎兼提舉榷貨務并措置鈔法
陳知質言朝廷近已給降新法解鹽文鈔四百萬貫付
陝西路糴買糧草其鈔依銅錢行使即與以前積年舊
鈔輕重不同兼宣和七年正月已前諸色舊鈔價例至
賤官中不勘行使除已支在民間者依已降指揮支還
外有在官未支用者欲並令毀抹其七年後來給降香

鈔并見錢鈔除已支在民間者亦依已降指揮支還外有在官未支用者欲乞令陝西都轉運司行下所屬截日更不得行使據見在鈔盡數繳申尚書省從之　以上續國朝會要高宗建炎元年十一月二十一日戶部尚書黃潛厚言東京係東北鹽地分適來客販稀少使民闕食契勘淮鹽地分最近道路通快雖兩界鹽不許相侵若客人願販淮鹽入東北鹽地分相兼貨賣者聽每袋加納借路錢詔令每袋借路錢二貫候客販末鹽稍通日依舊　建炎元年六月十六日敕令淮浙鹽倉將見在日後納下鹽貨並以十分為率內撥五分支真州鈔五分支在京鈔其每日所支鹽在京鈔雖多不得

卷九千七百九十

過日下合支真州之數七月六日敕若鹽倉有客人同日算請真州并在京鈔即合遵依各支五分指揮如或其日無真州鈔只有在京鈔算請之客自合不限分數算請京鈔　二年五月十一日曲赦勘會陝西路既遭兵火方闕鹽貨近許煎煉䶨地若官司榷賣深慮竈戶得息微薄而軍民皆食貴鹽可令通商官司止收稅錢給帖付客旅就竈戶買鹽官司檢察鹽袋斤重出給文引合行事件仰漕司體祖宗以來條例施行條具以聞　先是熙秦岷鞏階蘭會州雖各產鹽不許販出本州縣界同華耀州京兆府綏德軍亦有䶨地一切禁止其後解鹽不通本路漕臣乞權募人以䶨地煎煉中賣入

官搭息許人於永興軍入納算請詔令優給竈戶之直而官賣收息不得過三分猶慮有司未能如法故曲赦及之　九月七日詔東南鹽倉未支鹽鈔數多留滯客人權許就鹽場依自來資次支請仍限半年依舊令逐州鹽倉官前去就場支發其鹽場多處如州倉官不足令本州選官貼差　兵部尚書盧益奏諸州鹽倉官吏役夫無慮百餘人廩給之費不知其幾何也出納之際上下邀阻待賄而行每一倉歲綱一綱官吏與夫兵稍之費又不知其幾何也沿路偷盜罪賞至嚴猶不能禁蓋利之所在冒法貪得雖死而不顧亦小人之常情也至於般發稽留支請不繼客人積壓資次動至數月職

卷九千七百九十

此之由前日建議者謂就場支鹽多有搭帶故逐州置倉以防私子之弊竊恐其弊今在諸場而又在諸倉也今欲盡罷諸倉依舊就場支給更添支鹽官一員選士人以充使陽手支散又戶部尚書呂頤浩奏諸路產鹽場自來買納支發並為一處昨於政和年間因人建議關防搭帶欺弊將買納支發分而為二遂創置州倉及添差監官并押袋官仍打造舟船招置兵稍費用不貲自買納般運入州倉然後支與客人所有般運一事最為勞擾仍更透漏官船不足又須和雇拘占民船擾擾不一兼兵稍沿路侵盜攙雜以偽濫之物拌和送納無由檢察為害不細其東北鹽已准朝旨並就鹽場買納

支發淮浙鹽倉欲乞依東北鹽已得指揮並就鹽場買
納支發依舊分為兩處於押鹽袋官內每處各差一員
就場隔手支發故有是命　十月十八日同提舉措置
行在茶鹽徐公裕言伏見諸路茶鹽司累奉聖旨鹽本
錢除朝廷臨時指定許支外並不得興諸色封樁錢一
例支使雖奉特旨亦許執奏不行竊聞朝廷近緣淮浙
江南起發軍民弓兵有合支錢糧遂降指揮許於諸司
錢物內不以有無拘礙與免執奏畫時支給諸路漕運
司於是遂將鹽本錢先次樁管支撥幾盡何緣更有鹽
貨應副客旅筭請其於鈔法所害大矣欲望今後鹽本
錢雖有特旨取撥與免執奏指揮並許茶鹽司執奏不

卷九千七百九十

行如敢故違其取與官司乞並賜重行黜責戶部檢會
政和三年宣和二年累有指揮茶鹽錢不許支撥雖奉
特旨許執奏不行詔檢坐逐次指揮申嚴行下其取與
官司令提舉茶鹽司奏劾　十二月二十四日提舉淮
南東路茶鹽司言就場支撥客鈔鹽係依舊用袋給受
其袋法前後所降朝旨與未置州倉已前降法多有不
同除已遵依今降指揮參照如興袋法所降指揮不相
妨者遵奉施行外若有相妨即依袋法已降指揮從之
　三年三月四日行在榷貨務言商賈鈔鹽所止州縣
所產處更不批鑿長引賣絕亦不依限繳納轉用往復
興販私鹽乞將隨鹽長引依茶引法逐州縣檢察繳行

若示仍

從之　十三日客販東南鹽不於經過州軍縣鎮批引
者杖一百許人告每袋賞錢二貫至一百貫止官司批
鑿無故留滯經日者杖一百一日加一等罪止徒二年
　閏八月九日詔鹽場地分巡檢下土軍諸處不得抽
差如違及巡捕官擅行發遣並徒二年　十一月三日
德音訪聞川路鹽井有歲久井水耗淡煎鹽不成去處
人戶乞封閉井口緣州縣慮減損課額例不肯相驗封
閉人戶至有破產以此民間不敢告發新井若州縣不
憚相驗封閉即人戶告發必多公私兩便令逐路漕臣
躬親按視詳加體究如有抑勒人戶不肯封閉官吏奏
劾取旨施行　四年正月八日三省樞密院奏榷戶部
侍郎提舉榷貨務都茶場高衛狀契勘從衛隆祐皇太
后六宮已到虔州財用闕乏逐急權宜措置欲令榷貨
務檢照近降筭請廣鹽指揮依倣見鈔法權行印給廣
南鹽鈔二十萬貫就本務召人入納筭請前去本路支
鹽從之　二十九日戶部侍郎葉份言淮鹽道路未通
妨阻客販兩浙鹽貨數少積壓客鈔其福建鹽可以相
兼補助浙鹽欲許客人於行在榷貨務買鈔請鹽許通
入浙江荊湖路興販仍與認還買鹽本錢於鈔內措留
前去即於福建路官般官賣各不相妨從之　二月四
日戶部侍郎葉份言准朝旨福建路罷官般官賣鹽許
客人任便興販所有自來賣鹽息錢係轉運司經費令

一作二

及一作又

本路轉運司提舉茶鹽司同共取索前五年所收的確數目申取酌中一年數目卻於鹽場所請鈔上指鹽留息錢内撥還令乞建汀南劍州邵武軍上四州軍並依上項指揮外福泉漳州興化軍下四州軍自來諸色人於本處請買淹造食用等鹽及隨產鹽錢多少數買食鹽欲且令依舊候客販通行申取朝廷指揮從之　同日葉份又言契勘淮浙產鹽州軍見行給賣六十斤小鈔引所請鹽不販出本州界今乞依此將客人筭請福建小鈔鹽量與加饒添作八十斤計納錢二貫六百文筭請仍令通本路州縣任便貨賣即不得出本路界所貴公私兩便從之又有朝旨小袋通行本路大袋許販

卷九千七百九十

入江浙荊湖路任便興販　五日詔福建路提舉茶鹽司幹辦公事陳麟令於漳州直司依所乞改鑄新印及量添吏額二人　舊鹽亭戶納鹽每斤支四文五分於舊價上增二文五分通計七文應受納鹽貨亭戶合支鹽本並限當日支還　十九日尚書省言近緣淮鹽道路不通諸色人自京師帶到鈔引前來兩浙請鹽致應副不起内溫台州積壓鈔引數多有至三二年以後方當支請鹽貨契勘廣南福建兩路鹽貨歲出浩瀚已許通商訪聞客人皆願筭請令相度應溫台州鹽倉不曾支鹽令出給公據揭取鈔引連粘付客人前來行在榷貨務換給廣南福建路鈔引每一百貫與支換廣南鹽鈔

六十貫福建鹽鈔四十貫内換福建鹽者令依見今則例每袋貼納通貨錢三貫文願全換一路者聽從客便從之　二十七日葉份言勘會淮浙產鹽縣分從來朝廷差知縣兼監令來福州長樂縣嶺口倉福清縣海口倉興化軍莆田縣涵頭倉並係產鹽縣分其逐縣知縣亦合從朝廷選差兼監從之　四月十四日葉份言客人投下鈔引許存留鹽鈔在鹽倉場理定資次給引付客照會請鹽庶幾奉行一體可以革絕姦弊從之　二十一日詔昨駐蹕溫州以金人犯淮浙慮恐鹽場廢壞遂行福建路鈔鹽法令來到越州淮浙鹽場並已興復客人入納漸廣可以補助經費其福建路鈔鹽法更不

卷九千七百九十

施行所有客人已筭請鈔引聽支發盡絕　其後紹興八年十一月十日都省批下福建路提刑司提舉茶鹽事司申右朝散郎新權知筠州葉擬陳請福建鹽除見行官般官賣外兼行小鈔出賣畫一送戶部看詳本部契勘福建路每歲產鹽一千一百萬斤自祖宗以來並係本路官般官賣充本路歲計支用昨緣賊馬占據淮南淮鹽未通客販兩浙鹽數少荊湖民間闕鹽食用申降到建炎四年正月二十九日朝旨權許客人於行在推貨務筭請六十斤小鈔往漳泉福州興化軍鹽場請鹽通入江浙荊湖路興販後來淮浙鹽場並已興復客人入納漸廣承指揮福建路鈔鹽法並罷卻依舊法官般

官賣見今歲認鈔鹽錢二十萬貫赴行在榷貨務送納令來葉擬劄子所陳事理欲專委本路提刑提舉茶事司看詳從長相度若小鈔與官賣兼行於見認鈔錢二十萬貫外可以增收錢若干逐司曾委福州通判石朝散郎趙壽及福清縣監海口鹽倉左文林郎方墠相度施行今據逐官申到下項照對本路歲額產鹽一千一百萬斤舊條官般官賣每年收鹽課錢四十餘萬貫轉運司歲計支給官兵及上供起發昨自建炎四年承准朝旨推行鈔法彼時官支本錢每斤六文小鈔每斤客人納錢三十二文五分續以薪米價貴鹽本每斤增至一十七文比建炎四年增價三倍後來罷行小鈔轉運

卷九千七百九十

司歲認鈔錢二十萬貫餘留充鹽本及歲計支用今若從葉擬申請兼行小鈔合於歲額鹽內各取其半謂如一半之數計五百五十萬斤從官出賣係建汀南劍州邵武軍差到衙前般運付逐州貨賣每斤及百文內除鹽本及船腳縻費之類及紐納合認轉運司鈔錢一十萬貫起發上件并逐州歲計之費外一半五百五十萬斤充小鈔鹽若依建炎四年每斤令客人納錢三十二文五分紐除鹽本並認納運司歲額外於官司所得全然不多若依申請於見認納錢外於官司更要增數須議添納鈔錢既官司推行鈔法須優加招誘任其增立高價則是利歸商旅官運自此出賣不行暗失歲計上

州一作川

供補助官兵支費不給民間愈食貴鹽今來兩司將所委官申到事理再行看詳若官般官賣更兼行小鈔實於漕司歲計及上供等妨礙委非經久利便後批十一月十日送戶部依所申詳定施行　同日臣僚言乞罷四州擢鹽推估以安遠民詔劉與張浚施行　六月三十日詔輒將客人遺棄下歟引詐妄官司支鹽雖未得徒二年鹽倉公吏知情批鑿係明者與同罪賞錢一百貫許人告捉本法重者自從重鹽倉失覺察杖八十仍先次施行　七月十五日詔淮浙鹽場買納亭戶監官公吏大秤斤重罪輕者並徒一年許亭戶越訴即將大秤到鹽妄作亭戶支請官鹽錢入已計贓以自盜論並

卷九千七百九十

許人告捕賞錢二百貫支提舉官常切檢察知而不舉並監官知情與同罪不覺察者各杖一百

宋會要　鹽法九

紹興元年三月十五日尚書工部言提舉廣南路茶鹽
公事司申撿踏委官相視到南恩州陽江縣管下海陵
朝林鄉地名神前等處各有鹽田鹹潮滲浸堪以置場
勸誘到民戶開墾鹽田計一頃二十四畝置竈六十七
眼一年收鹽紐計七十萬八千四百斤盖造到監官廨
宇專司司房鹽敖錢庫各得圓備戶部計一年收淨利
錢一萬九千二百五十貫七百七十文足本部令勘當
欲依本司已行事理施行從之　二十日戶部侍郎孟
庾劄子令相度欲乞今後應捉獲私鹽及拘收到沒官
舊鹽等並撥充支發封樁鹽錢餘並依見行條法從之

卷九千七百九十一　一

二十九日尚書省奏淮南東路係產鹽最盛去處賊
馬今已寧息理宜差官措置詔郭揖差提舉淮南東路
茶鹽公事塡見闕專一措置興復鹽事其招集亭戶置
辦盤竈可以一面施行事仰先次施行仍疾速條畫申
尚書省　四月二十一日詔仰榷貨務遵守茶鹽見行
成法更不得毫髮改更務要上下孚信入納增廣　二
十九日提舉兩浙路茶鹽公事梁汝嘉言近點檢臨安
府鹽官縣等處承本路轉運司牒亭戶二稅依條以鹽
折納蓋因當司奉行支俵人戶丁鹽每歲有取過鹽
貨給散人戶所有將稅折鹽令來罷支丁鹽更無取
撥鹽數其二稅自合依舊本色本司竊詳亭戶僻在海

船大典作舶
泉一作果

隅止以煎鹽為業不曾耕種田畝故二稅令折納鹽貨
昨自罷支丁鹽已涉年深遞年所納二稅並是依皇祐
專法以鹽折納入官候歲終紐計價錢撥還乞申嚴行
下詔遵依皇祐專法施行　七月二十六日戶部侍郎
孟庾言據提舉廣南茶鹽李承邁劄子申請命官監廣
南鹽場年終比較增及分數賞格已申乞比附兩浙推
賞外所有滿全年自限宣和元年四月二十三日指揮
驗以主管月日對比減半推賞其不滿半年者亦乞依
政和七年五月二十日淮南所得指揮更不比較從之
八月二十五日提舉兩浙西路茶鹽公事梁汝嘉言
契勘本路產鹽二州未經賊年分曾趁及一百四十萬

卷九千七百九十一　二

貫自去年賊馬殘破措置招集官吏亭戶歸業量度借
貸存恤修治倉廒舍屋盤竈拘轄起火煎煉鹽貨中賣
入官及嚴立課利催督應副支抹客鈔通計一全年共
增鈔錢一百一十九萬五千五百一貫文所有本司官
吏委見宣力欲望除汝嘉乞不推賞外其屬官從事郎
充本司幹辦公事黃詔迪功郎充本司幹辦公事方滋
修職郎秀州華亭縣市船務兼本司主管文字蘇師德
都吏石景修胡修萬陟書吏陳嶧石景哲奚泉並乞優
與推賞詔梁汝嘉黃詔方滋各與轉一官蘇師德與減
三年磨勘內選人比類施行石景修與補守闕進義副
尉仍依葉敦詩例施行胡修萬陟各支賜絹十疋陳嶧

泉一作果

石景哲奚泉各賜絹五疋　十月十九日戶部尚書孟庾言乞令後兩浙路令鹽場將支抹訖鹽鈔限當日繳申主管司本司類聚候押號簿官到彼即時交付押回詔主管司不預行類聚交付及號簿官不盡數附押者各杖一百　二十六日有旨朝廷大費全藉茶鹽之利務要客旅興販通快其宣州知州輙敢將妄亂告首客鹽更不勘會詣實拘收入官擅置回易務賤價收買李彥卿可先次降一官令葉夢得體究詣實聞奏　十二月十七日提舉兩浙東路茶鹽公事蔡向言乞修立置鹽場監專催煎官不覺察亭戶私煎盜賣斷罪刑名詔鹽地分巡檢不覺察亭戶隱縮私煎盜賣鹽者杖一百監

卷九千七百九十一　三

官催煎官減二等內巡檢仍依法計數衝替餘路依此

　二年正月二十一日提舉兩浙西路茶鹽梁汝嘉言契勘私販之人若不因牙人招誘指引出賣即無緣破貨緣牙人依法止坐二分得一分之罪遂致無所畏戢欲望朝廷詳酌將牙人停藏接引私鹽與犯人一等科罪從之　二月五日戶部侍郎兼提領榷貨務都茶場柳約言大江久緣盜賊阻隔客販不通江南荊湖淮南京西州軍鹽價每斤有賣及兩貫已上去處今來江道已通正是客人爭先往來趨厚利之時訪聞沿江州軍縣鎮稅務往往不遵法令將客人鹽船及齎執公據裝載赴榷貨務算請錢物彊行邀阻抑令認納稅錢勘會

客販茶鹽舟船州縣等處及把隘官兵非理阻節及亂行拘截等已降指揮並徒三年科罪詔令逐路提舉茶塩轉運提刑司常切嚴行約束如違並依建炎四年十月二十四日已降指揮斷罪　同日柳約又言兼巡捕官透漏私塩欲依嘉祐法正巡捕官斷罪如任滿別無透漏亦乞依元豐塩賞格推賞從之時兩浙西路提舉茶塩公事司申准尚書省劄子勘會錢塘江東接大海西徹婺衢等州近訪聞海船般販私塩直入錢塘江徑取婺衢州貨賣其臨安府岸專設海內巡檢一員責在專一巡捕一向坐視並不捕捉有妨浙東州縣住賣塩課劄付本司同臨安府限三日公共相度申尚書省令

卷九千七百九十一　四

與臨安府相度得錢塘江兩岸係屬浙東西各置巡檢內浙東岸係越州三江翁山西興漁浦四處巡檢浙西路係臨安府黃灣赭山茶槽海內南蕩東梓六處巡檢准政和勅諸巡捕使臣透漏私有塩一百斤罰俸一月每五十斤加一等至三月止及一千五百斤仍差替二千五百斤展磨勘二年每千斤加半年及五千斤降一官仍衝替三萬斤奏裁兩犯已上通計其兼巡捕官三斤比一斤令點對逐處巡捕官職兼巡捉私假茶塩香如有透漏私販及一萬五千斤方合降官衝替緣其官間有弛慢之人為見所立罰格太輕不務用心緝捕斷絕卻致透漏欲乞詳酌許依正巡塩使臣法斷罪如任滿

別無透漏亦乞重立賞格戶部勘當乞依上條三月二十六日尚書戶部符准都省批下提舉兩浙西路茶鹽公事梁汝嘉言相度乞將鹽亭戶除合納常賦外不得與坊郭鄉村人戶一例科數諸般色役等差使戶部送撿法案撿到除亭戶合納二稅依皇祐法折納鹽貨外即無亭戶不得與坊郭鄉村人戶一例科配諸般色役等專法今勘當欲下兩浙轉運司上等最高煎鹽亭戶每戶年終煎鹽申官及一萬碩比坊郭鄉村戶以十分為率量減三分科配色役其上等次高并中下等戶若每年比舊額數趂及一倍以上亦與量減三分科配色役如不及立定分數更不減免并下提舉茶鹽司照會

卷九千七百九十一

五

從之　四月七日尚書省言養兵全仰茶鹽課入自來彊買盜販論至於流配前後戒約非不丁寧訪聞亭戶規利尚將所煎鹽貨私與百姓及罪人等交易結衆盜販入城貨賣理當嚴行禁止詔令尚書省降黃榜付諸門曉諭專委捕盜官用心巡捉仍令逐軍統制官常切覺察及許人告捕每名支賞錢二百貫文犯人取旨常法外重行斷治統制官知情與同罪失覺察減等　二十二日戶部言欲乞止將客人請出官鹽因水火盜賊毀失隨鹽文引者依條自陳召保再行請買施行從之

閏四月三日臨安府言據錢塘縣申契勘本縣不住有管下巡尉解到軍民違犯私鹽若盜販入城合依令

降指揮施行或有違犯私鹽不曾入城若依城外捕獲即未審合與不合依準近降指揮施行勘會軍人百姓若結集徒衆恃勢買鹽公然盜販城內城外皆合嚴行禁止詔軍人百姓結集徒衆買私鹽一百斤以上入城貨賣並依已降指揮許人告捕每名支賞錢二百貫文犯人取旨法外重行處斷若於城外結集徒衆買販二百斤以上依此斷罪理賞若有透漏致他處捕獲其透漏官司取旨重行斷遣告捕不及今來立定之數並紐算支賞　二十五日都省言知明州定海縣蓋大淵申本縣係是瀕海魚鹽之地管下邱崇靈巖太邱海宴四鄉周迴各邊大海泥土極鹹不係耕種官拘留產稅

卷九千七百九十一

六

其逐處人戶不務農作久來在上占據煎鹽私自賣與客人若許令置場措置實為利便詔令本路茶鹽司躬親前去體究具的實利害申尚書省　後不行以知紹興府張守言小人不曉朝廷之意競獻新說務在苛刻恐非今日所宜也　以上中興會要　紹興二年五月一日勅節文勘會近降指揮立定今後透漏私鹽並依正官斷罪任滿無透漏依元豐鹽賞格推賞內推賞一節係為產鹽地分私販猥多去處立文竊慮官司誤會法意除兼巡捕官透漏不拘產鹽與不產鹽地分並合依正官斷罪外五月一日奉聖旨產鹽地分兼巡捕官如任滿別無透漏即依今年二月五日已降指揮推恩

多一作少

其不係產塩地分若有捕獲私塩即係〔依〕紹興法計數推
賞　十四日度支員外郎黃子游言今民間所有米斛
甚多若乞朝廷廣糴又恐樁辦錢本後時欲令請塩鈔
客人從便入納米斛比見令和糴價支筭其直許臨安
府建康府榷貨務交納入官出結公據執赴榷貨務筭
請塩鈔委是公私快便又於見行鈔法並無相妨及乞
將入納過米斛並理為本務課額伏望詳酌早賜施行
詔依建炎四年五月十四日已降指揮施行仍與免稅
更不立限其召保給據及報榷貨務都茶塩場籍記拘
收一切關防斷罪並依用金銀鈔筭請已降指揮　三
年正月十三日尚書省言朝廷養兵之費多仰塩課比

卷九千七百九十一

七

緣私販公行已降指揮令後私塩販獲三十斤以上透
漏塩地分巡尉捕盜官並衝替令佐差替知通並行降
官謂如鰲魚之類斤數不多若令一槩引用透漏指揮
竊慮未得適中理合别行措置詔令後巡捕官知通令
佐透漏持仗羣衆結黨般販私塩五百斤以上並依紹
興二年十一月十六日已降指揮施行若透漏其餘私
販之人斷罪並係依舊制如及一千斤即合狀申尚書
省酌情取旨行遣餘依已降指揮　紹興二年十一月
十六日詔私販獲三十斤以上其透漏地分巡尉捕盜
官並衝替令佐差替知通不以官序並降一官　十四
日提舉廣南東路茶塩公事管因可言本路產塩廣州

塩倉每年課利三十萬貫以上潮州十萬貫以上惠州
五萬貫以上南恩州三萬貫以上除廣州已有監官外
三州久例止是本州官兼監令來推行鈔去與以前事
體不同伏望詳酌廣州塩倉添置監門官潮惠南恩州
專差監官從之　十七日中書門下省言淮南東路建
炎已前塩息錢歲入一千五百萬貫贍養官兵比緣不
曾存恤亭戶及軍民私販致歲入大段虧少詔令湯東
野同提舉官郭揖措置　二十九日考功員外郎權監
察御史浙東福建路宣諭朱異言到明越州點檢得逐
州各有見禁徒已上私塩公事已有獲到斤重到官該
得刑名其犯人自知罪名深重依條合行勘會經由透

卷九千七百九十一

八

漏官司一處取勘多是妄通買販係遥遠州縣取會遷
延從來未有一面結絶指揮臣欲乞睿旨處分聽一面
先次結斷其透漏官司令續於案後施行庶免遠指妄
通淹延刑禁從之　同日臣寮言人戶合納蠶塩錢自祖
宗以來認納皆有定數如不願請塩即具合納塩數上
納六分價錢具存成法　政和三年敕不願請塩者即
據合散塩數只納六分價錢　昨緣推行塩鈔民間易
得塩貨專有指揮蠶塩更不支俵秪令減定分數送納
價錢以便公私令訪聞婺州蘭溪金華縣被受指揮尚
以十分催納處州縣吏有似此去處理合申嚴誡飭詔
令戶部檢坐更不支俵蠶塩秪令依分數納錢指揮遍

牒諸路州縣遵守施行，毋致違戾。三十日，淮南東路提舉茶塩司言：本路累經兵火，亭户未肯歸業，令具本路塩價及支散錢牛接濟等下項：塩每籌支錢一貫六百文足，額外每一籌一貫九百文足。歸復亭户每户上等支錢四十貫文，中等錢三十五貫，下等錢三十貫文；生添竈座每二竈支修竈錢五十貫文，先次給牛四頭；如遇陰雨或冬寒，本司支散錢米接濟。詔令逐州軍鏤板遍於縣鎮鄉村分明曉示。三月二日，提舉兩浙西路茶鹽公事夏之文言：臣自到任以來，分遣屬官遍詣産鹽場監，勸誘亭户廣行煎煉塩貨，自紹興二年一全年塩場買塩比祖額計增八百七十七萬餘斤，増起入

納鈔錢五十一萬四千三百餘貫，州縣住賣塩總一路比遞年計增五百八十一萬九千六百餘斤，計増趁入納鈔錢三十四萬九千一百餘貫。詔夏之文及屬官人吏推賞有差。七日，提領榷貨務都茶場言：浙東提舉茶塩王（申）〔然〕為親往明州象山、定海、鄞縣塩場地頭詢訪利害，措置到合行事件，看詳行遣闕續。准今年二月九日奉聖旨，内象山塩場依孫近體究到事理施行，仍仰提舉茶塩司協力奉行。其鄞縣與定海縣拘籍亭户、置場事理未得施行，所有象山縣塩場合行事件，今具下項：一、象山縣抄劄到私煎塩業人户，内有貲之自來租賃鹻地私煎之人，已牒知縣并所委官契勘減免，併

入有力之家煎納塩貨，及不得一例拘籍住近良民。一、每户預借官錢三十貫，作三次應副，作本煎塩，勘會令來本縣創置塩場，拘籍到亭户，理當優加存恤，本務欲依本司已行事理施行。一、今來興建塩場所用器具等種種創置，與已成場分事體不同，其所買塩價已相度且依本路額外塩價每斤一十七文足收買，候就緒日別行增減。契勘象山縣興建塩場，劄行招置，若只依本路正額塩每斤一十四文收買，竊慮累費不足，欲依本司已行事理施行。一、今來創建塩場，買塩本錢雖承指揮於明州塩場寛剩錢内支撥，緣塩場别無寛剩錢數，除已逐急於有管加饒塩上收到通貨錢内那撥應副

使用，勘會加饒塩上收到通貨錢，近據浙東提塩司具到截日見在錢共七萬二千餘貫，已承紹興三年正月二十七日都省批狀指揮，令本司盡數起發赴行在送納，欲令於見起七萬貫内措撥五千貫專充塩本。從之。十九日，提領榷貨務都茶場言：據荆湖廣南路宣撫使司叅謀陶愷劄子内一項，契勘茶塩利害，廣東塩産微少，又苦於私販，其弊多在塩場支給價錢不盡，及般到塩不即時交秤，以此塩户樂與私販交易，而以中賣為難。契勘塩場交秤亭户塩貨，輙敢阻節及無故留難，已有元豐塩法，又緣止係江湖淮浙路，其廣東路欲檢坐勑條申明行下遵依施行。從之。二十二日，提舉淮

南東路茶塩司言管下通泰州漣水軍諸煎塩場舊來
亭户本司不住招誘歸業其亭户昨緣累遭兵火其中
不無被虜脅從因而作過之人令來累該赦宥諸處官
司尚據陳論追究使亭户不能安居妨廢塩作或有在
江南之人緣此不能歸業欲望詳酌應已歸業亭户其
兵火以前罪犯特免追究詔淮南未歸業亭户比附紹
興二年九月四日已降赦恩限一月許令出首還業其
兵火以前罪犯除惡逆已上及劫殺謀殺故殺鬬殺兼
為親下手已殺人外餘並一切不問仍自今降指揮到
日理限其已歸業人兵火以前罪犯亦依此貸免若於
令來限外出首并歸業因被苦之家陳訴者止將殺人
首惡及同謀下手人理斷其餘並免追證仍令提塩司
多出文榜曉諭　二十三日尚書省言廣東塩官買舊
價每斤七文昨緣柴米高貴恐亭户盤費不足節次增
添見令每斤一十二文增錢幾倍而所買未廣契勘兩
浙買塩本錢見令額外每斤一十七文足正額每斤一
十四文足緣價直適中亭户煎到塩貨額中入官令廣
塩與浙塩價皆是應副客算若價直一體公私為便詔
廣南東路亭户中官塩貨正額與額外之數並依兩浙
正額塩價一十四文足收買所添錢依例官給一半客
納一半仍令椎貨務添措前去塩場送納　四月四日
宣撫處置使司言湖北京西盜賊漸衰未有客販塩貨

謀一作貸

本司恭依便宜聖訓從權措置將夔州路大寧塩許客
旅興販貨賣接濟民間食用候有淮浙塩到日住罷近
准紹興二年五月二十八日尚書省劄子約束不許大
寧塩入别路界本司已劄下荊南府歸峽州荊門軍公安
軍鎮撫使解潛契勘如有淮浙塩到供贍得足即關報
夔路依已措置住行放過大寧塩若未有客人興販淮
浙塩課亦報逐路權宜放行接濟軍民食用詔宣撫司
照會紹興二年九月十三日已降指揮施行　二年九
月十三日禁私塩指揮内一項令後州縣抵賣過塩貨
每旬具數并拘納到文引具狀申尚書省檢察　十五
日詔福建路所認鈔塩錢極為費力兼數目浩瀚權行
減免五萬貫　十六日知藤州侯彭老言本州賣塩寬
剩錢一萬貫文省買到金一百六十餘兩銀一千八百
兩投進有詔縱有寬剩自合歸之有司非守臣所當進
納或恐亂有刻剥取媚朝廷侯彭老可特降一官放罷
以懲妄作所進物退還　五月十五日荊湖南路提舉
茶塩晁謙之言乞令後鎮市及鄉村墟井州縣在城所
賣塩貨並令税務纔據客人齎到塩引乞驗封引住賣
並即時於引上用雕造大字印子稱已於某年月日驗
引驗封於某處住賣官親押字椎貨務檢准大觀二年
七月十九日指揮限當日委税務驗封驗引注籍放行
後抵鑿到日聽取便貨賣緣止係抵鑿到日顯見關防

未盡如用大字雕造印子依此書押委可關防作弊欲依本官所乞事理施行諸路亦乞依此從之　八月十日提舉兩浙西路茶塩公事張愿言契勘催煎買納塩場合用買塩本錢依自來例係作料次差人就支塩場請撥歸場附歷支使令巡歷管下塩場取索逐年收支官錢文歷照對收附塩本下落其間多是有支無收尋行根究得並依塩場庫子等人將請撥到錢在外衷私侵盗用過緣産塩知縣職係兼監塩場從来循例不曽同共檢察以致塩場公吏得以作弊令相度欲乞知縣同共點檢收支赤歷照應請撥支收錢數抵鑿書押如因本司巡歷或委官隔手覆行對歷却有失收欺弊及

卷九千七百九十一　十三

塩場每月不即齎歷赴縣點檢其兼監知縣及塩場官並乞從朝廷等第立定斷罪法禁張愿又言亭户其間有頑猾不務工業之人常是拖欠塩額及有借過官錢輙便逃移往别處塩額增羨場分亭竈改易姓名作新投亭户等蓋緣從來未有法禁檢准紹興勅諸塩亭户投充軍者杖八十又令諸塩亭户投充軍者斷訖放停押歸本業欲乞今後煎塩亭户及備丁小火如抛離本竈逃移往别處塩場煎塩之人並乞依亭户投軍法斷罪仍押歸本竈承認元額煎趁塩課如所屬承牒根究不爲發遣或妄作緣故占留亦乞嚴立斷罪條法詔並依内斷罪一節令刑部立法申尚書省　十八日泰州

七一作一

守臣言本州縣産塩管下塩場去年煎賣過塩一十三萬一千六十三碩七斗今年煎賣過二十五萬七千一百八十石四㪷一升比去年計增一十二萬六千一百一十六碩七㪷一升尚書省勘會淮南塩場自興復之後累降旨催督本路措置今來泰州率先措畫就緒比較去年之數大段增羨理當勸賞詔本州并催煎買納支塩當職官各特轉一官　二十五日兩浙西路提舉茶塩公事司言取會到本路八州軍府三十八縣紹興二年一全年四季住賣塩數點對參照得下項去處係增虧最甚合申取朝廷指揮一臨安府錢塘縣最增冬季本季住賣四十六萬七千五百五十斤逓年一般季

卷九千七百九十一　十四

分住賣一萬二千三百斤比較增四十五萬五千二百五十斤計增三十七倍一嚴州建德縣最虧冬季本季住賣二十七萬二千一百斤逓年一般季分住賣七十一萬二千六百斤比虧四十四萬五百斤計虧六分二釐乞詳酌特賜賞罰户部供到狀建炎四年冬季住賣塩增虧最甚數嵊縣當職官各與轉一官上虞縣當職官各降一官今來浙西提刑司具到紹興二年冬季一路最增虧去處令將錢塘縣所增數目對比剩縣增數轉一官紐計合減三年八箇月十二日磨勘建德縣所虧數目對比上虞縣虧數降一官紐計合展二年五箇月磨勘詔臨安府錢塘縣嚴州建德縣當職官並係户

部供到狀內事理施行令本司開具合該賞罰人職位姓名申尚書省　同日侍御史辛炳言伏見責授黃州團練副使孟揆論訴潯州稅務不合搜檢隨行私塩事八月九日詔令廣西轉運司依公體究申尚書省契勘潯州昨勘結孟揆所犯錄問伏辯已於紹興二年十月二十一日具案聞奏據廣西提刑司申稱依公定奪合從私販塩法臣看詳上項事理若是轉買到客人官塩自有交引隨塩照驗雖賣不盡斤數亦合批鑿元引於別州縣住賣處為憑若無文引即是私販分明豈容妄有陳訴意望朝廷主張不用條法況榷貨務狀亦聲說自來官員民庶輒於亭戶或無引人處買到塩貨不以興

卷九千七百九十二　　十五

販食用皆是私塩今來本處案狀申發一年有餘必已在大理寺多日本寺官拖照款狀自可見得有引無引一節便可檢斷若見得元初有引即是本處搜捉取勘不當其合干官吏亦合取旨行遣不然無可疏駁亦無可體究適所以彰朝廷用情廢法之失欲望追寢八月九日指揮只令大理寺依條施行從之　九月五日台州守臣言檢會紹興二年十二月八日聖旨節文今後亭戶輒將煎到塩貨冒法與私販軍兵百姓交易不以多寡並決脊配廣南牢城不以赦降原減紹興二年三月四日都省批狀勘會不係亭戶而冒法私自煎塩公行交易即與亭戶盜賣事體無異亦合引用上件斷配

九一作元

指揮律諸共犯罪以造意為首隨從者減一等諸本條言皆者罪無首從不言皆者依首從法勑諸罪應減等若為從不在編配之例其本條言皆編配者不以從免本司契勘上項元降指揮秪謂一名所犯塩數不以多寡並行決配若不預行申明竊慮奉行牴牾刑部下大理寺參詳台州所申事理既原降指揮內無不分首從皆配之文即是止謂冒法不以多寡者斷罪立文其為從應減等之人依海行法自不合刺配詔依仍申明行下　十八日廣南東西路宣諭明橐言二廣比年以來塩貨通流其價倍增自合隨時措置竊見廣東西路轉運司每歲於廣州都塩倉或於廉州石康縣塩場支撥

卷九千七百九十一　　十六

各路諸州郡歲額塩諸路州郡各差衙前來般取所受之數其塩朝廷累降指揮增添價錢每斤至官收錢四十七文足每籮計一百斤收錢四貫七十文足廣東如南雄等州官賣寔價每籮至十千廣州亦有至八九千廣西如昭賀等州皆至十一二千桂州遂至十七八千西路價至平者不下八九千而官價所收止得四貫七伯文足其餘所入皆為私有欲乞二廣州郡歲額塩價除已降到立定官價永為中制外或增或損一切隨時低昂官司不得執定其出賣處以私價日申本州州以所申私價旬申運司務令簿歷得相參照本州據私下寔價常低一二文出賣尤易趁辦仍乞召募衙前須取

行在分

食貨二六之一七

高等稅產人充及取索有行止不經罪犯之人撿跡保
任務欲得寔叱於元條更加嚴密詔令提領推貨務都
茶場限三日看詳申尚書省　十月十一日刑部言准
旨看詳臣寮論私販塩人刑名太重本部據大理寺叅
詳臣寮所請事理除止係私販之人有犯自合遵依紹
興勅斷罪外若係亭戶賣所隱縮火伏塩及買之者依
塩勅並論如煎煉私塩法一兩比二兩及合依政和三
年十二月十七日指揮依海行私塩法加二等斷罪所
有亭戶非亭戶煎塩與私販軍人聚集般販及百姓依
藉軍兵聲勢私販即依紹興二年十二月八日指揮一
節緣不曾分別斤重數目若不問多寡並行決配廣南

卷九千七百九十一　十七

深慮用法輕重不倫理合隨宜別行多寡斷配令欲本
犯不至徒罪乞配鄰州若罪至徒即配千里如係流罪
仍依元降指揮刺配廣南其所乞詳酌私販不用蔭原
赦事理除因官司捕捉敢與官司鬬敵者係情理兇惡
欲乞依舊引用上件不赦指揮外餘賣買私販人令欲
依臣寮所請施行從之　先是臣寮言近因奏對嘗論
私販塩人刑名太重謹按紹興編勅所定私販刑名蓋
取舊法通修禁約不為不重行之已久所入課利已為
浩瀚後來復降指揮並不用蔭原赦再因官司申請雖
遇特恩亦不原減罪非兇惡情非巨蠹行法之深乃至
於此至紹興二年之冬因大軍所駐常有兵卒於諸州

塩在煎

食貨二六之一八

軍般販百姓私塩之故又有亭戶不以多寡杖脊配廣
南指揮蓋為百姓軍兵依藉聲勢公然犯法一時禁止
亭戶不得不重非通行天下永久之法也昨因浙東提
刑司申明亭戶私塩盜賣斷罪事理都省批狀送提領
榷貨務都茶場看詳以謂雖緣通州管下有犯臣寮起
請畫降禁約諸路亦合一體施行遂批狀行之契勘提
領官張純本一堂吏耳今使一堂吏以鄙淺之見看詳
永遠之大法朝廷不一屬意不謀之近臣不付之戶部
不稟之聖旨遂以批狀行之何其易哉自此法之行州
郡斷配日有之破家蕩產不可勝計昨來兩浙賊方臘
福建范汝為皆因私販茶塩之人以起今所在結集如

卷九千七百九十二　十八

此滋蔓日深萬一猖獗朝廷遣將調兵追捕討賊之費
將又不貲又況嶺外險遠其俗輕而好亂平時攘劫之
風已自難制今配私販之入徃聚於彼豈遠方之利哉
欲望付之三省以前後所降私販刑名更加熟議如有
犯禁且從紹興編勅定斷若軍人聚集般販私塩及百
姓依藉軍兵形勢私販即依紹興二年十二月八日指
揮所有不用蔭原赦指揮亦乞詳酌施行契勘紹興二
年十二月八日指揮私販買人取旨行遣訪聞見有自
今年六月繫獄取旨至今未得指揮斷放者近在輦轂
之下尚爾留滯竊慮遠方取旨待報禁繫淹延有傷仁
政亦望詳酌施行有旨令戶部刑部限三日勘當申尚

書省刑部檢具敕條下項一紹興勑諸私有鹽一兩笞四十二斤加一等二十斤徒一年二十斤加一等三百斤配本城（煎煉者一兩比二兩）以通商界鹽入禁地者減一等三百斤流三千里其亭戶賣蠶鹽兵級賣食鹽及以官鹽入別界（去本州縣遠者不坐）一斤笞二十二十斤加一等一百斤徒一年二百斤加一等罪止徒三年紹興二年九月二十六日奉聖旨應私販茶鹽雖遇非次赦恩特不原減紹興二年十二月八日臣寮劄子竊見通州遞年支鹽約二十萬袋近來卻有劉光世下統兵官喬仲福王德下人兵於本州沿江港汊內公然泊船計囑江口鎮巡檢軍兵於亭戶處以入錢先後理為資次收買私鹽伏

卷九千七百九十一　十九

望行下統兵官嚴行禁止都省勘會茶鹽之法係朝廷利柄自祖宗以來他司不敢侵紊若將來將佐不為體恤朝廷輒敢容縱軍兵侵奪朝廷養兵利源非獨妨害客人興販顯是有違祖宗成法奉聖旨令劉光世限令來處分到日立便勾追王德喬仲福取問輒違祖宗成法侵奪朝廷鹽利因依聞奏仍仰光世嚴加誡諭所部將佐遵守條法不得般販私鹽侵奪客販務要覺察嚴密如尚敢違戾朝廷察探得知取旨追擇正身赴御史臺根勘重行貶竄令尚書省出榜產鹽場監告諭亭戶令後輒將煎到鹽貨冒法與私販軍兵百姓交易不以多寡並杖脊配廣南牢城私買販人取旨行遣仍不以

場疑路

赦降原減榷貨務契勘上件指揮緣通州管下有犯臣寮起請畫降禁約諸路亦合一體施行兼近據淮東提鹽司申明上件指揮其非亭戶私煎鹽貨與軍兵百姓交易未有斷罪明文乞申明行下續准都省批狀指揮若不係亭戶而冒法私自煎鹽公行交易即與亭戶鹽事體無異亦合引用上件斷配指揮外其本非亭戶秖是將買到私鹽販賣之人自合只依常法定斷諸路依此　十二日三省言淮浙鹽場日收鹽貨見以十分為率分作三項支遣內一項係四分支金新文鈔見今客人算請諸場支發別無阻隔留滯二項係四分五釐及一分五釐之數支發日久見在鈔數漸少理宜措置欲

卷九千七百九十一　二十

乞榷貨務自今來指揮到日許客人指定於逐場前件三項支鹽分數內從便算請從之　十五日刑部言產鹽路分知縣在職係兼監鹽場若有收支官錢即合與本場官同共點對令依已降聖旨指揮參酌修立下項諸催煎買納支鹽場收支官錢歷本場官月終齎赴兼監知縣廳點對書押違者杖八十有失收欺弊及知縣不為點檢者加二等右合入元豐江湖淮浙路鹽敕係創立一着詳產鹽路分全籍亭戶及備丁小火用心煎趁鹽課中買入官令依元降聖旨指揮參酌立下條諸鹽亭戶及備丁小火輒走投別場煎鹽者各杖八十押歸本場承認元額若別場承所屬根究不即發遣者杖

一百右入元豐江湖淮浙路塩勑條創立從之　十二月十五日知樞密院事張浚言荊南府見屯駐大軍費用不貲竊慮闕乏臣已於隨行贍軍塩内支撥一十萬斤應副解潛充軍期支遣去訖詔除張浚已支塩一十萬斤應副解潛外更不得將帶川塩過界有害塩法

四年正月五日詔榷貨務見賣淮浙塩鈔每袋於鈔面前上添錢三貫文省通計二十一貫文數内椿留錢除舊數外更行椿留六百足於塩場送納充再添塩本錢其貼納錢令本州軍類聚候及一萬貫赴行在榷貨務交納是歲九月以入納遲細減所添錢三貫依舊作一十八貫文　二月八日監察御史廣南宣諭明橐言臣

卷九千七百九十一　二十一

自入廣東界聞大棹賊船為害不細其大船至三十棹小船不下十餘棹器仗鑼鼓皆備其始起於販鬻私塩力勢既盛遂至行劫大船則出入海道作過停藏於沿海之地小舟則上下東西兩江東江則自廣至於潮惠西江則自廣至于梧橫或越數州或不出本州之界以其所販私塩節次卸下於停藏之家徑引船去其停藏之家或就其處出賣或賊船接續搬運前去應停藏之家與巡尉下弓兵皆受賊賂以此之故無由敗露於是私塩盛行商旅不通今來若乞嚴法禁止竊緣禁止私塩賊及透漏停藏并受賊賂自有明條其大棹船二廣亦有見行禁約其實非緣立法不嚴之故若帥臣知州

得人措置有方則其賊稍止若不得其人苟簡畏懦則其賊復熾法非不嚴而行法者或惰或修其事遂異欲乞睿旨行下二廣提刑司申嚴法禁督責州郡守臣及捕盜官司緊切緝捕收捉庶得大棹私鹽之弊可去而商旅往來不致阻絶詔依奏如奉行苟簡滅裂令提刑司按劾以聞當議重行黜責監司帥守容蔽不即舉劾一等科罪　十七日廣南東西路宣諭明橐言廣南東西路煮海之饒為國大利訪聞得比年以來竈戶煎到塩貨入官數少私售數多蓋緣入官耗重而價下私售耗輕而價高塩場監官率皆以厚賂干求差權之人豈敢望其修舉職事杜絶弊端臣愚欲乞將竈戶塩價量行增添其塩耗則隨宜少減塩場監官不許時暫差權

卷九千七百九十一　二十二

依格法奏差如奏差就權却至省部退難不當之人須候已經比較了當方得解替如有責罰依條施行如無虧陷欺弊即理為在任月日詔令吏戶部勘當　四月二十一日臣寮言廣東上供白金近歲每一兩率為錢三千有畸比至輸於太府准價以給官吏軍旅則為錢二千有畸大約歲輸十萬兩并其輦致之費所失不啻十萬緡朝廷雖嘗令廣東相度從便上供見緡然而轉輸當用舟航雇募之初匪易護送必遣官吏交納之際猶艱踈是州郡莫敢任見緡之責臣伏見近歲取廣東漕司塩改為鈔塩鈔法既行而常患乏塩尚有三分之

一留充漕計令若將上供錢銀舊數蠲其難辦之額定
其實納之數撥與本路爲漕計而於漕司一分鹽内會
其價直取支以益鈔鹽使償上供之數則商賈自以見
緡輸於行朝矣詔令戶部勘當　六月二十三日刑部
言潯州奏勘到責授黄州團練副使孟揆爲令幹當人
作客人李俊名姓於梧州買官鹽因賊馬奔避裝載賣
不盡鹽過藤州龔州到潯州岸下被監税韓璜撿見事
發合徒三年私罪蔭減外徒二年半追一官更罰銅三
十斤入官勒停放情重奏裁詔孟揆依斷特責授白州
別駕本州安置　七月四日提轄榷貨務都茶場郭川
言勘當茶客人狀伏覩累降指揮措置新法鹽鈔招誘

客人任便入納從來多是有官蔭豪富之家立客名前
去算請即無阻節禁約明文闕刑寺曾取會榷貨務品
官有蔭等不許興販指揮致生疑惑日近除貼納外絶
無算請數竊緣宣和三年指揮曾經申明止爲産鹽州
縣見任官係公人不許自用鈔請鹽即不該載其餘有
官蔭及立客名算請之人伏望詳酌速賜指揮施行令
詳在法命官得解舉人并有蔭子弟與本州縣公人之
家不得作鋪戶及自用鈔請販鈔鹽蓋爲恃賴勢蔭攙
先支鹽大搭斤重立法禁約即令鹽場每袋並以三百
斤省則爲定擬到場月日時辰理使資次支給別無攙
越乞許引用宣和五年鹽法有犯依進納人例不用蔭

贖等指揮可以施行從之　十一月二十三日提舉榷
貨務郭川言車駕權駐蹕平江平江府諸水門乞樞密
院各差將官一員軍兵二十人專一檢察私鹽從之
既而臣寮上言竊見臨安府已曾差將官軍兵守把諸
門捕獲私鹽其軍兵每遇官員客旅行李舟船到門或
在城外並不肯依理搜撿必須邀當乞覓錢物騷擾百
端稍致抗拒即鬭毆作鬧稱必有私鹽或故意破壞行
李奪取衣物趕逐隨行家屬下船或自以紙或帕複包
裹鹽置人行李舟船中以誣執之然後須索錢物必如
所欲乃已後來遂去城三五里間以搜撿爲名騷擾民
戶人不能堪初無補於禁戢私鹽實爲害甚大契勘平

江府諸門自有把門使臣兵級人外則有倚郭巡尉弓
兵内則有在城巡檢司搜捉非不嚴備顯是不須創添
將官軍兵欲乞寢罷從之　紹興五年八月十二日臣
寮上言伏見戶部關報節文近緣臨安府界私鹽盛行
已添差樞密院使臣將帶兵級均定江岸地分往來緝
捕緣此私鹽屏息其餘路分亦合依倣措置令淮浙廣
南福建路産鹽州軍各差准備差使或指使一兩員專
一緝捕逐州軍各於所管禁軍或巡檢司土軍内那差
一十人節級二名隨逐所差使臣於本界私鹽舟船繫
泊岸步及通行步擔私小道路寅夜不住往來巡警緝
捕仍立賞格及約束十餘項以臣愚覩之無益於捕私

塩而擾民也必矣且軍國大計仰於塩利朝廷如欲客販通流課入增羨在於信守法令使商賈不疑存撫亭戶使衣食不闕此二者本也若夫巡捕則有司之責前後詔令不為不備矣何必復取於此哉詔前降指揮更不施行　十月二十九日詔福建鈔塩錢舊來認發二十五萬貫為有日前算出文鈔權免五萬貫令來任罷鈔法已久令每歲依舊認發二十萬貫　六年六月十五日詔監司州縣并巡尉下公人兵級非緣公雖緣公而無所執印頭引並不得擅入亭場如違以違制論因而搔擾乞取塩貨計贓坐罪所屬當職并場監官失覺察並取旨行遣許亭戶越訴　八年二月十八日尚書省

卷九千七百九十一

二十五

送到知常州無錫縣李德鄰劄子竊見本縣每歲起發夏稅紬絹一萬五千四百八疋除諸鄉稅產戶下合納紬絹一寸以上并稅戶塩錢折納並催本色計一萬一千五百一疋外有三千九百七疋係崇寧二年本州均數下本縣認納蓋當時縣令不謹其始却將下戶募脚塩錢每二佰(百)二十文折納絹九尺計目今價直一貫八百文比之納錢計高七倍緣納募脚塩錢皆係下戶實無力當增益七倍之數乞依崇寧已前止納正錢免更折變紬絹以寬民力有詔令戶部勘當(闕)(勘當)　六月六日詔廣東西鈔塩以十分為率內二分產塩州縣零賣人戶食塩各不得出本州界餘八分行鈔法　十二月

四日前知梧州鄭禹言臣伏覩朝廷比者罷二廣歲塩許商人鬻鈔公私便之獨邕州買馬委諸州運塩至橫山寨未能已猶需措置臣在廣州每見経畧司於諸州差官被差之人莫不愁歎決性命以求免否則欲投檄而去其畏如此臣嘗究其利病自廉州石康縣運至橫山寨道里緬邈水陸險阻其陸行者由過車由小江者曰剝載私僦舟車費耗不貲而官給脚錢最為微薄由是往者必須破蕩家產終致貧乏州郡所產不過銜皂銜皂貧不能往其次差官吏官吏畏不肯往其勢必及之民民困弱不克自免廣西之民尤為涼瘠號稱上戶者家直纔數百千一當此役土田盡矣陛下視民如傷

卷九千七百九十一

二十六

豈惜毫末使百姓愁苦哉臣聞橫山塩額每歲所運者纔十二且人情所憚法亦難驅今欲人之樂趣者必在當其寔臣嘗詢之故老以謂每百斤除元脚錢外理合再增二千然後可辦不然徒有增之之名而無其寔猶不增也如是則樂運者衆而歲額足歲額足而羸餘多所增之緡他求在其中矣詔令戶部措置申尚書省(措置)(闕)　二十五日詔廣東塩九分行客鈔一分產塩州縣出賣　九年七月二十一日詔廣東全行客鈔　九月二日臣寮言榷塩之利國用所資私販為害理宜禁止朝廷制法防姦纖悉備具不可復加而犯者愈衆其源蓋有所自矣比年以來亭竈煎塩起止火伏之法盡廢

畧無稽察致亭戶科煎莫知限極除納官之外隱匿餘賸之數既多若不私售將何所付哉雖許額外煎到鹽中賣入官而官價低小校之私賣不及三分之一又場監納鹽大秤斤重或交秤遲緩耗折滷瀝或給錢艱阻坐罄貲糧如是則私賣與官鬻孰利夫民惟利是趨如蛾之赴火既爲利誘而威之以法雖鼎鑊在前猶不避也欲刑清姦戢其可得乎臣愚欲望特降睿旨命有司講究措置先務懲革私煎之弊其次斟酌煎鹽寔費立定適中價直仍關防場監之際勿令循蹈前轍庶幾亭戶所煎有限縱有賸數不歸於私而以輸官爲使非特法行禁止囚繫漸少亦使利歸公上增歲月之入於國

卷九千七百九十一　二十七

計不爲小補詔令戶部措置　六月起居郎周葵言乞將犯私茶鹽人免根問來歷上曰犯榷貨者不根問經由此嘉祐著令仁祖盛德也舉而行之則吏不至並緣獄不至滋蔓可速令省部相度仍立以近限　十二年正月十七日詔福建近年買鹽增羨寬剩數多於見認錢上添認一十萬貫通計三十萬貫　五月六日戶部言兩廣鹽昨行官般官賣日其支鹽倉場任內支發鹽鈔增剩別無立定許推賞條格近降指揮改行鈔法合立定賞罰近據廣東西路提舉鹽事申照對兩路鹽倉場內廣東鹽場買納鹽已有指揮年終買鹽比較依兩浙推賞其逐州鹽倉并廣州靜康大寧海南柵歸德柵

諸一作請

潮惠南恩州鹽場專係支遣客鈔其餘場分並係買納相兼般運赴廣州都鹽倉應副支遣緣諸場買納支發並係鹽官一員管幹今將廣惠潮南恩欝林廉州鹽倉逐年支發過鈔鹽數目恭酌比類依淮浙例以五十斤爲一額（碩）參照立定下項一萬碩以上至五萬碩倉減半年磨勘惠州鹽倉南恩州鹽倉潮州鹽倉五萬碩以上至十萬碩倉減一年磨勘欝林州都鹽倉廉州石康倉一十萬碩以上倉減一年半磨勘今再下榷貨物看詳已得允當從之　九月八日臣僚言二廣鹽所收數目不少前後申請利害不一或乞官賣或乞客販節次承降逐項指揮除廣東客販已是通快補助大軍經費可

卷九千七百九十一　二十八

以久遠推行唯廣西近有官員陳乞依舊官賣又據本路漕臣呂源等乞盡行客販鈔法更合審訂利害所貴公利兼濟臣切見欽州係產鹽地分臣取到本州紹興四年後來逐年官般賣帳歷并客販鈔鹽之數比較多寡紹興四年官賣九十三萬七千餘斤紹興五年官賣九十九萬三千餘斤紹興六年官賣九十二萬二千餘斤紹興七年官賣六十九萬餘斤紹興八年改法客賣鈔鹽紹興九年客販鹽一萬五千餘斤紹興十年客販鹽三萬一千餘斤紹興十一年客販鹽五萬八千餘斤已前官賣鹽每斤四十七文足今來客販鹽每斤一百二十文足蓋緣本州濱海係產鹽地分雖多方招誘客

旅終是稀少難以趁辦如官賣之數臣今相度乞將欽州依廉雷高化四州產塩地分依舊官賣塩貨趁辦課額詔令戶部看詳　十月二十二日戶部據榷貨務申勘會廣西每歲產額塩依紹興八年六月六日指揮以十分為率內八分許客人算鈔支請通販入廣東西路不產塩州縣貨賣二分於廉雷化高州產塩去處依舊官賣人民食塩賣到錢撥與轉運司充漕計兼契勘欽州自來不係產塩去處緣本州地名白皮近來鹹土生發目今每歲買納塩貨三十餘萬斤看詳欲依臣寮所請事理施行所有賣到塩錢令塩事司拘收依已降指揮起發赴鄂州軍前納(送)不得緣許官賣却致隱匿侵

卷九千七百九十一

二十九

用從之　二十八日詳定一司敕令所言修立到塩亭戶不許買撲坊場條諸坊場以違礙人　謂應贖若犯徒或三犯杖各情重不計赦前後并見欠官錢物見任品官見充吏人貼書塩亭戶巡檢司土軍之家　承買者杖一百許隱者加一等即已承買後始有違碍而不自陳以同居無違礙親戚掌領尚昌占者准此若已承買而後為吏人貼書者又加一等右入政和續附紹聖常平免役敕　以政和續附紹聖常平免役敕紹興十二年二月二十日都省批狀指揮詳定　十三年三月二十二日戶部言據榷貨務申昨緣廣西提塩司申欽林州都塩倉積壓塩鈔少人願赴石康倉請塩乞客人

就欽林州般請者添納脚錢五伯文每百斤通作九百八十文足如願赴石康倉請領者每百斤每加饒五斤共作一十五斤外與免納上件脚錢已降指揮施行去後今來廣西提舉茶塩路彬申稱客人為見石康倉既有加饒又免納脚錢盡赴石康倉算請已得通快乞將欽林州都塩倉見在塩依石康倉例加饒斤數却令依舊納本司已支脚錢候發泄盡絕日即行廢罷從之　二十三日戶部言據榷貨務申近來茶塩司比較到州縣住賣塩往往止是陞降名次委是賞罰太輕竊慮無以激勸今參酌比附立定住賣塩最增最虧賞罰下項最增一分以上減半年磨勘三分以上減一年磨勘五

卷九千七百九十一

三十

分以上減一年半磨勘七分以上減二年磨勘八分以上減二年半磨勘一倍以上減三年磨勘最虧一分以上展半年磨勘三分以上展一年磨勘五分以上展一年半磨勘七分以上展二年磨勘八分以上展二年半磨勘（內選人降一資）一倍以上展三年磨勘（內選人降一資更降一季名次餘）餘依見行條法從之　四月一日宰執進呈前廣南東路轉運判官范正國言本路上供及州郡經費全仰塩息應辦比因全行客鈔遂或闕乏欲自今本路州郡屯駐兵馬去處許依客人買鈔請塩各就本州出賣所得息錢專充軍費庶免上煩朝廷應副寔為利便上曰法必有弊而後可改若未見其弊遽議更張非特無利必

以一作有

府一作縣

至為害凡法皆然不止塩也　六月一日臣寮言摘山煮海之課淛西一路歲入七百萬緡塩利居五之四其助經費可謂廣矣而並海場監往往以闕本為言不免時以申請嘗究其弊不存於他皆因亭戶七色借貸更出迭入官失考覈以致失陷加之塩司人吏懼常平立法之嚴引海行申請支塩錢為吏祿債直等費寖涉歲月不免有尾閭之患欲乞詳酌少減借貸名數勒人吏請給皆歸于常平司不一二年塩本遂富矣戶部據榷貨務勘會昨承指揮塩司人吏請給並於置司處州府茶塩錢內支給今欲下淮淛提塩司依已降指揮於置司處州軍經糧審院幫勘於常平錢內支給如違並以

卷九千七百九十一　三十一

違制論所稱亭戶七色借貸乞減名數等事緣亭戶依法遇闕食或闕耕牛柴本動使之類聽將塩本錢借支應副已有立定以塩折納條限止緣從來未有關防約束令乞下逐路提塩司須管置簿逐色拘籍候折納到數即時分明勾銷務要不至交雜失陷從之　九月十九日刑部言行在榷貨務申紹興八年十一月指揮透漏私塩三十斤其巡尉捕盜官並衝替切慮責罰太重互相隱蔽（庇）伏望朝廷立法施行本部下大理寺看詳欲自今後應巡捕官透漏私塩敗獲不及百斤罰俸兩月一百斤展磨勘一年二百斤展磨勘二年兩犯通及三百斤以上差替（一犯三百斤准此）　五百斤以上取旨裁斷從之

十五年七月一日詔諸州監門官透漏私塩並依巡捕官法科罪　十六年六月九日宰執進呈淮東提舉茶塩司塩課增羨等事上曰增羨之賞猶在所謹大率今歲有羨次年必虧蓋民之食塩每歲止如此也　十七年五月四日上曰近有布衣陳獻福建塩法利便朕謂祖宗成法利於民者自當永久遵行何必改作倘或未便須議損益　十八年三月七日詔通州海門知縣歲（終）於買納塩貨比較增羨並依大觀元年立定格法減半推賞及任滿買塩數足別無虧欠與減一年磨勘選人與減舉主一人未該磨勘與堂除仍陞一季名次若有虧欠亦依正賣塩官條法減半責罰餘依見行條法

卷九千七百九十一　三十二

以本路茶塩司言呂四港場一十五竈近不置監官止令知縣兼行主管職事稍重故降是詔　閏八月一日淮南東路提舉常平茶塩司言近興置泰州海安鎮管下地名古窑塩場欲乞以泰州古窑催煎塩場為名西溪鎮管下地名小淘塩場欲乞以泰州小淘催煎塩為名從之　十月二十五日詔泰州如皐縣馬塘創建塩場以泰州馬塘催煎塩場為名從本路提舉茶塩王昫請也　三十日臣寮言亭戶盜賣伏大浮塩催煎官坐視故縱全不覺察乞將透漏去處催煎官與巡尉一例責罰從之　二十二年四月九日前知汀州陳升言本路福漳泉州興化軍係產塩去處建劒汀州邵武軍

是一作跂

一作盜

係出賣之所且以汀州一郡論之每歲額管運福鹽二百五十萬斤計二十五綱依近降指揮許税戸經州投狀入産在官抵保般運其綱凡一經度嶺兩次易舟方至本州界再雇夫脚始到城下鹽場脚乘糜費稍重所認納上供鈔鹽錢及諸司增鹽等錢并原借助綱官錢自來立定鹽價每斤一百八十文足方可及數乃是民間多是結集般販漳潮州私鹽前來貨賣欲望委本路監司究心措置將各州軍合運官鹽名色所收鹽息價錢細見數目別立作一項鹽税止於官司置簿排號許客人税戸先於所屬納鹽本錢請領貼據下倉交鹽自行興販於所隷州軍送納税錢如是則無私販之弊無

卷九千七百九十一　三圭

犯法之民侵失之姦可革險阻之虞可除詔令鍾世明一就看詳措置　自後汀州並於漳州般運鹽貨　二十三年四月二十七日行在榷貨務言淮浙産鹽去處兼主管鹽場知令及押袋兼催煎官職事各係兼職其任滿及年終賞罰難以與正官一等比較令措置欲於見行賞罰指揮條格減半施行內知令如一縣共管兩場以上即總計比較從之　二十六年五月十三日左朝散郎殿中侍御史周方崇言伏覩淮浙路客人買鈔請鹽福建路官中搬鹽自賣行之日久其利甚薄比年以來淮浙路鹽皆不全支本錢且違法多剋頭子錢等謂如淮東提舉一司歲收頭子錢入公使庫不下五六

萬緡盡充提舉官私用應副權勢及親舊請求有至數百千者復廣市什器幕帟等以娛耳目二浙亦然爲亭戸之害如此福建一路有産鹽錢有運司自賣鹽錢有契鹽錢有州縣自買鹽錢有提舉司鹽錢名數既不一而州縣復不問民間所用多寡重疊抑買例高其價多收出剩爲入戸之害如此伏望委有司看詳將淮浙路鹽不得違法收頭子錢日前入公使者約度一歲合用之數餘並撥充置鹽本錢將福建賣鹽令提刑司覺察重疊科買及擅自增價正其罪犯寬恤一方之民詔令戸部看詳　七月二十五日御史中丞湯鵬舉言臣近聞福建路州縣以鹽綱擾民每歲增添不知紀極且以

卷九千七百九十一　三吉

建州浦城一縣論之舊於二税外般運鹽五綱半以添助歲計公私不擾支遣有餘近年贓汙之吏爲知縣三年逐有般到四十餘綱計錢五十餘萬貫尚稱用度不足實以應副親戚交結過往侵漁入己又爲猾吏脅持太半歸於人吏之家故追索急於星火催督甚於二税福建民戸素貧重爲此困臣究其所由不特縣令容其姦寔由太守漕臣藉此以應副權貴泛爲妄用上下督責吏相黨庇有以致然也臣伏乞睿旨令本路憲臣於建州浦城縣追當行人吏稽考紹興元年以來逐歲般鹽幾綱若舊來止用五綱半令三年內般運四十餘綱作何支遣依條坐罪然後巡歷一路州縣並不許過紹興

元年般運鹽綱之數立為定制自此更有多破綱數應副親戚容悅過往結託權貴縱令人吏巧作名目騷擾貪民下戶者仰監司按劾臺諫彈奏人戶赴訴在州當職官在縣令佐並以自盜論庶幾杜絕增添鹽綱數目為一路之害詔令戶部看詳申既而本部言欲依臣寮所乞委自福建路提刑吳逵躬親巡按依公覈寔限一季了畢(無)致稍涉違戾從之　九月二十二日中丞湯鵬舉言淮東鹽場祖宗以來吏部差注有催煎官專管諸場煎鹽有買納官專管買亭戶鹽有支鹽官專支客人鹽又以諸煎鹽場各有地分故舊來差注巡檢以捕違法者其巡檢不許至亭戶場內恐其騷擾也內外關

卷九千七百九十一　三五

防可謂詳矣比年以來舊制巡檢遂不復差卻以選人之監鹽場者兼巡檢事違戾祖宗銓選之意廢壞吏部差注之法乞下吏部取責舊法應干鹽司官窠闕合置巡檢去處差文臣經任人及武臣親民資序依格法銓選從之　十一月五日尚書省言已降旨罷州倉依舊就場支鹽以便商賈於鹽法即無改易竊慮民旅疑惑詔令尚書省出榜曉諭　二十七年六月十二日殿中侍御史王珪言臣竊見言者以福建鹽綱擾民朝廷委本路提刑吳逵覈寔仍以紹興元年為額今據吳逵申將近來增置鹽名目悉已住罷止以五十二年為額紐州縣合用歲計之數每(博)歲減十分之三近聞諸處因裁

既少疑阻滯

事疑衍

不一作免

權疑作革

減之後少人應募般運不行官鹽既少私販遂多欲望行下福建漕憲司及提舉鹽事將吳逵所申事理公共相度可以經久通行不為百姓之患而歲計亦足者奏陳以副陛下責寔之意從之　十月二十八日上諭宰執曰前日與卿等商議福建鹽法昨日得常平提舉張汝楫奏乞行鈔法卿以為如何陳誠之奏曰福建不比江淮江淮不容有私鹽建劍山溪之險細民無知冒法私販雖官賣鹽多方止絕猶不能盡革若百姓賣鹽豈能免夾帶私鹽之弊第恐不盡請鈔有虧課額上曰中間福建曾用鈔法未幾復罷若可行之則(於)祖宗時已行不待今日正如萬戶酒前後陳獻禁榷者甚多然終不

卷九千七百九十一　三六

可行大抵法貴從俗不然不可經久　十一月一日詔福建見認鈔鹽錢三十萬貫恐致科擾可自今後每年特與減免八萬貫止認二十二萬貫　十二月二十五日上諭宰臣曰徐林奏聞近來客人就場支鹽多有不便至有每袋搭帶出八十斤者欲復置官倉又不知利害如何大抵天下事未有全利而無害者亦未有全害而無利者但當擇利多害少者為之爾卿等措置以聞　二十七日尚書省言昨戶部申請罷淮浙路諸州支鹽倉各就場支撥令妨聞其間場分迢遠客人艱於般請及諸場競相增加斤數輕重不等詔令逐路提鹽司疾速措置申尚書省　二十八年正月十一日右正言

是一作時
場一作塩

朱倬言舊法獲私塩者必一大萬斤方許改秩續降指揮以為太輕遂以萬斤者更與減年累及萬斤者添作改秩法意固欲激捕塩之官嚴私販之禁然一大萬斤者間或有之累及萬斤者比比皆是何者全火類非貪弱捕盜者既畏其衆或得其賂故多縱之不問單弱之民犯法者衆抑有説焉今瀕海塩戶其入納所羨悉為私易一舟之數私易百萬篙工塩丁率皆孱庸閧捕者至紛然而散苟得一夫即申為捕獲不得主名私販法亦改秩茲二者既不能以抑豪彊而利細民又且被厚賞而獲改秩二十年後皆得任子何恬退者之困選調而狡獪者之太僥倖耶欲望復還舊法一大萬斤者止於改秩累及萬斤者依舊減年而不得主名私販欲乞别立賞格於是為便戶部據㩁貨務都茶場指定準紹興二十七年六月二十六日勑節文官（命）命官捕獲私茶場賞格各遞增一等紹興令節文諸命官獲私有茶塩未獲犯人三斤比一斤其產塩界内獲私塩者須四分中獲一分犯人方得比折今欲將命官親獲一大萬斤轉一官減二年磨勘者依舊轉一官如不係應改官人更與減一年磨勘又累及一萬斤轉一官改作減三年半磨勘所有不得主名私販乞别立賞格一節欲依紹興條法分數比折其賞依舊格施行内獲一大七千斤舊格減三年半磨勘近增作轉一官亦慮僥倖今欲作減四

卷九千七百九十二　三千七

監一作鹽
收一作互

年磨勘從之　二月九日㩁貨務言紹興十二年十一月二十九日指揮應追賞錢一百貫以上許根問始初賣塩人今來既降指揮諸色人獲私塩賞錢各增五分支給其上件合追賞錢合增作一百五十貫以上許根問初賣塩人從之　三月十八日淮東提舉茶塩司條具到復置州倉事戶部看詳自罷州支塩倉各就場支撥其間場分迢遠客人艱於般請及諸場競相增加斤數輕重不等今復置州倉不唯革去大搭斤重之弊又使客旅般請通快委是經久利便内通泰州各係收支塩數浩瀚去處並合依舊各置監官兩員外所有高郵倉止管兩場收支塩數稍少欲下本司將收支塩場監官五員分撥赴三倉管幹昨來押袋官泰州六員通州二員楚州二員共置十員欲委自本司於三州使臣内選擇有心力可以倚仗之人共一十員前去逐處塩場專一運押袋塩所有水脚錢今欲量行蠲減泰州高郵每袋作三百四十文省通州每袋二百文省所有通州支塩倉泰州西溪支塩使塩見收運塩水脚錢今來合行任罷從之　二十三日詔浙東路復置州倉支塩應合行事件照應紹興六年四月十七日已降指揮施行從本路提塩邵大受所請也　二十五日詔浙西路復置州支塩倉從提塩謝伋所請也　二十六日詔諸塩場亭戶虧欠塩數自紹興二十六年以前並與放免　四

卷九千七百九十一　三千八

既一作見　三一作二　般一作塩

月六日中書門下省言訪聞紹興府蕭山縣抑勒土兵認買食塩詔令本府體究仍日下住罷　八月九日淮東提塩吳巘言朝旨容行相度措置積塩減併場竈等令條具如後一本路塩場舊管催煎場一十四處計三百四十六竈後因王昫措置創添五場計七十五竈又於舊場内增添三十一竈共增到一百六竈目今既管一十九場計四百五十二竈又備盤三十四竈零二角每年煎賣塩不下三百八九十萬石大約每歲支發三百三十萬石常有積下塩三四十萬碩今照應諸場今年三月上旬終共有見在散塩三百七十四萬石較之支賣一年未得盡絶今欲權將諸場見管塩竈斟量減

卷九千七百九十一　三十九

併拘收般角在官椿管通州西亭豊利場四十六竈見趁額塩二十六萬一千七百七十一石三斗六升今欲減備盤一十一竈減退額塩六萬五千七百七十一石三斗六升外止置正盤三十五竈以一十九萬六千石為額金沙場三十竈三角見趁額塩二十七萬二千八十八石九斗四升五合今止置正盤二十竈以一十八萬二千石為額餘慶場二十九竈零一角見趁額塩二十萬一千九百七十二石一斗三升五合今止置正盤二十三竈以一十六萬一千石為額石港永興興利場三十四竈見趁額塩二十五萬三千八百七十七石九斗五升五合今止置正盤二十五竈以一十九萬石為

百一作十

額呂四港場正盤一十五竈並依見買竈額塩煎趁泰州角科等場四十三竈零二角見趁額塩三十三萬七千九百二十石今止置正盤五十五竈以二十八萬一千六百石為額栟桑場三十二竈見趁額塩二十六萬六千四百八十五石五斗八升四合今止置正盤二十五竈以二十二萬二千七百一石三斗三升為額虎墩場一十一竈額塩三千五百八十九石依舊古窑場一十一竈額塩六萬二千三百七十四石三斗依舊掘港東陳場三十五竈額塩二十一萬四百五十八石三斗四升今止置三十竈以二十八萬石為額豊利東西場二十五竈額塩一十三萬二千石今止置二十竈以一

卷九千七百九十一　四十

十萬七千石為額馬塘場一十二竈額塩六萬二千一百一十八石六斗依舊丁溪場三十六竈見以紹興二十七年煎到塩三十三萬八百五十六石為額今止置三十竈以二十七萬六千石立為祖額梁家垛場二十竈額塩一十一萬三千六百一十四石九斗二升依舊何家垛場二十竈額塩一十二萬七千二百一十一石依舊小淘場一十竈額塩六萬九百五十四石四斗依舊劉莊場二十二竈額塩五萬三百四十六石一斗今止置一十五竈元立額塩比之諸場數少依舊數煎趁楚州新興場二十竈額塩一十二萬八百四十石依舊五祐場三十四竈見以紹興二十七年煎到塩二十三

特一作依

塩一作納

食貨二六之四一

萬二百石九斗為額今止置二十五竈以一十七萬五
千石立為祖額前項斟量減併八十四竈零二角計減
退額塩共五十二萬六千九百五十九石八斗九升九
合係是減併節次新添竈座備盤及舊來不辦竈分每
歲煎買塩約度尚有三百三十萬石上下如每年支得
五十五萬袋庶幾支買相當若及得六十萬袋則每年可
以帶支見在積塩三十萬石會計十年以上方得帶支
盡絶一契勘催煎買納官賣典除任滿比額數定減二
年磨勘免遠短使免試外每歲又有自一分至一倍以
上轉官減磨勘占射差遣酬賞今欲將催煎買納官候
任滿收趁今來減定數數足别無虧欠與依格推賞外
所有歲終比較增虧賞罰欲乞權住後將來支發積塩
稍見次第廣要塩貨支發日别取指揮却將舊法每歲
比較賞罰一契勘通楚州諸場皆是兵火以前舊場難
以廢併泰州管下塩場創添到何家垛小淘古窑劉莊
馬塘五場内有馬塘場見在沿海置竈去鄰近塩場地
里窵遠難以廢併外有何家垛小淘古窑劉莊各相去
不遠委是可以廢併虎墪場與古窑場地里相連並屬
海安買納場小淘場近古窑場係屬西溪買納場今欲
將古窑小淘兩場廢併歸虎墩場煎到塩並赴海安買
納場賣納止存留監官一員結銜欲改作監泰州虎墩
場梁家垛並何家垛場地里接連並屬西溪買塩場今

卷九千七百九十一　四十一

食貨二六之四二

欲將何家垛場廢併歸梁家垛場止存留監官一員結
銜欲改作監泰州梁家垛何家垛塩場兼本地分巡檢
丁溪場至劉莊場地里接連並屬西溪買納場今欲將
劉莊場廢併歸丁溪場止存留監官一員結銜欲改作
監泰州丁溪劉莊塩場兼本地分巡檢已上七場欲廢
併三場存留監官三員欲乞從本司於各場見任官内
選擇諳練有心力可以倚仗之人保明申朝廷存留通
理前任月日其餘四員並依省罷法從之　紹興三十
年小淘場依舊赴西溪買塩場秤納屬梁家垛場　十
月十七日詔今後除巡尉親獲私塩依舊法推賞其暫
權巡尉捕獲之人減正官得賞之半若權官界内有透
漏權貨並依正官條法減半責罰　二十九年正月二
十五日左正言何溥言州縣斥賣食塩分科民户事户
部看詳州縣出賣食塩即無定額依法止令人從便收
買如輙敢均數科抑民户顯是違法詔行下塩司覺察
禁止　閏六月十二日侍御史朱倬言臣聞昔偽閩時
以八州之産分三等之制膏腴者給僧寺道觀中下者
給土著流寓至其末流貿易取金自劉龔始由是刹分
私室士競干求其後張守遂與土居士大夫謀為寘封
之説存留上等四十餘剎以待真僧傳法餘悉為實封
金多者得之歲入不下七八萬緡以是助軍兵春冬二
衣餘寬百姓非泛雜科時寘便之沈調帥閩則以為奇

卷九千七百九十一　四十二

闕亦作關

貨豐寺大刹悉貨入已福建賣鹽舊法日產鹽以隨二
税科納既而交闕田產推割税苗又納浮鹽自後舟船
過税則納虛鹽投牒縣庭則納狀鹽情輕貸罪則納罰
鹽僧道月分則納食鹽於是民力遂困於鹽貨矣望詔
帥閫復賣安撫司鹽用法嚴酷百姓無聊失業之民聚
而爲盜臣愚欲望聖慈委彊力監司根收上件錢物以
助軍需仍乞住罷安撫司鹽以救民疾所有本州寺院
調所差者悉令罷去依舊寘封而減其則例之重以補
公上時代泛科以惠黎庶實遠民之大幸從之　九月
六日臣寮言竊見利州路西和州鹽官鎮鹽井歲出鹽
七十餘萬斤内以一半充柴茅官吏請給之本一半係

卷九千七百九十一　四十三

轉運司給引付下西和成鳳三州出賣每百斤通頭子
等錢二十二貫總計七萬餘貫撥赴總領所充利州錢
鹽鼓鑄本錢契勘鹽官鹽舊給秦鳳一路今乃抛於三
州初止隨時變易未嘗立額自紹興十五年以後宣撫
司乞置錢監方行根括立定額錢地狹鹽多變賣不行
不免科及於民理宜懲革欲望將見今所賣鹽每百斤
與減一半價錢則出賣稍易必不致依前科擾所有減
過鼓鑄本錢三萬五千餘貫却乞令轉運司於住罷起
發羨餘一萬足絹錢内支撥貼還總所從之　九日浙
東提鹽都潔言温州歲出鹽三萬五千餘袋而支發止
及一萬五六千袋緣本州水路多由海道陸路則經涉

山嶺自來客人少肯前來請販致諸場積鹽數多欲乞
令後客人支請温州鈔鹽如指本路州縣住賣者每十
袋加饒一袋若指别路州縣住賣每十袋加饒二袋庶
幾鹽可發泄候支發通快日依舊推貨務看詳欲權依
所乞候降指揮到日立限半年加饒若只於本州縣住
賣及今降指揮之前客人已算鹽鈔更不加饒從之
以上中興會要

卷九千七百九十一　四十四

鹽法

督一作賞
鹽一作貸

紹興三十年正月二十五日臣寮言
嘗詢究鹽獘有四一曰惜本錢二曰增元額三曰縱私
販四曰慢收貯何謂惜本錢在法亭戶不許別營產業
只煎鹽為生蓋欲其專也若不以時支本錢彼安得食
向者監司要名乃以合支錢作羨餘進獻馴致闕乏近
卷九千七百九十一　四千四
有令亭戶先次納鹽取足一併支錢而守候交秤倍費
月日洎得錢不了日用故不得已私貨以度朝夕緣此
犯法者衆今若以本錢就場先支一半候交鹽足再支
一半俾無難滯則善矣何謂增元額在法鹽有正額有
出額亭戶出額則量加本錢監官增額七分則轉一官
聞近來亭戶所煎出鹽並依正額而監官賞典因以蘄
客上下解體不肯用心且額之多少初不在是惟本錢
不闕勸督有方而已今若復出額所加之錢還監官增
額之賞則善矣何謂縱私販在法有鹽場處皆置巡檢
以捕私商緣歲久而土軍與亭戶交往如一家亭戶私
鹽自若兼販私鹽之人類皆彊壯為群號曰水客土軍

莫能制反相連結為之牙儈巡檢者徒備員鹽場官熟
視無策今若別作措置或重立賞格責其地分窮其來
歷遇有捕獲之人配隸諸軍無使放縱則善矣何謂慢
收貯鹽之為物飲食所資務在潔淨敖宇隘陋不能容
頓諸場津般到買納監不得交秤留船以待於是舟人
盜糶以糞土今若令於買納監添置鹽廒遇有鹽至即
時分交無使稽留則善矣臣謂鹽者自然之貨不勞民
不害物而為富國彊兵之本今日敗壞是有司之罪也
望詔淮浙提舉官講求利病將四弊措置條具以聞然
後審訂而行之庶濬利源以圖實効詔下淮浙提鹽
官講究弊病條畫具奏　二月二十四日權戶部侍郎
卷九千七百九十一　四千五
邵大受言淮浙買納亭戶鹽本係支鹽倉收到客納措
留等錢緣私鹽盛行侵奪客販致積壓官鹽支發不行
因致拖欠亭戶本錢浩瀚又諸場公然違法省則外大
搭斤重暗虧課息今措置下項一拖欠亭戶本錢除依
紹興二十九年三月五日指揮已後秤買亭戶鹽就秤
下支還外其已拖欠舊錢雖已有指揮分限帶還今欲
乞朝廷特降指揮權將客人每袋合納通貨錢五貫文
內措留三百文就鹽倉送納專一樁充帶還舊欠本錢
一鹽課所入資助朝廷大計全籍所屬屏禁私販則課
入自然增廣今比較得浙東一路產鹽州軍如紹興府
最係人煙繁盛去處在城并倚郭兩縣一歲住賣鹽止

州一作路
務一作場

及十六萬餘斤其不產鹽處且以衢州并倚郭縣每歲
買及三百餘萬斤婺州并倚郭及東陽縣每歲買及五
百萬斤比紹興府多三四十倍灼見紹興人戶盡食私
鹽提舉司坐視畧無措置乞下浙東帥臣同提舉官公
共相度措置申取朝廷指揮一已降指揮許逐路提鹽
司互相糾察將大搭斤重鹽袋收買在官開申原支發
場分令承都省批下浙西提鹽司申去年客人入納秀
州鹽鈔虧少支發遲細遂委平江府都稅務監官買到
客人一引鹽三袋係紹興二十七年二十料一字號通
州鹽倉支發內二袋各多七十九斤一袋多六十七斤
本部乞將本州當職官吏重作行遣庶幾有以懲誡詔
並依通州支鹽不當官吏令本州提刑司開具職位姓
名申尚書省　三十年五月二十六日提刑司具到官
吏職位姓名監官二員各降一官專秤從杖一百勒停
　二十八日廣東提鹽司言秉義郎高立前監廣州靜
康大寧海南三鹽場任內同專典宋初招置到鹽戶莫
演等六十二名竈六十二眼乞推賞事戶部據榷貨務
指定照得淮東提鹽司昨創行興建泰州梁家垛鹽場
計一十一竈每歲煎鹽四萬餘石上中下等官吏一十
一人承紹興五年四月二十五日指揮上等提舉官一
名減三年磨勘中等屬官及監修置場官共五人名減
二年磨勘下等人吏一十五人內四人各減一年磨勘

一十一人令本司犒設一次又照得淮東提鹽司人吏
逐時鹽課增羨承降指揮等第犒設職級絹一十二匹
手分七匹貼司五匹令來監官高立專典宋初招置到
鹽戶雖增置竈座數多緣每歲止煎到鹽三千餘石若
不比附降等量行推賞又慮無以激勸欲將監官高立
比附淮東監修置場官降一等減一年磨勘專典宋初
令廣東提鹽司依淮東手分體例犒設一次從之　二
月十九日提轄榷貨務都茶場史俣言近來獲到私鹽
其透漏去處避免責罰卻計囑元捕獲官司於解狀內
添入姓名稱同共申解望嚴賜立法刑部指定透漏地
分若計囑捉獲官司希求功賞已有詐冒功賞斷罪除
條法外若係入名申解欲乞比附在法詐為官文書及
增減者杖一百斷罪及令後州解應捉獲私茶鹽若將
透漏地分受計囑妄入姓名同狀申解其元保明官司
從杖一百斷罪從之　四月十九日廣西提舉鹽司言
保明到通判欽州李維屏因驅磨遞角因下抵掉寨搜
捉到私鹽二萬六千餘斤準遞增賞格合該轉一官減二
年磨勘戶部看詳雖無似此賞過體例若不因本官搜
捉無緣敗獲今欲比附舊格減半推賞與減二年磨勘
從之　五月四日浙東路安撫提刑提舉官言奉詔措
置禁絕私鹽內一項乞州委知通縣委知縣將自來停
塌接引販賣私鹽破落戶盡行籍記姓名約束今後不

日一作目

二一作一

得私販如兩經有犯不得以多寡除依法斷罪追賞外
日下屏逐出界從之　十二日金部郎中路郴言近來
鹽場官自將錢物詐作他人或令親戚及縱親隨放債
與亭戶取利却將支到本錢在外抑勒就還望下刑寺
參照監臨官放債條法增重禁約仍許人告刑寺擬大
理寺參詳在法監臨官放債者徒二年監臨之官受所
監臨財物八匹徒一年八匹加一等五十匹流二千里
乞取加一等彊乞取者准枉法論欲令後州縣鹽場監
官放債與亭戶罪輕者依監臨官放債法徒二年計贓
重者即依乞取監臨財物斷罪並許人告從之　七月五
日詔已降五月四日指揮淮東安撫司措置沿海籍定

漁業海鹽之家應管舟收買鈔鹽不買者立賞告捉令
監司守倅撿察每年住賣及魚業船入納鹽數比較竊
慮苛細擾擾可令寢罷　八月十一日宰執進呈楊倓
乞禁戢私監重立賞事上曰私販之禁非不嚴備第官
司奉行失信耳朕聞鹽寇所販多以大風雨夜用小舟
破巨浪潛行般置巡尉素不諳熟豈肯冒不測之淵以
冀賞給哉使所捕者皆此等輩當賞不踰時以示之信
若其圖升合之利以為活自可恕也　九月二日臣寮
言觀今日產馬之地無出於川廣國家於廣西買馬歲
額增損無定如帥臣沈晦任內一年之間計買發馬亙
三千匹今歲率不及二千足若欲增置千騎且以中價

計之亦不下十餘萬貫況皆用本路諸州上供錢買銀
每兩三貫或四貫以上折與蠻夷每兩只作二貫文足
計一歲之間銀價虧折不知幾萬貫臣竊見廉州白石
場歲額賣鹽六百萬斤又雷州諸州產鹽去處歲歲般
運赴白石場貯積不知其幾千萬斤皆係歲額之外無
所發泄願令廣西帥司同提舉鹽事司相度計置搬運
於橫山寨堆貯以備博馬之用以無用為有用也詔令
廣西帥司同提舉鹽事司疾速相度措置申尚書省
十一月二十二日權發遣福建路轉運副使王時升言
竊見戶部催督鈔鹽錢二十五年至二十八年共拖欠
十五萬緡此錢盡是州縣侵使官吏皆已替移無處催

理欲望朝廷許將前項拖欠鈔鹽錢盡行除放令轉運
司那融代納實為均濟從之　三十一年四月二日臣
寮言竊見廣西運司比年以來變稅折錢不問州之遠
近稅之高下盡行支移折變如化州額管稅米八千石
每歲科折六千五百石於容州送納每石折錢二貫六
百文足而化州每歲合支遣一萬五千石却令本州招
和糴一萬石充歲計每石支價錢四百文足亦只於稅
戶均糴化去容六程民之貧苦奔走深可憐憫累申運
司不從所乞究其源則無他蓋廣西漕計米權鹽以前
全籍鹽利日前漕司惟見所積之多州縣寄樁亦厚頗
有羨餘全不思於鹽利內撥去歲計更不申陳洎自搉

珍一作殘
王一作汪
客一作官

鹽之後利歸他司漕計漸虛寄樁亦竭遂變稅作錢誅
求百出民日益困殊不察炎荒地廣人稀不可以他路
比欲望下戶部於廣西一歲榷鹽之數內撥一半付運
司充歲計支遣免行科折寬一路二十五州之民消珍
盜賊詔令戶部看詳　八日侍侍御史王澈言訪聞漳
漳州鬻鹽一事重為民害嘗詢究之而得其說頃年陳
敏一軍駐于漳財用匱有闕也州郡從權鬻鹽以給其
費令此軍移泉久矣而鬻之如故中間雖罷而復興百
姓屢訴而弗察蓋於村郭分十有八場場有使臣為監
官下有守把兵卒之屬將民戶編排為甲月赴諸場買
鹽定其等第限以斤兩深山窮谷鰥寡孤獨之人舉無
遺漏闔境騷然伏望專委本路提刑司詳度利害如所
收錢不係起發贍軍即申聞朝廷特與住罷無使一方
怨讟有傷至化從之　二十二日權戶部侍郎錢端禮
等言客販淮浙袋鹽比年以來般運腳費為多所得利
薄理合量行立限加饒欲除今日已前算出鹽鈔外立
限一月許客鋪入納每五袋加饒一袋一本務合納正
錢通貨錢共一十七貫三百文並與全行免納以為優
潤其建康鎮江府榷貨務候令降指揮到日理限加饒
從之　六月二十二日兩浙運副王時升言竊見福建
路鹽本錢係轉運司支撥與福州興化軍嶺口等倉監
官公吏兌那侵欺亭戶寔不曾得戶部申乞將福州海

卷九千七百九十一　五十

千一作王

口嶺口興化軍涵頭三倉收支買納鹽并鹽本等錢應
干案歷干照並令正監官與催煎官同共書押如有移
易侵借他用並一例書罪催煎官或有事故於本縣丞
簿內差人兼權從之　十二月二十九日臣寮言伏見
紹興府餘姚縣其地產鹽頗多私販因以為盜自眉山
廟山則其並海之地客舟所輳集也紹興二十九年詔
於明州水軍撥二百人就眉山廟山置寨每季一更瀕
海之民自是始得安居未幾二百人者移屯三江却於
衢婺二州取土軍一百人以代之差指使二人以為統
轄海中出沒非土軍所能制指使權輕其下易之數犯
階級至起訟訴欲望因眉山已成之寨置巡檢一司選
募
土軍水軍通一百五十人使之往來巡警其費較之今
日所加益無幾也創造之初乞令本路安撫提刑司自
辟舉巡檢一次使之隨事措置為永久之利從之　已
上中興會要

卷九千七百九十一　五十一

七一作十

宋會要鹽法十

紹興三十二年七月九日（孝宗即位未改元）権貨務言客人如未投兩浙路鹽倉文鈔願改揭往浙東鹽倉支請者乞許從便從之　隆興二年十月七日権貨務言昨因淮東路積鹽數多已降指揮客人已未投下兩浙路監倉文鈔許改揭往淮東路鹽倉支請緣淮浙文鈔係三務場分定州府給賣內行在賣通泰高郵軍楚秀溫明台州鈔以十分為率內四分用見錢六分輕齎建康通泰州高郵軍楚州鈔每袋通貨錢五貫文用見錢外餘許用輕齎鎮江賣臨安平江紹興府鈔並許用輕齎係是金銀會子之類比之見錢大段省便若客人於鎮江算請鈔一袋合納正錢通貨錢一十七貫六百文足只用銀五兩三錢每兩官價三貫三百文入中其市直只三貫文入中其市價收買每袋先贏錢一貫五百文更不須擘劃見錢是致算請淮鈔之人往往買銀就鎮江算請浙鈔改揭淮東支鹽比之品搭見錢於行在建康并算鈔委是大段優異竊慮輕重相形有妨本務入納免令後客人於行在算請浙鈔許依前項已降指揮改揭淮東請鹽外若於鎮江算請到浙鈔不許改揭淮東支請從之　八月十三日詔淮南積鹽數多令舟運過江措置六場榷發遣泰州劉祖禮言已降指揮令般發倉場鹽三百萬餘石往浙中支撥必謂緩急不致毀棄且

卷九千七百九十三

一

食貨二七之九

18

三

千一作十

便於商賈買納[illegible]然以祖禮觀之不見其益徒有重費且虜人聞我般鹽必逆料我不能守淮一也淮民見官中般鹽亦謂國家且棄淮二也若運鹽過浙中兩處所費不下五六十萬三也鹽必得屋三四千間方可貯積重擾浙西四也淮鹽本上江客人所販若江淮有警即客旅不通五也若賣得淮鹽即浙鹽發泄不行六也竊謂朝廷費五六十萬緡而有此六病曷若將錢五六十萬緡招兵而守此通泰之地乎若必欲便於商賈販（賈）則莫若令上半年支淮鹽下半年支浙鹽則朝廷無一毫之費而公私兩便戶部以謂本官所陳前項六病既難般發不若仍舊乞下淮東浙西提舉茶鹽司照會住般從之　十月十八日詔光州紹興三十二年任賣鹽貨權免比較候至紹興三十三年正月為始依已降指揮以二十七年任賣過鹽數為則比較賞罰從光州請也　十一月十四日兩浙路轉運判官陳漢言通州鹽限一季每十袋加饒一袋給賣從之　隆興元年三月三十日戶部言通州積鹽浩瀚自加饒後雖發泄通快緣見在積鹽尚多欲再展限兩月加饒從之　孝宗隆興元年正月十九日士庶封事鹽場之弊一曰兼并之家侵刻小民陰奪官利二曰巡捕之官容縱偷竊公然私販三曰支鹽倉侵漁鹽場增擡斤兩四曰買納場不謹火伏虧失盤數五曰以本錢借豪富六曰以賞典歸支

卷九千七百九十二

二

食貨二七之一〇

而一作面

倉何謂兼并之家侵刻小民陰奪官利且亭戶趁辦官
課不欲以賦役妨之故科數徭役悉行蠲免止有二稅
又折盐錢官為代納在法所納錢合於煎出額外盐數
别項折納今則不然但於合買正數裒同剋折不復分
額之內外至有物業高彊而本戶所煎之盐乃與下戶
不相上下比年更有他縣等第將逃亡亭戶代名入甲
規避稅役尤為深害下戶之利既被侵奪國家課入又
為攘取何謂巡捕之官容縱偷竊公然私販且每場必
有巡檢以為警察并起盐之時監董入監為巡檢者多
不識字悉由寨司亭戶每發私販反為外護萬一他處
敗獲則多持賄賂計會入名謂之同獲遞互相庇不以

卷九千七百九十二　三

為怪何謂支盐倉侵漁盐場增擡斤兩且以舊法言之
如一州有管盐場四處各已立定多寡之額分為甲乙
丙丁四等每遇客旅支盐隨其分數謂之品搭支撥後
姦弊日滋許令客人指場投請支倉人吏因緣為姦遂
與客旅通同揀諸場盐袋斤兩高者方行投請遂場之
盐憚於停留各欲發泄至有添二十斤或三十斤在袋
遂至諸場賠失官盐無從而補唯於亭戶處重秤浮盐
引惹詞訴何謂買納場不謹火伏虧失盤數且煎盐之
後自有成法盤分三等各有次序官置蘆場亦有畮步
不相侵越如一伏時煎盐若干起火伏火皆有定時每
遇起火催煎場申滷瀝纔候住火即時拘收停泄在場

伺候乾白近來催煎更不鈐束火候容令亭戶占據盤
竈不問次序以致貧下之人積柴在場不得煎煮兼舊
日所煎之盐每盤有數以五百斤為額中間裁減已作
三百斤今則不然盤重者不過二百斤其間多有一百
斤以下者所餘之盐既不到官公然私販欲課額之數
得乎何謂亭戶不得本錢反利豪民且買納舊法亭戶
有盐到場秤盤既畢即時支還本錢近來錢在支倉百
端艱阻隱匿窠名樁留在庫却與民戶徑經上司指定
名色擅行借貸以萬計是致下戶有盐在官積欠本錢
不可勝數何謂以賞典歸支倉且支倉之職不過受諸
監所發之盐而為之交收據客旅所入之鈔而為之支

卷九千七百九十二　四

請其賞則重至於買納之官謹火伏嚴盤次以杜私煎
戒催煎飭滷瀝以防疎失以至買納應法裝發及時拘
轄等第優恤下戶如此尚不免虧折之責有課額雖辦
而賞典莫及者則安能使之究心職事乎大抵盐之為
弊其多如此乞措置施行戶部尋下行在榷貨務勘會
在法盐場亭戶二稅以額外盐準折仍三年一次推排
據人丁事力品量陞降煎䀋盐數如隱減不實依違戾
鹽法徒二年斷罪若將煎到盐折還私債從私賣法所
煎盐柴蕩不許作契生當巡尉下弓兵通同隱庇私販
或自行販賣許地分保伍及諸色人赴州縣長官廳寄
切陳告其監場秤買亭戶盐貨依法兩平交秤每袋以

角一作用
赴一作付
製一作掣
實一作買

三百斤裝角發赴州倉隔手秤製從下編排堆垛以千字文爲號從上支給不得點揀違者杖一百受贓以自盜論如敢大搭斤重實納支鹽官吏並依私鹽法鹽場煎鹽確定逐竈火伏盤數置立簿歷凡起火住火竈甲頭申報火伏日時抄上簿歷催煎官躬親監守煎煉盡數拘買入官如賣所隱縮火伏鹽論如煎煉私鹽法其本錢就秤下即時支還仍令監官逐時躬親體度條闕乏之人方許借貸若將豪戶妄作闕乏借貸官錢即是奉行鹽法違戾其鹽場監官年終比較增羨各有立定賞格今欲下淮浙提鹽司檢坐見行條法嚴切行下約束所屬常切遵守仍從本司不時點檢覺察將奉行違戾去處按劾以聞從之

卷九千七百九十二　五

五月三十日詔溫州諸場賣鈔鹽再限半年照應已降指揮加饒給賣以浙東提鹽司申溫州諸場有管積鹽雖立限半年加饒給賣今限滿發泄未至通快乞再限展故也　九月二十四日詔紹興府諸縣隆興元年住賣茶鹽及批發茶引依紹興二十八年例權免比較課額從知府吳芾請也　十月二十六日詔鹽場官武臣不許差軍班并流外人內有合措置事令戶部條具　十二月十三日戶部條具下項一買納鹽場容縱公吏侵漁亭戶不以時支本錢及有減剋又納鹽限滯違法重斤以致亭戶不願納官鹽令欲下淮浙二廣提鹽司福建轉運司約束施行一買

納鹽場發鹽赴州倉納鹽途中滯留州倉鹽專不即交納般稍人等掃袋偷竊暗耗官鹽斤數或以沙泥夾雜充足以致客人興販折閱不願請買今欲下淮浙二廣提鹽司福建轉運司禁止施行仍令後發鹽須管計程立限運赴鹽倉即時交納一廣東鹽味鹹厚故易售廣西鹽味淡薄故難售廣西措置應販到廣東鹽鈔並先拋賣廣西鹽鈔方許賣鹽廣西鹽鈔未必能售併與廣東鹽鈔滯之矣欲行下提舉司參酌利害應兩路鹽鈔通融販賣如或拋賣廣西鹽鈔不應立定限數止合勸誘承受帶納一諸處置場差官太多既有監倉官又有買納官又有催煎官又有管押袋鹽官又有支鹽官多是堂除權要子弟不曾銓試之人及武臣有力者不曉民事可委提舉司相度減罷或鹽利浩大去處合與存留竄闕止許吏部作選闕注經任人仍不許差武臣從之

卷九千七百九十二　六

二年正月九日詔廣西路榷鹽賣引錢每歲一十五萬貫特與蠲免兩年自隆興二年爲始　同日江淮都督府准備差遣李椿言雷化高廉四州係產鹽之地乞聽小民般販食鹽於境內貨賣其入州縣者中賣入官充變轉食鹽中賣價錢每斤二十文出賣不得過四十文金部以謂廣西產鹽州二分官賣食鹽如非產鹽地分亦許客販見今收買亭戶鹽貨每斤十八文足官賣鹽斤五十文省緣前項立定錢數見今遵用欲下廣

西提刑司照應見行條法施行從之　二十五日臣寮言諸路客販鹽貨間有虛增袋數紐計價錢妄立牙保限約作債負放與無徒不逞之人既至違限逋欠輒興詞訴理索紊煩州縣詔日後如有似此之人其斷罪告賞並依冒茶鹽理債已降指揮　二月六日潭州黄祖舜言湖南人戶少欠客人鹽錢輒敢折人男女充奴婢乞以徒罪論斷刑部言如人戶少欠客人鹽錢其客人輒折其男女充奴婢者欲比附以債負質將人戶杖一百錢物不追條法斷罪從之　六月八日詔訪聞臨安府城内外多有不畏公法之人興販私鹽及結託貴勢之家倚為主張公然貨賣令臨安府重立賞錢嚴行緝捉日後有犯如係貴要之家令御史臺具名彈奏

卷九千七百九十二　七

八月九日吏部侍郎淮東宣諭使錢端禮言浙東一路財用惟鹽司所入最為浩瀚日前年分浮費失陷至多尋取索到本府紹興三十二年取撥過見錢八十七萬九千八百三十貫一百八文隆興元年六十五萬五千三百七十六貫九百八十一文隆興二年正據本司申納過二十萬貫赴左藏庫送納其錢並是借剩鹽本實餘之數若不立定額拘收竊慮日後失陷乞自隆興二年為數令淮東鹽事司每歲拘收鹽本寬剩錢六十萬貫令淮東總領所驅催發赴本所樁管別置庫眼文曆非奉特旨不得移易借兑如違制論從之　二十日詔福

建路州軍應煎鹽亭戶科敷色役仰照應江湖淮浙京西路已得指揮一體施行即不得受情將兼并豪右之家及不係煎鹽亭戶一例作亭戶名色蠲免從福州連江縣請也　十一月十五日提舉廣東茶鹽司言廣州博勞場官富場潮州惠來場南恩州海陵場各係僻遠所產鹽貨微薄所收課利不足以充監官俸給今欲將四場廢罷撥附鄰近鹽場所管内廣州博勞場撥附海晏官富場撥附疊福場潮州惠來場撥附隆井場南恩州海陵場撥附雙恩場印逐場通認鹽額催煎買納鹽貨其監官亦行減罷依舊法差本州不許差文武官或職官一員兼監給納鹽貨從之　閏十一月二十二日

卷九千七百九十二　八

戶部侍郎朱夏卿等言客販淮浙鹽比年以來般運腳費為多所得利薄理合量行立限加饒欲除今日已前等出鹽鈔外立限兩个月許客鋪入納每十袋加饒一袋以為優閏其建康鎮江府榷貨務今降指揮到日立限加饒依此算請從之　乾道元年正月二十三日戶部言客鋪算請三榷貨務淮浙袋鹽已降旨立定加饒令已限滿竊慮客旅尚未通知今欲更與展限一月加饒算請從之　十二月十六日德音楚滁濠廬光州盱眙軍光化軍管内并揚成西和州襄陽德安府信陽高郵軍鹽場亭戶因避人馬或被害之人見停廢去處仰提鹽司親行巡歷點檢措置詔誘人戶借貸粮米本錢

應副起竈煎煉常加存恤　十八日臣寮言淮南歲額
一千二百餘萬緡承楚支發纔十之二而通泰最為浩
瀚令承楚小攖於通泰諸場固自無害者若不從權措
置徒致商賈不行望下提舉司權於真州置倉將通泰
鹽綱就彼出卸詔令周淙向均同共措置起置　明年
六月十六日詔專委向均於真州踏逐地段蓋造均言
近計料起蓋真州鹽倉共合起蓋鹽數二百八十間并
廳事錢庫司房物料庫備卸屋等共計三百二十七間
若仍舊存留通泰州高郵軍舊倉即不消全行蓋造欲
將元料鹽數二百八十間以四分為率先次起蓋一分
七十間錢庫備卸屋并減半通泰楚州所產鹽貨各州

卷九千七百九十二　九

場分多寡不等欲將通泰楚州打到袋鹽各以十分為
率數內合行分撥二分運赴真州鹽倉支發如有不足
舟船只依所乞從本司和雇一分定般運各州鹽綱舟
船並以空綱到買鹽場岸下先後資次裝發通泰州高
郵軍舊鹽倉支鹽見收客人水脚錢令眾和雇般戶令
於水脚錢內支泰州海安場欲每袋支六百文如皋場
每袋支六百五十文西谿場每袋支七百文通州場每
袋支八百文楚州鹽城場每袋支七百五十文今來客
人若只就真州鹽倉支鹽減省通泰等州地里盤費脚
乘所有官中和雇船戶合支水脚錢自來係客人出備
欲乞令就真州鹽倉請鹽客人每袋送納錢五百文省

專充運鹽脚乘支使所有不足錢數依例於袋息錢內
相兼支使從之　乾道元年正月一日南郊赦四川民
戶鹽井其間有年歲深遠泉脉短縮寔不可煎輸家貧
無以償納往往虛負折估重額雖累陳乞棧閉官司不
為施行理宜矜恤可令逐路監司將似此去處相度詣
寔依條棧閉施行不得依前逼抑違戾　三年十一月
二日六年十一月六日九年十一月九日南郊赦並同
此制　同日赦淮浙鹽場亭戶虧欠鹽數已放至紹興
二十九年可將紹興三十二年已前拖欠未補數目令
提刑司取見如委實不能補趁並與蠲放　三年十一
月二日郊赦放至隆興二年六年十一月六日郊赦放

卷九千七百九十二　十

至乾道二年九年十一月九日郊赦放至乾道六年
三月十二日廣東提舉鹽事石敦義言廣州賣鈔庫准
給降廣東路廣惠潮南恩四州鹽鈔共五十萬貫計鹽
九萬九千九百九十九籮已賣及一半尚有一半鈔引
本司見招誘入納算請乞再印給廣東鹽鈔引五十萬
貫應副接續算請從之　五月二十三日提舉兩浙西
路茶鹽公事姚憲言祖宗舊法支鹽本錢分上下次先
以上次五分發下催煎場呼名支散貧民下戶均沾本
柄下次五分留買納場候發鹽到秤見寔數却行貼支
行之久遠歲有增羨至紹興二十九年指揮作料次支
撥下買納場樁槊就秤下支還緣催煎地遠內有貧乏

下戶無力守等交秤支請本錢上等有力亭戶一狀有
請數千貫者下戶有經年不得本錢亭場敗闕不免逃
移乞詔有司遵依祖宗舊法從之　六月二十一日詔
諸路州軍不得造酒科配鹽亭戶及諸般數擾從淮南
東路提鹽向均請也　七月十二日詔明州催煎官右迪
功郎劉靖民右迪功郎洪栰右迪功郎毛大椿右迪功
郎邵岳並放罷知明州昌國縣兼主管昌國縣鹽場官
左奉議郎王存之明州通判主管鹽事官右朝奉郎曾
述各特降一官以兩浙東路提舉茶鹽司言明州鹽倉
發鹽稀少壓占資次在倉不得支請故也　八月十二日
冊皇太子赦淮浙鹽場亭戶合支鹽本錢訪聞多是提

卷九千七百九十二　十一

舉司并本州主管司當行人吏通行邀阻不與依時支
給或容干請計會方行支付分數減尅其逐場率多科
擾及衷私將鹽本錢以公使為名妄有支費以致亭戶
貧乏有虧鹽課可令提舉官躬親前去逐場檢察嚴行
約束如見有未支本錢仰當官點名逐一盡數支還若
尚敢蹈習前弊將當職官吏按劾以聞人吏剋減並行
決配如違令來赦降指揮許鹽亭戶經尚書省越訴當
議重實典憲　十七日詔向均職事修舉鹽課增羨特
與敘元官　九月十五日臣寮言三榷貨務每年客鋪
算請鹽鈔每袋合納錢一十七貫有零欲每袋添錢三
貫文戶部勘當欲令行在并鎮江建康府榷貨務自今

降指揮到日為始增添給賣施行應今日以前客鋪算
出鹽鈔已未納投在倉者每袋依此增添聽客人從便
就三路或諸州主管鹽事應貼納仍於鈔引上用印號
聲說訖方許於鹽倉依元投鈔資次支鹽其請鹽資次
謂如甲未有錢貼納許令乙貼納攙請客人般販到見
在鹽袋令客鋪限三日經官自陳州委主管官縣委令
丞限十日依應貼納仍從所委官批鑿隨鹽文引訖方
許出賣見今客算文引每貫收頭子市例錢二十二文
鈔回頭子錢一十文雇人錢一文今來並皆依舊所有
新添錢數更不紐計添納其已請出見賣撒鹽與免貼
納仍仰所委官檢察即不得將來折袋鹽一例開拆如

卷九千七百九十二　十二

違並依私鹽法斷罪告賞施行從之　其後總領淮西
江東軍馬錢糧楊倓言自准上件指揮之後並無客人
算請遂責據書鋪供據客鋪在外孽劃見錢貼納已前
算出鈔鹽是致未有入納今乞將日後已未到倉鹽鈔
每支新鈔一袋對支貼納鈔一袋從之乾道二年七月
五日詔今後貼納鹽錢每袋三貫並納見錢十一月一
日詔納賣鹽鈔所添錢三貫永為成法日後更不增減
　二年正月十八日詔通泰真州高郵軍鹽倉押發袋
鹽官並遵從紹興二十八年八月八日指揮於三州使
臣內選擇畏謹有心力可以倚仗之人差撥管押從淮
東提鹽司之請也　二月六日新通判常州胡與可言諸

般一作船

鹽一作監

路茶鹽住賣每引措留錢五十文以為捉私鹽賞錢約計諸路州縣所得歲不下十餘萬貫前後措留錢並見州軍充賞給支用止係將販人舟般之物抵賞其所得之錢鹽司州縣人吏公共護隱侵盜支破乞下逐路茶鹽司計歲終已賣之數將措留錢發納上供戶部言元降指揮每州縣樁留錢一千五十貫充私茶鹽賞錢至歲終盡數起發赴行在榷貨務都茶場送納今欲立式行下諸州縣如當年分樁剩錢不曾支充賞錢即合次年收到盡行起發或已支盡即次年別樁或支不盡即次年貼數湊樁餘數並令起發從之　四月十五日詔通泰州高郵軍鹽倉鹽官依舊推賞外其真州鹽倉任滿數額及無積留特與減二年磨勘如考內比額有虧通一任雖無虧欠即更不推賞從淮東提舉司申明也　五月二日詔行在榷貨務都茶場將建康務場合應副淮東鹽鈔之數改降鎮江務場入納每季別印降淮鈔三十萬貫隨公據差人管押赴鎮江務場應副客人筭請自今年秋季為始　其後淮西總領楊倓言鎮江府務場給賣浙鈔建康府務場給賣淮鈔行之三十餘年客人請筭委得利便蓋淮浙鹽鈔兩處請買已是經久一旦更改致客旅不便乞將本所每月見認淮東公據十萬貫印給往付本所措置其淮錢乞更不給付淮東總領所請　六月十一日戶部言被旨諸路發納綱錢以二分會子八分見錢起發本部今參酌到見行

卷九千七百九十二　十三

筭請錢引舊法下項一行在榷貨務都茶場筭請依自來指揮茶鹽礬見係六分經齎謂金銀關子四分見錢目今多用會子乳香八分輕齎謂金銀關子二分見錢目今多用會子至左藏闕少見銀品搭支遣今欲將前項合納四分二分見錢分數各以搭分為率許用五分見錢五分會子筭請一建康榷貨務都茶場自來除每袋五貫文通貨錢並納見錢外餘以金銀公據關子入納所有合納通貨見錢五貫文其間多用會子今欲令納一半見錢一半會子筭請一鎮江務場應入納茶鹽香礬並聽客戶以金銀見錢公據關子從便筭請欲只依舊法從之　七月六日臣寮言淮浙亭戶舊法父祖曾充亭戶之人子孫改業日久亦合依舊鹽場充應比年以來以鹽本錢支散愆期遂使亭戶多有私賣捕盜官捉獲有司一例盡行配往他處遂致諸場亭戶日漸稀少虧損課額今後亭戶有販私鹽乞將外來興販人比見行條法量行加等斷罪外其亭戶比徽軍器所工匠斷罪條法斷罪依舊押歸本場充下名亭戶收管詔戶部看詳并淮浙提舉司相度以聞戶部下大理寺看詳鹽亭戶犯罪情理輕不該編配之人依法斷訖自今押歸本場已得允當從之　八月四日戶部言客販淮東袋鹽其鹽倉合納措留鹽本等錢緣見錢不許渡江依已降指揮令客人將納合指留錢就行在并建康府

卷九千七百九十二　十四

權貨務兑換淮南交子前去請鹽令詢客人多有見在淮東州縣營運收息舊来將合納損留錢就便以所收息錢送納今来若止令客人就務場兑換交子竊慮拘制妨阻入納今欲乞行下所屬曉諭客人如有似此江北州縣已有見錢者聽從便送納損留錢除依已降指揮兑換交子前去請鹽從之　九月二十一日淮南東路提舉常平茶鹽公事俞召虎言欲行下諸場將亭户結甲遞相委保覺察如復敢私買賣許諸色人陳告依條給賞同甲坐罪如甲内有首者免罪亦與支賞仍責催煎官鈐束起任火伏盡數起發赴場不得容留在竈如違催煎官坐罪有差其地分巡尉根究透漏依條施行從之

卷九千七百九十二　十五

乾道四年正月十一日詔福建上四州將紹興三十二年以前積欠鹽本等錢並行除放其隆興元年以後所欠令轉運司專一拘催責限發納　兩浙路計度轉運使沈度奏事上宣諭曰前日觀卿所奏鹽事甚詳朕已盡蠲十五萬緡以寬民力度奏曰福建上四州之民久以鹽為苦今陛下一旦盡捐之深得聖人藏富於民之義上曰朕意欲使天下盡蠲無名之賦以養兵之費未能如朕意度奏曰陛下惻怛愛民出斯語固已與天為一矣四海九州孰不欣戴　六月四日詔廣西鈔鹽舊係本路轉運司出賣自乾道元年因曾逮申請併歸廣東走失鹽課民受困弊今已別行措置自今

司作事

鈔行錢

後廣西鹽課令本路轉運司自管認出賣廣東提舉司更不干預　先是度支郎中唐瑑言廣東鹽引錢拖欠幾八十萬緡緣嚮来二廣鹽事分東西兩司而東路之鹽往西路者乘大水無磧之阻其勢甚易廣西之鹽場出止是小水又多灘磧其勢甚艱故常為東路鹽侵奪昨来廣西自作一司故鹽課不致虧減今来既罷廣西鹽司併入東路則廣東之鹽公行無復禁止廣西鹽場遂至住煎坐失一路所入乞取舊法施行乃故有是也

同日詔廣西鹽錢令後更不給印依舊撥還轉運司竘與諸州官般官賣仍舊令本司管認息錢認發二十一萬貫内將三萬貫給靖州八萬貫充經畧司買馬餘十萬貫撥充鄂州應副大軍支遣其本路見拖下未曾賣鹽鈔仰本司拘收繳赴行在送納　是日宰執進呈看詳廣西鈔鹽利害蔣芾奏曰鹽利舊屬漕司應副諸州歲計自賣鈔鹽漕司遂以苗米高價折鈔又有招糴和糴之名民受其弊令朝廷更不降鹽鈔只令漕司認發歲額二十一萬緡則漕司自獲鹽息折米招糴之弊皆可去劉珙奏曰此事與福建鈔鹽一同免福建鈔鹽民間無不鼓舞今廣西亦然想見遠民猶更受賜上曰極是故降是詔　八月十七日知温州王逨等言温州管下南北天富監永嘉雙穗長林場並產鹽去處見今依祖額每年買納自初置鹽場唯籍處州客旅鋪户就場

卷九千七百九十二　十六

鹽一作監

八一作一

筭請袋鹽并本州四縣住賣別無他路發泄客鈔稀少究其利病蓋緣改置州倉其監官專稱暗增秤勢不無病獘今相度逐州支鹽倉有害無利今若罷去州倉依舊就場支請守倅撿察不得高擡斤重則其利有八一就場支請較之州倉人獲其便自然數多其二省減押袋官與添差鹽倉官稍手吏徒靡費其三免於交納之時暗增秤勢若亭戶其四不須差雇民戶艚船循環騷擾其五既不運入州倉則般鹽脚子無由在路偷斡雜以偽濫影帶私商自然息絕其六不入州倉且免般剥銷折之患其七亭戶就場得錢免有登涉道路就州請領使用裹糧之費其八官鹽盛行私鹽稍息且免終

卷九千七百九十二

十七

歲捕獲鞭笞之酷從之先是元年八月權發遣溫州袁孚言本州鈔鹽從前就場支發自紹興二十八年始再置州倉令計州倉所支比鹽場支數大段虧減乞依舊就場支發至是王逨復請遂有是命　五年正月七日詔高州創置博茂鹽場監官一員作小使臣窠闕以監高州博茂鹽場為名以知高州曹訓之請也　六年正月二十二日提舉淮南東路茶鹽公事俞召虎言淮東路鹽場依祖額每年煎賣二百六十八萬餘石至乾道五年終積下散鹽一百六十餘萬石今措置欲於積下散鹽內取撥一十萬碩打角二萬五千袋均下行在并建康兩榷務給賣從之其後戶部尚書曾懷言淮東截

日客人投下貨次未支鹽共二萬六千餘袋今來若令別項給賣前項積下散鹽竊慮侵損歲計欲將上件積鹽盡數打袋令行在建康榷貨務召客鋪筭請每三十袋許買積鹽二袋其收到積鹽鈔面錢依已降旨赴逐處椿管從之　二月十五日臣寮言乞將廣南西路盡行鈔法許東西兩路通販依見行錢鈔法指揮其東西路所收通貨錢若作一貫五百文竊恐鹽價太高兼淮淮浙鹽每袋三百斤計增添者三貫省今欲每籮一百斤增收通貨錢一貫文省與淮浙鹽貨一體一歲均增收錢四十萬貫可以充漕計支用條具下項一照得二廣鹽每籮一百斤納鈔面錢七貫內指留錢二貫文赴

卷九千七百九十二

十八

鹽倉納正鈔錢五貫文赴筭鈔官司納今來於正鈔錢內令添通貨錢一貫赴筭鈔官司送納所有其餘頭子市例脚剩等錢並各依舊更不增添欲下廣州靜江府賣鈔庫自今降指揮到日為始於鈔引上用印聲說增添給賣一欲下廣南提鹽司將客人已投在倉未支鹽及初到倉投理鈔引依此用引號聲說增添貼納通貨錢一貫文訖方許支鹽一自今降指揮到日應客人鋪戶等着有已筭出未曾支鹽鈔引或有已支出鹽未曾出賣者及賣未盡鹽並限五日經官自陳州於主管官縣於縣丞廳增添貼納通貨錢一貫文訖方許出賣若鹽不及一籮免行增收仍許諸色人互相糾告如五日

限外不自陳貼納私下出賣者並依私塩法斷罪追賞
一令來兩路塩通行鈔法並許通販依舊令廣南提舉
塩事司通行管認乞下太府寺交引庫先次印造廣東
西鈔引各五十萬貫仍令鈔引上添入通貨錢一貫文
一所有乾道五年四月十八日每籮增納通貨錢兩貫
文指揮更不施行一應客人若有販過東塩入西路界
曾經貼通貨錢兩貫文者免納前項通貨錢一貫文一
令來廣南復行客鈔仰提塩司多方招誘客旅算請不
得抑令客人帶買及移科與縣道均配民戶一西路截
日終官般官賣塩並各住罷盡數拘收封樁如客販鈔
塩未到仍仰本府縣權將拘收到上項官塩零細依價
卷九千七百九十二　十九
出賣即不得因時科俵候客鈔塩到即時住罷仍令本
路轉運提舉司限半月類聚本路官賣塩數目從長措
置一令來兩道通行鈔法即不見得東西路諸州縣每
歲的實產塩及住賣各若干令廣南提塩司限半月逐
一子細開具詣實供申從之續詔廣西運判髙繹提舉
章潭條具合行事件取旨

七年正月二十三日詔昨降指揮建康
榷貨務帶賣淮東積塩二萬袋令已賣絕令淮東提塩
司更取撥二萬袋令本路依已降指揮搭賣其賣到錢
撥付建康府樁管　三月十六日提舉廣南路塩事司
申照會廣州賣鈔庫乾道六年七月一日准當年二月
十五日指揮給降廣東路廣惠湖南恩四州塩鈔引正
錢計四十一萬六千六百五十五貫計塩八萬三千三
百三十一籮自今年七月七日起賣今據賣鈔庫申已
賣及一半外餘見行出賣緣道路遙遠預行申乞降伏
望早下所屬印給廣東路塩鈔引五十萬貫應副接續
卷九千七百九十一　二十六
給賣戶部尋送榷貨務勘當欲依所乞令將已賣錢疾
速起發從之　十九日詔明州海內巡檢拱偉親獲私
塩被傷特轉一官　是日宰執進呈乞推賞上曰莫是
明州與保明來否虞允文奏曰明州不曾與此人乞賞
臣等看詳奏案見拱偉親率官兵鬬敵被傷遂來巡尉
罕有躬親捕盜故欲少加旌勸上曰此當與推賞在法
何如允文奏曰在法命官親獲私塩一火五千斤減三
年磨勘計偉所獲亦五千斤上曰依格推賞允文曰偉
親被傷宜加旌賞故有是命　四月二十二日臣寮言
利路關外諸州連接敵境軍興以來歸正忠義之人與
逃亡惡少之徒皆興販解塩為業比之官價廉而味重

軍府州

人競販賣嘯聚邊境動輒成羣乞將忠義歸正之人有官者朝廷量加優恤或爲添差之類俾稍霑寸祿無官之人與夫惡少逃亡諭以禍福悉令歸農給闢外諸州官田貸之粮食薄其賦役使之各有常産然後督責州縣嚴行禁止曉諭諸軍無復興販則我之井塩無壅滯之患詔令宣撫司措置丨其後本司措置欲下興鳳州兩都統安撫司總領所約束禁止無致少有違犯及分委官前去斷閘私小路不通人跡往還仍將出戍官兵分認地分剗畫界至守把捕捉若有透漏其本地分當職官重作行遣若能捉獲奸細每一名支賞錢五百貫販塩人除依總領所措置給賞外本司量輕重支給犒賞并下安撫司依此禁約乃下三都統嚴行約束沿邊更替諸軍毋令違犯將犯人重作施行從之

卷九千七百九十二　二十七

六年四月 作 四年六月

七年六月二十六日左右司言二廣塩自靖康之後始行官般官賣至紹興年復行客鈔因廣西漕計不足將本路苗米折納價錢每石不下兩貫文足却有苗米外科和糴米每石支價錢五百至六百足乾道六年四月四日始詔罷折米將塩撥還本司依舊官賣和糴米令用塩息錢措置收糴蓋欲寬裕

十

貫一作足

民力而或以謂官般官賣公私被害乾道六年二月十五日遂令廣東西通行鈔法復下廣西運判高緷同提舉章潭條具合行事件將兩司所申看詳下項廣路塩額五十萬貫廣西路塩額四十萬貫歲額一體起辦應副兩路歲計一兩路額計十八萬籮每籮增收一貫文作通貨錢充西路漕計錢就欝林倉支塩更納般脚錢一貫二百文省每籮共納二貫二百文米路塩納漕計錢一貫文省若遇運塩入西路每籮更合納通貨錢七百文兩路鈔面合一體開坐聲說一西路塩本舊每籮一貫八百文足官吏侵尅名色不一塩丁所得止四百文猶不時給故私販日滋自行官般草去侵尅之弊每籮支錢一貫足歲額八萬籮合收八萬貫足令每籮存留八百足亦計八萬二千餘貫省西路一歲賣及八萬籮始能趁八萬貫之數若東塩塩貨又入西路以乾道二年計之係三萬三千三百九十六籮民食既有限西路決不能賣元數是致逓年虧損課額令欲將東路通貨入西路塩每籮依數撥納所留本錢八百貫以還西路一舊廣西歲計並是折米錢約三十六萬餘貫令住罷折米其高緷所申歲計共用四十五萬三千八百九十七貫有零省與章潭所申數目不同難以稽考緣漕司一年諸州歲計塩額元管四十萬貫後認發二十一萬貫內將八萬貫充經畧司買馬三萬貫應副靖州十

卷九千七百九十二

支一作足

萬貫應副鄂州總領所外尚餘一十九萬又西路額塩一十八萬籮增納漕計錢約計十八萬餘貫及西路存留塩本錢以八萬籮為率每籮八百足計八萬二千餘貫省共計已得四十五萬二千之數歲計之用不得過四十五萬貫內除本路支給効用二萬八千餘貫合行添撥外尚有寬剩二萬餘貫即合均撥應副潤欽州軍以寬民力一石康縣有小江處其一沂流至欝林倉歲差常運官六員客鈔多即般塩赴倉應副靜江藤容梧潯昭賀柳象宜融欝貴十三州支請其一沂流至武利場歲差常運官四員般塩赴倉應副邕賓橫三州博馬今來客鈔既就武林倉支請所納塩本般車脚錢合並依欝林倉體例施行一廣西塩事地里濶遠自合專置一司令既委轉運兼領尚慮棲行不周合專置幹官一員乞差京朝官就石康縣廨宇往來欝林倉點檢仍改作主管官理覕民差遣任滿能禁戢私塩歲額不虧即令兩司保明聚實與轉一官一塩丁本錢每籮既存留八百足外所支一貫足即合支還見錢以恤塩丁即不得以銀折克如違以違制論一欽州管下白皮村舊有鹹土生發煎煉塩貨緣枕近溪洞接連交趾結集興販慮別生事自乾道四年封閉上件塩竈令廣西運司乞依高貴廉雷州例仍舊差官般運蠶村二分塩煎前去出賣應副民間食用令看詳既行客鈔上件地分不合

卷九千七百九十二

自一作同

官般顯屬違戾乞亦住罷並從之　十七日戶部侍郎
提領榷貨務都茶場葉衡言竊惟今日財賦之源煑海
之利寔居其半然年來課入不增商賈不行者皆私販
有以害之也欲禁私販之害當自煑海之地爲之限制
司其大之起伏稽其竈之多寡亭戶本錢以時支散盜
貨委積以時收買又擇其吏之廉勤有才力者往來自
察之如此則雖不必禁捕私販而私販當自絕矣且以
淮東二浙鹽貨出入之數論之然後知其私販之多也
淮東歲額鹽二百六十八萬三千餘石去年兩務場賣
淮鹽六十七萬二千三百餘袋總收錢二千一百九十
六萬三千餘貫然淮東鹽竈止四百一十一所二浙額
鹽共一百九十七萬餘石去年兩務場賣浙鹽二十萬
卷九千七百九十二　二十一
二千餘袋總收錢五百一萬二千餘貫而二浙鹽竈乃
計二千四百餘所以鹽額論之淮東之數多於二浙五
之一以去歲賣鹽所得錢數論之淮東多於二浙三之
二及以竈之多寡論之二浙反多於淮東四之三蓋二
浙無非私販也二浙私鹽侵損國家利入幾十之六七
欲望從臣所乞差官三員分路措置從之葉衡條具下
項一巡尉官兵捕獲私鹽及關防亭竈甲頭并催煎買
納場去處官吏情弊等事罪賞合一依紹興重編勑令
內條法施行一收捉私鹽在法雖不可不嚴亦須亭戶
衣食粗足方可禁絕除已行下提舉司令逐時就時下

如一作邢

支還額鹽價錢外所有額外煎到鹽欲乞就南庫預借
會子二十萬貫分委措置官巡歷諸場逐時依額外鹽
價收買打袋發赴鹽倉支發一令來私鹽盛行往往將
見行條法視爲文具兼官司畧不奉行臣乞差官三員
分路措置淮南一員欲於通州置司浙東一員明州置
司浙西一員秀州置司以措置本路私鹽司爲名每員
於逐路產鹽州軍廂兵內差一十五人及書寫人一名
應副隨行檢視鹽場定逐竈火伏盤數依條置簿歷稽
考其所差官除措置外監督諸處巡尉弓兵捕捉私鹽
如有違慢去處密具姓名申提刑總領所按治施行即
不令隨行人從自行捉捕或至生事其所差官每員除
請受外每月各添給食錢并贍家錢共一百貫文書寫
卷九千七百九十二　二十二
人吏日支食錢五百文軍兵各日添食錢五百文米三
升所收息錢仍依條半年一次比較且將乾道五年賣
得鹽錢爲額如增及一倍以上者申本所覈實取旨推
恩今照得乾道五年淮鹽賣及一千八百萬貫浙鹽賣
及五百萬貫者若一例增一倍推賞竊恐淮鹽所賣數
目已多決無更增一倍之理欲於淮鹽增四分之一謂
如賣一千八百萬令增至六百萬以上之類言合推賞
其浙鹽即乞依法增至一倍其催煎[illegible]賣納場及逐州
知通本路提舉官准此或鹽法州縣及當職官奉行稽
慢違戾或有沮抑者各徒二年並不以去官赦降減鹽

取一作承　六一作七

課增倍亦合令產鹽州軍知州與主管官同賞以鹽事非知州所掌更不留意禁戢私販或遇巡尉解到私鹽即從輕典或以為生事反將捕人違法收禁遂至私鹽盛行令既與主管官一例推賞令後取勘私鹽公事須管依公行遣不管稍有減裂從之　三月一日詔將三榷貨務都茶場收到茶鹽香礬錢各行立定歲額錢數下項行在八百萬貫建康二百萬貫鎮江四百萬貫如收趂及額官吏方得依例推賞如虧不及一分免行責罰若虧及一分以上各降一官吏人各從杖一百科斷其降出外路茶鹽鈔引候賣到錢赴務場交納訖方許理數以戶部侍郎提領榷貨務都茶場葉衡言三務場每

卷九千七百九十二　二十四

歲所收入納茶鹽等錢依已降指揮各行比較如有增羨方合理賞似此須是年年增羨竊慮却將別色錢混雜在內冒濫賞典故立定為額云　十一日浙西提鹽司言乞且令客人就鹽倉送納袋本錢一年自乾道六年為始每袋令客人於鹽倉送納四百文應副支遣提領所言照得每袋用席索工食等錢會計合用二百文以上若不量添錢數扣留竊恐闕悞今欲下本務并鎮江務場自令降指揮到日將筭請兩浙鹽每袋合納袋本錢除扣五百文赴鹽倉送納外其餘並卸隨所筭鈔引赴務場入納從之　五月十三日浙西提舉茶鹽司言秀州場監多秤亭戶浮鹽受綱梢計囑搭帶斤重沿

並一作兼　憲一作恐　般一作船　難一作艱

路偷盜添入水漿泥沙乞將秀州支鹽場倉罷去就各場支發提領所勘當欲依所乞從之　六月十五日詔催煎買納官係以三年為任任滿以三考逐年內煎買到鹽與年額比較其任外零考不及半年以上對比月日比祖額紐計如虧不及一分之人與免比較其零考雖不及半年若比類虧一分即更不推賞　二十一日詔令後應亭戶少闕錢物並許徑赴提舉司入狀借貸以別狀納袋息錢應副却將額外煎到鹽依價折還元借錢　十一月十五日中書門下省檢正諸房公事並權戶部侍郎王佐等言依指揮措置禁戢私販發泄官鹽竊慮鹽數目有限不相接濟有妨支發客鈔令欲乞

卷九千七百九十二　二十五

將淮南俞召虎具到積鹽內先次取撥三萬袋起赴行在所有合用舟般縻費等權於淮南提鹽司見發南庫寬剩鹽本錢內從實約度支破候將來收到鹽錢却依數撥還所取鹽貨到閘或閘未開并有阻淺去處乞委胡堅常措置般運起發前來竊慮舟數稍多難於照管欲每一千袋作一綱周而復始便於措運所是管押使臣兵級令淮東提舉司差撥候鹽到如臨安府都監倉庫眼盛貯不盡欲權於豐儲倉空閒敖內時暫安頓並令都監倉官吏受納管認從之　十八日戶部言浙東提舉蘇嶠等申溫州旱傷乾道五年分任責茶鹽榷免比較賞罰本部令指定欲將溫州乾道六年任責茶鹽以

今六〇今

乾道四年分任賣過數目為遞年數遵依見行條法比較賞罰從之

十二月十六日臣寮言建康府榷貨務近緣客人興販米斛前往上江致入納鹽鈔遲細淮東積壓鹽袋數多據淮西總領周閎措置欲差官般載往鄂州出賣稱提鹽貨候客人入納通貨日依舊令據下項一乞十萬袋鹽本路就榷貨務請買鹽鈔令淮東提鹽司將應管積鹽逐旋打袋日下般運赴真州鹽倉下卸本所和雇舟船募官管押逐旋般運赴鄂州措置出賣每綱以五千袋為率作兩綱收買先於建康府樁積會子內借撥三十萬貫收買鹽鈔候一綱了畢申請支降一所差管押官并和

雇舟船自真州至鄂州一節係五千袋為一綱水脚錢一萬貫火兒特支二百五十貫上下河兩次脚錢五百貫管押官重難糜費錢七百五十貫軍員軍典六十貫總計錢一萬一千五百六十貫文省一所差管押官欲以見任文武待闕寄居諸色官內募差管押每五千袋為一綱將見行押綱賞格參照每米一萬石二千里以上合減三年零四箇月磨勘及押錢四萬貫三千里以上合轉一官若以鹽五千袋般運至鄂州一千五百里以上並係泝流欲與轉一官一鄂州合置倉敖欲令湖廣總領所計置權於大軍倉支撥空閑敖屋安頓差官兼管從之　後有旨差提領榷貨務都茶場所幹辦公

卷九千七百九十二　二八

劉璧前去鄂州措置鹽後臣寮言璧用官錢三十萬緡陟歷半歲僅得息錢八萬貫而遠方客人疑官中欲變鹽法建康務場數月之間頓虧入納二百萬貫文八年五月七日詔淮西總領所將見運鄂州鹽日下住罷

八年正月十七日左司郎中提領榷貨務都茶場韓元吉等言近據鹽客方訥陳論榷貨務長史王昉等侵使過算請鹽鈔關會寄廊錢銀共七千四百餘貫蓋緣從來即無立定長史侵使客人茶鹽等錢斷罪條法今後三務場長史侵使客人鹽錢物欲乞依吏人法斷罪從之

二十五日新提舉福建路市舶陳峴言福建路海口嶺口涵頭三倉祖額歲買鹽一千九百七十六萬七

千五百斤自元豐三年轉運使王子京建般運鹽綱之法後來州縣奉行積漸生弊一則侵盜而損公二則科買而擾民至今猶甚且天下州縣皆行鈔法於官則可計所入而無侵漁之弊於民則便於興販而免科買之患公私之利甚博今獨福建受此運鹽之害豈可不行鈔法以革之乎紹興初間邵武軍僉判趙不已嘗措置賣鹽之法然鈔法終至於不可行者何哉蓋漕司則藉鹽綱以為增鹽錢州縣則藉鹽綱以為歲計錢官員則有賣鹽食錢糜費錢胥吏則有發遣交納常例錢公私上下齟齬如此則無怪乎鈔法之不可行也況趙不已以江淮算請之法而施之福建之民刀耕水耨貧陋者

卷九千七百九十二　二十九

眾無有富商巨賈貿遷往還一時之間鈔法鈔引未成倫序而綱運遽罷百姓之間率無鹽食故轉運司乘此以為不便請抱引錢而罷鈔法鈔法罷而綱運興則有歲計綱有鈔鹽綱者賣鹽椿管以充抱認引錢之數也官鹽價高而私鹽價賤民多食私鹽而官鹽不售故科擾抑配無所不至近年朝廷知科擾之害減抱引之錢引錢既減鈔綱亦罷且三倉祖額僅二十餘萬節次減買并罷鈔綱之外歲計所運者第八百餘萬斤其餘盡散而為私鹽矣乞令有司先取會福建路轉運司與上四州縣每歲支遣除兩稅增稅并諸色錢外轉運司所仰於鹽綱而為增鹽錢者幾何州縣所仰於鹽綱而為歲計者幾

賞一作賣　買一作置　懷一作淮　認一作引

何令官吏結立罪賞狀從實具數供申委官審覆然後以見般綱鹽八百萬餘斤作鈔隨所闕多寡分結以補之外三倉照祖額失買一千一百餘萬可給鈔付轉運司出賣詔委陳峴措置　既而陳峴措置條具如後一鹽鈔乞從權貨務自五千斤至五百斤分為五等造大小鈔法下本司措置給賞（以十分為率一分造五千斤一分造四千斤一分造三千斤一分千斤三分⊖造五百斤三分造一百斤）一昨來議行鈔法蓋緣倉卒措置未成倫序遽聞上四州民率無鹽食是致鈔法不行今欲預行措置賣鈔先支本錢下三倉催促買鹽准備客旅請買諸州縣歲計鹽綱三倉以報足人般者乞令懷安倉依名次日下支遣候權貨務鈔到即行住支其

卷九千七百九十二　三十

已納過諸色官錢却用鈔引比折給付從之　六月十一日宰執進呈吏部侍郎韓元吉奏乞將福建官鹽且以漕計所認七萬貫或十萬貫變而為鈔聽從客販上曰可令福建諸州開具若改鈔鹽於諸州財賦有無妨闕但不擾民及官賦無虧足矣羨餘非所問也　八月二十九日總領淮東軍馬錢糧蔡洸言鎮江權貨務則賣臨安平江紹興三州之鹽建康權貨務則賣淮東諸郡之鹽行在權貨務則兼賣淮東西鹽乞令月具收支鹽課各報本處得以稽考督責從之　十一月一日戶部侍郎葉衡言錢塘西興鹽場跨錢塘蕭山兩縣之地中隔浙江而買納鹽場乃在西興其西興錢塘煎鹽去

行一作言

貫在袋

處並無官吏巡察易以作弊亭戶輸鹽西興遠涉風潮訪聞就便本處私賣却虧錢西興亭戶買私鹽納官即是兩處失走官課西興有買納官催煎官各一員乞將買納官兼催煎官却從西興催煎官充錢塘買納官兼催煎分爲兩場以江爲界所有押袋官西興見有一員其錢塘却乞於臨安路踏逐使臣一員充應錢塘亭戶只令就本處納鹽從之（六日葉衡之奏亦同） 同日葉衡又言契勘在鹽法以三百斤爲袋今淮浙路支鹽倉與買納場相爲表裏務欲招誘客人或受客人計囑往往多搭斤數有增數千斤者是致亭戶詞訴不絕乞詔有司申嚴行下淮浙產鹽路分皆依法打袋不許擅加斤數令諸州

【卷九千七百九十二】　圭

商税務遇客人般販到淮浙鹽經須管依條檢封抽稱仍委逐路提舉司互行覺察從之　六日詔知縣兼監鹽場去處務令舉職任滿別無虧欠依舊法與減一年磨勘從浙西提舉鹽事葉衡之請也　十四日詔帶賣積鹽日下住賣其建權貨務截日終賣到見在積鹽錢數令總領所開具以聞　以戶部員外郎淮西總領所單夔言乾道六年蒙朝廷行單夔言乾道六年三十袋帶賣五袋令項椿管則是賣及一千二百萬貫之額於內拘占通經常錢一百三十餘貫自後又將本所應有椿管錢物發付建康府拘收至今年帶賣積鹽秖得錢二百三十八萬餘貫則朝廷徒有帶賣積鹽之名總所未

免有借撥樁管之數故有是命　十二月二十九日戶部尚書楊倓言乞將行在榷貨務都茶場算請茶鹽六分輕齎內須管用二分銀兩入鎮江建康務場依此用二分銀入納自來年正月一日爲始從之　九年五月一日楊倓又言乞將行在榷貨務都茶場算請茶鹽內六分輕齎許用關子三貫外並用四分本色銀兩餘聽用餘銀會子從便入納餘並依見行條法鎮江建康務場依此從之　九年正月二十一日中書門下言福建鹽貨自來止是州軍分立綱數自行般運出賣以辦歲計近改爲鈔法聽從客販訪聞州軍僱賣却致支用不足竊慮數擾以爲民害詔福建路轉運司自今降指揮

【卷九千七百九十二】　圭

到日將諸州軍綱鹽並依舊分撥官般官賣其賣鈔指揮更不施行仍將未給賣鹽鈔日下盡數起赴行在榷貨務交納見今客販鹽貨各行下住賣州軍限一百日出賣盡如限滿未賣鹽拘收入官理充綱鹽之數却將客人元買鈔面及般發糜費錢計數給還不得減剋轉運司元借朝廷本錢一十萬貫并已買到鈔面錢一十九萬貫及續賣鈔面錢數並委王逨限一月拘收起發赴行在左藏南庫送納　三月二日詔福建上四州縣客人般到鈔鹽日下並令盡數中賣入官計算元用本脚糜費等錢依數支還　以直秘閣福建路計度轉運副使傅自得言本路上四州縣客販鈔鹽依近降指揮

用一作運

限五日出賣四月十六日方滿元所立限緣州縣所用官綱若從限滿日便於鹽倉支鹽給付綱運人般載其上四州軍並係泝流過場務校放度至八月方到所運州縣出賣其收賣價錢已是九月十月之交兼鈔客明知鹽鈔有限往往乘勢計會鹽倉大造鹽籮多買私鹽添入籮面裝角影帶販賣巡尉官司爲是客販鈔鹽不竊用心搜檢因公挾私致私鹽擁併故有是命　十四日詔已降指揮令福建路轉運司將諸州軍綱鹽並依舊官般官賣其賣鈔指揮更不施行及已行下提刑司覺察轉運提舉司并所屬州縣將官賣鹽不得擅自增價科擾於民竊慮逐州軍舊來官賣各有體例尚慮有

卷九千七百九十二　三十三

未便事件理合措置可令福建轉運傳自得楊由義分定賣鹽州軍逐一躬親前去照應各處舊來官賣體例將未便事件措置以聞　其後傳自得措置下項一逐州縣運綱多就產借本印給關子付稅戶候綱到撥鹽如實有闕乏去處從本司勘量逐急兑借候綱到日責準還或自行科納今欲約束州縣計置官本般運鹽綱錢納還一南劍州邵武軍所管九縣隨處自來賣鹽體例不同今欲將邵武光澤將樂順昌劍浦沙縣六處并南劍邵武兩州軍並只於州縣市井置都鹽坊賣鹽不許於鄉村創置每州軍通不得過二坊縣不得過一場坊一州縣鹽坊不能選官監視遂致合干等人通同作

鹹一作鹽

弊多以沙泥拌和減剋斤兩鄉民到坊買鹽偷剋價錢勒令陪備今欲約束州縣委官躬親監視包裹一色淨鹽出賣一猶溪建寧泰寧三縣自來體例計產賣鹽外其餘諸縣欲令管下寺觀買月鹽買季鹽兼兩州軍諸縣逐日判押詞狀着到公事勒買詞狀着到鹽保正副人役罷役鹽人戶理對賞罰鹽罪人罰罪鹽店戶鹹造鹽今欲約束州縣將逐項名色並日下罷去一本路諸縣拖欠州軍歲計錢物鹽綱錢到河下便被截留準還今欲約束州軍不許拘截諸縣鹽綱如有拖欠去處並各正行放鹽綱下縣出賣一今來依舊官般官賣鹽綱全賴禁止私販累次約束不能斷絕蓋爲停藏貿鬻之

卷九千七百九十二　三十四

家不曾禁遏今欲倣私酒法五家結爲一保責立罪賞不得停藏貿鬻許互相糾舉巡尉不即檢察巡捉亦行按治兼訪聞民戶昨來販到鈔鹽之人不肯盡數中賣入官如有停留鹽貨之家從本拘收入官理充綱鹽從之　十一月十三日新差提舉廣南路鹽事李綸言乞自今廣南路見任罷任命官見役罷役公吏或犯私鹽如根勘得實其賣錢斷罪並加凡人二等條法戶部言除當職官及巡捕官司所管諸軍公吏罷役公吏故停土軍犯鹽已有加凡人二等條法其見任罷任命官見役罷役公吏若行一槩加等竊慮太重欲依凡人法加一等斷罪追賞從之　十二月十五日詔廣州復行

官般官賣鹽貨仰轉運司遵守前後成法不得仍前科擾抑配如人户所納苗米委無本色願依時價折錢者聽從其便從左右司請也　以上乾道會要

卷九千七百九十一

三五

鹽法

淳熙元年二月五日，廣西運判趙善政言：廣西鹽法再行官般，緣乾道八年罷官般行鈔法之後，本錢及舟車之屬必無存者，乞權於帥、漕司應干諸色錢內借撥應辦。詔左藏南庫支借會子一十萬貫，限一年撥還。十四日，淮西總領單夔乞比附左右司體例推行茶鹽賞。戶部勘當：欲將建康務場自令歲終收趁茶鹽及額，總領與比左右司體例減半推賞。從之。　三月二十八日，詔左藏南庫給降會子二十五萬貫，分下臨安、平江、紹興府、明、秀州，主管鹽事，措（卷九千七百九十三）置收買額外浮鹽，報交引庫印鈔，名客筭請，將息錢赴封樁庫別項樁管，以備循環收換會子。　四月七日，浙東提鹽司言：溫、台州買納正耗鹽數，逐年支發比較，皆不及三分之一。緣二州登山涉海，從來少有大商興販，兼與福建州軍接連，多被越界私鹽相侵，緣此兩朝（州）鹽場常有積剩，不惟坐放鹵滷消折，兼發泄不行，致拖欠亭戶本錢。今約度每年合買鹽數，將亭竈相度斟量減併。　台州三場元額買正耗鹽九萬石，其竈眼亦減併。黃巖場一百四竈，所煎額正耗鹽六萬四千六百五十四石，今減併作七十四竈，每年煎納正耗鹽三萬五千石；杜瀆場五十四竈，煎納正耗鹽四萬三千六百八十石，今減作三十五竈，每年煎納正耗鹽三萬五千石；長亭場六十三竈，煎正納耗鹽三萬五千九百七十八石，今減併作五十竈，每年煎納三萬石。溫州五場元額買正耗鹽一十九萬四千三百七十九石，今斟量裁減，欲買正耗鹽一十三萬八千六十九石，其竈眼亦合減併。天富南監五十八竈，煎納正耗鹽七萬九千二百八十七石，今減併作四十竈，每年煎納正耗鹽五萬二千八百石；天富北監六十三竈，煎納正耗鹽四萬二千一百六十九石，今減併作四十二竈，每年煎納正耗鹽二萬八千六百七石；永嘉場三十九竈，煎納正耗鹽二萬六千九百五十一石，今減併作三十四竈，每年煎納正（卷九千七百九十三）耗鹽二萬六千六百石；長林場二十一竈，煎納正耗鹽二萬一千七百六十三石，今減併作一十四竈，每年煎納正耗鹽一萬四千四百七十石；雙穗場一十九竈，煎納正耗鹽二萬四千二百六石，今減併作一十三竈，每年煎納正耗鹽一萬六千一百三十二石。詔權依所乞，候支發增廣日却復額。其福建越界私鹽，令提鹽司同逐州知通措置禁戢。　十六日，榷貨務言：邇來私鹽盛行，已督責巡尉禁絕私販。訪聞尚有豪猾專務負持會買私鹽人，隨門強售，乞自令降指揮以前曾賣私鹽罪犯，一切不問，官司不得追究。若再犯，即依法科罪。如自能執捕販私鹽人赴官陳首，除免罪外，更與依推賞從

之　六月四日榷貨務言筭請正額鹽鈔皆先差官發
合同號簿往主管司候客人勘合請鹽近明州秀州紹
興平江臨安府主管官間有買到額外鹽貨不過三二
百袋若逐時差官押發號簿委是紊煩乞自今客人於
本務筭請明州秀州額外鹽鈔乞依許予中申請已得
指揮於正鈔上用印記聲說給賣從之　十二月十一
日浙西提舉陳峴言乞將本路管下鹽場改賣亭户正
額鹽每斤支錢一十六文若額外浮鹽每斤增添三文
作一十九文庶亭户効力廣行煎燒從之浙東見買浮
鹽依此　二年閏九月十四日詔浙東提鹽司體倣浙
西提鹽薛元鼎措置印給亭户納鹽手歷式樣將合支

本錢盡數就秤下一併支給毋致積壓拖欠先是元鼎
措置印給買鹽手歷遍給亭户令齎歷就秤下支錢仍
繳納所給式樣至是復令浙東行之　三年二月二十
八日詔廣西轉運司將每歲所收官鹽息錢以十分為
率三分撥付諸州七分充漕司計歲　先是廣州經畧
張栻言廣西官般官賣鹽舊來六分漕計四分諸州歲
用自乾道元年再行官賣以後漕司收其八分州軍止
得二分竊慮州軍窘匱因而作名色科取於民故有是
命既而栻又奏措置椿貯錢物以為一路鹽貨權行條
畫下項一漕司每歲撥鹽銀共七萬八千二百三十四籮
與州諸發賣收到息錢於內撥充諸州歲計其數以得

均平難便增添緣上件鹽貨諸州雖承認籮數然雖是
有錢作本腳預先往諸倉請買歸州變賣即所認不是
虛數息錢可以指準緣廣西諸州土瘠民貧兩稅所入
甚微全籍般運鹽貨若漕司無本腳錢先買運下鹽貨
諸州若無漕司寄椿錢接借急闕百姓既乏鹽食諸州
坐失息錢依前難以支吾利害非輕臣考究得漕司有
見管錢四十萬貫係累年所積之數可以權行鹽貨即
不可別行支用今措置欵將上項錢四十萬貫於白石
鬱林等八倉場存留二十萬貫為漕司言貨循環本腳
之用於靜江府諸州存留二十萬貫為諸州接借般運
鹽貨之用委所屬通判簽判專一主管置籍出入如諸

州委有闕乏前期申漕司量行接借般運鹽到州變賣
委通判簽判拘收所借錢發歸元借寄椿庫無致失陷
一轉運司見令一歲共均撥鹽七萬八千二百三十四
籮靜江府二萬六千三百六十五籮柳州三千五百籮
鬱林州三千五百籮宜州四千三百九十籮容州三千
五百籮象州三千籮梧州二千籮潯州三千籮藤州二
千五百籮賀州五千籮融州二千七百籮橫州一千七
百籮貴州三千五百籮又一百七十九籮係抱認上供
錢邕州七千五百籮賓州二千五百籮昭州三千五百
籮又四百籮係轉運司抱認一分折布錢經撥鹽付本
府般賣右所撥鹽籮數已定自今漕司不得更有增撥

一轉運司撥上項鹽付諸州般運發賣以地里遠近價錢不等靜江府每籮價錢十貫足本脚錢四貫三百五十三足息錢五貫六百四十七足柳州每籮價錢一十二貫足本脚錢四貫三百四十八足息錢七貫六百五十二足鬱林州每籮價錢七貫足脚錢二貫九百足本脚錢二貫九百三十八足息錢四貫六十二足宜州每籮價錢一十三貫足賓州每籮價錢一十三貫足本脚錢四貫七百四十八足息錢八貫二百五十二足容州每籮價錢七貫足本脚錢二千五百籮每籮三貫二百八十文足一千籮每籮二貫七百三十四文足息錢二千五百籮每籮錢三貫七百九十二足一千籮每籮四貫二百六十六足象州每籮價錢一十貫足本脚錢四貫一百四十八足

卷二千七百九十三

息錢五貫八百五十二足梧州每籮價錢八貫足本脚錢二貫六百四十八足息錢四貫三百五十二足潯州每籮價錢一十貫文足本脚錢三貫七百八十八文足息錢六貫二百一十二足藤州每籮價錢八貫足本脚錢三貫三百九十八足息錢四貫六百二文足賀州每籮價錢一十貫足本脚錢四貫四百三十四足息錢五貫五百六十六足融州每籮價錢一十三貫足本脚錢四貫五百四十八足息錢八貫四百五十二足横州每籮價錢一十貫足本脚錢三貫二百一十四足息錢六貫七百八十六足貴州每籮價錢一十貫足本脚錢三貫五百三十八足息錢六貫四百六十二足邕州每籮

價錢一十貫足本脚錢三貫五百三十四足息錢六貫四百六十六足賓州每籮價錢一十一貫五百足本脚錢四貫一百三十八足息錢七貫三百六十二足昭州每籮價錢一十貫足本脚錢四貫一百四十八足息錢五貫八百五十二足右賣鹽價直緣諸州市估有可量增者各不得過三分謂如息錢五貫增數不得過一貫五百文見令過數者即行裁減不及數者不得再增仍乞下本路轉運司令漕臣於上項錢常切點檢逐年具錢帳申朝廷無致失陷及諸州並不得擅有分文支撥貫一路永久根本之計詔廣西帥漕鹽司同共相度已而逐司以為經久利便事下戶部措定款從其請遂詔詹儀之將本司見管

卷九千七百九十一

四十萬貫並開具寄椿州軍並錢數申尚書省仍將年額實合起解上供并買馬鄂州大軍諸州歲計鹽場循環本脚與運鹽脚錢逐一開具以聞　五月二日浙東提舉陳舉善言比年州縣所趁茶鹽多有虧欠緣續降指揮增剩數目再下所屬覈實方得依條施行不得繼時推行賞罰當職官吏全不用心趁辦乞自今至年終先將最虧當職官取旨責罰然後覈實增剩之數如無冒濫即與推賞從之　二十日前知榮州程介言乞將四川州縣折敗井戶許各赴憲委官定驗係枯淡之井則廢不復開如元係舊井而水脈復興者則開之以對補虧課額從之　九月十三日詔提領務場所檢坐紹

興四年七月十四日指揮行下淮東西總領所沿江都統司等處自今不得回易官鹽（紹興四年七月十四日聖旨諸州及諸軍自今販回易官鹽並依私鹽法罪賞徒二年）　四年二月二十日詔自今產鹽去處知縣兼監主管鹽場任滿從逐司取見任內賣鹽數目比額增羨與依格推賞如有虧欠紐計分釐取旨責罰（從戶部郎官薛元鼎請也）　五年正月二十九日詔邵武軍泰寧縣南劍州尤溪縣計產買鹽指揮更不施行　二月十二日京西漕司主管官張廷筠言京西盜販解鹽唯光化軍均房州有小路可通北界私販甚多緣北人戶全食解鹽淮鹽絕無到者然易鹽皆中國之錢聞唐鄧間錢陌以一二十數當百鹽之至境有數倍之利乞嚴賜禁止於京西去處措置令官司賣鹽督察關防則解鹽自不通而錢幣不至暗消詔本路帥漕臣公共加意杜絕貿易解鹽疾速條具以聞　二十五日提領榷貨務都茶場言客人賫銀赴諸務場筭請茶鹽鈔引在法許經所屬陳狀召保給據照驗免納沿路稅錢近來入納稀少詢訪得有客人賫到銀兩謂見入納官司許令在外變轉會子是致將銀變賣與金銀鋪戶將客筭請銀兩及會子就用公據客名入納銷籍不惟務場入納稀少兼是脫漏沿路商稅不便乞下諸路提鹽司行下所屬州縣纔遇出給公據即便飛申行在建康鎮江務場照會以憑籍記稽考從之　六月二十三日權戶部尚書

卷九千七百九十三

韓彥古言諸州鹽場官皆選人初官及小使臣未經任者所在大抵備員任滿批書護賞而去至於私鹽敗獲則畧無監臨條制乞將日後勘到私販人並根究元買場分坐以不覺察之罪特旨行遣其私販至多者亦具提舉官姓名取旨詔如有販獲監場官依催煎官巡尉一等科罪（以上孝宗會要）　淳熙六年四月二十五日詔夔州賣鹽止依祖額如漕臣守臣違戾增加仰廣西帥司按劾以聞　先是知夔州張頠老言本州鹽額遞年止賣四十五萬斤淳熙元年漕司增作一百萬斤緣本州係是產鹽地分又無過往客旅止是籍定人戶均買自添額之後出賣不曾及額遂至倍科以此民居逃移深入黎洞結為聚落指引黎人攻犯縣寨劫掠村鄉乞將夔州鹽數一依祖額故有是詔　五月十三日四川制置使胡元質總領程价言四路產鹽三十州見管鹽井二千三百七十五井四百五場內除依舊額煎輸一千一百七十四井一百五十場別無增減鹽數外其因今來推排或因自陳或糾決情願增額者計一百二十五井二十四場并令次淘淘舊井亦願入籍者計四百七十九井其委實無鹽到場之井即與根閉盡令除豁其有不敷舊額陪抱輸納者即斟酌輕重量與減放共計合減錢引四十萬九千八百八十八道以諸州增額鹽錢引等共計增收錢引十三萬七千三百四十九道補合減數

卷九千七百九十三

外尚餘對減未盡錢引每年計二十七萬二千五百餘道，其合對補錢數令總領所措置圓融，每歲抱認對補錢引十七萬二千五百餘道，其餘錢引十萬道乞於總領所每年椿管昨來對減酒課用不盡錢一十萬六千四百餘道內取撥十萬道對補上項合減之數，庶幾四川州縣井戶民人免四五十年困重額之患。從之。

九月十六日，明堂赦：「諸路鹽場昨緣不依時支散本錢及有減尅之類，致有歲額不敷去處，令諸路提舉司約束所部依時支給，不得減尅。如有違戾，許亭戶越訴。淮浙鹽場亭戶淳熙三年以前拖欠未補數目，令提鹽司取見，如委實不能補趁，並與蠲放。四川鹽井多有年歲深遠，泉不發，虛負重課，及近來却有淘淘舊井間有鹹脉去處，州縣又令別增新額，不與對減見欠之數。令逐路監司相度，將實合核閉與所添新額各行取見詣實，依條施行，不得仍前抑勒。」

二十七日，詔：「福建、二廣州軍分撥賣鹽自有舊額，及立定價直，自今不得擅有增添。如敢違戾，其守臣令監司按劾；若監司違戾，許別司互察以聞。」

十一月二十四日，四川總領李昌圖言：「今州管內安撫司鹽場頗為民害。金州軍民盡食通泰州鹽，見客旅百端求囑，方始支還，間有遲待三四年不得錢者。緣管內安撫司官吏費用，歲計一萬六千餘貫，取辦於此。今若省罷安撫司之冗費，其鹽場從本所措置

將客人販到海鹽以市價收買，量增息錢，裁減高價，令民間任便收買食用，庶於客旅通快。候措置一歲，若便有收到息錢，即用對補蠲減四川井戶虛額鹽錢。」從之。

七年正月十一日，廣西經畧劉焞、提刑徐詡言：「本路漕郡計全賴榷鹽，瀕海數州產鹽頗多，民間鹽價雖賤，而漕郡計皆出其中，故官價貴。官價貴則漕司貨賣不行，必科配州郡；州郡貨賣不行，必科配百姓。雖或官般官賣，或客販鈔，屢變其法，而科擾之弊竟不可革。昨李椿任都司日措置復行官般官賣之法，自淳熙元年始行官般，令州郡至不論貧富，並計口科賣，向時上戶科抑之苦，今又移之下戶矣。皆緣歲額太重，左右那融不敷。先來帥臣張栻權漕日嘗請以見椿管錢四十萬貫作鹽本，㮣備緩急，而諸州運鹽隨綱輸本錢，初不仰此。既有上件椿管，漕司委是優裕。若歲歲更求椿積，乃是聚歛虐民。今若減鹽價每斤只減十文，漕郡計所損已多，而民力未能少舒，不能均減諸州鹽額，則無積滯之鹽，免致科賣，為廣西無窮之利。臣焞昨奏乞減鹽額，得旨令漕臣輔務同臣工共從長相度。又徐詡奏詢訪民間疾苦，皆緣計口賣鹽，乞自淳熙七年正月為始，與諸州逐月計算，以有餘歲終取見一歲郡計，以為定額，來準回降指揮。臣等今乞將本路賣官鹽一十六州府三年中所賣鹽參取一中數，除靜江府、昭、柳、鬱林等州係稍登額

仍舊不減外餘諸州通約減去歲賣鹽七千羅既減鹽額漕郡計合重行計筭即乞依臣詡所奏然後可以約束不得抑配若郡計不至窘乏則百姓永受實惠從之

十八日四川制置使胡元質言在法鹽井推排所以增有餘減不足有司奉行弗虔務求贏餘具鹽井盈者則過爲之增涸者畧爲之減增損盡出於私心乞將今來所減鹽數並爲定額自後每遇推排以增補虧不得踰越已減一定之數從之　三月十五日宰執進呈淮西安撫轉運司奏濠州鍾離定遠縣民户等言本州不通商旅艱闕鹽食紹興間知州劉光時請買官鹽置肆出鬻近因臣僚論列住鬻官鹽半年之間官既不賣又無客販乞仍舊官賣上曰官賣恐擾民所以罷之今濠民既以爲便可令依舊但不得科抑　七月二十一日臣僚言在法賣鹽鈔縣委丞州委通判詳加稽察住鈔鹽增則知無私販住鈔鹽虧則知私販者多比年郡邑之間給版榜而鬻鹽者數十家一歲之間以住鈔聞於官者止三四乞下諸路申嚴住鈔之法委通判縣丞將管下鬻鹽之家計其所鬻多寡立爲等則月終以住賣鈔考覈批數以防往來夾帶之弊歲終丞以縣數聞於州通判以州數聞於本路提舉者增虧以爲賞罰從之

卷九千七百九十三

八年二月十三日詔廣西運司將所部產鹽去處見科亭户食鹽並日下禁止以臣僚言廣西高雷廉化欽

州諸郡人煙蕭條亭户煎輸官已極困悴又敷其就買官鹽以充日食遂至逃亡故有是詔　閏三月二十六日臣僚言湖南州郡有創行官自販鹽去處詔安撫司日下禁戢住罷自令尚敢違戾即按劾取旨　八月九日臣僚言近來邊備不嚴沿邊之人多自虜境盜販解鹽私入川界侵射鹽利詔興州興元府都統司開具已措置禁止事件及有無獲到私販人數以聞既而吳挺言本司已立賞錢五百道出榜行下沿邊屯戍統兵官廣布耳目嚴行緝捕十年九月挺又言本司同安撫司增添賞錢共作二千貫見係出戍官兵把截去處嚴切搜捕外有不係官兵出戍地分乞行下沿邊州郡督責

卷九千七百九十三

捕鹽官司嚴切措置搜捕詔利州路安撫提舉司各申嚴行下階成西和鳳州恪意禁止毋得透漏如失覺察守令並取旨重作施行　九年二月九日詔兩廣鹽法紹興間如何施行每歲收支若干後來緣何變法收支之數視向來有無增損民間便與不便者何事令歇民力裕而用度足可還浙西安撫司幹辦公事胡庭直遍詣兩路訪問利害與帥漕提舉諸司詳議各具本末以聞既而胡庭直條具到二廣鹽法利害詔吏部尚書鄭丙同給事中施師點中書舍人宇文价葛邲起居郎詹儀之詳議仍令中書門下檢正王信左司郎中陳居仁右師郎中謝師稷右司員外郎王公袞看詳擬定　一

廣西運判兼提舉鹽事王正己廣東提鹽林枅浙西撫幹胡庭直奏到廣西所行官般官賣誠爲民害若兩路改作通行客鈔誠爲利害一庭直言廣西雷廉高化四州係產鹽地分舊許八分客販二分官賣食鹽若不盡行住罷竊恐州郡因而科擾今擬定欲從其請一欽州白皮鹹土可以煎煉乾道七年指揮封閉不能革絕乞差官毀廢竈場西等議欽州邊近溪洞差官毀竈未便欲申嚴乾道七年指揮行下令常切遵守一庭直言廣西昨行鈔法時諸州多是詭作客名筭鈔回易或截留客鹽自賣不還價錢或雖與客住賣而邀阻誅求以助公帑或行鈔之初隱藏合封椿鹽公然官賣乞嚴行約

束今擬定欲從其請一信等看詳廣東轉運司公牒欲依承平時郡融應副廣西轉運司米一萬二千石今擬定欲下廣西轉運司照會一廣西路見爲廣東路抱認起發鄂州大軍錢二萬四千五百五十貫若通行鈔法合於廣東路正鈔錢內起解今擬定欲令廣東西路依此施行內廣東路合解發錢爲改法之初特與蠲免二年一廣西運司每年應副靖州錢三萬貫合起發鄂州大軍錢一十萬貫椿提刑到任陳設錢二千貫經畧到任添助靜江府歲計錢五萬貫本司雜支錢三萬貫通十九萬二千貫今擬定靖州錢於湖廣總領所科撥鄂州大軍錢時總領所遞年餘剩并綱運未到錢通融補

填提刑經畧司到任錢並免應付本司雜支錢節省一萬貫仍令廣東路提鹽司遞年於起發戶部經常錢二十五萬餘貫內改撥一萬二千八百貫赴廣西轉運司補助以上通計二十萬三千八百貫慮恐改行客鈔之初或闕經常欲於南庫支降會子二十五萬貫禮部給降度牒三百道價錢五百貫計錢一十五萬貫通計四十萬貫候客鈔通行日逐旋樁還一胡庭直又言二廣舊行客鈔時通以九十萬貫爲額廣東賣鹽十萬籮計正鈔錢五十萬貫廣西賣鹽八萬籮計正鈔錢四十萬貫後因廣西官般官賣每歲賣鹽一十一萬五千二百八十七籮以科抑之故數多如此今來通行客鈔廣東欲以

九萬籮廣西六萬籮爲額東客販鹽入西路者既納通貨錢西客改指東鹽者亦不可不納通貨錢以三萬籮爲率每籮拘所省脚錢七百文入官以改指通貨爲名歲可得錢三萬一千貫而東鹽住賣每斤增錢二文三分以六萬籮爲率歲可得錢一萬八千貫以助西路漕計然後以西路六萬籮紐計正鈔錢三十萬貫漕計錢六萬貫存留鹽本及改指通貨仍納六萬二千二百八十貫東路九萬籮計有漕計錢九萬貫增收西路漕計錢一萬八千貫通貨仍納二萬一千貫存留銀本錢三萬四百二十貫並撥充西路漕計如此則一歲可有錢五十八萬一千七百貫方與兩路會議據廣西報到一歲

支撥起解錢共計七十八萬三千六百二十一貫二百六十八文拖照乾道七年兩路會議之時廣西一歲支撥起解止計錢五十九萬六千三十九貫六百一十四文今來比舊增支錢計一十八萬七千五百九十貫有奇未有通融既蒙朝廷蠲免起解及措置補助計錢二十萬三千八百貫却有剩錢一萬六千三百七十八貫七百三十文若朝廷不欲於鈔面更有所增及創立改指通貨之名止以乾道七年左右司看詳廣東十萬籮廣西八萬籮上合收錢數通融應副廣西漕計庶幾與通行客鈔舊法相應　詔廣西轉運司自淳熙十年四月一日為始住罷官般官賣依舊通行客鈔內廣東路每歲以十萬籮廣西以八萬籮為額仍依胡庭直所奏增收漕計錢存留鹽本改指通貨錢并依見行鈔法指揮施行不得仍前科抑如州縣或有違戾去處令兩路帥臣監司按劾以聞若帥臣監司違戾許諸司互察官吏重作私施行其合行下未盡事件令帥臣監司公共條具聞奏（十二月二十一日庭直除廣東提鹽）　八月七日右諫議大夫黃洽言解鹽之禁令日所當嚴乞自今凡在官敢有解鹽自行中賣及以相饋遺者不論斤兩多少必當重寘典憲無赦仍令逐路監司嚴行覺察從之　九月十八日詔南恩州鈔鹽依舊以一千五百籮為額（從守臣請也）　十年正月十四日胡庭直再條具措置二廣鈔鹽利害下項

卷五千七百九十三

一二廣通行客鈔正要兩路提舉鹽事官究心協力公共措置乞令廣西提舉鹽事官銜內帶同措置廣東鹽事廣東提舉鹽事官銜內亦帶同措置廣西鹽事自今兩路提舉鹽事官須管分上下半年巡歷至梧州同共會議或有急切不能候兩路提舉官到來許互差屬官至兩司治所公共商議有合行事件同銜聞奏須管兩路每半月具招誘到客人入納數目彼此關報務要客鈔通行漕計不闕一廣西鹽司差主管官一員就石康縣置廨宇緣彼處煙瘴深重無人注授多是權攝乞從朝廷選授有材力清彊官仍不拘資格依已降指揮任滿與轉一官庶幾人皆樂就一乞降指揮令廣東自通行客鈔之後收到正鈔錢依舊額以七萬五千籮為率作上供支解外自餘增賣到鹽籮如正鈔錢許令別項樁管準備廣西歲額萬一不敷即以此錢權行補助候客鈔通行發歸朝廷別用一乞朝廷明立賞格將廣西州縣守倅令佐巡尉若能勸誘客旅禁戢私販所趁鹽課登及歲額每歲各與減一年磨勘選任人滿與循一資虧及三分者每歲各展磨勘一年仍於歲終將一路守令比較使人知所懲勸則事功可以興起矣一州縣官般到見在未賣官鹽盡數拘收封樁如合干人輒有隱匿並許諸色人告賞錢一百貫犯人以違制科罪如新鈔客鹽未到人民闕食仰本州縣權將拘收到鹽於

卷九千七百九十三

官務零細出賣，許客人從便算請，指射有鹽州縣支請
出賣。一乞照紹興八年指揮，兩路產鹽場僻遠隔涉海
洋去處，令提舉鹽事司措置，依舊例自海場般運。內廣
西至鬱林州都鹽倉，其廣東路至廣州、潮州、南恩州，於
州倉卸納，準備支遣。內有山險去處，合作小鄣，以便客
人般販。今欲作兩等製造鹽籮，內一等作一百斤，內一
等作二十五斤，令客人從便算請。一二廣州縣自來寄
居待闕官、有蔭子弟、攝官舉人、形勢之家判狀買鹽夾
帶私販，乞依淮浙鹽法，不以蔭論，命官奏裁。從之。二
十二日，詔：「朕惟國以民為本，故仁之所覆，篤近舉遠而
無所殊。維時廣南在數千里外，疾痛艱於上聞，肆朕憫
之尤切。蓋鹽者民之以食饗也，官利其贏而自鬻之，為
民疾。朕既遣使詢之，得其利害以歸，復諜諸在廷，僉言
惟允，始為之更令，俾通商販，而杜官鬻，民固以利矣。然
利於民者，官不便焉。何者？鹽之息厚，凡官與吏之所為
妄費以濟其私者，異時悉出於此，一旦絕之，無所牟取，
必胥動以浮言，將毀我裕民之政。且朕知恤民而已，浮
言奚恤。矧置監司守令，均以為民，朕有異意，弗推而廣
之，顧撓而壞之，可乎！自今如或有此，違乎朕聽，必劾其
實而寘之法。明以告爾，尚其欽哉。」以起居郎詹儀之
言，乞特明詔戒飭兩路監司守令，使知通行客鈔，專一
裕民，各宜協心體國，故有是詔。三月五日，廣西經略

卷九千七百九十二

安撫、轉運、提刑司言：「奉詔條具合行未盡事件，謹條具
如後：一靜江府見屯駐韶州摧鋒軍官兵二百人，合
用口食錢米，並係轉運司逐年於廣東認起鄂州大軍
錢內截撥應副批支。今來改行客鈔，鄂州大軍錢止合
於廣東正鈔錢內起解，轉運司既無前項窠名錢截撥
應副，望特降指揮措置支給。一準指揮住賣雷、廉、高、化
四州食鹽。緣四州係產鹽去處，鹽價低平，決無鈔客算
請，恐因而料柳，重為民害。一準指揮封閉欽州白皮場
損竈。契勘欽州自紹興十二年內因鹹土生發，遂廢置
白皮場鹽，後因百姓興販私鹽作過，遂行住罷，依舊差
官般雷州蠶村場鹽出賣，每斤收錢五十四足。今來客
販每斤價錢已及六十足，又有貼納縻費、腳剩在外，如
此則過於欽州見賣鹽價，不惟客人興販無利，又無經
涉海道，決無客人請販。竊慮民間無鹽食用，白皮場素
係復有私煎盜販等事。一照對紹興八年六月六日指
揮，兩路初行客販，廣東歲以十萬籮為額，廣西歲以八
萬籮為額。其時廣西鹽事係提刑兼領，不放東鹽入西
界，是致發賣及額。紹興二十五年，因廣東申請通貨鹽
入西路，每籮額通貨錢七百文，補助西路歲額，緣此西
路歲額大虧，至於柳勒東客帶買西鈔，於是西路遂有
併司之請。兩路積壓鈔引，無客算請，遂有官般官賣之
請。既行官賣，而通貨不行，兩路紛爭，遂令廣東提舉章

卷九千七百九十三

潭廣西運判高繹會議每歲止約以廣東客鈔二萬五千籮入廣西州郡住賣自乾道八年改行客鈔之初當年廣東鹽入西界已及二萬三千二百十八籮至乾道九年遂及三萬三千八十六籮是致攙奪西鹽發賣不行歲計闕誤於是淳熙元年再行官般官賣不曾通入東鹽今來復行客鈔緣客販便於東而不便於西若不限以通貨籮數則客人必輻湊於廣東西路鈔額決難趂辦　詔第一項令胡庭直於已科撥貼助摧鋒軍支遣錢内每年移運一萬三千四百餘貫前去靜江府充屯駐官兵按月支遣毋致闕悞第二第三第四項並令胡庭直同王正己相度經久利便連銜措定聞奏

五月二十九日詔大奚山私鹽大盛令廣東帥臣遵依節次已降指揮常切督責彈壓官并澳長等嚴行禁約毋得依前停藏逃亡等人販賣私鹽如有違犯除犯人依條施行外仰本司將彈壓官并澳長船主具申尚書省取旨施行仍出榜曉諭（以廣州布衣容寅上書言大奚山私販之弊故有是命）

七月十七日詔勑令所專一修立私販解鹽斷罪告賞條格自今與蕃商博易解鹽之人徒二年二十斤加一等徒罪皆配鄰州流罪皆配五百里知情引領停藏人與同罪許人捕若知情負載減犯人罪一等仍依犯人所配地理編管許人告透漏官司及巡察人各杖一百獲犯人并知情引領停藏人徒罪賞錢二百貫流罪三百

貫如獲知情負載人減半其提舉官并守令覺察並取旨取重作施行令戶部遍牒沿邊州軍並提舉司常切覺察

二十五日戶刑部言乞將弓兵容縱私鹽之人照應透漏私茶指揮一體施行從之　先是紹興八年六月十八日申明透漏私茶指揮所犯不至徒自合徒一年決配鄰州如本犯至徒罪以上即合隨本犯刑名決配千里如係流罪刺（配）廣南

二十九日宰執進呈知鎮江府錢良臣體究到淮東路通泰等州諸鹽場共有未支還亭戶鹽本錢一百一十萬貫上曰淮東提舉司每年合起赴鎮江府椿管耗鹽本錢三十四萬貫可特自今年爲始免起三年令趙不流到任日將見欠亭戶鹽本各斟量久近分撥支還　先是荆湖北路鹽客胡昊傳進狀言國家煮海之利以三分爲率淮東鹽利居其二通泰楚三州管買鹽場一十六處權煎場一十二處計四百一十二竈緣與初閒每一竈煎一晝夜計一伏火所煎到鹽多者止一十七籌每一籌計鹽一百斤近淳熙初閒亭戶得嘗試鹵水之法以石蓮一十枚擲之鹵水中如五枚浮起爲五分之鹵如七枚浮起爲七分之鹵或不及七分再用平刺爬鹽土復將淺鹵再淋必待鹵濃可用然後煎之每一竈一伏火煎二十五籌至三十籌是一伏火多煎鹽十籌至三十籌比之舊額近增其半緣此買鹽場秤買亭戶鹽貨每籌除舊額增加大

秤淨鹽二十斤至三十斤為出剩淨鹽每一日買鹽一萬餘籌其淨鹽止以二十斤為則有二十萬斤計二千籌每一籌計錢一貫八百三十文作船脚錢外有一貫六百三十文並隨時冒作秤買正數之鹽再中賣入官徑於支鹽倉錢庫取撥本錢三千二百六十貫或作發賣與客人卻於隨綱錢内尅除上件錢數以歲計之取撥本錢一百一十二萬三千一百貫文計鈔錢四百五十一萬七千五百餘貫其於國課頗計利害又每一綱一運取鹽樣一袋并諸色窠名錢不在其數提舉官坐享其利而亭戶中賣正數鹽在官積壓不行秤賣及至中賣又多秤過斤兩支請價錢每籌一貫八百三十文

卷九千七百九十三

除尅諸般糜費外淨得錢一貫四百文如隨秤下得錢猶且濟用況被積壓拖欠緣此亭戶迫於飢寒不免私賣乞自朝廷嚴行根究上件本錢支還亭戶使各霑實惠可以盡革私賣之弊至是良臣體究到乃降指揮十月二十六日廣東提鹽韓璧言臣頃自廣西機幕攝守邕州三任九年之間一路鹽法利病粗知其略謹畫一具陳　一靜江帥府諸司所會官吏繁多及養老揀汰使臣之類逐月支俸已自不貲而本府所管摧鋒效用雄邊三軍及將兵共以數千計除摧鋒一軍元係本路漕司應副外自餘諸軍歲支依糧委是浩瀚今閣住罷之後官員俸給已數月無支其將軍衣糧詎可一日而

闕乞下本路轉運司照會應副施行一廣西一路唯邕宜欽融四州係是極邊祖宗以來屯養將兵以鎮壓之所支衣糧視他郡不啻數倍自改官般官賣一切取辦於鹽令復住罷則上件供億之費漕司又當任其責乞下西路轉運司照會往年事例應副施行一契勘得廣東路乾道八年正月一日為始兩路通行客鈔共賣過鈔引八萬二千四百七十三籮數内廣西界鹽二萬三千二百一十八籮乾道九年賣過鈔引八萬九千五百五十六籮數内過廣西界鹽三萬三千八十六籮自淳熙元年以後不許東客過行西路而本路逐年所賣鹽籮約得六萬之數今來西路諸郡緣鍾泄鈔引不行每

卷九千七百九十三

遏東客販鹽入西江先令責認入納西路鈔引方許開封住賣客人往往留滯憂懼皆去一次買東鈔入西路便作西客不得脫糶似此不唯抑勒是歉以術消東路客鹽不得過界則本路歲額浩瀚何以趁辦乞下西路漕司照應乾道年間通行客鈔事理施行　詔詹儀之胡庭直詳今來所奏事理及照應節次已將指揮同共措置施行毋致違悞　十二月二十一日廣東提鹽同措置廣西鹽事韓璧廣西運判兼提鹽同措置廣東鹽事胡庭直言廣東路奉行鈔法自紹興間客鋪赴廣州買鈔庫入納皆是用銀每兩價錢三貫五十文九十八陌算鈔以示優潤今二廣鹽通行客鈔以逐州在市實

價折錢請鈔緣逐州市價各不同無一定之論難以關防情弊令相度欲將客人入中納算買廣西鈔引每籮鈔面五錢五貫省一例作每兩價錢三貫五十文九十八陌折銀如廣西轉運司支撥諸州歲計並照各州月申市價高下增減分數折支應副不得拘執入納價錢庶免諸州折閱之患若將廣西運司支遣有些子折閱本司自行抱認實爲經久可行利便從之　十一年四月三日詔金州依見行鹽法聽客人鋪戶從便買賣官鹽不得仍前置場拘摧如有違戾許京西提鹽司按奏京西運副江溥言向來金州帥司違法置場拘買客人鹽貨高價俵賣宣撫使虞允文入蜀州民遮訴遂行廢

罷既而知州韓曉申明宣司復置名爲稱提場其弊復興後因知州王彤不法總領李昌圖按治併奪鹽場撥吏總領所委金州簽廳掌管自此罰法更無忌憚闗總所歲得乾息止十萬緡官吏侵盜之數又復倍之商旅坐困民食貴鹽公行侵射官利乞行禁止故有是詔十五日廣西經畧詹儀之等乞將高化雷廉欽州產鹽地分令轉運司差官於逐州置場零賣應副民食更不立額從之　五月一日戶部提領務場所言淮東提舉趙不流申諸場見在散鹽二百七十五萬餘石乞權依額每年買鹽三百萬石候發泄積鹽漸見次第却不拘祖額收買從之　既而十三年十一月二十三日淮東

提舉司言諸場見管散鹽不多乞自十四年爲始每年添買鹽四十萬石共買鹽三百·四十萬石從之　十九日詔殿前馬步軍司及江上諸軍及都大提舉茶馬司約束取押馬綱官兵不得將帶解鹽私販如有違犯即從條斷罪（從知均州何惟青之請也）　八月十四日廣東提舉司措置廣西鹽事韓璧言廣州賣鈔庫準行在太府寺差官押到淳熙十五年料鈔引計鹽九萬九千九百九十九籮自當年五月令及一歲賣過鈔引八萬五千六百二十籮依指揮以七萬五千籮正鈔錢銀分隸支撥起發其增賣鹽一萬六百二十籮正鈔錢銀計五萬三千一百貫文省在廣州賣鈔庫别項樁管詔韓璧將增賣剩鹽

籮正鈔錢銀認數樁管非奉朝廷指揮不得擅行支使其未賣淳熙十年分鈔引更切措置給賣　十一月十六日置萬州南浦縣漁陽鹽井監官一員（井歲收鹽一十四萬六千三百餘斤，初以主簿兼監，於是始專置官）　十二年正月二十一日復置溫州在城鹽倉（淅東提舉司言乾道五年罷州倉，姦弊百出，鹽課頓虧，故復從之）　二月十二日詔廣東水軍統領兼以巡察海道私鹽帶街每考批書必會鹽司有無透漏縱容大奚山私販事節方與放行如有捕獲私鹽數目却與依格推賞（從臣僚請也）　四月四日福建運副趙彥操言州縣賣到鹽錢多被侵移他用蓋緣不曾委官掌管拘收致有欺弊今措置欲就州縣令置敖眼樁管本司增鹽本等錢州委郡貳縣委佐官専一

掌管如遇綱到即時據數封盤椿管逐時各從州縣盤
坊賣錢照本司令立月帳數目發納取足如敢弛慢收
椿不足或將已收到錢侵移借用許本司奏劾從之
七月八日詔減開州温湯鹽井所增鹽額一萬八十斤
先是熙寧九年夔路提刑張宗諤奏定本井每歲鹽
額二十一萬二千五百五十三斤後來本州自行推排
於祖額上增一萬八千斤於是以井户進狀詔制置諸
司體究措置而諸司奏減之　十二月十五日廣西經
畧詹儀之廣西運判兼提舉本路鹽事同措置廣東鹽
事林岊言奉旨相度廣東西鹽事併為一司委是經久
利便其兩路賣鹽乞通以一十六萬五千籮為歲額廣

卷九千七百九十三

東九萬五千籮廣西七萬籮從之併司許見擬舉茶鹽司門　十二年
七月四日知廣州潘時言本州城裏外置局折賣鹽包
係淳熙元年敢置淳熙六年内方始計口給歷付民户
照買但給歷鈎考近於均敷仍乞舊置局差官折賣拘
回元歷頭買多或少聽從民便從之　九月二日廣西
經畧詹儀之廣南都提舉鹽事譚惟寅言兩路鹽鈔舊
雖以十八萬籮為額止是虛名累年拘賣不及十二四
萬籮近準指揮以一十六萬五千籮為額併司之初務
在責實若不及今以實申陳圖為經久之計將來決是
趁辦不及乞且以十五萬籮為額俟三數年間見得增
虧卻旋次增額庶幾經久可行昨來兩路通行客鈔東

鹽入西路者每籮收通貨錢七百文内客人請兩路鈔
改掲請東鹽入西路界亦納通貨錢七百文今既併司
不當更分東西路所有上項通貨錢乞特與免收以便
商販從之　十六日詔淮浙提鹽司將所部州軍應管鹽
場見差總轄並行住罷　以臣僚言總轄權制亭竈過
支本錢盡先攬請恣行刻剥卻縱亭户私鹽盜鬻故有
是詔　十二月八日福建運副趙彦操等言汀州科鹽
民受其害守臣明知之而蹈之者苦於財用無所從
出耳今汀州與長汀上杭蓮城武平縣鹽價每斤為錢
百六十有二清流百四十四寧化百四十有九價既
高人不樂買是以至於科敷今相度欲於漕司合得增

卷九千七百九十三

鹽錢每斤與減四文及州用淨利錢減三文汀州糜費
錢減八文每斤共減十五文貴鹽之價減亦如之以歲
運二百萬四千斤會之總三項共減三萬九千三十八
貫九百六十二文省又欲於所運鹽内撥出七十九萬
七千五百斤免其分隸諸司以足所減州用淨利之數
為錢七千九百二十二貫七百六十七文省如此則並
價既平買鹽者衆官賣亦行私販遏息而汀州與六邑
歲減於民者三萬九千緡有奇減於官者一萬有有奇
所捕州用又在此外州縣之力庶幾可紓從之　先是
新四川安撫制置使趙汝愚言汀州地僻民貧而官鹽
亦價最貴配抑追擾之害視他路獨甚乞將汀州一郡

改作客鈔，其州縣歲額合得鹽數，並給降鈔引付本州縣措置變賣。」詔福建提舉應孟明同汀州守臣趙師愢詳利害條奏。既而孟明言：「福建上四州軍有去産鹽之地甚邇者，官不賣鹽則私禁不嚴，民食私鹽則客鈔不售。既非𩟗鈔之地，則客賣銷折，所以鈔法屢行而屢罷。四川闊遠，客鈔猶不可𩟗，況汀州山水窮絶之處，客敢𩟗鈔將何所往？故鈔法雖良，不可行於汀州。惟裁減本州并諸縣合納運司鹽綱内錢，而嚴科鹽之禁，庶幾汀民有瘳。」復詔彦𢷎等措置裁減條奏。　十四年正月二十一日，詔長寧軍清井鹽監許通入瀘州樂共城博望寨梅嶺板橋政和堡五處地分販賣。以臣僚言：「長

卷四千七百九十三

寧歲計獨仰鹽井，乞與放行隣境出賣。」下制置等司措置而有是詔。　十二月十八日，四川安撫制置司言：「夔路大寧監四分鹽，逈年科在恭涪等八州，委是擾民。轉運司措置止就夔州以時價變賣，誠爲利便。所有虧錢，除以金銀高價對折及轉運司抱認外，餘一萬五千道，總領所已將淳熙十一年十二年十三年分並行抱認訖。乞下總領所將淳熙十四年以後年分所虧一半錢一萬五千道，令本所依以前三年體例永遠抱認，庶幾八州之民得免科抑之擾。」從之。　十六年正月十一日，應孟明究實到廣中鹽鈔利害上曰：「初議行此事時先差胡庭直去體量，非不審詳，往往只是符同詹儀之之説，

今爲所誤，宜令應孟明條具更改。人户未有支鈔鹽，須令盡數支還，令不可復失信於民。」　二十五日，詔應孟明、朱晞顔與新除都提舉廣南鹽事王光祖將鹽法日下從長相度，如合復舊，即一面措置經久利便施行，毋致再有科抑之弊，仍權於本路諸州軍未起湖廣總領所歲計錢内截撥一十五萬貫補助今年支用，自後却照淳熙十年以前窠名趂辦發納。　孟明言：「臣道由衡州，已聞廣西鹽法更變不常，凡商人之稍有資財者皆遷徙而去。及至静江府，過興安縣，乃知本府通判及興安知縣每招致人户以會鹽客爲名，視物力之高下均鹽籮之多少，名爲勸誘，實則抑配。先令旋納錢銀，其餘

卷九千七百九十三

抵以物産，請鹽未至而追索之令已下，往往取息求售錢本，銷折凡昔之上中户今皆破蕩家業矣。本府與興安縣利害，臣所親見，其他州縣事尤可知。聞有人户借荒田之砧基以充要約，異日没納官爲無用，抑勒田鄰俾之承買，亦有文書在官，田廬久已出賣者，他時根究牽連，宛轉受害。或州縣以科抑未盡之鈔令人吏假爲客名冒入抵當之文，請鹽置鋪出賣，緣其名不正，人吏得而侵欺，官司亦不敢問，弊孔百端，不容具述。蓋郡州之匱乏，漕計之不裕，皆鹽法之弊實致，世而民户受害矣。又可慮之尤者，議者謂向之官賣止緣漕司或額外增數（州縣）或額外添般，發泄不盡，關成科抑，非一路州縣皆

然末為大害也今若官般官賣復歸漕司而增數有禁
添般有禁敵抑配者寘之重典則在明號令以勅之耳
向來官司既失信於商人今不可復失信於百姓若朝
廷果欲變從舊法則人户之請鈔而來得鹽者欲先令
立限請賣而後以官般官賣繼之但又聞都鹽司不支
本錢鹽丁散走恐難立限無鹽可支若只令官中收其
元鈔還其抵當并所輸錢銀其勢甚便仍乞速下漕司
措置委官齎錢往產鹽地招復鹽丁勸諭煎鹽庶幾官
般不致少闕民得以從便睎顏亦以為言故有是詔上

孝宗會要 淳熙十六年十一月十一日臣僚言乞令户部行
下廣西漕司令後竈户車丁錢依時行下鬱林州或附
近州支撥庶得接續支遣不致失業詔都大提舉廣西
鹽事司同廣西運司措置依時支給毋致拖欠　紹熙
元年八月六日户部言廣西轉運司申西路官般賣鹽
照得提鹽司昨來均撥鹽付諸州般賣緣每籮減剋一
二十斤州用不給遂致高擡價直減剋兩數令來本司
已紐撘滷耗增支數目使鹽到諸州日不致損折則各
州所賣鹽如止於二三千籮亦已增收錢三千五千貫儘
可了辦支用已行約束將請到鹽依立定價錢賣不得
擅便增價及減剋斤兩又言西路官般賣鹽去年都提
舉司多所更革如減損鹽籮斤重至諸州虧折歲計增
賣醃造鹽數至遠民重疊科抑減剋常運官食錢鈔而

綱運留滯折銀支鹽本錢而鹽丁重困照對廉州白石
場化州官寨場雷州蠶村場係買納一路鹽課去處其
逐場鹽丁全仰官中買納為生自都鹽司以銀大價折
支虧損本錢以致鹽丁逃散或私煎鹽賣令於鄰近高
化雷廉瓊鬱林州等處支撥寄樁庫一色見錢下逐場
充本買納鹽課責令監官將鹽丁煎到鹽不以早晚即
時交秤當面支還本錢不得阻節並乞下廣西轉運司
一面施行從之　十一月二十四日廣西提刑吳宗旦
言聆臣僚奏高雷化欽廉州產鹽地分不在官般之數
舊法只許此五州賣二分鹽歲月既深官吏一意掊斂
高其價直簿歷不明支收偽冒得旨令措置以聞　一

廉州元額賣二分鹽二千三百二十籮計二十三萬二
千斤每斤三十二文所立價錢太高是歷民食私鹽卻
乃計户給歷均科每月主户買鹽三斤客户二斤寡婦
一斤半及令保甲拘催甚於二稅及廉州管下石康合
浦兩縣鹽丁元管一千一百八丁將所納身丁米每丁
折納鹽三籮淳熙四年運司見得太重每丁減鹽一籮
每年抱認還本州錢一千二百八十五貫二伯八十文
貫納二籮係赴白石場交納運司支還本錢二千五百
餘貫撥付本州淳熙十二年方係廉州將運司抱錢獻
與運司卻撥上件鹽回本州自行受納仍舊發賣與民
每斤價錢二十二文以此二分鹽外又添此一項科擾

與本州守倅面議將二分鹽每斤一例減作二十文及
將身丁鹽撥隸運司白石場八納卻歸還三千三百三
十六蘿價錢所餘二分鹽數更不分戶丁秖自從便發
賣及將鹽丁所納折米鹽撥隸白石場交納一雷州元
額發賣二分鹽六千二十蘿計六十萬二千斤每斤三
十文足上件鹽係科下三縣發賣内海康縣每年主戶
一丁食鹽一十二斤客戶一丁六斤本縣於每斤價錢
外又收錢二文每斤計收錢三十二文遂溪縣每年主
戶一丁食鹽二十四斤客戶一丁一十二斤本縣及賣
鹽官於外每斤又收錢五文每斤計收錢三十五文徐
聞縣每年主戶一丁食鹽二十斤客戶一丁一十斤本

卷七千七百九十一

縣賣鹽官於外每斤收錢一十文每斤計錢四十文州
郭每年主戶第一等食鹽八十四斤第二等六十斤第
三等四十八斤第四等三十六斤客戶每年食鹽一十
八斤每斤錢三十文自合裁減數於元賣鹽額減去三
千二十蘿計三十萬二千斤只以三千蘿計三十萬斤
為額每斤一例減作二十五文足分主客丁收買内主
丁每歲額錢一百三十七文足買鹽五斤半客丁每歲
納錢六十九文足買鹽二斤一十二兩本州見管主戶
四萬六百八十七丁共買鹽二十二萬三千七百七十
八斤半客戶二萬七千六百二十二丁共買鹽七萬五
千九百六十斤半外剩鹽二百六十一斤充本州官吏

收買食鹽更不置場發賣遂年祗是一次於五月間齎
買鹽價錢隨身丁錢一頓赴州交納就州倉即時支給
一化州元買二分鹽四千四十蘿計四十萬四千斤係
分撥下三縣發賣内吳川縣每斤三十文足石城縣每
斤三十五文足照得於二分鹽外又般賣衣賜鹽九百
餘蘿乞將鹽額減去一千四十蘿只以三千蘿為額三
縣鹽價每斤並一例減作二十文足仍住罷遂縣賣春
冬衣鹽一高州元額賣二分鹽五千八百七十五蘿計
五十八萬七千五百斤係撥下茂名電白信宜三縣將
主客戶作一等計戶發賣信宜縣每斤四十五文足電
白縣每斤四十文足茂名縣每斤三十三文足淳熙十

卷七千七百九十一

六年十二月終有未賣盡鹽六十九萬八千八百八十
斤係淳熙十四年以後每年賣未盡之數緣本州私賣
春冬衣鹽一千三百餘蘿每月每戶又科買寬剩鹽二
斤致得二分鹽數發賣不登緣賣二分鹽本州只得三
分息錢若自賣衣鹽及寬剩鹽本州全得息錢使用致
本州專以衣鹽寬剩鹽為意卻有虧下二分鹽數又緣
鹽價太高兼照得運司每歲自有科撥錢付本州充春
冬衣賜支遣今措置合行罷三縣衣鹽及寬剩鹽數仍
減去二分鹽額從舊計戶分主客等第收買本州見管
主客戶二萬六千四百八十六戶内主戶一萬八千二
十一戶每戶一全年買鹽一十九斤一十二兩計錢四

百九十四文足共買盬三十五萬五千九百一十四斤
一十二兩客戶八千四百六十五戶每戶一全年買盬
九斤母十二兩共錢二百四十四文足共買盬八萬二
千五百三十三斤一十二兩尚剩盬一千五百五十一
斤八兩作本州官吏請買吏不置場發賣仍將主客戶
分上下半年請買齎錢赴州交納就州倉即時支給官
鹽仍住罷三縣春冬衣盬及寬剩盬一欽州元額賣二
分盬二千五百籮計二十五萬斤每斤五十四文足係
作三等出給歷頭每月上戶買盬三斤中戶一斤下戶
一斤半惟是盬價太高令乞添盬減價更不須分戶分
丁紙作一場從便發賣續據欽州申歎每歲就雷州鹽

卷九千七百九十三

村場添給盬五百籮并元撥盬二千五百籮通作三千
籮計三十萬斤付本州添助發賣其盬價舊係每斤五
十四文足令減二十四文足就州置場聽從民戶多寡
收買每斤只收錢三十文足詔高雷欽化廉五州盬丁
將已減定盬額依數煎趂不計檀行私煮盜賣轉運提
刑司常切覺察毋致仍前減剋及別作名色科敷民戶
如有違戾去處許人戶越訴將當職官具名奏劾人吏
重行決配　十二月二十三日廣東提舉劉扣之言向
來朝廷專遣胡庭直過詣二廣詢究鹽事亦嘗考究東
盬遞年於本路只是賣五萬以上籮或僅六萬及二廣
通行客鈔時除通販入西路外東路亦止定賣及六萬

朝廷若只仍舊以七萬五千籮爲科例則本司前後於
一歲之內未嘗趂得登足多是拖壓半年方始責絕徒
費催理令每料只乞實降六萬籮額下本司收簇應期
在一年之內發足仍將東路鈔引每料只與給降六萬
籮所是元年分除申乞存留合繳納淳熙十六年料鈔
引一萬五千籮接續招賣外更乞撥降鈔引通作六萬
籮數須管在一年內賣盡收錢如期起發庶幾不致積
壓所是鈔引日下更乞催促頒降詔每歲與減一萬籮
須管於一年限內出賣盡絕　二年三月二十二日戶
部言成都轉運司奏彭州崇慶府永康軍簡州成都府
屬縣合般賣隆州井盬產盬三千六百八十九担緣比

卷九千七百九十三

年盬價稍賤艱於變賣本司已每檐減價錢引一道理
納計減錢引三千六百八十九道本部乞下成都轉運
司常切遵守從之　四月七日四川制置司言先奉旨
歲損緡錢一百三十五萬對減盬酒同總領所諸司條
具聞奏伏見盬井戶係三年一次推排酒店戶係二年
一次推排本以料次豐歲折敗去處竊緣諸司昨自減
放指揮日下就制置司置局諸司會議收趂課額與推
排之籍考核增虧見合行淳減貼減分數令若不侵對
減指揮之下便與推排却致失實乞行下實對減盬酒
窠名錢數詔京鏜楊輔公共究見四川總領所及逐路
提刑司去年一全年認樁錢數斟量諸司所奏淳減貼

戶部宿詳此降
紹熙元年鹽鈔至
今尚有餘數若不
通其所請多是
發賣不行詔每
年與減五十籮
淶委自上

減事理并逐月減數指揮自今年為始一面據數對減
務在均當惠利及人　七月九日戶部言承指揮廣東
提鹽司紹熙元年料鈔七萬五千籮內減一萬籮本部
照得元不曾下部勘當是致暗失經常合得錢數六萬
三千八十貫文訖所減鈔引自紹熙二年為始　同日
戶部言夔州乞將本州奉節巫山兩縣轉運司科撥鹽
每斤減作一百文變賣所有虧價錢共一千三百二十
道三百六十四文州司抱認解撥乞下四川總領所從
本州所乞施行從之　八月廿一日廣東提舉趙不迂
言乞將紹熙元年賣不盡鈔引四千四百二十五籮免
責繳納并將紹熙二年以後降去鈔引內更減五千籮
委自本司措置務寬民力仍不得等第計口科賣　十
一月二十七日南郊赦四川鹽井多有年深泉脉不發
陳乞栈閉官司不為施行虛負重課累降赦文約束訪
聞因這淘舊井開有鹹脉去處州縣又令別增新額不
與對減見欠之數可令逐路監司相度將實合栈閉與
所添新額取見詣實依條施行不得仍前抑勒　同日
赦福建州縣往往科賣官鹽騷擾民戶至於無本起綱
白行敷歛重困民力昨降指揮運司相度已行裁減價
直訪聞近來漕司却將州縣積欠折閱價錢仍舊催理
以致縣分科歛陪填深恐騷擾民戶可令漕司契勘本
路運鹽州縣見有積欠增鹽折閱價錢具的實數目申

尚書省　同日赦諸路鹽場昨緣不依時支撥本錢及
有減剋之類以致歲額不敷仰諸提舉司遵守累降指
揮約束所部須管依時支給不得減剋如有違戾將當
職官吏按劾以聞許亭戶越訴　三年閏二月二十九
日中書門下省言已降指揮令淮東提鹽司將客人合
納鹽本等錢權用四分會子六分見錢候會子流通日
却用錢會中半入納其亭戶本錢亦合照所收分數支
給詔淮東提鹽司將收到客人錢會除合起樁等名色
外其餘數目須管照分數盡實支還亭戶不得減剋違
戾　三月二十二日戶部言福建轉運司奏本路鹽綱
每一大綱計一十萬斤外許帶拖脚鹽一萬斤蓋以優
閏運綱稅戶則係一綱一十一萬斤為定令本州縣稅
場每綱收免檢綱錢三百二十六貫八百三十四文郎
是違法乞下福建轉運司鈐束州縣令後不管妄行收
稅亦不得再行收納免檢綱錢令本路提舉提刑轉運
司覺察將違戾官按劾從之　同日戶部言福建轉運
司本路縣道般運鹽綱惟賴分隸得省利鹽以充縣
用并應辦州郡上供之類若有餘則趲那循環作本接
濟起綱用若縣道綱數虧額則縣用自然優裕其於州
郡合起錢物可以椿辦令縣道運到一綱州郡便行拘
截盡充板帳上供之數縣無力以起後綱或有已起綱
在道則無錢接濟已行下逐州須管通融應副不得截

留其縣道合發本州上供錢物即將起到綱運市利鹽措置起發仍留本柄循環接濟乞下福建轉運司今後屬縣拖欠錢須管故鹽綱下縣賣錢發還不許拘截亦不得差官下縣監賣本路轉運提刑提舉司常切覺察如有違戾許逐司按劾從之　六月九日吏部尚書趙汝愚言蜀人趙開紹興初為都轉運使所議鹽法最為精密其法井戶皆不立額惟禁私鹽而諸州縣鎮皆置合同場以格客販其鹽之斤重遠近皆平其立價均一故無彼此傾奪之患開又因時之貴賤而為翕張今其法盡廢井戶多鑿私井務以斤重多寡相傾故鹽日多價日賤而法大壞乞行下總領所參照舊法施行從之

卷四千七百九十三

九月二十三日中書門下省言前淮西總領劉穎乞將鹽鈔許商賈每袋用交子一貫計四十八萬餘貫除應副屯戍軍兵支遣外餘數合行措置詔依劉穎所申其交子依已降指揮每貫作七百七十足出入所收交子有出剩之數仰本所樁管聽候朝廷指揮　同日詔封樁庫交會子六萬貫撥還左藏西庫　以戶部侍郎馬大同言廣東提鹽司歲額鹽鈔七萬五千籮紹熙元年減一萬籮并賣不盡殘鈔四千四百二十五籮今又減五千籮三項通計錢一十二萬三千一百一十五貫六百五十文係是起發戶部支遣之數乞下左藏封樁庫照數以銀兩撥還故有是命　十月十七日詔淮東

提舉司客旅入納貼鈔錢自今每袋許用會子鐵錢各三分交子四分　先是淮東提舉衛涇有請於朝為本路鹽倉客人貼鈔錢依近降指揮以官會四分鐵錢六分入納今來既行交子所有立定六分合聽商旅之便或令以分數入納得旨客人合納貼鈔錢內許內三分交子入納至是中書門下省言立定交子數少未甚流通故有是命　四年五月十三日廣東提舉司言本路歲賣鈔鹽六萬五千籮今準指揮減免五千籮為額其減五千籮乞於內以三千籮專減潮惠南恩產鹽三州歲餘二千籮却均減不係產鹽諸州今給到紹熙三年產鹽六萬籮隨宜裁減均撥除不係產鹽諸州別行減

卷四千七百九十三

撥外其產鹽三州內潮州歲權減四百九十八籮惠州歲權減二千四百七十籮南恩州歲權減一千一十九籮實賣鹽五千五百一十七籮竊緣三州各有拖欠紹熙二年分鈔錢通計三萬一千七十五貫見行催納今若以三年分鈔引鹽籮發下各州必便均於民間使其重疊納鹽愈見困弊今將收簇到錢代納三州紹熙三年分鹽五千五百一十七籮計正鈔漕計頭例鹽本等錢五萬一千七百六十八貫二百文與歲計並無相妨庶幾少寬三州之民從之　九月十七日詔刑寺自今遇有提舉司申到合該責罰官照應紹興二年七月二十三日指揮施行以提領榷貨務都茶場言浙西提舉

司管下盐場煎盐不及舊額管以逓年之數比較增虧故有是命　五年正月一日户部言四川總領所申潼川府盐酒為蜀重害伏見通泰州海盐所至並無征稅而蜀中之盐官收其土産錢則已係納稅又給賣與官引則亦是官貨所過又從而征之欤乞遇通泰盐法盡與免諸州縣鎮盐稅使客旅通流總領所照得四川盐貨州縣稅務不止從省額收稅又有額外增收如買酒錢到岸錢壩地錢之類皆是一時增創乞下成都潼川府利州路諸司申嚴禁止不得於盐檣引面官錢額外許取井户客人錢物從之　二月八日詔罷利州東西路盐店七處良家子擬隸興元府都統司以四川總領

卷九千七百九十三

楊輔言利州東路安撫司所置盐店一處亦請一體施行故有是命　三月一日臣僚言訪聞福建安撫司措置出賣鴆賞庫回易盐約束甚嚴榷販甚廣多差官吏主坊場事體驟新民旅非便乞令福建帥司日下住罷所置官吏坊場今後置鋪不得出門從之　以上光宗會要

全唐文

宋會要

紹熙五年八月二十七日詔廣西盐額歲減一十萬貫以侍御史章穎言乾道以後大臣當國者皆以理財為務如盐袋錢頭子勘合錢官户減半從錢又復增取者七八百萬緡可謂重矣如月椿經總制之類雖未可頓減而江浙和買廣西盐額之類皆可稍損以寬民力故有是詔既而廣西運判張釜言今準指揮歲減盐額一十萬貫仰見朝廷加惠遠人之意除高廉雷化欽五州係沿海去處昨來已經裁減外更不再減止將自餘一十六州府盬額照應通融裁減係列於左靜江府元

卷九千七百九十四

額賣盐三萬一千五百六十一籮每籮價錢一十貫文足緣本府逐年所賣盐籮係全撥息錢付本府支遣今減去盐三千五百七十四籮零一十七斤共展計錢四萬六千四百一十七貫七百九十二文省內除循環盐本脚錢每籮三貫五百五十三文足共展計一萬六千四百九十二貫二百四十文省外共虧下歲額息錢及元奏存留盐本錢兩項通計二萬九千九百二十五貫五百五十二文省融州元額賣盐二千二百七十五籮宜州元額賣盐三千四百五十八籮每籮價錢一十三貫文足緣本州逐年所賣盐籮係全撥本脚息錢付本府支遣融州今減去盐一十九籮通計虧下本州錢三

千二百七貫七百九十三文省宜州令減去鹽五百羅
羅通計虧下本州錢八千五百七十六貫六百二十四
文省藤州元額賣鹽三千三百二十五羅每羅價錢八
貫文足令減去鹽四百二十五羅共展計錢四十四百
一十五貫五百八十五文省內除循環本脚錢每羅二
貫五百九十八文足共展計一千四百三十三貫九百
六十一文省外內虧下歲額息錢及元奏存留鹽本錢
通計二千九百八十一貫六百二十四文省貴州元額
賣鹽二千六百二羅每羅價錢九貫文足令減去鹽六
百二羅共展計錢七千三十六貫三百六十四文省內
除循環本脚錢每羅二貫七百三十八文足共展計二
卷九千七百六十四
千一百四十貫六百一十七文省外共虧下歲額息錢
及元奏存留鹽本錢通計四千八百九十五貫七百四
十六文省容州元額賣鹽二千九百六十一羅每羅價
錢七貫文足令減去鹽五百六十一羅共展計錢五千
一百貫文省內除循環本脚錢每羅二貫四百八文足
共展計一千七百五十四貫四百文省外共虧下歲額
息錢及元奏存留鹽本錢二項通計三千三百四十五
貫六百文省梧州元額賣鹽二千羅每羅價錢八貫文
足令減去鹽三百羅共展計錢三千一百一十六貫八
百八十四文省內除循環本脚錢每羅二貫八百四十
八文足共展計錢一千一百九貫六百一十一文省外

共虧下歲額息錢及元奏鹽本錢通計二千七貫二百
七十三文省昭州元額賣鹽三千六百羅每羅價錢一
十貫文足令減去鹽六百羅共展計錢七千七百九十
二貫二百八文省內除循環本脚錢每羅三貫三百四
十八文足共展計錢二千六百八貫八百三十二文省
外共虧下歲額息錢及元奏存留鹽本錢通計五千一
百八十三貫三百七十六文省邕州元額賣鹽五千八
百羅每羅價錢一十貫文足令減去鹽六百羅共展計
錢七千七百九十二貫二百八文省內除循環本脚錢
每羅二貫七百三十四文足共展計二千一百三十貫
三百九十文省外共虧下歲額息錢及元奏存留鹽本
卷九千七百九十三
錢通計五千六百六十一貫八百一十八文省橫州元
額賣鹽一千四百三十三羅每羅價錢九貫文足令減
去鹽一百三十三羅展計錢一千五百五十四貫五百
四十六文省內除循環本脚錢每羅二貫四百一十四
文足共展計四百一十六貫九百六十四文省外共虧
下歲額息錢及元奏存留鹽本錢通計一千一百三十
七貫五百八十三文省潯州元額賣鹽二千七百九十
羅每羅價錢一十貫文足令減去鹽七百九十羅共展
計錢一萬二百五十九貫七百四十二文省內除循環
本脚錢每羅二貫九百八十八文足共展計三千六百
一十文省外共虧下歲額息錢及元奏存留鹽本錢通

計七千一百九十四貫一百三十二文省賀州元額賣
鹽四千五百四十五籮每籮價錢一十貫文足令減去
鹽一千七十五籮共展計錢一萬三千九百六十一貫
三十九文省內除循環鹽本脚錢每籮三貫四百四十
八文足共展計四千八百一十三貫七百六十七文省
外共虧下歲額息錢及元奏存留鹽本錢通計九千一
百四十七貫二百七十三文省柳州元額賣鹽三千五
百一十籮每籮價錢一十二貫文足令減去鹽五百一
十籮共展計錢七千九百四十八貫五十二文內除循
環鹽本脚錢每籮三貫五百四十八文足共展計二千
三百四十九貫九百七十四文省外共虧下歲額息錢

卷九千七百九十三

及元奏存留鹽本錢通計五千五百九十八貫七十八
文省賓州元額賣鹽二千三百八籮每籮價錢一十一
貫文足令減去鹽四百八籮共展計錢五千八百二十
八貫五百七十二文省內除循環鹽本脚錢每籮三貫
三百三十八文足共展計一千七百六十八貫七百六
文省外共虧下歲額息錢及元奏存留鹽本錢通計四
千五十九貫八百六十六文省鬱林州元額賣鹽三千
籮每籮價銀七貫文足令減去鹽三百籮共展計錢二
千七百二十七貫二百七十三文省內除循環鹽本脚
錢每籮二貫一百三十八文共展計八百三十二貫九
百八十七文省外共虧下歲額息錢及元奏存留鹽本

錢通計一千八百九十四貫二百八十六文省象州元
額賣鹽二千五百八十籮每籮價錢一十貫文足令減
去鹽六百籮共展計錢七千七百九十二貫二百九文
省內除循環鹽本脚錢每籮三貫三百四十八文足共
展計二千六百八貫八百三十一文省外共虧下歲額
息錢及元奏存留鹽本錢通計五千一百八十三貫七
十八文省以上共均減鹽一萬一千一百七十六籮零
一十七斤除循環鹽本脚錢外虧下息錢及元奏存留
鹽本錢共十萬貫內諸州府歲計息錢五萬四千九百
九十六貫八百五十二文省諸州三分息錢一萬二百
三十二貫八百四十文省漕司七分息錢二萬三千八

卷九千七百九十三

百八十三貫八百九十四文省元奏存留鹽本錢一萬
八百八十六貫四百一十四文省若逐州府似此減下
鹽額即自令以往鹽數不多委實可以發賣及額不致
妄作名色科配擾民但各州見賣息錢及每籮元奏存
留鹽本錢皆是指定應副逐處一歲支用及漕司起解
上供買馬并全年應干支撥之數分文不可欠闕令既
準指揮減賣十萬貫所有諸州府合得錢六萬五千
二百二十八貫四百四十四文省漕司合得錢三萬四
千七百七十一貫一百三十一文省未委於是何窠名
內撥還令契勘本司一全年合支撥四十一萬七十二
百五十餘貫應付一十六州府歲計并糴闕米錢八萬

貫應付經畧司買馬錢五萬三千二百餘貫撥還諸州府三分錢二萬四千餘貫應付廣東摧鋒軍券食錢八萬四百四十餘貫起發湖廣總領所錢三萬貫應付靖州歲計錢四萬九千二百餘貫貼助廣副逐年進奉銀兩三年一次大禮銀經畧提刑到任陳設出戍官兵掛甲錢甲宜州蠻人生料鹽本鬱林州甲軍諸場官吏請受公使雜支船場打造丁灰等錢以上並係措定緊要窠名不可那輟於內獨有總領所靖州兩項錢檢照舊例卻見得本路前來行客鈔年分即不曾起解乞朝廷檢照臣同經畧朱晞顏元申奏事理於逐年合發責赴辦總領所靖州額錢內減免十萬貫撥還令累減下發

卷九千七百九十三

賣鹽額息錢庶幾本路官般之法自此永久無弊詔令於合解湖廣總領所錢內依數取撥　九月十四日明堂赦諸路鹽場昨緣不依時支散本錢及有尅減以致額不敷仰諸路提舉司遵守累降指揮約束如有違戾將當職官吏按劾以聞許亭戶越訴自後郊祀明堂赦並同　同日赦訪聞州縣有將人戶計口抑賣食鹽甚違法意可令禁司覺察禁戢如有違戾按劾施行自後郊祀明堂赦並同　同日赦在法違欠鹽錢止合估欠人并牙保人物產折還即無監繫親戚填還及妻已改嫁尚行追理之文昨令戶部申嚴行下許人戶越訴自後郊祀明堂赦並同　同日赦官司輒立茶鹽鋪虛給帖子均科人戶勒令齎錢越鋪繳納未

當支給茶鹽顯是違法科抑仰提舉司及諸州主管官嚴行禁戢許人戶越訴自後郊祀明堂赦並同　閏十月九日詔興元府興州金州都督安撫司督責所部關隘戍守官兵嚴切禁止毋令解鹽稍有透漏侵射川鹽緣所屬奉行不虔致有違戾仰照應已降指揮常切遵守施行從四川制司總所請也　慶元元年二月七日詔通州循環鹽鈔住罷將增剩鈔名改作正支文鈔給算與日前已投在倉增剩鹽鈔通理資次支請　以淮東提舉陳損之言本路真泰高郵軍三倉並係客人算請一等增剩鈔前來用到倉月日從上支鹽獨通州有循環增剩兩等文鈔據客人先買一鈔卻更重買一鈔以為占壓其先鈔號為舊

卷九千七百九十三

鈔而重買謂之新鈔舊鈔攙支鹽去則重買復為舊鈔如此號為循環終與兵火後舊鈔之額不存本州土豪鈔鋪收得詭名舊鈔免與新來客人赴倉占壓資次當日便可攙支鹽袋小商止將增剩鈔到場無力買循環鈔者致有半年數月不能支請本倉循環鈔自今實有三千五百十八袋蓋有力之家收藏免買姦偽多端虧欠官課於通州則循環於官委無所益只與鈔鋪為衣食之源本倉合干人因得分受其利乞截日住罷只用一色增剩鈔支請所有見餘循環鈔今後本司先行驗實方始發與通州倉支鹽以革姦偽旬月之內舊鈔可以盡絕庶使小商無占壓之害故有是詔　十一日知

黎州王闢詩言本州係西南極邊止管漢源一縣地瘠民稀稅賦寡薄歲計元係轉運司科撥邛州蒲江井鹽一千七百九十六擔有奇變賣自令每斤計錢三百二十文比年內郡鹽價比日前愈更低小而本州歲額之鹽尤發賣不行科俵於民雖貧乏之下戶計口納直各有定額負鹽直而流徙者不可勝數內則省計愈虧外則邊民告病頃者言之制師將所賣鹽價以三分為率裁減一分其一歲所減計一萬六千緡總所出一萬道制漕二司各出三千道對還本州省計所科撥鹽每斤只以錢引三分出賣每分計鐵錢七十足自來年正月一日為頭所有科賣民戶食鹽簿籍並與除去務從民便乞下四川制置司總領所成都府路轉運司永久遵守施行從之

卷九千七百九十三

九月二十二日詔淮東浙東西路提鹽官仰日下仰榜嚴行約束照條鹽袋並以三百斤裝打不管分毫大搭仍常措責覺察切待朝廷於三務場官內不時差前去倉場抽摘秤製如有違戾即將提舉官及本屬官吏申取朝廷指揮重行責罰若點檢後再敢折袋暗增斤重許諸邑人陳告得實犯人依私鹽法斷罪追賞　以提領榷貨務都茶場所言據臨安府主管茶鹽官王補之申近因諸場運到袋鹽躬親抽摘秤袋有大搭斤重之弊上虧鹽額下損亭戶本務照對淮浙鹽場昨係各場自行支棣客鈔續緣各添斤重招誘客人昨來浙西徐誼因三路提鹽官各縱所屬競增斤重以傾隣路每鹽一袋至有四百斤雖名優潤商旅而實坐困亭戶遂用廣陳舊斛酌中數每百斤加十四斤為袋令王補之既見臨安鹽袋秤計淨鹽三百六十八斤乞照條重別打袋竊恐乘此聲勢淮浙鹽場並無忌憚遞相倣傚轉加大搭課額日虧實為利害故有是命既而臣僚有請近年申嚴不一三路視為具文竊恐暗虧國課乞下提領所每季或半年委官點檢從本所繳申都省將最多斤重一處官吏責罰以警違戾從之

四年十一月十八日詔處州慶元縣每年抱認鹽課一百袋自慶元六年為頭課額解納浙東提舉司（從縣尉趙諫置邑後之請也）

卷九千七百九十四

嘉泰元年正月七日詔福建路上四州今後止許逐縣將運到逐綱官鹽並從先來裝到羅部照元製色味斤兩斟酌時價出賣不得拌和泥土增擡價例除退首扎聽從人戶自行收買不得科敷抑賣仍曉示遠近通知所有知縣每斤食錢一文更與裁減如有違戾鹽司按劾重寘典憲人吏當行決配　以臣僚言福建路建寧府南劍汀州邵武軍謂之上四州以地據大溪上流財賦絕少皆藉產鹽自合逐州逐縣照元來運到元製鹽貨并元秤斤兩量立價賤出賣聽人戶自行收買官中亦自獲利不少淳熙初有提刑謝師稷按其違戾知縣數人免科鹽者數年今乃多是灰土拌和斤兩虧

少却以包裹減尅與向来裝綱之日色澤分數不同立價又重復有巧作名色除退名曰莭扎每鹽一斤不得六七兩緣此民間不肯收買是致私鹽盛行兼以科抑民戶每買鹽一斤知縣得錢一文任滿厚載而歸疲民困苦無憩乞委憲使體究革絶其弊一如謝師稷所行故有是詔　二年十二月十八日詔淮東提鹽司貼納鹽錢與免納二分交子止用錢會中半（舊例用錢會各四分交子二分至是客人訴其不便故也）　四年二月十二日夔路運判李訦言大寧監鹽場歲趂二百五十萬斤體例本司自擬待闕官一員往充外計簽廳既無綰繫印紙茍請俸給或虛額誑申或減秤乾沒乞將鹽場從吏部差注初任京官次任選人從之

卷九千七百九十三

十月十五日浙西提舉茶鹽史彌遠言産鹽地分弓手土軍與亭戶相為表裏庇其私煎盜賣復以巡捕為名橫行村落反與私販之徒極力防護巡尉玩習全不舉職乞將歲終諸路鹽場辦到課利比較最虧去處本地分巡尉如實有透漏與場官一等責罰從之　開禧元年五月一日三省言行在建康鎮江榷貨務所賣淮浙鹽鈔自去年減價今已一年合議復還舊價詔自令降指揮到日為始依舊價貫金銀錢會復還分數則例優潤入納嘉泰四年三月一日減價指揮更不施行日後永為定例斷不增減　先是嘉泰四年一月一日詔臨安建康務場發賣淮浙鹽鈔自嘉泰四年

四月一日為始除鹽倉合納錢依舊外每袋於務場合納錢數内各減二貫文内臨安五分金並以會子入納既而淮東總領梁季祕言鎮江務場乞一例優減從之至是三省有請故有是命　七月三日詔諸路鹽倉場監買納催煎監官任滿如無虧額提舉司結罪保明申務場所契勘行下批書虧額數多候補足方許離任（九月六日又詔支鹽倉監官亦照催煎官一體私行）　九月二十八日詔臨安紹興府四渡官捕私鹽並與依格推賞内舉主未足人每合轉一官與減舉主一員該累賞人取旨施行　十一月十六日提舉浙東茶鹽章燮言乞就慶元府定海縣龍頭地名洪店創置鹽場每歲以一千八百八十四袋立額辟差監官從之

卷九千七百九十四

二年正月二日詔淮浙提鹽司各行下所部鹽倉場自令新鈔一袋搭支舊鈔一袋如新鈔多於舊鈔或願全用新鈔支鹽及無舊鈔而願全買新鈔者聽並以新鈔理為資次其行在建康兩務所賣淮鈔自截日終令行在專賣真州鈔建康專買通泰州高郵軍鈔不許仍前交互其嘉泰四年十二月已降理舊鈔指揮更不施行　先是嘉泰四年十一月二十六日詔淮浙提鹽司行下所部鹽倉場自令新鈔三袋搭支舊鈔七袋如新鈔多於舊鈔或願全用新鈔支鹽者聽並以新鈔理為資次繼而十二月二十一日又詔以七袋舊鈔三袋新鈔品搭仍舊理舊鈔資次近降理新

鈔資次指揮更不施行至是復有是命　四月十七日臣僚言江湖淮浙京西茶塩自有專法歷歲滋深專無抵悟乞宣示敕局將紹興二十一年八月以後應頒降塩法指揮參以紹興舊法審訂成書頒行從之　九月十三日明堂赦文淮浙塩倉場收買塩貨多是大秤斤重少支價錢却將寬剩塩數妄作亭户入中支請官錢分受入己令提舉司檢坐元降指揮行下禁戢自後郊祀明堂赦並同以上寧宗會要　嘉定元年二月二十五日浙東提舉司言定海清泉場管下穿山長山兩子場立為正場辟差監官乞每歲各以三千袋為額其元額其元額四千九百八袋令清泉場自行買運從之　三月二日浙東提舉司言慶元府昌國縣岱山高南亭子場乞以每歲三千六百袋為額辟差監官從之　三年八月二十七日詔亭塲鈔引之家低價買會每貫用錢三四百文及納官却作一貫見錢直使又增長舊鈔之價每塩一袋貴官會百貫以上自今指揮到日塩鈔官錢每一袋增收會子二十貫仰三務場開雕大字宋印於鈔面作某年某月新鈔候過賣及一百萬袋即與住免增收其日前已未支塩鈔並為舊鈔與立限一年並齎赴倉場支塩每袋貼納官會一十貫出限更不行用仍用新鈔六分舊鈔四分以新鈔為資次所有嘉定三年六月新鈔三分旧鈔七分指揮更不施行　九月五日淮東提舉茶塩齊礴言去

卷九千七百九十四

冬楚冦倡獗管下塩場凡四百有一竈而焚蕩毀壞者一百六十餘座亭民逃竄死亡不知其幾乞選官措置仍多帶錢米招集乞明立賞格將創新興復竈分最多人特與改合入官其餘比類循轉詔依所申所委官能興復圓備委無違闕具職位姓名保明申尚書省内京官及武臣與轉一官選人與減改官舉主三員仍於内免職司一員　十一月二十一日詔已降指揮令封椿庫取撥會子四十萬貫付浙東提舉司五十萬貫付浙西提舉司措置收買浮塩經今日久令應㒸往浙東趙汝述往浙西同提舉日下措置務使客販流通塩鈔無阻旬具已措置及已買數目申尚書省　四年正月二十日四川制置大使安丙總領四川財賦陳咸言内郡賦輸有激賞絹一色本紹興間從權施行自後因仍不免今歲計絹三十萬疋為緡錢九十萬欲徑行除免即恐有虧總計竊見軍興以來塩價倍增未軍興前每擔共不滿三十引今約五十引除引息柴火外淨息不下三十餘引臣昨每檐權增兩引官錢以助軍興歲計九十萬引今欲將上項所增兩引與四川人户對減合納激賞絹以三年為準如三年後塩價稍低即行除免惟瀘叙二州賦役甚輕其激絹仍行均科從之　五年二月十三日廣東提舉司言前知潮州沈埴奏本州七等敷塩不均重為民害乞照福建路漳泉等州例隨產敷

卷九千七百九十四

真州賣鈔司自三月一日爲始並照自來定例入納官錢內行在務場

鹽劄令本司參議本司委官體訪有士民列狀言其不
便乞依舊例七等施行勘會舊來七等敷鹽係以下縣
土色高下産錢輕重分爲等第初無定說如潮陽以三
貫文爲第一等而揭陽則以四貫海陽則以五貫令若例
以三縣一文之産均五文鹽不均甚矣況自一文産敷
鹽五斤文則五十文産納錢二百五十文而五貫文産已
納二十五貫文等而上之且無止法若産錢五十貫則
每歲當納二百有餘貫其何以堪令官司見行鹽價每
斤七十三文第七等戶潮陽則四斤半揭陽四斤海陽
則三斤半而潮陽所敷爲重每年納錢不過三百二十
八文足每日食鹽不及一文未爲重困只緣本州後來

卷九千七百九十四

每斤納錢一百一十文足是以小民難於送納今欲以
三縣第七等數內一文至十文盡與蠲免其十文以上
至五貫以上並依舊來等第買鹽仍嚴行約束每斤只
從久價七十三文足不許多收亦不得專立單鈔只於
納本戶産錢鈔上帶納明言買鹽若干納錢若干使貧
民下戶皆被實惠從之　十四日詔行在建康鎮江三
務場用金銀錢會建康務場用交會見錢鎮江務場用
錢會真州賣鈔司用交會所有亭戶鹽本錢亦各照逐
路久例入納更不敢增收錢內合納會子並用第十四
十五界新會應嘉定三年八月二十七日指揮以前舊
鈔未經鹽倉交收貼納舊會校理資次仰浙東西淮東

提舉司行下所屬支鹽倉場曉示客旅據所有舊鈔就
倉場繳納每袋貼納新會三貫却從倉場以新鈔換納
如有願以舊鈔徑於三務場及賣鈔司繳納依數納錢
換給新鈔者聽其收到換鈔新會並撥赴封樁庫交納
應令降指揮以前已用新舊鈔四六分品搭鈔數校理
資次者並照元來資次支鹽應今年三月初一日以後
買到鈔許以換給鈔作二八分品搭校理資次支鹽內
用新鈔八分換給鈔二分如無換給鈔可以品搭願全
用三百一日以後買到鈔理爲三月一日以後資次者
亦從其便其支鹽倉場合用換給新鈔令太府寺日下
印造鈔引三十萬袋仍雕大字紅印該稅某年某月換

卷九千七百九十四

給鈔以千字文排定字號於鈔面印訖內以十五萬袋
均給付浙東西淮東三路提舉司仰本司徑自契勘分
撥下支鹽倉場以五萬袋付行在務場七萬袋付建康
務場二萬袋付鎮江務場一萬袋付真州賣鈔司遇有
換到舊鈔仰各處先照已給新鈔字號於舊鈔批鑿仍
抹訖類聚發赴太府寺點對焚毀施行仍仰三務場賣
鈔司各路提舉司常切拘摧旬具已換給過鈔鹽袋數
并所收錢數申尚書省及提領務場所照應如有給新
鈔或收換舊鈔未數仰各續次申乞具用新鈔換給舊
鈔限在半年內了畢所有用二分換給鈔品搭八分鈔
支鹽並不拘定年限外有京西提舉司鹽鈔並免輸納

增收貼納錢，經自照久來體例理資次支鹽，更不與三務場及真州賣鈔司鹽鈔衮同資次。　九月二十四日，詔行在建康、鎮江三務場、真州賣鈔司、浙東西淮東提舉司自十月一日爲始，再展限一季，許客旅將嘉定三年八月二十七日指揮已前未經鹽倉場投理資次舊鈔，照今年二月十四日指揮，賫赴倉場給納。每袋納新會三貫，就倉場以新鈔換給。如願徑就務場換給者，亦從其便。其用新鈔八分換給鈔二分品搭支鹽，或無給鈔願全買新鈔理爲十月一日以後資次者，並照今年二月十四日指揮施行。今展所展日限已是寬恤，限滿定不再展。所有今年二月十四日并令降指揮支鹽資次及見今務場入納鐵錢，則例並是永遠施行，斷無衝改。仍仰三務場、真州賣鈔司、浙東西淮東提舉司廣出文榜曉示外務，使遠近通知。其合用換給新鈔，仰三務場、賣鈔司并各路提舉司約具合用鈔數，疾速具申尚書省，行下太府寺接續印給施行。　六年四月二十三日，浙東提舉司言：準指揮以溫州鹽倉支發不行，押袋官與鹽倉官吏徒廢廩祿，自乾道五年就場支請。至淳熙十二年復回州倉，反不若就場支發之多。令提舉茶鹽司專委主管官措置支發趁辦，庶免添置冗員。本司檢照溫州五場管押袋官五員內減二員，及溫州支鹽倉監官兩員減一員，申明朝廷，照坑冶司分司幹官體

例辟差幹官一員，就溫州制司專一提督管幹溫台州鹽倉場買運，以減三員鹽官錢米爲辟差幹官之俸，並是溫州支給。今施照本州鹽倉支發袋鹽雖比未置司幹官之前有增，然較之再經減新額，每歲猶虧一萬餘袋。欲將元辟差溫州幹官並行省罷，創下溫州守倅須管每歲登及元額，如有虧欠，具申朝廷取旨。或能措置增羨，乞與旌賞。所有欲令客人就場支發，情弊甚多，乞只就鹽倉支發。今既省罷提幹，其支鹽官只有一員，本倉既是錢物去處，乞復昨來省罷一官同共管幹。若稍不究心，容本司差官對易，庶幾脉絡貫通，不敢懈怠。詔並依，內幹官先次省罷，押袋官三員見任人各聽令終滿已，差下人令赴部注合入差遣。其復置支鹽倉一員且行堂除一次，令後吏部使闕。　六月五日，淮東提舉茶鹽司言：本路鹽倉場官逐考煎發鹽數合經本司批書，令徑經所屬州軍陳乞。若第一考鹽額有虧，却計囑州縣批書，如第二第三考更不虧數，亦復趁那批書。洎至任滿，方經所屬州軍開具逐考內鹽數供申本司。今據諸州軍申到倉場官任內所趁鹽數，將本司事祖刷算到的實煎賣支發鹽數與各州軍已批書數目各是異同。本司欲行改正，緣各州軍先以批上，難於追改。乞從今後催煎、糴納、支鹽官到任及考，以至任滿，許從本司刷具的實趁過鹽數，比額有無增虧，自行批上印紙

照證倉場官任滿，從本司結罪保明申提領務場所，行下批書一任内趁過鹽數庶幾確實，不致冒濫。仍行下浙西、浙東提鹽司一體施行。從之。

七年正月六日，臣僚言：比年所在鹽亭户困窮，無力燒煮，折而入於内私販，以至散爲盜賊，而富商大賈齎錢請鹽，資次積壓，無以應其所求。有舍之而爲他業者。推原其故，自提舉司不支還鹽本錢，始向亭户先請本錢而後納鹽，其後則先納鹽而後請錢，令買納到鹽出賣，獲利稱息數倍，乃猶占悋不肯給還元價，縱或支償，十未一二，幾於白納，而後已。欲下諸路產鹽地分提舉司，將日前所欠亭户本錢盡數支還，自今收買到鹽，即時給付，元直不得抑勒虧減，如更不許，許及後官到任於交割帳狀内添入一項，即無坐欠亭户鹽本錢，結罪保明，如檢得見有未支之數，仰具申朝省，重作施行。從之。四月，侍御史石宗萬亦有是請。

三月九日，臣僚言：福建瀕海諸郡，鹽不論錢，曩時使民計產納錢，官給之鹽，以供口食，蓋防盜販之弊，其後遂爲常賦，而民不得復請鹽矣。自產一文以上至二十文，各納鹽五斤，每斤爲錢二十一文足，總計錢一百五文足，官司所入止此。而胥吏交納所得數乃倍之。自二十文產以上，每產一文加納三斤，累千百析户，每產一文又納鹽錢一斤，其多者固不論，而下户之產一文而至二十文者皆五斤也。或原產二十文以下析而爲三四

户者，又皆五斤也。外此，如僧寺有口食鹽，船户有浮鹽，交關田宅有契鹽，名色不一，而諸縣例以產鹽庫子兼充宅庫，意蓋可見，此弊法也。乞下轉運司，明示牓文，備坐今降指揮，將福之下四軍州凡二十文產以下合納鹽五斤之家，盡行蠲免，其析户產錢僅及二十文者，不得料納鹽錢。從之。

茶法 茶色號 產茶額 買茶額 賣茶額 買茶價 賣茶價 賣茶場 茶數修入 等（一作號）

宋會要　茶號

食貨志茶色號凡片茶龍鳳（二號止充貢）的乳白乳頭金臈面頭骨次骨第三骨末骨山茶（以上建茶）的乳白乳臈面頭金次骨第三骨山鋌（已上南劍州）華英先春來泉（以上歙州）慶合福合片茶頭骨（以上池州）慶合運合仙芝不及號頭金臈面頭骨（以上饒州）泥片（虔州）玉津金片綠英（以上袁州）第二第三號（杭州）第一第二第三號（以上越州）片茶（明州）方茶（婺州）第一第二第三號（以上湖州）折稅第一第二號（台州）第一第二第三第五號（以上衢州）大捲上等中等（以上常州）中等（溫州）第一第二第三號不及號小方次不及號（以上鄂州）大方開捲（以上復州）大方開捲小捲生黄（以上岳州）片茶（澧州）第一第二第三號（以上鼎州）大方茶靈草

卷五千七百八十三

綠牙茶（以上潭州）凡散茶上中上號（以上廬州）上中下號（以上壽州）上中下號（以上舒州）上中下號（以上光州）苗茶上中下號（以上蘄州）上中下號（以上黄州）第一第二第三號（以上宣州）茗（歙州）下號（江州）茗茶末散茶屑茶（以上池州）末茶麤茶（以上饒州）第一第二第三號（廣德軍）上中下號（以上洪州）茗子第一第二第三號（以上袁州）散（撫州）散（筠州）散（並興國軍臨江軍南安軍建昌軍）中下號（以上南康軍）散（並杭州蘇州湖州婺州處州衢州溫州）第三號（越州）第二號第三號（明州）末等（台州）第二號第三號（睦州）建寧大柘退場葉末府管楊木草子（以上潭州）第四等（衢州）草子（澧州）稅茶（柳州）散（峽州）土產（邵武軍）

此條移買茶價前

二一作四　八一作三　軍一作府　七百千作二百七十

產茶額

產茶額以戶部左曹具紹興三十二年諸州路軍縣所產茶數修定入。兩浙東路　紹興府會稽山陰餘姚上虞蕭山新昌諸暨嵊三十八萬五千六十斤　明州慈溪定海象山昌國奉化鄞五十一萬四百三十五斤　台州臨海寧海天台仙居黄巖一萬九千二百五十八斤一十一兩七錢　溫州永嘉平陽樂清瑞安五萬六千五百一十一斤　衢州西安江山龍游常山開化九千五百斤　婺州金華蘭溪東陽永康浦江武義義烏六萬三千一百七十四斤九兩二錢　處州麗水龍泉松陽遂昌縉雲一萬九千八十二斤　兩浙西路　臨安府錢塘於潛臨安餘杭新城富陽二百一十九萬六百三十二斤二十三兩　湖州烏程歸安德清武康長興安吉一十六萬一千五百一斤　嚴州建德壽昌淳安遂安桐廬分水二百一十二萬一百六十斤　平江府吳縣六千二百斤　常州宜興六千一百二十二斤　江南東路　太平州繁昌二百斤　寧國府宣城南陵太平寧國旌德涇一百一十二萬六百五十二斤　徽州休寧婺源績溪祁門黟歙二百十萬二千五百四十斤一十四兩　池州貴溪青陽石埭建德二十八萬四百八十九斤。饒州鄱陽浮梁德興一十三萬五千五百五十五斤三兩　信州上饒鉛山弋陽玉山永豐貴溪一萬九百三十一斤一十五兩　南康軍星子建昌三萬九千一百四十九　廣德軍廣德德建平六萬九千七百十斤　江南西路　隆興府靖安新建分寧奉新二百八十一萬九千四百二十五斤　建昌軍南城南豐新城廣昌九千五百八十斤　贛州瑞金贛一萬四百斤　吉州盧陵永新永豐太和安福萬安吉水龍泉一萬七百八十斤　撫州臨川崇仁宜黄金谿二萬一千七百二十六斤一十二兩四錢　袁州宜春萍鄉萬載分宜九萬六百八十三斤二兩　江州德化瑞昌德安一百四十六萬五千二百五十斤　筠州高安新昌上高八千三百一十六斤　興國軍永興通山九十

卷一萬七千五百六十　十

三萬六千五百五十五斤　南安軍大庾上猶南康四十一百五十斤　臨江軍清江新喻新淦六千六百三斤　荊湖南路　潭州善化長沙瀏陽湘陰澧泉衡山寧鄉湘潭安化益陽湘鄉攸一百三萬四千八百二十七斤一十二兩五錢　衡州耒陽安仁常寧茶陵一千六百七十五斤　永州零陵二萬三百一十斤　邵州邵陽新化六千二百五十斤一十三兩五錢　全州清湘灌陽三千八百五十斤一十三兩　郴州永興宜章桂陽郴一萬九百九十四斤　桂陽軍平陽藍山一千六百二十五斤　武岡軍武岡四萬六千六百一十五斤　荊湖北路　常德府武陵桃源龍陽十三萬一百八十斤　荊南江陵松滋石首枝江三千二十五斤八兩　荊門軍當陽一百斤　沅州盧陽麻陽三百七十一斤　歸州秭歸巴東興山四萬八千五百斤　辰州沅溪辰溪二千三百三十九斤一十兩　澧州澧陽石門慈利一萬一千五百斤　峽州夷陵宜都長陽遠安三萬八百八十斤　岳州巴陵平江臨湘華容五十萬一千二百四十斤　鄂州蒲圻江夏通城武昌嘉魚咸寧崇陽一十七萬七千七百一斤一十兩二兩　福建路　南劍州將樂尤溪劍浦順昌沙一萬一百斤　福州古田二百一十斤　建寧府建陽崇安浦城松溪政和甌寧建安九十五萬斤　汀州寧化上杭清流武平長汀連城一萬一百斤　邵武軍泰寧邵武建寧廣澤一萬一千二百五十九斤八兩　淮南西路　舒州懷寧太湖宿松桐城一萬三百三十九斤五兩　廬州舒城二百二十六斤八兩五錢　蘄州蘄春廣濟黃梅蘄水羅田七千一百三十二斤三兩五錢　壽春府六安一千五百六十斤　廣南東路　循州龍川一千七百斤　南雄州保昌九百斤　廣南西路　融州融水二千斤　靜江府臨桂靈川興安荔浦義寧永福古修仁七萬二千二百八十六斤六兩　潯州平南一千一百斤　鬱林州南流興業六千二百斤　賓州嶺方六百五十斤　昭州立山七千五百斤以上中興會要　浙東路　紹興府會稽山陰諸暨蕭山餘姚上虞嵊三十三萬三千九百斤二兩　台州臨海黃巖寧海天台仙居二萬七百斤一十一兩七錢　婺州金華蘭溪武義浦江義烏東陽永康六萬三千七百一十四斤一十三兩　溫州永嘉瑞安平陽樂清四萬七千八百五十斤　處州麗水龍泉松陽遂昌縉雲青田一萬八千一百一十一斤　衢州西安江山龍游常山開化一萬一十四百二十四斤　明州鄞慈溪奉化象山定海昌國三十四萬六千六十六斤　浙西路　臨安府二百八萬三千一百三十斤　湖州臨安烏程長興安

卷一萬七千五百六十

十一

吉德清武康七萬九千四百四十六斤　平江府吳縣七百斤　常州宜興六千三百斤　嚴州建德淳安分水桐廬遂安壽昌二百五十六萬九千六四十斤　江南東路　太平州繁昌二百斤　寧國府宣城寧國旌德太平涇七十七萬八千三百五十斤　徽州婺源休寧祁門黟歙二百二十八萬六千一百斤　池州貴池青陽石埭建德五萬九千七百二十斤　饒州鄱陽浮梁德興一十萬七千一百四十斤　信州上饒鉛山貴溪弋陽永豐玉山一萬二百斤　南康軍星子建昌四十七萬三千四百九千斤　廣德軍廣德建平二萬六千二百八十斤　江南西路　隆興府南昌新建分寧武寧豐城進賢奉新靖安三百四萬一千一十斤　江州德化瑞昌德安一百四十八萬六千七百二十斤　筠州高安一萬四千一百斤　袁州宜春分宜萍鄉萬載三萬七百斤　贛州瑞金贛七千四百斤　吉州廬陵吉水永豐安福永新九千七百斤　撫州臨川崇仁宜黃金谿三千六百斤　建昌軍南豐南城廣昌新城九千四百斤　興國軍永興通山六十四萬七千一百六十斤　臨江軍清江新淦新喻六千九百斤　南安軍大庾南康上猶三千五百斤　荊湖南路　潭州長沙善化湘潭衡山湘陰醴陵瀏陽益陽寧鄉安化湘鄉攸一百二萬五千三百四十九斤一兩半　衡州耒陽常寧安仁五千四百四十九斤一十兩半　永州零陵二萬三百一十一斤　邵州新化六千二百五十斤一十三兩半　全州清湘灌陽四千四百斤　郴州永興郴一千九百九十四斤　桂陽軍平陽一千一百二十五斤　武岡軍武岡九千八百二十三斤　荊湖北路　岳州在城合同場平江五十萬九百六十斤　鄂州在城合同場蒲圻崇陽武昌咸寧嘉魚一十七萬七千二百四十斤　歸州在城合同場興山巴東三萬五千三百斤　峽州在城合同場宜都長陽遠安一萬九千五百八十斤　荊南在城合同場二千五百廿斤　澧州在城合同場一萬一千五百斤　常德府在城合同場一十二萬九千九百斤　福建路　建寧府建安甌寧建陽崇安政和九十八萬三千四百九十三斤　南劍州劍浦將樂二萬九千八百三十五斤一十三兩　福州古田一百七十斤　汀州長汀寧化清流蓮城五千二百斤　邵武軍邵武建寧泰寧一萬九千一百八十六斤一十三兩九錢　淮南西路　廬州舒城一千八百一十六斤五兩　舒州懷寧桐城宿松太湖一千八百五斤九兩二錢　蘄州蘄春廣濟黃梅蘄水羅田七千六百七十三斤一十五兩　安豐軍六安一千六百五十七斤一十四兩　廣

卷一萬七千五百六十

十二

南東路　南雄州保昌四百斤　循州龍山一千四百斤　廣南西路
靜江府臨桂臨川興安義寧永福古縣荔浦仁四萬八千一百二十三斤
潯州平南一千九百九十五斤　賓州嶺方七百斤　鬱林州南流興業七
一千二百四十斤　融州立山四百七十斤已上乾道會要

買茶額　淮南路東路　黃州麻城場年額二十一萬七千四百八斤
蘄州三場洗馬場年額百二十二萬一千八百八十七斤石橋場二百萬
四千七百二十九斤王祺場五十七萬三千八百三十二斤　壽州三場
霍山場年額八十四萬五千六十四斤麻步場四十二萬三千六百斤開
順口場三十六萬八千八百三十八斤　光州三場光山場年額十八萬八
千一百九十一斤商城場三十八萬三千二百六十三斤子安場十三萬
三千五百六十二斤　舒州二場羅源場年額三十萬八千一百五十斤
太湖場百二十一萬四千一百四十八斤　廬州五同場年額七千七萬
六千一百二十七斤　凡十三場皆課園户焙造輸賣或折稅以滿糴貨
務商旅算請　江南路東路　宣州百九萬二千三百九十八斤　歙州
六萬七千二百六十四斤　池州十五萬六千六百八十七斤　饒州五

十五萬一千八百三十九斤　信州二萬四千四百十九斤　江州六十九
萬八千五百四十七斤　廣德軍一十二萬二千三百九斤　南康軍十
二萬七千二百三十一斤　西路　洪州百六十萬八千二百三十一斤
撫州十萬三千五十四斤　筠州八萬六百七十九斤　袁州二千萬六
千六百九十七斤　臨江軍二萬六千八百六十四斤　興國軍五百二
十九萬七千三百六十斤　建昌軍七千八十二斤　虔州吉州南安軍
無茶額只納折稅茶充本處食茶出賣　兩浙路　杭州四十二萬八千
一百一十五斤　越州二萬一千六百五十三斤　蘇州六千五百斤
湖州十二萬一千九百一十斤　明州六萬六千六四十斤　婺州五萬
二千二百七十六斤　常州五萬一千二百六十一斤　溫州七萬八千
一百九十斤　台州一萬三千一百斤　衢州六千八百九斤　睦州四
千二萬一千七十三斤　處州一萬三千八百二十四斤　荊湖路南路
潭州四十七萬千七七百八十五斤　郴州無買額止納折稅茶充本處
食茶出賣　北路　荊南府二十九萬四千斤　鄂州三十六萬三千一
百三十五斤　岳州一百二萬八百八十九斤　澧州二千八百八十七斤
鼎州一萬二千九百一十六斤　歸州五萬三千六百一十四斤　峽州六

萬四千六百二十八斤　辰州無買額，只納折稅茶充本州食茶，出賣者，州

門軍一萬二千一百六十斤　福建路　建州三十四萬六千九百九十一

五斤，南劍州四萬六千五百八十八斤　川峽廣南州軍止以土產茶通商，

別無茶法

賣茶額　江陵府務，受本府及潭、鼎、澧、辰、歸、峽州茶，祖額三十一萬五千

百四十八貫三百七十五文　真州務，受洪、宣、歙、撫、吉、饒、江、池、筠、袁、潭、岳

州、臨江興國軍茶，祖額五十一萬四千二十三貫九百三十三文　海州務，

受杭、越、蘇、湖、明、婺、常、溫、台、衢、睦州茶，祖額三十萬八千七百三貫六百七十

六文　蘄州蘄口務，受洪、潭、建、劍州、興國軍茶，祖額三十六萬七千百六

十七貫一百二十四文　無為軍務，受洪、宣、歙、饒、池、江、筠、袁、潭、岳、虔州、南

康、興國軍茶，祖額四十三萬五百四十一貫五百四十文　漢陽軍務，受

鄂州茶，祖額二十一萬八千三百一十一貫五十一文　凡六榷貨務，掌

受諸州軍買納茶，以給商人於內地及本務入納見錢算請

買茶場　壽州霍丘縣場，太平興國六年置，嘉祐四年罷　廬州舒城縣

場，舊置，嘉祐四年罷　蘄州蘄春縣洗馬場，乾德三年置；石橋場，開寶二

年置；蘄水王祺場，淳化二年置，並嘉祐四年罷　舒州羅源場、太湖場

〔八〕卷一萬七千五百六十　八一

舊制，嘉祐四年罷　光州光山場、商城場、子安場，舊制，嘉祐四年罷　眉州

稜縣場，熙寧十年置　蜀州永康縣場，熙寧七年置；青城縣場、味江寨場

並熙寧九年置　彭州堋口場，相承舊有；導江縣場、蒲村鎮場、木頭場並

熙寧十年置　綿州彰明縣場、龍安縣場，熙寧十年置　漢州楊村場，熙

寧十年置　嘉州洪雅縣場、楊村鎮場，並熙寧十年置　邛州在城場，景

德二年置，康定元年併入都稅務；火井場、大邑場，並景德二年置；思安場，

熙寧五年置　雅州在城場，熙寧九年置；名山縣場，熙寧七年置；百丈鎮

場九年罷　黃州麻步場，舊制，嘉祐四年罷　興元府在城場、油麻場，並

熙寧七年置；城固縣場八年置　洋州在城場、新多店場、西鄉場，並熙寧七

年置　文州在城場，熙寧八年置　建州在城場，舊制

買茶價　淮南路西路　廬州王同場散茶，上號每斤二十六文四分，中

號十九文八分，下號十五文四分　壽州三場霍山場散茶，上號每斤三十

十四文一分，中號三十文一分，下號二十二文　麻步場上號三十四文一

分，中號三十文一分，下號二十二文　開順場上號三十三文，中號二十八

文六分，下號二十二文　舒州三場羅源場散茶，上號每斤二十八文，中

號二十五文，下號二十二文　太湖場上號三十八文五分，中號三十三文，

下號二十七文　龍溪場上號二十七文五分，中號二十四文二分，下號十

八文七分　光州三場商城場散茶，上號每斤三十四文一分，中號三十

文八分，下號二十四文二分　淺山十九文八分　子安場上號三十三文，

中號二十七文五分，下號二十二文　淺山十七文六分　光山場中號十七

文六分，下號十五文四分　蘄州三場洗馬場散茶，上號每斤三十八文

五分，中號三十三文，下號二十七文五分，次下號二十二文　石橋場上號

六十五文一作六十文五分

等一作錚

二一作四　三一作二

食貨二九之九

三十五文二分中號二十九文七分下號二十四文二分次下號二十二
文王祺場上號三十五文二分中號二十九文七分下號并次下號並二
十二文　黃州　麻城場散茶上號每斤三十五文二分中號二十九文
七分下號二十四文二分　江南路東路　歙州　片茶華英先春來泉
並折稅　江州　散茶下號每斤十六文五分　池州　片茶慶合每斤
百三十二文福合百二十一文運合百一十文不及號七十七文散茶十
三文　饒州片茶慶合每斤百四十三文運合百三十二文仙芝百一十
文不及號七十七文　廣德軍散茶第二第三號並每斤七十文六分
西路　洪州散茶上號每斤十九文八分中號十八文七分下號十六文
五分　虔州片茶每斤八文　袁州片茶緑英號每斤百八十七文玉津
號百四十三文金片百一十文　撫州散茶每斤二十九文　筠州散茶每
斤十六文五分　興國軍片茶不及號每斤六十五文　兩府號四十五文
散茶十四文六分　建國軍散茶每斤十二文足　臨江軍片茶每斤百
九十八文散茶十三文　南安軍散茶每斤三文　兩浙路　杭州片茶
第二等每斤百六十五文第三等百三十二文散茶十三文　越州片茶
第一等每斤百八十七文第二號百六十五文第三號百三十二文散茶

卷萬七千五百六十　二

第三等十八文　湖州片茶第一號每斤百八十七文第二號百六十五
文第三號百三十二文散茶十七文六分　婺州方片第二等每斤二十二
(二)文散茶第三等十八文七分　明州片茶每斤三十五文五分散茶第
二等二十三文　第三等十六文　常州片茶大揀上號每斤百九十八文
中號百六十五文散茶上等三十三文中等二十七文下等二十二文
溫州片茶中號每斤百六十五文散茶第五等每斤八文　台州散茶末
等每斤二十二文　衢州片茶第二等每斤二十二文第三等十八文七
分第四等十六文五分第五等十四文三分散茶十二文三分睦州片茶
第一號每斤三百四十二文第二號二百九文第三號百七十六文散茶
第二等二十二文　荆湖路南路　潭州大方茶獨行每斤二百七十五
文靈草二百四十二文緑并二百二十二文片茶百三十二文茗子四十
四文　北路　江陵府散茶建寧大柘退場頭子每斤並十三文足府管
楊木草子十九文三分足　鄂州片茶第一號每斤百六十五文第二號
百三十二文第三號九十九文不及號七十七文次不及號五十文　岳
州片茶第一號每斤二百三十一文第二號百九十八文第三號百七十
六文　澧州片茶每斤百六十五文　峽州散茶草子每斤十七文一分六

五一作一

食貨二九之一〇

釐　岳州片茶大方每斤百七十六文開捲十五文一分八釐小捲十二
文九分八釐散茶十八文七分生黃二十二文第三第四號並十六文五
分　歸州散茶每斤十五文　福建路　建州的乳每斤百九十文白乳
百六十文頭金百三十五文臘茶百二十文頭骨九十文次骨六十文第
三骨四十五文末骨二十四文山茶十三文　南劍州的乳每斤百八十
文白乳百五十文頭金百四十文臘面百一十文頭骨八十文次骨五十
文第三骨三十五文末骨二十五文山挺十三文　邵武軍工產散茶每
斤十文
賣茶價　淮南路東路　海州諸州般供建州頭金每斤五百文臘面四
百(十)五文骨茶三百五十五文潭州雨前散茶百二十文興國軍不及
號片茶二百宣州洪州岳州廣德軍散茶與國軍不及號散茶並五十文
文　海州榷貨務杭州第一號九百一十七文第二號八百五十文第三
號七百七十九文明州婺州衢州中號並八百七十五文常州第一號八
百五十文第二號八百三十三文台州第一號八百二十五文第二號七
百九十一文越州第一號八百八文第二號七百七十五文第三號七百
五十八文睦州第一號一貫一文第二號九百九文第三號八百四十文

卷一萬七千五百五十　三十

湖州第一號八百八文第二號七百七十五文第三號七百五十八文盧
州中號九百一十七文　真州並諸州般供建州片茶頭金每斤五百文
臘面四百一十五文頭骨三百五十五文潭州散茶雨前百二十文興國
軍不及號二百文宣州岳州興國軍廣德軍南康軍洪州散茶並五十文
眞州榷貨務潭州獨行八百一十五文靈草七百五十六文緑并七百一
十四文建州頭金四百二十文臘面三百六十文頭骨二百八十八文饒
州片茶慶合六百五文運合五百三十八文仙芝五百三十文不及號四
百四十六文歙州勝金五百六十三文嫩蘂五百三十八文華英五百二
十文運合五百三十八文來泉四百六十二文先春四百八十八文仙芝
五百三十文不及號四百四十六文池州片茶慶合每斤五百三十四文
福合四百九十二文運合四百九十文不及號三百八十七文袁州片茶
緑英七百四十八文玉津六百九十八文金片五百八十八文興國軍片
茶兩府號八百文不及號二百六十文散茶五十文臨江軍片茶玉津六
百九十八文金片五百八十八文散茶五十九文洪州上中號並六十三
文下號六十一文吉州江州散茶並五十九文撫州散茶六十一文宣州
散茶五十八文　西路　廬州王同場散茶上號五十六文中號四十五

州作軍　一作二

文五分下號三十七文一分　壽州三場霍山麻步場上號並八十八文二分中號七十九文八分下號六十三文開順場上號八十文五分中號七十文下號五十六文　舒州三場羅源場上號六十三文中號五十六文下號五十一文太湖場上號八十八文二分中號七十五文六分下號六十七文一分龍溪場上號六十七文二分中號五十八文八分下號五十文四分　光州三場商城場上號七十三文五分中號六十七文二分下號五十六文淺山四十二文子安場上號七十文中號五十九文五分下號四十九文淺山四十文六分光山場中號三十八文五分下號三十三文六分　蘄州三場洪馬場茗茶每斤八十五文上號八十四文中號七十五文六分下號六十三文次下號五十六文石橋王祺場上號並七十九文八分中號六十七文二分中下號六十九文次下號五十八文八分蘄口榷貨務供般頭金每斤五百文臘面四百一十五文頭骨二百五十五文黃穰係剗户不堪耑每斤三十文　蘄口榷貨務與國軍片茶不及號每斤百六十八文兩府號充耗茶支其散茶下號五十五文鄂州大茶獨行七百四十七文靈草六百九十三文綠芽六百五十四文建州頭歙州頭金每斤並四百二十文臘面三百六十文頭骨三百文洪州分散

中號六十三文下號六十一文　黃州麻城場上號每斤七十文中號六十一文六分下號五十二文五分　無為軍榷貨務潭州獨行每斤八百一十一文靈草七百五十二文綠芽七百一十文建州頭金四百二十文臘面三百六十文頭骨三百文饒州仙芝號五百一十三文不及號四百二十九文慶合五百八十文運合五百二十一文歙州先春四百七十一文東衆嫩蕊並四百六十二文池州福合四百六十一文慶合五百九文運合四百二十五文不及號三百七十文袁州玉津六百七十二文金仲百五八十八文興國軍片茶不及號百七十五文兩府號百九十文散茶五十四文洪州上中號並六十一文下號五十九文江州南康軍散茶並五十九文宣州筠州散茶每斤五十四文　江南路東路　江寧府並諸州供般廣德州第一號每斤六十文第二號五十五文第三號五十文潭州私茶六十文建州頭金百五文臘面四百一十五文骨茶三百五十五文山茶八十文宣州買茶場五十文私茶五十文池州買茶場五十文袁州私片茶四十三文粗黃每斤四十文　宣州散茶第二第三等每斤並四十六文　欽州折税茗茶每斤二十七文　江州散茶下號每斤三十八文　池州散茶茗茶每斤並二十八文片茶三十五文頭骨三百五

二十作十三　湖作溫　四作三

十文末茶二十八文骨茶三十五文　饒州頭金每斤五百文臘面四百十一五文頭骨三百五十五文茗茶末茶並四十一文粗黃三十七文信州並諸州供般筠州每斤二十文饒州二十文洪州下號三十五文十袁州二十八文　南康軍散末中號每斤六十文下號五十五文　廣德軍散茶每斤第二號四十二文第三號三十七文　西路　洪州散茶下號每斤三十五文　虔州　泥片每斤十八文　吉州並諸州供般洪州每斤三十五文足虔州二十八文足袁州三十五文足粗黃三十文足袁州退茶每斤三十八文足茗子二十九文足第一等二十八文足第二第三等並二十三文足　撫州散茶每斤三十九文　筠州散茶每斤二十七文足　興國軍散茶下號每斤三十七文　建昌軍散茶每斤三十五文足　臨江軍散茶每斤三十八文足　南安軍上産每斤二十六文又諸州供般者洪州下號粗黃袁州退茶每斤並四十文　兩浙路杭州散茶每斤三十文　越州散茶第三等每斤三十文八分七釐　蘇州散茶每斤四十五文足其諸州供般者建州頭金每斤三百八十五文足臘面三百二十五文足頭骨二百七十四文足溫州第三等大片每斤七十四文足睦州散茶第三等六十二文足杭州散茶第五等五十文足

湖州散茶五十六文足　潤州並諸州供般湖州散茶每斤七十四文睦州散茶每斤八十五文頭金五百文臘面四百十六文頭骨三百五十五文　湖州散茶每斤五十五文其餘州供般者頭金五百文臘面四百十六文頭骨三百五十五文　婺州散茶每斤三十四文足　明州散茶等二等每斤五十六文六分五釐第三等三十八文　常州片茶中等每斤九十六文下等九十文散茶上號七十五文中號六十五文下號四十六四文　秀州並諸州供般杭州私茶第三等每斤六十文第五等四十文湖州第三等七十文溫州第三等九十五文睦州第二等九十二文足三等六十六文足　溫州散茶每斤五十四文　台州散茶末等每斤三十六文衢州散茶每斤四十六文　睦州散茶第二等每斤六十五文○第三等五十八文　處州散茶每斤四十文溫州供般大片第三等每斤七十文第五等散茶三十六文　荊湖路南路　潭州建寧大拓并退場葉末並三十文足府管場術單子十九文八分足　衡州第四等土產每斤三十八文　郴州税茶每斤六十八文　北路　江陵府並諸州供般歙州頭金每斤五百文臘面四百一十五文建州頭骨三百五十五文湖南綠芽八百七十六文岳州大方第二號七百八十文第三號七百二十

從不做下同

文岳州開捲二百文小捲百一十文歸州峽州草子並九十文又本府官
退場頭子葉茶三十五文　江陵府榷貨務潭州大方每斤獨行六百八
十八文八分靈草六百五十五文二分綠芽六百一十三文二分片金五
百四文鼎州大方第一號五百八十八文第二號五百四十六文第三號
五百四文岳州大方四百九十五文六分開捲百四文小捲七十七文澧
州大方四百九十文峽州草子六十三文荊南建康大拓芽退場葉末及
府管場草子並六十三文　鄂州片茶第一號每斤百六十五文第二號
百三十二文第三號九十九文不及號七十七文次不及號五十文退庫
破碎每斤二百四十文退庫殺屑百三十文當池第四號八十文碎末二
十五文　鼎州土產片屑散退庫茶每斤六十文　澧州草子茶每斤六
六十九文三分　峽州散茶草子每斤四十五文　岳州大方開捲小捲
並供荊南榷務大方每斤四百九十五文六分開捲百四十文小捲七十七
文　漢陽軍並諸州供般鄂州不及號每斤四百二十文次不及號二百
九十文又於荊南般供岳州開捲每斤二百六十四文分六鹽大方七百
二十八文二分澧州大方七百二十文二分湖南六百九十二文二分鼎
州大方七百四十文二分　漢陽軍榷貨務　鄂州片茶第一號每斤五

卷一萬七千五百六十　六一

百八十八文第二號五百三十母文第三號四百六十二文不及號四百
二十文小方茶二百一十文次不及號無價充本務耗茶支給　從州不及
號大方每斤五百二十三文開捲二百六十文今廢　福建路　福州並
建州供般的乳每斤三百七十文白乳三百一十文頭金二百七十文臘
面二百四十文頭骨百九十文次骨百五十文第三骨九十五文末骨七
十五文山茶山挺並六十二文又本州挺到私茶每斤草茶草骨並四十
八文足　泉州並建劍州供般的乳每斤二百八十六文足白乳二百三
十九文足頭金二百四十四文足臘面二百九文足頭骨百七十八文足次
次骨百一十六文足第三骨末骨並七十四文山挺山茶並四十七文
建州的乳每斤三百六十一文白乳三百文頭金二百八十文臘面二百
二十一文頭骨百六十一文次骨百五十文第三骨九十五文末骨七十
五文山茶四十九文　漳州並建劍州供般的乳每斤三百一十六文足
白乳二百七十文足頭金二百六十三文足臘面二百四十七文足頭骨
二百九十文足次骨百四十七文足第三骨百五文足山挺四十八文足
南劍州的乳每斤三百六十一文白乳三百文頭金二百八十文臘面二
百二十一文頭骨百六十一文次骨百五十文第三骨并末骨並九十五

文山挺五十七文　汀州並建州供般頭金每斤四百四十文臘面二百
八十文頭骨三百四十文次骨百五十文白乳頭金的乳並四百四十文
第三等骨九十五文末等骨八十文　邵武軍土產茶每斤五十文又建
州供般白乳每斤三百八十文頭骨二百八十文臘面二百七十文頭骨
百九十文次骨百五十文

闕

賣茶場在京都茶庫　秦州在城及青水縣百家鎮鐵冶鎮隴城縣伏羌
城甘谷城三陽安寧寨弓門寨雞川寨隴城寨永寧寨熙寧八年閏四月
月置　涇州在城及靈台縣良原縣百理鎮熙寧九年二十月置　熙州
在城及寧河寨慶平堡禮源堡熙寧八年置　隴州在城及汧陽縣吳山
縣熙九寧年十二月置　成州在城及府城場栗亭場遂陽場熙寧九年十
二月置　岷州在城及長道縣大潭縣鹽官鎮宕昌寨閭川寨長川寨荔

川寨殺藏堡熙寧八年閏四月置 渭川在城及潘原縣安化縣瓦亭寨
熙寧九年十一月置 原川在城熙寧九年十月置 涇州在城及將利
縣西救城鎮峯貼峽寨熙寧八年八月置 鎮戎軍在城熙寧九年十一
月置 德順軍在城及靜邊寨治平寨熙寧九年十月置 通遠軍在城
及塾羊寨熙寧八年七月置 壽州霍丘縣太平興國六年置嘉〇〇〇
嘉祐四年二月罷 廬州舒城縣舊制 嘉祐四年二月罷 蘄州蘄水縣王
祺場淳化二年置嘉祐四年三月罷蘄春縣洗馬場乾德三年置嘉祐四
年罷 凡稅租之數總二十二萬八千七百五十二斤江東路夏二萬五
百六十三斤秋九千四百六十斤西路夏八萬二千五百六十一斤荊湖
北路夏七百三十六斤福建路夏二萬四千一百九十九斤利州路夏五
萬七千二十八斤秋一百七十斤夔州路夏七千九百九團 凡山澤之
入總四十八萬二千一百七十九斤 臘茶三十五萬五千六百七斤福
建路龍茶二百八十斤鳳茶二百八十斤京挺茶二萬六十斤的乳茶一
萬二千二十八斤白乳茶四千九百二十六斤頭金茶二萬三千三百九
十二斤頭骨茶二十一萬九千八百七十斤次骨茶五百三十六斤臘面
茶七萬五千三百二十七斤山茶一萬一千八百八斤草茶一十二萬六
[illegible]表萬七千五百六十 九
千四百七十二斤江南東路草茶五千一百九十二斤西路草茶七萬斤
荊湖北路草茶五萬一千二百八十斤 凡租錢之數總二十二萬三千[illegible]
七百九十六貫 淮南西路三萬八千一百二十九貫兩浙路四萬七千
四百四十貫江南東西二萬二千五十四貫西路一萬六千九百六十七[illegible]
貫荊湖南路二萬三千六百四十四貫北路七萬五千二百五十七貫福
建路三百五貫文 凡本錢之數總四十四萬七千一百四十四貫 淮
南西路一十萬六千一百四貫兩浙路十萬八千三十貫江南東路五萬
五千五百一十貫西路五萬九千一百五貫荊湖南路九萬一千三百七
十五貫北路五萬七千二十貫 凡榷易之利總八萬貫 市易務四萬
貫都茶鹽院四萬貫 凡稅錢之數總銅錢計四十五萬八千六百六十
貫鐵錢六萬五千七百七十一貫 在京稅院六萬八千九百一十六貫
府界一萬七千三百五十七貫京東東路二萬二千八百九十四貫西路
二萬九千九百二十貫京西南路二萬六千二百二十七貫北路二萬一
千七百一十二貫永興軍路八千八十五貫秦鳳路三萬一千六百八十
五貫河北東路五萬五千三百三十四貫西路三千八百九十九貫河東
路銅錢一萬二千一百六十五貫鐵錢一千七百四十四貫淮南東路三

萬二千一百九貫西路三萬一千七百九十四貫兩浙路五萬一千九貫
江南東路一萬四千九百八十三貫西路一萬二百三十一貫荊湖南路
六千五十五貫北路一萬四千七百六十一貫福建路二千一百九貫廣
南東路四百七十七貫西路九百四十二貫成都府路三萬三百一貫梓
州路七十二百七十貫利州路七千五百九十七貫夔州路一萬八千八
百五十九貫已上國朝會要 茶法自政和以來官不置場收賣亦不定
價止許茶商赴官買引就園戶從便交易依引內合販之數赴合同場秤
發至于今不易公私便之

四作二
三作八

茶數修入　兩浙東路紹興府會稽山陰餘姚上虞蕭
山新昌諸暨嵊三十八萬五千六十斤明州慈溪定海
象山昌國奉化鄞五十一萬四百三十五斤台州臨海
寧海天台仙居黃巖一萬九千二百五十八斤一十一
兩七錢溫州永嘉平陽樂清瑞安五萬六千五百一十
一斤衢州西安江山龍遊常山開化九千五百斤婺州
金華蘭溪東陽永康浦江武義義烏六萬三千一百七
十四斤九兩二錢處州麗水龍泉松陽遂昌縉雲一萬
九千八十二斤　兩浙西路臨安府錢塘於潛臨安餘
杭新城富陽二百一十九萬六百三十二斤二十三兩
湖州烏程歸安德清武康長興安吉一十六萬一千五
卷五千七百八十一
百一斤嚴州建德壽昌淳安遂安桐廬分水二百一十
二萬一百六十斤平江府吳縣六千二百斤常州宜興
六千一百二十二斤　江南東路太平州繁昌二百斤
寧國府宣城南陵太平寧國旌德涇一百一十二萬六
百五十四斤徽州休寧婺源績溪祁門黟歙二百一十
萬二千五百四十斤一十四兩池州貴溪青陽石埭建
德二十八萬四百三十九觔饒州鄱陽浮梁德興一十
三萬五千五百五十五斤三兩信州上饒鈆山弋陽玉
山永豐貴溪一萬九百三十一斤一十五兩南康軍星
子建昌三萬九千一百四十九斤廣德軍廣德建平六
萬九千七百一十斤　江南西路隆興府靖安新建分

府作軍
二百七作七百二
二一作五
二一作一

寧奉新二百八十一萬九千四百二十五斤建昌府南
城南豐新城廣昌九千五百八十斤贛州瑞金贛一萬
四百斤吉州廬陵永新永豐太和安福萬安吉水龍泉
一萬七百八十斤撫州臨川崇仁宜黃金谿二萬一千
二百七十六斤一十二兩四錢袁州宜春萍鄉萬載分
宜九萬六百八十三斤二兩江州德化瑞昌德安一百
四十六萬二千二百五十斤筠州高安新昌上高八千
三百一十六斤興國軍永興通山九十三萬六千五百
五十斤南安軍大庾上猶南康四千一百五十斤臨江
軍清江新喻新淦六千六百三斤　荊湖南路潭州善
化長沙瀏陽湘陰醴泉衡山寧鄉湘潭安化益陽湘鄉
卷五千七百八十二
攸一百三萬四千八百二十七斤一十二兩五錢衡州
耒陽安仁常寧茶陵一千六百七十五斤永州零陵二
萬三百一十斤邵州邵陽新化六千二百五十斤一十
三兩五錢全州清湘灌陽三千八百五十斤郴州永興
宜章桂陽郴一萬九百九十四斤桂陽軍平陽藍山一千
三百二十五斤武岡軍武岡四萬六千六百一十五斤
荊湖北路常德府武陵桃源龍陽一十三萬一百八
十斤荊南江陵松滋石首枝江三千二十五斤八兩荊
門軍當陽二百斤沅州盧陽麻陽三百七十一斤歸州
秭歸巴東興山四萬八千五百斤辰州沅溪辰溪二千三
百三十九斤一十兩澧州澧陽石門慈利一萬一千五

光一作廣

百斤峽州夷陵宜都長陽遠安三萬八百八十斤岳州
巴陵平江臨湘華容五十萬一千二百四十斤鄂州蒲
圻江夏通城武昌嘉魚咸寧崇陽一十七萬七千七百
一十斤一十二兩　福建路南劍州將樂尤溪劍浦順
昌沙一萬一百斤福州古田二百一十斤建寧府建陽
崇安浦城松溪政和歐寧建安九十五萬斤汀州寧化
上杭清流武平長汀連城一萬一百斤邵武軍泰寧邵
武建寧光澤一萬一千二百五十九斤八兩　淮南西
路舒州懷寧太湖宿松桐城一萬三百三十九斤五兩
廬州舒城二百二十六斤八兩五錢蘄州蘄春廣濟黄
梅蘄水羅田七千一百三十二斤三兩五錢壽春府六
《卷五千七百八十三》
安一千五百六十斤　廣南東路循州龍川一千七百
斤南雄州保昌九百斤　廣南西路融州融水二千斤
静江府臨桂靈川興安荔蒲義寧永福古修仁七萬二
千二百八十六斤六兩潯州平南一千一百斤鬱林州
南流興業六千二百斤賓州嶺方六百五十斤昭州立
山七千五百斤以上中興會要

二一作七

此二頁小注俱改大字寫

二一作三

全唐文

宋會要

浙東路紹興府會稽山陰諸暨蕭山餘姚上虞嵊三十三萬
九百斤二兩台州臨海黄巖寧海天台仙居二萬二百斤一十一兩七錢
婺州金華蘭溪武義浦江義烏東陽永康六萬三千七百一十四斤
一十三兩温州永嘉瑞安平陽樂清四萬七千八百五十斤處州麗水
龍泉松陽遂昌縉雲青田一萬八千一百一十一斤衢州西安江山
龍遊常山開化一萬一千四百二十四斤明州鄞慈溪奉化象山定
海昌國三十四萬六千六十六斤浙西路臨安府錢塘餘杭富陽於
潛臨安新城二百八萬三千一百三十斤湖州烏程歸安長興安吉
德清武康七萬九千四百四十六斤平江府吴縣七百斤常州宜興六千
三百斤嚴州建德淳安分水桐廬遂安壽昌二百五十六萬九千六百
四十斤江南東路太平州繁昌二百斤寧國府宣城寧國旌
德太平涇七十七萬八千二百五十斤徽州婺源休寧祁門黟歙二百
二十八萬六千一百斤池州貴池青陽石埭建德五萬九千七百二十斤饒
州鄱陽浮梁德興一十萬七千一百四十斤信州上饒鉛山貴溪弋
陽永豐玉山一萬二百斤南康軍星子建昌四十七萬三千四百九十斤
廣德軍廣德建平二萬六千二百八十斤江南西路隆興府南昌
新建分寧武寧豐城進賢奉新靖安三百四萬一千一十斤江州
德化瑞昌德安一百四十八萬六千七百二十斤筠州高安一萬四千一百斤
袁州宜春分宜萍鄉萬載三萬七百斤贛州瑞金贑七千四百斤
吉州廬陵吉水永豐安福永新九千七百斤撫州臨川崇仁
《卷五千七百八十一》

七一作四

一一作二

宜黄金谿三千六百斤　建昌軍南城南豐廣昌新城九千四百斤
興國軍永興通山六十四萬七千一百六十斤　臨江軍清江新淦新
喻六千九百斤　南安軍大庾南康上猶三千五百斤　荆湖南路潭
州長沙善化湘潭衡山湘陰醴陵瀏陽益陽寧鄉安化
湘鄉攸一百二萬五千三百四十九斤一十兩半　衡州耒陽常寧安仁五千四百
四十九斤一十兩半　永州零陵二萬三百一十斤　邵州新化六千二百五十斤一十三
兩半　全州清湘灌陽四千四百斤　郴州永興郴一千九百九十四斤　桂陽
軍平陽一千一百二十五斤　武岡軍武岡九千八百二十三斤　荆湖北路岳
州在城合同場平江五十萬九百六十斤　鄂州在城合同場蒲圻
崇陽武昌咸寧嘉魚一十七萬七千一百四十斤　歸州在城合同場
興山巴東三萬五千三百斤　峽州在城合同場宜都長陽遠安

卷五千七百八十一

一萬九千五百八十斤　荆南在城合同場二千五百斤　澧州在城合同
場一萬一千五百斤　常德府在城合同場一十二萬九千九百斤　福建路
建寧府建安甌寧建陽崇安政和九十八萬三千四百九十二斤　南劍
州劍浦將樂二萬九千八百三十五斤一十三兩　福州古田一百七十斤　汀
州長汀寧化清流蓮城五千二百斤　邵武軍邵武光澤建寧
泰寧一萬九千一百八十六斤一十三兩九錢　淮南西路廬州舒城一千八百一十
六斤五兩　舒州懷寧桐城宿松太湖一萬一千八百五斤九兩二錢　蘄州蘄
春廣濟黃梅蘄水羅田七千六百七十三斤一十五兩　安豐軍六安一千
六百五十七斤一十四兩　廣南東路南雄州保昌四百斤　循州龍山一千
七百斤　廣南西路静江府臨桂靈川興安義寧永福古修
茘浦仁四萬八千一百二十三斤　潯州平南一千九百九十五斤　賓州嶺方七百

斤　鬱林州南流興業一千二百四十斤　昭州立山四百七十斤　以上乾
道會要

不辦　一作不可辦

諭　一作　於

茶法雜錄上

太祖乾德五年詔客旅于官場買到茶如於禁榷罰者並從不應爲重定斷　六年二月二十一日江南國主上言乾德四年以御院補之瞎供將大茶二十萬斤於建安軍中納在京量給價錢并酒網詔依奏八日再祈聖造望允丹衷從之　開寶七年閏十月有司以湖南新茶厚重異於常歲請高其價以出之帝謂宰相曰茶則重矣無乃重困吾民乎乃詔自今止依舊日權模製造無得增加

太宗太平興國元年十月二十二日詔曰先是募民掌茶盜榷酤民負增常數求掌以規利歲或荒儉商旅不行至虧失常課多籍沒其家財以償甚傷仁恕之道自今並宜以開寶八年額爲定不得復增　二年正月江南轉運使樊若水言江州諸茶官市十分之八其二分量稅取其什一給公憑令自賣販江淮往來時取利紊亂國法因緣爲姦望嚴禁之官所市茶價直未稱望稍增之以便於民而利於國詔有司以茶品差增其直

〈卷一萬七千五百六十〉　十三

二月有司言江南諸州榷茶準敕於沿江置榷貨八務民有私藏茶者等第科罪不聞者許鄰里論告第賞金帛有差仍於要害處張榜告示之　五年八月遣監察御史薛雄詣淮江諸州禁絕私茶　九年十月鹽鐵使王明言荊湖兩浙江淮諸州出產處茶貨處買納數與賣數比較懸相遠緣自前收復諸處舊官茶數貨多以至相承接歷歲前爲荊湖江南轉運使備見利害稅茶并折色茶外買諸色茶等人戶各有舊額使臣職貴務買數多用爲勞績揀選不精人戶競作多採粗黃稅葉仍雜木葉蒸造用填額數并於額外別利價錢名爲不及號茶新時出賣不行積歲斷更陳的欲望禁諭出茶州縣人戶將來造茶須及時採新芽嫩葉蒸造賣納入官至八月中終賣送納了畢又慮採造不及所賣元額乞於逐年數內只買八分內有人戶元定根稅茶額外幾來茶園荒薄採納不辦曾有狀訴稱每年私於有茶人戶處收買供納者委自州縣檢驗不虛別無体量依例定地稅由奏又收復江南後將諸色稅物折科茶貨亦有送納不辦者乞許人戶取便送納元無稅物願以茶折納者亦聽如此則人逐免虧茶無積壓如人戶依前將不堪茶貨賣納茶司依條施行監場使臣職貴等容縱再與揀子等庇偽買納下次弱茶亦乞勘罪嚴斷其建州的乳巴

剔　一作　分

下茶貨買納即多支賣金少乞別降指揮膠畫從之　淳化三年七月詔淮南茶場今後商旅只得於園戶處剔賤收買將赴官場貼射違者依私茶茶例區別　四年二月四日詔廢沿江榷貨務八處應茶商並許於出茶處市之自江之南悉蠲免算先是秘書丞劉式上言榷務茶陳惡商賈少利歲課不登望盡廢之許商人輸錢京師給券就茶山給以新茶縣官減轉漕之直而商賈獲利矣帝從之先遣雷有終等乘傳按視因降此詔　七月十二日詔曰先是上言者以茶法未便商賈少利因令停廢榷貨許商人齎券詣茶山官以新茶給之申命近臣乘傳按行別立新制永爲通規而商旅之間積習斯久頗憚江波之險各利風土之宜將徇群情宜仍舊貫其沿江榷貨八務並令仍舊諸路制置司宜停雷有終等並發赴闕　八月二十三日詔京城及諸道州府民賣者多雜以五藥規其利一切禁之犯者以私販鹽麴法從事　至道元年七月十九日以西京作坊使楊允恭爲江南淮南兩浙發運兼制置茶鹽使西京作坊副使李廷遜著作郎王子輿副之先是允恭等同領漕運及給度茶鹽等事因奏課京師秘書丞劉式先建議廢沿江榷務許商人就茶山官給新茶以便之允恭等上言商人雜市諸州茶新陳相糅兩河諸州風土各有所宜非雜以數品之

〈卷一萬七千五百六十〉　十四

少利事既不循帝令宰相召鹽鐵使陳恕及判官等并允恭式定議於中書恕等皆附允恭先是式之議已罷式猶固執至是遂絀爲允恭等所有是命　二年九月詔建州歲造龍鳳茶先是研茶丁夫悉剃去鬚髮自今但幅巾洗滌手爪給新淨衣吏敢違者論其罪

真宗咸平二年正月詔曰如聞榷茶之所官不售者亦毀棄之斯可惜也自今令第其品而受之輕其價而出之使物無棄而民獲利　九月二十三江淮制置茶鹽度支員外郎王子輿言江淮兩浙賣茶鹽都收錢三百九百九十七萬餘貫比舊額增五十萬八千餘貫　三年七月二十一日江南轉運副使任中正言準詔以饒州置場買納浮梁婺源祁門縣茶不便於民今歲三班借職胡蒙當行計度令親到饒歙二州茶倉詢問逐處民俗皆言溪灘險惡艱阻尤甚願各從任自茶倉就便輸納或撥浮梁縣民奪恐充等衆狀願備材木起造倉敖從之仍降詔曰山澤之征所與公共苟便於俗豈圖羨贏而言事之人不明大體務爲沿革因邱蒸默特命使車往詢疾苦用循舊制式遂輿情已令制置茶鹽江南轉運司並依任中正所奏　二十三日作坊副使制置茶鹽楊允恭言產茶之地民輸歲賦者悉計其直而官售之精粗不校咸輸榷務商人弗肯計允恭不鬻官即

虔原園
為原所
略原食

史之今請均其色號以年次給之 五年十二月廣南轉運司言新州備
廣日圖運茶歲久猶棄以其賣數十萬分配部民郭懷智等百餘丁輸之
遂以為常民窮力所莫逮請均賦諸縣詔永除之 景德二年五月二十
六日詔自今諸處茶鹽酒課利增五年額立今三司奏裁先是榷務連歲
有增羨三司即酌中取一年所收立為祖額不俟朝旨帝以有司務在聚
斂或致掊克于下故戒之 八月十七日通判鳳翔府王為賓請於興元
府置榷茶務帝以擾民不許 二十八日詔如聞茶場大納茶貨及所衆
下不堪色號作上色支賣而商旅入中虛錢賤價出賣虧官擾民為日漸
久其令制置轉運司躬親安撫園戶及計茶與源務在經久公私通濟
十月廢虔州雜料場茶園以其率民採擷煩擾故也 三年正月遣虞部
員外郎張令度太常博士胡則殿中丞王曆太子中舍禾成務提點江浙
荊湖買納茶貨 七月三十日以有司條制茶事過為嚴急特帝詔之曰
園戶採擷消費人力所進入等則給價直不入等者既不許私賣亦皆納
官錢蒸令一切精細並不備園戶採摘用力普多是貧民慮作去之安知
不聚為寇盜此等事宜詳裁擇務令便濟 四年八月十六日以三司鹽
鐵副使司封員外郎林特為祠部郎中依前充職皇城使勝州刺史劉承
珪領昭州團練使常銖副使江南都大制置茶鹽發運副使李溥為西京
作坊使充發運並以議茶法課程增溢故也詔曰茶榷之法抗弊滋深釐
改已來利課豐羨既規畫之斯定歸職分以攸宜其定奪司公事宜令三
司行遣不得輒有更改 大中祥符二年五月二十一日三司鹽鐵付使
戶部郎中林特昭宣使長州防禦使劉承珪江淮制置發運使李溥等上
編成茶法條貫 序云夫邦國之本財賦攸先山澤之饒茶茗最寬經
野之宏略為國之遠圖也頃以邊陲之備兵食為先而乃許折糴錢以入
貿來給彼茶茗使于商人寵貨物之饒助軍國之用歲月既久而條制稍
失吏民罔上而因緣為姦始增號以為名終鑿弊而滋甚遂致虛度之害
并收無幾採擷之課歲計漸虛商旅之貨不行公私之利俱耗于是縉紳
之列伏闕以論奏章某之士抗章以上言國家思建經久之規以之酌中
之法乃命臣等博訪利病備閱詔條參酌遠謀別議新式虔承旨諭周詢
抗與達采輿誦旁察物情將克正于紀綱乃別立于科制務存体要用叶
經常歲序再周課程增羨先是收錢七十三萬八百五十貫自改法二年
共收錢七百九萬二千九百六十貫歲時來幾商賈自陳知所利之寔多
處虧公以為貪爱求奏御依奉德音時方洽于還淳事宜從于務寛俾于

〈卷一萬七千五百六十〉

十五

與會財作
會財用

商價書減虛錢仍加資給用濟園戶兼許客旅應經道途以所歷之關征
悉會輸于天邑詔旨方下財貨已行自降詔日即有入中金銀錢帛數踰
萬計寔興利以除害亦贍國而濟民其所定宜於條貫共二百九十九道
內二道出于權制非可久行今止別事宜不復備錄餘皆合從遵守以著
法程并課利總數共成二十三策式資永制允契豐財其自述如此 四
年十月詔以淮南諸州軍所賣食茶估價不等令三司與罰制茶鹽李溥
定奪均減 五年四月除海州榷貨務靖茶閑畏功錢饒州舊例集民為
甲令就官場買茶自今聽從民便收市 四月十一日三司言民販茶有違
法者望許家人論告帝曰是犯教義非朝廷所當言不許 五月三日永
康軍言滿村鎮民每春採茶者甚衆望令本軍監押巡特往彼延邏撲之
六年四月三日三司言準詔參定監買茶場官賞罰條式令請除沿江六
榷務淮南十三場外江浙荊湖諸州買茶場自令納到入客算買茶及得
祖額遞年前界有羨餘者依元數酬獎虧損者依壬遞二年數一釐以上
奪兩月俸七釐以上奪兩月半俸九釐以上奪一季俸仍降差遣其買到
不入客算茶數于祖額遞年前界羨餘並不理為勞績 八年閏六月十
二日帝曰屢有人言所改茶法不便錢額增損事如聞不利小商王
旦等曰改法以來亦未見不便事所降元敕無壅茅小商之文如上言者
寔有所長則望付中書施行或缺杜絕臣則須別命朝臣較量利害帝
復以問樞密院王欽若言素不詳其本末陳堯叟言但得錢物入庫即便
是課利丁謂曰河北陝西入得芻糧即是官物入庫沿江權場無剩茶是
茶法行也其餘瑣細風傳之詞不足憑信或有章奏望一一宣示可以商
榷大抵未改法日官中歲虧茶本錢九千餘貫改法之後歲所收利常不
足二百餘貫萬 十月九日江淮兩浙發運使李溥言江浙諸州軍淮南
十三山場今歲自開場至七月十旬凡買片散茶二千九百六萬五千七
百餘斤比元額計增五百七十二萬八千餘斤比遞年計增五百六十八
萬一百九斤 九年六月李溥請省淮南十三場提點使臣每年旋差使
臣四人分定場分買納并與逐場隔于算買從之先是景德中改法之後
常遣使臣三人分場提點率以三年一替在任既久多與場務數熟無所
振舉故厘革之 十月二十六日詔曰朕思俾蒸黎共登富壽山澤之禁
雖有舊章措置之宜應傷厚斂將期惠物無憚從寬爰命朝臣僉謀政府
俾共詳于定式庶俯洽于羣心宜令翰林學士李迪給事中權御史中丞
凌策與三司企議茶鹽制度俾茶園鹽亭戶不至失所客旅便于興販百

〈卷一萬七千五百六十〉

十六

似有脫落

姓洪明不竟明具條約送中書門下參詳以聞仍令權貨務告示客旅應
入中貨射茶鹽一依往例更不別生名目致有疑惑　十二月十一日命
刑部員外郎兼侍御史知雜事呂夷簡同定茶鹽以變兼病故也　天禧
元年五月詔福建路買納民茶斤增十錢　二年十月二十八日秘閣校
理李垂請令浙江兩路放行茶貨左諫議大夫孫奭言茶法屢改商賈不
便非示信之道望遣官與三司同定經久之制詔奭與三司詳定務從寬
簡　四年四月十一日詔茶場榷務自今令三司副使判官轉運使副制
置茶鹽司舉官監從六榷務以在京朝官殿直以上使臣充茶場以幕職
令錄充　是年十月十三日淮南江浙荊湖發運使周寔言陝西入中芻
糧其少淮南茶停積望令三司再定商旅算買交引以便公私從之
仁宗天聖元年三月詔權定奪茶鹽所上茶鹽課利比附增虧數目宣差
樞密副使張士遜參知政事呂夷簡魯宗道與權三司使事李諮御史中
丞劉筠入內內侍省副都知周文質西上閤門使薛貽廓及三部副使同
詳定經久利害聞奏準內降劄子淮南十三山場賣茶年額僅五十萬貫
天禧五年只收二十三萬餘貫比祖額虧二十七萬貫今將五年賣茶收
錢折算每百貫只引在京見賣價錢五十五貫都計實錢十三萬餘貫內

卷一萬七千五百六十

十七

除買茶本錢九萬餘貫外有利錢三萬餘貫若每年趁及元額五十萬貫
數得實利錢七萬餘貫監官請給費用不在數以此折算課額虛數甚多
蓋交引價賤出將從失欲望自天禧元年以後更不如園戶本錢並許大
小客旅便將錢帛斛斗於十三山場收買入場貼射官中止收淨利給與
公引放行其貼射茶並定為中色若依此施行即在京權貨務入便將客
人山場賣茶本錢利息支用諸處小客將行貨買茶糧過逐路州縣又各
收得稅利并官中收貼射淨利息去虛出錢數自又不支鄰錢本免買
下低弱茶貨算買不行兼園戶所不於官場請本納茶且免山場上下邀難停
留商販大行民獲為及令詳定便請頒下施行應客旅於山場買茶赴
官場貼射並於在京權貨務納淨利實錢每百千為則內五十千見錢五
十千金銀細絹小綾如無令色即納見錢園戶自來中賣並茶每百斤納
耗二十斤至三十五斤今既許客與園戶商量貼射其耗茶並請除放黃
天下榷茶地理遠近合有分數則例饒潤今定蘄州州城場每百六十斤黃
州麻城場蘄州石橋場每百五十斤廬州王同場蘄州洗馬場舒州太湖場
羅源場每百四十五斤壽州霍山場麻步場開州順口場光州光山場子
安場商城場每百四十斤已上各收淨利所收淨利仍依例收稅如[illegible]

饒則例依舊施行今後算射茶榷務乾興元年已並天聖元年已徵茶者如
添顧字上
如字下

出在入

就本處貼射者比在京入納則例于饒潤茶數內與減十斤其園戶舊例
頭茶並送場置簿給據所納數目銷對劄提舉某以多少悉赴場中買如
園戶願依客人貼射者止得於通商地分貨賣凡貼射之例如舒州羅
源茶場中色茶每貫一斤官收本錢二十五文至出賣收錢五十六文
其二十五文令客人自出錢物與園戶其官收本錢更不支給止收淨
利三十一文令客人貼納　其客人賣茶赴場卻於在京出納錢物者每百
四十五斤內百斤依項則利貼納淨利錢二千一百餘四十五斤饒潤十
客人如只就本處入納錢物者每百三十五斤內百斤依前項貼納淨利
錢三千一百三十五斤饒潤客人貼納淨利於路所經及住賣之處悉
收稅例如客旅入山買茶并庵腳商稅罷纏等錢許於在京權貨務入便
見錢聽客取便指射三場或所屬州府請領其茶如要於沿路通商地分
破賣亦聽仍依例收稅所有將河北陝西交抄貼筭得茶交引並給執與
元年以前茶其令來金入錢物買到交引即給天聖元年已後新茶並從
之人言所許客人取便於十三山場買茶津般入場貼射官中只收淨利
給與公引放行如客人入山買茶貼射之後恐有園戶客旅交結園戶將
茶貨衆私與販不入官場貼射紊亂條法侵奪課利望令十三山場地分

卷一萬七千五百六十

十八

巡檢捉賊并捉私茶鹽使臣縣尉自今常切用心察巡捉如獲私茶五
十斤以上顯經斷遣候得替委制置司保明聞奏使臣免短使家便差遣
縣尉免選注官如萬斤以上將與酬獎數目不多亦委本州軍批上曆子
用為勞績如或不切用心巡捉別有透漏依條斷遣　四月定奪茶鹽所
言客人將陝西河北入中便糴糧草交抄貼納錢物算射茶貨寔聞多有
加擡價以虛錢交請實茶數多因此交引價錢即令十三山場四榷務
茶交引每百斤止賣六十三斤比元定則例小十七千省計十三山場茶
貨自來多有小客興販今請以乾興元年已前茶兼帶支給其六榷務並
以天禧四年已前茶支給仍準例貼耗今日已前小客交引驗一千貫
已下者許將天禧五年已前茶相兼支給今月已後陝西河北虛實錢交
抄於在京權貨務算買六榷務茶交引者每百千於在京別納見錢五十
千更無加擡共交與天禧五年茶百五十千仍給耗茶所有自來貼納加
願請蘄口真州無為漢陽軍四茶務即於權京權貨務入寔錢百千內四
十千見錢六十千金銀細絹小綾共交百二十五千茶願請荊南海州兩
務茶即入寔錢百千內四十五千現錢五十五千金銀細絹小綾共交百
三十五千其茶只就逐處權務入納錢物如願請蘄口等四權務茶即入

中實錢百千四十疋千見錢六十千金銀紬絹綾等共支與百二十五千
茶額請荊南等四椎務茶即入中實錢百千內四十五千見錢五十五千
金銀紬絹小綾等共支與百二十五千茶其陝西新入中糧草交抄每虛
實百千在京見今破錢五十收買若要茶即支茶貨七千破令客旅如願
入納淨利貼射十二山場天聖元年新茶及入中錢物算買六榷務乾興
元年天聖元年以後新茶并貼納錢數見錢帶請舊茶即並依令來所定
則例取客穩便許將每虛實錢百千充五千見錢並射貴充客人請納錢
兩度濼貴其十三場天聖元年後來新茶已準敕許客貼射又官中饒潤
不收淨利茶貨及令沿路州軍免稅候到住賣去處收納稅錢所是六榷
務今後支到耗茶并十三山場首乾興元年已前茶貨支與耗茶亦合一
体施行逐處榷務山場今後客人算請茶貨須于公引內將正耗各別開
坐數目令經過沿路州軍稅務驗引如正耗相隨即放免耗稅到住賣處
並不以正耗盡底收稅如別無正茶只稱是耗茶緣官中難以辨明沿路
州軍據數收納稅錢並從之　二年三月七日員外郎高觀言諸州軍捕
得私茶每歲不下三二萬斤送食茶務出賣並是正色好茶若作下號估
賣頗甚虧官請自今捉到私茶令定驗色號等第送山場貨賣又既許商

卷一萬八千五百六十

十九

人貼射總茶不拘斤數多有小客於諸場貼射止一二十斤便出公引應
以貼射為名影帶私茶出界請自今小客貼射茶貨須八十斤以上成檐
即給公引批鑿斤數并許放商地分程遞如限外未出界即收捉勘罪沒
納茶貨並從之　八月淮南江浙荊湖制置茶鹽司言舒廬蘄黃光壽州
茶場元賣額茶除係客人貼射外攙餘貼買不盡茶數勾收入場中賣支
與價錢須管數及年額若至住場日有欠中賣額茶即依客人貼射体例
一斤送納一斤淨利錢有拌山場客旅收買茶貨赴場貼射官中定作中
色並是好茶若將所欠中賣額体量茶依此處園户承認淨利難為送納
欲自今以三十斤為則所貴園户不至艱辛從之　三年八月二十二日
中書門下言累據臣僚上言茶法未便及先令客旅於邊上入納糧草支
與交引留得在京見錢充致般運勞費詔差孫奭夏竦等同共詳定以聞
九月四日翰林侍講學士孫奭等言已差三司使范雍同共詳定茶法從
之　十一月一日詔三司罷貼射茶法初上封者請募商旅入芻粟塞下
給江淮茶引而不費京師見錢乃命孫奭等與三司再詳定遂令入中河
北沿邊州軍糧草而給以香茶見錢三色交引住十三山場算茶而罷貼
射法　十二月九日權三司使范雍言淮南十三山場并六榷務買賣茶貨

杜作社
比作以
以作比

各有祖額累有條制勸誘園户及時將真正好茶入官賣近年鹽官止徵
界分數多用為勞績致納下夾雜草木黃晚不堪茶貨有誤商人算請望
下制置司鈐轄逐場務監官自今止依元定祖額買納好茶但及元額並
依條例酬獎無得額外增數買納不堪茶貨違者嚴斷勸令均備仍不理
為勞績從之　十三日淮南江浙荊湖制置使方仲荀等言準至道三年
大中祥符六年敕淮南十三山場買到茶限至次年未買新茶已前賣盡
勸會山場所買茶自三月開場至七月終住場客人多是開場後方於在
京入便錢物博買交引或有阻滯不趁元限月分到場望依至道三年敕
限施行從之　七年三月二十五日上封者言天下茶鹽之課虧損請下三
司吏議其法帝謂輔臣曰茶鹽民所食而強設法以禁之致犯法者眾但以
贍養兵師經費尚廣未能弛之耳　九年四月五日三司請在京榷貨務
入末鹽錢歲以百八十萬三千緡建州市茶歲以五十萬斤真州轉般茶
倉歲以二百五十萬緡為定額詔建州茶減五萬斤餘從之　景祐元年九
月十三日臣僚上言近年以來有百姓採摘諸雜木葉造成杜茶夾帶貨
賣乞賜止絶及許人告捉比私茶例給賞詔令審刑院別定刑名嚴行止
絶　二十一日樞密院副使李諮言天聖初本献定茶法方成倫叙目條

卷一萬八千五百六十

二十

挾情上言差官重定稱是不當手分王舉並皆決配今來茶貨大段虧官
三司已依天聖年改定施行顯是當行手分枉遭決配舉等乞依出職安
排詔王舉等貫勾本元合轉一資　十一月二十三日淮南轉運司言廬
州舒城縣自僞命以來納臘茶年額茶七千三百斤委是不折茶稅不請
官錢處致煩擾望除放從之　二年正月二十二日詔山澤之民擷取草
木葉而為偽茶者計其直從詐欺律盜論仍比真茶給賞之半　三年正
月九日命知樞密院事李諮參知政事蔡齊三司使程琳御史中丞杜衍
知制誥丁度同議茶法仍許召商人至三司以訪利害時三司吏孫居中
等言今河北所納芻粮多虛估而官給實錢及香茶交引寖以虧官請復
用天聖元年所更法故詔更議之　三月十四日詔三司復令商賈以見
錢算請官茶其景祐二年以前用河北入納粮草虛實錢交引一切罷之
四月二十四日詔諸州茶場榷務其未改法以前交抄上以景祐二年以
前茶給之　五月十四日詳定茶法所言天聖元年商人皆在於京榷貨
務納錢以買荊南海州榷務茶每直百千聽納八十千增七十千蓋荊湖南
海州茶賈人之所願售也自天聖四年將許陝西粮草交抄直抵往逐處
算買遂致在京無見錢入納今請一如舊法令在京入納見錢比天聖元

放一作施

年量減茶價以便商旅其陝西入中交抄並勅齎至京師給以見錢願請它處茶或香藥及外州見錢者並聽從之　十二月詳定茶法所言天聖三年改法以來歲損財利不可勝計今以河北沿邊十六州軍自天聖元年至景祐二年終五年便糴糧草計虛費錢五百六十八萬餘貫竊恐豪商猾吏仍舊法結託權貴以動朝廷請先降勅命申諭從之　四年正月命侍御史知雜事姚仲孫同定茶法本所請自今商人對買茶每百千六十千見錢四十千許以金銀折納從之　五年正月二十九日臣僚上言自茶法改更以來連年捋銀絹配率河北生致困竭明出內庫錢帛損虧舊額課利天下商旅無不嗟怨望差公正近臣别定酌中之法詔王博文張觀程戡韓琦與三部副使本案判官將斷舊茶法依公疾速酌中定奪經久可行不虧損公私利害條約以聞　六月二十六日中書門下言三司副使司馬池侍御史程戡司諫韓琦等各上茶法利害欲乞夏竦等子細看詳定奪事理不得依前各具利害却取朝旨務要公私利便經久可行疾速書以聞　寶元元年七月廿二日詳定茶法所言在京榷貨務算買十三山場四榷務茶每見錢七十千支茶百千今請減六十七斤其河北沿邊入便糧草願請茶者減為六十六千在京算買香藥象牙每見錢百千

卷一萬七千五百六十

二十一

加饒五千今請增二千為七千其河北沿邊入納糧草願請香藥象牙者加饒外今請增三千為八千若到京願請見錢者亦聽詔特更與增減錢各二千　二年四月二十三日鄜州觀察使內當皇城司李用和言乞差御史中丞孔道輔入內都知别置一司重定茶法詔送三司　康定元年正月三司請榷定商旅入見錢五分於榷貨務市真州等處茶引其半召保買籍限半年輸官違者倍罰從之　十二月詔三司以見行茶法就加裁定饒裕商人之法以聞初權三司使公事葉清臣言新茶法未得適中請委曉知財利之人别行課較帝不欲數更故令就裁定之　慶曆八年三月二十一日詔權停建州造龍鳳茶　嘉祐三年八月五日命翰林學士韓絳龍圖閣直學士知諫院陳升之御史知雜呂景初詳定放行茶法先是著作佐郎何鬲上言今天下榷茶刑煩而不能止其弊又官為置場務而諸費出其中願歲入官之利薄請一切通商收邇處淨利及所過征之稅歸榷貨務以還沿邊入中糧草之直誠足以疏利源而寬民力也　仍命絳等置局三司議之　四年二月詔曰古者山澤之利與民共之故民足于下而君裕于上國家無事罰刑以清自唐建中始有茶禁上下規利垂二百年如聞比來為患益甚民被誅求之困日惟咨嗟官受濫惡之入

歲以陳積私藏盜販犯者實繁嚴行重誅情所不忍是以江湖之間幅員數千里為陷穽以害吾民也朕心惻然念此久矣間遣使者往就問之而皆驩然願弛其禁歲入之課以時上官一二近臣件析其狀朕猶若慊然又於歲輸裁減其數使得饒阜以相為生剗去禁條俾通商利歷世之弊一旦以除著為經常弗復置刑損上益下以休吾民尚慮喜於立異之人緣而為姦之黨妄陳奏議以惑官司必寘明刑無或有貸　七年正月命翰林學士王珪吳奎同詳定茶法

卷一萬七千五百六十

二十二

中卷起

輿作興

全唐文　宋會要

神宗熙寧四年正月十三日，詔發運司、六路及京東轉運司封樁茶本租稅錢易金銀綿絹上京。二月十三日，上因言向來茶法之弊。文彥博對曰：「非茶法弊，蓋緣昔年用兵西北，調邊食，急用茶償之，歐數既多，茶不售，則所在委積，故虛錢多而壞法也。」王安石曰：「推茶所獲利無多。」吳充曰：「仁宗朝茶法極弊時，歲猶得九十餘萬貫，亦不為少。茶法因用兵而壞，彥博所言是矣。然立法之初，許商人入芻粟邊郡，執交抄至京師，或使錢，或銀紬絹，或香藥象牙，唯所欲，商人便之，故法大行。後因祥符初限以三說之法，定立分數，不許從便，客旅拘制。又買茶官多買納下號茶，苟趁課額，搭饒與客，茶品下而腳乘與稅錢重，商人往往折閱。又法數變易，民不為信，此其所以至於大壞。如邊鄙無事，法令不為小利輕變易，自無不行之法。」

卷五千七百八十四

七年十一月十一日，權發遣三司鹽鐵判官公事、太子中舍李杞、三司勾當公事蒲宗閔並提舉成都府利州路買茶公事，賜對遣之。

八年二月三日，都大提舉熙河路買馬司奏：「據提舉熙河路市易司狀申：『准都大提舉買馬司劄子，坐準熙寧七年二月十六日中書劄子內聖旨指揮施行內一項節文：客人興販川茶入秦鳳等路貨賣者，並令產茶州縣出給長引，指定只得於熙秦州通遠軍及永寧寨茶場中賣入官。今來已有客人興販茶貨到岷州茶場中賣，竊慮須行近降條貫，其產茶州縣不發長引赴岷州，却致客人枉路，茶貨不得通行。伏乞於上項條貫內熙秦州通遠軍字下及永寧寨字上添入岷州二字，所貴客人茶貨通行，不致阻節。』本房檢會熙寧七年九月八日中書劄子內一項：客人興販雅州名山、洋州、興元府、大竹等處茶入秦鳳等路貨賣者，並令出產州縣出給長引，指定只得於熙秦州通遠（軍）及永寧寨茶場中賣入官，仍先具客人姓名、茶色數目、起離月日，關報逐處上簿，候客人到彼，畫時收買。如計程大段過期不到，即令行遣根逐。若客人私賣茶與諸色人，及將合入秦鳳等路貨賣茶虛作永興軍等路迴避關報逐處者，並依熙寧編敕禁榷臘茶法斷罪支賞。所有熙寧七年七月十六日朝旨內上項一節更不施行。今欲依所乞，於熙寧七年九月八日中書劄子於熙字下寨字上添入岷字。」從之。

卷五千七百八十四

四月十九日，提舉成都府等路茶場司言：「雅州名山縣發往秦熙州等處茶，乞聽官場盡買，不許商販。」詔商人就官場買者聽之，每馱納長引錢，令指定州軍貨易。

八月十九日，詔蜀邛州失催茶稅錢歲二萬五千七百餘緡，仍令民自熙寧七年復認舊數輸納。以三司言自嘉祐四年茶法通商至熙寧六年，總十五年，失催錢至三十八萬五

馱一作般

禁一作境

又西一作及于陝

十六百三十餘緡故也九年四月二十二日體量成都
府等路茶場利害劉佐言商人販解盐入川買茶至陝
西獲利甚厚欲依商人例歲以盐十萬席易茶六萬馱
約用本錢二百一萬緡此商賈取利皆酌中之數禁商
人私販從之二十四日措置熙河財利孫迥言乞罷熙
河通遠三茶場可省官吏五十餘人詔劉佐相度以
聞五月一日體量詢究川茶利害劉佐言準朝旨具析
買川茶應副熙河等路博馬及糴買糧草與李杞利害
不同等緣李杞將六月終買茶數搭倍約作今年又不
曾計置販盐入川計置到物貨却將出空頭牒差官百
員分領此與佐議不同其有顧脚馱茶雖同杞又須令

卷五千七百八十四

居戶盡時申報抄劄截留客人驢騾亦與佐有異十一
月六日提舉成都府利州秦鳳熙河等路茶場司狀已
準朝旨立法令盡數收買茶貨勘會新法內階成州係
次邊禁茶地分又西路秦鳳州西南入利州路以西並
並爲川蜀出茶地分今來彭州堋口蒲村導江至德山
綿州龍安漢州綿竹楊村等處係利州以西川縣嘉州
洪雅縣眉州丹陵縣並係產茶貨去處緣新法內開說
不盡欲乞應成都府諸州縣產茶地分並依川蜀等州
買茶稅場條例差委逐處稅務收買並依新法施行從
之十年四月二十五日詔市易務茶限二年結絕許客
茶交易十月十六日詔秦鳳路轉運判官孫迥應承受

茶法文字及所聞利害並關提舉茶場司以迥言茶法
有未便事乞赴闕奏稟故也元豐元年正月十二日三
司言建州熙寧六年買茶三十二萬九千餘斤有虧歷
茶剩納錢二萬六千餘緡當於園戶及干繫人催理雖
淹歲月破產未必能償乞計其直令復準茶入官以寬
遠民監催均攤之弊從之十七日詔提舉成都府等路
茶場司李稷相度置場買茶聽商人於熙河路入錢及
糧草定價給引指射請販利害以聞二十五日詔成都
府路轉運司劾成都府官司越職受理茶場司事者茶
園戶等如有罪亦劾之已決者具析以聞提舉茶場李稷
言知成都府劉庠受名山知縣楊少逸越訴事不下提

卷五千七百八十四

舉茶場司故也二月七日提舉成都府等路茶場司奏
請自今應支撥與諸司錢並支見錢金帛勿以茶折所
費不致諸司增損茶價有害茶法從之二十四日詔提
舉成都府等路茶場司應置場賣茶州軍知州通判並
兼提舉經畧使所在即專委通判從之四月三日提舉
成都府等路茶場司言秦鳳路副總管夏元幾用禁軍
回易私茶侵壞茶法詔轉運司劾之四日提舉成都府
等路茶場李稷奏請賣茶錢裁立中價聽隨市色增損
仍定歲入課額及設酬賞格又言蕃部無錢止以米及
銀絹雜物貿錢買茶乞許以茶易銀米等物立限半年
易錢從之五月一日權利州路轉運使尚書司封郎中

食貨三〇之一五

張宗諤轉運判官太子中舍張升卿各降兩官勒停初
宗諤等乞廢茶場司止委轉運司收茶稅歇駄錢而提
舉茶場李稷言其所陳皆疎謬不實故也七日提舉茶
場司言産茶般輦州縣乞同轉運司選差知州通判知
縣縣令及排岸官一次其彭漢知州或通判許本司權奏
辟如能協力保明留再任從之十六日詔應南茶輒入
熙河秦鳳涇原路如私販臘茶法其巡捕如川峽茶入
禁地法十九日提舉茶場司言歲運官茶四萬駄饋邊
常患輦運不繼欲以本司頭子錢置百料船三十隻差
操舟兵士六十人軍大將一人管押歲終比較如年課
辦比陸運省便即計所贏以十之三賞軍大將等有捐

卷五千七百八十四

壞遺闕以賞錢請受備償從之六月二十三日提舉茶
場李稷乞定成都府利州路茶場監官買茶無雜偽麤
惡替罷委提舉官保明滿五千駄與第五等酬獎一萬
駄與第四等每一萬駄第加一等若買麤惡偽濫雜茶
估剥計所虧坐贓論同監官賞罰聽減一等即徒罪不
至追官者並衝替其賣買食茶依收息給賞從之九月
十一日提舉成都府等路茶場司請出茶州軍每歲諭
園戶毋得採造秋黃老葉茶中賣不以多寡沒官仍乞
許每歲别委官驗視已納到如此色樣並燒毁之從二年
四月五日權發遣三司鹽鐵判官提舉成都府等路茶
場李稷言自熙寧十年冬推行茶法至元豐元年秋凡

六作七

食貨三〇之一六

一年通計課利及舊界息稅并已支見在錢七十六萬
七千六十六緡上批蜀茶變法又前後奉行使者失指
議論紛紛恐動羣聽稷能推原法意日就事功宜速遷
擢以勸在位遂落權發遣二十四日提舉成都府等路
茶場司奏請自今歲課茶息稅錢已定十五萬緡歲以五萬緡給轉
運餘以待詔用二十五日又言乞留銅錢百萬緡為本
並從之二十八日又言洋州西鄉縣茶舊與熙河秦鳳
路蕃漢為市而商人私販南入巴達州東北入金州永
興軍鳳翔府官未置場以前於州界仙遊少府鷄雄歸
仁洋口等鎮鋪差牙校編欄抄發指州縣輸稅熙寧十
年廢罷四場牙校止留洋口一處州縣慢令私販公行

卷五千七百八十四

鄉茶稅額比舊減少乞雞雄等場令州縣督責買撲人
編欄歸以一鋪乞依舊輸差稅務牙校編欄抄發園戶
中官茶數歲以三十萬斤為額增及萬斤賞錢一十千如
虧少量事決罰從之五月十一日詔成都府等路茶場
司幹當公事官六人並選一官以歲課增羨也十一月
三日三司言福建路臘茶自禁私販官場漸多售者乞
自今歲計所市茶預下轉運司限當年運至京師其江
浙荊湖川峽路即權許通商從之三年四月十三日陝
西轉運司言茶場司自熙寧七年置場至十年總入息
稅錢百二十二萬九千餘緡詔提舉成都府等路茶場
蒲宗閔及幹當公事官并曾任茶事官並遷官循資有

暘一作霧

食貨三〇之一七

差六月二十四日提舉成都府路茶場司言本司比歲
積錢鉅萬累詔給賜別司外欲以所有金帛爲錢三十
萬緡輸内藏庫詔就近經畧使所在州封樁委茶場司
主管如封樁錢物法自今有羨錢準此歲終具數以聞
九月二日提舉成都府利州秦鳳熙河等路茶場司奏
勘會川路茶場二十九所内七場係舉官監臨自紹始
行法至今累年遵循定制未嘗更改畧已成就數内洋
州斯多店茶場在州西南約四十里村野内所出淺山
茶至薄合舉官一員專監前後無人願就今欲乞將上
件茶場更不舉官併廢入所在州作一場管係乞州茶
場買茶監官更不兼監本州商税所有商税員闕却乞
卷五千七百八十四
依舊令三班院別差一員專監從之十月七日提舉成
都府利州秦鳳熙河等路茶場司奏勘會熙秦岷河階
州通遠軍永寧寨七處茶場各係依條不拘常制奏舉
監官一員今相度秦熙州通遠軍永寧寨四場歲收本
息不下七十餘萬貫比其餘場分給納浩瀚乞將上件
四處茶場監官各以兩員爲額並依元條奏舉從之十
二月二日中書省劄子權陝府西路轉運使都大提舉
成都府利州秦鳳熙河等路茶場公事李稷奏幹當公
事官日夜出入道路尤著勤績未蒙推恩詔令提舉成
都府利州秦鳳熙河等路茶場司立定祖額依課利場
務條具三年一次比較聞奏四年四月十九日詔茶場

食貨三〇之一八

司條令中書別立抵當法先是特旨令市易司罷羅請
官錢令民用金帛抵當公私以爲便故欲推廣之五年
正月二十三日福建路轉運使賈青言準朝旨相度年
額外增造龍鳳茶今度地力可以增造龍鳳茶五七百
斤龍鳳茶各半別計綱進又言乞所造揀芽茶別置小
龍團斤爲四十餘餅不入龍腦從之十月二十五日同
提舉蒲宗閔言諸茶場立額出賣比較申奏每收息二
萬緡監官減磨勘一年餘數更比類酬獎不滿二萬緡
及不願減年者每息錢百緡支賞錢二千選人依第四
等酬獎與免試無可免者陞一年名次從之六年四月
三日同提舉成都府等路茶場陸師閔言文州與階州
卷五千七百八十四
接境有博馬及賣茶場龍州舊許通商乞以文龍二州
爲秦地其秦州本司差官一員造帳計置川路羨茶偏
入陝西路出賣仍於成都府置博買都茶場從之閏六
月十三日同提舉茶場公事陸師閔劄子奏竊見新修
茶場司敕尚未奎聞臣今擇出合行通用條貫三十八
件内有於新法干礙者畧加刪正下項一諸成都府利
州路金州産茶處各就近置場等數買園户茶許各人
於官場收買販入川陝四路并金州界都民間食用私
輒買賣博易興販及入陝西地分者並許人告捕依犯
私臘茶法施行諸陝府西路並爲官茶禁地諸路客販
川茶南茶臘茶無引離茶犯禁界者許人告捕並依犯

補一作指

加一作收

[illegible]職茶法施行諸園户鬻茶往不置場處并用有引茶及空引影帶私茶並未經販賣及諸色人販茶偷謾商税者皆許人告捕依漏税法斷罪外一斤以上賞錢三貫文每十斤加三貫至三十貫止禁地官茶偷税准此諸産茶州縣每歲於民間闕乏時預先計置見錢斛斗召園户情願結保借請每貫出息二分至茶出時曉示令以茶赴官折納過夏季不納即追催秋季不足量分數料校諸産茶州縣買茶正斤外依市例量加耗茶非理責加耗者許賣茶園户告計所剩坐贓論罪止杖一百即官庫漏底雖有出剩不得理為勞績諸産茶州縣出賣食茶並隨時價高下增息仍准價別收長引錢一

卷五千七百八十四

分訖給引放行諸産茶州縣出賣食茶各以元豐元年為額提舉司歲終比較不虧每收息一百貫文支賞錢五貫文充監官公人添給監官四分公人六分其闕場在元豐元年以後者五以第一年全年為額賣鹽準此諸茶場官舍有闕牒轉運司應付其合占那民地者令指射官地對换係樓店務官舍地基及税地者以茶息錢輸納税租諸禁地賣茶場年額數辦歲終比較每收息錢二萬貫監官減一年磨勘提舉司保明聞奏選人比類奏裁不滿二萬貫每息錢一百貫文支賞錢二貫文以上願留次年併賞者聽仍將博馬茶通比秦與階城河非通遠軍永寧七處分茶與小鎮城寨出賣者亦通比諸處出賣官茶令提舉司覆按應減者申提舉司持報準此諸陝西不立額

通一作統

賣茶場並以元豐元年課利為額歲終比較賞罰其闕場在元豐元年以後者以第一年全年為額諸買賣茶每州委見任官以員管幹通計所管課利數辦者比監官減半推賞賣鹽準此諸官場以茶鹽博易到銀帛斛斗雜物限半年變轉見錢除元價外所增息錢十分中給一分與主轄官吏充賞官員四分專典六分過半年不得變轉不支賞錢虧元價者監專均償如博下滯貨雖已解替候變轉訖離任諸成都府利州陝西等路縣鎮城寨買賣茶場無正監官處就差税務官吏無税務處委餘官不妨本職監轄全州及賣鹽場準此諸買賣茶州軍知通州判兼提舉經略使所在通判兼提舉茶場所在州委都監縣

卷五千七百八十四

委令佐兼轄賣鹽準此諸轄下州軍每季輪當職官點檢未批式歷如提舉司覆較得官物有侵欺盜用失陷撝悉違法不職其干涉季點官於監官下減一等科罪諸買賣茶場年終比較虧五釐以上罰俸半月公人笞四十滿一分監官笞二十干繫公人杖六十每一分監官公人各加二等三分各罪止管幹當官以所管場務通比減正監官一等科罪監官任滿通比一界内如及二分降一年名次及三分降一等差遣無等可降依差替人例施行課利一萬貫以下監官每一分罰一月俸三分罪止諸轄下買賣茶場監官如有不得力並許量人材於事簡處對訖奏訖各與正差如闕正官即依川峽四路轉運司差官例於得替待

闕官内權差或指名牒轉運司依條差權諸提舉司人
吏貼司軍典及茶場專典庫秤子人等因公事取與財
物依轉運司人吏法（引領過度者從皆用此法）諸買茶場量事務繁
簡指置有物力保識牙人應收買起綱茶依鄉例支牙
錢即收買食茶亦依鄉例於合支價錢内剋留牙錢置
歷分關忙月分均給有餘幷不應給者並入官諸顧脚州
縣名有物力行止人充甲頭準例收麸保引錢應所保
脚户帶官物脚錢等逃匿及有所欺隱侵盜致失陷者
甲頭備償即例外麸取依倉法州縣輒從使杖一百許
庸重者自從重諸水陸般茶鹽所經州縣並推排脚户
置簿籍定姓名準備隨時價和顧如有損失毀敗仝數

卷五千七百八十四

備償諸茶鹽綱所經官司遇有給納託故不躬親並住
滯經宿者依常平法諸脚户所般茶鹽遇陰雨許就寺
舍亭鋪及空閑官屋内安泊其合顧脚交替州縣並於
要便處那併添充官舍充綱院仍令轉運司應副諸見
管錢物其他官司輒支動者以違制論不以赦降去官
自首原減諸茶場及轉般庫從人並隨課利給納大小
增損制禄不得支動本息錢諸幹運物貨所經稅務依
省定則例收納六分稅錢在成都府利州路許以所幹
物貨準折如係陝西令逐處稅務批抄理為年額轉運
司牒提舉司取撥諸司幹物貨出入川界量多寡關牒
秦熙州差指使管押諸茶鹽所經道路巡檢縣尉巡鋪

幹一作公　利一作例　局一作屬　鄧一作郡　所一作色

使臣各遞相催驅出界諸給公人賞者專副四分典吏
庫秤等共六分闕無所承者入官諸給納並每貫收頭子
錢五文足應茶場監官添支驛料運船提舉司官屬及
幹事官屬直吏祿公使什物雜費幷貼支諸場公人償
食錢等並以所收頭子市利錢充諸提舉官於轄下官
吏事局相干同按察部内有犯同監司諸提舉官點檢
職務公事杖以下罪就司理斷事合推究者送所司徒
以上依編敕監司點檢法諸沿茶法職務措置詞訟刑
名錢穀等公事除州縣施行外合申明者申取提舉司
指揮施行他司不得干預雖於法合取索文字並關牒
提刑司施行不得專輒行下諸處亦不得供報如所經

卷五千七百八十四

處置尚有抑屈者許次經轉運提刑司申理諸幹當公
事官川路二年陝西二年半為一任（選人願就三考者聽從便）供給
依解宇所在州簽判例（州無簽判依職官例）京官以上及大小使
臣各隨本資給添支本資無添支者依舉監一萬貫場
務例給諸幹當公事官闕無所承許不拘常制選差轄
下官權充其餘應合差官幹事並依編敕差官條施行
諸紙筆朱墨油燭皮角以係省錢收買在京中省支給
諸文字往還並入急脚遞看詳熙河蘭會路見令不隸
陝府西路稱慮今來條貫内凡稱陝府西路者須合添
入熙河蘭會四字又第十四項於縣鎮字上合添入州
軍二字以上條貫乞賜施行詔令尚書省檢會疾速行

二作一

下九月十六日戶部狀同提舉成都府等路茶場公事
陸師閔劄子奏通用條貫三十八件內第二項諸陝府
西熙河蘭會路並為官茶禁地本司檢準元豐六年四
月三日條節文文龍二州並為禁地依秦鳳等路茶法
施行今來所降上件通用條貫係在四月三日後來頒
降欲乞於第二項諸陝府西熙河蘭會路字下添入文
龍州三字本部看詳欲依所乞從之十月十六日茶場
司言準勑每歲下本司熙州榷管茶一萬馱於經制司
年額現錢內除豁充蘭州博糴糧斗（仍）依市價計錢令乞
分四料每季支茶二千五百馱從之二十一日詔同提
舉茶場陸師閔昨付以推廣禁地其戶部議法不當長

卷五千七百八十四

貳郎官戶部及都省吏以差罰銅十二月十三日陸師
閔奏乞川路買茶起綱場監官十員並許不依常制指
名奏差從之十六日又言乞依舊許人買在京臘茶入
陝西計所得淨利立額本司於息錢認還戶部乞令榷
茶司歲認淨利錢萬四千一百緡詔戶部依所申數（除）從
之七年六月一日尚書戶部言準批狀提舉汴河司言
畿內諸縣民間茶鋪亦乞請買官茶其法施於京師衆
以為便府界宜於輦轂下不殊從之候二年立法八月
二十八日都大提舉榷茶陸師閔言川茶之法肇於熙
寧甲寅行之陝西既有明效以河北河東生聚之衆唯
茶不可一日而闕若視陝右成法而歸利於公上度兩

路歲費之數置官場於荊楚間和市歲計運至兩路率
用陝右禁地之法本利俱積以助邊費詔師閔條具以
聞二十九日都提舉汴河隄岸司言乞歲買建州臘茶
十七萬斤依官綱例免稅至京抽解十分之一送都茶
庫（都茶庫）所賣茶本司乞歲買三萬斤隨新陳作價並從之其
市易務茶令商議定價如不售即申所屬出開封府（界）變
易九月六日都大提舉榷茶陸師閔乞除放民賒欠茶
罰息錢尚書戶部言罰息錢七萬餘（乃）緡朝廷封樁錢數
詔本息正數並給限理納罰息許除之十月二十八日
尚書戶部言廣西轉運判官劉何乞買桂州修仁縣等
處茶前此官司未嘗經畫欲且施行候及一年就緒令

卷五千七百八十四

提舉官立法所乞借常平錢及差官一員提舉當俟詔
旨詔提舉官劉何具借提舉司錢限三年還十一月二
十一日中書省言元豐二年提舉茶場李稷以息稅五
十萬緡為歲額後陸師閔奏自立額後連歲增羨乞自
七年以百萬緡為額未委虛實詔榷茶司具自二年立
額後至六年所收息稅有無增剩及支費（數）以聞本司具
數上下刑部驅磨其舊封樁及見在錢並令交割與陝
西逐路提舉常平司封樁二十二日都大提舉成都府
永興軍等路榷茶公事陸師閔劄子近准朝旨應係般
茶大路並計置車子遞鋪臣昨來已行計置自成都府
至利州自興元府至興州鳳翔府自商州上津至永興

軍三處稍有次序然先降條貫各係指定去處其間多
有祗特難以推行今將前後指揮刪立成條已詳酌先
次施行一諸般茶鋪軍人歸處繳連保五老病揀汰並
依遞鋪體例內有差到本請處多者從多給請般茶鋪
軍人及一切費用並於般茶腳錢內支破諸般茶鋪軍
人並委逐處招刺仍許投換如不足即以州縣首獲逃
軍揀選刺充尚不足即於轄下州軍定差一年替諸般
茶鋪軍人諸司及州縣輒別役者附帶般運差借之數
並依三路從使壯城法捉奉朝旨差使揀選亦許本司執
奏諸般茶鋪軍人不得般換別指揮逃走首獲斷訖押
回本鋪名下收管別犯重者自依本法諸般茶鋪兵士
並量遠近每馱支給率分錢外有重難鋪分軍人仍相
度量給添支口食諸般茶鋪並于川路元差管押茶綱
與級內選差充綱官往來幹當諸巡轄般茶鋪使臣請
受當直兵士並依巡轄馬遞鋪例出巡給遞馬一疋每
歲比較如無往滯工限及逃死兵士不及五釐任滿與
減一年磨勘先次指射家便差遣伏乞詳酌施行詔依
陸師閔所奏八年二月七日尚書戶部言福建路轉運
副使王子京乞并隣近兩浙江南廣東復禁茶諸路仍
通商未有朝旨詔在京及開封府界陝西路通商之外
並為榷茶地六月三日詔水磨茶地隸太府寺仍屬戶
部右曹既而詔在京水磨茶場廢罷其結絕官物等令

戶部措置施行從侍御史劉摯右司諫蘇轍殿中侍御
史黃隆劉次莊所奏也哲宗元祐元年二月二日吏部
郎中張汝賢言被差福建路按察買茶抑配令相度乞
並依熙寧五年二月己降指揮施行五年二月二十一
日戶部員外郎穆衍言六路茶法通商久矣稅錢無總數
以較多寡之入租錢有無欠負亦不可考請自今稅錢
委逐州通判月終比較申州州歲較申轉運司轉運司
於次年具總數申戶部租錢委轉運司歲終具理納大
數申戶部如稽違許從發運司戶部奏劾從之五月七日
都大提舉成都府利州陝西等路茶事司言應雅州管
下盧山榮經縣同門靈關寨咸茂龍州綿州石泉縣界

卷五千七百八十四

並為禁茶地分如敢侵犯乞並依熙秦等路法施行從
之六年正月二十五日成都府利州路鈐轄司言川陝
西路茶許客通販內外安便令並為禁地緣逐處皆是
接連番蠻若行禁止竊慮別生邊事詔罷前敕紹聖元
覓年四月十二日管幹茶事程之邵言川茶元因弛禁
人戶請出遂失元價欲除榷理本錢外將出限二分息
錢蠲免從之八月二十三日詔興復水磨茶應合行事
令戶部先具措置申尚書省從戶部請也十月二十八日都
大提舉成都府等路茶事陸師閔狀令相度下項一陝
西路復為禁茶地分盡數收買雅州名山縣茶般赴陝
西路州軍應付博賣餘並依見行條法施行一般茶大路

任一作闕

並添置茶遞鋪不得和顧百姓永興鄜延環慶三路各
置巡轄茶遞鋪使臣一員並復置催發綱運官一員並
依條奏舉一永興軍稅務監官舊條許本司不依常制
奏差一員填見任年滿或永替不得力人幹當如有已
授下待闕官員令別授差遣除不依常制一節外並乞
依舊條施行一永寧軍綿州石泉縣雅州碉門寨等處
人戶興販入蕃茶上件利害事干邊界乞候巡歷川路
與鈐轄司同共相度聞奏一本司劄添合舉官闕如正
官未到舊條管幹文字官等許選差轄下官權其監茶
場官等許差得替待闕官權令乞並許於罷任待闕官
內權差詔並依所奏十月二十九日陸師閔又奏近因

卷五千七百八十四

本司奏請增置巡轄茶鋪使臣減罷催綱官臣愚以謂
巡轄使臣固不可無而催綱官往來點檢取責收附尤
為要切今欲乞見管催發綱運官一員并巡轄茶遞鋪
使臣四員任滿日依舊許本司奏舉所貴不致闕事如
有已差注使臣未到任者並依條別與差注從之二年三
月七日戶部言得旨興修水磨茶事初元豐中都提舉
汴河隄岸司總領郎汴下流用之隄岸司令廢歸都水
監而措置茶事乃隸戶部事不相應請依元豐置都提
舉汴河隄岸司故事應一司事並依舊條詔就差提舉
茶場水磨官兼提舉汴河隄岸專管幹自洛至府界調
節汴水應副磨茶不得有妨東南漕運四月七日戶部

依一作以

言茶場自今收買客茶並拘收長引對定引內合納稅
錢即於茶價錢內尅留歸官報稅院銷會以充稅課從
之十三日陸師閔劄子奏準朝旨陝西路復為禁茶地
分已於雅州名山興元府洋州等處計置食茶二十綱
計六十餘萬觔般運前來候新置茶遞鋪就緒即可至
永興等處分布出賣今為置鋪事務未能遽集深慮民
間乏茶食用未敢先次止絕客販欲乞候官茶到永興軍
日從本司行下川路諸茶場更不發引過陝西界其已
發引前來者各許依引於陝西路貨賣盡絕外並依禁茶
條貫施行從之二十二日都大提舉成都府等路茶事陸
師閔言準朝旨陝西路復禁茶令量度自鳳州至永興

卷五千七百八十四

軍先次添置茶遞鋪更不和顧百姓外其餘買茶場各
般至鳳州等處不可置鋪並合依見行顧役般茶條例
龍州界乞仍舊禁茶應干茶法並依舊條從事從之六
月二日提舉水磨茶場所言應本場所隸人令更相保
任如有隱欺並同專副法許人告捕若偷盜貿易擅增
並次斤重第賞從之十二月三日詔應陝西貨茶戶已
納本錢有餘者其見欠息錢特與蠲除如尚欠本錢限
二年納足三年五月二十四日江淮荊浙等路制置發
運司言官員躬親捕獲私茶累及一萬斤至十萬斤等
第推賞未獲犯人者以三比一差人捕獲者以三之半
比一從之十二月十九日樞密院言都大提舉成都府

利州陝西路等茶事司陸師閔奏龍文二州皆接蕃界舊法並為禁地分向因黃廉按察奏請文州之法仍舊而龍州通商且二州均有邊面而禁其東不禁其西緣興元稅務十一月間發引放客茶入龍州一帶地分者計八萬九千餘斤及引外影帶者不可勝計此茶入蕃為害多矣唯龍州路通文階害法最甚恴自來不係蕃戎交易往來之地別無可慮望指揮龍州界依舊為禁地分從之四年二月二十四日新權陝西路轉運副使張元方言利州路龍新產茶乞依元豐條法復禁榷從之二十五日戶部狀準都省送下朝散郎都大提舉成都府等路茶事陸師閔劄子奏臣勘會元豐茶法成都府

卷五千七百八十四

利州路產茶處各就近置場盡數買園戶茶許客人於官場收買販入川峽四路充民間食用私輒買賣博易興販及入陝西地分者並許人告捕依犯私臘茶法施行自黃廉按察並令通商後來民間不以為便蓋客人買賣邏細少有見錢交易是致園戶失業比之舊日官場收買利害甚明臣今乞復行上件條貫內有雅州永康綿州龍州等一帶近邊地分昨因放行通商遂與戎人交易每年所市茶數不可勝計議者以謂今若頓行止絕即恐引惹未便伏乞下茶事司相度於逐處各置買賣茶場只許蕃戎等於官場交易並依文黎州條法施行所貴公私經久利便今來川路復行舊法竊慮州

縣場務推行或有過當今具約束如後一買賣茶收息不得過二分一茶場公人並優給顧直不得將息錢隨分數給官吏充賞一茶園戶並令據所有茶數赴官中賣不得置簿認數拘攔入中所有成都府利州路合置茶場及稅務兼監去處並依舊例其舉官辟亦乞依條奏舉本部勘當川茶昨禁榷及通商並係茶司官與轉運司官同共相度具利害聞奏改法今逐司相度利州路所產茶貨若依元豐年條法復行禁榷委是利便經久可行本部欲依逐司相度到事理施行詔依閏二月八日吏戶部狀準都省批送下都大提舉成都府利州陝西等路茶事司狀近來逐場監官多是他司不拘常

卷五千七百八十四

制差出頗妨茶場職事乞將茶場監官他司雖不拘常制並不許差出其逐官日前差出者即乞據不在任月日合得酬獎更不推賞逐部勘當欲依本司所乞從之四月十五日吏戶部言水磨茶場監官錢景逢任內收息一十六萬餘貫呂安中收息二十一萬餘貫詔錢景逢與轉一官呂安中候任滿日保明以聞二十一日詔成都府路產茶州軍復行禁榷十一月十一日戶部郎中提舉水磨茶場孫迥言茶磨乞於在京東水門外沿汴河兩岸踏逐舊日修置水磨去處別行興復從之元符元年九月十九日都省批下都大提舉成都等路茶事司奏準敕成都府復置博買都茶場本司看詳有未

盡事件一欲乞立法應買茶及以貨物博易而官司拘
攔或抑勒者並徒二年一欲立法茶價如合增減而官
司不切體訪市價行遣失時並科杖一百一客旅以物
貨赴場博茶如不及搥數並許隨斤重博易若物貨多
茶價少許貼給物價若物價少茶價多許貼納茶價內
貼給錢不得過一分一先條許本司奏差監官二員緣
今來復法之初職事未至繁多乞先具奏差一員候將
來買賣浩瀚從本司相度添置詔依二年三月二十七
日户刑部狀修立到下條諸茶場監官闕監官專秤庫子親戚不
得並置茶鋪違者杖八十許人告賞錢三十貫上條合
入勅成都府利州陝西路并提舉茶事司敕條創立諸提

卷五千七百八十四

舉管幹茶鹽官并吏人書手監司及賣鹽場監官專秤
庫子親戚輒開茶鹽鋪及撲認額數出賣若於官場買
販者各杖一百許人告賞錢三十貫文上條合入廐庫
敕從之十二月十五日廣西轉運副使張景温言桂州
修仁縣產茶萬數乞復行榷茶之法從之徽宗崇寧元
年十二月八日尚書右僕射蔡京等言荊湖南北江南
東西淮南兩浙福建七路產茶自乾德二年立法禁榷
官置場收買許商賈就京師榷貨務納錢給鈔赴十三
山場六榷貨務　三朝國史食貨志十三場蘄州王祺
一也石橋二也洗馬三也黃梅場四也黃州麻城五也
盧州王同六也舒州太湖七也羅源八也壽州霍山九

料疑税

便疑通

也麻步十也開順口十一也商城十二也子安十三也
六榷貨務江陵府務一也真州務二也海州務三也漢
陽軍務四也無為軍務五也蘄州之蘄口務六也至祥
符中歲收息五百餘萬緡慶曆以來法制寖壞嘉祐初
遂罷禁榷行便商之法客人園户私相貿易公私不給
利源寖銷歲入不過八十餘萬元豐中先帝督命有司
講求而法廢已久議者不能上承聖志議殺未及行竊考
在昔茶法之弊蓋緣科配人户不計豐凶州縣催迫人
多逃避嘉祐改法指以為說今欲將荊湖江淮兩浙福
建七路州軍所產茶依舊禁榷選官置司提舉措置並
於產茶州縣隨處置場官為收買更不於人户税上科

卷五千七百八十四

納禁客人與園户私相交易所置場處委官籍記園户
姓名所有置場茶本錢欲降度牒二千道末鹽鈔二百
萬貫更特於逐路朝廷諸色封樁錢并坊場常平剩錢
內共借四十萬貫共三百萬貫令逐路分擘充買茶本
錢差官分路措置湖南北路欲差一員江東西路欲差
一員淮南兩浙路欲差一員福建路欲差一員將來措
置就緒即共差都大提舉七路茶事二員總之餘官並
罷其勾集園户籍會户數酌量年例所出約人户可賣
之數年終立為茶額所有復行禁榷條法檢會大中祥
符所行舊法并慶曆後來私販害公之弊取今日可行
者酌中修立接續為法頒降施行從之二年二月二十

且一作皆

博一作撥

三日提舉京城茶場所奏紹聖初興復元豐水磨推行京畿茶法歲收二十六萬餘緡四年於長葛鄭州等處京索潩水河增磨二百六十所且用汴水極爲要便自輔郡榷法之罷遂失其利今四磨不能給其元符三年罷輔郡榷茶指揮乞勿行從之遂置諸路茶場二十九日詔客販福建臘茶免稅四月二十四日尚書省言諸路茶價不等難立一定收息之數乞令隨宜收息勿得過倍從之七月二十九日尚書省言茶場藏〔歲〕置臘茶十十萬斤變磨先春社前應副在京官員請買凡係禁地前准朝旨許商賈興販入京則於水磨茶法有妨乞客到京城日令本門具名色斤重即報茶場依實直中賣

〈卷五千七百八十四〉

餘依草茶例違者論如律從之同日尚書省言湖南北路茶事司乞茶場監官及監門官不許差出及蕆他職從之餘路依此八月七日都大提舉成都府利州陝西等〔路〕程之郎奏准熙河蘭會路勾當公事董貫已牒熙河岷州通遠軍將見在茶盡數支撥般運赴湟州應副支博〔撥〕蕃部物斛本司已令逐州軍一面支博應副令又准西〔熙〕河路經畧司牒將支降到封樁錢一百萬貫於秦州并順便城寨劉刷見買蕃部食茶本司契勘蕃部食茶多是名山茶其茶準條專用博馬不許出賣緣今來湟州新邊博糴斛斗本司不敢占留見聽從熙河路司支播〔撥〕見買應副支用詔程之郎得熙河闕報不待朝

內一作外

各一作名

廷便逐急應副湟州委見協心國事特與轉兩官十一日京西轉運司狀檢准二月十九日江淮荆浙福建州軍所要茶官置場買不得私賣所有告捕支賞及應榷法巡捕等事並依元符敕令條格施行今契勘元符條格別無該載捕獲私販賣真茶賞格契勘慶曆舊行榷茶日犯私茶係分草臘茶兩等州名外推賞并巡捕透漏約束止爲一等今來復行禁榷亦分草臘茶兩等刑名其巡捕透漏支賞等今若比附亦爲兩等即與舊法不同兼已降朝旨告捕支賞及應榷法巡捕並依元符敕令條格施行即一切並合遵依見行條令看詳除元符雜格內品官許有禁物一項係草茶通商日修立今來

〈卷五千七百八十四〉

既臘茶草茶皆行禁礙〔雜〕即草茶亦合許有今欲乞於本項內臘茶字下添入草茶各三字其餘元符敕令條格內應干臘茶條內並合除去臘字一箇伏請詳酌施行詔依二十八日都大提舉成都府利州陝西等路茶事兼提舉陝西等路買馬監收公事程之郎奏勘會永興鄜延環慶涇原路舊來食用南茶自榷賣川茶後來多有私販抵冒刑憲今若許令商販通入南茶委是穩便詔依十月三日京城提舉茶場司狀勘會未置水磨茶場已前商客販茶到京係民間邸店堆垛候貨鬻了當或翻引出外自翻〔例〕出備垛地户錢與邸店之家興置水磨客茶到京並赴茶場堆垛中賣已係官場指揮數目

納一作額

訪聞客人近歲以中賣為名與官場商量價直却一面令人於外路通商地分私相交易結攬貨賣意欲津般前去其間有在官場三兩月間故意高索價商量不成遂致䌫引離場不唯虛占廊屋兼亦有誤官場元指擬之數未有措置兼元豐中嘗置堆垛茶場遇有客茶到京盡赴本場堆垛客人出納垛地官錢令欲乞如客茶到京赴茶場堆垛除中賣入官外其䌫引出外茶數從本司相度茶色高下路分緊慢量收堆垛錢入官所貴杜絕姦弊不致虧損官私詔依所申其客人販到諸路茶經涉水磨茶場地分到在京茶場願中賣入官者不限斤數收買却許客人興販水磨末茶往鄜延環慶涇

卷五千七百八十四

原永興路貨賣若末茶不足許以本場客人商量不成交易草茶赴榷貨物䌫引興販前去如客人已指別路州軍若到所指地却願往陝西者並令先赴京場二十二日提舉措置兩浙茶事司奏睦州在城茶場比去年增四十二萬三千餘斤賣及九分以上增數為最一路州縣皆不及詔知州方通通判江懋迪各轉一官監場王公壽范景武各與循兩資占射差遣一次二十九日詔川茶毋得過陝西路南茶地分出賣如違依私茶法四年二月二十一日尚書省勘會已降指揮陝西川茶專充熙河路博糴本路轉運副使吳擇仁博糴茶貨不少茶事理合同共管勾詔陝西等路茶事差擇仁兼同

增一作會

提舉六月九日中書省言榷茶本以便園戶通商賈而奉行官吏全失法意務增課額抑勒科配致不變美惡乞立條約從之二十四日三省言已罷官場賣茶許商賈與園戶交易經營納息以便客販然慮私相貿易虧損官課乞增立法禁從之同日詔朝請郎直秘閣同管勾成都府等路茶事孫鼇抃除直龍圖閣差遣依舊以賣茶增羨故也十一月二日詔川茶熙河一路經買所御除博馬并博糴外並不得出賣雜出賣者以違制論大觀元年二月二十二日詔朝請郎同管勾成都府利州陝西等路茶事兼提舉本路買馬監牧司公事龐寅孫除直秘閣差遣依舊以賣茶增羨故也閏十月二十

卷五千七百八十四

四日詔州縣及當職官奉行茶鹽法稽慢違戾並不以去官赦降原減二年十二月十二日詔榷茶仍許客販而執引為驗往往影帶舊引冒詐規利并官吏因得搔擾雖各有法可申嚴行下三年正月二十四日通奉大夫提舉大一宮都大提舉茶事宋喬年奏客販諸路茶皆依鄉原舊例加饒耗茶分數不一亦有元無加耗去處恐客人只就有耗茶處收買致興販未廣乞諸路舊例元無加饒耗茶去處並依江東例加饒一分所貴招誘客人廣行興販從之三月十五日中書省尚書省送到劄子勘會東南七路所產茶貨客販通行近據逐路重別立到息錢多寡不等詔令逐路茶事司將逐路茶

斯
在
斯

貨以見今所搭息錢每斤各量添錢十二文其見納息錢不及一十文者並只對數增添內元買價小搭息多即不得過元買價一倍仍具已增息錢申尚書省七月十三日詔罷都大提舉茶事司在京令戶部在外令轉運司主之八月十三日詔奉直大夫直秘閣同管勾成都府等路茶事王完除直龍圖閣差同提舉成都府等路茶事以責茶增羨也四年閏八月十二日左右司狀勘會先准朝旨編修鹽茶香鈔法續准朝旨勘會通商茶法係治平年所修須降見今引用緣歲月甚久其間續降衝改不少竊慮別致牴牾本司見今編修七路茶法正與通商茶法相干詔令左右司一就編修聞奏二

卷五千七百八十四

十七日梓州路轉運司奏看詳純滋州係納土新建州郡所出產茶若便行禁榷置場收買切慮斯民驚疑且令安習貨易欲乞候三年間見得的確產茶數目別具利害奏陳從之政和元年三月二十四日戶部相度欲乞逐路州軍每月具應客人等收買興販茶數合納息錢內若干係住賣處送納若干係量添錢外實收到錢數除紐計分與轉運司外有若干并量添錢數申發運司拘催赴內藏庫納送仍供申左右司官從之先是朝旨令轉運司催促左右司官總領拘催令戶部條畫至是來上也同日臣僚上言乞應將茶貨尚立價例約期依限糶賣與早幼及淨浪之人並依有利債負條施

行法案檢條看詳臣僚上言客人將茶貨倍立高價賒賣遠限約期限已有治平通商茶法約定三限并元符令高擡賣價不得受理外有賒買茶貨與淨浪及早幼令修立下條諸客人將茶販賣與淨浪及早幼者依有利債負法右合入通商茶法從之四月二十四日詔有司重行參定私茶賞格無使太重二十七日詔福建諸置茶事令歲造到建州北苑龍焙官茶製作堪好特異平常所有指置官柳定庭後已下可將上取旨推恩以勸能吏八月二十三日戶部尋切提舉京城所奏准敕臣寮上言永興軍等四路先係川茶禁地後來改作南茶地分其四路民庶依舊嗜食川茶是以客人得便以奪

卷五千七百八十四

以奪官中厚利伏望特降睿旨令改作川茶地分或乞且令提舉陝西等路茶事司權暫管認南茶及水磨馱茶稅息俟年歲之間見其管認之外所得利息顯著卻令依本司自來專條施行又權發遣成都府陝西等路茶事張嶨狀乞依元豐舊制復以四路為川茶地分等復批令戶部與提舉京城所一處相度聞奏看詳張嶨奏見在食茶七萬五千餘馱占壓本息共四百餘萬貫縱令相度永興等四路并鳳翔府以東岐山等八縣並合依元豐年出賣川茶舊法施行所有南茶稅息內除稅錢亦合依元豐法撥還戶部外有茶場支賣馱茶息及客販南茶息錢近准朝旨赴茶場送納除應奉御前令

來張暈乞依元豐舊制復以四路為川茶地分仍以所收息税錢歲用上供以代水磨末茶之息緣榷茶司課額係屬朝廷對封樁令據茶場歲收䭾茶息錢共一十六萬七千餘貫令元豐或大觀東西庫每年分上下半年内上半年以正月下半年以七月撥運茶場却令提舉榷茶司每歲於收到茶息錢内依數支撥與陝西轉運司支用於朝廷合應副本路錢物内和除兼契勘永興軍等路令來復作川茶地分榷茶司難便計置般運到彼所有見令客販茶若便行住罷切慮逐處民間闕茶食用兼有虧合收茶税額課乞且許客人般販前去并茶場見支䭾茶截日更不支發其已般去數目亦許

卷五千七百八十四

且行出賣並限至歲終發泄盡絶仍令榷茶司預行計置般運自來年為始出賣川茶並逐處每年撥還錢除上項錢數詔依。九月二十八日權發遣同管幹成都府利州等路茶事李稷劄子令相度應川路產茶場分賣茶收息比額雖增若買賣茶數不敷祖額更不推賞詔依二年八月二十六日尚書省黄牒奏聖旨令尚書省措置茶事令勘當水磨茶自元豐創置除近畿外即不曾分下諸路昨緣分配諸路有置官之冗般輦之勞致妨客販收息減少致〔乃〕至商賈不通内外受弊緣水磨茶先帝建立不可廢罷欲只行於京城與客販兼行餘路並令客人商販可走商賈實中都惠小民令具下項一

食貨三〇之三九

奉一作奏

京城内以水磨茶官賣其京畿京東京西河北河東淮西兩浙荆湖江南福建永興鄜延涇原環慶路並為客販南茶地分一客販茶許至京城與水磨茶兼行除京城水磨存留外餘路水磨並罷一在京見置比較鋪並罷一在京置都茶務專管供進末茶及應干茶事從朝廷差官四員管幹進供官一員專一管幹供進闕樞密院選差入内内侍省官專一供進等茶料每年所闕約二十餘萬斤除於官庫取撥外若有少數以合用茶所出處取客願賣引收買附帶前來如無人願依市價和買其所附茶免税計茶本免引錢一諸路茶園户官不承置場收買許任便與客人買賣仰赴所屬州縣投狀

卷五千七百八十四

充茶户官為籍記非投狀充户人不得與客人買賣一客人許於茶務買引指定某州縣買往所指處任便貨賣一客販茶並於茶務請長短二引各指定所詣州縣住賣長引許往他路短引止於本路興販其約束沿路阻絡〔節〕給公據並依鹽引法一客人請到文引更不經由官司許徑赴茶園户處私下任便交易一長短引令太府寺以厚紙立式印造書押當職官置合同簿注籍訖每三百道并籍送都茶場務一客請長引每引納錢一百貫若詣陝西路者加二十貫文許販茶一百二十貫短引二十貫許販茶二十五貫若於非指定出賣者依私茶法罪告賞亦如之一客販茶不請引而輒販者加

二一作三

食貨三〇之四〇

印不應

限不作年

私茶法一等賞亦如之若引外增數搭帶或以一引兩次行用若踰限不申繳者罪賞準此一印茶引輒私造者依川錢引法賞錢三百貫已成者行用減一等其賞如之一客請引販茶許自陳乞限長引不得過一年短引一季於引內批書所至州縣賣訖批鑿自赴茶務或遣親人繳引務官對簿銷落抹訖申太府寺一客販長引茶至所指處餘限未滿願入別州縣住賣者經所屬批引前去賣訖繳引如上法一客引踰限不繳本務下所屬追人并引赴務依法施行訖不在販茶之限一應客販茶地分而諸色人輒以簽僥越本地分者罪賞以私茶論已至而未賣者減一等一客人引違限一日

笞一十三日加一等至徒一年止若有故聽申所屬展限訖報務展不得過一季即已展而違者罪亦如之一茶園戶隨地土所出依久來分為等第即不得以上等為中等以次等為上等餘等亦如之違者各杖一百一州縣春月園戶茶出時集人戶以遞年所出具實數實價縣申州州驗實以前三年實直與今來價具實封申戶部下茶務照會若價不實虛擡大估者杖一百受賕者以盜論贓輕徒一年吏人公人牙人配千里許客越訴或理不直者經監司尚書省一客人賫引輒改易揩改徒一年若添減斤重日限者加二等即去失者若水火盜賊並隨處經所屬自陳驗實召保赴茶場再請

三一條二

買違者依私販法一客人請引須正身若親人正身赴場不得假借他客借人或借之者各杖一百一客人賫引販茶所至州縣若商稅市易務堰閘橋鎮柵門輒邀阻留難一日杖六十二日加二等三日徒一年又三日加一等至徒二年止吏人公人並勒停永不敘即受財者以自盜論贓輕吏人公人配千里一客人賫引販茶所顧舟車若為人以他事惹絆因致留阻者杖一百若長引客有罪杖以下聽留家人受罪其茶限一日放行一勘會福建路臘茶舊茶法禁止不許通商今並許客人依草茶法興販一水磨地分河北見賣馱茶候客販到新引茶截日住賣其買不盡茶具數申尚書省令後

水磨更不起發馱茶赴諸處出賣一客販茶願借江入汴者聽入京師者依舊認納淮西稅錢外路認淮東稅錢一客人已販舊法茶即至元指住賣處仰所至州縣委官抄劄封訖如未至元指處願抄劄者聽其合納稅息並依舊法外將今來新法茶引販到茶對帶出賣如願赴茶務請新引出賣舊茶者並依興販新茶法如違並依私茶法一客販茶賫自來起引處離秤盤封記多是計會虛套封頭致出務收藏沿路私折添填私茶依條沿路只是點檢封記不許秤製以此走失稅課今後客茶籠篰並用竹紙封印當官牢實粘繫不得更容私折如擅拆封及揩改者杖一百許人告賞錢三十貫一客

人於園户處買到茶並令園户於引內批鑿的買色號斤重價錢於所在州縣市易税務點檢封記一客販茶合納税並遵依舊法一七路茶法並依大觀三年四月已前指揮文意相妨並依今降指揮一産茶并通商路分茶事並令鹽事司管幹無鹽事官處從朝廷專委官管幹一今後盛茶籠篰仰所屬州軍專委通判闕者委以次官撲定茶籠篰長濶尺寸并籠葉斤重分爲二等一百三十斤爲限製造用火印爊記題號降付市易税務收掌隨所販茶令客人收買盛茶候裝到茶令所在州縣市易税務點檢封記即不得依前將寬大籠篰收盛茶貨搭帶私茶一客販茶輒用私籠篰（篰權袋之數同）杖

八十若增損大小高下者加二等一應出茶地分委通判（無者委次官）以依様選人匠製造籠篰（篰權袋之數同）出賣每隻除工費外不得過五十文以所賣息錢充工料之費不得增損若製造不如法杖八十增損大小高下者杖一百一客人販茶已依舊法給賣茶公據未曾買茶者並令繳納違者依私用法一永興鄜延環慶涇源四路見在川茶并容人舊販南茶聽且出賣候客販到引茶住賣委所屬抄劄舊茶見數具状申尚書省藏匿免抄劄依茶法川茶却般入川茶地分一舊客販南茶地分鋪户見在茶並令截日抄劄見數且令出賣若隱漏依私茶法候客販到新引茶住罷具賣不盡數申尚書省一合

變磨供進并在京出賣末茶合用磨盤數令所屬相度存留一條籍園户客無引而輒自賣若私販者杖一百許人告賞錢五十貫已販者依私茶法不係籍而與客買賣者依此詔從之九月十二日詔川茶如敢侵客地分以違制論十月二十三日詔客販舊茶許截終請買新引出賣

卷五千七百八十四

茶法雜錄下

紹興五年六月十八日，詔福建路轉運司并建州每年合起大龍鳳并京鋌茶，並自來年為始減半起發。先是，上言福建歲有上供龍鳳團茶數目甚多，今鍚賚既少，無所用之，枉費民力，故有是詔。七月二十三日

販原敗

臣寮言：州縣之獄有不能即決者，私商販獲根究來歷是也。且販私商者皆不逞之徒，有敗獲禁物而素與交易者，多不通吐，以為後日販鬻之計。所牽引者類皆畏謹粗有生計之人，官司不追證則謂之結勘滅裂，一追證則無辜者受弊。且以快其平日不與交易之憤，暨至明日得釋，有不可勝言者矣。司獄利其如此，又根究而別追治，是致獄户填滿，嚴冬盛夏死損者常有之，豈不上累仁聖之治，孤欽恤之意乎？夫產茶鹽地分根究來歷者，故欲止絕私商，而小人用意如此，交易者以其不通吐而無復疑，畏謹者恐其結雠恨而不敢拒，是使不逞者愈得意於其間也。臣謹按祖宗法，應犯榷貨並不根究來歷，止以見在為坐。今若不問是與不是產茶鹽地分，一切不根究來歷，止以見在結斷，不惟囹圄可致空虛，而私販者即伏刑憲，亦將止息矣。詔令户部限三日勘當申尚書省。既而户部言：據榷貨務都茶場勘會，不係出產州軍捕獲私販茶鹽之人，依法自不許根究來歷；其出產州軍捕獲私鹽如係徒以上罪及停場禁界內杖罪，及獲私茶，並合根究來歷。雖有紹興令稱犯榷貨者不得根問賣買經歷處，即係海行條法，緣紹興勅內該載一司有別制者從別制，又緣諸處私茶鹽並係亭竈園户賣與販人，今若一概不行根究來歷，深恐無以杜絕私販之弊，却致侵害官課。今欲乞遵依見行茶

卷五千七百八十五

鹽專法施行詔依戶部勘當到事理如犯其餘榷貨並
以臣寮所陳施行從之十一月二十三日詔私販川茶
已過界接順蕃處州縣於順蕃界首及相去偽界十里
內捉獲犯人並從軍法若入抵接順蕃處州縣界未至
順蕃界首捉獲者減一等許人捕所販物貨並給充賞
如物貨不及一千貫即依紹興五年十月三日已降指
揮支給賞錢與經由透漏州縣當職官吏公人兵級並
合減犯人罪一等九年八月二十六日宰執進呈戶部
員外郎徐林奏私酤除已免沒屋私茶鹽尚有籍沒法
亦乞蠲除上曰法若果與國不可不亟改若行之已久
無甚大害且循祖宗之舊可也十二年四月二十八日

卷五千七百八十五

戶部言據浙東提舉茶鹽司具到本路州縣紹興十年
一全年批發住賣茶增虧數目并合賞罰當職官名銜
申乞照會賞罰施行詔最增去處當職官與陞一年名
次最虧去處當職官各降一年名次五月八日刑部言
湖北提舉茶鹽賈思誠劄子檢準紹興十年六月十九
日勑節文刑部看詳茶園戶有違犯條禁依法合追賞
者如係二罪已上俱發只從重賞追理本司看詳犯茶
人情犯不一假令初一日甲使乙擔私茶二十斤往州
西販賣初二日甲又使丙擔私茶五十斤往州東販賣
未賣過間初三日州西者為弓手捉獲州東者為土軍
捉獲同日到官即是二罪俱發州東者為重罪若只據

五十斤追賞未審弓手合與不合與土軍均給賞錢亦
未審客〔販茶〕人二罪俱發合與不合從重追賞下大理寺看
詳據本寺眾官參酌前項事理緣依律二罪以上俱發
以重者論既斷罪從重其賞亦合從所得重罪追理若
逐項告獲〔同日〕到官難以止給告獲重罪之人即欲乞比
附應賞而係二人以上者分受功力不等者量輕重給
之條法施行其茶園戶犯私茶二罪以上俱發亦合從
重追賞本部尋行下都茶場去後今據本場申切慮追
賞數輕少肯告捕使冒法規利之徒得以為姦侵害客
販有虧課入今欲乞下法寺重別擬定立法施行據本
寺重別參詳上件因依不須立法外其私茶公事各被

卷五千七百八十五

逐地分人告獲同日到官合行各追賞錢如係一名或
二人以上共告獲者即合依紹興十年六月十九日指
揮從一重追賞內二人以上均給施行所有販茶客人
二罪俱發亦遵依今來所降指揮施行從之六月二十
七日戶部言契勘福建臘茶長引依法許販往產茶路
分并淮南京西等處州軍貨賣緣淮南等路已置榷場
給降臘茶前去充本折博支用切慮客人冒法私相交
易欲乞將福建臘茶長引並不許販往淮南西京等路
止於江南州軍貨賣仍令沿江州軍常切檢察施行從
之九月十三日赦漳州合起紹興六年至八年分拖欠
大方茶價錢昨已放令免一年其餘一半分限三年帶

發及九年十年分合起錢已令限一年作兩次起發可
並與放免其紹興十一年分未起數令限一年作兩次
起發二十三日戶部言據行在都茶場申勘會客販諸
路草末茶在法並有限定許販斤重惟福建路臘茶即
與諸路草末茶大段不同訪聞冒法射利之徒多與山
場園戶私相計合將上等高品茶貨却作下等細計批
引請𢆯合同場公吏通同作弊以至經由海道抵冒法
禁理合隨宜措置令條具下項一令措置福建園戶等
處臘茶自今降指揮到日不許與客人私下交易如違
依臘茶法斷罪追賞並仰將所造銙截片鋌臘茶不以
等第高下價例多少並中賣入官仍令提舉官於逐州

卷五千七百八十五

革量度産茶遠近置買納茶場將山場見賣價上增搭
五分於當日支還價錢收買（謂如每斤十貫增添五貫作十五貫之類）以示
優潤園戶其買到銙子截子逐色臘茶令提舉官計置
起發赴行在送納其買納茶場買到逐等片鋌臘茶仰
本場於元買價上增搭三倍（謂如每斤一貫增搭園戶買價五百文於遞計一貫五百文上更增三倍作六貫之類）以逐等片鋌茶品搭打套逐時住合
同場令客人請買依新法鈔引納錢請買興販施行一
諸路州縣鎮寨等處應客人及鋪戶見在已未開拆并
未到住賣處臘茶不以成引不成引之數並限令來指
揮到日住行貨賣州委管（主）官縣鎮等處委令丞或巡
尉日下分頭躬親詣停塌店鋪等處盡數抄劄并引拘

收入官依市價用官錢支還價錢許於經總制錢內取
撥一契勘客販臘茶輒裝上海船經由海道雖已承指
揮依紹興五年正月二十七日指揮販物人并船主梢
工並皆處斬水手火兒各流三千里皆刺配千里外州
軍牢城元保人各徒三年分送五百里外州軍編管訪
聞日來尚有不畏法禁規利之徒依前般載臘茶經由
海道販賣蓋緣州縣當職官吏坐視全不用意禁戢是
致客販違法公行令檢準紹興七年四月二十九日指
揮客人乘海船興販牛皮筋角等貨賣仰沿海州軍嚴
切禁止仍仰帥（通）憲司常切措置覺察其經由透漏并元
裝發州縣知通令各當職官吏並按劾以聞依已降指

卷五千七百八十五

揮並流三千里各不以去官赦降原減欲乞令後常（當）職
官透漏客販臘茶經由海道並依前項紹興七年四月
二十九日指揮施行詔並依（內）福建仍委程邁與葉壽成
同共措置二十八日詔福建路轉運司將逐年供進京
鋌茶料製造作大龍餅子依數如法封角依大龍茶題
寫充國信使用令別作一項差人投進十一月十日臨
安府通判呂誠言切見朝廷措畫茶法就行在置局令
欲乞朝廷相度將福建路茶事司依舊移歸建州專一
主管每歲買發臘茶從之十二月十二日戶部勘會臘
茶係貴細品色最高客人興販利厚若不措置切恐冒
法私販令相度如客人願販銙截片鋌臘茶套過淮南

䏃

䏃 乞一作乞

京路近襄州軍等處貨賣鈐截臘茶二十五貫，㮣更貼納錢一十五貫文，如五十貫，㮣更貼納錢三十貫文，片鋌臘茶二十二貫，㮣更貼納錢一十五貫文。不曾貼納引錢，擅自過逐路及沿邊州軍販賣者，並依私臘茶法罪賞，許諸色人告捉。經由州縣失覺察，當職官依違戾茶法各徒二年，並不以去官赦降原減。戶部續承指揮編打一十二貫五百文，鈐截茶小㮣乞貼納錢七貫五百文，於前後指揮別無違礙。從之。十三年二月三日，戶部言：「湖北路提舉茶鹽司申，為沿路鋪兵盜採生茶私自蒸造，與過往兵級公然交易，乞依監司兵級指揮施行，內鋪兵依園戶法候斷訖送（移）本路不產茶重難鋪分，節級降充長行，長行降所至處下名收管。據都茶場申契勘，在法即無鋪兵

春五千七百八十五

盜採茶貨賣與過往軍兵專一斷罪明文。今勘當，欲依本司所乞事理施行，內鋪兵盜採生茶所為重者，自從重。諸路依此。」從之。十七日，戶部言：「知楚州紀交申，篤客茶改指盱眙軍，恐客人已過楚州，未到盱眙，沿淮近岸冒法私渡，乞降關子數萬貫充盡數拘買客人茶引之直，將指盱眙軍茶貨依本軍榷場博易，或用錢關子盡數對買等事。據都茶場申，看詳本官所乞，若令本州拘買客販茶貨，有礙成法，外今相度，欲乞應客人販茶若住盱眙軍住賣，並仰楚州主管茶事官即時開具茶引斤重、客人姓名、引料字號，入急遞關報本軍及沿淮官司，遞相覺察。若盱眙軍住賣，仍仰本軍先次置籍抄上，

候到銷籍。若約程不到，即行根究施行。庶恐楚州住賣茶貨以出城貨賣為名，因而冒法私渡，仍乞下本路提舉茶事官嚴行約束沿淮巡鋪官司常切禁戢，毋令透漏。」從之。三月二十三日，戶部言：「據都茶場申，令依應立定住賣批發茶最增虧去處賞罰下項：最增一分以上減一季磨勘，三分以上減半年磨勘，五分以上減一年磨勘，七分以上減一年半磨勘，八分以上減二年磨勘，一倍以上減二年半磨勘；最虧一分以上展一季磨勘，三分以上展半年磨勘，五分以上展一年磨勘，七分以上展一年半磨勘，八分以上展二年磨勘，一倍以上展二年半磨勘降加一選一資人。除依見行條法本部尋送檢法案

卷五千七百八十五

參詳，及司勳、刑部審復訖。」從之。閏四月二十四日，臣蔡言：「竊見創置茶司，降付本錢榷買，見今中納數目百未及一，乙見買納不行，暗失去處年引錢一百餘萬貫文。欲望量增引錢，仍舊且許客販。」戶部看詳，欲依所乞，福建州軍買納茶場自今降指揮到日住罷收買，並許客人依舊法赴都茶場買引，前去本路所指州軍合同場勘合文引，下場與園戶私下交易，依引內許販斤重，買茶赴官秤製批發，興販施行，其餘事件並依自來條例。從之。七月十八日，提舉湖北茶鹽司言：「檢准紹興八年十一月三日敕節文：犯私鹽人除流配自依本法外，徒以下並令示眾五日，遇寒暑依本法。契勘本路係產茶

地分緣茶鹽事屬一體所有販茶人欲依犯鹽人已得
指揮從之十四年三月十九日戶部言兩浙西路提舉
茶鹽司申客販茶經由州軍縣鎮稅務及住賣官司不
切點檢覺察雖批鑿文引官員不行印押並乞依客販
鹽從杖一百科罪本部欲依所申事理施行諸路準此
從之二十六日戶部據淮南東路提舉茶鹽司申客販
茶所以冒法私渡淮河一則獲利至優二則避免榷場
貼納官錢今措置欲將元指淮東住賣茶水路不許過
揚州高郵縣願往楚州及盱眙軍界者即於高郵縣先
往榷茶場貼納鈔引等錢如願往榷場折博依先降指
揮更收逐等鈔引錢一倍若由陸路止許到天長縣住

卷五千七百八十五

賣如願往盱眙軍榷場折博茶貨令天長縣並依高郵
縣納逐等錢數如獲到私渡茶貨欲乞比附紹興格獲私
茶以一斤比二斤推賞從之十五年九月二日提舉浙
西茶鹽鄭僑年申勘會已降指揮諸州監門官檢察獲
到私鹽及有透漏並依巡尉格法賞罰所有客販私茶
乞依鹽事已得指揮施行詔依其餘產茶路分准此二
十三日詔漢州什邡縣彭州濛陽縣堋口鎮合同茶場
場歲收息錢以紹興十二年所入之數為額從都大提
舉茶馬司請也二十一年七月十九日宰執進呈勅令
所編類茶鹽法成書欲擇日投進上曰令茶鹽法已定
令久遠遵守往時隨事變更雖可趣辦目前日後入納怖少

却非善計八月四日宰臣秦檜等奏言臣等令將元豐
江湖淮浙路鹽勅令格并元豐四年七月二十三日後
來至紹興十年三月七日以前應干於茶鹽見行條法并
續降指揮逐一看詳分門編類到鹽法茶法各一部內
鹽法敕一卷令一卷格一卷式一卷目錄一卷續降指
揮一百三十卷目錄二十卷共一百五十五卷合為一
部茶法敕令格式并目錄共一卷續降指揮八十八卷
目錄一十五卷共一百四卷合為一部并修書指揮一
卷以上茶鹽二書共二百六十卷作二百六十冊乞下
本所雕印頒行內鹽法冠以紹興編類江湖淮浙京西
路鹽法為名茶法冠以紹興編類江湖淮浙福建廣南

卷五千七百八十五

京西路茶法為名所有事屬一司一路一州一縣等條
法指揮不係今來編類者自合依舊遵守上曰茶鹽前
後指揮條目繁多今編類成書纖悉具載若能遵守永遠
之利也先是八年七月七日樞密院計議官陳康伯言
臣竊惟茶鹽成法纖悉備具載之簡策布在有司然閒
時既久續降益多或臣僚因事而建明或朝廷相時措置而
增捐前後重複科目實繁昨者雖降旨取索編類未見施
行伏望委官審訂勒成一書鏤板行下使諸郡邑有所
遵承或無抵牾至是始成書二十五年九月十七日宰
執進呈次因論前日臣僚建言欲於產茶地分就差官
置場收買庶免私販之患上問今天下一歲茶利入幾

給一作貫

何桑檜奏曰都茶場等三處共得賣茶鈔錢二百七十餘萬緡上曰比承平時陝西諸路故其數止此二十六年六月五日祕書省正字張震臣伏見四川産茶内以給公上外以羈諸戎國之所資民恃爲命異時所在茶場每貨茶百斤以上必有所增予謂之加饒所以優商官自捐之民則無與自都大韓球行刻剥之政希增羨之課於是始取償於民盡舉所捐增爲正額或一場至三十萬茶既不足則併採新芽來年轉荒舊産愈負自此以來額未嘗足民日破貧甚者流亡所訴(告)且民者茶之所自出商者茶之所自行優商而困民是浚其流而竭其源也又民知輸官不賴所得於是獷悍之民起爲私販姦猾之家聚爲淵藪以爲苟保於朝暮孰與坐待於死亡其弊若斯將損國計陛下聖恩寬大而下吏弗能究宣其將何以稱盛德臣願陛下特降睿旨行下四川茶馬司將韓球以前茶額比今所取裁酌施行庶幾民力稍可復舊上以彰陛下仁愛之澤下以爲四川根本之計不勝幸甚從之二十七年六月二十六日尚書省言告捕私茶鹽雖有賞格若不增重無以激勸兼次第保明多有阻滯詔令後命官捕獲私茶鹽依賞格各遞增一等諸色人賞錢各增五分應合得賞人茶鹽司限三日勘驗保明申奏賞錢限當日支給二十八年七月十二日知復州何槩言臣切見荊湖北路所賣茶

卷五千七百八十五

官一作司

引歲有常額若逐州只依遞年之數分認發賣其間却有人煙户口繁庶去處食茶者衆年額不多是致小商私行販賣以規其利然有人煙户口未及前時而引數頗多科及保正甚者不問貧富以丁口一例科抑詔下荊湖北路提舉茶事司將給降去茶引參酌一路州郡人户多寡通融措置招誘客旅從便請買即不得違法抑勒科擾人户十月七日刑部言江東茶鹽司申冒法之人請買茶引般販茶貨經由渡口載往淮南私拆散賣却收執元引曆面過江私織籠篰重疊影販私茶乞今後客販淮南長引茶合秤發官司先取問客人所指擺(住)賣州縣於引背批鑿經由場務及添入合過沿江官渡仰買撲渡人照引書鑿經由渡口月日姓名押字即時放行如渡口買撲人受倖不行批引縱放私茶乞與正販(把)茶人一等科罪本部契勘諸監臨主司受財枉法與不枉法稅務故縱榷貨及堰閘應搜檢人故縱各有立定條法令來申請沿江渡口買撲之人受倖不行批引縱放私茶欲依堰閘故縱榷貨減犯人二等斷遣如受財重者即係有事在手爲監臨合依監臨之例若因而無故留難邀阻自依本法斷罪施行從之三十年二月五日都大茶馬司言夔州路所産茶祖宗舊法未嘗禁榷政和後來主管茶馬官累次申乞賣引皆以民夷不便不曾施行止緣都大提舉官符行中約束夔茶不

卷五千七百八十五

許販入潼川府路後於紹興二十三年內據遂川申乞
收納客人闕子錢數通放入果渠等州變賣本司遂申
明朝廷於潼川府路果合渠等州廣安軍管下與夔路
接界縣分置合同場賣引於紹興二十四年內起置後
於紹興二十七年十一月內准行在都茶場牒坐知忠
州董時敏奏條具便民事件內一項乞將本州管下龍渠
縣所產茶依祖宗舊法免行禁榷牒本司依條施行是
時都大提舉官許尹到任之初未詳曲折遂以置場累
年漸成倫緒回申戶部後來許尹在官則久究見禁榷
以來商旅不通委於民爽不便遂於紹興二(推徵)十八年十
一月內具申尚書省乞將夔路茶住罷禁醶住準戶部

卷五千七百八十五

符止依已降指揮施行本司今再行詢究夔路茶味若
價低不比州路茶貨撿照得先據遂州申本州東鄉縣
出產散茶并餅團茶自來客人止販餅團(紫)每團二十五
斤茶價每斤一百二十文計三貫文販致渠州沿路腳
稅三貫五十文及買賣(嚴)引錢二貫五百文共八貫五百
五十文到渠州約度中價止賣得六貫五百文自此客
(旅)絕不來興販本司今紐算客販夔茶一百斤共三十四
貫二百文止賣得價錢二十六貫文緣客販川茶內中
次等每一百斤約用買茶本錢及腳稅并買官引錢不
過四十道約度賣得五十道其夔茶見今與川茶一等
收納引錢一十道如此均見夔(茶)因難以乘載引息客人

興販不行一切見夔茶自熙豐立法之後並不禁榷始
自紹興二十四年內創於夔州路接界縣分置場賣引
後來每場(年)所收引錢不過七八千貫今將夔合州管下
合同場紹興二十八年一全年所賣茶數計算共賣過
五萬餘斤所收引錢止計五千餘貫比之日前愈更數
少卻於遂州軍所收有額稅錢虧損不少恐非經久可
行欲望將夔路茶住罷禁(榷)遵依祖宗舊法施行委為
一方經久利便本部欲依所申事(理)施行從之三月一
日行在榷貨務都茶場言準紹興六年八月二日指揮
每年茶鹽等錢收及一千三百萬貫官吏推賞今來逐
務場自紹興二十九年正月四日至今年正月三日終

卷五千七百八十五

計收到茶鹽乳香等錢二千四百一十萬八千三百九
貫六百二十(六)文內除閏月收到錢二百二萬三十二百
五貫二百三十文外計收趁到錢二十二百五萬五千
一百四十貫二百九十文詔依所降指揮推賞三十一
年四月七日臣寮言郎武軍管下四縣有產茶鋪(贗)錢歲
納之數通不及一千七百緡昨行經界日驗鄉民植茶
雖止一二株盡籍定為茶園敷納價錢無慮數千戶後
雖荒廢無復存者所科錢依舊輸納入官司以有名額
不敢住催而逐年催到之數常不及十之五六臣恭聞
仁宗皇帝時趙抃為嚴守民籍有茶稅而無茶者抃為
奏蠲之民至今受賜乞下有司究實盡行蠲免詔令戶

部看詳九月二日赦勘會四川茶額已行檢定訪聞茶鹽場只於大額内自減應副不及之數其中下等園户並不與減損虚額致山民依前困苦未稱寛恤之意可令茶馬司取見指實將虚額與中下等園户裁減如違許園户越訴（以上《中興會要》）紹興三十二年（孝宗即位未改元）八月二十三日中書門下言自今應有犯販私茶鹽仰官司依法根治不得信憑供指妄有追呼違者許被擾之家越訴承勘官吏當重置于法從之孝宗隆興元年四月六日上封事者言建州北苑焙所產臘茶每歲漕司費錢四五萬緡役夫一千餘人往往以進貢為名過數製造顯是違法詔福建轉運司常切覺察仍具每年造茶的實合

卷五千七百八十五

用錢數聞奏二十二日詔今後捉到私茶依龍安縣園户犯私茶體例及十斤以上將户下茶園估價召人承買將五分收沒入官五分支還犯人填價從都大主管成都府利州等路茶事績啟請也八月二十七日詔四川都大提舉茶事馬司茶場趂辦息錢如收及新額從本司保明將監官與減一年磨勘主管官減半自隆興元年為始從本司請也二年七月二十二日臣寮言自來茶鹽同法於請納外隨其所指並不收稅近日客人販茶過淮遂開收稅之例謂如盱眙軍一處茶到本軍每引稅錢十貫方許過淮後來更於十貫上添收七貫並無分文歸朝廷乞行拘收詔令淮東西宣諭司同逐路

食貨三一之一五

樁作椿

項作須

提舉茶鹽司措置於是淮東宣諭使錢端禮言契勘得客販長引先降指揮水路不許過高郵縣陸路不得過天長縣如願往楚州及盱眙軍界住賣每二十三貫并二十六貫引各貼納翻引錢十貫五百批引前去如到楚州盱眙軍翻改欲淮北州縣每引更貼納錢十貫五百文盱眙軍每引收回貨稅錢二貫所收回貨稅錢即非朝廷指揮欲行住罷所有客人販茶水路欲過高郵縣陸路欲過天長縣及批改至鹽城縣并滁州等處茶引合收錢及從提舉司行下逐處令項椿管每季申提舉茶鹽司檢察仍委淮東總領所專一稽考到日盱眙軍胡堅常又言客人販茶水路欲過所納官錢已是太

卷五千七百八十五

重所有本軍稅錢委是重疊乞免行收納並從之十月八日江淮都督府准備差遣李椿言靜江府修仁縣及鬱林州兩處產茶其味如藥茶價不及買引之數無人算請乞聽人户從便興販出賣經由州縣每百斤收稅錢二百文詔依仍令廣西轉運司將先降去茶引依見行條法指揮依舊招誘客人算請興販乾道元年正月十九日詔茶長引依紹興三十一年體例限半年權於短引地分住賣下提舉茶事司令逐州軍主管拘收長引毀抹令客人指定住賣州縣給公據前去其約束程限等並依見行條法仍關報沿路及住賣官司檢察放行拘到茶引依條發赴所屬收管三月二十三日淮南東

食貨三一之一六

路兵馬都監張藻言乞降茶鈔四千引為錢三萬六千貫下出產茶處委官裝發赴盱眙軍過界出賣可準得銀四千錠以助歲計從之後藻措置無折博到銀數徙防商販有旨降三官放罷所有隆興府江州已發到博易茶令淮東路茶鹽司拘收變賣十月十三日湖南提舉茶鹽司言本路批發住賣茶鹽取紹興七年之數立為定額比較增虧令乞將重額諸州與減十分之二戶部言立額比較並是違法詔本司將違法立額事日下改正以本年實收到數與遞年比較取一路州數最增最虧數一處供申三年三月二十五日戶部侍郎李若川言客販草末茶小引元指淮南近襄州軍住賣卻願

卷五千七百八十五

改沿淮州軍住賣者每引納飜引錢十貫五百文改榷場折博者每引再納飜引錢十貫五百文其引榷場又合納通貨牙息錢十一貫五百令關客人規避多私渡淮不唯走失飜引錢又失榷場所收之數欲乞將兩淮州軍住賣茶引並就買引處每引只貼納飜引錢十五貫五百許從便住賣及榷場折博大引隨貫例經納所有通貨牙息錢依舊餘依見行條法指揮從之七月八日戶部侍郎方滋等言自南北通和之後茶引錢理合增羨今三都茶場合賣茶引愈更虧少私賣鹽販侵奪國課有新授舒州通判胡儔屢條陳茶利未經試用今欲乞專委胡儔帶行新任支破請給人從理為在任月日

躬親前去江西產茶州縣與守令及主管官同共措置革去舊弊向去增羨乞將胡儔陞擢以為激勸詔胡儔特改添差通判隆興府仍釐務十月三十日四川茶馬司言乞立罪賞禁販茶子入蕃近有姦猾之人卻將已成茶苗公然博買入蕃乞依茶子罪賞指揮戶部言紹興十二年十一月二十五日指揮園戶收到茶子如輒敢販賣與諸色人致博賣入蕃及買之者並流三千里其停藏負載之人各徒三年分送五百里外並不以赦降原免許諸色人告捉每名賞錢五百貫內茶園戶仍將茶園籍沒入官州縣失覺察當職官並徒二年科罪今茶苗比之茶子為害尤重乞依本司所請從之二年三月三日臣僚言川秦茶馬兩司自紹興十九年至三

卷五千七百八十五

十二年官司積欠總計六十六萬四十九百餘貫並係無可陪填乞將紹興三十二年前應有欠負茶馬司錢物並與除放從之三年十二月十二日行在都茶場言准乾道二年三月二十五日指揮應指兩浙州縣住賣者並就買引去處貼納飜引錢十貫五百許從便住賣及榷場折博近來不住據所屬申明客人於指揮之前已買引乞依舊法免貼納飜引錢詔將乾道二年以前請買到茶引未曾起茶並就起茶去處貼納飜引錢訖批上文引方許批發放行八年五月二十三日詔行在建康鎮江府都茶場并應賣茶引官司客旅算請長引截自今指揮到日算請長引每引止貼納飜引錢七貫若

請一作陳

再改往榷場折博止納通貨并息錢八貫其餘錢數與行免納四年九月十二日詔淮東提舉茶鹽公事俞召虎特轉一官幹辦公事蔣志祖減三年磨勘以乾道三年分住賣茶鹽增羨故也五年二月二日詔令後四川茶園戶私販茶並依舊法其隆興元年四月二十二日續處申請指揮更不施行以臣寮言切詳茶馬司前官續處申請止謂禁絕園戶不得賣與私販之人虧損官課今來園戶般茶赴場批賣或有批歷違限或有歷不隨茶或有借歷批賣或有茶數與歷內不同或有茶貨不般赴場或有我種茶窠未曾自請園結或有般茶赴場無官給封凡此等類州縣一例拘沒茶園是致山谷

卷五千七百八十五

窮民破家失業故有是命六年三月一日詔將三榷貨務都茶場收到茶鹽等錢合行立定歲額行在務場八百萬貫建康務場一千二百萬貫鎮江務場四百萬貫如收趁及額方得依例推賞四月二十四日戶部侍郎江浙荊湖淮廣福建等路都大發運使史正志言諸闕販茶客人避納翻引錢往往私販過淮折博暗失課入令措置其短引茶並依舊令客旅於江南住便興販所有過江長引並從禁戢乞許本司於江西積壓未賣茶引內支請買茶於淮南京西榷場折博其客人已買過長引將納過引價并貼納翻引錢紐計於見賣茶引去處貼換短引從之五月二十七日詔筠州茶額與三分中

減免一分立為定額從知筠州曹遜請也六月十八日戶部侍郎發運使史正志言淮南京西軍州係住賣長引茶貨地分近承指揮令臣與張松措置禁戢私販茶貨不得過大江今照得湖北路係短引地分其漢陽信陽軍復州等處並在江北連接淮西京西榷場路分乞下所屬契勘如透州軍未曾改作長引理合一體從之七月二十五日史正志言本司買茶一千六百餘引見過兩淮折博兩淮總領所歲貨長引過江翻引錢約一百餘萬貫顯是相妨切緣本司係月禁戢私販絕無透漏是致淮上茶價踴貴每引可得息錢十五千以上乞同總漕兩司共議令年且乞與商販並行其江西見

卷五千七百八十五

令有未曾過江茶貨尚多欲每引量收息錢十千貫與客人前去從之其後七年四月二十三日大理正兼權度支郎官車慶言今來發運司已行住罷所有長引茶貨合依舊法許客旅興販其發運司每引收息錢十貫本司既不興販茶貨自不合收納欲下諸路提舉茶事司行下所部州縣遵守無致阻滯商販從之十二月九日詔榷貨務都茶場收名茶額鹽錢增羨應合推賞去處官吏等照應年例格法推賞如或虧欠比附責罰七年二月十四日冊皇太子赦應民間舊欠茶鹽錢有元係祖來身分少欠至孫及曾孫尚行監繫償還實可矜憫可自乾道五年以前有似此之人官司審實並與除

中卷止

銙一作胯下同

放九年十一月九日南郊赦：民間舊欠茶鹽錢，將乾道五年終並與蠲賣除放。尚慮州縣奉行不虔，失寬恤之意，仰提舉茶鹽官檢察開具已放過名件申奏。或有違戾，許監繫家屬詣臺省越訴。十二月二十五日，詔：福建路銙截片鋌茶昨來並係一十六兩為一斤，每斤收錢一文。今以鄉原斤重，銙截茶係五十兩為一斤，片鋌茶係一百兩為一斤，每斤增收五文。從福建計度轉運使副沈樞請也。八年五月二十三日，龍圖閣待制兼權戶部侍郎楊倓等言：「客販長引茶貨內草茶每引并頭子等錢共納二十四貫四百八十四文，末茶每引并頭子等錢共納二十七貫六百七十七文，短引並頭子等錢止共納二十三貫四百有奇。

卷五千七百八十五

其長引依法指往兩淮、京西路州軍住賣，比之短引價高。又每引就買引官司貼納翻引錢十貫五百，若再往榷場折博，又於榷場納通貨牙息錢十一貫八百。切詳貼納兩項大段數多，致客旅避免，多是收買短引影帶私賣長引，因此積壓國課。乞自今降指揮下日以筭請長司引，每引止貼納翻引錢七貫；若再改往榷場折博，止納通貨牙息錢八貫。其餘錢數與行免納。」從之。十二月二十九日，詔：自來年正月一日為始，將行在務場筭請茶鹽六分輕齎內須管用二分銀入納，鎮江、建康務場依此。從戶部侍郎楊倓請也。以上乾道會要

宋會要

淳熙元年正月二十七日，湖廣總領所言：「今年歲計茶引數內江西長引一十五萬貫，乞改給湖南草茶長引二萬貫，其餘一十三萬貫依乾道八年、九年例盡行換給短引，降付本所品搭變賣，轉應接大軍支遣。」戶部勘當：「江西短引係行在措擬給賣之數，若盡行換給，有妨行在支遣；若不量行換給，恐本處卻致妨闕。乞將已降江西茶長引一十五萬貫改降湖南草茶長引五萬貫、江西短引一十萬貫。」從之。二月十四日，詔：自今建康務場歲終收趁茶鹽等錢及額，總領與比附左右司減半推賞。

卷五千七百八十

二年五月二十七日，詔：戶部將江西、湖南北長短茶引各權以一半，依每引元立斤重錢數，分作四貫小引印造給降。其翻引貼納等錢，隨小引紐計送納，不得增減。六月十六日，行在榷貨務都茶場言：「準乾道六年四月二十七日指揮，住給鎮江入納免稅公據，遂致務場入納稀少。左右司看詳，乞自今客鋪將鈔引在臨安府變賣到銀兩，許召在城產稅及店業有行止人二名委保，經提領務場所陳狀，行下務場勘驗諸實，以千字文為號注籍，用大字填實日給據付客人，給由場務即時照驗批鑿通放，限十日至鎮江務場入納。自給據日令務場排日三次，其字號、月日、姓名牒報鎮江務場，候

到即時拘收公據毁抹訖次日繳赴行在務場照應銷籍仍每旬開具違限不到公據申提領所行下追元保人根究斷罪追收經過合納稅錢如務場不填實日亦重作施行若有乞取阻抑許容人經朝廷赴訴從之同日詔令歲合降湖廣總領所江州長引並改降短引其價錢理充行在都茶場給賣之數以都茶場言湖廣總領所江州通判廳自來以長短引品搭近緣出賣不行給換江西路短引其短引係是都茶場合賣之數恐侵損課入故有是命八月十三日湖廣總領劉邦翰言給降到短引三十萬貫付本所變轉充閏月支用於本所委是快便其間亦有客旅陳乞願買湖南北快便州軍

卷五千七百八十二

長引之人今欲於合降本所歲計短引三十萬貫外更行印降湖南北近便州軍長引一十萬貫下本所發賣將所賣錢會子別項樁管聽候朝廷科使詔從之仍令將賣到長引價錢發赴鄂州別項樁管三年二月十三日湖廣總領所言承給到淳熙三年歲計茶引七十五萬二千餘貫又給降長引三十萬貫委是數多必致積壓乞將江西路草茶長大小引一十萬貫并江西州軍長短小引二十萬貫並行換給江西路二十二貫例茶短改引從之十八日詔自今州縣不依條限拘繳茶鹽引從本路提舉司檢察並依奉行茶鹽法違戾徒二年斷罪其比較增虧賞罰亦依紹興二十八年十月四日

指揮以繳到引日為數比較從江東提舉司請也四月二十七日詔交引庫印造二十二貫例茶短引七萬五千貫付江西安撫司二十二貫例短引三萬貫付江州通判廳仍令逐處將已降去四貫例茶小引依數兌換卻行繳赴行在都茶場送納其總領所既稱四貫例小引客人不願請買如日後遇有給降到外路一半小引更不給降先是湖廣總領所乞給降江西安撫司茶引一十五萬貫江州通判廳茶引六萬貫內有小引數目客人不願請買乞行換給茶短引付逐處出賣應副支遣事下都茶場指定來上故有是詔四年九月二十六日新知梁山軍錢盈言四川比較茶鹽增虧乞將有餘以補虧數

卷五千七百八十一

不可以立為增額從之五年正月二十九日權戶部侍郎劉邦翰言被旨令擬定湖廣總領所出賣茶引令相度總司除歲計外也可發賣茶引二三十萬貫近準省劄內坐到茶引一項係朝廷發賣樁管之數今擬定乞日下給降江西長引五萬貫短引二十五萬貫品搭給賣詔行在務場印造限二月上旬起發前去仍將賣到錢別項樁管非奉朝廷指揮不得擅支二月十三日提舉四川茶馬朱佺言入蕃茶大觀間歲賣二十萬斤至乾道四年威州守臣湯尚之奏請以五十萬斤為額蕃戎歲市已久比之舊法委是數多今若驟減其數竊慮蕃戎觖望事干邊防詔每歲以四十萬斤為額既而仍

舊放賣五十萬斤。以都大茶馬司言威州蕃部屢以此爲辭，恐致生事故也。六月二十四日，四川制置使胡元質、都大提舉茶馬吴總言：「川蜀産茶，祖宗時並許通商。熙寧以後，始從官榷，歲課不過四十萬。建炎軍興，改法賣引，一歲所取二百餘萬，比之熙寧已增五倍。繼以聚斂之臣進獻羨餘，增立重額，每歲按額預俵茶引於合同場，甚者至徑將茶引分俵，以致園户困敝，産去額存。臣等申請置局，委官審實糾決，涉歷兩年，推核增虧之數，合減放虚額一百四萬三百斤，其引息、土産税錢共一十五萬二千九百九十四貫。」詔並與除放。先是，四川總領李蘩言茶馬司歲減馬七百疋，爲錢二十一萬，乞

〈卷五千七百廿一〉

與茶户對減重額。詔四川制置司同茶馬司公共相度經久有無妨闕利害以聞。至是元質總相度來上，故從其請。七月七日，詔榷貨務都茶場印造茶小引三千道，給降湖北安撫及提舉司給賣，仍於引内令項分明開説，除合納管錢外，不得更收應干縻費，其賣到錢並起赴湖廣總領所椿管，非奉朝廷指揮不得擅支。六月六日，福建提舉周頡言：「福建一路茶引斤重，從來舊法，鑄截片鋌並以十六兩爲一斤。至乾道七年内，措置以販茶引錢太重，得茶數少，客旅艱於興販，遂使鄉源斤重鑄截茶以五十兩爲一斤，片鋌茶以一百兩爲一斤，比之舊法遂增數倍，可謂優潤極矣。訪聞本府合同場每

遇茶貨到場之時，更有額外加饒增添斤重，委有情弊。乞下福建路提舉茶事司，仰照應前項已降指揮及長短引内合販鄉源斤重秤製，即不得仍前違法過數妄有加饒。」從之。十年二月十五日，湖廣總領所言：「歲計錢數内貼降江西茶長引一百三十五萬餘貫，發賣不敷，虚占經常錢數，乞照九年已降指揮，給換江西短引五萬貫。」從之。十一年七月十一日，詔：「今後應賒買客人茶，其人見有父母兄長，並要同共書押文契，即仰監勒牙保均攤償還。其餘買鹽貨之人，亦一體施行。」從新權發遣徽州石起宗請也。先是，起宗通判漳州，嘗主管常平茶事，見家人不肖子弟多爲牙保等人引誘，賒買商人

〈卷五千七百廿一〉

買茶以資妄用，致令父母破産償還，乞行禁約，故有是命。十一月十八日，户部言：「湖廣總領所乞將江西路淳熙十二年本所歲計茶引二十八萬貫盡行印給末茶長引，付遂處發賣價錢，應副大軍支遣。本部勘當，舊例係以長引五萬餘貫，其餘並係短引。縁淳熙十年分總領所乞改降長引五萬貫，共計長引一十萬九千餘貫，比之舊例已增一倍。今照得江西路長引係行在務場指準給賣之數，若從所乞盡降長引，愈見行在務場歲額虧少。今乞照淳熙十一年已給降體例，印造江西安撫司茶長引八萬九千九十貫九百六文，短引七萬貫；江州通判廳茶長引二萬貫，短引四萬貫；江西提舉司

給降茶引一十五萬四千貫內六萬一千二百餘貫應副本所支遣，照年例印造給降。從之。十二年六月四日，詔淮東總領所將未起䲭引錢二十六萬八千餘貫盡數起赴封樁庫送納，日後每季依此，仍仰提領封樁庫候交收到前項錢，即報行在都茶場理爲合收之數。既而行在都茶場言：「鎮江務場收到客人就引貼納茶䲭引錢，每歲不下十餘萬貫，依乾道三年三月內已降指揮，令赴行在都茶場交納。今照得截止淳熙十二年三月終，有未起發二十六萬八千六百四十九貫六百四十一文，已將鎮江務場收過前項客人就引貼納䲭引錢行下鎮江府，照數拘收，令項樁管，令本場將鎮江務場已報到錢理充本場所收錢數，庶得鎮江府就近可以拘催，免致積壓之弊。」故有是詔。九月八日，四川茶馬王渥言：「本司先於淳熙六年同制置司被旨審核川路諸處合同場茶額，其有園戶困敗、產去額存、無所從出，並與裁減數內，惟名山一場實有濫增額數，比舊額計增茶七萬六千七百二十九斤十兩。原其弊端，蓋緣本司逐歲下本場預期支俵本錢，收買博馬綱馬茶二百萬斤，係以所產食茶上多寡爲則，均給其園戶，賣於時下，得錢多自虛認。戶下茶數，茶場據其所認之數附簿，發賣茶貨之際，初及元額，當來推排官止憑賣綱茶簿（有錢額外增添自淳熙十一年至今雖有增添之名實到場茶粗能數額復舊），籍使謂茶額以至積欠，園戶枉被督逼之苦，而監官皆

聞風退闕，不願赴上。臣且令本場以淳熙五年爲額，將園戶累年所欠之數，權行倚閣，乞將名山場所增茶七萬六千七百二十九斤十兩盡行除放，止依舊額收趁。」從之。十一月二十二日，南郊赦：「四川茶鹽酒課，折估虛額錢累降指揮減免，尚慮州縣巧作緣故，不理，有失寬恤之意。仰制置司、總領所、茶馬司常切覺察，如有違戾，按劾以聞。又勘會在法，違欠茶鹽錢物止合估欠人并牙保人物產折還，即無監繫親戚填還及妻已改嫁尚行追理之文。昨降指揮，令戶部檢坐見行條法申嚴行下。如敢違戾，許人戶越訴，勘會官司輒立茶鹽錢虛給帖子，均科人戶，勒令齎錢赴鋪繳納，未嘗支給茶鹽顯是違法科抑，仰提舉司及諸州主管官嚴行禁戢，仍許人戶越訴。會勘州縣應捉獲私茶，合解所在稅務合同場估價，名人請買，訪聞場務積壓年深，以致陳損不堪食用，多是科抑鋪戶，或令欄頭認數出賣，拘收價錢，尚慮追擾監繫，可日下盡行除放。」（十五年九月八日明堂赦同。）十三年八月二十三日，詔京西南路提舉司見賣鹽鈔引一萬袋，依遞年例，別給降江西茶長引一十萬貫，短引一十萬八千四百三十貫，趁時措置發賣，以湖廣總領所言：「京西淮鹽鈔拘定京西界分，不許䲭改別路州軍貨賣，以致遲細妨闕支遣。」故有是命。十四年八月十九日，詔行在都茶場經計四貫例茶小短引一千五百道，下湖北

提舉茶鹽司令本司將賣到鈔拘催赴湖廣總領所送納椿管（從茶鹽司請也）。十六年正月二十五日，詔江西提舉司茶引一十五萬四千貫分上下半年給降外，所有江西安撫司茶長引八萬九千九十貫九百文、茶短引七萬貫，江州通判廳茶長引二萬貫、茶短引四萬貫，下交引庫印造，一併給降，令趁時給賣（從湖廣總領所請也）。紹熙元年五月十六日，權貨務都茶場言：「湖南北、江西路皆係巨商興販，尚且給降小引。其兩浙、江東等路多是草茶客人販往鄉村零細貨賣，乞添印造四貫例長短小引，相兼聽客從便請買。」既而戶部言：「近添印造兩浙、江東等州軍四貫例茶長短小引給賣，務在招引小客。今若依

卷五千七百八十一

大引見使金銀會子分數品搭算請，恐小客難以変轉興販，因而積壓。欲將今來給賣小引除見使金銀會子分數入納外，如願全使一色會子算請者聽，庶幾客販亦得通快。」從之。二年三月十一日，臣僚言：「京西之鄙私茶所經由處，乞嚴行禁戢。場務等官若有透漏放縱，亦得巡尉之罪；盜鑄鐵錢而於銅錢界分販行使者，官司不行覺察，併得銅錢之罪。」從之。二十二日，詔四川茶馬司禁戢所屬州縣并主管官，如不遵守條法及與茶場干涉處多端科配騷擾，違戾去處，開具姓名，申取朝廷指揮。先是，上書者言四川茶課是夫，令茶馬司措置開奏。既而本司條具科配之弊，乞降約束故也。五月二十

五日，詔降四貫例長短小引各一千道，付湖北提舉司出賣。其客人合納籠篰秤製等錢，許椎赴主管司一併送納。仍下提刑提舉司嚴切禁戢私販，毋致縱容，仍前積壓茶引。以湖北提刑兼提舉丁逢等言：「常德府管下武陵、龍陽兩縣接連湖南產茶去處，每到春時，有江西、福建、湖南管下州軍客人聚在山間般販私茶，乞量行給降小引，以息私販」故也。十一月二十二日，詔諸路提舉茶事司自今須管遵從節次已降指揮，將收到茶事窠名置之赤曆籍，如遇收支，建立項目，分明抄轉。除依法椿管支使外，其餘剩數仰所隔差人管押赴行在都茶場送納。仍令逐路提舉司每季各具所部州縣收

卷五千七百八十一

到逐色應緣茶事窠名錢若干，作舊管、新收、已支、見在。如有支遣，仰分明開坐。或本場妄官驅磨，若有欺隱之數，即將違戾去處具申朝廷施行（從本場請也）。二十七日，南郊赦：「都茶場昨自乾道六年以後節次給降茶引，付江西州軍出賣，拘錢起赴行在。訪聞州軍發賣遲細，多是賒賣與鋪戶等人，經今日久，往往流移貧乏，見令州縣償納，竊慮騷擾。仰將淳熙十三年終以前年分未納茶引錢數特與除放，不得依前追理，仍仰提舉司覺察。如有爲戾去處，按治施行。」同日，赦：「在法，違欠茶鹽錢物，止合估欠人并牙保人物產折還，即無監繫親戚填還及妻已改嫁尚行追理之文。昨令戶部申嚴行下，許人戶

越訴訪聞人戶負客旅及店鋪價錢緣係權貨有已經估籍家產償還不足依舊監繫牙保等牽聯不已可並與除放毋致違戾勘會官司輒立茶鹽鋪虛給帖子均科人戶勒令齎錢赴鋪繳納未嘗支給茶鹽顯是違法科抑仰提舉司及諸州主管官嚴行禁戢仍許人越訴

同日敕四川茶鹽酒課折估虛額錢累降指揮減免尚慮州縣巧作緣故催理有失寬恤之意仰制置茶馬司總領所常切覺察如有違戾按劾以聞

紹熙五年九月十四日明堂敕都茶場昨自乾道六年以後節次給降茶引赴江西州軍出賣拘錢起赴行在訪聞州軍發賣遲細多是賒賣與鋪戶等人令候日久往往流移貧

乏見今州縣償納仰將紹熙元年終以前年分未納茶引將數特與除放仍仰提舉司覺察如有違戾按治施行（自後郊祀明堂赦亦同間推所放年分有差）

同日敕州縣應捉獲私茶合解所在稅務合同場自合用心措置名人請買訪聞積壓陳損多是科仰行人鋪戶或令攔頭認數出賣拘收價錢追擾監繫可日下盡行除放（自後郊祀明堂敕並同）

同日敕在法違欠茶錢止合估欠人并牙保人物產折還即無監繫親戚填還及妻已改嫁尚行追理之文昨令戶部申嚴行下許人越訴（自後郊祀明堂敕並同）

同日敕官司輒立茶鋪虛給帖子均科人戶勒令齎錢赴鋪繳納未嘗支給茶鹽顯是違法科抑仰提舉司及諸州主管官嚴行禁戢

仍許人戶越訴（自後郊祀明堂敕並同）

慶元元年二月六日詔石泉軍龍安縣崇教等七鄉園戶茶課錢引九百二十七貫一百一十四文從茶馬司同成都府路轉運司并本軍三處均認與園戶代納自紹熙五年分爲始以四川總領茶馬司言川蜀共管三十四茶場應有茶田園戶除納田上二稅遇般茶赴合同場抵賣本司收納土產茶牙市例錢照得本軍龍安園戶除納二稅市例錢外又催理茶課估錢係於元豐間未立額日先有此茶課每歲理一十五萬四千五百一十九斤每斤估錢六文在縣隨二稅送納至建炎年改法立額其茶園戶於紹興十八年奏行經界失於申明今來若行倚閣恐妨本

軍縣省計支用若復催理委是重疊重困園民三司乞自抱納故有是詔

六年二月十四日詔川路產茶去處園戶合納經總制司頭子錢五千四十二道五百一十一文一分五釐令提刑茶馬司各抱認一半所有秤提錢三千一百四十八道二百九十文令總領所抱認並自慶元六年分爲頭對減以四川制置司總領所茶馬司成都提刑轉運司言昨緣川蜀百物皆賤茶價亦低園戶窮困茶司恐傷根本隨宜措置每引元額舊納土產茶牙市例錢二貫三百文除權減八百文外以茶額計之一歲共減土產錢十萬四千九百四十三道既是正錢已減其數收頭子秤提錢亦當減免故有是詔嘉

泰元年五月二十五日詔民間違欠茶鹽錢照淳熙十六年已降指揮體例放免至慶元二年終令榷貨務中請上故鹽錢所有茶錢理合比類一體除放（從淮東提舉高子溶請也）三年十一月十一日南郊赦應欠茶鹽錢人已死及涉年深其家止有單妻及無妻有幼子者官司例同牙保人監納間有妻已改嫁人者併與後夫監理委實無所從出仰主管官勘量措置施行（自後郊祀明堂赦並同）四年六月三十日知隆興府韓邈奏戶部茶引歲有常額發下散賣隆興惟分寧武寧二縣產茶他縣並無茶引而豪民武斷者乃請引管認茶租曾不知此輩意在借引引以窮索一鄉無茶者使認茶非食利者使認食利所至

卷五千七百八十一

驚動必欲厭其所欲村疃受害無窮乞下省部除分寧武寧二縣外其非產茶縣並不許人戶擅自認租他路亦比類施行從之嘉定五年十月十四日中書門下省言節次已降指揮七項共給降茶引三百五十萬貫付湖廣總領所支賣價錢撥降科撥支使外見在茶引不多慮妨接續給賣詔太府寺交引庫限半月印造江西末茶長引并湖南北草茶長引共品搭給降五十萬貫仰本所措置給賣將賣到價錢同見在錢一併椿管具入月冊供申非奉指揮不得擅行支用仍令本所開具節次料去茶引已未變賣及增收等錢承降指揮月日支使名色并細帳狀限三日保明申尚書省　二十四日都茶場言承降指揮湖廣總領所申乞給降嘉定十一年分歲計茶引

內江西路茶引已降過二百四十七萬六十八貫八百五十五文其錢實係應副本所大軍支遣即非虛收數目乞將一半錢照應理充本場歲額施行都省照得湖廣總領所茶引逐年止貼降二百萬貫如有另項給降之數難以一槩理充本場課額詔令行在都茶場自今止將歲計貼降茶引以一半理充歲額施行

卷五千七百八十一

縣一作州

宋會要　茶鹽雜錄

雜錄　政和三年　月四日戶部員外郎提舉荆湖南北
路茶鹽事范之才奏契勘崇寧二年八月九日敕節文
川茶除入熙河秦鳳兩路外有鄜延環慶涇原永興四
路並許客人般販東南茶貨續承崇寧三年二月十二
日朝旨陝西鹽香司申諸川茶自來先到鳳翔府方始
轉般入熙河路出賣緣鳳翔府以東諸縣鎮係賣川茶
地分與見今客販東南茶地界相接恐冒法透漏入東
南茶界有害客販欲將鳳翔府以東岐山扶風麟遊盩
厔普閏好畤郿虢縣添展作東南茶地分更不放令川
茶般運過鳳翔府以東奉聖旨依所乞後來陝西路並

卷五千七百八十五

作川茶地分緣近降茶法永興等四路並為客販南茶
地分其鳳翔府以東八縣即未有復行南茶指揮詔鳳
翔府以東岐山等八縣依舊作南茶地分餘依已降指
揮十四日詔販茶短引候園戶處買茶訖令本處官司
依大觀二年五月二十九日朝旨所定至住賣處日限
於今年新引內鑿定仍更依舊式別用日限印子候到
住賣處依已降指揮於引背批說已販到茶年月日此
引更不重疊興販若出違所給日限立便拘收元引茶
貨沒官其繳引日限等約束並依近降指揮內親身赴
茶務買短引販茶人仍除程到本州理限大觀二年五
月二十九日敕重別修到短引體式並添日限印子奉

食貨三二之一

聖旨令給引官司遇客人販茶並仰依式用大字書鑿
仍約度所指住賣處遠近計程分立日限不及十程限
五日十程已上限十日二十程已上限十五日三十程
已上限二十日並通計程數於引內批鑿謂如去住賣處
二十程給限三十五日引之類仍於印子內亦鑿定所
立限並計行使用月日謂如二十程即限三十五日大
觀二年正月一日給至當年二月六日不在行使之限
即出限更不許行使其程數不以水陸路以五十里為
一程罪賞約束並依元降指揮同日兩浙路提舉鹽茶
司奏令相度客人所買長短引願於所指買茶路分別
州縣分買者欲許經州縣陳狀於引上批鑿某月日據

卷五千七百八十五

某人陳乞就改往某縣買茶當職官簽書用印施行並
關都茶務及所改并指州縣照會仍不得過一次從之
十八日尚書省勘會除販短茶引已降指揮許大帶
買前去產茶路分轉賣與本路小客仍別給公憑詔長
引如大商願帶買轉賣者亦許依短引法施行其所給
公憑仍限半年繳納同日尚書省奏勘會客人鋪戶舊
茶既與客販新法相妨理合拘收沒納昨來朝廷寬恤
特立限至去年終許買新引出賣令已限滿若便行拘
收又恐遠路客旅鋪戶有趕趁元限不及之人兼近據
鄧州乞給降茶前去以此即是外路來至通曉法意詔
特展限一季許客人鋪戶買新引出賣舊茶應約束事

食貨三二之二

買不賣

件依近降指揮如限滿尚不買引出賣不盡並仰所在
州軍拘納入官各具數申尚書省二十八日提舉陝西
路茶事郭思狀體問得近有客人盡將錢本自來至闕
下於客人鋪戶處轉販四方物貨前來本路貨賣契勘
中都與(聚)四方商旅萬億物貨其新茶若許四方客人赴
都茶務依新法錢數買引只於闕下客人鋪戶處依園
戶批數法許將全籠篰或鑵袋轉販前來即茶法愈通
商販愈快於中都事愈甚便緣新法未有許似此指揮
伏望更賜詳酌降下又契勘若四方諸處客旅許買引
於闕下轉販即闕下鋪戶肯多停蓄及客人滯留者亦
易於發泄委是通商爲便又契勘闕下茶貨是客人買

卷五千七百八十五

引及販買引是一條(件)茶得兩重賣引錢又係南客北人
情願兼於法有利詔並從之餘路依此二月七日詔客
人新引所販茶未到所指地願改指別處者聽內遠指
近青者仍認違(元)指耗錢如長引茶已到地頭限未滿願
批往別路者亦聽從便已上仍令所在州縣批鑿茶引
及關報都茶場務及元指去處照會具繳引日限等約
束並依元降指揮施行十九日尚書省劄子提舉福建
路茶事司狀一體訪得本路産茶州軍諸寺觀園圃甚
有種植茶株去處造已色等第臘茶自來拘籍多是供
贍僧道外有妄作遠鄉饋送人事爲名冒法販賣官司
未有關防伏望立法行下以憑遵守詔諸寺觀每歲摘

插不插

相不相　修不修

摘到草臘茶如五百斤以下聽便(從)契用即不得販賣如
違依私茶法若五百斤以上並依園戶法二十五日詔
諸州縣市易稅務緣昨來茶事所置專(知)官幹庫摘子
名額並罷內手分食錢等許依舊支破所有應緣茶事
合支官吏請給食錢並於産鹽倉場收到籮苑市例錢
內應副餘依所乞諸路依此其不係産鹽路分即繳(以)常
平頭子錢充三月十五日詔諸路應茶客合經過州縣
稅務欄頭批引封籠篰及行遣茶第子分貼司並行重
法仍仰逐路監司嚴督州縣常切覺察其元覺察官重
行停降二十五日鹽都鹽務呂仲隨等劄子檢會崇寧
三年二月內講議司修立到福建路茶法內一項諸園

卷五千七百八十五

戶五家爲保內有私相交易者互相覺察告賞如法即
知而不告論如五保不糾律加一等契勘新修茶法並
許客人請引徑赴園戶處私下任便興販即不得與無
引文易看詳上條內有文意與新法相妨去處若不修
正竊慮園戶別致疑惑今相度欲乞於上條內刪去內
有二字卻添入若與無引人五字如允所請亦乞依此
施行從之七月十二日尚書省言勘會販茶短引每道
價錢二十貫竊慮尚有本小商旅不能興販之人詔令
太府寺更印給一等十貫短引許販茶一百五十斤餘
依前後已降指揮三十日監都茶務魏伯才等奏近降
朝旨客人販茶貨據計定斤重新引出賣外餘剩茶貨

赴、衣起

但及一千五百斤更合買新引一道若有不及一引茶
數亦合更買新引一道據數批鑿不盡斤重令貼販新
茶或只願販新帶賣者亦聽從便外或有只願販新茶
帶賣一節累據客人將到文引見得有剩茶不及一引
多稱只願帶賣不肯別請文引竊恐上件茶貨存留多
日難以關防別致隱匿作弊今欲乞於已得指揮內除
去或只願販新茶帶賣者亦聽從便一節從之八月四
日詔客人買到茶貨往稅務封記赴引其商稅務如茶
到限日依條封記放行如敢沮即住滯當行人吏杖一
百勒停十七日尚書省言勘會鋪戶變磨到末茶昨降
指揮許諸色人買引興販長引納錢五十貫文販茶一

卷五千七百八十五

千五百斤三十貫文販茶九百斤短引納錢二十貫文販
茶六百斤緣近降指揮販草茶更印給一等十貫文短
引其末茶未有十貫短引興販指揮詔販末茶更印給
十貫文短引許興販三百斤約束等並依前後已降指
揮二十日中書省言勘會諸路朝廷所管茶鹽錢萬數
不少並係專一措置收樁以歸朝廷移用竊慮諸官司
却與諸色窠名封樁錢一例支使有妨朝廷指擬詔諸
路茶鹽錢除有專條及朝廷臨時指揮指定許支外並
不得與諸色窠名封樁錢一例支使如違依擅支封樁
法二十九日提舉江南東西路鹽香茶事司奏點檢得
江東轉運司支使使過封樁茶息錢一十五萬貫本司

三 一作二

二十次牒轉運司撥還並不報應詔李西美孫漸送吏
部與監當差遣人吏杖一百勒停餘依本司申仍限一
年撥還九月十九日中書省言增修到下條諸茶法州
縣及當職官奉行稽慢違戾或有沮抑者各徒二年並
不以去官赦降原減從之十二月三日武功大夫監都
茶務魏伯才等奏乞應鋪戶買到客人限定斤重成籠
部茶並依客例令逐處所差官專一秤製如無剩數許
先次出賣外若有剩數並行籍記許請買引出賣每納
錢一百貫文許賣茶一千五百斤不及據數紐算給引
如敢輒將成籠篰茶揀行開拆許人告罪賞並依客人
避免秤製已得指揮從之六日中書省言檢會崇寧四

卷五千七百八十五

年八月十七日朝旨應在任官親戚及非在任官僧道
伎術人軍人本州縣公人及犯罪應贖人不得請引販
茶如違其應贖人杖一百餘人徒三年犯罪應贖人送
隣州編管許人告賞錢五十貫勘會見行茶法係令客
人等赴都茶務買引興園戶任便交易販茶限定大小
斤重官置籠篰即與以前事體不同詔崇寧四年指揮
內見任官公人合依舊不許買引興販外餘更不施行
四年四月九日尚書省言舊水磨茶場一歲收息不及
一百萬貫一年內有每季泛進錢令來茶務歲收錢約
四百萬貫以上比舊已及三倍以上不係省錢別無支
用尚循舊例只每季泛進未有月進之數欲每月進五

萬貫詔從之仍自今月爲始十月七日淮南路提舉鹽香茶礬事司狀承都省批下白劄子勘會已降朝旨諸路應茶客合經過州縣稅務欄頭及行遣事手分貼司即未有定立重祿請給則例本司令依應將州縣鎮稅務應係茶客經過去處欲乞每月各輪差欄頭二名當務專管驗封引收稅量事務繁簡分三等重祿錢州軍在城稅務每月欄頭二名令立爲上等各支錢五貫文縣稅務每月欄頭二名令立爲中等各支四貫文鎮稅務每月欄頭二名令剗爲下等各支錢三貫文其本月不當驗封引收稅之人如於茶事有犯已有指揮並合依重祿法施行無契勘州縣行茶事人吏重祿食錢係

卷五千七百八十五

以常平頭子錢支充所有今來欄頭重祿亦望許於常平頭子錢內應副詔諸州縣鎮稅務各一名行重祿管勾驗封等事州每月支錢八貫縣七貫鎮五貫文餘依淮南鹽事司所申餘路依此五年五月二十五日尚書省言令重修立到下項賞格命官親獲私有茶鹽獲一大三百斤二（臘茶一斤比草茶二斤，餘依此）陞半年名次八百斤免試一千二百斤減磨勘一年二千斤減磨勘一年半二千斤減磨勘二年四千斤減磨勘二年半五千斤減磨勘三年七千斤減磨勘三年半一萬斤轉一官三萬斤取旨累及一千斤陞半年名次一千五百斤免試二千斤陞一年名次四千斤減磨勘一年五千斤減磨勘一年

半七千斤減磨勘二年八千斤減磨勘二年半一萬斤減磨勘三年二萬斤減磨勘三年半三萬斤轉一官十萬斤取旨罰格巡捕官透漏私有茶鹽一百斤罰俸一月一百五十斤罰俸一月半二百斤罰俸兩月二百五十斤罰俸兩月半三百斤罰俸三月一千五百斤罰俸五月仍差替二千五百斤展磨勘一年仍差替三千五百斤展磨勘二年仍差替四千五百斤展磨勘三年仍差替五千斤降一官仍衝替三萬斤取旨從之十二月二日詔將仕郎池州青池縣尉徐海運特與循三資其經鬪敵弓級保正等共支錢一千五百貫均給內殺死人賜絹三十匹米十碩以淮南提舉鹽香茶礬司奏本縣

卷五千七百八十五

有程益等公然興販私茶殺傷捕人韓十等三人海運躬親追獲益等九人并海運任內獲私茶七千餘斤顯是究心委有勞効故有是命六年閏正月二十六日刑部令擬修下條諸巡捕使臣透漏私有鹽礬茶者百斤罰俸一月每五十斤加一等至三月止兩犯已上通計及一千五百斤者仍差替（私乳香一斤比十斤）其兼巡捕官三斤比一斤即令佐透漏私煎煉白礬（[illegible]同）減兼巡捕官罪一等從之二月二十五日詔產茶縣分不係就縣批發去處政和四年分招誘客人鋪戶買引買茶赴合同場批發比政和三年增虧其知縣聽依合同場監官已降指揮減年賞罰　兩浙路提舉鹽香茶礬事司言產茶

縣分就縣批發客茶去處知州依合同場鹽官責罰外
其不合就縣批發客茶去處知縣乞量立責罰故有是
詔八年三月二十二日監都茶務魏伯才奏訪聞得多
頑不顧條法浮浪之輩專於私販繞至敗獲禁勘便妄
攀園户雖報私恨或創造事端故作私茶却令徒中人
告捉赴官規圖賞錢或雖有官引却不畫時書寫所買
之家斤重姓名稱一面自覓人書填既得茶入手更不
書填所買茶斤重園户姓名又將其引就他園户再買
茶往來影帶重疊私販洎至敗獲便虛指園户姓名其
承勘官司畧不子細詳察本業利於追人不以遠近便
行勾追園户無處伸訴本司已行下兩路諸州令後永

卷五千七百八十五

勘犯茶公事仰依公子細根勘如逋出園户姓名委是
詣實係屬別州縣即取責買茶日時交付錢茶將奏或
牙人等處逐一照證實情關報所屬就近依公子細勘
問的實如不曾賣茶與無引之人即取責當時照證詣
實結罪文狀回報本處照會施行無容更似日前縱令
人吏信憑犯茶人雖報私恨虛攀園户都茶務相度欲
産茶路分捕獲私茶如元買園户係在一州依元法勾
追園户勘鞫若係別州依令來荊湖北路茶事司所申
仍委自茶事司每季取索斷過私茶公案逐一點檢若
稍涉不當具事因按劾若本司循順情亦許監司互按詔
並從之宣和二年七月二十七日詔茶鹽法令備具無

各路私當職

可增損除鹽法近已降處分外訪問茶法緣省部不得
干預州縣觀望奉行違慢及沮抑客販或不為理索欠
負陳訴不絕可自令除在京都茶場見在錢物及收支
等事不許省部干預外應見行茶法三省專切推行諸
路州縣奉行違慢及沮抑客販或不理索欠負等事並
仰尚書省具事因取旨重行黜責茶事司各路或不能
按治州縣令提點刑獄及廉訪使者互察以聞仍並許
民户越訴其[illegible]擾茶法者除依見行條法補官給賞外
更增立賞錢二千貫許諸色人告犯人除本罪外仍以
違御筆論令開封府及都茶場出榜曉諭十月七日訪
聞陝西河東路近因推行錢法平定物價輒將買賣茶

卷五千七百八十四

鹽錢一例紐定分數有害客販可應陝西河東路買賣
茶鹽並聽從便其價直許隨逐處市色增減官司不得
輒有抑勒立為定價虧損客人如違並依[illegible]擾茶鹽法
罪施行仰尚書省劄下陝西河東路監司及令户部遍
牒兩路州縣遵守違戾去處許客人徑詣尚書省越訴
三年二月二十一日詔已降處分兩浙江東路茶鹽權
免比較不得輒行抑配二十三日詔訪聞諸路州縣姦猾
之人賒買客人茶鹽並不依約歸還致客人經官理索
旋置草簿虛寫人户姓名大錢數目在鋪全家走閃官
吏[illegible][illegible]憑據虛寫文簿勾追監理搔擾良民失陷客人
錢本有害茶鹽大法可令逐路提舉官嚴切覺察今後

曾作無
要作止

有犯並具案申尚書省當議重行編配三月二十九日
都茶場狀政和三年二月六日朝旨應興販雜草木用
作頭貨并收買拌和真茶計所拌和數並乞依私茶罪
賞法近見在京并京畿等路州縣鋪戶自買客草茶入
鋪旋入黃米菉豆炒麵雜物拌和真茶變磨出賣尚求
厚利不惟阻害客販實有侵奪買引課額欲乞立法禁
止許磨工知情人陳告詔依政和三年二月六日指揮
施行仍許磨工知情人告閏五月八日提舉河北東路
鹽香礬茶鹽事司奏相度客人販茶若遭風水滲浸乞
開拆籠篰烘焙者即令所至委驗封驗引官開拆候烘
焙訖秤見斤重別行封記批鑿元引照驗貨賣餘路依
此從之十五日中書省尚書省言潭州申准重和元年
卷五千七百八十五
十二月十九日御筆令後買賣私茶牙人鋪戶私販人
罪輕杖一百編管隣州失覺察地分人杖八十公人吏
人並勒停永不收敍故縱與犯人同罪並不以赦降原
減看詳保正長失覺察保內興販私茶依條則有巡捕
公人吏人合斷罪勒停永不收敘外其保正長因緣僥
倖避免罷使廳合止從地分人斷放有此疑惑詔申明
行下詔在京及諸路州軍縣鎮客人已販草臘茶合同
場大批茶數并不曾封記籠篰及無靨面并曾指改茶
引者特免根治自令降指揮到日與限半月許令自陳
在京於都茶場在外於所至州縣投狀委官秤盤重別

用靨面封記仍未得出賣聽於都茶場別買新引每一
百貫對帶已販茶一百貫經所至官司批鑿帶訖其新
引聽往山場別販新茶如不經官自陳而輒賣或私下
旋行粘繫封頭靨面罪賞並依私茶法仍許諸色人或
同行下內當人首告給賞如法繼而都茶場劄子准上
件朝旨本場除已施行外勘會客人已販茶如在外路
若令一一赴場請買文引對帶出賣深恐往回妨阻客
販令相度如客人願就茶所到處摘用令降指揮日後
所買文引對帶出賣雖姓名不同亦聽行使仍令所在
官司並於引後批鑿若輒用令降指揮日前所給文引
對帶若告首罪賞並依今年七月四日旋粘封頭靨面
朝旨施行如官司批鑿違戾令茶事司覺察按劾餘依
卷五千七百八十五
見引條法從之十五日提舉荊湖南北路鹽香茶礬事
司狀訪聞產茶州縣在城鋪戶居民多在城外置買些
地土種植茶株自造茶貨更無引目收私茶相兼轉般
入城與衆外鋪戶私相交易或自開張鋪席影帶出賣
洎至官司收捉即稱係園戶自要供家食用緣此無由
覺察失朝廷歲課不少從來未有法禁本司令相度欲
令後城外園戶如在城外本處採摘食用并與有引客
人交易聽從其便其城內鋪戶或居民於城外有茶園
將採造到茶般入城並乞依客販法買引親自批鑿行
重隨茶入城依法從便供家食用或轉販與鋪戶交易

若園內所産茶少不及一引之數許令經官批鑿貼販
施行如不用引並乞依私茶法庶絶影帶盜販之弊批
送都茶場勘當本場今勘當欲依本司所乞施行餘路
依此從之八月二十五日詔今後應茶場事務並依舊
三省措置推行仍應奉司專行九月十七日詔應所在
官司見拘管客人無簄面封頭等茶除將引外剩數聽
買引出賣外其餘正數并無剩茶並特免買引對帶令隨
處官司放封頭簄面即時放行十月四日大理寺參詳
園户輒賣茶與無引人及雖有引人而過數及買之者
既杖罪不以赦降原減其徒以上罪舉輕明重自合依（既降御筆不以赦）
降原減所有諸條內該載依私茶法本條既無不赦之

卷五千七百八十五

文即合從本條定斷其買賣私茶并人鋪户私販之罪
輕並合依御筆斷遣不以赦原等從之五日都茶場狀
准尚書省批送下提舉荊湖南北路鹽香茶礬事司狀
承御筆每長引一百貫許販茶一千五百斤短引每一
十貫許販茶一百斤今來朝廷復增斤重大段寬恤自
是客販得行本司今訪聞尚有不顧刑法之人豫將錢
物計會官中造籠作頭寬大織造收買前去剩帶斤重
其籠篰雖有委官監造及差官隔手製撲之法所委官
多是並不親臨若津置茶籠到合同場亦是用財計會
專秤於乘發茶擁併之際並不依法逐籠秤製只是揀
點斤重輕小之籠影庇其餘之數遂便放行雖有聖旨

官秖驗

斷罪及經過場務許檢察之法泊至中路事發客人多
是攀援政和六年十月三日勅旨內蒲到大觀二年十
月十五日勅旨更不許人告論官司亦不得受理本司
今相度欲乞合同場合干人受財秤盤不如法自合從
重禄法斷遣外其監官失檢察若三斤以上如知情故
縱及造籠作匠乞覔錢物大織籠篰并監造官製撲官
並不親臨致得寬大剩帶茶貨乞嚴立法禁後批送都
茶場勘當本場檢准宣和二年十月朝旨客人魏翔等
狀今來諸路合同場並行重禄法其間有倚法爲姦之人
許會合同場大帶斤重奉聖旨如獲魏翔等所陳違犯
之人未得斷遣具案申尚書省本場堪會客人若計會

卷五千七百八十五

合同場大帶斤重其監官如情或不覺察欲并令隨事
取勘具案聞奏量重輕取旨從之十一月四日户部奏
兩浙江東産茶浩瀚近緣方賊驚擾園户踐踏茶園阻
隔道路所收錢引大段虧欠今已平蕩賊徒理當措置
優恤園户令相度欲委自逐路提舉茶事官專一措置
多方招集園户復令歸業如委因賊徒驚劫貧乏之園户
即以本司應管茶事官隨園户出茶多寡分立等第依
常平法借貸一次如無或不足聽於常平司朝廷封樁
錢內借支作三料帶納從之四年六月二十四日都茶
場狀准尚書省批送下淮南提舉鹽香茶礬事司狀檢
准勅應代支私鹽賞錢並責透漏地分人與犯人均備

候私鹽屏息鹽課增羡日依舊本司令相度乞應代支私茶賞錢並依上件鹽賞已得指揮施行本場令出當欲依淮南茶事司所申事理施行詔依都茶場所申十二月八日尚書省擬修下條諸渠合州長寧瀘川軍所產茶輒出本州界及夔州路茶入潼川府通販川茶地分者並依私茶法當職官故縱若透漏聽榷茶司按劾右入潼川府夔州路并榷茶司勑詔依六年閏二月三日提舉兩浙路鹽香茶礬事李弼孺奏契勘鹽茶課利正條令日財用大計其取會事務並係緊切照應準備朝廷取索文字訪聞諸州縣自來報應稽緩如被受朝旨取會並乞限當日回報餘依舊三經舉催不與完備

卷五千七百八十五

回報亦乞立定斷罪刑名詔依戶部所申如違從杖一百科罪五月十一日尚書省言提舉荊湖南路鹽香茶礬事閻孝忠乞應客人買到茶並令於最近處縣或合同場秤製不得隔驀却就遠處若所去縣或合同場雖有近處却不通水路其次遠處却可通水路委於客人順便即自合於通水或順便去處秤製從之九月一日詔都茶場隸屬應奉司外其專一接治諸路違戾可疾速行下諸路提舉茶事官仰躬親巡歷嚴切戒飭州縣遵奉成法禁戢私茶杜絶姦弊應商賈陳訴及理索欠負等事並依條盡理施行不得少有抑過違戾州縣具名按劾當議重行黜責都茶場常切覺察以聞仍檢會

法一作事

等一作者

宣和二年七月二十七日指揮申嚴行下及令都茶場出榜曉諭九月尚書省言總轄都茶場所狀都茶場劄子兩浙茶事司公文稱無圖之法希求賞錢結合浮浪人作牙湊合興販短引一兩道於鄉村巡門俵賣收藏文引不令買人批鑿經官告首每引動經一二百戶官司更不推究責人匿引情弊務在勾入捨擭將買茶人斷罪追賞等令相度欲令後應州縣勘斷犯茶公事追具元犯事因斷還刑名報提舉茶事司看詳及具一般事狀報都茶場詳審如涉違戾不當及不行申報其元斷當職官吏許本場具因依申朝廷乞重賜施行詔令中尚書省十一月十九日詔茶法之成推行日久前後

卷五千七百八十五

申明條約已得詳盡有司務在遵守竊慮姦人妄生事端以惑衆聽仰榷貨務分明出榜曉諭客販知委如有妄說事端之人許諸色人陳告當議重行處斷外賞錢五十貫文以犯人家財充不足以官錢支二十七日中書省言都茶場狀勘會客販茶經過州縣鎮稅務依政和四年十月七日朝旨各輪差攔頭一名管幹批引驗封收稅等事支破重祿食錢川八貫縣七貫鎮五貫文昨緣行舊法免稅不入稅務其州縣差攔頭食錢吏不支破止差重祿人吏一名相兼主管日支食錢二百文近准宣和三年八月二十七日朝旨既已依舊納稅其批引改指等自合稅務主管所有州縣鎮輪差攔頭重祿

便〃便

食錢緣未經申明伏乞詳酌指揮施行詔依政和四年十月母七日指揮施行七年正月二十二日中書省尚書省言都茶場狀提舉江南西路鹽香茶礬事司狀稱詳政和八年七月十二日指揮內短引茶如違限不到合同場更不行用其茶依私茶法未審止為將茶依私茶焚毀唯復亦合以茶數依私茶法斷罪理賞或元限已滿不曾買到茶貨亦未審合如何施行若不申明切慮奉行牴牾都茶場勘會客販短引茶依法自請買籠篰日立限赴合同場秤盤如出違所給日限其引更不行用茶依私茶法元降指揮即無斷罪之文止合没納入官緣係有引正茶合估價召人請引興販即不合焚

卷五千七百八十五

毀若元立日限已滿不曾買到茶貨其引更不在行使之限所屬官司合勾收元引毀抹入官今勘當欲申明行下詔茶依私茶焚毀餘依都茶場勘當到事理施行三十日尚書省言江南東路提舉鹽香茶礬事司狀乞今後應客鋪於園戶處買到茶其園戶故不批引及客鋪藏匿文引不令園戶批鑿乞指揮施行詔客販茶至住賣處買人不驗引收買及客人藏匿文引依已降指揮斷罪理賞施行三月十一日詔茶法舊無立額比較收稅法其比較當罰及納稅指揮並罷餘悉依舊四月一日中書省尚書省言都茶場狀勘會客茶籠篰昨承宣和元年三月十五日朝旨於籠篰鷹面蓋底用紙題

寫合同場年月日客人姓名去處某色斤重字號料數詔依宣和元年三月十五日指揮施行八月十日尚書省言總轄都茶場所奏訪聞客販長引茶有已經收買籠篰及一年尚未買茶官司亦不體究因依又再行展限半年不赴合同場秤製顯見往復影帶私販虧損引錢不少欲乞本場將齎到書引拘收毀抹更不改驗新引今後依短引法自請買籠篰日立限一季須管赴合同場秤發仍計往回程外如違限不到廳干約束並依短引法施行從之同日尚書省言都茶場狀勘會鋪戶戶以他物拌和真茶依法計茶數合從私茶法加一等料罪訪聞近來在處結集羣黨不住官司私陳告直入鋪

卷五千七百八十五

戶磨戶之家以收捉為名搔擾乞覔或自帶雜物贓誣捉送官司上下通同利於乞受追賞不容辨說使作私茶斷罪致使鋪戶畏懼停閑不敢收買客茶有害茶法欲自今如鋪戶磨戶若以他物拌和聽諸色人指定實跡依法經官陳告不得擅行收捕亦不得稱疑官司審量遣人收捕根勘詣實依條施行如所勘別無拌和情犯其告人擬所告之罪依條反坐乞令所屬於要鬧處出榜曉示從之同日尚書省言都茶場狀勘會客販茶依法已經合同場秤發沿路不許人論告刺茶官司亦不得受理若元起發處有秤勢高下些小附搭斤重又許至住賣處未堆垛前限二日經官自首免罪買引出賣

吉作首　本作命　岍作岍

訪聞豪猾商賈計會合同場大裝斤重或自龍節增添高大所帶剩茶過多欲自今客販茶如經合同場秤發後若過州縣許自首剩茶如不曾陳首許諸色人陳告官司限一日秤盤並依法施行餘依見行條法其元秤發官司欲乞今後如客人陳告剩茶并因人陳告依元法各遞加一等科罪並從之　十一月十五日詔令諸路提舉茶事司疾速開具州縣自今年後正月後來至九月終批發住賣茶數比前一年有無增虧申都茶場類聚聞奏　同日詔諸路茶事各有提舉官屬并州縣當職官吏等專一任責除私販憲司自合依條覺察禁戢外其茶事目令應監司使命等非本職並不許越職干預升

卷五千七百八十五

句呼借差主管茶事公吏等如違並以違制論　二十二日詔權發遣福建路轉運副使趙岍轉運判官唐續措置造茶有方並特令再任　十二月二十一日罷都茶場依舊歸朝廷（以上《國朝會要》）　高宗建炎元年五月十八日發運使梁揚祖言茶鹽舊係太府寺都茶榷貨務印造鈔引給賣以贍中都乏食人退師道路未通詢訪真州係兩淮浙江外諸路商賈輻湊去處除東北鹽乞令依舊就於榷貨務給賣外其東南茶鹽乞選委通曉財利官提領依太府寺等處印造於真州置司給賣詔梁揚祖差兼提領茶鹽事二部員外郎楊淵同提領既而提領司條畫下項一契勘昨來兵馬大元帥府印賣東北鹽鈔引

已承朝廷指揮住印外其茶事司印賣茶引亦合住罷未賣便引不出賣并已買未販及已販未賣並合與令來茶引一概通行一茶鹽錢欲乞更賜約束除朝廷指定窠名支用外其餘雖承受諸處備坐到前後泛言不以有無拘礙剗刷取撥錢物指揮並不許支撥如諸處取索文字亦不得回報若有違戾許本司按劾從之　二十七日尚書省言提領措置茶鹽事梁揚祖申請乞以提領措置茶鹽司為名緣在京榷貨務見行出賣東南鹽鈔并都茶場見賣東南茶引即非盡行提領詔以提領措置真州茶鹽司為名（真州榷貨務）　六月十六日詔真州鈔引止用見錢入納自今年七月十五日為始　十月

卷五千七百八十五

二十一日都省言諸州縣有椿下私茶鹽椿賣錢一州一縣各椿一千二百貫文且以江東路十州軍四十八處縣計六萬九千餘貫望降睿旨令東南諸路州縣無例依舊椿二百貫外合將餘錢一千貫計綱起發赴行在交納應援支遣卻令州縣別行收簇椿管上件貫錢從之　二年二月三日詔真州榷貨務與行在印賣鈔引併為一司以行在榷貨務為名各依舊隨置局　梁揚祖楊淵依舊提領以黃潛善言車駕駐蹕揚州去真州只五十餘里水陸通故也　四月二十三日中書侍郎兼專一提領措置戶部財用張慤言內外官司各有拘收到茶鹽萬數貯積日久枉有銷耗欲望令尚書省取見在實

數付行在榷貨務都茶場許客人買鈔引以本場至本
處地理遠近量搭入脚錢定立鈔價其鈔引別立字號
式樣分明開說召客人入納見錢承買就所在請領興
販從之十二月十二日詔行在都茶場據福建路頓合
賣茶引從所屬官司印造前期差官押赴本路令茶事
司指誘客人入錢請買更不得抑配州縣自令州縣有
敢以指誘為名科率民户僧寺出買錢引者茶事官先坐
之以臣寮言祖宗以來福建路茶商興販自便近歲始
令往東京買引往返幾萬里茶司遂配抑州縣致有科
擾故也三年二月十六日德音近緣巡幸已降指揮分
立一司就江寧府召人算請茶鹽可令逐路提舉茶鹽

卷五千七百八十五

官廣行指誘五月十五日户部侍郎葉份言產茶州軍
專置合同場共一十八處（例各端闕）虛費廩祿欲乞並罷州委職
官一員縣委知令兼管從之舊法諸路產茶州軍各置
合同場以每歲產茶及四十萬斤以上差文武官各一
員自減罷後紹興五年提舉江西茶鹽趙不已乞於洪
州江州興國軍三處各專差合同場監官一員提舉荊
湖南路茶鹽司乞將潭州合同場專置監官紹興十八
年福建茶事司乞將建州合同場專置監官皆從之八
月十八日行在都茶場言欲依在京例如客人願將榷
貨務關子并請茶引者聽仍送榷貨務勘會毀抹令本
務將上件算關子錢椿作本場茶引錢從之九月十日

在一作籍

賣一作賞

民一作户

詔國家養兵全藉茶鹽以助經費近來州軍把隘官兵
以搜檢姦細為名非理擾擾致客人畏避有妨指運舟
船變賣物貨令所在通知多方禁止犯者具姓名申尚
書省並依軍法施行後又詔將校隊長之類知情容縱
與犯人同罪失覺察者減一等統領官令提舉茶鹽司
具名以聞四年四月十九日行在提領措置茶鹽司言
逐路州軍合同場如經燒劫號簿不存客人無憑勘合
乞令合同場保明給據付客人齎至行在都茶場看驗
元引出給合同遞牒前去秤製放行從之七月二十五（四）
日行在提領措置茶司言客算茶鹽鈔引依法合用號
簿以軍興僞近緣道路梗澀恐致號簿不到留滯客人

卷五千七百八十五

支請榷用揩角實封遞牒令客人自齎前去令衆道路
已通欲並依舊差使臣管押合同號簿赴茶鹽倉場照
驗支發二十六日都茶場言知池州李彥卿申販茶長
短引法並限九年流轉至買蘿節日為始長引限一年
短引限半年繳到長引許隔路知引通商一路州軍流
轉立限稍寬又無久留影販之弊實為良法近降指揮
給賣食茶小引不得出茶州縣界以都茶場給引日通
賣茶理限一季更無流轉之法亦無除程明文加之軍
興道路艱阻竊慮客販為見限等算請不廣有誤朝廷
經費令檢准政和七年九月十五日朝旨節文產茶州
縣人民食茶許納錢買小引販客自算請日限一季有

故展一月緣鄣下至産茶州軍程途窎遠請販之人以
引限逼窄少肯算請前去有旨依元限與加倍欲乞今
後請算産茶州軍食茶小引除見置場給賣路分依舊
理限外有其餘諸路行使引限並乞依上件政和七年
九月十五日指揮施行從之十月二十四日尚書省言
勘會津渡堰閘客販鹽船如敢非理阻節亂行拘截係
依軍法若不論情犯輕重盡用上件斷罪竊慮未得適
中州縣以其刑名太重不肯用心檢察却致滋長姦弊
詔前件軍法指揮更不施行令後如有上件違犯之人
並從徒三年斷罪紹興元年二月十七日戶部侍郎黄
提領権貨務都茶場孟庾言據提轄任點申建炎三年

卷五千七百八十五

九月　承朝旨別印造一等食茶小引每引五貫文許
販茶大十斤不得出本州界貨賣竊詳茶貨自今適行去處並係
産茶路分依法自有短引與販其食茶小引不惟化短
引增添斤重暗虧引錢兼既不出州界即無經歷官司
檢察往來影販之弊實害茶法欲乞令後住罷食茶小
引其已賣過引令提舉司指揮州縣嚴切檢舉依限繳
納入官毀抹又任點言客販茶依法至住賣處經所在
州縣驗引訖官為批鑿方許出賣候賣盡其引隨處繳
納毀抹近來賣盡者多是不將文引赴官繳納官司向
簡更不拘收致影帶私茶為害不細令乞客人日後收
茶至住賣處州縣(驗)檢引批鑿訖仍置籍批上客名文引

料例字號茶數候賣盡繳引到官限一日銷籍若驗引
訖不抄籍及繳引不依限向銷並依繳引違限條料罪
庶以關防革去私販之弊從之三月十二日任點言乞
令後所販長引茶權依短引法権貨務契勘長引茶許
往路分即日道路梗阻欲乞自今後權行住罷給賣長
引其已算長引茶即乞依已申請權依短引法經過縣
分驗引檢察以(並)候長引路分通快日依舊從之四月九
日任點言勘會客販茶經過去處依法長引經州短引
經縣檢驗(察)別無私販許放行不得過一日訪聞州縣並
不子細檢察致客販之人夾帶私茶走失課入盖緣未
有約束斷罪推賞之文欲乞令後客茶經過州縣檢察

卷五十七百八十五

如有透漏夾帶私茶去處其當職官並計數依捕盜官
透漏法料罪如能檢察出私茶即依命官親獲私茶格
推賞從之五月十二日孟庾言福州申本路都大巡茶
使臣二員舊來建安縣界置司昨因建州兵火殘破移
往福州置司令來建州收復日久自合依舊兼於産茶
州軍近便可以巡察私茶從之十七日孟庾言茶客買
到文引在法令先於合同場勘會(驗)請買籠篰就住山場
園戶處買茶裝盛入城赴合同場秤製封印批發令買
法規利之徒買到茶入城多不往合同場秤製便徑赴
茶磨戶牙人之家賒債賣再執文引出城買茶往來
影販從來關防未盡欲乞令後令州縣出給印歷責付

監門官吏遇客人買到茶入城即驗引批上即時具客
名料例字號茶籠篰斤重數目關報合同場照會秤發
及令主管茶事官每十日一次參照檢察所責關防周
盡杜絕私販之弊從之二十八日行在都茶場言看詳
客人用引買茶入城徑赴磨戶牙人之家賤價偷賣即
係輒於沿路私擅出賣依政和四年四月二十二日朝
旨斷罪告賞並合依私茶法如客茶入城門欄兵級等不
即關報合同場照會秤發欲依合同場秤發引茶等不
關報合同場違限條科罪若容縱私茶入場受倖故不
關報合同場即乞依當職官并巡捕官所管諸軍公人
將從到私茶減魁不送官斷條施行從之六月十七日

卷五千七百八十五

詔令後官司申陳闕乏更不給降茶鹽鈔引令榷貨務
常切遵守成法施行二十九日行在都茶場言乞今後
客茶合同場批發前去指定州縣住賣在路貨有艱阻
日下經所到官司陳乞批上文引候路通日依元程限
可以到所指去處即批發前去若計程已違所給日限
客人只於所到州縣住賣繳引者令州縣委官照引逐
一點檢如委無虛偽及夾帶私茶即權比附依政和五
年六月二十六日指揮施行仍報主管茶事官檢察並
候路通日依舊已如不曾依限陳乞批發致出違日
限自依本法從之十月二十一日知樞密院事宣撫處
置使張浚言朝奉大夫直秘閣專一總領四川財賦趙

闕原作關
管原作官

開自建炎三年內推行祖宗責引法措置出賣茶引至
四年終收到息錢一百七十餘萬貫計置買馬實有勞
効理宜旌賞臣除已恭依所得便宜黜陟處分將趙
開特轉一官外欲望與開優陞職名詔趙開與除直顯
謨閣十一月二十六日戶部檢會提舉兩浙西路茶鹽
公事梁汝嘉言州縣捕獲私茶依法勘證並行當官焚
毀誠為可惜竊見有引沒官茶許客人納茶價出給文
憑前去都茶場請買不住山場交引興販令相度今後
捉獲私茶乞並依沒官茶法詔依諸路準此十二月十
九日提舉江南東路茶鹽公事陳鑄言契勘客人般販
茶鹽往所在州縣住賣依法賣訖鹽袋限五日籠篰限

卷五千七百八十五

十日繳納入官州城委自都監縣鎮委自尉司置簿拘
收稅務逐時據客人住賣茶鹽當日具合拘收籠篰數
目關送其縣尉多是不在本縣及至客鋪送納往往都
無交納去處留滯在外引惹姦弊令相度除州城并倚
郭縣依舊令都監管當所有外縣鎮縣委知縣鎮委鎮
官置籍拘收監視燒毀餘依見行條法從之二年正月
二十七日提舉兩浙西路鹽茶梁汝嘉言勘會客人般
販茶貨至住賣處各有所給程限近緣浙西州縣運河
水淺軍馬客販舟船壅塞重船難於行運委是有妨興
販今相度慿客人請買茶貨如願經由海道般販者欲
乞依鹽事已得指揮權許聽從客便仍令稱製批發官

旨意一作指揮

司於引背分明批鑿出入海口官司檢察驗引批鑿放行河水快便日依舊從之五月七日提舉兩浙西路茶鹽公事夏之文言巡捕官帶兼巡捉私茶鹽如有透漏罰格太輕如一任內別無透漏亦無推賞是致得以弛慢契勘昨來透漏私鹽已降指揮依正巡捕官斷罪如任滿別無透漏依元豐鹽賞格與減一年磨勘緣茶鹽法事理一同詔巡捕私茶賞罰並依紹興二年五月一日鹽事已降指揮施行三年正月十五日刑部言提舉兩浙西路茶鹽夏之文奏檢會紹興元年十二月三日都省劄子勘會國家養兵之費全籍茶鹽之利日近寸令官司玩習怠慢全不禁戢私販奉聖旨應私販茶鹽並不用蔭原赦又紹興敕諸律與赦兼行文意相妨從敕其一司一路有別制從別制令准九月二十日故恩據所屬申明見禁犯茶鹽公事合與不合引用紹興赦作非次赦恩原免本司契勘紹興赦諸海行條內稱不以赦降原除緣姦細或傳習妖教託幻變之術及故決盜決江河隄堰已決外餘犯若遇非次赦或與遇大禮赦者聽從原免又緣茶鹽約束斷罪等各有專法未審合與不合引用海行條原放九月二十六日有旨應私販茶鹽雖遇非次赦恩特不原免本司檢准紹興赦諸犯罪未發及已發未論決而改法者法重依犯時法輕從輕法伏詳令降旨意本緣冒法之人侵耗國計務要禁

卷五千七百八十五

刑一作事

形一作赦

戢私販故專降指揮特不原非次赦恩兼詳所降聖旨亦無令後之文若或便將似此犯人不原九月四日赦恩原犯時終未盡降不原非次赦恩指揮又慮合作建格改引赦原免委有疑惑并小貼子看詳九月二十六日指揮應私販茶鹽雖遇非次赦恩特不原減如再遇大禮赦未審該與不該原減小貼子照會紹興赦諸海行條內稱不以赦原減除緣姦細或傳習妖教等外餘犯若遇非次赦或再遇大禮赦者聽從原免亦未審一司一路一州一縣條法內該載不以赦降原減若遇非次赦或再遇大禮赦合與不合原減仍乞一就申明施行本部尋下大理寺參詳去後據大理寺申寺司衆官參詳若私販茶鹽犯在紹興二年九月二十六日指揮已前依勅合作犯罪未論決而改法法重依犯時外依紹興勅稱不以赦降原減除緣姦細或傳習妖術託幻變之術及故決盜決江河隄堰已決外餘犯若遇非次赦或遇大禮赦者聽從原免即是一遇非次赦與再遇大禮赦立法一般令來私販茶鹽既專降指揮雖遇非次赦特不原減即再遇大禮赦亦不合原減所有一司一路一州一縣條法內稱不以赦降原減事既非海行法若遇非次赦或再遇大禮赦亦不合原減本部欲依本寺所申行下從之二月二十五日詔茶園戶自請引販茶如引不隨茶並依客人興販引不隨茶條法斷罪

卷五千七百八十五

施行三月四日福建轉運判官徐宇言紹興二年未發
大龍鳳茶計一十七百二十八斤以去歲盜發建州茶
工不給欲展三年補發上曰當盡蠲免不須更令補發
亦所以寬民力也六日大理寺言本寺昨因渡江散失
條制之後一司專法編錄不全每遇檢斷犯私茶鹽公
事不免旋於臨安府取會轉法非特留滯案牘慮恐供
報落落因致引用差誤欲乞下本府將前後茶鹽法并
續降指揮責限一月編錄成冊官吏保明委無差漏送
寺收掌以備檢用所有日後續降指揮亦乞申嚴有司
依條限謄報下寺施行詔臨安府係駐蹕州軍事務繁
劇會改嚴州限一月抄錄成冊送本寺收掌五月二日

卷五千七百八十五

提舉荊湖南路茶鹽公事司言斷絶私販茶鹽惟籍給
賞激勸告捕之人州縣緣盜賊之後皆闕錢椿垜詔逐
州縣四色共椿三百貫通融支用如係闕錢去處令提
鹽司具的確錢數關提刑司於合發經制錢內取撥椿
垜不得占吝具已支過錢數申尚書省六月四日江西
提舉茶事趙伯瑜言檢准宣和七年六月五日朝旨州
委通判知縣專一督捕私鹽其私茶未有依此明文欲
望申明行下從之八月七日榷貨務都茶場言客人般
販茶鹽到住賣處欲用牙人貨賣者合依已立定係籍
等三等戶充牙人交易如願不用牙人自與鋪戶和議
出賣或情願委託熟分之人作牙人引領出賣者即合

食貨三二之二九

依政和四年十二月二十四日朝旨聽從客便從之十
一月二十三日詔都茶場依左藏庫例添置大門監官
一員四年三月十六日戶部言檢准紹興三年三月九
日指揮令後告獲牙人接引貨賣私鹽罪賞並依正犯
人法欲乞令後告獲牙人接引賣買私茶之人並依接
引賣買私鹽人已得指揮施行從之四月十三日倉部
員外郎檢察福建廣南東西路經費財用公事章傑言
據建州申遞年合發省額茶二十一萬六千斤自建炎
二年後來因葉濃作過逐年只起罷科茶錢至紹興四
年因大禮蒙拋買賞給茶五萬斤以是難買繼蒙朝旨
蠲免四萬斤令准戶部符檢會紹興五年分本州合發

卷五千七百八十五

省額茶二十一萬六十斤仰計置依限起發續準都督
府劄子准尚書省關勘會建州合發上供茶盡起本色
赴建康府交納令客人請買前去以北州軍係已指擬
淮南支用不可全行減免已得旨特與減三分之一折
起價餘二分起發本色州司照對若令收買二分茶即
計一十四萬四千斤比之紹興四年幾增三倍委是收
買不行乞申明朝廷更賜減免傑勘會建州遞年買發
省額斤茶係隔年預借本錢支俵園戶計置拍造入中
後因兵火園戶逃亡製造省少令來卻體訪得建州管
下自來磨戶變磨末茶成袋出賣多有客販往淮南通
泰州取會得建州每年拋發上件茶引二十餘萬斤令

食貨三二之三〇

欲乞將建州合發省額茶且權依紹興四年例發起五萬斤餘並折價錢委自本州收買末茶一十五萬斤赴建康府交納從之八月十六日福建路轉運司言據建州買納茶務監官申昨來章傑申請乞買末茶往建康府召客人販綠末茶滋味苦澁性不盛〔堅〕實不堪經久委是將來有失官本有旨前降收買起發末茶指揮更不施行七月十八日殿中侍御史魏砥言竊見今秋明堂大禮陛下屢降德音務從簡儉又令有司排應紹興元年體例施行誠知宗祀以交神明在誠德而不在繁文所以內情國家艱難之費外省州郡輸貢之勞因民心以享天心也檢會紹興元年貢給數內建州臘茶並不曾催發亦不曾支給知其無益〔子〕實人亦不復覷覦矣訪

卷二千七百八十五

聞戶部令歲拋買大臘茶自五月開務至今纔發得一綱園戶騷動陪備失業實為可憐況建州自經葉濃范汝為之亂戶口凋殘瘡痍未復其民方集而易動其俗喜兵而難安州縣當思無以撫存之不宜以細故重使失業也臣愚欲望降旨除已發一綱外其餘臘茶許令依紹興元年貢給特行蠲免更不起綱詔依紹興元年

此下數則原批撫州志引列茶法條目前及鹽課稅課改附以茶鹽雜錄後俟考

附錄　宋朝會要所載　撫州志引

撫州一務歲額一萬二千八百二十六貫文

茶課

朝省舊買散茶每斤二十九文熙寧十年為額歲十萬三十五千四斤又昔嘗　詔六榷務其真州務賣撫散茶每斤六十一文淳化四年二月　詔廢沿江榷務應茶商並於出茶處市之自江以南免其算至七月　詔仍舊宣和中招誘商販不復科買紹興二十六年正月提舉茶司承受行在都茶場每上下半年降到短引二百六十六道計錢六千二百二十九貫四百五十四文就招商鋪請販拘價起發歲終將趂到數目與本路州軍縣比較增虧取　旨賞罰歲無定額淳熙四年州總趂到起引茶三千五百斤住賣茶九千七十斤

卷一萬九百五十二

鹽課

熙寧十年為額在城八萬九百七十六貫三百六十九文太平興國二年二月三司建議江南十五州軍並於建安軍請鹽宣和中不復般請至今招誘販鬻在州總計鹽三百六十五萬三千八百斤　城下務各同場臨川合趂住賣鹽一百七十六萬一千九百斤　崇仁縣八十九萬一千六百斤　宜黃縣二十八萬八百斤　金谿縣四十五萬七千八百斤　樂安縣二十六萬一千七百斤　鹽場在州東南元祐間出會子與民間請

鹽以折和買崇寧中廢

税課

是邦亦舟車之會征税之入非不足也大率皆蠶食於賤夫其歸於府帑者寡矣儻盡其入則爲患益深寡薄其責庶商旅皆願行於途　在城金谿工務一萬一千六百六貫　熙寧在城崇仁宜黄金谿四務二萬一百三十貫有奇　紹興置樂安共五務四萬一千四百一貫有奇

本卷一萬九百五十二

各路坑冶置場務所

坑冶上

金銀銅鐵鉛錫水銀朱砂等場

各路坑冶置場務所　各路坑冶所出額數　各路坑冶興發停閉

諸坑冶務

登州天聖二年置場官自收買禁人私取至明道二年罷許民取便采

淘貨賣　商州坑冶務舊置　饒州鄱陽縣利術錫場舊置　德興縣場慶曆二

年置洋梁縣大遂源鋼太陪慶曆六年廢金寶至和三年罷　信州貴溪

縣黄金場熙寧四年置八年罷監官　南安軍南康縣達塘場舊置咸定中

罷　撫州古田縣寶興場天禧二年置知祥五年罷　汀州安豐場舊置上杭

縣鍾寮場慶曆元年置　邵武軍歸化縣璟瑞場瑞豐九年置　南恩州陽江

縣唐州場天聖四年置熙寧十年罷　邕州濱乃場熙寧六年置

饒州冶務舊置　商州豐陽縣叶銀冶太平興國元年置上洛縣龍滷場

熙寧七年置洛南縣麻冶務冶場八年置錫北冶場九年置　秦州太平興

國三年升大冶務爲太平監　虢州冶務舊置沂源縣古澗場治平元年置

鳳州開寶監舊置　越州諸暨縣冶務咸平中置治平四年廢　婺州東陽

縣錫冶平元年置　處州遂昌縣永豐場熙寧三年置稅溪場五年置六年

併入永豐松陽縣竹溪場六年置八年罷高亭場十年置　衢州西安縣南

北二場開化縣金水場並舊置　饒州德興縣平院金帝興國九年置　撫州

寶豐場舊置鐵溪場嘉祐四年置丁溪場熙寧六年置十年罷虔州寶積
場黃岡舊置零都縣場景祐四年置瑞金縣九龍場熙寧五年置贛縣
蛤湖場十年置南安軍大庾縣穩下務太平興國中置熙寧十年罷建昌
軍焉茨湖場至道二年置黃都太平場景祐二年置澂江場治平元年置
潭州焦溪場慶曆六年置衡山縣黃箓場治平元年置熙寧四年罷瀏陽
縣永興場熙寧七年置衡州常寧縣茭源場明道二年置工欄場太平
興國八年置永州祁陽縣家源場慶曆八年置熙寧九年罷郴州郴縣場天聖
四年置桂陽縣府坑康定元年置流江坑慶曆三年置浦溪坑嘉祐元
年置宕溪坑熙寧八年置桂陽監大湊山大板源龍岡毛壽九鼎五坑並
大中祥符已前置黑錫平太湖小白竹禾頭石筍大富六坑並景祐已前
置興元府瀝務舊置福州寶興場舊置保徒場慶曆三年置永泰縣黃洋
場嘉祐七年置長溪縣玉林場熙寧七年置建州龍焙監舊置建安縣永
興場太平興國七年置關隸天受場至道元年置大岡山大中祥符六年
置浦城縣還德場天聖三年置富源山慶曆六年置熙寧八年併入通德
餘樂場嘉祐元年置駿生坑二年置併入通德漁溪坑六年置監雨七年
置新竹坑七年置石舍坑熙寧元年置丁池坑二年六月置建陽縣武仙
場十一月置黃坋洋場四年置瞿嶺場五年置泉州清溪縣龍崇場熙寧
三年置南劍州順昌縣新發王豐德岡青銅拓化豐田新華隆場舊置安
福場舊置熙寧七年石人頭鐵劍頭永樂鐵坑永吉滸樂萬足黃金寶興
永豐九九場今並廢將樂縣營場太平興國中置熙寧九年罷龍逸場太平
興國六年置熙寧九年罷尤溪縣寶龍場淳化三年置杜唐場至道三年
置安仁場咸平元年置小安仁場三年置新豐場景德元年置葉洋場天
聖中置清樂縣石焊場四年置龍門場慶曆六年置劍浦縣大演場皇祐
四年置淤坑場熙寧七年置汀州龍門場乾德三年置歸禾務太平興國
七年置龍門新場雍熙三年置稅口務天禧三年置張源坑乾興元年置
康定二年罷寶安場元年置皇祐元年罷永豐場寶元元年置慶曆三年
罷鳳凰場慶曆二年置三年罷連源場三年置六年罷長汀縣上寶場七
年置寧化縣長永坑皇祐元年置上杭縣鍾寮場元年置熙寧九年罷大
元坑四年置寶應坑熙寧四年置五年罷太平場八年八月置十二月罷
漳州興善場歐溪場舊置龍巖縣大濟場寶元二年置寶興場熙寧六年
置邵武軍三溪銀坑龍門小杉四坑舊置建寧縣青青場明道二年置黃
土場天聖四年置歸化縣江源坑慶曆八年置紫溪場宣和元年置邵武

縣黃分坑治平元年置熙寧九年罷尤溪縣太平場熙寧二年置廣州懷
集縣上雲場舊置太利場熙寧二年置清遠縣天富場五年置韶州仁江
場咸平二年置靈源場大中祥符二年置浙橋場天聖元年置飯帶場景
祐二年置皇祐二年罷象鼻坑三年置皇祐三年罷岑水場慶曆七年置
翁源縣天湖場皇祐四年置黃坑場治平四年置鄧岡場熙寧二年置五
年罷石膏場七年置循州興寧縣夜明場治平二年置潮州程鄉縣樂口
場治平三年置海陽縣豐濟場熙寧六年置烏蹊溪場七年置十年罷連
州桂陽縣豐官場淳化二年置陽山場熙寧五年置賀州臨賀縣賀蟲場
咸平二年置大中祥符七年罷端州高要縣沙利場皇祐二年置康州晃
溪場熙寧九年置九年罷南恩州陽江縣海口場景德二年置皇祐元年
罷英州德光山場咸平二年置涂光縣竹溪場四年置真陽縣理嶠場
景德三年置師子場慶曆三年置大業峒場皇祐四年置至和二年罷惠
州歸善縣南平場流流場並嘉祐八年置藤州岑溪縣岑溪場常林場慶
曆三年置寶錫場熙寧五年置宜州富仁監乾德二年置河池縣寶富場
熙寧五年置高州電白縣高北監大中祥符七年置

銅

渭州華亭縣百場慶曆二年置饒州興利場舊置德興縣場大中祥
符三年置嘉祐七年罷信州寶豐場舊置鉛山場跳坑二年置熙寧四年
罷興國軍大冶縣富民監場皇祐元年置南安軍城下場舊置大庾縣烏
石務皇祐元年罷郴州桂陽監坑熙寧二年置興州青陽買場熙寧七年
置建州龍焙監同德場舊置南劍州順昌縣新發新豐安仁王豐德岡高
才杜唐青銅龍逸小安仁龍泉寶應拓化豐田梅營新華薩場並同銀場
汀州黃焙龍門場舊置上杭縣鍾寮場太平興國二年置慶曆二年罷寶
勝坑寶元元年置皇祐五年罷金山場治平四年二月置十月罷緊材坑
熙寧元年置二年罷漳州興善岳洞場舊置邵武軍黃土碌焙場舊置邵
武縣同福場淳化五年置天聖中廢龍須場康定元年置英州禮平場舊
置

鐵

西京淩雲冶務舊置兗州萊蕪監其沈陽杏山二冶舊置何家寧東
宜山慕家埠陽五冶並罷徐州大通監東西冶舊置相州磁陽冶舊置鄆
州冶務舊置磁州固城冶務舊置陝州集津冶務舊置同州韓山冶務舊
置鄜州冶務舊置虢州盧氏縣潘谷冶麻壯冶舊置坊州宜北務王華務
舊置鳳翔府赤谷務舊置鄜縣鈄谷冶治平三年置鳳州冶務舊置渭州
華亭縣冶太平興國二年置晉州冶務舊置澤州大廣冶舊置黃州龍很

治務舊置信州新溪丁溪場大通監東冶舊置虔州符竹立平黃子青原豐田五龍六冶務舊置吉州太和縣焦縣吉水縣盧江富田務永新縣永石水和務安福縣龍雲鄉冶務並舊置袁州青山冶務舊置嘉祐二年置撫興國軍大冶縣磁湖冶務熙寧四年進狀納入宮七年罷南安軍上猶縣山田務天聖三年置道州黃富坑建隆中置寧遠縣流太平興國五年置康定元年罷營道鄉至和三年置澧州冶務舊置雅州名山縣燕礦炒沙熙寧六年置資州盤石縣坑舊置瀘州冶務舊置建州甫浅關隸建陽三縣冶務舊置泉州清溪縣青陽場咸平二年置永春縣荷洋場慶曆六年置熙寧七年罷德化縣五華場八年置赤水場嘉祐八年置汀州長汀縣莒溪務咸平二年置邵武軍邵武縣寶積場景祐元年置新安場熙寧二年置廣州番禺縣銀銅坑治平元年置清遠縣定里場熙寧二年置韶州仁化縣火焰多田康定元年置潮州程鄉縣龍坑場天聖五年置端州高要縣浮鹿場皇祐四年置惠州歸善縣三豐場皇祐二年置永平通場治平二年置三年罷融州融水縣坑關寶七年置

鉛　商州洛南縣錫定冶熙寧八年置衢州西安南北山閩化金水場舊置建州龍焙監田銀銅場置漳州龍巖大深場田銀銅場罷廣州清遠縣

卷一萬七千五百五十五

錢紀場熙寧二年置韶州岑水場熙寧五年置翁源縣大富場五年置梁昌縣太平場九年置曲江縣中子嶺場六年置循州龍川縣大有場熙寧三年置潮州程鄉縣石坑場熙寧七年置南恩州陽江縣場咸平元年置英州竹溪場銅銀場置融州融水縣場熙寧四年置

錫　襄州穀城縣清石雞子山窟並熙寧五年置衢州共成縣場熙寧七年置虔州虔化縣寶積場景德元年置熙寧七年罷信州會昌縣枝溪場嘉祐八年置天井場熙寧九年置南安軍銅溪務明道元年置嘉祐七年罷南康縣馬田錫務舊置至和二年罷大庾縣步子龍務舊置嘉祐四年罷上猶縣大興場治平四年罷瑞陽縣舊置熙寧六年和買道州江華縣黃富場天聖五年置興元府西縣治務大中祥符元年置嘉祐中罷熙寧十年再置廣州新會縣千歲場至和三年置南金場嘉祐二年置八年罷東莞縣桂角場嘉祐七年置香山濟場熙寧六年置九年併入千歲場循州長樂縣大佐場景德三年置洋頭場大中祥符三年置羅翊場四年置瀨湖場熙寧六年置潮州海陽縣橫衝場大中祥符八年置黃岡場八年置康州瀧水縣雞層場熙寧二年置六年罷富監豐鋼場端溪縣雲烈場並足五年置南恩州陽春縣緊遶場嘉祐四年置熙寧六年罷沃祿場熙

寧八年置十年罷惠州河源縣立溪場明道二年置海豐縣窯溪場嘉祐元年置歸善縣永吉場二年置信上場二年置楊安場三年置和溪場熙寧五年置永安場六年置芳謝場八年置高州信宜縣懷德場熙寧八年置

水銀朱砂　商州水銀朱場舊置秦州太平監水銀務舊置道州寧遠縣上丁樓朱砂坑舊置營道縣朱砂坑康定元年置慶曆三年罷邵武軍水銀務舊置文州曲水縣水銀務熙寧五年置宜州富安監朱砂務淳化二年置

全唐文

續會要 各路坑冶所出額數

以中書備對諸坑冶務祖額并元豐元年收數修入九
域志土貢場務附焉治平以前所置場務已見舊會要
者不載舊會要所無而不詳何年月置者亦收入坑冶
場務廢不定逐年所入多寡不同亦有當年無收者
此其大略也

此係據宋國朝會要成

金 元額歲收數未詳者闕之銀銅等並準此 登州元額
三千九兩元豐元年收四千七百一兩又土貢一十兩
萊州三縣和買金元額四千一百五十兩元豐元年收
四千八百七十二兩 金州土貢麩金八十兩 房州課金
元額六十六兩元豐元年收五十七兩 商州洛南商路
上津豐陽縣課金無額三十九兩元年收五十六兩 絳
州買金場一 饒州城下黃金場元額三十四兩元年收
三十五兩又土貢麩金一十兩 信州貴溪縣買金場熙
寧四年置八年罷監官 岳州平江縣土竈一場 衡州土
貢麩金三兩 沅州元額一百三十二兩元年收八十四
兩 眉州土貢麩金五兩 嘉州土貢麩金六兩 雅州土貢
麩金五兩 簡州土貢麩金五兩 資州土貢麩金五兩 昌
州土貢麩金五兩 利州土貢五兩 龍州土貢麩金三兩
萬州土貢三兩 汀州元額一百六十七兩元年收一百
五十一兩 邕州慎乃場熙寧六年置元無額元年收七
百五十四兩 象州土貢三兩 融州土貢三兩 南恩州磨
峒場熙寧十年罷 金坑冶祖額總計七千五百九十七
兩元豐元年收總計一萬七百一十兩

銀 西京伊陽縣場 登州場一元額七十兩元豐元年
收五百一兩 萊州元額三百四十二兩元年收一百三
十六兩 唐州湖陽縣花山場一 鄧州長安坑場栗平治

卷一萬七千五百六十六 一

場元額七百二十兩，元年收四百兩。衛州共城縣場一
商州上洛陽縣龍渦場熙寧七年置，洛南縣麻池務冶
八年置，鎮北冶場九年置，元額九千七百九十七兩，元
年收六千九百六十兩。虢州銀煎冶百家川、欒川、窯崖
冶、姚谷冶、石瓮冶、朱陽縣七場，元額三萬四千五百七
十三兩，元年收二萬五千六百四十二兩。鳳翔府橫正
場元額一千八百八十五兩，元年收九百二十九兩。秦
州子路、白石、黃蘗、黃金、保安、康谷、東毗、白花、白草、青陽、
黃城、臨金十二場務，元額二百二十二兩，元年收一百
四十九兩。隴州元額七萬七千二百六十二兩，元年收
四千三百二十二兩。鳳州元額一百六十兩，元年收一
卷一萬七千五百六十六　二
百八十四兩。越州元額二百九十兩，元年收六十三兩。
衢州元額六千五十六兩，元年收六百九十五兩。處州
遂昌縣永豐場熙寧三年置，樓溪場五年置，六年併入
永豐，松陽縣竹溪場六年置，八年罷，高亭場十年又置，
通泰七場元額三千四百七十五兩，元年收四千七百三十
四兩。饒州德興二場元額二千二百三十七兩，元年收
一千二百四十五兩。信州上饒縣丁溪場熙寧七年置，
十年罷，貴溪縣一場、鉛山縣一額，元額一十萬三千三
九十三兩，元年收三萬五千九百五十七兩。虔州瑞金
縣九壟場熙寧五年置，贛縣蛤湖場十年置，元額三千
七百二十二兩，元年收二千四百七十二兩。建昌軍元

額九千一百七十九兩，元年收五千一百一十六兩。南
安軍大庾縣穩下務熙寧十年罷。潭州衡山縣黃簳場
熙寧九年罷，瀏陽縣永興場熙寧七年置，元額一萬六
千六百七十三兩，元年收二萬八千七百五十七兩。衡
州醒衡坑一，元額六千三百兩，元年收二百四十六兩。
道州元額闕，元年收一百三十兩。郴州雷溪坑熙寧八
年置，元額三千五百五十三兩，元年收二千九百九十
三兩。永州魯家源場熙寧九年罷。桂陽監都銀坑置元
額二萬七百三十二兩，元年收八百七十五兩，又土貢
五十兩。邵州土貢一十兩。鄂州土貢三十萬。福州長溪
縣玉林場熙寧七年置，元額一千六百四十兩，元年收
卷一萬七千五百六十六　三
二千八百二十一兩。建州浦城縣潘家山場熙寧八年
併入通德，建安縣石舍場熙寧元年置，丁地坑二年六
月置，建陽縣武仙場十一月置，黃柏洋場四年置，瞿嶺
場五年置，元額一萬二百七十七兩，元年收八千八百
一十二兩。泉州清溪縣龍豐場熙寧三年置，元額三兩，
元年收四兩。南劍州將樂縣安福場舊置，熙寧七年名
人認額，尤溪縣添坑場七年置，梅營、龍逢二場九年罷，
又龍泉場、石城場、新興場元額二萬五千六百一十兩，
元額收五萬一千二百二十七兩。汀州寶應坑熙寧四
年置，五年罷，太平場八年八月置，十二月罷，赤水場舊
罷，九年罷，無額，四千七十五兩，元年收二千三百二十

程鄉縣樂口場土貢二兩桂州土貢五十兩容州土貢一十兩邕州 治梅州下

兩漳州龍岩縣寶興場熙寧六年置元額五百五十兩元年收九百一十五兩邵武軍太平場熙寧二年置黄分坑九年罷又寺城場元額四千二百九十兩元年收二千九百一兩廣州大利場熙寧二年置大富場五年置又錢糾場桂角場香山崖場元額三百三十一兩元年收二百七兩韶州鄒崗場熙寧三年置五年罷石膏場七年置元額九千四百八十八兩元額收四百二十兩循州元額一萬五千六百五十兩元年收三千六百四十一兩潮州豊濟場熙寧六年置烏翔場七年置十年罷又石院場元額八千二百八十九兩元年收同連州陽山場熙寧五年置又同官場銅坑場元額二千五

卷一萬七千五百六十六　四

百五十五兩元年收二千七百七十四兩賀州市銀場臨賀縣太平場元額二百六兩元年收同又土貢一十兩端州元額二百五十三兩元年元收五十八兩土貢一十兩康州雙涌場熙寧七年置九年罷土貢一十兩南恩州土貢一十兩英州元額五千五百三十六兩元年收七千二百三十六兩惠州元額二千二百八兩元年收一千四百八十兩新州土貢一十兩封州土貢一十兩梅州土貢三十兩昭州土貢一十兩梧州土貢一十兩藤州寶錫場熙寧五年置元額四百一十兩元年收二百九十八兩土貢一十兩融州吉帶場咸作鉛場未詳龔州土貢一十兩潯州土貢一十兩貴州土貢一

一十兩柳州土貢一十兩宜州寶富場熙寧五年置元額一萬九千四百八十六兩元年收三千二百五十四兩土貢一十兩賓州土貢五兩横州土貢一十兩化州土貢五兩高州元額一百三十二兩元年收同土貢五兩白州土貢一十兩鬱林州土貢五兩廉州土貢一十兩瓊州土貢一十兩昌化軍土貢一十兩萬安軍土貢五兩銀坑冶祖額總計四十一萬一千四百二十兩元豊元年收總計二十一萬五千三百八十五兩

銅　隴州古道場元額九千一百九斤元豊元年收同虢州百家川場欒川冶元額七千四百一十七斤元年收六千三百九十二斤虔州永豊場元額六萬八千五

卷一萬七千五百六十六　五

百六十六斤元年收四萬七千五百一十一斤饒州元額七百四十斤元年收一千六百八斤信州鉛山場熙寧四年罷後復置上饒縣丁溪場虔州九龔場雲都場元額六百七十四斤元年收一百三十斤潭州無額元年收一百七萬八千二百五十斤衡州茭源縣元額五千五百七十斤元年收四千三百五十斤郴州桂陽延壽坑熙寧二年置又二場元額七十七斤元年收八十四斤梓州銅山縣一治元額三百六十五斤元年收同興州順政縣青陽鐵場熙寧七年置元額一十五萬四千四十九斤元年收二十七萬七千三百二十八斤福州黄洋場玉豫場元額三萬二千八百二十二斤元年

收九萬五千三百八斤建州天受通德觔竹武仙瞿嶺
場五余生蕉溪坑二大同山一元額九萬二千四百九
十三斤元年收七萬一千二百六十斤南劍州泰坑石
牌龍門安福大演場元額一十二萬五千九百七十四
斤元年收十一萬四千五十一斤汀州滌村坑熙寧
元年置二年罷又上寶鳳凰山赤水永豐場元額三萬
五千四百九十五斤元年收一萬六千四百七十二斤
泉州龍崇場元無額元年收來到漳州寶興大消場二
元額四萬六千八百四十九斤元年收四萬九百三十
六斤邵武軍鄒溪太平新安場元額一十二萬八千五
百六十四斤元年收四萬二千五百一十五斤廣州岑
水場中子場元額一千萬斤元年收一千二百八十萬
八千四百三十斤連州陽山縣銅坑一場英州竹溪場
元額二十七百九十五斤元年收無銅坑冶租額總計
一千七十一萬一千四百六十六斤元豐元年收總計
一千四百六十萬五十九百六十九斤

鐵　登州元額二千六百五十五斤元豐元年收三千
七百七十五斤萊州萊陽縣冶琜生鐵元額四千八百
斤元年收四千二百九十斤徐州利國監元額三十萬
斤元年收三十萬八千斤兖州元額三十九萬六千斤
元年收二十四萬二千斤鄧州長安坑泉平冶元額六
萬九十三百六十斤元年收八萬四千四百一十斤相

州沙河縣一治務元額闕磁州武安縣固鎮冶務元額
一百八十一萬四千二百六十一斤元年收一百九十
七萬一千一斤邢州綦村冶元額一百七十一萬六千
四百一十三斤元年收二百一十七萬三十二百一斤
虢州清水瑞猴治上礬槽冶元額一十三萬九千五十
斤元年收一十五萬五千八百五十斤陜州元額一萬
三千斤元年收同鳳翔府元額四萬五百六十斤元年
收四萬八千二百四十八斤鳳州梁泉縣冶元額三萬
六千八百二十斤元年收同晉州元額五十六萬九千
七百七十六斤元年收三萬九十八斤威勝軍元額一
十五萬八千五百六斤元年收二十二萬八十二百八
十六斤信州元額三千一百三十三斤元年收同慶州
元額闕袁州元額四萬一千五百九十三斤元年收同
興國軍大冶縣磁湖冶務熙寧四年進狀納入官七年
罷元額八萬八千八百八十八斤元年收五萬九十二
百一十五斤道州江華縣鎮頭坑元額五百四斤元年
收同雅州名山縣蒸礦爐三所熙寧六年置梓州通泉
縣三治東關縣一治榮州元額三百斤元年收二百九
十五斤資州元額六十七百六斤元年收七千二百五
十四斤興州鐵炭場建州元額五百斤元年收三千四
百斤南劍州元額一萬五千一百七十九斤元年收一
萬三千三百五十斤汀州晉熟務一本作銅務元額九

千斤元年收同泉州永春縣倚洋場舊置熙寧七年罷
邵武軍光澤縣新安場熙寧二年置又邵武縣萬德場
元額六千九百二斤元年收同廣州清遠縣定里場熙
寧三年置惠州元額六千一百二十八斤元年收同韶
州元額一千五百斤元年收一千八百斤端州元額一
千四百四斤元年收一千收一千四百一十斤英州元
額四萬三千四百九十三斤元年收同南恩州陽春縣
覽往場融州古帶坑場元額五百斤元年收八百六十
斤鐵坑治祖額總計五百四十八萬二千七百七十斤
元豐元年收總計五百五十萬一千九十七斤
鉛　鄧州元額一千五百七十二斤元豐元年收六百

卷一萬七千五百六十六

八

九十六斤衡州元額五十萬八百九十一斤元年收九
十五萬一千九百九十七斤隴州元額一萬二百六十
八斤元年收二百六十三斤商州錫定場熙寧八年置
元額九十萬五千五百七十四斤元年收八十五萬二
千三百一十四斤虢州元額一百七十六萬一千八百
六十八斤元年收一百六十二萬四百三十二斤鳳翔府
元額三千二百四十五斤元年收九千四百七十三斤
越州場一元額三千二百三十七斤元年收六百三十
一斤衢州元額一十萬八千二百二十七斤元年收五
萬二千五百五十四斤處州稜溪場高亭場元額一萬
一百七十一斤元年收二十二萬九千四百五斤信州

鉛山場鐵溪場元額二萬五千三百六十三斤元年收
一千三百二十斤虔州寶積場蛤湖場元額五千一百
九十三斤元年收三千九百八十五斤衡州茭源場元
額三萬四千斤元年收一十二萬三千九百二十一斤
桂陽監元額八萬一千二百四十三斤元年收同峽州
夷陵縣場一建州永興天受通德蕉溪餘桑筋竹武仙
石舍場元額六萬六千二百二十九斤九年收四萬二
千二百八十一斤南劍州安仁葉津龍門杜唐小安仁
大演漆坑安福龍泉場元額九十萬三千四十五斤元
年收八十九萬五千六百八十斤汀州龍門場長水坑
龍門新場赤水坑元額一百六斤元年收四十九斤漳

卷一萬七千五百六十六

九

州寶興場元額二千七百八十二斤元年收一十五萬
七千四百四十九斤邵武軍青安鄉溪太平黃分螺磜
新安場廣州錢糺場熙寧二年置又大利場一元額一
萬八千一百六十斤元年收二十萬四千三百四十斤
韶州蘇平場並富並五年置太平場九年置中子場十
年置又靈源多寶太湖石膏場元額一百一十八萬二
千四百三十斤元年收七十九萬八百七十斤循州大
有場熙寧三年置又夜明場元額二十六萬五千五百
一十斤元年收八萬五千二百四十斤惠州白平流源
場元額四萬七百二十五斤元年收三千三百二十一
斤潮州程鄉縣石坑場熙寧七年置元屬梅州熙寧六

年廢州以縣隸潮元豐五年復隸梅州又東口烏閂場
元額二十七萬六千三百四十斤元年收六萬八千二
百四十斤端州沙利場元額一十六萬四千一百五十
斤元年收六萬六千七百一十斤英州賢德堯山場清
溪鍾峒場元額一十六萬六千六百九十斤元年收一
十五萬四千九百七十六斤南恩州元額一十六萬九
千五百二十斤元年收一十八萬六千四百六十斤連
州同官場銅坑場元額一百六十三萬四千七百六十
二斤元年收一百六十四萬二千六百二十斤藤州棠
林場元額三十八斤元年收同高州高北監元額九十
六斤元年收同融州融水縣古帶場熙寧四年置元額

卷一萬七千五百六十六　十

九萬二千六十五斤元年收四萬八千七百五十九斤
鉛坑冶祖額總計八百三十二萬六千七百三十七斤
元豐元年收總計九百一十九萬七千三百三十五斤
錫　西京伊陽縣一場襄州穀城縣濱石雞子山窟並
熙寧五年置衛州共城縣場熙寧七年置商州在城場
麻地治龍渦場虢州百家川欒川治姚谷治石甕治盧
氏縣虢畧縣場處州永豐場高亭場衢州南治務虔州
寶積場舊置熙寧七年罷官監天井場九年置元額五
十八萬四千四百七十一斤元額元年收四十五萬二
千七百四十三斤南安軍瑞陽務舊置熙寧六年和買
元額八千二百一十一斤元年收一千六百三十八斤

道州元額二十三萬六千三百八十斤元年收二十三
萬七千三百九十斤郴州雷溪場元額一千三百八十
九斤元年收一萬九百六十四斤峽州夷陵縣興元府
西縣治務舊置嘉祐中罷熙寧十年再置建州大同山
南劍州龍門場楊營場汀州龍門新場赤水場廣州香
山岸場熙寧六年置九年併入千歲場元額四萬二千
一百八斤元年收三萬五千五百八十四斤循州瀬湖
場熙寧六年置元額一十九萬二千四百斤元年收一
十八萬七千六十八斤惠州河源縣和溪場熙寧五年
置歸善縣永安場瀞豐場營謝場八年置又永安場元
額二十六萬斤元年收四十四萬三千五百五十六斤

卷一萬七千五百六十六　十一

賀州市場太平場元額五十萬斤元年收八十七萬八
千九百五十斤潮州海陽縣錦田場一元額一萬二千
五十一斤元年收八千二百五十五斤韶州岑鼻元南
恩州紫邏場舊置熙寧六年罷沃祿場八年置十年罷
康州羅磨場熙寧二年置六年罷監官護銅場雲烈場
並五年置元額一十二萬六千三十斤元年收六萬五
千七百六十斤連州同官場銅坑場高州懷德場熙寧
八年置錫坑冶祖額總計一百九十六萬三千四十斤
元豐元年收總計二百三十二萬一千八百九十八斤
水銀朱砂　商州上洛商洛洛南三縣水銀朱砂坑元
額水銀五百六十九斤元豐元年收五百八十四斤。元

各路坑冶興發停閑

額朱砂八十九斤四兩元年收二百六十斤四兩階州
大石水銀務彭城水銀務元額七百五十一斤元年收
同鳳州河池縣水銀務二百四十七斤元年收七百四
十三斤文州曲水縣水銀務熙寧五年置元額二十三
百七十斤元年收一千二百七十九斤黔州土貢朱砂
一十兩辰州土貢水銀三十兩光明砂十五兩沅州土
貢水銀二十兩朱砂二十兩宜州元額朱砂一千七百
八十九斤九兩七錢六分元年收三千三百八十六斤
一十四兩四錢容州土貢朱砂二十兩坑冶祖額水銀
總計四千九百三十七斤元豐元年收總計三千三百
五十六斤朱砂總計一千八百七十八斤一十三兩七

錢六分元豐元年收總計三千六百四十六斤一十四
兩四錢以上續國朝會要 按四朝會要云坑冶場務興
廢不定逐年所入多寡不同今以虞部所具紹興二十
二年內諸路州坑冶興廢之數并乾道二年七月內鑄
錢司比較祖額之數以次參附云
金坑 湖南路興廢一百二十四處停閑一百三十七
處廣東路停閑一處江東路興廢一處江西路停閑一
處中興會要
銀坑 湖南路興發四十一處停閑五十處廣東路[illegible]
興發四處停閑六處福建路興發三十二處浙東路興
發一十處廣西路興發一處停閑一十[illegible]四處江東路

停閑一處江西路興發二處停閑一十三處
銅坑 潼州府路興發一十九處停閑三處湖南路停
閑一十九處利州路興發二處廣東路興廢四處停閑
一處浙東路興發一處廣西路停閑六處江東路停閑
八處江西路興發一處停閑八處福建路興發三十二
處銅場歲收祖額總七百萬七千二百六十三斤八兩
饒州興利場膽銅五萬一千二十九斤八兩信州鉛山
場膽銅三十八萬斤寶豐場黃銅二千斤池州銅陵縣
膽銅一千三百九十八斤興國軍大冶縣黃銅一千四
百斤韶州岑水場黃銅三百一十六萬四千七百斤膽
銅八十萬斤連州元魚場黃銅一十萬九千二百六十

斤潭州永興場黃銅一百七十九萬六千斤膽銅六十
四萬斤汀州長汀縣黃銅六十二斤南劍州尤溪縣黃
銅六萬九千九百五十八斤劍浦縣大演場黃銅八千
一百九十斤建寧府浦城縣因特場黃銅二萬八千八
百斤崇安縣黃銅一千一百四十斤邵武軍光澤縣黃
銅三百二十五斤婺州永康縣膽銅二千斤今逐年趁
到總二十六萬三千一百六十九斤九兩比祖額紐計
止收到三厘七毫信州鉛山場膽銅九萬六千三百三
十六斤赴饒州永平監嚴州神泉監鑄錢饒州興利場
膽銅二萬三千四百八十二斤赴饒州永平監鑄錢韶
州岑水場黃銅膽銅赴饒州永通監及饒州永平監韶

州鑄錢院鑄錢黄銅一萬四百四十斤膽銅八萬八千九百四十八斤潭州永興場膽銅三千四百一十四斤赴饒州永平監鑄錢建寧府因將場黄銅八千三百一十七斤四兩赴本府豊國監鑄錢池州銅陵縣膽銅四百八十五兩赴饒州永平監鑄錢信州弋陽縣寶豊場黄銅二十斤附綱赴饒州永平監鑄錢連州元魚場黄銅二千八百八十斤赴韶州永通監鑄(錢)南劒州尤溪縣黄銅三千六百五十四斤赴建寧府豊國監鑄錢汀州長汀縣黄銅六十二斤赴建寧府豊監鑄錢邵武軍光澤縣黄銅三百二十三斤赴建寧府豊國監鑄錢潼州府銅山縣黄銅六千斤赴饒州永平監鑄錢利州青埿縣黄銅七千斤赴饒州永平監鑄錢興州青(陽)錢縣黄銅一千六百六十二斤赴饒州永平監鑄錢

鐵坑　淮南西路興發一十處停閉三處夔州路興發七十四處停閉二十四處成都府路興發二十七處停閉一十六處利州路興發四處廣東路興發九處停閉四處福建路興發八十三處停閉三十三處浙東路興發三十二處停閉四十九處廣西路興發二十處停閉二十六處江東路興發二十六處停閉一十六處江西路興發九十二處停閉八十處鐵出產歲收祖額總二百一十六萬二千一百四十四斤一十二兩四錢饒州餘干縣一萬三千三百斤鄱陽縣一萬五千三百斤德

興縣三千八百二十(五)斤樂平縣五千五百斤信州鉛山場一十四萬七千六百七十一斤弋陽縣一十二萬斤上饒縣一十二萬斤玉山縣五萬斤貴溪縣一萬三千斤徽州婺源縣三千斤池州貴池縣四千二百一十斤八兩銅陵縣六萬七千九百四十三斤撫州東山場一十三萬八千四百二十四斤隆興府新建縣三千七百六十斤進賢[illegible]縣五千三百八十三斤一十一兩吉州安福縣連嶺場七十一萬四千斤萬安縣三萬二百二十六斤廬陵縣黄崗場一十萬六千五百斤吉水縣六萬三百四十五斤江州德安縣三萬一千二百四十七斤一十二兩德化縣三萬二千八百三十八斤興國軍大冶縣一萬二千二百三十二斤潭州瀏陽縣六萬四千斤衡州常寧縣四百八十斤辰州辰溪縣三千一百四十四斤敘浦縣一千九百四十四斤韶州翁源縣五萬斤南雄州始興縣三萬六千四百八十斤惠州博羅縣一萬二千七百四十斤廣州增城縣一萬三千斤番禺縣一萬三百斤清遠縣七百斤賓州古賓場一萬四千六百四十斤鬱林州南流縣一十二萬六千二百四十斤一十三兩四錢建寧府浦城縣四萬斤處州麗水縣二千二百三十斤青田縣三萬四百斤舒州懷寧縣一萬二千三百八十斤宿松縣四千八百斤今逐年趁到總二十八萬三百二斤一十三兩比祖額紐計止

收及四分壟信州管下鐵赴信州鉛山場浸銅鉛山縣五萬九千斤上饒縣五萬斤弋陽縣一十萬斤玉山縣三萬五千斤貴溪縣一萬三千斤饒州管下鐵赴饒州興利場浸銅德興縣三千八百二十三斤鄱陽縣三千五百斤餘千縣五千斤浮梁縣一千七百斤樂平縣三千斤池州銅陵縣三千六百四十五斤八兩赴本縣浸銅貴池縣三千二百五十四斤八兩赴信州鉛山場饒州興利場浸銅徽州婺源縣一千二百斤赴饒州興利場浸銅撫州東山場一十一萬七千斤赴信州鉛山場浸銅吉州管下鐵赴韶州岑水場浸銅安福縣連嶺場二十二萬二千八百六十二斤八兩廬陵縣黃崗場二

萬七千九百五十斤吉水縣二萬三千二百斤萬安縣一萬七千二百三十斤隆興府進賢縣三千五百四十斤赴信州鉛山場饒州興利場浸銅江州德安縣一萬三千八百二十四斤五兩赴信州鉛山場饒州興利場浸銅興國軍大冶縣二萬四千九百八十八斤赴信州鉛山場饒州興利場浸銅舒州懷寧縣一萬五千二百八十斤赴信州鉛山場饒州興利場浸銅潭州管下鐵赴本州永興場浸銅瀏陽縣一萬二千三百五十九斤善化縣七百斤辰州管下鐵赴饒州興利場信州鉛山場浸銅敘浦縣一千一百斤辰溪縣二千二百斤建寧府浦城縣仁風場四萬斤赴信州鉛山場浸銅處州管

下鐵赴信州鉛山場浸銅麗水縣一百斤青田縣一千二百二十斤韶州翁源縣一萬二千八十八斤赴韶州本水場浸銅南雄州始興縣四百四十斤赴韶州岑水場浸銅廣州管下鐵赴韶州岑水場浸銅增城縣五千斤番禺縣五百八十斤清遠縣七百斤懷集縣七百斤惠州博羅縣一萬二千七百四十斤赴韶州岑水場浸銅鬱州林南流縣二萬七千五百斤赴韶州岑水場浸銅賓州遷江縣一萬四千六百四十斤赴韶州岑水場浸銅

鉛坑 淮南路興發一處湖南路興發一處停閉九處廣東路興發一處福建路興發一處停閉一處浙東路

興發共二十七處停閉一處江西路興發一處停閉四處

鉛出產歲收祖額總三百二十一萬三千六百二十二斤一十四兩信州鉛山場二十八萬五千六百九十斤八兩興國軍永興縣八十一斤大冶縣一千三百五十斤一十三兩南安軍大庾縣二百三十九斤一十兩韶州岑水場四十五萬八千三百六十斤七兩南恩州陽春縣六百三十斤潯州馬平場三十六萬六千五百斤邕州大觀場二十三萬斤融州古帶場三萬斤賓州獨女場二千斤衡州常寧縣一萬八千斤潭州永興場一百六十九萬八千五百四十三斤桂陽軍臨武縣四千三百八十五斤八兩建寧府浦城縣仁風場二千八百

八十斤。崇安縣八千五十斤。建陽縣九百二十四斤。南
劒州劒浦縣二千二百五斤。尤溪縣三萬九千四百九
十八斤。福建長溪縣二千斤。寧德縣四百八十斤。峽州
夷陵縣五萬五千四百五十九斤八兩。衢州西安縣三
百六十斤。處州龍泉縣七百八十斤。温州永嘉縣八百
八十五斤八兩。舒州懷寧縣四千五百斤。今逓年起到
總一十九萬一千二百四十九斤一十三兩。比祖額紐
計趂及六厘。信州鉛山場一十一萬五千二百六十七
斤，赴饒州永平監、嚴州神泉監鑄錢。興國軍永興縣三
千斤，赴饒州永平監鑄錢。大冶縣三千斤，赴饒州永平
監鑄錢。舒州懷寧縣七百二十斤，赴饒州永平監鑄錢。

卷一萬七千五百六十六

十八

潭州永興場一千八百八十一斤一十五兩，赴饒州永
平監鑄錢。衢州常寧縣四千一百斤，赴饒州永平監鑄
桂陽軍平陽、臨武兩縣六十一斤，附綱赴饒州永平監
鑄錢。峽山、夷陵縣三千七百二十二斤，赴饒州永平監
鑄錢。建寧府管下鉛，赴本府豐國監鑄錢。浦城縣二千
六百四十斤，崇安縣六百二十一斤二兩，建陽縣一百
二十六斤四兩。南劒州管下鉛，赴建寧府豐國監鑄。尤
溪縣九千四百一十八斤，劒浦縣一百五十斤，福州寧
德縣六十斤，附綱赴建寧府豐國監鑄錢。衢州西安縣
一百二十一斤八兩，附綱赴嚴州神泉監鑄錢。處州龍
泉縣五百一十一斤，赴嚴州神泉監鑄錢。温州永嘉縣

二百一十五斤，赴嚴州神泉監鑄錢。韶州管下鉛，赴本
州永通監及饒州永平監、贛州鑄錢院鑄錢。岑水場五千
三百斤，銅崗場二千三百斤。連州桂陽縣五千斤，赴韶
州永通監鑄錢。南恩州陽春縣二百二十斤，赴韶州永
通監鑄錢。潯州馬平場二萬二千二百九十斤，赴韶州
永通監并饒州永平監、贛州鑄錢院鑄錢。邕州大觀場
五千斤，赴韶州永通監及饒州永平監、贛州鑄錢院鑄
錢。賓州遷江縣五千五百四十四斤，赴韶州永通監、贛
州鑄錢院鑄錢。
錫坑　湖南路興發七十處，停閉二十八處。廣東路停
閉五處。江西路興發四處，停閉一十一處。錫出産歲收

卷一萬七千五百六十六

十九

祖額總七十六萬一千二百四斤六兩。南安軍大庾嶺
八十八斤。南康縣四百二十斤。贛州會昌縣六百斤。賀
州太平場六十八萬三千九百八十斤。宜州二萬二千
八百九十斤。桂陽軍臨武縣二萬五千五百六十斤。平
陽縣二萬二百二十四斤。郴州宜章縣二千四百四十
二斤六兩。衡州常寧縣三千斤。今逓年起到總二萬四
百五十八斤六兩。祖額紐計止收及二厘七毫。衡州常
寧縣一千五百三十一斤，赴饒州永平監鑄錢。桂陽軍
平陽、臨武兩縣三千八百八十四斤一十兩，赴饒州永
平監鑄錢。郴州宜章縣三千四百四十二斤一十二兩，
赴韶州永通監、饒州永平監、贛州鑄錢院鑄錢。賀州太

平場一萬二千六百斤起韶州永通監饒州永平監贑州鑄錢院鑄錢　以上中興會要

卷一萬七千五百六十六

宋

礦坑冶務

凡税租之入銀綖三萬八千三百二十六兩荆湖南路夏一萬三千六百三十六兩秋一萬四千三百六十一兩福建路夏九十三百八十九兩梓州路夏八十三兩秋六十七兩夔州路夏三百九十兩

凡山澤之入　金一千四十八兩京東東路五百一十一兩西京路南四百二十九兩永興軍等路四兩福建路五十三兩銀一十二萬九千四百六十兩京東東路二千六百三兩永興軍路一萬四千二百四十兩秦鳳路四百八十三兩兩浙路五百一十二兩江南東路八萬六千六百九十三兩西路一千五百七十一兩荆湖南路三千四百二十七兩福建路一萬八百八十七兩廣南東路九千四十四兩銅二千一百七十四萬四千七百四十九斤永興軍路九萬一千一百四十五斤兩浙路五萬四千五百四十一斤江南東路四萬六十八百二十斤西路一百一十四斤福建路四十四萬二千八百五十一斤廣南東路二千一百八萬八千八百一十九斤梓州路四百五十九斤鐵五百六十五萬九千六百四十六斤京東東路四十七萬二千九百九十九斤西路一十九萬七千四百斤永興路一百二十五萬六千六百六十三斤秦鳳路一十三萬七千五百五十七斤河北西路一百六萬七千二百三十二斤河東路六萬四千七百八十六斤江南東路二萬一千七百六十九斤西路一百七十四萬一千八百九斤荆湖南路三十一萬二千七百二十四斤福建路六萬九千二百二十四斤廣南東路三萬一千三百四十四斤成都府路七萬六千六百一十一斤梓州路五千七百七十一斤利州路二十萬三千九百六十五斤鉛七百九十四萬三千三百五十斤兩浙路一十三萬五千八百斤江南東路二十七萬三千二百六十七斤西路一萬九千五百一十斤荆湖南路五十五萬五千六十三斤福建路二百三十一萬五千八百七十四斤廣南東路四百六十四萬二千七百三十六斤錫六百一十五萬九千

卷一萬七千五百六十九

宋一

二百九十一斤永興軍路三百二十六萬六千九百九十六斤兩浙路一十三萬五十八百斤江南西路四十二萬五千七百六十斤荊湖南路三十一萬三千七百二十四斤廣南東路三百一萬八千一十一斤朱砂二千七百八斤永興軍路二百五斤廣南西路二千五百三斤水銀二千一百一十五斤永興軍路六百二十一斤秦鳳路一千四百九十四斤

凡穀總收之數　金三萬七千九百八十五兩在京一千五百一十四兩諸路一萬八千二百四十三兩京東東路一萬三千五百七十九兩京西南路一千一百六十兩北路三十一兩永興軍路二十八兩秦鳳路一十五兩河北東路二十二兩西路三十四兩河東路一百三十兩淮南東路一十四兩西路一十七兩兩浙路二十二兩江南東路一百八十三兩西路一兩荊湖北路二百一十六兩南路一千二百四十七兩福建路二百兩廣南東路三百二十一兩西路一兩成都府路一十三兩梓州路七十四兩利州路六十七兩夔州路八百五十四兩銀二百九十萬九千八十六兩在京七萬二千三百六十一兩府界二兩諸路一百四十一萬八千三百七十九兩京東東路三千五百七十八兩西路八百一十三兩京西南路三千八百三十五兩北路六百九十七兩永興軍路二萬八千三百

卷二萬七千五百六十五

二十七

七十五兩秦鳳路九十一百五十一兩河北東路一萬四百八十八兩西路一萬八千二百八兩河東路八百三十二兩淮南東路八百五十九兩西路一千四百四十三兩兩浙路三萬八百六十七兩江南東路四十萬一千八百五十九兩西路四萬三千四百四兩荊湖北路二萬一千五百四十五兩南路一十四萬九千六百九十八兩福建路三千八萬四千五百八十五兩廣南東路一十七萬八千九百六十一兩西路一萬三千八百六十七兩成都府路一萬八千九十三兩梓州路三萬二千六十九兩利州路二萬七十一百三十四兩夔州路三萬七千九百八十三兩

凡諸路上供之數　金一萬七千四兩京東東路九千九百六十一兩西路六兩京西南路四百四十六兩北路二十三兩河西路一兩河東路四十一兩淮南東路八兩西路三十二兩兩浙路一十九兩江南東路三千三百一十一兩西路二千六百八十兩荊湖北路一兩南路三十五兩福建路一百四十二兩廣南東路二百六十二兩梓州路三十六兩銀一百一十四萬六千七百八十四兩京東東路七百九十一兩西路一百三十二兩京西南路二千五百五十四兩北路九百七百兩秦鳳路二百兩河北東路三十五兩西路二十三兩河東路九十一兩淮南東路二十萬四

千三百四十二兩西路一千六百三十五兩兩浙路二萬九千五百七十七兩江南東路二十四萬二千八百二十一兩西路二十萬一千五百四十七兩荊湖北路四萬九千五百八兩南路三萬八千一百六十八兩福建路二十三萬二千二百七兩廣南東路一十二萬一千三百五十七兩西路一萬六千四百七十三兩成都府路三百四十二兩梓州路四千一十兩

凡賦入之數　金一萬七千九百十七兩諸路茶稅九兩買撲七兩市舶一十兩入中博糴買賣一萬七千七十一兩銀一百二十三萬一千二百七十七兩　課成都府路一千三百四十兩梓州路一萬九千六百一十四

卷二萬七千五百六十五

兩夔州路四千三百十十三兩榷場四萬一千七百四十九兩諸路茶稅二千七百三十三兩雜稅二千四十六兩買撲三千三百五十九兩酒麴買撲三萬三千三百一十九兩秀州二百九十二兩市舶二千二百五十四兩入中博糴買賣一百一十二萬二百五十八兩水銀六百六十一斤榷場二百一十八斤諸路雜稅五十八斤買撲一百五十四斤酒麴買撲六斤市舶二百二十五斤以上國朝會要

礬場

淮南一條寫在無爲軍條後

全唐文　宋會要

坑冶　礬場　坑冶鄂錄　各路産物買價

白礬晉州煉礬慶歷元年置臨汾縣礬場務苊置襄陵縣官泉務慶歷六年置熙寧七年罷芹泉務端拱二年置熙寧九年廢給京師支用并客旅算請無爲軍崇山場舊以兵匠煎煉天聖二年罷置場收買給在京染院及淮南州軍客旅入中算請綠礬隰州溫泉縣坊太平興國八年置節戶蘭煉給在京染院及河東州軍茶客入中算請池州銅陵縣務舊置給淮南江南兩浙荊湖路凡賦入之數總三百一十萬五十八十九斤河南路一百四十二萬五十七百斤淮南兩路一百六十八萬一百八十九斤信州鉛山場無定額韶州岑水場年額一十萬斤無爲軍崑山場祖額一百二十萬斤自紹興十四年後年額六十萬斤 太祖建隆三年三月監晉州催礬務右諫議大夫劉熙古言幽州界有小盜礬民多私販望令禁止詔自今犯者嚴斷募人告捉給賞有差

卷四千二百六十九

開寶三年二月詔三司先定司礬條流頗甚嚴峻犯者皆至極刑宜示改更特從寬貸其私販幽州礬入界者舊條不計斤兩多少并知情人並決杖處死告人據等第給賞自今所犯至十斤處死十斤已下等第斷遣告人獲一人賞絹十匹二人二十匹三人已上不計多少並賞五十匹 先是周顯德二年勅犯礬不計多少并知情人悉處死至是始差減之 私煎者舊條三斤處死并場務主者及諸色人擅出場務內礬或將盜販及逐處官場務以羨餘礬東私自賣舊條十斤處死已下等第斷遣自今依刮鹹煎鍊私鹽條例至卅五斤已下等第斷遣賞錢亦依鹽法已上罪至死者

仍具奏裁 七年三月三司奏綠礬礬賤請別定價江南膽子礬侵奪江北課利望行止絕詔綠礬自今約白礬在京每斤估百文省膽子礬依舊不禁 太宗太平興國二年十二月詔曰晉州礬官歲鬻不充入舊貫蓋小民逐末不服畎畝因而爲盜復鬻販以交化外自今販者一兩已上不滿一斤杖脊十五配役一年告人賞錢十千一斤以上不滿二斤杖脊十七配役二年告人賞錢十五千二斤已上不滿三斤杖脊二十配役三年告人賞二十千三斤處死告人賞錢三十千場務主者并諸色人擅出場務內礬或偷盜興販及逐處場務將羨餘礬貨東私出賣一兩已上不滿一斤量罪斷遣捉事人賞錢五千一斤已上不滿三斤決脊杖十五配役一年捉事并告者賞錢十千三斤以上不滿五斤決脊十七配役二年捉事并告者賞錢十五千並斤已上不滿十斤決脊杖二十配役三年捉事並告者賞錢二十千十斤處死捉事並告者賞錢三十千私貿及販已論決而再犯者雖所犯不如律亦杖脊配隸遠惡處會赦釋放而又犯者無輕重悉處死買及受寄隱藏者二兩得一兩二斤得一斤之罪如受而轉賣者依元賣人例斷遣 淳化元年三月三司言準赦以慈州綠礬積留今別爲條約緣小民多於山巖深奧之處私煎規例侵奪官課今若依白礬條例即綠礬價低白礬刑名太重或

卷四千二百六十九

依舊以漏稅條制區分又刑名過輕人無所畏今請依太平興國二年所定私茶例科斷告捉人賞錢亦依私茶鹽條數支給從之　仁宗天聖元年閏九月司農少卿李湘言晉慈州礬鋪戶多離外科煎鍊致官礬積滯貨賣不行詔禁止之其產私礬坑窟牢固封塞覺察犯者許人告捉依刮鹹煎鍊私鹽條例斷遣緑礬即依私茶條例　二年八月廢無為軍煎礬務官自置場收買舊賣價每斤百五十文自今斤减三十文時無為軍子吏許明獻言礬務遺利頗多且民多冒法私煉請廢其務置場收買事下三司言其議甚便可以施行故有是詔六年又令每斤减三十文十年又從知軍王汝能之

卷四千二百六十九

請每斤復减三十文　六年十一月詔巡捉私礬使臣縣尉捕得私煎白緑礬并依私茶鹽萬數酬賞如透漏者並當批罰九年十一月十七日詔兩川自今放行白礬　十年九月四日江淮發運司言準條私販白礬依刮鹹例緑礬依私茶例科罪近杭州民陳奭往信州市土礬二千斤此礬比緑礬色味俱下若從杖科刑即太輕與望别定刑名并下信州封礬坑以禁私鬻下法寺請據斤兩比犯私茶减三等定罪巡警透漏告捉到百斤已下全給告者五百斤已下給半已上並給三分之一使臣透漏三百斤奪一月俸三百斤加半月罪止罰一季俸奏可　神宗熙寧三年十月二十三日知慶州

王廣淵言河東路礬鹽為利源之最欲乞於河東京東河北陝西别立礬法專置官提舉减罷巡捉使臣只為巡檢縣尉收捕朝臣一員管勾往來提舉合行法則與轉運司同共商量詔差光禄寺丞楊蟠乘驛計會逐路轉運司相度利害奏聞　哲宗元祐元年十月二十三日詔江淮荆浙六路礬依舊從人戶取便赴官收買從部請也　八年二月二日戶部言無為軍崑山白礬元條禁官自出賣昨權許通商每百斤收稅五十文準元祐勅禁礬給引指住賣處納稅沿路稅務止得引後批到發月日更不收稅其無為軍崑山礬欲依禁礬通商條例從之　紹聖三年五月二十四日江淮荆浙等路

卷四千二百六十九

制置發運司言官員躬親捕獲私礬累及一萬斤至十萬斤等第推賞未獲犯人者以三比一差人捕獲以三之半比一從之　元符三年十月二十八日崇儀使林像奏河北所產土礬今杳禁人收採及於河東輦數晉礬就相州置場出賣夫利之所在捨死而趍雖法令嚴密未必能禁況土地所產本以養人而國家理財寧分彼此與其遠地輦致豈若取諸近之為便令若於河北產礬處官為置場收買量增價出賣則官中坐獲淨利而免般運之勞居民得資地利而無犯法之弊此亦一舉而兩得也詔戶部勘當申尚書省　徽宗大觀二年三月二十五日尚書省勘會河東河北所產礬條通入

京畿京西京東陝西六路無為軍礬係通入江淮荆浙廣福九路令係畫許客人就榷貨務入納見錢給公據前去礬場等請其通商路分欲令轉運司官一員各兼行提舉措置外河東河北淮南妻路分係出產礬去處各合轉差官前去提舉措置從之　三年三月二十日江東轉運副使余彥明奏本路礬貨乞就委本司并逐州管勾茶事官兼行管勾從之　六月十六日詔江西兩浙湖南北廣東西福建淮南八路準此　政和一年年二月三日詔自政和二年為始將東南九路歲買礬依熙寧舊法九路官般去出賣仍將每歲合發上供賣礬錢並依紹聖勅條令發運司管認舊額三萬三十一百貫起發上京以助經費所有見措置淮南路礬事司依舊併歸發運司其官吏等並罷以戶部奏臣僚言無為軍崑山縣礬事舊係發運司總領每年認定淨利錢三萬貫自大觀二年尋置司差官措置立定年額九百貫令無為軍出備錢收買至今約計五年礬貨山積變轉不行虛占本錢利息甚寡官吏軍兵公使等錢所費不輕乞依舊法出賣故也　宣和三年二月二十二日詔已降處分兩浙江東路茶鹽榷免比較增虧不得輙行抑配所有賣礬亦合依上件指揮遵守明行下　六年六月十七日中書省尚書省言戶部狀提舉河北東路鹽香茶礬事司申繳季狀通商并產礬路分礬事司

卷四千二百六十九

已有供申約束惟逐州軍未有立定期限責罰戶部勘當欲逐路州軍每季具住賣過礬數每季限五日供申提舉礬事司如違限不報從本司按劾所是礬事司類聚州軍比較文狀欲與展限五日通作半月供報餘依已降指揮諸路依此施行從之　高宗建炎二年正月十三日同專一措置財用黃潛厚言宣和三年閏五月十五日勅淮南礬場取客人從便於榷貨務入納請買公據外亦許客人用金銀錢帛等依數就礬場入納算請所有納下金銀匹帛等並令礬場監守封記圍併上京及承建炎元年十一月二十三日勅淮南無為軍礬權取許客人通販入晉相礬地貨賣今欲乞許客人販淮南礬通入河北河東京東京西在京并東南九路除在京榷貨務買到公據外仍許就行在入納見錢金銀物帛等請買公據鈔引可免礬場般輦滯貨殺之絕與二年閏四月六日江西運副韓球言虔吉州臨江軍等處有見管白礬青礬土礬二十餘萬斤州郡不敢擅行出賣詔令榷貨務據上供礬指數給降礬引赴本路茶鹽司出榜召人算請具收到錢數發赴行在所屬　八年六月四日淮西運判李仲鎬言契勘本路無為軍崑山場入納金銀見錢算請鈔引般販指州縣貨賣每引納錢一十二貫販正礬一百斤并加饒二十斤共一百二十斤照應礬場先買納下白礬除支發外截日尚有

卷四千二百六十九

食貨三四之七

見管一千八十九萬八千餘斤每斤本錢一十三文及二十文占壓本錢共一十四萬九百餘貫其礬堆積累年支發遲細蓋緣客販本重利薄如販至所指地頭每斤止賣到錢二百文除出買引官錢一百文外息錢不多是致販者稀少即今官賣引錢每斤除元買礬本外有淨利八十餘文措置欲量減引錢招誘發泄詔見賣每斤價上量減二十文每斤作一百文一引一十二貫共量減錢二貫文每引作一十貫文召人算請　九年六月十九日無為軍申勘會本軍管下崑山礬場合用折納金銀法物係蒙朝廷鑄造鍋鑿花樣給降下場使用緣本場作建炎之後賊馬侵犯毀壞不存前任知軍

卷四十二百六十九

呂雲叟遂急措置下作院用生雜銅製造逐等法物一副慮恐久遠未得均當乞行下工部下文思院製造給降從之五十兩法物一箇二十三兩法物一箇二十兩法物一箇十五兩法物一箇十兩法物一箇五兩法物一箇一兩法物一箇半兩法物一箇一錢法物一箇　七月二十六日戶部言淮西茶鹽司申乞將無為軍崑山場見賣六十斤籠篰住罷織造責委所屬別行織造四十五斤二十斤兩等籠篰發下崑山礬場椿管給賣內四十五斤籠篰每隻除工費外收息錢四十文二十斤籠篰每隻除工費外收息錢二十文據榷貨務勘會無為軍崑山礬見賣三等礬引大引一百斤中引五

食貨三四之八

十斤小引三十斤兼有加饒貼買之數所造減礬籠篰却止以六十斤一等織造委是未得適中今來淮西提舉茶鹽司申乞事理委的得允當從之　十年二月六日淮東常平司言本司契勘楚泗州市易務先蒙支降到礬鈔引各一千道緣本處不是就便去處是致無人承買今來泗州市易務已得指揮罷局所有本務元承支降到礬引共一千道申部乞指揮施行戶部據榷貨務勘會泗州市易務既已罷局其未賣礬鈔若令發回本務本州至行在道路遥遠或令撥赴楚州又緣本處亦有未賣之數今契勘得無為軍崑山場係出產礬貨去處見有降到礬鈔客人多是就便算買可以發泄今

卷四十二百六十九

欲將泗州市易務未賣礬鈔引改撥赴無為軍崑山場招誘客算從之　十一年十二月四日工部言鑄錢司韓球奏據鉛山知縣同本場監官申看自七月二十日終煎煉到青膽礬六千七百六十斤掃到黃礬四千五百六十四斤在庫乞變賣施行據榷貨務係具下項一檢照建炎四年十月九日指揮給賣撫州青膽礬每斤價錢一百二十文省土礬每斤價錢三十文省其鉛山場所產礬貨今體問得比之撫礬稍高內青膽礬欲放撫州礬體例每斤作一百五十文黃礬比土礬亦是稍高每斤作八十文仍乞將逐色礬依崑山場白礬例每引各作一百斤一契勘自來客人赴務算請礬貨係依

茶塩鈔引例每貫納頭子市例錢二十文每貫納顧人錢一文每引納工墨錢二十文今來客筭青膽黄礬欲乞依本務見今收納則例一契勘客人納錢赴榷貨務筭請礬貨係給鈔引付客人執前去礬場照會請礬其引係礬場抵鑿月日付客人隨礬照會貨賣合行預降合同號簿欲令太府寺交引庫速行印造差本務號簿官押發前去信州鉛山場收管勘同支礬並從之　十二年六月十三日榷貨務言先承指揮許將坑場所出青黄膽礬並從鑄錢司委官措置監轄煎煉具數申戶部報榷貨物給引出賣候人戶前來筭請照礬數即申戶部乞留五分應付資助銅本仍乞於諸色上供錢内

卷四千二百六十九

先撥發來續據信州鉛山場煎煉到青膽黄礬一萬一千三百餘斤本務已行招誘客人入納到錢二千三百餘貫及令客人於礬場貼買一分礬收納價錢專充礬本支用今來鑄錢司乞量行支撥三二千貫應付信州鉛山場充煎礬工料本錢欲下江淮等路鑄錢司於信州合起經總制錢内截撥錢一千貫文與本場收到一分礬錢相兼充煎礬本錢支用所有日後入納到通色礬正錢依已立定十一分為率除將六分赴本務逐納外其餘五分令客人指留就礬場送納專充煎礬工料本錢支使從之　十月二十二日戶部言榷貨務契勘鑄錢司具到鉛山場七月十六日終收到青膽礬二萬

六百五十五斤半數内一萬六十五百斤已據客人赴務筭給鈔引前去請礬外有青礬一萬四千一百五十五斤半未曾給引出賣所有收到黄礬八千三百八斤半數内四千九百五十斤已有客人筭請外有三千三百五十八斤半未曾給引出賣今乞備申朝廷指揮下交引庫印造鈔引赴務應副客筭施行仍乞令後鑄錢司申到鉛山場續煎到通色礬數從本務一面牒交報交引庫印造鈔引下務給賣施行從之　十四年十一月十九日戶部言淮南西路提舉茶塩司申乞無為軍崑山礬場收買新礬於舊價二十文上增添一十五文省通作三十五文省收買榷貨務勘當欲權依本司申

卷四千二百六十九

到事理於舊價每斤二十文上增添錢一十文通作三十文省收買所有客人就場送納礬引上添搭所增錢數令礬場與貼買一分錢另項收樁專充買礬價錢不得別將他用從之　二十九年閏六月十日戶部言淮西提舉茶塩司申無為軍崑山礬場每年所收錢物自來未有立定歲額比較官吏偷惰無所懲勸今取到紹興二十四年至二十八年五年内所收錢數均作五分内一分計四萬一千五百八十五貫為酌中之數今欲權為定額依酒稅務條法增虧賞罰從之　孝宗隆興元年三月二十四日淮西提舉茶塩司言無為軍崑山鎮出産白礬内合用本錢於廬舒蘄黄和州無為軍壽

春府支撥自紹興三十年至三十二年終各有拖欠令
來已是支買得行欲將前項拖欠本錢特與蠲免一半
自餘許令本州隨所欠多寡行下逐州軍於以後年分
帶納從之　淳熙十二年九月四日都大提點坑冶鑄
錢司言潭州瀏陽縣永嘉場地名鐵爐衝等處有卓土
堪煎青礬具創置青礬場係是官地即非民地委是出
產去處乞照應韶州礬引體例給降鈔引召人請買户
部契勘乞印給三十斤例四十斤例鈔引各三百副付
潭州通判廳給賣仍將賣到價錢照應韶州涔水場體
例分隸起解送納從之　紹熙三年二月三日淮西提
舉茶鹽司言無為崑山礬場見管礬鈔引止有一萬餘
道委是不多乞接續支降三十斤例一等鈔引二十萬
貫降下本場應接給賣從之

卷四千二百六十九

辰砂

全唐文

宋會要

仁宗天聖元年江寧言溧水縣見有朱砂差人取撥到八
兩燒水銀外並無朱砂苗脈　熙寧十年廣南西路經六
畧安撫司言伏見廣源等處內有朱砂坑乞令本司興
置從之　建炎四年戶部言先准朝旨每年於宣州收卌六
買回蕃砂二萬兩合用錢四千餘貫於方場錢內支
撥收買應副即無住買年限自紹興四年至今二十餘
年共支過十萬餘貫積累歲久往往侵用常平錢數詔
令住罷收買已支錢令逐路提刑司具數責令市舶司
限二年撥還

卷五千七百五十

宋會要

雍熙中供奉官於延德使高昌點行程云王居北庭北六五
庭山中出硇砂山中常有煙氣湧起而無雲霧至夕光
燄如炬火照見禽鼠皆赤采硇砂者着木底鞋若皮為
底者即焦有穴出青泥出穴即變為砂石土人取以治
皮紅案此條大典砂字韻引今附錄於此

宋會要 卷九千四百八十二

課金

鄱陽樂平浮梁德興歲和買金五百四十二兩八錢
德興銀一十七百四十九兩五分銅二十一萬一千七
百三十四斤二兩而中書條對則云歲買金三十四兩
銀二千一百三十七兩銅七百四十斤有買金場一在
城下一在利陽務一在德興縣又有市銀院買銅場皆
在德興今金銀鉛皆無惟有浸銅欢鐵課利錢亦不數
至道元年福建轉運使牛冕言邵武軍歸化縣金場
虛有名額並無坑井專副人匠一千一百餘人配買金六
百餘兩百姓送納不逮以至棄命自刎其場令請停廢
從之自今永不得興置工匠悉放歸農 二年陝西轉
運使言成州界金坑兩處先是州遣吏掌之歲課不能
充望遣使按行更立新制詔曰捐金於山前聖之盛德
所貴惟敦舊史之格言朕緬慕大古之風不貴難得之
貨何必言利徒以勤民其成州金坑兩處並宜停廢
景德三年詔比者三司奏請東西兩川掌關征榷酤醎
醝之利者半輸銀帛外其半以二分准市價入金近聞
州郡非產金處頗為不便其入二分金宜即停罷如願
入聽 天聖四年京東轉運副使上官佖言奉詔相度
登州蓬萊縣界淘金利害今檢視淘金處各是山澗河
道及連畔地土開處有沙石衆水方可淘取得碎小片
金仍定下項條例凡上等每兩支錢五千次等四千五
百俱於在城商稅務內置場收買差職官勾當產地主
占護即委知州差人淘沙得金不許多少並納官更不

卷九千四百八十三

支錢監官招誘收買數多即與酬獎地主及賃地人不
得私賣及將出州界許人告捉一兩已下笞四十已上
笞五十四兩已上杖六十七兩以上杖七十十兩以上
杖八十十五兩以上杖九十二十兩已上杖一百買者
減一等告人據捉到金色號與價錢充賞至百貫止
應自前淘買到者即限一月赴官中賣限滿不首許人
告捉並依前項施行應出金地主或諸色人如自並後
一年內淘取得金二百兩已上中賣入官與免戶下三
年差徭及科配如併五次淘得各及兩數即永免差役
科徵只納二稅應地主如少人工淘與許私下商量地
步斷債與人淘沙得金令赴官場中賣從之 天聖六

八年詔歙州黟縣産金貿令差官採淘　十六

又知沅州謝麟言溪江産延金欽乞募人淘採中賣從之　廿一

年三司使范雍言恩州陽江縣出産金貨處不切盡公收買已牒本路轉運司選差職官往彼監當詔令三司鈐轄不得搔擾　廣南東路轉運司言恩州審銅等處産金自天聖五年十月至今年二月共買四百八十餘兩支價錢四千二百八十餘貫既而客旅在京入便錢往三司言商客便錢入恩州皆於淘金人戶處偷買金貨興販侵奪官中課利請令在京鄰撥貨務及荊湖江淮南路諸州軍自今後不許客人入便錢往恩州從之

天聖七年上封者言登州出金置官收市令聞萊州萊陽縣亦産金詔委轉運使覆按詣實乃請各置官收市及設巡邏勿聽私相貿易從之　熙寧十年廣南西

卷九千四百八十一　三

路經略安撫司言伏見廣源州等處內有金坑并慎乃金坑已委提點刑獄專管勾勘會慎乃金坑自興置博買金寶變轉回易收趁利息以助經撫蠻夷乞令本司興置及依舊回易從之　元豐四年河東都轉運使陳安石言豐絳州曲沃金坑令已措置就緒詔官吏減磨勘循資有差　紹聖三年湖南轉運司言潭州益陽縣金苗發泄已差官檢視置場令體訪得先碎礦石方淘淨金抽分權買入官竊恐坑戶及夫匠等私出地理合禁止乞修立條制從之　大觀二年荊湖南路提舉常平司狀承省劄訪問潭州湘陰縣岳州平江縣地界出産金寶去處甚多只是百姓地主私召人淘採貨賣官

司不爲措置枉失寶貨札付本司相度措置今相度應有金銀坑冶發泄雖告言或檢踏未了輒私發坑口淘取者計價以盜論贓輕者杖一百鄰保知而不糾者減二等所貴人知有禁可以杜絕私採之弊詔從之諸路應有坑冶處並依此　政和三年權提轄措置陝西路坑冶催促鑄錢等司蔣異奏陝州閿鄉縣自紹聖三年金課每年以七百兩爲額近歲所納止百餘兩知縣聶敏修政和三年正月到任措置收趁比之政和元年二年各增五倍已上祖額詔敏修轉一官如所收金數大段增廣令鑄錢司具數保明聞奏別加賞典　紹興七年工部言台州黃巖縣劉覺民乞將應金銀坑場並依

卷九千四百八十二　四

熙豐法召百姓採取自備物料烹煉十分爲率官收二分其八分許坑戶自便貨賣今來江西轉運司相度到江州等處金銀坑冶亦依熙豐二八抽分經久可行委實利便從之　乾道三年晁公愚言諸路出産坑冶之處往往五金雜出如銅坑有鉛鉛坑有銀銀坑有鐵之類蓋是所産礦脈厚薄不等自來銅鉛錫鐵即隸提點司金銀坑即隸轉運司數事不歸一今乞盡委提點司拘轄將諸路轉運司逐年所收金銀數目令提點司抱認覺爲兩便從之

上供銀 重出

全唐文坑冶雜録

宋會要

高宗建炎元年戶部言山澤坑冶祖宗舊法在外隸轉運司在京隸金部昨自崇寧二年將新發及漕司不急應副錢本舊坑悉令常平司應副始隸有曾緣新舊坑冶皆係一事而兩司幹辦條令不一乞依祖宗舊法撥隸金部轉運司從之 高宗建炎三年詔福建廣南自崇寧以來歲買上供銀數浩大民力不堪歲減三分之一 七年工部言知召州黃石縣劉覺民乞依熙寧法以金銀坑冶召百姓採取自備物料烹煉十分為率官收二分其八分許坑戶自便貨賣江西轉司相度江州等處金銀坑冶亦乞依熙豐法從之 十四年詔見今坑冶立的中課額委提刑轉運司不得別有抑勒抱認虛數令有力之家計囑幸免切致下戶受弊 紹興十三年臣僚言伏覩東南諸路舊來所管坑冶雖多其間有名無實者固亦不少加以近年人工料物種種高貴比之昔日增加數倍是致爐戶難以興工或有新發坑冶去處初有人戶買撲後因破壞產業拖欠課額被拘留監繫者甚眾近者朝廷以人言謂可以增添鼓鑄錢額乃督責州縣興復湮廢坑冶必欲管認舊來銅鉛之數州縣遵承竭力奉行間有狡猾之徒乘此搔擾或欲強占人戶山林或就官中先借錢本卻虛認課額及至得錢冗

卷一萬一千七百三十二

當

礦材徵納所得不償便自逃竄其所認數目已為州縣定額無由豁除緣此多有拖欠知縣監官雖已得替以課額不足不得放行批書離任官吏懼罪不免別法多方營求往往將錢寶銷鎔充補課額督責愈嚴胥法益甚欲乞行下逐路委自漕憲躰究如委有銅鉛興發去處自合勸誘人戶廣行採取盡數收買應副鼓鑄若有名無實則乞蠲除虛認之數免至胥法銷鎔錢寶重困人戶以稱陛下寬恤之意戶部詳看許欲依所請下諸路提刑司與提點坑冶鑄錢司同共從究逐路見管坑場將興發去處多方措置興扶收趁若委的有名無實即仰照應祖額及見今興採到實收分數重別立定酌中課額保明申取朝廷指揮從之 紹興十四年宰執進呈戶部言諸路坑冶其間有興採日久坑隴深遠不以歲月抑令依舊認納去處及無圖之人挾讎妄行告發其見興發有力之家却致作弊減免令下戶虛認合行措置令欲將見今坑冶其間委的有名無實去處即令照應祖額及見今興採到實收分數重別立定酌中課額令逐州開具供申所有金銀坑冶亦乞就委提刑轉運司依此施行不得別致抑勒抱認虛數仍切覺察毋令有力之家計囑幸免却致下戶受弊上曰罪於國計有損不可有害于民民富如國之外府國不足則資之民若民貧為盜常賦且將失之可從所請

卷一萬一千七百三十二

四十六

興二十七年兼權戶部侍郎陳康伯等言近有陳請諸路州縣管下坑冶停閉荒廢去處勒令坑戶抱認課額已委逐路提刑司檢視相度以所收多少分數認納不得抑勒尚慮有停閉坑冶內却有寶貨去處一槩作停閉致減損國課今措置欲委逐路轉運司行下所部州縣應有停閉及新發坑冶去處許令人戶經官投陳官地給有力之家人戶自己地給付本戶若本地主不赴官陳告許隣近有力之家告首給告人候及一年成次第日方從官司量立課額其告發人等坑戶自備錢本採鍊賣納入官從紹興格特與減壹半數目係全拾推賞補官從之　孝宗隆興二年鑄錢司言坑冶監歲一萬一千七百三十二官歲收買金及肆千兩銀及拾萬兩銅錫及肆拾萬兩鉛及壹伯貳拾萬斤者各轉壹官知通令丞部內坑冶每年比祖額增剩者推賞有差　隆興二年以饒州貢金千兩民力不支遂減十分之七以蘇壹郡之民

晏　天聖八年江南東路轉運司言信州寶豐縣自淳化五年內銅貨興發奉勑割弋陽縣玉亭新政兩鄉立為寶豐縣處占官吏勞役人民銀利寡少銅貨絕無當司相度可公却併歸弋陽縣其場務仍舊差使臣專監只作寶豐鎮名額從之　至和二年詔三司韶州岑水場銅大發宜令轉運司益募工鑄錢　熙寧八年知熙州王韶言熙河路諸州頗多銅坑興發乞令都轉運與提舉市易司協力興治銀治以所入為熙河路糴本從之　元豐元年詔潭州瀏陽縣銅冶可立法選官推行　元祐元年陜西轉運兼提舉銅坑冶鑄錢司言虢州界坑冶戶所得銅貨除抽分外餘數並和買入官費用不足乞依舊抽納二分外只和買四分餘盡給冶戶貨賣從之　戶部尚書李常言岑水等場自來出銅礦最多近年收買全不敷欲乞選有幹局官詣逐場詢訪事理招致坑戶候銅利興發將見廢監州郡隨買到銅多

寡遂旋興發鼓鑄錢寶從之　紹聖元年福建路轉運
司言建州浦城縣唐岱坑銀銅鑛滋盛可置場冶從之
元符三年詔饒信潭韶等州膽銅更不置局並撥歸
鑄錢司　崇寧元年詔應告發銅坑除依條賞格酬獎
外爐户買銅每梃收剋錢五文與元告發人充賞以户
部奏江淮等路坑冶司因虔州雩都縣告發佛婆同坑
乞立賞格故也　宣和二年二月十八日朝散大夫李
唐卿奏前任通判金州伏見平利縣小嵐平有銅窟脈
苗浩瀚百姓買真告發伏望行下金州監勒買具於元
告發處般取礦石置爐燒試　乾道元年提點坑冶鑄
錢司王楫李大正言欲將江南淮南兩浙潼川利州路
卷六十七
分隸饒州司江西湖南北二廣福建路分隸贛州司錢
糧物料並依所分路分催趂足辦其潼川利州路逐年
所趂銅課緣為路遠稽察不前訪聞得逐處產銅浩瀚
欲下潼川利州路產銅州縣應有額外增羨數目與免
立為年額盡數起發添助鼓鑄從之　李大正言自昔
坑冶銅課最盛之處曰韶州岑水場曰潭州永興場曰
信州鉛山場號三大場　又言近點檢韶州岑水場黄
銅遞年課額雖號二三萬斤而堪用者實少蓋坑户秪
於舊坑中收拾苴滓雜以沙土或盜他人膽銅烹成斤
鋌其面發裂殆若泥壞每斤價直計二百二十文省徒
費官錢今且權住收買别踏新坑顧坑户採取膽土以

複收

為淋銅之用其膽銅坑户就官請鐵舊來採銅坑户承
接膽水浸洗礦未烹煉成銅今欲分别水味濃淡各人
合用鐵數支給更不剋鐵本以鐵計銅得銅數多則不
復問得銅數少計鐵比較追其所虧仍將逋欠錢鐵權
與倚閣每斤實支價錢一百三十文省除撥充經總制
錢并顧工價炭猶可得錢七十三文省如銅色不及十
分即隨分數估剥支給或趂辦年額之外能有增買者
則更優支價錢四十文省應淋銅取土皆在窮山絶頂
所役兵士皆是二廣配隸之人衣糧經年不至今欲依
信州鉛山場兵士例日給支米二升半外有韶州永通
監遞年鑄錢多不及三千貫或四千貫今欲酌取中數
卷六十七
管認三千五百貫從之　建炎三年虞部言江淮等路
提點坑冶鑄錢司張澄奏乞將管下坑場專責監官點
檢遇銀坑興發其見元銅鉛等處如願採作即先經官
認定逐時所責銅鉛課額比舊數增羨方得採作銀坑
或未經行使銅鉛坑冶之人願作銀坑亦令兼使銅鉛
坑冶如不願趂辦銅鉛課利即不得專使銀坑仍乞逐
冶置歷抄上責過銅鉛銀數如銅鉛及得元立定額其
銀價即盡數支給若或所責銅鉛不及元立定額數即
未得令支銀價候次月責定銅鉛方得盡行支給其有
銀坑興發浩瀚去處亦乞依此施行從之　紹興十三
年江淮荆浙福建廣南路都大提點坑冶鑄錢韓球言

韶州銅岡場、連州元魚場銀銅鉛坑已見發泄，人戶見今興採，乞將兩場舊置監官下吏部差注監官各一員。從之。　二十九年，提領諸路鑄錢所言：「利州路轉運判官惠提舉鑄錢蘇欽：中興州青陽、利州青溪兩銅場所納銅數，即無定額。今據青陽銅場菑栢水窟一眼止是採得生汁礦石，烹鍊銅數細微。今相度青陽場每歲量立定一千五百斤，青溪場每年七千斤為額，兩場每年鍊發八千五百斤數內，除抽約二分一千七百斤不支價錢外，餘數每斤支錢引八分，共合用本錢五十四百四十道，乞依潼川府路轉運司事體，稱於經總制窠名錢內取撥支用。其起發腳錢，於係省錢內支破。所有收到銅料，依潼川府銅山縣已得旨，徑赴饒州永平監或從便赴江州交納。」從之。　淳熙二年八月十七日，提點坑冶王楫言：「處州所產銅銀鉛坑，歲收銅十萬斤、鉛十萬斤，通判令承各減二年磨勘。所有守臣、檢踏監官乞一體推賞。」從之。　嘉定十四年七月十一日，臣僚言：「產銅之地，莫盛於東南，如括蒼之銅廓、南弄、孟春、黄渼、莽長、技殿、山爐、頭山莊等處，諸暨之天富，永嘉之潮溪，信上之羅桐、湳城之因緊，尤溪之安仁、杜塘、洪面、丁坑，五十餘所，多係銅銀共產，大場月解淨銅萬計，小場不下數千，銀各不下千兩，為利甚博。至若双瑞、西瑞、十二巖之坑出銀，鮝瀹、大定、永興等場雖是銀鉛並產，興盛

日久，渠靈不衰。又信之鉛山、興處之銅廓，皆有膽水，春夏如湯，以鐵投之，銅色立變。夫以天造地設，顯畀坑冶，而屬吏貪殘，精成竄弊，諸處檢踏官吏夫為民殃，有力之家悉從辭避，遂致坑源廢絕，礦脈湮閉。間有出備工本為官開淺，无佃之家已施工力，及自用財本起創，本專其利，而譁徒誣脅，檢踏官吏方且如追重囚，斂配倍籍，竟無所訴。此坑冶所以失陷。又照得舊來銅坑，必差廉勤官吏監轄，置立隔眼，濟遞次歷，每日書填某日有甲匠姓名幾人入坑，及採礦幾籮出坑，某日有礦幾籮下坊碓磨，某日有碓了礦末幾斤下水淘洗，某日有淨礦肉幾斤上爐燁煉，然後排燒窖次二十餘日，每銅礦千斤，用柴炭數百擔，經涉火數敷足，方始請官監視上爐匣成銅，其體紅潤如燦，謂之山澤銅。就鑄無所而鑄出新錢，爛爛如金。近年既不差官，及無隔眼遞次簿歷，檢踏官吏既如雲過，而坑戶視非土著，又不及時支給本錢，所以坑戶皆無籍之徒，一聽官吏指執，所得一半本錢，鉦銷解發之外，尚剩餘利，聽發，則其清偽可知。併乞行下某州，一如舊日措置，每日抄轉簿歷，逐季解赴泉州措者，以行賞罰，不許仍用白身借補目官人下場監轄，肆為欺弊。其有坑戶陳訴檢踏利害，令所委官經行，覈申泉司，庶幾上下情通，不致冤抑。其所委官銅課增羨，併乞照場官一體推賞施行。」從之。以上宋會要

徽宗建中靖國元年以宣德郎游經提舉措置江淮荆浙福建廣南銅事，經先以憂去官，至是服闋，自言昨在任日常講究有膽水可以浸鐵爲銅者：韶州岑水、潭州瀏陽、信州鉛山、饒州德興、建州蔡池、婺州銅山、汀州赤水、邵武軍黃齊、潭州礬山、溫州南溪、池州銅山，凡十一處，唯岑水、鉛山、德興已嘗措置，其餘未及經理，將來鑄錢愈見虧失。戶部以爲請，故有是命。崇寧元年戶部言：游經中自興置信州鉛山場膽銅已來，收及八十九萬八十八十九斤八兩，每斤用本錢四十四文省，若劃撲膽銅鑄錢，每一貫省六百餘文，其利厚重。自丁憂罷職之後，皆權官將暫監管，致今膽銅十失五六。今再除職事以來，自今年正月至九月二十日終，已收膽銅一十七萬二千一百二十三斤八兩。然亦合行措置古坑，有水處爲膽水，無水處爲膽土。膽水浸銅，工少利多，其水有限；膽土煎銅，工多利少，其土無窮。措置之初，宜增本減息，庶使後來可繼。膽水浸銅斤以錢五十爲本，膽土煎銅斤以錢八十爲本，比之礦銅，其利已厚。若從上次寬立本錢，所貴銅課增羨。偷盜膽銅與私壞膽水，或坑戶私煎膽銅，已係紹聖五年敕文約束。從之。（續卷六十七）淳熙元年七月十日，提點坑冶鑄錢司言：信州鉛山場所產膽水浸鐵成銅，每發二千斤爲一綱，至信州汭口鎮用船轉

發應副饒州永平監鼓鑄。昨據信州通判魏大年、張玹同衛中任内催趁銅鉛及格，乞將合得酬賞分受。從之。

淳熙五年閏六月四日，新除提點江淮等路坑冶鑄錢姚述堯言坑冶利便二事：一、諸處坑場非無銅寶，以鄉保障固，乞行下諸州出產銅坑見令興發處，委通判召募人戶開采，支與實直價錢，不得抑令坑戶章認歲額。一、韶州岑水、信州鉛山等場所產浸銅，非無膽水，止緣給鐵不如其數，遂時致銅課虧少，乞下淋銅及產鐵州軍委通判措置，拘催合用鐵數，發下場監，督責監官趁水淋浸，所用無匱，不得州縣妄占。如有違戾，許從本司具名按劾。從之。（卷六十七）

紹興十二年七月十二日敷文閣待制提舉佑神觀兼侍講兼同修國史洪遵言臣家居饒州實提舉坑冶鑄錢官置司去處故亦粗聞冶鑄所仰莫如信州鉛山之銅而比年以來常以乏少為患臣比守婺有管下永康知縣余璪言頃年任嚴州淳安縣丞被差鉛山體訪坑冶利病見每歲所得銅數比往昔十無一二因咨訪耆老皆云昔係是招集坑户就貌平官山鑿坑取垢淋銅官中為置爐烹煉每一斤銅支錢二百五十彼時百物俱賤坑户所得有羸故常募集十餘萬人晝夜採鑿得銅鉛數千萬觔置四監鼓鑄一歲得錢百餘萬貫數十年以來百物翔貴官不增價收買坑户失利散而之他而官中兵匠不及四百人止得銅八九萬斤人力多寡相去幾二百倍宜乎所得如是之遼絶也其說欲乞專委提點官就鉛山縣置局採訪舊例興復坑户每一斤銅增錢收買若旋募得千百人穿坑取垢得銅必多價既增舊人自畢力所得精銅必多詳觀璪此說殊為有理乞詳酌專委耿延年使知璪策議其可否十一月十四日知婺州永康縣余璪奉旨赴都堂聞具條目詔令耿延年詳余璪所陳事理疾速躬親前去相度利便奏聞　十三年正月二十八日江淮等路提點坑冶鑄錢耿延年言遵禀指揮行下信州及鉛山縣官鉛山場官

并本司屬官先次揩置招名民户從便採鑿賣銅入官據逐官報到各於地頭榜諭經今兩月並無情願應募之人除已節次具因依申尚書省并户工部照會外躬親至信州鉛山場同官屬吏卒登諸山相視推尋故迹徧歷高下講求昔時十萬坑丁採鑿之由與夫目今已行之事利害源流悉已洞見臣交領職事三年有五月晨夕疾心惟務與民共利經久可行不欲專利於官而有害於民不欲取辦一時而貽患於後故累年銅鉛鐵錫課利視舊來稍稍辦集至如貌平山取採垢土淋銅之利亦已逐時旋增置訖其山特鉛山場一小山爾況其地穿鑿極甚積土成山循環復用歲月寖久兼地勢峻倒不可容衆令奉旨令臣相度其地有不可增置之處不敢自嘿謹盡錄奏聞如朝廷别遣使命見此遺利在臣則有欺隱之罪臣今來又檢踏出葉墕山巔稍平數處更可增四十槽其合用添招兵匠起造屋宇所費本錢因依并鑄錢司見行事務與臣任内先已創復坑冶去處悉皆條去隨狀繳進户工部契勘當來余璪所言信州鉛山之銅乞專委提點官就鉛山置局採訪舊例興復坑户穿(扎)取垢增價買銅令來提點官耿延年相度條具畫一事因除第四項内欲於竹葉墕山巔見有地稍平數處可以更增置淋銅盆槽四十所得銅二萬斤會計合用本錢一萬八千一百餘貫可添鑄折二錢八

千貫文外別無相度條具到可以鉛山縣置局招集坑戶採鑿取垍增價買銅合行利便事件況令來提點官耿延年奉旨行下招名坑丁已踰兩月並無人應募可見此事難行其提點官却於竹葉塢山巔躬親踏逐數處可以更增置盆槽淋銅添鑄錢一節本部今勘會欲下江淮等路鑄錢司更切契勘如所奏是理委是諳實及目今鼓鑄所費不過兼係經久可行利便即從本司一面措置施行從之以上孝宗會要

李燾嘗因唐舊制於饒州永平監歲鑄錢六萬貫江南平增為七萬貫常患銅少不克用張齊賢任轉運使求得江南舊承旨丁釗盡知饒信處等州山谷出銅即調發諸縣丁夫採之

卷六十六

乾道七年權發遣處州姚述堯言被旨措置銀銅坑緣當來銀銅興發之初本州就令業主開採却別令豪戶請佃又所差監官多用本土進納等人以致互起爭訟令本州龍泉等縣見有石堰等銀坑十處庫山等銅坑九處合將銀銅分作兩所銀坑即令採銀官監折合以分數與坑戶銅坑即令取銅官監烹鍊以銀作本立定價值就坑戶收買使採銀者不為銅課之迫採銅者別無意外之望兩處合差監官兩員互相提督并用監轄使臣兩名往來機察庶無日前土豪稍勾乾沒銷毀錢寶之患方言稍勾謂上取利之意 利 從之

宋會要

紹聖元年詔令戶部選官一員募南方諳曉烹銅工匠往陝西同轉運官差官於商虢界踏逐銅鑛措置烹鍊候見次第即置爐冶從權戶部尚書蔡京請也

宋會要

康定元年三司言商州百姓高英等按尋到銅鑛烹煉得銅乞差通判河中府皮仲容採取從之

續會要

淳熙四年三月十九日詔停閉藤州平羅古社金坑以諸司言歲收淨利一十一兩四錢所入微細故也

十年六月十二日詔廣羅昭州管下金坑並要以廣西

卷六十六

運司言歲納金一十四兩錢五十餘貫所入不多故也

此當另標 禁銅

宋會要

太宗太平興國二年有司言江南諸州銅先未有禁法請頒行之詔從其請除寺觀先有道佛像鍾磬鐃鈸相輪火珠輪鐸及人家常用銅鑑外民間所蓄銅器悉送官給錢償之敢有匿而不聞者論如律　至道二年詔應私鑄銅器毀壞錢貨建康府台明湖州猶甚可專委守臣嚴切禁止除鍾鑼磬鐃鈸鈴杵鏡鏁鑗並依已降指揮內鍾磬鈴杵許投稅複鑿出賣　咸平四年江南轉運使馮亮言舊勅犯銅禁者七斤而上並處極法奏裁多蒙減斷持報踰時頗成淹緩請別定刑名以爲永制詔自令滿五十斤以上取勅裁餘遞減之　景德三卷六十七年神騎卒趙榮伐登聞鼓言能以藥點銅爲鍮石帝曰民間無銅皆鎔錢爲之此術甚無謂也詔禁止之其來自外蕃者不在此限　元祐元年樞密院言乞禁私賣鍮銅鍮石器犯者依私有法從之　紹興十三年江淮荆浙福建廣南路都大提點坑冶鑄錢韓球言竊見諸路提舉茶鹽司昨申降指揮於從來緊要私鹽所行道路專置巡鹽使臣一員量置土軍緣所置巡鹽使臣止管巡察私鹽外別無兼領事務所有應干銅鉛并產錫地分若有私採盜販皆是違犯禁榷之物正與私鹽事體一同欲乞將應專置巡鹽使臣並一就責委兼管巡捉私販銅鉛等事務餘並依見行條法從之　淳熙三

年閏六月十三日宰執言恭覩內批禁中發下銅器八千餘兩付尚書省前此高宗壽皇皆嘗禁約終不能止今陛下此舉四方傳聞必且聳動庶幾自此令行禁止臣等欲出黃榜揭之通衢使中外共知上曰可　十二月二十二日詔郡縣每月責都監巡尉狀有無私鑄銅器及納不盡之數如因事覺罪將巡尉都監一併收坐守倅併議責罰仍令御史臺覺察監司不覺察與同罪從臣僚請也　十二月七日詔訪聞日來州縣城郭鄉村依舊鑄造鍮石銅器等貨賣令諸路提刑司常切禁止如有違戾具當職官及巡尉職位名申尚書省取旨重作施行其買賣人并使用之家並照累降指揮一例斷遣追賞並不以官蔭論仍許諸色人陳告如提刑司不覺察御史臺按劾聞奏卷六十七從都省請也　四年十月七日四川總領所言利州青平青溼兩場逐年銅戶輸納漕司銅八千五百斤軍器銅一百斤却有餘剩草銅可以收買若與不拘歲額多寡令見賣官司立定價直據買到數逐年隨綱解發江州交卸轉發至饒州鑄錢司非惟官司得銅鼓鑄而私銅亦有所歸不致作爲器皿干犯法禁從之

宋會要

嘉泰元年五月二日，臨安府言：承降指揮禁戢銅器，數內該載官民戶除日前見腰帶鍍鋄及鞍轡作子照子外，應有銅器不許使用。僧道合用鐘磬鐃鈸鈴杵，民間及船戶置到防護銅鑼，仰寺觀主首及民戶各具件數，結立罪賞，經州府陳狀，排立字號，當官鐫鑿，給付憑由照用。官民戶鐘磬準此。照得寺院民戶許用鐘磬鐃鈸鈴杵銅鑼，又恐日後一日或有損壞，乞令申所屬，許齎元物赴文思院，照元行兩量立工錢換造，仍鐫鑿文思院換年月。在外準此。從之。

卷六十六

宋會要　採鑛

李煜嘗因唐舊制，於饒州永平監歲鑄錢六萬貫。江南平，增為七萬貫，常患銅少不充用。張齊賢任轉運使，求得江南舊承旨丁釗，盡赴饒、信等處州山谷出銅鉛，即調發諸縣丁夫採之。

建炎三年，戶部言：江淮等路提點坑冶鑄錢司張滋奏，乞將管下坑場專責監官親檢邏銀坑興發，其見充銅鉛等如願採作，即先經官認定逐時所賣銅鉛課額比舊數增羨，方得採作銀坑；或未經行使銅鉛坑冶之人願作銀坑，亦令兼使銅鉛坑冶；如不願起辦銅鉛課利，即不得專使銀坑。仍乞逐月置曆抄上賣過銅鉛銀數，如銅鉛及得元立定額，其銀價即盡數支給；若虧所賣銅鉛不及元立定額數，即未得全支銀價，候次月賣定銅鉛，方得盡行支給。其有銀坑興發浩瀚去處，亦乞依此施行。從之。

卷四千八百七十七

張滋又言：已將韶州曲江、潭州劉陽、信州鉛山三縣知縣依舊系饒州德興、信州弋陽知縣體例，銜位帶主管銅鉛等事，責令銅監場官協力收趁歲額，如弛慢之人，從本司按劾取旨重行遣。降從之。

紹興十三年，韓球言：韶州銅場、連州元魚場銀銅鉛坑已見發泄，入戶見今興採，乞將兩場一舊置監官下吏部差注監官各一員。從之。

同淮浙福建廣南路都大提點坑冶鑄錢韓球言：竊見諸路提舉茶鹽司昨申降指揮，於從來繁要鹽所行道路寄置巡鹽使臣一員量置土軍緣所置巡鹽使臣止管巡察私鹽外別無兼領事務所有應干銅鉛并産錫地分若有私採盜販皆是違犯禁榷之物正與私鹽事體一同欲乞將應專置巡鹽使臣並一就責委兼管巡捉私販銅鉛等事務餘並依見行條法從之

《卷四千八百七十七》

雜錄

坑冶

南渡以下另行接前仍可采入

奇

全唐文

宋會要此宋史食貨志小注爾

南渡坑冶廢興不常歲入多寡不同今以紹興三十二年金銀銅鐵鉛錫之冶廢興之數一千一百七十及乾道二年鑄錢司比較所入之數附之湖南廣東江東西金冶二百六十七廢者一百四十二湖南廣東福建浙東廣西江東西銀冶一百七十四廢者八十四潼川湖南利州廣東浙東廣西江東西福建銅冶一百九廢者四十五舊額歲七百五萬七千二百六十斤有奇乾道歲入二十六萬三千一百六十斤有寄淮西夔州成都利州廣東福建浙東廣西江東西鐵冶六百三十八廢

《卷一萬一千七百三十二》

者二百五十一舊額歲二百一十六萬二千一百四十斤有奇乾道歲入八十八萬三百斤有奇淮西湖南廣東福建浙東江西鉛冶五十二廢者一十五舊額歲三百二十一萬三千六百二十斤有奇乾道歲入一十九萬一千二百四十斤有奇湖南廣東江西錫冶一百一十八廢者四十四舊額歲七十六萬一千二百斤有奇乾道歲入二萬四百五十斤有奇宋初諸冶外隸轉運司內隸金部崇寧二年始隸右曹建炎元年復隸金部轉運司隆興二年阬冶監官歲收買金及四千兩銀及十萬兩銅錫及四十萬斤鉛及一百二十萬斤者轉一官守倅部內歲比祖額增金一萬兩銀十萬兩銅一百

萬斤亦轉一官令逐歲收買及監官格內之數減半推
賞慶元二年宰執言封樁銀數比淳熙末年所虧幾百
五十萬今務場所入歲不滿三千萬而歲奉二宮及冊
寶費約四十萬恐愈侵銀額欲權以三分爲率一分支
銀二分支會子上曰善端平三年敕曰諸路州縣阬冶
興廢在觀寺祠廟公宇居民墳地及近墳園林地者在
法不許人告亦不得受理訴關官司利于告發更不究
實多致騷害自今許人戶越訴官吏再訟者重寘典憲
及有阬冶停閉苗脉不發之所州縣勒令阬戶虛認歲
額提點鑄錢司覈實追正

[illegible]卷一萬一千七百三十二

上原缺

各路產物買銀價

萬斤內四十萬斤變轉見錢買銀熙寧十年買到銀八千三百二十八兩四錢五分江南東路綃
四十七萬三千三百八十疋紬一千三萬二千九百二
十三疋額錢五萬貫買紬綃銀錦綾池州大抄運紙畫州大抄三抄運紙南康大抄三抄小抄江西大抄小抄歙州紹紙除樣常樣大抄二抄遝紙三百二十五萬五
千四百張　江南西路紙興軍國八抄三抄小抄洪州表紙大抄五抄小抄鑄州表紙大抄三抄小抄一百二十七萬四千張綃三十四萬疋紬六
萬二千疋額錢五萬貫買銀　荊湖南路額錢一十萬
貫買銀　荊湖北路綃一十三萬疋紬四萬疋額錢五
萬貫買紬綃內一萬貫買綃一萬疋應付廣西鄂州運紙峽州小鈔岳州大鈔三抄小抄五十五萬九千五百五十張　福建路茘
支一十七萬顆額錢一十五萬貫買銀應副發運司錢
五萬貫本司不移用省司向收買銀乾薑一十萬斤價
錢一千一百六十八貫文足買銀熙寧十年限勘會未到　成都府
路布六十一萬疋起綱本錢三百七十九貫八百文變
轉輕貨　廣南東路額錢一十萬貫買銀和買銀一萬
八千五百九十六兩八錢六分叅八兩　廣南西路額
錢五萬貫買銀砂內二萬貫撥赴賀州買錫桂州布一
十萬疋潭州御泛拋三司非泛拋買應副在京支遣逐
年數目不足令各取一年拋買數羅布絲麻香作襖蘆
發棄生青等計七十四萬四千七百四十疋兩領斤轎
胡桃石榴不在數　河北緣四十九萬三千兩元豐元年二年　淮南
路乾笋一萬斤合蕈二百斤黑木一千斤　雜買務收

買胡桃六十萬至八十萬顆舊係陝西熙寧四年朝旨在京收買自後逐月條輸林司計度所要數下雜買務收買數目不足石榴五萬顆舊係河陽熙寧二年朝旨在京收買自後逐月條輸林司計度所要數下雜買務收買數目不足結攬市易司每年結攬

三司住拋買炭墨蓆藁木蒜真等計一百五十二萬九千五百六斤提領顆歛墨六百挺蒲蓆三萬領京東蘭蓆一萬六千八百五十五領京西甘草二千八百九十餘斤職川黃菓蓆一萬三千七十四領京西棗

春二萬四千八百五斤河北京東榛葉六千九百四十一斤千四兩京西洪州等壽槐花十六千四百二斤兩京等黃蘆一萬五千四十二斤七兩九錢荊南府炭金州十七兩八百三十九斤三州茶藍靛九

二萬五千六十七斤河北京東黃藥二千八百斤半林檎片子杏梅片子烏李梅一萬八千三十一斤蒜艾舊二十萬至二十五萬顆見每年承攬四十萬顆龍眼二十萬至三十萬顆

見每年承攬三十萬顆

鈔旁印帖

徽宗崇寧三年六月十日敕諸縣典賣牛
畜契書并稅租鈔旁等印賣田宅契書並從官司印賣
除紙筆墨工費用外量收息錢助贍學用其收息不得
過一倍　十一月十二日尚書省奏白劄子考城縣典
賣牛畜契每一道令賣五錢省比舊減下八錢省稅租
等鈔旁每一十旁令賣五十七錢省比舊減下二十二
錢省檢會今年六月十日度支戶金部看詳前項鈔
旁並從官司印賣除紙墨工費用外量收息錢不得過
一倍切緣府界諸縣有未承六月十日朝旨已前舊
賣錢數稍多已成定例與今來逐部看詳所收息錢比
之逐縣舊賣錢數除本價外各有減落數目且以考城
一縣計之比舊下減錢數太多欲將學費諸府界諸路
官賣鈔旁契書等收息　得過四倍隨土俗增損施行
如舊賣錢數多者聽從多仍先次施行　大觀二年五
月一日敕書有司曾以輸納鈔書出賣收錢以充學用
吏緣為姦增損抑配令學用既足事務苛細可行罷

桼一作令

宣和元年八月二十二日詔鈔旁元豐以前並從官
賣久遠可以照驗以防偽濫之弊政和修敕令删去不
曾修立及降指揮不許出賣令後應鈔旁及定帖並許
州縣出賣即不得過增價直實錄元豐六年七月十九
日御史翟思言聞京西轉運司下州縣責賣鈔旁人納
紙官以小條印為記紙轉輸一應人户税錢非印鈔不
受苛細傷體有詔止之餘未見　二年八月二十日詔
官賣鈔旁定帖以防偽冒實遵元豐舊制收息分數已
降處分並依崇寧三年十一月指揮如敢數外增錢及
邀阻已取者官吏並以違制論疾速申明行下從兩浙
路轉運司李祉申請也　十二月十七日尚書省劄子

八

節文官賣鈔旁定帖並須每請作納一鈔不得依前衆
户連名遇八户請買當官依法出賣不當官給賣者杖
一百公吏人等攬買出外增搭潰錢轉者各徒二年三
年四月四日通判鄧州張益謙奏本州已除委司錄
監轄印造鈔旁分下諸縣遵依出賣據諸縣約度每年
納用鈔旁一百萬副每副四紙價錢四文足令體訪得
本州上中等税立支移往沿邊有至十程者人户赴官
買紙齎執前去指定處送納受納官司或令退換或行
毀棄艱阻沮抑其弊百端所買鈔旁既經書填却被棄
換若只就近買鈔送納即本縣照證不肯銷鑿人户須
再來買鈔又下等税賦坊場房廊諸般課利用鈔尤多

給付屬縣等處出賣令欲乞諸州鈔旁帖除依舊令司錄監轄印造外添並用上

處一作官

自一丈一升亦須買鈔四紙縣道事叢令佐未必能即
時給賣其久來鬻書之人冒利犯法攬買增價稍失覺
察靡費愈廣輸納愈遲退換科較人户受弊況當陛下
節用裕民深戒誅求臣採諸與議衆爲未便詔申明行
下諸路依此　十三日詔諸路收帖定并帖納錢委逐
路提刑司拘籍起發赴內藏庫送納若拘籍隱漏及輒
移用並當重行黜責其已降赴大官庫送納指揮更不
施行令後收到錢並依此　先是四月詔依户部尚書
沈積中奏鈔旁定帖等鈔除陝西河東路及已有指揮
支撥外並令提刑司同本路轉運司措置起發上京赴
大官庫送納尋有是詔　五年十一月二十八日詔諸
路所收鈔旁定帖錢除兩浙路隸應奉司外餘路自合
並逐州委通判管幹拘收撥與發運司充糴本　六年
三月二十二日發運司奏奉詔興復轉般拘收諸色錢
本收糴斛斗數內官賣鈔旁諸處關報所收錢數不多
蓋遠姦弊未能杜絕暗虧官錢深爲未便臣今措置條
具下項一鈔旁係司錄廳印造並用通判勾印訖給付
屬縣置歷出賣諸州止於千文字號添上甲子字號每一字
號印造一千副爲額仍以每字號下排定第一第二紙
以至一千紙字所貴有以關防諸縣專委縣丞管勾置
賣鈔旁出賣即不得輒拘早晚時限仍於鈔旁上印定
所賣錢數從之　七年四月九日講議司言契勘人户

買一作賣
收賣一作出買

輸納官買鈔旁州縣不能鈐束公人計嘱盡行收賣却
於人戶處邀求厚價比之官價多至數倍更又阻節留
滯致有人戶糶賣所納物斛以充盤費為害甚大今欲
更不印賣止令人戶從便自寫鈔旁納官置單名歷用
合同印記令人戶量納合同印記錢以杜絕阻節之弊
令措置下項一舊來印賣空鈔收息不過四倍每鈔四
紙今乞人戶自寫鈔旁納合用印記錢以免邀求厚價
乞免阻節之弊其所納錢數每鈔納錢四十文若不成
貫石匹兩束者減半內依法許合鈔送納者聽依舊一
舊來官司去失官鈔即追戶鈔（戶鈔或又去失）人戶更
無照應今來乞置單名大歷遇人戶送納輸官錢物將
人戶縣分鄉村姓名所納數目一戶作一項抄上仍將
所受納處銅印於官鈔及歷上用印合同五十戶作一
結受納官簽書遇官司去失官鈔只用單名歷比照不
得輒追戶鈔一去失單名歷依去失重害文書法一淮
南江東西湖南北路收到鈔旁錢并去失單名歷依宣
和二年七月十三日朝旨令發運司發充糴本歲終具
帳申尚書省一京畿府界四輔州及河北東西京西南
北路欲依先降指揮並隸應奉司拘收續承今年二月
二十二日御筆六路贍學鈔旁定帖無額上供經制司
添酒錢並充發運司轉般糴本欲令發運司盡數拘收
歲終具帳申尚書省一陝西河東路依元降指揮令提

十

刑司收糴斛斗別作一項樁管一京東路先降指揮聽
河北京東制司移用契勘朝廷應副燕山雲中兩路錢
物不少今來京東路合同錢欲令本路提刑司拘收封
樁一成都潼州府利州夔州路欲依先降指揮計置金
銀紬帛赴內藏庫送納一廣東西福建路並令逐路提
刑司拘收封樁聽候朝廷支用一自宣和七年諸路州
縣進收到合同錢不以有無支樁並令提刑上下半年
具帳聞奏若他司并州縣侵支借兑依擅支借封樁錢
法亦仰提刑司覺察按劾詔依講議司所定施行　欽
宗靖康元年正月十七日詔罷鈔旁定帖錢令諸常平
司　自是民間輸納任便書鈔納合同錢後改為勘合
錢以上續國朝會要　光堯皇帝建炎元年五月一日赦
應令日以前典賣田宅馬牛之類違限四契合納倍稅
首限百日許自陳特與蠲免事發在限內者亦准此
二年十一月二十二日赦紹興元年正月一日德音九
月十五日赦二年九月四日四年九月十五日七年九
月二十二日赦同此制　紹興二年閏四月三日右朝
奉郎姚沇言乞下諸路轉運司相度曾被兵火亡失
契書業人許經所屬陳狀本縣行下本保鄰人依實供
證即出戶帖付之鄰人邀阻不為依實勘會及縣吏不
即給帖並許業人越訴其合干人重實與憲庶幾民間
物業各有照據從之　二十三日詔應典田宅若改遣

十一

投契日限經隔年月遇赦恩方始自陳即印契者其所典年限並自交業日爲始　四年二月二十日戶部言人戶典賣田宅一年之外不即受税係是違法緣在法已有立定日限投契當官注籍對注開收及説名於佃并産去税存之戶依已修立到條法斷罪施行仍乞行下州縣每季檢舉無致積有違戾從之　五年三月四日兩浙西路提刑司言近詔人戶典賣定帖錢依自來體例施行改作勘合錢收納每季作無額上供錢起赴行在緣本路州縣有曾經兵火去處皆有案籍可以照得舊來收納則例有令多以首記立數有收三十文或一十文去處並各多寡不同於是戶部言乞將人戶典賣田業計價每貫收納得産人勘合錢一十文足從之　二十日兩浙轉運副使吳革言在法田宅契書縣以厚紙印造遇人戶有典賣納紙墨本錢買契書填縁印契板係是縣典自掌往往多數空印私自出賣將納到税錢上下通同盜用是致每有論訴今相度欲委逐州通判用厚紙立千字文爲號印造給度縣分大小用錢多寡每月給付諸縣置櫃封記遇人戶赴縣買契當官給付仍每季驅磨賣過契白收到錢數內紙墨本錢專一發赴通判廳置歷拘轄循環作本既免走失官錢亦可杜絶情弊仍乞餘路依此施行從之　六年七月十五日都省言州縣人戶典賣田宅其文契多是出限不曾經

税一作價

闔一作團

官投税昨降指揮只納元初税錢限以半年許換官契既限內不許陳告及免倍税斷罪即係利便人戶往往樂於輸納今來日限已滿訪聞尚有不曾送納去處蓋緣其間有不知上件指揮惠元降指揮出限別無約束是致依前隱匿詔更與立限半年許投税仍免斷罪倍税各自今降指揮到日爲始從之　十年九月十四日勘會州縣受納税租監官多是晚入早出不躬受納給鈔及容縱合干人百端非理退難遂致憑籍攬納之人重有陪費仰監司嚴加檢察如尚或蹈襲違戾並仰按劾聞奏　十二月六日臣寮言賦税之輸止憑鈔旁爲信穀以升帛以尺錢自一文以往必具四鈔受納官親用團印曰戶鈔則付人戶收執曰縣鈔則關縣司銷籍曰監鈔則納監官掌之曰住鈔則倉庫藏之所以防僞冒備去失而互相照此良法也今所在監住二鈔不復用印發爲故紙而縣司亦不即據鈔銷薄方且藏匿以要貨賂望申嚴法令戒監司郡守檢察受納官司凡戶縣監住四鈔皆須用印存留以備照用而縣委縣丞簿專一對鈔銷籍無得輒追人戶故爲騷擾從之　十三年四月五日臣寮言人戶典賣田宅印契投税出限許人告首乞將今日以前未印契書再限許人自首戶部看詳欲依臣寮所乞將人戶今日以前違限不投税再與展限一季許將未投契自陳免罪只令倍納（錢）税如違令

來所展日限告賞斷罪並依已降指揮施行仍令州縣將今來所降指揮分明大字鏤板多出文牓遍於鄉村等處曉諭民戶通知務要投納契税令後更不得申乞再展限從之　十月六日臣僚言應民間典賣田宅賫執白契因事到官不問出限並不收使據數投納入官其前因循未投納税錢白契並限五十日自陳投納如出限一日更不展限戶部看詳欲依所乞行下諸路州軍出牓曉諭從之　十一月八日南郊赦勘會人戶合輸税租在法布帛不成端匹穀不成勝絲綿不成兩柴蒿不成束聽依納月實直價納錢仍許令鈔送納蓋欲優恤下戶訪聞州縣當職官並不檢察致公文作弊高估價直并將已合鈔納送之數不即銷簿又作拖欠催理追呼騷擾自今應下戶拆納畸零税租並取實直其願合鈔者亦仰官給遞名已納憑由如敢依前高價估值及重疊催理因而乞覓以枉法論當職官重作行遣　十五年四月十二日赦勘會人戶典賣田宅投税請契已降指揮寬立信限通計不得過一百八十日如違限許人告首將業沒官訪聞其間有村遠民戶不曉條限多有誤犯使將元業拘沒誠可矜憫可更展限兩月赴官陳首免拘沒依條投税限滿依已降指揮施行　二十二年十一月十八日二十五年十一月十九日二十八年十二月二十三日三十一年九月二日赦並同

十四

此制　二十三日知臨安府張澄奏詔條具受納税賦不銷簿籍等事下戶部看詳勘會依法輸納官物用四鈔縣付縣戶鈔給人戶監鈔付監官住鈔留本司及税租鈔倉庫封送縣令佐即日監勒分授鄉司書手各置歷當官收上日別爲號計數以五日通轉磨受鈔即時注入當職官對簿押訖封印置櫃收掌并納官物數失縣鈔者以監住鈔銷鑿若不以監住鈔銷鑿輒取戶鈔或追人戶赴官呈驗者各杖一百因而受乞財物加本罪一等今欲下臨安府約束縣分及受納官司常切遵守見行條法及下諸路轉運司遍牒州縣准此仍令常切照檢覺察施行詔並從之時以大史奏彗星出東方詔令監司郡守條具便民事故澄有是請　十月三日戶部言應人戶典賣田宅船畜投税違限能自首之人並依舊税法仍三分爲率以一分沒官二分給自首從之　十六年十一月十一日南郊赦訪聞近來人戶輸納税租官吏作弊多有栗量却監打白鈔出賣致令鄉司攬戶兜收人戶税租入己更不到官唯藏白鈔以備詞訴旋行書填欺謾上下蠹耗公私爲害不細自今人戶送納税錢税租每遇投鈔請如十戶合作一鈔須管各開納人姓名所輸數目方得印鈔即不得將白鈔旋行銷注委監司常切覺察仍出榜約束尚敢違戾按劾申尚書省取旨重作施行　二十一年五月十五日前權知舒州

十五

二十七年三月二十九日詔應人戶買賣耕牛並與蠲免投納契税 法二六年上

李巘民言切見民戶納苗税之類惟憑朱鈔爲照其間專典鄉司等人作受納之弊有已納錢物不即時銷薄多端邀阻致成掛欠重疊追擾其害甚大臣愚欲乞每遇受納之時置歷收鈔具若干鈔數次日解州州置歷即時送縣縣委主薄當日對鈔銷薄候納畢日解薄鈔赴州州委官點磨庶革追擾乞取之弊詔令戶部申嚴條法行下委監司守倅檢察按劾若監司違戾令御史彈奏 二十六年十二月二十五日戶部言人戶典賣田宅印契日限違者斷罪而沒其産皆太重難行從長告訴欲乞並依紹興法舊限六十日赴縣投税再限六十日賫錢赴縣請契仍自今降指揮到日爲始所有其

廿六

餘見行應干關防投納印契税錢中明即與裁法不相妨礙自合依舊遵守照用施行仍乞檢坐紹興條法遍下諸路監司州軍約束遵守施行多印榜文鄉村張掛分明曉諭民間通知從之 二十八年十一月二十三日南郊赦訪聞人戶輸納官物州縣多不即時銷注薄書再行劉刷追擾雖有已給券鈔不爲照用勒令重疊輸納是致民戶因弊長吏坐視恬不加卹仰監司常切檢察如有違戾去處按劾以聞當重寘典憲 三十一年九月二日赦同此制 三十年五月十一日臣僚言在法有縣戶監任四色鈔目欲乞將任鈔改作保鈔應人戶輸納已訖官以戶保二鈔給之如遇保長催欠鈔自

欲照使即以保鈔責付保長既得保鈔爲據則鄉司不得因而移用詔令戶部看詳 其後戶部言人戶所輸官物已有見約束受納給鈔銷注條法指揮人戶有官給已納戶鈔照應官有所留縣住鈔互相照應即不合再令保長重疊催擾緣州縣奉行違戾故鄉司得以移美欲下諸路轉運司約束所部州縣遵守見行條法如有違戾即仰按劾從之以上中興會要 紹興三十二年壽皇聖帝即位未改元七月二十四日臣僚言州縣受納秋苗令納一石率取二石以上受納官吏縱令人戶紐價納錢出給朱鈔謂之虛鈔即以朱鈔侵盜入己詔監司覺察許人戶越訴 十二月五日刑部言下條件

廿七

諸縣人戶已納税租鈔和預買紬絹錢物之類間不即銷薄者當職官吏各杖一百吏人仍勒停其人戶自齎戶鈔出官不爲照使抑令重疊輸納者以違制論不以赦降原減許人戶越訴者委知通檢察如情容庇者與同罪仍令提刑司每季檢舉出榜曉示民戶通知 隆興二年五月十日知潭州黃祖舜言州縣受納銷鈔在法主薄即時銷注主薄若不加省邑吏因爲姦弊所受弊者皆中下之戶戶賦税己會計之日不問已納未納摟籍一例催督縱人戶被訴而追呼之擾已遍于閭里欲望遇鈔至縣主薄立便披籍銷注一路委自監司一州委自知通常切覺察如有違慢或因事嘗罷被劾施

行詔依仍檢坐見行條法下諸路轉運司行下所屬州
縣常切遵守仍令知通依條檢察毋令違戾及委自本
司逐時點檢覺察　二十五日詔民間典賣田宅等違
限不曾經官投税白契限一季經官自陳止納正税與
免罪如違限不首許人告依違税條法斷罪因臣僚有
請也乾道二年九月二十四日上封事言人戶二税每
鈔收勘合朱墨錢三十文足不成貫石匹兩或半竊詳
不成貫石匹兩皆是下戶畸零之數而上戶所納自一
貫石匹兩以上至數十百貫石匹兩一鈔亦只納三十
文足多寡不均及送納人戶多是隱瞞官司只作一大
戶投鈔洎至送納了當臨時旋行填寫抱納人戶姓名
十八
遂致走失勘合錢數今相度欲將每貫石匹兩以上隨
數減作二十文足紐納其下戶錢不成百米麥不成斛
紬絹不成疋絲綿不成兩並免收納從之　四年十二
月二十五日臣僚言人戶輸納租賦非買官印紙則州
縣不肯給鈔每紙一張或六七十文或三十二文而其
重者有至一二百文在處有之而江西諸邑尤甚貧民
下戶日削月朘益見困弊而不聊生矣縣道習以成風
多以辦月樁為名公然印售恬不為怪欲望戒敕州縣
官吏禁絶此弊以除民害從之　五年十二月八日詔
人戶應違限未納契税并已前首契不盡白契並自今
降指揮到日限一季許於所在州縣陳首與免罪賞自

下狀日更與限一百日送納税錢專委本州通判拘收
入總制帳令作一項解發如一州起發及一十萬貫以
上從戶部具知通名銜申朝廷推賞若違限不首或雖
曾陳首違百日限不納税錢之人並許諸色人陳告依
條斷罪給賞拘没田宅入官仍逐旋開具拘没到數申
戶部籍記務在必行以後更不展限以戶部尚書曾懷
言人戶典賣田宅自有投税即契日限違限許人告依
違税法斷罪追没給賞昨來四川立限許人首納拘收
到錢數百萬貫并婺州一州得錢三十餘萬貫其他諸
路州縣視為常事恬不加意是致收納不盡兼循習舊
例並不依限投税故有是命　七年二月一日詔人戶
九
典賣田宅合納牙契税錢雖有立定所收則例昨降指
揮通限一百二十日投納契税可依紹興十年六月二
十七日指揮限一百八十日其人戶典賣舟船驢馬合
納牙契税錢各有立定所收錢數立契並限三十日印
契訪聞諸路州軍往往並不曾投納契税所有人戶典
賣田宅船馬驢騾合納牙契税錢昨降指揮專委諸路
通判印造契紙以千字文號置簿送諸縣出賣可令各
路提舉司立料例以千字文號印造契紙分下屬部郡
令民間請買將收到錢專委通判拘收並充上供起發
內有元係分隸經總制錢以乾道四年帳擬收到數銷
豁外有其餘錢並入總制帳令作一項解發令提舉官

逐時檢察每季開具通印給過道數諸郡各該若干某
字號賣過若干係某字號至某字號計交易錢若干合
收牙稅錢若干未賣若干係某字號至某字號開具牒
報本路轉運司委官一員驅考施行如印造違慢致積
壓有妨請買許人越訴依紹興十四年七月八日指揮
官吏重作施行如人戶納錢違限許諸色人告依匿稅
法斷罪追賞若提舉官能用心印造并本州拘收過錢
及五萬貫已起發交納數足仍從本路轉運司開具本
路提舉官并本州知通名銜申朝廷特與推恩先是宗
正少卿兼權戶部侍郎王佐言典賣田宅舟船騾馬雖
有立定條限齎契投稅例收藏白契至有加交方行投
卷二萬五千四百三十四　三十
印移割不明賦役失當重疊典賣詞訴不已皆緣不即
投契所致臣今相度欲令各路提舉司立料例字號印
造契紙分下屬郡令民間請買將收到錢並上供起發
內有元係分隸經總制錢以乾道四年帳據收到數銷
豁仍依紹興十年六月二十七日指揮立限一百八十
日違限不稅者許人陳告委自公私兩利故有是命
十四日冊皇太子赦人戶違限白契稅錢已降赦文展
限一百日許行自首與免倍輸令來將欲限滿自今降
赦書到日再與展限一季許令自陳免行倍輸限滿不
納罪復如初　七月二十八日戶部尚書曾懷言准乾
道六年十二月十一日敕典賣田宅舟船騾馬合用契

紙令提舉司印給將收到錢並充上供仍依紹興七年
六月二十七日指揮立限一百八十日違限不稅者許
人陳告本部今照得有未盡未便事件重別條具下項
一人戶請買契紙若令本路提舉司印給緣所屬州軍
繁多其間又有相去地里窵遠去處竊慮却致留滯今
欲乞依舊令逐州通判印給立料例以千字文為號每
季給下屬縣委縣丞收掌聽人戶請買其錢專委通判
拘收交納每季具給下契紙數目申提刑司照會若稍
有不盡不實官吏並以違制論科罪不以赦降原減一
人戶合給牙契稅錢每交易一十貫納正稅錢一貫除
六百七十五文充經總制錢外其三百二十五文充本
卷二萬五千四百三十四　三十一
州之數今欲乞將本州所得錢三百二十五文數內存
留一半充州用其餘一半錢入總制錢帳如敢隱漏依
上供錢斷罪一人戶典賣田宅舟船騾馬牙稅錢若違
限不納或於契內減落價貫規免稅錢許牙人并元出
產人戶陳首將所典買物業一半給賞一半沒官犯人
依條施行一人戶投納契稅契錢每交易一貫納正稅
錢一百文并頭子等錢二十一文二分訪聞州縣往往
過數拘收或攬納公人邀阻作弊欲專委令佐覺察禁
止如有違戾即仰根究重作行遣從之　十一月六日
臣僚言比年以來富家大室典賣田宅多不以時稅契
有司欲為過割無蹤稽察其弊有四焉得產者不輸常

徑一作經

賦無産有虚籍反存此則催科不便其弊一也富者進
産而物力不加多貧者去産而物力不加少此則差役
不均其弊二也稅契之直率為乾沒則隱匿官錢其弊
三也已賣之産或復來售則重疊交易其弊四也乞詔
有司應民間交易並先次令過割而後稅契凡進産之
家限十日内繳連小契自陳令本縣取索兩家砧基赤
契并以三色官簿係是夏稅簿秋苗簿物力簿卻徑自
本縣就令本縣主簿對行批鑿如不先經過割即不許
人户投稅仍以牙契一司專隷主簿廳庶幾事權歸一
稽察易見若主簿過割不時及批鑿不盡或已為批鑿
而一委於胥吏不復點對稽察者則不職之罰以例受

卷一萬五千四百三十四　二十二

制書而違者之罪罪之如此則四者之弊一旦可革而
公私俱便矣詔令敕令所參照見行指揮修立成法申
尚書省施行　八年四月十二日臣寮言人户典賣田
宅投稅請契各有日限而令之置産者未嘗以稅契為
意其弊蓋起於赦恩許其免倍納而自首況比年以來
監司州郡多因一時闕乏不候朝旨免倍稅契至有將
所收錢不復分隸合屬窠名一切拘留以資妄用欲令
後如遇降赦刪去人户稅契違限許其免倍自首一節
監司州郡專擅放行者重寘典憲仍行下諸路預先曉
示人户通知從之　八月十四日臣寮言已降指揮令
後如遇降赦刪去人户稅契違限許其免倍自首一節即

張一作析

官一作中

欲乞立限三月應前降指揮到逐州日以前人户典賣
田宅等違限未曾投稅契約並許於今來所立日限内
自陳與免倍輸坐罪限滿不首罪罰如初從之　九月
十九日詔諸州據人户合鈔送納稅租遵依見行條法
及已降指揮與丁絹憑由一體催散先是兩浙路轉運
司副使沈度言湖嚴處州紹興府人户合納丁絹近已
均減據人户合納丁絹憑由從本縣印給填寫姓名各
隨都分責付户長交收前去巡門催散訖關申本縣照
應今尚有人户合納夏秋稅租不成端疋布帛米穀絲
綿等細民多是合鈔給憑由即與上件丁絹事體一同
竊慮屬縣重疊追催故有是命　九年正月十八日詔

卷一萬五千四百三十四　二十三

人户典賣田宅物業往往違限不行稅契失陷官錢仰
自今降指揮到日出榜立限一月自行陳首與免罪賞
自投狀日限一季送納稅錢如限滿不首許元典賣及
諸色人陳告其物産以一半給告人充賞餘一半沒官
仍委葉翥張知常一就措置令項拘收發納所有州縣
解發推賞並依賣田錢格法施行　三月十日户部尚
書楊倓言承指揮委户部郎官薛元鼎同長式催督諸
路賣田乳香契稅等錢緣違限契稅錢諸州縣未曾立
限委官催促乞立限一月許人户陳首與免罪賞自投
日限一季納錢如限滿不首即依前項已降指揮施行
如或州縣侵欺移易將當職官吏依擅支使朝廷封樁

忠一作志

四年疑有誤

錢物法斷罪從之　二十五日淮南運判馮忠嘉言契
勘人戶典賣田宅合納牙稅契紙本錢勘合朱墨頭子
錢訪聞州縣巧作名目又有朱墨錢用印錢得產人錢
欲望重立法禁契稅正錢外歛取民錢許人戶越訴入
私歷者坐贓論從之　四年五月詔就委周嗣武張孝
貢前去江東路州軍措置人戶典賣田宅物業違限不
行稅契各自令降指揮到日與展限一月投稅令項拘
收發納左藏南庫椿管所有州縣解發錢推賞並依賣
田錢格法施行以上乾道會要

卷一萬五千四百三十四

二十四

宋會要　經總制錢

高宗建炎二年十月十二日翰林學士知制誥兼侍讀葉夢得言宣和之
初以東南用兵嘗設經制司取量添酒錢及增收一分稅錢頭子賣契錢
宋會要
等取之於微而積之於衆求之於所欲而非彊其所不欲故酒價雖高未
有駈之使必趣飲者也稅額雖增未有迫之使必為商者也其他類此而
靖康初相繼遽罷欲望博延群議更加討論經制錢除量添酒錢近已再
行發充造船外其餘名色有似此等可以暫濟急闕不至害民者願參取
施行從之又戶部尚書呂頤浩言經制財用之法始於陳亨伯其法措置
條畫皆有倫敘循其法可以治國可以裕民今邊境未寧多事之際養民
黎獻財用為急既不可闕則此法尤不可廢蓋經制之事斂之於細而積
之甚多且如增收典賣稅錢出於有力之家則不害下戶增收添酒錢斂
之於衆合於人情不以為苦今日大計財用為急而此法無害於民賢於
緩急暴斂多矣又如徐州沛縣事李曆言方今多事朝廷之費日廣嘗見
昨來河北京東路經制財用司所收添酒糟粺契稅頭子等錢所收至微
所得至多倘復行之所補不細戶部供到狀靖康元年節次已罷下項錢
鈔旁定帖錢增添酒錢增添糟錢增收牙契稅錢鈔旁定帖錢檢會宣和
元年八月指揮元豐以前並許州縣出賣不得過增價值後來緣州縣公
人於人戶邀求故宣和七年四月二十八日指揮諸路推行鈔旁定帖令
人戶從便自寫輸納合同印記錢已是杜絕阻節之弊令緣途官所隱於

民戶妄無擾擾詔諸路鈔旁定帖依宣和七年四月二十八日指揮令人戶自寫輸納依舊納合同印記錢仍專委逐路提刑司拘收樁管不得擅行支用每季具數申尚書省如敢支用依擅支朝廷封樁錢物法加二等科罪　三年十月二十三日臣僚言經制之法其始建議於陳亨伯錢昴在陝西日公共商量以為可行至宣和初陳亨伯為發運使推行於東南宣和五年陳亨伯為河北轉運使又行於京東西河北路其法斂之於細聚之則多而寔不害於民如添賣糟錢出於人之自然即非抑配官吏俸錢除頭子錢百分取一印契錢出於兼并之家無傷於下戶昨來河北京東西一歲之間得錢近二百萬緡所補不細今若行於兩浙江東江西荊湖南北福建二廣一歲所入無慮數百萬計況是事未寧養兵之際理財最急務苟不知出此幾急必致暴斂謂如勸誘助國之類是也與其暴斂於倉卒曷若取之於細微今除不便於民如納免行錢減罷曹官役人錢鈔旁定帖錢院虞候免獄子重祿錢牛畜等契息錢契白紙錢不可施行外所有權添酒錢量添賣糟錢人戶典賣田宅增添牙稅官員等請俸頭子錢并樓店務增添三分房錢共五項欲令東南八路州軍收充經制錢別置簿書拘管委逐路提刑司兼領檢法官充屬官提刑每月支食錢三

宋會要

十貫檢法官二十貫縣鎮並限月終起發赴州并本州合收數專委守臣樁管令提刑司委屬官躬親遍詣逐州體度市價變轉輕齎限逐季起赴行在送納或召人充便糴到限當日支給如州縣稍有隱漏擅便支使起發違限並依上供法科罪提刑司失拘催與同罪候及一年較其殿最而賞罰從之　十一月二十日詔經制錢令尚書省每十日一次劄下逐路東南八路提刑司遵依已降指揮恪意拘收每季終便行盡數起發赴行在送納不得視為文具若稍有違慢致有隱漏或不依限起發提刑司官重行竄逐人吏決配海島　紹興元年四月十四日戶部侍郎孟庾言勘會諸路所收無額錢物昨為窠名繁多州郡得以侵隱並令提刑司具帳催督起發近緣供申帳狀多不依限繼承指揮添酒錢五項依舊作經制錢拘收亦係無額名色相同從來帳狀不一作兩色供報州縣得以侵欺今欲乞將諸路所收無額經制錢物每季只作一帳供申並限次季孟月十五日以前具帳及起發足數並依見行條法施行從之　五月二十日兩浙路提刑司言今來諸州縣所管戶絕市易坊場并舊法衙前等欠鹽折產屋宇雖屬常平司及茶鹽司所隷既係人戶佃賃皆是係官屋業其月納并年納房賃錢事體無異竊恐亦合一等增收三分賃錢充經制錢

昴一作昂

齎一作賫

叢一作藂

起發資助行在贍軍支用從之　七月二日臣僚言七色錢先隸發運司充糴本係通判專一拘收後來將增添牙契等錢撥充經制錢專委官守臣拘收起發充朝廷支用竊見未撥入經制司以前通判所管發運司上件錢物多緣道路不通不將起發其發運司未嘗究治伏望專委本路監司一員及差能吏分詣諸郡駐磨將見在錢物盡數起發赴行在送納詔依仍專委提刑司拘收變轉輕齎起發從之　二年正月十八日知池州劉洪道言契勘本州屯駐指揮諸頭項統制官張俊軍馬日用錢糧依准節次畫降指揮取撥江東路州軍應干諸色上供錢經制茶租茶本錢紹興元年分下限鑄到年額新錢　建炎二年分下限額錢提刑司經制錢並充本軍支用詔特與除破　三月二十八日戶部言今來諸路添酒等錢五項已承指揮依舊作經制拘收限次季孟月二十五日已前與無額錢物作一帳供申及起發數足竊緣州軍季內收到錢物若候次季起發得以侵用今欲乞將諸路所收經制無額錢物已降指揮於本季終先次起發赴行在送納餘依見行條法從之　三年二月十八日兩浙東路提刑孫近言乞將諸州所收經制錢專委通判只就本廳置庫拘收逐季終盡數撥赴行在戶部勘當經制錢元指揮專委守臣樁管緣守臣係

宋會要

掌一郡財賦多是侵占支使解發滅裂欲依本官所乞施行諸路依此從之　三月二十八日兩浙西路提刑司言本司所收五色經制錢內除權添酒錢等外所有合增收頭子錢蓋謂當來申請元無定額致本路州縣所收錢數不同雖宣和間盧宗原申添收諸般頭子錢後來已行住罷今來即未審合與不合拘收起發戶部言欲下兩浙西路提刑司更切檢照州縣元初陳亨伯推行之時所收數目施行如委寔不見得元收則例即使權依宣和六年指揮則例數目行下一體督責拘收起發施行餘路依此從之　四年四月七日詔廣南東西荊湖南路提刑司當職官吏令逐路轉運司取勘限一月具案聞奏　以戶部言經制無額錢全藉季申帳檢察而逐路供申違慢最甚故也　十月四日澧州言竊見鼎州已得旨權免樁發經制無額錢物本州傷殘之後事力比鼎州百不及一其經制無額等錢委是樁辦不敷乞行蠲免從之　八月二十四日戶部言右宣教郎高公極前任福建路提刑司檢法官任內拘催起發過經制錢三十五萬二千四百餘貫郎無隱漏乞行推賞詔高公極與減一年磨勘　五年閏二月二十五日參知政事孟庾言準勅差提領措置財用臣除已依累施行外今具合行事件下項一乞以總制司為名一乞令禮部下文思院鑄

齎一作賫

印一面仍以總制司印文為行移取索文字並依三省體式一應本司措置事務依例進呈得旨并關申尚書省從之　四月十六日臣僚言竊見朝廷講究財賦誠為急務即今財用賦入之利莫大離稅茶鹽出納之間若計每貫增頭子錢五文所得之利歲入不少乞詳酌施行專切措置財用司言鹽茶已復鈔價其頭子錢難以增添外所有諸路州縣出納係省錢物所收頭子錢依節次所降指揮條法每貫共計收錢二十三文省內一十文省作經制起發上供餘一十三文並充本路州縣并漕司支用今稽考得州郡見各收納不一今欲依所請令諸路州縣離稅出納錢物於每貫見收頭子錢止量行增添共作二十三文足物以寬價紐計一體收納其所收錢除漕司并州軍舊來合得一十三文省外餘數盡行併入合起經制窠名帳內依限計置起發補助軍須如州縣舊例所收多處亦從多收從之　二十日尚書省言近經畫耆戶長顧錢并抵當庫樁四分息錢及轉運司移用錢與勘合朱墨等錢并出賣係官田舍錢及敕限內典賣田宅牛畜等印契稅錢并進獻貼納錢與常平司七分錢及茶鹽司袋息錢并入戶典買物業勘合錢並依已降指揮令諸路州縣遇有收到錢物各即時令項樁管[illegible]候及數依限起發赴行在送納如更有以彼節次措

置到別色錢物各合依此別項樁管以備應辦軍期支用詔依仍令戶部限一日具節次措置到錢物指揮申總制司今後遇承受到指揮限日下供由本司置籍拘管仍將應措置到錢物令本部每三日一次拘收及行在交納庫務每日具每色納到數目逐路各若干申總制司照會　二十八日總制司言專切措置財用言人戶稅賦畸零之數依條聽納錢并與別戶合鈔納本色官司至納畢於簿末結計止數及合零就整每色剩納到數盡一朱書令承批送下臣僚陳請州縣自有定額緣人戶有析居異財以一戶分為四戶或六七戶絹綿有零至一寸一錢者亦收一尺一兩米有零至一勺一抄者亦收一升之類自大宋有天下垂二百年民之析居者既多而合零就整之數若此者不可勝計往往鄉司隱沒入已或受過人戶價錢或攬過催頭錢物抱認數目悉以合零之物充之官司匪科已及正額遂不復根究所謂合零就整者盡入猾胥之家誠為可惜乞會稅賦畸零剩數雖依法於簿末結計窺慮未至詳盡欲依本官陳請下諸路轉運司行下州縣別置簿拘管逐年委通判點檢依條折納價錢別項樁管專充上供從之　同日總領司言專切措置財用中二廣福建江南東西路免役一分寬剩錢若無災傷減閣支用並令發赴行在及兩浙

西路役人顧錢除歲用外餘錢應副大軍支用並已得朝旨施行外有浙東湖南北路欲依臣僚所乞事理將理到顧役用外剩錢發赴行在送納從之　五月十四日總制司言近朝廷節次措畫收到錢物依已降指揮並令別項樁管起發赴行在應辦軍旅支用自承上件指揮雖已劄下所屬監司拘收起發緣收到數目起發日限例皆不等謂如有每季一次起發者有分上下半年起發者有收及一萬貫方始起發者有不拘收到多少便令起發者如此之類既不齊一不唯散漫難以稽考亦慮州縣因而移易隱漏今具下項一近措置經畫窠名轉運司移用錢勘合朱墨錢出賣係官田錢人戶典賣田宅牛畜等於數限內陳首投稅印契稅錢進獻貼納錢耆戶長顧錢抵當四分息錢人戶典賣田業收納得產人勘合錢常平司七分錢見在金銀紹興四年十一月二日指揮起發在數茶鹽司袋息等錢樁還舊欠裝運司代發斛斗錢係州縣見欠日收酒稅錢內收樁兩浙江東一分江西湖南二分收納頭子錢每貫收納錢二十三文足展計錢二十九文九分省內一十三文依舊應副漕司并州軍支用外有錢一十六文九分省合拘收官戶不減半民增三分役錢見樁數二稅畸零剩數折納價錢免役一分等剩錢一諸路州軍各委通判一員專一拘收前

項合起發并日後續有措置經畫錢物令所委官子細檢察拘收類聚所委通判聽究割與本州軍收到錢物一處樁管非奉朝旨分文不得輒支用一今來拘收到錢不以多少數目令所委通判每季起發今年夏季為始未降今來指揮已前或有未發季內或有已發並據實收數發次季以後將一季內收到數起發施行庶易於稽考仍每季遇合發日具錢物數目申州日下依條差官管押赴行在送納及依下項細開具綱解申戶部照會拘收具一般事狀申總制司轉運司移用錢若干餘色依此已上總計名物各若干一今來合發錢物內錢如係沿流州郡即起發見錢不係沿流州郡仰所委官依市價變轉輕齎金銀起發仍子納者驗不管夾帶銅錫鵶盜之物及不得虛擡小估價例有虧官私一方今朝廷養兵日益增全仰經畫錢物相兼應副其所委官自當體認公共協和拘樁起發不容稍有欺隱如奉行有方不致隱漏或廢弛苟簡少有失陷取旨重行賞罰仍令所隸監司常切檢察一今來所拘收起發錢物並係朝廷日近措置經畫窠名並不侵取州郡經常支用并自來合發上供錢物今欲申明行下所有自來合發上供錢物糧斛仰所屬依條限起發施行如或稽滯戶部按劾施行從之　同日詔諸路所收總制錢專委通判一員拘收檢

儧一作僕
漏一作瞞

察別庫拘管其所委官廢弛苟簡稍有欺隱失陷並當取旨重作責罰仍令提刑司常切檢察　八月八日江南西路提舉茶鹽常平等公事司言在法應給納常平免役場務淨利等錢每貫收頭子錢五文足專充經制錢起發今來諸色錢物每貫收頭子錢增添共計二十三文足既非横歛有補經費其常平司錢物出納理合一體欲乞依例收頭子錢二十三文足除五文依舊法專充常平等支費外其增收到錢與經制錢作一項窠名起發專切措置財用言欲依所申事理施行仍令戶部行下諸路常平司依此施行從之　六年五月十六日詔諸路州軍每季所收經制錢並限次季孟月內起發數足　十月二十六日戶部侍郎王俁言乞令諸路提刑司將所收總制錢窠名錢物根狀供申以限隱漏不實起發遲慢斷罪並依經制司額上供錢物條法從之　十一月三日尚書省言諸州及管下縣鎮場務所收經總制司錢元降指揮縣委知令拘收發赴通判廳聚每季發起行在非奉朝旨不得支用恐監司州郡或以應辦軍期之類為名擅行借兌拘截取撥支用欲乞依監司郡守輒將經制司錢擅行兌借拘截取撥及知令不即拘收起發輒有侵支互用者並依諸路州軍通判已得指揮斷罪條法施行從之　十年十二月十五日詔總制錢若比

額虧欠並依經制錢展一年磨勘二分以上取旨施行　十一年十二月十日戶部言乞諸路所收經總制錢若無專降指揮指定窠名支撥不以是何官司並不得拘收截撥州縣及所委官司不得應副雖承受詐取撥諸司錢指揮其經總制錢亦不在數內如違其所委通判并取撥官司州縣輒將經總制錢擅行應副兌借拘截取撥及不即拘收起撥輒有侵支互用者內所管官并當職及取撥官並先降兩官放罷人吏徒二年各不以去官赦降原減仍令提刑司檢察將違戾去處按劾施行從之　十二年五月九日戶部言兩浙東路提刑司檢法官孫祐康幹辦公事連汝舟王詢拘催過一路紹興十一年總制錢一百八十九萬九千二百一十餘貫別無隱漏乞行推賞詔依經制錢條例推賞諸路依此施行　十三年三月八日浙西提刑王鈇言總制錢物比之經制無額窠名尤多欲將經制錢人吏依經制無額錢已得指揮以三年為界候界滿取索收錢及起發無違限許與轉一資詔依諸路州軍準此　十九年戶部言據淮西提刑司開具到紹興九年至十一年所收經制錢數目參照得內有當時係經人馬侵犯年分今來已是平息欲權將最高年分為額自紹興十二年為始如提刑檢法官能悉心奉行至歲終拘催錢數及數乞保明推賞內

総一作綜

舒和蘄黃廬州無為軍通判拘收錢及數各與減半年磨勘若虧額並展一年磨勘光濠州安豐軍通判及數各與陞一年名次如虧及一分以上並展一年磨勘令權立賞罰候將來及三年令提刑司別行開具增立錢數申取指揮施行　十六年三月二十四日權戶部侍郎李朝正言諸路每歲所收經總錢依元降指揮委本路提刑并檢法幹辦官點磨勘催歲終數足許比較推賞本部欲將經總制錢數通豪紐計比較遞年增虧依立定分數殿最增一分以上減三季磨勘二分以上減二年磨勘四分以上減三年磨勘六分以上減四年磨勘虧一分以上展二年磨勘二分以上展三年磨勘三分以上展四年磨勘從之　五月二十八日戶部言諸路經總制無額錢物係專委通判檢察造帳舉驅磨今來所委并提刑司置而不關弊倖百出欲今後諸州通判每季收支經總制無額錢物隱落失陷不滿一分展磨勘一年一分以上展磨勘二年一分五釐以上展磨勘三年二分以上展磨勘四年仍令諸路提刑司自紹興十六年分所收錢物為始每歲開具點磨到逐州軍各有無隱落失陷分數通判并提刑司官職位姓名合展減磨勘申部取裁責罰餘依已降指揮從之　七月二十五日江東提刑司言乞將經總制錢自紹興十七年為始諸縣委縣丞

無縣丞委主簿專拘收檢察本縣并鎮税等處應合收錢色錢物須管盡實分樁寄名專置庫銀樁管依限解赴通判廳團併起發及依時拘催供攢帳狀若有應收而不收之類致本司及通判點檢得失收錢物其所委官乞依通判已得指揮責罰每歲至歲終拘收齊足別無隱落失陷乞從朝廷以每歲收到錢數多寡量立賞格戶部言令諸路提刑司專委縣丞如無縣丞處即委主簿合得窠名用旁照驗逐一計考拘收並於本縣別用庫眼收樁所委官專一管掌出入依條限解發如輒敢侵支互用與供申帳狀漏落不實起發遲慢等事並依專降指揮并見行條法施行仍令提刑司每歲至歲終取索諸縣的實收到錢物比較前三年所收除虧欠去處自合根究候隱因依法施行外將最增縣分一兩處開具縣丞或主簿職位姓名保明量度推賞庶使責任專一有以激勸從之　十八年十月十八日上宣諭曰諸州月樁錢昨已減罷要當盡行除放庶蘇民力宰臣秦檜即諭戶部侍郎李椿年宋貺以經總制錢措置贍軍　十九年六月六日詔右朝奉大夫直祕閣知合州宗穎右承議郎通判姜邦杰右奉議郎添差通判朱習並放罷以擅行借兌經制錢一萬餘貫并拖欠元額為戶部所劾也　二十一年二月二十四日太府少卿徐宗説言為國之道財

用為本方今經費所賴之大者經總制錢物萬委守臣措置起發歲終較
其殿最賞罰後因臣僚論列慮守臣侵用遂專委通判拘收提刑司驅督
與監催督起發又立定對行賞罰條格其後無供最少之數遂致合係官
首例不得具賞竊恐錢物愈更失陷乞下有司別行措置令知通同共措
辦通判專行拘收椿數以發到錢物立定賞格知通詳度其當申户部
措置申尚書省　十月五日户部言諸路州軍所收經總制錢物州委通
判縣委知令檢察及令提刑司歲終比較虧欠賞罰緣經總制錢多出酒
稅正係州府職事官臣既無賞典難以責辦欲乞令知通同共檢察其實
分隸專令通判拘收令置庫眼籍管仍令提刑司依已降指揮取索案除
如有應分隸而不分隸或侵用失收等許行按劾所有知州合得賞依
通判格法施行從之　二十六年七月十七日左朝散大夫權尚書禮部
侍郎賀允中言比年以來經總制錢立額以紹興二十六年以前中取高
者一年十九年之數為之其當職官既有厚賞以誘其前又有殿責以驅
其後額一不登每至横歛民間受弊望詔有司經總制錢既立歲額以中
為制詔令户刑部看詳申尚書省　十一月十二日尚書省言部所申
辦言郡縣有經制總制二司合收錢物無定額只據逐年所收之數起發
令　會要
上供昨失指定之臣輒有申請以十九年最多之數為定額自是郡縣
然民受其害望申命宰執行下户部乞自十九年之外有指揮分減少
揭其數詔令户部將十九年後二十五年前取酌中一年立為定額申尚
書省　二十七年五月二十日户部言奏保諸州經總制無額錢物賞
罰多不定欲下諸路提刑司令後逐一契勘錢數來到申部限五日
回報候報許首傳條奏從之　二十八年二月五日詔諸路所收經總制
無額錢自今年為始須管盡實分隸依額發納至歲終常切點驗比
較開具州軍所起增虧數目合得賞罰當職官名銜供申從本部考覈
法賞罰施行提刑司不為開具或將合罰去處隱匿即具本司當職官申
乞朝廷重行黜責　三月二十八日户部言諸路州縣二稅畸零剩數乞
依舊作總制窠名起發從之　二十九年六月一日荊南府通判孫袤言
管下公安石首縣建寧鎮三處稅場已行減罷緣自罷廢以後民力未復
一除豁經制總制錢四十六百九十六貫七百五十七文户部言荊南比之
其他路分州軍不同若依額起發竊慮無可收趁欲下本路提刑司取見諸
窠除豁施行從之　七月十五日右正言都民望言乞申命有司契勘近
年併罷稅場及免納過稅數目計令除豁年額經總制錢從之　三十年

二月二十九日詔經總制錢諸路一歲斷及二百餘萬緣令提刑司檢察
將諸州公庫不許違法置店沽酒日下改正往往巧作名目別置庫眼
酒庫防江酒庫月椿酒庫之類巧為名務將違法及帥司激賞酒庫應未分
隸經總制去處並限一月下立額分隸補趁虧元額仍自今來為始須管從
實拘收限次年五月二十五日以前差官點檢依此不得於帳狀內存留
見在却額見行起發致慮作弊務要歲終數足及額如日後尚敢隱蔽違
戾致依前虧欠州縣委提刑按劾如同依前不行覺察許本部按劾施
行　五月二十一日建州言每歲合發經總制錢二萬七千四百餘貫緣
自兵火後百姓凋弊甚於他州酒稅課入絶少乞將紹興二十年已後
合發錢數免一年從之　八月十四日臣僚言經總制錢名出於酒稅頭
子牙錢分隸歲之所入未於常賦然自建炎以來講畫不一或以責委守
臣或專委通判或又欲知通同掌所議未定更自紹興十六年
因李朝正之請專委通判拘收通判既以自專因循行焉於是歲之所入至
一千七百二十五萬緡無何議者妄有申請二十一年十月始降指揮令
知通同掌通判既屈於長官之勢恐其侵用莫敢誰何迨於九載無幾不
虧欲望復舉行十六年專委通判指揮仍令別置庫眼收出納不得
會要
移之數官如通判不能拘督守臣違法占恡不給分隸仰提刑司常切檢
察並許户部按劾重寘典憲詔依內無通判去處委簽判管　十一月
二十九日户部侍郎兼權知臨安府錢端禮言承勅令指揮備坐臣僚
同子乞將紹興十九年以後十年內經總制錢取酌中一年之數立為定
額望詳酌其弊下户部看詳緣前來已曾降指揮止是申明行下逐路
取索文本與次今來乞擬本部參酌臣僚所乞於十年內取酌
中一年之數立定為額行下諸路提刑司如數拘催發納不管拖欠額數
廢缺事有定論欲乞本部近將兩浙東西路秋季經總制錢給歷拘催
比對去年之數增收二十四萬餘緡今來既已立定新額欲將近便路分
依兩浙路給歷拘收庶免失陷詔依於是户部開具諸路軍府元額并逐
年額各隨諸州軍府數目於內取酌中數定為年額有差　十二月八日
上諭輔臣曰昨日臣僚論經總制以十九年為額太多已降指揮昨日黄
應南又乞除放已前年分所欠積下錢數卿等宜令户部具十年數內取
其酌中者立為定額仍比十九年數合減多少十年內通大約不若不與
除放及減歲額恐徒掛簿書又慮州縣科敷取足困弊百端宰臣陳康伯
奏曰聖德寬明灼見事原謹領聖旨　二十一年五月二日詔婺州通判

君一作若

呂晉大與展一年磨勘　以戶部言稽考本州經總制錢虧欠五分已上
故罰之仍令催督起發歲終別行比較也　八月六日詔諸路州軍未起
三十七年經總制錢特與除放所有二十八年以後拖欠之數令提刑司
督責補發　十月四日侍御史中丞允湖北京西宣諭使汪徹言成閔一
軍人馬支過經總制錢乞令行在至湖北官將今年一州糴收之數撥下
大軍經由縣分通融支遣所有借過人戶錢乞從縣道將折納今年以後
本名諸色官物却依舊於經總錢內豁破從之　三十四（二）年四月七日淮
南路轉運提刑司言淮東州軍近因賊馬蹂踐其州軍經總制錢乞免分
隸起發於是戶部言盱眙軍已降詔旨與免五年泰州已免一年楚州展
免二年從之　十八日安豐軍言近緣賊馬未能就緒所有每歲合椿發
經總制無額錢難以椿收詔全行展免一年
孝宗乾道元年十月十二日臣僚言諸路州縣出納錢物每貫收頭子錢
三十三文足欲每貫添收錢一十文足乞專委逐州軍知通拘收詔每貫
添收錢一十三文省充經總制錢委通判拘收入帳通舊收錢七文共二
十文仍將今來所添人數別作一項每季發納左藏西庫補助經費支遣
十二月十四日戶部侍郎李君川等言諸路州軍每年合發上供折帛

經總制無額等諸色錢並係指準應副經常支用其間多緣州軍循習截
撥支使窠名不一委是侵損歲計乞下諸州軍自乾道二年為始不許截
撥並仰各隨窠名收椿依條限起發從之　二年十二月五日詔經總制
錢窠名繁多若令守臣管幹恐不專一令依舊令知通同共拘催縣委令
丞管幹如無通判縣丞處委自簽判主簿掌管如任內所收錢限內起發
比額有增依見行格法知通分撥酬賞若比較有虧依已降指揮責罰仍
令提刑司檢察如有侵隱妄支具姓名按劾　先是臣僚言州郡經總制
錢多不及額蓋由專委通判縣丞而州縣之權實在守令欲在州專委守
臣在縣者責之縣令仍令提刑司嚴行覺察故有是命　三年三月十九
日浙東提點刑獄司言本路諸州軍所收經總制無額三色錢物如收及
額各有立定酬賞唯無額一色錢數最少賞典最優近年以來多是將經
總制錢暗行挪撥苟求優賞其經總制之數却致虧欠乞自今應知通陳
乞無額錢物酬賞須候本年經總制錢依額數足方許陳理從之　八年
八月四日新除度支郎朱倬上言經總制錢頃自諸州通判專一拘收歲
之所入至一千七百二十五萬緡繼命知通同掌而歲之所虧至二百三
十萬緡故曩者版曹之臣以此奏陳專屬通判其後又因臣僚劄子乞委

守臣於是有知通同拘催分撥酬賞之制夫州郡錢物常患為守者侵取
經總制分隸之數而多收係省以供妄費此經總制專任通判之意今使
知通同掌則通判愈不得而誰何乞將經總制錢仍舊委之通判而守臣
不預從之既而戶部尚書楊倓言若令通判拘催專任賞罰切恐守臣妄
生異同不能協力乞照乾道二年指揮令知通同共任責分賞從之　十
一月六日詔將乾道四年五日年諸路州縣拖欠未起上供經總制等錢米
特與蠲放日下銷落簿籍不得再有追理如違許民戶越訴監司覺察按
治從中書門下請也　十二日權戶部尚書楊倓等言諸州經總制錢依
續降指揮每月椿所收錢數解發限次季孟月二十五日以前起足令次
季終尚有拖欠去處乞許臣等將最遲慢州郡官吏按劾其前季執守從
領郡亦例行奏聞從之

淳熙以下脫應補抄

省一作少

無額上供錢　高宗建炎元年十一月十四日詔諸路無額上供錢不合立額可自建炎二年正月一日爲始並依舊法當職官拘收滅裂致有欺隱失陷者重加典憲　二年五月十五日戶部尚書呂頤浩等言諸路無額錢內增添酒錢舊法係戶部上供之數今已承指揮自建炎二年正月一日爲始並依舊法切處諸州軍止以六分樁撥欲令提刑司行下逐州軍將四分增添酒錢併入六分之數收係入帳依限盡數樁發施行免致有虧省計從之　七月十二日端明殿學士提舉醴泉觀黃潛善言戶部經費自軍興以來用度浩廣惟仰諸路上供錢物應辦其州郡所收無額上供錢物依法並隸提刑司拘收具帳供申起發緣無額錢所收窠名不少切處州郡縣鎮隱漏不肯盡數供報提刑司不爲檢察致拘收隱落或供帳不定日久轉致虧額失陷省計欲望下戶部檢坐諸州郡應合收無額上供錢物窠名及供申隱漏不實起發期限并前後應干約束等條法鏤版遍下諸路州郡及提刑司遵守施行詔依紹興元年四月四日戶部侍郎孟庾言諸路州軍所收無額錢物昨緣名繁多州郡得侵欺並令提刑司具帳催督起發以革侵用近緣軍興諸路供申帳狀多不依限繼承指揮添酒錢五項依舊作經制錢拘收亦係無額名色

卷四千六百八十八

高宗建炎以下係上供錢

虧一作額

相同從來帳限不一作兩色供報州縣得以侵欺今欲乞諸路所收無額經制錢物每季只作一帳供申並限次季孟月二十五日已前具帳及起發數足餘依見行條法從之　二十五年四月十六日詔諸路州軍知通令後拘收無額錢物及一萬貫與減一年半磨勘及一萬五千貫以上與減二年磨勘如止及五千貫依已降指揮與減一半從戶部請也　二十八年三月二十五日戶部侍郎徐林言令欲下諸路提刑司行下諸州軍令後拘收無額錢物覺侵隱漏日方許陳乞從本部驅考若任內合起上供折帛等錢別無拖欠即依見行條法指揮保明推賞從之　二十九年閏六月八日臣僚言竊觀昨降指揮應州軍專委通判拘收起發無額錢歲及五千貫以上者知通與減一年磨勘所在州軍每歲財賦所入或有係無窠名者往往空有拘收及五十貫其間有止拘收到一二千貫至三四千貫爲不能及五千貫數不該賞典遂致州軍吏不將所樁到錢物起發令乞行下諸路責令守倅常切拘收除一歲能拘收起發及五十貫以上者依已降指揮與減一半磨勘外若不及數而及四千貫以上者與減三季磨勘及三千貫以上者與減兩季及二千貫以上者與減一季如此則隨其多寡爲之酬賞從之　高宗建炎三年七月二十七日戶部侍郎葉份言乞每歲終從本部將諸路所

卷四千六百八十八

起上供錢物斛斗數目以十分為率比較三兩路起發最多最少去處申乞賞罰庶使官吏有勸懼之戒詔從之　四年九月六日户部侍郎孟庾言崇寧立法諸路違欠上供錢物官衝替而吏配千里務要應期辦集後大觀間户部奏請以為法禁太重將官員衝替改作差替人吏決配改作勒停期于必行不為虛文繼承指揮却依舊法日來朝廷不欲深罪監司州郡公然違戾深慮有悞國計伏望嚴賜督責監司州郡當職官將今年上供錢物須管依限起發赴行在應副支用如有違欠並乞依大觀間申請斷罪從之　紹興元年三月九日尚書省言行在養兵之費浸廣帑藏之積無幾將來

卷四千六百八十八

大禮合用賞給百萬既不許備斂惟指擬上供宜須行戒飭詔監司及州縣當職官不務體國縱令拖欠起發遲滯或冒法截類侵隱兌借之類有悞大禮支遣官追一官勒停人吏杖脊遠配若率先起足取旨優異推恩仍令户部常切催督其置簿點檢驅催並依已降指揮施行從之　二十七日詔諸路應赴行在錢物斛斗官司輒截留借兌支撥並依上供條法指揮施行　四月十三日户部侍郎孟庾言江南東西路合起發行在額斛係以去年秋税計置起發已承十一月四日朝旨將二分折起價錢外餘八分起發本色運米緣所起數多即目道路未甚通快竊慮艱于一般般運又民間見闕

糧斛令欲將逐路合起發米將二分依市價糶賣將所糶錢計置金銀起發餘六分本色依舊詔依仍仰將已納在官合起發上供米斛依市價出糶如有未納數目即拘催本色不得抑勒税户認納價錢却成搔擾　八月二十九日詔令宣州將未起上供紬絹三萬匹並納本色以本州言奉勅上供紬絹一半折價每匹三貫文而江東特須止兩貫下户反有倍費故也　二年三月二十二日户部尚書李彌大言令來道路並無梗阻其諸路州軍上供錢帛斛㪷自合遵依上供條限盡數起發前來行在送納望嚴賜指揮諸路漕臣詔兩浙東西江南東西路各就委逐路劄刷折帛錢官拘催并福建

卷四千六百八十八

路荊湖南北路廣南東西路並仰逐路漕臣照會户部已行事理訓誡州縣將合起發物各依條限起發令來係充贍軍支用務在悉心拘催毋令臨期前擘令户部不拘催促施行如尚敢違限不為依數起發仰本部按劾取旨重寘于法　閏四月十二日臣僚言欲令福建路轉運司將本路合買發上供銀委官置場依市價收買如或價高所買數少不及祖額即乞朝廷量行蠲減詔劄與福建路轉運司從長相度務要便民限三日申尚書省　五月十一日户部言乞將處台州上供錢物并依江東西不通水路已降指揮計置輕齎起發赴行在從之　六月二十七日金部言欲將鼎州建炎四年

合發上供錢物免放其紹興元年分上供之數自來年
爲始分限三料帶納其今年上供錢物疾速依條限計
置起發前來行在送納從之　七月十四日詔南康軍
今歲合發上供紙並特與放免一年　十月十三日都
省言江西吉筠州臨江軍上供粮斛累年並無起發數
目今歲豐稔秋苗理當措置詔差倉部郎官孫逸前去
同本路漕臣韓球于逐州催納先次起發三十萬碩各
差逐州通判兵官一員管押赴鎮江府權行交卸其合
用舟船如官綱不足仰本路安撫大使司協力那融
應副仍限至十二月終起發盡絕如有已受納到早米
亦仰疾速起發祇備應接行在支遣令户部常切催促

卷四千六百八十八

如限内依數起足其韓球孫逸并管押官一例推恩若
出限不足取旨降黜及差郎官一員密院准備將兩員
前去受納合別項樁管非奉朝廷指揮不以是何去處
不得支動顆粒并沿路不得拘截如違並重寘典憲
十一月八日度支員外郎胡蒙言頒詔諸路監司凡管
下租賦利入拘催趁辦未足額不許截撥上供其一路
一州一縣物斛錢帛應合輸行在之數敢有違欠以慢
法禁罪之限滿委省部劾刷以聞嚴行懲戒若州破州
縣之吏有能勸課耕闢田產使租賦漸復元額措置征
商椎酤而收息至於增羨者並具實保奏優與進擢以
示激勸或監司州縣沮抑許諸臺省自陳庶幾咸知國

用爲急財賦必輻輳而至軍事雖未息資用常裕如無
苛斂以蠹民則邦本自固矣詔劄與諸路轉運司照會
十七日江浙荆湖廣南福建路都轉運使張公濟言
逐路州郡依格上供之類常是出限不足欲乞應諸路
州軍財賦出入並許公濟取索點察其合撥上供錢物
如限滿有欠缺不足之數從公濟取撥本路所管轉運
司移用錢依備補足解發如逐州上供錢未足漕司不以
移用錢補發別作名目支使欲許公濟撥劾具事因申
取朝廷指揮從之。三年正月二十九日詔江東西湖
北路紹興二年二年未起上供紙數並特與權行倚閣
紹興三年合發數目一半權折納價錢　二月二十日

卷四千六百八十八

户部言檢會去年七月二十日都省言提點鑄錢官王
瞍申請將減鑄年額上供錢内每年權借留一十五萬
貫充回易錢本限次年内先次起發赴行在本部契勘
在法上供錢物不許官司陳請截留借兑支撥欲令本
司將截留過錢數立便盡數起發從之　八月四日户
部尚書黄叔敖言政和東南六路直達糧綱起發條限
難以遵守即今車駕駐蹕臨安諸路歲額上供事涸權
宜別立季限今乞兩浙路分兩限拘催收樁數足上限
今年十二月終次限次年二月終江南東西荆湖南北
並分三限第一限本年終起發第二限次年二月終第
三限五月終如違限樁發不足從本部具數中朝廷乞

入納之數下轉運司於諸州上供錢內樁還鹽司詔令戶部勘當申尚

賜施行從之　四年二月詔廣南東西路轉運司當職
官各降一官吏人從杖一百科斷以戶部比較紹興三
年未起上供錢物本路拖欠最多故也　六日戶部尚
書黄叔敖等言今歲大禮賞給乞兩浙等路上供和買
紬絹以十分為率八分起發本色二分折納價錢從之
二十七日詔蘄州紹興四年已前合起無額上供錢
物並與蠲免以本州言兵火後財計未足故也　同日
左朝散郎王縉言廣南東路每歲上供例買銀輕賫兩
近年坑場不發銀價騰貴及至行在又還頻損元價十
之三四契勘榷貨務召人入納筭請鹽鈔有指留鹽本
等錢數不少今不若令筭請廣東鹽鈔之人一併入納
卷四千六百八十八
指留等錢別項樁管起發充本路上供之數預約度一
歲書省　四月二十一日臣僚言切見廣東上供白金
歲輸十萬兩朝廷雖嘗令廣東相度從便上供見緡然
而轉輸當用舟航頗募之初匪易護送必遣官吏交納
之際甚艱錄是州郡莫敢任見緡之責伏見近歲取廣
東漕司鹽改為鈔鹽鈔法既行而常患乏鹽尚有三分
之下留充漕計今若將上供錢權舊數蠲其難辦之額
定其寔納之數撥與本路為漕計而于漕司一分鹽內
會其價直取之以益鈔鹽使償上供之數則商賈自以
見緡輸于行朝矣詔令戶部勘當申尚書省　七月十
三日溫州言乞將今年未起上供紬以衣絹代發從之

官一作管

其一作具

五年正月五日詔罷湖南轉運司上供額斛折納價錢
並催納本色　三月十八日前荊湖南路提刑司檢詳
官文浩言切見荊湖南路上供錢舊以官綱鹽頭子錢
樁數起發自推行鹽法之後悉係客販所謂頭子錢者
無有也當時有司慮失歲計州縣逐急措畫遂以總引
為名歲取其數苟逃吏責因循迄今但以人戶稅役高
下分俵趣引每縣或至二三萬緡十倍上供之數敵多
困窮弊不勝言乞令本路漕臣各據逐州元認上供寔
數以人戶見今等第均敷勿襲科俵趣引之弊歲終檢
察以關所貴少戢贓墨之吏以蘇凋瘵之民詔令廣益
體訪諸寔其合如何施行申尚書省　十五年十月三
卷四千六百八十八
日知建康府晁謙之言本府每歲合起上供米舊額一
十五萬碩自經兵火至紹興五年認起一十一萬碩後
緣轉運副使黄敦書暫權府事增起二萬四十餘碩遂
致兩年來公私費力欲乞將上件增起米數許與蠲免
從之　十九年九月二十五日戶部言諸路州軍歲發
上供諸色錢帛并合樁管窠名各有樁發條限今將侵
借去處不以去官並從本部按劾重賜黜責施行從之
二十年六月三日權知無為軍高世定言本軍三縣
人戶未甚歸業其合起諸色上供委是闕乏欲望令所
屬委官檢覆見歸業并開墾田土于見今承認舊額所
起上供等錢數內量行減免詔令戶部看詳如合減免

申尚書省取旨　二十三年閏十二月二十二日戶部言上供諸色窠名錢物在法不得支充移用若輒擅侵支各有專一斷罪條法指揮比年以來州軍往往冒法費妄用乞行下諸路監司常切檢察遵依條禁若有違戾侵借除依法斷罪外仍乞令後更不差注知州軍差遣仍乞從本部取索當職官職位姓名供軍（申）尚書省照會施行若後官任內合發窠名錢物別無拖欠能措置補還前官擅支錢物每及一萬貫已上與減一年磨勘至五年止從之　二十六年八月十二日詔滁州合起上供錢權以六分為額起發以本路轉運司言本州上供已發八萬疋無所出乞蠲免故也　十九日戶部言乞令諸路監司催督所部州縣將上供等錢物今後並依條限拘催起發仍從本部于次年駈磨遲慢多處開具按劾重賜施行從之　十一月二十三日江南西路轉運司主管文字逢汝舟言望詔有司戒飭州縣于每歲增起二分錢物不得增數于民庶使民力不致重困于是戶部言合起上供錢物除湖南州軍依格起發外欲下荊湖北路轉運司鈐束逐州軍將合增認數目依條收椿起發即不得增數于民如有違戾去處仰本司按劾施行從之　二十八年五月十二日尚書駕部郎中張宗元言比年以來諸路發納米斛數少朝廷不免將諸路糴本湊額錢撥赴行在和糴場及三路總領司

收糴米斛補助支遣欲望詔有司行下諸路轉運司自今後須管每年開具合賑寬數保明諸州府守倅令佐及檢踏災傷官次第結罪狀供申要在十一月內到部仍依省限報足如違從戶部具申朝廷取旨施行若定數既見可憑稽考不致拖欠則立為成法三年之後椿積之數不下及五百萬碩除本奏額外每歲又有二百萬碩以助他用于是戶部言江浙（路）歲額合發上供米斛並係實數緣紹興之初一時隨宜認發致不及元額在法江浙荊湖路秋稅十月一日起催若有災傷以八月經縣陳訴至月終止限四十日檢放欲依所請行下兩浙江東西湖南北路轉運司（鹽）仍先具已依稟文狀以聞從之　二十九年正月二十四日司農少卿董苹言伏望特降指揮令後州縣前官拖欠上供而後官致被取勘者先具所欠年分已去當職官擇其甚者取旨責罰不以去官赦降失減從之　八月二十三日戶部言今欲令逐路漕司與州軍當職官將今年合發上供額斛宜依年例數目認椿仍多方措置檢察遵依條限起發赴所屬應辦給遣務要盡實毋致欺隱如違送本部開具違（例）戾去處按劾施行從之　十二月四日權戶部侍郎董苹言欲望申飭諸路州軍將合收錢物依條分隸不得改易名色應限發納及令監司各隨窠名催督所屬起發毋令輒換綱解指移上供仍許監司互察從之

孝宗隆興元年上脱浙東路上供錢六、共五十五字，脱以注應補抄

三十一年八月二十六日，户部言：令相度欲令逐路漕
司與州軍當職官將今年合發上供額斛，且依年例數
目認椿施行，仍多方措置，檢察違依條限依數椿辦，起
發赴所屬應辦給遣，務要盡實，毋致欺隱。如違，從本部
聞具違戾去處按劾施行。從之。　孝宗隆興元年十二
月二十七日，詔諸路州軍歲起上供錢物，例有拖欠，監
司郡守却以羨餘進獻，僥冒賞典。可令户部行下諸路
州軍，今後上供錢物須管依限起發數足。如數目未足，
輒行率斂進獻，仰本部按劾以聞。　二年四月十二日
詔諸州補撥前官任内侵支拖欠上供諸色窠名錢物
充兩淮脩築城池使用，每及一萬貫，與減一年磨勘，至

卷四千六百十八

五年止。于是右正言尹穡言：竊謂諸路州軍每遇一時
緊切支用，無可那移，方可將上供錢物逐急借撥，逐致
前後積壓拖欠。雖要撥還，又有當年合起錢數，猶恐趁
辦不及。若後官到任，自能措置收簇，别無少欠，已是不
易，何由更有餘剩補發前官未起數目。況今年係大禮
年分，比之常年倍更窘闕，使逐郡知州意在希賞，未知
作何擘畫，可以應數？不唯經涉歲月，虚費文移，必致掊
事。若吏使逐州並緣税賦，科須等于民户，巧作名目，百
色增取，重有擾擾，深為可慮。望令户部據見今諸州軍
侵支拖欠上供等錢物，約度分數，且令每年逐旋帶納，
要在多寡合宜，使將責可行，須管與當年合發錢物各

要起足，如準前拖欠，依先降指揮，知州不許與知州差
遣，仍依一年磨勘，當職官任滿日，于印紙上别項批書
所起錢數，足方許參部。所有補發舊欠及一萬貫文減
一年磨勘指揮乞更不施行。從之。　乾道二年九月二
十六日，詔諸路州軍監司合起上供諸色錢物，皆有起
發除限。近來循襲，公然拖欠，致有闕乏，可將諸路合起行
在上供錢物每歲上下半年從户部比較最稽違拖欠
去處，具名按劾，重行黜責。從户部侍郎曾懷請也。　四
年七月五日，詔諸路提刑司令後諸州知通拘收無額
錢物，候任滿日别無拖欠上供諸色窠名錢數及經總
制錢本考内亦無虧額，方許陳乞依格推賞，仍自今降

卷四千六百十八

指揮為始。先是，浙東提刑徐藏言：準紹興二十八年三
月二十五日聖旨，户部契勘諸路州軍所收無額上供
錢物，每歲收及五千貫已上，知通各減磨勘一年；一萬
貫減一年半；一萬五千貫已上減二年。緣州軍將别色
官錢充那湊數，作無額窠名起發，却將有額合起錢數
拖欠。已從本部驅考，若任内合起上供、浙帛等錢，别無
虧欠，方許作見行條法推賞。諸路方且遵承，續准隆興
元年朝旨，知通拘收無額錢得賞格更不候任滿便行
保奏，緣此前弊復作，故有是詔。　十二月十四日，四川
總領所夔州路轉運司言：夔路歲發上供等錢物，支降
鹽茶下逐州拘收，自行變賣，充本收買金銀、絹帛起發

目一作户
官一作管

僱折人日輸納數目其州軍如有侵移借兑欺隱不行盡實僱折乞比附擅賦斂法科罪詔如有違戾即將官吏依非法擅賦斂敕條以違制論依律徒二年科罪

六年閏五月六日戶部尚書曾懷言諸州軍起發戶部諸色官錢及上供錢物雖各有窠名緣州軍往往妄于名色上有分緊慢不為盡數發納或虛申綱解致慢指挺令欲印給綱目遍下諸州軍專委通判逐季開具已未起發數目如無通判去處即委簽判判官謂如承發錢物即于四月初五日以前填寫綱目申發戶部如稽滯不到從本部先勘所委官吏秋冬季准此歲終即將納足欠多州軍每路具三兩處申奏以為殿最從之

〈卷四千六百八十八〉

七年正月二十日詔自今後諸州軍起發上供諸色窠名銅錢並要起七分見錢三分會子并人戶典賣田宅等交易用錢會子使聽從民便　五月五日三省言檢准紹興二十五年四月十六日聖旨諸州軍知通拘收無額上供錢物每歲終及一萬貫與減一年半磨勘如及一萬五千貫以上與減二年磨勘切見州軍所收諸色窠名數目浩瀚如贓罰戶絕等錢動以千萬貫計其知通歲終只以一萬五千貫以上起發賞額餘錢既無增賞得以侵支妄用是致失陷財計欲乞自今後應諸州軍知通及諸路安撫轉運使提刑提舉并市舶官應任內各司自能拘收起發無額錢物內一萬貫減一年

半磨勘及一萬五千貫減二年磨勘若增及三萬貫文以上特一官如更能拘催起發過數並比類推賞除歲額諸州軍一萬五千貫以下錢物並依舊逐季起發左藏西庫外自今來諸司及諸州軍增收到無額錢物並逐計合項起赴左藏南上庫樁管仍專委官一員以時點檢拘催依數起發候至歲終優加推賞從之其後九年五月二十七日臣僚言伏見紹興二十五年指揮諸州軍知通每歲拘收無額錢及一萬貫與減一年半磨勘一萬五千貫以上與減二年磨勘此以利誘之近來往往諸州將其他錢物先次起發數以幸賞典雖云諸色窠名無虧方許陳乞然知通替罷來有不推賞者至

〈卷四千六百八十八〉

乾道七年五月五日再降指揮若知通起發無額錢及三萬貫與轉一官此法既行太為繞濫昨來推賞不過二年並用實歷對使今比舊法纔得一萬五千貫徑轉一官諸路知通尤更切于受賞人人覬利豈有一年之內拘收無額錢轉一官減二年磨勘者若二年則遂轉三官矣如小郡財賦有限于常賦之外更事刻剝則事力愈窘益見煎熬天下州郡長貳但志在于拘錢轉官凡在任有合行整頓綱紀之事苟且因循盡廢而不舉矣詔諸路州郡知通今後每歲起發無額上供錢物若增及三萬貫以上與減三年磨勘　八年三月十三日提舉淮南東路常平茶鹽等事措置兩淮官田徐子寅

錢一作鐵

納一作帛

數目多少仍一作酬賞從本部

按文義兩本似俱有脫誤

言撿照乾道七年十一月四日指揮措置行使鐵錢畫一內一項兩淮諸州軍依淮近降指揮應起發上供等錢並以七分見錢三分會子解發今來沿淮州軍見使鐵錢并會子則難以發納今欲將沿淮州軍合鐵納錢許令解發會子所有自餘近裏州軍且令依所降指揮分數解納見錢會子候將來普用鐵錢日別行條具申請詔極邊州軍用交會近裏州軍以錢會中半起發

八月四日權戶部尚書楊倓言朝廷用度全仰諸州軍起到錢應給支遣今稽考得江浙州軍截日終起發乾道八年折納錢比之乾道七年一般日月計增起多解錢七十餘萬貫今將逐州軍所起數目比較得內常平所起之數比遞年一般月日多起解到錢一十六萬貫委是當職官究心執事若不量行旌賞無以激勸詔知州右朝請大夫晁子健通判左肯散郎葛郛言特減二年磨勘

卷四千六百八十八

十月七日詔諸路轉運司自今場務解納本州分隸諸司上供經總制錢米鈔內須管開具若干係甚場務甚監官在任收到錢數發納赴是何去處送納其餘場務依此供申候申到監官在任增剩數目多少仍參照行遣如申到日前在任推賞之人亦依此取會以尚書張津言比年以來並緣法制人知幸得如州縣場務課息增羨內發納上供並無行在米鈔而州郡泛濫保明推賞故有是命

十一月六日詔將乾道四年

五年諸路州縣拖欠上供未起之數特與蠲放日下銷落簿籍不得再有追理如違許民戶越訴監司覺察按治以中書門下言諸路州縣拖欠未起上供經總制諸色窠名錢物米斛已降指揮放免至乾道三年終所有以後年分亦有拖欠之數皆係民戶積欠經隔歲月若行一例催理竊恐追擾故有是命

九年十一月九日南郊赦諸路州縣拖欠未起上供經總制等諸色窠名錢米等已降指揮放免至乾道五年終近兩浙路放免至六年終其餘路分亦有拖欠之餘皆係民戶積欠經隔歲月若行一例催理竊慮追擾可將諸路州縣乾道六年終已前應拖欠未起之數特與除放日下銷落簿籍不得再有追擾如違許人戶越訴監司覺察按治

卷四千六百八十八

十二月二十三日權戶部侍郎蔡洸言諸路州軍起發上供并經總制等錢各有期限賞罰比年以來所隸監司不體法意其起發如期者皆與保明被賞而違限者未見其舉劾也則有賞無罰人無懲勸國用安得以時數足欲望嚴飭諸路監司依限催發守貳尚敢違戾許臣擇其弛慢之尤甚者按劾奏聞所隸監司不行糾察亦乞坐罪從之

公用錢

公用錢三司亦同知州例將一年數均十二月支給及時
預備亦有非便自今後並許逐季支遣　景德元年九月六日詔給北面
三路都總管止起公用錢滿萬貫以用兵故也　十一月十五日以刑部
侍郎趙昌言知河陽月增公用錢十五萬特旨也　二年五月二日詔宣
徽北院使雷有終依前給觀察使公用錢以久在邊鄙家無餘資也　是
日詔陝西沿邊蕃部罰納獻送羊畜悉籍入公帑以給軍中用度先是蕃
部有過皆以貲贖罪及守臣出畜更代或緣他事多以羊馬為獻並入長
吏至有妄緣事端以邀利者真宗知其弊亟遏止之復慮蕃戎犯禁無以
為戒故有是詔　三年十月御史臺言承前斷大辟罪應隨身衣物官司
並收附以備紙筆公用自今望並給本家令雜犯殺有合支費望從官給
奏可因詔大辟囚無主者官司與備殯斂棺衾之物　四年十一月十四
日高陽關承受劉權上言河北用兵之際優給公使錢犒設軍校今邊鄙
久安戍兵大減請令轉運提點刑獄量州軍閑劇均定從之　大中祥符
元年正月四日詔差定諸州軍公用錢有司言昨減屯兵使命亦少除沿
邊及當路仍舊外餘皆減定其數請降旨施行從之

二一作元

務貨一作貨物

宋會要

榷場

太祖乾德二年八月，詔京師、建安、漢陽、蘄口並置榷場。開寶三年八月，詔建安軍榷貨務應博易，自今客旅將到金銀、錢物等，折博茶貨及諸般物色，並止於揚州納下，給付客旅博買色件數目憑由，令就建安軍請領。令監榷務職方郎中邊珝赴揚州，與本州同共於城內起置榷貨務。其同監殿直鄭光表即止在建安軍監當管勾務貨兼權知軍務事。每有客旅折博，據數仰邊珝出給憑付客旅，將赴建安軍請領。仍仰鄭光表見本務公憑驗認驗色數，便仰逐旅支給，不得邀難停滯商旅。太宗太平興國二年正月，三司言：準敕於沿江起置榷貨務，合行起定茶貨條禁，欲頒下諸州府施行。從之。三月，監在京出賣香藥場、大理寺丞樂沖、著作佐郎陶邴言乞禁止私貯香藥犀牙。詔：自今禁買廣南、占城、三佛齊、大食國、交州、泉州、兩浙及諸蕃國所出香藥犀牙。其餘諸州府土產藥物即不得隨例禁斷。與限令取便貨賣，如限滿破貨未盡，並令於本處州府中賣入官。限滿不中賣，即逐處收捉勘罪，依新條斷遣。諸迴綱運并客旅見在香藥犀牙，與限五十日，行鋪與限一百日，令取便貨賣。如限滿破貨不盡，即令於逐處中賣入官，官中收買香藥犀牙，價錢折支，仍不得支給金銀、匹段。所折支物并價例，三司定奪支給。應犯私香藥犀牙，據所犯物

卷二萬七百十九

凴一作給

二一作三

物一作務

貨一作物

舶一作泊

處時估價紐足陌錢，依定罪斷遣。所犯私香藥犀牙並沒官。如外國蕃客、公私人違犯收禁，勘罪奏裁，不得依新條例斷遣。應干配役人並刺面，配逐處重役。縱遇恩赦，如年限未滿，不在放免之限。應有犯者，令逐處勘鞫，當日內斷遣，不得淹延禁繫。婦人與免刺面，配本處針工充役，依所配年限滿日放。二千以下百文已上，決臂杖十五；百文已下，逐處量事科斷。二千已上，決臂杖二十；四千已上，決臂杖十五，配役一年；六千已上，決脊杖十七，配役一年半；八千已上，決脊杖十八，配役二年；十千已上，決脊杖二十，配役三年；十五千已上至二十千，決脊杖二十，大刺面，配沙門島；二十千已上，決脊杖二十，大刺面，押來赴闕引見。應諸處進奉香藥犀牙，即令於界首州軍納下，具數聞奏，其專人即賫表赴闕。先是外國犀象香藥充牣京師，置官以鬻之，因有司上言，故有是詔。三年十一月，詔還南劍州榷貨場于福州。五年正月，命三司戶部判官、戶部員外郎高凝祐都大提點沿江諸處榷貨物，右補闕梁裔提點諸處榷貨物。十一月，以兵部郎中許仲宣監大名府折博務。六年三月，姜右贊善大夫王矩監青州榷貨務。雍熙四年六月，詔兩浙漳泉等州自來販舶商旅藏隱違禁香藥犀牙，懼罪未敢將出，與限陳首，官場收買。淳化三年十月，以三司鹽鐵副使雷有終兼充江南諸路茶鹽制置

卷二萬七百九

饮左司諫張觀監察御史薛映並充副使官帝以收復
江南嶺外已來茶鹽之價不等犯禁私販者多陷刑辟
故特委有然等就出鹽產茶之地取便制置務要便於
民而利於物也　四年二月詔在京榷貨務及諸道商旅
等項以向南州郡聲教未通於沿江置立榷務近聞積
弊多有邀難抑配陳茶虧損商客今既混一須議改更
已差使臣往彼就便指揮其自來沿江榷務並令停廢
許客旅各就出茶處取便算買新茶兼已據地里遠近
減下價錢仍免放自江已南緣路商稅及令嚴切鈐轄
出茶處場務不得住滯及有乞覓其禁榷茶鹽條例并
算買交引一切依舊施行如有客旅已入交引算買舊
卷二萬七百十九
榷場茶貨者亦許客旅取便　先是秘書丞劉式上言
榷務茶陳惡商賈少利歲課不登望盡廢之許商人輸
錢京師給券就茶山給以新茶縣官減轉漕之直而商
賈獲利矣帝從之先遣吏有終等乘傳按視因降此詔
七月詔近以沿邊榷務積弊年深特行停廢俾出產
之處就便開場如聞商客多有疑惑憚渡江之遥遠阻
常歲之經營將允羣情須仍舊貫應緣江榷貨務並令
依舊其諸路茶鹽制置司今停廢應茶貨並依舊例施
行般赴逐處　先是上言者以茶法未便果陳章奏請
廢緣江榷務時亦有叶同其議者帝勉而從之制下之
後商人疑惑物議稱其不便改法方及半年三司較比

虧數已多遂復舊制　至道元年八月鹽鐵使陳恕西
京作坊使楊允恭等言近准敕沿江榷貨務茶一依元
敕賣與客旅所陳事件問難可否從長議定臣等商量
所欲通商過江取茶元陳須是減落價例客人方肯過
江及唤到商旅陳斌等衆稱須得淳化四年減落價錢
方可過江算買以比相度若減價則虧失官中課額不
減則商旅不願過江且乞依舊般茶赴榷務出賣免虧
課利詔曰覽榷之權制置已久實公私之俱便於出納
以為宜近者劉式抗章輒欲更改及徧詢於商旅則頗
異於陳奏況主計之司以為便（非）審詳其理利害昭然宜
遵守於舊規庶允符於衆議已令三司茶貨依舊榷貨
務出賣其劉式所奏並不行　二年十一月江淮發運
卷二萬七百十九
使楊允恭言相度到自湖南至建安水陸諸州茶鹽利
害并進沿江地圖乞下三司計其給本採（摘）煎煉之外
所獲實錢都數從之　三年九月詔西川峽路州軍自
今應收酒稅鹽諸般課利並據合納課額只令送納見
錢不得更折金銀疋帛如官中闕用即轉運司於合收
買州軍依本處見賣時價置場收買仍取情願不得抑
勒及虧價錢時川陝寇盜之後議寬民力故有是詔真
宗咸平二年九月江淮制置茶鹽度支員外郎王子輿言江
淮兩浙賣茶鹽都收錢三百九十七萬餘貫比高額增
五十萬八千餘貫　六年八月以光祿寺丞王彬往沿

松 沿一作

景德元年十月條移此

緜一亦綿

江并淮南諸州軍提舉榷貨務茶場等處賜錢五十
千　景德二年二月三司言請募人於陜西入粟鎮
戎保安軍環渭延原慶州比河北定州等處涇原儀邠
秦隴鳳州比河北洺州等處永興軍鳳翔河中陜府同
華解乾耀丹坊虢成階州比河北博州等處從之　三
月二十四日三司言請令河北轉運司有輸藁入官者
准例給八分緡錢二分象牙香藥其廣信安
肅北平粟麥悉以香藥博糴時邊城頓乏兵食有司請
下轉運司經度之帝曰戎人出境民初復業若責成外
計不免役兵飛輓何以堪之因命祠部郎中樂和乘驛
與轉運使同爲規畫還奏請以香藥博買遂從其議出

卷二萬七百十九

內帑香藥二十萬貫往彼供給　五月二十一日權三
司使丁謂言往者川峽諸屯兵調發資糧頗爲煩擾而
積鹽甚多因募商人輸粟平直償之以鹽今倉廪漸
充請以鹽易帛綿給諸州軍糧及二年近溪洞州及三年
者從其請　八月河東轉運司言晉州折博務望罷專
監官止委通判監當稍爲簡便從之　九月三司請許
商賈於河北河東陜西州軍依在京例納見錢金銀每
實錢五十五貫給海州實錢茶百貫從之　十二月監
榷貨物務供備庫副使安守忠等言解鹽元許客人從本
務入中金銀絲帛博買交引就兩池請鹽於南路唐鄧
等十二州軍通商地分貨賣自因河北闕錢銀糧草許

客人只就彼入中貴文抄赴京翻換帖省下本務支給解
鹽又因陜西許客人中糧草取客從便算射茶鹽交引
算解鹽者亦從本務翻換支給交引赴兩池請鹽並
於南路破貨自咸平三年六月禁斷青鹽通放解鹽於
鄜延等二十一州軍許客旅入中糧草興販及許於南
路唐鄧等州貨賣其逐州軍所入糧草又虛擡時估重
疊加饒又却支解鹽極多以此隔絕客旅在京全無入
納金銀錢帛虧損榷課至六年十二月勑依戶部副使
林特擘劃商賈算射解鹽於唐鄧十二州軍貨賣並令
入納見錢應副陜西諸州支用至景德元年十月再准
勑三司衆官定奪其唐鄧等十一州軍南鹽依西鹽等

卷二萬七百十九

第價例許客於逐州軍入納見錢鋌銀實價糧草直齎
交引赴解州榷鹽院請領更不入京翻換其客旅將到
未改法已前交引請領解鹽每席並納錢一貫一百文
足所有客旅人戶販買到鹽貨但係見在未賣席數並
依慶州青鹽唐鄧州白鹽例每席量收歇駄商稅錢一
貫一百文足本務勘會自此勑施行後在京支算解鹽
交引至少並無收納到金銀錢物竊以唐鄧等十二州軍
解鹽課利元許客於在京榷貨務入中金銀錢帛紐
算交引就解州兩池榷鹽院請鹽往南地興販所收錢
物並供在京支用累年已來河北陜西闕須驟行改請
許客就彼入中漸生欺弊高立物價重疊加擡饒潤大

此條移前景
德二年上

過是致遏年大段枉支却鹽貨不見實收得錢物虧損
官中課利近歲更改雖然許納錢銀實價入中粮草亦
未濟得闕下支賜窃知陝西即今不闕見錢給遣其唐
鄧等十二州軍南鹽理合却歸在京入中錢物添助支
用今欲乞却許客人鋪戶依舊例於在京榷貨務入中
金銀見錢綾絹綿紬布等依去年新定則例算買交引
往解州取便於池場請領解鹽依舊只於唐鄧金商均
房襄蔡隨郢信陽光化等十二州軍通商地分破貨即
不得將帶過陝西州軍所是陝西諸州軍入納錢粮草
草依舊直赴兩池請鹽只得於鄜延環慶丹坊乾邠涇
原渭儀秦隴階成寧鳳州鳳翔保安鎮戎永興軍同華
卷二萬六百十九
耀州等二十五州軍貨賣亦不得載入南路唐鄧等州
軍侵奪南鹽課利如此則在西京與陝西各見得錢物支
用詔三司與定奪所同共詳定請如守忠所奏施行從
之景德元年十月勅定陝西州軍入中錢文則例沿邊
環慶延渭原州鎮戎保安軍七處鹽一斤價錢十二文
足一席率重二百二十斤計錢二貫六百四十文次邊
儀鄜州等二處一斤價錢十四文足一席計錢三貫八
十文又次遠邠寧涇州等三處一斤價錢十六文足一
席計錢三貫五百二十文近裏秦坊丹乾隴鳳階成州
鳳翔等九處一斤價錢十八文足一席計錢三貫九百
六十文又近裏同華耀虢解州河中府永興陝府等八

處一斤價錢二十六文足一席計錢四貫四百文　三
年五月香藥榷易院言所賣第一等香每斤元估錢四
貫文如入交引即五千今又令每斤增價百錢所慮市易
者少有虧課額　帝謂王欽若曰此本禁榷不許私販
有司累曾定價所貴通商況享神之外别無所用可令
依舊勿復增價　七月二十日三司鹽鐵副使林特宮
苑使劉承珪請罷比較茶法仍乞不行酬賞從之　國
朝自乾興二年置榷茶務諸州民有茶除折稅錢外官悉
市之許民於東京輸金銀錢帛官給券就榷務以茶償
之後以西北用兵又募商人入粟麥材木於邊郡給文
券謂之交引許就沿江榷務自請射茶邊郡所入直十
卷二萬七百十九
五六千至二十千者即給茶直百千謂之加擡錢然入
粟木者亦有不知茶利至京多以交引鬻於茶州百千
裁得二十餘緡謂之實錢輦下坐賈遂蓄交引以射利
謂之交引鋪歲月滋深沿江榷務交引坌至茶不充給
計歲入新茶一二年不能償其數其弊也如此至是邊
陲罷兵儲峙豐積言事者多云榷法非便遂命特等議
更其法特等名茶商十數輩犒以醪饌講貫公私之利
乃謂依時價官收交引每茶價及百千人納實錢五十
千其見執交引至榷務已得茶者量抽十之一但三年
併赴務買茶即於正茶外豪還所抽以平其價行之一
年　帝慮未盡其要命樞密直學士李濬劉綜知雜御

文玉濟與三司同較其利害時邊郡所入時估實價不
一遂且以新法從事而榷務納金帛歲較其數已多於
前而上封者復言新法始行又命比較商旅睦戚不敢
以時貿易及時等奏入即令權罷比較焉　三十日
帝曰昨定奪司條制茶事聞其過於嚴切有傷園戶朕
已示諭令知園戶採擷用功須要得人手製造茶既遂
等第給價入等者不可私賣亦是入官今一切須令本
戶造化皆要精細豈不傷園戶耶又傭力者衆皆是貧
民既斥去無用安知不聚為盜盜宜再與指揮務令通
濟定奪司言此事實所未知今聞聖諭方曉其事　四
年八月三司鹽鐵副使司封員外郎林特遷祠部郎中
以上永樂大典卷二萬七百十九
皇城使勝州刺史劉承珪進領昭州團練使崇儀副使
江南都大制置茶鹽發運副使李溥遷西京作坊使蓋
以議茶法課程增益故也詔曰茗榷之法抗弊浸深雄
改已來利課豐羨既規畫之斯定歸職分以攸宜其定
奪司公事宜令三司行遣不得輒有更改　大中祥符
二年六月三司林特等上編成茶法實條　其序文已見茶雜錄

六年二月三司言河北州軍入中糧斛價自前遞
處隨意增長全無約束近委遞處都監盬（押）遞旬取市實
價案申復又令承受使臣等每入見必具隨物色實直
進呈由是便糴州軍不敢專輒增價帝曰平直物價最
為要事可令三司常依此提舉　九月詔河北榷務入
中布其數至多用為博糴亦所未便自今除北界博易
依舊外悉罷之　七年二月三司言陝西入中粮斛交

抄併多富民折其價值既賤市之又復稽留有害商旅致入中艱阻須有釐改用革其弊元定百千交抄官給九十千今請依市人所買例每百千有加擡者官給十二千無者官給十一千收市之帝慮奪民之利止令權宜行之不得著為定式　八年六月上封言商客將沿邊入中糧草交引赴京請錢榷貨務須得交引鋪戶為保識方許通下其鋪戶邀難客旅減剋錢物與本務公人請縻鋪戶為保止令諸色人自賫通下又沿邊所發客旅入中勘同案底亦令直赴本務通下監官當面開折上簿拘管候客旅將請到交引請錢畫時勘對合同支與又請今後三司欲行改法先須令本務將未給交引勘同案底申奏後方令改法仍告報客旅應奏改法日前其勘同案底已到務者只依未改法時則例支給又請約束入中糧草州軍須管次日給付客旅交引訖當日内發遞勘同案底赴榷貨務通下詔御史中丞凞擬翰林學士王曾同定奪利害條奏仍三司詳定以聞

卷二萬七百九

八月詔曰榷茗之規著令已久國計入之素定非異端之可攻載詳言事之人時進單辭之說始陳封奏必煩述於事端洎究指歸多未詳於本末自今群臣如有茶法便宜當令顯拜封章盡述條目下有司詳議施行況僉數細務非軍國事機自合歸於職司非朕所宜親決今後事有陳述不得更乞留中戢或故違並當勘劾

宜一作司

初既變茶法言事者以為歲失課額有害無利且獨便大賈而小商失據或請别置官屬專位其事内臣藍繼宗等亦屢言其非便　帝以問輔臣丁謂言臣夙知利害願得與議者辯之及繼宗至謂詢其始末悉不能對翌日以聞因降是詔　十一月三司言今與三部衆官定奪入中勘同案底檢會河北河東便糴客旅錢物支還已有元限十日行遣其陜西入中糧草錢物請定限五日支還行遣每進奏院承受得交引遞角令當日通下如有違慢各行勘斷其上交引條貫施行外有不便合改法者請自今改事件並從三司體量改更施取朝旨從之　九年二月内侍藍繼宗言榷貨務去年得茶交引錢百五十餘萬比新額虧十萬丁謂奏曰近年及新額雖少比未改法則利倍矣且言自祥符已後歲及二百萬萬以上八年少二十餘萬者以六年七年各納過錢三百萬以是八年稍少今年正月比去年已盈三十萬貫由是校之非茶法不便也　十月十五日帝謂宰臣王旦曰茶塩之利欲使國計不損民心和悅卿等宜熟思之旦等曰緣屬邦計欲選差官與三司共定奪臣等參詳可否帝曰可仍具草明述恤民之意翌日下詔曰朕思與蒸黎共登富壽山澤之禁雖有舊章措置之宜慮傷厚斂將期惠物無憚從寬專命朝臣僉謀邦計使共詳於通制庶俯洽於群心宜差會靈觀副使

卷二萬七百九

率一作準

翰林學士李迪給事中權御史中丞凌策與三司同共
定奪務要茶園鹽亭戶不至辛苦客旅便於興販百姓
得好茶鹽食用仍送中書門下參酌并令權貨務告示
客旅應入中算射茶鹽等一依例將來不得別生名目
致有疑誤虧損蓋欲濟人固非言利商旅等各安乃業
以佇於樂成有司等無棄予言免彰於措克必當經久可
遂遵行　天禧元年二月二日李迪等言客田昌於舒
州太湖算茶十二萬斤其羨數又踰七萬請下江浙制
置司閱狀以聞又請遣使秤較商茶之踰數者計其半
沒官從之　五日知秦州曹瑋言本州商旅入中粮草
交引自來每一交引總虛實錢百千鬻之得十二千請
卷二萬七百九
於永興鳳翔官給錢市之從之　二十四日　帝曰茶法
行之已久倘或難議改革但於其中酌其尤不便於民
者去之傷於厚斂者改之自餘如舊可也又李迪等言
陝西州軍入中粮草文抄自前官給錢十九千市之今
民間鬻之率止八九千茶貫絕利望官出錢三十萬貫
市之以九千為率候算茶結課以數給還從之　四月
六日三司言權貨務入便錢物取　大中祥符七年收
錢二百六十一萬餘貫立為祖額每年比較申奏如有
虧少干係官吏等依條料罰又在京厲料欲許商客入
中每百千均五十千依在京折中斛斗例支還禁鹽交
引從商客之便算射五十千即支與新例茶交引並從

之　八日定奪茶鹽所言欲曉示客旅如要海州新茶
依近定到入中則例每百千數內入見錢四十千餘六
十千許以金銀匹帛絲綿等依時價算買更無加饒或
入一色見錢亦聽從之　二十七日三司言在京修造
合支材木令陝西出產州軍所買外有十八萬九千二
百餘條欲令竹木務許客旅依時估入中每貫加饒錢
八十文給與新例茶交引從之　五月八日詔李溥乘
傳還本任據詳定所條奏事經度裁酌如無妨礙則施
行訖奏如事有未便則從長規畫以聞自是茶鹽法多
如舊制　十七日又詔沿江榷務二分耗茶特與依舊支
帝以詔面授李溥而諭之　七月定奪茶鹽所請罷
卷二萬七百九
買陝西芻粮文抄別立久制許客入中從之　九月九
日三司言江淮南兩浙荊湖南北路州軍入錢及粟買
末鹽望依解鹽例給交引付榷貨務候有商旅算射鹽
貨便書填姓名州軍給付從之　十三日定奪茶鹽所
言近為在京商旅將陝西入中過沿江茶鹽交引至京
少人收買處虧損商人有誤邊備望於永興鳳翔河中
府三處給見錢收買環慶等十三處入中粮草文字從
之　二年正月三日三司言在京折中倉入中斛斗欲榷住
算射江南等處末鹽交引止令榷貨務入見錢邊州軍
支給鹽貨從之　閏四月三日三司請令河北沿邊榷場增錢
入中大方茶貨依舊例給交抄從之　十一月三司

見一作且

引一作別

檢詔

言陝西入中芻粮請依河北例每斗束量增直計實錢給抄入京以見錢買之如願受茶貨交引即依實錢數給之令榷貨務並依時價納緡錢支茶不得更用芻粮文抄貼納茶貨詔每入百千增五千茶與之餘從其請　三年九月三司學士衛言京師每歲所用材木舊令陝西州軍給錢配買頗擾農民請自今在京置場許客入中給以交引從之因詔前欠官中木植錢者並除放　四年正月屯田員外郎楊嶠請於秦州入中商賈芻糧就川界給見錢從之　六月三司言六榷務積留茶貨望令般運三百萬斤上京五十萬斤赴海州及將逐處榷務正茶見充耗茶給遣　帝令津般一百萬斤上京所般五十萬斤赴海州令制置司轉運司與海州同定奪以闕餘從其請　五年五月詔令夏麥秋禾熟檢河北陝西邊儲務要廣蓄其以內藏庫見錢五十萬貫付三司止得權留引收入中糧儲交引自餘不得以錢充給仍遣內殿崇班閤門祗候李德明專領其事　十月審刑院詳議官國子博士尚霖言奉詔往陝西規畫入中芻粮內有入中比元數過年一倍已上者望許監官書歷為課從之　乾興元年十二月（仁宗即位未改元）三司言準敕詳定兵部員外郎范雍所言陝西沿邊州軍入納見錢及茶鹽卻出給解鹽交引令客算買近點檢邊諸處入中下茶鹽不少頗亦出賣不行移所要見

卷三萬七百九

簇一作發

中疑誤

錢亦可收簇課利及近裏郡撥應副訪聞若沿邊入中下斛斗出給交抄令往解州請鹽必大段有客入中況兩池鹽數積壓極多復又減省得京中買客交抄甚為利便望下沿邊環慶鄜延渭州鎮戎軍五處並令盤算斛斗與鹽數饒借利息招誘客旅入中有司看詳欲乞下陝府西轉運司曉示客旅如願要請解州鹽貨即據入中到斛斗依在市見糴實的實價例依見錢體例紐算給與交引請領解鹽只許依自來條貫通商地分貨賣若或客旅願要上京請領見錢即依元降敕命每當實錢百貫文到京支破見錢五貫文省收買如不願請見錢即支與七貫文茶交引雍又言沿邊州軍每年合銷酒米數目亦乞許客一依在市見糴實價例入中細算支與解鹽才候得及年計數目盡時住入所貴不至每年將近裏州軍稅賦折變往彼勞擾戶民省司看詳欲乞下陝府西轉運司曉示招誘客旅於沿邊涇原儀渭鄜延環慶秦州保安鎮戎軍入中造酒米數收納下處州軍在市見糴實的實價例依見錢體例紐算給與交引請領解鹽只許依條通商地分貨賣亦不得於不係沿邊州軍入中請中雍所奏施行從之　仁宗天聖元年正月中書門下言準內降聖旨令知邊上諸處軍粮錢帛支贍不足此國家大事卿等如何擘畫或於中書樞密院共差三人與李諮已下同定奪茶鹽礬

卷三萬七百十九

税條貫從長施行今欲令劉筠周文質王臻薛貽廓
與三司使副等先具取索前後茶鹽課利錢數自來有
無增虧開析聞奏當議相度別行差官定奪從之　二
月定奪所言取索前後茶鹽課利比附到增虧數目詔
樞密副使張士遜參知政事呂夷簡魯宗道與三司使
副等同共定奪所奏內河北州軍入納糧草物色自來
作分數支還茶貨香藥象牙即今街市例各大段減落
價錢除茶貨已別作條約外有香藥象牙緣在京榷貨
務將河北交抄並依見錢出賣價例支還實錢其大中
祥符五年後至天禧二年客旅算請出外每百千街市
賣得錢九十四千至八十二千已來自後漸次減落今
卷二萬一百十九
每百千只得四十千比自前算請今來在市官賣價例較
虧官近五十千蓋河北入納糧草物色近年以來本處
於實價上倍添虛錢客人已獲厚利是致將來給得交
抄赴京被興販人賤買下請却官中實錢香藥象牙兼
將博買處杭明廣州市舶司元破價例計算已見虧折
官本尚未言般運脚乘監官公人等請受諸般支費欲
乞自今算請香藥象牙者每十斤為則令客旅於在京
榷貨務入納見錢十千共算請二十千香藥象牙取便
將於在京或外處州軍販賣仍仰榷貨物務分明出給公
據交付及一面關牒商税院候客人將出外處破貨即
據數收納税錢出給公引放行其河北舊抄自來貼納

一分見錢仍與免納所有將河北先入納下糧草物色
虛實錢算請者只得依自來合支色額等第價例支給
即不得却依入納見錢體例算射從之　三年八月中
書門下言累據臣僚上言茶法未便乞令客旅於邊上
入納糧草支與交引留得在京見錢免致般運勞費詔
翰林侍講學士孫奭夏竦同共詳定既而上言請同三
司使范雍詳定奭等言看詳陝西沿邊便納糧草欲且
依舊外河北入納糧草將一色見錢改作三色香茶交
引詔奭等再詳定如何斷絕盡錢不至虧官及改作三
色有無妨碍具經久利害聞奏　十一月二日奭等言
再詳定到河北沿邊州軍城寨便糴糧草支與香茶見
卷二萬七百十九
錢三色交引委得久遠利便其客旅於在京榷貨務入
納錢物算請茶貨欲於入納實錢內金銀物帛上等第
却與加饒所有十三山場算請茶貨欲更不貼射依舊
於在京榷貨務及本處入納錢物算射及十三山場買
茶每年差使臣於山場秤盤欲今後只委制置司鄰近
差官並從之　十一月權三司使范雍言近據河北陝
西路轉運司狀為客旅知詳定茶法疑慮別有改更頓
少入中欲差幹事朝臣一員計會逐路轉運副使沿邊
催促計置擘畫招誘從之　四年三月六日三司言陝
府西轉運司勘會轄下秦州所入納糧草取客穩便指
射赴永興鳳翔河中府及西川嘉邛等州請領錢數準

侯一作候

益州轉運司牒近就益州置官交子務書放交子行用往諸處交易甚為利濟當司相度轄下延渭環慶州鎮戎軍等五州軍最處極邊長闕粮草入中客旅上京請錢難為迴貨兼榷貨務支知官錢不少欲乞許客旅於前項五州軍依秦州例入納粮草於四川益州支給見錢或交子取客穩便請領候有入中并計置到粮草得及三年處盡時估細又據益州路轉運司狀相度若依陝西轉運司前項擘劃事理於益州支給見錢或交子別無妨礙若益州闕錢當司亦自於轄下有錢處州軍支撥或支交子經久委得穩當又知渭州康繼英言秦州每年入中到粮草萬數不少只是招誘客旅出給四川益州路交引或令於嘉邛等州取便請領鐵錢雖應實錢上無有利息且不耗京師見錢及不煩本路支撥錢帛川中客旅將到羅帛錦綺赴秦州貨賣其秦州不惟增添商稅更覆入中到粮草今欲乞於本州如秦州例若有入中客旅情願要西川交引亦令本州雕版支給每一交引上北附秦州更給虛錢五七百文已來取便令於益州或嘉邛等州請領鐵錢所貴被邊易為招誘客旅若川中客旅既來則本州內外粮草自然豐足不廢省京師及本路錢物又必然倍增商稅省司今相度渭州屯泊軍馬不少支費粮草浩瀚秦州頗同今來康繼英所請只許客旅於渭州一處入納糧草如願要

卷二萬七百十九

易一作物

上京請領見錢即便依天聖元年五月改法勅命指揮省除交引收附給付客人營就上京榷貨務請領見錢若或願於川界請領鐵錢即依未改法已前入中粮草支還體例錢數依秦州入中例出給交抄於四川益州或嘉邛等州請領鐵錢及交子使用如入納粮草交得三年已上支遣即便住納仍委陝西益州轉運司相度經久事理申奏從之是年秋三司言益州路轉運司奏秦州客人入納粮草乞下秦州權住入中省司欲乞依環慶等州例限至二月終權住入使秦州交抄從之

二十七日詔同詳定計置司樞密院副使張士遜參知政事呂夷簡魯宗道各罰一月俸樞密直學士劉筠已下各罰銅三十斤前三司使右諫議大夫李諮落樞密直學士依舊知洪州侍講學士孫奭以下及干繫官吏等並特放三司句覆官句獻依法決刺配沙門島並為改更茶法計置粮草前後數目不同事理或當致貨財不行故也　七月西上閤門使知雄州張昭遠言請下轉運司每至年終將四榷場入中到見錢銀布等裝發目委官廉勘中書言先朝創置榷場非獨利於貨易實欲南北往來但無猜阻以綏懷遠俗之意也今若逐年磨勘恐非事宜　帝曰昭遠之奏不可行也　十月三司準勅定奪陝府西轉運使王博文等奏沿邊州軍客旅入納見錢請領解鹽每席元納錢二貫六百四十文

卷二萬七百十九

足別貼納錢一貫文足共三貫六百四十文足自後雖
量減錢數令體量得客旅亦為錢數高重盤筭不著
少有入納粮草況解州兩池塩若不破官錢欲乞下陝
西轉運司相度沿邊州軍以近及遠各於地里上定奪
每席量減錢數許客人入納粮草請領解塩所貴邊上
存得博糴入中錢帛別作支用又逐州並在邊遠客旅
為價高少有入納粮草數內環州保安鎮戎軍三處並
是極邊其鎮戎軍比環州保安軍道路稍得平穩是以
乞將環州保安軍道路險惡處量減價若依今來減定
逐年塩價必甚有客入中三司相度欲依所奏施行其
入中南塩即不得一例減落價錢從之　環州去解州

卷二萬七百九

千一百二十五里先已每席上減錢二百文今欲更減
錢百文足鎮戎軍去解州千一百三十里先已每席上
減錢百四十文今欲更減百六十文已上二處係極邊
州軍已經減落去處今欲更減前項價例保安軍係極
邊元未經減落去解州千一百七十里比環州地里遠
近坡谷險阻頗同今欲依環州例於每席上量減錢四
百四十文足慶州去環州八百十五里去解州九百三
十里渭州去鎮戎軍百四十里去解州九百九十里原
州去鎮戎軍百七十里去解州九百六十里延州去保
安軍百五十里去解州九百九十里已上四處係沿邊
州軍未經減落處今欲於每席止各量減錢二百四十

便一作更

遂一作關

文足。十一月三司言據榷貨務申準勑命陝西州軍
支給客人交引茶貨每十千特添一千乞依乾興元年
勑支給茶貨仍不加擡從之　五年五月三司言欲將
自來入便準備糴買粮草錢加饒支還則例令河北河
東陝西軍監依例便將此見錢交引直於在京榷貨務
依入納見錢筭買加饒則例飜換交引文字往指射去
處請領忻州憲州嵐州石州寧化軍岢嵐軍火山軍
保德軍八處每十千加支三百每貫上到京剋下潤官
錢五分汾州交城監平定軍三處每十千加支二百每
貫上到京剋下潤官錢五文晉州絳州慈州隰州澤州
潞州遼州威勝軍八處每十千加支百文免剋潤官錢

卷二萬七百九

六年十月三司言望許客入中黄松材木與茶塩交
引從之　十二月二十三日三司言乞監雄霸州榷貨
官自今並令河北安撫司保舉廉直以上使臣充從之
七年閏二月二日太常博士張夏言河北沿邊水災
州軍便糴粮草內三分香藥象牙請權給末塩詔付三
三集議遂請其三十千者於香藥象牙內減五千給以
見錢從之　七月二十三日詔河北州軍自今廂禁軍
兵士與北客偷通違禁物色并見錢及與勾當買賣捉
獲者內禁軍從違制定廂軍從違制失斷遣並刺面配
廣南牢城收管　十二月三司言準傳宣陝西沿邊今
歲稍熟入中斛斗糧草累曾令將茶鹽折博入中且留

見錢在京只將茶鹽招客入中即添饒茶鹽些小潤人
省司看詳元勑蓋爲陝西沿邊州軍地居山險道路阻
隘所要粮草難以斡運是以劈畫依每斗束確的見實
價錢許客入便粮草給付客人交引上京請領見錢如
恐客旅情願便換外處州軍見錢或筭請茶貨香藥象
牙顆末鹽白礬交引亦取客人自便將此見錢交引直
於在京榷貨務依入納見錢筭買加饒則招客納便見
錢準備諸雜支遣即不得更作準備糴　粮草名目入
便其錢納赴軍資庫錢帛帳內管係充備諸新支遣今
轉運司勘會每年合銷雜支見錢除將諸色課利充備
外據的實所欠數預先撥降與逐州軍監招客入便依

卷二萬七百十九

下項支還則例指射請領候客旅執抄到京各隨路分
支請去處取客穩便指射所是合給交引內河東州軍
依先降指揮令逐州軍出給仍依例印造書填給付外
其河北陝西州軍即從省司依例給印降付逐處書填
入便候客人齎抄到京赴省投下並令上供案正勾支
還如今後逐州軍監所要糴置粮草見錢即依元降綂
勑委自知州軍同判酌量一年合銷錢數下撥狀於軍
資庫支撥便據請到錢數月日並於本月粮草帳內正
行收附從之河北沿邊凡十四州軍寨支納見錢依等
第加饒則例支還更不剋納頭底潤官錢到京於在京
榷貨務一文支還一文見錢定州廣信軍保州北平寨

四處每十千加支七百安肅軍真定府二處每十千加
支六百雄州莫州瀛州順安軍保定軍五處每十千加
支七百乾寧軍霸州信安軍三處每十千加支三百陝
西沿邊凡十一州軍入納見錢依等第加饒則例支還更
不剋納頭底潤官錢到京於榷貨務一文支還一文見
錢環州一處每十千加支一千慶州延州渭州保安軍
鎮戎軍五處每十千加支七百鄜州原州儀州三處每
十千加支五百涇州邠州二處每十千加支三百河東
州軍監入納見錢每十千依等第加饒則例雜換支還
在京及京東京西向南州軍見錢並忻州每十千加支三
百代州每十千加支四百二處每貫上到京剋下潤官

卷二萬七百十九

錢五文依除外雜換支給京東西向南州軍見錢麟府
州依舊例每十千加支七百更不剋納頭底錢並支在
京榷貨務見錢或情願筭請紬絹疋段絲綿並依見實
實直價例支還即不椿定錢數筭請如恐客旅情願便
換外處州軍見錢或筭請茶貨香藥象牙顆末鹽白礬
交引亦取穩便雜換交引文字往指射去處請領若客
人於本處中納粮草時願要茶貨即於抄前批鑿候到
京每價錢十千上更特添錢一千兼許客旅齎逐州軍
入納粮草文抄直於解州筭請鹽貨自來依此施行已
著輪序況緣陝西沿邊州軍粮草最處大事省司不敢
遽行改更慮恐客旅疑惑不赴邊上中納糧草別致闕

候令具從初擘畫入便支還敕命及榷貨務并解州天
聖六年一年支過見錢茶鹽諸般交引錢數闕坐進呈
詔依元降指揮施行天聖元年五月敕定奪所奏陝西沿邊
州軍許客津般粮草赴倉場入納乃以遠月遠旬每斗
束榷的見賣價錢紐計貫百等第加饒給付交引到京
一文支還一文見錢如情願便換外處州軍見錢或算
請茶貨香藥象牙顆末鹽白礬交引京取客人穩便於
在京榷貨務依入納見錢算買加饒則例飜换交引文
字往指射去處請又八月敕陝西沿邊州軍道路窄狹
峻惡即不同河北州軍水路地平易爲般輦令别定遠
處入便粮草添饒錢數則例令本路轉運司依此則例

卷二萬七百九

招誘客旅津般夏秋色并隔新粮草赴倉場入納環州
一處每十千支十二千六百慶州一處每十千支十二
千二百延渭州保安鎮戎軍四處每十千支十二千鄜
原儀州三處每十千支十一千五百涇邠州二處每十
千支十一千又四年八月敕陝西便糴粮草客人不願
請領見錢情願要請茶交引者仰逐州軍於交引收附
前面書寫候到京依入納見錢體例支還茶貨每十千
上特與添錢一千又在京榷貨務及解州天聖六年正
月一日至十二月終支過陝西沿邊州軍便糴粮草見
錢茶鹽諸般交引錢二百四十七萬六千三百二十七
貫二十六文（折納茶稅錢）九計三萬一千五百七貫九百九十二文

於在字

客人於在京榷貨務請過見錢百五十四萬四十八百
十九貫三十四文客人於在京榷貨務飜換請外州軍
見錢并茶鹽交引及直於解州請領鹽貨七十四萬七
千四百六十三貫四百文客人於榷貨務飜換算請過
交引并折納茶税十六萬七千二百八十五貫七百文
茶交引三十萬七千四百七十五貫文末鹽交引九萬
四千三百八十八貫七百文顆鹽交引十一萬一千六
百六十五貫二百文便換外州軍見錢六萬六千六百
四十八貫八百文充折茶税錢五十萬二千六百五十
七貫一百文客人於榷貨務算請茶交引四十八萬八
千五百十七貫二百文陝西沿邊州軍客人情願算請

卷二萬七百九

茶交引萬四千一百三十九貫九百文客人納下粮草
給到本州三月後來文抄支給茶交引二十九萬四千
六百九十八貫五百三十四文客人直於解州算請過鹽
七萬四千六百七十六廉　同年三月詔秦州據每年
合要酒米麴麥並許客旅入中依自來本州入中軍粮
白米小麥例紐算每交入納石斗錢數貫百支與川界
嘉邛等州軍請見錢鐵錢如或客旅願要算請解鹽即
依近敕每斤作十八文足支還　五月十六日三司以
京師營繕材木仰給者衆許商人入竹木受茶以易直
從之　十一月三司言準　六年九月敕許客旅於在
京入中大豆三十萬碩粟二十萬碩已入中到大豆二

十七萬七千餘碩粟萬五千餘碩後來爲粟豆價高但
揮住納令秋豆粟價賤勘會馬料粟豆見在數無多欲
於在京折中倉許客人中大豆三十萬碩粟二十萬碩
一依舊例除依時估價例每斗上添饒錢十文組算價
錢每一百貫爲則内七十貫算請解州顆鹽即依在京
入納見錢體例每七百文爲一貫文引三十貫爲向南
州軍末鹽即鹽上更不減價亦無加擡所有上件末鹽
三十貫貫文於榷貨務貼納見錢三十貫文亦依本務納見
錢體例每貫上加擡錢八十文共六十二貫四百文
給向南末鹽交引仰折中倉招誘客人入納斛斗
畫填客人姓名斛斗數目時估價例并添饒錢數附帳
卷二萬七百九
月分出給合同收附開抄内一本倉抄給付客人令具
狀盤說乞支物色名目去處赴省投下餘一本收附開
狀逐日上曆具狀繳連貫對於三司開拆司投下發斛
斗司收領依條限行遣送勾院支還如或闕防必不致
虚僞仍與免在京榷貨務課例從之　景祐二年五月
十四日詳定茶法所言檢詳天聖元年舊制商人齎自
東京榷貨務納錢買荆湖海州榷貨務茶每貫錢百貫
驗納實錢八十貫如就本州榷貨務納錢者每八十貫
文增七貫則荆南海州茶貨顯是人所願買昨自天聖
四年許令陝西路將糧草價錢交抄直從本處批畫往
被算買遂致東京榷貨務更無見錢入納遂隳舊法令

請舉行天聖舊制卻令在京輸納見錢仍比天聖元年
價量減數貫以剴商旅其陝西商人入中糧草並勒執
狀赴京請領見錢如願算請茶貨香藥之類及換外州
軍見錢不等兼聽商人從便毋得更於狀内批畫赴所
並從之　十月十九日詳定茶法所言客旅自改新法
未納見錢算請茶貨乞下逐處每舊交引百貫令客人
對買新例交引一百貫三說抄算請香藥象牙下榷貨
務置簿拘管候申三司每百貫對買新例香藥象牙五
十貫限半年算買了絕從之　四年正月九日命侍御
史知雜姚仲孫同定茶法詳定茶法所乞指揮榷貨務
曉示客旅令後對買茶貨每百貫爲則内六十貫見錢
卷二萬七百九
四十貫許將金銀折納鋪戶客人對買新例茶貨香藥
象牙令後並於元買分數内各減二分其已對買未對
買茶内五分錢香藥象牙茶貨限半年算買者各展限
三月送納　康定元年二月二十一日三司言乞從京
支乳香赴京東等路委轉運司均分於部下州軍出賣
其錢候及數目部押上京充榷貨務年額及淮南江
浙所賣末鹽乞委逐路轉運司選官計度於真州楊州
運於軍裝數分往諸州出賣其賣到錢亦部押上京從
之　慶曆五年七月十六日知延州梁適言保安軍榷場
處本軍洎諸處官員於場内博買物色乞並以違制科
罪從之　六年十二月四日權三司使張方平言定奪

神疑誤

係安鎮戎軍兩榷場每年各博買羊一萬口牛百頭從之。八年十二月，詔三司河北沿邊州軍客人入粮草改行四說之法，每以一百千為率，在京支見錢二十千，香藥象牙十五千，在外支塩十五千，茶四十千。　初，榷發遣三司塩鐵判官董沔言：「窃以今之天下端拱、淳化之天下，今之稅賦不加耗於前。方端拱、淳化之時，神宗北伐燕薊，西討靈夏，以至　真宗朝，二虜未和，用兵數十年，然猶帑藏充實，人民富庶，何以致其然哉？行三說入中之法爾。自西人擾邊，國用不足，民力大匱，得非廢三說之法也？語曰：變而不如前，易而多所敗者，不可不復也。請依舊行三說，以救財用困乏之獘。」於是下三司議，而舊法每百千支見錢三十千，香藥象牙三十千，茶引四十千，至是加以向南末塩為四說而行之。　皇祐三年二月，詔三司河北沿邊州軍入中粮草復行見錢之法。　初，知定州韓琦及河北都轉運司皆言河北行四說、三說之法不便，下三司詳定新議，而乃言：「自慶歷八年河北沿邊始發見錢入中，而以茶塩香藥見錢作四說，近裏州軍即依康定二年敕作三說。由是便糴州軍例增穀價，所給交抄皆是為富室賤價收蓄，轉取厚利，以致米斗七百，甚者千錢。沿邊所入至少，而京師償價倍多。自改法以來，至皇祐二年，凡得穀二百二十八萬四千七百八十九碩，草五十六萬六千四百二十

卷二萬七百九

貴一作計

便一作使

九束，而給錢一百九十五萬六千五百三十五貫，茶塩香藥一千二百九十五萬三千八百二十一貫。緣茶塩香藥民所資有限，且以榷貨務見課較之，即歲費不過五百萬貫，民間既積壓不售，價日益損，而公私兩失之。其茶場交引，舊法貴百千者得錢六十五千，今止二十千；香一斤賣三千八百者，今止五六百；塩一百八斤舊賣百千者，今止六十千。其利害灼然可見。請以河北沿邊州軍粮草從景祐三年敕，並以見錢入，使其茶塩香藥亦許如舊法筭買。」朝廷既從其議，又以前用三說、四說，豪商大賈多蓄積以牟厚利，三司辛稽留為姦，至是商旅貴抄至，更不用交引戶保，直令榷貨務給錢，亦不閡三司諸案，以絕其獘也。　至和元年六月二十七日，詔：「雄州等處榷場薑茶等近來常是數少，應副不足，令三司應雄州等處榷場合用之物，計綱起發往彼，常令有備。」　治平四年九月，神宗即位未改元。三司言：「勘會河北四榷場折博銀數，比較自前年分減少，切慮向去阻節北客，虧失課程。」詔本路提刑李希逸與轉運司、沿邊安撫官員同相度，具經久利害以聞。　十月六日，新知潭州燕度請於三司使廳置河北榷場物貨總轄司，河北四榷場所須物貨，令省司貴給案取索定數，授諸案施行。詔三司聽催轄司專管勾，及令度支貴給案判官置簿催驗。　神宗熙寧三年六月二十五日，三司言：

卷二萬七百九

相度到雄霸州安肅軍三榷場乞將合支見錢降充北
客盤纏等錢外餘令筭臘茶行貨如違其監專使臣等
並依透漏違禁物貨條從違制分故失公私科罪從之
八年五月三十日三司使章惇言河北京東鹽院失
陷官錢甚多諸路榷鹽獨河北京東不榷官失歲課其
數不貲乞差官同王子淵詣海場并出産小鹽州縣與
當職官吏并兩路轉運司相度利害以聞從之其後
上批三司河北鹽法可速依舊庶商人不致疑惑虧損
課額如舊法有未便即與河北京東提舉鹽稅司同相
度仍具去年鹽稅錢數以聞　九年五月二日詔熙州
岷州通遠軍折博務今後差本州通判或職官一員
卷二萬七百九
十月二十七日中書門下言據發運司榷到淮南東路
合成買額鹽八十九萬六千二百四十三碩五斗九合
二勺欲依所乞施行從之　十年九月十六日尚書屯
田郎中侍御史周尹提點湖北路刑獄先是尹上言成
都府路置場榷買諸州茶盡以入官最為公私之害初
李杞倡行敝法奪民利未甚多故為患稍淺及劉佐擅
代其任增息錢至倍無他方術惟割剝於下而人不聊
生矣大抵在蜀則園戶苦壓其斤兩支錢侵其價直在
熙秦則官價太高而民間犯法不可禁止又般運不遠
靡費步乘堆積日久風雨損爛棄置道左同於糞壤兼
所至不通客旅惟貨無賴小民結連群黨持杖私販動失

其利一作其刑

紅稅茶司認虛額又侵盜相繼刑罰日滋為數千里之
害可為深慮臣頃在京師傳聞其事既未詳盡安敢輕
議今受命入蜀所至體問乃知買茶為害甚鉅有知彭
州呂陶知蜀州吳師孟等論奏可以參驗往者杞佐繼陳
苛法即信用其言曾不略加參考今議者條其利害悉
皆明白未即采聽何勇於興利而怯於除害乎臣願敕
有司速究榷茶之弊俯徇眾論寬西南之慮又曰竊詳
朝廷之意未欲遽罷榷者必以西河路買馬年計茶
最為急耳但通商之後舊東路茶稅年額錢總二十九
萬餘緡先已撥故即可委逐路轉運司一面管認赴西
河路外有見今官茶所在州縣堆積極多足支數年買
卷二萬七百九
馬自今商旅販秦鳳熙河路茶必能接續有備臣體問
發罷改革事皆商旅所願望速下本路逐處根究臣之
所陳有實即乞罷榷茶之法許通商買賣以安遠方尹
遂未至都而有是命　元豐五年五月二十一日同提
舉成都府路茶場蒲宗閔言成都府路產茶州縣及
利州路與元府洋州已有榷法今相度巴州等產茶處
亦乞用榷法從之　七年十月十七日福建路轉運副
使王子京言建州臘茶舊立榷法商賈貿販利甚厚自
熙寧三年官積陳茶遂聽通商自此茶戶售客之茶甚
良官中所得唯常稅錢極微南方遺利無過於此乞仍
舊行榷法建州歲出茶不下三百萬斤南劍州亦出二

十餘萬欲盡買入官度逐州軍民戶多少及約隣路民用之數計置即官場賣嚴立告賞禁建州賣私末茶乞借豐國監錢十萬緡為本從之所乞均入諸路榷賣委轉運司官提舉福建王子京兩浙許懋江東杜偉江西朱彥博廣東高鏄　哲宗元祐三年二月十一日詔階州榷買所產石土鹽每年雖頗有息人不以便可勿復定價榷買　先是察訪永興等路常平免役李承之奏乞以階州福津將利縣界出產土石等鹽可以置場榷買定價出賣至是陝西制置解鹽司言以為不便故有是詔　元符三年十二月二日詔以都水使者魯君貺乘切應付茶場水磨先是閤守懃李士京同領茶場欲歲當得三百萬緡奏上三省柳而神宗本以抑奪成都十數萬并之紙緡近買種民遂增展及輔郡人以為病詔增展輔郡榷茶指揮勿行止依元豐舊法　徽宗政和七年三月二十四日詔訪聞湖北新邊辰沅靖州多出板木自來客人興販與猺人交易爭訟引惹令後可令禁止仰鼎澧路鈐轄與轉運兩司共指畫委官措置收買赴鼎州置場出賣許令客人出息就買其息錢用贍邊鄙逐旋具措置事狀申奏即不得搔擾抑勒生事　宣和二年五月三十日詔今後捕獲榷貨對折失覺察之數並將誤賞日已事發之數對行比折外理賞

宋會要　市易

太祖建隆元年八月禁商人不得齎箭笴水銀丹漆等物於河東境上販易違者重致其罪沿邊民敢者傳河東商人者棄市　開寶二年九月開封府司錄參軍孫嶼言每奉中書及本府令勸責京畿并諸道州府論事人等內論訟興賣物業者或四隣爭買以何隣為先或一隣數家以執家為上並格文無例致此爭端累委左右軍莊宅牙人議定稱凡典賣物業先問房親不買次問四隣其隣以東南為上西北次之上隣不買遞問次隣四隣俱不售乃外召錢主或一隣至著兩家已上東西二隣則以南為上南北二隣則以東為上從是京城則例檢尋條令並無此格乞下法司詳定可否施行所貴應元典賣物業者詳知次序或止端端據大理寺詳定所進事件乞頒下諸道州府應有人戶爭競典賣物業並勒依此施行從之　七年五月詔曰官中市易之務準平或有愚民不遵公法增減時價欺罔官錢憲彰露以自疑必夙宵而懷懼宜垂軫念特議寬縱知改過之方得有自新之路自今日已前應有買著係省物色偷謾官錢者並特與免罪不許論訟如是有人更敢言告以其罪罪之若是今後買賣官物依前敢有欺謾並准枉法贓斷其所犯人家財物業並當沒納告事人賞錢百千　先是馬步軍都軍頭史珪性麤暴無識妄

盜咸福嘗恣令人於都市䌷買人中有曾收市官物者
皆誣其欺罔即擒以上言往往有寘於法者蹤是廛市
之間刲肆盡閉而太祖聞之故有是詔
太宗太平興國二年七月詔華州先籍入陽平市木吏
田宅悉給賜其家與先是分遣州吏市木歲供于京師
吏為姦隱沒官錢以鉅萬計人有詐者命使按之得其
實抵罪者甚衆盡沒其田宅貲財至是而太宗憫之故
有是命　八年八月詔應劍南東西川峽路從前官市及
織錦綺鹿胎透背六銖欹正龜殼等宜令諸州自今只
織買綾羅紬絹絁布木綿等餘悉罷去　九年十月詔禁
布帛不中度者令有司察視之　淳化二年四月詔雷
卷一萬七千五百五十三
化新白惠恩等州山林中有犀象民能取其牙官禁不
得賣自今許令送官官以半價償之有敢藏匿及私市
與人者論如法　五年二月詔自來官中配買物色內
有元不出產去處卻分擘在彼抑配及諸般不使侵擾
戶民之事并非理差役州縣因循不敢條奏者並仰三
司逐道判官及轉運使副知州通判等具其利害子細擘
畫中奏當議施行
真宗咸平元年十二月詔府州令直蕩族大首領鬼啜
尾於金家堡置津渡通蕃族互市　二年七月婺州通
判崔憲言天下土地所產之物官以折科和買為名抑
奪其價重賦其民乞選端士明大體者散下郡國諜其

有無為一定規式詔三司自今應有折科并和買物色
並仰體量指揮　四年二月詔應令後差往西川使臣
吏不得託彼處官吏賤價收買匹帛仍仰嚴行止絕之
五年四月詔雄州復置榷場從知州何承矩所奏也
先是承矩累言懇請開置及陳得北界偽命新城都
監押种堅牒請復設榷場以通商旅真宗曰寇戎飜覆
實不可信承矩之意要弭邊患爾聞之如亦無損且可
其奏　六年正月何承矩言虜寇殺斥堠軍士卒奪馬
二匹并得虜界新城都監种文煦牒請從九村民以避
劫掠尋告告諭令為警備其榷場商旅見貿易不絕帝
以手詔賜承矩曰守臣之意務在綏邊戎狄之心蓋多
卷一萬七千五百五十三
背惠往事非遠明驗可知但慮難於懷柔易致反覆汝
等宜領其來意而辨其姦詐也初承矩首議建榷場因
欲謀繼好之事帝慮其輕信弛備因有是戒　二月戶
部言東西窯務闕柴薪乞置場收市帝曰自中春後來
雨雪稍頻薪芻方貴窯務所闕蓋是省司失於經度況
不是急務若官吏取市則都人益是不易可令省司別
作計度　五月詔在京庫務物有備二年以上者權停
收市俟闕少奏裁　先是庫務充盈而所司利於輸送
歲有配市四方轉置頗為勞擾故命吏部侍郎陳恕裁
歲計之數及是詔下人頗便之　七日罷雄州榷場時
虜數寇邊或言諜者以互市為名公行偵伺故廢之

南一作東

十一日詔府州許唐龍鎮民往來市易常加存撫時本鎮有往府州互市者州之蕃漢邀殺之奪其貲畜鎮主遣人詣闕上訴故有是詔　十一月五日帝謂宰臣曰江南淮南兩浙州軍配市納絹如聞其價翔貴恐損於民並令蠲免　二十三日罷河南孳生羊務國先是轉運司奏置而羊市於民其死者令民償之帝聞其勞擾故罷焉　景德二年正月詔雄州如北界商人齎物貨求互市者且與交易諭以自今宜令北界官司移牒俟奏聞遣人就山和市無得抑配　二月有司言每歲諸道市紬絹百餘萬匹上供詔蠲三分之一　十月十三日詔東京畿內和買芻藁比市價已令優給宜更增其

卷一萬七千五百五十三　四

直　十八日命太常博士皇甫選太常丞晁迥正諫殿中丞嚴頗李道太子中允盧幹分詣府界諸縣和買稈草從三司之請也時經夏久雨京畿藁稅例多蠲復至是令諭旨於民而和市之選等人賜錢三萬以遣焉　四年十月詔滑曹許鄭等州所納芻藁並輸本州不須至京　先是近輔諸州歲以芻藁輸京師至是年穀屢稔輦下物價甚賤畿內和市已及七百萬圍故有是命　大中祥符元年七月免濮州和市茵草仍詔三司市物非土地宜所者悉罷　二年九月帝曰雜買務累嘗制置貴在不擾於人尚聞有等第微物有司以茶準折其價可令丁謂規畫以錢給之　三年閏二月河北轉運

瑊一作玹

路汾一作州汾

使李士衡言本路歲給諸軍帛七十萬民間罕有緡錢常預假於豪民出倍稱之息及期則輸賦之外先償逋負以是工機之利愈薄請令官司預給帛錢俾及時輸送則民獲利而官亦足用從之仍令優給其直　三月監察御史寇瑊言在京市肆所賣銀器之屬多雜以銅盖自來失於條約致廂巡得以通容欲乞特降敕命下開封府令諸廂界嚴切覺察斷絕許諸色人告捉入官勒行人看驗詣實分數比細斷價贓錢本犯人乞依律計利準盜論科斷其行濫之物沒官估計價錢支一半與告捉事人充賞內有工匠受雇與人造作鑄瀉添和偷取好銀攙驗到入銅兩數並乞依犯科斷仍許銀主

卷一萬七千五百五十三　五

告捉如偷取贓重自從竊盜法區分所有行鋪自前打造下次銀物色與限一月內烹鍊好銀限滿不改變者並許告捉施行從之　七月詔三司市木以茶酬直者自今悉給緡錢　八月詔皇城司言察知京城市肆以諸軍賜冬服縑帛其用錢貿易不依宣命條約每百不盈七十四五有雜稱省陌由買除錢三十帝曰此可諭周起令府司申明約束又曰諸軍有營在京城外者日赴教習何暇貿也可特給假三數日　四年六月知澧州劉仁霸言本路汾溪洞出產黃連黃蠟價賤而易得省司所要上供數目多不依時預行指揮致成勞擾乞行條約從之　十一月知河南府馮拯言官市芻藁望

增給其直。樞密陳堯叟曰：增價以市深若従馬他所京
師馬舊留二萬，今留七千，自餘悉付外監，仍欲於七千
之中更以四千付淳澤監，可省芻粟之費。帝然之。
五月八日，詔雜買場市物並令給錢，以便民。先是
收市應用之物尚有折支茶，小民難於分給，故有是命。
八月，詔京東、河北諸州民以大小麥折納預請和市
紬錢，宜免其倉耗及頭子錢。十二月六日，帝謂宰臣
王旦等曰：民間乏炭，其價甚貴，每秤可及二百文。雖開
封府不住條約，其如販夫求利，惟務增長。宜令三司出
炭四十萬，減半價鬻與貧民。如此非惟抑其高價，寔且
濟得人民。十一日，帝謂王旦等曰：官場賣炭，人頗擁
併，至有踐（蹂）死者。已令張旻等差軍員兵士分往逐場彈
約，其踐死之家仍支與緡錢，無親族者官為埋瘞。將來
令三司別擘畫炭五十七萬，如常平倉斛斗封樁，遇炭貴
減價貨之，即京師炭價常賤矣。六年正月，三司言：乞
在京置場收買炭貨，準備來春減價貨賣，以惠貧民。帝
曰：今歲民間闕炭，朕尋令使臣於新城內外減價置場
貨賣四十萬秤，頗濟貧民。今若自夏秋收買，恐民間
增錢，少人興販。宜令三司於年支外別計度五十萬秤
般載赴京，以備濟民。八年十月，三司言：乞差使臣輦
匹帛於京西、河東、陝西，令置場出賣。王旦等曰：昔民間
所要之物，俱（但）三司少損其直，則無不售者。帝曰：昨日已

卷一萬七千五百五十三　六

拮揮，如支撥，但舉大數與之，逐色價直即委出賣處官
吏。旦曰：馬元方昨日奏所交匹帛，誠如聖旨，果有以段
為匹者。帝謂旦等曰：然皆官物，所相較者，蓋內藏庫交
撥之時與三司約云：成匹者填還，成段者任用。朕必知
其點閱未精，蓋元方輕許之也。旦等曰：國家支用名件
至多，物帛短長無不可者，如軍裝袍袴之類，皆可隨材
製作。須有司多作經度，或令諸司職掌工作之人各具
所陳，許以獎賞，則大有入用處。周官幣餘之賦，正為如
此等物，尤是輦轂之下，靡所不集。丁謂常言在省日，有
負販者預入三百貳二百千，爭市蝦頭、油幕之類，詰之，
皆有變易而鬻之有利。但須監官得人，則均而少弊。帝

卷一萬七千五百五十三　七

又謂曰：旦等數日前覽雜買場奏，專典與坐販者通同
出物，大有隱欺剩利，則知幣餘無棄物，而小民獲利之
多也。十二月，詔三司以炭十萬秤減價出賣，以濟貧
民，仍命內臣藍繼宗專司其事。自是蓄藏薪炭之家無
以邀致厚利，而小民獲濟焉。九年八月，詔曰：近頒詔
書，多是蠲除，或尚軫於疚懷，故無忘懷恩其今年和買
草並全住。先是宰臣因對奏曰：近者屢降恩詔，中外
感悅，或聞和市科草已隨稅分數蠲免，所餘無幾，三司
亦有準擬。帝曰：可悉免之。故有是命。天禧元年三月，
以京[illegible]十四場糶米，今每場日加至百碩，其勺當使臣
有不任職者，令提舉司具名以聞。四月，知濮州侯自

戚言本州富民儲畜斛斗不少近來不住增其價直乞差使臣與通判點檢逐戶數目量留一年支費外依祥符八年秋時每斗上收錢十五文省盡令出糶以濟貧民詔只依前後敕旨勸誘出糶　七月三司言乞依常年例於開封府界體量取買稈草千餘萬束帝以螟蝗為害慮煩民力令中書樞密院議其可否向敏中等曰國家歲收中馬數比先朝倍多廣費芻粟若令群牧司相度分減或許出賣散在民間緩急取之猶外廐耳王欽若曰如中敏等論定為利濟往年已嘗如此商議蓋所見各異妄興沮議遂寢其事今既詢謀僉同臣請別具奏條帝然之　二年三月鄆州言准敕收買紬絹不

卷一萬七千五百五十三

八

得抑配人戶如願預請錢者聽令來春澤需足農民種蒔或願預請錢收市種糧以濟貧乏州軍無錢令以糶斛斗錢四千貫給外闕錢萬貫望令三司速作般運赴州從之　四月白波發運司判官王真言上供材植及諸埽岸樁橛欲望隔年下陝西州軍和市編排為祇候春水或霜降水落之際由三門入汴詔送三司詳定以聞　十月詔河東沿邊州軍自今民有私過北界只是博糴斛斗收買皮裘及諸般些小喫用物色情理輕者則依法決訖刺面配五百里外州軍本城收管　先是上封者言河東民有與北界市易者斷訖悉移隸淮南州軍其中有理非切害望差降其罪故有是詔　三年

罪一作異

十二月三司言望下逐路轉運司依例預支價錢收買紬絹從之　四年二月詔諸州合要黃糯米造酒及紅花紫草等並逐時置場收市如急須者止得於中等已上物力戶上量行均買勿得抑配貧民　乾興元年五月詔溪洞下溪州毅練使田遂等自京進奉回至辰州日池鎮務點檢有金漆銀裝椅子一隻稱是本州刺史彭儒猛令裝造宜令開封府嚴行指揮在京行鋪商販人自今不得與外道進奉人員并溪洞蠻人製造違越制度器用及買賣禁榷物色夾帶將歸本道許人陳告並當決配　六月詔在京都商稅院并南河北市告示客旅等自今後如將到行貨物色並須只以一色見錢

卷一萬七千五百五十三

九

買賣交相分付如有大段行貨須至賒賣與人者即買主量行貨多少召有家活物力人戶三五人以上遞相委保寫立限期文字交還如違限別無抵當只委保人同共填還若或客旅不切依稟只令賒買人寫立欠錢文字別無有家業人委保官中今後更不行理會若是內有連保人別無家活產作有物力與店戶牙人等通同曚昧客旅誑賺保買物色不還價錢並乞嚴行決配　仁宗天聖二年四月工部侍郎知池州李虛己都官員外郎張鼎等言伏覩天下州縣每年春初預先支官錢和買紬絹頗聞頻擾乞降敕不得更行均配勑帝令三司下諸路轉運司今後預支紬絹價錢並取人戶情願

州不府

真不出産州軍不得一例抑配仍具施行訖聞奏　四
年正月亳州言乞將在城倉并諸縣見管斛斗依在市
時價預支俵與人户充和買紬絹價錢帝可其奏仍令
三司指揮轉運司如本州少闕斛斗即仰般移應副不
管悮闕　九月度支員外郎梁顥言廣南上供錢殿數已
只令本處置場和買金銀香藥詔送三司相度聞奏
十月三日司農少卿李湘言河中府每年收買上京諸
般紙約百餘萬欲乞今後於河南出産州軍收買詔送
三司相度均減聞奏　二十七日陝州西路轉運使杜
詹言欲乞指揮磁相等州所出石炭今後除官中支賣
外許令民間任便收買販易從之　五年四月三司知

卷一萬七千五百五十三　十一

益州薛奎言川界諸州軍監鹽酒場務並是衙前公人
買撲勾當其年額錢内有分數折變送納紬絹每匹六
千五百錢　兩五貫五百緣諸州元無出銀坑冶自
來准望客人將川中匹帛往内地州軍破賣收買到銀
送納今緣益州街市銀每兩見賣小鐵錢二十千足若
將比附鹽酒折變約是增長三倍以來及問得添長因
依蓋爲客人在内地興販鋌銀入川須經興利二泉縣
三處官場每十兩抽買一兩每兩支小鐵錢十一貫三
百文足因茲客旅更有一重銷折艱難致鋌銀得到川
中價例增長又勾當場務公人就大價收買赴限送納
甚是不易欲乞指揮利州路轉運司與利州三泉縣住

行抽買鋌銀卻將逐年買銀錢收買紬絹上京送納省
司相度欲依所請施行從之　十一月六日三司言司
封員外郎王湛言廣南西路每年上供錢八萬貫近令
收買銀貨上京至年終如有支買不盡錢般運上京蓋
緣自遠州用小船般運至桂州復合成綱遞送次別差
綱官舟船人丁牽駕艱阻動隔數日方得至全永州交
納彼中又別差人船至過重湖江淮方得到京欲乞許
令在京権貨務明出榜示諸色人有見錢擬納下於廣
南西路除融宜邕欽廉等五州外任便於諸州指射請
領與免請到錢商税省司令詳定欲依王湛所請事理
乞降敕命下廣南西路轉運司自天聖六年後於年額

卷一萬七千五百五十三　十二

錢八萬貫文收買銀貨上京送納外據餘剩錢數令逐
州軍准備支還客旅在京納下錢仍約度年内合使過
買銀錢數外有餘剩錢數開坐實封申省以憑行下在
京権貨務出榜曉示客旅入錢便與免請到錢商税并
下本務旋具納到客錢數附文狀供申仍才候納數元
降錢足盡時分析申省從之　十六日詔應三司逐年
於諸州軍科買物色訪聞甚是勞擾仰三司速具逐年
科買諸般物色名件開坐數目及作何准備使用具委
無漏落結罪文狀申奏當議特差近上臣僚與三司詳
定蠲減如將來除詳定名件外非次合要物色並須奏
候敕命方得行下諸處　六年八月審刑院大理寺言

樞密副使姜遵言前知永興軍切見陝西諸州縣豪富之家多務侵併窮民莊宅惟以債負累積立作倚當文憑不踰年載之間早已本利停對便收折所倚物業爲主縱有披訴又緣農田敕內許令倚當官中須從私約處分欲乞應諸處人户田宅凡有交關並須正行典賣明立契書即時交割錢業更不得立定月利倚當取錢所貴稍抑富民漸蘇疲俗其自來將莊宅行利倚當未及倍利者許令經官申理只將元錢收贖利錢更不治問如日前已將所倚産業折過不曾爭理更不施行寺司衆官恭詳乞依所請施行只衝改農田敕內許倚當田土宅舍條貫更不行用並從之　九年四月三司户

卷一萬七千五百五十三

十二

部判官張保雍言今後在京科買諸般物色乞只留二年準備免致積壓損爛從之　八年三月開封府言京城浩穰鄉莊人户般載到柴草入城貨賣不少多被在京官私牙人出城接買預先商量作定價例量與些小定錢收買本主不期却被牙人令牽挽車牛驟轉貨賣更於元商量價錢外剩取錢數稍似貨賣恭盡又更於元數柴草內誑稱斤兩輕少減落價錢任滯人户車牛枉費盤纏府司雖曾出榜曉示鈐轄終未斷絶欲乞特降指揮止絶如有違犯並乞重行斷遣所賣柴草任從人户自便貨賣及令廂巡人等常切覺察收捉送官勘斷所貴遵稟從之　九年十一月六日詔三司科買物

務一作儔

色自今須本路轉運使按出産州軍均配無得直下諸州　景祐二年十月十七日三司詳定諸路上件年額錢內除淮南五萬貫兩浙五萬五千貫荆湖北路五萬貫依舊每年上供外江南東路五萬貫內一萬貫買綿四萬貫買紬絹或銀福建路十萬西路八萬並買銀逐路轉運司自景祐三年後上供送納詔從之所買物依自來價例不得虧民　慶曆三年正月三司言在營繕歲用杉木凡三十萬請下陝西轉運司收市之詔減三分之一仍令官自遣人就山和市無得抑配於人　皇祐四年十月詔三司凡歲下諸路科調若不先期而暴率之則恐物價翔貴而重傷民也其約民力所堪預令鋪辦

卷一萬七千五百五十三

十三

若府庫有備則勿復收市　五年六月詔廣南西路夏税布舊例每匹折錢二百如聞本路檀減其價重困於民宜復其價如故　以上國朝會要

神宗熙寧三年二月二十八日京東轉運司言准朝旨問去歲依牓和買紬絹多抛散目於人户上配散每錢一千買絹一匹後來却令買絹并税絹每匹納錢一千五百又於等第一例配俵粟豆錢一次令具析所行事件聞奏本司今具析到所行事理緣本司所散粟豆錢只是要濟接民用乏只召人户情願取要即不是等第一例須行配俵詔已行常平倉新法令後更不得支俵粟豆錢其支散內藏庫則額紬絹錢五十萬貫候納到

本錢即撥比京封樁所收息錢於內藏庫送納　五年
三月二十六日詔曰天下商旅物貨至京多為兼并之
家所困往往折閱失業至於行鋪稗販亦為較固取利
致多窮窘宜出內藏庫錢帛選官於京師置市易務
商旅物貨滯於民而不售者官為收買隨抵當物力多
少均分賒請立限納錢出息其條約委三司本司官詳
定以聞先是同管勾秦鳳路經畧機宜文字王韶言沿
邊州郡惟秦鳳一路與西蕃諸國連接蕃中物貨四流
而歸於我者歲不知幾百千萬而商旅之利盡歸民間
欲於本路置市易司借官錢為本稍籠商賈之利即一
歲之入亦不下一二十萬貫呂公弼亦言秦州蕃商以

卷一萬七千五百五十三

十四

行鋪賒物貨多滯留耗失王安石欲令推市易新法行
之異究恐遠近人情不同也上曰官為出錢市之復令
坐賈量出息以賒償入官蕃商既得早售坐賈亦無所
費官又收息此事所以為便也由是用韶議令將本司
見管西川交子差人往彼轉易赴沿邊置場既而有魏
繼宗者自稱草澤上言京師百貨所居市無常價貴賤
相傾或倍本數富人大姓皆得乘伺緩急擅開闔斂散
之權取數倍之息今雖貨務自近歲來錢貨寔多餘積
而典領之官但拘常制不務以變易平均為事宜假所
積錢別置常平市易司擇通材之官以任其責仍求良
賈為之轄使審知市物之貴賤則少增價取之令不至

於害商賈則少損出之令不至於害民因得取餘息以
給公上則開闔斂散之權不移於富民國用以足矣於
是中書奏欲在京置市易務監官二員提舉官一員勾
當公事官一員以地產為抵官貸之錢貨之滯於民者
為平價以收之一年出息二分皆取其願其諸司科配
州縣官私煩擾民被其害悉罷之並於市易計置許召
在京諸行鋪戶牙人充本務行人牙人內行人令供通
己所有或借它人產業金銀充抵當五人以上為一保
遇有客人物貨出賣不行願賣入官者許至務中投賣
勾行牙人與客人平其價據行人所要物數先支錢買
之如願折博官物者仍聽以抵當物力多少許令均分賒

卷一萬七千五百五十三

十五

請相度立一限或兩限送納價錢若半年納即出息一分
一年納即出息二分以上並不得抑勒若非行人見要
物而實可以收蓄變轉亦委官司折博收買隨時估出
賣不得過取利息其三司諸司庫務年計物若比在外
科買省官私煩費即亦一就收買故有是詔　二十七
日詔三司戶部判官呂嘉問提舉在京市易務仍賜內藏
庫錢一百萬緡為市易本錢其餘合用支劄及折博物
令三司應副　七月十七日續凡置市易司賜錢帛
五十萬　六年正月七日樞密使文彥博言近言市
易司遣官監賣果寔京邑翼翼四方取則輦轂之下治
象所觀今令官作賈區公取牙儈之利古所謂理財正

私一作凌

辯者豈若是乎初王韶建議於古渭置市易馮京言其
不便彦博助之曰官中更為販賣事誠不便王安石曰
且不論古事止以今公私皆販賣人無以為不便何也
彦博又言市易司召元瓘指使乃是還俗僧甚無行安
石曰市易司募指使何由盡得篤行君子苟有無行之
人亦未害至是又自上曰陛下近歲放百姓欠糧至二
百萬支十斗金糧給軍一歲增費亦計數十萬緡以至
添選人俸增吏祿給押綱使臣費又百萬緡天下愚智
孰不以此知陛下不殖貨利豈有所費如此而乃於果
實收數千緡息以規利者上曰市易賣果實太煩細罷
之如何安石曰市易司但以細民上為官司科買所困

卷一萬七千五百五十三

十六

下為兼并取息所苦故自投狀乞借官錢出息行倉法
供納官果實自立法以來販者比舊皆得見錢行人比
舊所費十減八九官中又得美實每年行人為供官不
給輒走失數家每糾一人入行又輒詞訟不已今乃願
投行人則其為官私便利可知止是此等貧無抵當故
本務差人逐日收受官錢初未嘗官賣果實也陛下謂
其煩細以為有傷國體臣竊謂不然今設官監酒一升
亦沽監商稅一錢亦稅豈非細碎而人習見未有非之
者蓋自三代之法周官固已征商然不云須幾錢以上
乃征之泉府之法市之不售貨之滯於民用者以其價
買之以待買者亦不言幾錢以上乃買又珍異有滯者

因一作困

因一作困

斂而入于膳府膳府供王膳乃取市物之滯者周公制
法如此不以煩細為恥者細大並舉乃為政體但當論
所立法有害與否不當為其細而廢也市易務勾當官
乃取賈人為之因為其所事煩細也豈可責其不為大
人之事乎上曰比日所買果實比舊實佳行人亦極利
但素貧弊與除放息錢無害安石曰行人比舊已少蘇
何須放息錢見今商稅所取固有至貧乏為稅務所困
者亦合為之蠲除矣今諸司吏祿極不足乃令乞覓為
生今若以所收息錢盡給何善如之惟兼并收其贏餘
以興功利以救艱阨乃先王政事不名為好利也二
十三日詔在京市易務勾當公事孫迪同兩浙淮南東

卷一萬七千五百五十三

十七

路轉運司制置杭州市易務利害以聞　三月三日詔
提點秦鳳等路刑獄張穆之與熙州官吏制置市易務
條約以聞　四月七日詔提舉在京市易務及開封府
司錄司同詳定諸行利害　十月一日提舉在京市易
務言市易上界先借內藏庫本錢百萬緡乞三年還足
之仍以今年當撥錢三十萬緡借為杭州市易務本
二日改提舉在京市易務為都提舉市易司應諸州市
易務隸焉　十二月七日給度僧牒二千付都提舉市
易司募人入錢為秦鳳路轉運司糴本　二十四日詔
命梓夔路察訪司准備差遣蒲宗閔新知溫州永嘉縣
沈逵同成都府路轉運司相度成都府置市易務利害

一作入

以聞　初上論及成都市易馮京曰曩時兩川因權貨
物致王小波之亂今頗以市易為言臣檢寔錄寔有此
說王安石曰王小波自以飢民衆不為官司所恤遂相
聚為盜而史官乃歸般取蜀物上供而致然不知般盡
民府庫物以上供於飢民有何利害願乙陛下勿疑臣
保市易必不能致蜀人為變也而上欲詳盡其事故命
宗閔等往焉　二十七日詔市易司市例錢除量留支
用外並送抵當所出息以給吏祿隸都提舉市易司仍
令幹當公事官二員專檢估　七年正月十九日大名
府韓絳言本路安撫司累歲封樁紬絹或致陳腐乙下
轉運司用新紬絹或錢銀對易或依市易法令民人抵
卷一萬七千五百五十三　十八
出息其餘經累安撫司封樁亦乙依此從之　二十四
日遣三司勾當公事李杞相度成都府置市易務利害
二月十二日知熙州王韶言通遠軍自置市易司以
來收息本錢五十七萬餘緡乙下三司根磨推獎官吏
從之　二十九日都提舉市易司言近遣試將作監主
簿劉默相度置市易務於成都府路乙借三司銀十萬
買茶從之　三月二十五日詔權三司使曾布同呂惠
卿根究市易務不便事詣實以聞　先是夜降手詔付
曰聞市易日近收買物貨有違朝廷置法本意頗妨細
民經營衆言喧嘩不以為便致有出不遜語者卿必知
之可詳具聞奏至是布言問得提舉市易司指使魏繼

宗稱市易務近日以來主者多收息以干賞凡商旅所
有必賣於市易或市肆所無必買於市易而本務率皆
賤以買貴以賣廣收羸餘誠如此言則是挾官府而為
兼并之事也故令布等究寔　四月三日中書奏事時上
論及市易利害且曰朝廷所以設此本欲為平準之法
以便民周官泉府之事是也今乃爾相反使中下之民
如此失業不可不修完其法也乙差韓維孫永參問行
人出錢免行利害可令元詳定官呂嘉問吳安持同取
問　八日中書奏事時上論及市易事參知政事馮京
曰開封祥符縣給散民錢有出息抵當銀絹米麥緩急
喪葬之日如此七八種小民無知但見官中給錢無不願請
卷一萬七千五百五十三　十九
續累數多寔艱送納　上曰豈惟如此天下之民所納
二稅至有十七八種者使吾民安得泰然也　十九日
監楚州市易務秘書省著作佐郎王景彰追兩官勒停
并劾干繫官吏命官具案聞奏其違法所納息錢給還
仍下杭州廣州市易務勘會違法事許令自首改正
以淮南東路轉運副使提舉楚州市易司蔣之奇奏景
彰違法椎買商人物貨及虛作中糴入務立說名糴之
自納息錢謂之乾息又勒商販不得往他郡多為留難
以沮抑之上初令劾之既而又謂輔臣曰景彰違法害
人事狀灼然若不即行遣更俟劾罪必是遷延無以明
朝廷元立法之意使百姓曉然聞釋無所歸咎可速斷

批一作比

達廣使小人有所忌憚故有是命　二十三日上批見
根究市易司可從從結絕呂惠卿言近與曾布同根究
市易事其間雖有異同已具利害大情及有無違法臣
嘗懇命見辭免難同根究已令中書盡取公案以異同
情節逐一批對進呈詔應根究文字盡納中書　二十
九日詔三司勾當公事李杞等體相度成都府置市易
務出賣經畫買茶於秦鳳熙河路博買利害以聞其後
成都路轉運司議亦以為便從之　五月二日上批市
易務遣人往諸路販易可問何年月日指揮許令如此
執政進呈不行　按御集云進呈訖即是無行遣也比
因四月十七日曾布言販茶塩鈔事故有此問卒無行
卷一萬七千五百五十三
二十
遣應是呂嘉問藏匿其事耳　二十四日詔當布根究
市易違法事令章惇曾孝寬就軍器監置司根究以聞
先是布屢開手詔以市易苛細詰責中書遂辭市易
使臣魏繼宗為察訪司指使及領三司屬官有以嘉問
驕慢為布言前三司使薛向於嘉問未嘗敢校曲直紀
市易者一切繩治布欲改更會有手詔訪布市以問繼
宗繼宗乃詆市易主者搯克不如初議布攜繼宗見王
安石安石責繼宗曰常識如此何故未嘗以告戒繼宗
曰提舉朝夕在相公左右何敢及此提舉謂嘉問也布
既奏聞上喜曰必欲推究見其寔狀非卿不可以奏付
中書明日差呂惠卿同根究或為布言嘉問已呼胥吏

市一作示

取案還私家故隱藏更改布奏請出榜市里厚募告者
得旨即榜嘉問所居不關中書復奏居兩日惠卿至三
司訊行人無異詞退以繼宗還官舍詰問布辟繼宗所
以及問市易害民之狀繼宗盡以告布嘉問亦訴於安
石會中書以布初得旨不關中書覆奏白上得旨收布
所出榜布欲避惠卿乞別選官根究其行人所訴對延
和殿上見布因言辭向編管無罪茶牙人事上嗟惻久
之曰朕當時失於詳究便令依奏布又言三司杜狗市易
決責商賈不一上曰他日可一一檢取進呈時安石懈
求去位既而用惠卿言遂繼宗開封府知在市覺察變
複對上指榜本出息外別納息錢上曰此極分明又曰
卷一萬七千五百五十三
二十一
惠卿不免共事不可與之喧爭於朝廷亂聽為失體明
日惠卿詈行人及胥吏以語侵布又明日惠卿參知政
事一日悉取根究市易事送中書布條析前後所陳而
以三司比較治平二年及去年收支錢數物進呈之上
憂歲費廣令送中書至是以付惇孝寬鞫之也　章
惇曾孝寬鞫市易事於軍器監又令戶房會計治平熙
寧財賦收支數與布所陳有異布復對曰臣與章惇有
隙令以惇治獄其意可見上曰有曾孝寬在未必不直獄具
布坐不應奏而奏公罪杖八十嘉問亦坐不覺察雜買
務多納月息錢公罪杖六十既而中書言布所陳治平
財賦收數有內藏庫錢九十六萬緡當於收數內除豁

不當於支數內除又命御史臺推直官蹇周輔劾布所
陳意欲明朝廷支費多於前日致財用闕乏收入之數
不足爲出當奏事詐不以寔從二年嘉問亦坐不覺察
雜買務納月息錢　八月十七日詔翰林學士權三司
使曾布落職知饒州都提舉市易司呂嘉問知常州魏
繼宗仍追官勒停　初市易之建布寔布〔同〕之至是揣知
上意疑市易有弊遂急治嘉問而惠卿與布有隙乘此
擠布然議者亦不以布爲直　九月十九日都提舉在
京市易司言乞罷本司提舉官歲終比較推息其監官
自從舊賞格諸買賣侍易並隨市估高下無得定價具
當給三司變轉物即依三司所估民願以抵保賒請折

卷一萬七千五百五十三　二十二

等一作算　跂一作岐

博歲出息二分計月理息者聽從之　十月二十五日
三司使章惇乞借內藏庫錢五百萬緡令市易司選能幹
之人分往四路入中等請鹽引及乘賤計置糴買詔借
二百萬緡　十二月十日詔河北監牧司見在錢帛糧等
並隸都提舉市易司充買茶本錢　八年二月詔秦州
永興軍鳳翔府潤州越州眞州大名府安肅軍瀛州定
州眞定府並置市易司　一日詔酒戶貸市易司糯米
自去年中限至末限息錢並減半　初市易司榷糴糯
米以貸酒戶收息犯者聽人告賞錢至三百千米沒官
商人以官糴賤不至又至歲儉京師糯米價益高本息
錢厚故有是命　三日都提舉市易司言乞以諸路市

易務隸本司許本司移用錢物度人物要會處分諸路
監官置局隨土地所産商旅所聚與貸之滯於民者得
以收斂從之　四月二十三日以惠州阜民監折二錢
十萬緡借廣州市易務爲本錢從都提舉市易司請也
七月十二日詔百姓郭懷信逋市易司違限罰錢聽輸
同延二州　以懷信請市易司監鈔既償納本息猶以
納不如期罰錢千五百餘緡已納百七十餘緡訖而市
易司又使增納百三十緡稽限法當計所欠罰之而懷
信自言乞輸同延二州以省道路之費故也　八月二
十六日詔司農寺支坊場錢三十萬緡爲鄜州市易本
錢　九月五日中書言已發河南兩[illegible]監牧司河北十

卷一萬七千五百五十三　二十三

一監京西三監河東太原監京東東平監其廢監錢物
等除給都提舉市易司充茶本外令三司歲具合應副
熙河路年計錢數申中書取旨支撥從之　十四日詔
坊場錢令司農寺下諸路歲發百萬緡於市易務封寄
許變易物貨至京　十月二十三日詔西京河清阜財
監歲增鑄錢十萬緡爲市易務本錢從提舉鑄錢監錢
昌武請也　十一月十三日詔都提舉市易司見錢見
在熙河路者並充本路軍須仍具數以聞　十二月九
日都提舉市易司言宗室賒請物色三人以上同保經
大宗正司出歷赴約〔務〕度并息不過兩月料錢之數如
輸納遲期限取料錢歷批上尅折限半年輸足　同日

月一作日

来一作末

又言歲買商人茶從本司貿易乞以三百萬斤為額庶使商人預知定數不雜粗惡草木務令中賣數多從之

九年正月二十五日詔都提舉市易司自今不得賒請錢貨與皇親及官員公人　先是手詔近禁止賒法條行下幾處及從是何月日施行違者有何刑名可具聞奏至是中書奏請故有是詔　二月十六日提舉市易司言在京酒户歲用米三十萬石比江浙薦飢米價翔貴本司選官往出產處豫給錢至秋成折納從之

四月三日詔在京市易司發物貨為錢計直十五萬緡赴熙河市易司貿易見錢為本其貨物却於截到運司錢內除破　其後中書户房言近都提舉市易司已發

以　卷一萬七千五百五十三　二十四

物貨廿五萬緡為熙州市易本錢今欲令市易司增五萬緡以十萬緡輸熙州十萬令在京市易司入中本路糧草從之　五月都提舉市易司言奉詔支撥金六千兩應副安南道將物貨五十萬興於田水利司作糴本緣本所支錢物貫萬數多別無撥還指揮今上界少闕錢本欲乞支給米鹽鈔五十萬貫轉變作本從之　二十四日熙河財利孫迥乞移通遠軍市易務於秦州罷秦州通遠軍永寧寨市易三外場詔劉佐相度以聞

十一月三日詔提舉市易司令日以前賒請過錢物限外送納本息已足其罰錢並與免放本息未足者更展半年足日準此諸路詔到日以前見欠罰錢人户亦準

来一作末

此　二十八日都提舉市易司言自置市易路上界所用本錢並是新法米鹽等錢及於內庫藏借撥到五百萬貫作本內五十萬貫與河北收糴斛斗封樁外已還三百五十萬止有一百萬貫係未撥還及準朝旨自十年為頭每年於息錢內撥二十萬貫赴內藏庫送納今見在本錢除官員將物貨變轉外只有四百一十六萬餘貫深慮朝廷非汎取撥乞除每年已認錢二十萬入內藏庫外乞歲終更辦十五萬貫准備朝廷支用今後乞免非時取撥若三五年間更有償積錢數即從本司別具取旨從之　十年正月十九日詔祁定州民欠市易水利淤田司結糴糧可止令依常平法出息二分納

卷一萬七千五百五十三　二十五

錢　四月二十五日詔市易務茶限二年結絕許客茶交易　五月七日詔應市易司計置物貨場務不依客例收稅並許均當官申提舉司牒提刑司根究依法施行　十四日都提舉市易司言乞定上界本錢以五百萬緡為額以本理息及一分半等第推恩見在息錢先封樁聽朝廷移用從之　十一月七日詔都提點市易司上界本錢以七百萬貫為定額如不足以歲所收息補滿其先內藏庫錢歲以息錢二十萬貫還之　十二月十八日詔権場以市易司為名餘令立法以聞　是歲太府寺市易本息市例錢帳歲收緡錢七百三十九萬七千有奇詳見市易務市易上界自熙寧五年置務

至十年七月比較已前收息錢市例數熙寧十年十一月指揮以七百萬為額不足以息補滿息錢比較訖限次年比較前封樁收本息市例錢熙寧七年七百三十九萬七千一百三十一貫五百文本五百八十七萬八千七百八十七貫七百三十五文息一百四十三萬三百五十一貫四百一十二文市例九萬七千九百九十二貫三百六十九文

元豐元年二月一日提舉市易司俞充言永興軍路當兩川秦鳳熙河涇原環慶衝要乞置市易務與經制熙河路邊防財用司所置市易相為表裏以牽客旅往來借內藏庫錢四十萬緡為本候收秦州等市易錢撥還詔財用司同相度以聞後財用司言切慮他官典領以各司錢物分彼此即往來物貨或相害乞與本司經制官同講求別具興置次第以聞從之

卷一萬七千五百五十三　二十六

八月都提舉市易司請貿滯於本司者聽臨時依市價轉易如虧元直即於每年比較樁留准備失陷錢轄除從之

九月四日又請欲以市易務上界見欠內藏庫鹽引錢一百萬緡候本務補滿本錢日依奉朝旨作二年還足詔許自來年為始

十一月十五日詔開熙河路商賈所至州軍並市易市司榷買令提舉成都府路茶場司李稷體量後稷言熙河岷通遠軍等處商販匹帛等經制司寔令市易務拘買乃詔李憲具析以聞

十七日詔令提舉秦鳳等路常平等事李孝博催促本路州軍諸處官司應干市易本息借與人戶見欠錢物

二年正月九日詔市易司罷立保賒錢法已出錢立輸限半年內輸本息足日蠲其出限罰息錢物力雖薄而有營運者聽量力支借毋過舊數三之一令元體量檢估官分認催收期三年結絕歲具所收錢數比較賞罰委幹當公事一員催驅其用產業抵當留契書收息一分半檢估官吏如容增直冒請以違制論不以去官赦降原減即賒請物如舊法毋得過其家物力之半

二月十九日詔應置市易務處賒請錢並依在京市易務法聽以金銀物帛抵當收息毋過一分二釐

二十九日經制熙河路邊防財用司言鳳翔府增置市易務與秦熙等五市易務相為表裏三州一軍移用變易四市易務各增監官一員兼領市糴可減罷本司准備差使四人從之

卷一萬七千五百五十三　二十七

三月二十七日邢州乞權住歲本州市易司緡錢以寬民力詔都提舉市易司按民戶逋負數多州縣毋得給錢

五月二十六日都提舉市易司言前市易務監官劉佐負市易錢十八萬緡乞籍本家日入屋租償官限二年輸納不足物產沒官又不足責保人代輸自今負市易錢違限有物產做此自籍家產日與免息罰從之

六月一日經制熙河路邊防財用李憲言准詔具析擅榷熙河等州軍商貨事自置司以來除蕃商水銀及鹽川寨官鎮兩場依法禁私販外

拘一作构

市易賣買並取情願交易未嘗拘攔臣以淺昧終恐難逃吏議乞獨坐臣罪乃詔憲赴闕令轉運使蔣之奇根治劾罪之人及獄成憲與馬申趙濟霍翔坐奏事不實徒二年詔憲等坐緣公事宜依德音釋之　七月十三日李憲言乞詔秦鳳河岷州通遠軍五市易務博買牙人引致蕃貨赴市易務中賣如敢私市許人告每估錢一千官給賞錢二千如此則招來遠人可以牢籠遺利資助邊計從之　八月十三日都提舉市易司言諸路民以田宅抵市易錢久不能償公錢滯而不行欠户有監錮之患欲依令賒當在官於法當賣房廊田土重估定直如買坊場河渡法未輸錢間官收租課不惟少寬欠户禁錮而公家亦享實利在京市易務准此從之

卷一萬七千五百五十三

二十八

十二月八日都提舉市易司王居卿言歲賜州府合藥錢乞以錢賜之半買藥於市易務從之地遠不願買者聽　二十四日詔在京市易務官吏轉官減磨勘年賜緡錢有差以三司言市易務去年八月至今年七月收息錢市利錢總百三十三萬餘緡也　三年三月二十六日詔在京及諸路販當市易司錢物出限者展一季如限内納足本息其出限息罰錢悉蠲之　四月三日詔兩浙路減罷耆户長壯丁坊正并撥還支酬衙前度牒等錢百二十餘萬緡其變市金帛輸司農寺封樁從都丞吳雍請也　九月五日都提舉市易司王居卿言

黄歲一作舊户

市易之法有三結保賒請一也契書金銀抵當二也貿遷物貨三也三法之中惟賒保之法行之積年逋負益衆去歲有旨先罷結保見錢惟賒請物貨舊法未革然尚恐久遠未使何則舊欠之户多以出限規避不輸既費催督又繼以再賒物貨之人勢亦如此宿貸新貰歲增月累其間消折不能備償者十有四五則與賒取見錢同歸于弊欲乞自今後市易務許人户賒請物貨歲不得過二百萬貫別置簿支收聽舊户賒請以濟接在京行鋪之家期以五年所收息已逾元數然後或止或行其非舊請人户則惟用抵當貿遷二法可以斂滯皆通餘財矣其諸路市易錢各以四分為率量留一分濟接舊户外亦不行賒借之法乞於每歲所收息錢內量減萬數其監官等酬獎亦與降等推恩雖取息稍薄而所收皆實利庶使法行無弊詔中書户房立法以聞已而户房乞在京物貨許舊欠户賒請斂而復散通欠數不得過三百萬貫諸路市易貨以四分為率以一分許舊欠户賒請斂而復通欠數不得過一分並別置簿支收從之　四年二月二十三日提舉廣南東路常平等事吳潛言廣州自置市易司七年本息錢七十四萬緡去歲驅磨欠五十五萬緡始用本錢三十萬緡今於本錢尚少十萬有餘可廢罷詔都大提舉市易司差官根究其後市易司言本路錢物纔經林顏根磨雖有通欠

卷一萬七千五百五十三

二十九

財轉運司有錢二十七萬餘緡尚未撥還以此可見出
息不少會三司度支副使蹇周輔亦以為言乃詔本路
提點刑獄司催理限一年了絶　五月十八日詔内外
市易司民户見欠屋業等抵當并結保賒請錢物息罰
錢並等第除放其本錢分三季納息錢并出限罰錢分
為三分第一季本錢納足者息罰錢並放第二季放二
分第三季放一分出限尚欠即估賣抵當及監勒保人
填納所催錢物在京於市易務下界在外提舉司封樁
十二月三日前淮南東路提點刑獄范百禄通判揚
州傅展簽書判官鄧光林旦陳奉古各展磨勘二年右
班殿直張戩閏罰銅二斤　戩閏監高郵縣樊良稅有

卷一萬七千五百五十三　三十一

市易司經稅饒潤竹木過鎮更稅之百禄再去衆等定
奪稱合書稅市易司言百禄等意在沮壞市易法故也
八日都提舉市易司賈青乞於新舊城内外置四抵
當所委官專主管罷市易上界等處抵當以便内外民
户從之　五年四月二十八日詔内外市易務錢展三
年均作月限納限内罰息並除之　五月二十九日都
提舉市易司賈青言市易既革去結保賒請之弊專以
平準物價及金銀之類抵當誠為良法乞推抵當法行
之畿縣從之　七月五日太府寺言提舉市易司狀賒
貸人户所欠至多已得旨展限三年催納其先降指揮
并以催到分釐計數追奪酬奬請俟至所展三年滿日

施行之上曰朝廷市易法本要平準百貨蓋周官泉府
之政官失其職一切賒貸公私府頗不便之雖云有收息
之數名存寔亡今已改用金銀鈔帛抵貨最為善法其
元催致欠官吏重行追奪亦其宜也遂從之　六年正
月十九日太府寺言抵當之法纔行於畿邑外路殊未
施行欲乞將許諸路常平司市易賒借錢及寬剩錢五
路各借十萬緡餘路各借五萬緡充抵當本錢從之
六月十一日詔撥市易下界收到市易欠錢六萬緡與
上界仍更給度僧牒千道錢十三萬緡以上界見闕本
錢故也　七年五月二十五日尚書省言自行官制以
來請寺監不治外事唯太府寺市易按與諸路相關看

卷一萬七千五百五十三　三十二上

詳與制市易當令所在官司量度州縣遇賤則買遇貴
則賣元詔半年出息一分一年以上出二分然所在物
價增減難以定期而一州一縣價所增減相去亦必不
甚遠則貨或積而難售所在州縣物價不同又不能徧
知令若每司令一路州軍估定物價報提舉司提舉司
報轄下州州下所屬榜募人出抵當或見錢市易司收
息至一分至二分令商人自賣則官已收二分之息而
又有餘剩以資販者則商賈流通貨無壅滯稅額敷羨
物價常平若無容抵當而貨須變易者但不虧元價亦
許賣詔具為令　八月二十四日詔諸路提舉常平司
存留一半見錢以二分為市易抵當　八年四月八日

具一作具

中書省言今年正月九日赦書應人戶市易錢物仰所屬勘會元請本息等錢并納欠數條具聞奏其息錢當議減放令在京未見有司依赦以聞監察御史劉拯兵部員外郎杜常太常少卿宋彭年赴御史臺置局點磨欠息大姓戶放七分下戶全放外以合納數關所屬催納與無欺弊聞奏　六月二十一日詔戶部提轄拘催市易錢物准赦除放息外其合納本錢特與展限三年　七月二日詔諸鎮寨市易抵當並罷仍立法　八月八日詔諸路州軍抵當取息至薄民間緩急賴之可以存留其半市易務並罷如抑勒依給納常平錢物法從戶部請也　十一月十二日詔在京物貨場見在物貨應輸錢者並蠲免　十八日詔蠲大姓戶所欠市易三分息錢從葉祖洽請也

卷一萬七千五百五十三

三十二

哲宗元祐元年正月十二日監察御史孫升言朝廷立市易之法意在抑兼并使商賈通流貨財平準物價而行法之初呂嘉問寔領其事附會柄臣奮行私智引用兼并之徒杜絕商賈之利罔上壞法肆為姦欺簿帳不明首尾無據官吏隱庇曾無關防以致蠹害之酷姦弊之深貨物燒行賒請息錢已計分釐縣官所得虛名官吏皆冒寔賞先朝察知弊害廢減殆盡自元豐四年置局催取責內外所欠九百二十一萬五千九百餘貫今近五年除放免息錢支撥異親公人舊欠外納未及其

半其間失陷固多自京師以及四方之人破家喪身者不可勝數害及公私毒流天下者嘉問懷私壞法寔為之首詔朝散大夫光祿卿呂嘉問知淮陽軍　閏二月十八日詔戶部應諸路人戶欠市易息錢並特與除放　二十八日詔應內外見監理市易官錢在京委大府寺開封府界令提點司諸路令轉運司各限一月取索逐戶元請官本點勘特計已納過息罰錢充折如已納過官本即便與放免坊場淨利錢準此以上通折外尚欠官本錢并淨利而家業蕩盡及無抵保或正身并保人孤寡者權住催理及今日以前積欠免役錢與減放餘分限三年隨夏稅帶納近勘會欠負指揮勿行並從右司諫蘇轍請也　六月十六日監察御史韓川言市易之設就使獲利寔佐國用尚不可令所收不補所費其市易務監官監門請各留一員催納結絕從之　三年二月二十二日詔變賣市易司元豐庫物從三省請也　紹聖三年十一月七日戶部言府界諸路折納籍沒市易產業請依在京已得指揮限十年納元價收贖從之　十二月二十二日詔戶部太府寺同詳熙寧立法意復置市易務許用見錢交易收息不過二分不許賒請監官惟立任滿賞法即不得計息理賞其餘應難物並不許輒有措置限十日條畫以聞從三省請也元符三年五月市易務改名平準務　十月二十八日

卷一萬七千五百五十三

三十三

所一作中

尚書省勘會平準務見置官吏公人等所費請給不少
兼差官出外計置物色不無搔擾及石炭自近年官中
收買置場出賣後來在市價轉增高至于細民不便詔
罷平準務仍令後更不官買石炭出賣其戶部太府寺
應緣平準務添置官吏及請給並罷
徽宗建中靖國元年十月二十一日戶部言內外因欠
市易錢物折納屋業田產準指揮更不出賣令人戶承
賃住佃又準今年二月十六日朝旨閑慢處屋業許行
出賣伏緣諸路市易折納田產止有肥瘠皆可耕種見
今卻依衝要屋業一例不許出賣況天下戶絕田產不
以肥瘠並行出賣其市易折納田產今相度欲乞並依
〔卷一萬七千五百五十三〕 三十四
戶絕田產法從之　崇寧元年六月十七日戶部言平
準之法所以制物價之輕重通財賄之有無使闔散
斂之權歸於公上而已它司無得興焉近者本部申請
得旨於諸路起發錢一百萬貫充本支用即目見使漸
有數目然未有約束竊慮官司申請支借或直行取撥
則平準錢物遂見侵耗欲乞應平準務錢物官司並不
許借用或乞取撥雖奉特旨並許本部奏知不行提舉
常平司錢物準此詔申請支借取撥以違制論　二年
四月十一日戶部言蘇州人戶舊欠市易官本錢米係
熙寧元豐年所通欠錢物元符元年赦救展限三年分
為十二季送納未足準朝旨權住催理後復准赦不許

除放提舉司請再與展作二年八季詔據住催月日並
行除豁指揮到日依元降催科指揮施行外路依此
六月十八日詔府界諸縣除萬戶及雖非萬戶而路居
要緊去處市易抵當已自設官置局外其不及萬戶處
非衝要并諸鎮有監官卻係商販要會處依元豐條例
並置市易抵當就委監當官兼領　七月九日戶部言湖
北提舉司申縣鎮不及萬戶處雖非商旅往來興販之
地除市易務不須置外卻有井邑翕集兼在避遠近民
閭緩急難得見錢去處欲乞依舊存留抵當庫令逐處
官兼領看詳欲諸路並依六月十八日已降朝旨施行
從之　以上續宗會要
〔卷一萬七千五百五十三〕 三十五
高宗紹興三年十二月十七日御史臺檢法官李元瀹
言欲望嚴賜戒敕應諸司拋買並須置場和市詔令後
軍需所宣撫安撫司合用軍須物色並仰州縣依市價
和買如諸司一面收買過物亦仰具數申尚書省即不
得抑配科擾如違並令提刑司按劾聞奏　四年二月
三日詔令後諸路州縣進奉天申節禮物並置場和買
不得於民間科配　八月三日戶部侍郎梁汝嘉言來
年諸軍百司諸司等合用春衣欲置場從本部委官依
市價和買從之　二十八年十一月二十三日南郊赦
諸路監司州縣拋買應用物色多不以時支給價錢雖
已降指揮立限支還尚慮視為文具狃習前弊仰漕臣常

作五千四百四十五秤

切約束覺察按治監司違戾令諸司互察御史臺彈劾
仍許人户越訴　二十九年四月二十日詔椿管激賞
庫出賣川布令後止令雜買場及臨安府置場出賣不
得抑令三衙收買　三十年八月二十五日詔令後官
吉院闕少犀象軸頭並令工部申取朝廷指揮更不於
行市及市舶司收買　十月二十五日臣寮言江東諸
郡監司守將則有公庫之例屬官僚吏則有直廳之行
凡百供須比之市價大率十虧四五蓋由市易司剋下
婚上迭為低昂夫營生之艱莫若小民終日市廛僅餬
其口在官者常有以利之猶懼不給況可瘠之以自肥
乎違制傷廉理宜痛革望飭監司郡守自令公庫私家

一　叅一萬七千五百五十三　三三六

凡金繒器用食飲之所須一切以市價為率毋循舊弊
置行并直廳從之　十二月四日權發遣嚴州樊光遠
言本州依例收買今年御爐木炭五千四百五十秤顆
塊炭二千秤均下諸縣計置買發元降指揮於添酒錢
取撥其錢隸屬經總制窠名從前不敢取撥即無價錢
支還諸縣詔與免收買而上諭輔臣曰御爐炭不過冬
月欲其煖爾聞有司須限定尺寸至於要稍麻文青鴿
色兩頭斧痕此復何益反以擾民不若只令臨安府每
歲收買更不須嚴州科敷陳康伯奏臣等謹當遵稟行
下

宋會要 和市

前會要名市易以修立熙寧以後市易法為一門易此
名以别之神宗熙寧二年九月二十四日詔每歲上供
糓六百萬石權截五十萬變易金銀上京從三司請也
三年正月二十三日御史程顥言聞京東轉運司去歲
因和買紬絹多拖數目於人户上配散每錢一千買絹
一匹後來卻令買絹并稅絹每匹令輸錢一千五百文
又配上等户俵糶豆錢詔具析以聞京東轉運司具折
到所散糶豆錢只是要濟民之乏只名人户情願即不
是等第一例配俵詔已行常平倉新法今後更不得支
俵糶豆錢其支散內藏庫別顔紬絹錢五十萬貫紬到

卷一萬三千四百七十八

一

本錢即撥充北京封樁所收息錢於內藏庫送納五年
十二月一日詔罷諸路上供科買以提舉在京市易務
言上供薦席黄蘆之類六十色凡係百餘州供送不勝
科擾乞計錢數從本務名人承攬以便民也已而中書
言欲令諸司庫務係市易務行人買納上供物處令提
舉市易司管轄上曰如此必致人言以為所買物不良
王安石曰不爾則庫務公人利於諸路科納必須非理
邀索揀退行人無由肯攬也上曰令行人撲買上供物
亦易爾而不用臣脩陵寺令行人攬賣添比官賣紙半
價不知市易司何故致人紛紛如此豈市易司所假多
市井小人耶安石曰市易司有違法即須案治雖有小

人亦不敢為小人之事也六年四月七日詔提舉在京
市易務及開封府司錄司同詳定諸行利害以聞初京
師供百物有行官司所須皆並責辦下逮貧民浮費頗
有陪折故命官講求雖與外州軍等而官司上下須索
無慮十倍以上凡諸行陪納猥多而齎操輸送之費在
外下逮稗販貧民亦多以故失職至是內行除中正等
乞出免行役錢更不供內故有是詔於是上謂執政曰
近三司副使有以買靴皮不良決行人二十杳今兩府
尚不下行買物而省府乃擾民如此甚非便也七年七
月十六日上批河北脩創樓櫓守具及軍器合用物料
可速相度差官往出產路劃刷計置或令市易務募商

卷一萬三千四百七十八

二

人結買八年九月二十三日杭州助教孫翀乞借市易
務錢五七萬緡買紬絹比杭州結錢民間預買可增十
萬餘匹詔給末鹽鈔四萬緡錢四三萬緡為本仍以將作
監主簿梅寧同買十月二日都提舉市易司言泰州和
買紬絹舊以鹽準折今乞依諸路例每匹給錢十從本
司遣官據合支鹽數以末鹽鈔赴州出賣從之十年正
月九日中書言近許市易司與江南西路轉運司兌洪
撫等五州軍鹽和買紬絹及差屬官歐陽成總領以鹽
引從便移易與轉運司財賦并場務課額有妨欲令以
諸州所支和買鹽數委轉運司相度裁定罷還市易務
所差官從之　元豐元年閏正月六日詔京東路轉運

司許借封樁差軍代役人錢五萬緡西路轉運司許借
坊場錢十萬緡預買上供紬絹十七日詔三司裁定諸
路預買疋帛價九月九日都提舉市易司言乞以見錢
於河北出絲蠶州縣俟三司和預買紬絹足日如民願
請價錢委令佐續行支給其收斂並依和買條施行從
之二年九月三十日尚書兵部言乞以川路見樁賣不
堪官馬及死馬錢委提刑司官計置買疋帛上京川峽
四路準此從之三年六月二十五日權發遣京東路轉
運副使李察乞增預買紬絹二三十萬從本路轉移從
之五年八月十四日安州言內供奉謝禮奉旨買紅花
萬斤今又繼買五萬斤而一州所產歲止貳萬斤耳恐

不足數詔亟寢之六年三月四日詔借支河北提舉司
寬剩錢三十萬緡付轉運司預買紬絹　哲宗紹聖四
年十一月十四日詔戶部嚴戒諸路監司應取承詔旨
市物色並於出產多處置場計數和買召人赴場中賣
以見緡給之數　不係出產或出產數少及當年偶闕
者即申本司別行下出產多處和買又不足令監司具
陳違者坐違制罪仍令提舉常平司察舉如有違慢具
名申尚書省仍許人戶經提舉常平司陳訴如不為理
者與同罪每遇和買皆揭示詔文　徽宗建中靖國元
年正月十九日戶部狀脩立到下條諸縣散預買紬絹
價前期錄應用條制及以鄉村排定應給日分曉示二

月終給散盡絕本保三戶以上為一保不給州縣吏人
令佐親臨各限當日畢本州具逐縣給散訖月日申轉
運司類聚保明聞奏不得尅納欠負詔從之十月二十
三日中書省檢會當年五月七日指揮令提舉司各那
借本司剩錢同轉運司於來年依例預行支散價錢和
買絹京東西路各二十萬疋河北東西路各十五萬疋
京西南北路各五萬疋淮南東西路各五萬疋兩浙路
十萬疋逐旋舟依條計綱起發上京赴元豐庫送納京
東河北於逐路封樁聽候朝旨移用亦有借過提舉司
錢候將來廣西路起發到金銀仰元豐庫申請依數撥
還詔逐路提舉司除已支錢外更不支散候將來絲蠶

成熟分擘與可收買處州軍選官置場和買其合撥還
錢并起發上京並依已降指揮　崇寧元年二月二十
六日詔諸路和預買紬絹錢須管預行計備依舊條並
限正月十五日已前給散盡絕四年六月二十二日尚
書省劄子訪聞兩浙路每歲和預買紬絹並不行下出
產州軍計置多是科於不係出產州軍和買致使客人
規利興販前去計會公吏乞取錢物嚴加催督人戶不
免用貴價於客人處收買中官以苟免罪戾不惟倍有
勞費兼未稱朝廷愛民恤物之意兼勘會春首俵錢本
以濟民之急轉運司往往過時給散顯失法意詔令後
和預買紬絹物帛並科下出產州軍和買不得更似前

日行下不係出產州軍計置却致擾民所有每年俵買價錢令前期樁管依條於正月十五日已前盡數給散如委實闕錢即時許於諸路應干諸司封樁常平等錢內借撥應副其買到物帛令價錢官司拘收樁管候轉運司要用以見錢對行樁撥如轉運司輒敢擅便取撥即依擅使朝廷封樁錢物法仍仰本路提刑司覺察聞奏五年三月二十七日詔訪聞川峽路和買絹布數目比元豐倍多及以交子庚牒充折買價致細民難以分擘貸賚皆被豪右操權坐邀厚利民間頗以為擾可令川峽逐路轉運司嚴切指揮諸州縣各將元豐年中支俵和買絹布數目取其間最多者一年立為永額只依

卷一萬三千四百七十八

五

舊所立俵直以見錢俵散其元豐中不曾支俵州縣乃是不產絲麻瘠薄地分即不得加額委提刑提舉司常行點檢如有不實及違法過額抑勒俵散並具聞奏其違法官司當以違制科罪不以去官赦降原減如於應副他路却有妨闕即具析聞奏六月十三日中書省言右朝議大夫知商州時格劄子準御筆訪聞諸路貪吏倚法為姦借朝廷詔令或上供為名隨等科拋物件如緣脩造遂科瓦木緣使命至借賑服什物緣綱運即差人夫之類不可勝數上戶有至千百貫民間急於應辦莫敢後時倍價收買往往竭產典賣猶不能供又多非出產之物無所從出令監司體量聞奏本州前後抵上

司牒拋買麝香連皮毛三百六十九臍散香三千五十三兩朱砂末一千兩熊膽一百六十七斤一十四兩五錢雖已分擘下諸縣委官置場和買必無許多數目應副且如麝香每箇上等得一兩其爭香不過重三五錢可見臍數不少如朱砂自來只是豐陽縣南嶽一處官中置場抽分四縣俱無所有熊膽諸縣山林採所開透深遠恐緣此別致科率有違手詔處分詔令後除已得旨拋買供奉之物即時行下外其餘應拋科收買之物令所屬開具的實出產路分申戶部點對如委是別無大料數目即申取朝廷指揮降下方得收買　大觀元年十二月十六日尚書省劄子勘會大觀庫見今闕

卷一萬三千四百七十八

六

少物帛窃慮緩急闕悞詔令兩浙京東淮南江南東西成都府梓州福建路於出產物帛處轉運司於來年絲蠶豐熟州縣依市價收買其價錢並於本路提刑提舉司朝廷封樁錢內支撥應副務在兩平和買不得科配抑勒攪擾如違官員降黜公吏人等決配若因而減尅乞取或作他人名目受者以自盜論其買到物帛逐旋支撥與提刑司拘管團綱差使臣或本路見任待闕得替官管押起發赴本庫送納仍令轉運司每月具已未買及已起發數目月日管押人姓名申尚書省所有撥到價錢如轉運司敢別有支移使用除依擅便朝廷封樁錢物法外亦當重行降責仍令所買路分轉運司逐處依

式具帳申尚書省。二年三月四日，上批：和預買紬絹，近愛八寶赦內曾詔有司令前期給價，比聞有以鹽鈔一等折見錢六貫，至期輸納絹六匹，方令絹價倍高而鈔價難售。自令仰監司郡縣並支一色見錢，不得以他物準折，違者提刑司按劾以聞，本法外加二等科罪，仍不以赦原，委御史臺覺察聞奏。十月八日，秦鳳路提舉司言：隨州委官買麝香應副廣東市舶司折博，每年合用麝香二千五百兩，自崇寧二年五月後來承受拋買麝香四千一十臍兩，令二年以上買到二百二十五臍。詔所委官先次衝替，令提點刑獄司取勘具案聞奏。十一月二十四日，詔：和預買多係於坊郭游手無并之戶，而

永樂大典卷一萬三千四百七十八

七

滅數於鄉村蠶織之家，敦本抑末之道也。然至四五百匹，則其數太多，深慮艱於輸納，可令諸路轉運司相度聞奏。繼而京東路轉運司奏：本路州軍每歲支係坊郭戶和預買物帛，除無係至四五百匹去處外，有興仁府一戶萬延嗣，家業一十四萬二千貫，歲均一千餘匹。雖延嗣一戶係買數多，又緣本人物力出等，一路為最，今欲乞且依自來條法支俵施行。詔萬延嗣與依年例減半俵買，餘依奏。三年十月二十六日，詔：官司近年甚有拖人民間預買及拋買物色價直去處，互相蒙庇，致朝廷莫得而知。仰逐路提刑、提舉官取索應令日已前未還民間錢糧多寡，立為上下半年或作季限，催督責令

旋次給還，仍各注籍拘管勾銷。或有規避隱匿，官司並科違制罪。如限滿更取違欠，即具當職官吏姓名申尚書省取旨。提刑、提舉司承令來指揮不究心取索，若人戶別有陳訴，並重行黜責，仍不理去官。四年四月十四日，左司員外郎董若言：奉詔取索看詳諸路拋買名件等，尋取索到京西都水磨務等共二十七處，看詳共詳每歲裁損二百四十五萬一千九百八十一匹兩石斤，今編修寫成《大觀看詳諸路拋買物》第一至第十，共一十冊。又奏：詔有定價低小者略與增添一節，若看詳逐年所拋買名件不一，出產去處貴錢隨時不同，即難以預行增添。緣已有量添價和買之法，尚慮諸路不切遵

永樂大典卷一萬三千四百七十八

八

奉，臨時價直低小，致虧損人戶。若有違犯，止從違令科罪，亦慮未足懲誡。相度欲乞諸路和買上供之物，不比市價量添錢和買者徒一年，仍候買訖具價直申戶部審察，及提刑司常切覺察。詔從之。二十四日，罷茶、雅等州市犛牛尾。　政和元年正月五日，戶部侍郎胡思文言：在京歲用金銀綾羅絲絹，逐色所收不敷所支之數，從來不免逐急在京收買，支破係省錢，比之外路和買價直倍多，色額低下，不堪供應。欲將逐路拖欠錢斛，令逐路轉運約所用價錢，於出產去處量增市價和買，作急切綱運，限來年夏季終盡數到京，赴左藏庫送納，仍遵依近降不得科買配責搔擾詔條指揮施行。從之。二

十二日戶部言提舉京畿京西路鹽香事程哥奏州縣
官吏於民間買物所定實直低小乞州縣每月所定實
直及逐旬增減狀各以一本州送就近監司縣送本州
常切點檢覺察監司巡歷州縣將逐處實直體究或高
下異同有害民力並許根治仍乞詔有司立定刑名看
詳添脩諸物每月一估每物具上中下等實直時估結
罪申價有增減旬具刺狀送在任官書知州縣鎮寨實
直仍申本州審察監司若季點官巡按到處準此條事
件申聞詔依三月二十九日戶部言京西路臣僚奏豪
吏倚勢官物之價多略於市中取於非時求於不產事
奉內批倚勢作威厚斂於民先王所深戒若掊取徇己
卷一萬三千四百七十八
九
或上結權貴尤為可罪今後有犯者當重責之為躁進
趨附之戒看詳元符敕在任官賣買物旋行增損賣直
及抑非本行賣買物等有徒二年之制欲申明行下從
之四年八月十七日京畿提點刑獄公事林虎奏中都
積帛不可不厚比來朝廷拋買民間觀望不無邀價欲
令諸州應出賣預買絹並將諸司朝廷封樁錢依所估
價充撥起發上供如朝廷封樁錢不足即以常平司未
用錢逐急充撥據管係有封樁錢數撥還從之　宣和
二年七月一日詔和預買之法取於民有制近歲漕司
不預支價直或行抑配可委諸路提刑司體究按治以
聞八月二十五日詔州縣市易物貨於本州公使庫不

許收買如違罪賞並依當職官吏賣買法三年二月二
十八日訪聞開封府將已納免行錢人戶又行科差顯
屬違法擾擾應在京已納免行錢人不得違法更有科
差其不納免行錢諸色行人仍不許科差非本行事如
違以違制論仍許人戶越訴諸路令行戶供應非本行
幹運興販物者準此五月八日尚書省言勘會預買紬
絹償諸縣於正月十五日以前給散至蠶絲收成之後
隨夏稅送納從來官司於受納之日專庫公人多端乞
取民受其弊欲諸告獲因受納預買紬絹干係公人受
乞財物笞杖罪賞錢三十貫徒五十貫流八十貫死罪
一百貫者從之四年三月二十日尚書省言脩到條目
卷一萬三千四百七十八
十
諸供官之物應和買者轉運司度州郡多寡出產厚薄
等第分買仍具總買及諸州分買之數行下不當者聽
逐州申尚書省從之六年四月三日詔四川和預買絹
布等聞官吏欺幹不支償直或準折鹽鈔有名無實遠
民坐困無所越訴可申嚴約束違者以違制論八月二
十一日戶部侍郎燕瑛奏所謂和預買者錢固有定期
惟吏守其法則民被實惠近歲郡縣失於奉行不以時
乞申敕諸路郡縣預計和買錢數俾給散不踰其限詔
坐條申嚴行下七年四月二十四日講議司奏契勘諸
路州縣供官之物不許擅行科配其依法應科配之物
在法當職官躬親品量依等第均定盡欲杜絕偏重不

及一作又

均之弊比年以來科配之物轉運司多不以州軍大小
州軍又不以縣邑人戶家力一概拋科及諸縣將拋降
之物往往比合用之數暗有增添容縱公吏作弊並不
明具人戶逐等逐戶合著之數曉諭民間通知致有力
者計囑行用得以減免而貧下者或致破產正數既足
即餘剩之物公然入己人戶被害莫此為甚欲今後應
科配之物轉運司隨州軍大小州軍隨縣邑人戶家力
均拋令當職官前期依法品量均定具逐等逐戶科配
物色數目申本州檢察仍以人戶等第家業合著之數
單名降榜付縣曉諭人戶通知如有不均或數外增添
催科許人戶越訴監司覺察按劾庶幾輸納均當革去
卷一萬三千四百七十八　十一
姦弊從之五月九日德音應京東河北路州縣兩路昨
因軍興賦役繁數加以盜賊侵擾民力不易州縣官吏
義當體國除供家飲食外不以和買為名下行科率買
賣如違仰廉訪使者覺察七月二日詔應諸路州軍今
後買合納上供或廷副他處及本處軍衣物帛買納畢
委官定驗有粉藥紕薄短狹者計所虧官準盜論贓輕
者徒二年即專庫合干人及管押人綱梢等以私物貿
易計贓輕者徒三年仍仰廉訪使者覺察聞奏餘依見
行條法各不以失及去官自首原減四日詔兩浙以上
供錢和買綾二萬匹限今年十月終已前到闕相兼支
使十二月十九日詔和預買絹本以利民比來或量支

雜物或但給虛券其害甚多仰轉運司預取一路合係
之數分下州縣通融措置或不以見錢而以他物不以
正月而以他月給散者以違制論　欽宗靖康元年五
月七日詔應因備禦脩葺城壁并防守器具之類和買
過民間材植物料等及須索應副軍期之物如有未支
價錢並仰所屬限半月一併支過　高宗建炎元年五
月一日赦和預買法本支實價訪聞官司立價甚低或
高擡他物價直準折或以無實虛券充數甚者直至受
納未支本錢不遵條限前期起催急於星火自今有前
項違戾守令并轉運司並以違制論加二等仍委提刑
司覺察每歲於限後一月內具有無違戾聞奏不以赦
卷一萬三千四百七十八　十二
開與同罪二年九月一日臣僚言錢塘之民苦於和買
乞以杭州之數分別八萬匹與平江府四萬匹與秀州
詔下本路轉運司均撥尋據逐州申陳自祖宗以來不
曾支俵和買兼人民從來以水田為業不產蠶桑之行
蠲免本司今欲將杭州減下和買一十二萬匹只以一
半六萬匹於平江府秀州俵買內平江府買四萬匹秀
州二萬匹其餘一半六萬匹均於出產湖明等州添俵
內湖州六千四十匹明州五千七十二匹台州五千八
百八十匹處州三千九百六十匹衢州七千八十匹常
州一萬七千五十二匹嚴州六千九十六匹鎮江府一
千二百匹除建炎元年二年已過時外自建炎三年為

仰一作以

始續據戶部奏路路有建炎元年分預買令已過時欲乞自建炎二年爲始分作三年帶納依轉運司均撥定州軍施行從之三年三月十四日兩浙轉運副使王琮等言昨乞將本路逐州今年合發上供和買夏稅紬絹共計一百一十七萬七千八百四匹令人戶每匹折納價錢二貫文足計三百五萬九千二百二十八貫一佰(百)一十文省未承回降指揮緣上件價錢委是畸中難以增減令來和買夏稅物帛起催條限逼近若前期行下州縣即可如期便得見錢仰助國用詔依上件條限起發五月十六日詔諸路預買多是不給價錢雖累降詔旨預支與錢多不曾給散仰諸路監司守貳每歲預買綿絹合給錢須管轉那並行支給若或有違並重真典憲九月二十四日詔曰朕累下寬恤之詔而追以(細)輕貲未能悉如所懷今聞東南和預買紬絹其弊尤甚可行下兩浙江東西路於見買數內蠲減四分之一以寬民力仰逐路轉運司今後預樁見錢依時俵散如違重真典憲　紹興元年正月二十日戶部侍郎孟庾言乞將紹興元年兩浙合發夏稅和買紬絹除減免并進奉外紬絹本色共一百六萬四千五十匹并一半依例折納價錢每匹兩貫文足仍令逐州將合折數於第五等人戶自折餘錢均於四等人戶內折納庶寬下戶從之三月十五日後殿進呈黎確乞早定越州將來所納和

卷一萬三千四百七十八

十三

賊一作兵

最一作較

買絹分數以爲前此曾令以米折絹以故有米之家爱惜以待臨時輸官之用上曰聞近日米價翔貴細民極不易須早定指揮止令納絹庶幾富人肯出積米以紓艱食於細民爲便宗(范)尹等曰謹依聖諭二年十一月二十三日詔臨安府實經賊馬殘破去處人戶未納去年和買并紬絹折帛錢並與放免三年三月三日臣寮言諸路州軍每年和預買紬絹祖宗朝各有定數自來兩浙州縣多寡不一至有闔郡俱免者行之百有餘年而無不均之患良由輕重適當故也嘗考一路秋賦苗米之數參以和買紬絹乃知和買之多寡率視秋賦之輕重如臨安府湖州等和買爲多而苗米比他處最少常州婺州等和買差少而苗米比他處爲多以至平江府秀州苗數尤多故得全免俵買昨因臨安府曾經方臘殘破之後知府毛友乞將管下九縣和買紬絹數內權撥一十四萬與本路諸州分認而平江府秀州皆是創行和買至今累年詞訴不已各未曾承認況自軍興以來鮮有不經兵火去處若臨安獨緣賊盜之後權將和買分與諸州而諸州所納秋苗既重更增認和買於殘破之餘顯屬輕重多寡不均乞將毛友所乞權將一時指揮改正兼兩浙路管下止是臨安紹興府兩處和買最多近降指揮紹興府和買以十分爲率蠲減一分訖其臨安府正是今來車駕臨幸之地若令便依元額承

卷一萬三千四百七十八

十四

緣一作橋

認亦恐未得允當今已出遵預俵錢月分吏乞付外詳
酌施行詔令戶部限三日勘當申尚書省本部契勘臨
安府先感下均撥與諸州紬絹除四分感一外實計八
萬四千匹若盡數便令本府認發又緣即今車駕臨幸
之地窃慮難以認發必致拖欠有悞行在指擬兼嚴常
湖台處明衢婺州江陰軍共九州軍自認發後來每年
各已依數起發別無拖欠并鎮江府所認數目不多並
合依元認之數俵買起發外平江府秀州各係水鄉不
係桑蠶浩瀚之處委與其他州軍事體不同今重別參
酌均定秀州元認一萬五千匹今欲自紹興三年為始
與感五千匹認起一萬匹平江府元認四萬匹除兩經

卷一萬三千四百七十八

十五

感免外止認一萬匹竊緣秀州與平江人物繁盛不同
秀州感五千匹外尚認一萬匹其平江府難以盡行蠲
免欲自紹興三年為始與感三千匹認起七千匹所是
兩州感下八十匹却回臨安府自紹興四年為始認數
起發其平江府紹興二年以前拖欠未起五萬四千匹
欲乞更與蠲免從之十月九日尚書考功員外郎魏矼
言昨降詔書以和預買紬絹價錢固已虧損人戶而又
州縣多不支給委提刑索取已未支數來上當議典憲
臣聞州縣奉行詔書旋即支散而姦胥滑吏乘時乞取
且有詭名盜請者朝出公帑之門暮歸群吏之家百姓
以戶籍所繫初不敢較也臣謂不若據合支和買本錢

撥充逐戶免役錢使官無侵受之弊民無請納之勞詔
令諸路轉運常平司限三日同共相度申尚書省其役
戶部言兩浙轉運司契勘本路州府合俵紹興四年和
預買本錢共七十三萬七千餘貫委是無可那撥浙東
提刑兼常平司申若將人戶合納役錢撥充和買本錢
雖於轉運司別無妨礙其人戶既不輸納役錢則諸州
吏無役錢可以支給必致妨闕兩浙西路提刑兼常平
司申免役錢係募人充役按月給散不可少闕深慮轉
運司既將免役錢撥充和買本錢後必不依時便肯撥
還却無錢給散役人臨時妨闕本部契勘免役錢在法
樁歲用之數係於人戶等第上均敷入官樁留募人充

卷一萬三千四百七十八

十六

役按月給散並是指擬之數不可少闕其錢係常平司
所管之數欲乞依兩浙東西路常平司所申事理施行
餘路依此從之四年正月十四日詔和預買本錢已降
指揮隔季樁辦如違限不樁或擅支用者並徒二年二
月九日詔應今後遇有科敷及和買監司郡守須契勘
諸縣實有合支錢裏名數目方許施行若違戾詔令科
率百姓者監司郡守並一〔等〕科罪九月十五日明堂赦
勘近年以來紬絹之價比舊增貴數倍而和預買本錢
或不時給或給錢多有侵刻弊事甚多重擾百姓仰諸
路轉運司將人戶每歲合納和預買紬絹於五分中特
減一分以償本錢免令人戶赴官請領謂如戶下合納

酌一作斟

五匹即以一匹充本錢只納四匹之類不及匹者以丈尺寸紐筭其減下一分紬絹令本司收簇合依本錢買場收買依限起發不得虧損上供額數如有不足摽的確數目依兩浙轉運司已降指揮取撥本路一分酒稅錢應副尚不足者於建炎四年以後諸州添酒錢內支撥仍自紹興五年為始十月十九日户部侍郎梁汝嘉言每月經制合用錢一百餘萬貫兼調發軍馬所用倍多理當權宜措置令相度以江浙合納夏秋和買紬並行折納內二分每匹折錢四貫餘八分折錢六貫絹以十分為率折納五分內二分每匹折錢四貫三分折錢六貫令逐路轉運司計綱送納從之五年五月二十三

卷一萬三千四百七十八

十七

日三省進呈收買一分和預買絹趙鼎奏曰前來赦文中五分中特減一分以價本錢令轉運司依年例置場買發令訪聞諸州縣却令一分中一半納本色始欲優恤百姓其實重害欲令自來年依祖宗舊制前期俵散本錢和買上曰甚善七年九月二十二日明堂大禮赦勘會應拋科之物前後累降指揮住罷其收買軍器物料並係朝廷酌量州軍大小各有所買分數仍支撥可以指擬錢數收買訪聞州郡並不依實價和買凶歛科敷於民及於數外拋科或不即支還價錢百端搔擾可令提刑司覺察按劾以聞其違戾去處當職官重寘典憲仍許人户經詣尚書省越訴八年二月二十八日中

書門下省奏勘會紹興府和買絹比之諸州太重詔與減放一萬匹令孫近相度均減九年正月五日詔江浙今年合納和預買紬絹已降指揮以分數折納見錢緣給本錢州縣往往不曾支給可於見折錢上每匹特免一貫文十二年九月十三日赦勘會江浙和預買緣減閑浩瀚未能盡罷比年減免以十分為率止折一分務從寬恤訪聞諸縣不依所降分數違法折納以充自用或胥吏恣私科出虛數計會增減實為民害仰監司郡守常切約束具實數明出板榜曉諭如有違犯逐一覺察按劾官員竄責人吏決配十七年三月十八日宰執呈上供和預買紬絹州縣循襲率以二月起催上曰二

卷一萬三千四百七十八

十八

月間蠶猶未生預期催迫使民間何以應辦檜曰當令漕司約束須依舊來條限常切覺察按治九月二十五日詔江浙州軍見輸納折帛錢舊立價錢比今時價稍高兼逐路土產物帛不一訪處民户難為出辦理宜寬恤令兩浙紬絹每匹減作七貫文內和買減作六貫五伯文綿每兩減作四伯文江南東西紬絹每匹減作六貫文綿每兩減作三伯文仍自紹興十八年為始其減下錢令户部具數申取朝廷指揮二十六年四月一日詔和買以來必無不均但令守令觀望自為私意或免或不免如前宰執與見任宰執前從官與見任從官前觀察使以上與見任觀察使以上元有指揮與免則明

出榜示聽免元無指揮與免則明出榜示輸納如此則官戶庶戶一例和買入納之家安得有愁歎之聲宜令有司依舊法均買仍將作弊受納官生贓論專知司屬決配並令監司郡守按劾如尚有容隱不實與憲者更令臺諫奏陳從侍御史湯鵬舉請也七月十八日起居「舍人凌景夏言臨安府自累經兵火之後戶口所存裁什二三而西北人以駐驆之地輻湊駢集數倍土著今之富室大賈往往而是昨紹興二十年錢塘仁和兩縣在城民戶與西北人衮同推排等第各已注籍至二十一年有詔臨安府見排等第依在京例與免有司乃以和買役錢難以減放止與西北人蠲除其土著民戶至

宋輯　卷一萬三千四百七十八　十九

令不免望將臨安府在城營運浮財物力依已降指揮並與蠲免從之仍自紹興二十七年為始閏十月十三日臣寮言和預買隨正稅絹均科諸郡多寡不同其和買多於正稅至額一倍去處近年又緣鄉司走移人戶家業每年增添謂如今年着一匹明年着一匹一尺又次年着一匹一尺五寸之類其逐年上供之額元不曾增添止是鄉司取受將形勢上戶或公吏之家偷落減免却均入衆縣人戶名下補數若以謂有逃亡之家自合分明出榜除豁本縣合拘催欠負補數不應歲歲增添欲望行下諸路州縣將人戶合納夏稅某人名下正絹若干和買若干出給憑由散付人戶收執永遠照應輸

納如人戶物業有進退合分明開具增添之數改給不得暗有增數庶絕鄉司取乞走移之弊從之三十一年正月十八日都省言江浙和預買紬絹合將官戶與編民均數務要均平見今州縣有科和買並及上三等去處及有限以物力錢數均數者本係優恤下戶易於輸納却有上戶權勢之家計嘱點吏詭名寄産分析子戶走弄物力以致科數不及使貧民受弊無所赴想詔令江浙漕臣行下所部州縣將上戶至下戶田産以畝數稅錢多寡並一等均納和預買紬絹務要均平不得因而溢額科敷如依前有偏重不均去處按劾聞奏仍許民戶徑赴尚書省越訴所有自來用營運浮財物力去

宋輯　卷一萬三千四百七十八　二十

處亦合將官民戶並一等均納

孝宗隆興二年正月二十四日臣寮上言今日州縣之間繁民之事最號要切者和買紬絹是也元降指揮與前後赦文臣寮申請皆不以稅錢多少一例均敷州縣妄以寬恤下戶為詞只將上戶稅錢紐數科敷歲歲不同鄉司持此為走弄之弊今相度不以稅錢多少一例均敷即乞統計一縣合科和買紬絹之數立為定額若人戶將産業典賣即據本戶合着和買於契內聲說分割稅錢和買若干入交業人戶則鄉司走弄之弊不革而自除也或元用物力錢高下分科者亦依稅錢施行戶部看詳如自來係隨田産稅錢一例均科去處即隨鄉原體例及自來等

第科折其元用兩項物力錢均科者亦仰州縣將官户寺觀與編民物力每貫每百合隨數均敷庶得允當詔依仍令諸州守倅日下措置八月二十六日權發遣寧府杜莘老言本府所管五縣上三等户每年納兩稅折變物帛并和買絲綿紬絹及激賞絹軍興後來科折稍重第四等户兩稅止納正色又更全免和買第五等户激賞絹皆免以此姦豪多端作弊詭名隱寄分開户籍降就下等積年規避顧屬侥倖欲將每年合俵和預買物帛先以見今上三等人户家業紐筭如有少數於第四等頭户處趲補均俵足元額而止蓋第四等頭户與第三等人户家業高下不甚相遠輸送亦自無錢即不令均及四等下户户部看詳若三等以上人户析立户名作挾户分攤避免科役自合勒令首併若係僞之減降作下等即合推排日將四等人户富實者陞入第三等户數令若依所陳便將第四等户均敷官物竊慮不得其實卻至不均引惹詞訴今欲下潼川常平司照應見行條法施行從之同日杜莘老又言和買物帛據元豐法並支本錢絹每匹八百五十文紬每匹七百文絲每兩六十五文綿每兩三十五文當時欲優恤民間預於正月十五日已前先支人户於上三等均敷候起催夏稅日送納軍興以來更增添激賞絹一項當時係於省司錢內撥錢置場依時價收買每匹不下五貫後

卷一萬三千四百七十八

來官司卻於四等人户均敷先令送納然後請錢遂致州縣移易他用無一錢及民又州縣催理兩項物帛除合用正色之外將所餘分數理估絹每匹錢引五道二分紬每匹錢引四道半絲每兩錢引六百四十文綿每兩錢引半道卻不會計錢數均敷以致上户有力之家攙先送納正色下户多納估錢又上户多成匹兩下户多是畸零卻令圍零送納下户委是重困欲乞令民間紐筭本户合請和買并激賞本錢數目具鈔對納名下兩稅錢物免致官吏移那隱陷又乞令州縣將正色并估錢自上及下一縣均定以有畸零不成匹兩者許與別户合鈔送納户部看詳四川路諸州軍和買紬絹物帛已有指揮於三等人户上一例均敷其不成端匹許行合鈔送納在法諸縣散預買紬絹價前期録應用條制及排定應給日分曉示於正月二十五日以前不得虧納欠負欲下四川轉運司行下所部州軍遵依見行條法指揮施行從之　乾道元年五月十二日右正言程叔達言方今民間輸納稅賦惟和買最為流弊之極其始也官以錢鹽折支其後既無錢鹽但據歲額直科本色又其後不用本色乃以直科之數折納價錢今一縑之直在市不過三數千而折納之價乃至七千又有所謂市例頭子錢朱墨等錢所費不一其於和買之初意豈不大相遼絕哉故前此論者欲分其數均而平之

卷一萬三千四百七十八

戶部措置遂令州縣將官戶寺觀與編民物力每貫每百隨數均敷是亦務於均平之意也然臣訪聞州縣間固有用田產稅錢一例均科者亦有用浮財物力兩項均科者既已不同矣而於兩項物力均科之數又自不一且以臨安言之謂如新城則十貫以上富陽則十三貫以上臨安則二十貫以上方始均敷其參差不齊如此他郡可知以臣觀之若自每貫每百一例均敷則失於太苛非惟科擾及於貧下而官司亦難辦集故臣之愚以謂令歲災傷之餘中下人戶饑乏貧困朝廷方且賑濟寬恤之不暇豈宜一例均敷也緣戶部昨來既已行下即州縣目今必定遵行竊恐下戶愈致重困欲望

卷一萬三千四百七十八

亟降指揮令諸路州縣止依自來久例科納不得每貫每百均敷庶幾上下均平事體歸一從之九年三月六日祕書省祕書郎兼權起居舍人趙粹中言兩浙和買莫重於紹興紹興諸邑會稽為最且本府歲科和買一十四萬六千餘匹會稽一邑獨當二萬二千匹有畸均在上四等人戶以物力錢數科敷自經界後上四等戶物力錢七十三萬貫以物力四十六貫有奇科和買一匹已是重大緣會稽田薄秋夏二稅已重復有十四項物力和買如賜田職田抵當沒官田之類皆一時幸免却均入人戶補充原額愈見重困坐是節次為人戶詭名隱寄多分子戶自經界後至乾道五年七經推排減

落去物力錢二十九萬貫有畸見管紙存四十三萬貫當來下戶三分不該和買今成下戶其弊灼然官司勢不得已至於物力錢一十九貫有奇便科一匹則是有田一畝即出和買七尺六畝則成匹矣向去推排走失物力錢轉愈甚和買愈重民力困竭舉貸出產不足償納乞據畝頭定數科敷均納詔給舍臺諫戶部同共看詳申尚書省既而戶部尚書楊倓等欲下兩浙轉運司從長相度其後本司相度畝頭均科恐擾下戶欲且依舊例科納竟不果行　嘉定二年正月十四日臣僚言輦轂之下鋪戶不知其幾近來買到物件其間小戶無力結托雖有收附無從得錢又有不係行鋪之物客到

卷一萬三千四百七十八

即拘送官且有使用方使納中而終年守待不得分文窮餓號泣無所赴愬乞委官點對應臨安府截日已買過未支錢盡數呼集行鋪日下支還毋得再落吏手仍令日後須以見錢收買不得拖欠積壓如有違戾許經御史臺陳訴將當職官重加懲治吏人受瀆侵移計贓定罪所有北使經從沿塗州郡亦乞倣此行下從之十二年十二月二十三日臣僚言泉廣舶司日來蓄商寖少皆緣剋剝太過既已抽分和市提舉監官與州稅務又復額外抽解和買宜其懲創消折憚於此來乞嚴飭泉廣二司及諸州舶務今後除依條抽分和市外不得衷私抽買如或不悛則以贓論從之十六年九月八日

臣僚言國朝稽古建官均融萬貨出於左帑給於賣場而比物定例委之估奪兩局應所折買貨物先須編揀色名估定價直繼行覆審然後請取於所屬之庫而類成套跂赴於所賣之場而課以入錢廼有寡廉之士緘狀求買販依行商欲市而不可得甚而監轄有官偽作名目縱子弟之懋遷此則弊於官者然也物欲甚平而增損其數價欲其等而高下其名徒手來市者每致久稽賂遺先及者無求弗獲甚而頒貨未至而待入之錢輒與寄官出貨已售而合入之錢尚未交庫侵移變轉欺隱日滋此則弊於吏者然也乞下戶部應左藏折賣貨物悉遵舊制先從估局定價請官審覆方往遂庫交收赴局打套秤別輕重均一方可開撥賣場視錢貿貨隨與抄曆藏庫按時拘納不許滯留監轄親臨各共所職有偽托偽名私為貿易及封狀覺買者並坐違制重行鐫降吏有侵易錢物計贓決配估轄廉平通商息稽兼利公私從之

附奉萬三千四百七十八

互市

太祖乾德四年四月詔江北諸州縣鎮近聞自置榷場禁人渡江以來百姓不敢漁樵又知江南仍歲飢饉自今除商旅依舊禁止外緣江百姓及諸監煎塩亭戶等並許取便採捕過江貿易

景德二年正月詔雄州如北界商人齎物貨求互市者且與交易諭以自今宜令北界

官司移牒候奏聞得報乃敢互市時契丹新城都監遣吏齎牒請令商賈就新城貿易雄州以聞故也二月三日詔沿邊州軍朝廷已令於雄霸州安肅軍三處置榷場與北界互市慮其或就他處回易即逐牒報云已於三處置榷場輦致物貨請告諭商旅居民詣其處交易兼諭以朝旨云他處不置貨幣蓋慮民人商旅往來多歧難於約束或致增減物價虧損鄰邦民庶之意報訖飛驛以聞先是北界累移牒緣邊州軍云逐處已開榷場請許南北商人往來交易故有是詔十四日帝曰自北面通和或有邊防机事及官吏能否及北界往還報聞須得有才識者為裁處之往年開榷場常遣使臣二人往来提點可依此建置便付以其事中書樞密院可共擇二人以聞三月令雄州勿得以錦綺綾帛等付榷場貿易先是帝曰自來輦致錦綺等物在彼蓋備持礼之用慮其貿與北客況戎狄無厭若聞其端即求市無已有所不及即懷慊恨故有是詔仍令有司自今當輦錦綺等物赴雄州者先以啟聞待報四月十九日都官員外郎孔揆供奉官閤門祗候張銑同提點雄霸州安肅軍榷場二十五日知雄州西上閤門使李允則言契丹常禁止國中穀食無得出境其民有冒禁來詣榷場求市糴者轉運司皆令以茶供博易且所得至微寔恐非便詔罷之五月詔雄州契丹詣榷場市易者優其直以與

卷一萬三千四百七十七　四

之八月命河北轉運使劉綜都官員外郎提點雄州榷場孔揆等與諸州軍長吏共平榷場互市物價以和好之始務立永制三年九月詔民以書籍赴沿邊榷場博易者自非九經書疏悉禁之違者案罪其書沒官　四年七月鄜延鈐轄張崇貴言得趙得明牒準詔於保安軍置榷場望許蕃民咸赴貿易市從之十一月河北沿邊安撫司言定州軍城寨榷場止接山路往者北境嘗請開修此路久則非便況飛狐茭牙榷場以商旅罕至停廢其軍城榷場亦請不置從之　大中祥符五年正月帝謂王欽若等前省瀛州言有百姓二人緝逐到北界商旅齎物貨到州貨賣有違自來條約其百姓即以此恐嚇北客大段取卻錢物因此可詔諭安撫司今索取元恐嚇人物交付契丹界仍令鈐轄不得令北界商賈潜赴近南州軍經商六月廣南西路轉運司言交州黎至忠乞發人船直趨邕州互市帝曰瀕海之民常懼交州侵擾前止令互市於廉州洎如洪鎮蓋海隅有控扼之所今若直趨内地事頗非便宜令本司謹守舊制閏十月詔河北榷場所市食羊死於路者無得抑市人償之八年八月令沿邊榷場巡守軍健並須用駐泊兵士不得差本州軍人初内殿崇班王昭雍言逐處榷場悉差本州軍人其間有與北界人戶親故者以互市為名期於榷場恐亦非便請行條約故有是命十一月帝

卷一萬三千四百七十七　五

其一作實

銅

曰臣寮言趙德明進奉人使中賣甘草蓯蓉甚多人數
比常年亦倍乞行止約及告示不買王旦等曰斯皆無
用之物陛下以其遠來嗜利早年令有司多與收買若
似此全無限量縱其無厭亦恐其難為止約至如牽馬
及諸色隨行人多邊臣從初亦合曉諭勿令大段放過
帝謂王欽若曰可令鄜延路鈐轄體量裁損之又謂旦
等曰此時且須與買隨行人已到者恐喧隘即分擘安
處之勿令失天禧元年三月禁延州民與夏州牙將互
市違禁物者先是言事者言夏州鬻馬於延州所得價
直悉市物歸蕃多違禁者請載行條制故也二年十一
月詔廣州自今蕃商發往南蕃買賣因被惡風飄往交

卷一萬三千四百七十七　六

州管界州郡博易得紗絹紬布見錢等回到廣州市舶
亭除黎字及小細砂鑞等不是中國錢並沒納入官外
其餘紗絹紬布物色取其三之一納官餘二給還本主
所犯人從違制失條例科斷初祕書丞朱正辭言廣州
有蕃商銅舡中載黎字錢到州頗紊中國之法自今犯
者望決配牢城帝以刑名太重非來遠之道故減而
申明之三年十月工部侍郎充集賢院學士馬亮言福
州商旅林振自南蕃販香藥回為隱稅真珠州市舶司
取其一行物貨悉沒官內有蕃人你打小火章闍等名
下各有互市香藥為綱官犯罪一例沒納準元降詔命罪
不及此其蕃客望量給一分蕃人你打十分給與五分

小火章闍蕃客鄅栖等並全給付從之　仁宗天聖四
年十月河北沿邊安撫司言乞今後所差河北監榷場
使臣乞下三司保明殿直已上有行止心力諳會錢穀
累歷外任班行者充從之五年二月中書門下言北戎
和好以來發遣人使不絕及雄州榷場商旅互市往來
因茲將帶皇朝以來臣寮著撰文集印本傳布往彼其
中多有論說朝廷邊鄙機宜事望行毀止絕詔自今並
不得輒行雕印如有合雕文集仰於逐處投納一本附
遞聞奏候到差官看詳別無妨礙降下許令刊板方得
雕印如敢違犯必行朝典仍毀印板及令沿邊州軍嚴
切禁止不得更令將帶上件文字出界慶歷五年九月

卷一萬三千四百七十七　七

詔河北河東陝西沿邊州軍有以堪造軍器物鬻於化
外者以私相交易律坐之仍編管近裏州軍六年正月
十八日樞密院言夏國近遣賀正旦人到闕以錢銀博
買物色比前數多欲令引伴鄭餘壽到界首婉順諭以
白承用等令次博買物以榷場未開因茲應副今後場
中無者必難應副只於場中博易從之皇祐四年十一
月詔宣徽使狄青廣南吏民有與蠻人買博易者斬訖
以聞仍徙其家嶺北嘉祐元年三月詔河北沿邊商人
多與北客貿易禁物其令安撫司設重賞以禁絕之二
年二月知并州龐籍言西人侵耕屈野河地本元藏訛
龐之謀若非禁絕市易竊恐內侵不已請權停陝西沿

仕一作任　務一作物

邊和市使其國歸罪訛龐則年歲間可與定議詔禁陜西四路私與西人貨易者七年八月開封府言得知下溪州彭仕羲言乞與同誓二十州每歲入貢於榷貨務便錢五百千下鼎州市諸物歸峒從之以上國朝會要

治平四年八月十二日神宗即位未改元河東路經畧司言麟州申西界乞通和市勘會昨為西界賊馬攻逼慶州大順城尋勒住歲賜令陜西四路河東路經畧司應沿邊有西界和市處嚴切止絕邊民不得將物貨私相交易詔夏國已上表謝罪及差人進奉所有和市依舊放行神宗熙寧二年七月二十五日涇原路經畧使蔡挺言乞朝廷嚴行禁止熟戶與西人私相傳買仍乞

卷一萬三千四百七十七　八

差提點刑獄朝臣武臣分路沿邊州軍按舉從之三年六月三司言相度雄霸州安肅軍三榷場乞將合支見錢除充北客盤纏等錢外餘令籴臈茶行貨如違其監專使臣等並依透漏違禁物貨條從違制并故失公私罪從之四年十月十九日詔近雖令陜西河東諸路止絕蕃漢百姓不得與西賊交易訪聞止是去冬及今春出兵之際畧能斷絕自後肆意往來所在無復禁止昨於三月中有大順城管下蕃部數持生絹白布雜色羅錦被褥臈茶等物至西界辣浪和市復於地名黑山嶺與首領歲美泥咩乜悖訛等交易博過青塩乳香羊貨不少況近方令司使議立和市苟私販不絕必無成就之

與一作無

理及未通和之間使賊有以窺測我意深為不使可申明累降指揮再下逐路經畧司遵守施行五年九月一日權三司使薛向言延秦慶渭等九州舊皆有折博務召商人入芻粮錢帛償以解塩歲收緡錢一百六十六萬而秦州當四十萬貫今割秦之古渭寨以為通遠軍兼新城鎮洮軍皆未有折博務故商旅未行臣以為並邊新造之地宜有儲積以待警急願以其事下張詵張穆之使並置折博務仍分十五萬與通遠七萬與鎮洮從之六年七月九日梓州路提舉在京市易務言河東漢蕃市易久廢乞委轉運副使趙子幾經度從之七年正月十七日河東經畧都轉運使言同相度乞罷創置

卷一萬三千四百七十七　九

吴堡其寧星和市依舊開通從之八年二月二十五日鄜提舉市易司言乞借奉宸庫象牙犀角真珠直總二十萬緡於榷場交易至明年終償見錢從之九年二月十六日河北西路轉運司言北界甚有人戶東私興販欲乞自今後應與化外人私相交易若取與者并引領人皆配鄰州本城情重者配千里知情般載人鄰州編管許人告捕每名賞錢五十千係巡察官員公人仍與折未獲塩盜一名即犯人隨行并交易取與物過五十千者盡給因使交易準此給賞有透漏官司及巡察人杖一百再透漏者巡察官員奏裁從之十年十月二十七日客省言于闐國進奉使羅阿廝難撒温等有乳香三

萬一千餘斤為錢四萬四千餘貫乞減價三千貫賣於
官庫從之　元豐二年三月二十二日上批西驛交市
舊法除賣於官庫外餘悉聽與牙儈市人交易提舉市
易司近奏並令市易上界管認一切禁其私市闌戎人
甚不樂昨正旦使所須物本務又不能盡有不免責買
於市肆令會其具贏數亦不多宜令仍舊六月十七日董
氊貢奏大首領景青宜党令支等辭上召諭曰歸告董
氊今已許汝納欵此後可數遣人來任便交易二十六日
廣南西路經畧使曾布言欽廉州宜各叙驛安泊交易
人就驛置博易場委州監押沿海巡檢兼管勾從之六
年七月十三日經制熈河蘭會路邊防財用司言乞於

卷一萬三千四百七十七　十

蘭州添置市易務支撥錢本計置物貨應接漢蕃人戶
交易因以增助邊計從之七年二月八日知明州馬珫
言準朝旨募商人於日本國市硫黃五十萬觔乞每十
萬觔為一綱募官員管押從之七月二十九日廣西經
畧安撫司乞於融州王口寨置博買務通漢蕃互市乞
度僧牒三十道為本從之　哲宗元祐元年正月二十
二日左正言朱光庭言累降指揮下陝西河東路經畧
司禁止邊人不得與夏國私相交易訪聞私易殊無畏
憚詔將官及城寨使臣覺察違者治之　紹聖元年閏
四月二十五日三省樞密院言商賈於海道興販並具人
船物貨名數所詣處經州投狀往高麗者財本必及三

千萬貫船不許過兩隻仍限次年迴召本土有物力戶
三人委保物貨內毋得夾帶兵器從之以上續國朝會
要　高宗紹興十二年五月四日戶部言近承指揮於
盱眙建置榷場博易買南北物貨為和議已定恐南北
客人私自交易引惹生事今條具下項一淮西京西令
逐路總領錢粮官司本路漕司陝西令川陝宣撫司都
轉運司同共相度議定置場去處合用折博物貨從本
部量度申朝廷給降一南客難與北客私相博易南客
物貨並於逐路榷場令監官臨時酌度價直每貫搭息
不得過二分盡數兌賣入官監官別行搭息與北官博
易施行一每場置主管官二員乞從朝廷選差內陝西

卷一萬三千四百七十七　十一

一場主管官令宣撫司就近選差仍令置場去處知通
兼提點或知縣縣丞兼行主管監司每季檢察詔依仍
令於逐路見在錢內先次支撥本錢具支撥錢數申尚
書省十一日詔盱眙軍見措置榷場令戶部辟差一次
十七日左朝散大夫直秘閣知盱眙軍措置榷場沈該
言竊惟朝廷創置榷場以通南北之貨嚴津渡之禁不
許私相買易然沿淮上下東自楊楚西際光壽無慮千
餘里其閒窮僻無人之處則私得以渡水落石出之時
則淺可以涉不惟有害榷場課利亦恐寖起弊端欲望
嚴賜戒飭沿淮一帶州縣重立罪賞覺察禁止庶幾內
足以專課息之源外足以固鄰國之好詔令陳兗吳序

如疑知　斟一作勘　色一作司

肴胡紡嚴切禁止覺察二十二日司農卿總領淮東軍馬錢糧胡紡言令承指揮令淮西總領官與漕司於對境去處措置榷場就行鈐(提)其先準指揮令紡覺察淮西私渡等事更合取自朝廷指揮勘會胡紡係見任司農卿即非外任官司合覺察西路詔胡紡依前後已降指揮嚴切覺察八月七日戶部狀如盱眙軍措置榷場沈該言近來泗州並不放北客過來竊慮南客鬭知如此未肯前來今相度欲日後遇有南客到場令主管官斟量行貨將小客每十人互相委保抄上姓名摒逐人所有物貨留一半在場先給一半前去止許過淮到泗州榷場博易候博買到北貨回來赴本場寄留卻給放

卷一萬一千四百七十六　十二

留一半再押過博易了當計往來南北貨物錢數各重搭息錢入官所有大客並依舊拘留在場準備北客到來博易其北客渡淮依已降指揮令渡口官司抄上姓名押赴本場博易物貨庶幾北岸亦肯放過北客日後博易(增)本部令措置欲將實係一百貫以下物貨之人為小客如大商輒敢詭名分作小客過淮責買許保內及諸色告首以隨行物貨給付充賞犯人依越渡黃河法斷罪從之十九日戶部言今來建置榷場欲將歲終收息立定賞罰下項主管司兼主管同任內至歲終將本錢比較息錢謂如本錢一萬貫息錢一千貫一分之類本錢不滿萬餘貫不推賞增已下內選人比類施行

加一作如　兌一作免

六分以上減磨勘半年七分以上減磨勘一年八分以上減磨勘一年半九分以上減磨勘二年一倍以上減磨勘二年半虧為收息不及者五分展半年磨勘四分展一年磨勘三分展一年半磨勘二分展二年磨勘一分展二年半磨勘主管官兼主管同除依格賞外加增及七分以上支錢一百貫每一分加五十貫至二百貫止並於息錢內支仍共給提點措置知通除難以支賞錢外如至歲終依前項增息(比)主管(官)格法遞加半年磨勘如虧息令總領錢糧官具因依申取朝廷指揮責罰施行總領錢糧官及提領監司候歲終令本司開具息錢增虧數目從戶部點對比較取旨賞罰從之十月

卷一萬一千四百七十七　十三

六日戶部言盱眙榷場將南客販到草末茶止許與本場官折博不得令南北客相見博易茶貨從之十二月二十日戶部言主管淮東盱眙榷場曹泳劄子客人於本場博買到北貨從本場出給關子從便前去貨賣仍兌半稅其經由稅務既收稅後更不契勘有無本場關引及關引內同與不同(即)便放行措置欲將本場關引從提領司印給排立字號付本場置歷消破旬具支破數目客人姓名物貨名件申提領司照會點檢(說)或本場關具不同及於關引內影帶數目許經由稅務徑申提領司根究將本場官吏重賜行遣如或經由州縣稅務點檢得有客旅將帶北貨無本場關引及關引內數

目不同不即根究容縱放行致有透漏其稅務官吏並
乞依透漏私茶塩法科罪仍却許本場覺察庶幾有以
關防從之十四年正月二十九日詔北使所過州軍如
要收買物色令接引送伴所應副即不得縱令百姓與
北使私相交易可立法禁止十五年十月二十八日詔
省卻州瀘溪寨博易場監官令知寨兼行管幹從本路
諸司請也十九年正月十一日上謂宰執曰國信所回
易恐引惹生事可降旨令罷二十一年十月十八日詔
光州已置榷場所有合行事件並依盱眙軍榷場體例
施行二十四年七月八日詔復置黎州在城雅州碉門
靈關兩寨三處博易場委四川提舉茶馬司專一提舉
以本路諸司有請從戶部看詳也二十六年六月二十
六日詔黎雅州博易場見收買珠犀水銀麝香並罷已
買者赴激賞庫送納日後蕃蠻將到珠犀等並令民間
依舊交易二十八年二月七日詔沿海州軍州通依條
不得博易令監司常切覺察以知欽州戴萬言言欽廉
州與交趾自守倅以下所積俸餘悉皆博易故有是詔
二十九年二月一日盱眙軍言據北界移文唐蔡鄧秦
鞏洮州鳳翔府等處榷場只存留泗州榷場一處每五
日一次開場詔盱眙軍榷場存留餘並罷三月一日知
盱眙軍措置榷場楊杭言竊見諸處榷場已承指揮並
罷將來南客萃在本場博易屋宇不多無以安頓物貨

卷一萬三千四百七十七　十四

侯一作候

馮一作馬

欲添蓋一百二十間庶南客過淮日每名給木牌一面
渡口檢察放令上船侯回據牌點名發入榷場拘收牌
號元降指揮於鎮江府駐劄御前諸軍下差撥到不係
披帶軍兵三十人部押將校一人巡防今乞添差五十
人詔從之九月七日右正言王淮言臣伏覩去年勅書
累降指揮禁止沿淮私渡博易物色訪聞淮之間尚多
私相貿易之弊如楚州之北神鎮楊家寨淮陰縣之磨
盤安豐軍之水寨霍丘縣之封家渡信陽軍之齊冒鎮
及花靨棗陽舊有榷場去處不可勝數其間為害最大
天下之所共知商賈之所輻湊唯將州之西地名鄭莊
號為最盛甚者如茶牛錢寶乃立名曰一例收稅肆行
莫禁以歲計之茶不下數萬引牛不下六七萬
頭錢寶則未易數計不可不慮也詔令逐州知
通本路帥憲覺察措置十一月二十一日權發
遣黎州軍州事馮時行言到任使民事一項本
州係蕃蠻互市之地所出犀角真珠等物官吏
於蕃蠻兩行牙人收買虧損價直乞應干互市
貨物不許見任官收買如有違犯重寘典憲詔
依　以上中興會要　孝宗隆興二年二月二
十一日詔令四州總領所措置椿辦錢一百萬
貫招誘商販乾姜絹布茶貨絲麻之類增直收買
仍委宣撫司同本所措置於近邊置場博易軍須等

卷一萬三千四百七十七　十五

物應副支用及約東州縣常切鈐束專欄不得高喝稅錢務要優潤客人廣行興販中書門下言西北必用之物而本處所無如乾姜絹布茶貨絲麻之類訪聞有商旅私相博易不惟失陷稅課兼恐漏泄事宜故有是命十二月十八日詔盱眙軍依舊建置榷場於是淮東安撫周淙知盱眙軍胡昉言紹興十二年剏置榷場降到本錢十六萬五千八百餘貫係以香藥雜物等紐計作本今欲從朝廷斟量支降舊制總領兼提領官知軍兼措置官通判兼提點官榷場置主管官二員押發官二員主管官係朝廷差注押發官從措置官辟差其客人販到物貨令主管官斟量依市直估價通放過淮每貫

卷一萬三千四百七十七　十四

收息錢二百牙錢二十脚錢四文牙錢以十分為率九分官收一分均給牙人其脚錢盡數支散脚戶舊制客人自泗州易到回貨令盡數於場安頓本軍選差監官一員看驗收稅闗報榷場出給闗引付客人賫執沿路稅場照驗與免一半稅錢如官司奉行違戾許客旅陳訴具申朝廷其官吏請給於本場收到息錢內支給公吏並行重祿舊制以客人販薑貨雜物至場博易多至楚州北神鎮私渡過淮遂行下瓜洲楊州邵伯高郵寶應楚州淮陰龜山稅場各置走歷二道往來交傳至本場博易每月終分聽取索點檢結押舊制客人販物貨到本軍赴稅務投納稅錢訖給標子付客人收執賫所販

援一作投

物貨上場博易其南客所販物貨到本軍先經稅務援稅給闗子收執前去泗州榷場博易每甲不遏〔得〕過十人物貨不得過三百貫應諸軍將校有官人及西北歸正人並不許過淮舊例每日一次發客至紹興二十九年緣諸路廢罷榷場止有本軍一處通放客旅當時令五日一次過有過淮客人具人數姓名赴措置司每名請牌子并空名闗子各一赴本場抵鑿貨物名件付客人收執候過淮從本渡拘收牌子赴軍回納已上事件今乞並依舊例施行仍乞將榷場拘收茶引通貨錢每引減免三貫於榷貨務所納番引錢上添起淮西州軍亦乞依此如願過淮博易經由榷場却免再納本場翻引

卷一萬三千四百七十七　十七

錢正收通貨錢盱眙知軍帶專一措置沿淮公事務禁絕楚州北神鎮及濠州接界等處私渡之弊詔戶部先次支降見錢五萬貫餘並從之　乾道元年二月五日詔忠翊郎劉度提轄淮南東路盱眙軍榷場提轄官每特支別給錢三十貫添給錢二十貫供給錢依州鈐轄例申發奏狀遞角経入斥候差進奏官承受三月十一日詔隨路〔州〕棗陽縣榷場移置於襄陽府鄧城鎮其合置榷場官屬及給降物貨於本錢等照應舊例施行於是權兵部尚書湖北京西路制置使沈介言令於鄧城鎮修置榷場欲依舊令總領官司濟臣提領措置依例支降本錢五萬貫於湖南總領所支撥令用博易物色匹

二一作三

帛香藥之類從朝廷支降付場博易其餘合行事件並
依盱眙軍體例施行從之四月七日詔壽春府花靨鎮
建置榷場於是知壽春府吳超條具所行事件並乞依
盱眙軍榷場體例施行從之二十五日詔盱眙知軍可
兼提轄榷場七月三日淮南東路盱眙軍榷場言據客
人薛太販到沙魚皮二百二十五箇到場通貨慮是違
禁之物元降指揮不曾該載緣可以權裝馬鞍裝飾刀
劍係堪造軍器之物理宜禁止詔今後客人販沙魚皮
過界依販犬馬皮等斷罪仍申明行下九月十五日詔
光州光山縣界中渡市建置榷場於是知光州郭均申
請乞從朝廷支降本錢或用虔布木綿象牙玳瑁等物折

卷一萬二千四百七十七

十八

計降下內合置官吏及應干合行事件乞下戶部檢照
盱眙軍榷場申請到指揮全文行下以憑遵守從之二
十二日詔淮東總領所行下本場依紹興十三年五月
六日指揮自今年六月一日至來年六月一日終通攅
一全年開具所收錢數比較施行其餘榷場依此以盱
眙軍榷場申自六月一日通放客旅將來合行比較年
額緣興販之初收息微細乞至年終殘零月分免比較
截自來年正月至年終立額於次年月日比較故有是
詔二年四月二日京西路轉運司申近聞北界於唐州
城南別置榷場一所曾有板榜至棗陽軍界首招誘客
旅多有不經襄陽稅務并鄧城榷場徑自棗陽軍界往

唐州博易買賣乞支撥本錢就棗陽軍添置榷場一所
詔令戶部相度後不果行三年六月二日詔盱眙軍軍
改兼措置榷場通判改兼提轄榷場自後守倅依此閣
七月十二日尚書度支郎中唐瑑言襄陽府榷場每客
人一名入北界交易其北界先收錢一貫三伯方聽入
榷場所將貨物又有稅錢及宿食之用並須見錢大約
一人往彼交易非將見錢三貫不可歲月計之走失見
錢何可紀極而北界商人未有一人過襄陽榷場者聞
於光州棗陽私相交易每將貨來多欲見錢仍短其陌
意在招誘嗜利輩湊者衆今錢荒之甚豈容闌出如此
乞委京西帥漕司同共措置從之五年九月四日詔省

卷一萬二千四百七十七

十九

罷盱眙軍榷場提轄官餘路準此十月十七日權發遣
安豐軍張士元言本軍管下花靨鎮榷場課額全藉收
納通貨錢近年上司差人收買北物多是般販南貨各
執文引又與榷場通情不依則例收納官錢走失課額
及與客人搭帶貨物州郡無從檢察所買回貨多紫草
紅花之類實倚官引影占作弊乞自今有官司文引影
占般販之人許隨所在申審如係近上官司亦許申朝
廷仍行下安豐盱眙軍光州等處榷場遵守從之八年
十一月十四日中書門下言已降指揮令淮南京西安
撫轉運司鈐束榷場客人不得以銀過淮博易闌沿邊
州軍全不約束詔行下沿邊守臣督責巡尉并榷場主

原一作厚

請一作送

此條應在後

管使臣等嚴行禁止九年二月七日臣寮言昨來朝廷曾差使臣般發檀香前去安豐軍同本軍知軍措置博易絲絹令乞將庫管檀香依昨來體例般發委本軍措置詔於左藏庫支給三分以上檀香三十斤吏部差短使一員管押前去三月二日知揚州王之奇言準朝旨令措置禁止北界博易銀絹閧泗州榷場廣將北絹低價易銀客人以原利多於江浙州軍販銀從建康府界東陽過渡至真州取小路徑至盱眙軍過河博易致鎮江府街市鋪戶茶塩客人闕銀請納塩鈔茶引等除已行下淮南沿江州軍將應干私渡取會依條禁止外有江東西浙西湖北州軍沿江私渡亦乞嚴賜禁止若並行官渡則私販自絕所有官渡乞更不令民間承買仍選有心力使臣監渡重立賞罰詔逐路沿江州軍將應干官私渡見官監買撲去處逐一開具申尚書省

卷一萬二千四百七十七　二十

嘉定十年三月一日臣僚言沿海州縣如華亭海塩青龍顧逕與江陰鎮江通泰等處姦民豪戶廣收米斛販入諸蕃每一海舟所容不下一二千斛或南或北利獲數倍穀價安得不昂民食安得不乏又況南北貿易之際能保其不泄漏事體以挺釁名變乎乞下沿海州軍各勅所屬縣鎮籍定海舟應有貿販入蕃先具名件經官給據委官檢實方得出海巡警官司必看驗公憑方許放行如海商過蕃潛載係禁之物許令徒黨告首事

此條原在前

涉重害者以舟中之物與之充賞至若米斛在舟只許會計舟人期程公用不得過數般販入蕃庶幾姦民知所畏戢從之　紹熙五年四月十九日戶部言盱眙軍中淮河榷場發客本軍專一關防透漏之弊已措置給牌分地分不得互相踰越外內主管官只合在大門下句銷搜檢緣當來係依安豐軍花靨鎮例令尚仍前逾越地分即與今來約束事體不同本部照得安豐軍榷場係在管下離軍約三十里止有巡檢一員別無官屬搜檢之責專在主管官今來盱眙榷場係在城內至渡口不及半里搜檢既有職官兵官監渡使臣互相關防無不備至則安豐軍體例委難引用從之

卷一萬二千四百七十七　二十九

食貨三九之一

全唐文

宋會要 市糴糧草

太祖建隆元年正月詔江北頻年豐稔穀價甚賤宜令
使置場添價散糴粳糯以惠彼民太宗太平興國二年
七月詔新宦宮周庭峭坐齋詔至宋州視官羅檀離雜
所出城飲酒遺失詔書故也至道二年八月詔江南兩
浙淮南諸州置糴分遣京朝官涖之以歲豐故也三年
五月詔曰國家大本食足為先今邊至番未闌有九年
之蓄朕甚憂之宜令兩制議致豐盈之術以聞仍令三
司及諸歲稔大為市糴以實倉廩真宗咸平四年五月
詔陝西今歲物價甚賤乘茲有秋可以齊實邊庾況廥

卷一萬一千五百九十六

兵遠戍不可無備宜令兵部員外郎瀟正乘驛與本路
轉運司增價市糴廣儲蓄以息編氓飛輓之役十月
詔曰沿邊堡障式遏寇戎歲屯貔虎之師日有資糧之
費雖賦調無闕而轉餉斯勞永言疚懷不捨中夕況今
混同文軌富有寰區山澤之利無窮農桑之業增辟將
欲豐備峙於邊鄙免飛輓於黎甿乃眷計臣實主斯任
勉陳良畫以副虛懷宜令三司眾官議軍儲經久之制
務令濟辦不致擾民條件以聞朕將親覽乃命吏部侍
郎陳恕監議五年正月帝謂宰臣曰河北穀價自止官
糴及蠲常賦已漸減價然亦未甚賤民間猶有食野菜
牢豆者此臣剪無味加之苦澁飢民食之深可嗟憫加

三一作二

食貨三九之二

之乾寧定遠軍尚有積水田野闕亦無此豆猶賴乾寧
惠民倉有粟為餘斛可以賑鄉當憂民之念皆為此矣
七月命度支使梁鼎與河北轉運使耿望計度饋邊芻
糧先是三司止務文書成外計而未嘗規畫故有是命
六年正月度支使右諫議大夫梁鼎言陝西沿邊所折
中糧草率皆高指價例倍給公錢止如鎮戎兵米一斗
計虛實錢七百十四兩茶一斤止易一斗五升五合五
勺顆鹽十八斤十一兩止易一斗粟米一斗計虛實錢
四百九十七兩茶一斤止易一斗五升一合七勺顆鹽
十三斤二兩止易一斗草一束計虛實錢四百八十五
兩茶一斤止易一束五分顆鹽十二斤十一兩止易一

卷一萬一千五百九十六

束又鎮戎軍在蕃界渭州在漢界而渭州白米每斗價
錢高於鎮戎二十環州在蕃界慶州在漢界而慶州白
米每斗價錢高於環州六十粟米每斗錢亦高三十以
日繁時潛耗國用倘不釐革必恐二三年後茶鹽愈賤
邊食愈虧擬會嚴信咸陽任村武定消橋等倉見管諸
色粮斛七十九萬餘石請以春初農隙併力輦送沿邊
其沿邊州軍計所屯兵有一年以上儲備則止以將來
二稅轉換支濟如不及一年處則以上件粮斛增備年
計才及即住折博然後鹽則仍舊官賣草則止令沿邊
於夏秋稅科錢內折納依年支足用況今來支用比舊
已增一倍倘不速為少計異日匱乏必須自京輦運供

則一作數

儲矣又言中書令計度輦運科檢負秋二税者物以陝西沿邊除鎮戎保安軍各近蕃界不可大段儲積所須粮草止逐時輦運當及半年已上外其渭原涇三州即西路屯兵之處請令興鳳翔華儀隴五處人户輦運粮草仍支此五處二税於上件三州輸送其三州二税即令輦運鎮戎軍粮草環慶二州即中路屯兵之處請令同耀乾邠寧五州人户輦運粮草仍支此五州二税於上件輸送其二州二税並於沿路鎮寨輸送延州即東路屯兵之處請令解河中丹坊鄜五州人户輦運粮草仍支此五州二税於延州輸送其延州二税即令輦運保安軍粮草其陝虢商三州請令於永興軍輸送其邊

卷一萬一千五百九十七

處本州軍所備年支粮草則止令五等以下人户供輸秦鳳階成四州地里稍遠其二税請令輸於本郡如上件三路屯兵處輦運科撥不及一年以上儲備即且留沿江茶引許商旅入中添填又言禁止解池鹽貨請如更遣商官自出賣其禁榷條件當別具經畫詔以為狀下輔臣議呂蒙正等言嵩憂職猶公所言可以助邊遂以嵩為陝西制置使嵩又薦屯田郎中楊覃為陝西轉運使右司諫張賀副之皆可其奏仍賜覃賀金紫九月出內府綾羅錦綺計直百八十萬命鹽鐵判官李台符與河北轉運使定價出市糴粟實邊以河朔大稔故也十一月帝曰昨輦內府物帛赴河朔博糴斛斗蓋緣其

豐稔以資軍實且勘轉運使品定來當至如寧邊軍民籍貫少與瀛州大郡所定數同足驗不均必慮煩擾於民漕運之司急於邊備必不以聞乃命太常丞祕閣校理戚綸乘傳體量與轉運使副度民力而行之景德元年正月免府州蕃部博糴粟九月詔出內庫銀三十萬兩付三司送天雄軍博糴軍儲先是有司上言帝從其請仍於所定價內每兩減錢百五十文詔河北轉運司命鎮定兩州博糴軍粮五十萬碩並從計司之請也閏九月內出銀三十萬兩付河北轉運使貿易軍粮命國子博士張鉦祕書丞陳綱大理評事祕閣校理劉筠與轉運使經度其事三年正月五日就遣河北安撫使

卷一萬一千五百九十六

御史高貽慶往鎮定州廣信永定等軍按視軍儲與轉運使等計度移易博買仍令關備先是三司言昨大兵會於鎮定等處所費芻粟充廣慮其失備望遣朝使按視之故也十九日詔晉絳等七州博糴芻粟從右正言知制誥陳堯咨之請也八月十日詔河北轉運使令歲河朔大稔於近邊次路州軍增錢和糴務廣儲蓄廉幹官員督領之仍示以勸賞十三日詔令三司抽索商旅茶許民就西京白波輦路及沿河倉入粟博買十六日命殿中丞劉賞與西京陝西轉運司同遣幕官和糴仍示以勸賞帝以歲稔穀糴頗賤議優其價值以時收斂庶惠農民且欲廣致軍儲故也九月西京轉運使

鄭文寶等言請於部內州軍等第分配坊郭之民糴賞糴粟以充備蓄又言請自京給大方茶并晉絳州布七萬匹付轄下州軍依河東例和糴軍儲知河南府滋仲舒又請等第配糴帝以其擾民弗許所須儲蓄令三司經畫以聞十月帝謂權殿前都虞候劉謙曰此月諸班糧米所支糴惡興元糯不同宜令赴倉揀之諸班指揮使皆言本雖陳次賦多已費用願不復揀許之仍詔各特使〔賜〕米一斛拜謝而退倉司官吏械罪有差十一月詔河北州軍百姓商旅糴穀入官所給錢價出城門者勿禁三年正月十四日罷近京諸州官市糴以農事將興慮擾民也四年五月并代州都鈐轄韓守英等言本路

卷一萬一千五百九十六

糴糧煩民饋運今邊方寧靜欲量留騎軍三兩指揮餘之抽赴河東屯泊帝曰邊臣有此經度蓋深體恤民之意宜可其奏令諸路總管准此行之八月十四日出內庫錢五十萬貫付三司市菽麥時宰相言今歲豐稔菽麥甚賤錢多爲富民所蓄穀賤傷農請官爲斂糴以惠民故也十二月詔諸路所有軍儲之數自今先下樞密院籍記送中書蓋凡遣戍兵必預度所在資廩豐約故也大中祥符元年二月詔河北河東陝西路轉運使通官和市軍糧先是〔諸州〕閉積穀可給三歲即止市糴慮損腐故也時連歲大稔因令增蓄糴限當數以備轉餉二年六月帝謂王欽若等曰府界提點使臣言考城縣糴

廩散軍儲歲濕潤腐敗積久即人不堪食已令勸糴恐非止一縣如此可速令三司遍詔諸路察視卑食以時暴京勿令損敗十月江淮發運使言淮南江浙荊湖諸州軍年穀大稔穀食至賤詔委所在長吏增價收糴以惠農民三月九日罷江淮和糴五年五月出內藏庫錢百萬貫付三司斂糴軍糧以實邊郡是歲諸州言歲豐穀賤咸請博糴帝慮傷農即詔三司使丁謂規畫以聞謂言莫若和市而諸州積鏹數少故出禁錢以佐用度十一月詔河北轉運使自今斂市芻糧宜就瀕河州六月十七日帝謂宰臣王旦等環慶等州言物價皆減賤又出沿邊諸州所蓄儲峙物數因謂旦等曰夏麥雖稔

卷一萬一千五百九十六

至於和糴當優給其價仍支見錢其博糴亦慮擾民不易旦等曰便糴亦以他物準折與博糴同農民俱爲不便帝曰國家所貴惠農民當令丁謂規畫以聞二十日帝謂王旦等曰諸道皆奏豐稔京東州郡物價尤賤比令有司增價和糴以惠農民當更申警之八月詔三司宜乘時積穀聚於陝西及緣河州軍以備斂歲十月詔西京市糴軍糧轉運使止當勸諭無得抑促時轉運使於西京市糴條約過當民不如約則杖之故特禁止十一月帝謂王旦等曰京畿近日物價稍高蓋緣和糴之處三司許其饒價朕數思之便令罷去太倉於儲蓄甚悉其斂糴又恐傷民其詔在京常平倉及畿縣收糴之

處並令減下糶價更不緊峻跉詔曰乘彼豐稔有歛
粟之期阻於往來非通商之道務從民便特矜朕懷應
今後百姓商旅將帶斛斗各任便逐處糶貨官司不得
輙有禁約如敢固違當行朝典十二月十二日遣常參
官於諸府州置場和市軍粮時河東豐稔米斛百錢民
人以茶一斤易米粟一斛州縣利於轉送不即歛糶故有
是命仍詔止一年轉送十五日帝謂王旦等曰訪聞河
北河東諸州軍糴斛斗甚多爲閫敖倉並離積於
寺院內處司逐州軍見爲數多遂懈慢不即收糶可詔逐
路轉運使運以空閑公宇或係官舍屋盛以囤廩仍依
元降條貫多方歛糶務要廣有儲擬仍逐旬具數以聞

卷一萬一千五百九十六

六年五月大理寺丞劉有政言今後和糶州軍許令小
民收糶口食外並依三司起請即不得有妨官中收糶
其價夏以五月秋以九月悉用中旬價量增之以爲定
額詔付三司定奪以聞十月詔今歲秋成如聞諸路和
糴均於民戶頗有煩擾可令河北陝西京西轉運司各
躰其平可令中等戶以下免之十一月五日詔陝西州
革平糴斛斗宜令太常博士周嘉正與本道轉運司勘
會如合諸積州郡即逐令收糶仍許就便輸納其不須
准備州郡即勿一例施行十五日詔曰朕以淮甸與區
頻年薦稔雖已臻於豐歲尚深惻於予衷屬在秋成方
滋平糶頗邦儲之誠切慮民食之猶艱將致卑康宜廣

收歛用申存卹當糴王懷宜令轉運司疾速指揮權住
和糴先是帝以淮右今年雖穀尚慮民間未得豐足故
有是命十二月三司請於綏縣和市鈔粟詔中等以下
戶免之七年二月帝因侍僚上言陝西州軍不依例准
置收糴斛斗乙差中使重定戶等王旦等曰請只令轉
運司條析具冥并具置十年直入等因依聞奏八月詔
曰乘彼豐登是宜積穀阻其價雖豈曰通商特弼權假
之文庶協公私之便應百姓商旅將帶諸色斛斗並取
便於州縣及上京糴貨逐處難場不得約攔收糴如敢
固違重行朝典宜令逐路轉運司下逐州軍出榜指示
九年七月令陝西州軍秋稼登稔去處官糴粮斛無使

卷一萬一千五百九十六

使傷農初使臣自西來首言鄜延華州歲稔陝西轉運
使上言秋苗豐茂宰臣奏曰物賤傷農請行和糴故也
天禧元年十二月詔河北定莫州廣信保定軍所儲軍
粮不及三年以上宜令轉運使比常年減數便糴自餘
州軍權住使糴一年河北河東諸州言見管芻粮萬數
不少近年支遣殊尠伏慮漸並損腐望權發軍馬赴內
地州軍駐泊以就支費詔發軍馬天雄永興永靜河陝
貝冀滄邢磁相懷澤潞慈隰石乾耀華等二十一州軍
仍令沿邊安撫司具此意以報契丹撫使安有精擢二
年閏四月十四日詔應依年例合收糴斛斗去處令三
司不得直行文字仍令旋具奏聞十六日詔河北州軍

今年夏稔宜令轉運司計度沿邊州軍糧草如不及三
年合收市為備者件析以聞十一月十七日起居舍人
呂夷簡言澶魏豐稔望出內藏錢二十萬貫市芻糧從
之三年九月西京院副使內侍押班周文質言西邊苗
稼登實望於鎮戎軍等處別置敖庾入中糴軍糧五七
萬斛詔陝西轉運規度以聞十月工部侍郎集賢院學
士馬亮言淮南州軍薄稔商旅有自兩浙轉粟而販糴
者以給民食令官市之其價增倍望令權罷和糴詔發
運司詳酌以聞四年八月出內庫錢五十萬貫付三司
市菽麥時宰臣言今歲豐稔菽麥甚賤錢多為富民所
蓄穀賤傷農請官為斂糴以惠之故也九月太子太保
卷一萬一千五百九十六
王欽若言請令江淮制置使罷雇民船兩浙南權罷和
糴商旅入中並從之十二月詔如聞河北軍州假民
錢市糧斛處成擾擾止之如已假得錢即時給還所須
軍儲委轉運使司別為規畫乾興元年三月陝西轉運使
范雍言滄州鹽亭縣寄處每年廣收糧斛乞修置倉敖
差官收糴詔轉運司相度無妨即依所奏施行仁宗天
聖元年正月詔河北河西糧草須及時進度仰於三司
內藏庫撥錢帛或羨剩官物可以變轉者須先計度
腳剩津置以備向東時糶市糴糧草中書密院與三司
相度利病以聞七月十七日詔於河北見句當朝臣內
選差一員乘遞馬往沿邊提舉便糴糧草以是歲河朔

秋稼大稔令及時蓄備邊備故也八月陝西轉運使范
雍言沿邊州軍和糴入中軍儲令差官往彼請受外乞
給與驛券仍據和糴入中斛斗等第酬獎如及得元
擬數乞優與酬獎及七分以上者至得替日磨勘理為
勞績及五分以上者得替日與家便道地一任不及三
分者乞從本司取勘申奏量與責罰其當路知縣及獨
員監司自來不許差遣之處望特許差使詔可其請又
定奪所言河北沿邊州軍宜依新法使糴糧草及常平
例糴買糧草所差監官亦乞依范雍所奏陝西例施行
從之閏九月淮南江浙荊湖制置發運司言乞下逐路
運司於人戶所納苗稅上每石量糴二斗五升合糴得
卷一萬一千五百九十六
二百萬石所貴斂趁年額上供常賦之外復有盈
糴之名必恐勞民令別規畫三年十月五日權三司使
公事范雍言和糴和買糧草有未便事謹條言之一天
下和糴和買夏秋糧草雖逐處關場多被經販行人小
估價例外兩添錢收買俟過時乘官中急市即添價卻
將糴買者中賣無多方拌和均減致糧草怯弱又枉費
官錢不少乞自今和糴和買須及時置關場委知州軍
同通判與監官當面勒行人依在市見賣價例估定錢
數仍須趁時糴買不得容情作弊直至過時大估價錢
得怯弱糧草枉費官錢更委轉運司專切提舉逐處勸
罷以聞仍乞每年約束遵守施行一諸州軍縣鎮津渡

館驛逐年所要支糧草並是轉運司預行文字令約度
支撥或即糴買其如逐州軍人吏等多是作弊朦昧官
員直候非時關起本處申報便差倩街坊百姓及鄉村
人户轉搬往彼轉運司不能盡見勞擾妨費農事吏緣
爲姦爲害甚大乞令轉運司每年逐處長吏躬親約度
管内倉驛合要糧草申報如是有司支撥即撥與稅物
送納如無可支移即令本處多方趁時糴買須令及得
年支數目令後更致闕乏之處並仰本處未得便差人
夫轉搬須申轉運司委本司先且取勘本州干繫官吏
依法施行訖方與相度擘畫應副仍乞每年科撥之時
檢舉施行並從之十二日淮南等路發運司方仲荀等
卷一萬一千五百九十六
言淮南兩浙州軍和糴甚有監官因循信容專斗及諸
色人作弊致得粗弱斛斗泊裝發至卸納地頭多稱不
堪上供乞今後應和糴斛斗裝發至卸納倉場如監得
粗弱不堪上供即委自知州同判入倉同與監官勾集
綱梢人員對衆子細看驗如委實粗弱不堪便勒行人
定驗紐計虧官價錢并枉費搬輦請受牒元糴州軍勘
斷監專斗級於合分擁人名下剋納入官雖遇赦恩並
不原放以斯條約必絶奸欺從之十一月十六日翰林
侍講學士刑部侍郎孫奭等言詳定到河北沿邊州軍
塞便糴買糧草支與香茶見錢三色交引委得久遠利
便其客旅於在京榷貨務入納錢物算請茶貨欲於入

納實錢内金銀物帛上等第即與加饒所有十三山場
算請茶貨欲更不貼射依舊於在京榷貨務及本處入
納錢物算射及十三山場買茶每年朝廷差使臣於山
場秤盤欲今後只委制置司鄰近差官從之四年五月
都官員外郎吳耀卿言淮南州軍在市米價翔貴尋閔
因依多言官中和糴繁急是致小民闕食發運司務要
敷趁年額須至催督乞朝廷勘會在京見在斛斗數目
於咸平景德年額内酌中立一等爲定額詔下發運司
仍令三司立定年額閏五月二日三司言荆湖江淮南
四路州軍米價每斗七十至百文足多言和糴場繁
急欲得糴及萬數應副上供伏覩延平景德年中上供
卷一萬一千五百九十六
斛斗不過四百五十萬比至近年六百五十萬乞於逐
年上供數内酌中取一年爲定額詔三司於上件年額船
般斛斗六百萬碩上供數内權減五萬碩起自天聖五
年後每年以五百五十萬碩爲額不得别致虧欠從之
八月京西轉運司言轄下州軍各闕糧儲欲乞於近便
州軍榷支見錢三五十萬貫赴當路收糴軍儲準備支
遣從之是月三司言河北陝西等路州軍客人入納糴
買糧草交引自前客人費到文抄赴省投下翻換正司
文貼元限十日點算行遣發放伏緣日限數多恐有住
滯今欲減定日限前部限五日點勘行遣押即送句院
即限兩日對勘書押發放從之十月八日京西路轉運

司令歲秋成斛斗稍賤，已下三司支撥見錢及時收糴。詔令三司支錢二十萬貫，半於內藏庫支，半於左藏庫或權貨務給付。二十三日，戶部副使王博文言：乞降勑令下陝府西路轉運司令專切提舉當職官吏及時催納。今歲糧草從之。五年正月，上封者言：體量得河北諸州軍每年和糴便糴斛斗萬數不少，官中估價不抬，秋來被諸色行人等將粟米兩色入糠及粃穀用溢水拌和入中，在倉數及一二年，間便有陳次黑爛，伏乞嚴行料斷。詔令河北轉運司依先降勑命嚴行約轄，其糴糠粃及水拌和溼潤斛斗入中人等，所犯情理重者奏裁。十月，三司言：陝西十一州軍本處官員使臣等料收

卷一萬一千五百九十六

糴便糴博糴納到糧草，褒合為數，已行酬賞，省司勘會其收糴博糴糧草數少，便糴數多，詳酌蓋是監糴官員使臣不切用心，趁時收博，致過時却就貴價入便。欲乞別立定等第賞罰，貴得用心。每年遇降夏秋色糧草與逐處收糴博糴，轉運司於別州軍舉差官員使臣往彼專監入納者，具收博便糴糧草各及得元擬萬數，即依元年八月勑酬獎。所是本處官員使臣監當者，緣係本職，只當候得替日，令轉運司勘會逐年收博便糴糧草數目各及得分數，即與保明申奏，所貴用心收博得萬數，與免一向貪數入便。其不係博糴州軍，即以收糴便糴兩色數目各別比附施行。其同監并提舉官員使臣

不得一例乞行酬獎。從之。六年六月，詔令三司於在京榷貨務支撥錢二十萬貫，與京西轉運司分擘收糴斛斗，以歲豐穀賤故也。十月，河北轉運司楊嶠、王沿言：乞差勾會邊上糴便糧草清強官一員赴沿邊州軍專切往來提舉。從之。又言：沿邊州軍自六月後連大雨，山河汎漲，渰澇人戶田苗，已準近詔除放秋稅，并其餘寬寧、安肅軍、深州以次邊州軍，亦是水災，各差官員體量檢覆，以等第減放秋物。當司勘會轄下州軍即日逐處所管糧斛不多，竊觀近歲近裏州軍秋田比常年豐熟，本司雖已依常平例下逐州軍置場收糴，緣闕見錢，近蒙自京支撥見錢三十萬，與本司糴買糧草，約得五十萬

卷一萬一千五百九十六

石已來，深慮過時為豪民兼并之家趁賤收糴，官中無可計置，須至擘劃。據此，近裏州軍豐熟之際，除依常平例於沿邊并近裏州軍收糴入便外，更乞於沿流安利、天雄、永靜軍、相、貝州及德州將陵、貝州歷亭縣共糴斛斗百萬石，逐差官置場招客入便，所有逐色每斗添擡錢數并支還客人行貨則例，乞下三司相度定支。省司勘會乾興元年九月十五日敕，次邊近裏州軍便糴斛斗細色每斗添錢十五文，粗色十文，仍以百千為色，依舊例分支香茶見錢三色，下項闕坐所準敕命，雄、霸、莫、順安、保定、信安等六州軍昨經水災去處，擬定便糴收糴斛斗三分中校減二分，却於近裏沿御河天雄軍等

處便糴收糴其添饒㱏(攸)還則例欲依乾興元年九月勑
施行二十五千支向南閑慢州軍見錢三千支茶交引
四十五千取客穩便算射香藥象牙並從之十一月京
西轉運司言穀價每斗十錢恐太賤傷農乞下三司及
軍市糴七年二月六日臣僚上言諸州軍逐年夏秋例
各置場和糴入中諸般粮草準備軍須其中亦有所定
物價高大所入粮草低弱察其弊源蓋逐處官員自將
收獲職田及有月俸餘剩或糴買粗弱斛斗中糴是以
互相容隱不惟虧損官錢兼且倉庫陳(守)支易為損惡以
至軍人請得陳次口食或形嗟怨之語乞嚴止絕如今
後尚敢輒(府職)田月俸及粗弱粮草假立他人姓名中納入

卷一萬一千五百九十六

官者許諸色人告論其粮草不計多少收沒入官所犯
官員科違制罪仍於所犯人處每一石收錢五百一束
收錢五十文給與告者更別許指射本州優輕窠鎮或
酒税場務勾當一次以為酬奬委轉運司每遇闕場之
時備録出榜告示官員令知從之六月殿中侍御史朱
諫言竊聞今春河北客旅從御河載斛斗往還上州軍
入中經由瀛河界河多將糴與北界人乞委轉運司選
官於乾寧軍同共點檢往沿邊州軍入中客旅斛船斛
斗抄上文簿候還上入中訖照會元抄上數目毀抹詔
轉運司安撫司疾速密切相度以聞七月詔令內藏庫
権貨務各支錢十萬貫與陝西河北收糴斛斗準備水

災人戶闕食八月十九日三司言西染院使盧鑑狀陝
西沿邊諸州見管軍儲甚有夾雜粗惡斛斗本路轉運
使副親檢點其事分明難已行遣及令兼帶支遣蓋
緣元差監官為見朝廷若令有失收入中得斛斗即與
陟涉故務要增令盈為數僥求酬奬況在邊陲事干兵
粟不便乞今後應沿邊州軍所差監入中官員如合該
酬奬乞下本路轉運使副因往轄下巡歷躬親看驗如
得堪好軍儲并及得元定為數即具保明聞奏方與酬
奬如意在僥求及有別欺弊糴下粗惡斛斗遂(遠)不堪軍
食難乞替移並令申奏特重行遣仍理科罪三司檢會
通准天聖五年十月九日詔每年據降夏秋色粮草與

卷一萬一千五百九十六

逐處收糴便糴博糴轉運使(司)於州軍差官往彼專監入
納者其粮草及得元擬(抛)為數即優與酬奬七分已上替
日磨勘理為勞績五分已上替日磨勘與家便近地一
任差遣如只是便糴得數多收博數少並不酬奬其本
處官員監當替日令轉運司勘會逐年收糴便糴博糴
粮草數目及得上項分數即與保明申奏酬奬若不及
三分以上即取勘申奏重與責罰省司看詳陝西沿邊
十一州軍監糴使官員已有上件酬奬條例欲今後夏
秋收糴便糴博糴並入到一色新好粮草堪任貯積軍
馬支食其監官酬奬一依條例施行如內有不盡公心
意在僥求及別有欺弊其監官雖已移替並依勘所奏

施行從之九月三司言知河南府王隨并京西轉運司
上言乞於在京榷貨支撥見錢十萬貫文収糴軍糧肖
司勘會今年四月中河東轉運司孫冲奏於轄下那得
見錢十萬貫在本路封樁欲令那撥五萬貫文赴懷州
下部令京西般取從之十月二日中書門下省言河北
經水災州軍少闕糧草去處欲令三司疾速經度以聞
從之六日三司言河北沿邊十四州軍寨合要添備糧
草已牒逐處告示客旅入便處恐官吏不切疾心乞選
差幹事朝臣一員提舉從之十一月三日三司言西京
管界今年大熟欲許客旅於彼處入納諸色斛㪷依市
價每十貫七百文令取便指射自京東京西及向南州

卷一萬一千五百九十六

軍見錢如願要香茶及顆末鹽白礬等交引並聽從之
十六日河北都轉運使胡則言勘會邊上州軍內有糧
草只得一半或半年支遣及保州廣信軍馬料全少曰
初秋降數入便至此無並客旅中納乞依今年閏二月
定到則例招客入便候有倫即依舊法施行詔保州廣
信軍少闕馬料令轉運司於側近那撥應付如須至差
倩等第人户亦仰相度不得張皇搔擾仍令轉運使王
沿枡自來如何擘劃計置致今來闕欠具詣實以聞
二十一日三司言近點檢河北沿邊保州廣信軍馬料
見在不及年支并真定府等處人糧馬料數少竊慮不
切計度有悞給遣乞降勅本路椽糧草數少州軍疾速

先次營度支撥添備無致闕悞從之二十六日三司言
河北都轉運使胡則等言乞自京支般見錢百萬貫與
當路相添糴買糧草令三司擘劃應付今勘會今年七
月中在京支撥見錢二十萬貫與河北收糴斛㪷只般
取過十一萬貫外尚餘九萬貫若便錢支撥不惟在京
支費浩瀚兼緣少得脚乘應副不及乞下河北轉運司
據在京已支下未般錢數疾速般取及就近計置收糴
諸色課利錢糴買糧草從之八年正月十八日三司言
臣僚請河北沿邊州軍令後便糴斛㪷專委轉運使副
一員提舉如便糴監官入中到三十萬碩以上得足者
與升差遣從之五月詔河北轉運司今後沿邊諸州軍

卷一萬一千五百九十六

寨每年入便斛㪷令轉運使副自入中使不須住經畧
點檢仍令逐處知州軍同判等常切提舉便糴官員使
臣等用心入便堪好斛㪷及得元降數目將來支遣別
無粗惡不堪其便糴監專等仰具保明申奏特行酬奬
若監專等不切用心取受顏情告属入便下夾雜粗弱
不堪斛㪷致有虧損官物其監官及轉運使副知州軍
同判等並各勘罪當議等第重行朝典所有虧官剩納
價錢並勒專副等填納入官具數聞奏當行決配餘依
前後著令十月三司言河北西邊入便糧草欲乞依去
年例每百貫內支三十五千見錢二十五千香藥象牙
四十千茶交引所貴招誘入便豈得近邊軍食從之實

元二年九月九日三省言準敕收買稈草一千萬束行
人估定每束一十三斤末等價例一十九文省司欲依
估價依舊例更支腳錢五文收市詔令三司特更添五
文餘從之三年二月十六日三司言乞借內藏庫錢八
十萬貫於陝西市糴糧草候淮南般到錢依數撥還從
之慶曆四年三月九日詔三司令逐路轉運司今後每
遇秋夏豐稔不限斛斗數目廣謀收糴皇祐二年七月
賜內府絹一百萬下河北都轉運司權易大名府路安
撫司封樁錢市糴軍儲仍遣權三司度支判官董沔往
計置之十一月詔河東秋稼大豐其令三司廣糴邊儲
閏十一月賜內藏緡錢四十萬紬絹六十萬下河北便

卷一萬一千五百九十六

糴糧草時河朔頻年水災朝廷蠲民租殆盡至秋禾稼
將登而鎮定復大水北邊尤被其害帝憂軍儲不給故
出內府錢以助之四年七月三司言開封府諸縣第四
等以上戶歲共市草三百萬束請以登萊州紬布每匹
折價一千三百六十沂州匹布一千一百文帝謂輔臣曰
折價太高則恐傷民宜減紬布為千二百匹布千錢五
年五月詔諸路轉運使上供斛斗依時估收市毋得抑
配人戶仍停考課賞罰之制先是三司與發運司務為
聚斂奏諸路轉運使上供不足者皆行責降其歲漕諸
額則升擢之以是貪進之士競為誅剝而民益不聊生
故降詔至和元年八月九日權御史中丞孫抃言昨以

許曹隈鄭滑等五郡近畿內令復添官屯田望來秋稔
特出內金以賜五郡糴買斛斗詔令京畿轉運司劃計
置不管闕候十一月四日判大名府賈昌朝言勘會昨
支給內帑錢帛八千萬下河北都轉運司分諸州軍趁時
收糴軍糧內大名府收糴夏麥外錢數全少乞大名府
權許客人入便斛斗三五十萬準備緩急支遣詔下三
司令入便五十萬碩別行樁管五日昌朝又言勘會河
北沿邊諸州軍入便斛斗乞下都轉運司趁此豐稔令
逐州軍依數入便詔三司令入便人糧三百萬馬料一
百二十萬碩二年十一月二日逵滌上言河北收糴入
便夾帶粗澗斛斗在內欲乞今後要是堪好封樣一斗

卷一萬一千五百九十六

赴轉運司看驗所貴激勸官吏各務用心便糴軍儲從
之五日知并州龐籍言乞支撥清河絹三十萬匹折博
收糴糧儲詔三司依數支撥應付趁此豐稔置糴斛斗
勿令過時嘉祐三年八月詔三司西京比歲旱蝗蠲民
租其以緡錢十萬下本路助糴軍儲五年三月詔三司
自來河東路和糴糧草支一分見錢三分茶自今並以
見錢給之以上國朝會要治平四年三月十九日神宗
即位未改元三司言在京粳米約支五年以上欲乞於
上供年額六百萬碩內將五十萬碩自今年冬發運司
權住起發體量米貴處與減和糴數目卻令買金銀絹
帛上京候約支不及四年即添三二十萬碩將上件錢

帛於榷貨務封樁分與三路以備軍須候充羨即留在
京從之神宗熙寧二年八月十八日龍圖閣直學士陳
薦言訪聞河朔今歲豐稔倍常將來物價必賤甚易收
糴望令河北便糴官吏將所撥斛斗萬數約逐處在市
實價量估定米須糴及七分以上乞自今後米與粟中
半收糴仍乞候每歲住糴之後選差官遍詣便糴州軍
點檢如不及分數及有糠粃夾雜應干繫官吏乞重寘
法從之九月陝西轉運司言本路秋稼豐稔別無見
錢收糴永興軍封樁銀二十餘萬兩乞借支本司廣行
收糴斛斗以實邊廩從之三日詔借榷貨務封樁折斛
錢與在京開封府界諸縣市糴據所糴數為來年發運
卷一萬一千五百九十六
司上供年額令本司償以金帛十一月十六日詔以合
歲豐稔權立河東河北陝西路監糴官優厚酬獎之制
閏十一月降空名祠部二千道付鄜延安撫司召童行
及客人進納見錢收糴斛斗充安撫司封樁如情願入
納折充錢數者亦聽其合進納價錢數目並令安撫司
相度仍限至三年夏季終納足十二月十八日河北都
轉運便糴司言熙寧二年分緣斛斗準朝旨只糴三百
三十三萬碩稈草四百萬束約度未至有備乞續撥稈
草二百萬束及乞許將近裡糴五十萬碩斛斗於緣邊
撥定斛斗三百三十萬碩數外糴入從之三年正月二
十二日制置三司條例司言檢會編敕軍人食不盡月

糧口食並許坐倉糴入官自來河北河東陝西州軍少
闕省錢多不施行欲乞三路如闕見錢許提舉常平倉
司坐倉收糴以備依散如合留充軍糧支遣即却令撥
充和糴或入中倉從之四月二十四日權三司戶部判
官孫公弼言乞河北便糴司於大名府等處差官置場
寄糴斛斗從之仍令後令便糴司相度如合寄糴即一
面施行七月一日詔昨罷諸路賣度僧牒本以令商人
併趨鄜延入錢以助邊計今鄜延所賣之餘存者無幾
環慶地險土狹財賦數虧不充方邊事未息防秋是時
可賜度牒十道付經略司令依鄜延法召商人入錢封
樁以半糴邊儲備支費是月賜河東經略司安撫司紬
卷一萬一千五百九十六
絹十萬匹令於轉運司年計外變糴於府糧草八月十
三日權三司使吳充言三路屯聚士馬費用不貲河北
沿邊歲於榷貨務給緡錢二三百萬以供便糴非泛應
付不在其數陝西近年出左藏庫及內藏銀錢紬絹數
百萬計河東歲支上京交鈔不少當無事之時常苦不
豕足乞自明年歲減江淮漕米二百萬石委發運司於
東南六路變易輕貨二百萬緡五年外漕米如舊所得
無慮緡錢千萬轉致三路封樁寬為期限與民變轉見
錢兼令商人入粟優給物貨委提點刑獄司主管仍以
三司封樁平糴備邊錢斛為目三司歲遣官三兩員點
檢催促詔三司度可否三司請如充議從之仍詔止撥

往河東陝西要便州軍椿管依常平新法量數貴賤糴
糴充是充奏至王安石以為此錢當付之常平常平新
法本所以權邊糴待緩急故也曾公亮以為不然上令
付常平如安石議公亮曰三百萬碩恐太多不如止百
萬碩可也安石曰今必欲變二百萬碩米則米斛必賤
欲置二百萬碩貫輕貨則貨必貴矣上曰止令客舟運來
柢京即京師糴錢為便安石曰臣本意亦及此然京師
一歲欲糴二百萬碩米即恐米復賤兼數太多難糴恐
亦須令發運司度諸路有米貴處折錢成變為輕貨乃
便也九月二十九日賜陝西轉運司內藏庫絹百萬疋
以其半分四路封椿餘易沿邊軍儲四年正月十三日

卷一萬一千一百九十六

詔出權貨務五十萬貫助糴陝西軍粮復以京東支與
河北封椿紬絹三十萬疋錢十萬還權貨務二月四日
詔河東發民夫運粮輸邊可聽民從便就邊州糴粮送
納河外粮草如稍有備即停運及有可以寬民力者令
轉運司從宜施行五月令河北轉運司於河東鄰近州
軍雜支封椿錢內支錢十萬貫津置往太原以備軍費
十五日詔給權貨務封椿銀十二萬七千兩絹一萬七
千匹赴陝西轉運司糴軍儲十月十六日賜絹七十萬
匹為陝西常平糴本仍許自京召人供抵當賒買於本
路送納見錢五年四月三日詔三司出紬絹百萬付陝
西四路經略司變易以備邊用六年十一月二十六日

詔三司於永興秦鳳等兩路每年封椿鮮鹽內錢備欲
計百萬緡付秦鳳等路轉運司市計置熙河粮草仍許
詳酌邊儲隨緩急處增損三司所定鈔價錢二十七日
詔涇原路年例外益以鹽鈔錢二十萬緡付經略司市
粮草封椿十一月二十四日詔借大名府提舉刑獄司
封椿茶稅錢八萬七千緡付河北東路都轉運司糴邊
儲七年十二月一日三司乞以京東路上供粮自明年
後不折變錢依舊計置折變米並於河北近水路州軍
封椿以備邊用從之八年八月二十八日詔司農寺於
河東沿邊近邊州軍豐熟處以三十萬緡計置粮草封
椿九月三日詔大名府澶州各具馬二萬匹一年蒭豆

卷一萬一千五百九十六

封椿大名府令司農寺澶定州令都提舉市易司計置
並限二年足十一月令三司支銀二十萬兩赴熙河路
收糴粮草九年正月九日試將作監主簿歐陽濟言乞
於京西沿江州縣輯斛斗二十萬碩應付廣西支用如
不足即於民間收糴從之仍令濟往計置二十一日詔
賜秦鳳等路常平坊場免役剩錢一十萬貫令轉運司
津劑赴熙河路應付糴買芻粟二十八日詔先定熙河
年每糴買入粮二十二萬碩馬料一十萬石草八十萬束
以本路市易并茶鹽坊場息錢并熙河州酒稅課利充
糴本仰具自後糴買次第聞奏二月二日詔司農寺於
秦鳳等路本寺或銀絹或見錢內更賜錢一十萬貫赴轉

運司令熙河路糴買芻粮。六日，賜陝西永興秦鳳路轉運司折二大錢各十萬貫，糴買芻粟。十二日，詔荆湖廣南東西路轉運司，如諸路運粮未到或支遣未足，即依市價量添錢，許於有蓄積之家收糴，不過五分。其情願入五分者聽。三月十七日，詔三司將陝西交子本務除約度留支還交子錢外，將已支買鈔錢五萬貫均賜永興秦鳳路轉運司糴買粮草，仍具已分定錢數以聞。二十四日，詔如聞今歲畿內夏田茂盛，令司農寺劄刷諸色見錢，于府界屯兵縣分廣行收糴，撥與三司，却令以東南諸路折納到錢帛旋還。四月九日，中書門下言：熙河路走馬承受長孫良臣乞支降見錢或銀紬絹赴本

卷一萬一千五百九十六

路趁時糴博蕃漢人戶夏麥等。戶房檢會近已令都提舉市易司計置物貨十五萬貫赴熙州市易司變轉見錢充本。今欲更令市易司添錢五萬貫，內十萬貫充熙州市易司本錢，十萬貫令在京市易司入中本路糧草，從之。五月十八日，中書門下言：乞令三司支銀紬絹依市價折美錢十五萬貫赴熙河路趁時計買粮草。又言陝西諸州軍未般交子本錢二十六萬二千餘貫，乞就近就處分撥與永興秦鳳兩路轉運司應付收糴軍糧，仍令日以後鑄到新錢逐旋支充，納換交子錢等，從之。二十六日，河東路體量程之才言：和糴之法，惟河東異於諸路，民間所輸一碩幾及私市一斗之價，乞以逐年和糴

之數減一分外，以九分均入兩稅額內和糴，價錢更不支給。近已奉詔，檢前後言和糴文字立法。看詳河東和糴患有數多及貧戶所出不均，若欲減數，即須本路漕計別有所出；若欲均，即須先體量見今不均次第。合如何均定，今欲令本路安撫、提轄倉司同體量相度聞奏，然後遣官復行相度立法。取旨從之。七月二十四日，詔永興軍等路轉運司封樁末鹽等錢，並撥付鄜延路糴買粮草。二十五日，詔諸路轉運、提舉府界提點司應折納斛斗並令逐旋取在市實價出榜，許人戶情願折納，仍臨時許量添價錢。內五路如願以草折者聽，不得輒損官私及受納住滯，仰分定州縣每月一次具市直添

卷一萬一千五百九十六

錢折納數目以聞。先是，手詔陝西兩路折納次第，官司所估斛斗價直太低，小致人戶盤羨不足，難於送納，緣三邊累年薦饑，賑救不少，若不乘此豐稔多方收糴，深恐向去或值災傷，遮邏展移期限，因循却致陷失，可速議進呈，故有是詔。九月七日，中書省言：欲令市易司撥錢三十萬緡於鄜延環慶兩路同經畧司糴穀封樁，具錢令本司指射撥還，從之。仍令市易司止於今次息錢內除破所支錢。二十五日，熙河走馬承受長孫良臣言：本路歲豐，乞支見錢以廣糴。於是中書言市易司見入中四十萬緡，今欲更令市易就支本路錢十萬緡與秦鳳等路轉運司計置熙河粮草，仍於息錢除破。從之。十

年二月二十三日三司言知定州薛向乞用見錢糴買草料欲乞下河北糴便司勘會市易司所買糧草比之鈔法如有利潤即乞合分定州軍糴買仍具利害聞奏從之八月二日河北西路轉運司言懷衛相磁邢洺深趙州例皆豐稔緣本司常闕糴本乞令本路提舉司於近裏八州郡常平收糴斛斗椿管候本司挪到見錢撥與提舉司依元糴價充軍糧支遣詔司農寺令本路提舉司於常平倉存留一半錢內特借撥收糴斛斗仍細色不得過十萬碩九月七日知延州呂惠卿言今歲本路諸城寨秋稼收成轉運司糴本不多今欲將經畧司見管封椿錢二十一萬餘貫輒借委官分頭趂時收糴斛

卷一萬一千五百九十六

斗且在本司管係着轉運司撥劃到錢卻乞依至時市價兌與斛斗支用卻將撥到錢依舊封椿從之二十一日詔諸路轉運司今後於常平倉存留一半錢內借支收糴斛斗至撥還日計元糴價出息一分不及一年計月理息其提舉官諸司管勾官任內能以存留一半錢斛乘時糴糴亦計息分數等第推賞十一月十五日三司言陝西以歲秋田借豐物斛至賤今欲乞吏支借錢六十萬貫分給兩路乘時糴買仍令監司就近即抄給付從之以上續國朝會要元豐元年正月二十五日詔河北東路沿邊糧留三年餘州留二年支遣外其餘聽依市直量減價糴毋損元價其錢封椿候歲豐糴及元

數閏正月九日詔河東路十三州歲給和糴錢八萬緡自今罷之以其錢付轉運司市糧草和知太原府韓絳乞精選才臣與臣及監司置局於府講求和糴利害乃詔三司戶部副使陳安石與韓絳同轉運司講求邊儲利害絳乞改和糴之法減放元數三分罷官支錢布但寬其支移之苦寔惠及於民遇災傷十七則又除之而安石言十三州二稅三十九萬二千餘碩和糴八十二萬四千餘石所以災傷舊不除免蓋十三州稅輕又本路侍為邊儲理不可闕其和糴舊支錢布相半數既畸零民病入州縣之費以鈔貿錢於市人畧不收半公家寔費民間乃得虛名欲自今罷支糴錢歲支與沿邊州

卷一萬一千五百九十六

郡市糴糧草封椿遇災傷據民不能輸數補填如無災傷三年一免輸以封椿糧草充數即不須如韓絳議減數二分及災傷十七除之乃以安石為河東都轉運司悉推行之故有是詔二十七日廣南西路轉運司言桂州增屯兵馬乞於全永等州撥糧二十萬碩及於衡州鑄錢監給鹽萬緡應付支遣詔糧於荊湖南路轉運司撥錢以本路去年未起發年額等錢五萬三千餘緡充具軍興所餘後來乞支見在數以閏二月四日淮南東路提舉司言收糴并折納到斛斗除準備外所管納八十餘萬石慮將來陳積難以轉移況本路甚闕見錢聞京東水災乞預令收聚本錢椿移於淮東近便州縣或自

漕河運致糴數撥還糧穀，卻於折糴本錢上聽量出息，其步乘亦令管認。詔京東、淮南東路提舉官於界首會議以聞。二十五日，河東都轉運司陳安石言：年穀屢登，合廣計置，乞於河北權住糴見錢京鈔內支三十萬緡市糧草，以備朝廷緩急移用。如積久，令轉運司依常平兌換。詔給鈔十五萬緡，餘從之。三月五日，廣南西路轉運司乞下荊湖南路轉運司兌支全、永二州糧爲桂州軍儲。詔經略安撫司同轉運司相度減戍兵，於全、永就食。以上沈斷邊戍夏北兵不耐暑可移桂州戍兵過嶺就食全永不惟寬轉餉之力又得滯兼以時更易不耗積久然省費也七月十三日，詔諸路轉運及開封府界提點刑獄司椿管闕額禁軍請受，據元額月給錢糧，委提點刑獄及府界提舉司拘收於所在別封樁。

卷一萬一千五百九十六

十八日，詔三司勘當江南西路轉運司如去年糧綱起發已辦，宜免折變見錢外，仍下發運司具析於六路般錢不均及所差官在江南西路刻剝因依以聞。初有旨聽發運司樁還路未運糧百萬碩折變見錢，至是江南轉運司訴以年額斛運司訴以年額轉漕已足，兼令於六路均出，今發運司綱本路折變六十萬碩，又別遣官起本路見錢，靡有牙遣違編敕量留准備糴置三年爲糧之法，故有是詔。二十四日，詔諸路封樁闕額禁軍請受，可令樞密院旨司注籍，繳支用者如擅支封樁錢帛法。八月四日，詔撥提舉河北糴便司錢鈔十萬緡應付河北路轉運司

秋糴。五日，詔三司借明年解鹽鈔五十萬緡付陝西路都轉運司市糧草。二十六日，詔賜錢二十萬緡付鄜延路經略司市糧草封樁。九月十一日，三司言：河東都轉運司乞續支京鈔見錢三十萬緡計置軍儲，今欲依糴買封樁糧草例，於末鹽錢內支錢一十萬緡撥作本路交引收附，與轉運司計置極邊糧草，卻以末鹽錢撥歸省司。從之。十五日，環慶等路計議措置邊防徐禧言：陝西路至並邊豐稔，乞錢一百萬緡分措邊路經略司計置，令轉運司續遣諸提舉成都府等路茶場司撥錢五十萬緡付經略司市糧草封樁，仍令三司支解鹽鈔五十萬緡付陝西路轉運司市糧草。十九日，詔三司續支

卷一萬一千五百九十六

末鹽錢二十萬緡付河東轉運司市糧草。十一月二十四日，提點倉場司沈希顏歲請撥糴本錢二十萬緡付廣濟河輦運司糴糧起綱，如及四十萬碩，特與酬賞。詔三司相度。十二月十七日，詔陝西提舉鑄錢司大銅錢十萬緡付轉運司市糧草。二年正月三日，詔北京、澶、定州封樁根草糧六百七十餘萬碩，草千七百餘萬束，委安撫司專領。二十二日，詔三司出銀、紬絹及末鹽錢總二十萬緡賜河北轉運司，以糴軍儲。二月六日，詔河北東路提舉司借常平錢四萬緡分給大名府、澶州糴草根。二十九日，經制熙河路邊防財用司言：本路州軍歲遣官置場和糴，遇穀價貴，即出糴收息，乞視所收息錢萬

緡以上賞之與減磨勘一年內選人免試與優便差遣每二萬緡循一資從之六月十八日鄜延路經畧司呂惠卿乞立定緣邊逐路歲計糴買粮草數詔遣檢正中書禮房公事王震往陝西轉運司依惠卿請并涇原環慶秦鳳熙河路取索會計寔數同經畧轉運司連書以聞七月二十二日會定陝西五路年計王震言昇時陝西糧草取具於轉運解盐司時調中都以佐緩急送受待用宜有定法今誘遣使攷計使上其寔此要事也願得以五路應屯之兵以率歲費通一歲豐凶之中約以物價量三司轉運司常辦之數以賦五路而加足焉以立再歲之定法從之八月十三日都提舉市易司言本

卷一萬一千五百九十六

司歲出本錢計置錢糴第四等户體量草闕開封府界提點司而提點司自熙寧八年至去年尚逋草價十三萬緡乞限歲終仍自今委三司隨秋稅催促提舉司收封樁聽從本司支用如敢借貸乞遣已論如封樁錢法又乞選本司幹當公事官一員專管簿籍並從之九月二十四日詔以永興軍路常平倉穀十九萬碩給鄜延路九將守禦之用餘令轉運司以漸計置以鄜延路言歲計軍食二十七萬餘碩而常平無餘故也二十六日賜發運司糴本錢百萬緡令糴穀如逐路歲計未足以所糴充數上供報轉運司令依和糴最高價并計輦運之費限一季償錢二年六月十二日三司言河北糴

便糧草鈔價本以見錢法一等給還後別立草料錢以銀紬絹及茶本錢折商人無利遂增草料虛錢雖以銀紬絹估直又令筭請香茶榷罷給銀亦入納未至通行至於人粮交引品搭分數抑勒入納昨薛向已用見錢法糴買當時三司以錢不給又即如舊今勘會紬絹本非河北京東商人所須交引鋪以賤價取之坐獲厚利若不申明恐牵制人粮例增虛錢浸害邊計乞並依人粮例入納出鈔更不許抬價錢市易務下界亦依人粮鈔法給還若闕見錢三司應付其已前鈔自依舊法從之十三日詔司農寺於永興軍等路給常平倉穀十八萬碩充環慶路將下守禦及緩急漢蕃弓箭手闕乏借

卷一萬一千五百九十六

貸九月五日詔賜茶場司錢三十萬緡付涇原路安撫司糴買粮草封樁閏九月二十二日涇原路都總管司走馬承受梁安禮言本路粟床蕎麥大豆等豐熟詔經制變運川陝路司農錢物李元輔於已運到鳳翔府等處見在內支絹十萬疋銀五萬兩與涇原路經畧安撫司收糴粮斛封樁四年正月十三日涇原路經畧安撫使司言被旨逐次糴買粮草令轉運司交割與經畧司計置外其糴買錢每年夏秋各分為三分轉運司預封樁夏自四月至六月秋自七月至九月每月應付一分從經畧司關報今樁管處即糴買擁併未及次限許權借轉運司封樁錢其糴買鈔令三司依限發付經畧司從

本司支赴逐州軍折博務書塡并税數合行支移亦從本司計會轉運司同相度依例移撥支折若遇災傷減放分數即契勘所減粮草碩米錢數於合納州縣鎭寨會勘別司見在錢物處已撥撥仍已選差監糴官一員添置句當公事一員從之仍令鄜延環慶秦鳳路依此

三月二日詔經制熙河邊防財用司於歲額錢內支三十萬緡赴熙河二十萬緡赴河州置場糴粮斛斗封樁

五年正月十八日詔河北都轉運司奏周輔已應結糴封樁穀所收息錢並令措置糴便司收從之二十四日詔開封府界諸路封樁禁軍闕額錢除三路外及淮浙江湖等路增剩鹽錢江西賣廣東鹽福建路賣鹽息錢

卷一萬一千五百九十六

並輸措置河北糴便司先借支內藏庫錢三十萬緡與河北糴便司以福建路鹽息還二月三日詔借撥茶場司錢四十萬緡付秦鳳路經略司市糴粮草五月二十八日詔陝西都轉運司已收司農寺錢二百萬緡內藏庫銀三十萬兩鹽鈔二百萬緡可均給諸路鄜延環慶涇原路委轉運司秦鳳路委都轉運司熙河路委經略司乘夏熟於沿邊市糴軍粮封樁以須軍事七月二十四日河東轉運司言歲事甚豐粮草價賤諸州府見在朝省封樁錢約十萬緡乞付本司補助糴買詔河東雖得豐歲可依所乞外更經劃應付二十九日詔河北路都轉運司借支澶州封樁軍粮五萬碩特除之自今河

北三州封樁軍粮如故請借支者依擅支封樁錢物法

八月五日詔河東轉運判官蔡燁專主管每年入中或移税糴從便計置軍糧十萬碩於吳堡寨永寧關封樁斗不得過百五十其價錢於絳州垣曲監撥還仍令陝西轉運司計置運入米脂寨即不得免充吳堡寨永寧關經費十月二十六日詔給內藏庫錢百萬緡與熙河路尚書戶部右曹錢百萬緡與鄜延路及令吳雍發陝西諸司及封樁錢三百萬緡分與環慶涇原秦鳳三路計置粮草十二月二十三日詔陝西封樁錢內支三百萬貫分環慶涇原秦鳳路乘時市糴粮草六年正月二十二日詔河北諸司糴價不得過措置糴便司五月二

卷一萬一千五百九十六

十日河東路轉運司言昨因軍興以來費用浩瀚又新收復葭蘆吳堡寨增置官屬及屯兵馬支費倍多近被旨令用鈔廣謀收糴但本司缺錢支用詔宜依每年例給六月四日制置發運司言本司元豐二年被旨賜糴本以一百萬緡為率至今截撥未足況每年總般江淮荊浙六路上供年額六百二十萬碩遂路出限不到萬數甚多全藉糴本錢乘時加糴起發上供應辦年計今準淮南路催促錢帛所牒會問數目本司以無聖旨難以供報然恐其別有申陳詔糴本錢係朝廷賜令不得一例起發八月十三日知荊南謝麟言邕宜欽廉州及緣邊堡寨[illegible]戍之地皆無二年之蓄乞乘此豐歲更給

度僧牒付廣東西湖南轉運司應付宜州蠻事之餘令
廣西等路於近便州縣糴糧公流運廣封椿詔歲給度
僧牒五百限五年止為錢三十二萬五千緡付廣西經
略司應付宜州蠻事以其餘糴糧九月七日權發遣陝
西路轉運副使范純粹言奉旨令鄜延環慶涇原秦鳳
路經略司熙河蘭會路經略安撫制置使司各於軍須
錢內撥見錢二十萬差官趁時糴買糧草封椿望許臣
與劉昌祚詳議城砦緊漫以轉運司年計糴本及軍須
錢帛并見錢公據隨宜分擘凡合當計置處止作一場
糴買委劉昌祚與臣同共督責官吏趁時儲積候糴買
畢卻細算年計軍需錢本各依案台樁管除以年計數

卷一萬一千五百九十六

充經費外其軍須錢物所糴買到數目依本條施行其
經略司收撥軍須錢二十萬貫指揮已更不施行上批
所申隊利害之理甚明宜依所奏十月三日陝西轉運
副使李察言沿邊州軍糴買糧草官乞委監司考較每
州各定一員優劣行賞罰從之河北東準此七年正月
十七日詔尚書戶部支積剩錢百萬緡付熙河蘭會經
略安撫司於新境計置糧草修繕守具十九日范純粹
言昨王震會定五路錢物以沿邊糴買錢鈔付逐路經
略司管認糴入支遣昨因軍興以經略司專治兵旅遂
令轉運司從主管至今已罷沿邊糧草職事並係元降
會定朝旨詔兵食相須實為一事況熙河路已總於率

支一作及

憲等故得首尾相關財用出納稍能省費則諸路無有
不可兼領之理自今陝西軍須經費經略轉運司隨路
通管其餘職事毋得侵紊既而陝路轉運副使王欽臣
言出納之吝謂之有司不愛財用將帥之事若合為一
職則勢有所不行乞仍舊使從之其正月十九日指揮
更不施行二月一日河北轉運使措置河北糴便吳雍
言見管人糧馬料總千一百七十六萬碩乞與贏相補可
支六年河北十七州邊防大計倉廩充實同措置王子
淵在職九年悉心公家望爲察成效以勸方吏詔賜子
淵紫章服三月二十九日詔聞河北瀛定二州元豐五
六年及接今歲擬舉糴買封樁糧草乃所糴糧數以經

卷一萬一千五百九十六

為而散於諸處寄糴緩急七集大軍遠近不相及兼新
倉治為屋設又寄糴處多無守具若令漸運入新倉則
其費不貲不若聽商人自運為便恐不須寄糴宜下本
司具晰既而李南公王子淵言寄糴法行之已久如保
州廣信安肅北平等軍在定州之北係極邊要切儲蓄
之地真定府祁州永寧軍亦係次邊合行計置軍儲處
與都倉相去皆近使緩急般取赴日可到或若本司計
置死移即可以並歸都倉瀛州都倉計糴剩者亦如此
今若使客人盡知官中心於都倉收糴非商賈未肯入
中則以為之增價寄糴之利不惟於都倉無所敷亦
一年物價使輕重之權不為兼并所制從之五月六日

賜鄜延路經畧司見錢鈔五十萬緡并秋稅市糴糧以
劉昌祚言軍資庫及轉運司軍需年計纔可支二兩月
也二十四日戶部言河北轉運司借支河北糴便司封
椿及舊羅便司二司封椿糧六十餘萬碩無寬剩錢物
撥還乞除放詔通限十年還六月五日詔封椿糧草依
次年以新物兌換十三日知太原府呂惠卿言本路歲
稅糴十萬碩送鄜延路支移太遠民不便乞罷應副止
令陝西路轉運司自計置其價錢依河東路元降指揮
於垣曲監撥還詔自今河東陝西各自計置五萬碩羅
支垣曲監錢七月二十九日陝西轉運司言通判延州
吳安憲準詔與鄜延路經畧轉運司籌度於安遠城砦
載一萬八千五百九十六
多聚糧草今延州秋稼不稔民戶不能蓄積以待價必
為財利之人乘時賤取閑糴以待官場之急延州諸縣
去城砦近者十里遠者百里今秋應納青苗免役為錢
十三萬緡欲定地里遠近加饒法令民於諸城寨折納
轉運司撥還提舉司若如安憲所言則公私交便從之
八月五日河東經畧司呂惠卿言河外沿邊秋稼登稔
可市糧草依將來官糴價轉運司易錢鈔及令內地支
移民戶出腳直以浚公私乞先給錢三十萬緡在京椿
管許以償本司糴買鈔撥本路舊封椿錢糧為年計以
所糴買封椿歲終以聞從之支末鹽錢三十萬緡七日
秦鳳路經畧使吳雍言秦州乾草纔支半年望賜錢二

錫一作錫

二一作三

五十萬緡依五路常平法計置詔戶部支常平倚剩錢
二十萬緡二十九日支常平積剩錢五十萬緡付熙河
蘭會路經畧制司市糧草九月四日熙河蘭會路經略
財用司上歲計合用錢帛糧草詔歲給錢二百萬緡以
本司十果息錢川路苗役積剩錢積起常平積剩錢各
二十萬榷茶司錢六十萬川路計置物帛赴鳳翔府封
椿坊場錢三十五萬陝西三銅錢監鑄本腳錢二十四
萬八千在京封椿務馬錢十萬裁減汴綱錢十萬二千
充自來年始戶部歲給公據關送候元豐十年終合經
制司具支在數以聞二十六日尚書戶部言元豐二年
三司借末鹽錢五十萬緡市糧限四年還今已限滿欲
春十萬二千五百九十六
望均作十年還自今年始又熙寧十年借本庫錢尚欠
四萬二千餘緡亦乞依此從之十月一日詔支末鹽錢
鈔二十萬緡付河東轉運司市糧草三日同經畧熙河
蘭會路邊防財用馬中言糴買全在冬春之交乞十月
後印給次年鹽鈔限正月至本路下戶部戶部乞依秦
鳳等路支部差使臣於正月下旬押赴經畧司從之九
日詔內藏庫支紬絹各五十萬匹於熙會州經畧司封
椿十一日河東經畧使呂惠卿言近支末鹽錢二十萬
緡付本路糴買復準戶部符給銀錢紬絹鈔入中不行
乞於在京椿管見錢從本司出鈔糴買或令人入便其
戶部鈔見在本司河東轉運副使孫覽言本司科秋稅

糧草經略司令民折納錢如朝旨許經略司以支移糧
草折納即乞令經略司一面管認應副本司支移年計
糧草詔並依所請已出鈔令戶部收糴其經畧司折納
轉運司支移年計糧草本司依數管認應付餘令轉運
司計置○哲宗元祐元年正月十四日戶部言河東路
轉運司給文便常致闕糴本詔特支末鹽鈔一十萬緡
三月八日詔令後屯泊戍兵食不盡糧願坐倉收糴者
毋過三之一以諸路經略等司言其便故也六月二十
六日詔陝西路轉運司收糴斛斗充沿邊五年之蓄八
月一日詔諸路提點刑獄司乘有糴本之時委豐熟州
縣廣行收糴仍令少糴麥豆多糴穀米其南方及川界

大典卷一萬一千五百九十六

卑濕之地難以久貯者相度逐州縣合用數收糴候市
價比元價稍增即行出糶不得令積壓損壞仍令州縣
各將十年價例比較立定貴賤酌中之價又逐色價分
為三等每遇豐歲斛斗價賤至下等即添錢收糴凶年
斛斗價貴至上等即減錢出糶若市價只在中等之內
即不糴十一月四日戶部言糴買糧斛除陝西河東北
依舊制外餘路欲令轉運司遇闕年額聽於提刑司依
常平錢元價先糴仍先樁撥價錢不樁而輒支依擅支
封樁法從之二年五月四日戶部言河東二十一州軍
和糴欲並於見納年額十分中取八分為額各隨戶色
分數減定更不給錢遇災傷隨秋稅分數減放以轉運

司應給價錢補之其以四色糧草互相折納及折納麥
秫米並仍舊如本戶災傷不及五分聽依久例支移不
得叔修有科折及請易和糴之名為助軍糧草從之二
十六日戶部言近準詔旨令諸路乘時廣行收糴令請
州縣長吏及糴官以所管錢計所用糴本分數等第定
賞著為令從之三年五月十六日賜陝西路轉運司銀
絹共四十萬乘時收糴以廣蓄積六年七月二十四日
尚書省言轉運司應糴買而缺本錢者報提刑司借封
樁錢糴到隸提刑司方得借次料轉運司依元價樁錢
盡數對撥遇豐歲可以廣糴旋闕提刑司封樁者轉運
司要聽依元價先樁錢據數充撥其未撝撥價錢輒支
用者論如擅支封樁錢物法從之八月八日詔今年諸
路監糴官如糴及賞律並於合用獎酬上遞增一等推
恩

大典卷一萬一千五百九十六

全唐文

宋會要 市糴粮草

紹聖元年八月二日詔椎貨務支末鹽錢四十萬貫令
戶部給降解鹽引付陝西路轉運司乘今夏豐熟收糴
又支末鹽錢京鈔四十萬貫付河東轉運司收糴以其
半作朝廷封樁餘充轉運司年計十七日三省言河北
糴便司所管州軍收貯糧草除昨府纔及五年外餘止
收糴三年所積數少無以為備詔令戶部依舊條逐年
兩次給降交鈔共二百萬貫仍自今年為始付提舉糴
便司分給州軍乘時廣行糴買候鎮定瀛州及十年餘
州及七年之蓄即依元祐七年二月一日指揮九月十

卷一萬一千五百九十七

三日三省言河東路今秋豐稔沿邊州軍五年之蓄當
以時計置詔令戶部支末鹽錢五十萬貫依例對椿印
給京鈔付河東轉運司沿邊豐熟州軍糴買十月五日
詔陝西轉運司給鈔以糴買沿邊粮草為五年之儲二
年七月十日尚書省言江淮荊浙等路發運司言令後
本司糴到斛斗並不許諸處官借兌支用本司緣不得
承例借支雖准朝旨借兌亦許本司執奏占留從之三
年三月八日涇原路經略安撫使呂大忠言乞沿邊次
邊糴買召衆民願結糴預借官錢一半依此稅限催科餘
錢候夏秋時取市價貴賤估定實直告諭隨所輸貼納
從之四月十三日詔罷河北提舉糴便司就差提舉河

北路糴便粮草王子京同措置糴便以兩司就糴枉增
價直動多相妨故也十七日詔香藥庫等處應出賣之
物給公據募商人沿邊入中粮草赴戶部筭請十月八
日詔內藏庫特賜銀絹各二十萬市糴河東涇原熙河
路粮草以鄜延路經略司呂惠卿言今西賊侵邊本路
場功未畢西自園林東至青澗皆遭蹂踐將來粮草必
乏乞特從內庫賜銀絹令轉運司早備備邊故有是詔
四年二月四日樞密院言邊防粮草須經略司轉運司
公同相度自來諸路調發軍馬不豫計所在粮草多寡
以此不免闕乏致轉運司倉卒以貴價糴買或自近裡
般運枉費材用虛勞民力又自來糴買粮草經略轉運

卷一萬一千五百九十七

司各自置場競爭價直互相違戾致糴買不行詔陝西
河東經略司應遇調發軍馬並先契勘於有粮草處駐
劄如轉運司粮草不足許借諸司封樁糧草或先樁錢
糴買借用九月四日三省言開懷衛州今歲豐稔米穀
價賤恐盡歸兼并之家詔河北轉運司措置糴便司西
路提舉常平司以時計置糴買五日三省言陝西路沿
邊州軍秋田收成處闕糴本詔於元豐庫支封樁錢四
百萬緡令戶部依例印給解鹽引付陝西轉運司下諸
路乘時糴買元符三年八月七日徽宗即位未改元詔以內庫
銀絹二百萬賜陝西轉運司糴買粮草十二月二十一
日尚書省言河北河東陝西路今歲豐熟有物力之家多

願入中斛斗以官其身欲河北路諸州軍令措置糴便
司河東陝西路令逐路安撫司召諸色人情願入納斛
斗在本處以市易直細算價錢內陝西河東路以銅錢
分數細算候納足本州限一日具狀報明聞奏出給付
身誥牒並與免試注官如未願参部亦聽從便仍不以
歲月豐草其納到斛斗作朝廷封樁準備移用從之徽
宗建中靖國元年二月十四日詔以內藏庫錢百萬緡
及諸路提舉常平司錢共百萬緡應副河北糴買大觀
三年十月五日上批河北鑄監所鑄夾錫當貳錢除官
本麋等錢外將所收到淨利錢並依先降指揮盡數支
撥付糴便司品搭計置沿邊年計糧草支用疾速行下

卷一萬一千五百九十七

四年正月十八日河東路提刑司言本路緣極次邊難
得斛斗已令轉運司計會一年合用實數於近裡州縣
封樁斛斗處支破封樁錢和顧腳乘般運赴極次邊依
元糴名封樁如闕年計糧斛即乞先備見錢依元價并
支過腳錢充糴支還將充到錢候來歲收成趁時糴買
却充朝廷封樁之數詔依仍以充時市價先備見錢充
償諸路官司充撥斛斗並依此政和元年七月九日詔
諸路合用斛斗比年漕司多不乘時計置糴買甚有闕
用去處訪聞今歲豐稔除三路已別降指揮外餘路仰
轉運司疾速措置錢本廣謀儲蓄仍限糴日各限一月
具一路歲用糧斛受納秋稅并收糴到物數多少分明

立項開具申尚書省類聚進呈其收糴數多歲用有餘
者當議別加旌賞若玩習苟簡不切究心計置致有闕
誤者不以去官赦降必定重行黜責九月十七日臣僚
言今歲大稔再令廣糴以備九年之蓄乞責諸路轉運
常平其糴取足失時及糴買不廣者於歲終考較務令
盡心二年五月二十二日中書省言諸處缺少軍糧欲
下諸路漕司令諸州軍自今歲春首約本州置場收糴
之數委諸路提舉司分管下縣分各置場糴買盡時又
給價錢并就立阻節及抑配科率刑名從之六月十五
日尚書省言諸路今歲二麥豐熟將來秋成有望須合
廣行糴買詔京畿諸路提舉提刑司取今年以前五年

卷一萬一千五百九十七

中一年糴最多之數加倍收糴將來秋熟以此仍與諸
司共作一場糴買本司應管及朝廷諸色封樁錢除留
合支用錢數外並取撥充糴本仍每月具已糴到數申
尚書省及常以新易舊不管陳損五年二月二十二日
熙河蘭湟路經略安撫使司言轉運司趙佺支到糴本
錢物並已逐旋糴買糧草應付至去年十月終自十一
月已後大段缺之將封樁糧斛借撥支用本路十一州
軍並管下關城堡寨歲用糧一百二十餘萬碩合用本
錢浩瀚趙佺糴買止應付得去年十月中支用今來糴
買已是過時物價漸增設轉運司應付到錢物不充亦
隨即目價例計置欲下榷茶司依元糴價充撥所糴斛

斗付轉運司應付年計軍粮却將榷茶司合應付轉運
司額錢除捎蒸己早令漕臣一員疾速前來本路貯一
應副所貴辦集詔茶馬司於封樁錢內支一百萬貫仍
令具糴到數目支破本錢聞奏訖委官點檢所已粮食
依奏三月十五日熙河蘭湟路經畧安撫使司奏轉運
副使趙佺支到諸州軍糴本錢物並已逐旋糴買粮草
應付支遣至去年十月終自十一月已後大段闕之寔
恐有悞國事詔熙河畫地當罷兵無事之際尚爾闕之
緩急何以枝梧漕臣不可暫闕仰吳亮專一應付本路
限指揮到日下起發兼程前去多方劃刷糴本措畫糴
買趙佺已起發錢鈔一百五十八萬貫仰吳亮交割督
卷一萬一千五百九十七
促措畫施行具次第應付過斛斗糴本數奏二十一日
中山府路安撫司張杲言奉詔再令具本路粮草的數是
數目今通計到本州府軍寨一十處人粮月支八萬六
千五百九十一碩歲支一百三萬九千九十三碩本路
共有年計五十四萬七千二百六十九碩并諸司封樁
九十五萬四百三十五碩通計止有一百四十九萬九
千七百四碩若準備二年之數計闕五十七萬八千四
百八十碩三年之數計闕一百六十一萬七千五百七
十二碩馬粮月支一萬八千七百九十八碩歲支二十
二萬五千五百七十六碩本路共有年計九萬六千八
百五十碩并諸司封樁八萬九千六百九十八碩通計

止有一十八萬六千五百四十八碩若准備二年之數
計闕二十六萬四千六百四碩三年之數計闕四十九
萬一百八十碩草月支一十七萬五千三百四十束歲
支二百一十萬四千八十束本路共有年計一百一十
八萬一千一百八十八束并諸司封樁一百五十九萬
九千七百七十束通計止有二百七十八萬九百五十
八束若準備二年之數計闕一百四十二萬七千二百
二束三年之數計闕三百五十三萬一千二百八十二
束詔尚書省應副糴本須管令具三年之數二十七日
詔陝西河東逐路經畧轉運司今後將逐州軍合用粮
草預行拋降實數及須行給降錢物嚴責糴官須管依
卷一萬一千五百九十六
條趁時盡本糴買數及元拋之數具糴價仰所屬旋糴
度市價增減限滿帥司開具元拋若干已未糴買數目
已支見在糴本糴官職姓名開奏當議重行責罰違者
並科徒二年之罪五月十五日陝西計度發運使吳亮
言奉朝旨於茶馬司封樁錢內支一百萬貫應副熙河
路糴買仍令具糴到數目支破錢本聞奏準榷茶司支
到商綿等處錢一十萬餘貫散在諸處難以收簇兼其
餘七十餘萬貫稱已闕糴永興秦鳳兩路若等候兩路
提舉司旋行劃刷必恐後時望特降睿旨下榷茶司於
近便熙河路去處逐急撥茶司諸般錢依準指揮支降
一百萬貫趁時糴買不致有悞邊用詔茶事司數不及

完一作統

即令常平司貼足其數六年十二月十四日詔諸路每歲夏秋收成之時轉運司據計不足之數前期報提舉常平司以本司錢置堝收糴遇轉運司少闕聽以見錢對行完充支用若轉運司歲用數足即以新易陳免樁如法從臣僚請也八年五月三日詔邠州積草二十餘萬束用數少歲久陳腐仰本路轉運司差官檢察出賣其錢封樁候秋成收買新草以備儲積六月二十二日兩浙提舉常平司言奉詔將趙霖開修平江府水利度牒六百二十四道及承節將士郎承信郎官誥共一百道支撥付徐鑄應安道收糴米斛除已支付逐官外見管承節郎誥一十道將仕郎七道承信郎二十三道本司見

卷一萬一千五百九十七

闕本錢收糴米斛欲乞許令拘收前項餘剩官誥四十三道及已賣價錢應付收糴從之宣和元年九月十五日河北轉運司沈積中言河北路秋田豐稔倍於常歲正宜乘時檢糴以廣儲蓄以惠農民恭覩近降詔處分淮浙荊湖應諸司封樁錢物量留合用外速開堝收蓄仍令常平司將青苗并積欠以一半增價折納斛斗望令河北路常平保甲等諸司亦遵依上項指揮施行從之二年四月十二日發運副使陳亨伯奏奉詔專應付六路和糴自今歲為始和糴一百萬碩及令參酌舊制條畫措置已降指揮宣和元年二年合糴米共百二萬碩並於今年收糴足數同年額般運於十月內到京詔

堝一作泊

東南和糴本錢合依已降指揮應係上供及朝廷封樁並行截撥仍許通融取撥不足即通融別路錢應付五月九日詔今歲諸路豐熟應見和糴官司疾速趁時收糴如過時當議重行黜責十三日詔自今陝西糴買師司及州縣城寨等處官吏如敢緣糴事循私意公受請託乞取錢物贓換變轉故損糴價詭名借本侵漏入官强糴攬拌低估亂累計會中納放債就除名押勒軍人賤買交單復用轉教摇帶大量不上赤曆詐作客人中官及在任者冒法入納並以監守自盜論挾私邀阻敢或扇搖者以違制論本法重者自從重仍加一等坐之具案奏裁并不以赦降去官自首原減各許人告流罪

卷一萬一千五百九十七

以上每名賞錢一千貫餘罪五百貫先以官錢代支從臣僚請也二十五日詔泛給香藥鈔并告勅補牒度牒師號紫衣共二百萬貫付河北糴便司廣行收糴以備儲蓄全森州軍叶力乘時計置廼無闕事仰提舉官除邁堠將來依條限住糴日比較逐州軍知通及所委糴官首先糴買了足或收糴數多保明聞奏當議重行旌賞或弛慢不切用心收糴數少即重行責罰十月一日詔東南歲糴累降指揮支撥本錢如尚不足特許兩浙江南荊湖路學費錢內共取撥五十萬貫相兼趁時收糴於近封樁減省學費內指除仍委徐鑄趙億同共總領措置十二月十二日河東路轉運司侯益言本路豐

稔漕司缺少糴本令諸司與漕司同共相度將應干見
在錢物乘時收糴沂代州一帶比控胡虜尤宜謹備已
令漕司量將近裡州軍諸司錢物挪移應付糴買却以
原價兌糴支用或已量事支降錢本廣行儲蓄從之三
年三月四日江浙淮南等路宣撫使童貫言望下轉運
司自今後計諸州歲用之外所餘錢數併就豐熟地分
收條委官置場和糴不得令州縣認分數目以免科率
之弊從之二十日詔諸司糴買軍儲不容濫惡條禁甚
明近歲奸弊百出往往雜以糠粃灰土致虧諸軍糧食
檢會糴買條法嚴切申明行下仍仰廉訪使者覺察聞
奏七月十二日詔沿邊今歲禾稼滋茂若不先時廣行

卷一萬一千五百九十七

糴買則利歸兼并官失儲蓄可契勘合行糴買州軍歲
額給降錢物限七月半已前須管支撥足數十二月一
十日發運副使林篪言諸路歲糴封樁上供斛斗依聖
旨許用舉貴錢專定帖封樁上供等鈔糴買檢點諸州
縣將逐色糴本別行支用既不作糴本又失上供欲據
諸路拘收到逐色合充糴本名色每路委漕臣一員專
切置籍拘催只得分收糴上供封樁斛斗照令中書省
每路逐委漕臣一員專切置籍拘權應辦充借支使者
並以違御筆論四年二月十八日詔雄州先承糴便司
拋下歲糴軍儲有自政和八年至宣和二年客人民户
拖欠未納斛斗逐州爲見糴便糴司舉發損行拘催倒

將元攬人户監錮估賣財産籍没家計以償欠數往往
逃移星散事干兩輸地分深屬未便仰吳雄州限指揮
到將所欠斛斗人户特與轉限三年送納沿邊州軍准
此六年五月九日涇原路經略安撫司席貢言涇原一
路川谷平坦皆以天都諸山利害必爭最爲衝要自來
朝廷積糧備禦深契事機已以本司封樁銀絹和糴斛
斗充邊用從之七年三月二十三日詔天時佑順年穀
向登當廣儲積蔡河撥發司淮南轉運司可各支降糴
本一百萬貫逐司於榷貨務樁留見錢四十萬貫給降
度牒紫衣師號二十萬貫於宣和庫支降新法鈔四十
萬貫就豐熟處和糴小麥馬料以十分爲率七分小麥

卷一萬一千五百九十七

三分馬料江西湖淮南兩浙路分預降糴本五十萬貫
逐司各給降度牒紫衣師號二十萬貫於宣和庫樁留
見錢并支降新法鈔各三十萬貫候將來秋成於豐熟
處和糴粳米計置起發並令吏部差使臣每司各兩員
管押前去交割並令所屬逐旋具糴買到數目色額并
元糴價錢申司農寺每月申尚書省每五千碩即差官
監量見的實數對所糴斛斗以雜盛糠附綱先次送司
農寺收掌蔡河撥發司淮南兩浙西江湖南路轉運司
各權添差糴買官一員逐州委見任官一員同共管勾
候糴買了日罷二十九日詔蔡河撥發司江西湖南淮
浙轉運司先降糴本五百二十萬和糴斛斗内有見

紫衣師號切慮糴米官司循習舊弊輒敢科配抑擾民
戶並出賣見錢和糴人戶中賣斛𣗳願支折者聽如輒
敢科配官並流三千里仍許人戶越訴若糴本有闕即
具實闕數目申尚書省九月二十八日詔兩浙歲豐穀
賤常米穀價賤本路漕司就豐熟州縣選官置場收糴
所有本錢於諸司不以是何窠名見錢並借充糴本糴
到斛斗各隨所借司分依舊收係別款封樁不得支動
候漕司逐旋撥還到本錢方聽支兌十月十六日發運判
官陸宲言近蒙降度牒紫衣師號并見錢新法鈔每路
八十萬貫於江西湖南淮南兩浙路和糴糙米望專責
逐路漕臣趁此秋成盡數變轉糴買起發詔令逐路漕
【卷一萬一千五百九十七】
臣不候尚書省一面均撥糴本併數廣行收糴疾速裝
發上京十二月六日兩浙轉運副使程昌㝢言本路收
買除見錢外有抛降度牒香藥文鈔名入中買與見錢
收買不同乞自今後諸路應用度牒文鈔糴買並不得
收分文頭子市例等錢從之十一日太宰白時中等言
河北西路見今計置糧斛以備屯軍已添漕臣四員分
路管幹各支銀二十萬兩絹一十萬匹付逐所官從之
十五日詔河北已專委帥臣措置收糴其四路添差漕
臣指揮勿行二十二日詔減掖庭用度侍從官以上月
廪罷諸無局有司據所得數撥充諸路糴本及募兵賞
軍之用欽宗靖康元年五月十五日臣僚言湖南江西

自二稅外斂於民者不知紀極名曰和市不酬價直實
掠取之如此名件未易殫舉夫和糴之行如此民安得
不困且瞻乎若國家多事之和夏秋二稅不足不免和
市則降寶直付之漕臣詔今後糴買約價直錢十九
日河北河東路安撫司言朝廷近艱須陝西解鹽鈔河
北糧草鈔已令榷貨務通數裝給鈔本遇客人投錢即
時支給所有未降新鈔已前逐路給降遇糴本錢公據
文鈔亦已措置支還商賈以示大信詔本支見錢公據
文鈔令榷貨務支還同日尚書倉部員外郎黃譔言河
北民力重困已勅本路應和糴錢有不支還及妄有陰
尅並從舉劾送獄台罪知通監官與帥臣監司失劾亦
【卷一萬一千五百九十七】
重科罪從之二十八日詔東南六路神霄宮金銀器皿
並令發運司翁彥國拘收充糴本從黃陽軍申請也十
月十二日詔令歲豐稔糙米紅庾但何就逐處增
價收買不得輕議般運以稱恤民之意　高宗建炎元
年十月十四日通判撫州權州事張思永言江浙米稻
豐熟若至時支撥官告度牒紫衣師號下諸州出賣收
糴糧斛宿處臨時收糴不前昨江浙及諸路勤王不到
京畿人有已前拘截諸司錢物應付支用不盡錢物未
有歸著欲乞限一月結絕盡數收簇撥充逐路漕司收
糴御前軍儲從之十二月二十五日詔令行在戶部支
銀二十萬兩絹一十萬匹付兩浙提刑司分劈於瀕流

州縣置場收糴封樁聽候朝廷支用以提舉一行事務
黄潛厚奏二浙道路未通客旅稀少即目粮價低小望
支錢本委本路漕臣廣行計置令發運司差綱般發上
京送納故有是命二年正月二十七日詔以京師闕米
令榷貨務於樁下河北路寄糴斛斗錢内支錢五十萬
貫委宗澤置場收糴仍下兩浙江淮路轉運司出榜曉
示客旅通行知委五月五日江西提刑司言准尚書省
劄子東南神霄宫近有賜田房錢并諸處贍學錢甚多
自合根括拘榷就東南計置銀絹前來應副國用本司
專委虔洪等州軍根括拘催施行外契勘諸州縣所收
贍學錢係發運司拘收專充糴本今來即未審合與不

卷一萬一千五百九十七

合依今降指揮却行計置銀絹起發乞明降指揮以憑
遵守施行詔且令更作糴本一年三年八月四日詔兩
浙并江南西路今歲豐熟令三省支俵糴本付逐路轉
運司廣行收糴於穩便州縣別項封管非奉朝廷指揮
不得擅行支用七日倉部員外郎張誼奏被旨前去平
江府等處來往檢察收糴粮斛勘會浙西州縣日來本
州及提舉轉運發運司各有收糴斛斗價直不相照應
欲乞依今降指揮一就收糴若州軍或他司合要米斛
支使却令本司紐定元價及官吏縻費等錢令諸司撥
見錢申朝廷赴場充糴從之紹興元年七月三日宰執
奏事上問昨夕聞已糴新米莫少減價否張守奏有人

自浙西來前此每斗一千二百者今減作六百上大喜
曰不但軍不乏食且此可免饑殍在細民豈小補當須
及時廣糴以備歲月宰尹已下奉詔十月十七日監察
御史福建路撫諭胡世將言乞支降度牒一千道赴本
路轉運司出賣依市價收糴粮斛詔依十二月二十三
日臣僚言發運副使宋煇申請見任官招誘糴到米斛
乞引用建炎四年十一月二十四日指揮每糴二千五
百碩減一年磨勘昨來見任官收糴米斛每糴十萬碩
有轉官之賞蓋謂監倉官依市價糴買別無奬倖即該
此賞（明謂賞）誘致親戚之官使之刻剝也況煇元乞令有力之
家結攬糴米據數第賞今乃設招誘措置之名使州縣

卷一萬一千五百九十六

官貪賞害民其可乎兼朝廷元委糴米十五萬碩若從
煇所立賞格計減六十年磨勘合轉十五官今來諸司
糴買頭項非一人援此為例則朝廷爵賞豈不泛濫欲
望寢罷見任官糴米賞格措置施行詔令宋煇將價直
低小去處量行增添名人結攬收糴見任官賞格並罷
其任糴買官令宋煇量支食錢仍嚴切約束受納官司
不得收耗接便搔擾二年二月六日手詔昨降官告度
牒糴買軍儲緣有司定價太高無人承買以此米支遂
入戶價錢甚衆而和糴徒有虚名訪聞秀州崇德嘉興
兩縣度量損減與米價相當民未病糴是能體國恤民
者可委本路憲司保明詣實具名聞奏當議推賞其餘

州縣令依次施行無致怨讟流於道路以塞朕懷仍出
榜曉諭五月二十二日詔江東西各糴一十萬石委淮
促物帛郎官將合起發應付如不足於俞鐺椿貨務錢內
貼支江東於建康府江西於饒州府封樁其糴買日限及
應干合行事件並依兩浙已得指揮施行十二月十九
日詔吉州榷貨務支錢二萬貫應付岳州專充糴軍粮
支用三年四月九日戶部尚書黃叔敖江浙荊湖廣南
福建路都轉運司張公濟兩浙轉運副使梁汝嘉言被
旨給降空名官告於浙西州軍勸誘博糴米五十萬石
馬料一十五萬石內馬料如大麥不足許以秈稻米充代
叔敖等欲從朝廷分遣官各認一州同逐州縣守令體

卷一萬一千五百九十七

度寔有斛斗之家隨力勸誘博糴更不遍及下戶令逐
畫下項一今來糴買糧斛只於富寔積蓄之家不拘官
戶編戶一今來先於約度到州軍合分認博糴平江府
米一十三萬八千石碩料三萬七千五百石碩秀州米一十
一萬石碩料三萬七千五百石湖州米一十二萬五千石
料三萬七千五百石碩常州并江陰軍共米一十二萬七
千石料三萬七千五百石一今來勸誘博糴米斛與之
常降告糴買不同理宜優假欲依例作奉公體國宜加
獎錄特授某官不作進納理爲官戶仍理選限候參部
日與免試注官未至八品其父及子並依八品法用蔭
及令吏部出給公據付變轉糴買州軍驗實書填並許

轉易回稅行使一今來所降官告度牒等各比舊價錢
減定錢數及高立米價博糴其等先申糴米斛數目最
多之家除依價支還官告度牒紫衣師號外仍許叔敖
等具申尚書省乞朝廷特與推賞以爲忠義之勸一諸
州縣受納官若容縱合干人并攬納人於勸糴人戶處
乞取邀受請託入中偽攙濕惡不堪米斛依條從納入
官外具失覺察及知情依前發運副使宋輝董降名典
元年七月二日聖旨從徒二年罪科立賞錢三百貫文
許人告捉一所糴斛斗令今來分定逐州所委官各御
躬親遍詣諸州縣與守貳令佐公共商議米斛寔有藏
蓄米斛之家推排勸誘博糴所貴貧民下戶獲免科配

卷一萬一千五百九十七

如州縣官妄有辭避及施行滅裂故爲阻遏并承受文
移等事依已降指揮通判監視受納一州縣人戶內有
不務體國唱說事端廣播阻抑博糴指揮不以有無官
資許所委官及州縣將上件人收禁具姓名申尚書省
取旨施行一今來所降官告並依白身人書填如納米
之家願與有官人推恩亦仰所委官具狀申尚書省比
類遷轉並以常州江陰軍平江府委張公濟湖秀州委
梁汝嘉仍更差權戶部郎官部相前去與張公濟及戶
部郎官徐杞與梁汝嘉並同共措置各限三日起發以
尚書省言兩浙去歲大稔近年不曾科率今韓世忠已
除淮南宣撫使非晚統率大軍屯駐上流饋餉不足兼

假借民力即無緣辦集大事故以命叔敖等辟詔公濟
相與汝嘉祀將分委州縣兩易以相自陳本貫常州有
嫌故也十一日公濟等又言今約度所糴粮米馬料於
市價上量增價收糴各五十萬石每斗五百文省計錢
二百五十萬貫詔依其官告綾紙於數內減迪功承節
郎各二十道承信郎三十道進義尉二十道計一十八
萬貫改支下項輕齎就給付張公濟徇收糴本細絹等
七萬七千貫及令戶部於樁管高麗絹內支一萬五千
疋每疋作六貫見在紬內支二萬疋每疋作五貫餘不
足錢三千貫並以銀折支每兩作二貫二百仰黄叔敖
樁逐州數目品搭均給並限五日給降了當十三日杞
卷一萬一千五百八十七
相言蒙差委同都運使張公濟兩浙運副梁汝嘉前去
浙西勸誘博糴米并馬料今來逐州縣博糴米斛浩大
合要幹辦使臣分頭使喚欲乞各差二員從杞等於見
任待替待闕乙未參部大小使臣內不拘常制踏逐選
差日下供職除本身請給外破本等券一道候結局日
依舊從之五月二日尚書省言浙西博糴恐人戶有悮
蓄數少中糴不敷官告錢數遂改給度牒紫衣師號敕
齋以從民便却慮糴買本處分多寡將千糴數少之家
一例支給官告致難以變轉詔令公濟汝嘉不得偏情
一縣支給告命務從民便仍各具知委文狀申尚書省
十一日侍御史辛炳言浙西諸州軍博糴米斛約束收

裝卸欠折為名加猶斗面及容縱專斗乞取常例錢以
官吏專斗如違並徒二年科罪七月二十四日兩浙轉
運副使梁汝嘉言戶部侍郎姚舜明乞將每月合支都
督府軍馬草二萬三千三百二十二束每束價錢五十
文宣撫使草九萬六千四百一十四束每束折支錢六
十文共計月支草一十一萬九千七百三十六束計折
價錢六千九百五十貫九百四十文依例令兩浙轉運
司管認自六月分為頭應付支遣本司契勘浙東西一
軍每年合用馬草七十一萬三千餘束折錢五十文足
共計錢四萬六十三百餘貫半年計用錢二萬三千餘
貫蒙朝廷支降一半本錢其餘一半錢係令本司認辦
卷一萬一千五百九十七
應副今來都督府宣撫司每月支草錢比之劉光世合
支草錢數目倍多本司別無可以挪撥依劉光世今年
上半年例從本司甘認應付一半錢白餘一半乞朝
廷貼降應付詔依其一半折草價錢令本路轉運司於
浙西州軍合發經制添酒錢內取撥應支九月八日都
省言和糴米一百萬石所糴米斛並係朝廷支降錢
金帛務要使國利民免科敷之擾除已約束糴買官依
市價兩平交易支還價錢不得減剋積官私閑已和糴
州縣百姓入中粮斛多將支撥到糴本停留不即支還
百端阻節減尅民戶實得無幾更用倖肯遂致糴買
數少今來理宜措置革去前弊使分毫不擾於民詔如有

違戾去處其當職官吏並從徒二年科罪四年正月二日都省言近者給降糴本令兩浙江南東西路轉運司和糴斛斗六十四萬餘石元限去年十月已前開場今年正月終糴買數足若不比較賞罰竊慮無以勸阻詔戶部候今年正月終比較逐司并逐州軍已糴已起數多及糴買最少去處具轉運司并州軍當職官職位姓名申尚書省取旨賞罰仍先次行下逐司照會三月二十六日詔令省倉和糴米歲終及二十萬石監官各轉一官如在任不及全年或於數外更有增糴到斛斗並與紐計推賞七月二十二日中書門下省言勘會已降指揮令歲依年例和糴斛斗已降糴本三百六十萬貫

卷一萬一千五百九十七

約糴九十萬石詔更令戶部措置錢物二百萬貫增糴十月二日戶部言撿准紹興勑諸上供錢物及穀難諸降特旨截留借兌支撥聽被受官司執奏不行如違其不奏及支撥官司各徒二年元陳請截撥官司准此本部勘會諸路合發上供額斛若他司申請到指揮截留借兌支撥係依上條合行執奏不行外有逐時降本和糴糧斛馬料亦是內外指擬應付用度之數今相度欲將今後他司申請到指揮截留借兌支撥前項和糴米料並乞依紹興勑條執奏不行詔依十一月十二日戶部侍郎梁汝嘉言契勘兩浙江南西路朝廷給降糴本金銀錢物欲望特降指揮如漕司并諸州軍輒敢侵支借兌移易其

當職官並重寘典憲人吏並行勒遣仍乞逐路提刑躬親前去點檢從之五年正月一日詔戶部支錢四百萬貫委江西路轉運司變轉更行收糴米一十萬碩二月十七日詔金部員外郎張成憲與轉一官監權貨務候恪減三年磨勘監戶部糧料院劉錫老減二年磨勘以淮南東路安撫使韓世忠言本司大軍屯駐江上相近二年成憲等首尾應辦錢糧並無闕悞故也閏二月二日戶部言江浙轉運司將朝廷所降糴本金銀錢帛別作侵用却將所糴米斛於歲計額斛或準以前年分拖欠稅賦充代公私收獘已嚴立法禁詔如將歲斛充代依擅支借封樁錢物法加二等科罪六月二十日詔逐

卷一萬一千五百九十八

路轉運司約束州縣須趁時收糴即不得低價科敷及容縱攬納人擾擾作獘如有違戾去處許民戶越訴當職官吏取旨重作施行二十九日詔前廣南東路轉運判官周綱特轉一官糴買各減二年磨勘選人比類施行人吏五人令本司犒設一次先有是詔差綱措置分委官於沿海產米州縣隨市價收糴糧斛一十五萬石逐旋差雇船更由海道般運至福泉漳州交割如能依期糴買起發數足不致搔擾當議優與推恩至是本路轉運判官章傑言其米一十五萬石並各已收糴了足分綱差官管押赴行在下卸別無搔擾及無陳腐濕惡故有是命六年正月六日祕書少監吳表臣言湖湘亢

旱江左浙東諸郡往往不登惟浙右稍稔朝廷近委州縣糴買其數比每歲爲多欲望詔有司前日糴買止緣養兵之費有不得已者其它無得以歲豊爲名並緣措擾詔依奏令本路監司常切覺察三月一日詔權發遣撫州劉子翼與轉一官以江南西路安撫制置司都轉運提舉茶鹽常平司公事言子翼自到任節次共起發過粮米五萬三千八百碩錢二十四萬八千八百貫往岳飛軍前及常州應付糴買又勸誘人戶椿補措置收糴到賑糴米計三萬一千石流離之人往往復業故有是命十月七日右司諫王綸言朝廷經理淮甸招集流移放免租税德意厚矣今聞淮西大軍所須茭芻萬數

卷一萬一千五百九十七

瀚浩有只納價錢每束數十文就便買用者軍民兩利有須本色均之揚楚泰州高郵軍若茭生陂澤牀所甚易而科之民間令自津運監督峻急雇船倍費自楚至泗每束百四五十文自泰至泗每束五六百文其餘以遠近爲差一州歸業之民寧有幾戶開墾荒穢歲收幾何遽課十萬束至二十萬束雖欲竭力何所從出自致逃移他處又復失業深可憐憫欲望特令所委官計會本軍除爾依別軍納價錢就便收買外所用本色就近措置雇人採斫置之水次拘刷官船遞旋搬運如缺廂軍復與錢米雇人舉挽流移之民庶可存濟其合用錢米令分買茭芻州軍均認所責軍不乏用民亦安業詔

令提點淮南兩路公事司並別措置不得依前擾擾十一月十三日詔吳玠誠心體國措置糴買實邊國本兩路可嘉令學士院奉詔奬諭先是成都潼川府夔州利州等路安撫制置大使兼知成都府席益奏昨爲軍前乏粮運遠而費廣欲議糴買得吳玠報洋梁秋熟可糴十萬石已即時措置糴本應付故有是命二十三日詔鄂州武昌縣令李鐸依斷特降一資以都督府令收買大軍戰馬茭草違滯法寺言鐸合公罪杖故也七年三月十八日臣僚言自來和糴皆戶部預定價例收簇本錢錢不足則貼降金銀又不足則兼用空名官告去歲糴本戶部初欲以空名官告相兼支降後因漕司申明

卷一萬一千五百九十七

止用金銀見錢其意正欲民間實得糴本今所在百姓復言未嘗得錢豈非戶部稍撥其間尚有虛數或已盡支降而州縣移易不以給民或給散之際多爲猾吏甲頭輩欺取之而不及於下戶也欲望特降指揮應紹興六年江浙和糴並令轉運司具析諸令逐路提刑司限半月體究有無未支本錢及州縣給散有無其弊保明詣實申尚書省十一月二十一日三省言金安節論諸路和糴米加耗太多如饒州一石至收四斗擬下提刑司體究上曰郡守爲誰候體究得實當痛與懲戒臣鼎等因奏江東郡守掊斂不恤民者上曰郡守以守民爲職掊斂不恤朕何賴焉當悉罷與宮觀選除循吏如周

此下原本尚有五大葉脫去未寫

綱陳橐之流使罷者不失宮觀之祿而民被實惠爲兩
得八年九月四日侍御史蕭振言竊見近日除經制發
運使朝廷支降糴本收糴米斛樁留以待急闕之用臣
嘗詢浙西凡秋成米賤之時其價蹊以官斗每一斗民
間率用錢三百足亦有三百已下今來收糴須是量增
價直如民間每斗用錢三百足官中須用錢三百三十至四十文足其價隨時低昂
爲之增減常使官中比民間價十分中多一二分至於和
交量之際乞痛行禁止不得加耗及沮抑置官錢於和
糴場米纔入官即時支錢如鹽量出剩鹽官計剩科罪
十分中出剩一分監官並展磨勘所差和糴官最係要緊須選用廉勤
曾歷州縣通曉民情之人凡此數者苟不違戾則今來

卷一萬一千五百九十七

所除經制一司真得常平之意誠有以助國寬民矣詔
令戶部申嚴行下二十九日上諭宰執曰昨日浙東漕
梁澤民奏今秋糴買事朕嘗諭以錢給之於民宜減
魁斂輸之於倉無取羨餘則公私兩便糴數雖多亦恐
無害趙鼎等論昔嘗在州縣身任糴事其措置亦不過
如此仰服聖上洞曉政要欽歎無已十月十四日侍御
史蕭振言竊見朝廷支降見錢付經制司收糴秋米詔
閩發運司程邁卻一例抛降數目與諸州如此則諸州
不免抛下縣諸縣與科百姓是百姓況平例又添一
番科率即非今來創置經制司務欲富國寬民之本意
也經制一司張官置吏止爲收糴一事如何只抛與諸

州坐責成効已下程邁令本司別創差官置場收糴或
委逐州知通選差見任官不得分抛及斛剗抑搔留滯
遂阻并加耗等事詔劄與程邁照會依已降指揮置場
收糴不得分抛抑搔十一年八月十三日臣僚言荊湖
之南即今米斗百餘錢穀價之賤未有如此時者今日
錢荒之弊無甚於湖南兼并之家積穀於廩以待凶荒
中人之產仰給者惟田而穀雖多而錢少則錢益荒而
民日益困矣乘此穀賤錢荒之時特勅湖南漕司通行
知糴又近時糴本例多抛降度牒綾紙之屬漕行之郡
郡行之邑未免強率於民今湖南錢荒已甚若雖之以
此其何以堪乞湖南於應合上供錢內截撥支用度牒

卷一萬一千五百九十七

錢流民間可以救農傷之弊詔依奏令湖南漕司於上
供經總制及賣田錢內借撥收糴兩遂數目却令李椿
年吳等將拘收錢依數撥還十二月三日詔利州路轉
運判官郭游卿陝西路轉運判官宋彥舒各特轉一官
以川陝宣撫使司言游卿等措置就於本路糴米斛樁
助軍食並無缺誤乞行推恩故也十二年十一月十六
日詔令部相度撥本路應管經總制錢并日後收到數
措置委官於沿流豐熟州縣收糴米斛令項樁管聽候
指揮先是臣僚言湖南北兩路二年之間兩熟時當年
穀順成今米價每斗止於百錢若與拋米穀石之時困
錢和糴俾官中得米民間得錢公私兩便故有是命十

三年九月九日臣僚言浙西州縣去歲亢旱傷損禾稼檢放（稅）秋朝廷以歲歉嘗移降本於江西就糴矣而奏額不預焉一州一縣所減不及十分之一二民間初無儲積官司催督急於星火不免增價收糴輸納因此粒米踊貴民之艱食甚矣而官司務於及額監繫催納勢不能已欲望令本路監司契勘傷旱州縣和糴殘欠據元檢放秋稅及七分目下已納及五分以上者與放免如檢放不及七分者所欠並與寬限至秋成催納詔依

七月一日行在草糧場言本場逐年支諸軍司馬草萬數浩瀚若不預行拋降收買應付支遣竊慮有誤指擬戶部措置下項一令來所有買草欲令轉運司依錢均

卷一萬一千五百九十七

於出產去處收買仰本司鈐束州縣將上件所降錢物分明俵散不得少有減尅如有違戾去處仰本司按劾依條施行一供送御馬院左右騏驥院并支寄養良馬池號第五將驍坊等合用馬草近緣行在增添馬數多其所用草數增添一倍以上今來將欲收稻禾之際欲乞支降本錢二十六萬貫文下兩浙轉運司於出產州軍依年例買撥堪好馬草分三限起發上限今年九月終中限十一月終下限來年正月終須管依限盡數買發數足應付行在軍馬食用從之

十五年四月十二日詔每歲諸路和糴本錢並係戶部將寔有窠名錢趲行科撥椿辦訪聞所在州軍往往減尅不爲盡數支給恐

行侵用人戶所得無幾甚者橫斂脚費及容縱人吏公然乞覓可令逐路轉運司嚴行戒飭州縣依時盡本給散毋致尚有奸弊違戾仍仰安撫提刑司檢察按劾以聞當重真典憲及許人戶赴尚書省越訴

七月二十一日草料場言行在百司諸軍所管驟馬歲計合用馬草依例申明收買應付支用伏望支降本錢下兩浙轉運司收買自餘數目除去年例差本司使臣及選差見任官同往出產臨安府湖秀州鄉村椿採見錢依私下價例自行和議收買及約束所差官才遇人戶投賣草數仰即時支還價錢不得阻節搔擾除三司自行般發外所有其餘數目令買草官管認般發合用脚剩等費用

卷一萬一千五百九十七

並於所降本錢內應付更不干預州縣仍從轉運司常切檢察不得違戾從之

九月十三日右諫議大夫何若言和糴本錢悉從戶部支降州縣往往不以時均散既令人吏減尅侵欺又其所糴米重取加耗以致出剩數多椿充苗米却令人戶所納價錢占留盜用爲害實深詔餘有司常切覺察庶幾貪吏知畏而百姓受真惠詔令逐路轉運司嚴行約束如有違戾去處按劾以聞

十八年閏八月五日宰執進呈江浙湖南路和糴米斛並自紹興元年以後降本付逐路轉運司和糴補助支遣今來兩國通和農民安業墾闢田土漸廣戶部財賦粗足支用所有紹興十八年分依例合降本和糴米數欲

並與蠲免仍令逐路轉運司鏤板分明曉示令人戶通知上曰甚善因謂秦檜等曰朕向在河朔時見民間良以此為苦蓋朝廷所降本錢往往州縣妄作名目移易他用不即時給還人戶縱有給還去處又為胥吏多端乞覓十不得其一二以此民受其弊難歸和糴與抑勒何異今幸時和歲豐軍儲稍足朕豈得已而不已宜依所乞九日戶部言內外大軍等歲計糧斛除江浙等路上供外昨降指揮令行在省倉并淮東西湖廣等路三總領所收糴以廣儲蓄官中既省拋買般運之費民間又無抑配科擾之患悠久利便措置平江府出產米斛浩瀚并常湖秀州等處客販衝要順便去處欲令轉運

卷一萬四千五百九十七

司於平江府並臨安府踏逐高阜空地量蓋倉敖以行在戶部和糴場為名聽客人從便中糶每歲各以二十萬石為額又行在省倉三界紹興十七年分共糴到二十六萬八千餘石今來住罷江浙等路并例降本和糴米數唯藉逐倉廣行糴買今立定每歲收糴數目上界六千石中界五萬石下界二十五萬石所有三總領所合比倣措置淮西總領所一十六萬五千碩淮東總領所湖廣等路總領所各一十五萬石所置糴場並不限數目收糴兩平交易不得收耗為名擅行增加斗面致有阻遏仍令逐路轉運司嚴行約束如敢違戾按劾施行從之同日步軍付都總管鎮江府駐劄御前諸軍都

統制王勝言昨於紹興三年間軍馬在鎮江府駐劄日年計馬草並係兩浙轉運司應付後因移軍楚州緣淮南州縣纔經兵火民力凋弊兩浙路遠漕司一時申明支給和買價錢椿令軍中自行計置今來淮南數年豐熟比之日前已見就緒兼係出草去處若民間就便收刈不為勞力伏望依別路軍馬體例令兩浙淮南運司自來年均認軍中六分馬草施行從之十九年六月二十四日詔兩浙路應管天荒逃絕田土已措置作營田耕種隨鄉村土色經立租課內已有二稅田畝臨出令人戶自行送納外將餘剩租課折納大麥稻子如上等田合納租課二斗其田元有二稅一斗於課租內除豁

卷一萬四千五百九十七

一斗與佃戶自行送納稅外其餘一斗折納馬料如收到二麥穀豆等委縣尉撮見將收到數目除出長生稻子外官與客戶中半分收內官得大麥稻子椿充行在馬料支遣二十二年三月廿四日宰執進呈殿中侍御史林大鼐言恭維陛下惠養元元如護赤子蠲減之詔無時不下誠竭用心而寬恤猶有未被者守令之罪也不諭祖宗之舊不得已而數之則有降本錢為比糴馬穀則以香引錢為糴本如江陰小壘視昔拋降歯不及七萬石漕司拋下馬料才三萬三千石計所輸之數不啻十萬石萬一窮治其事不過以為事循前例當時劄例作俑者官已離任吏已死徙罷責不我及焉故州

壙示藹

縣得以安兩行之寬恤之文為墻壁具爾已降詔誡諭
中飭守令監司恣切覺察自約束後有敢如前違法
科數將創意循例者究治同坐詔令戶部行下據實數
收糴馬料不得踰額二十三年八月九日草料場言行
在歲用馬草伏望下兩浙轉運司收買除充買三司并
南塘餘杭兩監食不盡草外餘數令本司差人往出產
州軍收買於經總制錢內支撥價錢從之二十四年八
月二十四日司農寺言行在騾馬歲計合用馬草依年
例陌行約度申明支降價錢收買應付支用今來民間
將欲收成其歲計合用馬草若不預行申乞拋買竊慮
臨時難以施行申省部乞申明朝廷支降欲令兩浙轉
卷一萬一千五百九十七
運司依例於買草州縣預行樁辦從之二十六年七月
十六日上曰訪聞淮上米價甚平民間總難得錢可令
會問米價官中若預收糴民間得錢亦兩便也八月十
四日宰執進呈淮南漕司開具到本路諸州縣米價其
間最賤處每斗不下一百二三十文上曰昨聞淮南路
米價極賤朕恐太賤則傷農故欲乘時收糴以惠民今
具米價如是則未須急候將來價減每石亦不下一千
至時若戶部無錢朕當自支一百萬貫令收糴也沈該
等曰陛下愛民之心如此可謂至矣二十八年九月十
六日大理正章岵言荊湖今歲大稔米升不過六七錢
漢世江南足食則下巴蜀之粟以賑之望遣使於荊湖

措置糴米不惟有益於荊湖之農亦可以江淮浙民力
戶部契勘除荊湖北路總領所已承朝旨於鄂潭岳州
及京西襄陽府郢州取撥錢收糴家販米斛一十五萬
石充戍兵歲用外其湖南路今欲依所請支降本錢二
十萬貫專委轉運司選委有心力清强官於本路豐熟
沿流州縣置場招誘措置糴買并客販米斛從之其後
侍御史葉義問言竊見已降指揮支撥錢二十萬貫下
湖南轉運司糴米內於湖廣總領所大軍倉見管糴本
錢內取撥八萬貫此錢本是總領所通融糴米支遣之
數不應更有餘剩又令湖南轉運一面截留合應付總
領所大軍米發赴建康府又欲遣使臣齎關子并乳
卷一萬一千五百九十七
香藥三萬貫令品搭支撥若湖南州縣變賣艱難無以
取辦定行科俵望令戶部別支見錢趁時收糴詔所撥
錢二十萬貫並付湖北轉運司趁時收糴數不足具狀
申尚書省二十九年五月四日中書門下省奏兩浙州
軍所樁四分糴本錢係合以日生所收酒稅等係省官
錢以十分為率收樁起發訪聞近來多是妄作名色科
之於民顯屬違戾詔令轉運司覺察州縣如輒敢科擾
按劾施行許民戶越訴多出文榜曉諭六月二十四日
中書舍人兼樞密院都承旨洪遵言平江府湖秀州去
年積潦之後農民失所流離今春蠶麥頗登得以續食
州縣不能拊摩凋瘵但知依例預將秋苗折科大麥每

米一石令民倍以麥輸欲望令戶部會計馬料見在實
數當用錢何只令合料借處如數敕折須以苗一石折
麥一石五斗詔令戶部看詳其後戶部言湖秀州平江
府苗米折納馬料係指擬應副行在大軍今欲將已納
在官之數以苗米一石折納大麥一石五斗其多折納
過苗米出給憑由理充將來合納苗稅除米足數日下
往行折納從本部照應舊例合用價錢撥寬剩窠名
令兩浙轉運司先次委官收糴應副使用不得抑勒撥
撥所有其餘合起馬料並候秋成先依數折納稻子從
之慶六月五日戶部言今來秋成不遠欲預行措置儲
蓄收糴以為賑貸之備今欲科降本錢及取撥所常平

一萬一千五百九十七

司縣糴到錢令逐路轉運司選委清強官置場或就客
船興販到米斛增價通融收糴（謂如市色每斗一百五十文增作一百六十文之類）
仍限三日將已均撥逐州軍專委知通認數如法樁
管司具糴到米數即仰逐路轉運司申取朝廷指揮依
數撥還從之八月二十七日詔四川州郡自今凡有抛
降和糴米應付他州者不許輒科于民專令逐路當陞
於秋成時差委能吏往實出米處一依市價置場交本
對行收糴四川州軍錢物除合起發付行在並鄂州總
領司窠名外餘並聽從總領司支撥從右奉議郎司馬
備之請也九月一日戶部言諸路諸軍營田所收斛斗
內除撥馬料外餘並糴錢赴激賞庫送納緣諸軍歲用

馬料數多理合就緣支用仍照市價計錢申戶部內樁
管庫錢却以左藏庫錢撥還所有小麥雜豆并不通水
路去處依舊例糴買從之十月二十二日司農少卿華
潤言已從利閬二州糴買官比附行在糴買官體例推
賞戶部勘當行在三倉戶部和糴場并淮西淮東湖廣
三總領司收糴米斛各有立定歲額依已降指揮數內
行在和糴場監官每糴及五萬碩監官與減一年
磨勘許行分受各合減半年磨勘其三總領所糴場監
官每糴及五萬碩如係僥員各減八箇月磨勘許行分
受各合減四箇月磨勘緣前減四箇月磨勘撥全并收
糴數足額數許通計許并當若管幹不及全年遞替移者

一萬一千五百九十六

據已糴米數紐計推賞不及五萬碩更不紐計推賞今
來所乙利閬兩州糴買官比附行在體例推賞竊見外
路三總領所和糴場監官已有前項立定賞格降分數
下四川總領所將利閬兩州糴買官收糴客人并舉食
米如應付不缺每糴及五萬碩比附三總領所監官已
得指揮候全年據糴及米數紐計并賞如幹不及全年
或住滿遇替移者據已糴米數紐計推賞不及五萬碩
更不推賞從之三十年五月九日詔內藏庫降銀一十
萬兩付戶部下兩浙轉運司趁時收糴馬料大麥九月
四日戶部言外路諸大軍歲用馬料契勘江浙湖南路
見管和糴到米斛數多欲令逐路轉運司於年額上供

米內折納馬料，仍將折納過上供米數卻於和糴到米內依數撥還起發赴合屬去處，卻納浙路合椿上供米八十五萬石，除年例折納料外，欲於內更以米一十萬碩折納馬料二十萬石，赴平江、鎮江府各一十萬碩；江東合椿上供米八十五萬石，除依年例折納料外，欲於內以米八萬碩折納馬料一十六萬石，內一十萬碩赴建康府，四萬碩赴池州，二萬石赴宣州；江西合椿上供米八十七萬碩，欲於內以米八萬石折納馬料一十六萬石，內一十萬碩赴鄂州，六萬石赴荊南。已上折納馬料，各委逐路總領官拘催，令行椿管。從之。三十一年二月五日，詔湖北轉運判官施鉅、王趯專充收糴米二十五萬碩，各減二年磨勘。

卷一萬一千五百九十七

十月三日，臣僚奏：「方今秋成之時，粒米狼戾，理宜哺蓄。況數百萬之衆屯于邊鄙，日須日以待哺，不廣為之備可乎？伏望先於兩浙、江南東西、福建路逐州各給度牒一十道出賣，仍各給右廸功郎告一道，勸諭幹變錢物，乘時依市價收糴米斛綱起發，以助軍須。度牒一道納錢五百貫省，告一道納錢一萬貫省，免試注官，理為官戶，依奏薦體例，更不改易。度牒及告於本州畫願給付，如欲以米準錢，悉從其便。或有山險非沿流不出米州軍，仰以錢或置輕齎到戶部，委官交納，卻於出米州軍收糴。如係小軍壘，內減度牒三道；若帥府，外增度牒三道，更增給右廸功郎告一

道。」戶部同農寺勘會：「內外闕度牒糧斛為數浩瀚，即次措置，承降指揮，支降本錢，令浙江、荊湖、淮南路轉運司選委清强官置場，或就各船興販到米斛收糴晚禾米添助支用。承今年二月二十五日指揮，製造度牒，每道立定價錢五百貫，綾紙錢一十貫。及承今年六月四日指揮，立定江浙、荊湖路中賣米斛不願請領價錢、願補官資之人，內廸功郎八千貫。令農寺依所陳，廸功郎乞與免試注官，理為官戶，依奏薦例，作一萬貫。農寺今欲令交擬部取見逐路州軍帥府合給空名度牒并右廸功郎告，下兩浙、江東西、福建路轉運司，將今來所降度牒并官告劄收，責令逐州軍府知、通勸諭請買前錢

卷一萬一千五百九十七

價錢物，即不得抑勒搔擾。今來所降度牒官告，除兩浙路外，其餘路分令吏部每路各差撥使小使臣管押前去轉運司交割。」從之。三十二年五月六日，詔兩淮委官成數合行措置收糴，令淮南轉運司委官置場趁時收糴，每路各五萬石，於近裏州軍椿管，聽候朝廷指揮。其合用錢，併淮東西總領所於獻助錢內先次支錢二萬貫，如不足，於度牒錢內貼支，餘數續行申乞支降。從之，有請也。以上《中興會要》。紹興三十二年七月二十七日，孝宗即位，未改元。江淮東西路宣撫使張浚言：「面奉聖訓，令措置收糴米斛，因令江浙豐稔置起時措置所有糴米，已從御前支降所糴米斛，合糴差出使臣及所委官起

措置如飢用心收糴每及一萬碩與減一年磨勘內有
作過及不能究心職事之人取旨責罰詔令內庫支降
銀三十萬兩餘並依孝宗隆興元年七月二十五日戶
部言內外不住添屯軍馬合用粮斛比舊增廣萬數浩
瀚今來秋成不遠理宜措置收糴添助支用今且以每
石作二貫文除湖北京西路就用去處已降本錢外欲
科降去年和糴斛斗支使不盡本錢并支降度牒見錢關
子等令逐路轉運司拘收照應市價低賤去處依時價
盡本通融收糴好米欲浙西路糴四十萬碩支降本錢
八十萬貫糴到米除撥付淮東總領所補湊椿積米一
百萬石數外餘並起平江府鎮江常州安頓江東路糴

奏一萬一千五百九十六

三十萬石支降本錢六十萬貫糴到米除撥赴淮西總
領所補湊椿積米一百萬碩數外餘並起建康太平州
池州安頓江西路糴二十萬碩支降本錢四十萬貫糴
到米並赴江州安頓湖南路糴一十萬石支降本錢二
十萬貫其糴到米並赴鄂州岳州安頓所有湖北荆南
兩路糴米更不支降本錢止令逐路漕司將去歲支降
本錢趁今歲秋成盡數收糴湖北米分撥五萬碩赴德
安府椿管餘並赴荆南府安頓京西米均撥赴郢州襄
陽府安頓所有今來逐路糴米約束事件並依紹興二
十九年閏六月四日已降指揮從之八月一日臣僚言
昨降指揮支給關子一百萬貫前去兩淮置場收糴米

斛臣竊以謂不可方今兩淮正是防守之地官中方委
建康鎮江般運粮食應付屯戍豈有却行過江收糴之
理兩浙除權貴之家有積蓄米斛民間安得有米寬剩
若置場收糴則兩淮米價必至踴貴臣近見臣僚陳請
乞令通客之家鑒前歲之患凡有米穀令自行般運興
販盜粮今欲過江收糴乃是為權貴之家省般運之費
爾欲望即賜寢罷以安兩淮之民詔劄宣撫司照會九
月十四日戶部言今年兩浙州軍田畝災傷數多所因
粮斛浩瀚又有淮南添屯大軍用度增廣江西累歲豐
熟米價低平乞收糴米一百萬石以備支使合用本錢
并起綱水腳糜費錢共約計二百萬貫於左藏西庫椿

奏一萬一千五百九十七

管銀內支降四十萬兩并下禮部給降空名度牒八百
道雜貨務印造三合同見錢關子三十五萬貫差樞密
院使臣五員管押前去專委本路沿流州軍守臣置場
和糴限至今年十二月終盡數起到鎮江府總領所椿
管從之二年六月十四日戶部言內外添屯軍馬合用
粮斛比舊增廣萬數浩瀚緣諸路合發上供米斛所入
不償所費每年支降本錢令逐路轉運司和糴米斛補
湊支遣所有江東西湖南路乞先次支降本錢令逐路
轉運司拘收轉變見錢樁管候秋成日委官置場或就
官般興販到米斛依時價收糴所降度牒乞每道減價
作三百一十二貫出賣仍乞逐路轉運司嚴行約束州

縣不得妄有科率如有違戾仰本司覺察按劾施行從之八月三日詔支降本錢三百四十萬五千貫付淮路沿流州軍守臣置場別項和糴米一百五十萬石戶部言去歲江西已承指揮和糴米一百萬石今歲更行收糴一百五十萬石竊慮數目稍多難於收糴及難以起發今相度欲止依去年例支降本錢和糴米一百萬石乞依年例下隆興府吉州筠州江州撫州臨江軍贛州建昌軍收糴並限來年二月終一切了畢起發付淮東總領所送納蕭契勘去年所糴米斛守臣多不用心自行措置止是分拋下諸縣又將給去本錢侵移別盡數支還以致搔擾不能如期辦集今欲委守倅協力同

卷一萬一千五百九十七

共措置將蓄積有米之家不拘官戶編戶勸諭收糴如不及所糴數目即卻將本州隨苗水腳頭子等錢與人戶依估定價將米折納卻將所給去會子數還糴本水腳等錢仍更委自守倅隨宜措置若限內收糴裝發了足守倅決與推賞若有違慢取旨黜責一令來年收糴本錢自守倅令作庫眼拘收外縣赴州地遠願就縣交諸即不得分給下縣如遇人戶納米交量訖不以早晚赴州支請即於本縣應有窠名錢內先次支給即將降去糴本錢數理還並仰即時給付如有阻節減落許行越訴從之同日戶部言外路諸軍歲用馬料依年例於上供米內以米二十萬五千石折納馬料四十五萬

石緣今歲浙西江東田畝水傷所有隆興二年分合折納馬料更不折納今欲每石且以一貫文省供支降本錢三十萬貫令兩浙江東西路轉運司分撥於沿流出產州軍置場以市價趁時收糴專委知通認數如法樁管不得擅行侵用從之十二日戶部言今歲田畝多有水傷去處其內外大軍合用糧食數目浩瀚本部已申降到本錢令江西沿流州軍別項和糴米斛竊慮尚有不足今措置欲下兩浙江東路州軍委自守臣將本州應管人戶不以官戶富民取索下戶田畝通諸縣及一萬畝即糴出三千碩如田畝有餘數即紐計出糴仍仰逐州軍守臣子細取索不得將田畝及數之家容隱蓋

卷一萬一千五百九十七

庇及將數目不及之家事抑勒搔擾具申省申朝廷給降官會子支還其糴到米別項樁管聽候朝廷科撥起發其水腳錢量度遠近支降從之總所臣僚言已降指揮人戶有田萬畝糴米三千碩此指揮止謂一戶有萬畝者不當及下戶也緣今來所行指揮混稱通及萬畝令糴三千碩竊慮州縣胥吏因而搔擾下民今乞於所降指揮內添改作不以官戶富民每一戶下通諸縣所有田及一萬畝仍乞改三千碩作二千五百碩庶幾易辦從之十月十四日侍御史尹穡言比年以前米穀豐熟苗稅別無減放其上供米綱諸路皆依時起發猶且逐年省倉各置糴場並倉收糴戶部又別置和糴場糴並五

六十萬碩歲計僅足近緣今夏及秋雨水為災浙西州縣多損民田而江東圩田亦因水衝蕩少有存者其兩路所納苗米除減放外必不及分數雖已科下江西依去年和糴一百萬碩而隆興府歸為帥府其守臣日有申陳乞免收糴且稱除給到糴本外陪補錢數甚多無從出辦其餘州軍例皆推托援免竊慮將來所糴之數未必齊足外路和糴非去歲之比若省倉糴場又闕本錢收糴則軍儲吏俸其何以支自來緣糴米並係司農寺主管今已除張宗元充少卿乞將省倉諸界并戶部和糴場責付宗元專一措置收糴從之

卷一萬一千五百九十七

宋會要　市糴糧草三

乾道元年正月十一日詔知吉州葛立方措置和糴米三十萬碩辦事務畢特轉一官立方言吉州守臣和糴米三十萬碩除已起發外用過水腳縻費一十七萬三千二百七十餘貫兵梢食米八百九十餘碩並係本州節省用度專一椿充上件起綱支遣職事修舉故有是命二十日司農少卿張宗元言竊見輦轂之下供饋至廣歲用糧一百五十餘萬碩雖全仰兩浙苗米然所得不過八十餘萬碩其餘七十餘萬碩盡係坐倉收糴及和糴客人米斛近蒙朝廷專委措置收糴坐今方糴得坐倉并倉米共一十八萬碩比之去歲猶少一十萬碩

卷一萬一千五百九十八

自今來價愈高縱本錢比常年足備猶慮浙中將來米穀數少收糴不足乞下戶部以大農一歲經常之費將諸倉見在米及已撥定諸路合發綱運會約尚欠之數却取今歲諸路泛拋和糴應副江上諸軍之餘令裝發三四十萬碩赴行在其諸倉收到糴本錢止糴坐倉米斛湊足一歲之用若有餘則令項樁積以增儲蓄庶免收糴客米重費糴本詔江西轉運司於已料合起淮西總領所交納隆興二年上供米內改撥三十萬碩前來行在送納所有省倉并戶部糴場合糴米斛司農寺更切多方措置廣數收糴相兼應副支遣二月二十五日司農少卿張宗元言今歲米價比之常年增加兩倍以

外疑北

上兼浙西自此以後米穀日少必艱糴及逐年之數欲於淮西總領所寄糴客米一十萬碩以補歲用詔淮西總領所委官置場和糴米一十萬碩所有本錢欲從朝廷支降仍仰每旬開具糴到米數用過本錢申朝廷照會七月十日兩浙運判姜詵言本司每年戶部科撥殿前馬步三司并御馬良馬騏驥院并餘杭南蕩兩監馬草合用本錢承詔興三十一年四月二十九日指揮取撥酒坊息錢式料撥實有窠名錢應副支遣詔今年馬草合用本錢從戶部取見的實錢數於三衙酒坊息錢內殿前司四分馬步軍司各三分從自取撥充本收買部將本司今年合收椿移用錢三十萬貫除朝廷科撥

殿前司獻納酒坊息錢充本所有乾道元年合用馬草錢乞依已降指揮取撥

支使外餘數盡行起發赴左藏南庫送納椿管十二日戶部言內外大軍等合用糧米萬數浩瀚今歲浙西州軍早禾豐熟秋成有望欲下兩浙轉運司於浙西州軍別糴米五十萬碩起赴行在省倉令項椿管所有本錢乞於浙西逐州軍見賣度牒錢內就便截撥九十二萬二千貫其餘缺錢乞令禮部給降度牒下兩浙轉運司拘撥出賣湊數充本從之八月十七日臣僚言訪聞去歲江西湖外和糴其弊非一不問家之有無則以稅錢均數無異二稅此一弊也州縣各以水腳耗折為名收耗米什之二三此二弊也公吏斗腳百方乞覓量米則有使用請錢則有糜費此三弊也官以關會償價許之

仍一作伋

還以輸官然所在往往折價至於輸官則不肯受此四弊也苟四弊不去欲民之不病其可得邪乞詔有司申嚴法禁力革前之四弊仍令州縣各隨其時價之貴賤鄉土之有無低昂而損益之明與支降水腳之費俾之勿得收耗通行使用關會之類俾之無所阻節且命逐路漕臣時暫察之則人皆樂輸官亦易辦上下皆得其利矣詔逐路委漕臣并提舉常平官往來巡按務盡和糴之意以革四弊如安坐不恤奉行簡慢必罰無赦以俟遣使按實十月十一日執政進呈司馬仍奏乞增價和糴及禁止加量不收糜費事上曰此事只在得人若增添價直卻恐又有情弊十三日執政進呈江東常平

司見在錢米數上曰可行下諸路催促趁時收糴仍不得搔擾准備不測差官前去點檢上又曰聞江西米價甚平洪适奏曰官司所以不肯承當收糴者只緣水腳甚有所費上曰用軍中車船如何适奏曰恐亦可用容更商議奏陳二年正月二十八日宰執進呈陳敏乞收糴客人興販米斛并椿留帥司和糴米應副本軍支遣上曰客人販米豈可總糴帥司和糴米可椿留不得擅自支動二月十三日淮南轉運判官韓元龍奏淮東路逐年收買鎮江諸軍一半本色馬草二十五萬束赴鎮江府北草場交納所用本錢每束一百文省計錢二萬五千貫文係兩浙轉運司分下兩浙州軍支撥應副本

司照應本路所買馬草係是茭草，八九月內收刈，十月
俗乾裝發之間，潮水不應，隔江阻閡，艱於津發，若不別
行措置，竊慮從滯有悞支遣。欲於瓜洲鎮置場交受，令
鎮江府諸軍用船過江前來就支，止是一水，委是快便。
其監官令瓜洲監鎮或監閘兼巡檢兼管，及本司依先降
指揮別差官一員同共收納，就用鎮江府北草場合干
人兼行管幹，更不別置官吏。從之。四月四日，執政進呈
王炎等乞住罷和糴米，上曰：「已糴到若干？」汪澈等奏曰：
「糴四十一萬斛。」上曰：「聞近日民間已闕食，米價必增，可
依住糴，無至益增其價。」五月十八日，詔戶部別降本錢
一百萬貫，以錢銀會子品搭支給，選委清強官一員就

卷二萬一千五百九十八

和糴場照應市價措置招誘客人，廣行中糴，當官支給價
錢，不得減尅作弊。其糴到米令項如法樁管，仍逐旬具
申尚書省。六月二十六日，中書舍人王曮、起居舍人陳
良翰言：「准御封附下省詳文字，為臣僚言和糴之弊，臣
不避鈇鉞之誅，為陛下盡言之。夫和糴之法，古亦有之，
而今日之害獨及於民者，守令之罪也。何則？上之所以
和糴於民者，不過備國之或闕爾。今朝廷雖降和糴，雖
有定數，而州縣類外所科倍之矣。朝廷降糴本於州縣，
而州縣剋減十不支一二矣。名為和糴，而朝夕誅求於
叫呼擾楚之間。郡守縣令為陛下牧民，此豈不傷天之
和氣，而致陰陽之乖戾哉！為以為國不可無二年之蓄，

而和糴必不可罷，則不若令州縣各置一場，州委司戶，
縣委主簿，於秋成之際開場收糴，火增時價以誘
致之，俾轉運司嚴立約束，必使無斛面之增，無乞取之
弊，米到即支錢，無艱阻，且散榜鄉村市鎮，更行禁止豪
戶之收糴，則貧民下戶願出米而得錢者，皆欣然而來
矣。若朝廷所降糴本止於官告度牒之屬，當先期降付
使之變轉，至開場日使得本錢，如是則和糴雖未嘗罷，
而有罷之之實，其為公私之利，豈不偉哉！乞申嚴見行
條法，令諸路監司覺察。」從之。七月一日，戶部侍郎方滋
言：「今年川廣買發到馬數倍多，已分撥殿前馬步軍司
收管養飼，除舊管馬草自有歲計，今新馬約度斷合用草

卷二萬一千五百九十七

數浩翰，理合別項計置。乞令淮南轉運司就那本錢，分
委官屬就揚州揚子橋、瓜洲共買五十萬束，和州及裕
溪口共買五十萬束，照應市價收買，不得抑敷。」從之。二
十五日，詔戶部給降茶鹽鈔引五十萬貫，付湖廣總領
所量州軍事力均撥，招誘客人請買，置場糴米。其糴到
米專委守臣認數樁管，其約束事件，令戶部檢坐前後
指揮行下。以監行在省倉下界兼監戶部和糴場鄭人
傑言：「年來豐熟，米價低平，荊門、襄陽、郢州之米每碩不
過一千，所出亦多。荊門收市郢州管下舟車輻輳，米價
亦不過兩千。諸州皆有倉廒，可以盛貯。欲望朝廷措置，
樁降鹽鈔下荊門軍、郢州、荊南、襄陽等處，曉諭客人承

買被得以經去史請此得以變易錢本專委逐州通判
置場收糴訖有是命三年六月三日金房開達州并飢
制司言本司所部置馬每月合支糧料並係四川總領
所逐年立為定額借數料本錢付金州和糴按月支遣
昨來本州屢經殘破艱於糴買軍糧不接不免就郎金
州歲計軍糧及取撥常平等諸司斛㪷差夫顧船水陸般
運又官破口食倍有所費實非久計望下四川總領所
依與元府洋州體例差官前來金州置場委官措置糴
買如上件樁積斛斗日後未有支使即乞依例於金州
夏秋兩稅糴軍糧內對換以新易陳先次兌樁詔禮部
給降度牒三百道赴四川總領所專委官前去本州借

卷一萬一千五百九十八

置收糴米斛七月二十三日詔見創蓋二百萬碩倉敖
所有合諸積米斛候將來秋成收糴八十七萬碩並係
約度歲計支遣外充新倉樁辦之數戶部侍郎曾懷開
具下項一欲候秋成委行在和糴場就新倉收糴米三
十萬碩一乾道三年委逐路轉運司糴米一百萬碩欲
於內指留六十萬碩充內外大軍歲計外餘四十萬碩
起赴行在新倉送納一今歲豐稔米價低小欲令漕臣
收糴米一十五萬碩前來行在新倉交納一乾道元年
降本委江東轉運沈樞收糴米斛除已糴到外尚有見
在本錢可以糴米二萬餘碩乞收糴赴行在新倉送納
以上共計八十七萬碩並係新倉樁積之數從之閏七

月二十八日敷文閣直學士左朝散郎劉珙言和糴之
弊湖南江西為尤甚朝廷知其害故嘗下蠲免之令矣
遠方之民舉手相賀曾未數月又復分撥州縣既之略幾
將何異於收糴民間關則無用則與白奪一同每歲諸
路綱運欠數所少以千計多以萬計取之於此猶之於彼
償有以革綱運之弊則可減和糴之數欲望降詔儲和
糴之數絕白奪之害以裕民力從之先是進呈劉珙劄
子及進呈江西湖南常平米數上曰可於江西取十萬
湖南五萬以充和糴之數令兩路繳回元給降關子庶
幾不致科擾百姓為一方害也八月十三日戶部侍郎
曾懷等言兩淮今歲豐熟可以就便和糴欲乞於揚州

卷一萬一千五百九十八

高郵軍和州并六合縣令逐處守臣縣令措置置場
趁此秋成依市價各和糴米三萬碩共十五萬碩就逐處
樁管即不得科抑減剋搔擾所有本錢於建康鎮江府
糴常平米見在本錢支撥三十萬貫如有不足錢數即
於淮東茶鹽司合發今年見剩鹽本錢內湊數支撥令
逐州守臣縣令盡本收糴從之九月二十四日臣僚言
伏見前月以來天作淫雨江淮浙閩皆被其害陛下憂
軫百姓夜不遑寐祈天禱神罄竭精懇故能銷去積陰
轉禍為福然黏穗之在田未刈者經此巨浸已間腐草
高田雖無甚損亦多芽蘖救栗胡麻或恐絕望然則今
歲通諸路計之不得以為豐年明矣乞詔戶部將已拋

下和糴米斛之數更議撙節如果不可減則乞行下逐路轉運司令約束州郡只得以官錢措置坐倉收糴無得强配於民從之十一月二日南郊赦昨降指揮兩浙江東路州軍人戶有田一萬畝出糴和糴米二千五百碩未納米數已降指揮並與除放所有八千畝以上合出糴和糴米一千五百碩未有該載可令漕臣將未拘收合出糴米數並依除放同日南郊赦令歲桃下諸路州縣和糴斛㪷已降指揮令轉運司措置收糴毋得抑配其間災傷去處隨輕重減除數目更不均下他處收糴十二月二日詔戶部支降三合同關子一十萬貫應副湖廣總領所量州軍事力均撥收糴其已給降茶引

卷一萬一千五百九十八

二十五萬貫仰本所相度如委實變轉不行即盡數繳納赴行在從本路總領鍾世明請也四年二月二十九日高郵軍駐劄御前武鋒軍都統制兼知高郵陳敏言沿江兩淮諸軍所有戰馬合收買草料欲乞依三司則例行下所屬給錢令諸軍自行收買詔令本路轉運司依年例應副五月三日戶部言朝廷每給降見錢關子末茶引度牒乳香品搭錢銀下江浙州軍和糴米斛訪聞多不遵元降指揮置場和糴却於民間科數收糴實為擾擾理合別行措置今更不給降度牒關引欲改降新印會子品搭錢銀支降本錢一百二十五萬貫每碩大約價錢二貫五伯文省收糴五十萬碩鎮江府一十

萬碩計本錢二十萬五貫會子一十四萬貫銀五萬五千貫見錢五萬五千貫建康府二十萬貫計本錢五十萬貫會子二十八萬貫銀十萬貫見錢一十一萬貫池州五萬碩計本錢一十二萬五千貫會子七萬貫銀二萬七千五百貫見錢二萬七千五百貫隆興府一十五萬碩計本錢三十七萬五千貫且每碩作二貫五百文科降緣本府米價比之其餘去處低賤仍將糴本便不盡錢認數樁管准備充起米水脚支用會子二十一萬貫銀八萬五千五百貫見錢八萬二千五百貫令逐處各委官一員置場收糴仍每旬具糴到米數并用過本錢申三省國用司下戶部稽考施行從之八月十八日

卷一萬一千五百九十八

詔兩浙轉運司於浙西州軍豐熟去處共糴米四十萬碩從本司委逐州官置場依市價收糴並限十一月終數足每糴及五萬碩所委官與減二年磨勘即不得因科擾九月二日隆興府言本府蒙撥降和糴米一十五萬碩緣晚田收成粗了稅賦年例糴買米斛惟仰客舟今來上江贛吉袁撫州建昌軍亦自荒歉少得客人般運本府難以收糴乞賜蠲免詔江西轉運司從隆興府所申據前項所糴米一十五萬碩拘收本錢均撥於本路豐熟州軍專委守臣措置收糴五年七月二日大府少卿總領淮西江東軍馬錢糧葉衡言今夏旨二麥收成之後米價日就低損乞支降官會數百萬道付三

總領司趁時兌易錢銀收糴米糧以為備蓄之備詔令
左藏南庫支降會子一百二十萬貫均付三總領所候
秋成收糴米斛令項樁管不得擅行支用六年正月十
四日戶部尚書曾懷等言勘會從來委官置場和糴米
斛多是被牙儈公吏與中賣之人通同作弊比之市直
高檯價例虧落官錢所委官恬不省察或糴濕惡米斛
不耐久貯因而腐爛失陷官物今來已降本錢令浙西
江東湖北和糴竊慮循習前弊欲下三總領所及兩浙
江東湖北轉運司嚴行約束所委官究心措置趁時收
糴乾好米斛如敢依前作弊仰具名奏劾重實典憲
從之十七日詔左藏南庫支降會子十二萬貫均付兩

卷一萬一千五百九十八

十

淮總領所差官置場收糴馬料十萬碩四月十五日戶
部侍郎江浙荊湖淮廣福建等路都大發運使史正志
言戶部去歲降本錢三百九十五萬餘貫每斗約三百
文省為率約糴米一百三十萬碩今乞依例支降上件
銀會充本即係戶部令秋合降之數從本司分撥豐熟
州軍隨市收糴詔於戶部窠名錢內支撥一百四十萬
貫充糴本使用五日八日淮南路轉運判官胡昉言本
路二麥苗稼豐茂倍如常年向去收成必廣唯是水鄉
低下去處無麥可收兼民間闕錢竊慮難於收糴欲令
逐州軍支降銀會三二十萬貫依市價收糴樁積聽候
朝廷科撥或水鄉有闕食人戶於內賑借候秋成日却

依所乞措置八月四日中書門下言已降指揮令兩浙轉運司
令拘收米斛送納詔令發運司收糴及收撥馬料共六
十二萬三千餘碩應副三衙等處乾道六年十月一日
至乾道七年九月終一歲支遣并收買馬草三百四十
餘萬束應副乾道七年一全年大軍支遣今來正是收
刈之時自合廣行儲蓄詔令呂正己刷貯分下豐熟州
軍專委官別行收糴馬料五十萬碩馬草三百萬束料
以稻子大麥草以稻草乾英入草相兼收買就近處公
流樁管合用本錢令左藏南庫支降十月八日宗正少
卿兼權戶部侍郎王佐言竊見行在日來街市米價增
長蓋緣官司和糴價數日增竊慮日後愈見翔貴有妨
細民食用今將納到綱運并見在米約度可以支充乾

卷一萬一千五百九十八

十一

道七年歲計使用欲乞將省倉坐倉并和糴場所糴客
米並權行住糴其糴本錢却行樁管候米價稍平日依
舊收糴詔戶部出榜曉諭十二月十六日中書門下言
昨來江西湖南路每歲各有和糴米數近年兩浙州軍
豐熟權行住糴今歲淮浙閒有水旱去處恐候來年歲
計理合措置依舊收糴欲令江西湖南轉運司各行下
所部州軍和糴米二十萬碩降本錢三十萬貫江西米
起赴建康府總領所湖南米起赴鄂州總領所樁管仍
逐旋具糴到米數及價錢水腳錢申尚書省詔江西委
龔茂良湖南委司馬倬專一措置於豐熟州軍收糴不
得搔擾闕誤二十一日戶部言兩浙州軍乾道六年分

有未起樁額降本錢一十七萬一千七百餘貫内紹興
府二萬七千七百七十餘貫衢州五萬四百三十貫六
百三十文台州四萬六千二百八十貫處州七千五百
貫明州三萬一千五百貫秀州八千二百一十六貫七
百四十八文欲將逐州前項未起錢委兩浙漕司於豐
熟去處置場委官收糴米斛前來豐儲倉送納從之七
年二月九日户部言昨承指揮令兩浙轉運司分撥得
熟州軍收糴馬料五十萬碩於内起發四十萬碩赴建
康府總領所承今年正月二十一日指揮權行住糴近
據本司申已糴到二十三萬餘碩外有未糴數多若行
住糴竊慮有誤軍馬文用秀州元糴一十萬五千碩已糴

卷一萬一千五百九十八

十二

三萬二百五十七碩七斗未糴七萬四千七百四十二
碩三斗平江府元糴一十萬五千碩已糴二萬九百七
十碩三斗未糴計八萬四千二十九碩七斗常平元糴
三十五萬碩已糴七萬六千五百九十碩五斗一升未
糴七萬三千四百九十碩四斗九升江陰軍元糴四萬
碩已糴三萬碩未糴一萬碩鎮江府元糴一十萬碩已
糴七萬五千碩未糴二萬五千碩以上共五十萬碩除
一十萬碩就秀州樁管外有四十萬碩並赴建康府總
領所納訖除秀州住糴外餘依五月十二日權尚書吏
部侍郎兼侍讀王之奇言四川總領所和糴軍糧遇水
運州郡所自行和糴水運所不通者和糴於民又以

不足之數允糴利路沿邊諸州稅米將有名無實之錢
比折價值虧損常賦以至邊州空虛官吏請俸軍兵衣
糧皆無以支給不免誅求於民常賦之外又有此横斂
甚非實邊之策乞行下總領所應免買諸州稅米並行
蠲免令本所自行措畫置場收糴從之十三日中書門
下言江淮兩浙湖南北京西州軍今歲二麥豐熟倍於
常年理合措置收糴大麥樁充馬料支遣欲依下項淮
東委徐子寅浙西委胡堅常鎮江府於樁管朝廷會子
内各支一十萬五千貫收糴大麥各七萬碩浙東委沈
夏提領南庫所支降會子一十萬九千貫收糴大麥七
萬碩淮西委趙善俊建康府於樁管朝建會子内支一

卷一萬一千五百九十八

十三

十萬五千貫收糴大麥七萬碩江東委張松元降付淮
西總領所允換不盡第三界新會子内截留一十萬五
千貫收糴七萬碩湖北京西委吕游問於元降赴鄂州
允換不盡第三界新會子内截留一十五萬貫收糴大
麥十萬碩湖南委司馬倬於元降付鄂州允換不盡第
三界新會子内截留一十二萬貫收糴大麥八萬碩詔
並依擬定仍令依市價收糴八月十七日宰執進呈兩
浙漕臣糴樁積米上因宣諭曰洪範八政以食爲先而
世乃不言財穀邦之有儲蓄如人之有家計歟不預辦
得乎梁克家奏曰儒者正如體國事比家事何所不辦
同日淮東總領蔡洸言本所樁管米除取撥外尚有米

一萬六千餘碩，難迫蒙指揮令江西和糴米內取撥一十萬碩𣂏本所樁管，若無拖欠，除綱運破耗外，通不滿十萬碩，乞科降官會本錢付所委官諸處置場依時價收糴，同本所見樁米一處樁管。詔令鎮江府於樁管朝廷會子內支撥四十萬貫付蔡洸收糴二十萬碩，與見樁米一處樁管。十一月十七日，大理正兼權吏部郎官馬大同言被旨差措置拘摧江東轉運司和糴米斛，令條具下項：一、江東運司糴米本錢內度牒五百道，恐期限既迫，難以變轉，乞許將自今未賣度牒與換作官會子行用。一、緣江東轉運係在建康置司，其運使張維自合日下起發往本路州軍措置收糴外，未審大同合與

卷一萬一千五百九十八

不合亦去前路州軍，欲令大同從便相度施行。所拘催和糴到米斛，候見成數，乞徑令本路轉運司隨所在和糴去處令項樁管，如有移易借用去處，依擅支封樁錢法物徒二年，不以覺舉去官赦降原減斷罪。並從之。八年六月二十一日，詔知江陰軍滿向於本軍置場和糴到米三萬碩，並係本軍自行收糴，不曾下縣，可特轉一官，與陞擢差遣。九月二十六日，詔明元質依已降指揮收糴米一十萬碩，隨市價支還價錢，每三日一次具實直市價申三省樞密院。十月二十八日，權吏部尚書兼提領左藏南庫張津言：省倉下界係在關外，本道疏通，客舡順便，自來收糴客米多是本處置場豐儲倉收

糴米斛已是多日，糴到米數目不多，竊恐過時，今欲乞於下界更置一場，委官收糴樁管。從之。十一月十一日，詔浙西諸州軍今年和糴米斛共六十二萬碩，除秀州已糴米一十萬碩赴豐儲倉送納外，平江府取撥一十萬碩、常州一十二萬碩並起發赴淮東總領所大軍倉交納，令本府守臣與總領同共認數樁管，不得擅行支使，餘並盡數起發赴行在豐儲倉送納。十二月十二日，中書門下言：湖廣總領所樁管米見在數目不多，訪聞江西、湖南及黃州、漢陽軍等處今歲豐稔，米價每碩不過一貫四百文，合措置收糴樁管。詔令李安國取撥本所見樁管直使會子五十萬貫，委官於豐熟州軍置場趂

卷一萬一千五百九十八

時收糴，並發赴鄂州，令守臣認數樁管。閏正月七日，李安國言：本所見今就鄂州置場收糴，下等大禾米每碩二貫七百省，係淮南併復州等處米；中等占米每碩二貫六百省，係鼎、澧州米；下等占米每碩二貫三百省，係淮南米。朝廷行下會子不無折閱，若用會子一貫四百文省得米一碩，以見錢細算，每升只計錢八文四分足，自舊即每上件價例，竊恐得聞差誤，未敢擅便施行。詔令李安國將節取撥本所見樁管直使會子五十萬貫照應在市實直疾速盡大收糴。二十六日，詔兩浙、江東西、淮東、湖北、京西路轉運司、淮東西、湖廣總領所將來年合收買諸軍經常馬草，並據逐年實認本色數目，各

於管屬路分州軍見樁朝廷草內先次权撥津發應副支用却將本年內買到新草對數撥還依舊樁管不得違悮月具已取撥并已未撥還草數申尚書省仍各劄下樁草州軍常切如法覆護以新易陳毋致腐爛及先次開具見樁草數申尚書省若將差來官點檢得有損壞去處即勒本州軍陪填及將當職官吏取旨行遣九年正月十一日臣僚言省倉豐儲倉等處收糴米斛有二曰坐倉和糴曰权糴客米其收糴客米係戶部專一置場招接收糴客人販到米斛每糴及十萬碩監官二員各減磨勘一年猶謂賞太優厚而所謂坐倉和糴者乃收糴軍人食不盡米每遇支散軍糧之日戶部輪委

卷一萬一千五百九十八

十六

所轄糧務官諸倉受等收糴其米不曾出倉而乃收糴客米之例至有一任之內減磨勘一二十年者豈不僥濫欲乞坐倉收糴軍人情願糴米者更不推賞從之九月九日詔秀州平江府合委官置場趁時和糴米五萬碩知通認數樁管聽候朝廷指揮限至年終收糴數足所有合用價錢每碩約以二貫五百文省令提領左藏南庫所以會子支降十九日知鎮江府黃鈞言准指揮踏逐本府及總領所近水次順便空閑倉敖及無用官舍委官置場收糴米一十萬碩就本處樁管竊緣本府所產米穀不多全仰淮南上江客旅米斛接濟食用若依市價招糴恐傍近州縣必有客旅前來中糴糴米一

十萬碩約用敖屋五十餘間尋差官踏逐既無空廪亦無官舍寺觀可以指準乞別措置施行從之二十一日中書門下言詔令淮東西總領所各委官置場趁時依市價收糴五萬碩就本所認數樁管聽候朝廷指揮所有合用本錢內淮東總領所於鎮江府淮西總領所於建康府見樁管朝廷會子內作料次取撥每料不得過三萬貫如逐處樁管會子數少即疾速約度所少數目申乞支降十一月十二日知建康府事充江南東路安撫使兼行營留守洪遵言本府近被旨支撥樁管會子置場糴米一十萬碩限至十二月終數足今來止糴到米二千八百餘碩緣本府管下水旱相仍災傷僅及五分

卷一萬一千五百九十八

十七

所收米穀尚恐民間不足食用雖有客販米斛盡是秈禾小米又遠不可貯儲雖分頭差官往淮南收糴其淮南州軍例皆禁止民間粳米不得下江委是難於收糴詔建康府止糴五萬碩餘五萬碩令淮西漕臣措置收糴於和州無為軍并巢縣樁管以上乾道會要

全唐文

宋會要　和糴

宋時市糴之名有三和糴以見錢給之博糴以他物給之便糴則商賈以鈔引給之太祖建隆中河北穀賤添價散糴以惠貧民自後諸道豐稔必詔諸道漕司增價和糴

卷二萬七百八十七

全唐文

宋會要　和糴

仁宗朝以左藏三十萬疋河北和糴之用時韓琦論和糴價不高於市糴何人肯糴與官　神宗嘗以六十萬充江淮和糴

卷二萬七百八十七

全唐文

宋會要

淳熙元年四月五日，成都府路安撫使薛亮明言：近于嘉州、雅州、永康軍糴米寄廠，以備賑濟。緣近年諸司與州郡例多侵用，不以去官赦降原減。從之。七月十七日，戶部言：今年歲豐，乞嚴戒諸路提舉常平官，將見管糴本并借撥閑慢窠名錢，疾速盡數收糴，十日一具所糴之數奏聞。從之。十二月二十日，詔今歲江西路豐稔，令本路漕臣委官於豐熟州軍置場，依市價收糴二十萬石，在左藏南上庫支降本錢三十萬貫，其糴到米令守臣認數樁管。二年九月又于左藏南上庫支降本錢，令江西糴二十萬石、湖南十五萬石。二年十月二日，詔淮東總領錢良臣分委官於逐州府同職官一員置場收糴秀州七萬五千石、湖州七萬五千石、平江府十萬石，起赴本所樁管。本錢於鎮江府樁管朝廷銀內支降。中書門下省言湖州、秀州、平江府今歲豐熟故也。三十日，詔四川總領所將民間和糴米斛，常歲並依已立，在新倉交納。一乾道元年降本委江東轉運沈樞收糴米斛，除已糴到外，尚有在本錢可以糴米二萬餘石，乞收糴赴行在新倉送納，以上共計八十七萬石，並係新倉樁積之數。從之。閏七月二十八日，敷文閣直學士、左朝散郎劉珙言：和糴之弊，湖南、江西為尤甚。朝廷知其害，故嘗下蠲免之令，矣遠方之民舉手相賀。曾未數月，又復分拋州縣，既乏緡錢，將何置場收糴？民間關子無用，則照白籍一例。每歲諸路綱運欠折，少以千計，多以萬計，取之此措之。發儻有以華綱運之弊，自可減和糴之數。乞降詔蠲和糴之數，絕白著之害，以裕民力。從之。宰執進呈劉珙劄子，及進呈江西、湖南常平米數。上曰：可於江西取十萬，湖南五萬，以充和糴之數，令兩路繳免給降劄子，庶幾不致科擾百姓，為一方害也。八月十三日，戶部侍郎曾懷等言：兩淮今歲豐熟，可以就便和糴，乞於揚州、高郵軍、和州并六合、巢縣，令逐處守臣、縣令措置置場。起此秋成，依市價各和糴米三萬石，共一十五萬石，在就逐處樁管，即不得科抑減尅騷擾。所有本錢于左藏鎮江府糴常平米見在本錢支撥三十萬貫，如有不足錢數，即於淮東茶鹽司合發今年寬剩鹽本錢內樁撥支撥，令逐州守臣、縣令盡本收糴。從之。九月二十四日，臣僚言：伏見前月以來，天作淫雨，江、浙、淮、閩皆被其害。陛下憂軫百姓，夜不遑寐，祈天禱神，磬竭精懇，能銷去積陰，轉禍為福。然稻穗之在田未刈者，經此既浸，已同腐草；高田雖無甚損，亦多芽蘗，穀粟穫殘，或成絕望。然則今歲通諸路計之，不得以為豐年明矣。乞詔戶部將已拋下和糴米斛之數，更議撙節，如要不可減，則乞行下逐路轉運司，令約束州郡，只得以官錢措置坐倉收糴，無得彊配於民。從之。十一月二日，南郊赦：昨降指揮兩浙江東路州軍人戶有田一萬畝出糶米二千五百石未納末數已降指揮並與除放所有八千畝以上合出糶和糴米一千五百石米有該載司令漕臣將米拘收合出糶米數並與除放同日南郊赦令歲拋下諸路州縣和糴米斛已降指揮令轉運司措置收糴毋得抑配其間災傷去處隨輕重減除數目更不均下他收糴十二月二日詔戶部支降三合同關子一千萬貫應副湖廣總領所量州軍事力均撥收糴其已給降茶引二千五萬貫仰本所相度如委實變轉不行即盡數繳納赴行在係本路總領錢世明請也 四年五月二日戶部言朝廷每給降見錢關子末茶引度牒乳香品搭銀

卷二萬七百八十七

下江浙州軍和糴米斛訪聞多不遵元降指揮置場和糴卻於民間科敷收糴實爲騷擾理合別行措置今更不爲降度牒關引欲改降新印會子品搭錢銀支降本錢一百二十五萬貫每石大約價錢二貫五百文省收糴五十萬石鎮江府一十萬石計本錢二十五萬貫會子一十四萬貫銀五萬五千貫見錢五萬五千貫建康府二十萬石計本錢五十萬貫會子二十八萬貫銀一十一萬貫見錢一十一萬貫池州五萬石計本錢一十二萬五千貫會子七萬貫銀二萬七千五百貫見錢二萬七千五百貫隆興府一十五萬石計本錢三十七萬五千貫且每石作二貫五百文料降緣本府米價比之

其餘去處依舊仍將糴本使不盡數州逐急軍食日前數只得客人船運本府難以收糴乞將元認江西轉運司依隆興府所申據前項所糴米一十五萬石拘收本錢均撥于本路豐熟州軍專委守臣措置收糴五年七月二日詔左藏南庫支降會子一百二十八萬貫均付三總領所候秋成收糴米斛另項樁管不得擅行支用以太府少卿總領淮西江東軍馬錢糧葉衡言今夏自二麥收成之後米價日就減損乞支降官會數百萬道付三總領司趁時兌易錢銀收糴米斛以爲儲蓄之備故也 六年正月十四日戶部尚書曾懷等言訪聞從來委官置場和糴米斛多是被牙儈公吏與中賣之

卷二萬七百八十七

人通同作弊比之市直高擡價例虧官錢所委官往來看窘或糴濕惡米斛不肯受納因而腐爛失陷官物今來已降本錢令浙西江東湖北和糴竊慮循習前弊欲下三總領所及兩浙江東湖北轉運司嚴行約束所委官究心措置趁時收糴乾好米斛如敢依前作弊仰具名奏劾重寘典憲從之 十一日詔左藏南庫支降會子一十二萬貫均付兩淮總領所差官置場收糴斛斗一萬石四月十五日戶部侍郎江浙荊湖淮廣福建等路都大發運使史正志言戶部去歲降本錢三百九十一萬餘貫每斗約三百文省爲率約糴米一百三十萬石本乞依例支降上件銀會充本卽係戶部令秋合撥之數

從本司分撥豐熟州軍隨市收糴詔於戶部寬剩錢內支撥錢一百四十萬貫充糴本使用五月八日淮南路轉運判官胡昉言本路二麥滋稼豐茂倍如常年向去收成必廣唯是水鄉低下去處無麥可收兼民間闕錢竊慮難于收糴乞令逐州軍支降銀會三二萬貫依市價收糴樁積聽候朝廷科撥或水鄉有闕食人戶于內賑借候秋成日却令拘收米斛送納詔令發運司依所乞措置十月八日宗正大卿兼權戶部侍郎王佐言竊見行在日來街市米價增長蓋緣官司和糴價數日增竊慮日後愈見翔貴有妨細民食用今將納到綱運并見在米約度可以支充乾道七年歲計使用乞將省倉

坐倉并和糴場所糴客米並權行住糴其糴本錢却行樁管候米價稍平日依舊收糴詔戶部出榜曉諭十二月十六日詔江西委龔茂良湖南委司馬倬專一措置於豐熟軍州收糴不得騷擾闕誤以中書門下省言昨來江西湖南每歲各有和糴米數近年兩浙州軍豐熟權行住糴今歲淮浙間有水旱去處恐誤來年歲計理合措置依舊收糴欲令江西湖南轉運司各行下所部州軍和糴米二十萬石降本錢三十萬貫江西米起赴建康府總領所湖南米起赴鄂州總領所樁管仍逐旋具糴到米數及價錢水腳錢申尚書省二十一日戶部言兩浙州軍乾道六年分有未起樁額降本錢一十七

萬一千七百餘貫內紹興府二萬七千七百七十餘貫衢州五萬四百三十貫六百三十文台州四萬六千二百八十貫處州七千五百貫明州三萬一千五百貫秀州八千二百一十六貫七百四十八文乞將逐州前項未起發錢委兩浙漕司於豐熟去處置場委官收糴米斛前來豐儲倉送納從之　七年二月九日戶部言昨承指揮令兩浙轉運司分撥得熟州軍收糴馬料五十萬石於內起發四十萬石赴建康府總領所承今年正月二十一日指揮權行住糴近據本司申已糴到二十三萬餘石外有糴數多若行住糴竊慮有悞軍馬支用秀州元糴一十萬五千石已糴三萬二百五十七石七斗

未糴七萬四千七百四十二石三斗平江府元糴一十萬五千石已糴二萬九百七十石三斗未糴八萬四千二十九石七斗常州元糴一十五萬石已糴七萬五千五百九十石五斗一升未糴七萬三千四百九石四斗九升江陰軍元糴四萬石已糴三萬石未糴一萬石鎮江府元糴一十萬石已糴七萬五千石未糴二萬五千石已上共五十萬石除一十萬石就秀州樁管外有四十萬石並赴建康府總領所送納詔除秀州住糴外餘依並月十二日權吏部侍郎兼侍讀王之奇言四川總領所和糴軍糧通水運州軍本所自行和糴水運所不通者和糴於民又以不足之數充糴判路沿邊諸州稅米將

有名無實之錢比折價直斷損常賦以至邊州空匱官吏請俸軍兵衣糧皆無以支給不免誅求於民常賦之外又有此横斂甚非實惠之策乞行下總領所應免買諸州稅米並行蠲免令本所自行措畫置場收糴從之十三日中書門下省言江淮兩浙湖南北京西州軍今歲二麥豐熟倍於常年理合措置收糴太麥穡充馬料支遣欲依下項淮東委徐子寅浙西委胡堅常鎮江府於椿管朝廷會子內支撥四十萬貫付蔡洸收糴二十萬石與見椿米一處椿管以淮東總領蔡洸言本所椿管米除取撥外尚有米一萬六千餘石雖近蒙指揮令江西和糴米內取撥一十萬石赴部所椿管若無拖欠

卷二萬七百八十六

除綱運破耗外運不滿十一萬石乞科降官會本錢付所委官諸處置場依時價收糴同本所見椿米一處椿管故有是命十月十七日大理正兼權吏部郎官馬大同言被旨差措置行催江東轉運司和糴米斛今條具下項　一江東運司糴米本錢內度牒五百道恐朝限既迫難以變轉凶荒之年猶仰客舟興販二廣及浙西米前來出糶今歲二廣更旱浙西米價亦自頓長竊恐將來本路必至大段闕食乞於沿海平江鎮江等處朝廷新椿米內支撥和糴米五百萬石付泉福興化州販糶內泉福州各二萬石興化軍一萬石令逐州自備舟船前去般取依元和糴本錢價認還朝廷故有是命十一

月一日詔令本州將今來已糴米斛並認數以新易陳椿管以權發遣處州李彥全言昨準本路提舉常平司給降下度牒四十道會二萬貫遂行措置召到產行將米博換度牒及糴到米共一萬二千五百四十八石一斗除賑濟過二千石七斗五升糴過米四百四十一石七斗五升外見管米一萬一百五石六斗續將糴過米錢一千二百六十二貫一百四十三文再糴到米四百三十五石二斗二升每石價錢二貫九百文共管米萬五百四十八石二升椿管常平倉故有是命　十二年正月二十八日詔令江陵府將已糴還米並拘就府倉認數以新易陳椿管以知江陵府趙雄言昨具奏

卷二萬七百八十七

取撥朝廷椿米于今歲春夏賑糶所縣軍民食用其糶過米七萬五千六百八十四石八斗八升三合淳熙五年來每升一十九文淳熙九年來每升二十三文拘收到價錢一十六萬四千五百七十五貫五百三十三文從準指揮候秋成糴還本府今秋早晚稻收成即日已依元糴過米數稍糴到米七萬五千六百八十四石八斗八升三合每石價錢不等自一貫六百文至二貫五十文共用過本錢一十四萬六百五十五貫五百九十四文其米並撥倉官并諸監認數如法椿頓內諸縣米候春水生即令起發赴府一處椿管外有餘剩本錢二萬三千九百二十貫二百三十九文約可糴米一萬二

千餘石見今接續收糴十三年二月六日宰執進呈江陵府奏續糴樁管米王淮等奏向者江陵府借米賑糶已將錢一十六萬糴米今又以餘錢糴到此米又得以新易陳上曰旦救了多少饑民看來常平法豈不是好

五月二十八日上謂王淮等聞總司糴米皆散在諸處萬一軍興而屯駐處却無米臨時綱運如何來得豈不誤事可便契勘如要害屯軍去處有樁管米若干大抵賑糶米可逐歲循環以備凶荒若是樁積米須留要害屯軍所在庶幾軍民皆有其備

七月二日詔令趙汝誼於建康府務場見樁管減使闕子窠名充下會子內先次取撥一十五萬貫委官就采石倉措置依在市時直糴米樁管以臣僚言伏見淮上州軍逐處皆有樁管米斛建康鎮江府大軍屯駐又有總司錢粮唯太平州采石鎮係沿江要害去處去歲當塗圩田為水所浸民間艱食州郡必無贏餘可以儲備訪聞淮上去秋成熟淮人多有載米入浙中出糶不行今來秋成在近望先次支將本錢付總領所及時措置和糴就采石倉收貯誠為利便故有是命

卷二萬七百八十七

八月三日詔令司農寺將見在本錢疾速起時依減定價直措置收糴以司農寺言近承支降會子五萬貫收糴樁管馬料已支二萬六百六十餘貫糴料一萬四千四百三十餘石見在錢二萬九千三百三十餘貫可糴料二萬二千五百六十餘石故有是命

四日右正言蔣繼周言朝廷和糴樁管米頃年只就戶部委差郎官或差司農寺官及於諸倉倉官中選差有才幹者糴數雖多亦能了辦近年差提領官又置機察官三員人吏人從數十名請給等費蓋亦不少前年和糴八十萬石雖能及數而近日事覺見送有司去年所糴止及四十萬石議者皆謂向來未曾別置官吏而和糴不闕有闕年來別置官吏而和糴不聞有增豈官吏既多阻節亦衆故客米不願售耶又兼別置官吏欺弊多端糴畢罷去誰任其責乞檢照乾道淳熙以來前累年差官體例依舊施行其續置官吏乞今後更不別差從之

六日四川總領所言準淳熙十一年五月二十九日敕知興元府張忞奏金州洵陽上津兩縣旱荒民闕食乞於安撫司買馬錢內支撥一萬貫應副收糴物斛奉旨令四川總領所措置增糴一萬石就金州樁管本所並已收糴數足每石價錢七道共計錢引七萬道乞於宣撫司樁管窠名錢內支撥從之

卷二萬七百八十七

二十五日詔令封樁庫更支降會子五萬貫接續收糴馬料樁管截日已糴過三萬三千三百八十餘石價錢不等共用過錢四萬四千四百餘貫目今止有見在錢五千六百餘貫文可以五七日間糴足竊緣馬料稻子係用早穀今來正是秋成早穀到來數多每石一貫二百文宜趁此價平廣數收糴故有是命

十月十四日詔司農少卿吳

煩就豐儲倉起時和糴米二十萬石合用本錢於封樁庫先次支降樁管會子四十萬貫　十三年正月二十三日詔太平州守臣將蕪湖采石倉已交收到米一十萬石並認數以新易陳樁管以太平州言近準省劄淮西總領所申收糴樁管米三十萬石數內二十萬石從已降指揮對撥綱米赴和州等處樁積內和州一十萬石蕪湖采石倉各五萬石故有是命　四月八日以江西運判王回言先奏乞將本司舊有積儹錢措置和糴米以備水旱奉旨令取撥三十萬貫充支用本司尋互差鄰州縣官前去吉撫筠州臨江軍及本司五處置場措邀客人中糴今據已糴米共一十五萬五千九百一十

卷二萬七百八十七

八石一斗一升共支錢三十萬貫文所有合支搬發本錢水脚及官吏食錢等並係本司自行出備其米已各委官盤量並是着實見樁官在逐州軍及本司倉廒詔王回將前項糴到米斛並本司認數就逐州軍樁管七月二十五日淮西運司言準指揮將本路入糴十四年分馬料合截發本錢盡付和州候今秋成熟就糴屯田諸莊食不盡稻穀令本司同建康都統相度本司乞令舒蘄州無爲軍從例料撥淳熙十四年馬料本錢起赴和州今秋成熟令和州照例取撥本州合截窠名同一州起到錢數照去年已行事理就便糴屯田諸莊耕兵願糶食不盡稻穀撥赴本州收樁支還建康府都統制

郭均等乞從淮西轉運司所申詔從之如將來市價高於元科之數須管運司貼湊取足毋致虧損閏七月四日詔令趙善俊將已糴到米認數以新易陳樁管以知鄂州趙善俊言近準省劄付將湖廣總令所出錢糴米本錢內除路續賣金會子九萬一千六百貫七百文赴鄂州令守臣糴米樁管尋收糴到米四萬五千八百石三斗五升每石價錢二貫文共支過本錢九萬一千六百貫七百文故有是命　十八日詔令制置司同帥漕司下那融措置收糴毋致後時以權發遣施州趙定言頃年夔路偶闕軍糧失於預備以鹽代支欲當此豐歲廣行收糴以備軍儲之之故有是命　八月二日詔令提領封

卷二萬七百八十七

樁庫所支降會子一十五萬六千二百六十九貫付淮東總領所三十二萬六千三百一十二貫付淮西總領所三十萬貫付湖廣總領所並充今年和糴樁管米錢支用八日詔令湖廣總領所照應已降指揮分撥價錢就江陵府糴米二十萬貫委本府認數樁管知江陵府趙雄言今歲湖北諸州雨水霑足稻田大段豐歲自朝廷量降本錢分委諸司及本府糴米五六十萬斛同見管樁積米一處於城中安頓略計可與軍民官吏儲蓄半年之糧續又奏乞量降本錢且令本府糴一十萬石同見管官米一處樁積可以就目前穀賤傷農之弊撿會湖廣總領所狀準指揮印降一貫五百例湖北直使會子

二百萬貫赴總領所收換會子令先次收換到舊破會
子二十萬貫附綱赴左藏西上庫送納外照得見在新
會子一百八十萬貫未有續申已換數目并鄂州大軍
庫會子一十四萬餘貫椿管斟會秋成在近米價低平
合依年例和糴椿管米斛奉旨提領封椿庫所支降會
子三十萬貫轉前項見椿管一十四萬貫并於米收換
會子內取撥三十六萬貫共作八十萬貫委湖廣總領
和糴米六十萬石仍照應年例差官就沿流豐熟州軍
湖北京西屯軍去處置場措糴限歲終了足毋擾稍有
科抑作弊故有是命二十四日淮東總領所言近準指
揮給降本錢令本所鎮江府并淮東路沿流豐熟州軍
卷二萬七百八十四
置場措糴椿管米五十萬石限歲終了足本所差官置
場措誘糴買外照對鎮江府止管三邑所產不多全仰
淮東州軍豐熟去處收糴緣今歲高郵以西至楚州一
帶旱傷兼今來所糴米數浩瀚竊慮都路諸司差人前
來淮東所抛地分攙幹爭糴却致米價增長難以辦集
乞下逐州遵守勘會已降指揮委淮東西總領各和糴
米五十萬石內淮東總領令差官就鎮江府并淮東路
沿流豐熟州軍置場收糴淮西總領令差官就建昌府
太平州池州并淮西路沿流豐熟州軍置場收糴既有
分定去處自合各行遵守詔令淮東西總領所各遵依
已降指揮疾速施行九月十七日詔令湖廣總領將江

西旱傷州縣與免和糴以臣僚言今歲諸路豐稔而江
西吉州等處却有旱傷照得所降和糴指揮湖廣總領
糴六十萬石數內江西亦有收糴去處恐米直自此稍
貴實爲非便故有是命十月五日詔司農寺糴米每石
作二貫二百文價太賤可增一百以利農十二月十八
日詔淮東總領吳琚今年和糴米五十萬石率先了辦
可特轉一官　十四年正月十八日宰執進呈江陵府
糴米數上曰趙汝誼糴米數足雖在吳琚之後然相去
不甚遠亦不可不激勸可減三年磨勘四月二十七日
詔江東轉運司將年例馬料五萬石委官置場依市直
糴買不得科敷州縣以臣僚言乾道八年移屯馬軍于
卷二萬七百八十七
建康府歲糴馬料五萬石令本路轉運司截撥上供錢
充糴米本每穀一石給錢一千二百以爲定額轉運司
分抛下近江諸郡收糴起發至淳熙四年淮南漕臣忽
以淮甸秋成穀價極賤爲請續有指揮并將江東路元
給本錢頓減三分之一且如去秋號爲稔歲臣體訪得
馬料穀價如池州等縣每糴一石爲錢一千有奇其顧
船綱與水脚錢之費每石爲錢三百有餘則是一石之
料官給本錢八百而民之貼錢幾於六百矣乞依乾道
元給本錢之數專委轉運司措置糴不得敷之諸州縣
實斯民幸甚奉旨令戶部看詳本部照得近年州軍例
皆豐熟所降價錢每石八百文省已是均平難以用元

將本錢之數若日後時價稍增即仰從實具申增添所
是專委轉運司措置收糴勿散之州縣一節今欲下江
東轉運司條具說有是命五月二十七日四川總領趙
彥逾言每年兑買成都府路彭漢綿州石泉軍秋料省
稅米二萬餘石支移赴綿州應副支遣所屯將兵内彭
州每歲計四千九百六十四石有畸緣彭州去綿州地
里最遠兼本州更有支移赴威茂州管下五城寨遠邊
軍糧八十餘石每年百姓遠輸往返勞弊本所昨自淳
熙四年爲頭措置委官就綿州置場糴買應副不闕當
具奏乞將彭州淳熙四年秋料合支移赴綿州稅米權
住一年如日後準此措置不闕即乞永遠蠲免庶幾民

卷二萬七百八十七

力稍蘇已奉旨依奏臣照得綿州贍軍倉則日所管於
糴到軍糧可以應副今年分支遣不闕所有彭州淳熙
十四年秋料合支移赴綿州稅米乞更與蠲免一年從
之七月三日詔禮部給降度牒六十道付兩浙西路提
舉羅點充糴本以備賑卹先是羅點乞爲早備欲預先
會計收糴爲他日之用故有是命二十二日詔江西湖
南州縣今歲間有闕雨去處可各給降度牒三百道付
兩路提舉常平司隨宜措置收糴米斛每道依例價錢
七百貫聽人戶以錢銀會子從便請買毋得稍有科敷
其米並別項樁管專備賑濟賑糶支用九月十一日江
西提刑馬大同言夏秋以來旱暵爲虐必須糴米以爲

準備照得提刑一司有捕盜賍賞錢江西激賞庫内舊
有四萬貫吉州抱佔停賍人家業出賣解到一萬七千
餘貫通及六萬餘貫乞將此錢往豐熟地頭趁時收糴
約得米三萬餘石本路州縣數内撫江州興國軍申旱
傷最甚臣除已撥錢二萬貫借江州興國軍各一萬貫
充糴本外自餘尚有三萬貫卻關廣南循梅諸州興贛
州龍南安遠接近今歲大稔亦一面選委官吏前去置
場收糴候向去搬發往諸州縣經自賑糶昨來有不許
諸處遏糴指揮乞檢舉申嚴行下從之十二日詔封樁
庫支降會子五十萬貫委浙西提舉羅點和糴米二十
萬石淮東總領所取撥鎮江府見樁管會子一十九萬

卷二萬七百八十七

貫湖廣總領所取撥鄂州并大軍庫見樁管會子共三
十萬貫並各照例選官就豐熟去處置場（内浙西提舉平江府置場）
招糴堪好米斛仍一面取見實直開具申尚書省毋令
稍有科抑　十五年正月九日詔淮東轉運司於揚楚
州高郵軍見樁管料内共取撥馬料一十萬石發赴建
康府就近近倉廒樁管準備淮西總領所以新易陳用
其船腳縻費照例支降三月二十五日總四川財賦軍
馬錢糧所言利閬興州大安軍并成鳳州合和糴應副
沿流諸處屯駐官兵馬料大麥所有淳熙十五年歲用
之數本所自置場糴買已足更不分科百姓詔更權免
一年四月二十五日司農寺言省倉和糴樁管馬料近

承指揮權住收糴，月具市價申取指揮。本司照得見糴經常馬料既是只有興販入中，亦合一體住糴。緣經常馬料見管不支約支月日不遠，目今有管糴料錢六萬餘貫並住豐儲倉令項安頓，内見錢二萬八千五百貫以客人久例見錢不許出稱，數戶部將金銀兌換令諸倉見管剩趲椿管馬料一十九萬餘石，今措置欲以即月市直每石一貫二百文，首管經常金銀錢會六萬貫乞糴椿管馬料五萬石，應接支遣，廣得發泄陳料，不致積壓。候向去稻上市，接續照市價收糴，依數椿管。從之。十六年正月六日，兩浙路運副耿秉言：去歲科降殿步司馬草錢計二十七萬七百餘貫，已承指揮令戶部料

卷二萬一百八十七

撥本年月椿經總制等錢，自六月止九月分作三限發納應副。今後准此。所有淳熙十六年分合科錢數，乞令戶部依年限冬各取撥，從本司先次一面拘催，庶幾可以照限辦集。從之。淳熙十六年四月十日，四川總領所言：利、閬、興州、大安軍并成、鳳州合和糴應副沿流諸處屯駐官兵馬料，每歲八萬石，自淳熙四年後置場糴買，遞年無闕，更不分科百姓。乞下逐州曉諭。詔更權免一年。自紹興元年至五年亦如之。六月十二日，宰執奏事畢，上宣曰：今歲所至有秋成之望，卿等可預行計置和糴，以廣蓄積。仍具見在米數及將來收糴數來。豐歉不常，似此年歲不易得也。十六日，詔封椿庫支會子八十萬貫付

淮東總領所，五十萬貫付湖廣總領所，專委趙師睪與總令項椿管，以備糴米使用。淮東糴米五十萬石，湖廣三十萬石。七月二十一日，中書門下省言：秋成在近，米價低平，依節例和糴椿管米斛，以廣儲積。詔司農少卿章璞和糴米五十萬石，合用本錢於封椿庫椿管會子内分撥料次支降。自是每歲節次降旨委司農寺長貳和糴，亦不過百萬之數。九月六日，又言：淳熙十六年上半年舒州有剩鑄到鐵錢八萬四千二百六十餘貫，蘄州有剩鑄并去年見在等錢共八萬一千五百餘貫，各已降指揮令糴米椿管。深慮逐州所產不敷，抑有科抑。詔令淮西運判王厚之體訪，見本路委是得熟可以糴米去處，即將舒、蘄州見在鐵錢措置分糴。十七日

卷二萬七百八十七

詔淮西總領張抑和糴椿管米四十萬石，令分委官諸州收糴。其糴本錢於總領所椿管下會子七十萬七千六百餘貫數内支撥，或本錢不敷，許從實申乞支降。又令本所將務場撥還諸處椿管錢一十五萬貫就建康務場認數椿管支用。同日，詔淮西、江東和糴馬料，令逐路漕司措置，依時價收糴，不得分科州縣，敷擾於民。自乾道七年移屯馬軍于建康，所用馬料每歲撥上供錢，令江東漕司糴五萬石，淮西漕司糴六萬石，每石定價一千二百文。偶淳熙四年淮甸大稔，減價一半，遂為定例。由是州縣不復置場，只以物力高下科抑人戶。其後江東臣僚陳乞增作八百文，而淮西如故。至是臣僚言：歲有豐歉，穀有貴賤，自古和糴每因時

而立價無一定不易之理且江東已行而淮西邊郡不容未露恩賜故有是命十一月一日殿中侍御史范應義言三總領所和糴已用淮西例體訪沿流州軍視其數之上下隨之寡分糴或于元數不敷許其陳乞仍申嚴科抑之弊從之十二月五日詔封樁庫支降會子四十萬貫令浙西提舉張體仁就近便出米去處和糴米二十萬石赴豐儲倉樁管

卷二萬七百八十七

全唐文

宋會要 均糴

徽宗政和元年五月十七日熙河蘭湟秦鳳路宣撫使措置陝西河東路邊事童貫奏乞下轉運司推行均糴之法詔依所奏不得因緣作弊搔擾及糴買不均等仍委提刑提舉常平司走馬承受常切覺察按劾以聞當重行典憲所有河北河東仰逐路監司限半月同共從長相度委實可與不可施行有無窒礙未盡事理保明詣實入急遞聞奏二十九日又言均糴之法鄉村者以田土頃畝均數則上等所均斛斗數少貫為優幸下等均定斛斗數多不易供辦如以家業錢均則上等所均斛斗數多下等人各均定斛斗數少委是兩事利害不同轉運司具到坊廓戶均數目看詳欲乞依久例只於家業錢上均糴詔今年五月十七日已降指揮童貫奏陝西均糴斛斗若只坊郭鄉村等等均定石數收糴緣元定等第內家業錢往往不等謂如家業錢六千貫文至一萬貫為第一等之類作一等均糴切慮法行之後不得均濟下轉運司攤定一州一縣合糴都大石數會計一州一縣逐等第都計家業錢紐算每家業錢幾文合糴多少石斗所貴均一已行下訖今乞令陝西轉運司並依今來所奏事理施行十一月一日都省言河北路轉運司陳亨伯奏元降陝西均糴畫一諸州縣官戶

卷二萬七百九十一

即無減免之文本路州縣已一例均定石斗科納詔官
戶無減免之文多係停蓄斛斗之家可依所奏　二年
七月二十八日詔逐路轉運司各據本路逐路合糴斛
斗數目以本縣人戶見今均數役錢文簿籍定合納錢
數於役錢數上紐筭合均糴之數均與逐戶如有畸零
闕剩之數並只就整收糴零數即免內坊郭第六等以
下鄉村第五等以下免均即人戶所出役錢數多致所
均之數艱於送納者仰所屬州縣轉運司量減應令來
均糴並依青苗法先期支錢候至合送納時月若遇豐
凶貴賤不同以有餘不足通計謂如元支散時詔米一
百文後却賤止七十即添糴三分又却貴三分即減三

卷二萬七百九十一

分之類餘並依奏糴法施行八月三日尚書省言七月
二十八日已降指揮三路均糴斛斗令措置約束均糴
法州縣不得常行並俟朝廷降指揮方許均糴不應均
而輒均若不依役錢或多寡不均者徒二年吏人配千
里不前期支錢或斗價支錢增減不實者加一等吏人
配一千五百里已取若減剋所均錢者以自盜論贓輕
者配一千里從之　三年九月二十八日尚書省言今
歲大稔物賤傷農除災傷經檢放去處奉聖旨令諸路
轉運司以諸司封樁錢量行均糴一次契勘三路已行
均糴法其諸路合遵守三路均糴法施行　四年六月
二十二日詔諸路均糴差到非見請重祿人內人吏每

日添支重祿錢三百麥斗錢二百仍於寬剩役錢內支
給從廣南西路提舉常平司請也十月二十三日詔自
今均糴斛斗須管先樁見錢方得均糴如違官員徒一
年吏人配千里以尚書省言河陽縣及孟州溫縣百姓
訴納過均糴斛斗不曾支錢詔官吏罰銅有差兼有是
詔。　五年正月二十二日河北東路提刑司奏准朝旨
滄州無縣民昨發政和元年內輸均糴白米每斗支價
錢六十至四十政和二年內又斗支一二十而市價為
百二十并今體量到逐年均糴白米價例比街市私糴
價錢委有低少錢數緣係逐年本州估定行下本縣依
價均糴詔均糴當用市例當職赦宥特免黜責今後如

卷二萬七百九十二

或虧損當重得降黜諸路依此五月十三日詔河東河
北三州自去歲旱霜田苗不收漢蕃人戶類皆闕食可
權罷今年均糴候豐熟依舊宣和七年五月九日德音
京東河北路州縣勘會去年八月已降指揮河北一路
均糴斛斗共八十一萬石其間有閔災傷人戶全不曾
送納及送納未足去處切慮官司為見今歲二麥豐熟
便行催納其不曾支請價錢人戶未納斛斗並與放免
已請糴本人戶及先借諸司斛斗充數起發未曾填納
之數並與展至夏料止據已請錢數依市價折納餘更
不得催理及別作名目抑配收糴如違許人戶徑赴尚
書省越訴向來均糴閬有未還價錢官吏作過互相容

庇仰宣撫司將分依州縣糴本數目曉示人户勘驗所支之數如有未還並督責日下支還了當仍具因依申朝廷黜責向東河北均糴有人户結攬衆户合納之數前去送納如有欠少未足并合補納斛斗並合於結攬人名下催理不得將衆户一例搔擾

卷二萬七百九十二

全唐文

宋會要 遏糴

慶元元年十月二十一日詔朝廷方下廣糴之令如州縣輒敢遏糴許人户越訴監司不爲受理及失覺察仰御史臺彈劾施行從吏部郎中兼權右司張濤之請也

卷二萬七百九十二

綿一作帛

一本無癸卯二字

錢一作式

宋會要 附量衡

太祖建隆元年八月有司請造新量衡以頒天下從之

太宗太平興國二年七月十一日詔權衡之設厥有常制出納之吝謂之有司儻求羨餘必恣掊克苟視成而不戒豈為天下守財之道焉應左藏庫所（及諸倉）受諸州上供均輸金銀絲綿及他物監臨官當謹視秤者無得欺而多取俾上計吏受其弊自今敢有欺度量而取餘羨其秤者及守藏吏皆斬監臨官亦重致其罪　先是諸州吏輸送官物于京師藏吏卒垂鉤為姦故外州吏多負官物至於破產不能償太宗知其事故詔下禁之

淳化三年三月癸卯詔曰書云協時月正日同律度量衡所以建國經而立民極也國家底慎財賦較量耗登既府庫之充盈須權衡之平允如聞秬黍之制或差毫釐垂鉤為姦害及黎獻宜令詳定秤法著為通規既而監內藏庫崇儀使劉蒙正劉承珪言太府寺舊銅式自一錢至一十斤凡五十一輕重無準外府歲受黃金必自毫釐計之式自錢始則傷於重遂尋究本末別製法物至景德中承珪重加參定而權衡之制益為精備其法蓋取漢志子穀秬黍為則廣十黍以為寸從其大樂尺秬黍黑黍也樂尺自黃鐘之管而生也謂以秬黍中者為分寸輕重之制也就成二術二術謂以尺黍因度尺而求釐之度者尺丈之總名焉因樂尺之源起於黍而成於寸分之為釐折釐為毫折毫為絲折絲為忽十忽為絲十絲為毫十毫為釐十釐為分忽則自積黍而

絫釐一作釐絫

取絫從積黍而取絫則十絫為銖二十四銖為兩絫銖皆銅為之以絫釐造一錢半及一兩等二秤各懸三毫以星準之等一錢半者以取一秤之法其衡合樂尺一尺二寸重一錢錘六分盤重五分初毫星準半錢至稍總一錢半折成十五分分列十釐第一毫等半錢當五十釐若十五斤秤等五斤也中毫至稍一錢折成十分分列十釐末毫至稍半錢折成五分分列十釐等一兩者亦為一秤之則其衡合樂尺一尺四寸重一錢半錘重六錢盤重四錢初毫至稍布二十四銖銖下別出一星星等五絫每銖之下復出一星等五絫則四十八星等二百四十絫計二千四百絫為一兩中毫至稍五錢布十二銖銖列五星星等二絫布十二銖為五錢之數則一銖等十絫都等一百二十絫為半兩末毫稍六銖列十星星等一絫每星等一絫都等六十絫為二錢半以御書真草行三體淳化錢較定實重二銖四絫為一錢者以二千四百得十有五斤為一秤之則其法初以積黍為準然後以分而推忽為定數之端故自忽絲毫釐黍絫銖各定一錢之則謂皆定一錢之則然後制取等秤也忽萬為分以一萬忽為一分之則以十萬忽定為一錢之則忽者吐絲為忽分者始微而著言可分別也絲則千以一千絲為一分之則以一萬絲定為一錢之則毫則百以一百毫為一分之則以一千毫定為一錢之則毫者毫毛也釐則十以十釐為一分之則以一百釐定為一錢之則釐者整尾毛也曳赤金成之然以釐為之轉以十倍倍之則為一謂自一忽至十萬忽之類定為則也錢十轉以十倍之則為一萬忽之類定為則也黍以二千四百枚為兩絫以二百四十銖以二十四字十二百黍為十二銖則一兩之則兩者兩以二十四銖為兩相因成十絫為銖則成二百四十絫定為一兩之則二十四以二百四十絫定

十四銖為一兩之則銖者言殊異也遂成其秤秤合黍數則一錢半者計
三百六十黍之重列為五分則每分計二十四黍又每
分折為十釐則每釐計二黍十分黍之四以十釐分十四黍則每
釐先得二黍余四黍都分成四十分則一釐又得四分是每釐得二黍十分黍之四每四毫一絲
六忽有差為一黍則釐黍之数極矣一兩者合二十四
銖為二千四百黍之重每分百黍為銖十黍為絫二銖
四絫為錢二絫四黍為分一銖二黍重五釐六黍重一
釐五毫三黍重一釐二毫五絲則黍絲之数成矣其則
用銅而鏤文以識其輕重新法既成詔以新式留禁中
取大府舊秤四十舊式六十以新式較之乃見舊式所
謂一斤而輕者有十謂五斤而重者有一式既若是權

卷八千六百三十三

衡可知矣又比用大秤如百斤皆懸鉤於架植鐶於衡
環或偃仆手或抑按則輕重之際殊為遼絕至是更鑄
新式悉由黍絫而齊其斤石不可得而增損也又令每
用大秤為顯以絲繩既置其物則卻立以視不可得而
抑按復鑄銅式以御書淳化三體錢二千四百暨新式
三十有三銅牌二十授於太府又置新式於內府外府
復頒於四方凡有卌有一副詔三司使重較定以御書
淳化三體錢二千四百磨令與開元通寳錢輕重等付副
有司先是守藏吏受天下歲輸金幣而太府權衡舊式
失準得因之為姦故諸道主者坐逋負而破産者甚衆
又守藏吏代有校計爭訟動必數載至是新制既定姦

弊無所措中外以為便　真宗景德二年八月詔劉承
珪所定權衡法附編敕而不頒下　四年五月劉承珪
言先監內藏庫日受納諸道州府軍監上供金銀凡係
秤盤例皆少剩蓋由定秤差異是致有害公私嘗以奏
聞尋令校量秤則自端拱元年起首至淳化三年功畢
遂詔別鑄法物付太府寺頒行其重定秤法皆上稟睿
謨兼參以古法顯有依據永息弊欺切慮言之無文行
之不遠今請知制誥趙安仁撰成序一首繕寫以聞乞
降付所司以備檢閱從之大中祥符二年五月三司請
下太府寺造一斤及五斤秤使市肆使用從之　六年
四月劉承珪言先奉詔旨以天下權衡之法不一令詳

卷八千六百三十三

定及刊石為記請令所司檢會諸道有銅鍮法物州郡
并在京庫務各賜石記一本從之　神宗熙寧四年十
二月十一日詔以太府寺所管斛秤歸文思院　哲宗
紹聖四年十一月十六日户部言輒增損衡量若私造
賣者各杖一百徇於市三日許人告每人賞錢有差令
轉運司所在置局製造送所在商稅務鬻賣　徽宗大
觀四年二月九日議禮局劄子臣等伏覩陛下度律均
鐘更造雅樂施之天下為萬世法至於禮器尚仍舊制
未聞有所改作禮樂有國之大本而其末起於度數度
數得則權量正法度一而民不疑今禮樂異制不相取
法非所以一民也臣等欲乞明詔有司取新定樂律之

度審校禮器有不合者悉行改正以副制作之意詔律度量衡先王之制不相襲而歷代亦不同今以身為度起律作樂則於禮制宜依所奏　四月二十四日朝奉郎試給事中蔡薿奏臣聞虞舜五載一巡守則必同律度量權衡成王制禮作樂須度量而天下大服然則度量權衡之致謹者聖人所以行四方之政也恭惟陛下與神為謀以身為度因帝指之尺以起鐘律之制奏之郊廟八音克諧而天地之和應矣臣尚願頒指尺于天下以同五度五量五權之法區區之愚以今日所用度之長短知量之多寡權之輕重非將有所增損也特因仍其舊悉使考協于新尺之度数而定為永法備成一代

卷八千六百三十三

之典昭示無窮乞詔有司討論施行詔依今議禮局討論申尚書省　開封尹李孝偁等奏契勘度量權衡出於一體舊條以積黍為數修立成文令來大晟樂尺係以帝指為数昨已奉聖旨頒行天下其量權衡雖據大晟府稱皆於度緣至今未曾頒用本所欲擬舊條修立即度量權衡不出於一欲依樂尺修立又緣既未頒行未敢立法欲乞詳酌先將量權衡之式頒之天下仍俻付本所以憑遵依修立成條詔量權衡以大晟府尺為度餘依奏　九月十三日工部尚書兼詳定重修敕令權開封尹李孝偁奏看詳度量權衡出於一體內度雖已得旨頒大晟新尺行用緣依政和元年四月十二日

條一作偉

勑應干長短廣狹之數並無增損其諸條內尺寸止合依上條用大晟新尺紐定謂如常長四十二尺闊二尺五分為定以新尺計長四十二尺七寸五分闊二尺一寸三分五釐之五為尺即是一尺四分一釐三分釐之二為一尺又如文武等杖五尺八分以新尺計一尺四分一釐三分釐之二之類如得允當欲作申明隨勑行下即不銷逐條展計外有量權衡今後須到新式續具修定從之　三年十月二十一日提舉荊湖北路常平張動奏竊見諸路皆於會府作院製造等秤給付州縣出賣往往輕重不等欲望責在諸路漕臣常切檢察須管依法式製造無令有輕重之異奉聖旨令尚書省措置勘會民間所用斗升秤等尺依條係諸路轉運司於所在州置務製造送諸路出賣除留功料之直外以五

卷八千六百三十三

分上供餘給本司并近降朝旨依尺製造新尺頒降諸路依樣造新尺出賣其舊尺更不行用及斗秤升等子亦有朝旨令文思院依新尺樣製并依見行法式製造在京并府界諸縣合出賣之數所有外路只降樣前去仍令多數製造出賣訪聞所屬並不遵依條令及所承朝旨廣行製造出賣其餘官司往往未曾依新樣製換易及民間見用斗升秤尺等子多是私造私用與舊官造法物混雜行使無以分別并自頒降新法樣製後來未聞有出賣之數不惟於度量權衡樣製不一兼於合収出賣價錢暗有虧失欲令文思院諸路轉運司各自今來指揮到日立便約度依元降朝旨合造斗升秤等

尺數目限一季廣行製造除官司應用之數自合給换
外依條分送所屬出賣應副民間使用應舊有斗升秤
尺等並限半年盡數首納不得隱留如出限許人告自
除犯人依條斷罪外每名支賞錢二十貫仍先具措置
施行次第申尚書省詔並依　四年九月二十六日文
思院下界奏契勘本院見奉行聖旨指揮别置斗秤一
作除已申請到乞杖造斗秤行人私雇製造等書一遍
休施行外令續條具到下項一契勘新法斗秤見依朝
旨限一季廣行製造降様付諸路轉運司及商税院出
賣今來即未有行使期限欲乞在京及外路並自政和
五年正月一日奉行一契勘鐵鍋法物並合改造須降

卷八千六百三十五

在京官司及天下州軍今來萬數浩大即難以齊寓造
較定應副今欲乞先次料造物法一百副除在京緊切
給納庫務逐急製造交付外其餘官司及諸路州軍並
許令將見舊法物赴院送納請换免支新法物行使所
有今來先造一百副合用銅數於本院劄帳管取般銅
並無見在委是見闕乞下户部計置應付一契勘新造
斗秤朝旨降様付諸路轉運司製造出賣所有造到斗
秤合用圍條火印亦合給降今欲寫造火印二百副逐
旋須降付逐路轉運司從之　五年二月三日少府監
言文思院下界造新降權衡度量令承朝旨權住製造
竊慮合且依舊様製造送商税院出賣候降到許造新

付一作子

様即行住罷又奉詔限一月製造皇太子出閤合用秤
及賜食院製造斗秤續承降到大晟新法斗秤製造須
降閤承尚書省劄付權衡度量權住製造即無部行製
造太府寺斗秤之文是致造作前項緊急生活應付未
得乞下院且依太府寺法製造詔並權依舊製造餘依
　宣和七年十二月十三日尚書省言左司員外郎閻
孝忱奏臣聞嘉量之製具在方册而愚民無知趨利冒
禁姦弊百出自為高下至於剖移規模增加裝具害法
蠹民莫此為甚欲望聖慈明詔上方鑄銅為式頒之天
下以正私偽庶使童子適市莫之敢欺以比隆二帝三
王之盛豈不韙與尚書省措置參酌擬修下條諸增減

卷八千六百三十三

斗升秤尺等若私造私用及販賣者各杖一百增減私
造仍五百里編管私用及販賣並令衆三日以上許人
告巡察人知而不糾杖八十告獲斗升秤等尺私用及
販賣錢二十貫增減若私造錢五十貫從之十二月二十
九日詔户部支錢五百貫令文思院依臨安府斗斗務
造成省様升斗秤尺等子依條出賣其錢循還作本仍
先次製造様制法則須降諸路漕司依式製造分給州
縣貨易行使其民間見行使私置升斗秤尺等子候官
中出賣日並行禁止如或違犯並依條施行　紹興二
十二年二月二十七日右承議郎利州西路安撫司主
管書寫機宜文字吳援言商賈細民私置秤斗州縣雖

傳一作轉

有著令然私相傳用習以為常至有百里之間輕重多寡不同望下有司申嚴法令置造刊鑄字號量立價錢許人請買非官給者重行責罰從之

卷八千六百三十三

宋會要

諸郡進貢

太宗太平興國二年閏七月二十八日有司上諸州所貢閏年圖故事每三年一次令天下貢地圖與版籍偕上尚書省國初以閏為限所以周知地理之險易戶口之衆寡焉至是吳晉悉平奉圖求獻者州郡幾於四百　端拱二年六月二十三日潭州上言於湘陰縣長樂江九乳灘下鍾制作精妙上有古篆八十三字人不之識畫圖以進　真宗景德元年六月十五日詔川陝廣南福建諸州自今承天節三千里内仍舊入貢其外止具表以聞　大中祥符元年七月四日命知誥周起閤門祗候侍其旭編排東封路進奉先是朝陵沿路士庶貢物俟有司給賜頗至稽滯及是命起等主之八月五日詔天下及蕃國以東封遣使貢方物知盡輦赴泰山重成勞費令三司除充庭貢之外並於東京進納止使人齎表泰山陪位　仁宗天聖六年五月二十六日詔河南府每年進牡丹花櫻桃自今止於係官園内有處採取供進從樞密直學士李及之奏請　八年十二月二十八日中書門下言御史臺毋遇郊社於常朝文武百官料錢内等第分減充進奉馬價錢郊禋畢迴賜元進人又多差出難為勘會今後欲令於騏驥院借馬充進從之　景祐元年四月二十三日知江寧府李若谷言

卷一萬一千九十六

乾坤節常年進奉銀一千兩絹一千疋伏緣當府不產銀只是配買累歲災傷人民貧困已將省庫見管土產細絹二千疋上進候豐稔依舊買銀進奉詔令後買銀並依市價不得虧損人民六月十六日起居舍人知諫院郭勸言江淮發運使劉承顏進輪扇浴器乞宣示百官毀擲誕布中外不得以此進獻帝曰扇車給還浴器元不進獻諫官御史章疏更體訪審寔　寶歷四年五月十五日撫州上金谿縣戰坪所得生金山重三百二十四兩帝初令送左藏庫而二司言瑞物宜留禁中乃藏於龍圖閣瑞物庫　皇祐三年十二月二十五日帝謂宰臣曰臣僚謝恩進馬納直四十千清貧可憫宜白令與減半價永為定制龐籍曰臣子進獻君父不當計高下之直聖恩憫察天下幸甚　皇祐五年五月八日中書門下言自來諸路轉運司進羨餘錢物入助三司多是將要用錢數充進後却致本路闕用即於民間無名刻剝或將稅物估高價逼勒折納見錢以充支費致民力困匱深可哀憫詔逐路轉運司今後如本路錢數的是有餘或因轉易所得委不侵虧煩擾吏民方得供進如違重行責降　神宗熙寧二年二月二十五日詔左右街僧道錄每遇大禮畢例皆貢銀稱賀令客省引進訖即時當官給付元進奉人十一月二十六日詔諸路州軍今後慶賀進貢金銀物帛並止具表件析物數

卷一萬三千九百六　二

以聞貢物候上供綱運同附上京　徽宗政和六年四月二十三日詔自今不許監司守臣以供奉進獻為名貢花株果木海錯什物等其見計置下幡錢物色指揮到日撥歸元來去處若輙存留錢物並當以自盜論令御史臺覺察聞奏　孝宗紹興三十二年六月十三日登極赦應諸路帥臣監司郡守許依例進貢推恩十一月四日戶部侍郎向伯奮等言准已降旨將來聖節諸路監司州軍令進金銀錢絹等緣天中節已行進奉權與蠲免令夔州等路有發到進奉物及以後諸路州軍起到數乞下左藏庫交納理作來年進奉從之

卷一萬三千九百六　三

歷代土貢

全唐文

宋會要詔令八貢

徽宗政和七年八月十六日詔黎人久為邊害遣忠令其入貢頗有慕義之心沿路券爲請給可令所部監司守臣如等給賜所到州縣設務令豐備授衣月近特賜錢五百貫令置寒服候到闕先具數申尚書省於榷貨務支幞頭帽子公服腰帶給賜

太宗太平興國八年九月二十一日詔廣州歲貢藤每斤去皺麤中用者纔三兩大通治歲輸鐵尚方鑄兵器鍛鍊外十纔得其四五自藤取其堪用者鐵先鑄成器俾工官淬治之無使負重致遠以瘠民力　淳化三年

卷一萬二千八百六十六

八月十九日詔睦州歲貢阿膠先是煎膠參用諸藥發民汲井供用取水一人所能荷者輸錢三十自今勿復用此藥以州兵代民汲水悉民取水仍責其直　真宗大宗祥符五年九月二十八日詔諸道州府自今土貢並以官物充如無以省錢收市不得配率　仁宗明道二年六月二十五日侍御史知雜李紘言諸州歲貢魚果因送遣羣臣謂之貢餘挾持追逐無擾擾乞行禁止詔自今應供歲貢委三司減節常數羣臣不得因相餽遺　慶曆七年九月八日詔申舊約止絕天下毋得以貢餘為名餽遺違者許人陳告　皇祐三年十一月二十七日詔諸道歲貢茶果飯食諸物係災傷州軍並

令止絕　英宗治平四年十一月二十五日神宗即位未改元詔忱殿煎造果子令後郊禮供進其在京不產者以別果瓜充代更不下外州軍煎造　神宗熙寧元年十二月尚書戶部上諸道府土產貢物開封府麻黃五十斤酸棗仁伍斗河南府峭粉八兩青州仙紋綾一十五匹棗一萬五千顆密州布二端海蛤一匣子齊州陽起石一百兩約礓蠶二十三兩沂州茯苓五斤仙靈脾五斤萊州七孔決明五斤濰州綜絲絁一十匹淄州防風三十斤兗州雲母粉一斤白羊石五兩黑羊石五兩茯苓七斤半青礞石一斤仙靈脾一斤赤箭草七斤半曹州綿二十匹葶藶子三升四合濮州駝紵布二匹

卷一萬二千八百六十六

毛布二匹襄州大青薯藍十五兩母犢皮五十張鄧州綃一十匹白菊花五十六斤隨州綃三十匹滑州綃三十匹蔡州壺虫水蛭各二兩棣州綃一十匹德州綃一十匹廣州綃一十匹恩州綾三十匹邢州解玉砂一百斤懷州牛膝五十斤洺州絁子二匹磁州磁石五十斤磁玉一十斤永興軍酸棗仁五斗地骨皮一十斤同州緺紋靴材一副華州茯苓四十四斤商州麝香二十臍寧州菴蕳蕎子一十斤乾州栢實一十斤儀州弩絃麻皮三十斤絳州防風二十斤半黃蠟二十斤半忻州解玉砂五十斤澤州白密五斗石英二十五兩亳州綃一十匹黃州紵布一十匹越州綾一十匹茜緋紗一十匹

祕色甆器五十事蘇州白墡一十秤湖州白紵布二十
匹明州乾山藥一百斤烏鰂骨二十斤台州天壽根三
斤甲香三斤鮫魚皮三十張睦州交梭絹一十匹布五
匹白瓷五十斤宣州黃連一十斤歙州白滑表紙一千
張大龍鳳墨一百錠信州白瓷五十斤閑銀瓶二隻盛
度州白布一十匹虔州布一十匹益州大花羅六匹高
紵布一十匹眉州麩金三兩蜀州春羅四匹嘉州麩金
三兩邛州絲布二匹黎州紅椒二十斤簡州綿䌷二十
匹梓州白熟綾一十四匹遂州樗蒲綾一十匹資州麩
金五兩普州絹一十匹昌州絹一十匹渠州買子木三
大斤洋州隔織三匹麝香五臍閬州綾一十匹劍州巴
卷一萬五千八十六
戟三斤巴州綿䌷五匹木藥子一百顆蓬州綜絲綾一
十匹龍州附子一斤側子八兩羚羊角四具烏頭八兩
集州木藥子一千顆山茵根一十兩達州藍䌷五匹施
州木藥子二大斤開州車前子一斗二升黃蠟一十斤
涪州絹一十匹䌷五匹渝州綿一十匹瀘州甲香五斤
鮫魚皮二十張達州細布一十匹　元豐三年二月十
二日詳定朝會儀注所言唐尚書戶部主貢物大朝會
則陳之國朝舊儀元正朝賀所陳貢物僅存其名蓋有
司之闕謹稽按圖誌推原州郡物產之所宜輕重多寡
稍為條次京東路南京絹二十匹兗州花綾十匹墨苗
斤茯苓雲母防風紫石英各十斤徐州雙絲綾䌷絹各

一十匹曹州絹十匹葶藶子三升青州綾二十匹鄆州
絹十匹密州絹十匹牛黃三兩齊州絹十匹綿百兩陽
起石防風各十斤濟州阿膠三十兩沂州紫石英仙靈
脾茯苓各十斤鍾乳三十兩濰州紋綾二十匹登州牛
黃三兩金十兩石器十萊州牛黃三兩牡蠣海藻各十
斤石器十單州蛇床防風各十五斤濮州絹十匹淄州
綾十匹防風長理石各五斤淮陽軍絹十匹餘十五路
稱是見元豐三年九域志又言覆畫冀州以帝鄉入獻
不貢異於餘州唐地理志京兆河南府皆有貢今開封
府雖不列於諸州亦宜復土貢並從之仍詔貢物應
者給省錢偶無者聽以他物代並遞夫傳送　徽宗崇
卷一萬三千八十六
寧三年二月四日講議司送判祭詳官林攄劄子近因
參考殿中六局之制見供奉所須之物多市於諸州甚
非所以奉至尊彰洪業也伏望睿斷特命有司盡講天
下土貢之法行之以所在坊場錢充用庶幾名正實順
久而可行詔令諸路轉運司據地土所出具合貢名件
聞奏　政和三年三月七日夔州路轉運判官龐恭孫
奏建置珍州歲貢細茶芽十斤黃蠟二十斤候本州起
税了當每遇天寧節及大禮依例進奉銀絹梓州路轉
運司狀建置純滋州并管下縣城寨堡所有逐州每年
合發進貢夔州路新建州郡事體一般欲乞依夔州路
轉運司已得指揮施行從之七月十四日戶部奏宣德

郎權勾當內香藥庫曾安強契勘本庫受納諸州土貢欲乞依崇寧歲貢六尚供奉令知通躬親監視選擇用袋入本匣臣名封印申發本部令勘當欲依本官所乞事理施行從之　十月十七日殿中省奏勘會諸路貢物官司計置不依時暴涼不如法以致損壞起發不依限若已有崇寧敕各從杖一百斷罪外若係被差管押攬擊之人起發在路故違程限或津般安放不謹從來未有約束本省今相度欲乞諸州應差管押攬擊貢物之人若沿路無故稽程或津般安放不謹致有損壞罪輕者杖八十從之　五年十二月二十五日壽州狀撿承政和諸路歲貢六尚局格淮南路壽州揀蜂兒一百斤

卷一萬三千八十六

緣本州自來不是出産去處安豐一縣土産不多契勘本路廬和舒無為軍等州縣各有土産地分伏望將本州合貢數目同共承認供奉歲貢詔從之仍減三五十斤　高宗建炎四年六月十日中書門下省言四川每年合赴內東門司及內藏庫送納進貢匹帛累年不到詔令張浚催促依年例送納如有已起在路及截留椿管數目並仰津發赴行在送納　紹興三年五月十四日都省言揚州依格合發土貢細紵布係是溫泉州出産之物本州累經殘破目今並無客販望權蠲免二年旗將來成井邑起稅賦日依舊從之　二十九年閏六月十六日詔建康鎮江府見今起發水段道路迢遠勞

費人力今截日止住津發　三年四月九日荊湖南路轉運司言全州出産斑竹置造器玩況全人之産鮮豊而土景毛之出不厚所籍斑竹戶虛占民力欲望免罷如朝廷須索臨時製造兼乞禁止本州不得於肆源人戶取索斑竹其籍定人戶却承受本等色役從之　十年十二月進奏院上諸路貢物青州仙紋綾一十匹棗一萬一十顆濰州綜絲絁一十匹隨州絹三十匹慶州紫茸白花氈四領邢州解玉砂一百斤亳州絹一十匹蘄州白花蛇五斤海州獐鹿皮二百張越州綾一十匹婺州布一十匹成都府花羅六匹高紵布一十匹昌州絹一十匹遂州樗蒲綾一十匹簡州綿紬二十匹洋州隔

卷一萬三千八十六

織三匹蜀州春羅四匹梓州綾一十匹蓬州綜絲綾一十匹泉州花素綜布二百匹

宋會要　禁珠玉　貢珠玉　獻珠玉

太祖開寶五年五月，太祖遣小黃門以廣州進納折到劉鋹先居殿宇梁柱上瑇瑁數斤及收復之時兵火燒殘真珠數千顆宣示宰臣，仍令速降宣命示諭嶺南道，令後不得更差人採取真珠。史本紀同。先是，劉鋹之據嶺南也，於其管內海門鎮招置兵士二千餘人，目為媚川都，惟以採珠為務，皆令以石硾足，蹲身入海，沉水而下，有至五百尺深者，咽溺而死者無日不有。所獲真珠充盈於府庫，人莫知其數。又所居殿宇皆以瑇瑁飾其梁棟。及王師收復之際，一旦盡為兵火所焚。至是，知廣州潘美等言其事，乃詔廢媚川都，因令美等閱其兵士，簡其少壯者千餘人立為靜江軍，老弱者放歸田里。仍詔廣州管內百姓今後不得尚襲餘風以採珠為業。由是嶺南之俗稍息其游惰，復歸於農業也。太宗太平興國五年九月，容州採珠場貢珠百斤，賜牙校及負檐者銀帶衣服。七年八月，海門採珠場獻真珠五十斤，徑寸者三枚。雍熙元年十二月，詔曰：致本抑末，敎化於是興行；祇璧捐珠，淳靡於焉止息。朕祗承丕構，緬慕古風，思欲崇尚儉朴，革去澆競，却難得之奇貨，復大化之淳源，宜自我先，以率天下。其嶺南諸州採珠場罷之，官私毋得採取。仁宗天聖三年五月，詔閩廣州採珠場聽民戶採取，止收稅錢，自來有何條約。宰臣王欽若等言：先朝累有

條約，蓋以海上採珠之民深入淵潭，為利所誘，不顧生命，比至出水，多至殞絕，故憫此艱苦，下令禁止。況珠玉寒不能衣，饑不可食，歷代聖帝明王寶穀貴賢，不以貨為貴。帝曰：卿等所言是也。　景祐四年正月二十七日，衢州客毛英言：將產業於蕃客處倚富賖真珠三百六十兩到京，納商稅院，行人估驗價例，稱近降詔禁止庶民不得用真珠耳墜項珠，市肆貿易不行，只量小估價。緣自賣下真珠，方得限錢納稅，無所從出，乞封回廣州還與蕃客。詔三司相度，許將真珠折納稅錢。　康定元年二月二十九日，殿中侍御史陳洎言，乞將真珠折馬價。據權三司度支判官劉沆等減定見賣真珠等第價直錢數，詔依所定施行。續通鑑長編：神宗熙寧四年，廣南西路鈐轄陳誠言：欽廉等瀕海州猺戶，如自造船入海採珠，即從其便，官者聽土人收養，更不科罷，所貴海戶無飢窮流徙之人。從之。

神宗熙寧五年七月四日，河北沿邊安撫司奏：勘會到四榷場真珠已賣未賣數。御批：訪問客人多却自榷場販到京師出賣，可令雄州據未出賣盡底內收，因走馬承受赴闕管押上京，置場出賣。　七年正月一日，詔定諸廣南真珠已經抽解，欲指射東京、西川貿易者，召自力戶三兩名委保，赴稅務封角印押，給引放行，各限半年到指射處，與免起發處及沿路稅，仍俱邑額等第數目，先遞報所指射處照會，候到日，在京委當職官估價，每貫納稅百錢；在西川委成都知府通判監估，每貫收

税二百錢出限不到約估在京及西川價報起發處據
合納税錢勒保人代納即私販及引外帶數或沿路私
賣及買人各杖一百許人告所犯真珠沒官仍三分估
一分價錢賞告人　徽宗大觀二年十一月十九日禮
部狀修立到下條諸非品官之家不得以真珠為飾詔
從之三年十二月二十一日詔令後真珠更不許計置
上洪只許就本處置賣循環作本即不得因緣阻節有
失招誘之意　高宗建炎元年十月十二日宰執詣御
舟御榻前奏事訖上曰昨日有內侍至自京師齎到內
府真珠等物一二囊朕投之汴水矣黃潛善曰可惜有
之不必棄無之不必求上曰太古之世擿玉毀珠小盜
不起朕甚慕之庶幾有以息盜爾　孝宗乾道四年十
月九日權知康州詹俊又言本州昨蒙降詔罷貢真珠
然官吏採取日甚日至逼勒蛋戶深入無涯之淵墜身
殞命皆不知恤期於得珠而後已乞行下本路監司嚴
行禁戢違者職位姓名按劾聞奏從之

宋會要
高宗建炎元年十月十二日宰執詣御舟御榻前奏事
訖上曰昨日有內侍至自京師齎到內府真珠等物一
二囊朕投之汴水矣黃潛善曰可惜有之不必棄無之
不必求上曰太古之世擿玉毀珠小盜不起朕甚慕之
庶幾所以息盜爾

宋會要

淳熙三年九月二十五日，參知政事龔茂良、李彥穎奏謝外日蒙恩宣示宮禕衣，臣茂良等奏：寒遠書生，獲覩儀物之盛，實為榮遇。上云：珠玉之屬乃就用禁中舊物，所費不及五萬緡。臣等奏云：若不因宣諭，臣等無由得知支用如此不多。上云：朕安肯於此妄有所費。因宣諭近來風俗如何，莫大段奢靡否。茂良等奏：輦轂之下，近年似稍修，皆由貴近之家倣傚宮禁，以故流傳民間，如鬻簪珥者動必言內樣。彼若如聖意崇尚敦樸，亦必觀感而化。上云：若要革弊，當自宮禁始。茂良等奏云：仁宗皇帝嘗以南海沒入蕃商大珠賜溫成皇后，后時為貴妃，以充首飾，戚里靡然效之，京城珠價至數十倍。仁宗聞其事，因禁中內宴，望見貴妃首飾，不復回顧，云：滿頭白紛紛，殊無忌諱。貴妃皇恐易之，仁宗大喜，命剪牡丹遍賜妃嬪。不數日間，京城珠價頓減，此之貨幣不行。上喜云：此事誠當始於宮禁。茂良等奏：古人謂動民以行不以言，今陛下深究治道之原，中宮又以儉德著聞，躬行于上，何患弊俗不革。上曰：然。

卷一萬九千九百七十二

宋會要 食貨

真宗大中祥符九年正月，秦州宗歌族次回訖李四等貢玉，送內藏庫，召玉人估價售之。凡玉大小三十九團，內一團非玉，是楊廣石，不中用。外看驗除夾石、賊氣、古玷、內侵、石間道、煙賊氣、內侵煙、散顏色、青次及病色深損傷等，各人鈒笵腰帶，用共估錢四百餘千。詔依估價賜錢，非玉者令禮賓院給還之。

宋會要 職官

高宗建炎四年三月七日，宰執進呈宣撫處置使張浚奏大金國進奉珠玉寶貝等物已至熙州。上曰：大觀、宣和間茶馬之政廢，川茶不以博馬，惟市珠玉，故馬政廢闕，武備不修，遂致胡虜亂華，危弱之甚。今若復捐數十萬緡貨易無用珠玉，曷若愛惜其財以養戰士，不若以禮贈遺。

卷一萬九千九百七十三

異同注入 餘者不寫

開五年十月 一條在水運

載水運以勵之 十有三日諸道云云

宋會要 宋漕運二

太祖建隆三年三月詔三司起今戍軍衣並以官脚般送不得差編戶民

乾德六年五月詔曰王者之道使人以時非惟不奪於農功亦冀無煩於民力自今應諸道州府軍縣上供錢帛並官備車乘輦送其西川諸州合般錢物即於水路官自漕運不得差撥所在民人仍於逐處粉壁揭示詔書

開寶三年九月詔曰成都府錢帛鹽貨綱運訪聞押綱使臣并隨船人兵多冒帶物貨私鹽及影庇販鬻所過不輸稅算自今四川等處水陸綱運每綱具官物數目給引付主吏沿路驗認如有引外之物悉沒官六年六月命積州團練使曹翰都大催督汴路運船太宗太平興國七年二月詔先是劍南兩川嶺南荊湖陝西諸州每歲上供錢帛悉發民負擔頗為擾宜罷之自今並以傳置卒充其役八年九月四日以洛苑使演州刺史王賓儒州刺史許昌裔在京同勾當水路發運事以軍器庫使順州刺史王繼昇駕部員外郎劉蟠在京勾當陸路發運使先是歲漕江浙粳米四百萬碩赴京以備軍食皆和雇百姓駕船雖有和雇之名其實擾人太宗聞之特令給每船所用人數雇召之直委主綱者取便雇人不得更差擾百姓及是有舟船數十綱到京卸畢月餘不能離岸者帝訪知乃責有司且

卷一萬五千九百四十四

問其故乃省司未南來運船於力勝外剝附皮革雜閑之物至京而掌庫者不時受納是有停滯之患判使而下減奪俸以勵之十三日帝曰諸道州府多差部內有物力人戶充軍將部押錢帛糧斛赴京此等鄉民鄉村之民而篙工水手及牽駕兵士皆頑愚無賴之輩豈斷人可擒制耶侵盜官物恣為不法者十有七八及其欠折但令主綱者填納甚無謂也亡家破產往往有之乃詔自今荊湖諸州綱船令三司相度合銷人數依江淮例差軍將太將管押其江淮兩浙諸州一依前詔不得差大戶押綱九年十月鹽鐵使王明言江南諸州載米至建安軍以回船般鹽至州出賣皆差稅戶軍將管押多有欠折皆稍建安軍鹽倉交裝斤兩不足準令年三月數每鹽一石已上破隨綱鹵鹽一升恐卸納補填鹵鹽折耗不足每石更破銷耗鹽二升管押使臣三司大將軍將州府軍將綱官梢工本綱部轄節級同認數請納少欠等第均填自後未有申報欠少去處緣已前江南諸州般鹽稅戶軍將逐綱請三五千石多是欠少一分已上動計及千貫已上錢數無非破產填納例遭枷禁枝料前件人皆是村民差充軍將望其情狀皆非侵欺若令破產填欠似傷風教稍加寬恕深使公私其未欸添耗已前於建安軍請出鹽貨未到本州及雖到未經交納欠數每碩

食貨四二之一

按水運欽雍 熙二年條

沉疑況

五升以上者乞依條勅與破耗鹽如已經欠納及欠數不及五升者不在此限除破耗鹽更有欠少鹽價不以前後並乞擬數勘定年限隨夏秋稅租催納如三百千已下三年已上至五百千五年已上七年百千已下一年訛之雍熙四年十一月詔曰訪聞西路所發係官竹木栰筏緣路至京多是押綱使臣綱官團頭水手通同偷貨竹木交納數少即妄稱遺失自今應出竹木州軍并緣河諸州及開封府嚴行約束每有栰筏至地分畫時催督出界違者並準盜官物條料罪 宋史宋琪傳 端拱中宋琪上奏平燕薊十策其八曰饋運比每見國朝發兵未至屯戍之所已於兩河諸郡調民運糧遠近驗然煩費十倍臣生居邊土習知其事況幽州為國北門押萬重鎮養兵數萬應敵乃其常事每逢調發惟作糗糧之備入蕃向決軍糧自齎每人給麩斗餘盛之於囊以自隨征馬每疋給生穀二斗作口袋飼秣日以二升為限旬日之間人馬俱無飢色更以等官子弟戰力津挈裹送則一月之糧不煩饋運俟大軍既至定議取捨然後圖轉餉亦未為晚　墨莊漫錄發運使淳化四年始建官馬陸路轉輸於京師者至六百二十萬石通泰楚海四州羨海之鹽以供陸路者三百二十餘萬石後運陸路之錢以供中都者常不下五六十萬貫淳化四年額上供米六

卷一萬五千九百四十四

二

百二十萬石內四百八十五萬石赴闕一百三十五萬石南京幾送納雖南一百五十萬石一百二十五萬石赴闕二十萬石咸平尉氏五萬石太康江南東路九十九萬一千一百石七十四萬五千一百石赴闕二十四萬五千石赴扶州江南西路一百二十萬八千九百石一百萬八千九百石赴闕二十萬石赴南京湖南六十五萬石盡赴闕湖北三十五萬盡赴闕兩浙一百五十五萬石八十四萬五千石赴闕四十萬三千三百五十二石陳留二十五萬一千六百四十八石雍兵至道二年二月詔自三門操鹽務裝發至白波務每席支沿路拋撒耗鹽一斤白波務支堆垛消折鹽半斤自白波務裝發至東京亦支沿路拋撒鹽一斤其耗鹽候逐處下卸如有欠擁消折不盡數目並令畫底受納附帳管係八月詔京湖般糧赴真州等處卸納迴脚千料船或裝鹽迴並依例破十分人力空船所破八分人力如千料已下船並依此比附分數十二月詔應諸道州府軍監今後合要支用財穀等各須預先計度準備支遣諸處起發上供金銀錢帛斛㪷綱運並須赴京送納緣路諸州不得輒有截留如有擅留處其知州軍通判職官等並當除名轉運使副各勒停三司轉運司發遣司州軍孔目吏已下並決配遠惡處常以三司文籍多是積年淹延因問其故稱

食貨四二之二

諸道上供物色沿路每有截留勘會住來勤經歲月因此絶之三年十一月詔曰西鄙運糧兵夫勞與近邊諸軍輓送所以息民今嚴冬在候士卒亦宜放歸仍賜緡錢真宗咸平四年八月詔至道三年部糧草入靈州官員自來京不該元降敕命酬奬者並特放選注家便差遣十月詔曰國家以近邊諸郡式遏寇戎歲屯萬旅之師日有千金之費雖賦租無闕量經費以滋多而轉餉頗勞在久長而可慮主其豐耗屬在計司免貽旰食之憂爰詢贍邊之略佇聞婉畫式副虛懷宜令三司三部衆官同共商議擘畫久遠當得辦濟不致愆闕仰一一具奏仍差吏部侍郎陳恕監議至十一月恕等條上利害事具鹽門五年七月詔戶部判官凌策與江南轉運使同計度罷者自今至廣南香藥遞舖軍士及使臣計六千一百餘人皆陸運至虔州然後水運入京景德元年五月詔京畿守凍綱運兵士逐處縣分依例接續支口食料錢仍每人特支醬菜錢百文行運時全支二百文更不尅折仍令東西排岸司辨揀房屋綱運到京庫務未納各詔排岸司分於其門造飯供送庫務疾速交納不經三司使陳告並當嚴斷十月淮南轉運使劉綽請漕運所出州軍知州通判依河堤例兼管輦運公事從之二年十月詔黃河綱運宜令三司自今後一年船運無疎失者其部

卷一萬五千九百四十四

三

轄殿侍三司軍大將綱官綱副每月增給緡錢三年二月詔河西軍營在府州者所給芻糧自今增置渡船仍舊於保德軍請領如水漲冰合即就隨處給遣或預令輦載以往委轉運司專提振之先是河東民常賦及和市芻粟並輸府州而涉河阻山頗為勞苦尋詔從屯河東保德軍其営在府州者聽量留之而芻粟之費並給於保德軍條約已來公私為便至是上封者言德水漲冰結則軍士涉河往來艱阻帝志在愛民故特申前詔十月四日提舉綱運謝德權言汴水公私舟船多有阻滯蓋形勢船舫在岸高設檣竿他船不可過也乞降條約每有船過并令倒檣以便於[illegible]帝謂王欽若等曰如聞商旅頗以為患可嚴行誡約如尚敢以形勢妨礙令所在具名以聞當重行罰十一日都大發運副使李溥言諸路逐年上京軍糧元無立定額只據數撥發乞下三司定奪合般年額三司言欲以淮南江浙荊湖南北路至道二年至景德二年終十年般過斛㪷數目酌中取一年般過數定為年額仍起自景德四年船般上供六百萬石永為定制仍以夏秋稅及和糴斛㪷除椿留準備外餘數並盡裝般須管數及年額內有路分災傷般輦不敷額即具保明申奏減免分數從之四年五月詔河北沿河州軍綱運自今以軍士充役如役部民七月詔諸州遣軍士

赴京東下卸者自今附口糧外月別給錢二百仍葺營屋每使其休息帝以士卒外役即留稟給之半以贍其家致飢寒不給特優卹焉大中祥符元年二月帝謂王旦等曰如聞江淮運糧和顧舟楫商旅趨利阻其貿易則京師粒食或致增價可令今後不用和顧三月從麟州府州戍兵及鈐轄於河東以邊部寧謐減轉餉之煩也仍令轉運使於河西預積芻糧以備緩急免非時擾民餽送九月詔福建山路險惡其輦致官物軍士自今遇旬休節序並特給假二年十月詔如聞江淮兩浙等路運糧上供雖甚寒不止自今宜準例令軍士休憩兩月職官分紀 大中祥符二年召近臣觀書龍圖閣上開元和國計圖二司丁謂曰唐自江淮歲運米四十萬至長安今江淮歲運米五百餘萬斛知今府庫充實倉廩盈衍上曰誠賴天地宗廟而國多備亦自計臣也謂再拜三年九月知揚州許逖請兩浙路權罷和雇舟船所冀行商得載糧斛以濟經旱民庶從之四年十月帝詔示王欽若等發運使文思使李溥陳述年終漕輦之續可特改北作坊使以酬之五年四月詔淮南堰埭運糧挽舟軍士四時給役頗勞苦自今冬季並令休息六年三月詔黃河自河陽已上至三門并峽路河江水峻急險山河並依舊條外有黃河自河陽已下并三門已上至謂橋倉并

卷一萬五千九百四十四

四

諸江湖淮汴蔡廣濟御河及應是運河水勢調勻本綱拋失重舡一隻依舊條徒二年二隻遞加一等並罪止十一隻空船各減一等押載押運節級降充長行綱副勒充稍工使臣人員並替稍工梢手罪各有差如汎散得糧斛即以分數定刑四月重定山平河路失栰木條格栰頭以一栰為準團頭綱副監官殿侍以一綱為準山河以笞平河以杖栰頭團頭以家貲償官不足則杖之殿侍杖而勿償初太平興國八年勅定平河條格至有杖背者議者以其太重而山河悉無條格編勅所上言付三司與刑寺詳定且請舉其所失為十分分定罪止杖一百從之十月三司言揚州運鹽四千斛赴杭州凡四十船船二百斛有盜及太半者官司止論走鹵罪杖而免之頗容姦弊自今應鹽船除耗外有隱數者請令劾罪備償從之七年四月詔廣南諸州上供物色雖綱運不多如聞皆自本州專差牙校管押赴京地里遙遠頗聞勞止自今並令減省其數遞送赴闕八年四月國子博士夏侯晟等言監百萬倉收到出剩乞行酬獎詔曰自京畿達於淮泗倉庾相望轉漕至多若無增損之數寧有羨餘之積俾均出納屢降詔條仍覽典司尚形僉奏特申明於舊制表深示於至公因或損人以圖薦勸宜令三司遍行指揮有裝納倉敖去處及在京諸倉監官等並須兩

平受納不得減尅收到出剩並不理為勞績但一界了當別無少欠即依元勑施行五月詔諸州軍差兵士充梢丁主提綱船者並依牽駕兵夫例支給口食先是淮南江浙發運使李溥上言牽駕兵士不認折欠仍給口食梢工抱認折欠陪納官物即不支口食頗未均濟故有是條約閏六月詔廣南西川京朝幕職州縣官丁憂離任情願管押綱運者並聽仍給驛券九年正月令內藏庫應諸州上供疋帛內有些少損汙者更不退還諸州初中使江德明勾當庫司言自來綱運中有汙損者悉付逐州區斷昨自去秋已來諸道急於輦運上京欲望有損壞者悉免退還區罰帝曰德明此奏頗有所見故從之二月詔如聞廣南上供綱運悉令官健護送至闕頗亦勞止自今令至虔州代之四月江淮發運使李溥言今年初運七十一綱糧斛百二十五萬三千六百六十餘石自前逐綱一員管押既鈐轄不逮遂多盜竊官物今以三綱併而為一則監主之人加二倍通管之則綱船前後得人拘轄可減盜竊內奉職大將三人同押當七十二綱糧斛四十九萬石綱外止欠二百石竊取既少則大減刑責押綱人乞第賜緡錢從之六月詔清河并江湖綱運梢工盜取官物却以他物拌和有人告訴者如一船內只拌和數少不贈故意沉溺舟船者只將已拌和却鹽糶官物願斛數目估價直每一千省支與告事人賞錢百文如估直至五百千已上者止給賞錢五十千若估價不及一千者亦依一千例支賞兹以條有錢充先是李溥上言元勑應盜官物并雜以他物及故為侵倖沉溺舟船者如有人告獲每一船給賞錢三十千二船四十千三船已上五十千官司執是法以罪而不分輕重之差乞別行條約故有是詔天禧元年正月詔漕運之務雖國計以攸資舟楫之勞諒人功而可恤其江淮等處上供斛斗特權罷今年春運一次六月江淮兩浙發運司言真州等處轉般倉及江浙上供米二百七十餘萬斛欲留逐處以濟闕乏從之七月知許州向敏中言京西轉運司支撥均襄房鄧州軍見錢於許州下卸支與西京及諸州充備收糴斛斗先准見錢不得令遞鋪遞若止差衙前破官錢雇脚般載自是衙前人因般錢陪補破蕩者甚衆況至襄至許香藥遞鋪別無大段綱運其計度收糴斛斗價錢欲乞權且入香藥遞鋪運至許州下卸候轉遞諸州糴斛斗價錢備即依舊制從之十二日詔京東西河東河北陝西淮南等州軍上供綱運陸路至京者在道若寒宜分遣使臣馳驛往逐州應有綱運到處悉令准數納置庫收管其部送牙校當給日食者勿停至來春輦送赴闕果曉詔河東沿邊諸州軍河外麟府錢糧

卷萬九千五百四

五

民輦送芻糧者宜令特免一年八月十一日詔江淮發運司嘗來三萬碩由海路送登萊密州十二月淮南江浙荊湖制置發運使黃震言承前諸州來綱少欠其部送官員悉均償欠數望令自今止勒元部綱牙校等均償從之官員顯有侵欺者乃償是月都大巡檢汴口堤岸張君平言淮南兩浙荊湖廣南福建路雜般綱運軍士望自今約度地里就本處併給緣路日食免費近京倉糧詔付三司定奪以聞二年正月荊湖北路轉運使王吉長言綱運所過州軍多給大小麥為兵健日食望令自今並支粳米從之二月詔御河押運三司大將軍將殿侍并見在本河押運人員等並令於元定二十萬物色上更添五萬共作二十五萬如三年滿得替自能於裝發去處認數裝般及得二十五萬數即依例引見酬獎或內有元差諸處衙前請般物色其押運大將軍將殿侍等只是管押綱船不曾住數裝般官物亦須及得三十萬數別無損濕少欠拋失違程及雜犯罪倦亦許依例引見酬獎四月江淮兩浙發運司言今春發諸州軍銀帛綠綿五十五萬五千計糧儲四百七十萬碩上供帝曰江淮方稔宜令更留三二百萬碩以充軍糧免其擾民從之閏四月詔三司所般布帛除已般輦外所餘者並於水路般運上京無復差撥車乘六月三司言汴河綱船除二百五十料至三百五十料者已自楚州五運泗州六運更不增力勝斛斗其四百料已上至五百料綱船欲令並增力勝從之九月十八日詔三班使臣部送益州綱運至荊南無遺闕者自今無遺賜錢十五千三司軍大將十千二十八日三司言江淮兩浙荊湖五路押綱殿侍自來不許般家望自今許挈家隨行所貴就得請受並用贍家從之十月七日三門白波發運使杜詹言自今有拋失收救到鹽糧及諸官物許本司差隨處地分官員躬親點檢送官從之十九日淮南江浙荊湖制置發運使賈琮等言綱運兵梢多是盜拆舟船板木貨鬻致官綱於江河行運闕少勘使多致疏虞望下開封府發運司諸路轉運司令逐行指揮逐處排岸司及地分巡檢軍人常加察舉從之十一月詔諸路州府軍監自今移應起發上京綱運所差因便押綱得替幕職州縣官等並給與驛券仍令起發綱運州軍責勒文狀委得在路躬親鈐轄依程赴京不得取便別路行犯者從違制定斷初御武軍得替司法參軍路在押綱赴京而中路擅自離去為本軍所奏故條約之三年正月殿中侍御史王臻請下發運司自今糧綱十分人七分差兵士三分給和雇工錢詔令今多差軍士相兼勿得專雇人夫仍令轉運使提舉十一月詔荊湖江淮南水路綱運自來隨紅勤使

卷萬九千五百四

六

及鋪襯苫蓋之類官更給數餘並綱官等率斂兵士妻自轉運司及制置
發運司應綱船動使鋪襯苫蓋物並從官給不得更令兵士出辦四年三
月三司言前詔江淮兩浙荊湖五路部綱殿侍聽挈家屬隨綱其忠武石
塘僧濟撫蔡河拌薪炭者亦望如前詔從之十一月詔罷河東沿邊州逐
明年轉般芻糧以本路轉運司言邊儲有備故也五年八月三司使李士
衡言京西河北轉運司元規度於河東晉州發斛𣂏三十萬赴滑州山路
艱險處或稽期欲止於滑州通利軍入中優給其直從之十月詔與淮南
江浙荊湖發運使周寔以其自春至冬運上供米九六百餘萬碩故也乾
興元年三月仁宗即位未改元三司言兩浙荊湖產茶州軍準大中祥符
二年勅須預辦人船及時計綱發赴合納榷務下卸不得積留在彼損恐
官茶及有損出賣虧失課程諸州軍近年多不依限起發欲乞明立科條
須限當年江河水勢未落日前盡赴逐榷務交納不得延至秋冬致水小
阻滯如今後公然怠慢不預計置般送致有稽遲並委制置司取勘官吏
情罪內干繫人依法區斷命官使臣取裁從之十二月上封者言兩川四
路物帛綱運每日逐鋪常有積壓主持人等般運苦辛斜卒之時不無勞
擾國家取之無膀使蜀中物價何由平賤望以兩川所發綱運一年計其

卷萬五千九百四十

七

數於內詳酌不急之物可與減放三二分庶使遠民寬裕聖澤普均詔三
司定奪聞奏三司言兩川疋帛自來計度每年聖節端午十月一日內人春
冬衣賜并準備非時傳宣取索及國信往來兼應副南郊支用綾羅綿綺
鹿胎透背欹正生白大小綾花紗絹等下益梓州兩路織買出產州
依久例於出產州軍逐旋計綱起發上京於內藏庫送納今詳所陳乞與
減二三分誠為便民其如國家年計支費不少若或減省深慮闕供今定
奪除錦三十五段全減不織造外其餘欲且依舊其絹布綿絲綿自來於
益梓利夔四路轉運司轉下州軍每年買綱除應副陝西河東京西轉運
司及本路州軍衣賜支遣外如有剩數即令逐州軍差人管押上京送納
每年省司元不拋樁定上京數目所有自西川水路起發布帛七十六萬
足赴荊南水路轉般上京並要應副在京并京西州軍衣賜支遣今定奪
難議減省欲且依舊從之仁宗天聖元年三月三司言提點倉場所奏詳
事件內綱運載斛𣂏上京內有濕潤即監錄稍工綱官攤乾比元樣受納
若無欠擘從不應為重斷納外有少欠亦取勘情與依條施行省司看詳
糧綱稍工綱官濕潤斛𣂏已有條例斷遣外押綱人員未有條貫欲乞今
後如有濕潤斛𣂏船五隻以上其押綱殿侍軍大將各二十三隻加一等

罪止杖六十委排岸司勘斷申解赴省斷遣如一年內兩為濕潤斛𣂏該
杖者即勒下每裝發綱運委知州通判或本判官兵馬都監監押排岸使
臣在倉提點兩平量不得虧損綱運許押綱人員指定布袋封記乞行盤
量如實比元樣虧少並勘逐元裝發倉分監專等情罪依條施行又自京
至泗州催綱更不差使臣三人只令內侍曾繼華來逐馬往來覺察催趲
綱運逃提催雜拌和擬點沿河地分都監押巡檢催綱使臣令依等級先
降編施行仍令各置曆每遇綱到分事並令所屬州軍批書使得替繳連
申奏量與酬獎遲者勘罪聞奏又每綱船至雍丘令本縣兵馬都監與過
橋縣尉東排岸司預定下卸倉分及委排岸司候到差人句催不得住滯
隔驀如違許人陳告不虛支賞錢五千以下錢抽稅力勝錢花排岸司官
吏並當嚴斷又自今起運轉運差使臣忠佐二人監催下卸搜檢窠船不
得隱藏官物沿河排那泊處除押綱人員船外不得存留燈火衛鑼拌和
或綱船津滴弱兵稍走報押綱人員取燈火與地分巡檢同共觀步發遣
官物不管疎虞新城外委逐檢閘封隙留界汴河兩岸巡捉縱綱使臣依此
施行押綱人員能自部轄綱梢工愛護官物不致入水拌和舊運合司
看驗並是乾圓即令批上印紙與磨勘至得替一界並不曾有斛𣂏濕潤更

卷萬五千九百四十

八

與押綱一次其年終般過斛𣂏地里合該酬獎人數不在此限如或不切
用心鈐轄稍有彰露即依法科罰並從之四月詔淮南居河路縣分應造
下土硃土鑊擬要賣與綱運拌和斛𣂏人等已前天禧五年十二月條貫
自今仍許鄰人受諸色人告捉送官勘逐不虛並支與賞錢十千以犯事
人家財充應斷遣後與舊居止處人別生離嫌移送鄰近州縣不居河路
去處居住鄰人知而不告別致彰露並重行科斷如不上情以然不覺察
於杖六十條斷遣五月詔自今般鹽船至京交納數足外元破在路耗鹽
每席二斤半數內卻能愛護不至拋撒留得耗鹽於十分中量破二分等
第支與押綱人員等充賞每及五席以上以一席錢均給押綱有員數侍綱
官等每人二千副綱一千稍工每席二百文其人員綱副及到五席已下
稍工及到一席已下更不支賞人員并綱副須是全綱送納各有出剩即
依此支賞若或綱內雖船數出剩其餘船卻有少欠不在支給之限是月
三司言黃汴河句當使臣年滿得替裁種榆柳及得元條例與家使差遣
與緣汴河都監監官等每有綱運經過並不鈐轄斷絕乞今後各令於地
分內催促綱運依日限出地分及令本處使臣遞相置曆抄上到發月日
供催促出地分於界首使臣處印押如內有故住卻日數亦須開說即不

得妄外取索綱運申報候得替除栽種到榆栁及元條數目外須是將催
過綱船月日上曆子令州府與栽種榆栁一處繳連申奏及捉到偷糴
拌和斛𣪘及少數目係甚刑名斷遣批書分明方與酬奬從之三司鹽鐵
副使俞獻可言乞下陝府西路轉運司指揮鳳州或鳳翔每川陜綱運到
驛令稅務監官每十擔計抽揀一兩擔如有影帶匹帛盡底點檢勘罪依
條施行從之七月三司言陝西路轉運司奏轄下沿邊四路州軍大乞軍
馬每年支撥軍須物色萬數不少逐州軍所管衙前人數又多例各一年
兩次差遣當司相度欲依河東轉運司例每年於在京馳務差撥駱駝二
百頭差殿侍或三司軍大將四人每人分駱駝五十頭就近於草地牧放
餵養准備沿邊州軍緩急少闕軍須物色立便抽差部轄管認般送應副
不至撓民詔下三司定奪省司檢會在京見管駱駝無多即目在石州牧
放未通今欲先於石州見牧放數內就近支撥百頭赴陝西交割即令本
路般係省錢收買就華州華陰縣界泉店牧放其軍大將即從省司差應
有鈐轄事件並依河東路駱駝般運條例從之七月詔自今汴河糧綱到
京納外少欠除依例給限填內不足許將綱梢等合請糧食令排岸司勾
家隨綱券曆點檢具合請人數則例送糧料院據見管人合請糧食數目

卷一萬五千九百四十四

九

明白批勘聲說坐倉不請充填欠數仍當日內依歷具逐人名下糧斛色
額碩斛印書公文送排岸司照會銷欠外有剩數即令向下勘請不得在
京批勘若填外尚有少欠即依條施行八月詔淮南江浙荊湖逐年起發
上京斛𣪘近多不及元定額數宜令逐路轉運司依先降敕命所定年額
合般斛𣪘數目預先計度用心擘畫須管數及年額仍發運司不住提舉
催促不得更致虧少十月淮南江浙荊湖制置都大發運使趙賀言荊湖
江浙路逐年起發糧斛錢寶并茶貨鹽貨不少全藉綱運往迴疾速方獲
辦及却被沿路經過稅務不便點檢禁遣多是住滯深見妨滯行運欲乞
嚴戒沿江河州軍商稅務自今綱運經過如敢住滯並乞勘罪斷遣仍據
住滯日分虛食請受擁陪監官亦勘罪行遣從之二年五月詔蜀州四縣
折納夏秋稅布從來止令本州打角差夫般赴新津縣堆貯候綏與押綱
人員使臣入船下往嘉州合併起發所差人夫倍多擾費民力自今止令
新津縣置庫受納候及數目就彼計綱打角支與水路綱運起發合縮庫
屋下蜀州修蓋逐年依條差專副只委新津知縣監押同受納十月詔應
外處請賞給折支物色自來管押使臣三班院差定應不知外處差人等
候同共請領妨滯起發自今三班院應承受得案縣劄子並書鑿到院月

日將辰於當日或次日定差當降宣命如稽遲勾押官已下當勘罪施行
三司言御河岸駕糧船兵士每年至綱船守凍住運放歸本營歇泊從之
十二月詔真楚泗三州排岸使臣並令發運司同罪保舉與當親民差遣
三年十月十二日詔江淮南兩浙荊湖沿江府河州軍排岸催綱巡檢使
臣自今綱船到地分盡時審看風色催促起離不得勒住令供到發文字
及勾索行程批書實有沿路阻滯本綱將到行程即依條保明批書發遣
如更故違或乞覓錢物其干繫人並乞依條勘斷又逐處轉般倉監官須
是公平裝卸不得大納小支泒到出剩不得批上曆子至替日但一界給
納了當即時與酬獎應轄下州軍每遇裝發糧綱先勒押綱人員入敖看
驗斛𣪘如是涼冷即責綱衆結罪文狀裝發若斛𣪘發熱即倉併人力般
騰出敖就廊屋攤涼冷定後裝發又和糴斛𣪘裝發至卸納倉場如驗得
麤弱不堪上供即委知州通判入倉同與監官集綱梢人員對衆看驗如
實麤弱不堪即勒行人估定計斷價錢并枉費般運請受牒元糴州軍
勘斷監專斛級於合分攤人名下剋納入官雖遇赦恩不得除放二十三
日三門白波發運使張慎言綱運每有拋失官物久例取馮地分村耆并
全綱人照證結罪令罪保明除破官物竊拌編物止說先取責全綱上下

卷一萬五千九百四十四

十

遞相保識軍令罪狀即與本縣官員覺察保證深慮村耆與綱司扶同致
弊乞自今有諸綱拋失鹽糧精粲諸物令本司差所屬縣分令佐親詣拋
失處覺察有無情弊保明聞報本司所貴照據分明免有欺弊從之二十
七日舒州言皖口都鹽倉自來差殿侍三司軍將押綱到彼下卸本州止
差里正軍將交納每一界計鹽百餘萬斤自乾興元年以前累界支賣漏
底例皆欠折錢一二千貫盡是押運人員欺以鄉民里正生蹤多將鹽貨
侵偷貨賣或入雜拌和欺壓秤勢斤兩不足是致交納後漸次鎖折自天
聖元年後參擘畫將衙前職員自都知兵馬使都押衙已下至通引官已
上以職名資次與里正軍將斯人相兼勾當並得斤兩齊足無伴和之弊
乞下本州常切遵依從之十二月十二日詔自今裝載楊楚通泰真滁海
濠州高郵漣水軍等處稅倉和糴斛𣪘並依裝轉般倉斛𣪘空重力勝
例並以船力勝五十碩為準實裝細色斛𣪘四十碩與破牽駕兵士一名
其空船亦依差裝轉般倉例二十四日詔自今應請般小河運糧鹽人員
坐船許令只裝一半官物餘一半即令乘載家計物色所責人員易為部
轄免致妄構論訴四年五月二十一日詔制置發運司兩浙裝鹽舟船合

副本有玉海一條附後

用鋪襯荷葉蘆蓆等物，舊止令兵梢出備，以此之故，多有辛苦及別致侵盜官物。自今並從官給。」劉五月，臣僚上言：「經過荊湖、江淮四路州軍體問逐州在市米價貳七八十，有至百文足者，率皆州縣和糴場騷急，欲程及萬數，充即秋耗斛㪷上供，小民闕食者。伏覩咸平、景德中發運司逐年上供斛㪷不過四百五十萬，是時江淮人民富樂，國家儲蓄有備。其後本司惟務添及萬數，以為勞績，比至近年上供已及六百五十萬。欲乞先勘會在京見管斛㪷數，即於咸平、景德已來逐年上供數內酌中取一年立為定額。」詔下三司詳定。三司言：「勘會在京所支人糧馬料斛㪷萬數浩大，全藉向南諸路船般應副。今欲酌中於天聖元年額定船般斛㪷六百萬碩上供數內權減五十萬碩，起自天聖五年後每年以五百五十萬碩為額。」從之。十一月，詔溫州所支綱運兵梢綱官，轉海至明州添支米人日一升半，充破四十五日，內有船或遇便風時月別無阻滯及兵梢用心撓駕轉海行運不給日限到明州本鎮，其餘日添支米，舊合回納，自今與免，特與填官一例消破。十二月，河北轉運司言：「德州將陵知縣張存申：昨發定額殿侍黃志、孟玉、馮信、張榮、王充明等五綱赴縣交裝，支下保趙州、安肅、信安、順安軍斛㪷，內有張榮經今半年並未曾到縣，馮信曾裝斛㪷一綱赴

卷一萬五千九百四十四

十一

順安軍，又却於別州軍裝載雜物過往向甸州軍，今及四月有餘，未迴船闕。得此是押綱人員避見裝載斛㪷多，於逐州軍私相計會，截撥裝般錢帛雜物，務要萬數益多，苟求遷轉，遂致沿河州縣斛㪷積壓年深，枉有陳蓋。緣綱來備因緣為弊。欲乞檢會御河押綱人員條例，於三年所般二門萬官物數中別定須得兼載斛㪷三萬已上，如般過錢帛雜物萬數雖及，亦不得准折充數。如此不惟止絕得綱船輦運倖門，兼向去沿河州軍亦可廣謀計置。當司相度，欲依張存所申，其般三十萬官物數中須令兼般斛㪷三萬石，方得理為酬獎。」事下三司，勘會河北沿邊居河路州軍所要支贍軍儲，自來全藉御河綱船兼挈運般。欲自今押運有員殿侍三年內般輦諸官物數中，斛㪷須是般及細色單粮三萬石已上，如般細色即依倉式例准折，貴使押綱人員各自用心趁逐般輦單粮，應副沿邊支用。從之。五年二月，京西轉運司言：「唐、汝、鄧州、光化軍所收諸色課利錢帛留州支遣外，其餘自來並入香藥遞鋪許州下卸，應副以北州軍糴買糧斛及諸般支用。自編敕條貫後，不得入香藥遞鋪般運，諸州軍止差衙前支官錢雇脚般載，陪備錢物，或致破產。勘會均、襄、房、鄧州軍錢已許入香藥遞鋪轉送外，上件諸州軍欲乞依例從之。五年八月，江淮發運司言：「昔

押汴河糧綱殿侍、軍大將准條四百料至五百料綱船，自今楚州般得四運斛㪷及三萬六千石已上，泗州般得五運斛㪷及四萬二千石已上到京卸納了足，及經冬短般至年終無拋失欠少，即依條酬獎。近年諸綱才般及一兩運斛㪷，便於逐處排岸司僥求借撥別綱舟船相添般運，要趁酬獎。本司見行撥併汴河每五百料船二十五隻為一綱，四百料船三十隻為一綱，應副趁辦酬獎。欲乞今後汴河糧綱不得更於逐處排岸司借撥別綱舟船運，如違並當依法勘斷，仍至年終不為勞績。」從之。六年正月，陝府西路轉運司杜詹言：「本路沿邊環慶、鄜延、原渭等州軍屯泊軍馬，支費見錢不絕，供饋甚至少闕。欲將近裏州軍每月課利見錢勘會就地里近便送納鄰近邊場務課利見錢，在邊上送納，免致闕絕。兼逐處場務旬當人但於就近送納，免差衙前般運陪備，及兵士般擔辛苦，枉破地里脚錢。」從之。寧州彭原、赤城、寧羌、午狼、楚村、王澤莊、狼山等務並赴慶州；邠州永昌、韓村、秦店、石勝、洪河、龍安莊、曹公莊、房陵村、李村、貫撲、石炭、定平縣、張村、陵頭村等務並赴寧州；乾州麻亭、郭下、永壽鎮、新店、平泉村、蓋村、東大樹、北務村、巨家莊、馬坊村、南舜城、羊馬店、權家莊、下交、秋林村、梁店、萬店、常寧寨、平陽村、永寧村、白石泉寺務並赴邠州；永興軍興平縣甘北、鱗

卷一萬五千九百四十四

十二

泉縣、臨涇、武功縣、甘河等務並赴乾州；鳳翔府普潤縣、麟遊縣、崔模、法喜寺、洛谷、扶風縣、盩厔縣、清平鎮、岐陽鎮、坊子坑等務並赴乾州；華州華陰陰縣、關西鎮、常樂庫渡、判姚渡、常下、卸米、化敷水、泉店、潼谷、蒲城、蒸起、石炭店、渭津渡、晉興渡、曾村渡、溫湯渡、普濟渡、黃城渡、紫曲渡、渭津渡、嚴信渡、姚渡、使渡等務並赴同州；韓城縣務赴丹州；白水縣務赴坊州。」二月，虞部員外郎蘇壽言：「近年少有舶船到廣州，其管押香藥綱使臣端坐請給，欲乞抽歸三班院，別與差使。自今遇有舶船起發香藥綱，即具馬遞申奏下三班院，旋差使臣往彼般之。」三月二十三日，三司言：「劉置發運司言：準編敕，諸河押綱殿侍、三司軍大將應杖罪，如不係上京內三司軍大將，即就近送本路轉運或發運司勘決訖，具所犯罪因依斷遣刑名申省。其殿侍即勘罪申省，除杖處分外，並令依舊押船。其徒罪已上，未差人替下押赴省。發運司勘會諸河押運殿侍為省上條貫多不用心，催趲兵梢作弊，致欠損官物，雖省條降行合決杖數，又緣行運相承，無定不時決遣，或該遇赦有免，致全無畏懼。今檢會天聖四年至五年，其有殿侍二十四人違犯拋失鹽糧斛並該赦放罪，欲乞自今諸河押綱殿侍不係上京或有罪犯，徒以上依元條，替下申解赴省，若該杖罪，乞依三司大將例就

近申送轉運廢運司勘決訖申省從之五月京西轉運司言據襄州狀逐
年准轉運司牒輪差轄下十餘州軍衙前往荊南般布十萬疋赴當州下
卸準備以北州軍般取充軍裝州司檢會荊南先造船十隻遇諸州軍抽
差綱副到般諸布帛逐州更差人員兵士五十人往彼牽駕上水灘磧或至
一年方到州縱不遭風水疎失須有上露下濕水漬鼠傷估剥虧下價錢
不少復近年以舡造年深釘板疎漏不任裝載逐年綱副自雇船般運布
每萬疋出雇脚錢百貫并緣行它費不少州司相度當州南路有遞鋪逐
鋪各管兵士十餘人日前曾般運南米香藥自來轉江上京遞鋪兵士别
無般送欲自當州至林湖鋪荊門軍界至荊南諸鋪各添兵士及二十人
置小車子十兩每兩推載布二百匹日運二千計五十日十萬數畢或阻
陰雨至兩月可畢其添兵士却遣歸小車子即委遞鋪使臣拘収封繫准
備逐年般運免致衙前陪備脚錢欲乞依襄州擘畫施行從之六月制置
發運使鍾離瑾言江浙荊湖諸州軍逐年買下茶貨般裝赴沿江榷務及
淮南州軍綱運或遭風拋失全綱載不収其綱梢人貨依編勅等第斷遣
其茶貨便即除破若綱梢人員収救得水濕茶貨到却納處將茶味定驗
分數勘斷後紐計虧分價錢剋折軍人請受填納竊詳全載不収決訖疎

卷一萬七千九百四十四

十三

放収得分數既已科罪又更剋納虧價錢以此條約不均是致茶綱每遭
風水皆不肯収救枉失官物欲自今應茶綱遭風拋失兵梢自能用心収
救即差官點檢委實别無欺弊與依編勅取責一綱上下地分村耆等人
結狀無虛偽罪狀勘逐綱梢人員依法施行所有収救到茶貨至卸納處
只據見在分數収納入官更不紐計剋納虧官價錢若在路不切愛護致
有水損但不係遭風拋失収救到茶數即依元勅剋納虧官價從之八月
十五日三司言益州路轉運司奏據邛州狀每年起撥上京等處綱運乞
於本州并蜀州新津縣各留兵士五十人節級二人在彼守候綱運般遞
至益州遞鋪交割已移文本州今後遇起發綱運即於本城兵士輪差般
擔至益州今知邛州萬可觀奏乞相度邛蜀州差兵級般擔上京綱運至
益州並一年一替當司看詳邛蜀二州非要衝道路逐年起撥應副河東
等三路物帛綱運并非時差人般請馬藥等並是常程綱運别無外路州
軍綱運經過不至煩併逐年已令依差出兵士在外例日給口食令相度
乞依舊於本城兵士内輪次暫差仍乞依當司所奏邛州添招免守兵士
七十人蜀州添招百人用填闕額人數省司欲依轉運司所奏施行從之
九月嘉州言準行遞匹帛第二綱上運三司軍將張承祐申昨準荊南排

原缺壽春據水運精究

岸司差撥本綱謝進等舟船四隻并元駕兵級三十人載送新授閬州司
理叅軍薛備上水赴任又申揚順手下人船亦準荊南府牒差發載送新
授歸州判官元泊赴任又却準歸州差載送本州得替知州下往荊南本
迴竊緣當州逐年載運益州等處布帛十綱赴荊南近來却下州軍擲將
布帛綱人船與川峽荊南官員赴任得替擅使於綱運内抽射人船不惟
久占舟船在外并帶領級虛破口食乞嚴降指揮止絶詔下三司定奪省
司言緣在京四排岸司迴脚空船官員指射乘載赴任已有編敕其川峽
迴脚空船即未曾明立條貫欲自今川峽赴任并得替官員如委的係沿
江地分該得空船迴路即得指射一隻因便乘載不得迂迴往復占射别
致住滯有妨輦運如違其元差綱船干繫官吏必行勘斷仍據往復支過
兵梢人員錢糧口食勒令均攤陪填入官從之十月三門白波發運使比
部員外郎盧隨言點檢本司押鹽糧綱船殿侍軍大將或有拋失舟船臨
時旋於諸處申報患狀要免科罰伏緣殿侍大將三年如無拋失罪名使
該酬奬今既見拋失却與綱副上下挾同作弊稱疾要免科罰欲乞自今
如有拋失舟船其殿侍軍大將縱有申報患狀並不免拋失罪名所貫杜
塞倖門一向用心部轄從之七年三月十六日屯田郎中李琦言原缺泉

卷一萬七千九百四十四

十四

州城當二江會流綱船順流至者多為風濤漂溺舟人不敢収救蓋以勑
條全綱沒溺或収救足數方免罪若失三五分須責備償原缺疑凡有沒
溺不復収救望别為條制事下三司三司言琦所陳太過望委轉運使發
議乃請自今於古灘暴風溺舟者責部綱使臣集近村耆保併力捄救若
全綱失者篙工梢工皆杖一百主吏使臣遞減一等所溺物計為三分須
備償一分原缺如救及分别無侵欺者原其罪從之六月七日三司言益
州路轉運使高覲言乞今後管押布綱使臣省員三運全無拋失不違元
限三司軍大將三班差使殿侍乞與酬轉其使臣未親民者乞與親民差
遣已親民者乞與五年磨勘如是使臣省員弛慢於江拋失官物及住滯
綱運有違元限乞自當司取勘情罪申奏乞行衝替省司檢會使臣差益
州押匹帛綱赴荊南下卸别無拋失每運支官錢十五千軍大將十千文
天聖七年勅今後川峽行運布綱拋失官物若全拋失収救不獲其押綱
梢工檣手各斷杖一百配别州軍牢城収管綱官節級各杖九十押綱使
臣各杖八十並勒下不令押綱或十分中収救得一分已上依全拋例斷
遣二分已上至四分已上梢工檣手綱官節級使臣殿侍省員每一分各
遞減一等斷遣就梢工檣手勒充軍牽駕兵士其綱官節級已上並依舊

押綱或汲綱及五分已上不滿元數梢工梓手各杖六十綱官節級人員
各笞五十使臣殿侍省員罰一月食直斷訖並依舊行運所有綱官節級
人員使臣殿侍省員如遇本綱更有拋失據隻數每一隻加一等罪止杖
一百其罰食直如入笞五十仍並據拋失汲救不獲數目勒本綱上下句
第均攤陪納入官若汲救官物並足不失元數梢工梓手各笞四十綱官
節級已上並放所有行運程限仍須限一年往迴嘉州排岸司使行運日
出給行程付本綱汲執所到州軍批書到發時日阻滯因依候迴嘉州委
排岸司點檢如有不因風浪故作拖延有違程限並依法科斷仍罪止杖
一百若違限三月已上其本綱梢工梓手押載綱官節級人員押綱使臣
殿侍省員斷訖勒下不令押綱省司看詳條有上項賞罰條貫所奏難議
施行從之二十五日三司言臣僚起請兩川四路物帛綾羅錦綺絹布綿
綿每日綱運甚多遞鋪常有積壓其餘藥物更有水路綱運不可勝紀且
兩川之富出産雖多計其地利亦有窮竭科率之時不無擾人般運不絶
物價何由職平伏望兩川所發綱運以一年計其數目於內詳酌不急之
物量與減放三二分省司看會益州路汲買蘄金大黄夔州路汲買黄藥
子每於匹帛綱內附載往荊南轉附赴京今藥密庫各有見在欲自今於

卷一萬五千九百四十四

十五

每年買數十分中量減二分從之十月三司言三門白波發運使文泊奏
般鹽條件白家場去河中府五七里三門集津垛鹽務去陜府四十五里
乞委兩處同判依例充季點納下鹽貨及乞許三門發運使判官提舉點
檢每年上供鹽欲乞鈴轄支裝堪好明白鹽席分明定樣兩平支裝上船
無令欺壓秤數及戒約押綱人員鈴束梢兵愛護不得信縱偷盜拌和到
京於都鹽院交納後有少欠拌和不堪鹽數即申解赴省勘罪依條等
第斷遣沿路偷賣鹽貨其買人多鄉村凶惡之輩販賣取利地分巡檢村
耆人等隱庇不言欲乞下本司檢坐元降告捉偷盜官物支賞條貫遍牒
沿路州軍出榜曉示許人首告勘逐不虛依元條支賞外如五十斤已上
告人二稅外免戶下一年差徭百斤已上免二年差徭犯人如敢後再犯
凶惡不可留在彼者斷訖配五百里外牢城所犯重自依重法經歷地分
巡檢村耆人等知情並依法嚴斷綱副知情自依本條若不知情亦乞依
糧綱偷盜斛𣂏例於本犯人名下減三等定斷其在京鹽院所納船般鹽
貨並須公平受納不得欺壓秤勢支絶纖有出剩不為勞績但一界別無
欠少即依元條施行監官三司申奏下三班審官院磨勘施行鹽綱所納
正數是外汲到水路鹽出剩不以帋數並盡數正汲入官中著檢會凡理

元年敕內於在京支給賞錢其鹽院監專不得隱落故意不汲如梢違犯
並行勘斷從之八年正月三司言廣濟河都大催遣輦運任中師奏乞自
今本河每年逐綱約定地里所般斛數目量與酬獎省司檢會編敕運河
押綱使臣人員等一年之內全綱所般斛𣂏依將萬數候住運日令發運
司磨勘內梢工支錢三千綱官支五千管押人本司具勞績申奏重行與
轉大將使臣大將即與引見酬獎并年終住運除全綱一年無拋失欠少
依前項施行外所有一綱之中內有梢工至年終委定逐運別無少欠拋
失亦與據梢工人數支賜賞錢其本綱人員綱官即不得一例酬獎如梢
工接連三年各無拋失少欠除支賞外與轉小節級名目使充綱官句當
若充綱官後相接更二年全綱並無拋失少欠支與賞錢一千更轉一資
又編敕應差押省員殿侍三班借職等每人各給印紙五十張充曆子付
逐人汲掌據逐運送納官物有無欠少行船違與不違程限及拋失舟船
雜犯愆罪並於催綱裝卸排岸司批上曆子年滿得替赴省投納比較磨
勘如逐人合該年滿得替別無少欠官物及愆罪量與酬獎今相度廣濟
河押糧綱軍大將殿侍三年內般過斛𣂏別無少欠已依條申奏乞量與
酬獎其本河梢工綱官即未有條貫欲乞下廣濟河輦運司今後廣濟河

卷一萬五千九百四十四

十六

糧綱如一年之內般得鄆州徐州淮陽軍三運并曹州廣濟軍濟州五運
斛𣂏至京交納並無少欠過犯候發運司令輦運司磨勘其綱梢令比附
汴河酬獎體例將支錢一千梢工接連五年各無拋失欠少除支賞外與
轉小節級名目使充綱官充綱官後及已充綱官人相接三年全綱並無
拋失少欠支與賞錢五千更轉一資從之三月三司言河北都轉運司言
相度今後正授潮御界河催綱官員使臣三年滿日催般過斛𣂏比附已
前年分般過數多兩倍即優與陞涉差遣若緩急遇上闕少軍糧權於轄
下州軍選官催驅般運斛𣂏一年內般得麤細色及十五萬碩亦與陞陟
差遣所有押運省員殿侍等亦乞每人押船二十隻如三年內只般得細
色軍糧七萬碩已上別無拋失違程少欠諸般罪犯便與例酬獎即更不
拘年限如有麤色依倉式例六折充填若舟船緩急撥裝別物三年內般
不及數只據般過數比並依舊定萬數施行省司看詳其權差催綱官員
使臣緣催綱斛𣂏數少酬獎甚優更不差遣施行所是正授潮御界河催
綱官員使臣并押運軍大將殿侍般運斛𣂏欲乞並依河北轉運司擘畫
施行仍候催綱官員使臣三年滿日得替委自轉運司將一界催般過數
開排逐運元裝州軍至卸納去處附帳汲管月分及將前來三年權般過

萬數一處並須紐計比附要將差剩倍已上合該酬獎，即具詣實保明申
奏。敕：自押運軍大將殿侍如三年內自近裏州軍般細色單綱七萬碩已
上赴河邊州軍卸納，依例酬獎。仍令黃河御河都提轄司保明申本路轉
運司繳連申奏。若三年內般不及上件數目，只乞依舊定萬數施行。從之。
五月六日，上封事者言：普遂等州諸般綱運州縣差借人夫般擔至梓州，
方有遞鋪失去轉遞。伏緣川中時物常貴，差借人夫山路遙遠，不支口食，
亦甚不易。竊知資簡等州差借人夫般擔綱運至益州，自來官給米日二
升。欲望應川中不置遞鋪擔差借人夫般擔綱運去處，每日官支口食。詔
下益梓利夔四路轉運司相度，皆言其便。從詔三司今後四路州軍差借
人夫般運上京并河東陝西路州軍綱運，即每日人支口食米二升；止轉
般鄰近州軍官物，即不支。七月，益州路轉運司言：奉詔相度置催綱使臣
具只遠利害以聞者。竊緣當司每年起發水路布帛半皮綱運下往荊南
卸納，自離嘉州江岸經歷道梓夔州路直至荊湖北路地分，沿江州運遞，
往尋復逐路轉運司就近相度，一准逐路牒添置一員使臣，必免綱運遞
遞處作弊，端坐販貴物色，人員兵梢虛費錢糧，深為不便。詔差使奉官李矯
乘遞馬往益州路轉運司取會文字，勾當自嘉州至荊南催捉起發匹帛

卷一萬五千九百四十

十七

半皮等綱，只赴荊南下卸。綱官梢工水手兵士等多是沿路住滯貨賣與
販鬻，被押綱使臣催趕，即言前路嶮峻，行船不得，及放船於灘磧上住泊，
故要缺欠，連累使臣枉誤官物，及不伏鈐束。如有違犯，即送隨處州府勘
逐情罪，依法斷遣，情理重者配遠惡州軍牢城。押綱使臣等公然容縱，不
切鈐轄，致違元限，催綱司具職位姓名申本路轉運司，乞行勘逐。李矯常
切往來提舉催促，不得只於隨處州軍端坐，如違亦當勘斷。及下益州路轉
運司量差人船付矯隨行，仍備錄宣命於沿江州軍，要使處粉壁曉示。八
月十三日，審刑院大理寺言：楚州奏自來領勘偷盜勳使梢工並從監主
自盜律敕科斷。今新編敕內偷拆官船釘板等貨賣者，當行決配。又條當
行決配者具案聞奏。州路居衝要，日夕過往綱運不少，常有拆賣釘板兵
梢，若或逐度禁奏，非唯頻煩朝廷，實見虛有淹禁。欲乞立定刑名，許令斷
遣。案奏詳欲自今應梢工偷拆官船釘板之類貨賣者，計贓從監主自
盜法，杖罪決訖刺配五百里外牢城，徒罪決訖刺配千里外牢城，流罪
決訖刺配二千里外牢城，罪至死者奏裁。從之。二十一日，三司言：據荊湖
北路轉運司狀，荊南府准省牒勘會，非於天聖五年為般運布帛入城遞
遠，擘畫於沙岸堤內起蓋布庫，委自沙市趾檢東排岸提舉兆防。每益州

布綱到岸，只就江岸點檢對交與上京省員。如本有綱次般赴沙市布庫
送納，及排岸司狀：益州布綱到岸出卸，本得兵士在綱空閑，岸司並差梢
應副諸處工役，如本綱交卸訖，便勾抽歸綱般卸畢。如有歸峽州般販官
物，依例搭載前去，畫時押發離岸，別無妨滯。當司相度，到本司即申劄漢
僚等奏：益州布帛等綱兵士自來阻風水行船，未得被沿江州軍差役，泊
到荊南官物纔卸，本府又差諸處工役當直。乞今後其止其綱到荊南沙
岸，與限五日下卸。二十日，曾舉詔：益州布帛等綱在路除於沿江州軍的
然值風水行船，未得兵士空閑者，許依例差役。如無阻滯，不得擅差，有妨
行運。荊南更不得抽差工役當直，限五日內下卸畢，更半月起發。其附載
生綱馬藥等，自岸般入府城約十五里，赴雜綱物等庫送納，並從本綱差
人津般，虛有住滯，仍委荊南量物多少，量更於本府差兵士同共般赴庫
送納，務要本綱不違程住滯。十二月二十一日，三司言：在班殿直趙世長
先差廣州押香藥綱上京，三運了當，各有出剩，合依敕酬獎。詔減一年磨
勘。二十二日，三司言：今後西路般鹽綱到京交納數足外，如本綱收到出
剩耗鹽出剩數目五席已上，人員支錢一千二百，綱官一千，副綱八百，十
席已上只倍此數；梢工每席支四百，充賞兵人員綱副。五席已下，本綱

卷一萬五千九百四十

十八

內有拋失少欠，并梢工收到一席已下，即不支賞錢。所有緣河路虛充綱
鹽貨本綱梢收到出剩鹽席，仍依在京則例支給一半賞錢，永為定制。從
之。續通鑑長編：仁宗慶曆三年，樞密副使范仲淹言：國子博士許元可
獨倚辦。辛未，擢元江淮兩浙荊湖置發運判官。元自以六路七十二州之
粟不能足京師，省吾不信也。至則命瀕江州縣留三月糧，餘悉發之，遠近
以次相補，引千餘艘轉漕而西，未幾京師足食。慶曆四年正月十二日，河
北京西陝西河東當路遞鋪軍士特支錢，有差。時雪寒，輦致綱運辛苦故也。
七年九月二十九日，發運使柳灝言：淮南兩浙路運河久失開淘，頗成湮
塞，往來綱運常若淺澀。今歲夏中真揚兩界旋放滾水，仍作斗纔得能行
運。及積泥於底，平岸淺狹，貯水不多，易為滿溢，遂有雨澤，即泛斗門，堤溢不
支，或害稼穡。以東南一方，諸路百郡鹽糧錢帛茶銀雜物，凡所供國，悉
輦者盡由此河般運，若或仍舊不加濬治，將見多滯綱運，有誤歲計。欲乞
應運河經歷州縣，委逐處官吏預計合用工料，開去淺澀，須得深至五尺。
仍於閘汴口之後，未行運已前，下手令逐處以廂軍及住綱兵士，如闕少
即量差人夫入役，依例日給口食。仍乞今後每二年一次准此開淘。從之。
嘉祐二年十一月十三日，三司使張方平言：備儲廩通漕運，當今河道疏

通眾藝祖開國首浚諸河按汴渠本禹迹也春秋時已名見諸經歷代皆嘗濬之隋大業氏開鑿始名通濟渠自漢至唐雖都雍洛凡諸水運咸資此渠濬引江湖利盡南海天聖已前每歲開理緣河堤備名品甚多未嘗有堙也天聖初有張君平者陳利見始罷春夫雖以為寬民人而規賞利者減役費以為勞績致茲淤塞有妨通漕至于惠民廣濟二河皆所以致四方之貨食以實京邑舳艫相接贍給公私近年以來悉皆壞墊蓋圍長川者不恤於小費期永逸者無憚於一勞伏乞朝廷訪聞差擇稍知水利精力幹事不以文武官一兩員經度計置開通諸河令提檢計畫功料理財木岸堤閘堰埭材用合繕修處先為計備嚴為賞罰以令經久去年京畿大水壞官私廬舍自去秋至今春半年之中所備諸軍營房十餘萬間大以國家物力豈有不可成之事但事致於因循而成於果決至于其所不發已亦必成而已又諸備進無名不急之處土木之工無時暫輟所費不可勝計此諸河道皆是祖宗留心之地國家大計所資忽而不圖是亦有司之過矣詔應通行漕運河道宜令三司下逐地分當職官吏檢計的確功料來春盡功開淘須管通快仍令都大堤舉河渠司更切提轄督盡施行勿令稍有阻滯三年八月詔三司以淮南上供米十萬碩賑恵民河以

[大典]卷一萬五千九百四十三

十九

贍京西路十一月詔曰國家建都河汴仰給江淮歲漕資糧溢于唐漢緊經制之策定有常行而不踰大路所供之租各輸於真楚度支所用之數率集於京師以發運使總其綱條以轉運使幹其歲入荊湖舟楫回載海鹽淮汴舳艫不涉江路方冬閉塞役卒得以少休近歲因循浸事苟而邊廢吏緣為姦人賈告勞比飭攸司遵用往則曠歲于此格詔未行且發運使不能總綱條而轉運使不能幹歲入載令所講復皆本故事維爾職緊則有懲罰其令江南東西荊湖南北兩浙路轉運司限一年各造船添樁工及置船卒攢成本路糧綱自嘉祐五年為始止令逐路鹺年額斛㪷般赴真楚泗州轉般倉却運鹽歸本路發運司更不得支撥裏河鹽糧綱往諸路初發運使許元言江南東西荊湖南三路上供斛㪷皆逐路載赴楚泗三州般載鹽以回而汴船不出於江謂之裏河綱每歲往來四運入京師歲上供之數至十月放卒罷營謂之放凍比年諸路轉運司年額不敷發運司不放兵卒歸乃令出外江於江州界載頭運故諸路糧船各年為縻擱綱唯要發運司般鹽往逐處遞來而還且汴船不諳外江風水沉失者多朝廷累下三司條利害頗從許元議而會元罷遂不即行故特降是詔四年八月都水監言河北提點刑獄薛申言御河運路淤

略通漕運于今後已被淤蓋今春差官檢計差晚已難得人工改撥置排便即大河洗漲又非其時阻節公私舟船漕運今冬須霸降水落經度檢計候春夫與工事當辦集監司者詳欽依所請下本路提刑司今冬揆河合行開修去處子細檢計合役工料春夫興役貴通漕運不阻舟船從之六年四月二十一日詳定寬恤民力所言屯田員外郎陳安道言諸州軍衙前般送綱運合請地里腳錢逐處須候遞畢方給緣雇覓腳乘打角官物須是借取債負及賤賣齒產如地遠州軍不免於使官物致陷刑憲乞令後應衙前般請綱運合支腳錢者並於請物州軍先次支給關報發綱州軍無會其送納綱運者於起發州軍先次支給如綱運畢請領各聽從便詳定所檢會慶曆編敕上供及支撥官物等如官有本錢處即並許差人管押附搭送納其陸路無官般及無軍人者許破官錢與押管人和雇腳乘仍依圖經地里每百斤百里支錢百文急來畢運雇備不及即差借人戶腳乘仍具事由聞奏其川陝有水路不便者轉運司計度般運令安邊所申自合依條於請物州軍先給腳錢窮處州軍候運畢方給致使衙前重有勞擾乞令今後押綱運和雇腳乘依上條使行從之治平三年九月詔淮南江浙荊湖制置發運司若江東西年額斛㪷不足則許出汴河糧

[大典]卷一萬五千八百四十四

二十

船七十綱以漕初許元言江東西湖南三路往時皆轉運以本路綱漕斛㪷至真楚泗州轉般倉即載鹽歸本路汴綱止漕三州轉般倉物上供冬則放漕卒歸營至春乃復集近歲諸路因循綱多壞乃令汴綱至冬出江為諸路轉漕漕卒不得歸息良因甚乞詔諸路增修舟船載年額至真楚泗州卸如故事於是言利者亦多以元所言為是朝廷為詔諸路如元奏詔出久之而諸路綱為不集嘉祐三年十一月乃勅諸路限至五年汴綱不得復出江比及五年而諸路船終少發運司又屢奏乞令汴綱出濟而執政擬以中旨詆純之諸路既惡船不給而汴綱以出江為利既不得出妄稱純冬坐食而苦不足皆盜折船材以充費船愈壞漕年額久愈不及執政初但欲漕卒得歸息而近歲糧綱多和雇夫兒每船卒不過一二人既少至冬當留守船又實無得歸息者至是乃詔汴綱出濟然而限其放真役遂復許以皆出如故矣四年十月十七日神宗即位未改元淮江浙等路發運使張立言近三司擘畫汴綱與人私載物貨許兵梢論訴並依條斷遣緣兵梢多是出歇身分衣糧魁折不全惟務僥益如人數部轄能齊才可搭載私物乃當斛㪷若許告訴則互相疑貳經久轉互作奸致壞綱運乞約束應係綱運今後不得大段搭載私物及有稅物到京並盡數

送綱税錢如違犯並依條斷遣其近降許令兵梢首告指揮乞不施行詔今後管押粮綱使臣人員等所載私物並依舊施行前詔更不用十一月十四日權發遣三司使公事郎必述准朝旨下江淮發運司定到綱船梢工私載並科違制之罪人員綱官知情即與同罪物貨沒官及給告人充賞今無故生事創立法則望賜追寢且依舊法從之

典 卷一萬七千九百四十四

二十一

興同之字隨文注入

神宗熙寧四年二月二十一日，詔近借内藏庫錢六十萬貫充河東陜西路折斛錢，宜令數内先撥三十萬貫赴河東，令三司選使臣一員大將差船般至河陽，令京西轉運司和雇脚乘，或差兵士轉送赴河東路近便州軍交納。如無住滯，使臣與先次指射優便差遣，軍大將與減磨勘一年。五月淮南等路發運使薛向言：諸河押綱使臣内有老病昏昧不職之人，不能部轄，及同情偷盜官物，未有立定體量指揮，直至兵梢訴論，或因買事發方論如法。如不該停替，彼得押綱，深屬不便。乞自今應押諸河綱使臣委自發運使副及本路轉運使副體量，如内有老疾昏昧或人員貪濁踰違，多酒慢公，并歷内曾犯贓私停替之人，不堪管押綱運，即具事狀以聞，差人衝替。如未曾交割綱運，管押即發遣歸班，所貴綱運齊整。從之。六年二月十五日，成德軍言：在府場務差遣參用禁軍，軍員惟管押綱運，只差三百料錢以下不教閲廂軍人員。詔從之，仍不得妨本營部轄。九年八月二十六日，熙河路經略安撫使高遵裕言：勘會見屯軍馬雖累牒轉運司廣作擘畫應副糧草，其差雇蕃脚亦非人情所願，難以常行。乞令逐行計置糴買，及别立般輦之法。乃下秦鳳等路轉運司，於是轉運判官孫迥言

卷一萬五千九百四十五

自來多和雇蕃脚般運糧草，支與見錢，亦不聞曾有怨嗟。遵裕奏乞罷依蕃脚般斛運，因令轉運司别立輦運之法，幸本司不能供辦，即坐不職之罪，竊慮擾壞邊計。詔雇蕃脚，令户房申行下。十年十月二日，詔諸糧綱遇借并諸般損濕斛㪷，每綱不及五十碩，支充本綱兵梢月糧口食，批上券曆，於次月尅折；五十碩已上，即令轉變收糴元色填欠。如遇借斛㪷本名正數已足，更不坐欠，委本倉撥赊估賣，内遞船及十碩已上，梢工方得科罪。元豐二年五月二十一日，三司言：糧綱少欠，折會請受，聽借兩月，行之歲久，減免深刑，使於綱運逃為綱，少欠於法，未有明文，先依糧綱折會法令存相度，既借兩月請受，應贍養不足，别致欺弊，欲改兩月為四月，各半分折填。從之。九月十九日，詔東南諸路上供雜物舊陸運者，委三司增置漕舡，並從水運。十月二十七日，三司言：自今押汴河及江南、荆湖綱運，請以七分差三班使臣，三分差軍大將殿侍。從之。初，詔以三班使臣在班常不下三四百員，有至一二年方得差遣者，而三司軍大將不足，庫務綱運闕人管押，令三司議以使臣代之，仍定理任、歲限、賞罰之法。三司乃言汴河糧綱舊法不限分數，差遣使臣，其江南、荆湖四路，許差使臣五分，并舊不差使臣路分，若悉以使臣代之，祿食視軍大將所費為多，故有是詔。四

被一作披

付一作行

年四月七日，梓州路轉運司言：都大經制瀘州夷賊公事司牒，將來入界節次聚糧，起運乞差顧夫五萬，本路四萬，成都府路六千，夔州路四千，從之。仍令所差雇人牛等，先於本路，如不足，於夔路；又不足，方於成都路。二十七日，中書言：勘會變通運川陜路司農物帛等般運已至陜西，有合變轉措置，令逐路提舉司除銀并紬絹布依省樣可充支遣者存留，其餘変轉移從出賣，或折博糴糧斛，并於邊要州郡樁管，限一月終絶。川陜至陜西路未般物帛，慮有損失，仰催促般運，如闕鋪兵，亦許僱人併力輦致，所費錢並破變轉内支。從之。七月九日，詔應陜西軍須物可並以舟載至西京界，令京西轉運司運致。十月十二日，詔河東差夫及饋運乘方，命按閲三路集教義勇保甲，趙卨權主管鄜延路轉運司，供事畢依舊令運官於潞州置司，織陳安石、黄廉劾罪狀，公安趙咸、侯臨軍回取旨。其按閲集教義勇保甲止令李舜舉往上。續批：陳安石、黄廉可且令送獄，収禁劾之。先是，上詔卨等曰：聞東河轉運司應副軍事調發人夫，不量民力厚薄，致有費不可勝，屡經川縣號訴者，卿等可因按閲所至，廉問如委有措置乖方事狀，馳驛以聞。至是卨等体問得運司昨差夫為一千匹軍坊郭上户有差夫四百人者，其次一二百人，顧出驢者每三驢當五夫，每五驢别差一夫驅喝。一夫雇直約三十千以上，一驢約八千，加之期會迫趣，民力實不能勝，人軍須調發頻擾。止是不急之物，如絳州運棗千石往鄜府，每石止直四百，而雇直乃約費三十緡；陜西買被皮供軍，亦非要切，如此之類，乞特裁損。故有是命。十一月九日，涇原路轉運判官張太寧言：饋運之策莫若車便，竊見自熙寧寨至磨𠌫口，皆大川通車，無礙，兼問自磨𠌫口至兆嶺下，道路與此無異，自嶺以北即山險少水，車乘难行，以臣愚慮，可就嶺南相地利建一城寨，使大車自鎮戎軍載糧草至彼，隨軍馬所在，却以軍前夫畜往來短運，更於中路量度遠近築立小堡以相應接，如此，則可省民力之半。止以道回空夫併力修築，上批付盧秉曰：張太寧奏乞城蕭關故城以為糧草[illegible]界，人户盡可祐養，道路氣勢遠近相屬，可通大車轉餉，其策甚善，益其成効已見於熙河，卿其早圖之，則一路不日當有几席之安矣。十九日，京西轉運司言：準朝旨於均鄧州共發夫三萬，每五百人差官一員部押赴鄜延路饋運，計用官六十員。本路闕官，乞於起夫縣各差令佐及鄰州縣不依常例共差二十員，餘四十員乞自朝廷差官。詔均鄧州所起夫三萬，自離家日及本路程頓並依前降指揮日支錢米外，令轉運司計自入陜西界至延州程數，日支米錢三十，柴菜錢十文，並先併給五

卷一萬五千九百四十五

桓一作楨

詳見陸運門

詳見諸河門

五月三十日條一本在元祐七年八月可從今移于後

年二月十一日罷廣濟河輦運司及京北排岸司移上供物於淮陽軍界
計置入汴以清河輦運司爲名以朝奉郎張士澄都大提舉先是京東路
轉運司言廣濟河闲無源隙水常置渠以通漕歲上供六十二萬碩間一
歲旱底著不行欲移人船於淮陽軍界上吳頭下清河及南京穀熟寧陵
會時臨汴水兵爲倉三百楹從本司計置七十萬碩上供置輦運司隸轉
運司歲減船三百五十兵工二千七百綱官典三十三使臣十一爲錢八
萬二千緡下提點刑獄司按實以爲如轉運司言京北排岸司洎廣濟河
置□故并罷之五月十六日詔陝西都轉運司運糧應副軍與於諸州差
雇車乘人夫所過州交替人日支米二升錢五十文至沿邊止軍糧出界止
差廂軍仍曉示人戶知悉七月二十一日御史王桓言昨廢廣濟河輦運
自清河轉淮汴入京臣每見累官京東博知利害者詢之皆以爲未便如
廣濟安流而上與清河泝流入汴遠近險易較然有殊望更體量詔令轉
運提點刑獄輦運司以舊廣濟河并今清河行運比較利害七年二月六
日詔熙河蘭會經略制置司計置蘭州人萬馬二千糧草於次路州軍劉
利官私橐駝二千與經略司令自熙州搬運事力不足即發義勇保甲二
十四日李憲言計置蘭州糧十□乞發保甲或公私橐駝般運及憑坊

卷萬五千九百四十五

三

春耕臣已脩整綱船自洮河漕至吹龍寨及廂軍搬運赴蘭州詔如橐聽
舟船搬運不足須當發義勇保甲即依前詔九月十五日尚書戶部侍郎
蹇周輔言累奏乞不開鄭河徐邳口以通漕運及商旅舟船至沿邊詔本路
安撫提點刑獄司與知恩州官同相度以聞詳見諸河十一月五日提舉
導洛通汴司宋用臣言朝旨歲運糧百萬碩赴西京已計置載撥東河糧
綱至洛口以淺船對裝計會本路轉運司下卸從之仍俟來歲終一全年
見利害別議廢置七年三月十六日詔江淮等路發運副使蔣之奇都水
監丞陳祐甫合遷兩官餘減磨勘三年循資有差以上批闢開龜山運
河於漕運往來免風濤百年沉溺之患彼方上下人情莫不忻快其本建
言及董役成者令尚書司勲第賞以聞五月三十日詔鳳翔府竹木柢應
募土人以家產抵當及八千貫以上者管押上京如有拋失虧欠候交納
了日給限半年填納數足與三班借職半年外與三班差使過一年與三
班借差過二年即不在酬獎之限其少欠木植名數仍將元抵當依實填
官先是熙寧初鳳翔府寶雞縣木務舊條募人姚舜賢願將家產抵當擱
押修河椿木上京罷軍大將十五人廩秩之費詔從之而舜賢所押船柀增
羨賞私利之故有是詔七月二十一日新河東轉運副使范純粹言昨經

陝西朝廷每給軍須並計綱雇夫起發頗爲勞擾乞自今河東陝西邊用
排應副机速者並令小作綱數排日遞送從之潁濱黃門龍川略志吾水
陸運米難易元祐三年春關中水旱提刑司依法賑民不以聞朝廷呂
微仲陝人憂之過甚有吳革者自白波輦運罷還欲求堂除因議水陸運
米以濟關中之飢朝廷下戶部且使革領其事革言陸運以車營務車駝
坊駝騾運至陝水運以東南綱船般至洛口以白波綱船自洛般入黃河
革見予於戶部予謂之曰吾已爲君呼車營務駝坊職掌人矣君姑坐待
之既至問之車營務無車駝坊無駝騾予曰此可以賀君矣若有車與駝
騾君將若之何革曰何故曰陸運至難君不過欲多差小使臣軍大將謹
其橐封耳車營務駝坊兵給多過犯配刺封既行必多作緣故使前後斷
絕監者力不能及所至盜賊且費若不幸遇雨則化爲泥土君將奈如之
何也革無辭徐謂之曰至如水運亦且不易汴河自京城西門至洛口水
極淺東南綱船底深不可行且方春綱先至者皆爭酬獎得力綱般令西
去人情必大不樂及至洛倉廩踈漏專斗不與雖卸納亦不如法白波綱
運昔但聞有竹木不聞有糧食此天下之至險不可輕易吾已付輦運司
令其可否矣然君雖自言吾當見諸公議之及見微仲微仲業已爲之不

卷萬五千九百四十五

四

肯盡罷予爲剛汴岸淺底船量載米以往未幾予罷戶部聞所運米中路
留滯雖有至洛口徹失漏敗不可計哲宗元祐六年三月二十六日江淮
荊浙等路發運使晁端彥言請應汴河糧綱每歲運八千碩已上拋欠滿四
百碩押綱人差替綱官勒充重役滿七百碩軍大將殿侍差替使臣衝替
外更展三年磨勘若行一運已上拋欠通數及一千五百碩除該差替衝替
外更展三年磨勘其押運但有拋欠仍無故稽程至罪止者亦行差替重
役從之四月二十一日刑部言御河糧綱初係六十分重催差遣其後以
河道平穩改作六十分俊輕今因小吳決口注爲黃河水勢險惡乞復爲
重難從之九月十六日戶部言使臣人員押鹽糧綱沒失少欠該衝替差
替者赦降去官不免從之八年十一月十日江淮荊浙等路發運王宗望
言檢準熙寧二年中書省言綱運隸行修整舟船欲據合雇人夫錢十
分先支二分候合給工錢只支八分勘會諸綱所借錢數不多綱梢不免
多出息作債及費除買舖襯茭藁發致錢少雇夫不足偷侵官物今欲乞
十分內先支三分從之紹聖元年九月七日戶部言發運司狀每年上供
額斛及府界南京軍糧動以萬計止管汴河一百七十餘綱須裝卸運之
速乃能辦集其汴綱在京等處卸糧多有少欠綱分依朝旨並批發下裝

發處折會結絕，所從來未有立定日限備償明文。欲並依京東排岸司
司式立限備償，若某發處不便結絕，即依元祐八年秋頒敕條斷罪。從之。
年六月二十四日，江淮等路發運司言：汴河糧綱般運八千石已上或不
滿八千碩，欠滿四百碩；若六百碩者，押綱人及使臣乞勒充重役衙前
展磨勘三年。從之。十一月二十一日，江淮等路發運副使張均言：乞添置
汴綱通作二百綱。從之。徽宗崇寧元年三月八日，發運司言：乞將諸州裝
裝官物上京新船並委泗州監排岸官置籍拘管，有入汴舟船常日嚴
覈及捎工、押人姓名，並給公據，付本綱收執；前去不得別有諸般占留差
使。從之。三年六月二十四日，陝府西路并熙河路都轉運使鄭僅言：奉朝
旨差雇夫役運糧應付河州，兩處人戶財力所勝立定保伍，緋持施法，人
無偏重不均之弊，郡縣官無遮攔人夫，致失解發之患，官私稱便。雖申請
到已得差夫體例，緣係一時措擇，竊慮今後本路無法遵守，卻致輕重不
均。欲應差夫起丁，並依此施行。詔非因邊事不得立為定法，如今後雖
邊事差夫起丁，亦未得一面差雇，仍須擬合差雇數目申取朝廷指揮。四
年二月十日，虞部員外郎辛之武言：承朝旨差汴路催促起發北河東糧
路般物綱，逐鋪曆多是此積元押使臣并某人並不抄上所押官物名色

職，卷一萬五千九百四十五

五

甚處送納，其從來未有關防。欲應步路般運錢物綱運，令逐路置
曆一道，遇官物到鋪，令管押人於曆內親書批鑿日時，及某官或某人收
名，所押官物名色，至某處送納，合使車几兩，或夫幾人；若無人畢，
行遇者亦須分明批鑿因依，或植稚件開依到鋪先後資次撥發般運。
其曆令所屬州縣鎮起置用印，給付季別一易，仍委逐轄使臣或專典當
常切時索點檢。從之。五年七月十九日，刑部尚書王能甫言：國家押綱
路綱運金銀，且大將管押，而無關防，姦弊滋甚。欲乞今後已差及見押
河綱運或將皆未到部，并有繫帶大將，應官司縣置到將官綱官物選，
並不得發遣。從之。大觀元年八月二十八日，詔：綱運船有損壞，應損之人
沿出本界，押給沿流糧食，而州縣以非本道人，與抑而不給，致役盡綱本
般錢，失所。可依發運副使吳擇仁所奏，綱運管押人經過州縣合支請受，
不即時勘支，遲發以違制論，不以去官赦降原減。發運司不按舉，與同罪。三
年五月十二日，京畿都轉運使吳擇仁言：奉詔四輔各積糧草五百萬，內北
輔乞許置汴河斜洛口入大河，下至臨河縣置車鋪，搬撥至今次綱
廢。汴水縣去河約一里，有都大堤河解宇，可就本處踏逐倉敖，卸納就要
卸，大官無營盤，裝入黃河船順流入北輔。又榮澤縣通洛堤開至黃河一

十里，自來遇汴水泛漲，黃、汴兩河船栰往來。若許置得糧斛數多，亦可至
時裝發。又南輔溴河自長葛縣西十里堰斷引水東入蔡磨向下開修十
七里，取退水還河，足以行運。詔擇仁相度，條畫措置以聞。六月二十八日，
詔：六路起發綱米於南京、畿下卸交，並依在京司農寺條法施行。三年
四月二十六日，戶部檢會大觀三年四月四日湖南路轉運司狀：欲將本路
見闕押綱使臣下吏部，權差使臣奉聖旨，撥令參見闕人數，並權許見在
部小使臣免短使，指射。每一運如無違欠，與減二年磨勘；及支與本資序
請給外，支破券一道。看詳前件指揮，每一運如無違欠，減二年磨勘，即是
尚有違程，因合引用元符令二日以上降一等，十日以上不在賞限。如
有少欠，係以全綱數折會填納外，欠不滿一厘，合依元降指揮推賞。今欲
申明行下。詔依。四年八月五日，戶部言：契勘元豐舊法，錢綱少欠，折會填
納本船少欠，滿半厘有斷降之文，半厘外計贓以盜論，至死減一等。押綱
官亦有斷罪降等衝替指揮，法禁甚明，犯者亦少。見行條格一分以上方
送大理寺，一分以下許於本路處折會，即是一綱押錢五萬貫，明許欠錢
五千貫以下。詔依元豐十月九日詔，令南六路額斛撥行轉般之法。十一
月十六日，臣僚言：契勘汴綱使臣等用心幹辦，來往本般，措置較穀，某理當

卷一萬五千九百四十五

六

立酬賞。今相度汴河押綱使臣等，任滿無拋失、少欠、罪犯，亦無違程，般諸
不了逃名者，除依元條綱運酬獎外，更與減二年磨勘；軍大將比折派使。
若不該元條酬獎者，只與上件減年恩例。庶使激勸用心，整齊行運，革儲
早辦。從之。政和元年六月二十六日，戶部言：江南東路監司乞見依條合
遵截官物所用舟車之類，委當職官臨時依民間價直，既庶不立定制。從
之。八月八日，戶部言：乞從發運司請，應諸路州軍起發上供錢物及附搭
金銀錢帛，不以多寡，並取所押人行程，當官逐一批上。如不即書及別給
文據，即乞從收支官物不即書曆科罪。從之。二年六月五日，江淮發運司
言：契會見有事故綱分闕人管押，乞擬踏逐到軍大將宋琰等，並特行差
撥。仍乞今後應係比指揮本部勘當宋琰等并係見押綱運并見勾當押副
及得替未到部，給纍之人有礙勅條，不合發遣。及乞今後依例特差，難議
施行。檢會大觀元年三月二十八日勅，諸路綱運押綱軍大將見闕及年
滿綱運無人差撥，特召募軍將未足，見闕及數應諸河綱運合名令發運
輦運轉運、提舉鑄錢司下諸州，並依都官法，用家業抵保召募士人或衙
前吏人曾經歷軍將，就近管押，委本貫縣司保明申所屬州軍，審察保明申
本部給狀，收補充四州軍職官員，入仕十五年以上者，與換正名軍將，並

只令管押本路軍大將綱闕差逐處召募到人仍填見闕次年滿皆差訖
即令所屬申都官所有向去磨勘改轉及罪犯並依都官條法都官條
保人合用諸司正名二人及命官一員慮在外難得命官為保土人即令
召本處有物力人二名衙前吏人一名召本色二人為保若綱運有欠
重不同者令所屬更立差押如有少欠官物該差者有發遣歸部依條承
受差使其本部差去押綱人候召募到土人即發歸部詔依大觀元年三
月召募土人指揮施行七月十七日江淮南西路轉運使言本路每年合發
上供糧斛一百二十餘萬碩雖許差衙前權押或用土人軍將少有行止
之人乞在部進納官銓試不中之人許令注擬管押以三年為任任內無
遺闕即與依試中人例注授差遣從之十月八日尚書省言奉詔措置東
南六路直達綱欲六路轉運司每歲以上供物斛各於本路所部用本路
人船般運直達京師更不轉般仍自來年正月奉行其發運司見管諸色
綱船合行分撥應副諸路餘令發運司應副非泛綱運其淮南轉般舊例
歲給水腳工錢四十二萬碩合令本路提刑司拘收封樁令來初行直達
諸路運司竊慮難於應辦每路於上件錢內支二萬貫應副一次所有六
路運糧歲認應副南京等處米斛除湖南北數少外欲令江南管認南京

卷一萬五千九百四十五

七

兩浙管認雍丘江東管認襄邑淮南管認咸平尉氏陳留更不差衙前公
人軍人除使臣軍大將外許本路募第三等以上有物力土人管押除依
募土人法其請給驛券依借職例支給若曾充公吏人或犯徒以上並不
在招募之限招募不足許差見在官又不足即募得替待闕無贓私罪非
流外官充逐路各差承務郎以上文臣一員自本路至國門往來提轄催
促狀印隨行綱運有犯許一面勘斷請給人從依轉運司主管官例仍給
驛券許招置手分貼司各二人仍與本路轉運司吏人衮理名次升補江
南四路地理遙遠更差大使臣以上武臣一員往來催促檢察其請給理
任依本資序仍別給驛券江湖綱運管押人如二年般及三運至京或南
京府界下卸拖欠折會外不該坐罪使臣與減二年磨勘軍大將依法比
折土人與補軍大將外仍減五年磨勘再押該賞依使臣比折若一年及
兩運亦依上法推恩准折一年般及兩運與減一年磨勘三運以上減二
年餘依前法逐路綱官梢工運併兩次該賞者仍許綱船內並留一分力
勝許載私物沿路不得以搜檢及諸般事件為名故為留滯一日笞五十
二日加一等至徒二年止公人攔頭並勒停官司如故截留人船借撥差
使者以違制論截留附搭官物者徒二年官員衝替人吏勒停所有起

官司一作公私

發交卸條限與舊不同淮浙初限三月次限六月末限九月江湖止分兩
限上限六月下限十月終般足兵梢偷盜若諸色人博易糴買并過度人
並同監主科斷至死減一等並依內提轄文臣候催了日赴尚書省呈納
具狀以行陞黜十二月二十二日發運副使賈偉節言綱運經由多是於
兩界首住滯今來與後直達須藉稽考欲乞應沿流催綱官司並將所置
催綱曆改為催綱簿半年一易應有綱運出入本界並真書抄轉上簿庶
几易為省覽詔依三年正月二十九日兩浙轉運司言見奉行直達之法
令措置下項兵官差剷上綱兵士未有罪賞專法除已將諸州所管廂軍
多寡以十分為率每州歲差三分配上糧綱牽駕行運依條一年一替外
乞立法請州兵官任滿如差足糧綱兵士逃亡不及三分之一比附押綱
使臣一年三運以上與減年酬獎若歲終差剷不足或逃亡及三之一即
乞罰俸兩月若差不及一半或雖足若逃亡一半以上並乞特行差替仍
舊課利虧欠法官吏並不以赦原減又本路見管禁軍二萬四千餘人依
熙寧元符勑令許差下禁軍兼廂軍竊知州通判等官員當直近因大觀
二年朝旨不許差撥禁軍當直從此盡占廂軍竊緣禁軍自有分輪番次
之法即不妨教閱欲乞權依熙寧元豐令文許令兼差充那廂軍差上糧

卷一萬五千九百四十五

八

綱戶部檢承勑兵梢綱官團頭在路逃亡病患事故並仰所在官司即時
填差若不行差撥並杖一百公人勒停今來本司所乞除差撥上綱人兵
沿路逃亡係屬本綱其元差處本官難以認數立罰如差撥數足自係本
職亦難比附押綱使臣一年三運以上減年酬獎詔禁軍當直不妨教閱
兵官賞罰並依本司所乞餘路依此三月八日金部員外郎盧法原言
承朝旨差委催督直達糧綱其批書行程妄破限無緣檢察虛實欲乞將
糧綱行程候回元裝發官司歲終類聚參照雨雪風水事故察其虛實具
妄批官司類申戶部乞行黜責從之十八日戶部尚書劉昺等言乞應諸
路大禮上供錢物綱並令不許沿流州軍附搭諸般官物如有違犯乞從
本所依朝旨送所屬或隣州縣官員取勘具事奏聞仍不以赦原免從之
七月二十三日發運司管句糶糴顏彥成言綱運自來拋失係地分軍兵
及河清馬遞鋪等人給借濕米雖累借不得過十碩而官司未嘗計之及
每月般不過三二斛遶還隨借終身不能備償欲應拋失濕米並只
許估價出賣或賣借民戶依法隨稅送納不許諸兵借請從之四年二月
二日兩浙轉運司言綱運自北入京州閘並係空綱鎮江府江口放重綱
出江之時望依洲上口要入往往被空綱迎頭相礙今依洲閘外自有河

道謂之下口欲乞自今後北來空綱並於下口出江使重綱於上口入閘
極為便利伏望下淮南轉運司約束施行從之十一月二十六日詔諸路召
募到并第土人押綱初運並令支撥優便去處裝發一次如運內有欠次
運即却入重難無欠者還依前法取撥入重難而一運或次運能補足前
運所欠之數及今運亦無欠者並却入優便去處支裝如違及不依次輒
差餘人者徒二年不以失及赦降原減其諸路綱運見押人如係衙前公
吏管押若已起發並候回本路日別差應入人交割訖替罷未起發綱運
並改正別差人管押從尚書省請也五年七月九日祠部員外郎胡獻可
言乞諸路綱運召募土人除各有已降指揮外欲乞應綱運窠名輕重及
理界年分并理運數並依自來都管差副尉條法施行候界滿日令還三
管押從之[illegible]十二月二十二日詔腳戶侵用般運錢物許人告獲
先支賞錢五百貫後於犯人名下追納如不足應干係及交易人均備並
以自盜論從河東轉運司請也宣和元年六月十八日詔陳留縣并虹縣
開決河口地速行修閉仍令都提舉汴河隄岸司洛口都大司依已降指
揮疾速放水行綱運不管小有阻節令尚書省繼日催促二年十月十九
日發運司言臣僚言東南歲漕召募土人有物力自愛之民多不應募惟

卷一萬五千九百四十五

九

無賴子弟莊業僅存及兵梢姦猾者則旋以百千置産使親屬應募遂補
守闕進義副尉及得管押萬碩綱至京欠及一分五釐計米一千五百碩
纔得杖罪差替役多引赦用例止罰銅十斤計一歲六百二十萬碩之數
所欠無慮數十萬矣乞下六路應米麥綱運依法募官先募未到部小使
臣及非泛補授校尉已上未許參部人并進納人管押淮南以西運兩浙
及江東二千里內以四運江東二千里外及江西以三運湖南北以二運
各欠不及五釐依格推賞外仍許在外指射合入差遣一次若應募而輒
敢沮抑及乞取者並科違制罪詔依前項先次施行召募土人法並罷其
餘應合條畫事件仰陳亨伯趙億限一月同共措置條畫以聞今條具
達綱差管押人先大小使臣校尉合注授人次校尉以上未參部及未到
部人次非泛補授校尉以上未許參部人次進納文武官次副校尉理當
管押水陸重難綱運副尉理當重格差遣各一次再任者候到部再兌一
次進納人免參部每運至卸納處無拋欠減磨勘三年併押兩運無拋欠
者轉一官資仍減磨勘三年進納人依正法併押五運無拋欠依捕盜法
收換使臣不及一釐謂折會借納外下准此減磨勘二年不及二釐減磨
勘一年以上副尉依使臣法比折展年准此少欠坐罪自依本法三釐展

磨勘一年四釐磨勘二年五釐展磨勘三年一分拋失空重般及十五隻
同衙替副尉勒停三分勒停副尉仍展三期叙罪至衙替以上者奏裁副
尉勒停准此押綱人衙替者綱官配五百里勒停者配千里公路官司或
非本路綱運坐視不問令後拋失或偷盜並令地分官司限一日具數申
發運司置籍輒隱庇或漏落實數者徒二年申報違限者徒一年發運司
置籍候歲終開拋欠地分轉運司次年依上供條限承認補發外仍各計
逐路年額上供數令發運司以元起發路分年額十分為率計經由路分
拋欠數具奏責罰轉運司官在本路拋欠者同五釐展磨勘二年七釐三年
一分取旨自令應綱運經由地分發運及別路轉運司官覺察偷盜作過及
留滯損壞等事任責並如本路轉運司六路拋失歲終戶部比較三年數
以十分為率責罰令發運司具奏三釐展磨勘三年五釐降一官一分取
旨經由地分巡捕官司自今應偷盜軍人公人不覺察者杖一百累及五
綱以上者徒一年命官各減一等即故縱者各加三等軍人公人不以赦
降自首原免命官雖會赦仍奏裁若能用心巡察捕獲犯人計贓不滿一
貫命官陞半年名次五貫以上減磨勘一年每及十貫更減磨勘半年一

卷一萬五千九百四十五

十

百貫以上轉一官諸色人計贓不滿一貫賞錢十貫五貫以上錢三十貫
每及十貫加錢十貫一百貫以上錢二百貫軍人公人仍轉一資詔依三
年正月二十四日詔江湖淮浙錢帛糧綱見在運河阻淺及江湖未應催
以前來可令發運司相度權行寄卸於真揚楚泗州高郵軍在城逐倉令
空船且往逐路措運庶免日久綱兵侵欺官物坐費糧食如三四月河水
通行却載向上空船裝發上京其後二十七日尚書省言今來將近中春
江湖已應即與冬月不同若上件綱運能至楚泗州即通淮汴更無阻節
自可直至闕下若於逐州寄卸舟行計置舟船般運轉見迂枉窮慮有誤
中都歲計支遣詔已行下文字更不施行二月十八日詔應官員下班祗
應副尉管押綱拋失少欠見令勒住差遣者果降指揮如元非侵盜將與
放行差遣仍擬合催欠員於請受內依條尅納三月十四日淮南江浙荊
湖制置發運使趙億言今月六日奉御筆運河淺澁中都闕誤仰火急措
置拖拽用車畎水須管於三日中三十綱到京及別行措置自江入淮到
汴利害聞奏契勘真揚并州運河淺澁淵淤皆乾別無水源止可車畎江
水臣見與逐州并本司官分頭措置車畎江水為河道遙遠未至潁長所
有自江入淮到汴緣經涉大海從洋轉至淮河方可入汴本見得可與不

九日一作十月十九日又重上疑十月之訛

可泛海入淮河行運。先已牒通海州、鎮江府仔細相度講究的確利害次
又奏：勘會去年楚州界河淺澁，御筆於河東常平錢斛穀內特給降錢米各
五千貫碩，付來亨伯募綱食人衝河車水。今來欲乞降指揮下淮東提舉
常平司量於東京路借撥到錢米內各支五千貫碩，雇人車水等使。詔趣
德遵渠已降御筆處分，疾速措置津遣綱運，其所乞事理依奏。六月十日，
發運司言：糧綱昨降指揮，召募土人法並罷，差大小使臣等管押斛上人
內有諳知行運次第、的當押糧綱以來少欠不破分厘、不曾被罰、曾經推
賞、有心力可以倚辦之人，欲乞存留。從之。五年六月九日，詔應押綱人犯
罪或違程拋欠，合批書印紙而隱匿避免批書者，杖一百。十日，發運副使
呂淙言：欲下諸路轉運司，須管見得逐州縣申到實有米糧，方得支綱，仍
依條預借綱梢三分錢，如違限，許逐綱陳訴。從之。以轉運司科撥下州縣
支綱，實無見管糧斛，綱運等動經數月，又不支借三分工錢故也。七月十
八日，發運司契勘江湖路裝糧重船，多是在路買賣，違程住滯，本司看詳
上供錢物綱在路有故違程，依法不得過三日，累不得過一月，所有諸路
糧綱即未有立定明文，今欲比類上供錢物立定有違程不得過十日內，
江東、淮南、兩浙路地累不得過一月，湖南北、江西路地遠不得過兩月，所

卷萬五千九百四十五

十一

有守閘日分，許與除豁，及無稽程，並經由催綱地分官司亦乞比附上供
錢量行增立法禁。詔六路糧綱地分官司不催發，杖一百。十月二十三日，
江南運判蕭序辰言：當諸綱船折欠，多因沿路稽留，而沿路官司故有阻
節，有合支請給處而不即支散，有附帶官物處而不即支付，有風水靠閣
處而不即救應催發，有回運合支工錢處，其寄椿錢輒已截用，雖訖不支。
又有一路漕司不肯計置舟船，輒有申陳截留他路回綱，亢為不便。欲乞
嚴行約束。詔令發運司措置。十九日，發運司言：江西、湖南北、兩浙西路新
用勅告香藥鈔均糴斛斗，已准指揮權暫和雇舟船般運，合要管押人員，
合依前後所降處分召募起發外，相度欲乞從吏刑部每路各更差小使
臣、弁副尉、校尉一十人發遣赴逐路，相度差押綱運。從之。十二月十九日，
詔應管押綱運使等並不許諸處抽差，如違，官司及被差人各徒一年。從
戶部尚書盧益請也。六年三月二十九日，發運副使呂淙言：准給降香藥
鈔告，數計一百萬貫，分糴斛斗，應副般轉。乞令逐路攝已糴米那借係省
官錢雇船起發。從之。閏三月六日，戶部言：勘會東南路歲起上供布六十
萬匹，兩次輒旨下發運司催趕，至今未盡數到京，其沿路官司坐視略無
督責。欲乞逐官各置催綱行程曆，從本路轉運司就便印給，逐時抄上綱

運入界時日、押人姓名、船隻、所載官物，經歷監催起發，至甚日時出界，本
地分內有無風水拋失、住滯緣故，並時關報下界前官司，逐旬開具申本
司。至歲終，本司取索行程曆照檢驅磨，如能催趕無留滯及拋失
舟船，若殺到兵梢等人將易賣貨，乞從本司比較取摘三兩員最優者保
奏，等第推賞；如依前弛慢，除法斷罪外，仍從本司酌其情重者奏劾。詔依。
七年二月四日，尚書言：勘會東南六路諸州軍逐年樁發上供額斛，自來
立定知通任滿賞格，經涉年來，均當近又聞兩浙申請，將不滿一任皆罷
之人，不論到任月日淺深，所起斛斗多寡，但管勾樁發無違限，便依任滿
法，作不滿三十萬碩皆減年磨勘，令修下條：一萬碩到以上，陞一季名次；
五萬碩以上，陞半年名次；十萬碩以上，減半年磨勘；二十萬碩以上，減一
年磨勘；三十萬碩以上，減一年半磨勘；四十萬碩以上，減二年磨勘。從之。三
月八日，詔燕山闕糧，可自京師運米五十萬斛，令工部侍郎孟揆措
置。四月十一日，尚書省言：近降指揮，罷兩河土人押綱，契勘土人有財力
家業，軍校單身貧弱，綱運不繼，往往逃亡，其弊可以坐見，合行修復。從之。
五月三日，詔盧宗原拘收糴本，與後轉般並依郡前措畫，觀兼庶務、顯
漕計，亦無取斂於民，訪聞諸路漕司輒敢覬望，將來補欠便不以上供錢

卷萬五千九百四十五

十二

額為易發運司官，又欲以補欠為己功，不復留意於此，以發撥與宗原所
拘收錢本，可令不任於夏禮豐熟去處廣行收糴，其已糴到并舊歲約糴
斛斗，並行椿管，以御前措置封椿斛斗為名，所有諸路上供額斛，除已代
發過數，令行截還外，且令依舊經發上京，如違，以大不恭論。九日，臣僚言：
取押未紙自來號為重難，本臺累據使臣陳訴，工部雖甚措置，有以受納
不即報應留滯者，有以起發官司乞不同因為沮閣者，有以外處
不能盡知條法而責其必先依式開具保明者，欲望有司嚴責日限，不得
曲為沮留，以為避功之勸。詔工部限一月結絕。六月八日，戶部尚書劉昺
言：諸路糧綱情弊甚多，皆沿流居民無不收買官綱米斛，欲今後委逐路官
司覺察沿流人戶買官物一斗賞錢十貫，一斗賞錢五十貫，至三百貫止。
買賣人決配千里外，鄰人知情與同罪，不知情減一等，許諸人告捕，犯人
自首與免罪。從之。十三日，發運司應直達綱往內處，其地分催綱官拋失
重船沿江千貫展磨勘三年，仍令地分官司遇拋失空船，限即時具綱
綱姓名申本州軍，通判本廳置籍抄上，候歲終開具地分拋失隻數，合
干官吏姓名申發運司罰。從之。七月十九日，發運使盧宗原奏，乞諸路起
發錢物即給走歷，於所經處繳曆驗磨，如地分止尉司簡職，致侵數務者

四月二十四日條移在五月二十日前

乞賜黜責詔違者以違御筆論四月二十四日詔宗室並不許召募押粮
綱從尚書省請也二十一日開封尹王革奏劉𤗊所立罪賞已是嚴重無
圖之輩因緣生姦詐誘兵梢復行告捕欲乞詐誘及故令綱運行梢糶糴
米穀因而告捕說賞者並以被誘人所得刑名決配支賞許人告捕糧綱
到岸應管河岸鋪兵公人牙子之類知情容縱兵梢糶糴綱運米穀乞
受錢物計贓並依河倉法決配支賞引領牙人并知情停藏負載者同罪
詔改賞錢十貫字作一貫五十貫字作五貫三百貫字作一百貫餘依奏
十一月十三日詔東南六路糧綱回運空船沿流官司依重綱遞界催趕
出界批書出入界日時沿汴委都大官餘委逐路漕臣按察具州郡催綱
官物陳中發運司覆實比較以聞十七日詔發運司累歲興復轉般今方
就緒處恐原見措置糴到米并淮南倉見在均糴及經制餘錢糴到米各
已累降指揮並充轉般代發歲斛如諸司輙敢陳乞借撥別充他用或别
項起發并截借借留到綱船沮壞轉般良法仰發運司密具以聞當議重
行竄黜人吏決配雖奉特旨仰執奏不行十九日尚書諸路起發綱
運在路風水積壞見今監繫勒令陪納情實可矜仰交納官仔細驗認如
封記圖全別無換易情弊即與先次交納其合估剩官錢行下本處條

奉一萬五千九百四十五

十三

施行十二月十六日京東路轉運使言乞今後諸州軍府遇上供綱運起
發盡絕已於本處許出差官內選差官一員沿路根究催趕詔諸路依此
二十一日都省言諸路封樁斛𣂏闕舟船般發今來逐路營合用斛斛
契勘已奉御筆手詔結絕應奉司江淮諸司所進花石綱並罷所拘舟船令轉
運司拘收詔逐路漕臣悉心體國疾速拘收舟船分撥起已給糧斛州縣
盡數裝發催併到來應副急闕支遣仍選差武臣召募得力使臣多方差綱
梢人兵辦撥沿路經過合批請口券錢糧限即時應副內有裝載官物若
石並仰隨所至州軍卸納官物仍仰如法安置不得損失如輒擅納京除
路別無留滯候卸納訖令司農寺具管押人保明申尚書省取旨優加推
恩如稍涉稽滯及本路監司州縣不切用心應副並當重寘典刑六年正
月十二日臣僚言東南諸路斛𣂏自江湖起綱至于淮甸以至真揚楚泗
建置轉般倉七所聚蓄糧儲復自楚泗置汴綱般運上京崇寧三年因臣
僚建言直達京師致多拋失遂來召募士人管押數弊百端於是元將上
人選使臣并抵替委發運司計置依舊興修轉般倉候成降睿令轉
運司計置斛𣂏然後罷直達之法詔依詳相度聞奏閏九月十一日尚書
省言直達之法事法詳備有補無損今安有改更徒為勞費前降指揮更

高宗建炎元年五月十

不施行[?]日路允迪奏都城自來惟仰諸綱運轉給今來車駕臨駐傍京
汴河綱運理宜先次措置欲乞下戶部及發運司計度合用數外速令催
發前去京城下卸應副急闕支用廣濟河蔡河綱運亦乞下逐去筆運撥
發司速行催發前去從之六月二十七日戶部尚書黃潛厚言已得指揮
諸路起發上供錢物並赴東京送納契勘南京左藏庫見在錢物不多乞
應東南上路綱運令行在戶部相度隨宜分撥赴東京或南京下卸從之
先是汴河以河口決粮綱運不通詔差提舉京城所陳良弼同都水使者
榮嶷陳求道修治決口至是綱運漸至故有是詔八月一日京東路轉運
副使李祐言諸路應副朝廷大計係運司最為浩瀚近年歲額多不曾數足
蓋緣管押使臣多是干請差委不曾選擇能幹之人又沿河居民盜買官
米官司並不覺察致每運少欠不下數千碩者至沉溺舟船欲下發運司
選擇有行止無過犯能管押使臣如每數遇無少欠或欠數多及沿流官
司能覺察盜賣及不覺察去處重行賞罰以為勸沮及令本司官不往
往來催促詔除少欠數多及無欠一節別作施行外餘並從之九月十二
日同知樞密院事張慤言東南六路歲運糧斛六百萬碩與今年來
剗數目甚多今乞責令東京及南京排岸司各置簿抄上見下卸糧綱并

奉萬五千九百四十五

十四

諸色綱運船元來路分州軍府下卸官物日綱回運就差是何官員載
使用至甚處下卸各不得出本路界抄上綱官綱梢手兵士姓名人數
如運綱梢各量情犯斷勒之二年正月十日詔糧綱卸訖空船雖許差來
若往別路及過所差州軍元差官司并乘船官各徒二年真州排岸及瓜
洲堰閘官不切檢察者各杖一百其以前已差往別路粮斛船令轉運司
委官催回本路如乘船官占恡依未出本路非理遷延占留八船致妨本
處裝運錢粮計日坐罪指揮施行十八日發運司梁楊祖言淮南省劄
子提倉部員外郎曾楙狀近降聖旨差措置催促綱運契勘發運司見行
粮綱船例皆四五百料以來於法許載二分私物体訪得粮綱往往沿路
留滯蓋緣押綱自買船隻僅及千料以上謂之隨綱座船併行般運增添
隻數名裝官物十分攬載私貨至如入汴多致阻淺其全綱船隻不免一
例住岸今措置欲自今後綱運隨綱船不得過見押官船料例比許買兩
隻如敢依前置買大料船隻隨綱及置買過數許所在官司覺察送納入
官從之五月十九日詔在京歲用斛𣂏浩瀚從來指擬東南漕運除發運
司合應副南京拱州斛𣂏共四十四萬碩并淮浙合赴京畿下卸年額斛
𣂏共九千萬五千碩逐司自當別行應副外所發運司未起今歲合發額

斛二百五十八萬九千八百餘碩淮浙今歲未起額斛淮南一百四萬七
千餘碩兩浙六十八萬七千餘碩並仰多方措置限十月終已前須管盡
數般運至京其逐路建炎元年已前舊欠各仰前期計置椿辦㨂來年爲
始分限三年發不得更有拖欠其措置不擾及押人如期到京不礙分數
並轉運司取旨優加酬賞若催發稍慢不及今來所起之數幷押綱人遇
延違滯令逐處按劾官當竄逐人吏遠配如闕少綱船仰依已降手詔優
支雇直和雇其牽挽人夫亦仰添支雇錢募仍約束押綱人常切存恤
其江湖未起之數浩瀚專委司農卿史㣲催促椿使逐路斛蚪裝發離
岸專委發運呂源催趕至淮南自淮南專委梁楊祖催趕至泗州自泗州
專委李𥙿催趕至東京仰所委官各給押綱人行程若有住滯所委官隨
分定地分行遣仍仰東京戶部官躬親常切點檢覺察毋令少有稽遲住
滯綱運所至官司莫敢誰何欲望嚴立法禁許押綱人經隨處官司地分
陳訴承報限時拘収梢工送所屬依法推治內兵梢鮮押赴本州牒送住
營州軍勒重役永不得再差充坐船梢工承報官司不即公行或有觀望
故縱與犯人一并科罪詔可行仍令御史臺覺察聞奏二十三日戶部
言江南東路轉運司言本路綱運舊行在達日每綱用剩下二分私物力

卷一萬五千九百四十五　十五

勝裝載糧斛依雇客船例支錢後行轉般本路額斛依專法祇至淮南下
卸向緣靖康元年九月二十二日朝旨不許裝載二分私物以此綱運繳
計不行押綱人皆不願管押今欲且令本路綱運依舊例用二分私物力
勝攬載年額斛蚪依和雇客船例支給雇錢更不攬搭客貨如押綱人輒
更搭攬私貨即乞朝廷重立法禁本部勘當欲依本司所乞非情願投狀
承攬者不許抑勒如已攬載額斛力勝外更載私物因致稽滯者於本罪
各加一等從之八月發運副使呂源言綱運舊條以二分力勝許載私貨
今官拘力升而所支二分加料雇夫錢米太微必致侵盜乞加料每十碩
破一夫錢米從之九月五日專一措置財用黃潛厚奏乞諸路錢綱並赴
行在左藏庫送納從之十二月二十四日江南西路轉運司言本路歲額
上供糧斛舊押綱使臣多爲發運司拘截真揚排岸司所遣者多浮浪不
根及有因應募効用補受副尉之人既無家業可以倚仗兼不諳熟綱運
次第欲乞應有副尉乞押本路糧綱並先令供其家業及召命官或有物
力人保委審量心力可以委付即乞發遣前來從之三年四月十日詔東
路軍民久闕糧食已撥發上京糧斛令尚書省差發運使一員同本路漕
臣專一往來催促起發須管於七月一日以前起發盡絶所雇在逃尉及

應干捕盜官部領弓兵往來防護各照界首交割不管稍有踈虞如有巡
慢不職去處令發運使按劾以聞當議重行停降十二日司農寺丞蘇良
佑言淮浙路幷發運司糧綱到京依條少欠一分五厘批發及江浙兩路
轉般赴淮南用一分今來車駕駐蹕杭州節次卽未有立定分數欲乞將
江東路糧綱依舊用一分法兩浙路地里不遠權用五厘法施行詔已降
指揮移蹕江寧府重別措置申尚書省司農寺措置兩浙幷江西路綱運
少欠乞用一分法外若地里及三百里已下乞用三厘法四百里以下乞
用四厘法五百里以下乞用五厘法八百里以下乞用七厘法一千里以
下乞用八厘法餘並乞用一分法若有礙分綱運依京倉施行從之五月
十六日發運副使葉宗諤言押綱人乞依舊條酬賞外更與減三年磨勘
近降赦書除軍功酬賞外其餘權住行遣一年今來押綱人員所得酬獎
乞依軍功例施行從之　建炎四年七月三十日戶部言準都省批下發
運副使宋煇劄子契勘本司舊行轉般支撥綱運裝糧上京自真州至京
每綱船十隻且以五百斛船爲率依條八分裝發留二分攬載私物如㶁
將二分力升加料裝糧聽八分正裝計四百碩每四十碩破一夫錢米二
分加料計一百碩舊法每二十碩破一夫建炎二年內裝發東京糧緊切

卷一萬五千九百四十五　十六

畫降聖旨加料每十碩支破一夫後來前本司官宗諤去內得指揮擺
還東京糧料沿汴少欠就顧牽駕舟船申畫指揮加料依和雇客船則例
支給雇錢入汴添支三分水脚錢及舊法支給蘆蓆剩水鋪襯等錢幷管
押人依條除本身請給外重船又別給驛券每運至東京卸納無欠折
轉官資綱梢並支槔岸及賞錢所請脚剩等大段優潤今來依奉聖旨雇
船起發浙西勸誘昔來其押綱除本等資序請給外止添食錢三五百文
別無立定了納賞罰兼本司見打疊舟船團給官綱發行在物斛浙西州
軍至越州地里不遠若不權宜立定賞罰無勸懲今相度除雇船自有立
定地里水脚錢外有官綱欲乞依本司昨來起發上京綱運例除添支三
分水脚不及外餘依舊例支破所有容綱人賞罰今以地里遠近所裝米
數參酌立定下項賞每運押米五千碩以上地理至卸納處無違程折會
償納外少欠依下項副尉比折次使八百里減磨勘二年半五百里減磨
勘二年三百里減磨勘一年罰每運押米五千碩少欠一分使臣衝替副
尉勒停仍根究致欠因依七厘展磨勘三年五厘展磨勘二年三厘展磨
勘一年後批送戶部勘當申書省本部今欲依本官所乞施行內賞係別
無少欠倉部供到狀近勘當發運副使宋煇劄子起發浙西諸州米斛至

一作二

究作治

越州乞依舊八分裝每四十碩破一夫錢米二分加一料每二碩破一夫并以地里遠近賞罰合支藁薦剩水鋪襯等錢已勘當依本官所乞內押人依條除本身請給外重船又別給驛券緣今來止是一將裝發斛㪷比之上京綱運事體不同若更破驛券委是太優欲乞重船日支食錢四百文省詔依十二月十日度支員外郎韓球言欲前去饒信等州剗刷錢粮乞將沿流州軍並起發見錢其不通水路去處依指揮変轉輕賫從之紹興元年二月十六日詔令韓球照會前降事理體度行在贍兵數多將見剗刷不以麤細色綱運遵依建炎四年十月一日已降陸運指揮疾速催行不得少涉擾擾內合應副張俊下單錢粮仰於今來所般數內量度撥留應副其後內降應干合於饒信州樁撥錢物粮斛并事理更不施行元年三月十二日戶部言越州通判趙公竑言兩浙路見有起發米斛萬數不少內有經由海道前來綱運除官綱平河行運合依宋煇措置外海道般運粮料係為登險理當優異本部今比附重別措置每運至卸綱納處無拖欠違限折會價納外依下項內賞比平河已是優異其罰格亦比附申請措置施行一等賞格一萬碩已下所裝雖多者同一千里無拖欠料一官不滿一厘減四年磨勘副尉依使臣法比折収使下准此不滿二厘減三年五百里無拖欠減四年不滿一厘減三年不滿二厘減二年五千碩所裝不及五千碩若併押兩運如及所立之數亦乞通行推賞一千里無拖欠減四年不滿一厘減三年不滿二厘減二年五百里無拖欠減三年不滿一厘減二年不滿二年減一年半罰格欠三厘展一年磨勘副尉亦合比展欠四厘展一年半欠五厘展二年半欠七厘展三年半欠一分展四年欠三分拖失空船一十五隻同使臣殺尉衛督副尉勒停仍根究致欠因依從之二十七日戶部言上供錢物糧斛依法雖請降特旨截留借撥支撥執奏不行及承指揮就制軍馬等官以便宜行事拘截上供錢物斛㪷官吏並流三千里主司聽之減三等所有今後起赴行在送納綱運輒敢拘截卸納亦乞朝廷嚴賜施行詔諸路應起行在錢物斛㪷官司輒截留借兌支撥並依上供條法指揮六月二十四日戶部言諸路般起粮斛舊制江湖轉般兩浙直達上京比緣軍興淮南轉般倉敖焼毀如畫其江湖粮綱自合權宜直達赴行在詔依九月十八日明堂大礼赦勘會粮綱舊六路直達法卸納少欠一分五厘已下本路備償折會過一分五厘即行根究比來行在下卸粮綱因有司申請減下欠數和雇客船裝納不及反遭官綱一分已下方許批發歸回補發緣此留滞綱船淹延刑禁

永樂大典卷一萬七千九百四十五

十七

有三月四日三字疑是衍字

無補公私自今依舊直達法施行十月十九日三省言保義郎翁桌等狀準建炎四年聖旨指揮置坝糴糧斛每一萬碩為綱選差有才幹使臣兩員管押押船綱運經由海道載至福州交納如無疎虞依六月九日已降指揮各與轉一官仍與家使差遣桌等於建炎四年十月內裝至溫州裝發三綱每綱各一萬碩經涉大海於今年正月內到福州交卸了足竊見成忠郎滿和等亦於溫州裝發綱運前來溫州交卸各有拖欠亦已依前項聖旨各與轉官乞行推賞詔各與轉一官二年三月十日詔應綱運不以人糧馬料不得在外一面支遣並赴合屬倉分送納如違並從杖一百科罪委名賞錢五十貫文以犯事人家財充仍先以官錢代支三月四日戶部言應上供錢物綱運欲令州縣遇裝訖即時計所裝船隻錢物數目押人姓名離岸日時先次飛申戶部仍關報前路州縣綱運官司催續催趕出界依此飛申出入界日時入急遞報戶部下所屬庫分拘催從之四月二日紹興府言昨廣温台二年以來海運粮斛錢物前來紹興府並係至餘姚縣出卸騰剩般運而本縣常患無船不能同時交卸往往留滞海船今既移蹕臨安緣自定海至臨安海道中間砂磧不通南船是致沿海之民撤有科調之擾契勘明州自來有般剩客旅貨物淛船甚多欲乞專委官一員措置將閩廣温台等處發到錢物斛㪷並就本州出卸僱立價直雇募淛船騰剩就元押人由海道直赴臨安江下既得少紓紹興諸縣民力又免海船留滞之患糧斛不致失期從之十二月十九日呂頤浩奏近遣郎官孫逸前江西上供米比聞已起三綱可準擬三十萬斛上曰以江西漕臣不以時起以待朝廷遣郎官催促然後起發如此則漕臣失職可黜責朕常面訓郡轉運使須公濟先理會常賦若常賦不入乃反務撥斂非朕愛民恤下之意三年四月二日詔今後起綱如本州差遣三員曾未還任接續有合發綱運即先從倚郭縣差縣丞或主簿一員管押以後先近遠於諸縣輪差如被差輒敢規避並從徒二年科罪曾押官侯到行在別無疎虞依已降指揮推恩十二月二日戶部言兩浙運司孫逸劄子諸州縣起發綱運赴行在卸納別無拖欠其曾押人乞特行犒設今立定下項其錢於和糴場百陌錢內支破如無見在移文本路運司於移用錢內限當日支給三百里以上三千碩已上欲支一十五貫文省五千碩已上欲支二十貫文省五百里以上三千碩已上欲支二十貫文省五千碩已上欲支三十貫文省諸依今後如遇綱運卸納了當別無緣故排岸司非理留碍阻節官吏並徒杖一百科罪三十日戶部言已降指揮

永樂大典卷一萬五千九百四十五

十八

兩浙諸州起發糧斛馬料綱運赴行在卸納，別無拖欠，其管押人特行犒
設：三百里已上三千碩已上支一十五貫，五千碩已上支二十貫，等雖不
及三百里已上亦合比類編犒設。今相度欲將諸州縣起到綱運如地里
不及三百里三千碩已上支錢一十貫文省，五千碩已上支錢一十五貫
文省特行犒設。從之。四年四月二十八日，內殿（造船）進呈文字，宰臣朱勝
非等曰：近來諸路（船）船發綱運大段費力，雖州縣優支雇直，人戶少應募者，
蓋因畢與以後船戶例遭驅虜，民間莫敢置船。欲令兩浙、江東西路各造
船二百隻，專充運糧使用。上曰：須於船上分明雕刻字號，諸處不得指占，
雖奉聖旨聽執奏不行。七月二十六日，戶部侍郎梁汝嘉等言：勘會提轄
綱運官依法許將帶狀印隨行，自本路至國門以來催促糧綱，有犯聽勘
決。若綱梢偷（盜）官司，故縱留難阻節，許報所至監司追究，候催促了日赴
尚書省呈納足狀，續承朝旨糧綱在路，提轄官端閑不為催督檢察，致少
欠數多，令每半年具催促點檢過事因，并住滯官司申部，看詳施行，仍候
六路提轄官到闕呈納足狀，從本部取索案牘點檢，嚴（勘）縣遞官績狀，優
劣申取朝廷賞罰施行。本部契勘江湖提轄官昨改隸（提）發運司，提轄催
促，緣後來發運司官屬已罷，惟兩浙路見在提轄綱運二員，自移蹕後來

參一萬五千九百四十五

十九

其提轄官全無職事，又無治所，廨宇亦無，申到催發糧綱文狀，今來起到
糧綱多有糠粃、損濕、少欠，事屬不便。兼即日駐蹕兩浙，地理比近，即與昔
日事體不同，乞委自兩浙轉運司各出印曆付提轄（轄）綱運官二員，於本路
裝糧州軍不住巡各往來檢察催督，仍於州縣批書所至日分，依監司例
無故不得住過三日，候到先從本司點檢，以憑本部不時取曆點檢，如有糧
綱情弊，具提轄官事因申乞朝廷特賜施行，所有逐官合破吏卒舟船，仍
令本司畢依格應副，所貴有以責辦。從之。二十七日，詔使臣、校尉押發糧
斛等到行在交納無違程拖失少錢，或少欠不礙不分厘若納足不願支
給犒設錢，依立定平江府、湖州二萬五千碩、秀州三萬碩，減磨勘一年。九
月二十九日，戶部言：湖、秀州、平江府管押糧綱使臣、校副尉押發官綱米
斛到行在無違程拖失少欠，或少欠不礙分厘，次運補足之人，量與減年
磨勘事，批送部勘當，申尚書省。本部勘會近承朝旨，浙西管押糧綱使臣
每運裝發一千碩無拖失少欠并有欠不礙分厘，次運補足別無違程，若
不願支給犒設錢，平江府、湖州與陞三季名次。今來兩浙轉運司申明，校
副尉押綱亦合依使臣體例推賞，本部今勘當，欲將使臣、校副尉押發糧
斛到行在交納無違程拖失少欠，或少欠不礙分厘若納足不願支給犒

參一作依

設錢，依立定平江府、湖州二萬五千碩、秀州三萬碩已上二項減磨勘一
年，平江府、湖州二萬五千碩已上二項免短使、陞二年（年）名次，
如願換減磨勘九箇月，聽。平江府、湖州一萬五千碩、秀州二萬碩已上二
項陞一年名次，（願）願換減磨勘半年，聽。平江府、湖州一萬碩、秀州一萬五千
碩已上二項免短使、陞半年名次。從之。五年三月十五日，兩浙運副吳革
言：給事中陳與義奏，州郡官（民）交病者，雇船以轉輸是也。乞令諸郡破官
錢買民間堪乘載二百料以上船，仍嚴立約束，州郡不得他用，轉運司不
得拘占。有旨令江浙轉運司措置。本司契勘本路除溫、台、處州不通水路
及臨安、鎮江府不係接月般運去處外，其餘州府每歲起發（供）（上）供米斛錢
帛馬料，欲依陳與義申請，令逐州和買堪好客船，以三十隻為一綱，內秀、
常、湖州、江陰軍、平江府係平河行運，衢、婺、嚴州係自溪入江，明州、紹興府
運河東堰渡江，各買三（百）百料船，每一往來般運本州合發行在錢斛，官司
不許拘截及充他用，雖奉特旨許本司及諸州執奏不遣，如違以違制科
罪。所有合用價錢，乞特許借支不以諸司窠名錢應副，責令逐州收樁，合
充雇船水腳錢，分限一年撥還取足。一、合差梢工、櫓手、牽駕兵，欲乞令
逐州府據每綱合破人數，依條於廂軍內選差有家累及諳會船水之人

參一萬五千九百四十五

二十

充役，如實無可選差，即行招刺。其合用例物并錢，乞依買船例，不以諸司
窠名借支，分限撥還。一、管押使臣、兵梢等合支請受衣糧口券錢米，州縣
往往不依時支給，是致侵盜官物。今欲依令逐州據見今般運官綱無賸
本司所給隨綱拘管撑夫曆子，細檢察的實人數，逐旋依直達條法限當日
內勘給。於條者，及移用錢內通融應副。一、所差押綱使臣，今相度欲從本
司於大小使臣、校副尉內踏逐，實有心力、曾經任無過犯、不係老病之人
選差管押，不許諸處拘差。一、起發物斛赴行在，合比較功過賞罰，除浙西
已有紹興四年七月二十七日賞格外，浙東並經過大溪及錢塘江，即與
浙西平河行運不同，今相度欲乞將浙東逐州所起糧米赴行在，如無違
程拖失少欠，不礙分厘若納足，不願支給犒設錢，內衢、婺州及一萬碩，紹
興府、嚴州一萬五千碩，依前項已降指揮減磨勘一年，餘並比類推賞。一、
所買客船，所委官不切躬親看驗，估憑合干人與船戶通同作弊，或受請
求將年深不堪篙損船中賣，及虛增料例，大估價錢，其間寔係堪好舟船
妄有阻難，百端情弊，乞覓錢物，及因緣擾攪，如有違犯，許諸色人告捉，
申朝廷乞重施行，斷遣仍每名特給賞錢一百貫，以犯人家財給告捉人
充賞。詔依，內第二項如敢大破虛係人數冒請錢糧，取旨重作施行。四月

七日，詔押綱人選法並差撥資次理任，並依舊直達綱運法。內見任官如
係使臣於本任別無規避，方得正行差押。並經本路轉運司投狀，如應得
選法，即一面差訖申尚書省，出給付身。不圓及不經吏部審量人，不在差
撥之限。十一月二十五日，權戶部侍郎張志遠等言：諸州縣起發行在斛
斗綱運，和雇舟船裝載，依所降指揮，將合支雇船水腳錢以十分為率，先
支七分付船戶掌管，若有欠折，並令船戶管認，餘三分樁留在元裝州縣
準備糶填納訖，不礙分釐批發前去，少欠之數，其押綱官更不認數。戶部
契勘兩浙州縣起發斛斗至行在地里止及數百里，其船戶為見有未支
三分水腳錢，可以雜欠，故為州縣自來例不曾支還，上件腳錢無可指準，
緣於沿路恣意偷盜官物，意在元指取合折三分錢數，因而侵用，遂多無
可償納。所有管押人亦不鈐束，容縱船戶公然作弊，雖有少欠，令所屬監
納，若不得分釐批發前去，元裝去處補填。其州縣近來往往將船戶三分
水腳錢元不依數樁管，或已別作支使，致船戶詞訟不絕，其欠數經涉月
日不能備發了足，緣大數計之，失陷不少。若不別作措置，深恐積失消計。
今相度欲下兩浙轉運司行下所屬州縣，今後和雇客船起發行在糧斛、
馬料綱運，令元裝去處將合支雇船水腳錢盡數支付船戶，并管押人同

卷一萬五千九百四十五

二十二

共支領，仍措置鎖伏，多有關防，起發前來。若赴行在交納外有欠，令押人
并船戶同共認欠，除依條破耗外，以十分為率，令押綱官認二分，其船戶
管認八分，只於行在填納顆粒，不得欠折。如將上件錢換納不足，委官司
農寺監寫押綱并係千船戶以隨行動使并出賣換納，猶不足，即移文將
運司差人，除程限十日，勒令元牙保人拘收產業出賣前來，須管補還數
足，庶凡不致綱運拖欠官物。其所屬官司不即支還腳錢，即許押人并船
戶稍工經省部越訴。從之。十二月五日，禮部尚書李光言：伏覩陛下駐蹕
東南，江浙寔為根本之地。自兵興以來，科須百出，民力既殫，理宜優恤。今
州縣綱運漕司既不任責轉輸之職，趣辦州縣，乞檢會舊例，應州縣上供
及軍糧錢米等並令漕司計置綱運，專差使臣團綱起發，其水腳靡費等
錢，乞除條將直達省頭子錢樁充漕司，不得互用。詔諸處轉運司措置，依
此施行。六年三月五日，中書門下省奏：川陝屯駐大軍屢歲四川歲用糧
食數目浩瀚，州縣官吏所宜協力津運，共濟國事。軍前米糧大段闕乏，雖
米運般發，每患留滯。詔令趙開躬親前去軍前，極力措置水運，如委實般
發遲緩，不能接濟軍前，見今急闕，即隨宜從長措置施行，務要按月樁斛
足辦，如少有稽滯，重作施行。

紹興六年十一月十八日，四川安撫制置大使席益言：蜀中民已告病，而軍尚
乏食，詳觀弊源，固所以救之不一，而足所以奏請轉般，欲於上流水漲之時，併
運在閬利近處，春水生後一發運至軍前，庶免如今年夏秋頓至闕絕，一也。又
奏請於利閬州就糴入中，庶免如今年多支腳錢，而運遠路之費米，二也。又於
瀘、敘、嘉、黔等州打造運船，及自用收拾水流木、斫伐官地木造船，庶免向來抑
船之弊，致客旅逃避，盡毀其船，官吏指準而又得綱運蠹弊，三也。欲初於閬州
急糴萬斛以應軍前急闕，又遣官於軍前計議，於梁洋就糴十萬碩，庶免向來
陸運之弊，人民被死，田萊多荒，又得軍前早有糧餉，四也。行下三路漕司，往貴
起發合運之米，自五月樁米至今在倉米數起發將盡，庶免如向來積米在倉，
軍前告乏，五也。又差本司屬官齎本司錢物往瀘、敘、恭、涪，依私下糴買新米，就
近發運軍前，卻於西路水運最遠去處免樁米數，省水運用船之費，庶民無科
糴之苦，六也。詔益前項措置事理，亦盡利害，備見體國之誠，令學士院降詔獎
諭。七年二月二十九日，詔訪聞兩浙路諸州縣比因和雇舟船般發大軍錢糧，
官吏並緣為姦，多是立為料次，預行選數，科率民間，見錢規求贓賂，妄充他費，
至如欲作其用，即吏第勘料和雇船錢，應副公私，侵欺藏隱，弊端百出，民甚苦

卷一萬五千九百四十六

之。除已令轉運司打造官船，計置綱運外，委提點刑獄官躬親遍詣管下州縣，子
細體訪，如有違犯去處，按劾以聞。其官吏當重置典憲，或監司隱庇不發，並當
一例坐罪。仍令提刑司鏤板印榜，散給州縣曉示。十一年八月十六日，詔管押
錢物及兩全綱，令六部對數增賞。今後管押人聽押至兩全綱止。十二年七月
八日，戶部言：兩浙轉運司所發行在米斛，例各稽遲，訪聞多是押綱梢等作過，
沿路住滯偷盜，搀和多致失陷官物，虛費耗糧。度得浙西秀、湖、常州、平江、江陰
軍地里遠近，紐計在路合破日分：秀州至行在地里約至行在計二百九十
八里，計四日二時；平江府至行在計三百六十里，計八日；湖州至行在計三百
七十八里，計八日二時；常州至行在計五百二十里，計一十一日四時；江陰軍
至行在計七百三十八里，計一十五日。欲令裝發去處才候裝畢，於本綱行程
上批定所定日分，地里於經由去處批鑿到岸及起發日時，候到卻納去處，伺
候司農寺驅磨，如內有押綱不依今來立定日限地里行運，在路熟鹹違程，或
有隱分少欠官物之人，並申朝廷，取旨指揮施行。及沿路巡尉妄與批鑿程限，
即按所屬按劾，依條施行。從之。十四年四月四日，戶部言：兩浙轉運司申：乞今
後押綱使臣校副尉管押米斛馬料赴行在及軍前交卸，不以地里遠近，除程
耗外別無拋失，及少欠米斛，所立分釐次第，酬賞補足別無違程，一歲內每綱

累界押及三萬碩減磨勘一年每增一萬碩減磨勘一年内馬料陞折推賞從
所屬勘會次第保明申戶部指揮推賞欲依本司所申施行從之十五年三月
二十七日戶部言近來兵梢爲見所立分釐稍寬公然偷盜於沿路糶賣止及
所立抄發分釐前來卸納以致少欠數多今措置欲依前項所立分厘上量度
遞減一厘抄發其押綱押米少欠非獨兵梢盜糶其間亦有元裝州軍專斗等
意在拘收出剩米斛作弊移易於交裝之時減縮斗面侵量及當來糶納米斛
多有濕惡或米雜糠粃致下卸攤暴颺淨米送納其欠折止令押綱兵梢備
償今欲行下浙西州軍如遇當司押綱到來裝發粮斛並仰幹職官及司戶主簿
或監當一員更差撥一員於交裝倉分先次監視斛面及封記遍船堵面方得
發行亦免偷侵之弊如有欠少依依施行仍乞約束行在諸倉今後交卸官物
並請監官躬親監視兩平交量卸納毋令合干人作過大量所貴不致虧損從
之七月四日四川宣撫使司奏准紹興十三年冬祀大禮赦内一項四川向緣
般發糧運泝流牽挽間有拋失欠折之數淹繫囹圄償納不足深可憐憫仰宣
撫司分委彊明官覈實如委因風水拋失即與蠲放其有侵盜已被拘籍財
物償納不足者責限十日結絶仍各錄事狀以聞今據知恭州權夔州路提點
刑獄張茂中取會覈實到涪黔開達州南平軍等處共拋失一米二千七百五
卷一萬五千九百四十六
十餘碩錢六百五十餘貫並係實無家業償納依赦合行蠲放詔依十六年二
月九日詔成都府路合應副紹興十七年水運對糴米可依紹興十五年正月
已降指揮減免施行以四川宣撫司有請故也五月四日上諭宰執曰聞近日
綱運到往往門外剝卸再般運入倉極爲費力自有河道可令開撩恐致堙塞
非特綱運不通商旅亦自阻絶十八年五月八日臣僚言竊見兩浙路運米從
臣條曹司差募例皆參部有礙或貧乏不能待次求爲押綱志在盜糶官物以
給衣食賞罰不能爲之利害故勸沮不行焉押米之法最爲詳備既不到部則
減展磨勘遂成虛文歲月滋久積欠有至數千碩者理難一併追索不過行下
所屬除豁兵梢請給移文不已實無有也欲望改付銓曹選有心力使臣管押
理爲短使無欠而願一併押者聽之如此則畏勸行而官物不失矣亦革弊之
一端也詔令吏戶部措置申尚書省逐部今措置欲依臣僚所請候兩浙運司
實封報到合用員數將前任請火添支回參部大小使臣先次差撥如不足大
使臣差前任請驛料人小使臣差合着常程短使人其所差人兩選間隔差撥
部如報到兩員各差一員應副管押一次更不擇運如願再押者聽差管押別
無少欠不了事件除所屬合得酬獎外不以遠近地里更與先次占射差遣
一次令後如遇兩浙運司報到合用員數依此差撥從之十九年十月六日太

府寺丞李濤奏竊以國家常賦皆自諸路綱運起發具有著令比年以來州郡
監司不務遵守往往多差未出官選人管押以覬賞典多不得人倒將官錢更
易公然盜用良由初官未諳世務不知憲章既無顧藉得肆侵欺欲望特詔有
司申嚴行下今後綱運不得輒差初官人管押庶免欺弊詔令戶部看詳本部
契勘合發錢物全在當職官恪意選擇畏謹有心力官管押所有未出官選人
竊慮其間亦有顧藉酬獎可以倚仗之人緣合得賞典太優今欲下諸路監司
州軍如差未出官選人押發綱運令增倍管押候到合屬庫務交納了足止
與依見行本等格法推賞從之二十一年七月二日上諭宰執曰漕司米綱近
年多差本司使臣往往作弊致濕惡腐壞可令本司申吏戶部依祖宗法差在
部短使人庶有顧藉不敢作弊八月七日詔武略大夫筠州指揮使陳寶追毀出
身以來告勑文字除名勒停送歸州編管以寶管押本州折帛錢綱赴池州太
平州交納在路違法借貸法當絞特貸之九月十六日詔諸路轉運司今後押
綱使臣許於本路州軍見任指使准備差使内踏逐選差有心力可以倚仗之
人先是本司多差不曾到部付身不圓軍中揀汰使臣無藉作過官米濕惡不
堪支用至是戶部有請從之二十二年三月二十六日詔四川監司州軍今後
募差管押綱運須管先選有行止可以倚仗官及有行止付身圓備之人充保
卷一萬五千九百四十六
如押人侵使移易其保官與降兩官元募差不當官吏依紹興五年已降指揮
降一官放罷人吏從杖一百斷停所少錢物除押人依法斷罪估賣家產填納
起發外如有未足數目於干繫人名下依條追理從戶部請也十一月十八日
南郊赦勘會監司州軍差委見任官管押綱運交納別無違欠合行推賞内有
依條不應差官出官以此不與推賞無以激勸今後似此之人如無欠以違程
與比附正押綱官減半推賞十二月六日戶部言諸路合起發米斛赴行在并
外路卸納綱運除官綱係差短使或指使自有立定分厘耗折糶賣外所雇客
綱係逐州軍依見行條法指揮召募文武管押從來多無欠折至卸納處如交
納了足方行推賞近來所押客綱却有欠折下卸去處便依官綱地里分厘除
破耗折暗虧官物兼客綱自合依所降指揮拘收水脚錢分數前來卸納處准
備填欠其客綱即與官綱事体不同欲乞將江湖等路今後如募差文武官管
押客綱破耗與比官綱減半除豁耗米方得推賞所有今來未申請以前元管
押客綱未經推賞破耗綱運且依已保明到推賞事理施行即於見行條法別
無相妨庶免暗虧官物詔依二十三年六月五日戶部司農寺言契勘諸路起
發斛斗赴卸納處依節次所降指揮押人已有等第推賞内除兩浙賞格已是
適中外有其餘路分合起糧斛差募押綱舊立賞典委是稍優今相度欲乞申

明將江南東西荊湖南北淮南路諸州軍令徵起發米斛綱運至下卸處差募文武官校副尉并未出官選人及不應差出官依見行酬賞指揮上各與三分內減一分所有日前趁所屬納畢綱運亦乞且依先保明到事理依舊推賞餘依見行條法指揮施行庶得均濟從之十八日右正言前崇政殿說書史才奏伏見諸路州軍起綱發納錢物差官及使臣衙前兵梢等押赴行在所合屬倉庫交納至有折欠數並將合干人押下排岸司追理排岸非行法官司無所拼問得其人則使人監守夜則寄禁錢塘仁和兩縣獄中其人皆遠去家鄉無親故可以假貸身為囚繫欲償無路情不獲伸徒淹歲月凝寒烈暑不得休息饘餉不繼困餓狼狽纍纍相屬而莫之恤夫損失官物而責其備償有侵盜貿易之弊者付有司治之則情可得而失物可追不待監禁之嚴而弊已革矣乞應倉庫交卸綱運折欠並即時具名色數目申解所屬見得有侵盜貿易之弊者送大理寺推治其過誤損失並押下元起綱處依法施行況本處自有抵當委保與身分請給皆可倫償追足附綱起發則折欠可不授而辦從之二十六年七月十三日詔行在排岸司見監米料綱運管押人并綱梢一百餘人陪填在路拋發折欠米料皆是貧乏之人無可填償日夕飢餓情實可憫並與蠲放外路有見禁似此之人若非侵欺盜用委是折欠即依此施行二十七年七月十

卷一萬五千九百四十六

二日兩浙路轉運司言為浙西州軍人戶納苗米水腳錢赴通判廳縣丞廳作經總制庫收附并管押米斛馬料赴行在及軍前交納每船及二萬碩計減磨勘一年每增一萬碩減磨勘半年及押綱使司兵梢合得請給乞撥定州府應副依條限幫支倉部勘當押綱使臣管押米斛馬料赴行在及軍前交卸除破耗別無拋失少欠不礙所欠分厘次運折會補足別無違程一歲內每綱累及二萬碩乞許減磨勘一年每增一萬碩減磨勘半年所有欠多押綱兵梢合該責罰及兵梢納足特賞並乞依見行條法施行從之二十八年七月三日直敷文閣新權江南西路計度轉運副使李邦獻言奉旨令臣與李若川將江西路紹興二十一年至二十六年分已起未到米一百六萬四千五百碩疾速催趲前來并未起七十萬五千二百餘碩併綱裝發並限半年到行在等處窃緣江西米運其弊有五一則押綱不得其人二則官綱舟船滅裂三則水腳糜費不足四則不當措置指運遠近五則卸綱處乞取太重斛面太高不除擲颺折耗所以失陷數多欲望許召募土豪及手本客人裝載並與依舊例工吏許給帶一分私載於裝發米處出給所附行貨長引并於上行程亦曆沿路與免商稅即不得留滯綱運如不顧請船腳錢者管押及二萬碩無少欠與補進武校尉二萬碩加一資依軍功補官法如土豪客船不足許令逐州選差見任文官

宣教郎以下至選人及武官大小使臣管押若無欠少與依紹興五年十一月立定賞格推恩如一萬碩一千里以下減四年磨勘二萬碩更乞與減二年磨勘三萬碩轉兩官止戶部看詳一乞召募土豪及手本客人裝載令欲許召募有家業及所押物數不曾充公人亦不曾犯徒刑非免認編管會赦原免之人當職官審驗詣實其自備人船每碩三十里支水腳錢三百文（看詳計地里紐支）許將一分力勝裝載私物與免收稅批上行程沿路照驗若所俠不實或借人抵產許人陳告依詭名挾戶條勘斷罪財產沒官經由稅場監官即躬親照驗放行干係公吏乞覓論如監臨主司受財法計贓斷罪無故留滯者杖一百到卸納處依自來綱運條例計地里除破耗米如有少欠候補足保明申朝廷降付戶部勘驗閱吏部等處依今來修立賞格請降付身所乞逐州選差見任文武官令欲令江西運司於見任應差出之官內選差或募寄居待闕官（召保官二員）除許地里合破耗外如無拋失少欠違程從交納官司保明依今來修立到賞格等推賞並重別增損擬定賞罰格如後土豪手本客人運載米斛二萬碩（每運每二萬碩轉一官須通押及四萬碩行放參部注擬差遣）三千里以上承信郎二千里以上進武校尉一千里以上進義校尉右除地里折耗外如少欠三釐以下與依格推賞如三釐以上候補足日推賞命官差募管押賞一

卷一萬五千九百四十六

萬碩二千里以上無官欠減四年磨勘（每加一萬碩增一倍推賞）不滿一釐減三年半磨勘不滿二釐減三年磨勘一千里以上無官欠減三年磨勘（每加一萬碩增一倍推賞）不滿一釐減二年半磨勘不滿二釐減二年磨勘三千里以上與遞增一等推賞（謂如元合減四年磨勘而及三千里以上者減三年磨勘之類）罰少欠三釐展三季磨勘（每加一釐展一季至一分止少欠二分每分加展半年磨勘至四分止副尉下班祇應比類）少欠五分命官衝替副尉下班祇應勒停一卸納處乞取太重斛面太高不除擲颺折耗令欲令江西轉運司將合起米先次差人別賫一般樣赴司農寺照會候綱到日申戶部差郎官一員前去對樣交卸不得將所起米擅便擲颺折耗疾速交納其合起總領所米亦合依此封樣候到差官交納仍令戶部長貳總領官不測赴倉點檢如有違戾各仰按劾施行其押到米與元樣不同委有夾雜沙土即申本部及總領所差官看驗依條交卸一水腳糜費錢本路所起米一百七十餘萬碩前逐州隨苗收到水腳錢三十四萬餘貫兼朝廷給降乳香套一十三萬貫并就撥經總制錢十七萬八千餘貫應副裝發本司自合將上件錢相兼措置起發自餘押綱作弊舟船滅裂並係本司合行事務欲下江西路轉運司一面措置從之九日戶部員外郎莫濛言比來諸路綱運率多稽違至有申到綱解經涉歲月而猶未

至有退留致留方能起發致押綱人得以肆其奸弊雖給行程文曆所至計除妄作緣故闕滯月日詐偽諸路州軍應起發綱運具實離岸月日先申戶部仍牒前路州縣遇綱到關報亦各具出入界月日關申仍委本部以申狀類聚俟綱到稽其稽違之甚者比較沿路留滯最多去處令本路漕司根治上日諸路綱運之弊其來已久蓋緣押綱之人多是請求而得往往沿路移易官物於所至州縣收買出產物貨節次變賣以規利息至有一二年不到者猶是不住過為其間用意作過之人公然乾沒量留些小至行在詣元打官合錢又既到之後倉庫合干人等多暨巧取百端邀阻其弊不可勝言者卿等宜令逐一措置革去弊源庶幾不至失陷官物宰臣沈該等奏曰本臣趙江西末運已令戶部條畫措置務要盡革宿弊今又有陳請當就令措置於是詔戶部看詳本路言令其稽違之甚者申戶部所屬官分行下本路漕司根治施行從之同日詔諸路糧欲將諸州軍申到綱解文狀並行下本府寺籍定將州軍綱運每年一次擇綱到行在交納其受納官司往往取賂方許交納如交數遲久折致拘留押綱一行人在岸催納欠息急於星火以致日久折費舟船頻數不足仰戶部長貳躬親令糧綱欠折者如委無欺弊並先與責放仍令審覈空船各回本處將合陪還糧實數行令本州勒納依數補發今後依此施行二十九年四月十六日權戶

卷一萬五千九百四十六

部侍郎兼提領諸路錢穀趙令詪奏行在錢糧全仰於浙西河水淺澀留滯綱運自臨安府至鎮江府沿流堰閘往往損壞經久不修走泄運水望令逐州守臣差官前去相視計置如法修整從之二十三日詔今後除依條合團併錢物綱應見行條法施行其餘州軍合發錢物並不得差衆官附押兩州錢物如違將所押正綱合得酬賞減半其附押官物請過水脚縻費等錢於違戾差遣押官司人吏名下追理入官將所差違戾官司從杖一百科罪二十八日總領四川財賦軍馬錢糧所言四川押綱官不許附押他司錢物并乞修立斷罪條戶部欲自今後四川州軍諸司起綱去處輒差官附押他司錢物及押綱官受差附押者準紹興勑諸因職事例受制書而違條科罪受差官正綱合得賞與使行減半脚錢追理發納從之三十年四月九日右正言沈濬奏竊見四方綱運輸輳闕下酒以衡校管押多致失陷乃選差命官俾任其責遂定賞格以勉之不然罰亦隨至今者有自川廣數千里之遠涉風波冒不測曆歲月之久方抵闕下幸而無虞元數已足方獲朱鈔次經太府寺陳乞保明申部推賞寺中阻難已畢方肯申部部中又復阻難望下所屬官司如已獲朱鈔許令節次保明推賞或有小節未圓亦許先次放行其或所屬奉行違戾許部綱官徑赴朝廷越訴重行根治從之八月二日臣僚言竊惟漕運所用莫急於舟江東諸郡皆雇客船江西則於洪吉贛州官置造船場每場差監官二員工役兵卒二百人立定格例日成一舟歲以為常運司募押綱使臣悉由關節請關一綱例行賂亡百緡始得之既胥吏皆為奸也且以江東與江西事体相類江西運米猶多且江東每綱給水脚縻費錢付之押綱官令自雇客舟及水手以往寄人於戰其利私去多還不肯留滯獨江西撥船發卒一切仰給於官較之江東雇舟文不相侔乞委江西帥臣或提舉常平司同吉贛州守臣公共相度造舟與雇舟利害以洞別識酌從之同日臣僚言諸路轉漕米綱最為急務前後條約非不嚴密弊在運司胥吏邀阻乞覓篙梢乘此侵盜所以交卸虧折不免監繫不若令州郡自募有合起綱等錢就令逐辦但運司每歲將上供米數著為定額下諸州以下卸去處分道理遠近責其限程時行比較違戾者罰其運使吏不差官又諫汰軍員置在州郡多者百十人少者三五十人久在軍旅練歷艱辛今止分布守衛坐食若令隨押綱官管轄照顧必得其力除見請受外量支食錢以文船之多寡輪次差使戶部看詳諸路綱運司及州軍指使准備差使有心力諳故之人內差撥江西許差土豪及選逐州見任文武無差出官及募寄居待闕官管押兩浙係差短使內有再願充押綱及付身圖帳曾到部使臣管押緣逐路漕司並不遵守致令乞覓作弊今依所請其所差撥大軍員

卷一萬五千九百四十六

舟船多寡斟量差撥從之三十二年九月二十四日（孝宗即位未改元）權江淮荊浙福建廣南路提點坑冶鑄錢魏安行言乞自正月以來募官押發本年錢綱依舊以二萬貫為一全綱自二萬貫以上添押之錢與減磨推賞諸如一萬貫合減十箇月零半月磨勘五千貫合減五箇月零七日磨勘之類不必須成成全綱如此則易為起發免致留滯從之十月六日詔諸路綱運起發本州具的實離岸月日及所經州軍亦具到發月日並申戶部本部計程機察住滯如日數多者下所隸運司根治其由如興販以規利者就令經歷所在當切覺察以新除福建路轉運判官王瀹言近年以來所在起發綱運動輒遲滯由諸州不能預辦合發錢物臨時前期處中綱解稽留累月方能聚發官物既足又候水脚縻費之用亦復旬月方能離岸致押綱人寅緣作弊貿用官錢及市物貨隱瞞征稅至併與全綱失陷因而竄逸上則有虧國計次誤支遣下則徒挺刑禁無所從出故有是命孝宗隆興二年七月四日臣僚言昨因諸路州郡綱運遲滯及有侵欺失陷遂降指揮令寄居待闕等官部押優立賞格以為激勸積久弊生其弊不一其一請託之弊或以親知或以權勢競生指占甚致鬪爭旋相攘奪其二侵盜之弊凡所差官或貪於厚利則私將官錢買物興販其三夾帶之弊既將所押官物糶變則貿乃至隱藏禁物引帶客船其四僦買之弊部押之

三年十一月二日當同此制一條係在月一日南郊赦文之後

貴朝官轉官盡人循資而盡人因異循資及占射恩例便可别就改注凡此四
弊皆歸於權勢有力之人賄賂請求奸巧爭奪乞將諸州郡合發綱運令總只
差見任官管押除本州職事并與諸縣知縣不許差外餘皆先後輪差若不及
發綱自有本州准備差使使臣指其多少貼帶員亦可前去其差費典且許依
寄居來出官例不爲不優矣既有縻費脚錢其官吏頭踏行人口券食錢之類
盡不當破所有四川係道遠之地即乞指揮令本路相度從便施行詔令戶部
看詳措置既而本部言欲下諸路監司一依令來臣僚所請事理令監司州軍
具見任依條合差出官并本州准備差使使臣籍定先後姓名將合發綱運通
差管押仍差軍員隨行防綱到交納處勘驗如委無欠損違程照應等第推賞見
行格法未出官選人例推賞施行押官口券更不添破防綱軍員若不出給口
券窮處關食留滯欲依舊出給今圖併州軍去處依條圍併起發其四川系行
在地里遥遠亦依今來臣僚所請行下監司相度經久可從便施行從之十二
月十六日德音楚泗漣水盱眙光化軍管内并揚成西和州襄陽德安府
信陽高郵軍應州縣倉場庫務但干係官錢物并般押諸雜綱運往别處州縣
收藏或回易興販不曾遺失者候德音到限十日經所在官納並與免罪如限
滿不首及首納不盡令監司守臣究治聞奏重寘于法乾道九年正

卷一萬五千九百四十六

月一日南郊赦諸路州軍般發米斛緣有拆欠其交納去處見將管押人并綱
梢等送所屬陪填訪聞其間有貧乏之人無力償納日久徒有監繫情實可憫
可將見欠五十碩以下並與蠲放其欠五十碩以上人除蠲免五十碩外其餘
所欠數目行在委戶部外路委總領官取見諸實先次批發押下元裝發州軍
衣數補買二年正月十九日詔利路運糧人夫每名給錢二千令經計處措支
降　是歲敷文閣直學士四川安撫制置使汪應辰乞優恤利路運糧百姓而漕
臣亦具奏定運糧一石人支錢引三道計合降度牒八百餘道上謂輔臣曰中
間亦嘗免了一歲洪适等奏向成和等四州已嘗免夏秋二税一年京西路諸
州亦免二税一年因有是命十一月九日詔諸路州郡綱運自有指揮到日並解
發見錢其合來不通水運去處依舊解發輕賫後因江東路申請尋諸路自乾
道三年爲始三年十一月二日六年十一月六日九年十一月九日南郊赦並
同此制　二十三日總領淮南江東軍馬錢糧楊倓言綱運之法各以地里遠近
官爲破耗不爲不優而比來糧綱欠陷官物十常二三非皆風水之虞也自開
在京舊制自發運司運糧入京並於三司差人坐押最爲良法南渡以來募官
押綱人但希恩賞不量智力而合干人始得肆其盜欺莫其於不逃驗盤量納
或賣船貨或盜或押歸本州補發大則枉陷官物次則部押官徒同被罪責欲望

指揮令後諸路糧綱在内於三司在外於所屬料撥軍分每米一萬碩差使臣一
員將校軍兵十人於裝發州軍取撥坐押赴倉交卸破耗水脚縻費賞格悉依
募官押綱條例均給施行其於革絶侵盜之弊實非小補詔令後令戶部總領
所相度措置差撥　六月四日詔諸路州軍起解錢綱見以會子見錢中半發
自今受納訪聞諸州軍却將入戶納到見錢變易起綱脚剩免換會子起解可
應下州軍自今後將應合起發錢綱並以十分爲率權許用二分會子八分見
錢見錢解發從戶部請也六日詔逐路轉運司自今差募押綱須選擇清幹官
管押若依前作弊從本部將元差官司取旨重行照責公吏斷罷押綱官及兵
梢等在内令司農寺下臨安府外路令總領所下所屬根勘依法施行别行差
人衝替内押綱仍具所欠數目取旨　七月四日戶部言江西州郡每歲起發米
綱應副江池建康鎮江府等處軍儲以路遠多因管押使臣及兵梢沿路侵盜往
往欠數多又如上江灘磧舟船阻滯欲下江西轉運司就隆興府踏逐順便
高阜去處改造轉般都倉一所官吏令運司就差上流諸州縣合發米斛自受
納之日便差定本州使臣或見任寄居官計置船船每及三千碩或萬碩爲一
綱支給水脚縻費等錢先次起發不必拘定仍據隆興府轉般倉至交納處合
用水脚縻費等錢數附綱起發趁江水泛漲之時經押赴轉般倉交納每年所

卷一萬五千九百四十七

科運軍米各以三分爲率二分令都統司裝載糧船差撥官兵前去隆興府擺
泊伺候認數交裝或就近便去處支撥起發合用水脚縻費等錢將隨綱起到
錢依官綱以地里遠近則例支破耗米其管押官酬賞亦與依見行條法推賞
餘一分令轉運司依舊用官綱裝發押轉般倉受納下米斛纔及一綱專委漕
司日下支給水脚縻費等錢出給綱解起發前來軍前下卸欲自今年秋成爲
始從之　十月五日權戶部侍郎曾懷言乞下諸路州軍將應起綱運自來年正
月十分爲率一分會子九分見錢内不通水路去處依舊起發銀兩從之先是
諸州綱運並要九分見錢一分會子懷恐逐州銀價不等以致折閱因有是
奏　十四日詔諸路州軍今後起發糧斛綱運於見任曹職官内差撥如不足即
依已降指揮差撥見任文武官或寄居待闕官曾經到部付身圓備之人管押
其合得賞典已降指揮每押米一萬碩一千里以上無拋欠少欠減二年零八
箇月磨勘一萬五千碩已上紐計地里推賞轉至一官止淮東總領韓元龍奏
立綱賞因裁酌而有是命元龍仍請召募土豪自用人船每二萬碩千里以上
補進義校尉二千里以上補進武校尉三千里以上補承信郎仍許隨綱帶三
分米斛與照如無拋折給賞外更免戶下非泛科率半年並從之三年二月十
三日詔今後糧綱有欠並從司農寺一面斷遣監納施行如情犯深重事須推

勘送大理寺。以知臨安府王炎言：「在京通用令，諸官司事應推勘者送大理寺。所有糧綱推勘，若有疑異，始合送大理寺。」蓋依祖宗條法施行，故有是命。是年三月一日，太府少卿晉告言：「左藏庫逐時申解州軍綱運錢物内有侵移少欠等，今来左藏庫即與司農寺事體一同，今後有欠一面斷遣監納，如情犯深重，乞依司農寺已得指揮。」從之。十一月二日，南郊赦：「諸路州軍起發金銀物帛綱運内有色額低次之類，估剥虧官錢粮，行下補發，訪聞州縣監勒干繫等人及元賣鋪戸均攤窃應貧乏之人不能償納，可將乾道元年赦前未追數目，如委是無可填納，並與除放。」十二月十八日，高郵軍駐劄御前武鋒軍都統制兼知高郵軍陳敏言：「諸路糧綱交卸無欠，其人船合自卸所徑便發回，而總司舊例不問其欠之有無，悉令所属解押人船，謂之出豁米數。押綱之人兵並須全綱盡解，往往監繫日久，所費不貲，不勝其苦。乞下諸路交卸綱粮去處，須管用斛兩平交量，候足無掛欠者，其人船先令逐便，祇將押綱之人解赴總領所出豁，如此使無欠之人免致失所。」從之。四年三月二十四日，臣僚言：「浙西湖、秀、蘇、常、鎮江、江陰六州歲輸上供米，若令逐州選委官兵自行裝發，運至平河，刻日可到。向来漕司逐籍無顧籍人為押綱使臣，積累欠折，已無可償，又令自估游手為兵梢，支破兩軍衣粮，每遇欠折，即將名下日後衣粮預行樁剋，名為折會。夫

冒卷一萬五千九百四十六

以無顧籍之官，卻無衣粮之卒，使之護送官物，豁猶餓虎守肉，責以不啗，其可得乎？乞將湖、秀等六州上供斛斗，責逐州委官自行裝發，漕司只是嚴限拘催。」從之。五月七日，權戸部尚書曾懷言：「奉詔措置倉場卸納綱運，今條具：欲下諸路轉運司約束所部州軍，凡裝發米斛，厭責水腳，不以等錢不以時給，及縱容減剋，或故小量斗面，似此犯處，並依法斷罪，仍申嚴條令，於倉場門板榜示衆。綱運到岸，若有濕潤砂土糠皮，自有撥飏攤曝日數，即日並不遵依條令，抵濕憑專斛之口，致行用錢物計囑求免。及應卸納綱運，司農寺並簿亦不照樣交量，止令公人取樣，其間行用者則免攤揚，無行用者恣縱作弊。今欲令司農寺官遇交納綱運，須遵條例，躬親監視交量，以絶其弊，有犯從戸部覺察申罰。州郡支裝綱運，在法合用堵面印記封鎖，今欲下諸路轉運司申明條法，如卸納倉場驗無印記綱船，申司農寺依條根治。受納綱運並係大小甲頭以上河入數脚錢為名，邀勒錢物，及計囑專斛，欲下司農寺常切覺察，有犯送大理寺根治。倉場合干人，欲勒令司農寺常切覺察，如有曾犯徒配改姓名冒役之人，日下勒罷，立賞許告。押綱官及兵梢少欠米斛出豁監納，往往令人代名，窃處失陷不便，今欲日後遇有少欠監管之人，須將正身封鎖施行。」從之。五年十二月六日，戸部尚書曾懷言：「乞下諸路監司州軍，應今後所起綱運，須依法擇應差之

人管押，如欠，令交受倉庫止據實納之數先給鈔，其不足之數並作未到，下元起州軍限半月補發。」從之。六年十一月六日，南郊赦：「諸路州軍起發金銀錢帛綱運内有色額低次之類，估剥虧官錢數，行下補發，訪聞州縣監勒干繫等人及元賣鋪戸均攤窃應貧乏之人不能償納，可將乾道三年赦前未追數目，如委是無可填納，並與除放。」七年二月十三日，詔：「諸路漕司嚴責所部州軍，如綱運經由縣道，仰縣道官催督，沿流巡尉護送催趕出界，仍於行程内批鑿日時交付以次去處。即有欠折，根究在經由界内偷盗作奸，將本縣及巡尉吏人配流，巡尉取旨施行。」從臣僚請也。六月四日，戸部尚書曾懷言：「綱運不能如期，有悞指準。本部合差承受使臣十二員，欲於内將六員改作尚書戸部催督諸路綱運，分差往來趕逐在路綱運，及催促諸州軍合發錢物，庶免留滯拖欠。仍從本部於見任或待闕已未到部大小使臣内，不以有無拘礙，選差理為資任。催納綱運别無違滯，即與減二年磨勘，占射差遣一次；如所催違滯及事有不辦，亦賜責罰；若委有才力，保明再任。仍不許差官待闕。」從之。九月二十二日，戸部郎中、總領湖廣江西京西財賦呂游問言：「郢州至襄陽盡是灘磧，尋常綱運有三兩月以至半年不到者，致押綱與舟人通同作奸。欲於郢州要處添置撥發船運官一員，專一撥發綱運，不令欠職事修舉，與減磨勘三年。」從之。十月十三

卷一萬五千九百四十六

日，詔：「自今廣南市舶司起發麤色香藥物貨，每綱以二萬斤正、六百斤耗為一綱，如無欠損違限，依押乳香三千斤例推賞。其差募官管押等，並依見行條法。」（詳見市舶司）八年正月一日，詔：「自今寄居見任文臣不限京朝，武臣不限大小使臣，歷任無贓罪，並許押綱（其見任官須應差出者），唯廢奏薦之官不得以綱賞湊理磨勘。選人未出官亦許募押，其合得酬賞，循資外即不免試注授，聽於後任收使。其綱運地里不該減磨勘，到部合隨名次，選人與在外指射差遣，使臣與免短使。」先是，上封者言：「諸路錢米綱運近多少欠，今取會乾道五年、六年行在綱運，兩年計欠錢二萬四千九十四貫，米五萬一千八百九十三碩，料四千五百六十九碩，其三總領所綱運少欠不在此數。皆緣所募押官多無行止，非理妄用，致綱運敗壞，積弊日深，若不措置，慮暗失歲計。欲望少更押綱之法。」故有是命。三月十三日，詔：「近年押綱偷盗之弊不一，全無忌畏，合別措置。令戸部一一相度措置，申尚書省。」戸部言：「差撥押綱不當，即先將押綱官依法施行外，所差當行人亦估賣家產均償欠物，其知通當職官取旨。其交納官司無令大量斛面。官綱兵梢，今後裝發州軍量地里遠近，約度阻風期日，寬支請給，無令闕食。管押米斛綱運一萬碩以上，差押綱官二員，合得酬賞許行分受，仍不許押二萬碩以上綱運。經過場務，須管當日檢唱，即催趕離岸，場務官仍於行程

曆內批說某綱於某日到岸某日某時起發以憑點磨故作留滯場務主吏從徒二年斷監官取旨承前押官止令斜子認欠全不任責今後所差押綱並認折欠在路所給行程往往妄作緣故乞自今後綱運到岸行在委司農寺外路委總領所期一日先索曆驗磨如違程或妄作緣故量事斷遣若所破日限數多即將押綱官并巡尉取旨和雇客舟往往牙保人作弊乞自今後須和雇子本客船如依前致欠即將和顧牙保財產均陪諸路州軍綱運所至州縣令催綱排岸官司躬親索元給行程綱解一一照據分明批所給行程催趕離界仍遞報前路官司如有偷盜欠數即飛申所屬若催綱排岸官司及經由之處不即催趕譏察令本州按劾仍令催綱排岸官司自其界內有無催遏綱運名數飛申戶部從之五月十七日詔兩浙路轉運司復置提轄催促綱運官一員以本路計度轉運副使沈度等言紹興二年減罷催促物斛等官四員自後乏使乞仍舊增置故有是命十一月十二日權戶尚書楊倓言諸路州軍起發金銀錢物米斛綱運到行在依元旨寺監差丞簿一員輪日監交給鈔比緣左藏庫提轄官監給其太府寺官絕不前往欲望自今依舊太府寺輪日差丞簿監交給鈔從之九年閏正月十三日詔諸路州軍起發米斛錢物綱運少欠以見監繫在行官司未能填還可將兩浙州軍欠一分以下餘路欠一分五厘以

卷一萬五千九百四十六

下並日下權批發一次押下臨安府送元起州軍追理補發其見監兩浙欠一分以上餘路欠一分五厘以上之人候納及前項分厘并雜物綱令所屬房分將元押及見欠數目估價紐折依此施行二月十五日權戶部尚書楊倓言乞下諸路州縣今後錢物粮斛綱運止令州縣長官任責照已降旨係公選委才力能部押人於綱解內明具元差守令職位姓名如有失陷從戶部關具取旨監司即不許差撥若有差撥亦具姓名以聞所差官吏不理賞從之十月六日臣僚言兩浙州縣所發綱運無不欠者嘗究其原向來臣僚申請以綱拋欠及一分方送有司究與所押綱之人守法而不敢輕犯後來獻說者止欲從寬減作五厘且以米一百碩論之五碩即破其奸欺之全無侵露當風掛颺東量西折亦恐不免五厘之少如是則擘畫納足之綱是絕其自新之路啓其作弊之端乞將兩浙綱運依舊欠及一分方下有司根治戶部契勘欲將兩浙綱運欠欠五厘以上一分以下之人立限二十日糴填候及五釐即押下元發州軍依限補發限滿不足行在令司農寺外路總領所送所屬根究依法施行少欠一分之人亦令限十日糴填不足即送所屬根究餘依見法從之二十九日詳定一司敕令所修立到諸綱運以本州縣見任合差出官各籍定姓名從上輪差不許辭免無官可差即募官管押先選本州本路次別路寄居未到部八非得替

得替待闕官並選差有舉主年未六十無疾病有心力可以倚仗人取付身照驗圓備寄軍庫覆被滿回日即時給還付身土豪官如基簿契在此召本等保官二員土著官亦許募仍取願狀取見產業及得可押價直拘收砧基簿契并官抵當產業不及者物收外召保官一員即曾犯贓及私罪衝替押綱欠折并通判路分都監以上及本州僉判並不許募其見任官許於替前六十日內指射各以下狀先後為次即雖應選若當職官審量不可付者聽別選以上各共綱解內具到元差募監司謂係本司應差者守令名銜諸宗室及見任本州守貳本路監司子弟親戚或諸軍揀汰使臣及不應差之官並不得差募押綱親戚或諸軍揀汰使臣及不應差之官並不得差募押綱下班祇應副尉衙前公吏將校軍兵無官土豪准此諸綱運於裝發州給行程曆付押綱人募押者止批本官印紙差押者但募押式批書水路於排岸催綱運巡檢司陸路於州縣鎮寨即時批到發日時附載物名數或風水事故實狀通判督責催綱巡尉差人防護監趕出界關報前路催綱官司若風濤不可停船聽押綱人從實聲說事因到發日時結繫與狀赴以次官司併批仍押官用印結罪保明其赴闕者水路排岸司陸路所屬省部寺監在外者即納官司點檢諸處起發官物應給路費錢者並計所至謂如上供物以至京往別路物以卸納處之類以

卷一萬五千九百四十六

應給錢全支付押綱人水路綱仍度阻風日分究處仍批書解綱行程曆若緣路截留或寄納即據銷破不盡數與所卸官物各具鈔納水路不曾阻風有餘剩回日納官再起發者以所納錢給如法諸押綱人卸納官物訖所在官司限一日取索行程曆印紙驅磨仍批書有無違剩諸監糧綱梢犯罪不可存留者押綱人具事狀申轉運或發運司度差人交替若兵梢在路糴賣送本地分州縣施行如闕人等即令所在貼差諸押綱得減年賞者不許添理磨勘轉至應磨補官雖得轉官賞亦據轉過日收使諸糧綱每綱不得過二萬碩裝載訖限三日起發諸綱運應募土著官管押者於行程內聲說起綱事件並依見任官法諸綱運募土著官押應賞者依見任官法諸綱運差募押綱官不當致盜換易失陷具元差募監司守令職位姓名申尚書省取旨諸倉受納糧斛以元樣比驗交量非與雜糠粃不得拋颺司農寺丞簿輪日分巡諸倉仍聽戶部官不時下倉點檢從之先是中書門下言都諸路監司州軍選差管押錢物米斛綱運人指揮雖已詳備窮慮引用不一須所差孔目典級雖以責任詔除孔目職級與押並無官土豪土著不許差押外今後監司守令起發綱運須管任責照前後指揮依公選委綱解內分明聲說元差監司守令職位姓名如有失陷戶部具元差官取旨施行仍令本部檢坐條旨同敕令所立法十

淳熙以下補入水運

一月九日南郊赦：諸路州軍起發金銀物帛綱運內有色額低次之類，估剝虧官錢數，行下補發，訪聞州縣監勒干繫等人及元貴鋪戶均攤，窮處貧乏之人不能償納，可將乾道六年截前未足數目，如委是無可填納，並與除放。淳熙十六年閏五月三日，臣僚言：「浙西諸州起發米運，已罷去官綱，盡雇有家業梢工客船裝載，以革兵梢盜糶之弊。其水腳錢即時支給，內留三分候交納足日盡數支還船戶，毋得給付押綱官，或減剋作弊。令本路漕臣常切覺察。」從之。十九日，詔令後浙西州縣輒敢違戾差撥兵梢裝運上供米料，許從農寺及漕司覺察聞奏，當職官以違制論，人吏決配遠州。元撥官船令漕司日下盡數拘收兵梢，撥歸元來軍分。其過犯已經斷刺者，押送元配州軍收管。六月二十三日，詔：「今後起發上供綱運，令裝載之日，須管離岸，督責巡尉催發出界，轉牒前路遞發催趕，各批出入界時日於曆。其在催綱官地分之內貨盜販易者，任滿減磨勘，更不推賞；或受起綱人情錢，若依受乞所盜財物法論。」以臣僚言戶部所具建昌軍隆規等押官錢八綱，有經四年不到者。見下江西漕憲司追究。內柴良臣一綱一萬七千餘貫，離岸經四十四日始行，又越二百餘日方到池州本軍與沿路坐視，略不催發，乞申嚴催綱條法，故有是命。紹熙元年十二月六日，廣南市舶提舉江楫言：「本司起發香藥綱運，其顧押之人多無顧藉，不可倚仗，竊

卷一萬七千九百四十六

見本路多有江浙官員在此仕宦，任滿赴闕，或無歸資，若於其間選擇可委之人，使之就押，兩得利便。但緣從條合留末後告敕在本司，照當候獲到朱鈔方與給還。往近歲月多不願就。今乞將本官所留末後告敕，隨樣匣專人先次解赴左藏庫收管，候本官納到綱運無欠，即就庫給付；有欠，即候納足日給還。其朱鈔交付本司，隨綱兵帶回，庶得肯從差委，如本路及見任官告敕仍舊留本司，欲候今年起發綱運之時，將三兩綱乞併差文武官各一員同共管押，在路互相資助。」從之。二年十一月二十七日，南郊赦：諸路起發金銀物帛綱運內有色額低次之類，估剝虧官錢數，行下補發，州縣見監勒干繫等人及元貴鋪戶均攤，已放至淳熙十三年；可將淳熙十六年終以前見欠錢數，如委無欺弊，並與除放。五年五月十八日至尊壽皇聖帝慶壽赦與除放紹熙元年以前錢數。同日，赦：諸路州軍拋折欠米料，已將管押人并綱梢等押下元發去處陪填，可將見欠人特與放免一百碩；餘數依條監理。其不及一百碩者，並與蠲放。勘會押綱官一時違法借貸官錢收買貨物，致御綱官司拘留，勒令綱官梢工等填納，深慮無所從出，可自赦到日仰將所拘貨物先次估賣，如有移用破蕩者，亦與倚閣，出豁，止據未足錢數行下元起解官司照應，已降指揮補發。五年五月一日，詔：逐路州軍發納行在并總領所等處米斛綱運拋失少欠之數，可令司

農寺并逐路州軍各將見監從實契勘，如每名欠二十碩以下，並日下特與蠲放。從三省請也。九月十四日，明堂赦：押綱官違法借貸官錢收買貨物，致被拘留，勒同梢工等填納，深慮無所從出，可自赦到日仰將所拘物貨先次估賣，如有移用破蕩者，亦與估價出豁，止據未足錢數行下元起解官司照應，已降指揮發補。自後明堂郊祀赦並同。慶元四年十二月五日，詔州郡監司選押綱官須先次拘付身，候獲足鈔給還，如敢違戾，致令失陷數多，在內許戶部、司農寺，在外總領所具元差不當監司、守令及綱官名銜取旨重行黜責，其當行典吏根斷均賠。從司農少卿兼知臨安府丁逢之請也。五年正月二十七日，臣僚言：「綱運之弊，乞申嚴前後法令，行下江東西路，日後選差綱官專委漕臣先期刷具逐州縣見任合差出官職位姓名置籍，自上輪差，不許妄作緣故辭避，如實闕官，方許選募，仍約束諸郡，不許以分文諸司官錢附帶。立為定制，務在必行。」從之。八月十六日，淮西總領曾寘言：「本路諸郡大軍綱運，乞量地里近遠，令後解發，悉要如期。令部押等人明具起離月日，或在路風濤之阻，明於所在批鑿行程。本所置籍揭帖，以為稽考，每季比較，歲終中取朝廷指揮，以行殿最，如循習舊弊，將虧欠最多處重行責罰，其解發不致弛慢或先期了辦者，優加爵賞。」從之。九月二十四日，詔：「自今如有侵用官綱之人，即具姓名及所欠數目聞奏，

卷一萬七千九百四十六

量重輕實之典憲，元差官司亦坐罪。押綱官補償不足，勒令元來官吏均備，不以去官原免。」以臣僚言比年以來寄居待闕貪緣請託，計會管押見任人不復差委，故有是命。嘉泰二年九月十四日，臣僚言：「押綱官差待闕寄居，多將在綱錢米貿易，與綱梢通同作弊，或止令吏輩部押，候綱到即赴所屬保明申賞。又起發錢綱，條錢會中半，綱官輒移錢低價買會，收水腳縻費入己。乞令諸路轉運司行下諸州，籍定見任官職位姓名，輪差管押，不得差待闕寄居官，并本州指使、提轄。」從之。三年三月二十七日，臣僚言：「司農寺支遣急闕，常是中時朝廷措撥，而浙西、江東等州綱運率多淹延稽期，而至綱官與本寺逐倉人相通，偷竊夾雜。乞差都司、戶部官各一人，同司農寺官抽索干照，稽考吏張繼令綱運令本州選差可倚仗人管押，計遠近立限，不得留滯，以防前弊。」從之。差權戶部侍郎王遂、右司郎中趙報。五月十八日，前知崇慶府林會言：「下閩廣舶司每歲部押綱運不得用雜流及小小武弁，須通差文武見任及待闕有顧藉者。仰舶司籍定姓名，不許私相轉售。發綱日嚴立程限，預申省部，照府庶免稽滯。如違，舶臣連坐。」從之。見建炎朝野雜記：四年刑部員外郎刘述提舉江東常平公事，坐贓免去。而湖廣總領美時中省云述欠本所綱運甚多，請留之，措置述所行已追郭尚輒吉下所移撤追還之，此亦頃所未有。述咸都人，淳熙七年以改京秩以試

中大法理丞相用為大理評事蜀人鄙之鄉會作不與未兩月點知雲安縣遞判施州黎州崇慶府歷元未知廣安軍用率鋭事迎令來起復以此得召起處難述亦坐點議者頗指鋭事為言云方鋭之敗也述先籍其家將注書名畫珍寶之物甚衆具儀制司始遣官盡徇其所有吏因為姦隱匿後不少計其贓猶甚二百萬緡為開禧三年十一月二十八日明堂太子赦文應管押綱運如有欠拋失合行陪納或經所屬保明委非侵盜而貧乏無可償者特與除放嘉定四年閏二月二十九日司農少卿吳鏜言諸路應起綱米乞專差都副吏一名同所差官管押將水脚等錢責付勤旨雇船裝載有欠止將管押都吏職納取足重則決配估籍填償從之五年十一月二十日南郊赦應管押綱運偶緣元差官司失於照應致有年六十以上或無寡至未曾到部及謀利場務監官并有違納離流與特奏名并差到路官管押或陳乞靈華之人但所押錢物別無少欠見礙推賞可特與放行一次八年十一年十四年明堂赦並同 又赦文勘會昨因諸路州軍差官部押米綱多有折欠已追降官資將欠多者勒停自今赦到日將元起綱州軍更切契勘如本非侵盜即與開會交綱去處如見得追降以後撥納已足許保明申尚書省將與敘復仍免勒停其有軍州守臣因差官不當致降官展磨若在今赦以前元綱所欠米斛果能補足亦仰經元交綱官司

卷一萬五千九百四十下

保明申尚書省亦與敘官色展磨勘八年十一年十四年明堂赦並同 又赦文勘會諸路起發金銀物帛內有色額低次之類估剝虧官錢欲行下補發州縣見千繫等人及元賣鋪戶均攤已試至開禧三年可將嘉定三年終以前欠納數如委無欺弊並與除放照得州縣買納物帛自有色樣等則緣買納場分合干公人受囑入納低次致行估剝訪聞比來州縣卻後臨勒民戶陪納委是重擾所有今赦未放年分及日後應干估剝之數並仰州縣止於元買納場分合干公人名下追理不得均攤民戶如違許越訴重寘典憲仍仰轉運司常切覺察多出文榜曉諭八年明堂將六年終除放十一年明堂將九年終除放十四年明堂將十二年終除放 六年七月一日詔福建路轉運司遵近降全解發子指揮不得衷私買銀其所經由州縣辨認封識批會行程而後放行如或仍前於弊致御史臺覺察其當職官吏並行坐罪時興化軍楮價頓增而本州又欲將將上供會子買銀至京交官人納因而影響臣僚以為言故有是命十二月七日臣僚言綱運之弊至今日極矣蓋緣權姦專政諸託公行起綱之初以粗易精以偽易真綱與所差官司分受在道則盜竊官物非理破用沿路雖有權關官司反與為市逮至交納則又廣緣賄託過卸倉庫交受至於衆廣船司綱運姦弊不甚今在常積壓有貨有同柴薪雖痛加懲直無入額售此皆押綱與吏

綱通同作弊重為公家之害又江西等處米綱折欠動五六千石皆緣押官司請囑差委不考程限縱其移易而交納官司或為利啖勢臨惡置不問且在法起綱合三申綱解正欲關防前弊乞除指揮應監司州郡起發綱運須於發日專人齎綱解赴所屬投下狀內書填實日并當行都吏典級姓名其承受官司置籍拘轄併以當職官職位姓名及當行都吏典級書籍畫時開報沿路監司督責催綱官司嚴緊催趕批鑿行程至交納時仰交納官司取索驗磨如有非理滯留三日以上具申所屬行下監司將本地分催綱官吏重作施行如監司州郡避免照不申綱解經所屬委獄從監司追本處都吏訴勘其有侵盜換易綱官吏寘典憲元差當職官關具職位取旨罷黜都吏典級決配並不以去官赦降原免庶幾姦弊或可少戢從之七年六月二十五日詔諸路州軍稅場存過綱運船到若果有貨物即從公收稅如止是起發錢糧仰即放行不得留滯如違許押綱官經州郡監司陳訴差官覈實嚴與斷治以臣僚言綱運經由稅場不問有無貨物例行拘繫淹延月日以致轉移侵欺失陷官物他日交卸虧欠洪頒攔繫故有是命八年四月六日臣僚言漕轉三弊一曰謹擇主綱之官竊觀今之綱運卸納無虧者十不多文臣若武列則陷失居多蓋文臣粗知廉恥右武弁唯利是嗜群下和之姦計種生米易件數乞降指揮應帛錢米綱運止選應

卷一萬五千九百四十大

差出見任文臣如無文臣可差方許就部內選差從義秉義大使臣以上廉能之人仍詔保官兩員餘不許妄差令戶部長貳覺察有不遵守以違制坐之二曰革少受多納之弊蓋交綱之初州軍專斛規圖出剩巧弄斗斛減縮斛面而合初雖甚微積累不少至於卸綱交量卻增添升合百端邀阻欠折既多又索市利例合干官吏破產蕩家至有殞於非命者乞降指揮令交綱州郡以省樣斗斛給付主綱官吏受綱以是而出卸綱以是而納使出納有憑虧折可考三曰絕阻滯之源夫綱運所繫至重多是主綱官吏貪婪無恥縱將官物移易所過州縣收買物貨販賣以圖倍稱之息至有經年不到岂不有誤國計乞降指揮仰所過州縣場務索取元支綱長引契勘所部物件其引內元無物件並拘沒入官即時具申戶部照應不許征取稅錢隱漏不申如違計贓論罪從之九年五月二十三日司農少卿趙希逵言綱運一項如綱苗人戶元有隨苗水脚錢州委通判縣委丞簿管蓋所以充起綱之用內以錢七分給船戶攬載外以三分管押赴卸處以備填欠者無侵盜即撥支累令州不為通判縣不屬丞而公然互用迫勒船戶攬載七分錢既不全支船戶路費多是盜過米斛三分錢又不解到勒其陪備無所取償乞申飭州縣今後隨苗水脚照累降指揮專令通判縣丞掌管不得互用其七分錢並用舊法不得稽遲其累欠折

濡滯監繫破蕩之患從之十一年五月二十五日戶部言左藏東西庫指定福
建市舶司遵依指揮條具裝發綱運事理下項一綱運交裝之初監官不能盡
廉下逐專庫各有常例隱瞞斤兩以高為次弊倖百端照得本司遞年綱運並
於未交裝前喚上舶務合干人等畫立罪賞不得就綱官乞覓方差官吏監視
行人先次分色額等第同交裝日提舉官同本司官屬公共下庫再監無干礙
行人重驗色額仍差泉州無干礙官監視以省降銅鉤法物對綱官兩平秤製
勅兩當官封角海包作封頭兩箇一條印提舉官階位小書用本司銅朱印記一
條監裝官名銜印記外櫃香客木並數計條截兩頭各用提舉官押字雕皮記
責付綱官下船仍差近上吏人軍員各一名防察隨綱前去責限兩月到行在
所屬庫分交納令準指揮本司除已遵稟嚴行約束日後合干人戒飭乞綱官
錢物將香貨以高為次定行根究決配或監裝官屬容情隱庇致因覺察得知
定申朝廷施行此項庫司令從本司所申事理常切遵守毋致廢弛務在久遠
施行一精選畏謹之人以充部押綱運照得本司近降指揮選差見任寄居文
使臣堪倚仗畏謹之人近來本司起發綱運移文泉州選差兒聚泉州見任寄
居大使臣少縱有負顧又係歸明不厘務官委是於條有礙聞差見任官又復
推避正緣日前管押綱運有冒涉鯨波而依限到庫者往生不蒙推賞所以多
卷一萬五千九百四十六
有不願管押之人欲令後差官部押如依程限到庫委無欺弊少欠乞與優加
推賞及防綱公吏亦從本司攙勞陛補名次此項逐庫檢準慶元重修令諸綱
運以本州縣見任合差出官各籍定姓名從上輪差不許辭避無官可差即募
官管押竊緣先來本司不與照條差募或差無籍之官致有在路故作稽違交
卸又有欠損其押綱官遂不敢乞賞今乞下舶司顧管照條選差可倚仗謹畏
之人如所押官物無欠損違程即與照條推賞一綱官將綱之物換易交賣沿
逐商販經歲滯留照得本司每遇差官押發綱運並從條關報本司以至行在
凡所經由州縣及沿海巡尉官迭巡催趕防護出界其經由州縣與海巡尉官
司更不用心差人趕發是致逗遛作弊緣本司與州縣初無統攝文牒視為具
文今乞下綱運所經由郡縣及沿海巡尉官司如綱運逗遛界分之不即差人
趕發過界並許本司移文所屬郡縣根究如稍違戾申取指揮施行此項乞朝
廷行下所隸監司嚴督催綱巡尉遇有綱運到界繼時催趕防護出界及於本
綱行程分明批鑿起離時日如有違戾許從監司屬郡根究重作施行一交裝
綱運先以色樣申解戶部不許隨綱將帶以防換易本司令遵稟日後起發綱
運只發各色香樣一項前期專差人齎發赴戶部按下伺綱運到日照樣交納
更不出給隨綱香樣庶革侵欺移易之弊此項欲從本司申請日後起綱於所

發香貨逐件抽取色樣封角專人先次齎赴戶部按下寄留候到庫集行眾當
官開拆封樣看驗一同即與交收一起發綱運除細色香藥物貨遵陸前去不
以時月有可稽考外其麤色物貨係雇船乘載泛海直是四五月間支裝起赴
南風順便發離庶免颶風海洋阻滯緣本司逐時遵奉省部行下催發嚴峻逐
色於秋冬時月裝發致綱官以阻風為詞公然拋泊灣澳逗遛作弊今準指揮
後起麤色物貨綱運預期支裝候四月五月南風順便方趁趂風信發離及責
日限到庫分交納如有違限即乞根究住滯情弊重作施行此項乞下市舶
司應有蕃船到舶抽收香貨將合解數目按月具申遇便起發照立定程限行
運如所押官物至交卸出違限日將綱官從條根究亦不推賞一綱運至左帑
交卸牙儈看驗帑吏經由莫不歲有定價幾類抗豪取償常例之需既足則交
收猶日了辦今乞嚴行約束左帑合干人等今後綱運到庫如有驗委無欺弊
即交秤給鈔不許多方需索常例此項逐庫照得綱運到庫交卸自有元降指
揮板榜立定官等則例充雇夫脚剩之費今來本司所請綱運乞指揮下日重
立罪賞嚴行約束施行本部今勘當欲從指定到逐項事理施行從之四月七
日臣僚言訪聞撫州每年受納苗米自有合收水脚等錢以備起綱之費十數
年來守臣移用抑勒富民之進納者認押米綱責令自備水脚間有違拒即帖
卷一萬五千九百四十六
巡尉圍屋追捉如捕盜賊部內進納者凡十七家若已經部押之人與免再追
猶云可也今乃籍定其人歲歲擧行吏胥賣弄一概追擾有賂者脫免無力者
督從本州每歲五綱其實止用五人部押而十七家皆受其苦豈不可念乞下
江西轉運司追當行人吏根勘逐年所取上戶情囑財物計贓定罪從條施行
仍戒約本州今後將見任輪差官押仍將上五名都吏典級每綱差一人同管
押交卸併乞下諸路漕司考劾所部如有違戾去處亦仰一体施行從之

嘉定十四年九月十日明堂赦文諸路州軍折欠米料已將管押人并綱梢等押下原發去處陪填其間有委非侵盜者可將見次人特與放免一百石餘依條監理其不及一百石者並與蠲放及起發行在米料綱梢等人因有折欠數目押下元起綱州軍填納監繫日久截自嘉定十三年終有只欠二十石以下者亦蠲放同日赦文嘉定十一年至今赦前間有旱傷州縣取撥椿管米斛賑濟賑糶因般剝欠少見將管押人并綱梢等監繫陪填可令提舉司覈實委非侵盜將未足之數並與放免

卷一萬五千九百四十六

十五年三月二十五日臣僚言國以兵為威以食為命天下四總無非錢穀之所聚而湖廣總所實餉京襄萬竈雲屯嗷嗷待哺每歲改撥綱運或襄陽或郢州或均州或光州四處以交卸米多自湖南撥運穀多自江西撥運其水路之艱澁脚錢之不敷以至綱運之欠折雖綱官有顧藉者亦有所不能免蓋邊烽寧息之時重兵屯于武昌綱運改撥于京襄者有限若湖南江西之江綱多是指鄂州交卸而已比年殘虜假息于汴本朝宿兵于邊舳艫蔽江殆無虛日勢使然也然而所給脚錢比之平日曾微加益姑以衡鄂言之只是計鄂州水程以支脚錢除三分之外例支銅錢交子若使止卸于鄂尚可盤費無甚折閱今則才至鄂渚多即改撥自總所計水程至京襄者所給脚錢不過支湖廣會子而已以今市直論之二貫七百湖廣會僅可換銅交子一貫行使其折閱大槩可知每綱至鄂而聞當改撥者莫不張皇失措以為必至於狼狽而莫能即歸矣豈不可念邪况漢江自嶓冢倉浪以至于大別水勢湍激自漢口泝流至郢州猶鮮灘磧自郢州襄陽以上則有所謂三十六灘之險綱運至此必須小舟數百艘載謂之盤灘泝流牽舟率用百丈以竹為之舟至襄陽者自漢江以竹而造至郢州必換其往均州及光化者至襄陽復一換謂之換竹逐綱至郢改撥入襄陽者自

梢工以定篙工必更用識水程者如之顧直不無倍有所費脚錢既不敷不過取辦於官米綱官明知船戶盜糶而發不容戢亦付之無可柰何及到倉交卸而官米之存者僅及其半倉官斗吏或復誅求又不過仰給於見到倉之米與時駁納之際縱使某繫囚楚情重不過一黥而已此何益耶觀其所由皆原於改撥脚錢不敷有以致之乞下湖南江西諸州於未發綱運之前預定改撥之地以為某綱當卸于此州某綱當卸于彼州無使至總所而後改撥所有合支脚錢且令本所先支一半至鄂州再支一半庶幾以漸支使不至泛用以耗脚錢詔從之仍令淮東西湖廣三總所名關具諸軍逐年綱運起發并改撥去處申尚書省既而湖廣總領所言本所契勘每年承准朝省科定江西湖南上供綱米應副本所諸屯大軍支遣除江西實發米四萬五千二百石赴江州軍前卸納外有湖南一路合發米四十七萬五千二百餘石各有科定卸納軍前其水脚縻費諸州亦以科定軍前地頭為準紐計合用已作窠名隨苗收錢支給其在平時未見綱運艱苦獨比年軍馬分屯沿邊調度寖廣舟楫襄漢之水以通糧道本所隨時措置盡將湖南綱運米料下拘元科定額改撥邊頭交卸應副支遣所有改撥襄陽均州光化之糧自鄂州至交卸之地一切水脚之費全係本所抱認從前止支湖會而夫米亦止折支價錢且如襄江自鄂而上灘瀨

卷一萬五千九百四十六

甚多綱船至郢必須換易小舟般剝委是崎嶇費用尤重遂將合支改撥米綱水脚錢以十分為率到鄂州先支七分內改支三分行至交子比之時價每貫已多一貫七百湖會餘支四分會更有三分錢則椿留以留其到襄陽等處卸以交會各半支給至於夫米並支本色比之舊來折價所關每石暗有六升之增由是諸綱得此優潤不復以改撥為難而侵欠之弊亦覺鮮少今詳臣僚奏請行下湖南江西諸州於未發運之前預定改撥之地所有合支脚錢且令本州先支一半誠革弊之良策然自非利害不敢不以實聞切緣糧道之運全藉襄江之水而水生水落則有時節之異儻使江湖綱運春夏盡到鄂州趁此漢水汎漲泝流而上達之均襄無有阻滯則公私俱可省力設或秋冬方到鄂渚則水落石出為害誠不免如臣僚之所言者當未軍興前湖南所起科定襄陽綱米不過十五萬石自軍興以後軍馬分屯沿邊用度益夥所起襄陽并移撥均州光化糧綱以今計之一歲殆及六七十萬石是以本所每年春夏之間諸州起到上供米及和糴米綱不問元科去處即趁水漲改撥襄陽諸處軍前至秋冬水涸却令續到之綱就近交卸以補春夏改撥之數權時施宜似得其當若必欲預定改撥亦恐未易遽行蓋屯駐之處不以而增損之數有異又且有倉猝應辦之所皆是臨時就近改撥實難預料況江湖州軍豈不知改撥泝涼

之患亦合趁此水泛及時裝發可也且諸郡受納米苗在省限內已及起綱之數今乃裝發滅裂每致愆期以是其弊不專在於本所之政務而實在乎州軍不急於裝發也欲乞詳酌所申速下湖南潭衡州將已科定正起襄陽米綱催促支裝趁水起發限在來年春末夏初定到鄂州次第趲發前赴襄陽下卸所所有潭衡兩州并永道全郴州科定合發到岸軍前米綱亦乞下各州催促裝發照定限到來切待本所斟酌邊須合用米斛多寡關報去處改撥行所用一切船支水脚支給夫米本所並與抱認支給仍乞下江西湖南州軍今後不許差募指使及無產業人管押綱運須管選差見任或待闕有材幹文臣及家力素厚進納官部押如今後諸郡仍前差募武并無賴之人以致欠折乞將起綱官司議罰施行從之

食貨四四之二二

三門白波五兩領之一條另職官類

漕運

宋會要

綱運設官　三門白波發運司有催促裝綱二人以京朝官三班充河陰至陝州自京至汴口催綱各一人並以三班以上充廣濟河都大催綱一人以京朝官充後改為輦運司許汝石塘河催綱二人以京朝官三班充御河催綱一人以三班充提轄官二人以要利永靜二軍知縣軍兼充御河催　縣汴河至泗州至綱三人以三班殿內侍充皆分地而領之蔡河撥發一人以朝臣或三班充又江南兩浙荊湖皆以三班為撥發諸州又有監裝卸斛斗官一人或二人以京朝官三班幕職州縣官充又有三門白波都大提舉輦運都大提舉一人同提舉二人河陰一人三門一人並以朝官充掌轄三門河陰汾洛入般以備輦運之事勾押押司勾計知印各一人前後行一十一人舊有三門白波黃渭河木路發運使一人判官一人慶曆三年罷發運使其發運使事分隸陝西京西兩路轉運使綱在三門發運判官罷以白波發運判官兼知西京河清縣事而添置河陰發運判官兼知孟州河陰縣事八年復置嘉祐五年廢以京西轉運使兼大提舉催促綱運於白波創立催綱司以朝臣一員專領其事是年改為都大提舉公事輦運廣濟河兼管勾催綱官一人以京朝官充皇祐五年罷以曾州通判兼管廣濟河輦運司嘉祐四年復置以朝官充　許汝石塘河催綱官二人以京朝官三班使臣充皇祐五年罷以鄭城知縣兼管嘉祐四年復置以朝官一人充黃御等河催綱官一人以三班使臣充慶曆三年廢至和二年復以朝官充提轄官一人以永靜知軍兼充御河催綱官其知軍更不兼管嘉祐五年復以永靜知軍依舊兼充蔡河撥發官一人以三班使臣充皇祐五年罷徽知二年以潁州通判兼管勾蔡河撥發治平復置以判官一人充河陰至陝州自京至汴口催綱官一人並以夾河巡檢武臣兼汴河至泗州催綱官一人並以泗汴捉賊巡檢監押武臣兼諸州監裝卸斛斗官一人或二人並以逐州知縣及監糧料院文臣兼　真宗大中祥符四年八月詔置廣濟河催綱朝臣是歲舊命常參官歲首去正用使臣兩州郡皆不承禀故復之　八年七月詔三班院自今諸河催綱巡檢並選曾經監押巡檢殿直幹事者充　初三班侍禁李世隆為蔡河撥發兼巡檢捉賊真宗曰世隆年方二十五未經歷又上封者屢言催綱捉賊多差權勢子弟故條約之　九年五月十五日詔河汴廣濟石塘河催綱巡河京朝官使臣自今每歲許一次入奏三門白波發運使判官每歲許二人更番入奏　仁宗天聖三年正月三司言廣濟河催綱太子中舍成數到任二年催綱斛斗五十六萬二千六百餘石比前界甚有出剩乞降敕書獎諭從之　七年六月詔輦運司年終點檢綠廣濟河并夾黃河縣分合

食貨四五之一

佳裁樺檜柳　八年正月詔令發廣濟河糧綱如一年內鄆州淮陽軍三運并
當州廣濟軍濟州五運至京交納無欠令輦運司磨勘綱梢遞賞　慶曆四年
三月省廣濟河催綱朝臣一官　五年二月十三日以供奉官劉孝孫充淮南
撥發從發運使方仲荀請也　皇祐五年十月十八日詔諸路所舉文武臣僚
充催綱撥發者並依從減歲令後更不差置見任官未成資者即後任通理年
月　英宗治平三年六月詔發運司勾當公事傅承蕑催發監綱　神宗熙寧
元年七月二十五日詔虞部郎中知河陰縣張適虞部員外郎發運司勾當公
事薄永並專切催遣自京所撥赴河北糧綱　三年四月十七日命僉書鎮東
軍節度判官廳公事張次山權發遣廣濟河都大輦運司公事尋以職方郎中
向宗道代之初次山一從奏辟官事帝就差是提舉官運闕用曾公亮
等言於河用次山諸次山有欲再治可去取旨故有是詔　八月二十六日詔
蔡河撥發提岸坍門公事等今後並隸都大制置發運司提舉管轄　四年九
月二十三日以職方郎中李孝孫為三門白波都大提舉輦運公事　元豐二
年五月二十九日詔廣濟河都大催遣輦運官與本部通判以上序官在提點
刑獄下　七月十九日知都水監丞范子淵請移河陰輦運司於行慶關兼主管
洛口從之　四年九月二十九日上批聞三司非雇百姓車戶大車輦綃赴鄜

卷一萬五千九百四十七

延路纔及半道其牽車人已盡逃散令官吏並拋棄野次逐縣科差保甲其損
費人力未知何人處畫如此乖方可取索進呈三司言起發應副鄜延慶涇原
三路經畧司絹十七萬五千匹市易司起發十五萬五千疋用橐駝馬百二十四
頭及官船水運至西京乃用步乘應副河東衣賜絹十萬匹赴澤州及紬二萬
匹用驘馬百八十三頭小車五十兩并京驢般馱又三萬匹用步乘應副延
州銀十五萬兩鹽鈔五萬席用驘馬九十八頭絹十五萬匹為五綱一綱用橐
駝四綱用小車二百一十兩應副河東鄜延環慶涇原熙河秦鳳路紬絹總百
萬匹用小車為三十綱並不用官私大車輦載詔三司選差幹當公事官一員
緣路點檢催促其津般乖方處根究以聞　五年二月十一日罷廣濟河輦運
司及京北排岸司移上供物於淮陽軍界計置入汴以清河輦運司為名差綱
奉郎張士澄都大提舉　先是京東路轉運司言廣濟河用無源泥水常置堰
以通漕歲上供六十二萬石閒一歲旱底著不行欲移入般船於淮陽軍界
天頗下清河及南京穀熟寧陵會亭臨汴水共為倉三百楹從本司計置七十
萬石上供買輦運司隸轉運司歲減船三百五十兵士二千七百綱官典三十
三使臣十一為錢八萬二千緡下提點刑獄司按實以為如轉運司言京北排
岸司於廣濟河置故并罷之　六年九月四日三門白波提舉輦運司見借本

司所轄阜財監上供錢萬緡造官於鄭州市木於本司造船場造六百料運船
下陝西轉運司依數撥還從之　哲宗元祐元年十一月十五日詔都大提舉
清河輦運司依舊以廣濟河記　管勾催遣輦運司為名　十二月二十二日
詔廣濟河催遣輦運提舉三門白波輦運蔡河撥發並以三十月為任　二年
正月二十五日左諫議大夫兼權給事中鮮于侁言蔡河撥發催綱司智京西
淮南糧運以供畿內半歲不能周一運請令催綱司統按縣道立賞罰使人自
為功從之　紹聖元年九月七日戶部言發運司狀每年上供額斛及府界南
京軍糧動以萬計止管汴河一百七十餘綱須裝卸行運之速乃能辦集其汴
綱在京等處卸糧多有欠綱分依明旨並批撥下裝發處折會結絕而從來
未有立定日限備償明文欲並依京東排岸司一司式立限備償若裝發處不
使結絕自依元祐八年秋頒敕條斷罪從之　元符元年四月二十三日戶部
言發運司奏歲額帳狀乞限次年九月終撥發輦運司限六月終從之　二年二
月六日吏部言發運司使張商英奏乞罷真揚楚泗州監倉門對面官四員置
巡轄綱運官四員從之　三年二月二十四日刑部言荊湖北路提點刑獄司
申檢準治平二年三司使韓絳等奏使臣管押汴河糧綱若於綱運內有過犯
並委三司發運司取勘罰贖又準元祐七年敕小使臣在官處犯公罪杖以下

卷一萬五千九百四十七

並本州斷罰其應斷罰而所犯情輕者申提點刑獄司委檢法官看詳又準紹
興五年敕諸押綱小使臣犯笞罪杖上行程至卸納處排岸司點檢在外就近
送轉運或發運輦運撥發司施行令看詳治平朝旨係專言渭汴河綱使臣即
不言諸路押綱使臣有相合依是何條令尋送大理寺參詳令據本寺狀治平
朝旨既係一司專條外諸路押綱使臣雖依紹聖五年敕令排岸司點檢送轉
司行遣如所犯情輕者係發運司合依本司專條勘罰外其轉運輦運撥發司
即亦合關報提點刑獄司依條看詳當否施行從之　徽宗建中靖國元年七
月十七日戶部狀準都省批送下發運司契勘諸路合起上供錢帛斛斗內年
額錢依條分作兩限封樁起發及紬絹物帛並限歲終起發如起發違限并不
足許發運司牒鄰路提刑司取勘令相度諸路合起年額上供兩限起發上限
七月終下限歲終　真揚州岸司拖欠起發月日申發運司并上供錢及六路轉
運司年額斛斗須管依元條限次逐限內樁起了足如違并不足並從本司申
尚書戶部下本路提點刑獄司先行取勘轉運司人吏所有合干官員即依元
條施行從之　崇寧三年八月十二日江淮荊浙等路發運司奏契勘本司提
轄東南諸路內兩浙路每年合起上供歲計糧斛錢帛萬數浩瀚比之其它路
分數目最多及有福建路合起上供錢帛綱運不少盡皆經由兩浙團發從來

未有專置催轄綱運官數內自江州至荆岳一員所歷路分州軍不多今相度
欲將江州至荆岳州催轄綱運官一員移於兩浙自潤州至衢州以來催轄綱
運於蘇州安置廨宇所有應緣諸般約束事件並依催轄綱運官已得指揮施
行從之　政和三年三月四日尚書省言訪聞東南諸路綱運往往沿流州縣
注泊蓋緣闕人牽轄多被合干人等盜賣或致散失有妨都下指擬使用詔令
沿流州指揮逐地分縣令佐及催綱官司巡尉捕盜等官遇有綱栰輪那一員
躬親前來巡防照管出界遞相交割立便趕趁前來如委闕人兵牽轄即仰所
屬官司那差廂軍或不足仰於本地分清河內差刷相兼應副又不足即一面
支轉運司錢和雇人夫牽拽訖申知本司不管少有住滯仍仰逐地分官司繳
候趕趁訖申尚書省　八日中書省尚書省檢會政和二年十二月十三日敕
令後應押栰使臣殿侍軍大將等如押竹木綱栰送納別無少欠雖有不數元
來徑寸如有綱解大印照驗分明係是元起官物別無欺弊仰所屬一面取會
元發木官司認狀外其管押人聽先次依法推賞如會到別有違碍欺弊不該
推賞即行改正依條施行勘會未降上件指揮日前亦有似此之人理合一體詔
並依政和二年十一月十三日朝旨施行　七月十二日尚書省言淮南路轉
運司提轄催提直達綱運宋子雍狀近點檢得本路州軍裝發地頭妄破諸般
卷一萬五千九百四十七
緣故至有住滯等欲望特賜重行立法令修下條諸綱運裝卸無故違限過五
日者附載官物裝卸違限同一日笞三十二日加一等不過杖一百三日加一
等罪至徒二年事由裝卸官司本綱不坐事由本綱裝卸官司準此仍各以所
由為首和雇私船運官物而裝卸違限並準此內事由本船者止坐船主違限
請過口食干繫人均備從之　九月十三日兩浙轉運司奏本路歲發上供額
斛萬數浩瀚奉旨直達都城唯藉綱運趁限裝發了辦歲計緣本路所管綱船
並是三百料與他路大料綱船不同除許附載私物外裝發米數不多近納旨
許加一分力并通舊二分附載私物今乞依政和令許二分附載私物情願將
逐船所剩力外如無私物攬載即加裝斛㪷每二十石添破一夫所得雇夫錢
米不唯優恤兵梢實於官物不致侵盜兼亦使愛惜舟船委得利便今來所乞
二分附載私物每船一隻裝米二百四十石外有六十石力外若願加裝米斛
每二十石添破一夫每船增三夫以酌中平江府至都城地理約度共添得雇
夫錢七貫五百文米二石二㪷即與附搭客人行貨所得錢數不致相遠所貴
綱梢愛惜官物舟船從之　五年七月九日祠部員外郎胡献可奏士人管押
綱運若不立定理界年限輕重等第更互交押委是劳逸不均今相度欲乞應
募士人路分綱運寘名輕重及理界年分并理運數並依自來都官差副尉條

法施行候界滿日令更互管押從之　宣和二年八月十六日中書省言勘會
東南糧綱為拋失少欠數多近已奉御筆措置罷募士人改差使臣等管押及
令經由拋欠路分任責令有合申明事件下項一大路召募士人法罷其兩河
糧綱所募士人亦合並罷遵依已降指揮施行一六路罷募士人糧綱并年滿
事故等闕轉運司已降指揮出闕召人指射如過兩月無人指射或雖有人指
射不應差注者即具闕報發運司以上差訖除具職位姓名申尚書省外仍
申所屬曹部出給付身或發運司過一月無應入人指射即申吏部又過一月
猶無應入人即閱都官差注其資次並依已降指揮一兩河土人糧綱并年滿
事故等闕輦運不發司出闕召人指射差訖除具職位姓名申尚書省外仍申
所屬曹部出給付身過三月無人指射不應差注者即具闕申吏部又過一月
無應入人即閱都官差注其資次並依六路已降指揮一管押人雖已有副尉
指射若定差未了闕却有校尉以上人願就者自合先差校尉等一今來所罷
土人候差到人交割訖發遣歸都官別求差使即不得再押糧綱一沿路拋欠
斛㪷除合依已降指揮令經由拋欠路分轉運司任責次年依上供條限補發
外其六路每年隨正額合起酌中補欠數目自合依舊起發候次年經由拋欠
路分補發到京如實補發到數目過於本路隨正額合起酌中補欠之數即將
卷一萬五千九百四十七
剩數除一兩河拋欠斛㪷其經由路分任責補欠置籍等亦合依東西直達綱
已降指揮施行內拋欠斛㪷並令地分官司京東輦運司蔡河撥發司置籍一
經由京畿地分如有拋欠緣京畿別無上供斛㪷自合據合補數目於外路起
到應副本路綱內依數收撥補發上京一提轄文臣已立拋欠分釐責罰其檢
察武臣亦合依此一土人如為已有皆罷指揮輒敢作過偷盜糧斛拆賣舟船
仰所在官司常切覺察具違犯申尚書省法外重行斷遣從之　五年五月十
五日詔令呂淙胡直孺東南六路轉運輦運發司官限指揮到據未起斛㪷
數目躬親嚴累催督須管日近離泝相繼起發到京其已起在路數目亦仰催
促沿流經由州縣及催綱等官司速行遞相趕發兼程前來尚敢違慢以違御
筆論　六月二十五日發運使副呂淙陳亨伯奏準尚書省劄子權知宿州林
篪奏發運司利害及管見下事劄付臣等照會數內第二十二項自行直達每
路並差提轄官一員今來復行轉般所有湖南湖北江南東西四路提舉官合
與不合減罷取自朝廷指揮倉部勘會東南六路提轄官昨緣直達朝廷降指
揮差置今來雖江湖四路復行轉般其逐路有合發斛㪷萬數浩瀚并係在京
指擬支遣數目見不裝發綱運直達上京唯藉提轄官往來檢察催督今勘會
江湖四路提轄官候發運司有收糴到或可代發斛㪷奉行轉般日即行寢罷

本部勘會諸路提轄綱運官淮浙各兩員江湖四路各止一員依法自本路至國門往來催促綱運檢察違滯近發運呂淙陳亨伯措置轉般畫一內一項申明江湖四路提轄官係直達差置合與不合減罷已承指揮候發運司有收糴到或可代發斛㪷奏行轉般日寢罷及發運司勾當公事官陳亨伯稱係諸般差委及聞有朝旨令分委勾當令來林篪所乞每歲分輪提轄官於界首取索驅磨行程及乞每歲輪差發運司勾當公事官於拱州取索行程驅磨事理即有礙元條及妨闕勾當委是難行外其陳亨伯乞令後提轄官並依法自本路至國門往來催促綱運發運司常切檢察如每歲不見往來經由真楊楚泗致綱運於本路及他路住滯偷盜數多聽發運司於所部選承務郎以上清彊官對移或乞令具事理申尚書省差官替罷事理施行並從之　九月五日戶部奏荊湖南北路刻剝大禮錢帛趙庠申勘會荊湖南北路諸州軍起發上供錢物有畸零數少去處依條般往近便及泝流去處州軍團併成綱起發上京限日轉發違限杖一百今團併州軍承他載起到錢物如不依限交收轉發欲望立法約束及許管押人越訴戶部看詳欲依趙庠所乞如他州或別路起到錢物限次日交收仍乞立法施行諸路準此從之　七年三月二十日江南兩路轉運判官高述奏本路宣和七年合起發上供額米一百二十萬八千九百石

卷一萬五千九百四十七

依近降御筆處分般至淮南下卸依條分三限內第一限二月計四十萬二千九百七十石本司牒諸州縣計置起發今據申已發過四十一萬九千六百十一石九㪷八升前去淮南下卸內已充足第限合發米數外又攙發過第二限米一萬六千六百四十一石九㪷八升已具綱名細數申尚書省去訖詔令述項以事罷漕司旋命後職今能修舉漕計令春上供四十餘萬石已足上限繼運下限亦已趁發奉法脩職可特除直祕閣以勸諸路奉公之吏　四月十三日應奉司奏勘會兩浙路所管本司應奉綱船差破兵梢不少除裝發行運外其檢計修船擺泊守凍伺候裝發不行運月日甚多坐費糧食合行措置令相度欲兩浙路本司綱船每船存留梢工棹手各一名每綱留節級綱團軍典木匠各一名除船料例候裝綱日支錢雇夫汴水依糧綱人數除留入外據闕貼雇合用雇夫錢米並要委本路應奉官相度措置應副所有抵替下人兵並旋發歸所屬別奉差使其上下水雇夫錢支付管押人掌管節次支散候回本路令應奉官取索驅磨如無侵欺及無綱運稽滯除任滿推賞外每任更與減磨勘二年狀乞特降睿旨施行從之二十五日講議司奏契勘諸州軍起發上供綱運已準宣和四年九月二十五日敕經過並時遞相關報檢察催揮出界如客縱或失於檢察至有侵盜貿易者其所犯地分官司仰戶部量事輕重取勘

施行外其餘起發上京錢物未有約束欲今後諸路應發上京錢物綱運並依前項指揮如違並令所至州軍按劾施行從之

卷一萬五千九百四十七

全唐文

宋會要　漕運六

綱運令格

捕亡令　諸江淮黃河內盜賊煙火、稚貨及拋失綱運，兩岸捕盜官同管，其鄰岸船栰隨地分認。

賞格　命官　捕盜官謂職應催綱者，能檢察綱運兵梢不犯故沉溺舟船，或有故而收救官物，別無失陷者，任滿減磨勘一年。　驗官能覺察綱運妄稱被水火盜賊損失官物欺隱入己者，免試。　諸色人　獲故沉溺綱船及有人居止船，雖未沉溺，每隻錢五十貫，因侵盜官物者一伯貫。江河深險處收救得沉溺船所失官物，准給價三分。　收救得流失官船每隻準備不及一伯貫　諸河空船錢五貫，重船錢一十貫。　江淮黃河空船錢一十貫，重船錢二十貫。　一伯貫以上　諸河給一分　江淮黃河給二分

雜敕　乾道六年五月二十三日，尚書省批狀：綱運經由地分遇風水拋失，遞派責行除法，仍申所屬州縣，州委幕職官，縣委丞佐，即時躬親前去拋失地分，驗實保明，再批行程結罪申州，備申司農寺，外路申總領所，候本綱到下卸處，即依條施行。如違，從本路轉運司追當行人吏斷遣，官申取朝廷指揮施行。

敕　賊盜敕　諸博易糴買綱運官物（官船車屬般船具器用及竊盜用給綱運係收官物者准此），計已分依貿易官物法，計利以盜論，加二等。（牙保引領人各服罪，許人告。）獲者計利併贓，以強盜論，以上再犯不該配者鄰州編管；罪至死者減一等，皆配二千里；二十貫為首者絞；殺傷人者依本殺傷法。以上運載船車畜產及官（知情借借者准此），被殺之人不途告隨近官司者，杖六十；因被殺而受贓者，以凡盜論。　諸以私錢貿易綱運所盤錢監上供錢者，許人捕。　諸錢綱押綱人、部綱兵級（本船梢工同）以私錢貿易所運錢，准應計其等依監主自盜法，罪至死者減一等，配千里。本船軍人及和雇人犯者，亦以盜所運官物論。

雜敕　諸押綱人、部綱兵級、梢工失覺察盜易欺隱本綱及本船官物等，雖已發露，能自獲犯人者，除其罪（二人以上同犯，但獲一名亦是）。　諸綱兵級（和雇人同）博易本船官物，罪至徒，杖罪兩火同。地分催綱排岸巡檢縣尉司干繫人失覺察者，杖一伯，命官減二等（三十日內能獲犯人者不坐，二人以上獲一名亦得原此）。　諸路舟額及上供糧綱兵級（和雇人同）若博易糴買之者，其所犯罪，破贓，仍分催綱排岸巡檢縣尉及捕盜人（相保地分貨頭同）。故縱者減犯人罪一等（受贓重者從重）。　諸差雇運送官物而收貯他物欲拌和者，以收貯物數，計所欺拌和官物價，准盜論，許人捕。已拌和者（入水灰以近者得拌和者同，下條准此），計虧官價，依主守自盜法，至死者減一等，配二千里以上；贓輕者杖一百。　諸不覺察綱人以他物拌和所運官物者，部綱兵級杖七十，計所虧官價一分杖八十，一分加一等，罪止杖一百。押綱人減部綱兵級罪二等。部綱兵級及五分或一年內兩犯至罪止者，降一資（長行免部綱兵級，[級]勒充別綱牽駕）。　諸鹽糧綱封印有損動者，梢工杖八十，篙手減一等。

詐偽勅　諸偽造封綱船堵面印，論如餘印律，已行用者不刺面，配本城，兵級配鄰州，許人告。

職制令　諸巡捕官獲綱運拌和官物，所屬監司歲終比較，具最多最少之人（最少謂地分內透漏及犯者數多而獲到數少者），每路各二員以聞。

漕運令　諸博易糴買綱運官物并以他物拌和所運官物，應干條制，州縣於裝卸及沿流要會處粉壁曉示，歲一舉行。　諸舟額及上供糧綱，轉運、提點刑獄司賞功賞責捕盜官等督捕博易糴買之人，其應干罪賞條制，仍歲首檢舉於裝卸及沿流要會處粉壁曉示。

賞令　諸六路并汴河綱運所經州縣，以發運司息錢樁管（如無息錢，州縣先及官錢具數報本司，綱運過獲博易糴買若糴貨）綱運官物者，以樁管錢當日支賞（樁管錢已支不及五分，即申發運司貼支），仍置籍，於犯人及停藏負載人追理；若不足，於犯人鄰保及本綱保內均備；人不足，于地分及本綱干繫人；尚不足者，以犯人般官船車畜產估價納還，獲綱注。　諸備賞應以犯人財產充而無或不足者，差雇運送官物而收貯他物欲拌和所運官物及已拌和者，責部綱兵級、押綱人均備。

輦運格　六路并汴河綱運經過州縣樁管發運司息錢充博易糴買糴貨綱運官物賞錢數：州三百貫，縣二百貫。

賞格　諸色人　獲結集徒黨強博易糴買綱運官物者，仍以其財產，徒罪給三分，流罪給五分，死罪全給。　獲以私錢貿易綱運所般錢監上供錢者，錢三百貫。　獲博易糴買若糴貨六路并汴蔡河綱運官物錢五貫（贓及一貫者給一十貫，每貫加五貫，至一百貫止）。　獲差雇運送官物而收貯他物欲拌和及已拌和者，錢三十貫（已拌和計虧官價一十貫外，每貫仍加五百文，至一百貫止；虧及一十貫者，仍轉一資）。　告獲偽造封綱船堵面印，錢三十貫。

卷一萬五千九百四十八

廐庫　乾道六年十二月二日，勅：起發上供綱運并諸司錢物，並合用錢會中半，訪聞在外州縣會子或有損折，其押綱官卸將合發見錢贏落水腳，盡買會子前來臨安府私兌見錢送納，反復贏落厚利，是致會子不復流轉。自今起綱，仰於綱解內分明開具所發錢會數目，押綱、保官狀內仍聲說如所保官有前項移易，甘伏同罪。所押官并隨綱合干篙梢等仍前通同作弊，許諸色人經所在州縣陳告，其告人每一千貫支賞錢一百貫文，犯人計所移易數以盜賊論。若合干篙梢等能自首，與免罪，亦支給上件賞錢。今來會子務要流通，如不畏公法之人妄有扇搖，許諸色人指蹤著實陳，並科違制之罪，不以官蔭赦降原減。

盜賊勅　諸竊盜得財杖

六十四伯文杖七十四百文加一等二貫徒一年二貫加一等過徒三年三貫加一等二十貫配本州　諸捕盜得財徒三年二貫五百文流三千里二貫五伯文加一等拾貫絞即罪至流皆配千里　諸監臨主守自盜及盜所監臨財物罪至流配本州謂非除免者三十五疋絞其運送官錢而自貸罪至流應配本城至死者奏裁　諸梢工盜本船所運官物者依主守法徒罪勒充牽駕流罪配五百里本船軍人及和雇人盜者減一等流罪軍人配本州和雇人不刺面配本城　輦運令　諸糧綱裝訖梁上置鎖伏封鎖編用省印押綱人點檢看封印損動即時抵隨處催綱巡捕官司限當日同押綱人開視訖以隨處官印封鎖批鑿本綱歷照驗　盜賊　盜賊敕　諸梢工盜本船所運官物者依主守法徒罪勒充牽駕流罪配五百里本船軍人及和雇人盜者減一等流罪軍人配本州和雇人不刺面配本城同保人受贓及已分重於知情者以從論非同保知而不糾及受贓者各減同保人罪一等受贓滿二十貫者鄰州編管　諸於管押官物或受雇追集承領官物人名下私攬重送而盜貸者依主守法減一等未獲者先從追究而化者不得此　諸巡防守欄人於本地分犯盜者以盜所監臨財物論其盜官物者徒主守法罪至死減一等配千里竹木排國頭水手人下盜本綱官物梢工盜本船釘板船具者准此　諸運送官錢而

以上《永樂大典》卷一萬五千九百四十八

自貸罪至流獄而當配本城至死者奏裁勅　受雇承領官物而運載者同主守法　諸盜官船釘板船具者加凡盜一等　雜敕　諸綱運不覺盜所運官物梢工係主守不覺盜律罪輕者減盜還者罪五等謂持杖者與減不持杖者依減徒罪勒充本綱牽駕部綱兵級減梢工一等其不覺本綱人盜所運官物部綱兵級罪杖一百者皆仍勒充牽駕三年即故縱罪至死者減一等配千里　諸部綱人部轄兵級不覺本綱人盜所運官物梢工不覺本船人盜所運官物雖自覺舉至下卸畢犯人猶不獲不得原罪若本綱及本船更有犬部以後盜物併為大數科之仍不陪此加至於外不覺察獲盜應免罪者所盜物不理為失　諸押綱部綱兵級梢工失覺察盜易欺隱本綱及本船官物事雖已發而能自獲犯人者各以其罪減二等以上犯徒限一名者免　諸綱兵級和雇人同盜本船官物罪至徒杖罪兩次同地分催綱攤岸巡檢縣尉司不覺察者杖一伯命官減二等三十日內捕獲犯人者不坐二人以上限一名者准此　諸路年額及上供糧綱兵級和雇人同盜所運官物者其所犯并破贓地分催綱排岸巡檢縣尉及捕盜人村保地分捕獲同故縱者減犯人罪一等受贓重者自從重　諸香藥並市舶司物貨綱線路往盜或貿易而地分人若催綱官司失覺者杖六十　廄庫勅　諸起發

上京錢物管押人侵盜移易入己者不以自首原免　職制令　諸處捕獲綱運偷盜官物所屬監司歲終比較其最多最少之人最少謂比多用盜所失物者數多而獲到數少者每路各二員以聞　理欠令　諸糧綱梢自盜官物者累所盜官物並理為欠數並罪止應配者配如法　輦運令　諸年額及上供糧綱轄運程檢判獄司常切督責捕盜官等覺捕侵盜之人其應干證物幷官檢舉於裝卸及沿流要會處粉壁曉示　賞格　命官催綱或捕盜官獲綱運人盜所運官物計價累及二百五十貫免試五伯貫減磨勘一年例除本年名次一千貫減磨勘三年　廄庫　紹興三年十月十八日尚書省批狀州縣起發上京錢物管押人侵盜移易入己不以自首原免今來兼監臨安府自合引用上條不以自首原免斷罪　廄庫勅　諸私貸官物而以物質當或有簿籍及抄領曾經官司判押者並同貸文記法即倉庫出納及綱運欠請文憑或私自抄上簿籍單狀之類並不為文記　諸監主以官物私自貸借有還意而不還或償不足者計所少之數不以赦降原減用者者許人償足者非　名例勅　諸赦不以赦降原減除條為細事或傳習妖教託幻變之術及故決盜決江河隄堰已決外餘犯者遇非次赦或再遇大禮赦者聽從原免　賊盜勅　諸窃盜得財杖六十四伯文杖七十四伯文加一等二貫徒

以上《永樂大典》卷一萬五千九百四十八

一年二貫加一等過徒三年三貫加一等二十貫配本州　諸監臨主守自盜財物罪至流配本州謂非除免者三十五疋絞　廄庫勅　諸糧綱少欠於折會借納外梢工計本船欠一釐笞三十一釐加一等充裝千石以上船半釐加一等並至四釐止四釐外計贓重者准盜論計見欠者依所盜罪止者配鄰州　職制勅　諸押綱人及部綱兵級并本船梢工以和雇人上倉錢於官司行用者減凡盜三等坐之官司受財滿五貫者徒二年不滿五貫杖一百受財枉法之類計贓重者自依本法　諸排岸催綱司橋堰廳沿河地分公人兵級受乞綱運人財物計贓一貫公人勒停兵級降配罪至徒公人不刺面配本城兵級配鄰州牢城勅　諸綱兵梢每三船為一保若於本綱侵盜或負載販私有權貨并藏匿逃亡兵級者犯人雖不該不許補者亦許人捕同保知而不糾依伍保有犯律杖罪笞三十不知情各減三等部綱兵級不知情減保人罪一等不覺盜罪者依本法即同保人告獲犯人者應還坐人不覺之罪並免　諸綱運兵級違犯押綱人杖一百刺面人違犯本轄官徒一年言者各徒二年毆者各加二等配五伯里情重者奏裁毆命官致折傷者當行處斬　諸長行權充部綱兵級而本轄兵梢違犯者減階級法一等　諸綱運和雇人違犯押綱命官杖一伯罵者徒一年餘押綱人杖八十罵者杖一百毆者各徒二

年即改命官致折傷者徒三年配五伯里　諸綱運人告押綱人侵盜或拌和
官物販私有榷貨謀殺人若妄破程限及干己事聽受理餘犯流以下罪雖於
法許告捕亦依事不干己法　雜勅　諸權差主駕綱船人有犯依梢工法諸
平河全沈失粮船梢工徒三年篙手減一等部綱兵級杖六十押綱人減二等
條謂有部綱兵級罪名而不言押綱人者准此減之每收救一分各減一等
諸綱船軍人歲終所至官司驅磨在綱逃死及四分不滿十分一者當一分部
綱兵級杖八十押綱人減二等再犯者押綱人展磨勘一年磨勘年限不同者
非次日五年為法比折展之無磨勘者准前科罪部綱兵級差替勒充重役
諸押綱人無故離本綱空船綱非經時者杖一百雖有故而經三時者罪亦如
之各不在覺舉自首之例　諸押綱人疾病綱雖空而擅離者依擅去官守法
年月雖滿不候替人交割准此諸部綱兵級犯罪應降長行者若元係長行勒
充別綱牽駕　諸押綱人犯罪或違程拋欠應批書印紙而收匿以避批書者
杖一百　諸兵梢部綱兵級憑藉事勢於官私船機乞取財物者杖一伯計贓
一貫移配五百里重役處　諸官船兵梢部綱兵級於所載命官家屬因乞借
財物者杖八十差替　斷獄勅　諸募押綱運官見任官募押綱同因本綱事
連坐部綱兵級非至降資及降充長行或於本綱有犯至罪止而情理重者奏

卷萬五千九百四十八

裁其欠損官物非侵盜能于百日內納足者除其罪仍不理為欠折　諸差押
綱使臣於本綱犯罪者去官不免　諸部綱兵級應勒降雖會恩不免不覺盜
者非　諸押綱人之罰俸半月應加一等者罰一月又加一等笞四十其應減等准
此　諸綱運兵級運夫到大夫同犯笞罪謂于本綱運有犯者聽押綱人行決
過十下者論如前人不合拷考律以故致死或因公事毆至折傷以上者並奏
裁　輦運令　諸綱運梢工篙手犯罪勒充本綱牽駕者本綱不願留即送別
綱仍不得主管官物　諸鹽糧綱綱梢犯罪不可存留者押綱人具事狀申轉
運或發運提舉發運司審度差人交替若兵梢在路艱貴送本地分州縣施行
如闕人牽駕即令所在貼差　諸押綱人即納官物訖而疾病者隨綱治至裝
發處申所屬官司驗實差人交裝痊日管押　斷獄令　諸綱運兵級犯杖以
下罪未任決者批行程曆本綱已發者轉關前路等載批書有綱可附者附綱
裝卸官司檢斷刑銷　諸犯罪綱運兵級不在合衆之限　辭訟令　諸綱運
人未卸納而告押綱人及本綱事杖以下罪雖應受理納畢乃得追勘卸納訖
他所者從擬　諸發運司所轄綱運人論折本綱請給錢米事聽處轉送論訴
人赴本司候綱到日究治　名例勅　諸稱當行處斬者奏裁得旨依者決重
杖處死　賊盜勅　諸竊盜得財杖六十四伯文杖七十四伯文加一等二貫

徒一年二貫加一等過徒三年三貫加一等二十貫配本州　鬪訟勅　諸軍
廂都指揮使至長行一階一級全歸伏事之儀雖非本轄但臨時差管轄者是
敢有違犯者上軍當行處斬下軍及廂軍徒三年下軍配千里廂軍配五伯里
即因應對舉止偶致違忤謂情非故有陵犯者各減二等上軍配五伯里死罪
會降者配准此下軍及廂軍配鄰州以上禁軍應配者配本城　諸事不干己
輒論告者杖一百進狀徒二年並令家三日　諸軍論告本轄人仍降配斷告之
事各不得受理告二事以上聽理應告之事其不干己之罪仍坐　諸軍告本轄
人再犯餘三犯各情重者徒二年配鄰州本城　職制勅　諸在官無故亡擅
去官守本同之法計日輕者徒二年有規避或致廢闕者加二等　名例申明
紹興六年九月二十三日尚書省劄子過非次赦或再遇大禮赦既不以赦
降原減罪許行原免所有犯不以去官之罪亦合原免　本所看詳上件指揮
在法不以赦降原減者遇非次赦或再遇大禮赦許行原免所有犯不以去官
之罪亦合原免竊慮州軍未盡曉引用差誤今編入隨勅申明照用　押綱賞
罰格勅　詐偽勅　諸押綱人任滿妄稱該賞或再押并所屬官司知情而為保明供
申及批書印紙雖會恩原免並奏裁　考課令　諸押綱人遞過所屬官司即
將所行程曆印紙批書　賞令　諸應募官願押兩綱以上者其賞以兩綱止

卷萬五千九百四十八

諸綱運募土著官管押應賞者依見任官法　諸命官押綱而附押別色錢
物者令起綱官司先具申尚書戶部候獲到內足逐色錢物收附方許推賞
諸管押綱運如本州不及壹全綱附押別州錢物搭發者依所起發州軍
數目地里定賞若本州已及一全綱而附押別州綱者其所押正綱應得酬賞
減半　諸人因事故別差人或所押官物緣路有截留者計官物分數地里遠
近比類推賞　諸押綱人雖有欠損若非侵盜能于百日內納足者賞如法
諸應募押綱而所運之物不同者聽通計分數理賞謂和糴與軍糧之類
諸押綱人官物有欠而不批書或批書漏落者當還不理賞募押者雖不經裝
卸處批者而勘會有實者其賞聽理　諸於法不應押綱人輒受差押者不得
推賞　諸押綱人應賞而無故稽程三日降一等十日不在賞限募押者十日
降一等二十日不在賞限　諸押綱人毀失行程曆故人毀失同而無照驗或
妄稱毀失及本綱附載米豆而不於經過處批書者稽程照賞雖有係故應鎖
除日限而不曾批書者同各不在推賞之限　諸運銅出剩准格應給賞而係
私糴買人者不在給例　賞格　命官　管押諸路綱運無少欠謂除川陝四
路者　全綱謂見錢二萬貫以上若錢物紙依比折計數下條准此三伯里五
分綱五百里三分綱一千里減磨勘一年　全綱五伯里五分綱一千里三分

綱一千五百里減磨勘二年　全綱一千里或五分綱一千五佰里減磨勘三
年　全綱一千五百里轉一官　應募官押綱無欠損者全綱三百里五分綱
五百里三分綱一千里陞一季名次　全綱五百里五分綱一千里三分綱一
千五里里陞半年名次、全綱一千里或五分綱一千五百里免試　全綱一
千五百里不銜名次指射差遣仍免試　諸色人　押綱人部綱兵級兵梢運
綱於諸處交納若比元裝數出剩以裝發處元價與給五分　賞式　陳乞押
綱賞狀具官姓名右某於某年月日准某州差管押或募押某年季分糧名
錢物米綱即云於某年月日准某州差押或募押本州某年分某名色米若干
赴某處送納了當即無少欠違程除今來納外更無別處送納合行圖併推賞
條某綱自管押即無同共管押合該分受酬賞之人押綱日即不是本州守貳
本路監司子弟親戚及不係停降未敘復之官自補授至今應任亦不曾犯贓
罪及私罪徒若並是詣實如後異同甘伏朝典所有依條合得酬賞令申繳責
本行程或遞納訖鈔物公據或遞腳色家狀在前謹具申太府寺米綱申司農
伏乞指揮下所屬推賞施行謹狀年月日具官姓名狀餘綱狀所色皆倣此
保明召募押綱酬賞狀某司據某官姓名狀昨蒙某州召募管押某色物
赴某處交納畢陳乞酬賞令勘會本項一某官某年月日某州召募到管押某

卷萬年九百四十八

色物若干赴某處交納某物若干更有餘物者依此開某物若干比折某物計若
干一所賦官物係全綱或不及全綱則云若干分一某處水路或陸路至某處
計若干地里一某年月日於某處倉庫交納畢並無欠損有即聲說欠損
已依條於限內送納了足一驗准令格云云右件狀如前勘會某官管押某處
某色物全綱或若干分赴某處交納畢計若干地里准令格該某處酬賞保明
並是詣實謹具申尚書某部謹狀年月依常式　　隨勅申明　廣庫　紹興元
年九月十五日勅諸路起發綱運依法見錢二萬貫銀一十萬
兩各為一全綱推賞今權將金銀計價以金八萬貫銀五萬貫為一全綱並令
交納處計價推賞餘依見行條法　紹興五年正月二十四日勅令後諸路起
發到綱運量輕重遠近分定等第如所押官物到庫務交納別無少欠違程量
與推恩今權宜立定綱賞下項諸路水陸綱運無少欠　全綱謂見錢二萬貫
以上餘物依條比折計數金銀依已降紹興元年九月十五日指揮計價推賞
下准此三千里轉一官選人比類施行下准此　二千七百里減三年半磨勘
二千四百里減三年磨勘二千一百里減二年半磨勘一千八百里減二年磨
勘一千五百里減一年半磨勘一千二百里減一年磨勘九百里陞一年名次
六百里陞三季名次三百里陞半年名次　九分綱三千里減三年半磨勘

千七百里減三年磨勘二千四百里減二年半磨勘二千一百里減二年磨勘
一千八百里減一年半磨勘一千五百里減一年磨勘一千二百里陞一年名
次九百里陞三季名次六百里陞半年名次三百里陞一季名次　八分綱三
千里減三年磨勘二千七百里減二年半磨勘二千四百里減二年磨勘二千
一百里減一年半磨勘一千八百里減一年磨勘一千五百里陞一年名次一
千二百里陞三季名次九百里陞半年名次六百里陞一季名次三百里支賜
絹六匹半　七分綱三千里減二年半磨勘二千七百里減二年磨勘二千四
百里減一年半磨勘二千一百里減一年磨勘一千八百里陞一年名次一千
五百里陞三季名次一千二百里陞半年名次九百里陞一季名次六百里支
賜絹六匹半三百里支賜絹六匹　六分綱三千里減二年磨勘二千七百里
減一年半磨勘二千四百里減一年磨勘二千一百里陞一年名次一千八百
里陞三季名次一千五百里陞半年名次一千二百里陞一季名次九百里支
賜絹六匹半六百里支賜絹六匹三百里支賜絹五匹半　五分綱三千里減
一年半磨勘二千七百里減一年磨勘二千四百里陞一年名次二千一百里
陞三季名次一千八百里陞半年名次一千五百里陞一季名次一千二百里
支賜絹六尺半九百里支賜絹六尺六百里支賜絹五匹半三百里支賜絹五
尺　四分綱三千里減一年磨勘二千七百里陞一年名次二千四百里陞三
季名次二千一百里陞半年名次一千八百里陞一季名次一千五百里支賜
絹六尺半一千二百里支賜絹六匹九百里支賜絹五尺半六百里支賜絹五
尺三百里支賜絹四尺半　三分綱三千里陞一年名次二千七百里陞三季
名次二千四百里陞半年名次二千一百里陞一季名次一千八百里支賜絹
六尺半一千五百里支賜絹六匹一千二百里支賜絹五匹半九百里支賜絹
五尺六百里支賜絹四匹半三百里支賜絹四匹　二分綱三千里陞三季名
次二千七百里陞半年名次二千四百里陞一季名次二千一百里支賜絹六
尺半一千八百里支賜絹六尺一千五百里支賜絹五尺半一千二百里支賜
絹五尺九百里支賜絹四尺半六百里支賜絹四尺三百里支賜絹三匹半
一分綱如上及一千貫以上者半三千里陞半年名次二千七百里陞一季名
次二千四百里支賜絹六匹半二千一百里支賜絹六尺一千八百里支賜絹
五尺半一千五百里支賜絹五尺一千二百里支賜絹四尺半九百里支賜絹
四尺六百里支賜絹三尺半三百里支賜絹三尺　紹興五年三月十五日勅
令後行在差人管押錢物往外路州郡應副軍須支遣及充糴本之類其所押
人如違交納處別無疎虞欠損令比照諸州郡差人管押錢物赴行在綱運參

酌立定推賞等第下項　金綱謂見錢二萬貫以上者餘物依條比折計數金銀依已降紹興元年九月十五日指揮並格行在往計推賞　三千里減三年半磨勘疑人止韻施行下准此　二千七百里減三年磨勘二千四百里減二年半磨勘二千一百里減二年磨勘一千八百里減一年半磨勘一千五百里減一年磨勘一千二百里陞一年名次九百里陞三季名次六百里陞半年名次三百里陞一季名次　九分綱三千里減三年磨勘二千七百里減二年半磨勘二千四百里減二年磨勘二千一百里減一年半磨勘一千八百里減一年磨勘一千五百里陞一年名次一千二百里陞三季名次九百里陞半年名次六百里陞一季名次三百里支賜絹六尺　八分綱三千里減二年半磨勘二千七百里減二年磨勘二千四百里減一年半磨勘二千一百里減一年磨勘一千八百里陞一年名次一千五百里陞三季名次一千二百里陞半年名次九百里陞一季名次六百里支賜絹六匹半三百里支賜絹六尺　七分綱三千里減二年磨勘二千七百里減一年半磨勘二千四百里減一年磨勘二千一百里陞一年名次一千八百里陞三季名次一千五百里陞半年名次一千二百里陞一季名次九百里支賜絹六尺半六百里支賜絹六匹三百里支賜絹五匹半　六分綱三千里減一年半磨勘二千七百里減一年磨勘二千四百里陞一年名次二千一百里陞三季名次一千八百里陞半年名次一千五百里陞一季名次一千二百里支賜絹六匹半九百里支賜絹六匹六百里支賜絹五尺半三百里支賜絹五匹　五分綱三千里減一年磨勘二千七百里陞一年名次二千四百里陞三季名次二千一百里陞半年名次一千八百里陞一季名次一千五百里支賜絹六尺半一千二百里支賜絹六尺九百里支賜絹五尺半六百里支賜絹五尺三百里支賜絹四尺半　四分綱三千里陞一年名次二千七百里陞三季名次二千四百里陞半年名次二千一百里陞一季名次一千八百里支賜絹六匹半一千五百里支賜絹六尺一千二百里支賜絹五尺半九百里支賜絹五尺六百里支賜絹四尺半三百里支賜絹四尺　三分綱三千里陞三季名次二千七百里陞半年名次二千四百里陞一季名次二千一百里支賜絹六尺半一千八百里支賜絹六匹一千五百里支賜絹五尺半一千二百里支賜絹五尺九百里支賜絹四尺半六百里支賜絹四尺三百里支賜絹三匹半　二分綱三千里陞半年名次二千七百里陞一季名次二千四百里支賜絹六尺半二千一百里支賜絹六匹一千八百里支賜絹五尺半一千五百里支賜絹五尺一千二百里支賜絹四尺半九百里支賜絹四尺六百里支賜絹三尺半三百里支賜絹三尺　一分綱如止一千貫以上

卷二萬五千九百四十八

減半　三千里陞一季名次二千七百里支賜絹六尺半二千四百里支賜絹六匹二千一百里支賜絹五匹半一千八百里支賜絹五尺一千五百里支賜絹四尺半一千二百里支賜絹四尺九百里支賜絹三尺半六百里支賜絹三尺三百里支賜絹二匹半　紹興五年九月二十四日勅令後外路合起赴行在錢物承朝廷指揮支移起發應付別路州軍屯駐軍兵支遣令交納處勘驗所押錢物綱運如無欠損違程條明申尚書省降下所屬依紹興五年三月十五日行在支降錢物往他處州軍支遣立定等第推賞　紹興七年閏十月一日勅四川金銀綱運令比撥路押綱賞格重別參酌量輕重遠近分定等第酬賞如所押官物到庫務交納別無少欠違程並依立定賞格推計推賞今重別參酌推宜立定酬獎下項　四川路水陸綱運無少欠　金綱謂見錢二萬貫以上者餘物依條比折計數金銀依已降紹興元年九月十五日指揮計價以金六萬貫銀四萬貫各一綱推賞下准此　六千五百里轉一官減三年磨勘疑人比類施行下准此　六千里轉一官減二年半磨勘六千五百里轉一官減二年磨勘五千里轉一官減一年半磨勘四千五百里轉一官減一年磨勘四千里轉一官陞一年名次三千五百里轉一官陞半年名次三千里轉一官　九分綱六千五百里轉一官減二年半磨勘六千里轉一官減二年磨勘五千五百里轉一官減一年半磨勘五千里轉一官減一年磨勘四千五百里轉一官減一年名次四千里轉一官陞半年名次三千五百里轉一官三千里減三年半磨勘　八分綱六千五百里轉一官減二年磨勘六千里轉一官減一年半磨勘五千五百里轉一官減一年磨勘五千里轉一官陞一年名次四千五百里轉一官陞半年名次四千里轉一官三千五百里減三年半磨勘三千里減三年磨勘　七分綱六千五百里轉一官減一年半磨勘六千里轉一官減一年磨勘五千五百里轉一官陞一年名次五千里轉一官陞半年名次四千五百里轉一官四千里減三年半磨勘三千五百里減三年磨勘三千里減二年半磨勘　六分綱六千五百里轉一官減一年磨勘六千里轉一官陞一年名次五千五百里轉一官陞半年名次五千里轉一官四千五百里減三年半磨勘四千里減三年磨勘三千五百里減二年半磨勘三千里減二年磨勘　五分綱六千五百里轉一官陞一年名次六千里轉一官陞半年名次五千五百里轉一官五千里減三年半磨勘四千五百里減三年磨勘四千里減二年半磨勘三千五百里減二年磨勘三千里減一年半磨勘　四分綱六千五百里轉一官陞半年名次六千里轉一官五千五百里減三年半磨勘五千里減三年磨勘四千五百里減二年半磨勘四千里減二年磨勘三千五百里

減一年半磨勘三千里減一年磨勘　三分綱六千五百里轉一官六千里減
三年半磨勘五千五百里減二年半磨勘四千五百里減
二年磨勘四千里減一年半磨勘三千五百里減一年磨勘三千里陞一年名
次　二分綱六千里百里減三年半磨勘六千里減三年磨勘五千五百里減
二年半磨勘五千里減二年磨勘四千五百里減一年半磨勘四千里減一年
磨勘三千五百里陞一年名次三千里陞三季名次　一分綱如上及一千貫
以上減半　六千五百里減三年磨勘六千里減二年半磨勘五千五百里減二
年磨勘五千里減一年半磨勘四千五百里減一年磨勘四千里陞一年名次
三千五百里陞三季名次三千里陞半年名次　紹興十一年八月十六日勅
勘會諸路管押綱運赴行在依格二萬貫為全綱若押及兩全綱令戶部斟酌
增賞今後管押人聽押至兩全綱止　紹興十一年十二月四日勅令後管押外
路州軍合赴行在錢物承朝廷指揮支移應副前路屯駐軍兵支用其管押人
如押及兩全綱已上據地里遠近與作一綱半推賞如所押官錢物不及兩全
綱之人止作一全綱餘依見行條法　紹興二十三年四月二十六日勅諸路
錢物綱運赴行在昨緣道路梗澀及朝廷支降錢物往他處并外路合發行在
錢物承指揮支移應副別州郡屯駐軍兵及總領所等差官押到錢物節次以

卷一萬五千九百四十八

經計推賞太優今來道路通快比前日不同今後管押逐色綱運如無欠損違
程並依見行賞格上減半推賞二人已上管押依條分受餘依見行條法指揮
紹興二十八年十一月四日勅令後應諸路州軍起發上供等錢物赴行在內
有經過建康鎮江府總領所就行拘截或兌換樁辦綱運如係專承朝廷指揮
許令就截交納訖別無欠損違程即計元指送綱去處地里依格法推賞其不
繳地里水脚錢令見截官司依舊拘收入官　紹興三十年六月二十九日勅
鑄錢司今年錢綱依舊以二萬貫為一全綱自二萬貫已上添押之錢與據數
推賞謂如一萬貫合得減十箇月零半月磨勘五千貫合得減五箇月零七日
磨勘之類　紹興三十二年九月二十四日勅鑄錢司應募官押發紹興三十
一年以後錢綱並依紹興三十年六月二十九日已降指揮推賞施行　紹興
三十二年十二月二十九日勅今後諸州綱運起發赴行在送綱內有經過建
康鎮江府總領所拘截之數許令就行在所屬陳乞取索隨身逐處鈔憑并不
繳地里水脚錢千照勘一併依條推賞　隆興二年二月八日勅在朝奉
郎馮忠嘉右奉議郎許牧管押成都府路提刑司銀絹綱赴內藏庫交納各
係及一全綱零七分已各減三年半磨勘了當今來馮忠嘉等乞於行在分綱
賞令戶部照應零分格法與減半推賞今後依此施行本所看詳前項逐件指

揮並係權宜所降難以修為成法緣係見行令編節作申明存留照用　乾道
七年正月二十九日尚書省批下戶部申相度今後諸路州軍起發金銀錢帛
糧斛綱運赴行在及外路總領所缺納經涉重湖大江及平河并路分作等第
程限如違更不推賞若經過閘堰如有緣故或過釘閘日分即令監押官於行
程曆內分明批鑿到閘及啟閘通放日時除豁施行令開具下項後批送戶部
依相度到事理施行一經由重湖大江綱運不時有風濤卒暴湍險去處依法
於行程曆上批說風水事故除豁推賞若內有經由平河地里程限即與重湖
大江程限通行紐計如無違程依格推賞若有違程其差押人三日降一等十
日不在賞限募押人十日降一等二十日不在賞限一往由平河綱運照減盤
剝之類其程限不得過正破程限日子一倍半如違更不推賞一陸路綱運阻
滯風雨其程限不得過正破程限十日如違更不推行　淳熙七年十二月十
六日勅諸路監司州軍今後差押綱官須管遵依條法如所差官不應格雖官
物數足亦不推賞若有少欠仰所屬開具元差當職官姓名申朝廷取旨施行
雜勅　淳熙八年八月三日勅州縣裝綱即畢起發有日則三申下卸官司
謂之先申綱解及起發前關報緣路巡尉批鑿行程奈何弊端百出至於起發
綱解計會不申緣路行程未嘗批鑿今後凡所申綱解不依法計緣路催綱司

卷一萬五千九百四十八

應批行程而不批縱容留滯不即趲發以致愆期並不許推賞其催綱官司與
不申綱解去處亦次第施行

宋會要水運

凡水運自江淮南劍兩浙荊湖南北路運每歲糴糴至真揚楚泗州置轉般倉受納分調舟船計綱泝流入汴至京師發運使領之諸州錢帛雜物軍器上供亦如之陝西諸州菽粟自黃河三門沿流入汴亦至京師三門白波發運使判官催領之陳潁許蔡光壽諸州之粟帛自石塘惠民河沿泝而至置催綱領之周顯德六年引閔水入于蔡河以通漕運京東

宋會要

諸州軍粟帛自廣濟河而至顯德二年於京城西堤引水入五丈河運運於京師置催綱領之四河所運國初未有定數太平興國六年始制汴河歲運江淮秔米三百萬石豆百萬石黃河粟五十萬石豆三十萬石惠民河粟四十萬石豆二十萬石廣濟河粟十二萬石凡五百五十萬石或水旱蠲放民租隨減其數至道初汴運米至五百八十萬石大中祥符初七百萬石此最登之數也大約以歲之上下或稍易多少大廣南金銀香藥犀象百貨陸運至虔州而水運入京師天禧末諸州軍水運陸運上供金帛緡錢一千三萬一千餘貫兩端疋珠寶香藥三十七萬五千餘斤河北衛州東北有御河至乾寧軍運軍食饋邊亦有使臣主之川益諸州租市之布自嘉州水運至荊南自荊南改裝舟船遣綱送京師歲六十六萬分十綱慥至百萬疋後眾減數江南荊湖兩浙建劍諸州官糴市茶亦水運計綱分送沿江諸榷務算賣諸州歲造運船至道末三千三百三十七艘天禧末歲減四百二十一虔州六百五吉州五百二十五明州百七十七婺州百五溫州百二十五台州百二十六楚州八十七潭州二百八十鼎州二百四十鳳翔斜谷六百嘉州四十五　太祖開寶三年九月

制置綱　顯沿汴　汴沿入　汴陝西　自黃河　三門沿　泝入汴　陳蔡自　惠民河　而至京　東自廣　濟而至

卑說詔

詔曰成都府錢帛鹽貨綱運訪聞押綱使臣并隨船人兵多冒帶物貨私鹽及影庇販鬻所過不輸税筭自今四川等處水陸綱運每綱具官物數目給引付主吏沿路驗認如有引外之物悉沒官　五年十月華許蔡兩河公私舟船運江淮稻米數十萬石赴京以充軍食　六年六月命穎州團練使曹翰都大催督汴路運船　太宗太平興國八年九月四日以洛苑使滄州刺史王賓儒州刺史許昌裔在京同句當水陸發運事以軍器庫使順州刺史王繼昇駕部員外郎劉蟠在京句當水陸發運使先是歲漕江浙稅米四百萬石赴京以備軍食皆和顧百姓駕船雖有知領之名其實輙人太宗聞之特令給每船所用人數顧召之直責主綱者取便領人不得更差擾百姓及是有舟船數十綱到京卸踰月餘不能離岸者帝訪知乃責有司且問其故乃省司乘南來運船於方勝外別附京草雜用之物至京而掌庫者不時受納是有停滯之患判使而下悉奪俸以勵之又諸道州府有糧運錢帛赴京及諸領物貨往外道者所司給納之際皆有邀留故為奸倖主綱將吏甚受其弊京有已出官物而衣私換易帝悉究其源因令擇強幹之臣在京掌水陸發運事凡舟車到發財貨出納並關報而催督之自是遂絕邀難停滯之弊　十三日帝因諸道州

宋會要

府多差部內有物力人戶充軍將部押錢帛糧斛赴京此等皆是鄉村之民而篙工水手及牽駕兵士皆頑惡無賴之輩豈斯人可檢制所侵盜官物恣為不法者十有七八及其欠折但令主綱者填納甚無謂也已家破產往往有之乃詔自今荊湖諸州船令三司酌度合銷人數依江淮例差軍將大將管押其江淮兩浙諸州一依前詔不得差大戶押綱　九年十月鹽鐵使王明言江南諸州載米至建安軍以回船般鹽至逐州出賣皆差稅戶軍將管押多有欠折皆稱建安軍鹽倉交裝斤兩不足準今年三月勅每鹽一石以上破損綱函瀝鹽一升悉卸納稍潮溼折耗不足每石更破銷耗鹽二升管押使臣三司大將軍將州府軍將綱官梢工本綱部轄節級同認數請納少欠等第均填自後承前申報欠少去處已前江南諸州般鹽稅戶軍將逐綱請三五千石多是欠少一分以上勤計及千貫已上錢數無非破產填納制遣枷禁校料前件人皆是村民差充軍將量其情狀皆非侵欺若令破產填欠以傷風教稍加寬恤深便公私其未降勅添耗已前於建安軍請出鹽貨未到本州及雖到未經交納欠數每碩五升已上者乞依條勅拋破耗鹽如已經交納欠數不及五升者不在此限除破耗鹽外更有欠少鹽斛不以前後並乞據數勒定年限追夏

秋税租糴納如三百千已下三年已上至五百千五年已上七年百千已
下一年從之雍熙二年十月帝聞汴河漕運軍人至京城頗有寒餓者令
中官訪求累得百餘人有飢凍之色詰其故乃主粮胥吏奪其口食而自取
之詔杖配押運使臣隸商州禁錮斷主粮胥吏腕徇於河側三日而後斬
仍命給軍人衣服慰遣之　四年十一月詔曰訪聞西路所發係官竹木
栰筏緣路至京多是押綱使臣綱官團頭水手通同偷賣竹木交納數少
即妄稱遺失自今應出竹木州軍并緣河諸州及開封府嚴行約束每有
栰筏至地分畫時催督出界違者準盜官物條科罪　至道二年二月詔
自三門垛鹽務裝發至白波務每席支沿路拋撒耗鹽一斤白波務支堆
垛銷折鹽半斤白波務裝發至東京又支沿路拋撒鹽一斤其耗席候
逐處下卸如有擺撒消折不盡數目並令盡底受納附帳管係　八月詔
荆湖般粮赴真州等處卸納迴脚千料船或裝鹽迴並依例破十分人力
空船即破八分人力如千料已下船並依此比附分數　十二月詔應諸
道州府軍監今後合要支用財穀等各須預先計度準備支遣諸處起發
上供金銀錢帛斛斗綱運並須赴京送納緣路諸州不得輙有截留如有
擅留處其知州軍通判職官等並當除名轉運使副亦勒停三司轉運司

宋會要

發運司州軍孔目吏已下並決配遠惡處帝以三司文籍多是積年淹延
因問其故稱諸道上供物色沿路每有截留勘會往來動經歲月因此絕
之　真宗景德元年五月詔京畿守凍綱運兵士逐處縣分依例接續支
口食料錢仍每人特支醬菜錢百文行運時全支二百文更不剋折仍令
東西排岸司擬掠房屋綱運到京庫務交納各認排岸司分於其門造飯
供送庫務疾速交納不經三司使院者並當嚴斷　十月淮南轉運使邵
曄請令漕運所出州軍知州通判依河堤例兼管勾運公事從之　二年
十月詔黄河綱運宜令三司自今後一年般運無疏失者其部轄殿侍三
司軍大將綱官綱副每月增給緡錢　三年二月詔河西軍營在府州者
所給芻粮自今增置渡船仍舊於保德軍請領如水漲欲合即聽隨處給
遣或須令輦載以往委轉運司專提振之先是河東民常賦及和市芻粟
並輸府州而涉河阻山頗為勞苦尋詔徙充河東保德軍其營在府州者
總量留之而芻粟之費並給於保德軍條約已衆公私為便至是上封者
言每水漲水結則軍士涉河往來艱阻帝志在寬民故特申前詔　四月
四日提舉綱運謝德權言汴水公私舟船多有阻滯蓋形勢船舫在岸高
設檣竿他船不可過也乞降條約每有船過並令倒檣以便於事帝謂王

漕運當馱
宜與紙樣

欽若等曰如聞商旅頗以為患可嚴行誡約如尚敢以形勢妨礙令所在
具名以聞當重行罰　十一日都大發運副使李溥言諸路逐年上京軍
粮元無立定額只據數撥發乞下三司定奪合般年額三司言欲以淮南
江浙荆湖南北路至道二年至景德二年終十年般過斛斗數目酌中取
一年般過數定為年額仍起自景德四年船般上供六百萬碩永為定制
仍以夏秋税及和糴斛斗除樁留準備外餘數並盡般須管數及年額
內有路分災傷般運不敷額即具保明申奏乞減免分數從之　四年五月
詔河北沿河州軍綱運自今以軍士充役勿役部民　七月詔諸州遣軍
士赴京東下卸者自今附口糧外月別給錢二百仍撥營屋區使其休息
帝以士卒外役即留糧給之半以贍其家致飢寒不給特優䘏焉　大中
祥符元年二月帝謂王旦等曰如聞江淮運糧和顧舟往商旅趣利阻其
貿易則京師粒食或致增價可令今後不用和顧　二年十月詔如聞江
淮兩浙等路運粮上供雖甚寒不止自今宜準例令軍士休憩兩月　三年
九月知揚州許逖請兩浙路權罷和雇舟船所貸許商特載糧斛以濟經
旱民庶從之　四年十月帝詔示王欽若等發運使文思使李溥懷述年
終漕運之績可特改北作坊使以酬之　五年四月詔淮南堰埭運糧税

宋會要

舟軍士四時給役頗勞苦自今冬季並令休息　六年三月詔黄河自河
陽已上至三門并峽路河江水峻急係山河並依舊條外有黄河自河陽
已下并三門已上至渭橋倉并諸江湖淮汴蔡廣濟御河及應是運河水
勢調匀本綱拋失重船一隻依舊條徒二年二隻遞加一等並罪止十一
使空船各減一等押載押運節級降充長行綱副勒充梢工使臣人員並
替梢工撑手罪各有差如收救得粮斛即以分數定刑　四月重定山平
河驛失栰木條格栰頭以一栰為準團頭綱副監官殿侍以一綱為準山
河以笞平河以杖栰頭團頭以家財備官不足則杖之殿侍杖而勿備勅
太平興國八年勅定平河條格至有杖背者議者以其太重而山河悉無
條格編勅所上言付三司與刑部評定且請計其所失為十分分定罪止
至杖一百從之　十月三司言揚州運鹽四千斛赴杭州凡四十船船二
百斛有盜及大半者官司止論走鹵罪杖而免之須審姦弊自今應鹽船
除耗外有隱欺者請令劾罪備償從之　八年四月國子博士夏侯晟等
言監百萬倉牧到出剩乞行酬獎詔曰自京畿漕運於淮泗倉庾相望轉漕
寔多若無增損之欺寧有羨餘之積俾均出納屢降詔條仍覽典司尚形
貪奏特申明於舊制表深示於至公罔或損人以國薄効宜令三司遍行

指揮有裝納倉敖去處及在京諸倉監官等並須兩平受納不得減剋妝
到出剩並不理為勞績但一界了當别無少欠即依元勅施行　五月詔
諸州軍差兵士充梢工主掟綱船者並依牽駕兵夫例支給口食先是淮
南江浙發運使李溥上言牽駕兵士不認折欠仍給口食梢工抱認折欠
陪納官物即不支口食頗未均濟故有是條約　九年正月令内藏庫應
諸州上供疋帛内有些少損壞者更不退還諸州初中使江德明勾當庫
因言自來綱輦中有汙損者悉付逐州區斷昨自去秋已來諸道急於輦
運上京欲望有損壞者悉免退還區罰帝曰德明此奏頗有所長故從之
四月江淮發運使李溥言今年初運七十一綱糧斛百二十五萬三千六
百六十餘石自前逐綱一員管押既鈐轄不逮遂多盜竊官物今以三綱
併而為一則監主之人加二倍通管之則綱船前後得人拘轄可減盜竊
内奉職大將三人同押當七十二綱糧斛四十九萬石納外止欠二百石
竊取既少則大减刑責押綱人乞第賜緡錢從之　六月詔清河并江湖
綱運梢工盜取官物却以他物伴和有人告訴者如一船内只伴和數少
不曾故意沉溺舟船者只將已伴和却鹽糧官物石斗數目估價直每一
千省支與告事人賞錢百文如估直至五百千已上者止給賞錢五十千

若估價不及一千者亦依一千例支賞並以係省錢充先是李溥上言元
勑應盜官物并雜以他物及故為傾倖沉溺舟船者如有人告獲每一船
給賞錢三十千二船四十千三船已上五十千官司執是法以罪而不分
輕重之差乞别行條約故有是詔　天禧元年正月詔漕運之務雖國計
以攸資舟檝之勞諒人工而可恤其江淮等處上供斛斗特權罷今年春
運一次　六月江淮兩浙發運司言真州等處轉般倉及江浙上供米二
百七十餘萬斛欲留逐處以濟闕之從之　八月十一日江淮發運司言
米三萬石由海路送登萊密州　十二月淮南江浙荆湖制置發運使賈宗
言承前諸州米綱少欠其部送官員悉均償欠數望令自今止勒元部綱
牙校等均償從之官員頗有侵欺者乃償　是月都大巡檢亦以提舉張
君平言淮南兩浙荆湖廣南福建路雜般綱運軍士望自今相度遠里計
本處併給緣路日食免費近京倉糧詔付三司定奪以聞　二年正月
荆湖北路轉運使王吉長言綱運所過州軍多給大小麥為兵健日食望
令自今並支粳米從之　二月詔御河押運三司大將軍將殿侍并見在
本河押運人員等並令於元定二十萬物色上更添五萬共作二十五萬
如三年前滿得替自能於裝發去處認數裝般及得二十五萬數即依例

三一作二

引見酬奬或内有元差諸處衙前請般物色其押運大將軍將殿侍等只是
管押綱船不曾任數裝般官物亦須及得三十萬數别無損濕少欠拋失
違程及雜犯罪愆亦許依例引見酬奬　四月江淮兩浙發運司言今春
發諸州軍銀帛絲綿五十五萬五千計糧儲四百十七萬石上供帝曰江
淮方稔宜令更留二三百萬石以充軍糧免其擾民從之　閏四月詔三
司所般布帛除已般輦外所餘者並於水路般運上京無役差數車乘
六月三司言汴河綱船除二百五十料至三百五十料者已自楚州五運
泗州六運更不增力勝斛斗其四百料已上至五百料綱船欲令並增力
勝從之　九月十八日詔三班使臣部送益州綱運至荆南無遺闕者自
今每運賜錢十五千三司軍大將十千　二十八日三司言江淮兩浙荆
湖五路押綱殿侍自來不許般家望自今許挈家隨行所貴就得請受
用勵心從之　十月七日三門白波發運使杜善言自今有拋失收救到鹽
糧及諸官物許本司差隨處地分官員躬親點檢送官從之　十九日淮
南江浙荆湖制置發運使賈宗等言綱運兵梢多是盜拆舟船板木貨鬻
致官綱於江河行運闕少動使多致疎虞望下開封府發運司諸路轉運
司令遍行指揮逐處排岸司及地分巡警軍人常加察舉從之　十一月

詔諸路州府軍監自今後應起發上京綱運所差因使押綱得替幕職州
縣官等並給與驛券仍令起發綱運州軍責勒文狀委得在路躬親鈐轄
依程赴京不得取便别行犯者從違制定斷初邵武軍得替司法參軍路
在押綱赴京而中路擅自離去為本軍所奏故條約之　三年正月殿中
侍御史王臻請下發運司自今糧綱十分人七分差兵士三分給和雇工
錢詔令多差軍士相兼勿得專雇人夫仍令轉運使提舉　十一月詔
荆湖　浙淮南水路綱運自來隨船動使鋪襯苫蓋之類官量給數並
綱官率掠兵士妄自轉運司及制置發運司應綱船動使鋪襯苫蓋物
並從官給不得更令兵士出辦　四年三月三司言前詔江淮兩浙荆湖
五路部綱殿侍聽挈家屬隨綱其惠民石塘唐濟御河蔡河押新炭者亦望
如前詔從之　五年十月詔奬淮南江浙荆湖發運使周寔以其自春至
冬運上供米凡六百餘萬石故也　乾興元年三月仁宗即位未改元三
司言兩浙荆湖産茶州軍準大中祥符三年勅須預辦人船及時計綱發
赴合納榷務下卸不得積留在彼損惡官茶及有誤出賣虧失課程諸州
軍近年多不依限起發致乞明立科條須限當年江河水勢未落日前盡
赴逐榷務交納不得延至秋冬致水小阻滯如今後公然怠慢不預計置

般送致有稽違，並委制置司取勘官吏情罪，內干繫人依法區斷，命官使臣取裁。從之。　仁宗天聖元年三月，三司言：提點倉場所奏請事件內，綱運載斛斗上京，內有濕潤，即監鏁梢工、綱官攤乾，比元樣受納。若無欺弊，從不應為重斷，納外有少欠，亦取勘情弊，依條施行。省司看詳：糧綱梢工、綱官濕潤斛斗，已有條例斷遣外，押綱人員未有條貫，欲乞今後如有濕潤斛斗船五隻以上，其押綱殿侍、軍大將笞二十，三隻加一等，罪止杖六十，委排岸司勘罪，申解赴省斷遣。如一年內兩為濕潤斛斗該杖者，即勒下。每裝發綱運，委知州、通判或本判官、兵馬都監監押、排岸使臣在倉提點，兩平量，不得虧損。綱運許押綱人員指索布袋封記，乞行盤量，如定比元樣虧少，並勘逐元裝發倉分監專等情罪，依條施行。又自京至泗州催綱，更不差使臣三人，只令內侍曾繼華乘遞馬往來覺察，催促綱運，巡捉偷糶拌和，提點沿河地分都監、監押、巡檢、催綱使臣、令佐等依先降編敕施行，仍令各置曆，每巡捉到公事，並令所屬州軍批書，候得替繳連申奏，量與酬獎；違者勘罪聞奏。又每綱船至雍邱，令本縣兵馬都監具過橋牒報東排岸司，預定下卸倉分，及委排岸司候到差人勾催，不得住滯隔驀。如違，許人陳告，不虛，支賞錢五千，以下鏁抽稅力勝錢充。排岸司官吏並

宋會要

當嚴斷。又自今起運時，選差使臣忠佐一人監催，下卸搜檢空船，不得隱藏官物。沿河排那泊處，除押綱人員船外，不得存留燈火。偷糶拌和或綱船津漏，勤兵梢走報押綱人員，取燈火與地分巡檢同共覷步，愛護官物，不管疏虞。新城外委巡檢開封、陳留界汴河兼巡捉催綱使臣依此施行。押綱人員能自部轄綱捉梢工，愛護官物不至入水拌和，每運倉司看驗並是乾圓，即令批上印紙照證，至得替一界並不曾有斛斗濕潤，更與押綱一次。其年終般過斛斗地里，合該酬獎人數，不在此限。如或不切用心鈐轄，稍有彰露，即依法科罰。並從之。　四月，詔淮南居河路縣分，應造下土珠土纏擬要賣與綱運拌和斛斗人等，已有天禧五年十二月條貫，自今仍許鄰人及諸色人告捉，送官勘逐，不虛，並支與賞錢十千，以犯事人家財充。慮斷遣後與舊居止處人別生讎嫌，移送鄰近州縣，不居河路去處居住。鄰人知而不告，別致彰露，並重行科斷；如不知情，止從不覺察，於杖六十條斷遣。　五月，詔自今般鹽船至京交納，數足外，元破在路耗每席二斤半數內，卻能愛護，不致拋撒，留得耗鹽，於十分中量破二分，等第支與押綱人員等充賞。每收五席，只以一席錢均給押綱、省員、殿侍、綱官等每人二千，副綱一千，梢工每席二百文。其人員、綱副收到五席已下，

梢工收到一席已下，更不支賞。人員并綱副須是全綱逐船各有出剩，即依此支賞。若或綱內雖船數出剩，其餘船卻有少欠，不在支給之限。　是月，三司言：黃汴河勾當使臣年滿得替，栽種榆柳及得元條例，與家便差遣。其緣汴河都監、監官等每有綱運經過，並不鈐轄斷絕。乞今後各令於地分內催促綱運，依日限出地分，及令本處使臣遞相置曆，抄上到發月日，候催促出地分，於界首使臣處印押。如內有故住卻日數，亦須開說，即不得妄外取索綱運申報。候得替，除栽種到榆柳及元條數目外，須是將催過綱船月日抄上曆子，令州府與栽種榆柳一處繳連內奏。及捉到偷糶拌和斛斗及少數目係甚刑名斷遣，批書分明，方與酬獎。從之。　七月，詔自今汴河糧綱到京，納外少欠，除依例給限填內不足，許將綱梢等合請糧食，令排岸司勾索隨綱券曆，照檢具合請人數，則例送糧料院，據見管人合請糧食數目，明批勘幫說，坐倉不請，充填欠數，仍當日內依曆具逐人名下糧斛色額石斗，印書公文送排岸司照會，銷欠外有剩數，即令向下勘請，不得在京批勘。若填外尚有少欠，即依條施行。　八月，詔淮南、江浙、荊湖逐年起發上京斛斗，近多不及元定額數，宜令逐路轉運司依先降敕命所定年額合般斛斗數目，預先計度，用心擘畫，須管數及年額，

宋會要

乃發運司不住提舉催促，不得更致虧少。　十月，淮南江浙荊湖制置都大發運使趙賀言：荊湖、江浙路逐年起發糧斛、錢寶并茶貨、鹽貨不少，全藉綱運往迴疾速，方獲辦及，卻被沿路經過稅務不便點檢，發遣多是住滯。深見妨滯行運，欲乞嚴戒沿江河州軍商稅務，自今綱運經過，如敢住滯，並乞勘罪斷遣。仍據住滯日分，匱食請受，攤賠監官，亦勘罪行遣。從之。　二年十月，三司言：御河牽駕糧船兵士每年至綱船守凍，住運放歸本營歇泊。從之。　十二月，詔真、楚、泗三州排岸使臣，並令發運司同罪保舉，當親民差遣。　三年十月十二日，詔江淮南、兩浙、荊湖沿江河州軍排岸、催綱、巡檢使臣，自今綱船到地分，畫時審看風色，催捉起離，不得勒住。今供到發文字，及勾索行程批書，定有沿路迍滯，本綱將到行程，即依條保明批書發遣。如更故違，或乞覓錢物，其干繫人並乞依條勘斷。又逐處轄般倉監官須是公平裝卸，不得大納小支，收到出剩，不批上曆子，至替日，但一界給納了當，即特與酬獎。應轄下州軍每遇裝發糧綱，先勒押綱人員入敖看驗斛斗，如是涼冷，即責綱衆結罪文狀裝發。若斛斗發熱，即倉司併役人力般騰出敖，就廊屋攤涼，冷定後裝發。又和糴斛斗裝發至卸納倉場，如驗得麤弱不堪上供，即委知州、通判入倉同與監官集綱梢人

副本有玉海一條附注

員對衆看驗如寔羸弱不堪即勒行人估定紐計虧官價錢并枉費般輦
請受牒元糴州軍勘斷監專斗級於合分攤人名下剋納入官雖遇赦恩
不得除放　二十三日三門白波發運使張慎言綱運每有拋失官物久
例取憑地分村耆并全綱人照證結罪令罪保明除破官物致詳偏勒止
說先取責全綱上下遞相保明軍令罪狀即與本縣官員覺察深慮
村耆與綱司扶同欺弊乞自今有諸綱拋失鹽糧稍柴諸物令本司差所
屬縣分令佐親詣拋失處覺察有無情弊保明關報本司所貴照據分明
免有欺弊從之　二十七日舒州言皖口都鹽倉自來差殿侍三司軍將
押綱到彼下卸本州止差里正軍將交納每一界計鹽百餘萬斤自乾興
元年已前累界支賣漏底例皆欠折錢一二千貫蓋是押運人員欺以鄉
民里正生疎多將鹽貨侵偷貨賣或入雜伴和歛壓秤勢斤兩不足是致
支納後漸次銷折自天聖元年後來擘畫將衙前職員自都知兵馬使都
押衙已下至通引官已上以職名資次與里正軍將新人相兼勾當並得
斤兩齊足無拌和之弊逐界鹽倉支賣了當仍有出剩又本鎮賣鹽課利
比附逐年增至三五倍乞下本州常切遵依從之　十二月十二日詔自
今裝載揚楚通泰真滁海濠州高郵漣水軍等處稅倉和糴斛斗並依裝
轉般倉斛斗空重力勝例並以船力勝五十石爲準定其細色斛斗四十
石與破牽駕兵士一名其空船亦依差裝轉般倉例　二十四日詔自今
應請般小河運糧鹽人員坐船許令只裝一半官物餘一半即令乘載家
計物色所貴人員易爲部轄免致兵梢論訴　四年五月二十一日詔制
置發運司兩浙裝鹽舟船合用鋪襯荷葉蘆蓆等物舊止令兵梢出備以
此之故多有率掠及別致侵盜官物自今並從官給　閏五月臣僚上言
經過荊湖江淮四路州軍體問逐州在市米價或七八十有至百文足者
率言州縣和糴場緊急收糴及萬數充郡秋稅斛斗上供小民闕食伏覩
咸平景德中發運司遞年上供斛斗不過四百五十萬是時江淮人民富
樂國家儲蓄有備其後本司惟務添及萬數以爲勞績比至近年上供已
及六百五十萬欲乞先勘會在京見管斛斗數即於咸平景德已來逐年
上供數內酌中取一年立爲定額詔下三司詳定三司言勘會在京所支
人糧馬料斛斗萬數浩大全籍向南諸路船般應副今欲酌中於天聖元
年額定船般斛斗六百萬石上供數內權減五十萬石起自天聖五年後
每年以五百五十萬碩爲額從之　十一月詔溫州所支綱運兵梢綱官
轉海至明州添支米人日一升半元破四十五日內有船或遇便風時月

別無阻滯及軍稍用心攬駕轉海行運不約日限到明州本鎮其餘日添
支米舊合回納自今與免剋筭填官一例消破　十二月河北轉運司言
德州將陵知縣張存申昨擬定額殿侍黃志益王禹信張榮王克明等五
綱赴縣交裝支下保趙州安肅信安順安軍斛斗內有張榮經今半年並
未曾到縣禹信曾裝斛斗一轉赴順安軍又却於別州軍裝載雜物過往
向南州軍今及四月有餘未迴體問得止是押綱人員避見裝載斛斗多
於逐州軍私相計會裁擬裝般錢帛雜物務要萬數並多苟求邀觸遂致
沿河州縣斛斗積壓年深枉有陳損蓋條約未備因緣爲姦欲乞檢詳御
河押綱人員條例於三年所般三十萬官物數中別定須得兼載斛斗三
萬已上如般過錢帛雜物萬數雖多亦不得準折充數如此不惟止絕得
綱船蠻運倖門兼向去沿河州軍亦可廣謀計置當司相度欲依張存所
申其般三十萬官物數中須令兼般斛斗三萬石方得理爲酬獎事下三
司勘會河北沿邊居河路州軍所要支贍軍儲自來全藉潮御河相兼輦
運般供欲自今押運省員殿侍三年內般輦諸官物數中斛斗須是般及
細色軍糧三萬石已上如般麤色即依倉式例準折責使押綱人員各自
用心趁逐般輦軍糧應副沿邊支用從之　五年八月江淮發運司言管

押汴河糧綱殿侍軍大將准條四百料至五百料綱船自今楚州般得四
運斛斗及三萬六千石已上泗州般得五運斛斗及四萬二千石已上到
京卸納了足及經冬短般至年終無拋失欠少即依條酬獎近年諸綱才
般及一兩運斛斗便於逐處排岸司僥求借撥別綱舟船相添般運要趁
酬獎本司見行撥并汴河每五百料船二十五隻爲一綱四百料船三十
隻爲一綱應副趁辦酬獎欲乞今後汴河糧綱不得更於逐處排岸司借
撥別綱舟船般運如違並當依法勘斷仍至年終不爲勞績從之　六年
二月虞部員外郎蘇壽言近年少有泊船到廣州其管押香藥綱使臣端
坐請給欲乞抽歸三班院別與差使自今遇有舶船起發香藥綱即具爲
遞申奏下三班院逐旋差使臣往彼從之　三月二十三日三司言制置
發運司言準編勑諸河押綱殿侍三司軍大將應杖罪如不係上京內三
司軍大將即就近送本路轉運或發運司勘決訖具所犯因依斷遣刑名
申省其殿侍即勘罪申省降杖區分仍並令依舊押船其徒罪已上並差
人管押赴省發運司勘會諸河押運殿侍爲有上項條貫多不用心信
縱兵梢作弊侵欺損失官物雖省牒降到合決杖數又緣行運往來無定
不時決遣或該遇赦宥是致全無畏懼今檢會天聖四年至五年共有殿

侍二十四人違犯拋失偷侵少欠茶鹽糧斛並該赦放罪欲乞自今諸河押綱殿侍不係上京或有罪犯徒已上依元條替下申解赴省若該杖罪乞依三司大將例近就申送轉運發運司勘決訖申省從之　六月制置發運使鍾離瑾言江淅荊湖諸州軍逐年買下茶貨般裝赴沿江榷務及淮南州軍綱運或遭風拋失全綱截不收其綱梢人貨依編勑等第斷遣其茶貨便即除破若綱梢人員收救得水濕茶貨到卸納處將茶味定驗分數勘斷後紐計虧分價錢剋折軍人請受填納切詳全截不收決訖隸放收得分數即已科罪又更剋納虧分價錢以此條約不均是致茶綱每遭風水皆不肯收救枉失官物欲自今應茶綱遭風拋失兵梢自能用心收救即差官點檢委實別無欺弊與依編勑取責一綱上下地分村耆等人結狀無虛偽罪狀勘逐綱梢人員依法施行所有收救到茶貨至卸納處只據見在分數收納入官更不紐計剋納虧官價錢若在路不切覺護致有水損但不係遭風拋失收救到茶數即依元勑剋納虧官價錢從之

九月嘉州言據行迴疋帛第二綱上運三司軍將張承祐申昨準荊南排岸司差撥本綱謝進等舟船四隻并元駕兵級三十人截送新授開州司理叅軍薛儲上水赴任又申楊順手下人船亦準荊南府牒差撥載送

新授歸州判官元泊赴任又却準歸州差載送本州得替知州下往荊南未迴切緣當州逐年載運益州等處布帛十綱赴荊南近來向下州軍緣將布帛綱人船與川峽荊南官員赴任得替擅使於綱運內抽射人船不惟久占舟船在外并帶領兵級歷破口食乞嚴降指揮止絕詔下三司定奪省司言緣在京四排岸司迴脚空船官司指射乘載赴任已有編勑其川峽迴脚空船即未曾明立條貫欲自今川峽赴任并得替官員如委的係沿江地分該得空船迴路即得指射一隻圖便乘載不得迂迴往復占射別致住滯有妨搬運如違其元差綱船干繫官吏必行勘斷仍據往復支過兵梢人員錢糧口食勒令均攤陪填入官從之　十月三門白波發運使比部員外郎盧隨言點檢本司押鹽綱船殿侍軍大將或有拋失舟船臨時旋於諸處申報患狀要免科罰伏緣殿侍將軍大將三年如無拋失罪名便該酬獎今既見拋失却與綱副上下扶同作倖稱疾要免科罰欲乞自今如有拋失舟船其殿侍軍大將信縱有申報患狀並不免拋失罪名所貴杜塞倖門一向用心部轄從之　七年三月十六日屯田郎中李壽言泉州城當二江會流綱船順流至者多為風患漂溺舟人不敢收救蓋以敕條全綱沒溺或收救足數方免罪若失三五分須責備償之故

凡有沒溺不復收救望別為條制事下三司三司言璹所陳太過望委轉運使叅議乃請自今於古灘暴風溺舟者責部綱使臣集近村耆保併力援救若全綱失者篙工梢工皆杖一百主吏使臣遞減一等所溺物計為三分須備償一分如救及分別無侵欺者原其罪從之　六月七日三司言益州路轉運使高覿言乞今後管押布綱使臣省員三運全無拋失不違元限三司軍大將三班差使殿侍乞與改轉其使臣未親民者乞與家便差遣已親民者乞與五年磨勘如是使臣省員弛慢沿江拋失官物及注滯綱運有違元限乞自當司取勘情罪申奏乞行衝替省司檢會使臣差益州押疋帛綱赴荊南下卸別無拋失每運支官錢十五千軍大將十千文天聖七年勑今後川峽行運布綱拋失官物若全拋失收救不獲其本綱梢工檝手各斷杖一百配別州牢城收管綱官節級各杖九十押綱使臣各杖八十並勒下不令押綱或十分中收救得一分已上依全拋例斷遣二分已上至四分已上梢工檝手綱官節級使臣殿侍省員每一分各遞減一等斷遣訖梢工檝手勒充軍營為兵士其綱官節級已上並依舊押綱或收救及五分已上不滿元數梢工檝手各杖六十綱官節級人員各笞五十使臣殿侍省員罰一月食直斷訖並依舊行運所有綱官

節級人員使臣殿侍省員如遇本綱更有拋失據隻數每一隻加一等罪止杖一百其罰食直加至笞五十仍並據拋失收救不獲數目勒本綱上下等第均攤陪納入官若收救官物並足不失元數梢工檝手各笞四十綱官節級已上並放所有行運程限仍須限一年往迴嘉州排岸司候行運日出給行程付本綱收執所到州軍批書到發時日阻滯因依候迴嘉州委排岸司點檢如有不因風浪故作拖延有違程限並依法科斷仍罪止杖一百若違限三月已上其本綱梢工檝手押載綱官節級人員押綱使臣殿侍省員斷訖勒下不令押綱省司看詳緣有上項賞罰條貫所奏難議施行從之　二十五日三司言臣僚起請兩川四路物帛綾羅錦綺絹布紬綿每日綱運甚多遞鋪常有壓積其餘藥物更有水路綱運不可勝紀且兩川之富出產雖多計其地利亦有窮竭科率之時不無擾人般運不絕物價何由賤平伏望兩川所發綱運以一年計其數目於內詳酌不急之物量與減放三二分省司看會益州路收買鬱金大黃夔州路收買藥子每次及疋帛綱內附載往京南轉附赴京今藥密庫各有見在欲自今於每年買數十分中量減二分從之　十月三日三司言三門白波發運使文洎奏被鹽鐵牒白家場去河中府五十七里三門集津塲鹽務去陝府四十

着亦看

五里乞委兩處同判依例充季點納下鹽貨及乞許三門發運使判官提
舉點檢每年上供鹽欲乞鈐轄支裝堪好明白鹽席分明定樣兩平交裝
上船無令欺壓秤勢及戒約押綱人員鈐束梢兵愛護不得信縱偷盜拌
和到京於都鹽院交納後有少欠拌和不堪鹽數即申解赴省勘罪依格
條等第斷遣沿路偷賣鹽貨其買人多鄉村兇惡之輩販賣取利地分巡
檢村耆人等隱庇不言欲乞下本司檢坐元降告捉偷盜官物支賞條貫
遍牒沿路州軍出榜曉示許人首告勘逐不虛依元條支賞外如五十斤
已上告人二稅外免户下一年差徭百斤已上免二年差徭犯人如赦後
再犯兇惡不可留在彼者斷訖配五百里外牢城所犯重自依重法經歷
地分巡檢村耆人等知情並依法嚴斷綱副知情自依本路若不知情亦
乞依糧綱偷盜斛㪷例。於本犯人名下減三等定斷其在京鹽院所納船
般鹽貨並須公平受納不得欺壓秤勢支絕縱有出剩不爲勞績但一界
別無少欠即依元條施行監官三司申奏下三班審官院磨勘施行鹽綱
如納正數足外收到水路鹽出剩不以席數並盡數正收入官申着檢會
天聖元年敕只於在京支給賞錢其鹽院監專不得隱落故意不收如指
違犯並行勘斷從之。　八年正月三司言廣濟河都大催遣輦運任中師

奏乞自今本河每年逐綱約定地里所般斛數目量與酬獎省司檢會編
勑運河押綱使臣人員等一年之內全綱所般斛㪷依得萬數候住運日
令發運司磨勘內梢工支錢三十綱官支五千管押人本司具勞績申奏
重將與轉大將使臣所與引見酬獎并年終住運除全綱一年無拋失少
欠依前項施行外所有一綱之中內有梢工至年終委寔逐運別無少欠
拋失亦與據梢工人數支賜賞錢其本綱人員綱官即不得一例酬獎如
梢工接連三年各無拋失少欠除支賞外與轉小節級名目便充綱官勾
當若充綱官後相接更二年全綱並無拋失少欠支與賞錢一十貫轉一
資又編修。應差押運省員殿侍三班借職等每人各給印紙五十張充歷
子付逐人收掌據逐運送納官物有無少欠行船違與不違程限及拋失
舟船雜犯愆罪並於催綱裝卸排岸司批上歷子年滿得替赴省投納比
較磨勘如逐人合該年滿得替別無少欠官物及愆罪量與酬獎今相度
廣濟河押糧綱軍大將殿侍三年內般過斛斗別無少欠已依條申奏乞
量與酬獎其本河梢工綱官即未有條貫欲乞下廣濟河輦運司令據廣
濟河糧綱如一年之內般得鄆州徐州淮陽軍三運并曹州廣濟軍濟州
五運斛斗至京交納並無少欠過犯候住運日令輦運司磨勘其綱梢全

比附汴河酬獎體例特支錢一千梢工接連五年各無拋失欠少除支賞
外與轉小節級名目便充綱官充綱官後及已充綱官人相接三年全綱
並無拋失少欠支與賞錢五千更轉一資從之　三月三司言河北都轉
運司言相度今後正受潮御界河催綱官自使臣三年滿日催般過斛斗
比附已前年分般過數多兩倍即優與陞陟差遣若緩急邊上闕少軍糧
權於轄下州軍選官催驅般運斛斗一年內般得麤細色及十五萬石亦
與陞陟差遣所有押運省員殿侍等亦乞每人押船二十隻如三年內只
般得細色軍糧七萬石已上別無拋失違程少欠諸般罪犯便與例酬獎
即更不拘年限如有麤色依倉式例六折充填若舟船緩急搬裝別物三
年內般不及數只據般過數比並依舊定萬數施行省司看詳其權差催
綱官員使臣緣催綱斛斗數少酬獎甚優更不差遣施行所是正授潮御
界河催綱官員使臣并押運軍大將殿侍般運斛㪷欲乞並依河北轉運
司擘畫施行仍候催綱官員使臣三年滿日得替委自轉運司將一界催
般過數開排逐運元裝州軍至卸納去處附帳收管月分及將前來三年
權般過萬數一處立項紐計比附委的多兩倍已上合該酬獎即具詣實
保明申奏數目押運軍大將殿侍如三年內自近裏州軍般細色軍糧七

萬碩已上赴沿邊州軍卸納依例酬獎仍令黃河御河都提轄司保明申
本路轉運司繳連申奏若三年內般不及上件數目只乞依舊定萬數施
行從之　七月益州路轉運司言奉詔相度置催綱使臣以久遠利害以
聞者竊緣當司每年起發水路布帛牛皮綱運下往荊南卸納自離嘉州
江岸經歷過梓夔州路直至荊湖北路地分沿江州軍過往尋移逐路轉
運司就近相度一准逐路牒添置一員使臣必免綱運逐處作弊端坐販
買物色人員兵梢虛費錢糧深爲不便詔差供奉官李蟠專逐處往益州
路轉運司取會文字勾當自嘉州至荊南催促起發布帛牛皮等綱早赴
荊南下卸綱官梢工水手兵士等多是沿路住滯貨賣興販既被押綱使
臣催趁却言前路嶮峻行船不得及故船於灘磧上住泊故要疎放違累
使臣枉壞官物及不伏鈐束如有違犯即送隨處州府勘逐情罪依法斷
遣情理重者配遠惡州軍牢城押綱使臣等公然容縱不切鈐轄致違元
限催綱司具職位姓名申本路轉運使乞行勘逐李蟠常切往來提舉催
促不得只於隨處州軍端坐如違亦當勘斷及下益州路轉運司量差人
船付蟠遍行仍備錄宣命於沿江州軍要便處粉壁曉示　八月十二日
審刑院大理寺言楚州奏自來領勘偷盜勤使梢工並從監主自盜律勒

漕運有續通鑑長編一條

科斷令新編勑內偷拆官船釘板等貨賣者當行決配又條當行決配者具藁聞奏州路居衝要日夕過往綱運不少常有拆賣釘板兵梢若或逐度禁奏非唯頻煩朝廷寔見虛有淹禁欲乞立定刑名許令斷遣衆官參詳欲自今應梢工偷拆官船釘板之類貨賣者計贓從監主自盜法杖罪決訖刺配五百里外牢城徒罪決訖刺配二千里外牢城罪至死者奏裁從之　二十一日三司言據荊湖北路轉運司狀荊南府准省牒勘會昨於天聖五年為般運布帛入城遞遠擘畫於沙岸堤內起蓋布庫去自沙市遞檢兼排岸提舉巡防每益州布綱到岸只就江岸點檢對交與上京省員如未有綱次般赴沙市布庫送納及排岸司狀益州布綱到岸出卸未得兵士在綱空閑岸司量差借應副諸處工役如本綱交卸卻便勾抽歸綱當司相度到屯田郎中劉漢傑等奏益州布帛等綱兵士自來阻風水行般卸畢如有歸峽州般取官物依例搭載前去盡時押發離岸別無妨滯船未得被沿江州軍差役泊到荊南官物纔卸本府又差諸處工役當直乞今後禁止其綱到荊南沙岸與限五日下卸二十日管畢詔益州布帛等綱在路除沿江州軍的然值風水行船未得兵士空閑者許依例差役如無阻滯不得擅差有妨行運荊南更不得抽差工役當直限五日內下

卸二十日卸畢更半月起發其附載生銅馬藥等自岸般入府城約十五里赴雜納物等庫送納並係本綱差人津般虛有住滯仍委自荊南量物斤重更於本府差兵士同共般赴庫送納務要本綱不違程住滯　十二月二十一日三司言左班殿直趙世長先差廣州押香藥綱上京三運了當各有出剩合依勑酬獎詔減一年磨勘　二十二日三司言今後兩路般鹽綱到京交納數足外如本綱收到已破耗鹽出剩數目五席已上人員支錢一千二百綱官一千副綱八百十席已上只倍此數梢工每席支四百充賞其人員綱副五席已下及本綱內有拋失少欠并梢工收到一席已下即不支賞錢所有緣河諸處交納鹽貨本綱有收到出剩鹽席仍依在京則例支給一半賞錢永為定制從之　慶曆七年九月二十九日發運使柳灝言淮南兩浙路運河久失開淘頗成堙塞往來綱運常苦淺澁令歲夏中真揚兩界旋放陂水仍作堰子僅能行運久積泥淤底平岸淺貯水不多易為湍溢連有雨澤即泛斗門堤防不支或害苗稼切以東南一方諸路百郡鹽糧錢帛茶銀雜物凡所供國贍軍盡由此河般運若或仍舊不加濬治將見多滯綱運有悞歲計欲乞應運河經歷州縣委逐處官吏預計合用工料開去淺澱須得深至五尺仍於開汴口之前未

行運已前下手令逐處以廂軍及住綱兵士如闕少即量差人夫入役依例日給口食仍乞今後每二年一次准此開淘從之　嘉祐二年十一月十三日三司使張方平言備錄廣通漕運當令河道疏通故藝祖開國首浚諸河按汴渠本禹迹也春秋時已各見諸經歷代皆嘗濬之隋大發民開鑿始名通濟渠自漢至唐雖都雍洛凡諸水運咸資此渠漕引江湖利盡南海天聖已前每歲開理緣河器備名品甚多未嘗有壅塞也天聖初有張君平者陳利見始罷春夫繼以淺妄小人苟規賞利省減役費以為勞績致茲淤塞有妨通漕至於惠民廣濟二河皆所以致四方之貨食以會京邑舳艫相接贍給公私近年以來忽皆填壅蓋圖長利者不恤於小費期永逸者無憚於一勞伏乞朝廷訪問差擇稍知水利精力幹事不以文武官兩三員經度計置開通諸河令據檢計盡功料疏理其木岸堤閘堰壞財用合繕修處先為計備嚴為責罰必令經久去歲京畿大水壞官私廬舍自去秋至今春半年之中所修諸軍營房十餘萬間夫以國家物力豈有不可成之事但事敗於因循而成於果決至於其所不獲已亦必成而已又諸修造無名不急之處土木之工無時暫輟所費不可勝計此諸河道皆是祖宗留心之地國家大計所資忽而不圖是亦有司之過矣

詔應通行漕運河道宜令三司下逐地分當職官吏檢計的確功料來春盡功開淘須管通快仍令都大提舉河渠司更切提轄擘畫施行勿令稍有阻滯　三年八月詔三司以淮南上供米十萬碩餘惠民河以饋京西路　十一月詔曰國家建都河汴仰給江淮歲漕資糧溢於唐漢翳經制之素定有常守而不踰六路所供之租各輸於真楚度支所用之數率集於京師以發運使總其綱條以轉運使幹其歲入荊湖舟檝回載海鹽淮汴舳艫下涉江路方冬閉蹙役卒得以少休近歲因循茲事從而遂廢吏緣為姦人實告勞比飭攸司適因往則曠歲於此格詔未行宜發運使不能總綱條而轉運使不能幹歲入我今茲講復皆本故事維爾職隳則有譴罰其令江南東西湖南北路兩浙轉運司限一年各造船添梢工及駕船卒團成本路糧綱自嘉祐五年為始止令逐路據年額斛㪷般赴真楚泗州轉般倉卻運鹽歸本路發運司更不得支撥裏河鹽糧綱往諸路　初發運使許元言江南東西荊湖南三路上供斛㪷舊皆逐路載至真楚泗三州復載鹽以回而汴船不出外江謂之裏河綱每歲往來四運入京乃數上供之數至十月放牽駕兵卒歸營謂之放凍比年諸路轉運司年額不敷發運司不依兵卒歸乃令出外江沿江州軍載頭運故諸路糧船

大半為雜般綱唯要發運司般鹽往逐處運米而還且汴船不請外江風水沉失者多朝廷累下三司條利害既從許元議而會元罷去不即行故特降是詔　四年八月都水監言河北提點刑獄薛申言御河運路雖曾畧通漕運於今復已梗澁蓋今春差官檢計差晚已難得人工故措置非便即大河汎漲又非其時阻節公私輦運今冬須霜降水落經度檢計候春天興工事當辦集監司看詳欲依所請下本路提刑司今冬據河合行開修去處子細檢計合役工料春天興修貫通漕運不阻舟船從之　治平三年九月詔淮南江浙荆湖制置發運司若江東西年額斛㪷不足則許出汴河糧船七十綱以漕　初許元言江東西湖南三路往時皆轉運以本路綱漕斛㪷至真楚泗州轉般倉即載鹽歸本路汴綱止漕三州轉般倉物上供冬則放漕卒歸營至春乃復集近歲諸路因循綱多壞乃令汴綱至冬出江為諸路轉漕漕卒不得歸息良困苦乞詔諸路增修糧船載年額至真楚泗州卸如故事於是言利者亦多以元所言為是朝廷為詔諸路如元奏詔出久之而諸路綱尚不集嘉祐三年十一月乃勑諸路限至五年汴綱不得復出江比及五年而諸路船終少發運司又屢奏既令汴綱出漕而執政輙以中旨詆絶之諸路既患船不給而汴綱以出江

為利既不得出兵梢訖冬坐食而苦不足皆盜折船材以充費船愈壞漕年額又愈不及執政初但欲漕卒得歸息而近歲糧綱多和顧夫兒每船卒不過一二人既少至冬當留守船又寔無得歸息者至是乃詔汴綱出漕然尚限數其後遂復許以皆出如故矣

治平四年十月十七日神宗即位未改元淮江淮等路發運使沈立言近三司擘畫汴綱與人私載物貨許兵梢論訴並依條斷遣緣兵梢多是兇惡身分衣糧剋折不全惟務侵盜如人員部轄整齊可搭載私物々當斛㪷若許告訐則互相疑貳經久轉至作弊敗壞綱運乞約束應條綱運今後不得大段搭載私物及有稅物到京並盡數送納稅錢如違犯並依條斷遣其近降許令兵梢首告指揮乞不施行詔令後管押糧綱使臣人員等所載私物並依舊施行前詔更不行用　十一月十四日權發遣三司使公事邵必言近准朝旨下江淮發運司定到綱船梢工私載並料違制之罪人員綱官知情即與同罪物貨沒官及給告人充賞今無故生事創立法則望賜追寢且依舊依從之　神宗熙寧四年五月淮南等路發運使薛向言諸河押綱使臣內有老病昏昧不職之人不能部轄及同情偷盜官物未有立定體量指揮直至兵梢詐論或因罪至事發方論如法如不該停替復得押綱深屬不便乞自今應押諸河綱使臣委自發運使副及本路轉運使副體量如內有老疾昏昧或人員貪濁驗違多酒慢公并歷任內曾犯贓私停替之人不堪管押綱運即具事狀以

聞差人衝替如未曾交割綱運管押即發遣歸班所貴綱運齊整從之　十年十月二日詔諸糧綱透借并諸般損濕斛㪷每綱不及五十碩支充本綱兵梢月糧口食批上券歷於次月剋折五十碩已上即令變轉收糴元色填欠如透借斛㪷本名正數已足更不坐欠委本倉攤糶估賣內逐船及十碩已上梢工方得科罪　元豐二年五月二十一日三司言糧綱少欠折會請受聽借兩月行之歲久幾免深刑使於綱運近為錢綱少欠於法未有明文先依糧綱折會法今再相度既借兩月請受慮贍養不足別致欺弊欲改兩月為四月各半分折填從之　九月十九日詔東南諸路上供雜物舊陸運者委三司增置漕舟並從水運　十月二十七日三司言自今押汴河及江南荆湖綱運請以七分差三班使臣三分差軍大將殿侍從之　初詔以三班使臣在班常不下三四百員有至一二年方得遣差者而三司軍大將不足庫務綱運闕人管押令三司議以使臣代之乃定理任歲限賞罰之法三司乃言汴河糧綱舊法不限分數差遣使臣其江南荆湖四路許差使臣五分并舊不差使臣路分若悉以使臣代之祿食視軍大將所費為多故有是詔　四年七月九日詔應陝西軍須物可並以舟載至西京界令京西轉運司運致　五年二月十一日罷廣

栢一作桓

濟河輦運司及京北排岸司，移上供物於淮陽軍界計置入汴，以清河輦運司為名，差朝奉郎張士澄都大提舉。先是京東路轉運司言：廣濟河用無源陂水，常置渠以通漕，歲上供六十二萬碩，間一歲旱，底著不行。欲移入船於淮陽軍界上吳鎮下清河，及南京穀熟、寧陵、會亭臨汴水，共為倉三百楹，從本司計置七十萬碩上供，置輦運司，隸轉運司，歲減船三百五十，兵工二千七百，綱官與三十三，使臣十一，為錢八萬二千緡。下提點刑獄司按覆，以為如轉運司言。京北排岸司沿廣濟河置，故并罷之。 七月二十一日，御史王栢言：昨廢廣濟河輦運，自清河轉淮、汴入京，臣每見累官京東，備知利害者論之，皆以為未便。如廣流安流而上，與清河汴流入汴，遠近險易輒然有殊，望更體量。詔令轉運、提點刑獄、輦運司以廣濟河并今清河行運比較利害。 六年二月二十四日，李憲言：臣已修[illegible]細船，自洮河漕至吹龍寨，俟廟單揩運赴蘭州。詔[illegible]當[illegible]保甲即依前[illegible] 詔[illegible]九月十五日，尚書戶部侍郎蹇周輔言：累奏乞不閉御河徐曲口，以通漕運及商旅舟船至沿邊。詔本路安撫、提點刑獄司與知恩州官同相度以聞。[illegible]十一月五日，提舉導洛通汴司宋用臣言：朝旨歲運糧百萬碩赴西京，已計置截撥東河糧綱至洛口，以淺船對裝，計會本路轉運司下卸。從之，仍候來歲終一全年見利害別議廢置。 七年三月十六日，詔江淮等路發運副使蔣之奇、都水監丞陳祐求合還兩官，餘減磨勘三年，循資有差，以上批開所開龜山運河於漕運往來免風濤百年沉溺之患，彼方上下人情莫不忻快，其本建言及董役成者，令尚書司勳第賞以聞。 八月十九日，都提舉汴河提岸司言：京東地富穀粟，可以漕運，其廣濟河下接逐處，但以水淺不能通舟。本司近修狹京東河岸閘斗門，通廣濟河，為利甚大。今欲於通津門裏三十步內、城裏三十步內，令修城人兵就便開河一道，取土修城，及置斗門，上安水磨，下通廣濟河，應接行運。從之。 八年五月四日，詔罷運糧一百萬碩赴西京。 哲宗元祐六年三月二十六日，江淮荊浙等路發運使晁端彥言：請應汴河糧綱每歲運八千碩已上，拋欠滿四百碩，押綱人差替，綱官勒充重役；滿六百碩，軍大將、殿侍差替，使臣衝替，外更展三年磨勘。若行一運已上，拋欠通及一千五百碩，除議差替、衝替外，更展三年磨勘。其初運但有拋欠，仍無故稽程至罪止者，亦行差替、重役。從之。 四月二十一日，刑部言：御河糧綱初條六十分重難差遣，其後以河道平穩，改作六十分優輕。今因小吳決口，注為黃河，水勢險惡，乞復為重難。從之。 九月十六日，戶部言：使臣人員押鹽糧綱及

二一作三

失少欠，該衝替、差替者，赦降去官不免。從之。 七年五月三十日，詔鳳翔府竹木栰應募土人，以家產抵當及八千貫以上者管押上京，如有拋失虧欠，候交納了日，給限半年填納數足，與三班借職；半年外，與三班差使；過一年，與三班借差；過二年，即不在酬獎之限。其少欠木植名數，仍將元抵當估賣填官。 先是熙寧初，鳳翔府寶雞縣木務舊係舉人姚舜賢顧將家產抵當，獨押修河橋木上京，罷軍大將十五人廩祿之費，詔從之。而舜賢所押船栰增羨，官私利之，故有是詔。 八年十一月十日，江淮荊浙等路發運王宗望言：檢準熙寧二年中書省言，綱運撥行修整舟船，欲據合雇人夫工錢十分先支二分，候合給工錢只支八分。勘會諸綱所借錢數不多，綱梢不免多出息作債，及貴賒買鋪襯等，裝發致錢少，雇夫不足，縱侵官物。今欲乞十分內先支三分。從之。 紹聖元年九月七日，戶部言：發運司狀：每年上供額斛及府界、南京軍糧，動以萬計，止管汴河一百七十餘綱，須裝卸行運之速，乃能辦集。其汴綱在京等處卸糧，多有少欠綱分，依朝旨並批發下裝發處折會結絕，而從來未有立定日限備償明文。欲並依京東排岸司一司式立限備償，若裝發處不便結絕，自依元祐八年秋頒敕條斷罪。從之。 二年六月二十四日，江淮等路發運司言：汴河糧綱般過八千碩已上或不滿八千碩，拋欠滿四百碩若六百碩者，押綱人及使臣乞勒充重役，衝替，展磨勘三年。從之。 十一月二十一日，江淮等路發運副使張珣言：乞添置汴綱，通作二百綱。從之。 徽宗崇寧元年二月八日，發運司言：乞將諸州借裝官物上京新船，並委泗州監排岸官負置籍拘管，有入汴舟船，當日抄劄及梢工、押人姓名，並給公據付本綱收執，前去不得別有諸般占留差使。從之。 三年九月二十九日，戶部尚書曾孝廣言：東南六路歲漕六百萬碩輸京師，往年南自真州江岸，北至楚州淮堤，僅歸水不通重船，般剝勞費，遂於堰傍置轉般倉，受逐州所輸，更用運河船載之入汴，以達京師。雖免推舟過堰之勞，然侵盜之弊由此而起。天聖中，發運使方仲荀奏請度真、楚州堰為水閘，自是東南金帛茶布之類直至京師，惟六路上供斛斗猶用轉般法，令真州共有轉般七倉，養吏卒，糜費甚大，而在路折閱，動以萬數，良以屢載屢卸，故得因緣為奸也。欲將六路上供斛斗並依東南雜運，直至京師或南京府界卸納，庶免侵盜。其轉般七倉所置吏卒及造船場、春料場、排岸司工匠、吏額等，及汴河二百納額船，共六百艘，逐路破兵梢人夫等，亦當減省，既免侵盜乞貸之弊，亦使刑獄少清。從之。 五年七月十九日，刑部尚書王能甫言：國家

仰給諸路綱運全賴軍大將管押而無關防奸弊滋甚欲乞今後已差及
見押諸河綱運或得替未到部并有綰繫軍大將應官司雖盡到特旨朝
旨抽差並不得發遣從之　大觀元年八月二十八日詔綱運舟船牽挽
浮駕之人既出本界仰給沿流糧食而州縣以非本道人兵抑而不支致
侵盜綱米餓殍失所可依發運副使吳擇仁所奏綱運管押人經過州縣
合該請受不即時勘支趁發以違制論不以去官赦降原減發運司不按
與同罪　二年五月七日京畿都轉運使吳擇仁言奉詔四輔各積糧草
五百萬內北輔將來計置汴河寄洛口入大河下至臨河縣置車鋪般摺
臣今先次相度汜水縣去河約一里有都大巡河廨宇可就本處踏逐倉
敖卸納就委都大官照管盤裝入黃河船順流入北輔又滎澤縣通洛堤
閘至黃河三十里自來遇汴水泛漲黃汴兩河船栰往來若計置得粮斛
數多亦可時至裝發又南輔潩河自長葛縣西四十里堰斷引水東入茶
磨向下開修十七里取退水還河足以行運詔擇仁相度條畫措置聞奏
六月二十八日詔六路起發綱米於南京畿下卸交量並依在京司農寺
條法施行　三年四月二十六日戶部檢會大觀三年四月四日湖南轉
運司狀欲將本路見闕押綱使臣下吏部權差使臣奉聖旨據今來見闕

宋會要

人數並權許見在部小使臣免短使指射每一運如無違欠與減二年磨
勘及支與本資序請給外支破券一道看詳前件指揮每一運如無違欠
減二年磨勘即是尚有違程自合引用元符令二日以上降一等十日以
上不在賞限如有少欠係以全綱數折會填納外欠不滿一釐合依元降
指揮推賞今欲申明行下詔依　四年八月五日戶部言契勘元豐舊法
錢綱少欠折會填納本船少欠滿半釐有斷降之文半釐外計贓以盜論
至死減一等押綱官亦有斷罪降等衝替指揮法禁甚明犯者亦少見行
條約一分以上方送大理寺一分以下許於本處折會即是一綱押錢五
萬貫明許欠錢五千貫以下詔依元豐　十月九日詔東南六路額斛復
行轉般之法　十一月十六日臣僚言契勘汴綱使臣等用心鈐束往來
般摺方獲辦集理當立酬賞令相度汴河押綱使臣等任滿無拋失少欠
罪犯亦無違程般諸不了過名者除依元綱運酬獎外更與減二年磨勘
軍大將比折收使若不及元條酬獎者只與上件減半年恩例庶使激勸
用心整齊行運軍儲早辦從之　政和元年六月二十六日戶部言江南
東路監司乞依條合運載官物所用舟車之類委當職官臨時依民間
價直僦雇不立定制從之　八月八日戶部言乞從發運司請凡諸路州軍

起發上供錢物及附搭金銀錢帛不以多寡並所押人行程當官逐一
批上如不即書及別給文牒即乞從收支官物不即書歷科罪從之　二
年六月五日江淮發運司言勘會見有事故綱分闕人管押乞據蹈逐到
軍大將宋璇等並特行差撥仍乞今後依此指揮本部勘當宋璇等並係
見押綱運并見勾當專副及得替未到部綰繫之人有礙勑條不合發遣
及乞令後依例特差難議施行檢會大觀元年三月二十八日勑諸路綱
運押綱軍大將見闕及年滿綱運無人差撥特召募軍將未足見闕及數
應諸河綱運案名令發運輦運轉運撥發鑄錢司下諸州並依都官法用
家業派保召募土人或衙前吏人充守闕軍將就逐管押委本貫縣司保
明申所屬州軍審察保明申本部給狀收補充如州軍職官員入仕十五
年以上者與換正名軍將並只管令押本路軍大將綱闕其逐處召募到
人仍填見闕次年滿替差訖即令所屬開申都官所有向去磨勘改轉及
罪犯並依都官條法（都官條保人合用諸司正名二人及命官一員應在外難得命官為保土人即令召本處有物力人二名衙前吏人一名召本色二人為保）若綱運有輕重不同者令所屬更互差押如有少欠官物合
試差替者發還歸部依條承受差使其本部差去押綱人候召募到土人

宋會要

即發歸部詔依大觀元年三月召募土人指揮施行　七月十七日江南
西路轉運司言本路每年合發上供粮斛一百二十餘萬碩雖許差衙前
權押或用土人軍將少有行止之人乞在部進納官銓試不中之人許令
注擬管押以三年為任任內無違闕即與依試中人例注授差遣從之
十月八日尚書省言奉詔措置東南六路直達綱欲六路轉運司每歲以
上供物斛各於本路所部用本路人船般運直達京師更不轉般仍自來
年正月奉行其發運司見管諸色綱船合行分撥應副諸路餘令發運司
應副非泛綱運其淮南轉般舊制歲備水脚工錢四十二萬米十二萬碩
合令本路提刑司拘收封樁今來初行直達諸路運司竊慮難於應辦每
路於上件錢內支二萬貫應副一次所有六路運粮歲認應副南京等處
米斛除湖南北數少外欲令江南管認南京兩浙管認雍邱江東管認襄
邑淮南管認咸平尉氏陳留更不差衙前公人軍人除使臣軍大將外許
本路募第三等已上有物力土人管押除依募土人法其艰請給驛券依
借職例支給若曾充公吏人或犯徒以上並不在招募之限招募不足許
差見在官又不足即募得替待闕無贓私罪非流外官充逐路各差承務
郎以上文臣一員自本路至國門往來提轄催促杖印隨行綱運有犯許

催促

一面勘斷請給人從依轉運司主管官例仍給驛券許招置手分貼司合二人仍與本路轉運司吏人衮理名次升補江南四路地里遥遠再差大使臣以上武臣一員往來檢察檢察其請給理任依本資序仍别給驛券江湖綱運管押人如二年般及三運至京或南京府界下卸拖欠折會外不該坐罪使臣與減二年磨勘軍大將依法比折土人與補軍大將外仍减五年磨勘再押該賞依使臣比折若一年及兩運亦依上法推恩淮浙一年般及兩運與減一年磨勘三運以上減二年餘依前法逐路綱官梢工連併兩次該賞者仍許綱船内並留一分力勝許載私物沿路不得以搜檢及諸般事件為名故為留滯一日笞三十二日加一等至徒二年止公人攔頭並勒停官司如敢截留人船借撥差使者以違制論截留附搭官物者徒二年官員衝替人吏勒停所有起發交卸條限與舊不同淮浙初限三月次限六月末限九月江湖止分兩限上限六月下限十月終般足兵梢偷盜若諸色人博易糴買并過度人並同監主科斷至死減一等並依内提轄文臣候催行日赴尚書省呈納具狀以行賞罰　十二月一十二日發運副使賈偉節言綱運經由多是於兩界首住滯今來與俱直達須稽考欲乞應沿流催綱官司並將所置催綱歷改為催綱簿半年

一易應有綱運出入本界並具書抄轉上簿歲終易為省覽詔依　五年正月二十九日兩浙轉運司言見奉行直達之法令措置下項兵官差制上綱兵士未有罪賞專法除已將諸州所管廂軍多寡以十分為率每州歲差三分配上糧綱牽駕行運依條一年一替外乞立法諸州兵官收滿如差足糧綱兵士逃亡不及三分之一比附押綱使臣一年三運以上與減年酬獎若歲終差剩不足或逃亡及三之一即乞罰俸兩月若差不及一半或雖差足若逃亡以半以上並乞特行差替仍依謀利斷又法官吏並不以赦原減又本路見管禁軍一萬四十餘人依熙寧元符敕令許差下禁軍兼廂軍充知州通判等官負當直近因大觀二年朝旨不許差撥禁軍當直從此盡占廂軍竊緣禁軍自有分輪番次之法即不妨教閱欲乞權依熙寧元豐令文許令兼差充那廂軍差上糧綱户部檢照勅兵梢綱官團頭在路逃亡病患事故並仰所在官司即時填差若不行差撥並杖一百公人勒停今來本司所乞除差撥上綱人兵沿路逃亡係屬本綱其元差處兵官難以認數立罰如差撥數足自係本職亦難比附押綱使臣一年三運以上減年酬獎詔禁軍當直不妨教閱兵官賞罰等並依本司所乞餘路依此　三月八日金部員外郎盧法原言承朝旨差委催督

公私一作官司

直達糧綱其批書行程妄破限無緣檢察虚實欲乞將糧綱行程候回元裝發官司歲終類聚參照雨雪風水事故察其虚實其妄批官司類申户部乞行黜責從之　十八日户部尚書劉柄等言乞應諸路大禮上供錢物綱並令不許沿流州軍附搭諸般官物如有違犯乞從本所依朝旨送所屬或鄰州縣官置司勘具事奏聞仍不以赦原免從之　七月二十三日發運司管勾糴糶蘭彦成言綱運自來拋失係地分軍兵及河清局遞鋪等人給借濕米雜累借不得過十碩而公私未嘗計之及每月剋折亦不過三二斗緣逐隨借終身不能備償欲應拋失濕米並只許估價出賣或貸借民户依法騰糴送納不許諸兵借請從之　四年二月二日兩浙轉運司言綱運自北入瓜洲閘並係空綱鎮江府江口放重綱出江之時望瓜洲上口要入往往被空綱迎頭相礙令瓜州閘外自有河道謂之下口欲乞自今從北來空綱並於下口出江使重綱於上口入閘極為便利伏望下淮南轉運司約束施行從之　十一月二十日詔諸路召募到等第土人押綱初運並令支撥優便去處裝發一次如運内有欠次運即卸入重難無欠者還依前法即撥入重難而一運或次運能補足前運所欠之數及令運亦無欠者並却入優便去處支裝如違及不依次輒差餘人

者徒二年不以失及赦降原減其諸路綱運見押人如係衙前公吏管押者已起發並候回本路日别差應入人交割訖替罷未起發綱運並改正别差人管押從尚書省請也　五年七月九日祠部員外郎胡獻可言乞諸路綱運召募土人除各有已降指揮外欲乞應綱運窠名輕重及理界年分并理運數並依自來都官差副尉條法施行候界滿日令更互管押從之　七年二月四日尚書言勘會東南六路諸州軍逐年裝發上供額斛自來立定知通任滿賞格輕重未至均當近又因兩浙申請將不滿一任替罷之人不論到任月日淺深所起解斛斗多寡但管勾裝發無違限便依任滿法作不滿三十萬碩例皆減年磨勘今修下條一萬碩以上陞一季名次五萬碩以上陞半年名次十萬碩以上減半年磨勘二十萬碩以上減一年磨勘三十萬碩以上減一年半磨勘四十萬碩以上減二年磨勘從之　五月九日臣僚言敢押本綱自來號為重難本臺累據使臣陳訴工部推恩稽慢有以受納不即報應曲有留滯者有以起發官司尺寸不同因為阻閡者有以外處不能盡知條法而責其必先依式開具保明者欲望命有司嚴責日限不得曲為迫留以為赴功之勸詔工部限一月結絶　六月八日户部尚書劉昺言諸路糧綱情弊甚多沿流居民無不

八年三月二十二日、又閏九月十一日，不知何時。考宣和無八年，欽宗元年有閏月。

致覆官綱，承斛欲令後委逐路官司覺察，沿流人戶買官物一升，賞錢十貫，一斗賞錢五十貫，至三百貫止。買賣人決配千里外，隣人知情與同罪，不知情減一等。許諸人告捕，犯人自首與免罪。從之。　七月二十一日，開封尹王革奏：劉昺所立罪賞已是嚴重，無圖之輩因緣生姦，詐誘兵梢，復行告捕。欲乞詐誘及故令綱運兵梢糶糴米斛因而告捕規賞者，並以被誘人所得刑名決配，支賞許人告捕。糧綱到岸，應管勾河岸鋪兵、公人、岸子之類，知情容縱兵梢糶糴綱運米斛，乞受錢物，計贓並依河倉法決配，支賞引領牙人并知情停藏負載者同罪。詔改賞錢十貫字作一貫，五十貫字作五貫，三百貫字作一百貫，餘依奏。　八年三月二十二日，臣僚言：東南諸路斛斗自江湖起綱至於淮甸，以及真揚楚泗建置轉般倉七所，聚蓄儲備，復自楚泗置汴綱般運上京。崇寧三年因臣僚建言直達京師，致多拋失。過來召募土人管押，歇弊百端。伏望先將土人選使臣等抵替，委發運司計置，依舊興修轉般倉，候成，降賜本錢，令轉運司計置斛斗，然後罷直達之法。詔仕諒相度聞奏。　閏九月十一日，尚書省言：直達之法事法詳備，有補無損，今妄有改更，徒為勞費，前降指揮更不施行。　宣和元年六月十八日，詔陳留縣等處應開決河口地，速行修閉，仍令都提舉汴河堤岸司、洛口都大司依已降指揮疾速放水，行綱運不管小有阻節，令尚書省繼日催促。　二年六月十九日，發運司言：臣僚言東南歲漕召募土人有物力自愛之民，多不應募，惟無賴子弟產業僅存及兵梢姦猾者，則旋以百千置產，使親屬應募，遂補守闕進義副尉，及得管押萬碩綱至京，欠及一分五釐，計米一千五百碩，纔得杖罪，差替，復多引赦用例，止罰銅十斤。計一歲六百二十萬碩，欠數所欠無慮數十萬矣。乞下六路應米麥綱運依法募官，先募奉到部小使臣及非泛補授校尉已上未許參部人，并進納人管押。淮南以五運，兩浙及江東二千里內以四運，江東二千里外及江西以三運，湖南北以二運，各欠不及五釐，依格推賞外，仍許在外指射合入差遣一次。若應募而輒敢退卸及乞改者，並科違制罪。詔依前項先次施行，召募土人法並罷。其餘應合條畫事件，仰陳亨伯、趙億限一月同共措置條畫以聞。令條具直達綱差管押人先大小使臣、校尉，一合注授人次校尉以上未參部及未到部人次非泛補授校尉已上未許參部人次進納文武官次副校尉理當管押水陸重難綱運，副尉理當重格差遣各一次，再任者候到部，再免一次。進納人免參部，每運至卸納處無拋欠，減磨勘三年（并押兩運無拋欠者轉一官，資仍減磨勘三年）。進納

人依正法（并押五運無拋欠，依捕盜法改換使臣），不及一釐（謂折會借納外不在此），減磨勘二年；不及二釐，減磨勘一年（以上副尉依使臣法，此折展年准此）。少欠坐罪，自依本法。三釐展磨勘一年，四釐展磨勘二年，五釐展磨勘五年，一分拋失空重船及十五隻同衙替，副尉勒停，三分勒停，副尉仍展三期敘。罪至衙替以上者奏裁（副尉勒停准此）。押綱人衙替者綱官配五百里，勒停者配千里。沿路官司或非本路綱運坐視不問，令後拋失或偷盜，並令地分官司限一日具數申發運司，置籍驗隱庇或漏落實數者徒二年，申報違限者徒一年。發運司置籍拱歲終開拋欠地分轉運司，次年依上供條限承認補發外，仍各計逐路年額上供數，令發運司以元起發路分年額十分為率，計從由路分拋欠數，具奏責罰轉運司官。如在本路拋欠者同。五釐展磨勘二年，七釐三年，一分取旨。自今應綱運經由地分發運及別路轉運司官吏覺察偷盜作過，拋當職補填，專責任責，並如本路轉運司。六路拋失歲終，戶部比較三年數申尚書省取旨，黜發運司官。其專置提轄官在路拋失，自今計本路年額以十分為率責罰，令發運司具奏，三釐轉磨勘三年，五釐降一官，一分取旨。經由地分巡捕官司自令應偷盜軍人、公人不覺察者杖一百，累及五綱已上者徒一年，命官各減一等，即故縱者各加三等，軍人、公人不以赦降自首原免，命官雖會赦仍奏裁。若能用心巡察捕獲犯人，計贓不滿一貫，命官理半年名次，五貫以上減磨勘一年，每及十貫更減磨勘半年，一百貫以上轉一官；諸色人計贓不滿一貫賞錢十貫，五貫以上錢三十貫，每及十貫加錢十貫，一百貫以上錢二百貫，軍人、公人仍轉一資。詔依。　三年正月二十四日，詔江湖淮浙錢帛糧綱見在運河阻淺及江湖未應難以前來，可令發運司相度，權行寄卸於真揚楚泗州高郵軍在城逐倉，令空船且往逐路搨運，庶免日久綱兵侵欺官物，坐費糧食。如三四月河水通行，卻載向上空船裝發上京。　其後二十七日，尚書省言：今來將近中春，江湖已應，即與冬月不同。若上件綱運能至楚泗州，即通淮汴，更無阻節，自可直至闕下。若於逐州寄卸舟行，計置舟船般運，轉見迂枉，切慮有礙中都歲計支遣。詔已行下文字更不施行。　二月十八日，詔應官員下班祗應副尉管押綱拋失少欠，見今勒住差遣者，累降指揮，如元非侵盜，特與放行差遣，仍據合催欠負，於請受內依條剋納。　三月十四日，淮南江浙荊湖制置發運使趙億言：今月六日奉御筆：運河淺澀，中都闕誤，仰火急措置拖拽，用車畎水，須管於三日中三十綱到京，及別行措置自江入淮到汴利害聞奏。契

十月十九日疑是十一月十九日之誤以上有十月二十三日也一本無十月二字亦非

勘真楊等州運河淺澁潮瀝皆乾別無水源止可車畎江水臣見與逐州
并本司官分頭措置車畎江水為河道遥遠遂未至添長所有自江入淮剗
汴綱經涉大海茫洋轉至淮河方可入汴未見得可與不可泛海入淮河
行運先已牒通泰州鎮江府子細相度講究的確利害次又奏勘會去年
楚州界河淺奉御筆於河東常平錢穀內特給降錢米各五千貫碩付陳
亨伯募綱食人淘河車水令來欲乞特降指揮下淮東提舉常平司量於
東京路借撥到錢米內各支五千貫碩雇人車水等使詔趙億遵禀已降
御筆處分疾速措置津遣綱運其所乞事理依奏　六月十日發運司言
糧綱昨降指揮召募土人法並罷差大小使臣等管押契勘土人內有諳
知行運次第自管押糧綱以來少欠不礙分釐不曾被罰曾經推賞有心
力可以倚辦之人欲乞存留從之　五年六月九日詔應押綱人犯罪或
違程拋欠合批書印紙而收還避免批書者杖一百　十日發運副使呂
淙言欲下諸路轉運司須管見得逐州縣申到實有米糧方得支綱仍依
條預借（綱）梢三分錢如違限許逐綱陳訴從之　以轉運司科數下州縣兵
綱定無見管糧料綱運等動經數月又不支借三分工錢故也　七月十
八日發運司言契勘江湖路裝載糧重船多是在路貿賣違程住滯本司
看詳上供錢物綱在路有故違程依法不得過三日累不得過一月所有
諸路糧綱即未有立定明文令欲比類上供錢物立定有違程不得過十
日內江東淮南兩浙路地累不得過一月湖南北江西路地遠累不得過
兩月所有守閘日分許與除豁及無稽程并經由催綱地分官司亦乞比
附上供錢糧行增立法禁詔六路糧綱地分官司不催發杖一百　十月
二十三日江南運判蕭序辰言嘗請綱船折欠多因沿路稽留而沿路官
司故有阻節有合支請給處而不即支散有附帶官物處而不即支付有
風水靠閣處而不即救應催發有回運合支工錢處其寄樁錢輒已移用
推託不支又有一路漕司不自計置舟船輒有申陳截留他路回綱尤為
不便欲乞嚴行約束詔令發運司措置　十月十九日發運司言江西湖
南北兩浙西路新用勅告香藥鈔均糴斛斗已准指揮權暫和雇舟船般
運合要管押人自合依前後所降處分召募起發外相度欲乞從吏刑部
每路各更差小使臣并副尉校尉一十人發遣赴逐路相兼差押綱運從
之　十二月十九日詔應管押綱運使臣等並不許諸處抽差如違官司
及被差人各徒一年從部部尚書盧益請也　六年三月二十九日發運
副使呂琮言准給降香藥鈔告勅計一百萬貫分糴斛斗應副般運乞令

逐路據已糴米那借係省官錢雇船起發從之　閏三月六日戶部言勘
會東南路歲起上供布六十萬匹兩次朝旨下發運司催趕至今未盡數
到京其沿路官司坐視略無督責欲乞逐官各置催綱行程歷從本路轉
運司就便印給逐時抄上綱運入界時日押人姓名船隻所載官物躬親
監催起發至甚日時出界本地分內有無風水拋失住滯緣故盡時關報
下界首官司逐旬開具申本司至歲終本司取索行程歷點檢驅磨如能
巡捕督捉別無留滯及拋失舟船若獲到兵梢等人博易盜賣乞從本司
比較最摘三兩員最優者保奏等第推賞如依前弛慢除法斷罪外仍從
本司酌其情重者奏劾詔依　七年七月十九日發運使盧宗原奏乞諸
路起發錢物即給走歷於卸納處繳歷驅磨如地分巡尉苟簡或致侵欺
移易乞賜黜責詔違者以違御筆論　四月二十四日詔宗室並不許召
募押糧綱從尚書省請也　六月十三日發運司言直達綱經由處其地
分催綱官拋失重船沿江十隻展磨勘三年仍令地分官司遇拋失空船
限即時具船隻綱分姓名申本州軍通判本廳置籍抄上候歲終開具地
分拋失隻數合干官吏姓名申發運司責罰從之　十一月十七日詔發
運司累歲興復轉般今方就緒盧宗原見措置糴到米并淮南倉見在均
糴及經制餘錢糴到米各已累降指揮並充轉般代發歲斛如諸司輒敢
陳乞借撥別充他用或別項起發并截借措置到綱船沮壞轉般良法仰
發運司密具以聞當議重行貶竄人吏決配雖奉特旨仰執奏不行　十
二月十六日京東路轉運司言乞今後諸州軍府遇上供綱運起發盡絕
日於本處許差出官內選差官一員沿路根究催趁詔諸路依此　七年
四月十一日尚書省言近降指揮罷兩河土人押綱契勘土人有財力家
業寧校軍身貧弱綱運不繼往往逃亡其弊可以坐見合行修復從之
五月三日詔盧宗原拘收糴本興復轉般並係御前措畫親筆處分無預
漕計亦無敢斂於民訪聞諸路漕司輒敢覬望指揮補欠使不以上供歲
額為意發運司官又欲以補欠為己功不復省責舉此以廢被其宗原所
拘收錢本可令不住於夏秋豐熟去處廣行收糴其已糴到并去歲均糴
斛斗並行樁管以御前措置封樁斛斗為名所有諸路上供額錢除已代
發過數合行截還外且令依舊徑發上京如違以大不恭論　十一月十
三日詔東南六路糧綱回運空船沿流官司依重綱逐界催趕出界批書
出入界日時沿汴委都大官餘委逐路漕臣按察具所部催綱官勤墮申
發運司覆實比較以聞　十九日南郊赦書諸路起到綱運在路風水積

水運

審一作水口疑俱訛

壞，見令監察勑令賠納，情實可矜，仰支納官子細驗認，加封記圍全，別無換易情弊，即與先次交納。其合估剝官錢，行下本處依條施行。　十二月二十一日，都省言：「諸路封樁斛斗隨舟般般發，令來邊防警急，合廣儲備。契勘已奉御筆手詔，結絶應奉司江淮諸局所進花石綱，並罷舟船，令轉運司拘收。」詔逐路漕臣悉心體國，疾速拘收舟船，分撥起已樁糧斛，州縣盡數裝發，催併到來，應副急闕支遣。仍選差或召募得力使臣，多方管綱梢人兵常押，沿路經過合批收口券錢糧，限即時應副。內有裝載官□石，並仰隨所至州軍卸納官物，仍仰如法安置，不得損失。如糧綱到京，沿路別無留滯，候卸納訖，令司農寺具管押人保明申尚書省，取旨優加推恩。如稍涉稽滯，及本路監司、州縣不切用心應副，並當重真典刑。

高宗建炎元年五月十七日，路允迪奏：「都城自來惟仰諸路綱運轉給，今來車駕臨駐，倚京汴河綱運，理宜先次措置。欲乞下戶部及發運司，計度合用數外，運令催發前去京城下卸，應副急闕支用。廣濟河、蔡河綱，業亦乞下逐處肇運撥發司逐行催發前去。」從之。　六月二十七日，戶部尚書黃潛厚言：「已得指揮，諸路起發上供錢物並赴東京送納。契勘南京左藏庫見在錢物不多，乞應東南上供綱運，令行在戶部相度，隨宜分撥赴東

京或南京下卸。」從之。　七月八日，詔諸路發到米綱，以三分之一給行在支遣，餘於京師樁管。其已卸下空船，自京師般載六曹案牘及器甲等至行在。先是汴河以河口決壞，綱運不通，詔差提舉京城所陳良弼同都水使者榮嶷、陳求道修治決口，至是綱運漸至，故有是詔。　八月一日，京東路轉運副使李祐言：「諸路應副朝廷大計，發運司最為浩瀚。近年歲額未嘗數足，蓋緣管押使臣多是干請差委，不曾選擇能幹之人，又沿河居民盜買官米，官司並不覺察，致每運少欠不下數千碩者，至況溺舟船。欲下發運司選擇有行止、無過犯、能管押使臣，如每運無少欠，或欠數多，及沿流官司能為覺察盜買及不覺察去處，重行賞罰，以為勸沮。及令本司官不住往來催促。」詔除少欠數多及無欠一節別作施行外，餘並從之。

九月十二日，同知樞密院事張慤言：「東南六路歲運糧斛六百萬碩，去年與今年未到數目甚多。今乞責東京及南京排岸司各置簿抄上，見下卸糧綱并諸色綱運船元來路分州軍、府下卸官物日，綱回運就差是何官員乘載使用，至甚處下卸，各不得出本路界；抄上綱官、綱梢并兵士姓名人數。如違，綱梢各量情犯斷勒。」從之。　二年正月十日，詔糧綱卸訖空船，雖許差來，若往別路及過所差州軍，元差官司并乘船官各徒二年。真

州排岸及本州撥附官不切檢察者，各杖一百。其以前已差往別路糧斛船，令轉運司委官追回本路。如舟船官占恡，依未出本路非理遷延占留人船，致妨本處裝運錢糧，計日坐罪指揮施行。　十八日，發運使梁揚祖言：「准尚書省劄子，據倉部員外郎尚體狀，近降聖旨，差措置催促綱運。契勘發運司見行糧綱船例，皆四五百料以來，於法許載二分私物。體訪得糧綱往往沿路留滯，並緣押綱自買船隻，僱及千料以上，謂之隨綱座船，併行般運，增添隻數，名漢官物，十分攬載私貨，至如入亦多欲阻滯，其全綱船隻不免一例住岸。今措置欲今後綱運隨綱座船不得過元押官船料例，止許兩隻，如敢依前置買大料船隻隨綱及置買過數，許所在官司覺察沒納入官。」從之。　五月十九日，詔在京歲用斛斗浩瀚，從來措撥東南漕運，除發運司合應副南京、洪州斛斗共四十四萬石，并應副合赴京歲下卸斗額斛斗共九十萬五十石，逐司自當別行應副外，所發運司未起今歲合發額斛二百五十八萬九千八百餘碩，淮浙分認，未起額斛淮南一百四萬七千餘碩，兩浙六十八萬七千餘碩，並仰多方措置，限十月終已前須管盡數般運至京。其逐路建炎元年已前舊欠，各仰疾速計置發辦，自來年為始，分限三年發，不得更有拖欠。其措置不獲及押人如期

到京，不礙分數，並轉運司取旨優加酬賞；若催發稽緩，不及今來所起之數，并押綱人違延遲滯，令逐處按劾，官當重送大理，如綱人綱船御狀已降手詔，優支糧直，和雇其掌況入夫亦與添支食錢，庶幾仍約束押綱人常切存恤。其江湖未起之數浩瀚，專委司農卿支撥催促收搬漕路斛斗裝發離岸，專委發運呂源催趕至淮南，自淮南專委梁揚祖催趕至泗州，自泗州專委李祉催趕至東京，仰所委官各給押綱人行程，若有住滯，所委官隨分定地分行遣，仍仰東京戶部官躬親常切點檢覺察，毋令少有稽遲住滯。」　六月九日，淮南路轉運副使李傳正言：「本路綱運入汴，若餘船輒占河岸行者杖一百。比年以來，往往官員乘坐船不肯一岸分行，恃勢攙先，挾阻滯綱運，所至官司莫敢誰何。欲望嚴立法禁，許押綱人押赴本州縣，送往營州軍勒重役，永不得再差充坐船梢工。承賴官司不經隨處官員地分陳訴，求報限時拘送梢工送所屬依法推治，內兵梢解即公行，或有觀望故縱，與犯人一等科罪。」詔可，行在仍令御史臺覺察聞奏。　二十三日，戶部言：「江南東路轉運司言，本路綱運舊行直達，日每綱因剩下二分私物，力勝裝載糧斛，依得客船例支錢。後行轉般，本路額斛依專法，衹至淮南下卸。向緣靖康元年九月二十二日朝旨，不許裝載二

送之千檢
月發運副
使條

分私物以此綱運纖計不行押綱人皆不顧官押令欲且令本路綱運依舊例用二分私物力勝攬載年額斛㪷依和雇客船例支給雇錢更不攬稽客貨如押綱人輙更搭攬私貨即乞朝廷重立法禁本部勘當欲依本司所乞非情願投狀承攬者不許抑勒如已攬載額斛力勝外更載私物因致稽滯者於本罪各加一等從之　八月十六日詔諸路州軍綱運二廣湖南北江東西路赴江寧府送納福建兩浙路赴平江府送納京畿淮南京東西河北陝西路及川綱並赴行在左藏庫送納二廣湖南北綱運如經由兩浙路亦許平江府送納福建綱運經由江東西亦許赴江寧府送納逐州府選委清強官受納專委通判監視提點刑獄官常切點檢如所在州軍輙敢移用依擅支朝廷封樁法加等科罪以行在左藏庫隘故也　九月五日專一措置財用黄潜厚奏乞諸路錢綱並赴行在左藏庫送納從之　八月發運副使呂源言綱運舊條以二分力勝許載私貨令官拘力勝所支二分加斛雇夫錢米太微乞致侵盜乞加料每十碩破一夫錢米從之　十二月二十四日江南西路轉運司言本路歲額上供糧斛舊押綱使臣多為發運司拘截真揚排岸司所遣者多浮浪不根及有因應募効用補授副尉之人既無家業可以倚仗兼不諳熟綱運次

第欲乞應有副尉乞押本路糧綱並先令供具家業及召命官或有物力人保委審量必方可以委付即乞發遣前來從之　三年四月十日詔東路軍民久闕糧食已撥發上京糧斛令尚書省差發運使一員同本路漕臣專一往來催促起發須管於七月一日以前起發盡絶所在巡尉及應干捕盜官部領弓兵往來防護各至界首交割不管稍有踈虞如有弛慢不職去處令發運使按劾以聞當議重行貶降　十二月十二日司農寺丞蘇良治言淮浙路并發運司綱運到京依條少欠一分五厘兆發及江浙兩路糴般赴淮南用一分令來更爲駐蹕杭州節次即未有立定分數欲乞將江東路糧綱用舊用一分法兩浙路地里不遠權用五釐法施行詔已降指揮移蹕江寧府要別措置申尚書省司農寺措置兩浙并江西路綱運少欠乞用一分法外若地里及三百里已下乞用三釐法四百里以下乞用四釐法五百里以下乞用五釐法八百里已下乞用七釐法一千里已下乞用八釐法餘並乞用一分法若有疑分綱運依京倉施行從之　五月十六日發運副使葉宗諤言押綱人乞依舊條酬賞外更與減三年磨勘近降赦書除軍功酬賞外其餘權住行遣一年今來押綱人所得酬獎乞依軍功例施行從之　閏八月二十日詔日後諸路送納綱運物色除見

錢并糧斛赴建康府戶部送納外其餘金銀絹帛之類并赴行在送納其已降朝旨江東轉運司收買大麥草數內及折變稅草合赴建康府送納

四年七月三十日戶部言准都省批下發運副使宋煇劄子契勘本司舊行轉般支撥綱運裝糧上京自真州至京每綱船十隻且以五百料船為率依條八分裝發留二分攬載私物如願將二分力勝加料裝糧[illegible]八分正裝計四百碩每四十碩破一夫錢米二分加料計一百碩舊法每二十碩破一夫建炎二年內裝發東京糧緊切畫降聖旨加料每十碩支破一夫後來前本司官葉宗諤去年內得指揮撥運東京錢料[illegible]雇夸篙舟船由畫指揮加料依和雇客船例支給雇錢[illegible]添支三分水腳錢及舊法支給梢工剩水鋪襯等錢并管押人依條除本[illegible]給外重艘又別給驛券每運至東京卸納無欠折轉一官資綱稍[illegible]及賞錢所請腳剩等大段優潤今來依奉聖旨雇船起發浙西勸[illegible]其押綱除本等資序請給外止添食錢三五百文別無立定[illegible]賞[illegible]本司見打造舟船團結官綱起發行在物斛浙西州軍至越州地里[illegible]不權宜立定賞罰無以勸懲今相度除雇船自有立定地里水腳錢[illegible]綱欲乞依本司昨來起發上京綱運例除添支三分水腳錢不[illegible]

舊例支破所有官客綱人賞罰令以地里遠近所裝米數為[illegible]賞每運押米五千石以上地里至卸納處無違程折會[illegible]下項副尉比折收使八百里減磨勘一年半五百里減磨勘二年三百里減磨勘一年罰每運押米五千碩少欠一分使臣衙管副尉[illegible]致欠因依七釐展磨勘三年五釐展磨勘二年三釐展磨勘一年[illegible]送戶部勘當申尚書省本部今欲依本官所乞施行內賞條別無[illegible]詳供到狀勘當發運副使宋煇劄子起發浙西諸州米斛至越州乞依舊八分裝每四十碩破一夫錢米二分加一料每二十碩破一夫并以地里遠近賞罰合支驛券剩水鋪襯等錢已勘當依本官所乞內押人[illegible]請給外重船又別給驛券緣今來止是一時裝發斛[illegible]上京綱運事體不同若更破驛券委是太優欲乞重船日支食錢四百文省詔依　十二月十日度支員外郎韓球言欲前去饒信等州剗刷錢糧乞[illegible]並起發見錢其不通水路去處依指揮變轉輕齎從之　紹興元年五月十二日戶部言越州通判趙公[illegible]言兩浙路見有起發米斛[illegible]下戶[illegible]有經由海道前來綱運除官綱平河行運合依宋煇措置外海道船[illegible]料係為登陟理當優異本部今比附重別措置每運至部綱納處[illegible]人

諮一作究

按下有三月四日此三字疑是二字誤正字

違限折會償納外依下項内賞比平河已是優異其罰格亦比附申請措置遞減一等賞格一萬石已下所裝雖多者同一千里無拖欠轉一官不滿一釐減四年磨勘副尉依使臣法此折收使下准此不滿二釐減三年五百里無拖欠減四年不滿一釐減三年不滿二釐減二年五千石所装不及五千石者併押兩運如及所立之數亦乞通行推賞一千里無拖欠減四年不滿一釐減三年不滿二釐減二年五百里無拖欠減三年不滿一釐減二年不滿二釐減一年半罰格欠三釐展一年磨勘副尉亦合比展欠四釐展一年半欠五釐展二年半欠七釐展三年半欠一分展四年欠三分數拋失空船一十五隻同使臣校尉衝替副尉勒停仍根究致欠因依從之　二十七日户部言上供錢物粮斛依法雖請降特旨截留借兑支撥執奏不行及承指揮統制軍馬等官以便宜行事拘截上供錢物斛斗官吏並流三千里主司聽之減三等所有今後起赴行在送納綱運輒敢拘截即納亦乞朝廷嚴賜施行詔諸路應赴行在錢物斛斗官司輒截留借兑支撥並依上供條法指揮　六月二十四日户部言諸路歲起糧斛舊制江湖轉般兩浙直達上京比緣軍興淮南轉般倉敖燒毀殆盡其江湖糧綱自合權宜直達赴行在詔依　九月十八日明堂大禮赦勘會糧綱舊六路直達法卸納少欠一分五釐已下本路備償折會過一分五釐即行根治比來行在下卸糧綱因有司申請減下欠數和僱客船填納不及五釐官綱一分已下方許批發歸回補發緣此留滞綱船淹延刑禁無補公私自今並依舊直達法施行　十月十九日三省言保義郎翁㮚等狀准建炎四年聖旨指揮措置收糴糧斛每一萬石為綱選差有材幹使臣兩員管押舟船綱運經由海道載至福州交納如無疎虞依六月九日已降指揮各與轉一官仍與家使差遣㮚等於建炎四年十月内蒙差就潮州裝發三綱每綱各一萬石經涉大海於今年正月内到福州交卸了足切見成忠郎潘和等亦於潮州裝發綱運前來温州交卸各有拋失亦已依前項聖旨各與轉官乞行推賞詔各與轉一官　二年三月十二日詔應綱運不以人糧馬料不得在外一面支遣並赴合屬倉分送納如違並從杖一百科罪每名賞錢五十貫文以犯事人家財充仍先以官錢代支　三月四日户部言應上供錢物綱運欲令州縣遇裝訖即時計所裝船隻錢物數目押人姓名離岸日時先次飛申户部仍關報前路州縣綱運官司繼續催趕出界依此飛申出入界日時入急遞報户部下所屬庫分拘催從之　四月二日紹興府言閩廣温台二年以來海運糧斛錢

食貨四七之一六

物前來紹興府並係至餘姚縣出卸騰剥般運而本運常患無船不能同時交卸往往留滞海船今既移蹕臨安緣自定海至臨安海道中閒沙磧不通南船是致沿海之民歲有科調之擾契勘明州自來有般剥客旅物貨湖船甚多欲乞專委官□員措置將閩廣温台等處發到錢物斛斗並就本州出卸僱立價值雇募湖船騰剥就元押人由海道直赴臨安江下既得少舒紹興諸縣民力又免海船留滞之患糧斛不致失期從之　十二月十九日呂頤浩奏近遣郎官孫逸督江西上供米比聞已起三綱可準擬三十萬斛上曰江西漕臣不以時起必待朝廷遣郎官催促然後起發如此則漕臣失職可黜責朕嘗面訓都轉運使張公濟俾先理會常賦若常賦不入乃反務横斂非朕愛民恤下之意　三年四月二日詔今後起綱如本州差過三員皆未還任接續有合發綱運即先從倚郭縣差縣丞或主簿一員管押以後先近遠於諸縣輪差如被差輒敢規避並從徒二年科罪管押官候到行在别無疎虞依已降指揮推恩　十二月二日户部言兩浙運判孫逸劄子諸州縣起發綱運赴行在卸納別無拖欠其管押人乞特行犒設今立定下項其錢於和糴場百陌錢内支破如無見在移文本路運司於移用錢内限當日支給三百里以上三千石已上欲支一十五貫文省五千石已上欲支二十貫文省五百里已上三千石已上欲支二十貫文省五千石已上欲支三十貫文省詔依今後如遇綱運卸納了當别無緣故排岸司非理留難阻節官吏並從杖一百科罪　三十日户部言已降指揮兩浙諸州起發糧斛馬料綱運赴行在卸納别無拖欠其管押人特行犒設三百里已上三千石已上支一十五貫五千石已上支二十貫等雖不及三百里已上亦合比類犒設今相度欲將諸州縣起到綱運如地里不及三百里三千石已上支錢一十貫文省五千石已上支錢一十五貫文省特行犒設從之　四年四月二十八日内殿進呈造船文字宰臣朱勝非等曰近來諸路般發綱運大段費力雖州縣漫支應直人户然應募者盖因軍興以後船户例遭驅虜民間莫敢置船欲令兩浙江東西路各造船二百隻專充運糧使用上曰須於船上分明雕刻字號諸處不得占執雖奉聖旨聽執奏不行　七月二十六日户部侍郎梁汝嘉等言勘會提轄綱運官依法許將帶杖印隨行自本路至國門以來催促糧綱有犯聽勘決若綱梢偷盗官司故縱留難阻節許報所至監司追究候催促了日赴尚書省呈納足状續承朝旨粮綱在路提轄官端閑不為催督檢察致少欠數多令每半年具催促點檢過事因并住滞官

食貨四七之一七

司申部省詳施行仍候六路提轄官到闕呈納足狀從本部取索案牘點
檢歲終具逐官績狀優劣申取朝廷賞罰施行本部契勘江湖提轄官昨
改隸充發運司提轄催促綱運後來發運司官屬已罷惟兩浙路見在提轄
綱運二員自移蹕後來其提轄官全無職事又無治所廨宇亦無申到催
發糧綱文狀今來起到糧綱多有糠粃損濕少欠事屬不便兼即日駐蹕
兩浙地里比近即與昔日事體不同乞委自兩浙轉運司各出印歷付提
轄綱運官二員於本路裝糧州軍不住互各往來檢察催趲仍於州縣批
書所至日分依監司例無故不得住過三日候到先從本司點檢以憑本
部不時收歷點檢如有糧綱情弊具提轄官事因申乞朝廷特賜施行所
有逐官合破來坐舟船仍令本司早依格應副所貴有以責辦從之　二
十七日詔使臣校尉押發糧斛等到行在交納無違程拋失少欠或少欠
不礙分釐若納足不須支給犒設錢依立定平江府湖州二萬五千碩秀
州三萬碩減磨勘一年　九月二十九日戶部言湖秀州平江府管押糧
綱使臣校副尉押發官綱米斛到行在無違程拋失少欠或少欠不礙分
釐次運補足之人量與減年磨勘事狀送部勘當申尚書省本部勘會近
承朝旨浙西管押糧綱使臣每遇裝發一千石無拋失少欠并有欠不礙

宋會要

分釐次運補足別無違程若不願支給犒設錢平江府湖州與陞三季名
次今來兩浙轉運司申明校副尉押綱亦合依使臣體例推賞本部今勘
當欲將使臣校副尉押發糧斛到行在交納無違程拋失少欠或少欠不
礙分釐若納足不願支給犒設錢依立定平江府湖州二萬二千碩秀州
三萬碩已上二項減磨勘一年平江府湖州二萬碩秀州二萬五千碩已
上二項免短使陞二年名次如願換減磨勘九箇月聽平江府湖州一萬
五千碩秀州二萬碩已上二項陞一年名次如願換減磨勘半年聽平江
府湖州一萬碩秀州一萬五千碩已上二項免短使陞半年名次從之
五年三月十五日兩浙運副吳革言給事中陳與義奏州郡官民交病者
雇船以轉輸是也乞令諸郡破官錢買民間堪乘載二百料已上船仍嚴
立約束州郡不得他用轉運司不得拘占有旨令江浙轉運司措置本司
契勘本路除溫台處州不通水路及臨安鎮江府不係接日般運去處外
其餘州府每歲起發上供米斛錢帛馬料欲依陳與義申請令逐州和買
堪好客船以三十隻為一綱內秀常湖州江陰軍平江府係平河行運衢
婺嚴州係自溪入江明州紹興府運河車堰渡江各買二百料止三百料
船專一往來般運本州合發行在錢斛官司不許拘截及充他用雖奉特

欲作依

旨許本司及諸州執奏不遵如違以違制科罪所有合用價錢乞將許借
支不以諸司窠名錢應副責令逐州收糴合充雇船水脚錢分限一年撥
還取足一合差梢工梯手牽駕人兵欲乞令逐州府據每綱合破人數依
條於廂軍內選差有家累及諳會船水之人充役如實無可選差即行招
刺其合用例物等錢乞依買船例不以諸司窠名借支分限撥還一管押
使臣兵梢等合支請受衣賜口券錢米州縣往往不依時支給是致侵盜
官物今欲依令逐州據見今般運官綱照驗本司所給隨綱拘管梯梢文
歷子細檢察的實人數遵依直達條法限當日內勘給於係省及移用錢
內通融應副一所差押綱使臣令相度欲從本司於大小使臣校副尉內
踏逐寔有心力曾經任無過犯不係欠失之人選差管押不許諸處抽差
一起發物斛赴行在合比較功過賞罰除浙西已有紹興四年七月二十
七日賞格外浙東並經過大溪及錢塘江即與浙西平河行運不同今相
度欲乞將浙東逐州所起糧米赴行在如無違程拋失少欠不礙分釐若
納足不願支給犒設錢內衢婺明州及一萬碩紹興府嚴州一萬五千碩
依前項已降指揮減磨勘一年錢帛比類推賞一所買客船所委官不切
躬親看驗信憑合干人與船戶通同作弊或受請求將年深不堪舊損船

宋會要

中賣及虛增料例大估價錢其間寔係堪好舟船妄有阻難百端情弊乞
覔錢物及因緣摇撼如有違犯許諸色人告捉狀申朝廷乞重行施斷遣
仍每名特給賞錢一百貫以犯人家財給告捉人充賞詔依內第二項如
敢大破虛椿人數冒請錢糧取旨重作施行　四月七日詔押綱人選法
并差撥資次理任並依舊直達綱運法內見任官如係使臣於本任別無
規避方得正行差遣並經本路轉運司投狀如應得選法即一面差訖申
尚書省出給付身不圓及不經吏部審量人不在差撥之限　十一月二
十五日權戶部侍郎張志遠等言諸州縣起發行在斛㪷綱運和雇舟船
裝載依所降指揮將合支雇船水脚錢以十分為率先支七分付船戶掌
管若有欠折並令船戶管認餘三分樁留在元裝州縣準備糴填納訖不
礙分釐批發前去少欠之數其押綱官吏不認數戶部契勘兩浙州縣起
發斛㪷至行在地里止及數百里其船戶為見有未支三分水脚錢可以
糴欠及為州縣自來例不曾支還上件脚錢無可指擬遂於沿路恣意偷
盜官物意在先指取合折三分錢數因而侵用過多無可償納所有管押
人亦不鈐束容縱船戶公然作弊雖有少欠令所屬監納若不礙分釐批
發前去元裝去處補填其州縣近來往往將船戶三分水脚錢元不該數

權管或已別作支使致船戶詞訟不絶其欠數遷延月日不能補發了足緣大數計之失陷不少若不別作擘畫深恐暗失省計今相度欲下兩浙轉運司行下所屬州縣今後和雇客船起發行在糧斛爲料綱運令元裝去處將合支雇船水脚錢盡數支付船戶并管押人同共交領仍措置鎖栰多方關防起發前來若赴行在交納外有欠令押人并船戶同共認欠除依條破耗外以十分爲率令押綱官認二分其船戶管認八分只於行在填納顆粒不得欠折如將上件錢填納不足乘自司農寺盤剝押綱并係干船戶次第行動使等出賣填納猶不足即移文轉運司差人除程限十日勒令元牙保人拘收產業出賣發錢前來須管補發數足庶幾不致綱運拖欠官物其所屬官司不即支還脚錢即許押人并船戶梢工經省部越訴從之　十二月五日禮部尚書李光言伏覩陛下駐蹕東南江浙實爲根本之地自興兵以來科須百出民力既殫理宜優卹今州縣綱運漕司既不任責轉輸之職起撥州縣乞檢會舊例應州縣上供及軍根錢帛等並令漕司計置綱運專差使臣團綱起發其水脚縻費等錢乞依條將直達條省頭子錢樁充漕司不得互用詔諸處轉運司措置依此施行　六年三月五日中書門下省奏川陝屯駐大軍屛蔽四川歲用糧食錢

目浩瀚州縣官吏所宜協力漕運共濟國事軍前米糧大段闕乏雖水運般發每患留滯詔令趙開躬親前去軍前極力措置水運如委實艱難遲緩不能接濟軍前見今急闕即隨宜從長措置施行務要接續糧斛應辦如少有稽滯重作施行　十一月十八日四川安撫制置大使席益言蜀中民已告病而軍向之食詳觀弊源圖所以救之不一而足所以奏請轉般欲於上流水漲之時併運在閬利近處春水生後一發運至軍前庶免如今年下秋頭主闕絶一也又奏請於利閬州就糴入中庶免如今年多支脚錢而運遠路之貴米二也又於瀘敘嘉黔等州打造運船及自用枝給水流木斫伐官地木造船庶免向來拘船之弊致客旅逃避棄毀其船官失措準而又得綱運齊整三也秋初於閬州急糴萬斛以應軍前急闕又遣官於軍前計議於梁洋就糴十萬碩庶免向來陸運之弊人民發死田萊多荒又得軍前早有糧斛四也行下三路漕司任責起發合運之米自五月後來至今在倉米數起發將盡庶免如向來積米在倉軍前告乏五也又差本司屬官齋本司錢物往瀘敘恭涪依私下糴買新米就近發赴軍前卻於西路水運最遠去處免椿米數省水運舟船之費而民無科糴之苦六也詔益前項措置事理曲盡利害備見體國之誠令學士院降

詔獎諭　七年二月二十九日詔訪聞兩浙路諸州縣比因和雇舟船般發大軍錢糧官吏並緣爲姦多是立爲料次預打過數科率民間見錢糧求贏餘妄充他費至如欲作某用即支某錢料和雇船錢應副公私緣此藏隱弊端百出民甚苦之除已令轉運司打造官船計置綱運外委提點刑獄官躬親遍諸管下州縣子細體訪如有違犯去處按劾以聞其官吏當重寘典憲或監司隱庇不發並當一例坐罪仍令提刑司鏤板印榜散給州縣曉示　十一年八月十六日詔管押錢物及兩全綱令六部對數增賞今後管押人聽押至兩全綱止

水運

紹興十二年七月八日，戶部言：兩浙轉運司所發行在米斛，例各稽遲，訪聞多是押綱使臣等作過，沿路住滯，偷盜桿和，多致失陷官物，虛有費耗。相度得浙西秀、湖、常州、平江府、江陰軍地里遠近，紐計在路合破日分者：湖州至行在地里，秀州至行在計一百九十八里，計四日二時；平江府至行在計三百六十里，計八日；湖州至行在計三百七十八里，計八日二時；常州至行在計五百二十八里，計一十一日四時；江陰軍至行在計七百三十八里，計一十六日。欲令裝發去處才候裝畢，於本綱行程上批定所定日分、地里，所經由去處批鑿到岸及起發日時，候到卸納去處，伺候司農寺驅磨，如內有押綱不依今來立定

宋會要

日限地里行運在路無故違程，或有虧分少欠官物之人，並申朝廷嚴賜指揮施行。及沿路巡尉安與批鑿程限，並從所屬按劾，依條施行。從之。十四年四月四日，戶部言：兩浙轉運司申，已令從押綱使臣、校副、管押米斛馬料赴行在及軍前交卸，不以地里遠近，除破耗外，別無拋失欠少，欠不礙所立分釐次運所會補足，別無違程，一歲內每綱累界及三萬碩減磨勘一年，每增一萬碩減磨勘一年，內馬料陸斛推賞，欲乞馬斛會紐第保明申戶部指揮推賞。欲依本司所申施行。從之。　十五年三月二十七日，戶部言：近來兵梢為見所立分釐稍寬，公然偷盜，於沿路糶賣，止以所立批發分釐前來卸納，以致少欠數多。今措置，欲依前項所立分釐止量度遞減一釐批發。其押綱押來少欠，非獨兵梢盜糶，是間亦有元裝州軍專斗等意在拘收出剩米，船作弊，移易於元裝之時，減縮斗面，侵量及當來糶納米斛多有濕惡或米雜糠粞，致下卸離縣點驗，本處卻交納，其欠折止令押綱兵梢備償。今欲行下浙西州軍，如遇當司押綱到來，裝發糧斛，並仰於職官及司戶主簿或縣尉一員，更差撥一員於交裝倉分，躬親監視斛面，及封記過船，增置方得發行，庶免偷侵之弊。如有欠少，依條施行，仍乞約束行在諸倉，今後交卸官物並請監官躬親監視斛平，不得入斛

納，毋令合干人作過，大量所責，不致虧損。從之。　七月四日，四川宣撫使司奏：准紹興十三年冬祀大禮赦內一項：四川向緣般發糧運，沂流牽挽，間有拋失欠折之數，淹繫囹圄，償納不足，深可憐憫。仰宣撫司分委強明官覈實，如委因風水拋失，即予蠲放。其有侵盜已被拘籍財物償納不足者，責限十日結絕。仍各錄事狀以聞。今據知恭州權夔州路提點刑獄張茂申，取會覈實到涪、黔、開、達州、南平軍等處共拋失米二千七百五十餘碩，錢六百五十餘貫，並係寔無家業償納，依赦合行蠲放。詔依。　十六年二月九日，詔成都府路合應副紹興十七年水運對糴米，可依紹興十五年正月已降指揮，減免施行，以四川宣撫使有請故也。　五月四日，上諭宰執曰：聞日近綱運到往往門外則卸，再般運入倉，極為費力。自有河道可令開撩，恐漸致堙塞，非特綱運不通，商旅亦自阻絕。　十八年五月八日，臣僚言：竊見兩浙路運米使臣係曹司差募，例皆參部有礙或負之不能待次，求為押綱，志在盜糶官物，以給衣食，賞罰不能為之利害，故敢迫不行。焉押米之法最為詳備，既不到卸則減展磨勘，遂成虛文，歲月滋久，積欠有至數千碩者，理難一併追索，不過行下所屬，除籍兵梢，諸船移文不已，實無有也。欲望改付銓曹選有心力使臣管押，理為勞績，使無欠而願

宋會要

一併押者聽之，如此則畏勸行而官物不失矣，亦革弊之一端也。詔令吏戶部措置申尚書省。遂部令措置，欲依臣僚所請。從兩浙運司官司對到合用員數，將前任請大添支，田添部大小使臣先次差撥，如不足，大使臣差前任請驛料人，小使臣差合着常程短使人。其所差人兩選願注差撥，謂如般到所自各差一員應副管押一次，更不指選，如願再押者聽。若管押到無少欠，不了事件，除所屬合得酬獎外，不以遠近地里，更與先次占射差遣一次。今後如過兩浙運司報到合用員數，依此差撥。從之。　十九年十月十六日，太府寺丞李壽奏：竊以國家常賦，皆自諸路綱運般發，其有着令，比年以來，州郡監司不務遵守，往往多差未出官選人管押，以覬賞典，多不得人，側將官錢變易，公然盜用，良由初官未諳世務，不知憲章，既無顧籍，得肆侵欺。欲望特詔有司申嚴行下，今後綱運不得輒差初官人管押，庶免欺弊。詔令戶部看詳本部契勘，合發錢物，各在當職官悉意遴擇，與體有心力官管押，所有未出官選人，竊慮其間亦有顧藉酬獎可以倚仗之人，綠合得賞典太優，令欲下諸路監司州軍，如差未出官選人押發綱運，令將合管押錢到合納處，務欠納了足，止與依見行本等格法推賞。從之。　二十一年七月二日，上諭宰執曰：潛司米綱近年多差本司使

臣往往作弊，致濕惡腐壞。可令本司申吏戶部，依祖宗法差在部押綱使人，庚有顧藉，不敢作弊。　八月七日，詔武翼大夫、新州刺史陳寶追毀出身以來告勅文字，除名勒停，送歸州編管。以寶管押本州折帛錢綱起赴池州、太平州交納，在路違法借貸，法當絞，特貸之。　九月十六日，詔諸路轉運司今後押綱使臣，許於本路州軍見任指揮使、准備差使內選差有心力可以倚仗之人。先是，本司多差不曾到部材身不閑事中下使臣，無賴作過，官米濕惡不堪支用，皆是戶部有請，從之。　二十二年五月二十六日，詔四川監司州軍今後募差管押綱運，並先具有行止可以付使官及召有行止付身圓備之人充保。如押人綱使欺易，其保官與降兩官，元募差不當官吏依紹興五年已降指揮降一官，敘罷人吏徒杖一百，所將所少錢物除押人依法斷罪，仍估賣家產填納起發外，如有未足數目，於干係人名下依條追理。從戶部請也。　十一月十八日，南郊赦：節同州軍差委見任官管押綱運交納到無虧欠，合行推賞，內有依條不應差出官，以此不與推賞，無以激勸。今後似此之人，如無少欠違程，與比附正押綱官減半推賞。　十二月六日，戶部言：諸路合起發米斛赴行在并外路卸納綱運，除官綱係差短使或指使自有立定分釐耗折罪賞外，所

宋會要

雇客綱係逐州軍依見行條法指揮召募文武官管押，從來多無欠折，至卸納處並無耗折，如交納了足，方行推賞。從來所押官綱却有欠折，下卸去處便依官綱地里分釐除破耗折，將官物合依所降指揮拘收水腳錢分數前來卸納處庶備填欠，若或有耗折，官綱不同。欲乞將江湖等路今後如募差文武官管押客綱，却有耗折，與比官綱減半除豁耗米，方得推賞。所有今來未申請以前已押客綱未經推賞綱運，且依已降明則推賞事理施行。即於見行條法別無相妨，庶免暗損官物。詔依。　二十三年六月五日，戶部司農寺言：乞下諸路起發斛㪷卸納處，依節次所降指揮，押人已有等第推賞，內除兩浙賞格已是適中外，有其餘路分合起糧斛差募押綱，舊立賞典委是稍優，今相度欲乞申明，將江東西、京西、湖南北、淮南路諸州軍今後起發米斛綱運至下卸處，差募文武官校副尉并未出官選人及不願就武官，依見行酬賞指揮上各減三分內減一分。所有日前起所屬納畢綱運，亦乞且依先保明到事理依舊推賞。餘依見條法指揮施行，庶得均濟。從之。　十八日，右正言兼崇政殿說書史才奏：伏見諸路州軍起綱發納錢物，差官及使臣、衙前、兵梢等押赴行在所合屬倉庫交納，至有折欠數，並將合干人押下排岸司追理。

摭岸兵行吏營無所稍，所謂其人，則使人監守，夜則寄禁，錢增倍加，而貴於中。其人皆遠去家鄉，無親故可以假貸，身為囚繫，致倍錢路情不通，押使奇歲月，凝寒酷暑，不得休息，糧餉不繼，困餓饑損，累相屬而受之。蓋夫領失官物，而責具備償，有情侵盜貿易之弊者，付所司治之，則情可得。物可追不行，監禁之嚴，而弊已革。妄乞蘇倉庫交卸綱運折欠，正身解外，名已數日中解所，隨具得實侵盜貿易之弊者，送大理寺推治，其過數補失，並押下元起綱處依法施行。況本處自有當人，倉部與身分給其可備償追足，附綱起發，則折欠可不擾而辦。從之。　二十六年七月十三日，詔：行在排岸司見監率米斛綱運管押人并綱梢一百餘人，陪填在路發所欠米斛，皆是貧乏之人，無可填償，日久飢餓，情實可憫，並與獨放。外路有見禁似此之人，若非侵盜，並聽安是折欠，即依此施行。　二十七年六月十二日，兩浙路轉運司言：兩浙州縣歲入二納苗米，赴腳錢每稱縣丞縣掌總督，庶免疏虞；將并管押米斛赴行在及前交納，每及二萬碩，許減磨勘一年；每增一萬碩，減磨勘半年。及押綱使臣與倍得請給支賞定。州府應副，依條限，督支倉部照當押綱使臣管押米斛為料起行在及卑前交卸，除破耗別無拋失，又少欠，尺分釐次運折

宋會要

仍排足別無違程，一歲內押綱及二萬碩，乞許減磨勘一年；每增一萬碩，減磨勘半年。所有人多押綱兵梢合論者，乞將兵補納足特賞，依見行條法施行。從之。　二十八年七月三日，直敷文閣、新權江南西路計度轉運副使[illegible]獻言：本司自來行江西路紹興二十一年至二十六年分已起未到米一百六十萬千五百餘碩，於其違限而來，未起七十萬五千二百餘碩并綱發限未年到行在庭江西。水運具弊有五：一則押綱不得其人；二則官綱舟船滅裂；三則水腳靡費不足；四則不曾措置遞運遞趁；五則卸綱處乞取太重，兩太高不除。賤折耗，所以失陷數多。欲望許召募土豪及本客人裝載，並與依舊例上實許搭帶一分私載，於裝發米處出給所附行貨長引，并於上行程亦歷沿路與免商稅，即不得留滯綱運。如不願請船腳錢者，管押及二萬碩無少欠，與補承信郎；二萬碩加一資，依軍功補官法。如土豪客船不足，許令逐州選差見任文官宣教郎以下至選人及武官大小使臣管押，若無少欠，與依紹興五年十一月立定賞格推恩，如一萬碩一千里以下減四年磨勘，二萬碩更與減二年磨勘，三萬碩轉兩官。正戶部看詳：一、召募土豪及本客人裝載，今欲許召募有家業及所押物數不曾充公

人亦不曾犯徒刑非兇惡編管會赦原免之人當職官銜驗詰實非詐偽
人船每碩三千里支水脚錢三百文省餘計地里紐支許將一分力勝裝
載私物與免收稅批上行程沿路照驗若所供不實或借人抵產許人陳
告依詭名挾戶條勅斷罪財產沒官經由稅場巡官即躬親照驗放行乎
繁公吏乞覓論如監臨主司受財法計贓斷罪無故留滯者杖一百科斷
納處依自來綱運條例計地里除破耗米如有少欠候補足保明申朝廷
降付戶部勘驗關吏部等處依令來修立賞格請降付身所乞逐州選差
見任文武官今欲令江西運司於見任應差出之官内選差或就寄居待
闕官召保官二員除計地里合破耗外如無拋失少欠違程從交納官司
保明依今來修立到賞格等推賞並重別增損擬定賞罰格如後土豪子
本客人運載米斛二萬碩與運每二萬碩補一官資通押及四萬碩行放
綠部注授差遣三千里以上承信郎二千里以上進武校尉一千里以上
進義校尉右除地里折耗外如少欠三釐以下與依格推賞如三釐以上
候補足日推賞命官差募管押賞一萬碩二千里以上無官欠減四年磨
勘每加一萬碩增一倍推賞不滿一釐減三年半磨勘不滿二釐減三年
磨勘一千里以上無官欠減三年磨勘每加一萬碩增一倍推賞不滿一

宋會要

釐減二年半磨勘不滿二釐減二年磨勘三千里以上與遙增一等推賞
謂如元合減四年磨勘而及三千里以上者減三年磨勘之類罰少欠三
釐展二季磨勘每加一釐展一季展至一分止少欠二分每分加展半年
磨勘至四分止副尉下班祗應比類少欠五分命官衝替副尉下班祗應
勒停一即納處乞取太重斛面太高不除擲颺折耗今欲令江西轉運司
將合起米先次差人別齎一般樣赴司農寺照會候綱到日申戶部差郎
官一員前去對樣交卸不得將所起米擅便擲颺折耗疾速交納其合赴
總領所米亦合依此封樣候到差官交納仍令戶部長貳總領官不測赴
倉點檢如有違戾各仰按劾施行其押到米與元樣不同委有夾雜沙土
即申本部及總領所差官看驗依條交卸一水脚糜費錢本路所起米
百七十餘萬碩有逐州隨苗收到水脚錢三十四萬餘貫省朝廷給降乳
香套一十三萬貫并就撥經制總錢十七萬八千餘貫應副裝發本司自
合將上件錢相兼措置起發自餘押綱作弊舟船減裂並係本司合行事
務欲下江西路轉運司一面措置從之　九日戶部員郎莫濛言比來諸
路綱運率多稽違至有申到綱解經涉歲月而猶未至者逗遛數旬方能
起發致押綱人得以肆其姦弊雖給行程文歷所至計嘱妄作緣故開破

月日望飭諸路州軍應起發綱運凡實離岸月日先申戶部仍牒前路州
縣遞相關報亦各具出入界月日聞申仍委本部以申狀類聚候綱到擇
其稽違之甚比較沿路留滯最多去處令本路漕司根治上曰諸路綱運
之弊其來已久蓋緣押綱之人多是請求而得往往沿路移易官物於所
至州縣收買出產物貨節次變賣以規利息至有一二年不到此猶是不
作過者其閒用意作過之人公然乾沒僅輸些小至行在謂之打官方錢
又既到之後倉庫合干人等多量巧取百端邀阻其弊不可勝言者卿等
宜令逐一措置革去弊源庶幾不致失陷官物等臣沈該等奏曰比因起
江西米運已令戶部條畫措置務要盡革宿弊今蒙又有陳請當就令措
置於是詔戶部看詳本路言令欲將諸州軍申到綱解文狀並行下太府
寺籍定將州軍綱運每半年一次摽其稽違之甚者申戶部所屬曹分行
下本路漕司根治施行從之　同日詔諸路糧綱到行在交納其受納官
司往往取路斗器加以擲颺欠折致拘留押綱一行人在岸催納兇息急
於星火以致日久折賣舟船填數不足仰戶部長貳契勘自今糧綱欠折
者如委無欺弊並先與責放仍令盡駕空船各回本處將合陪還數
目令本州樁納移數申發今後依此施行　二十九年四月十七日權戶
部侍郎兼提領諸路鑄錢趙令詪奏行在錢糧全仰舟楫而河水淺澁留
滯綱運自臨安府至鎮江府沿流堰閘往往損壞經久不修走泄運水望
令逐州守臣差官前去相視計置如法修整從之　二十三日詔今後除
依條合團併錢物照應見行條法施行其餘州軍合發錢物並不得差募
官附押兩州錢物如違衝所押正綱合得酬賞減半其附押官物請過水
脚糜費等錢於違戾差押官司人吏名下追理入官將所差違戾官司從
杖一百科罪　二十八日總領四川財賦軍馬錢糧所言四川押綱官不
許附押他司錢物并乞修立斷罪條戶部欲自今後四川州軍諸司起綱
去處輒差官附押他司錢物及押綱官受差附押者並紹興勅諸因職事
御受制書而違條科罪受差官正綱合得賞典便行減半脚錢追理發納
從之　三十年四月九日右正言沈濬奏竊見四方綱運輻輳闕下頃以
衙校管押多致失陷乃遂差命官俾任其責遂定賞格以勉之不然罰亦
隨至今者有自川廣數千里之遠涉風波冒不測歷歲月之久方抵闕下
幸而無虧元數已足分獲朱鈔次經太府丞陳乞保明申部推賞寺中阻
難已畢方賫申部部中又復沮難望下所屬官司如已獲朱鈔許令節次
繳明推賞或有小節未圓亦許先次放行其或所屬奉行違戾許部綱官

徑赴朝廷越訴重行根治從之　八月二日臣僚言竊惟漕運所用莫急於舟江東諸郡皆雇客船江西則於洪吉贛三州官置造船場每場差監官二員工役兵卒二百人立定格例日成一舟率以為常運司募押綱使臣悉由關節訪聞一綱例行賂七百緡始得之皆胥吏為姦也望取以江東與江西事體相類但江西運米稍多耳江東每綱給水腳縻費錢付之押綱官令自雇客船及水手以往客人愛護其舟急於回還不肯留滯獨江西撥船發卒一切仰給於官較之江東雇舟大不相侔乞委江西帥臣或提舉常平司同吉贛州守臣共相度造舟與雇舟利害以聞別賜裁酌從之　同日臣僚言諸路轉漕米綱最為急務前後條約未免於有弊且運司胥吏邀阻乞覓需索此必行侵盜所以交卸虧折不免監繫不若令州郡自募有合起綱等錢就令趣辦但運司每歲將上供米數量寬撥下諸州以下卸去處分道里遠近責其限程時行比較違戾者罰其運使更不差官又揀汰軍員置在州郡多者百人少者三五十人久在軍旅經練歷艱辛今止分布守衛坐食若令隨押綱官管轄照顧必得其力除見請受外量支食錢以夫船之多寡輪次差使戶部看詳諸路綱運司及州軍支使準備差使有心力衛代之人內差撥江西許差土豪及選差州見任文武應差出官及募寄居待闕官管押兩浙係差短使內有再願充押綱及付身圓備曾到部使臣管押緣逐路漕司並不遵守致令乞覓作弊今依所請其所差揀汰軍員舟船多寡斟量差撥從之

紹興三十二年九月二十四日孝宗即位未改元　權江淮荊浙福建廣南路提點坑冶鑄錢魏安行言乞自正月以來募官押發令年錢綱依舊以五萬貫為一全綱付二萬貫以上添押之錢與撫數推賞謂如一萬貫合減十箇月零半月磨勘五千貫合減五箇月零七日磨勘之類不必須成全綱如此則易為起發免致留滯從之　十月六日詔諸路綱運起發本州具的實離岸月日及所經州軍亦具到發月日並申戶部本部計程稽緩住滯如日數多者下所隸運司根治其由如與販以規利者就令經歷所在常切覺察　以新除福建路轉運判官王瀹言近年以來所在起發綱運動輒違滯由諸州不能預辦合發錢物率皆前期庭中綱解稽留累月方能裝發官物既足又候水腳縻費之用亦復旬月方能離岸致部綱人遞緣作弊貨用官錢至市物貨隱瞞征稅至併與全綱失陷因而竄逸上則有虧國計次誤支遣下則徒起刑禁無所從出故有是命　隆興二年七月四日臣僚言聞諸路州郡綱運遲滯及有侵欺失陷逐降指揮令寄居待闕官管部押優立賞格以為激勸積歲弊生其弊不一其一請託之弊或以親知或以權要競生指占甚致臨期旋相攘奪其二假名之弊

宋會要　卷萬[illegible]五百四十八之

凡所差官或貪於厚利則私將官錢貨買興販其三夾帶之弊既將綿押官物轉變別貨乃至隱雜禁物引帶客船其四侵冒之弊部押之員類官轄官選人循資而選人因其循資及占射悉倒使可別就改注凡此四弊皆歸於權勢有力之人蹤路請求姦巧爭奪乞將諸州郡合發綱運今後只差見任官管押除本州職幕與諸縣知縣不許差外餘皆先後轉差若不及全綱自有本州准備差使使臣攝其多少貼差軍員亦可前去其賞典且許依寄居未出官則不為不優無既有縻費腳錢其官吏與隨行人口券食錢之類盡不當破所有四川係邊遠之地即乞指揮令本路相度從便施行詔令戶部看詳措置聞奏本部言欲下諸路監司一依今來臣僚所請事理令監司州軍具見任依條合差出官并本州准備差使使臣籍定先後姓名將合發綱運通差管押仍差軍員隨行防綱到交納磨勘驗如委無欠損違程照應等第見行格法未出官選人例推賞施行押官口券更不添破防綱軍員若不出給口券竊慮闕食留滯欲依舊出給合團併州軍去處依條團併起發其四川並行在地里遙遠亦依今來臣僚所請行下監司相度經久可從便施行從之　十二月十六日德音楚滁濠廬光州盱眙光化軍管內并揚城西和州襄陽德安府信陽高郵軍應

州縣倉場庫務收支係官錢物并般押綱運，推剥所州縣攸廣，或因易換收不實遺失者，依聽首到限十日，經所在首納，並與免罪。如限滿不首及首納不盡，令監司守臣究治，斷罪，重寘于法。　乾道元年正月一日，南郊赦：諸路州軍般發斛米，緣本州欠其元綱未發處，見將管押人并綱梢等送所屬陪填。訪聞其間有貧乏之人無可償納，日久積有監繫，情實可憫。可將見欠五十碩以下並與蠲放，其欠五十碩以上人，除蠲免五十碩外，其餘所欠數目，行在委戶部，外路委總領官，見指實究様批鑿押下元裝發州軍，依數補糴。三年十一月二日、六年十一月六日、九年十一月九日南郊赦並同此制。　二十三日，總領淮南江東軍馬錢糧楊倓言：綱運之法，各以地里遠近定爲殿最，耗不爲不優，而比來糧綱失陷官物，十常二三，非皆私欲之厚也。臣聞在京舊制，自發運司運糧入京，皆於三司差大將押綱，最爲長綱，以參務官押綱人，給希恩賞不豐，習而合于人，故得押綱發奏其終，不過監糧追納，或賞船壞欠，則押歸本州補填，欠則杖配，官物沉則記憑，從間被罪戾。欲將揀擇合破諸路糧綱並關於三司，依外於所料撥，每米一萬碩差使臣一員，將校軍兵十人，於差十軍取撥坐押，就令見與剩般，其水腳耗賞格並依舊法，揮綱條例均給，施行於某處便委之賞罰，小補路令被合，令戶部總領所相度措置聞奏。

月四日，詔：諸路州軍起解錢綱，見以會子見錢中半發納，訪聞諸州軍多將合入戶綱到見錢盡就綱所剋兌換會子起解。可遍下州軍，自今後將應合起發錢綱並以十分爲率，權許用二分會子，八分見錢解發，從戶部請也。　六日，詔：逐路轉運司，自今差募押綱須選擇清強官管押，若依前作弊，從本部將元差官司取旨責罰，公吏斷配，押綱官及兵梢等在內。令司農寺下臨安府，外路令總領所下所屬根勘，依法施行，别行差人衙前管押綱，仍具所欠數目取旨。　七月四日，戶部言：江西州郡每歲起發米綱，運應副江池、建康、鎮江府等處軍糧，以路遠多因管押使臣及兵梢沿路侵盜，往往少欠數多。又如上江灘磧，舟船阻滯，欲下江西轉運司，就隆興府踏逐順便高阜去處，改造轉搬都倉一所，官吏令運司就差，上流諸州縣合發米斛，自受納之日便差定本州使臣或見任寄居官，計置舟船，每及三千碩或萬碩爲一綱，支給水腳、糜費等錢，先次起發，不必拘定所撥隆興府轉搬倉受交納處，合用水腳、糜費等錢數附綱起發。遇江水淺涸之時，權起轉搬倉交納，每年所科運米各以三分爲率，二分令都統司差載糧船，差撥官兵前去隆興府搬泊，伺候認數交裝，或就近便去處支撥起發，合用水腳、糜費等錢，將運綱起到錢依官綱以地里遠近則例支破耗米，其管押官兵亦與依見行條法推賞，餘一分令轉運司依舊用

官綱裝發，所有撥發下米斛，綱作一綱，專委漕司日下支給水腳、糜費等錢，出給綱解，所有剋留，欲自今年秋成爲始，從之。　十月五日，權戶部侍郎曾懷言：江浙諸路州軍所發起綱運，自來并以十分爲率，一分會子，九分見錢，內不通水路去處，依舊起發銀兩，從之。未是諸州綱運並要見錢一分會子，緣諸州銀價不等，以致折閱，乞免。　十四日，詔：諸路州軍今後起發糧斛綱運，於見任官職官內差撥，如不足，即依臣僚指揮差撥見任文武官或寄居待闕官管押，到部，起自滿之人，管押其合得賞典，依已降指揮。般押米一萬碩一千里以上無拋失少欠，減二年磨勘，一萬五千碩已上，依計地里推賞，較一官。　淮東總領蔡洸言綱賞因緣欺弊，而有是命。乞隨從諸色係招陷人般發二萬碩千里以上無拋失少欠，減磨勘，二千里以上補進武校尉，二千里以上補承信郎，仍許隨綱帶三分米斛貨賣，如無拋折，除當免戶下科率年，並從之。　三年三月十三日，詔：今後糧綱有欠，並從司農寺一面所遣監納施行。如情犯深重，方將推勘，首送大理寺，以臨安府不許在京通判，令諸官司帶往推勘，若送大理寺，所有糧綱推勘，若有錢等罪，並從大理寺依條法施行，故有是命。　是年五月一日，大赦：戶部言，寺將中解州軍綱運錢物內有侵移少欠等，今來在

歲庫所委司農寺與總一同，今後有欠，一面將遺監納，如情犯深重，已依司農寺已得指揮施行。　十一月二日，南郊赦：諸路州軍起發金銀錢帛綱運內有色額低次之類，依剝斷官錢糧，行下所發州縣照驗，千繫等人及元買納戶均備，爲應實貧乏之人不能償納，可將乾道元年赦前未追欠數，同知委是無可填納，並與除放。　十二月十八日，高郵軍駐劄御前武鋒軍都統制兼知高郵軍陳敏言：諸路糧綱支卸無欠，其人船合自卸所徑便發回，而總司每因其欠之有無，令所差解押人船，謂之出路米數，押綱之人是矣，豈須令盡解，往往淹延日久，所費不貲，不勝其害。乞下諸路支卸綱船去處，須管就糶斛而平交量，使見無掛欠者，莫入驗，先令還使，毋得押綱之人解赴總領所出給路如新使無欠之人，免致久所，從之。　四年三月二十四日，臣僚言：浙西湖秀等常懸江等州歲輸上供米，若令逐州選委官兵自行裝發運之，卑河剝日可到。向來漕司既籍無顧籍人爲押綱使臣，積累大折，亦無可償，又令白撥汛手爲兵梢，支破口露衣糧，每遇欠折，即將名下日後衣糧預行椿留，名爲折會。夫以無顧籍之官，部無衣糧之卒，使之般送官物，殆猶餓虎守肉，責以不啗，其可得乎？乞將湖、秀等六州上供斛斗，責逐州委官自行裝發，漕司只是嚴限拘催，從之。　五月七日，權戶部尚書曾懷言：奉詔措置倉場卸納綱運，今條具如下：諸

路轉運司約束所部州軍，凡裝發米斛糜費水腳等錢，不以新舊，及踐容減尅
與致小量斗面，如此乞並依法斷罪，仍申嚴條令，於倉場門板牓示衆。綱運
到岸，若有濕潤砂土糠皮，自有擲颺攤曬日數，賠填不盡，依條令抵擬懲斷。
之口數，行用錢物計囑求免，及所卸納綱運，司農寺丞簿亦不驗樣交量，止令
公人取樣，其間行賂者則免攤擲，無行用者悉織作欠數。今欲令司農寺官躬交
納綱運，須遵條例躬親監視交量，以絕其弊，有犯從戶部覺察申朝。州郡支裝
綱運，在法合用堵面印記封縛，令欲下諸路轉運司申明條法，如卸納倉場驗
無印記綱船，申司農寺依條按治。受納綱運並係大小中頭以上河入廠腳錢
為名，邀勒錢物，及許綱首陳訴，欲下司農寺常切覺察，有犯送大理寺根治。倉場
合干人欲勒令司農寺常切覺察，如有違犯，按劾姓名罰杖之人日下勒罷。
主管許管押綱官及兵梢少欠米斛，出給監納拘催，令人代名，窮庶苦能不便。
今欲日後遇有少欠，監管之人須將正身斷罪施行。從之。　五年十二月六日，
戶部尚書曾懷言：乞下諸路監司州軍，應今後所起綱運須依法揀選差之人
管押，如欠，除交受倉庫止據實納之數先給鈔，具不足之數並作未到，下元起
州軍限半月補發。從之。　六年十一月六日，南郊赦：諸路州軍起發金銀錢帛
綱運內有色額紙次之類，依例剩官錢數行下補發，訪聞州縣監勒干繫等人
及元費鋪戶均攤，窮應貧乏之人不能償納，可特免追。三年赦前未追數目，如委
是無可填納，並與除放。　七年二月十三日，詔諸路漕司嚴責所部州軍，如綱
運經由縣道，仰縣道官催督，沿流巡尉護送催趕出界，仍於行程內批鑿日時
交付以次去處。即有欠折，根究在經由界內偷盜作弊，將本縣及巡尉吏人既
流巡尉取旨施行。從臣僚請也。　六月四日，戶部言：尚書曾懷言綱運不能如期
有悞指準，本部合差承受使臣十二員，欲於內將六員改作尚書戶部催督諸
路綱運，分差往來趕逐在路綱運，及催促諸州軍合發錢物，庶免留滯拖欠。仍
從本部於見任或待闕已未到部大小使臣內，不以有無拘礙，選差理為資任。
依內催納綱運別無違滯，即與減二年磨勘，占射差遣一次；如所催違滯及事
有不辦，亦賜責罰；若委有才力，保明再任。仍不許差官待闕。從之。　九月二十
二日，戶部郎中總領湖廣江西京西財賦呂游問言：郢州至襄陽並是灘磧，專
帶綱運有三兩月以至半年不到者，致押綱與舟人通同作弊，欲於郢州要處
添置撥發船運官一員，專一撥發綱運，不令失欠，職事修舉，與減磨勘三年。從
之。　十月十三日，詔自今廣南市舶司起發粗色香藥物貨，每綱以二萬斤正、
六百斤耗為一綱，如無欠損違限，依押乳香三千斤例推賞。其募官管押等，
並依見行條法。　八年正月一日，詔自今寄居見任文臣不限京朝，武臣不限

四

大小使臣，歷任無贓罪，並許押綱。其見任官須應差出路途[illegible]得之官不得
以綱賞湊理磨勘。選人本出官亦許募押，其合得酬賞循資[illegible]減注授，
就於後任收使。其綱運地里不及減磨勘，到部合陞名次，選人與在外指射差
遣，使臣與免短使。先是，上封者言諸路歲米綱運近多少欠，今取會到逐五
年六年行在綱運兩年計欠錢二萬四千九十四貫，米五萬一千八百九十三
石，料四千五百六十九石，其三總領所綱運少欠不在此數，皆緣所募押官多
無行止，非理妄用，致綱運敗壞，積弊日深，若不措置，應賠失陷，許望少變押綱
之法，故有是命。　三月十三日，詔近年押綱偷盜之弊不一，令尚書省[illegible]別措
置，令戶部一一措度措置申尚書省。戶部言：差撥押綱不覺察，戶將押綱官不
法施行外，前差當人亦係實家產均賠欠物，其知通當職官取[illegible]官司
無令大量斗面，官綱兵梢今後裝發州軍量地里遠近約度限[illegible]支錢
給，無令關會管押米斛綱運一萬石以上，差押綱官二員，合得酬賞許令依
仍不許押二萬石以上綱運，經過境務須當日給[illegible]到岸場務官仍
於行程曆內批說某綱於某日到岸，某日某時起發[illegible]作[illegible]滯場
務至交卸，續二年斷斤監官取旨，將前押官[illegible]
差押綱並認折欠，在路所給行程[illegible]
司農寺，外路委總領所，期一日先索曆驗磨，如違程或妄作緣故[illegible]若
所破日限數多，即將押綱官并巡尉取旨。和顧客舟往往牙保人作弊[illegible]今
後須和顧子本客船，如依前致欠，即將和顧牙保財產均陪。諸路州軍[illegible]所
至州縣，令催綱排岸官司躬親索元給行程綱解一一照驗[illegible]行程，
催趕離界，仍逐報前路官司。如有偷盜欠數，即飛申所屬。若催綱排岸官司及
經由之處不即催趕，訊察令本州按劾，仍令催綱排岸官司具界內有無
催過綱運名數，飛申戶部。從之。　五月十七日，詔兩浙路轉運司撥置提轄催
促綱運官一員，以本路計度轉運副使沈度等言隆興二年減罷催促綱斛等
官四員，自後乏使之，仍舊增置，故有是命。　十一月十二日，權戶部尚書楊倓言：
諸路州軍起發金銀錢物米斛綱運到行在，依元食寺數差丞簿一員躬日監
支給鈔，比緣在藏庫提轄官監給，其太府寺官[illegible]不前往[illegible]今[illegible]太府
寺輪日差丞簿監交給鈔。從之。　九年閏正月十三日，詔諸路州軍起發米斛
錢物綱運少欠人見監繫在行在官司，未能填還，可將兩浙州軍欠一分以下、
餘路欠一分五厘以下，並日下放，發一次押下臨安府，送元起州軍追理補
發。其見監兩浙欠一分以上、餘路欠一分五厘以上之人，候納及前項分厘，特
與雜物綱，令所屬庫務將元押及見欠數目依價紐折，依此施行。　二月十五日

五

從戶部尚書楊琰言，乞下諸路州縣，今後錢物糧斛綱運止令州縣長官任責，照已得旨，依公選委才力能部押人，於綱解內明具元差守令職位姓名。如有失陷，從戶部開具取旨。監司即不許差撥，若有差撥，亦具姓名以聞，所差官吏不理資任。從之。　十月六日，臣僚言：「兩浙州縣所發綱運，無賴者貪冗，其原向來臣僚申請，每綱抱欠及一分方送有司究勢，所押綱之人守法而不敢輕犯。從來獻說者止欲徑減作五厘，且以米一百碩論之，五厘即五碩耳。其侵之全無侵盜，當風濤颶東量，西浙亦恐不免五厘之少。如是，則舉無納足之綱，是絕其自新之路，啓其作弊之端。乞將兩浙綱運依舊欠及一分方下有司根治。」戶部契勘，欲將兩浙綱運少欠五厘以上一分以下之人，立限二十日糴填，仍及五厘，即押下元裝州軍，依限補發，限滿不足，行在令司農寺、外路總領所所屬根究，依法施行。少欠一分之人，亦令限十日糴填，不足即送所屬根究，除依見法。從之。　十一月九日，南郊赦：「諸路州軍起發金銀物帛綱運，內有已顆抵次之類，諸州勾官錢數，行下補發，訪聞州縣監勒手分等人及元貴艄戶均攤賠償，貧乏之人不能償納，可將乾道六年赦前未足數目，如委是無可填納，並與除放。」

宋會要　漕運

卷一萬五千九百四十七

凡陸運，川峽諸州軍金帛自劍門列置遞夫，負擔以達京師，轉京至陝西、河東沿邊供軍；廣南諸州自桂州由湖南、北江陵、荊門而至；福建自洪州泝江由信州而至。又有川陝布綢供京西諸軍用度者，由荊南、襄州列遞鋪送闕。廣南至京有香藥遞鋪，今亦罷去。諸州陸運惟主綱者部送，道路給券，不置使主之。諸遞戍卒衣資給亦差遞送致。太祖建隆三年三月，詔三司：起今戍卒衣並以官腳遞送，不得差編戶民。　乾德六年五月詔曰：「王者之道，使人以時，非惟不奪於農功，亦冀無煩於民力。自今應諸道州府軍縣上供錢帛，當直官備舟車等送。其兩川諸州合般錢物，即於水路官自漕運，不得差撥所在民人。仍於逐處粉壁揭示詔書。」

太宗太平興國七年二月詔：先是，劍南、兩川、嶺南、荊湖、陝西諸州每歲上供錢帛，悉發民負擔，頗為擾，宜罷之。自今並以傭置卒充其役。　至道三年十一月詔曰：「西蜀遞鋪兵士多病勞弊，近遣諸軍宛送，所以息民。今春冬在役士卒並宜放歸，仍賜緡帛。」

真宗咸平四年八月詔：至道三年部糧草入靈州官員，自來不該元降敕命酬獎者，并特與遷注家便差遣。　十月詔曰：「國家以近邊諸郡式遏戎狄，屯戍旅之師日有千金之費，雖賦租無闕，量經費以猶多，而轉餉頗勞，在父兄而斯慮，

綱一作鋼

主其豐耗，屬在計司，免貽將食之憂，爰訪轉運之略。式副虛懷，宜令三司三部使同共商議，擘畫久遠常行，辦濟不致侵闕，仰一一具奏。仍俾戶部侍郎陳恕監議。」　至十一月，恕等條上利害事，具畫聞。　五年七月詔：戶部判官凌策與江南轉運使同計度，罷省自京至廣南香藥遞鋪軍士及使臣計六千一百餘人，皆陸運至虔州，然後水運入京。　大中祥符元年三月，徙麟州、府州戍兵及鈐轄於河東，以邊部寧謐，減轉餉之煩也。仍令轉運使於河西積芻糧以備緩急，免非時擾民。　九月詔：福建路陸路[illegible]自今遇旬休、節序，並特給假。　七年四月詔：廣南諸州上供物色，非[illegible]遞不多，如聞皆自本州專差牙校管押赴京，地里遙遠，頗聞勞費，宜令在合[illegible]其數遞送赴闕。　八年閏六月詔：廣南、西川京朝、幕職、州縣官丁憂解任，情願管押綱運者，並聽，仍給驛券。　九年二月詔：如聞廣州上供綱運，悉令健步遞送至闕，頗亦勞止，自今令至虔州代之。　天禧元年七月，知許州向敏中言：「京西轉運司支撥均、房、鄧州軍見錢於許州下卸，支與西京及諸州京備兌糴斛斗。元准見錢不得令遞鋪遞送，若止差衙前般官錢，顧腳搬載，自是衙前人因此破產甚衆。況至襄至許香藥遞鋪別無大段綱運，其許[illegible]以糴斛斗價錢，欲乞權只入香藥遞鋪遞至許州下卸，依時遞諸州糴斛斗價錢，[illegible]依舊制。」從之。　十一月十二日，詔京東西、河東、河北、陝西、淮南、荊湖路州軍上供綱運陸路至京者，在道苦寒，宜分差使臣馳驛往逐州，與轉運[illegible]到處，除合准敕[illegible]，其部送牙校當給日食者，勿得留滯，未來[illegible]赴闕。　十五日，詔河東[illegible]軍、河外麟府嵐州民輦送芻糧者，宜令特免一年。　四年十一月，詔[illegible]邊州軍明年特般芻糧，以本路與[illegible]邊備有餘[illegible]。　並八年八月，三司使李士衡言：「京西、河北轉運司元規[illegible]於河東[illegible]三十[illegible]山路艱險，應或轉期，欲止於滑州通利軍入[illegible]。」　乾興元年十二月，仁宗即位未改元，上封者言：「兩川四路物帛綱運，每日遞鋪當[illegible]人等搬運，甚辛科率之將，不無勞擾，[illegible]取之[illegible]以兩川所發綱運一年計其數，於內許[illegible]遣民寬裕。」望擇特詔三司定奪聞奏。三司言：「兩川元年本[illegible]下十月一日入春冬衣賜並准備[illegible]劍南[illegible]用麦羅、綿綺、鹿胎、透背，截止生白，大小綾、花紗、絹等，[illegible]益、梓州兩路織，只出[illegible]益州依大例於出產州軍進發，計綱起發上京，於內藏庫送綱，今詳[illegible]已幾減二三分，欲為使民，其如國家年計支費不少，若或減省，深慮闕供。今定奪除綿三十五萬段全不織造外，其餘欲且依舊，[illegible]於[illegible]

轉一作轉

四路轉運司轄下州軍每年買納除應副陝西河東京西轉運司及本路州軍
衣賜支遣外，如有剩數，即令逐州軍差人管押上京送納。即每年有司元不拋
樁定上京數目，所有自西川水路起發布帛六十六萬疋，赴荊南水路轉搬上
京，並要應副在京并京西州軍衣賜支遣。今定奪雖議減省，欲且依舊。從之。
仁宗天聖元年五月，三司鹽鐵副使俞獻可言：乞下陝府西路轉運司指揮鳳
州、鳳翔府，每川綱運到驛，令稅務監官每十檐計抽揀一兩檐，如有影帶疋
帛，盡底點檢勘罪，依條施行。從之。　七月，三司言：陝府西路轉運司奏，轄下沿
邊四路州軍大屯軍馬，每年支撥軍須物色萬數不少，逐州軍所管衙前人數
又多，例各一年兩次差遣。當司相度，欲依河東轉運司例，每年於在京馳務差
撥駱駝二百頭，差殿侍、三司軍大將四人，每人分駱駝五十頭，就近於草地
牧放餵養，准備沿邊州軍緩急少闕軍須物色，立便抽差部轄管認般送應副，
不至擾民。詔下三司定奪。省司檢會在京見管駱駝無多，即目在石州牧放，未
趨。今欲先於石州見牧放數內，就近支撥百頭，赴陝西交割，即令本路破係省
錢收買，就華州華陰縣界泉店牧放，其軍大將即從省司差，應有鈐轄事件，並
依河東路駱駝般運條例。從之。　二年五月，詔蜀州四縣折納夏秋稅布，從來
止令本州打角，差夫般往新津縣堆貯，候交與押綱人員、使臣入船下往嘉州

卷一萬四千五百四十七

八

合併起發，所差人夫倍多擾費民力。自今止令新津縣置庫受納，候及數目，就
彼打綱打角，交與水路綱運起發，合銷庫屋，下蜀州修蓋，逐年依條差專副、只
委新津縣監押同受納。　十月，詔應外處請賞給折支物色，自來管押使臣、三
班院差定，應不知外處差人等候同共請領，切須起發。自今三班院應承受得
將院劄子並書鑿到院月日時辰，於當日或次日定差當降宣命，如稽遲，勾押
官已下當勘罪施行。　五年一月，京西轉運司言：唐、汝、鄧州、光化軍月收諸
色課利錢，除占州支遣外，其餘自來並入香藥遞赴許州下卸，應副以北州軍
糴買粮斛及諸般支用。自編敕條貫，後不得入香藥遞鋪搬運，諸州軍止差衙
前支官錢雇腳般載，陪備錢物，或致破產。勘會均、襄、房、鄧州軍錢已許入香藥
遞鋪轉送外，上件諸州軍欲乞依例。從之。　六年正月，陝府西路轉運使杜詹
言：本路沿邊環慶、鄜延、原渭、秦州軍屯泊軍馬，支費見錢不絕，供饋或至少闕。
欲將近裏州軍每月課利見錢勘會，就地里近便送納，即近邊場務課利見錢
在邊上送納，免致闕絕，並逐處場務勾當人但於就近送納，免差衙前般運陪
備，及兵士搬擔辛苦，枉破地里腳錢。從之。　寧州彭原赤城寧兌午狼趕村王
澤莊狼山等務並赴慶州，邠州永昌、韓村、秦店、左勝、洪河、龍安莊、曹公莊、房陵
村、李村、買撲石炭、宜平縣張村、陵頭村等務並赴寧州，乾州麻亭、鄉下永壽鎮

新店、平泉村、益村、東大樹村、北務村、巨家莊、馬坊村、南郊城、羊馬店、權家莊、下
交、秋林村、梁店、萬店、常寧寨、平陽村、永寧村、白石泉等務並赴邠州，永興軍興
平縣、甘北、醴泉縣、臨涇、武功縣、甘河等務並赴乾州，鳳翔府普潤縣、麟遊縣、雍
模汯善寺、洛谷、扶風縣、盩厔縣、清平鎮、岐陽鎮、駱子坑等務並赴乾州，華州華
陰縣、關西鎮、常樂庫渡、荊姚、漢帝、下邽、來化、敷水、泉店、潼谷、蒲城、零起、石廣店、
渭津渡、晉興渡、曹村渡、溫湯渡、普濟渡、黃城渡、索曲渡、渭津渡、嚴信渡、姚渡、使
渡等務並赴同州，韓城縣務赴丹州，白水縣務赴坊州。　五月，京西轉運司言：
據襄州狀：逐年准轉運司牒，輪差轄下十餘州軍衙前赴荊南般布十萬疋赴
當州下卸，准備以北州軍般取充軍裝。州司檢會荊南先造船十隻，遍請州軍
抽差綱副到般請布帛，逐州更差人員兵士五十人往彼牢駕，上水灘磧，或至
一年有到州，縱不遭風水蹤失，須有上灘下灘水滴濕傷損剝破，下價錢不少。
後近年以船造年深，釘板疎漏，不任裝載，逐年綱副自雇舟般運布，每萬疋出
雇腳錢百貫，并緣行花費不少。州司相度，當州南路有遞鋪，遞鋪各管兵士十
餘人，日前曾般運南來香藥，自京轉江上京遞鋪兵士別無般送，欲自當州至
林湖鋪對門界至荊南諸鋪各添兵士凡二十人，置小車子十兩，每兩裝載
布二百疋，日運二千疋，計五十日十萬數畢，或阻陰雨，至兩月可畢。其添兵士卻

卷一萬四千五百四十七

九

遣歸，小車子即委逐鋪使臣拘收封驛。准條逐年般運，免致衙前陪備腳錢，欲
乞依襄州擘畫施行。從之。　八月十五日，三司言：益州路轉運司奏，據邛州狀，
每年起發上京等處綱運，乞於本州并蜀州、新津縣各抽兵士五十人，前後二
人在彼守候綱運般遞至益州，逐鋪交割。已移文本州，今後遇起發綱運，即於
本城兵士輪差般擔至益州，令知邛州焉可觀奏，乞相度，令蜀州差兵級般擔
上京綱運至益州，並一年一替。當司看詳，邛、蜀二州非要衝道路，逐年並無綱
副河東等三路物帛綱運并非時差人般請馬藥等，並是常程綱運，別無外路
州軍綱運經過，不至頻併，逐年已令依差出兵士在外例日給口食，今相度，乞
依舊於本城兵士內輪次替差，仍乞依當司所奏，邛州添招克寧兵士十人，
蜀州添招百人，用填闕額人數，省司欲依轉運司所奏施行。從之。　八年正月
六日，上封事者言：普、遂等州諸般綱運州縣差借人夫般檐綱運至梓州，方有遞鋪
兵士轉遞，伏緣川中時物常貴，差借人夫山路遙遠，不支口食，亦甚不易，切知
資、簡等州差借人夫般檐綱運至益州，自來官給米日二升，欲望應川中不置
遞鋪處差借人夫般擔綱運去處，每日官支口食。詔下益、梓、利、夔四路轉運司
相度，皆言其便。後詔三司，令後四路州軍差借人夫般運上京并河東、陝西路
州軍綱運，即每日人支口食米二升，止轉般鄰近州軍官物即不支。　慶曆四

年正月十二日，河北、京西、陝西、河東、廣南路逃竄軍士特支錢有差，特□□筆致綱運辛苦故也。　嘉祐六年四月二十一日，詳定寬恤民力所言：「屯田員外郎陳安道言：『諸州軍衙前般送綱運，合請地里腳錢，近歲須候運畢方給，緣顧覓腳乘、打角官物，須至陪取債負及賤賣當產。如地遠州軍，不免候使官物，致陷刑憲。乞今後應衙前般請綱運合支腳錢者，並於請物州軍先次支給訖，報交納州軍照會；其送納綱運者，於起發州軍先次支給，如願運畢請領，各聽從便。』詳定所檢會度支編敕：上供及支撥官物等，如官有水陸運腳，並許差人管押附搭送納；其陸路無官般及無軍人者，許破官錢與管押人和顧腳乘，仍依圖經地里，每百斤百里支錢百文。急速筆運處不及，卽委借人戶腳乘，仍具事由聞奏。其川峽有水路不便者，轉運司計度般運。今安道所申，自合依條於請物州軍先給腳錢，切慮州軍候運畢方給，致使衙前陪費有勞擾，乞令今後押綱運和雇腳乘，依上條施行。」從之。

神宗熙寧四年二月二十一日，詔：「近借內藏庫錢六十萬貫充河東、陝西路折斛錢，宜令於數內先撥三十萬貫赴河東，令三司選使臣、軍大將差船般至河陽，令京西轉運司和顧腳乘或差兵士轉送赴河東路近便州軍交納。如無住滯，使臣與先次指射優便差遣，軍大將與減磨勘一年。」

卷一萬六千五百四十七

十一

六年七月二十八日，鄜延路經略司言：「支封樁錢於河東買驢三百，以運沿邊急闕糧草。」從之。　十一年二月十五日，成德軍言：「在府場務差遣，參用禁軍軍員，雖當押綱，準只差三百料錢已下不教閱廂軍人員。」詔從之，仍不得妨本營部轄。　十一年八月二十六日，熙河路經略安撫使高遵裕言：「勘會見今軍馬雖累降轉運司應副作坊盡副糧草，其差顧蕃腳亦非人情所願，唯以常行。乞令速行計置糴買及制立般輦之法。」乃下秦鳳等路轉運司。於是轉運判官孫迥言：「自來支和顧蕃部般運糧草，支與見錢，亦不聞有嗟怨。遵裕奏乞罷顧蕃腳，令轉運司別立軍運之法，本司不能供辦，卽坐不職之罪，竊慮廣壞邊計。」詔顧蕃腳令戶房別行下。

元豐四年四月七日，梓州路轉運司言：「瀘州夷賊公事司申，將來入界節次裝糧迴運，乞差顧夫五萬：本路四萬，成都府路六千，夔州路四千。」從之，仍令所差顧人，牛時充於本路，如不足，於夔路，又不足，方於成都路。　二十七日，中書言：「勘會變運川陝路司農物帛等般運已至陝西，有合變轉措置。令逐路提舉司除銀并紬絹布依前樣可充支遣者存留，其餘變轉移徙出賣，或折博糴糧斛，并於邊要州郡椿管，限一月結絕。川陝至陝西路來般物帛，應有損失，仰催促般運，如幽擔兵亦許顧人併力節較，所費錢並於變轉錢內支破之。」　十月十二日，詔河東差夫及現運本方命按閱三路集數長保甲……

披 一本 被

行 一本 衍

高權主管鄜延都轉運司，供事畢，依舊令運官於路州置司，械陳安石、黃廉劾罪狀。公岳薦咸候隨軍回取旨，與按閱集教義勇保甲，非今來所舉使臣。批：「陳安石、黃廉可且令送獄狀禁勘之。」先是，上詔高遵回開諸路轉運司應副軍事，調發人夫，不量民力厚薄，致有買不可勝，屢經州縣訴者。御專可因按閱所至應問，如委有措置乖方事狀，馳驛以聞。至是高遵裕開得運司昨差夫萬一千隨軍，坊郭上戶有差夫四百人者，其次一二百人；顧出驢者，每三驢當五夫，每五驢別差一夫驅喝，一夫顧直約三十千以上，一驢約八千，加之期會迫蹙，民力實不能勝。入軍須調發煩擾，止是不急之物，如絳州運棗千石，價錢每石止直四百，而顧直乃約費三十緡；陝府買皮皮供軍，亦非要切，如此之類，乞特裁損，故有是命。　十一月九日，涇原路轉運判官張太寧言：「鳴沙之策，莫若卑使蹊見。自熙寧寨至磨臍口，皆大川通車無礙，其間自磨臍口至鳴沙領下，道路與此無異；自嶺以北，卽山險少水，車乘難行。以臣愚慮，可就嶺南相地利建一城寨，使大車自鎮戎軍載糧草至彼，隨軍所在，卻以軍前夫畜往來短運；更於中路量度遠近築立小堡，以相應接。如此，則可省民力之半，止以道回空夫併力修築。」上批：「行遣慮東曰張太寧奏乞城鳴沙□□閑故城以為根蒂，則城

卷一萬六千五百四十七

界人戶盡可於秦道路氣勢遠近相屬，可通大車轉餉，其策甚為良，其成効已見於熙河，獨其軍圖之，則一路不日當有凡師之要矣。」　十九日，京西轉運司言：「准朝旨，於均、鄧州安輯合夫三萬，每五百人差官一員部押赴鄜延路饋運。詔周官計十員，本路闕官，乞於起夫縣分差令張久；鄧州縣不依常例，其差二十員，餘四十員乞朝廷差官。」詔均、鄧州所起夫二萬，自離寨日及本路程頓，並依前降指揮日支錢米外，令轉運司請同入陝西界至延州程數，日支米錢三十、裝錢十文，並先供給。　五年正月十六日，詔陝西都轉運司運糧廂副軍與於諸州差顧車乘人夫，所過州交替，人日支米二升、錢五十文，至沿邊止，軍糧出界止，差廂軍保甲，亦人戶知悉。　六年二月六日，詔熙河蘭會經略制置司計置蘭州人萬、馬二千糧草於次路州軍，刻制官般橐駝二千，與經略司令自熙州……不足，卽發義勇保甲。　二十四日，李憲言：「計置蘭州糧十萬石……公私橐駝般運及應務春耕，臣已修整綱船，自北河漕至吹龍寨……搬運赴蘭州。」詔如橐駝并船搬運不足，須當發義勇保甲，卽依前指揮。　七年……年七月二十一日，新河東轉運副使范純粹言：「昨在陝西親見……並許綱顧夫起發，顧為勞擾，今自今河東陝西差運闕……非……

副本有秘黃門一條左抄入洪之後

小作綱數排日遞送從之
徽宗崇寧三年六月二十四日陝府西路兼熙河路都轉運使鄭僅言奉
朝旨差顧夫役運糧應副河州所量人戶財力所勝立定保伍維持之法
無偏重不均人之弊卻夫官無逃竄人夫散失斛𣫍之患官私稱便雖申
請到已得差夫體例緣係一時指揮竊慮今後本路無法遵守卻致輕重
不均欲應差夫起丁並依此施行詔非因邊事不得立為定法如今後雖
因邊事差夫起丁亦未得一面差雇仍須擬合差雇數目申取朝廷指揮
四年二月十日虞部員外郎辛之武言承朝旨差沿路催促起發熙河
秦鳳路錢物綱逐鋪曆多是止稱元押使臣等某人並不抄上所押官物
名色起甚處送納蓋從來未有關防欲應步路般輦錢物綱運令逐路逐
鋪置曆一道遇官物到鋪令管押人於曆內親書批鑿日時及某官或某
人姓名所押官物名色至某處送納合使軍號兩或安士幾人若無人兵
理合行打過者亦須分明批鑿因依或值擁併即依到鋪先後資次擡發
般運其曆令所屬州縣鎮起置用印給付季別一易仍委巡轄使臣或季
點官常切呼索照檢從之　大觀二年五月七日京畿都轉運使吳擇仁
言西輔軍糧稅賦外發運司歲撥八萬碩貼助於滎澤下卸至州尚四十

卷一萬七千五百四十七　十二

五里遞兵申請已奉詔擺置車子三鋪每鋪七十人每月可運八千四百
碩若車已足見修置鋪屋候綱到般稍向去運糧漸多即據數增添鋪兵
施行臣踏逐得西輔北門外金水河去州倉甚近見有官私小船往來若
將來於河般運北轉軍糧數多即打造或收小船相兼使用於就近倉場
剝卸裝發應西輔般運不致擁滯易見次第乞付臣續次條畫詔擇仁相
度條畫措置聞奏　政和五年十二月二十二日詔腳戶侵用般運官物
許人告獲先支賞錢三百貫後於犯人名下追納如不足應干繫及交易
人均備並以自盜論從河東轉運司請也　宣和七年二月八日詔燕山
闕糧可自京師運米五十萬斛令工部侍郎孟揆親往措置
欽宗靖康元年十月十二日詔一方用師數路調發單功未成民力先困
若京西運糧每名六斗至用錢四十貫陝西運糧民間陪貲百餘萬緡聞
之頗為駭異今歲四方豐稔粒米狼戾但可就逐處增價收糴不得輕議
般運以稱恤民之意若般綱水運及諸州支移之類仍舊
高宗建炎四年十二月十日度支員外郎韓球言欲前去饒信等州剗刷
錢糧乞將沿流州軍並起發見錢其不通水路去處依指揮支轉輕齎從
之　紹興元年二月十六日詔令韓球照會前降事理體度施行往饒衢

數多將見剗刷不以麤細色綱運並依建炎四年十月二日已降陸運指揮疾
速施行不得少涉稽緩內合應副張俊下軍錢糧仰於今來所般數內量度撥
留應副　其後內降應干合於饒信州椿辦錢物糧斛等事理更不施行
孝宗乾道二年正月十九日詔利路運糧人夫每名給錢二千令總計度牒支
降先是敷文閣直學士四川安撫制置使汪應辰乞優恤利路運糧百姓而漕
臣亦具奏乞運糧一碩人支錢引三道計合降度牒八百餘道上謂輔臣曰中
間亦曾免了一處洪适等奏曰成和等四州已嘗免夏秋二稅一年京西路諸
州亦免二稅一年因有是命　十一月九日詔諸路州郡綱運自指揮到日並
解發見錢其自來不通水運去處依舊解發輕賫後因江東路申請尋詔諸路
自乾道三年為始　九年十月二十九日詳定一司敕令所狀立到諸綱運以
本州縣見任合差出官各籍定姓名從上輪差不許辭免無官可差即募官管
押先選本州本路次別路寄居未到部人非得替待闕官並選差有舉主年未
六十無疾病有心力可以倚仗人取付身照驗圓備寄軍資庫獲收附回日即
時給還付身土豪官砧基簿契在官抵當產業不及者拘收外召
狀取見產業及得所押官物直拘收砧基簿契准此仍取願
保官一員即曾犯贓及私罪衝替押綱欠折並通判路分都監以上及本州僉

卷一萬七千五百四十七　十三

判並不許募其見任官許於替前六十日內指射各以下狀先後為次即雖應
選若當職官審量不可付者聽別選以上各於綱解內具到元差募監司或條
本司應發者守令名銜諸宗室及見任本州守貳本路監司子弟親戚或諸
軍揀汰使臣及不應差出之官並不得差募押綱下班祗應副尉衙前公吏并
緣將校軍兵無官土豪准此諸綱運於裝發州給行程曆付押綱人募押者上
批本官印紙差押者准募押式批書水路於排岸催綱運巡檢司陸路於州縣
鎮寨即時批到發日時附載物名數或風水事故寔狀通判督責催綱巡尉差
人防護監趕出界關報前路催綱官司若風濤不可停船聽押綱人從寔聲說
事因到發日時結朝典狀赴以次官司保批仍押官用印結罪保明其赴闕者
水路排岸司陸路所屬省部寺監在外者卸納官司點檢諸處起發官物應給
路費錢者並計所至謂如上供物以至京往別路物以卸納處之類以應給錢
全支付押綱人水路綱約度阻風日分寬減仍批書解綱行程曆若緣路截留
或寄納即據銷破不盡數與所卸官物各具鈔納水路不曾阻風有餘剩回日
納官再起發者以所納錢給如法諸押綱人卸納官物訖所在官司限一日取
索行程曆印紙驅磨仍批書有無違程欠剩諸鹽糧綱綱梢犯罪不可存留者
押綱人具事狀申時運或發運管押司當度差人交替若兵梢在路糶賣

送本地分州縣施行如閑人撑駕即令所在貼差諸押綱得減年賞者可許係理磨勘轉至應蔭補官雖得轉官賞亦候轉過日收使諸粮綱每綱不得過一萬石裝載訖限三日起發諸綱運應募土著官管押者於行程內聲說起綱事件並依見條官法諸綱運募土著管押應賞者依現任官法諸綱運差募押綱官不當致盜賣移易失陷其元差募監司守令職位姓名申尚書省取旨諸倉受納粮斛以元樣比驗交量非水雜糠粃不得抛颺司農寺丞簿輪日分巡諸倉仍聽戶部官不時下倉點檢從之先是中書門下言諸路監司州軍選差管押錢物米斛綱運人指揮雖已詳備切慮引用不一兼所差孔目典級難以責任詔除孔目職級典押并無官土豪土著不許差押外今後監司守令起發綱運須管任責照前後指揮依公選委綱解內分明聲說元差監司守令職位姓名如有失陷戶部具元差官取旨施行仍令本部檢坐條旨同勅令所立法

十一月九日南郊赦諸路州軍起發金銀物帛綱運內有色額低次之類估剗虧官錢數行下補發訪聞州縣監納干繫等人及元賣鋪戶均攤切慮實之赴人不能償納可將乾道六年赦前未進數目如委是無可填納並與除放

卷一萬七千五百四十七　十四

嘉定十一年四月二十三日臣僚言邊陲飛輓侍之民力其初州縣聚集處之無策縱遣弓兵分布追逮已不勝擾及其到官伺候累日方為點名甚至再點續赴外州移准所差出米之官又隨期不至追至又必究轉計會始得支發或稱上司往運則使復回一番實粮米色雇費官司不理為役復行再差此猶可也負擔在途勞瘁萬狀僥倖善達兼旬不交或利於取贏抑其陪備者比比有之且以某州點夫某州運米又指某州出御涉歷三州道里遼邈所運米不過八斗計其資粮扉屨夫所需與限誅求之費常十倍之官雖計程給食一錢於吏之手十率中產顧替一夫為錢四五十千其他單弱之人一夫從役一家離散至有斃於道路者乞下江淮荊蜀制閫嚴督諸路漕臣悉力措置其有道理負隅移運不便去處令具移酌分撥務適其中庶幾人有生意邑方根本實基於此從之九月二

十九日臣僚言陛下軫念邊琛謂淮右陸運煩重命漕憲二司分撥諸郡又發緡錢以為庸雇之直德至渥也但弊端難考議匪一端或謂一路自有東西今運宜於東而反就於西者或謂本州所謂未已而帥總諸司又以濟夫而紛至者或謂分撥不當至有裹粮徒手越數百里始得運米而往者或謂緡與之初嘗無水運而今僱備舟楫未聞有能准行者或謂名為斗米斗錢以給脚費而實未嘗得者或謂於正夫之外多科名數以為乞覓欺弄之資者若是之類未易枚舉乞下淮西提刑轉運二司俾之日下條具更革事宜申上庶幾轉輸自集民力稍寬近見臺臣有就邊和糴之請已蒙施行蓋極邊如光濠安豐正當漕運今歲一稔宜多給緡錢不問豆麥增價收糴之城內則省轉輸之煩民獲貿易之利乞下本路漕臣專一提督措置比之內地和糴又當優議酬賞亦助軍備省漕運之一端也從之

大典卷一萬五千九百四十六

全唐文

宋會要　轉運

轉運司轉運使副並以朝官充掌軍儲租稅計度及刺舉官吏之事分巡所部太平興國初皆曰使又置副使判官又置同句當轉運事俄罷諸路副使已下止置使一員明年又置副使厥後御河黄河又置轉運使尋皆省之廣桂㞧容瓊等知州皆兼本管轉運事並統於廣南轉運司後止瓊州兼焉凡十八路其京東京西河北河東陝西淮南浙兩諸路各置使副餘路不置副大抵有二員者或皆為使或皆為副或為同轉運使兩省五品以上任者或為都轉運使至道二年春置諸路承受二員選朝官二班為之常事即與轉運使副聯書奏報大事即許非時乘驛入奏真宗即位罷之其用師或令都總管兼都轉運使或提舉轉運事及車駕巡狩置隨駕隨軍轉運皆事畢即停　兩朝國史志有使副使判官並以朝官以上充掌均調一道租稅以待邦國支費分巡所部以察官吏能否十八路惟京東西河北陝西淮浙各置使副餘路或止有使不置副大抵有二員者或並為使或為副或以一員為判官兩省五品以上任者為都轉運使判官停罷置使不常使副仍兼勸農使寶元二年詔河北轉運使兼都大制置營田屯田事曆元年改為營田使三年詔諸路轉運並兼按察使五年罷後以京西轉運使兼白波發運司皇祐五年初詔京東曹州京西陳許鄭滑州為輔郡並屬內置京畿轉

運使以按察出轄[illegible]二年罷[illegible]後行隨路按察兩浙[illegible]元豐改制[illegible]舊制有計度轉運使副判官並以朝官以上充兩省五品以上任者為都轉運使建炎以來遂罷都轉運使除授不常唯使副判官常置紹興二年又常置江浙荊湖廣南福建都轉運使三年罷五年置四川都轉運使[illegible]五年罷調發軍馬則有隨軍轉運罷亦不常國初有轉運副使或曰同轉運使知某路轉運事又有同知及同當者知州亦有兼轉運使者其後並罷知同知句當之名皆止稱使或副使而知州亦無兼領者又車駕巡幸則有行在轉運使其師征討則有隨軍轉運使或增置官句當轉運使皆不常置至道三年分天下為十五路其後又增三路凡十八路一曰京東路[illegible]二曰京西路太平興國三年分京西轉運為[illegible]路置使三曰河北路[illegible]四曰河東路五曰陝西路[illegible]六曰淮南路[illegible]七曰江南東路八曰江南西路[illegible]九曰荊湖南路十曰荊湖北路十一曰兩浙路[illegible]十二曰福建路[illegible]十三曰益州路[illegible]十四曰梓州路十五曰利州路十六曰夔州路[illegible]

四路各置使一員　十七日，廣南東路；十八日，廣南西路。

州舊各置本管轉運事，皆就於廣南轉運使司，開寶以來[illegible]　年舊以知容州兼本州知邕州通判桂州各知本[illegible]

止管轉運使兼變州[illegible]　後惟京東、京西、河北、河東、陝西、淮南、兩浙

有二員，或爲使、副使，或皆爲使，或皆爲副使，或置判官，

無定制。皇祐中，以曹、陳、許、鄭、滑五州爲京畿路，置使，尋

罷。太祖建隆元年四月，命户部侍郎高防、兵部侍郎

邊光範並充前軍轉運使。乾德二年十一月，王師伐

蜀，詔以給事中沈義倫爲隨軍轉運使，從鳳州路兵[illegible]

開寶二年二月，親征河東，以樞密直學士趙逢爲隨

駕轉運使。咸平二年十一月，北征，以鹽鐵使陳恕充。

五年八月十六日，以大理正李符知京西轉運使。九日，

以知[illegible]州山南東道節度使潘美、保信軍節度使尹崇

珂並兼領南轉運使，王明爲副使，許九言爲判官。兼

既平，劉鋹就命知廣州，俄兼領使職，踰年而罷。太平興

國二年正月，又命吏部郎中邊翊與祠部郎中李[illegible]同

知廣州，兼廣南諸州轉運使，右拾遺趙昂、右贊善大夫

周渭副之。二月，左補闕程能、水部員外郎崔濟同知兼

兩轉運司事。四年九月，命知廣州楊克讓兼管水陸

轉運使，右補闕桑僅副之。九月，以嶺南轉運副使許九

言爲判官。時以知廣州節度使潘美等兼嶺南轉運使，

既重其任，因易命之。十一月，命吏部侍郎、參知政事薛

居正兼提點三司、淮南、湖南、嶺南諸州轉運使事，并餘

變兼提點三司、荆南、劍南諸州水陸轉運使事。六年，薛

居正拜門下侍郎、平章事，仍兼提點轉運使事，又以中書

侍郎、平章事沈倫兼提點荆南、劍南轉運使事，又[illegible]

月，以水部員外郎通判荆南中文翰何當知南諸州水

陸轉運使事，賜緋魚。八月，詔以荆湖轉運使侍[illegible]

當西隨軍轉運公事。九月，以王師征江南，命太子中允

知荆湖轉運事許仲宣兼南面隨軍轉運使，太平興國

四年正月，王師征河東，命常參官四員分掌河東轉運

使陝東路，郎[illegible]副之；雷德驤西路，[illegible]副之。淳化五

年二月，征蜀，命少府監雷有終、監察御史裴莊爲峽路

隨軍轉運使，工部郎中劉錫、前職方員外郎[illegible]

參官自陝西至西川隨軍轉運使事。七月，又命戶部員

外郎[illegible]自陝至益州同勾當轉運事。太宗太平

興國二年十月，詔分陝西轉運爲二司，以侍御史[illegible]

爲陝西河北，左贊善大夫[illegible]爲陝西河南北諸州

轉運使。三年四月九日，詔分京西轉運爲二司，[illegible]

[illegible]陝[illegible]汝州轉運使程能[illegible]之[illegible]

[illegible]州及信陽軍轉運副使趙載[illegible]之。十一日，置諸道

轉運判官，著作佐郎戴元[illegible]淮南路，大理寺丞李惟[illegible]

荆湖南路，少府監丞時[illegible]京西北路，將作監丞[illegible]

河北路，大理寺丞師頏陝府西河北路，衛尉寺丞[illegible]

淮京東路。五年，又以太子左贊善大夫[illegible]爲兩浙

西南路判官，以朝官充，未幾復罷。後皆罷。天聖中，又詔益梓及廣南東路及西路各置轉判官。 四年正月，又就命河
北轉運使侯陟充自太原城下東路，使其副鄭沁同之；
決西轉運使雷德驤充自太原城下西路，使其副韋務
昇同之。 二月，親征河東，命祠部郎中劉保勲充行在轉
運使，右補闕高繼申副之。俄又命保勲並勾當北面轉
運使。十一月，以河北轉運使高繼申為河北南路都轉
運使，起居郎鄭沁為御河至關南水路轉運使，鴻臚寺
丞王在田為陸路轉運判官，著作佐郎崔邁為水路轉
運判官。 六年正月十六日，分遣朝臣為京東西、江南、
兩浙、劍南、荊湖轉運副使，左拾遺直史館石熙古、王沔、
宋準、張齊賢、徐休復、趙昌言預其選。七月，又以左拾遺
胡旦、趙化成、張宏、魏庠、許驤、楊緘分為淮南西路、京東、
峽路、兩浙西南、陝府南北及御河轉運副使。九月，詔選
留朝臣十人，復為諸路轉運使：右補闕劉蒙英河東路，
殿中侍御史劉度西川路，王晦名峽路，吏部郎中許仲
宣廣南路，職方員外郎高繼申河北路，駕部員外郎劉
蟠淮南路，監察御史李惟清荊湖路，禮部郎中張去華
江南路，膳部郎中高冕兩浙路；罷諸道轉運副使并同
轉運使三十人，並為諸州知州：右補闕趙化成容州，石
熙古兗州，趙昌言泰州，趙載隰州，張宏遂州，魏庠信州，
許驤鄜州，陳白安州，王沔博州，楊緘棣州，董儼光州，徐
休復明州，田錫相州，喬惟岳楚州，胡旦海州，殿中侍御
史張獻絳州，韓檢沂州，監察御史郭畀饒州，王廷範吉
州，李瑄趙州，柴成務果州，宋昂鄂州，王守忠魏州，殿中
丞王協建州，賈昭明南劍州，虞部郎中樊若水鄧州，祠
部郎中羅延吉宣州，祕書丞劉度維州，太子中允崔邁
錦州，有贊善大夫祖吉淄州。三月，詔：自今諸道轉運司
察訪部下官吏，有罷軟不勝任、簡慢不親事及贓于貨
賄害及黎元者，條其事狀以聞，當遣官鞫劾。其有清白
自守、幹局不苛著，亦須明揚，必加殊獎。彰善癉惡，我無
私焉。以峽路轉運使奏渝、開、達三州知州皆弛慢不理，
因降詔徧諭。四月，以滑州節度判官孫日新為監察御
史，荊湖南路、南路同轉運使。

雍熙四年十月，河北轉運使劉蟠言：「諸
道州府監當使臣有條不得迎接，近來多不遵守，不惟
住滯公事，其間亦有情弊。望今後知州、同判、知軍、知
監并監當場務京朝官使臣不得出城迎送轉運使。」詔
從其請，違者重寘之法。 端拱元年，以右諫議大夫樊
知古為河北東西路都轉運使。至道二年，又以左諫議
大夫李惟清為廣南東西路都轉運使。其後樞密直學
士李士衡任河北，右諫議大夫、集賢院學士李迪任陝
西，龍圖閣待制范雍任陝西，皆用此例。 六年七月，詔：
訪聞諸路轉運使副頗務因循，或端坐本司，或故留諸

重複

郡深彰曠職殊不盡心自今並須不住巡案所部州府軍監察訪利害提舉錢帛糧草無令積壓損惡及信縱欺隱官物並海延刑禁若依前不切用心當勘罪重寘之法應諸道州府軍監如轉運使副所置之處無書端坐委知州以下密具聞奏　淳化元年十月詔曰國家擇方正之士領漕運之權其才甚難所掌尤重固宜夙夜匪懈朝夕在公豈可不守攸司擅離使部或因載歸之節輒以入覲為名陳課最以希恩獻文章而干進用官離次莫甚於斯自衒自媒亦孔之醜宜伸約束以肅會稽自今諸路轉運使更不得以尋常節輒來赴闕俟不得入獻文章其民間利害及合廢置釐革等事止令實封附遞以聞必須面奏者即先具事宜入急遞聞奏聽候朝旨方得赴闕　三年二月詔令後諸路轉運使副如規畫得本處場務課利增益或更改公私不便之事及除去民間弊病或躬親按問雪活冤獄或遷上就水陸利便般運糧草不擾于民者宜令諸道州府軍監候年終件析以聞若止是點檢尋常錢穀公事別無制置事件亦仰具狀聞說當議比較在任勞績　四月詔罷降敕命令轉運使副覺察部內知州通判監當場務京朝官使臣幕職州縣官等顯有勞績及慢公不理諸般罪犯並具畫一聞奏如轉運使尚敢徇私蓋庇並當除名　五年二月以少府少監雷有終與監察御史薛莊

充峽路隨軍轉運使以工部郎中劉錫前職方員外郎周渭起復本官充陝府至西川隨軍轉運使時以馬步軍都軍頭王景部領銳兵由劍閣路御帶尹元由峽路並受昭宣使王繼恩節度討賊故有是命　八月二十九日詔給諸路轉運使御前印紙令部內知州通判批書殿最每歲上審官院考較黜陟之　至道元年八月荆州轉運使何士宗上言自今執政大臣出領外郡若有公事令申轉運司者望令判檢其所申狀上書通判已下姓名太宗謂宰相曰大臣品位雖崇若在外藩即在轉運使所部要繫州府不繫於位也此朝廷典憲豈可輕改並仍舊貫　十一月詔在京官內選臨事公正寬猛得中明於理道者十數人分往諸路同句當轉運司事常事與轉運使聯書施行非常事許乘驛入奏　二年閏七月九日罷領南都轉運使　詔李惟清赴闕　三年七月詔曰天下物宜民間利病惟諸路轉運使得以周知可令更互赴闕朕將延見詢問之　真宗咸平元年三月命右司諫知同州張舒與陝西轉運司調發隨軍糧草六月詔曰轉運使副之職在乎督饋餉計貲儲察官吏之能否訪生民之利病至於招復流徙勸課田疇理獄訟之冤提綱領之要其責斯重其務實繁當詢公滅私正己率下則肝膂之寄何所望焉自今居一職者一如有灼然功行為衆所推朕當不吝美官特與陞陟其

所莅辨集廉幹有聞，亦當優委漕權，或授省職，優其俸入。卿以賞勞如但事依阿，妄行威福，因循曠職，貪虐害人，大則正以刑章，小則黜之散地。信賞必罰，朕不食言。仍委御史臺察訪彈奏。　二年八月，詔曰：朝廷以州郡之事委漕運之臣，提其紀綱，按以條法，凡所上請，理須盡公。亦有不協便宜，還煩詔令，殊乖倚任，特用申明。宜令諸路轉運使副自今起請事宜，及保舉移易官屬，皆須重覆詳審，委自公私利濟，無所私詢，乃得以聞，當議降敕施行。異日事有乖當，必行重責。十月二日，詔諸軍轉運司令後轄下官吏侵公冒理者，並須明具詣實書一聞奏。如朝廷差官勘鞫斷遣，後本人郡省陳訴異行覆勘，顯有虛妄，其轉運使副必加深罪。特上封者言轉運使申奏部內官多涉愛增，故條約之。五日，詔諸路轉運使副今後應轄下州軍監，如增添得戶口，及不因災傷逃移却人戶，並仰分明批書上御前印紙，候得替到闕日，仰三司比較諸實數目，牒報審官院，依先降敕命磨勘。如於元額外增添戶額，當議酬獎；若不因災傷逃移却戶額，亦當勘罪，重行責罰。　四年正月，祕書丞者道言：朝廷令轉運使副非惟計度錢穀，並俾黜陟賢愚，使州縣治平，以召和氣。今觀所至，多不盡心，臣以為未無懲勸之條，是致因循之弊。欲乞今後轉運副使得替日，先批書一任舉過若干廉勤才識之士，奏過若干負

參會蜀之人，如所稱，皆當及涉私狥情，乞重行賞罰。從之。四月十九日，以知益州右諫議大夫宋大初兼川峽四路都轉運使。先是，以西蜀遼隔，緩急應援不及，故分為益梓利夔四路。至是，又以漕輓各司其局，難於均濟，故有是命。五月，詔以定州駐泊都總管、山南東道節度使、同平章事王顯兼河北諸州水陸計度都轉運使，應供軍錢帛糧草，並同經度。其餘刑獄公事，止令轉運使副施行。七月，又以二路副都總管、侍衛馬步軍都虞候王超、都鈐轄王繼忠、鈐轄韓崇訓並兼轉運副使。至十二月皆罷。　六年十一月，詔曰：漕運之職，表率一方，如聞邇來頗懈巡按，鄉閭疾苦，安得盡知？官吏能否，若為詳察？特行戒諭，用警因循。宜令諸路轉運使副自今徧往管內，點檢錢穀、刑獄，察訪官吏及公私利害，從長施行。先是，真宗謂宰相曰：諸道轉運使罕出巡按，所轄州軍，其間官吏非其人，則民受其弊。轉運使不切採訪，則遠方所苦，故命條約焉。　景德元年六月，詔諸路轉運使副得替日，具在任制置利害，并所屬部內官員使臣遷改職任，及擾公不理，有負犯者，件析詣實，編寫為冊，候朝見日於閤門通進。九月，徙荊湖北路轉運使李士衡、河北轉運使何亮，並為陝西轉運使副，代楊覃、朱台符。仍下詔曰：國家選才幹之臣，分漕運之任，苟能盡瘁，罔有不職，其或務廉和同，互陳利害，當茲劇選，何以

協宜屯田郎中楊覃工部員外郎直史館朱台符輟自
同行並司外計自今職務及滿歲時所各率胥禁典制
公共台符則但謀改革有舉勵中覃則止務因循莫能
盡力殊乖輯睦日有異同滋遺惡官徒詢事理還處之
狀昭然可知將肅朝綱合行嚴譴念經任使當務勸勞
猶領郎符實與優典勉親民政更擇官職覃宜知隨州
台符宜知鄆州取便路赴任仍令御史臺傳告諸路轉
運使副各令儆勵　二年三月詔徙京東轉運使副一
人廨於青州轉運使廨舊皆在廣濟軍以青州被海壤
遠符牒往復慮其淹緩故也八月詔諸路轉運使不得
以京朝官使臣隨行指使十二月詔江淮荊湖南北路
轉運司逐年所運上供糧儲自今如有出剩即與批書
轉運使副歷子敘為勞績　三年七月詔河北轉運使
副自今迭出巡行州軍先是遣臣意其數至或四員齊
到屢有陳奏當四轉運使巡按所部是其職也遂之四
地邊上更互往焉　四年閏五月賜諸路轉運使副詔
曰朝廷設漕運之司兼澄清之寄其間採訪封部巡蔭
群臣多乞朝命升擢仍就本路差遣如聞擢舉未副朝
求頗効依違因成朋比宜從釐革戒諭內外宜令諸路
轉運使副自今體量察訪到京朝官使臣幕職州縣官
等廉勤幹事只仰運坐保舉堪充何官或乞遷職當下
逐處候得替磨勘引見不得乞趁轉官指定差遣去

大中祥符四年七月以右諫議大夫王曉為河北轉運又命司封員外郎李應為同轉運使

處及於轄下句當　大中祥符五年七月上封者言京
東轉運使副高驥李湘皆登萊人真宗謂宰臣王旦等
曰李湘乃三司所察令掌漕京東旦曰當檢勘別路對
移從之　七年五月廣南西路轉運使高惠連上言欲
依提點刑獄司例於廉州即夏月移牒點檢至秋即赴
親巡按從之如有急速公事不得妨闕八月十三日梓
州路轉運使寇瑊言本使公宇在梓遂州去戎瀘地遠
戎人緩急赴邊難於應接請徙置資州從之　仁宗
天聖六年十月詔割荊湖北路安州與京西路轉運司
管屬先是京西轉運司供億費多而所管州郡賦入頗
少轉運使請割安州隸管內故有是命　七年六月五
日詔益梓廣南東西四路轉運司各置判官一員與使
副繫書行遣位在同判之上知州依官位著綠者仍借
緋三年一替各給印一面每分行句當即得行使州府
不得迎送益州路差太常博士益州同判劉經梓州路
差太常博士密州同判郭勸廣南東路差太常博士知
江陰軍朱昌符廣南西路差屯田員外郎張存勸會轉
運及三年以上者與改官仍各賜錢二百千九月就差
梓州同判殿中丞徐越充梓州路轉運判官舊設諸路
提點刑獄朝臣使臣各一員近制以其虛費無益乃罷
之又以西川四路道理遐闊慮其有所不及乃於轉運
司特授此職　明道二年十二月四日中書門下言訪

閑諸路轉運使副多不遍於轄下州軍巡歷詔令逐路轉運使副今後並一年之内遍巡轄下州軍將帶本司公人兵士不得過二十人司屬不得過兩人如闕人於所到州軍差撥諸州軍每至年終具轉運使副曾到與不到聞奏其廣南兩路依舊施行　康定元年五月九日權三司使公事鄭戩言國家所置諸路轉運使副即漢刺史唐觀察使之職其權甚重漢法刺史許六條問事唐校内外官考定二十七最觀察使在焉是見責功過明黜陟使吏勸其官朝乃稽治國家承平十八載不用兵四十年生齒之衆山澤之利當時倍其初而近歲以來天下貨泉之數公上輸入之目返益減耗支調微屈其故何哉由法不舉吏不職沮賞之格未立也臣近取前一歲所謂銅鹽茶酒之課以為比元虧租額實錢數百萬貫且前之史所以數十百萬若今又恬然不較則軍國常需將何以取辦臣故曰宜循漢唐故事行考課法欲乞應諸道轉運使副今後得替到京别差近上臣僚與審官院同共磨勘將一任内本道諸處場務所收課利與租額遞年都大比較除歲有凶荒别敕權閣不比外其餘悉取大數為十分每虧五釐以下罰兩個俸一分已下罰三月俸一分以上降差遣若增及一分以上亦别與升陟從之　慶曆三年三月二十七日臣僚上言諸路轉運使無按察官吏之術是致賢愚善惡

無以旌别詔諸路轉運使副並兼按察使副使令將轄下州府軍監縣鎮官吏姓名置簿親掌録其功過課具功効明著與顯有不治者逐旋以聞外其稍著廉勤及僅無敗闕者即每至年終攢寫附遞以聞並須進公接實如能稱職别加進用儻若因循亦嚴黜降提刑雖不帶此使名亦當准此十月詔中書樞密院同選諸路轉運判官　四年九月十三日參知政事賈昌朝言用兵以來民力頗困請下諸路轉運司見有承例折變科率物色並令止絕仍令後須合折變之物並奏聽朝旨或雖有宣敕及三司指揮顯然不便難以應副者亦具聞奏從之十二月二十五日詔河東轉運使劉京今後更不差領均輸之任以滋蔓生事從宣撫使所請也　五年五月十四日侍御史王平言請自今轉運判官不得專行按察並須關報本司話候見任轉運判官歲滿日皆罷之先是諸路轉運使無副者並置判官一員後皆爭為苛虐州縣苦之又上言不便者頗衆蓋是因平之請故有是詔　閏五月河北都轉運按察使歐陽脩言轉運使雖合專掌金穀不與兵戎之事然向被朝廷特旨令熟圖本道利害陰為邊備今緣邊知州武臣不過諸司使副通判即是常參初入京朝官並得盡聞機事而臣之本司獨不得與非欲侵撓邊臣之權蓋謂用軍儲須量邊事之舒急以至按察將吏亦當知處事之當

否請自今許令本司與閣邊事從之　八年八月二十一日詔潁河諸州及河北轉運使自今及三年無得對移　皇祐元年六月二十五日詔應諸路轉運使不得差官在本司點檢或管勾文字勾當公事時臣僚上言諸路轉運使自今部下幕職州縣官在司故詔止之　五年八月八日詔新置轉運判官四員蓋儂賊作過嶺表用兵均漕運之勞非經久之便候在任滿三年具述人勞績取旨罷而不置　四月九日詔令廣南東西京湖南江西路轉運判官每因巡歷除本司牒委及依條點檢刑獄錢穀盜賊等公外事如有廢置利害及舉劾移易官員並與轉運使同共施行　五月詔如聞諸路轉運使多掊剋於民以官錢為羨餘入助三司經費又高估夏秋麥禾諸物抑人戶轉輸見錢並禁絕之　六月二十五日詔諸路轉運使前降考課賞罰之制更不施行其上件斛斗依價收糴不得抑配人戶　先是三司常庇發運司務於聚斂奏諸路轉運使有上供不足和糴不前並降差遣如輦運濟辦即厚加陞陟是至貪冒之徒誅剝聚斂四方之民殆不聊生仁宗聞而特命罷之　天下稱慶　十二月二十三日詔轉漕之司均輸是寄澄清官吏綏撫人民苟專事於誅求實有乖於選任若能經畫財利致有增盈不必更進羨餘留充本路支費務寬民力以稱朕懷　二十五日詔曰朕惟有周成憲二漢故

事分置三輔以衛中都內史之風化司隸察徵匿皆規畫於千里以表則於四方不唯落輸之嚴蓋為京師之制宜以京東曹州京西陳許鄭滑州為輔郡並屬畿內曹滑仍差近侍為知州置京畿轉運使以按察畿甸逐州增鈐轄一員曹州更增都監一員留屯兵三千人以時教閱當屯即開封府近縣或鄰州從兵足之以天章閣直學士王贄為樞密直學士京畿水陸計度轉運使　至和元年二月詔京畿轉運使自今遇乾元節許上壽仍歲終一入奏事　二年十月罷京畿轉運使其陳許鄭滑曹州各隸本路為輔郡如故仍召轉運使王贄赴闕　嘉祐二年五月四日詔河北路今歲豐熟人戶稍蘇本路轉運司凡干民事件惟從寬恤務要安居不得便行科率却致搔擾　五年八月詔轉運使之任所以寄耳目治財賦也江南東西荊湖南北廣南東西福建益梓利夔凡十一路去京師遠者萬里近者數千里或轉帶山海崎嶇蠻夷而皆一轉運使領之遠則無與同力謀有緩急之警調輸之煩機會一失民受其弊甚非據憲先具之策也其各選置轉運判官一員以三年為一任第二任知州人入者滿一任與除提點刑獄初任知州若第二任通判入者滿兩任亦如之　六年九月詔轉運判官其位本路通判及兵部都監之上知州則以官敘之　英宗治平元年五月二十一日三司

言河北都轉運使趙抃乞罷提點刑獄都提舉糴便糴
委轉運司管勾從之　三年六月十五日詔今後就移
轉運使並具見任到任半年月進呈取旨蓋患轉運使遷
從之數也　神宗熙寧元年八月三日詔河北邊防最
為急務委轄轉運使副常切提振密備武備無遺除人
降畫一約束付之樞密院具條件進呈其一案將佐二
訓義勇三路器甲四兒城守從之　二年二月十八日
詔河北陝西河東轉運使副今後如有緊切公事須合
面奏者即取旨候那一員乘急遞赴闕仍道不妨本職
公務及往京不得過十日　三年七月詔許三路都轉
運司奏舉京朝官知縣資序二人充本司勾當其京東
西淮南兩浙各許舉官一員八月二十一日詔川廣等
七路轉運司依京東等路於京朝官知縣資序人內各
舉官一員充管勾文字不得差出時委轉運司就注遠
官之法故特置之二十二日詔川陝四路廣南東西福
建路轉運司除堂除常選知州外置員闕簿如審官東
西院吏部銓許本路官指射就差及置管勾文字官
六年十月六日知桂州沈起言邕州左右江溪峒自來
職司不巡歷令轉運司杜璞前去深慮諸蠻驚疑詔杜
璞依舊例出巡其入峒點檢教閱兵甲即令經略司差
官　九年四月七日詔自今諸路轉運司管勾文字官
如依條差出具因依同轉運使巡歷文狀以聞　元豐

元年正月四日詔河北東西路永興秦鳳京東東西京
西南北淮南東西路轉運司並依東南路以前通管兩
路其錢穀並聽移用除河北陝西外減判官一員十二
月一日詔轉運司管勾文字官舉京朝官知縣人並提
提刑司檢法官各不得隨本司出巡　二年八月十四
日殿中丞高鎛權發遣判湖北路轉運判官鎛初除權
發遣登州事得對上批鎛進對論事精神詳敏方今難
得人材之際宜守文郡深亦可惜淹廢其能宜特除一
小使者俾陳力補過故有是命　三年六月九日權提
點河北東路刑獄汪輔之陳知儉各罰銅二十斤並坐
前任河北轉運司奏錢帛數不實也　七月二十五日詔
梓州路轉運司應供軍之物並從官給或和買毋輒配
率支移折變違者以違親被制書論以本路奏科夫事
工憂其車方擾民故也　八月十四日詔夔州成都府路
轉運司其應瀘州軍前係軍馬所由道路即雖具應副
非所由者不得輒有計置即應急速者並從官給勿致
於民物致擾擾提刑司覺察以聞失覺者與同罪　十二
月十三日權荊湖南路轉運副使瓊管體量安撫朱初
平言瓊管限隔巨浸監司未嘗巡歷故官吏恣為姦贓
臣等乞歲或間歲專遣廣西監司一員量與支賜令遍
海巡歷從之　四年正月十一日措置帳法所言被旨
先措置京西一路帳法今已修立法式參開看詳諸路

可以依倣推行欲乞須下内京西一路可自來年先行
其餘自元豐五年依新法從之仍令提舉三司帳司官
候及一年取旨諸路委運轉司官一員專推行帳法
將來修定條式上付逐司遵守十月十五日夔州路轉
運司言内藏庫使忠州刺史湖北路鈐轄彭孫不報備
平路入蠻界其差顧夫及牛馬已放歸居忠等州上批
近指揮彭孫止令擇路便進討茍南平可出賊不意即
不失詔旨轉運司既未見彭孫指定進兵路分須經撥
放運糧夫顯見鮮于師中畏怯避事先令具析以聞仍
令轉運司如彭孫指取南平路進討軍須有闕以違軍
興論九月十二日詔陝西諸路轉運司令軍興當官設
兵將閑樂其有事合商議者許赴百樂逐會十六日上
批朝廷見委官專經制瀘南蠻賊其措置軍馬經畧邊
情委之經制司其計辦軍食金穀什物委之轉運司兩
所任各有專責轉運提點刑獄司累有謄奏侵越分守
朱欲劾罷自今非本職事不得輒受官司申報十月六
日河東都轉運使陳安石言軍興以來應朝省封樁并
諸司及提舉司錢物並歸本司應緩急移用不足乞更
應副上批委路昌衡具實用之數以聞二十六日命寶
文閣待制知汝州李承之權主管陝西都轉運司公事
其汝州知州董買木令承之疾速舉官以聞以上批訪
聞陝西自朝廷以軍興於四路各權置轉運使已來逐

入惟以調度爲急其所取辦錢帛大率朝廷分撥
之數是以本路財賦歳入全闕官吏請俸及諸邊糴買
轉運司辟除屬官不少知縣縣移多是寄居或衙
校權攝郡日將[illegible]強顯税害課[illegible]新[illegible]朝廷鎮已
令錢糧權衡錢逐司管日職事稍畧時有差入幹當應
實可指揮辦集以濟軍宅兵難辦常費致揚費用者多
若不從令如意[illegible]恐罪時有曠中郎供錯中書可
責遣所定給[illegible]官以命承之中二月二十五日都
運路度関[illegible]孫言近轉運司都大提舉定水
提糧運軍糧未見所運亦多不致士卒有飢餓之
兵至四界即論地教懷州渡至百餘里稱謂諸已
兵到即違還[illegible]人馬轉運司供給軍糧[illegible]有闕上
批勅進路轉運使李稷應副軍糧闕乏[illegible]聚奏延
恭錢[illegible]行營士卒乏食若不差人代領其職付吏必害
其原到有誤[illegible]不細可中書樞密院同議其事詔李
稷除兩官爲轉運判官令悉心職事如更闕誤當依九
月二十五日詔施行宣德郎張亞之李稷奏舉令幹辦
於[illegible]可能轉運判官令赴舊任　五年二月三日詔涇
原路轉運司軍須並先令本路計置闕或非所產令都
轉運司應副　五日河東都轉運使趙卨落天章閣待制
降兩官勒停知進以軍坐應副餽軺不如法稽遲朝
旨也五月九日詔河東都轉運使陳安石前後奏請施

行和糴鹽礬坑冶之類已成倫序今名除尚書戶部侍郎其職事委莊公岳蔡燁協心悉力舉行　六年正月十七日詔尚書駕部郎中王欽臣為陝西轉運副使專在本司前此轉運司言本司官法當分巡州縣歲偏下歛留官在司凡有承受朝省文字不免於巡歷所在追逐故報上行下率多稽違欲乞自今常令一員在司主領職事故有是命　四月七日發運司言江東轉運司去冬並不計置羅糧乞欲問轉運判官鄭亶詔轉運司轉以經理財用供辦歲計為職今亶曠弛如此宜令發運司選官劾罷先是亶數上書獻均稅圖事日叢胜上以亶不修職事專務求奇希功欠欲罷黜故因劾之　九月二十一日詔降授朝散郎守大理卿呂孝廉昨任京東轉運判官與本司官長協心修辦職事致課入登羨可復所降官為京東路轉運副使　七年三月八日詔京東轉運使吳居厚修舉職事致財用豐饒又未嘗創有更革止用朝廷舊令必是推行自有檢察勾考法度宜令尚書戶部左曹下本官具事曲折從本曹刪修以聞　七月十三日詔鄜延路未勾收積剩錢以據二十二萬六千餘緡給陝西轉運司　九月四日詔諸路科買上供圖融抑配委轉運司提點刑獄提舉司點檢舉劾聽逐司互察　哲宗元祐元年閏二月八十司馬光言諸路轉運使除河北陝西河東外餘路乞置使一員副使或

判官一員從之　三月十八日詔罷熙河蘭會路經制財用司其本路財利職事併入陝西轉運司　四月二日詔諸路災傷賑濟乾賊盜公事令轉運司兼管　五月一日戶部尚書李常言河北舊有糴便司專置提舉官經制邊備後止令轉運司兼領以措置為萬名按糴本錢不預漕計難俾兼領請復置提舉糴便司詔可其措置司職事令提舉糴便司與轉運司通管　六月八日詔諸路轉運司每歲支移折變並須躬親審度地利遠近順便體問收成豐歉去處遵守詔條禁戢倉吏務從民便　十二日罷吳革江東轉運判官命先是轉運判官三員革替齊諶而劉拯尚在任時有詔止除一員故也　八月二十二日詔應諸路轉運使副除河北河東陝西京東京西淮南兩浙成都府路外其餘路分許差判官兩員　十二月二十二日詔轉運判官就除使副令通理為任　四年六月八日詔陝西河北河東路逐年封樁保甲冬教賞物自今後免封樁其合用賞物令轉運司應副仍令保甲司秋季約度錢數關轉運司豫排辦於教前足備如違保甲司以聞當議重行黜責　十一月二十六日尚書省言改立轉運預妓樂宴會徒二年法從之　五年九月十二日詔除三路外諸路轉運各權添差大使臣兩員充準備差遣　六年五月七日京東西路轉運副使劉罝兼提舉京西南北路將兵　七年三月四日詔轉

運司管勾文字官除三路外餘路並行減罷其職事令
帳司官兼　八年七月二日殿中侍御史來之邵言張
景先自陝府西路轉運判官不半年就遷本路轉運副
使緣三路轉運副使例比諸路轉運使超什遷甚者劉
摯執政既愛葉仲自兩浙轉運判官就除副使士論至
今不平今朝廷清明謂如葉仲僥倖之事不宜復見於
今日望賜罷黜元本闕降旨　紹聖二年四月二十二日詳定
重修敕令所言以轉運司年額上供錢分為兩限第一
限二月終第二限七月終以前封樁於沿流州軍且數
上戶部從之五月一日戶部言轉運司淮南京東京西
路每年上供額斛依限樁足責州縣認狀報發運司還
發運司如不實並從本司申戶部委別路提刑司覈勘
已報而擅易者依擅支借封樁錢物法從之　二年二
月四日詔六路轉運司歲應輸米限四月有故未備輸者
次限補塞來限足及有故發運司覈實保明申尚書省
即無故發運司申戶部下逐路提刑司取勘六路三限
皆以時淮南路第一限十二月第二限二月第三限四
月江東路正月四月六月兩浙路四月六月八月江西
荊湖南北路二月五月八月十二月二十二日戶部言
每歲取索轉運司前一年內應干上供錢物有無不及
期限起發之數本部審覆以聞不以去官原赦詔戶部
每歲春季內取諸路轉運等司起發上供錢物多寡職

事條廢之尤者保明以聞　元符元年六月二十五日
朝散大夫權河東路計度轉運使郭茂恂降為朝請郎
以運糧給軍應車價少致擾民也　三年十二月十三
日徽宗即位未改元　尚書省勘會近年以來州縣所收稅務失
於催收及諸般場務坑冶課利失於督責致逐年次虧
虧少詔令諸路轉司各具析財賦闕之因依及稅租等
合如何拘催諸般場務等課利合如何關防檢察以至
應干財用如何經畫措置限指揮到一季內奏報違者
尚書省舉劾施行　二十八日兩浙轉運司奏本路連年
災傷賦入減耗拖欠朝省及他司錢三百五十餘萬貫
乞望朝廷特賜倚閣奉聖旨分作一十五年撥還自
建中靖國元年為始每年須管均還一分逐年紐拖欠
不足所屬具數關本路提點刑獄司催促仍取勘轉運
司官吏聞奏　徽宗建中靖國元年四月二十六日廣
西路轉運司奏照會本路自來並是朝廷賫錢赴南郊在
上合用賞給錢伏望於本路提刑提舉司錢內撥賜詔
於本路朝廷封樁錢內特借錢一十八萬貫分作五年
撥還令借錢司分拘收依舊封樁　崇寧元年九月二
十八日臣僚上言乞委御史臺考察天下轉運使副判
官有不勝任者擇能吏代之俾計度其所部財賦仍令
本司各開析每歲錢穀出入名數具冊關提點刑獄司
驗實結罪保明繳奏送尚書戶部若說為隱匿及虛立

支費論，如上書詐不以實律從之。　大觀元年八月十二日，熙河蘭湟秦鳳路安撫司言：乞罷熙河路轉運司，合陝西為一路，添置轉運使副，令兩員應副熙河。從之。

二年十月十三日，詔江西路轉運判官侯臨、江東路轉運副使余彥明各轉一官。先是詔二廣、江東西、湖南北應副黔南路錢物，其率先了足者委黔南安撫使張莊以聞，故有是命。　三年三月二十日，江東轉運副使余彥明奏：本路礬貨乞從本司就委本司并逐州管勾茶事官兼行管勾。從之。六月十五日，詔江南、兩浙、湖南北、廣東西、福建、淮南八路準此。八月十五日，詔應鹽礬茶布帛石炭之類專局去處，近係入轉運司等，御逐司悉分屬行，如能職事，修察課利增羨，當議推賞。令戶部立殿最法申尚書省。十月四日，詔今後選用監司，除提舉常平不拘資格外，所有提舉常平、轉運判官用通判資序，提點刑獄、轉運使用知州資序，仍以實歷知通有顯效、無公私過犯人充選。十一月十日，詔置淮南路礬事，乞令逐州常平或增香案人吏主行，準敕旨諸路礬事就委轉運司并逐州管勾茶事官兼管勾。諸州管勾茶事官，若非常平即是提舉兼行，逐案所管人吏不少，自合隨宜管勾。從之。　四年四月八日，戶部奏：諸路轉運司前後借撥提舉常平司及朝廷封樁錢物萬數浩瀚，又緣提舉司依條每歲却有合還轉運司

軍人代役請受并分收造錢之類，欲乞諸路提舉常平司每歲契勘本路似此應合還錢數，更不改撥，就便拘留充填撥還。從之。八月二日，措置財用所狀：奉聖旨講究鈔法錢弊，解池近興復過額，依舊法通行，已準朝旨令諸路轉運使副一員主管外，欲乞令所委轉運使副於逐州選委通判或判官一員專切主管。從之。　政和元年八月二十二日，臣僚上言：一歲之入莫大於租稅，而諸路課稅簿不依條式，人戶納畢亦不銷鑿，及酒稅課利、倉場庫務受界官物、買撲酒坊、河渡并房園地基等課利，諸縣鎮雜收條簿錢多不置都簿拘轄，勘弊不少。又諸軍請給分擘小曆，因緣侵冒，歲終不曾還官驅磨。諸州支費並由糧料院勘給，多不依條帮旁，致有詐偽，月終又多不具已支物數磨勘，對帳申轉運司，轉運司亦未嘗檢察。乞元符令諸官司置都簿，逐年一易，具載所轄應用簿曆，具有增減，次日報都簿司，除附。及今置造稅簿及歲納軍資庫錢物都簿，并以帳案會計歲收實數，開置本司財賦都簿，今後將逐州月申見在錢物參照，仍親點對逐州逐年實收實支錢物，置籍，將逐州磨勘司月申糧料院已勘給物數參較，以備計度均節。願將諸路漕司各檢舉前後詔條，以遵奉次第纂類推明，責州縣協力施行，共圖成效，仍望立限一季，許令州縣等各改正自來一切違法條制事件，特與免罪。

並從漕司推原法意措置施行如限滿尚有違虧從轉
運司舉劾重行黜責其有能悉意在公績効顯著者除
漕臣依條格薦舉外許本路監司同銜具功績保奏特
加褒録詔令諸路漕臣詳臣僚所言事理更切相度如
委無擾攘不使有補漕計則仰做此點檢施行　二年
二月十九日詔湖南運副張嚴言運判毛行湖北運判
王璹運副孫澥江西運副溪臨張根兩浙運副薛徽江
西運判曹僞湖運判葉正國各轉一官以經畫斛斗河
水未凍已前辦般上京額見用心舉職故有是命八月
二十七日詳定重修敕令所奏崇寧四年朝旨京畿轉
運副使提點刑獄序位並在三路轉運副使提點刑獄
之上崇寧五年續降指揮唯改轉運與三路轉運叙官
外提點刑獄即依舊叙位在三路提點刑獄之上有此
不同詔京畿轉運使副提點刑獄叙位並在三路轉運
使副之上其崇寧五年三月七日指揮更不施行十二
月二十五日詔江東轉運司官各特與轉一官屬官減
三年磨勘吏人各支賜絹一十疋仍具合推恩人姓名
申尚書省以戶部奏發運司申本路今年上供額斛九
十九萬一千一百石率先敷足故也　三年正月五日
陝西府路轉運使陳亨伯奏契勘陝西路州軍四十四
縣鎮城堡寨六百有奇所部廣遠舊曾分壁別為兩河
路今來每年支降額鈔三百萬貫及茶事常平司總定

錢物岷鑄錢監鼓鑄年省務息錢川路和買茶價之類
與秦鳳路漕臣一員通管那移欲望聖慈依舊分熙秦
路別為轉運司所有永興軍路自來分定應副熙河錢
物依載管認詔依其所陳鑑逐年所撥盡行應副如違
並以違制論若熙河因致不足失事者官吏估罪加一
等科罪二月二十三日戶部奏廣南西路轉運司狀勘
會倉庫所收頭子錢自來依元符令以五分充係省五
分充不係省本路自降大觀元年十月十四日指揮更無
轉運司五分之數一就作不係省錢侵用令[illegible]便行民
[illegible]部明行下勘會近承朝旨止合依舊收[illegible]以二
分屬轉運司今來本司申到元條內不係省[illegible][illegible][illegible]
別無稱說五分係省不係省之文若依[illegible][illegible]知[illegible]以所收
錢子錢分用又緣已承[illegible][illegible]二此五月十[illegible]日朝旨[illegible]
[illegible]並依大觀三年四月已前指揮而合用[illegible][illegible]平錢
出轉運司更無所得五分之數今勘會[illegible]依此[illegible]元足
六月十日修立到條令施行詔依二月十[illegible]日淮南轉
運司奏近來本路米斛價高糧米尤甚今以[illegible]見糧[illegible]
提舉學事司於酒價上增添錢收充學費[illegible]比附就見
令酒務上每升更添二文候豐[illegible]年[illegible][illegible][illegible][illegible]日
別行措置又買撲坊場河渡課利入轉運司而淨利入
提舉常平司遇酤賣不行依條均攤坊場與減則
買撲人難添淨利更不增添課利欲乞應入戶買撲坊

場河渡第三界滿無拖欠額增錢二分再責者紐添課利錢二分其合認名人買者亦據所添淨利錢數紐添課利錢其錢並別椿管專充移用從之六月七日淮南路轉運副使章公弼除尚書虞部員外郎夔州路轉運判官楊達兼提舉馬遞鋪朝請大夫江南東路轉運副使孫澥轉朝議大夫朝請大夫荊湖北路轉運副使黃若蒙轉奉直大夫賞起發直達綱運之功也十四日詔六路額斛舊行轉般淮南依條歲認水脚工錢四十二萬貫可並支賜六路轉運司充直達使用七月十二日尚書省言淮南路轉運司提轄催提直達綱運宋子雍狀近點檢得本路州軍裝發地頭妄破諸般緣故至有

住滯等欲乞特賜重行立法今修下條諸綱運裝卸無故違限過五日者附載官物裝卸違限同一日笞三十二日加一等過杖一百三日加一等罪至徒二年事由裝卸官司本綱不坐事由本綱裝卸官司準此仍各以所由為首和雇私船運官物而裝卸違限者准此內事由本船者止坐船主違限請過口食干繫人均備從之八月七日詔諸路封樁斛斗錢物輒支借干繫人吏並斷訖刺配千里牢城官員劾奏重行黜責九月十三日兩浙轉運司奏本路歲發上供額斛萬數浩瀚奉旨直達都城唯糧綱運趁限裝發了辦歲計緣本路所管綱船並是三百料與他路大料綱船不同除許附載私物外裝發米數不多近朝旨許加一分力外

通舊二分附載私物今乞依政和令許二分附載私物情願將逐船所剩力外如無私物攬載即加裝斛斗每二十石添破一夫所得雇夫米錢不惟憂恤兵稍實於官物不致侵盜兼亦使愛惜舟船要得利便今來所乞二分附私載物每船一隻裝米二百四十石外有六十石力外若願加裝米斛每二十石添破一夫每舡增三夫以酌中平江府至都城地理約度共添得雇夫錢七貫伍伯文米二石二斗即與附搭客人行貨所得錢數不致相遠所貴綱梢愛惜官物舟船從之十九日戶部奏京畿轉運司申明差官點檢無額錢已降朝旨係隸提刑司拘收更不令轉運司干預乞將政和令轉運司

字改作提刑司字從之二十三日戶部奏荊湖北路年額上供斛斗三十五萬石先次般發到都數已足備除轉運司官已蒙推恩外有本司提轄直達綱運官鄧紹密依乞特賜施行詔特轉一官　四年三月二十二日詔兩浙轉運司舊欠發運司錢每年帶還二萬貫先有旨每年帶還五萬貫至是轉運使李偃以應奉諸局支費有請故有是命五月二十四日詔諸路轉運司各具三十年以來每歲收支及泛支數令提刑司覆按的確結罪保明聞奏以臣僚言諸路闕乏漕臣失職故也十月七日兩浙江西轉運司狀本路每年認發淮南本年冬次年春兩季軍衣紬絹承政和四年五月十六日敕

應副他路軍衣物帛並限七月十五日前到下卸處內冬衣依條限送納外其次年春衣乞限隔年十二月終下卸處之　五年二月六日淮南路轉運司狀本路政和四年水脚工錢四十二萬貫節次承朝旨將一半分賜六路應副直達支使外撥九萬一千五百餘貫充每歲淮南打造綱船物料錢六千貫充六路合出備博易賞錢自餘一十一萬二千餘貫作朝廷封樁了當所有政和五年分錢乞賜指揮奉詔今後準此四月二十四日兩浙轉運副使應安道奏乞依常平法每州於不許差出官內從本司選擇強幹官一員管勾檢察收支轉運司錢物并應辦歲計事務於頭子錢內每月支食錢五貫文如職事修舉即許保明再任詔依餘路依此十二月十四日陝府西路轉運副使任諒奏臣頃待罪河湖申明將一路年計除破放倚閣外書令知通置籍拘催已蒙朝廷行下臣愚乞令關陝知通依河湖具合催之物置籍勾銷將則專委通判其措置有方許保奏三五處推賞設或隱漏不實並按劾以聞詔依奏諸路並依此　六年正月二十七日詔漕司管勾文字官點檢一路財賦自熙豐立法不許差出及隨本司官巡按遇有要切雖許暫差勾當歲終亦具事因聞奏今後除依舊法外如別官司陳請差委雖奉特旨亦不許差出五月十七日兩浙轉運司奏檢會已得朝旨委知州通判

或職官一員專一管勾裝發上供額斛候任滿日從本司保明減二年磨勘及三十萬石以上更減一年及五十萬石以上轉一官所有在任未滿三年替罷之人任內所發斛斗能無違限所發米數已及原立萬數乞許依已得朝旨等第推賞詔依任滿法八月二十三日詔荊湖南路轉運副使程元佐本司主管文字蘇公才各復所降一官轉運判官喬方減三年磨勘賞運漕之功也　八年十月十八日詔諸路以欠上供錢物限一季補發數足違限不足申尚書省宣和元年二月二十六日敕押綱人少欠上供錢物下本路限一季先次究發如違依上供法施行十一月八日詔江西運副李舍將轉一官張若純林箎各減三年磨勘運幹蕭宗辰張綜提轄俞應之張沆焦滑各減二年磨勘年限不同人依四年法比折賞糧運之功也　宣和元年八月十六日詔江南東路起發上供最少其漕臣特降兩官人吏令提刑司勾追決杖一百以戶部尚書唐恪稽考到諸路已發未發上供錢物數目故有是命九月二十四日詔陝西漕司以都轉運一員於永興軍置司總治六路轉運使三員分治每兩路一員主之　二年六月十九日以領樞密院事童貫奏陝西邊事寧息乞依舊以三人為額分治六路常留一員在司發遣內都運除分管兩路外並總治其餘路事務詔從其請　十月一日

詔諸路轉運司常句官並罷。三年六月四日，詔夔州路軍儲年計並入於恭涪兩州，內大寧監鹽課雜支應副一路，可特許本路漕司同共路逐季審才幹措括官充恭涪兩州大寧知監差遣一次，任滿無遺闕，保明聞奏。四年五月二十七日，戶部奏：諸路合發今年銀錢帛絲綿已責限七月終到闕，如違，不以多寡，乞從本部具奏，委官及知通、漕司奏乞重賜黜責；若於限前先到京，亦乞旌賞。從之。五年六月二十一日，戶部尚書李梲乞諸路所起額斛除本年額數足外，若更能帶發舊欠斛斗，從本部比較最多路分轉運司奏乞朝廷推賞，而責有以激勸。詔依。七年正月十一日，御筆：諸路上供錢物可自今除格令合支撥外，發運、轉運使應敢陳請截撥及所在限滿不及數者，並以違御筆論。十九日，詔諸路轉運司錢物應支用者，旁帖並經所在州糧勾院勘勾，右入政和給賜令。二月七日，又詔諸不經糧勾院勘勾者，徒一年。二十二日，江南東路轉運判官陸寘特除直秘閣，以添認上供金銀錢帛斛斗數足故也。七月八日，詔東西漕臣時道陳漕計全不修，勑差提舉江州太平觀。八月五日，詔燕山漕臣復置一員，起復朝散郎李與權除燕山府路轉運副使。十一月一日，詔諸路漕臣錢物不以多寡，並經官司勘實，各相關會檢察，不得隱藏寄收，如違，以違制論。十五日，兩浙轉運副使

程昌寓奏：伏覩先任本路運使應安道等申請，將合依常平法於逐州不許差出官內從本司選擇強幹官一員，專一管句檢察收支轉運司錢物，仍從本司置收支并差出軍人等借請及批支驛料口券，講共四扇給付所差管句官收掌。凡本司一錢一升一尺以上並逐子積，每季一易，其舊簿限次季孟月齎差人賚赴本司投下。如不依立定綱目物素事隱漏不實收支，不許前具事因奏劾，重實典刑。內有職事修舉，亦許保明奏聞。去年十月三十日御筆：詔政治修舉者，仰令兩任一次宜職事優異者，奏取旨裁別賜陞擢。詔依。內措置綱目事件，令諸路轉運司體做措置施行。十七日，兩浙轉運副使程昌寓奏：竊見會計以調度經費為職，自史系不會會計一路財用出入之數，但以取通自前並無載籍檢察鉤考，故官吏得以肆謾欺，且職司外計靡以本路歲收歲支隨事分別科目，著之編冊，使多寡出入盈虛登耗之數可按諸掌，然後州縣類應不能妄費。雖及戊書，又恐不免艱時傳借之患，欲望斷自淵衷，詔臣編纂號宣和兩浙會計總錄，俟成，繕寫上說，願之郡縣垂示無窮。從之。欽宗靖康元年五月十二日，詔轉運司於諸州除依格上供數外，不得以移用錢物侵占。十一月三日，詔麟府豐嵐憲州保德火山寧化晉寧軍並隸陝西鄜延路帥府，仍令陝西漕臣泰量詢問河東路漕

且蕩乾棄一應副增陝西轉運使一員起復王庶直徽猷閣為之　高宗建炎元年七月十三日兩浙轉運判官顏彥誠言經制發運司并東道都總管司差官來本路劄刷侵襲經費乞應運司差官來本路劄刷錢物州縣並須先申轉運司審度不妨歲用方得應副不許直行取撥或有他除須索計置物色等所用錢物並令各司管認應免侵損漕計從之同日顏彥誠又言鎮江府丹陽縣有都大計置劄刷錢糧官劄去錢帛及樁管物斛並係按月合支及上供歲額之數乞免行劄刷詔免劄刷已樁下錢物通融支使如行在到不管妨闕十一月六日江南西路轉運司言乞依已降指揮州縣監當官闕令轉運司具名奏辟一次詔依諸路準此二十三日詔曰國事艱難盜賊竊發帥司那移留馬金穀漕臣支撥錢糧應副訪聞東南監司陵轢帥臣漕司全不應副殊失將命體國之意仰東南漕臣遇帥司那移留馬去處即據實狀奏聞十二月十八日江南東路轉運司言靖康元年物賸學錢糧物帛田產皆係轉運司窠名拘收續準發運司拘收充轉運糴本未蒙撥還詔令轉運司拘收　二年六月十六日司農少卿史徽言諸路轉運司歲起上供糧斛合用舟船逐路各有船場認打額船乞取會建炎元年拖欠并今來打船數令漕司打造添補行運仍許依近降指揮收買舟船總計所載料

例各許理為年額並歲終令發運司具數[illegible]官並打船合于官例職位姓名申取朝廷指揮從之[illegible]月二十五日發運副使呂源言給納錢物並合付之州縣庫分正附帳曆收之以防偽冒詐欺副史畏以上[illegible]起所屬驅磨監司巡歷點檢自應舉之後[illegible]自行收支宣和七年因京西漕司以錢物時[illegible]徑取始立法禁轉運司應支錢物不經糧審院[illegible]從二年比歲因緣調發後舊如前於各司或[illegible]庫局支有支費望申嚴舊法期於必行詔如[illegible]十月十六日江東轉運司言本路究行[illegible]官起發糧斛無違限依法合該減年酬賞[illegible]般所運斛斗及自餘紬絹等物來有[illegible]歲終將一路比較勸賞三兩處保奏乞[illegible]究數足去處特加優賞其漕臣不足州軍[illegible]依諸路準此　三年三月十四日兩浙轉運副[illegible]等言本路利源唯酒稅與買撲坊場課利錢[illegible]近令逐旋起發應副[illegible]州使用不肯樁撥[illegible]分收到錢物收起應副[illegible]產送納如州縣樁[illegible]還制論從之四月二十日詔[illegible]縣前關降知通監司[illegible]

錮以上外餘棄闕可令轉運司依八路差官條法差注
十一月十二日詔兩浙轉運司除承受行在指揮應副
外其餘去處令本司具所得指揮申尚書省取旨應副
從轉運副使陳過之請也　四年五月二十七日三省
言江南東西路既分置三帥其兩路轉運司難以仍舊
分路差官欲并爲一司以江南路都轉運司爲名今後
差漕臣三員内一員爲都轉運使並通管應辦漕計有
闕誤一等任責從之紹興元年正月十日詔江南路依
舊分東西路各置轉運司見任漕臣依舊分路管幹職
事十一月十五日戶部侍郎孟庾言行在用度錢糧指
擬兩浙轉運司認定應辦除曾紆徐康國分定東西路
錢物自合遍詣督責拘催外緣行在別未有漕司官應
副乞添差漕臣一員專一隨行在應辦錢糧其給人吏
等並與隨所至路分則例差破詔依方孟卿添差兩浙
路轉運副使專一應行在大軍錢糧紹興五年五月七
日兩浙轉運副使劉寧止言諸州縣路店務官房廊及
賃地基等錢久來係隸漕司自經兵火州縣更不措置
或人吏作弊侵欺入已或形勢之家彊占起造更不納
錢或非減落元賃價直欲乞本司委官專措置所有已
經兵火去處量行修蓋或召人賃地拘收合納錢專充
本司贍軍支用州縣不得干預所有無主地土亦許本
司蓋造屋宇或名人承賃地基與樓店務一等拘收可

以補助贍軍支費從之八月三日劉寧止又言前知臨
安府徐鑄申畫指揮將臨安府所入財計經行拘收自
足以州支用更不令漕司干預移撥欲乞許從本司會
計本府寬剩錢物聽從本司移撥施行從之八月詔江
西轉運司依舊於洪州置司仍每年遇防秋自七月輪
那漕臣一員前來江州興國軍專一往來催辦錢糧後
至次年三月防秋了畢歸回本司以江州安撫大使朱
勝非言前此轉運權在吉州置司江州置帥措置屯兵
防托江路正要漕司就近經畫錢糧故也十一月十二
日戶部侍郎柳約言江浙荊湖等路紹興元年分有額
上供錢物各限七月終以前到行在合計會未起發錢
物總二百五十八萬五千二百七十八匹兩貫欲乞逐
路各委漕臣一員專一催督限至歲終起發盡絶如依
前違限從本路具轉運司違慢當職官吏申朝廷乞重
賜黜責詔依如少有違慢令本部按劾申尚書省取旨
重行黜責人吏決配　二年二月四日詔李承造充兩
浙路轉運副使專一應副劉光世軍還有軍馬出入即
委本官隨軍移運供餽從兩浙西路安撫大使劉光世
之請也三月九日臣僚言朝廷出師置隨軍運使出於
一時差委州縣謂非統屬則不從其號令運使視州縣
既非本路亦不恤其有無至有陵轢官吏搜撿蓄藏或
求羨餘以爲已功欲乞大軍之行專委本路漕臣一員

應副專以往來屯軍州郡或師行去處察其欠闕通那
羨餘以周給之事有統屬凡百易辦亦知愛惜錢穀不
至橫斂從之五月八日詔轉運司所置諸州縣回易務
日下並罷以臣僚言其奪錐刀之利牙儈之役拘攔商
賈技税之物抑令彊賣計物以出息錢至賣箕帚掃除
之具匕筯調笔之物其在外邑則又不免暗行科配臨
安府回易務元降本錢三萬七千餘貫一歲之間所收
息錢纔得一千三百貫有奇故有是命十月九日詔大
理卿張公濟除集英殿修撰充江浙荆湖廣南福建路
都轉運使於湖州置司十二月二十八日詔於常州置
司十一日詔罷兩浙路添差運判一員其人吏公使什
物等並撥與都轉運司二十三日詔兩浙轉運司於浙
西安撫大使司用申狀於沿海制置使司都轉運司並
用公牒二十八日詔今後催促錢斛並委都轉運司更
不差郎官十二月十九日轉臣呂頤浩言近遣郎中孫
逸督江西上供米比聞已起三綱將來可準官三十萬
斛上曰必待朝廷遣郎官催促然後起發漕臣失職可
責朕當面訓都轉運使張公濟俾先理會常賦若常賦
不入乃反務橫斂非朕愛民恤下之意　三年二月十
九日詔應諸路漕司移用錢每季具支使科名申戶部
察其違法之甚者按劾以聞其諸州軍亦每季聞具本
處有無轉運司取撥移用起甚處支使文狀申戶部互

按比照檢察以臣僚言漕司移用錢獨無所檢覈故有
是詔四月十二日詔江浙荆湖廣南福建路都轉運司
特鑿添差屬官二員候催促今年夏税并上供折帛錢
物了日罷並從朝廷選差從都轉運使張公濟之請也
同日江浙荆湖廣南福建路都轉運使張公濟言諸路
轉運所收移用錢從來並係轉運司專委逐州軍主管
本司錢物官就本廳置庫拘收遇轉運司取撥即一面
起發州郡並不干預累無關防欲乞今後應轉運司係
省錢並依條赴軍資庫交納收支其窠名不同者各置
文曆拘管應通判及主管司等處送納錢物並罷從之
二十二日詔湖南轉運司依舊於潭州置司副使榮獳
獳言乞依湖北轉運司因荆南府殘破於枝江縣置司
例權於衡山縣置司宣諭薛徽言其不便故也七月二
十六日詔都督府已有戶部侍郎姚舜明總領應副錢
糧其隨軍運判可省罷八月十六日給事中黃唐傳言
祖宗以來置發運使非特運江淮之粟兼貴要催發六
路上供錢物以防諸司移用昨因言者乞罷發運使司
後來上供錢物頗失拘催避發運使之名改為都轉運
使司盡諸路轉運司各移一路專以移用爲路上供錢
物爲事都轉運司專收簇上供錢物令內外臣僚復乞
罷都轉運司乞下吏戶部詳議利害有旨令戶部公共
定奪可與不可存罷戶部言自置都轉運後來比之未

置已前月日拘催起發過錢米金銀綿絹等一歲之間
計增八十三萬九千九百餘貫石匹兩并點檢根究到
諸路轉運司侵隱上供錢物事件不一即難以廢罷無
歲之時本司催發過諸路合起年額錢物斛斗候至限
畢令戶部考較所起分數多寡申朝廷賞罰仍於撫州
置司從之二十一日詔都轉運司已移司撫州可存留
屬官四員并指使一員餘並減罷二十六日詔都轉運
使司官吏並罷令戶部將本司應干合行拘催諸路上
供錢物等限五日措置卻合如何差官催發更如何檢
察漕司侵移隱欺逐一條具申尚書省十月二十二日
詔福建路提刑轉運司置司去處並依祖宗舊制先是
紹興二年已詔依舊制提刑置司福州轉運置司建州
而臣僚有請兩易其地至是言者論其不當謂建州罷
轉運司團併一路上供綱運經由本州催發豐國監鼓
鑄錢寶北苑焙貢發御茶本州都作院歲造四色等軍
器及上四州銅鉛場等處係本司拘收為便提刑置司
福州係八州道里之中諸州刑獄案牘詳覆與夫催報
行遣仍所轄弓兵巡捕盜賊與帥司所在緩急可以商
議為便故有是詔十二月十四日三省進呈差浙路遣
催軍糧事上曰差官數有言者蓋常賦自有轉運司官
苟不職自當別選能吏豈可每每差官催督乎蓋於國
事差官出外自祖宗時有之亦不得復廢也　四年四

日十二日江南西路轉運司言漕計百色之費惟仰酒
稅課利比年以來州軍多以應副軍期為名一面增置
比較酒務回易奪將漕計錢物取撥充軍又於諸縣門
增置稅務所收課額並不分隸諸司乞下諸路帥司
措置贍軍外見設州郡自行創置比較酒務并回易庫
及添置逐門收稅去處合起額錢並入漕計從之十
二月二十八日中書門下省言淮南諸路連年別無
漕計難以獨置一司詔分兩路提舉茶鹽司並須本司
人更減二分之一　五年五月二十一日詔淮南轉運
司已省併依茶鹽提刑司並罷置提舉官併兩路為一
一員兼領刑獄茶鹽運司市易等事應干合行事件並
依發運使三月四日侍御史張致遠言宰執侍從分
符竹劇臨司之任宜稍增重欲乞每路只置一都轉運
使以侍從官充從之四月六日詔湖南轉運司依舊於
潭州置司以臣僚言昨因孔彥舟過潭州城焚燬移司
上江令賊既平定故也十一月十一日中書門下省言
四川財賦雖各有漕臣經畫竊慮無所統屬賦歛出入
難以稽考詔趙開除四川都轉運使　六年二月二十日
右僕射張浚言兩浙路都轉運使李迨近能體認詔旨
兩六州軍點檢逐州縣違戾事件三百餘項並行改
正及措置酒稅課利增收僅五十萬緡詔李迨備見體
國修舉職事可賜詔獎諭三月五日潼川府路轉運司

言本司織造諸軍功賞并官員文降官誥度牒綾帛絁
年共造一十萬匹川陝諸路屯駐大軍費廣闕之去
特免織造從之四月八日詔諸路軍事都會行府言總領
四川財賦都轉運司自合依舊總治通融移用緣四川
係四路置司即與一路都轉運事體不同難以同共雜
銜詔令四川轉運司并趙開遵守施行十二月二十三
日臣僚言舊制轉運司官除授皆命詞給告昨因渡江
已後例給勑命近年稍復舊制轉運使副見命詞給告
運判委任與使副無異理宜一體詔令後除授諸路轉
運判官並命詞給告　七年四月二十九日詔淮南東
西路各置轉運一員兼提刑獄舉茶鹽常平事蔣璨除
淮東路轉運判官韓璡除淮西路轉運判官提點兩路
公事司官吏並罷　八年二月六日詔湖北運判夏珙
職事修舉候今任滿日特令再任仍陞充轉運副使
十年閏六月二十二日詔京西路復置漕臣一員兼提
舉茶鹽常平等公事襄陽府置司七月十四日中書門
下省言淮西漕臣見係兩員其東路亦合一體詔淮東
路更除漕臣一員　十二年九月十四日刑部言川陝
宣撫司保明四川都轉運司主押官依茶馬四格法滿
三年補進義副尉本部檢照即無許補條法今來本司
檢坐尚書省劄子四川都轉運使李迨申本司人吏抽
差召募遷補出職應干吏額等事並依茶馬司舊法詔

令刑部遵依已降朝旨施行　十三年閏四月十日總
領湖北京西軍馬錢糧張匯言邊事既寧其隨軍轉運
一司理合省罷緣自來京西諸州更戍軍馬合用錢糧
並係湖北漕司兼管今來湖北京西御前軍馬合移運
錢糧欲乞專委湖北漕臣一員主管從之　十四年十
月二十二日詔淮東西轉運司併為一路仍以淮南轉
運司為名依舊置轉運判官二員所有提刑司職事亦
兩路通管以臣僚言淮西寬免賦稅與淮東事一體同
而無南北使命往來應副之費乞依舊併漕司為一路
事力相濟故有是詔　十五年四月二十五日詔四川
都轉運司罷其官吏依省罷法見管職事並委宣撫司
以尚書省言四川駐劄軍馬已移屯近裏州軍錢糧自
有逐路漕臣應副都轉運司虛有冗費故有是詔九月
六日詔淮南路轉運司歲舉選人改官可依舊法先是
紹興七年權作東西兩路分舉至是復併為一故有是
詔　二十六年八月十二日上宣諭宰執曰新除兩浙
二漕臣可召至堂中面諭與近屢降寬恤事件到任後
令遍詣所部稅賦之足否財用之多寡民情之休戚官
吏之勤惰悉加訪聞如有暴行不虔職事不舉者並按
劾以聞庶幾可以警動諸路使皆知所視効十二月十
八日詔省兩浙轉運司守次押綱官一千員從本路漕
臣趙子潚請也　二十九年閏六月四日淮南路轉運

判官張祁言無爲軍有贍軍酒庫元係都督府創置後來撥歸朝廷歲收息錢八十餘貫乞將上件所收課息權行撥隸本司應副支遣卻將諸路州所認本司諸色窠名從本司量度蠲減從之　三十一年九月二十六日吏部言歸州復隸夔路即屬八路之數所有本州募職州縣官窠闕合從本路轉運司隨四季使闕擬差從之

孝宗隆興元年四月二十二日都督江淮軍馬張浚言差江東漕臣向子忞兼都督府隨軍運副從之五月十五日權戶部侍郎向伯奮言契勘兩外經費至廣全藉監司協濟依已降指揮如有不據兩辦者許本部奏舉特行旌别近委兩浙運判陳漢前去浙西州軍催發諸色窠名錢頗見宣力伏望詳酌指揮旌行詔陳漢特與轉一官　二十六日向子忞奏契勘隨軍職事係干四路全藉屬官辦集乞差置文臣幹辦公事一員武臣準備差使一員許令本司踏逐選差從之　二年十一月二十二日同都督江淮軍馬楊存中言契勘兩淮調發軍馬隨軍錢糧最爲急務淮西路欲乞差姚岳充隨軍轉運副使淮東路欲乞差韓龍充江淮都督府隨軍轉運副使專一應辦錢糧從之十二月四日四川總領所奏緣收復秦鞏等州縣遂令置陝西路轉運一員仍將階成西和鳳四州割隸陝西路已降指揮令利州路轉運判官趙不愚兼權令來四川止管舊來界分卻有

陝西轉運一司官屬尚存欲乞省罷仍將階成西和鳳州撥隸利州西路從之　八年八月二十五日詔復置兩浙路轉運司催促起發行在物斛官一員從本路轉運司請也

轉漕存目不錄

宋會要　船　戰船附

太宗乾德四年四月淮南轉運使蘇曉言緣江州府商
人以江心為界各許兩岸通行其北岸有溝河港汊悉
通大江或穿州縣從來客旅舟船往來經販自禁閑口
岸已來江北商人欲入港汊興販者巡檢使臣禁止不
許望明賜條約詔自今江北通連州縣溝河港汊許商
旅往來通行即不得直入大江有司謹察之其捕漁人
戶依近敕指揮　真宗景德二年六月永壽縣主言私
家有船在汴河道官私雇船運修河物料望放免及蠲
經由稅算詔聽免雇般　大中祥符三年十月詔自今
勾當事使臣如在京指射舟船往向南州軍遞處不得
更添若是替換亦不得過元載力勝所有添差乘駕兵
士及抽那堰上車軍亦不得擅差　五年二月衛國長
公主言於汴河內置到船二隻收載供宅物乞免綱子
力勝錢詔免諸雜差使　六年十一月令長公主宅於
諸州河置船者止免諸雜差遣其路稅如式先是宿國
長公主乞免稅真宗慮其有違條制故申明之　八年
閏六月詔皇族及文武臣僚僧道諸河般載薪炭芻粟州
船止但宣敕及中書樞密院所降聖旨劄子內使數與
免差遣如許令將錢出京城門即置簿拘管其見令行
運有河分交互者取索元降文字令行繳換先是黃汴
河催綱王黃裳言以和雇民船載薪芻供應滑州修河

卷四千九百二十

有諸宅及寺觀舟船皆執官給文字免放差遣然其間
有河分差互者乞條約之故有是命　天禧二年四月
詔自今赴任向南官員如到真楚泗州納下從京乘載
舟船即與勘會遞處岸下係官空閑雜般船許差借乘
載赴任八月樞密院定皇親宅置船長公主二郡縣主
一聽於諸河市物免其差撥自餘不得為例　仁宗天
聖元年十二月詔自今有落水舟船須畫時出取相驗
修補如必然不堪裝載鹽糧亦便驅送合屬去處修充
雜般委實不任修補即差官監折板木量定長闊釘鞠
秤計斤重因便綱船附帶赴船場交納修打鹽糧舟船
不得擅將支使如敢擅將官中堪好舟船妄有毀折及
將板木釘線打造家事并諸般使用並委發運司檢察
申奏其與守等勘罪斷遣後據占使卻釘板勒令均陪
償錢當職官員使臣勘罪申奏　三年七月詔在京諸
渾院各有舟船在河般買供用物自今不得於船頭排
釋不依次驅放并妄外敢壓百姓舟船並仰開封府收
捉在船僧人道士并行者及主捉舟船人等勘逐區分
如顯有兇豪及不伏止約依法斷訖收禁奏裁緣河州
府縣鎮及撥發巡檢催綱排岸對門使臣覺察三司每
季舉行宣命無令違犯　四年七月江南西路轉運司
言吉州永新龍泉兩縣所買造船枋木每貫五尅下陌
子錢六十五文更依例尅下頭底錢四文共除六十九

卷四千九百二十

文是致商客虧本少人興販令勘會南安軍所買枋木每貫止依例尅下頭底錢四文外更不尅陌子錢六十五文令吉州所尅枋木陌子錢乞行除放事下三司相度省司勘會逐年般運斛斗錢帛雜物全藉虔洪州打造舟船應副今來吉州永新龍泉兩縣買枋木請依轉運司所奏依南安軍例每貫收頭子錢四文外更不減尅陌子錢六十五文從之先是吉州判官徐仲儒言永新龍泉兩縣所買船場枋木每貫於常例除尅錢四文更尅陌子錢六十五文致有衡州茶陵縣商人尹海經轉運司狀訴乞給還所尅每貫六十五文陌錢轉運司移牒吉州會問州稱止稱逝例定奪初無朝省指揮運

卷四千九百二十

司同奏請除放　慶曆二年二月詔京東西瀕河諸州造戰船五百隻赴河北　皇祐三年九月詔緣汴河商稅務毋得苛留公私舟船　四年十一月詔如聞江淮兩浙荆湖南北等路守官者多求不急差遣乘官船往來商販私物宜令發運轉運司自今非急務毋得輒差官若當差者即不得以官舟假之違者本司及被差人並以違制論　神宗熙寧元年正月四日詔當京東排岸司盧威等言發運使每是受命即移文報岸差船十五隻復自拘收江淮船稱是本司船多是應副人情乞今後只與依兩制條例差撥即不得一面拘收理職司資序知州并提點銀銅運鹽轉運判官並依職身條例

差發四隻除轉運使提點刑獄外其餘差遣自合降敕所有理職資序知州提點銀銅運鹽轉運判官並乞只差三隻每歲至開汴口日並須預催諸般空船回歸內運糧雜般官物並各遣回內有量般官物為名乘載官員迫閉汴口方始到岸只就居止避見做座遂使人船於乾汴內負重致船縫開綻多有損壞乞今後應乘載官員到岸限五日內般下及不許將守凍舟船經冬般家居止並從之　元豐元年正月十五日詔川廣福建路官在任或替移米出本路身亡難已請接送往夫錢許差座船一隻　三一十二日詔使高麗涉海新舟並賜號其一曰凌虛致遠安濟神舟其次靈飛順濟神舟

卷四千九百二十

三年四月二十一日詔衡州茶陵縣以糴米所納船材運至潭州造船公私糜費自今以所輸船材即本縣造船二百艘轉運司出錢佐出費　六月二十七日詔真楚泗州各造淺底船百艘團為十綱入汴行運　五年二月二日詔熙河路洮河與黃河通樓如可作蒙衝戰艦運糧濟兵令李憲計度　哲宗元祐五年正月四日詔溫州明州歲造船以六百隻為額淮南兩浙各三百隻從戶部裁省浮費之請也　六年七月十一日詔廣惠南恩端潮等州縣瀕海船戶每二十戶為甲選有家業行止眾所推服者二人充大小甲頭縣置籍錄生名年甲并船櫓棹數其不入籍并櫓棹過數及將堪以害

人之物，并載外人在船，同甲人即甲頭知而不糾舉，同罪。如犯强盜，視犯人所坐輕重斷罪有差，及立告賞，沒官法，從刑部請也。　八年六月二十二日，詔虔州應副罷任丁憂官並孤遺骨船隻，許將五百料與四百料船均與，每歲各不得過十五隻。　徽宗政和元年正月二十四日，中書省言：「勘會前宰相執政差船不限隻數，詔見今宰執差船，宰相歲不過八隻，執政官六隻，前宰執減半，差人準乘船兵卒之數，令工部立法。」中尚書省。　三年三月二十五日，詔應令來補造到汴綱舟船及指到人兵，並仰所屬交割付賈偉節專一管幹，仍逐船雕鑿字號、打造州軍、年月，記驗常切椿管，聽候朝廷指揮。

卷四千九百二十

支使臣人兵，即仰分劈蓄船，仍並不得別有差占。雖直奉指揮，及一切特旨，仰並具狀申尚書省奏稟，候得旨即依所得指揮施行。違者徒二年。　四年正月二十一日，尚書省言：「訪聞錢塘江陽村去年十月二十一日海岙舟船靠閣，為江潮傾覆沉溺，物貨損失，人命渰江。居民漁戶乘急盜取財物，稍徒互相計會，坐視不救，利於取財。可令杭州研窮根究，不得減裂，未獲人名立賞三百貫告捉，不原赦降。仍令尚書省立法以聞。」今擬修下條：諸州船因風水損失，或靠閣，收救未畢而乘急盜取財物者，並依水火驚擾之際公取法，即本船梢徒互相計會利于私取，坐視不救，海內不可收救處非。若縱

人盜者徒二年，故縱而盜罪重者，與同罪。取財贓重者加公取罪一等。從之。　八月十九日，兩浙路轉運司奏：「明州合打額船，並就温州每年合打六百隻，所用木植盡被造作局下公吏等託以取買諸局造作御前生活木植為名，有失温處等州抽解收買。除已牒杭州、平江府合用木植，請徑行給據為照，温州今後非承杭州、平江府公據，且抽解和買應副造船，乞指揮施行。」詔杭州、平江府非應奉御前而公給公據者，徒二年。　九月十四日，尚書省言：「勘會都下見闕平底船支使，詔令兩浙路轉運司各打造三百料三百隻，江南東西、荊湖南北路轉運司各打造五百料三百隻，合用人兵、家事等，亦仰計

卷四千九百二十

置應副數足，隨船限至來年三月，綱官子兵篙梢到闕。所有逐船人兵，各於逐路廂軍內割刷前來，所用錢數亦仰於逐路應副，見在封樁并常平錢內支撥，仍免執占。應合行事件，並仰比附昨賈偉節打造舟船已得指揮，具狀申尚書省。」　十二月十二日，發運副使李偃言：「近承尚書省劄子節文，開修濟河畢工，下發運司打造舟船。勘會所打舟船一千二百隻，座船一百隻，淺底座子船二百隻，雜般座船一千隻，並三百料。緣真、楚、泗州汜打廣濟河船，除座船打造其百料外，其座子并雜般船相度並只乞打二百五十料，所貴于濟河、五丈河通快行運，亦減省得材料。」從之。　五年十二月十九日，權發

違無爲軍四望言竊以本軍額管坐船不多自來每爲
形勢官占留動經二二年不回至有本軍得替官於舊
任伺候歲月狼狽不能歸者竊見淮東路提舉學士司
作申請以官司截留額管座船經隔歲月未有遣還令
後雖有畫到一例差撥指揮亦乞特免應副奉聖旨依
緣即目本軍官接送乘座額船委有防闕欲乞條上件
體例免其它官司截占從之應諸路舟乘並依此　宣
和元年五月二十一日詔訪聞諸路造船州軍本造數
目至多無近來打造多不如法易損壞仰施下數目用
堪好着色材木如法打造不及百隻限半年百隻以上
限一年須管了足並委憲臣點檢催促如違限施久具

卷四千九百十

官吏姓名申尚書省取旨令後應綱運舟船如敢
截留借撥船載他物者以違御筆論　七年五月十
七日戶部言神霄宮瓊華館元降指揮係於東西河各
置船一隻津般道業木麪之類並免抽稅昨依龍德太
一宮置船例即未有許依本宮例於通流處往來免稅
明年詔依龍德太一宮例七月九日詔聞明州造船場
及作院所用木竹鐵炭應干物料等近來官吏爲姦更
不和價並係敷配於六縣人戶逐等第強取於民監司
守令縱使掊剋廉察使者坐視並不按劾未欲重作行
遣可下本路如尚敢依前抑配取於民戶不還價錢官
並當遠竄額外人吏配海島廉訪使者常加覺察以聞

二十五日詔應宮觀寺并臣僚之家舟船收稅並依舊
法其專降免稅指揮並更不施行　高宗皇帝建炎元
年七月十一日尚書省言瀕海沿江巡檢下舠魚船可
堪出戰式樣與錢塘揚子江舠魚船不同俗又謂之釣
檣船頭方小俗謂蕩浪斗尾闊可分水面敞可容人兵
底狹尖如刃可破浪糧儲器仗置黃版下標牌矢
石分兩旋可容五十人者面闊一丈二尺身長五丈依
民間工料造打每支約四百餘貫令來召募諸路水戰
人且以三萬人爲率每船可容五十人合用舠魚船六
百隻計用錢二十四萬餘貫江浙州縣應副賦篙追斂
許人戶入中每十五隻進士補迪功郎十八隻補承節

卷四千九百十

郎十四隻補承信郎不以進納出身爲官戶有官人願
入中四隻許占射使鄉合入差遣一次非流外出身人
減半道尼女冠願入中二隻與四字師號仍先降空名
告敕下官司收管候有人入中先次書填仍止許本州
知州措置勸誘第一等以上人戶入中餘戶不得預造
船之後有情願出財者申措置官相度非州縣抑勒聽
依例入中詔付楊觀復施行其合用占射差遣公據并
四字師號敕牒候有入中人具姓名申尚書省九月十
一日知揚州呂頤浩言滄州并濱州一帶與北界地形
隣接最係要害去處理宜措置合用舠魚戰船已行畫
樣頒下州縣欲令先次根刷應係官輕捷新船隨宜改

造如闕即於民間踏逐增價收買改為戰船立限修整
牢壯每州三十隻仍許備穴舟利器之屬詔逐州召募
能泛水經將伏藏之人以五十為額每月請給外更支
食錢三百文百姓支食錢二百文月給米一石當職官
能于限內計備堪委戰舟船召募水手足備並轉一官
知州通判減三年磨勘限滿不足當職官展二年磨勘
知州通判展一年不及八分展三年磨勘知州通判展
二年不及七分降一官知州通判展三年磨勘內當職
官計備舟船與招募水手事不相須應賞罰者遞降一
等其公共辦力幹辦措置數目不等者並比類分定賞
罰仍仰逐路提刑司各具應該賞罰官職位姓名以判
卷四千九百二十
具優劣一兩處申尚書省取旨重行陞黜　二年八月
五日發運副使呂源言近於江湖四路沿流州縣打造
糧船一千隻并潭衡虔吉四州兩年拖欠舟船八百三
十九隻江東路打造未到船二百五隻乞限至年終一
切了畢緣潭衡虔吉四州今年年額又合打造船七伯
二十三隻共二千七伯六十七隻散在江湖四路沿流
二十餘州軍若不選差強幹官催督監勘必致違悞欲
依大觀四年發運判官王壽打造荊湖南北江南四路
未足額船一千隻辟差幹辦公事四員依本司幹辦公
事例乞差朝請郎杜師恕奉議郎林彭年二員分路監
轄催督及差承節郎魏端臣充隨行照勘工料從之十

二日發運副使呂源言近乞責限江湖打造糧船二千
七百餘隻每船只用梢工三人合與八十餘人若從州
軍差撥往往只稱闕人今欲從發運司委官于轄下州
軍取索廂軍開收歷并糧帳勘合千人根刷將空閑及
違法差借影占并閑慢窠坐指那抽差赴本司充隨船
梢工其所差人兵遠離鄉土每名欲量與起發錢一貫
文每日量添食錢二十文詔依遇打造到船逐旋差
撥即不得預先差占　十六日司農少卿史徽言諸路轉
運司歲起上供糧斛合用舟船逐路各有船場認打船
額比來漕司失於督責過朝廷雖從辦對往往以闕船
為辭乞取會吳炎元年拖欠舟令未打船數移文漕司
卷四千九百二十
督責仍許依近降指揮收買舟船總計科例理為年額
歲終令發運司具虧欠最多去處漕司官并打船合干
官吏職位姓名申朝廷取旨指揮從之　八月九日發運
副使呂源言措置江湖四路打造糧船二千七百餘隻
責限來年六月了畢乞將本司所轄六路昨來添酒錢
並令依舊拘收使用詔上色酒每升許添三錢次色酒
添二文令轉運司置歷拘收逐旋與發運司打船使用
候支撥數足日令轉運司具數取旨撥歸轉運司　十二
月十三日發運副使呂源言乞嚴降指揮應諸路運司
七百料暖船並發赴行在非舊有場處不許製造暖船
止許造五百料以下不得過為添飾其長不過十丈及

依做舊制立定年額從之　三年三月四日臣僚言自來閩廣客船并海南蕃船轉海至鎮江府買賣至多昨緣西兵作過并張遇徒黨劫掠商賈畏懼不來今沿江防托嚴謹別無他虞遠方不知欲下兩浙福建廣南提舉市船司招誘興販至江寧府岸下者抽解收稅量減分數非惟商賈盛集百貨阜通而巨艦銜尾亦足為防守之勢從之四月十二日尚書省言平江府造船場計料四百料八櫓戰船每隻通長八丈用錢一千一百五十九貫四櫓海鶻船每隻通闊長丈五尺用錢三百二十九貫照依擬定速行打造差官管押赴江寧交割　八月四日工部言勘會發運副使葉煥劄子欲將兩浙

卷四千九百二十

路州軍抽稅竹木依嘉祐敕以十分為率三分應副發運司修整綱船從之　紹興元年正月十八日權發遣兩浙轉運副使公事徐康國言溫州造船場年額打造本路直達綱船三百四十隻近年財賦窘乏打造不疊及額官吏五人兵級二百四十七人枉費請給今欲除選留監官一員并兵級一百人在場應副打造外其餘官兵並行裁減內官員依省罷法兵級撥歸本州充廂軍役使詔令康國選留監官一員兼監買船場餘從之　六月二十六日發運副使宋煇言闕少綱船漕運乞將兩浙州府抽稅竹木通撥五分付本司打造鐵頭船般運行在軍儲詔依內臨安府抽稅竹木以十分為率轉

運司并本司各四分將二分應副發運司　十月一日詔令兩浙轉運司將本司已分下州縣打造座船取撥浙東行運舫子十十七隻所有綱船仍打造二百五十料船三十五隻仰別開具的實用物料錢數申尚書省　二年二月一日詔官司舟船須管支給雇錢不得以和雇為名擅行奪占如違許船戶越訴以臣僚言軍興以來所在官司往往以和雇為名直虜百姓船隻以便一時急用行遣行者惟官員與茶鹽客而已不特失國家阜民通貨之大體而暗損稅額所害不輕緣此民間更不敢造船既壞者不肯補修船數日少弊端日生乞立法行下州縣嚴行止絕故有是命　三月二十二日詔應

卷四千九百二十

官吏軍下使臣等輒于州縣亂作名色指占舟船及州縣因作非泛使名經過差人捉船並從徒一年科罪許船戶越訴仰州縣常切遵守散出榜曉諭如奉行不虔許監司覺察聞奏重行黜責仍令工部遍牒行下以殿中侍御使江躋奏請故有是詔　四月十八日詔浙西起發上供糴買錢米及起發安撫大使司贍軍錢糧船戶令轉運司依實值和雇即不得輒使差科如違許人戶經赴尚書省越訴　六月二十八日福建兩浙淮東沿海制置使仇悆言乞立募船推恩體例詔沿海制置司在募到海船每一隻及一丈八尺以上白身人與進義副尉有名目人與轉一官資仍減三年磨勘　八月七日尚

尚有言訪聞提點坑冶鑄錢司舊管小料七綱
共計船二百八十隻往來般運嶺南銅鉛等物料應辦
江東錢監趁鑄額錢並係應副上供綱運依紹興四年
二月十一日敕旨應係本司大小料綱經過州縣更不
得截留附搭亦不許借撥別裝官物累年以來多是過
軍虜奪綱船前去今止有一十七隻致綱運散闕雖已
指置應副般運竊慮今後軍馬過往或其他官司依前承
例虜奪拘占詔虔饒州提點鑄錢司官船其過往軍
馬及他司州縣輒拘占截撥依紹興二年三月二十二
日指揮科罪仍許梢工越訴八月十一日侍御史江躋
言福建路海船頻年召募把隘多有損壞又拘靡歲月

卷四千九百二十

不得商販緣此民家以有船為累或低價出賣興官户
或往海外不還甚者至自沉毀急可憫念乞令本路沿
海州縣籍定海船自面濶一丈二尺以上不拘隻數每
縣各分三番應募把隘分管三年周而復始遇當把隘
年分不得出他路商販使有船人户三年之間得二年
逐便經紀不失本業公私俱濟其當番年分輒出他路
及往海外不肯歸回之人重坐其罪仍没船入官如本
州縣綱運即輪差不及一丈二尺海船其係籍把隘船
户本州縣綱並不得差使詔權令官户並同編民仍委
帥臣監司自紹興三年將本路海船輪定番次其當番
年分輒出他路並從杖一百科罪其船仍没官所有令

年募到人興理充一次十二月廿日臣僚言伏見浙東
兩路置使提領海船浙西仇念於平江府許浦鎮駐劄
然控扼山東海道尚爲不可廢者浙東差呂源於明州
提領則非仇念比進見指揮令呂源於已到岸海船內
擇近下料例船一百隻充以發回朝廷已灼見其利害
望罷呂源一司官屬見在舟船只令明州守臣兼領詔
來年正月令呂源先次結罷　三年七月一日江淮東
路宣撫使劉光世言奉御筆處分已降指揮遣王𤫊蕩
滅楊么賊衆全賴舟楫以濟卿可疾速揀選堪接戰船
五百隻權暫應副事畢便依截留臣契勘本軍止蒙撥
到李進彥船日近雖蒙撥到部清船十餘隻往往壞爛

卷四千九百二十

不免修補應副運糧况自來謹守法令不敢縱令軍
中强略舟船委是別無得處竊緣韓世忠近因上江捉
殺收集到舟船三四千隻見本州軍船十不及一令
不敢有違聖訓除已即時行下句集諸處載糧舟船
候到見數遵依發遣赴王𤫊使用詔令劉光世依已降
指揮將李進彥見管舟船并梢工盡數應副王𤫊使用
候回日發歸本軍九月二十五日岳飛奏本軍即目並
無舟船若遇緩急乞於本路州縣沿江不以官私舟船
和雇權借使用事畢給還詔令岳飛常切明遠斥堠如
探報外敵侵犯委是緊急即將本路州縣江道港汊不
以官私舟船盡行拘收隨宜使用事畢給還即不得無

事便行拘收却致搔擾十二月一日神武前軍統制荊
南岳鄂潭鼎澧黄州漢陽軍制置王㻏言鼎州畫到大
軍船小樣并長闊高畢步數望於下地江分及江西荊
湖南北兩路各造一二十隻付沿江備禦使用詔令江
南東西荊湖南北路帥司依樣打造二十七日中書門
下省言江南西路安撫制置大使趙鼎奏本路邊臨大
江控扼千里打造戰船二百隻般載錢糧船一百隻工
費不下十餘萬貫乞就吉州榷貨務支降見錢一十萬
貫詔令吉州榷貨務支降見錢二萬貫依數打造般載
錢糧船仍開具料例及合用的確錢數申尚書省其戰
船關送樞密院　四年二月七日知樞院事張浚言近

永樂大典卷四千九百二十

過澧鼎州詢訪得楊么等賊衆多係羣聚土人素熟操
舟憑恃水險樓船高大出入作過臣到鼎州親往本州
城下鼎江閲視知州程昌㝢造下車船通長三十丈或
二十餘丈每支可容戰士七八百人駕放浮泛往來可
以禦敵緣比之楊么賊船數少臣據程昌㝢申欲添置
二十丈車船六隻每支所用板木材料人工等共約二
萬貫若以係官板木止用錢一萬貫共約錢六萬貫乞
行支降及下辰沅靖州計置板木如係私下材植即行
支給價錢和買使用臣已於隨行官兵請受錢物輟那
金三百兩付程昌㝢收管買木及劄下辰沅靖州多方
計置應付去訖所有少缺錢物望賜量度應副勘會程

昌㝢折彦質已降指揮兩次各降過度牒五百道依榷
貨務見買價直每道一百二十貫紐計價錢各六萬貫
專充打造戰船使用外詔依其張浚已應副過金三百
兩令程昌㝢亦行打造戰船買板木使用仍仰辰沅靖
州依已劄下事理疾速計置不得別致搔擾四月二十
八日宰臣奏呈造船文字朱勝非等言近來諸路般發
綱運大段費力雖州縣優給雇直人户少應募者蓋軍
興以後船户例遭驅虜民間莫敢置船欲令兩浙江東
西從各造船二百隻專充運糧使用尚恐將來造到另
有指占上曰須於船上分明雕刻字號諸處不得指占
雖奉聖旨執奏不行　五年閏二月五日給事中陳與

永樂大典卷四千九百二十

義言州郡之間有一事而官民交病者雇船以轉輸是
也州縣差雇無已水脚之費不貲方列戍江邊轉輸未
減於前乞令諸郡破買民間堪乘載船不過一歲水脚
所費而官民兩利可以支數年之用詔令江浙轉運
司措置相度申尚書省　十三日尚書省言車駕駐蹕臨
安四方輻湊錢塘水闊流湍全藉牢固舟船往來濟渡
近日渡船持薄槔梢乞覓錢物以多寡先後於令上船
是致爭奪壓過力勝或遇風濤每有覆溺詔令兩浙轉
運司限十日更令添置三百料船五隻專一濟渡不得
他用仍將見今怯薄渡船別行修換及覺察槔梢等不
得乞覓如有違戾重作行遣　五月十日兩浙轉運副使

吳革言江淅諸州軍打造九車十三車戰船以備控扼緩急遇敵追襲掩擊須用輕捷舟船相參使用今做湖南五車十槳小船樣制理宜措置打造奉聖旨令諸路依樣更行打造內兩淛東西路各一十四隻江東一十二隻江西一十六隻並令逐路漕司分拋本路見造車船州軍打造仍候指揮到限五十日一切了畢劄付本司疾速施行及奉聖旨節文淅東船隻依已降指揮分拋製造每隻先次支錢一千貫並於客人貼納鹽錢內取撥疾速計置材料打造詔許支撥其餘州軍依此十二月二十二日詔昨降度牒分下州縣付上戶打買舟船雖江海平海樣製不同但堪乘載並就本縣交納縣差人管押赴州州團綱差人押赴轉運司限日下交納如有些小未備下船場修整敢有邀阻乞寬依非泛科取受錢物指揮施行從殿中侍御史王縉之請也 七年四月五日中書門下省言諸路造船場歲額打造運糧綱船各有立定數目比年拖欠不數訪聞本路監司多是科撥打造座船以應副朝廷為名侵耗工料於打造年額綱船相妨遂致綱運座船般載顯為未便詔諸路船場不許打造座船雖奉特旨仰彼官司執奏不付其年額綱船不得依前拖欠如有見造座船改作糧船使用十二月十七日宰臣奏江東轉運司乞神主所用船於六宮船中借至鎮江府發還上曰朕奉祖宗要地

嚴備豈問還與不還他日六宮之用別差綱船亦可宜令擇堪好者供神主乘載 二十八年七月二日福建路安撫轉運司言昨准指揮令兩司共計置打造出戰魛魚船一十隻付本路左翼軍統制陳敏水軍使用緣魛魚船乃是明州上下淺海去處風濤低小可以乘使如福建廣南海道深闊非明海洋之比乞依陳敏水軍見管船樣造尖底海船六隻每面闊三丈底闊三尺約載二千料比魛魚船數已增一倍緩急足當十舟之用詔從之其合用錢令本路轉運司上供錢糧內應副不得因緣科擾 九月二十二日殿前都指揮使楊存中言本司見打造海戰船合用諳會船水人駕放乞從本司水軍招收少壯諳曉船水百姓一千人並刺充虎翼水軍應副教習使喚請給乞依紹興十年所招虎翼水軍已得指揮則例支破從之 二十九年七月一日詔州縣應公流係籍之舟不舟不許官戶隱占並令輪次差撥番休迭用務在平均如有違戾委自知通覺察按劾以聞從左司諫何溥之請也 三十一年六月二十七日中書門下省奏溫州進士王憲上言伏覩給降空名告下福建淛東安撫司打造海船緣兩路船樣不同乞下福建安撫司依溫州平陽縣莆門寨新造巡船面闊二丈八尺上面轉板平坦如路堪通戰鬪乞令人戶依此打造其溫州二丈五尺面海

船力勝却乞行下依憲自已海船樣為式庶幾將來海
道兩路舟船不致攙先拖後得成一艅容易號令所有
造到海舡之人所補官資乞作隨軍補授出身詔王憲
陳獻海船利害委有可採補承節郎差充溫州總轄海
船進義校尉朱清與轉一資差充溫州海船指揮使
三十二年二月二十二日尚書省言淮南轉運司備有
祇備人使舟船三十餘隻自去冬軍興已前盡皆發往
浙西今來信使復通若再行打造決不可辦訪聞其船
轉移作人事及有拘占在别官司及官吏之家乞令淮
南轉運副使楊抗逐一開具元管船數不以甚處執占
並日下發遣以備使人回程及將來久遠之用若或隱

卷四千九百二十

匿致諸色人告首重作施行從之閏二月十九日判建
康府江南東路安撫使張浚言本府界松江通計二百
五十餘里緊要渡口止是七處若措置廵捕要可禦捕
惟是打造舟船合用錢物乞支降錢四萬貫仍乞以度
牒并承信郎廸功郎及助教告敕降下其松江州郡亦
乞依此應副打造使用詔建康府支錢四萬貫鎮江府
支三萬貫江陰軍太平池江鄂州荆南府各支二萬貫
並以空名廸功郎承信郎助教告敕度牒折支仍令建
康府盡採關報逐處專委守臣與水軍統制統領諳曉
造船之人同共措置限七月以前了畢四月三日詔淮
南運司見行修整奪到虜人粮船應有底板疎漏不堪

修整枉費工料可盡數發赴兩浙轉運司交割委官相
視重行修換務要堅固不悮使用七月二十七日（孝宗皇帝已即位未改元）
江淮東西路宣撫使張浚言昨降空名告身度
牒下松江諸州軍打造戰船令鎮江府率先造成二十
四艘守臣趙公稱委勤於職及措置打造官水軍副統
制李琦監督有勞乞與推賞詔趙公稱減三年磨勘李
琦減二年八月二十三日詔海船人户與間有出力自
辦為國扞禦之人或許更戍而願長役者所屬保明申
奏當議推恩　孝宗隆興二年五月二日淮東宣諭使
司言去年三月都督府下明溫州各造平底海船十艘
因明州言平底船不可入海已獲旨準年例籍民間海

卷四千九百二十

海船更互防拓近都督府再令造船每十隻之費公家
支經總錢三萬貫兼材打椑本公私受弊又令兩浙漕
司造江船百艘所費尤甚今相度欲令逐州據已辦船
數取旨未造數目更不打造從之　乾道元年二月二
十三日兩浙運判姜詵言北使及接伴一行舟船合用
三十五艘平江府根差岸高燈籠章梲計一千八百二
十六人應人數稍多欲將平江府所計人數為準除畫
梲一百人仍舊差軍兵倉脚外於合用燈籠岸篙人數
量損百人通實用一千七百二十六人其餘沿流州府
亦乞依此裁損從之八月二十五日江西運判朱商卿
史正志言贛吉州船塲每歲額管造船五百艘近歲所

造粮船殊極簡陋皆造船官吏通為姦弊本司相去地遠難以稽察欲乞將贛吉兩州船官見今四員於內各省罷一員所存留一員自今止差文臣兼贛州造船多阻於灘磧今乞移贛州一所就隆興府監制場打造本司朝夕可以稽察仍乞降旨自今兩船場各官到罷並就本司批書曆幾專以可以督責從之　二年二月十六日鎮江府駐劄御前諸軍都統制郭振言乞差文臣海船篙梢等輔臣洪适等請以州明未立功無名月二百人前往鎮江管船庶幾免差督為便上善之令優給盤費遣發六月二十四日上問輔臣福建廣南益船兩軍修之九月二十一日殿前司言於本軍差撥官兵二

卷四千九百二十

千人募海船二十六艘差左翼軍統領李彥椿部押於江陰軍岸次繫泊彈壓海賊其船元係自泉州遣發未給路券乞令江陰軍依昨江上人船例給錢米券曆應副食用從之　三年八月五日權尚書工部侍郎許良朋論防江乞傳沿江民夫豬駕車船預行分撥上以邊事不興恐徒煩擾不許止下建康鎮江守臣措置候有緩急乃集十二月十八日御前武鋒軍統制兼知高郵軍陳敏言竊見兩淮州軍累經殘破今流移散徙之民方漸歸業全賴客旅與居民傳易用蘇民力欲乞詳酌許令客旅舟船不以大小通放依舊往來但乞罷數沿淮官司禁止舟船不得渡淮從之仍詔舟船往來於高

郵軍給引立限回日依舊赴本軍繳引照驗　四年三月十日知建康府充江南東路安撫使兼沿江水軍制置使史正志言乞將所椿見錢十萬貫收儹制置司水軍赤曆擇買良材所產諸州軍就建康置場增造一車十二槳四百料戰船相兼使用從之十二月十三日福州舊船主王仲珪等言本州差撥海船百艘至明州定海遇湛軍前乞照平江府逐年支給梢手等人贍家錢例下明州支給詔明州依平江平府例支其年五年三月二十八日詔修武郎鄭遠特授敦武郎以遠部海船許浦防托應格也四月五日殿前司護聖步軍統制兼權發遣楚州左祐言本州之東地名鬼魚溝接淮海最

卷四千九百二十

為控扼近申明將本州兵馬鈐轄羊滋移往其地警察姦盜管轄海船緣元轄海船二百餘艘今已拘其半皆積久捕魚射利之民累往清河口備禦并運海州軍粮間探之類甚為濟用其一帶正瀕淮海地分闊遠羊滋獨員或緩急郡致散漫誤事今欲創置使臣二員從祐踏逐土豪有材力諳曉地利衆所推服之人專充管轄海船機察淮海盜賊聽羊滋驅使從之十月六日權主管殿前司公事王逵言水軍統制官馮湛近打造多槳船一艘其船係湖船底戰船蓋海船頭尾通長八丈三尺闊二丈並淮尺計八百料用槳四十二枝江海淮河無往不可載甲軍二百人往來極輕便乞朝廷降下式

樣令明州製造三五十艘以備急緩槊舩殿前司具呈造船每艘計用錢一千六百七貫七百有奇其所造五十艘計錢八萬三百八十九貫詔馮湛依樣措置打造五十隻　閏五月十六日西浙路轉運判官呂正己言行在百司等處見占本司座船並不承受差使往往要閙處艤泊私醞沽賣酒氣薰烝日漸損壞却經由所占官司陳乞於本司船指名對换如此則依倚昨過壞官船之人常得遂志委實非宜欲自今應百司占破舟船如實損動即關本司檢計修整或不堪乘則發元船并梢工以憑選换庶幾懲勸小人愛惜舟楫從之七月十乙日四川宣撫使司言利閬州岸瀕見管瀘敘嘉眉等

卷四十九百二十

州打造馬船一百十七隻委官相視選撥往江池州都統制司其利州所管止十二艘堅壯并閬州委官選擇止十三艘堪修餘打造年深杉木朽損乞除兩州所選二十五艘外餘數下所委官估賣向價詔令宣撫司將堪用船二十五艘疾亟發往江池州兩都統制司收隷餘船令本司措置修整八月十五日兩浙路轉運判官呂正己直徽文閣權兩浙路轉運判官胡昉言應辦入使或遇運河淺澁從前不曾措置輕快舟船令打造膳淺鐵頭等船共一百艘竊慮諸處官司或妄指占乞旨不許諸處占差庶幾不至乏事從之十一月九日詔兩浙轉運司每應辦入使舟船管船臣往往差於臨時不

能管轄自今專委臨安府於緝捕弁所管使臣內選有心力才幹使臣每船止許差一員管轄及每船添差八廂一名親從一名作管船軍員名色同使臣自盱眙軍至行在往回幹辦如能伺察違北及失察重加賞罰二十日兩浙路轉運司言北使一行舟船所合用篙手承前皆舟梢召募多游手不根之人令相度欲下浙西巡檢縣尉每過入使刷差慣習操舟土軍弓手通百三十名保明赴司撥作逐船篙手往回更代不許他役應辦軍發歸庶幾梢知法禁不敢為姦從之七年正月十八日詔平江府守臣將已到當番海船照年例給犒具所發州軍海船隻數丈尺及格與否并船主職次姓名鄉

卷四十九百二十

貫年甲保明申樞密院推賞後本官言在岸防托月日不多難全推賞並減半七月二十一日高郵軍駐劄御前武鋒軍都統制兼知高郵軍陳敏乞根刷羊家寨海船上詔耕匡恐妨漁業不許止詔敏彈壓十月十二日樞密院言明州正係要衝之地制置司雖有水軍皆諸處差至不諳水勢欲下廣東於增招水軍內抽差五百人福州新招水軍盡行發遣及兩處官船器甲等并乞量抽船隻福州延祥寨三隻荻蘆寨兩隻劉崎一隻南匿寨一隻泉州寶林寨三隻潮州水軍兩隻廣東水軍天地元黃字號五隻並來明州駐劄從之　八年二月六日詔福建安撫司將已招水軍五百人畢數起發

仍令諸寨選擇堪扯大船五隻乘載往沿海制置司水軍教隸，却從福建安撫司截上供錢造海船二隻使用。同日，詔鄂州、荆南、江州差荆南守臣姜詵，池州以下差樞密都承旨葉衡，點檢諸軍戰船見數奏聞，仍令逐軍疾亟修整。先是，輔臣言諸軍戰船久不點檢，恐日後有悞備禦。上曰：「舟檝哉之所長，豈可置而不問。」故有是命。四月十三日，兩浙路計度轉運副使沈度、胡堅常言：「浙西逐州年額合發上供苗米及和糴米料窠闕，近州多秉急下諸邑名則和雇科擾不一。相度欲下浙西逐州各措置造三百五十料舟船，專一應副相兼船運米料。」詔兩浙轉運司自造三十隻，不得科擾。十二月十九日，

卷四千九百二十

樞密院言：「淮東州縣循習舊例，差百姓為往來士夫牵挽舟船及差雇夫馬擾擾。」詔淮南轉運司下所部州縣，今後除朝廷所差賀生辰、正旦人及接送伴北使往還外，餘並不許差雇應副。九年十一月一日，江南西路轉運判官劉焞言：「已降揮旨，從本司所陳吉州造船場移隆興府，緣前奏猶有未盡，不敢隱默。吉州一歲運米三十七萬餘石，合用五百料船六百餘艘，每歲吉州船場造歲額舟船止應副吉州一郡，猶或不足，又造船板木專取之贛、袁州，逐州去吉州為近，今失之溝寬遠移。比來歲自隆興府泝流撥船至吉州載上供米，却自贛、袁州運米至隆興府，道里回還，得不償費，為計非便。雖

以久行，理合更較經久害利，從長施行。」詔吉州造船場權令依舊，仍仰帥、憲、提舉司同相度經久利害，便連銜保明以聞。其後逐司言：「吉州船場已移隆興府，材物正近，其數不一。如今復還舊所，慮往反煩費，欲且就隆興置立。」從之。

卷四千九百二十

全唐文

宋續會要　船

孝宗淳熙元年二月十二日中書門下省言裁減兩淛
路造船場每年置造粮船且別立額溫州元額一百二
十二隻今減作五十隻詔兩淛轉運司自此督責逐處
須管依數減定其秀州造船錢物并逐處工匠並不得
侵移私役十三月詔楚州鈐轄貢懷恩不時往羊家寨
點檢海淛船仍於本寨內選擇堪任部轄人專一管轄
毋令越境作過五月二十九日詔應有戰船去處每半
一次委官檢計脩整　二年六月十一日詔併溫州兩
造船場為一場從淛南運判李椿請也　閏九月二十一日詔罷廣

東福建造船　三年十月十二日執政進呈建康都統
郭剛奏本司應管車戰等船內有損爛已行補填依海
船樣制造到多槳飛江戰船上曰車船古之艨衝幸已
歲用以取勝豈宜改造可令郭剛具析并約束沿流諸
軍遇有損壞隨即修葺不得擅有更易其多槳船止許
逐軍自行刱造並不得用充新管車戰船數十一月一
日詔錢良臣造多槳船百餘隻昨令沈夏覈實可用與
轉一官　五年二月三日詔福建帥司行下本路州軍
淛東帥司行下溫台州將籍定三番海船內將合起發
番次數目起發一番福建船差官管押前來平江府許
浦水軍擺泊聽于友教閱淛東船前來明州沿海制置

司於定海擺泊聽水軍教閱並限八月一日到岸毋致
違滯應合行事件並依乾道七月十九日指揮仍委逐
州軍守臣覈實支散錢米起發通判專一點檢並要已
印號元籍定面闊丈尺堪好壯船及疆壯梢碇水手隨
船纜帆損具一切足備如有滅裂如通當重寘典憲
六年二月八日詔諸路起發到海船並自指揮到日為
始放散可照年例支給犒設餘合行事件並依前發已
得指揮體例五月七日詔侍衛馬軍都虞候馬定遠於
江西州軍出產材植順流去處委官造馬船一百隻措
置女頭輪槳使可折部遇軍馬行則以濟渡遇戰則以
迎敵六月二十三日詔建康府場務支撥鹽二千袋付

鎮江府駐劄李思齊脩整戰船及造馬船三十隻其鹽
本錢俟二年後作二年理還九月二十二日詔湖廣總
領劉邦翰周嗣武鄂州江陵府駐劄郭鈞檢視參脩戰
船滅裂內邦翰去官日久特與放罪周嗣武展三年磨
勘郭鈞特展二年磨勘　八年八月三日判鄂都統岳
建壽言前任帥臣郭鈞所造八車船十隻今已造成五
隻重滯不堪行使餘舟乞改造上曰可改造七車六車
五車共五隻湊足十隻　九年二月十八日詔福建淛
東路淳熙九年分當番合起發海船與免起發一年十
年正月二十八日詔沿海制置司於儧省錢撥二萬貫
修整海船仍自今須制置司與水軍同共任責稍有損

壞隨即修整，毋致積壓重費官錢。六月十二日，工部侍
郎李昌圖言：本部有兩浙、湖南、江西三路七州造運糧
船，乞下三路轉運司相度，逐州每年合用實數外，並與
減免。其累年未造，若曾支官錢，即追理填納。詔逐路轉
運司相度以聞。既而兩浙轉運司奏：逐州船場淳熙元
年已經裁減，見拖欠船隻每遇起發，木料多是倍支，案
實和雇客船，今欲將淳熙二年至六年少欠糧船特與
蠲免，其七年至八年、九年未足船隻自十年為始，均作
三年帶造補發。荊湖南路轉運司奏：欲將年額所造松
木糧船一百六十八隻裁減六十八隻，每年寔造松木
糧船一百隻，庶經久可與客船相兼裝載。江南西路轉

卷四千九百二十

運司奏：昨準乾道五年九月二十七日指揮，自當年為
始，每歲減免一百隻，令兩州船場造四百隻，並是本司
支撥見錢，即無追擾。若更行裁減，竊慮起發綱運必致
妨闕。並從之。十三日，知福州趙汝愚言：本路海道闊遠，
盜賊出沒不常，全籍戰船逐時出海巡捕。其間有年歲
深遠損壞去處，除本州自備錢物措置修葺外，有漳、泉、
管下巡檢司、都巡、石井鎮、石湖、小兜巡檢四寨，漳州漳
浦、沿海中柵巡檢二寨，興化軍吉了、迎遠巡檢二寨，並
各見闕戰船，乞行下泉、漳州、興化軍，於合發窠名錢內
每船量與截撥錢五百貫，責漆匠打造。詔逐州軍合發
戶部上供錢內依數截撥。八月七日，建康府統制官陳

鏜措置創造車戰等船九十隻，都統郭剛奏乞量加旌
賞。樞密院周必大等奏：前此未曾行。上曰：難為開例，可
令本軍支犒設錢一千貫。　十一年二月二十九日，殿
前司言：本司水軍駐劄許浦，所管南船寄泊青龍，入船
相離數百里，遇有發遣，前去取船，水陸迎往，兼青龍港
窄狹，水流湲急，欲將南船盡數移戍崑山縣顧逕港，擇
高阜地段建一大寨，量合用人數，於許浦差撥同老小
前去一處居止。詔浙西提刑傅淇同本軍統領相度，經
久利便，保明申樞密院。既而淇等相度顧逕港屯泊南
船比之青龍港稍深，去海頗近，委寔利便，從之。　十三
年三月二日，殿前副都指揮使郭　言：承指揮，福建路

卷四千九百二十

起發到海船，並自指揮到日放散。今據水軍統制林震
申，乞將本軍大南船二十二隻依舊就顧逕安泊，差撥
官兵一千人，將帶衣甲器械戍守戰船，及差輕捷棹船
四隻，不時與黃魚垛出戍兵船往來迎捕盜賊。又慮顧
逕將來春水泛溢，日逐兩潮衝擊，有損戰船，合於附寨
港岸開塢，取令深闊，將戰船盡數入塢安著，如法搭蓋，
不拘大小潮汛，並要浮動出入快便，庶幾穩當。從之。
十二年五月二十五日，詔福建帥司行下本路州軍，將
籍定三番海船內將合發番次數目起發一番，差官管
押前來平江府許浦水軍擺泊，防遏海寇，聽本軍教閱。
限八月一日到岸，其應干合行事件並依乾道三年七

月十九日指揮施行　十五年五月九日詔池州駐劄御前諸軍副都統制李思孝特轉一官其所造戰船令都統司行下本軍常切愛護毋致損壞以淮西總領趙汝誼言思孝所造戰舡二十七隻打造精緻故也八月二十一日樞密院言殿前司申平江府許浦駐劄御前水軍修整南船三隻多槳船八隻合用木植物料已行關撥官錢往浙東路明州山場計置買辦乞從年例行下差撥南船三隻將官一員管押駕船梢官兵共二百人作三運舡載歸軍詔依仍不得夾帶商稅禁物往來興販　紹熙二年三月十三日宰執進呈錢端忠奏檢視軍馬行司下半年船上曰諸處戰船須是別差官

卷四千九百二十

檢視損者與修總所申恐文具緩急誤使用四月二十九日宰執進呈林楠奏令後防秋海船乞支全賞上曰海船要備緩急之用全賞雖未可行亦須稍加優恤　三年八月二十七日詔殿前司行下泉州左翼軍將劄造到海船三隻常切愛護毋致損壞十月二十五日三省樞密院奏事進呈權發遣楚州皇甫斌奏欲措置造雙棹多槳梁頭闊丈二三海船二百隻不過費朝廷十萬餘緡可以備不測守禦上曰一船上不知用多少人令且造一百隻務要堅壯畢工日更加審驗　五年十月二十三日臣僚言兩興渡船乞令轉運司并臨安府日下契勘如有損壞船隻即行修整庶幾行都之下大

江往來人人得以安濟從之閏十月十九日沿海制置司言水軍見管海戰船三十八隻內有未修船十五隻計料實用錢三萬一千六百五十五貫五百乞科撥官錢下水軍趁時收買物料併工修造詔令封樁庫依數支撥　慶元二年三月二十五日兩浙漕臣王溉言臨安之浙江龍山紹興之西興漁浦四渡舟船徼鎮江都統制司所造揚子江見用渡船樣打造以便往來仍乞下鎮江都統制司時暫差借高手工匠二十人應副差使所有材料工食往來之費乞於本司椿管錢內支撥從之　嘉泰三年七月五日殿前副都指揮使郭倪言諸軍所管舟船年深損漏雖有堪用者亦難重載竊恐

卷四千九百二十

緩急闕誤今於保德門外本司後軍教場側起造船場一所委官監督造到八百料馬船四隻五百料六隻乞差官檢視大郎兼造到五十料小船一百二隻除已發一百隻往平江嘉興牧放去處打劄馬草外船場見有二隻就乞檢視從之八月十三日淮西總領所言近準指揮選委建康府中軍統制許國與前去池州相視秦世輔所造新樣鐵壁鏵觜平面海鶻戰船委是快便詔三衙江上諸軍有戰船去處遇有損壞取會池州式樣制造施行海鶻船一隻一千料兩邊各安艣五枝舴艋一枝船身通長一十丈計一十一倉梁頭闊一丈八尺中倉深八尺五寸船底板闊四尺厚一尺拖泥䑳板厚

三寸樟梁一重兩邉小棚板闊三尺五寸裝龍鼓膝板高一尺上安女頭高二尺四寸裝載戰士一百八人踏駕樟梢水碇手四十二人鐵壁鏵嘴船一隻四百料兩邉各安車二座并墩三枝船身通長九丈二尺計一十一倉梁頭一丈尺五深五尺船底闊八尺五寸厚六寸拖泥鱵板厚三寸通心脊骨一條厚九寸樟梁二重兩邉安護車臂頭木畫牌二十八面各高六尺八寸週遭安護膝板高一尺上安女頭高一尺四寸裝載戰士七十八人踏駕兵梢二十人　四年二月九日建康都統制董世雄言長江捲拖去處平日措置舟師戰艦最爲急務昨來買到戰船木植細小不堪使用令將別差官將帶錢物前往上江收買大徑寸選料木植歸司打造竊緣本司戰船數多不及修補費用極多委是匱乏無可措手乞依別司體例撥賜錢五萬貫付本司計置木植物料修造戰船使用詔支錢三萬貫令封樁庫以金折支仍依元納色價值紐計　嘉定十二年三月三日臣僚言國家自殘虜渝盟之後屯戍日增調度寖廣餽餉之計誠所當先漕運之舟豈可不備今得之傳聞謂所在漕司舊例有截留舟船去處多爲他司宛轉囑託勒令通放不許截留致使裝發之際無以應用而轉輸之限或致後時姑以江東漕司言之江西路舊例應副江東漕司三百料船一百八隻却撥盧蔆麻皮以償之紹

卷四千九百二十

興以後減免一半台拘五十四隻淳熙間亦嘗拘刷一百八十餘隻年深損壞不堪裝載又因承平不甚輸運間自住截開禧之間漕臣以米餉不繼遂爲總司所劾職此之由繼而漕司照例截留江西綱船在岸綱梢失覔飛之例群訴於總司信其偏詞徑與通放目今並無船隻過有般運旋雇客船多致欠折且當邊境晏然尚慮無舟可雇萬一驚動客船罕至官又無船豈不誤事乞降指揮令漕運去處有截留舟船舊例者依舊拘截攏泊岸下以備措運其無例截留者並令日下造船以備飛輓庶幾緩急之際糧道不致泛絶從之十四年五月四日温州言制置司降下船樣二本仰差官買木於本州有管官錢內各做海船二十五隻赴淮陰縣交管緣前項海船費用至廣打造了當又須差雇梢碇水手委官押撥沿支給盤纏錢米共約五貫餘緡本州窮陋海邑材計無以那融乞降度牒五十道發下轉變應副打造詔令封樁庫於見樁度牒內取撥三十道付温州專一充打造淮陰水軍海船使用每道作八百貫文變賣　十五年十二月十六日詔令封樁下庫於見樁湖廣會子內取撥二萬九千九百七十貫付鄂州都統制司專充打造濟渡船隻使用務要如法併工造辦不得前簡減裂先是沿江制置司言乞下鄂州都統制行司及漢陽軍等處斟酌漢川縣平塘陽臺陽子港南河白

卷四千九百十十

馬網頭六渡大小合用渡船數目須行措置打造渡載軍馬等用并下戎司相度措置欲前打大小馬船三十隻脚船三十隻計料到約用收買材物價錢九萬五十六十貫一百七十五文湖會人工九萬八十二百四十五工既而制司言都統制司所申打造六十隻之數既令本司斟酌合用船隻竊陽目漢陽大江等處濟渡共有七處又有戎司雜載軍需皆不可闕欲先行下戎司打造三十隻内一千五百料一千料三百料馬船各五隻七十料脚船十五隻候了畢日更與接續打造十隻大小船并脚船共有四十隻則儘可濟度所有計料先造三十隻合用材物三場價錢當二萬九千九百七十三貫五伯四十五文工四萬五千七百三十工故有是命

卷四千九百二十卅

全唐文

宋會要

內藏庫

太宗太平興國三年十月置在左銀臺門外又有西庫
景福庫隸焉常度歲計餘積供邦國之用以諸司使副
內侍置爲監官或置都監別有內侍一人點檢

宋會要

太宗至道二年七月詔河北三十五州軍淮南二十一
州軍山南東道十州京東應天府江南昇潤州絹並納
內藏自餘納左藏

宋會要

真宗咸平五年七月詔川陝商旅鬻銀者聽詣官中賣

全唐文 卷一萬四千七百八十五 一

每兩添鐵錢一千遞送內藏庫收掌候有旨乃得支撥
六年二月詔內藏庫專副以下不得將庫管錢帛數供
報及於外傳說犯者處斬 真宗景德二年五月十日詔
內藏庫監官專副得替後支一季食直錢 二十四日詔
榷貨務入中金錢見錢並納內藏封樁其紬絹絲帛納
左藏仍據數兌左藏見錢入內藏 景德四年四月內藏
藏庫言準宣以新衣庫充封樁庫乞別賜名及置庫兵
詔以內藏西庫爲額 十月內出龍圖閣待制陳彭年所
撰內藏庫記示宰相王旦等 真宗曰太祖以來有景福
內庫太宗改名內藏庫所貯金帛備軍國之用非自奉
也顧外庭不知耳二聖平荊湖西蜀表江左東河親祀

卭丘所費鉅萬皆出於是不出於民三司所假凡六千
萬自淳化迄景德每歲多至三百萬少亦不下百萬累
年不能償即命蠲除之昨令彭年述其事實此庫乃爲
計司備經費耳且計司有闕必取於民苟非節用何以
獲濟因言漢武外事四夷北伐登單于臺西征疏勒師
勞內地以勤遠方此所以財用不足也樞密陳堯叟曰
漢武末年戶口減半乃封丞相爲富民侯是亦悔於用
兵也帝然之

宋會要

真宗大中祥符元年二月內藏庫言舊制宣取物色皆
降御寶憑由除破近因條約庫務亦令經由三司望再

全唐文 卷一萬四千六百八十五 二

降詔旨止令尚書省勾檢從之 二年四月提舉內藏庫
劉承珪等上新修庫簿詔獎之賜承珪馬二匹器幣二
百掌事官典並遷秩賜緡錢帛謂輔臣曰承珪此簿述
金帛自置是庫已來出納年月極於周細深可獎也 五
年十一月劉承珪言以建庫以來承受宣敕條貫本庫
鈐轄事件編成須知五卷以進詔褒之仍令自今宣敕
條貫按法編綴 六年七月詔內藏庫若般錢絹赴景福
庫封樁騰移即申三司差驅車三十兩裝載親從親事
官百人般運其左藏庫送還錢只抽那親從官百人搭
錢如綱運稍稀止五十人 九月詔西川納綾羅錦鹿胎
透背其衆絹並令內藏入帳收數送染院染黃充封樁

之用八年閏六月内藏庫言三司所借金銀綵帛其數至多舊借金銀即以饒歙等州及諸路所貢充還今來諸處納到三司直送左藏本庫漸失封樁數目不應劉承珪句當往例詔三司規畫填還九年四月提舉諸司庫務秦義言准宣與入内殿頭一名計會内藏庫監官同看驗染院染經火紕汙繒帛千六百疋雖不堪封樁緣裁造院内衣庫稱堪製造衣服詔釋其罪餘不得緣此為例天禧二年七月詔内藏庫指兵卒旬賜錢二百串者半之自今給賜如常從本庫之請也八月詔出賣疋帛場自今於内藏庫交撥疋帛令三司給帖交數内藏交訖繳送三司撥帖除放其賣到錢却送内藏庫三

全唐文　卷一萬四千七百八十五　三

年十二月三司言准詔與内藏庫會議自今撥鹽稅錢及歲別出錢六十萬貫赴左藏庫從之是月内藏庫言奉詔與三司商量舊例逐年内藏庫退錢三十萬貫與三司今來三司每年更要三十萬貫本庫將天禧二年饒池江等州鑄到錢七十萬貫已來為約若每退出錢六十萬貫文與三司外有一十萬在庫每三年却管認南郊大禮錢二百萬貫即侵本庫錢七十萬貫如是饒池江等州鑄錢及得元額一百五萬貫到庫即每年退出外有四十五萬貫文在庫每三年南郊大禮却支錢一百萬貫外三年内共有錢三十五萬貫文在庫又緣年額諸州皷鑄送納常是數目不定今欲與三司商量

若逐年通共退錢六十萬貫文准備支用即更不別作名目申奏乞降宣敕撥借内藏庫錢帛詔内藏庫每年退錢六十萬貫與三司自今三司更不得申奏乞於内藏庫指射撥借錢物如稍有違其三司干繫官吏並行朝典

宋會要

仁宗景祐元年九月二十三日中書門下言近累於内藏庫支撥錢帛與三司收糴軍儲宫中餘羡物色乞指揮詔曰朕以宫闈之間務先儉約軍國之用宜在優豐念有司經畫之勤出中禁冗餘之物俾資常費式表推恩宜令入内内侍省將尚衣等位金銀錢帛物色除各

全唐文　卷一萬四千七百八十五　四

已優厚給賜逐人外據見在數准折價錢二十一萬貫支内藏庫撥與三司支贍軍旅使用

宋會要

仁宗至和元年二月三司言陝西河東歲減西川所上物帛而軍衣不足又河北入中糧草數多未有紬絹實還請貸内藏紬十萬絹四十萬欲先輸左藏庫緡錢二十萬餘計其直以限還之從之六月二十三日中書門下言近令内藏庫支撥紬絹五十萬疋見錢三十萬貫應副河北收糴斛㪷詔紬絹見錢令内藏庫依累降指揮疾速支撥其見錢令三司於逐年退錢内每年撥還十萬貫三年還足八月出内府錢二百萬令入内供奉

官勾當御藥院張茂則置司以市河北入中軍糧抄，尋以諫官言而罷之。先是，上封者言河北入中軍糧，京師給錢還銀紬絹，商人以次算請，久未能得。其抄每百千士鬻錢六十千，今若出內藏庫錢二百萬千，量增價收市之，歲可得遺利五十萬。帝以為然，故施行之。而言者以為內藏庫、榷貨務同是國家之物，豈有榷貨務固欲滯商人算抄，而令內藏庫乘時以市之，與民爭利，傷體壞法，莫此為甚，故罷之。英宗治平四年神宗即位未改元二月，三司言：乞銀三十萬兩准備支賜，令內藏庫除依舊嘉祐八年所支銀外，更與支銀五萬兩。神宗熙寧二年正月十九日，上宣諭曰：近見內藏庫帳文具而已，其財

全唐文 卷一萬四千七百八十五 五

物出入全無關防。先支龍腦珠子付榷貨務出賣，經數年不納價錢，亦無拘收。嘗聞熙寧二年正月十九日神宗語大臣曰：太宗時內藏財貨，每千計用一牙錢記之，每物所用錢各異其色，他人莫曉也。貯於匣中，置之御閣，以參支帳中數。晚年嘗出其錢以示真宗曰：善保此足矣。今守藏內臣皆不曉帳籍關防之法，當擇人領之。即命勾當御藥院李舜舉代其不職者。九月六日，制置三司條例司言：乞令江淮等路發運司於六路諸雜上供錢內截留三二百萬貫，令糴買上供之物。其借過內藏庫錢及變轉過合係內藏庫年額物帛，却令發運司認數，逐年支金三百兩、銀五十萬兩赴內藏庫，永為年

額。十月一日，詔江淮發運司今後應截留內藏庫物移用，即時具數關牒本庫照會。是月，詔應江南等路提點銀銅坑冶司所轄金銀場冶收到金銀課利，今後並依久例盡數入內藏庫，委所屬州軍至次年春季起發赴庫交納。及抑提點坑冶司每年據場冶申到所收金銀細數，攢寫為一帳，申三司拘催內藏庫錢帛案。其拘催案據帳照勘訖，鈔錄下內藏庫置籍抄上，候年終納絕銷鈔訖，具狀以聞，及申拘催案。如過期綱運未至，即申舉催促。其他路分場冶不係江南等路提點坑冶司所轄者，即仰本路提點刑獄司准此施行。

宋會要

全唐文 卷一萬四千七百八十五 六

淳熙元年六月二十三日，詔：自今諸路提刑司保奏知通經總制無額錢賞，委戶部并司勳審會內藏庫，如無虧欠本庫上供諸色窠名錢物，方許放行。七年七月二日，詔內藏庫將兩淮諸州軍合起發本庫綱運銅錢，並行下以銀會各半送納。既而八月二十九日，又詔如金納到會子，令除合納分數外並退回。八年八月十七日，詔諸路轉運司行下諸州軍，自今起發綱運，如未數內庫正額，不許先納寬剩。以內藏言明州合納淳熙八年坊場錢，出限兩月，止納到一千五百貫，却先納左藏庫七分坊場寬剩錢，恐諸路州軍以此為例，有悞支用。十一年十月一日，詔浙東路合納內藏庫坊場錢，可依自

來立定祖額（詳見酒麴雜録）嘉定十一年十二月五日臣僚言：恭惟陛下清心寡欲，嗜好不聞，聲色不邇，營繕遊觀未嘗從事，服飾燕樂罔或踰度，是宜府庫充斥，阜若邱山，而臣近得之道路，謂内帑之儲殊非昔比，何爲而然耶？昔我祖宗之世，内帑所積，凡實邊備、供軍儲、賑水旱，皆於此乎出。三司有闕，則於内藏庫假貸，故自淳化至景德，每歲多至三百萬，少亦不下百萬。天禧間四年之内，三司所借錢絹九百十七萬。康定元年九月，出内庫錢絹百萬助經費；十二月，復出内庫絹百萬助邊費。此猶曰全盛之時，未易言也。中興駐蹕吳會，亦且出内帑以佐調度，以犒戍兵，以濟水旱。雖逆亮叛盟，師興財

全唐文　卷一萬四千七百八十五　七

費，而無橫斂暴賦及民者，以素有儲積也。及憲聖慈烈皇后尊居慈福，當持宮中所入，已非大内之比，而金帛緡錢府藏充塞，此陛下之所親見。今諸色窠名與夫房廊僦債之屬，皆猶舊也，安得至是而遽耗哉？臣來之公論，皆以爲諸州合解之數以屬托而寖虧，生藏出納之司以肆欺而侵盜。今漕使有所稽察，以防欺蠹，俾合解者知應期會，出納者知畏簡書，則其患豈易革哉！昔成周以太宰制國用，而九府皆隸焉，雖王及后世子服御膳羞有所不會，而亦悉得以統之，此欲其以道佐王之意深矣。祖宗之制，修内司收支文曆亦令赴比部驅磨，其後寖失此意，僅存文具。哲宗朝上官均爲監察御史，

謂先朝以金部右曹主行内藏受納寳貨支借拘催之事，而内藏庫受納又隸於太府，因請令户部、太府寺於内藏諸庫得加檢察。祖宗深長之思，於此可見。臣願稽成周設官之制，考祖宗綱維之法，宣諭大臣參酌施行。已過者姑勿復問，方來者必杜其欺，使奸弊息絶，無踊前習，則日累月益，雖如祖宗之盛可也。從之。

宋會要　左藏庫

淳熙元年三月十七日，詔差皇城親事官四人於左藏南上庫外門添置一門，分番别行搜挍，其差替賞罰並同東西庫見行條例。從起居郎、提領南庫宋延祖請也。

九月二十四日，詔左藏南上下庫各置監門一員，於文

全唐文　卷一萬四千七百八十五　八

武臣内堂除，任滿無遺闕，與減二年磨勘。二年正月二十五日，臣僚言：户部及州郡支借左藏南庫錢六百七十三萬餘貫，乞令提領所條具立期限撥還，日後不得輒乞支借，遇有陳請，許有司執奏不行。從之。六月二十三日，詔提領左藏南庫所拘催諸路窠名錢作四季撥還户部，以去歲到左藏庫錢爲額，撥數分撥，至歲終出豁。先是，有詔諸路坊場、僧道免丁錢除户部截使支遣大軍外，其餘數目不得擅行拘截，令提領左藏南庫已交納錢内撥還。至是户部言：若候歲終撥還，恐妨支遣，仍乞自是每月於次月上旬徑從本部關報南庫擬已交納錢銀會子正行拘撥。故有是命。三十日，詔提領左

藏南庫自今步軍司每歲支借乾草本錢特免執奏先是步帥李川陳乞借支乾草本錢已而本庫言承準二年正月指揮日後不得借支遇有陳請許行執奏故有是命九月二十五日詔自今封樁庫支降會子付戶部支遣却令左藏南庫以金銀見錢紐計撥還封樁十月六日詔提領左藏封樁庫監官別行差人兼權其監門就用南上下庫監官兼機察於逐庫各差撥副知手分書手庫子各一名仍不得干預南庫職事先是詔南上下庫并封樁庫各置官提領其專副等不曾分認庫分通行掌管未能革弊至是命顏度爲提領條畫來上故有是命十一月十一日太常少卿兼提領左藏封樁庫

全唐文 卷一萬四千七百八十五 九

顏度言封樁上下庫與左藏南上下庫金銀錢物混同乞將南上下庫及封樁上下庫併爲二庫以左藏南庫左藏封樁庫爲名並不用上下二字從之三年二月二十九日詔左藏南庫出賣度牒每道減作價錢四百五十貫每道舊係五百貫至是中書門下省檢會止有四百餘道因有是命三月二十四日詔封樁庫監官并監門官元係以監左藏南上庫并門令改爲封樁庫其理任請給酬賞人從等並依左藏南上庫已得指揮仍通理歷過年月日公吏亦與通理及入役還補出職補授合支請給等並依南上庫從本所請也五月十六日詔自今在藏庫監官監門官不得與專知官掌管官物使

臣輪宿從中書門下省奏也七月十一日詔左藏庫將起到絹照應色額省樣堪充支遣即與交納更不須以買絹阻遏輙有退換仍約束諸路州軍不得將紕疎輕薄之數夾帶起發兼不得過數高擡價直令民戶折錢輸納十六日提領左藏封樁庫所言乞於皇城司差撥親事官二名輪於庫門搜檢半年一替從之四年二月二十五日詔左藏南庫支會子三十三萬貫應副湖廣總領所樁積備邊以後年分依此給降尚書省言湖廣總領所淳熙四年歲計内一項四川合起綱運一百六萬餘貫除折閱一半外實有五十三萬貫已降指揮令四川總領所拘截五年樁積備邊使用理合別行科降故有是命五年二月十三日執政言皇后生辰舊係左

全唐文 卷一萬四千七百八十五 十

藏南庫投進金三千兩詔免投進五月十六日左藏庫言本庫元管庫子二十一名今止存二名緣召募須自抵産五百貫拘留在官方得充應所以無人就募昨降指揮許免拘抵産權行召募一十名今見役專副結罪保明令乞更許放行詔權募一次增召壯實保一人其餘見闕人數委提轄官召募有抵産人充六年正月四日太府寺言本寺所轄左藏東西等庫舊例係三衙分差軍兵防護火燭近承指揮不許差撥竊恐日後無人防護欲將左藏庫等處所管脚甲雜役并巡防兵士作匠等人籍定姓名結甲於内選差人部轄仍於各處料

次頭子市例錢內量行支破許置防火器具從之十二
月十六日詔自今差左藏庫監官如未曾關陞親民資
序不放行九年三月二日詔左藏庫如遇郎官到庫省
驗監交綱運將見管秤子籍定姓名旋行點差秤盤令
監官鈐束合干人毋得乞覓作弊五月九日詔封樁庫
監官許用戶部長貳薦舉改官從吏部請也八月一日
詔封樁庫提領官令戶部每月添支茶湯錢三十貫十
年四月八日戶部侍郎曾逮言乞將左藏西庫掌管官
物使臣吏不差人其專知官且從見今左藏東庫例令
本庫立界副知權充專知官却令押司官權充副知及
頭名次名手分權充押司官以下各帶理本名遞權候

將來界滿日取旨從之五月九日臣僚言祖宗用人初
無清濁之別韓琦第二人進士及第未免監左藏庫後
為度支判官皆號稱職乞明詔大臣如行在左藏庫之
類稍重其選與免待闕遇館學有闕却於此取之以廣
得人之路從之八月二十八日詔左藏南庫撥隸戶部
其提領所應管事務限五日結局先是戶部具南庫收
支項目上謂輔臣曰見在錢三十五萬餘貫盡撥付戶
部其餘金銀等物令陳居仁點檢具數以聞上又曰欲
併南庫歸左藏令版曹自理會朕亦省事卿等可子細
令具南庫五年間出入帳親自點檢故有是詔十一年
七月十二日左藏東西庫言諸處綱運到庫有合開拆

鋪甲頭脚戶般脊搭垛等人皆是百姓從來納綱人於
所州軍糜費錢內使用顧倩未曾立定則例遂致公吏
庫級通同過數乞取錢物竊見內藏庫已有定立諸處
入納金銀等物般運脚錢則例今欲將左藏庫書鋪甲
頭脚戶等常例使用依內藏庫見行體例裁酌各量遞
人名色高下立定則例有差今後如有違戾過數乞取
之人計贓斷罪從之十二年四月十八日右正言蔣繼
周言南庫撥付戶部于今二年而南庫之名尚存官吏
如故乞令戶部將南庫發併其官吏並從省罷上曰若
盡廢庫眼收支必至殽亂可存留庫眼以左藏西上庫
為名收支盡依舊官吏全無不得可與裁減既而戶部

條具諸州軍合起發本庫定狀泛收窠名錢物照應遞
年期限並起赴西上庫送納如有稽滯去處從本部具
違慢因依申取朝廷指揮其行移文字以戶部主管西
上庫所稱呼減罷押司官一人庫子二人從之五月十
九日詔右司郎官何萬兼提領雜賣場寄樁庫左藏封
樁庫先是右司郎官尤袤分領封樁庫袤辭以封樁寄
樁印記人吏同係一處難析為二故就差何萬兼領十
三年十二月九日詔左藏東庫減庫子二人兵士二人
西庫減庫級五人兵士一人西上庫減兵士三人以司農少
卿吳燠議裁冗食下敕令所裁定故有是命十五年二月七日詔左藏封樁
庫減手分一人巡防軍兵步軍司差撥二十人內減四

人臨安府差撥五十人内減一十人樞密院提轄些兵差一十人内減二人封樁庫門步軍司所差軍兵五人内減一人（以司農少卿吳琚議減冗食下救令所裁定故有是命）　淳熙十六年五月十七日左藏東西庫言淳熙十六年諸州軍起到進奉登寶位銀絹承客省發赴本庫交納照應紹興三十二年體例並入經常豪同應副泛支今支遣外見在銀一萬二千四百五十兩絹四千八百匹詔將前項見在銀絹並日下發赴封樁庫送納樁管紹熙四年十一月二十七日戶部言行在左藏東庫中本庫排辦每年金國使人賀正旦及生辰兩次例闕各合用紅地細錦一十匹内翠毛六匹小盤毬錦充倒仙四匹以方勝錦

全唐文　卷一萬四千七百八十五　十三

充鹿胎五匹以雜花錦充緣本庫並無見在乞下左藏封樁下庫依年例數目預行支撥從之　慶元元年七月二日戶部言訪聞左藏庫支給衣絹惟諸司諸色人各有使用每匹不下一二百文例為揹留好絹卻將揀下低次絹先次支與諸軍雖有進呈絹樣止是文具庫官習以為常更不點檢顯屬違戾詔令戶部各照舊例合請色額嚴行措置務令品搭均平所隸官司先期須管就堆垜處逐一抽摰比對元樣委無不同保明申所屬方得支給如本庫尚敢仍舊乞受作弊官吏並行重寘典憲其諸軍衣絹亦仰依公品搭給散不得縱容合干人乞受如違重作施行十一月八日臣僚言左藏東

庫每遇支散諸軍百司等春冬衣賜始緣經常數目不數戶部遂約所闕數委官置場收買以備支遣然場中所買多是庫中請出之絹復賣於官不知經幾出納矣又况牙儈投賣往往下色乞下戶部將每年合支散大軍衣賜及諸司合干兵級等人所請多者隨宜以分數分折支官會每匹依逐年立定中等時價為率不特可以革置場買絹之弊得絹而欲賣亦以為便也戶部指定欲從所乞下所屬將諸軍諸司等處合支絹帛候取見逐處所請數目隨宜措置自來年春衣為始合支色額折支施行更不置場收買所是宗室等生日支賜并非泛賞賜絹帛亦乞候今降指揮下日依此隨宜折支

全唐文　卷一萬四千七百八十五　十四

施行從之參酌下項名色欲行折支開具一年例雜支絹約一萬二千八百餘匹欲全行折支宗室生日六千餘匹聖節生辰御宴樂人支賜五千二百餘匹三年一次大禮合支賞給數内三萬一千九百餘匹百官約一萬五千餘匹欲於内一半折支本色諸司局所等約一萬六千九百餘匹欲全行折支一不測例外非泛進呈玉牒會要聖政冊寶并官員賻贈等應干雜支約一萬八千餘匹欲全行折支若許從今來所申照市價以會子折施行如約度庫管有實闕之數仍舊置場收買嘉泰四年五月十六日戶部言左藏庫舊來建置圍墻二重防備甚嚴比年多有隣近居民官戶侵占墻外空地

閭有簷屋相連，朝廷近來講求火政，若不預行申奏，恐
有窄迫隘處，利害非輕，乞委官相視，有合去拆之所，下
臨安府措置，應自己樓屋或賃人屋宇，或平屋，具間有
畫，行去拆，或除一半，或量行去拆，並與㪺酌間架所直，
照應諸處去拆民間屋宇體例，欲乞於本部經常錢内
就行支給。從之。八月五日，戶部言：「左帑寶貨財帛之聚，
監臨之官責任至重，非得公廉清敏之人爲之，安能檢
柅吏姦，關防蠹病。近年以來，所差之官多以大小使臣
及選人爲之，或是諸色雜流，其源不清，焉得無弊。乞令
後東西庫監官五員内，東庫二員，以一員差文臣，一員
差武臣，西庫三員，以二員差文臣，一員差武臣，並爲定

全唐文　卷一萬四千七百八十五　十五

闕，各自承替。文臣選改官曾經作縣人，武臣選材武曾
實歷親民人，仍須公廉詳練，庶可倚仗，並以三年爲任，
候任滿無過犯，與内外陞擢差遣。」詔見任人且令終滿，
已差下人依省罷法，内願逐人仰陳乞改替，其武官仍
差大使臣。嘉定五年九月，中書門下省言：「中書令鄧文
『諸左藏庫監官武臣差親民資序，仍不差年六十以上
贓私罪人。』照得左藏庫職事，即與武臣於武事不相干。」
詔除去「材武」二字，餘依已降指揮。開禧二年七月三十
日，臣僚言：「選人監左藏及封樁庫，既本職各有專，並資
格不許舉擬監專二年爲界，格法須管依條三年滿替，
無違闕方許陳乞任滿轉官酬賞。」從之。嘉定三年十月

二十三日，詔令後左藏東西庫官並候見闕堂除，曾作
縣有政績人，仍依舊法，並以二年爲任。見任武臣令候
二年解罷，已差下人依省罷法。六年三月六日，監行在
左藏西庫汪綱言：「左藏東西庫有專法一冊，係紹興二
年敕令所書旨頒降，今已八十餘年。綱到任之初，根索
數目，吏輩方始將出，紙已破損，漏失兩葉。其間法意周
密，關防詳盡，令上下玩習，十已不能遵守二三，是致弊
端日深。照得本庫法冊既損失不全，其在京庫務通用
條令亦不曾該載，自紹興以後豈無由明起請。今乞行
下敕令所，將上項條法重行頒降付庫，緣爲收掌，庶使
官吏上下得以恪意遵守。又照東西庫自紹興府間創

全唐文　卷一萬四千七百八十六　十六

置，火禁並同皇城法，文書浩瀚，宜若全備。綱旨欲稽考
數中出入之數，根索踰月，互相推託。庫文吏字盡藏吏
人之家，更輩更易，文書隨以遷徙，久而散失，不可復尋。
在法，漏泄庫務所官錢數者，徒三年，配二千里。今川散
漫戶閭，何止泄漏，正緣庫無架閣專管之官，久此爲生。
今問兩庫修造之際，乞於庫之中門踏逐隙地，各創造
架閣庫三間，西庫專委都門官，東庫專委中門官管治，
日下監勒根索五年内應收文文書牒冊簿拘收入
庫，仍於歲終吏人交替之際，應干文曆不許一件漏落。
如界滿吏人遍替不足者，不得遷補出職，籍從省部
即押發下次界接續，庶幾帑藏干照稍稍整齊。」從之。七

年正月四日，臣僚言：左藏庫監官舊係四選通差，不加
選擇，望輕責重。兩門官猶時能舉發趙之職，近來兩庫
監官既專用作縣有政績人，又有就任除擢者，而門官
率是部注選人，此是近有觀望。竊謂朝廷既遴選監官之
選，亦豈不當稍重門官之任？况上項兩闕本是堂除，後
來方發下吏部，而近者朝廷創置榷閣庫，令兩門官分
董其事，則其職守亦寖不輕。欲望朝廷將左藏庫都中
門官除見任人及差下人許令到任終滿外，自後並依
舊取作堂除窠闕，見闕方除，專以待選人已經任關陞
人。從之。四月二十六日，臣僚言：竊見左藏東庫拘押官
兩員，西庫拘押官四員，係吏部差到短使小使臣充，庫向
全唐文 卷一萬四千七百八十五 十七
來三月一替，非因郤滿一月一替，專以拘押供進宮禁
物色為職，每日各支食錢二百文，省如有料曆遇冬
衣并時服，並該支請，一歲所費亦自不貲。照得拘押之
職最為重事，訪聞向來庫吏與行鋪較於通同興易者，
正緣拘押官條去條來，不相諳悉，庫吏又不覺其奸制，
由是公然為弊，皆莫之知。今來兩庫官既已更畢，所有
拘押官六員委是冗猥，兼逐月申部吏易倍費。又移令
已將拘押短使盡行住罷，卻於東西庫專置拘押官各
一員，發下吏部右選，作小使臣初任闕，以兩年為任，俸
料衣賜並隨官資，仍每月各量與添支供給，到罷依太
府寺批書印紙。其職自拘押供送之外，如遇巡內外打

疊溝渠，看視兩庫蓋覆牆圍，皆係掌官，遇夜則輪一名
在中門外直宿，機察兩門啓閉，其綱運入納並不得干
預。吏、戶部相度：今來創置上件員闕，職事繁冗，前任亦
重，即與舊來專一拘押供送事務繁簡不同，理宜參酌
比擬，立定請給酬賞。欲依豐儲倉斛面官請給支破，其
房債錢一項免支，遇考并任滿，於太府寺批書，如任內
無曠闕事件，仍照斛面官例，即從本庫提轄官保明申
部關報所屬，量減磨勘一年。從之。十六年正月四日，臣
僚言：天子之禁帑，蓋受天下之貢輸也。色額繁夥，貨幣
山積，監董之任不與究心，吏肆其奸，何所不至。夫絹帛
之庫于東者，監官之員有二；銀會之庫于西者，監官之
全唐文 卷一萬四千七百八十五 十八
員有三。所謂提轄者，總其條式而振舉焉。欲於受納絹
帛庫官自合監臨，銀會交收亦須覘為稽閲，臣須巡外
斯屢從監交，提轄未嘗一來，監官則多已出局，將綱之
綃整集廳廡，但見管行人吏執其去受之權，計會已行，
雖龐怯而不聞，猶遺弊至纖悉好而不問。或有已申退
選吏復混同在庫，仍須致賂部與，後存銀子交拜同排，
難見且猶肉萃，不務精詳，遂致庫骨與綱吏通同，已兩
視得錢為高下，至於給用之際，但依元數，錙銖輕重莫
之能辯。竊慮積久相仍，轉萌欺蠹，諸弊若此，而上下恬
不為怪，良以人情玩弛，殆非一朝。任於前者幸以逭其
愆，繼於後者得以避其責，可不詳慮而謹飭之十乞申

戒左藏庫自今將納銀絹各以庫分當切監臨所交會
子即時點對抄簿隨與區處毋得縱之吏手滋長奸欺
務以職業自勤不許先時出局其於國計庶有補焉從
之六月一日臣僚言竊見左帑一職凡邦之財賦入出
咸隸焉至不輕也衛以重門分以東西各立監臨統以
提轄上下相維相制有條不紊近歲監東西庫官專以
處色最是謹重厥職也其後庫官為門官為選人未免
俯視其待轄官亦不過同體遷擢之等級遲速轄官又
多反不及之且其有輕心自足都門之辦驗秤等庚艮
之等色斤兩看視絲帛之堪否一切皆歸於庫官之獨
選玩慢日甚無復有聚議商訂之舉矣轄官之務者奉
全唐文　卷一萬四千七百八十五　十九
惟謹強者或出一語則庫官以銜之矣至有出身之人
而與轄官論職事公然肆言云若言路首當懲之邇來
統紀紊亂無弊日多凡聲跡彰聞者固不少而隱蔽不
揚者又不知其幾矣僉謂庫官之權不容太重門官之
任不容不謹轄官之分不容不尊紹興舊典以太府寺
丞簿兼提轄似可舉行或專以有出身人有聲望者充
選如東西庫官止用曾經為邑無出身人仍限以二年
為任候解罷後無過失者才予遷擢蓋庫藏之官數易
之為患最大而激勸之權尤足以使人盡職欲望聖慈
深察邦計之司存豈容玩法慢令乞明諭大臣斟酌而
行之誠非小補詔從之

宋會要　左藏庫

太宗太平興國二年六月詔曰權衡之設厥有常制出
納之吝謂之有司儻求羨餘必恣掊克苟視成而不戒
豈為天下守財之道焉應左藏庫及諸軍務所納諸州
上供金銀絲綿係斤兩物色自前多為庫務欺壓秤盤
妄稱要收羨剩進納致使部押之人虛抱欠折破產償
納自今並須平定秤樣斤兩與納人同封樣後即得秤
盤仍自今凡有給納並須兩平不得更收羨剩違者許
人陳告吏洎秤子節級庫子並當處斬監官重寘之法
告者給賞錢二百千先是諸州吏護送官物至京藏吏
率捶鈎為姦吏負官物至於破產不能償太宗知其害
全唐文　卷一萬四千七百八十五　二十
下詔禁之八年十一月詔今後諸路錢帛絲綿綱運令
左藏庫驗認本州封記全若有欠折即隨處官吏庫司
攤填如元無封及曾動封記並令管押軍將陪填有司
言州郡所納絲綿紬秤兩物色許百兩納耗二兩朝廷
雖嚴指揮不許多納秤入之際隨分須留耗折慮令就
整皆有羨餘皆是裝綱交秤之時本庫不與了當耗折
狀充羨剩欲求勞績致在令管押者陪填望自今凡秤
兩之物不得先收羨餘仍酌量均於東內明書斤兩據
物收數如有封記完全欠少分兩者並將赴三司與判
使已下秤盤定數若無封記而欠者即勒管押人填納
從之淳化元年七月詔左藏庫金銀器皿悉毀之侍臣

有言其間雕鏤球奇者欲留以備進御帝曰將尚用之
汝以工巧為貴朕以慈儉為寶監庫左正言直史館謝
泌賀曰聖意如是天下幸甚三年九月詔左藏庫每受
納匹帛綃監官當面點數不得將赤文不成匹及不堪
物納下四年二月詔左藏內庫專副庫秤揀掐等盜百
錢已下杖八十已上杖一百一千已上徒一年半刺面
配忠猜指揮五千已上流三千里刺面配京窯務贓滿
三十千依監主自盜法處死告捉者第給賞錢秤司透
漏減盜者罪二等十二月詔左藏逐庫監官自今憑由
須逐時申破如積涉經年以違制坐之至道元年五月
詔左藏支俸錢衣賜勘旁如旁數小於帖數即據旁支大
全唐文　卷一萬四千七百八十五　二十一
於帖數即子細根勘七月帝問宰臣左右藏庫自何年
月各自給納對曰先是朝廷置左藏庫金銀錢帛勘計
萬數以此庫財幣新陳相壓難以時給遣終未瀕底所
以前後界分職掌之人帳籍具存無由了當計司亦難
按比遂令別置右藏以代受納左藏專掌出給其後所
司給遣之時便於一處有只就左藏支散因此兩庫各
自給納帝曰臣僚於公不用心如此遂督左藏出納文
帳速磨勘了當其妄行奏改之罪釋而不問十月詔左
藏庫每月供帳自今以錢金銀生帛雜色絲綿為三帳
犀玉腰帶鞍轡雜物別具帳所差使臣須二年滿日與
專副一時差替監官候交割漏底月帳到省則給解由

景德無十年疑誤

歸班已替者更給添支一季二年十二月詔左藏庫支
造衣物服匹帛並用天長尺經量給付三年十一月詔諸
州綱運納裹角細絹如磨擦損估虧官錢五千已上奏
裁已下與免理納川峽遠路不以好弱悉據數納真宗
咸平四年二月詔青灘登淄萊五月絹並直納內藏如
左藏須物帛支遣那換遠年者充五年十一月左藏庫
鄆守素言淮南昇潤州紬絹價高望不給冬服留充郊
祀賞給軍士可獲數倍之利上曰朝廷方軍大慶豈復
規小利也罷之　景德二年八月詔左藏庫般出外絹
如無印者即就給付　十一月詔左藏匹帛有漬汙穢
幅不堪支給者歲終申三司差官類估具數以聞大中
全唐文　卷一萬四千七百八十五　二十二
祥符五年正月三司言左藏三庫自來各置官吏今欲
併為一共置監官二人從之後以官少事煩遂改如今
制　十一月詔請州納左藏金銀器物者令本庫監門
使臣執行人驗分壁受之　六年正月詔內庫務監專
諸色人食直節料并差出諸色人盤纏及齋醮道場所
用錢絹或傳宣取索入內及支賜諸色人恩澤并準宣
支賜差出官員使臣軍員錢銀衣物及蕃部馬價例物
今後並各於左藏新衣茶庫等處支給十二月詔左藏
庫應三糧料院每日批勘文旁須次日實封送左藏庫
本庫立便上簿監官封記到日候請人到庫將請受曆
與正勾有帖勘同於省帖及曆內批書日分拆開文旁

剗磨支付所支文旁正囙省帖粘連合帖入當月或次
月帳內除破又所支官物依舊例降正囙支帖下糧料
院并合支庫務候支絕入帳除破之時將旁契勘元支
省帖闕即入帳開破如省帖內文旁未到及已支檢旁
未見委監官置曆抄上職位姓名所支物色名件明言
甚年月日省帖內有抛降未見文旁候月帳八省令磨
司追索文曆照檢同前都手分於曆上勘同著字隨帳
入句磨勘亦上下批鑿書字御磨勘司責領交付專副
收掌候得替造成一帳有償鄉下無省帖者文旁即將
曆照證旁上年月錢數官位指揮同即依例於一帳內
開破又監官專副年滿日交割御將舊界得替末帳前
全唐文　卷一萬四千七百八十三　二三
月帳尾見在官物執行人看驗據帳內椿記名目交割
不得信縱亂有看驗致與元帳不同如行人輒取意着
驗不依元帳令舊界監專申解赴省乞行勘斷如實虧
官與元帳不同即令新界觀認交割別入庫歷於官又
監官食直錢朝臣諸司使二十千京官殿直已上五十
五千又逐月收到戲分錢上曆拘管每旬具數申省至
月終入帳收附其曆隨帳句磨又專副如二年滿替無
遺闕並各轉一資　七年九月詔左藏庫每出染絲帛
須分明雕印帛州土字號印靈頭上候染成看驗交納
　仁宗天聖八年五月提舉司言左藏庫受納金銀絲
綿綱運收到出剩並不即時入帳卻稱久例直至不帳

內收附比折今勘會自去年六月一日立界至今年三
月支外見在收出剩金七十兩銀一千一百三十五兩
又於今年三月起置納綱出剩曆只五十日內收出剩
金二十五兩銀一千五百四十兩顯不依條約蹈失官
物欲下本庫監官每綱運到庫若有出剩須分明上曆
拘管逐月入帳編排官物各省庫分排採具置到文曆
請下三司逐月印縫給付不得將剩數界然比折少欠
仍出榜於監官廳張掛常令遵守從之　慶曆三年八
月三司言左藏庫支用見錢浩大不眾詳條約用縮充
折本庫又自得旨取索合用內多有見錢二字及有特
令取見錢者詔今後敕葬支使依例用見錢外凡御前
全唐文　卷一萬四千七百八十五　二四
取索並依臨時所降指揮餘支賜錢並依舊條一應文
武臣僚使臣差出外支盤纏皇族迎嫁繫親丁定諸般
例物并句當行人錢省經道場齋料等備錢借請等身
死孝贈等錢宣葬教葬并諸般支賜錢皇親房卧折諸
物色備錢并繫親折銀兩價錢官員使臣身亡孝贈御
前支賜并內中不顯出名目取索製造諸般生活了當
恩澤錢以上並用絹折如特旨令取見錢即依臨時指
揮賜皇親并諸般支賜恩澤皇親往西京汝州南衙葬
並係支見錢　英宗治平元年七月四日三司使蔡襄
言今欲乞將左藏庫椎貨務見管錢帛金銀等比附明
堂支數封樁準備將來南郊支賜並將見在寬剩數目

撥充，即不關本庫支遣。從之。神宗熙寧元年七月十三日，提舉在京諸司庫務王珪等言：左藏庫自來四界與金銀錢帛等分庫，各有專副人員等，唯是監官四員通管，日輪一員在金銀錢帛庫支納。既更去不定，則容公人等乘間生弊。乞將南北兩庫添差文資一員，各令監管。內南庫文資一、使臣二，北庫文資、使臣各一。其新添官仍乞下三司提舉司輪舉，其請給酬獎並依本庫舊例施行。自今年十月立界，所貫逐庫各得監官專一管勾，息絕欺弊。監門即仍通管。詔減一小使臣，添文資朝臣，餘並從之。 二年九月二十七日，詔三司指揮諸路金銀數並納左藏庫，令左藏庫逐年支金三百兩，銀五十

金曆文 卷一萬四千七百八十五 二千五

萬兩赴內藏庫，永爲年額。 三年十二月，制置司言：右替善大夫呂嘉問擘畫左藏庫利害。詔送三司官與嘉問同議，具分定庫月關防人吏、拘轄官物、整齊文簿等事，即並從之。五年二月十七日，內藏庫言：勘會饒、池、江、建等州逐年額鑄錢一百五萬貫，除額外增剩錢，久來並係內藏庫送納。每年支撥逐年退錢六十萬貫，并三年一次支南郊錢一百萬貫赴三司支用，頗見往復。欲乞下三司，令後年額鑄錢一百五萬貫，支撥一十一萬六千六百六十六貫六百六十七文，并饒、池、江、建州錢監鑄到額外剩錢，並赴本庫送納外，餘錢並令左藏庫受納，更不令本庫逐年退錢六十萬貫，并每次南郊撥

貫錢一百萬貫與三司，仍乞減於兵士庫掐子節級共二十人，歸左藏庫，每日只輪差庫掐子三人赴庫祗應。如遇諸處支納錢貫，據合使人數逐旋於左藏庫計會勾喚。從之。

宋會要

高宗建炎二年二月三十日，中書侍郎、兼寫一得領措置戶部財用張慤言：左藏庫監官比其它庫務輕重不同，依條不許差出。令檢察得左藏東庫朝奉大夫李藻並兩庫朝散郎許端夫近各僥求差遣出外，除許端夫近臨替暫還本任，又以界滿不俟交割官物帳曆已離本任外，有李藻見在陝西路經制使錢蓋下充幹辦官

金曆文 卷一萬四千七百八十五 二千六

又別差權左藏庫官一員，增賞請給，望將李藻罷左藏東庫及幹辦官差遣，仍申嚴錢穀倉庫監官不許差出及所屬不合放辭任條法，以革積弊。所有許端夫差出左藏庫月日，乞依條除落，不理爲任月日酬賞。從之。四年五月二十三日，詔左藏東庫置監官一員，以事務稀簡裁減一員。也十二月十七日，詔左藏西庫歲供內藏庫錢金銀並依建炎四年例，止逐旋供納銀五萬兩，權免。 紹興元年五月五日，詔左藏東庫上下界許置專知官各一名，副知各一名，押司官共二名，手分共一十二名，書手共三各，庫級共二十名，兵士共二十五名；左藏西庫上下界專知官各一名，副知各二名，押司官共

二名手分共一十二名書手共三名庫給共二十五名兵士共二十五名左藏東西庫門手分共二名庫子共二名並從戶部敷減也十二月十七日詔左藏東庫依元額差文臣一員同共幹辦戶部言左藏東庫元額監官文武官各一員昨裁減一員見有武臣一員故有是命　二年五月二十日詔左藏東西庫遇綱運到庫如敢留難阻節不即交納出給鈔附許管押人徑赴尚書省越訴從倉部員外郎成大亨請也十二月二十三日詔東西庫手分書手各添一名從監官張杳請也　三年五月九日詔左藏庫今後將每日收到應干錢物以十分為率樁出一分專充大禮賞給支用七月十九日

全唐文　卷一萬四千七百八十五　二十七

詔左藏庫給散諸軍衣賜令三衙管軍神武右中後軍統制官忠銳諸將官躬親在庫彈壓無令攙先擁鬧如有犯人並從軍法仍令尚書省給降黃榜曉諭十一月十日詔應折支絹江南作五貫文兩浙作六貫五百文如遇無漬污絹即將好絹遞增一貫文給今以戶部狀勘會支賜錢不言見錢依法以絹折支宣和左藏庫格浙絹漬污每匹五貫一百文江南漬污每匹三貫九百一十文竊緣近歲諸路綱運地里不遠即無大段漬污又街市價例高貴理當權行增價故有是詔　四年正月二十三日詔卿武軍每歲用上供錢收買上色朱紅二十兩限至四月終差人管押赴行在左藏庫　四月

三十日詔東庫添置手分書手各一名庫子三名從監官任熙先請也　六年十月十四日詔文思院鑄造行在所左藏東西印各一面候鑄到日將見使舊印牒送行宮本庫候將來併庫日申繳令來行在所即赴禮部置櫃封鎖遇從車駕巡幸關請行使　七年二月十五日詔左藏東庫武臣監官帶同字結銜先是舊額左藏庫官文臣一員監武臣一員同監建炎四年間裁減東庫監官一員因而除出同字紹興元年間復置內武臣差數不曾改正所有左藏西庫武臣監官一員却帶同字至是本庫有請從之　十二年四月二十三日詔今後恩賞支賜絹帛除依紹興二年九月七日指揮禁中

全唐文　卷一萬四千七百八十五　二十八

宮人公主命婦軍功捕盜軍前遣來之人兩府除轉廳及中丞除授收茶鹽錢及數支賜許支本色外其餘棄名並每匹折錢三貫文如特降指揮令支本色者每匹增錢一貫文從戶部請也　二十三年六月十八日詔應倉庫交卸綱運折欠並即時具各色數目申解所屬見得有侵盜貿易之弊即送大理寺推治其過誤損失並押下元起綱處依法施行先是正送排岸司監繫故有是命　二十七年五月十七日詔戶部於轄下丞簿內選通曉財計人一員兼充左藏庫提轄檢察官任滿無遺闕依左藏庫監官例理賞仍每月添支茶湯錢十貫文從本部請也　二十九年十二月七日詔左藏庫今後

將應支錢物逐一照驗憑由旁帖文給依限繳申所屬審覆不得別立寄廊單子如違官吏並依收支官物不即書曆及别置私曆法科罪三十年十二月六日詔左藏庫每綱運若有出剩須分明上曆拘管逐月入帳不得將剩數比折少欠仍給榜監官廳遵守先是委大府寺官點檢秤盤收到出剩故有是命同日詔左藏庫今後差京朝官諸司使副其見任人令終滿今任已差下選人小使臣依省罷法三十二年四月十八日詔今後應盜官物其本庫監門官吏並依見行條法坐罪不許擅用趕趁體例先是左藏庫有盜紬一匹至都門而獲其中監門官却作趕趁不坐故有是命　孝宗紹興三

全唐文　卷一萬四千七百八十五　三十九

十二年元未改七月十八日詔將御前椿管激賞庫並撥歸左藏庫自今後諸路發納到綱運準此以左正言袁孚奏今之内藏即當之封椿外又有椿管御前激賞庫亦封椿之類臣竊聞異時天下貢賦多歸戶部近來分入内藏庫與椿管御前激賞庫致戶部有不足之患乞會二庫一歲所入酌取中制為歲額歲額之外悉歸戶部使戶部不致闕乏則州縣不至煎熬故有是命二十一日中書省言勘會御前椿管激賞庫元係檢正都司檢詳管提點今來撥歸左藏庫詔令提點官編排見數仰左藏庫逐旋支跋以左藏庫為名專一椿管應副軍期臨時取旨不得擅有支遣九月二十九日詔椿管御

前激賞庫已改作行在左藏南庫所有官吏罪賞請給人從并差破巡防雜役等應干約束事件並依左藏庫見行條法指揮　隆興元年七月二十一日詔李顯忠侵欺過殿前司池州建康府及收復宿州逐處官中金銀錢物依已降指揮物（御）收入官其私家貲産並與免拘籍其抄劄到前招撫使司及都督行府支犒設軍用不盡銀五千一百二十一兩四錢紬六千五百匹令平江府並起赴左藏南庫送納另項椿管聽候朝廷指揮　乾道二年九月十四日戶部言契勘左藏東西庫逐年合賜錦襖子官除親王宰執支全匹外其官（僚）並於整上各量裂合得數目支給外有零丈亦積壓在庫歲久色

全唐文　卷一萬四千七百八十五　三十

暗令雜賣場出賣不免低價暗失國用今年欲乞並支全匹人曆幇勘其餘零丈亦依文臣時服條例計價納錢牒臨安府市令司差行人估價關報糧審院於逐官料錢曆内除尅施行其餘應支花羅錦綺鹿胎段子並無見在欲以别色充代折支内合支本色而無見在者乞依市價折支見錢從之十八日戶部言左藏南庫舊係椿管御前激賞庫昨於紹興三十二年内改作左藏南庫依元降指揮官吏罪賞請給等依左藏東西庫見行條法乞將見役人并已出職補授人比附東西庫立界并界滿降一等補授名目送部勘當南庫比東西庫事務稍簡所乞頗優今乞將南庫人吏今後逐界立副

知立界並界滿比附東西庫降二等補授立界日先次補守闕進義副尉二年界滿日有勞無過與補進義副尉出職施行所有已出職補授人難以施行從之　三年六月二十八日戶部侍郎曾懷等言得旨大行皇后支費所收到左藏庫絹纚恩係何處納到行下本庫契勘係是信州建昌軍袁州除已將合干專庫科斷別行編揀抵換外本庫元受納官吏亦已下大府寺根究依條施行更取見元起州軍年分數目申取朝廷指揮詔本不為支費所絹麄惡恐將來支散諸軍春冬衣亦似此等所有供送合干專庫特放罪餘依奏仍劄下戶部今後不得將此等絹支散諸軍七月二十二日臣僚言

全唐文　永樂大典卷一萬四千七百八十五　三一

左藏庫專副手分庫級等如無人保明及無抵歷并曾經過犯並不許入本庫守把中大門親事官令皇城司選差五十以上有行止無過犯有職名人充如能捉獲偷盜官錢物入已有立定賞格今後若有透漏杖罪笞四十徒罪杖六十流罪杖一百降一資永不得差入倉場庫務徒罪以下及三次亦杖一百降一資監官監門官見一十員三庫共輪一員止宿今後逐庫各輪一員從之十月三日吏部侍郎提領左藏南庫方滋言照會本庫諸色窠名錢物等元係戶部行移催督今既專差官提領不隸戶部欲乞截日從本所行下諸路催督如有滯裂拖欠去處乞從本所將官吏按劾施行昨隸戶

部日每月一次點檢欲乞每月分上下半月兩次點檢如有隱落收支不明乞從本所直送大理寺依條施行本所行移人吏難以敢置乞於諸處官司踏逐諳曉財穀之人兼行每日量行添給食錢從之十二月三日工部侍郎提領左藏南庫姜詵言本庫見管金銀錢物數目浩瀚全藉監門官機察出入不可與東西庫監門官互相干涉不敢敵乞添置乞降睿旨於樞密院準備差使內選差有心力使臣一員充監門官一年一替每日添食錢三百文八曆帮勘庶可革去出入姦弊從之　五年八月十六日姜詵又言昨承指揮於樞密院選使臣一員充監門一年一替欲乞比附左藏庫監門官

全唐文　永樂大典卷一萬四千七百八十五　三二

量推賞詔左藏南庫監門官在職滿一年與減半年磨勘　六年七月二十九日臣僚言左藏庫每年支諸軍春冬衣賜除軍兵已有立定限日給散委是整肅除將佐使臣等緣令自請多有計囑好務不均或致爭競令亦乞自開庫後限十日令糧審院批放封發文旁赴左藏庫計數揭榜分作兩日併支歸軍俵散從之十月二十八日詔諸省門內新蓋左藏南上庫了當差置監官二員依南庫例並除差人監門官差樞密院使臣一員稽於南庫那差專副手分書手各一名庫子二名令本庫踏逐指差仍於臨安府揀下有職名軍員內差十人專一看管其左藏南庫改作左藏南下庫並隸提領所

七年三月四日，三省送到户部據左藏庫申：「關專知
官二員，專法許本庫踏逐曾經歷場務小使臣申吏部
差。緣係吏職，多不願就。今乞從户部選差小使臣充專
知官，職掌以掌管左藏庫出納官物使臣書銜，係專知
官請給外，月添食錢二十貫，申朝廷給降付身，理爲監
當資任。仍不許與監當官接坐，令別置直舍。應係出納
先令點勘書押，後發監官，庶有顧籍，可以倚仗。乞依所
乞施行。」從之。十月十八日，吏部言：「左藏東西庫監官仕
滿轉一官，并討日推賞。梅世昌係提轄，緣是創置，闕本
有立定賞典。照得榷貨務都茶場、文思院上界提轄官
並各依本處監官推賞，今乞依逐處體例施行。」從之。十

全唐文　卷一萬四千七百八十五

三三㭊

月二十三日，户部尚書曾懷言：「準乾道六年七月十五
日指揮，左藏庫交受綱運，專委太府寺丞簿一員輪日
監交給鈔。本部竊詳左藏庫置提轄官，正欲檢察兩事
情弊。若欲更差寺官，委是繁冗。今後欲盡委提轄官，其
大府寺官止合每季前詣逐庫點檢。」從之。八年五月八
日，户部言：「來歲大禮，合椿賞給錢物，除已下左藏庫自
五月爲始，將收到應干錢物以十分爲率，椿管一分，專
委本監官一員別用庫眼收椿。如敢擅支分文匹兩，並
依擅支封椿錢物法加一等科罪，仍不以去官赦降原
減。」從之。十一月十六日，救勘會饒州納到新錢夾帶鉛
錫，除鑄錢人吏并監官已施行外，其左藏西庫監官各

特降兩官。

全唐文　卷一萬四千七百八十五

三三四

宋會要 度支

兩朝國史志度支判司事一人以無職事朝官充作調度之費皆歸於三司本司無所掌令史一人驅使官一人元豐官制行郎中員外郎始實行本司事

哲宗元祐元年四月八日戶部言左司郎中張汝賢言切聞熙寧初廟堂之議始以國用不足大講理財之法其後利入浸廣費用隨增非復曩時之比也今既有所改爲自玆以往謀入當復有限則調度之費不可無節欲乞諸路轉運司會計自熙寧以來歲入幾何歲用幾何朝廷常供之外非泛所須者歲又幾何熙寧以後歲入幾何歲用幾何朝廷非泛所須者歲亦幾何仍具出某事之廢因某以而有今某法既改則某發可罷要以省不急之用量爲出則無異時不足之患從之 十八日左正言朱光庭言乞置局取戶部天下一歲之所出入與三年郊賚四夷歲賜凡百經費會計可省者省之量入爲出著爲令式詔戶部相度裁析以聞 四年二月二十八日戶部言自官制行三司錢穀事分隷五曹寺監皆得主行官司既無邦計盈虛之責各務取辦一時不量戶部有無利害橫費百端請令軍器將作少府都水監太府光祿寺等處轄下應申請創修添修計置收買材料錢物改鑄錢料興廢坑冶之類並先由戶部看詳檢覆內河防急切申稟不及者聽逐急應副事畢亦申戶部

卷一萬四千六百五十七

點檢從之 五月二十五日戶部言勘給請給糧料院審計司只得拖歷批勘除並聽大府寺指揮仍令本寺指定依某年月日條式合支名目則例月分姓名貫百石斗錢米數行下所屬糧審院勘驗批放如係無法式或雖有法式而事理疑惑不能決者即申度支取決不得泛言依條施行逐處亦不得承受已上違者徒二年仍不以赦降原減從之 徽宗大觀三年三月二日戶部侍郎吳擇仁等奏勘會戶部財計總諸路無額上供錢歲百餘萬名色至多全賴檢察近諸路將應就支錢物各指用無額上供以其歲收不同事目繁碎若吏彊官怠得以侵隱今相度欲乞本部行下泛買等只許支撥有額錢或不足轉運司以鄰郡通支如違以擅支封樁錢物法施行從之 十九日詔驛料自來給乘驛傳以資道塗之費優假外祠以益廩餼之豐玆有常格其何可紊比來京見領職局等處洎掌牋奏點檢管勾文字守分之類已有月俸添給外更支驛料者甚多安然坐局貪冒驛程之賜顯屬不當除現任外處宮祠嶽廟外餘悉罷如違仰御史臺彈糾以聞 政和元年十月十三日詔戶部奏諸路漕司侵用本部無額上供錢物乞並隸提刑司拘收更不令轉運司干與等可並依所奏疾速行下如有合關防措置事件仰逐路提刑司限五日條具申尚書省將上取旨 十二月一日朝議大

卷一萬四千六百五十七

夫試尚書戶部侍郎胡師文奏勘會政和元年上供錢
除發運司截撥充糴本外尚剩二十萬貫因戶部奏
請准今年六月二十二日朝旨將上件錢令發運司支
與諸路充打船使用緣上供錢自是戶部經費豈有應
副外路漕司之理竊恐日久爲例暗失上供之數臣愚
欲望聖慈特降睿旨下發運司勾收上件錢二十餘萬
貫依舊赴京左藏庫送納應副支遣從之　二年五月
一日胡師文奏契勘戶部財用全籍諸路上供錢應副
支遣昨逐次降朝旨令發運司拘截戶部上供錢二百
五十萬貫充鹽糴本支使本部已開具政和元年分諸
路有額無額上供錢一面截撥去後準政和元年十二

卷一萬四千六百五十七　三

月一日朝旨戶部經費浩瀚錢帛最爲數多全籍諸路
上供支用近日發運司多有截兑糴買鹽本致誤指擬
深恐未便可並特與免截兼昨降到上件錢係本部已
前支遣了當竊慮發運司尚自拘截政和二年分上供
錢致有侵用省計臣今欲乞且依政和元年十二月一
日朝旨免截仍據未截撥數亦乞令發運司疾速催促
起發應接中都支遣又奏臣契勘鹽本錢已有諸路賣
鹽五分見錢並諸路起發額斛并帶發舊欠預般自可
充足歲額如蒙免截庶幾省計不敢闕誤戶部財用應
副浩大若不寬假慮有闕誤可權依所奏本部財用稍
足依已降指揮截撥施行　六月三十日參照官制格

目所奏尚書度支事目格有點檢驅磨官員請受券歷
錢簿架閣等四項至元豐七年九月二十八日准敕將
在京歷券做帳法本部磨訖送比部驅磨其在外歷券
並歸轉運司施行紹聖二年六月已後戶部申請到朝
旨經中比部大觀二年四月二日修立成條在外券歷
申轉運司覆磨架閣在京所給兼請他路錢物者申尚
書刑部雖與度支格目不同又緣比部官格目亦掌追
納欠負侵請及有驅磨一項欲乞遵依比部格目并元
豐紹聖大觀逐次已降敕條釐正施行又奏乞在京出
給選人文歷令度支依官制格置簿比部關報鉤銷其
官員事故住支請受令度支關報比部追取驅磨如得
允當乞行釐正從之　八月二十日都省劄子勘會戶

卷一萬四千六百五十七　四

部財用昨朝廷措置本部每年約支用八百二十萬八
千餘貫將本部舊額歲入并措置出及朝廷應副共一
千五十三萬七千餘貫除支用數外每年有寬剩錢二
百三十三萬九千餘貫其間如夾錫錢及當十錢罷鑄
之類雖有虧損之數緣其餘所入錢數自足應副得足
令來不住據本部申陳闕之乞預撥歲賜額錢似此相
承借撥即向去登帶侵用無已劄付戶部具析因依申
尚書省戶部今具下項一契勘戶部財用冊內舊額歲
入并朝廷應副及措置出錢一千五十三萬七千餘貫
下項舊額六百三十三萬五千餘貫內虧二百五萬七

千餘貫朝廷應副三百萬貫闕下二百萬貫係實得數於河北河東路夾錫錢虧一百萬貫朝廷措置出一百二十萬二十餘貫內虧上十七萬八千餘貫實得四十二萬三千餘貫已上每年計虧三百八十三萬餘貫實得六百七十萬餘貫奉聖旨於陝西河東見封樁夾錫錢內各支撥五十萬貫應副戶部支用仍令本部一面措置兌那支使政和三年七月七日奉聖旨戶部所虧錢令尚書省措置補足尚書少勘會昨大觀元豐內會計戶部每歲約支八百二十餘萬貫當時朝廷措置出戶部財用一百二十萬二千餘貫并朝廷應副三百萬貫通本部舊額都計一千五十三萬七千餘貫除歲用

卷一萬四千六百五十七

五

外尚有實剩錢二百三十三萬九千餘貫近累據戶部干當訓之陳乞應副尋取索闕之因依令據本部供到數內一百一十五萬餘貫卻係本部實物并三路封樁自係本部移用支使難以一例作虧數并昨罷行使夾錫錢其河北河東每年應副共一百萬貫朝廷近已卻行應副外其罷鑄當十錢每歲計虧錢一百五十萬餘貫并河北河東淮南礬課係因本部申請減定每年虧一十六萬餘貫朝廷應副二百萬貫并夾錫錢一百萬貫外理當措置應副度支供到下項一朝廷每年應副戶部錢共三百萬貫朝廷應副錢二百萬貫兌賜河東等路夾錫錢一百萬貫一大觀二年朝廷措置出錢一

百二十萬二千餘貫除虧外每年實得錢四十二萬三千餘貫詔每歲特添錢一百五十萬貫應副戶部支用內一百萬貫於河東路鑄到夾錫錢內取撥餘五十萬貫於河北京東路鹽香礬稅司朝廷所收餘剩息錢內應副并聽戶部措置移用其舊賜錢一百萬貫於河北河東路鑄到夾錫錢內各分五十萬貫應副兌買等並依大觀二年已降指揮所有逐路賣礬課額並依大觀元年所降措置朝旨施行其減額指揮更不施行已上通計朝廷措置應副五百萬餘貫仰本部遵依施行

三年七月十一日戶部尚書劉炳奏朝廷指揮措置戶部財用諸路自大觀三年為始須管數足依上供法委

卷一萬四千六百五十七

六

逐路提刑催促如違法仰具當職官申取朝廷指揮重行黜責人吏決停續取索到大觀三年分亦有未起財用金銀等去處奉聖旨責限兩月本部契勘得成都府未起錢物已是出限外有成都府仙井鹽竹木務等錢已滿兩月朝限合依元降旨具當職官申取朝廷指揮詔成都府并仙井鹽職官各降一官選人依條施行

十月十七日戶部尚書劉炳等奏令擬修到條諸吏人驅磨點檢出收到無額上供錢物供申數目不實而侵隱移易別作窠名收係若支使者諸州三千貫累滿者同提刑司依此提刑司六千貫轉一資上條合入政和賞格諸吏人驅磨點檢出收無額上供錢物供申數目

不實而侵隱移易別作寬名收係若支得者州及八千貫提刑司一萬五千貫以上罪尚書同並奏裁上條合入政和賞令諸驅磨點檢出收到無額上供錢物係申數目不實而侵隱移易別作寬名收係若支使者五百貫累滿者同餘項依此陞一名一千貫陞二名二千貫陞三名四千貫陞四名七千貫陞五名一萬二千貫轉一資三萬貫已上取裁上條合入尚書戶部司勲格契勘閤下支用見錢全仰諸路上供有額無額錢數應辦其無額錢元豐間歲收約一百七八十萬貫近年以來所收約八九十萬貫比舊大段數少虧損國計緣無額上供雖有寬名而各無定數從前條悉場務收到數目

卷一萬四千六百零七

七

申州驅磨報提刑司本司備申尚部拘催起發若供申隱落止有斷罪約束即無點檢告賞之文並近承朝旨令諸路常平司驅磨到崇寧元年至大觀三年侵使隱落上供無額錢總計一百七十餘萬貫金銀物帛一十萬餘斤兩等如此顯有陷失錢物蓋為未有勸賞致所屬不肯盡公點檢驅磨令相度欲乞令後場務收到無額錢物供申所屬州軍提刑司并本部如逐處能點檢驅磨告發侵隱失陷錢物並依政和賞格令法施行又檢會大觀諸路上供錢物續降勅令節文諸無額上供錢物場務限次季孟月十日前具逐色都數申本州驅磨本月二十日前申轉運司仍具一般狀入遞申尚書

戶部本司限十日申本部諸供申無額上供錢物隱漏者徙二年政和元年十月十四日朝旨節文諸路應無額上供錢物並隸提刑司拘收政和格令諸告及驅磨點檢出隱落并失陷錢物應賞者以所納物準價仍依數借支即犯人應勿追或追而不足者千繫人均備告及驅磨點檢出隱落并失陷錢物每及一分給三釐詔依修定餘依諸路上供勅施行　四年四月二十日劉炳等奏勘會諸路拖欠錢物雖有分限帶發指揮緣逐路往往不限內計置起發盡絶却致再有拖欠蓋是從來約束未嚴今歲夏祭排辦本部百色支費所用錢物浩瀚唯仰諸路上供應辦今相度欲將諸路拖欠錢

卷一萬四千六百五十七

八

物須管於元立期限起發數足所是限滿未起并滎河撥發司管般斛斗拖欠三萬餘石未立定期限仍乞責限半年令逐路提轄官催促計置起發內冀柴斛斟如無本色即乞起發價錢如違其本處并提轉兩司當職官吏並乞令提舉司取勘聞奏仍不以赦降去官原減所貴如期到闕應副指擬支用從之　九月二十七日戶部尚書王甫奏契勘戶部經費全仰諸路上供近刻刷到見積欠錢物共三百四十二萬八千三百一十四貫石束申降今年六月二十三日聖旨須管於元限起發數足限滿未起已有立定期限半年如違本處并提轉兩司當職官吏並令提舉司取勘聞奏仍不以赦降

去官原減臣竊以督責勸沮之方莫先賞罰今諸路催起積欠除違限路分本部見行按舉劾奏乞賜必行外即未有依限起發數足推賞之文臣愚欲望聖慈詳酌特降睿旨諸路如能於限内起發數足其當職官吏並從本部數奏朝廷優與推賞庶幾有以激勸詔令户部看詳申尚書省　五年四月二十四日承議郎尚書度支員外郎張汝霖奏自到任以來點磨拘收到錢物并起置過簿書内一項朝旨驅磨在都請受文歷内失陷錢物三十萬元限一年半汝霖到任四月餘日驅磨得二十三萬七千四貫石疋兩等詔張汝霖與轉一官郎官一人分案有五曰度支掌支度軍國財用及會計之事曰發運掌行上供年額封樁并科買及漕運脚直之事曰支供掌供入内錢物及諸色俸祿請給驛券曰賞賜掌賞賜支賜并特支時服衣襖銀鞋盤纏諸色人例物雜支錢物曰知雜吏額主事二人令史六人書令史十六人守當官十六人貼司二十九人

卷一萬四千六百五十七

九

高宗建炎三年四月十三日詔度支郎官以一員為額吏人減三分之一　紹興三年正月七日詔度支見出給文武官料錢歷頭取會閤門吏部都官糧料院等處其違限不報人吏並從杖一百科罪　二十五年十二月十二日尚書右司員外郎鍾世明言天下財賦窠名不一有歸之朝廷者有歸之户部者要之均濟國家之用而已

故朝廷之與户部事實一體比年以來朝廷每因支降務食錢三十萬緡又於數内剋還給關子錢而户部窠名錢物又有為朝廷拘收支用者望下户部條具自來支使錢物窠名撥歸户部每月以實關錢申朝省取旨貼降施行從之　二十六年十一月六日禮部侍郎辛次膺言願詔有司取朝廷入歲支之數以一年為率其入數則稽考欠失嚴立譴罰其出數則更加裁約立為定例然後於歲實入之内撥歲合支之數以待其出又取若干專一收樁以為畜積之數無故不得支用詔吏部侍郎陳康伯大理少卿陳章户部侍郎王俣等同共措置上曰此正今日之先務財用止有三說生財理財節財比年以來生財之道講求畧盡唯是理財多緣官司失催理不以其時致有拖欠積欠既久則又放免使州縣得人必不致此若夫節財則朝廷用度莫大於贍軍然諸軍請給亦皆有定額無可裁損自今但當撙節浮費不可妄用使理財得人又能撙節如此數年畜積自有餘矣

卷一萬四千六百五十七

十

十二月六日詔諸官司料次錢令户部取酌中一年數目立為定額每年不得過今來所立數目如支用不足即具數申取朝廷指揮　同日詔三省樞密院諸房除每上下半年户部支給犒設外激賞庫所支諸房并其餘官司犒設令後每次並減三分之一　紹興三十二年九月十九日孝宗即位未改元兵部

侍郎兼權戶部侍郎周葵等言檢準紹興二十八年五
月十一日指揮內外臣寮請給今後不得陳乞免行借
減雖已得指揮許戶部執奏不行本部見行遵守外照
得內外臣寮諸軍諸司多是於指定條格合得請給數
外陳乞援例增添及諸百官司所支料次并非泛支使
錢物多有泛濫太破欲乞今後止從本部檢察指考許
取索從實裁減內有援例增添請給之人雖蓋降指揮
訖執奏不行從之　孝宗隆興元年七月三日戶部言
依指揮條具併省吏額度支見管主事二人令史六人
書令史一十六人守當官一十四人正貼司二十四人
私名五人令減令史一名書令史三人守當官二人正

卷一萬四千六百五十七　十一

貼司四人私名五人內二人係文遣度牒文字添置於
內減罷一人令將減罷人籍定姓名候有闕日依名次
撥填詔依見在人且令依舊將來遇闕更不還補　二
年六月七日殿中侍御史尹穡言國家之於用度既不
可以橫斂加賦則於設官置吏惟當有以減裁其冗今
戶部既有度支以總調度又有帳司以考文籍今則又
有所謂驅磨司者蓋因昨來陛下臨御之初欲令戶部
盡見內外支費之數胥吏之亢有不辦趙子潚為侍郎
遂遂急創置驅磨司使之專行而其所差人吏月有增
給今則內外支費之數具在帳籍遇有取索照應便可
立見則其創置之司自合復罷今仍依舊存留徒費文

籍山積雖長貳不得盡觀特付胥吏之手致令糧料疲
於供報三衙困於追擾無益於事詔驅磨司併歸度支
元差人吏並罷　閏十一月二十日詔於內藏庫支借
銀一十萬兩應副戶部支遣日後令本部收簇撥還
乾道四年六月二十一日度支郎中趙不敵言度支所
掌存於支度軍國之用而會其出入及其經費之數臣
嘗計方今一歲內外支用之數大槩五千五百萬緡有
奇又以一歲所入計之若使諸路供應以時別無蠲減
拖欠務場入納無虧則足以支一歲之用不闕然賦用
之窠名猥多而分隸於戶部之五司如僧道免丁常平
免役坊場酒課之類則左右曹掌之如上供折帛經總

卷一萬四千六百五十七　十二

無額茶鹽香礬之類則金部掌之度支則督月樁倉部
則專糴本催理雖散於五司悉經於度支稽之古人量
入為出之義則度支一司安可以不周知其所入之數
比者臣昨庀職之初見其凡遇科降移用之際一切臨
時批會於五司據憑其數即以施行或以吏緣為姦或
有批報隱漏迫於倉卒考覈無由小則有悞於支遣大
則失陷於財賦臣因置為都籍會計窠名總為揭貼掌
事雖方行籍書草具而條目詳備因已粲然易考欲望
付之本曹自然為始歲一易之庶幾有司得以久遠遵
行不惟財賦易以稽考抑使胥吏無所容其姦從之
十一月二十七日詔三總領合支官兵春冬衣令戶部

措置今後並前期支降依行在官兵條限時日支給不得依前遷延過時（從臣寮請也）　五年三月十五日戶房言每遇四孟月車駕詣景靈宮合支散歟巷官兵并禁衛折食錢（係已得旨）依例支散若逐次降指揮委是重復欲乞自將來孟夏降指揮日添入今後依此字從之　六年五月四日度支言依指揮條具併省吏額見管主事二人令史五人書令史一十三人守當官一十二人正貼司二十人私名四人今減書令史一名守當官二人正貼司三人以五十人為額詔並依擬定各從下裁減將來見闕日依名次撥填其減下人願依條比換名目者聽　七年三月七日詔戶部支券食錢以銀

卷一萬四千六百五十七　十三

會子代支從戶部請也　八年二月一日戶部尚書曾懷侍郎沈復言准指揮每月券食增支錢銀減落會子令具下項一路諸州軍合發折帛錢并寬剩折帛錢及折帛頭子錢欲自今年受納日以九分見錢一分會子解發內折帛錢四色各增二分共計增收見錢一百七萬六百餘貫內有截使赴外路支遣錢二十六萬餘貫從戶部卻行科撥州軍赴行在經總制窠名會子二十六萬餘貫對兌貼湊赴外路應副支遣一臨安府合發折帛錢欲以三分為率用一分見錢二分會子解發仍自受納日為始左藏西庫雜納綾紙等錢欲自四月為始並全用見錢送納一務場每月券食錢三十萬貫欲

自十月為始支撥二分銀或見錢應副支遣一契勘自來支遣錢銀分數增減不定若將來見得錢數多銀兩數少即合將見錢增起分數支遣一契勘已承指揮增起銀兩分數支遣街市銀兩數多銀價自是低平照得本部已前年分遇闕少銀兩置場收買應副若將來見得銀兩果有闕少只將收到綱運并酒庫等處發到錢會置場逐旋收買應副支遣又言今具每月減落會子四十萬貫一歲共增支銀錢計四百八十萬餘貫一歲錢增一百八十萬貫已有下項折帛增起二分錢一百八萬餘貫臨安府折帛增起見錢二十萬餘貫雜納綾紙等錢全用見錢一百萬餘貫已上計一百四十七萬

卷一萬四千六百五十七　十四

餘貫本部今將二月分為則又遣每歲實增錢止一百五十六萬餘貫除已有外實闕九萬餘貫一歲銀增九十六萬餘兩已有下項歲剩四十二萬餘兩務場券食增起二分銀二十一萬餘兩已上計銀六十三萬餘兩闕少銀三十三萬餘兩本部已申朝廷乞將販到綱運并諸色發到會子除經常支用外約一百八十萬餘貫可以收買銀五十萬餘兩貼湊支遣勘會今來兌起外路折帛見錢二分赴行在止二十六萬餘貫照得合起赴行在經總制錢數甚多欲令戶部於附近州軍合起赴行在經總制錢內分明指定指撥錢二十六萬餘貫卻於本州軍對兌起發從之　九年三月二十四日戶

部言准指揮委官前去浙東西江東路諸州軍點檢官吏俸給每月具折支錢會歷結押申繳赴户部驅磨勘會兩浙路温台明處州平江府及江東路諸州軍並未繳到文歷詔令温台明處州平江府并江東路逐州軍點檢會子官各遵依指揮將已結押文歷疾速申繳施行不得違滯仍先次具析未繳因依申尚書省

續會要

淳熙十三年十二月九日詔度支減守當官二人貼司一人私名二人以司農少卿吳燠議減冗食，下敕令所裁定，故有是命　嘉定六年九月二十三日户部侍郎兼同詳定敕令官李珏言度支一司專一審度支供錢物凡是諸色支遣並須經由度支庶幾事緒歸一易於稽攷令來路百官司并諸軍幫支借給或遇陞改增添食錢之類其糧料院祇憑諸處諸人幫到券歷便與批勘更不候經由度支是致事緒散漫難以稽攷乞令後應是諸百官司并諸軍但干請給並須經由度支審度行下方得照條幫勘如未曾經由度支即不許糧料院擅行幫勘從之

卷一萬四千六百五十七

十五

庫

宋會要　御酒庫

淳熙七年四月一日主管御前酒庫言元降指揮於步軍司差破兵士三十人殿前司差破兵士二十人充雜役使喚緣本庫係在内中置局若差撥廂軍竊慮冗雜不捷部轄難以憑信乞比附省馬院等處體例差破禁軍使喚遇闕依舊於逐處差填從之九年四月二十四日詔御酒麯料庫支賣新煮酒並行住罷將在庫煮蘭液酒二十萬瓶付點檢贍軍酒庫所令本所自今每歲抱納息錢一十二萬貫供納内藏庫仍自今歲為始

法酒庫

在内酒坊專掌造供御及祠祭常供三等之法酒以給饗祀宴賜之用以京朝官諸司使副内侍三人監别以内侍二人監門匠十四人兵校百一十人仁宗天聖二年十月詔三司所辦法酒退糟入水覆醾作酒更不行用只令本庫依舊例支撥造醋七年四月詔法酒庫積壓年深黄酒三司已擬賣與在京酒户蓋是本庫不依年分相兼支遣致有積壓已令三司别具條約自今造酒并以見在料向去要用數目納度醞造如更有積壓官典並劾以闌賺損壞虧官價錢勒令陪納慶歷七年六月詔九月一日已後支新酒四月一日已後支黄酒並須截定月分醞造内酒坊法酒庫除供御酒許入拱宸門外餘供酒入内並本庫般擔入東華門由軍器庫

卷一萬四千六百十八

前崇政殿東橫門至內東門外北頰地分祇候送納至
和元年六月詔應供御黃法酒及三年已上者進納入
內諸祠祭法酒本庫別屋醞造務令嚴潔仍不得別有
支用每支酒者除聖駕出出御前筵宴并北朝夏國進
奉人使錫慶院齋筵依舊例外諸排頓并濟實取撥去
處本庫置歷差人計會使臣抵鑿合用數赴庫據數支
撥祇應次日卻於歷上開坐元數并支過回納酒數抵
鑿發遣月日差人監押赴庫交割如有違犯並從嚴
斷因而侵盜官物重者自從重法嘉祐元年五月詔法
酒庫內酒坊麴貨仰逐處監官專切用心監轄人匠精
細絡造候了隔手差官看驗如用糖心低弱其總匠嚴

卷一萬四千七百八十八

行科斷刺配遠惡州軍牢城干繫典級提舉人員亦從
嚴斷監官劾罪以聞特行衝替神宗熙寧三年六月二
十三日三司言勾當法酒庫陳世卿等狀每年宮觀道
場設醮合用注酒等管勾使臣申三司下本庫支供每
處差人迭旋津般往彼祇應多作弊倖偷減移易均收
空瓶動經月餘破卻功役乞下逐宮觀開坐一年中常
定齋醮及非泛道場合使酒色額數目申省下本庫給
歷令彼處上歷以瓶赴庫請領依臣僚傣酒體例支給
如合用瓶亦具數預申省下庫支撥本處附帳省司看
詳欲除非泛道場即令本庫依舊例供送外一年中常
定道場等乞如所請從之奉慈觀萬壽觀後苑天章閣

延福宮廣聖宮景靈宮崇先觀醴泉觀集禧觀延祥觀建
隆觀東太一宮西太一宮慶寧宮

油醋庫

油醋庫在建初坊掌造麻荏菜三等油及醋以供膳局
以京朝官三班及內侍二人監有油匠六十醋匠四人
太宗至道二年閏七月詔油醋庫賣退糟錢除本庫支
地等與紙筆外至年終支不盡者並納入左藏庫真宗
大中祥符二年詔油醋庫舊各置監官自今併為一庫
減監官二人仁宗天聖元年四月定奪所言在京油麻
元納油醋庫後為專典乞錢三司擬置受納脂麻庫隔
手支與油醋庫歲費萬餘石有監官副知雜役斗子八

卷一萬四千七百八十八

人如法酒庫內酒坊造酒米麥皆船般緣河就倉納下
不別置庫欲乞如例只於稅倉寄廒收貯從之

茶庫

太宗端拱二年八月詔茶庫所納臘面茶並令盡數收
拾碎茶比樸補足數如欠即據數依京城價填納免罪
淳化元年十一月詔京茶庫交茶須依省帳等等色號
年分支遣違者許人告捉勘罪賞錢百千真宗景德元
年四月令京茶庫今後納綱運將一色號茶年代一例
著別庫收掌三年詔茶庫雜役兵士隸收倉指揮若須
工役就撥應役大中祥符二年九月詔茶庫受納片茶
各定日限看驗交納無得留滯片茶潭州大坊茶伍萬

斤限半月諸州茶五萬斤限十日三萬斤六日散茶五萬斤四日三萬斤三日臘面茶萬斤四日　熙寧八年三月六日詔茶界復爲茶庫事具都塩院　都茶房在順成坊掌受江浙荆湖片散茶建劔臘面茶給翰林諸司内外月俸軍食舊二庫咸平六年合爲一加都字以京朝官三班内侍二人監

江湖淮浙建劔茶則歸茶庫哲宗正史職官志云以給翰林諸司及賞賚出鬻

内茶紙庫

内茶紙庫在右銀臺門内掌供御龍鳳細茶及紙墨之物以諸司使副内侍二人充役後廢罷

内茶炭庫

卷一萬四千六百八十八

在景龍門内道西掌供宫城及諸宫宿衛諸班諸直軍士兵卒茶炭席薦之物以三班一人監

物料庫

太平興國三年改供備庫爲内物料庫内物料庫在横門外南廊掌供尚食及内外膳羞米麪飴蜜棗豆百品之料監官二人以三班及内侍充監門一人以三班充主秤三人掌庫六人外物料庫舊在興道坊掌給皇城外諸宫院油塩米麪之品舊曰麩麪庫大中祥符七年改外物料庫監官二員以三班内侍充掌庫一十一人兵士一十人作坊物料庫在汴陽坊掌鐵木鉛錫羽箭簳油蠟石矢鏃麻布毛漆朱等料給作坊之用以京朝官内侍三人監舊三庫景德元年合爲一　太宗淳化元年十二月詔作坊物料庫所支弓弩院造箭庫逐料箭簳並令逐作預差人赴庫揀選候數足令監造使臣分擘造作如損裂不堪稼數迴換自今三司不得將關雜破損不係軍器物於物料庫送納　仁宗天聖六年正月權三司使范雍言作坊物料庫所受納翎毛經年蛀蚛河陝諸州軍上京般請主役皆不任用欲自今除在京合銷要翎毛數目於向南出産州軍置場收買送納外所有河陝京東西五路州軍所令轉運司破省錢收買應副使用右本州軍不係出産即據數預先牒隣近出産州軍及申轉運司收買應副從之　神宗熙寧七年九

卷一萬四千六百八十八

月二十六日軍器監言作坊物料庫皮角四場庫自來諸處取索應用官物並係本庫供送逐庫所管又少既據支納須有過數官物在外無從關防欲乞除在内造作諸處舊供送外餘處並差人般請交領從之

内香藥庫

内香藥庫在謻門外南廊舊止曰香藥庫在内中天禧五年從今庫掌出納蕃國貢獻市舶香藥寶貨以京朝官三班二人監真宗景德二年六月詔香藥庫今後送納香藥即勒行人比並近月剩例不得虧損官司估定價錢上簿並爲定額四年五月詔香藥庫監官專副得替交給一香食直錢大中祥符元年六月詔香藥庫用

法物每半年一赴三司比較。天禧五年六月，提舉庫務司請以皇城内東華門裏東宫南屋矩度爲内香藥庫，貯細色香藥以備内中須索，從之。七月，詔修舊截造院舍屋置庫，盛貯經揀庫香藥，却以經揀庫屋盛貯汴河南庫香藥，仍從提舉司所請别立條約施行。仁宗天聖元年四月，詔經揀香藥庫與香藥庫止是香藥庫監官一處管勾，自今令辦經揀庫文帳併作一道供申，仍於帳内立項開説。八年十一月，詔内外香藥庫庫其内庫在皇城裏，外庫在城南曹利用故宅，每遇支遣輪那内庫監官一員往彼，或勾當不前，致公文盗竊，擠添差監官一員。神宗熙寧元年十二月十三日，詔内香藥庫監

卷一萬四千七百八十八

官專副得替收到出剩更不理爲勞績，但界内别無少少欠及損惡官物，帳籍憑由齊整，末帳入省，監官與先次指射合入差遣。若有諸色人偷侵官物及點檢不得整齊，或帳籍憑由積滯，並差人交替，候官物帳籍齊足，監官方得與住程差遣，專副别與勾當。其監門使臣兩次獲偷官物，與家便差遣，專副别與勾當。其監門使臣三次以上，與先次家便差遣。如兩次透漏官物估價不及十千，差人衝替。若出入官物不畫時抄上及差互透漏，估價十千以上，不以度數並根勘以聞，與降等遠地差遣。如又係兩次透漏者，候歸班日委三班院將衛皆與降等遠地差遣，比較從一重差使。景德四年三月

至道無七年，此七年八月十一月兩條與職官門同，而職官司列於中祥符五年，俟考。

詔杭、明、廣州市舶司般庫牙珠玉到京，並納内藏，揀退者納香藥庫。諸州香藥亦以細色納内藏，次者納香藥庫。如香藥庫收細色香藥，供内每季計度支撥。

甲庫

吏部甲庫，太宗至道三年十二月，詔吏部甲庫許置院子一人，月給錢於祠部錢内支。七年八月，詔官告院應中書送門下擬官奏狀，並送甲庫依黄甲例收管，准備諸處會問。十一月，詔今後廢置司應收到事故合廢置選人官告文字，並畫時當廳枇鑿，牒送刑部毁抹。

卷一萬四千七百八十八

　雜物庫

雜物庫在宣義坊掌受納外雜輸之物以備支用以瓷
器庫監官兼領　真宗景德四年十二月詔雜物庫所
支紙除聖旨取索外其使臣勾當公事取紙者須先奏
聞得旨方得供付大中祥符七年十月詔歙州造來紙
委官吏幹轄工匠盡料製造擣硾熟白知州職官看驗
受納　神宗熙寧三年三月十四日詔併在京瓷器藥
密兩庫入雜物庫留藥密庫官一員管勾雜物庫官別
與合入差遣　雜輸之則歸雜物庫哲宗正史職官志同

大軍庫

嘉定五年三月二十八日詔湖廣總領所於鄂州大軍　卷一萬四千七百八十九
庫取撥銅錢一萬貫銀一萬兩及於江陵府大軍庫取
撥會子二萬貫各就本庫令項樁管　六年五月十二
日潼川府路運判孟浩言本司紹興五年運判張㴸申
奏朝廷以趲積到錢一十萬緡樁充備邊蒙降指揮下
制置司令常切點檢不得妄有支破緣後官丁逢點檢
得其錢元係樁發糴本窠名却一時改作備邊名目遂
申朝省行下四川總領所改正撥還糴米樁管今契勘
本路州軍如瀘叙長寧控扼西南諸夷若言水旱則糴
本固不可無儻或緩急則備邊亦非細事兼本路漕司
名爲轉餉除每歲四川總領所科撥人戶納絹估錢二
十五萬餘貫合行拘催買發綱運去歲偶值豐稔廳副

食貨五二之八

諸州歲計外除已補足前來糴本錢二十萬貫常具申
奏外今又積到一十萬緡亦行置立別庫樁管擬充備
邊之用乞下本司日後非緣邊事不得侵動分文後官
遞相交承如或用過即行補足庶幾本備邊二者不致
偏廢詔令四川制置司常切點檢不得妄有支破餘依
已降指揮　七月二十二日戶部言權發遣湖南提刑
兼權提舉馬大同奏在法諸庫倉監專同封閉并押記
鎖封掌鑰以長官紹興十八年閏八月四日從廣西提
舉路彬申請將州縣見管常平司但干錢物州委知通
縣委令丞同共管幹每十日一次躬親點檢而今州縣
長官例皆推而遠之輒以匙鑰付之監官主管而又不　卷一萬四千七百八十九
復躬親點檢遂令各干人恣爲姦弊臣除已遵用前項
條旨行下所屬州縣將今來已點檢到常平糴米本錢
的實見在之數別作一庫另項樁管不得與坊場減免
役等錢交雜其本庫匙鑰仍從長官依條專自掌管自
行點檢無容合干人非時以放支別項官錢爲名妄請
匙鑰並緣侵盜更有文歷亦合別行起置若去後差官
點檢則據其凡目按以從事如數一二曉然易見庶幾
臨期免致闕悞從之

皮角場庫

皮角場庫在顯仁坊掌受天下骨革筋角脂硝給造軍
器鞍韉氊毯舊一場三庫景德三年併三庫爲一庫先

食貨五二之九

是歲熙四年於都亭驛遣內侍部匠造紅鞋後隸北作坊至是亦併此庫又有椿水牛皮筋庫別置監官其年亦省令此庫官兼長以京朝三班內侍二人監又以三班一人監門

食貨五二之一〇

專副庫

專副庫紹興十五年三月二十一日詔場務庫所管專副庫掐多是將錢物移易侵欺盜用其監臨官吏漫不加省已降旨官吏不覺察徒二年本犯人止係杖罪或不至徒二年之人其不覺官吏亦科徒二年之罪十九年七月二十七日監察御史章復言竊見州縣凡輸納財物不即時入庫而有所謂外支故專庫等人致有侵

卷一萬四千五百四十九

欺擅用欲望督責監司守臣覺察杜絕剗廊外支弊詔令戶部旋行二十一年十二月三日臣僚言竊見場務府庫專副庫掐盜用官物監臨官吏不覺察徒二年推原其情若贓物數多犯人罪抵極刑或至流配監臨官吏處以徒罪不為過矣然其間有犯人罪不至徒而監臨官吏亦處徒刑則不覺察之罪乃重於自犯欲望令有司於續降指揮內官吏不覺察徒二年字下添入若犯人罪輕者與同罪詔令刑部看詳申尚書省其後刑部言今看詳欲依臣僚奏請所犯罪輕刑名不至徒二年之人其覺察官吏並與所犯人同罪依條斷遣從之

大觀庫

食貨五二之一一

大觀庫大觀二年三月二十三日中書省尚書省言令具去年九月發運司錢共五十五萬九千八百餘貫勘會今來綱運直達其錢發運司無用詔並起發上京赴大觀庫送納

文書庫

真宗景德三年八月詔金耀門文書庫差三司軍大將二人充專副月給食錢二千四年三月詔三司提到盜案帳要切文書不以當職不當職人吏並決配吏人離閑慢文字亦勤停監門獲盜者等第給賞文書庫軍需人吏通同盜出貨賣許人陳告杖配買人知情與所犯分首從斷決三司吏如的要文字照會者本判官押帖

卷一萬四千七百八十九

借取置歷抄監官開庫檢尋封付本判官處呈驗十日內還庫其文字並依部分架閣每夜輪專知官一人押宿大中祥符四年十一月詔文書庫分三部各房架閣文字逐案異架一一交點鎖鑰納三司使處如非時人吏私檢文帳即行嚴斷天禧二年八月三司定奪減省文字所言乞自今應係已磨勘過諸般未發遣由一時封送金耀門文書庫收管仍乞截自今樣逐旋磨勘在京府界倉場等處界分應帳憑由文字令逐手分於每卷上批鑿庫務名目某年月憑由道數寫簽帖封記印押訖每令手分供寫單狀輪差後行一名取索單狀照證收掠憑由置歷開說合封送庫務名目憑由年月道

數都計錢束般載於金耀門文書庫交割架閣本庫呂
吏歷內批鑿收領著字押歷委一通轉都大束數簽押
準備結絕界分之時剗刷照證只於結絕檢內聲說申
奏及今文書庫依例置板薄取三司印押給付抄上遞
由數目準備諸處非時取索使用仍令後專副得替依
例交割不得輒有損壞散失其應帳遞由文字等今後
更不許於府司并諸庫務送納從之神宗熙寧二年閏
十一月二十三日三司言金耀門文書庫見收盛三司
自太平興國以來諸般帳案欲乞差官兩員往本庫與
監官重別編排置簿拘管架閣準備使用詔可仍三司
選官奏差

卷一萬四千七百八十九

宋會要　藥蜜庫

在宣義坊掌糖蜜藥物供馬以京朝官二班三人監管
太宗淳化五年三月詔藥蜜庫今後諸州交納到藥蜜
其盛貯物若本處明有公文稱是納人自備者即時給
付真宗景德四年八月詔藥蜜庫支諸班軍馬藥每
馬上禮時將樣逐月一次上殿進呈訖散大中祥符七
年三月詔自今藥蜜庫只差京朝官各一員監掌其監
官專副一年一替候守交滿底別無少欠即監官發遣
歸班七月詔自今處吉州南安軍納糖以五萬斤為一
綱交裝之時須長吏對拜入籠封記付管押吏礽具無
交蒂稀嫩汁滓狀上三司每籠以百斤為準如欠数即
令官吏均償若管押吏不切點檢損動封記即於管押
吏催理其藥蜜庫監官須折籠秤數不得徵偉納下嫩
汁者如已後虧悪即於本庫剋納虧官錢神宗熙寧三
年三月詔併入雜物庫仍留本庫官一員專管

宋會要　元豐庫

職官志神宗元豐四正月十八日中書門下言司農寺
狀　元豐庫已下手興修詔非久官制成就其司農寺
見主錢穀自當移治戶部等處其上件庫屋可更不消
修置所有諸處起發到錢帛宜止於內藏或左藏庫收
寄其已立木令修蓋了當本曹支用木植宜令撥與提
舉修蓋景靈宮諸神御殿五年三月十一日詔司農寺
趣諸路提舉司起發常平拜坊場積剩錢五百萬緡輸
元豐庫十月二十五日詔戶部右曹於京東淮浙江湖
福建十二路發常平錢八百萬緡輸元豐庫七年二月
二十八日戶部言見緡不多請發諸路積剩錢百萬緡
置物貨輸元豐庫變易見錢以備支用從之

一

宋會要　元豐庫

五月十一日詔以元豐北庫為司空呂公著廨宇其封
樁錢物併就南庫以元豐為名專主朝廷封樁錢物
六年九月二十日詔自元祐六年每歲於內藏庫支緡錢
五十萬或以紬絹金銀相兼支充赴元豐庫樁管補助
沿邊軍須等支費職官志紹聖元年十一月十七日戶
部言諸路欠上供錢帛而朝廷展限者其數甚多願以
元豐庫錢代支而督上供之數還元豐庫上謂宰臣章
惇曰國家須為長久之策何宜迫急如此宜講求之三
年四月四日詔元豐庫監官自令差承務郎以上親民

人元符二年五月二十一日三省言按紹聖四年六月
十五日指揮諸路折斛錢熙寧年並歸朝廷自元祐以
來戶部陰有侵用不復更歸朝廷無慮二百萬緡緣係
本部已前侵用過數難責令日併償詔將元祐年折斛
錢除戶部的實已支過錢數與免撥還外有其餘數目
并紹聖年所起折斛及提舉司元糴過斛斗價錢並仰
元豐庫拘收封樁準備朝廷支使如戶部輙敢侵用並
依擅支使朝廷封樁錢物法

宋會要　元豐庫

徽宗崇寧元年十一月二日詔諸路起發年額坊場錢
名人入境便雖省縻費常有積壓不能盡起可依元豐
庫所申難同榷貨務便錢從戶部請也十二月四日尚
書省言諸路見樁管錢朝廷及省曹諸司金且甚多遂
縣即無支用詔令戶部指揮諸路諸司將諸縣應見管
金數並盡數發赴元豐庫送納三年正月二十七日尚
書省白劄子勘會見令戶部改鑄得當十錢六十萬貫
計折小平錢六百萬貫欲將三百萬貫復還戶部即本
部比之每年所得之數尚有增收錢一百六十萬九千
六百貫文外將二百萬貫赴內藏庫送納餘一百萬貫
赴元豐庫封樁應副朝廷支用從之欽宗靖康元年二
月十七日詔取諸路公使庫神霄宮所管金銀器皿赴
京師元豐庫送納六月五日詔籍到在外田宅房廊令

二

逐路轉運司召人承買其價許兼用金帛隨處實價估折所屬給據與沿邊商税力勝限日赴元豐庫送納乞給鈔支案

宋會要　元祐庫

哲宗元祐三年正月九日詔改封椿錢物庫為元祐庫隸尚書省左右司二月七日詔江南東西荆湖南北福建成都府梓利夔路元祐二年已前封椿錢物召人入便或計置金帛發赴元祐庫

宋會要　法物庫

朝服法物庫太平興國二年置分三庫一在大慶殿後一在右掖門内北廊一在正陽門外西廊掌百官朝服

三

諸司禮衣儀仗以諸司使副使三班内侍三人監　真宗大中祥符六年九月詔朝服法物每祇應禮畢有損缺者即時申報修飾仁宗天聖七年十二月二十七日詔每遇大禮諸軍及行事官從人等於朝服法物内衣物新衣庫支借出法物衣儀注衣服等自今後禮畢日諸軍諸司職掌并太常樂部並限五日餘限十日送納如違限及損壞官物者令本庫檢舉八年八月詔朝服法物内衣物新衣庫自今大禮除諸司職掌係應奉祀事及儀仗内祇應人合請儀注衣服其注隨從人諸色人等並不得支借衣服如有違犯閤門御史臺覺察以聞

宋會要　南郊家事庫

南郊家事庫在玉津園後景德四年置掌南郊家事以本園官兼領嘉祐八年詔玉津園南郊庫别差監官專知官手分庫子專管勾神宗熙寧五年詔玉津園南郊庫差本園使以兼管勾係將作監提轄　宣德門家事庫三庫一庫在内前御街西面二庫在樂臺坊街北面掌南郊所用家事監官二員以登聞鼓院監門官兼領

宋會要　奉宸庫

慶曆四年二月三日遣内侍齎奉宸庫銀三萬兩下陝西博糴穀麥以濟飢民　神宗熙寧元年十月十六日入内内侍有言奉宸庫珠子已鑽串蜡裹都一十五等

四

樣計二千三百四十三萬六千五百六十九顆詔入内侍省候有因便勾當内臣附帶與河北沿邊安撫都監王臨就彼估價分擘與四榷場出賣或折博銀其銀别作一項封椿準備買馬　奉宸五庫在延福宫内舊名宜聖殿五庫一曰宜聖殿内庫二曰穆清殿庫三曰崇聖殿庫四曰崇聖殿受納真珠庫五曰崇聖殿樂器庫康定元年九月合為一改今名仍鑄印給之掌内中所降金銀珍寶及舊所藏秘備内中須索以入内内侍二人監入内都知一名提點

宋會要　封椿庫

淳熙四年八月二十一日以大府寺改造封椿庫是年

五月詔以封椿庫窄狹令兩浙漕臣踏逐近便空閑地或官司屋宇移置如有干礙民居處同臨安師臣詳議以太府寺基與封椿庫連接遂以寺基建庫屋凡一百間　淳熙十六年十一月十九日提領封椿庫岳霖言照對封椿庫截日終有管經常會子四千八百八十三貫五百文度牒會子三百六十五貫八百文糴米會子一百三十萬貫除諸未支豐儲等倉糴米會子約計八十萬貫外見在止有五十萬貫照九月分總支過會子三十餘萬貫十月分支過會子五十餘萬貫每月不下支遣會子四五十萬貫今來本庫所管已是不多取索到左藏西上庫狀昨來毀鑿過第七界會子并封椿庫供到截止今年九月終毀鑿過務場破損第七界會子共二十三萬八千八百四十八貫九百文欲乞指揮封數印造第七界會子補填已截數目發入經常曆內椿管應副不測支遣從之紹熙元年十月二十五日封椿庫申金元管七十九萬九千七百四兩秤盤虧四千一百七十三兩銀元管一百八十六萬八千七百二十九兩秤盤虧六千三百四十五兩大理寺申勘到專知官胡彥材等共盗過金官會共約計一十四萬二千七百三十九貫四百文已抄估各人財產出賣并根括到金銀共約四萬八千餘貫詔封椿庫已秤盤并拘收到及見管金銀錢會實數於曆內分明開項收附日後監

五

專暫移仰照曆尾見在對行交割同銜具狀申提領所保明申尚書省大理寺見拘椿金銀錢會日下發赴封椿庫拘收椿未賣家業等令來所催促出賣拘錢發赴本庫紹熙二年正月十八日詔封椿庫自紹熙二年為始將御前犒軍會子依淳熙十五年例每年椿辦四十五萬貫分作四季各於孟月赴內藏庫供納二月十四詔禮部給降度牒一千道付封椿庫委提領官措置出賣仍不拘官民戶及僧道童行聽從便請買每道價錢七百貫文許用銀會中半入納內銀依市價細計餘依節次已降指揮其賣到銀會並就本庫椿管　開禧元年三月二十六日臣僚言臣聞孝宗創立封椿庫非以自奉亦非以供雜費蓋亦遠遵藝祖景福內庫之遺意專以為軍旅之備也今封椿之數比孝廟朝所儲之數不甚相遠然向者孝廟創之於本無之中今豈不能增之於既有之後耶迺者臨安及浙漕免借皆未免支撥封椿至如救火軍兵支犒數目不多亦於此乎取之若此之類竊慮可惜欲乞上體藝祖暨我孝廟之規專務節用以實封椿明詔國用司分別窠名入封椿上下庫將上庫錢物一毫不支以備緩急謹守國執自然豐裕如犒軍及修軍器之類稍加撙節止於下庫支遣所有新賣度牒新造會子之類並依國用司斟量撥入上庫此蓋自治之一端從之

六

宋會要 封椿庫

紹熙元年十月二日提領左藏封椿庫所言昨來置庫
之初以三省門內地步窄狹遂取舊太府寺安頓見錢
目令號為下庫壁落踈漏全無關防兼與上庫相去隔
遠官吏不能專一監臨竊見左藏西上庫自舊收掌朝
廷封椿錢物欲將上件封椿見錢從入椿垛仍乞將西
上庫自以左藏封椿下庫為名其元撥隸戶部主管錢
物且依舊窠名從本庫撥與戶部庶幾不妨經費詔依
其合行事件令提領官沈詵疾速具申尚書省二十三
日戶部言昨準淳熙十年八月二十四日提揮左藏南
庫撥隸戶部所有本庫以後合收支錢物仰戶部並照
七
應項目依數管認續承淳熙十二年正月三日指揮左
藏南庫可併作西上庫其管認收支及椿管錢物並令
依舊今承紹熙元年十月二日指揮封椿見錢從入西
上庫椿架將西上庫以封椿下庫為名其元發戶部主
管錢物且依事窠名從本庫撥與戶部本部竊詳昨來
南庫撥隸戶部坐下項目令戶部管認總收州軍等處
合發窠名錢一百九十八萬一千六百四十一貫二百
七十七文見以戶部主管西上庫所為名行遣拘催今
既改名封椿下庫椿管朝廷錢物隸屬提領所難以仍
舊以戶部主管西上庫為名稱呼其元撥戶部錢物窠
名亦難以從封椿下庫撥與戶部竊慮支撥錢物迂枉

兼恐軍發納疑惑欲乞將西上庫元撥戶部窠名錢物
撥入左藏東西庫從本部令作一案拘催收支行遣庶
幾不致混雜詔將昨來南庫撥隸戶部錢物并應合椿
辦行遣等事令作一案掌行仍舊於封椿下庫管收支
施行紹熙元年十一月二十九日戶部言左藏封椿下
庫申檢準淳熙十年十一月八日指揮南庫撥隸戶部
泛收項目內坐下鎮江建康府等處沙田錢係逐年戶
部先於南庫借支二十三萬貫所以將上件納到錢數
拘收理還本庫令來改作左藏封椿下庫所是支過紹
熙元年分沙田錢二十三萬貫應副左藏西庫支遣了
當合從省部照逐年體例備申朝廷劄下鎮江建康府
八
路各將今年正月一日至截日終收到江東淮東路州
軍并本府民戶沙田先次盡數差官押發赴庫送納其
日後至年終收到錢數亦仰接續起發從之嘉泰二年
十二月十三日提領左藏封椿庫所言本庫係乾道六
年內承降指揮於都省門內起蓋庫屋專一椿管朝廷
錢物緣當來一時倉卒蓋造令來年深朽欄目令諸庫
盈滿亦無添蓋庫屋去處欲展激賞庫三省樞密院客
司房并總庫樞密院大程將房欲直修蓋都將大門外
兩壁挾屋仍舊充激賞庫三省樞密院客司房等處詔
令封椿庫支降會子一萬貫委提領官同兩浙漕臣措
置修蓋　開禧二年七月三十日臣僚言選人監左藏

及封樁庫既本職各有專立賞格不許攀援監專二年爲界格法須管依條二年滿替無遺缺方許陳乞任滿轉官酬賞從之嘉定七年二月三十日監三省樞密院門兼提轄封樁庫楊恕言照得提轄左藏東西庫任滿推賞合轉一官在任改除計日推賞其封樁上下庫監官各有任滿轉官減年格指揮不絶任人亦合計日推賞所有提轄封樁上下庫無職即是一職而任兩庫之重創置之初未嘗將來合與不合推賞詔令楊恕以無提轄封樁上下庫繫銜任滿與照提轄左藏東西庫例推賞八月十一日提轄左藏封樁庫所言監三省樞密院門兼提轄封樁上下庫楊恕申近覩戶部申雜買務

九

監官今後並差文臣如封樁上庫在省門之內監官近年多差選人如門官當來格法文武通差多不得其人令後只差有舉主選人庶免致武弁雜流踈拙者冒昧居之詔封樁庫監門今後並差有舉主選人其已差下武臣並令赴尚書省別行陳乞合入差遣

宋會要　寄樁庫

寄樁庫孝宗隆興元年三月二十一日尚書省言左藏南庫遇有編估到官物自來下雜賣場出賣係寄樁庫收錢赴南庫送納本場爲無賞罰不切用心無不曾委官致有積壓損壞詔委太府寺丞并差提點所使臣專一措置出賣仍令戶部照應雜賣場賞罰格法參酌立

任滿將任內賣到錢比類前官數目申取朝廷指揮每歲比較增虧分數酬賞展降其寄樁庫未曾立定賞罰令照應參酌一體立定本部欲依本寺立定事理施行從之乾道三年閏十月十七日戶部侍郎曾懷言契勘寄樁庫昔樂足帛初無監官止差樞密院使臣監視出賣緣係兼管前後交割不明令欲乞將本庫物色就委雜賣場提轄監官出賣別置曆收支其錢依舊赴南庫送納樞密院使臣乞更不差從之　淳熙十一年十月二日詔提領封樁庫所委官司同文思院提轄監官將估到戎足綾錦揀選堪好可用數目令寄樁庫出賣其賣到錢並赴封樁庫送納十五年五月十二日詔提領寄樁庫每月添置支茶湯錢二十貫

十

宋會要　內衣物庫

內衣物庫在文德殿後掌諸王宗室文武近臣禁軍將校時服給受之事初爲衣庫後改令名太平興國二年置受納匹緞庫受綾錦院西川所輸錦鹿胎綾羅綃織成匹緞之物大中祥符元年併入以諸司使副及三班內侍三人監掌庫三十一人太祖開寶三年四月命宗正丞趙孚監衣庫仍鑄印賜之先是左藏庫製造衣服後於本庫收管至是別掌庫掌納真宗大中祥符三年二月詔內衣物庫專副得替攢造米帳不得奏乞酬獎八年九月真宗謂宰臣王旦等曰近提舉庫務臣潦奏

林特言逐處專副勤丘七人如特為移內衣庫四節衣
服只欲速見數目逐節為界其新造出染並於出納各
立界分以是差人大多丁謂曰特以緣狀之殘處分事
多分置主掌意欲速辦爾帝曰此恐未可減省元不給
食直錢可第給之仁宗天聖七年十月內衣物庫奉詔
賜靈鑑金采帶一條重二十兩鑑拆釋止重十四兩有
奇以其事聞詔樞密院指揮點檢推究姦弊別行條約
神宗熙寧四年六月詔尚衣庫官物等併入內衣物庫
仍改內衣物庫為尚衣庫更據本庫所管御衣幞頭扇
筤并應管諸般官物立便撥赴內衣物庫

宋會要　新衣庫

十一

在太平坊掌受錦衣雜帛衣服及儀注衣物以三班內
侍二人監別以司天監官三班二人監門真宗咸平元
年三月詔新衣庫支配軍衣服委監庫使逐領印記給
散十月詔新衣紬絹錦綺二庫除監門得存燈火外自
餘無得停火四年詔新衣庫先置受納衣服庫掌諸司
丁匠諸軍服自今併入新衣庫景德二年十一月詔新
衣庫納裁造院衣服如小可不對可以桐無支遣亦令
納下若大段配破不堪支遣即勘罪施行退付水院仍
不得更拆充積尺送官十二月詔新衣庫所造軍衣並
用小印記造納年月支遣之時須依合支長短尺寸分
兩若看出退換者將樣赴三司看驗勘斷大中祥符二

年七月改都大新衣庫為新衣庫仁宗天聖七年六月
詔新衣庫支賜僧道衣服內黃絹寬袖汗衫候見在給
盡即旋造白絹窄袖紆衫支賜神宗熙寧四年五月詔
廢新衣庫其官物撥赴儀鸞司等處

宋會要　尚衣庫

嘉祐八年四月太常禮院言皇帝登寶位修製袞龍服
絳紗袍鎮圭合付尚衣庫與少府監修製仍乞差內臣
管勾製造從之

宋會要　軍器庫

太宗淳化元年七月詔軍器什物庫支借物色候送納
時令於納狀內開說年月堪與不堪數目收納如色額

十二

不是元借物即勒陪填即不得私借物與人如違許人
陳告坐如法慶曆二年十一月以權三司使姚仲孫啟
前副都指揮使李用和馬軍副都指揮使曹琮並管勾
劄置軍器司四年九月詔定軍器庫據每月合係祇應
另勞並仰監官躬親開庫取出當面較定顏數下後
於逐般上各封記書寫名數字號點檢交付入庫封閉
次日亦須親自監開庫門取出便押領入殿祇應即不
得信縱兵帶不係封下名目器械貯用換與人施射仍鈐
轄祇應公人不得令揀試諸班諸軍人員處并就營乞
乞覓錢物仍令軍頭引見司常切覺察每遇南郊支給
諸班直被帶人鐵甲等候郊（壇）禮畢卻送本庫送納於南

北作坊差人定驗合行添修數目更不立定拆造名目只得添修并量事添修若的然年歲深遠合行作造委本庫監官躬親監勒點檢具合行拆造名件畫時結罪申提點所拆造嘉祐四年九月二十一日差內殿承制唐中和計會提擧軍器庫官員并逐庫使臣子細相驗見在諸般兵器內如有年深斷綻損拆及不堪施用者只就令本庫科出人等并抽差作坊逐色工匠揀選小作料次撥與作坊依例添修所有作坊見令造作旬課並且權罷專令添修舊損兵器早了當五年八月命西上閤門使郭諮提擧修完兵器時揀內軍器庫器甲下南北作坊繕完而特選官提擧也八年六月二十三日

十三

樞密院言勘會軍器庫所管兵仗萬數浩瀚多不整齊及有損壞昨於嘉祐五年中曾差駕部員外郎薛仲孺專管排垛揀選修完已及三年累乞求罷欲下三司委使副選擧員外郎以上知州資序人一員與都大提點官員同共管句從之英宗治平元年正月詔自今內人內獻諸陵假軍器防援者令內侍省以數申樞密院指揮支借乘輿出合從器仗關報不及令軍器庫官一員押當往還二十六日都大提點內弓箭軍器等庫言乞下京東京西兩浙江南路州軍打造弓二十萬上京從之治平四年正月八日詔都大提點軍器庫所令來所支諸處添差巡檢衣甲器械等內除衣甲更不支給外

其餘器械據合支分數依例支給神宗熙寧元年八月詔減罷都大提擧內軍器庫文臣一員是月樞密院言監內弓槍庫承制楊安道入內供奉官李孝基等近以不職降黜令提擧內軍器庫所別擧官詔今後令樞密院差內供奉官仍委入內內侍省選定續詔樞密院於前班內臣中選差一員

內軍器庫

宋會要 中興

高宗建炎四年二月十日詔行在軍器衣甲內弓箭南內外庫四庫併為一庫以內軍器庫為名除存留衣甲庫監官專副手分庫子九人長行二十九人外餘並罷內庫子令溫州以等仗刺填闕額禁軍七月九日詔內

十四

軍器庫許置庫子長行架子頭通以一百人為額據見闕人數內令庫於逐庫舊人內依公選擇曾經入殿祗應慣熟之人充填紹興三年三月二十六日詔內軍器庫監門使臣今後提點所申吏部指差經審量使臣填闕不得辭避別求差遣四月十九日詔逐處見管軍器衣甲等今後非奉旨及朝廷指揮取索不得輒擅供報如官吏作匠敢有漏泄數目並流三千里不以赦降原免五月十二日詔軍器什物庫併入內軍器庫從兵部侍郎鄭滋請也五年十二月八日詔內軍器庫監門窠闕依舊法理三年為任永為定制　忠翊郎監內軍器庫國狀先蒙都大提點所踏逐指差充監門填闕緣本

庫監門使臣二員係三年為任伏覩吏部申明應差注
使臣並替二年成資闕又緣本門自來不係吏部使闕
去處故有是九年十二月五日詔內軍器庫前行依條
遷補副知興監專旬來年正月一日立界其副知請給
止依見請手分則例仍作內軍器庫副知其餘已併六
庫更不作闕遷補都大提點內軍器庫元係軍器衣甲
弓槍弩劍箭南外內弓箭庫弁軍器什物庫共七庫併
為一庫其不併庫以前逐庫專副共二千餘人昨緣併
庫日據見到行在人吏存留當時衣甲庫副知有上件
名闕未曾遷補見管專知官止有一名自紹興三年差
到至今未曾陳乞立界故有是命十年十二月二十三
日都大提點內軍器庫言內軍器庫狀本庫元係軍器
七庫逐庫舊管庫兵共一千餘人昨隨從車駕至溫州
將諸庫併為一庫以內軍器庫為名通以一百人為額
即令見管人內除十將董　外別無部轄人員今來
本庫省記條內額管人兵共一百四十八人內節級將
將虞　將副都頭指揮使五階級職名部轄止是省記
到衣甲一庫人額比之往日諸庫人兵大段數少即今
見行遷轉欲乞依上條立定人額階級遞闕依紹興八
年五月十五日已降指揮格刺依條轉補其副都頭乞
候三年與轉指揮如節級闕於架子頭庫子內通選年
月最高者充補其節級並指揮使格刺到長行請給口

十五

食錢米依已降指揮支破外衣賜時服並乞依本庫見
行省記條法則例支破兼契勘架子頭元額三十人昨
併庫日止有九人存留在緣應奉闕人遂於庫子內選
差七人相兼祗候其庫子依條例合受納排垛軍器即
與架子頭應奉執役相妨欲乞於額管長行依條通遷
七人充架子頭共作一十六人為額其上件架子頭一
十六人並止乞依新格前行則例支破請給從之二十
六年十二月二十日詔內軍器庫存留專知官一名副
知一名前行一名手分一名外手分一名減罷其減下
人令本庫出給公據候將來額內有闕收補以裁減百
司吏額也

宋會要

內軍器庫

孝宗乾道五年十二月十二日詔內軍器南庫見管庫
屋樑放軍器並各寄隘令兩浙運司於南庫墻外計置
疾速脩蓋庫屋樑放軍器六年十一月二十八日內軍
器庫言契勘本庫自建炎四年八月軍器七庫併作一
庫以軍器庫為名人兵一百四十八人為額如還遷亡
事故依本所元豊令格刺本營子弟填闕目今見闕四
十二人先來南北兩庫軍器止有大焙一座今來火焙
四壁元處舊火炕焙弓弩乞將見闕人數招填詔權以
一百三十六人為額令招填數額令後遇闕住此七年
八月七日都大提點內軍器庫所申乞令脩內司差人

十六

措畫下兩浙轉運司修蓋庫屋架放軍器從之

宋會要 内弓箭庫

内弓箭庫在横門外掌御弓矢戎具及細鎧具装槍旗刀劍斧鉞器械以諸司使副使内侍四人勾當别以三班内侍二人監門領兵校及匠百三十一人軍器五庫並在崇政殿東横門外掌禁兵器鎧甲供軍什器備待之物及受作坊諸司及諸州造作兵器之成者凡出納之事皆主之以衣甲為一庫弓槍為一庫劍弩箭為一庫以諸司神副使及内侍六人分庫通領又有什物庫在清平坊以三班二人監領淳化二年又置揀選衣甲器械庫在内弓箭庫門内以諸司使副使及内侍二人

十七

監領五庫凡共有兵校四百五十人共供役事真宗景德二年三月詔令後揀選到堪好衣甲器械送弓箭庫軍器庫如有退回者别項收數脩補天中祥符二年六月二十四日詔内弓箭庫日逐祇應弓弩須監官躬親較驗石斗力勝下絃封記出庫即押領入殿不得令人抵换硬軟不等祇應公人不得於揀試軍班處乞錢令軍頭司差人覺察捉搦劾罪仁宗天聖七年四日提奉諸司庫務司言準三司牒檢會少闕黄牛皮貨據皮角庫典弁南北作坊弓弩院工匠稱見管黄牛皮萬數不少不以大小蛀蚛並堪揀選熟造應副使用見勒逐坊依此施行當司看詳三司為闕少黄牛皮貨住滯下南

北作坊弓弩院句謀造作若令人匠一向將積管年深蛀蚛陳次皮貨煎帶供使深慮所製器用不得牢固欲望指揮軍器四庫并内弓箭庫自令逐處納到衣甲器械並須躬親監勒公人仔細點檢受納須自牢壯及得元初尺寸制度經久堪充收管供備不得夾帶納下軟怯事數久遠誤失供應從之慶曆二年十一月是月九日詔定本庫差内臣二員為監官二年一替遇上番日破兩日食下番日一食每日並親收逐庫鑰匙至晚進入内應每有納到金銀装造物色並南北作坊弓弩院文思院鐫鑿監官工匠等姓名斤兩件段數目未得装釘令監釘使臣與内弓箭庫軍器三庫使副及監官使臣

十八

專副就造作處同共秤盤數足即令装釘釘訖交納英宗治平元年五月十八日北部員外郎提點内弓箭庫張勤言乞每遇後殿駕坐入殿趁赴起居從之閏五月十二日都大提點内弓箭軍器庫所言乞令後每後殿引見射弓弩人等例先進呈弓弩斗力從之熙寧二年六月之十一日詔令都大提點内弓箭庫將揀到係修衣甲槍刀器械等重行編排内多少名件製造精好可以添修使用若干名件怯弱不堪添修合行變轉各别立庫眼排架件析以聞六年七月十三日詔置内弓箭南庫儲御前所修製軍器之所也無别在官提舉八年五月十六日都大提舉内弓箭庫軍器等庫所張茂則

言轄下四庫軍器不堪緣逐庫監專只以二年為界方欲整齊各又交替乞今後軍器四庫監官以三年為界任滿日如出納整齊排垛物色與帳籍無差互并專副界滿並許當所保明等第酬獎從

宋會要 軍資庫

建炎元年十一月十八日知濠州連南夫言尚書省劄子依黃潛厚所乞下諸路守臣監司各盡臣子之心計置輕齎金帛差官管押前來行在交納共濟國用今劄刷到軍資庫見在未起夏稅匹帛官絁七百七十六匹紬三千七十九匹續九千匹諸路軍資庫物帛既非上供額數自合樁留充本州本路軍兵衣賜諸路依此建炎三年九月十六日詔諸路漕司差官根刷到諸路物錢見於別庫寄收并以後州縣起到錢物並須管依法於軍資庫樁收如違及不經勘旁支給官竄嶺南人吏決配並不以去官赦降原免 紹興十二年三月廿六日臣僚言天下財賦所以常不足者侵蠹之者廣也今州縣大抵皆自立名色別置文曆移彼作此蓄為私帑輕費妄用隱遁越法制莫可稽察雖上供成數猶有闕遺其餘失陷漏漫不加省欲乞應州縣諸司所入一金以上盡入軍資庫收掌要使取之於民者悉歸於官官吏用悉應於法則雖不加賦而用自足從之紹興二十六年正月二十七日右司員外郎兼權戶部侍郎鍾世明言

諸路州軍錢物並合隸軍資庫近年以來州軍多將拘到錢物別置庫眼亦曆拘收以為羨餘之獻公庫之用乞令逐路轉運司將創置庫眼去處廢罷其錢物撥併入軍資庫令後州軍輒敢仍前別置庫眼者以違制論仍放罷監司知而不糾者與同罪並許人告從之

宋會要 布庫

布庫在樂坊掌收諸州所納布司其出給舊係左藏庫建隆元年移置以京朝官三班二人監又以內侍一人監門真宗咸平五年九月詔自今南布綱至京除狀內明言漬污損傷數外如不切愛護綱官錢送納仍等第科罪一釐以上笞五十三釐以上杖六十五釐以上杖七十七釐以上杖八十九釐以上杖九十一分以上杖一百綱官節級於梢公工下減一等專副減三等三司軍將管押人又減一等景德四年五月詔布庫所管布帛係軍需好布別庫收掌其不任軍須者具病色獻印籍給衣賜者常約度三二年以來數用有備如少即三司下出產州軍科撥應綱運揀退者監官勘行人定驗堪與不堪轉染科造具數申三司 神宗熙寧八年五月二十四日詔布庫自常樂坊移置閶闔門外甕城坊五月省司契勘京東路淮陽軍徐州每年起發布共七萬疋上京除三千疋充軍裝外有六萬七千疋充折府界諸縣上三等人戶體量和買草藁勘會近準朝旨

白馬管城韋城胙城新鄭五城縣隸府界其添買草數所用布帛數多布庫自來將以前積留布數相添支使令來本庫别無準備布數年額數目支用不足乞行計度省司令將熙寧六年分支折過布數約度每年除舊數外更合要布五萬疋相添支使人户欲乞下京東京西路轉運司分認所轄不出産布帛州軍科買每年依數起發上京應副支用從之　十年三月八日詔自來布庫每日將鐵牌請鑰及本庫收鑰却將鐵牌於垂拱殿前總子內進納令後依在外諸軍務例只令本庫官收掌更不於鑰匙庫請納京師在外庫務鎖鑰並內門監官收掌惟布庫相承於大內鑰匙庫請納至是編修內諸司敕式所以爲請而罷之

四　平

宋會要　省庫

開寶四年正月詔曰諸路州府買撲場院人員訪聞以所收課利擅貸於民以規息利有逋欠者取其耕牛家資以償或綏官司理納追禁科較民甚苦之自令所收課利錢旋赴省庫送納不得積留擅將出放違者當除籍及決杖配隸告者賞之

庫雜錄

全唐文

宋會要　祇候庫

祇候庫在横門外掌分受錢帛器皿什物衣服巾帶茶藥以備賜與以諸司使副內侍三人監真宗景德二年二月詔祇候庫管庫不得衷私借人許人陳告當重置之法十月詔祇候庫每賜臣僚服器除擡賜及外國使正受外並令將鋌銀據數折支大中祥符六年正月詔祇候庫據軍頭司閤門每日御前宣賜及隨駕準備賜物外如要準備錢常預約數申三司支撥不得直行撥狀取索神宗熙寧元年二月三司言祇候庫近遺失官物官吏劾罪緣本庫每日支出物色赴軍頭司閤門等處準備對御取索支賜全籍監官得力乞減罷內臣一員（從提舉司手詔勘舉東新官收並以合入內內侍省差官監祇候庫務白當內臣各一員）其監門透漏亦乞下三班院差人衝替從之高宗紹興元年五月五日詔祇候庫專副共一名押司官一名手分三名庫子節級一名庫子五名兵士二名爲額從户部裁減也三年十一月二十九日詔祇候庫人吏自入役充手分至補副知界滿别無不了過犯與先補進義副尉立界再充專知候二年界滿别無諸般不了窒事與依使臣法減二年磨勘發遣歸都官孝宗未改元紹興三十二年十月三日禮部太常寺言祇候庫所掌宰執親王使相侍從百官朝祭服冠冕玄衣等伏見已降指揮新除皇子鄧王慶王恭王每遇行事合服朝服

卷一萬四千七百九十

并祭服冠冕乞下文思院製造詳見冠服門隆興元年九月一日祗候庫狀見管押司一名手分三人每行裁減切慮人吏分頭管幹應奉不前兼依指揮即不及分數詔見在人且令依舊將來遇闕更不還補發填　乾道四年三月一日詔樞密院遂房副承旨見闕指金帶服繫趁赴朝參等可令祗候庫依條例就賜令後輪至人依此取旨給賜九月十九日兵部言勘會大禮賀會慶聖節使人到闕朝見日依政和五禮新儀黃麾角仗一千五十六人乞依紹興十四年已降指揮施行從之六年閏五月十四日詔等子出職例物事類從諸班直推埰子例物事依例令祗候庫徑申戶部行下所屬製

卷一萬四千七百九十

造排辦施行十二月十三日禮部太常等言已降指揮加上光堯壽聖太上皇帝壽聖太上皇后尊號冊寶例用儀仗樂正樂工鼓吹樂人合用樂器執色服着法衣等乞下祗候庫關借應副施行

宋會要　祗候庫

淳熙四年三月二十四日詔步軍司差廂軍三十六人應副祗候庫巡防仍不得充雜役舊差殿前司一十一人軍馬司一十五人步軍司一十人從拘收入隊本庫申乞差撥上曰不須三衙令步軍司差廂軍可也十三年十二月九日詔祗候庫減般擔役使兵士三人防護軍兵九人以司農少卿吳燠議減冗食下數令所裁定

故有是命嘉泰元年三月二十五日太常寺言祗候庫元在糯米倉巷四邊皆是居民屋宇相接更無尺寸空隙去處今因遺漏致被延燒照得城外郊壇相近籍田園祭器庫傍近見有空隙地段大尺至廣欲將祗候庫就籍田園祭器庫之側起蓋安頓法物委是利便仍乞劄下轉運司照已管認蓋造所有舊祗候庫基地卻乞撥下本府改造鄉監郎官廨舍從之

宋會要　甆器庫

甆器庫在建隆坊掌受明越饒州定州青州白甆器及漆器以給用以京朝官三班內侍二人監庫宋太宗淳化元年七月詔甆器庫納諸州甆器揀出缺璺數目等

卷一萬四千七百九十

第科罪不及一甆特與除破二甆免次勒陪卻給破者三甆笞四十四甆笞五十五甆杖六十六甆杖七十七甆已上不計多少杖八十　真宗景德四年九月詔甆器庫除揀封椿供進外餘者令本庫將樣赴三司行入估價出賣其漆器架閣收管品配供應準備供進及榷場博易之用　神宗熙寧三年三月詔併甆器庫入雜物庫管勾事任雜物庫

宋會要　鞍轡庫

庫在景龍門內之街西掌御馬金玉鞍勒及給賜王公群臣外國使并國信鞴轡之名物以諸司使副三班副內侍二人監兵級及匠四十七人真宗大中祥符四年

正月群牧司言請於崇政殿門外北橫門北擗截行廊屋三間充架閣御鞍庫房從之六年二月詔今後入契丹使供新鞍勒接伴止支經借者天禧二年四月內侍馬仁俊言奉詔點檢鞍轡庫數內宣賜鞍轡乞留金鍍銀鈒具一百兩五副八十兩三十副七十兩麻葉五十兩麻葉四十兩寶相花三十兩洛州花各三十副二十五兩三鏤十五副二十兩三鏤三十副十五兩二鏤五十副十五兩鑾雲子七十副十七兩帶甲二十副白成銀鈒具十二兩微窊百五十副十二兩鈌表十五副十五兩合口十副二十兩合口三十副十五兩合口五十副為額準備賜與外有金鍍銀閙裝二百二十三兩漏

卷一萬四千七百九十

塵寶相花八十一兩各一副金鍍陷銀花二十五兩鳳子促結三副中箭擀三鏤二副頻伽三鏤三十二兩拔兒三鏤三十二兩鹿兒三鏤二十一兩各一副陷墨花鳳子金解落促結四十一兩十副白成陷墨銀花瑞草二十五兩一副二十一兩二副鳧鶴二十一兩麒麟二十三兩各一副鸂鶒三鏤三十三兩一副準備取索其餘不合副者並拆剝送納從之仁宗天聖三年三月上封者言支賜臣僚及契丹人數等鞍轡造作多不如法不堪乘騎蓋是偷減物料罪在監專乞行驅磨仍令陪納斷遣詔自今造作鞍轡韉等須依元初式樣大小如法盡料製造及令新鮮牢壯候裝釘了畢於三司呈驗

方得送納神宗熙寧二年二月二十三日三司官言鞍轡庫乞今後支賜臣僚對衣腰帶鞍轡如請本色者依舊支給本料金銀匹段外其餘隨鞍轡名件物料韉襯依南郊例並支給價錢願請造成亦聽從之五年九月十二日詳定庫務利害呂嘉問言鞍轡庫自支料價例直來經裁減工匠虛閑者多今相度除合存留外乞依相度在京諸司庫務利害劉永淵裁定從之九年詔那移鞍轡庫於左騏驥院

宋會要　鞍轡庫

孝宗隆興二年九月十八日詔內鞍轡庫賜侍從鞍轡如闕令文思院造作乾道五年正月八日詔奉使馬鞍製造減裂令

下　卷一萬四千七百九十

工部約束文思院官今後精緻製造六年閏五月十四日詔鞍轡庫應取賜宰執兩府侍從鞍轡訖申明除破及椿管宰執侍從鞍轡內有年遠色暗者申明下文思院修換每遇大禮修換御座鞍轡等申明下軍器所文思院同修換以中書門下省檢正左右司言得旨條具三省煩碎不急之務合歸有司者申尚書省至是申上故有是詔

宋會要　庫子

建炎三十一年六月二十九日制湖北路兵馬鈐轄兼州駐劄兼權知鼎州趙𡧛言郡縣所收財用窠名不一而出納之謹監專之外實頼庫子庫子入役自有專條

既責其產業又責其保任蓋先慮其失陷然小人處不
及遠志意易盈輕視錢貨僅若泥沙已敗之後失陷之
數於是從而鍛鍊抑勒逐戶填納多至數百緡少至數
十緡凡有仇讎必被攀糾遂使平民無處控訴今相度
諸州縣庫子欲以一年爲界更替不致深根固蒂公然
侵欺既以保全庫子之家且免濫及無辜之人從之

宋 卷一萬四千七百九十一

鞍轡庫

中興會要

宋高宗建炎三年詔鞍轡減罷其所管官物庫級併入右騏驥院給與十
三年十二月九日詔依舊置內鞍轡庫專一掌管鞍轡等職事令右騏驥
院監官兼管就用本院印記兵部裁度條畫一下臨安府就右騏驥院修
蓋一下椽充屋三百間充庫屋使用一差置專知官一名踏逐副尉充專
行遣本庫文字二年爲界所有專知官并本庫見執役庫子一名請給等
並乞依本部一般所轄車輅院專知官庫子則例今後如遇專庫有闕除
專知官依前項體例施行外有庫子于旧外官司指名踏逐抽差不以有
無拘礙日下發遣赴庫填闕祇應一下步軍司差撥廂軍兵士十人專充
管巡防分番祇應仍令本庫見執役人兵部轄管幹祇應今後遇闕依此
差填並從之中興會要

宋 卷一萬四千七百九十

庫目次
內藏庫 左藏庫 度支庫
內觀庫 元豐庫 元祐庫 封樁庫 寄樁庫
庫雜錄
法物 南外宗事 本庫 文思 甲 祇候 御酒 法酒 沙醋 茶
內藏絲 鞭簽 內香藥 內茶床 鞍器 內衣物 新衣 南衣 布 大軍
軍資 粘樁 軍器 內軍器庫 內弓箭 物料 雜物 皮角場 專副 村
庫子

倉　倉部　常平倉　義倉　司農倉　折中倉

宋會要　倉庫部

卷萬四千六百三十八

兩朝國史志：倉部郎中一人，以無職事朝官充，凡倉庾受納租稅出給祿廩之事皆歸於三司，而别置提點倉場官以督察之，本司無所掌，令史一人，驅使一人。元豐官制行，郎中員外郎始實行本司事。

哲宗元祐元年四月二十六日，三省言：尚書六曹職事閑劇不等，今欲減定員數，事簡者倉部減郎中官一員。從之。　十月四日，詔戶部以減罷倉部郎中一員，許須置專勾覆案并印發諸色鈔引。　郎官一人，分案有六：曰倉場，掌糧草收支及出納久折；曰上供，掌年額上供斛斗及封樁糧草；曰糴糶，掌糴糶、支移折納等；曰給納，掌給祿廩賑濟糴給事；曰知雜；曰開折。吏額：主事一人，令史二人，書令史八

人，守當官八人，貼司九人。　高宗建炎三年四月十三日，詔倉部郎官以一員爲額。　同日，詔倉部吏人減三分之一。　同日，詔倉部即司依戶部通用令，先於知雜案書吏令史內選差，無即通選。滿三年無過犯，轉一資，勘驗關司勳推賞訖，再滿三年替。　同日，詔罷司農寺，内本寺掌行諸倉支納、諸路起到上供糧斛、諸草場受納稅草，行下所屬倉界、草場交納支遣事務，撥隸倉部。

卷萬四千六百三十八

紹興元年七月十五日，詔行在省倉受納綱運，令戶工部斟量較定斗樣，繳申尚書省，責下所屬製造，降下諸路州軍，應受納支遣起綱交量，並用省樣新斗量。今後每遇起綱，並於綱解內分明聲說係用新降斗量起發。仰省倉依條受納，不得作弊。如有違犯，許本綱諸色人越訴。　二年八月五日，戶部尚書黃叔敖言：省倉草料場每日支遣卸納糧斛草料浩瀚，昨在京日，司農寺日輪卿少丞一員點檢按察。本處公人并綱運，杖以下罪並斷，其餘牒送所屬施行，以此人稍知畏。緣軍興及罷司農寺，後來更無輪官按察，易生姦弊。伏望詳酌，比附在京日，從本部輪差郎官一員，將帶人吏，各不妨本職，前去點檢巡按，其合用杖直、獄子於仁和、錢塘兩縣輪差，每十日一替。從之。　二年二月三日，詔行在諸倉遇打請日，令戶部前一日據合支數，令本倉般量出廒，於廊屋下安頓，遇天晴，於碑場上攤放支遣。　四年七

月二十七日詔復置司農寺倉部昨併到司農寺所行支納糧斛草料等事務并撥到手分等並依舊歸本寺　二十二年三月十四日殿中侍御史林大鼐言收糴馬料不得踰額賣茶不得抑配事上諭宰臣曰錢穀大計亦要戶部得人朕觀徽宗皇帝朝戶部之職多自發運使轉運使擢用蓋以經歷民事諳練財賦故也大鼐所奏從之　二十三年六月十八日詔應倉交卸綱運折納並即時具名色數目申解所屬見得有侵盜貿易之弊即送大理寺推治其過誤損失並押下元起綱處依法施行先是止送排岸司監繫故有是命　孝宗隆興元年八月三日戶部言依指揮條具併省吏額倉部

大典卷一萬四千五百七十六

二三

見管主事一名令史二人書令史八人正貼司九人私名五人今減書令史一名守當官一名正貼司二人私名一名乞將減罷人籍定以後有闕依名次撥填詔依見在人且令依舊將來遇闕更不還補　乾道二年十二月十九日詔令戶部將舊鎮城倉依舊撥還臨安府從守臣王炎請也　六年五月四日戶部言依指揮條具併省吏額倉部見管二十八人今減守當官一名正貼司二人通計二十五人為額詔依各從下裁減將來見闕日依名次撥填其減下人願依條比換名目者聽　七年正月二十九日戶部言行在省倉上中下界豐儲倉草料場斗面官並係小使臣到部合差短使並人

吏部依資次差撥每季一替其所差官近來多係從軍揀汰不曉斛斗面次第全無鈐束欲乞令吏部於識字小使臣內每處各行差注一員如任內別無遺闕依監官任滿減半推賞如任內有量斛斗高下展磨勘一年如有情弊具申朝廷別作施行仍不得差揀汰人所有見差在倉短使官候差到正官交替施行從之　九年閏正月二十五日詔令戶部行下三總領所約束見有應官兵出戍州縣令後遇打請口食糧米須管將堪充支遣無遺無糠粃陳米與新米相兼支散仍將最陳次不堪米數各逐旋兌充本處廂軍并賑濟等用却以新米對數補還依舊窠名樁管訖具數申尚書省

大典卷一萬四千六百五十八

續會要

二四

淳熙七年四月二十七日詔戶部和糴場依儲倉例併入省倉下界　八年閏三月四日詔自今行在省倉上中下界豐儲倉豐儲西倉草料場監門任滿無違闕各與減二年磨勘　九月二十八日詔自今每遇歲終令戶部長貳郎官同司農寺官詣諸倉將應管經常及樁管米斛抽摘盤量　十三年十二月九日詔倉部減貼司一人私名一人以司農少卿吳燠議減冗食下敕令所裁定故有是命　紹熙元年十一月十一日戶部言遞年承降指揮令逐路漕司將諸路合發上供等米以州軍地里遠近均撥起赴屯兵去處却納應副支用所

有紹熙二年合用糧斛合措置將江浙等路元年合發
上供等米并二年坐倉和糴米均撥充來年一十二箇
月支遣乞下兩浙江東西湖南北路轉運司除豁折納
馬料上供米外將其餘合發數目責所屬如數收椿發
納并發下淮東西湖廣總領所催促逐路漕司照應今
來擬定數目拘催候到令項椿管聽候科撥支用仍開
具州軍已赴到綱界數目申部并司農寺照會注籍拘
催施行從之

卷一萬四千五百五十六

全唐文

宋會要　常平倉

太宗淳化三年六月詔京畿大穰物價至賤分遣使於京城四門置場增
價以糴令有司虛近倉貯之命曰常平以常參官領之歲歉減價以糶用
賑貧民以為永制
真宗景德三年正月上封官請於京東京西河北河東陝西淮南江南兩
浙各置常平倉此沿邊州郡則不置以逐州戶口多少量留上供錢一二
萬貫小州或三二千貫付司農寺係帳三司不問出入委轉運司并本州
選幕職州縣官清幹者一員專掌其事每歲夏秋加錢收糴遇貴減價出
糶凡收糴比市價量增三五文出糶減價亦如之所減仍不得過本錢以
三年為界所收錢穀羨利止委本部專掌三司及轉運司不得支撥事下
三司詳定請如所奏乃命御史知雜王濟判司農寺孫業諫同判　三月
以都官員外郎喬希顏知開封府開封縣太常丞晁諒知開封府浚儀縣
仍兼監常平倉從判司農寺王濟等所舉也　四月司農寺言諸路州軍
當河路通舟船及雖不當大路河道而人戶繁會可以通衆贍他處者望
並令多糴其或僻在山險之處止約本處主客戶收糴貴糶於貴應收糴
全唐文
斛斗之時官吏敢令後令提舉官體量行人請求高其價直者許諸人糾
告徽行區斷告者給賞錢百千並從之　大中祥符二年二月分遣使臣
出常平倉粟麥於京城四面開八場減價以糶　四月詔司農寺京師所
糴常平倉粟麥詔雖已減價可更斗減五錢　五年正月二十六日詔京
城常平倉所置七場糶粳米如聞趨市者衆遂至壅滯其令分為十四以
便於民　六年十一月三司言司農寺請以開封祥符兩縣常平倉併為
在京常平倉其在京及諸路常平倉斛斗若經二年即支作軍糧以新者
給還請並如所奏從之　八年五月詔常平倉所糴斛斗夏色限至八月
終秋色至次年正月終　七月判司農寺盛度言諸路州軍常平倉斛斗
如於元約數外增糴及一倍已上者其當職官並與理為勞績從之　九
年十二月詔江南淮南諸州軍穀價稍貴民頗艱食令本路轉運司以常
平倉斛斗減價一斗已下零細出糶　天禧元年二月一日詔災傷州軍
常平倉斛斗減價出糶止以元糴價為準　十二日詔在京常平倉合計
度斛斗並令三司擘畫或許入中無使擾人　二年正月詔諸州常平倉
斛斗其不滿萬戶處許糴萬碩萬戶已上不滿二萬戶糴二萬碩二萬戶
已上不滿三萬戶糴三萬碩三萬戶已上不滿四萬戶糴四萬碩四萬戶

脱

已上糴五萬碩　六月三司言勘會司農寺於左藏庫封樁常平錢五
萬貫自今如有災旱須索及諸處遣兵以其錢充給候諸處納到旋補其
數從之　四年五月判司農寺張士遜言諸州常平倉斛斗自今每遇出
糶望委本州通判每日在倉提舉多方約束以防姦倖使貧下闕食之人
市糴不至艱阻從之　八月六日詔益梓利夔州荊湖南北廣南東西路
並置常平倉
仁宗天聖二年十一月司農寺言相度到在京并府界縣分及諸州府軍監
常平倉如有糴糶即供月帳如無糴糶只供季帳今諸州所供多不如式
有煩往復會問欲望自今不以有無糴糶並作季帳供申從之　是月都
官員外郎劉從易言自置常平倉以來每年司農寺轉運司遍下諸道州
府催糴夏秋斛斗蓋不知外方時價貴賤不同一例行遣其外處官吏人
不能平準物價但務多積以為勞效欲望自今遇賤即糴當貴則糶甚於
衆兩色可以久積其他並令減數從之　景祐元年正月二十五日臣僚
上言伏覩滄州粮倉白米數少小豆萬碩甚多飢民就賤多糴小豆欲乞
以常平倉白米五萬碩易粮倉小豆出糶詔河北轉運司依奏　七月二
十五日臣僚上言常平倉所管錢斛乞除放下司農寺轉運司選差幕職
金廖文
卷一萬七千五百四十一
州縣官或京朝官專監常平倉詔開封府界提點諸路轉運施行　慶曆
四年正月詔陝西穀價翔貴其令轉運司出常平倉米減價以市貧民
七月二十九日詔天下常平倉本備救濟貧民不得別有支借違者以違
制論其收積年深者許依舊條充撥毋致損惡　八月二日詔令司農寺
下逐路轉運司提點刑獄朝臣等今後得替上殿先具本路常平倉斛斗
數目進呈移任者準此發奏方得起離本寺糾察之　五年八月二十八
日司農寺言天下常平倉自景德中起置自後承准條約不少乞將前後刊
約删參定為一司條貫久可遵行從之　六年二月三日中書門下言訪
以臣僚上言川中國初無常平倉自康定二年為州路提刑司舉當創置
訪聞州縣收糴多是約攔入場或分配人戶遂致物價踴貴人民艱食乞
令司農寺下益梓利三路州軍罷常平倉見管錢斛撥係省倉卑幃或
州路因亦未罷而司農寺復上言川陝四路既罷常平倉萬一川峽水旱
阻飢何以救濟乞依舊帳管不得別用候飢歉之歲可備賑貸詔四路轉
運司如所請施行　皇祐三年十月十八日淮南兩浙路體量安撫陳升
之等言受州軍乞出糶常平倉斛斗詔逐處初糴並當豐年價賤如依
元價出糶緣置場差官收糴積貯所有耗費因不少宜令淮南兩浙江

仁宗嘉祐二年八月二十二條應補於四年上　右本卷廣惠倉末

脱一條

脱一條

南東西荊湖南北等路提刑司勘會元糴價上每斗量添錢十文至十五
文足出糶對之後言如添錢即非恤民之意乃詔依原糴價出糶　至和
二年三月五日知益州張方平言益梓利夔路負到戶絕莊田價錢欲乞
下四路轉司盡撥入提刑司添糴常平倉斛斗今後並依此從之　嘉祐
四年七月十日詔天下常平倉多所移用而不足以支凶年其令內藏庫
與三司共支錢一百萬下諸路助糴糶之
神宗熙寧元年九月十四日司農寺言常平倉之法最切要伏見諸路年
歲豐凶穀價貴賤自來並無關報乞下府界提點及諸路提刑司今後夏
秋首轄下州縣依新豐凶實分數支狀類聚以聞津付本寺所貴糴糶
不至失時從之　二年二月八日三司言天下屯田省莊皆子孫相承租
佃歲久患無所出子斛比田稅數倍及戶絕田已撥入廣惠倉者並乞
不許賣其餘並納莊田價貫者聽從之　九月三日詔出內藏庫錢帛為糴
分撥河北諸州增糴常平倉穀　十日制置三司條例司言乞令河北京
東淮南路轉運司施行常平廣惠倉移那出納之法須散之法委轉運司
及提舉官每州選通判幕職官內選差一員專管句令知通點檢在州及
諸縣錢斛據患多寡斛斗除依例合支散老疾貧窮乏丐人據數量留外其餘
金廖文
卷一萬七千五百四十二
並令常平倉監官通管一般斛斗其兩倉見錢依陝西出俵青苗錢例每
於夏秋未熟以前約逐處收成時酌中物價立定預支每斗價例召人戶
情願請領又言今欲將常平廣惠倉見在斛斗遇貴量減市價出糶遇賤
量增市價收糴其可以計會轉運司用苗稅及係省錢斛就便轉易者亦
許計會兌換仍以見錢依陝西青苗錢例取人戶情願預行支給令
隨夏秋稅納斛斗內有願請本色或納時價貴願納見錢者皆聽從便在
民如遇災傷亦許於次料收熟日送納兼和糴糴置非一欲臺府司
物多少遣官一兩員分頭提舉仍先於京東淮南河北三路先行此候
成次第即下諸路施行並從之　閏十一月二十三日又言乞體量
環慶涇原三路斛斗價高之處權住收糴常平斛斗其已糴下者即支
軍粮所有封樁在京並陝見錢三十萬貫即令轉運司及管勾當官
充便到本州軍　二十四日又言昨乞賣諸路見管常平廣惠倉田為河北河
東京東陝西四路常平糶本等事詔諸路熙寧元年以前見管斛斗並令
變轉見錢金銀紬絹充河北河東陝西三路糴本緣已差諸路提舉常平
廣惠倉官各令逐旋變轉移之三路則諸路卻闕斛斗恐不為便詔淮南等
路前詔更不施行所積斛斗並只留本處　三年正月又言訪聞河北河

東陜西州軍少闕省錢多不出倉收糴欲乞三路如闕見錢許提舉常平
倉司出倉收糴以備俵散如今苗充軍粮即却今撥充和糴或入中從之
二十二日詔諸路常平廣惠倉給散青苗錢本為農事之時舍助貧乏
元令取人户情願今慮諸處當職官吏不體朝廷本意不問民間願與不
願輙行追呼或即均配抑勒為撥擾令仰諸路提點刑獄臣僚體量覺察如
違即一面禁止具官吏姓名以聞當議重行朝典如敢阻抑人户情願請
領亦依此施行　三月制置三司條例司言奉旨以臣僚累言常平倉新
法不便蓋未諭朝廷之意令本司明諭中外凡今所患蓋是州縣官吏施
擾因緣為姦不可歸於法請委按察官謹繩官吏而朝廷嚴督按察官而
已今其畫一言者謂公家無所利於人今河北乃取息三分周禮民之貸
者取息有至於二十而五今豫俵青苗價錢但約熟時酌中物價若熟時
物貴即許量減市價納錢然則未定合納實數故約東河北不得過三分
京西陜西等路不過二分而已所以防過納時價貴恐虧損百姓願就諸
路惟河北最多尚不過三分人非定取若物價低平即有合納本色不收
其息或只收一二分時多少相補比於周官已不為多況近今若遇物價
極貴亦不得過二分且周禮國事財用取具於泉府之官賒貸之息今則

不領於三司專以振民乏絕言者謂上三等户及城郭有物力家素患兼
并今又許貸借況河北每保須要上三等户一名則終不免為貧户代倍
又提舉官峻則州縣如人户不願請即結罪申報若選官曉諭却人户願
請即別行遣官吏謂此亦因有貧户浮浪願請之人或須行散配本司累
鄉村上三等及城郭有物力户內亦有闕乏之時就人取債豈皆是兼并
家令貸貧民有餘則以俵之免私家取倍息乃是抑兼并意河內每每保
須要上三等者蓋關防浮浪之輩若官吏抑勒州縣自違元法況今年開
封諸縣甚有上三等願請以近驗遠事理可知如提舉官約束州縣止防
避事壞法之人或急於功利諷州縣抑配與人即諸路及有安撫轉運提
刑妥任皆在其上若有官吏故壞新法或曲徇提舉官意抑勒百姓自當
按劾言者謂百姓有本户稅賦及預買綃紬又出此一重則愈不易本司
按逐此承例科斂名目誠多然當闕乏之時不免私家舉債常出倍息此貸
者愈困也今貸與常平本錢迴濟其難急又令約熟時中價例納斛斗至
於時物價貴乃納見錢比元本不得過二分即是免出倍息於兼并之家
何至不易言者謂但務行節儉當節浮費則國用足何必四出興利之臣
以疑遠近今案先王之政未嘗不以食貨為始振官置吏大抵多為農事

也近世以來農尤困苦朝廷但有徭役加之而無歲時補助之法自京畿
限防溝洫多有不治鄉城側近丘壟數百里為汗菜骨肉流離失業況四
方遐僻從可推知一方水旱則餓死者相枕藉而流移者塡道路如前歲
河北一飢不免漕江淮之米以救之然未有補於流亡也或不免就人舉
借錢物以至典質田產以供暴令此亦可謂國用之失至於差役困苦尤
使失職令置此官正為憂此即非朘削百姓以佐人主私費亦豈得為與
利之臣而致疑也言者謂今常平千餘萬緡散在民間將須不迺常平舊
法自合古制而無失限之弊今新法兼存舊法但以舊法廣儲蓄抑兼并
賑貧弱之方未備又無專領官司致糴糶之時百端姦弊責價糴入經數
十年後出糶不行無補振救故須約周禮賒貸增立新法專置一司即非
遵舊制也言者謂新法不當示之條約明言利息本司案周官貸民明言
以國服為息聖人於天下取之有道非以為私於理何嫌而不可明示條
約言者謂坊郭人户既無青苗不可貸借　案常平舊法亦糶與坊郭之人
今散是民有餘仍不許坊郭貸借是令常平有滯積餘藏而坊郭之人獨
不被賑救乏絕之恩也周禮貸民之法即無都邑鄙野之限今乃約周禮
太平已試之法即非專用陜西豫俵青苗條貫也先是御史中丞呂公著

翰林學士司馬光諫官孫覺李常御史張戩程顥　等皆言常平新法不
便或謂且君到利大名府韓琦乞罷諸路提舉官　上以琦等所奏付置
司令申明法意布諭諸路也　五月四日詔莫霸保雄安肅廣信順安信
安乾寧保定軍為係極邊沿塘泊及西山軍人户苦無田疇並罷支散青
苗錢一十八日詔今後諸路常平廣惠倉出俵青苗錢委轉運府界提點
提舉每年相度留錢斛準備非時賑濟出糶外更不限定時月只作一料
支俵或却作兩料送納以便本處人情如願分兩料請者亦聽　七月二
十八日賜京東預買紬絹并所得息錢五十萬貫與本路常平倉　九月
一日同判司農寺呂惠卿言淳化中都下初置常平倉賤糴貴糶至景德
中差開封府淡儀知縣監倉事祥符六年始以兩縣常平倉併為在京常
平其斛斗經二年即支充軍粮貸易新好充見在數其法實為利民而其
後糴糶之政久不行文字本末隨亦廢墜今常平有封樁米至伍十二萬
碩但寄積在京倉界唯據逐界每月具見數申寺而朝廷初無發斂之政
甚可惜也欲乞遇價貴即出之賤即以其錢糴之如淳化中故事於是中
書請以司農見樁管米指射新好者貿易仍與開封府界斛斗通融支用
從之　十月七日京東路提舉常平廣惠倉司言本路州軍例少見錢支

俵青苗轉運司有熙寧元年朝廷借賜紬絹收買軍糧除已還外餘錢一十四萬貫欲乞借支用候三年內依數還內藏庫從之　十一月十九日河北路提舉河北常平廣惠倉司言大名府等處州軍今秋薄熟人戶不易乞依舊條作兩料支散青苗錢及許令災傷州軍預行支散詔從所請仍令諸路所散青苗錢料次令後令提舉官體量施行　二十四日詔諸路給青苗錢斛官司諸色公人取受人戶錢物雖已依斂掠乞取差點人夫錢物條約處本禀懼今後應諸色公人因給納常平倉等錢斛取受杖罪送鄰州編管徒罪以上刺配本州牢城並許諸色人陳告杖罪支賞錢五十千徒罪一百千先以官錢給賞後以犯事及干繫人家財充代爲可送納官吏保明除破　四年正月六日詔出賣天下廣惠倉見管田仍令府界及諸路具年終所賣錢申司農寺爲三路并京東常平倉本錢其合賑濟即以廣惠常平等倉所貯粟麥給之　二月八日詔內藏庫借錢六十萬貫付淮南江東均給兩路爲常平倉糴本其錢令淮南發運司將合撥河東陝西折斛錢充還　六月十二日河北提點刑獄王廣廉言乞將廣惠倉錢斛入常平倉從之　十月十六日賜絹七十萬匹爲陝西常平糴本仍許自京召人供抵當賒買於本路送納見錢　十一月二十八日

司農寺言乞將諸路出賣剗戶絕田土錢從本司移助諸路常平糴本從之　七年十月二十二日詔二司借上供糧十萬碩與淮南西路提舉常平司准備出糶或借支用　九年正月九日詔司農寺自今兩經倚閣常平錢人戶更不得支散錢斛　八月六日詔陝西等五路提舉常平倉司具降指揮令諸常平存留一半錢斛遇斛斗價賤許趁時收糴後至今更糴到是何斛斗及實數目以聞　十二月三日詔開封府界諸縣人戶見欠今年秋料常平錢斛并緣息錢米除官戶外並與展限至來年隨秋料送納　十二日詔中書門下諸路提舉官勾常平倉官自來未有明降令畫一職所致疑下官司不知適從凡有舉動輒與轉運司一例申稟提點司亦多不關是與不是本官職事便爲行遣或有聞奏朝廷者上下煩弱備害頗甚自參詳前後指揮聞奏　十年二月十五日詔諸路熙寧十年合散常平錢斛並勘會州縣內有數少及散不足去處於隣近州縣有餘處借支却令元散州縣認數催納即不得令人戶隔遠州縣請納有妨農作其鄉民有因災傷全戶逃移者名下舊欠常平錢斛候歸業日從提舉司相度料次送納　三月二十七日提舉兩浙路常平倉司言本路累年災傷死損人口至多見存人戶少欠官中錢物尚送納不辦又爲鄰境逃絕

戶名下請過錢物顯見難爲送納所有攤填熙寧九年以前逃絕戶請過青苗錢斛乞候送納本戶數足向去豐熟日理納外更有全甲人戶死絕除依條將本家財產填納外如目下尚有少欠一甲內死絕數多只有一兩戶見在貧闕難爲攤納者更乞別立法條從之　元豐元年正月二十二日詔司農寺應常平留一半錢數糶糴數歲終類聚逐季點檢仍開逐路以聞　閏正月十三日詔河北路以常平米賑貸飢民　二月四日京東東路體量安撫黃廉言兩路及徐州淮陽軍良田百餘萬頃被水若退遲麥種不入秋田失期乞於淮南路泝流豐熟州縣借常平錢十萬緡和糴或於去年折納糧內借十萬碩依元折價計數爲所借錢水運赴京東以備賑糶聽司農寺移用詔京東淮南東路提舉官於界首會議以聞　四月十九日詔開廢田興水利建立堤防修貼圩垾之類民力不能給役者聽受利民戶具應用之類貸常平錢穀限二年兩料輸足歲出息一分　二十二日詔麟府豐州見欠熙寧七年至九年賑貸米人戶不以等第並展限分夏秋納　五月十七日詔常平錢穀願以穀及金帛准市直中價計二分息折納者聽　七月八日環慶路經略司乞以本司及常平錢穀來秋成廣糴如將來別無支用即依糴價兌與轉運司從之　九月十四

日詔諸提舉司與轉運司兌換糧斛並以錢物對交撥諸官戶欠常平錢物第四等以上雖經災傷毋得展限倚閣　二年二月六日詔河北東路提舉司常平錢四萬緡分給大名府澶州糴軍糧　四月十二日詔河北東路提舉常平倉司所散濱滄州飢民食至五月止　九月二十四日詔以永興路常平倉穀十九萬碩給鄜延路九將守禦之用餘令轉運司以漸計置　以鄜延路言歲計軍食一十七萬餘碩而常平無餘故也　十月六日權發遣司農寺都丞吳雍言淮浙連歲豐稔穀賤乞借逐路積剩免役坊場錢就並河州縣增價糴杭米當與別司倉儲兌換如向去價稍高兌充上供下司農寺請如雍議先以常平所留之半并散不盡錢充糴本次以坊場免役餘錢坊場錢留半免役錢留二年從之　三年四月四日真定府路走馬承受黃諮言本路差禁軍採泥城沾草有妨教閱及蹂民田詔市以常平倉頭子錢　六月十二日詔司農寺於永興軍等路給常平倉穀十八萬碩兌環慶路將下守禦及緩急漢蕃弓箭手闕乏借貸　八月九日賜常平米二萬碩坊場錢三萬緡付梓州路轉運司應副瀘事　二十七日詔令於近便州縣以常平司錢留三萬貫米五萬碩以待瀘南夷事支費　同日詔開封府界諸路提舉司於要會州縣指占空閑

池戍空營益造常平倉　同日權發遣司農寺都丞吳雍言淮浙連歲稔稔昨蓄乞存留備州轉般倉充淮浙常平糴倉欲乞委提舉司辟官一員專主管每年與諸路收糴除年計外常積萬碩及受納兩浙轉運糧斛與發運司上供額斛時充換從之　十二月二日詔權管州軍皆有常平去推行如法自與人戶隣境出息之弊據米平等所奏措置海南事不少並不支常平等令具析以聞　四年六月十七日詔諸路提舉官散斂常平錢比較增虧申中書立法　五年二月二十四日知秦州呂公孺言經略司常平錢斛法以救恤屬蕃弓箭手之類今所在蕃少並特權借提舉司錢斛相兼支使仍具立三月詔借錢斛五千貫碩　三月二十六日詔穎昌府三縣災傷特支常平倉米二萬碩　十月二十一日賜祥州路轉運司常平等米十萬碩　以本路應副瀘南軍前搬運糧大稅救闕乏故也　六年正月二十一日詔陝西河東路常平倉糴價不得過轉運司河北諸司糴價不得過措置糴便司　二十六日尚書戶部言準朝旨諸路提舉官散斂常平物可自行法至今酌三年之中數取一年立為額歲中比較增虧今以銀錢穀帛貫碩匹兩定年額散一千一百三萬七千七百七十二斂一千三百九十六萬五千四百五十九元豐三年散一千三百一十

全唐文

八萬六千一百一十四斂一千五百萬四百二十二比較散增二百一十四萬八千三百四十二斂增一百三萬四千九百六十三元豐四年散一千二百八十三萬七千七百三十六斂一千一百九十七萬八千九百九十四比較散增二百七十八萬九千九百六十四斂虧一百九十八萬六千五百一十五　詔三年四年散多斂少及散斂俱少處戶部下提舉司分析以聞　八月二十七日賜涇原路經略司度僧牒千道爲常平錢穀本言已給過所立年額非是特給　七年三月十七日尚書戶部言提舉京東路常平等事燕若古乞州縣積欠錢斛對移令佐催督看詳欲下提舉常平司具可以權對移職位姓名聞奏部從之　八月七日詔戶部支常平積剩錢二十萬緡賜秦州計置糧草從經略使吳雍請也　十四日詔泌州水災賑糶不足許借鄰近州縣常平倉米麥小豆共五萬碩限三年還　二十一日中書省言聞今歲廣西秋稼大稔粒米狼戾且宜蓄積詔廣南西路提舉常平司乘時廣糴　二十九日詔支常平積剩錢五十萬緡付熙河蘭會路經制司市糧草　十月十一日尚書吏部言經制變運川陝路常平倉息錢所增息錢二百九十二萬緡乞推恩詔李元輔遷兩官史君俞張詠先候改官日各遷一官減二年磨勘劉何康仲司減磨勘

八

脱一條　脱一條　脱一條

年月有差　哲宗元祐元年四月二十二日三省言諸路多災傷已常平權賑濟外按常平條遇穀貴則量減錢糶不得虧本既別無常本錢糶所價直淮南米斗直百七十文處官司拘執舊減市價之文致民不霑實惠欲令府界諸路關令處其常平穀價但不虧元本並許出糶所州縣依如覺察不得與興販之人從之　二十六日三省言提舉官及常平司物委提點刑獄司主之依舊常平倉兼常平錢斛每年春秋斂散處成歲糴歲飢出糶以便易新陳省穀支充及飢饉賑貸主司並合依法推行元條貸常平錢穀晚麥豐熟許隨夏稅先納所輸之半願併納者止出息一分從之　八月五日詔府界諸路提點刑獄司自今後常平錢穀令州縣依舊法糴糶其青苗錢更不支俵　十一月二十七日臣僚言朝廷罷俵青苗錢令諸路提刑司委豐熟州縣廣糴意欲常有儲蓄而戶部乃請令轉運司更不收糴等許止將常平見錢充糴失朝廷養民之意欲乞諸路轉運令糴年計並先糴次令常平倉糴若轉運司不預備本錢過時至糴致與常平倉相妨者委提刑司覺察以聞從之　二年六月九日戶部請應常平倉價比市價不毀穀雖虧而貴賤通計不及二分者移轉運司充支和糴或指二稅聽人戶從便納錢虧及一分已上即不以年限充轉運司

全唐文

新穀若三年已上虧及三分亦許糶或曉諭人戶願者聽仍隨夏秋稅納願納錢者依糶價並免出息從之　三年正月二日詔復置廣惠倉　二月十二日詔給廣惠倉錢三萬緡及嚴穎務兵錢糧本賜貧民息役以助之　紹聖元年六月九日戶部看詳役法所言熙寧元豐間設提舉官以總一路之法州有管勾官縣有給納官今復免役既置提舉官及管勾官乞從元豐令給納月分委縣丞一員從之　九月十二日詔府界諸路罷廣惠倉其戶絕田土並行出賣并本倉見管錢斛撥入常平倉收管所有賑濟合行事件令戶部檢舉元豐敕令立法以聞　二年十二月二十二日戶部奏自元祐以來諸處官司借用常平等錢欲以爲常乞今後他司並不許奏乞借用從之與朝廷封樁錢準此　元符三年十月二十八日前京東西路提刑鄭僅奏頃歲河北災傷流民至齊鄆去歲河北又飢流民徧及京東今常平有折納之法而未嘗折納有糴糶之法而多不廣糴欲民不流不若多積穀欲多積穀不若推行折納糴糶之法視民口多寡便縣常有三五萬斛州常有三五萬斛小飢則平價糶與下戶中飢則糶及中戶而貸下戶大飢則糶及上戶而貸中戶甚則貸及上戶官不虛費而民受惠自不流徙仍依和糴用時價折納與和糴處比市價

九

量增庶於民戶無所虧損從之　　徽宗崇寧五年正月七日太府少卿張
綖奏請依元豐舊制復置江湖淮浙常平都倉來穀甚賤時歲額外糴穀
百萬斛之息受納兩浙轉般所輸與發運司上供額斛相易以待乃用從
之　大觀二年八月十四日戶部侍郎李孝稱奏諸路州軍秋稼十分豐
稔所可慮者粒米狼戾復致傷農已蒙朝旨將人戶輸納并積欠增價折
納仍以本司見在錢數於沿流州軍收糴尚慮無撥降錢數所糴未廣檢
會崇寧四年指揮取今年已前五年中一年通一路所糴最多之數加一
倍收糴欲乞下諸路提舉常平司今秋並依前項已得指揮加倍收糴緣
本闕處時許借支諸色係官并封樁錢應副所貴便於公私從之　三年
四月十一日詔常平所糴斛斗多是本倉合干人巧為名目與倖自行收
糴甚非我神考立法之本意可嚴行止絶除依常法外重立賍法仍增賞
與許人陳告官吏準此　十月八日戶部奏淮浙每年起發常平穀三十
三萬碩上京以備賑糶支用所起斛斗綱運少欠合依條於押綱人名下
追理及兵稍請給內尅折緣自來未有拘催補發條限欲乞令提舉常平
司將欠數置籍拘催候年終具數關轉運司據所尅合納之數次年撥還
仍令提舉常平司將追尅到數盡行起發以補年額之數從之　十五日

全唐文　卷一萬七千五百四十　十七

尚書省言知江寧府曾孝序奏江寧府界夏秋相繼亢旱民間高田一例
不熟諸縣人戶例皆訴旱已差官檢放向去必大闕食決至流移除已出
糶常平米穀稍平物價及依條措置賑濟準備將來貸給外契勘民間種
田稻種每歲於收成之時各據地段廣狹存留準備春種今既歲旱不足
以充口食欲將常平司見存諸色錢諸司封樁錢趁時收糴稻種候將來
春種出糶與力田之人不惟抑兼并牟邀高價之弊庶使被災下戶來歲
無曠土之患或人戶無錢趁糶有情願借貸之人仍許官司量度逐戶田
畝稅數多寡借貸並依常平斂散之法候秋熟先次帶納庶幾稍寬民間
闕歲之憂詔依所奏疾速施行　四年二月一日提舉京西北路常平等
事薛嗣奏比年累降朝旨令諸路提舉司加倍收糴及增例折納斛斗封
樁於沿流處計置起發或朝廷將降指揮別作支用竊謂常平錢本以
視年穀豐凶斂散糴糶以平物價而折納并今將糴折到斛斗起發支用
深恐常平錢日脧月削非立法之本意欲應提舉司錢物糴折斛斗更不
封樁起發依舊存留本路庶無妨闕從之　六月二十三日戶部奏常平
錢物非緣役事輒用若他司陳乞借支者前後敕條申明非不詳備蓋以
示天下使曉然知之又以示他司無復借用之理形之詔書發乎宸翰委

曲丁寧固宜有司所當虔奉而比年以來復有官司陳乞借用乃曰不以
諸般違礙仍免執奏又有權免再得旨奏知不行者如此類非一條法詒
為虛文令罪法非不重禁約非不明尚慮欲申嚴無以加矣欲乞詔自今官
司尚有陳乞或借用者請依條執奏不行外仍許本部關報御史臺彈劾
以聞從之　政和九年三月十一日戶部奏諸路常平斛斗本以待斂散
賑濟之用法禁擅支甚嚴比來州縣往往擅將支用欲乞自今來指揮到
日州縣如有擅支常平錢穀等物責限十日經常平司自陳依前降指揮
特與免罪從本部量多寡責限撥還限滿不自陳並仰提舉司按劾以聞
仍依擅支法罪責有以懲誡從之仍限一季撥還　二十一日臣僚言常
平錢物擅支借移動禁約甚嚴近京西漕臣違法申請借撥若不禁止一
路不已偏於天下侵紊之弊可勝道哉乞詔三省務遵成憲如違御史臺
奏劾從之　十二月十八日前知汝州慕容彥逢奏常平之法惟納欠多
寡最先推行之責欲乞應斂散常平錢穀逐歲於令佐印紙內批書納欠
分數候三考滿日別立殿最之法庶幾知所勸沮罔或偷惰從之　三年
五月二十八日詔逐路提舉司所糴二麥倍斛斗并收買紬帛令用本錢
若敢擅封樁錢不足許用本司不係封樁錢貼數收買即不得有妨歲計

全唐文　卷一萬七千五百四十　十二

支用錢依已降指揮餘路依此　七月十七日河北東路提舉常平司言
承朝旨諸路今歲二麥收成當乘時取撥諸色封樁錢加倍收糴仍於常
平所糴一倍上更支一倍約計合糴十六萬餘碩訪聞二麥不可久貯若
少候秋熟收糴粟豆委得經久詔依餘路更有似此去處依此　五年七
月二十四日詔人戶有苗錢折納到斛斗逐路常平司係帳收管具餘斛
提刑司封樁　八月二十日尚書省言勘會今歲秋苗大豐竊慮一併上
市價賤傷農詔諸路豐熟州軍令常平司將諸色積欠錢物見合催納者
並許依在市價直用斛斗折納只就本處倉送納每月具數申尚書省如
願將未合催舊欠亦行折納者仍於市價上增一分並不得抑勒　六年
正月二十一日詔提舉司折納斛斗充糴到價錢並歸提舉司具提刑司
封樁指揮一節更不施行餘路依此　二十一日臣僚言常平之法天下
之利而比者州縣憚於出給支移之勞雖遇穀貴不即經畫出散及朝廷
訪聞亦已後時乞令州縣常斛酌民間闕食隨時賑救仍令常平司具有
無出糶申戶部以考勤惰從之　十月二十七日詔常平錢物充係散賑
貸并雇役支酬之費豈可輒將他用有司妄行劃刷全失言意自今如奉
御筆特旨除本司支用外方得取撥違者以違御筆論　七年十二月十八

脫八第一傳)

自手詔應日前諸路他司借支常平錢物並特除破與免撥還令後仰遵
守元豐紹聖勅令敢有陳乞借用者以大不恭論　宣和九年六月二十
一日詔曰神考常平之政以年之上下制穀價以歲之豐耗為斂積儲蓄
歲多兼并無所牟大利比年官失其守他司始用始盡糴本既竭儲蓄一
空利歸兼并民受其弊仰諸路提舉常平司檢詳前後詔條令州縣官審
度年歲遇賤必糴遇貴必糶不許他司輒有移用雖奉詔支借亦須執奏
不行每歲春季提舉司具前一年部下所糴所糶及所收息數申尚書省
取旨賞罰若糴糶失時及有欺弊官以違制論人吏決配千里　八月二
日都省言奉詔常平法在元豐中諸司不敢請用守官者不敢擅支在處
儲積豐盈比年以來有司輒行申請執奏殆成空文仰三省疾速措置取
旨今恭依措置常平司除本司常平錢依本法審度糴買外仍許將本司
管朝廷諸色封樁錢免役坊場剩錢并樁留舊雇耆戶長壯丁剩錢除合
用數外並應副乘時計置收糴具糴到穀並依元窠名樁管遇本司常平
斛斗闕用即許逐旋以常平錢依元糴價樁錢充撥令後官司有擅支過
錢物按察檢點官到輒移充或改易叙庫牌領妄指別色錢物應數者加
本罪二等按察點檢官知而不舉各與同罪諸州縣如有違犯者委廉訪

全唐文　卷一萬七千五百四十一　十二

使者按察以聞他司破條宛轉因事陳乞支借移用雖奉特旨亦執奏如
再得旨奏知方行違者以違制論詔依擬定　十一日詔常平提舉官任
其人法令日以弛廢比覽奏牘有一年之間一縣拖欠常平免役坊場等
穀錢至數萬貫碩并逃亡詭名失陷本息者不可勝計或人吏冒稅戶姓
名未納拖欠或當職官容縱知情冒請錢穀以新蓋舊如此甚衆其前項
違法官吏等中書省候案到將上取旨重行竄責仰諸路提舉常平官偏
行取旨點檢違法廢令去處按劾以聞具所部有無拖欠及失陷本息令
後給納係散如申狀不實若公吏人并命官之家詭名假冒早幼私請并
兩經倚閣或年終有欠輒行給散若公吏人緣給納受乞或將新蓋舊抑
勒留難一切違法當職官及主管官不檢察提舉官不按劾仰漕憲并廉
訪使者互察聞奏當議重行黜責仍許人戶越訴先是臣僚言神宗皇帝
理財之政莫大於常平之法比年借支擅用蓄積糴本既以兩耗又吏緣
為姦邀阻百端民不肯市去年諸路水災常平司錢穀遂不足以賑救致
截撥上供望申戒諸路提舉常平檢詳前後詔條舉行如初歲編歷所部
精加稽察繕修倉廩本錢欠闕即移應副州縣官常切依法審度糴糶其
糴充不行處依法相度革邀阻之弊使民樂市毋令兼并規擅厚利仍每

歲縣以舊積所糴狀息各若干數申州州申提舉司提舉司類逐州數申
戶部戶部總天下數申尚書省尚書省度大小以最多寡處取旨賞罰故
有是詔　二年三月十三日戶部侍郎虞奕等奏常平封樁錢物本以待
朝廷支用昨緣諸路侵借總計七百餘萬大觀二年八月二十二日詔三
限十年撥還令年限滿所還未及三分之一欲將大觀二年八月已前限
滿未還之數自今年為始再限五年均還其追欠約束並依已降指揮施
行從之　八月二十四日詔諸路令歲豐熟倍常令常平司依條廣行收
糴　三年九月二十四日手詔常平之法所以惠天下垂後世其澤甚厚
自熙豐迄今五十餘年財用之在有司者詔令具存比年官失其守侵耗
殆盡時有水旱民或流亡則截上供發內帑常平所積殆闕如也甚非熙
豐之旨如潼川路昌州失陷常平錢一十三萬貫諸州類此則所失豈可
勝計除已行根治外仰諸路常平提舉官改充見在實數或官司移用限
析聞奏　其後四年十二月十一日提舉潼州府路常平鄭庭芬等具常
平見在錢物等四十六狀并五冊聞奏詔曰前違法侵支移充拖欠失陷
等并他司借出錢物並限一月改正追理撥還內轉運司限一季未得歸
着數日令常平司疾速根究見緣違法等取勘去處疾速取勘依條施行

全唐文　本卷一萬七千五百四十一　十三

其不可存留之物變轉出賣抵當下諸勅度牒立限收贖不管占壓本錢
民間見欠錢物依條催理如常平官奉行違戾當依重行黜責　五年八
月四日詔常平係熙豐成法不可加損令後官司妄有申請意在侵害令
戶部按劾以聞　六年閏三月十六日新差提舉河東路常平林積仁言
欲天下州縣每歲散常平錢穀既畢即具所請姓名數目揭示逾月而斂
之庶使人戶通知苟為假冒得以陳訴從之　七年二月一日詔二麥將
登仰諸路新除常平官以封樁錢廣行收糴仍具所糴及價以聞　六日
太宰白時中奏臣竊以常平之法元豐或憲比歲以來任非其人官失厥
守侵牟廢壞失本旨或並緣為奸謂如詭名冒請官吏同為侵漁之類
或倚公市私謂如以本司錢物獻納之類或名色混藏用或侵盜謂如指
司錢物寄同收貯致有侵用之類或徇情假貸致有失陷謂如諸司私相
卸用之類或散斂無實而本息交廢謂如州縣散斂轉息為本之類或檢
察無方而名實代易謂如州縣監司照檢已有易與之換諸司錢物之類
遂使良法善治殆成虛文頃詔執事嚴敕給之實嚴執奏之令參稽本末
灼見攢弊講畫措置行下申之以告誡勵之以賞罰庶幾前日成效漸可
追復詔送講議司相度取旨　六月十六日詔諸路豐熟州縣令提舉常

義倉

脱一條

惠民倉

平司振合催今年夏料常平錢物並依價加一分取人戶情願折納亦依
此施行不得輒有抑勒每月令逐州具數申尚書省

宋會要

太祖建隆四年三月詔曰多事之後義倉廢寢歲或小歉失於備豫宜令
諸州於所屬縣各置義倉自今官中所收二稅每碩別輸一斗貯之以備
凶歉給與民人　乾德三年三月詔比置義倉以備凶歲若上言待報則
恐爭於軫恤自今人戶欲借義倉粟充種食者本縣具災傷人戶申州州即
據分計口賑貸然後以聞仍令及時止依元數送納至時如別有災沴亦
當更與容限或人戶衆多義倉賑貸不足亦具奏聞別發廩充給　四年
三月詔朝廷比置義倉以恤百姓蓋防歉歲用賑飢民訪聞重疊供輸復
成勞擾俾從停廢以便物情其郡國義倉並罷之先有乞貸送納者並從
之

太宗太平興國七年二月八日詔廬州官內民所逋義倉米萬七千二百
四十碩特貸之　八年正月宋州言宋城縣民自周顯德元年所給義倉
斛斗已經二十餘年見今督納民實不逮多逃移欲望與限至夏秋熟
日送納詔並除之　淳化五年十月令諸州惠民倉故穀遇糶稍貴即減

全唐文　卷一萬七千五百四十一　十四

價糶與貧民人不過一斛

真宗咸平二年十月庫部員外郎成肅請於福建路置惠民倉從之先是
三司言福建不須置倉蓋以遠俗尤宜存恤故有是詔是月勅先詔諸州
惠民倉如在市斛斗價高人戶闕食逐县聞奏當差官從賤減價出糶源
慮申奏遲延自今止委知州通判幕職官吏互監開倉比市價減錢糶給
出糶　咸平二年十月十七日詔令諸路轉運司管內有惠民倉處豐熟
則增價以糴歉則減直而出之

仁宗慶曆元年九月詔天下立義倉先是判三司戶部勾院王琪言自景
祐以來蓄言方今之宜莫若自第五等戶以上於夏秋正稅外每一碩別
納一斗隨當賦以入若遇水旱但正稅得減則更不輸令州於邑擇其便
地別置倉以貯之領於本路轉運使今天下大率取一中郡計之夏秋正
稅粟麥之類且以十萬碩爲率則義倉於一中郡歲得五千碩矣例天下
所入之積乎使仍歲豐登則積如京坻不可勝計矣明道中最爲飢歉國
家欲盡貸飢民則兵食不足故民有流轉之患是時兼并之家出數千碩
粟即補爲官吏是豈國家以官爵爲輕歟特發民濟物不獲已而爲之爾
與夫衆歲之豐收羨餘之人於天下之廣爲無窮之利豈不大哉且自惠

本有[illegible]下二條而補抄[illegible]

脱

脱

脱九朝紀事條

一至第二等兼并之家占田常廣於義倉則所入常多自第三至第四等
中下之家占田常狹於義倉則所入常少及其遇水旱行賑給則兼并之
家未必待此而濟中下之室實先受其賜矣損有餘補不足實天下之利
也事下有司會議者多異同而止至是與復上前所議而仁宗爲特行之
二年正月詔天下新置義倉止令上三等戶輸之　五年七月十六
日知揚州韓琦言近詔罷義倉所有斛斗若便撥入官倉支遣即恐未副
朝廷立義倉示民以信之意所有斛斗乞下諸處據數撥與常平倉附帳
別作一項椿管或遇水旱災傷即賑濟貧民從之　皇祐五年七月九日
詔荊湖南北路災傷州軍所將義倉米救濟民訪聞司農寺卻令理納甚
非朝廷振乏之意宜特與除放

神宗熙寧二年七月二日御史錢顗言陳汝義任京東轉運使日以羨餘
貢奉爲名官吏希望風旨尚行暴斂如去年勸誘糧斛入官以備河北流
民而多不支散齊州科配義倉斛數太多曹濮州諸縣人令耆長代納民
何以堪乞下京東路除二稅外權罷諸通欠以候豐年詔罷義倉已納
者並給還之　十年九月十六日詔開封府界提刑司先自豐稔縣立
義倉之法　元豐元年二月五日提點開封府界諸縣鎮公事蔡承禧言

全唐文　卷一萬七千五百四十二　十五

義倉之法今舉之以二碩而輸一斗至爲輕矣乞今年夏料科稅之始不
須中覆悉皆舉行諸府界諸縣並依以行義倉法仍隸提舉司　六月二
十四日詔京東京西淮南河東陝西路依開封府界諸縣行義倉法仍以
今年秋料爲始先以將作主簿王吉言去歲諸路復義倉議於數邑已不
擾而行欲乞於豐稔路委提舉司勘會省稅常平免役錢穀　閏共不及
三分處先推行庶幾數年之間即見成效故有是詔　十月十八日權發
遣興州羅觀乞頒義倉法於川陝四路從之　十二月六日詔廬鄉村民
願以所納義倉糧別鈔就便納縣倉者聽從知管城縣趙槩請也　十五
日詔民納稅不及斗者免納義倉　二年二月五日詔威茂黎三州罷行
義倉法　初興州羅觀乞置義倉於川陝四路許之既而成都府路提舉
司言威茂黎三州夷夏雜居稅賦不多舊不推行新法歲計軍儲皆轉運
司支移蜀州稅米就輸及募人入中恐不可置義倉故有是詔　十二月
二十八日詔雅州榮經縣依茂威黎三州免輸義倉米蓋以所領戶雜番
夷也　八年十月十六日詔罷義倉其已納數遇歉歲以充賑貸

哲宗元祐八年五月一日監察御史黃慶基言朝廷覆育海內無有遠邇
一視而同仁至於振恤災飢民無失所之歎者尤加意於賑濟故比歲

淮南旱，倉廩不足以給民，至以上供綱運米廩之。前年浙西水，本路歲計不足，致使江西、湖北運米以濟之，所費無慮數百萬，然而不惜重費以濟一時，不若修舉良法以垂惠於萬世。蓋義倉者，良法也，始自隋長孫平建議，元豐間而先帝復行其法，以為隋唐取於民太重，慮民不堪，其求於是納苗米一碩者輸義倉米五升，可謂至薄矣。夫樂歲粒米狼戾，雖多取之不為虐，又況納苗米一碩止輸五升，固非重斂也。蓄積稍豐，或有水旱，則所至倉廩自足以濟民矣。臣去歲道過太平州，見飢民甚衆，而無流亡溝壑者，蓋猶有當日義倉所積之米足以賑濟故也。又聞蘇湖之民雖蒙朝廷運米以濟之，然飢者朝不及夕，往往不得霑上之惠，而殍殕者多矣，乃知義倉誠天下之良法。今具條制長在，望自今歲復行。詔令戶部詳度。

紹聖元年閏四月十六日，侍御史虞策請復置義倉。三省言：舊行義倉法，上戶苗稅每一碩出米五升。詔除廣南東西路外，並復置義倉，自來歲始，於稅二分以上免輸。所貯義倉專充賑濟，輒移用者論如法。

徽宗政和元年正月二十二日，臣僚言：元豐義倉令，計所輸之稅，每斗納五合。大觀敕應豐熟計一縣九分以上，增為一升，乞罷所增之數。詔依元豐紹聖法。　七月六日，戶部言：立到諸義倉計夏秋正稅穀數，無正稅穀處物帛之類折為穀者准此。每一斛別納五合，同正稅為一鈔，不收頭子腳

全唐文　卷一萬七千五百四十一　十六

剩錢。及民限當日交入本倉，出剩通正稅盤量斛數紐計，即正稅不及一斛并本戶放稅二分已上及孤貧不濟者免納等條。詔依。　以臣僚言：諸倉過納到正穀米，不即分撥義倉，轉運司多以闕乏隨時支遣，欲於紹聖本條內增修：過一日不撥，監官杖一百，二日加一等，罪止徒一年；及因而他司移用，並依已降指揮，依擅支法施行。詔令戶部立法，故也。　二年五月二十五日，提舉京西南路常平等事范域言：紹聖常平免役令，諸納義倉穀，而稅應支移者，隨稅附帶送納，仍准數以本處省稅穀對換，無稅倉處截留下等戶稅。近年轉運司多將省稅量度闕剩，更互支移，非要便。縣分契勘逐縣每料合納義倉之數，並依無稅倉例，截留下戶稅，便就本處送納。伏望下有司立法。詔令戶部立法。　宣和二年三月十六日，詔：義倉本以待水旱凶歲，諸路災傷，有司便文自營，並不陳乞通融支用，截撥過上供年額米斛數多，致闕中都歲計。可將京畿、東路、江南東西、兩浙、荊湖南北路見在義倉穀數三分以待本路支用外，餘並令逐路提舉常平、轉運、筆運、撥發司官同共計置起發上京，補還截過上供額米斛。免執奏，內不係沿流州縣，措置移那，並限至今年十月終盡數到闕。係御筆處分。如

常平

敢執占，以稽滯御筆論。逐司官先具措置般發次第聞奏。　七月七日，臣僚言：近降指揮，京畿見在義倉穀留三分以待本路支用，令起七分義倉斛斗三十六萬餘碩，內除沿流及中牟、鄭州合起十二萬碩外，與本路轉運司支用并沿流尚有二萬餘碩可以免那外，不係沿流去處，並合用車乘般載赴闕。訪聞合起州縣並科配民自備車乘人畜起發。又義倉所積之穀，起發斗面必須大段虧少，至此却科數取足，必致大困。伏望依近降指揮，免與京畿運司，令充逐處係省支用，却將兩浙等路起赴本路額糴數支撥至京，却納州縣合起義倉數。既已免充本處係省支用，合將賦稅依法支移，逐價補填。詔依前奏疾速行下。　五年四月十三日，成都府路轉運司言：奉詔措置糴米賑濟事，本路自淳化間民艱食，未有出糶常平義倉賑濟之法，逐時糶省倉米五萬碩，令價稍平，民無闕食。如遇米貴，乞將常平義倉米減價出糶，歲稔糴以補之，候本司歲計有餘，依舊支糶省倉米。從之。　六月九日，詔自今諸州供申義倉并二稅納畢帳，並立項開說逐縣通計一州豐熟分數。　六年正月二十六日，京畿轉運司言：京畿七分義倉穀苗起發上京，約一十萬餘碩，往往不係沿流縣分，搬營欲依宣和二年七月七日已降指揮，並免宣和六年分歲額，據取過斛斗，却於淮

全唐文　卷一萬七千五百四十二　十七

浙起赴京畿。宣和六年分歲額內，令逐路一面如數依限間綱起發上京。從之。　五月七日，詔：義倉積穀本以備賑濟，着在元豐成憲，昨令所在存留三分，非唯見在之數不多，兼終違神考立法本意。令後義倉並依紹聖常平免役令，唯充賑給，更不得起發赴京。　六月二十八日，提舉京西北路常平等事李與權言：欲今後轉運司科撥，乞限一日關報常平司，逐州承轉運司科撥本州分科下逐縣，乞依限一日申提舉常平司，庶可檢察義倉斛斗。從之。　七年五月八日，軍器少監呂源言：信州額理秋苗一十萬八千餘碩，若每斗納義倉一升，歲合理義倉一萬八千餘碩，其義倉帳只理納到六千餘碩。自宣和元年至五年，實收義倉穀共二萬二千餘碩。饒州去歲人戶有納正稅三二十碩，却只納義倉三五斗，而本路州縣其間有只行催理正稅，不曾依條同為一鈔輸納，往往拖欠義倉。欲申嚴條法，將今來所陳行下諸路，依此檢察，免致失陷，於常平司賑給之費不為無補。從之。以上續國朝會要

高宗紹興二年十二月七日，臣僚言：常平租課，願納價錢者聽，此紹聖成法也。省部令監司不得折納價錢，於是監司執省符催納本色，一旦盡催本色，都刷積年逋欠，亦不許納價錢，則困民甚矣。願詔省部監司遵守成

法庶幾州縣奉行不致違戾詔常平租課折納錢價　五年四月十六日
詔令江南東西兩浙福建諸州軍守臣各行體度本處米價如是騰踴仰
將見在常平米斛依條出糶候秋成日却行收糴撥還依舊樁管仍令常
平司拘收　十月九日三省言湖南江西歲旱田畝災傷自今秋成之際
民間已是缺食恐至來春大飢欲令常平司多方廣糴以備賑濟上曰
朕聞江湖歲歉夙夜爲憂常平法自漢以來行之乃是救荒之政自祖宗
專用義倉賑濟最爲良法比來多有失陷可降指揮申飭有司措置之已
上又曰江西湖南歲歉恐來春艱食難以廣糴以待賑濟可更令監司守
臣勸課種麥庶來歲有以接濟飢民仍更丁寧示朕夙夜念民疾苦之意
同日殿中侍御史王縉言近年以來常平中糴而義倉之法亦名存實
亡官司借兑支遣例皆不即撥還其有支移折變去處更不收納一有水
旱飢民流移官司何以賑給欲望申嚴義倉之法應州縣納到米斛並別
收儲官不得擅有支動其有支移折變及就便輸納去處並通計一縣合
收之數截留下户苗米於本縣送納上户折變數多頗就納本色將來把收
便糶庶有以備水旱之變無坐視流移之患詔令户部限一日具當申尚
書省　六年三月五日詔荆湖南路所起諸州縣減下吏人在今後催理
十八
錄唐文　卷一萬七千五百四十一
截留作本添助趁時廣行糴米以備賑濟候將來出糶到價錢依限起發
赴行在送納從之　况是詔令本路將前項錢變轉輕賫發赴行在是
本路言潭衡永州災傷見措置賑濟故有是詔　七年九月二十八日明
堂大禮赦勘會人户遇災傷缺乏種食依常平法許結保貸借常平錢穀
限一年隨税送納內有委實貧乏無可輸納人户理合矜憫可令諸路常
平司行下所屬州縣逐一取見紹興七年正月一日以前所未輸納錢穀
內委實貧乏無可輸納者仰本司審驗指實開具所欠數目保明申尚書
省取旨蠲免　十年九月十日明堂十三年十一月八日十六年十一月
十日十九年十一月十四日二十二年十一月十八日二十三年十一月
十九日二十八年十一月二十三日南郊三十一年九月二日明堂赦同
此制　九年七月二十三日臣僚言國朝盛時府界諸路所積常平義倉
米幾千五百萬斛天災代有民無流離餓殍由有備也艱難以來閑常平
足或取以給軍須至於州縣他費因以侵用比年往往銷費殆盡甚非祖
宗憫人恤災之意今日經制議者以謂盡行經畫以應支遣而已至於參
其豐凶以謹散斂勸其貯納以待賑給未之聞也大抵有司務於目前之
責不思久遠之計遂指言者無事預備之言以爲迂緩不幸一有二三千

里水旱急難之憂言之何及謂宜依舊制更加修明仗移擅用格奏之令
使祖宗恤民備災之政不寢於聖代詔令户部檢坐見行條法措置申嚴
行下　十二年五月二十三日詔衢州米貴細民不易將義倉米置場出
糶一萬碩其價錢申朝廷升户部不得容令合干人作過依估斷本計
會占糴不及細民仍令浙東常平司檢察施行從本州所請也　十三年
五月二十五日户部言西州軍米貴逐處義倉米見在數多欲令各取撥
一萬五十碩量減市價委官出糶務要惠及細民仍委轉運常平司勸諭
有斤之家與減價開糶從之　十五年五月十三日大理寺丞周楙言
頃因臣僚建言諸道有生子不舉者屢勤詔旨申嚴勸誘戒飭爰備至應貧
乏之家生男女不能養贍者每人支錢四千於常平或免役寬剩錢內支給
雖帝堯之嘉謀予文王之保小民莫過是也切聞之州縣免役寬剩錢折
收繳細生民至多豈能週給陛下誠欲當德及民莫若量發義倉之米以
助之所在義倉隨所輸納不許出糶陳陳相因至有紅腐而莫敢移用者
歲率一路發千斛以活千人以諸路計之一歲所全活者不知幾何人也
比令一行民被惠澤仰荷君父之恩衔篤天性之愛將見餘風嫗煦必不墜
人豈有子矣詔令户部措置申尚書省户部言乞下諸路常平司於今來
十九
錄唐文　卷一萬七千五百四十一
臣僚奏請事理行下所部州縣遇有下等貧乏之人户生産男女即時於見
管常平義倉米內每人支米一碩內鄉村去縣稍遠處委本縣措置將
義倉米準備支散務要實惠貧乏毋令合干人作弊阻節減尅入已若稍
有滅裂違戾去處取治依法施行　八月二十六日權户部侍郎王鈇言
江東西湖南路今歲雨澤霑足年豐米賤若不趁時收糴無以備水旱緩
急之須亦有傷農之患欲令諸路常平司將諸色錢除豁歲用外盡行收
撥委官措置趁時收糴別項樁管從之　十八年閏八月二十八日御史
臺主簿陳夔言伏覩常平令歲十月州縣籍民之老疾貧乏不能自存者
與乞丐者廩給之至三月而止而州縣之吏去朝廷稍遠者往往甚不知
奉行孟冬之月未嘗檢察老疾乞丐之人而籍之不過行移文書以應
令而已所謂日給之米乃或移之他用或糜於侵盜豈不上負陛下之良
法美意哉欲乞痛斷專責監司常切覺察有敢因循重寘典憲上因宣諭
曰義倉之設其來尚矣所以備凶荒水旱救民於艱食之際仁政之所
先也訪聞比年以來州縣奉法不虔或侵支盜用而監司失於檢察致賑
濟無術而飢遠窮困之民不得均被其惠非所以稱朕矜恤元元之意宜
令户部措置　户部言乞檢坐見行條法申嚴行下諸路常平司約束所

部州縣恪意奉行依時給散務要實惠貧乏之乞丐之人仍仰本司常切覺
察如有似此違戾去處按治依法施行仍令諸路提刑司更切覺察施行
從之　二十年九月一日時上諭宰執曰國家致常平倉正爲儲蓄以待
水旱賑濟宜令有司以陳易新不得妄有侵移若臨時措畫假貸積穀之
家徒爲虛文無實效也　二十二年正月二十一日大理評事莫濛言州
縣間常賦秋苗義倉官耗各有定數而受納官吏往往於額外別立名色
謂之加三狀耗及脚耗之類民戶受弊至有納一二倍幾及正額者其多
收在官之數止資官吏侵盜欺隱乞令有司檢坐條法行下每遇受納揭
示民間許令越訴仍令監司郡守常切覺察如有違戾按劾聞奏從之
二十四年九月四日監登聞鼓院曹紱言常平之法肇自前古逮及聖朝
嘉惠元元其出納之方尤切注義倉米賤則斂之於官貴則散之於民使
農末皆利而國用益裕是堯湯先具之備也今者時和政協歲已告豐視
向日新陳未接之際其價益平然能因天之所與以利于下實甚盛之舉
也欲望明詔有司俾令州縣及時廣糴使倉廩充實具時用以賑貸則下
民永無乏食之患詔令戶部措置申尚書省其後戶部言乞下諸路常平
司嚴切行下所屬遵依見行法條及已降指揮施行毋致稍有違戾如本

全唐文　卷一萬七千五百四十一　二十一

司不切覺察即仰漕憲司按劾施行從之　十月三日三省言諸路州軍
今歲頗聞有處因旱傷去處上已令常平司措置通融糶糴務令兼濟
毋致失所　二十六年二月二十五日國子監丞徐時舉言切觀自祖宗
立常平之法穀賤則增價糴之不使傷農穀貴則減價糶之不使傷民本
末不傷公私兩利誠萬世不刊之典臣竊今日郡縣雖常平所積動盈
萬斛米積既久慮多陳腐其一路使者及守倅法官人以增耗動者獲罪
非輕不敢變易乞詔有司於新陳未接之前許將常平所積陳米減價出
糶一則在市米價無緣稍增二則在倉之米以陳易新三則郡縣多積民
食不匱至於秋成又許據見在錢數以三分之一增糴新米嚴爲約束以
絕弊倖然亦理財之先務也詔令戶部措置其後戶部言乞下諸路提舉
常平司官切鈐束所部州縣遵依見行條法仍將糶本錢候將來秋成日
廣行收糴米斛如法收樁即不得擅行動撥如有違戾去處本司按治依
法施行若本司失於檢察即仰漕憲司按劾施行從之　四月二十四日
侍御史湯鵬舉言而祖宗常平條制萬世之良法也比者前司農寺丞王
炎輒妄申陳乞將諸路州軍見管常平錢盡收糴米斛起發赴行在而前
兼權戶部侍郎鍾世明因此申陳又令諸路每歲撥積年陳次米斛一十

五萬碩起赴行在省倉等處支遣大軍糧食臣切見王炎鍾世明所申妄
費耗蓄積之財用壞已成之良法若謂以新易陳則自有條令州縣自應
依法逐歲換易若謂欲起陳腐之米支給大軍食用則深爲不便乞申嚴
有司遵守常平條制自今以後不得輒有奏請王炎鍾世明小官敢爾申
請沮壞祖宗之成法乞賜黜降詔依奏王炎鍾世明各特降一官　八月
十四日宰執進呈淮南漕司開具到本路諸州縣米價其間最賤處每斛
不下一百二三十文上曰昨聞淮南路米價極賤朕恐太賤則傷農故欲
乘時收糴以惠民今具到米價如是則未須忙候將來價減每碩亦不下
一千至時若戶部無錢朕當自支一百萬貫令收糴沈該等曰陛下愛民
之心如此可謂至矣　十月二十八日尚書省言諸路州軍見在常平義
倉米數切慮日久因而陳損詔令戶部行下逐路常平司將見樁管米先
次支遣卻將今年收到秋苗依數撥還候省限滿樁管數足申尚書省差
官前去點檢盤量　閏十月三日尚書省言諸路州軍見管常平義倉米
斛其間有不及萬碩大段數少去處令來米價低平合行措置收糴詔令
諸路常平司相度將見管米斛數少去處用作樁糴本錢措置趁時收糴
仍開具合糴州軍及糴到數目申尚書省　二十七年十月二十一日戶

全唐文　卷一萬七千五百四十一　二十二

部言義倉米依法隨苗輸納令須樁管專充賑濟州縣多不即時據數取
撥收樁或並隨苗起州倉送納吏不撥還外縣無有折納價錢去處非惟
違法委是有悞賑給欲令逐路常平司常切覺察有違戾去處按劾施行
從之　二十八年四月十七日詔每歲春夏之交新陳未接諸州自合將
常平米依條出糶訪聞近來有失奉行不唯不能接濟小民亦因致陳腐
可令諸路常平司行下州縣以時量減價錢出糶其收到價錢秋成日盡
數收糴依舊樁管仍逐年具糴糶過數目申尚書省　二十二日上諭輔
臣曰常平義倉米所以待水旱之變緩急賑貸所不可闕須委官點檢見
在勿令移易若不先事預備臨時科取於民定成虛文無補實效宰臣沈
該等奏曰今州縣間往往皆有儲積具浙東路欲委提舉官審實具數以
聞　二十四日提舉兩浙東路常平茶鹽公事都潔言諸路州縣每遇官
司減價糶米其監糶官多是容縱公吏等人詭作小民姓名過數多糴伏
望行下諸路凡有此弊必加以刑其監糶官吏亦寘于法則缺食之民悉
被實惠從之　七月六日婺州守臣言依准指揮許撥義倉米二萬碩應
副出糶今將糶盡乞於義倉米內更撥五千碩接續出糶從之　九月十
十日權兩浙路計度轉運副使湯沂言諸路州縣每歲秋稔穀不勝賤暨

五一作八

交春夏米必騰貴，蓋緣成熟之時，所在不曾措置糴買，兼並之家乘賤收北
以牽春夏邀求厚利。緣州縣賑糶官米不過及城市百姓，欲望專委諸
路提舉司至歲正二月以後減價出糶，錢依舊還常平庫，遇秋成日收糴。
十四日，左正言何溥乞令有司討論故實，度戶口以致多寡之數，總官
田以充收糴之本。於是戶部言：常平米依法賑糶，義倉唯充賑給，所撥及
借移用，以違制論。蓋緣日前州郡容計不數，無以充易新穀，為名擅行陳
用，常平司並不躬親點檢，兼累承指揮，諸路災傷州軍內有常平米斛數
少去處，合撥義倉米相兼賑糶，候秋成補糴。及有餘常平司有拘收到州
縣應沒官戶絕等田，除紹興二十年至二十六年租稅已行起發赴常平
司，多拘收到人戶場務淨利、當戶絕等田產，今欲下諸路常平司行下所部
州縣，收紹興二十七年、二十八年所放樁管錢米，取見實數盡行撥入常
平案名，仍將見今賣沒官等田產所收價錢，取撥三分相兼應副常平糴
本，仍令州縣趁時收糴，所有糴本乞度戶口以制多寡，亦乞下諸路常平司
約束施行。從之。　二十三日，禮部言：江南西路州縣道觀多有朝廷撥賜
田產，近來至有全無道士去處，其田產盡為他人侵耕盜用，欲自今更不
撥充學糧，令常平司拘收，別項樁管。從之。　二十五日，三省言：權戶部侍

全唐文　卷一萬七千五百四十

郎趙令詪言：州縣義倉米不過積久陳腐，即行出糶，及水旱災傷，已檢放及
七分，便許賑濟。竊詳先該奏曰：在法，義倉米止許賑濟，若行出糶，恐失
豫備也。上曰：逐郡義倉米自有定數，若每歲量糶十之三，樁收價錢，次年
依數收糴撥還，亦何至侵損數目？又如災傷檢放一州通及七分方許賑
濟，飢荒自有高下，必須及七分則合賑濟，絕少矣。飢荒之民何緣獲霑，鄉
等可別作措置。沈該等奏曰：陛下卹民之念可謂切至，臣等當遵依聖訓
別擬進呈。於是詔令諸路常平司據州縣所管義倉米以十分為率，量行
出糶，歲不得過三分，拘收價錢，次年糴還，仍歲具糶過數目申尚書省。
二十九年六月十九日，詔浙西差司農寺丞韓元龍、江東差平江府通判
任盡言，日下前去徧詣州縣，同主管官覈實的確見在常平義倉米錢物
數，除程限一月開具以聞，如州縣違慢隱藏，並許劾奏，仍救侵支借兌失
陷數目，報提舉常平官措置以聞。諸路並委漕臣准此。先是，提舉浙西常
平茶鹽公事呂廣問言：常平義倉之法，廣儲蓄以待不時之須，事久廢弛，
名存實亡，縱有見存，類多陳腐，主藏之吏不過指廩囷為執虛券以相授
受，蓋緣法禁雖重，十連縣多，間有州縣稍有便文去處，時暫收糴省米入
倉充填元數，假託以新易陳之法，隨手復支，常將一歲來斛祇擬內司名

色，設有支遣，豈不悞事？欲望每路遣官一員同提舉編行檢察，若干係積
久支析，驗實除豁若干，係近新借兌，責限補還，自餘實若干，嚴切樁管，令
後依條對兌，先支新米入倉，方得支撥陳米。又安平錢物兵火以來，前後
因循，至失稽考，今若一旦便付所司，州縣之間展轉干繫，總計諸路何啻
數千人，又況有逃亡貧乏，無可理償，獄事緊興，徒傷和氣，故有是命。閏六
月一日，詔秀州崇德縣丞路樗先次放罷。　以司農寺丞韓元龍劾樗
掌常平義倉米斛，隱蔽違法，虛作收糴數目故也。　十二日，中書門下省
言：近已差官覈實常平義倉米斛錢物，今來若便行根究，切慮州縣妄有
科借，卻致搔擾。詔令所差官同主管官依已降指揮，先次開具的確見在
實數申尚書省，如有借兌欠折數目，報提舉司措置，內侵欺盜用，候事畢
日類聚申取朝廷指揮。州縣輒敢科擾於民，仰提舉司覺察按劾以聞，當
議重真典憲。　七月十八日，司農寺丞韓元龍言：浙西州縣出糶米錢，其
見在庫無慮六十餘萬，念歲中秋已下，常平司官措置盡數收糴，不料別
無收貯，不得與舊管及新納到義倉米交雜，或恐逐縣散漫，難於稽考，則
併於本州收糴樁管，不得妄行科擾及有侵隱移兌，稍有違戾，重作施行。
從之，仍令浙西常平官措置，具樁續收糴數目申尚書省。　八月三日，秘

全唐文　卷一萬七千五百四十一

閣修撰、兩浙路轉運副使錢端禮言：近者支降錢本，廣行收糴，監糶之官
次第立賞，措置經畫全在守倅，已應諸州收糴先次數足者，許令具守倅
姓名取旨，如或慢令弗虔，亦乞具不職官吏以聞。又言：常平米斛，前此州
縣多行侵用，今來朝廷支降本錢收糴，即合如法收貯，別項樁管，欲望預
行戒約，如敢移易兌借，並依違制科罪。若向去積年陳次，即仰具申朝廷
聽旨，許將苗稅米以新易陳，免損蛀之患。並從之。　十一日，詔令淮南東
西路常平司將見管常平錢盡數取撥，委官置場趁時收糴，如人戶情願
中糶稻穀，仰本司以三分為率收糴一分，於沿流州軍樁管，仍逐旋具糴
到數申尚書省，即不得科配民戶，卻致搔擾。　二十六日，中書門下省言：
州縣義倉米係合隨苗送納，往往抑令別鈔，又行收耗。詔令戶部申嚴約
束，仍多出文榜曉示，如違，許民戶越訴，州縣委監司，漕司委戶部，提劾取
旨重作施行。　十二月五日，臣僚言：欲望特降指揮，將浙西路自紹興二
十三年以前應合追理少欠常平米斛錢物，委當職官驗實除放，其二十
四年以後者分立近限追理，限滿則選差清強官覈實，稍有違慢，重真典
憲。從之。　三十一年十月六日，詔令兩浙、江東西、湖南路常平司委官分
詣所部州縣，據見管米數子細看驗，分為上中下三等，各具色額及有無

以上中興會要

不堪之數限五日開具申尚書省　十三日守殿中侍御史杜莘老言朝
廷近收兩淮湖廣等路常平義倉米委官覈其實數令逐處樁管應副不
測使用望特降指揮令四川漕臣將諸州軍常平義倉米數差官往諸縣
點檢覈實日下樁管從之　紹興三十二年十一月十四日孝宗即位未
改元臣僚言伏覩近日於淮東西總領司各樁苗米一百萬碩備宣撫司
移屯支用內發浙西常平米一十三萬二千餘碩往淮東撥江東常平米
三十七萬四千餘碩往淮西竊惟常平一司蓋以備水旱盜賊緩急之用
今浙西一路所管雖號三十七萬二千餘碩江東一路所管雖號九十七
萬一千餘碩然而積年陳腐及移易借兌耗折侵欺之數殆居其半一旦
三分取一兩路所積幾無餘矣間遇水旱盜賊之變將何以為備乎望詔
二三大臣論戶部長貳別行措置應副樁積詔戶部看詳已而戶部申乞
於兩浙漕司和糴米撥一十三萬二千餘碩赴淮東江東西漕司和糴米
并江西上供米建康中納米九千碩共三十七萬四十餘碩赴淮西充樁
積米其江東浙西常平米更不啟撥從之　十二月十日福建常平司言
此本路糴過常平義倉米一十一萬六千三百餘碩收錢二十五萬餘貫
已委官置場收糴准備賑糶詔福建見管常平義倉米尚多收糴到錢貫

於內撥十萬貫措置收糴其餘錢十五萬貫專充本路州軍添招五分弓
手錢
孝宗隆興元年十二月二十五日詔臨安府近緣河道錢流客米興販未
至深慮民庶艱食可將本府見管常平義倉米減價出糶其糶到價錢不
得妄用候秋成日旋行補糴從中書門下省請也　二年二月二十七日
敷文閣待制知台州趙伯圭言本州闕雨日久二麥未熟米價踴貴細民
艱食除已降指揮見管常平義倉米賑糶竊慮貧民艱得見錢欲將量行
賑借第四等已下貧乏之戶候秋成日依元借數隨苗償官詔依自餘州
縣依此施行　乾道元年三月六日臣僚言比因戶部申請欲將會子
一百萬道兌起諸路常平錢一百萬貫卻於會子上批鑿不許支用是致
諸路常平司既儹千錢物盡數起發無復見存或遇歉歲賑糶賑濟之患
何所倚辦欲乞行下諸路將戶部所降會子且以三分發赴行在改換批
鑿許充糴本以為異時之備從之　四月六日詔去歲兩浙被水州郡民
庶艱食累降指揮以常平義倉米減價賑糶所有糶到價錢州委通判縣
委縣丞拘收封樁不得移易借兌候秋成日盡數收糴補填仍先具見樁
錢數申尚書省餘路依此　八月十四日中書門下省言常平義倉米舊

許州縣以新易陳緣此多有借兌支遣者今秋成在即乞敕諸路提舉常
平司下諸州主管官開具借兌數目於受納秋米內依數撥還從之　十
一月七日詔福建提舉司具到本路見在常平米九萬九千二百餘碩義
倉米二十九萬五千六百餘碩令本司契勘如無陳腐不須更行收糴揀
中書門下省請也　二年二月二十二日詔司農少卿陳良翰前往浙東
點檢常平等倉於是良翰言被旨點檢浙東常平米所至州縣合抽摘盤
量若既用當處斗級應難機察已於行在省倉見管軍斗內指差一名隨逐
前去其州縣有山僻去處若候編歷切恐往復徒有煩擾欲專委諸州主
管官日下親往點檢具詣實明文申或有侵盜移易許將當職官吏姓名
按劾聞奏並從之　四月二十四日陳良翰言浙東七州見樁秔米二十
五萬五千四百餘碩其間已有陳次數目若經暑濕蒸壞折欠愈多其見
管糯米一萬一千二百餘碩即非賑濟賑糶可用之物詔行下本路須以
新易陳不得損壞官物其糯米即仰變轉收糴　二十六日陳良翰言比
點檢浙東七州常平倉其間失陷借支壞爛失收米麥共二十七萬六千
二百二十餘碩并常平錢一萬四百四十餘貫乞委提舉官遍詣所屬
刷併省錢米償納如所償未足候受納秋苗日並盡數償還從之　十一

月十二日臣僚言國家置常平義倉為水旱凶荒之備近來州縣循習借
用多存虛數其間或未至侵支亦不過堆積在倉緘縢堆謹初未嘗以新
易陳經涉十數年例皆腐敗而不可食用乞下逐路常平司申儆州縣常
切以新易陳無致損壞仍差官盤量見在實數申奏從之　三年正月十
六日戶部言諸路歲糴米一百萬碩權行住糴節次承降指揮撥和糴北
場充撥降下未糴現在錢銀并兩浙運司合樁今年歲額糴本移用錢及
諸路常平剩下糴本等錢共二百萬貫令行在并隆興建康鎮江府衢婺
州置場收糴米斛共一百萬碩依舊作常平樁管緣逐路提舉司自承受
指揮後循習住滯不催督錢數起發深慮因而過時有悞收糴本部今隨
宜措置行在收糴米五十萬碩鎮江建康府各收糴米二十萬碩隆興府
收糴米一十五萬碩撫州收糴米一十萬碩鼎州收糴米五萬碩欲將所
料糴本錢數劄下逐路提舉常平官兩浙轉運司日下計置盡數赴逐處
糴場交納仍各具已催起錢數申尚書省從之　十二月九日戶部侍郎
曾懷言諸路常平義倉米見在者總三百五十七萬九千餘碩并錢二百
八十七萬一千餘貫除兩浙東西江東西湖南北廣東西福建成都潼川
府利州路樁積米並已有餘外有淮東西京西夔州路雖有見管各不過

一十萬碩已委逐路常平官將見管錢於管下州軍依市價收糴以所糴米通融官均撥諸州准備水旱支用從之　二十二日徽州言近緣雨水霖潦禾稼損壞米價踴貴民庶闕食乞於本州見管和糴義倉米取撥一萬碩賑糶將到價錢拘收不得移充候來歲秋成日便行收糴務要依元撥數及依舊窠名樁管從之　同日詔諸路提舉官常切點檢常平義倉毋致侵移及不得虛樁數目仍於歲終具當年所納併通見在實數聞奏從中書門下省請也　四年正月二十八日臣僚言去秋霖雨之久有傷禾稼訪聞近日又闕及江浙近地米價漸增將來必致騰踴欲望特詔州縣應有借兌常平義倉米仰守臣日下照數填㯲如遇艱食平價出糶從之　二月九日權發遣隆興府沈樞言去歲江西諸郡類多水澇而本府諸邑如南昌新建豐城進賢被患尤甚竊料歉澇之餘民必艱食本府常平倉米自累歲賑糶之後所存無幾檢照乾道二年八月戶部檢准江西淮西湖北路常平錢二十五萬貫於本府糴米一十五萬碩就常平倉樁管近者戶部申請行下本路轉運司起發赴鄂州今欲於十五萬碩中量留五萬碩接續賑糶候秋成日卻行收糴起發從之　四月二日臣濮言近降指揮給度牒四百道下成都府路充糴本收糴米斛賑濟飢民如見

全唐文　卷一萬七千五百四十三　二十六

成都一路惟綿漢州石泉軍旱傷最甚飢民日增而禾已提刑司發漢州義倉以賑之宣撫司助錢萬緡制置司亦助數千緡上戶又義助米斛猶有不繼之憂然則常平義倉之政安有急也蜀中自成都漢州之外常平義倉之須雖多而借兌之數不一甚者但存虛籍本無儲蓄或遇水旱阻飢何以為計乞下四路轉運司檢察樁管不許移用從之　五月十四日詔諸路俱承常平官每歲春季巡歷逐州縣檢常平義倉以實數申尚書省不得仍前虛樁有悞指準先是臣僚言常平義倉行之二百餘年民受其賜後緣州郡歲計窘急移用寖多既不能還徒存帳籍又以專法不許移民及有陳損皆不以去官赦降原免所以前後官司懼有譴責互相隱蔽例不敢以實聞故虛樁之數陳腐之弊積習因循久莫能革去歲朝廷劄下諸路提舉官令諸州於歲終具當年所納并通見在實數聞奏福建江東近已申到止是遍牒州縣取會供具提舉官即不曾親自巡按切恐循習之弊未除虛樁之數猶在故有是命　六月七日詔諸路提舉常平官督責所部州縣候秋成日將人戶合納之數依條限拘催盡實收樁仍以見管錢依時收糴不得違戾及依已降指揮每歲春季躬歷所部州縣盤量見在米斛具數聞奏從中書門下請也　二十七日江西提舉胡堅常

言去歲部內十一州免於水患者纔三數處自今春米價踴貴諸郡賑糶比市價三分之二雖今秋得熟恐於收糴以補所糶恐止及元數之半而見在米不無積久腐敗不可食之數兩後或值水旱何以為備乞將一路常平錢除合起發外盡數收糴從之　七月十二日中書門下省言檢對逐路常平司具到乾道三年見在數目內饒信衢三州近緣賑濟支用卻與元數不同顯是虛樁有悞指揮除已別作施行外尚慮更有似此去處詔諸州知通候今降指揮到限五日將本州截日見管常平義倉錢米具實數申尚書省如有虛樁不實當職官吏重寘典憲提舉官循情隱庇亦當一例黜責　二十四日臣僚言州縣常平錢穀多有名無實如近日江西福建與饒信荒歉飢民奪米戕於嘯聚蓋常法弊遂至於此今兩浙過時可望小稔乞下諸路常平司將見在封樁錢物於九月十月置場收糴如糴本不足則那撥別錢以紐之兼湖南江西諸郡有常平米積下不曾支遣者數目亦多恐久陳腐亦乞令提舉官分撥往常平米欠闕去處庶易補足從之　二十九日尚書省言信州常平義倉米元申係狀管九萬三十餘碩今次提舉司申有六萬八千餘碩及至盤量止得一萬二千九百餘碩其餘皆是虛數提舉官李庚到任已及二年並不檢察是以闕

全唐文　卷一萬七千五百四十三　二十七

米有悞賑濟知州趙師巖通判李桐係乾道三年在任之人所申帳狀隱庇虛妄詔李庚特降兩官放罷趙師巖李桐各降兩官令後更不得與堂除差遣　五年二月二日知寧國府錢端禮言常平米雖有以陳易新之法而州縣涉嫌官吏不敢移易年月既深陳蛀損壞腐為塵土乞今後有上供去處將見在常平米擇其不陳腐者許兌撥本年上供卻將收到新米依數樁管內無上供州縣聽以陳易新則常平所貯歲皆新米無陳腐折欠之患詔諸路州軍將見在常平米先以本州支遣數目以新易陳若州縣支遣數少充換不盡即依今來所乞委自守臣審實以堪充軍食米兌作上供起發卻將收到新米依數撥還如法樁管　五月七日刑部侍郎汪大猷言常平義倉之法國家行之最為詳備其錢物不得與他司交雜它司輒乞支移借用者皆有禁制自紹興三十一年成閔為湖北京西招撫使劄行申請軍馬經過州縣批支券食於義倉米內取撥自後七八年間義倉之積耗散殆盡乞自今出戍軍兵經過州縣所批券米於上供米內支給不許擅支義倉如有違戾必寘之法從之　八月五日詔今後知通每遇交替從提舉司取見管常平錢米有無陳腐侵支充用新舊官連銜結罪保明申朝省先是湖北提舉謝師稷言常平之法蓋為水旱之

脫給點以下七條

食貨五三之三三

備歷時寖久州縣率多侵用名存實亡陛下洞察積弊令逐路提舉官親歷所部盤量取見實數責逐州知通交管封樁不得侵支惟許以新易陳如日前虛申數目之弊一旦盡革矣切恐見任之人既經昔移州郡循習舊弊又擅行借兑無以關防故有是命　六年九月十三日江東運副魚淮西總領張松言今歲江東一浙間有澇旱去處目今米價已漸騰踊豈可不預為備切見江西湖南湖北三路常平倉蓄積充盈積而不散多至損敗不若擬校見存之數取撥一半轉移江浙則常平所移之處數十萬碩米既富足民自無飢詔江西常平義倉米通起三十萬碩湖南常平義倉米通起一十萬碩並令發運司措置應副水脚錢津發赴建康府樁管　七年六月二十四日臣僚言近來常平之法寖壞節庫之積所至空虛方粒米狼戾之際則無本以收糴迨野有餓殍始為移粟之舉或取之鄰州或取之別路道路既遠時月亦淹救助未至而民之骨已槁矣乞陶暘時若有秋可望領詔常平使者檢覆諸州常平糴本有支移侵盜去處各令隱栝樁辦以俟穀賤傷農之際增收糴以惠斯民從之　二十六日臣僚言近者魏王奏請寧國府回糴常平米五萬碩應副官兵支遣已降指揮除放切惟寧國一郡常平之儲幾何而取五萬斛異時境內一有飢饉

全唐文　卷一萬七千五百四十一　二十八

顧何以振之乞委江東常平司覈實寧國回糴之數實計有幾同共措置撥還既而戶部供寧國府已收納義倉米二萬七千餘碩外止欠二萬二千餘碩詔禮部給降度牒一百一十道付寧國府措置出賣補糴昨回糴過常平之數　八年四月十七日權戶部尚書楊倓言義倉在法計夏秋税每一斗別納五合即正税不及一斗免納應豐熟計一縣九分以上即納一升唯充賑給不許它用令諸路州縣歲收苗米六百餘萬碩其合收義倉米斛不少訪聞諸州將逐年所收更不樁管往往擅行侵用乞行下諸路提舉常平限半月委逐州主管常平官取索五年的實收支文帳申部稽考從之　八月十六日提舉浙東常平公事鄭良嗣言浙東去歲五月終一路有管常平米斛三十四萬五千餘碩續措置收糴到米九萬一千餘碩緣有災傷及借撥軍糧及支乞丐見管只有四十二萬碩今欲趁秋成更糴五萬碩除別措置外尚少錢五萬三千二十餘貫詔令禮部給計度牒給降　九年七月二十一日詔諸路提舉將所部州軍常平義倉錢斛委官點檢見在數目一萬碩以下盡行盤量一萬碩已上抽摘盤量依實保明聞奏從戶部尚書楊倓請也以上乾道會要

宋會要

以下三條原移入常平北宋嘉祐四年上

廣惠倉

食貨五三之三四

仁宗嘉祐二年八月二十三日詔置天下廣惠倉樞密使韓琦請罷鬻諸路戶絕田募人承佃以夏秋所輸之課給在城老幼貧乏疾不能自存者既建倉仍詔逐路提點刑獄司專領之歲終具所支納上三司十萬戶已上留一萬碩七萬戶八千碩五萬戶六千碩三萬戶四千碩二萬戶三千碩萬戶二千碩不滿萬戶一千碩有餘則許鬻之　四年二月十一日詔三京諸路州軍自今年終應係戶絕納官田土未出賣者並撥隸廣惠倉

是月詔三司以天下廣惠倉隸司農寺逐州募職曹官各一員專監每歲十月別差官檢視老幼殘疾不能自給之人籍定姓名自次月一日人給米一升幼者半之三日一給至明年二月尚有餘即量諸縣大小而均給之

全唐文　卷一萬七千五百四十一　二十九

全唐文

宋會要司農倉

置司農倉二十有五隸司農寺掌九穀廩藏之事以給官吏軍兵禄食之用凡綱運受納及封樁支用月具數以報司農

卷七千五百十三

全唐文

宋會要折中倉

宋太宗端拱二年置折中倉許商人輸粟優其價令執券抵江淮給其茶鹽每一百萬石為一界禄仕之家及形勢戶不得輒入粟尋以歲旱中止淳化二年改折博倉

太祖建隆四年七月詔曰為國之計足食是先屬年穀之豐登顧倉之完衍苟纂涼之失節即損壞以為虞必資守土之臣共體分憂之寄應所在倉廩並委長吏躬親檢校勿令損懸 乾德四年四月詔曰出納之吝謂之有司儻規致於羨餘必深務於掊克知光化軍張全操言三司令諸處倉場主吏有羨餘粟及萬碩芻五萬束以上者上其名請行賞典此苟非倍納民租私減軍食亦何以致之乎宜追寢其事勿復頒行除官所定耗外嚴加止絕 開寶四年正月詔曰諸路州府買撲場院人負訪聞以所收課利擅貸於民以規息利有逋欠者取其耕牛家資以償或經官司理納追禁科較民甚苦之自今所收課利錢旋赴省庫送納不得積留擅將出放違者當除籍及決杖配隸告者賞之 五年十月詔州府場院官糧料使并鎮將自今並三周年為滿 八年七月詔訪聞近日多有閑人或因恐嚇貨財或為私下讎隙妄生枝蔓堅乞推覈皆稱察知倘設陳告出剩逐致刑禁日有淹延因此告論卻成攪擾宜行止絕庶靜訟庭應諸路幹當省司錢穀及買撲場務等宜令自今年七月三日後不許諸色人妄稱已前倫設更有陳告其場務委自省司提舉課額責在逐處監臨官員等收附羨餘如有詐欺必當重行朝典如是諸色人違敕妄來陳告並當劾罪重斷

全唐文 卷一萬七千五百四十二 一

太宗太平興國元年十月詔應買撲四場務人自來多有增添價家業抵當及至得場務主持額錢多卻不辦其所役納家業又全不直元估價錢蓋是從初用倖致有虧官朕初嗣皇圖務求理本唯思利物不欲陷人期遂久之遵行庶公私之共便宜令三司自今後只管認見定年額更不添許長買撲 雍熙二年七月內帝謂宰臣曰國家儲蓄是急務蓋以備凶年救人命也昨者江南數州微有災旱淶聞之急遣使往彼分路賑貸果聞不至流亡無餓殍亦無盜賊之患苟無積實何救飢民今天下數年已來連歲豐稔諸道州府見管斛斗慮主者怠慢致損敗可嚴加戒勵乃詔曰邦家所切儲蓄是資所以防水旱之為災救生靈之缺食積有飢荒之患便行賑貸之恩免致流亡式彰矜恤濟民惠物何以加茲今天下雖屢豐穰頗多貯積官吏或失於提舉儲廩則至於損敗不唯陷主掌之人負兼亦慢朝廷之計度宜行告諭用警因循應天下州郡見管諸色糧食令逐路轉運司與逐州知州通判及軍監官吏并當職人吏等字切提舉倉司不得非理損惡官物其計度支用外積數多處並仰依次變換或作時價出糶或借貸與民免致有水溼損仰[illegible]

出糶之處并館驛大路邊村寺第科罪雖去官猶論如律 四年六月詔兩京及諸道州府場院庫院少欠錢物不得剋將出剩物色充折一依元欠色額數目催填 淳化五年四月詔倉場庫務國家為經費之源主守監臨給納有逋生之典擅監主絕侵欺之倖則錢穀無失陷之由蓋自近年頗多積欠既難催督遂有均攤本因主者自作弊端致及旁人俱成困苦言念於此彌動盡傷特行恤隱之恩別下惟新之令永思遵守無瀆憲章今後諸場務欠折人吏不於元差干繫官典及房親人處均攤只責正監官及主掌人等自前所欠錢物四十五萬餘貫碩斤兩悉蠲放焉 真宗咸平元年正月詔諸場務通欠官物令主典備償者監臨官非同為欺隱勿令填納 大中祥符三年七月宣示王旦等省司近日責罰諸州虧少課利條法稍嚴若關則車之於民日益增峻可特降詔示今後逐年比較場務去處如內有界分得替季月或有虧少更不比較責罰並以祖額全年立定分數比較如有虧少許將前界出剩撥填外更有虧少即依編敕將多補少就輕依條施行 五年閏十月詔諸州徬前有緣官中差遣欠折至沒入莊產者十五年內許其親的子孫同居骨肉收贖 初大中祥符三年六月敕場務欠折入籍其產者訃其家收贖至是華州民王

全唐文 卷一萬七千五百四十三 二

先狀訴父順以官遣市牛不如式沒其莊疃州以元條止云場務事從申覆且命三司定奪故有是命 六年三月詔兩京諸路場務津渡坑冶等不得令士宦之家詭名贖人主掌其合該贖金及疾老者即以次家長代之先是陳留縣民田用之屢詔一手爭酒務用之見任慕職然一身為試秩因條約焉 十一月三日帝謂王旦等言事者云江淮大稔所在積稻粟倉廩不能貯且等請下州郡與葺廣會帝曰近聞民間粒食愈賤可依例增價收糴以惠農民仍令所在州軍除上供外常積三年備為知節言江淮鼎湖固必作地窖多免廢潰且言廩庾並委轉運司規畫創造上供收糴依例施行常然之 十五日令諸州倉場所納芻秒自今驗記具斤數送軍資庫每經三年一定價鬻錢入官不得妄有費用違者坐之 初景德二年敕逐年貯積以備稽會至是河北轉運司言所積既久多即糜壞而檢會之際弟有帳曆請悉出市於人三司總括天下之數且請上聞識即鬻之故有是命 九年六月令保州徙監草場使臣廨舍于場外以烟爨密邇慮遺火患也 天禧二年三月河東轉運使言并潞州倉元支剩五千斛及後欠四千斛昨准大中祥符八年六月二十八日敕給支三年以下欠數者償納十年以上者咸釋之切以此蓋仰侍明詔別有救弊

已移牒使究償納臣所部州郡積粟皆三五年此若不行罪[illegible]長吏[illegible]
定條制三司言至道九年五月十七日敕諸州受納斛斗收到剩數支[illegible]
日除雀鼠耗外欠者償官今請祥符八年以前用至道敕八年以後用新
敕其每歲納粟正收者耗著于籍歲除雀鼠耗外三年已下減分償納已
上於剩數更免什之三五年已上免什之五七年已上免什之七從今後
受納界分少剩並如今奏從之　三年四月左班殿直閤門祗候任中立
言沿邊諸處粮草逐處雖有專監使臣每至支散月粮及口食官司不逮
欲乞今後諸處只就被令職官與使臣同監仍以一員依在京例監及認
書以此遞相覺察可絕欺弊從之　四年八月兵部員外郎知制誥呂夷
簡言沿邊州軍茶倉草場坊護粮草如稍踈遺監官人吏大理寺並斷
刑及違制奏裁望別定沿邊刑名詔法寺詳定以聞　五年十月淮南江
浙荆湖制置發運使周寔請於泗州轉般倉側隙地量蓋倉敖三五百間
仁宗天聖二年九月淮南浙荆湖制置發運使言仲荀等言真楚泗州轉
般倉監官今後收到出剩不得抵上儘子理為勞績江浙州軍多裝糶熟
斛乞依真楚泗州例支裝發沿江巡檢排岸司多有分[illegible]綱運艱難阻滯
乞行止絕并淮南兩浙州軍和糴場監官內有糴下麤弱斛斗不任上供

乞勘逐理納價錢並從之　又言舒廬等十三州軍逐年和糴斛斗乞只於
真楚泗州就近收糴之帝令三司與仲荀同共相度聞奏　三年八月三
司言京東轉運司言轄下諸州軍鄉村酒務戶數不少每至界滿有人承
買內有於年額錢外上是添長到些小錢數奈繁行遣欲乞自今鄉村酒
務年滿有人添錢承買向當候本州官吏保明到諸實事狀只委自當司
勘會體量合加添課利盡數并出辦得及不至虧欠如得詣實依舊例一
面指揮本州交割乾當省司今相度欲下逐路轉運司據州軍縣鎮鄉村
道店并自來人戶相承買撲去處如向當年限已滿有人承替或添長課
利百貫以上並委自逐州府官吏體量及檢詳前後所降宣敕條貫具詣
實狀申轉運使保到勘會詣實即差替勾當從之　四年正月三日言近
敕逐路轉運司相度轄州軍外鎮道店商稅場務課利年額不及千貫並
五百貫以下處許依陝西轉運司擘畫體例施行具有無妨礙詣實事狀
申奏內河東轉運司相度別無妨礙廣南西荆湖南北輝州江南東西河
北兩浙路轉運司相度到事理除乞依舊施行外有利州夔州路轉運司
相度到轄下州軍管界鎮務道店商稅場務課利年額不及千貫並五百
貫已下處許人認定年額買撲更不差官監管別無妨礙省司看詳欲依

逐路轉運司所陳事理施行從之　七年七月臣僚上言切見陝西沿邊
州軍鎮寨草場積疊萬數不少先降宣命專委逐處當職官吏差人護所
納草積上並須厚使泥蓋護近年已來多不依宣敕致昨秦鎮戎軍彭陽城
天聖寨燒却草場得替使臣伏望委自轉運使令轄下去處厚使泥蓋護
草積責不引惹火燭免悞邊上支食及不致當職官吏軍人陷於刑憲仍
仰轉運司每年檢舉施行從之　九月臣僚言伏覩編敕諸處倉場受納
所收頭子錢除一半納官外其餘並於倉場內置櫃封鎖凡有支破監官
與知州通判同上文曆其縣鎮逐旋具支破數目申州候納罷日磨勘具
帳申奏并稅倉支遣斛斗漏底如不少欠亢收出剩亦不破雀鼠耗及無
損惡官物其支使不盡頭子錢不以三年內外並將一半納官餘一半支
與專副若是亢收出剩斛斗支遣漏底卻有少欠及破雀鼠耗損惡官物
具亦不破雀鼠耗存留頭子錢更不支與專副並送納入官天下所收頭
子錢貫萬浩瀚其倉場納罷只將一半納官內一半逐州官吏皆依舊來
體例支遣但有名目破使去處即便使用又緣亢數候倉場漏底不破雀
鼠耗許將一半支與專副其倉場漏底實是少有不破雀鼠耗者以此天
下一半頭子錢多是逐州依例固循破用今乞每年所收頭子官錢除合

給與鋪襯紙筆倉首錢外並乞一概收納入官更不存留封鎖如此則將
轄官錢不至枉用詔諸處倉場所收頭子錢納官外內有合行支使者並
依先降條貫明上文曆支使不得妄作名目枉有破用如敢固違並當勘
罪嚴斷　以上國朝會要
神宗熙寧七年正月一日詔諸倉庫所收課利錢鈔數封送本縣者受納
別州支移官物每季逐州縣所納數對曆開項具狀二本並實封鈔申本
州內一狀留充案一狀出內引關子與鈔同封遞送支移處其逐處收領
點對訖登時繳回關子照會以上候都大數足本倉庫出給收附申州亦
依舊封送裹私取領收附并給遣者各杖一百諸務場所收課利除縣寨
合截留外並於軍資庫送納其在州錢數多者即次日少者即五日一納
外縣鎮寨次月上旬裹外買撲場務次月內併納若支移所變往別州三
百里外即許每季一納仍限次季內納足違者各杖六十其官監場務仍
置州印曆隨錢取庫務監官往來通押買撲在州官監酒課利錢並五日
一納從編敕所定也　十年九月四日詔諸河倉納粟至次年支給一碩
破耗一升歲加一升至八升止　元豐元年閏正月九日賜度僧牒百道
付河北東路轉運司買材木應副大名府澶州修倉　八月十六日詔京

東路轉運司齊州章丘縣被水修縣城公倉庫並給省錢。四年四月二十
八日，詔以瀛定滑州擬修盛貯封樁糧斛倉厫圖，每州兩廩修蓋，付專切
措置河北糴便司周輔差官往彼度所宜建置處以聞。　九月二十七日，
權發遣三司度支副使公事河北東西路體量安撫蹇周輔乞就西山採
斫木植修蓋北京等處倉敖等，從之，仍命周輔經畫提舉。　五年九月二
十一日，措置河北糴便司言：准朝旨於瀛定二州修倉六所，先後給度僧
牒千五百道，共錢已盡用，乞增給，詔給一千。　元符三年四月二十日，徽
宗即位未改元。詔訪聞諸路災傷州軍緣倉廩蓄積不廣，致支散諸軍月
糧口食等多以情願坐倉為名，又支價錢低小，致食用不足，因茲迸竄飢
殍，恐衆人聚為盜賊。自今支散月量等須是斛量食用豐足之外，方許將
有餘情願坐倉，依見和糴價支錢，屬官司即不得順從承望抑勒，如有
違並科違制之罪，仍令提刑司常切覺察，及令戶部立法聞奏。
徽宗大觀元年十一月五日，陝西路轉運副使薛嗣昌言：涇原見准詔就
鎮戎軍平夏城通陝寨西安州四處營建都倉草場，欲乞賜名頒詔。都倉
可賜平夏城曰裕財，鎮戎曰裕國，通陝曰裕兵，西安曰裕邊。　三年六月
二十日，詔內外諸司庫務倉場等受給支遣官物，法禁弛緩，為綱監官苟

金唐大　[redacted]　卷一萬七千五百四十二　五

簡失職，始息當直兵級請手書押旁曆文鈔攙先給納，專典庫級因而窺
覦生奸，照豐推行倉法可令刑部取索看詳，若有未盡未便，重行刪修行
下。應副受給官司係行倉法處明行曉諭禁止。　四年十二月九日，詔日
近諸倉月給軍糧多有減尅，監視地面官不切躬親檢察，仰司農寺檢具
條制申飭施行，如有違犯，官員重行黜責，吏人決配千里。　政和元年五
月三十日，詔諸廩日糧口食雖食用有餘，不取情願而抑令坐倉收糴者，
徒二年，以臣僚乞嚴立抑勒之罪，復坐倉之法，若果是食用之餘，情願依
實直價便以見錢給之，因亦可行，但須嚴立抑勒條法，故復立此條。　八
月二十二日，臣僚言：軍資庫係通判提舉，欲令通判置籍拘轄外縣鎮寨
關報起發錢物，月日驗鈔州銷點勘，違滯失陷，縣置簿先抄上起發錢物
月日報通判，狀候獲鈔點勘，鉤銷，從之。　同日，臣僚言：州縣倉庫錢穀出
入繫於簿曆，其名數不一，各有司屬總而檢察，並在本州，元符令諸官司
置都簿，五年一易，具載所轄應用簿曆，其有增損，次日報都簿司除附。倉
軍比臣訪聞諸州軍多不曾依上條置都簿司，致錢穀簿曆增減隱匿無
所關防，望特詔諸路漕司檢舉詔條，督責施行，從之。　二年十一月二日，
臣僚言：麟州路州軍支給諸軍月糧，許走馬承受親臨，或委將副都監進

被於已請出月糧內取一二合附遞進呈，切詳朝廷取進糧樣以防巧偽
恐其弊堪不足以充軍食，緣並邊州軍往營搯撮少駐泊人兵多自請口
食米未聞封樣，欲於月糧字下添入口食二字，候月終類聚附遞進呈。詔
依奏，諸路准此。令宜旨倉庫立法。　三年閏四月三日，詔諸監倉門官應
差出者，常留正官一員在倉，係獨負者不待差，以尚書省言諸州監倉門
官差出全無正官在倉，雖有權官於受給不得專故也。　四年八月十七
日，京畿提點刑獄公事林虙言：諸州縣倉屋損壞，公吏喜於作弊，漕司
憚於應副，伏見省倉之法，以收息五釐樁充修補之用，欲應倉屋以本倉
盤量到出剩十分椿一分，如省倉收息之法，專充修倉之用，庶使天下倉
廩常加修飾，無復侵坍腐蠹之患。從之。　五年四月十八日，臣僚上言：高
陽關路諸州軍倉敖內滄州寶嘉倉白米經今十年，别無損爛，受納官周
志行顯見用心；保定軍省倉白米均糴未及二年，已多腐爛，監糴官趙升
之顯見受納滅惡。詔志行特循一資，升之特降一資。　同日，詔河間府豐
利廣富倉檢計合用錢數，支撥滄州鹽倉頭子錢，令吳珍措置修葺，以臣
僚言河間府控扼衝要之地，兵屯既衆，豐利廣富兩倉二千餘間，經三十
五年，乞就近支撥滄州鹽倉頭子錢或借支鹽息錢充修倉支用，令變轉

全唐文　[redacted]　卷一萬七千五百四十二　六

回易分限撥還故也。　十一月十五日，陝西路轉運使席貢言：續降政和
令諸倉監官應差出者，常留正官一員在倉，係獨負者不許差出，其諸州
軍資庫監官與縣倉職事無異，欲令後並不許差出，責令專一管出納。從
之。　六年十二月十七日，詔封樁錢將以待非常之用，御筆論從戶部請
也。　八年二月四日，臣僚上言：州縣倉庫受納糴買國用所繫，永靜軍縱
令攬納，麤惡稅斛八萬餘碩，略行估剥，虧官錢三萬緡，卻於攬納戶處賤
糴黃米入公使庫，償以淡酒，又令納倉獻送遺利錢數百緡，復以酒持送
倉官，雖知州但以不知情贖金，而麤惡損折之物無緣償足，切慮此類尚
多，欲乞應總領財用監司巡歷所至檢察違戾者奏劾。從之。　宣和元年
十月十三日，詔濱州南北兩倉五百餘間，敖屋例皆疎漏，見收貯措置糴
便司斛斗不少，仰措置糴便司於所收二分頭子錢內支撥見錢五千貫
付知通修葺，候畢工日令廉訪使者點檢保奏。　七年二月十四日，詔諸
路州軍所在軍糧若缺，支散不時，人多麤惡，致汝州安肅軍雄州廣信軍
興仁府兵士作鬧，又拱州出戍雄州兵士例皆赤露，並無衣裘，只因衣糧
大段闕絕，除已重作施行外，可令尚書省嚴行約束，諸路漕臣應合支軍
兵衣糧並如期給散，仍不得夾雜糠粃及用麤色折充，如敢違戾，重行貶

竄下，以去官赦原。　四月二十七日，講議司言：「勘會收支官物，州縣官司則憑簿曆，朝廷省部監司則憑帳狀，而帳內官物與簿曆不同，簿曆內入與倉庫見在不同，至有帳尾見在錢物一二十萬，而曆與庫內全無見在，攢造驅磨申奏，徒爲無用之空文。除諸司封樁錢物已降指揮，委常平司官取索驅磨外，其非封樁錢物，欲令所屬監司委諸州通判遍詣本州及管下倉場庫務，將帳揩及逐處赤曆文簿取見在官物實數，於內院置簿拘籍。」從之。

欽宗靖康元年十月十二日，詔諸路漕司樁管營駐泊處某軍大軍根疾速應數撥用支給，不得循習舊弊，及生倉害稱官司闕乏錢糧，違者重行竄責。以上續國朝會要。

高宗建炎元年五月一日，赦：「自崇寧以來，州縣倉庫受納稅賦，務加斗量，以圖出剩，東南六路爲甚。其弊本於補發綱運解計斛外增數以保歲額上供數外，其每年認起補發額斛，並揮住罷。」　十一月十八日，知濮州□南夫言：「尚書省劄子，據黃潛學所乞，下諸路守臣監司各盡臣子之心，劃置糧餉，資發朝廷官吏押前去行在交納，共濟國用。今劃刷到常平錢見在未起夏稅及常官絹七百七十六匹、紬三千七十九匹、綿九千匹，諸軍買出庫文。」卷一萬七千五百四十二

軍物既非上供額數，自合樁留充本州本路軍兵衣賜。」詔依此。　二十二月十日，淮南西路提刑司言：「近年以來，諸州受納官吏專什作弊，公然受納濕惡偽濫之物，或年月深遠，不曾依條兌換，將不堪斛斗賤糶，別致虧欠。年糧兌留好米，支見任官月糧，欲乞今後在倉庫收糧斛，不得分別官員軍兵，並令一般收支。內有大段損外全不堪支遣，即勒元受納官吏償，仍許監司出巡檢察。」從之，仍坐條行下。　十一月二十一日，赦：「倉人及盜賊燒毀，州縣內有燒　係官屋宇等處，除城池倉庫外，餘並未得興修，以寬民力。如違，以違制論。仍令監司按察。」　三年四月八日、四年一月二十二日赦亦同。　三年九月十六日，詔諸路漕運司差官根刷到諸路錢物，見於別庫寄收，並以復州縣起剗錢物，並須管依法於軍資庫樁收。如違，及不經勘旁支給官錢，嶺南人吏決配，並不以去官赦降原免。

紹興十一年七月七日，詔鎮江府起蓋倉屋二百間，計其費不下十數餘萬緡。方此農務之時，遂有追呼之擾，特令有司措置，不須修蓋。以臣僚言諸縣奉行鳩集夫匠，般運木植，騷民故也。　十二年三月六日，臣僚言：「天下財賦所以常不足者，侵蠹之者廣也。今州縣大抵皆自立名色，別置文曆，移彼作此，窮爲私帑，輕費妄用，逾越法制，莫可稽考。雖上供成數，猶有闕遺，其餘失陷隱漏，漫不加省。欲乞應州縣諸司所入一金以上，盡入軍資庫收掌，必使取之民者，悉歸於官；官之用，悉應於法。則雖不加賦，而用自足。」從之。　十五年三月二十一日，詔場務府庫所管專副庫掐多自將錢物移易侵欺盜用，其監臨官吏漫不加省，已降指揮，官吏不覺察徒二年，本犯人止依杖罪，或不至徒二年之人，不覺察官吏亦科徒二年之罪。　十九年七月二十七日，監察御史董俊言：「切見州縣凡輸納財物，不即時入庫，而有所謂到廊；凡支出財物，不即時出庫，而有所謂外支。故吏庫等人致有侵欺擅用，欲望督責監司守臣覺察，杜絕到廊外支之弊。」詔令戶部施行。　十一月十三日，詔省合州轉般倉，從四川諸州總領錢糧所請也。　二十一年十一月三日，臣僚言：「切見場務府庫專副庫掐濫用官物，監臨官吏不覺察，徒二年。推原其情，若贓物數多，犯人罪抵極刑或至流配，監臨官吏亦以徒罪，不爲過矣。然其間有犯人罪不至徒，而監臨官吏亦處徒刑，則不覺察之罪乃重於自犯。欲望令有司於續降指揮內官吏不覺察徒二年字下添入『若犯人罪輕者，與同罪』。」詔令刑部看詳申尚書省。其後刑部言：「今看詳，欲依臣僚奏請，所犯罪輕，刑名不至徒二年之人，其覺察官吏並與所犯人同罪，依條斷遣。」從之。　二十二年二月二十八金庫文　卷一萬七千五百四十一

日，知滁州魏安行言：「頃歲廣德軍受納常用平斛，令人戶自槩，田野盤闘，倉廩充盈。及滁州亦用平斛，民間樂輸，見今州倉已有三年之儲，儻堅懲以前件平斛或可行用，乞先自兩淮始。」詔令戶部措置。　二十六年正月二十七日，右司員外郎兼權戶部侍郎鍾世明言：「諸路州軍錢物並合隸軍資庫。近年以來，州軍多將拘到錢物別置庫眼，赤曆拘收，以爲羨餘之獻、公庫之用。乞令逐路轉運司將創置庫眼去處，盡罷其錢物，悉併入軍資庫。令後州軍輒敢仍前別置庫眼者，以違制論，仍放罷。監司知而不糾者與同罪，並許人告。」從之。　八月十七日，尚書戶部郎中總領湖廣江西京西路財賦、湖北京西軍馬錢糧汪汝森言：「州縣受納人戶租稅米斛，以耗惟恐不多，前後累降約束，非不嚴備，然終不能過絕者，其說以謂鼠雀官吏軍兵悉出於此。就使如其說，以犯禁網。而近年又復輒將在倉米斛出糶，收其價直以資妄用，此殊可駭。若軍期急闕，猶當申稟，苟爲不然，其可擅乎？乞特降處分，應州縣係省米斛不得擅糶，如妄用闕乏，事須出糶，即具因依申轉運司，待報施行。仍令轉運司嚴責申戶部照會，庶不致重困民力，輕耗國計。」從之。　三十年四月二十四日，臣僚言：「切見川廣荊湖般運糧斛錢物至行在者，經涉江湖，道里遥遠，既入浙河，又有守閘阻淺、

之患而建康府溧陽縣東垻鄧步溧水縣銀林太平州之間有陸路通者二十五里近者十五里正川廣江湖舟楫經從之地若於此置轉般倉下卸川廣江湖漕運之物及支撥四向旁近州縣不通水路物斛及省併江東轉運司蕪湖縣倉於此受納實爲利便又訪聞銀林鄧步中間陸路舊曾開通見有堰閘溝港遺跡可考問其所廢之因則謂宣州境內地高每遇水漲則無以防遏爲害只當量留最高處三二里間不必開通以爲置倉之基則於般運尤易詔並令本路轉運司相度施行　三十一年六月二十九日荆湖北路兵馬鈐轄鼎州駐劄兼權知鼎州覩震言郡縣所收財用窠名不一而出納之謹監專之外實賴庫子庫子入役自有專條既責其産業又責其保任蓋先慮其失陷然小人慮不及遠志意易盈輕視錢貨便若泥沙已敗之後失陷之數於是從而鍛鍊抑勒逐戶填納多至數百緡少至數十緡凡有仇讎必被攀料遂使平民無處控訴今相度諸州縣庫子欲以一年爲界更替不致深根固蔕公然侵欺既以保全庫子之家且免濫及無辜之人從之

孝宗乾道二年七月四日詔置隆興府轉般倉（詳見水陸運）　三年八月三十日詔江州荆南襄陽府大軍倉庫並聽逐處守臣檢察如有違戾事

會要文　卷一萬七千五百四十二　九

件並申總領所劾治先是尚書度支郎中唐璟言湖廣總領所江州荆南襄陽府各有大軍倉庫其逐處監官州府不敢何問不能不生姦弊故有是命　四年二月二十一日前監鎮江府戶部大軍倉王旆言乞依行在省倉監官體例依滿推賞戶部下司農寺指定欲依紹興十八年五月二十一日已降指揮比附行在省倉監官體例與減二年磨勘推賞施行從之　三月十七日詔諸倉支諸軍月糧口食抑勒坐倉低價糴買及將軍人與在外糴米人非法斷罷追理賞錢並令從便不得依前抑勒糴買從中書門下省請也　四月八日荆湖南路轉運判官邵及之言被旨郢州創造轉般倉一所合專置官吏欲差排岸官一員拘催交知監官一員給納專知官攢司各一名掌管收支排岸官就差本州都監兼管專知攢司從本路轉運司踏逐見役人吏衙前充每月量行添支專知官食錢一十五貫攢司一十二貫監官不拘大小使臣京官選人或乞令踏逐所隸州縣見任官管幹每月添支茶湯錢二十貫排岸官十五貫從之　五月七日太府卿總領湖北京西軍馬錢糧鍾世明言襄陽等處倉庫收支錢物浩瀚本所差遠難以稽察昨雖有指揮令守臣檢察亦恐不專功慮暗失本所財計乞許臣間或前去點檢乃詢訪差遣官兵請受有無減尅之弊

兼民間休戚亦得奏聞從之　五年八月二十九日詔應管官物倉場庫務等去處自乾道三年除放之後如有少欠錢物令所屬並須管依條陪還即不得仍前妄行申請除放令戶部申嚴行下從中書門下省請也　六年九月三日新權知汀州謝知幾朝見奏乞令諸州司法同司戶官幹倉庫職事上曰刑獄事重倉庫利害稍輕令司戶專管　十月八日平江府許浦鎮駐劄御前水軍諸軍統制馮湛言臣移屯許浦屢曾申請乞就梅里鎮置立倉廩應副支請得旨依臣所乞令踏逐到梅里鎮勝法寺空閑廊屋庫堂大小共三十間可以安頓錢糧詔胡堅常疾速措置辦裁撥運錢米前去　八年八月七日淮南運判向士偉言本路廬和州巢縣等處見屯戍軍旅轉餉兵食水路回遠初無經久利便聚糧之所就無爲軍造轉般倉一所約可儲三十萬斛今相度得本司役倉屋見有二十餘間周回空地可添造倉敖詔令馮忠嘉疾速修蓋運判馮忠嘉言無爲軍距巢縣水路一百四十里路稍徑直在所不論距和州則下水九十里至裕溪口合九江水路之間冬乾則成下水春水生則爲上水則伏而易進上水則急難（析）溯又下水六十里至楊林渡又上水二十五里始至和州凡上下水一百七十五里迂遠如此臣獨謂聚糧最宜柔水來還運入廬州爲

會要文　卷一萬七千五百四十二　十一

上其次則莫如和州又其次則莫如巢縣蓋倉合肥運道不惟艱難且有不通之時至和州自可指撥下卸何苦自爲迂遠伏望詳酌置倉去處且仍舊貫詔令趙善俊王楫同共相度合與不合修蓋九年正月二十四日有旨令淮南轉運司於和州并巢縣各蓋造可以盛貯米斛一十萬碩倉敖一所其無爲軍倉敖更不修蓋

準點以下缺考補柯

場

炭場　草料場　附贈錢市炭　雜賣場　抽稅竹場　麥麯場　事材場　退材場

宋會要　炭場

三炭場在京師年綱稅炭木炭供内外之用。京西二場分南北，南場在大通門外，北場在閶闔門外，城南一場在安上門外天馬坊，歲以受納四十萬秤為一界。監官二人，支遣及年即從上發遣一人歸三班。　新置炭場在景數坊所，中與上年同。　真宗天禧元年十二月二十六日，詔：在京賣炭場一斤以上咸當之，仍以辰時為候，初官以五鼓開場，又限以一秤，貧民趁赴寒路，又錢者不充，多虛往者，故條約之。仁宗天聖三年六月，詔：自今應三炭場監官專副並二年一替，依舊守給支遣。如一界支見數破一十萬秤，其監官二員內先發遣一員歸班，只留一員守給管認。結絕共歸班，使臣理作重難，與往程差遣一次；所留守給使臣候得代，結絕官物別無侵欺少欠，即優與家便差遣。仍增逐人每月食直錢作六千。　六年八月，三司言三炭場監官欲乞自今二年一替，交與本場見受納界分出。令元舊專副秤子認數守給監官，逐相交割印記，發遣舊界使臣歸班，從之。　神宗熙寧三年正月二十六日，三司言提點倉場所勘會城南新置抽稅炭場、城南城西稅炭場共三場，給納柴炭萬數浩瀚，其監官多差初三班，本曾歷任，并年高昏昧，有過犯或軍班并押綱軍大將吏人等出

卷一萬六千四百八十

職使臣，致事不整齊，欲乞逐場添差文官各一員，與使臣同營，自來兩場合差使臣二員，乞減此一，仍下審官院選差合入知縣或第二任資序有舉主、係幹京朝官一員，三班院選差使臣一員，須有舉主，歷任無過犯，若是軍班等出職，不至年高昏昧，有舉主無過犯者亦聽，仍截年月立界交割。及乞比類見今諸倉界監官條例與理滿任支破添給。從之。　五年四月二十五日，中書門下言：户房今欲立定應三炭場逐界監官文資使臣各一員，今後並委審官東院、三班院選親民資序人，許於第二任監當人内選差，使臣每月添支錢十千，當直剩員六人，候本界納足日，令提點倉場所採戚一員只留守支，並三年理為一任，五年以上理為兩任，其減罷人如及二年以上理一任，京朝官仍與先次使臣免短使，并近地差遣；不及二年，並與近地差遣，仍理元到院月日。從之。　八年六月二十三日，都提舉市易司言：城南並新置炭場自來受納石塘河綱炭，并支遣抽稅係提點倉場所管轄。石塘河綱運既以廢罷，年計炭數納稅，又從本司管認抽稅官炭與商稅事体一般，合隸本司，別無干係提點倉場所事節，欲乞撥隸本司管轄，監官仍從本舉。從之。

宋會要　增錢市炭

太宗太平興國八年，詔饒州歲市炭秤為十，自今秤增三錢。

卷一萬六千四百八十

宋會要　抽稅箔場

京東抽稅箔場在崇善坊建隆元年置掌抽算汴河惠民河商販葦箔蘆蓆蒲藺蓆以給内外之用監官二人以京朝官内三班充

卷六千五百三十八

宋會要　麥麴場

場在嘉慶坊掌受京畿諸縣夏租麴麩以三班人監真宗景德二年八月詔麥麴場今後支遣破萬交與下次界分内憑由各認界分開坐已支未支數目收掠入帳結絶

卷六千五百三十九

事材場

退材場

事材場太平興國七年置在開仁坊堂度材植斷以給
營繕以諸司使副使閤門祇候內侍四人監領所一千
六百五十三人雜役三百四人
退材場掌受京城內外廢退材木掄擇以給營造什器
及樵薪之用太平興國七年置景德三年省蓋官令掌
材場兼掌太宗雍熙二年十一月詔事材場八作司匠
每月給假一日請糧淳化四年十月詔事材場木栰每
月一散工匠真宗景德四年十月詔事材場雜役軍士
不得差諸處占役如傳宣指抽者再令本場相度功畢
立便抽歸天禧三年三司言事材場最處重難其專副

卷六千五百三十七

每月請給直錢二千欲據本場見勾當并令後新差專
副乞支與三千得替日依舊例支次第等候資給支
遣漏底勘會別無少欠官物即與見職名上與轉一資
從之仁宗天聖四年四月詔事材場自今諸處抽差人匠
外徒並令本場將第一等至第三等工匠相兼品配差
更不得定名抽取七年十月提舉司言西造舡務人
匠自停廢修舡場即令人匠撥入事材場相兼專造熟
材如打造舟舡本場依例供應見今名籍請受並屬步
軍司其逐日差使工役去處卻係事材場欲乞割屬本
場管係只以見管人數名目為額差使更不屬步軍司
管轄從之

草料場

高宗紹興二年八月五日戶部尚書黃叔敖言省倉草
料場每日支遣卸納糧斛草料浩瀚昨在京日司農寺
日輪少丞一員點檢按察本處公人并綱運杖以下罪
並勘斷其餘牒送所屬施行以此人稍知畏緣軍興及
罷司農寺後來更無輪官按察易生奸弊伏望詳酌比
附在京日從本部輪差郎官一員將帶人吏各不妨本
職前去點檢巡按其合用杖直獄子於仁和錢塘兩縣
輪差每十日一替從之十二月三十日詔草場省倉草
料場火禁並依皇城法十二年五月二十九日詔草料
場監門官任滿能搜檢無透漏官物比本場監官減半

卷六千五百三十七

推賞武臣依四年法比折以本場搜省倉例申請司農
寺尋行下南北東倉取會據逐處申監官任滿減三年
磨勘監官門任內能搜檢無透漏官物比監官減半推
賞令來草料場所申監門官乞推賞即未有立定推賞
指揮故有是命二十五年十二月二十四日詔殿前馬
步軍司諸軍官馬合支乾草月分可令戶部自二十六
年為始就行在草場全支本色更不折錢孝宗乾道九
年六月十四日戶部言行在草料場專副係主持給納
官物事務稍勞遇有闕日從本部下臨安府將籍定正
額衙前從本部點差上名人前去執役依例支破請給
以二年為界界滿無綰繫遺闕與減一年磨勘施行從之

雜賣場

雜賣場舊在利仁坊後徙崇明門外掌受內外獎餘之
物以出貨之景德四年置又雍熙四年置積尺剩子庫
掌收截造院餘帛計置以備准折之用大中祥符元年
併入以內侍及三班二人監後亦差文武朝臣掌庫八
人真宗景德四年五月詔雜賣場撥納到折支帛別
立帳中三司大中祥符四年六月詔雜賣場得替監官
專副支一季宿直錢仁宗乾興元年即位未改元三月三司
言雜賣場每季具申文帳三道內出賣帳官物萬數最
爲繁多名件細碎每道淨葉六十餘紙自來攢寫費功
逐界五七年間方始結絕欲望自今止令開說名色都
卷八千五百三十八
數逐件大小輕重如都項內已見即更不重疊開說每
道約減二十餘紙庶易爲寫造早得文帳入省從之天
聖三年十二月三司言雜賣場言出賣官物逐年課利
元額五萬貫內二萬五千六百貫割屬権貨務認賣茶
錢外餘二萬四千四百貫係當場趁辦緣累界遞相交
支割在場物色多是積壓少人承買况至年終有虧課
利省司勘會本場出賣物色內諸州軍贓罰戶絕閑雜
物色已不起發赴京經棟庫元管大燒物帛已支撥出
賣支遣了畢本場元額錢欲自今後更不充額比較見
管合係折支物色即充折支給遣今後諸處納到合係
出賣物色即令依例出賣收錢納官從之嘉祐三年三

月詔禁中所降物帛送雜賣場令三司判官一員監勒
平估之缺得缺人戶神宗熙寧八年二月十四日三司
言前勾當在京雜賣場王顧已罷廢本場又內香藥西庫
併歸雜賣場看詳內香藥兩庫難以併罷外緣近准朝
旨三司與市易務上界相通物貨上界已還過永豐倉
致壓倍多可以減貯凡賣官物皆合撥入本務兩界諸
處閑雜物色專有編估官員其合充官用者自可令諸
處請撥合充折支者亦合依茶布之類令欵本庫務請
領並須更般赴雜賣場然後支給既置編估官即會後
無復更似日前廣有積滯物色其雜賣場委實可以廢
罷從之十月詔復置雜賣場從三司所請也高宗紹興
卷八千五百三十八
四年三月十三日詔雜賣場置文歷應有諸處官物
當官對歷交點方得出賣若輒敢截留關借出外並從
杖一百科罪同日詔雜賣場專典半年一歷所有合造
帳籍半年一易合用行遣紙札每月降帖左藏東庫支
給同日詔雜賣場依左藏庫見出賣香等體例每貫收
頭子錢二十文省充雜支使用仍置歷收支如有剩數
上下半年終赴左藏庫送納同日詔雜賣場依榷貨務
例顧人串省陌錢每貫支錢六文已支跋官物每一百
斤支脚錢八十文省般擔錢至左藏庫送納每貫支長
短脚錢三文足並於頭子錢內支破同日詔雜賣場監
官差破白直兵士四人下步軍司差撥同日雜賣場監

官添給食錢四十貫文於收到頭子錢支給六月二十
日詔雜賣場置專知官手分各一名庫子二名内專[illegible]
官以三年為界每月添給錢一十五貫文食錢每月二
百文諸路遞曾經庫務校副尉小使臣内指名差取與理
為合入資任界終無曠闕官物無少欠與減三年磨勘
手分募充每月料錢七十二貫文每日食錢二百文料
子庫子每月料錢八貫文每日食錢一百八十文其錢
除本場已收頭子錢外每貫更收市例錢五文足相兼
充吏祿先是專吏皆左藏庫差撥年年一替本場以為
不便故有是命同日詔雜賣場置打套所令本場官吏
一就置局管幹以打套雜貨場為名逐旋於榷貨務雜賣場

卷六千五百三十八

職庫闕撥舊管香物雜物赴場編估舊來編估打套係
專置打套所及雜物係專置編估局品搭編打成套逐
處椿管榷貨務隔手接下文鈔關報逐處支給今户部
有請故有是命七月二十六日詔編估打套局今後行
衆逐旋供判增減名件價數委自雜賣場官畫實限當
日實封申太府寺本寺畫時實封備申户部尚書廳隔
宜增減如有減價即申尚書省總制司候指揮添價一
面行　增減出賣同日詔客人　請香藥等套欲出外
路販賣者照引與免出門并沿路商稅如敢夾帶不係
套内官物者依匿稅法加二等六年八月十五日詔雜
買務雜賣場置提轄官一員依文思院提轄官體例八

年七月二十九日詔雜賣場監官依雜買務官每月食
錢二十貫文添支一十五貫文第四等折食錢三十二
貫五百文從本場監官王楨之請也十一月十九日詔
監雜賣場劉彦臨任内收趁錢三十一萬四十餘貫減
二年磨勘九年五月二十一日詔雜買務雜賣場提轄
官依文思院提轄官巾降到給與八年九月二十六日
指揮許計日推賞從提轄官王約之請也十年九月十
九日詔監雜賣場王楨任内收趁錢五十一萬八十九
百餘貫減三年磨勘十二年八月十三日詔雜賣場權
手分闕改為正額通建康本倉共二名為額添置書手
一名通建康府本場共三名為額令本場並依見行條

卷六千五百三十八

例踏逐名募一次各理到場月日先後挨排節次如日
後有闕及專知官界滿許將建康府并行在本場頭名
手分依次第遷補充專知官以三年界滿通從二十年
無遺闕依祇候庫與進義副尉發遣赴都官以次分手
依名次遞遷十三年三月二十三日詔雜賣場添置副
知一名手分一名庫子一名從本場踏逐填闕以本場
言事務繁多故也十四年二月十三日詔雜賣場手分
依打套局手分例每月支破米一碩一斗三升秤庫子
依本局庫子例支破米五斗四升其時服衣賜更不支
破從本場請也二十二年十月二十六日詔權監雜賣
場鄭穀在任九個月收錢三十三萬四千餘貫比副前

任正官劉彥昭例減半推賞減一年（半）磨勘權官初無賞
格以太府寺言失陷官物例被責罰難以無賞故也二
十六年十一月十八日詔雜賣場監官趙孟在任一年
零十箇月責到錢八十八萬九十餘貫減三年磨勘以
元無立定賞格皆比附推賞也二十九年十月二十日
詔成忠郎監建康府行宮雜賣場慕師賢任內賣到一
十一萬二千餘貫特與減一年磨勘從淮西總領所之
請也三十年二月十三日詔馬步軍司於雜賣場買去
川布令還戶部先是上諭知樞密院王綸等曰近聞馬
步軍司於雜賣場買去川布數目甚多此雖自有立定
價值切慮增搭利息刻剝軍人不可不察卿等可同三

卷六千五百三十八

省詳議行下禁止令後不得賣與軍下以革抑配軍人
之弊故有是命孝宗乾道元年三月五日戶部言淮西
總領所雜賣場止是出賣藥物事務不多乞將雜賣場
令惠民局官兼管本部勘當欲依所乞以監總領淮西
軍馬錢糧所太平惠民局兼監行言雜賣場稱呼所有
減罷去處以差下人並依省罷法從之

務

宋會要　水磨務

務雜錄

水磨務掌水磑磨麥以供尚食及內外之用東西二務
東務在永順坊西務在嘉慶坊開寶三年置監官各二
員以三班內侍充匠共二百伍人又有大通門務淳化
元年置監官一員大中祥符二年止以西內染院監官
兼領匠二十九人鄭州有水磨三務磨麥以上供各置
監官主興神宗熙寧七年三月勾當更置水碾磨事梅
筭言所有工匠材料地步等若逐次舉申竊恐稽延難
以集事乞許於將作監權指名抽差工匠并請撥材料
治將作監差人應副餘依所請

冰井務

冰井務在夷門內掌藏冰以薦宗廟給邦國之用以內
侍一人監

卷一萬四千五百八十一

太祖建隆二年詔置冰井務隸皇城司
仁宗慶歷六年四月七日樞密院劉子以夏國賀乾元
節到闕令於冰井務三日一次取冰三擔作押伴引意
遺之十二月二日皇城司言乞今年供冰去處額定數
目自令永以為例供應從之　神宗熙寧五年九月十
二日相度在京諸司庫務利害劉永淵言相度將來只
於瓊林苑收藏冰更不般往冰井務其為省便永遠可
行令相度冰井務減罷監官外應餘人盡撥屬瓊林苑
管轄依舊請受從之六年十二月皇城司言奉旨為今
年冰消溶過數令候瓊林苑金明池收外依去歲更於
冰井務收三井本司看詳乞於本苑更增收貯不應兩

左右廂店宅務

興井害欲折移水井務磚石就苑營造供應詔依已降
指揮收三井外並從之
左右廂店宅務掌官邸店計直出僦及修造繕完國初
以為樓店務太平興國初改名端拱二年併為邸店宅
務以其錢供禁中脂澤日百千淳化五年分為兩廂至
道三年復併為今名咸平元年又改為都大店宅務兼
修造司六年析修造別為一司景德三年復以修造司
兼之大中祥符元年以修造司隸八作六年復改今名
以京朝官三班內侍三人為監官領修造指揮五百人
　太宗淳化四年四月詔店宅務今後不得擘畫市在
京宅舍增僦　至道三年四月詔店宅務監官專典並畨
宿本務　卷一萬四千九百九十　二
　真宗咸平二年三月詔店宅務兵士二十人
分地分覷步看管室屋名人承賃夜即歸營　五年十月
詔應退賃官屋須監官點檢元數收取賃歷中三司應
勾磨勘　景德元年十月詔應宣借舍屋須的是正身
居止如已有產業却將轉賃委店宅務常切覺察收管
入官自今巻如此例　二年六月詔店宅務舍屋歇空
人户欲備材添修者須約退賃時潤官不折動即委監
官相度如不虧官亦聽　三年十月詔左右廂店宅務
併為一司應父帳各認廂分匕告增虧凡倒塌收拆瓶
蓋如收地段並置簿抄上起退賃月日十日一赴三司
取押若空閑地段有人承賃即將隣舍課利匕類收額

每納錢左藏即日收數以聞及申三司其掠錢親事官
人立一項認名收落及具有無拖欠供申　四年三月
詔店宅務倒塌舍屋及損下退材委監官躬親點檢還
退材場各堪供使者並徑量色額收數不得充柴如有
合蓋造即揀取供使不入料者具數結罪申三司方得
撥充柴　五月詔如聞店宅務將人户欠賃屋增僦錢
但成勞擾速罷之　九月詔自今皇城內外親王宮宅
寺觀祠廟用石灰泥諸司庫務營舍廳堂門屋用破灰
泥自餘止麥䴬細泥營舍廳堂門屋用赤色裝如自備
泥飾者聽　大中祥符元年四月詔沒官舍屋其元業
主無得請贖　二年十二月詔人户侵地步屋舊來店
宅務並許侵占年月日收課自今與免追理止計附帳
後理納　三年二月詔賃官屋者如自備添修店宅務
無得旋添僦錢如徙居者並聽拆隨　六月十一日詔
在京店宅自今止以元額為定不得輒增數剗奪違者
罪在官吏　卷一萬四千九百九十　三　二十四日詔店宅務自今但倒塌燒爇舍
屋修蓋未了人户欲權柱修候者與免房錢　九月詔
應宣借宅如歇側破損者不須官修　五年正月詔以
雪寒店宅務賃屋者免僦錢三日　十二月詔店宅務
據賃官地已涤淳造舍屋者令且掠地課錢入官仍於
帳內別項收數其已蓋造如願移賃貸賣並申賣入官
無得衷私轉賃貸賣違者科罪舍屋沒官　六年二月

十二月十日條移後

詔應戶絕拋下店屋家産得及千貫已上差使臣曹官
各一人，千貫以下只差曹官一人，並與點校所使人同
點檢送省司置簿拘管，其估直充葬嫁者官給錢支費
以店屋送店宅務管係。七月，詔應臣僚不得進狀買官
田宅，其通進銀臺司閤門無得收接。　十一月二日，詔
店宅務親事官各給印紙，抄上錢數，每月一赴三司呈
押，替日解發磨勘。　六月，詔店宅務自今選差京朝官
使臣各二員曾歷知縣監押以上者分左右廂勾當，二
年一替。立界交割，具見賃見閑欹墊倒塌四等及課利
數給審官三班院，歷子批上，比附增虧，年滿磨勘引見，
無遺闕與家便親民差遣，又於三司選諸錢穀有行止

卷一萬四千九百九十

四

軍大將充專知勾當，筭造一界帳，磨勘無遺闕，與第一
等優輕差使。又選三司親事官五十八人掠錢，一年一替，
人給印歷，開坐地分舍屋間椽地段錢數，分月掠日掠
數，立限送納。若盜用官錢，不計多少，並勒停，無得輒作
身後錢逮者，科違敕之罪。人戶退賃，令監官躬往檢覆，
更不差檢覆。退賃指揮仍令先納舊歷，方得起移。應承
賃者須立班名，不得展轉承賃。官司常切覺察，劾罪嚴
斷。　七年二月，詔貧民住官舍者遇冬至、寒食免僦直
三日。　三月，詔店宅務退材及倒屋材植每親事官三
人地分內置場打墻圍繞，置門戶扃鎖，每月給納須監
官躬往封鎖，其修造兵匠給與日食，自今無得放歸假

十二月十日條移十二月上

每人戶賃屋免五日，為修移之限，以第六日起掠。　五
月，詔店宅務凡傳宣賜宅及收市者，自今須地圖實
封同進。　八月，詔店宅務年納課利十四萬一百九十
七貫，並送內藏，其錢陌不整，自今令免塩院錢十四萬
二百貫充。　十二月，詔店宅務空閑屋舍令開封府每
月差職員點檢，無得縱人損壞。　八年正月，詔市中延
燔官舍，其修葢訖移居者免僦居二十日。應僦官舍居
賦直十五錢者，每正至、寒食免三日之直。　仁宗天聖
元年四月，三司言：得店宅務帳，點檢欠房錢三千五百
餘貫，檢會舊條，店宅務每界交檢出給歷子，比附增虧
酬奬，須選差知縣監押者充。今差官多未歷任，欲候界

卷一萬四千九百九十

五

滿依條選差。從之。　二年正月，三司言：店宅務賃宅多
乞添葢涼棚，柱破材料，緣所賃只據屋間架，欲乞今後
更不葢造。從之。　四年二月，入內押班江德明言：昨奉
詔以臣僚言店宅務課利虧少，舊額令取索數目進呈
勘會，自大中祥符五年左廂錢八萬八千七百五十七
貫，右廂錢五萬四千七百九十二貫，天禧元年兩廂錢
十四萬九十貫，左廂八萬五千八百八十貫，右廂五萬
四千二百一十三貫；天聖三年兩廂錢十三萬四千六
百二十九貫，左廂八萬二千九百三十九貫，右廂五萬
一千七百貫。即是歲有虧少。其天禧元年全屋都管二
萬三千三百間，天聖三年屋二萬六千一百間，比天禧

元年即是屋多錢少比大中祥符中計虧八千九百五貫文又勘會左廂管舍屋萬三千三百一十間半除萬一千七百四十間係元帳管數千五百七十一間半係後納修造內三百二十九間只有地位別有倒塌一千四百八間空地八百一十七間右廂管舍屋萬二千八百九間除萬二千八百九十三間係元帳管數內八百六十八間無材料別有倒塌六百四間空地千九百十六間今言者稱是監官信憑專典不能關防至此其監官四人專副四人勾當官二人前行一名一務勾當分析兩廂欲乞於入內內侍省選使臣二人三班院選使臣一人同勾當兩務每日輪二人諸處提舉一人管納

卷一萬四千九百九十

六

官錢只差專副勾押官各二人不用前行勘會兩務見有監官六人望依此定差又詳本務條第一等雜三司差軍大將充專副二年界滿得替並無破帖憑由亦無界末文帳是致難以點檢今後差軍大將立界候二年界滿起置交頭交割供申界末帳赴三司候勾磨了日別與優輕差遣又帳管空地元許指射承賃先準貸地浮造如欲轉賃貨賣並中賣入官及應係官地並不得出賃修蓋浮造自來須中賣入官每令莊宅行人相度多有材植不堪却令收拆退地除落課利又不許再賃與人以此荒閑侵占退落課利不少今請欲起移賃賣即依前條買委店宅務相度如堪入官即估定實直

保明申三司給價收買附帳出賣如不堪即任從私賣則不至荒閑又獲地課況見管空地不少若於緊處起屋出賃必增年課其慢處地不堪蓋造即許令指射承賃止納地課　又大中祥符七年十二月準敕空閑官屋令開封府覷步職員提舉自經天禧年大雨倒塌各有少欠材料本地場子陪填至今未足有妨修蓋乞今後應倒塌屋畫時收拆入場令作頭計料抽換材料支給修蓋少欠只勒廂巡場子同陪場子自盜即廂巡捉搦送官又自來請到材料只監收節級封記堆垛乞自今每三四人親事官地分置材料場以貯新舊材料旋依數撥與修人每一場差一人剩員看覷置出入官

卷一萬四千九百九十

七

物歷簽押逐地分場子每年一替置歷抄上門戶板踏具帳申務年滿欠少便勒陪填又帳管空地甚多既不蓋屋復不許人承賃今乞擇緊處官蓋慢處許人指射浮造其見管浮造舍屋並是大中祥符五年已前將緊地作課利出賃起蓋浮造大段椋錢只以少許納官乞許本務根括如日椋子錢者納四百入官充賃地課利於是差內藏庫副使安繼昌殿中丞宋可行權提舉制置凡兩務合擘畫事件與逐務監官從長相度出辦舊額課利比大中祥符五年課利十四萬貫若及十五萬貫有空閑倒塌屋添復舊額即所差臣僚與本務監官並特與轉遷所要添修物料權遣應副或三司有所往

滯許上殿闡奏仍每月具增掠錢數添修舍屋件析以
聞候三年間課利及數即罷提舉只具式樣降付逐務
遵行事下樞密院看詳並從之　四月詔開封府民有
賃店宅務客店者與免諸般差遣　閏五月勾當店宅
務朱昌符等言左右廂帳案點檢並各地分舍屋多有
差牙蓋是累界因循致虧課利見管曹手分十人掠房
錢親事官四十四人自來逐手分分定親事官數不拘
廂分其本務月帳只拘轄官錢夫着地步帳只拘管疆
界務司却每月須寫造舍屋間數與退賃課利衮同供
申虛煩寫造今欲將十廂地分案分廂執行每一年輪
替了換交割所貴递相覺察不至作弊其親事官即依

卷一萬四千九百九十　八

舊或都掠或兼掠依例供申舍屋户地步帳一本仍將
本務年帳粗帳帶領專典詣地根括自新鈔劄改正帳
案永為定式其每月課利帳只寫所收管錢退賃房屋
闕子送納官錢月日供申比附增虧數申省候至年終
供地步舍屋官物界至帳各一道依令來叔新根括抄
錄候二年界滿即攢造末帳所有逐地分親事官一年
一替對交舍屋寫交頭帳一道具有無少剩欺弊結罪
狀赴務如無欠少發遣歸督所差地分場子並令都將
已下委保有行止人差充應地内屋宇林木地段係官
物差替之時递相交點除見賃舍屋人各有賃歷外空
閑舍屋地段林木官物材植等並須交割如有失欠勒

舊界場子陪納斷有偷盜場子都將依法斷罪均填自
来修造荐拔計料材植申報三司問難往覆勘經半年
拖延生弊乞將右廂先倒塌未修舍屋及左右廂拆修
薦拔叔修舍屋依八作司例差三司軍大將逐廂各三
五人分定間數主管材植限三年為一界差替歸省界
内官物別無失陷與優輕差遣所有逐廂修造節級只
令部役但地望緊慢不同一例修蓋閑處多無人賃則
枉費工役又所管空地甚多既不許人賃亦不得移易
修蓋虛降帳籍今欲將見今閑慢舍屋材料相度移着
望緊處蓋造所差三司親事官四十四人分廂掠錢舊
例共親事官六人委保甘認陪填結罪狀兩本或疾患

卷一萬四千九百九十　九

重即權差專副庫子收掠欲乞今後親事官請假同保
人内直抽一名權令收掠並從之　七月權三司使范
雍言近準宣為勅浮造舍屋中賣入官須材料不堪方
許私下唱賣累據店宅務狀乞買浮造支價錢竊詳人
户賃空地納課錢又收買浮造不惟添課歷多兼自中
賣至支錢三兩月住滯撿攫不許任便私自唱賣若願
中賣入官須看望居賤材植好畫時估直結罪委不虧
官即給錢收買從之　又詔店宅務積年虧少課利失
陷舍屋近專差使臣勾當及添長房錢慮其中有貧民
供納不易宜特與免添長若顯是形勢侵占官地修蓋
屋舍收掠房錢全然不同者令將見任舍屋比類相度

施行本務使臣各在公平不得顏情抑勒人户仍自今更不添長　五年三月朱昌符等言本務令少簿曆拘管官物以致作弊有失關防近減置簿歷拘轄甚得齊整慮久遠不切從稟别致隳壞乞傳宣下務常切遵守從之　舊管八庫簿四月納簿三退簿債簿八欠錢簿四納錢歷二場子歷三十四親事官歷五十六卯歷二宿歷一新減潤官簿二接續簿二減價簿二空閑年月簿二輟借物簿二承受宣省簿二出入物料簿四欠官物簿二架閣文書簿二新舊界倒塌屋簿三承受公牒檢計簿二寄庫歷二承受檢計歷十發放歷二卯歷二承受生事簿十監修軍將轄押修屋歷六功課歷六居

卷一萬四千九百九十　十

占舍屋簿二面　六年二月詔三司開封府殿前侍衛馬步軍司自今有合配効役窑務車營務兵士並只配店宅務修造指揮候填定本務見闕人數即住　九月三司言店宅務勾押官當務人吏並未該遞年遷限檢會天禧三年條如有額定曹司後行遞遷充副知勾押官立界即具依舊例於三軍大將内定差令來店宅務不曾有差軍大將之例却有抽差三司後行例今欲於在省揀選飯料後行二人充勾押官候二年界滿無贓私過犯趁逐課利不虧與本職名止轉一資從之　十二月臣僚上言近年多將閑慢債屋對換官中緊屋虧損官課望行禁止從之　七年六月三司言店宅務

掠房錢親事官年滿尋揀定孫榮等五十四人勒令名保自來一年一替今已各三年及二年半有餘未有充替累行指揮無人肯保遂下本務擘畫其孫榮等稱自來差掠錢只召保三人少欠東西使勾保人於地内刷刻欠錢送納外有欠保人均填即不差保人權掠房錢只自擘畫權掠遂致無人肯保省司欲依舊例一名召保三人如將帶官錢東西勒保人剗刷人户錢均攤填納捕捉勘斷據合替人盡時差撥其日納錢即本務權差人收掠榮等又稱本務為分定錢數截日為界收掠如有年終虧課並以掠錢親事官為首科斷若人户債屋多者却自三月一赴務送納内貧下户日納畸零

卷一萬四千九百九十　十一

並是親事官收掠本務稱掠錢每千支索子錢一文若本户直納減得索子錢二百省司以潤官無多欲依舊例不以多少並令親事官收掠榮等又稱舊掠錢親事官各壓得當日錢準備貼納收掠不得者名為身後錢却尅留每月食直錢一貫在務不支緣親事官到務後支費造帳須乞覔人紙筆約使錢二千已來其一月身後錢破使無多人户少無可填納便須東西如收掠遲晚更差監還轉吏縻費乞今後只供申交到逐户日納錢數單帳一本不供夾細帳本務稱礙朱昌符等擘畫省司勘會本務自有年終地步四止點檢諸帳只令截界日供申舍屋錢數單帳赴務更不供夾細帳榮等又

稱所管舍屋去處不少逐日自早至夜尚收掠不足令
空屋前面債貼子並是親事官買紙印押多被雜人揭
去乞令後只令親事官印押粘貼交與場子看管禁等
又稱舊例於本地内破得屋一間日掠十錢者月計四
百乞令後不破舍屋只添食直錢五百充添陪拖欠錢
省司依所請從之　九月勾當店宅務李東之言本務
課利浩瀚全藉舍屋出賃雖許將閑屋拆移繁處又緣
繁地全少却有不係帳地數多不敢一例出賣欲乞將
係帳空地依例出賃如有稱賃淨遣搭蓋蓆踏屋地亦
令本務相度出賃事下三司相度省司請自令應有百
姓賃空地并蓆踏地位即具著望申省方得相度如不

卷一萬四千九百九十　十二

是官街有妨車馬過往遮攔門面經地即得出賃如非
時治道權且拆去淨造屋舍亦不得住賃錢從之　寶
元二年七月八日三司言左右廂店宅務宣借舍屋乞
令監專覺察如大段根究聲盡入官得替與還轉次者
優與差遣如不切根究致人陳述及諸處根究磨出虛
占舍店亦乞劾罪施行失收課利於干繫人等處均攤
詔如大段根究得聲得入官替日監官許指射合入優
便差遣專副於本等指射優便差遣餘並從之　神宗
治平四年九月三司言左右廂店宅務見管蓆屋子合
盡去拆令後更不令修蓋乞令街道司常切覺察兩廂
店宅務令後不得將街坊白地出賃及復令人搭蓋蓆

棚屋子妨礙車馬過往如稍違犯申乞根勘逐務官吏
仍每季一度具委得遵守條貫事狀申省如本司不申
舉省司覺察彰露其干繫官吏亦乞劾罪嚴斷從之
熙寧十年七月十二月權三司使公事薛向等言近勘
會左右廂店宅務有空閑舍地基數甚多虧减日額課
利尋奏差監修使臣修葺已發屬將作監管勾令檢點
檢兩務場呂遽言甚有空閑損壞舍屋申乞相度修整
勘會左廂六百四間右廂五百八十八間日約較錢二
百二貫五百二十九文足如此虧欠課利無疑撒失瓦
木乞令將作監委官檢計支破物料併工修整從之

宋會要　竹木務

卷一萬四千九百九十　十三

京西抽稅竹木務在汴河上鏁東南掌受陜西水運竹
木南方竹索及抽算黄汴惠民河商販竹木以京朝官
或閤門祗候一人勾當舊有京東西抽稅竹木場大中
祥符四年併入此務　太宗淳化四年三月詔三司凡
運竹木須具長短闊厚徑寸及竹木名目　至道三年
四月詔應納修河竹筏等令竹木務別具帳申三司胄
案　真宗大中祥符三年五月詔竹木務每納鳳翔司
竹監除留二年準備修造外剩數許令出賣

宋會務　煎膠務

太平興國元年置場煮皮爲膠以給諸司之用以三班
及内侍一人監其退料亦置場出鬻匠十二人　真宗

景德二年三月詔皮角庫令後作坊弓弩院合使麂麀
皮常約數申三司　三月詔皮角場庫舊監官五人自
今止置二員　神宗熙寧七年四月二十二日軍器監
官句當皮角四場庫解師錫申本場闕少工匠檢會元
額諸作五百三十人見闕三百一十人自来除造句諜
外如有非次生活並於諸作相兼拖功製造本作別無
生活即權分諸作執役體得逐作課輕可以量添皮數
減下人工元請物料亦可減省令相度減省物料工限
造作每日計得一百五十餘工本監欲依所請從之
十月十五日詔皮角庫皮場見管及接續收到不堪膠
料皮并碎皮不得支遣準備內中取索。八年十月二
卷一萬四千九百九十　十四
十六日詔皮角四場庫監官並給添支十二千二年爲
一任界中無遺闕與第等酬奬從軍器監所請也舊以
官序定添支多少本監以任責既均不可增減故有是
請　十年二月軍器監言編排皮角場庫官物錢師孟
狀物數浩瀚不曾支遣堆積暴露致有損壞本監欲乞
令本庫權住支納且將見在皮筋角委師孟同共編排
各著庫眼收盛如遇諸處納了皮貨即輪監官一員就
倉交納若敖眼少即下倉場司權借候支遣有序却依
舊交納令後熟造皮先須契勘見在依年月資次支遣
別無入料皮方許創行熟造如失契勘致有積壞並罪
干係官吏從之

雜買務在常樂坊掌應奉內中市買物色平其價直以
京朝官及三班內侍三人監有庫子秤子外催　太宗
太平興國八年四月詔內外諸司庫務及內東門諸處
造作如官庫內有物不得更下行收市應要物委三司
職官常預計度若急須物色官庫內無即於出產處收
市若不及即從三司下雜買務收買即不得直行行鋪
如違許諸色人陳告監官劾罪嚴斷　真宗咸平二年
五月十一日詔官中禁物勒行人於雜買務納下本務
令人供應二十二日詔雜買務買物支價錢委監官當
面將旬價紐計錢數責領若三司乞破之時須繳元帖
并領狀申三司　景德三年五月九日特奉詔內東門
卷一萬四千九百九十　十五
買賣司應內降出賣匹段自今明上簿歷令使臣當面
差人印記具闕子送下雜買務出賣所有金銀印封記
交付更不得私將抵換匹帛下行出賣所有諸宮院亦
令依此置歷抄上又內中自來有直賣諸般物色並令
抄上簿歷拘管依例具闕子下雜買務取索供納又內
中降出見錢合雜買務收買供應物色自今便仰據數
送下依例下行收買供應更不得將見錢轉換不勘匹
段死賣又內中所買羊肉自今並令使臣上歷出給印
押帖子差輦官下行取買諸宮院準此　十五日詔內
東門降出賣匹段令左藏庫送納關報雜買務依時估
納錢　十九日詔如有內東門買賣輦官諸色人將低

次匹帛換内降上好匹段自今令雜買務榜門曉示須先上門歷方將物於監官出頭仍椿定錢四千貫分兩番一季結筭依舊收儹零脚錢每供物賣物限半月納錢齊足仍各置歷拘轄　大中祥符二年五月十一日上封事者言雜買務與内東門司出納因緣為姦也真宗曰此二司屢曾制置常給錢五百萬於本司以備支遣不欲稽滯價直也先帝時常以錢百萬命宋思恭檢校凡宫中市物令即時面給其上用訖復增常滿其數仍聞思恭亦不能盡副先旨近日宫中凡所須索並付左藏庫雖勤須變轉且免擾民也　八月十日詔洞真宫開寶院韓國長公主宅廣平公保信軍院及應敕

卷一萬四千九百九十　十六

葬所買賣物色並聽從便不須下雜買務　是月詔崇真資聖禪院於雜買務買物慮其擾人今後具數以聞十月二十二日詔内東門降出宣賜銀及成器物有鑴鑿官匠勛兩字號者委雜買務使臣看驗分釐色號依時估取係省錢收買送左藏庫候近千兩申三司煎煉若無字號不及色額器物釵釧即付行出賣　二十三日詔雜買務每有買賣畫一支給價錢不得邀滯　五年八月詔雜買務市物並須支一色見錢　六年十一月詔自今内降及諸色買賣金銀器物並送左藏庫給錢有帶膠鋅細碎物件於雜買務出賣　七年十一月詔内東門順儀院崇政資聖院太和宫及房卧使臣買

賣許令通　行收買除官庫所有物外各仰行人等第給限供納是月詔雜買務應下行買物人價錢不得住滯邀乞其外催受得買物闕子等物價通下行戶置歷於監官處書押　天禧二年十二月提舉庫務所言雜買務準内東門劄子九月收買匹帛内白絁每匹二千二百十月收買皂絁每匹二千八百及收買果子添減價例不定稱府司未牒到時估檢會大中祥符九年條例時估於旬假日集行人定奪望自今令府司候入旬一日類聚牒雜買務仍别寫事宜取本務官批鑿月日齋送當司置簿抄上點檢從之　是月詔三司開封府指揮自今令諸行鋪人戶依先降條約於旬假日齊集

卷一萬四千九百九十　十七

定奪次旬諸般物色見賣價狀赴府司候入旬一日牒送雜買務仍别寫一本具言諸行戶某年月日分時估已於某年月日赴雜買務通下取本務官吏於狀前批鑿收領月日送提舉諸司庫務司置簿押上點檢府司如有違慢許提舉司勾干繫人吏勘斷　仁宗皇祐四年三月二十六日詔雜買務自今凡宫禁所市物先須勘會庫務委闕者方得下行仍皆給直其所非闕者毋得市　初年仁宗謂輔臣曰國朝監唐世宫市之患特置此務以京朝官内侍叅主之且防擾人近歲非所急之物一切收市擾人亦甚矣故降是詔　至和元年十一月知開封府蔡襄言内東門市行人物有累年未償

價錢者請自今並聽雜買務以見錢市之其降出物帛亦值直於左藏庫給錢從之　高宗紹興六年二月四日詔和劑局藥材令雜買務收買仍就令太府寺準備差使雜買務監門機察錢物出入除本身請給外每月添支和劑局監門官日支食錢一色　同日詔雜買務收買藥材除舊額專副手分攢司庫子外添置手分一名書手一名　同日詔雜買務收買藥材依雜賣場例每貫收頭子錢二十文省市例錢五文足應付腳剩等雜支使用置歷收支年終將剩數併入息錢所有熟藥所納錢看檢並依左藏庫條法其納到錢除納支藥材價錢外見在錢並行樁管　同日詔雜買務令臨安府

卷一萬四千九百九十　大

輪差兵士一十五人充把門搜檢巡防等役使　二十三日詔太府寺置牙人四名收買和劑局藥材每貫支牙錢五文於客人賣藥材錢內支如入中依市直定價責牙人辯驗無偽濫勘充修合狀監官再行審驗定價收買如受情中賣偽濫牙人例外收受錢物許人告每名支賞錢五十貫並依偽濫律斷罪及官知情各與同察減二等　五月十五日朝旨每貫於客人處更支牙錢二十文以無人應募也　同日詔收買藥材令臨安府市令司每日開具藥物名件實直價例報雜買務申太府寺照會　孝宗隆興二年二月十六日吏部狀都省批下本部申明雜買務闕未審日後合從是何選分差注

或係堂除後批照應已降指揮許通差文武臣尚書左選勘會今將紹興格并續降指揮參照立定差法雜買務選注通判知縣資序不曾犯贓私罪年未六十人仍不注初磨勘改官人尚書右選勘會雜買務闕通差文武臣今欲差親民資序不曾犯贓私罪年未及六十人侯尚書左選闕到指揮日出榜名官指射如同日有官願就即先差承務郎以上次注大使臣為任使闕年限並依見行格法施行

鑄鎬務

鑄鎬務在顯仁坊掌造銅鐵鍮石諸器及道具以供出內之用舊在京鑄錢監景德三年廢錢監改今名以京朝官三班二人監工匠一百十人　真宗大中祥符二

卷一萬四千九百九十　十九

年六月詔京城修造樓臺殿宇三門帳生所用門環浮漚釘線葉段令鑄鎬務將物料點鍮石充用其造相輪將鍮石與生熟銅相兼鑄造　五年六月詔鑄造務諸作每夏月役半功至午時放　天禧元年詔點合鍮石所以其事併入鑄鎬務　仁宗天聖八年四月三司言準編敕鐃鈸鐘磬酒鏇子照子等許令在京鑄鎬務在外於就近便官場收買並須鎸勒匠人專副姓名并監官押字將往外處者仍給公據令詳鑄鎬務逐旬造到器用功課斤兩欲先令盡數赴省呈驗訖差人押赴在京商稅院出賣從之

車營務

車營務在敦教坊掌養飼驢牛駕車給內外之役以京

致遠務

朝官諸司使副三班內侍三人監役卒四千四百零一十二人

致遠坊在永泰坊掌養飼驢騾以供載乘輿行幸什器及邊防軍資之用監官三人以東營務兼領兵校千六百二十四人

畢行備對　折博務

陝西一十四州軍折博務條入中見錢糧草算買鹽鈔內延環慶原謂州鎮戎順德保安軍并買白鹽　諸路五折博務秦州熙州河州洮州岷州延州環州慶州原州謂州通遠軍鎮戎軍德順軍保安軍

建安志

卷一萬四千九百九十

折博務建安州舊有之後廢　按會要至道二年發運使楊允恭請令商人入金帛于務悉償以茶自是鬻茶得實錢茶與帶留歲課增五十餘萬緡

二十

宋會要　窯務

京東西窯務掌陶土為甎瓦器給營繕之用舊有東西二務景德四年廢止於河陰置務於京城西置受納場歲六百萬大中祥符二年復置東窯務以諸司使副使三班三人監領匠千二百人受納場改為西窯務以三班二人監所有匠有瓦匠甎匠裝窯匠火色匠粘較匠鴟獸匠青作匠積匠窯匠合藥匠十等歲千一百五十四萬二月興工十月罷作　真宗景德四年七月詔以廢窑務薪蒸分給諸班直諸軍司　大中祥符二年五月以修玉清昭應宮特置東窑務　三年十二月詔東窑務萬場自今止使臣二人監當月給食直錢五千

神宗熙寧七年五月江陵府江陵縣尉陳康民言相度南京宿亳收市窑柴衙前合行減罷勘會在京窑務所有柴數于三年內取一年最多數增成六十萬束仍與石炭兼用除場驛課撲到外名人户斷撲自備船脚其石炭自于懷州九鼎渡武德縣收市及勾當東窑務條石乞將石炭出賣只以窑柴供應下將作監相度監司言乞將南京宿亳州抛買未起窑柴般運赴京椿充準備外宜依康民所請其出賣石炭每秤定價六十文詔除武德縣收市不行外餘並從之

卷一萬四千九百九十

二十一

榷貨務

榷貨務舊在延康坊後徙太平坊掌受商人便錢給券
及入中茶塩出賣香藥象貨之類以朝官諸司使副内
侍三人監太平興國中以先平嶺南及交趾海南諸國
連歲入貢通關市商人歲乘船販易外國物自三佛齊
勃泥占城犀象香藥珍異之物充盈府庫始議於京師
置香藥易院增香藥之直聽商人市之命張遜為香藥
庫使以主之歲得錢五十萬貫大中祥符二年二月撥
併入榷貨務太宗淳化五年三月詔在京榷貨務入博
綃帛令後或價減委監官子細勘會價長即申三司取
旨揮至道二年十一月詔榷貨務博賣香藥收錢帛每

卷一萬四千九百八十九　一

月收十次送納真宗咸平二年九月詔榷貨務招誘客
人將銀錢紬絹入中并賣象牙令香藥庫將合出賣第
一等牙品配支撥四年六月詔榷貨務每月支俸錢並
依次排垛支給監官提舉無得夾帶新小鐵錢七月詔
澤州大廣鐵冶許商旅於澤潞威勝軍入納錢銀疋帛
粮草折博及於在京榷貨務入中傳買景德元年正月
詔榷貨務入中金銀並納内藏庫閏九月詔榷貨務所
賣紫礦香藥令依市寔價出賣不得虧官三年二月
詔客旅見錢往州軍使用者止約赴榷貨務便納不得
私下便換如違許人陳告依漏稅條抽罰後重罪之仍
令開封府出榜曉諭其諸城門鑠不得私放出見錢三

月詔榷貨務應有客旅入到羅絁綾並以見賣估價折
博紐筭支解塩交引大中祥符二年正月許許販茶客
於榷貨務投狀具言有若干交引在某場欲往請合納
稅錢上簿拘轄令三五人連狀委保又召交引鋪戶充
保給公憑付客支訖本場徑具數人遞關報本務立限
半年送納稅錢限滿不至於元保人處理納候客齎到
脚地公引合筭一路稅錢數同即勾薄毀公憑　二月
詔香藥榷易院自今併入榷貨務一處勾當六月詔榷
貨務課利浩大本務公人請處不得抽差八月詔榷貨
務客便納金銀錢帛粮草合支香藥象牙者於香藥庫
撥請還客年額五十萬不得於榷貨務課利衮折各具

卷一萬四千九百八十九　二

增虧比較申奏四年十月詔雜賣場今後更不賣茶止
令榷貨務將每年折支料錢茶二萬五千六百貫招致
客旅入中往向南茶市收錢數樁撥充雜賣場課額是
月三司言衣庫使監榷貨務安守忠一界收到出剩課
利萬數至多覆之皆寔詔特改軍器庫使五年十一月
詔榷貨務每年許客便見錢五萬貫指射廣南東路州
軍支還如常舶司要錢即預申三司任便六年七月詔
交引鋪戶榷貨務給與印歷逐名抄上客鈔紐筭交引
請錢以三五名為一保具物產抵當每鋪戶攙名具申
三司開封府取青門鋪曉示客人許令下鈔貼筭牙保
人須得引客於王名鋪内下鈔不得邀滞七年五月十

食貨五五之二四

七日詔應入中交引請乳香者元保鋪戶引客於監務
處當面支給十九日詔應假香回紇香黑錫白鑞私下
便錢令京城門商稅院緝逐告捉榷貨務不須巡捕天
禧元年四月六日三司言在京榷貨務入便請以大中
祥符七年收錢二百六十一萬餘貫為額每歲比較不
及數當職官吏準條科罰從之四年四月以弓弩院為
榷火務遠火患也仁宗天聖元年四月詔詔聞在京榷
貨務入中羅帛低次輕快虧損官價蓋本務監專不切
子細看估自今令三司都大提舉諸司庫務司鈐轄應
是納折博入中官物並仰用心點檢更敢違慢重寘之
法三年三月三司言乞選差曾經外任廉幹使臣殿直

卷一萬四千九百八十九　三

已下二員監在京榷貨務門仍二年一替從之神宗熙
寧二年九月三日詔令在京榷貨務封樁折解錢內借
支與在京府界縣分等收糴斛斗擬糴到數充貺每年
淮南發運司上供年額所借過錢即令發運司却擬錢
數收買金銀絹帛送還本務以免歲計般輦不足也三
年十月二十五日三司言近乞舉榷貨務監官文臣兩
員使臣一員奉詔舉小使臣一員緣舊條舉大使臣勾
當詔今後於大小使臣內通選奏舉四年正月十二日
出榷貨務錢五十萬貫助糴陝西軍糧復以京東支與
河北封樁紬絹三十萬匹錢十萬貫還榷貨務五年七
月五日詔併榷貨務入市易務將市易務作上界以榷

三年十月二十五日條移後

食貨五五之二五

貨務作下界仍以東西務為名所有公人即將榷貨務
舊額并市易務新添人數量行拘定從提舉市易務所
請也高宗建炎二年正月十日詔真州榷貨務與行在
印賣鈔引并為一司以行在榷貨務為名依舊隨處置
局梁楊祖楊淵依舊提領其提轄等官以行在榷貨務
繫銜初專一措置財用充車駕巡幸提舉一行事務黃
潛厚言茶塩之法令客人於在京榷貨務入納見錢請
買鈔引於諸路筭請茶塩近令真州置司印賣鈔引今
來車駕駐揚州去真州止五十餘里又水陸相通而兩
處出賣鈔引客旅盡赴行在興販物貨理宜從長措置
欲乞移真州榷貨務於行在揚州置局其真州茶塩司

卷一萬四千九百八十九　四

已造下及揚州通判見賣鈔引併入行在榷貨務寀同
招誘出賣將來回鑾依舊併入在京榷貨務故有是詔
十月十九日詔提領措置茶塩司官吏并行在都茶場
榷貨務官吏依自來賞合推恩人例各轉一官以在京
榷貨務都茶場近移真州置司措置東南茶塩印造鈔
引招誘請筭收課息五百餘萬貫故也三年十月二十
五日詔客人願於行在送納見錢或用金銀筭請鈔引
者聽仍令提領司措置受納限日下給公據或合同遞
榜前去令杭州本場候到日下筭給鈔引紹興元年八
月五日詔以榷貨務都茶場自建炎四年五月十五日
至紹興元年七月三日終收到茶塩香錢六百八萬九

三年十月二十五日條移四年四月上

千餘貫左右司官吏各轉一官左司員外郎林平之已
離任與減二年磨勘二年閏四月四日左司郎中姚舜
明右司郎中張公濟員外郎胡世將檢正諸公之事仇
愈言榷貨務都茶場收樁錢七百萬貫各該轉一官舜
明等主管本司職事日淺難以叨冒恩賞且茶鹽司羨
固亦何功乞更不施行從之九日詔紹興府榷貨務都
茶場移於建康府置局限三日結絶訖起發前去二十
三日詔榷貨務今後如據收錢及一千萬貫其應干官
吏仍須首尾在職管幹不係去官改役之人方合推
恩轉官以左司郎中姚舜明等辭賞因有是詔十二月
三十日詔榷貨務依在京日大禁並依皇城法二年四

卷一萬四千九百八十九　五

月一日詔吉州榷貨務都茶場監官陳鵠等到任一季
內起到茶鹽等錢三十萬貫職事修舉特與轉一官餘
官吏並依已降旨揮施行五月七日詔今後鎮江府吉
州榷貨務都茶場應申奏行移各以行在場務其州某
府置場務為名以從來槩稱行在場務無以區別故有
是詔八月二十八日詔榷貨務都茶場許臺諫取索及
勾喚人吏十二月二十三日詔提轄榷貨務兼都茶場
見闕官令黄叔敖具名奏差一次四年四月十七日詔
榷貨務都茶場官吏專副押號簿使臣諸色祗應人提
領司左右司太府寺交引庫官吏二省戶房專呈新法
并本房寔該首尾人並依去年收支及一千萬貫推恩

體例施行餘並更不推恩願換支賜者依紹興二年四
月二十二日榷減半指揮支給轉官礙止法人於元推
恩體例內除去行字止令依條回授三省該轉資人更
不支破所轉資請給以提領榷貨務都茶場申本務場
并真州吉州鎮江府務場一年內共收到茶鹽香錢一
千六百餘萬貫乞推賞故也五年三月三十日詔於真
州別置務場給賣鈔引只許客人筭請楚州鹽鈔其乳
香茶引不拘路分並許給賣既本州興置務場即鎮江
府定是入納不多可那移官吏前去真州其鎮江府務
場依舊存留看管不得損壞十一月六日都省言行在
榷貨務狀契勘吉州榷貨務給賣廣東鹽鈔係客通販

卷一萬四千九百八十九　六

往荊湖南北處吉州南安軍及廣東本路住賣依近降
紹興五年十月六日指揮廣東一分鹽依舊官般官賣
應付漕計外二分鹽只許在廣東本路住賣不得販往
荊湖南北江西吉州南安軍其吉州榷貨務止係給賣
東東二分鹽鈔所管職事不多兼洪州安撫司即目亦
賣上件鹽鈔其吉州自不須專治務場詔吉州榷貨務
都茶場並罷六年八月詔每歲通收錢一千三百萬貫
即依已降指揮推賞紹興二十四年行在建康鎮江三
務場共收二千六十六萬七千四百九十一貫二百六
文鹽錢一千五百六十六萬五千六百一十五貫四百
三十文茶錢二百六十九萬四千四百貫五百七十七文

香礬錢一百九萬九千一百八貫六百八十五文雜納錢一百二十萬八千七百六十二貫五百一十四文紹興三十二年回稅場共收二千一百五十六萬六千九十二貫六百七十一文鹽錢一千七百九十六萬九千一十一貫六百九文茶錢二百一十二萬一千四百七十七貫七百五十八文香礬錢一百一十九萬五千八百五十四貫二百四十六文雜納錢二十七萬九千四百四十九貫五十八文至乾道六年三月二日詔將三務場收到茶鹽香礬錢各立定歲額錢數行在八百萬貫建康一千二百萬貫鎮江四百萬貫如及額官吏方得依例推賞如虧不及一分免行責罰十一月二十五

卷一萬四千九百八十九　七

日詔榷貨務都茶場監官通行管幹仍以監榷貨務都茶場繫銜七年閏十月二十四日詔榷貨務撥隸戶部戶部尚書章誼劉子契勘榷貨務舊曾申明乞罷提舉官將職事隸屬戶部近來朝廷以事任至重復置提舉見係宜總領緣獨員別無同官商量竊恐悞事欲望朝廷指揮依舊隸屬戶部同郎官長貳通行簽押或只乞長貳通行提舉故有是詔八年六月二十五日詔起發廣鈔差樞密院使臣管押除身分驛券外每員依本務號簿官往回每日支食錢五百文省起發日從交引庫勘會的實程數合支錢報本務支給仍每員支起發錢一十五貫文月給贍家錢一十貫文出門起支入門日

任給止於本務頭子市例錢內支給十一年二月三十日詔茶鹽帷賞其本務郎官太府寺及榷貨務都茶場官自紹興元年以後到任之人並計日推賞先是指揮以在歲終合該全賞及三季已上減半緣未及三季之人不預賞典故有是命十四年二月二日三省言榷貨務都茶場茶鹽推賞文字上因論及祖宗時茶鹽鈔法邊面納粟京師請鈔公私皆便不惟可以實邊又免漕運之勞朕嘗思之祖宗立法無有不善者豈可輕議變易孝宗隆興元年八月十四日榷貨務都茶場狀元管號簿官共一十二員今欲榷貨務都茶場各於六員內減二員從之二十三日詔戶部將諸路茶鹽司起到錢

卷一萬四千九百八十九　八

物令項樁管非奉朝廷指揮不得擅行支用具已收到數目申尚書省今後遇有合起發錢物並赴行在榷貨務都茶場送納二年正月二十五日戶部言榷貨務都茶場隆興元年正月四日至隆興二年正月三日終一全年收趁到茶鹽乳香等錢增羨照得檢正都司三省戶房點檢催驅印房金部太府寺及交引庫各有轉官減年等第支賜今勘當欲依所定乞施行從之乾道元年七月二十日詔建康府榷貨務茶場合令工部鑄印一面付禮部給降候新印到日將舊印申繳禮部施行八月二十八日宰執進呈榷貨務都茶場趁辦茶鹽推賞等第上曰三場務官吏可依舊制其餘該轉官減年

並給公據所有比換支賜權行住罷九月二十六日權戶部侍郎曾懷言在建康鎮江府榷貨務都茶場收趁茶鹽錢每遇次年正月四日一全年照遞年所收各行比較更不通比如有增羡去處乞依舊格推賞或有虧欠取旨黜責庶幾賞罰公明可以懲勸詔從之十一月三日戶部言榷貨務給賣鹽鈔每袋添錢三貫文省永為成法日後更不增減從之五年十二月二十三日詔榷貨務都茶場依建炎三年指揮委都司官提領措置戶部長貳更不兼領六年二月三日吏部檢準乾道三年指揮榷貨務都茶場提轄監官左藏庫監官今後並先差知州次通判次第二任知縣人今看詳乞依乾道

三年指揮施行詔今後依舊通差武臣大使以上第一任親民資序人其文武依吏部看詳到事理施行三月一日權戶部侍郎葉行言勘會二務場每歲所收入納茶鹽等錢依已降指揮各行比較如有增羡方合理賞竊慮卻將別色應數乞將三務場收到茶鹽香礬錢各行立定歲額錢行在八百萬貫建康一千二百萬貫鎮江四萬貫如收趁及額官吏方得推賞如虧及一分已上各降一官吏各從杖一百科斷其降出外路茶鹽鈔引候賣到錢赴務場交納訖方許理數從之七年十二月十二日中書門下省言勘會提領軍器所及提領犒賞酒庫皆已差置幹辦公事提領三務場管茶鹽課額

浩大與軍器酒庫所事體一同乞置幹辦公事一員從之九年七月十八日樞密院言馬軍司合差撥將兵二百人祇備不測風燭赴榷貨務防護今欲將上件潛火軍兵分行差撥內殿前司差一百人馬步司各五十人認定差撥從之

市易務

市易務在太平坊隸都提舉司名人抵當借錢出息乘時貿易以通貨財監官三員文武使臣充　神宗熙寧三年二月十一日同管勾秦鳳路經畧使機宜文字王韶言沿邊州郡惟秦鳳一路與西蕃諸國連接蕃中物貨四流而歸於我者歲不知幾百千萬而商旅之利盡歸民間欲於本路置市易司借官錢為本稍籠商賈之

利即一歲之入亦不下一二千萬貫詔令將本司見管西川交子差人往彼轉易物貨赴沿邊置場與西蕃市易如合選差官與王韶同共管勾及應有經畫事件仰轉運司從長相度施行仍件析以聞　七月十日詔陝西轉運司詳度移市易司於古渭寨利害以聞先是王韶名對言邊事請於古渭寨置市易司許之已而李師中與韶異義遣內侍押班李若愚與三司判官王克臣同行視與師中協上疑不寔故復下轉運司　熙寧五年三月二十六日詔天下商旅物貨到京多為兼併之家所困往往消折至於行鋪稗販亦為較固取利至多窮窘失業宜令在京置市易務選差監官二員提舉官

一員勾當公事官一員，名諸色牙人投狀充本務行人牙人，即不得拘繫倚啱，非時勾集。內行人供自己或借他人產業金銀充抵當，五人以上為一保。遇客人販到物貨出賣不行，願賣入官者，官為勾行牙人與客人兩平商量其價，據行人所要物數，先支官錢收買。願折博官物者亦聽，隨抵當物力多少，令均分賒請，立一限或兩限送納價錢，半年內出息一分，一年即出息二分。並不得抑勒。若非行人見要物，然寔可收畜變轉，委本司官同相度指揮收買，隨時價出賣，即不得過收利息。其三司諸司庫務年計物，若比在外科買得省公利煩費，亦就務收買。其置務，令三司相其地，以官屋充。其餘條約，委三司本司官中書詳定施行。九朝紀事本末：費善大夫戶部判官呂嘉問提舉在京市易務，仍賜內藏庫錢一百萬緡，以為市易本錢，其餘合用文鈔及折博物，令三司應副。四月，先是三司起請市易十三條，其一云：兼并之家較固取利，有害新法，令市易務覺察，申三司按置以法。御批減去此條，餘並可之。御史劉孝孫言：於此見陛下寬仁愛民之至。王安石曰：孝孫稱頌此事以為聖政，臣愚竊謂此乃是聖政之闕。上曰：若但設法傾之，即兼并自不能為害。安石曰：若不敢明立法令，但設法相傾，即是紙鋪孫家所為。陳瓘論曰：呂嘉問謂於律外別立市易較固一條，神考聖訓以為已有律，不須立條。其時劉孝孫稱頌聖訓，曰此仁厚愛民之意也。安石奏曰：孝孫之計非也，此事正是聖政之闕，陛下不欲行此兼并所以類見陛下於權制眾強有所不敢，故內違遊習，外惑言事官，使之騰口也。臣竊謂神考不欲於律外立較固之條，可謂仁厚愛民之意，則孝孫將順聖美，不為過也。曰緣之內但為顯揚嘉問，不以御批為是，不以孝孫為然，於是造神考之言曰：若設法傾之，則兼并不能為害。又撰對上之言曰：若不能明立法制，但設法相傾，即是紙鋪孫家所為。紙鋪孫家為是百姓，制百姓不得，故止如此。從有為天下主，乃只如孫家紙鋪所為，何以為之神主？鳴

卷一萬四千九百八十九

十一

吁！設法相傾之語，謂之不誣可乎？紙鋪孫家之語，謂之不誣可乎？神考是民守法，而指為闕政，力主嘉問，遂至於侮薄君父，不亦悖乎！

七月五日，詔以權貨務為市易西務下界，市易務為東務上界。

十七日，鎮洮軍置市易市。九朝紀事本末：七月辛卯，詔在京商稅務、雜買場、雜買務並隸提舉市易務。閏七月，先是上批付王安石：聞市易買賣極苛細，市人籍籍怨讟，以為官司浸淫盡收天下之貨，自作經營，可指揮令只依魏繼宗元擘畫施行。於是安石留身白上曰：陛下所聞必有事，乞宣示。上曰：聞權貨賣冰，致民賣雪都不售。安石曰：賣冰乃西園苑，非市易務。上曰：又聞買梳朴即梳朴貴，買脂麻即脂麻貴。安石曰：若買即致物貴，即諸當盡貴，何故脂麻獨貴？上曰：或云呂嘉問少年不練事，所置均當人盡蘇贊。嘉問不論察。安石曰：嘉問所置均當人如沈可道、孫用勤，若不收置務中，即於前為兼并害法令，置之務中，所謂御待其道，租詐咸作使是也。上曰：又聞立賞錢說人不來市易司買賣。安石曰：此事尤可知其妄。呂嘉問連日或數日輒一至臣處，為事初，臣要見槌行次第，若有諮如此，臣無容不知。果有此事，則是臣欲以聚斂誤陛下，陛下當知臣業行，若臣不如此，即無緣有此事。上曰：卿固不如此，但恐所伏令未體朝廷意，更須寄察。安石曰：比事皆違，容臣根究勘令別具聞奏。十一月丁巳，上謂王安石曰：市易賣果窠審有之，即太煩細，令羅之如何？安石曰：市易司但以細民上為官司科買所困，下為兼幹取息，所苦自揆，狀乞借官錢出息行倉法，供納官果，定自立法。以來販者比舊皆即得見錢，行人比舊官司無并所費十減八九，官中又得好果，定供應。此皆逐人所供狀及業驗事定如此。陛下謂其繁細，有傷國體，臣患切謂不然。令設官鹽酒一升亦賣，設官監商稅一錢亦稅，豈非細碎？又不以為非者，習見故也。臣以謂酒稅法如此，不為非義。何則？自三代之法固已如此，周官周已私商。然不云須幾錢以上乃征之。泉府之法，物貸之不售，貸以之滯於民用者，以其價買之，以待買者，亦不言錢錢以上乃買。又欲與有滯者斂而入於賤府，供王賤乃而市物之滯者。周公制法如此，不以煩碎為取者，細大並條乃為政體。但尊者任其大，甲者務其細，此先五之法，乃天地自然之理。如人一身，視聽食息皆在元前，至欲撥彝則須爪甲，小大所在不同，然亦不可闕。如天地生萬物，一草之細亦皆有理。今為政但當論所立法有害於人物與否，不當以其細而廢也。上笑且曰：買得果違減比舊極佳，行人亦極使，但行人皆貸弊，宜與除放息錢。安石曰：行人比舊已各蘇息，可以存活，何術除放息錢

卷一萬四千九百八十九

十二

若行人已蘇息比舊役刻之石已十去八九更猶陷放息錢即見令商稅所取不擇貸富閭有至貸之人尚為稅務所國亦合為之糴除彼何獨鑛除令諸司吏祥秘有不足乃令乞寬為生不乞覓不能自存久覓又化利法若除放息錢何如以所收息錢增此華祿明曰進呈内東門及諸殿吏人名數白上曰從來諸司皆取略於果子行人令行人歲入市易務息錢幾全萬係致與此棗增祿上曰諸殿無事惟内東門司事榮當與喻祥實石曰如入内内使省吏人亦當與增祿益自修宗宣條衙所城貸務甚多故也云云又錄厘人象府市白上曰此周公所為也上曰周公事未能行齋豈少安石曰閻未能行者若行之而使於公私不無有何不可而乃變易以從俗流所見十二月乙亥袖諂衆諸路上供科買以提舉在京市易務言上供荐蓆黃盜之新六十色凡百餘州不賸料擾乞計錢數從本務名人承攬以使民也

熙寧六年正月一日，中書言：欲以市易務上下界隸都提舉諸司庫務。從之。

八朝紀事本末

商稅院翰林國畫院雜買務雜賣場諸宮觀真儀法從南郊太廟家事府司檢詳等庫都亭懷遠驛三粮料院内軍器五庫雜都大提舉諸司庫務上北内軍器五庫官物儲積多在宮禁及收内降物無自賓

提舉提點官司不隸提舉諸司條從之辛亥樞密使文彥博言臣近言市易司遣官監賣果寔有損國體斂以怨乞寢罷至令涉旬未聞施行凡衣冠之家罔利於下搢紳清議尚所不容豈有堂堂大國皇皇求利而不為物議所非者乎王安石白上曰陛下近識放而姑貸根至二百萬吏十斗全根給舉一歲增費東計散十萬略以至添選人係增史祿給押綱使比所費又市百鬼館天下愚智執不以此知陛下不殖貸利當有所貴如此而乃於果寔收數千條息以規利者直以細民久肉於官中須當又為魚并所若故設立法耳旁條所言遂寢不報二月而子龍圖閣直學士給事中張無提舉在京諸司庫務

十二月二十七日，詔：市易司市利錢粮留支用外，十萬貫並送抵當所出息，準備支充吏祿。其抵當所令都提舉市易統轄，羅句當曹官一員，却置句當公事二員，專切檢估。九朝紀事本末

熙寧七年正月癸亥遣三司句當公事李杞相度成都府置市易務利害先已遣蒲宗閔沈逵令復遣杞其後上與輔臣論及市易馮京曰曩時西川榷買物致王小波之亂故頗以市易為言臣檢寔錄寔有此說王安石曰王小

波自以飢民衆不為官司所恤遂相聚為盜而史臣乃歸各般取蜀物上能多而致然不知般取孟氏庫府物以上供於飢民有何利害上曰李杞行未安石曰未也然歸隆下勿錢臣保市易之不能致蜀人為變也三月先是去年八月詳定行戶利害所言乞約諸行利入厚濟納免行錢以祿吏與免行戶祇應自令禁中買賣並下難買務仍置市司法市物之低昂凡内外官司欲占物價則取辦高皆從之上曰此國使於民然須嚴立防禁低使覽容陛廢如天下百姓納變錢與時鹽酒既推其錢不儲免也坐是上問安石納免行錢如何或云提湯瓶入客今出錢有之乎安石曰若有之必經中書指揮中書寔無此文字為京曰聞後隶如此細碎事都嚴矣安石曰馮京司蔡書中書文字皆所親見如何却言開不如先來如何細碎收錢檢來如何都從若據陛所見即從初措置如此非後來方不收細碎事不知馮京何所憑據有此奏對且言提湯頗安令出錢必有人陛亦何故不宜亦付所司考寔陛下治身以堯舜寔無所悅臣誠無復可以論院至丁難任人疾讒說即與堯舜寔與如市易司非嘉問執敢守法不避左右近習非臣執教為呂嘉問煩明以忤近習且市易事臣一一觀經理其事亦頗為勞費精神正以不欲背賢所學為天下立法故也若每每忤聖意而人名致近習讒致乃作擾

害百姓之事不知臣欲以此何為以為名則不善以為利則無獲陛下試登臣所以區區為此者何意上曰何故士大夫言不使者甚衆安石曰士大夫或不快朝廷政事或與近習相為表裹今大小之臣與近習相表裹者極多陛下不察耳自古未有今近習如此石能與治功者初呂嘉問以戶部判官提舉市易務挾王安石勢陵慢三司使辭向且數言何沮害市易事及曾布代向為三司使素知嘉問騎從懷不能準又聞上數以市易苛細詰責中書意欲有所吏張未得間也是月丁已上夜降手對賜布曰市易務近曰收買付物有違朝廷元初立法本意可詳具奏布先受命蔡訪河址碎觀繼宗同監市易務喜問自初議以至其後增指措置莫不與聞布遂攜繼宗見安石具言幽折曰布習曰當對欲悉以此白上安石諸之辛既布對崇政殿具奏所聞上覽之覺然喜見於見問布曰王安石知否又問王石以為如何布否對以寔且言事未經覆案未見虛寔上曰朕久已聞之雖未經覆案思過半矣布殿得對方待次安石先奏事上謂安石曰曾布言市易不使知否安石曰知之上曰布言知何安石曰布合上始必自言遂留身白上市易事臣每曰考察恐不致如言者陛下但無倉卒容臣推究陛下覆驗吏加曲直布與嘉問不相足布所言既送中書是夜上批問安石恐嘉問寔欺罔非布

私忿移怒安石具奏明其不然於是有詔令布與呂惠卿同根究市易務不便事安石意主嘉問而不以布言為是故使惠卿居其間也乙丑曾布既受詔同呂惠卿根究市易務事或為言中書每以不便事詰嘉問嘉問未審不巧為蔽欺至于案牘往往藏匿改易布又聞嘉問已呼胥吏將案牘還私家隱藏更改遂奏乞出榜以厚賞募告者明日上批依奏付三司施行布即榜嘉問所居又明日惠卿至三司召魏繼宗及行人問狀無復有異辭者惠卿退以繼宗還官含詰布所以辟魏繼宗為指使緣由再三誘脅繼宗令誣布以增加所言繼宗不從反具以告布惠卿又遣溫卿吝造王安石言張榜事且曰行人辭如一不可不急治繼宗若繼宗對語小差則事恐可變而嘉問許於安石尤切安石欲夜收張榜左右白以有御寶批乃止是以惠卿以急逮公事求獨對布亦具繼宗所告曲折以聞并言惠卿所見不同不可共事乞別選官根究未報而中書建白三司承內降當由中書覆奏取旨擅出榜欲案治詔官吏特釋罪其元批依奏指擇吏不施行榜仍繳納中書布論三司請奏御批例不覆奏且三三常中知中書慮無罪可款尋有詔劾布請惠卿等側目矣

熙寧七年

四月五日詔自令諸國進奉人到闕更不差市易務上

界官主買賣九朝紀事本末　四月己巳翰林學士呂惠卿言奉詔與曾布同根究市易事勾集行人照證而有臣未到已前布所取狀臣恐當再行審覆乞下開封府暫追付臣處供析即吏不禁禁中書欲依惠卿所乞施行上批可令布惠卿一處取問所貴不致互有辭說三司既收榜放罪上復以手劄賜布令求對布即具陳行人所訴并疏惠卿姦欺以聞及是布對上慰論久之因曰惠卿誠不可吏共事而又陳薛向編管無罪牙人事上惕然咨嗟曰此事朕與有罪當時失於詳究便令依奏令已無及唯當逮釋之耳布言編管人情輕一碁即放逐便其人旨已放還矣時上意猶必欲按治而王安石卒不肯舍惠卿用他官忠卿奏請審覆益謀獨變事也上疑焉故仍以付兩人己卯詳定行戶利害所言自令凡有體問行戶所狀乞降本所以憑具析中奏從之上初以布言為足已而中變從惠卿請送魏繼宗於開封府知在布又言臣自立朝以來每閣德音未胥不欲以王道治天下今市易之為詹周以凜凜宇問榮除陌之事矣近日嘉問奏稱熙寧六年收息八十條萬貼黃云近差官往湖南販茶陝西販鹽兩浙販紗旨未敢計息臣以謂如此政之書之簡情不獨唐虞三代所無歷觀奉漢以來裒亂之世恐未之有也上笑而領之謂布日惠卿不免共事不可與之喧爭於朝

廷觀聽為失雖退與惠卿召行人於東府再詰其所陳如前不變而王安石懇求去位引惠卿執政上既許之乙酉布復與惠卿會惠卿頗有得色詬罵行人及胥史以語侵布布不戢較也丙戌禮部侍郎平章事王安石罷知江寧府觀文殿大學士吏部侍郎知大名府韓絳依前官平章事監修國史呂惠卿為參知政事安石為政凡六年會久旱百姓流離上憂見顏色每輔臣進對嗟嘆懇惻益疑新法不從欲罷之安石不悅屢求去上不許而呂惠卿又使其黨日詰函函假名役書乞留安石堅守新法安石堅求去餘見王安石適下

壬辰中書奏事已上論及免行利害且日令日之法但當使百姓出錢輕如往日便是良法至如減定公使錢人猶以為言者此是除去術前陪費深弊且天下貢奉之物所以奉一人者朕悉已罷去人臣亦當體朕此意以受惜百姓為心馮京日朝廷立法本意出於愛民然措置之間或有未盡陛下但當闕廣聰明盡天下之議使者行之不使者不吝改作天下受賜矣五月辛酉中書戶房比對市易務事及曾布根究市易遣法事詔章惇曾孝寬既軍器監置司根究以聞呂惠卿又於戶房會計治平熙寧財賦收支之數與布所陳不同上令布分析所以不同因依具奏後八日布對於廷和殿言戶房所以不同之故上以布言為然布因言市易已置獄朝夕黨黜自爾必無緣復望清光上曰卿為三司累所部違法有何罪布曰陛下以為無罪不知中書之意如何況臣嘗自言與章惇有隙令乃以惇治獄其意可見上曰有曾孝寬在事既付獄未必不直布曰臣與惠卿爭論職事令惠卿已秉政勢傾中外雖使臣為獄官亦未必敢以臣為直以惠卿為曲然臣為翰林學士三司使地觀職重莫如臣所陳之事皎如日月然而不得伸於朝廷孤遠之士何以望於陛下都邑之下人情悯悯怨嗟沸騰達於聖聽然而不得申於朝廷海竭蒼生何所望於陛下臣得罪竄謫何所敢辭至于去既亦不條於朝廷輕重但恐中外之士以臣為戒自比議論無敢與執政不同者爾上歷勞之日卿不須如此自爾不復請對從八十餘日乃服七月乙卯詔廣州市舶司依舊存留吏不併歸市易務八月丙寅洵上杭提衆市易司奏市易二年收息錢九十六萬餘絳累年朝古已支九十五萬緡可契勘何月日指惲支往何慶訖無行遣朱史前去以為支鬱息錢不合書新本亦削去令復存之此亦可見市易司為欺也壬午翰林學士行起居舍人權三司使曾布落職以本官知饒州都提舉市易司國子博士呂嘉問知常州軍器監獄具布坐不覺察吏人教令行戶添詞理不應奏而奏公罪杖八十嘉問亦坐不覺察雜買務多納月息錢公罪杖六十石中書又言布所陳

年四月三日條移邊

治中財賦有內藏庫錢九十六萬緡當於收數內銘出布乃於支數除之令御史臺推直官審問輔合御所陳意欲明朝廷支費多於前日致財用闕之收入之數不足為出當奏事許不寔徙二年石有是命魏繼宗仍追官勸停初市易之展布寔同之斷而罷上意疑市易有弊遂急治嘉問會憲卸興布有陳乘此挾市而議者京不直布云問輔雙流人也九月十七日都提舉在京市易司乞罷本司提舉官歲終比較推恩其監官自從舊賞格從之十八日詔新知常州國子博士呂嘉問監市易務上界職方員外郎劉佐西頭供奉官吳直卿並遷一官勾當公事項城縣尉劉迥為奉禮郎各減磨勘三年餘官吏循資賜錢有差以三司驅磨市易上界課利比六年增十餘萬緡十月十九日河北西路轉運司言連歲災歉乞賜錢資助經費詔賜發運司支市易務收管錢二十萬

卷一萬四千九百八十九

十七

緡八年四月三日詔熙河路市易隸經略司從知熙州高遵裕等請也九朝紀事本末十二月丙戌虞部員外郎新知常州呂嘉問提舉河北糴便糧草復理提點刑獄資序以檢正中書戶房公事依除以嘉問不應輒降故也初王安石既有江寧之命誘與嘉問特安石石注安石勞之曰已存呂惠卿矣兩人收淚別要石收淚謝安石此據魏泰東軒錄熙寧八年二月詔秦州永興軍鳳翔府潤州越州真州大明府安肅軍瀛州滄州定州真定府並置市易司九朝紀事本末二月癸酉觀文殿大學士吏部尚書知江江寧府上安石依前官平章事昭文館大學士三月戊午上問王安石外事安石其道雖勝往時然監司未盡稱職上曰人才止如此安石曰人才誠是少然亦多薦望不盡力緣盡力則犯衆衆怨則倖以法而朝廷或不號察不能察則反得罪不如因猾偷情之可自安外官國未論如呂嘉問內則犯近習貴贓外則與三司開材日夕辦事以守轄事行法至于置獄推究姦閏具得而嘉問乃以不覺察雜買務剩收人情願納息錢二贊降小處知州若剩收息錢可罪監官宜不免監官以去官

年四月日條移　正月二十二日　上

獲免則嘉問是因罪人以致罪如何吏有罪可料且自來捉贓場務諸省寺之俟何皆有坐轄下場務不覺察杖罪降差還者天下皆見盡力為朝廷守法文事如悉問苟不客財就旨盡力莫不為因循偷情之行上曰嘉問已與復差遣安石曰李直賜之徙作轉逆却令嘉問提舉使糴此豈官人之宜上曰與移一路轉運安石曰陛下也欲仍市易法別須却令嘉問領市易上曰恐吳安持忌其來又領失吳安持心安石曰侄以女嫁安持固當為其審處令市易事重須嘉問與協力乃可濟不然從時有一閒失火更上煩聖處又存嘉問及張要國可為辛屬上旨以為可閒四月上害與岐王顥嘉王頵聲總藏聽王帶顧曰臣若勝不用王帶只乞罷青苗市易上不悅十月都提舉市易司言表州和買細絹舊以遊準析令乞依諸路例領尺給錢若干從本司遣官擄令支鹽數以未鹽鈔赴州出賣從之辛亥復置雜買場初三司請廢雜買場中書戶房以為不便下三司而三司議與前與乃復置場三司官上簿熙寧九年正月二十二日中書門下言都提舉市易司申杭州市易務令年課息比較立定酬獎第一等同提舉官遂由轉一官賜錢百千第二等兼提舉推轉運使王庭忠減二年勘勤均當公事曹彥候及三考日循一資第三等已下官吏依在京市易務次第支賞從之二十四日三司言市

卷一萬四千九百八十九

十八

易務上下界監官同共相度欲將上界併入下界其官物買賣並從一人出入令監門官員各管本界門歷委委得各無相妨從之四月二十二日體量成都府等茶場利害劉眙言詢究商賈及牙儈人久來通販射利本末自來陝西客人興販解鹽入川却買川茶於陝西州軍貨賣往還獲利最厚今欲依客例逐年以鹽十萬席茶六萬馱為額約用本錢二百一萬貫足比商賈取利皆酌中之數更不許客人興販入川陝路從之仍以眙提舉成都府利州秦鳳熙河等路茶場公事兼熙河路市易司九朝紀事本末四月甲申金部員外郎檢正中書戶房公事呂嘉問兼提舉市易司王安石言近京師大姓多止開質庫市易權兼并之效似可見方當更修法制驅之使就平理上曰均無貧固善但此事難爾安石曰秦能兼六國欲不能兼兼并反為寡婦清築臺蓋自秦以來未嘗有推制兼并之術以至今日臣以為苟能推能制

兼并理財則合與須與不患無財臣當論廩餽當稱事政為此也後數日吳安持辭市易上不許安石曰臣與嘉問親厚非有它但與議市易石已然其被詆臣以親厚之故已難為之辨明況臣女婿恐有事愈難言乞别選人上固不許丁亥都提舉市易司賈昌衡等言金寶非衣食所資但當禁其修借若有磨壞舊法致之以死則論罪太重購以厚當則為禁太添令新勑止坐以銷金為飾者舊法已刪改其磨壞金銀益已無禁然民尚循前法未數通用已令本司造金銀出賣上批市易務箔全宜罷出責已成者聽於後苑作折銀五月都提舉市易司言本司統轄抵當官錢無檢校庫自隸開封府若本庫留滯差失無緣檢舉乞撥屬本司統轄從之

八月十九日，詔三司驅磨在市易務上界去年八月至今年七月終本息增收數目，保明以聞。三司言：市易務上界等處收到息錢、市利錢共一百三十三萬二千二百二十九貫三十九文，合該酬獎。詔提舉官呂嘉問、吳安持並各轉一官，升一任，支賜錢三百千；嘉問仍更減

卷一萬四千九百八十九　十九

一年磨勘，餘監官以下並等第推恩，仍自今二年一次比較酬獎。九朝紀事本末 十月王安石罷相吳充代之 十一月十三日，詔三司、諸路賣銅鉛錫錢相度，免發地遠者變易物貨，並於市易務上界封樁。十二月一日，詔自今在京市易務上界官吏依例每年比較酬獎，提舉官即依舊二年一次。取旨。仍麻紮竹箋之類自令更不計置收市。九朝紀事本末熙寧十年十一月甲寅詔都提舉市易司上界本錢以七百萬為定額如不足以歲所收息補滿其先借內藏庫錢以息錢二十萬還之是歲司馬光以書與吳充請罷青苗免役保甲市易之息詳見論青苗法下 十年十二月十八日，詔榷場以市易司為名，餘令立法以聞。元豐元年閏正月一日，中書舍人在京舉差選人處並令舉京朝官或使人見任選人聽滿任，唯市易上界監

檢估官雖進納選人聽差。從之，仍候見任人滿日施行。十二月十四日，詔在京市易務上界幹當公事秘書丞瑜等減磨勘一年，三班借職李漸三年，大理寺丞郭規轉一官，減磨勘一年，杭州觀察支使董經換東頭供奉官，各賜錢有差。九朝紀事本末 元豐二年正月巳卯詔市易舊法聽人賒錢以田宅或金銀為抵當無抵當者三人相保則給之皆出息十分之二過期不輸息外每月更罰錢百分之二貧人及無賴子第多取官貸不能償積息罰愈滋因繫督責徒存虛數還不可得於是都提舉市易王居卿建議以田宅金銀抵當者減其息無抵當徒相保者不復給自元豐二年正月一日以前本息之外所負罰錢悉蠲之凡數十萬緡負本息者延期半年衆議頻以為愜 二月二十九日，經制熙河路邊防財用司言：鳳翔府增置市易務，與秦鳳等五市易務相為表裏，三州一軍移用變易四市易務各增監官一員

卷一萬四千九百八十九　二十

兼領市糴，可減罷本司準備差使四人。從之。十二月八日，詔自今申請財利與市易相干者，先下都提舉市易司相度。二十四日，在京市易務官吏轉官減磨勘年賜緡錢有差，以三司言市易務去年八月至今年七月收息錢、市利錢總百三十三萬餘緡也。元豐三年四月三日，戶房檢正官吳雍、王震上都提舉市易司勑。五月二十一日，御史何正臣言：近日舉官鮮以寒士為意，利祿所厚多在貴游之家，而市易為甚。詔中書取索在京應舉差或權差已到未上官有無本族外姻在朝食祿，取旨去留，以示公議。詔劉與都提舉市易王居卿仍令中書立法。六月十八日，詔同文館置司驅磨市易務錢

物以同修起居注舒亶領其事。九朝紀事本末元豐四年五月一日詔門外市易務民戶見欠房業等抵當并結保賒請錢物息罰錢並等第除放其本錢分三季輸納息錢並出限罰錢分為三等第除放第一季本錢納足者息罰錢並放第二季放二分第三季放一分出限尚欠即估賣抵當及監勒保人填納所催錢物在京於市易務下界在外提舉司封椿五年正月辛亥都提舉市易司賈青言市易既革去結保賒請之弊專以平準物價及全銀之斯當誠為良法乞推抵當法行之畿縣從之六年十一月丁酉開封府言據司錄三抵當免行所言熙寧十年始立年額其賞罰條約依司萬緡以上場務法自元豐元年至五年併增當立新額戶部詳度欲酌中用元豐二年三萬九千七百緡為新額從之

元豐七年四月十二日，戶部乞改市易下界依舊為權貨務，其上界為市易務。從之。元豐八年四月八日，詔在京并京西及泗州所置物貨等場並罷。在京委監察御史黃降、駕部員外郎賈種民，京西令本路轉運副使沈希顏，泗州

卷一萬四千九百八十九

二十一

令權發遣江淮等路發運副使路昌衡點磨物數。令當職官吏交割椿管措置結絕以聞。九朝紀事本末四年辛末中書省言今年正月九日赦書內外人戶見欠市易錢物並仰所為勘會元賒請本息等錢并已納見欠數目條具聞奏其息錢當議減放在京至今未見有司依赦以聞詔監察御史劉極兵部員外郎杜常太府少卿宋彭年赴御史臺置局點磨所欠息錢大姓戶放七分小姓戶全放外合給數目關所屬依條催納仍曉諭人戶并具無欺弊聞奏限一月

七月二日，詔諸寨鎮市易抵當並罷，仍立法。八月八日，詔諸路州軍抵當取息至薄，民間緩急賴之，可以存留，其中市易餘並罷。如抑勒，依給納常平錢物法。從戶部請也。九朝紀事本末八月己巳戶部狀勘當諸路自去年推行市易抵當至今一年有餘逐旋申明條畫須行訪聞諸路商賈少願中賣物貨入官本處官吏或不曉法意未免拘攔障固本部雖屢行約束尚恐未能止絕歲課未集已有侵擾之患累會勘鎮寨市易抵當已準勅旨更不興罷令相度除諸路

州軍抵當收息至薄以濟民閒緩急可存留外其州縣市易及條處抵當一切於可省罷從之仍詔抵當知敢抑勒依給納常平錢物法抵當元不罷但罷市易取已十二月戊申兵部員外郎葉祖洽奏市易之通一旦官中以法寄從近雖有究期會減分數之患然天力已弊先無從出願勅有司檢察如委無可納特議獨放詔大姓戶見欠市易三分息錢並特與除放其人戶本錢仰所屬依詳前後指揮催納元祐元年正月辛丑朝散大夫光祿卿呂嘉問知淮陽軍以監察御史孫升言市易之法初行嘉問寔領其事閒上壞法失陷甚多故有吳命閏二月甲辰詔戶部應諸戶人戶見欠市易錢並特與除放己酉詔市易務見計置下準備外國人使收買之物約五萬餘貫令止據見在數目供賣候終絕罷行計置令行人依舊例供應所有元豐四年二月二十四日西驛買賣祗應令市易管認出賣朝旨更不施行丙辰詔應內外見監理市易官錢在京委太府寺開封府界令提點司諸路令轉運司各限一月取索逐戶元請官本點勘特許以納過息罰錢充折如已納及官本即便與放免并坊場淨利亦依此許以納過罰錢所頃淨利已上通折外尚欠官本錢并淨利而家業蕩盡及無抵保或正身并保人孤貧者權住催理及今日已前積欠免役錢與減放一半餘分限三年隨夏稅帶納所有

卷一萬四千九百八十九

二十二

今月四日勘會欠負指揮更不施行七月壬午右司諫蘇轍言臣頃曾上言乞將市易欠數人戶通計所納息罰錢數如已納及所請官本數同即與除放蒙聖恩依此施行德澤滂霈所及甚廣然臣訪聞京師欠戶貧走之家從初多作說名請新還舊以比無緣適計息罰故除放之息多止上戶臣近日再行體問據通直郎監在京市易務宋肇為臣言若截日欠二百貫以下人戶一例除放則所放人戶至多事亦均一仍具本務一京篩目及利官文字請臣論奏臣詳究其說窮以市易本錢前後諸處擬到共一千二百二十六萬餘貫中閒擬還門藏庫等處共計及百三[illegible]餘萬貫朝廷支使過共計三百八十四第餘貫即令論場務見在共計三百五十三萬餘貫將此三項已支見在計算已是還足本錢則今來人戶所欠皆出于利息若將見欠二百貫以下人戶除放所放錢數不多伏乞聖慈較其利害斷自聖意特與除放或因將來明堂赦書行下或更薄行諸路則細民荷藏息德論入骨髓社稷之利不可勝計然臣窮見太府寺令歲終較課以本利息及一分以上具官有等第保明聞奏自來市易官因此酬獎轉官及請賞錢所得無數今來既見市易已支見在之數僅能還足本錢則以本理息皆是虛罔從前官吏轉官請賞皆當追奪官爵及所賞錢物亦乞朝廷根究前後緣市易轉官

請賞之人依理施行內有呂嘉問係創行市易害民最深雖已經降責尚竊有民社未允公議更乞重行竄謫以謝天下所有宋軍劄子三道轍備錄進呈如左　明堂赦書應內外欠市易錢人戶見欠二百貫以下並特與除放　蓋從轍所請也二年四月丁未李常奏議更詳之　癸未戶部言乞罷市易所置賈場從之十一
月四日詔戶部自置市易以來應官吏以收息賞轉官
減年磨勘陞任循資之類已未收使具職位姓名以聞
以右司諫王覿言緣市易冒賞人獨呂嘉問降知淮陽
軍而其餘未追奪故也九朝紀事本末元祐二年四月丁未戶部尚書李常言臣愚夙夜思今日人情猶豫窮苦尚困唯有市易一事臣質之簿書考見詳究自款恩賚除放二百貫文以來消減亦不少矣昔稱三萬戶者今存四十餘保矣昔欵百餘萬縱者今縱二十九萬餘貲矣蠲除者既見不少理索者獨為不幸紫斷除者寬擇自如方理索者禁錮困若此窮困之情有所未紓而臣愚切慮和氣困以未決也臣待罪戶部與領邦計凡一錢之金一尺之帛莫不為朝廷愛惜今不顧萬死冀以蠲放為事者誠以上累聖政下撓至和伏望聖慈決之不疑出于獨斷無先祥除已久社祭在近若於此時特下詔令尤為宜當而比諸崇異古之赦以祈福祥相萬萬也

卷一萬四千九百八十九

二年五月六日詔應官員緣市易增
羨酬獎唯身亡致仕及得減一年以上磨勘人並免其
轉官陞任減年磨勘循資者並各追一半循一資陞一
任以磨勘年數比類減之選人俟改官後展其循資已
改官并減年磨勘不成一資者並以磨勘年限對展內
呂嘉問追三官展四年磨勘吳安持追兩官賈昌衡追
一官九朝紀事本末三年二月己亥詔罷變賣市易司元豐庫物從三省請也　紹聖三年
十二月二十二日詔戶部太府寺同詳熙寧立法意復
置市易務許用見錢交易收息不過二分不許賒請監
官惟立任滿賞法即不得計息理其餘應雜物並不許

輙有措置限十日條畫以聞從三省請也元符元年十
月十三日戶部侍郎虞策言先朝立市易法本意甚美
其本務官吏敢有違戾者乞從戶部奏劾及御史臺覺
察彈奏從之三年五月十七日徽宗已即位未改元太府少卿賈
種民勘會舊戶部與太府寺各置市易案與市易務各
相照準今年三月二十五日敕依元豐七年五月二十
六日朝旨將戶部右曹太府寺市易案並改為平準案
令來務名市易合依案名改為平準使四方曉知朝廷
止欲平物價抑兼并來商賈便百姓仰副神考改定案
名之意從之崇寧二年三月二十四日命官提舉諸州
市易務兼抵當庫置監官一員大州增一員四月十九

卷一萬四千九百八十九

日詔諸路州及萬戶縣並置監市易務兼抵當庫官大
州二員餘州及縣一員專行其事所差官太州大使臣
一員文臣一員承務郎以上六月十八日詔府界諸縣
除萬戶及雖非萬戶而路居要緊去處市易抵當已自
設官置局外其不及萬戶處非充要及諸鎮有監官却
係商販要會處依元豐條例並置市易抵當就委監當
官兼領十二月七日提舉河北西路常平吳亮奏竊見
天下州縣推行市易之法而市易之官皆授於吏部法
行之初要在擇官欲乞令諸路提舉官量能幹之才與
風力稍弱者得具聞奏繁簡對移庶使各稱其職從之
大觀四年十二月三日詔熙豐市易之法本與公私貿

還有無買賤賣貴以阜商賈非取利於官近年市易官
司專截買客人過稅之貨及不許計貴賤一例取息與
民爭利非朝廷立法之意令戶部檢會元豐條下諸路
監司常切誡市易官吏如敢違犯許客人徑詣所屬陳
訴推治即不得將客人一例拘留有妨商販政和六年
二月二十二日中書言平貨務前後累年裏外官吏宣
力有勞理宜推恩詔各轉一官於是提舉陝西平貨張
仲英等凡十五人咸遷秩焉欽宗靖康元年六月二十
九詔令諸路轉運常平司同共相度州縣市易務可以
存廢去處限十日以聞

供庖務在敦化坊掌受牛羊司羊畜刲宰以給中外庖

卷一萬四千九百八十九　三五

饔之用舊名宰殺務大中祥符四年二月詔改今名監
官二人以三班充宰手九十七人真宗大中祥符四年
十二月詔宰殺務選差使臣二人立界勾當不屬牛羊
司每日據數撥與牛羊先圈估斤重監視宰殺據實秤
肉數給憑由收破使臣除食直骨血錢外增給羊糞錢
百四十二年一替如年滿無公私罪犯與家便差遣天
禧元年四月提舉諸司庫務夏守贇言供庖務狀每排
頓造食羊新城內即大務供應新城外即就彼供殺其
供過數及使不盡物係收管錢官只憑御廚手分宰手
寫白劄子開說並無使臣押書切慮隱落乞今後令勾
當使臣躬親點檢據數宰殺外有供使不盡者出給憑

由二道簽押寔封各付御廚手分宰手點對照證免茲
弊倖又每聖節本務預期殺上好羊約三千餘口豎牙
數少多在地用箔堆放若遇雨雪損汚官物或供用不
盡難以轉供乞今複將至聖節御廚預行計的寔合使
斤數報務宰殺一併送納又親王宮宅御廚礼賓院每
日食羊並本處官員書歷放數內會靈觀只憑手分白
劄子取撥乞今後令本管官員置歷赴務供納及乞勒
手分攢寫文狀赴御廚勘會入帳點對月終別出憑由
開破應諸宮造食羊並是憑諸宮旋發品配除正色額
外以次者品配訖宰手爲齎赴逐處內有瘦肉下者不
問日下只憑局分并宰手送看勘斷却旋發好羊送納

卷一萬四千九百八十九　三六

以致宰手與買陪填乞今後似此退換者勾取元宰羊
赴省看驗如是品配依得條例亦乞區斷戒勵若不依
例乞罪品配節級若只羊瘦即罪養羊手分又每日差
節級曹司秤子驅羊赴御廚宰殺供應多是揀肥羊殺
外退次瘦者本廚只是手分寫白貼子旋放數與本務
節級宰殺供應雖有監秤人員自來只管秤斤兩失陷
官物無以點檢伏見御廚有監後門使臣二人常輪一
人直宿欲乞今後應赴廚殺羊就差點檢品配監殺與
牛羊司人員同秤交付御廚令後應殺羊數並具官員
專副手分押書劄子候供應畢亦具數目及供使不盡
名件條宰手某人管係文字二道令監秤使臣點檢各

赴御廚與本務節級賞歸照證入歷若有違者許知次大第人經所在官司陳告勘鞫不虛重行嚴斷又每年差宰手隨三番接伴契丹使離京之日人請盤纏錢一千皂衲棉披襖一緣路日請驛券食錢四十並都亭驛内亦得皂衲棉披祅一絹袴一日得鹽鍋二分了日每人錢五百其陳橋長垣等處祇應者直候二番使過方始驅喝供使不盡羊赴務其供使不盡頭肚圈脂白腸合納官各不送納乃是元不曾請例物盤纏又無驛券元給憑由只言供使却肉不言骨血收錢入官今後乞依三番例支賜並從之

宋會要　茶湯步磨務

卷一萬四千九百八十九

二十七

内茶湯步磨務在崇慶坊景祐三年置掌碾末茶湯供翰林司以北排岸官兼領後廢罷

務目次

一 左右廂店宅務　二 雜買務　三 榷貨務　四 市易務

五 務雜錄　水磨　冰井　竹木　蔬菜　鑄錢　車營　致遠

折博　窯　供庖　内茶湯步磨

與職官重

金戶部度支

宋會要 金部

兩朝國史志：金部判司事一人，以無職事朝官充。凡庫藏出納之節，金寶財貨之用，皆歸於三司，而權衡度量之制主於太府寺，本司無所掌。令史二人。元豐官制行

郎中、員外郎始實行本司事。

神宗正史職官志：金部凡造升斗尺秤，皆以法須其禁令。若事應諸決擬書者，視度支餘曹亦如之。分案七，設吏七十有二。哲宗職官志同。

哲宗元祐三年四月八日，戶部言：「陝西沿邊五年之蓄，計緡錢九百餘萬，請注籍以備鉤考。」從之。

紹興元年七月二十七日，詔戶部改部藏庫案依舊為外藏，西案外藏案作第一等，內藏案作第二等。

徽宗元符三年五月二十三日，即位未改元。金部員外郎鄒說狀：「準敕令既專切交領結絕鹽事，乞於內外官司移文取會申請之類體大者，同長貳行遣，仍乞以尚書戶部為名，就使金部印字。」從之。

卷萬四千五百十八

大觀元年八月三日，試戶部尚書徐處仁劄子奏：「契勘諸路上供錢帛糧斛等萬數浩瀚，內錢帛已依崇寧上供錢物法置簿拘管鉤銷，每歲易為稽考，有少欠未起錢物，仍在舊簿難以檢察，理合別籍騰出，專一拘催，令刻刷到金倉部有諸路積欠上供錢物共三百餘萬貫斤疋，糧斛一百餘萬石，雖有案牘緣散在諸案，未有拘籍，深慮經久失陷，今欲乞逐部專置拘催少欠簿各一面，將外路新舊拖欠上供錢帛糧斛逐一抄轉，候起發到京納訖鉤銷，仍三年一易。舊欠騰入新簿，其舊簿委郎官點檢訖，並立號架閣，所貴有以關防。」從之。

政和元年十一月二十六日，戶部侍郎胡師文奏：「昨准聖訓，令經畫戶部財用，令先次措置

到下項東南七路收納茶稅錢約一十五萬貫契勘東南七路所收茶稅錢久來並依無額上供應副戶部支費昨熙寧年閒歲收不下五六十萬貫大觀年每歲約收四十餘萬貫比熙寧年約少收一二十萬貫蓋是官司因循失於檢察拘收致虧省計臣已措置申請到今年十二月十六日敕差本部郎官李文仲點檢驅磨外每歲約增收錢一十五萬貫添助戶部經費發運司歲發賣礬錢三萬三千一百貫契勘東南逐路歲用礬貨熙豐紹聖後來係屬發運司總領九路官般出賣自大觀二年罷官賣許客販後來至今僅及四年已虧戶部上供額合得賣礬錢八萬餘貫臣已措置申朝廷乞依

卷二萬四千六百五十八　十七

熙豐舊法官般出賣罷客販將合發賣礬錢依紹聖敕條令發運司管認舊額每歲起發錢二萬三千一百貫上京添助戶部經費從之　二年五月六日參照官制格目所奏全部掌財貨出納之政令本部立錢帛案主行催發年額錢帛折斛封樁錢物之事元豐五年十一月七日朝旨選差人吏專一主行置簿拘管諸路無額上供錢物關所屬案分免使舉催至元祐元年隳紊官制事務改錢帛案為催納案雖崇寧二年已行改正緣大觀二年後來節次承朝旨併錢帛案入都局轄司分為八案與官制格目不同令來合稟自聖裁詔依元豐官制格等　宣和元年十月五日戶部尚書唐恪等奏

承都省劄子總領左藏軍所劄子奏勘會左藏庫每歲合納諸路上供綱運應副支用自來兩庫止據納到數目收附其未到錢物隔年拖欠本所尋驅刷去年分上供合起錢物尚有未到一百九十三萬九百二十三貫匹兩有奇切慮內有條格該載并逐庫聲說未盡名色及戶部一時改科折變物數多寡不同難以鉤考的確深恐經久失陷今攢類成冊伏望下戶部參照覈實行下仍乞責限催促起發前來送納奉御筆神考董正治官三司之職盡歸戶部比年任非其人偷惰廢弛自曠厥官凡財用之在諸路者句攷會計乘其出入漫不省察坐致匱乏則但知仰給朝廷豈不深負先帝設官分

卷二萬四千六百五十八　十八

職之重比覽總領左藏庫所奏一歲之間財用虧陷與失於拘催者動以萬計御前覆行取索考覈大約除已到及供具不同外虧失遲滯出納不明者猶無慮一百七十九萬有奇求財用之充饒豈可得可依前項處分專委唐恪沈積中措置施行　二年六月二十一日戶部尚書詹度奏令攢簇宣和元年已前諸路拖下未樁發錢物總一百五十八萬餘貫疋兩段蓋是從來監司州郡稽慢遂被積累登帶拖滯不足若只泛行催促別無嚴責條限竊恐卒不能樁發了當欲乞將前項積下數本部別籍責限專一拘催內宣和元年未樁發錢物限至今年冬季終重和元年數至來年夏季終政和六

年七年數至來年終須管盡數樁發數足如違其提刑司州郡官吏從本部奏劾依工供法施行與免妨關從之〔郎官一人分案有六曰左藏掌行庫藏出納金銀錢帛絲綿銅鉛錫鐵及頒度量權衡曰右藏掌內藏受納寶貨支借拘催及雜物曰錢帛掌催收年額錢帛折斛封樁錢物曰權易掌市舶榷場禁榷及商稅香茶鹽礬便錢檢校行戶事曰請給掌合同取索給俸請給時賬及雜給事曰知雜吏額主事二人令史七人書令史二十一人守當官二十二人貼司四十一人〕

高宗建炎元年八月十三日同知樞密院事張愨言近被旨專一提領措置戶部財用今條冬祀大禮前一年依條合差

卷萬四千六百零八

十九

官六員分詣江淮等路剗刷催發金帛因便點檢驅磨逐路已未起發歲額糧斛等所有江南東西路荊湖南北淮南路及自京至真州往來催促綱運依舊制共差官四員兩浙福建兩路地里闊遠舊例共差一員今欲各專差官一員所有京東路地里至近欲就委京東西路提刑司剗刷催促通不過六員從之

十六日詔常平司見管山澤坑冶並依舊法撥隸金部〔山澤坑冶之利舊法在外隸轉運司在京隸金部自崇寧二年舊坑新發漕司不應副錢本悉令常平司應副始隸右曹至是改之〕

三年四月十三日詔金部郎官一員為額吏人減三分之一

同日詔罷太府寺撥隸金部

紹興

五年五月十一日刑部尚書兼權戶部尚書章誼言權貨務都茶場自來不屬戶部止差戶部長貳兼行提領緣茶鹽職事正是金部所隸自合戶部長貳郎官通行簽押更不須別置提領之名其見行人吏且令依舊存留其添給亦依舊候金部人吏行遣習熟日各歸本曹從之

八年五月二十六日詔三路市舶司香藥物貨并諸州軍起到無用贓物等係左藏東西庫收納先經編估局編揀定等第色額估價申金部下所屬復估當驗了當本部連降估帳行下打套局施行〔詳見打套局門〕

九年六月二十一日詔三路市舶司香藥物貨并諸州軍起到無用贓罰衣物等納訖牒報編估局官吏

卷萬四千六百零八

二十

將帶合用行牙人前去就庫編揀等第色額訖差南綱牙人等同市舶司看估時直價錢供申尚書金部符下太府寺請寺丞一員覆估訖徑申金部提振郎中廳審驗了當申金部施行〔詳見編估局門〕

二十九年閏六月八日詔諸州知通拘收起發無額錢除一歲及五十貫以上者與減三季及三千貫以上者與減兩季及二千貫以上者與減一季〔先是止有及五千貫賞典往往有不及數者將樁到錢物即行侵用臣僚上言故有是命〕

孝宗隆興元年八月三日戶部言依指揮條具併省吏額金部見管主事二人令史七人書令史二十一人守當官二十九人正貼司二十九人私名七人令減

令史一名書令史四人守當官三人正貼司八人及將減罷人籍定以後有闕依名次撥填詔依見在人且令依舊將來遇闕更不還補　乾道六年正月十三日户部言左藏西庫每歲供内庫金三百兩銀五萬兩錢一十五萬貫不得出春季如違徒二年據西庫申自紹興二十八年後來全於正月内全行支供銀分作三箇月送納錢每月供納二萬貫竊緣本庫即目見在錢物不多所有乾道六年分歲供内藏庫金三百兩銀五萬兩錢一十五萬貫欲依年例將金於正月内全行支供銀分三箇月送納錢每月供納二萬貫其合用錢候至當支月分於本庫經總制折帛鐵錢内支破所貴不致闕

悮今後年分並乞依此施行從之　二月五日臣寮言比年以來冶鑄不登泉貨稀少權以楮幣而富家豪室收藏見鏹公私窖匱仰賴聖神臨御地不愛寶銀坑興發如松溪縣瑞應場及政和縣赤石松溪一帶近於發泄諸路收買管發銀數每歲萬數浩瀚左藏南庫儲積頗多而西庫收支所餘無幾臣竊謂楮幣可行於無事之時而不可行於有事之際或邊方有風塵之警則楮幣難行銀價增貴見鏹必出以銀代錢無往不可當今國家閑暇之時銀價低平宜廣行收買或以度牒折納除藏幣及經常太軍券食支用聖節大禮支賜外其餘非泛並以楮幣行使令諸路監司隨處收買別立庫眼

安插以備邊為名積三五年數必大贏緩急支用以代楮幣實佐國用之要務也從之　五月四日户部言依指揮條具併省吏額金部見管六十九人今減書令史二人守當官三人正貼司四人通以六十人為額照依各從下裁減將來見闕日依名次填撥其減下人願依條比換名目者聽

續會要

淳熙十三年十二月九日詔金部減守當官一人貼司二人私名一人　以司農少卿吳燠議減冗食下敕令所裁定故有是命　續會要

三司凡二十四案曰兵刑胄鐵商稅茶顆鹽末鹽設賞給錢帛發運百官斛𣗥糧料騎夏稅秋稅東上供修造竹木麴衣糧倉咸平四年併夏秋稅兩案為一曰户稅併東西上供曰上供併竹木歸修造倉案歸衣糧大中祥符七年別置常平案舊例鹽鐵六案度支十四案分押户部四案乾德五年度支判官侯陟言其不均始令三部各分領八案焉其後重定鹽鐵八案判官三員分領曰兵刑胄鐵曰商稅茶曰顆鹽末鹽設度支八案判官三員分領曰賞給錢帛曰發運斛斗百官曰糧料常平騎户部五案判官三員分領曰兩稅麴曰上供曰修造衣糧詳引

卷萬四千六百四十七

一

户部主受天下土貢之物若正旦朝會立仗則陳方物於殿庭及旌表門閭雜事以朝官一員主判　度支金部倉部皆無所掌合以朝官一員主判

至道三年五月（真宗即位未改元）詔應進土產州軍今後只於户部通下更不於奏院送納仍以係省錢收市不得用庫頭子錢犯者勘罪定斷　真宗咸平四年二月詔京百司人吏並不得放免下户差徭科配户部舊有蠲符按主百官人吏蠲免差配給蠲符自此廢之其諸州先貢蠲符亦免　景德四年閏五月詔定逐年土貢劍州等六十六處特與減放夔州等二十七處更不進物每至賀正只具表聞奏是餘並令依舊仍仰官吏休認朝廷務便於民特與蠲免今後不得以土貢為名妄有配率致令煩擾（凡劍晉昌逐川蠲紙龍州蠲紙白綃天雄黑州絲布天門冬達州提子香蠲紙縉川長治石睦州鳩坑茶寧州鍾擁石硯土酥判芥渝州蠲紙壯丹皮歙州表紙麦兗白滑冰翼紙乾預藥臘牙茶細布連州乳石桅州黃連木藥黃蠟鄭州圍黃茶嵗策笛材蘇州生絲鞋宣州細筆竹草望春茶河南府桔梗桑白皮莞花大戟半夏甜參白蠟丹參旋復還州梁米墨肩州巴豆滴州白花鹽菜州壯鴉海藻德州兎亳毛澤州長模紙黃蠟嘉州紫菖巴豆黃州貸布松羅連麴商州枳鼓卯州甘單藥豆華州紫草知母蔡州澤蘭蔡莨齊州防風廣州知母郁李仁兗州生松明潞州蔡隰州茨蔓根麵仁栒子仁裹州貝丹萬州判子章午子白頭翁並砥土蘆賀許夏曹除延晉慈汾銜滎泰處黔石均隰丹糙魚澤歸峽萬州興元府淮陽單並不貢）

大中祥符五年十一月詔自今諸州土貢物至京令尚書户部牒合屬庫務先次受納來人還回候正旦朝賀排仗差人齎擎排列户部（兩朝國史志户部判部事一人以兩制以上充凡户口田產金穀食貨之政令皆歸於三司本曹但受天下土貢元會陳於庭而已令史三人元豐五年改官制三司事併歸户部）

卷萬四千八百四十七

二

神宗正史職官志三司沿後唐置國朝以兩制學士充使亦有前執政充者於天下財計無所不統熙寧初上立政以理財二年以知樞密院陳升之參知政事王安石制置條例建官設屬取三司條例看詳具可行事付之三年罷歸中書以常平免役農田水利新法歸司農時吳充為使始請復置推勘官七年九月三司火燔屋千八十楹案牘殆盡權使元絳落侍讀學士罷復建三司買民居益其地仍權寓三司於尚書省下諸路自熙寧五年又帳封印以其數上提舉司三司吏限三日以所燔所救文籍數上使量輕重制賞罰

又詔三司事未見前比者審議行之大事稟二府吏因
火爲姦及增減功過者論如違制律賍重以枉法論其
官屬自副使至勾當公事各有常員鹽鐵度支戶部副
使舊制官至諫議大夫從本班熙寧三年以兵部員外
郎直昭文館傅堯俞權鹽鐵副使上曰堯俞性疎緩不
自立先朝擢御史知雜迫於浮言固辭不受命令兹超
越倫輩恐無以鼓動趨功務實之流而因循者得以僥
倖可權發遣公事權發遣自堯俞始七年定式三部副
使序位以先後爲次判官舊爲監司出入資無久任者
英宗治平元年始著令以鹽鐵設案度支錢帛發運案
戶部修造案及開拆司尤繁劇選秩通判者五人爲判

卷萬四千六百四十七

三

官闕九年乃得出爲提點刑獄或轉運副使上即位詔
許通選合入知州人其已嘗知州者任職及二年秩提
點刑獄勾院前世或合爲一或分爲三熙寧七年詔以
鹽鐵度支戶部三勾院爲都勾院省主判官二兩省吏
皆如舊明年復減勾覆官二存其一餘皆酌損之憑由
理欠司熙寧八年詔與入內都知押班通領開拆司熙
寧八年廢及沈括爲使言自廢開拆司三部文案坐失
關防無以檢察遂復置從衙司掌大將軍將熙寧七年
詔大將軍將以千五百人爲額提舉帳勾磨勘司熙寧
五年曾布言給納斂散登耗多寡非有簿書文籍以鉤
考之漫不可知遂選吏二百置司以驅考天下帳籍以主三

限一作罪

部勾院亦皆選置官吏責以審覆優其吏祿課以功限
制爲賞罰仍選官提舉於是詳定帳籍所言三司文帳
自天聖九年官吏廢職上下因循徒有點算之名而無
覆察之實略計自治平二年至熙寧二年新舊帳送勾者十
有二萬並未嘗有所披舉若非別置司專差官提舉即
終難整齊乃詔置提舉官同提舉帳勾催驅官各一以
三年爲任八年詔提舉三司帳勾磨勘司官止差一員
十年詔擇資任稍深者爲提舉位在判官上元豐元年
詔止依三司判官法後數日復置催驅官一是歲冬三
部帳司各置官專管勾三員使副通舉陞朝官主簿熙
寧七年省三部都孔目勾覆官各一而置主簿三員詔

卷萬四千六百四十七

四

於京官選人內奏舉章惇以既置主簿則承受催驅及
鉤銷簿曆皆可辦由是奏廢開拆司復廢主簿勾當公
事官四人舊用京朝官熙寧八年省一員內一員仍改
用三班使臣帳司理欠司歸比部衙司歸都官坑冶歸
虞部尚書戶部其屬有三曰度支上供奉賜及邦國經
度會計之事隸焉曰金部貨賄出納之制及權衡度量
頒禁之令隸焉曰倉部凡國之倉廩儲積及其給受之
數隸焉舊三司使即令尚書舊三司副使即令侍郎其
權發遣副使即之令權侍郎舊三司判官權官及判子司
官即令郎中員外郎元豐元年以前使副判官及判子
司官幷勾當推勘等官並附此　治平四年四月二十

四日，神宗即位未改元。手詔罷諸道入貢之物。潭州山薑花，楚州精蔵淮白魚，成都府色樣糖、捻糖，泉州工色橄欖，飾州新茶，廣軍先春茶，廣州椰子，高郵葛花粉，西京櫻桃，紫檏桃，笋，內園櫻桃，淮南等路發運司海鹽，河陽玉版鮓，泉州生薑花、橄欖，揚州新茶，光州新茶，鄂州雨前茶，池州九華山石菖蒲，蘇州薰橘，荊南府藥橘、新法藥橘，河南府新州紫薑，揚州蔵薑，慶州土薑，白沙糖，潞州乾葯，杭，潞州人參，蔔蔔，晉州蔔蔔，太原府新熟蔔蔔，新收榛子仁，林檎，錢通州海味六種，建昌軍銀珠稻米，大名府褐梨、業梨，裏州紅薑，裹荷，成德軍土產栗，永興軍新笋，陝州土赤，鳳栖梨，廣州金橘，鼎州柑，湖州、壽州新茶茅，同州石獻餅，饂梓鵝梨，邠州桃絛，蒟刀，蘄州蘄蛇，澤州人參，睦州麥門冬煎，杭州鹽茯姜，糯州蘄香，梓州曾青、空青，鄆川河膠，宣州花木瓜。　八月十七日，詔提點開封府界諸縣鎮公事、群牧判官並令滿三年職事修舉，即除三司、開封府判官。其三司久任權發遣判官五員，許於知州任內通選。如已經知州，候到二年，即令再任，理提點刑獄資序。

九月五日，三司使韓絳上治平會計錄六卷，降詔獎諭。

卷一萬四千六百四十七

五

十月六日，新知潭州燕度請於三司使廳置河北榷場物貨總轄司，河北四榷場所須物貨，令省司贊給案取索定數，授諸案施行。詔三司使廳催轄司專主管，及令度支贊給案判官置簿催驅，諸案仰緣邊安撫司司令後四榷場文字實封於三司使廳催轄司投下。

神宗熙寧元年八月三日，詔自今諸司局取工匠，聽三司一面指揮。先是，內侍楊棁等已得旨差後苑工匠造舒國、祁國公主下嫁禮物，而後苑奏留不遣，中書奏令兩所祗應。上批末事也，自今可止令三司一面指揮，故有是詔。　二十八日，三司句當修造案王荀龍請南郊

青城諸殿以平土代塼，加地衣，省塼十萬及免般請磨甃之役，萬五千工。從之。　二年五月十九日，權發遣開封府當避親故也。　二十八日，罷提點修造司，應修造事並只令三司點檢修造所管句施行。　八月十八日，三司度支副使兵部郎中蘇寀為太常少卿、集賢殿修撰、知梓州。會公亮初歎除寀諫議大夫，上弗許。公亮曰：若除待制即更優。上曰：只與轉一官。公亮及趙抃固爭，上曰：吳充除三司使已不轉官。公亮及抃又固爭，以為三司副使劇任如此，即無以勸人。上曰：勸者將勸其任職，寀累任職否？公亮又曰：省副但可擇人，不可減其恩例。王安石請以寀為修撰，上許之。三司副使罷不除待

卷一萬四千六百四十七

六

制自此始。　二十七日，詔江淮等路發運使薛向見理三司副使資序，令三司給以本俸。　九月四日，權三司使公事吳充言，本司舊有管句推勘官一員，因循廢罷，欲乞復置，仍舉京朝官或幕職、州縣官充。從之。　十九日，權三司使公事吳充言，乞本司應行諸路州、外州軍公事，分急慢次急三等，除程外，主定外處應報日數。委逐路轉運司各選差官吏就本廳置簿專管，如一任中別無稽遲不了，替日委本省保明與先次差遣。若累有住滯，當行勘罰。其行下發運、轉運、提點刑獄、府界提點等處亦準此。委官置簿，其轉運司先具差官吏姓名申省，所有在省三部九子司應行下文字，先呈押判官

委是合行方得書押除單期急速外仍相度程途遠近
計日數催促不得繁併其外處承領難以遵行或以申
稟久無回報仰實封申判使廳以憑根逐其在京諸倉
場庫務行下文字亦此類施行從之　同日吳充又言
諸庫務每一庫眼只置門牌一面但記號本庫內官物
色額不須抄上數目其庫經即拘管見在逐色數目遇
有支取即更抄轉亦不須更聲説收支窠名去處候旬
終結計見在若旬內並無支取亦不須轉結即不許揭
貼改鑿如此則文歷簡便不失關防亦不失綸勅并元
奏請本意所是新舊界交割只依舊用三司印給交頭
遇有交過官物赴別庫眼收貯即更將所交收庫眼門

卷一萬四千六百四十七　七

牌庫經對行收落已上庫經門牌交頭如有差錯只令
監官當面勘會改正用印其提舉司所置逐庫交頭并
令門牌上抄寫數目及自來都庫經歷屬無用合行廢
罷並從之　閏十月二十三日權三司使吳充薦虞
部員外郎王時沈希顏勾當公事又言金耀門文書庫
藏三司太平興國以來帳案乞差官兩員與監官重編
排置簿拘關以備檢用並從之其編排官令三司奏差
　十二月二十二日詔令後權發遣三司副使據見在
官資支給見錢外其諸添支衣賜等並從正權副使例
施行　三年六月九日詔三司分在京諸司庫務爲四
稟令三司并提舉司勾當公事官每半年一次輪轉各

點檢一案以三司言提舉諸司庫務所管七十二處所
差勾當公事止是每季點檢官物齊整其積壓陳損合
係三司變轉乞令因點檢除申本司更申三司故有是
詔尋罷之　八月二十八日命提舉在京諸司庫務王
珪李壽朋同三司使副使提舉編修三司令式候成各
賜一本令三司通共遵守施行　九月十四日天章閣
待制知定州李肅之權發遣三司使　二十一日上批
三司使未到闕副使三人一人差出一人來到止有傅
堯俞一人計省事劇可速選差官權逐詔給事中天章
閣待制李中師兼權發遣三司使事　十一月十二日
權發遣三司使李肅之權三司使肅之未至上屢趣之至

卷一萬四千六百四十七　八

未久復有是命　十二月一日詔三司差委本司勾當
公事官一員就催轄司人吏薄歷專切管勾檢舉催促
諸案勘會六路上供之物應報發運司　四年三月七
日江淮發運使天章閣待制薛向權發遣三司使詔賜
金帶以向職未至學士亦特恩也　十月二十五日詔
虞部郎中權發遣三司理欠憑由司張宗道駕部郎中
權發遣三司戶部判官王休復屯田郎中三司勾當公
事胡宗道並送審官東院以御史蔡確言其不材故也
（日錄五年五月六日更詳之）　五年六月十六日權三司使司勳郎中
天章閣待制薛向爲右諫議大夫明堂禮成有司誤遷
向官詔罰中書吏而還向官如故　六年六月二十七

日以三司胄案爲軍器監　詳具軍器監　八月十九日判
軍器監呂惠卿言乞撥三司胄案吏赴本監及東西八
作司廣備指揮兵級本軍與提舉司將作監等同統領
從之仍詔廣備指揮專隸軍器監　七年正月二十五
日遣三司勾當公事李杞相度成都府置市易務利害
三月八日宰臣王安石言提舉編修三司勑式成四
百卷乞修寫付三司等處從之　四月五日詔三司勾
當公事李杞等罷相度成都府置市易務山具經畫蕃
於秦鳳熙河路博買利害以聞具後成都府轉運司同
議亦以爲便從之　八月七日罷諸路刻剔錢帛官先
是上批問三司見差是何官在淮南刻剔錢帛中書言

九

卷一萬四千六百四十七

司門郎中王道恭太子中舍趙鼎詔罷之　十七日命
翰林學士兼侍讀學士尚書工部侍郎元絳權三司使
絳乞免赴講筵從之　九月十七日三司火自巳至戌
止焚屋千八十楹案牘殆盡詔三司權於尚書省莅事
　十九日檢正中書五房公事李承之言三司帳案文
字焚燒幾盡外方人吏因此析究隱藏案驗乞下諸路
應熙寧五年後文帳案驗委州縣畫監勒吏人檢取封
印案閣具道數申提舉帳司其吏人各據所管生事文
帳及案底簿歷開拆收救名件限三日判使紐計分數
并具火勢先後申中書省看詳收救并燒失若干量輕
重賞給如敢隱藏或故毀棄即令點檢申舉許人告犯

人以違制論情理重者當刺配告人給賞錢二百千從
之　同日詔三司點檢編排帳目文字具散失數及收
救不足並申中書或樞密院下諸司檢錄降下中外奏
聞事關三司未回報并諸處承受三司指揮勘會事未
回申雖已回申未行下指揮當絕結者限五日申中書
或樞密院元申牒三司文字即一面申牒三司以上並
令本司置簿拘管敢有隱落以違制科罪其應見行事
如未見條例並審議施行如事體稍大申中書或樞密
院諸因三司火文案不全輒敢詐欺規圖官私財物及
增減功過以違制論計贓重者以枉法論　二十日知
制誥直學士院章惇權發遣三司使詔惇選舉判官不

十

卷一萬四千六百四十七

爲例　同日詔將作監檢計三司地基分布修蓋除副
使判官不置堂外餘修如故買民居增廣地步所用材
木令熙河採伐輸運委都運使熊本提點刑獄鄭民憲
管勾　十月八日詔將作監具已料定修三司所用監
官兵匠之數及合役月日以聞　十六日詔三司置會
計司以宰臣韓絳提舉先是絳奏三司總天下財賦其
出入之數並無總要考校盈虛之法欲選官置司以天
下戶口人丁稅賦及場務坑冶河渡房園之類租額年
課及一路錢穀出入之數去其重複注節歲比較增虧
及具廢置名件錢物羨餘橫費等數或收多則尋究因
依以當職之官能否爲黜陟若支不足或有羨餘理當

推移使有無相濟如此則國計大綱朝廷可以省察議論政事足寬民力仍乞自絳提舉而三司使章惇亦言天下財賦帳籍汗漫無以察其耗登之數請選置才士删修為策每年校其增虧以考驗諸路當職之官能否得以升黜故有是命　同日權發遣三司使章惇奏乞從臣委官及選檢法官一員同取索在省主行文籍逐一看詳素有令式者歸有司未有令式者立條制又奏三司條屬從臣選舉外司之財三司總領如外司有不職不奉法者以時按舉從之　十一月五日三司使章惇乞減罷都孔目官勾覆官各一人辟官三員充三部主簿詔許舉京官選人惇以既置主簿則承受催驅及鈎銷簿歷皆可辦由是奏廢開拆司　八年二月三日以太常侍太祝王安上為右贊善大夫權發遣度支判官用權三司使章惇之舉也　十四日廢在京雜賣場三司請如勾當官王頤奏廢場歲省官吏廩祿二千餘緡故也　十月又從三司請復置　五月六日詔三司判官杜訢展二年磨勘檢法官買種民特衝替坐斷犯倉法人從杖罪中書以為不當為故也　二十五日戶部判官兵部郎中直史館陳汝羲提點醴泉觀初御史蔡承禧嘗言汝羲庸下凡處不可付三司判官既而汝羲自請罷故有是命是日三司使章惇奏屯田郎中李陟可代羲上批令早中書方得指揮除汝羲宮觀何故三司

卷一萬四千六百四十七

十一

已舉官遂寢其奏　六月二十三日提舉三司會計司上一州一路會計式餘天下會計俟在京諸司庫務帳足編次從之　九月十一日罷三司會計司從韓絳請也　十月二十三日復置雜賣場初三司請廢雜賣場中書戶房以為不便下三司而三司議與前異乃復置　詔三司官上簿　三月十四日廢　十二月十二日復置三司開拆司廢三部主簿初章惇為三司使廢開拆司入三部至是沈括以為失關防照檢故復之　九年八月二日三司言營勾軍器將作監買木宋述得旨除絹外給錢十萬緡述擅支十七萬七千餘緡理當推問緣事屬軍器將作欲乞降朝旨驅磨仍自今應支三司錢物雖條別司亦許照檢從之　十年七月二十四日詔三司月具在京所支金銀錢帛總數以聞　八月二十三日三司請令後御前及太皇太后宣旨內降取索事干急速及常須器用酒醴茶藥之類先次施行依條復奏從之　二十四日詔三司使副同講求理財經久之術具利害條畫以聞　元豐元年閏正月三日三司請應在京官司係支省錢物及拋降計置出納移用並關中三司相度指揮從之　七日復置三司帳司催驅官一員　二月二十五日三司奏在京倉庫支納浩瀚自御廚至店宅務其監官乞奏舉從之　十二月十九日詔罷都大提舉在京諸司庫務司其所領事令三司分

卷一萬四千六百四十七

十二

隸所屬　二十四詔罷三司推勘公事官減軍器監勾
當公事審官東院流內銓及將作監三班主簿左右軍
隨巡判官各一員　二年正月二十五日工部員外郎
寶文閣待制集賢殿修撰權三司使李承之爲龍圖閣
直學士上批承之赴省供職已及一年八月特有是命
二月五日詔近已罷都大提舉在京諸司庫務司其
所隸庫務令三司副使判官勾當公事分季點檢中中
書　四月五日權發遣三司鹽鐵判官提舉成都府等
路茶場國子博士李稷言自熙寧十年盡榷行茶法至
元豐元年秋凡一年通計課利及舊界息稅并已支見
在錢七十六萬七千六十六緡上批蜀茶變法又前後

卷萬四千六百四十七　圭

奉行使者失指議論紛紜恐動郡聽稷能推原法意曰
就事功宜速選權以勸在位遂落權發遣　二十八日
鹽鐵副使工部郎中李復圭爲集賢殿修撰知滄州候
二年與諫議大夫　五月四日權發遣戶部副使韓忠
彥改鹽鐵副使權發遣鹽鐵副使王居卿改戶部副使
以工批鹽鐵事繁居卿兼職別使恐難剸辦仍事與市
易相干妨礙故也　九月二十九月詔鬻官鹽場務錢
屬三司外鄉村場務買名錢依舊入司農寺　詳具司農
寺　十一月二十七日權三司使李承之戶部副使王
居卿判官劉程各罰銅十斤以手詔大行太皇太后神
主虞主用桑栗二材即爲神體三司乃榜雜買務市於

閭閻下民之家藝績之甚無易如此故罰之　十二月
二十六日詔都官員外郎權發遣度支判官李琮陞一
任餘減磨勘年循資堂除先次優便差遣者二十八人
以根究江東兩浙路逃絕[illegible]陷稅役等錢九十九萬緡
也　三年四月十五日提舉茶場范純粹兼三旬勾當
公事以李稷言純粹任石贊善大夫官卑恐不能彈壓
州縣故也閏九月二十一日龍圖閣直學士朝奉郎權
三司使李承之爲樞密直學士以應副明堂畢賞勞也
四年正月十日權發遣三司度支副使蹇周輔兼措
置河北糴便　四月十八日詔權發遣度支副使兼措
置河北糴便蹇周輔兼提舉江南西路廣南東路鹽事

卷萬四千六百四十七　吉

其主行鹽事監司之不勝任者體量以聞置兩局于司
農事　六月四日權發遣度支副使蹇周輔爲河北路
體量安撫除河防事李立之經畫外應干賑恤並詳度
施行　九月二十九日詔三司選差勾當公事官一員
往鄜延路點檢催葦載紬絹等綱仍根究津般乖方處
以聞　五年大改官制四月、二十三日降授中大夫龍
圖閣直學士權發遣三司使安燾試戶部尚書　二十
四日通議大夫知潭州謝景溫太中大夫知制誥知應
天府李定並守戶部侍郎景溫尋改禮部朝請郎天章
閣待制河東路轉運使陳安石試戶部侍郎　六年三
月十六日詔自今擘畫新立課利歲收每及萬緡還一

資許官吏均受著爲令　四月三日詔諸課利場務監官比祖額見虧者畢入暮出候數及祖額依舊卯入申出從大理少卿呂孝廉請也　九月四日詔自令戶部考較提舉官功過條上下等送中書省取旨　十九日新知蔡州黄好謙言伏見尚書六曹如戶部左右曹事務皆繁劇郎官自早至晚書押不絶無暇省覽事祖致差失稽違乞兩員郎官處分案治事所行符亦許員外郎簽書從之　十二月二十四日詔尚書戶部右曹令侍郎專領尚書不預　七年三月八日詔京東都轉運使吳居厚修擧職事致財用登饒人未創有吏革止用朝廷舊令必是推行自有檢察鉤考法度宜令尚書

卷一萬四千六百四十七

十五

戶部左曹下本官具事曲折從本曹刪修以聞　四月七日尚書戶部言本曹每歲收支常平免役場務義倉金帛米數及田産已佃未佃已賣未賣水利或增或廢前此未有以拘考乞從本部立法從之　六月二十三日詔稅務年終課增虧依鹽酒務賞格從京西轉運司請也　八年六月三日詔水磨茶場隸太府寺仍屬戶部左曹　八月十六日詔給戶部右曹錢六千萬充鄜延路邊糴　九月四日尚書省言汴河堤岸司所管房廊水磨茶場及京城所管房廊歲入錢數除代還免行錢指定合支數外並充本曹年計支用按在京諸色行共出緡錢四萬三千三百有奇數内約支二萬六千九

百有奇充和雇諸色行人衹應等錢外餘一萬六千四百有奇椎貨務送納準備戶部取撥充還支過吏祿錢其在京免行錢盡行放罷自來以免行錢充吏祿及食料錢等並以所撥汴河堤岸司及京城所房廊錢内給其諸色行人自來差赴官中衹應人數下開封府並依舊條從之　同日中書省言在京免行錢既與放免并汴河隄岸司京城所房廊並撥隸戶部左曹及歲收課利除代還免行錢支吏祿外餘並充本曹年計所有水磨茶場乞令左曹疾速措置經久利害以聞從之　十月九日臣僚言在京市易帳狀舊申三司鉤考官制行分屬戶部左曹元豐七年内外市易右曹總其政令改

卷一萬四千六百四十七

十六

隸太府其帳當歸右曹從之　十三日詔戶部諸監可裁減者速具以聞　哲宗元祐元年詔增置勾當公事官二員此據職官志不得其日月　閏二月六日門下侍郎司馬光言天下錢穀之數五曹各得支用戶部既不知出納見在無以量入欲乞且令尚書兼領左右曹其諸州錢穀金帛隸提擧常平倉司者每月具文帳申戶部六曹及寺監欲乞支用錢物先關戶部符下得應副其舊日三司所管錢穀財用事有散在五曹寺監者並歸戶部若戶部事多官少難以辦集即乞減戶部冗末事務付閑曹比司兼領仍遍隸戶部如此則利權歸一若選用得人則天下之財庶幾可理詔令尚書省立法

四月八日，門下中書外省言：取到戶部左右曹度支金部倉部官制條例并諸處關到及舊三司續降并本行官制後案卷宣敕共一萬五千六百餘件，除海行敕令所該載者已行刪去，它司置局見編修者各牒送外，其事理未便、體制未順并係屬別曹合歸有司者，皆釐析改正，刪除重複，補綴闕遺，修到敕令格式共一千六百一十二件，并刪去一時指揮共六百六十二冊，并中明畫一一冊，乞先次頒行，以元豐尚書戶部度支金部倉庫敕令格式為名，所有元豐七年六月終以前條貫已經刪修者更不施行，其七月以後條貫自為後敕文

卷萬四千六百四十七　十七

言上供錢物舊三司雖置吏拘催，然無總領，止據逐案開到上簿，如有不至，遂相因習，歲月之久，官吏遷易，無以拘考。今戶部雖有分職，度支主歲計，金部以度支關到之數拘催，然漫無格法。本省昨取索歐類以成書，而諸案文簿無可考校，已詢諸庫務，求訪舊籍，互相照驗，修立為格。其間不備事節，雖據所見送本部看詳，緣事干諸路，尚慮有未盡不同事，乞令本部取索點勘，如有未盡不同事件，即補正添入。並從之。七月二十四日，戶部言：府界諸路州軍錢穀文帳舊申三司者，昨付逐路轉運司提點司點磨；其常平等文帳舊申司農寺者，昨付逐路提舉司點磨；及在京庫務文帳見分隸禮兵工曹者，請並收歸戶部。從之。用司馬光閏月所立法也。

二十八日，戶部言：令諸曹寺監錢物悉收歸戶部，獨府界錢穀舊係三司管勾，令歸府界提點司，未曾釐正，亦請收歸本部。從之。　八月，先是戶部言：乞於尚書廳置都拘轄一司。又言：舊三司所管場務，官制後並不曾差官點檢，欲乞除依條所轄寺監季點外，今後每季令本司檢舉牒本部郎中詣場務點檢，具事理供申。內有已經寺監點檢了當去處，如有乖違不職，其寺監所差官亦許郎官舉劾。如不係本部所轄場務，亦依此關所屬點檢訖報本部。從之。　十月六日，禮部言：戶部關准敕，戶部尚書廳置拘轄一司，按舊三司所管場務，官制後並不曾差官點檢，欲乞除依條所轄寺監季點外，如不

卷萬四千六百四十七　十八

係本部所轄場務，亦依此關所屬點檢訖報本部。詔令後郎官與寺監官互輪季點。令詳諸坊庫雖舊係三司主行之事，緣見隸本部所轄，若候到別部移文方行點檢，於理未順，欲乞每季終本部郎官與光祿寺官依令來朝旨互輪點檢，更不候戶部關報，如有點檢係戶部事，即行關報，其餘諸部亦合依此。從之。　十一月一日，戶部言：近朝廷將五曹寺監應錢穀財用以類相從，合關中並歸戶部，即諸色人酬獎，乞更不下太府寺，止自本部審會。從之。　十二月二日，詔開封府界并諸路提刑司元豐已前免役坊場錢物，令戶部別封樁，逐季具數申本曹點檢，繳申尚書省注籍，其擅支借並依常平

錢法　二年二月六日左右廂店宅務諸司諸軍專計
司糧料院香藥庫北底粳所糶米工中下麥料上下諸
界舊隸三司舉官其令戶部奏辟著為令　七月二日
戶部言制國之用量入為出必當周知天下金穀之數
以察登耗虛實必資成法以為總要國家措置三司官
即令戶部之職自景德皇祐治平熙寧並修會計錄事
目類分出納具見歲月已久未及編纂宜復講修以備
觀覽請就委本部官編集從之　三年三月一日戶部
言在京當積歲計應用之物歲將可存留外有餘令以
新充舊估賣闕則前一年其不可留者並半年並計度
申所隸處審實申尚書本部討置從之　五月二日三
卷萬四千六百四十七　十九
省言大理寺有治獄並罷請依三司舊例於戶部置推
勘檢法官治在京官司應干錢穀公事從之又增置句
當公事官二員此據職官志增入不得其時今附此　十
五日戶部言三司事務分隸六曹寺監令將錢穀事收
歸戶部除左右曹度支金倉部見今有合隨事勘斷外
它曹公事若係承勘於理未便況金帛糧草除係本部
諸案及所轄寺監庫務外別部所領已係支付之物如
合推治自當送開封府從之　十二月八日戶部尚書
韓忠彥侍郎蘇轍韓宗道言臣等竊見本部近編成元
祐會計錄大抵一歲天下所取錢穀金銀幣帛等物未
足以支一歲之出今左藏庫見錢費用已盡去年借朝

封樁末錢鹽一百萬貫以助月給舉此一事則其餘可
類推矣臣等願及今日明敕本部取見今朝廷政事應
干費用錢物者隨事省詳量加裁減使多不致於傷財
少不致於害事二聖以身率之大臣以身先之使天下
曉然皆知事之當然而非朝廷有所斬惜則誰不能服
昔治平熙寧之間因時立政凡改官者自三歲而為四
歲任子者自一歲一人而為三歲一人自三歲一人而
為六歲一人宗室自祖免以上漸殺恩禮天下晏然莫
以為言此則今日之成法也臣等伏乞檢會賀元慶嘉
祐故事於本部置司選擇近臣共議其事嚴立近限責
以寔效法度一成數歲之後費用有節府庫漸充傳之
卷萬四千六百四十七　二十
無窮久而不弊則其於聖德寔非小補也貼黃稱勘會
頃降朝旨令本部裁減浮費前後所減三十餘事率皆
浮費之小者然所減已約及二十餘萬貫不為無補今
若事無大小並量行參酌裁損則其為利必大伏乞聖
慈早賜施行詔戶部取索應干財用除諸班諸軍料錢
衣糧賞給特支依舊外其餘浮費並行裁省節次以聞
　四年五月二日詔諸州旬具有無雨雪申戶部開坐
縣分除尺寸及月日時本部逐旬繳進　五年八月二
日戶部言請受添給起支訖具例申戶部未有例者奏
聞其已奏申後應有增改者亦申部從之　六年七月
七日戶部奏立役人差出五百里外借食錢法違戾者

令提司檢察從之　八月九日，戶部言：朝廷及戶部封樁并常平等錢物擅支借及他司借常平等錢糴買物斛應對行支撥未樁撥價錢而趣支用者徒二年，其常平等錢仍不以去官赦降原減。內封樁錢物應副軍須急速不可待報者，方許支借，仍具數申所屬給限撥還。若兌充沿邊要切支用而已於別州樁定錢物或名入便省還送之費而無妨闕者，申稟尚書省及本部。從之。

二十八日，三省言：諸路戶口財用雖戶部每年考會總數，即未有比較進呈之法，復不知民力登耗、財用足否。今立定式，令諸州每年供具以次年正月申轉運司，本司以二月上戶部，本部候到於半月內以次上尚書三省類聚進呈，違者杖一百。從之。

卷一萬四千六百四十七

二十

七年九月五日，戶部言：本部假日諸處解公事並送廂寄禁，至假開日方押赴部勘斷，其間甚有情法至輕而偶假故連綿禁至五七日者，顯為未便。今欲乞假日輪本部官一員午前入省輪推司杖直各二人直日，杖已下罪事非追究者聽決。遇本省官當宿日，只令宿官以時入省斷遣。其省曹官吏畏避諸處關難，點檢多務因循，不即結絕，亦不卹小罪非理淹留。如許施行，其顯有推避不即結絕，亦乞行約束。從之。

紹聖元年閏四月二日，詔六曹準備差遣、戶部勾當公事皆元祐所置，悉罷之。

六月八日，戶部言：右曹昨因廢提舉司罷免役常平義倉等事務簡少，准朝旨右曹侍郎兼領金倉二部，今已依舊置提舉管勾官，復行免役義倉，欲釐正左右曹職事，並依元定官制施行。從之。

七月八日，權戶部尚書蔡京狀：左司諫翟思言：元祐以來朝廷以理財為諱，利入名額類多廢罷，財利既已散失，復且借貸百出，悉在蠲除。而熙寧、元豐間餘積侵用幾盡。欲下諸路取會元祐以前倉庫所積金穀，及已用過多少，自祖宗以來財利名額與其歲入常數，廢減多少，各具條奏，立為成法，嚴著科條，督責辦集，詔送京看詳措置。今乞差使臣人吏幷於本部選差四人兼行，並不支添給，候了日量加支賜。從之。

二年十二月二十二日，戶部奏請右曹錢物自元祐以來改更舊制之後，常平等錢諸處官司奏乞借用，習以為常。今復行免役常平散斂之法，其役錢各有支使窠名，乞今後他司並不許奏乞借用本曹錢物。從之。

卷一萬四千六百四十七

二十一

三年正月二十四日，三省言：元祐指揮戶部尚書舊領左右曹事，詔戶部右曹令侍郎專領，尚書不與。二月十日，戶部侍郎吳居厚言：天下財賦若非專責人吏鉤考，無由杜絕欺弊。元豐中賞格驅磨點到失陷官物每推及一分者，使給三釐充賞，別有止法，人人有所勸激。元祐改法每納一分以一釐充賞，至五百貫止，則人吏不復用心，必有失陷之弊。今欲並復元祐條，知大段數多，取朝廷指揮。從之。

九月十二日，三省言：戶部右

曹所領職事係屬舊司農寺本曹郎官兩員主行昨自元豐七年關准朝旨郎官分治因此遂各分定諸路緣近時申請舉行事既不相照又難以逐一關會不免其間或有異同兼郎官一員在假則兼領者不能盡知首尾況今來復法之初諸路申請甚多須至一體行遣詔本曹申請文字郎官兩員通書具符下諸路文字依舊分押餘依舊條　十一月十八日殿中侍御史陳次升言監司自元祐四年後取酒稅最增最虧及二分者比類取旨賞罰請令戶部責限鈎考從之　十二月二十二日詔戶部每歲春季內具諸路轉運等司起發上供錢物多寡職事修廢尤甚之人保明以聞　二十四日戶部言在京所轄庫務自來取貯官物多不整齊請令後暫委本轄郎官一員前去點察諸每歲內許郎官前去點檢一次　元符二年十一月二十五日戶部言元豐官制寺監不決者上尚書省本部又不能決者奏裁若直被朝旨應覆奏者依條仍各申知又六曹通用令稱取裁者並隨事申都省樞密院令請並依元豐舊制從之

卷萬四千六百四十七

宋會要

徽宗建中靖國元年四月三日戶部奏本部累據買撲場戶人戶陳狀為敗折少欠拘納抵當在官乞以所收子利填欠檢會嘉祐以來舊條買撲場務人戶少欠課利拘收產業仍許子利相兼充折納官紹聖元年因秦鳳路提點刑獄司申請止以課利錢折納產業在官者方許以所收得利償欠淨利錢不許折填理有未盡元符新令又不以課利淨利皆不許償欠尤為未便欲乞將買撲場務敗闕少欠課利并淨利估納產業入官之家如未有人承買若無欺弊者許以所收課利填欠償足給還或願納所欠錢收贖若欠人願自往佃出納課利者亦聽其指揮到日已前出賣了當或官中改修別民占使者不在此限從之　七月十三日知真州王漢之奏諸路財用歲入多寡與其登耗官司無以周知安能督治經畫以待一歲之用乞諸縣於本州為都籍則可以周知一州財賦之所入舉諸州於轉運司為都籍則可以周知一路財賦之所入自此總之諸路則天下之財賦亦可槩而知也詔諸路轉運司如漢之所請　崇寧五年二月九日詔內外冗官頗多不能振舉職事徒費祿廩虛置吏人可依下項施行除係宮觀嶽廟判太醫局減罷人員餘並減罷係釐務官員並與先次占射差遣軍大將與先次差遣人吏歸元差來去處名募

卷萬四千六百四十八

到人放停仍照會今月七日已降指揮應令來省併減罷官局合交割諸色錢物等令戶部侍郎許幾專切提舉所屬官司勤令省併減罷官吏合干人等限一月交割數足其帳狀點檢別無絡繫漏落即行放罷仍將交割過錢物等總計編類成冊申尚書省及仰御史臺通察取索點檢在外令所轄監司依今月七日指揮施行

大觀元年八月五日試戶部尚書徐處仁奏國家承平日久生齒繁庶百倍前代田加廣而計畝不足以夫授閒民無常職而未有轉移之法地大物夥理宜經畫長慮必使人無遺力地無遺利然後咸得以養生送死而無憾矣今古之變水陸之宜與夫深山大澤皆有可

卷萬四千六百四十八　三五

興之利游手之民皆有可用之力顧勸率之何如爾今乞已著於令者申戒守貳極力奉行未見於事者且下攸司講究立法蓋三農有法以勸率之則敦本而力穡民官有法以磨勘之則趨事而赴功令乞縣丞任滿興修過農田水利許累計頃畝比類推賞民之斂買農器耕具實非興販者特與免稅仍乞縣令皆以管勾勸農公事入銜庶幾宣昭德意以示天下從之　四年五月十一日中奉大夫試戶部尚書許幾奏看詳諸路支依和豫買各施行不一緣已有崇寧五年四月二十三日詔近降和買細絹即與熙寧舊法似有違戾可遵依熙寧二年十二月五日勑命施行臣今相度欲乞特降指

揮下諸路子細遵依熙寧舊法所貴體均一不致臨時倚閣偏重詔依奏　政和元年九月五日戶部奏臣僚上言今財用之數寖以紛紊朝廷有司每難覈寔欲望許援故事取大觀酌中一年財用支納數約倣舊制編次成書上進奉聖旨可令戶部並依今來臣僚上言事理施行仍就差本部郎官吏人不妨本職漸次編類本部合要內外收支錢物窠名數目乞從本部立式取索外路委轉運司官專一催督供攢點勘圓備從轉運司保明供申如報到檢點得却有隱漏重疊收支不實應干繫官吏科杖一百罪并取會文字被受官司外路限一月回報往回文字並入馬遞若有稽違許本部下所屬

卷萬四千六百四十八　二十六

從杖一百科斷左右看詳欲並依戶部所申事理施行從之　二年三月二十四日戶部言已編定傍通格子拘籍錢物所有立式取會內外官司事並已寖罷從之　二年五月二十三日叅照官制格目所奏伏奉詔旨叅照官制日內左曹掌常平免役之政令坊場河渡之事本曹合行事務內有相度改更常平免役坊場等事有干大法者許奏裁近取會行遣本部稱自來未有行遣如朝廷逸下諸處陳請勘當取裁旨依六曹通用令申都省欲乞今後常平免役坊場等事有相度改正大法者並依格目令本部奏裁奉詔批更革常平政令神考彝訓委以右曹專一主行之凡有更革大法許本部奏具

防微杜漸之旨槩可見矣戶部雷同別曹例申都省顯屬失當自今後可依官制格目仰本部直達奏裁　六月八日參照官制格目所奏戶部具到熙寧三司敕式許置催轄司本部稱官制奉行不曾分隸至元祐元年承敕依熙豐舊三司條制於本部置都拘轄司總領戶度金倉四部財賦後來承朝旨刪去元祐指揮契勘都拘轄司雖是沿襲三司事務緣係元祐元年立名今欲乞遵依熙寧三司敕式以催轄司為名其應主行事務郎並依見行條貫從之　三年二月戶部奏伏覩諸路買撲坊場依降名人實封投狀添錢承買準紹聖免役敕已買撲而官司經畫請官監者徒二年以革侵奪之

卷一萬四千六百四十八

二十七

弊自奉行役來尚有陳請將興販去處拘取官監計一百餘處雖有上條徒為虛文欲乞下諸路監司令後遵依紹聖免役敕條施行如尚敢依前陳請者從本部申朝廷乞重行黜責從之　三月二十六日戶部尚書劉炳奏本部契勘諸路上供錢物大觀於條以提刑司具到椿發起離本路盡絕月日以數比較取率先椿發數足處令戶部保明申尚書省係大觀已修定令文昨承政和元年三月四日朝旨更不施行緣諸路上供錢物萬數浩瀚若不旌賞無以激勸今欲乞依上件大觀已修條令施行從之五年五月十八日戶部尚書劉炳等奏契勘本部承受官員諸色人狀詞外有事干外路合

行取會待報件數不少近來多是經歲月不見回報了當雖依條三經舉催究治人吏緣所委究治官司互相容庇不為盡公施行致本部久掛案祖不絕結今相度應行下外路取會待報文字若兩經究治其元承受官司依前不見圖備回報并究治官司不為究治了當逐處當職官並展一年磨勘人吏配千里若事體重者從本部申乞朝廷重賜施行詔依餘曹依此　十一月九日戶部尚書劉炳劄子奏臣竊勘本朝事務最為繁劇逐日承受朝廷送下勘當定奪及諸色詞狀官司關報呈請文字其間合取會待報未結絕文字自來雖有簿籍拘管緣與已結絕事目一衮抄轉鈎銷散在四部諸

卷一萬四千六百四十八

二十八

案難以稽考或行下遠路往復動經數月雖累究治若無報應其間不免有稽緩廢弛之弊臣今相度欲乞將本部取會待報日下不能結絕文字從長貳廳批入鑿旁通冊首畫寫見行條令專一拘籍銷注驅考催督於四部人吏內各選差于分貼司二人見請請給外手分日支食錢二百文貼司減半仍令催轄司檢察此刷以要治繁不離几案之間周知細大之務上稱陛下訓迪治官之美詔依奏六曹寺監准此　六年九月十九日詔常平散斂之法民受其賜踰三十年歲久法玩吏緣為姦州縣監司習以為常事有稽緩至累年不決文移取會輒不具報赴訴省部日常有之民失其平提舉官

號爲事簡不復省察紹述之政莫此爲最而弛廢若此
非所以奉承先志可令戶部右曹應三催不報或踰年
不結絕并州縣監司行遣失當並具奏劾官員隨重輕
黜責吏配千里仍令尚書省御史臺覺察糾劾以聞
重和元年十一月二十二日戶部奏契勘闕下百色經
費惟仰諸路歲入上供錢穀應辦若稍涉稽違則必誤
指擬欲乞今後應催促取會上供錢穀文字不報納計
往回程限依法行下究治外如兩經究治了當並許本
部行下部路提刑司取勘逐處官吏仍不以赦降原減
檢會政和五年五月十八日敕節文戶部劄子本部承
受官司文字兩經究治其元承受官司依前不見聞備

卷一萬四千四百四十八　三九

回報并究治官司不爲究治了當逐處當職官並展一
年磨勘人吏配千里若事體重者從本部申乞朝廷重
賜施行詔依餘曹依此內取勘並申尚書省施行餘依
奏　宣和三年閏五月四日詔部言財賦歲入有限錢
察出入尤在精審乞應在京官司場務所收課利等錢
不許他處別留支遣並依元豐條制從之　九月十六
日戶部奏勘會轄下倉場庫務盡係給納官物去處收
趁課利覺察情弊全在監官得人其間亦有無心力之
人兼權差管勾尤更苟簡緣此多致失陷官物不少欲
乞從本部銓量踏逐奏差所貴得人倚辦稍助邦計詔
許奏差一次　五年七月十九日詔戶部職在會計通

來朝廷日以推貨務錢應副外所有綾絹綿等亦並不
預先措置催促鈎考備員尸祿失職爲甚長貳郎官並
降兩官責以後效如尚敢不修舉職事當議遠竄諸路
起發綾絹紬綿違限路分轉運司官先次降兩官令提
刑司取勘具案聞奏　六年十一月三日詔戶部辟官
並依元豐法　十七日戶部尚書盧益等奏契勘江東
淮南京西兩浙路積年拖欠上供錢物計六十三萬二
千九百餘貫匹兩前後雖責立期限至今並各出違再
限尚未見椿發竊緣來歲係大禮年分所用金帛等數
目浩瀚檢會政和四年九月一十八日朝旨諸路拖欠
錢物令戶部對立賞罰申尚書省令相度欲將今來逐

卷一萬四千四百四十八　辛

路拖欠錢物比附上項朝旨從本部別立近限對賞修
罰本部契勘逐路數目不等欲將元拖欠錢物二十萬
貫匹兩以上路分責限半年盡數發起上京如依限起
發數足提舉運司當職官各減三年磨勘人吏支絹二
十匹限滿起發不足各展三年磨勘人吏降一資元拖
欠錢物一十萬貫匹兩以上路分責限一季盡數起發
上京如依限起發數足提轄兩司當職官各減二年磨
勘人吏支賜絹一十五匹限滿起發不足各展二年磨
勘人吏降三名元拖欠錢物一十萬貫匹兩以下路分
責限四月盡數起發上京如依限起發數足提轄兩司
當職官各減一年磨勘人吏支賜絹一十匹限滿起發

不足各展一年磨勘人吏降兩名以上並乞從本部開
具合該賞罰路分申取朝廷指揮施行其椿發處亦乞
從提轉兩司開具依限椿發數足并限滿不足去處申
部候到從本部申取朝廷指揮特賜賞罰施行從之
欽宗靖康元年六月十七日戶部言臣寮奏天下財用
歲入有常理當會見大數合歸於一以制盈縮虛急之
宜而量入以為出比年以來有御前錢物朝廷錢物諸
局所錢物戶部錢物其講畫裒斂取索支用各不相照
以致暗相侵奪公私受弊豈耗不能相補出入無以檢
察天下常賦多為禁中私財支用取足不恤有司之上
上溢下漏而民力困重欲委戶部官措置其事自由析

卷一萬四千六百四十八
三十一

續令條畫務要事出于一計臣得以周知大數而不失
盈虛緩急之宜上至宮禁須索下逮吏卒廩餼一切付
之有司格以法度示天下以至公有旨依本部令條具
到綱目應合屬計司所入窠名見令他司侵占作御前
或朝庭及諸局所錢物乞委諸路漕臣總領根括除依
熙豐舊法合屬朝廷并納內藏奉宸庫或轄隸他司錢
物及茶鹽錢之類止令會見大數外自余應諸司所入
財賦不以御前朝廷諸局所戶部諸色錢帛金銀物斛
等並究見所入窠名令轉運司總領拘收盡歸計司合
而為一仍以政和三年後來五年收支取一年酌中數
如內有此即目增損改易廢罷窠名錢物並逐項聲說

保明申戶部所貴周知盈虛檢察出入裁省浮費一遵
祖宗舊制從之　十九日戶部所貴周知盈虛檢察出
入裁省浮費一遵祖宗舊制從之　十九日戶部尚書
梅執禮言檢承宣和七年十二月二十三日御筆手詔
罷諸局所及西城所見管錢物並付有司近節次拘收
到擷芳園內外屋宇田園等見立課利名入乘佃閣却
承專切提舉京城所備坐到內降御寶劄子復拘囘園
地屋宇共三十四處止件園地既係聖旨拘收其京城
所又取內降御寶指揮占奪私用更不經由三省顯見
有司難以奏行朝廷命令詔並令戶部拘收　九月二
十二日詔戶部尚書梅執禮為任劇曹免兼侍講　尚

卷一萬四千六百四十八
三十二

書一人侍郎一人通管五司左曹郎官一人右曹郎官
二人左曹分案有三曰戶口掌凡諸路州縣戶口孝義
婚姻良賤民間債負州縣陞降戶口官員增收漏戶酬
賞改立官戶分析財產科差人丁典賣屋業陳告戶絕
財產索取妻男借貸錢物之類曰農田掌農田及田訟
務限奏豐稔驗水旱蟲蝗勸課農桑請佃地土令佐任
滿賞罰繳奏諸州雨雪檢按災傷逃絕人戶曰檢法掌
凡本部檢法之事設案有三曰二稅受納驅磨隱匿二
稅支移折變曰房地掌諸州樓店務房廊課利人戶侵
占官地裁減房地錢催促僧道免丁錢土貢獻助之類
曰課利掌諸州軍酒務課利比較增虧知通等職位姓

名人戶買撲官監場酒務租額酒息錢田股納牙契又有關折知雜司吏額主事二人令史五人書令史十二人守當官十八人正貼司二十人右曹分案有六曰常平掌常平農田水利及義倉賑濟戶絕田產居養鰥寡孤獨之事曰免役掌免役不係教閱保伍曰坊場掌坊場河渡裁定公使支酬衙前綱運路費曰平准掌市准市易抵當賣藥石木炭等曰檢法曰知雜吏額主事一人令史四人書令史九人守當官十人貼司二十人

高宗建炎元年七月二十五日詔知樞密院張慤專一提領措置戶部財用　二十七日詔右曹所轄局務并見行坊場免役之法併歸左曹令戶部尚書總領人吏依元祐法五十四人為額　以罷諸路常平司併入提刑司也

卷萬四千六百四十八

上三

二年四月二十三日中書侍郎專兼一提領措置戶部財用張慤言檢准政和敕節文諸收支官物不即書歷及別置私歷者各徒二年欲望責限一月各許自陳改正限滿從所屬及臺察點檢有違並依條施行從之　同日詔戶部督責司農太府及轄下倉場庫務並依政和令各置都簿具載所轄應用簿歷名數差近上職級掌管遇有增減報督簿司除附遇官員替罷人吏出職監專替移並申所屬同赤歷庫經要切簿書對交仍增立批上印紙之法從張慤之請也　九月八日詔官員赴任顧人錢候到新任日勘支舊制官員赴任雇

人錢依諸路起發詣京於戶部椿管自駐蹕揚州並於本州勘請故有是詔　十月十七日戶部言右曹歲奏常平等錢物等數秋季具冊以聞令為會問未集乞免進一次詔據已到數攢造投進餘依　三年四月十三日詔戶部郎官以一員為額吏人減三分之一　同日詔太府司農寺併歸戶部　十月二十四日詔今後贍學錢糧並從戶部置籍拘催諸路提刑司收椿數有隱漏不實並依供報無額錢物隱漏法斷罪從戶部侍郎葉份之請也　紹興四年四月十六日詔戶部供納內藏庫夏季見錢五萬貫令左藏庫以金銀折納以關見錢從戶部請也　七月三日詔戶部侍郎兩員通治左右曹職事　以權吏部侍郎劉岑言元豐官制戶部除尚書一員侍郎二人分治左右曹職事自艱難以來止除尚書侍郎各一員或止除尚書若侍郎一員令除侍郎兩員未審合與不合分治左右曹職事故有是命

卷萬四千六百四十八

五年閏二月二十三日詔戶部尚書章誼專切措置財用參知政事孟庾提領措置財用　四月五日戶部言臣寮上言請做景德會計錄自紹興元年至四年為率以每歲所入之數列之於前却以今歲計之量入為出詔令戶部措置今先次取會到行在轄下糧審院左藏庫權貨務都茶場省倉草場收支數目攢到紹興四年一年收支數目申納朝廷所有已前年數接續行下取

索編錄從之　五月十一日刑部尚書兼權戶部尚書
章誼言契勘權貨務都茶場自來不屬戶部止差戶部
長貳兼行提領緣茶鹽職事正是金部所隸自合戶部
長貳郎官通行簽押更不須保置提領之名伏望詳酌
指揮其見行人吏且令依舊存留其添給亦依舊倸僉
部人吏行遣習熟日各歸本曹從之　九月二十七日
戶部侍郎張致遠言歲計上曰令中外大小之臣鮮肯
任責若人人體國事以公同家事何憂不足仍須每事
省節積少成多唯贍軍賞公務在激勸此不足減爾監
司守令有不經意於常賦隋慢戶素者戶部宜糾劾之
當議竄責　六年二月二十八日詔權戶部侍郎劉寧

卷一萬四千六百四十八

三五

止前去應副四大軍錢粮應諸路監司州縣事干錢粮
如有違慢許奏劾內通判以下許一面對移沿邊州軍
依條取勘　七年七月八日起居郎樓炤言竊考唐故
事重理財之職宰相領監鐵轉運使而同時在位者或
判戶部或兼度支以謂使宰相兼有司之事則不可若
參倣唐制使戶部長貳兼領諸路漕權何不可之有若
戶部兼領諸路漕權內則總大計之出入外則制諸道
之盈虛以時巡行如劉晏自按租庸以知州縣錢穀利
弊而事之本末皆身親而目覩之何者可行何者可罷
斷然無復疑矣望下臣之說命大臣講究之詔令三省
相度措置　二十八日詔戶部遴時輪鄉長貳一員出

外巡按其奉行詔令違戾等事按劾以聞州縣財賦利
病並考究措置事大條具聞奏餘聽一面行訖具申朝
廷仍依本等奉使格法　八月六日詔戶部員外郎霍
蠡出使湖北均節財用檢察諸軍請受不失朝廷委使
之意特轉一官從兵部侍郎權湖北京西宣撫判官張
宗元奏也　閏十月二十四日詔權貨務檢隸戶部戶
部尚書章誼言權貨務舊曾申明乞罷提舉官職事
屬戶部近來朝廷以事從至重復置提舉官係提綜
獨員別無同官商量切恐誤事欲望朝廷揀擇依舊隸
屬戶部同郎官長貳通行簽押或乞長貳通行提舉故
有是命　九年七月七日詔戶部長貳每年合舉選人

卷一萬四千六百四十八

三六

改官員數至歲終如係獨員權令通舉　十年閏六月
一日詔罷措置贍軍酒庫所管官吏並歸戶部仍委一
左曹郎官專領詳見酒麴雜錄　十五年正月二十五日
上諭宰職以枸預貫之弊秦檜奏曰戶工部不可以不
兼領在祖宗時皆隸三司令戶部以總財為務工部以
辦事為功誠非一體上然之　二十七年九月二十八
日詔贍軍諸酒庫併歸戶部收到息錢遴庫監官各有
減年磨勘所有本部長貳更不推賞從侍郎林覺禁蕤
之請也　二十八日五月十一日戶部侍郎徐林言版
曹調度事上曰朕觀祖宗以來用度名色不為不廣未
聞有不足之說今朝廷無它浮費于經費中又務從簡

食貨五六之四五

約疑若有餘而有司每以乏告何也為今之計尤當節減者應取之于民爾孔子曰百姓不足君孰與足藏之于民猶外府也卿等可與措置宰臣沈該等奏曰邇來調度雖非有餘然不至甚闕私憂過計蓋有司事爾史加裁損仰見陛下節用裕民之意不勝欽嘆　九月二十三日戶部言諸司頭子錢許逐司雜用如惡濟二司尚有分數可考惟淮浙鹽司歲取數十萬緡或百萬緡戶部初不稽考並係逐司非理支破欲乞取會諸司三年內收支實數令戶部措置除酌中之數留充本司雜費其餘並起發以助國用仍行下諸路轉運提刑提舉常平茶鹽司開具紹興二十五年至二十七年終三年收

卷一萬四千六百四十八　二之七

支文狀申尚書省俟降下從本部參考措置仍許本部點取赤歷文簿點對施行從之　十月十七日詔戶部將所在常平沒官戶絕田產已佃未佃已添租未添租並行拘收出賣仍以左曹郎官提領　詳見官田二十九年五月六日上諭宰臣曰以緣河流淺澁綱運稽緩已令內帑支降錢五百萬貫以佐調度朕自息兵講好二十年間所積錢物豈以自奉蓋欲備不時之須免臨時科取重擾民爾卿等可更令戶部會計每歲經常之費量入為出而善藏其餘自非飢饉師旅勿得輒有支動湯思退奏曰昔文帝嘗言朕為天下守財爾今陛下聖德每以天下為心務為有用之用過於孝文遠甚臣

食貨五六之四六

等雖當遵依聖訓施行　六月二十五日上諭輔臣曰臣僚論及行在諸軍所請衣絹紬疎錢陌多不足已令卿等施行蓋緣諸軍州軍起到絹綢固有高下不等本庫官吏自合一吏衮同支散却乃容情作弊分作數等最高者應副親舊權貴其次官吏以其最下者給諸軍卿等可速行禁約令後衣絹並須衮同支散錢陌亦點檢令齊足無致不均令戶部長貳常切覺察如有違犯重置典憲　閏六月十八日權戶部侍郎董苹言民有常賦國有經費會天下之賦以資國用使州縣以時徵供部使者以時經督綱目具存何昔之有餘而今之不足臣略究今日之弊誠有所自蓋賞罰有一定之格而

卷一萬四千六百四十八　二之八

論賞紛紛被罰者甚鮮有勸無沮孰不廢弛遂致侵欺並用程限稽違欲望睿旨以累降詔令申勅監司郡守使各知奉上之義應期發納如尚循習許戶部擇其違限之最甚者不俟歲終具名以聞特賜降黜庶幾人知警懼而財用無歉逐歲計可措擬矣從之　三十年四月十七日詔先降指揮令戶部取歲計之餘支撥上供于鎮江建康各椿一百萬兩值水旱則補助軍食遇有闕則復行補足訪聞見椿數目已有取撥借兌可令戶部措置補還從左司郎中方師尹之請也　七月六日詔戶部長貳歲舉轄下選人改官五員通以贍軍激賞酒庫隸屬戶部內撥一員舉酒庫官令酒庫已專委官

先撥一員依舊。十二月二十一日，戶部侍郎錢端禮言：以紹興二十九年一歲之用編類成冊，詔令戶部條具均節聞奏。端禮言：伏見本朝元祐中蘇轍任戶部，嘗已取會諸省寺費耗一歲出納之數，取旨均節，編纂會計錄，以爲成法，爾後遵守，遂致富寔。臣私憂過計，以謂今日若不盡公講究，深恐以有限之數，不可應無窮之用。昔在漢世，凡有大議，必名丞相、列侯、中二千石雜議，蓋取其公論利害之要，以濟王室。臣謹具到紹興二十九年一歲之用，編類成冊，望詔三省、樞密院、臺諫、兩省侍從，同戶部公共商推，究其弊源，無爲文具，直書無隱，然後條陳取旨，斟酌均節，使可施行，寔當今之急務。

〈卷一萬四千六百四十八〉

三九

經國之遠圖，莫大於此，故有是命。三十一年十月三日，臣寮言：諸州錢粮有寔數，有虛數。所謂寔數，則見在倉庫者是也；所謂虛數，則或認虛而催促未足，或積年掛欠而無寔者，及所將常平米樁數，或有陳腐不堪支遣者。若一切指准，則臨時悞事，其害不細。望令戶部行下本路轉運司，同本州知通契勘見管寔數，保明申朝廷；所有虛數，可以催促而未足者，自合立近限起發；其有積欠之久，有名無寔，虛掛歷尾者，亦仰本路漕司及知通具申戶部，果有虛數，即別行措置支撥。詔令戶部措置。三十二年二月二十五日，詔令後戶部事有相關，理有可疑，難以並行裁決者，並許長貳臨時與衆郎官

聚議，文字皆令連書，既有定議，然後付本曹行遣。戶部侍郎汪應辰言：伏見太祖皇帝乾德四年詔曰：鹽鐵、度支、戶部判官等，除各行本司常程公事外，今後應有改移制置，支撥折料，增減條流，斡輸供備，凡關起請及緊商量，切在依公，並須盡理。若是自曾經歷，定可區分；如或素未諳詳，不知利害，即須關牒會問曾經由臨莅者，别司判官便須同共看詳，畫時回牒，可否從長，就便方得施行。開寶三年又詔曰：分曹列局，即是三司，辦事勤王，須歸一體。若乃各推手分，事不相知，縱有施行，必多妨礙。宜令今後一司如有敷奏，諸司同取指揮，若是于己有妨，不得公然隨順，據其利害，盡理奏聞，直須穩合便宜，方得行遣。

〈卷一萬四千六百四十八〉

四十

臣竊以人材之智不能兼備，有宜于此而不宜於彼者，故乾德之詔，討其未達之事，則司得以看詳事之施行，不能曲盡，有便于此而不便于彼者，故開寶之詔，又令其敷奏之事，三司皆同取旨。其慮事也周矣。今之戶部，昔之三司，而郎官分曹治事，各自司其局，遵守法令，以越俎代庖爲嫌，無敢出意見而議其他者，得無如太祖皇帝詔令所慮者乎？故有是命。紹興三十二年七月七日，孝宗已即位，未改元。詔戶部官催督諸軍賣酒收到息錢及二十萬貫，減磨勘一年，每歲減磨勘，通不得過四年。二十一日，詔戶部五司主事、令史、承闕書令史各減一年出官。該遇皇帝登寶位

也。十一月四日，臣寮言：「措置浙西犒賞酒庫不應别委官，合依舊隸屬户部尚書、轉運司，且依元降指揮，令楊倓、梁倓彦措置，候有成效，取旨撥歸兩處管認額。」從之。

孝宗隆興元年七月二十六日，詔六部長貳除尚書不常置外，置户部侍郎二員，五司郎官各一員。從右諫議大夫王大寶等議也。　八月三日，户部言：「依指揮條具丞省吏額，左曹見管四十五人，令減書令史一名、守當官、正貼司各二人，通以四十人為額；右曹見管四十一人，令減書令史一名、守當官一人、貼司六名，通以三十三名為額。乞將減罷人籍定，以後有闕，依名次撥填。」詔依見在人耳，令依舊，將來遇闕更不還補。　二十三

卷萬四千六百四十八

日，詔令户部將諸路茶鹽司剗錢物令逐項樁管，非奉朝廷指揮，不得擅行支用。　乾道元年五月六日，臣僚言：「竊聞近者户部當諸軍宣限之日，而帑藏空乏，無可支散，遂致展移日限，旋行申請，而後僅辦目前之急，其亦可謂迫矣。嘗以唐劉晏之事觀之，方晏之任事，起于廣德之二年，迄于建中之元年，前後凡二十餘載，蓋若是其久也。始自户部而領度支、鹽鐵等諸使，繼拜平章事，拜御史大夫，拜右僕射，皆領使如舊，官雖數遷而職則未嘗易也。始自河南、江淮分領之，次舉梁、益、荆、湖，又舉關河、山川而悉領之，權雖益重而所領則益廣也。惟其責任之若此，是以晏不得不任其責而盡其能矣。故

其歲賦之入，初六十萬，末乃千二百萬。今之所謂户部，其始用也未必擇其精，其既用也未必任之久，多不一歲，少或半歲，固已從職而去矣，孰能為國家周慮冥究源流而圖善後之計哉！伏望陛下略依唐用晏故事，博選中外之臣，無問乎官之崇卑，惟其材之可用者，而試之以財計之任；又觀其稍有所成，而付之版曹之職。苟稱其職，雖數遷而至乎二府，職固不徙也。仍各具權使之，得以號令州縣，而趣督綸辦焉；勿拘其制，使之得以權衡低昂，而通融流轉焉。夫然後國之有無、軍之裕乏、民之病利，皆得而責之，彼亦將朝思夕計，畢精竭慮，自任其責而不辭矣。」從之。　十一月十六日，執政進呈户

卷萬四千六百四十八

部申乞支降錢銀添湊支遣。上曰：「南庫所有不多，户部更不理會，常來看覷。御等可具出每年合收支數目，要見得少剩。」　十七日，執政進呈户部每歲收支總數。上曰：「可更開具細數將上。」　十八日，執政進呈户部每年收支細數，到十月終見管只四十二萬，餘有二百八十餘萬未到。上曰：「可督户部催促未到錢數。」　二十七日，度支郎中曾懷言：「契勘近得旨專委措置拘催諸路州軍并酒庫未起遞年錢物赴左藏南庫送納，先申畫到指揮，以户部拘催錢物所為名。欲乞于銜内添入『兼措置户部拘催所』八字。」從之。　十二月六日，户部侍郎李若川等言：「遞年入冬至次年四月，正係綱運稀少月分

以截日約度至歲終并十二月下旬合椿辦來年正月上旬諸軍券食錢銀措擬庫務見在及以後約收應副外令具下項　一乞下都茶場印降會子一百萬貫一務場見在并州軍起到貼納鹽錢一十餘萬貫欲乞令左藏庫取撥貼湊支遣其日後續納并州軍起到貼納鹽錢亦乞聽本庫逐旋支跋並理充務場拖下錢數應樁支遣一乞左藏南庫於見管錢銀內取撥五十萬貫並從之・　十二日宰執進呈户部條具理財事件工回户部財計朕見令監户部人吏供具歲入名件數之支遣之數每歲只欠三百餘萬緡若行那移亦可支遣得過　二年四月六日詔令户部將拘催所錢物並權往

卷一萬四千六百四十八

四十三

催自十月一日依舊仍下逐路轉運司照會施行　六月四日户部侍郎李若川權户部侍郎曾懷言户部見重行攢造版籍要見諸路監司州軍每年但干所入係省不係省有額無額諸色窠名一物一件從當職官吏供指揮到限十日將乾道元年收支見在攢類成冊結罪保明繳申以後年分依此伏望劄下諸路監司州軍照應施行從之　七月二十五日詔令户部給降茶鹽鈔引五十萬貫付湖廣總領所量州軍事力均撥招誘客人請買糴到米專委守臣認數樁管其約束事件令户部檢坐前後指揮行下　十一月二十六日權户部侍郎曾懷言户部掌催諸路財賦名色不一自來緣無

版籍故無憑稽考往往多致失陷令奉旨攢具到版籍一物一件皆有照據欲乞自今後每歲諸郡各具所起發錢科名總計定數作一項限次年正月終申發委逐路所隷監司覆實限一月上之户部具殿最以聞取旨賞罰從之　三年十一月一日詔户部為寒凛應從駕諸班直親從親事言并諸軍指揮軍兵將校等柴炭並增三分給賜如願請錢者聽　五年正月三十日詔户部為氣令尚寒應在内合著火處自二月一日為始續破火一月　十二月二十三日詔權貨務都茶場依建炎三年指揮委都司官提領措置户部長貳更不兼領　六年二月四日尚書省言諸路財賦收支浩瀚理宜

卷一萬四千六百四十八

四十四

分路管認庶幾責任稍專詔令户部兩侍郎分路管認　三月四日户部侍郎楊倓權户部侍郎葉衡言得旨分路管認財賦除已恭依施行緣州軍起解錢物窠名叢夥起發期限不等遞年常是登帶拖欠指揮擬除放臣等既蒙委使分路拘催竊慮州郡尚循故態將應干合發錢物粮斛仍前拖欠有失措擬欲望專委諸路漕憲臣檢察拘催責令知通盡數收椿依限發納如或拖欠即從轉運提刑司追當行人吏斷勘當職官具名申部以憑奏劾若逐司減裂蓋庇從臣等逐時比較最稽違拖欠去處具監司職位姓名申朝廷乞取旨重賜黜責都吏典級送大理寺斷勸從之　五月四日臣寮言諸

路州軍有積欠戶部錢物除乾道二年已前已有指揮
放免三年四年見專委官拘催惟是諸處有已發納到
納到錢物或兑或支截撥或放免之數戶部不肯即時
勾銷往往登帶舊籍重疊舉催申明往復動經三數年
必待遣人齎持金銀計會部吏十分如意然後肯與豁
除州郡實受其害今欲乞令戶部專委一郎官或郎委
見拘催官㩀諸處已收到文字參照稽考便與轄除仍
關與發運司照會稽考使州縣無重疊追擾之患今後
尚敢循習要索或不肯即與豁除即仰諸州申朝廷
將部吏根究重與科斷勒罷官員具姓名取旨施行詔
令戶部長貳常平約束仍專委郎官一員同拘催所行
下倉場庫務將諸處納到錢物數及兑支截撥放免之
數並仰日下勾銷除放餘依　同日中書門下省言戶
部吏額遇有差出人名闕令以次正貼司承權支破七
分請給却於額外無請私名內差填正貼司名闕顯是
濫額詔令將應差出手分許以正貼司承權支破七分
手分請受其正貼司職事只令本人兼行更不差私名
填承　同日詔部尚書曾懷等言依指揮條具併省吏
額左曹見管四十五人令減書令史一名守當官正貼
司各二人通以四十人為額右曹見管三十二人令減
守當官一名正貼司二人通以三十人為額詔依各從
下裁減將來見闕日依名次撥填其減下人願依條比

卷一萬四千六百四十八

換名目者聽　七月二十八日權戶部侍郎王佐言今
之戶部祖宗時三司之職國之會計出納無所不統當
與朝廷為一比年朝廷創立南庫本以豐儲蓄備緩急
而不知者則以為割戶部經常之費為別庫樁積之資
而朝廷亦謂戶部不以盈虛之寔上聞殊不知財之在
南庫與戶部則一也但要得其寔耳今欲將戶部凡一
孔所入根考括責造成簿籍勾稽驅磨俾無滲漏歲以
寔收寔支之數申奏歲終會計其盈虛或經常用度之
餘有趲積剩數除量留一月約支用外盡以歸之朝廷
或朝廷有泛支用亦合聽戶部開具申陳取撥不惟事
均一體形跡不存亦使有無相通不誤緩急臣自到部
供職財賦出入之數必詢諸吏輩然後能知往往異同
終莫得其寔豈有名為版曹而不能按籍以知盈虛臣
所以欲造成簿籍者正欲使朝廷通知財賦虛寔出入
之數且以革去吏姦詔依專委王佐限一月攢造簿籍
仍令陸之望同共措置　八月十四日詔除戶部經常
收支錢物外應朝廷錢物草料等並令戶部等處限五
日開具見管窠名寔數申三省樞密院置籍遇有收支
並仰即時供申榻帖　二十九日詔將殿前司步軍司
所管在外酒坊令戶部日下交割　七年正月九日臣
寮言馬軍司所管酒庫拖欠息錢積壓數多乞將馬軍
司酒庫依殿前步軍司例拘收歸戶部差官管幹詔依

卷一萬四千六百四十八

仍令提領犒賞酒庫所每年應副馬軍司錢八萬貫充
犒軍使用　二月一日宰執奏事畢　上問曾懷賣度
牒官誥作如何措置虞允文等奏曰曾懷欲抛降諸路
州軍令賣上曰如此郡州必行科配豈不騷擾允文奏
曰昨抛降誥牒諸州尚有積下未賣者近日盡令解納
難以更行發下上曰然止令戶部就此置場出賣　十
六日詔令戶部將合起赴行在經常錢米內就便科撥
錢五百七十萬貫米七萬石赴淮西總領所并科錢二
百三十萬貫赴淮東總領所並樁管準備歲用支遣
三月七日上語宰執語及戶部財賦且曰所借南庫四
百萬緡朕屢以諭曾懷不知有甚措準撥還虞允文奏

曰戶部不過指準折帛錢耳今歲除江上截撥外約收
四百萬緡將來漕了得月中支遣豈復有餘以償舊欠
梁克家奏曰舊欠且未敢言今左帑無三兩之日儲大
段急闕不可支吾上曰戶部擘畫否允文奏曰有一兩
事衆論未以為然其一曰給典帖上曰太苛其二曰鬻
鈔緡上曰亦是難行允文奏曰鈔緡祖宗時行之今改
為勘合朱墨錢矣既取其錢難以更令買鈔上曰然大
率此兩事既病民且傷體俱不可行更令別議以聞
十二月二十七日詔令戶部將乾道新修條令并申明
戶緡續降指揮編類成冊送敕令所看詳鏤板遍牒施
行　八年八月二十二日戶部言淮東省批湖廣總領

所申江鄂荊南軍為錢物乾道九年分約用錢九百二
十八萬八千餘貫本所依指揮拘催諸路乾道九年分
合發錢銀外少闕錢三百八十二萬五千五百貫乞下
戶部科撥數內七十萬貫貼降江西長短茶引乞下行
在榷貨務都茶場依例印降應副起發前去湖廣總領
所交納從之　十一月十八日詔戶部長貳各特降一
官先是饒州納到新錢夾帶鉛錫除鑄錢司并監官已
施行外故有是命　九年二月二十二日詔委戶部郎
官薛元鼎專一拘催諸路賣到田產乳香價錢并牙契
稅錢並赴左藏南庫令置庫眼樁管非奉聖旨指揮不
得擅行支用更不置司並令戶部人吏一就行遣仍令

長貳官共催督　七月十六日臣僚言竊見令戶部委
郎官一員專管拘催出賣官產錢令觀其條畫申請諸
員專限一季出賣盡絕拘錢發納臣竊疑焉以江東西
二廣論之村疃之間人戶凋踈彌望皆黃茅白葦民間
膏腴之田耕布猶且不徧豈有餘力可置官產況籍沒
田土往往多是低下瘠薄難以開墾決無願就者今期
限既迫州縣別無為策不免監錮保長抑勒田鄰重以
不恤之守令歇應期限以希賞典輾皆箠楚無所不至
凋弊之民其何以堪且如浙東西最號人戶繁盛去處
兩路所賣除合減退外僅及百餘萬緡今已累月尚未
足數兼聞亦有抑勒之患而況江東西廣道里遼遠州

縣凋弊人户蕭踈十不及浙中之二三米穀既平錢貨難得每畝價直不過貫伯縱根括無遺出賣盡絶其能及浙中之數而又應期限乎以臣愚見若朝廷以爲命令已行難于寢罷只乞寬以一年之限戒約州縣止許人户情願承買不得抑勒如有違戾重置典憲從之九月二十八日詔户部應諸處月申晴雨自今後不須進入

續會要

淳熙元年九月七日詔諸路綱運實到庫數目每季各據分數比較多寡以聞將其間殿最示之賞罰以別勤惰從户部尚書韓彦直請也　二年十一月二十六日

卷一萬四千六百四十八　四九

臣僚言祖宗時有會計録備載天下財賦出入有帳一州以司法掌之一路以漕屬掌之驅磨申發賞罰條置甚嚴紹興七年臣僚有請做本朝三司之制專置提舉帳司總天下帳狀以户部左曹郎官兼積習既久視爲文具乞詔户部條畫申嚴措置俾天下財賦有所稽考不敢失陷從之既而兵部條具合行事如後一乞下諸路監司并總領所寺監等處根刷州軍日前應未申帳狀限兩月攢造審磨繳申户部一行在户部激賞酒庫并犒賞酒庫每歲出入錢物具收到息錢并係經常從來不曾造帳合令造帳一建康鎮江府惠民熟藥局係行在和劑局修合湯藥賣到錢赴總領所椿管務送納

從來不曾造帳合令造帳一御前軍器所遇大禮年分作料次閱報度支行下左藏等庫支撥錢物收買物料打造軍器雖隸屬工部其支過錢係户部窠名從來不曾造帳合令造帳一文思院上下界每歲遇造作合用雇工錢係作料次閱報度支行下左藏西庫支撥從來不曾造帳一昨降指揮令本部五司將諸處無申到每歲應截使過錢物開具應副是何去處充是何支使依某年月日指揮許行截使因依閱報本司以憑拘藉驅磨造來逐部並不開具合合開具一逐路監司遇州軍申發到狀須管從本路監司取索檢目干照等逐一立檢審磨帳狀說同元檢目保明繳申户部帳司一昨承

卷一萬四千六百四十八　五十

指揮復置提舉帳司人吏内差破職級手分貼司二十七人專一主管除今止管職級手分八人又是逐部兼行帳司事不專一合于左曹人吏内踏逐職級外却于手分七人數内更減省三人止以手分四人爲額於本部四司内踏逐諳曉書筭人吏專一行遣帳司遇補各隨部分名次遷補其逐部不得差各人兼行他役並從之　四年正月二十一日户部侍郎韓彦古言唐制税之目有三其一曰上供今之户部所入是也其一曰留州今州郡係省得用錢是也其一曰送使今轉運司所得是也今户部所知之數則上供而已其留州送使無得而攷焉若州郡不得人官吏侵耗毫釐隱落則雖竭

民力又遣不辦又緣朝廷不知取民實數輕重無制民間合輸一石不止兩石令總一匹不止兩匹多取之罪則隱而不言乏興之誅懼于立見爲今之計謂宜取見諸路財賦所入稍倣唐制分爲三等視其用度多寡而爲之制自上供爲始上供所餘則均之留州留州所餘則均之送使送使所餘則派分遞減悉蠲于民朝廷不利其贏焉然後整齊天下之帳目在外則轉運使在內責戶部量入以爲出歲致其能否而爲之殿最上下相恤有無相通此長久治之至計也　上批彥古所陳國知民隱其造貢籍可擇一才力通敏者先次施行一郡候就緒當頒降諸路依倣行之　於是以戶部員外郎薛元鼎前去秀州敍此時錢絹料等數具帳聞奏已而元鼎言本州財賦從來不曾將上供窠名依寔分隸祇是改易州用名色先次樁辦然後分隸上供以致難以稽考乞委戶部行下本州將州縣應干倉庫場務每處止置都歷一道應有收到錢物並分隸上州用寔合得之數分立項目樁辦支撥不得改立名色互換使用及別置文歷之類仍從戶部委轉運司差官每半年一次取索都歷點檢如有虛支妄用按劾取旨其他州郡亦乞依此施行從之　六月十八日戶部侍郎韓彥古言淳熙元年未起諸色窠名錢乞令拘催所依從來體例立限兩年分四限拘催李彥穎等因奏淳熙元年未起發

卷萬四千六百四十八

當是五年

諸色窠名錢九萬九千餘貫南庫限三月起發似太遽戶部恐使上供之數乞依條洗畫降指揮分兩年四限發納上曰有司各營其職未免一偏惟朝廷裁處其中可令拘催所限一年分限拘催　十月八日戶部侍郎韓彥古言乞下四總領所將淳熙四年所科錢物先次開具截日已未起發供申等事上曰總領收到綱運版曹豈容不知自今可令月中以備稽考宜依奏行下

□年九月十五日戶部尚書韓彥古言紹興以來每遇大禮年分依例於是一年中降指揮諸路委監司親詣諸州軍剗刷應干合起并寬剩金銀錢帛赴左藏西庫應副賞給緣此諸州軍得以並緣科擾乞從本部選委監司前去諸州軍盡寔取會除合剗刷錢物據寔起發外如有非法科擾之數取旨蠲免從之　先是通州趙汝誼奏本州遇郊祀年分發納大禮錢二萬九十七十貫除九千四百貫有畸係剗刷在州合發官錢外一萬九千貫有奇係四縣起到應辦並于人戶常賦之外計産均數追納作積久窠名于是彥古言前郊本州雖有起到錢五千六百一十貫只此一州已有並緣多科錢二萬三千四百六十貫可見諸州軍大禮年分皆有科數錢物故有是命　六年正月四日戶部侍郎陳峴言昨降指揮諸路州軍合發上供及科撥在總領所之數令歲終各行殿最續降指揮展至次年三月終比較本部

卷萬四千六百四十八

已將州軍淳熙四年錢物起行在之數比較殿最申奏
外緣總領所累月方申到並皆不圓乞將淳熙五年合
起行在錢物于來年三月終先次比較具總領所錢物
于來年三月供申戶部于四月攢類比較取旨賞罰詔
候總領所申到令戶部于四月內一就攢類比較申尚
書省　既而宰執進呈上曰諸州合起錢有元額最少而
先足者有元額最多而未足者有前政積欠而未盡補
足者候總領所申到令戶部于四月內一就詳審比較
因有是命　八年八月二十四日詔戶部自今如有觸
滅倚閣及權住催指揮稍虧經費須據實以聞不得徑
自差人督催州縣非理苛取　十年八月二日戶部尚

（卷萬四千六百四十八）　五十三

書王佐言乞自今於次年四月將逐路監司并諸州守
倅已未起上供各色窠名比較奏聞取聖裁以定賞罰
不以職位崇而闊略不以已去官而幸免庶幾紀綱復
振調度獲濟從之　十年八月二十八日詔左藏南庫
可撥隸戶部　九月四日詔差戶部郎中勾昌泰爲左
藏南庫主管官　以戶部言已降指揮本庫以後合收支
錢物仰戶部照應今來項目依數管認緣南庫金銀錢
物並係朝廷窠名收支浩繁乞委本部郎官主管故有
是詔　十月五日戶部郎官兼主管左藏南庫勾昌泰言
提領南庫所供到淳熙八年分收總計一百九十八萬
一千六百四十一貫文支總計二百九萬六千二百七

八月二日條移十一月二十六日前

十三貫文其逐項窠名于元降敕黃開坐分明其合行
事件乞依提領南庫所已得指揮施行從之　十一月
二十六日進呈權尚書戶部侍郎韓彥質奏州郡財賦
場務縣道所入財穀皆有名色在法不得易而守臣無
忌憚者竭公帑之儲以快私欲至於終更恣爲妄用席
卷而去不恤後人循致敗壞使繼之者無可措手乞今
後守臣任滿將所留諸色錢穀交割下政具數申戶部
置籍上曰須令後政限一月具數申戶部照會王淮等
奏前政只言數贏後政只言數縮今令前後政各具申
上曰過限不申去處令戶部以聞　八月二日戶部侍
郎韓彥質言省部行移州縣自合應期供報如常平一

（卷萬四千六百四十八）　五十四

司錢穀文字並皆遷延日月不即供申至于廣西路方
申到八年二月見在之數深慮財穀之數省部既不能
知則州縣因而移易借支互用無由稽考乞令諸路提
舉司限一月將本申奏月日見在錢物分明開立收支
之數自今降指揮下日月分逐一編類攢具供申省部
仍令後按月具奏如州縣違戾即仰提舉司按劾若提
舉司違限失申從本部具職位姓名申取朝廷指揮施
行庶幾常平錢無致侵損緩急不誤支用從之　十二
年十一月十一日權戶部侍郎葉翥言乞特降睿旨每
遇守臣得替開具合趁歲額諸色窠名錢物有無發足
與虧欠及許其自言在任之日或能關防滲漏撙節委

貢趲儲蓄以為一州後日計者申尚書省下戶部以憑
審覈如此則課最者既得以自達而治郡不進者遂不
容于幸免陛下用是以論州郡之能否亦十得七八矣
從之　十三年九月十六日上諭宰執每月財賦冊令
後更令進入欲知增減　十二月九日詔戶部左右曹
各減守當官一人貼司一人私名一人　以農司少卿吳
燠議減冗食下敕令所載定故有是命　十六年正月
二十五日三省言諸路州軍應發納朝廷錢物舊係戶
部郎官措置拘催詔拘催所可罷其催錢物依舊令戶
部專委郎官先次開具合行事件申尚書省　淳熙十
六年八月二十三日權戶部尚書葉翥言戶部有催綱
官承受使臣各六員專一催督諸路綱運近來以來本
部照諸郡歲額合發財賦委監司各據所隸催發催綱
官與承受使臣差出絕少乞各減三員從之　紹熙元
年正月二十七日宰執進呈右諫議大夫何澹劄子乞
置紹熙會計錄且言去歲臣僚嘗乞討論用度已得指
揮令戶部稽考乞即降睿旨施行得旨令何澹同趙彥
逾依已得指揮稽考以聞二十八日又詔更差葉翥仍
令林大中沈詵楊經同共稽考聞奏既而三月十三日
右諫議大夫何澹等言今置紹熙會計錄有合申請下
項一今東稽考財賦若自紹興元年以來取會窃慮年
歲深遠難以根刷今欲且取見紹興二十一二年紹興

二十七八年紹興三十二年隆興元年淳熙元年并十
一十六年在京諸百司于預取支財穀去處開具逐年
出納支細窠名數目或恐前項年分文字不全欲且據
逐處供到及其他年分文字參照稽考具取會官司並
限五日回報一款從本所立限行下淮東西湖廣四川
總領所照上項年分各一全年應出納支細窠名錢物
若干逐月所支甚處屯兵元額職次各若干自今見管
官兵人數職次各若干支過券食請給等錢物若干或
有創生增減并非泛支使逐一立項開析攢見每月一
歲收支數目所是椿積錢米等物亦要見見在的確之
數一款從本所行下行在粮審院各照上項年分逐年
批放過三衙諸軍百司并諸司局所額管職次人數應
干請給名色撰排月分年分及都總計數目逐一攢申
以憑参攷並從之　三月十三日戶部言去歲有經常例
外非泛并創增使支戶部錢物計一百四十四萬餘貫
除已拘收並賣位銀絹錢共四十九萬八千六百餘貫
并依遞年除豁非泛錢二十萬貫零細香藥等錢八萬
四千六百餘貫重華宮減下供奉錢并使臣錢一十四
萬七千餘貫合除豁外尚有五十一萬餘貫已蒙朝廷
撥還一十萬貫更乞量行支降一十萬貫所有以後年
分合應副慈福宮錢本部自行那融不敢申乞支降從
之　四月二十九日戶部侍郎張子顏言版曹財賦左

右曹度支金部倉部各有案名彼此不相照應其干截
使不能無重複差誤今欲總為一簿凡觸發逃閣減豁
截支窠收未到隸於諸曹者皆括於此具列期會先下
諸州軍每歲開申詳覈合廢及截使理豁錢數本部參
照元降指揮注籍時加攷閱改催轄司為總轄司覈掌
拘催消注仍舊約度支遣并于五司選擇吏人專行此
案不許別兼他役牒郎官一員主管長貳相與點檢既
免差重之弊仍得以如期齎趁從之　五月二十一日
臣僚言臣聞會計一書行且就緒推宮掖出入之數未
得而知欲乞令內侍省并御藥院內東門司同共自行
稽攷庶幾而外事體均一從之　十月二十一日左諫

卷萬四千六百四十八　五十七

議大夫何澹權戶部侍郎趙彥逾殿中侍御史林大中
言嘗考渡江之初東南歲入止千餘萬紹興以後網目
始繁據呂頤浩奏宣和中戶部支費每月不過九十萬
紹興三年戶部之費每月一百一十萬然則紹興之初
已多承平三十萬矣所費既多所取不得而不闊如總
制如月樁如折帛如降本如七分坊場七分酒息三五
分稅錢三五分淨利寬剩折帛錢僧道免丁錢之類則
紹興間權宜創置者也如州用一界牙契錢買銀收回
頭子錢官戶不減半役錢減下水腳錢之類幾一百萬
則又乾道間權宜創置者也如經制并無額錢增收窠
名之類則紹興間因舊增添者也如添收頭子錢增收

勘合錢增添監袋錢之類凡四百餘萬則又乾道間因
舊增添者也方其軍興之初則以之興為廣及其事定
之後則又以養兵餽餉為憂是以有置而無廢有增而
無減今總天下財賦除內藏出入之數已降指揮自行
稽考外所有四川錢引一千六百一十萬二千二百六十
三道舊年指揮自行檢察支撥亦不復稽考特考其歸
朝廷隸戶部與夫四總領所之科降諸戍兵牧馬歸明
歸正等處之截留凡六千八百萬一千二百萬貫內朝
廷九百六十五萬一千一百餘貫戶部一千八百七十
二萬三千一百餘貫四總所二千九百萬六千餘貫諸
戍兵牧馬歸正等處一千六十二萬餘貫此其大凡也

卷萬四千六百四十八　五十八

戶部歲收一千八百餘萬歲支亦一千八百萬每月所
破宮禁百司三衙請俸非泛雜支之類一百五十餘萬
然則比之紹興之初增四十萬比之承平增六十萬矣
臣等再以淳熙十六年而較之隆興元年則增一百二
十餘萬較之紹興三十二年則數又倍增欲紓國用以
寬民力惟有裁減浮費今具可以裁減者畫一開具一
欲除供奉三宮皇子府奉使入國使人到闕客賜并接
送伴公使支賜文思院造作衣帶招軍例物駕出折食
錢三衙內外諸軍雪寒出戍借請郊禮錫賜等錢物外
如宰執文武百官司進書慶典錄郊支賜生日及塋理
非泛賜賚錢物並與三分減去一分一武臣止任遙刺

以上請給除南班及隨龍統兵戰守官仍舊制得支真俸外其餘乞免借減並許戶部執奏仍許給舍繳駁詔依見請人依舊一諸軍額外將官多是並緣陳乞之人近來殿步兩司遂至一百四十餘員委是冗濫乞行住差一諸軍權統制統領等官供給錢令遞降一等支破近來乃有軍帥陳乞差權之人徑乞先次支破正官供給欲乞申嚴乾道八年五月十三日指揮行下詔依見任人依舊一卿少監少乞不並置其餘冗員大甚去處亦量行減省一製造御前軍器所有東作坊萬全作坊萬四指揮見今凡三千二百餘人內萬四指揮名為雜役其實多供諸處當直欲乞專委察官與本部郎官軍器監少同點提官躬親入所揀汰老弱疾病之人並行減半支請與之養老若無技藝之人並與揀汰一御前祇應見今五十九員比之前日委是大段增數詔權以三十人為額見任人許令依舊其溢額人遇有遷改事故更不作闕一閤門官見今四十八員竊見祖宗時宣贊引喝不過三五員熙寧間始置通事舍人十三員閤門看班祗候六員欲乞詳酌立一定額詔令後四十人為額見任人許令依舊一建炎渡江之初諸百官司前後打請不及權行兌請自後因循不行釐正欲乞令後支請之人並依外郡例按月支給更不兌請詔依其已兌請人依舊二三省激賞庫每年以十萬貫為額於左

藏庫分料關支隆興二年再添二萬貫緣支用節次增添破取撥雖多而拖欠愈甚近來宰執目子錢並已改用乾道九年体例所有本庫應干支用自合一體施行一諸處糴設錢本以酬勞今所在吏職每于年終或上下半年輒支糴設委是無謂欲乞今後因事只與特支不許泛行請也一雪寒錢本以恤軍人之貧悴今來玉牒所秘書省日曆所國史院等處公吏皆有上項支給乞行減罷一省馬院見今有馬一百九十餘匹緣為不堪乘騎合破省馬之官往往卻於別處借用而本院所養兵級三百餘人多于諸處影占身役今乞委官覈實除約合存留人外其餘發歸元來去處詔日後有闕權住差撥一二省樞密院錄事承旨已下所破齋擊控馬打食等人緣渡江之初未有定止權時創置亦有体例支破者人數猥衆其間又有一時暫權職事便行支破職事既去因仍冒請欲乞委官究實庶免重耗詔並依令檢正都司檢詳究實開具申尚書省

紹熙五年十一月二十七日戶部言諸司軍糧審院減省浮費內冊寶支賜臣僚生日支賜照得見遵從紹熙元年指揮三分減去一分支給今承指揮減半支給未審于三分已減去一分上又行減半支給唯復止照應今降指揮減半支給詔全數內減半　慶元元年正月二十四日都省言戶部每月所支券食錢分數不等令以紹熙五年

過閏月共一十三箇月行在務場所支錢會金銀大數爲准每月三十萬貫立爲定額從之見錢五千貫如不敷會子支給會子一十三萬五千貫金一千萬貫銀六萬貫　三年三月二十七日淮南運判沈作賓言舊例交割歲幣銀絹了當共得減九年磨勘係漕臣及盱眙軍守臣并過淮交割官分受比年以來未嘗推賞竊詳漕臣及盱眙軍守臣即不過淮其盱眙知縣雖同過淮止是部押人夫唯是所遣過淮交割官每歲自冬涉春津發交割僅百來日每日將帶銀絹萬餘疋兩自早至暮過淮冒寒雪萬一中流忽遇風浪等失陷定任其責又緣歲幣銀絹北官揀擇沮難全藉過淮交割官兩員剛柔相濟酬應合宜所係甚重除臣及盱眙軍守臣盱眙軍知縣並乞不推賞外乞將所差過淮交割官兩員各與減二年磨勘從之　六月十九日戶部侍郎姚愈所陳事理將紹熙元年紹熙四年慶元元年各年行在左藏庫諸倉場等處并淮東西湖廣總領所取支錢物比類增減因依及兩浙福建江東西兩淮湖廣北京西廣東西一十二路州軍類聚諸色窠名錢逐一究見源流登耗滲漏因依已得詳悉分作五十八冊爲慶元中外會計錄已繕寫進呈外今有究見滲漏登耗合行撙節數內戶部人吏諸色人紹熙元年三百一十四人支錢六萬七千三百六十餘貫慶元元年三百二十二人

支錢六萬六千二百八十餘貫比紹熙元年增一十五人減錢六百九十餘貫比紹熙四年增八人減錢一千八十餘貫照對慶元元年比之前二年人數增多尋究見係抽差充提領豐儲倉所等處從已降指揮部差人承填及官員遷除增添人從所以增多其所減錢數緣主事出職却差貼司承權所以減少照得既錢不增止增人數乞將已差出人且行仍舊所是日後有差出人吏不作闕從之先是二年二月監察御史姚愈言財賦國家之大計聖人之所急先務也故林特則有祥符會計錄田況則有皇祐會計錄蔡襄乃有治平會計錄蘇轍則有元祐會計錄會計一定而財賦業籍無不照然可觀太上皇帝初履帝位立計之臣亦乞撰會計錄以進此蓋一代之制所不可闕者陛下龍飛之初有明堂之禮阜陵之役大軍賞賚鄰使往來用度頗仍未免一時適之爲有司者豈可不知會計之策出納之數以會計而明盈虛之實以會計而省惟其會計詳盡則登耗所自皆可得而知矣臣嘗因中都官吏俸祿與夫兵廩支費求其所以會計之説熙豐閏月支三十六萬宣和末閏二百二十萬渡江之初雖連年用兵月支猶不過八十萬比年以來月支不下百二十萬爲大略官俸居十之一吏祿居十之二兵廩居十之七版曹財計名額至繁散給諸軍百司每月照數以支破循習舊例未嘗有

所致覈歲月既久豈無名存寔亡循例虛破之數乎此
在内財賦不可不爲之會計也外而諸路官吏俸祿兵
廩之費亦豈無虛破不寔之數且如諸軍所置員闕自
統制統領而下至隊將隊官其等凡九而所謂準備差
遣准備使喚之屬不與焉昨來吳挺選練嚴整不容虛
濫其本軍統制十員闕三員統領二十員闕九員正將
四十七員闕十一員副將四十七員闕十七員准備將
四十七員闕十一員部將九十四員闕四十三員隊將
一百四十員闕二十九員隊官一千三百六十一員闕
七百五十一員所闕之官不過差人兼權不復更破正
俸是時公家未嘗之事而歲省總領所錢粮幾五十萬

緡此在外財賦不可不爲之會計也茶鹽酒稅經費仰給
易致滲漏全在關防且如景德中商稅止收四百五十
萬貫慶曆中爲之關防遂收一千九百七十五萬貫景
德中酒課止收四百二十八萬貫慶曆中爲之關防遂
收一千七百一十萬貫其餘茶鹽之數舊額不虧固非
苛取于民止是關防滲漏偽或失陷豈不可惜此内外
財賦之登耗又不可不爲之會計也如此之類不一而
足豈容置而不問乎欲望陛下明詔大臣專委戶部行
下應干關涉財賦去處内則倉場庫務諸百官司外則
諸州提舉轉運坑冶市舶總領等司目下自行刷具每
歲收支出入的確寔數結罪保明立限赴申戶部其有

日前虛濫不寔令逐一驅磨照應本末分明改正與免
根究如今來再有欺隱乞降不盡不寔許臺諫覺察聞
奏戶部吏將紹興淳熙紹熙出納之數逐項滲稽登耗
究見滲漏充次具申朝廷大臣委官精加爲覈然後議
節浮費量其出入以制國用令戶部造冊進呈以爲慶
元中外會計錄戶部照得昨來稽考紹熙會計已行取
會紹興隆興淳熙年分收支造冊進呈外今來慶元會
計乞下諸處開具慶元元年并紹熙元年紹熙四年出
納數目考究委金部郎中趙師炳戶部郎中楊文昌同
共考究乞以會計司爲名權行置局其官吏出入之數
只令内侍宮供申朝廷從之

九月二十五日臣僚言

竊惟國家財用之計以南渡所入較之祖宗盛時已數
倍于前近來以來費用日以增廣節用之說在今日所
當講也國家諸費臣不得盡知去歲蒙恩備數諸司審
計司有淳熙紹熙及陛下踐阼之後應在京諸司之俸
因得以詳考前後數目如省部寺監等官歲給雖時有
損增尚不遠絕其他員數俸給漸有增益者臣請舉一
二言之局所庫務官淳熙元年三百四十九人歲支二
十十六萬貫有畸紹熙元年增至四百三十四人歲支
三十八萬六千貫有畸慶元二年四百六十三人歲支
三十八萬四千貫有畸宮禁宇號夫人淳熙元年二十
人歲支一萬三千貫有畸紹熙元年增至四十九人歲

支二萬八千貫有畸慶元二年五十七人歲支二萬六千貫有畸内侍官淳熙元年一百七十四人歲支十萬七千貫有畸紹熙元年增至二百有五人歲支十四萬六千貫有畸慶元二年一百九十六人歲支十五萬七千貫有畸醫官淳熙元年二十五人歲支一萬三千貫有畸紹熙元年增至四十八人歲支二萬一千貫有畸慶元二年四十五人歲支二萬一千貫有畸以前數項參較之有員數雖小減而俸給不減于舊臣竊譬之治家者當日夜孜孜計一歲所入以為一歲之出若茫然不計出入之數必至有日朘月削之弊今民力日困費用日增以當少加裁抑臣竊謂數年以來諸司事體前

後一同而員數俸給有增者欲望詔有司定奪有可省者議從減省臣照對乾道七年宫禁字號夫人一十九人今已兩倍其數陛下祇奉三宫數之多寡難以例比兼臣小臣不當議及宫掖仰惟聖慮遠及國計若可裁抑當先從宫禁畧減一二然後及于以次所當減者則法令必行國計可紓矣如人數已定難即裁抑欲望陛下凡於除授之際痛抑僥濫使不至增加於前則國計自此亦可少寬然臣所知者止于官俸一事若夫兵籍之虚濫内帑支賜之末節又不知其幾也乞與二三大臣並國之以章天下詔令侍從臺諫兩省官集議聞奏既而吏部尚書許及之等言伏覩紹熙元年詔近置紹

熙會計錄省費當自宫掖始可以慶歷隆興為法令内侍省御藥院内東門司開具自行措置庶幾内外均一款乞斷自聖意特降指揮自内廷檢照裁酌申制各立為定額比之今數有損無虧庶可必行詔依集議劄事理施行

嘉泰元年九月二十四日臣僚言竊惟户部總天下財賦之原要必儲蓄優裕乃可緩急支吾今一歲所收大約一千八百餘萬而支遣之數僅亦相當去歲國家多故非泛費用稍倍常年旱傷蠲放多有除豁倘非内藏封樁支降補助侵損經常立見匱乏契勘所入窠名自紹興之後權宜措置因舊增添如總制月樁析帛降本坊場酒息淨利寬剩無額增收之類其名不

一歘求生財之道已無毫髮之遺紹熙初元户部臺諫嘗有奏陳謂承平之時收天下全盛之財賦而大農支費反不如今日之多盡一開具並從裁減委曲詳盡悉蒙施行自承畫旨今已十有二年中經興禮官資僦轉僉闕于前職位宫壼俸給支賜又多于昔外路料撥歲復一歲有增無虧倖門易啓法久易弊在今日之策裁節限制夫豈宜後高宗皇帝患臣僚陳乞之濫嘗降敕雖奉特旨許令户部執奏聖謨高遠可法萬世願陛下明詔有司嚴奉紹熙初元之詔謹守勿失如臣僚恩數倘非勲勞顯著体貌所係者若其他陳乞稍涉成憲雖已降旨亦宜遵守高宗聖訓許户部執奏勿行予之足

示主恩，奪之不紊國法，庶幾浮費稍抑，用度有常，積以歲月，不為無補。從之。　開禧二年十二月二十一日，臣僚言：「軍興以來，百費毛起，別無生財之理，惟是痛節浮費以為急務。上自宮掖，下至吏胥，其閒虛蠹皆合撙裁。至若省冗員之祿，減大吏之俸，孰為當先，孰為可後，皆當條具以次舉行，勿卹怨尤，乃能叶濟。然而主議于一人則無以參眾見之異同，裁決于一司則無以酌他曹之緩急。乞降睿旨，內而有司庶府，外而一路一州，各令開具經常非泛之用歲計幾何，其官可併，其吏可省，其俸可減，其費不為切計，其所損為緡錢與米斛各若干，可以佐軍寔，可以裨國用，毋摘細故以塞明詔。然後參之與論，斷自公朝，可省省之，可罷罷之。」詔依，令戶部遍牒施行。　嘉定五年十二月二十九日，戶部言：「舊有承受使臣一十二員，專充本部諸色使喚，係從本部出帖差充，並不理為資任。至乾道七年，遂將承受使臣十二員內以六員改作催綱官，從本部差辟，朝廷給降付身，理為資任，請給人從並依省倉斛面官支破，任滿與減二年磨勘。其職甚優，而絕無責任。淳熙十六年，臣僚以其冗濫申明朝廷，將催綱官與承受使臣並減三員，各以三員為額，共為六員。近年以來，所謂催綱官未嘗舉職，往往多是有力之人經營應辟，及假催綱為名干謁州縣，批支驛券，需索夫馬，生事騷擾。若綱運之留滯，初不知

卷一萬四千六百四十八　二十七

之，至有經年往來州縣，更不赴部公參，虛請俸給，委實無用。乞劄下戶部，將使臣六員仍舊並作承受名目，祇從本部給帖，不理資任，所有催綱官悉行省罷。如諸州綱運或有濡滯，許于州縣見任官內選委前去催督，足可辦集。」從之。

續會要

卷一萬四千六百四十八　二十八

宋會要 賑恤

太祖建隆元年正月，命使往諸州賑貸。宋史太祖紀：建隆元年三月，內長寗州火，遣使賑災。建隆元年夏四月，遣使分詣京城門，賜饑民粥。十一月，振揚州城中民人米一斛，十歲以下者半之。建隆二年三月以金鳳、延州鼠食苗，民饑，遣使賑之。十一月，詔濠、楚民乏食，令長吏開倉賑貸。三年正月，以揚、舒、滁、和、廬、壽、光、黃、濠、泗、楚、海、通、泰等十四州民多食，令逐路長吏開倉賑給之。三月，賜沂州民種食。六月，詔宿州發廩賑饑民。太祖帝紀：十二月，蒲、晉、慈、隰、相、衛六州饑，詔所在發廩賑之。四年二月，命使臣往澶、滑、衛、魏、晉、絳、蒲、孟等州發廩賑饑民。乾德二年二月，陝州言民饑，遣給事中劉載往賑之。四月，詔延州貸粟五千石濟鱗州饑民。又靈武言饑殍者甚衆，命以涇州官廩穀三萬石賑之。四年三月，淮南諸郡言江南饑民數千人來歸，詔所在長吏發廩賑之。六年正月，詔陝州集津鎮、絳州垣曲縣、懷州武陟縣民饑，發廩賑之。開寶四年二月，詔諸道賑貸備人戶義倉斛斗。是月，平劉鋹，詔廣南管內州縣應鄉村不接濟人戶闕少種食者，委本州官吏取逐縣委實戶數，於省倉內量行賑貸，候豐稔日令只納元數。六年二月，曹州言民饑，詔運太倉米二萬石往賑之。七年

卷一萬八百九十八

正月，詔通事舍人杜纉儒赴揚等州開倉賑貸。六月，詔河中府發廩粟三萬石賑饑民。

太宗太平興國二年四月，詔延州以倉粟二萬斛貸與貧民，歲饑乏食故也。六月，知秦州張炳言部民艱食，臣已矯詔開倉救急，願以擅罪，詔釋之。八年三月，閬州言歲饑，發倉粟四十萬石賑之。雍熙二年四月，以江南數州去秋微旱，民頗艱食，遣監察御史安國祥、太常丞馮拯、榮昇、袁左贊善大夫馬得一、王洙之、張茂才、樊素、著作佐郎宋鎬、張維嵩、張濟分往虔、吉、洪、撫、饒、信等州，與長吏度人戶闕食賑貸，仍將廩穀減價出糶，并勸察州縣官吏為政善惡、民間利病以聞。三年八月，劍州言穀貴，詔遣使以官粟賑饑民。五年正月，成都府言部內比歲不稔，穀價踴貴，請發公廩賑糶以濟貧民，從之。端拱二年八月，乾寧軍言民饑，詔以官粟二萬石賑之。淳化元年二月九日，京東轉運使何士宗言登州歲飢，文登、牟平兩縣民四百一十九人餓死，詔遣使發倉粟賑貸，死者官為藏瘞，以錢五百千分給之；其逐州官吏不早具奏，仍劾罷以聞。二十六日，河北轉運使樊知古言深、冀州民飢，詔遣殿直成庭玉馳傳發倉粟貸之，人五斗。是月，登州再言文登縣民二千六百六十二人餓死，詔悉令賑卹。七月，河

南府言洛陽等八縣民飢，詔發倉粟賑之，人五斗。又以京師米貴，遣使臣開倉減價分糶，以賑飢民。二年正月，詔永興、鳳翔、同、華、陝等州歲旱，民多流亡，宜令長吏設法招攜，有復業者以官倉粟貸之，人五斗，仍給復

卷一萬八百九十八

二年四月詔嶺南管內諸州官倉米先每歲糶之斗爲錢四五無所直自今勿復糶以防水旱饑饉賑貸與民　三年二月汝州言歲飢詔以官倉米貸之人三斗　四年二月懷州言去年穀不登民無膏秸以食牛牛多死詔本州官草留三年準備外余悉貸之十二月詔民被水潦之患饑饉者衆令開倉減價糶貸窮乞丐者爲淳糜以賙之　五年正月十六日命直史館陳堯叟趙況曾會王綸等并內臣四人往宋亳陳潁等州出粟以貸飢民每州五千石及萬石仍更不理納二十一日詔諸道州府被水潦處富民能出粟以貸飢民者以名聞當酬以爵秩　至道元年二月六日遣將作監丞梁宋範馳往漳泉州興化軍賑貸貧民以去年旱歉食故也十七日亮州房州光化軍言歲飢民乏食詔遣使者分往發倉粟貸之人五斗三月詔以官倉豆數十萬石貸京畿及內郡民爲種有司言請量留以供國馬帝曰甘露沾洽土膏初起民無種不能盡地利但竭廩以給之至秋有百倍之獲國馬食以芻槀可矣　眞宗咸平元年九月詔兩浙路留諸州運米以濟飢民十月詔兩浙轉運使察管內七州乏食處振貸訖以聞　二年正月江南兩浙制置鹽茶王子與言兩浙諸州經旱民户未至飢殍賑貸斛㪷亦皆有備帝覽奏因詔郡縣長吏常

卷一萬五千二百三十九　二

加體量如稍有飢民盡時支與口食無令失所三月遣度支郎中裴莊內殿崇班閤門祗候史睿祕書丞李防供奉官閤門祗候杜睿分往河南兩浙諸州發倉廩廣爲賑卹飢民閏三月筠州請發廩賑貸從之四月兩浙轉運司言先撥常潤州廩米五萬石賑貧民尚未足請更給五萬石從之七月度支判官陳堯叟廣南使還言西路諸州旱命國子博士彭文寶往權轉運司事賑飢民十月以兩浙荆湖旱命庫部員外郎成肅比部員外郎劉照太常博士李邁微閤門祗候李成象往體量賑恤十一月兩浙轉運司請出常潤州廩米十萬石賑糶從之　四年閏十二月命左司諫知制誥梁顥供備庫副使潘惟吉往河北東路禮部郎中知制誥薛映西京左藏庫使李漢贇往河北路發倉廩賑饑民帝謂宰臣以河北諸州諸貸示之其中陳豆紅粟斗不下百錢又出麻滓蓮實曰民已食此矣速當拯濟故命顥等爲　五年二月遣中使詣雄霸瀛莫深滄州乾德軍爲粥以賑飢民　六年二月遣朝臣使臣分往京東西淮南水災州軍賑恤貧民疎理刑獄　景德元年二月陳蔡沂密等州言民飢命太常丞梁象祕書丞李遜乘傳發粟以賑之九月鄂州言民飢詔開倉減價出糶以救之　二年正月六日詔河北轉運司副使分詣管內諸州軍按視飢民賑給之

口一斛户五斛爲限帝以戎寇之後居民失業旣其饑饉流離故有是命八日令蘄黃州賑卹飢民十七日令淮南諸州以上供軍儲賑飢民二十六日命常參官二人分往荆湖北路淮南諸州出官粟作糜粥以食飢民仍令擇幕職使人強幹者專司其事長吏常按視之每十日具所賦糜粥之數以聞自是全活者甚衆二十九日河北轉運使盧琰言天雄軍見管米麴萬九千五百餘斤澶州四萬二千二百餘斤詔給兩處飢民二月二日京西轉運司言襄許陳蔡等州民飢請減價糶倉粟賑救從之十日命太常丞艾仲孺乘傳詣澶州以陳粟四萬石分賑飢民三月大名府飢命轉運司發廩賑救四月八日命鄂州發惠民倉粟賑飢民十六日以京師穀貴出倉粟減價出糶以惠貧民二十八日曹州言蔡劉之食請賑以官米從之十一月詔於京城出倉粟減價出糶以濟流民及還鄉不至穀價騰貴故也　三年正月六日遣著作佐郎劉昱往開封府諸縣與令佐等於近便出廩米賑救災傷之民家給兩頭仍貸與種糧十四日又遣太常博士王汝勵殿中丞李道太子中允嚴從訛著作佐郎張士遜陳從易等馳傳分往尉氏陳留襄邑雍丘太康咸平等縣發廩賑貸民及貸種糧十七日令京西轉運司出倉粟米賑貧民仍命著作佐郎周巖馳傳詣汝

卷一萬五千二百三十九　二

州賑貸十八日詔京西轉運司體量始下州軍民有不能自給者時分遣職官徑往逐處出廩粟賑貸二十五日遣殿中丞王矜太子中允李庶直太子洗馬盧昭華分往封丘酸棗長垣等縣發廩貸貧民仍給種糧二十六日詔京東轉運司應齊淄青維登萊等州人户有闕食者依近降勑命於封椿倉分支遣賑貸三月詔民轉般如近西州軍即差三司自京津直往彼支遣屯田郎中楊覃馳往河北與轉運使體量濬濱棣德博等州民如有闕食處即出廩粟賑貸三月詔開封府京東西淮南河北州軍縣人户闕食處已行賑貸其客户宜令依主户例量口數賑貸孤老及病疾不能自存者本府及逐路轉運使副并差去臣僚同共體量出省倉米救濟仍使告示更不收理四月侍御史和雜王濟言伏覩國初嘗置義倉以備賑濟令義倉已廢每州郡小有水旱朝廷即詔出太倉粟借貸飢民及給歲復多蠲放應有損軍食今後如有賑貸望本縣置籌以時理納庶獲患濟從之　四年六月詔河北轉運司如聞雄州安肅廣信軍人頗艱食宜以食米萬斛減價出糶以濟之　大中祥符元年正月陝西轉運使陳觀言慶州麥粟踊貴詔出官米萬斛減價糶之四月府州言民飢命賑之六月環慶民飢發廩粟賤糶以濟之　二年二月詔賑同華等州民去歲遇蝗

悉蠲之四月詔陝西州軍民闕糧糗者發廪賑之五月詔西京出廪粟賑糶以恤貧民六月五日令韶州出廪粟賑糶以濟貧民十二日令蔡州出廪粟賑鄧民十一月知鄧州右司諫直史館張知白言陝西流民相續入境有欲還本貫而無路粮者臣諭勸豪民出粟數千斛計口約半月之粮凡就路者揔二千三百家萬二百餘口其支貸有餘者悉給貧民之人及無主死人詔奬之　三年三月詔戎瀘州民艱食者賑之仍給復一年八月詔淮南諸州發廪米賑貸及賤糶以濟貧民　四年四月四日以登萊州艱食令江淮轉運司雇客船轉粟賑之十六日同華州飢民有鬻子者遣太常博士舒賁馳驛存撫賑濟之五月京兆府旱詔賑之六月解利閬集壁巴等州饑詔賑之十二月十一日江淮發運使邵曄言淮南路准詔賑貸及減價出糶計廪粟三十萬石十六日京城穀貴詔發惠民倉粟減糶以濟之　五年正月詔河陽出廪米萬斛減直給糶以惠貧民二月詔京西諸州軍昨以穀貴雖已減價出糶尚慮民有闕食者宜令轉運司諭轄下州軍委實有飢民之處多方勸誘蓄積之家除留支用外將餘剩斛㪷分散救濟仍差公幹官量口數監散內有願減半價出糶者亦聽並當等第酬奬無令減尅邀難及接便煩擾五月詔江南發運司留上供米一

卷一萬五千二百三十九　　一四

百萬斛以備賑糶十月十日詔如聞建安軍等處自秋霖雨頗妨農事宜委轉運發運使體量賑邺十二月六日令三司出炭四十萬秤減市價之半以濟貧民時連日大雪苦寒京城鬻炭者每秤錢二百故有是命仍遣使臣十六人分置場以內供奉官二人提總之自是小民奔湊至有踐死者乃命都巡檢張旻遣軍校領徒巡護賜死者家緡錢無親族者官爲埋瘞仍令三司常貯炭五七十萬秤如常平倉之制遇價貴則賤出之二十二日泗州飢官給米十萬石以賑之　六年四月十九日詔如聞淮南諸州罷廪粥之賜尚慮貧民未濟可令依舊俟其足食乃止　七年二月泰州淮陽軍言民飢詔發官粟賑之三月儀州言民飢詔發官粟賑之十月淮南飢詔本路轉運發運使發廪賑邺　八年二月令淮南路發廪粟爲廪粥以濟飢民八月詔京兆府河中府陝西華虢州以麥種借之貧民　九年二月十六日詔陝西州軍減價糶粟以賑貧乏令本路都轉運使李迪提舉二十二日上封者言延州蕃部闕食正當農時望發鄜州廪米貸借從之六月令廣州出廪米萬石還官出糶以濟居民穀貴故也八月令江淮發運司減留上供斛㪷五十萬石以備賑濟九月詔如聞廣西東西路物價稍貴宜令轉運司提點刑獄官分路撫邺發官廪減價賑糶十二

月詔江南淮南諸州軍穀價稍貴人民闕食其無常平倉處令本路轉運司以省倉斛斗除留準備外接續出糶即不得糶與興販及形勢之家違者重寘之法　天禧元年三月八日衛州民飢命發倉廪粟萬石貸之十八日兩浙提點刑獄鍾離瑾言衢潤二州闕食官設廪粥民競赴之有赴農事請下轉運司量賑米二萬石家不得過一斗從之二十五日詔諸州官吏如能勸誘蓄積之民以廪粟賑邺飢乏許書曆爲課四月四日詔河北大名府磁相澶州通利軍兩浙越睦處去秋災傷民多闕食令轉運司運米賑濟之十一日以趙州民飢出廪粟爲頒賑之　二十八日江淮兩浙制置發運使李溥言江淮去歲之食有富民出私廪十六萬石糶施飢民五月二十四日殿中侍御史張廓言奉詔京東安撫民有儲蓄糧斛者欲勸誘舉放以濟貧民俟秋成依鄉例償之如有欠負官爲理償從之八月六日知并州周起言河北民流熟至州境者州民施飯一月詔奬起仍令君出米人宴犒之起又請發廪粟萬石減價出糶以濟飢民從之二十五日詔河北州軍今年夏麥不登民乏種糧者官貸之九月十五日詔京東西陝西河北災傷州軍民闕麥種者發官廪貸之十六日詔河東流民有復業者發倉粟賑之十二月遣使臣置場減價鬻官炭十萬秤以寒

卷一萬五千二百三十九　　一五

故也　二年正月八日詔江淮運米十萬斛付京東及令河北轉運使出廪賑糶以兩路粟貴故也二十二日青州請以官廪粟豆二千斛設粥米萬斛減價出糶以惠貧民從之二十五日詔諸路災傷州軍並減價糶以惠貧民二月京西轉運司言管內貧民甚多願以賑濟望發絳州粟十萬斛赴白波出糶從之三月知絳州查道言春雨滋洽來苗尤盛民闕多之種糧州倉麥除留贍用外餘四千石望以賑貸從之十月同耀州飢民多流亡詔轉運司賑之　四年正月令利州路轉運司賑貸貧民以旱故也二月一日以淮南江浙穀貴民飢命都官員外郎韓德潤門祇候王昌訥乘傳安撫發常平倉粟減直出糶以賑之民有以粮儲濟衆者第加恩獎其乏食持仗盜糧者並減等論罪是月詔曹濮鄆單徐州淮陽軍賑貸民以河決為害故也三月一日令滑州以粟貸州民飼牛七日令府州賑貸蕃部以去歲旱故也五月令永興鳳翔減價糶粮以濟階成秦隴州流民六月太常少卿直史館陳靖言剏定每遇水旱不稔之歲望遣使安撫設法招携富民納粟以助賑貸從之　乾興元年二月八日蘇湖秀州雨壞民田穀貴人飢命出倉粟賑貸之十一日徐州民飢詔發廪粟賑貸

仁宗天聖三年三月京西轉運使張意言衆願許汝等州經水損惡斛斗

八萬餘石不堪支遣請分給闕食之民從之　四年十二月詔諸處州軍
經春有斛斗價高處處人戶失所宜令京東京西河北淮南轉運司選官
將本處常平倉斛斗減價出糶或無常平倉處即以省倉斛斗除留準備
外出糶以濟貧民　六年三月成德軍言元氏縣民飢請支借斛斗從之
五月河北路體量安撫王沿言保州永定軍百姓艱食已令逐處發倉廩
各萬石減價出糶自邢趙真定府等處各令支借種糧與歸業人戶并與
倚閣今年夏秋稅賦及令逐處倍加安卹從之　七年五月六日中書門
下言戶房聞災傷路分募人工役多不預先將合用人數告示以致亂民
聚集卻無合興工役並依所下司農寺令逐路有合興工役並依所計工
數曉示逐旋入役免致飢民過有聚集以致失所　九年二月五日河北
西路提刑司言邢懷州連年災傷若令應副十分春夫必難勝任欲乞特
賜免放一年從之十月十二日中書門下言廣東經略轉運使等言潮州
海陽潮陽漲推流屋舍因苗死失人口乞令本路提刑司躬親前去依條存
恤從之　治平四年神宗即位未改元六月十八日詔在京永泰景陽通
天安肅四門此月十七日給河北流民米止六月終仍曉諭以河北近得
雨令歸本貫其不願歸勿驅之仍曉令河北轉運司應災傷州軍縣分依

卷一萬五千二百三十九　六

此曉告倍加存安臣僚上言河北訛傳京師散流民米恐未流移者因茲
誘引皆來入京故約束之　神宗熙寧元年七月詔恩冀州河決水災令
省倉賜粟詳見恤災門　二年四月降空名祠部五百道付兩浙轉運司
令分賜本路曾經水災及民田薄收州軍相度災傷輕重均其多寡召人
納米或錢以備賑濟七月十八日詔水災州軍令本路轉運使判官提點
刑獄分往被災處賑恤貧民闕食者支廣惠倉斛斗賑濟如不足量支省
倉物仍於人戶便近處減常平物價就糶若貧人無錢相度賒糶令至秋
送納其非稅戶即與遠立日限納價錢並妥就近施行訖奏　三年五月
八日詔雄州以兩屬人戶如遇災傷即時貸糧接續依數分作料次送納
六月詔在京諸倉米斛之數已豐訪聞日近民間粳米價直稍貴所有淮
南上供新米仰酌中估定錢數遣官分詣市價場出糶以平物價　四年
二月十三日詔河北轉運提刑司體量貝冀徵邊少雨雪州軍乏食飢歉
人戶多方賑貸存恤其見欠殘零稅賦並權與倚閣三月十六日詔判永
興軍郭逵如本路州軍有飢荒處並以官廩賑濟詳見恤災門十八日詔
緣邊熟戶及弓箭手見欠貸糧未經除放其見今闕食者安撫司更量與
賑貸　六年六月七日中書門下言撿正刑房公事沈括狀乞令後災傷

置

年分如大段饑歉更合賑救者並須預具合修農田水利工役人夫數目
及召募每夫工直申奏當議特賜常平倉斛錢召募闕食人戶從下項約
束與修如是災傷本處不依勅條賑濟並委司農寺點檢察舉從之　八
年十二月二日詔河東歲歉移屯戍兵萬五千歸營以其餘糧賑濟飢民
仍具次第以聞　九年十二月十三日詔淮西東西兩浙路應勸誘人戶
所出賑濟斛斗免欠未納數目特與免放其熙寧八年已後勸諭已納斛
斗人口候向去合行勸誘即據數卻與免放　十年二月二十五日詔應
經賊殺戮之家餘存人口委是孤貧不能自活者所在州軍勘會諸實特
日給口食米十五歲以上一升以下一升五歲以下半升至二十歲止仍
令相度每五日一支　元豐元年正月十二日賜廣濟河輦運司上供米
十萬石付徐州淮陽軍糶與水災飢民閏正月十三日詔河北路以常平
米賑濟飢民三十日詔河北被水戶如過河逐熟即於白馬縣河橋差官
賑之四月七日詔以瀛州陳次米依災傷及七分例貸第四等以下戶不
得抑配免出息八月二十八日詔濱棣滄三州第四等以下被水災民令
十戶以上立保貸請常平糧四口以上戶借一碩五斗五口以上戶借兩
碩免出息物稅百錢以下權免一季二十九日詔青濟淄三州被水流民

卷一萬五千二百三十九　七

所在州縣募少壯興役其老幼疾病無依者自十一月朔依乞丐人例給
口食候歸本土及能自營或漸至春暖停給　二年正月二十三日上批
聞階成州去歲災傷艱食之民流者未止官司初不經畫賑濟可下司農
并本路提舉司疾速施行二月十三日詔聞齊兗鄆州穀價甚貴斗直錢
二百艱食流轉之民頗多司農寺其諭州縣以所積常平倉穀通比元入
斗價不及十錢即分場廣糶濱棣滄州亦然同日三司言濟淄等州穀賤
春夏之交應更艱食請輟廣濟河所漕穀二十萬石減價糶從之二十六
日知滄州張問言民飢至相食今州倉大豆四萬九千餘石可支五年漸
有陳腐乞留二年外斥其餘以賑飢民可活良民三萬口上批可下提舉
常平事李孝純速相度施行四月十二日詔河北東路提舉常平倉司所
散濱棣滄州饑民食至五月止　三年七月十三日入內東頭供奉官盧
州句當公事韓永式言利州路兩水溪江泛溢漂流民田物價增長民未
安居乞下本路轉運并提舉司賑濟詔提舉司依條施行九月初二日權
知都水監丞公事蘇液言河北京東兩路緣河決被患人戶業朝廷賑濟
放稅乞以其事付史館從之詳見恤災門　四年二月二十九日詔閬階
成鳳岷州人戶缺食流移令逐路第四等以下人戶支借常平糧斛每戶

不得過兩石仍免出息（詳見恤災門） 五年六月十一日詔宜州主管船洞安化三州連歲荐饑已差官廣爲賑濟朝廷之意非欲取其他但欲各免饑殍役畧之災 六年六月二十七日詔甚災傷處第四等已下戶缺乏粮種雖非給散月許結保借請雖有欠缺亦聽給限一月免納息 七年四月二十五日河東路提舉常平司言去年災傷民戶缺食義倉穀不多乞於常平封樁粮支三五萬石賑濟從之 六月一日詔五路提舉保甲司已撥常平粮準備賑濟令相度保甲戶遇災傷不及五分當如何等第賑濟條具以聞後提舉河東路保甲王崇拯言賑濟災傷保丁四等以下本戶災傷及五分以上即依常平司七分以上法從之河北陝西開封府界准此七月九日詔尚書戶部員外郎張詢幹當御藥院劉惟簡詣澶州京大名府被水災軍民（詳見恤災門）二十一日詔河北河東路被水保甲令州縣考實賑濟小保長保丁一碩大保長二碩都副保正三碩提舉保甲官分詣諸縣照管具賑濟人數以聞八月十四日詔洺州水災許借鄰近州縣常平倉米麥小豆共五萬碩 哲宗元祐元年二月一日詔大名府自經水災民田尚少瀦浸人戶艱食向雖賑濟尚慮官吏拘文使被災之民未蒙恩澤宜委大名府路安撫使韓絳詢訪賑濟四日詔淮南東西

卷一萬五千二百三十九　八

路提舉常平司體量饑歉以義倉及常平斛𣂷依條賑濟訖聞奏 三月二十六日詔府界諸路提點刑獄司體訪州縣災傷即不限放稅分數及有無披訴以義倉及常平米斛速行賑濟無致流移 同日夔州路提舉常平官傅傳正言州軍去年災傷放稅分數不多亦有全不申訴者臣見民間困急不敢坐視已依災傷及七分以上賑濟所有專輒之罪謹自劾以聞詔特放罪仍候到闕日優與差遣 四月初二日左司諫王巖叟言訪聞淮南旱甚物價踴貴本路監司殊不留意詔發運司截留上供米一十萬石比市價量減出糶與闕食人戶每戶不得過三石具糶到錢起發上京山日詔開封府諸路災傷逐縣令佐專切體量人戶委有闕食速具事實申州及監司仍許一面將本縣義倉常平穀斛賑貸據等第逐戶計口給曆大者日二升小者日一升各從民便五日或一日至半月齎曆詣縣請給給遣若本縣米穀數少先從下戶給有餘則并及上戶候夏秋成熟日依所貸過數隨稅納闕食之民貧乏不能自存或老幼疾病不任力役者依乞丐法給米豆具賑濟糶穀並據鄉村闕食應糶之數給曆許五日或十日一糶無令抑遏此外若令佐別有良法使民不乏食而免流移者申州及監司相度施行半月一具賑濟次第聞奏仍體量令佐有能用心存恤

闕食人戶雖係災傷並不流移者保明聞奏當議優與酬獎其全不用心賑貸致戶口多有流移者取勘聞奏特行停替從三省請也同日詔江淮發運司體量災傷州縣闕食處仍令宿亳州分析不申奏災傷次第及具見今斛𣂷價例各疾置以聞時宿亳災傷尤甚監司並無奏報右諫議大夫孫覺言淮浙災傷米穀踴貴慮盜賊因緣而起乞差官體量廣行賑濟遍下諸路轉運提刑司災傷各以實言不實者坐之災傷雖小而言涉過當者不問如此則諸路不敢不言朝廷隨災傷之大小賑濟而防虞之則四海之內無倉猝之憂矣二十六日殿中侍御史林旦言都城以來米麥價長若翔踴不已恐細民蒙害望下戶部依條通計米麥元價令司農寺止以逐食官吏每月支代倉勾置四塲出糶以濟闕乏從之仍戶部差官置塲五月十六日尚書省言元豐六年江淮等路發運司奏乞置在京封樁闕額禁軍粮米五十萬石價錢限半年上京送納今淮南災傷賑濟慮有闕之詔令淮南轉運司相度本路如闕斛𣂷仰依元豐六年例六月二十六日詔河北路監司分詣諸州以義倉常平穀賑濟被水闕食人戶十一月二十八日權發遣淮南路轉運副使趙偁言楚海等州水災最甚乞發運司於常潤州收糴稻種十萬石以備楚海等州來春布種以糶以貸

卷一萬五千二百三十九　九

從之 同日戶部言左司諫王巖叟言賑濟人戶必待災傷放稅七分以上方許貸借而第四等以下方免出息殊非朝廷之意乞如舊法不限災傷分數並容借貸不均等第均令免息看詳元豐令限定傷災放稅分數支借種子條合依舊外應州縣災傷人戶闕乏粮食許結保借貸常平穀從之 十二月十八日侍御史王巖叟言伏覩十一月二十九日勅戶部看詳元豐令限定災傷放稅分數支借種子條合依舊存留外緣臣元奏本以賑濟舊法災傷無分數之限人戶無等第之差皆得借貸均令免息新條必待災傷放稅七分以上而第四等以下方許借貸免息殊非朝廷本意故乞均令借貸以濟其艱令戶部復將支借種子條依舊存留切以災傷人戶既闕粮食則種子亦闕豈可種子獨立限隔臣欲乞遂爲一法於所修粮食字下添入并種子三字庶使被災之民廣霑恩澤從之 二年二月四日詔左司諫朱光庭乘傳詣河北路與監司一員偏視災荒賑濟有未盡事並得從宜事體稍重即奏稟官吏奉法不虔即按劾以聞是歲十一月二十六日監察御史趙挺之方蒙言去年北邊州郡被水災光庭奉使體訪賑濟不問民戶三等一槩支貸蓋一出使而河北措置之財遂空乞行黜陟以允輿論詔光庭具狀以聞十一月六日詔運淮南二浙穀四

十萬斛賑濟京東路　三年正月十二日詔發京西南路闕額禁軍糧斛五十餘萬斛減市價出糶至夏麥熟日止以雪寒物價翔踴也二月六日詔以常平錢穀給在京乞丐人至季春止同日詔開封府界自冬及春陰雪民間有闕借糧種者令提刑司量度戶等第及貸訖具數以聞二十八日詔陝西路轉運判官孫路賑濟鎮戎軍被傷及劫虜民戶十二月十六日知永興軍韓縝言本路比歲災傷闕食請於法所給米豆更不限數從之　五年二月七日詔災傷處令佐賑救人戶不致流移依推酬獎災傷五分以上與第五等七分已上與第四等以戶部言於賑濟勑條第五等於元祐勅係第四等分數未盡立法之意故也　六年七月二十二日侍御史賈易言浙西災荒朝廷遣差轉運使岑象求判官楊瓌寶爲米百萬斛錢二十餘萬緡俾之拯救州縣自亦依條賑濟欲乞明詔本路具災荒分數賑貸次第以聞八月二十八日監察御史虞策言兩浙災傷州縣糶米多爲販夫與公吏相結冒糴次及强壯之人其飢羸者轉受困餓或被踐蹋死傷乞下本路監司覺察轉運提刑司提舉分布諸處賑糶務要實惠飢民內興販及强壯者不得一例糶散如官吏措置乖方及公人用情並令依法　八年四月十一日兩浙路轉運提刑司申檢會浙西州縣累

卷一萬五千二百三十九　十

經災傷朝廷相繼發米赴本路賑濟除接續賑糶過外其逐州有見管淮南江西等路發到賑糶不盡米四十餘萬石別無支用欲趁此蠶月鄉民闕食之際各許令人戶赴官請借每一斗候至向去秋成納新米八升還官仍限四年均隨本戶苗稅帶納詔其米許充軍糧外餘數仰逐場減價出糶十二月十四日以京師流民詔特出錢米各十萬付開封府計口支給　紹聖元年二月十四日三省言北京澶滑州民被災最重艱食者多及軍食闕未見監司奏請詔呂希純井亮采因接濟河北所至體訪所當施行疾速具奏三月二十二日三省言準詔賑恤流民令還本業昨已降指揮應流民支與口食遣還本土所在官司闕官屋權令宿止疾病者醫治仍不限戶口米豆碩斗賑濟令戶部指揮災傷路分監司兼和督責州縣推行務要民受實惠如更有合行賑恤事令速施行上曰聞京東河北之民之食流移未歸本土宜加意安恤給糧種差官就諭使還農桑業范純仁等對曰令已給常平米又許百所養牛質取官緡錢免租稅貸與穀麥種矣上曰更思其未至者行之九月六日詔遣監察御史劉拯乘傳按河北東西路水災州軍賑濟闕食人戶應合行事令條具以聞二十九日詔府界京東京西河北路應流民所過州縣令當職官存恤誘諭遣

賑濟

還本土內隨行別無資畜者仍計口給曆經州縣排日給食至本處如合賑濟依災傷放稅五分法內老幼疾病未能自還及不願還者計口給十月十七日詔京西南北路提舉司官躬巡州縣覩視州縣無令流移詢其所在法數申尚書省二十一日詔河北東西路被災經放稅戶雖不及五分所又借貸錢斛并秋當牛錢等並聞候豐熟日分料輸其非被災放稅戶所又錢斛視此仍除結保均陪之令流民在他路者官吏以至意諭曉使歸業給券使所過續食不願者所在廩給之二十三日詔滑州妥官於浮橋北岸諭南來流民以朝廷寬通移衆賑卹晰使歸業同日詔近者大河東隄防未及增繕以故瀕河被害者衆南來者多留京師流離暴露隆冬日迫踣於死亡坐視不恤其謂朝廷何既詔有司悉意賑贍其令開封府即京城門外射視寺院官舍以居之至春諭使復業二十五日詔河北路監司令州縣官諭富民有積粟者毋閉糴官爲酌立中價毋得過抑者坐之同日詔賑濟司河北重兵所宿費不貲其耆艾老弱廢癃不能自存者摩糜食之毋專以多散蓄積爲功而實惠不及於民乃違使本意仍具措畫方略申尚書省二十六日詔給空名假承務郎勑十太廟齋郎補牒十州助教不理選限勑三十度牒五百付河北東西路提舉司召人

卷一萬五千二百三十九　十二

入錢粟充賑濟　二十八日宰臣章惇言軍食不可闕請遣約他司米豆足支一年意外其餘以廩飢民即米豆闕散常平錢之在官者民得錢亦可以市糴麩糠秕上憫然曰飢民所追麩料亦以爲食何暇擇其爲朕出行散錢之令十一月十九日詔河北路州縣當職官賑濟有方能撫存飢民才能顯著者具事狀以聞府界京東京西等路有河北流民所聚州縣即逐路監司准此二十一日詔河北路災傷州軍賑濟至四月終住給口食外有非老幼疾病之人候至三月終併支與四月分合給糧食發遣歸業二十三日權發遣河北路轉運副使張景先言恩冀瀛莫雄州順安廣信軍約定合用糶貸糧斛共五十三萬石緣本路斛斗不多處有闕之詔逐州除準備軍糧及賑濟外方許出糶仍不得一例借貸十二月六日詔京東西河東路提舉司將放稅不及五分者審驗得災傷稍重闕食不能自存或老幼疾病之人並權依五分法賑濟　二年二月十一日詔河北京東路賑濟災傷各令轉運提刑提舉司依先分定州縣巡歷如官吏奉行不盡或措置乖方以名聞仍令逐路安撫司常切覺察十四日詔內藏庫支錢十萬石絹十萬疋賜河北東西兩路提舉司準備賑濟從御史董敦逸請也　四年九月一日左司諫郭知章言兩浙歲旱淮南又不常全

檢乞下本路監司按視旱傷賑貸詔兩浙路轉運常平司應荒政並聚付
及預那移廩粟　元符三年三月二十六日徽宗已即位未改元戶部言
河北被災諸郡近據東路提舉常平司申撥賜到措置斛斗四十五萬石
若賑給至四月終委有餘剩數目即許接續出糶其西路下提舉常平司
將來罷賑濟後民食尚艱即令依條減價出糶常平斛斗並限二麥收成
日住罷其行商興販斛斗往災傷去處糶賣乞依已得朝旨與免商稅至
五月終從之五月二十七日詔知太原府范純粹專切體量賑恤河東流
已飢殍之人河北陝西帥臣準此十二月六日詔以大雪令有常損價出
糶倉米以惠細民　徽宗崇寧三年正月二十四日戶部言新兩浙路提
點刑獄公事周誼奏常潤兩州去秋蝗旱春夏之際糧食尤闕欲乞量度
賑濟月分至四月終未看詳欲下兩浙轉運提刑提舉司體度如委有災傷
人戶闕食至三月終未可住罷從之十月十四日詔兩浙杭越溫婺州秋
苗不收人戶失於披訴並量與撿放其取貸不濟人戶仰提舉司廣行賑
濟如物價增長即速以常平米平價出糶詳見恤災門　五年正月二十
五日詔兩浙路提舉司賑濟水災之食者　大觀二年八月十九日工部
言邢州奏鉅鹿下埽大河水注鉅鹿縣本縣官私房屋等盡被渰浸詔見

在人戶依放稅七分法賑濟如有孤遺及小兒並送側近居養院收養內
有人戶盡被漂失屋宇或財物仍許依七分法借貸不管都致失所仍其
賑濟居養存恤次第事狀聞奏詳見恤災門　九月二十九日水部員外郎
東長儒言奉詔體量邢州鉅鹿縣被患甚重欲指揮本路監司下所屬兵
逮將本縣被水第三等人戶亦依第四第勒條賑貸從之十月七日詔秦
鳳路流民盡赴熙河路州軍本路備邊糴買為重深慮流移民戶積日浸
久耗竭北邊糧食可平常平司悉心措置賑濟存恤早令復業仍只流移
戶口確實數目及賑濟措置次第以聞　三年八月十七日詔常潤州水
價踊貴可量發常平斛斗賑濟人民九月六日詔東南路沈闕例有災傷
斛斗踊貴仍下諸路監司仰依實檢放秋苗分數仍依條賑濟　四年三
月二十六日詔潤州饒州災傷至甚賑濟米豆並展至四月終四月二日
詔荊湖北路去歲災歉推行賑濟本路倉廩物斛所蓄不多不撥支用可
相度給降空名度牒二十道借奏職假將侍郎告勅各七道量度數目多
寡並逐色所直錢數目付本路監司與廉訪同共分擘付逐州軍曉諭民
間依陝西河北人戶入粟事體入中物斛如米豆大小麥計所入數合支
價直以前項物充折對項拘收應副本職六千貫借職四千五百貫假將

仕郎三千二百貫度牒二百貫四日詔東南六路災傷倉廩物斛不接支
用江南西路給降奉職借職假將仕郎告各七道度牒二十道江南東路
淮南兩浙湖南路各給降奉職告三道借職告四道將仕郎補牒三道度
牒二十道並依湖北路已得指揮施行　政和三年三月二十三日詔潤
州丹陽丹徒兩縣災傷放稅及七分以上常平賑貸在法至三月終罷緣
今歲有閏田事必晚可展至四月終應有類此災傷州縣亦依此施行可
疾速行　五年三月二十五日梓州計度轉運使趙適言瀘州管下夷人
結集作過緣邊一方戶口數千糧斛財產盡被劫掠不惟夏麥收成不得
秋穀又失種蒔悉皆失業除已行下抄劄逐急以係省錢糧支借存撫外
欲望朝廷詳酌特降指揮下本路提舉常平司措置優加賑濟施行從之
六年三月十日詔浙西常湖秀州平江府等處自去歲水災秋成尚遠
其貧闕不濟人戶仰本路提舉常平司通融那移一路應管常平義倉與
朝廷封樁米斛權依乞丐人法不限戶口石數特加賑給四月八日詔滁
入湖州並以七分災傷條例七月六日知杭州徐鑄言奉詔賑濟錢塘仁
和鹽官餘杭富陽縣去歲水災貧闕人戶自四月十五日接續賑給止六
月十五日尚未有米穀相繼上市乞一面行下展至六月終從之八月十

八日兩浙提舉常平司言奉詔常秀湖州平江府等處水災權依乞丐人
法賑給今據逐州管下共二十五縣賑濟總四十三萬餘口乞至收成日
住給從之十月十九日詔平江府管下屬縣有水災去處令依十分法賑
濟　八年七月十六日詔高陽關路去歲賑濟全活百餘萬人河間府滄
州為多安撫使吳玠特降詔獎諭官吏推恩有差八月二十五日詔江淮
荊浙被水州軍漲水已退殘潦餘漬占田無藝民不得耕比屋椎埋無以
奠居可令郡令佐悉心賑救提舉司於上供或封樁斛斗內量人戶多寡
截充賑濟即不爭占侵將來豐熟於常平司撥還上等四十萬石中等
三十萬石下等二十萬石九月二十七日詔江淮荊浙以被水人戶多
寡分上中下三等許截上供斛斗賑濟可依已降處分作三等截留四十
萬如違以大不恭論　其後宣和元年正月七日臣僚言兩浙廉訪所申
據轉運司申截撥到本路米一十一萬七百石其餘分下平江府湖秀州
收糴應副又於鎮江府截住常州米綱椿充賑而轉運司稱係來年額斛
之數令起發淩江恐致生靈不得均受朝廷忽養詔昨降御筆截上供米
賑濟飢民非不丁寧而憲吏公然違慢不行截撥更於闕食之地收糴以
充賑給是乃重困飢民乎方若此仰提刑司并廉訪使者驗實人吏依法

決訖赴千里轉運司官追三官勒停其後轉運司奏已支撥賑濟米四十
萬石足備無闕詔副使蔣彝以應奉宣力特免勒停追官改作降官依舊
在職十月八日詔諸路民被水患深淺不同州縣賑給不可一槩限滿住
罷仰監司州縣悉心體究如被水尤甚民力未能自營不得便住賑給務
在存活人命亦不可濫冒患害　重和元年十二月十九日詔淮南被水
楚州山陽鹽城二縣下户飢殍三萬二千餘人無業可復縣官悉令散歸
遂携老扶幼號訴監司而常平官昔諭爲乞米來下各令歸業轉於溝壑
者已不少指揮到日於已截斛斗支撥賑救不足於鄰州鄰路發義倉兑
撥支還其郡守知縣常平官先次勒停受訴監司降兩官並令提刑司取
勘限十日奏　宣和元年二月十八日尚書右丞范致虛言奉詔楚州山
陽鹽城二縣被水令截撥斛㪷賑救不足於隣州隣路發義倉兑撥支遣
竊以災傷路分廣遠自江淮荆湖兩川各被水患物價騰踴方春正多飢
殍彊壯者流爲盜賊類多乞丐以市斛㪷或米在田蔬茹之類甚者無從
得食老稚轉徙甚可哀痛按義倉法唯充賑給不得他用此歲數豐未嘗
支遣諸路義倉之粟甚多欲望睿旨應去歲災傷州縣並量從校賞災傷
人數及外來流民並給義倉物斛賑濟數係災傷官司以前不曾檢行特

與放罪若今來指揮到依前庇隱令廉訪使者按劾以聞若常平及本州
通用諸縣義倉物斛計度依散不足並許依楚州兩縣所得前件指揮於
鄰州鄰路發義倉兑撥支遣詔京西路頻次陳蔡等州見今民已流移飢
殍監司州郡並不申奏運司庇隱不放租税致不得依災傷賑濟遂使斯
民轉於溝壑史爲姦罔不奉法令以致如此爲之惻傷可令新京西漕臣
李祐放謝鼎星夜乘騎前去體量常平官孫延壽先次勒停餘監司並守
臣一一並具名奏應一路義倉可並特通融支撥賑濟補行應災傷流移
地分並令依法放免租税疾速行下五月二十九日詔淮浙去歲被水田
業多荒今雨暘順適耕種是時民無力施工可令兩路提舉常平官散倉
廩廣行借貸毋或失時施行訖具表從兩浙轉運司請也　二年六月四
日詔開封府賑濟乞丐二萬二千餘人當職官吏推恩有差十月九日詔
淮南災傷飢民流離常平官具躬至所部竭力賑濟十二月二十五日詔
睦州及管下應避賊人令所在官司依條賑濟詳見盜賊門　三年正月
十四日詔宣歙杭睦州民居緣兇賊劫虜逃避既無所得食遂至失所慮
其間少壯之人或聚爲盜老弱幼小不能自存轉于溝壑深可矜惻仰江
南兩浙路漕臣憲司提舉常平及所在處郡守倅當職官等多方撫諭優

廾一

加存恤如有闕食之人官爲賑濟務在安集毋令失所仍各具知悉狀以
聞二十六日詔兩浙江東路遭賊士庶百姓流離無以自給及無居止甯
忻惻然令州縣措置賑給借與官舍勸誘歸業八月十二日詔徽州已降
指揮依七分法借貸被賊燒劫州縣人户依災傷流移法賑濟其兩路復
業人户若闕少牛具種糧等仰提舉司務從優厚行借貸訖奏　四年十二
月十三日詔德州有京東路西來流民不少本州知通張邦榮王景溫等
見行賑濟於在城并安德平原縣三處措置寓泊計六百三十一户除已
議給券還鄉外尚有五百餘户各得均濟仰本路提點刑獄司究實聞奏
取旨量推恩其餘路分遇有流移人户不即依條存恤者並仰監司廉訪
使者按劾以聞　五年正月四日臣僚言關蜀父老謂本朝名臣治蜀非
一獨張詠德政居多如賑糶米事著在皇祐甲令常刻石遵守至今行且
百年其法一斗止糶小錢鐵錢三百五十文人日二斗闔甲給曆赴場請
糴歲計六萬碩始二月一日至七月終貧民闕食之際悉被朝廷實惠比
年漕臣不職米直漸增或陳腐不堪雜以糠粃不獨損六萬之數且錢察
不嚴乞賜施行詔漕臣檢會皇祐條例措置以聞十月二十八日詔大河
暴漲由恩州河清縣王余渡東向泛溢衝注大明府恩冀州縣本縣被水人

户令本州提舉常平官覗諭流移所在適行賑濟　六年五月十三日前
如平陽軍府事商守拙言契勘諸路州縣給散乞丐人米依條立限五日
一給不以所居遠近皆集一處給散緣已遇風寒權令就近支散庶不失
所從之八月十八日收復燕雲赦應貧乏及鐵民並以係官錢米賑濟無
令少有失所十月二十七日詔浙西諸郡夏秋水災穀貴艱食民户流移
已降指揮於所在依條賑濟訪聞常平司見管米斛數少可於本路實有
見在米或見起上供米內截撥五七萬石付提舉常平官躬親往常秀平
江等處隨宜分擘應副賑給務令實惠均及飢民十一月十七日詔河北
京東夏秋水災民户流移繼踵於道可令應所過州軍隨宜接濟若常平
義倉不足即發封樁應干斛斗賑給令實惠及人　高宗紹興元年五月
十四日詔諸路見今米價踊貴細民闕食令州軍將常平倉見在米量度
出糶仍廣行勸誘富家將願糶米穀具數置曆出糶州委通判縣委令佐
如糶及三千石以上之人與守闕進義副尉六千碩以上與進武副尉九
千碩以上與下班祗應一萬二千碩以上與進義校尉一萬五千碩以上
與進武校尉二萬石以上取旨優異推恩如已有官蔭不願補授名目當
比類施行並令州軍保奏通判令佐勸誘人户出糶數多令本路監司保

秦等第推恩務要實惠及民即不得虛椿數目陳乞推恩仍令監司覺察
如違按劾取旨重作責罰　二年八月十一日詔福建路亢旱米價翔貴
令本路提刑司將泉福州寄卸廣南米取撥三萬碩賑糶仍酌量逐州軍
豐歉次第分撥　二年六月十二日荆湖南路宣諭薛徽言已撒州縣勸
誘上戶借貸種本月終考曆以多寡為殿最具上三名與免公罪杖一次
稍多者又與免科役一次優異者保明申本司又就全永闕道郴省米應
副借貸應第四等以下戶計人為一甲於本州給據自齎赴撥米州軍請
領於是戶部言八戶災傷在法以常平錢穀應副不足方許勸誘有力之
家出辦糶貸兼已劄刷湖南有米州軍支撥二萬碩付本路提刑司專充
賑濟支用今乞下提刑兼提舉常平司遵已降指揮施行毋致人民流移
失所從之　五年四月十四日中書門下省言勸會民間米斛踴貴已令
戶部借支神武中軍糧食一月令盡數出糶九月七日殿中侍御史王縉
言應民旅般販米斛往旱傷州縣出糶依日前指揮許就官司判狀執據
與免經由場務力勝亦賑救之一也從之十二月七日江南西路轉運司
言筠袁洪吉江撫州臨江興國軍及臨江軍新喻縣災傷乞支給本路苗
米五七萬碩委提舉司以州縣災傷分數取撥比市價減什分之三糶及

卷一萬五千二百三十九　十六

令州縣勸諭有力之家人納粳米每一千碩或稻穀每二千碩如係曾得
文解人三代中有文官無刑責補迪功郎餘人補承信郎依獻納人例理
選限陞陟從本州保奏給降付身使作官戶免身丁差役免審量令本路
帥司舉辟合入差遣其入納到米即減價賑糶并令州縣出給公據勸諭
商賈收糶斛斗從便出糶與免力勝稅錢每米百碩許附帶貨物約百貫
詢訪停塌斛斗之人勸諭量取利息責認碩斗數目出糶接濟及飢民合
給米豆雖放稅不及七分縣分亦許販給委提舉司審度若常平穀不足
聽取撥入納到米謂今來因災傷勸誘到者支給候將來有納到義倉斛
斗卻行撥還州縣當職官賑濟有方者委提舉司保明提刑司覈實以聞
優與旌賞詔已令收糶米斛六萬碩準備賑濟今乞支苗米雖議施行內
勸諭人納稻穀依入納米補官便作官戶一節見別作施行外餘並依仍
委知通勸諭有力之人出糶斛斗接濟不得抑勒　六年正月十三日詔
令湖南轉運司於已科撥去年上供米內存留三萬碩從本路帥司量度
災傷輕重分撥付州縣專充賑濟使用二十六日上宣諭輔臣曰歲飢民
多流殍朕心惻然官為發廩以賑給之則民受實惠苟為不然雖詔令數
下恐徒為文具耳宜申飭有司多方措置米斛二月一日詔令江西轉運

官

司於去年上供米內支撥一萬碩付本路帥司斟量災傷輕重與常平米
相兼均依賑濟支用七日右諫議大夫趙霈言去秋旱傷連接東南今春
飢饉特異常歲湖南為最江西次之浙東福建又次之伏覩累降指揮賑
濟固備盡矣然今日賑救有二一則發廩粟減價以濟之二則誘民戶賑
糶以給之諸路固嘗許借常平義倉米又嘗令州縣賑糶艱難之際兵食
方闕州縣往往逐急移用無可賑給唯勸誘賑糶尤為實惠然自來官中
賑濟多止在城郭而不及鄉村願以上戶所認米數紐計城郭鄉村人戶
多寡分擘米數縣差丞簿於在城及逐鄉要鬧處監視出糶計口給曆照
支或支五日或併支十日其支籌收錢並令人戶親自掌管官司不得干
預既無所擾人亦願從乞申嚴戒諭如當職官不親詣鄉村監糶米斛與
故縱人吏科擾令監司按劾及許人戶越訴其官吏重行竄斥從之三月
七日成都潼川府夔州利州路安撫制置大使兼知成都府席益言東西
兩川去秋荒歉及成都府路田事不登物價騰踴欲令四川都轉運司不
以是何名色米權行截撥專充賑濟或減價出糶以平米價詔令趙開除
應副軍糧外將其餘應干米斛寬剩撥付四川安撫制置大使司量度委
路災傷去處均行賑糶二十九日殿中侍御史周祕言去歲旱傷小民艱

卷一萬五千二百三十九　十七

食命所在勸誘積粟之家置曆出糶過三千石者等第推恩而州縣奉承
不恪勸導無方乃謂富民頑悍既諭不從遂降指揮許令一面酌情斷遣
州縣官吏不問民之有無而專以刑威逼使承認善良之民被其害矣欲
望再降指揮專委諸路提舉官徧詣所部戒約守令多方勸誘務令民戶
樂從無因今來酌情斷遣指揮輒有分毫擾擾詔依令諸路提舉常平官
躬親遍詣所部州縣巡按覺察如有違戾去處按劾聞奏其提舉官失覺
察令御史臺糾劾四月十二日江南西路安撫置制大使兼知洪州李綱
言已遵睿訓勸誘出榜置曆差官分詣諸州委知通縣官召上戶積米之
家許留若干食用其餘依市價量減盡數出糶其流民官中賑濟竊恐秋
成尚遠難以接濟以一面勸誘上戶納錢米入官以助賑濟乞許給官告
度牒之類折還價直從之二十三日詔筠州高安上高兩縣當職官各先
次特降一官放罷令本路提刑司取勘具案聞奏以提舉常平司言賑濟
乖方至有盜賊竊發殍亡暴露田畝荒萊飢民失所故有是命五月一日
荆湖南路安撫制置大使兼知潭州呂頤浩言被旨令廣西提刑韓璜收
糴米二三萬碩般發前來賑濟已節次催促至今並無顆粒到來望將上件
米斛委韓璜催督水運至湖南却委本路運使分撥州軍交卸以濟飢民

詔令劉嶠向伯當疾速敷發二十六日詔知婺州周綱除直龍圖閣知撫州劉子翼除直秘閣並特令再任以中書言並治郡有方賑濟宣力故有是詔　八月二十九日詔韶州李紹祖特與減二年磨勘以廣西提舉常平韓璜言起發湖南賑糶米有勞故也　十二月十四日尚書省言江東西湖南路去歲旱傷近據申奏賑濟飢民萬數不少其逐路帥司及常平官措置有方甚稱委寄除江東帥臣葉宗諤已別作施行外詔帥臣呂頤浩李綱提舉趙不已吳彥賓令學士院降詔獎諭同日尚書省言去秋江湖旱傷人民闕食朝廷支撥米斛及委帥臣監司并州縣守令賑給竊慮其間奉行滅裂却致死損流移數多合行比較優劣詔令逐路帥臣監司於本路旱傷州縣各比較三兩處保明取旨賞罰　十五日詔四川去歲旱荒之後斷以疾疫流亡甚衆深用惻然其郡守縣令有能賙給困窮撫存凋瘵善狀最著者令席益體訪詣實保明來上當議獎擢以為能吏之勸或廢慢詔令坐視不恤按劾聞奏亦當重寘典憲　七年十月八日詔潼川府守臣景興宗陞一職廣安軍守臣李瞻果州守臣王騰前吏部郎中馮檝漢州守臣王梅各轉一官知成都府席益令學士院降詔獎諭仍令四川安撫大使司開具其餘各轉官人職位姓名以聞　以四川安撫制置使

卷一萬五千二百三十九

十六

席益言諸州賑貸有方活飢民甚衆内馮檝出米四百碩以助賑濟故有是命　九年十一月六日臣僚言豐者旱暵為災官當發廪勸糶而州縣奉行姦計百出有民戶初非情願均令認數以應期限而平時儲積之家得以幸免者有所在初無收成勸令轉糶以賑城郭而本鄉流離不暇顧卹者願詔執事選擇廉謹彊明之吏推行德意務使實惠及民盡革前弊詔令戶部約束　十年三月十九日臣寮言諸處糶米賑濟只及城郭之内而遠村小民不霑實惠向陳正同通判婺州賑濟極有條理雖窮谷深山之民無不普霑實惠而州縣之吏亦不至勞乞令陳正同條具賑濟事件付戶部看詳遍下諸路依此施行從之　十二年三月二日詔紹興府旱傷秋苗令於義倉米内支撥一萬碩置場出糶　十三年三月十八日詔令淮南總領呂布常於大軍米内支三千碩量度分撥於鎮江府委官管押前去米價踴貴去處減價出糶仍令淮西總領吳彥璋契勘本路如合出糶依此施行　十四年六月十五日上宣諭輔臣曰福建浙東被水災去處已令寬恤賑濟尚恐州縣滅裂令逐路監司各躬親前去悉力奉行務要實惠及民不得徒為文具　十五年七月三日知泉州吳序賓言汀虔盜賊鱗集泉南七縣雖其荼毒且致饑餓雖軍儲不足而義倉積粟見

存七萬碩欲開倉賑貸内殘破四縣乞比附災傷七分之法各借種子三千碩自第四等以下戶委縣官隨便借貸詔每縣於義倉米内支撥二千碩應副借貸　十八年十一月二十三日上諭輔臣曰紹興府災傷闕食人戶以義倉米賑濟無使失所如別有災傷去處亦令戶部多方措置　十二月十二日上宣諭輔臣曰近令提舉常平官躬親詣災傷去處賑濟竊恐所轄州縣闕逐熟檢遲滯可更令分委屬官悉力賑濟將來春耕合用種糧須令預先措置臨期借給使之耕種及時則贍養供輸公私兩濟　十九年二月四日上諭輔臣曰春雨膏潤於農事極利農事種糧為急若種糧不足則秋成無望昨已降指揮災傷去處令提舉常平司借給可更丁寧戶部應副　十九日詔逐路災傷去處可令縣官措置籍發米斛就鄉村賑給逐州委通判點檢逐路委提舉常平官按察仍令御史臺覺察彈劾　二十八日詔近有紹興府等處飢民在此求乞日有飢死者可令臨安府日下給米賑濟　三月二日上諭輔臣曰近日紹興飢民多有過臨安者深可憐憫蓋是保正副抄劄漏落是致流移可令臨安府多方措置賑濟戶部應副糧斛其諸路州縣災傷去處宜申飭監司守臣依已降指揮貸給種糧廢錢秋成可望　四月六日上諭輔臣曰兩浙等處災傷去處可令

卷一萬五千二百三十九

十九

提舉常平官親詣所部借貸種糧務要實及飢貧民戶毋令州縣及當行人侵尅徒為具文　九月十三日詔兩浙東路提舉常平秦昌時除直秘閣兩浙東路提點刑獄公事以安撫司言紹興府明婺州水旱災傷昌時悉力賑濟乞賜褒擢故有是詔　二十四年五月十七日尚書省言衢州闕食人戶令本路常平官賑濟外竊慮未到之前人戶闕食有妨歸業詔令本州日下賑濟仍曉諭各令歸業　六月一日上諭輔臣曰官司賑濟止及近郭游手之人其鄉村遠處宜令提舉官及州縣常平官躬親措置務使實惠及於貧下　二十七年十月二十九日詔令四川制置司總領所并逐路轉運常平司各具管下州縣有無旱傷聞奏如有實被旱傷去處仰支撥常平錢糧賑濟或支用不足即於存留舊宣撫司樁積錢米内量度取撥　二十八年八月十六日上諭輔臣曰浙東西瀕江海去處因苗為水風所損平江府最甚紹興次之已將常平米賑濟尚慮貧弱下戶去秋成尚遠無錢可糴深軫朕懷卿等可令發義倉米賑濟宰臣沈該等奏曰在法災傷及七分以上合行賑濟當遵禀聖訓就委趙子潚鄭棐依此施行詔紹興平江府被風水損傷可令趙子潚鄭棐體訪委是災傷去處將第四等以下闕食人戶量行賑濟候晚禾成日住罷仍具逐處賑濟人戶

及支撥過米數申尚書省九月二十九日詔在法水旱檢放苗稅及七分
以上賑濟緣田土高下不等若通及七分方行賑濟竊慮飢荒人戶無以
自給可自今後災傷州縣檢放及五分處即令申常平司取撥義倉米量
行賑濟　二十九年二月二十五日詔令逐處守臣於見管常平義倉米
內取撥二分減市價二分賑糶內臨安府於行在椿積米內借撥四月
十六日詔紹興府山陰縣檢放賑濟不均去處令浙東常平官再驗各放
實數申具第四等以下不曾經賑濟者令遵節次已降指揮賑濟施行閏
六月四日提舉兩浙路市舶曾愭言去秋州縣有被水災傷去處細民艱
食多方賑濟及將常平米減價出糶飢民賴以全活而其間亦行不至者
其弊有三賑濟官司止憑耆保公吏抄劄第四等以下逐家八口給曆排
日支散公吏非賄賂不行或虛增人戶或鐫減實數致姦僞者得以冒請
飢寒者不霑實惠其弊一也賑糶常平米斛比市價低小既糶者不分等
第不限口食則公吏倉斗家人皆多立虛名盜糶遂使官儲易於匱乏其
弊二也賑濟戶口數多常平樁管數少州縣若不預申常平司於旁近州
縣通融那撥米盡旋行申請則中間斷絕飢民反更失所其弊三也欲望
行下有司嚴立法禁力革其弊公吏抄劄不實與夫州縣申請失時者丗
卷一萬五千二百三十九　二十
寘嚴科去提舉官從米部內賑濟去處體訪如有違戾按劾以聞從之
三十一年正月二十六日詔令逐州府差官抄劄貧乏之家於見椿管
常平錢米內依臨安府例賑濟令委有心力官依務在實惠不得減尅
仍具支過錢米數目以聞八月三日都省言淮西州軍先因人戶逃避出
淩之人理合賑濟令淮西提舉常平官日下於附近州軍取撥常平義倉
米三千碩前去濠州賑濟仍令龔濤劉光時照會常切存恤毋致失所
三十二年二月三日詔兩淮歸業民戶艱於食用令本路常平司賑濟如
闕米於浙西江東常平米內各取撥一萬碩應副支散五月二十九日樞
進觀文殿大學士判建康軍府事張浚言體訪得東北今歲米價踴貴欲
乞朝廷多撥米斛錢給赴淮南賑濟支用詔令浙西江東常平司各更於
近便州軍支撥常平米一萬碩

賑貸下

孝宗隆興元年二月十八日尚書戶部
員外郎奉使兩淮馮方言據高郵軍百姓狀自前年金賊犯順燒毀屋宇
農具稻斛無餘歸業之始無以耕種欲乞就附近支撥常平及義倉米委
本路提舉司令高郵軍措置借貸記認催索趁此農時早得布種以寬秋
冬艱食之憂其餘兩淮州縣經賊馬蹂犯去處亦令依此體例施行從之
三月二十九日詔曰霖雨為沴雖側身修行尚恐誠意未孚可令諸路監

司守令應遇災傷去處常切賑䘏周窮糾察刑禁仍各條具聞奏六月十
八日詔兩浙江東下田傷水衝損廬舍理宜寬䘏令諸路常平司行下州
縣將被水人戶疾速依條借貸以備布種將來見得損傷即從時檢放
其衝損廬舍之家多方存恤賑濟措置安泊無令失所七月十九日權知
盱眙軍周淙言泗州盱眙軍去歲虜人驚移不曾耕種近淮北流移之民
稍多米價頗長極邊之地販運不通已將本軍米斛比市價減半置場出
糶每日糶及五十碩但去秋成稍遠而本軍米斛已盡乞支撥三千碩廣
行賑濟從之九月二十四日詔紹興府飢民以義倉米依紹興十八年例
賑濟之從知府事吳芾請也十月二十一日知紹興府吳芾言本府今年
災傷異常豪右之家閉糶待價欲招誘出糶最多之人從本府保明申取
朝廷詳酌推恩從之二十七日兵部尚書兼湖北荆西路制置使虞允文
言京西一路今歲旱蝗乞下本路常平司候開春日將所管常平義倉米
廣行賑濟從之二年三月十日詔徽州旱蝗爲災可將常平義倉米出
糶賑濟如本路州軍亦有似此去處依此施行二十七日德音高藤富容
州應曾被焚劫逃避人戶仰守令多方招誘歸業內闕食不能自存之人
依災傷法賑恤即雖歸業而無力耕種者令提刑司以牛具種糧借貸之

卷一萬五千二百三十九　三十

七月二十四日臣寮言建康鎮江平江府常秀等州今年秋淫雨不止大
水爲災目今米價見已翔踴乞命提舉司依條賑濟農民不可使至流移
仍行下諸州勸諭居停米穀之家平價出糶從之八月二十三日詔臨安
府米價增貴細民艱食令常平出米二萬碩賑糶從二十日詔訪聞淮東
有被水去處人戶遷徙可令錢端禮於本路見管米斛內支撥一萬碩措
置賑濟如不足於淮東總領所大軍米內取支九月四日知鎮江府方滋
言丹徒丹陽金壇三縣今秋雨傷稼措已委官詣金壇縣取撥義倉米二
千碩丹陽縣一千碩各依乞丐法賑濟尚慮管下少有客販米斛及乘時
射利高擡價直民戶艱於收糶遂措置杭委官於金壇縣添撥米一千二
百碩丹陽縣添撥米八百碩丹徒縣撥米五百碩並各減價每升作二十
五文省置場出糶每人日糴不得過二升竊慮豪右之家閉糶待價除已
勸諭醵糴外乞依紹興九年七月二十九日指揮將出米米穀人依立定
格目推賞仍乞立定有官人糶米比類遷轉賞格行下其或他州之人有
能般販前來賑糶從得數目亦與一例保明推恩從之　其後方滋又言
今歲江東二浙皆是災傷去處獨湖南廣南江西稍熟相去既遠客販亦
難艱當有以誘之欲乞朝廷多出文榜疾速行下湖廣諸路州軍告諭客

糴　禁

人如般販米斛至災傷州縣出糶仰具數目經所屬陳乞並依賞格即與
推恩州縣出糶官米往往只在近郭勸諭民間出糶者亦多般入城市以
至村落山谷之民無處告糴乞欽詣士人及寄居之忠實可委者四散監
糶庶被惠者廣州縣閑糶朝廷舊有約束令閑州縣不務均濟往往濟人
般販乞委監司嚴行覺察將閑糶之官按劾施行從之　十九日詔今秋
霖雨害稼細民艱食出內庫銀四十萬兩付戶部變轉收糴米斛賑濟二
十一日中書門下省言今歲浙西江東州軍內有水傷去處損害禾稼竊
慮民戶流移闕食乞下江西常平司於見管常平義倉米內取撥二十萬
碩賑貸從之十一月十九日臣寮言淮南流移百姓見在江浙州軍無
慮十數萬衆雖欲賑濟緣官司米斛有限近降指揮有田一萬畝出糶米
三千碩其餘萬畝以下卻有不曾經水災收蓄米斛之家糴價倍於常年
令相度欲委逐州見不曾經水災處占田一萬畝以下八千畝以上立定
出糶米一千五百碩如此可以廣有出糶之數應援急闕支遣從之二十
五日上封事者言虜騎犯邊兩淮之民皆過江南緣鎮江瀕閘不閑老小
舟船艤泊江岸者數千隻近日大雪皆有暴露絕食之患欲乞廣行賑濟
詔專委浙西江東提舉照應見行條法通融取撥一路常平米斛躬親賑

卷一萬五千二百三十九　三十一

濟　臣寮又言近嘗具奏乞賑給兩淮流移之民伏蒙施行竊覩近日有
司措置於多田之家廣加和糴令諸處各有糴到米斛欲望於浙西江東
兩諸郡和糴到米內取撥二三十萬碩令逐路轉運司日下措置般運分
往兩淮經殘破州縣鄉村委逐處守令通行賑濟招誘流民歸業其貧困
之人不能自存者日計口數給糧詔依　十二月十三日詔兩浙路州軍
內有災傷民戶闕食去處專委本州守倅以常平米措置減價賑糶　乾
道元年正月十九日詔已降指揮逐路州軍災傷去處措置賑濟訪聞州
縣止是抄劄城內闕食之人其鄉村貧民多不霑惠令逐路轉運司行下
逐州委官遍詣鄉村賑糶并勸糶民間米斛不得因而搔擾從中書門下
請也二十一日詔紹興諸縣米價騰踊飢民闕食沿湖之民多有死損理
宜賑恤可專委徐嘉喻樗多方措置賑糶務要實惠及民仍委提刑司體
究逐縣死損過人數以聞從中書門下請也同日詔浙西州軍被水災去
處已令賑濟訪聞湖秀州流移之人甚衆竊慮州縣奉行不虔可令曾懷
躬親前去多方措置賑濟無令失所將州縣官措置有方保明聞奏其弛
慢去處具名按劾從中書門下請也二月三日詔兩浙江東州軍緣去歲
間有水傷去處致今春米價翔踴細民流移甚可矜恤仰守令多方措置

賑濟於本州應管錢米內取撥應副仍藉定數目遣管內寺觀大小均定
人數賑濟柴錢責付主首掌管支用務令實惠均及流民毋致殍餓如奉
行滅裂仰提刑司按劾重寘典憲賑濟有方具名聞奏當經旌賞六日中
書門下省言兩浙東西路緣水災細民艱食累降指揮令諸州縣賑濟及
勸上戶糶米并造粥給食非不詳盡竊慮州縣奉行滅裂未見實惠及民
詔浙西委吏部郎官曾書浙東委司封郎官唐閱躬親遍詣諸路州縣檢
察如有違戾去處具當職官姓名申尚書省其措置有方亦仰保明聞奏
八日詔高郵軍壽春府流移之民令淮東總領所將太平州蕪湖縣起到
江西常平米內取撥一千碩應副高郵軍於滁州金人遺棄下米內取撥
二千碩應副壽春府賑濟從江淮都督軍馬楊存中之請故也九日詔臨
安府諸縣賑濟竊慮奉行不虔差監察御史程叔達日下躬親前去檢察
如有違戾去處具當職官姓名申尚書省其措置有方亦保明聞奏十一
日中書門下省言臨安府內外饑民頗多竊慮有賑濟未盡詔委姜詵韓
彥古同臨安府專一措置賑濟毋致失所仍約束所差官吏不得作弊滅
裂三月十三日詔嚴衢婺處州荒歉發常平米以賑之從殿中侍御史章
服請也四月十三日尚書度支員外郎曾愭言今歲浙西災傷諸縣勸諭

卷一萬五千二百三十九　二十三

大姓出米賑濟者即是給與賑糶者姑損其直賑貸者責認其償欲乞將
逐縣勸諭到賑濟米謂如三千碩者知縣與減一年磨勘計其多寡以為
之等差賑貸三百碩比賑濟一百碩州郡於諸縣數外自措置到賑濟賑
糶數及委令佐分鄉勸諭者守臣與令佐賞亦如之大小參減米數之半
以計其數詔令有司第賞格行下浙西提舉常平保奏施行五月二十四
日詔廣英連韶州肇慶德慶府以峒民殘破令廣東提舉常平司依條賑
濟從廣東提刑石敦義請也同日詔光州屢經兵火令淮西總領所撥會
子一萬貫江西轉運司支米五百碩賑濟之六月十八日知宣州王佐言
本州自五月七日至二十六日雨如傾注山發洪被水之人闕食者衆欲
將見管常平糶米錢八萬餘貫循環作本差官收糴米斛賑濟從之　二
年二月三日兩浙路轉運判官姜詵言浙西州縣災傷民戶闕食乞下諸
州軍府官守臣疾速措畫其闕食民戶量行賑濟勸諭田主豪右之家借
貸種糧詔令浙西提舉常平官相度措置九月七日詔浙東提舉常平宋
藻前去溫州將常平義倉米賑濟被水闕食人戶如本州米不足遍取
撥　權發遣溫州劉孝題言本州八月十七日風潮傷害禾稼漂溺人命
所有義倉米五萬餘碩先蒙奉使司農少卿陳良弼盤量在倉不得支借

等

若候申稟深恐後時逐急一面賑給外有不候指揮先次開發之罪乞施
行得旨放罪十一日詔溫州水災差度支郎中唐瑑同提舉常平宋藻守
臣劉孝題遍詣被水去處覈實賑濟　三年八月二十五日詔諸路州縣
約束人戶應今年生放借貸米穀只備本色交還取利不過五分不得作
米錢算息　以臣僚言臨安府諸縣及浙西州軍舊來冬春之間民戶闕
食多詣富家借貸每借一斗限至秋成交還加數升或至一倍自近年歲
歉艱食富有之家放米人立約每米一斗為錢五百細民但救目前不惜
倍稱之息及至秋成一斗不過百二三十則率用米四斗方糶得錢五百
以償去年斗米之債農民終歲勤動止望有秋舊逋宿欠索者盈門豈不
重困夫民之貧富有均要是更相養之道非貧民出力則無以致富室之
饒非富民假貸則無以濟貧民之急豈可借貸米斛却要責令還錢故有
是命　十二月二十六日左朝散郎孫觀國言四川州郡亢旱內綿劍州
尤甚乞遣金字牌行下制總諸司多方賑濟上曰此去麥熟尚遠想見飢
民狼狽當依所奏　四年四月十一日司農少卿唐瑑言福建江東路自
今春米價稍高民間闕食郡縣雖已賑糶止是行之坊郭其鄉村遠地不
能周遍詔諸州提舉常平官疾速措置津發見樁米斛分委州縣清強官

卷一萬五千一百五十九　二十四

廣行賑糶或勸諭積穀之家接續出糶不得因而抑勒搔擾諸路依此六
月四日詔建寧府衢州袁州建昌軍米價翔踊人民闕食並出常平米賑
濟之二十六日詔襄陽府水旱民飢令本路寄樁大軍米內支降二萬碩
賑濟之十二月二十六日雷州言八月一日海潮暴漲淹浸東南鄉民闕
食者衆詔令禮部給降度牒十道付廣西提刑司變賣措置賑濟　五年三
月六日提舉江東常平公事翟紱言竊見饒州諸縣去年被水災傷合行
賑糶乞將常平樁管米一千六百五十二碩九斗六升五合并收到乾道
四年分義倉米五千二百一十五碩二斗九升五合委官賑糶外其池州
建德縣與饒州接連飢荒尤甚更乞將常平米內支撥七百一十九碩六
斗二升并拘到乾道四年義倉米內支撥二百二十二碩一斗七升將約
度被水第四第第五等以下大小人口量行賑濟從之　九日知鎮江府陳
天麟言本司昨奉指揮將歸正人顧政等二百一十八戶大小計一千一
百一十口并續拘責到高琮等五十一戶計二百三十六口許令於常平
義倉米內取撥賑濟至乾道五年五月終合行住支竊慮狼狽失所無本
府又不住有一般歸正人楊貴等四十三戶陳乞賑濟欲將逐項歸正人
更與展支一年庶幾小民始終多霑恩惠從之四月十四日詔饒信州連

歲旱澇細民艱食可出常平義倉米以賑之同日權發遣江南路計度
轉運副使趙彥端等言臣等近恭奉御筆處分以饒信二郡曹有水患令
臣等協力應辦措置賑濟臣等措置將信州合起赴建康府大軍米一萬
五千碩截留樁管及將合起赴鎮江府米二萬碩內將一萬碩就便樁管
將一萬碩往饒州準備支使令據饒州知州黃琦劄子雖蒙提刑司撥
到義倉米六千八百餘碩不了一月賑糶之數乞備申朝廷於樁留米內
支撥二萬碩添助賑糶臣等照得饒州合發上供米斛除樁留外尚有合
起赴行在米一萬一千九百六十碩臣等除已一面發急行下饒州於內
先次取撥一萬碩量度市直減價賑糶外候信州起到米一萬碩却行拘
收理充合起之數兼慮信州亦有似此闕食去處臣等已行下信州取撥
米五千碩依此減價賑糶去訖所有饒州前後樁留米四萬碩欲乞早降
指揮許再撥一萬碩更令接續賑糶從之五月十日提舉江南東路常平
茶鹽公事程紱言臣近因巡歷到饒信州面諭逐州知通委請諸縣令佐
勸諭上戶將積蓄米數減價出糶接濟細民食用今饒州并諸縣申到依
應勸諭得上戶願糶米穀共計一十九萬六千六百碩六斗五升并轉運
司支撥到上供米一萬碩付饒州賑糶緣逐項米數委可接濟細民食用

卷一萬二千五百三十九

三五

所有臣先來奏乞更乞支米一萬碩欲乞住撥候所糶米穀盡絕如民間
尚闕米穀即具奏乞支撥施行十月四日詔台州出常平義倉米賑濟被
水之民六日權發遣兩浙路轉運副使劉敏士言溫台二州近因風水飄
損屋宇禾稼雖將義倉米賑濟緣被水丁口至多竊慮來年秋成尚遠將
何以繼臣令措置欲令各州勸募上戶官借其貲就浙西諸州豐熟去處
般販米粮中價出糶至來年秋間却輸納錢本還官庶幾般販既多米稍
停蓄其價自平今來溫州已募上戶措與錢本見行措置唯是台州財賦
窘迫無以為計臣欲支錢五七萬貫給與台州令勸募上戶般販米斛以
濟飢民詔令兩浙轉運司差撥人船於近便州軍戶部樁管米及常平義
食米內取撥三萬碩前去台州委官於被水去處減價出糶其糶到錢令
本司拘收撥還元取米去處十七日新權發遣福建路轉運副使趙彥端
言竊見饒信之間地瀕湖　連有水患欲望每歲於饒信兩州上供米內
各截留數萬碩若次年不曾出糶或有出糶米盡之數即行起發却以當
年新米代充稍倣常平以新易陳之意詔令後每歲逐州各截留三萬碩
準備出糶二十八日知楊州主管淮東安撫司公事莫濛言契勘本路楚
州盱眙軍沿淮鄉村間有旱傷訪問得鄉民漸致艱食楊州總領所樁積

米內見有一萬餘碩乞令楚州盱眙軍般取前去賑糶所有價錢赴總領
所輸納却令從自糴米依舊樁積不唯接濟飢民又得以陳易新委是兩
便從之十一月十五日詔今歲淮東州軍間有旱傷去處竊慮冬春之交
米價增長民間或致闕食可將淮東見管常平米三萬六千六百餘碩令
淮東常平司相度委官置場量行減價賑糶糶到價錢令項樁管候將來
秋成日却行收糴補還十二月二十四日成都府潼川府夔州利州路安
撫制置使兼知成都軍府晁公武言成都府自天聖間知府韓億於本府
南倉創永利敖每歲出糶以六萬碩為準以拯貧民自二月一日糶賣至
八月終止又有拘收到戶絕官田廣惠官米歲給養病貧民崇寧五年準
詔旨成都糴賣貧民如有闕數許轉運司樁錢對糴常平司應副仍不
得妨常平司支用大觀二年知府席旦奏請成都府每歲糶米六萬碩近
來轉運司以無米應副三分之一不足以賑恤貧民乞下四川每年如米
價稍貴委逐州長吏體量將義倉米依常平法減價出糶至宣和五年又
準詔旨成都府今後如遇米價騰貴依席旦已得指揮將義倉米減價出
糶收樁價錢歲稔却行收糴自此之後間遇荒歉緣義倉所收數少賑恤
不足臣自到任後來節次措置糴買到米四萬二千九百六十餘碩通本

卷一萬五千二百三十九

三六

府遞年積到常平義倉米二萬九百八十餘碩差官抄劄府城內外貧民
給牌歷置場減價糶賣以濟飢民本府雖有所收義倉米斛一年止有八
千餘碩見根刷本府公使營庫並制置司激賞庫錢物三十餘萬貫差官
往瀘敘嘉眉等州乘時收糴米斛約可得六萬餘碩津運前來府倉別敖
收貯復韓億永利敖所樁歲糴之數仍以廣惠倉為名每斗減價作三斗
五十文專充賑糶不許他用拘收本錢循環添貼日後本府諸庫償還到
錢物糴買以備永遠賑濟仰副朝廷勤恤民隱之意詔依其糴到錢日後
專充賑糶本不得他用晁公武令學士院降詔獎諭　六年閏五月十一
日詔浙西州軍大水令呂正己前去措置賑濟　既而臣僚言已差呂正
己措置浙西被水居民乞就委漕臣於本路取見州縣被水實數官為貸
其種穀再種晚稻將來秋成絕長補短猶得中熟諸路如有似此去處亦乞
依此施行從之　六月十二日權江南東路轉運副使張松言靈國府
建康府太平州廣德軍圩田均被渰沒委實災傷逐州差官賑濟被水人
戶一依太平州例每月支散錢米所有第四等人戶依條不該賑濟乞將
常平米減價出糶從之十八日提舉福建常平茶事鄭伯熊言福建路八
州軍府縣自入夏以來闕少雨澤其上四州軍府雖時得甘雨猶未霑足

早禾多有傷損下四州軍亢旱尤甚晚種有不得入土者乞將所在米價
依條支撥常平米斛賑濟從之八月二十四日詔淮南路轉運司於廬州
椿積米內取撥三千碩應副濠州賑糶九月十四日詔於建康府椿管米
內取撥一十萬碩限一月津發赴廬和州椿管準備賑糶十月二十一日
詔淮南總領所於揚州椿管米內撥一萬碩應副楚州賑糶五千碩應副
盱眙軍賑糶十二月二日詔江東轉運司將江西路合起赴建康府米三
十萬碩內取撥十萬碩赴太平州五萬碩赴池州椿管準備賑糶九日詔
湖州將椿積和糴米五萬碩賑糶水災之民同日詔淮東總領所於揚州
見管米內取撥一萬碩分淮東州軍賑糶二十六日詔和州旱澇禾參損
傷可借撥米一萬碩賑糶飢民　乾道七年正月八日詔兩浙路轉運判
官胡堅常同陝西路提舉常平司措置賑濟務施實惠十三日浙東轉運
副使沈度言廣德軍災傷尤甚欲望支降米二萬碩水運至本軍委自守
倅拘收賑糶詔令沈度取撥二萬碩措置津運赴廣德軍委本軍守倅賑
糶二十二日利州觀察使知襄陽府韓彥直言去歲秋苗不登乞於本府
寄椿大軍米內支降三萬碩賑濟從之二十九日詔浙西常平司於平江
府常平義倉米內借支五萬碩應副湖州賑糶接濟飢民從知州向均也

請也二月六日詔招信縣荒歉乞支米二千碩賑濟更於揚州椿管米內
撥三千碩賑糶八日權知高郵軍劉孝言本軍高郵興化縣人戶旱澇又
有黑鼠傷稼乞於本軍大軍倉內取撥米一萬碩每斗作價錢一百五十
文省出糶遇豐熟日却從收糴從之同日廬州言本州旱傷據合肥等縣
人戶陳乞借貸及有歸正人乞賑濟近蒙支撥常平米五萬碩付廬州和
州準備賑糶於內已撥一萬碩賑糶與和州闕食人戶今欲更支一萬碩
措貸與所須飢民及歸正人候將來成熟日撥還從之四月十五日光州
觀察使高郵軍駐劄御前武鋒軍都統制兼知楚州陳敏言本州去年因
黑鼠傷稼兼秋閒水旱農民飢饉蒙下通州撥米五千碩又下總領所支
來一萬碩以通州水路遙遠止就揚州般到米一萬碩賑糶本州戶口既
繁食用日廣賑糶官米今已不多欲望再撥米一萬付本州賑糶詔令本
路常平司將通州未撥米五千碩疾速科撥應副七月六日詔江西州軍
間有闕雨去處令行措置收糴米斛準備賑糶可令龔茂良拘收軍資已
刷到發運司發計錢并江州有發運司貿易等官會子共湊二十萬貫於
江浙豐熟去處收糴米斛一十萬碩均撥赴最不熟州軍椿管申三省樞
密院同日詔江西路今歲間有旱傷州縣責在守令究心賑恤可令本路

帥臣將旱傷州縣守令精加審量如內有老謬不能究心職事之人先次
選擇清強能吏前去對易措置賑濟存恤施行開具已對易官職位姓名
及見作如何賑恤事件聞奏八月一日詔湖南旱傷州縣亦合依此施行
十三日詔昨發運司於潭衡全道郴州桂陽軍和糴米斛未曾支撥可令
湖南轉運司將糴到米撥赴災傷州軍椿管賑濟賑糶八月一日詔江州
今歲旱傷見今已有流民守臣坐視不據實申奏轉委漕臣一員日下起
發前去江州同守臣將見管常平義倉米斛四萬四千餘碩措置賑糶如
不足即仰收糴客米或尚闕少仰於本州見椿管朝廷米內通急借兌賑
糶仍具已如何措置及賑糶過數目并委官起發月日以聞從中書門下
請也同日詔饒州旱傷除已存留米一萬碩賑糶外可於本州米內更存
二萬碩通三萬碩日下措置賑濟同日中書門下省言湖南江西間有旱
傷州軍竊慮米價踴貴細民艱食富室上戶如有賑濟飢民之人許從州
縣審究詣實保明申朝廷依今來立定格目給降付身補受名目無官人
一千五百碩補進義校尉願補不理選限將仕郎者聽二千碩補進武校
尉如係進士與免文解一次不係進士候到部與免短使一次四千碩補
承信郎如係進士與補上州文學五千碩補承節郎如係進士補迪功郎

文臣一千碩減二年磨勘如係選人循一資二千碩減三年磨勘如係選
人循兩資仍各與占射差遣一次三千碩轉一官如係選人循兩資仍各
與占射差遣一次五千碩以上取旨優與推恩武臣一千碩減二年磨勘
陞一年名次二千碩減三年磨勘占射差遣一次三千碩轉一官占射差
遣一次五千碩以上取旨優與推恩其旱傷州縣勸諭積粟之家出米賑
濟係欽尚義風即與進納事體不同詔依其賑糶之家依此減半推賞如
有不實官吏重作施行奉詔江南東路荊湖北路依此例八日兩浙路轉
運判官胡堅常言昨蒙朝廷委以賑糶平江府常熟知縣趙善括勸諭上
戶米數倍於諸邑崑山知縣閭人大雅委之吏輩寅緣為姦欲望朝廷將
此二人量賜懲勸詔趙善括特轉一官閭人大雅特降一官十六日權發
遣隆興府龔茂良言以本路旱荒御膳進素而臣忝一路兵民之寄合賜
罷斥詔龔茂良為一路帥臣當茲旱暵而乃引咎自歸欲求閑退非朕責
任帥守之意也可劄與龔茂良宜講救荒之政散利薄征以至擴除盜賊
勉修乃職安輯一路之民所請不允二十二日資政殿學士知建康府洪
遵言饒州南康軍今歲旱災非常早種不入土晚禾枯槁兩郡飢民眾而
為盜乞檢照江西湖南已行賑濟體例照遵施行從之尋詔本路提舉常

平司吏於附近州軍取撥常平義倉米五萬碩付饒州五萬碩付南康軍
應副賑糶二十五日權發遣隆興府龔茂良言本路州軍被災輕重不等饒
州南安建昌旱禾小損晚稻無傷次則吉撫袁州時有雨澤所損亦有分
數惟是隆興江筠州興國臨江軍荒旱尤甚旱禾皆死晚稻不曾栽插自
來未嘗似此飢歉已分委官前去同守令講究利害相度欲將江浙糴到
米就近徑赴建康或鎮江總領交納却就截本處上供米賑濟理充所糴
之數大姓邑豪務必閉糴本府已立下價直每碩止一貫五百四十文足
比之市價折錢七百六十文足以一名若認糴二萬碩共折錢二萬五千
二百餘貫足若不優與推賞恐無人願就今進納迪功郎係八千貫文省
比之以二萬碩米中糴入官折閱之數不啻過倍欲乞補充迪功郎有官
人許轉一官資及見係理選限將仕郎並許參部注受合入家便差遣從
之　九月七日詔江南西路諸司申到江州旱傷最甚除已降指揮截留
并分諸司科撥米外可令劉孝韙日下躬親前去江州將本路常平米接
續賑糶　十一日詔訪聞湖南今歲亢旱民頗流離令禮部給降度牒一百
道左藏南庫支降會子一十萬貫付湖南提舉錢仰之收糴米斛措置賑
糶　二十二日敷文閣待制提舉江州太平興國宮張運言居閑躬耕饒衆

二千餘碩適逢今歲旱歉敢助賑濟詔令學士院降詔奬諭　二十五日白
劄子江東西湖南州軍今歲旱傷欲乞依紹興九年指揮將本路檢放展
閣之事則責之轉運司遇軍糧闕乏處以省計通融應副糶給借貸則責
之常平司覺察妄濫則責之提刑司體量措置則責之安撫司詔依仍令
逐司各務遵守三省歲終考察職事修廢以聞送敕令所立法本所詳看
災傷去處全在賑濟若不分隸責之帥臣監司竊慮奉行違戾諸司設有
違戾若不互相按舉亦無以覺察今參詳逐司互相按舉及將已行事件
申尚書省以憑考察仍立為三省通用及職制令從之　是日宰執進呈
江東西湖南旱傷依紹興九年諸司分認賑恤事上曰它路或遇災歉並
當依此然轉運司止言檢放一事猶恐未盡它日賑濟之類必不肯任責
虞允文奏曰轉運司管一路財賦計之省計凡州郡有餘不足通融相補
正其責也上曰然今降指揮止以檢放為文它日以此藉口逃責何所不
可允文奏曰乞立法遇諸郡有災傷處以省計通融應副上曰如此則盡
善矣故令立法　十月七日詔江州旱傷郡次已降指揮取撥本州常平
義倉米四萬四千餘碩及免截上供米六千五百餘碩勸諭上戶認糴米
二萬八千六百餘碩截留贛州米一萬碩及支糴本錢四萬餘貫收糴米

斛并令漕臣取撥本路常平米一十萬碩吉筠等州見起建康米八萬餘
碩未起朝廷樁管米九萬七千餘碩及江州元管收糴米均撥付本州賑
糶并立賞格勸諭上戶出米賑濟賑糶倚閣夏稅檢放秋苗地主佃戶資
助賑給并將禁軍土軍弓手免起發存留防賊可令帥漕提舉官多出文
榜候歲終比較殿最如官吏奉行滅裂委御史臺覺察按劾以聞　同日詔
饒州旱傷已降指揮取撥本州常平義倉米八萬餘碩及於附近州縣常
平義倉米內取撥五萬并截留本州見起樁管上供米三萬碩及獻助米
二千碩付本州勸諭上戶賑糶賑濟又倚閣夏稅檢放秋稅及地主佃
戶資助賑給並將禁軍土軍弓手並免起發存留防賊可令江東帥漕提
舉官多出文榜曉諭守令多方措置存恤歲終比較殿最如官吏奉行滅
裂委御史臺覺察彈劾以聞　十日權發遣隆興府龔茂良言竊詳所立賞
格除出米納官不請價錢即合推賞所有賑糶係減半推賞然不可一槩
若依市價以收厚利商賈之流販賤賣貴較其碩數則盡合補授如此賞
典及可濫及飢民不蒙其利在法官為立中價不得過有虧損今欲將賑
糶之家並令官司差人監視給曆記糶過之數究實保明申朝廷依格補
轉其客販米數或充便上供米前來中糶入官如願依立定價例賑糶推

賞之人並一體施行兼上戶若在豐熟處即合指闕食州縣振濟今隨本
處時價減三分之一官司給據照證般載往災傷地分賑糶即行理賞從
之　十二日知饒州王秬言昨蒙朝廷支撥本州樁管米三萬碩緣軍粮不
繼已充那支遣乞別借錢會糴米來歲稍稔却當拘納詔令左藏南下庫
支會子五萬貫餘依　二十三日直祕閣權發遣徽州趙師夔言本州管下
旱傷有婺源縣遊汀來蘇兩鄉尤甚臣措置到錢一萬五千貫欲於本州
及諸縣常平義倉米內依立定價回糴米五千碩就便給散賑濟乞令提
舉官樁管上件錢候開春收糴補還元數從之　十一月十二日知建康府
洪遵言太平州蕪湖知縣呂昭問以和糴米為名禁止米斛不得下河饒
州旱傷前來收糴米七百五十餘碩本縣抄劄不令交還詔呂昭問降一
官放罷　十九日湖南轉運副使吳龜年司馬倬等言本路旱傷唯潭最甚
昨來黃鈞趙剩米四萬碩乞充賑糶使用詔糶到價錢循環作本收糴米
斛賑糶　二十二日權發遣隆興府龔茂良言乞差新知興國軍右朝請郎
陳寅往來被旱州縣同共措置檢察乞量差兵級破本官驛券行移作本
司措置賑濟官從之　八年二月八日權發遣隆興府龔茂良言本路去
歲荒旱異常如隆興府江筠州臨江興國軍五郡各係災傷及七八分以

脱十月十五日條
十月六日詔下脱應材五閏日云云

上雖已依佾將老幼疾病之人先行賑給緣人口幾及百萬委是賑給不周乞將已得旨取撥到米一十萬碩並更勸諭上戶賑濟給散庶幾稍宣德意詔將續撥義米米五萬碩令龔茂良充賑給使用餘常平米五萬碩依舊循環賑糶三月十五日敷文閣待制知潭州陳彌作直徽猷閣制湖南路計度轉運副使司馬倬言潭州安化縣上戶進武校尉龔德新平時兼并遂至巨富以進納補官比至旱傷閔食獨擁厚貲略不躰認國家賑恤之意詔龔德新追進武校尉一官勒停送五百里外州軍編管四月一日權發遣隆興府龔茂良言本路旱荒細民艱食若不廣行賑給無由可救竊覩張輦昨緣獻米賑濟除閤職又得添差本貫兵官富民歆慕欲乞明降指揮出米賑給者除依格補官外特與添差本路合入差遣一次仍依離軍人例減半支給蓋富民本非急祿止欲以此為榮誇其閭里庶所乞必翕然聽從速得米斛濟此目前非小補也從之十五日湖北常平司言鄂州有紹興十一年至建炎年間歸正人委是年深各已樂業今來却欲同三十一年以後歸正人請錢米深慮諸州災傷難以支給詔今紹興三十年終以前人免支自三十一年以後歸正人照應赦文賑濟八月七日詔四川自入夏以來陰雨過多沿流州縣多被其患如嘉眉邛蜀青

卷一萬五千二百三十九

州最甚令四川宣撫司審實被水去處措置賑恤從知成都府張震請也八月權發遣隆興府龔茂良言本司去處上戶出米賑濟賑糶緣所立賞格比尋常鬻爵計之其直不啻過倍又有運載之費欲更少加優與紹興三十二年閏二月十九日指揮進納迪功承信郎並理為官戶內迪功郎興免試先次注授差遣依奏薦人例承信郎進武進義校尉並與免試弓馬及短使先次注授差遣今來勸諭賑濟告敕元降指揮係敦尚義風即與進納不同見得事理尤重雖各係理選限及先與添差本路合入差遣緣許理官戶一節及將來到部免試先次注授依奏薦人例等事未嘗立法吏戶部看詳欲將承信郎比附承節郎州文學比附迪功郎依條遇赦注授濟尉差遣餘並依紹興三十二年閏二月十九日已得指揮仍比擬獻納已降指揮理為官戶從之十一月六日詔道州營道縣主簿高大和糶到賑濟米四萬石與減二年磨勘從湖南提舉常平胡仰之請也九年閏正月十七日詔雪寒細民艱食令臨安府將貧乏不能自存之家令左藏南庫支會子六千貫豐倉儲撥米三千碩付臨安府分委有心力官日下巡門依數賑濟每名支錢二百文斗一斗務在實惠不得減尅

下脱淳熙元年至嘉定十年一卷

孝宗淳熙元年詔兩淛州縣去歲旱傷處民戶生借錢穀今來二麥將熟竊慮上戶乘時取索無以擠濟艱食可候秋成日理還二年閏九月十四日詔湖南江西昨緣茶寇蹂踐陣亡將佐官兵等遺骸令所在官司即為埋瘞毋致暴露及被燒燬屋資之下戶孤老童幼寡婦

後有五年七月五日條移此

木有居止可令於諸寺院及係官屋宇安泊日計人口給義倉米二升并遺棄小兒未有人識認日給錢米若有親屬責歸存養毋令失所十七日詔淮南東路間有旱傷處已降指揮委本路漕臣同提舉常平官取撥常平義倉米措置賑糶及流移人戶依條賑給尚慮民戶以州縣不即檢放應輸官物為疑致有賤賣牛彝業棄小兒二十口以上官為支給犒賞如上戶士大夫家能收養五十口具名以聞乞行旌賞州縣官措置支給錢米收養百口至二三百口者具名以聞至是段子應格故有是命七年十月四日詔兩浙江東西淮西湖北路今歲旱傷州縣令逐路帥曹臣行下所部州縣將人戶

卷二千六百三十三

見欠官債並與倚閣候豐熟日逐旋送納九日詔舒蘄黃和州無為軍各將第四第五等旱傷民戶見欠淳熙四年至六年終畸零稅賦并七年未納畸零夏稅並權倚閣十一月四日詔紹興府將上虞餘姚二縣第四第五以下人戶見欠淳熙七年官物權與倚閣候來年豐熟帶納八年四月十一日詔軍民多有疾疫令醫官局差醫官巡門診視用藥給散殿前司十二人馬軍司二人步軍司七人臨安府內外諸廂界二十人各日支食錢所有藥餌令戶部行下利劑局應副仍各置歷抄轉醫過人數日具以聞十八日詔臨安府於府城四門外相視隙地作大塚各一所每處委僧十人童行三十人

食貨五八之一四

九年六月十八日條移此

九年六月十八日條移於六月二十二日上

瘞遺棄骸骨不問新舊並行收拾叢葬棺檢之具併僧行食錢令本府量行支給仍出牓禁戢令後如有發去舊塚之人依掘塚法科罪以是歲多疾疫已降指揮廣差醫官救察死者尚衆緣地主利於得錢往往發舊改新是致骸骨遺棄不復收瘞故有是命九年四月淛東紹興府等處民多疾疫兩淛漕臣吳琚亦乞依此施行從之五月十六日詔近者久雨恐為低田有傷貧民無力再種可令淛東西兩路提舉常平官同諸州守臣疾速措置於常平錢內取撥借第四第五等以下人戶收買稲種令接續布種毋致失所六月二十二日詔嚴州將被水漂壞屋宇第四等以下戶夏稅並與倚閣其身丁錢絹更與蠲免十二月四日詔江淛兩淮旱傷州縣將第四

卷二千六百三十三

第五等戶今年以前應殘欠苗稅丁錢並特住催及官私債負理還其流移人戶拖欠官物並與除豁不得令保正長代納如願歸業即量支錢米津遣與免將來夏料催科九年六月十八日詔近聞民間貧乏其死亡人口無力津送大人每名支五貫小兒支三貫令臨安府於上供錢內支撥五千貫分委官屬收掌給散十二月十二日新知婺州錢佃言臣前知隆興府於城外置養濟院一所收養貧病無依之人先是漕臣芮輝以俸錢千緡合藥以濟病者趙汝愚以俸錢千四百緡買田以給病者食臣又益以千緡增置長定一莊仍創造屋一區差人看守輪遣醫工診視日給口食藥餌委官提督

食貨五八之一五

首尾九年如得就緒恐後來官吏或不究心便致廢壞乞詔本路漕臣常切提督所有錢物不許移用從之十一年正月二十八日詔江東提舉司行下建康府太平州寧國府池州饒州廣德軍南康軍建昌縣各多支常平錢米將被水人戶優加存恤務要實惠及民毋致失所仍照應已降指揮勸諭人戶用心補種被水去處田畝六月十一日詔浙西江東路州軍被水去處令兩路提舉司多方勸諭有田之家將本戶佃客優加借貸候秋成歸還若致欠負官為理索或其家無力并有田闕少穀種並許於常平錢內支借以助補種毋令荒閑田畝八月十六日詔處州龍泉縣被水之家令浙東提舉

卷二千六百三十三

司同守臣各多支常平錢米優加存恤九月四日利州路提刑兼提舉勾躍言本路金洋西和州亢旱乞給降度牒三百道付臣措置於豐熟去處稱時收糴或降付總領所用對支遂州椿積斗斛以備賑濟從之十一日福建提舉司言汀州寧化縣兇賊姜大老嘯聚已行收捕竊慮賊發地分被劫之家流移失所不能自存已行下常平義倉取撥米斛借貸安集流亡無致失所詔福建提舉司同逐州軍守臣更切優加存恤十九日臣僚言乞令戶部行下諸路安撫轉運提舉三司嚴督所部州縣日下審究有水旱處隨輕重速行賑濟契勘見在之米有何指準如何賑糶仍會計官米可糶之外勸諭

人戶廣行散糶立為中價使不踴貴從之十一月十八日鎮江府言管下金壇縣今歲五月連遭大雨五鄉二十四都被水渰浸致傷禾稻乞下本府於有管淳熙八年賑濟糶不盡及糶還米內取撥應副賑給詔令浙西提舉司詳所申事理於近便州府見在常平義倉米內通融斟量應副十四年正月二十七日詔軍民多有疾病之人可令和劑局取撥合用湯藥分下三衙并臨安府各就本處醫人巡門俵散二月八日浙西提舉羅點言本路州縣疫氣大作居民轉染多是全家病患臣遂就局修製湯劑給散選官監督各州職醫巡門置曆抄劄病患人數逐一醫治日具痊可人數供申本司其間病患闕食之家亦已措置粥食接濟乞下諸州軍嚴切

卷二千六百三十三

醫救毋為文具從之六月二十二日臣僚言臨安府寶蓮山居民遺火延燒屋宇及毀拆間架無慮五七百家其家多是浮食細民頓喪生理狼狽失所況當盛暑老幼暴露卒未着業委實可憫乞令臨安府抄劄燒燬人戶姓名計其口累實數優支錢米賑濟多方存恤從之七月十四日兩浙西路提舉羅點言竊見本路州縣闕少雨澤其間旱傷分數隨處不同內臨安府鹽官縣秀州海鹽縣被旱最重民間日下便已乏絕漸有流移所有兩縣人戶合納夏稅和買役錢及以前年分積欠官物乞自第三等以下且令住催候將來豐熟日送納詔

五年七月五日條移前七年十月四日上

令多出文牓曉諭仍仰轉運司委官取見兩縣第三等以下住催數目申尚書省十一月二十三日知建康府趙善俊言昨蒙恩差知鄂州未到任間於淳熙十二年十月初十日夜居民遺火延燒萬家焚溺者千餘人兼程疾馳交割職事居民暴露將有轉壑之憂就州治監視賑濟過米一萬一千七百餘石乞賜蠲放詔自來年為始分作兩年撥還五年七月五日詔知鄂州沈樞等將被水軍民優加賑恤毋致失所以樞等言五月以來連兩江水泛溢民戶及軍寨被浸近三千家故也光宗紹熙元年六月十五日詔諸路監司帥守應自今以後凡有水旱去處並合盡實以聞苟有不實或隱而不上皆以違制論以臣僚言州縣之間或有俗吏不知大體往往以水旱為諱故縣不以實報州州不以實申諸司諸司不以實聞朝廷是以朝廷於四方水旱無繇徧知使國家救荒之政不得盡行實惠故降是詔

卷二千六百三十三

二年十一月二十七日南郊赦崇慶府潼川府果州利州綿州合州金州龍州漢州大安軍石泉軍懷安軍及潼川府射洪縣崇慶府晉原縣新津縣魚關興州長舉縣置口倉汀州寧化縣各有被水去處及徽州金州各經遺火已降指揮存恤外尚慮民戶流徙未能復業或有貧之不能自存之人仰監司照應指揮務行寬恤毋致違戾三年二月八日淮南運判趙師羿言本路州軍去歲闕少雨澤多有旱傷去處雖將田段檢放又遭霜損據人戶陳乞倚閣課子令乞每戶十石以上聽從州縣施行外餘以三等石數為率

五石倚閣三分之一二石以上倚閣一半二石以下盡行倚閣從之四年六月一日詔江浙兩淮荆湖等路安撫轉運提舉司將被水去處須管同守臣多方措置賑恤毋令失所如將來人戶或有流移定將當職官吏重行責罰不得視為文具既而江西提舉司以隆興府筠州興國軍等處被水渰沒為請尋詔令本司更切加賑恤毋令失所優九月二十九日詔江陵府於樁管陳次米內支撥四萬石準備賑糶水傷民戶從守臣王藺請也十月十一日詔逐路提舉躬親前去被水旱州縣驗實內第四第五等戶災傷委及八分以上令年合納官物并以前欠特與權行住催如令年官物有已納在官即理為來年合納之數仍多出文牓曉諭州縣不

卷二千六百三十三

得別作名色催理如違許人戶越訴以都省言浙東江東淮西路諸縣多有水旱故也十二月三日詔徽州將休寧縣被火之家更切優與存恤毋致失所從本州言休寧縣居民遺火故也五年六月五日詔江東提舉司將池州石埭縣被水之家更優加賑恤毋令失所以本司言也紹熙五年七月七日登極赦文應諸路州縣緣水旱承將指揮借撥過樁管米斛充支遣及賑糶等可將未還數特與除破如有見管糶到價錢即具數申尚書省八月二十三日詔令鎮江府於見樁管米內取撥陳次米二萬石禮部給降度牒五十道付常州措置出賣每道價錢八百貫文賣到價錢專充賑糶仍具糶到數目及糶過米數申尚書省

以浙西提舉及常州守臣皆旱故也同日詔令淮東轉運司就本路有樁管米去處共借撥米一十萬石斛量所部州軍旱傷輕重分撥應副糴支用以楚州守臣熊飛言本州亢旱從其請也同日權知和州程九萬言本州夏季以來久愆雨澤旱勢已成又有蝗蝻生發救荒之政所當講求除已取撥應管官錢於得熟州軍逐急收糴米斛準備糴濟緣淮邊被旱勢須糴之江南而江南非銅錢會子不行使乞從朝廷借撥會子五萬貫或以祠部準計趁此秋成差人徑往江西收糴庶得自冬徂春可以接濟賑糶詔令和州就樁管米內借撥二萬石以備旱傷之用餘依九月十四日明堂赦文兩浙江淮等州縣間有水旱災傷去處已降指

揮存恤外尚慮民戶流徙未能復業或有貧乏不能自存之人仰監司照應累降指揮更切體訪優加存恤毋致違戾自後郊祀赦亦如之明堂又赦文在法病人無緦麻以上親同居者廂耆報所屬官為醫治訪聞店舍寺觀避免看視更不聞官往往趕逐出外及不令安泊風雨暴露因而致斃可令州縣多方措置存恤依條醫治仍出牓鄉村曉諭自後郊祀明堂赦亦如之十一月一日中書門下省言已降指揮客販米斛前來兩浙路荒歉去處出糶經過稅場依條免納力勝錢仍不得巧作名色妄有邀阻詔逐州委官專一覺察如有違戾去處即將當職官吏劾撥以聞客人附帶物貨許所經過場務量與優潤從逐處

則例以十分為率與減饒二分日下通放即不得虛喝稅數其招誘到客船仰所委官出給行程文歷一道批寫所載米斛若干舟船幾隻客人稍工鄉貫姓名指定前往出糶州軍經過場務照驗放行仍批寫到發日時至住糶處繳納如奉行滅裂許客人越訴仍仰所委官多出文牓曉諭江陵府復州委袁樞鄂州德安府漢陽軍岳州委胡埸鼎澧州一帶委陳謙潭永衡郴州一帶委何異南康軍饒州信州委李信甫蘄黃州委張同之池州太平州委李唐卿建康府委趙師睪鎮江府委吳琚常州江陰軍平江府委黃灝湖秀州委黃黼吉贛袁筠州臨江軍隆興府委趙善江州興國軍委張杓漳泉福州興化軍委詹體仁廣東委張釜黃掄寧宗慶元元年正月十九日詔兩浙兩淮江東路提舉司行下所部荒歉去處逐州逐縣各選委清彊官一員遇有遺棄小兒支給常平

錢米措置存養內有未能食者雇人乳哺其乳母每月量給錢米養贍如願許收養為子者並許為親子條法施行務要實惠毋致滅裂如有違戾仰監司覺察按劾以聞二十六日詔內藏庫支錢一萬貫豐儲倉更支米三千石付臨安守臣徐誼措置給養貧病之民務要實惠均濟既而權工部侍郎兼知臨安府徐誼措置將上件流移之人逐一封辟括責姓名類其鄉貫隨地里遠近計程優給錢米以為路費乃到鄉下樁糧食差人伴送津發各歸本貫州縣仍逐名印給憑頭前去照證騰牒與本貫賑濟存養庶得歸就鄉井漸復元業再與父子妻兒相聚同活不致星散流移失所詔候到本貫州縣令日下支給常平米賑濟毋致失所二月五日詔令學士院降詔戒飭諸道監司守令應水旱去處多方賑恤務在實惠及民毋得徒事虛文庸副軫念元元之意朕將考其殿最

以示勸懲。三月十三日，御筆：訪聞民間病疫大作，令內藏庫日下支撥錢二萬貫付臨安府，多差官於城內外詢問疾病之家貧不能自給者，量口數多寡支散醫藥錢；死而不能葬者給與棺斂。務要實惠及民，毋得徒為文具。五月七日，宰執進呈知臨安府錢柤中乞續降，余端禮等奏欲更與萬緡，不知當於何處支降。上曰：即就內帑續支與之。鄭僑奏曰：陛下勤恤民隱有加無已，具孟子所謂以不忍人之心行不忍人之政，治天下可運於掌上也。六月七日，權兩浙運副沈詵言：竊見兩浙州縣亦多饑疫，自近及遠，德意不可不均。一浙西如湖、秀、常、潤，浙東如慶元、紹興，自今疾疫頗盛，其他州縣亦多有之。窮下之民率無粥藥，坐以待斃。乞從朝廷給降度牒五百道，下本司或提舉司變轉，隨州縣饑疫輕重撥下

卷二千六百三十三

逐州，委官分任其事。事畢考驗區磨，以全活人數多寡旌別聞奏，優與推賞。一州縣合選委明脈醫官，各分坊巷鄉保醫治。其合用藥材，於所委官從實支給，仍日支食錢五百文。其有全家疾患、無人煎煮者，選募僧行管幹，每日亦支食錢三百文，並各置歷抄記全活人數，事畢保明旌賞。州縣濟糶行且結局，其不育蠶種麥者仍舊艱食，老弱孤獨殘患流離道路皆當矜恤，乞許令州縣別委官踏逐空閑屋宇寺院收養。其間遺棄小兒，募人養之，官為記號，月一呈驗，以給其費。今來米價已高，若罷賑糶，竊慮翔踴。惟是在市之米輻湊，庶幾其直日平。探聞商販之家多有積米藏寄碓坊質當庫戶，猶欲

待價，欲乞指揮，盡令出糶。如有藏匿，許人陳首。詔令禮部給降度牒五十道付沈詵，自行措置斟量支散。餘依之。六年十一月二十四日，右司郎中李寅仲言：恭惟國朝漏澤園之制，恩及枯骴，前古未有。竊見諸州縣寺院多有攢殯，歷年滋多，或家貧子孫無力收葬，或遠宦因循不舉，僧徒玩視，公肆徼求，馴致暴露，枯骨無歸，深可憫恤。欲每歲委自逐路提舉司近冬檢舉，行下諸州縣委官躬親抄劄，如年深無主、家貧無力者，官為擇地，置義塚以葬之。其有子孫不願入義塚者，責以近限收葬。庶幾枯骴不致暴露失所，歲一舉行，無為文具，無令騷擾，庶幾仰稱聖朝澤及漏泉之意。從之。嘉泰元年三月

卷二千六百三十三

戊寅，臨安大火四日。　減四月辛巳，詔有司賑恤被災居民，死者給錢瘞之。壬午，下詔自責，詔樞密院數禁衛班直及諸軍營柵焚燬之數。癸未，避正殿，減膳。甲申，命臨安府察姦民縱火者，治以軍法。內降錢十六萬緡、米六萬五千餘石賑被災死亡之家。七月二十一日，臨安府言：本府昨因被火，見在寺觀廟宇安泊大小人口，委官抄劄到共一千三百二十一家，計五千三百四十五口，大人四千七十七口，小兒一千二百六十八口。詔大人每人更支錢五百、米五升，小兒支錢二百、米二升半。錢令封樁庫以會子，米令豐儲倉於慶元年米內取撥，逐處各依具到人數紐支，仍仰臨安府日下請賍委

官審實給散，不許減尅作弊，具實支散過數申尚書省十月三日臣僚言今所在州縣間遇歉歲至八月則收狀至九月則檢放至十月則抄劄又有檢放未實而再覆實檢放者亦有抄劄未實而再覆實抄劄者往往多至十一月而後定然後官司行救荒之政下勸分之令雖至十二月民猶有未得食者夫旱禾收以六月中禾收以七月晚禾收以八月禾稼不登民即艱食若至十二月有未得食則斯民之饑四閱月蓋民一日不食則饑饑則病病則死豈能延四閱月之命乎乞下臣此章如有災傷州縣委本路常平使者先次措置合用米斛日下多置場分先於普糴拘錢入官以備收糴[illegible]函

卷二千六百三十三

分頭多委檢放抄劄官限十月內須管一切了畢不得遷延及不得漏濫務要全活民命免致流殍從之同日詔令常州將用不盡常平米八萬一百六十餘石更於本路提舉司見樁米內撥一萬九千八百餘石湊作一十萬石內五萬石充賑糶五萬石充賑濟仍令封樁庫支降會子八萬七千五百餘貫并本州見樁管錢一萬二千四百餘貫共作一十萬貫接續收糴米斛出糶其糶到價錢即更循環作本糴糴仍先具賑糶米價申尚書省（以守臣李珏言本州荐饑令歲又復告旱乞措置收糴儲蓄故有是命）十二月十八日詔令淮南路轉運司就富安倉樁管米內取撥七萬石將二萬石撥付楚州盱眙軍賑濟五萬石應副

通泰楚州高郵盱眙軍賑糶以淮東提舉高子溶言逐州旱歉故也三年五月十六日臣僚言臣聞仁宗皇帝天聖皇祐中屢頒醫方遐荒僻遠之邦往往風土不善民多疾癘市藥無所請醫無人橫罹夭折甚可憫也宜命太醫局選民間所常用及已試有效簡要可行之方集為一部頒之諸路監司監司行之州縣州縣又撮其要者大書揭示於聚落要鬧去處諸州撥常平錢收市藥物合成圓散賤價出賣以濟民略收利息以供官吏之費使本錢不耗為循環之用從之十一月十一日南郊赦文二廣州縣小官員瘴而死者家屬扶護旅櫬不能歸鄉實可矜憫除廣東已於廣州置接濟庫樁積錢

卷二千六百三十三

米遇有事故官員家屬赴經畧司投狀除結倉劵外更支給路費以濟其歸及於城北踏逐空地撥充義塚起造祭亭願將旅櫬就地內葬者給也支結瘞費錢及造屋充接濟院有事故流落家屬欲就給屋每日支給飯米養贍以示寬恤昨來廣西經畧司申已於靜江府新創廣恩院以給士夫家屬流落者可令諸監司常切恪意奉行如有在官田畝之類措置撥入所有家屬願出廣者仍令逐州津遣其仕宦家屬因而流落不能出廣甚至子弟為奴僕妻女為娼婢深可憐憫自今赦到日許經所在州軍自陳日下釋放仍令本州津遣（自後郊祀明堂赦亦如之）開禧三年八月一日湖北提刑李埴言被命易

便湖右自建康湖流西上竊見所至濱江多被水患淹浸民居幾及屋危詢之故老皆謂向所未有陂湖之田無復可望老弱流徙生理蕩然殊可憐憫緣前此所歷皆係江淮一帶州郡所管及至武昌縣交割以來經行鄂州漢陽兩郡之境漲潦瀰漫為害尤甚雖鄂州南市闤闠之地積水亦深數尺民戶失業未免痛嗟除已一面備牒管下被水州軍委自守貳從實抄劄措置賑濟外近據鄂州申到在州被水已近五十五百餘戶漢陽在城被水亦三百八十七戶城市如此鄉村可知其他州縣尚未見申到竊自惟念備數察州豈容坐視但本司素來貧匱別無錢物可以指準支撥欲乞朝廷惠稔

卷二千六百三十三

遠方小民偶罹天菑不可不速行拯救即為敷奏特依淛路已行體例重賜支降度牒付本司發下濱江並湖諸處酌度災傷分數等第責付各郡守臣糶賣和糴米斛多方賑濟于以仰稱聖朝仁民恤遠之意詔令禮部給降空名度牒一百道付湖北憲漕司每道價錢八百貫從便出賣撥付被水州軍專充措置賑濟嘉定元年七月八日臣僚言乞明詔兩淮守令開具戶口之存亡復業之多寡以行賑恤之實惠仍令監司每歲攷察流民歸業之數以為守令殿最申嚴州縣分瘞之令再立僧道酬賞之格如紹興辛巳壬午之間許僧道童行出土力收瘞數及二百則以度牒一道酬之令若加增前

數量給度牒庶死亡者不致暴露於原野流移者不至轉徙於溝壑從之二年三月二十九日御筆訪聞都城疾疫流行細民死者日衆朕甚憫焉官司抄劄診候處多文具雖已委官措置可更選差一二員相與協濟臨安府委通判稽考醫藥所有藥材疾速科撥見錢付鋪戶收買毋令減尅其有病死無力殯瘞於內藏庫撥錢一十萬貫別差官抄劄界以棺櫬諸路州縣或有疾疫去處令監司守令叶心賑救務在實惠及民副朕惻恒之意四月二日都省言臨安府化人場間有建置年歲深遠去處往往拘於禁地多被拆去貧乏喪葬之家無力扛擡遠涉重費委有未便詔令臨安府開具申尚書

卷二千六百三十三

省（既而臨安府奏言化人場間有近九宮壇黑神壇禁地一十六處節次拆去內金輪梵天兩院方自嘉泰以後建置即與年歲深遠去處不同詔令臨安府將見存化人場依舊外其已拆一十六處除金輪梵天寺不得化人外餘一十四處並許復令置場焚化如遇祠壇行事太常寺牒條預前三日告示主首僧知委不得焚化如違重斷）六月十七日左司諫劉榘言竊見朝廷屢行下兩淮被兵州郡及沿江流民所聚去處募人埋瘞遺骸以度牒酬之州縣官吏所當恪意奉行仰副陛下掩骼之仁訪聞州郡官吏不切究心勸誘尚有收拾埋瘞未盡者其已殯者元不堅密隨復暴露乞劄下江淮州郡各選官勸諭瘞埋及數則給以度牒其所委亦許州郡保明具申與量減磨勘庶幾官吏僧行樂於向前幽壤沉魂蒙被實德從之三年四月十一日詔令封樁庫支

降官會二千貫文付臨安府充支給乞丐㛹堂僦錢使用十二日中書門下省言臨安府城内外細民因病或致闕食實為可憫理宜給濟詔令豐儲倉取撥米三千石付臨安府給散病民仰守臣措置選差通練誠實官屬分明支借毋容吏姦以虧實惠仍開具支散過實數申尚書省十四日中書門下省言臨安府城内外近有病死之人無力殯瘞理宜賑恤詔令封樁庫支降官會三萬貫付臨安府專充支給細民病死棺櫬委守臣措置選差通練誠實官屬分明給散毋容吏姦以虧實惠仍開具支散過實數申尚書省十九日詔浙東提舉司將婺州永康縣不二寺没官田屋盡行撥付安養院（從本路請也）

卷二千六百三十三

五年十一月二十日南郊赦文坍江田土昨降指揮委官覈實其山鄉邊溪亦有被水衝決堆住砂磧未堪耕作田畝訪聞州縣依舊催理稅賦委是無所從出可令逐路轉運司疾速選委清彊官覈實如見得不堪耕作分明即與照數先次倚閣次第結罪保明申尚書省當與除豁如有將來可以興復去處仰照應見行條法指揮施行（自後郊祀明堂赦亦如之）十二月二日詔令安邊所將劉友真所乞周筠没官地盡行撥賜充義阡使用免納價錢仍令封樁庫支撥二千貫貼充義阡支遣（以任持順濟宮劉友真請買周筠没官地故有是命）六年七月十九日臣僚言近據紹興府申稱諸暨縣六月十五日風雷驟雨是夜同山鄉洪

水泛漲湍下居民屋宇等次日溪内救得人戶壽澄一名據稱其家老幼百口登樓避水繼即推没未知存亡本縣續又據陶宋天稠金興長泰北開元花山安俗花亭長浦超越諸山鄉人戶陳訴不一本府雖已遵從省劄指揮催促賑恤據節次申到共支錢六百千米五百石又支錢一百貫文於楓橋鎮打撈屍首埋瘞候到日別　支散細數供申竊恐鄉分闊遠屋宇漂流人戶墊溺者不一其惠未能周徧誠可憐念乞更賜行下提舉司照本縣抄劄被水之戶斟酌輕重次第賑恤仍行下轉運司差官覈實被水鄉分將今年夏稅秋苗特與蠲放其田地有打成溪港或沙石淤塞不堪開修者保明具申將合納苗稅特與蠲閣施行從之

卷二千六百三十三

二十三日臣僚言比者盛夏之月霖潦為災毀壞室廬漂田畝渰民命如嚴之淳安紹興之諸暨被禍尤甚其次則臨安之錢塘於潛湖之安吉皆未免有墊溺之患乞下兩浙路監司守臣選差清彊官同邑宰親詣水傷鄉分從實根括有無被水分數多方賑恤或蠲租賦其有蒙蔽不以實聞者重寘典憲從之八年四月十二日詔令封樁庫日下支撥會子一千五百貫付殿前司六百貫付步軍司仰各司取見的實孤幼病患人數斟酌照等例給散一次仰各司具已給散過人錢數申樞密院（以時雨未濟從密院所請也）七月十六日江西安撫司言照得南安縣上保石

溪六團人戶陳廷琳等被賊殘害殺人放火虜掠家財牛畜其被殺者屍骸甚多至今尚在郊野無人殯埋所存者逃居隣保未得回歸田畝十有八九荒廢委是被害至重去處申乞敷奏朝省將南安縣上保石溪六團人戶陳琳等今年全年夏稅秋苗特與蠲放詔令江西安撫司將南安縣上保石溪六團人戶陳廷琳等嘉定八年全年夏稅秋苗並特與全行蠲放仍開具蠲放過錢米數目申尚書省并仰本司將在野遺骸日下差官措置掩藏毋致暴露仍行下江西轉運提刑提舉司照會先是安撫司遵依省劄支撥錢米前去賑濟以沂流遷綫遂於贛州兑撥合取運司總所錢米內對兑部從贛州差人於本司交領解達奉旨特與銷豁保有是命

卷二千六百三十三

十八日詔令江淮制置司疾速契勘江東旱傷州郡及浙西提舉契勘浙西旱傷州郡江西提舉照江州興國軍係旱傷去處各從今來臣僚申請事理疾速覈實將所部州縣第五第人戶夏税錢絹分明指定合催納及合蠲放各若干數目除程限十日申尚書省其第五等人戶如有已納錢絹在官仍仰各司就先次約束州縣分明收附不得輒行欺隱別聽朝廷指揮以臣僚言今歲旱勢極廣災傷深淺郡縣不同如蘇湖江陰稍得耕種紹興災甚饒信可望成熟江州興國問有蝗孽宜令監司選委公正精明有志為民之士覈實催放蠲除分數故有是命　九月十一日臣僚言臣來自吳門沿路見日來所差檢踏災傷官與抄劄賑恤之官不能遍走阡陌就近城寺院呼集保甲取索文狀令人粉壁書銜以為躬親下

鄉巡行檢責抄劄了當其間號為詳熟者亦不過畫圖本具名姓注排行寫小名以為帳狀縣申之州州申之監司監司申之朝廷遞相傳寫坐待結局今幸憑由未曾給與米斛未曾俵散尚可拯救所謂拯救之方全在俵散憑由官吏若將憑由仍前付與元所差官必至窮困下戶漏落者多溫飽之家冒請者衆乞嚴行劄下監司郡守選清強官躬親下鄉審實如見得有合預賑糶不應濫請賑濟憑由之人即行改給與窮乏下戶仍別請一項空頭由子隨行準備添給乞令監司郡守候至結局將給散憑由官攷覈真濫特與奏聞從之　九年六月二十六日殿中侍御史兼侍講黄序言邇日雨澤兼

卷二千六百三十三

旬京城閭巷至有累日突不黔者或饑餓所迫死於非命近甸之地間有被水去處屋舍頹圮未能支持田畝渰沒車戽無及早秋既或損爛又須旋種晚禾若此之類民生甚艱乞行下兩浙諸司委清強官體訪應近日被水去處優加撫恤凡屋宇渰浸者給以常平錢米田畝早秋損壞去處今年夏稅和買量與寬限從之　九月四日臣僚言迺者夏潦暴作溪漲橫流坍沒畝壠漂壞室廬旋倪墊溺禾稼傷敗家產蕩析十室而九臣得之聽聞如臨安之餘杭諸邑紹興之諸暨蕭山嚴之桐廬淳安衢之西安龍游婺之金華蘭溪信之玉山永豐饒之德興鄱陽處之縉雲台之黄岩被害尤慘乞行下諸

路監司速委官檢視分數着實以聞將被水最甚郡邑從條蠲除租稅不許縱吏誅求遷延歲月從之三十日臣僚言今夏一旱江浙皆然浙東數郡多是山田非水鄉富饒之比今歲頗覺艱食比台之黃岩婺之東陽二邑嘯集作過率是取糧於富室彊刈人田禾賑糶若多米自不貴民饑得食誰復為盜乞行下浙西諸郡撤去目前下江之禁毋至遏糴兩浙漕臣照比日申省之狀更行勸諭使人樂於轉輸不獨可以救饑抑可以弭盜從之十一年六月二十一日兩浙轉運司言本司據武康安吉縣申被洪水泛漲衝損鄉村橋道漂蕩人口及官廨民居農具什物等事即分委縣官親往鄉都括責

卷二千六百三十三

被水之家所失人口一面關支常平錢米分付諸廳委各就鄉村量其存沒多寡支與養生送死及有全家被水渰死之人漂流溪河之間或堆閣沙灘之上本縣亦同縣官將錢雇人打撈收拾埋殯及差簿尉分頭前去逐一抄具被水之家外所有鄉村被水衝壞田桑候各官申到見數別具申聞詔令湖州將被水之家更切多方措置賑恤務要實惠及民毋致失所具已賑恤過人數申尚書省十三年十二月七日詔令封樁庫支撥會子二萬八千一百一十六貫仍令提領豐儲倉所取撥米三千四百三十九石八斗並付臨安府照應供到數目逐一等第給散被火全燒全拆并半燒半拆及踐踏

人戶仰本府日下差人請領選差清彊官巡門俵散不得縱容吏卒等人稍有減尅騷擾候支散了畢申尚書省先是本府州橋四條巷居民遺漏詔令臨安府日下差官抄劄被火及拆回之家以憑賑恤既而本府分委官吏於城內外被火一處沿門逐一抄劄除雜賣場南至州橋一帶及都亭驛一帶拆撥過民屋姓名大小口數令項供申外所有城內外被火之家計二千五百七十五戶條具來上故有是命十四年明堂赦文蘄黃州并管下縣鎮有曾經兵火驚擾去處致使人戶逃徙無家可歸理宜矜恤令淮西制置司行下州縣遇有歸業無屋存泊之人即聽從便踏逐係官屋宇及寺觀安泊毋致失所仍多出文牓曉諭十五年七月十一日臣僚言今歲自春入夏時雨優渥雖高亢磽瘠之田靡不霑足西成有望比日以來霖潦相仍合衢婺

卷二千六百三十三

徽嚴四溪之水迎入大江之潮水勢迅激紹興蕭山濱江居下受害獨慘飄蕩廬舍衝壞田野苗腐舒墊是誠可憫乞下浙東漕倉兩司亟與委官抄劄被水之家優加賑恤目今合輸官賦權與寬展其田畝渰浸去處則續議蠲減實一邑更生之大幸從之十六年九月六日臣僚言恭惟陛下恭儉愛人寬恤備至精誠格天豐穰屢書入夏以來時雨霶霈歲旬近地上下霑足穡寶垂垂有秋在望閩之江浙淮堧多苦水溢七閩之地間或旱乾乞下諸路監司州郡將實被災傷去處遵從條令日下疾速差官巡行檢視或因雨水浸沒風潮漂蕩斟酌輕重與議蠲減分數早出牓示通知不得出違條限

嚴行戒約所差官吏務在公心勿為姦弊庶幾佃户蒙被實惠得以了還主家之租不至拖延實為公私莫大之利臣近據江東安撫司言建康府自五月以後雨墊霖淫江流泛溢請田畝渰浸甚多池州屬縣官舍居民為水漂蕩太平州低田圩田坍壞渰没已種之稻悉被浸腐又聞淮甸如高郵楚州亦多被水去處罹昏墊將困艱食深為可憫雖臣已行賑恤竊慮惠利未周容有不被其澤者乞下江淮漕倉兩司委官勘實被水之家優加賑恤渰没之田合輸官賦早議蠲減俾江淮之民得免流離凍餒之患從之十七年四月二日詔令鎮江府於轉般倉見樁管米内取撥一千石付本府理還借兑數目并充給濟饑民使用并下提領轉般倉所淛西提舉司各證會施行（從本州守臣趙善湘之請也）

卷二千六百三十三

全唐文

宋會要

恤災

神宗熙寧元年正月九日詔諸州軍每年春首令諸縣告示村耆徧行檢視應有暴露骸骨無主收認者並賜官錢埋瘞仍給酒饌酹祭七月詔恩冀州河決災令選官分詣若有渰死人口量大小賜錢其居處未安令官地搭蓋其宮觀廟宇宿泊內有渰浸活業貧下人戶令省部賜粟四年三月十六日詔判永興軍郭逵如本縣州縣有饑荒處並以官廩賑濟仍體訪田稅其逃亡人戶亦仰設法招誘還業以聞六年十月二十八日詔熙河一路自用兵以來誅斬萬計遺骸暴野可差內當御藥院李舜舉往彼多方究尋如法收瘞仍於河岷二州特設祭酹作水陸齋會七年五月六日中書門下言戶房申訪聞災傷路分募人工役多不願先將合用夫數告示以致饑民聚集部無合興工役欲乞下司農寺令逐路有合興工役並依所計工數曉示逐旋入役免致饑民過有聚集以致失所從之九年二月五日河北西路提刑司言邢懷州連年災傷若令應副十分春夫必難勝任欲乞特賜免放一半從之十月十二日中書門下言廣東經畧轉運使等言潮州海陽潮陽兩縣人戶被海潮溺推蕩居舍田苗死失人口乞令本路提刑司躬親前去依條存恤從之元豐元年正月二十三日詔

卷二千六百三十三

河北路權停折納為經水災粮草貴也七月二十七日詔河北轉運判官高鑄往濱州地界風雨損城及害稼處照管令京東轉運使司齊州章丘縣官吏如不救護預備致人被災傷即劾罪以聞八月十六日詔京東路路轉運司齊州章丘縣被水第四等以下戶欠令夏殘稅權倚閣常平苗役錢令提刑司展料次二十八日詔濱　滄三州被水災令民貸請常平粮零販竹木魚果炭箔等物稅百錢以下聽權免一季十月十四日詔昨岳州平江縣民戶為詹遇等焚廬舍令孫頎牒所屬隨區數第給錢二年二月十一日詔閩濱　滄州昨因災傷至今民尚乏食其令提舉官李孝純存恤有合行事件訖以聞事體稍重者奏聽旨察知縣令不職者權對移三月一日詔兩浙路災傷民貧戶絕田產價錢者展半年輸官三年八月十七日開封府言畿縣夏旱甚者十分其次不減七分已節次檢放今秋農有望而民力未充其殘欠租稅乞賜倚閣從之九月二日權知都水監丞公事蘇液言河北京東兩路緣河決被患人戶蒙朝廷憂恤賑濟放稅河平計錢穀等共七十二萬七千二百七貫碩有畸而靈津廟碑失載其實乞以其事付史官從之四年二月二十九日詔閩階成鳳岷州人戶闕食流移令逐路第四等以下人戶借支常平糧斛每戶不得過兩石仍免出息如有去年未納諸稅并諸般

卷二千六百三十三

欠負等並權倚閣其有往諸處逐熟帶興販物税錢處
並令驗認免放八月二日詔蠲河北東路災傷州軍令
年夏料役錢五年九月十四日詔聞開封府界漫水所
至縣百姓有聚在高阜不通往來致絶糧食者委劉仲
熊乘驛遍詣有水縣規畫舡栰運致民户安集於無水
處齎載薪糧就給三日一具所濟人數上尚書省七年
六月二十六日知蔡州黄好謙言所部水災特甚乞放
税詔尚書户部速施行七月七日知河南府韓絳言伊
洛暴漲衝注城中軍營欲望應被水災廂禁軍等第與
特支錢及先修軍營其水北軍民被害續奏請詔經水
災民户令體量賑卹被水廂軍以差賜般移錢死者依

卷二千六百三十三

漂溺民户法給錢九日詔尚書户部員外郎張詢幹當
御藥院劉惟簡賑濟西京被水災軍民并催督救護官
物城壁等其合行事如有違礙從宜施行同日河北路
轉運司言河水圍繞大名府城乞多差兵夫舡栰救護
詔遣金部員外郎井亮采幹當御藥院梁從政往賑濟
如西京指揮九月十三日詔西京被水漂溺之家及秋
苗災五分户並免來年夏税支移折變從户部員外郎
張詢請也十三日河西路提點刑獄呂温卿言霖雨為
災已行賑濟欲乞坊郭户没溺財產比舊退落七分以
上積欠及秋料役錢並展限至來年夏其漂蕩家業者
不候造簿年月先減免役錢以寬剩錢補助尚書户部

言減放役錢欲據家裝物力之數於簿内改正其減役
錢候造簿日均敷餘欲依温卿所乞從之十月二十二
日詔涇原路火死者男丁給絹四疋小兒五疋以本路
經畧司言西賊犯境燒柴草積民多火死者故有是命
哲宗元祐三年正月二十八日御史中丞胡宗愈侍
御史王覿進對太皇太后曰久陰不解雪寒甚民不易
對曰陛下斥賣芻炭所以惠都民甚好唯河北京東災
傷猶須多方賑濟日已一一有指揮宗愈覿曰聞二聖
焦勞上元禁中不曾用樂曰既不御樓亦未嘗燕會二
月十二日詔給廣惠倉錢三萬緡及闕額役兵錢糧衣
賜募民應役以恤之十月二十四日詔災傷放税及六

卷二千六百三十三

分以下其帶納欠負即隨放税外分數催納七分以上
並行倚閣四年六月十八日資政殿學士知陳州胡宗
愈言本州霖雨相繼河流泛漲今年夏税遞展限一月
從之五年四月二日詔府界諸路監司應雨澤未足處
人户合催理係官欠負權住理納候豐熟日依舊以三
省言自春以來時雨未足民間諸欠負未能償故也六
年九月七日户部言河東路助軍粮草支移不過三百
里若非時急闕亦聽相度展那仍不得過三百里本户
災傷五分已上仍免折變從之同日樞密院言麟州界
人常為西賊殺虜燒蕩屋舍者令經畧司人以老幼屋
以多寡等第給賜錢絹或焚毁粮草或蹂踐田苗亦隨

宜賑濟八年四月二十六日詔近日在京軍民疾患難
得醫藥可措置於大醫局選差醫人就班直軍營坊巷
分認地分診治開封府郡官提舉合藥并日支食錢於
御前寄收封樁錢內等第支破候疾患稀少即罷給
聖元年十月二十六日上諭輔臣曰河北流民寓寺觀
及官廨者尚多雖已給券開諭令還本土就賑濟然宜
申敕有司聽便願南去者毋彊使北十一月十一日左
司諫張商英言知定州顧臨與走馬承受賈溫之謝晴
北嶽摘路傍禾穗豆角觀驗多不實知曲陽縣郭長卿
以災告請早求所以為備者聞深州武彊縣民二千餘
戶訴災臨輒却其牒詔河北東路提舉常平燕若古究
卷二千六百三十三
實以聞十二月十一日監察御史常安民言河朔流民
多因郡縣承望轉運司張景先風旨遏訴災傷由有沮
抑使民無告詔河北西路提舉司體量詣實以聞知深
州吳安行坐不受民訴災傷特衝替二年三月四日詔
河北東西路并京東路淄齊鄆濮濟州災傷人戶係去
年秋料殘零稅租並行倚閣四月五日涇原路經略安
撫司言本路被災人戶已令逐州軍倚閣租通欠從之
仍原擅行之罪三年四月十一日詔權倚閣陝西路令
年諸通負以輔運司言本路災荒故也四年五月九日
左司諫郭知章言聞諸路守臣常於秋夏之間以雨足
歲豐為奏後災歉遂不敢以聞伏望特降睿旨下諸路

州軍嚴行約束雖已奏豐稔而或繼有非時水旱者並
具災傷上聞從之元符元年十一月二十三日詔河北
京東路州縣遭河漲渰溺人戶田廬多致失所令工部
員外郎梁鑄體量應合賑恤及河勢利害以聞三年三
月二十三日（徽宗已即位未改元）詔以疾疫令太醫局差醫生分
詣閭巷醫治八月四日詔諸路應歲賜藥錢處遇民疾
時州縣委官監視醫人遍詣閭巷隨其脉給藥十二月
三日臣寮言河北濱　等數州昨經河決連亙千里為
之一空人民孳畜沒溺死者不可勝計今年所在豐稔
而此數州之民失業是以至今米斗不下三四百錢饑
羸而死者相枕藉甚可哀也乞朝廷選郎官乘傳同本
卷二千六百三十三
路監司守令體量拯救從之　徽宗建中靖國元年八
月二十一日臣寮言府界近京各有被旱蝗去處及江
淮兩浙福建路亦有旱災去處其監司郡守或不以聞
或雖聞而不敢盡以實告州縣承望轉運司意旨不肯
依法受接人戶訴狀望指揮諸路轉運使司應令後實
有被災傷人戶並專責守令依法受訴提舉司依條檢
察施行從之崇寧元年四月二十八日兩浙轉運司言
本路累歲災傷昨權住閑慢修造至今將欲限滿欲乞
更展一年權住從之七月二十一日詔開封府賑卹壓
溺人不得鹵莽先是雨水壞民廬有死者故申命之二
年七月九日詔府界諸路監司前去親詣蝗蟲生發去

處監督當職官多差人夫部押併手打撲本司及當職
官並仰專在地分候打撲盡靜方得歸任人户多方收
打蝗蟲赴官即時依條支給米穀如官司阻節許人户
經監司陳訴十月十四日詔兩浙杭越温婺等州秋田
不收人户失於披訴官司憚於閣放又將積年欠負一
例併行催納致人户漸至逃移賊盜滋多物價增長細
民不易其官司並不申奏顯是提舉轉運司施設不職
令本路提刑司體量聞奏其積年租欠如是下户災傷
不以分數並令倚閣非災傷户分作五料催科人户失
於披訴委是秋苗不熟並量與檢放其孤貧不濟户仰
提舉司廣行賑濟如物價增長即速以常平米平價出

卷二千六百三十三

糶十二月十四日詔户部差官劄刷合出賣及無用故
紙具數關送開封府造紙襖遇大寒置歷給散在京并
府界無衣赤露之人每年依此即不得將中用文字一
例劄刷五年四月十六日詔蠲兩浙水災人户租稅大
觀二年三月三十日詔西京城内外日近民庶疾疫稍
多慮闕醫藥有失治療宜下有司依近例疾速修合應
病湯藥差使臣管押醫人自三月末旬後於京城内外
遍到里巷看診給散要拯救疾苦仍速施行又詔令大
觀庫支錢一萬赴開封府令就差散藥使臣并逐廂地
分使臣每日量數支給應死亡貧乏不能葬者人給錢
兩貫小兒一貫八月十九日工部言邢州奏鉅鹿下埽

大河水注鉅鹿縣本縣官私房屋等盡被渰浸詔應令
來被水漂溺身死人户並官為埋葬每人支錢五貫文
買衣衾版木擇高阜去處安葬不得致有遺骸其見在
人户即依放稅七分法賑濟施行如有孤兒〔遺〕及小兒並
送側近居養院收養候有人認識及長立十五歲聽從
便内有人户盡被漂失屋宇或財物仍許依七分法借
貸不管都〔致〕失所仍具埋葬賑濟居養存恤次第事狀
聞奏三年六月二十八日詔冀州宗齊鎮被水身死人
户並官為埋藏人支錢五千擇高阜安葬不得致有遺
骸其見在人户却依放稅七分法賑濟孤遺及小兒並
送側近居養院收養候有人識認及長立十五歲聽還

卷二千六百三十三

便内人户盡被漂失屋宇或財物仍許依七分法借貸
仍具已埋葬賑濟居養存恤次第以聞仍仰本路提刑
司各郡官前去點檢賑恤務要均濟九月六日詔東南
路比聞例有災傷斛蚪踴貴可下諸路監司仰依實檢
放秋苗數仍依條推行賑濟十一月十二日詔東南諸
路應令歲旱災地分人户放稅及五分以上者本户稅
租苗役條限滿日特與展限一季支移者仰轉運司相
度那融就近折變者量與寬減施行十二月十六日詔
秦鳳階成州災傷人户稅賦已權行倚閣候至豐歲催
理疾速施行四年正月十八日詔聞福建去年夏秋少
雨禾稻薄熟兼見行賑濟兩浙並不通放米舡過海深

慮句去民食妨闕可指揮兩路放令福建販米海舡從便賑糶以補不足不得仍前阻節政和五年正月二十二日詔戶部上諸縣災傷應被訴受狀而過時不收接若抑遏徒二年州及監司不覺察各減三等法從之五月十二日詔二麥將成秋稼繼作深慮川縣不恤民情妄有科差如見均占役使者即時放散如有稽違師臣監司按察政和三年正月二十日尚書省言檢會近降赦恩訪聞開德府清豐縣去年六月七日曾被旱傷人戶其間有不知條限致被訴不及可令所司勘會詣實特與依檢放災傷人戶減免均糴指揮施行從之十一月二十日詔時雪苦寒道路阻滯常平倉米麥以冢合價減

卷二千六百三十二

二等分糶硬石炭每秤減價十錢十二月六日詔以諸路時雪稍多道路艱阻貧寒細民於法不合居養之人如委實貧乏不能自存亦合權行存恤救濟令諸路提舉常平司更切多方存恤居養仍許不限人數支給米豆乃仰逐司以常平米粟量行減價二分出糶四年十月六日饒州南康軍知通並先次充替令歙州疾速取勘并本路提舉官令江東提刑司取勘並具案奏聞以江東久旱艱食並不陳請措置至是提舉司分析以聞故有是命六年二月十七日福建路提舉常平黃靜言建州蒲城知縣饒興遇歲饑民能勸誘民戶賑糶乞加賞典詔遷一官七月十九日淮南路轉運司言淮河水

泛漲濠壽楚泗河道與鄰近民田為一洊浸州城緣此斛斗不入細民不易淮東兩州軍見椿管提舉司斛斗三十六萬餘石欲依元價出糶救濟被水細民從之九月二日詔在都日近遺火被燒人戶見賃官地屋與放賃直兩季十一月三日詔兩淛州軍秋水害田物價翔踴別州鄰路粒米豐賤輒禁米斛出界者以違御筆論七年七月六日詔熙河環慶涇原地震旬日壞城壁樓櫓官私廬舍民覆溺死傷者衆宜速修治城壁朝廷給其費仍遣使撫恤軍民十二月十六日詔河北西路提舉常平官不奏本路災傷特降兩官衝替令本路提刑司具合降官姓名申尚書省令後不即時聞奏重寘于

卷二千六百三十三

法仍令刑部遍下諸路州軍并監司時臣寮上言河北自祁趙州以南至邢州磁相上下夏雨頻併多有災傷詔令本路監司具析至是提舉常平官以聞故有是命八年正月正二十四日詔河朔去歲災傷方行賑恤而修城買木運粮飛輓之役頗勞民力其令當職官審度緩急可罷者條具以聞五月二十一日提舉京東路常平等事王子獻言濟南府密沂濰徐兗州河北數州皆水官司檢放不及七分外州流民稍稍入境移文逐處依法賑恤蓋其貸者二十萬四百餘戶給者十萬八千六百餘戶糶者二十九萬五百餘碩實緣檢視災傷觀望顧畏不實不盡伏願詔州縣令後驗流民來歷實有莊帳每縣及百戶以上即申省部下所屬依次書元檢放官吏

之罪，從之。六月八日，詔兩浙路自今夏霖雨連綿，滲沒田不少，平江尤甚，已差趙霖依舊兩浙提舉常平，如有合行奏稟事件，附入內內侍省遞以聞，仍一面多方措置救民田滲浸過田苗人戶及支借過還田錢米等，並仰括責格諭保明聞奏，不管稍有流移失所。其後趙霖奏：本路有未起今年常平米一千萬餘石，伏乞許與截留應副急切賑濟，并轉運司見有合發米限上供米數，欲乞依知平江府應安道已得指揮，摧於浙西州縣先次權發二十萬丞急相兼應，候向去豐熟年分接續收糴撥還。治體如違，以大不恭論。八月四日，又詔平江府第四等以下人戶合給二稅并借過圍田常平錢物權行倚閣。七月二十九日，詔東南諸路山水暴漲，至壞州城，人被漂溺，不能奠居，可差廉訪使者六員分行諸路，檢舉常平災傷，隨宜賑救訖奏，仍許借諸司斛斗賑給，或勸

卷二千六百三十三

誘上戶借貸，仍多作船栰濟渡，及權以官物搭蓋屋宇，廣令安泊。其被溺之人，並官給棺殮，監司郡吏各協力賑恤，無令失所。有不盡心及一行官吏因而擾動乞取，並以違御筆論。同日，鎮江府言：自六月以來霖雨連綿，滲沒民田，米價踴貴，唯藉商旅興販斛斗接濟。欲乞降旨，應豐熟去處輒有禁止商販米穀及違法收納力勝諸般阻節，並乞依政和六年十一月三日所降指揮。從之。八月二十五日，詔江淮荊浙被水州軍漲水已退，殘潦餘浸，占田無藝，民不得耕，比屋摧圮，無奠居，可令郡守令佐悉心賑救，監司雖非本職，並許通行管幹，分定州縣前去巡按，具已救濟事件人數奏。監司郡守自今

應水旱盜賊敢有隱蔽不奏或不盡言，並以違御筆論。應興販竹木塼瓦蘆葦往被水處，沿路不得收稅抽解及攔買阻滯，仍行賑濟。九月七日，詔東南被水州縣民田雖有赴訴之限，然阡陌漫浸，州縣定驗失實，則貧民下戶臨時無告，仰逐路監司行下所轄州縣，當職官須管於收成之前躬親按視，毋得失實。又詔曾經滲浸人戶納官私房錢，截自遷出日並特與免納，候復業日依舊。十月二十日，江南東西路廉訪使者徐衡言：南康軍并管下建昌縣及江州并管下德安、瑞昌縣、興國軍坊郭舍屋被水滲浸，漫沒屋脊，人戶各已般移，除係自己屋業外，其間買官私舍屋居住人戶，尚依舊管認元賃

卷二千六百三十三

房廊地基等錢，欲下諸州軍豁除被滲月日，將與放免。從之。仍詔餘依此計，其十日即不得虛偽，通不得過一季。

恤災副本

此卷前有熙寧以下七十條應補抄

脱二月十六日條

觀上有△者皆恤災四文間有脱落以目記之

西本甚占補抄本以〇記之

觀上有丶者皆見賑貸不抄

宋會要　賑恤四

宣和元年正月二十七日永興軍路安撫使董正封言鄜縣災傷放稅不及分秋雨損田苗人户闕食勘會見今修葺永興軍城壁欲望支降度牒四百道乘此和顧人夫不惟城壁計日可了兼可以存養闕食人民詔時支二百道

吳校

複本刪

宣和元年正月二十七日永興軍路安撫使董正封言鄜縣災傷放稅不及分秋雨損田苗人户缺食勘會見今修葺永興軍城壁欲望支降度牒四百道乘此和雇人夫不惟城壁計日可了兼可以存養缺食人民詔特支二百道二月十六日詔豐城縣主簿倪仲寬先次放罷令憲司取勘以聞候案到將上取旨以江南西路轉運副使林箎奏仲寬管洪州南昌縣惠門場非理決食人剩也十月十九日詔兩浙連年災傷今歲方始豐熟應欠積欠不得一併催理並三年帶納十二月十六

進決

日監察御史周武仲言淮甸旱暵蒙付以使事賑濟令
急於錢米而州縣往往之(去)望依淮南許依鄰近發義倉
兑撥支遣并京西路汝潁等州災傷放免租稅指揮豪
民大姓有願出積粟者乞籍其名酬以官爵其次與免
差科一次所在係官山林塘濼有可推以利民者乞暫
絕其禁聽饑民採食其利商旅般運應鄰近路分及沿
江州軍載斛米舟車並乞與免沿路力勝錢堰閘關津
不得稽留從之仍許通一路義倉兑撥支給其流移地
分如合放免租稅並令依條內豪民出粟不得抑勒
欽宗靖康元年六月十四日知磁州趙將之言种師中
兵潰有被傷之人疲曳道路甚多臣已隨宜措置出榜
招收權置一醫藥院收管醫治如臣一州所醫已二百
餘人切慮別路州郡尚多有之乞下諸州將重傷者每
人支絹一疋錢一貫輕傷人半支並以係省錢物充仍
委守臣當官給付依已降指揮將諂到潰散人並發上
邊應援太原外有被傷未堪驗使人並且令逐州醫治
候平愈日逐旋結隊發遣從之

卷二千六百三十三

宣和元年二月十八日尚書右丞范致虛
言奉詔楚州山陽鹽城二縣被水令截撥斛㪷賑救不
足於鄰州鄰路撥義倉兑撥支遣竊以災傷路分廣遠
自江淮荊湖兩川各被水患物價騰踴方春正多飢殍
强壯者流為盜賊類多丐乞以市斛㪷或采在田蔬茹
之類甚者無從得食老稚轉徙甚可哀痛按義倉法唯
充賑給不得他用比歲數豐未嘗支遣諸路義倉之粟
甚多欲望睿旨應去歲災傷州縣並量從勅實災傷人
數及外來流民並給義倉物斛賑濟數係災傷官司以
前不曾檢行特與放罪若今來指揮到依前庇隱令廉
訪使者按劾以聞若常平及本州通用諸縣義倉物斛
計度像散不足並許依楚州兩縣所得前件指揮於鄰
州鄰路撥義倉兑撥支遣詔京西路潁汝陳蔡等州見
令民已流移飢殍監司州郡並不申奏運司庇隱不放
租稅致不得依災傷賑濟遂使斯民轉於溝壑吏為姦
罔不奉法令以致如此為之惻傷可令新京西漕臣李
祐放謝辭星夜乘騎前去體量常平官孫延壽先次勒

卷二萬八百九十九

停餘監司并守臣一一並具名奏應一路義倉可並特
通融支撥賑濟施行應災傷流移地分並令依法放免
租稅疾速行下四月二日京西路轉運判官李祐言尚
書右丞范致虛奏京西災傷州縣並不依災傷檢放勸
民戶依舊納稅致民力愈困罪在州縣欲望並給義倉
「物斛賑濟奉詔令臣星夜前去體量諸實當平官孫延
壽先次勸停餘監司并守臣一一並具名奏應一路義
倉可並時通融支撥賑濟應災傷流移地分並令依法」
放免租稅體量得逐州人戶因去秋霖雨薄收人民闕
食汝州諸縣艱於賑濟致有流移飢殍唐鄧州縣戶依
「法檢放稅租外賑濟管下諸縣飢殍流民共三萬八千
米二萬八百九十九
餘人均房州諸縣放稅不盡致自冬及春以來往往聚
為盜賊詔均房州知通逐縣知縣並衝替汝州知通各
降一官唐鄧州知通各轉一官五月二十九日詔淮浙
去歲被水田業多荒今雨暘順適耕種是時民無力施
工可令兩路提舉常平官散倉廩廣行借貸毋或失時
施行訖具奏從兩浙轉運司請也六月二十七日開封
少尹虞奕言去歲諸路水災今夏二麥大稔秋田倍收
一歲之熟未足以盡補瘡痍尚慮監司州縣例行催科
累年之欠乞行約束從之十月十九日詔兩浙連年災
傷今歲方始豐熟應積欠不得一併催理並限三年帶
納十二月十六日監察御史閻武仲言淮甸旱暵稍付

以使事賑濟莫急於錢米而州縣往往無之望依淮南
許依鄰近發義倉兌撥支遣并京西路汝潁等州災傷
放免租稅指揮豪民大姓有願出積粟者乞籍其名酬
以官爵其次與免差科一次所在係官山林塘濼有可
推以利民者乞暫絕其禁聽飢民採食其利商旅般運
應鄰近路分及沿江州軍截斛米舟車並乞與免沿路
力勝錢堰閘關津不得稽留從之仍許通一路義倉兌
撥支給其流移地分如合放免租稅並令依條內豪民
出粟不得抑勒　二年六月四日詔開封府賑濟乞丐
二萬二千餘人當職官吏推恩有差二年八月二十日
知壽春府侯益言臣昨緣去歲秋田旱災曾具奏乞依
米二萬八百九十九
泰和七年正月二十六日指揮許客人於豐熟去處興
販米斛前來災傷去處出糶與免沿路力升稅錢後來
本府夏麥收成其上件指揮已行住罷今歲秋田復又
旱損欲乞依宣和元年十二月十六日指揮行下從之
十月九日詔淮南災傷飢民流離常平官其躬至所部
竭力賑濟十二月二十五日詔睦州及管下應避賊者
令所在官司多方存恤借與官屋僧舍居住內有不能
自存之人依條賑濟疾速施行　三年正月十四日詔
宣歙杭睦州民居緣兇賊胡略逃避既無所得食遂致
失所慮其間少壯之人或聚為盜老弱幼小不能自存
轉於溝壑深可矜惻仰江南兩浙路漕臣憲司提舉常

平及所在處郡守倅當職官等多方撫諭優加存䘏如
有闕食之人官為賑濟務在安集毋令失所仍各具知
稟狀以聞二十六日詔兩浙江東路避賊亡族百姓流
離無以自給及無居止宵旰惻然令州縣措置賑給借
貸官舍勸誘歸業八月十二日詔徽州已降指揮依七
分法借貸被賊燒劫州縣人依災傷流移法賑濟其兩
路復業人戶若闕少牛具種糧等仰提舉司審度量行
借貸訖奏　四年十二月十三日詔德州有京東路西
來流民不少本州知通張邦榮王景温等見行賑濟於
在城并安德平原縣三處措置宿泊計六百三十一戶
除已該給券還鄉外尚有五百餘戶各得均濟仰本路
卷二萬八百九十九
提點刑獄司究實聞奏取旨量推恩其餘路分遇有流
移人戶不即依條存恤昔並仰監司廉訪使者按劾以
聞　五年正月四日臣僚言聞蜀父老謂本朝名臣治
蜀非一獨張詠德政居多如賑糶米事著在皇祐甲令
常刻石遵守至今行且百年其法一斗止糶小鐵錢三
百五十文人日二升團甲給曆赴場請糴歲計六萬石
始二月一日至七月終貧民闕食之際被朝廷實惠比
年漕臣不職米直漸增或陳腐不堪糴以糠粃不獨損
六萬之數且幾察不嚴乞賜施行詔漕臣檢會皇祐條
例措置以聞十月二十八日詔大河暴漲由恩州河清
縣王余渡東向泛溢衝篤大名府永城縣本縣被水人

戶令本州提舉常平官親詣流移所在遍行賑濟　六
年五月十三日前知平陽軍府事高守拙言契勘諸路
州縣給散乞丐人米依條立期五日一給不以所居遠
近皆集一處給散欲乞遇風雪權令就近支散庶不失
所從之　臘九月詔兩浙州縣人戶積欠常平及圍田
錢米元降指揮展限三年起催令已限滿訪聞本路春
夏水潦害民田民生流徙已令將賑糶官米拯濟艱食
所有積欠及圍田錢米特更展限一年候豐熟日依條
催理　八月十八日收復燕雲赦應貧乏及飢民並以係
官錢米賑濟無令少有失所　十九（十月）日詔兩浙路州縣遏
法閉糴邀阻客人米價翔踴仰提刑廉訪體究水災去
卷二萬八百九十九
處令常平司賑濟州縣閉糴邀阻違令禁止　十月二十
七日詔浙西諸郡夏秋水災穀貴艱食民戶流移已降
指揮於所在依條賑濟訪聞常平司見管米斛數少可
於本路寶有見在米或見起上供米內截撥五七萬碩
付提舉常平官躬親往常秀平江等處隨宜分擘應副
賑給務令實惠均及飢民　十一月十七日詔河北京東
夏秋水災民戶流移係踵於道可令應所過州軍隨宜
措濟若常平義倉不足即發封樁應干斛斗賑給令實
惠及人　十九（十二月）日南郊制應河北京東河東路民戶曾被
劫掠或焚燒廬舍者委州縣多方安集早令著業與免
諸般差科二年　同日南郊制訪聞外路夏秋之間陰雨

脫高宗建炎元年二條

積水占壓民田或河防潰決衝注鄉村縣官坐視並不措置如措置有方實有勞効者保明以聞當議特加旌勸　欽宗靖康元年六月十四日知磁州趙將之言种師中兵潰有被傷之人遍滿道路甚多臣已隨宜措置出榜招收權置一醫藥院收管醫治始臣一州所醫已二百餘人竊慮别路州郡尚多有之乞下諸州將重傷者每人支絹一疋錢一貫輕傷人半支並以係省錢物充仍委守臣當官給付依已降指揮將詔到潰散人並發上邊應援太原外有被傷未堪驅使人並且令逐州醫治候平愈日逐旋結隊發遣從之宋朝大事記講義

元祐元年復茶鹽法許通商四月賑淮南飢賜上供、

卷二萬八百九十九

米十萬石蠲旱傷租二年出禁錢賜貧民此祖宗以仁立國之意暫息於熙寧而復續於元祐也使元豐紹聖相傳襲中斷無元祐數年之澤則靖康之禍豈止如今日之所觀哉

三年六月十二日都省言渡江之民溢于道路其飢餓者無飲食疾病者無醫藥詔令淮南江浙轉運司量給錢米賑給其病患者差官醫治務要實惠及民不管少致失所　四年二月二十三日詔應士庶家屬有被驅虜脫歸之人令所在存恤量給錢米於寺院安泊審問親屬所在差人津發前去　四月二十八日上諭輔臣曰朕聞明州遭䄙焚蕩不餘片瓦井邑並墟使民骨肉離

紹興元年下脫二條

散囊橐罄竭朕力不能救心甚憫之可將已椿管米七千餘石令守臣均給城下人戶廬舍被焚者少助官乏　十月十八日詔諸處流移百姓所在孤苦無依者並仰越州安泊賑濟務在全活其有不幸死損者收斂瘞藏並如近降指揮施行咸淳毗陵志

紹興元年三月二十八日詔常州平江府近有淮南京東西等路避寇渡江流移失業之民可專委逐州知通措置賑䘏仍依差疾貧乏不能自存人條法給散及慮歉得柴薪每人每日特更給錢二十文七歲以下減半以本州常平錢穀支撥深慮數目不足平江府降度牒二百道常州一百道變轉應副

卷二萬八百九十九

紹興元年五月十四日詔諸路見今米價踴貴細民闕食令州將常平倉見在米量度出糶仍廣行勸誘富家將願糶米穀具數置曆出糶州委通判縣委令佐如糶及三千石以上之人與守闕進義副尉六千石以上與進武副尉九千石以上與下班祇應一萬二千石以上與進義校尉一萬五千石以上與進武校尉二萬石以上取旨優異推恩如已有官蔭不願補受名目當比類施行並令州軍保奏通判令佐勸誘人戶出糶數多令本路監司保奏等第推恩務要實惠及民即不得虛椿數目陳乞推恩仍令監司覺察如違按劾取旨重作責罰　十月二十三日詔越州城内遺火延燒民舍屋不少致貧民無處居止仰三省行下本州分委

官躬親付細抄劄應實曾被火延燒下戶每十八作一保結罪保明單甲姓名申尚書省以憑支錢賑給應官私地基許元賃人搭蓋依舊居住其合納房錢并地基錢並與放兩月十一月六日知紹興府陳汝錫言尋分委四兵官抄劄人戶姓名四廂共二百三十餘戶詔令戶部每戶支錢二貫文仰陳汝錫勾集赴都堂給散

二年下脫二條

三年八月九日詔臨安府被火百姓許於法慧寺及三天竺寺等處權安泊應客店亦許安下免出房錢其四向買販木植蘆箔竹筏並不得抽分收稅官私房錢不以貫百並放五日內孤貧不能自存之人令戶部省倉支米二千碩付臨安府賑濟仍開具賑濟過人數以聞

卷二萬八百九十九

此間下脫三年兩條

八月十一日詔福建路亢旱米價翔貴令本路提刑司將泉福州寄卸廣東米取撥三萬石賑糶仍斟量逐州軍豐歉次第分撥　三年六月十二日荊湖南路宣諭薛徽言已檄州縣勸誘上戶借貸種本月終若曆以多寡為殿最其上三名與免公罪杖一次稍多者又與免科役一次優異者保明申本司又就泉永開通那省米應副借貸應第四等以下戶計人為一甲於本州給據自賫赴撥米州軍請領於是戶部言人戶災傷在法以常平倉錢穀應副不足方許勸誘有力之家出辦糶貸兼已劄刷湖南有米州軍支撥二萬石付本路提刑司專充賑濟支用今乞下提刑兼提舉常平司遵已降指

揮施行毋致人民流移失所從之九月五日宰臣朱勝非等言近訪聞泉州水溢漂城郭墊廬舍已行下本州詰問且令詣實申尚書省上曰國朝以來四方有水旱災異無敢不上聞者修省蠲貸之令隨之近日蘇湖地震泉州大水輒不以聞何也詔諸路如有水旱等事令監司郡守即時具奏如敢隱默當寘典憲十一月宰臣朱勝非等言九日夜朝天門外居民遺火延燒頗廣上惻然曰細民焚其室廬生聚何從得食必有甚失所者可命戶部支降米五百碩令臨安府差官就行賑濟孤貧不能自存者無或追呼更致煩擾二十三日泉州言本州縣被水之家闕乏糧食不能自存之人欲州委知

卷二萬八百九十九

典憲下脫七條

通縣丞令佐先次取撥見管常平義倉米斛躬親前去賑濟及被水渰死其無主屍骸欲令本處量支官錢如法埋瘞無致暴露今米深應前項已料定錢米應副不足欲令禮部給降福建路空名度牒二百道專充應副前項支使詔依仍令本路漕司躬親前去點檢被水州縣奉行寬恤賑濟等事件以聞如州縣奉行不虔仰提刑司按劾聞奏當議重寘典憲五年四月十四日中書門下省言勘會民間米斛踴貴詔令戶部借支神武中軍糧食二月令盡數出糶九月七日殿中侍御史王晉言應民旅般取米斛往旱傷州縣出糶依日前指揮許就官司判狀執據與免經由場務力勝亦賑救之一也

從之十二月七日江南西路轉運司言筠袁洪吉江撫州臨江興國軍及臨江軍新喻縣災傷乞支降本路留米五七萬石委提舉司以州縣災傷分數取撥比附減十分之三糶及令州縣勸諭有力之家入納粳米每一千石或稻穀每二千石如係曾得文解人三代中有大官無刑責補迪功郎餘人補承信郎依獻人例理選限陞陟從本州保奏給降付身使作官戶免身丁差役免審量令本路帥司舉辟合入差遣其入納到米即減價賑糶并令州縣出給公據勸諭商賈收糶斛斗從便出糶與免力勝稅錢每米百石許附帶貨物納百貫詢訪停塌斛斗之人勸諭量取利息責認石斗數目出糶接

卷二萬八百九十九

濟及飢民合納米豆雖放稅不及七分縣分亦許賑給委提舉司審量若常平穀不足聽取撥入納到米謂本來因災傷勸誘到者支給候將來有納到義倉斛斗却行撥還州縣當職官賑濟有方者委提舉司保明提刑司覈實以聞優與旌賞詔已令收糶米斛六萬石準備賑濟今乞支苗米難議施行內勸諭人納稻穀依入納米補官便作官戶一節見別作施行外餘並依仍委知通勸諭有力之人出糶斛斗接濟不得抑擾十二月九日詔雪寒細民闕食可令臨安府分委官措置依賑濟人例支米三日後又展三日　六年正月十三日詔令湖南轉運司於已科撥去年上供米內存留三萬石從

本路帥司量度災傷輕重分撥付州縣專充賑濟使用二十六日上宣諭輔臣曰歲飢民多流殍朕心惻然官為發廩以濟給之則民受實惠苟為不然雖詔令數下恐徒為文具爾宜申救有司多方措置米斛二月一日詔令江西轉運司於去年上供米內支撥一萬石付本路帥司斟量災傷輕重與常平米相兼均撥賑濟支用七日右諫議大夫趙沛言去秋旱傷連接東南今春饑饉特異常歲湖南為最江西次之浙東福建又次之伏覩累降指揮賑濟固備盡矣然今月賑救有二一則發廩粟減價以濟之二則誘民戶賑糶以救之諸路固嘗許借常平義倉米又嘗令州縣賑糶艱難之際兵食方

卷二萬八百九十九

闕州縣往往逐急移用無可賑給唯勸誘賑糶尤為實惠然自來官中賑濟多止在城郭而不及鄉村願以上戶所認米數紐計城郭鄉村人戶多寡分擘米數縣差丞簿在城及逐鄉要鬧處監視出糶計口給曆照支或支五日或併支十日其交籌收錢並令人戶親自掌管官司不得干預既無所擾人亦願從乞申嚴戒諭如當職官不親詣鄉村監糶米斛與故縱人吏科擾令監司按劾及許人戶越訴其官吏重行竄斥從之三月七日成都潼川府夔州利州路安撫制置大使兼知成都府席益言東西兩川去秋荒歉及成都府路因事不登物價騰踴欲令四川都轉運司不以是何名色米權行截

撥專充賑糶或減價出糶以平米價詔令趙開除應副軍糧外將其餘應干米斛寬剩撥付四川安撫制置大使司量度逐路災傷去處均行賑糶二十九日殿中侍御史周秘言去歲旱傷小民艱食命所在勸誘積粟之家置曆出糶過三十石者等第推恩而州縣奉承不恪勸導無方乃謂富民頑悍說諭不從遂降指揮許令一面酌情斷遣州縣官吏不問民之有無而專以刑威逼使承認善良之民被其害矣欲望再降指揮專委諸路提舉官徧諸所部戒約守令多方勸誘務令民戶樂從無因令來酌情斷遣指揮輒有分毫擾擾詔依令諸路提舉常平官躬親遍詣所部州縣巡按覺察令御史臺糾

卷二萬八百九十九

劾四月十二日江南西路安撫制置大使兼知洪州李綱言已遵奉訓勸誘出榜置曆差官分詣諸州委知通縣官召上戶積米之家許留若干食用其餘依市價量減盡數出糶其流民官中賑給竊恐秋成尚遠難以賑濟已一面勸誘上戶納錢米入官以助賑濟乞許給官告度牒之類折還價值從之二十三日詔筠州高安上高兩縣當職官各先次特降一官放罷令本路提刑司取勘具案聞奏以提舉常平司言賑濟乖方至有盜賊竊發殍亡暴露田畝荒蕪飢民失所故有是命五月一日制湖南路安撫制置大使兼知潭州呂頤浩言被旨令廣西提刑韓璜收糴米三萬石般發前來賑濟已節

次催促至今並無顆粒到來望將上件米斛委韓璜催督水軍至湖南却委本路運使分撥州軍交卸以濟饑民詔令劉觷向伯奮疾速般發二十六日詔知婺州周綱除直龍圖閣知撫州劉子羽除直秘閣並特令再任以中書言並治郡有方賑濟宣力故有是詔七月十八日尚書省廣西欽廉邕州緣去歲大水即令米價踴貴細民艱食欲令本路常平官體訪如委是詣實即立使前去及分委官屬各躬親遍詣逐州取撥常平米斛賑濟如逐州所管數少即於鄰近州縣那撥應副仍具各支撥過米斛數目及措置存恤事件以聞從之八月二十九日詔韶州李紹祖特與減二年磨勘以廣西提舉

卷二萬八百九十九

常平韓璜言起發湖南賑糶米有勞故也十二月五日詔臨安府遺火竊慮民戶暴露不易令行宮留守司依舊例於戶部取撥米二千碩專委本府守臣差官據被燒民戶計口日給米二升十日內見扈從官吏諸色人被燒之家亦仰留守司量度支給錢米存恤十四日尚書省言江東西湖南路去歲旱傷近據申奏賑濟飢民萬數不少其逐路帥司及常平官措置有方甚稱委寄除江東帥葉宗諤已別作施行外詔帥臣呂頤浩李綱提舉趙不已吳存實令學士院降詔獎諭同日尚書省言去秋江湖旱傷人民闕食朝廷支撥米斛及委帥臣監司并州縣守令賑給竊慮其間奉行滅裂却致死損流

服十三日
一條

移數多合行比較優劣詔令逐路帥臣監司於本路旱
傷州縣各比較三兩處保明取旨賞罰十五日詔四川
去歲旱荒之後繼以疾疫流亡甚衆深用惻然其郡守
縣令有能賙給困窮撫存凋瘵善狀最著者令帥漕體
訪諮實保明來上當議獎擢以爲能吏之勸或癈慢詔
令坐視不恤按劾聞奏亦當重寘典憲二十三日樞密
院言叛臣劉麟劉猊等驅擁中原軍民前來侵犯淮西
作過雖已勦殺破蕩緣淮北之民皆朝廷赤子念其無
辜死於鋒鏑詔令建康府差茅山道士二七人修設黄
籙醮三晝夜追薦仍委江東安撫司官應辦七年二月
十二日尚書省言鎮江府太平州居民遺火細民無不

卷一萬一百九十九

暴露艱食令李謨張匯於常平義倉米內各支撥二十
碩分委兵官抄劄被火百姓貧乏之家每家計口支米
二升十月仍責委兵官躬親監散如被火人民見欠公
私債負權住催理兩月擔蓋官私白地其見納賃錢不
以貫百多寡並放兩月從之七月二十四日詔建康府
內外居民病患者令翰林院差官四員分諸巷診視合
用藥令戶部藥局應副仍置曆除破如有死亡委實貧
乏令本府量度給錢助葬仍具已支數申尚書省除破
九年六月十七日臨安府給散同此制十月八日詔
潼州府守臣景與宗陞一職廣安軍守臣牟鵬果州守
臣王陽前吏部郎官馮檝漢州守臣王柟各轉一官知

服十二年
一條
日

三一作五

成都府帥藍令學士院降詔獎諭仍令四川安撫大使
司開具其餘合轉官人職位姓名以聞以四川安撫制
置使帥藍言諸州賑貸有方活飢民甚衆內馮檝出米
四百石以助賑濟故有是命　九年正月五日內降新
復河南州軍敕應河南新復州縣百姓各無鄉井內鰥
寡孤獨不能自存之人令州縣多方存恤毋令失所十
一月六日臣僚言羨若旱暵爲災官當發廩勸糶而州
縣奉行姦計百出有民戶初非情願均令認數以應期
限而平時儲積之家得以幸免者有所在初無收成勸
令轉糶以賑城郭而本鄉流離不暇顧恤者願詔執事
選擇廉謹強明之吏推行德意務使實惠及民盡革前

卷一萬一百九十九

弊詔令戶部約束　十年二月十九日臣僚言諸處糶
米賑濟只及城郭之內而遠村小民不霑實惠向陳正
同通判婺州賑濟極有條理雖窮谷深山之民無不普
霑實惠而州縣之吏亦不至勞乞令陳正同條具賑濟
事件付戶部看詳遍下諸路依此施行從之閏六月十
三日詔順昌府官吏軍民等抗虜犯境王師捍衛雖爾
吏民協濟軍事保扞城壘驅逐寇攘皆乃忠勤宜加撫
惠管下諸縣及鄉村人戶曾被賊馬焚劫財產屋業者
並依災傷法賑濟應本府縣有民間利害守臣條具以
聞詔書到日明告吏民各令知悉　十二年三月二日
詔紹興府旱傷秋苗令於義倉米內支撥一萬石置場

出糶　十三年三月十八日，詔令淮東總領呂希常於大軍米內支三千石，量度分撥於鎮江府，委官管押前去價踴貴去處減價出糶，仍令淮西總領吳彥璋契勘本路如合出糶，依此施行。　八月（十三年）十三日，詔大平州居民遺火，令總領所於本州諸色米內取撥一千碩，檢視被火之家，計口俵散；係官屋宇并白地賃錢並放兩月。

十四年正月十三日，詔令月十二日被火居民，令臨安府於係官米內依例賑濟，具支過數申尚書省。　五月十八日，上曰：「聞婺州溪水暴漲，渰溺去處，可令官吏多方賑濟，毋令失所。」　六月十五日，上宣諭輔臣曰：「福建、浙東被水災去處，已令寬恤賑濟，尚恐州縣滅裂，可令逐路監司各躬親前去，悉力奉行，務使實惠及民，不得徒為文具。」

卷二萬八百九十九

十五年七月三日，知泉州吳序賓言：「汀、虔盜賊鱗集，泉南七縣罹其荼毒，且致飢餓。雖軍儲不足，而義倉積粟見存七萬石。欲聞倉賑貸內殘破四縣，乞比附災傷七分之法，各借種子三千石，自第四等以下戶，委縣官隨便借貸。」詔每縣於義倉米內支撥二千石應付借貸。

十六年六月二十一日，尚書省言：「方此盛暑，應有疾病之人，昨在京日差醫官診視，給散夏藥。」詔令翰林院差醫官四員遍詣臨安府城內外看診合藥，令戶部行下和劑局應副，候秋涼日住罷。其後每歲降詔同此。

十八年十一月二十三日，上諭輔臣曰：「紹興府災傷闕食人戶，以義倉米賑濟，無使失所。如別有災傷去處，亦令戶部多方措置。」　十二月十二日，上宣諭輔臣曰：「近令提舉常平躬親詣災傷去處賑濟，竊恐所轄州縣闊遠，點檢遲滯，可更令分委屬官悉力賑濟。將來春耕合用種糧，須令預先指置，臨期借給，使之耕種及時，則贍養供輸，公私兩濟。」

十九年二月四日，上諭輔臣曰：「春雨膏潤，於農事極利。農事種糧為急，若種糧不足，則秋成無望。昨已降指揮，災傷去處令提舉常平司借給，可更丁寧戶部應副。」　十九日，詔逐路災傷去處，可令縣官措置齋糶米斛，就鄉村賑給；逐州委通判點檢，逐路委提舉常平官按察，仍令御史臺覺察劾奏。　二十八日，

卷二萬八百九十九

詔：「近有紹興府等處饑民在此求乞，日有飢死者，可令臨安府日下給米賑濟。」　三月二日，上諭輔臣曰：「近日紹興飢民多有過臨安者，深可憐憫。蓋是保正副抄劄漏落，是致流移。可令臨安府多方措置賑濟，戶部應付米斛。其諸路州縣災傷去處，宜申飭監司守臣，依已降指揮貸給種糧，庶幾秋成可望。」　四月六日，上諭輔臣曰：「兩浙等路災傷去處，可令提舉常平官親詣所部借貸種糧，務要實及飢貧民戶，毋令州縣及當行人侵尅，徒為文具。」　九月十三日，詔兩浙東路提舉常平秦昌時除直秘閣、兩浙東路提點刑獄公事。以安撫司言紹興府、明、婺州水旱災傷，昌時悉力賑濟，乞賜褒擢，故有是詔。

二十年六月十六日，尚書省言：行在及諸路州軍每歲合藥，依法選官監視修合，許軍民請，州縣鎮寨量度用數給付。獨慮州軍不切奉行。詔令户部檢坐條法，申嚴行下諸路州軍遵守奉行，務行實惠，毋致滅裂。其後每歲降詔同此。 二十四年五月十七日，尚書省言：衢州闕食人户，令本路常平官賑濟外，獨慮未到之前人户闕食，有妨歸業。詔令本州日下賑濟，仍曉諭各令歸業。 六月一日，上諭輔臣曰：官司賑濟止及近郭游手之人，其鄉村遠處，宜令提舉官及州縣常平官躬親措置，務使惠及於貧下。 二十六年六月二十一日，三省言：初伏差醫官給散夏藥。上宣諭曰：比聞民間春夏中多是熱

卷一萬八百九十九

疾，如服熱藥及消風散之類，往往害人，唯小柴胡湯為宜。令醫官揭榜通衢，令人預知。頗聞服此得效，所活者甚衆。沈該等曰：陛下留神醫藥，其恤民疾苦可謂至矣。 二十七年十月二十九日，詔令四川制置司、總領所并逐路轉運、常平司各具管下州縣有無旱傷聞奏。如有實被旱傷去處，仰支撥常平錢米賑濟；或支用不足，即於存留舊宣撫司椿積錢米內量度取撥。 二十八年八月十六日，上諭輔臣曰：浙東西瀕江海去處，田苗為風水所損，平江府最甚，紹興次之。已將常平賑濟，尚慮貧弱下户去秋成尚遠，無錢可糴，深軫朕懷。卿等可令發義倉米賑濟。宰臣沈該等奏曰：在法災傷及七分以

上合行賑濟，當遵稟聖訓，就委趙子瀟、都絜依此施行。詔紹興、平江府被風水損傷，可令趙子瀟、都絜體訪，委是災傷去處，將第四等以下闕食人户量行賑濟，候晚禾成日住罷，仍具逐處賑濟人户及支撥過米數申尚書省。 二十八年八月二十七日，詔令吴璘同蘇欽、許大英將被水州軍人户取撥常平司義倉米賑濟，多方措置存恤，毋令失所，仍依條檢放，開具取撥過米數及已措置施行次第申尚書省。 九月八日，浙西常平司言：平江府已於在城覺報寺等八處并吴、長兩縣府司置場賑糶，共三萬七千碩。今來本府米價漸平，已行住糶。詔令平江府湊足元撥五萬碩數，均下諸縣，仍行賑糶。

卷一萬八百九十九

九月二十九日，詔：在法水旱檢放苗税及七分以上賑濟，緣土田高下不等，若通及七分方行賑濟，竊慮飢荒人户無以自給。可自今後災傷州縣檢放及五分處，即令申常平司取撥義倉米量行賑濟。 十一月二十三日，南郊赦：勘會在法，病人無緦麻以上親同居者，廂耆報所屬官為醫治。訪聞比來客旅寄居店舍寺觀，遇有病患，避免看視聞官，逐趕出外；及道路暴病之人，店户不為安泊，風雨暴露，往往致斃，深可矜憫。可令州縣委官內外檢察，依條醫治，仍加存恤，及出榜鄉村曉諭，月具無違戾去處以聞。 二十九年二月二十五日，詔令逐處守臣於見管常平義倉米內取撥二分，減市價二分

賑糶内臨安府於行在椿米内借撥四月（二十九年）十五月詔鎮江府被水闕食之家取撥常平義倉米量行賑濟二十六日詔紹興府山陰縣撿放賑濟不均去處令浙東常平官再驗合放實數其第四等以下不曾經賑濟者令遵節次已降指揮賑濟施行閏六月四日提舉兩浙路市舶曾愭言去秋州縣有被水災傷去處細民艱食多方賑濟及將常平米減價出糶飢民賴以全活而其間奉行不至者其弊有三賑濟官司止憑耆保公吏抄劄第四等以下逐家人口給曆排日支散公吏非賄賂不行或虛增人口或鐫減實數致姦偽者得以冒請飢寒者不霑實惠其弊一也賑糶常平米斛比市價低小既

卷二萬八百九十九

糶者不分等第不限口數則公吏倉計家人等多立虛名盜糶遂使官儲易於匱乏其弊二也賑濟戶口數多常平椿管數少州縣若不預申常平司於旁近州縣通融那撥米盡旋行申請則中間斷絕飢民反更失所其弊三也欲望行下有司嚴立法禁力革其弊公吏抄劄不實與夫州縣申請失時者並寘嚴科委提舉官往來部內賑濟去處體訪如有違戾按劾以聞從之九月四日詔福州七月間水災帥臣監司將合行賑濟人疾速支常平錢米賑濟其稅租依條撿放仍具析不即申奏因依奏聞十月九日詔福建路提點刑獄樊光遠降一官轉運判官趙不溢放罪以福州水災光遠權州事

不即躬親措置闕食人戶賑濟故鐫一官不溢以不曾承受本州申到故釋其罪有是詔　三十年五月十八日御史中丞兼侍講朱倬殿中侍御史汪澈言臨安府於潛臨安兩縣山水暴至居民屋廬漂蕩甚衆望令臨安府速下兩縣委令佐躬親看驗如有未收瘞者官給錢收瘞之及隨被害之小大條具賑恤詔令轉運司支撥係官錢米就委令佐躬親賑濟無令失所其未收瘞人口給官錢如法埋瘞不得減裂八月十一日直祕閣權發遣兩浙路計度轉運副使呂廣問言被旨契勘湖州安吉縣向被災最甚民戶實數具奏今抄劄到闕食合賑濟第五等主戶共一百八十戶望許依臨安府已

卷二萬八百九十九

得指揮將被災人戶等第與免本戶應干苗稅科敷及丁身役錢等最甚者免四科其次免三科餘免兩科及第五等曾經賑濟之人尚慮第五第以上雖不經賑濟或有田桑屋宇被水衝損亦合隨等第輕重減放稅賦從之　三十一年正月二十二日詔雪寒細民艱食令臨安并屬縣取撥常平米依市價減半分委官四散置場糶十日二十四日詔聞臨安府內外有貧乏不能自存之家可令抄劄具數限日下申尚書省二十五日臨安府言已抄劄到貧乏之家詔令本府分委有心力官日下巡門俵散賑濟每名支錢二百文米一升二十六日上謂輔臣曰百姓雖已賑濟尚恐貧乏之家不能

自存荷吏令特支柴炭令並棣內藏庫支撥給與務令
實惠及物然鰥郡當此雪寒細民不易可令常平官依
條賑給同日詔令逐州府差官抄劄實貧乏家於見樁
管常平錢米內依臨安府例賑濟分委有心力官俵散
務在實惠不得減尅仍具支過錢米數目以聞八月五
日都省言淮西州軍先因欠債逃避出沒之人理合賑
給令淮西提舉常平官日下於附近州軍取撥常平義
倉米三千石前去濠州賑給仍令龔濤劉光時照會常
切存恤毋致失所二十四日詔夔州路安撫轉運常平
司將本路被水之人戶多方存恤賑濟漂流居民舍屋
量行等第支給官錢其渰損田畝合納稅租依條檢放
（以上大典卷二萬八百九十九）
溺死之人官為埋瘞務要實惠不得減裂仍各具知稟
施行文狀申尚書省　三十二年二月三日詔兩淮歸
業民戶難於食用令本路常平司賑濟如闕米於浙西
江東常平米內各取撥一萬石應副支散二十八日詔（三十二年二月）
建康鎮江府太平江池州屯戍軍兵來多有疾疫之人
令逐路轉運司支破係省錢物委逐州守臣修合要用
藥餌差撥職醫分頭拯救務在實惠不得減裂鹵莽四
川準此五月二十七日特進觀文殿大學士判建康軍
府事張浚言體訪得東北今歲米價踴貴欲乞朝廷多
撥米斛錢物赴淮南賑濟支用詔令浙西江東常平司
各更於近便州軍支撥常平米一萬碩　孝宗隆興元

年二月十八日尚書戶部員外郎奉使兩淮馮方言擬
高郵軍百姓狀自前年金賊犯順燒毀屋宇農具稍解
無餘歸業之始無以耕種欲乞就附近支撥常平度義
倉米委本路提舉司令高郵軍措置借貸把認催索赴
此農時早得布種以寬秋冬艱食之憂其餘兩淮州縣
經賊馬侵犯去處亦令依此體例施行從之三月二十（孝宗隆興元年）
八日詔霖雨為沴雖側身修行尚恐誠意未孚可令諸
路監司守令應有災傷去處常切賑恤困窮糾察刑禁
仍各具聞奏六月十八日詔兩浙江東下田傷水衝損
廬舍理宜寬恤令逐路常平司行下州縣將被水人戶
疾速依條借貸以備布種將來見得損傷即從實檢放
（大典卷二萬八百九十九）
其衝損廬舍之家多方存恤賑濟措置安泊毋令失所
七月十九日權知盱眙軍周淙言泗州盱眙軍去歲虜
人驚移不曾耕種近淮北流移之民稍多米價頓長極
邊之地販運不通已將本軍米斛比市價減半置場出
糶每日糶及五十石但去秋成稍遠而本軍米斛已盡
乞支撥三千石廣行賑濟從之八月十七日詔曰比日
飛蝗益多又聞諸路州縣風水為災螟螣害稼咎證罔
測朕甚懼焉朕自今月十八日避正殿減常膳側身修
行以祈消弭重惟政事之闕致茲沴氣二三大臣其盡
忠省過補朕不逮監司郡守各務身率戢姦禁暴平察
冤獄以安民庶所在災傷恐行具奏依條賑䘏檢放如

脫十二月一日條

有隱匿不以聞者重寘典憲師徒未息科調繁興江淮襄蜀尤極勞擾强場之吏宜加安輯蠲省苛斂以稱德意九月十一日詔訪聞浙東西州軍間有螟螣風水傷稼去處可令守臣疾速條具應合賑恤蠲免事件聞奏不得隱匿違滋九月二十四日紹興府飢民以義倉米依紹興十八年例賑濟之從知府事吳芾請也十月二十一日知紹興府吳芾言本府今年災傷異常豪右之家閉糴待價欲招誘出糴最多之人從本府保明申取朝廷詳酌推恩從之二十七日兵部尚書兼湖北京西路制置使虞允文言京西一路今歲旱蝗乞下本路常平司候開春日將所管常平義倉米廣行賑濟從之

卷二萬八百九十九

二年三月十日詔徽州旱蝗為災可將常平義倉米出糶賑濟如本路州軍亦有似此去處依此施行二十一日宰臣湯思退等奏廣西遣發首尾數年乞降德音寬恤上曰租稅放得多少不要文具務行實惠二十七日德音高藤雷容州應曾被禁劫逃避人戶仰守令多方招誘歸業內闕食不能自存之人依災傷法賑恤即雖歸業而無力耕種者令提刑司以中具種糧借貸之六月二十四日詔浙東近因連雨大水及兩淮亦有被水去處理宜措置優恤令逐路帥漕司同共措置委官往被水州縣賑濟合用錢米許於常平司見樁管錢米內取撥若有溺死之人與量給棺殮之具內無居止人亦

脫十二月十六日一條

[illegible]仰臨安府官舍及寺觀權行安泊其應干合檢放寬恤事件及用常平錢米並開具申尚書省二十九日上諭宰臣湯思退等曰今歲江東浙西水災卿等思所以救災防患之術思退等奏臣等燮調無功致有此災未敢便乞罷黜上曰朕當思所以應天之實卿等更宜輔朕不逮七月二十四日臣僚言建康鎮江平江府常秀等州今年秋雖雨不止大水為災日今米價見已翔湧乞命提舉司依條賑濟農民不可使至流徙仍行下諸州勸諭居停米穀之家平價出糶從之八月二十三日詔臨安府米價增貴細民艱食令常平出米二萬石賑糶二十八日詔訪聞淮東有被水去處人戶遷徙可令錢端禮於本路見管米斛內支撥一萬石措置賑濟如不足于淮東總領所大軍米內取支九月四日知鎮江府方滋言丹徒丹陽金壇三縣今秋雨傷稼穡已委官詣金壇縣取撥義倉米三千石丹陽縣一千石各依乞丐法賑濟尚慮管下少有客販米斛及乘時射利高擡價直民戶難于收糴遂措置就委官于金壇縣添撥米一千二百石丹陽縣添撥米八百石并使撥米五百石並各減價每升作二十五文省置場賑糶每人日糶不得過二升竊慮豪右之家閉糶待價除已勸諭賑糶外乞依紹興九年七月二十九日指揮將出糶米穀人依立定格目推賞仍乞立定有官人糶米比類遷轉資格行下其或他州之人有能般販前來賑糶及得數目亦與一例保明推恩從之其後方滋又言今歲江東二浙皆是災傷去處獨湖南廣南江西稍熟相去既遠客販亦難勢當有以誘之欲乞朝廷多出文榜疾速行下湖廣諸路州軍告諭客人如般販米斛至災傷州縣出糶仰具數目經所屬陳乞並依賞格即與推恩州縣出糶官米往往只在近郭勸諭民間出糶者亦多般入城市以致村落山谷之民無處告糴乞敕諭土人及寄居之忠寔可委者四散監糶庶被患者廣州縣閉糶朝廷雖有約束今聞州縣不務均濟往往禁人般販乞委監司嚴行覺察將閉糶之官按劾施行從之九月十九日詔今秋霖雨害稼細民艱食出內庫銀四十萬兩付戶部變轉收糴米斛賑濟一十一日中書門下省言今歲浙西江東州軍內有水傷去處損害禾稼竊慮民戶流移闕食乞下江西常平司于見管常平義倉米內取撥二十萬石賑濟從之閏十一月十九日臣僚言淮南流移百姓見在江浙州軍無慮十數萬衆雖欲賑濟緣官司米斛有限近降指揮有田一萬畝出糶三千石其餘萬畝以下卻有不曾經水災處當米斛之家難備借于常年今相度欲委逐州見不曾經水災處占田一萬畝以下八千畝以上立定出糶米一千

五百石如此可以廣有出糶之數應様急開具遣從之二十五日上封事
者言聞前紀還兩淮之民皆過江南緣鎮江湖閘不問老小舟船艤泊江岸
者數千隻近日大雪皆有暴露絶食之患欲乞廣行賑濟給寄安浙西江
東從舉照應見行條法通融收糴一路常平米斛賑糶賑濟依又言浙寄
具奏乞賑給兩淮流移之民伏蒙施行竊觀近日有司措置于多田之家
廣加和糴今諸處各有糴到米斛欲望于浙西江東西諸郡和糴到米內
取撥二三十萬碩令逐路轉運司日下措置般運分往兩淮經残破州縣
鄉村委逐處守令遍行賑濟招誘流民歸業其貧乏之人不能自存者計
口數給粮詔依十二月十三日詔兩浙路州軍內有災傷民户闕食去處
專委本州倅以常平米措置減價賑糶[illegible]六日詔兩淮經虜人蹂踐流
移之民飢寒暴露漸有疾疫令和劑局疾速品搭合用藥四萬帖赴
淮東西總領所交割樞密院差使臣一員管押前去仰逐處委官遍詣兩
淮州縣鄉村就差醫人同共給散　乾道元年正月一日南郊赦州縣其
間有被水人户理合優恤令本路帥臣監司多方存恤賑濟其淹浸田畝
照近降指揮檢放如有因此災傷死亡之人官爲收殮無爲虐大不得減
裂五年大年南郊赦並同此制十九日詔已降指揮逐路州軍災傷去處
措置賑濟訪聞州縣止是於到城內闕食之人其鄉村貧民多不霑恩令
逐路轉運司行下逐州委官遍詣鄉村賑糶並勸糶民間米斛不得閉糴
撥役此從中書門下請也二十一日詔紹興諸縣米價騰湧飢民闕食沿
湖之民多有死損理宜賑恤可專委徐嘉喻樗多方措置賑糶務要實惠
及民仍委提刑司體究逐縣死損過人數以聞從中書門下請也閏日詔
浙西州軍被水災去處已令賑濟訪聞湖秀州流移之人甚衆當處州縣
奉行不虔可令曾懷躬親前去多方措置賑濟無令失所將州縣措置有
方保明聞奏其他被去處具名按劾從中書門下請也二月三日詔兩浙
江東州軍緣去歲間有水傷去處致今春米價翔湧細民流移甚可矜恤
仰守令多方措置賑濟于本州應管錢米內取撥應副仍籍定數目隨營
內寺觀女小均定人數賑濟常錢責付主守掌管支用務令實惠均及流
民毋致殍餓如奉行滅裂仰提刑司按劾重寘典憲賑濟有方具名聞奏
當議旌賞六日中書門下省言兩浙東西路緣水傷細民艱食累降指揮
令諸州縣賑濟及勸上户糶米并造粥給食非不詳盡竊慮州縣奉行滅
裂未見實惠及民詔浙西委吏部郎官晉言浙東委司封郎官唐閱躬親
遍詣諸路州縣檢察如有違戾去處具當職官姓名申尚書省其措置有

方亦仰保明聞奏八日詔高郵軍泰州流移之民令淮東總領所將太
平蕪湖縣起到江西常平米內取撥一千石應副高郵軍于滁州令人道
棄下內取撥二千石應副泰州賑濟從江淮都督兵馬楊存中之請故也
九日詔臨安府諸縣賑濟竊慮奉行不虔差監察御史程叔達日下躬親
前去檢察如有違戾去處具當職官姓名申尚書省其措置有方亦仰保
明聞奏十一月中書門下省言臨安府內外飢民頗多竊慮有賑濟未盡
諸去委統轄考古同臨安府專一措置賑濟毋致失所仍約束所差官吏
不得作弊減裂三月三日尚書司勲員外郎浙東檢察賑濟唐閱言民間
頗有遺棄小兒且食之家願得收養正緣于法遺棄小兒止許收養三歲
以下緣此三歲以上者人皆不敢乞朝廷指揮權于今年許令自十歲以
下聽人家收養將來不許識認從之八日權發遣臨安府薛良朋言得旨收
拾街市爲患不能行步貧民用粥藥醫治如有死亡每名給錢三貫文既
買棺木埋瘞本府今選募到有心力行者王祖禧都忠觀專一管幹津送
收給降度牒二道與王祖禧都忠觀披剃從之十三日詔嚴州衢婺處州荒
歉發常平米以賑之從殿中侍御史晁文章服請也四月十三日尚書度支員
外郎曾憺言今歲浙西災傷諸縣出米賑濟者即是給與賑糶者皆
損其直賑貸者責總其價欲乞將逐縣勸諭到賑濟米謂如三千石者知
縣與減一年磨勘計其多寡以爲之等差賑貸三百石以下賑濟一百石州
郡與諸縣數外自措置到賑濟賑糶數及委令佐分鄉勸諭者守臣與令
佐賞亦如之大小麥減米數之半以計其數詔令有司第賞格行下浙西
提舉常平條奏施行四月二十二日詔兩浙州軍去歲水潦流移闕食人
頗衆朝廷措置賑糶存濟甚多比聞疫氣傳染間有死亡深可憐憫可令
行在翰林院差醫官八員遍詣臨安府城內外每日巡門體問看診隨證
用藥其藥令户部于和劑局應副仍外州軍亦仰依法州委駐泊醫官縣
鎮選差善醫之人多方救治藥餌了逐州歲賜合藥錢內縣鎮于雜收錢
內支給務要實惠及民并仰提舉給散夏藥候秋涼日住罷從中書門下
省請也五月六日詔兩浙路諸州縣飢民疾疫理宜矜恤除下逐州守臣
措置醫治外如有死亡遺棄在路之人亦仰委官開巡檢察支給官錢埋
瘞不得令狼籍道路五月二十四日詔廣南東路韶州肇慶德慶府以峒民
殘破令廣東提舉常平司依條賑濟提廣東提刑石敦義請也同日詔光
州屢經兵火令淮西總領所撥借米一萬貫江西轉運司人米五百石賑
濟之六月十八日知宣州王佐言本州自五月七日至二十六日雨如傾

據被水之人闕食者衆，欲將見管常平糶米錢八萬餘貫撥作本，差官收糴米斛賑濟。從之。

宋會要

乾道二年十一月三日，兩浙路轉運判官姜詵言：「浙西州縣災傷，民戶闕食，乞下諭州軍府官守臣疾速措置，其闕食民戶量行賑濟，勸諭田主豪右之家借貸種糧。」詔令浙西提舉常平官相度措置聞奏。十二月二十五日，詔江西以至浙右今歲雨澤頗害農事，宜令諸路監司守令察今秋有田禾不熟之處，預先講求救災恤荒之政。如將來有水旱去處，卻致無備，必真于罰；如備預有方，當議推賞。九月七日，詔浙東提舉常平宋藻前去溫州，將常平義倉賑濟被水闕食人戶，如本州米不足，通融取撥措置般運。溫州劉孝韙言：「本州八月十七日風潮傷害禾稼，漂溺人命，所有義倉米五萬餘碩，允當奏使司農少卿陳良祐盤量在倉，不得支借。若候申稟，深恐後時，逐急一面賑給外，有不候指揮先次開發之罪，乞施行。」得旨放罪。九月十一日，詔溫州水災，差度支郎中唐瑑同提舉常平宋藻、守臣劉孝韙遍詣被水去處，嚴寔賑濟。十月一日，詔溫州近被大風驚潮，淹死戶口，推倒屋宇，損壞官物，與災異常，合行寬恤，可令度支郎中唐瑑同提舉常平宋藻、知州劉孝韙共議所承指置，條具聞奏。仍令內藏庫支降錢二萬貫付溫州守臣，修築塘埭斗門使用，疾速如法修整，不得滅裂。紹兩唐瑑言：「竊見溫州四縣並係邊海，今來人戶田畝盡被海水衝蕩，鹹鹵浸入土脈，未可耕種，及闕少牛具，不能通耕，難令盡墾，而稅已委守臣來春差官究實保明申奏，即與減放當年苗稅，庶幾水災之後，農民感恩，早得復業。」從之。三年八月五日，知紹興府洪适言：「上虞縣近有水災，飄流居民。」上曰：「近所在或有山發洪處，可令常平司常切撫存賑濟被水之家。」二十五日，詔諸路州縣約束人戶，應今年生放借貸米穀，只備本色交還，取利不過五分，不得作米錢算息。以臣僚言：「臨安府諸縣及浙西州軍，舊來冬春之間，民戶闕食，多詣富家借貸，每借一斗，限至秋成交還，加數升或至一倍。自近年歲歉艱食，富有之家放米與人，立約每米一斗為錢五百，細民但救目前，不惜倍稱之息。及至秋成，一斗不過百二三十，則率用米四斗方糶得錢五百，以償去年斗米之債。農民終歲勤動，止望有秋，償逋滿欠，索者盈門，豈不重困？夫民之貧富有均，要是更相養之道，非貧民出力則無以致富室之饒，非富民假貸則無以濟貧民之急，豈可借貸米斛，卻要責令還錢？」故有是命。十二月二十六日，左朝散郎孫觀國言：「四川州郡亢旱，內綿、劍州

尤甚，乞遣金字牌行下制總諸司多方賑濟。」上曰：「此去秋熟尚遠，恐見飢民狼狽，當依所奏。」四年四月十一日，司農少卿唐瑑言：「福建、江東路自今秋米價稍高，民間闕食，郡縣雖已賑糶，止是行之坊郭，其鄉村遠地不能周遍。」詔逐路提舉常平官疾速措置，準發見樁米斛，分委州縣清強官廣行賑糶，或勸諭積穀之家接續出糶，不得因而抑勒催擾。諸路依此。六月四日，詔建寧府（四年六月四日）、衢州、袁州、建昌軍米價翔湧，人民闕食，並出常平米賑濟之。同日，宰執奏事之次，上宣諭曰：「昨日江消對，曰去秋江西被水數州之民至有無藁秸餧牛者，朕卻不知。」陳俊卿對曰：「去秋沈樞亦申來言水災，陛下所以預令坐倉和糴。」上曰：「卿等更宜措置，令從水旱須令寔申來。」路常奏由州縣所以不敢申，恐朝廷或不樂聞。今陛下詢訪民間疾苦，照當形于玉色，詎敢隱？」上曰：「朕正欲聞之，庶幾朝廷處置賑濟。」既而詔諸路轉運司行下所管州軍，今後水旱須管依寔具申尚書省，仍令轉運司具狀保明申奏。如州軍隱蔽不申，監司自合一面體訪聞奏。如或不盡不寔，朝廷訪聞，並當重寘典憲。二十六日，詔襄陽府水旱民飢，令本府簽樁大軍米內支降二萬石賑濟之。十二月二十六日，當州言八月一日海潮暴漲，淹浸東南鄉民，闕食貴糴。詔令禮部給降度牒十道，付廣西提刑司支費，措置賑濟。五年三月六日，提舉江東常平公事程叔富言：「竊見饒州諸縣去年被水災傷，合行賑糶，乞將常平倉管米一千六百五十二石九斗六升五合，并收到乾道四年分義倉米五千二百一十五石二斗九升五合，委官賑糶外，其池州建德縣與饒州接連，飢寒尤甚，更乞將常平米內支撥七百一十九石六斗二升，并拘到乾道四年義倉米內支撥二百二十二石一斗七升，將納度被水第四等、第五等以下大小人口量行賑濟。」從之。九日，鎮江府天麟言：「本司昨奏指揮，將歸正人蕭正等二百一十八戶，大小計一千一百一十口，并續措置到萬琮等五十二戶，計二百三十六口，許令于常平義倉米內取撥賑濟，至乾道五年五月終，合行住支。竊慮狼狽失所，兼本府又不住有一般歸正人攜貴等四十三戶陳乞賑濟，欲將逐項歸正人更與展支一年，庶幾小民始終得霑恩惠。」從之。四月十四日，詔饒、信州連歲旱潦，細民艱食，可出常平義倉米以賑之。同日，權發遣江南東路計度轉運副使趙彥端等言：「臣等近恭奉御筆處分，以饒、信二郡昔有水患，令臣等協力應辦儲蓄賑濟。臣等措置，將信州合起赴建康府大軍米一萬五千石截留樁管，及將合起赴鎮江府米二萬石內將一萬石就使樁管，將一萬石並饒州準備支使，令採饒州知州黃[illegible]劄

子稱雖蒙提刑司撥到義倉米六千八百餘石，不了一月賑糶之數，乞備
申朝廷，于樁留米內支撥二萬石添助賑糶。臣等照得饒州合發上供米
斛除樁留外，尚有合起赴行在米一萬一千九百六十石，臣等除已一面
速急行下饒州，于內先次取撥一萬石，即行拘收，理充合起之數，應副
州，并有似此闕食去處，臣等已行下信州取撥米五千石，依此減價賑糶
去訖。所有饒州前後樁留米四萬石，欲乞早降指揮，再撥一萬石，更令信
價賑糶。從之。廿五日（五年四月），詔：應福建路有貧乏之家生子者，許經所屬陳
自長官，驗實，每生一子，給常平米一碩、錢一貫，助其養育，餘路州軍依此
施行。以臣寮言：福建路乃有不舉子之風，蓋緣貧之無以贍給。國家禁止
之法不為不嚴，而小民抵冒，尚未知革者，誠由未有以惠之之故也。有是
命。五月十日，提舉江南東路常平茶鹽公事呈彧言：臣近因巡歷到饒
州，面諭通州知通，委請諸縣令佐勸諭上戶，將積蓄米穀減價出糶，接濟
細民食用。今饒州并諸縣申到，依應勸諭得上戶願糶米穀共計一十九
萬六千六百石六斗五升，并轉運司支撥到上供米一萬石，付饒州賑糶。
緣逐項米數委可接濟細民食用，所有臣先來奏乞支米一萬石付饒州
糶，候所糶米穀盡絕，如民間尚闕米穀，即別具奏乞支撥施行。十月四日，

卷二萬八百九十九

詔台州出常平義倉米賑濟被水之民。六日，權發遣兩浙路轉運副使劉
敏士言：溫、台二州近因風水飄損屋宇禾稼，雖將義倉米賑濟，緣被水
口至多，竊慮來年秋成尚遠，將何以繼？今欲措置，欲令各州勸募上戶官
借其貲，就浙西諸州豐熟去處般販米糧，中價出糶，至來年秋間卻輸納
錢本還官，庶幾般販既多，米稍得[redacted]當其價自平。今來溫州已募上戶
興錢本見行措置，唯是台州勸募上戶般取米斛以濟飢民。詔令兩浙
轉運司差撥人船于近便州軍，戶部樁管外及常平義倉米內取撥三萬
石前去台州，委官于被水去處減價出糶，其糶到錢令本司拘收，撥還原
取米去處。十七日，新權發遣福建路轉運副使趙彥端言：竊見饒、信之間，
地瀕湖江，連有水旱，欲望每歲于饒、信兩州上供米內各截留數萬石，遇
次年不稔出糶，或有出糶米盡之數，即行起發，卻以當年新米代充，稍收
常平以新易陳之意。詔令後每歲饒州各截留三萬石準備出糶。二十八
日，知揚州主管淮東安撫司公事莫濛言：契勘本路楚州、盱眙軍、沿淮鄉
村間有旱傷，訪聞得鄉民漸致艱食。揚州總領所椿積米內見有一萬餘
石，乞令楚州、盱眙軍般取前去賑糶，所有價錢赴總領所輸納，卻令經由
糶米依舊椿積，不惟接濟飢民，又得以陳易新，委是兩便。從之。十一月十

五日，詔令歲淮東州軍間有旱傷去處，竊慮冬春之交米價踊貴，民間或
致闕食，可將淮東見管常平米三萬六千六百餘石，令淮東常平司相度，
委官置場量減價賑糶，到價錢另項樁管，候將來秋成日卻行收糴補還。
十二月二十四日，成都府潼川府利州路安撫制置使兼知成都軍府晁
公武言：成都府自天聖間知府薛儼于本府南倉創永利廒，每歲出糶以
六萬石為準，以濟貧民，自二月一日糶，至八月終止。又有拘收到戶絕
官田廣惠倉米，歲給養病貧民。崇寧五年準詔，成都糴貴，有民米如有
闕數，許轉運司樁錢對糴，常平司應副，仍不得妨常平司支用。大觀二年，
知府席旦奏請，成都府每歲糶米六萬石，近來轉運司以無本應副三分
之一，不足以賑恤貧弱，乞下四川，每年如米價稍貴，委逐州長吏體量，將
義倉米依常平法減價糶。至宣和五年，又準詔言，成都府後如遇米價湧
貴，依席旦已得指揮，將義倉米減價出糶，收樁價錢，歲稔卻行收糴。自此
之後，闕遇荒歉，緣義倉所收數少，賑恤不足。臣自到任後，來節次措置糶
買到米四萬二千九百六十餘石，通本府逐年樁到常平倉米二萬九百
八十餘石，差官抄劄府城內外貧民，給牌，應置場減價糶賣，以濟飢民。本
府雖有所收義倉米斛，一年止有八千餘石，見根刷本府公使、寺廟并刷

卷二萬八百九十九

置司激賞庫錢物三十餘萬貫，差官往瀘、敘、嘉、簡等州乘時收糴米斛，約
可得六萬餘石，津運前來府倉，別廒收貯，復辟德永利廒所樁歲糶之數，
仍以廣惠倉為名，每年減價作三百五十文出賣，充賑糶，不許他用，拘收本
錢，循環添貯，日後本府諸軍縣樁到錢物，糴買以備久遠賑濟，仰副朝廷
勤恤民隱之意。詔依其糶到錢日後專充賑糶本，不得他用。晁公武令學
士院降詔獎諭。

宋會要

六年[redacted]閏五月十一日，詔浙西州軍大水，令呂正己前去措置賑濟。既而臣
僚言：已差呂正己措置浙西被水居民，乞就委漕臣于本路取見州縣被
水窪，殺官為貸其種穀，再種晚稻，將來秋成，既長補種，猶得中熟。諸路如
有似此去處，亦乞依此施行。從之。六月十一日，權江南東路轉運副使張
松言：寧國府、建康府、太平州、廣德軍圩田均被浸壞，委實災傷，逐州差官
賑濟被水人戶，一依太平州例，每月支散，依米價有第四等人戶依條不
該賑濟，乞將常平米減價出糶。從之。十八日，提舉福建常平茶事鄭伯熊
言：福建路八州軍府縣自入夏以來，闕少雨澤，其上四州軍府雖時得甘
雨，猶未霑足，早禾多有傷損，下四州軍元早元晚種有不得入土者，乞

將所在米價依條支撥常平米斛賑濟。從之。八月二十四日，詔淮南路轉運司于滁州樁積米內取撥三千石，應副濠州賑糶。九月十四日，詔于建康府樁管米內取撥一千萬石，限一月津發赴廬、和州樁管，準備賑糶。廿月十一日，臣僚言：今春湖、秀低田與夫太平、宣州圩田多壞，方此秋成，米價已高，而來春之憂未艾。欲望行下守臣，令與縣令各隨其州縣參酌所宜，而預爲之計。其有奉詔不虔，視戶口流移稍多者，內則從臺諫，外則從發運監司按劾以聞。詔令逐州守臣限半月申尚書省[illegible]。二十一日，詔淮東總領所于揚州樁管米內撥一萬石應付楚州賑糶，五千石應副盱眙軍賑糶。十二月二日，詔江東轉運司將江西路合起赴建康府米三十萬石內取撥十萬石赴太平州，五萬石赴池州樁管準備賑糶。九日，詔湖州將樁積和糴米五萬石賑糶水災之民。同日，詔淮東總領所于揚州見管米內取撥一萬石，分淮東州軍賑糶。二十六日，詔和州旱澇，米麥損傷，可借撥米一萬石賑糶飢民。　乾道七年正月八日，詔兩浙路轉運判官胡堅常同浙西路提舉常平司措置賑糶，務施實惠。十三日，江東轉運副使沈度言：廣德軍災傷尤甚，欲望支降米二十萬石，水運至本軍，委自守倅糴收賑糶。詔令沈度取撥二萬石，措置津運赴廣德軍，委本軍守倅賑糶。

卷二萬[illegible]九十九

二十二日，利州觀察使、知襄陽府韓彥直言：去歲秋苗不登，乞于本府寄樁大軍米內支降三萬石賑濟。從之。二十九日，詔浙西常平司于平江府常平義倉米內借撥五萬石，應副湖州賑糶、賑濟飢民。從知州向均之請也。二月六日，詔招信縣荒歉，已支米二千石賑濟，更于揚州樁管米內撥三千石賑糶。八日，權知高郵軍劉孝言：本軍高郵、興化縣人戶旱澇，又有黑鼠傷稼，乞于本軍大軍倉內取撥米一萬石，每斗作價錢一百五十文省出糶，過豐熟日卻從收糴。從之。同日，廬州言：本州旱傷，據合肥等縣人戶陳乞借貸，及有歸正人乞賑濟。近蒙支撥常平米五萬石付廬州、和州準備賑糶，從之。已撥一萬石賑糶與和州闕食人戶，今欲更撥一萬石借貸與前項飢民及歸正人，候將來成熟日撥還。從之。十四日，將皇太子教災傷州軍竊慮或有遺棄小兒，有人收養者，官爲置籍抄上，日給常平米二升。四月十五日，光州觀察使、高郵軍駐劄御前武鋒軍都督制兼知楚州陳敏言：本州去年因黑鼠傷稼，兼秋間水旱，農民飢饉，蒙下通州撥米五千石，又下總領所支米一萬石。以通州水路遙遠，止就揚州截到米一萬石賑糶。本州戶口既繁，食用日廣，賑糶官米今已不多，欲望再撥米一萬付本州賑糶。詔令本路常平司將通州未撥米五千石疾速科撥應副。

七月六日，詔江西州軍間有闕雨去處，合行措置收糴米斛準備賑糶，可令龔茂良將收單遞已刷到發運司奏計錢并江州有發運司貿易等官會子，共湊二十萬貫，于江浙豐熟去處收糴米斛一十萬石，均撥付家不熟州軍樁管。中三省樞密院同日照江西路今歲間有旱傷州縣，責在守令究心賑恤，可令本路帥臣將旱傷州縣守令精加審量，如內有老謬不能究心職事之人，先次選擇清強能吏先去對易，措置賑濟存恤施行，開具已對易官職位姓名及見作如何賑濟事件聞奏。八月一日，詔湖南旱傷州縣亦合依此施行。十三日，詔昨發運司于潭、衡、全、道、郴州、桂陽軍和糴米斛未曾支撥，可令湖南轉運司將糴到米撥付災傷州軍樁管賑濟賑糶。八月一日，詔江州今歲旱傷，見今已有流民，守臣坐視不措寘申奏，專委漕臣一員日下起發前去江州，同守臣將見管常平義倉米斛四萬四千餘石措置賑糶。如不足，即仰收糴客米；或尚闕少，仰于本州見樁管朝廷米內逐急措置，先賑糶，仍具已如何措置及賑糶過數目，并委官姓發月日以聞。從中書門下請也。同日，詔饒州旱傷，除已存留米一萬石賑糶外，可于本州米內更存二萬石，通二萬石日下措置賑濟。同日，中書門下省言：湖南、江西間有旱傷州軍，竊慮米價湧貴，細民艱食，富室上戶如有賑濟飢民之人，許從州縣審究詣實，保明申朝廷，依今來立定格目給降付身補授名目：無官人一千五百石補進義校尉，願補不理選限將仕郎者聽。二千石補進武校尉（如係進士，與免文解一次；不係進士，候到部與免短使一次）。四千石補承信郎（如係進士，與補上州文學）。五千石補承節郎（如係進士，補迪功郎）。文臣一千石減二年磨勘（如係選人，循一資）。二千石減三年磨勘（如係選人，循兩資），仍各與占射差遣一次。三千石轉一官（如係選人，循兩資），仍各與占射差遣一次。五千石以上（取旨優與推恩）。武臣一千石減二年磨勘，陞一年名次。二千石減三年磨勘，占射差遣一次。三千石轉一官，占射差遣一次。五千石以上（取旨優與推恩）。其旱傷州縣勸諭積粟之家出米賑濟，係敦尚義風，即與進納事体不同，詔依其賑糶之家依此減半推賞，如有不實，官吏重作施行。（再詔江西東路、湖北路依此制。）八日，兩浙路轉運判官胡堅常言：昨蒙朝廷委以賑糶，平江府常熟知縣趙善括勸誘上戶米數倍于諸邑，崑山知縣閻人大雅委之吏輩，妄緣爲姦。欲望朝廷將此二人量賜懲勸。詔趙善括特轉一官，閻人大雅特降一官。十六日，權發遣隆興府龔茂良言：以本路旱荒，御膳進素，而臣忝一路兵民之寄，乞賜罷斥。詔龔茂良爲一路帥臣，當茲旱暵，而乃引

卷二萬[illegible]九十九

容自歸欽求閑退非朕責任帥守之意也可制與龔茂良宜擇救荒之以
戢利害任以主張除盜賊勉修乃職安輯一路之民所請不允二十二日
資政殿學士知建康府洪遵言饒州南康軍今歲旱災非常早種不入上
晚禾枯槁兩郡飢民聚而為盜乞檢照江西湖南已行賑濟體例憑遵施
行從之尋詔本路提舉常平司更于附近州軍取撥常平義倉米五萬石
付饒州五萬石付南康軍應副賑糶二十五日權發遣隆興府龔茂良奏
路州軍被災輕重不等體訪南安建昌早禾小損晚稻無傷吉撫袁
州時有雨澤所損亦有分數惟是隆興江筠州興國臨江軍荒旱尤甚早
禾皆死晚稻不曾栽插自來未嘗似飢歉也分委官前去同守令講究利
害相度欲將江浙糴到米就近徑付建康府鎮江總領交卸却就截本處
上供米賑濟理充所糴之數大姓巨蓄勢必閉糶本府已立下價直每石
正一貫五百四十文足比之市價折錢七百六十文足以一名若總糴二
萬石共折錢一萬五千二百餘貫足若不優異推恩恐無人願就本州納
進功郎係八千貫文省比之以二萬石米中糶入官折閱之數不啻過倍
欲乞補充迪功郎有官人許轉一官資及見係理選限將仕郎並許參部
注受令入家便差遣從之九月七日詔江南西路諸司申到江州旱傷數
甚深已降指揮許截留并令諸司料撥米外可令劉孝韙日下將糴前去
江州將本路常平米接續賑糶十一日詔訪聞湖南今歲亢旱民頗流離
令禮部給降度牒一百道左藏南庫支降會子一十萬貫付湖南提舉胡
仰之收糴米斛措置賑糶二十二日敷文閣待制提舉江州太平興國宮
張運言居閑躬耕備粟二千餘石通濟今歲旱歉敢助賑濟詔學士院降
詔奬諭二十五日白劄子江東西湖南州軍今歲旱傷欲乞依紹興九年
指揮將本路檢放展閣之事則責之轉運司遇軍糧闕之處以常平通融
應副糶給借貸則責之常平司覺察妄濫則責之提刑司體量措置則責
之安撫司詔依仍令逐司各精遵守三省歲終考察職事修廢以聞淺勤
合所立法本所有詳災傷去處全在賑濟若不分隸責之帥臣監司窮處
奉行違戾諸司設有違戾若不互相按舉亦無以覺察今參詳逐司互
相按舉及將已行事件申尚書省以憑考察仍立為三省通用及職制令
從之是日宰執進呈江東西湖南旱傷依紹興九年諸司分賑賑恤事上
曰它路或遇災歉並當依此然轉運司止言檢放一事猶恐未盡他日賑
濟之類亦不肯任責虞允文奏曰轉運司管一路財賦謂之有計凡州郡
有餘不足通融相補正其責也上曰然今降指揮止以檢放為文它日以

此藉口逃責何所不可允文奏曰乞立法遍諸郡有災傷處以前計通融
應副上曰如此則盡善矣故令立法十月七日詔江州旱傷節次已降指
揮取撥本州常平義倉米四萬四千餘石及見截上供米六千五百餘石
勸諭上戶認糴米二萬八千六百餘石截留撫州米一萬石及支糴本錢
四萬餘貫收糴米斛并令漕臣取撥本路常平米一十萬石吉撫等州見
起建康米八萬餘石米起朝廷樁管米九萬七千餘石及江州元管收糴
米均撥付本州賑糶并出賣給勸諭上戶出米賑濟賑糶將闕見税檢放
秋苗地主佃戶資助賑給并將禁軍土軍弓手免起發存留防賊可令帥
漕提舉官多出文榜候歲終比較最如官吏奉行滅裂委御史臺覺察
按劾以聞同日詔饒州旱傷已降指揮取撥本州常平義倉米八萬餘石
及于附近州縣常平義倉米內取撥五萬并截留本州見起綱管上供米
三萬石及獻助米二千石付本州并勸諭上戶賑糶賑濟又將闕夏税檢
放秋税及地主佃戶資助賑給并將禁軍土軍弓手并免起發存留防賊
可令江東帥漕提舉官多出文榜督責守令多方措置存恤候歲終比較
最如官吏奉行滅裂委御史臺覺察彈劾以聞十日權發遣隆興府龔茂
良言當詳所立賞格係出米納官不請價錢即合推賞所有賑糶係減半
收價然不可一槩若依市價以收厚利商賈之流販賤賣貴較其石數則
宜合補授如此賞典皆可濫及飢民不蒙其利在法官為立中價不得過
貴欲摘令欲將賑糶之家並令官司差人監視給歷記糶過之數究實保
明申朝廷依格補轉其客販米數或見使上供米前來中糶入官如願依
立定價例賑糶推賞之人並一体施行兼上戶若在豐熟處即合指闕食
州縣接濟合隨本處時價減三分之一官司給據然後搬載往災傷地分
賑糶即行理賞從之十三日知饒州王柜言昨蒙朝廷支撥本州樁管秋
三萬石緣軍糧不繼已見那支遣已到借錢會糴米來歲補總卸當拘納
詔令左藏南下庫支會子五萬貫餘依二十三日直秘閣權發遣徽州趙
師夔言本州管下旱傷有婺源縣進汀來蘇兩鄉尤甚已措置到錢一萬
五千貫欲于本州及諸縣常平義倉米內依立定價回糴米五十石就便
給散賑濟乞令提舉官樁管上件錢候開春收糴補還元數從之十一月
二十二日知建康府洪遵言太平州蕪湖知縣呂昭問以和糴米為名禁止
米斛不得下河饒州旱傷前來收糴米七百五十餘石本縣抄劄不令交
還詔呂昭問降一官放罷十九日湖南轉運副使吳芾言本司為僚言本
路旱傷惟潭最甚昨來黃鈞擬剩米四萬石乞充賑糶使用詔糴到價錢

循環作本收糴米斛賑糶。二十二日，權發遣隆興府龔茂良言，乞差新知興國軍右朝請郎陳寅往來被旱州縣，同共措置，檢察乞量差兵級，破本官驛券，行移作本司措置賑濟官。從之。

宋會要

八年二月八日，權發遣隆興府龔茂良言：本路去歲荒旱，與常知隆興府江筠州、臨江、興國軍五郡各係災傷及七八分以上，雖已依條將老幼疾病之人先行賑給，緣人口幾及百萬，委是賑給不周。乞將已得旨截撥到米一十萬石并更勸諭上戶賑濟給散，庶幾稍寬德意。詔將續撥義倉米五萬石令龔茂良充賑給使用，餘常平米五萬石依舊循環賑糶。三月十五日，敷文閣待制、知潭州陳彌作直徽猷閣、判湖南路計度轉運副使司馬倬言：潭州安化縣上戶進武校尉龔德新平時惠并遂至臣爲以進納補官，比至旱傷，閉食獨擁厚貲，略不體認國家賑恤之意。詔龔德新追進武校尉一官，勒停，送五百里外州軍編管。四月一日，權發遣隆興府龔茂良言：本路旱荒，細民艱食，若不廣行賑給，無由可救。若親張輩昨緣獻米賑濟陳閑職，又得添差本貫兵官，富民歆慕，欲乞明降指揮，出米賑給者除依格補官外，將與添差本路合入差遣一次，仍依雜軍人例減半支給

卷二萬八百九十九

益富民本非急祿，正欲以此爲榮其閭里，如依所乞，必翕然聽從，遂得米斛濟此目前，非小補也。從之。十五日，湖北常平司言：鄂州有紹興十一年並建炎年間歸正人，委是年深，各已聚業。今來卻欲同三十一年以後歸正人請錢米，深慮諸州災傷，難以支給。詔今紹興三十年終以前人免支，自三十一年以後歸正人照應故丈賑濟。八月七日，詔四川自入夏以來，陰雨過多，溢流州縣，多被其患，如嘉、眉、邛、蜀等州尤甚。令四川宣撫司審度被水去處措置賑恤。從知成都府張震請也。八月，權發遣隆興府龔茂良言：本司勸諭上戶出米賑濟賑糶，緣所立賞格比尋常鬻爵計之，其直不啻過倍，又有進賦之費，欲乞少加優異。紹興三十二年閏二月十九日指揮，進納迪功、承信郎並理爲官戶，內迪功郎與免試，先次注授差遣，依奏蔭人例，承信郎、進武、進義校尉並與免試、弓馬及短使，先次注授差遣。今來勸諭賑濟告敕，元降指揮係敦尚義風，即與進納不同，見得事理尤重，雖各係理選限，及免與差本路合入差遣，緣許理官戶一節，及將來到部免試、先次注授、依奏蔭人例等事，未嘗立法。吏、戶部看詳，欲將承信郎比附承節郎，一州文學比附迪功郎，依條過放注受，寄射差遣，除並依紹興三十二年閏二月十九日已得指揮，仍比擬獻納已降指揮理爲

官戶。從之。十月十五日，詔陳寅特轉一官，徐大觀、向士俊、翁永之各減二年磨勘，李宗質、王日休、江溥、向滂、戴逑、先王游、胡振、蒲堯信、汪應各減二年磨勘，謝諤、劉清之、薛焕、董逑、黃旻、趙不比、王杞、鄭著、趙永年、趙公迥各減一年磨勘，以賑濟有勞。從江西安撫龔茂良之奏也。十一月六日，詔應材與轉一官，羅全、路王、阮陳、符陳、雄呂、行己、孫逢辰各與減三年磨勘，以賑濟有勞。從湖南安撫使陳彌作、提舉湖南常平胡仰之奏也。同日，詔道州營道縣主簿爲太和縣到賑濟米四萬石，與減二年磨勘。從湖南提舉常平胡仰之請也。九年閏正月十七日，詔當寒細民艱食，令臨安府將貧乏不能自存之家，在城南廂支會子六千貫，並措置撥米三十石，特臨安府分委有心力官日下逐門依數賑濟，每名支錢二百文、米一斗，務在實惠，不得減尅。九年五月十二日，詔久雨爲災，水患必廣，可令逐路守臣行下州縣，覓被水貧乏之人戶，多方措置存恤，依條賑給，內浸損秋苗去處優借種本，或勸諭上戶應副借貸接續，或捕無致失業。九月十日，詔今年浙東州縣旱傷去廣，朝廷除已行下賑恤，將閣錢寒稅賦并官被放外，尚慮形勢之家雖追債負，不能安業，可將浙東旱傷州縣下三等人戶所欠私債並與倚閣，候來歲收成豐熟，即仰依約理還。以上乾道會要

卷二萬八百九十九

宋會要 居養院 養濟院 漏澤園等雜錄

居養院始於唐之悲田福田院元符元年詔鰥寡孤獨貧乏不能自存者以官屋居之月給米豆疾病者仍給醫藥崇寧五年始賜名居養從淮東提舉司之請也（五年淮東提舉司言安濟坊漏澤園並已蒙朝廷賜名其居養鰥寡孤獨等亦乞特賜名稱詔依京西湖北以居養爲名諸路准此）

紹興五年九月十四日明堂赦文在法諸州每歲收養乞丐訪聞往往將強壯慵惰及有行業住家之人計屬所屬冒濫支給其委實老疾孤幼貧乏之人不霑實惠仰今後須管照應條令從實根括不得仍前縱容作弊其臨安府仁和錢塘縣養濟院收養流寓乞丐亦仰依此施行不得純爲文具如有違戾去處仰提舉司平司覺察按治施行內有軍人揀汰離軍之後殘篤廢疾不能自存在外乞丐之人仰本軍隨宜分措置收養毋致失所（自後郊祀明堂赦亦如之）慶元五年十二月十二日廣東提刑陳曄言竊見所部十四郡多是水土惡弱小官貧于近闕挈累遠來死於瘴癘者時時有之孥累貧乏不能還鄉遂致狼狽曄撙節財用起宅子六十間專養士夫孤遺又買官民田及置房廊拘收錢米創倉庫各一所凡入宅居止者計口日給錢米仍以其餘遇有二廣事故官員扶護出嶺量支路費

欲名其宅曰安仁倉庫曰惠濟尚慮向後不能相承却致流落之家復至失所乞行下本司得以遵守從之曄條具事宜凡一遇二廣官員事故家屬不能出嶺願就宅居止者每家給屋一間七口以上二間止一買到田每歲秋成委官收納拘收到房錢樁備支遣一計口給錢米十五歲以上每口日支米一升鹽菜錢一十文十五歲以支米一升一家不過七口一二廣官員事故孤遺扶護出嶺支給路費自二十貫至五十貫止一過往事故官員不願出嶺葬有叢園就內殯葬一在宅之人亡歿支錢三貫嫁女五貫娶婦三貫一官置錢米曆付各家收掌不許預借一置砧基簿一面本司激賞庫一面本州軍資庫收掌一依文思院式置斛斗各二十隻分給逐莊收管一錢米稱遞官司移易比類借兑常平錢米法施行嘉泰元年三月十一日和州言以本路提舉韓挺申請置居養院收食孤老殘疾不出外乞食之人起造屋宇支給錢米揀選僧行看管軫恤本州去年二月於城西路遂買到民田修築墻園五十三丈九尺創建居養院根括到鰥寡孤獨無依倚人六十九口每人日支米一升至歲終共支米一百七十二石八斗五升今來乞行收買材植物料起造到養濟院一所計瓦屋二十五間置造應干合用床薦什物器用之屬約可存養一百餘人

計支用錢三十二百餘貫米二十石並係撙節州融支使即不敢支破朝廷錢物乞行下提舉常平司及本州照會常切遵守如遇歉歲闕乏許於本州別項米內借撥候豐年拘收撥還輪差僧行各一名主掌點檢粥食分差兵士充火頭造飯煮粥洒掃雜使把門使喚輪差醫人診候病人用藥調治有過往人卧病在道路店肆不能行履許擡舁入院官給錢米藥餌候安可日再給錢米津遣還鄉以養濟一百人爲率一歲約用米四百七十餘石錢六百貫文根括到含山縣桐城度安湘城太浦四圩課子米合項置籍拘催委自歷陽知縣令大軍倉交受置歷收附專一撥充養濟院支用如有餘剩即充給散貧民或散施貧病藥餌之用專差巡轄兼監知縣檢點通判提督從之

元豐元年 一作九年

恩惠　宋會要　雜錄 居養院 養濟院 漏澤園等雜錄

神宗熙寧二年閏十一月二十五日，詔：京城內外值此寒雪，應老疾孤幼無依乞丐者，令開封府並拘收，分擘于四福田院住泊，於見今額定人數外收養，仍令推判官、四廂使臣依福田院籍貫看驗，每日特與依額內人例支給，與錢賑濟，無令失所；至立春後天氣稍暖日，申中書省住支。所有合用錢，于左藏庫見管福田院錢內支撥。　元豐元年十二月二十五日，知太原府韓絳言：在法，諸老疾自十一月一日州給米豆，至次年三月終止。河東地寒，與諸路不同，欲乞本路州縣于九月以後抄劄，自十月一日起支，至次年二月終止；如米豆有餘，即至三月終。從之。　元豐二年三月二日，詔：開封府界僧寺旅寄棺柩，貧不能葬，歲久暴露，其令逐縣度官不毛地三五頃，聽人安葬。無主者，官為瘞之。民願得錢者，官出錢貸之，每喪毋過二千，勿收息。又詔：提舉常平等事陳向主其事，以向建言故也。後向言：在京西禅院均定地分收葬遺骸，天禧中有敕，旨給左藏庫錢，後因臣寮奏請裁減，事遂不行。今乞以戶絕動用錢給瘞埋之費。六月，向又乞選募僧寺護葬，立恩例，並從之。葬及三千以上，度僧一人；三年與紫衣，師號更令主管三年，願再住者聽。　哲宗元祐二年十二月十六日，詔畿縣貧乏不能自存及老幼疾病乞丐之人，應給米豆，勿拘此令。　元符元年九月二日，詔：開封府依舊救每歲冬月巡視京城凍餒者，吏部差侍閣小使臣同職員畫地分賑贍，畢付福田院擴寬數申戶部，從監察御史蔡蹈言也。十月八日，詔：鰥寡孤獨貧乏不能自存者，州知通、縣令佐驗實，官為養之；疾病者，仍給醫藥，監司所至檢察閱視。應居養者，以戶絕屋居，無戶絕者以官屋居之；及以戶絕財產給其費，不限月分，依乞丐法給米豆；若不足者，以常平息錢充。居養而能自存者罷。從詳定一司敕令所請也。　徽宗崇寧元年八月二十日，詔置安濟坊。先是，權知開封府吳居厚奏：乞諸路置將理院，兵馬司差撥剩員三人，節級一名，一季一替，管勾本處應干事件，並委兵馬司官提轄，管勾監司巡按點檢所建將理院，宜以病人輕重而異室處之，以防漸染；又作廚舍，以為湯藥飲食人宿舍及病人分輕重異室，逐處可修居屋一十間以來，令轉運司計置修蓋。於是有旨，仍依賜名。九月六日，詔：鰥寡孤獨應居養者，以戶絕財產給其費，不限月，依乞丐法給米豆；如不足，即支常平息錢，遺棄小兒，仍雇人乳養。十一月十日，河北都轉運司言：乞縣置安濟坊，令佐提轄。從之。　崇寧二年四月六日，戶部言：懷州申，諸路安濟坊應干所須，並依鰥寡乞丐條例，一切支用常

平錢斛。看詳，欲應干安濟坊所費錢物，依元符令，並以戶絕財產給其費，若不足，即以常平息錢充，仍隸提舉司管勾。從之。五月二十六日，兩浙轉運司言：蘇軾知杭州日，城中有病坊一所，名安樂，以僧主之。三年醫愈千人，與紫衣。乞自今管勾病坊僧，三年滿，所醫之數，賜紫衣及祠部牒各一道。從之，仍改為安濟坊。　三年二月三日，中書省言：州縣有貧無以葬或客死暴露者，甚可傷惻。昨元豐中，神宗皇帝嘗詔府界以官地收葬枯骨，今欲推廣先志，擇高曠不毛之地置漏澤園，凡寺觀寄留櫬櫝之無主者，若暴露遺骸，悉瘗其中，縣置籍，監司巡歷檢察。從之。四日，中書省言：諸以漏澤園葬瘗，縣及園各置圖籍，令廳置櫃封鎖，令佐替移，以圖籍交授，監司巡歷取圖籍點檢。應葬者，人給地八尺，方甎二口，以元寄所在及月日、姓名，若其子孫、父母、兄弟，今葬字號、年月日，悉鐫記甎上，立峰記識如上法。無棺柩者，官給。已葬而子孫親屬識認，今乞改葬者，官為開葬，驗籍給付。軍民貧乏親屬願葬漏澤園者，聽指占葬地，給地九尺。無故若放牧，悉不得入，仍于中量置屋，以為祭奠之所，聽親屬享祭追薦。並著為令。從之。　四年十月六日，詔：京師根本之地，王化所先，鰥寡孤獨與貧而無告者，每惠居養之法，施于四海，而未及京師，殊失自近及遠之意。令京師雖有福田院，所養之數未廣，祈寒盛暑，窮而無告及疾病者，或失其所，朕甚憫焉。可令開封府依外州法居養鰥寡孤獨，及置安濟坊，以稱朕意。十二月十九日，興元府言：竊惟朝廷置居養院、安養鰥寡孤獨，及置安濟坊醫療病人，各有行業僧管勾，外有見管僧歷，自來止是令廂典抄轉收支，難以止納之事。今欲乞差軍典一名，除身分月糧外，與比附諸司書手文字筆錢，每月添支米醬菜錢一貫文，有犯依重祿法，并于常平錢米支給，所有紙筆之用，量行支破，其外縣差本縣手分一名兼管抄轉收支，一年一替。如蒙施行，乞下有司頒降諸路常平倉司施行。從之。二十八日，詔：自京師至外路皆行居養法及置安濟坊，猶慮鰥寡孤獨而癃老疾廢無自資之室，不能自存，緣拘文，遂不與居養。朕甚憫焉，可立法，使當職官審察詣實，許與養。違者，文行下其安濟坊醫者，人給手歷，以書所治療痊失，歲終考會人數，以為殿最，仍立定賞罰條格，或佗司奉行不謹，致德澤不能下究，外路委提舉常平司，京畿委提點刑獄司，常切檢察，外路仍無許佗司分巡皆得受訴，都城內仍許御史臺糾劾。　五年八月十一日，詔：諸漏澤園、安濟坊州縣輒限人數，責保正長以無病及乙收人充者，杖一百；仍先次施行。二十一日，尚書省言：新差江南西路轉運判官祖理奏，竊見漏澤

團州縣奉行尚或滅裂，埋瘗不深，遂致暴露，未副陛下所以愛民之意。望
飭諸州縣，凡漏澤園收瘗遺骸並深三尺，或不深三尺而致暴露者，官吏
監司覺察按劾以聞。從之。九月二日，詔：居養院、安濟坊、漏澤園以惠天
下窮民，比嘗申飭，聞猶就緒，而處州縣急于奉行，失于檢察，仁意未究，即
提舉常平司倍加提撕，毋致文具滅裂。縣鎮市戶及千以上有知監者，
許依諸縣條例增置，務使惠及無告，以稱朕意。十月九日，淮東提舉司言：
安濟坊、漏澤園並已蒙朝廷賜名，其居養鰥寡孤獨等亦乞
以惠濟。戶部契勘，已降御筆有批奏京西北路提舉司申請，以居養院為
諸路準此。　大觀元年三月十八日，詔：居養鰥寡孤獨之人，其老者並年
五十以上，許行收養，諸路依此。先是崇寧三年十一月二十六日，蔡部數
內一項云：已詔天下置安濟坊、漏澤園，訪聞州縣但為文具，未盡如法，並
仰監司因巡按檢舉，委曲措(?)檢校，每季具已較止數及施行逐件事理次第
聞奏。至是河東路提點刑獄兼檢舉事件，故有是詔。八月二十七日，真定
府言：居養院、安濟坊兩處所管出納官物，并日逐抄轉簿曆及供報文字
甚是繁多，若共差軍典一名，顯見兩處勾當不前，伏望各差軍典一名，并
添支錢米等，並乞依已得指揮。從之，諸路依此。閏十月，詔：在京遇冬寒有
乞丐人無衣赤露，往往倒于街衢，其居養院止居鰥寡孤獨不能自存之
人，應遇冬寒雨雪，有無衣服赤露人，並收入居養院，並依居養院法。二年
四月五日，知荊南府席震等言：枝江縣居養人歲過一百一歲，依下縣依
條就賜絹米酒。說契勘居養人年八十以上，依條許支新色白米及柴錢，
九十以上每日更增給醬菜錢二十文，夏月支布衣，冬月納衣絮被。如
歲過百歲，若只循前項八九十之例，深恐未稱朝廷惠民之政，欲將
居養人歲過一百歲，每日添給肉食錢，并見增給醬菜，通為錢三十文，冬月給
綿絹衣被，夏單絹紗衫袴着，仍乞諸路有百歲以上之人亦依此施行。從
之。八月十九日，工部言：邠州宜祿縣水，本縣官私居等並被漂溺，詔見在
人戶如法賑濟，如有孤遺及小兒，並側近居養院收養。（詳見恤災門。）四年四月二日，手
詔：居養、安濟、漏澤為仁政先，欲鰥寡孤獨養生送死各不失所而已。聞諸
縣奉行太過，甚者至于設供張，備酒饌，不無苛擾，其立法禁止，無令過有
姑息。十二月十六日，三省言：戶部奏：詔居養安濟日來官司奉法太過，致
州縣費験，可申明禁止，務在適中。看詳自降元符法，節次官司起請增添，
若依舊遵用，慮諸路奉法不一，欲依元符令并崇寧五年秋頒條施行。詔
改昨頒條注文內疾病作廢疾，并依所奏，並罷。四年八月二十五日，詔：

正月二十九日　九月二十二日　十一月十九日　十二月二十四日　四年二月一日

鰥寡孤獨，古之窮民，生者養之，病者藥之，死者葬之，惠亦厚矣。比年有司
觀望，殊失本指，至或置蚊帳，給肉食，祭醮加贈典，日用既廣，糜費無藝，少
且壯者游惰無圖，廩食自若，官弗之察，弊孰甚焉。應州縣以前所置居養
院、安濟坊、漏澤園，許存留外，仰並遵守元符令，餘更不施行。開封府創置
坊院悉罷，見在人并歸四福田院，依舊法施行。遇歲歉大寒，州縣申監司，
在京申開封府，並聞奏聽旨。內遺棄小兒委實須乳者，所在保明，聽依崇
寧元年法雇乳。　政和元年正月二十九日，詔：居養鰥寡孤獨等人，昨降
指揮並遵守元符令，自合逐年依條施行，不須聞奏聽旨外，如遇歉歲或
大寒，合別加優恤，若須候聞奏得旨施行，竊恐後時，仰提舉司審度施行
訖奏，諸路依此。十二月二十四日，詔：居養安濟，仁政之大者，方冬初寒，宜
務賑恤。諸州郡或施廢，當職官停替聞奏，供申并令開封府依此檢察。九
月二十二日，詔今歲節令差早，即今天氣稍寒，令開封府自令使巡邏收
養寒凍倒卧并無衣赤露乞丐人。　十一月十九日，尚書省言：居養院、安
濟坊、漏澤園比來提舉常平司官全不復省察，民之無告坐視不救，甚失
朝廷惠養之意。詔自今居養、安濟、漏澤園事，轉運、提刑監司並許按舉，
在京委御史臺彈奏。　四年二月一日，兩浙轉運司言：鎮江府在城并外縣
縣居養院、安濟坊並不置造布絮納被給散，孤老孱弱之人未副惠養之
意。並用布絮被，又費錢數不多，即非過有濫支錢物，欲應居養院、安濟坊
寒月許置布絮被給散，蓋卧。詔依所乞，許置，諸路依此。　二日，臣僚言：訪聞
諸路民之老而工窮居養，寔病而其欲安濟者，往往以親戚識認為名，
虛立案牘，隨時遣逐，使法當收卹者復被其害，官吏相蒙，無以檢察。欲令
今後州縣居養安濟人遇有親戚識認，處委不干礙官一員驗實，若詐冒
及保明不實與同罪，仍不以赦降去官原免。從之。　四月十八日，新知穎昌
府莊貞穀言：朝廷以居養安濟惠卹鰥寡孤獨，欲冬月遇寒雪異常，許權
不限數支訖聞奏。從之。　五年二月十七日，詔：居養院見居養居合止此月
二十日權罷，可更展限十日。　六年正月五日，知福州趙靖言：鰥寡孤獨居
養安濟之法，自崇寧以來，每歲全活者無慮億萬，乞詔有司歲終總諸路
全活之數，宣付史館。從之。十月十八日，開封府尹王革言：本府今每歲冬
月差都巡小使臣于都城裏外收救寒凍倒卧，并拘收無衣赤露乞丐人，送
居養院收養。會到吏部所差當職使臣人即無酬獎，雖已經賜，使再差或措
差及三月以上減一年半，兩月以上減一年，一月以上減半年磨勘，止是
據伏專法，本府別無立定酬賞，欲今後應救濟無遺闕際，有部依類使酬

貫外，管勾四月以上特減二年磨勘，不及四月者以管勾過月日比附。有部祗候依減年酬賞。從之。七年七月四日，成都府路提舉常平司言：准敕，成都府路提舉常平司所請居養院孤貧小兒內有可教導之人，欲乞入小學聽讀，本司遵奉施行外，所有逐人衣服、襴鞹，欲乞於本司常平頭子錢內支給置造，仍乞與免入齋之用。詔依，餘路依此。八月十六日，提舉淮南東路常平等事鄧子棠言：凡居養院遺棄小兒，許宮觀寺院養為童行，庶得所歸。從之。　八年七月十二日，詔諸州縣鎮寨及鄉村道路遇寒月過往軍民有饑凍僵仆之人，地分合干人即時扶舁送近便居養院，量給錢米救濟。不願入院者，津遣出界。違而不送者，委令佐及本地方當職官覺察，監司巡歷所至點檢。　宣和元年五月九日，詔居養、安濟等法，歲久寖隳，更滋不處，可令諸路監司廉訪使者分行所部，有不虔者劾之，重寘于法。　二年六月十九日，詔：居養、安濟、漏澤之法，本以施惠困窮，有司不明先帝之法，奉行失當，如給衣被器用，專顧乳母及女使之類，皆資給過厚，常平所入，殆不能支。天下窮民飽食暖衣，猶有餘峙，而使軍旅之士廩食不繼，或至逃逸四方，非所以為政之道。可參考元豐惠養乞丐舊法，裁立中制。應居養人日給秔米或粟米一升，錢十文省，十一月至正月加柴

大典卷二萬九百

炭錢五文省，小兒並減半，安濟坊錢米依居養法，醫藥如舊制，漏澤園除葬埋依見行條法外，餘三處應資給若齋醮等事悉罷。吏人、公人員額及請給、酬賞，並令戶部右曹裁定以聞。七月三日，詔：在京乞丐人，大觀元年閏十月依居養法指揮更不施行。十四日，戶部言：奉詔，居養、安濟、漏澤之法，可參考元豐惠養乞丐舊法，裁立中制，應資給若齋醮等事悉罷，吏人、公人等員額及請給、酬賞，並令戶部右曹裁定以聞。本部今裁定：外路軍州崇寧四年十二月敕，居養、安濟坊差軍典一名，續承大觀元年八月敕，各差軍典一名。今欲依舊居養院、安濟坊共置一名，每月給錢一貫文，免紙劄之費。詔依，舊酬賞並不施行。十月十七日，京畿提舉常平司言：大觀元年三月敕，居養鰥寡孤獨之人，其老者並年五十以上，許行收養。近奉詔參考元豐惠養乞丐舊法裁正，劄應居養人日給錢米數目，已遵依施行。緣元豐敕和令：諸男女年六十為老。即未審且依大觀元年指揮，為或合依元豐敕和法令。詔依元豐敕和條令，降指揮日為始，日前人特免改正。　七年四月十一日，尚書省言：冬寒，倒卧人更不收養，乞丐人倒卧街衢，輦轂之下，十目所視，人所嗟惻。聖明在上，深所仁憫。立居養以救其困，所費至微，而恩澤至深。令行修復。從之。以上續宋會要

高宗建炎元年六月十三日，赦：

京師物價未平，致鰥寡孤獨不能自存之人艱食，除開封府依法居養外，令留守司檢察，如法居養。如錢物不足，具合用數申留守司支降。禪月三日，詔曰：諸處流移老弱，到行在者，日夕飢餓，可專委官具數量支米錢賑濟。死亡者委諸寺僧行收瘞，計數給賜度牒，務使寔惠加于存沒，以稱朕意。　紹興元年十二月十四日，通判紹興府朱璞言：紹興府街市乞丐稍多，欲令依去年例，日下賑濟。本已委都監抄劄五廂界應管無依倚流移病患之人，發入養濟院，仍差本府醫官二名，看治童行二名，煎煮湯藥，照管粥食，將病患人拘籍，累及一千人以上，至來年三月一日，死不及二分，給度牒一道；及五百人以上，死不及二分，支錢五十貫；以上二百人以上，死不及二分，支錢二十貫，並令童行分給。所有醫官醫治過病患人痊愈分數，比類支給。若滿一千人，死不及一分，特與推恩。如有死亡之人，欲依去年例，委會稽、山陰縣尉，於城外踏逐空閑官地埋葬，仍委踏逐官點檢，無令暴露。其養濟院及外處方到，未曾入院，病患死亡之人，每年各到僧宗華收斂，顧人擡舁出城，掩瘞，令縣尉監視，置歷拘籍，每及百人，次第保明申朝廷，給降度牒。詔每掩瘞及二百人，與給度牒一道，餘依所乞。

紹興二年正月二十四日，都省言：昨駐蹕紹興府，每遇冬寒，例行賑救。今移蹕臨安府，春初偶雨雪頻併，并街市不無艱飢之人，竊慮枉有死損。詔臨安府委兩通判并都監分頭措置，應干事件並依紹興府已得指揮施行。三月二十六日，中書門下省言：臨安府賑養乞丐人，三月一日已行放散，各無歸所。詔臨安府更賑養一月，錢米就取省倉。閏四月三日，臨安府言：被旨乞丐人更賑養一月，合至四月二十九日滿。詔更展一月。　三年正月二十六日，詔令臨安府兩通判恪遵朝廷惠養之意，行下諸廂地分都監，將街市凍餒乞丐之人盡行依法收養，仍仰兩通判常切躬親照管，毋致少有死損。如稍有滅裂，所委官取旨重作施行，仍日具收養人數以聞。　四年二月十九日，尚書省言：養濟乞丐自來係遇冬寒收養，至春暖放散，即無立定放散月日。詔令本府約度日限以聞。本府乞欲更展至二月終住支。從之。十月二十八日，臨安府言：昨來已蒙朝廷依紹興府已得指揮，于戶部支降錢米，令本府置院賑養乞丐之人，續蒙朝廷依常平乞丐法，每人日支米一升，小兒減半，今來若依例賑給。詔依年例養濟，仍日具人數以聞。六年十一月二日，詔令臨安府自今月十一日為始，依年例養濟施行。其後每歲降詔並同此。　二十二日，詔：天氣寒凛，令平江府于細抄劄乞丐，依臨安府已降指揮賑濟。　七年閏十月十九日，詔：天氣寒凛

貧民乞丐，令建康疾速踏逐舍屋，予戶部支撥錢米，依臨安府例支散，收養醫治。朝廷指揮爲始收養。十三年九月十五日，上曰：諸處有癃老殘疾之人，可依臨安府例，令官司養濟。此窮民之無告者，王政之所先也。十月十四日，臣寮言：欲望行下臨安府，錢塘、仁和縣踏逐近城寺院充安濟坊，遇有無依倚病人，令本坊量支錢米養濟，輪差醫人一名專切看治，所用湯藥，太醫熟藥局關取。有死亡，送漏澤園埋瘞。于是戶部言：今欲乞行下臨安府并諸路常平司，仰常切檢察所部州縣，遵依見行條令，將城內外老疾貧乏不能自存及乞丐之人，依條養濟。每有病人，給藥醫治，如奉行滅裂，違例，即仰按治，依條施行。從之。十一月八日，南郊赦：老疾貧乏不能自存及乞丐之人，依法籍定姓名，自十一月一日起支米豆養濟至次年三月終。病者給藥醫治。訪聞州縣視爲文具，不曾照應，監司亦不檢察，致多失所，甚非惠養寬恤之意。仰提舉司及州縣當職官遵依條法指揮，多方存恤養濟。其有病患，亦仰如法醫治，不得滅裂。　十九年十一月十四日、二十二年十一月十八日、二十五年十一月十八日、二十八年十一月二十三日南郊赦，三十一年九月二日明堂赦，同此制。　十四年十二月三日，尚書戶部員外郎邊知白言：伏覩陛下惠恤窮民，既有養濟、給

（卷一萬九百）

藥，惟恐失所，臧所存活不可數計。獨死者未有所歸，往往散棄道側，寔爲可憫。居養、漏澤，孟先朔之仁政也。從來漏澤園地多爲豪猾請佃，不惟已死者猶骸掘之悲，而後死者失掩埋之所。欲乞責自臨安府收撥郡內漏澤及園，意伏收遺以葬死而無歸者，藉致施仁之方。掩骼埋胔，爲大寧中興之要務也。上曰：此乃仁政所先，可令臨安府先次措置，申尚書省行下諸路州軍一體施行。十二日宰執首條貫，當上因宣諭曰：天下窮民，宜加養濟。孟子所謂文王發政施仁，必先施四者。尚慮州縣奉行滅裂，可再降指揮行下。于是令諸路常平官嚴切約束州縣，如法奉行，其所用米斛並仰于常平諸色米內斟酌撥檢，備依時給散，務要實及貧乏，毋令少有失所。仍令逐路監司同共覺察。十三日，臨安府言：被旨措置漏澤園葬無歸者，本府欲下錢塘、仁和縣，踏逐官私見在細瓦僻漏澤園四至丈尺，爲籬墻限隔，每處選差僧人二名主管收拾埋瘞。及二百人，最多中朝廷支降紫衣一道，逐處月支常平錢五貫、米一碩，專給僧人。無遺骸私檢察，不得因緣科率擾擾。上曰：可令諸路州軍依臨安府已行事理一體措置施行，仍令常平司檢察。　十五年六月二十三日，潭州言：崇奉推行漏澤園埋瘞無主死人，所帶錢橫棺木紙酒，計作行下工食錢收埋，作號記

死人姓名、鄉貫，以千字文爲號，遇有識認，許令給還。每年三元，春冬醮祭。緣逐件條格燒燬不存，已明降指揮施行。于是戶部言：今欲下諸路州縣，如委係無主，即于常平司錢內量行支給，仍每人不得過三貫文，有如法埋瘞，無令合干人作弊，許陸並令本司常切不住檢察，如違，並仰按治施行。閏十一月六日，戶部言：京西常平司關具諸州軍府已約收措置修蓋到漏澤園地段及召募僧人，每月支破常平錢米，管內有隨州、信陽軍並無常平錢米支給。于是戶部言：今乞下京西常平司，如委有見闕常平錢米去處，于係省錢米內支撥應副施行。從之。十六年十一月五日，上宣諭輔臣曰：居養、安濟、漏澤，先帝之仁政。居養、安濟已行之矣，惟漏澤未曾措置，宜令條具，添入十日南郊赦。前更乞爲己約束，如法養濟，其死而無歸者，籍法置漏澤園藏瘞。已降指揮，令諸州依倣臨安府措置，訪聞尚有未就緒去處，可令諸路常平司疾速檢舉措置施行，無致暴露。餘同十三年之制。十二月十四日，給事中段拂言：仰惟國朝愛育元元，者無意甚備，以居養名院，而窮者有所歸；以安濟名坊，而病者有所療；以漏澤名園，而死者有所葬。行之累年，存歿受賜。望申飭有司，講明居養、安濟、漏澤之政，仍申措置，令可久行，務使實惠均被遐邇。詔令戶部看詳措置申尚書省。

（卷一萬九百）

十七年二月二十六日，臣寮言：伏望申飭有司，講明漏澤園之政，明中措置，令可久行，務使寔惠均被。詔令戶部看詳措置具後。戶部言：今措置欲乞行下諸路常平司，於本路覺察州縣常切遵依見行條法指揮施行，庶使死者得以葬埋，以稱朝廷寬恤之意。播有奉行滅裂，違戾去處，即仰按治，依法施行。　十八年八月十九日，臣僚言：郡縣立漏澤園，以惠天下死亡，窮各得其所。州縣奉行滅裂，所在監司全不按舉，欲望舉行之，俾死亡無人葬收者有園以葬埋之。詔令戶部看詳，其後戶部言：所置漏澤園，承降指揮，依倣臨安府措置事理，令常平司常切檢察。今乞下諸路常平司檢照見行條法指揮，下所屬州縣遵守施行。若有違戾去處，按治，依法施行。從之。　十九年十一月二十八日，權發遣秀州郭楓言：民之飢貧不能自存者，每歲仲冬例加賑濟，可謂惠民如子，視民如傷矣。是宜州縣守令遵承聖訓，以廣恩惠，然往往有元非飢貧巧爲計囑，得以興籍，而困窮無告卻不得遺。望申嚴禁令，寬心檢察，庶幾惠及鰥寡，且無虛費。詔令戶部檢坐見行條法申嚴行下。二十一年十月十七日，宰執奏：自十二月一日爲始，臨安府又養乞丐人錢米。上曰：此事所濟極大，當苦寒之時，貧不能自存之人，冒給錢米，養濟遂可存活。　二十二年十一月十八日，南郊赦

十一作廿

乙降指揮州縣籍有漏澤園去處復行措置收瘞暴露骸骨緣其開地段多是為人占佃縣道徇情不行措置仰監司州郡常切照檢　二十三年十月二十二日上諭輔臣曰外路養濟恐未行減裂須令實給錢米以施實恵乃詔户部檢坐見行條法申嚴行下　二十四年十月十二日三省言年例令臨安府自十一月一日支給錢米養濟乞丐上曰此一事活人甚多可降旨行下　二十六年閏十月二十七日詔臨安府養濟乞丐當此雪寒盡柴薪常加措察依時支散錢米毋令減尅及冒名承請務在實及貧民仍具知稟奏聞　十一月五日試尚書户部侍郎兼詳定一司敕令王俁言臨安府每歲收養飢凍貧乏老幼殘疾不能自存乞丐之人凡用錢米近十餘萬不為不多矣可謂仁政之所先也倘官吏失于措畫則宜收而棄以壯為幼或減剋支散或虛立人數如此之類其弊多端不可不察雖已不住行下臨安府約束而慮習為常事虛費邦財有害仁政望嚴詔守臣仰戒飭當職官凡措在廣行收養無致遺弃仍親監臨盡數支散如有違戾按劾以聞其外路州縣亦乞特降指揮施行詔令户部檢坐見行條法申嚴行下　二十七年九月二十九日提舉兩浙西路常平茶鹽公事朱倬言比見郡縣之間自冬徂春所給乞丐錢米例皆付之胥吏遂使狡猾者數口之家皆預支請而貧窶無以自存者反弃遺乞令每歲抄劄委州縣長吏令在郡邑者責之杜甲首副在村落者責之保正副長結罪保明使無遺濫從之　十月十八日上諭輔臣曰近日理會支乞丐人錢米事所用錢米數目不少聞官司不留意多被吏輩冒名支請其實乞丐人未必皆得又諸路州郡支常平米賑濟往往止及城下其外縣鄉村亦皆不及甚非發政施仁之道可與措置革去諸弊務要實恵及民宰臣湯思退等奏曰恭聞聖訓當令户部措置施行　二十一日户部言乞行下諸路州縣委自令佐躬親措置責委坊正耆保抄劄貧乏乞丐姓名盡數收養不管漏落仍立賞出榜許諸色人陳告詭名冒請及減剋作弊之人斷罪追償施行令常平司常切覺察從之同日權户部侍郎林覺言乞措置兩縣并在城兵官公吏及甲頭如抄劄貧民姓名不實及自行詭名冒請錢米許諸色人告每一名賞錢一十貫至三百貫止化人令臨安府根勘依條計贓斷罪追賞者有不係貧乏乞丐之人追償斷罪施行從之　二十九年九月二十一日大理評事齊退言秋冬之交委官籍定乞丐姓名計所賑之米撥付監官三日一給其間疾病不能如期而至者官吏隱藏入己欲望行下郡邑支散之際或有疾病而不能來請者令監司責付團

養濟院

甲就給不得減尅守令覺察不得違戾從之　二月十三日詔臨安府養濟乞丐合至二月終住罷今天氣尚寒與展半月（後又展十月）　三十年二月十二日中書門下省言朝廷支降錢米令臨安府養濟乞丐至二月終住罷詔天氣尚寒與展半月　九月二十三日浙西常平提舉楊倓言乞將臨安府錢塘仁和兩處每歲養濟貧乏不能自存之人令逐縣就縣兵官抄劄開具姓名結罪申知差官驗實各用紙封簿用印給牌照應每五日一次當官支給如有冒濫不實立賞錢一百貫文許人陳告將犯人斷罪其元抄劄官吏並行照責又兩浙轉運司言浙東西州縣乞丐既各處依條收養及自能經營無疾病鰥寡之人並不合入令來養濟四院所有本府御市西北流寓合收養之人欲依楊倓申明立賞出榜約束每兩縣委再行審驗當官俵散每一十人為一甲逐相委保如甲內有冒名支請許諸色人陳首如所委官故意阻節許經本府陳告合干人因事行乞取錢物及冒名支請錢米之人並依重祿法當職官亦具名申奏黜責從之　三十一年九月七日知漢州王葆言川蜀地狹民稠貧窶者衆衣食不給遂致乞丐在法每歲于十月初差官檢察內外老疾貧乏不能自存乞丐之人非慵墮者籍其姓名自十一月一日起支每人日支米或豆一升七歲以下減半每五日一次併給至次年三月終止緣州縣自軍興以來常平田土多已出賣止是義倉米一色其上件米惟充災傷以備賑給平時難以擅行支散今養濟支撑既無常平錢米何以給散欲乞如闕常平米豆去處許于見管義倉米內通融應付日後如有收到常平田地租稅斗斛逐旋撥還從之

孝宗隆興元年十月十四日詔天氣尚寒其街市飢凍乞丐之人令行措置養濟可令臨安府自十一月一日為始其合用錢米并約束事件並依節次指揮每歲飢凍乞丐之人令臨安府措置養濟年以十月十五日抄劄十一月一日為始依散錢米至次年二月終住支大人日支米一升錢一十文足小兒減半以二月天氣尚寒後降指揮又展半月遂年遂為常例　二年閏十一月十六日詔臨安府內外乞丐不能自存之人每至冬月各計口數大小日支錢米養濟訪聞尚有壯人或因赴調困居旅邸或因轉徙流離道路衆種瘡瘍饘粥不給情實可憫令臨安府專委官于城內外如有似此之人更切驗實量度支給錢米以体朕恤　十二月十二日權發遣臨安府薛良朋言本府奉詔收撥常平米委兩通判賑給飢貧之人今措置分委曹職官同廂官于在城并城南北廂巡門抄劄實係飢貧別無經營之家及流移人開具姓名支米半月大

人每口一㪷五升小兒減半委兩通判踏逐城南北廟寬闊寺院置場照
關子支給常平米見管不多照得昨來于省倉下界糴場封樁米內措撥二
萬石除撥到一千二百碩外有一萬八千八百碩未曾取撥欲望行下省
倉照會據本府今來賑給米數逐旋應副候散訖具帳銷破照依戶部每
料支二十碩俟散盡純樣縮支給二十二日權發遣臨安府薛良朋言被
旨日來雪寒臨安府近城多有飢貧之人令取撥常平米賑給已委兩通
判于城南城北置場支給外今據通判常禮胡堅常中日來多有鄉村及
畿近州縣飢貧人戶聞知本府賑給米斛乘擔前來陳乞支請若以一槩
支給竊慮人衆所支米斛至多若不賑給又恐有失朝廷寬恤之意今措
置欲將日後鄉村及畿近州縣到來飢貧之人分委錢塘仁和縣尉躬親
驗實如委貧乏給牌押赴養濟院每大人日支米一升錢一十文小兒
減半從之　乾道元年正月一日南郊赦在法病人無緦麻以上親同居
者廂耆報所屬官爲醫治訪聞比來家旅寄居店舍寺觀遇有病患避免
看視趕逐出外及道路暴病之人店戶不爲安泊風雨暴露往往致斃深
可憫惻可令州縣委官內外檢察依條醫治仍加存恤及出榜鄉村曉諭
月具有無違戾去處以聞乾道三年十一月二日十六年十一月六日南

卷二萬九百

郊赦並同此制十九日詔已降指揮州軍災傷去處委官措置賑濟訪聞
臨安府城內多有乞丐之人顯見抄劄未盡令臨安府分通判日下措置
將城內乞丐盡行抄劄依已降指揮賑濟不管漏落仍具已賑濟過人數
申尚書省從中書門下請也二十二日權發遣臨安府薛良朋言本府見
依已降指揮支破錢米收養乞丐近緣浙西州軍水傷尚有飢貧人戶多
在本府城內外求乞竊慮闕食本府欲支撥常平義倉米斛委官于近城
寺院一十二處煮粥給散養濟詔依今臨安府條畫奏行存恤給與平江
鎮江府台秀常湖州照應臨安府已行事理取撥常平米疾速養濟施行
二月八日臨安府言收養乞丐所支錢米內米提舉司支撥到八千石外
目今養濟乞丐委是闕乏至多今約度更支撥七千碩應副銷訖將義倉米
內取撥五千碩應副支散施行十一日知臨安府趙令詪言本府見付賑
濟雖先就在城置場煮粥給散養濟緣城外鄉村間遠竊慮飢流人前趁
不及今措置更于城南大寺城西道士莊添置兩場隨所大小均定人
數並約定時辰煮粥給散以革重疊之弊仍備辦藁薦存養使宿泊及
將常錢會令主首掌管支給式恐內有病患之人官給藥餌專差職醫調治
及分委職官通判職官簿尉日逐往諸場提督點檢諸如人數稍多支令

添場依此賑濟二十六日監察御史程叔達言臣聞凡人平居無事飢飽
一失其節且猶疾病隨生況于久飢之民相比而集于城郭寒深侵曉其
不生疾疫者幾希故自古飢荒之餘必繼之以疾癘熙寧中浙西荒旱取
民于城西煑粥之死者至五十餘萬比者奏乞吏于部野設場賑散令飢
民聚于城外而就粥者不下數萬人竊聞浙有病者有死者臣累聞之城
內給棺斂者已至七十餘人竊慮飢殍不已日者常詔有司擇空閑屋宇
以安養之又命醫挾劑以療治之可謂德意周至矣然臣竊以爲衆之所
聚疾疫易成疇相漸染難以復治謂宜亟敕府縣親行科擇多出文榜凡
有家可歸有鄉可依者許其自陳然以粮米使之各復歸業仍官給文引
俾就歸業之處給粥或米以存恤之至于無所依歸之人乃令就病坊安
養從之二十七日詔常州無錫縣見有士民率米煮粥俵散被水飢民竊
慮米斛不繼令本州就使于本縣和糴到萬數田米內支撥一千碩仍委
縣官一員同共監視煮粥接續養濟無令失所從中書門下請也二十九
日詔臨安府見行賑濟飢民訪聞其間多有疾病之人竊慮闕藥服餌令
醫官局于見賑濟去處每處各差醫官二員將病患之人診視醫治其合
用藥于和劑局取撥仍日具醫治過人并用過藥數申尚書省從中書門下

卷二萬九百

請也三月十四日權發遣臨安府薛良朋言今來已是春深正當農務無
春羨將民諸處減粥飢民利于日前賑濟設粥以致將來荒廢農業無所
措望今措置諸處糶米設粥欲自四月十五日住罷仍諭期出榜告諭其
壯健人欲劄給劄付與各人仰州縣不得拘催官私欠負并仰田主各支
種粮務要安居不致離散其有疾病羸弱未能行履之人欲州諸逐寺院
散粥煮藥以待痊安方可發遣回歸鄉貫從之十五日殿中侍御史章服
言近者具劄于面奏賑糶利害乞下臨安府知通講究措置條具來歲饒
行間今臨安府已得指揮欲于四月內並皆住罷據臣管見糶米者大半
是街市糶人而流移人僑居其半至如食粥者皆流移飢民疾病乞丐之輩
也翻是既已賑糶又令散粥今忽同時俱罷事出不速似爲未盡乞于米
罷之前減作每人一升出糶同日然後漸罷指日罷之蓋革之以漸人情
所安不至惶惑至如散粥欲乞且展一月罷日仍量給粥米發遣歸業庶幾有
以稍手不至怨望不至喧譁從之內設粥給散飢民令本府展至四月終
四月二十二日詔臨安府城內外見令養濟飢民已降指揮展至四月終
訪聞其間多有疾病殘廢等人深慮難以一槩便行住罷令姜詵薛良朋
斟參古同本府通判濟司屬官各一員遍詣散粥及病坊去處公共措置

縣綱揀點將老羸疾病殘廢癃老羸稍鰥寡孤獨不能自存見在病坊之人更展限半月給散粥藥養濟　既而兩浙路轉運判官姜詵言賑濟飢民隊揀選壯健領還鄉及有經濟之人各已給米使之自便外有其餘飢病之人已申朝廷每日人支米一升各令自造粥亦給歷五日一次支請今尚有五千二百七十四人見行養濟緣目今新米成熟街市米價減落令來請米之人易于求趁不致飢餓乞將指揮七月終住罷支散從之十月十一日詔諸路州縣老疾貧乏丐之人在法以常平米斛養濟今來天氣尚寒養濟月日不遠竊慮奉行滅裂不副朝廷惠民之意令戶部檢坐條法指揮申嚴行下須管依時支給錢米如法養濟務行寔惠從中書門下請也十二月二日詔浙西常平司于本司新糴到米內取撥二十碩應副賑濟歸正不能自存之人大人每日支米一升小兒五合內有篤殘廢惡病不能經營之人每日更各添支鹽菜錢二十文即不得妄有支用

二年八月十五日詔令鎮江府建康府所括責到管已歸正人大人每日支米一升小兒五合內有篤殘廢惡病不能經營之人每日各更添支鹽菜錢二十文省指揮到日于常平錢內支破至乾道三年五月終仍請逐室閑官屋應副居住或閑數不足將樁見賃屋人日納房錢減半十

二月四日浙東提舉常平司見管沒官田產收到租課內資乏不能自存及乞丐之人米立係將來常平司見管沒官田產收到租課內給散緣自出賣諸司官產皆已賣遂即于常平司則無所入欲將州縣所管常平司義倉米權行散給戶部看詳義倉穀在法唯充賑給不得他用有礙上條照得本司近中到諸州縣通共糴到常平米一十四萬三千餘碩乞下本司仰據諸州縣令各收養乞丐的實合用米數于前項糴到常平米內通融取撥應副從之

北上門外楊　淳熙元年八月九日詔臨安府以買到橋東地充漏澤園埋瘞遺骸及日後無主死亡軍民亦聽埋瘞九月二十六日詔臨安府東青門外駒子院地將一半充漏澤園撥付殿前司埋瘞亡歿軍民從殿前司請也三年九月三日詔平江府守臣陳峴取會開趙所創義冢及僧庵元費用錢物申朝廷給還并賜庵名廣濟禪院給田五百畝先是開趙於平江府買山立義墳埋瘞西北人并庵建造庵舍左司員外郎陳損言費當出朝廷故也四年六月十七日江州都統皇甫倜言乞於江州福星門外收買空閑田段將所部諸軍亡歿之人就彼埋瘞從之

紹興二年十一月二十七日南郊赦在法諸州縣每歲收養乞丐自十一月一日為始至次年三月終止訪聞近來州縣往往將强壯有行業住家之人公然違法計囑所屬官司并團頭貌驗養濟冒濫支給錢米其委實老疾孤幼貧乏乞丐之人正當存恤緣無屬記漏落姓名以至不霑實惠深可憐憫仰諸州縣今後須管照應條令從實盡行根括不得仍前冒濫支請縱容合干人作弊令主管常平官常切覺察其臨安府仁和錢塘縣養濟院每歲收養流寓乞丐亦仰依此施行不得徒為文具致失朝廷存恤之意如有違戾去處仰提舉常平司覺察按治施行

卷一萬一千六百二十一

嘉泰三年十一月十一日南郊赦文在法諸州縣每歲收養乞丐訪聞往往將强壯慵惰及有行業住家之人計囑所屬冒濫支給其委實老疾孤幼貧乏之人不霑實惠仰今後須管照應條令從實根括不得仍前縱容作弊其臨安府仁和錢塘縣養濟院收養流寓乞丐亦即依此施行不得徒為文具如有違戾去處仰提舉常平司覺察按治施行内有軍人練汰離軍之後殘篤廢疾不能自存在外乞丐之人仰本軍隨營分措置收養毋致失所　自後郊祀明堂赦亦如之

宋會要官田雜録

高宗建炎元年五月十五日，知江寧府兼江南東西路經制使翁彥國言：准朝廷指揮，委官拘收籍沒蔡京、王黼等庄田，變賣收充糴本。竊詳逐家莊田元佃與人戶歲收淨課，今若比立租及主戶所得稍損一二分，以優佃戶，自是欣然承佃。官歲收租自有常入，比之出賣官吏作弊，計會輕價所得之直，不多利害較然。詔依租課與減二分。　三年正月十四日，江南西路安撫都總管司幹辦公事賈公晦言：應天下坊郭鄉村係省田宅，見立租課有名無實，荒蕪隳毀，至於無人佃賃，昨因赦出賣，州縣口稱尋永公案不見，無憑給賣，欲乞詳酌行下，以見賃錢數依樓店務自來體例紐折，田產以佃租依鄉原體例紐折，並依建炎元年五月一日赦文收贖出賣，如輸納價錢違限，復沒入官，別召人承買。見今西北流寓人衆，乘時給賣，則官私兩濟。准條，官戶許買不許佃賃，仍乞分明行下。戶部看詳：建炎元年五月一日赦文止合出賣崇寧以來因買撲坊場、河渡及折欠官物沒納田產，如委實元祐公案不見，欲依本官所乞，依鄉原體例紐折出賣。其應冒占係省官田宅之家，指揮到日限半月，許人戶自行陳首，依租來租課輸納佃賃，如無舊額，即比近隣立定租課爲准。如違限不首，並依見

卷四千七百八十四

一

行條法從之。　四年二月三日，知永嘉縣霍蠡言：本州四縣見管戶絕、抵當、諸色沒官田宅數目不少，並係形勢戶詭名請田，每年租課多是催頭及保正長代納。公私受弊，欲乞量立日限，召人實封投狀，請買限半月，拆封給最高之人，內有林靈素沒官屋宇爲元估價高，累榜無人承買，乞行下本州減價出賣。詔並依，兩限半月。今來所賣田宅係要贍軍支用，全在州縣當職官吏協力措置，如敢高擡下估，虧損公私，遣官按視，比近田土舍宅稍有高下，官員取旨竄責，人吏杖脊配海島。七月九日，戶部言：湖州見賣拘籍到蔡京等田產，遵依指揮出榜立限，召人贖買，如累榜不售，即乞量減價，其地且令見租佃人承佃，候有承買人離業，所貴不致荒廢。自餘州縣亦乞依此。從之。　十三日，發運副使宋輝言：浙西召人承買收贖沒到蔡京等田產，既無文籍稽考，即官吏得以爲姦，別生欺隱，乞依隱匿戶絕財帛物法，計所直准盜論斷罪，仍許人告，以所告田產准價給三分充賞，所貴杜絕姦弊。詔應官吏干繫人欺隱根括不盡不實，或小出價錢，並依二月三日指揮斷罪，仍許人告，賞錢壹伯貫文。　紹興元年六月九日，臣僚言：諸路州縣係官田產，緣當時估立租額高重，產主逃移，展轉勒隣人承佃，破壞家產，輸納不及，遂致逃移，至有累年荒廢，無人承佃者，並是科較保正長及甲頭與賣已產

卷四千七百八十四

二

代納租課每年有追呼之擾而所入無幾如向緣興崇
三舍召買田産贍學或有因抵請市易官錢營運或買
撲坊場或赴場監請鹽通出田宅抵當多是計會估量
官吏田宅牙人虚添畝角增擡錢數其賣贍學田人惣
致敗露且依虚增畝角出名抱佃三年間便即逃移及
買撲坊場抵請鹽貨抵當市易人因消折錢本送納官
錢不足所屬依條拘没元通産業入官雖重估計恐畝
角錢數不實依法合勒元估人補償以此遍相計囑只
依元估數或量損畝角紐立租數出榜召田無人願就
又勒元業人承佃以是輸納不充規避科較不免逃移
更有逃戶絶戶田産因估量田宅牙人等乞覓添虚社

卷四千七百八十四　三

甲不從故重立租課亦無人願佃其間不幸踏逐作職
田丘段不問有無催督愈峻逐項積弊不可槩舉欲司
州郡既見逐色官産已有合納租課定額逐行督責所
屬縣分官員苟且逃責吏泓為姦抑勒隣保及産業相
隣人分招承認上戶用情推免纔行勘會亦復計囑雖
實隣人妄作無隣供具往往下戶坐受抑勒無所伸訴
其間又有一戶産業係許人全業承佃佃人逃移亦是
勒有隣人分佃屋宇新麗田園膏腴悉歸上戶其貧乏
下戶雖有佃名實無所得緣此亦致逃移延及催科保
長甲頭逐年代納租課為害不細内鹽産已係人戶私
典賣自舊來雖有許用逐年子斛消欠指揮其間佃人

入納子斛已過元數緣元降指揮不許桃段遂致官司
一例追催今有至三四十年間入納子斛不知幾何雖
累經赦宥特降指揮不得拘催已是淨産而鹽案人吏
意在規求並不除放至今每歲拘催及至人戶略行計
囑即便沉没原引吏指為衣食之源而官實無所入乞
下逐路提舉鹽事司檢會前後所降蠲除赦文指揮施
行外有上件及該說不盡諸色官産並不專置一司或
行下諸路州縣分明開具土名産段坐落四至召人實
封投狀承買詔並依仍委逐路提刑總領措置田事各
許置幹辦官一員並朝廷選差其請給人從等依監司
下幹辦條例施行候事畢日罷　十一月二十二日都

卷四千七百八十四　四

省言浙西州縣籍没到蔡京等田産昨委宋輝出賣訪
聞州縣官吏並緣為姦將根括到田産並不開坐地界
四至容縱鄰人以瘠薄私田等公然抵換欺弊百出詔
令宋輝限三日重別措置關防如何不致鄰人欺弊換
易事状以聞仍多出文榜曉諭應今日已前有耕換易
之田限半月許令陳首特與免罪更不追理自前所收
地利如出限不首許地隣及諸色人告每畝給賞錢三
十貫於犯人名下追理犯人估所換田産價直計贓加
二等科罪地鄰人不告與同罪　二年正月十九日江
南西路安撫大使李回言撫州宜黄縣人戶熊富吳㦛
等一百餘家昨拘籍田産估賣緣中下之家無力承買

令相度欲許被佔人納錢收贖從之　六月二十九日
詔諸路委漕臣一員將管下應干係官田土並行措置
出賣仰各隨土俗所宜究心措置出榜曉示限一月召
人實封投狀請買仍置印歷抄上承買人戶先後資次
姓名限滿當本官廳拆狀區畫所着價最高之人責到
錢數申取朝廷指揮其諸路漕臣若推行不擾早見次
第當議優加給賞如或視為文具隱蔽狥私奉行滅裂
並當重行黜責仍行下逐路照會七月二日詔諸路委
漕臣一員將應係官田並出賣各隨土俗所宜究心措
置若推行不擾早見次第當議優加旌賞如或視為文
具隱蔽營私奉行滅裂並當重行黜責　九月十九日

卷四千七百八十四　五

詔兩江轉運判官張致遠躬親前去取索浙西提刑司
行遣出賣官田案檢具違慢官吏姓名申仍行催督本
司官將未賣田產遵依已降指揮催所管州縣多出文
榜疾速召人依條實封投狀承賣除本州縣官吏公人
外應官戶諸色人並聽承買其未起賣田錢并租課應
錢米等仰子細檢勘拖欠去處疾速催促送納逐旋附
綱起發其官司擅支過錢米仰嚴緊催促當職官吏火
急依數撥還令提刑自責近限須管數足如敢出違令
來再責日限當職取旨重行竄責以戶部言浙西未賣
蔡京等田合納租課取會提刑司供報違慢故有是詔
三年三月十三日戶部言常平司見管閑田權令人

戶認納二稅却於常平倉送納候及三年依條出賣或
立定租課許人戶添租承佃給最高之人若召到人所
入租課與見佃人所入數同即先給見佃人仍先乞下
湖南提刑司照會施行從之　七月二十四日臣僚言
建州賊火勦滅之後官司籍沒到賊中同事田產不少
今來州縣輒行引用去年住賣官田指揮一例更不推
賞止是召人請佃往往揀擇高腴減落頃畝小立租課
或致賊首親戚冒濫陳乞却要給還已亦弊倖百端伏
望申明行下其住賣指揮自為舊日官田今來籍沒到
賊人田產自合依法出賣從之　十一月十日江南西
路轉運副使李彌孫言本部州縣自經兵火之後戶口

卷四千七百八十四　六

減耗稅額比舊欠折蓋因檢括荒田依閣稅租官吏奉
行滅裂今乞於本路州縣官選擇四員充專一點檢州
縣根括拋荒田產整治簿書依條督責縣官下鄉逐一
子細取見逃亡死絕拋荒人戶口田土合着稅租然後
再令本州差官覆實置籍拘官戶部勘當欲下本司先
將曾經兵火繁劇一縣依所乞推行若因此見得虧稅
歸着不致擾擾即具事因申取朝廷指揮從之　四年
九月十五日赦諸路州縣人戶所佃官田其間佃人逃
死往往違法只勒四隣或本保代納顯屬違法害民仰
諸縣令佐根刷如有似此田產量減租課依法召人承
佃仍仰監司常切覺察諸路衙前因欠拘收抵當物產

在法許以子利償欠如依限納足却給元産限外不足猶許租佃其間有自父祖以來因欠官錢歲月漸久官司有失舉催子孫却將柢當爲己業典賣有經三四十年偶因告首便行給與告人仍追錢業爲害不細仰諸路州縣守令按籍根刷如有似此之類已經照刷者並與銷落未及三十年者自今冬爲始起理租課已前積欠並與放免或願脩元欠納者官給還元業再經半年尚納不足即依理欠法施行如官吏用情並許越訴

五年正月三日臣僚言諸路州縣七色依條限合賣官舍及不係出賣田舍並委逐路提刑司措置出賣州委知州縣委知縣令取見元管數目比做隣近田畝所取

卷四千七百八十四

七

租課及屋宇價直量度適中錢數出榜限一月召人實封投狀承買限滿折封給着價最高之人其價錢並限一月送納候納足日交割田舍依舊起納稅賦仍具最高錢數先次取問見佃賃人願與不願依價承買限五日供具回報若係佃賃及三十年已上即於價錢上以十分爲率與減二分價錢限六十日送納其賣到價錢仰逐路提刑司總領起發赴行在送納内不通水路變轉輕賫專充贍軍支用如官司輒敢截撥借兑移易伏乞朝廷重立斷罪詔依仍逐路專委監司一員江東路轉運范振江西逢汝霖廣東劉仿廣西趙子嚴兩浙提刑向宗厚福建吕聰問總領措置

三月二十九日詔出賣没官等田今年二月二十四日已降指揮監司州縣官吏公人並不許收買外其寄居待闕官願買者聽從福建路提刑吕總問之請也

四月二日總制司言承送下專切措置財用司奏今條具下項一係官田地乞且截自宣和以後應可以賣者先委官根括候見着實頃畝四至即大字牓示人戶願買人名以時價着錢依已措置事理出賣庶幾歲月未久易於考驗不至紛爭兼多在形勢戶下取之無傷縱使巧爲占吝亦須高價承買其宣和以前田地且令官司寬緩括責步畝增減租課改造砧基簿賣與不賣他日臨時相度元降出賣官田指揮即不顧年限今欲宣和以後應可以賣者

卷四千七百八十四

八

依臣僚所乞先次出賣其以前年分令諸路總領官續次相度申請施行今來召人承買係州委知州縣委知縣若論職事合在守令緣其間有貪有廉有才有否不可一槩委付欲令逐路轉運常平兩司不問職位高下州縣各精選一員同主其事如係職官以下許添破請給庶相關繫無敢容私今相度欲依今年正月三日指揮州委知州縣委知縣取見元管數目比做隣近田畝所取租課及屋宇價直量度適中錢數出榜召人實封投狀承買賣到價錢州委通判縣委縣丞拘催計置起發其諸縣有實闕知縣去處即於丞簿内選委可以倚仗之人權行管幹候正官到日却行交割所有州縣應

佑價檢察姦弊乞令州縣當職官並行通僉管幹施行
一竊謂賣田極易惟括責實難此全在官吏得人然公
平者少容私者衆乞飭諭所委官司有違戾者當遵用
藝祖之法罷黜其合賣田舍承今年正月三日指揮州
委知州縣委知縣取見元管數目并二月二十四日指
揮令州軍先將但干照據簿歷子細劄刷的實合行出
賣田產名色地段頃畝物件先次置籍拘管申總領官
及承閏二月十八日指揮應州縣因劄刷失實别無情
弊並依被差檢覆戶絕財產根括不盡條法施行如有
情弊或為隱漏不實從所委監司具事因申取朝廷指
揮重賜施行今欲乞依已降指揮施行一看詳戶部前
後所具事節已如是詳備緣有省房租賃一色多為官
吏之家累世隱占有良田數百畝而歲納四五十千者
有市井地段數十丈而歲納四五十錢者今却不係合
賣之色之内議者謂田可增價出賣地可增錢召賃兼
逃絕田土又有累年荒廢只是抑隣人保甲代納租稅
似此一色若不量行减價或許放一二年官物決未有
人承買檢准紹興四年六月二十二日戶部狀諸路州
縣係官房廊白地園圃等自軍興以來或因賊馬殘破
簿籍不存或逃亡未歸業或被賣死絕事故之類往往
人吏作弊侵欺入已或為形勢之家强占起造更不納
錢或非理減落元價蓋緣官司失於拘籍為弊日久失

陷官錢不可勝數令相度乞下諸路運司州委通判縣
委知縣限五日措置關防利害并如何可以革去僥倖
增收課入限半月陳首已承指揮伊所申條具戶部累
將上件事理委監司州郡條具未有申到去處今欲依
臣僚所申如有似此隱占之家許限一月詣官自陳依
本處體例添納租課仍與減免二分限滿不首許人陳
告即以其地給與告人其告人所納租課亦減二分一
實封投狀已限一委開拆若措置未盡即限滿給賣難
以追改欲乞更令戶部詳細議定速行下諸路轉運常
平司令得遵執庶幾不失信於民間若慮遠方被受稍
緩即乞更展一月今欲依臣僚所乞詔依措置到事理
施行　十九日臣僚言兩浙諸州自建炎中殘破之後
官司亡失文籍所有苗稅元額不登蓋為兼并隱寄之
家與鄉村保正鄉司通同作弊隱落官物至有歲收千
畝之家官中收二三頃者有歲收千斛之家官無名籍
者乞應詭名子戶隱寄田人吏有田產而無數配苗役
者被賣田產官司糾察不盡者聽一季或半年内許令
自陳紹興四年以前所欠官物一切不問委官根責專
切措置財用司言今來所乞與隱占官田頗同其立限
陳首免納稅課告賞等欲權依出賣官田指揮行下轉
運司仍限一季自陳遍下州縣遵守施行從之　五月
十日臣寮言竊見兵火之後諸處戶絕田產不少往往

為有力人戶侵耕遂失官中逐年二稅免役之類其鄉司保正等人公然受賂致使逐縣苗稅不能及額欲望優立轉官資賞格仰諸州當職官與屬縣令佐措置根括土豪之家侵田戶絶田產仍立賞許人越訴如州縣官吏巧作諸般搔擾若情理稍重者欲乞遠竄嶺表若事理稍輕亦當量其所犯科罪專切措置財用司言根括失陷未有許行推賞之文今欲比附依命官磨勘覆磨出稅租簿內虧失錢數立定賞格施行仍從提舉司保明申奏從之

同日尚書省言近降指揮專委逐路監司總領出賣係官田舍仰所委官悉心奉行若不嚴行賞罰無以激勵詔令戶部行下諸路所委官遵依已降指揮疾速施行如奉行有方即優與推賞若有違戾重行責罰

六月四日詔江東轉運黃子遊降一官仍令江東提刑司取問申尚書省取旨施行以都省勘會賣沒官田產措置留滯也

六年二月十二日臣寮言兩浙東西江南東西福建廣南東西路所管鄉村戶絶并沒官及賊徒田舍與江漲沙田海退泥田昨為兼并之家作弊計囑人吏小立租額佃賃不盡歸公上以降指揮將逐色田舍委監司總領出賣訪聞欲承買人為見往年累次曾行出賣復行寢罷致有疑惑未肯投狀逐項田舍依祖來條法自是合行出賣之數多因州縣容縱佃人作弊障固出賣不行尋節次措置約束

卷四千七百八十四　十一

事件及優恤見佃人先次取問願與不願承買及佃賃年歲深遠亦減損價錢公私皆便遂降上項指揮召人承買是舉行祖來條法即非一時指揮與前來出賣事體不同唯在官司遵守奉行日後永無改易理當申嚴告諭詔令逐路總領賣田監司檢坐見行條法及節次所降指揮大字雕印文出榜告諭人戶仰依限投狀其買到田舍未為已業更無改易仍令戶部與監司州縣除出賣田舍疑惑及增潤事合行申明外其餘並不得申請少有更改各仰常切遵守施行

七年二月九日戶部言江浙二廣係官田舍已降指揮委官出賣其江浙州軍係官空閑田土并無主逃田又有指揮標撥充官莊委是兩有相妨竊慮人戶疑慮不肯成合交易欲將應拘籍到賊徒田舍逃田並充官莊其沒官田舍等並依舊出賣從之

九年四月五日詔令兩浙福建江南荊湖廣南東西四川路轉運司將今月以前人戶冒占田產舍屋每三縣於本州或不干礙縣分見任官內選委清強有風力官一員如不及三縣亦委一員取見逃戶姓名田屋等數目逐一體究括責見係甚姓名人戶佃賃逐戶各有無官司給到憑據如無即係冒占仰本縣立定租課令依舊佃賃仍令所委官立定狀式鏤板遍下鄉村出榜曉諭許限一月投狀自首立租特與免罪及更不追理以前租課將逐項田舍令本縣置籍

卷四千七百八十四　十二

一作九年十月十日

分明開坐鄉村人户姓名著落去處合納租課數目逐
一拘管如違限不首許諸色人告其犯人依條斷遣及
追理以前租課仍將所冒田產屋宇等項畝間架估計
實直於犯人名下追理依見行條法給賞先次拘收没
官仍須管限一季結絶即不得關留人户經宿及少涉
搔擾如違取旨重行降黜候了畢令運司開具體究出
首陳告田產項畝間架合納租課數目與所委官職姓
名分立等第保明申尚書省（以下模糊）　十年九月十日赦近因
臣寮言出賣官田許人實封投狀承買訪聞州縣却有
將見佃舍屋一例出賣事屬搔擾緣房廊屋宇自兵火
以來多係人户自備錢物修葢元降指揮不曾許賣如
卷四千七百八十四　　十三
有違戾去處仰改正　十一年二月二十五日詔知德
清縣主簿王𨮉特轉一官以浙西提刑向宗厚言本縣
田產首先出賣盡絶故有是命　十二年十月二十一
日户部言常平司見出賣田產見今未有人承買若不
依舊令人户租佃竊慮愈深恐出賣不行乞下諸路提
刑兼常平司并總領賣田官將見今未賣田產令見佃
人限半月添租三分依舊承佃如出限不願添租即勒
令離業其積年拖欠合催理租課並限一月納足仍別
召人再限一月實封投狀添租剗佃限滿拆封給添租
再高之人若無人剗佃仰總領官措置減價其拖欠租
課如限滿不足當職官具姓名取旨施行如失申及奉

行滅裂委常平官覺察失覺察委御史臺彈劾從之
十三年二月三日户部言欲將常平轉運司應管田產
并提刑司所管贓徒田舍並遵依去年十月二十一日
指揮施行内元係荒閑田土因人户請佃圍裏興修田
產即自請佃日依今降指揮各理五年日限權免添租
剗佃出賣令依舊承佃（謂如請佃已及三年更合展限二年之類）若限滿尚
有不願添租之人依前項備坐已降指揮剗佃出賣施
行餘路依此從之　二十年四月六日户部言契勘州
縣没官田土往往形勢之家互相剗佃今欲乞更不許
人承佃並撥歸常平拘收與見興水利一就措置仍令
轉運提刑茶鹽等司如有没官田土即具數報常平司
卷四千七百八十四　　十四
拘收輒敢漏落從本部取旨重賜施行從之　二十一
年十月六日臣寮言贍士公田多爲形勢之户侵占請
佃逐年課利入於私家以致士子常患餐廩不給望詔
有司申嚴行下諸路提舉官常切覺察詔令户部措置
并緣住賣度牒常住多有絶產令撥充贍學支用户部
言除已行下諸路提舉學事官下所部州縣遵守施行
仍令本司常切覺察如有違戾去處即仰按治依法施
行外今欲乞令諸路州軍取見上件絶產各係是何寺
觀若干頃畝間架每年合收若干錢糧的確實數保明
無得隱落關報提舉學事官置籍拘管仍仰本司催促
諸州軍開具供申本司置籍將今來所撥絶產租課錢

物令項專委官封樁具數申取朝廷指揮支撥其州縣寺觀於圖經內各有所載去處近來僧道往往違法於所在去處擅置庵院散在民間若無敕額其所置田產屋宇亦乞依前項施行更合取自朝廷指揮內福州寺觀比之張守任內括責到寺觀常住所收歲終出剩數目並皆不同已行下福州密切體究的確收支數目亦乞委本路提舉學事官催促本州疾速開具候到審實別無侵隱開具供申參照施行詔依措置到事理施行　二十二年三月二十二日戶部言數內福建路寺觀係數多去處雖已行下本路提舉學事司開具窠名往反取會遲延因致漏落今欲乞朝廷差官一員前去措置施行從之

卷四千七百八十四　十五

同日戶部言已降指揮差官一員前去福建路措置寺觀常住絕產田畝今欲專委新除司農寺丞鍾世明帶行本職前去措置從之世明措置將寺觀田產除二稅上供常住歲用等外每歲趲賸錢二十六萬五千八百六貫八百四十五文起發赴左藏庫續據知福州張澄乞添破童行人力米除豁外實計每歲起發錢三十三萬九千三百六十貫文有奇　二十六年二月三日戶部言江浙湖南福建路諸州軍自紹興二十年降指揮之後應常平司拘收到沒官戶絕等已未佃賃田地宅舍專委提刑總領出賣并四川二廣州縣沒官戶絕等田地除見佃人戶已添三分租課並令

人戶依舊承佃更不出賣外其餘有不曾添租田產欲乞依今來措置施行自後應沒官戶絕等田地宅舍等准此從之　六月一日戶部言諸路沒官田產近因鍾世明申乞盡行出賣自後未有人承買其未賣之田遂致荒廢欲將已降出賣指揮更不施行令江浙湖南福建常平司遵依節次所降指揮並撥歸常平司拘收召人修葺佃賃其四川二廣見出賣田產自合照應元降添租承佃指揮施行上曰建議出賣者不過利於得錢若許民戶租佃量出租課百姓必利之百姓足君孰與不足乎沈該等曰陛下恤民務本如此天下幸甚

二十七年六月十五日江南東路轉運判官葉義問言

卷四千七百八十四　十六

欲望將今日以後應拘沒到僧道置產及寺觀絕產並行措置召人實封投狀增錢承買起理二稅從之　二十八年七月二十八日知溫州黃仁榮言因經界出僧道違法田產即合照應見行條法拘沒入官欲乞將上件拘沒田產盡行召人實封投狀出賣給與價高之人仍舊令投納牙契供輸稅苗公私兩便如內有賣未售之田合行權給租課亦乞先給見租種人紐租送納於是戶部言已降指揮似此田產已撥充養士今欲依所乞施行內契稅錢與免納從之　十月十七日詔戶部將所在常平沒官戶絕田產已佃未佃已添租未添租並行拘收出賣戶部措置一將諸路州軍應諸司并常

司拘收簿籍內合行出賣田地宅舍先次選委清強官
躬親地頭從實勘驗取見諸實分明立定字號仍開具
田地鄉分地名坐落四至膏腴瘠薄若干頃畝如有墳
墓已葬埋在今日以前者就留四至各三丈與為已業
若所至三丈內或係別人已產即據所至給與不得侵
越別人已產或所至三丈內係見令出賣水田塘之類
止得以岸為至若墓地元從官地上出入者買主不得
阻障宅舍亦間具新舊間架丈尺闊狹城市鄉村等際
慢去處並量度適中估價務要公當不致虧損公私如
拘收沒官戶絕有畜產什物亦仰所委官取見諸實開
具估價出賣州委知通縣委令佐如有荒田地多年不
卷四千七百八十四　十七
曾耕墾者與買人免納二年四料稅賦一令州軍造木
櫃封鎖分送管下縣分收棲承買實封文狀置歷一道
令買人於歷內親書日時投狀或有不識字人即令承
行人吏書記日時並於封皮上押官用印記入櫃限九
十日內倚郭縣分將櫃申解赴州聚州官當廳開拆其
外縣委通判縣分多處除委通判外選委以次幕職官
分頭前去開拆並先將所投文狀當官驗封開拆簽押
以時比較給賞着價高人內着價同者即給先投狀人
或見佃賃人願依着價高人承買者限五日投狀聽給
限外或稱緣故有失投狀之類官司並不得受詞所買
田產等並與免投納契稅錢每一貫文省止收頭子錢

四十三文省更不分隸諸司專充腳乘縻費行遣紙札
支用仍置歷收支具帳申戶部照會其承買價錢不以
多寡自折封日為始並限六十日納足若違限納錢不
足其已納錢物依條並沒入官其田產等亦行拘收其
間如未有人承買田地宅舍聽見佃賃人依舊管納租
課一前項降到指揮止許諸色人并寄居待闕官實封
投狀承買即不許當職官吏監司或本州縣在任官及
主管公人并本州縣公吏承買如有違犯依條施行外
許人陳告其所賣田舍等依舊還官仍以買價錢為則
每一百貫支賞錢二十貫除支賞外其餘價錢並行沒
官如價錢未納在官即以犯事人家財充一令來所賣
卷四千七百八十四　十八
田地宅舍等專差重祿吏人承行州縣各差二人其差
出到地頭驗實官亦許帶吏人二名如因職事乞取財
物並依重祿法一令來所賣田宅其間若有見佃人已
施工力布種聽收當年花利管納租課內情願令買人
償其工直即交業者聽一令出賣田地如內有佃人自
造屋宇居住未能有力承買官司量度適中立定白地
租錢令人戶輸納依舊居住元有出入行路在現出賣
地上者特與存留如不願佃上件白地願行析移者聽
其城郭內外沒官絕產白地已有佃賃人蓋造屋宇止
令依舊納白地租錢如日前計囑官吏作弊低估賃錢
即聽官司從實量行增減一令來應出賣宅舍其間有

見承賃人不願承買雖合給着價高人並限六十日般移不得折毁作壞其見賃人有自添脩蓋造官司先次取見諸實估定價直劉項開說許今來承買人依價還直如見賃人不願欲自行折移者聽一其間見有人户爭理官司未曾與決限六十日須管給絶如合拘收即行出賣　同日權發遣浙東提刑鄧大受言置買田産皆有力之人緣懼物力高重將見在産業詭名隱寄避免色役今一旦承買官産即門户驟增無由隱諱以致遷疑不敢投狀今來欲將承買官莊每價直一千貫以下與免三年物力一千貫以上免五年五千貫以上免十年又出賣田地竊慮民間被人阻障稱某處可作宅基某處可作墳地候他承買修治栽蒔了畢用親鄰執贖致不敢投狀今應承買官産之人已給賣後與免執鄰取贖及承買田産價錢元限六十日納足不足沒官竊恐近日錢物最爲難得錢一不繼便至沒官則人不敢投欲將價錢分作三限每限各六十日取足始與交業限滿不足十日内許人劃買無人劃買即錢沒官仍許將金銀依時價折納如州縣官吏秤估價貫斤兩虧民許經元納官司陳狀實封至本司重行稱估如委是阻節虧損即本司按治行遣於是户部言置官産物力欲一千貫以下免一年以上免二年五千貫以上免二年二税和買役錢之類則依條供輸其價錢分三限第

卷四千七百八十四

十九

一限六十日第二限三限三十日違限納錢不足十日内無人劃買其已納錢物並沒入官田産籍拘收別召人實封承買餘並依所乞施行從之　二十九年二月十七日權户部侍郎趙令詪言江浙湖南福建川廣應諸司沒官户絶田産並行出賣今欲州委知通縣委令丞根括出賣如能用心措置每賣價錢縣及二萬貫州及五萬貫與減一年磨勘縣及四萬貫州及十萬貫減二年磨勘縣及六萬貫州及十五萬貫減三年磨勘縣及十萬貫州及二十萬貫轉一官如欺弊滅裂出賣稽遲令提刑司具所委官職位姓名申朝廷重行黜責人吏斷罷及欲下諸路常平司依已降朝旨先次根括逐州軍合出賣田宅細數及依温州作冊並限十日供申户部置籍拘催如依前滅裂違滯從本部取會當職官吏申朝廷重作施行并江浙福建湖南路州軍月具四川二廣季具已未賣田宅數目并賣到價錢申部照會如有見占佃形勢官户及豪右之家欺隱占吝及用情障固致人户不敢請買仰所委官具名申朝廷重作施行令來措置出賣田産萬數浩瀚若不委官驅考竊慮散漫稽遲今欲專委郎官一員左右曹各差職級一名手分二人貼司二人置籍揭貼排日拘催月具已未賣田産及價錢數目申朝廷照會從之　二十二日權户部侍郎趙令詪言出賣沒官田宅見有承佃去處令知

卷四千七百八十四

二十

通令佐監督合干人估定實價與減二分如估直十貫即減作八貫之類分明開坐田段坐落頃畝所估價直出榜曉示仍差耆保遂戶告示如願依減定價例承買並限十日自陳日下給付如不願承買即依條出賣張榜許實封投狀限一月拆封給價高人如限滿未有人承買再榜一月自來合申常司審覆竊慮地里遥遠往來稽緩欲令州縣一面估價給賣止具坐落頃畝價直申司撿察其承買人計屬官吏低估價錢藏匿文牓見佃人巧作事端故意阻障及所委官吏容心作弊即仰常平司覺察取旨施行從之　二十七日新除直秘閣知廬州黃仁榮言温州根括到田地頃畝見委官吏出

卷四千七百八十四　二十一

賣乞量立賞罰責以近限從之　三月二十五日詔公吏等冒占係官屋宇限一月許見住人陳首與免坐罪及追理日前合出賃錢令所委官拘收出賣如限滿不首送所屬以違制斷罪仍許鄰保限半月赴官陳告將所告屋宇估定實直價錢以十分為率二分給告人充賞若鄰保限滿不告許諸色人陳告將鄰保從杖一百斷罪依此給賞如鄰及告人不願給賞依估定價錢承買者與減二分錢數其冒占應干係官田產隱稅租亦依此施行從戶部郎官楊倓之請也　四月十九日兩浙路計度轉運副使趙子潚等言本司昨承指揮將本路浙西州縣官田土作營田耕種分三等立租召人租

佃拘收稻麥應付行在馬料支遣戶部言今來具到田地隸屬轉運司即係諸司官田依已降指揮合行出賣欲乞下浙西路常平司將前項應管田畝數目行下所屬照應節次已降出賣官田指揮疾速估定實直價錢多方措置出賣從之　五月一日殿中侍御史任古言福建路江海畔新出沙田其民戶自備錢本興修數年之間備費未足與尋常逃移請佃官田事體不同本路提刑樊光遠方行申審而戶部便令出賣欲望少寬年限仍乞將見今所在州縣出賣官田申嚴其法使形勢之家不得更似日前多方占據仍重州縣當職官吏殿最之格詔令戶部看詳戶部言福建沙泥田經界指揮

卷四千七百八十四　二十二

後實打量人戶起理稅賦已承朝旨召人實封投狀承買撥三分錢與元佃人戶充還興修工本之費并田宅有形勢豪右之家占佃已委官立罪賞根括出賣今所陳沙田乞行下本路提舉常平司權行住賣其出賣官田竊慮州縣奉行不虔亦乞申嚴行下從之　七月五日戶部提領官田所言江浙等路沒官戶絕等田宅近承指揮州委知通縣委令丞措置出賣及委逐路常平官總領督責今欲將未賣田宅並依條出榜許實封投狀自出榜日為始限一月拆封以最高錢數取問見佃人如願依價承買限一日自陳與減二分價錢給賣如不願承買即三日批退給價高人若見佃人先佃荒田

曾用工開墾以二分價錢還工力之費如元田熟而不在給二分之數限滿無人投狀再限一月若兩限無人承買即量行減價出榜召人買見佃人戶已買田宅既於官中低價承買却又增價轉于出賣或借貸它人錢物收買後冒行增價準折之類欲許諸色人經官陳告以所買田宅價錢三分給一分與告人充賞餘的從官別行召人實封投買人戶所佃田宅若有以前冒占及詭名承佃至今耕種居住見送納課米或稅既已施工力終是見佃之家欲並作見佃人承買今來賣田宅內有官戶形勢之家請佃往往坐占不肯承買如出違前項折封日限無人投狀承買即依官估定價直就勒見

卷四千七百八十四

二十三

佃人承買如依前坐占不肯承買即仰常平司申取朝廷指揮施行投狀承買田宅折封日見得着價最高合行承買却稱不願買者依已降指揮以所着價十分追罰一分入官欲將此追罰錢數限一月追理納足仍令常平司常切覺察如州縣不為追理及人戶不為送納即具名申取朝廷指揮施行出賣浙西營田已承指揮權住賣外所有其餘路分營田官莊屯田前後已降指揮即不該載今來並不合出賣訪聞常平司并州縣人吏不將前後措置多出文榜曉諭或州縣榜內更不寫出田段價直致出賣稽遲欲下逐路常平司官嚴行覺察稍有違戾按劾申朝廷重作施行人吏決配及下兩

浙江東西湖南福建二廣四川提舉常平司疾速行下所部州縣遵依施行仍令州縣多出榜文曉諭民戶通知無令藏匿若常平司不檢察乞令提刑司覺察按劾從之　於是詔令逐路提舉常平官躬親督責嚴行檢察欺弊如能率先出賣數多仰戶部具申尚書省取旨優異推恩或出賣數少當行黜責州縣當職官能用心措置亦於已立賞格外增重推賞或稽違不職令常平官按劾聞奏重作施行　十八日詔嚴州分水縣令張升佐宜興縣令陳迟縣丞蒲榮各特降一官資放罷以戶部提領官田所賣逐縣所賣官田於一路最為稽違故也　同日詔知秀州黄仁榮通判李文仲嘉興縣丞

卷四千七百八十四

二十四

唐叔玠各減二年磨勘以本州言嘉興縣已將發賣官田錢數合該賞典故有是詔　二十七日戶部提領官田所言乞下江浙福建湖南四川二廣常平司官疾速行下所部州府知通督責屬縣令丞逐一子細根括將見佃償未賣田宅已滿一年與理為見佃之家依前項已降指揮承買若未及一年者開封日將着價最高人錢數先次取問見佃人如願承買更不減價若不願承買即給賣與着價最高人如有違戾去處仰本司官照應降指揮具職位姓名申取朝廷指揮施行從之二十八日荊湖南路提點刑獄公事彭合言欲望詳酌行下如有已行召賣未有人承買去處痛行裁減不得

抑勒民間自然爭售實為公私之利詔令戶部措置戶部言乞下江浙湖南四川二廣常平司遵依節次已降指揮即不得抑令佃隣承買及追呼監繫掩撥如有似此去處仍令本司依已降指揮施行毋致違戾從之　九月十一日詔浙東提舉常平都潔特轉一官以戶部言比較浙東賣官田最多故有是命　同日中書門下省言諸路出賣沒官田產州及五萬貫縣及二萬貫已上各有立定逐增酬賞詔令戶部將州縣賣錢及格應賞去處取會當職官職位姓名一面審覆推恩施行

三十年正月四日湖南提舉常平司何份言乞將本路州縣未賣荒田更不依元估定價錢並許人戶自行

卷四千七百八十四　二十五

坐所買田段四至隨鄉原例量度任便着價實封投狀給與最高之人於是戶部言荒田無人開墾去處若與已經開墾熟田一例估定價錢召人承買竊慮輕重不均難以出賣盡絶欲下本司依所乞施行仍取見諸實多方措置出賣拘收價錢起發從之　三月十三日試右諫議大夫何溥言祖宗出賣官田舊法止令人戶實封投狀限滿拆封給與價高之人比來建議之臣欲優卹見佃之家許令減價二分依舊承買意固善矣而復為一說以請見佃人戶已買田宅既於官中低價買過却與外人相見轉手增價出賣或借人錢物收買於後增價準折若此等類並許陳告即行拘沒夫始憐其失業而

為之減價終設為轉賣之說而開其爭端欲望聖慈特詔有司將前項申請已得指揮即賜改正明以示民從之　四月十三日資政殿學士知潭州充荊湖南路安撫使魏良臣言本州因兵火後百姓復業今已二十餘年往往將本戶元供荒產節次私下耕熟不納官課已行下諸縣令十家給為一甲從實供具已耕田畝輸納二稅自今為始所有日前隱匿熟田漏納苗稅並免追理如所供不實即令諸色人告首以新告田充賞仍每畝支賞錢止於犯人名下追理所隱苗稅如本戶實有苗田無力耕作即開具頃畝曉示人戶令實封投狀承買又奏昨降指揮召人承佃荒田與免三年租課緣無

卷四千七百八十四　二十六

人願佃遂降指揮令人戶納錢承買却止免二年四科稅賦委是輕重不等乞依請佃例與免二年從之　五月十四日臣寮言吉州出賣常平沒官田產元估價錢與提舉司覈實高下遼絶遂委提刑司看詳到數目見係可出賣者約三十一萬貫而未售者尚居其半其餘盡皆荒閑不耕之地雖乞委官相視量立中價召人承買令以提刑司覆實之數校之提舉所斷者一十萬緡而賣未盡絶尚未可知欲望特命有司行下所屬如有召賣不行理宜裁減又除路去處並令條具申省别委監司審覆取旨詔令戶部看詳戶部言諸路州軍有人戶見佃田宅出賣了當欲將未賣見佃田宅再限半月

仍於減免二分價上更減一分令後更不減價如限佃人依前執占令州縣召人承買如見佃人不願承買及曾人有承佃開墾成熟田產欲將來買田產於元定價上十分減免一分依條出榜許諸色人實封投狀給價高人無人開墾荒田近承指揮並許人戶自行開坐所買田產四至隨鄉原任便着價給與價高人其買人免納三年六料税賦委是太優州縣自合遵守如有違戾去處常平司坐視為檢察亦乞令提刑司覺察按劾施行諸路州縣自降指揮及今多日出賣未絶却將未賣田產巧作緣故縱容見佃形勢之家及元拘沒人戶坐佔花利其所委官不協力措置是致遲緩欲乞行下江浙等路提刑司官嚴行覺察如有違戾去處即仰按劾重作施行州縣已賣未起錢數不即起發往往移易應付別色窠名令乞下常平司官督責州縣所委官盡數根刷日下起赴所屬送納從之

卷四千七百八十四

二十七

七月二十四日湖北轉運司言被旨照對本路州縣皆以田畝定税外照得純州平江縣兵火後來復業人戶自陳種石以種定税二十五年因本州措置以丁定税緣以種定税人戶往往隱匿量行供申以丁定税有力之家往往將丁隱匿并下戶丁多田少有丁而無田者有力之家僥倖下戶不能應辦復行逃移若行經界却有不曾隱匿之家一例被擾欲下純州平江應管人戶附近五家為一保逐

保自將見佃田同共打量實耕頃畝開具給罪保明文狀赴官自陳每依舊納税米二升四合鼎新上簿籍訖數目仍各置砧基簿逐典責對行開收如有隱漏許諸色人告委官打量將不曾納税頃畝追十年合納二税仍將出剩頃畝給與告人為業犯人并保內人並從杖一百科斷若係保內人自行告首與免罪依此給田詔依逐司相度到事理施行仍限半年令人戶從實供具赴官自陳

十月二十九日戶部言欲下本路轉運司行下所部將人戶包占田土再限半年盡行自陳批鑿照驗再限三年開耕如限滿不自陳并尚荒廢並依前項已降指揮施行從之 以權發遣真州徐康言本州兩縣自收復以來人戶歸業識認祖產及外人請佃荒閑田地自有頃畝隣比界至多有包占謂之大四至今欲乞立限半月或一季許歸業請佃人戶實具冒占之數經所屬自陳官司於元結莊帳公據明行批鑿頃畝四至批上即押付人戶照使其熟田已輸納税賦自依舊外其冒占頃畝未經開墾拘入官召人請佃故有是焉

卷四千七百八十四

二十八

三十一年四月九日戶部侍郎錢端禮等言訪聞近來逐州縣出賣成熟田地已經限滿減價之後見佃并承買人通同計囑合干人藏匿榜示却令人戶自行壽價入狀析封止以狀內價高錢數便行出賣欲乞下逐路提舉常平司官約束所部州縣當職官吏將未賣

成熟田宅依元估減定價錢多出文榜分明曉諭召人增錢實封投狀承買候拆封日給賣價高人為業如有依前滅裂違戾去處即仰具姓名申取朝廷指揮重作施行仍下逐路提刑司官常切檢察從之　十一月十六日戶部提領官田所言節次承降指揮將浙江等路應諸司沒官戶絶等田產州委知通縣委令丞專一根括立賞出賣今來拘籍到王繼元房廊田園山地等乞下臨安府責所委官多方措置出賣依前項立定錢數格法或半推賞施行從之

宋會要

孝宗隆興元年十一月十五日戶部言昨上封者乞賣

二十九

卷四千七百八十四

常州無錫縣省田四十萬畝每畝直錢一十五千得旨委兩浙漕臣親相度今據申到止有十六萬六千餘畝每畝價直二貫若許人承佃歲得上供省苗近四萬石如行出賣深慮暗失上供省額乞將上件田住賣從之

二年四月五日湖南常平司言本路荒田將近六年無人承買今欲將見佃并可以開耕者措置召賣外聞有難于開墾從州縣取見畝數撥付常平司召人租田與免三料合納租課如願承買即仰適中估價給賣從之　乾道元年三月三日戶部言浙西所管營田官莊共一百五十九萬餘畝內有未承佃六十七萬餘畝緣上件田產皆係肥饒多是州縣公吏與形勢之家通同

管占不行輸納租課乞委官根括出賣其見佃人限半月陳首與免罪及所逋租課從之　二年十一月九日權戶部侍郎曾懷言諸路沒官戶絶田產已賣到錢五百四十餘萬貫所有營田若便出賣竊慮擁併候沒官田產賣畢申朝廷接續出賣其見佃人買者與減二分價錢從之　十七日戶部言諸路營田已降指揮令常平司出賣今欲行下逐路常平司盡實開具頃畝紐計實價保明供申從本部置籍拘催所納價錢聽以金銀依市價紐折并許用會子應約束行遣事件並依元降出賣沒官田產指揮施行從之仍令戶部侍郎曾懷專一提領其錢赴左藏南庫令項樁管　三年六月一

三十

卷四千七百八十四

日三省言戶部乞出賣營田事今據兩浙運司具到本路營田已佃九十二萬六千餘畝內二十四萬元無二稅見只納租課一色外有六十七萬六千餘畝係元有二稅更令貼納租課今來既令人戶用錢承買卻合除豁租課必須虧損馬料兼據四川總領所備坐興元府申營田所收夏秋斛斗計八千餘石今若依江西例出賣委是有虧租課竊慮諸路事體不一詔除四川外餘路營田可令疾速出賣　閏七月二十五日戶部侍郎曾懷言諸路未賣沒官田產計價錢一百四十餘萬貫今欲乞下逐路常平司從實估價再限一季召人承買二稅與免十之三從之　九月七日臣僚言在法品官

之家不得請佃官產蓋防權勢請託也今乃多用詭名冒占有數十年不輸顆粒者逮至許人劃佃則又計囑州縣不肯離業乞自今應戶絕沒官田宅不以有見佃之人並令州縣具頃畝間架經申戶部行下常平司估價出賣從之

四年八月三日詔諸路常平司見賣戶絕沒官田產及諸州未賣營田並日下住賣依舊拘收租課其人戶承買而違限價不足者所納錢依條沒官

六年正月二十九日工部侍郎姜詵言昨令臨安府出賣王繼元沒官田產屋宇其未有承買者尚多乞劃下本府更量減一分價錢從之

二月一日臣僚言浙西江東淮東諸處沙田蘆場多為有力之家請佃包占畝步昨據人戶供具計二百八十餘萬畝並未曾起理租課乞行下估價出賣從之

卷四千七百八十四

七年正月十七日詔戶部開具州縣沒官田產并營田頃畝間架分作三等估定價直具實數申尚書省從本部侍郎曾懷請也

八年十一月六日詔諸路沒官田產屋宇并營田已降旨令常平司開具三等九則價錢至今累月多未報到或估到價直又太低少可委戶部長貳同郎官一員措置合行事件限五日條具聞奏

戶部條具下項一今來出賣諸路沒官田產屋宇并營田雖據逐州報到價直緣當時所委官往往未曾躬親肥瘠止憑牙吏作弊或將膏腴作中下等立價虧損官錢乞下諸路常平司別

委官審驗具實價申尚書省俟得指揮限一月召人承買見佃人願買者就價中與減二分其賣到價錢計綱起發赴行在左藏南庫送納一出賣沒官田產州委知通縣委令丞如能究心措畫縣及二萬貫與減一年磨勘縣及十萬貫州及二十萬貫與轉一官若出賣稽遲或比較數少申朝廷黜責一諸路安撫轉運提刑等司有拘籍到沒官田產屋宇并營田等乞令盡數關報常平司一就差官措置出賣並從之

九年正月十五日詔將作監丞折知常前往浙西措置出賣營田並沒官田產知常條具下項一乞朝廷劃下浙西常平官開具營田并沒官田產色額數估價關報本所其出賣田產除本處當職官吏外應官戶公吏等並許依價承買價錢委知通置庫拘收計綱發赴行在一恐有形勢之家計囑隱名立價不實全藉提舉官并知通令佐盡實根括如官吏所行滅裂致有詞訴許從本所具當職官姓名申取朝廷指揮一今來竊慮不能徧歷州縣欲暫委官前往計置如所賣田產率先辦集乞從本所具職位姓名申朝廷推賞或所行滅裂亦當申奏責罰一田屋宇除有人佃賃者合就所估價增錢承買外間有荒棄田產及隤圮屋宇欲委知通令佐再行相視重裁價直召人承買並從之

卷四千七百八十四

同日詔司農寺丞葉翥前往浙東措置出賣營田并沒官田產翥條具畫一大槩與折知常同閏正月七

日詔出賣官田如實係荒閑無人耕種或有人户承買者與免五年十料稅賦從江東提舉張郯請也　二十四日三省言浙西人户請佃營田逐年租課並納稻穀充馬料今既出賣即合起稅乞行下州縣並令依舊折納稻穀從之　二十六日詔浙東提舉司將人户承買官產一千貫以上免差役三年五千貫以上免五年和買並免二年其二稅役錢自今計數供輸以措置官言民户困於和買致有避懼故也　二月四日詔四川提舉常平司將諸州户絶沒官田產屋宇委官估價召人承買其營田依昨降指揮權行住賣仍舊令人請佃先是資州言屬縣有營田自隋唐以來人户請佃為業雖

卷四千七百八十四

三三

名營田與民間二稅田產一同不應出賣故有是命　四月五日詔監登聞檢院張孝曾往江東主管官告院周嗣武往江西措置出賣營田并沒官田產　五月三日詔今來出賣營田並沒官田產屋宇內有見佃人願承買者日前連欠並與蠲放或不願買依舊催理從措置浙西官田所請也　十一日中書門下言今來出賣沒官田產並營田如見佃人願承買即已施工布種者依紹興二十八年指揮聽收當年花利輸納租課從之　六月二十五日權户部尚書楊倓言昨承指揮令諸路提舉常平司委官根括沒官田產屋宇并營田令據兩浙江東福建廣東估到價錢四百餘萬貫竊慮州郡

不即措置故為遷延乞下逐司限一季出賣如無稽違即與推賞外有江西湖南北廣西四川等路尚未申到欲令限一月估價供申若有違慢申朝廷行遣其間州縣或有收到價錢不即起發移易他用致有失陷其官吏依擅支封樁錢論常平司失於覺察一例施行從之　七月十六日臣僚言近見户部申請諸路並限一季出賣官產拘錢發納且以江東西二廣論之村疃之間人户凋疎彌望皆黄茅白葦民間膏腴之田耕布猶且不徧豈有餘力可買官產今州縣迫於期限且冀厚賞不免監錮保長抑勒田鄰乞寬以一年之限戒約州縣不得抑勒如有違戾重置典憲從之　淳熙元年二

卷四千七百八十四

三四

月十三日工部郎中徐子寅言昨勸諭正人請佃開耕官莊田畝及一百五十頃以下至一百一十頃以上部轄及二年一百頃以下至六十頃以上部轄及四年依已降指揮白身人補正一資已授真命人於見今官資上轉一官資如元有借補再加借人乞朝廷斟酌補正即不收所種米斛令具各莊的實種過田畝依立定開耕賞格年限合補正部轄人姓名申樞密院乞給降付身從之　六月十八日臣僚言伏覩根括沒官田產除兩淮京西湖北外盡行出賣始限一季繼展一年已賣者十不及二三蓋已賣者盡皆膏腴之田富家大姓計囑官吏牙儈低估價直却將中下之田高其價直是致

無人承賣令不若且令元佃之家著業納租一歲之間
循可得米數十萬石兼亦不妨一面出賣從之　二年
正月十八日詔諸路州軍管下未賣田產如當來所估
未致盡實即別委官躬詣田所看驗色額高下從實裁
減估定實價出賣仍開具有無增損田畝以聞從前知
池州張掄請也　二十四日工部郎中徐子寅言近措
置淮東官田於楚揚泰州盱眙高郵軍共五十四莊招
集流移歸正種田人一千三百一十五名老小五千四
百二十七口蓋造屋宇二千四百四十九間給付耕牛
農具開墾田九百一十四頃九畝詔徐子寅特與轉一
官減二年磨勘　五月二十五日湖廣總領劉邦翰言湖

卷四千七百八十四　三十五

北州縣應請佃官田并歸業人將見耕田土許自陳官
出戶帖永為己業聽從典賣將來合輸二稅分為三限
每年起一分若自陳不實許人告將所首田給與告人
從之　六月十一日詔民間元佃戶絕田產既行承買
即是民田既起理二稅其元佃租米並與蠲除　十月
十二日湖南漕臣李椿言本路陸地荒廢甚廣欲行下
所部州縣委官相驗見荒官地召人請佃止令量納身
丁錢不立租稅不許剗佃典賣置籍立標限半年栽種
限滿不栽種即從官召人請佃地利全給佃人地上不
得爭占從之　三年二月四日詔諸路將出賣田山等
並權住賣令見佃人依舊且行承佃其已承買納錢未

足與展限一季從臣僚請也　二十四日詔官田所限
十日結局其已未起錢專委戶部郎官嚴緊拘催赴封
樁庫交納　十一月十二日南郊赦官員職田在法以官
荒及五年以上逃田撥充住往州縣不問年限拘占以
致人戶無業可歸或間有災傷須令舊數輸納租課如
有似此去處並仰日下依條改正除放如尚敢違戾許
人戶越訴六年九年明堂赦同　十二月三日詔諸路沒官田產
守因公吏受贓劫盜停贓拘籍入官已經賣絕者不許
翻論或果冤抑須改正者止給元價不得復追買人從
中書門下省請也　六年一月三日軍器監主簿陳杞
言乞將沒官田沙田等出賣上曰在官之田不賣徒為

卷四千七百八十四　三十六

有力者計囑州縣請佃占據不若出賣則苗稅可補常
賦於是詔應沒官田產屋宇并營田等並委提舉司措
置出賣　六月七日詔諸路拘沒到入官田產令提舉
常平司且住出賣俟農隙日委官覈實如見得依法合
拘沒之數別無詞訟令官吏給罪保明以聞從浙東提
舉姚宗之請也　九月十六日明堂赦佃官田限一
季聽經官自陳其欺隱過稅租並與除放十二年郊十五年明堂赦同
十年十月十七日浙西提舉王尚之言近根括到
平江府五縣自淳熙三年以前出賣不盡官田及以後
新收田畝創置簿籍抄上畝步佃戶租課數目若私家
之砧基簿者庶幾有以稽考只平江一府已根括到田

產一十二萬四千二百三畝一角九步歲收官租二萬一千二百三十三石一斗二升九合本司自行差官交納別置租課簿發下諸縣委自令佐拘催銷落庶使常平官租歲有所收或遇歉歲得以接濟詔其田籍令尚書省用印給付浙西提舉司行下所部州軍遵依施行

十二年八月三日中書門下省言兩淮州軍人戶見包占田土內未耕荒田淳熙七年五月指揮限五年開墾其已耕熟田淳熙十一年十二月指揮展限一年令人戶陳首起理税租如限滿不首或所首不盡許人陳告照得逐項包占田畝並合至今年限滿若不再與展限竊慮尚有未首數目詔並自來年為始更與展限一

〔卷四千七百八十四〕

〔三十七〕

年如出限不首或所首未盡許諸色人陳告照應節次已降指揮以見占田給賞將犯人依條施行日後更不再展　是日進呈前知蘄州趙彥丞奏淮民冒占官田王淮等奏雖有指揮許人自首終是不肯盡首所以屢降指揮上曰並自來年為始更與展一年日後更不再展

十一月二十五日淮西提舉蕭轉運提刑方有開言安豐軍奏乞將民戶未開荒田更與展限一年奉旨令淮西提刑方有開詳所奏事理及照應去年八月三日已降指揮疾速具申尚書省有開照應淮鄉地廣人稀先遭殘破之後民力方漸稍甦若不更與存卹展限恐失朝廷撫摩邊氓之意欲將兩淮人戶包占未耕荒田

候今年限滿日更與展一年令其申首如限滿不首或所首未盡許諸色人陳告以見占田給賞將犯人依條施行日後更不再展從之

淳熙十四年十一月十八日詔兩淮人戶包占未耕荒田候歲終更與展限三年令申官自首如限滿不首或所首不盡諸色人陳告以限占田給賞將犯人依條施行仍令州軍多出文榜曉諭以淮西安撫司言安豐軍壽春安豐六安霍丘四縣居民常昇等狀蒙朝廷屢行寬恤及官司勸諭令認產著業昇平經官識認田土在戶送納官課自乾道以來承准朝廷指揮立以年限昇等假貸種糧置牛犋開墾營運未幾因累歲旱傷容戶星散是致荒廢昨蒙本軍申

〔卷四千七百八十四〕

〔三十八〕

乞再限年邊民頗有生理得以安業今歲租成簿熟第緣春間瘟疫流行耕牛死損不免變賣物業買牛剗漢閒動經半年致有未耕之田又况當來雖蒙展限多是一年未嘗有立定經久之法其不逞之徒於年限未滿之前妄行指射田產故意擾擾令邊民不得安迹今來昇等乞自淳熙十五年為始展限三年立為定限令邊民恪意開耕昇等情願於三年限內每年於見納夏秋課子上增二分俟耕遍日別聽官中指揮如三年限滿尚有荒閑田土不以多寡乞盡數拘管入官聽從官司自行措置不敢復有陳請故有是命

十三年四月十八日戶部言竊詳在法諸沒官田產州縣不報所隸監

司拘收者杖一百吏人仍勒停永不收敘許人告紹興
二十三年十月五日已降指揮令諸路常平司行下州
縣今後拘收到諸色没官田產屋宇并司獄承勘公事
合拘收田產關報常平司拘收措置佃賃續降指揮諸
道使者各有司存人户詞訴自合經所屬監司不許侵
互受理前項條法指揮已自詳備蓋緣州縣却將已拘
没到田產屋宇等擅行撥充贍學或與寺觀及將合拘
收佃賃租課妄作名色支用不即關報所隸監司其已
没官田產往往並不照條與奪就經它司便行下給還
所是請佃田產多是應付請求亦不從條施行今相度
乞下諸路州縣并監司仰照應前項見行條法及已降

指揮如今後應有依條合行拘籍没官田產屋宇等即
時關報所隸監司拘收開具頃畝間架將合收佃賃租
課報常平司拘催盡行撥入常平如或州縣尚敢違戾
從提舉按劾施行所是人户理訴没官田產自合次第
經由所屬監司若所斷不當果有冤抑仰合行改正給
還請佃者重行勘證詰實如見得委合改正給還請佃
即具前後因依報提舉常平司銷豁改正給佃施行庶
幾不致走失常平租課窠名亦革它司請求擅自行下
給佃及州縣妄用之弊從之　先是新除浙西提刑勾
昌泰劄子常平之官專以為百姓根本之備其豐凶斂
散自有成法外所有没官田產一項亦合拘收租課添

入常平緣常平雖專司其没官田產却有立法處其諸
司各隨私意不一一拘入常平或撥以贍學或與寺觀
或别名色椿作本州本縣支用夫没之於百姓當用之
於百姓此常平之意也今徇私之吏乃敢妄立名件如
此乞朝廷專立一法如諸司及州縣没到田產或有違
法不拘入常平者並科違制庶幾常平根本漸富以待
凶年其二没官田產雖專屬常平令諸司皆得與聞間
有狡猾之人更不經由提舉司撰造事端經由他司稱
拘没不當或隱下事由就它司請佃其它司便行下州
縣給還或給佃多是應副請求不顧條法洎至提舉司
點撿再行拘收則人户執他司已斷敢行不伏或經臺

部詞訴紛紜欲乞朝廷專立一法如今後人户訴没官
田產拘没不當及欲請佃只得經由提舉司受理庶以
杜絶他司應副請求之弊而没官田產不敢脧削奉旨
令户部相度措置聞奏以措置來上故有是命　十四
年六月十三日臣僚言在法没官户絶之產逐時牓賣
收到價錢常平封椿近年州縣不復牓賣其產歲歲增
多盡為猾吏隱匿頑民冒占乞舉行出賣指揮盡數委
官糴米添椿州縣常平米少處增滲水旱之備從之
於是詔舉路提舉司將截日以後拘到田產並置籍依
條估賣其價錢令本司認數椿收每季開具申尚書省
取旨以臣僚言伏覩近降指揮從臣僚之請將常平司

見管没官田産盡行出賣專充常平糴本此誠今日先務也臣謂自今以前所有官田朝廷見行措置不敢復言乞自今以後依舊用常平免役之令如遇州縣拘到没官田産並聽隨時出賣所收價錢專充常平糴本庶幾積累本錢銷多豐糴歉糶循環無窮雖有水旱之變不足慮也故有是詔　淳熙十六年閏五月十一日浙西提舉史彌正言浙東路見出賣常平戶絶等官産如臨安一郡歲支米八千餘石今若盡賣常平田産則租課不復可得他日戶口日增所支乞丐等錢米益廣則義倉所入將盡耗於此所謂水旱之備全無指準乞將本路没官田産及常平圍田已籍在進冊者免行估價

卷四千七百八十四　四十一

出賣所得租課專充老疾貧乏丐等人支遣卻將州縣逐年所納義倉依法樁積脫有水旱州縣既皆有備免致煩擾朝廷其淳熙十四年九月以後續收常平没官田産依已降指揮見行出賣其間未盡田尚有二萬一千餘畝歲收官租二千五百餘石如蒙併免出賣臣當逐一籍之進冊日後若更有增添庶可了得本路八州每歲老疾貧之乞丐等支用從之　紹熙二年六月十五日詔平江府常熟縣拘没到孫光嗣田六百一十五畝一十步令提舉司出牓召人承佃歲收課子以為賑濟之備　先是有旨撥賜本州通神菴永遠為業既而臣僚論奏故有是命　十一月二十七日南郊赦官員

職田在法以官荒及五年以上逃田撥充訪聞州縣不問年限輒行拘占致人戶無業可歸間有災傷卻令依舊數輸納租課並仰日下依條改正除放仍令提刑司常切覺察尚敢違戾許人戶越訴　同日赦在法盜耕官田給與首者訪聞兩淮州軍民戶見耕種田土往往多被流移人戶告首冒占頃畝意要規圖得業以致詞訴不絶淮民不能安業今後若實有寬剩地段許令人戶陳首就佃施行庶幾可以息告訐之風民戶不致被擾　四年八月三日臣僚言諸州軍官田并逃絶戶田令民納錢買為己業近聞諸州軍富民資給健訟之人乘時剗買見佃人田業乞下諸路凡民之田地其請佃

卷四千七百八十四　四十二

為業者無使他人告訐爭買應有隱漏未盡並令從實陳首改正依價入錢俟其不願承買而後售之地戶則豪右兼并之風可戢稅租欺隱之弊可除從之　紹熙五年九月十四日明堂赦文在法盜耕官田給與首者訪聞兩淮州軍民戶見耕種田土往往多被流移人戶告首冒占頃畝意要規圖得業以致詞訟不絶淮民不得安業今後若實有寬剩地段仰州縣分明出榜限三月許令人戶自首就佃（自後郊祀明堂赦亦如之）　寧宗慶元元年八月十八日臣僚言竊見江東轉運提舉司相度没官田産欲截自紹熙四年住賣以後將續拘收到者依鄉原定價召人承買竊詳没官田産為因犯罪估籍或違

法交易及户絕無人承紹者悉合入官召人承買往往悉歸豪強有力之家若照常平令盡以沒官田產估賣則斂不及民而利歸公上莫此為便乞下諸路轉運常平司照江東兩司所申事理每季根刷州縣籍沒到應干田產屋宇置籍依鄉原體例估價召人實封投狀增價承買詔依其賣到錢令逐路提舉司認數令項樁管專充常平糴本不得妄行支借移用如違重依擅支常平封樁錢米法　十一月二十四日宰執進呈福建路提舉宋之瑞乞將建劍汀邵四州沒官田產免行出賣官收其課以給助民間舉子之費户部看詳欲從所請余端禮鄭僑奏曰福建地狹人稠無以贍養故生子多

卷四千七百八十四

四十三

不舉官司中間有置舉子倉處專儲米斛以給生子之貧者今宋之瑞欲廣增其惠上曰人情初生子便不舉亦出於貧不得已若官中有以贍給之其子稍長父母之愛心日生必無棄之之患僑曰聖明洞見及此實天下幸甚端禮曰自古帝王好生之大德何以加此詔從之　二年十二月五日詔盱眙軍盱眙縣管下魚勒官莊撥付盱眙軍耕種仰淮東安撫司取見劉漄元佃十照令本軍給還價錢從知盱眙軍絕信叔請也　三年十一月五日南郊赦文官員職田在法以官荒及五年以上逃田撥充訪聞州縣不問年限輒行拘占致人户無業可歸間有災傷卻令依舊數輸納租課並仰日下

條改正除放仍令提刑司常切覺察尚敢違戾許人户越訴自後郊祀明堂赦亦如之　四年正月二十一日詔諸路累限召賣不行田產屋宇委官再行覈實時價其元估價高許其裁減其不可耕種或因大水衝蕩淪為沙磧處許其出豁次經提舉司審實保明然後召賣其人户占佃不願承買者日下拘收別行召賣其第四五等貧民占佃候今年秋成之後召賣　以臣僚言慶元三年四月九日赦將紹熙四年八月三日以前已根括未賣沒官田產屋宇等責令州縣限一月具合賣頃畝間架及已估時直供申仍出榜召人實封投狀增錢收買如州縣隱蔽不依限盡數召賣從提舉司將州縣當職官按治

卷四千七百八十四

四十四

竊詳當來指揮止是召人實封承買初非抑勒而提舉司拘催太峻州縣官利於獲賞遂行一切之政不問願與不願一例勒令納錢追逮監繫訊決不勝其酷臣契勘紹熙四年以前户部取撥到諸路州縣合賣田產屋宇估定價錢五百四十餘萬貫只賣到價錢一百餘萬貫其未賣者若不視田之肥瘠數之虛實價之高下一切責辦於目前而追逮監納則有失元降指揮實封召賣之意故有是命　嘉泰三年五月十六日臣僚言今天下州郡户絕籍沒之田往往而有官司出賣類皆為彊豪挾恃勢力以賤價買之官司所獲無幾自今後宜止勿鬻只令元租户承佃歲收禾穀入官令項樁貯或

有水旱之災民食闕之用此賑濟以為常平之助從之
開禧二年十二月二十四日詔淮農流移尚未歸業自今無田可耕理合措置矜恤可將兩浙州軍昨開掘過圍田許元主復行圍裏永給為業卻令專召淮農租種文獻通考開禧二年冬韓侂胄既誅復與虜講解明年改元嘉定始用廷臣言置安邊所命戶部侍郎沈詵等條畫來上凡侂胄與其它權倖沒入之田及圍湖田之在官者皆隸焉初以御史提其綱繼委之版曹或都司等監官其後又俾錢漕領之諸路歲輸米七十二萬二千七百斛有奇錢一百三十一萬五千緡有奇而浙東西淮東西福建皆有籍以給行人金繒之費迨虜好既絕軍需邊用每於此乎取之嘉定九年七月十七日詔令諸路提舉司行下所部州縣根括嘉泰年間未賣沒官田戶眼田段畝步及嘉泰以後續次沒官田產類聚攢造帳冊條明諸實除限一月申尚書

卷四千七百八十四　四十五

省仍專委都司官一員并戶部郎官一員同共措置拘催務要無擾於民不致隱漏仍仰所委官條具合行事件申尚書省以中書門下省勘會嘉泰年間行下諸路提舉司根括沒官田產出賣賣價未及元估之數慮州縣占吝不解發及豪家占耕胥吏隱蔽拖延乾沒故有是命十二年正月十七日臣僚言訪聞諸路州軍近准指揮行下提舉司將目前戶絕逃亡沒官田產凡係民間侵耕冒占及已請佃在戶者盡行召賣以理論之似非暴賦橫斂宜施民從之也輕而閭里小民未免有擾多以病告竊照在法諸典賣田宅契照不明錢主在或業主亡二十年存在陳理之限況非是逃絕官田已經

紹熙年間置局出賣之後所存無幾逮至嘉泰年間再行下諸路倉司根括估賣自有帳籍可考為錢不過一百八十萬貫而已乞截自慶元元年以後應諸路州軍拘籍逃絕沒官田產不以已佃未佃並聽嘉定九年七月指揮許人照估價承買紐立苗稅入戶為業若係紹熙四年以前請佃之家不欠租課者並免估價承買止從官司明立賞牓許令賣出佃帖經官自陳給據投印各照等色起立稅苗永為已業如有隱匿免避稅役若許人告首別行給賣其未經請佃者自同慶元以後根括者一體召賣所是經界以前請佃打量在戶已起二稅因近降指揮被人告首剗買者並仰日下給還照經界管業與免納錢承買卻從官司將已納價錢給還剗買之人庶幾巨室細民各得安業從之

卷四千七百八十四　四十六

高宗

宋會要 賜田雜錄

紹興五年二月二十日新知全州薛安靖新添差權通
判秀州李彙言先蒙指揮於紹興府管下各撥賜田三
頃緣安靖等陷虜三年先任海州知通首尾二年嘗立
功效乞比類歸朝官及陷蕃投歸人等例權行鐫閣稅
租從之 二十五日詔昭慈聖獻皇后建炎以前逐年
依格合得恩澤並不曾陳乞姪忠厚宜有寵賚可令兩
浙轉運司於係官田內撥三十頃給賜 七月十六日
資政殿大學士元國信使宇文虛中妻黎氏乞下福建
路於係官田內撥十頃給付本家從之 六年正月五
日詔故簽書樞密院事王淵係元帥府將佐令常州於
宜興縣係官田內換給兩頃餘人不得援例其已給兩
資恩澤剗子令尚書省毀抹先是淵妻俱氏言乍紫例
廷矜恤亡夫歿於王事特賜恩澤兩資令本家未有長
成子弟承受乞將前項恩澤繳納換給官田故有是命
五月二十日詔京東淮東宣撫處置使韓世忠見請
佃平江府陳滿塘地可撥賜世忠同日韓世忠乞還納
元賜平江府南園一所從之 十二月二十八日詔建
康府於係官內撥上等田十頃賜王稟家先是樞密院
言王稟向在太原竭盡忠節訪聞稟子三人流落廣西
貴州已令廣西帥司行下本州多方存恤量差軍兵優

支路費津遣赴行在今忠訓郎莊先到行在除已與陞
擢差遣外緣所屬流落日久竊慮失所理宜優恤故有
是命 七年四月二十二日樞密院檢會楊邦乂家昨
已賜田二頃近又降指揮賜錢絹一百匹兩上曰楊邦
乂忠烈如此可加賜田三頃仍增侍御且顏真卿異代
忠臣昨已官其子孫邦乂死節不可不厚加褒賞以為
忠義之勸 八月十九日詔賜吳玠田二十頃令四川安
撫制置大使司於興元府係官田內摽撥 八年六月
八日詔賜右承奉郎專主管宋聖祠事襲封衍聖公孔
玠田五頃令衢州於係官田內摽撥先以玠言朝廷優
恤流寓士大夫並許指射官田令孔氏渡江子孫賜絕
林廟很覩日甚故有是命 九年四月二十六日詔建
康府永豐圩撥賜韓世忠 十年閏六月十日詔樑師
回累立戰功可依歸朝官例賜係官荒田十頃 七月二
十一日詔馬秦除遙郡觀察使賜宅一區錢一萬貫田
十頃 十一月十六日詔賜成州團練使帶御器械邢孝
揚家田二十頃令兩浙轉運司於係官田內摽撥以孝
揚係后家乞依例賜田故也 十月十七日詔資政殿學
士提舉醴泉觀鄭億年可除資政殿大學士提舉在外
宮觀恩數並依執政賜田二十頃以億年乞宮觀故也
十二月四日詔江東轉運司撥係官田頃賜汪伯彥
家 十七日國信使資政殿大學士宇文虛中女宗父

掘窖於建炎間奉使金國蒙朝廷賜福州舊都監廨宇充宅繼又賜官田一十頃比朝廷津遣本家骨肉母夫人黎氏乞將已賜田宅權充錢蒙支金一百兩今欲將金一百兩價錢還朝廷其元賜田宅乞盡數給與夫趙恬從之　十三年閏四月二十三日詔御前諸軍統制充利州東路安撫使知興元府楊政可於利州路賜田五十頃　二十五年五月二十六日詔劉錡累立戰功家無產業理宜優卹特與支給真奉仍撥賜荊湖路官田一百頃及應副牛具種粮　二十六年四月十三日詔李顯忠已賜田在鎮江府可依數於紹興府上虞縣官田內兌換仍依薛安靖例放免十料租稅以顯忠自夏國歸朝屢立戰功優之因其陳請故有是命　二十八年二月六日詔折彥質生事素薄可賜官田一十頃令所居路分轉運司標撥　三十二年孝宗已即位未改元八月五日詔鎮江府都統制李顯忠除已撥賜田外令兩浙轉運司於浙東路係官田內更撥賜七十頃　十月二十八日中書門下省言勘會韋淵昨撥賜田三十頃其吳益已賜二十頃所有餘數未曾陳乞詔吳益更賜一十頃

孝宗

隆興元年六月十一日江淮東西路安撫使張浚言契勘虹縣投來蒲察徒穆大等一行人馬前去揚州屯泊數內蒲察徒穆大周仁乞量賜田一千戶至謀克於揚州等第給賜田各五頃詔蒲察徒穆大周仁各賜田二十頃令都督府一面於淮東係官田內標撥　八月二十三日江淮東西路宣撫使魏國公張浚言契勘已降指揮蕭琦於淮東官田內撥賜二十頃尋劄下揚州標撥今據向子固備據江都泰興縣申共有係官水陸荒閑田一百八十二頃係紹興元年復興以前人戶拋棄無人請佃有誤標撥伏見江都縣界有鎮江府駐劄諸軍營田官莊一十七處皆有耕種田地乞於上件田內標撥近城二十頃應副蕭琦除存留軍中元差使臣二員依舊管轄外其耕田人戶就用元召募到百姓戶客耕作所有力耕軍兵却發遣歸軍從之　十二月二十一日詔蕭鷓巴賜田二十頃耶律适哩賜田十頃令轉運司於淮東官田內撥賜　、二年二月十三日知紹興府吳芾言緣臣昨條具奏請興修會稽山陰縣鑑湖舊水灌溉民田事內乞廢罷牌外田為湖田有田三十一頃九十三畝一角元係能仁寺請佃後至紹興二十九年選鋒軍都統制李顯忠陳乞將鎮江府宣賜田兌換遂從所乞將上件田段給李顯忠今來既廢其田為湖欲乞却將鎮江府元舊宣賜田給還李顯忠從之　二十六日鎮江府駐劄御前諸軍都統制劉寶等申據揚州申，奉旨蕭鷓巴賜田二十頃、耶律适哩賜田一十頃，令轉運司於淮東官田內撥賜。牒州照應已撥蕭琦田體例標撥施行。本州先劄到指揮，於江都界鎮江府諸軍營田內將左軍一莊四十七頃八十一畝於內撥田二十頃付蕭琦，外將餘田下江都縣照數撥付蕭鷓巴、耶律适哩，所有少闕頃畝，即於附近官莊田內標撥。本縣令於左軍莊田並中軍莊田內取撥二頃一十六畝，湊田三十頃，分撥蕭鷓巴等。從之。閏十一月十一日，皇弟少保、靜海軍節度使、判大宗正事、恩平郡王璩奏：乞降睿旨下兩浙轉運司并常平司，於側近州軍所管官田內給賜臣家五十頃。如即目未能及數，令日後標撥，仍亦許本家自行踏逐，官司不許巧作名色執占。從之。

卷四千五百五十一

乾道元年五月二十日，大同軍節度使、提舉萬壽觀蒲察久安奏：臣先準指揮，許令指射官田，今踏逐秀州嘉興縣長水鄉沒官田四百八十五畝、柿林鄉一十五畝，乞下秀州標撥與臣，永遠養贍老幼。詔令轉運司驗實給賜。 二十七日，大同軍節度使蒲察久安奏：蒙恩撥賜水田五百畝，今再踏逐到秀州華亭下沙場蘆草蕩一圍，提舉茶鹽司見出榜召人請佃，乞下浙西提舉茶鹽司行下秀州，依臣所乞標撥。嘉興縣思賢鄉草蕩一圍，元係范玘等退佃還官，見今空閑，乞下兩浙轉運司行下秀州，依臣所乞標撥。詔依。 繼而戶部狀：照得

蒲察久安元許賜水田五百畝，又承今來指揮，未審合與不合更行撥賜。詔嘉興、華亭兩縣蘆柴草蕩，令兩浙轉運司具詣實頃畝數申尚書省。 八月十七日，彰國軍節度使大周仁奏：伏覩紹興府蕭山縣長興鄉第四都踏逐到官田二段，約二千餘畝，數內止有一千餘畝可以耕種，臣欲乞上件田畝開荒耕種。詔送轉運司標撥一千畝給賜。 二年二月十五日，拱衛大夫、邕州觀察使蕭鷓巴奏：先蒙聖恩於揚州管界標撥到田二十頃，緣為路程遙遠，今踏逐到秀州崇德縣官田二十頃，乞行撥賜。臣係上言乞依舊以揚州田賜之。詔令兩浙轉運司別行標撥。 八月十八日，詔兩浙轉運司副使姜詵根刷到平江府長洲縣蘇臺鄉二十六都田一千四畝一角二十九步田，可撥賜武德大夫、忠州防禦使趙良輔。

卷四千五百五十一

十二月一日，詔耶律适哩特更賜田一十頃，令淮東轉運司於揚州邵伯鎮官田內標撥。 繼而融州觀察使耶律适哩奏：蒙恩更賜田十頃，乞降旨行下鎮江府都統司，將已撥到鎮江府中軍見佃官莊營田一十頃交割付臣佃。有旨令戶部看詳。本部照元令淮東轉運司揚州邵伯鎮官田內標撥，即無許撥賜軍莊營田明文，是致鎮江都統司難關與到。耶律适哩乞撥官莊田，未曾標撥。乞下鎮江府都統司將續撥賜田一十頃，依蕭琦等例支撥付耶律适哩為業。從之。 四

年五月七日故贈太尉蕭琦妻榮國夫人耶律氏奏竊見平江府吳縣吳江縣管下有營田并係官田見係人戶租佃輸官之税委是不多欲望睿旨下所屬於上件田數內撥賜頃畝付本家耕種依舊輸納官課詔賜田十頃　十月二十六日臣僚上言伏見紹興府諸縣各有湖瀦水以備旱暵得蕭山縣管下湘湖灌溉九鄉民田其利甚博近有百姓裴詠等屢經御史臺陳狀訴百姓汪念三等淤湘湖一千餘畝獻與總管李顯忠遂將湘湖填築為田侵漁不已湖盡廢則九鄉之田一遇旱乾何以灌溉其害非細欲乞下紹興府差官看視若委是將湘湖為田令給還民間復以為湖如是曾給賜與李顯忠乞別行改賜從之　五年二月十九日兩浙路轉運司申先得旨於揚州撥賜田二十頃付太尉蕭琦為業今其家在平江府居住令本司於平江府係官田內標撥二十頃付其家為業其揚州原撥田晦卻欲下所屬拘收從之　七月十三日詔鎮江府駐劄御前前軍統制官任壽吉李元昨自北界將帶八馬歸朝令兩浙轉運司下鎮江府將無違礙官田各給賜十頃　十二月二十三日詔令袁州於沒官無拘礙田標撥一十頃給賜添差袁州通判韓玉　六年正月二十一日詔右領軍衛大將軍王宏賜田十頃令浙西提舉常平司標撥　二月四日建康府駐劄御前諸軍都統制郭振

申契勘北軍統領趙受耶律憲蕭埜蕭懷忠四員各係歸正竊見耶律适哩蕭鷓巴趙良輔等已蒙聖恩撥賜田土今來趙受等係與耶律适哩等事体一同緣准西屯田官兵已奉旨令拘收歸軍其退下田土可借荒閑伏望指揮於和州界退下屯田內各撥田五頃付趙受等從之　七月十二日起復威武軍節度使李顯忠奏契勘臣先得旨賜田七十頃元降指揮令兩浙轉運司於浙東西州軍給賜後緣日久撥給未足續准指揮於浙東西路常平司許於應拘收到諸色官田內踏逐經所屬陳乞給賜臣等踏逐到平江府長洲吳江兩縣杜朝議等沒官田二千九十一晦經浙西常平司撥給經今八年不肯撥給外又有太上皇帝所賜田併乞下浙西常平轉運兩司通行標撥詔令常平司契勘上件田如無違礙可行撥賜　十二月十三日詔諸州縣沒官田產雖經賜與若民戶已經辨雪法該改正即時給還許別以應籍田產改撥臣僚劄子臣聞仲叔于奚有功於衛辭邑而請繁纓孔子曰不如多與之邑陛下愛惜名器勳舊懿親間賜以田此正孔子與邑之意然江淮荊襄土曠人稀與之雖連阡陌可也江浙尺寸之土人所必爭而賜田之目動以頃計向來沒官田舉以出賣皆為民產矣賜目既下有司無所從出必於近地踏逐沒官田產或以得罪或以戶絕朝籍於官蠢入勢家拘

擿細微無所遺漏苟法當拘籍上所賜與人亦無得而辟惟是人之得罪不能無冤既不幸而抵罪生生之資盡非其有異時陳訴於朝省監司幸而昭雪所籍之產法當給還既為勢家所得又其名曰宣賜已不可復取矣臣愚欲望明詔州縣如有沒官田產雖已賜與若氏户已經辨雪法該改正仰即時給還故有是命　七年正月十七日龍神衛四廂都指揮使耶律适哩言臣自歸朝之後蒙恩與蕭鷓巴於揚州各曾撥賜田土今蕭鷓巴於平江府又賜田二千畝并揚州田二十頃自今依舊占佃臣乞於平江府管轄長洲吳江等五縣應係官當平營田內乞依蕭鷓巴体例更乞撥賜田二十頃

卷四千五百一

濟贍老小詔撥賜田十頃　三月七日詔武翼大夫榮州刺史蕭頡於浙西路賜田一十頃從其請也　九年三月三日詔平江府界殿前司常往莊一所并營田八百一十二畝一角三十四步並就撥賜王友直　二十七日詔今後應撥賜田畝令所屬止將係官閑田撥不許指占已佃之田其已給者不得陳乞兑換

食貨民產雜錄　食貨二十四

太祖建隆三年十二月臣僚上言新條稱應有典賃府當物業與人過三十周年縱有文契保證不在收贖論索者凡典當有期限如過三十年後亦可歸於現主即未曉賃字如何區分伏乞削去亦未知典當過三十周年後得許現主立契轉賣與人否欲請令後應典當田宅與人雖過限年深官印元契見在契頭雖已亡沒其有親的子孫及有分骨肉證驗顯然並許收贖若雖執文契難辨真偽官司參詳理不可定者並歸現主仍應有分骨肉隔越他處别執分明契約久後尚有論理其田宅見主只可轉典不可出賣所有賃字伏請削去從之

大宗太平興國七年閏十二月詔民以田宅物業府當與人多不割稅致多爭訟起今後應已收過及見倚當並須隨業割稅　雍熙四年二月權判大理寺殿中侍御史李範言準刑統應典賣物業先問房親房親不要問四鄰四鄰不要他人並得交易若親鄰着價不盡亦任就高價處交易者今詳敕文止為業主初典賣與人之時立此條約其有先已典與人為主後業主就賣者即未見敕條窮以見典之人已編於籍至於蓋數與主

卷一萬七千五百三十九

不殊豈可貨賣之時不來詢問望今後應有已經正典物業其業主欲賣者先須問見典之人承當即據餘上所值錢數別寫絕產賣斷文契一道連粘元典并業主分文契批印收稅付見典人充為永業更不須問親鄰如見典人不要或雖欲收買着價未至者即須畫時批退　準雍熙三年二月詔依右拾遺張素所請民間賣物業者不得割留舍屋及空地稱為自置賣與他人參詳雖以除姦未能盡善蓋小民典賣物業急於資用其間亦有不銷全典賣或是業主自要零舍及空地居住者自有此詔頗難交易乞自今應典賣物業或有不銷竭產典賣須至割下零舍或空地如委實業主自要者並聽業主取便割留即仰一如全典賣之例據全業所至之鄰皆須一一遍問候四鄰不要方得與外人交易從之

真宗咸平五年八月一日詔河北陷蕃民田產前令十五年許人請佃自令更延五年　景德二年六月詔河東營田令係有論認未免復已前租莊者止給荒田墳墓其耕桑地不在分割之限　十六日河北轉運司言民田荒廢者或諸色人已占耕墾才見種植滋茂親隣識認爭奪望自今應有人占射半年已上不許識認詔如親隣止在本處見請佃稍着次第而爭奪者不須施行實曾流移今來歸業雖已請佃依條給還　二十六

日詔荆湖近溪洞州縣有没身蠻境還鄉者莊田不限年月檢勘給還　三年二月詔河北民有先没契丹自塞外歸識認莊田者據數給付無得用編敕年限不與本主　大中祥符七年七月詔江南僞命日民田並以見佃人爲主訟者官勿爲理克復後者論如法　九年二月泰州曹璿言州民多頃田者究尋契書皆云失墜至召鄰保證驗重爲煩擾義初置田日不經税契改正戶籍因緣浸久此弊未革即傳牓屬縣許首罪投税以兩箇月爲限凡得聞實以後未税契者千七百道標正戶籍民悉無訟竊慮他郡有如此類望傳佈諸路許令改正從之　乾興元年正月開封府言人戶典賣莊宅立契二本付錢主一本納商税院年深整會親鄰争占多爲錢主隱没契書及問商税院又檢尋不見今請曉示人戶應典賣倚當莊宅田土並立合同契四本一付錢主一付業主一納商税院一留本縣從之

仁宗天聖元年二月江南東路勸農使宋可觀言農田敕人戶逃移令佐書時下鄉檢踏莊田或先將桑土典賣與人未曾割税及割税不盡者即時改正令詳此敕止是條貫未逃已前典賣割税今請應將土地立年限出典與人其受典人供輸不前而逃者所拋税物不計年限已未滿並勒

卷一萬七千五百三十九

元主供輸既絶啟倖又免漏税事下三司三司檢會農田敕賣田土未及五年其買人不因災傷逃者勒元主認税其賣人五年内不因災傷逃者戶下所拋税數却勒買人承認若五年已上依例檢閣今詳可觀所奏顯與買賣田土事體一般欲請應將地土立年限出典與人其受典人五年内不因災傷逃移拋下税物不拘元限已未滿並勒元主供輸兼慮人戶先將沃土典過少割苗税留下瘠地將家逃走其典田人如五年内不因災傷逃移所拋税數却勒受典人供輸或典與數戶亦第均攤若已認供輸本戶却來歸業税物亦改正輸納如限外歸業見佃戶不願割送改正所佃地土并元典錢及典外餘價並不許論理從之　八年十二月秘書丞知開封府司錄參軍事張存言伏睹元年七月敕戶絶莊田檢覆估價曉示見佃戶依價納錢竭産買充永業或見佃戶無力即問地鄰地鄰不要方許無産業中等已下戶全戶收買勘會今年春季後來據東明諸縣申戶絶狀雖已依敕内有相承佃時年深理合簽革者並是亡人在日已是同居戶絶後來供輸不闕或耕墾增益或邱園已成無賴之徒因爲告訴久居之業頓至流離官司止過莫能獄訟滋彰適甚況孤貧之產所直無多勸課之方其傷或大欲乞應義男接夫入舍婿并戶絶親屬等自景

德元年已前曾與他人同居佃田後來戶絶至今供輸不闕者許於官司陳首勘會指實除見女出嫁依元條外餘並給與見佃人改立戶名爲主其已經檢估者並依元敕施行從之　二十八日淮南路提點刑獄宋可觀言伏覩編敕婦人夫在日已與兄弟伯叔分居各立戶籍之後夫亡本夫無親的子孫及有分骨肉只有妻在者召到後夫同共供輸其前夫莊田且任本妻爲主即不得改立後夫戶名候妻亡其莊田作戶絶施行只緣多被後夫計倖假以妻子爲名立契破賣隱錢入已或覺置田產別立後夫爲戶妻殁之後無由更作得戶絶施行臣欲乞自今後或有似此召到後夫委鄉縣覺察前夫莊田知在不得業私破賣隱錢入已别買田產轉立後夫姓名事下法寺請如所奏從之　四年七月審刑院言詳定戶絶條貫今後戶絶之家如無在室女有出嫁女者將資財莊宅物色除殯葬營齋外三分與一分如無出嫁女即給與出嫁親姑姊妹姪一分餘二分若亡人在日親屬及入舍婿義男隨母男等自來同居營業佃蒔至戶絶人身亡及三年已上者二分店宅財物莊田並給爲主如無出嫁姑姊妹姪並全與同居之人若同居未及三年及戶絶之人孑然無同居者並納官莊田依令文均與近親如無近親即均與從來佃蒔或分種之人承

卷一萬七千五百三十九

税爲主若亡人遺囑證驗分明依遺囑施行從之　五年二月果州同判李錫言本州典賣田宅多不問親鄰不曾書契或即收拾抽貫錢未足因循違限避免陪税是致不將契書詣官致有争訟慮諸道亦有似此之類望降指揮與限百日悉赴商税務陳首如無虚僞即與免罪只納本分抽貫税錢限滿不首許人告論從之　四月詔條貫戶絶財產律令格敕及臣僚起請甚多宜令禮部員外郎知制誥陳琳工部郎中龍圖閣待制馬宗元與審刑院大理寺同檢尋前後條貫子細詳定聞奏令詳前敕若亡人遺囑證驗分明並依遺囑施行切緣戶絶之人有係富豪戶如無遺囑除三分給一及殯殮營齋外其餘店宅財物雖有同居三年已上之人恐防争訟並仰奏取指揮當議量給同居之人餘並納官所有今日已前見估賣莊田無人買者勘會如已有人租佃者並給見佃人更不納租課只依元税供輸出戶爲主如無即許無田產戶全分請射其已典賣田產不得更有檢估根括　八月太子中舍牛昭儉言準敕應典賣田宅若從初交易之時不曾問鄰書契與限百日陳首免罪只收抽貫税錢臣自天聖四年十月到任務開後來推勘争田契十餘事各自赦後已來造僞文契内有因日前故納牙税直將印契以此爲由虚構詞訟其上件契並行毀

抹所爭物業各有結斷朝廷雖有敕條釐革其如遠方愚民罕有遵稟執來契券虛偽甚多蓋爲鄰里骨肉不相和協遂與他人表私交易虛擡價錢故作遠年文契收藏侯朝廷有赦許將出限契書赴稅務陳首遂使頑民得便競將偽契投印及至爭論執出爲憑官吏疑惑便將爲據臨時斷割枉直不分臣今再詳新敕蓋是果州同判李錫起請之時不知諸路事體紊亂正條棄民本而取毫末之利若不能尋究虛偽益使愚民欺罔爭占田地煩擾州縣刑禁滋多所有李錫起請從來直赴務違限文契臣已別牒拘管送所屬縣分勘會有無虛偽又出牓告示人戶許欲乞自今後典賣莊宅契除元限兩月外更展限四十日依元敕於本縣投契委令佐驗認如無詐偽關送所屬稅場依例納稅錢限外典賣不經官司陳首即許典賣主陳首不限多少先依例抽納正稅錢入務外分二分一分納官一分支賞業主如諸色人陳告即立爲十分七分納官三分給告事人所有文契並令毀抹更不行用國家如此條約則民政不至墮隳課利亦自登辦百端欺詐漸自根絕又新授西京轉運使高觀言編敕應典賣物業限兩月批印契送納稅賦錢限外不來許人陳告依漏稅條例科罰臣竊如西京路去年水災人戶典賣物業不少多是并兼之家因循以至限滿

卷一萬七千五百二十九

避免倍稅便不批契表私藏隱洎有人陳告官中須至依法施行欲望既示人戶以敕到與限百日並赴官批印更不倍稅事下三司詳定三司檢舊條典賣物業須依次第問隣里商量相當後限兩月印契納稅應有偷謾商稅許人告捉將所偷稅物先納正稅外立爲三分二給本主一納官仍支一半賞與事人典賣田土納稅除倚郭縣依舊就本州外其外縣人戶就本縣收稅印契今詳二臣所奏昭偸所乞展限抽罰給賞已有編敕施行外乞應典賣莊田宅契本州投下令佐驗認如無詐偽便關所屬稅場依例納錢觀所乞下諸路曉示人戶日前典賣未印契者與限自日批印只納本稅欲並依所奏施行從之　六年八月詔應典田土稅印契後若於元契上更添典錢數或已典就買者依京商稅院例只據添典及貼買錢收稅粘元契在貼典就買契前批印先是定武軍民有割典田土後來就買者所納稅錢未有定制因命法寺詳定頒下　十二月判許州錢惟演言本州準敕戶絕莊田差官估價召人承買令有陽翟縣戶絕莊三十一頃已有人戶承買遂差人監勒交割據本莊現佃戶稱要承買緣準天聖元年詔戶絕莊或見佃人無力收買即問地隣五年六月敕只云召人承買收錢入官即不言問與不問見佃伏乞明降指揮事下有司詳定

慶字下原本貼黃

三司言五年所降敕命只是爲戶絕莊估價高重別估計召人承買即不改前敕望以此意曉諭諸州遵稟施行從之　八年二月審刑院言兩浙自天聖元年已前人戶買賣田產見有契券印稅改割稅賦分明者其業主却稱是當日卑幼蒙昧尊長貨過却論認者官司更不爲理並依元盗契爲主所有天聖元年已後人戶交易如有論爭並依前後敕條施行從之　慶　七年六月知滄州郭勸言淪會本州天聖六年係黃河泛濫曾內無饒安臨津樂陵鹽山等五縣民田甚多皆被水占不曾耕種所有業主逃移雖有歸心奈以養種不得無由復業及至年限外他人射爲已業然不曾耕種每歲只以水災被訴破却二稅酌其本情只爲河淤肥濃指望將來水退悉爲良田倍獲子利其官吏但以招攜戶口剩稱虛名其於國家一無所濟臣到任以來多有因水災逃戶求復還本業緣拘條難行載詳法意所謂災傷其中甚有輕重且若霜雹風旱蟲螟暴雨之類止於一時過則仍舊即不同黃河泛濫動便三五歲以上兼又不該說所請逃田耕種與未耕種納與未納着稅數稱以許人請射之法蓋欲荒蕪盡闢征租有入遂立程限用以勸課以此田土在積水之下徒使兼并及外來人空占久係版籍貧民產業頗見奸弊欲乞應係黃河等災傷逃戶田土

卷一萬七千五百三十九

見在水下雖有人請射未曾耕種未納稅數如本主歸業委州縣勘會不以年歲遠近並却給還內有水退出地土耕種已納稅數兼該年限者不在給還詔送三司看詳欲下京東京西河北陝西轉運司指揮沿黃河州軍依勸所奏外仍乞自今後如有似此黃河積水流移人戶田土雖是限滿未來歸業未許諸色人請射且候將來水退其地土堪任耕種日與依敕限許令本戶歸業如限滿不來即許諸色人請射爲主供輸稅賦從之　皇祐三年二月十二日詔詳定諸典賣田宅已成契後爭論壁步畝不同並止據元契四至爲定　至和二年七月詔如聞河東戶役唯課桑以定物力之差故農人不敢種植而緜蠶益薄但令轉運使勸植之仍自今毋得以桑數定戶等已上國朝會要

神宗熙寧元年十月十五日利州路提點刑獄司言轉運司牒檢估出賣轄下州府未正撥廣惠倉戶絕并沒納莊田謹詳元降指揮只令諸路出賣先次取索到莊田即不該說令後應有盡行出賣乞明降指揮遵守施行詔三司遍牒諸路今後戶絕并沒納莊田並估價出賣　七年三月三十三日詔戶絕莊產委開封府界提點及諸路提點刑獄司提轄限兩月召人充佃及諸色人實封投狀承買逐司季具所賣關提舉司封樁聽朝

農寺移用增助諸路常平本錢　十年九月三日詔諸出賣莊產並依鄉原立定約中租課元有者依舊其價錢係𣪍買人自許買後限兩箇月納及二分方得交業別限二年分作兩限元佃人自許買後限三年分作三限送納以上每納一分價錢即減一分租課願以金銀斛斗折納者聽川陝路許兼以紬絹打納仍依常平錢斛折納法如逐限違欠各別召人承買已納錢數並沒官　元豐元年十一月十八日司農寺請應以田廬借人及保人物產抵當賒貸錢米更涉歲時未償納民戶欲別限半年納限滿不足以元供抵當平直籍入買收其價錢如一年無人買即籍沒尚有少數依條催理有羨聽給本主其沒納抵當依賣戶絕田產法從之　二年十一月二十八日詔恩賜歸明人田宅毋得質賣以編敕所言賜田宅人本欲化外之人有業可歸不當許其質賣也

哲宗元祐元年三月十六日永興軍等路提刑司言昨民庶進狀興平縣靈寶鄉諸村地土約二百四十餘頃並納二耗熙寧五年本縣遍勒退為牧地乞依舊耕種令本司定奪聞奏如本路更有將民戶稅地改為牧地者亦依此令看詳欲免納租錢令依舊從之四月四日詔罷典賣田宅私寫契書并不係籍定牙人毋私引領交易法　十二日戶部言民庶上言

卷一萬七千五百三十九

毋謂各州縣鄉村坊郭人戶隱落家業乞展限十日許令告諭看詳欲依元豐令日限將嘉祐編敕內一月改為六十日從之　同日左正言朱光庭言昨宗閔臣差曹孝廣根括西京永安縣沿路河百姓地土拘納入官欲下京西轉運司將拘到地土給還舊日人戶從之　七月二十二日臣僚上言遺囑舊法財產無多少之限請復嘉祐敕財產別無有分骨肉係本宗不以有服及異姓有服親並聽遺囑以勸天下養孤老之意從之　八月二十二日戶部言出賣戶絕田宅已有給還定價欲依買撲坊場罷實封投狀從之　六年閏八月十二日刑部言墓田及田內材木土石不許典賣及非理毀伐違者杖一百不以蔭論仍改正從之　七年三月二十一日詔義養子孫合出離所養之家而無姓可歸者聽從所養之姓若其居滿十年仍令州縣長官量給財產雖有姓而無家可歸者準此　十一月五日詔諸大中大夫觀察使以上每員許占永業田十五頃餘官及民庶願以田宅充奉祖宗饗祀之費者亦聽官給公據改正稅籍不許子孫分割典賣止供祭祀有餘均贍本族　紹聖元年十二月二十七日三省言黃河新堤外退出良田招誘人歸業已差左朝請郎王查前去措置許開退出河淤地上各有主名不必更遣專使從之　三年二月十日提

舉梓州路常平等事王雍言元豐令孤幼財產官為檢校使親戚撫養之季給所需貲蓄不滿五百萬者召人戶供質當舉錢歲取息二分為撫養費元祐中監察御史孫升論以為非便罷之竊詳元豐法意謂歲月悠久日用耗竭比壯長所贏無幾故使舉錢者入息而資本之在官者自若無所傷所以收卹孩稚於及隱微蓋先王美政之遺意請悉復元豐舊令從之

徽宗建中靖國元年三月二十七日三省言看詳元符戶令分戶從私家內外親同居許年不得財產如因藉其營運增置及一倍者方許本戶如有人為昔家產雖增及卅九千貫文猶不該奏比之三二百貫財產增及一倍者事體不均兼昨來元祐敕文但增置及一千貫者奏裁之法今參酌重修雖不及一倍而及千貫者並奏裁之詔依仍先次施行　十月二十一日詔市易折納田產並依戶絕田產法　政和元年四月六日臣僚言幼孤財產並寄常平庫自來官司以其寄納無所專掌轉運司又以寄他司覺不肖察因致州縣得為欺弊財物不可留者估賣則并其帳本殺書畫玩好幼孤莫能自直諸路元符令內財產官為檢校注文估賣字下添入委不干礙官覆驗字又於財物召人借請字下添入處有物力

卷一萬七千五百三十九

戶為保字又於收息二分字下添注限歲前數足字又於注文召當人量支食錢字下添入提舉常平司嚴切覺察字　九日戶部奏臣僚言乞令縣邑嚴立法禁凡質賣田業如契之際須執分書或祖契赴官按驗戳角稅苗分數之實勒戶業人建并收書手即時注籍其前狀割不盡者許催稅保長於農隙時具實申州官本簿追呼衆與賣戶均撥批契往滿括刷一縣移割之數以為殿最之法看詳欲諸以田宅契投稅者即將當官注籍給憑由付錢主限三日勘會業主鄰人牙保寫契人書字圓備無交加以所典賣頃畝田色間架勘驗元業稅租免役錢紐定應割稅租分數令均平取推收狀入案當日於部內對注開收從之　十二月十八日前知汝州慕容彥逢奏孤幼財產官為檢校不滿五千貫召人供抵當量數借請歲收二分之息舊以贍養俟其長立而還之法意慈恫盡於事情而形勢戶坐指抵當或高估價直冒法請領不唯虧欠歲息迺至并本不納迨其長立冒法請領之人或從官遠方或遷居他所或不知存在或妄託事端因致合給還之人饑寒失所欲乞檢校孤幼財產不許形勢戶者請及作保其所供抵當委官驗實估定價值方許給借從之　六年四月十一日詔兩浙轉運司拘收管下諸縣歲額外合依淮南例收納人戶典

賣田宅赴官投買定帖錢准南體例人戶典賣田宅議定價直限三日先次請買定帖出外書填本縣上簿拘催限三日買正契除正紙工墨錢外其官賣定帖二張工墨錢一十文省并每貫收貼納錢三文足如價錢五貫以上每貫貼納錢五文足　八年四月八日兩浙轉運司奏民間典賣田宅多有出限未投契納稅之人因為避免倍罰一向收藏在私若不許令赴官陳首竊慮因循虧失稅契官錢欲本路州縣民間典賣田宅違限未投契納稅特與限一月許令陳首與免倍稅如出限不首並如本法從之　宣和元年十月七日三省言學田并西南外宗室財用司見營田產請佃人戶所納稅課太輕詔諸路學田并宗室田許添立租課剗佃限一月日開狀給最高人見佃人願依所添數納者給見佃人　四年六月九日發運使經制兩浙江東路陳亨伯奏諸路州縣稅契錢多寡不等欲准浙江湖福建七路典賣田宅契勘每一貫文足增修錢二十文足通舊收不得過一百文省謂如舊收錢六十文足更只添錢二十七文又舊收錢七十七錢以上即更不增添錢數充經制移用錢應副被賊州縣從之　五年十一月十九日詔京西路累年災傷頗多逃移本路應典賣田宅違限未經推收稅租許典賣人戶限百日赴官自陳如限滿不首許人告犯

卷一萬七千五百三十九

人依典賣田宅推割稅租不平法斷罪仍委縣丞驗俾改正依近降指揮專一管勾對注開收縣令檢察　七年二月八日三省言諸路州軍人戶欲自今應典賣田宅並齎元租契赴官隨產割稅對立新契其舊契便行批鑿除豁官為印押本縣戶口等第簿亦仰隨時銷注以絕產去稅存之弊從之　五月九日德音京東河北路州縣人戶家業錢緣後來本戶典賣并前來見住屋宇不理作家業之數理合減損州縣多行阻難或雖減免却於別項家業內增起並令隨數減落其已施行若誤著並改正

欽宗靖康元年正月十七日詔罷定帖錢歸常平司　二月二十八日詔應宮觀僧道及臣僚之家指外路民戶見佃官地房廊充常住并已業者並拘籍入官以其業還給元佃人　已上續會要國朝

高宗建炎元年五月一日赦應人戶典賣田宅因官司不為減落等第見依舊供應科配差使限赦書到一月內許自陳驗實特與減免　紹興十一年三月七日赦同此制　紹興二年三月十七日詔應入戶典田產如於入務限內年限已滿備到元錢收贖別無交相不明即許依條施行仍令戶部行下以兩浙運副徐康國言鄉村二月後為入務人戶收贖田產豪右之家拖延入限不肯收贖故也　四月十一日德音被虜人戶陷賊州

縣便行籍沒家產情實可矜除曾為賊首及賊中用事名字顯著之人外家產並行給還若已出賣聽被虜人自陳州縣取見諸實方聽給還却給元價與已賣人　閏四月十日詔典賣田產不經親鄰及墓田鄰至批退並限一年內陳訴出限不得受理　六月二十二日詔今後詭逃亡絕及詭名挾佃并產去稅存之戶不待造簿畫時倚閣檢察推割著為令　八月二十九日臣寮言典賣田宅批問鄰至並不有法比緣臣寮申請以謂近年以來米價既高田價亦貴遂有詐妄陳訴或經五七年後稱有房親墓園鄰至不曾批退乞依紹興令三年以上並聽離革又緣日限太寬引惹詞訴請降詔旨並限一年內陳訴欲乞將上件指揮並行寢罷只依紹興敕令施行從之　九月二十二日江南東路提刑司言本司見有人戶陳訴戶絕立繼之子不合給所繼之家財產本司看詳戶絕之家依法既許命繼却使所繼之人並不得所生所養之家財產情實可矜欲乞將已絕命繼之人於所繼之家財產視出嫁女等法量許分給戶部看詳欲依本司所申如係已絕之家有依條合行立繼之人其財產依戶絕出嫁女法三分給一至三千貫止餘依見行條法從之　九年七月二十七日簽書樞密院事樓炤言陝西諸路昨陷為齊州軍官吏軍民有結約投歸

卷一萬七千五百三十九

朝廷或通報事宜往來之人因人告發或緣事彰露及堅守城寨被害之家籍沒過產業仰州縣並行勘驗給還如田土屋宇已經請佃轉賣及給與告人充賞之數亦仰追改給付如敢違戾當職官先次放罷取旨重行竄責人吏決配從之　十五年八月七日知台州吳以言人戶出典田宅依條有正契有合同契錢業主各執其一照證收贖近來多是私立草契領錢交業至限將滿典主方齎草契赴官請買正契其合同契往往亦為典主所收既經隔年歲或意在貪占則多增交易錢數或指改元典年辰或廣包界至種種奸賴互有論訴官司既不能與奪致限滿不得收贖欲乞今後應有人戶典業並與錢主同赴官請買正契并合同契一般書填所典田宅交易錢數年限責付正月當官收領如田主印契出違條即自依沒官條法外若輒行計會擅領合同契許業主陳告究實即給還元典田宅不成交易仍從重斷罪給事中李若谷等看詳其擅領合同契許業主陳告等欲依前項所乞事理施行從之　九月三日夔州路轉運判官虞祺言人戶典賣田宅准條具帳開析頃畝田色間架元業稅租色役錢數均平取推收狀入案當日於簿內對注開收訖方許印契竊詳典賣田宅出於窮窘遂將田產破賣多是鄉豪權貴公吏之家典買其買地之人

每遇投税扶會本鄉保正借令别人詐作賣地人名字赴官對會推割嘴批鄉司承認些少税役揩行印押契赤批鑿薄書其實元不曾依條同賣業人正身赴縣當面盡數承認緣未有斷罪欲乞今後人户買賣田宅人未曾親身赴縣對定推割開收税簿而先次印給契赤者官吏重立法禁如已前有此弊倖止於典賣地契内暗鑿推招税產實未曾於簿内開收乞立限一季許赴縣自陳推招批簿若限外不首許元賣絶人論訴將所買田產給還元業人其價錢不追所責貧困之人便得推割給事中李若谷等看詳今來所陳皆有成法詳備務在縣司恪意奉行如有違戾其監司知通自合按治外所有日前止於契内暗鑿推招税產實未曾於簿内開收乞立限陳首一節欲依所乞事理施行如限滿不首許元賣人陳告將所買田產比附諸色人告獲詐匿减免税租未經减免法給半還元業人其價錢不追除一半没官從之　十二月三日尚書金部員外郎宋觀言比下詔以戒飭州縣安集流亡轉徙之人丁寧備至而州縣奉行循習或拘十年之限不容識認舊產又有向來雖係上户緣失業已久產主未盡開墾官司便據舊額起催全料苗税均認差役是致洪應不給又復逃移伏望申命有司檢照前後指揮深加參酌别行措置務令公私兼濟文

卷一萬七千五百三十九

遠可行詔令户部檢坐累降指揮措置行下　三十年六月五日浙西路提舉常平楊琰言乞將未賣没官户絶等田產人户於四月十五日以前交買過見佃人田產聽買人收當年地利管輸二税償還佃人施過工價如已後買到雖已得官司公據其當年地利即許元佃人收採送納租課從之　三十一年四月十九日知涪州趙不倚言契勘人户陳訴户絶繼養遺囑所得財產雖各有定制而所在理斷間或偏於一端是致詞訟繁劇且如甲之妻有所出一女别無兒男甲妻既亡甲再娶後妻撫養甲之女長成招進舍贅婿後來甲患危為無子遂將應有財產遺囑與贅婿甲既亡甲妻却取甲之的侄為養子致甲之贅婿執甲遺囑與手疏與所養子争論甲之財產其理斷官司或有斷令所養子承全財產者或有斷令贅婿依遺囑管係財產者給事中黄祖舜等看詳欲下有司審訂申明行下庶幾州縣有以此公事理斷歸一亦少息詞訟之一端也詔祖舜看詳法所不載均令給施行　六月二十二日户部員外郎馮騏言竊謂典賣田宅條令所載契要格式備矣或不如式在法未嘗不許執用所有執用者准條明言違法如私輒典賣之類是誠不可以執用也然則契要不如格式非違法明矣焉可不使之執用乎紹興十年申明將上件不依格式

并無牙保寫契人書字並作違法斷罪不許執用紹興十九年宋既申明典賣田宅不費砧基簿對行批鑿並不理為交易夫違法者私輒典賣是也今契内一項不如式及未批砧基簿與私輒典賣情犯絶遠而一槩以違法處之則倫類不通非所以為法也户部看詳乞下敕令所檢照舊法及中明續降參照看詳頒降遵守施行本所看詳舊來臣寮申請乞令後人户典賣田產若契内不開頃畝間架四隣所至税租役錢立契業主隣人牙保寫契人書字並依違法典賣田宅斷罪雖以革絶交易不明致生詞訟之弊不對批鑿砧基簿雖以杜絶减落税錢及產去税存之弊緣村民多是不曉法式欲今後除契要不如式不係違法外若無牙保寫契人親書押字而不曾經官司投印者並作違法不許執用已經投印者止科不應為之罪所有對行批鑿砧基簿事合依原降指揮施行不曾批鑿已經投印者令再行批鑿從之已上中興會要

孝宗紹興三十二年六月十三日孝宗即位未改元登極赦應人户典賣田產依法合推割税賦其得產之家避免物力計囑公吏不即過割致出產人户虚有抱納或雖已割而官司不為减落等第抑令依舊差科可立限兩月許經官陳首盡時推割如違限不首令元出產人户越訴依法施

卷一萬七千五百三十九

行仍令州縣多出榜曉諭　十一月二十四日權知沅州李婺言近降指揮遺囑財產養子與贅婿均給即顯均給不行誤若財產滿一千五百貫其得遺囑之人依見行成法止合三分給一難與養子均給若養子贅婿各給七百五十貫即有礙遺囑財產條法乞下有司更賜參訂户部看詳諸路州縣如有似此陳訴之人若富來遺囑田產過於成法之數除依條給付得遺囑人外其餘數目盡給養子如財產數目不滿遺囑條法法之數合依近降指揮均給從之謂如遺囑財產不滿一千貫若後來有養子合行均給若一千貫以上給五百貫一千五百貫以上給三分之一至三千貫止餘數盡給養子　隆興元年九月二十五日知平江府張孝祥言吳中之民所以重困者政緣產去税存貧者欲速售其田不暇深思後害往往依舊產帶家力苗税在户至有代納數料賣盡已業者欲望行下如人户已賣過田交業一月不即收割税色物力人户許出產人陳訴没田入官若已前未曾過割者亦自今降指揮日理限陳首從之　二年八月十九日泗州言本州自紹興十一年隔蕃方自三十一年冬收復經隔二十餘年近有淮南人户因收復泗州之後執契據前來理認紹興十一年以前田土本州依近降指揮給付外其間有在蕃界日用錢買到及租佃

施工日久見執契據條薄未審合與不合一例追改戶部言已降指揮雖許歸業人戶識認元業田產其本州人戶舊在籍界日用錢承買及佃施工已久若使依指揮給還識認人切慮已安業人戶卻致失所欲下泗州如有歸業之人執到契照識認田業於係官空閑田比對田色高下依契撥還從之　十二月十六日德音楚滁濠廬光州盱眙光化軍管內并楊成西和州襄陽德安府信陽高郵軍勸會民戶拋棄田產亡失契書之人仰申所屬陳乞官為審驗給據管業不得容令合干人邀阻作弊　乾道元年正月一日南郊赦州縣檢校孤幼財產官司侵用暨至年及往往占吝多不給還仰州縣日下依條給付仍令提刑司常切覺察如有違戾按劾以聞　三年十一月二日六年十一月六日九年十一月九日南郊赦文並同此制　六年十二月十三日臣僚言州縣沒官田產雖已出賣臣僚若民戶元把已經辨雪法該改正乞即時給還許別於應籍田產內照元數改賜從之　七年十一月六日臣僚言比年以來富家大室典買田宅多不以時稅契有司欲為過割無由稽察乞明詔有司應民間交易並令先次過割而後稅契如不先經過割即不許人戶投稅詔令敕令所參照見行指揮修立成法　八年五月十三日大理少卿兼同詳定一司敕

卷一萬七千五百三十九

令兼權臨安少尹莫濛等言檢准乾道重修敕諸詐匿減免等第或科配者謂以財產隱寄或借假戶名或詐稱官戶及士詭名挾戶之類以違制論如係州縣人吏鄉書手各加二等命官及鄉書手仍奏裁未經減免者各加三等許人告官戶隨轉官職任分立戶籍者准此契勘前件條法自許人告而下注文一十四字得旨添入已頒行訖切慮頒行之後人戶所居僻遠未及通知卻致頑猾人便行告訐乞下諸路州縣自指揮到日為始許令自陳特與改正免罪如限滿不自陳者許人告首如法詔限一季陳首令州縣鏤板曉諭　九月二十一日詔臨安府城內外及屬邑應官司所占民間地基見充官用者差官覈實悉與除豁租稅從臨安少尹莫濛請也　九年十月九日詔逐路常平司行下所屬州縣自今交易產業既已印給官契仰二家即時各齎干照砧基簿赴官以其應割之稅一受一推書之版簿仍又朱批官契該載過割之詳朱批已圓方得理為交易如或違戾與時論訴到官富豪得產之家雖有契書即不憑據受理從臣僚請也已上乾道會要

宋會要

水利田

中書備對司農寺自熙寧三年至九年終府界諸路水利田一萬七百九十三處共三十六萬一千一百七十八頃八十八畝官地一千九百一十五頃三十畝開封府界田二十五處一萬五千七百四十九頃二十九畝河北西路田三十四處四萬工百九頃四畝河北東路田一十一處一萬九千四百五十一頃五十六畝內官地二十七畝京東東路田七十一處八千八百四十九頃三十八畝內官地二百八十五頃五十畝京東西路田一百六處一萬七千九十一頃七十六畝京西南路田七百二十七處一萬一千五百五十八頃七十九畝

卷四千七百八十五

一

京西北路田二百八十三處二萬一千八百二頃六十六畝河東路田一百一十四處四千七百一十九頃八十一畝永興等軍路田一十九處一千三百五十三頃九十一畝秦鳳等路田一百一十三處三千六百二十七頃七十九畝內官地一千六百二十九頃五十三畝梓州路田一十一處九百一頃七十七畝利州路田一處三十一頃三十畝夔州路田二百七十四處八百五十四頃六十六畝成都府路田二十九處二千八百八十三頃八十七畝淮南西路田一千七百六十一處四萬三千六百五十一頃一十畝淮南東路田五百一十三處三萬一千一百六十頃五十一畝福建路田二百

一十二處三千二十四頃七十一畝兩浙路田一千九百八十處一十萬四千八百四十八頃四十二畝江南東路田五百一十處一萬七百二頃六十六畝江南西路田九百九十七處四千六百七十四頃八十一畝荆湖北路田二百三十三處八千七百三十三頃三十畝荆湖南路田一千四百七十三處一千一百五十一頃一十四畝廣南西路田八百七十九處二千七百三十八頃八十九畝廣南東路田四百七處五百九十七頃七十三畝

宋會要　淤田

熙寧四年三月戊子文彦博曰陛下即位以來厲精求治而人情未安蓋更張之過也祖宗以來法制未必皆不可行但有廢墜不舉之處耳馮京曰府界既淤田又差役作保甲人極勞弊上曰淤田於百姓有何患苦比令内臣拔麥苗觀其如何乃取得於淤田上視之如細麵然見一寺僧言舊有田不可種去歲以淤田故遂得麥

全唐文

中書備對

諸路職田計二萬三千四百八十六頃九十五畝

開封府界五百九十二頃九十八畝

京西路二千五頃七十五畝

京東路二千一百三十二頃九十三畝

陝西路三千二百五十二頃四十四畝

河東路一千五百九十五頃二十八畝

河北路三千三百五十三頃九十六畝

淮南路二千二十三頃四十五畝

梓州路五百四十六頃六十四畝

利州路四百六十六頃八十八畝

夔州路四百七十二頃七十畝

成都府路七百九十頃九十二畝

福建路五百三十八頃五十六畝

兩浙路一千七百一十三頃七十六畝

荆湖南路五百四十五畝九十八畝

荆湖北路八百十六頃一十七畝

江西路六百六十頃八十七畝

江東路八百八十八頃五十畝

廣東路五百五十頃七十畝

廣西路五百三十八頃五十畝

檢田　雜錄

太祖建隆四年四月大名府上言館陶縣民郭贇訴去冬所檢田各有隱
漏田畝詔本縣令程廸杖脊除名配沙門島元檢官給事中常準奪兩任
官　三年七月詔以魏鄆貝冀滑衛磁相邢洺等州自夏少雨當秋稼不
登命給事中劉載等十人分檢見苗　乾德二年四月詔曰自春徂夏時
雨常愆深念黎元失於播殖所宜優卹俾獲昭蘇應諸道所催今年夏租
委在處長吏檢視民田無見苗者上聞并與除放
太宗太平興國八年九月詔自來水旱災傷盡時差官檢括救其艱苦唯
恐後時頗聞差出使臣遅留不進州縣之吏日行鞭朴懼收賦之違限罹
有司之殿罰且令耕者改種失期甚無謂也自今應差檢田使臣宜令中
書量地里遠近及公事大小責與往來日限違者科罪　九年正月詔曰
朕每邮蒸民務均輿賦或有災沴即與蠲除蓋欲惠貧下之民豈復以多
少為限自今諸州民訴水旱二十畝已下者仍令檢勘先是濵州言民訴
水旱二十畝已下請不在檢視之限也太宗以貧民當卹之故有是詔
淳化四年十月二十七日詔開封府管內人户近為雨水害及田苗已分

遣朝臣使臣與令佐體量通檢慮人户未得盡知及有遅滯宜令差去京
朝官使臣及令佐等詳前降敕命疾速通檢具分數以聞當令特與除放
五年正月知鄭州何昌齡上言諸州逃民非實流亡皆規免租稅與鄰里
相囊槖為姦爾願一切檢責之詔從其請仍令先按鄭懷及磁湖等數郡
昌齡所至凡民十家為保一室逃即均其稅於九家二室三室逃亦均其
稅鄉里不得訴州縣不得蠲其租民被其害皆逃去無敢言者既畢昌齡
又請按他郡時當中春帝以農事方興重為勞擾罷之遣昌齡還理所
九月命大理寺丞許洞等八人分詣宋亳陳潁泗壽鄧蔡等州按行民田
有被水潦為害及種蒔不及處並蠲其租　至道元年九月遣殿中丞王
用和等十四人分詣開封府諸縣檢勘逃户田産　二年四月開封府諸
縣民訴旱命開封府判官給事中楊徽之等三人刑部郎中直昭文館韓
授等五人分路體量　六月帝謂宰相曰自今開封府諸路檢田當選京
朝官幹事者勿復差本府官屬
真宗天禧二年十月詔自今差官檢勘逃户并災傷民田令三司寫造災
帳式二本一付檢田官一送諸道州府軍監　四年八月詔京東西河北
諸州軍經水田苗蠲減稅賦更不覆檢　乾興元年二月開封府言開封

等十六縣逃移人户甚多近得雨澤日望耕種欲於鄰近縣分差令佐史
牙覆檢詔特免覆檢今後不得為例
仁宗景祐二年十月十三日中書門下言編敕人户被訴災傷田段各留
苗色根槎未經檢覆不得耕犂改種慮妨人户及時耕種今後人户訴災
傷只於逐段田頭留三兩步苗色根槎準備檢覆任便改種故作弊倖州
縣檢覆官嚴切覺察不在檢放之限先是訴災者未得改耕得官檢定方
聽耕稼民苦種蒔失時重以失所故詔革之　至和三年六月詔京東西
荆湖等路被水災處速差官體量檢放稅賦或倚閣更不覆檢已上國朝
會要
神宗熙寧二年六月十二日詔定諸請買荒廢地土已經開墾并增修池
塘堤岸之類却有諸般詞訟但合斷歸後人者並官為檢計用過功價酬
還前人其增蓋舍屋栽種竹木之類亦償其值願折伐者聽　三年三月
同管句秦鳳路經畧司機宜文字王韶言渭城下至秦州緣河有良田萬
頃乞錢興治言者謂其不實奪韶一官既而委本路按驗言有四千餘頃
乃還其官而並從其所請　五月二十八日詔訪聞恩冀莫雄滄州永靜
軍信安保定乾寧軍自夏災傷其令本路轉運副使王廣廉句當公事孔

嗣宗分行體量檢放田稅仍多方賑濟饑民無令失所　六年七月十九
日樞密都承旨曾孝寬言乞下河北監牧司差官點定牧地佃户被水苗
者因蠲其租詔令轉運監牧司各選官一員同依公檢放　十年十一月
新差知蔡州高賦言體問得本州有係官并人户包占無稅荒閑田土不
少兼有水利可興欲望許臣到任後依唐州例曉諭人户漸行檢括從之
元豐元年八月六日詔河北轉運司體量被水户災傷及七分蠲其稅
不及七分者並檢覆　四年七月七日前河北轉運判官呂大忠言天下
二稅有司檢放災傷執守謬例每歲僥倖而免者無慮二三百萬其餘水
旱蠲閣類多失實民被訴災傷狀多不依公式諸縣不點檢所差官不依
編敕起離月日程限託故辭避乞詳定立法中書户房言熙寧編敕約束
詳盡欲申明行下從之
哲宗元祐元年四月四日三省言開封府諸路災傷轉運提點刑獄官並
據本路災傷州縣分定親詣檢校從之　六年七月二十二日詔兩浙路
鈴轄轉運提刑及蘇湖等五州令各具逐州水災所及與高田無水及水
退可耕之地各幾何具實以聞從殿中侍御史楊畏請也　紹聖二年十
月十九日侍御史翟思言酸棗封邱兩縣民詣臺陳訴户下田旱諸縣乞

行檢放縣不為受理反決妄訴情下府界選官同本縣官長同行檢視如民田實荒即當蠲放詔府界提點司選差官體量以聞

徽宗大觀三年九月六日詔東南路比聞例有災傷斛斗踴貴可下諸路監司仰依實驗放秋苗分數仍依條賑濟　政和元年十二月二十七日前權提舉河北西路常平王靚奏河北郡縣地形傾注諸水所經如滹沱漳塘類皆湍猛不減黃河流勢轉易不常民田因緣受害或沙積而淤昧或波嚙而昏墊昔有者今無昔肥者今瘠官司利於租賦莫肯蠲除人戶苦於催科不無差誤欲委官悉心體究凡如上件有帳籍而別無土田及雖有土田而弗堪耕種者其夏秋二税依條法開閣破放施行詔戶部坐條申明行下　八年二月十七日臣寮言民田被訴河濼積水災傷雖或十分收成亦妄有破放并遇非泛旱澇亦多夾帶豐熟地段在內縣不體究其實一槩受狀申州州下依條委通判司錄同縣令檢覆而差曹掾簿尉前去所委官亦不依條躬親檢視止在寺院勾集人戶縱公吏不以有無災傷或不曾佈種田段一槩依做年例約度分數除破虧損財計最為大害欲令轉運司下所屬繪逐縣諸村地形高下圖遇非時旱澇專委縣令子細體度其被災月日傷稼去處次第申上以備檢察檢覆官先委通判

卷一萬七千五百三十九

司錄同縣令如實有故即依差試官法不足當月請給不覲至其處亦重立斷罪告賞條法詔戶刑部立法處分　宣和元年三月二十六日權京西路轉運判官李佑奏奉詔體量災傷賑濟闕食人民房州去年七月八日有百姓陳訴災傷者數百人知州李悝將狀首劉均等科斷差公人監勤劉均等高聲自言今後不敢訴災傷遍諸城市號令薰劉均年七十三歲因斷得病身死緣此阻遏放税不及一釐詔李悝先次除名勒停簽書官合干人並勒停提刑司根勘以聞　四月二日京西路轉運判官李佑言尚書右丞范致虛奏京西水災州縣並不依災傷檢放勒令民戶依舊納税致民力愈困體諒得汝州諸縣艱於賑濟致有流移飢莩唐鄧州縣已依法檢放税租及賑濟均房州諸縣放税不盡致自冬及春以來往往聚為賊盜詔均房州知通逐縣知縣並衝替唐鄧州知通各轉一官　三年二月七日臣僚言水旱災傷去處州縣已依條差官檢踏減放苗賦分數訖而漕臣又令州縣再行增收分數如宣和元年蕪湖一縣已經減放分數而漕臣再行增收八千九百石詔令本路提刑司體究以聞　四年五月二日詔江南東西路有逃絶及江水壞田多是虛招税租監司不聞督責州縣民力不堪令轉運司并州縣當職官體究根括置籍拘管仍勸

誘歸業及召人租佃承買其認納税租令於額內除閣　六年三月二十四日詔諸路州縣災傷多是官司檢放不實使人戶認税額無所從出必致流移不能歸業今後人戶經所屬訴災傷而檢放不實州郡監司不為伸理許赴本路廉訪所及尚書省御史臺越訴已上續國朝會要

高宗紹興二年十一月十二日江浙荊湖廣南福建路都轉運使張公濟言人戶田苗實有災傷自合檢視分數蠲放若本縣界或隣近縣分小有水旱人戶實無災傷未敢披訴多是被本縣書手貼司先將税簿出外雇人將逐戶頃畝一面寫災傷狀依限隨衆赴縣陳過其檢災官又不曾親行檢視一例將省税蠲減却於人戶處斂掠錢物不覺其鄉書手等代人戶陳訴災傷乞行立法戶部檢坐到紹興敕諸攬狀為人赴官訴事及知訴事不實若不應陳述而為書寫者各杖一百因而受財贓重坐贓論加一等詔依告獲每名支賞錢五十貫　四年九月十五日敕契勘水旱災傷檢放官不能遍詣田所吏緣為姦受賕囑託或以少為多或以有為無或觀望漕司吝於檢放致貧民艱於輸納有流離凍餒之患今後並委提刑司檢察如有不實按劾以聞當議重責　十一月二十六日兩浙運副李謨言被旨催納湖秀州平江府上供米斛據平江府具到今年苗米三

卷一萬七千五百三十九

十萬餘石內逃田開閣四萬三千餘石災傷減放八萬二千餘石契勘本府鄉村田畝比之他處最係肥田竊慮暗有摏占及不親臨檢視之下浙西提刑司專委官覆實將不職官吏送所司根勘重賜行遣如所委官輒敢隱蔽不實許監司互察依此根勘從之　同日中書舍人王居正言竊見屢下詔旨敕文倚閣逃絶檢放災傷四方守令奉行不虔猶恐實惠未必及人今州縣一有開閣逃田及檢放災傷去處則監司便指官吏作弊欲寘於法臣已取會常州鎮江府所會災傷與平江府分數一同其開閣逃田亦係已經於去年開閣數目轉運司已依近降指揮將鎮江府等處檢放數目牒提刑司委官檢察去訖今平江府獨從朝廷行下恐提刑司及所委官心懷觀望保明不實使逃戶及被災傷之人抑勒敷納為害不細乞賜追寢今降指揮從之　五年八月十一日中書門下省言江東西浙東路昨緣雨澤愆期有傷苗稼詔令逐路轉運司委官前去體度如實被災傷去處依條減視施行　二十四日內降德音訪聞廣南東路多緣颶風亢旱損傷禾稼在法自有合放分數仰本路轉運司委官前去體度如實被災傷去處依條減視施行　六年二月八日中書門下省言勸會民田曾經水發衝壞不堪開修耕作依條州縣檢視及轉運司覆實方與

開閤減免稅租竊慮其間因民戶陳訴州縣行移稽留致有虧納稅租者
理宜措置詔令諸路轉運司行下州縣如有文案可照曾行檢踏者疾速
依條蠲實以聞　十三年三月二十三日廣南西路轉運司言靜江府自
紹興七年差官根括逃田雖已根括了絕目今不住却據逐縣申明人戶
陳訴有逃絶戶數至多蓋緣所差官並不躬行阡陌親自檢踏令欲將日
後根括之官經及三年不至民戶詞訟別無不盡田土方許所屬次第保
明應餘路有根括逃田去處亦乞依此施行仍下諸路轉運司遵守施行
從之　十五年六月二十一日詳定一司敕令所删定官錢𪈽言欲望申
戒州縣或遇水旱減放民田致民冤訴差官覆實果有不當必重寘典刑
庶幾民被實惠從之　十六年二月二十五日權知衡州寶深言衡州管
下頻年豐稔不減平時然而尚有拋荒之土未盡耕墾良田檢放不實田
主未敢歸業欲望檢照前後累降指揮委自監司重行檢放召令歸業其
孤老困乏力不能辦者官與支借種糧牛具責限隨帶二稅送納則不一
二年間田畝可以盡耕逸民可以盡歸省稅可以盡復從之　十七年十
十一月二日上諭輔臣曰州縣災傷宜令官留意檢放不得苟取一時稅
租却致人戶逃移難以復業　十八年十月二十八日臣僚言今年夏秋

卷一萬七千五百三十九

之交天時亢旱災傷去處農民艱食欲望嚴戒所部監司守令常切存卹
災傷農民無致失所上曰如委實災傷可令所屬依條檢放稅租或有違
戾監司覺察按劾以聞　十一月二十七日戶部言訪聞浙江淮南災傷
依法以元狀差通判或職官同令佐詣田所躬親檢視申州具放稅租色
額分數牓示及申所屬監司檢察即有不當監司遴差鄰州官覆檢失檢
察者提點刑獄司覺察取勘具案以聞今欲下江浙淮南路州軍據災傷
縣分遵依令限指揮依實檢放分明大字出牓鄉村曉諭民戶通知并下
逐路轉運司常平司子細檢察所差官與令佐各曾與不曾躬詣田所檢
視有無不實不盡將違戾去處依法按劾施行從之　十二月二十一日
上諭輔臣曰災傷去處已降指揮檢放稅苗可申嚴行下逐路當職官須
管依實檢放如有不盡許人戶經尚書省越訴　二十三年六月三日上
諭輔臣曰聞諸處民田有被水害者可令戶部行下州縣差官檢視不可
救護去處依條放苗　二十四年十月三日三省言諸路州軍豐熟間有
高田旱傷去處上曰可令依條檢放公私欠負仍住催理其係官年歲深
遠者委戶部開具取旨條放仍令常平措置通融糶糴務令蠲濟毋致失
所　二十五年十一月十九日敕勘會兩浙江東淮　路間有因風水傷

損田苗去處除節次已降指揮存恤賑糶外委路漕司行下州縣不體至
意檢放失實或漕司不為除豁致人戶虛受苗稅如有似此違戾去處仰
提刑司覺察按劾仍許人戶越訴　二十六年二月五日詳定一司敕令
所删定官柳綸言臣竊見民間歲納秋苗間有旱潦自合減放分數近來
州縣多是利於所入略無加恤及檢視之際雖曰差官檢實往往觀望徒
為虛文是致貧民下戶監繫無時至有終身不能償者乞下有司嚴立約
束許民戶越訴從之　二十七年十月六日詔秋雨過多深慮下田有被
損去處仰州縣依條減放務在實惠及民不得鹵莽失實仍令監司檢察
　十一月四日殿中侍御史葉義問言昨漕江東目睹檢放之弊且以江
東一路言之歲認上供額八十五萬碩皆責辦州縣及時輸納然其間或
因災傷減放致令有承認不足數目朝廷灼見難以催理曾降指揮除放
至紹興二十二年訖自二十三年以後實因災傷檢放米數依舊催理臣
嘗具此聞奏蒙行下戶部勘當至今未與除豁欲望特降指揮將紹興二
十三年以後州縣實因災傷檢放米數已行申奏未準戶部銷豁者特與
除放仍令監司申戒州縣官司自後或遇災傷須嘗及時躬詣田所依條
從實檢放並具給罪保明狀申奏如檢放不實監司按劾如監司容縱令
御史臺彈糾從之

卷一萬七千五百三十九

二十八年八月一日詔令逐路轉運疾速行下州縣
開實被災傷頃畝數目及合檢放分數以聞　三十年十月四日臣寮言
欲望令逐路監司嚴察州縣委有災傷去處竝令從實放稅其有奉行不
虔之吏按劾聞奏詔令依條檢放　以上中興會要
孝宗隆興元年八月二十日臣寮言州縣減放災傷奉行不虔守令未嘗
加意十分災傷之處檢放不及二三分乞自今年八月三十日以後再展
限一月州縣多出文榜曉示應今年經水旱蝗螟災傷去處許人戶從實
經縣陳理不拘早晚收接委縣令躬親同所差州官前去地頭檢視着實
分數依條檢放仍委知州專一覺察諸縣監司覺察諸州如有奉行違戾
並委監司郡守將所委官按劾人吏編配施行如監司郡守不行覺察並
許人戶越訴御史臺彈劾以聞從之　乾道三年八月十六日起居舍人
黃鈞言竊聞四川亢旱異常自春及夏民情嗷嗷比至六月下旬乃始得
雨揆之農時似不及事得雨之後但植晚豆就令豐熟所得無幾且它郡
邑又有螟蝗害稼去處竊緣四川阻遠自來循例不申災傷不行檢放欲
望行下四路帥臣監司從實體量稍加存恤從之　九月十三日臣寮言
檢視災傷雖有條法官司玩習未嘗遵依每差州官到縣隨行征求追取

皆有定例，然後擇村疃中近來瘠薄不熟之田先往視之，多為蠲放，名曰
懸破。又擇今歲偶然稍熟之處再往視之，責以妄訴，名曰伏熟，重為民困。
望詔守臣選差廉曉清强之官，公心考覈，申飭監司嚴為按舉。凡所差官
汙瘵勤惰，公正與夫誣妄之狀，悉以上聞。從之。　四年七月二十五日，詔
諸路轉運司行下所屬州縣，將災傷去處各選委清强官遍詣地頭盡實
檢放。或不實不盡，有虧公私，被差官并所差不當官司並重作行遣。其被
水至甚去處，令監司守臣條具合措置存䘏事件聞奏。以三省言荊南、建
寧、衢、饒、信等州災傷故也。　六年六月二十七日，戶部尚書曾懷言：乞委
諸路漕臣，應災傷去處，仰民戶依條式於限內陳狀，仍錄白本戶砧基田
產數目、四至投連狀前，委自縣官將砧基點對坐落鄉村、四至畝步，差官
覈實檢放。如輒敢妄移豐熟鄉分在災傷地分僥倖減免，許人陳告，依條
斷罪，仍將妄訴田畝並拘沒入官，以一半給告人充賞。或有豐熟去處收
割禾稻了當，却開堰圍岸放水入田，端狀官司之人亦乞依此施行。若州
縣奉行滅裂，從漕臣按治，重寘典憲。詔依，諸路遇有災傷，令監司守令依
此施行。　八月二十八日，詔：今後夏秋之間水旱交作，蝗之螟蝝害稼滋
多，其間江東西最甚，二浙次之，福建、湖南北又次之，可令諸路監司早行

卷一萬七千五百手十九

覈實檢放稅租。　七年八月七日，江南西路轉運司言：本路今年春夏以
來久闕雨澤，江州尤甚。欲將本州諸縣乾道七年所催夏租紬絹錢物內
第四等以下人戶，除形勢戶外，並與減免三分，第五等減免五分。詔令所
委漕臣將災傷去處第四等、五等人戶秋稅覈實所有輕重，一面依條檢
放，具已檢過分數以聞。　十一月十四日，詳定一司敕令所修立下條：諸
災傷路分安撫司體量措置，轉運司檢放展閣，軍糧闕乏聽以省計通融
應副，常平司糶給借貸，提刑司覺察妄濫，如或違戾，許互相按舉，仍各具
已行事件申尚書省。諸災傷路分帥臣、監司申到已行措置檢放糶給覺
察事件，並歲終考察，修廢以聞。從之。　九年八月九日，詔浙東州軍間有
闕雨去處，不無損傷田畝，可令兩浙路轉運司委官躬親檢視。如有所損
分數，即仰覈實，依條減放，仍具已施行去處申尚書省。　九月二十六日，
臣寮言：伏見今夏已來雨不及期，浙東路郡旱者甚衆，至於江西間有荒
歉。田野之間以艱食為慮，竊恐令來州郡不知仰體陛下軫念元元之意，
遂使荒歉不舉，實惠不孚，重為民害。欲乞申嚴行下，凡有旱傷去處，必責
實檢放，不得亂有沮抑，致奸和氣。仍乞令逐路常平提舉官躬親巡歷，
同帥漕之臣覺察按劾以聞。從之。　十二月十四日，詔嚴州守臣選差諳

練職官一員，將已行檢視之數下諸縣審實。如委被渰沒去處，即與倚閣
二稅，候至將來開閣，復却行起催。臣寮言：嚴州溪流瀑漲，並溪之田皆為渰
沒，縣佐檢視未為得實故也。以上乾道會要

限田　雜錄

高宗紹興元年十二月十四日，權戶部侍郎柳約言：授田有限，著於令甲。
比來有司漫不加省，占仕籍者統名官戶，凡有科敷，例各減免，悉與編戶
不同。由是權倖相高，廣占隴畝，無復舊制。願推明祖宗限田之制，因將救
世重行裁定，應品官之家各據合得頃畝之數，許與減免，數外悉與編戶
一同科敷。詔坐條行下。　十七年正月十五日，臣寮言：政和令格，品官之
家鄉村田產得免差科，一品一百頃，二品九十頃，下至八品二十頃，九品
十頃，其格外數悉同編戶。今朝廷之意蓋欲盡循祖宗之法，以紓民力。比
年以來，單貧百出，編戶有不能辦，州縣必勸誘官戶共濟其事，上下併力，
猶患不給。今若自一品至九品皆得如數占田，則是官吏更無科配，所有
軍須悉歸編戶，豈不重困民力哉！望詔大臣重加審訂，凡是官戶除依條
免差役外，所有其他科配並權同編戶一例均敷，庶幾上下均平，民受實
惠。至若限田格令，臣欲候將來兵戈寧靜日別取旨施行。又言：今日官戶

卷一萬七千五百三十九

不可勝計，而又富商大賈之家多以金帛竄名軍中，僥倖補官，及假名冒
戶，規免科須者，比比皆是。如臣所請，則此弊可以少革，而科敷均平，民不
重困，實濟國用。詔令戶部限三日勘會申尚書省。於是戶部勘官，欲依臣
僚所乞，攤令應官戶除依條免差役外，所有其他科配不以限田多少，並
同編戶一例均敷科配，候將來邊事寧息日，却依舊制施行。從之。　二十
九年三月二十二日，大理評事趙善養言：官戶田多，差役並免，其所差役
無非物力低小貧下之民。望詔有司立限田之制，以抑豪勢無厭之欲。於
是戶部言：近年已來，往往不依條格增置田產，致州縣差役不行。應品官
之家所置田產依條格合得頃畝已過數者，免追改，將格外之數衮同編
戶募人充役。詔令給舍、戶部長貳同議措置取旨。其後給事中周麟之等
言：今措置官戶，閑見存官立戶者，許依見行品格；用父祖生前曾任官若
贈官立戶名者，各減見存官品格之半；父祖官卑，見存同居子孫官品高，
如未析戶，聽從高；及官戶於一州諸縣各有田產，並令各縣紐計，每縣併
作一戶，通一州之數依品格併計。將格外頃畝並令依編戶等則，於田畝
最多縣分衮同比並差役。若逐縣各有格外之數合充役者，即隨縣各差
坐募人充役。即役未滿而本官加品，並令終役。逐州委通判或職官、縣丞

尉專一主管將諸縣官户及併計到田產數置籍如本州遇逐縣申到陞
降並仰於當日銷注如縣內出入田產已過割訖或官員加品限一日申
州主管司注籍如人吏違限不注籍從杖一百科斷訖勒罷如別有情弊
故作稽滯因事發覺者徒二年有贓則計贓論其主管官仰監司具名申
尚書省自指揮到日許各家將子户詭名寄產限三月從實首併作一户
拘籍如出限不首併許諸色人告不以多少一半充賞一半沒官其見立
户名官員或品官子孫並取旨重作行遣如告首不實並依條斷罪及日
下州委知通職官縣委令佐取索官户户籍編排若已編排訖却有隱匿
蓋庇不實及奉行滅裂及於差役時觀望不公並許人户越訴其當職官
取旨重作黜責人吏斷配仍仰逐路監司常切覺察如有違戾按劾以聞
監司失覺察令御臺彈奏品官募人充役如有敢倚恃官勢及豪強有力
於本保內非理換援並許民户越訴及不伏州縣依法差使許當職官按
劾有官人并品官子孫並取旨重作行遣並只許募本縣土著有行止人
不許募放停軍人及曾係公人充違者許人告詳定一司敕令所看詳前
項措置欲依所請下户部遍牒諸路州軍遵守施行從之　三十年正月
五日户部言近給舍措置品官之家見行品格用見存官及父祖生前曾

卷一萬七千五百三十九

任官如若贈官立户并一州諸縣如有田產並令紐計併作一户通一州
之數頃畝令依編户家同差役許將子户詭名寄產限三月實首併[illegible]籍
如出限許諸色人告一半充賞本部今再措置一品官子孫分為十户每
户許置田五十頃之類品家之家田土內有山林園圃及墳墓地段之類
難以一例理數今乞並行豁除不理為限田之數內蘆場頃畝折半計數
其子户詭名寄產元限三箇月首併竊慮內有守臣不在置產州縣未能
依限首併今欲更與展限兩箇月如出違所展日限即依已降指揮施行
詔依仍行下諸路監司州縣遵守施行　三十一年正月二十五日臣僚
言近降品官限田指揮所以優卹下户恩意甚厚其間條目約束有所未
盡謂如一品官限田百頃身後半之使其家有十子各占五十頃則為五
百頃若復阡陌連亘數州所占不知幾何又勳貴之家援例乞免差徭雖
不過數家而在品官限田之前今亦泛然引用或甘募人充役或引舊例
丐免州縣推行不一乞委自守令條具經久可行利害委監司及本州類
中朝廷委官看定從之以上中興會要

孝宗乾道元年正月一日南郊赦官户多立户名編民冒作官户祖父母
父母在而私立户名竊慮尚有未曾經官首併之家因人陳告致坐罪戾

可自赦到日更限一月許令首併歸户　三年六年九月南郊赦並同此制
　四年九月十二日臣寮言品官占田理為官户事户部照得承蔭子孫
許置田畝數目雖比父祖生前品格減半若析户數衆其所置田畝委是
太多今重別勘當謂如一品父祖元格許置田一百頃死亡之後子孫用
父祖生前曾任官或增官立户減半計置田五十頃若子孫分析不以户
數多寡欲共計不許過元格減半五十頃之數其餘格外所置數目並同
編户其餘品從亦乞依此類施行庶得下户不致差役頻併從之　六年
三月二十一日詔曰朕深惟治不加進夙夜興懷思有以正其本者今欲
均役法嚴限田抑游手務農桑凡是數者卿等二三大臣深思熟計為朕
任此而力行之其交修一心毋輕懷去留以負委寄此朕所望也　九月
二十一日中書門下省言差役之弊大抵田畝皆歸官户雖申嚴限田之
法而所立官品有崇卑所限田畝亦有多寡品官田多往往假名寄產卒
逃出限之數不若勿拘限法令後官户與民户一槩通選物力第二等以
上輪差二年一替官户許僱人代役且以十年為限如經久可行別議立
為永法詔依兩浙路先次遵守　八年四月二十五日臣僚言役法之均
其法莫若限民田自十頃以上至於二十頃則為下農自二十一頃之上

卷一萬七千五百三十九

至於四十頃則為中農自四十一頃以上至於六十頃則為上農然後可
使上農三役中農二役下農一役豈復有不均之嘆哉其常有萬頃者則
使其子孫分析之時必以三農之數為限其或詭名挾户而在三農限田
之外者則許人首告而沒田於官磨以歲月不惟天下無不均之役亦且
無不均之民矣詔令給舍同户部看詳看詳品官之家照應元立限田條
限減半與免差役蔭人許用生前曾仕官品格與減半置田如子孫分析
不以户數多少通計不許過減半之數仍於分書并砧基薄內分明該說
父祖官品并本户合置限田數自今來析作幾户每户各合限田若干若
分晰時田畝不及合得所分格內之數許將日後增置到田畮湊數經所
屬批鑿添入照驗免役若分書并砧基內不曾該說並不在免役之限若
諸縣皆置田產竊慮重疊免役仍令諸縣勒令各家自行指定就一縣用
限田免役如所指縣分田畝不及合得限田之數許於鄰縣湊數其餘數
目及別縣田產并封贈官子孫並同編户差役有已差役人輙於役內無
故析户計會官司差人抵替致引惹詞訴今欲將來差役前父母亡歿服
闋在充役之內合行析户者聽析户外其見役人無故析户即有所規避
須候滿方許陳乞從之已上乾道會要

宋會要

墾田　雜錄

高宗紹興二年七月五日詔知興國軍王綯知永興縣陳升首先奉行詔令措置招誘人戶耕墾閑田可各與轉一官候措置就緒日令本路提刑司保明備申朝廷取旨褒擢　十二月十八日詔諸路寺觀常住荒田令州縣召僧道耕墾內措置有方及稅租無拖欠者並仰所屬差撥住持其田宅寺觀仍不以名次高下差撥　五年五月十五日戶部言修立到諸路曾經殘破州縣守令每歲招誘措置墾闢及拋荒田土數最格一增謂見拋荒田土而能招誘措置墾闢者一分知州陞三季名次縣令陞半年名次二分知州陞一年名次縣令陞三季名次三分知州減磨勘一年縣令陞一年名次四分知州減磨勘一年半縣令減磨勘一年五分知州減磨勘二年縣令減磨勘一年半六分知州減磨勘二年半縣令減磨勘二年承直郎以下循一資七分知州減磨勘三年縣令減磨勘二年半承直郎以下循一資到部陞半年名次八分知州減磨勘三年半縣令減磨勘三年承直郎以下循一資仍占射差遣一次九分知州轉一官縣令減磨勘三年半承直郎以下循一資仍占射差遣一次到部陞半年名次一虧謂見耕種田不因再被盜賊殘害若災傷而致拋荒者一分知州降三季

卷一萬七千五百三十九

名次縣令降半年名次二分知州降一年名次縣令降三季名次三分知州展磨勘一年縣令降一年名次四分知州展磨勘一年半縣令展磨勘一年五分知州展磨勘二年縣令展磨勘一年半承直郎以下到部降一年半名次六分知州展磨勘二年半縣令展磨勘二年承直郎以下降一資七分知州展磨勘三年縣令展磨勘二年半承直郎以下降一資到部降半年名次八分知州展磨勘三年半縣令展磨勘三年承直郎以下降一資到部降一年名次九分知州降一官縣令展磨勘三年半承直郎以下降一資到部降一年半名次　一考州縣守令墾闢拋荒田土增虧十分者取旨賞罰　一考州縣墾闢拋荒田土理分者以守令到任日見墾田畝十分為率　一諸縣每月終具措置招誘到墾闢田畝實數申州州每季終申監司準此若守令替罷即州縣限五日具在任月日內墾闢田畝數申一守令措置招誘墾闢田畝並歲考日限約束並依戶口法若守令在任雖不及半年而增及一分以上者亦考察　一守令雖係權攝賞罰並同正官一考知州縣令措置招誘墾闢田土不實及供具田畝增減若保奏違限並依考戶口法其增虧九分者依上下等余依中等　一歲考州縣守令招

誘措置墾闢及拋荒田土者其比考之數更不通計謂如到任第一年增五分其第二年數別理之類已上格法令三省吏部戶部議路通用詔依仍先次施行　十四年三月八日戶部言契勘京西州軍係累經殘破荒田至多委是閑墾倍費他州欲下本路轉運司將管下荒閑田土自請佃後與放免二年租課從之　十九年十一月二十一日臣僚言契勘淮南東西荊湖等路比年寧靖民稍復業而戶口未廣田野漸闢而曠土尚多惟縣令最為親民此未有賞格可以激勸令欲下諸路轉運司取見屬縣已歸業人戶與耕墾田畝稅賦之數委官審實注籍申部如一政內能勸誘人戶歸業耕墾田業添復稅租增及一倍從本州保明申運司審實保明申省部立定賞格不及倍者亦量所增之多寡遞與推賞其不能勸誘又致流亡荒廢者罰亦如之於是戶部言增戶口措置墾闢田土昨承指揮立定歲考增虧格法至今少有申到賞罰文狀蓋緣所立格法輕重不倫致無激勸用心招集謂如措置墾闢田土增一分知州陞三季名次縣令卻止陞半年名次今來官員陳請乞立定縣令一政內能勸誘民戶歸業耕墾田業添復稅租增虧賞罰本部契勘逐路拋荒田土數多全藉守令措置招誘人戶耕墾比之興修農田水利尤重若不增重賞格開墾無

卷一萬七千五百三十九

緣增廣令比擬守令一任招誘措置墾闢田土賞罰格下項知州增謂到任之後管屬諸縣開墾過見拋荒田土一千頃轉一官七百頃減磨勘三年五百頃減磨勘二年虧謂到任之後管屬諸縣見耕種田不因災傷而致拋荒者五百頃展磨勘二年三百頃展磨勘一年知縣縣令增謂到任之後開墾過見拋荒田者五百頃承務郎以上轉一官承直郎以下依條施行四百頃承務郎以上減磨勘三年承直郎以下循一資仍減磨勘一年願以循資當舉官者當舉官一員三百頃承務郎以上減磨勘二年承直郎以下循一資願以循資當舉官者當舉官一員二百頃減磨勘一年半一百頃減磨勘一年虧謂到任之後見耕種田不因災傷而致拋荒者一百頃展磨勘一年每及百頃依此五十頃降三季名次三十頃降半年名次一縣令到任日具著業戶口墾闢田畝稅賦拋荒田土實數申明本州覆實保明申轉運司知州到任申轉運司準此轉運司保明申尚書戶部一縣令每歲終具措置招誘墾闢田畝增添稅賦及有無卻拋荒田土實數交割付後官從後官保明申州州限半月覆實申轉運司轉運司一月保明申尚書省戶部一守令若權攝官據權過月日內開墾田數交格或有拋荒田土並依正官賞罰一令除前項立定賞格外如有任內於所

立格外開墾田土增廣數目并許計數累賞一佇令措置招誘墾闢田土增添稅賦等若供具增減不實及供申違限乞重立條法施行如得允當即乞更下吏刑部審覆施行及乞下諸路轉運司取見屬縣已歸業人戶耕墾田畝稅賦之數委官審實注籍訖先次開具保明申部從之　二十年四月二十七日左朝奉大夫新差知廬州吳逵言請置力田之科以重勸農之政募民就耕淮甸賞以官資闢田以廣官莊自今歲始漢制計戶口置員則有賞員今欲以斛斗定賞必無濫賞江浙福建委監司守臣勸誘土豪大戶赴淮南從便開墾田地實為永久之利今立定賞格土豪大姓諸色人就耕淮南開墾荒閑田地歸官莊者歲收穀五百碩免本戶差役一次七百碩補進義副尉八百碩補不理選限州助教一千碩補進武副尉一千五百碩補不理選限將仕郎三千碩補進義校尉四千碩補進武校尉力田出身其被賞後再開墾田及元數許參選如法理名次在武舉特奏名出身之上已上文武職遇科場並許赴轉運司應舉從之　九月十九日知廬州吳逵劄子契勘就耕之民以力田賞格開墾田畝便着籍為營官莊戶應名繫於官不得自由欲望將營官莊戶只作力田戶其推賞事件並依元格施行從之　二十二年十月十二日詔權發遣京西

卷一萬七千五百三十九

路轉運判官兼提刑提舉常平茶鹽等公事魏安行特轉一官以前知滁州開墾荒田二千餘頃推恩也　二十六年四月二十七日戶部言淮南人戶未耕官田已降指揮展限三年開墾今欲下本路州縣出榜曉諭人戶將本戶內已請射未耕種官田限二年盡行開墾耕種如限滿有未耕種田畝即許諸色人劃佃限即時給付其京西路若有似此去處亦乞依此從之　六月十五日吏戶部言荊湖北路見有荒閑田甚多亦皆膏腴佃耕者絕少欲下本路轉運司應干係官等閑田行下所部州縣招誘不以有無拘礙之人並許踏逐指射請佃不限頃畝給先投狀之人自承佃後與放免租課五年其送納租課應副牛種等並依京西路已得指揮施行仍令四州制置司行下逐路轉運司曉諭如願往湖北請佃開墾官田人戶亦仰即時給據津發前去其放免租課等依此施行守令招誘戶口令本路監司取其能否保明推賞內有不職之人按劾取旨責罰從之　二十九年十二月十六日直敷文閣淮南東路轉運副使魏安行言淮東州縣閑田甚多今欲勸誘民戶增廣力田先次條畫下項一乞將本路招誘到人戶先支借口糧次給農具牛器種子蓋造住屋等計所直俟種田見利立定分數逐年次第還官并令州縣籍記土豪姓名乞重立賞格

如能招致耕田人戶一百家者有官人差充部押官無官人補甲頭招及一百家者有官人減二年磨勘無官人依八資法補守闕進義副尉每五十家遞遷一等無官人至五百家補承信郎五百家有官人充轄官無官人令依今來措置補名目人與遞遷充部押官並依効用請官法支破請受理為資任及立賞招誘未來之人有能招誘人戶十家耕田三頃者支錢四十貫文一百戶耕田三十頃者支錢四百貫文二百五十戶耕田七十五頃者白身與補進義副尉不願就名目者支錢一千貫文大率每招到一戶耕田三十畝者支錢四貫文以次第增添　一諸軍已揀汰下官兵有願赴淮東耕田者乞許徑赴本司及所在州軍陳狀如係有官資人借請三月驛料軍兵借三月家糧差人伴押前來依出戍體例日支錢米候開田收利日旋次住罷一勸耕之初蠲免課子十年至第五年只收種子第六年帶還官司所借糧食等價錢仍分秋夏兩料送納並不收息還官足日自為己業一耕牛差委有心力人揀擇收買乞於產牛州郡就經總制錢內支或客牛聽人戶揀買官借價錢如日後闕牛請再請或借價錢異招召客人欲隨人夫多寡旋修築圩堰蓋造屋宇種麻豆粟麥之屬亦可以減省支借從之　十七日淮南路轉運副使提領營田魏安行言

卷一萬七千五百三十九

欲乞下本路將十九年以後守令增開到田取見頃畝申朝廷依元降指揮推賞儻有虧減罰亦如之信賞必罰則人知勸沮從之以上中興會要

孝宗隆興元年九月二十八日臣僚言湖外之地多荒廢不耕欲定墾田廣狹以為兩路守令黜陟之法其新墾田與蠲免夏秋稅役五年戶部勸會人戶請佃閑田自有放免年限其守令招誘墾闢亦皆立定賞罰格目今欲下兩浙轉運司依已降指揮施行外仍令每歲取責州縣增墾荒田之數置籍驅考保明申朝廷從之　乾道二年五月六日臣僚言兩淮膏腴之田皆為品官及形勢之家占佃既不施種遂成荒田乞自今如經五年不耕者許民戶并歸正軍屯田指射官為給據耕種從之　三年九月二十五日權發遣和州主管淮西安撫司公事胡昉言昨本路帥臣吳逵於紹興二十年申請招誘江浙福建豪民至本路從便請佃荒田據所收以十分之一輸官三年之後歲增一分至五分而止中緣兵火蠲放至今歲再行起催乞將上頃租課撥付本司充激犒民社支用從之　四年二月二十九日知鄂州李椿言本州荒田甚多往歲間有開墾者緣官即起稅佃之田給為己業至六年遞增一分九年然後全輸或元業人有歸業者

別給荒田耕種從之　五月一日湖北運副楊民望言諸州荒田多無人開耕間有承佃之家盡力墾闢往往為人告訐稱有侵冒頃畝官司從而追納積年稅租遂致失所乞自今後遇有親耕之人止催納當年租稅日前者並與蠲放從之　五年正月十九日詔新除大理正徐子寅措置兩淮官田子寅條具下項一乞先往楚州督促守令置造農具屋宇給散耕牛種粮就二月內開墾俟一州畢即往以次諸州依此措置二合置買牛具乞支降會子二萬貫俟用畢即申朝廷再行給降接續支遣三今來楚州山陽寶應縣歸正人願請佃者計四百餘名合用耕牛犂耙鉏鏺石輾軸木勒澤踏水車之屬乞劄下淮東安撫司預辦耕牛并委楚州計置合用錢數付諸縣知縣置造上件農器俟本所到日同知縣摽撥田段如官吏違慢具姓名申朝廷行遣從之　同日徐子寅言兩淮膏腴之田多為官戶及管軍官并州縣公吏詭名請佃更不開墾遂致荒閑乞限一年令見佃人耕種如限滿不耕拘收入官別行給佃從之　六月三日淮南轉運司言向緣兵火民多逃移蒙朝廷招誘歸業例以歸認田土畫時給多有包占曠步雖立限許令自陳愚民懼增稅課不即陳首今已限滿若遽許人剗佃緣其間亦有無力耕種之人乞除官戶公吏之家更展限一

卷一萬七千五百三十九

年從之　十一月二日徐子寅言被旨勸諭歸正人置莊耕種皆流離之人開墾之初全在守令撫卹令聞或有追擾拘納課子或因踏田輒行收禁乞自今許被擾人於措置官田所陳訴具姓名聞奏從之　六年正月十四日太府少卿總領淮西江東錢粮兼提領屯田葉衡言合肥瀕湖有圩田四十里舊為沃壤久廢墾闢今若募民以耕可得穀數十萬斛蠲其租稅俟二三歲後阡陌既成然後做歷陽柘皋營田官私各收其半從之

三月二日三省言兩浙開田見令募民開墾以為守令殿最歲終具數申安撫司核實其募到力田為首之人乞優與推賞若補轉官資減免賦役之類從之　六月十三日戶部侍郎江浙荊湖淮廣福建等路都大發運使史正志言浙西諸路營田除秀州嘉興縣未報外計一百五十八萬三千餘畝數內人戶未佃五十七萬二千八百餘畝未開耕田五萬四百餘畝并逃移事故田一十三萬九十八百餘畝總計七十六萬三千餘畝若召人承佃可收稻麥一十二萬碩其未耕之田不審有無措置及逃移田有無歸業之人未佃田或已有人承佃竊慮上戶冒占不納租課乞從本司委逐州通判親詣諸縣檢視如有隱匿不輸官租限百日自陳仍舊承佃自令年起理租課若違限不首依條拘收入官詔陳首限半年餘依

所請施行　七年四月四日知泰州徐子寅言近措置兩淮民戶包占寬剩田令乞再限一季許令自首別給據為已業如限滿不首許人剗佃或願借耕牛者令諸州應副估元價均以五年還官從之　六月三十日新除淮南運判向士偉言兩淮田畝荒蕪願耕之民多非土着當請射之初未暇會計畝步積以歲月盡力墾闢方稍獲利比來州縣以其不無寬剩之數再行括責復增征歛甚非撫字慈養之意乞申飭兩淮州縣民戶有增墾田令年止令輸納舊稅不得椒有增添從之　八月二十八日知泰州李東言泰州田計二萬餘頃今欲置買牛具椿辦種糧人戶請佃一頃與借給耕牛一頭及農具種糧隨田多寡假貸許元價均以五年還官更不收息依元降指揮次邊州縣免五年十料租課如限滿合行起納課子每畝乞減作三升三年之內不通官課印給為永業改輸正稅從之　十月七日詔淮東路帥漕臣將諸具到係官荒田委守令招召人戶耕種將二麥官為借粮其人戶請佃未耕者亦仰勸諭蓋行佈種具已種頃畝申三省樞密院歲終差官覆實取旨殿最賞罰淮西路依此施行先是淮東安撫司具到係官荒田真州三百七十四頃五十畝揚州五十二頃九十一畝通州一百一頃八十一畝泰州二萬一千二百四十八頃四十五畝

卷一萬七千五百三十九

楚州四千四百二十三頃八十六畝滁州一百五十九頃四十五畝高郵軍一千一百六十九頃一十三畝盱眙軍一百四十一頃三十四畝人戶請佃在戶未耕荒田真州一百三十五頃七十一畝揚州九十三頃通州六十九頃一十八畝泰州三百三十九頃一十五畝楚州三千六百九十七頃三十三畝滁州二百三十七頃七十七畝高郵軍七百六十三頃三十八畝盱眙軍二千一百二百一頃一十三畝故有是命　八年正月二十一日淮東提舉措置兩淮官田徐子寅言淮批下臣僚劄子乞將兩淮有主田圍寬限令耕不許剗奪契勘兩淮之田舊多荒蕪近年民漸歸業止緣人牛未辦遂致包占非假歲月開墾遽許人剗佃將見豪勢之家侵漁爭擾民受其弊令欲令兩淮諸州自乾道八年為始將各戶荒田每歲開耕二分限以五年如限外尚有未耕許人剗佃所開田與免五年課子稅租從之　三月十六日徐子寅言近勸諭歸正人一千五百八十人於楚州寶應山陽淮陰縣高郵軍高郵縣盱眙軍天長盱眙縣揚州江都縣泰州海陵縣界共置五十四莊並給付耕牛農具粮種開墾田畝已蒙朝廷行下委逐縣知縣躬親究實已見就緒今乞將官田所給局其合行事件並隸常平司從之　四月二十日知江陵府松滋縣滕珉言乞將湖

北人户所請已歸業人開荒田限三年不耕許人劃佃與免三年六料租税其見存主户有開墾頃畝過數許其自增租税它人不許劃佃詔下湖北轉運司相度據本司申已降指揮應見佃荒田之家如有開闢過數止令輸納舊税更不通計其妄執契書告許之人官司不得受理仍限二年若限滿已耕地係屬本户外其不耕之田許外人請射為業滕瑮所請有礙前旨詔送户部看詳既而户部申湖北漕臣欲將包占田畝以二年為限緣今來已是過滿乞下本路更與展限半年如違許人劃佃從之 六十四日詔將安豐軍壽春安豐等縣荒閑田一百八十七頃三畝皆給付歸正人二百一十七户開耕自乾道九年為始與免課子十年 七月十五日權知廬州兼提領屯田趙善俊言淮甸之民請佃田畝多有包占無占一二十頃至及百頃者緣無苗税故能久占其實無力耕墾遂致流移歸正人請射不行則是有力者無田可耕有田者無力開墾朝廷曾限半年許人户耕有未幾又限以五年緣此愈見執占欲望寢其耕限五年指揮許官司分撥包占田畝與流民歸正人從便請佃詔趙善俊開具人户包占田畝數目申三省樞密院 九年正月十八日資政殿學士新知揚州王之奇言淮上之田例多荒棄昨紹興二十年嘗置力田之科募民献

耕賞以官資當時止計斛斗定奪是以應募人少今欲令諸路州縣勸諭土豪户揀汰離軍及諸色人並許經安撫司指占荒田據頃畝定賞俟耕種日與書填給付若一年所耕不及其半與二年不能盡耕即行拘收什身毁抹且以墾田一千頃為率據每歲合用種糧農器牛具屋宇之數預申朝廷關撥內補官人與作力田出身理為官户應開耕荒田將來收成日除合樁留次年種子外官與均分凡一千頃歲收稻二十萬石每石價錢約一貫五百文計三十萬貫讓官者一十五萬貫所用官誥付身計一百二十二道內迪功郎二道承信郎十道進義校尉三十道進武校尉二十道共六十二道元有立定價錢計一十三萬二千貫文比之官中出賣立名官告綾紙之數其所得尚為有餘更有下班祗應守闕進義副尉各二十道共六十道係是書填元有借補官資人即無立定價錢今欲令耕田八頃者補進義校尉十頃補進武校尉二十頃補承信郎四十頃補迪功郎已上並自耕種日先次書填給付理為入仕月日文臣即以力田所進脩奏使武臣即以指使繫銜從安撫司保明申朝廷給降差劄理為資任候初收成日依本等支破券錢如及十年願參部注授者聽無歲終具耕過頃畝所收子利數目經所屬次第保明申力田所批書如不及十

淳熙以下脫

年託故解罷到部日依進納人例施行不及五年即不許到部其所補官人令吏部預行籍記姓名至如借補名目比之創開田人自合量減頃畝今欲令借補守闕進義副尉每人開田三頃進義副尉五頃下班祗應六頃緣初年難辦牛具兼淮南難得竹木客户所居屋宇亦難就緒欲乞支降官會十萬貫并客户逐月借支工食稻子六碩以半年計之共三萬六千碩乞於兩淮轉運司令後營田米斛內支借仍乞二年四料除還詔依內會子令左藏庫給降其中書門下言兩浙荒田已給降空名官誥與綾紙立定頃畝勸諭人户開耕更書填補授官資訪聞應募之家意在希賞多隱匿已耕熟田一槩作荒田陳乞補授理宜約束詔王之奇取責應募之人各開具願耕田畝及有無包括熟田在內委官逐一檢實仍將已應募人并頃畝開具申尚書省 閏正月十四日宰臣梁克家等奏訪聞淮民佃田所以周旋勞冤之闕冒死不顧者正利名占寬餘之數兼其俗耕耨鹵莽所占雖多所入極少日來累降指揮展限今若限滿許人劃佃則元主驟有失業之困也上曰兩淮召募開墾止許就未耕荒田之地不得劃佃 十七日詔王之奇約束州縣自今不許諸色人將農民已耕之田妄行侵奪如歸正人有未着業即將無人指占田畝分撥給付依例支借

牛具糧種 三月二十四日詔胡與可將淮南安撫司已書填力田官告等六十三道先以取見姓名及所耕頃畝并借支官會稻子開具申尚書省 乾道九年七月七日臣僚上言近者胡與可覈實兩淮力田之數王之奇凡用朝廷迪功郎承信郎等官告綾紙補官者九十一人用錢五萬四千七百餘貫稻子八千餘石止開耕到田九十二頃比合開耕之數不及十分之一昨來之奇急於功利欺罔朝廷有授狀者更不勘會詣實即望風補授官資支與錢穀至今有不曾開墾一畝者甚衆有開三五畝七畝十畝而止者視之有同兒戲雖三尺之童無不竊笑者之奇竟罷役職指揮 五月八日中書門下言兩淮應募耕種荒田之人元降指揮若一年耕種不及其半或二年不能盡種即行拘收付身毁抹今欲展作三年所收子利除樁種子外官與耕種人均分今欲令官中止取四分所借牛具糧食元令二年四料除還今欲展作三年六料並從之 十一月十七日詔淮東應募田力已補官歸正貧乏無力耕種可將元借錢穀特與蠲免其補官告命願繳納者聽以上乾道會要

太宗皇帝淳化四年知雄州何承矩及臨濟令黄懋請於河北諸州置水利田興堰六百里置斗門灌溉并見屯田門

太宗至道元年正月五日度支判官梁鼎陳堯叟言乞與三白渠及南陽
陳潁壽春浉郡襄陽水田復鄧信臣鄭艾羊祜之制以廣農作詔光禄寺
丞何亮等經度之　九月堯叟鼎等言伏自唐季以來農政多廢民率棄
本不務力田是以廩庾無餘粮土地有遺利臣等每於農畝之際精求利
害之本討論典故備得端倪自陳許鄧潁暨蔡宿亳至於壽春用水利墾
田先賢聖跡具在坊壞廢毀遂成汙萊儻開闢以為公田灌溉以通水利
發江淮下軍散卒給官錢市牛及耕具導達溝瀆增築防堰每千人人給
牛一頭治田二萬畝畝三斛歲可得十五萬斛凡七州之閒置二十七屯
歲可得三百萬斛因而益之不知其極矣行之二三年必可以置倉廩省
江淮漕運闕田益墾民益饒足乃愼選州縣官吏俾兼暫其事民田之未
闢者官為種植公田之未墾者募民墾之歲登官私各取其半此又敦本
勸農之術又引漢元帝建昭中邵信臣為南陽太守於穰縣南六十里造
鉗盧陂累石為堤旁開六石門以節水勢溉田三萬頃至晉杜預因信臣
遺跡激滍淯之水以溉田萬頃魏武以任峻為典農中郎將屯田於許下得

穀百萬斛晉宣王遣鄧艾行陳潁以東至壽春艾言田良水少不足以盡
地利宜開渠淮北二萬人淮南三萬人且佃且守歲小豐常收三倍除給
費外歲完五百萬斛六年可積三千萬斛宣王然之遂北並淮自鍾離而
南横石以西盡沘水四百餘里五里置一營營六十人且佃且守更修廣
淮陽百尺二渠上引河流下通淮潁大治諸陂於潁南潁北穿渠三百里
溉田二萬頃自戰爭以來民競逐末凡此遺跡率皆荒榛臣等欲因其溝
塍增築堤堰導其水利墾為公田傳子曰陸田命懸於天人力雖修苟水
旱不時則一年之功棄矣水田之制由人力人力苟修則地利可盡也劉
又膏沃特甚螟螣不生比於陸田又不侔矣帝覽奏嘉之詔大理寺丞皇
甫選光禄寺丞何亮乘傳按視經度之　二年四月皇甫選何亮等言奉
詔往諸州興水利臣等先至鄭渠相視舊跡按史記鄭渠元引涇水自仲
山西抵瓠口並北山東注洛三百餘里溉田四萬頃收皆畝一鍾白渠引
涇水首起谷口尾入櫟陽注渭中袤二百餘里溉田四千五百頃兩處共
四萬四千五百頃今之存者不及二千頃乃二十二分之一分也詢其所
由皆云因近代職守之人改脩築堰圻壞舊防走失其水故灌溉之功絶
不及古渠况此水二郡六縣資其利以溉田畝望令增築堰壞舊有放水

斗門百七十六處悉已毀壞望選治之嚴禁豪民盗用水移六石洪門就
近上河岸不損處開渠口通河水愼選能吏專掌其事又言鄧許陳潁蔡
宿亳等七郡民力耕種不及之處官司開田共二十二萬餘頃凡三百五
十一處並是漢魏以來鄧信臣杜詩杜預任峻司馬宣王鄧艾等置墾
之地内鄧州界鑿山穿嶺疏導河水散入唐鄧襄三州灌溉田土又諸陂
塘坊壞大者長三十里至五十里濶五丈至八丈高丈五尺至二丈其溝
渠大者長五十里至百里濶三丈至五丈深一丈至丈五尺可行小舟臣
等按視諸處增築陂堰大費工役欲望於舊防未壞可以疏引水利耕
二萬餘頃漸興置之詔從其請令自鄧州始但募民耕墾免其税令選幕
職一人與鄧州通判同掌其事選與亮分路按察焉　五月知懷州許
象上言蒙差奉職張致與臣相度開畎河水澆溉人戸田苗并官竹園臣
等相度所有令狐營水磨兩盤實是每年配率民戸於舟河作堰功料至
大百姓甚困欸欲望特行停廢其上汜河下流水磨兩盤且乞仍舊差人
勾當出辦元額一半錢銀其官竹園依時流溉外沿河人戸乞令鄉村春
夏澆田自上流使水秋冬澆田自下流使水如違乞以盗決堤防條料罪
或百姓自辦開畎廣作陂塘亦聽取便令懷河内縣尉正中超等分析到

緣河兩岸使水二十二村二百二十五戸澆得田土約六百八十餘頃并
屬省竹園在内帝謂宰相等曰川谷通流澆溉畎畝乃農田之急務也宜
可以水磨微細課入妨百姓之利哉其水磨依奏廢兩盤見存留者亦與
減放一半課額餘水則引入官地用灌園竹勿使荒廢　真宗咸平六年
三月以大理寺丞黄宗旦通判潁州從京西轉運使查道之舉宗旦先上
潁州諸縣陂塘荒地計千五百餘頃可募民耕佃因命宗旦經度之其民
自占者三百二十餘家朝廷欲終其事適會道舉奏遂就命之　景德元
年正月北面都鈐轄閻承翰言自定州開渠至蒲陰縣東約六十二里引
水入沙河東經邊湖泊入界河可通行舟栰計其工役并圖畫來上之帝
謂侍臣曰承翰以開導此河不惟易致資糧蓋可耕種其旁引水溉灌以
助軍實且設險以限戎馬亦邊防之利也宜可其奏　四月十四日閻承
翰言自嘉山引徐河水經定州東入沙河其新開河北官司已開田種稻
其旁陂澤地欲募人耕懇從之　大中祥符五年九月帝曰保州興置稻田
地里漸廣知州高尹到彼並不具興修次第聞奏可密諭尹令常用心興
置仍逐月件析以聞其稻田務兵士或闕數目無多宜令樞密院量與增
差　天禧元年六月十一日知昇州丁謂言城北有後湖因旱百姓請佃

計七十六頃納租五百五十餘貫今請依前畫水種植菱蓮或遇亢旱決以溉田仍用蒲魚之利濟民飢望量遣軍士開修其租錢特與減放從之　十二日詔明州城外濠地及慈溪鄞縣陂湖所納課額永除之許民溉田蒔朵菱芡　二年十二月都官員外郎張若谷言宣州化城圩水陸地八百八十餘頃歲納租米二萬四千餘碩見屬永陽鎮監稅使臣勾當未得整肅望置一使臣專領其事從之　四年五月淮南勸農使王貫之等言海州界石闥堰水入漣水軍溉民田知濠州定遠縣太子中舍江澤率部民修古塘堰貯水溉田民獲其利詔並獎之仍令代還日考課引對因論諸路勸農司應塘堰可以利民者準此繕修　七月詔江淮南舊有陂塘民請佃二十年以同者並許仍舊修貯自今不許請佃內已種蒔者俟收穫畢修作二十七年已上者依舊為主

仁宗天聖四年八月監察御史王沿上相州開河渠引水溉民田利害詔俟修護黃河畢日規畫之沿奏云渠田起於戰國魏襄王時東有齊西有強秦韓魏在其前燕趙居其後干戈歲動封疆日蹙苟不盡其地利則為強國所吞故史起獻其謀曰魏氏之行田也以百畝鄴獨二百畝是田惡也漳水在其旁西門豹為鄴令請引之以溉鄴以富魏之河內臣觀

卷一萬七千五百四十

史傳但載灌溉之饒不書疏導之法惟本州圖經稱有天井堰者魏武帝所作二十里分十二重堰每堰相去三百步令互相灌注故左太沖魏都賦云墱流十二同源異口詳此則古來漳水本淺不與岸平須就岸以開渠復臨渠而作堰則水流渠內渠灌田中蓋為渠之初必就高處渠行數里方達平田若水與岸平田與岸接為渠甚易溉田不難則自國初以來庸常之人已能開之久矣又豈假臣之贅言而後隱度哉臣按史記云韓聞秦之好興事欲疲之無令東伐乃俾水工鄭國說秦令鑿渠引涇水並北山東注洛三百里欲以溉田中作而覺鄭國乃曰為韓延數年之命為秦建萬世之功秦以為然卒使就渠夫以彊秦之力鑿一渠有何艱哉輒人乃云欲疲之鄭國又云為韓延數年之命則是舉秦國之人而疲之數年然後能成之今若特此較彼則史起之引漳水豈止一朝一夕之功哉是必歲役萬人數歲而獲其利又鄭國鑿渠並北山東注洛三百里則是為渠之初須就高處本不與平田相接亦已明矣若與平田相接則澆灌之利豈能遠及三百里哉臣詳王軫虜中正等相度漳渠事狀大抵云水卑岸高渠已湮塞若作堰開渠其功甚大則亦然矣若云渠堰雖成其水渾濁不堪溉田及所作之堰若遇川溢之時必復衝壞則是軫等不知溉

田之方作堰之法臣按鄭白渠之引涇水也今在耀州之雲陽三原富平及京兆府之涇陽高陵櫟陽六縣緣渠皆立斗門多者至四十餘所以分水勢其下別開小渠亦以溉田則水有所分民無奔注之患且其水最濁故稱涇水一石其泥數斗溉糞禾黍今反言其水渾濁不堪溉田斯豈非不知而為知者耶又其作堰之法或云皆用大石方四五尺者錮之以鐵積之如陵岐被中流擁為雙派其南流者乃為涇水其東注者乃是二渠故雖駭浪不能壞古人苟不如此則年年修渠歲歲作堰百姓豈有利哉今漳水之畔若復渠田乞朝廷勘會雲陽縣若有上件渠堰斗門即乞精擇水工十餘人徧詣彼處募古人作堰開渠之法覩令人置斗門溉田之方及命雲陽民自今犯罪當配者皆從相州教百姓水種陸蒔之利則其謀易成至如北邊本無水田自徙江南罪人於彼後來皆知水利臣昨於正月內上疏乞命水工往鄭白渠觀彼疏導之制往衛漳之上鑿而引之蓋亦慮磁相之民不知作渠法耳又詳王軫稱若不開舊渠而截河作堰當役七十五萬餘工若從渠口開深一丈四尺當役十三萬餘工以臣籌之若渠開二丈四尺則作堰之功可損半當併役五十萬工日萬人役五旬而罷若擇水工有計智依鄭白渠作堰之法采坯山之石取磁陽之木

卷一萬七千五百四十

給終城之鐵扼中流非長岸資木石之固作其堰焉上開大渠可成剔派沿渠數里分置斗門漸及平田必獲澆溉之饒水東入御河或遇川溢之時則於元渠之口下版以塞之以防奔注之患其磁魏邢洺既居下流堤岸又淺或餘波可及或別渠可穿則所謂鄭國在前白渠起後又且首起谷口尾入櫟陽之類也夫如是則復三百年廢迹溉數萬頃良田雖役萬人數歲而畢亦不足為勞矣又詳王軫稱若開古渠則擁卻民田而其萬金都領等弇之無迹者大凡開溝渠豈有不犯民田哉若不犯民田而能開之者雖史起復生亦不知計之安出其萬金等渠求之無迹者蓋本田之中歲久堙沒又詳王軫稱萬平渠權百姓狀稱稅賦已重雖得水出利不得乞不修堰檢會臣昨言乞於安陽水次作堰不以遠近百姓並許引水澆灌蓋欲春夏旱時澆溉二十村民田今軫曾不思先議增稅致人憂疑不願灌溉斯豈卹民之旨哉又以堰成之後安陽水少行舟不得虧卻稅額夫以一渠之流不過減本河數分之水安思舟不浮哉苟有利民雖虧稅其亦末矣臣觀軫等事狀似不以古今利害徒采村落小民壕寨軍將之語以斟酌三百年廢渠之迹其能盡其術乎昔西門豹賢臣也史起尚以為不知用是不智也況野人鄙卒之屬能盡知乎傳曰夫民可與

舉成不可與謀始又曰可使由之不可使知之今國家生民富庶區域久安有陶唐擊壤之風無戰國交兵之事猶乃俯從鄙議恢復農工此蓋丕闡皇猷紹隆治本雖大禹之疏濬川澤周人之均别廬井亦無以加矣

景祐元年十一月二十一日三司戶部副使王沿言磁相邢趙州已南州軍灌溉去處人戶種蒔稻田勸會西山一帶州軍即目開修甚有地窪窟緣逐處少得稻種乞下衛州於種田務支借二百碩與人戶種蒔收成日依元數送納從之　慶曆三年十一月七日詔訪聞江南舊有圩田能禦水旱并兩浙地卑常多水災雖有堤塘大半隳廢及京東西亦有積潦之地舊常開決溝河今罷役數年漸已湮塞復將爲患宜令江淮兩浙荆湖京東京西路轉運司轄下州軍圩田并河渠堤堰陂塘之類合行開修去處選官計工料每歲於二月間未農作時興役半月即罷仍具各處開修功績并所獲利濟大小事狀保明聞奏當議等第酬奬内有係災傷人戶即不得一例差夫接擾如吏民有知農桑可興廢利害許經運司陳述件析利害畫時選官相度如委利濟亦即施行　四年正月二十八日詔陂塘圩田之類及逐處堤堰河渠可備水患者或能創制開決或久遠廢壞堙塞却能興復或前人已興功未成後來接續了畢者仰逐處勸會功料

卷一萬七千五百四十

大小所利廣狹以聞　十月權發遣戶部判官公事燕度言竊聞關中水利古人所以富國近年亦有臣僚擘畫澆灌者然州縣鮮能諳尋水勢疾心農務是致頻年亢旱屢遭饑饉百姓流移軍儲不集近華州渭南知縣曹公望嘗引敷水溉田甚廣民間頗稱利便却聞有人爲妨私家水磨遂訟於官雖州縣不行然慮陝西水勢可以疏引澆灌去處不少似此盡爲豪勢之家占爲碾磑之利而州縣厭見爭訟不敢盡心計畫欲乞特下陝西都轉運司如州縣能以水利澆溉民田廣潤者應是妨滯公私碾磑池沼諸般課利並須停廢不得爭占州縣仍不得受理詔三司詳定尋移陝西都轉運司就近相其利害於是本司言度擘畫委是經久之利從之

五年九月二十八日兩浙提點刑獄宋純等言乞應在官有能擘畫開修水利並須先具所見利害於畫地圖申本屬州軍及轉運或提刑司委自本司於部下選官親詣地所相度如實合行開修經久利濟詢問鄉耆富豉詣實差官具保明結罪申轉運提刑司體量允當方下本屬州軍計夫料倫粮設法勸誘租利人戶情願出備仍依元數於未農作時興役半月不得非時差擾候畢其元擘畫官吏依近詔保明施行如官吏敢擅開修不預申本屬不得理爲勞績及出給公據保明仍劾事端施行從之仍詔

令後委實有功效並只理爲勞績　皇祐元年正月二十五日兩浙轉運司言知越州餘姚縣謝景初申當縣陂湖三十一所並係衆戶植利蔭田内二十一所見於圖經其間有被形勢豪強人戶請射作田納租課後來遂廢水利去處雖累有詔敕及赦令山澤陂湖不得占固即無明言不得請射管種及無簿籍拘管所以官司因循請託或致受納賂遺令形勢豪強人戶請射作田以起納租稅爲名妝作已業民蔭溉之利其弊不細請下本屬明置簿籍拘管永爲衆戶蔭溉之利今後更得以起納租稅爲名輒行請射如違其所請人及所給官司重行朝典本司欲依謝景初所請明置簿籍拘管陂湖永充衆戶貯水蔭田更不許以起納租稅爲名請射仍令知縣常行檢察如違具所請頭主及給付官司各乞嚴行勘斷奏聞事下三司三司相度乞令淺江淮兩浙荆湖路州軍如有陂湖明置簿籍拘管永爲衆戶貯水蔭田更不許人戶以起納租稅爲名輒行請射仍令知縣常行檢察如違其所請人及所給付官司各重寘於法從之　至和元年八月二十日光州仙居縣令田淵言竊見江淮民田十分之中八九種稻春中遇雨則耕耨布種常宜霑潤盛夏稍愆雨澤則其苗衰薄所收微尠惟是陂塘有修築堅固蓄水高廣則下所灌田不以旱沴無不厚收

卷一萬七千五百四十

訪聞民間不肯協力乘閑修作雖私有文約愚頑之民多不聽從興工之之時難爲料率或矜強恃猾抑卑凌弱或只令幼小應數而坐侯其利似此之類十居其半及用水之際爭來引注是以勞費不均多起鬬訟勤力懦善之家常受其弊故不能專志特力用工興修是致因循極有遺利竊見京畿及京東京西等路每歲初春差夫多爲民田所興逐縣差官部押或支移三五百里外工役罕有虛歲伏知江淮並不點差夫役當農隙之際一向安閑比之北地實爲優幸其民於自已所利亦不能勤力治生暫勞永逸誠宜勸率若非官爲拘督因時興作則私下雖有期會無由糾集所興之工獲水之利十未得其一二欲乞諸路凡有陂塘湖港可以溉田之處令後令逐縣將元籍所管及不曾供報之處逐一拘收每年預先檢計工料各具析合係使水人戶各有田段畝數據實戶遠近各備工料候至春初本縣定日如差夫例點集入役仍逐處立團頭陂長監催本州差逐縣官點檢部轄候畢責干係人結罪供狀仍别差官覆檢料例並視差夫條約後雖完固亦須每歲計度合添工料補疊堤防高厚則積水深廣獲利愈博其久來湮塞遺跡及地勢合有可以創制陂塘之處令逐處檢踏聽人戶所願經官申述亦即相度依例興修其有陂塘乾淺退出灘地

却為接連之家侵占經久妄冒便作己田攔占不令依舊修作多起訟端官司不為研窮今後須仰定奪雖經歲深亦不得占護若向去添疊水勢過於舊跡亦當損少利衆其有水侵之地即令檢量據數比撲量減二稅及新創陂塘之處若有水面侵却不係使水之人田土亦乞準前例所差圍頭陂長於上等戶內如差夫隊頭例選差仍給文帖令董其役或遇大雨即率衆戶防守遇缺亢使水須衆議同開決自上及下均匀溉灌不得壅障所產魚蛤蒲葦蓮芡之類須秋成方得採捕乞明立條約若是盜決隄防情理重者嚴寘之法詔下三司施行嘉祐五年五月知秀州羅拯言乞自今後諸處湖塘及運河邊田土不得更令諸色人及官員請射如有私冒侵占耕作並以違制論仍不以年歲遠近令追理所得租課入官詔都水監相度以聞監司看詳蓋緣逐路轉運司及州縣並不檢條約舉行是致豪勢人將衆戶蓄水陂湖請射量出租稅有妨旱歲溉救民田今欲乞下逐路轉運司依羅拯所請施行如違乞以違制科罪從之　七月六日羅拯言昨差往兩浙路相度均定茶租竊見諸處係官湖塘并運河邊田土多被權要之家請射及鄰近鄉民侵占污瀦種作成田或量出租課入官其實徵薄却致湖塘漸成湮廢有妨灌溉民田并運河因之淺涸阻

卷一萬七千五百四十

滯官私舟船如越州鑑湖自東漢時興修著在圖籍周圍三百餘里灌田數萬餘頃其為越人之利甚大近歲為貪黷之輩以權勢干請假託姓名占射殆徧欲乞今後諸處湖塘及運河邊田土不得更令請射如有私冒侵占耕作並科違制之罪仍不以年歲遠近令追理所得租稅入官從之

二十四日兩浙轉運司言睦州桐廬縣令劉公臣言民間有古溪澗溝渠泉源接連山江多被富豪之家漸次施工塡築作田耕種無力之人田畝接連或遇水旱並不約水溉田因茲害稼及訟於官又為富豪人戶典賣產之家通為契倖於文契併分居帖內廣定四至包裹溪源在內官司據而斷遺實見不均欲乞應天下郡縣鄉村有古來溪澗溝渠泉穴之處並不得人戶作埭塡築占據為主每遇春農之際並仰有田分之家各據頃畝多少均攤出備工力修開取令深闊盛貯其水或遇水旱即據田畝輪番取水澆溉明置文簿拘管官為印押給與本處鄉長收管或有貧人下戶貿易田土與別主者亦據見佃之人承認水分違者嚴寘之法本司看詳民間水利州縣自合依此施行今劉公臣申述已下諸軍州令部內縣分應有古來溪澗溝渠泉穴之處並不許人戶作埭塡築占據水利仍令逐縣置簿拘管常行點檢如遇水大即令決泄並不得壅遏却致浸民

田若係旱歲亦須通放許令衆戶得水救蔭田畝春時人戶顧備工開淘者從便即不得邀難阻節雖已施行慮久不能遵守詔送詳定寬卹民力所闕兩浙提刑司定奪提刑司言欲依所請詔復送都水監相度以聞監司看詳天下陂湖塘堰溪澗溝渠泉穴為强猾之人奪利侵占作田者甚多每至旱歲無水澆救苗稼若依寬卹民力所相度劉公臣并兩浙轉運司事理實見可行欲乞下諸路提刑司并下逐州縣應有上件陂湖塘堰溪澗溝渠泉穴元係衆人所使水利久來為人耕占作田合依所請施行仍先具根究地名源流去處廣狹深淺合澆溉得多少人戶田土頃畝數目申都水監從本監看詳施行仰本監置簿拘管歲時檢舉所冀經久不廢詔可仍令逐處應有陂河塘堰溪澗溝渠泉究如根究得元係衆人使水久來為人耕占去處即更差官定奪奏候朝旨施行　是月權三司使包拯言京西多閑田而唐州治平四縣其田之入草莽者十八九雖簡其賦徭而民多流去不能以還業知州趙尚寬興復邵信臣県并境內之陂堰下溉民田數萬頃荒瘠之地變為沃壤今非獨流民自歸又有淮南河北之民至者萬餘戶請且留再任若更能招輯戶口特與升陟差遣從之

六年七月提點河北刑獄公事張問言奉詔相度河北八州軍塘濼令

卷一萬七千五百四十

若就塘出土作堤以蓄西山之水則涉夏大河雖溢而民田無衝浸之害請下逐處每歲增築從之

英宗治平三年十一月都水監言勘會諸處陂澤本是停蓄水潦近年京畿諸路州縣例多水患詳究其因蓋為豪勢人戶耕犂高阜處土木侵疊陂澤之地為田於其間官司並不檢察或量起稅賦請射廣占耕種致每年大雨時行之際陂澤塡塞無以容蓄遂至泛溢頻為民患不制其漸則盡為民患欲乞應天下州縣及京畿陂澤之類皆不得請射仍明立界址逐季舉行令地分鄉耆覺察不得容縱人戶侵耕許諸色人陳告每畝支賞錢三千以犯事人家財充仍不以年歲遠近並令追理所得地利入官如違其請射人并所給官司及侵耕之人並科違制之罪從之以上國朝會要

治平四年五月神宗即位未改元京西南路安撫使郭申錫等言知唐州高賦在任興建水利墾闢荒田戶口日增民獲安便詔賦再任如更能興置水利招濬人戶開廣闕田仰轉運司畫析保明以聞當議特與陞陟

神宗熙寧元年六月十一日中書言諸州縣古蹟陂塘異時皆蓄水溉田民利數倍近歲所在堙廢致無以防救旱災及瀕圩江埤毀壞者衆坐視沃土民不得耕詔諸路監司訪尋轄下州縣可興復水利之處如能設法

勸誘興修塘堰圩埠功利有實即具所增田税地利保明以聞當議旌寵　二年四月十六日權三司使公事吳充言竊見前襄州宜城縣令朱紘在任日復修木渠不費公家束薪斗粟而民樂趍之渠成所溉六千餘頃數邑蒙其利令授唐州泌陽縣令乞召紘赴闕詢其利害如可試用乞齎其勞詔轉大理寺丞　閏十一月十五日提舉兩浙常平等事秘書丞侯叔獻徙開封界都官員外郎提舉開封界常平等事林瑛徙兩浙路因以叔獻言汴河歲漕東南六百萬斛浮江泝淮更數千里計其所費率數石而致一碩雖中都之粟用饒而六路之民實受其弊夫千里餽糧軍志所忌矧京師帝居天下輻湊人物之衆車中之饒不知幾百萬數夫以數百萬之衆而仰給於東南千里之外此未為策之得也臣伏思之沿河兩岸沃壤千里而夾河之間多牧馬地及公私廢田略計二萬餘頃計馬而牧不過用地之半則是萬有餘頃常為不耕之地此遺利之最大者也觀其地勢利於行水最宜稻田欲望於汴河南岸稍置斗門泄其餘水分為支渠及引京索河并三十六陂以溉灌之則環畿甸間歲可以得穀數百萬碩以給兵食此減漕省卒富國强兵之術也故以叔獻代瑛仍令計會所屬相度具經久利害以聞　十二月二十三日條例司乞差秘書省著作

卷一萬七千五百四十

佐郎同管勾廣南東路常平等事楊汲同提舉開封府界常平等事同秘書丞侯叔獻於汴河引汴水以溉民田從之　三年正月二十四日條例司言進士程義路所陳蔡汴等十河利害文字實知水利欲令義路隨侯叔獻楊汲等以備指引仍給驛券視三班借職從之　二月二日都水監言中牟縣曹村秦家地可瓶水澾一座水漲出時任其自流比之修斗門倍省公費又因而可以淤民田千餘頃從之　二月三日制置三司條例司言同判都水監張鞏等相度得中牟縣界曹村瓶置水澾一座遏漲水時任其自流比之修斗門大省費又更澾二十餘里民田都計五十餘里約千有餘頃所有合用人功物料委京西都大司支那應副乞依所奏施行從之　二月二十六日補潭州湘陰縣進士李度為本州長史仍詔本路候有合修水利令勾當以監司言度嘉祐中率人修築兩鄉塘陂灌溉民田當賜粟帛復徭役故也　四月五日制置三司條例司言據提舉河北路常平廣惠倉皮公弼言懷州官吏同相度到境內秦河丹河沁河等可以引水澆溉然體民間多不願興修水利蓋慮起立粳稻米水税故已議差官按驗仍體問得洺鎮趙等州亦有溝渠河道可以興置水利民間多恐官司創立粳稻水税久遠輸納不前公弼省詳興置水利係朝廷欲

新施行若不設法招誘人戶無由肯用心致州縣亦難興置欲乞應人戶今來創新修到渠堰引水溉田種到粳稻並只令依舊管舊税更不增添水税名額所貴人戶各肯興修水利制置司相度欲依所請下河北東陝西路施行從之　九月二十一日以知洺州尚書兵部郎中葉賢殿修撰張芻知滄州兵部郎中楚建中為河北轉運使遣殿中丞陳世脩乘驛同京西淮南農田水利司官經度陳潁州八大溝故迹以聞知世修言陳州項城縣界蔡河東岸有八大溝故迹或斷或續迤邐東去由潁及壽綿亘三百八十餘里乞因其故道量加濬治完復大江以北伏汛流龍百尺等陂塘導水行溝中恭布其勢得數百里地復為稻田則其利百倍及盡開奏上於是上諭陳世修言陳許間地勢止合作水田甚善又令早應副世修事王安石曰世修言引水事即可試但言八丈滿新河事宜侯一精於水事人同相度可也向時八丈溝止為鄧艾當時不規蔡河漕運得併水東下故能大興水田其後蔡河分其水漕運水不可併故溝未可議令蔡河新修閘無所用水即水可併而溝可復古迹矣故有是命　十二月八日梓州路轉運判官李竦言奉詔令具財用利害事況見江淮荊楚之地民業寖薄率以水田為生地多瀕江帶山高下不等雖有耕耘之勞而罕

卷一萬七千五百四十

勤隄防之利雨暘稍愆常度必罹暵潦之災雖有編敕興復水利指揮而郡縣必能用心詢采臣前任知舒州太湖縣日訪聞諸鄉民田有邊臨溪江者頻歲力耕疾種不潦則旱體問皆有古來陂堰瀦洩水勢或因積年大水決潰因循不復修完臣因乘其農隙勸募旁近地主備工料興築民俗始末堅信粗亦免從凡築成堤岸數處次年積雨溪江暴泛所障遂免浸溺自昔不植之地一旦遂為膏壤遂令復加增葺衆始悅隨爭為陂去約太湖所修十未一二以天下計之遺利固亦多矣欲乞特詔郡縣委長吏令佐訪求境內古來陂堰積年毀壞荒廢者并諸色人具利害興修次第指陳官司預行計度俾因歲豐暇據占以極地利人戶以頃畝多少為率勸誘出備工料興修或量破廣惠倉斛㪷以充口食不得以威刑驅逼并專行覺察公人耆保等接便擾擾候興築畢工本州申提刑轉運司委官檢視及候秋成的免水旱之患其勸督之官乞依編敕量功利大小特為酬獎元指陳修築人亦與免本戶一次色役若戶例不該差役之人即量給小可酒税場務充賞所貴地利不遺民食充衍詔淮南提舉常平廣惠倉司相度施行　十二月二十七日京西轉運司言許州長社等縣有牧馬草地四百餘頃先為不堪牧放權令人租令相度可以拘收入官

次邢山渓河石限等水漑種稻田從之　四年六月十九日詔司農寺選官經量汴河兩岸淤到官陂牧地逃田等召人請射租佃　二十四日又詔諸州縣當職官如擘畫興修農田水利事並先具利害申轉運或提刑提擧差官詣地相度保明供申本司疾速體訪施行如能完復陂塘渠溝河或導引諸水淤溉民田修貼堤岸或疏決積潦水害或召募開墾久廢荒田委堪耕種令所屬官司結罪以聞千頃以上京朝官轉一資幕職州縣官勘會功過考第擧主轉合入京朝官或與循資不拘名次指射優便差遣五百頃以上京朝官減三年磨勘幕職官與循資令錄及合入令錄人與兩使職官判司簿尉與初等職官內合守選者仍與免選三頃以上京朝官減二年磨勘選人免選注家便官合免選者與指射優便官二百頃以上京朝官減一年磨勘選人並與免選合免選者與指射家便官百頃以上理爲勞績若只是興修開墾近歲損壞陂圩溝河荒田之類比附上條順畝加一等酬奬若功利殊常自從朝廷旌擢其已係敕置增修功利及民者委官司常行葺治如至廢壞並當降黜　五年正月兩浙轉運副使俞希旦言伏睹朝廷興修天下農田水利此萬世之長圖其間有昔日溝港而今爲田畝疏導水患須至開決緣未有條約竊慮官吏有便廢

卷一萬七千五百四十

民田爲溝港致侵於民亦有可以疏鑿而未敢以興工致利害有所未書欲乞應興水利處有合開決民田者即以官田計其頃畝撥還田戶如無田可撥即計田給直詔送司農寺遂移兩浙轉運提擧常司看詳所請爲利尚慮將來法行之後州縣不許田土肥瘠高下一例以步畝準折撥還或虧損百姓欲關防其給還民田之時州縣並須依色額支撥官田仍不得將瘠薄不堪耕佃田土只以步畝抵數還民內官田雖比元田薄而堪耕佃有願請者即兩倍其直紐計步數準折撥還從之　五月十八日詔應人戶見耕占古迹陂塘地土如可興修澆灌委實利便其所占地主始係祖業即依鄉原例支給價錢收買除破省稅如地內見有墳墓屋舍仍量給還遷葬拆修功錢係請射者即與破稅如施功開墾量給功直以上合支錢並合修斗門木石如食利人戶物力出辦不及即許於常平倉官錢內支破仍令提轉倉司候相度得利便即先具澆灌頃畝及合用人工物料諸般支費錢物實數保明聞奏　十九日提擧京西常平等事陳世修言乞於唐州石橋南北岸壘石爲馬頭造虹橋架過河道於橋梁下梯透槽橫絕過河引水入東邵渠灌注九子等十五陂則二百里之間悉爲水利均洩詔如唐州蘇消覆視如實即委世脩提擧郝造　十一月十六日

權發遣都水監丞周良孺言奉詔相度陜西提擧常平楊蟠所議洪口水利令與涇陽知縣侯可等相度欲就石門創口引入侯可所議鑿小鄭泉新渠南涇水合西而爲一引水並高從古鄭渠南岸令自石門以北已開鑿二丈四尺此處用堰約起涇水入新渠行可溉田二萬餘頃若開渠直至三限口合入白渠則其利愈多然慮功大難成若且依可等所陳迴渠行十里雖溉兩旁高阜不及然用功不多既鑿石爲洪口則經久無遷徙之弊若更開渠至臨涇鎮城東就高入白渠則水行一十五里灌溉並多或不以功大爲難成遂開渠直至三限口五十餘里下接耀州雲陽界則所溉田可及三萬餘頃雖用功稍多然獲利亦遠詔用良孺議自石門創口至三限口合入白渠興修差蟠可提擧又令入內供奉官黃懷信乘驛度功料先是上問鄭渠利害王安石曰此事正與磨州邵渠事相類從高寫水決無可慮者陛下若捐常平息錢助民興作何善如之上曰縱用內藏錢亦何惜也　初宰相王安石奏事因陳天下水利極有興治處民間已獲其利上曰灌溉之利農事大本但陝西河東民素不得此今旣享其利後必有繼爲之者然三白渠爲利尤大兼有舊迹自可極力興修大凡疏積水須自下流開導則畎澮易治書所謂濬畎澮距川者是也　十二

卷一萬七千五百四十

月二日又詔應有開墾廢田興修水利建立隄防修貼圩埒之類工役浩大民力所不能給者許受利人戶於常平倉係官錢斛內連狀借貸支用仍依青苗錢例作兩限或三限送納只令出息二分如是係官錢斛支借不足亦許州縣勸誘物力人出錢借貸依鄉源例出息官爲置簿及時催理　四日權發遣河南西路提刑公事李南公言相度樸椿口添灌東塘等詔閻士良專督修先是滄州北三堂等塘泊爲黃河所注其後大河改道而淘遂淤澱程昉嘗請開琵琶灣引黃河水灌之其功不成士良建言堰絕御河引西塘水灌之令從其請　十二月十八日提擧淮南西路常平倉司言濠州鍾離縣長安堰定遠縣楚漢泉二堰水利至博積年堙廢乞依宿亳泗州例賜常平錢穀春初募人興修詔楊汲覆視如可興即本司官提擧　六年五月二十三日提擧兩浙興修水利郟亶追司農寺丞送吏部流內銓仍罷修兩浙水利初亶言蘇州水利與書與圖以爲環湖之地稍低常多水沿海之地稍高常多旱故古人沿水之迹縱則有浦橫則有塘又有門堰涇瀝而棊布之亶所能言者總二百六十餘所今欲略循古人之法七里爲一縱浦十里爲一橫塘又因出土以爲堤岸用度二千萬夫水治高田旱治下澤要以三年而蘇之田畢治矣朝廷始得亶書

以為可行遂除司農寺丞令提舉興修工役既興而民以為擾會呂會卿被召言其措置乖方又違先降朝旨故有是命　六月十六日命太子中允集賢校理檢正中書刑房公事沈括相度兩浙路農田水利差役等事　八月二日檢正中書刑房公事沈括辟官相度兩浙水利上曰此事必可行否王安石曰括乃土人習知其利害性亦謹密宜不敢輕舉也上曰事當審計無如郟亶妄作中道而止其為害不細也　三日三司言浙西諸州水患久不疏障隄防川瀆多皆湮廢令若一出民力必難成功乞下司農貸官錢募民興役從之　十六日管勾都水監丞侯叔獻言近准詔從所請開白溝等河欲以白溝為清汴儲三十六陂及京索二水為源倣真楚州開平河置閘四時行舟因罷汴渠上曰叔獻開白溝河功料未易辦乃欲來年即廢汴渠宜更遣官覆驗且汴渠歲運甚廣河北陝西資焉又都畿公私所用良材皆自汴口而至何可遽廢王安石曰此後若成亦無窮之利當別為漕河以通黃河一支漕運乃為經久耳馮京曰若白溝成與汴蔡皆通運輸為利愈大臣恐汴河終不可廢上然之詔劉璯同叔獻覆視以聞後覆視河長八百里工大分為三歲興修從之　七年四月八日檢正中書刑房公事沈括先奉朝旨許支兩浙坡湖等遺利錢與修

卷一萬七千五百四十

水利近勘會本路先管遺利錢額及再差官根究興修見未周徧已見貫萬不少竊見兩浙荒廢隱占遺利尚多及溫台明州以東海灘塗地可以興築堤堰圍裹耕種頃畝浩瀚可以盡行根究修築收納地稅料來應副水利養雇人夫及貼支吏祿免致侵耗免役及漕省錢物雖曾差官為當緣不在本路無人應副欲乞特降朝旨選委官吏仍乞優立獎勸之法詔宜令沈括選委官吏勾當仍立獎勸之法以聞　八月九日中書門下言諸處見差官吏舉人擘畫興修農田水利未見奏到興修次第及結絕了當詔令司農寺條析以聞寺司勘會府界諸縣荒閑地土召人開種稻田并陳許州溉田及兩浙永興軍等路水利河中府同解等州於田田移洪口等已相度并已未興修次第係差官員舉人管勾去處詔令司農寺常切點檢催促　九月一日臣僚上言伏見朝廷近年廣興工利頗有不實互相隱蔽未經考察欲乞令司農寺畫具已興過功利申中書置籍拘管間或選官計會逐路監司指名按驗具的實事狀連書結罪聞奏其不實之人并元保明官司並乞重寘於法以戒欺罔詔應以興修水利宜令司農寺置簿拘管如朝廷差官出外即本寺申中書令取索閱便體訪如有不寔不當即按驗詣實以聞　十月十三日以皇城使端州刺史程昉選領

達州團練使昉治滹沲河議者爭出所見謂非利昉確不移既而水行人便之上嘉焉進官以賞之　八年五月二十五日右班殿直勾當修內司楊琰言開封陳留咸平三縣種稻乞於陳留縣界舊汴河下口因新舊二隄之間修築水塘用碎甓築成虛堤五步以來取汴河清水入塘灌溉詔琰管勾罷勾當修內司依舊兼巡護惠民蔡河京索金水河斗門堤岸河道令開封府界提點司提舉候灌溉有實保明以聞　九月二十三日詔諸當職官申請興修農田水利謂開修陂塘溝河導引諸水淤溉民田或貼堤岸疏決積潦永除水害或召募開墾久廢荒田之類委堪耕種者並先具利害工料申提舉司體訪詣實差官檢覆功利大者知州交職事或以次官親行檢驗舉修畢委本縣次第保明申提舉司本司選差別州縣官覆保按明申本司本司保明申寺如元係監司提舉司官擘畫即本司申寺差鄰路官計會本州縣官並覆按保明申寺千頃與第一等酬獎七百頃第二等五百頃與第三等三百頃與第四等一百頃與第五等若擘畫而不曾監修及監修而元非擘畫并堙塞廢壞不滿二十年而由舊功完復者各降一等其數少未應賞格者委提舉司保明給公據以任計酬獎其功利殊常者申寺奏裁　九年正月二十五日中書門下言相度淮

卷一萬七千五百四十

南東西路水利劉瑾言體訪得楊州江都縣古鹽河高郵縣陳公塘等湖天長縣白馬塘沛塘楚州寶應縣泥港射馬港山陽縣渡塘溝龍興浦淮陰縣青州澗宿州虹縣萬安湖小河子壽州安豐芍陂子等今欲除古鹽河萬安湖小河子已令司農寺結絕餘下逐路轉運司選官覆按施行如本路職司有妨礙即委別路選官從之　七月二十八日罷程昉同管勾外都水監丞令都大置制河北河防水利並依置制屯田使例施行續詔更不別置司其職事並依外都水監丞例施行　八月二十四日權判都水監程師孟言臣昔提點河東刑獄兼河渠事本路多土山高有川谷每春夏大雨水濁如黃河礬山水俗謂之天河水可以淤田絳州正平縣南董村旁有馬壁谷水勸誘民得錢千八百緡買地開渠淤瘠田五百餘頃州縣有天河水及泉源處開渠築堰皆成沃壤凡九州二十六縣興修田四千二百四百餘頃并修復舊田五千八百餘頃計萬八千餘頃五年畢功攢成水利圖經二卷付州縣遵行迨今十七年閱董村田畝舊直三兩千所收穀五七斗自淤後其直三倍所收至三兩碩今權領都水淤田竊見累歲淤變京東西鹽鹵之地盡成膏腴為利極大尚慮河東路荒瘠之田可引天河淤溉乞委都水監選差官往與農田水利司并逐縣令佐檢

視有可淤之處具頃畝工料以聞候修畢差次罰賞從之於是奏遣都水
監丞耿琬主管淤河東路田　元豐元年四月十九日詔興水利聽民戶
貸常平錢穀（詳見農田門）六月七日京東路體量安撫黃廉言本路被水後乞於有
司檢計溝河候豐熟令所屬調丁夫濬治梁山張澤兩濼累歲塡淤漫民
田亦乞自下流濬至濱州從之開濬溝河令都水監遣官同轉運司檢視
工料　十四日詔開近畿路有昔兩處令開封府界提點司督諸縣開畎
積水具退出民田次第以聞京東西路州軍委轉運司施行　三年七月
十二日詔前永興軍等路察訪使李承之前知司農寺丞蔡岳前提舉常
平倉沈披蔡曚轉運判官張藻楊蟠各展磨勘三年提點刑獄李南公轉
運使趙瞻展二年前轉運使張詵延建中各贖銅二十斤坐保明修永興
洪口不當也　六年十二月二十一日尚書戶部狀新權提舉成都府路
常平等事韓玠言唐州泌陽縣界馬仁陂遺利乞下京西南路提舉司相
度從之　七年三月三十日知湖州滿中行言林慮縣南修合澗河水以
濟民用功既及人有孟兒等村鑿井取水十年百八十尺不及泉民以為
勞而無功寧遠行汲水以初奉詔旨未敢罷詔罷之
哲宗元祐六年閏八月四日知杭州林希言太湖積水未退為蘇湖大患

卷一萬七千五百四十

乞轉委監司躬詣瀕海泄水處相度開決廢使積水漸退民田復出流移
歸業詔左朝奉郎邵光與本路監司同導積水　紹聖四年閏月二十九
日工部言京西都大提舉汴河堤岸楊琰乞依元豐年例減放洛水入京
西界大白龍坑及三十六陂充水櫃准備添助汴水行運等下都水監相
度欲乞興復悉如元豐故事甚便詔賈種民楊琰同相度合占頃畝及功
力以聞　元符元年二月十六日工部言河北屯田司今塘水深淺李申
尚書工部令後唐泊州軍平於孟月保明所管地分塘水增減尺寸徑報
屯田司候到差官檢覆本司於仲月審察諸實保奏仍具申本部從之
徽宗崇寧三年十月二十三日臣僚言元豐官制水部掌川瀆河渠凡水
政詳立法之意非徒為穿塞開導修舉目前而已天下水利凡當興修者
皆在所掌宜發明之以告於上在今尤急如浙右積水比連震澤泛溢瀦
浸田廬未有歸宿此類利害最宜講明而未之及者也願申飭水部及當
職官推廣元豐修明水政凡當興修悉究利害條具以聞從之　大觀四
年十月一日戶部提舉兩浙路常平司奏乞詔諸路常平司各專委守令
詢考古跡應瀦水之地立隄防之限置籍拘管俾公私無得侵占用民田
不及水處畧做周官遂人稻人之制使合衆力而為之仍復看詳議下諸

路提舉司詳此丁寧州縣常切檢舉相度依詳較條施行從之　政和元
年二月十四日詔近因陳仲宜等言諸路湖濼池塘陂澤隸供贍學費增
收遺利縱許豪富有力之家薄輸課利占固專據其利驅歛貧窶細民頓
失採取蓮荷蒲藕菱芡魚鼈蝦蜆蚌螺之類不能糊口營生若非供納厚
利於豪戶則無緣肯放漁採兼遇時雨稍愆即成災傷蠲除租課遺棄地
利因被阻飢推究始終為患頗大理合改更令檢會行下諸路先是荊湖
北路提點刑獄公事陳仲宜奏本路州縣將久來衆共灌溉食利陂湖一
槩比附坊場令人戶買撲致錢以助學費致妨人戶灌溉及細民食利為
害不細已牒諸州并提舉學事司依法改正施行去訖竊慮諸州不便施
行望降睿旨又提舉淮南西路常平等事李西美奏蘄州等處沿江湖池
不少自來係衆人採取小民所賴向緣學院支費令人戶請佃出課致依
已得指揮改正故有是詔　二十一日詔弛陂湖塘濼之禁依元豐舊法
與衆共利聽其汲引灌溉及許瀕水之民漁採以資生計所有撥許人戶
作遺利斷撲供納課利以助學費可改正不施行今後更不許人陳乞斷
佃請射監司常切覺察如有違犯糾劾以聞　十月二日臣僚言蘇湖秀
三州並江積水歲為患故須圩岸以障越州有鑑湖租三十萬法許興修

卷一萬七千五百四十

水利支用乞令本路提舉常平司委二洲令佐相視擬立圩岸工用之費
取足於鑑湖錢糧從之　四年二月十五日工部言前太平州軍事判官
盧宗原請開修自江州至真州古來河道堙塞者凡七處以成運河入浙
西一百五十里可避一千六百里大江風濤之患凡用夫五百二十六萬
一千一百七十五工米一十五萬七十八百三十五碩又可就工興築自
古江水浸沒膏腴田自三百頃至萬頃者凡九所計四萬二千餘頃其三
百頃以下者又過之乞依宗原任太平州判官日已興政和圩田例召人
戶自備財力興修更不用官錢糧仍依府畿見行興修水利法不限等第
許請佃歲約得官租一百餘萬貫碩若朝廷專遣官總核興修衆工並舉
一年之間可見成效詔差膳部員外郎沈鏻同本路常平官相度措置仍
差盧宗原充幹當公事　三月二十日膳部員外郎沈鏻奏奉詔相度措
置江淮兩浙路開修運河興築圩田據幹當公事盧宗原狀合開修河路
係官司措置外有可興圩田係涉江淮兩浙三路已曾申明乞依都畿見
行興修水利法不限等第許人戶請佃情願隨力各借錢米處人戶不知
今來朝廷許令請佃若相度措置得有合修地上去處即先乞次令逐處
官司散出牓示告諭人戶送納投狀理定名次互興修有日令人戶送納

興修錢糧成田日依次給佃從之　五月二十三日京西轉運副使張嚴
言二浙雖遇豐歲蠲除歲賦不下三四十萬碩皆隄防不修溝洫不濬欲
申勑所屬監司督責州縣各審視境内合興修隄防溝洫以利害大小急
緩爲先後具圖狀先申朝廷逐時檢舉催督接續興修雖農田水利隸常
平司乞轉運司同共催督從之　六年八月四日尚書省言平江府司户
曹事趙霖相度平江府積水舊有三十六浦導其水歸於江海又爲之閘
以導積水今堙塞殆盡措置當興修并置閘等共用役夫一千七百五十
六萬五千餘工錢一百四萬二千餘貫米五十二萬六千餘碩又發運副
使應安道委官相視港浦六處堙塞合行先開共役夫二百八十萬八千
餘工合用錢糧二十四萬七千餘貫碩秀州華亭縣欲並循古法盡去諸
堰各置小斗門常州鎮江府望亭鎮合依舊置閘詔劉與趙霖相度保明
聞奏　十六日鴻臚卿王仲嶷奏兩浙積之水地多是民田止因興築圍
岸苟簡減裂歲時風水充蕩瀰漫遂成陂湖望朝廷選差有風力人專行
計置興築圍岸其所差官據圍裹過田數多寡特與推恩庶幾激勸詔送
趙霖施行　十月六日新差權發遣提舉兩浙路常平等事趙霖言奉詔
相度平江府積水其諸路州司監縣承受備坐前項指揮如有稽緩因致

卷一萬七千五百四十

闕悮去處欲乞以違制論合用錢米蹜逐到越州鑑湖封樁米欲乞支撥
一十萬石并錯支本路諸州本錢一十萬貫文如闕則以常平倉積米及
常平封樁錢貼支并乞降空名度牒二千道承信郎承節郎將仕郎官告
各五十道其命詞並令以興修水利爲名別立價直將逐浦合用工料召
有力人户出備錢米官爲募夫監部開修或户户數户管一浦候畢工日
計實用錢米紐直給空名許令變賣書填召募出賣不得抑勒仍不依進
納出身人例以爲勸誘之方今來措置興修積水開浦置閘並在平江府
界内欲乞權就本府置局以提舉措置興修水利爲名其差辟到官吏居
治供給人從並令仍就平江府應副工作日應閘匠每人別給工錢一百
文米三升詔並依所奏施行　十一月四日提舉兩浙路常平等事及兼提
提舉措置興修水利趙霖奏興修水利未盡事湖常秀三州見行方田處
候興修水利稍見就緒日施行庶使數州之民悉力以成大利批降依奏
指揮支撥越州鑑湖封樁錢米乞司別有陳請支撥欲乞許臣執奏及開
浦置閘雇募夫力縣分知佐自十一月止二月諸司不許差出從之　七
年正月二十日臣僚言趙霖興役治水蘇杭等州去歲災傷疾疫民力正
宜休息詔罷役霖別與差遣　七月六日提點京畿刑獄公事王本奏前

任提舉京畿常平日根括諸縣天荒瘠鹵地開修水田引水種稻逐年所
收土利不少將引水不利之地一萬二千餘頃並置圖籍拘管入稻田務
召人承佃數内已佃五千三百餘頃蒙朝廷立定賞格已足激勸尚慮逐
縣令佐不切奉行却致荒廢欲乞朝指比附鹽事司開墾鹻地賞格推賞
詔依申明行下　宣和元年二月十四日臣僚言訪聞江淮荊漢間荒瘠
彌望率古人一畝十鍾之地其隄閼水門溝澮之迹迤邐猶存而郡縣恬
不以爲意近絳州百姓吕平等詣御史臺披訴乞開濬熈寧舊渠以廣浸
灌情願加稅一等則是近世陂池之利且廢矣何暇議復古哉欲詔常平
使者有興修水利功效明白則亟以名聞特與褒除以勵能者從之　三
月二十三日詔直秘閣提舉兩浙路常平趙霖降兩官以增修水利不當
故也　六月七日詔比遣趙霖措置興修吴浙水利霖召募被水艱食之
民凡役工二百七十八萬二千四百有奇開一江一港四浦五十八瀆已
見成績霖可陞職一等仍復所降兩官其後十月十日詔趙霖差辟封水
利官屬具等第職位姓民聞奏當優與推賞　八月二十四日提舉專切
措置水利農田所奏浙西諸縣各有陂湖溝港涇洪湖濼自來蓄水灌溉
及官私舟船往還今欲就委打量官遍詣鄉村檢踏應有似此去處打量

卷一萬七千五百四十

並見丈尺四至著望用大石碑雕鐫地名丈尺四至以千字文爲號於界
首分明標識仍曉示地分食利人户常切照管無令損動堙塞請占縣别
置簿拘收縣尉遇下鄉檢察如有堙塞即時開濬從之　三年二月一日
詔越州鑑湖明州廣德湖自措置爲田下流堙塞有妨灌溉致失陷常賦
又請田人多是新舊權勢之家廣占頃畝公肆請求兩州被害民户例多
流徙仰陳亨伯體究詣實如所納租稅過重即相度減免立爲中制應妨
下流灌溉處並當弛以與民令條畫圖上取旨毋得觀望滅裂　三月十
九日詔江南路官私圩埧有司希功妄作或輒將上流閉塞致下流無水
灌溉或擁遏無所發泄致隣左側遭水患及有元佚頃畝數多後來實數
不及輒敷與民户或勒令等第承佃或抑配倍納租賦因此多致民户流
徙可限十日改正見妨民户灌溉及擁遏無發泄者所屬監司相度措置
或弛以予民所輸稅賦比附隣近立爲永制如尚敢營私觀望許民户越
訴當議重行黜責　五年五月四日臣僚言鎮江府練湖與新豐塘地里
相接八百餘頃灌溉四縣民田每歲春夏雨水漲滿側近百姓引灌田苗
縱秋無雨亦不憂旱漕河水淺湖水灌注是以一寸益河一尺其來久矣
今湖堤四岸多有損缺春夏不能貯水纔至少雨則民田便稱旱傷縣官

又禁止民間不得引湖水灌田且以益河為務故丹陽等縣民田失於灌溉虧損賦稅欲令食利縣分候農隙日次第補葺隄防詔本路漕臣並本州縣當職官計度利害檢計日用功料以聞　七年九月二十二日詔以徽猷閣待制知江寧府盧襄為顯謨閣直學士江東路提點刑獄常平官各轉一官以能奉詔體國罷丹陽圍城石臼三湖為圩田及言開銀林河事為不急之務切中時弊也

欽宗靖康元年三月一日臣僚言東南地瀕江海舊有陂湖蓄水以備旱歲近年以來盡廢為田澇則水為之增益旱則無溉灌之利而湖之為田亦旱矣民既承佃無復可脫租稅悉歸御前而漕司暗虧常賦多至數百萬斛而民既失業者衆矣乞盡罷東南廢湖為田者復以為湖詔令逐路轉運常平司計度以聞　已上續國朝會要

高宗紹興元年九月七日三省言宣州太平州圩田歲入租課浩瀚近緣賊馬蹂踐推破圩岸及佃戶逃亡未歸荒閑甚多詔令逐州守臣將破壞圩岸疾速措置如法修置人戶耕種內合用功料并見佃貧乏無力人戶並許取撥常平錢米量行應副及借貸支使　二年正月一日詔宣州太平州見修治圩田逐州當職官能趁時興修了當將來收租稅及選人與改合入官京官轉一官更減二年磨勘如違期違慢仰提刑司具名按劾官取旨重行勒停人吏決配　十二月三日知太平州張鎬言本州管下公私荒閑水田甚多令欲廣行召募修圩開墾其糧種據所佃頃畝多寡立法官中量為借貸候至秋米成熟將所借物數分料逐縣丞或主簿一員專為勸誘催督歲終較請佃之數以其多者乞行推賞仍欲踏逐指差大小使臣兩員充本州準備使喚幹辦農田事務從之　十六日詔太平州諸縣興修圩岸錢米及借貸人戶糧種令於宣州義倉常平等米內取撥一萬碩仍令太平州認數候將來圩田收成日卻行撥還　二年三月二十七日都省言太平州宣州圩田累降指揮專委太平州守臣張鎬宣州通判樊滋同本路漕臣提刑司併工修治尚慮不切用心理當專責帥臣提總其事詔專委李光　三年三月二十九日紹興府上虞令趙不摇言本縣所管夏蓋湖等一十三處自廢湖為田租米宥屬御前省稅即隸戶部官吏知有湖田數千頃之利而不知奪此水利檢放省稅歲乃至萬碩建炎以後湖租盡入戶部然未之廢廢之誠便吏部侍郎李光言一方利病莫甚於湖田大抵湖高於田又高於江海水少則泄湖水入田水多則泄田水入湖故無水旱之歲荒廢之田也自政和以來樓并知明州

卷一萬七千五百四十

王仲嶷知越州內交權臣專務應奉將兩郡陂湖廢以為田澇則增溢不已旱則無灌溉之利而湖之為田亦旱矣百姓失業不可勝計望乞下轉運司比較自興湖以來所失常賦與湖田所得孰多孰少檢會得祖宗條法應東南郡自政和以來以湖為田者復以為湖詔戶部工部看詳本部言昨據紹興府上虞縣邱襄等狀稱靖康元年三月內降指揮盡罷東南廢湖為田者復以為湖令逐路轉運等司同共相度利害聞奏乞先次廢罷本縣夏蓋湖田遂行下兩浙提刑司施行去後雖據本司申到因依開奏當時緣未見靖康間轉運司曾如何相度具奏有無畫到指揮再下提刑司從長相度申部未到詔令張守限三日相度具經久的確利害以聞

五月十日知紹興府張守言被旨令相度上虞餘姚兩縣湖田復廢為湖經久利害以聞守契勘民戶所納苗米較兩年歸為豐熟但夏秋雨水稍不應時其減放之數以湖田所收補折外官中已暗失米計四千二百餘石民間所失當復數倍今相度先將餘姚上虞湖田復廢為湖委是經久有利無害伏望早賜施行詔依仍乞自紹興三年正月為始　四月一日詔宣州見興修官私圩田可改委新除守臣李處勵措置並依樊滋前後已得指揮疾速施行其樊滋不合專輟工役限一日分析不奉行因依以聞　二日詔江南東路轉運判官陳敏識將宣州見管常平義倉并惠民圩租米一萬九千七百餘石於內支撥一萬三千石與太平州外餘數撥付宣州並專充貸借圩田民戶使用同所委守臣疾速勸民耕佃　四年二月八日兩浙西路宣諭胡蒙言乞行下兩浙諸州軍府委官相度管下縣分鄉村勸誘有田產上中戶量出功料相度利害預行補治隄防圩岸等以備水患庶免將來有害民田詔劉與本路轉運司相度施行　九月二十二日太平州言當塗縣管下舊有路西湖傍有板聳港係通宣徽州界每遇春夏山水泛漲自港入湖出海塘港入本州姑溪河通出大江所以諸圩無水患止因政和二年本州將路西湖興修作政和圩自後山水無所發泄遂致沖決圩埂損害田苗乞廢田依舊開掘為湖戶部下本路轉運提刑司同共相度逐司言決圩為湖委是經久利便從之　五年閏二月二日江南東路轉運司言契勘太平州管下當塗蕪湖繁昌等三縣圩田所收租米萬數浩大因去歲春夏雨水連綿江湖泛溢衝決圩岸已蒙朝廷支降到圩米一萬石應副見行修築欲依紹興二年正月內指運推恩庶幾有以激勸從之　四日知湖州李光言自壬子歲入朝首論明越州廢湖為田之害蒙獨罷上虞餘姚兩邑湖田具會稽之鑑湖鄞之

卷一萬七千五百四十

廣德湖蕭山之湘湖等處其類甚多州縣官往往利為圭田頑猾之民因而獻計侵耕盜種上下相蒙未肯盡行廢罷竊謂二浙每歲秋租大數不下百五十萬斛蘇湖明越其數大半朝廷經費之源實本於此伏望專委漕臣遍行郡邑延問父老考究漢唐之遺制檢舉祖宗之成法應明越湖田盡行廢罷內有積葑淺澱去處許於農隙量差食利戶旋行開撩稍假歲月盡復為湖詔逐路轉運限半月躬親前去相度利害申尚書省　六年九月二十三日温州進士張頠言今歲旱凶逮此窮冬民食已艱惟水利一事可行於此時今已孟春農隙乘民乏食仍興是役用以振之一舉而兩得本州委瑞安縣主簿同張頠前去集善鄉閩山河勸率豪戶情願出備穀米給散貧乏之人同共修築陂塘蓄水溉灌因便賑濟小民千餘家各免飢乏功效尤著緣此以近及遠互相依倣之人願衆貧民賴以蕪濟望朝廷特行推賞頠召赴行在都堂審察　七年三月十九日兩浙西路安撫置制大使兼知臨安府呂頤浩言五代時偽楚馬殷據湖南潭州東二十里因諸山之泉築隄瀦水號曰龜塘灌溉公私一萬餘頃惠及一方其後隄堰廢壞經百餘年有失修治去年旱災民皆失食臣雇募飢民修成隄岸以為久遠之利今來栽插是時欲令安撫司於潭州摘那數百

卷一萬七千五百四十

人併力栽插及將來芟除葑草詔令劉洪道疾速措置施行　五月十二日詔臨安府餘杭縣南北湖依舊存留灌溉民田等用不許輒便出賣　十七日尚書右僕射都督諸路軍馬張浚言勘會興元府洋州所用渠堰澆溉民田數目浩瀚昨自兵火之後例皆隳壞令吳玠遣發將兵及委知興元府王俊知洋州楊從義部押官兵同共修葺並已就緒望賜獎諭仍乞降黄榜撫勞將兵從之　二十三日給事中兼直學士院胡世將言吳玠等能憂國恤民發戲下之衆以興渠堰廣灌之用為富國與強兵之資寬疲癃遠輸之急其體國之忠有足嘉者臣謂宜因以風勵將帥使咸知朝廷之意各務究心興修水利措置營田以省餽運而寬民力欲望將今來降詔敕牓文令有司行下諸大帥及統兵官等照會將王俊楊從義等特賜旌賞以為忠勞之勸從之　八年十一月二日侍御史蕭振言乞詔覯民之官各詢境內之地某鄉某里凡係陂塘堰埭民田共取水利去處咸籍而記之若從官中追集修治則慮致擾擾不若隨其土著分委土豪使均斂民田近水之家出財穀工料於農隙之際修為縣官董其大槩而已仍於縣官罷任之日書所興修水利若干於印紙量加旌賞以勸來者詔令戶部行下諸路常平司委守臣措置興修以聞　九年正月二十一

日利州路提刑司言保明到王俊楊從義田晟修葺興元府洋州兩處修到渠堰溉田所增苗税乞依已降指揮旌賞施行詔吳玠令學士院降詔獎諭餘各與轉一官依條回授　五月二十四日權發遣明州周綱言嘗考明州城西十二里有湖名廣德周回五十里蓄諸山之水利以灌溉鄞縣七鄉民田其利甚廣自政和八年守臣樓异請廢為田召人請佃得租米一萬九千餘石至紹興七年守臣仇悆又乞令見種之人不輸田主經納官租增為四萬五千餘石臣嘗詢之老農以謂湖未廢時七鄉民田每畝收穀六七石今所收不及前日之半以失湖水灌溉之利故也計七鄉之田不下二千頃所失穀無慮五六十萬石又不無旱乾之慮乞還舊物仍舊為湖狀望特降指揮施行詔依令轉運司疾速措置申尚書省　十三年三月二十四日明州言契勘廣德湖下等田畝緣既已為田即無復可為湖之理不免私自冒種非唯每年暗失官租三十餘石而元佃人戶詞訟終無由止息又因緣有爭占鬬訟愈見生事欲乞依舊為田令原佃人戶耕種從之　十五年閏十一月九日差權發遣利州元不伐言蜀本魚鳧彭濮之國土地磽薄秦太守李冰鑿離堆鳧水以灌以溉由是水利之興偏於右蜀遂為奧區養民之利莫大於此是從近歲堰多壞缺不時營

卷一萬七千五百四十

繕為農之害莫大於此賞罰之明著於甲令非舉而行之無以示勸懲欲望戒飭有司克遵成憲申嚴殿最以除邦本使無罪歲之憂詔委四川宣撫司相度措置　十六年正月二十一日知興元府楊政言契勘本府山河六堰澆溉民田頃畝浩瀚自來春首隨民戶田畝多寡均差夫力修葺非經兵火民力不足多因夏月暴水衝壞堰身若修葺不如法遂失一歲之利今措置如過渠堰損壞民力不足即於見屯軍兵下等人內量差應副并力修葺從之　七月二日上諭宰執曰平江堤堰不修歲輸米比舊額虧十萬斛并臨安西湖民灌溉所資其利不細歲久淤澱並宜措置修治　十一月前知袁州張成己言江西良田多占山岡上資水源以為灌溉而罕作池塘以備旱暵望令江西守令俾務隙時勸督父老相地之宜講究池塘灌溉之利以為耕種無窮之資詔令戶部檢具賞格行下本路常平司措置　二十三年四月二十三日上諭輔臣曰久雨不至妨農否民田須常作豬蓄昨來士大夫有理會興修陂湖之利者宜令州郡措置以備闕雨灌溉於是尚書省勘會諸路州縣陂湖本以蓄水往備灌溉民田訪聞比來多謂大戶侵占一或闕雨有妨灌溉詔令逐州軍措置每季具施行次第以聞　六月十四日權知江陰軍蔣及祖言江陰軍地廣民

衆鄉稱沃壤北枕大江潮汐之所往來然漕河別有一派曰五卸港港北入大江凡六十里自大觀中濬治距今填淤積水不泄霖潦暴至冒没民田故西南諸鄉多水溢之虞本軍舊有横河自建寅門至平江常熟縣凡五十里旁為支渠溉田甚廣自政和中濬治距今沙漲幾為平地北江之潮無自而入故東南之鄉多旱乾之患二河之利久不開鑿望命官相視興修仍令長吏以時疏導詔令本路常平司相度申尚書省　二十一年十一月十九日前權知池州黄子游言乞飭提舉常平官將舊來管下所有陂塘應干水利去處委官檢踏本處縣丞措置申本司照應修治務要可禦水旱如一切了當從本司覆實申乞推賞施行或不切究心措置滅裂亦仰常平司具名按劾上曰聞近陂塘水利去處多為人侵占可令有司措置毋妨衆用於是詔户工部檢坐見行條法指揮申嚴行下既而蒙上諭輔臣須是常平官得人若監司用心此等事無慮聞近時監司多是端坐不出巡歷提點刑獄職在平反尤當遍臨所部宜加戒飭乃詔諸路灌溉民田陂湖往往為人侵占令户部行下提舉常平官躬親措置申尚書省　二十二年八月四日比部員外郎李泳言淮西慕民耕墾閑田而田疇高原去處舊有陂塘以資灌溉今來墾闢雖廣而未究水利若使民

卷一萬七千五百四十

户自行開濬竊恐方集之人有傷其力望詔有司行下州縣更切講究水利如有陂塘所在俾於農隙官給錢米以濬治之上宣諭曰聞州郡陂塘蓄水去處如對岸昭興及淮南往往為民户所侵占雖目前州縣獲利恐三五年後無水溉田却為害非細李泳所奏可令户部行下本路常平司措置　九月六日左朝奉郎周楙言臣前任蘄州見郡城環回皆山每遇霖雨則衆山之水奔湊城下莫之能禦治平二年郡守張衡創築河堤以捍水勢從此無復水患自經兵火摧壞殆盡望詔有司委自知通同屬縣就農隙所定錢米和雇游手濬渠取土成堤水到渠成堤亦成矣堤岸既修除去水患民皆安居而灌溉有備亦無旱暵之虞上可其奏因宣諭曰不獨蘄州凡沿淮合堤備水患去處令本路漕臣同逐州守臣措置　二十三年七月二十三日試右諫議大夫史才言浙西諸郡水陸平夷民田最廣平時無甚水甚旱之憂者太湖之利也數年以來瀕湖之地多為軍下兵卒請據為田擅利妨農其害甚大蓋隊伍既易於施工土益增高長堤彌望名曰埧田水源既壅太湖之積漸與民田隔絶不通旱則據之以溉埧田而民田不沾其利乞專令本路監司躬親究治盡復太湖舊利使軍民各安其職田疇盡蒙其利農事有賴上然從之　十月二十二日

户部言宣州太平州諸管官私圩田内有被水衝破圩垾去處欲乞委司農寺丞兼權户部郎中鍾世明前去措置從之　二十七日鍾世民言被旨差往宣州太平州措置圩垾今條具下項一今來宣州化城惠民圩垾周圍接連計長八十里其小埂不用修築外内被水破缺并裡外損壞摧塌去處合行修築增高一今來修築圩垾合用和雇人工錢米乞於常平錢米内應副如本州常平錢米不足即許提舉常平司於本州合發上供錢米内取撥兑借免至臨時缺悮其下三等人户竊慮緣水患無力輸納即乞令結甲借貸常平司錢自紹興二十四年為始作四年帶納一今來修築圩岸所用工浩瀚務要堅實庶可堅久全藉所差官協力管幹庶不致滅裂枉費人工如有不切用心弛慢職事許行按劾内有昏懦怯弱不任職事之人亦許差官抵替所有檢察監修部役等官如能用心了辦不致滅裂者廢人工亦乞許保明申取朝廷指揮量行推賞庶示懲勸於是户部看詳欲乞下宣州并江東轉運常平司詳此並依本官逐項措置到事理施行從之　閏十二月二十七日又言今措置太平州圩垾下項一今來當塗蕪湖兩縣人户被水損壞圩岸乞給甲保借米粮相添自行修築在法係是農田水利民力有不能辦者合依宣州體例借貸具數保明

卷一萬七千五百四十

申提舉常平司外有萬春等圩垾人户乞官為雇工修築今檢計被水破缺並裡外埂損壞合行增築貼補其蕪湖縣萬春陶新政和等圩垾三所共長一百四十五里有餘合用九十六萬一百三十四工當塗縣官圩垾一所係廣濟圩長九十三里有餘其圩與私圩五十餘所並在一處坐落青山前各係低狹埂外面有大埂垾　條包套逐圩在内抵障湖水今來逐圩被水損壞詢訪人户只條外面大埂不惟數倍百以省是可以抵障水勢所有腹裏圩垾或有省處聽人户自修尋取會到逐縣被水修治官私圩垾體例係是人户結甲保借常平米自修今來損壞尤甚人户工力不勝不能修治今措置欲乞依見今人户結甲乞保借米糧自修圩垾體例不以官私圩人户等第納苗租錢米充雇工之費官為代支過錢年限帶納自餘合用錢米並乞下提舉常平司照會日下取撥津發應副本州雇工修治施行一今來蕪湖縣申獨山永興保城咸寶保勝保豐行春圩北其地圩垾被水衝破打損至多若只依條保借糧米將來修築不前内有咸寶一圩被水損壞衝成潭缺計長二十五丈闊三十丈深二丈二尺須用創作埂岸從裏面圍裹倍費工力比獨山等圩垾損壞尤見工費不同委是人户難辦乞官為雇工修築今檢計獨山等七圩委是被水損壞

處多其處寶圩埒衝破成潭處難以就舊基修築合依裡面別創築埂圍
裹計長八十一丈合用五千四百工今措置上件圩埒欲各依例結甲隨
苗借米外更據戶下田每畝與借錢一百文者令自修築其處寶圩埒潭
缺處據合用工數欲乞官和雇人工共同修治於是戶部言欲乞下太平
州江東轉運常平司並依本官遂項措置到事理施行從之　二十四年
九月十五日大理寺丞周環言臨安平江湖秀四州低下之田多為積水
浸灌蓋緣溪山諸水併歸大湖水分為二派東南一派由松江入於海西
北一派由諸浦注之江其沿江泄水諸浦中惟白茅浦最大今為沙泥淤
塞每歲若係暑雨稍多則東北一派水必壅溢遂致浸傷農田欲望令有
司相視於農隙開決白茅浦故道俾水勢分派流暢實四州無窮之利詔
令轉運司措置　二十八年八月二日宰執進呈監察御史任古論蘇湖
常秀被風水災傷因措置浙西江東淮南賑糶事上曰被水州縣檢放稅
苗而賑貸其不給困當如此宰臣言瀕江一帶低下而堤堰壅塞畎澮不
通致有積水他郡亦不至此上曰可令蔣璨同漕臣專一措置　九月十
三日兩浙路轉運副使趙子瀟知平江府蔣璨言近被旨相度水利利害
子瀟等歷吳江吳長二縣民田湮沒去處相視以至常熟又自常熟北至
卷一萬七千五百四十
楊子江又自崑山東至海口推究源流講求利害今詢訪得浙西諸州平
江最為低下而湖常等州之水皆歸於太湖自太湖以道於松江自松江
以注海是太湖者三州之水所瀦而松江者又太湖之所泄也然以數州
瀦水之巨浸而獨泄以松江之一川宜其勢有所不勝受而泄放又所不
速是以昔人於常熟之北開二十四浦疏而導之揚子江又於崑山之東
開一十二浦分而納之海兩邑大浦凡三十有六而民間私小徑港不可
勝數皆所以決壅滯而防泛溢也後因潮汐往來泥沙積聚舊製開江之
卒尋亦廢去闕時既久填淤日增此大浦所以湮塞而民田於是有渰浸
之憂也昨者建議興修水利之人據武而出其說皆迂闊汗漫而難用所
見於已施行者天禧天聖間御史張綸於常熟崑山縣各開衆浦以導積
水景祐間郡守范仲淹親至海浦開濬五河以疏導諸邑之水自東南入
於松江東北入於揚子與海政和間提舉趙霖料命興修水利開浚三十
三浦役工僅開常熟兩浦崑山一浦而罷開三浦之後迄今又四十年諸
浦湮塞又非前日之比遂致湖瀼盈溢浦港澱淤而積水散漫民田之中
十年之間澇歲常八九今相視沉沙湮塞有妨泄水合行修掘開濬緊切
去處開具如左一常熟縣開浦五處梅里塘泄崑湖并常熟塘一帶積水

自本縣東栅由梅里鎮至白蕩橋又芾浦係泄崑湖承湖水自尚涇至浦
口又崔浦泄崑湖承湖由梅里塘積水自浦口至雉浦一帶又福山浦係
泄崑湖承湖并府塘一帶積水自尚涇橋及九折塘至顧星橋又黃四浦
係泄尚湖及昆湖水自三里汀至十字港一崑山縣開浦四處新洋江北
接百家瀼南出吳淞江自百瀼口太倉塘又小虞浦北接鯁鯉瀼向南出
吳淞江自鯁鯉瀼口下南至黃墓村橋又雇浦北接斜塘瀼南出吳松江
自郭澤塘口下北至郵塘又郭澤塘南通夏駕浦東通雇浦洛徹吳松江
已上兩縣總計工三百三十七萬四千六百六十四工錢三十三萬七千
四百六十六貫三百文米一十萬一千五百三十九石八斗九升子瀟等
契勘崑山縣四浦工力不多乞止用本縣食利人戶支給錢米委本縣官
監督開濬常熟縣五浦工力浩瀚係與吳長等縣利害相及欲除崑山縣
外有本縣食利人戶以五千人為率人夫數少即於三縣見賑濟人內募
強壯人充應所有差官起工等事件續次條具申請緣平江府積水經今已
及兩月餘日未退已妨種麥若不於農隙之際支給錢米雇夫開治恐深
恐來歲春雨積水愈甚斷失常賦不便望速降指揮施行詔差御史任古
同提點刑獄徐康前去覆視詳究利害聞奏所有合措置事件令趙子瀟
卷一萬七千五百四十
蔣璨一面條具申尚書省其任古仍令上殿奏事畢疾速前去　二十五
日知洺州程數書言稻田以水為本故無渠堰而田宜稻者則有瀦水之
地以待灌溉比緣經界官吏以民間瀦水地為天荒地豪猾游手因而交
結州縣請佃承買洩其水以為可種之田獨擅其利田既無水歲失播種
乞行下諸路如有請佃承買瀦水池者即為改正從之　十一月九日監
察御史任古言平江府常熟四縣有開江四指揮共二千人額專一修治
浦塘等許置巡塘官一員今欲乞止於常熟崑山兩縣各招填一百人額
其請給等並依舊例支給施行仍奏撥軍員使臣各二人分管軍兵如有
浦塘堙缺通融役使遂旋修治古又奏崑山縣耆宿言所開浦四處緣今
歲積雨兼北風湖并太湖及山水相會有渰浸民田因郭澤塘一浦橫過
即非泄水去處舂閘人戶圍田自當開撥所有小虞浦新洋江雇浦三處
雖合開浚見今四浦盡為松江大水漲過其外發泄遲緩其致諸浦蓄水
難以興工欲候江水減落岸塍出露人戶自行開掘亦不顧支破錢米若
內有貧乏無力之人乞量借常平官糧寬立年限分料送納乞從民便已
行下本縣令預備將來興工之具候江水減退即行開浚並從之　同日
監察御史任古言臣同徐康與常熟縣官覆視五浦今詳究得本縣東栅

至雉浦入丁涇通徹福山塘下注大江委是快便若依趙子潚當來申請
以五千人爲率於來歲正月入役約計一月餘日可畢此浦使昆承一湖
及府塘一帶并被傷民田内水通注於江然後浚治黄四浦三里江至十
字港工力亦不甚多併趁農隙先畢二浦其餘合開港浦再俟將來農隙
當以緊慢次第興工古又奏趙子潚昨計料開浚崔浦係決泄昆承二湖
及民田内水南自梅里塘距浦口迤邐北入大江古等身詣相視其浦乾
涸可以行往蓋緣浦身迂迴曲折泄水不快是致積沙高厚開浚工倍欲
於雉浦口别有一涇徑入福山大浦通於大江名爲丁涇比之崔浦並無
回曲不惟開浚省費實於泄水爲便詔並依奏錢於御前激賞庫支降米
就平江府撥到綱米内支取令趙子潚同守臣措置於正月上旬興工令
預備器用不許科擾於民　二十九年正月二十九日兩浙路轉運副使
趙子潚言被旨開濬平江府常熟縣東栅至雉浦入丁涇徹福山塘已於
正月五日興工據常熟縣父老稱福山塘與丁涇地勢相等今開丁涇更
深三尺若不濬福山塘則水必至倒注於涇今與平江府州縣官同往相
視宜依父老陳乞開濬又見開東栅至雉浦口河面並合濶八丈并雉浦
港底四丈二尺貴得泄水通快詔依仍令疾速興工　二月十八日數文

卷一萬七千五百四十

閣待制知平江府陳正同言相視到常熟縣開浚諸浦其修治田岸係有
田之家計畝均出錢米以保永業必無怨尤之理舊來浦口雖有潮沙之
患每得上流清水湍浚可以推滌不至全然壅塞後來節次被人户圍裹
瀦水湖濼爲田其已成之田人户認爲永業欲乞今後不許人户更將邊
湖瀦水去處占射圍裹於是户部言在法瀦水之地謂衆共溉田者輒許
人户請佃承買并請佃承買人各以違制論每畝賞錢三貫一百貫止今
欲下平江府明立界至約束人户即不得依前占射圍裹從之　同日詔
常熟縣丞江續之減二年磨勘壕寨官韓彦彭昇各與轉一官資以本路
運使保開浚浦畢工故也　三十年三月八日淮南運判張祁言被旨
措置開墾荒田修築圩埠陂塘竊見無爲軍廬江縣楊柳圩一所周環九
十里兵火後來不曾修築致圩埠損闕溝洫壅蔽一向荒閑二十餘年致
無爲縣佳成圩一所各有荒閑田土本司見已修築堤岸蓋造莊屋收買
牛具招集百姓耕墾竊念淮甸窮陋本司别無寬剩錢物應副逐急支遣
欲望詳酌權於本路州軍合起發錢内科撥三萬貫從本司置曆專充措
置開耕荒田支發候稍有次第即將逐年所收莊課樁管撥還支過錢數
詔於淮東茶鹽司莊管錢内支撥三萬貫應付　已上中興會要

孝宗紹興三十二年孝宗即位未改元十一月二十九日參知政事督視湖北京西
路軍馬汪澈言相視襄陽有二渠一曰長渠一曰木渠皆古來水利播殖
去處大約長渠溉田七千頃木渠溉田三千頃其間陂池灌浸脉絡交通
土皆膏腴自兵火後悉已堙廢嘗差委湖北運判李維京西運判姚岳親
至其地計度今且先治長渠凡築堰開渠可用二萬工并合要牛具種糧
等就委兩路運司措置不令然毫擾民長渠纔成或募民之在邊者或取
軍中之老弱者雜耕其中來秋穀熟量度收租以充軍儲既省餽運又可
安集流亡乞以措置京西營田司爲名令姚岳兼領從之其後乾道九年
十二月二十三日權京西路轉運判官吴仰復言長木二渠之利數内蠻
溪水見流白馬堰係岳州都統制司營田莊水亦通唯是白馬陂以東石
子山木渠山合渠去處頗多損壞日復一日必皆湮塞今若隨宜興修可
以立見成效欲望下京鄂都統制司令同本司差官行視二渠隨宜開遏
詔户兵工部看詳各部欲下岳州都統制京西安撫轉運司襄陽府同共
疾速相度施行從之　隆興元年四月十二日詔浙西路轉運常平司取
見逐州人户創立埂岸包圍成田及漁户廣施漁具壅遏水勢所去處疾
速相度措置施行仍令州縣常切督責巡尉每歲於農隙時修治隄防無

卷一萬七千五百四十

使闕壞及春夏之交部集人户於河道淤塞要害之處併工開撩常令水
路通快從殿中侍御史胡沂請也　六月十二日工部尚書兼侍讀張闡
等言竊見近降指揮將紹興府鑑湖田明州廣德湖田盡賣二湖元灌溉
民田浩瀚後緣民間侵耕遂作圩田今若一概出賣竊恐於民間别有所
妨如紹興府鑑湖曾立石牌應深溝大港永遠存留可以充灌溉今欲乞
專委紹興府明州守臣討論利害詳審方可出賣從之　二年八月五日
詔江浙水利久不講修積雨無所傾泄重爲秋稼之害可令逐州守臣考
按古迹及見今淤塞去處條具措置聞奏　九月四日集英殿修撰知宣
州許尹奏本州有重淤實係擬興委是堙塞水流去處今欲依舊開決作
湖以爲民利詔令本路轉運司相視如委有壅塞候秋收畢措置開決
十二日詔江東浙西監司郡守朕嗣服以來求民之瘼比緣江東浙右俱
被水災思拯民於溝壑寤寐不忘卿等既分外臺之寄皆爲共理之良宜
究乃心各揚爾職能於所部講明田事預爲陂塘渠堰防患未然使顯効
著於將來者朕當不次親擢其或仰爲文具尚畏權勢無益於備患徒擾
於庶民國有典刑朕必不赦　乾道元年正月十四日知撫州吕廣問條
奏農田水利諸塘堨合輸知首之人充雖田少不該亦均給水利不得阻

障若鄉利私約輪充於官部內開說充知首人盖賣田業新得產家雖合
充止輪當末名不得越次仍批官簿照會諸塘堨係衆水利蓄水救田本一
縣於農隙之時告示知首及同食水利人均倫人夫併力修作塘堨下合
承水利田產遇人戶典賣並依資次承水如係買稅戶塘堨水亦申官注
籍塘堨水上流既足如障塞公然占奪不從州縣約束者取首形勢之家
將新置田產却在舊堨之上占截水利似此去處縣官即時除拆若舊堨
不容修築衆定利害務從民便若兩堨用水已足不放流者亦仰官司禁
約　圳堨兩岸或被水衝隔隔岸漲出沙田止許被水人承佃不得田鄰爭
占　圳堨所在合留水門若不妨阻舟船或擅毀拆並追斷斷約束未盡如
別有私約並仰知首自陳添入若舊例已定不得創改有合增事件並聞
官始許行用從之　二月二十四日詔紹興府開濬鑑湖除唐賀知章放
生池舊界十八餘頃為放生池水面外自餘聽從民便逐時放水依舊耕
種從知府趙令詪請也　同日知平江府沈度言被旨開掘長州縣習義
鄉清洛湖圍田一千八百三十九畝益地鄉尚澤蕩圍田一千五百畝蘇
臺鄉元潭圍田一千五百八十八畝樊洪瀼圍職田三百三十二畝營田
一千九百六十九畝賈村瀼圍田一千六百六十二畝崑山縣大虞浦圍

田二十六畝小虞浦圍田一百六畝新洋江圍田一百七畝崑山塘圍田
三十三畝許塘圍田二十六畝六河塘圍田一十三畝常熟縣梅里塘圍
田二畝白茚浦圍田二百三十一畝目今通泄水勢詔浙西提刑曾逮親
至其地審覔開具洩水通快可以經久無堙塞去處保明以聞　二年四
月七日吏部侍郎陳之茂言比年以來泄水之道既多堙塞重以豪右有
力之家以平時瀦水之處堅築塍岸廣包田畝弥望綿亘不可數計中下
田疇易成泛溢歲歲為害民力重困數年之後凡瀦為陂澤盡變為阡陌
而水患恐不止今日也乞選差强明郎官一員同漕臣日下將新圍之田
疾速開鑿上日聞浙西自圍田即有水患前此屢有人理會竟為權要所
梗卿等可檢點累降指揮已曾如何施行仍委兩浙運副王炎疾速相視
利害以聞既而王炎言相視圍田內有張子蓋新舊田九十餘畝占籍兩
縣堙塞水勢久為民患躬至其地地名四塘周圍約二十里開掘已盡泄
水通快地名長安周圍約四千里見督縣官併工開掘乞戒勵張子蓋等
家再犯重寘典憲已開掘去處各立標記餘州縣依此從之　五月十二
日尚書省言浙西圍田有壅塞水勢去處近專遣漕臣親詣逐州縣監督
開掘以泄積水除去民害尚慮形勢權要之家日後依前冒法謀利復行

修築為害如初理宜約束令兩浙轉運司并逐州縣守令常切檢察遵守
如有違犯之人命官取旨餘重作施行　六月一日臣僚言江陰軍在浙
西最為地勢卑下雖瀕大江而歲苦水患尤甚於他州蓋常州之水其勢
趍下盡自五瀉堰分流入石頭港黃港夏港蔡中達于大江江而江潮直
至堰下歲久潮泥淤塞河港水既不能輸泄漫入田間而中港一河連接
數鄉所繫尤重又有三山與秦望山山脚之下石自港內橫絕而過壅遏
水道今所謂大石堰小石堰者是也一屬常州一屬江陰其石比年漸高
大河水為之不流數鄉無歲不被害田畝常在水底而常州境內河港水
勢又不能泄遂為兩郡之害若非朝廷措置開掘以兩郡之力丞不能辦
乞詔有司下本路監司兩郡守臣同力相度利害詔工部行下本路轉運
司同常州江陰軍相度措置以聞候農隙日興工開撅　十五日臣僚言
浙西圍田壅遏水勢已行開掘竊見永豐圩自政和五年圍湖成田經今
五十餘年橫截水勢不容通泄圩為害非細令相度欲將永豐圩廢掘依
舊為蓄水之地詔依候至十一月開掘　十月十四日利州路提點刑獄
公事張德遠言興元府褒城縣山河六堰灌溉褒城南鄭兩縣田八萬餘
畝內有光道拔一渠決壞年深民力不能興修下流闕水率多改種陸田

今歲正月內判興元府吳璘親率將士代民修塞仍作偏堰勒回別渠棄
水併入光道拔下流諸堰堅固前日陸種去處復為稻田其利甚博詔吳
璘令學士院降詔獎諭　三年五月十五日秘閣修撰前知備州周操言
宣城管下六縣唯宣城南陵有圩田去處而宣圩田最多共計一百七十
九所大率地本卑下人力緝揉以成田畝十年九潦常有水患議者多欲
廢決梗塞水道之圩以全衆圩謂不當隱忍愛惜當決之圩使衆圩俱受
其害臣於乾道元年十一月到任是對圩田再遣臣浸童圩係是破壞之
數人戶稱此圩委梗塞水道臣遂出榜曉諭且令權住一年興築若來年
衆圩熟不遭水患遂可永久廢罷今已去彼隔歲乞將童圩徑行廢決所
有養賢政和蓮湖三圩乞併賜行下委自守臣詢訪條具聞奏詔寧國府
守臣相度[illegible]以聞其後知寧國府汪徹言童圩最為民害一水自徽州
績溪縣本府寧國縣合諸水至童圩一水自廣德軍建平縣合本府宣城
縣南湖之水至童圩二水奔衝併來其勢浩渺所以向上諸圩悉遭巨浸
又嘗考此圩本童家湖容流衆水非古來圩額今若將童圩廢決則水勢
自然順適其餘未可輕議從之　四年五月二十四日詔知彭州梁介自
到任講究農田水利經畫修築本州九隴等三縣十餘堰灌溉民田固護

應排後

水勢委是利便可除直秘閣利州路轉運判官填見闕從四川安撫使虞允文請也　八月七日觀文殿大學士知紹興府史浩言本府諸暨縣天台四明數百里重岡複嶺水出之源其派既廣止有錢清一江為吐泄之處古人于縣之四傍立湖七十二處以瀦蓄故無泛溢之患歲久所為七十二湖者人皆占以為田故雨水需泛則水皆歸七十二湖所種之苗悉皆浸損然則非水為害民間不合以湖為田也今湖不可復則諸暨湖田為民之歲歲受害臣不敢以不告詔令史浩選委諳曉湖田利害官相度措置　七年十二月八日臣僚又言紹興府暨諸縣地接婺之浦江義烏衆溪輻湊與本縣諸山之水凡四十餘港合流而下境內舊有七十二湖可以瀦蓄歲久湖変為田不惟水無所歸而又溪港浸為漲沙壅塞由是久雨則有墊溺之患久晴則有旱暵之憂開鑿約用六十八萬一千五百工每工日給米二升計用米一萬三千六百三十石詔令將帥相度　九月二十四日詔諸路提舉官自今興修水利若不依常平免役條令先選官核視許令興修只憑州縣保明虛誤農田水利酬賞輒為申奏不實者從戶部按劾取旨本部人吏不照應條法疏駁輒便依隨偽妄關報推賞者亦科違制之罪　十月二十六日臣僚言紹興府諸暨縣各有湖湖高于

卷一萬七千五百四十

田築塍岸瀦水以備旱其田高于江置斗門泄水以備潦故雖或水旱而有備歲可使之常豐蕭山縣管下湘湖灌溉九鄉民田夏秋之交多闕雨澤決其湖以溉田禾稼滋茂近聞百姓將湘湖填築以為田冀害灌溉欲乞令紹興府差官看視若委是將湘湖為田則令開掘復以為湖依舊灌溉民田從之　五年三月二十日大理正措置兩淮官田徐子寅言兩淮荒蕪之田一目百里究其十分之地陸田纔三四而水田居其五六甚夏之交霖雨之久耕耨之勞秧蒔之功一旦空然此田之所以為民病也自去冬同歸正頭目人差擇到楚州山陽縣大溪村博田崗空閑官田約數百餘頃南有灌溝可通運河北有舊溝可接小溪今欲由其舊蹟與之開浚約用五百工歸正人各欲俟墾種畢日併力開浚從之　六年閏五月一日知雷州戴之邵言管下瀕海土薄地雜泥沙東北接連有大塘一所臣於農隙雇募夫丁併力開築竊慮歲久官司不能相繼增修致壅塞令後差注本州海康遂溪兩縣並令於官銜上帶主管河渠公事任滿有無增修損壞批上印紙從之　七日徽猷閣待制新知寧國府姜詵言寧國府太平州兩郡惟仰圩田得以供輸今來夏雨頻多竊慮縣官滅裂民心不齊失于修治大為圩田之害欲選委清强官同本縣遍行檢視修護

從之　六月二十二日徽猷閣待制知寧國府姜詵言宣城南陵縣圩田既壞有不曾決破圩田九所欲于今冬自十月措置修圩以係官錢米募民興工俟今秋八九月措置以聞從之其後詵措置修濟務圩岸萬開決除廢在外詔從之餘州軍圩岸損壞從之　九月二十八日新知泉州周操言太平州所管圩田每遇水災決壞除大圩官為興修外其他圩並係食利之戶保借官米自行修治就今冬十月內措置乞委自本州守臣照紹興二十三年例從逐措置施行詔應有圩田合修治處仰逐州守臣精加檢覈及工役合用錢米支費具數限一月聞奏　十月二十三日知寧國府姜詵言焦村私圩梗塞水面致化成惠民圩頻有損壞合將焦村圩廢決其化成惠民兩圩南元有梗岸接焦村圩合依舊增高修築從之　十二月十四日監行在都進奏院李結言蘇湖常秀所產為兩浙之最自紹興十三年以來屢被水害議者皆歸積水不決之故以為積水既去低田自熟第以工役浩煩事皆中輟臣有管見治田利便三議一曰敦本二曰協力三曰因時司農丞鄭昱議云古人使塘浦闊深者蓋欲取土以為堤岸非專為決積水若堤岸高厚借令大水之年江湖之水高於民田五七尺而堤岸尚出於塘浦三五尺故雖大水不能入于民田民田既不容

卷一萬七千五百四十

水則塘浦之水自高於江而江之水亦高於海不須決泄而水自湍流矣此古人治低田之法也若知決水而不知治田則所開浚之地不過積土於兩岸之側霖雨蕩滌復入塘浦不五七年填淤如舊前功盡棄為今之務莫若專務治田乞詔監司守令相視蘇湖常秀諸州水田塘浦緊切去處發常平義倉錢米隨地多寡量行借貸與田主之家令就此農隙作堰車水開浚塘浦取土修築兩邊田岸立定丈尺衆戶相與併力官司督以必成且民間築岸所患無土今既開浚塘浦積土自多而又塘闊水深易以流泄田岸既成水害自去此臣所謂敦本之議也結又以為百姓非不知築堤固田之利然而不能者或因貧富同段而出力不齊或因公私相吝而因循不治非協力不可百姓所鳩工力有限必賴官中補助官中非因飢歉難以募民興役非因時不可詔李結所陳緣所費浩大令胡堅常相度措置胡堅常看詳李結所議誠為允當今相度欲鏤板曉示民間有田之家各自依鄉原體例出備錢米與租佃之人更相勸諭監督修築田岸庶官無所損民人告勞詔從之　七年七月二十五日將作少監馬希言奏被旨覆實太平州修圩利病欲望委自有圩田州縣守令措置將圩內人戶推一名有心力田畝最高之人為圩長大圩兩人每遇秋成集本

圩人夫於逐圩增修面闊一尺側厚一尺脚闊二尺須用堅土寔築若圩內人力不及或闕工食官中量行添助如是五年不輟則圩勢高厚雖有湖潦不能侵也詔令逐州守臣措置弟言又言乞再委三州軍守令應私圩未修去處以田畝十分爲率借米一分令日下修葺仍令被水之圩更與給借粮種候秋熟分兩年隨納並須遍及四遠鄉村先以所管常平米支如不足轉運司就陸近州縣取撥應副從之　二月四日觀文殿學士知紹興府蔣芾言本府會稽縣德政鄉有田萬二千畝七年被水細民殆無生意古有後浦在下流凡十里餘舊來深浚以泄裏水爰自損壞堙塞每遇溪流泛溢江潮壅大則渰浸旬月水不通泄一再揷種並無收成乞於本府常平錢借支三千緡義倉米借支三千斛就行賑濟因以開浦從之　五月二十日詔太平州寧國府新修圩田可差監察御史陳舉善前去覆寔開具有無堅壯損壞以聞　七月十三日戶部尚書曾懷等言秀州華亭縣新涇塘合築堰置閘以捍鹹潮免浸民田事繫利害其所用工料錢五萬貫來有乞委浙西提舉常平季結疾速興修從之後知秀州丘崈遂成之詳見堤堰門　八年十一月臣僚言寧國府兩圩埂岸雖已圍固至於畢塞去處可以豬水者又須當求所以措畫之方惟相其水源所

乾道八年

卷一萬七千五百四十

歸穿掘陂堤以儲蓄之外水既洛則因以決放而可以免於浸溺況兩圩腹內包裹私圩十五所其野泊荒陂低圩之田廢而不治者尚多有之圩民知其利而不能自辦官欲爲之又無餘力可成惟其常有海潞之憂而未免蠲減苗稅孰若以其所減者募民疏鑿欲望於苗租內截撥米若千碩責以農隙之時浚築將見永無水患不失賦失以濟大農之用詔江東常平司委官取見的寔合修去處丈尺工料米數寔具文狀保明以聞

九年八月十六日詔曰朕惟旱乾水溢之災堯湯盛時有不能免民未告病者備先具也聞者數年比不登江湖閩浙之人或荐告飢豈有肥磽人事之不齊乎將火耕水耨不得其時地有遺利乎抑賦役繁多或奪其力乎何種入之寡乏也深惟其故未燭厥理乃博延羣臣訪問得失吏有從南方來者言豫章諸郡縣亘阡陌近水者苗秀而寔高仰之地雨不時至苗輙就稿意者水利不修失所以爲旱備乎唐韋丹爲江西觀察使治陂塘五百九十八所灌田萬二千頃此特施之一道其利如此矧天下至廣也農爲生之本也泉流灌溉所以毓五穀也今諸道名山川原甚衆民未知其利然則通溝瀆豬陂澤監司守令顧非其職歟其爲朕相丘陵原隰之宜勉農功盡地利平繇行水勿使失時雖年有豐凶而力田者不至拱

手受弊亦天人相因之理也朕將即吏勤惰行殿最而寓賞罰名彈厥心無蹈後悔　九月二十七日度支員外郎朱儋言江東圩田爲利害大其所慮者水患而已知增築埂岸以圍堤防爲急而不知廢決隘塞以緩奔衝之勢乞下江東轉運常平司更切講究本路圩田別有似此隘塞水道合從廢決去處與逐州守臣公共詳酌奏請施行從之　九年十一月二十五日詔令諸路州縣將所隸公私陂塘川澤之數開具申本路常平司籍定專一督責縣丞以有田民戶等第高下分布工力結甲置籍於農隙日浚治疏導務要廣行瀦蓄水利可以公共灌溉田畝如無縣丞處即責以次縣官依此措置候歲終令本州參酌將工力最多去處保明申常平司差官覈寔申朝廷推賞其怠慢不職之人按劾取旨責罰從臣僚請也

十二月二日龍圖閣待制知太平州胡元質言今歲遭值大水除政和等十三圩不曾遭風水餘諸圩幾四百里爲水浸沫而入內外灌浸風浪淘洗經涉三時其受害損壞不一合隨其所損而爲之計其洗動處則重築其坍落處則補築其斷狹處則貼築其不損壞處則補築其斷狹處則貼築其不損壞處則反爲增築其工費計米二萬一千七百五十七碩五升錢二萬三千五百七十貫一百三十七文有比隆興二年乾道六年所

卷一萬七千五百四十

省幾半務趁此冬土脈堅實之時及期辦集從之以上乾道會要

水利四

孝宗淳熙元年四月七日提舉兩浙常平茶鹽公事劉
孝䟽言紹興府山陰縣安昌清風兩鄉餘姚縣蘭風東
山等五鄉海塘為海潮所損乞委各縣尉修築溫州瑞
安永嘉平陽台州黃巖等縣皆有堙塞河道海浦乞行
開修從之五月六日詔溫州瑞安知縣特轉兩官
任滿與通判差遣以浙東提舉劉孝䟽言怨開運河溉
民田又遍詣諸鄉浚治河涇與建塘濼斗門故有是命
六月十二日詔福州長樂知縣徐謩連江知縣曾模各
特轉一官以本路安撫使言謩與修營下湖塘水利及
創造斗門一百四所灌溉民田二千八十餘頃模開浚
東湖塘二十餘里造水閘築埒塍一百二十餘所灌溉
田二十餘頃故有是命七月二十三日提舉江南東路
常平茶鹽公事潘甸言被旨詣所部州縣措置修築濬
治陂塘今已畢工計九州軍四十三縣共修治陂塘溝
堰凡二萬二千四百五十一所可灌溉田四萬四千二
百四十二頃有奇用過夫力一百三十三萬八千一百
五十餘工食利人戶一十四萬八千七百六十有餘詔
劄下諸路依此逐一開具以聞十一月二十七日江東
運副程叔達言番陽廣德二郡地最高仰間有旱傷二
郡尤甚乞詔守令遍行阡陌有荒曠田畝無水源處相

卷一萬一千一百九

一

視其宜多創塘濼以備灌溉及令常平轉運司分行督
察若民力不能獨辦量行應副錢米以助其役從之
七年三月四日浙東提舉常平折知常言台州黃巖縣
令孫叔豹勸諭食利之家自行興工開濬八鄉官河九
十餘里置立斗門堰閘五所灌溉田畝詔孫叔豹改合
入官候任滿赴都堂審察四月二十二日詔知泰州張
子正提舉淮東南路常平鹽茶公事葉翥各特轉一官
以修築泰州捍海堰有勞故也七月二十八日浙西提舉薛元鼎言太
湖之水獨泄以松江之一川其勢有所不勝受並湖數
州皆受其害景祐間范仲淹嘗就常熟崑山之間濬五
大浦蕩涇下張七了白茆許浦以殺其勢為數州之利
比年並皆堙塞前任提舉陳舉善勸諭人戶以漸開浚
獨許浦正是泄水去處並未施工昨水軍統制馮湛聞乞
用軍兵開掘因與守臣不協遂已臣竊見許浦自梅里
約三十餘里堙塞不通其水軍搬運錢糧亦自艱難乞
詔馮湛候農隙日從所請開濬從之閏九月十九日詔
浙東今歲間有旱傷軍州仰轉運司同提舉常平司日
下委官詢訪興修水利去處召募本處闕食人支給錢
米因此存濟趁時修築不得因而科抑騷擾十月二日
淮東總領錢糧臣言鎮江三邑旱傷練湖湮塞之久而
椿積之米陳腐甚多欲因賑濟以興水利從之三日詔
非令諸路監司守令措置興修水利以備旱乾灌溉田

卷一萬一千一百九

二

畝江東具到修治陂塘溝堰二萬二千四百餘所淮東
一千七百餘所浙西二千一百餘所今歲旱傷江東淮
東為甚未委當來如何興修可令元興修官江東提舉
潘甸淮東提舉葉翥知平江府陳峴具析以聞（從中書門下省請）
也　十一月七日福建提舉薛居實言漳州龍溪縣丞范
薰勸率田戶開墾東湖修飾斗門及陂塘滿淺六十一
所灌田甚多詔范薰特循兩資任滿赴都堂審察　三
年二月十一日新知南康軍趙彥逾言諸處興修陂塘
施工開掘緣無限制多是茍簡望責之監司命諸州軍
如與修水利陂塘河溝不以廣狹隨其地形並限深一
二丈具畢工月日申奏不測遣使合覈（核）而加賞罰從之

卷萬一千一百九　三

四月二十六日皇子判明州魏王愷言本州鄞縣東錢
湖周回八十餘里自唐天寶間開置灌溉定海鄞縣民
田甚多而茭葑滋生塘（岸）埤摧毀寖以湮塞水源今欲開
濬約用錢一十萬貫米一萬碩詔於本州見管義倉米
內就撥米一萬碩提領南庫所支會子五萬貫　三年
十月十九日以東錢湖興修成愷降詔獎諭長吏莫濟
（除）秘閣修撰司馬陳延年直秘閣　六月二十九日詔兩浙
漕臣及提舉常平官并逐州守臣常切覺察自今如有
官民戶及寺觀園築田畝堙塞水道即行禁止如違具
名以聞（從中書門下省請也）　七月二十三日詔浙西諸州縣輒敢
給據與官民戶及寺觀買佃江湖草（蕩）蕩園築田畝者許

人戶越訴仍重寘典憲監司常切覺察（從監察御史傅淇請也）
四年十三月十三日前提舉東路常平茶鹽公事何俌
言本路州縣措置到水利創建河浦塘埭斗門二十九
處增修開濬淺狹塘埭斗門碶閘溪浦河堰碑潭湖埂
六十三處計灌溉民田二十四萬九千二百六十六畝
詔提舉兩浙東路常平茶鹽公事姚宗之覈實開具閤
奏　五年閏六月二十四日淮東總領所言高郵寶應
田歲被水澇昔元祐間發運張綸興築長堤環遶二百
餘里為函管一百八所石𥕐斗門三十六座以時疏洩
下注謝陽湖流入于海故年穀屢登自殘擾之後是堤
函管石𥕐斗門盡皆廢壞湖水漫流今乞委官專董其
事同守令於農隙之際官給米募夫擇湖水衝要去處
建石𥕐斗門函管察堤岸之損闕修築填補庶幾公私
利便從之　六年四月三日畢工詔淮東總領葉翥覈
實以聞　六年正月四日詔諸路提舉司各取去年所
部州軍興修水利數目以聞　七年二月四日知潭州
辛棄疾言欲令常平司本路諸州郡措置以官米募工
濬築陂塘因而賑給一則使官米遍及細民二則興修
水利從之　十二月十一日詔諸路提舉常平司常切約
束所部縣丞每季檢視措置農田興修水利務要廣行
灌溉田畝如奉行違戾仰按劾以聞（從三省請也）　八
年九月二十四日知鎮江府潘緯言鎮江府置二閘本

卷一萬一千一百九　四

為三邑高仰之田藉此灌溉自使者往來官司常留準備望行下本府并轉運常平司自今常留四版以備人使經由遇春夏間如水及五六版許令通放灌溉民田實為兼濟從之　九年六月二十二日度支員外郎姚述堯言傳法寺僧請佃明州定海縣鳳浦沈窖兩湖八百畝為田契勘兩湖可以灌溉田二萬六千餘畝乞委浙東提舉官將所佃田盡行開掘復為平湖以為旱乾灌注之利從之同日詔兩浙漕司行下所部州縣自今常切禁止官民戶毋得將草蕩圍裹成田如失覺察其漕臣取旨施行九月二十六日淮南運判錢沖之言真州之東二十里有陳公塘周回百里本司近已興修塘

卷一萬一千一百九　五

岸建置斗門石𥕢各一所東西湫口二處乞於揚子縣知縣尉銜内帶入兼主管陳公塘六字庶幾責有所歸人之身也　十年二月二十四日知秀州趙善悉言本州海鹽縣境近已修築堰閘共八十八處開濬運河一百四十九里一百步瀦積水源以資灌溉之用詔可令縣尉兼管縣丞提督四月九日大理寺丞張抑言浙西諸州豪宗大姓於瀕湖陂蕩多占為田名曰塘田於是舊為田者始隔絕水出入之地淳熙八年雖因臣僚當子有旨令兩浙運司根括而八年之後圍裹益甚乞自今責之知縣不得給據責之縣尉常切巡捕責之監司常切覺察仍許人告令下之後尚復圍裹斷然開掘犯

者論如法從之十二月四日知和州錢之望言歷陽縣含山縣有麻澧二湖灌溉民田為利甚博乾道二年因守臣胡昉鑿千秋澗以設險澗既開通而二湖之水始洩入江積十餘年湖水日淺灌溉之利遂廢今欲於千秋置斗門以防湖水之洩遇大浸則啓之以出外遇旱暵則閉之以瀦水俾二湖之浸如初又不妨千秋澗之險從之二十二日知明州楊𢿧言定海縣崇邱鄉南北二港總計二萬四千六百餘丈日就湮塞本縣丞趙師程勸諭人戶各據食利併力開掘皆已畢工欲行推賞宰執進呈上曰且令提舉官覈實俟來秋見其利方可推賞　十一年正月十一日詔浙東提舉司將開掘過

卷一萬一千一百九　六

白馬湖為田去處並置立版牓每季檢舉曉諭人戶日後不得再有侵占仍仰本司常切覺察毋致違犯八月五日詔浙西諸路州府各將管下舊來圍田去處明立標記仍出牓曉諭官民戶今後不得於標記外再有圍裹如敢違戾具名申取朝廷指揮仰漕臣常切覺察以中書門下省檢會淳熙十年四月九日臣僚奏將浙西諸州豪宗大姓圍裹瀕湖陂塘斷然開掘緣有措置未盡訪聞日來尚多違戾故有是命　十一月三日詔向來趙善悉所修海鹽縣堰閘外劉俁修華亭縣塘堰令劉穎親往相視目今有無衝決損壞并本州去年所修水利於今年有無實被灌溉田畝及未盡去處開具聞奏浙西提舉劉穎言一相視海鹽縣所開河　五處雖得深濬可以蓄水其

入深田畝全藉支港分引水勢灌溉稻苗緣何沙潮濬既深支港高仰每遇雨澤其水傾入大河無所豬停匯七月間因措置鹽場到縣其時雨多水漲與田相平故得一例全豁目今止是大河有水支港乾淺若他日闕雨必至旱涸衆議皆欲開濬除已委官措置趂農隙興工開淘此役重大乞量支錢米以爲犒賜（下戶部勘當乞下浙西提舉司將本開通小港從今來奏請開掘施行其犒賜錢米從本司措置量行支散）一相視得海鹽縣白馬廟至縣東二十里地屬沙腰鹽場其地卑下潮水見行衝決數中有兩門三條洗滌日漸深廣鹹水將及民田人一二里內創置塘岸一條限隔鹽場若從官司出備錢物置買材料其費不多（戶部勘會乞下浙西提舉司計料工費具

卷一萬一千一百九　七

諸實文狀供申）一相視得華亭縣澱山湖闊四十里餘所以瀦泄九鄉之水近歲被人戶妄作沙塗經官佃買修築岸塍圍裹成田計二萬餘畝以此北鄉之田過水無處通泄遇旱亦無由取水灌溉乞下有司詳度施行（戶部勘當乞下浙西提舉司更切委官審實如係妄作沙塗包占湖面去處即仰照條開掘施行）一照對華亭縣自築運港塘堰張涇堰僱守臣丘崈奏其諸不可無官巡視修葺乞移秀州城下杉青閘官至彼監管專以監新涇堰爲名遂於亭林寶雲寺作廨宇招堰兵五十人充役向來運港堰外二十里尚通海潮兼亦未曾築塘涇堰岸委合在亭林監管今來運港堰外二十里並已潮泥淤塞塘岸更不須修築卻合照管張涇遶堰岸

等處而相去乃在二三里外委是不便今欲移就張涇遶堰居止不惟於往巡視山塘涇岸一帶便近兼張涇遶堰鹽船經過多於彼處停泊等候潮汛未免衷私出賣若得僱官在彼亦可稽察私販乞下本州畧與創立廨舍本司亦當少助其費本處堰兵衣粮州縣視爲閑慢不以時得往往怠慢不切向公（戶部勘當乞下浙西提舉司將新涇堰監官移就張涇堰居止其堰兵衣粮行下本州按月支給）一照對華亭縣塘岸西緜亘七十里餘所管堰兵不多每遇修葺全藉食利人戶以爲所築堤岸止是沙土每歲未免少有堋損官司役用人戶若遇豐歲口食稍給固自無害設有饑歉恐難徭使今踏逐到運港堰外槽涇二十里目今潮泥填塞圭

卷一萬一千一百九　八

出蘆柴約歲可得柴三萬餘束若以一半爲看管採斫工力之費外歲可得錢三數百千既係官塘地段卻與民間全無交涉若令丞尉拘收更行踏逐添助足可贍給支用（戶部勘當乞下浙西提舉司得踏逐到前項柴地如委係官塘地段不係民間產業令從今來奏請事理拘收入常平施行從之）十二月二十六日進呈知太平州陳騤奏修圩畢工已行具奏躬親遍視驗實今到圩上見得元水決破大埂成深潭處一百三十一丈圩脚見闊七尺面闊二丈高一丈三尺其幇築元水齧蝕見湖大埂凡二萬五千一百三十四丈五尺其幇築元水決破及齧蝕子埂凡一萬五千八百三十七丈比舊埂面有增闊二丈至六尺埂脚有增闊三尺至八尺高有增三

寸至五寸至舊埂脚又增築一丈至二丈並皆修築堅實委堰從遠臣昨已將防護圩岸約束刊碑分植在圩曉示竊慮畢築之後過往路人及牛羊放牧恣有踐踏頹毁分責巡尉各據地界每五日一次點檢十日一次申州廂幾常有覺察不致因循隳壞上曰陳騤與集英殿修撰 十二年正月五日戶部言明州申鄞縣東錢湖蓄積澗水溉田三十餘萬畝昨緣葑草延蔓侵耗湖水昨奉旨支降錢米開淘葑草堆積沿湖山灣湖濼去處遂成葑地先係資教院僧立利承佃茲墾成田三百餘畝近有人戶爭佃承提舉常平司行下本州出榜別名人增租承佃蓋緣東錢湖積水灌溉定海鄞縣七鄉

卷一萬一千一百九

九

民田竊人戶以增租承佃為名填疊增廣有妨積水乞將上件沿湖葑地不許人戶請佃仍舊開掘為湖庶免向後湮塞之患詔句昌泰躬親前去相視開掘 二月二十一日詔從事郎徽州休寧縣丞譚次山迪功郎池州貴池縣尉趙炳從政郎寧國府宣城縣丞陳篆各循一資以江東提舉張押言篆等浚築陂增最爲究心乞賜推賞故有是命 四月三日宰執進呈戶部勘當知鎮江府耿秉奏過亢旱聽民車河水上曰河水豈可不令百姓灌田王淮等奏尋常人使來時恐水淺所以不聽人戶車水上曰稼穡事大可依耿秉所請 十月四日知臨安府張杓言竊見本府每遇大雨四山之間所積糞壞衝突而下雖行措置增添海子深

閤溝渠創置鐵窗差委使臣等往來尋視縱遇填積旋即除去躬行督促不敢少懈常恐或有所未至倘更本府悼於支費稍不任責則數月之間便可填塞臣照得元祐五年守臣蘇軾申請開西湖畫一內一項乞將鹽湖新舊菱蕩課利錢盡送錢塘縣尉司收管以備逐年開葑撩淺如敢別用並科違制又如有茭葑不治即申吏部理為遺闕臣今欲倣此二說先儲工力之費將本府合得湖塘等錢六項每年共計錢二千九百餘貫專置赤歷樁充挑撩湖河之用如別將支使並科以違制之罪卻分委本府正任通判二員一則點檢城內外河道一則點檢西河更以巡河巡湖為名城內道則委之排

湖 司公 事當 切點 檢閘 撩替 日

卷一萬一千一百九

十

岸并逐地分兵官江浦口河則委之城東巡檢修江監閘官西湖則委之錢塘縣尉城西巡檢日後差注並乞於階銜中帶入每歲委轉運司覈視有無湮塞以爲殿最從運司保明批書責既有歸人必盡力工費既儲易於辦集誠爲無窮之利從之 十三年正月二十六日詔承事郎臨江軍新淦縣丞梁克俊轉一官文林郎臨江軍新喻縣丞王必簡循兩資承奉郎贛州興國縣丞劉伋與減三年磨勘以江西轉運提舉司言克俊等興修陂塘已加推賞故有是命 十二月十六日知太平州張子顏言昨奉聖訓圩田候農隙每歲一往點檢去年已嘗具奏前往逐圩看視畢即今復是農隙除已行下管屬三縣將官私圩埂照應逐

年體例赴時增築令措置自淳熙十三年冬爲始每歲俟修官塍畢日勸諭圩官專長部集食利人夫興築合圩元來舊小圍塍將來或有損闕去處其害及一小圍其他諸圍自可保守已行呼集圩官勸諭下鄉部集人夫增修官塍畢日併工興築內塍兼蕪湖縣官修圩內閘有元來舊塍去處已行勸諭興修以備向去梅夏雨水欲照前項累降指揮親往圩上相視點檢及照對諸圩從來不曾開治圩內溝濠今因修築小圍就行勸諭農民浚治水道從之　十四年七月十九日詔宣教郎知秀州華亭縣劉壁特轉一官候任滿赴都堂審察以浙西提舉羅點言華亭縣旱河流斷絕壁躬行村落相視水利有青龍江可通湖水湮塞已久壁糾集民夫開浚救溉民田委是利便特加旌別敘有是命

太一萬一千一百九　十二

八月二日詔修職郎秀州華亭縣尉徐昭特循一資以兩浙轉運司言昭與知縣劉壁協力興建水利乞量加推賞故有是命　十五年十月四日知湖州趙思言湖州寔瀕太湖並湖有堤爲之限制且例二十七浦溇引導湖水以溉民田因各建斗門以爲蓄泄之所視旱潦爲之啓閉去歲之旱高下之田俱失霑溉專委官吏訪求遺迹開濬浦溇不數日閘湖水通徹遠近俱獲其利而於斗門因加整葺乞詔守臣逐歲差官親詣湖堤遍行相視開濬浦溇治斗門庶幾永久從之

食貨志

淳熙十六年五月五日知嚴州錢聞詩言本州東城下壕大注湖水入城瀦三小湖與外溪水會于龍津橋下揖州治轉東南入江居民侵塞爲屋爲圃者卒臣委曲諭侵塞之家皆願還官如舊界今一壕自湖至東江凡四里通流無碍又念外溪沙石易積不三二年閘淤塞水溢恐復爲湖害今浚湖官就畚湖土填築堤岸得地百餘丈造蓋三十六家募債債直三歲計得千緡可以浚溪湖已委建德縣尉日掠每月解本州常平

庫寄樁乞行下本路常平司時與檢點每三歲令守臣
以其錢和雇人夫浚溪如湖塞亦浚或有用餘之錢量
撥重役官吏從之六月七日淛東提舉袁說友言本路
管下州縣田畝每歲易於告旱往往皆因河渠陂塘久
不開浚斗門堰閘失於修建以致不能瀦水一遇水旱
禾稼即有損傷內有管下台州臨海縣明州鄞縣紹興
府上虞縣三處開淘河涇建置堰閘斗門各已畢工其
紹興府上虞縣運河一帶自梁湖堰至通明堰計三十
五里本縣先乞裨捺塘岸次乞置立減水石磋已勸諭
三鄉上戶均出樁篠用工裨捺塘岸今並已堅固所有
合置減水石磋恐妨農務乞候農隙興建從之 光宗
卷一萬一千一百九
紹熙二年七月二十二日詔守令凡到任半年之後具
所部有無水源湮塞合行開修去處次第申聞任滿之
日亦具已興修過水利圖畫繳進擇其勞効著明功[illegible]
久利者特與推賞以激勸之據臣僚請也 三年十一
月五日知潼州府范仲藝言東南二江環繞城郭近江
隄岸歲久頹壞雖曾措置修築未兩年間又值大水漲
皆漂壞自後節次相視修築南江五堤捍城郭疏導東
山古渠以分水勢開敞府北山路以便避水人民別建
城東城南兩處木橋以防漲潦漂壞又詢訪東江水脈
元在東山晉慧寺下旁山而行見得東江之水元旁東
山安流以行只緣江口堙塞久不淘濬江心土隄常漏

漏水漲潦之際南江台怒因而回流吹損城郭今於晉
慧寺下疏開古來江道三百丈有奇并於上流漏水灘
上疊石堰水分送水脈令復旁山而行並已畢工合兩
築五座長堤并開道東山下石渠若逐歲常加增修使
兩江之水久遠循山而行則一城之憂遂可永息乞自
朝廷行下本府委自守臣任責逐年於係省錢內起撥
收買竹木雇募人夫檢舉修葺不令廢墮從之 四年
八月十二日知太平州葉翥言本州所管當塗蕪湖繁
昌三縣並低接江湖圩田十居八九皆是就近湖灘低
淺去處築圍成埂使行布種每遇大水年分江湖水漲
衝突岸埂即時破決顆粒不收近一二十年以來官司
卷一萬一千一百九
出錢每於農隙之際鳩集圩戶增築岸埂高如城壁種
植蘆葦以圍岸脚今措置欲於圩田之內舊有通水小
溝去處開濬深闊就用其土增築塍岸亦令高廣厚實
以為裹濠可為車戽出入之地其間頃畝廣袤或無舊
溝亦皆創新為之必使一圩之間遇水可以瀦蓄遇旱可
以灌溉欲先於當塗縣所管官圩五十五所之內先開
濬一二圩溝港使之丈尺深闊可以納水已於本州去
年州用米內取撥米三千石趲積到錢一千貫專充[illegible]
圩使用先於今冬農隙雇募食利圩夫均行開通水[illegible]
田溝且逐旋興修一兩圩寬作三年庶使州郡接續成
功永為久利今別行開濬大塍以闊五尺深一丈小溝

以闊二丈深七尺為約及兩岸田塍亦高三四尺脚闊四五尺未免用過人户田產畝開修欲候收割之後先次差官於合修溝岸去處打量係是何人田產所用過步畝若干總見數目以時估價直細計錢數於諸圩眾户有田之家均敷價錢給還所合差官監督之役分頭管幹只就本州選擇見任官逐時興修詔本州守臣將葉翥椿管下錢米修圩棱續措置逐時興修以防水患

紹熙五年九月二十七日司農卿兼知臨安府蔡戡兩浙轉運判官黄黼言餘杭縣去行在四十五里地勢最下當天目群水之衝每遇霖雨水勢暴漲即高尋丈敵隄防之設比他邑為重不幸一決則邑不可居田不可

卷一萬一千一百九

二十八

耕其害浸淫於臨安府湖秀三州六縣今歲八月水漲湖決約計四十六所共五百餘丈既欲修治必須沿湖幇廣舊堤填築敗岸合於湖内取土紹興初南湖為孳生馬監馬不蕃息監隨遂隳廢而湖有蘆葦茭芡鵝魚之利至今監據其利凡民間下湖採取必納錢買牌遣者有禁今來馬監既已久廢則兩湖合還本縣庶幾可於湖内取土每歲築岸浚湖為本縣悠久之利已降旨撥南北兩湖歸還本縣從便取土修築隄岸開浚湖港泝連天目旁通裏河潦則瀦水旱則灌田以為三州六縣之利臨安府轉運司欲分抱採取買牌課利入馬監申發

寧宗慶元元年十月十一日新知通州李楫言乞

行下諸道每於農隙專令通判嚴督所屬縣丞躬行阡陌博訪父老應舊係溝澮及陂塘去處稍有堙塞便修膳務要深闊或有水利廣袤工費浩瀚即申監司別委官相視量給錢米如法疏治毋致減裂仍勅監司察倖丞之勤惰以為殿最異時非但亢陽有備或遇淫潦而水有所歸亦不致泛浸之患實經久之利便從之

二年八月二日户部尚書袁説友侍郎張枊言近年以來浙西諸郡圍田之利既行而陂塘漊瀆皆變為田每歲既深圍田日廣曩日瀦水之地百不一存水無所瀦旱無所取雨則易潦晴則易旱者皆四田有以致之也今浙西鄉落圍田相望皆千百畝陂塘漊瀆悉為田疇有

卷一萬一千一百九

二十九

有水則無地之可瀦有旱則無水之可戽易水易旱歲歲益甚今不嚴為之禁將不數年水旱易見又有甚於今日無復有稔歲矣乞下浙西提舉司將諸郡管下縣分委各縣清彊佐官取索淳熙十一年内立碑標記圍田薄籍照籍及碑内四至覈到地頭著寔審究畫定某鄉某村其舊田增圍者有若干畝及新創圍裹者有若干畝結罪具申提舉司併行籍記若盡行開掘復恐租種者有失業之患今本司嚴立賞榜遍於諸州縣城郭鄉村散榜曉諭自後輙敢將陂塘漊瀆等應干瀦水之處增圍舊田及創新圍田并雖係舊圍之田如已經浸沒或圍岸已倒者不得再行修圍上件三項立賞錢一

千貫如有違犯許諸色人赴提舉司陳告仰追犯人根
勘指實即以所圍田委官日下盡掘並行沒官賞錢先
以常平錢代支犯人以違制論不以蔭贖監錮追賞仍
令提舉司每歲於秋成後檢舉今來指揮申嚴鏤牓遍
行曉諭毋致久遠視為虛文從之中書門下省言乞行
下浙西提舉司令從實契勘如舊圍田本係經界字號
及自經界後來常年得熟止因去年被水浸沒或圍岸
已倒如不妨衆共水利及曾有石碑標記去處許令修
築如舊圍之田有累年積水已係衆共水利及自來不
曾有石碑標記去處雖係曾經紹興十三年經界立定
字號不許援引今來指揮再行修圍如有違犯自依已
卷一萬一千一百九　三十
降指揮勘斷追賞仰本司令所委官分明區別不得令
豪强形勢之家並緣修圍有妨水利常切遵守詔令戶
部行下浙西提舉司照應　三年六月十一日淮東提
舉王寧言昨者奉旨開濬高郵軍至楚州鹽城縣并修
築一帶提岸皆已畢工今斟酌措置斗門石䃮通大河
港所以殺水勢之衝決故去水速而所置稀函管通小
溝港所以節水勢之高下故去水遠而所置密除鹽城
縣係上流止有石䃮一座即無斗門函管外高郵興化
兩縣共函管斗門四座石䃮止七座却管函管四十四
座並係紹興五年所修置內石䃮已是高固不必移改
獨斗門函管視新開河底尚有低一尺五寸者乃是當

來修置之初設為此弊却欲暗窃運河之水以濟其私
甚失本意今斟酌水勢於斗門之外視新開河底以四
尺為梵砌水若登及四尺則流而入於斗門於函管之
外視新開河底以三尺五寸為則梵水若登及三尺五
寸則流而入于函管其制悉徹石䃮而差小爲大率水
小溢則先放函管水浸溢則兼放斗門水大溢則併放
石䃮次第澁泄及得其平尚慮頑民猶有私意不放
水則澁泄輒行毀掘則為公私之害欲乞分委地分巡
尉每月一巡視仍委知縣每季一點檢如有毀掘去處
即申本司追斷仍與登時修築苟或憑藉毀有損壞從
本司覺察責罰紹熙五年所修函管不能盡復其舊是
卷一萬一千一百九　三十一
致人戶續有陳乞興修者今盡行根刷舊有函管未復
去處共二十座並與興修務令均一次乞令逐縣每年
冬波成畢日檢舉勸率挑撩無淺淤如有怠惰不從勸
率之人即行懲治責得接續不治成為久遠之利從之
寧宗嘉泰元年九月四日中書門下省言檢會已降指
揮訪聞浙西州郡圍田不已日侵水利為害匪輕雖累
有指揮築戢官吏奉行不虔遂至全無忌憚可選差職
事官二員專一措置自淳熙十一年立石碑之後不以
官民戶應輒有圍裹者候秋割了日限兩月盡行開掘
務在必行無為文具詔差大理司直留佑賢宗正寺主
簿李澄限半月內起發仍各具已開掘過數目申尚書

省十月四日臣僚言伏見宮陵之山俯鑑湖爲形勢今
鑑湖爲姦人侵耕包占日就淺狹忽遇天旱乾涸無餘
既於宮陵形勢未便又於會稽山陰兩縣俱失灌溉民
田害莫大焉嘗稚究本原有姦人規圖管莊之利將此
侵湖田獻入爲慈福宮延祥觀莊田姦人因此侵碑外
低窪之地盡行包占爲田並無忌憚臣子爲是延祥之
田莫敢輕議今乃撥入修内司矣今湖面日蹙天久不
雨徒步可行不惟元來食湖之田被害而日後侵之田
田亦例失灌溉矣竊聞淤田微利歲入修内司不及萬
緡朝廷視山不啻如太倉之稊米必不靳惜今乃使此
郡兩邑民田每歲苦旱以致上勤宵旰指廩賑濟減放

卷一萬一千一百九

三十二

秋苗所損不知幾萬錢而姦人占據淤田所入大槩有
名無實適足以饜飫修内司管莊輩饕食爾今縱未能
盡復歷治平以前舊跡如隆興間吳芾所奏碑外之田
與令日修内司元係侵湖之田豈有不可復而爲湖者
乞委自紹興府同本路提刑主管河渠司且將修内司
田凡係侵包東西兩湖石碑外低窪淤土爲之者盡廢
爲湖不得耕種趁此農隙之時限日開掘以俟朝廷委
官嚴實毋爲文具仍俟開畢之後着令每歲委通判一
員巡視有無再行侵包保明具申臺省照會如再盜種
之人則乞一如治平間臣僚所議拔其苗責其力以復湖
重其罰庶使越人田畝不憂每歲之災傷宮寢諸陵稍

復平湖之形勝實爲公私利便從之十二月十四日史
部尚書兼實錄院修撰兼侍講袁説友言竊見比須詔
旨以浙西圍田之害荒廢水利遣二使者親往措置盡
行開掘命下之日識者交慶今開掘之利竊聞十竟七
八然議者猶有遠慮蓋今不預爲必行之法則恐歲復
一歲人情易玩法久易廢官司不能禁戢約束不能詳
備則恐今日圍田已壞者又復漸圍於後日矣此不可
不慮也今乞行下將每州諸縣内令鄉所掘圍田並行
逐縣置籍凡所掘某人圍田計若干畝坐落四至並田
主姓名並行抄上如法印記付各縣知縣牢固掌管其
知縣於銜内帶專一點檢圍田事每遇農事方興於三月

卷一萬一千一百九

三十三

四月知縣同縣尉將簿籍親往已掘圍田地頭徧行點
檢有無姦民再行圍裏布種遇點檢畢具有無結罪保
明申州州申省部府有知縣每考及任兩批書並於印
紙上批鑿有無再行圍裏分明批上仍行下提刑司照
措置圍田所已置開掘諸縣内圍田簿籍依樣抄錄一
本存留提刑司每遇春夏之交抽摘諸州内或一縣或
兩縣委差有心力官前去對籍親到鄉分審點已開掘
去處結罪保明具有無再行圍裏申提刑司提刑司再
行結罪保明備申省部每三年三月内從朝廷取旨選
差職事官兩員分往浙西諸州點檢審視各州知通專
一遵守朝廷行下應干束約務在必行仍委臺諫常切

覺察彈奏庶幾法必行人無輕玩所在水利永助豐登從之　二年二月十四日大理司直留佑賢宗正寺主簿李澄條具到圍田利害已下提舉司將臨安平江嘉興府湖常州開掘圍田户名數目除曾納錢請買許將元產地管業别作營生不得圍裹成田其他白狀作常平沒官產學糧職田等色請佃者並行追索元給公據入官毁抹仍嚴飭浙西提舉官及守令今後不得輙行開請佃公據縣分尉並帶專一巡視圍田下教令所議定禁止刑名修為成法具殿前司草蕩不許將有管草蕩再行圍築為田及種植菱荷蘆葦如違委御史臺覺察具官責産立價低緻占據寬闊今來既已開掘

卷一萬一千一百九　三十四

止令照租額輸納其租立為田賦税却合與之蠲免下諸州屬縣應論訴圍田結局以前填塞者並不許受理截自嘉泰二年正月以後新行填塞委是堙塞妨礙水勢之處却許行指實陳訴詔從之二月十一日右正言兼侍講施康年言去歲因夏秋不雨復行乾道之令特遣使者巡視開掘務在必行蓋欲廣疏灌溉之源預為水旱之備奈何近屬貴戚之家平日享國家高爵厚禄貪婪無厭不體九重愛民之心止為一家營私之計公然投詞叅煩朝廷略無忌憚且國家行一法一令貴戚之臣首當遵奉今乃交相符合倡為浮議意欲摇動愚民傚傚陳訴以沮成法乞嚴飭貴近之家自今後輙有

前來陳狀者臺諫指名奏劾必罰無赦從之六月九日臣僚言常潤一帶與臨安蘇秀運河相通兩浙州郡向者以此漕運入於汴京故鎮江為之京口今日自京口漕運入于行都皆此河也常潤之間舊有名湖水利數處皆可注之於河又有大江大湖之水可引而入為之閘堰如江水則有潮汛之候每月遇大汛則開閘放水入河水及然後下閘如湖水則不拘汛次遇支港斷水則引湖水而入河水有斷則引支港水而入況又有天雨可及運河安得而涸乎乞專遣提舉常平使者同與州郡相視置使江湖之水皆入于河以為綱運舟楫之備雖遇天雨之至常謹瀦闌之法但不使河水大溢免

卷一萬一千一百九　三十五

為田疇道路之患從之　三年二月十一日臣僚言丹陽練湖回環四十里湖面闊遠蓄水至多固足為旱乾之備然其樂有二斗門之不固函管之不通是也為今之計莫若修築斗門開掘函管工用省而惠濟博乞下鎮江府差官相度疾速條具施行從之十一月十一日南郊赦文在法湖塘池濼之利與衆共者不得禁止及請佃承買監司常切覺察如許人請佃承買并犯人科劾以聞請佃及買者追地利入官訪聞比年以來縣道利於賦入違法給佃或作荷塘或作阜地容令形勢之家占據侵奪小民食利自今仰轉運提舉司嚴行措置約束如州縣奉行法令違戾按劾以聞自後郊祀明堂

敕亦如之　開禧元年四月十八日集英殿修撰知寧
國府沈作賓言本府宣城縣管下有號童家湖者乃徽
州績溪縣廣德軍建平縣二水之所會其勢闊遠政和
間有貴要之家請佃此湖圍成田宣和間因民户陳詞
遂令開掘依舊成湖至紹興間有淮西總管張榮者詭
名承佃再築為圩計田一十八頃草場七頃自後每遇
水漲諸圩被害如初至隆興乾道間守臣許尹周操具
申朝廷遂將童湖圩廢決以息水患至今年深民間又
復節次改易地名挑塽田段經官請佃萬或遂所欲則
漸次築圩被害者衆矣乞明詔三省行下本州常切遵
守毋令人户妄有請佃圍築以妨水利從之　五月十一

卷一萬一千一百九　三十六

日浙西提刑葉簀言近郡圍田之害朝廷為之專遣使
臣措置開掘比歲以來雖稍多雨無曩時泛溢之憂近
者有訟開掘之不公者頑民皆起僥覬之心陳訴者源
源而來絕乞約束州縣凡各有訟圍田者即令當官重
責決配估籍文狀然後送所司究驗虛實如果有契券
砧籍歲月明白即從令丞守倅次第結罪保明申本司
本司再行覈實保明具事因申取指揮施行不得擅自
給與如有虛妄則生以所責之罪若州縣奉行滅裂乞
賜加責罰下本司以憑遵守施行從之　嘉定二年十
二月四日臣僚言臣聞浙右號為澤國松江太湖控引
灌溉且無旱乾之憂而比年以來未嘗患水而多苦旱

者水利不修而陂塘溝瀆之事不講也浙西之俗惟恃
江湖溪河天造地設自然之水至於陂塘之儲蓄瀆澮
之開浚一切廢而不講欲亟委監司下之郡縣相視水
勢之高下推尋陂塘之堙塞雖小小之溝渠凡利之可
以及民田者悉循行而周視之趁此農隙責立近限申
聞監司以達于朝省然後於合用賑糶錢米之內分委
才敏清强之官責以開浚之事募民之無食者役
而食之分團申結如庸雇夫役體例日役若干用錢米
若干皆可稽考民既執役朝夕待哺雖欲不與不可得
也若胥吏或有減尅坐以重罪從之　三年七月八日
臣僚言廸者朝廷分遣使者將奏冊曾經有籍開掘之

卷一萬一千一百九　三十七

田許人户入米仍舊圍裹已降指揮不許稍有過數窃
聞豪民巨室並緣為姦廣行圍裹殆且加倍又違年免
旱江湖之濱塗狀旋生囑托胥吏偽造千照或就縣起
立税租納錢請佃多圍成田又所在水蕩自來止是栽
種茭蘆菱荷之屬不妨瀦水今亦憑籍再圍指揮影射
包占不顧衆户灌溉之利又放馬草地自有標定界止
今來牧放官與管塘軍兵接受賄賂縱入圍裹以畝計
者動以萬數積日累火展轉侵占重妨水利凡此數者
為害實廣乞詔浙西提舉常平司照當來續降指揮多
給文牓曉諭官民户除奏冊有籍曾經開掘之田許令
圍裹外如有過數包占步田不同雖曾經縣起立税租

及納錢請佃並候秋成之後差委清强官分往地頭照
元奏耕界至打量步畝分留其餘盡行開掘仍劄下殿
前司約束兵官不得擅將草地私給自攬與之圍裹嚴
立罪賞務在必行每歲專責諸縣縣丞點檢有無創添
圍占田畝申常平司每考書上印紙以憑將來稽考如
此則水勢疏通有所瀦泄實為民田久遠之利從之
五年三月七日臣僚言丹陽練湖舊係瀦水去處聞之
父老以為放練湖水一寸可增運河水一尺其利之博
如此向者親往行視四下湖流僅如衣帶中間填淤茭
葑彌亘非惟漕渠無倉卒之益而四下田畝亦失車救
之利臣又按中興記事本末言鎮江府呂城夾崗地勢

卷一萬一千一百九　三十八

高仰久不雨則水淺而漕艱兩浙運使向子諲取唐常
損劉晏故覈狀置斗門二石䃮一以復舊迹計度止費
萬緡今本府郡帑頗有餘儲計向來捲江天河之艱使
損數萬緡以為漕運之利異時再值旱乾免致倉卒勞
擾亦一方之幸詔令兩浙轉運司同鎮江府守臣公共同相
度令開浚去處丈尺措置條具申尚書省　六年十二
月十三日臣僚言竊聞浙東之田其旁海者常有海潮
衝蕩之患浙西之田其旁湖者常有霖潦弗泄之憂故
防海潮者在於修築隄岸防水潦者在於疏剔河港乞
戒飭紹興守臣趁此農隙立限了畢所修白洋石塘不
得並緣科擾其餘姚縣八鄉濱海之塘遂急差官相視

修疊土塘以防返患仍照白洋體例一面商議修築石
塘以利水久所有浙西蘇湖等處田畝增築外埂侵占
官河并於田埂外種植竹篠雜木壅遏水勢者告示鄉
保日下令自拆毁伐去其形勢之家不得私意執占如
違許人戶陳訴官為相視毀拆若道民所叙石橋不碍
水勢者聽其仍舊其或橫當水衝故障上流出牓州縣
許鄉民陳訴改造實為兩浙無窮之利從之　七年七
月三日臣僚言竊惟國家駐蹕臨安左江右湖襟帶形
勝八九十年生齒繁阜所恃以溉負郭膏腴之田飲闔
城內外之人者西湖之利溥哉乾道淳熙之間累降指
揮居民不得占圍裹湖面如違以違制論其時守臣遵

卷一萬一千一百九　三十九

奉開過侵碍湖心荷草蕩八萬二千九百餘丈盡復元
祐之舊覩嘉泰以來權姦用事私欲横生其徵至於西
湖草塘亦復徇情聽民請佃日漸月積種荷之地寖廣
而湖面之水愈狹不惟失形勢之壯觀而亦違淳熙之
指揮臣嘗累計臨安府舊蕩四百餘畝每歲增收租錢
一千貫有畸以天府財計之夥繁視此千百緡直瑣瑣
耳乞行下臨安府西湖水面盡從舊界至嘉定以後續
租地段侵占湖面去處並行開拓不許租殖其人戶歲
增納租錢盡與蠲除從之　十二年十二月二日臣僚
言臨安府鹽官縣日來為海潮衝突沙岸傾坍其勢頗
異蓋鹽官為邑雖是瀕海相去尚有三十餘里從來超

無海患所以鹽竈頗感課利易登去歲海水泛漲海潮湍激橫衝沙岸每一潰裂常數十丈日復一日侵入鹵地蘆洲港瀆蕩為一壑京畿赤縣密近都城內有二十五里之塘直通長安之閘上徹臨平下接崇德漕運往來客舟絡繹兩岸田畝無非沃壤若海水透徹徑入于塘不惟民田有鹹水渰沒之患而裡河隄岸亦將有潰決之憂乞下浙西諸司公共相度條具築捺之策截撥合解上供錢米以為工物之費務使捍堤堅壯土脈充實從之　十四年六月二十五日詔令封椿庫於見樁管度牒內支撥一十二道付慶元府每道作八百貫文變賣價錢充修砌上水烏金等處碶堰及開掘夾砌道士堰朱賴堰工物等使用仍令本府專一委官提督務在河流通徹碶堰固堅經久利濟仍不得縱令吏胥因而科擾作弊從本府之請取旨　十二月十七日詔令紹興府就於樁管米內支撥三千石仍令封樁庫支撥度牒七道付本府每道作八百貫文變賣並充開河使用務在如法開浚經久流通毋致積泥再有淤塞具所用工役支過錢米帳申尚書省從浙東提刑兼知紹興府汪綱請也　十五年四月五日臣僚言越之鑑湖受溉之田幾半會稽往者累任帥臣時加浚治故民被其利今官豪侵占殆盡填淤益狹所餘僅一衣帶水耳興化之木蘭陂始為富人捐金興築民田萬頃歲飲其澤今醜水之道多為巨室

卷一萬一千一百九

畢

占塞時或水旱鄉民至有爭水而死者水利之在天下頗何地而不可興今遺陂故堰古人之已興修者聽其湮廢而不修之欲乞下臣此章戒諭州縣應水利所隸官司每歲躬親相視厚其瀦蓄去其壅底閼俾豪強侵占以妨灌溉歲終則具其興修去處申提舉司委官覈實以憑賞罰務求實利毋事具文如此溝洫有復修之政農畝有西成之望從之　十七年二月二日詔令封樁庫支撥度牒一千道付福州每道作八百貫文會子變賣價錢貼充開浚西南二湖使用務要實濬流通經久便民候畢工日具申尚書省從本州守臣胡永之請也

卷一萬一千一百九

四二